ACESSE
http://pons.paragon-software.com/activation/português-inglês
e instale a versão eletrônica em seu computador.
CÓDIGO DE ATIVAÇÃO: 2229E-6E666-KLJR9

How to use the dictionary

All **entries** (words, abbreviations, compounds, variant spellings, cross-references) appear in alphabetical order and are printed in bold type.

English phrasal verbs come directly after the base verb and are signalled by ◆.
Arabic superscripts indicate **homographs** (identically spelled words with different meanings).

The IPA (International Phonetic Alphabet) is used for the phonetic transcription of **American** and **British English** as well as **Brazilian Portuguese**.

Angle brackets are used to show **irregular plural forms** and **forms of irregular verbs and adjectives**.

Feminine forms of nouns and adjectives are shown unless they are identical to the masculine form. Portuguese nouns are followed by their gender.
Roman numerals are used for the **grammatical divisions** of a word, and Arabic numerals for **sense divisions**.

The **swung dash** represents the entry word in collocations, examples, idioms and proverbs.

Various kinds of **meaning indicators** are used to guide users to the required translation:
- Areas of specialization

- **Definitions** or **synonyms**, typical **subjects** or **objects** of the entry

- **Regional vocabulary and variants** are shown both as headword and translations

- Language registers

When a word or expression has no direct translation, there is an **explanation** or a **cultural equivalent** (≈). Where a translation may be unclear, it is followed by an explanation in brackets.

s. a. and *v.tb.* invite the reader to consult a **model entry** for further information.

caxinguelê *m* [kaʃĩjge'le] Brazilian s
Cazaquistão [kazaks'tãw] *m* Kazakhs
CBF [sebe'ɛfi] *f abr de* **Confederação**
  Brazilian Football Federation
CD [se'de] *m abr de* **compact disc** C
bring [brɪŋ] <brought, brought> *vt* **1**
  ◆**bring about** *vt* provocar
era¹ ['ɛra] *imp de* **ser**
era² ['ɛra] *f (época)* era; ~ **glacial** ice

harassment [hə'ræsmənt, *Brit:* 'hær
  unions a importunação *f* dos sindica
backup [be'kapi] *m* INFOR backup; **faz**
  vo to make a backup (file)
child [tʃaɪld] <children> ...
bony ['bouni, *Brit:* 'bəu-] *adj* <-ier, -ie
become [bɪ'kʌm] <became, become
abranger [abrãŋ'ʒer] *vt* <g→j> ...
aceitar [asej'tar] *vt* <*pp* aceito *ou* ace
gel <géis *ou* geles> ['ʒɛw, 'ʒɛjs, 'ʒɛʎis]
ator, atriz [a'tor, a'tris] <-es> *m*, *f* act
aconchegado, -a [akõwʃe'gadu, -a]

guiar [gi'ar] **I.** *vt (uma pessoa)* to gui
  drive; *(uma bicicleta)* to steer **II.** *vr:* ·
  be guided] by sth
haste ['astʃi] *f* **1.** *(de bandeira)* flagpe
  óculos) arm
coração <-ões> [kora'sãw, -õjs] *m*
  alguém to open one's heart to sb; **de**
  ing; **do fundo do ~** from the bottom

afinar [afi'nar] **I.** *vt* **1.** TEC *(motor)* to t
  ~ **as maneiras** to improve one's mar
  II. *vi inf* FUT *(time)* to be afraid of the
acender [asẽj'der] <*pp* aceso *ou* ac
  fogo, vela, fósforo) to light; *(luz, for
  (sentimento)* to ignite **II.** *vr:* ~-**se** *(
  (desejo)* to be aroused
passing **I.** *adj (fashion)* passageiro, -a;
  ~ **de passagem**
motorway *n Brit* auto-estrada *f*
autoestrada ['autwis'trada] *f (estrada
  way *Brit*
abacaxi [abaka'ʃi] *m* **1.** *(fruta)* pineap
  problem; **descascar um ~** to solve a p
almighty [ɔːl'maɪti, *Brit:* -ti] **I.** *adj* **1.** *in
  poderoso, -a **II.** *n* **the Almighty** o Tod

pavê [pa've] *m* GASTR ≈ trifle
Big Apple *n* **the ~** *(nome como é c
  Nova York)*
caatinga ['kaa'tʃĩjga] *f* caatinga *(shru
  mon to the arid climate of Northeast
May [meɪ] *n* maio *m*; *s.a.* **March**
oitavo [oi'tavu] **I.** *m* eighth **II.** *num ora*

Como utilizar o dicionário

...a de Futebol	Todas as **entradas** (incluindo abreviações, palavras compostas, variantes ortográficas, referências) estão ordenadas alfabeticamente e destacadas em negrito.
...azer...	Os verbos preposicionais (verbo + preposição) vêm logo após o verbo de base e estão assinalados com ♦.
pl the ~ of ...*al*) assédio *m* ...de um arqui-	Os algarismos arábicos sobrescritos indicam **palavras homógrafas** (com significados diferentes mas escritas de maneira idêntica). Empregam-se os símbolos da IPA (Associação Internacional de Fonética) para a transcrição da **pronúncia do inglês americano e britânico** e do **português do Brasil**.
	As indicações de **formas irregulares do plural** e de **formas irregulares de verbos e adjetivos** estão entre os símbolos "menor que" e "maior que" logo após a entrada.
...ess *f* ...rtably settled	A forma feminina dos substantivos e adjetivos é indicada sempre que é diferente da forma masculina. É indicado o gênero dos substantivos em português.
...*utomóvel*) to **a. c.** to go [*o* ...stem **3.** (*dos*	Os algarismos romanos indicam as **categorias gramaticais** distintas. Os algarismos arábicos indicam **acepções** diferentes.
...ir o ~ **para** ~ heartbreak-...eart;...	O **til** substitui a entrada anterior nos exemplos ilustrativos, nas locuções e nos provérbios.
	Várias **indicações** são dadas para orientar o usuário para a tradução correta
...*rnar melhor*) **.** MÚS to tune	• Indicações de **campo semântico**
...**.** *vt* (*cigarro*, ...) to turn on; ...) to heat up;	• **Definições** ou **sinônimos**, **complementos** ou **sujeitos** típicos da entrada
...fugaz **II.** *n* in	
...*Am*, motor-	• Indicações de **uso regional** tanto na entrada como na tradução
...*f* (*problema*)	• Indicações de **estilo**
...*do*, -*a* **2.** todo-...so *m*	
...a cidade de ...*zetation com-*	Quando não é possível traduzir uma entrada ou um exemplo devido a diferenças culturais, é dada uma **explicação** ou uma **equivalência aproximada** (≈). No caso de uma tradução ambígua, acrescenta-se uma explicação entre parênteses.
...*tb.* **segundo**	*s. a.* e *v. tb.* referem-se a uma **entrada modelo** para informações adicionais.

Dicionário escolar

INGLÊS

inglês – português
português – inglês

Responsável pela tradução
Drª MegTsiris

martins fontes
selo martins

© PONS GmbH, Stuttgart, República Federal da Alemanha, 2010.
© para o Brasil: Martins Editora Livraria Ltda., São Paulo, 2010.

Publisher	Evandro Mendonça Martins Fontes
Coordenação editorial	Vanessa Faleck
Gerência editorial	Drª Meg Tsiris
Colaboradores	Ieda Maria Alves (Universidade de São Paulo), Maria Elisa C. R. Bittencourt, Luciana Capisani, Helen 'Terry' Crispin, David G. Elliff, Alison Entrekin, Waldemar Ferreira Netto, Elisabete P. Ferreira Köninger, Carla Finger, Glenn C. Johnston, Isa Mara Lando, Isabel Marcante, Maria do Carmo Massoni, Lynne Reay Pereira, Drª Cristina Stark Gariglio, Dr. Eric Steinbaugh, William Steinmetz, Caroline Wilcox Reul, Carlota Frances Williams Lopes.
Composição	Dörr und Schiller GmbH, Stuttgart
Processamento de dados	Andreas Lang, conText AG für Informatik und Kommunikation, Zurique

Dados Internacionais de Catalogação na Publicação (CIP)
(Câmara Brasileira do Livro, SP, Brasil)

Dicionário escolar inglês : inglês-português, português-inglês / responsável pela tradução Meg Tsiris . – 2. ed. – São Paulo : Martins Fontes - selo Martins, 2014.

ISBN 978-85-6163-557-2

1. Inglês - Dicionários - Português
2. Português - Dicionários - Inglês.

14-12248
CDD-423.69
-469.32

Índices para catálogo sistemático:
1. Inglês : Português : Dicionários 423.69
2. Português : Inglês : Dicionários 469.32

Todos os direitos desta edição reservados à
Martins Editora Livraria Ltda.
Av. Dr. Arnaldo, 2076 01255-000 São Paulo SP Brasil
Tel.: (11) 3116 0000
info@emartinsfontes.com.br
www.martinsfontes-selomartins.com.br

Contents

English Phonetic Symbols	IV
Phonetic Symbols for Brazilian Portuguese	V

English-Portuguese Dictionary 1–434

Supplement I

Correspondence	436
Useful Expressions in Letters	448
Useful Phrases	450

Portguese-English Dictionary 1–602

Supplement II

English Irregular Verbs	603
Portuguese Regular and Irregular Verbs	608
False Friends	630
Numerals	636
Weights and Measures	641
United States of America	645
Canada	646
Australia	647
New Zealand	647
United Kingdom	648
Republic of Ireland	651

Índice

Símbolos fonéticos da língua inglesa	IV
Símbolos fonéticos do português do Brasil	V

Dicionário Inglês-Português 1–434

Apêndice I

Correspondência	436
Formas úteis para a correspondência	448
Expressões úteis	450

Dicionário Português-Inglês 1–602

Apêndice II

Verbos ingleses irregulares	603
Os verbos portugueses regulares e irregulares	608
Falsos amigos	630
Os numerais	636
Medidas e pesos	641
Estados Unidos da América	645
Canadá	646
Austrália	647
Nova Zelândia	647
Reino Unido	648
República da Irlanda	651

Símbolos fonéticos da língua inglesa
English phonetic symbols

Symbol	Examples
[ɑː]	farm, father
[aɪ]	life
[aʊ]	house
[æ]	man, sad
[b]	been, blind
[d]	do, had
[ð]	this, father
[e]	get, bed
[eɪ]	name, lame
[ə]	ago better *(British pronunciation)*
[əʊ]	coat, low *(British pronunciation)*
[ɜː]	bird, her
[eə]	there, care *(British pronunciation)*
[ʌ]	but, son
[f]	father, wolf
[g]	go, beg
[ŋ]	long, sing
[h]	house
[ɪ]	it, wish
[i]	lovely
[iː]	bee, me, beat, belief
[ɪe]	here *(British pronunciation)*
[j]	youth
[k]	keep, milk
[l]	lamp, oil, ill
[m]	man, am
[n]	no, manner
[ɒ]	not, long *(British pronunciation)*
[ɔː]	more law *(British pronunciation)*
[ɔɪ]	boy, oil
[oʊ]	coat, low *(American pronunciation)*
[p]	paper, happy
[r]	red, dry better *(American pronunciation)*
[ʳ]	better *(British pronunciation: "linking r")*
[s]	stand, sand, yes
[ʃ]	ship, station
[t]	tell, fat
[t̬]	better *(American pronunciation)*
[tʃ]	church, catch
[ʊ]	push, look
[uː]	you, do
[ʊə]	poor, sure *(British pronunciation)*
[v]	voice, live
[w]	water, we, which
[z]	zeal, these, gaze
[ʒ]	pleasure
[dʒ]	jam, object
[θ]	thank, health
[x]	loch
[ã]	genre

Símbolos fonéticos do português do Brasil
Phonetic Symbols for Brazilian Portuguese

[a]	casa		[b]	bom
[ɐ]	cama, dano		[x]	rio, carro
[ɛ]	café, aberto		[d]	dormir
[e]	abelha, fortaleza		[dʒ]	cidade
[i]	disco		[f]	fazer
[i]	faculdade, realmente, acústica		[g]	golfo
[o]	coco, luminoso		[ʒ]	janela
[ɔ]	hora, luminosa		[k]	carro
[u]	madrugada, maduro		[l]	mala
[w]	quarto		[ʎ]	vermelho
[aj]	pai		[m]	mãe
[ɐj]	mãe		[n]	nata
[aw]	ausência, alface		[ɲ]	banho
[ɐ̃]	amanhã, maçã, campeã		[ŋ]	abandonar, banco
[ɐ̃n]	dançar		[p]	pai
[ɐ̃w]	avião, coração		[ɾ]	parede, provar
[ej]	beira		[r]	pintar, fazer
[ẽj]	alguém, legenda, lente		[s]	solo
[ew]	deus, movel		[ʃ]	cheio
[ĩj]	jardim		[t]	total
[oj]	coisa, noite		[tʃ]	durante
[õj]	aviões		[v]	vida
[õw]	com, afronta		[z]	dose
[ũw]	acupuntura, comum			

A

A, a [eɪ] *n* **1.** (*letter*) a *f*; ~ **as in Abel Am**, ~ **for Andrew** *Brit* a de amor; **to get from** ~ **to B** ir de um lugar a outro **2.** MUS lá *m* **3.** SCH (*mark*) excelente
a [ə, *stressed*: eɪ] *indef art before consonant*, **an** [ən, *stressed*: æn] *before vowel* **1.** (*in general*) um, uma; ~ **car** um carro; ~ **house** uma casa; **in** ~ **day or two** em uns dias; **she is** ~ **teacher** ela é professora; **he is an American** ele é americano **2.** (*to express rates*) por; **$6** ~ **week** $6 por semana
A *n abbr of* **answer** R *f*
AA [ˌeɪ'eɪ] *abbr of* **Alcoholics Anonymous** AA *mpl*
aback [ə'bæk] *adv* **to be taken** ~ (**by sth**) ficar desconcertado (com a. c.)
abandon [ə'bændən] *vt* abandonar; **to** ~ **ship** abandonar o navio; **to** ~ **oneself to sth** entregar-se a a. c.
abandoned [ə'bændənd] *adj* abandonado, -a
abashed [ə'bæʃt] *adj* envergonhado, -a
abate [ə'beɪt] *vt* abrandar
abbey ['æbi] *n* abadia *f*, mosteiro *m*
abbot ['æbət] *n* REL abade *m*
abbreviation [əˌbriːvi'eɪʃn] *n* abreviação *f*
abdicate ['æbdɪkeɪt] *vi* abdicar
abdication [ˌæbdɪ'keɪʃn] *n no pl* abdicação *f*
abdomen ['æbdəmən] *n* abdome *m*
abdominal [æb'dɑːmənl, *Brit:* -'dɒmɪ-] *adj* abdominal
abduct [æb'dʌkt] *vt* sequestrar
abduction [æb'dʌkʃn] *n* sequestro *m*
aberration [ˌæbə'reɪʃn] *n* aberração *f*
abhor [æb'hɔːr, *Brit:* əb'hɔːʳ] <-rr-> *vt* abominar
abhorrent [əb'hɔːrənt] *adj* abominável
abide [ə'baɪd] <-d *o* abode, -d *o* abode> *vt* suportar
ability [ə'bɪləti, *Brit:* -əti] <-ies> *n* capacidade *f*, (*talent*) aptidão *f*
abject ['æbdʒekt] *adj* **1.** (*miserable: conditions*) deplorável **2.** (*absolute: fear, poverty, failure*) absoluto, -a
ablaze [ə'bleɪz] *adj* em chamas
able ['eɪbl] *adj* capaz; **to be** ~ **to do sth** ser capaz de fazer a. c.
able-bodied [ˌeɪbl'bɑːdɪd, *Brit:* -'bɒd-] *adj* fisicamente apto, -a
abnormal [æb'nɔːrml, *Brit:* -'nɔːml] *adj* anormal, anômalo, -a
abnormality [ˌæbnɔːr'mæləti, *Brit:* -nə'mælɪti] <-ies> *n* anomalia *f*, anormalidade *f*
aboard [ə'bɔːrd, *Brit:* ə'bɔːd] **I.** *adv* a bordo **II.** *prep* a bordo de
abode [ə'boʊd, *Brit:* ə'bəʊd] *n* **of no fixed** ~ sem residência fixa; **this is my humble** ~ este é meu humilde domicílio
abolish [ə'bɑːlɪʃ, *Brit:* -'bɒl-] *vt* abolir, revogar
abolition [ˌæbə'lɪʃn] *n no pl* abolição *f*
abominable [ə'bɑːmɪnəbl, *Brit:* -'bɒm-] *adj* abominável
abomination [əˌbɑːmɪ'neɪʃn, *Brit:* -ˌbɒm-] *n no pl* aversão *f*
aboriginal [ˌæbə'rɪdʒənl] *adj* aborígene
Aborigine [ˌæbə'rɪdʒɪni] *n* aborígene *mf*
abort [ə'bɔːrt, *Brit:* ə'bɔːt] *vt, vi* cancelar
abortion [ə'bɔːrʃn, *Brit:* -'bɔːʃn] *n* aborto *m*; **to have an** ~ fazer um aborto
abortive [ə'bɔːrt̬ɪv, *Brit:* ə'bɔːtɪv] *adj* (*attempt*) fracassado, -a
abound [ə'baʊnd] *vi* abundar; **to** ~ **in** [*o* **with**] **sth** ser rico em a. c.
about [ə'baʊt] **I.** *prep* **1.** (*on subject of*) sobre; **a book** ~ **football** um livro sobre futebol; **what is the movie** ~? sobre o que é o filme?; **how** ~ **that!** quem diria!; **what** ~ **going to the movies?** que tal irmos ao cinema?; **what** ~ **your new job?** e o seu novo emprego? **2.** (*surrounding*) ao redor de **3.** (*in and through*) por; **she walked** ~ **the room** ela andou pela sala **II.** *adv* **1.** (*approximately*) cerca de; ~ **5 years ago** cerca de 5 anos atrás; ~ **twenty** uns vinte **2.** (*almost*) quase; **to be** (**just**) ~ **ready** estar quase pronto; **to be** ~ **to do sth** estar prestes a fazer a. c. **3.** (*around*) **to be out and** ~ estar na ativa
above [ə'bʌv] **I.** *prep* **1.** (*on top of*) em cima de **2.** (*greater than*) acima de; ~ **3** mais de 3; ~ **all** acima de tudo **3.** *fig* (*not subject to*) fora de; ~ **suspicion** acima de suspeita **II.** *adv* acima; **the floor** ~ o andar de cima
abrasion [ə'breɪʒn] *n* MED escoriação *f*
abrasive [ə'breɪsɪv] *adj* abrasivo, -a; (*style, criticism*) ofensivo, -a
abreast [ə'brest] *adv* **three** ~ três lado a lado; **to keep** ~ **of sth** manter-se a par

de a. c.

abroad [ə'brɑːd, *Brit:* ə'brɔːd] *adv* **to be ~** estar no exterior; **to go ~** viajar para o exterior

abrupt [ə'brʌpt] *adj* **1.** (*sudden: end, event*) abrupto, -a, repentino, -a; **to come to an ~ end** ter um fim inesperado **2.** (*brusque: person*) brusco, -a

abscess ['æbses] *n* abscesso *m*

abscond [əb'skɑːnd, *Brit:* -'skɒnd] *vi* estar foragido

absence ['æbsəns] *n no pl* ausência *f*; **on leave of ~** MIL de licença

absent ['æbsənt] *adj* **1.** (*missing*) ausente; **to be ~ from work/school** faltar no trabalho/na escola **2.** (*distracted*) distraído, -a

absentee [ˌæbsən'tiː] *n* ausente *mf*

absentee ballot *n* voto *m* em trânsito

absent-minded *adj* distraído, -a

absolute ['æbsəluːt] *adj* absoluto, -a

absolutely *adv* **1.** absolutamente, completamente; **I'm absolutely sure,** tenho certeza absoluta, **you're ~ right** você tem toda razão; **it's ~ essential that ...** é imprescindível que ... **2.** **~!** *inf* com certeza!, claro que sim!; **~ not!** de maneira nenhuma!

absolutism ['æbsəluːˌtɪzəm, *Brit:* -tɪz-] *n no pl* absolutismo *m*

absolve [əb'zɑːlv, *Brit:* -'zɒlv] *vt* absolver; **to ~ sb of** [*o* **from**] **sth** alsolver alguém de a. c.

absorb [əb'sɔːrb, *Brit:* -'sɔːb] *vt* absorver; **to be ~ed in sth** *fig* estar absorto em a. c.; **to be ~ into the bloodstream** ser absorvido pela corrente sanguínea

absorbent [əb'sɔːrbənt, *Brit:* -'sɔːb-] *adj* absorvente

absorbing *adj* (*work, book*) envolvente

absorption [əb'sɔːrpʃn, *Brit:* -'sɔːp-] *n no pl* absorção *f*

abstain [əb'steɪn] *vi* **to ~ (from doing sth)** abster-se (de fazer a. c.)

abstinence ['æbstɪnəns] *n no pl* abstinência *f*

abstract ['æbstrækt] *adj* abstrato, -a

abstraction [əb'strækʃn] *n* abstração *f*

absurd [əb'sɜːrd, *Brit:* -'sɜːd] *adj* (*ridiculous*) absurdo, -a; **don't be ~!** não seja ridículo!; (*foolish*) ridículo *m*; **to look ~** parecer ridículo

absurdity [əb'sɜːrdəti, *Brit:* -'sɜːdəti] <-ies> *n no pl* absurdo *m*

abundance [ə'bʌndəns] *n no pl* abundância *f*; **an ~ of sth** uma abundância de a. c.

abundant [ə'bʌndənt] *adj* abundante

abuse¹ [ə'bjuːs] *n* **1.** *no pl* (*insults*) insulto *m*, ofensa *f*; **verbal ~** ofensa verbal **2.** *no pl* (*mistreatment*) maus-tratos *mpl*, abuso *m*; **sexual/physical ~** abuso físico/sexual **3.** (*improper use*) **alcohol/drug ~** abuso de drogas/álcool; **~ of power** abuso de poder

abuse² [ə'bjuːz] *vt* **1.** (*insult*) insultar **2.** (*mistreat*) maltratar; (*sexually*) abusar **3.** (*use improperly*) **to ~ drugs/alcohol** abusar de drogas/álcool

abusive [ə'bjuːsɪv] *adj* ofensivo, -a, insultante

abysmal [ə'bɪzməl] *adj* péssimo, -a

abyss [ə'bɪs] *n a. fig* abismo *m*

AC [ˌeɪ'siː] *n abbr of* **alternating current** CA *f*

academic [ˌækə'demɪk] *adj* acadêmico, -a; (*theoretical*) teórico, -a

academy [ə'kædəmi] <-ies> *n* academia *f*

accelerate [ək'seləreɪt] *vt, vi* acelerar

acceleration [əkˌselə'reɪʃn] *n no pl* aceleração *f*

accelerator [ək'seləreɪtər, *Brit:* -eɪtəʳ] *n* acelerador *m*; **to step on the ~** pisar no acelerador

accent ['æksent, *Brit:* -sənt] *n* pronúncia *f*, sotaque *m*; **a foreign ~** um sotaque estrangeiro

accentuate [ək'sentʃʊeɪt] *vt* enfatizar

accept [ək'sept] *vt, vi* aceitar

acceptable *adj* admissível; **to be ~ to do sth** ser admissível fazer a. c.; **that's ~ to me** é plausível para mim

acceptance [ək'septəns] *n no pl* aceitação *f*, aprovação *f*

access ['ækses] **I.** *n no pl* entrada *f*; *a.* INFOR acesso *m*; **to gain ~ to sth** ter acesso a a. c. **II.** *vt* (*information, an account, a web site*) acessar

accessibility [ækˌsesə'bɪləti, *Brit:* -əti] *n no pl* acessibilidade *f*

accessible [ək'sesəbl] *adj* acessível; **easily ~ by car** de fácil acesso de carro

accessory [ək'sesəri] <-ies> *n* FASHION acessórios *mpl*; LAW cúmplice *mf*; **to be an ~ to a crime** ser cúmplice de um crime

accident ['æksɪdənt] *n* acidente *m*; **by ~** (*not on purpose*) sem querer; (*by chance*) por acaso

accidental [ˌæksɪ'dentl̩, *Brit:* -tl] *adj* acidental

acclaim [ə'kleɪm] *vt no pl* aclamar; **to receive critical ~** ser elogiado pela crítica

accommodate [ə'kɑ:mədeɪt, *Brit:* -'kɒm-] *vt (in hotel)* hospedar; *(satisfy)* satisfazer

accommodating [ə'kɑ:mədeɪtɪŋ, *Brit:* ə'kɒmədeɪtɪŋ] *adj* transigente

accommodation [ə,kɑ:mə'deɪʃn, *Brit:* -,kɒm-] *n Aus, Brit,* **accommodations** *npl Am* acomodações *fpl*

accompaniment [ə'kʌmpənɪmənt] *n* acompanhamento *m*

accompany [ə'kʌmpəni] <-ie-> *vt* acompanhar

accomplice [ə'kɑ:mplɪs, *Brit:* -'kʌm] *n* cúmplice *mf*

accomplish [ə'kɑ:mplɪʃ, *Brit:* -'kʌm-] *vt* realizar, concluir

accomplished [-'kʌm-] *adj* consumado, -a, exímio, -a

accomplishment *n* 1. *(achievement)* realização *f* 2. *(skill)* dom *m*

accord [ə'kɔ:rd, *Brit:* -'kɔ:d] I. *n* 1. *(document)* tratado *m* 2. *(agreement)* **in ~ with** de acordo com a. c.; *(free will)*; **of [o on] one's own ~** por sua livre vontade II. *vt form* conceder

accordance [ə'kɔ:rdəns, *Brit:* -'kɔ:d-] *n* **in ~ with** de acordo com

accordingly *adv (therefore)* assim

according to *prep* segundo; **~ the law** segundo as leis

accordion [ə'kɔ:rdɪən, *Brit:* -'kɔ:d-] *n* acordeão *m*

account [ə'kaʊnt] *n* 1. *(with bank)* conta-corrente *f* 2. **~s** *pl (financial records)* contabilidade *f* 3. *(description)* relato *m;* **by all ~s** pelo que dizem; **to take sth into ~** levar a. c. em consideração

◆ **account for** *vt (explain)* justificar

accountability [ə,kaʊntə'bɪlətɪ, *Brit:* -tə'bɪlɪtɪ] *n no pl* responsabilidade *f*, dever *m* de prestar contas

accountable [ə'kaʊntəbl, *Brit:* -tə-] *adj* responsável; **to be ~ (to sb) for sth** ter que prestar contas (a alguém) por a. c.

accountancy [ə'kaʊntənsɪ] *n no pl, esp Brit* contabilidade *f*

accountant [ə'kaʊntənt] *n* contador(a) *m(f)*

accumulate [ə'kju:mjʊleɪt] I. *vt* acumular; **to ~ interest** acumular juros II. *vi* acumular-se

accumulation [ə,kju:mjʊ'leɪʃn] *n* acúmulo *m*

accuracy ['ækjərəsɪ] *n no pl* exatidão *f*

accurate ['ækjərət] *adj* 1. *(shot, throw)* certeiro, -a 2. *(estimate, guess, report, measurement)* preciso, -a

accusation [,ækjʊ:'zeɪʃn] *n* acusação *f*

accuse [ə'kju:z] *vt* acusar; **to ~ sb of sth [o of doing sth]** acusar alguém de (fazer) a. c.

accused [ə'kju:zd] *n* **the ~** o acusado *m*, a acusada *f*

accustom [ə'kʌstəm] *vt* habituar

accustomed [ə'kʌstəmd] *adj* **to be ~ to (doing) sth** estar habituado a (fazer) a. c.

ace [eɪs] *n* ás *m*

ache [eɪk] I. *n* dor *f;* **~s and pains** mazelas *fpl* II. *vi* doer

achieve [ə'tʃi:v] *vt* conseguir; *(objective, victory, success)* alcançar

achievement *n* realização *f*, avanço *m*

acid ['æsɪd] *n* ácido *m*

acidic [ə'sɪdɪk] *adj* ácido, -a; *(sour: taste)* azedo, -a

acknowledge [ək'nɑ:lɪdʒ, *Brit:* -'nɒl-] *vt* 1. *(admit: one's mistake, a shortcoming)* admitir, reconhecer 2. **to ~ receipt of a letter** acusar o recebimento de uma carta; **to ~ sb's presence** tomar conhecimento da presença de alguém

acknowledg(e)ment *n no pl* 1. *(admission)* admissão *f* 2. *(recognition)* reconhecimento *m*

acne ['ækni] *n no pl* acne *f*

acorn ['eɪkɔ:rn, *Brit:* -kɔ:n] *n* BOT bolota *f*

acoustic [ə'ku:stɪk] *adj* acústico, -a

acoustic guitar *n* violão *m* acústico

acoustics [ə'ku:stɪk] *npl* acústica *f*

acquaint [ə'kweɪnt] *vt* **to be/become ~ed with sb** conhecer alguém

acquaintance [ə'kweɪntəns] *n* conhecido, -a *m, f;* **to make sb's ~** conhecer alguém

acquire [ə'kwaɪər, *Brit:* -ə'] *vt* adquirir

acquisition [,ækwɪ'zɪʃn] *n* aquisição *f*

acquit [ə'kwɪt] <-tt-> *vt* 1. LAW **to ~ sb of sth** absolver alguém de a. c. 2. **to ~ oneself well** sair-se bem

acquittal [ə'kwɪtl, *Brit:* -tl] *n no pl* absolvição *f*

acre ['eɪkər, *Brit:* -ə'] *n* acre *m*

acrobat ['ækrəbæt] *n* acrobata *mf*

across [ə'krɑːs, *Brit:* -'krɒs] **I.** *prep* **1.** (*on other side of*) no outro lado de; **just ~ the street** logo do outro lado da rua; **~ from** no lado oposto de **2.** (*from one side to other*) através de; **to walk ~ the bridge** atravessar a ponte; **to go ~ the border** atravessar a fronteira **II.** *adv* de um lado a outro; **to run/swim ~** atravessar correndo/a nado; **to be 2 m ~** ter 2 m de largura

act [ækt] **I.** *n* **1.** (*action*) ato *m*; **to catch sb in the ~** pegar alguém no ato **2.** (*performance*) número *m*; **to get one's ~ together** *fig* tomar jeito **3.** (*pretence*) fingimento *m*; **he's just putting on an ~** ele está apenas representando **4.** THEAT ato *m* **5.** LAW decreto *m* **II.** *vi* **1.** (*take action*) agir; **to ~ for sb** representar alguém **2.** (*take effect*) produzir efeito **3.** THEAT atuar; **to be just ~ing** (*pretending*) estar apenas representando
 ◆ **act out** *vt* representar
 ◆ **act up** *vi inf* aprontar

acting ['æktɪŋ] **I.** *adj* (*president, chairman*) interino, -a **II.** *n no pl* THEAT atuação *f*

action ['ækʃn] *n* **1.** *no pl* (*activeness*) ação *f*; **to be out of ~** (*person*) estar parado; (*machine*) estar fora de funcionamento; **to put a plan into ~** pôr um plano em ação; **to take ~** tomar medidas; **~s speak louder than words** *prov* atos falam mais que palavras **2.** LAW ação *f* judicial

action film *n*, **action movie** *n* filme *m* de ação

activate ['æktɪveɪt] *vt* ativar

active ['æktɪv] *adj* (*person*) ativo, -a; (*volcano*) em atividade; **to be ~ in sth** participar de a. c.; **to take an ~ interest in sth** envolver-se ativamente em a. c.

activist ['æktɪvɪst] *n* POL ativista *mf*

activity [æk'tɪvəţi, *Brit:* -əti] <-ies> *n* atividade *f*

actor ['æktər, *Brit:* -ə^r] *n* ator *m*

actress ['æktrɪs] *n* atriz *f*

actual ['æktʃʊəl] *adj* (*real: cost*) real; (*duration*) efetivo, -a; **in ~ fact** em realidade

actually ['æktʃʊli] *adv* realmente, de fato; **though I wanted to run five miles, it actually was too much for me** embora eu quisesse correr cinco milhas, na verdade era muito para mim; **~, I saw her yesterday** aliás, eu a vi ontem

acupuncture ['ækjʊpʌŋktʃər, *Brit:* -ə^r] *n no pl* acupuntura *f*

acute [ə'kjuːt] *adj* (*illness*) agudo, -a; (*pain*) forte; (*shortage*) crítico, -a; (*observation*) perspicaz

ad [æd] *n inf abbr of* **advertisement** anúncio *m* publicitário

AD [ˌeɪ'diː] *abbr of* **anno Domini** d. C.

adamant ['ædəmənt] *adj* firme, inflexível; **to be ~ about sth** ser irredutível sobre a. c.

adapt [ə'dæpt] **I.** *vt* adaptar **II.** *vi* adaptar-se; **to ~ to sth** adaptar-se a a. c.

adaptable *adj* adaptável

adaptation [ˌædæp'teɪʃn] *n no pl* adaptação *f*

adaptor [ə'dæptər, *Brit:* -ə^r] *n* ELEC adaptador *m*

add [æd] *vt* acrescentar; **to ~ sth to sth** adicionar a. c. a a. c.; MAT somar
 ◆ **add up I.** *vi* **to ~ to ...** significar ... **II.** *vt* somar

adder ['ædər, *Brit:* -ə^r] *n* víbora *f*

addict ['ædɪkt] *n* viciado, -a *m, f*

addicted [ə'dɪktɪd] *adj* viciado, -a

addiction [ə'dɪkʃn] *n no pl* vício *m*

addictive [ə'dɪktɪv] *adj* viciante

addition [ə'dɪʃn] *n* **1.** *no pl* (*act of adding*) adição *f*; **in ~** além disso **2.** (*added thing*) acréscimo *m*

additional [ə'dɪʃənl] *adj* adicional

additionally *adv* em acréscimo

additive ['ædəţɪv, *Brit:* -ɪtɪv] *n* aditivo *m*

address I. ['ædres, *Brit:* ə'dres] *n* **1.** *a.* INFOR endereço *m* **2.** (*speech*) discurso *m* **II.** [ə'dres] *vt* (*person*) dirigir-se a; (*letter, envelope*) endereçar

addressee [ˌædre'siː] *n* destinatário, -a *m, f*

adept [ə'dept, *Brit:* 'ædept] *adj* hábil, competente; **~ at** hábil em

adequate ['ædɪkwət] *adj* (*sufficient*) suficiente; (*good enough*) adequado, -a

adhere [əd'hɪr, *Brit:* -'hɪə^r] *vi* **to ~ to** (*rule*) cumprir; (*belief, principle*) manter-se fiel a

adherence [əd'hɪrəns, *Brit:* -'hɪər-] *n no pl* cumprimento *m*; (*to belief*) adesão *f*

adhesive [əd'hiːsɪv] *n no pl* adesivo *m*

adjacent [ə'dʒeɪsnt] *adj* adjacente; **her room was ~ to mine** o quarto dela era pegado ao meu

adjective ['ædʒɪktɪv] *n* adjetivo *m*

adjoin [ə'dʒɔɪn] *vt* ser contíguo a
adjoining *adj* contíguo, -a
adjourn [ə'dʒɜːrn, *Brit:* -'dʒɜːn] **I.** *vt* adiar, suspender **II.** *vi* fazer uma pausa; **to ~ to another room** transferir-se a outra sala
adjust [ə'dʒʌst] **I.** *vt* ajustar, regular **II.** *vi* **to ~ to sth** ajustar-se a a. c.
adjustment *n* ajuste *m*
admin ['ædmɪn] *n abbr of* **administration** administração *f*
administer [əd'mɪnɪstər, *Brit:* -stəʳ] *vt* (*manage*) administrar; (*punishment*) aplicar
administration [əd,mɪnɪ'streɪʃn] *n* **1.** *no pl* (*organization*) administração *f*, gerência *f* **2.** POL governo *m*
administrative [əd'mɪnɪstrətɪv] *adj* administrativo, -a
administrator [əd'mɪnɪstreɪtər, *Brit:* -təʳ] *n* administrador(a) *m(f)*
admirable ['ædmərəbl] *adj* admirável; **to do an ~ job** fazer um trabalho excelente
admiral ['ædmərəl] *n* almirante *m*
Admiralty ['ædmərəlţi, *Brit:* -ti] *n* HIST *no pl*, *Brit* Ministério *m* da Marinha
admiration [ædmə'reɪʃn] *n no pl* admiração *f*; **~ for sb** admiração por alguém
admire [əd'maɪər, *Brit:* əd'maɪəʳ] *vt* admirar
admirer [əd'maɪərər, *Brit:* -ərəʳ] *n* admirador(a) *m(f)*; **secret ~** admirador secreto
admission [əd'mɪʃn] *n* **1.** *no pl* (*entry: to building*) entrada *f*; (*to organization*) admissão *f*; (*to hospital*) internação *f* **2.** (*fee*) ingresso *m* **3.** (*acknowledgement*) reconhecimento *m*, confissão *f*; **by his own ~,** ... por confissão própria, ...
admit [əd'mɪt] <-tt-> **I.** *vt* admitir; (*permit*) permitir; (*acknowledge*) reconhecer **II.** *vi* **to ~ to sth** admitir a. c.
admittedly *adv* **~,** ... devo admitir que ...
admonish [əd'mɑːnɪʃ, *Brit:* -'mɒn-] *vt* repreender, advertir
ado [ə'duː] *n no pl* **without further ~** sem mais demora
adolescence [ædə'lesns] *n no pl* adolescência *f*
adolescent [ædə'lesnt] *n* adolescente *mf*
adopt [ə'dɑːpt, *Brit:* -'dɒpt] *vt* adotar

adoption [ə'dɑːpʃn, *Brit:* -'dɒp-] *n* adoção *f*
adore [ə'dɔːr, *Brit:* -'dɔːʳ] *vt* adorar
adorn [ə'dɔːrn, *Brit:* -'dɔːn] *vt form* ornamentar
adrenaline [ə'drenəlɪn] *n, Brit also* **adrenalin** *n no pl* adrenalina *f*
Adriatic [eɪdri'ætɪk] *n* **the ~ (Sea)** o Mar Adriático
adrift [ə'drɪft] *adv* à deriva; **to come ~** *fig* perder o rumo
adult [ə'dʌlt, *Brit:* 'ædʌlt] **I.** *n* adulto, -a *m, f* **II.** *adj* (*movie*) para adultos
adult education *n no pl* educação *f* de adultos
adultery [ə'dʌltəri] <-ies> *n no pl* adultério *m*; **to commit ~** cometer adultério
advance [əd'væːns, *Brit:* -'vɑːns] **I.** *vi* progredir; **after completing the test she ~d to the next level** depois de concluir o exame ela avançou para o nível seguinte **II.** *vt* **1.** (*move forward*) avançar **2.** (*money*) adiantar **III.** *n* **1.** (*movement*) avanço *m*, progresso *m*; **in ~** de antemão, antecipadamente; **unwelcome ~s** *fig* investidas *fpl* (sexuais) **2.** FIN adiantamento *m*
advanced [əd'væːnst, *Brit:* -'vɑːnst] *adj* avançado, -a, adiantado, -a
advantage [əd'væːnţɪdʒ, *Brit:* -'vɑːntɪdʒ] *n* vantagem *f*; **to take ~ of sb** (*mistreat*) aproveitar-se de alguém; **to take ~ of sth** (*benefit from*) tirar proveito de a. c.
advantageous [ædvæn'teɪdʒəs, *Brit:* -vən'-] *adj* vantajoso, -a
advent ['ædvənt] *n no pl* **1.** (*arrival*) advento *m*; **the ~ of the Internet** o advento da Internet **2.** REL **Advent** Advento *m*
adventure [əd'ventʃər, *Brit:* -əʳ] *n* aventura *f*
adventurous [əd'ventʃərəs] *adj* ousado, -a
adverb ['ædvɜːrb, *Brit:* -vɜːb] *n* advérbio *m*
adversary ['ædvəsəri, *Brit:* -vər-] <-ies> *n* adversário, -a *m, f*
adverse ['ædvɜːrs, *Brit:* -vɜːs] *adj* (*conditions, circumstances, weather*) adverso, -a, desfavorável; (*reaction, criticism*) hostil
adversity [əd'vɜːrsəţɪ, *Brit:* -'vɜːsəti] <-ies> *n* adversidade *f*
advert ['ædvɜːrt, *Brit:* -vɜːt] *n esp Brit* s.

advertisement
advertise ['ædvərtaɪz, Brit: -vət-] I. vt anunciar II. vi fazer propaganda
advertisement [ædvər'taɪzmənt, Brit: əd'vɜːtɪsmənt] n anúncio m publicitário, propaganda f; **job** ~ anúncio m de empregos; **an** ~ **for detergent** uma propaganda de detergente
advertiser ['ædvərtaɪzər, Brit: -vətaɪzəʳ] n anunciante mf
advertising ['ædvərtaɪzɪŋ, Brit: -vətaɪz-] n no pl publicidade f
advertising agency <-ies> n agência f de publicidade **advertising campaign** n campanha f publicitária
advice [əd'vaɪs] n no pl conselho m; **a piece of** ~ um conselho

> **Grammar** advice com c é substantivo e não é usado no plural: "a piece of advice, some advice".
> advise com s é verbo: "Jane advised him to go to Oxford."

advisable [əd'vaɪzəbl] adj aconselhável, conveniente
advise [əd'vaɪz] I. vt 1.(give recommendation) aconselhar, recomendar; **to** ~ **sb against sth** aconselhar alguém para evitar a. c.; **to** ~ **sb to do sth** aconselhar alguém a fazer a. c. 2. form (inform) informar; **to** ~ **sb of sth** informar alguém sobre a. c. II. vi **to** ~ **against sth** desaconselhar a. c.
adviser [əd'vaɪzər, Brit: -əʳ] n, **advisor** n assessor(a) m(f), orientador(a) m(f)
advisory [əd'vaɪzəri] adj consultivo, -a; ~ **board** comitê consultivo
advocate¹ ['ædvəkeɪt] vt defender, atuar a favor de; **to advocate a policy of** defender uma política de
advocate² ['ædvəkət] n defensor(a) m(f)
aegis ['iːdʒɪs] n no pl **under the** ~ **of ...** sob a égide de ...
aerial ['eərɪəl, Brit: 'eər-] I. adj aéreo, -a II. n Brit antena f
aerobics [eə'roʊbɪks, Brit: eə'rəʊ-] n + sing/pl vb ginástica f aeróbica
aeronautics [ˌerə'nɑːtɪks, Brit: ˌeərə-'nɔːtɪks] n + sing vb aeronáutica f
aeroplane ['eərəpleɪn] n Aus, Brit s. **airplane**
aerosol ['erəsɑːl, Brit: 'eərəsɒl] n aerosol m

aesthetic [es'θetɪk, Brit: iːs'θet-] adj estético, -a
aesthetics [es'θetɪks, Brit: iːs'θet-] n + sing vb estética f
afar [ə'fɑːr, Brit: -'fɑː'] adv form à distância; **to see sth from** ~ ver a. c. de longe
affable ['æfəbl] adj amável
affair [ə'fer, Brit: -'feəʳ] n 1.(matter) assunto m; **current** ~**s** atualidades 2.(sexual) caso m (amoroso)
affect [ə'fekt] vt afetar, influenciar
affected [ə'fektɪd] adj (style) artificial, forçado, -a
affection [ə'fekʃn] n afeição f
affectionate [ə'fekʃənət] adj carinhoso, -a; **to be** ~ **towards sb** ser carinhoso com alguém
affidavit [ˌæfɪ'deɪvɪt] n LAW declaração f juramentada
affiliate [ə'fɪlieɪt] vt filiar a
affiliation [əˌfɪli'eɪʃn] n filiação f, associação f
affinity [ə'fɪnəti, Brit: -əti] <-ies> n afinidade f
affirm [ə'fɜːrm, Brit: -'fɜːm] vt afirmar; **to** ~ **a point of view** sustentar um ponto de vista
affirmation [ˌæfər'meɪʃn, Brit: -fə'-] n declaração f
affirmative [ə'fɜːrmətɪv, Brit: -'fɜːmətɪv] adj afirmativo, -a
affix [ə'fɪks] vt afixar, anexar
afflict [ə'flɪkt] vt afligir; **to be** ~**ed with sth** sofrer de a. c.
affliction [ə'flɪkʃn] n aflição f
affluence ['æfluəns] n no pl riqueza f
affluent ['æfluənt] adj rico, -a
afford [ə'fɔːrd, Brit: -'fɔːd] vt 1.(be able to pay for) ter condições de pagar; I can't ~ **to buy a new car** não tenho condições de comprar um carro novo 2.(be able to do) **we can't** ~ **that** não podemos nos dar ao luxo 3.(offer) **to** ~ **protection** dar proteção
affordable [ə'fɔːrdəbl, Brit: -'fɔːd-] adj acessível
affront [ə'frʌnt] I. n afronta f II. vt ofender; **to be** ~**ed by sth** ficar ofendido com a. c.
Afghan ['æfgæn] n, adj afegão, -ã m, f
Afghanistan [æf'gænəstæn, Brit: -nɪ-] n Afeganistão m
afield [ə'fiːld] adv **far** ~ bem distante
afloat [ə'floʊt, Brit: -'fləʊt] adj à tona
afoot [ə'fʊt] adj **there's sth** ~ há a. c.

em curso

aforementioned [ə,fɔːrˈmenʃnd, Brit: -,fɔːˈ-] adj form anteriormente mencionado, -a

afraid [əˈfreɪd] adj 1.(fear) **to be ~** ter medo; **to be ~ of doing sth** ter medo de fazer a. c.; **to be ~ of sb** ter medo de alguém 2.(sorry) **I'm ~ so** sinto muito; **I'm ~ not** infelizmente não; **I'm ~ I can't make it tomorrow** sinto muito mas amanhã não posso

afresh [əˈfreʃ] adv **to start ~** começar de novo

Africa [ˈæfrɪkə] n África f

African [ˈæfrɪkən] adj, n africano, -a

Afro-American [ˌæfroʊəˈmerɪkən, Brit: -rəʊ-] adj afro-americano, -a

after [ˈæftər, Brit: ˈɑːftə] I. prep 1.(at later time) depois; **~ two days** depois de dois dias 2.(behind) atrás; **to be ~ sb/sth** estar atrás de alguém/a. c.; **to run ~ sb** correr atrás de alguém 3.(following) em seguida 4.(about) por; **to ask ~ sb** perguntar por alguém 5.(despite) **~ all** afinal (de contas) II. adv depois; **soon ~** logo depois; **the day ~** o dia seguinte III. conj depois que +subj; **~ waiting two days, we left** depois de esperar dois dias, fomos embora

after-effects npl efeitos mpl secundários

afterlife [ˈæftərlaɪf, Brit: ˈɑːftə-] n no pl **the ~** o além

aftermath [ˈæftərmæθ, Brit: ˈɑːftəmɑːθ] n no pl desfecho m, consequência f; **in the ~ of** logo depois de

afternoon [ˌæftərˈnuːn, Brit: ˌɑːftəˈ-] n tarde f; **this ~** esta tarde; **in the ~** à tarde; **tomorrow ~** amanhã à tarde; **good ~!** boa tarde!

after-shave n loção f pós-barba

aftershock n tremor m secundário

aftertaste n gosto m residual (na boca)

afterthought [ˈæftərθɔːt, Brit: ˈɑːftəθɔːt] n reflexão f posterior

afterward [ˈæftərwərd] adv Am, **afterwards** [ˈɑːftəwədz] adv Brit depois, posteriormente

again [əˈgen] adv novamente; **oh no, not ~!** não, de novo não!; **never ~** nunca mais; **once ~** mais uma vez; **then ~** por outro lado; **yet ~** mais uma vez; **~ and ~** repetidas vezes

against [əˈgenst] prep 1.(in opposition to) contra; **he's ~ war** ele é contra a guerra 2.(in contact with) contra; **we pushed the table ~ the wall** empurramos a mesa contra a parede

age [eɪdʒ] I. n 1.(of person, object) idade f; **old ~** velhice f; **what is your ~?** qual é a sua idade?; **when I was her ~** quando eu tinha a idade dela; **to be seven years of ~** ter sete anos (de idade) 2.(adulthood) **to be of ~** ser maior de idade; **to be under ~** ser menor de idade 3.(era) época f; **in this day and ~** naquela época; **I haven't seen you in ~s!** faz um tempão que eu não te vejo! II. vi, vt envelhecer

aged [eɪdʒd] adj **children ~ 8 to 12** crianças entre 8 e 12 anos

age group n faixa f etária

agency [ˈeɪdʒənsi] <-ies> n 1. agência f 2. POL órgão m

agenda [əˈdʒendə] n pauta m, agenda f; **what's on the ~?** qual é a programação?

agent [ˈeɪdʒənt] n 1. agente mf 2.(of artist) empresário, -a m, f

aggravate [ˈægrəveɪt] vt agravar, piorar; (annoy) irritar

aggravating adj irritante

aggravation [ˌægrəˈveɪʃn] n no pl, inf aborrecimento m

aggregate [ˈægrɪgɪt] n conjunto m

aggression [əˈgreʃn] n no pl agressão f

aggressive [əˈgresɪv] adj agressivo, -a

aggressor [əˈgresər, Brit: -ər] n agressor(a) m(f)

aghast [əˈgæst, Brit: -ˈgɑːst] adj horrorizado, -a

agile [ˈædʒl, Brit: -aɪl] adj ágil

agility [əˈdʒɪləti, Brit: -ti] n no pl agilidade f

agitate [ˈædʒɪteɪt] I. vt 1.(make nervous) agitar; **to become ~d** ficar nervoso 2.(shake) agitar II. vi **to ~ for sth** batalhar em favor de a. c.

agitated adj agitado, -a

agitation [ˌædʒɪˈteɪʃn] n no pl agitação f

AGM [ˌeɪdʒiːˈem] n abbr of **annual general meeting** reunião f geral anual

ago [əˈgoʊ, Brit: -ˈgəʊ] adv **a year ~** um ano atrás; **long ~** há muito tempo

agonize [ˈægənaɪz] vi atormentar-se; **to ~ over sth** atormentar-se com a. c.

agonizing [ˈægənaɪzɪŋ] adj (pain) atroz; (delay) angustiante

agony [ˈægəni] <-ies> n agonia f; **to be in ~** estar agoniado

agree [əˈgriː] I. vi 1.(hold same

agreeable

opinion) concordar; **to ~ on sth** concordar com a. c.; **to ~ to do sth** concordar em fazer a. c. **2.** (*be good for*) **to ~ with sb** dar-se bem com alguém; **those beans didn't ~ with me** o feijão não me caiu bem **3.** (*match up: numbers, figures, stories*) bater **II.** *vt* **1.** (*concur*) convir; **to ~ that ...** convir que ... **2.** *Brit* (*accept: plan, proposal*) chegar a um acordo

agreeable *adj* **1.** *form* (*have positive attitude*) conforme; **to be ~ (to sth)** estar conforme (com a. c.) **2.** (*pleasant*) agradável

agreement *n* acordo *m*; **to be in ~ with sb** estar de acordo com alguém; **to reach ~** chegar a um acordo

agricultural [ˌægrɪˈkʌltʃərəl] *adj* agrícola

agriculture [ˈægrɪkʌltʃər, *Brit:* -əʳ] *n no pl* agricultura *f*

agritourism [ˌægrɪˈtʊrɪzəm-] *n Am*, **agrotourism** [-rəʊˈtʊər-] *n Brit no pl* agroturismo *m*

ah [ɑː] *interj* ah

aha [ɑːˈhɑː] *interj* aha

ahead [əˈhed] *adv* adiante; **to go ~** ir em frente; **to look ~** olhar para frente; **to be ~ (of sb)** estar à frente (de alguém)

ahead of *prep* **1.** (*in front of*) à frente de; **to walk ~ sb** andar à frente de alguém; **to be ~ one's time** ser avançado para a própria época **2.** (*before*) antes; **~ the conference, we must ...** antes da reunião, precisamos ...

AI [ˌeɪˈaɪ] *n abbr of* **artificial intelligence** inteligência *f* artificial

aid [eɪd] *n no pl* auxílio *m*; **in ~ of sth** em auxílio a a. c.; **to come to the ~ of sb** prestar auxílio a alguém

aide [eɪd] *n* assistente *mf*, ajudante *mf*

AIDS [eɪdz] *n no pl abbr of* **Acquired Immune Deficiency Syndrome** aids *f*

ailing [ˈeɪlɪŋ] *adj* adoentado, -a, enfraquecido, -a

ailment [ˈeɪlmənt] *n* enfermidade *f*

aim [eɪm] **I.** *vi* **to ~ at sth** mirar para a. c.; **to ~ to do sth** tencionar fazer a. c. **II.** *vt* apontar; **to ~ sth at sb** apontar a. c. para alguém **III.** *n* **1.** *no pl* (*ability*) pontaria *f*; **to take ~** fazer pontaria **2.** (*goal*) meta *f*

aimless [ˈeɪmləs] *adj* sem rumo

aimlessly *adv* sem rumo

ain't [eɪnt] *sl* = **am not, are not, is not**

alarm

s. **be**

air [er, *Brit:* eəʳ] **I.** *n* **1.** *a.* MUS ária *f*; **by ~** AVIAT de avião; **to be on (the) ~** (*radio, TV*) estar no ar; (*issue, plan*) estar no ar; **the future of the company is still up in the ~** o futuro da empresa ainda está no ar **2.** *no pl* (*aura, quality*) ar *m*; **an ~ of confidence** um ar de segurança **II.** *vt* **1.** TV, RADIO transmitir **2.** (*expose to air*) arejar **3.** (*discuss*) **to ~ one's grievances** ventilar seus ressentimentos

air bag *n* air bag *m*

airborne *adj* (*disease, pollen*) transmitido pelo ar; (*airplane*) alçar voo; **to be ~** ser transportado pelo ar **air conditioned** *adj* refrigerado, -a **air conditioner** *n* aparelho *m* de ar-condicionado **air conditioning** *n no pl* ar-condicionado *m*

aircraft [ˈerkræft, *Brit:* ˈeəkrɑːft] *n* aeronave *f* **aircraft carrier** *n* porta-aviões *m inv*

airfare *n* passagem *f* aérea

airfield *n* campo *m* de aviação **air force** *n* força *f* aérea **air gun** *n* pistola *f* de ar comprimido

airhead [ˈerhed] *n* cabeça de vento *mf*; **~ remark/behaviour** comentário/comportamento estúpido

airless *adj* mal ventilado, -a

airline *n* companhia *f* aérea **airliner** *n* avião *m* de passageiros **airmail** *n no pl* via *f* aérea **airplane** *n Am* avião *m* **air pollution** *n* poluição *f* do ar **airport** *n* aeroporto *m* **air raid** *n* ataque *m* aéreo **air sick** *adj* enjoado, -a (em viagem de avião); **to be ~** estar/ficar enjoado (em viagem de avião)

airtight [ˈertaɪt, *Brit:* ˈeə-] *adj* hermético, -a

airtime [ˈertaɪm] **I.** *n* (*of cell phone*) tempo *m* de uso **II.** *adj attr, inv* **~ minutes** minutos *mpl* de uso

air traffic *n no pl* tráfego *m* aéreo

airway [ˈerweɪ, *Brit:* ˈeəw-] *n* ANAT via *f* aérea

airy [ˈeri, *Brit:* ˈeəri] *adj* ARCHIT espaçoso, -a

aisle [aɪl] *n* corredor *m*; (*in church*) nave *f* lateral

ajar [əˈdʒɑːr, *Brit:* -ˈdʒɑːʳ] *adj* (*door*) entreaberto, -a

akin [əˈkɪn] *adj* **~ to** semelhante a

alarm [əˈlɑːrm, *Brit:* -ˈlɑːm] **I.** *n* **1.** alarme *m*; **to cause sb ~** alarmar

alguém; **to raise** [*o* **sound**] **the** ~ dar [*ou* soar] o alarme **2.** (*on clock*) alarme *m*; **I set the** ~ **for 8:00** ajustei o alarme para as 8 da manhã **II.** *vt* alarmar
alarm clock *n* despertador *m*
alarmed *adj* alarmado, -a
alarming *adj* alarmante
alas [əˈlæs] *interj* pobre de mim
Albania [ælˈbeɪnɪə] *n* Albânia *f*
Albanian *adj*, *n* albanês, -esa
albatross [ˈælbətrɑːs, *Brit:* -trɒs] *n* albatroz *m*
albeit [ɔːlˈbiːɪt] *conj form* embora
albino [ælˈbaɪnoʊ, *Brit:* -ˈbiːnəʊ] *n* albino, -a *m, f*
album [ˈælbəm] *n* álbum *m*

> **Culture** Alcatraz é uma antiga prisão localizada na Ilha de Alcatraz, na baía de São Francisco. Como a ilha está sobre uma base de cinco hectares de uma encosta rochosa, a prisão também é conhecida como '**La Roca**'. Lá ficavam confinados os presos considerados extremamente perigosos.

alcohol [ˈælkəhɑːl, *Brit:* -hɒl] *n no pl* álcool *m*
alcoholic [ˌælkəˈhɑːlɪk, *Brit:* -ˈhɒl-] **I.** *n* alcoólatra *mf*, alcoólico, -a *m, f* **II.** *adj* alcoólico, -a
alcoholism *n no pl* alcoolismo *m*
ale [eɪl] *n* cerveja *f* "ale"
alert [əˈlɜːrt, *Brit:* -ˈlɜːt] **I.** *adj* alerta **II.** *n* **to be on the** ~ estar alerta [*ou* de prontidão] **III.** *vt* alertar; **to** ~ **sb to sth** alertar alguém de a. c.
A-level [ˈeɪlevəl] *n Brit abbr of* **Advanced-level** *exame de conclusão do curso secundário que permite a admissão na universidade*

> **Culture** O **A-Level** é um exame final realizado pelos alunos ao concluírem o ensino médio. A maioria dos alunos escolhe três matérias para o exame, mas também é possível prestar o exame em uma só matéria. Se o aluno é aprovado nos **A-Levels**, ele pode cursar a universidade.

algebra [ˈældʒɪbrə] *n no pl* álgebra *f*
Algeria [ælˈdʒɪrɪə, *Brit:* -ˈdʒɪər-] *n* Argélia *f*
Algerian *adj*, *n* argelino, -a
Algiers [ælˈdʒɪrz, *Brit:* -ˈdʒɪəz] *n* Argel *f*
alias [ˈeɪlɪəs] **I.** *n* nome *m* falso **II.** *adv* vulgo
alibi [ˈælɪbaɪ] *n* álibi *m*
alien [ˈeɪlɪən] **I.** *adj* **1.** (*strange*) estranho, -a; **that's** ~ **to me** desconheço isso **2.** (*foreign*) estrangeiro, -a **II.** *n* **1.** *esp form* (*foreigner*) estrangeiro, -a *m, f*; **illegal** ~ estrangeiro em situação ilegal **2.** (*from space*) extraterrestre *m*
alienate [ˈeɪlɪənət] *vt* distanciar
alienation [ˌeɪlɪəˈneɪʃn] *n no pl* distanciamento *m*
alight [əˈlaɪt] **I.** *adj* (*on fire*) **to be** ~ estar pegando fogo; **to set sth** ~ pôr fogo em a. c.; **to set sb's imagination** ~ estimular a imaginação de alguém **II.** *vi form* pousar
align [əˈlaɪn] *vt* alinhar; **to** ~ **oneself with sb** POL alinhar-se com alguém
alignment *n no pl* alinhamento *m*
alike [əˈlaɪk] *adj* parecido, -a; **to look** ~ ser parecido
alimony [ˈælɪmoʊni, *Brit:* -məni] *n no pl* pensão *f* alimentícia
A-lister [ˈeɪlɪstər, *Brit:* -ə] *n* CINE, TV, MEDIA (*celebrity*) um, -a *m, f* dos mais-mais
alive [əˈlaɪv] *adj* (*not dead*) vivo, -a; (*active*) ativo, -a; **to keep one's hopes** ~ manter viva a esperança; ~ **and kicking** firme e forte
all [ɔːl] **I.** *adj* todo, -a; ~ **my brothers** todos os meus irmãos; ~ **day/evening** o dia todo/a noite toda; **on** ~ **fours** de quatro; ~ **three of them** os três; ~ **the time** o tempo todo; **I'm not** ~ **that hungry** não estou com tanta fome assim **II.** *pron* **1.** (*everybody*) todos, -as; ~ **of us are going** todos nós vamos **2.** (*everything*) tudo; **anything/nothing at** ~ absolutamente nada; ~ **but ...** praticamente ...; **the matter was** ~ **but forgotten** o assunto foi praticamente esquecido, quase ...; **most of** ~ sobretudo; **for** ~ **I know** que eu saiba; ~ **I want is ...** tudo o que quero é ...; **is that** ~**?** algo mais?; **will that be** ~**?** isso é tudo?; **thanks – not at all** obrigado – de nada; ~ **in** ~ de um modo geral **3.** SPORTS **two** ~ dois a dois **III.** *adv* todo, totalmente

all-around *adj Am* completo, -a, versátil
allay ['əleɪ] *vt* diminuir
allegation [ˌælɪ'geɪʃn] *n* alegação *f*
allege [ə'ledʒ] *vt* alegar
alleged [ə'ledʒd] *adj* suposto, -a
allegedly [ə'ledʒɪdli] *adv* supostamente
allegiance [ə'liːdʒəns] *n* no pl lealdade *f*
allegory ['æləgəːri, *Brit:* -gəri] <-ies> *n* alegoria *f*
allergic [ə'lɜːrdʒɪk, *Brit:* -'lɜːdʒ-] *adj* alérgico, -a; **to be ~ to sth** ser alérgico a a. c.
allergy ['ælərdʒi, *Brit:* -ədʒi] <-ies> *n* alergia *f*; **to have allergies** ser alérgico
alleviate [ə'liːvieɪt] *vt* aliviar
alley ['æli] *n* beco *m*
alliance [ə'laɪəns] *n* aliança *f*; **to be in ~ with sb** formar uma aliança com alguém
allied ['ælaɪd] *adj* aliado, -a; **~ with** aliado a
alligator ['ælɪgeɪtər, *Brit:* -tər] *n* jacaré *m*
allocate ['æləkeɪt] *vt* alocar
allocation [ˌælə'keɪʃn] *n* no pl **1.** (*assignment*) alocação *f* **2.** (*share*) distribuição *f*
all out *adv* **to go ~** fazer de tudo
all-out *adj* (*attack, war*) total; **an ~ effort** um esforço supremo
allow [ə'laʊ] *vt* **1.** (*permit*) permitir; **to ~ sb to do sth** permitir que alguém faça a. c.; **smoking is not ~ed** é proibido fumar **2.** (*allocate*) conceder; **we'll allow a half hour for finishing this** daremos meia hora para que terminem **3.** (*admit*) **to ~ that ...** admitir que ...
♦ **allow for** *vt* levar em conta
allowance [ə'laʊəns] *n* **1.** (*permitted amount*) limite *m* permitido; **baggage ~** limite *m* de bagagem **2.** (*money: for child*) mesada *f*; (*for employee*) ajuda *f* de custo **3.** (*excuse*) **to make ~s for sb** fazer concessões a alguém
alloy ['æləɪ] *n* liga *f*
all-purpose *adj* multiuso
all-purpose flour *n* farinha *f* comum (sem fermento)
all right *adv* bem; **that's ~** (*after thanks*) de nada; (*after excuse*) está bem; **to be ~** estar tudo bem
all-round *adj esp Brit s.* **all-around**
all-time *adj* de todos os tempos
allude [ə'luːd] *vi* **to ~ to sth** aludir a a. c.

allure [ə'lʊr, *Brit:* -'lʊər] *n* no pl fascinação *f*
allusion [ə'luːʒn] *n* alusão *f*
ally ['ælaɪ] **I.** <-ies> *n* aliado, -a *m, f* **II.** <-ie-> *vt* **to ~ oneself with sb** aliar-se a alguém
almanac ['ɔːlmənæk] *n* almanaque *m*
almighty [ɔːl'maɪti, *Brit:* -ti] **I.** *adj* **1.** *inf* tremendo, -a **2.** todo-poderoso, -a **II.** *n* **the Almighty** o Todo-Poderoso *m*
almond ['ɑːmənd] *n* (*nut*) amêndoa *f*; (*tree*) amendoeira *f*
almost ['ɔːlmoʊst, *Brit:* -məʊst] *adv* quase; **we're ~ there** estamos quase chegando
alone [ə'loʊn, *Brit:* -'ləʊn] **I.** *adj* sozinho, -a; **to do sth ~** fazer a. c. sozinho; **to leave sb ~** deixar alguém em paz; **to leave sth ~** deixar a. c. como está; **let ~ ...** muito menos ... **II.** *adv* somente
along [ə'lɔːŋ, *Brit:* -'lɒŋ] **I.** *prep* por; **~ the road** pela rua; **all ~ the river** ao longo do rio **II.** *adv* **all ~** o tempo todo; **to bring sb ~** trazer alguém
alongside [ə'lɔːŋsaɪd, *Brit:* əˌlɒŋ'-] **I.** *prep* ao lado de **II.** *adv* ao lado
aloof [ə'luːf] *adj* distante, altivo, -a; **to keep ~ from sth** manter-se à parte de a. c.
aloud [ə'laʊd] *adv* (*read, laugh*) em voz alta; **to think ~** pensar em voz alta
alphabet ['ælfəbet] *n* alfabeto *m*
alphabetical [ˌælfə'betɪkl, *Brit:* -'bet-] *adj* alfabético, -a; **~ order** ordem alfabética
Alps [ælps] *npl* **the ~** os Alpes
already [ɔːl'redi] *adv* já
alright [ɔːl'raɪt] *adv s.* **all right**
also ['ɔːlsoʊ, *Brit:* -səʊ] *adv* também
altar ['ɔːltər, *Brit:* -ə] *n* altar *m*
alter ['ɔːltər, *Brit:* -ə] *vt* mudar, alterar
alteration [ˌɔːltə'reɪʃn] *n* alteração *f*; (*of clothes*) reforma *f*
alternate[1] ['ɔːltərneɪt, *Brit:* -tənert] *vi, vt* alternar; **the water ~s between being too hot and being too cold** a água fica ou quente demais ou fria demais
alternate[2] [ɔːl'tɜːrnət, *Brit:* -'tɜːn-] *adj* alternado, -a
alternating current *n* corrente *f* alternada
alternative [ɔːl'tɜːrnətɪv, *Brit:* -'tɜːnətɪv] **I.** *n* alternativa *f*; **I'm sorry I have no alternative but to fire you** lamento, mas não tenho alternativa senão des-

pedi-lo **II.** *adj* alternativo, -a
alternatively *adv* de outro modo, senão
although [ɔːl'ðou, *Brit:* -'ðəʊ] *conj* embora, ainda que
altitude ['æltətuːd, *Brit:* -tɪtjuːd] *n* altitude *f*
alto ['æltoʊ, *Brit:* -təʊ] *n* (*woman*) contralto *f*; (*man*) tenorino *m*
altogether [ˌɔːltə'ɡeðər, *Brit:* -əʳ] *adv* **1.** (*completely*) totalmente **2.** (*in total*) em geral
aluminium [ˌæljuː'mɪnɪəm] *n Brit*, **aluminum** [ə'luːmɪnəm] *n no pl, Am* alumínio *m*
aluminum foil *n* papel *m* de alumínio
always ['ɔːlweɪz] *adv* sempre; **to ~ be doing sth** estar sempre fazendo a. c.; **you're ~ interrupting people** você sempre interrompe as pessoas; **as ~ ...** como sempre ...
am [əm, *stressed:* æm] *vi 1st pers sing of* **be**
a.m. [ˌeɪ'em] *abbr of* **ante meridiem** da manhã
amass [ə'mæs] *vt* acumular
amateur ['æmətʃər, *Brit:* -ətəʳ] **I.** *n* amador(a) *m(f)* **II.** *adj* (*photographer, tennis player*) amador(a), diletante
amaze [ə'meɪz] *vt* espantar, pasmar; **to be ~d at sth** admirar-se com a. c.
amazement *n no pl* espanto *m*, admiração *f*
amazing *adj* **1.** (*surprising*) espantoso, -a, surpreendente **2.** (*impressive*) fantástico, -a, impressionante
Amazon ['æməzɑːn, *Brit:* -zən] *n* **the ~** o Amazonas
ambassador [æm'bæsədər, *Brit:* -dəʳ] *n* embaixador(a) *m(f)*; **~ to the United Nations/Mexico** embaixador das Nações Unidas/do México
amber ['æmbər, *Brit:* -bəʳ] **I.** *n* âmbar *m* **II.** *adj* de cor âmbar
ambiguity [ˌæmbə'ɡjuːəti, *Brit:* -ɪ'ɡjuːəti] <-ies> *n* ambiguidade *f*
ambiguous [æm'bɪɡjuəs] *adj* ambíguo, -a
ambition [æm'bɪʃn] *n* ambição *f*
ambitious [æm'bɪʃəs] *adj* ambicioso, -a
amble ['æmbl] *vi* caminhar despreocupadamente
ambulance ['æmbjʊləns] *n* ambulância *f*
ambush ['æmbʊʃ] **I.** *vt* **to ~ sb** emboscar alguém **II.** *n* <-es> emboscada *f*
amen [eɪ'men, *Brit:* ɑː'-] *interj* amém

amenable [ə'miːnəbl] *adj* receptivo, -a; **to be ~ to sth** ser receptivo a a. c.
amend [ə'mend] *vt* fazer emendas em, alterar
amendment *n* emenda *f*, alteração *f*; **an ~ to sth** uma emenda em a. c.
amends *npl* **to make ~ for sth** compensar a. c.; **how can I ever make ~?** como eu poderia me desculpar?
amenities [ə'menəti:z, *Brit:* -'miːnə-] *npl* comodidades *fpl*; (**public**) **~** *Brit* instalações públicas
America [ə'merɪkə] *n* América *f*
American [ə'merɪkən] *adj, n* americano, -a
amiable ['eɪmɪəbl] *adj* amável
amicable ['æmɪkəbl] *adj* amistoso, -a, amigável
amid(st) [ə'mɪd(st)] *prep* em meio a
amiss [ə'mɪs] *adv* **there's something ~** há algo errado; **to take sth ~** levar a. c. a mal
ammonia [ə'moʊnjə, *Brit:* -'məʊnɪə] *n no pl* amônia *f*
ammunition [ˌæmjə'nɪʃn, *Brit:* -jʊ'-] *n no pl* munição *f*; (*figurative*) argumentos *mpl*
amnesia [æm'niːzʒə, *Brit:* -ɪə] *n no pl* amnésia *f*
amnesty ['æmnəsti] <-ies> *n* anistia *f*
amok [ə'mʌk, *Brit:* -mɒk] *adv* **to run** [*o* **go**] **~** ter um arroubo
among(st) [ə'mʌŋ(st)] *prep* entre
amorous ['æmərəs] *adj* amoroso, -a
amount [ə'maʊnt] **I.** *n* quantidade *f*; (*of curiosity, anger, surprise*) um tanto *m*; (*of land*) pedaço *m*; (*of money*) quantia *f* **II.** *vi* **to ~ to sth** chegar a a. c.
amphibian [æm'fɪbɪən] *n* anfíbio *m*
ample ['æmpl] *adj* **1.** (*plentiful: space, room*) amplo, -a; (*enough: evidence, resources*) bastante **2.** (*large: bosom, figure*) grande
amplifier ['æmplɪfaɪər, *Brit:* -əʳ] *n* amplificador *m*
amplify ['æmplɪfaɪ] <-ie-> *vt* amplificar
amputate ['æmpjʊteɪt] *vt* amputar
amuse [ə'mjuːz] *vt* **1.** (*entertain*) divertir; **to ~ oneself** divertir-se **2.** (*cause laughter*) fazer rir
amusement [ə'mjuːzmənt] *n* **1.** *no pl* (*entertainment*) diversão *f*; **much to my ~, he tripped when she was walking by** achei muita graça quando ele tropeçou assim que ela passou por ele **2.** (*sth entertaining*) passatempo *m*

amusement arcade *n Brit* casa *f* de jogos eletrônicos e fliperama **amusement park** *n esp Am* parque *m* de diversões

amusing *adj* divertido, -a, engraçado, -a

an [ən, *stressed:* æn] *indef art before vowel s.* **a**

> **Grammar** **an** é usado antes de palavras que começam com vogais: "an apple, an egg, an ice-cream, an oyster, an umbrella" e também antes de h quando o h não é pronunciado: "an hour, an honest man." Mas se a vogal u é pronunciada como [ju], então se usa **a**: "a unit, a university."

anaemia [ə'niːmiə] *n Brit s.* **anemia**
anaesthetic [ˌænɪs'θetɪk] *n Brit s.* **anesthetic**
analogous [ə'næləgəs] *adj* análogo, -a
analogy [ə'nælədʒɪ] <-ies> *n* analogia *f*
analyse ['ænəlaɪz] *vt Aus, Brit s.* **analyze**
analysis [ə'næləsɪs] <-ses> *n* análise *f*
analyst ['ænəlɪst] *n* **1.** COM, FIN analista *mf* **2.** PSYCH psicoanalista *mf*
analytical [ˌænə'lɪtɪkl, *Brit:* -'lɪt-] *adj* analítico, -a
analyze ['ænəlaɪz] *vt Am* analisar
anarchist ['ænərkɪst, *Brit:* -əkɪst] *n* anarquista *mf*
anarchy ['ænərki, *Brit:* -əki] *n no pl* anarquia *f*
anatomy [ə'nætəmi, *Brit:* -'næt-] <-ies> *n no pl* anatomia *f*
ancestor ['ænsestər, *Brit:* -əʳ] *n* antepassado, -a *m, f*
ancestral [æn'sestrəl] *adj* ancestral; **~ home** lar ancestral
ancestry ['ænsestri] <-ies> *n* ascendência *f*
anchor ['æŋkər, *Brit:* -əʳ] **I.** *n* NAUT âncora *f*; *fig* amparo *m*; **to drop/weigh ~** lançar/levantar âncora **II.** *vt* **1.** NAUT *(secure)* ancorar; **to ~ sth to sth** ancorar a. c. em a. c. **2.** *(fix onto)* **to ~ sth down** firmar a. c. **3.** *esp Am* **to ~ the evening news** ser o âncora do jornal da noite
anchorage ['æŋkərɪdʒ] *n* ancoradouro *m*
anchovy ['æntʃoʊvi, *Brit:* -tʃəvi] <-ies> *n* anchova *f*

ancient ['eɪnʃənt] *adj* antigo, -a, remoto, -a
and [ən, ənd, *stressed:* ænd] *conj* e; **black ~ white** branco e preto; **parents ~ children** pais e filhos; **~ so on** e assim por diante; **2 ~ 3 is 5** 2 mais 3 são 5; **more ~ more** cada vez mais; **I tried ~ tried** tentei repetidas vezes; **he cried ~ cried** chorava sem parar; **come ~ visit us** venha nos visitar
Andean ['ændiən] *adj* andino, -a
Andes ['ændiːz] *npl* Andes *mpl*
and/or [ænd,ɔːr, *Brit:* -ɔː] *conj* e/ou
anecdotal [ˌænɪk'doʊtl, *Brit:* -'dəʊtl] *adj (evidence)* baseado em relato de casos
anecdote ['ænɪkdoʊt, *Brit:* -dəʊt] *n* anedota *f*
anemia [ə'niːmiə] *n Am* anemia *f*
anesthetic [ˌænɪs'θetɪk] *n Am* anestésico *m*; **they gave him an ~** lhe deram um anestésico
anew [ə'nuː, *Brit:* -'njuː] *adv* de novo; **to start** [*o* **begin**] **~** começar de novo
angel ['eɪndʒl] *n* anjo *m*; **guardian ~** anjo da guarda
anger ['æŋgər, *Brit:* -gəʳ] **I.** *n no pl* raiva *f*, ira *f*; **~ about sth/at sb** raiva de a. c./alguém **II.** *vt* enfurecer; **to be ~ed by sth** ficar furioso com a. c.
angle ['æŋgl] *n* **1.** *a.* MAT ângulo *m*; **to be at an ~ (to sth)** formar um ângulo (com a. c.) **2.** *fig* prisma *f*
Anglo-Saxon [ˌæŋgloʊ'sæksən, *Brit:* -gləʊ-] *adj, n* anglo-saxão, -ã
Angola [æŋ'goʊlə, *Brit:* -'gəʊ-] *n* Angola *f*
Angolan *adj, n* angolano, -a
angry ['æŋgri] *adj* **1.** *(furious)* zangado, -a; **to be ~ at sth/sb** [*o* **with sb**] estar zangado com a. c./alguém; **to make sb ~** deixar alguém bravo; **to get ~ about sth** zangar-se por a. c. **2.** *fig (sky, clouds)* de tormenta; *(wound, sore)* inflamado, -a
anguish ['æŋgwɪʃ] *n no pl* angústia *f*
angular ['æŋgjʊlər, *Brit:* -lər] *adj* angular
animal ['ænɪml] *n* animal *m*; *fig* besta *f*
animate ['ænɪmeɪt] *vt* animar
animated *adj* animado, -a
animation [ˌænɪ'meɪʃn] *n no pl* animação *f*
animosity [ˌænɪ'mɑːsəti, *Brit:* -'mɒsəti] *n no pl* animosidade *f*; **~ towards sb** animosidade para com alguém

ankle ['æŋkl] *n* tornozelo *m*
annex ['æneks] **I.** *vt* (*territory*) anexar **II.** *n esp Am* anexo *m*
annexe ['æneks] *n Brit s.* **annex**
annihilate [ə'naɪəleɪt] *vt* aniquilar
annihilation [ə,naɪə'leɪʃn] *n no pl* aniquilação *f*
anniversary [,ænɪ'vɜ:rsəri, *Brit:* -'vɜ:s-] <-ies> *n* aniversário *m* (de casamento, evento); **Happy ~!** Feliz aniversário!
announce [ə'naʊns] *vt* anunciar; (*results*) comunicar
announcement *n* comunicado *m;* **to make an ~ about sth** fazer um comunicado de a. c.; **public ~** comunicado oficial
announcer [ə'naʊnsər, *Brit:* -ər] *n* locutor(a) *m(f)*
annoy [ə'nɔɪ] *vt* aborrecer, incomodar; **to get ~ed with sb** ficar contrariado com alguém
annoyance [ə'nɔɪəns] *n* aborrecimento *m*, irritação *f*; (*thing*) incômodo *m*
annoying *adj* incômodo, -a; (*person*) chato, -a; (*habit*) irritante
annual ['ænjʊəl] **I.** *adj* anual **II.** *n* anuário *m*
annually *adv* anualmente
annuity [ə'nu:əti, *Brit:* -'nju:əti] <-ies> *n* anuidade *f*
annul [ə'nʌl] <-ll-> *vt* anular
annulment [ə'nʌlmənt] *n* anulação *f*
anomaly [ə'nɑ:məli, *Brit:* -'nɒm-] <-ies> *n* anomalia *f*
anonymity [,ænə'nɪməti, *Brit:* -ti] *n no pl* anonimato *m*
anonymous [ə'nɑ:nəməs, *Brit:* -'nɒnɪ-] *adj* anônimo, -a
anorexic [,ænər'eksɪk] *adj* anoréxico, -a
another [ə'nʌðər, *Brit:* -ər] **I.** *pron* **1.** (*one more*) outro, -a **2.** (*mutual*) **one ~** um ao outro; **they love one ~** eles se amam **II.** *adj* outro, -a;; **~ $30** mais $30
answer ['æ:nsər, *Brit:* 'ɑ:nsər] **I.** *n* **1.** (*reply*) resposta *f*; **in ~ to sth** em resposta a a. c.; **to give sb an ~** dar uma resposta a alguém; **I called, but there was no ~** eu liguei, mas ninguém atendeu; **a straight ~** uma resposta direta **2.** (*solution*) solução *f*; **the ~ to the problem** a solução para o problema; **to know all the ~s** saber todas as respostas **II.** *vt* **1.** (*respond to*) atender a; **to ~ the door** [*o* **bell**] atender à porta; **to ~ the phone** atender ao telefone **2.** (*fulfill: hopes, needs*) satisfazer; **to ~ sb's prayers** atender às preces de alguém **III.** *vi* responder
◆**answer back** *vi* retrucar
◆**answer for** *vt* (*action*) responder por; (*person*) responsabilizar-se por
◆**answer to** *vt* dar satisfações a (alguém)
answerable ['ænsərəbl, *Brit:* 'ɑ:-] *adj* **to be ~ for sth** ser responsabilizado por a. c.; **to be ~ to sb** ter que prestar contas a alguém
answering machine *n* secretária *f* eletrônica
ant [ænt] *n* formiga *f*
antagonism [æn'tægənɪzəm] *n* antagonismo *m*
antagonistic [æn,tægə'nɪstɪk] *adj* antagônico, -a
antagonize [æn'tægənaɪz] *vt* antagonizar
Antarctic [æn'tɑ:rktɪk, *Brit:* -'tɑ:k-] **I.** *adj* antártico, -a **II.** *n* **the ~** a Antártida
Antarctica [æn'tɑ:rktɪkə, *Brit:* -'ɑ:k-] *n* Antártida *f*
Antarctic Ocean *n* Oceano *m* Antártico
anteater ['ænt,i:tər, *Brit:* -tər] *n* tamanduá *m*
antelope ['æntɪloʊp, *Brit:* -tɪləʊp] <-(s)> *n* antílope *m*
antenatal [,æntɪ'neɪtl] *adj Brit* pré-natal
antenna [æn'tenə] <-nae *o* -s> *n Am* antena *f*
anthem ['ænθəm] *n* hino *m*; **national ~** hino nacional
anthology [æn'θɑ:lədʒi, *Brit:* -'θɒl-] <-ies> *n* antologia *f*
anthropological [,ænθrəpə'lɑ:dʒɪkl, *Brit:* -'lɒdʒ-] *adj* antropológico, -a
anthropologist [,ænθrə'pɑ:lədʒɪst, *Brit:* -'pɒl-] *n* antropólogo, -a *m, f*
anthropology [,ænθrə'pɑ:lədʒi, *Brit:* -'pɒl-] *n no pl* antropologia *f*
anti ['ænti, *Brit:* -ti] *in compounds* anti
anti-abortion *adj* antiaborto
anti-aircraft *adj* antiaéreo, -a
antibiotic [,æntɪbaɪ'ɑ:tɪk, *Brit:* -tɪbaɪ'ɒtɪk] *n* antibiótico *m*
antibody ['æntɪbɑ:di, *Brit:* -tɪbɒdi] <-ies> *n* anticorpo *m*
anticipate [æn'tɪsəpeɪt, *Brit:* -sɪ-] *vt* **1.** (*expect*) prever; **to ~ doing sth** ter previsto fazer a. c. **2.** (*look forward to*) esperar **3.** (*act in advance of: question, sb's needs*) antecipar-se a

anticipation [æn̩tɪsə'peɪʃn, *Brit:* -sɪ'-] *n no pl* previsão *f*, expectativa *f*; **in ~** prevendo

anti-clockwise [ˌæntɪ'klɒkwaɪz] *adv Brit* no sentido anti-horário

antics ['æntɪks] *npl* trejeito *m*

antidepressant [ˌæntɪdɪ'presnt] *n* antidepressivo *m*

antidote ['æntɪdoʊt, *Brit:* -tɪdəʊt] *n* antídoto *m*; **an ~ to sth** um antídoto para a. c.

antifreeze *n no pl* anticongelante *m*

antihistamine [ˌæntɪ'hɪstəmɪn] *n* anti-alérgico *m*

Antilles [æn'tɪliːz] *npl* **the ~** as Antilhas

antiperspirant [ˌæntɪ'pɜːrspərənt, *Brit:* -tɪ'pɜːs-] *n* antiperspirante *m*

antiquarian [ˌæntɪ'kweriən, *Brit:* -'kweər-] *n* antiquário, -a *m, f*

antiquated ['æntəkweɪtɪd, *Brit:* -ɪkweɪtɪd] *adj* antiquado, -a

antique [æn'tiːk] *n* antiguidade *f*

antique shop *n* loja *f* de antiguidades

antiquity [æn'tɪkwəti, *Brit:* -ti] *n no pl* antiguidade *f*

anti-Semitic [ˌæntɪsə'mɪtɪk, *Brit:* -sɪ'mɪtɪk] *adj* antissemita

anti-Semitism [æntɪ'semətɪzm, *Brit:* -'semɪ-] *n no pl* antissemitismo *m*

antiseptic [ˌæntə'septɪk, *Brit:* -tɪ-] *n* antisséptico *m*

antisocial [ˌæntɪ'soʊʃl, *Brit:* -'səʊ-] *adj* antissocial

antithesis [æn'tɪθəsɪs] <-ses> *n* antítese *f*

antler ['æntlər, *Brit:* -ləʳ] *n* chifre *m*

Antwerp ['æntwɜːrp, *Brit:* -wɜːp] *n* Antuérpia *f*

anus ['eɪnəs] <-es> *n* ânus *m*

anvil ['ænvl, *Brit:* -vɪl] *n* bigorna *f*

anxiety [æŋ'zaɪəti, *Brit:* -ti] <-ies> *n* ansiedade *f*; **~ to do sth** ansiedade para fazer a. c.

anxiety attack *n* crise *f* de ansiedade

anxious ['æŋkʃəs] *adj* **1.** (*concerned*) apreensivo, -a; **~ about sth** apreensivo com a. c.; **an ~ moment** um momento de apreensão **2.** (*eager*) ansioso, -a; **to be ~ to do sth** estar ansioso para fazer a. c.

any ['eni] **I.** *adj* **1.** (*some*) algum(a); **~ books** alguns livros; **do they have ~ money?** eles têm dinheiro?; **do you want ~ more soup?** não quer mais sopa? **2.** (*not important which*) qualquer; **take ~ toy you like** pegue o brinquedo que quiser; **~ which way** de qualquer jeito; **at ~ rate** [*o* **in ~ case**] em todo caso **3.** (*negative sense*) nenhum(a); **I don't have ~ money** não tenho dinheiro; **there aren't ~ cars** não há nenhum carro **4.** (*soon*) **~ day/moment/time now** a qualquer dia/momento/hora **5. Thank you – ~ time.** Obrigado – disponha. **II.** *adv* **1.** (*not*) **~ more** não mais; **she doesn't come here ~ more** ela não vem mais aqui **2.** (*at all*) **does she feel ~ better?** ela está se sentindo um pouco melhor?; **~ faster/bigger/heavier** um pouco mais rápido/maior/mais pesado **III.** *pron* **1.** (*some*) algum(a); **~ of you** alguns de vocês; **~ of those CDs will do** alguns daqueles CDs já servem **2.** (*negative sense*) nenhum(a); **not ~ nenhum**; **I haven't got ~** não tenho nenhum

anybody ['enibɑːdi, *Brit:* -bɒdi] *pron indef* **1.** (*someone*) alguém; **did you hear ~?** ouviu alguém?; **~ else?** alguém mais?; **faster/better than ~** mais rápido/melhor que qualquer um **2.** (*not important which*) qualquer; **~ but him** qualquer um menos ele; **she's not just ~** ela não é uma qualquer **3.** (*no one*) ninguém

anyhow ['enihaʊ] *adv* **1.** (*in any case*) de qualquer modo, seja como for **2.** (*well*) enfim; **~, as I was saying ...** bem, como eu ia dizendo ... **3.** (*in a disorderly way*) de qualquer maneira

anyone ['eniwʌn] *pron indef s.* **anybody**

anyplace ['enipleɪs] *adv Am s.* **anywhere**

anything ['eniθɪŋ] *pron indef* **1.** (*something*) algo; **~ else?** algo mais?; **is ~ wrong?** há algum problema? **2.** (*each thing*) qualquer coisa; **it is ~ but funny** é tudo menos engraçado; **~ and everything** tudo e qualquer coisa; **you can have ~ you want** [*o* **like**] pode servir-se do que quiser **3.** (*nothing*) nada; **hardly ~** quase nada; **he is ~ but athletic** ele não é nada atlético; **I was afraid, if ~** talvez até tenha ficado com medo; **not for ~** (**in the world**) por nada (no mundo)

anyway ['eniweɪ] *adv,* **anyways** *adv Am, inf* **1.** (*in any case*) de qualquer maneira **2.** (*in whichever way*) de qualquer jeito **3.** (*well*) bem; **~, as I was**

saying ... bem, como ia dizendo ...

anywhere ['enɪwer, *Brit:* -weəʳ] *adv* **1.** (*in questions*) em algum lugar; **have you seen my glasses ~?** você viu os meus óculos em algum lugar?; **are we ~ near finishing yet?** *inf* ainda falta muito para terminar? **2.** (*positive sense*) em qualquer lugar; **I can sleep ~** posso dormir em qualquer lugar; **to live miles from ~** *inf* morar no fim do mundo **3.** (*negative sense*) em lugar nenhum; **you won't see this ~** não verá isso em lugar nenhum; **you can't buy this ~ else** não dá para comprar isso em nenhum outro lugar **4.** (*approximation*) **we'll be arriving ~ between 10 and 11 p.m.** chegaremos entre 10 e 11 da noite

> **Culture** O **Anzac Day** (**A**ustralian and **N**ew **Z**ealand **A**rmed **C**orps) é comemorado em 25 de abril e é um dia de luto na Austrália e Nova Zelândia. Missas e desfiles fúnebres relembram o desembarque das **Anzacs** na península grega de Gallipoli em 25 de abril de 1915, durante a Primeira Guerra Mundial. Posteriormente, as **Anzacs** foram derrotadas. O significado simbólico deste acontecimento está no fato de os australianos terem lutado pela primeira vez como exército australiano fora de suas fronteiras.

apart [ə'pɑːrt, *Brit:* -'pɑːt] *adv* **1.** (*separated*) à distância; **to be 20 miles ~** estar a 20 milhas de distância; **far ~** longe; **to come ~** ficar em pedaços; **to set ~** separar; **to take sth ~** desmontar a. c.; **to be worlds ~** completamente diferentes **2.** (*except for*) **you and me ~** exceto você e eu; **joking ~** brincadeiras à parte

apart from *prep* **1.** (*except for*) **~ that** exceto isso, tirando isso **2.** (*in addition to*) à parte de

apartheid [ə'pɑːrteɪt, *Brit:* -'pɑːteɪt] *n* HIST *no pl* apartheid *m*

apartment [ə'pɑːrtmənt] *n Am* apartamento *m*

apartment building *n Am* edifício *m* residencial

apathy ['æpəθi] *n no pl* apatia *f;* **~ about** [*o* **towards**] **sth** apatia com a. c.

ape [eɪp] **I.** *n* chimpanzé *m* **II.** *vt* imitar

aperitif [ə‚perə'tiːf] *n* aperitivo *m*

apex ['eɪpeks] <-es *o* apices> *pl n* ápice *m; fig* auge *m*

aphorism ['æfərɪzəm] *n* aforismo *m*

apiece [ə'piːs] *adv* cada

apologetic [ə‚pɑːlə'dʒetɪk, *Brit:* -‚pɒlə'dʒet-] *adj* (*tone, look*) de desculpa; **to be ~ about sth** desculpar-se por a. c.; **to look ~** mostrar-se arrependido

apologize [ə'pɑːlədʒaɪz, *Brit:* -'pɒl-] *vi* desculpar-se; **to ~ to sb for sth** [*o* **for doing sth**] desculpar-se com alguém por a. c.

apology [ə'pɑːlədʒi, *Brit:* -'pɒlə-] <-ies> *n* desculpa *f;* **to make an ~** pedir desculpa; **to make no apologies for sth** não dar satisfações por a. c.; **to owe sb an ~** dever uma satisfação a alguém

apostle [ə'pɑːsl, *Brit:* -'pɒsl] *n* apóstolo *m*

apostrophe [ə'pɑːstrəfi, *Brit:* -'pɒs-] *n* apóstrofo *m*

appal [ə'pɔːl] <-ll-> *vt esp Brit,* **appall** *vt Am* estarrecer, horrorizar; **to be ~led at** [*o* **by**] **sth** ficar estarrecido com a. c.

appalling *adj* estarrecedor(a)

apparatus [‚æpə'rætəs, *Brit:* -'reɪtəs] *n* **1.** (*equipment*) aparelhagem *f;* **a piece of ~** um aparelho **2.** (*organization*) aparato *m*

apparel [ə'perəl, *Brit:* -'pær-] *n no pl* vestuário *m*

apparent [ə'perənt, *Brit:* -'pær-] *adj* **1.** (*clear*) claro; **to become ~** ficar claro; **for no ~ reason** sem motivo aparente **2.** (*seeming*) aparente

appeal [ə'piːl] **I.** *vi* **1.** (*attract*) atrair; **to ~ to sb** agradar a alguém **2.** LAW recorrer **3.** (*plead*) **to ~ to sb for sth** apelar a alguém por a. c.; **to ~ for help** suplicar por ajuda **II.** *n* **1.** (*attraction*) atrativo *m;* **to have ~** ser atraente *inf;* **to lose one's ~** perder o atrativo **2.** LAW recurso *m;* **to lodge an ~** entrar com recurso **3.** (*request, plea*) **they made an ~ for donations** fizeram um apelo por donativos

appealing [ə'piːlɪŋ] *adj* atraente

appear [ə'pɪr, *Brit:* -'pɪəʳ] *vi* **1.** (*be seen*) aparecer; (*newspaper*) sair; (*book*) ser publicado; **to ~ in court** LAW compa-

appearance recer perante o tribunal; **to ~ on TV** aparecer na TV **2.** (*seem*) parecer; **so it ~s** assim parece

appearance [əˈpɪrəns, Brit: -ˈpɪər-] n **1.** (*instance of appearing*) surgimento m; LAW comparecimento m em juízo; **to make an ~** apresentar-se **2.** no pl (*looks*) aspecto m **3.** (*impression*) aparência f; **an ~ of wealth/happiness** uma aparência de riqueza/felicidade; **to all ~s** ao que tudo indica; **to keep up ~s** manter as aparências

appease [əˈpiːz] vt form apaziguar, condescender; (*hunger*) aplacar

appendicitis [əˌpendɪˈsaɪtɪs, Brit: -tɪs] n no pl apendicite f

appendix [əˈpendɪks] n <-es> apêndice m

appetite [ˈæpətaɪt, Brit: -ɪ-] n apetite m; **an ~ for sth** um apetite para a. c.

appetizer [ˈæpətaɪzər, Brit: -ɪtaɪzəʳ] n petisco m, tira-gosto m

appetizing adj apetitoso, -a

applaud [əˈplɔːd, Brit: -ˈplɔːd] **I.** vi aplaudir **II.** vt aplaudir; (*praise*) elogiar

applause [əˈplɔːz, Brit: -ˈplɔːz] n no pl aplauso m; **a round of ~** uma salva de aplausos

apple [ˈæpl] n maçã f

apple juice n suco m de maçã **apple pie** n torta f de maçã **apple sauce** n purê m de maçã **apple tree** n macieira f

appliance [əˈplaɪəns] n aparelho m; **electrical ~** eletrodoméstico m; **kitchen ~s** utensílios de cozinha

applicable [ˈæplɪkəbl] adj aplicável; **delete where not ~** cancele o que não for pertinente

applicant [ˈæplɪkənt] n candidato, -a m, f; requerente mf

application [ˌæplɪˈkeɪʃn] n **1.** (*request*) requerimento m; **on ~** mediante requerimento **2.** (*use*) emprego m **3.** INFOR aplicativo m

application form n formulário [ou inscrição] de requerimento m

apply [əˈplaɪ] **I.** vi **1.** (*request*) solicitar; **to ~ to sb** recorrer a alguém; **to ~ for a job** candidatar-se a um emprego; **to ~ in writing** requerer por escrito **2.** (*be relevant*) **to ~ to sb** aplicar-se a alguém **II.** vt **1.** (*put on*) aplicar, administrar **2.** (*use*) empregar; **to ~ the brakes** frear; **to ~ force** empregar força; **to ~ pressure** fazer pressão **3. to ~ oneself to sth** aplicar-se em a. c.

appoint [əˈpɔɪnt] vt **1.** (*to a job*) nomear; **to appoint sb to do sth** designar alguém para fazer a. c.; **to appoint sb as sth** nomear alguém como a. c. **2.** form (*designate*) **at the ~ed time** no horário marcado

appointment n **1.** (*to a job*) nomeação f **2.** (*meeting*) compromisso m, hora f marcada; **doctor's ~** consulta médica; **to keep an ~** comparecer a um compromisso; **to make an ~ with sb** marcar uma hora com alguém; **by ~ only** mediante hora marcada

appraisal [əˈpreɪzl] n avaliação f, estimativa f

appraise [əˈpreɪz] vt avaliar, estimar

appreciate [əˈpriːʃieɪt] **I.** vt **1.** (*value: hard work, input*) dar valor, apreciar **2.** (*understand: opinion, point of view*) compreender **3.** (*be grateful for: sb's help*) agradecer; **thanks, I ~ that** obrigado, agradeço **II.** vi FIN valorizar-se

appreciation [əˌpriːʃiˈeɪʃn] n no pl **1.** (*gratitude*) gratidão f **2.** (*understanding*) compreensão f **3.** FIN valorização f

appreciative [əˈpriːʃiətɪv] adj grato, -a, que sabe apreciar

apprehend [ˌæprɪˈhend] vt compreender; (*arrest*) capturar

apprehension [ˌæprɪˈhenʃn] n form compreensão f; (*arrest*) captura f; (*fear*) apreensão f

apprehensive [ˌæprɪˈhensɪv] adj apreensivo, -a; **to be ~ that** ter receio que +subj

apprentice [əˈprentɪs, Brit: -tɪs] n aprendiz mf

apprenticeship n aprendizagem f

approach [əˈproʊtʃ, Brit: -ˈprəʊ-] **I.** vt **1.** (*get close to*) aproximar-se de **2.** (*ask*) abordar; **to ~ sb about sth** abordar alguém por a. c. **3.** (*deal with: a problem, matter*) tratar de; **to ~ a subject** tratar de um assunto **II.** vi aproximar-se **III.** n **1.** (*coming*) aproximação f; **at the ~ of winter** com a chegada do inverno **2.** (*access*) acesso m; **to make ~es to sb** abordar alguém **3.** (*methodology*) enfoque m

approachable [əˈproʊtʃəbl, Brit: -ˈprəʊ-] adj acessível

appropriate [əˈproʊpriət, Brit: -ˈprəʊ-] adj apropriado, -a, oportuno, -a

appropriation [əˌproʊpriˈeɪʃn, Brit:

-ˌprəʊ-] *n* apropriação *f*
approval [əˈpruːvl] *n no pl* aprovação *f*; **on** ~ sob condição
approve [əˈpruːv] *vi* **to** ~ **of sth** aprovar a. c.
approved *adj* aprovado, -a
approving *adj* (*nod*) de aprovação
approximate [əˈprɒksɪmət, *Brit*: -ˈprɒk-] *adj* estimado, -a; ~ **time of arrival** horário estimado de chegada
approximately *adv* aproximadamente
approximation [əˌprɒksɪˈmeɪʃn, *Brit*: -ˌprɒk-] *n* aproximação *f*
APR [ˌeɪpiːˈɑːr, *Brit*: -ˈɑː^r] *n abbr of* **annual percentage rate** TPA *f*
apricot [ˈeɪprɪkɒt, *Brit*: -kɒt] *n* damasco *m*
April [ˈeɪprəl] *n* abril *m*; **on the 30th of** ~ no dia 30 de abril; *s.a.* **March**
April Fools' Day *n no pl* Dia *m* da Mentira (*1º de abril*)
apron [ˈeɪprən] *n* avental *m*
apt [æpt] *adj* apto, -a; **to be** ~ **to do sth** estar apto para fazer a. c.
APT *n abbr of* **advanced passenger train** trem de alta velocidade
aptitude [ˈæptɪtuːd, *Brit*: -tjuːd] *n* aptidão *f*; **to have an** ~ **for sth** ter uma aptidão para a. c.
aquarium [əˈkweəriəm, *Brit*: -ˈkweər-] <-s *o* -ria> *n* aquário *m*
Aquarius [əˈkweəriəs, *Brit*: -ˈkweər-] *n* Aquário *m*; **to be an** ~ ser aquariano, -a, ser (de) Aquário; **to be born under the sign of** ~ ser nativo de Aquário
aquatic [əˈkwætɪk, *Brit*: -tɪk] *adj* aquático, -a
Arab [ˈærəb] *adj* árabe
Arabia [əˈreɪbiə] *n* Arábia *f*
Arabian *adj* árabe
Arabic [ˈærəbɪk] *adj, n* LING árabe *m*
arable [ˈærəbl] *adj* arável
arbiter [ˈɑːrbɪtər, *Brit*: ˈɑːbɪtə^r] *n* árbitro, -a *m, f*
arbitrary [ˈɑːrbətreri, *Brit*: ˈɑːbɪtrəri] *adj* arbitrário, -a
arbitrate [ˈɑːrbətreɪt, *Brit*: ˈɑːbɪ-] *vi, vt* arbitrar
arbitration [ˌɑːrbəˈtreɪʃn, *Brit*: ˌɑːbɪ-] *n no pl* arbitragem *f*
arbitrator [ˈɑːrbətreɪtər, *Brit*: ˈɑːbɪtreɪtə^r] *n* mediador(a) *m(f)*

> **Culture** No **Arbor Day** são plantadas árvores nos Estados Unidos. Em alguns estados é inclusive feriado. A data exata do **Arbor Day** varia nos Estados, já que a época propícia para plantar árvores não é a mesma em todas as regiões.

arc [ɑːrk, *Brit*: ɑːk] *n* arco *m*
arcade [ɑːrˈkeɪd, *Brit*: ɑːˈ-] *n* ARCHIT arcada *f*; (*of shops*) galeria *f*
arch [ɑːrtʃ, *Brit*: ɑːtʃ] **I.** *n* arco *m*; (*of foot*) arco *m* **II.** *vi* arquear-se; **to** ~ **one's back** arquear as costas
archaeological [ˌɑːkiəˈlɒdʒɪkl] *adj Brit s.* **archeological**
archaeologist [ˌɑːkiˈɒlədʒɪst] *n Brit s.* **archeologist**
archaeology [ˌɑːkiˈɒlədʒi] *n no pl, Brit s.* **archeology**
archaic [ɑːrˈkeɪɪk, *Brit*: ɑːr-] *adj* arcaico, -a
archbishop [ˌɑːrtʃˈbɪʃəp, *Brit*: ˌɑːtʃ-] *n* arcebispo *m*
archeological [ˌɑːrkiəˈlɑːdʒɪkəl] *adj Am* arqueológico, -a
archeologist [ˌɑːrkiˈɑːləʒɪst] *n Am* arqueólogo, -a *m, f*
archeology [ˌɑːrkiˈɑːləʒi] *n no pl, Am* arqueologia *f*
archer [ˈɑːrtʃər, *Brit*: ˈɑːtʃə^r] *n* arqueiro, -a *m, f*
archipelago [ˌɑːrkəˈpeləɡoʊ, *Brit*: ˌɑːkɪˈpeləɡəʊ] <-(e)s> *n* arquipélago *m*
architect [ˈɑːrkətekt, *Brit*: ˈɑːkɪ-] *n* arquiteto, -a *m, f*
architecture [ˈɑːrkətektʃər, *Brit*: ˈɑːkɪtektʃə^r] *n no pl* arquitetura *f*
archive [ˈɑːrkaɪv, *Brit*: ˈɑːk-] *n* arquivo *m*
archway [ˈɑːrtʃweɪ, *Brit*: ˈɑːtʃ-] *n* arcada *f*
Arctic [ˈɑːrktɪk, *Brit*: ˈɑːk-] **I.** *n* **the** ~ o Polo Ártico **II.** *adj* ártico, -a
Arctic Circle *n* Círculo *m* Polar Ártico
Arctic Ocean *n* Oceano *m* Ártico
ardent [ˈɑːrdnt, *Brit*: ˈɑːd-] *adj* fervoroso, -a, apaixonado, -a
arduous [ˈɑːrdʒuəs, *Brit*: ˈɑːdju-] *adj* árduo, -a
are [ər, *stressed*: ɑːr, *Brit*: ə^r, ɑː^r] *vi s.* **be**
area [ˈeriə, *Brit*: ˈeər-] *n* a. MAT, SPORTS área *f*, região *f*; *fig* campo *m*; ~ **of interest/expertise** área de interesse/competência *f*; **in the** ~ **of** no campo de
arena [əˈriːnə] *n* a. *fig* arena *f*

Argentina [ˌɑːrdʒənˈtiːnə, *Brit*: ˌɑːdʒ-] *n* Argentina *f*

Argentine [ˈɑːrdʒəntaɪn, *Brit*: ˈɑːdʒ-], **Argentinian** [ˌɑːrdʒənˈtɪniən, *Brit*: ˌɑːdʒ-] *adj*, *n* argentino, -a

arguably *adv* possivelmente; **she is ~ the best ...** ela é provavelmente a melhor ...

argue [ˈɑːrgjuː, *Brit*: ˈɑːg-] I. *vi* 1. (*disagree*) discutir; **to ~ with sb** discutir com alguém 2. (*reason*) argumentar; **to ~ against/for sth** argumentar contra/a favor de a. c. II. *vt* persuadir; **to ~ sb into doing sth** persuadir alguém a fazer a. c.

argument [ˈɑːrgjəmənt, *Brit*: ˈɑːgjuː-] *n* 1. (*disagreement*) discussão *f*, debate *m* 2. (*reason*) argumento *m*

aria [ˈɑːriə] *n* MUS ária *f*

arid [ˈærɪd] *adj* árido, -a

Aries [ˈeriːz, *Brit*: ˈeəriːz] *n* Áries *m*; **to be an ~** ser ariano, -a, ser (de) Áries; **to be born under the sign of ~** ser nativo de Áries

arise [əˈraɪz] <arose, -n> *vi* surgir; **should the need ~** se houver necessidade

aristocracy [ˌerəˈstɑːkrəsi, *Brit*: ˌærɪˈstɒk-] <-ies> *n* + *sing/pl vb* aristocracia *f*

aristocrat [əˈrɪstəkræt, *Brit*: ˈærɪs-] *n* aristocrata *mf*

aristocratic [eˌrɪstəˈkrætɪk, *Brit*: ˌærɪstəˈkrætɪk] *adj* aristocrático, -a

arithmetic [əˈrɪθmətɪk] *n no pl* aritmética *f*

ark [ɑːrk, *Brit*: ɑːk] *n no pl* arca *f*; **Noah's Ark** Arca de Noé

arm[1] [ɑːrm, *Brit*: ɑːm] *n* ANAT braço *m*; (*of shirt, jacket*) manga *f*; (*of organization*) sucursal *f*; **to put one's ~s around sb** pôr o braço ao redor de alguém; **~ in ~** de braços dados

arm[2] [ɑːrm, *Brit*: ɑːm] MIL I. *vt* armar II. *n* arma *f*, armamento *m*

armchair *n* poltrona *f*

armed [ɑːrmd, *Brit*: ɑːmd] *adj* armado, -a

armed forces *npl* **the ~** as Forças Armadas

Armenia [ɑːrˈmiːniə, *Brit*: ɑː-] *n* Armênia *f*

Armenian *adj*, *n* armênio, -a

armistice [ˈɑːrməstɪs, *Brit*: ˈɑːmɪ-] *n* armistício *m*

armor [ˈɑːrmər] *n Am*, **armour** [ˈɑːmər] *n no pl*, *Brit* armadura *f*

armored *adj Am* blindado, -a

armpit *n* axila *f*

arms *n pl* (**fire**) **~** armas *fpl* de fogo; **to be up in ~ over sth** *fig* estar em pé de guerra por a. c.

arms control *n* MIL controle *m* de armamento **arms race** *n* **the ~** a corrida armamentista

army [ˈɑːrmi, *Brit*: ˈɑːmi] <-ies> *n* MIL exército *m*; *fig* multidão *f*; **to join the ~** alistar-se no exército

aroma [əˈroʊmə, *Brit*: -ˈrəʊ-] *n* aroma *m*

around [əˈraʊnd] I. *prep* 1. (*surrounding*) ao redor de 2. (*here and there*) por toda parte; **to go all ~ the world** viajar o mundo 3. (*approximately*) em torno de; **somewhere ~ here** em algum lugar por aqui; **~ \$5** por volta de \$5 II. *adv* 1. (*round about*) ao redor; **all ~** por todos os lados; **to hang ~** andar por aí; **to walk ~** dar uma volta; **is Paul ~?** o Paul está por aí?; **to be the other way ~** ser ao contrário 2. (*near by*) aqui perto

arouse [əˈraʊz] *vt* despertar

arrange [əˈreɪndʒ] I. *vt* arrumar, ordenar; (*organize*) organizar II. *vi* **to ~ to do sth** planejar fazer a. c.

arrangement *n* 1. *pl* (*preparations*) preparativos *mpl*, providências *fpl*; **to make ~s** (**for sth**) fazer preparativos (para a. c.) 2. (*agreement*) acordo *m*; **to come to an ~** chegar a um acordo 3. (*of flowers*) arranjo *m* 4. MUS arranjo *m*

array [əˈreɪ] *n* série *f*

arrears [əˈrɪrz, *Brit*: -ˈrɪəz] *npl* FIN obrigações *fpl* vencidas; **to be in ~** estar com o pagamento atrasado

arrest [əˈrest] I. *vt* deter II. *n* detenção *f*; **to put sb under ~** deter alguém

arrival [əˈraɪvl] *n* chegada *f*; **new ~** recém-chegado, -a *m*, *f*; (*baby*) recém-nascido, -a *m*, *f*

arrive [əˈraɪv] *vi* chegar; **to ~ at/in** chegar em

arrogance [ˈerəgəns, *Brit*: ˈær-] *n no pl* arrogância *f*

arrogant [ˈerəgənt, *Brit*: ˈær-] *adj* arrogante

arrow [ˈeroʊ, *Brit*: ˈærəʊ] *n* seta *f*

arse [ɑːs] *n Aus, Brit, vulg* bunda *f*, traseiro *m*; **to make an ~ out of oneself** *inf* fazer papel de idiota

arsenal [ˈɑːrsnl, *Brit*: ˈɑːs-] *n* arsenal *m*

arsenic ['ɑːrsnɪk, *Brit:* 'ɑːs-] *n no pl* arsênico *m*

arson ['ɑːrsn, *Brit:* 'ɑːsn] *n* incêndio *m* criminoso

art [ɑːrt, *Brit:* ɑːt] *n* **1.** arte *f*; (*artwork*) obra *f* de arte; **the (fine) ~s** as belas artes; **~s and crafts** artesanato **2.** (*skill*) **you've got that down to an ~** isso você faz com maestria

artefact ['ɑːtɪfækt] *n Brit s.* **artifact**

artery ['ɑːrtəri, *Brit:* 'ɑːt-] <-ies> *n* artéria *f*

art form *n* forma *f* de arte

artful *adj* astuto, -a

art gallery *n* galeria *f* de arte **art history** *n* história *f* da arte

arthritis [ɑːr'θraɪtəs, *Brit:* ɑː'θraɪtɪs] *n no pl* artrite *f*

artichoke ['ɑːrtətʃoʊk, *Brit:* 'ɑːtɪtʃəʊk] *n* alcachofra *f*

article ['ɑːrtɪkl, *Brit:* 'ɑːtɪ-] *n* **1.** (*item*) artigo *m*; **~ of clothing** peça *f* de roupa **2.** (*in newspaper, magazine*) reportagem *f*; **an ~ about sth/sb** uma reportagem sobre a. c./alguém **3.** LING artigo *m* **4.** LAW cláusula *f*

articulate¹ [ɑːr'tɪkjələt, *Brit:* ɑː'tɪkjʊ-] *adj* articulado, -a; (*speech*) eloquente

articulate² [ɑːr'tɪkjəleɪt, *Brit:* ɑː'tɪkjʊ-] *vt* expressar bem

articulation [ɑːr,tɪkjə'leɪʃn, *Brit:* ɑː,tɪkjʊ'-] *n no pl* articulação *f*

artifact ['ɑːrtəfækt] *n Am* artefato *m*

artificial [,ɑːrtə'fɪʃl, *Brit:* ,ɑːtɪ'-] *adj* artificial

artificial intelligence *n* inteligência *f* artificial **artificial sweetener** *n* adoçante *m* artificial

artillery [ɑːr'tɪləri, *Brit:* ɑː'-] *n no pl* artilharia *f*

artisan ['ɑːrtəzn, *Brit:* ,ɑːtɪ'zæn] *n* artesão, -ã *m, f*

artist ['ɑːrtəst, *Brit:* 'ɑːtɪst] *n* artista *mf*

artistic [ɑːr'tɪstɪk, *Brit:* ɑː'-] *adj* artístico, -a

artistry ['ɑːrtəstri, *Brit:* 'ɑːtɪ-] *n no pl* talento *m* artístico

artwork ['ɑːrtwɜːrk, *Brit:* 'ɑːtwɜːk] *n no pl* arte *f* gráfica

as [əz, *stressed:* æz] **I.** *prep* como; **dressed ~ a clown** vestido como um palhaço; **~ a baby, I ...** quando bebê, eu ... **II.** *conj* **1.** (*in comparison*) como; **the same name ~ ...** o mesmo nome que ...; **~ fast ~ ...** tão rápido quanto ...; **as soon ~ possible** o quanto antes **2.** (*like*) como; **~ it is** tal como é; **I came ~ promised** vim conforme prometi; **~ if** [*o* **though**] **it were true** como se fosse verdade **3.** (*because*) como; **~ he is here I'm going** já que ele está aqui, eu vou indo **4.** (*while*) enquanto **5.** (*although*) (~) **fine ~ the day is, ...** embora o dia esteja bonito, ...; **try ~ I would, I couldn't** por mais que eu tentasse, eu não conseguia **6.** (*concerning*) **~ for me, I'm not coming** quanto a mim, não vou; **~ of** a partir de **III.** *adv* **~ far ~** até onde; **~ long as** contanto que *+subj*; **~ much as** tanto quanto; **~ soon as** assim que, logo que; **~ well** também

asbestos [æz'bestəs, *Brit:* -tɒs] *n no pl* asbesto *m*

ascend [ə'send] *form* **I.** *vt* (*throne*) ascender; (*stairs*) subir **II.** *vi* ascender

ascendancy [ə'sendəntsɪ] *n no pl* ascendência *f*, influência *f*

ascendant [ə'sendənt] *n no pl, form* **to be in the ~** ter grande influência

ascension [ə'senʃn] *n* ascensão *f*; **the Ascension** REL a Ascensão

ascent [ə'sent] *n form* subida *f*, escalada *f*

ascertain [,æsər'teɪn, *Brit:* -ə'-] *vt form* verificar, comprovar

ascetic [ə'setɪk, *Brit:* -'set-] *adj* místico, -a

ASCII ['æski:] *abbr of* **American Standard Code for Information Interchange** ASCII *m*

> **Culture** Ascot é o nome de um lugarejo em Berkshire onde está o hipódromo construído em 1711 pela vontade expressa da Rainha Anne. As corridas de cavalos recebem o nome de **Royal Ascot**, costumam durar quatro dias e são realizadas anualmente no mês de junho quase sempre na presença da rainha.

ascribe [ə'skraɪb] *vt* atribuir; **to ~ sth to sb** atribuir a. c. a alguém

ash¹ [æʃ] *n no pl* (*from fire*) cinza *f*

ash² *n* (*tree*) freixo *m*

ashamed [ə'ʃeɪmd] *adj* envergonhado, -a; **to be ~ of sth** estar envergonhado de a. c.; **to be ~ to do sth** ter vergonha de fazer a. c.

ashcan ['æʃkæn] *n Am* lata *f* de lixo
ashore [ə'ʃɔːr, *Brit*: -ɔːˡ] *adv* **to go ~** desembarcar
ashtray *n* cinzeiro *m*
Asia ['eɪʒə, *Brit*: -ʃə] *n no pl* Ásia *f*
Asian *adj*, *n* asiático, -a
aside [ə'saɪd] **I.** *n* aparte *m* **II.** *adv* **to stand ~** afastar-se
aside from *prep* à exceção de
ask [æsk, *Brit*: ɑːsk] **I.** *vt* **1.** (*request information*) perguntar; **to ~ sb sth** perguntar a. c. a alguém; **to ~ (sb) a question about sth** fazer uma pergunta (a alguém) sobre a. c.; **if you ~ me ...** na minha opinião ...; **don't ~ me!** sei lá! **2.** (*request*) pedir; **to ~ advice** pedir um conselho; **to ~ too much of sb** exigir demais de alguém **3.** (*invite*) convidar; **to ~ sb to do sth** convidar alguém para fazer a. c.; **to ~ sb out** convidar alguém para sair **4.** (*demand a price*) pedir; **to ~ $100 for sth** pedir $100 por a. c. **II.** *vi* **1.** (*request information*) perguntar; **to ~ after sb** querer saber de alguém **2.** (*make request*) requerer
♦ **ask for** *vt* pedir; **to ~ for sb** perguntar por alguém; **to ~ trouble** procurar encrenca; **you ~ed for it!** você pediu!
asleep [ə'sliːp] *adj pred* adormecido, -a; **to fall ~** adormecer
asparagus [ə'spærəgəs, *Brit*: -'spær-] *n* aspargo *m*
ASPCA *n Am abbr of* **American Society for the Prevention of Cruelty to Animals** ASPCA *f* (*Associação Americana de Prevenção à Crueldade com os Animais*)
aspect ['æspekt] *n* **1.** (*point of view*) ponto *m* de vista **2.** (*appearance*) aspecto *m*
asphalt ['æsfɑːlt, *Brit*: -fælt] *n* asfalto *m*
asphyxiate [əs'fɪksieɪt] *vi form* asfixiar
aspiration [æspə'reɪʃn] *n* aspiração *f*
aspire [ə'spaɪər, *Brit*: ə'spaɪər] *vi* **to ~ to sth** aspirar a a. c.
aspirin® ['æsprɪn] *n no pl* aspirina *f*
aspiring [ə'spaɪərɪŋ] *adj* aspirante
ass [æs] <-es> *n* **1.** *Am, vulg* (*bottom*) bunda *f* **2.** (*donkey*) asno *m* **3.** *inf* (*person*) burro, -a *m, f*; **to make an ~ of oneself** fazer papel de idiota
assail [ə'seɪl] *vt* atacar, agredir
assailant *n* agressor(a) *m(f)*
assassin [ə'sæsən, *Brit*: -ɪn] *n* assassino, -a *m, f*
assassinate [ə'sæsɪneɪt] *vt* assassinar
assassination [ə,sæsɪ'neɪʃn] *n no pl* assassinato *m*
assault [ə'sɔːlt] **I.** *n* agressão *f*, ataque *m*; (*sexual*) estupro *m*; **verbal ~** agressão verbal **II.** *vt* atacar, agredir; (*sexually*) estuprar
assemble [ə'sembl] **I.** *vi* reunir-se **II.** *vt* **1.** (*gather*) reunir **2.** (*put together*) montar
assembly [ə'semblɪ] <-ies> *n* **1.** (*gathering*) reunião *f* **2.** (*of parts, a model*) montagem *f*; **~ required** requer montagem
assembly line *n* linha *f* de montagem
assent [ə'sent] **I.** *n no pl*, *form* consentimento *m* **II.** *vi* **to ~ to sth** consentir com a. c.
assert [ə'sɜːrt, *Brit*: -'sɜːt] *vt* afirmar; **to ~ oneself** impor-se
assertion [ə'sɜːrʃn, *Brit*: -'sɜːʃn-] *n* afirmação *f*
assertive [ə'sɜːrtɪv, *Brit*: -'sɜːtɪv] *adj* decidido, -a, firme
assess [ə'ses] *vt* avaliar
assessment *n* avaliação *f*
assessor [ə'sesər, *Brit*: -əˡ] *n* assessor(a) *m(f)*
asset ['æset] *n* **1.** (*benefit*) vantagem *f*, trunfo *m*; **to be an ~ to sb/sth** ser de grande valor para alguém/a. c. **2.** **~s** *pl* FIN ativo *m*, bens *mpl*
assign [ə'saɪn] *vt* designar; **to be ~ed to sb** ser designado a alguém; **to ~ sb to a position** designar alguém para um cargo
assignment *n* atribuição *f*; (*as homework*) trabalho *m* de casa; (*job*) indicação *f*; **to send sb on an ~** mandar alguém em uma missão
assimilate [ə'sɪmɪleɪt] *vt* assimilar
assist [ə'sɪst] *vt*, *vi* ajudar, auxiliar; **to ~ (sb) in doing sth** prestar auxílio (a alguém) para fazer a. c.; **to ~ (sb) with sth** auxiliar (alguém) com a. c.
assistance [ə'sɪstəns] *n no pl* auxílio *m*; **to be of ~** poder ajudar
assistant [ə'sɪstənt] *n* auxiliar *mf*, ajudante *mf*
associate¹ [ə'souʃɪɪt, *Brit*: '-səʊʃɪət] *n* sócio, -a *m, f*; **business ~** sócio, -a *m, f* comercial
associate² [ə'souʃieɪt, *Brit*: -'səʊ-] **I.** *vt* associar; **to ~ oneself with sth** associar-se a a. c.; **to ~ sb with sb/sth** associar alguém a alguém/a. c. **II.** *vi*

associar-se; **to ~ with sth** associar-se a a. c.

association [ə‚soʊsi'eɪʃn, Brit: -‚səʊ-] n associação f

assorted [ə'sɔ:rṭɪd, Brit: -'sɔ:t-] adj sortido, -a

assortment [ə'sɔ:rtmənt, Brit: -'sɔ:t-] n sortimento m; **an ~ of sth** um sortimento de a. c.

assume [ə'su:m, Brit: -'sju:m] vt **1.** (regard as true) pressupor **2.** (power) assumir

assumed [ə'su:md, Brit: ə'sju:md] adj suposto, -a; **an ~ name** um suposto nome

assumption [ə'sʌmpʃn] n suposição f; **to act on the ~ that ...** agir pressupondo que ...

assurance [ə'ʃʊrns, Brit: -'ʃʊər-] n **1.** (self-confidence) segurança f **2.** (promise) garantia f; **an ~ of sth** uma garantia de a. c.; **to give sb ~ that ...** dar garantia a alguém de que ... **3.** Brit FIN seguro m de vida

assure [ə'ʃʊr, Brit: -'ʃʊər] vt **1.** (guarantee) garantir **2.** (promise) **to ~ sb of sth** assegurar alguém de a. c.

assured adj seguro, -a

asterisk [ˈæstərɪsk] n asterisco m

asteroid [ˈæstərɔɪd] n asteroide m

asthma [ˈæzmə, Brit: ˈæs-] n no pl asma f

astonish [ə'stɑ:nɪʃ, Brit: -'stɒn-] vt assombrar; **to be ~ed** estar perplexo

astonishing adj assombroso, -a, extraordinário, -a

astonishment n no pl assombro m; **to her ~** para seu grande espanto; **~ over sth** perplexidade com a. c.

astound [ə'staʊnd] vt estarrecer; **to be ~ed** estar estarrecido

astounding adj estarrecedor(a)

astray [ə'streɪ] adv **to go ~** extraviar-se; **to lead sb ~** desencaminhar alguém

astrologer [ə'strɑ:lədʒər, Brit: -'strɒlədʒəʳ] n astrólogo, -a m, f

astrology [ə'strɑ:lədʒi, Brit: -'strɒl-] n no pl astrologia f

astronaut [ˈæstrənɑ:t, Brit: -nɔ:t] n astronauta mf

astronomer [ə'strɑ:nəmər, Brit: -'strɒnəməʳ] n astrônomo, -a m, f

astronomical [‚æstrə'nɑ:mɪkl, Brit: -'nɒm-] adj a. fig astronômico, -a

astronomy [ə'strɑ:nəmi, Brit: -'strɒn-] n no pl astronomia f

astute [ə'stu:t, Brit: -tju:t] adj astuto, -a

asylum [ə'saɪləm] n (political) asilo m; (mental) manicômio m

at¹ [ət] prep **1.** (place) em; **~ home** em casa; **~ school** na escola; **~ the table** à mesa; **~ the window** à janela; **~ the top/bottom** na parte de cima/baixo **2.** (time) **~ Easter** na Páscoa; **~ night** à noite; **~ once** imediatamente; **all ~ once** de repente; **~ present** neste momento; **~ three o'clock** às três horas; **~ the same time** simultaneamente **3.** (towards) **to laugh ~ sb** rir de alguém; **to look ~ sth** olhar para a. c.; **to point ~ sb** apontar para alguém **4.** (in reaction to) **~ sb's request** a pedido de alguém; **to be astonished ~ sth** estar estarrecido com a. c.; **to be mad ~ sb** ficar zangado com alguém **5.** (in amount of) **~ 120 km/h** a 120 km/h **6.** (in state of) **~ 20** aos 20 (anos); **~ best** na melhor das hipóteses; **~ first** no início; **~ least** pelo menos; **to be ~ a loss** estar sem saber; **I feel ~ ease** me sinto à vontade; **to be ~ war/peace** estar em guerra/paz; **to be ~ play** estar brincando **7.** (in ability to) **to be good ~ English/math** ser bom em inglês/matemática **8.** not **~ all!** de modo algum!; **to hardly do sth ~ all** fazer bem pouco

at² [ɑ:t, æt] INFOR arroba f

ate [eɪt, Brit: et] pt of **eat**

atheism [ˈeɪθiɪzəm] n no pl ateísmo m

atheist [ˈeɪθiːɪst] n ateu, eia m, f

Athens [ˈæθənz] n Atenas f

athlete [ˈæθliːt] n atleta mf

athletic [æθˈleṭɪk, Brit: -'let-] adj atlético, -a

athletics npl atletismo m

Atlantic [ət'læntɪk, Brit: -tɪk] **I.** n no pl **the ~ (Ocean)** o (Oceano) Atlântico **II.** adj atlântico, -a

atlas [ˈætləs] <-es> n atlas m inv

ATM [‚eɪtiː'em] n abbr of **automated teller machine** caixa m eletrônico

atmosphere [ˈætməsfɪr, Brit: -fɪəʳ] n atmosfera f

atom [ˈætəm, Brit: ˈæt-] n átomo m

atomic [ə'tɑ:mɪk, Brit: -'tɒm-] adj atômico, -a

atomic bomb n bomba f atômica
atomic energy n energia f atômica

atone [ə'toʊn, Brit: -'təʊn] vi redimir-se; **to ~ for sth** reparar a. c.

atrocious [ə'trouʃəs, Brit: -'trəu-] adj atroz

atrocity [ə'trɑːsəti, Brit: -'trɒs-] <-ies> n atrocidade f

at-sign n INFOR arroba f

attach [ə'tætʃ] vt 1. (fix) anexar; (label) colar; **to be ~ed to sb** estar grudado em alguém; **to ~ oneself to sb** grudar-se em alguém; **to ~ importance to sth** dar importância a a. c. 2. INFOR anexar

attaché [ˌætə'ʃeɪ, Brit: ə'tæʃeɪ] n adido, -a m, f

attachment [ə'tætʃmənt] n 1. (device) acessório m; **an ~ to sth** um apego a a. c.; (document) documento m em anexo 2. INFOR arquivo m em anexo

attack [ə'tæk] I. n ataque m; **an ~ on sb/sth** um ataque a alguém/a. c.; **to be on the ~** estar no ataque; **to come under ~** ser atacado II. vt atacar; **to ~ sb for sth** atacar alguém para a. c.; (problem) enfrentar

attain [ə'teɪn] vt form obter; (independence) conquistar

attempt [ə'tempt] I. n tentativa f; **to make an ~ at doing sth** esforçar-se para fazer a. c. II. vt tentar; **to ~ to do sth** tentar fazer a. c.

attend [ə'tend] I. vt (school, class) assistir a; (wedding, party) estar presente a; (meeting, conference) comparecer a; (take care of) cuidar de II. vi **to ~ to sth** comparecer a a. c.

attendance [ə'tendəns] n 1. no pl (sb's presence) presença f, comparecimento m; **in ~** estar presente 2. (number of people) frequência f; **good ~** uma boa frequência (de pessoas)

attendant [ə'tendənt] n encarregado, -a m, f, atendente mf

attention [ə'tenʃn] n no pl atenção f; **for the ~ of** form aos cuidados de; **to pay ~ to sth/sb** prestar atenção a a. c./alguém; **~!** MIL atenção!

attentive [ə'tentɪv, Brit: -tɪv] adj atento, -a, atencioso, -a

attest [ə'test] I. vt atestar II. vi **to ~ to sth** atestar a. c.

attic ['ætɪk, Brit: 'æt-] n sótão m

attitude ['ætətuːd, Brit: 'ætɪtjuːd] n atitude f, postura f

attorney [ə'tɜːrni, Brit: -'tɜːni] n Am advogado, -a m, f

attract [ə'trækt] vt atrair; **to be ~ed by sth/sb** ser atraído por a. c./alguém

attraction [ə'trækʃn] n 1. (for tourists) atração f 2. no pl (appeal) encanto m

attractive [ə'træktɪv] adj atraente, encantador(a)

attribute[1] [ə'trɪbjuːt] vt atribuir; **to ~ the blame to sb** atribuir a culpa a alguém; **to ~ importance to sth** atribuir importância a a. c.

attribute[2] ['ætrɪbjuːt] n atributo m

aubergine ['oʊbərʒiːn, Brit: 'əʊbə-] n Brit (eggplant) berinjela f

auburn ['ɑːbərn, Brit: 'ɔːbən] adj castanho-avermelhado, castanha-avermelhada

auction ['ɑːkʃn, Brit: 'ɔːkʃn] I. n leilão m; **to put sth up for ~** pôr a. c. em leilão II. vt **to ~ sth (off)** leiloar a. c.

audacious [ɑː'deɪʃəs, Brit: ɔː'-] adj audacioso, -a

audacity [ɑː'dæsəti, Brit: ɔː'dæsəti] n no pl audácia f

audible ['ɑːdəbl, Brit: 'ɔː-] adj audível

audience ['ɑːdiəns, Brit: 'ɔː-] n 1. (spectators) público m, espectadores mpl 2. (interview) audiência f

audio [ˌɑːdɪoʊ, Brit: ˌɔːdɪəʊ] adj inv de áudio; inv

audit ['ɑːdɪt, Brit: 'ɔː-] vt FIN fazer uma auditoria

audition [ɑː'dɪʃn, Brit: ɔː'-] n audição f

auditor ['ɑːdətər, Brit: 'ɔːdɪtə'] n COM auditor(a) m(f)

auditorium [ˌɑːdə'tɔːriəm, Brit: ˌɔːdɪ'-] <-s o auditoria> n auditório m

aughties ['ɑːtiz, Brit: 'ɔːtiz] npl SOCIOL **the ~** os anos 00

augment [ɑːg'ment, Brit: ɔːg'-] vt form acrescer

August ['ɑːgəst, Brit: 'ɔː-] n agosto m; s.a. **March**

aunt [ænt, Brit: ɑːnt] n tia f

au pair [oʊ'per, Brit: ˌəʊ'peə'] n moça geralmente estrangeira que ajuda nos serviços domésticos e nos cuidados das crianças em troca de casa e comida

aura ['ɔːrə] n aura f

auspices ['ɑːspɪsɪz, Brit: 'ɔː-] n pl auspícios mpl; **under the ~ of** sob os auspícios de

austere [ɑː'stɪr, Brit: ɔː'stɪə'] adj austero, -a

austerity [ɑː'sterəti, Brit: ɔː'sterəti] <-ies> n austeridade f

Australia [ɑː'streɪlʒə, Brit: ɒ'streɪlɪə] n Austrália f

> **Culture** O **Australia Day**, 26 de janeiro, é o dia da fundação da primeira colônia britânica em Sydney Cove em 1788. Para os **Aborigines**, os primeiros habitantes da Austrália, é o dia da invasão do seu país. Neste dia há diversos eventos multiculturais que costumam reunir australianos de todas as origens.

Australian *adj, n* australiano, -a
Austria ['ɒstriə, *Brit:* 'ɒs-] *n* Áustria *f*
Austrian *adj, n* austríaco, -a
authentic [ɑ:'θentɪk, *Brit:* ɔ:'θentɪk] *adj* autêntico, -a
authenticity [,ɑ:θən'tɪsəti, *Brit:* ,ɔ:θən'tɪsəti] *n no pl* autenticidade *f*
author ['ɑ:θər, *Brit:* 'ɔ:θəʳ] *n* autor, -a *m, f*; *fig* criador(a) *m(f)*
authoritarian [ə:,θɔ:rə'teriən, *Brit:* ɔ:,θɒrɪ'teəʳ-] *adj* autoritário, -a
authoritative [ə:'θɔ:rətetɪv, *Brit:* ɔ:'θɒrɪtətɪv] *adj* (*book, account*) fidedigno, -a; (*assertive: person, manner*) autoritário, -a
authority [ə:'θɔ:rəti, *Brit:* ɔ:'θɒrəti] <-ies> *n* **1.** *no pl* (*power*) autoridade *f*; **to be in** ~ ter autoridade **2.** *no pl* (*permission*) autorização *f*; **to have the ~ to do sth** estar autorizado a fazer a. c. **3.** (*knowledge*) **to be an ~ on sth** ser uma autoridade em a. c.
authorization [,ɑ:θərɪ'zeɪʃn, *Brit:* ,ɔ:θərai'-] *n no pl* autorização *f*
authorize ['ɑ:θəraɪz, *Brit:* 'ɔ:-] *vt* autorizar; **to ~ sb to do sth** autorizar alguém a fazer a. c.
authorship *n no pl* autoria *f*
autistic [ɔ:'tɪstɪk] *adj* autista
auto ['ɑ:tou, *Brit:* 'ɔ:təu] *n Am* carro *m*
autobiographical [,ɑ:təbaɪə'græfɪkl, *Brit:* ,ɔ:t-] *adj* autobiográfico, -a
autobiography [,ɑ:təbaɪ'ɑ:grəfi, *Brit:* ,ɔ:təbaɪ'ɒg-] *n* autobiografia *f*
autocratic [,ɑ:tə'krætɪk, *Brit:* ,ɔ:tə'kræt-] *adj* autocrático, -a
autograph ['ɑ:təgræf, *Brit:* 'ɔ:təgrɑ:f] *n* autógrafo *m*
automate ['ɑ:təmeɪt, *Brit:* 'ɔ:tə-] *vt* automatizar
automated *adj* automatizado, -a
automatic [,ɑ:tə'mætɪk, *Brit:* ,ɔ:tə'mæt-] **I.** *n* automático *m*; (*gun*) automática *f* **II.** *adj* automático, -a
automation [,ɑ:tə'meɪʃn, *Brit:* ,ɔ:tə'-] *n no pl* automação *f*
automobile ['ɑ:təmoubi:l, *Brit:* 'ɔ:təmə-] *n esp Am* automóvel *m*
automotive [,ɑ:tə'moutɪv, *Brit:* ,ɔ:tə'məut-] *adj inv* automotivo, -a
autonomous [ɑ:'tɑ:nəməs, *Brit:* ɔ:'tɒn-] *adj* autônomo, -a; **to be ~ of sth** não depender de a. c.
autonomy [ɑ:'tɑ:nəmi, *Brit:* ɔ:'tɒn-] *n no pl* autonomia *f*
autopsy ['ɑ:tɑ:psi, *Brit:* 'ɔ:tɒp-] <-ies> *n* autópsia *f*
autumn ['ɑ:təm, *Brit:* 'ɔ:-] *n esp Brit* outono *m*
auxiliary [ɑ:g'zɪljri, *Brit:* ɔ:g'zɪlɪəri] <-ies> *adj* auxiliar
avail [ə'veɪl] **I.** *n* **to no ~** em vão **II.** *vt* **to ~ oneself of sth** valer-se de a. c.
available [ə'veɪləbl] *adj* **1.** (*thing*) disponível, acessível; **not** ~ que não se encontra; **to make sth ~ to sb** pôr a. c. ao alcance de alguém **2.** (*person*) **to be ~ to do sth** [*o* **for sth**] estar livre para fazer a. c.; (*on the phone*); **I'm afraid she's not ~. should I ask her to call you back?** sinto, mas ela não se encontra. quer que eu peça para ela retornar a ligação?
avalanche ['ævəlæntʃ, *Brit:* -ɑ:nʃ] *n* a. *fig* avalanche *f*
avant-garde [,ɑ:vɑ:nt'gɑ:rd, *Brit:* ,ævɒŋ'gɑ:d] *adj* de vanguarda
Ave. [æv] *n abbr of* **avenue** Av. *f*
avenge [ə'vendʒ] *vt* vingar
avenue ['ævənu:, *Brit:* -nju:] *n* avenida *f*
average ['ævərɪdʒ] **I.** *n* média *f*; **on ~** em média **II.** *adj* **1.** MAT média, -a **2.** (*mediocre*) mediano, -a **III.** *vt* **1.** (*have value*) ter em média **2.** (*calculate value of*) tirar a média de
◆ **average out** *vt* (*calculate value of*) tirar a média de; (*have value*) ter em média
averse [-'vɜ:rs, *Brit:* ə'vɜ:s] *adj* **to be ~ to sth** ser avesso a a. c.
aversion [ə'vɜ:rʒn, *Brit:* -'vɜ:ʃn] *n* aversão *f*; **an ~ to sth** uma aversão por a. c.
avert [ə'vɜ:rt, *Brit:* -'vɜ:t] *vt* prevenir; (*crisis*) evitar; (*turn away*) desviar; **to ~ one's eyes** desviar o olhar
aviation [,eɪvi'eɪʃn] *n no pl* aviação *f*
avid ['ævɪd] *adj* ávido, -a
avocado [,ævə'kɑ:dou, *Brit:* -dəu] <-s *o* -es> *n* abacate *m*

avoid [ə'vɔɪd] *vt* evitar; **to ~ doing sth** evitar fazer a. c.

avoidance *n no pl* evasão *f*

await [ə'weɪt] *vt* aguardar

awake [ə'weɪk] <awoke, awoken *o Am also:* -d, awoken> **I.** *vi* despertar **II.** *adj* desperto, -a; **to be ~ to sth** *fig* estar atento a a. c.

award [ə'wɔːrd, *Brit:* -'wɔːd] **I.** *n* **1.** (*for winning sth*) prêmio *m*; (*for accomplishment*) condecoração *f*; LAW (*by court*) indenização *f*; UNIV (*scholarship*) bolsa *f* de estudos **2.** (*reward*) recompensa *f* **II.** *vt* conceder; **to ~ sb a grant** dar uma bolsa a alguém

aware [ə'wer, *Brit:* -'weə^r] *adj* **to be ~ of sth** estar ciente de a. c.; **as far as I'm ~ ...** ao que me consta ...; **not that I'm ~ of** não que eu saiba

awareness *n no pl* consciência *f*

away [ə'weɪ] *adv* **1.** (*distant*) **10 km ~** a 10 km (de distância); **a long way ~** longe; **as far ~ as possible** o mais longe possível; **to stay ~ from sb** ficar longe de alguém **2.** (*absent*) fora; **to be ~ on vacation** estar de férias **3.** (*in future time*) **to be only a week ~** daqui a apenas uma semana; **right ~!** agora mesmo! **4.** (*continuing on*) **to sing/work/chatter ~** cantar/trabalhar/conversar sem parar

awe [ɑː, *Brit:* ɔː] *n no pl* admiração *f*, assombro *m*

awesome ['ɑːsəm, *Brit:* 'ɔː-] *adj* aterrador(a), impressionante

awful ['ɑːfl, *Brit:* 'ɔː-] *adj* terrível; **an ~ lot** muito

awfully *adv* terrivelmente; **~ clever** extremamente inteligente; **I'm ~ sorry** sinto muitíssimo

awkward ['ɑːkwərd, *Brit:* 'ɔːkwəd] *adj* **1.** (*difficult: person, customer*) difícil de lidar **2.** (*embarrassing: situation, question, silence*) constrangedor(a), delicado(a) **3.** (*clumsy: person*) estabanado, -a; (*sentence, speech*) desastrado, -a

awoke [ə'woʊk, *Brit:* -'wəʊk] *pt of* **awake**

awoken [ə'woʊkən, *Brit:* ə'wəʊ-] *pp of* **awake**

awry [ə'raɪ] *adj* **to go ~** dar errado

ax *n Am*, **axe** [æks] *n* machado *m*; **to get the ~** *fig* ser despedido; **to have an ~ to grind** *fig* ter um interesse pessoal

axiom ['æksiəm] *n form* axioma *m*

axis ['æksɪs] *n* eixo *m*

axle ['æksl] *n* eixo *m*

Azerbaijan [ˌɑːzərbaɪ'dʒɑːn, *Brit:* ˌæzəb-] *n* Azerbaijão *m*

Azerbaijani *adj, n* azerbaijano, -a

Aztec ['æztek] *adj, n* asteca

B

B, b [biː] *n* **1.** (*letter*) b *m*; **~ as in Baker** *Am*, **~ for Benjamin** *Brit* b de bola **2.** MUS si *m*

B & B [ˌbiːənd'biː] *n s.* **bed and breakfast** pensão *f* de família

BA [ˌbiː'eɪ] *n abbr of* **Bachelor of Arts** bacharel *m* (em Filosofia e Ciências Humanas)

baa [bæ, *Brit:* bɑː] <-ed> *vi* balir

babble ['bæbl] **I.** *n no pl* murmúrio *m* **II.** *vi* (*person*) balbuciar; (*brook*) rumorejar

baboon [bæb'uːn, *Brit:* bə'buːn] *n* babuíno *m*

baby ['beɪbi] <-ies> *n* **1.** (*human*) bebê *m*, nenê *m*; **~ boy/girl** um menino/uma menina; (*animal*) filhote *m* **2.** *esp Am* (*term of endearment*) meu amor *m*

baby food *n no pl* comida *f* de bebê

babysit ['beɪbɪˌsɪt] <-tt-, irr> *vi* tomar conta de crianças; **to ~ for sb** tomar conta das crianças de alguém

babysitter *n* baby-sitter *mf*, babá *f* **baby tooth** *n* dente *m* de leite

bachelor ['bætʃələr, *Brit:* -əʳ] *n* **1.** (*man*) solteiro *m* **2.** UNIV **Bachelor of Arts/Science** bacharel *m* em Ciências Humanas/Ciências Biológicas

> **Culture** O **Bachelor's degree** é o título dado aos estudantes ao concluírem alguns cursos universitários de três anos (às vezes, de quatro a cinco anos). Este título tem um nome diferente de acordo com a área. Os mais importantes são: **BA (Bachelor of Arts)** na área de filosofia e ciências humanas, **BSc (Bache-**

lor of Science) na área de ciências biológicas, **BEd (Bachelor of Education)** para a área de pedagogia, **LLB (Bachelor of Laws)** para os estudantes de Direito e **BMus (Bachelor of Music)** para os estudantes de Música.

back [bæk] **I.** *n* **1.** (*opposite of front*) costas *fpl* **2.** (*of piece of paper*) verso *m*; (*of chair*) encosto *m*; (*of house, of theater*) fundos *mpl*; (*of room*) fundo *m*; (*of car, of bus*) traseira *f*, parte *f* de trás; (*of crowd*) fim *m*; (*of hand*) dorso *m*; **front to ~** ao contrário; **to have sth at the ~ of one's mind** ter a. c. em mente; **to know sth like the ~ of one's hand** conhecer a. c. como a palma da mão *inf* **3.** (*end: of book*) verso *m* **4.** ANAT dorso *m*; (*of animal*) lombo *m*; **to be sb's ~** apoiar alguém; **to do sth behind sb's ~** *a. fig* fazer a. c. pelas costas de alguém; **to turn one's ~ on sb** *a. fig* virar as costas a alguém; **to have one's ~ against the wall** *fig* estar num sufoco; **lie down on your ~** *fig* deitar-se de costas **5.** SPORTS zagueiro, -a *m, f* **II.** *adj* detrás; (*room, stairs, door, entrance*) dos fundos **III.** *adv* **1.** (*return*) **to be ~** estar de volta; **to come ~** voltar; **to want sb ~** querer que alguém volte; **she waved ~ at him** ela acenou de volta para ele **2.** (*toward rear*) **~ and forth** para trás e para frente; **to look ~** olhar para trás; **on the way ~** na volta; **to sit ~** recostar-se na cadeira; **stand ~, please** afaste-se, por favor **3.** (*time*) **~ in the sixties** nos anos sessenta; **a few months ~** alguns meses atrás **IV.** *vt* (*idea, plan, person*) apoiar
- ◆ **back down** *vi* desistir
- ◆ **back off** *vi* afastar-se
- ◆ **back out** *vi, vt* voltar atrás
- ◆ **back up** *vt* **1.** (*driving*) dar marcha a ré **2.** (*support*) ajudar, dar apoio **3.** INFOR **to ~ data** fazer o backup de dados

backbone *n* coluna *f* vertebral
backer ['bækər, *Brit*: -ə^r] *n* partidário, -a *m, f*
backfire *vi* (*plan*) ter resultado oposto ao que se espera; (*car*) sair gases pelo escapamento; (*gun*) sair o tiro pela culatra

background *n* **1.** (*of landscape, picture*) fundo *m*, segundo plano *m*; **The ad had black lettering against a yellow background.** o anúncio tinha letreiro preto sobre um fundo amarelo **2.** (*circumstances*) antecedentes *mpl* **3.** (*sb's past*) origens *fpl*; **to have a ~ in finance** (*professional experience*) ter experiência em finanças; (*education*) ter formação em finanças
backhand *n no pl* (*in tennis*) revés *m*
backing *n no pl* apoio *m*, respaldo *m*; **to have sb's ~** ter o apoio de alguém
backlash *n* reação *f* forte
backlog *n* trabalho *m* acumulado
backpack *n* mochila *f*
backside *n inf* traseiro *m*
backstage *adv* THEAT nos bastidores
back-to-school [,bæktə'sku:l] *adj inv* (*buying, shopping, merchandise*) de volta às aulas; **~ sale** promoção de volta às aulas
backup *n* **1.** (*support*) apoio *m*, reforço *m* **2.** INFOR backup *m*, cópia *f* de segurança
backward ['bækwərd, *Brit*: -wəd] **I.** *adj* **1.** (*towards back*) para trás **2.** (*town, area, attitude*) atrasado, -a; (*person*) retrógrado, -a; (*child*) retardado, -a **II.** *adv s.* **backwards**
backwards *adv* **1.** (*towards back*) para trás; **to go/walk ~** ir/andar para trás; **she fell over ~** ela caiu de costas **2.** (*in reverse order*) ao contrário; **to do sth all ~** (*do wrong*) fazer a. c. às avessas
backyard *n Am* quintal *m*; *Brit* (*courtyard*) pátio *m*
bacon ['beɪkən] *n* bacon *m*, toucinho *m* defumado
bacteria [bæk'tɪriə, *Brit*: -'tɪər-] *npl* bactérias *fpl*
bad [bæd] <worse, worst> **I.** *adj* **1.** (*disposition*) mau, má, ruim; **to feel ~** sentir-se mal; **to feel ~ about (doing) sth** sentir-se mal por (ter feito) a. c.; **to look ~** estar com uma aparência ruim; **how are you? – not ~** como vai você? – tudo bem **2.** (*disagreeable*) **to use ~ language** dizer palavrões; **in ~ taste** de mau gosto; **to have a ~ temper** ter gênio ruim; **~ times** tempos *mpl* difíceis; **to go from ~ to worse** ir de mal a pior; **it's too ~ you can't make it** é uma pena que você não possa ir; *iron* azar o seu por não poder ir **3.** (*harmful*) prejudicial; **to be ~ for sb** fazer mal a

alguém 4.(*serious: accident*) grave 5.(*incompetent*) **I'm bad at football** sou ruim em futebol 6.(*spoiled*) estragado, -a; **to go ~** estragar 7. MED (*headache*) forte; **to have a ~ heart/back** ter um problema no coração/na coluna; **to have ~ teeth** ter os dentes em mau estado II. *adv Am, inf* **it hurts real ~** dói a valer

badge [bædʒ] *n* crachá *m*, emblema *m*

badger ['bædʒər, *Brit*: -ə*r*] I. *n* texugo *m* II. *vt* atormentar, importunar

badly <worse, worst> *adv* 1.(*poorly, negatively*) mal; **to think ~ of sb** pensar mal de alguém, julgar mal alguém 2.(*very much*) muito; **to want sth ~** querer muito a. c. 3.(*seriously*) **~ damaged** bastante danificado

badminton ['bædmɪntən] *n no pl* badminton *m*

baffle ['bæfl] *vt* confundir, desconcertar

baffling *adj* confuso, -a; (*mystery, problem, statement*) desconcertante

bag [bæg] *n* 1.(*for shopping, chips, peanuts, etc.*) saco *m*, sacola *f* 2.(*handbag*) bolsa *f*; **shoulder-~** bolsa a tiracolo; (*suitcase*) mala *f*; (*traveling bag*) mochila *f*; **to pack one's ~s** *a. fig* fazer a mala; **to have ~s under one's eyes** ter olheiras 3.**~s of** (*lots of*) muito; **to have ~s of money/time** *inf* ter dinheiro/tempo de sobra 4.**old ~** *pej, inf*velha *f* rabugenta

baggage ['bægɪdʒ] *n no pl* bagagem *f*

baggy ['bægi] *adj* largo, -a

baguette *n* baguete *f*

Bahamas [bə'hɑːməz] *npl* **the ~** as Bahamas

bail [beɪl] I. *n* fiança *f*; **on ~** sob fiança; **to stand ~ for sb** pagar a fiança de alguém II. *vt* **to ~ sb out (of jail)** pôr alguém em liberdade sob fiança

bailiff ['beɪlɪf] *n* 1. *Am* (*court official*) oficial *mf* de justiça 2. *esp Brit* (*landlord's agent*) administrador(a) *m(f)* (de propriedades)

bait [beɪt] I. *n* engodo *m*; (*for fish*) isca *f*; **to swallow the ~** *fig* morder a isca II. *vt* 1.**to ~ a trap** preparar uma armadilha 2.(*harass*) acossar, atormentar

bake [beɪk] I. *vi* 1.(*food*) assar, cozinhar no forno 2. *inf*(*be hot*) fazer calor; **to ~ in the sun** torrar-se ao sol II. *vt* assar; (*cake*) fazer

baked beans *n* feijão cozido com molho de tomate, em geral enlatado

baked potato *n* batata *f* assada, servida com manteiga ou *sour cream*

baker ['beɪkər, *Brit*: -kə*r*] *n* padeiro, -a *m, f*

bakery ['beɪkəri] *n* padaria *f*

baking *adj* **it's ~ hot** está um calor infernal

baking powder *n* fermento *m* em pó

baking soda *n* bicarbonato *m* de sódio

balance ['bælənts] I. *n* 1. *no pl* (*equilibrium*) equilíbrio *m*; **to lose one's ~** perder o equilíbrio 2. FIN balanço *m*; (*difference*) saldo *m* 3.(*scale*) balança *f* II. *vi* **to ~ (out)** equilibrar-se III. *vt* equilibrar; **to ~ sth against sth** ponderar a. c. com a. c.; **to ~ the books** equilibrar o orçamento

balance sheet *n* balancete *m*

balcony ['bælkəni] <-ies> *n* sacada *f*

bald [bɔːld] *adj* careca

bale [beɪl] *n* fardo *m*

bale out *vt* (*withdraw*) **to ~ (of sth)** abandonar (a. c.); **to ~ sb out** (*from jail*) pagar a fiança de alguém

Balearic Islands [ˌbɑːliˈærɪk-, *Brit*: ˌbælɪˈ-] *n* **the ~** as Ilhas Baleares

balk [bɔːk] *vi* **to ~ at sth** esquivar-se de a. c.

Balkans ['bɔːlkənz] *n* **the ~** os Bálcãs

ball [bɔːl] *n* 1. SPORTS bola *f*; (*of string, yarn*) novelo *m*; **to play ~** jogar bola; *fig* cooperar; **to be on the ~** *inf* estar ligado 2.(*shape*) esfera *f* 3.(*dance*) baile *m*; **to have a ~** *fig* divertir-se à beça

ballad ['bæləd] *n* balada *f*, canção *f*

ballet [bæl'eɪ] *n* balé *m*

ballet dancer ['bæleɪ-] *n* bailarino, -a *m, f*

balloon [bə'luːn] *n* balão *m*

ballot ['bælət] *n* votação *f*; **~ box** urna *f* eleitoral; **~ paper** cédula *f* eleitoral

ballpoint (pen) [ˌbɔːlpɔɪnt-] *n* caneta *f* esferográfica

ballroom *n* salão *m* de baile

ballroom dancing *n* dança *f* de salão

Baltic ['bɔːltɪk] *n* **the ~ (Sea)** o Mar Báltico

bamboo [bæm'buː] *n no pl* bambu *m*

ban [bæn] I. *n* proibição *f*; **a ~ on sth** uma proibição de a. c. II. *vt* <-nn-> proibir

banana [bə'nænə, *Brit*: -'nɑːnə] *n* banana *f*; **~ peel** casca *f* de banana; **to**

band [bænd] *n* **1.** MUS conjunto *m*, banda *f*; (*of friends*) grupo *m*; (*of robbers*) bando *m* **2.** (*strip: of cloth, metal*) tira *f*; (*ribbon*) fita *f* **3.** (*stripe*) listra *f*
bandage ['bændɪdʒ] *n* atadura *f*
band-aid *n* band-aid *m*; ~ (**solution**) *fig* paliativo
bandit ['bændɪt] *n* bandido, -a *m*, *f*
bandwagon *n* **to jump on the** ~ *fig* aderir à moda
bang [bæŋ] **I.** *n* (*noise, blow*) estrondo *m*; (*explosion*) explosão *f*; **to go off with a** ~ *fig* ser um estouro **II.** *interj* bum! **III.** *adv* **1.** *inf* (*exactly*) (*smack*) ~ **in the middle** (tapa) bem no meio **2.** (*making noise*) **to go** ~ explodir **IV.** *vi* bater; **to** ~ **on sth** bater em a. c. **V.** *vt* bater (com força)
Bangladesh [bæŋglə'deʃ] *n* Bangladesh *m*
bangs [bæŋz] *npl* franja *f* (de cabelo)
banish ['bænɪʃ] *vt a. fig* banir, exilar
banister(s) ['bænəstər, *Brit*: -ɪstə^r] *n* corrimão *m*; **to slide down the** ~(**s**) escorregar pelo corrimão
bank[1] [bæŋk] **I.** *n* **1.** FIN banco *m* **2.** (*storage place*) **blood** ~ banco *m* de sangue **II.** *vi* (*count on*) **to** ~ **on sth** contar com a. c.
bank[2] [bæŋk] *n* (*of river*) margem *f*; (*of earth*) barranco *m*; (*of fog*) massa *f*
bank account *n* conta *f* bancária
banker ['bæŋkər, *Brit*: -kə^r] *n* banqueiro, -a *m*, *f*
bank holiday *n esp Brit* feriado *m* (nacional)
banking *n no pl* operações *fpl* bancárias; **online/home** ~ operações bancárias on-line/home banking
bank manager *n* gerente *mf* de banco
bankrupt ['bæŋkrʌpt] *adj* **to be** ~ estar falido; **to go** ~ ir à falência
bankruptcy ['bæŋkrəptsi] *n* <-ies> falência *f*
bank statement *n* extrato *m* bancário
banner ['bænər, *Brit*: -ə^r] *n* faixa *f*; INFOR banner *m*
banner ad ['bænər,æd, *Brit*: -ə^r] *n Am*, **banner advert** *n Brit* INFOR banner *m*
bannister(s) *n(pl)* **s. banister(s)**
banquet ['bæŋkwət, *Brit*: -kwɪt] *n* banquete *m*
banter ['bæntər, *Brit*: -tə^r] *n* zombaria *f*
baptise [bæp'taɪz] *vt Aus, Brit s.* **baptize**
baptism ['bæptɪzəm] *n* batismo *m*
Baptist ['bæptɪst] *n* batista *mf*
baptize [bæp'taɪz, *Brit*: bæp'-] *vt* batizar
bar [bɑːr, *Brit*: bɑː^r] **I.** *n* **1.** (*of metal, gold, wood, of chocolate*) barra *f*; (*of cage, prison*) grade *f*; (*of soap*) sabonete *m*; **to be behind** ~**s** *inf* estar atrás das grades **2.** (*place to drink*) bar *m*; (*counter*) balcão *m* **3.** LAW ordem *m* dos advogados **II.** *vt* <-rr-> **1.** (*fasten: door, window*) trancar **2.** (*obstruct*) barrar **3.** (*prohibit*) proibir; **to** ~ **sb from sth** [*o* **from doing sth**] proibir alguém de fazer a. c. **III.** *prep* exceto; ~ **none** sem exceção
barb [bɑːrb, *Brit*: bɑːb] *n* farpa *f*
Barbados [bɑːr'beɪdoʊs, *Brit*: bɑː'beɪdɒs] *n* Barbados *m*
barbarian [bɑːr'beriən, *Brit*: bɑː'beər-] *n* bárbaro, -a *m*, *f*
barbaric [bɑːr'berɪk, *Brit*: bɑː'bær-] *adj*, **barbarous** ['bɑːrbərəs, *Brit*: 'bɑːb-] *adj* bárbaro, -a
barbecue ['bɑːrbɪkjuː, *Brit*: 'bɑːb-] *n* (*grill*) churrasqueira *f*, grelha *f*; (*event, meat*) churrasco *m*
barbed wire [bɑːrbd-, *Brit*: bɑːbd-] *n* arame *m* farpado
barber ['bɑːrbər, *Brit*: 'bɑːbə^r] *n* barbeiro *m*
bare [ber, *Brit*: beə^r] **I.** *adj* **1.** (*naked*) nu(a); (*uncovered*) descoberto, -a; **with one's** ~ **hands** com as próprias mãos; **to fight with one's** ~ **hands** lutar desarmado; **to tell sb the** ~ **facts** dizer a alguém a pura verdade; **the** ~ **minimum** o estritamente necessário **2.** (*empty: cupboard, fridge*) vazio, -a; (*tree*) desfolhado, -a **II.** *vt* **to** ~ **one's heart to sb** abrir o coração com alguém
barely *adv* mal
bargain ['bɑːrgɪn, *Brit*: 'bɑːg-] **I.** *n* **1.** (*agreement*) trato *m*; **to drive a hard** ~ saber barganhar; **to strike a** ~ fazer um trato; **into the** ~ de quebra **2.** (*item bought*) pechincha *f*; **this armchair was a real** ~ esta poltrona foi uma verdadeira pechincha; (*good value*); **a** ~ **on shoes/a sweater** sapatos/suéter a um bom preço **II.** *vi* (*rates*) negociar; (*prices*) pechinchar
◆ **bargain for** *vi* pechinchar; **to get more than one bargained for** ser mais do que se esperava

barge [bɑːrdʒ, *Brit:* bɑːdʒ] *n* barcaça *f*
◆ **barge in** *vi* intrometer-se; **to ~ in on sb** intrometer-se na conversa de alguém
baritone ['berətoʊn, *Brit:* 'bærɪtəʊn] *n* barítono *m*
bark¹ [bɑːrk, *Brit:* bɑːk] I. *n* (*of dog*) latido *m;* **his ~ is worse than his bite** cão que ladra não morde *prov* II. *vi* latir
bark² *n no pl* (*of tree*) casca *f*
barkeeper *n esp Brit s.* **bartender**
barley ['bɑːrli, *Brit:* 'bɑːlli] *n no pl* cevada *f*
barmaid ['bɑːrmeɪd, *Brit:* 'bɑː-] *n* mulher *f* que serve e/ou prepara bebidas nos bares
barman ['bɑːrmən, *Brit:* 'bɑːm-] *n* <-men> barman *m* (*aquele que serve e/ou prepara bebidas nos bares*)
barn [bɑːrn, *Brit:* bɑːn] *n* celeiro *m*
barometer [bə'rɑːmətər, *Brit:* -'rɒmɪtə'] *n* barômetro *m*
baron ['berən, *Brit:* 'bær-] *n* barão *m*
baroness ['berənəs, *Brit:* 'bærənɪs] *n* baronesa *f*
baroque [bə'roʊk, *Brit:* -'rɒk] *adj* barroco, -a
barracks ['berəks, *Brit:* 'bær-] *n + sing/pl vb* quartel *m*
barrage [bə'rɑːʒ, *Brit:* 'bærɑːʒ] *n* MIL barragem *f;* (*of questions*) enxurrada *f*
barrel ['berəl, *Brit:* 'bær-] *n* **1.** (*container*) barril *m* **2.** (*of gun*) cano *m*
barren ['berən, *Brit:* 'bær-] *adj* (*land, tree, plant*) árido, -a, improdutivo, -a; (*animal*) estéril
barricade [ˌberə'keɪd, *Brit:* ˌbærɪ-] I. *n* barricada *f* II. *vt* **to ~ oneself/sb in** entrincheirar(-se)/alguém
barrier ['berɪər, *Brit:* 'bærɪə'] *n* barreira *f*
barrier reef *n* recife *m*
barring *prep* exceto; **~ complications** a menos que haja complicações
barrister ['berɪstər, *Brit:* 'bærɪstə'] *n esp Aus, Brit* advogado, -a *m, f*
barrow ['beroʊ, *Brit:* 'bærəʊ] *n* (*wheelbarrow*) carrinho *m* de mão
bartender ['bɑːrtendər, *Brit:* 'bɑːtendə'] *n esp Am:* (*pessoa que serve e/ou prepara bebidas nos bares*)
barter ['bɑːrtər, *Brit:* 'bɑːtə'] *vt* **to ~ sth for sth** trocar a. c. por a. c.
base [beɪs] I. *n* **1.** (*of vase, statue, cliff*) base *f,* fundo *m* **2.** (*main ingredient*) ingrediente *m* principal **3.** MIL, CHEM base *f* II. *vt* basear; **to be ~d on** ser baseado em

baseball *n* beisebol *m*
basement *n* porão *m*
bash [bæʃ] *vt* dar uma forte pancada; **he ~ed his head against the door frame** ele bateu a cabeça com força no batente da porta
bashful *adj* tímido, -a, acanhado, -a
basic ['beɪsɪk] I. *adj* básico, -a, fundamental II. *n* **the ~s** o básico; **to get back to the basics** voltar ao essencial
basically *adv* basicamente, fundamentalmente
basil ['beɪzəl, *Brit:* 'bæzəl] *n* manjericão *m*
basin ['beɪsn] *n* (*container*) a. GEO bacia *f;* (*sink*) pia *f*
basis ['beɪsɪs] *n* <bases> base *f;* **on a weekly ~** semanalmente; **on a trial ~** em caráter experimental; **to be the ~ for sth** ser a base para a. c.
bask [bæsk, *Brit:* bɑːsk] *vi* **to ~ in the sun** tomar sol
basket ['bæskət, *Brit:* 'bɑːskɪt] *n* cesto *m;* SPORTS cesta *f*
basketball ['bæskətbɔːl, *Brit:* 'bɑːskɪt-] *n* basquete *m*
Basque [bæsk] *adj* basco, -a; **~ Country** País *m* Basco
bass¹ [beɪs] *n* (*voice, electrical*) baixo *m;* (*instrument*) contrabaixo *m;* (*guitar*) baixo *m;* (*sound*) grave *m*
bass² [bæs] *n* (*fish*) badejo *m*
bastard ['bæstərd, *Brit:* 'bɑːstəd] *n pej, inf* canalha *mf*
bat¹ [bæt] *n* ZOOL morcego *m;* **to be as blind as a ~** ser cego como uma toupeira
bat² I. *n* (*baseball*) taco; **I can't think of anything off the ~** *fig* não consigo lembrar nada assim de cara II. *vi* <-tt-> SPORTS rebater III. *vt* <-tt-> **to ~ one's eyelashes** pestanejar; **she didn't ~ an eyelash** ela nem pestanejou
batch [bætʃ] *n* <-es> (*of cookies, etc*) fornada *f;* COM, INFOR lote *m*
bath [bæθ, *Brit:* bɑːθ] *n* **1.** (*bathtub*) banheira *f;* (*bathroom*) banheiro *m* **2.** (*action*) banho *m;* **to take a ~** tomar banho
bathe [beɪð] I. *vi* tomar banho; (*in lake*) banhar-se II. *vt* (*wound, eyes*) lavar; (*person, animal*) dar banho; **to be ~d in sweat** estar banhado de suor
bathing cap *n* touca *f* de banho **bathing suit** *n esp Am* maiô *m*
bathroom *n* banheiro *m;* **to go to the ~**

Am ir ao banheiro **bathtub** *n* banheira *f*

baton [bə'tɑ:n, *Brit*: 'bætən] *n* MUS batuta *f*; (*of policeman*) cassetete *m*; SPORTS bastão *m*

battalion [bə'tæljən, *Brit*: -iən] *n* batalhão *m*

batter ['bætər, *Brit*: -tə^r] I. *n* 1. GASTR (*for fried food, for cake, pancake*) massa *f* 2. *Am* SPORTS batedor(a) *m(f)* II. *vt* 1. (*assault*) surrar, espancar 2. (*hit*) bater 3. GASTR sovar

battered ['bætərd, *Brit*: -təd] *adj* 1. (*person*) espancado, -a; ~ **wife/child** mulher/criança vítima da violência 2. (*object*) surrado, -a, desgastado, -a

battering *n* espancamento *m*; SPORTS surra *f*

battery ['bætəri, *Brit*: 'bæt-] <-ies> *n* 1. (*for radio, flashlight*) pilha *f*; (*for car*) bateria *f* 2. (*large number*) série *f*; **a ~ of questions** uma série de perguntas

battle ['bætl, *Brit*: 'bætl] I. *n* MIL batalha *f*; (*struggle*) luta *f*; **to fight a losing ~** *fig* dar murro em ponta de faca II. *vi* combater, lutar; **to ~ with sb/over sth** entrar em conflito com alguém/por a. c.

◆ **battle out** *vt* **to ~ sth out** lutar pau a pau por a. c.

battle cry *n* grito *m* de guerra **battlefield** *n* campo *m* de batalha **battleground** *n* campo *m* de batalha

battleship *n* encouraçado *m*

bawl [bɑ:l, *Brit*: bɔ:l] *vi* (*cry*) chorar; (*yell at*) berrar; **to ~ at sb** berrar com alguém

bay¹ [beɪ] *n* GEO baía *f*

bay² *n* BOT louro *m*

bay³ [beɪ] I. *vi* (*dog*) uivar II. *n* **to bring sb to ~** acossar alguém; **to hold sth at ~** manter a. c. à distância

bayonet [,beɪə'net, *Brit*: 'beɪənɪt] *n* baioneta *f*

bazaar [bə'zɑ:r, *Brit*: -'zɑ:^r] *n* (*market*) bazar *m*; (*for charity*) quermesse *f*

BBC ['bi:bi:'si:] *n abbr of* **British Broadcasting Corporation** BBC *f*

BC [,bi:'si:] *adv abbr of* **before Christ** a.C.

BCC [,bi:si:'si:] *n abbr of* **blind carbon copy** (*in emails*) Cco *f*

be [bi:] <was, been> I. *vi* 1. + *adj/n* (*permanent state, quality, identity*) ser; **she's a cook** ela é cozinheira; **she's Brazilian** ela é brasileira; **to ~ good** ser bom; **to ~ able to do sth** poder fazer a. c.; **to ~ married** ser casado 2. + *adj* (*mental and physical states*) estar; **to ~ fat** estar gordo; **to be hot/cold** estar quente/frio; **to ~ hungry** estar com fome; **to ~ happy** estar feliz; **~ quiet!** fica quieto!; **how are you?** como vai você? 3. (*age*) ter; **I'm 21** tenho 21 anos 4. (*measurement*) medir; (*weight*) pesar; **to ~ 2 meters long** medir [*ou* ter] 2 metros de comprimento 5. (*exist, live*) **there is/are ...** há ... 6. (*location, situation*) estar; **to ~ in Rome** estar em Roma 7. *pp* (*go*) **I've never ~en to Mexico** nunca estive no México 8. (*expressing possibility*) **can it ~ that ...?** *form* será que ...? +*subj* II. *impers* (*expressing physical conditions, circumstances*) **it's cloudy** está nublado; **it's sunny** está ensolarado; **it's two o'clock** são duas horas III. *aux* 1. (*expressing continuation*) estar; **to ~ doing sth** estar fazendo a. c.; **don't sing while I'm reading** não cante enquanto estou lendo; **she's leaving tomorrow** ela vai embora amanhã 2. (*expressing passive*) ser; **to ~ discovered by sb** ser descoberto por alguém; **he was left speechless** ele ficou sem palavras 3. (*expressing future*) **we are to visit Peru in the winter** vamos viajar para o Peru no inverno; **what are we to do?** o que devemos fazer? 4. (*expressing future in past*) **she was never to see her brother again** ela nunca mais veria o irmão 5. (*expressing subjunctive possibility in conditionals*) **if he was to work harder, he'd get better grades** se ele se esforçasse mais, tiraria notas melhores 6. (*expressing obligation*) **you are to come here right now** você tem de vir aqui imediatamente 7. (*in question tags*) **she is tall, isn't she?** ela é alta, não é?; **he isn't Brazilian, is he?** ele é brasileiro, não é?

beach [bi:tʃ] *n* praia *f*

beacon ['bi:kən] *n* fogueira *f*; (*for ships*) farol *m*

bead [bi:d] *n* (*on necklace*) conta *f*; **~s of sweat** gotas de suor

beak [bi:k] *n* bico *m*

beaker ['bi:kər, *Brit*: -ə^r] *n* CHEM proveta *f*

beam [bi:m] I. *n* 1.(*of light*) raio *m* 2. ARCHIT viga *f* II. *vt* brilhar III. *vi* (*smile*) sorrir; **to ~ at sb** sorrir para alguém

bean [bi:n] *n* (*fresh*) vagem *f*, grão *m*, fava *f*; (*dried*) feijão *m*; **black ~s** feijão-preto; **coffee ~** grão de café; **lima ~s** feijão-de-lima; **pinto ~s** feijão-mulatinho; **refried ~s** tutu de feijão mexicano; **to be full of ~s** *fig* estar cheio de vida; **to spill the ~s** *fig* dar com a língua nos dentes

bear[1] [ber, *Brit:* beə[r]] *n* ZOOL urso, -a *m, f*

bear[2] <bore, borne> I. *vt* 1.(*carry*) aguentar; **to ~ arms** *form* portar armas; **to ~ sb's signature** trazer a assinatura de alguém 2.(*display*) **to ~ a resemblance to ...** ter semelhança com ... 3.(*support: weight*) suportar 4.(*accept: cost*) arcar com; (*responsibility*) assumir 5.(*endure: hardship, pain*) sofrer; **what might have happened doesn't ~ thinking about** dá arrepio só de pensar o que poderia ter acontecido 6.(*tolerate*) tolerar 7. **to ~ sb a grudge** guardar rancor de alguém; **to ~ sth in mind** lembrar-se de a. c.; **to ~ witness to sth** prestar testemunho de a. c. 8.(*give birth to*) dar à luz 9.(*fruit*) produzir II. *vi* 1.(*turn*) **to ~ east** rumar para o leste; **to ~ left** virar à esquerda 2.(*be patient*) **to ~ with sb** ter paciência com alguém 3.(*be relevant*) **to ~ on sth** ter relação com a. c.
 ◆ **bear down on** *vi* abater-se sobre; **time pressures are bearing down on us** estamos sendo pressionados pela urgência dos prazos
 ◆ **bear up** *vi* resistir; **how are you bearing up?** como você está conseguindo suportar?

beard [bɪrd, *Brit:* bɪəd] *n* barba *f*

bearer ['berər, *Brit:* 'beərə[r]] *n* 1. carregador(a) *m(f)* 2.(*messenger*) portador(a) *m(f)*; **to be the ~ of bad news** ser portador de más notícias 3. FIN (*of check*) portador *m*

bearing *n* NAUT rumo *m*; **to get one's ~s** *a. fig* orientar-se; **to lose one's ~s** *a. fig* perder o rumo; **to have some ~ on sth** ter certa influência em a. c.

beast [bi:st] *n* 1.(*animal*) besta *f* 2. *pej, inf* (*person*) animal *m*

beat [bi:t] I. *n* 1.(*of heart*) batimento *m*; (*of pulse*) pulsação *f*; (*of drum*) batida *f* 2. MUS (*tempo*) compasso *m*; (*rhythm*) ritmo *m* 3.(*policeman's rounds*) ronda *f* policial II. *adj inf* (*tired*) **to be ~** estar pregado III. <beat, beaten> *vt* 1.(*strike: a. metal, eggs*) bater; (*carpet*) sacudir; **to ~ sb black and blue** deixar alguém roxo de pancadas; **to ~ a confession out of sb** arrancar uma confissão de alguém 2.(*wings*) bater 3.(*defeat*) derrotar; **it ~s me why ...** não entendo porque ...; **if you can't ~ them, join them** *prov* se não pode vencê-los, junte-se a eles 4. MUS (*drum*) bater 5. **~ it!** *Am, sl* cai fora! IV. <beat, beaten> *vi* 1.(*pulsate: a. wings, drum, rain*) bater 2. **to ~ around the bush** *fig* usar de rodeios
 ◆ **beat back** *vt* rechaçar
 ◆ **beat up** *vt* dar uma surra em

beaten *pp of* **beat**

beating *n* 1.(*assault*) surra *f*; **to give sb a ~** dar uma surra em alguém 2.(*defeat*) derrota *f*; **to take a ~** levar uma surra 3.(*of heart*) batimento *m*; (*of drum, of hammer*) batida *f*

beautiful ['bju:təfl, *Brit:* -tɪ-] *adj* bonito, -a, lindo, -a; (*weather, meal*) ótimo, -a

beautifully *adv* maravilhosamente bem

beauty ['bju:ti, *Brit:* -ti] <-ies> *n* 1. *no pl* (*quality*) beleza *f*; **~ is in the eye of the beholder** *prov* quem o feio ama, bonito lhe parece 2.(*woman*) beldade *f*

beaver ['bi:vər, *Brit:* -və[r]] *n* castor *m*

became [bɪ'keɪm] *pt of* **become**

because [bɪ'kɑ:z, *Brit:* -'kɒz] I. *conj* porque II. *prep* **~ of** por causa de; **~ of illness** devido à doença

beck [bek] *n* **to be at sb's ~ and call** estar às ordens de alguém

beckon ['bekən] I. *vt* acenar para; **to ~ sb over** fazer sinal para alguém II. *vi* acenar; **to ~ to sb** acenar para alguém

become [bɪ'kʌm] <became, become> *vi* (+ *adj,* + *n*) tornar-se, ficar; **to ~ a lawyer/teacher** tornar-se advogado/professor; **to ~ angry** ficar com raiva; **to ~ famous** ficar famoso; **to ~ sad/happy** ficar triste/alegre; **to ~ interested in sth** interessar-se por a. c.

bed [bed] *n* 1.(*furniture*) cama *f*; **to get out of ~** levantar-se da cama; **to go to ~** ir dormir; **to go to ~ with sb** dormir com alguém; **to make the ~** arrumar a cama; **to put sb to ~** pôr alguém na cama; **it's time for ~** é hora de dormir

2. (*flower patch*) canteiro *m* **3.** (*of river*) leito *m*; **a ~ of roses** um canteiro de rosas; **sea ~** fundo do mar

BEd [biːˈed] *abbr of* **Bachelor of Education** bacharel *m* em Pedagogia

bed and breakfast *n* pensão *f* de família

bedding *n no pl* roupa *f* de cama; (*for animal*) forragem *f*

bedrock *n no pl* **1.** GEO leito *m* rochoso **2.** *fig* alicerce *m*

bedroom *n* quarto *m* **bedside** *n no pl* cabeceira *f* **bedside table** *n* mesa *f* de cabeceira, criado-mudo *m* **bedtime** *n no pl* hora *f* de dormir

bee [biː] *n* abelha *f*; **to have a ~ in one's bonnet about sth** estar obcecado por a. c.

beech [biːtʃ] *n* BOT faia *f*

beef [biːf] *n no pl* carne *f* de vaca; **roast ~** rosbife

beefburger *n* Brit hambúrguer *m*

beehive *n* colmeia *f*

been [bɪn, *Brit*: biːn] *pp of* **be**

beep [biːp] AUTO **I.** *n* bipe *m* **II.** *vi* bipar

beer [bɪr, *Brit*: bɪər] *n* cerveja *f*

beet [biːt] *n Am* (*vegetable, sugar beet*) beterraba *f*; **to turn red as a ~** ficar vermelho como um pimentão

beetle [ˈbiːtl, *Brit*: -tl] *n* besouro *m*

beetroot [ˈbiːtruːt] *n esp Brit* raiz *f* de beterraba

before [bɪˈfɔːr, *Brit*: -ˈfɔːr] **I.** *prep* **1.** (*earlier*) antes de; **to leave ~ sb** sair antes de alguém; **~ doing sth** antes de fazer a. c. **2.** (*in front of*) na frente de; **~ our eyes** diante dos olhos **3.** (*having priority*) antes de; **~ everything** antes de mais nada; **to put sth ~ sth else** pôr a. c. à frente de a. c. **II.** *adv* antes; **the day ~** o dia anterior; **two days ~** dois dias antes; **as ~** como antes **III.** *conj* antes que +*subj*; **he spoke ~ she went out** ele falou antes que ela saísse; **he had a glass ~ he went** ele bebeu um drinque antes de sair

beforehand *adv* de antemão, antecipadamente

befriend [bɪˈfrend] *vt* fazer amizade com

beg [beg] <-gg-> **I.** *vt* (*request*) implorar; **to ~ sb to do sth** implorar a alguém para que faça a. c.; **to ~ sb's pardon** pedir perdão a alguém; **I ~ your pardon!** desculpe-me!, perdão! **II.** *vi* mendigar, pedir esmola; **to ~ for sth** mendigar a. c.; **there are jobs going ~ging** *inf* há empregos de sobra

began [bɪˈgæn] *pt of* **begin**

beggar [ˈbegər, *Brit*: -ər] **I.** *vt* **to ~ belief** ser inacreditável; **to ~ description** ser indescritível **II.** *n* mendigo, -a *m, f*; **~s can't be choosers** *prov* a cavalo dado não se olham os dentes *prov*

begin [bɪˈgɪn] <-nn-, began, begun> **I.** *vt* começar, iniciar; **to ~ a conversation** entabular uma conversa; **to ~ doing sth** começar a fazer a. c.; **to ~ work** começar a trabalhar **II.** *vi* começar, iniciar-se; **the film ~s at eight** o filme começa às oito; **to ~ with ...** em primeiro lugar ...

beginner [bɪˈgɪnər, *Brit*: -ər] *n* principiante *mf*

beginning *n* **1.** (*start*) começo *m*, início *m*; **at [*o* in] the ~** no começo; **from ~ to end** do início ao fim **2.** (*origin*) origem *f*

begun [bɪˈgʌn] *pp of* **begin**

behalf [bɪˈhæf, *Brit*: -ˈhɑːf] *n no pl* **on ~ of sb** (*for*) em nome de alguém; (*from*) da parte de alguém

behave [bɪˈheɪv] *vi* comportar-se; **to ~ badly** comportar-se mal

behavior *n no pl, Am, Aus*, **behaviour** [bɪˈheɪvjər, *Brit*: -vjər] *n no pl, Aus, Brit* comportamento *m*, conduta *f*

behind [bɪˈhaɪnd] **I.** *prep* **1.** (*to the rear of*) atrás de; **right ~ sb** logo atrás de alguém; **~ the wheel** ao volante **2.** (*in support of*) **to be ~ sb** (**all the way**) apoiar alguém (até o fim); **there is somebody ~ this** *fig* há alguém por trás disso **3.** (*late for*) **~ time** atrasado, -a; **to be ~ schedule** estar com atraso; **to be ~ the times** ser ultrapassado **II.** *adv* **1.** (*at the back*) atrás, detrás; **to fall ~** (*be slower*) ficar para trás, perder terreno; (*in work, studies*) estar atrasado; **to come from ~** vir por trás; **to leave sb ~** deixar alguém para trás; **to stay ~** ficar atrás **2.** (*overdue*) **to be ~** estar com o pagamento atrasado; **he is a long way ~** ele está com o pagamento bastante atrasado; **to be ~** (**in sth**) estar em atraso (com a. c.) **III.** *n inf* traseiro *m*

beige [beɪʒ] *adj* bege *inv*

being [ˈbiːɪŋ] **I.** *n* **1.** (*creature*) ser *m*; **to come into ~** vir a existir **2.** (*soul*) entidade *f* **II.** *pres p of* **be**

Belarus [belə'ruːs] *n* Bielorússia *f*
belated [bɪ'leɪtɪd, *Brit:* -tɪd] *adj* atrasado, -a
belch [beltʃ] *vi* arrotar
beleaguered [bɪ'liːgərd, *Brit:* -gəd] *adj* MIL (*city*) sitiado, -a; (*person*) assediado, -a
Belgian ['beldʒən] *adj* belga
Belgium ['beldʒəm] *n* Bélgica *f*
belief [bɪ'liːf] *n a.* REL crença *f*, fé *f*; (*opinion*) convicção *f*; (*trust, hope*) confiança *f*; ~ in sth fé em a. c.; to be beyond ~ ser inacreditável; in the ~ that ... acreditando que ...
believable *adj* verossímil
believe [bɪ'liːv] **I.** *vt* acreditar em; she couldn't ~ her eyes ela não conseguia acreditar no que via; I can't ~ how ... não consigo acreditar que ...; ~ it or not, ... acredite se quiser, ... **II.** *vi* (*in God, in a cause, etc.*) acreditar, crer; to ~ in sth/sb acreditar em a. c./alguém; (*be confident*) confiar
believer [bɪ'liːvər, *Brit:* -və^r] *n* **1.** REL crente *mf* **2.** (*supporter*) partidário, -a *m, f*; to be a ~ in sth ser partidário de a. c.
belittle [bɪ'lɪtl̩, *Brit:* -tl] *vt* desdenhar, menosprezar
bell [bel] *n* (*of church*) sino *m*; (*handheld*) sineta *f*; (*on hat, cat*) guizo *m*; (*on bicycle, at door*) campainha *f*; his name/face rings a ~ seu nome/rosto me vem à lembrança
belligerent [bɪ'lɪdʒərənt] *adj* belicoso, -a, agressivo, -a
bellow ['belou, *Brit:* -əu] *vi* (*person*) berrar; (*animal*) urrar
bellows *npl* fole *m*
belly ['beli] <-ies> *n inf* barriga *f*, pança *f*
bellyache ['belieɪk] *vi sl* ~ (about sth) choramingar (por a. c.)
belly button *n inf* umbigo *m*
belong [bɪ'lɑːŋ, *Brit:* -'lɒŋ] *vi* **1.** (*be property of*) to ~ to sb/sth pertencer a alguém/a. c. **2.** (*be member of*) to ~ to (*club*) ser sócio de; (*party*) ser afiliado a **3.** (*have a place*) this doesn't ~ here isso não é daqui; I feel I don't ~ here sinto-me deslocado aqui; they ~ together foram feitos um para o outro
belongings *npl* pertences *mpl*
beloved [bɪ'lʌvɪd] *n no pl* amado, -a *m, f*
below [bɪ'lou, *Brit:* -'ləu] **I.** *prep* **1.** (*underneath*) abaixo de, debaixo de; ~ the table debaixo da mesa; ~ us no andar abaixo de nós; ~ sea level abaixo do nível do mar **2.** (*in number, amount*) ~ average abaixo da média; ~ freezing abaixo de zero; it's 4 degrees ~ zero está 4 graus abaixo de zero; children ~ the age of twelve crianças menores de doze anos **3.** (*in rank, quality*) abaixo de; to be ~ sb ocupar um cargo abaixo de alguém; (*unworthy of*) não ser digno de alguém **II.** *adv* abaixo; from ~ da parte de baixo; see ~ (*in a text*) ver a seguir
belt [belt] **I.** *n* **1.** FASHION (*a. for waist, in car*) cinto *m*; (*in martial arts*) faixa *f*; to be below the belt *fig* ser um golpe baixo; to fasten one's ~ afivelar o cinto; to tighten one's ~ *fig* apertar o cinto **2.** TECH (*conveyor*) correia *f* **3.** (*area*) zona *f* **4.** *inf* (*punch, blow*) bofetão *m* **II.** *vt inf* (*hit*) dar um bofetão
beltway *n Am* rodoanel *m*
bemused [bɪ'mjuːzd] *adj* perplexo, -a, desconcertado, -a
bench [bentʃ] *n* banco *m*, bancada *f*; the ~ SPORTS o banco; LAW a magistratura
benchmark *n* padrão *m*
bend [bend] <bent, bent> **I.** *n* (*in river, road*) curva *f*; (*in a pipe*) ângulo *m*; to take a ~ fazer uma curva; to go around the ~ *fig* enlouquecer **II.** *vi* (*person*) curvar-se; (*thing*) dobrar **III.** *vt* **1.** (*arms, legs*) dobrar; (*head*) abaixar **2.** (*change shape of: wire, pipe, spoon*) entortar; to ~ sth up/down envergar a. c. para cima/baixo; to ~ the rules abrir uma exceção; to ~ sb to one's will submeter alguém à própria vontade
◆**bend over** *vi* debruçar-se; to ~ backwards for sb desdobrar-se por alguém
beneath [bɪ'niːθ] **I.** *prep* **1.** (*underneath*) debaixo de, sob; ~ the table debaixo da mesa **2.** to be ~ sb (*in rank*) ser de hierarquia inferior a alguém; (*in standard*) não ser digno de alguém **II.** *adv* abaixo
benefactor ['benɪfæktər, *Brit:* -tə^r] *n* benfeitor(a) *m(f)*
beneficiary [ˌbenɪ'fɪʃieri, *Brit:* -ʃəri] *n* <-ies> beneficiário, -a *m, f*
benefit ['benɪfɪt] **I.** *n* **1.** (*advantage*)

benefício *m;* **for the ~ of sb** [*o* sb's ~] em benefício de alguém; **to give sb the ~ of the doubt** conceder a alguém o benefício da dúvida **2.** (*in pay package*) subsídio *m;* **salary plus ~s** salário e benefícios **3.** (*welfare payment*) auxílio *m* **II.** <-t- *o* -tt-> *vi* **to ~ from sth** beneficiar-se de a. c. **III.** <-t- *o* -tt-> *vt* beneficiar

benevolent [bɪ'nevələnt] *adj* benevolente

benign [bɪ'naɪn] *adj* (*gentle: person, smile*) gentil; (*climate*) propício, -a, favorável; MED (*tumor*) benigno, -a

Benin [ben'i:n] *n* Benim *m*

bent [bent] **I.** *pt, pp of* **bend II.** *n* **to have a ~ for sth** ter uma queda por a. c.; **to follow one's ~** seguir as próprias convicções **III.** *adj* **1.** (*not straight*) torto, -a **2.** (*determined*) **to be ~ on** (**doing**) **sth** estar decidido a fazer a. c. **3.** *inf* (*corrupt*) corrupto, -a

berate [bɪ'reɪt] *vt form* repreender

bereaved *n form* **the ~** os enlutados

beret [bə'reɪ, *Brit:* 'bereɪ] *n* boina *f*

Bermuda [bər'mju:də, *Brit:* bɜː'-] *n* Bermudas *fpl* **Bermuda shorts** *n* bermudas *fpl* **Bermuda Triangle** *n* Triângulo *m* das Bermudas

berry ['beri] <-ies> *n* (*fruta pequena e carnosa como morango, framboesa e amora*)

berserk [bər'zɜːrk, *Brit:* bə'zɜːk] *adj* furioso, -a; **to go ~** *inf* ficar louco de raiva

berth [bɜːrθ, *Brit:* bɜːθ] *n* (*on ship*) beliche *m;* (*on train*) leito *m;* (*in harbor*) ancoradouro *m;* **to give sb a wide ~** *fig* evitar alguém

beside [bɪ'saɪd] *prep* **1.** (*next to*) ao lado de, junto de; **right ~ sb** bem ao lado de alguém **2.** (*compared to*) em comparação com **3.** (*in addition to*) além de **4.** (*overwhelmed*) **to be ~ oneself** (**with anger/joy**) ficar fora de si (de raiva/alegria) **5.** (*irrelevant*) **to be ~ the point** não vir ao caso

besides [bɪ'saɪdz] **I.** *prep* **1.** (*in addition to*) além de **2.** (*except for*) a não ser **II.** *adv* além disso

besiege [bɪ'siːdʒ] *vt* cercar; (*with questions*) assediar

best [best] **I.** *adj superl of* **good** melhor; **the ~** o(a) melhor; **the ~ days of my life** os melhores dias da minha vida; **the ~ part** (*the majority*) a maior parte; **may the ~ man win** que vença o melhor; **with the ~ will** com a maior boa vontade; **~ before March 1** (*on food package*) válido até 1º de março **II.** *adv superl of* **well** melhor; **the ~** o melhor(a); **at ~** quando muito; **we'd ~ stay here** o melhor é ficarmos aqui **III.** *n no pl* **1.** (*the finest*) **all the ~!** *inf* (*congratulations*) tudo de bom!; (*end of letter*) saudações; **to be the ~ of friends** ser o melhor amigo; **to bring out the ~ in sb** revelar o melhor de alguém; **to do one's ~** fazer o máximo; **to make the ~ of sth** aproveitar a. c. ao máximo; **to turn out for the ~** ser para melhor; **to wear one's Sunday ~** vestir as suas melhores roupas; **to the ~ of my knowledge** que eu saiba **2.** SPORTS campeão, -ã *m, f*

best man *n* padrinho *m* de casamento

bestseller ['bestselər, *Brit:* -əʳ] *n* bestseller *m*

bet [bet] <-tt-, bet *o* -ted, bet *o* -ted> **I.** *n* aposta *f;* (*opportunity*) opção *f;* **it is a safe ~ that ...** é praticamente certo que ... +*subj;* **to be the best ~** ser a melhor opção; **to place a ~ on sth** apostar em a. c. **II.** *vt* apostar; **I ~ you don't!** aposto que não! **III.** *vi* apostar; **to ~ on sth** apostar em a. c.; **I wouldn't ~ on it** eu não confiaria nisso; **you ~!** *inf* pode estar certo!

betray [bɪ'treɪ] *vt* **1.** (*be disloyal to*) enganar; (*one's spouse*) trair; **to ~ a secret** revelar um segredo; **to ~ sb's trust** trair a confiança de alguém **2.** (*reveal*) revelar; **to ~ one's ignorance** revelar a própria ignorância

betrayal [bɪ'treɪəl] *n* traição *f;* **an act of ~** uma traição

better ['betər, *Brit:* 'betəʳ] **I.** *adj comp of* **good** melhor; **to be ~** MED sentir-se melhor; **~ than nothing** melhor que nada **II.** *adv comp of* **well** melhor; **I like this ~** gosto mais deste; **there is nothing I like ~ than ...** nada me dá mais prazer que ...; **it'd be ~ to tell her** seria melhor dizer a ela; **you had ~ go** é melhor que você vá; **we'd be ~ off taking the train** seria melhor ir de trem; **she's ~ off without him** ela está melhor sem ele; **to think ~ of sth** mudar de opinião sobre a. c.; **or ~ still ...** ou melhor ainda ...; **~ safe than sorry** é melhor prevenir do que remediar; **~ late than never** antes tarde do que nunca III. *n no pl* melhor; **to change for the** ~ mudar para melhor; **the sooner, the** ~ quanto antes, melhor; **so much the** ~ tanto melhor; **for** ~ **or (for) worse** para o que der e vier; **to get the** ~ **of sb** levar a melhor sobre alguém

between [bɪˈtwiːn] I. *prep* entre; **to eat** ~ **meals** comer entre as refeições; **nothing will come** ~ **them** nada vai intrometer-se entre eles; **the 3 children have $10** ~ **them** as 3 crianças têm $10 juntos; ~ **you and me, I don't think she'll make it** cá entre nós, não acho que ela vá conseguir II. *adv* (in) ~ no meio; (*time*) no ínterim

beverage [ˈbevərɪdʒ] *n* bebida *f*

beware [bɪˈwer, *Brit:* -ˈweə'] *vi* tomar cuidado; ~ **of pickpockets!** cuidado com os batedores de carteira!

bewilder [bɪˈwɪldər, *Brit:* -əʳ] *vt* confundir, desnortear

bewildered *adj* desnorteado, -a

bewildering *adj* desnorteante, desconcertante

bewilderment *n no pl* espanto *m*, perplexidade *f*

beyond [brˈjɑːnd, *Brit:* -ˈɒnd] I. *prep* 1. (*on other side of*) além de, do outro lado de; ~ **the mountain** além da montanha; ~ **the wall** do outro lado do muro 2. (*after*) depois de; (*more than*) mais que; ~ **8:00** depois das 8 3. (*further than*) mais longe de; **it goes** ~ **a joke** não tem nada de engraçado; ~ **belief** inacreditável; ~ **doubt** sem dúvida 4. (*too difficult for*) **to be** ~ **sb** estar além da compreensão de alguém 5. (*in excess of*) acima de; **to live** ~ **one's means** gastar mais do que pode II. *adv* mais além; **the next ten years and** ~ os próximos dez anos e em diante

bias [ˈbaɪəs] *n* 1. (*prejudice*) preconceito *m*; **to have** ~**es against sb** ter predisposição contra alguém 2. *no pl* (*onesidedness*) parcialidade *f*; **without** ~ imparcial 3. (*tendency*) tendência *f*; **to have a** ~ **towards sth** tender para a.c.

biased *adj Am*, **biassed** *adj esp Brit* tendencioso, -a; ~ **in sb's favor** parcial em favor de alguém; ~ **opinions** opiniões tendenciosas

bib [bɪb] *n* babador *m*

Bible [ˈbaɪbl] *n* **the** ~ **a** Bíblia

biblical [ˈbɪblɪkl] *adj* bíblico, -a

bibliography [ˌbɪbliˈɑːgrəfi, *Brit:* -ˈɒg-] <-ies> *n* bibliografia *f*

biceps [ˈbaɪseps] *n inv* bíceps *m inv*

bicycle [ˈbaɪsɪkl] *n* bicicleta *f*; **by** ~ de bicicleta; **to ride a** ~ andar de bicicleta

bid [bɪd] I. *n* 1. (*offer*) oferta *f*; (*in auction*) lance *m*; **to make a** ~ **for sth** fazer uma oferta para a.c. 2. (*attempt*) tentativa *f*; **a** ~ **for re-election/freedom** uma tentativa de reeleição/conseguir a liberdade II. <-dd-, bid, bid> *vi* fazer uma oferta; **to** ~ **for a contract** com entrar em licitação para um contrato III. <-dd-, bid, bid> *vt* **to** ~ **sb good morning/good night** desejar um bom dia/uma boa noite a alguém

bidder [ˈbɪdər, *Brit:* -əʳ] *n* licitante *mf*

bidding *n no pl* 1. FIN licitação *f* 2. (*command*) **to do sb's** ~ obedecer às ordens de alguém

bide [baɪd] *vt* **to** ~ **one's time** esperar o momento propício

big [bɪg] <-gg-> *adj* 1. (*in size, amount*) grande; (*problem, mistake*) sério, -a; (*responsibility*) enorme; (*raise, discount, cut in spending*) considerável; ~ **letters** letras *fpl* garrafais; ~ **toe** ANAT dedão *m*; ~ **words** *inf* palavras *fpl* rebuscadas; **we ate a big meal** fizemos uma farta refeição; **you've got a big mouth** você tem a língua solta 2. (*in age*) crescido, -a *m, f*; ~ **boy/girl** menino crescido/menina crescida; ~ **sister/brother** irmã mais velha/irmão mais velho 3. (*enthusiastic*) **to be a** ~ **spender** ser esbanjador; **to be a** ~ **eater** ser um comilão; **to be a big fan of sth** ser grande fã de a.c.; **to be** ~ **on sth/doing sth** ter sucesso em a.c./ao fazer a.c. 4. (*significant*) importante; **a** ~ **day/decision** *inf* um dia/uma decisão importante; **to make it** ~ *inf* um grande sucesso; **this group is** ~ **in Brazil** esse grupo é um estouro no Brasil

bigamy [ˈbɪgəmi] *n no pl* bigamia *f*

Big Apple *n* **the** ~ (*nome como é conhecida a cidade de Nova York*)

Culture **Big Ben** era, originalmente, o nome como era conhecido o grande sino, fundido em 1856, na torre das **Houses of Parliament**. Ele foi assim batizado por Sir Benja-

> min Hall, naquela época **Chief Commissioner of Works**. Hoje, **Big Ben** é o nome por que são conhecidos tanto o sino como a torre. Os sinos do **Big Ben** que marcam as horas podem ser ouvidos nos noticiários de algumas redes de rádio e televisão.

big business *n* grandes *mpl* negócios
bigot ['bɪgət] *n* fanático, -a *m, f*
bigoted *adj* fanático, -a, intolerante
bike [baɪk] *n inf* (*bicycle*) bicicleta *f*; (*motorcycle*) moto *f*
bikini [bɪ'ki:ni] *n* biquíni *m*
bilateral [ˌbaɪ'læt̬ərəl, *Brit:* -'læt-] *adj* bilateral
bile [baɪl] *n* 1. *no pl* ANAT bile *f* 2. *fig* mau humor *m*
bilingual [baɪ'lɪŋgwəl] *adj* bilíngue
bill[1] [bɪl] I. *n* 1. (*invoice*) conta *f*, fatura *f*; **a ~ for $300** uma conta de $300; **phone ~** conta de telefone; **the ~, please** a conta, por favor; **to fit the ~** estar sob medida 2. *Am* (*banknote*) nota *f*; **five-dollar ~** nota de cinco dólares 3. POL projeto *m* de lei; **to give sth a clean ~ of health** atestar a sanidade de a. c. II. *vt* **to ~ sb for sth** cobrar a. c. de alguém
bill[2] [bɪl] *n* (*of duck, goose*) bico *m*
billboard *n* outdoor *m*
billfold *n Am* carteira *f*
billiards ['bɪljərdz, *Brit:* -liədz] *n + sing vb* bilhar *m*
billion ['bɪljən, *Brit:* -liən] *n* bilhão *m*
Bimmer ['bɪmər, *Brit:* -ə] *n Am, sl* AUTO BMW *m*
bin [bɪn] *n* 1. (*for storage*) recipiente *m* 2. *Aus, Brit* (*for garbage*) lata *f* de lixo
binary ['baɪnəri] *adj* binário, -a
bind [baɪnd] I. *n no pl, inf* enrascada *f*; (*unpleasant and boring*) chatice *f*; **to be in a** (**bit of a**) **~** estar numa (boa) enrascada II.<bound, bound> *vt* 1. (*tie*) amarrar; **to be bound hand and foot** estar de mãos e pés atados; **to ~ sb to do sth** obrigar alguém a fazer a. c. 2. (*book*) encadernar III.<bound, bound> *vi* **to ~ together** *fig* unir; **to be bound to sb** *fig* ter vínculos com alguém
binder ['baɪndər, *Brit:* -də] *n* fichário *m*
binding I. *n no pl* (*on book*) encadernação *f* II. *adj* (*agreement*) vinculativo, -a; **legally ~** legalmente vinculativo
binge [bɪndʒ] *n inf* farra *f*; (*of eating*) comilança *f*; **drinking ~** bebedeira; **shopping ~** orgia de compras; **to go on a ~** cair na gandaia
bingo ['bɪŋgoʊ, *Brit:* -gəʊ] *n no pl* bingo *m*
binoculars [bɪ'nɑ:kjələrz, *Brit:* -'nɒkjʊləz] *npl* binóculo *m*
bio-attack [ˌbaɪoʊə'tæk, *Brit:* baɪə(ʊ)-] *n* ataque *m* biológico
biochemical *adj* bioquímico, -a **biochemist** *n* bioquímico, -a *m, f*, **biochemistry** *n no pl* bioquímica *f*
biodegradable *adj* biodegradável
biodegrade *vi* biodegradar
bioengineered [ˌbaɪoʊˌendʒɪ'nɪrd, *Brit:* 'nɪəd] *adj inv* transgênico, -a **bioengineering** *n no pl* bioengenharia *f* **biofuel** *n* biocombustível *m*
biographical [ˌbaɪə'græfɪkəl] *adj* biográfico, -a
biography [baɪ'ɑ:grəfi, *Brit:* -'ɒg-] <-ies> *n* biografia *f*
biological [ˌbaɪə'lɑ:dʒɪkəl, *Brit:* -'lɒdʒ-] *adj* biológico, -a
biologist [baɪ'ɑ:lədʒɪst, *Brit:* -'ɒl-] *n* biólogo, -a *m, f*
biology [baɪ'ɑ:lədʒi, *Brit:* -'ɒl-] *n no pl* biologia *f*
biopsy ['baɪɑ:psi, *Brit:* -ɒp-] <-ies> *n* MED biópsia *f* **biotechnology** *n no pl* biotecnologia *f*
biotope ['baɪətoʊp, *Brit:* -təʊp] *n* biótopo *m*
bipartisan [ˌbaɪpɑ:r'tɪzən, *Brit:* ˌbaɪpɑ:tɪ'zæn] *adj* bipartidário, -a
birch [bɜːrtʃ, *Brit:* bɜːtʃ] <-es> *n* BOT bétula *f*
bird [bɜːrd, *Brit:* bɜːd] *n* 1. ZOOL pássaro *m*; (*larger*) ave *f* 2. *Aus, Brit, inf* (*girl, woman*) garota *f*
birdcage *n* gaiola *f* **birdseed** *n no pl* alpiste *m* **bird's-eye view** *n no pl* vista *f* aérea **birdwatching** *n no pl* ornitologia *f*
biro® ['baɪərəʊ] *n Brit* (*ball-point pen*) caneta *f* esferográfica
birth [bɜːrθ, *Brit:* bɜːθ] *n* 1. nascimento *m*; MED parto *m*; **at ~** ao nascimento; **by ~** de nascença; **date/place of ~** data/lugar de nascimento; **to give ~ to a child** dar à luz uma criança 2. *no pl* (*origin*) origem *f*, princípio *m*; **to be Brazilian by birth** ser de origem brasi-

leira 3. *fig* origem *f*; **the ~ of Modernism** a origem do Modernismo
birth certificate *n* certidão *f* de nascimento **birth control** *n* no *pl* controle *m* de natalidade
birthday ['bɜːrθdeɪ, *Brit:* 'bɜːθ-] *n* aniversário *m*; **happy ~!** feliz aniversário!
birthday card *n* cartão *m* de aniversário **birthday present** *n* presente *m* de aniversário
birthplace *n* lugar *m* de nascimento, terra *f* natal
biscuit ['bɪskɪt] *n* **1.** *Am* pãozinho *m* de minuto **2.** *Aus, Brit* (*cookie*) biscoito *m*

> **Culture** A expressão **biscuits and gravy** se refere ao café da manhã típico dos estados do sul dos Estados Unidos. Os **biscuits** são uma espécie de pãezinhos chatos servidos com **gravy** (molho feito de caldo da carne). Em algumas regiões, este café da manhã só é servido em **truck stops** (paradas frequentadas por caminhoneiros).

bishop ['bɪʃəp] *n* REL (*a. in chess*) bispo *m*
bison ['baɪsən] *n inv* bisão *m*
bit[1] [bɪt] *n* **1.** (*small piece*) pedaço *m*; **~s of glass** cacos de vidro; **a ~ of paper** um pedaço de papel; **little ~s** pedacinhos *mpl*; **to smash sth to ~s** quebrar a. c. em pedaços **2.** (*small amount*) **a ~ of** um pouco de; **a ~ of news** uma notícia **3.** (*short time*) momentinho *m*; **for a ~** um pouquinho **4.** *esp Brit* (*part*) parte *f*; **the difficult ~ of sth** a parte difícil de a. c.; **~ by ~** pouco a pouco; **to do one's ~** *inf* fazer a sua parte **5.** (*somewhat*) **a ~** um pouco; **a ~ stupid** meio ledro; **quite a ~** bastante; **not a ~** nem um pouco **6.** INFOR bit *m* **7.** *pl, inf* (*things*) **~s and pieces** tralha *f*
bit[2] *n* **1.** (*for horses*) bocado *m* **2.** (*for drill*) broca *f*
bit[3] *pt of* **bite**
bitch [bɪtʃ] I. *n* **1.** ZOOL cadela *f* **2.** *pej, inf* (*woman*) megera *f*, puta *f* II. *vi sl* reclamar; **to ~ about sb** reclamar de a. c.; **to ~ at sb** implicar com alguém
bite [baɪt] I. *n* <bit, bitten> *vt* morder; (*insect*) picar; **to ~ one's nails** roer as unhas II. <bit, bitten> *vi* (*dog, person, fish*) morder; (*insect*) picar; **to ~ into sth** dar uma mordida em a. c.; **once bitten twice shy** *prov* gato escaldado tem medo de água fria III. *n* **1.** (*of dog, person*) mordida *f*; (*of insect*) picada *f* **2.** (*mouthful*) mordida *f*; **to have a ~ to eat** fazer uma boquinha
biting *adj* (*wind, cold*) cortante, penetrante; (*criticism*) mordaz
bitten ['bɪtn] *pp of* **bite**
bitter ['bɪtər, *Brit:* 'bɪtə] I. *adj* <-er, -est> (*fruit*) amargo, -a; (*dispute*) acirrado, -a; (*disappointment*) cruel; **to be ~ about sth** ficar ressentido com a. c.; **to carry on to the ~ end** aguentar até o fim II. *n esp Aus, Brit* (*beer*) cerveja *f* amarga
bitter chocolate *n* chocolate *m* amargo
bitterness *n no pl* **1.** (*of dispute, battle*) animosidade *f*; (*feeling*) ressentimento *m*, amargura *f* **2.** (*taste*) amargor *m*
bizarre [bɪˈzɑːr, *Brit:* bɪˈzɑː] *adj* (*behavior*) esquisito, -a; (*clothes*) extravagante
black [blæk] I. *adj* (*color*) preto, -a; (*man, woman*) negro, -a; **black humor** humor negro; (*sky*) escuro, -a; **black coffee** café preto; **to beat sb ~ and blue** *inf* deixar alguém roxo de pancadas II. *n* preto, -a *m, f*, negro, -a *m, f*; **in ~** de preto; **in ~ and white** em branco e preto; **in the ~** FIN estar solvente
♦ **black out** *vi* desmaiar
blackberry ['blækberi, *Brit:* -ˌbəri] <-ies> *n* (*fruit*) amora *f*; (*plant*) amoreira *f*
blackbird *n* melro *m*
blackboard *n* lousa *f*
blackcurrant *n* cassis *m inv*
blacken ['blækən] *vt* enegrecer; **to ~ sb's name** denegrir o nome de alguém
black eye *n* olho *m* roxo
blacklist *n* lista *f* negra
blackmail I. *n* chantagem *f* II. *vt* chantagear
black market *n* mercado *m* negro
blackness *n no pl* (*color*) negrura *f*; (*darkness*) escuridão *f*
blackout *n* **1.** (*faint*) desmaio *m* **2.** (*censorship*) censura *f* **3.** ELEC (*power*) apagão *m* **Black Sea** *n* Mar *m* Negro
blacksmith ['blæksmɪθ] *n* ferreiro, -a *m, f*
bladder ['blædər, *Brit:* -əʳ] *n* ANAT bexiga

blade [bleɪd] *n* (*of sword, knife, razor, skate*) lâmina *f*; (*of oar, propeller*) pá *f*; **~ of grass** folha *f* (de capim)

blame [bleɪm] **I.** *vt* culpar; **to ~ sb for sth** culpar alguém por a. c.; **to ~ sth on sb** pôr a culpa de a. c. em alguém; **to be to ~ (for sth)** ter a culpa de a. c.; **I don't ~ you** não era para menos; **you can't ~ her for moving out** não foi à toa que ela se mudou **II.** *n no pl* culpa *f*; **to put the ~ on sb** pôr a culpa em alguém; **to take the ~ (for sth)** assumir a culpa (de a. c.)

blameless *adj* inocente, irrepreensível

blanch [blæntʃ, *Brit:* blɑː-n-] **I.** *vi* ficar pálido; **she ~ed at the sight of him** perdeu a cor ao vê-lo **II.** *vt* (*vegetables*) passar com água fervente; **~ed almonds** amêndoas sem pele

bland [blænd] *adj* (*food*) insosso, -a; (*person, manner*) gentil

blank [blæŋk] **I.** *adj* **1.** (*empty*) em branco; **~ check** cheque em branco; **~ tape** fita virgem; **to go ~** dar um branco (na mente); **the screen went ~** a tela apagou **2.** (*emotionless: look, stare*) vazio, -a **3.** (*complete*) absoluto, -a; (*despair*) completo, -a; **a ~ refusal** uma recusa total **II.** *n* (*on form*) espaço *m* em branco; **to draw a ~** não dar sorte

blanket ['blæŋkɪt] *n* (*cover*) cobertor *m*, manta *f*; (*of snow*) manto *m*

blare [bler, *Brit:* bleə^r] *vi* (*music, radio*) tocar a todo volume

blasphemy ['blæsfəmi] *n no pl* blasfêmia *f*

blast [blæst, *Brit:* blɑːst] **I.** *vt* **1.** (*with explosive*) fazer explodir **2.** *inf* (*criticize*) arrasar **II.** *n* **1.** (*explosion*) explosão *f*; (*of air*) rajada *f* **2.** (*noise*) estrondo *m*; (**at**) **full ~ a.** *fig* no volume máximo, a todo vapor **3.** *Am, sl* curtição *f*; **the party was a blast** a festa foi um arraso **III.** *interj Brit, dated inf* **~ it!** dane-se!

blatant ['bleɪtnt] *adj* (*lie*) flagrante, descarado, -a

blaze [bleɪz] **I.** *vi* resplandecer; (*fire*) arder em chamas; **to ~ with anger** explodir de raiva **II.** *vt* **to ~ a trail** abrir caminho **III.** *n* **1.** (*fire*) fogo *m*; (*flames*) labareda *f* **2.** *fig* **a ~ of color** um esplendor de cores; **a ~ of glory** um resplendor de glória; **a ~ of public-**
f

ity um estardalhaço publicitário

blazer ['bleɪzər, *Brit:* -ə^r] *n* blazer *m*

blazing *adj* (*fire*) fulgurante; (*heat*) abrasador

bleach [bliːtʃ] **I.** *vt* alvejar **II.** *n* alvejante *f*

bleachers [bliːtʃərz] *npl Am* arquibancada *f*

bleak [bliːk] *adj* (*future*) sombrio, -a; (*weather*) gelado, -a; (*landscape*) desolado, -a

bleat [bliːt] *vi* balir

bled [bled] *pt, pp of* **bleed**

bleed [bliːd] <bled, bled> *vi* sangrar; **to ~ to death** sangrar até a morte

blemish ['blemɪʃ] *n* a. *fig* mancha *f*

blend [blend] **I.** *n* mistura *f* **II.** *vt* misturar **III.** *vi* **to ~ in (with sth)** harmonizar-se (com a. c.)

blender [blendər, *Brit:* -ə^r] *n* liquidificador *m*

bless [bles] *vt* abençoar; (**God**) **~ you!** (*after sneezing*) saúde!; **to be ~ed with sth** ter a sorte de ter a. c.

blessed ['blesɪd] *adj* **1.** (*holy*) santo, -a; (*ground*) abençoado, -a **2.** *inf* **the whole ~ day** todo santo dia

blessing *n* **1.** (*benediction*) bênção *f*; **to give one's ~ to sth** dar a bênção a a. c. **2.** (*advantage*) vantagem *f*; **it's a ~ in disguise** há males que vêm para o bem *prov*

blew [bluː] *pt of* **blow**

blind [blaɪnd] **I.** *n* **1.** *pl* (*people*) **the ~** os cegos *mpl* **2.** (*window shade*) persiana *f* **II.** *vt* cegar; *fig* (*dazzle*) ofuscar **III.** *adj* **1.** (*unable to see*) cego, -a; **to be ~ in one eye** ser caolho; **to be ~ to sth** não enxergar a. c. **2.** (*without reason*) irracional; (*devotion*) cego, -a **3.** *Brit, inf* (*as intensifier*) **not to take a ~ bit of notice of sth** não dar a mínima para a. c. **IV.** *adv* **he drank himself ~** ele caiu de bêbado; **to swear ~ that ...** jurar de pés juntos que ...

blind alley <-s> *n* a. *fig* beco *m* sem saída

blindfold I. *n* venda *f* **II.** *vt* vendar os olhos de

blindness *n no pl* cegueira *f*

bling ['blɪŋ], **bling-bling** [,blɪŋ'blɪŋ] *n no pl, Am, sl* bling-bling *m* (*joias caras e vistosas*)

blink [blɪŋk] **I.** *vt* **to ~ one's eyes** piscar os olhos **II.** *vi* pestanejar; **she**

didn't even ~ ela nem pestanejou III. *n* piscar *m* de olhos; **in the ~ of an eye** num piscar de olhos; **to be on the ~** *inf* pifar

bliss [blɪs] *n no pl* êxtase *m;* **marital ~** felicidade *f* conjugal

blissful *adj* (*happy*) feliz

blister ['blɪstər, *Brit*: -ər] *n* (*on skin, air bubble*) bolha *f*

blitz [blɪts] *n* **an advertising ~** uma campanha *f* publicitária bombástica; **the B~** *bombardeio alemão de Londres em 1940-41*

blizzard ['blɪzərd, *Brit*: -əd] *n* nevasca *f*

bloated ['bloʊtɪd, *Brit*: 'bləʊtɪd] *adj* inchado, -a

blob [blɑ:b, *Brit*: blɒb] *n* bolha *f*

bloc [blɑ:k, *Brit*: blɒk] *n* POL bloco *m*

block [blɑ:k, *Brit*: blɒk] I. *n* **1.** (*solid lump: a. of wood*) bloco *m;* (*toy*) cubo *m* **2.** *esp Am* (*city block*) quarteirão *m;* (*neighborhood*) bairro *m* **3.** *esp Brit* (*tall building*) prédio *m;* (*group of buildings*) quadra *f;* **apartment ~** bloco *m* de apartamentos **4.** (*barrier*) barreira *f;* **mental ~** bloqueio *m* mental II. *vt* (*road, pipe*) bloquear, interromper; (*sb's progress*) impedir
♦ **block off** *vt* bloquear

blockade [blɑ:'keɪd, *Brit*: blɒ-] I. *n* bloqueio *m* II. *vt* bloquear

blockage ['blɑ:kɪdʒ, *Brit*: 'blɒk-] *n* entupimento *m*

bloke [bloʊk] *n Brit, inf* cara *m*, sujeito *m*

blond(e) [blɑ:nd, *Brit*: blɒnd] I. *adj* (*hair*) louro, -a; **she is ~** ela é loura II. *n* louro, -a *m, f*

blood [blʌd] *n no pl* sangue *m;* **in cold ~** a sangue-frio

blood bank *n* banco *m* de sangue
 bloodbath *n* banho *m* de sangue

blood pressure *n no pl* pressão *f* arterial

bloodshed *n no pl* matança *f*

bloodshot *adj* (*eyes*) injetado, -a

bloodstained *adj* manchado, -a de sangue

bloodstream *n* corrente *f* sanguínea

blood test *n* exame *m* de sangue

bloodthirsty *adj* sanguinário, -a

blood type *n* grupo *m* sanguíneo

bloody ['blʌdi] <-ier, -iest> I. *adj* **1.** (*covered in blood*) ensanguentado, -a **2.** *Aus, Brit, inf* (*for emphasis*) droga; **~ hell!** inferno dos diabos! II. *adv Aus,*

Brit, inf (*for emphasis*) **to be ~ useless** ser imprestável; **I don't ~ know** não faço a mínima!

bloom [blu:m] I. *n no pl, a. fig* flor *f;* **to come into ~** florescer II. *vi* florir

blossom ['blɑ:səm, *Brit*: 'blɒs-] I. *n* flor *f;* **in ~** em flor; **orange ~** broto *m* de laranja II. *vi* (*tree*) desabrochar; (*mature: girl, friendship*) amadurecer

blot [blɑ:t, *Brit*: blɒt] I. *n* borrão *m*, nódoa *f* II. *vt* **1.** (*mark*) **to ~ sth out** rasurar a. c.; **to ~ sth out of one's memory** *fig* apagar a. c. da mente **2. to ~ sth dry** secar a. c.

blotch [blɑ:tʃ, *Brit*: blɒtʃ] *n* borrão *m;* (*on skin*) mancha *f*

blotchy [blɑ:tʃi, *Brit*: blɒ-] *adj* (*skin, complexion*) manchado, -a

blouse [blaʊs, *Brit*: -z] *n* blusa *f*

blow¹ [bloʊ, *Brit*: bləʊ] *n a. fig* golpe *m*, soco *m;* **a ~ to the face** um soco na cara; **to come to ~s** (**over sth**) sair no tapa (por a. c.)

blow² I. <blew, blown> *vi* **1.** (*person*) soprar **2.** ELEC (*fuse*) queimar; (*tire*) estourar II. *vt* **1.** (*a whistle*) soar; **to ~ one's nose** assoar o nariz; **the wind blew the leaves** o vento carregou as folhas **2.** (*fuse*) queimar **3.** AUTO **to ~ the horn** buzinar **4.** *inf* (*do poorly: test, interview*) dar-se mal
♦ **blow away** *vt* arrancar
♦ **blow out** *vt* (*candle*) apagar; **to ~ sth out of proportion** exagerar a. c.
♦ **blow over** *vi* (*scandal*) passar; (*argument, dispute*) ser esquecido
♦ **blow up** I. *vi* (*storm, gale*) rebentar II. *vt* **1.** (*inflate*) encher **2.** PHOT ampliar **3.** (*explode*) explodir

blow-dry *vt* **to ~ one's hair** secar o cabelo com secador de cabelo

blow-dryer *n* secador *m* de cabelo

blown ['bloʊn, *Brit*: bləʊn] *vt, vi pp of* **blow**

blowtorch *n* maçarico *m*

blubber¹ ['blʌbər, *Brit*: -ər] *vi inf* (*cry*) abrir o berreiro

blubber² *n* espessa camada *f* de gordura (da baleia e outros mamíferos marinhos)

blue [blu:] I. *adj* **1.** (*color*) azul **2.** (*sad*) triste, melancólico, -a; **to feel ~** sentir-se triste II. *n* azul *m;* **sky ~** azul celeste; **out of the ~** *fig* sem mais nem menos; **the ~s** MUS blues *m inv;* (*sadness*) melancolia *f*

bluebell n BOT campânula f
blueberry ['blu:beri, Brit: -,bəri] <-ies> n mirtilo m
blue jay <-s> n ZOOL gaio-azul m
blue jeans [-dʒi:nz] n pl jeans m inv
blueprint n plano m, projeto m
blue whale n baleia f azul
bluff [blʌf] I. vi blefar II. n blefe m; **to call sb's ~** pagar para ver
blunder ['blʌndər, Brit: -dəʳ] I. n erro m crasso, gafe f II. vi cometer um erro crasso; **to ~ into sth** topar com a. c.
blunt [blʌnt] adj 1. (not sharp) cego, -a; **~ instrument** instrumento rombo 2. (direct) direto, -a
bluntly adv sem rodeios; **to put it ~** para ser franco
blur [blɜ:r, Brit: blɜ:ʳ] I. vt <-rr-> turvar, borrar II. n (shape) borrão m; (vague memory) vaga lembrança f
blurred adj embaçado, -a, turvo, -a; (picture) indistinto, -a
blush [blʌʃ] vi corar
blusher n blush m
bluster ['blʌstər, Brit: -təʳ] I. vi 1. (speak) esbravejar 2. (wind) zunir II. n no pl escarcéu m
BO [,bi:'oʊ, Brit: -'əʊ] n abbr of **body odor** catinga f
boa ['boʊə, Brit: 'bəʊə] n estola f de plumas ou peles
boar [bɔ:r, Brit: bɔ:ʳ] n (wild) ~ javali m
board [bɔ:rd, Brit: bɔ:d] I. n 1. (wood) tábua f; (blackboard) lousa f; (bulletin board) quadro m de avisos; **above ~** às claras; **across the ~** fig geral 2. ADMIN conselho m; **~ of directors** diretoria f; **Board of Trade** Am Câmara f de Comércio 3. (in hotel) **room and ~** casa e comida; **full ~** esp Brit pensão f completa; **half ~** esp Brit meia-pensão f 4. NAUT **on ~** a bordo II. vt (ship) embarcar; (bus, train, airplane) subir a bordo III. vi (stay) hospedar-se; (in school) ser interno
boarding school n internato m
boardroom n sala f de reuniões
boardwalk n Am calçada f de tábuas ao longo da praia
boast [boʊst, Brit: bəʊst] vi gabar-se; **to ~ about/of sth** vangloriar-se de a. c.
boat [boʊt, Brit: bəʊt] n barco m; (small) bote m; (large) navio m; **to go by ~** ir de barco
boating n no pl **to go ~** dar um passeio de barco

> **Culture** Uma **Boat Race** (competição de remo) é realizada todos os anos em um sábado de março no Rio **Thames** (Tâmisa). Oito remadores das Universidades Oxford e Cambridge competem nesta prova. É um evento nacional bastante importante acompanhado por 460 milhões de espectadores em todo o mundo.

bob [bɑ:b, Brit: bɒb] <-bb-> vi **to ~ (up and down)** balançar-se
bobby ['bɑ:bi] <-ies> n Brit, inf tira mf
bobby pin n Am grampo m de cabelo
bode [boʊd, Brit: bəʊd] vi **to ~ well/ill** ser um bom/mau sinal
bodily ['bɑ:dəli, Brit: 'bɒd-] adj físico, -a; (harm) corporal; (function) fisiológico, -a
body ['bɑ:di, Brit: 'bɒdi] <-ies> n 1. a. ANAT, ASTRON corpo m; (corpse) cadáver m; (of water) massa f; **over my dead ~** por cima do meu cadáver; **~ and soul** de corpo e alma 2. ADMIN, POL órgão m; **church/government/student ~** organismo m eclesiástico/federal/estudantil
bodyguard n guarda-costas m inv, escolta f **body language** n no pl linguagem f corporal **body lotion** n loção f para o corpo **body psychotherapy** n no pl terapia f corporal **bodywork** n no pl AUTO carroceria f; (therapy) terapia f corporal
bog [bɑ:g, Brit: bɒg] I. n pântano m, brejo m II. <-gg-> vt **to get ~ down by** [o **in**] **sth** ser atravancado por a. c.
bogeyman ['bʊgimæn] n inf bicho-papão m
boggle ['bɑ:gl, Brit: 'bɒgl] vi ficar atônito
bogus ['boʊgəs, Brit: 'bəʊ-] adj (document) falsificado, -a; (argument) ilusório, -a
boil [bɔɪl] I. vi, vt ferver II. n 1. no pl **to bring sth to the ~** deixar a. c. ferver 2. MED furúnculo m
◆ **boil down to** vt fig resumir-se em
◆ **boil over** vi 1. GASTR transbordar 2. (situation) fugir ao controle
boiler ['bɔɪlər, Brit: -əʳ] n caldeira f, aquecedor m **boiler suit** n Aus, Brit macacão m

boiling *adj* fervente; (*day, weather*) abrasador(a); **I am ~** estou morrendo de calor

boisterous ['bɔɪstərəs] *adj* agitado, -a, alvoroçado, -a

bold [boʊld, *Brit:* bəʊld] <-er, -est> *adj* **1.** *inv* (*brave*) ousado, -a, atrevido, -a; **to be so ~ as to do sth** ter a ousadia de fazer a. c. **2.** (*attempt, assertion*) audacioso, -a **3.** (*color*) vivo, -a **4.** INFOR, TYP **~** (**type**) negrito *m*; **in ~** em negrito

boldness *n no pl* ousadia *f*, atrevimento *m*

Bolivia [bə'lɪvɪə] *n* Bolívia *f*

Bolivian *adj* boliviano, -a

bolster ['boʊlstər, *Brit:* 'bəʊlstə'] *vt* **1.** (*support*) **to ~ sth** (**up**) apoiar a. c. **2.** (*encourage*) **to ~ sb** (**up**) incentivar alguém

bolt [boʊlt, *Brit:* bəʊlt] **I.** *vi* sair em disparada **II.** *vt* **1.** (*food*) **to ~ sth** (**down**) comer a. c. às pressas **2.** (*lock, door, window*) trancar **III.** *n* **1.** (*on door*) ferrolho *m* **2.** (*screw*) parafuso *m* **3.** (*of lightning*) raio *m*; **a ~ from the blue** uma total surpresa **4. to make a ~ for the door** sair correndo pela porta **IV.** *adv* **~ upright** bem ereto

bomb [bɑːm, *Brit:* bɒm] **I.** *n* bomba *f*; **the ~** bomba *f* atômica; **to go like a ~** *Brit, inf* (*car*) ir a mil (por hora) **II.** *vt* bombardear **III.** *vi* **the car ~ed down the street** o carro ia a mil por hora pela rua

bombard [bɑːm'bɑːrd, *Brit:* bɒm'bɑːd] *vt* bombardear; **to ~ sb with questions** bombardear alguém com perguntas

bombardment *n* bombardeio *m*

bomber ['bɑːmər, *Brit:* 'bɒmə'] *n* **1.** (*airplane*) bombardeiro *m* **2.** (*person*) pessoa que planta bombas

bombing *n* **1.** MIL bombardeio *m* **2.** (*by terrorists*) atentado *m* à bomba

bomb scare *n* ameaça *f* de bomba

bombshell *n* MIL bomba *f*; **the news hit like a ~** a notícia caiu como uma bomba

bona fide [ˌboʊnə'faɪd, *Brit:* ˌbəʊnə'faɪdi] *adj* de boa fé

bond [bɑːnd, *Brit:* bɒnd] **I.** *n* **1.** (*connection*) vínculo *m*; (*of friendship*) laço *m* **2.** FIN título *m* **3.** LAW obrigação *f*; *Am* (*bail*) fiança *f* **II.** *vi* ligar-se; **to ~** (**together**) unir-se; **to ~ with sb** criar laços com alguém

bondage ['bɑːndɪdʒ, *Brit:* 'bɒn-] *n no pl, liter* servidão *f*

bone [boʊn, *Brit:* bəʊn] **I.** *n* ANAT osso *m*; (*of fish*) espinha *f*; **~ of contention** pomo *m* da discórdia; **to make no ~s about sth** não hesitar em dizer a. c.; **to have a ~ to pick with sb** *inf* ter contas a ajustar com alguém **II.** *adj* (*very*) **~ dry** completamente seco; **~ idle** bastante preguiçoso **III.** *vt* (*chicken*) desossar; (*fish*) tirar as espinhas **bone marrow** *n no pl* medula *f* óssea

bonfire ['bɑːnfaɪər, *Brit:* 'bɒnfaɪə'] *n* fogueira *f*

bonkers ['bɑːŋkərz, *Brit:* 'bɒŋkəz] *adj inf* **to go ~** ficar pirado

bonnet ['bɑːnɪt, *Brit:* 'bɒnɪt] *n* **1.** (*hat*) gorro *m*; (*baby's*) touca *f* **2.** *Aus, Brit* AUTO (*hood*) capô *m*

bonus ['boʊnəs, *Brit:* 'bəʊ-] *n* **1.** (*money*) bônus *m*, bonificação *f*; **~ productivity** ~ bônus *m* de produtividade **2.** (*advantage*) vantagem *f*

bony ['boʊni, *Brit:* 'bəʊ-] *adj* <-ier, -iest> ossudo, -a; (*fish*) cheio de espinhas

boo [buː] **I.** *vi* vaiar **II.** *interj* **~!** xô!, fora!

booby prize ['buːbi-] *n* prêmio *m* de consolação **booby trap** *n* armadilha *f*

boogie board ['bʊgiˌbɔːrd, *Brit:* 'buːgiˌbɔːd] *n* prancha *f* bodyboard

boogie-boarder ['bʊgiˌbɔːrdər, *Brit:* 'buːgiˌbɔːdə'] *n* bodyboarder *mf*

book [bʊk] **I.** *n* livro *m*; (*of stamps*) álbum *m*; (*of tickets*) talão *m*; **the ~s** COM contabilidade *f*; **to bring sb to ~** exigir explicações a alguém; **to cook the ~** *inf* maquiar a contabilidade; **to do sth by the ~s** *fig* fazer a. c. seguindo à risca as normas; **to throw the ~ at sb** punir severamente alguém; **in my ~** na minha opinião **II.** *vt* **1.** (*reserve*) reservar **2.** (*charge with crime*) autuar **3. to be** (**all**) **~ed up** (*not have tickets*) estar esgotado, estar lotado; (*not have time*) estar com a agenda tomada

bookcase *n* estante *f*

bookie ['bʊki] *n inf* corretor(a) *m(f)* de apostas

booking *n* reserva *f*

bookkeeping *n no pl* contabilidade *f*

booklet ['bʊklɪt] *n* folheto *m*

bookmaker *n* corretor(a) *m(f)* de apostas

bookmark *n a.* INFOR marcador *m*

book review n resenha f literária **book reviewer** n resenhista mf literário
bookseller n (*person*) livreiro, -a m, f; (*shop*) livraria f **bookshelf** <-shelves> n estante f **bookshop** n esp Brit livraria f **bookstore** n Am livraria f **bookworm** n rato m de biblioteca
boom [bu:m] ECON **I.** vi retumbar, prosperar **II.** n **1.** (*sound*) estrondo m **2.** ECON, FIN rápido crescimento m, alta f repentina **III.** *interj* bum!
boon [bu:n] n no pl **to be a ~ (to sb)** ser de grande ajuda (para alguém)
boost [bu:st] **I.** n no pl incentivo m, impulso m; **a ~ in sth** um impulso em a. c. **II.** vt (*profits, the economy*) impulsionar; (*morale*) levantar
booster [bu:stər, *Brit*: -stər] n MED vacina f de reforço
boot [bu:t] **I.** n **1.** (*footwear*) bota f; **to give sb the ~** *inf* mandar alguém embora do emprego; **to ~** (*in addition*) ainda por cima **2.** *Brit, Aus* AUTO (*trunk*) porta-malas m; *inv* **II.** vt *inf* **1.** (*kick*) chutar **2.** INFOR iniciar
♦ **boot out** vt *inf* mandar embora
booth [bu:ð] n (*cubicle*) cabine f; (*at fair, market*) barraca f; **telephone ~** cabine f de telefone; (*polling ~*) cabine f eleitoral
bootleg ['bu:tleg] <-gg-> *adj* (*alcohol*) de contrabando; (*software*) pirata
booty ['bu:ti, *Brit*: -ti] n no pl despojo m
boo-yah [bu:'ja:] *interj Am, inf* ~! *pej, iron* argh!
booze [bu:z] n no pl, inf bebida f alcoólica; **to go out boozing** encher a cara
border ['bɔ:rdər, *Brit*: 'bɔ:də'] **I.** n (*between countries*) fronteira f; (*edge, boundary*) limite m; (*on picture, cloth*) moldura f; (*in garden*) canteiro m **II.** vt margear
♦ **border on** vi fazer limite com; *fig* tocar as raias de
borderline ['bɔ:rdərlaɪn, *Brit*: 'bɔ:də-] *adj* limítrofe
bore[1] [bɔ:r, *Brit*: bɔ:ʳ] **I.** n (*thing*) chateação f; (*person*) chato, -a m, f; **what a ~!** que chatice! **II.** vt chatear, entediar
bore[2] vt perfurar; **to ~ a hole** abrir um buraco
bore[3] pt of **bear**
bored *adj* entediado, -a
boredom ['bɔ:rdəm, *Brit*: 'bɔ:d-] n no pl tédio m
boring *adj* chato, -a, aborrecido, -a; **to find sth ~** achar a. c. chata
born [bɔ:rn, *Brit*: bɔ:n] *adj* **1.** (*person*) nascido, -a; **to be ~** nascer; **where were you ~?** onde você nasceu?; **I wasn't ~ yesterday** *inf* não nasci ontem **2.** (*talented in*) nato, -a; **a ~ musician/leader** um músico/líder nato
borne [bɔ:rn, *Brit*: bɔ:n] *pp* of **bear**
borough ['bɜ:roʊ, *Brit*: 'bʌrə] n município m
borrow ['ba:roʊ, *Brit*: 'bɒrəʊ] vt tomar emprestado; **to ~ sth from sb** pedir a. c. emprestada de alguém; **to ~ a book from the library** pegar emprestado um livro na biblioteca; **may I ~ your pen?** pode me emprestar sua caneta?
borrower n pessoa que toma emprestado
borrowing n no pl empréstimo m; **public sector ~** empréstimo do setor público
Bosnia ['ba:znɪə, *Brit*: 'bɒz-] n Bósnia f
Bosnia-Herzegovina [-ˌhertsəgoʊ'vi:nə, *Brit*: -ˌhɜ:zə'gɒvɪnə] n Bósnia-Herzegovina f
Bosnian *adj* bósnio, -a
bosom ['bʊzəm] n no pl busto m, seio m
boss [ba:s, *Brit*: bɒs] **I.** n (*person in charge*) chefe mf; (*owner*) patrão, -oa m, f **II.** vt *inf* **to ~ sb around** mandar em alguém
bossy ['ba:si, *Brit*: 'bɒsi] <-ier, -iest> *adj* mandão, -ona
botanical [bə'tænɪkəl] *adj* botânico, -a
botanist ['ba:tnɪst, *Brit*: 'bɒtənɪst] n botânico, -a m, f
botany ['ba:tni, *Brit*: 'bɒtəni] n no pl botânica f
botch [ba:tʃ, *Brit*: bɒtʃ] vt **to ~ sth (up)** remendar a. c.
both [boʊθ, *Brit*: bəʊθ] **I.** *adj, pron* ambos, ambas, os dois m, as duas f; um e outro m, uma e outra f; **~ of them went/they ~ went** ambos foram/os dois foram; **~ of us went/we ~ went** fomos os dois/nós dois fomos; **~ (the) brothers** ambos os irmãos; **on ~ sides** em ambos os lados **II.** *adv* **~ Karen and Sarah** tanto Karen como Sarah; **to be ~ sad and pleased** estar ao mesmo tempo triste e contente
bother ['ba:ðər, *Brit*: 'bɒðə'] **I.** n pro-

blema *m*, chateação *f*; **it is no ~** não custa nada; **it is not worth the ~** não vale a pena **II.** *vt* **1.** (*annoy*) aborrecer; (*disturb*) incomodar; (*pester*) chatear **2.** (*worry*) preocupar; (**not**) **to ~ to do sth** (não) se dar ao trabalho de fazer a. c.; **what ~s me is ...** o que me preocupa é ...; **I can't be ~ed cleaning up the mess** não estou com a menor vontade de arrumar esta bagunça; **I'm not ~ed** *Brit* para mim tanto faz **III.** *interj esp Brit* **~!** droga!

Botox® ['boʊtaːks, *Brit:* 'bəʊtɒks] *n* botox *m*

Botswana [ˌbɑːtˈswɑːnə, *Brit:* bɒtˈ-] *n* Botsuana *f*

bottle ['bɑːtl̩, *Brit:* 'bɒtl] **I.** *n* **1.** (*container*) garrafa *f*; (*of ink, perfume*) frasco *m*; (*baby's*) mamadeira *f*; **to hit the ~** *inf* encher a cara **2. I lost my ~** *Brit, inf* perdi a coragem **II.** *vt* engarrafar; **to ~ one's anger/frustration up** conter a raiva/frustração

bottled *adj* de garrafa

bottle opener *n* abridor *m* de garrafa

bottom ['bɑːtəm, *Brit:* 'bɒtəm] **I.** *n no pl* **1.** (*of stairs, page*) pé *m*; (*of sea, street, glass*) fundo *m*; **at the ~ of the class** o último da classe; **from the ~ of one's heart** do fundo do coração; **from top to ~** dos pés à cabeça; **to get to the ~ of sth** ir ao fundo de a. c.; **to hit rock ~** chegar ao fundo do poço **2.** ANAT nádegas *fpl* **3.** *pl* **bikini ~s** calcinha *f* do biquíni; **pajama ~s** calças *fpl* de pijama **II.** *adj* (*lower: shelf, drawer, rung*) inferior, de baixo; **in ~ gear** *esp Brit* em primeira

bough [baʊ] *n* galho *m* de árvore

bought [bɑːt, *Brit:* bɔːt] *vt pt, pp of* **buy**

boulder ['boʊldər, *Brit:* 'bəʊldə'] *n* pedregulho *m*

bounce [baʊnts] **I.** *vi* (*ball*) quicar; (*check*) ser devolvido **II.** *vt* fazer quicar; **to ~ a check** devolver um cheque; **to ~ an idea off sb** pedir a opinião de alguém; **to be ~d into doing sth** *esp Brit* ser forçado a fazer a. c.; **to be ~d from sth** (*thrown out*) ser expulso de a. c.; (*fired*) ser demitido de a. c. **III.** *n* **1.** (*rebound*) rebote *m*; (*in economy, sales*) salto *m* **2.** *no pl* (*vitality*) vitalidade *f*

♦ **bounce back** *vi inf* recuperar-se

bouncer ['baʊntsər, *Brit:* -ə'] *n inf* leão-de-chácara *m*

bound¹ [baʊnd] **I.** *vi* (*leap*) saltitar **II.** *n* salto *m*; **by leaps and ~s** em ritmo acelerado

bound² *adj* **to be ~ for ...** rumar para ...

bound³ **I.** *pt, pp of* **bind II.** *adj* **1.** (*sure*) **she's ~ to come** certamente ela virá; **it was ~ to happen sooner or later** mais cedo ou mais tarde isso estava fadado a acontecer **2.** (*obliged*) **~ by sth** compelido por a. c.; **to be ~ to do sth** ser obrigado a fazer a. c.

boundary ['baʊndri] <-ies> *n* **1.** *a. fig* (*line*) limite *m* **2.** (*border*) fronteira *f*

boundless *adj* (*love, patience*) sem limites; (*energy*) inesgotável

bounds *n pl* limites *mpl*; **to know no ~ of possibility** não ser possível; **this area is out of ~ to civilians** a entrada de civis é proibida nesta área; **within ~** dentro dos limites

bounty ['baʊnti, *Brit:* -ti] <-ies> *n* generosidade *f*

bouquet [boʊˈkeɪ, *Brit:* bʊˈ-] *n* (*of flowers*) buquê *m*

bout [baʊt] *n* **1.** (*of flu, measles, fever*) ataque *m*; **~ of insanity** acesso de loucura; **drinking ~** bebedeira *f* **2.** SPORTS assalto *m*

bow¹ [boʊ, *Brit:* bəʊ] *n* **1.** (*weapon, a. for violin*) arco *m* **2.** (*knot*) laço *m*, laçada *f*

bow² [baʊ] *n* NAUT proa *f*

bow³ [baʊ] **I.** *vi* **1.** (*greet*) saudar, fazer uma reverência **2.** (*yield*) **to ~ to sth** submeter-se a a. c. **II.** *vt* (*one's head*) inclinar; (*body*) curvar **III.** *n* reverência *f*; **to take a ~** agradecer os aplausos com reverência

♦ **bow out** *vi* afastar-se

bowel ['baʊəl] *n* ANAT intestino *m*

bowl¹ [boʊl, *Brit:* bəʊl] *n* tigela *f*; (*larger*) vasilha *f*

bowl² SPORTS **I.** *vi* (*play tennis*) jogar; (*in cricket*) arremessar a bola **II.** *n pl* bocha inglesa *f* (*jogo de bolas praticado na grama*)

bowler ['boʊlər, *Brit:* 'bəʊlə'] *n* **1.** (*in bowling*) jogador(a) de boliche *m* **2.** (*hat*) chapéu-coco *m* **3.** *Brit* (*in cricket*) lançador(a) *m(f)*

bowling *n no pl* boliche *m*

bowling alley *n* pista *f* de boliche

bow tie *n* gravata-borboleta *f*

box¹ [bɑːks, *Brit:* bɒks] *vi* SPORTS boxear

box² **I.** *n* **1.** (*of cookies, tissues, cereal*)

caixa *f*; **the ~** *inf* (*television*) a TV; **to go outside the ~** *Am* ir mais além; **to think outside the ~** inovar **2.** (*space on form*) caixa *f* (de seleção) **3.** (*in soccer*) pequena área *f* **4.** THEAT camarote *m* **II.** *vt* **to ~ sth** (**up**) encaixotar a. c.

◆ **box in** *vt* cercar

boxer ['bɑːksər, *Brit:* 'bɒksə'] *n* **1.** SPORTS pugilista *mf*, boxeador(a) *m(f)* **2.** (*dog*) bóxer *mf*

boxer shorts *npl* cueca *f* samba-canção

boxing *n no pl* boxe *m*

Culture O **Boxing Day** é comemorado em 26 de dezembro. É assim chamado porque os aprendizes de um ofício, no dia seguinte ao Natal, coletavam em **boxes** (caixas) as gratificações dadas pelos clientes da oficina de seu mestre. Anteriormente, era chamada de **Christmas box** a gratificação de Natal dada aos empregados.

box office *n* bilheteria *f*

boy [bɔɪ] **I.** *n* (*child*) menino *m*, garoto *m*; (*young man*) rapaz *m*; (*son*) filho *m* **II.** *interj* oh **~**! nossa!; **~, was I tired!** nossa, eu estava cansado!

boycott [bɔɪkɑːt, *Brit:* -kɒt] **I.** *vt* boicotar **II.** *n* boicote *m*

boyfriend *n* (*partner*) namorado *m*; (*friend*) amigo *m*

boyhood ['bɔɪhʊd] *n no pl* infância *f* (de meninos)

boyish *adj* (*enthusiasm*) infantil; (*woman*) de menino

bra [brɑː] *n* sutiã *m*

brace [breɪs] **I.** *vt* preparar-se; **to ~ oneself for sth** preparar-se para a. c. **II.** *n* **1.** *pl* (*for teeth*) aparelho *m* **2.** *pl*, *Aus*, *Brit* (*suspenders*) suspensórios *mpl*

bracelet ['breɪslɪt] *n* pulseira *f*

bracket ['brækɪt] **I.** *n* **1.** *pl*, *esp Brit* TYP (*parentheses*) parêntese *m*; **in ~s** entre parênteses; **curly ~** INFOR chave *f*; **square ~s** colchetes *mpl* **2.** (*category*) categoria *f*; **age ~** faixa *f* etária; **tax ~** faixa *f* tributária **3.** (*for shelf*) suporte *m* **II.** *vt* **1.** TYP pôr entre parênteses **2.** *fig* (*include*) categorizar

brag [bræg] <-gg-> *vi inf* **to ~ about sth** gabar-se de a. c.

braid [breɪd] **I.** *n* **1.** *Am* (*in hair*) trança *f* **2.** *no pl* FASHION galão *m* **II.** *vt* **to ~ one's hair** trançar os cabelos

brain [breɪn] *n* **1.** (*organ*) cérebro *m* **2.** *pl* (*substance*) miolos *mpl* **3.** (*intelligence*) inteligência *f*; **to have ~s** ser inteligente **4.** *inf* (*intelligent person*) crânio *m*

brainchild *n no pl* ideia *f* original

brain damage *n* lesão *f* cerebral

brainless *adj* estúpido, -a

brainstorm I. *n* estalo *m*, ideia *f* brilhante **II.** *vi* lançar ideias em grupo

brainwash *vt* fazer lavagem cerebral em; **to ~ sb into doing sth** doutrinar alguém para fazer a. c. **brainwave** *n inf* luz *f*, estalo *m*

brainy <-ier, -iest> *adj* inteligente

brake [breɪk] **I.** *n* freio *m*; **to put on** [*o* **to step on**] **the ~s** pisar no freio **II.** *vi* frear; **to ~ hard** dar uma freada brusca

bramble ['bræmbl] *n* **1.** (*bush*) sarça *f* **2.** *Brit* (*fruit*) amora-preta *f*

bran [bræn] *n no pl* farelo *m*

branch [bræntʃ, *Brit:* brɑːntʃ] <-es> **I.** *n* **1.** (*of tree*) galho *f*; (*of river*) braço *m* **2.** (*of company*) filial *f*, sucursal *f*; (*of union*) seção *f* **II.** *vi* **to ~** (**off**) (*street*) bifurcar-se

◆ **branch out** *vi* ampliar-se

brand [brænd] **I.** *n* COM marca *f* **II.** *vt* **~ sb** (**as**) **sth** taxar alguém de a. c.

brandish ['brændɪʃ] *vt* (*a weapon*) brandir

brand name *n* marca *f*

brand-new *adj inv* novo, -a em folha

brandy ['brændi] <-ies> *n* conhaque *m*

brash [bræʃ] *adj* **1.** (*attitude*) insolente **2.** (*colors*) berrante

brass [bræs, *Brit:* brɑːs] *n no pl* latão *m*

brat [bræt] *n inf* pirralho, -a *m, f*

bravado [brəˈvɑːdoʊ, *Brit:* -dəʊ] *n no pl* bravata *f*

brave [breɪv] *adj* corajoso, -a

bravery ['breɪvəri] *n no pl* coragem *f*

brawl [brɑːl, *Brit:* brɔːl] **I.** *n* pancadaria *f* **II.** *vi* brigar

brazen ['breɪzn] *adj* descarado, -a

Brazil [brəˈzɪl] *n* Brasil *m*

Brazilian *adj* brasileiro, -a

brazilian *n abbr of* **brazilian wax** depilação (à brasileira) com a virilha bem cavada

Brazil nut *n* castanha-do-pará *f*

breach [briːtʃ] **I.** *n* **1.** (*infraction: of regulation*) infração *f*, violação *f*; (*of* *agreement*) quebra *f;* (*of confidence*) abuso *m;* (*of contract*) rompimento *m;* **to be in ~ of the law** ter violado a lei **2.** (*opening*) brecha *f* **II.** *vt* (*law*) violar; (*agreement, contract*) romper; (*security*) falhar

bread [bred] *n* **1.** pão *m;* **a loaf of ~** um pão; **a slice of ~** uma fatia de pão **2.** *no pl, inf* (*money*) grana *f;* **to be sb's ~ and butter** *fig* ser o ganha-pão de alguém

bread box *n* porta-pão *m*

breadcrumbs *npl* farinha *f* de rosca

breaded *adj* empanado, -a

breadth ['bretθ] *n no pl* largura *f*

break [breɪk] **I.** *n* **1.** (*in glass, pottery*) rachadura *f* **2.** (*interruption*) intervalo *m;* (*from work*) pausa *f;* **to take a ~** fazer uma pausa; (*short vacation*) recesso *m;* **coffee ~** hora do cafezinho **3.** *Brit* SCH recreio *m* **4.** (*opportunity*) chance *f;* **give me a ~!** me deixa em paz!; **to make a ~** **for it** tentar fugir (da prisão, polícia) **5.** (*beginning*) começo *m;* **the ~ of day** o raiar do dia; **to make a clean ~** *fig* cortar pela raiz **II.** <broke, broken> *vt* **1.** (*plate, glass, leg, arm*) quebrar; **to ~ sb's heart** magoar alguém **2.** (*circuit*) interromper **3.** (*put an end to*) suspender; (*peace, silence*) quebrar; (*strike*) acabar com; (*habit*) abandonar; **~ it up!** (*stop fighting*) pára com isso! **4.** (*violate: agreement, treaty, the law*) violar; (*promise*) quebrar **5. to ~ a record** bater um recorde **6.** (*tell*) **to ~ the news to sb that ...** dar a alguém a notícia de que ... **III.** <broke, broken> *vi* **1.** (*shatter*) despedaçar; **to ~ even** não ter lucro nem prejuízo; **to ~ free** libertar-se; **to ~ loose** soltar-se; **to ~ into pieces** espatifar **2.** (*voice*) mudar **3.** (*interrupt*) **shall we ~ (off) for lunch?** vamos fazer uma pausa para o almoço? **4.** (*weather*) piorar **5.** (*news, scandal*) vir à tona

◆ **break away** *vi* desvencilhar-se; (*region*) afastar-se

◆ **break down** **I.** *vi* quebrar; (*car, machine*) enguiçar; (*marriage*) acabar; (*negotiations*) fracassar; (*psychologically*) sofrer uma crise nervosa; **to ~ and cry** desatar a chorar **II.** *vt* **1.** (*door*) derrubar **2.** (*resistance*) vencer **3.** (*data*) analisar

◆ **break in** **I.** *vi* **1.** (*burgle*) invadir **2.** (*interrupt*) interromper **II.** *vt* abrandar; (*animal*) domar

◆ **break into** *vi* **1.** (*enter: car, house*) arrombar **2.** (*start doing*) **to ~ laughter/tears** desatar a rir/chorar

◆ **break off** **I.** *vt* **1.** (*detach*) separar; **to ~ sth off from** [*o of*] **sth** separar a. c. de a. c. **2.** (*relationship*) romper **II.** *vi* interromper-se; (*stop speaking*) parar de falar

◆ **break out** *vi* **1.** (*escape*) fugir **2.** (*begin*) começar; (*war*) irromper; **to ~ out in a sweat** começar a suar; **to ~ in a rash** aparecer uma erupção na pele

◆ **break through** *vi* avançar; (*sun*) aparecer

◆ **break up** **I.** *vt* (*meeting*) terminar; (*coalition, union*) dissolver; (*fight*) apartar **II.** *vi* **1.** (*end relationship*) separar-se **2.** (*come to an end: marriage*) desfazer-se; (*meeting*) interromper-se

breakaway *adj* dissidente

breakdown *n* **1.** TECH pane *f;* (**nervous**) **~** PSYCH crise *f* nervosa **2.** (*in relationship*) rompimento *m;* (*in negotiations*) interrupção *f* **3.** (*statistics*) análise *f*

breakfast ['brekfəst] *n* café da manhã *m;* **to have ~** tomar o café da manhã

breakout ['breɪkaʊt] *n* acne *f*

breakthrough *n* (*in science*) grande avanço *m;* MIL avanço *m*

breakup *n* (*of marriage*) rompimento *m;* (*of group, empire, company*) dissolução *f;* (*of talks*) interrupção *f;* (*of family*) desagregação *f*

breast [brest] *n* **1.** ANAT seio *m* **2.** GASTR peito *m*

breast cancer *n no pl* câncer *m* de mama

breast feed *vt* amamentar

breast stroke *n* nado *m* de peito

breath [breθ] *n* respiração *f,* hálito *m;* **bad ~** mau hálito; **to be out of ~** estar sem fôlego; **to be short of ~** ter falta de ar; **to get one's ~ back** recuperar o fôlego; **to hold one's ~** *a. fig* aguardar ansiosamente; **to mutter sth under one's ~** sussurrar a. c. a alguém; **in the same ~** ao mesmo tempo; **to take sb's ~ away** deixar alguém perplexo; **take a deep ~** respirar fundo

breathe [briːð] *vi, vt* respirar; **to ~ again** respirar aliviado; **to ~ in/out** inspirar/expirar; **to ~ deeply** respirar fundo

breather ['briːðər, *Brit:* -əʳ] *n no pl, inf* **to take a ~** descansar

breathing *n no pl* respiração *f;* **heavy ~**

respiração pesada
breathless [ˈbreθlɪs] *adj* sem fôlego
breathtaking *adj* impressionante, de tirar o fôlego
breathwork *n no pl* controle *m* da respiração
bred [bred] *pt, pp of* **breed**
breed [briːd] **I.** *vt* <bred, bred> procriar; (*disease, violence*) gerar **II.** *vi* <bred, bred> reproduzir-se **III.** *n* ZOOL raça *f*; BOT linhagem *f*
breeder [ˈbriːdər, *Brit:* -əʳ] *n* criador(a) *m(f)*
breeding *n no pl* **1.** (*of animals*) reprodução *f*, criação *f* **2.** *fig* educação *f*
breeze [briːz] *n* brisa *f*; **to be a ~ in** *fig* ser sopa
brew [bruː] **I.** *vi* **1.** (*beer*) fermentar; (*tea*) preparar; **to let the tea ~** deixar o chá em infusão **2.** (*storm, trouble*) armar-se; **there's something ~ing** há qualquer coisa no ar **II.** *vt* (*beer*) produzir; (*tea, coffee*) fazer chá, coar café
brewery [ˈbruːəri, *Brit:* ˈbruːə-] <-ies> *n* cervejaria *f*
bribe [braɪb] **I.** *vt* subornar **II.** *n* suborno *m*
bribery [ˈbraɪbəri] *n no pl* suborno *m*
brick [brɪk] *n* tijolo *m*
♦ **brick up** *vt* recobrir com tijolos
bricklayer *n* pedreiro *m*
bridal [ˈbraɪdəl] *adj* (*suite*) nupcial; (*gown*) de noiva
bride [ˈbraɪd] *n* noiva *f*; **the ~ and groom** os noivos
bridegroom [ˈbraɪdgruːm, *Brit:* -grʊm] *n* noivo *m*
bridesmaid *n* dama de honra *f*
bridge [brɪdʒ] **I.** *n* **1.** ARCHIT ponte *f* **2.** (*of nose*) cavalete *m* **3.** (*link*) ligação *f* **4.** *no pl* GAMES bridge *m* **5.** NAUT ponte *f* (de comando) **II.** *vt* **to ~ a gap between** fazer uma ponte entre, reduzir a diferença entre
bridle [ˈbraɪdl] **I.** *n* rédea *f* **II.** *vi* **to ~ at sth** ficar contrariado com a. c.
brief [briːf] **I.** *adj* (*short*) curto, -a; (*concise*) breve; **in ~** em resumo **II.** *n* Aus, Brit *fpl* **III.** *vt* informar
briefcase *n* pasta *f*
briefing *n* **1.** (*instructions*) instruções *fpl* **2.** (*information session*) briefing *m*
briefly *adv* (*for short time*) brevemente; (*concisely*) resumidamente; **~, ...** em suma, ...
briefs [briːfs] *npl* cueca *f*

brigade [brɪˈgeɪd] *n* MIL brigada *f*
bright [braɪt] *adj* **1.** (*light*) brilhante; (*room*) claro, -a **2.** (*color*) vivo, -a **3.** (*intelligent*) inteligente; (*idea*) brilhante **4.** (*promising*) promissor(a); **to look on the ~ side of sth** ver o lado bom de a. c.
brighten [ˈbraɪtən] **I.** *vi* iluminar; (*eyes*) brilhar; **to ~ up** (*sky*) clarear; (*the future*) prometer; (*become cheerful*) alegrar-se; (*sb's face*) iluminar-se **II.** *vt* **to ~ sth (up) 1.** (*room*) alegrar **2.** (*party, mood*) animar
brightness *n no pl* brilho *m*; (*of sound*) agudeza *f*
brilliance [ˈbrɪliəns] *n no pl* **1.** (*cleverness*) inteligência *f* **2.** (*of diamond, etc*) brilho *m*
brilliant [ˈbrɪljənt, *Brit:* -iənt] *adj* **1.** (*color*) cintilante; (*sunlight, smile*) brilhante **2.** (*clever*) esperto, -a; (*idea*) brilhante **3.** *Brit, inf* (*excellent*) bárbaro, -a
brim [brɪm] *n* (*of hat*) aba *f*; (*of vessel*) borda *f*; **to fill sth to the ~** encher a. c. até a borda
bring [brɪŋ] <brought, brought> *vt* **1.** (*carry*) trazer; **to ~ sth in** introduzir a. c.; **to ~ news** trazer novidades **2.** (*take*) trazer; **to ~ sth with oneself** trazer a. c. consigo **3.** (*cause to come*) **to ~ sth to a close** terminar a. c.; **to ~ sb to justice** levar alguém à justiça; **to ~ sb luck** dar sorte a alguém; **to ~ sth to life** dar vida a a. c.; **to ~ sb up to date** pôr alguém em dia com a. c.; **~ a friend along, if you like** traga um amigo, se quiser **4.** LAW **to ~ an action (against sb)** abrir um processo (contra alguém) **5.** (*force*) **to ~ oneself to do sth** ter coragem de fazer a. c.
♦ **bring about** *vt* provocar
♦ **bring back** *vt* **1.** (*give back*) devolver **2.** (*death penalty, prohibition*) reintroduzir **3.** (*memories*) recordar
♦ **bring down** *vt* **1.** (*benefits, level*) reduzir; (*temperature*) baixar **2.** (*person*) derrubar; (*government*) depor
♦ **bring in** *vt* **1.** (*reforms, new ideas*) introduzir **2.** (*money*) render; (*national guard, minority groups*) convocar
♦ **bring on** *vt* **1.** (*cause to occur*) provocar; **to ~ sth on sb/oneself** causar a. c. a alguém/a si próprio **2.** (*improve*) **to ~ sb on** estimular alguém a aperfei-

çoar-se

◆**bring out** *vt* produzir; (*book*) publicar; (*CD*, *video*) lançar; **to ~ the best in sb** fazer sobressair o que há de melhor em alguém

◆**bring up** *vt* **1.** (*child*) criar, educar; **to ~ sb up to do sth** educar alguém para fazer a. c. **2.** (*mention*) mencionar

brink [brɪŋk] *n no pl* beira *f fig;* **on the ~ of disaster** na iminência de um desastre

brisk [brɪsk] *adj* **1.** (*fast: pace, walk*) ligeiro, -a **2.** (*weather, breeze*) fresco, -a **3.** (*manner*) enérgico, -a **4.** (*sales*) ativo, -a

bristle ['brɪsl] **I.** *n* (*of animal*) pelo *m;* (*on face*) barba *f* curta; (*of brush*) cerda *f* **II.** *vi* arrepiar-se; **to ~ with anger** *fig* enfurecer-se

Britain ['brɪtən] *n* Grã-Bretanha *f*

British ['brɪtɪʃ, *Brit:* -t-] **I.** *adj* britânico, -a **II.** *n pl* **the ~** os britânicos *mpl*

British Columbia *n* Colúmbia *f* Britânica **British Isles** *n* **the ~** as Ilhas Britânicas

Briton ['brɪtn] *n* britânico, -a *m, f*

Brittany ['brɪtəni] *n* Bretanha *f*

brittle ['brɪtl, *Brit:* -t-] *adj* frágil, quebradiço, -a

broach [broʊtʃ, *Brit:* brəʊtʃ] *vt* (*subject*) abordar

broad [brɑːd, *Brit:* brɔːd] *adj* extenso, -a; (*shoulders, smile*) largo, -a; (*accent*) carregado, -a; **~ interests** amplos interesses; **a ~ mind** uma mente aberta

broadcast ['brɑːdkæst, *Brit:* 'brɔːdkɑːst] **I.** *n* TV, RADIO transmissão *f*, programa *m;* (*of concert*) difusão *f* **II.** *vi, vt* <broadcast *Am:* broadcasted, broadcast *Am:* broadcasted> **1.** TV, RADIO transmitir **2.** (*tell openly*) difundir; (*rumor*) espalhar

broadcaster *n* (*person*) locutor(a) *m(f);* (*station*) emissora *f*

broadcasting *n no pl* TV transmissão *f;* RADIO radiodifusão *f*

broaden ['brɑːdn, *Brit:* 'brɔː-] *vt* alargar, ampliar; **to ~ the mind** abrir a cabeça

broadly *adv* (*amply: smile*) de orelha a orelha; (*generally*) em linhas gerais

---

Culture **Broadway** é o nome de uma grande avenida em Nova York. Nela está o conhecido bairro da

---

Broadway, famoso pela intensa atividade teatral. Lá são encenadas praticamente todas as peças de teatro americanas de importância. As peças de produções baratas ou experimentais são chamadas de **off-Broadway plays**.

---

broccoli ['brɑːkləli, *Brit:* 'brɒk-] *n no pl* brócolis *mpl*

brochure [broʊ'ʃʊr, *Brit:* 'brəʊʃə] *n* folheto *m*

broil [brɔɪl] *vt* grelhar

broke [broʊk, *Brit:* brəʊk] **I.** *pt of* **break II.** *adj inf* duro; **to go ~** *inf* quebrar, falir

broken ['broʊkən, *Brit:* 'brəʊ-] **I.** *pp of* **break II.** *adj* quebrado, -a; (*line*) descontínuo, -a; (*marriage*) desfeito, -a; **~ English** inglês mal falado; **~ heart** mágoa

broker ['broʊkər, *Brit:* 'brəʊkə] *n* FIN corretor(a) *m(f);* (*of agreement*) mediador(a) *m(f)*

bronchitis [brɑː'ŋkaɪtɪs, *Brit:* brɒŋ'kaɪtɪs] *n no pl* bronquite *f;* **I've got ~** estou com bronquite

bronze [brɑːnz, *Brit:* brɒnz] **I.** *n* bronze *m* **II.** *adj* de bronze

brooch [broʊtʃ, *Brit:* brəʊtʃ] *n* broche *m*

brood [bruːd] **I.** *n* (*of mammals, of birds*) ninhada *f* **II.** *vi* **to ~ over sth** remoer a. c.

brook [brʊk] *n* riacho *m*

broom [bruːm] *n* vassoura *f*

broomball ['bruːm,bɔːl] *n no pl, Am* SPORTS *uma espécie de hóquei sobre o gelo em que cada jogador leva uma vassoura em vez do bastão, usa roupas normais e tênis em vez de patins*

broomstick *n* cabo *m* de vassoura

broth [brɑːθ, *Brit:* brɒθ] *n no pl* caldo *m*

brothel ['brɑːθl, *Brit:* 'brɒ-] *n* bordel *m*

brother ['brʌðər, *Brit:* -ə] *n* irmão *m;* **I haven't got any ~s or sisters** não tenho irmãos

brotherhood ['brʌðərhʊd, *Brit:* '-əhʊd] *n + sing/pl* fraternidade *f*

brother-in-law <brothers-in-law *Brit:* brother-in-laws> *n* cunhado *m*

brought [brɑːt, *Brit:* brɔːt] *pt, pp of* **bring**

brow [braʊ] *n no pl* (*forehead*) testa *f;* (*eyebrow*) sobrancelha *f;* (*of hill*) cume *m*

brown [braʊn] **I.** *n* marrom *m* **II.** *adj* marrom; (*eyes, hair*) castanho, -a; (*skin*) moreno, -a; (*bread, rice*) integral

brownie [braʊni] *n Am* brownie *m*

brown paper *n* papel *m* pardo **brown sugar** *n* açúcar *m* mascavo

browse [braʊz] *vi* folhear, dar uma olhada; INFOR navegar

browser ['braʊzər, *Brit:* -ər] *n* INFOR navegador *m*

brr [bɜːr] *interj* ~ ! = que frio!

bruise [bruːz] **I.** *n* hematoma *m;* (*on fruit*) amassado *m* **II.** *vt* (*arm, leg*) machucar; (*fruit*) amassar; **to ~ one's arm** machucar o braço

brunch [brʌntʃ] *n* brunch *m*

brunt [brʌnt] *n no pl* **to bear the ~ of sth** resistir ao impacto de a. c.

brush [brʌʃ] **I.** *n* **1.** (*for hair*) escova *f* **2.** (*small broom*) vassoura *f* **3.** (*for painting*) pincel *m;* (*bigger*) brocha *f* **4.** (*encounter*) passagem *f* rápida **II.** *vt* **1.** (*teeth, hair*) escovar **2.** (*touch lightly*) pincelar; **to ~ up against sb** roçar em alguém

♦ **brush aside** *vt* **1.** (*push to one side*) pôr de lado **2.** (*disregard*) não fazer caso; (*criticism*) rechaçar

♦ **brush off** *vt* (*person*) ignorar

♦ **brush up** *vt* (*a skill, one's English*) desenferrujar, repassar

Brussels ['brʌsəlz] *n* Bruxelas *f*

Brussels sprouts *npl* couve-de-bruxelas *f*

brutal ['bruːtəl, *Brit:* -t-] *adj* (*attack*) brutal, cruel; (*words*) grosseiro, -a; (*honesty*) atroz

brutality [bruːˈtæləti, *Brit:* -ti] <-ies> *n* (*of attack*) brutalidade *f;* (*of words*) grosseria *f;* (*of truth*) crueldade *f*

brute [bruːt] **I.** *n* bruto *m* **II.** *adj* **~ force** força bruta

BSc [ˌbiːesˈsiː] *n abbr of* **Bachelor of Science** bacharel *m* em Ciências

BSE [ˌbiːesˈiː] *n abbr of* **bovine spongiform encephalopathy** EEB

bubble ['bʌbl] **I.** *n* bolha *f;* (*in comics*) balão *m;* **to blow ~** fazer bolhas **II.** *vi* borbulhar

bubble bath *n* banho *m* de espuma **bubble gum** *n* chiclete *m*

buck¹ [bʌk] <-(s)> *vi* (*horse*) dar pinotes

buck² *n* **1.** *Am, Aus, inf* (*dollar*) dólar *m;* **to make a fast ~** ganhar dinheiro fácil **2. to pass the ~** *fig* jogar a responsabilidade nos outros

bucket ['bʌkɪt] *n* balde *m;* **to kick the ~** *fig, inf* bater as botas

bucketful <-s *o* bucketsful> *n* um balde *m*

> **Culture** O **Buckingham Palace** é a residência londrina da família real britânica. O palácio possui cerca de 600 cômodos e foi construído por John Nash por vontade expressa do Rei George IV entre 1821 e 1830. O edifício foi inaugurado em 1837 com a coroação da Rainha Vitória.

buckle ['bʌkl] **I.** *n* fivela *f* **II.** *vt* **1.** (*fasten: belt*) afivelar; **to ~ sb in** colocar o cinto (de segurança) em alguém **2.** (*bend*) vergar **III.** *vi* (*bend: legs*) dobrar-se; **he ~d under the pressure** ele cedeu à pressão

♦ **buckle up** *vi* colocar o cinto de segurança

bud [bʌd] *n* (*of leaf*) broto *m;* (*of flower*) botão *m*

Buddhism ['buːdɪzəm, *Brit:* 'bʊd-] *n no pl* budismo *m*

Buddhist *adj* budista

buddy ['bʌdi] *n Am, inf* chapa *m*

budge [bʌdʒ] **I.** *vi* mexer-se; (*change opinion*) ceder **II.** *vt* (*move*) mover

budget ['bʌdʒɪt] **I.** *n* orçamento *m*, verba *f* **II.** *vt* orçar; (*wages, time*) planejar **III.** *vi* **to ~ for sth** incluir a. c. no orçamento

budget deficit *n* déficit *m* orçamentário

budgie [ˠbʌddʒi] *n inf* periquito *m*

buff [bʌf] **I.** *adj* de cor amarelo-claro **II.** *n* *inf* entusiasta *mf;* **film ~** aficionado, -a *m, f* por cinema **III.** *vt* polir

buffalo ['bʌfələʊ, *Brit:* -ləʊ] <-(es)> *n* búfalo *m*

buffer ['bʌfər, *Brit:* -ər] *n* **1.** *Brit a.* RAIL para-choque *m;* **a ~ against sth** um anteparo contra a. c. **2.** INFOR buffer *m*

buffet¹ [bəˈfeɪ, *Brit:* ˈbʊfeɪ] *n* **1.** (*meal*) bufê *m* **2.** (*bar*) lanchonete *f*

buffet² ['bʌfɪt] *vt* fustigar

bug [bʌg] **I.** *n* **1.** ZOOL inseto *m;* *inf* (*any insect*) bicho *m* **2.** *inf* MED germe *m;* **she's caught the travel ~** *fig* ela

buggy 48 **bunker**

pegou a mania de viajar **3.** INFOR bug m **4.** (*for eavesdropping*) grampo m; **to plant a ~** fazer escuta clandestina **II.** *vt* <-gg-> **1.** (*telephone*) grampear; (*conversation*) escutar clandestinamente **2.** *inf* (*annoy*) atazanar

buggy ['bʌgi] *n* <-ies> *Am* (*baby carriage*) carrinho m de bebê

build [bɪld] **I.** *vt* <built, built> (*house*) construir; (*car*) fabricar; (*trust*) criar; (*relationship*) estabelecer **II.** *vi* <built, built> **1.** (*construct*) edificar; *fig* erguer **2.** (*increase: tension, stress, anticipation*) aumentar **III.** *n* construção f
 ◆ **build on** *vt* **to ~ sth** fundamentar-se em a. c.
 ◆ **build up I.** *vt* **1.** (*increase, accumulate: savings, debts*) acumular **2.** (*establish: business, a library*) estabelecer **3.** (*strengthen: muscles, strength*) fortalecer **II.** *vi* (*pressure, tension, expectations, hopes*) intensificar-se; (*traffic, line*) aumentar; (*debt*) acumular-se; (*town*) desenvolver-se

builder ['bɪldər, *Brit*: -əʳ] *n* construtor(a) m(f)

building *n* edifício m, prédio m

building society *n Aus, Brit* sociedade f imobiliária, financiadora f

build-up *n* acúmulo f

built [bɪlt] *pt, pp of* **build**

built-in *adj* **1.** (*cupboard*) embutido, -a **2.** (*feature*) acoplado, -a **3.** (*advantage*) incorporado, -a

bulb [bʌlb] *n* **1.** BOT bulbo m **2.** ELEC lâmpada f

Bulgaria [bʌlˈgɛrɪə, *Brit*: -ˈgeəʳ-] *n* Bulgária f

Bulgarian *adj* búlgaro, -a

bulge [bʌldʒ] **I.** *vi* (*eyes, stomach*) ficar saliente; (*bag*) ficar estufado **II.** *n* saliência f

bulk [bʌlk] *n* **1.** *no pl* (*magnitude*) grandeza f **2.** *no pl* (*large quantity*) grande quantidade f; **in ~ a** granel; **the ~ of** o grosso de

bulky ['bʌlki] <-ier, iest> *adj* (*awkward to carry*) volumoso, -a; (*person*) corpulento, -a

bull [bʊl] *n* touro m

bulldog *n* buldogue m

bulldozer ['bʊldoʊzər, *Brit*: -dəʊzəʳ] *n* escavadeira f

bullet ['bʊlɪt] *n* bala f

bulletin ['bʊlətɪn] *n* boletim m; **news ~** boletim de notícias

bulletin board *n Am* a. INFOR quadro m de avisos

bulletproof *adj* à prova de bala

bullfight *n* tourada f

bullfighter *n* toureiro, -a m, f

bullock ['bʊlək] *n* novilho m

bullring *n* arena f para touradas

bull's eye *n* centro m do alvo

bullshit *n no pl, sl* bobagem f

bully ['bʊli] **I.** <-ies> *n* (*person*) valentão, -ona m, f **II.** <-ie-> *vt* intimidar, tiranizar

bulwark ['bʊlwərk, *Brit*: -wək] *n* baluarte m

bum [bʌm] *n* **1.** *Am* (*lazy person*) preguiçoso, -a m, f **2.** *Am* (*tramp*) vagabundo, -a m, f **3.** *Aus, Brit, inf* (*bottom*) traseiro m

bumble ['bʌmbl] *vi* fazer trapalhadas

bumblebee ['bʌmblbi] *n* abelhão m

bump [bʌmp] **I.** *n* **1.** (*lump*) inchaço m; (*on head*) galo m; (*on road*) solavanco m **2.** (*sound*) baque m **II.** *vt* dar um encontrão; **to ~ one's head against sth** bater com a cabeça em a. c.
 ◆ **bump into** *vi* **1.** (*collide with*) esbarrar em **2.** (*meet*) topar com
 ◆ **bump off** *vt inf* **to bump sb off** acabar com alguém

bumper ['bʌmpər, *Brit*: -əʳ] **I.** *n* AUTO para-choque m **II.** *adj* (*crop*) recorde

bumper-to-bumper ['bʌmpərtəˌbʌmpər, *Brit*: 'bʌmpəʳ-] *adv* AUTO **~ traffic** tráfego parado

bumpy ['bʌmpi] <-ier, iest> *adj* (*surface*) acidentado, -a; (*journey*) turbulento, -a

bun [bʌn] *n* **1.** (*pastry*) pãozinho m **2.** *Am* (*for hamburger*) pão m de hambúrguer **3.** (*in hair*) coque m

bunch [bʌntʃ] <-es> **I.** *n* (*of grapes*) cacho m; (*of bananas*) penca f; (*keys*) molho m; (*of flowers*) ramalhete m; (*of people*) turma f; **to be the best of the ~** ser o melhor da turma **II.** *vi* **to ~ (together)** amontoar-se

bundle ['bʌndl] *n* (*of clothes*) trouxa f; (*of money*) maço m; (*of sticks*) pacote m; **to be a ~ of laughs** ser muito engraçado; **to be a ~ of nerves** estar uma pilha de nervos
 ◆ **bundle up** *vi* agasalhar-se

bungalow ['bʌŋgəloʊ, *Brit*: -əʊ] *n* bangalô m

bunk bed *n* beliche m

bunker ['bʌŋkər, *Brit*: -əʳ] *n* abrigo m

subterrâneo
bunny ['bʌni] n <-ies> coelhinho m
buoy ['bɔɪ] n boia f
buoyant ['bɔɪjənt, Brit: 'bɔɪənt] adj flutuante; (disposition) animado, -a
burden ['bɜːrdən, Brit: 'bɜːd-] I. n carga f; **to be a ~ to sb** ser um peso para alguém II. vt sobrecarregar; **to be ~ed with sth** estar sobrecarregado de a. c.
bureau ['bjʊroʊ, Brit: 'bjʊərəʊ] <-x Am, Aus: -s> n 1. Am (dresser) cômoda f 2. Brit (desk) escrivaninha f
bureaucracy [bjʊ'rɑːkrəsi, Brit: bjʊə-'rɒk-] n burocracia f
bureaucrat ['bjʊrəkræt, Brit: 'bjʊər-] n burocrata mf
bureaucratic [ˌbjʊrə'krætɪk, Brit: ˌbjʊərə'kræt-] adj burocrático, -a
burger ['bɜːrgər, Brit: 'bɜːgə'] n inf hambúrguer m
burglar ['bɜːrglər, Brit: 'bɜːglə'] n ladrão, -a m, f
burglary ['bɜːrgləri, Brit: 'bɜːg-] <-ies> n roubo m
burial ['beriəl] n enterro m
Burkina Faso [bɜːrˌkiːnə'fæsoʊ, Brit: bɜːˌkiːnə'fæsəʊ] n Burkina Faso f
burly ['bɜːrli, Brit: 'bɜːli] <-ier, -iest> adj robusto, -a
Burma ['bɜːrmə, Brit: 'bɜːmə] n Burma f
burn [bɜːrn, Brit: bɜːn] I. <burnt o -ed, burnt o -ed> vi 1. (with flames) queimar; **to ~ with desire** arder de desejo; (sting) arder 2. (lamp, lights) queimar II. <burnt o -ed, burnt o -ed> vt 1. queimar; **to burn a fire** acender um fogo; (building) incendiar; **to ~ one's bridges** fig queimar as chances 2. (use as fuel) consumir III. n queimadura f
◆ **burn down** vi (house) incendiar-se; (fire, candle) ficar reduzido a cinzas
◆ **burn out** I. vi (engine) queimar(-se); (fire, candle) extinguir-se II. vt **to burn oneself out** ficar exausto
burner ['bɜːrnər, Brit: 'bɜːnə'] n 1. (on stove) boca f (de fogão); (in furnace) acendedor m 2. TECH maçarico m
burning adj 1. (hot) ardente; **to be ~ing to do sth** estar ansioso para fazer a. c. 2. (issue) urgente

> **Culture** A **Burns Night** acontece em 25 de janeiro, quando se comemora o nascimento do poeta escocês Robert Burns (1759-1796). Esta comemoração atrai entusiastas da obra de Burns, não apenas da Escócia mas também de todo o mundo. Neste dia é servida uma refeição especial, a **Burns Supper**, composta de **haggis** (um tipo de picadinho assado de miúdos de ovelha temperados e misturados com aveia e cebola. A carne é cozida dentro da tripa da ovelha e depois dourada no forno), **neeps** (nabos) e **mashed tatties** (purê de batatas).

burnt I. pt, pp of **burn** II. adj queimado, -a
burp [bɜːrp, Brit: bɜːp] I. n arroto m II. vi arrotar
burrow ['bɜːroʊ, Brit: 'bʌrəʊ] I. n toca f II. vi cavar uma toca
burst [bɜːrst, Brit: bɜːst] I. n (explosion) explosão f; MIL (of fire) rajada f; **a ~ of applause** uma salva de aplausos; **a ~ of laughter** uma gargalhada II. <burst, burst> vi estourar; **to ~ into flames** pegar fogo; **to ~ into tears** cair no choro; **to be ~ing to do sth** estar louco para fazer a. c. III. <burst, burst> vt arrebentar; **the river ~ its banks** o rio transbordou
◆ **burst in** vi entrar de repente
◆ **burst out** vi 1. (exclaim) exclamar 2. (break out) **to ~ laughing/crying** desatar a rir/chorar
Burundi [bʊ'rʊndi] n Burundi m
bury ['beri] <-ie-> vt enterrar; **to ~ oneself in sth** mergulhar em a. c.
bus [bʌs] <-es> n ônibus m; **to miss the ~** fig dormir no ponto
bus driver n motorista mf de ônibus
bush [bʊʃ] <-es> n 1. BOT arbusto m 2. no pl (land) **the ~** o matagal; **to beat around the ~** fig usar de rodeios
bushy ['bʊʃi] <-ier, -iest> adj 1. (hair) basto, -a; (beard) cerrado, -a; (eyebrows) grosso, -a; (tail) estufado, -a 2. (plant) denso, -a
busily adv **to be ~ doing sth** estar ocupado fazendo a. c.
business ['bɪznɪs] <-es> n 1. no pl (trade, commerce) negócio m; **on ~** a trabalho; **to do ~ with sb** fazer negócio com alguém; **to get down to ~** pôr-se a trabalhar; **to go out of ~** encerrar

atividades; **to mean ~** *fig* falar a sério; **like nobody's ~** *inf:* como louco **2.** (*sector*) ramo *m;* **big ~** grande negócio **3.** (*firm*) empresa *f;* **to start up a ~** abrir um negócio **4.** *no pl* (*matter*) assunto *m;* **to have no ~ doing sth** não ter direito de fazer a. c.; **an unfinished ~** um assunto pendente; **it's none of your ~!** *inf* não é da sua conta!

businesslike *adj* metódico, -a, profissional

businessman <-men> *n* executivo *m,* homem *m* de negócios

business trip *n* viagem *f* de negócios

businesswoman <-women> *n* executiva *f,* mulher *f* de negócios

bus stop *n* ponto *m* de ônibus

bust[1] [bʌst] *n* ANAT busto *m*

bust[2] [bʌst] **I.** *adj inf* **1.** (*bankrupt*) **to go ~** falir **2.** (*broken*) quebrado, -a **II.**<bust *Am:* busted, bust *Am:* busted> *vt inf* prender (um criminoso)

bustle [bʌsl] **I.** *vi* **to ~ about** agitar-se **II.** *n* **hustle and ~** alvoroço *m*

busy [bɪzi] <-ier, -iest> *adj* **1.** (*occupied*) ocupado, -a, atarefado, -a; **to be ~ with sth** estar ocupado com a. c. **2.** (*street, corner, intersection*) movimentado, -a; (*time, day*) cheio, -a **3.** *Am* TEL **to be ~** estar ocupado

busybody [bɪzi,bɑːdi, *Brit:* -,bɒdi] <-ies> *n inf* enxerido, -a *m, f*

but [bʌt] **I.** *prep* exceto, menos; **all ~ one** todos menos um; **anything ~ ...** tudo menos ...; **nothing ~ ...** nada mais que ...; **no one ~ me** ninguém apenas eu **II.** *conj* mas, senão; **I'm not an American ~ a Canadian** não sou americano mas canadense; **he has paper ~ no pen** ele tem papel mas não caneta; **to be tired ~ happy** estar cansado mas feliz **III.** *adv* apenas; **he is ~ a baby** ele é só um bebê; **I can't help ~ cry** só posso chorar; **~ for the storm, we would have gone** não fosse a tempestade, teríamos ido **IV.** *n* objeção *f;* **there are no ~s about it!** não há nenhuma objeção!

butcher [bʊtʃər, *Brit:* -ər] **I.** *n* açougueiro, -a *m, f* **II.** *vt* **1.** (*animal*) abater **2.** (*murder*) chacinar

butler [bʌtlər, *Brit:* -ər] *n* mordomo *m*

butt [bʌt] **I.** *n* **1.** (*of rifle*) coronha *f* **2.** (*of cigarette*) guimba *f* **3.** (*blow: with head*) cabeçada *f* **4.** *Am, inf* (*buttocks*) traseiro *m* **5.** *Brit* (*target*) alvo *m;* **he's the ~ of everyone's jokes** ele é o alvo das piadas **II.** *vt* (*with horns*) dar com os chifres; (*with head*) dar cabeçada

butter [bʌtər, *Brit:* -tər] **I.** *n no pl* manteiga *f* **II.** *vt* passar manteiga

butterfly <-ies> *n* borboleta *f*

buttock [bʌtək, *Brit:* -t-] *n* nádega *f*

button [bʌtən] **I.** *n* botão *m* **II.** *vt, vi* abotoar

buy [baɪ] **I.** *n* compra *f;* **a good ~** um bom negócio **II.**<bought, bought> *vt* **1.** (*purchase*) comprar; **to ~ sth from sb** comprar a. c. de alguém; **to ~ sb lunch/a drink** convidar alguém para o almoço/um drinque **2.** *inf* (*believe*) acreditar, engolir

◆**buy up** *vt* apropriar-se por completo

buyer [baɪər, *Brit:* -ər] *n* comprador(a) *m(f)*

buzz [bʌz] **I.** *vi* zumbir; (*doorbell*) tocar **II.** *n* zumbido *m;* **to give sb a ~** telefonar para alguém

buzzard [bʌzərd, *Brit:* -əd] *n* **1.** *Am* (*turkey vulture*) urubu *m* **2.** *Brit* (*hawk*) gavião *m*

buzz cut [bʌzkʌt] *n* corte *m* máquina 1

buzzer [bʌzər, *Brit:* -ər] *n* campainha *f*

buzzy [bʌzi] *adj inf* (*club, pub, resort*) badalado, -a; (*atmosphere*) descolado, -a; **there are ~ cafés on the square** a praça tem cafés badalados

by [baɪ] **I.** *prep* **1.** (*near*) perto de; **close ~ ...** por perto ...; **~ the sea** à beira-mar **2.** (*during*) **~ day/night** de dia/noite; **~ moonlight** ao luar **3.** (*not later than*) até; **~ tomorrow/midnight** até amanhã/meia-noite; **~ then/now** até então/agora **4.** (*doer, cause*) por; **a novel ~ Joyce** um romance de Joyce; **to be killed ~ sth/sb** ser morto por a. c./alguém; **struck ~ lightning** atingido por um raio **5.** (*by means of*) **~ rail/plane** de trem/avião; **made ~ hand** feito à mão; **to hold sb ~ the arm** segurar alguém pelo braço; **~ chance/mistake** por acaso/engano **6.** (*according to*) por; **he's royalty by birth** ele é de origem nobre; **we're related by marriage** somos parentes por afinidade; **to be sth ~ profession** ser a. c. por profissão; **to call sb ~ his name** tratar alguém pelo nome; **it's all right ~ me** por mim, está tudo bem **7.** (*alone*) **to be ~ oneself** estar só; **to**

do sth ~ oneself fazer a. c. sozinho **8.** (*as promise to*) **to swear ~ God** jurar por Deus **9.** (*in measurement, arithmetic*) **to buy ~ the kilo** comprar por quilo; **to divide ~ 6** dividir por 6; **to increase ~ 10%** aumentar em 10%; **to multiply ~ 4** multiplicar por 4; **paid ~ the hour** pago por hora; **little ~ little** pouco a pouco **10. ~ the way, ...** a propósito, ... **II.** *adv* **~ and ~** daqui a pouco; **to go ~** passar; **~ and large** de modo geral

bye(-bye) [ˌbaɪ('baɪ)] *interj inf* tchau

bygone ['baɪɡɔːn, *Brit*: -ɡɒn] **I.** *adj inv* passado, -a **II.** *n* **let ~s be ~s** ser águas passadas

by-law *n* (*regional law*) legislação *f*; (*of organization*) regulamento *m*

> **Culture** O **BYO-restaurant** (Bring Your Own) é um tipo de restaurante encontrado na Austrália que não tem licença para servir bebidas alcoólicas. Os clientes que desejam consumir este tipo de bebidas precisam trazê-las por conta própria.

by-pass *n* **1.** AUTO desvio *m* **2.** MED ponte *f* (no coração)

by-product *n* subproduto *m*; *fig* resultado *m*

bystander ['baɪstændər, *Brit*: -ər] *n* curioso(a) *m*(*f*), transeunte *mf*

byte [baɪt] *n* byte *m*

C

C, c [siː] *n* **1.** (*letter*) c *m*; **~ as in Charlie** c de casa **2.** MUS dó *m*

C *after n abbr of* **Celsius** C

c. *abbr of* **century** séc.

cab [kæb] *n* **1.** *Am, Aus* táxi *m*; **by ~** de táxi **2.** (*of truck*) cabine *f* (do motorista), boleia *f*

CAB [ˌsiːɜːrˈbiː] *n Am abbr of* **Civil Aeronautics Board** Conselho *m* de Aviação Civil

cabaret [ˌkæbəˈreɪ, *Brit*: 'kæbəreɪ] *n* cabaré *m*

cabbage ['kæbɪdʒ] *n* repolho *m*

cabin ['kæbɪn] *n* **1.** (*house*) cabana *f* **2.** (*in ship, aircraft*) cabine *f*

cabinet ['kæbɪnɪt] *n* **1.** (*storage place*) armário *m*; **filing ~** arquivo *m* **2.** + *sing/pl vb* (*gov. ministers*) gabinete *m*

cable ['keɪbl] *n* cabo *m*; TV TV *f* a cabo

cable car *n* teleférico *m* **cable television** *n no pl* televisão *f* a cabo

cable TV *n no pl* TV *f* a cabo

cache [kæʃ] *n* **1.** (*stockpile*) depósito *m* secreto **2.** INFOR cache *m*; **~ memory** memória *f* cache

cackle ['kækl] **I.** *vi* (*hen*) cacarejar; (*person*) gargalhar **II.** *n* (*of hen*) cacarejo *m*; (*of person*) gargalhada *f*

cactus ['kæktəs] <-es *o* cacti> *n* cacto *m*

cadet [kəˈdet] *n a.* MIL cadete *mf*

Caesarean (**section**) *n s.* **cesarian**

cafe [kæfeɪ, *Brit*: ˈkæfeɪ] *n*, **café** *n* café *m* (bar)

cafeteria [ˌkæfɪˈtɪriə, *Brit*: -ˈtɪəri-] *n* restaurante *m* self-service, cantina *f* (de escola, fábrica)

caffeine ['kæfiːn] *n no pl* cafeína *f*

cage [keɪdʒ] **I.** *n* jaula *f* **II.** *vt* enjaular

cagey ['keɪdʒi] *adj* reservado, -a, misterioso, -a; **to be ~ about sth** fazer mistério sobre a. c.

Cairo ['kaɪroʊ, *Brit*: -rəʊ] *n* Cairo *m*

cake [keɪk] *n* **1.** GASTR bolo *m*; **to want to have one's ~ and eat it** *fig* querer assobiar e chupar cana ao mesmo tempo **2.** (*of soap*) barra *f*

caked *adj* **her shoes were ~ed with mud** os sapatos dela estavam pegados [*ou* empastados] de lama

cal. *n abbr of* **calorie** cal *f*

calamity [kəˈlæməti, *Brit*: -əti] <-ies> *n* calamidade *f*

calcium ['kælsiəm] *n no pl* cálcio *m*

calculate ['kælkjəleɪt, *Brit*: -kjʊ-] **I.** *vt* calcular; **to ~ sth at ...** calcular a. c. em ... **II.** *vi* **1.** MAT calcular **2.** (*count on*) **to ~ on sth** contar com a. c.; **to ~ on** (**sb**) **doing sth** contar que alguém faça a. c.

calculated *adj* calculado, -a; **to be ~ to do sth** estar planejado para fazer a. c.; **~ risk** risco calculado

calculation [ˌkælkjəˈleɪʃn, *Brit*: -kjʊ-] *n* cálculo *m*

calculator ['kælkjəleɪtər, *Brit*: -kjʊleɪtər] *n* calculadora *f*

calendar ['kælɪndər, *Brit:* -əʳ] *n* calendário *m*

calendar year *n* ano *m* civil

calf¹ [kæf, *Brit:* kɑːf] <calves> *n* ZOOL bezerro, -a *m, f;* (*of elephant, whale, seal*) filhote *m*

calf² <calves> *n* ANAT panturrilha *f*

California [ˌkælə'fɔːrnjə, *Brit:* -ɪ'fɔːnɪə] *n* Califórnia *f*

call [kɔːl] I. *n* 1.(*on telephone*) ligação *f;* **to give sb a ~** telefonar para alguém; **to be on ~** estar de plantão 2.(*visit*) visita *f;* **to pay a ~ on sb** fazer uma visita a alguém 3.(*shout*) grito *m* 4.(*of bird*) canto *m;* (*of animal*) grito 5.(*request*) *a.* POL convocação *f;* **a ~ for help** um pedido de ajuda II. *vt* 1.(*name*) chamar; **what's that actor ~ed?** como se chama aquele ator?; **to ~ sb names** xingar alguém; **let's ~ it a day** vamos dar por encerrado 2.(*on telephone*) telefonar; **to ~ sb back** ligar de volta para alguém 3.(*summon*) chamar; **to ~ sb's attention to sth** chamar a atenção de alguém para a. c.; **to ~ a witness** intimar uma testemunha 4.(*decide to have: meeting, strike*) convocar III. *vi* 1.(*on telephone*) telefonar 2.(*shout*) gritar; **to ~ for help** pedir ajuda 3.(*drop by*) passar (aqui/lá); **....:** **he called here yesterday** ele passou aqui ontem

◆ **call for** *vi insep* 1.(*demand, require*) exigir, requerer; **to ~ sth** requerer a. c.; **this calls for a celebration** isto pede uma comemoração 2.(*pick up*) **to ~ sb/sth** ir buscar alguém/a. c

◆ **call in** I. *vt* (*specialist*) chamar II. *vi* (*give a short visit*) dar uma passada; **he always calls in on Saturdays** ele sempre dá uma passada por aqui aos sábados

◆ **call off** *vt* suspender, cancelar

◆ **call up** *vt* telefonar

call center ['kɔːlˌsentər, *Brit:* 'kɔːlˌsentəʳ] *n* TELEC call *m* center

caller ['kɔːlər, *Brit:* -əʳ] *n* 1.(*on telephone*) pessoa *f* que está ligando 2.(*visitor*) visita *f;* (*in a shop*) cliente *mf*

callous ['kæləs] *adj* desumano, -a, insensível

calm [kɑːm] I. *adj* 1.(*not nervous*) calmo, -a; **to keep ~** ficar calmo 2.(*ocean, weather*) calmo 3.(*peaceful: street, neighborhood*) sossegado, -a II. *n* tranquilidade *f;* **the ~ before the storm** *a. fig* a calmaria antes da tempestade III. *vt* acalmar; **to ~ oneself** acalmar-se

◆ **calm down** *vi* acalmar-se

calorie ['kæləri] *n* caloria *f*

calves *n pl of* **calf**

CAM [kæm] *n abbr of* **computer-aided manufacturing** CAM *f*

Cambodia [kæm'boʊdɪə, *Brit:* -'bəʊ-] *n* Camboja *m*

Cambodian *adj, n* cambojano, -a

camcorder ['kæmkɔːdər, *Brit:* -əʳ] *n* filmadora *f* (digital), camcorder *f*

came [keɪm] *vi pt of* **come**

camel ['kæml] *n* ZOOL camelo *m;* (*color*) bege *m*

camera ['kæmərə] *n* PHOT câmera *f* fotográfica; CINE câmera *f;* **to be on ~** estar sendo filmado

cameraman <-men> *n* cameraman *m*

Cameroon [ˌkæmə'ruːn] *n* República *f* dos Camarões

Cameroonian *adj, n* camaronês, -esa

camomile ['kæməmiːl, *Brit:* -maɪl] *n* **~ tea** chá *m* de camomila

camouflage ['kæməflɑːʒ] I. *n no pl* camuflagem *f* II. *vt* camuflar; **to ~ oneself** camuflar-se

camp¹ [kæmp] I. *n* 1. acampamento *m;* **to pitch ~** acampar; **army ~** acampamento militar; **summer ~** *Am* acampamento de verão 2.(*for prisoners*) campo *m* II. *vi* acampar

camp² *adj* (*effeminate*) afetado, -a

campaign [kæm'peɪn] I. *n* (*organized action*) *a.* MIL, POL campanha *f;* **~ trail** campanha *f* eleitoral II. *vi* fazer campanha; **to ~ for sth/sb** fazer campanha para a. c./alguém

campaigner [kæm'peɪnər, *Brit:* -əʳ] *n* militante *mf,* defensor, -a *m, f;* **a ~ for sth** um defensor de a. c.

camper ['kæmpər, *Brit:* -əʳ] *n* 1.(*person*) campista *mf* (*pessoa que acampa*) 2.(*van*) trailer *usado para acampamento* 3. **happy ~** alguém feliz da vida

campground *n Am* área *f* de camping

camping *n no pl* acampamento *m;* **to go ~** ir acampar

campsite *n* área *f* de camping

campus ['kæmpəs] <-ses> *n* campus *m inv*

can¹ [kæn] I. *n* (*container*) lata *f* II. <-nn-> *vt* 1.(*put in cans*) enlatar

2. *Am, inf (stop)* dar um basta; ~ **it!** chega!; **to get ~ned** *(from job)* ser demitido

can² [kən] <could, could> *aux* **1.** *(be able to)* poder; **if I could** se eu pudesse; **I think she ~ help you** acho que ela pode ajudar você; **I could have kissed her** eu poderia tê-la beijado; **I ~ smell something funny** dá para sentir um cheiro estranho **2.** *(have skill, talent)* ser capaz; **~ you swim?** você sabe nadar? **3.** *(be permitted to)* ter permissão; **~ I help you?, ~ I be of assistance?** posso lhe ajudar?; **you can't go** você não pode ir; **could I look at it?** posso dar uma olhada?

Canada ['kænədə] *n* Canadá *m*

Canadian [kə'neɪdɪən] *adj, n* canadense

canal [kə'næl] *n* canal *m*

canary [kə'neri, *Brit*: -'neəri] <-ies> *n* canário *m*

Canary Islands *n* Ilhas *fpl* Canárias

cancel ['kænsl] <*Am*: -l-, *Brit*: -ll-,> **I.** *vt* cancelar, suspender; *(reservation, meeting, party)* cancelar; **oh, did I say yes? – that, I meant no** ah, eu disse sim? apaga, eu quis dizer não **II.** *vi* cancelar

cancellation [ˌkænsə'leɪʃn] *n* *(of reservation, meeting, party)* cancelamento *m*

Cancer ['kænsər, *Brit*: -ər] *n* Câncer *m*; **to be a ~** ser canceriano, -a, ser (de) Câncer; **to be born under the sign of ~** ser nativo de Câncer

cancer ['kænsər, *Brit*: -ər] *n* MED *no pl* câncer *m*; **~ cell** célula *f* cancerígena; **~ specialist** oncologista *mf*

candid ['kændɪd] *adj* franco, -a

candidacy ['kændɪdəsi] *n no pl* candidatura *f*

candidate ['kændɪdət] *n* **1.** POL candidato, -a *m, f*; **a ~ for sth** um candidato para a. c. **2.** *(possible choice)* aspirante *mf*; **a ~ for sth** um aspirante a a. c.

candle ['kændl] *n* vela *f*; **to burn one's ~ at both ends** *fig* fazer dupla jornada *(trabalhar de dia e farrear à noite)*

candlelight *n no pl* luz *f* de velas; **to do sth by ~** fazer a. c. à luz de velas

candlestick *n* castiçal *m*

candor *n Am*, **candour** ['kændər, *Brit*: -ər] *n no pl*, *Brit, Aus, form* franqueza *f*

candy ['kændi] <-ies> *n Am* **1.** *no pl* doce *m* **2.** bala *f*; *(chocolate)* chocolate

cane [keɪn] *n no pl* **1.** *(for walking)* bengala *f* **2.** *(material)* vara *f* **3.** *(for furniture)* bambu *m*

canine ['keɪnaɪn] *adj* canino, -a

canister ['kænəstər, *Brit*: -ɪstər] *n* *(metal)* lata *f*; *(plastic)* pote *m*

cannabis ['kænəbɪs] *n no pl* maconha *f*

canned [kænd] *adj Am* **1.** enlatado, -a, em conserva **2.** MUS, TV **~ music** música *f* enlatada

cannibal ['kænɪbl] *n* canibal *mf*

cannon ['kænən] *n* canhão *m*

cannot ['kænɑ:t, *Brit*: -ɒt] *aux* = **can not** *s*. **can²**

canny ['kæni] <-ier, -iest> *adj* esperto, -a

canoe [kə'nu:] *n* canoa *f*; *Brit (kayak)* caiaque *m*

canoeing *n no pl* canoagem *f*; **to go ~** fazer canoagem

can opener *n Am* abridor *m* de latas

canopy ['kænəpi] <-ies> *n* *(outdoors)* toldo *m*; *(over bed)* dossel *m*

can't [kænt, *Brit*: kɑ:nt] = **can + not** *s*. **can²**

cantaloupe *n* melão-cantalupo *m*

canteen [kæn'ti:n] *n* **1.** *(drink container)* cantil *m* **2.** *Brit (cafeteria)* cantina *f*

Cantonese [ˌkæntə'ni:z] *adj* cantonês, -esa

canvas ['kænvəs] <-es> *n* **1.** *no pl (cloth)* lona *f* **2.** ART tela *f*

canvass ['kænvəs] **I.** *vt* **1.** *(gather opinion)* sondar; **to ~ sth** sondar a. c. **2.** POL *(votes)* angariar **II.** *vi* POL fazer campanha; **to ~ for sb/sth** fazer campanha para alguém/a. c.

canyon ['kænjən] *n* canyon *m*

CAP [ˌsi:eɪ'pi:] *n abbr of* **Common Agricultural Policy** PAC *f*

cap¹ [kæp] **I.** *n* **1.** *(with brim)* boné *m*; *(without brim)* gorro *m* **2.** *(cover)* tampa *f*; **screw-on ~** tampa *f* rosqueada **3.** *(limit)* teto *m*; **salary ~** *Am* teto *m* salarial; **to put a ~ on sth** pôr um limite em a. c. **II.** <-pp-> *vt* **1.** *(limit)* limitar **2.** *esp Brit* SPORTS **he has been ~ped two times for Spain** ele foi convocado duas vezes para atuar pela Espanha

cap² *n abbr of* **capital** *(letter)* maiúscula *f*

capability [ˌkeɪpə'bɪləti, *Brit*: -əti] <-ies> *n* **1.** *(power to do sth)* capacidade *f*; **to have nuclear capabilities** ter potencial nuclear **2.** *(skill)* habili-

capable ['keɪpəbl] *adj* **1.** (*able to*) capaz; **to be ~ of doing sth** ser capaz de fazer a. c. **2.** (*competent*) competente

capacity [kə'pæsəti, *Brit*: -əti] <-ies> *n* **1.** *no pl* (*of space, stadium*) capacidade *f*; **seating ~** lotação *f* **2.** *no pl* (*max. level*) **at** (**full**) **~** com potência total **3.** (*ability to do*) **to have the ~ for sth** [*o* **to do sth**] ter aptidão para a. c. **4.** (*role*) **in one's ~ as ...** na qualidade de ...

cape[1] [keɪp] *n* GEO cabo *m*

cape[2] *n* (*cloak*) capa *f*

caper[1] ['keɪpər, *Brit*: -ər] *n* (*prank*) travessura *f*

caper[2] *n* BOT, GASTR alcaparra *f*

Cape Town *n* Cidade *f* do Cabo

Cape Verde ['keɪpvɜːrd, *Brit*: -vɜːd] *n* Cabo *m* Verde

capital ['kæpətl, *Brit*: -ɪtl] **I.** *n* **1.** (*city*) capital *f* **2.** TYP maiúscula *f* **3.** FIN capital *m*; **to make ~** (**out**) **of sth** *fig* tirar proveito de a. c. **II.** *adj* **1.** (*principal*) fundamental **2.** LAW (*crime, offense*) capital

capital city *n* capital *f* **capital gains** *npl* ganhos *mpl* de capita **capital investment** *n* FIN investimento *m* de capital

capitalism ['kæpətəlɪzəm, *Brit*: -pɪtə-] *n no pl* capitalismo *m*

capitalist ['kæpətəlɪst, *Brit*: -pɪtə-] **I.** *n* capitalista *mf* **II.** *adj* capitalista

capitalize ['kæpətəlaɪz, *Brit*: -pɪtə-] *vt* capitalizar

capital letter *n* letra *f* maiúscula; **in ~s** em letras maiúsculas **capital punishment** *n no pl* pena *f* capital [*ou* de morte]

cappuccino [ˌkæpə'tʃiːnoʊ, *Brit*: -ʊ'tʃiːnəʊ] *n* cappuccino *m*

Capricorn ['kæprəkɔːrn, *Brit*: -rɪkɔːn] *n* Capricórnio *m*; **to be a ~** ser capricorniano, -a; (*disease*) do coração **to be born under the sign of ~** ser nativo de Capricórnio

capsize ['kæpsaɪz, *Brit*: kæp'saɪz] *vt, vi* NAUT soçobrar

capsule ['kæpsl, *Brit*: -sjuːl] *n* cápsula *f*

captain ['kæptɪn] **I.** *n* capitão, capitã *m*, *f* **II.** *vt* (*ship, team*) capitanear

caption ['kæpʃn] *n* (*heading*) cabeçalho *m*; (*to an illustration, film*) legenda *f*

captivate ['kæptəveɪt, *Brit*: -tɪ-] *vt* cativar

captive ['kæptɪv] *adj* cativo, -a; **to hold sb ~** manter alguém cativo

captivity [kæp'tɪvəti, *Brit*: -əti] *n no pl* cativeiro *m*; **to be in ~** estar em cativeiro

capture ['kæptʃər, *Brit*: -ər] **I.** *vt* **1.** (*person, animal*) capturar **2.** (*curiosity, attention*) atrair **II.** *n* captura *f*

car [kɑːr, *Brit*: kɑːr] *n* **1.** AUTO carro *m* **2.** RAIL vagão *m*

caramel ['kærml, *Brit*: 'kærəml] *n* **1.** *no pl* (*burnt sugar, candy*) caramelo *m* **2.** (*color*) caramelo *m*

carat ['kær-] <-(s)> *n Brit s.* **karat**

caravan ['kerəvæn, *Brit*: 'kær-] *n* **1.** (*convoy*) **gypsy ~** caravana *f* de ciganos **2.** *Brit* (*camper*) trailer *m*

carbohydrate [ˌkɑːrboʊ'haɪdreɪt, *Brit*: ˌkɑːbəʊ-] *n* carboidrato *m*; **~ content** teor *m* de carboidrato

carbon ['kɑːrən, *Brit*: 'kɑːb-] *n no pl* carbono *m*

carbon dioxide *n no pl* gás *m* carbônico **carbon monoxide** *n no pl* monóxido *m* de carbono **carbon paper** *n* papel-carbono *m*

carburetor ['kɑːrbəreɪtər] *n Am*, **carburettor** [ˌkɑːbjə'retər] *n Brit* carburador *m*

carcass ['kɑːrkəs, *Brit*: 'kɑːk-] <-es> *n* carcaça *f*

card [kɑːrd, *Brit*: kɑːd] *n* **1.** (*paper, plastic*) cartão; **business/greeting ~** cartão *m* comercial/de apresentação; **credit/phone ~** cartão *m* de crédito/de telefone; **membership ~** carteirinha *f* de sócio **2.** GAMES carta *f*; **pack of ~s** baralho *m*; **to play ~s** jogar cartas; **to play one's ~s right** *fig* dar a cartada certa; **to put one's ~s on the table** abrir o jogo **3.** *no pl* cartolina *f*

cardboard *n no pl* papelão *m*

cardiac ['kɑːrdiæk, *Brit*: 'kɑːd-] *adj* cardíaco, -a; (*disease*) do coração

cardigan ['kɑːrdɪgən, *Brit*: 'kɑːd-] *n* cardigã *m*

cardinal ['kɑːrdɪnl, *Brit*: 'kɑːd-] **I.** *n* **1.** REL, ZOOL cardeal *m* **2.** (*number*) cardinal *m* **II.** *adj* (*important: rule*) fundamental; (*sin*) capital

care [ker, *Brit*: keər] **I.** *n* **1.** (*attention*) cuidado *m*; **to take ~ of sb/sth** (*children, the house*) tomar conta de alguém/a. c.; **take ~ (of yourself)**!

cuide-se!; **handle with** ~ manusear com cuidado **2. to take** ~ **of sth** (*organize: the drinks, music*) encarregar-se de a. c. **3.** (*in letters*) ~ **of** aos cuidados de **4.** (*worry*) preocupação *f*; **to not have a** ~ **in the world** não ter preocupações **II.** *vi* **1.** (*be concerned*) importar-se; **to** ~ **about sb/sth** importar-se com alguém/a. c.; **who** ~**s?** e daí?; **I couldn't** ~ **less** não estou nem aí; **I don't** ~ pouco me importa **2.** (*feel affection*) **to** ~ **for sb** gostar de alguém **3.** (*like*) **would you** ~ **for some coffee?** aceita um café?, quer (tomar) um café?; **I don't** ~ **for chocolate** eu não gosto de chocolate; **would you** ~ **to join us?** quer vir conosco?

career [kəˈrɪr, *Brit:* -ˈrɪəʳ] **I.** *n* **1.** (*profession*) profissão *f* **2.** (*working life*) carreira *f* **II.** *vi* disparar; **to** ~ **out of control** (*car*) perder o controle

carefree *adj* despreocupado, -a

careful *adj* cuidadoso, -a, atento, -a; **to be** ~ **of sth** ter cuidado com a. c.; **be** ~**!** tenha cuidado!; **after careful consideration, I have come to the conclusion that ...** depois de refletir bem, eu cheguei à conclusão de que ...; **you can never be too** ~ *prov* cautela nunca é demais *prov*

carefully *adv* cuidadosamente, atentamente

carefulness *n no pl* (*caution*) cautela *f*

caregiver *n esp Am* acompanhante *mf*

careless *adj* descuidado, -a, desatento, -a; **to be** ~ **about sth** ser descuidado com a. c.

carelessness *n no pl* descuido *m*, desatenção *f*

carer [ˈkeəʳəʳ] *n Brit s.* **caregiver**

caress [kəˈres] **I.** <-es> *n* carícia *f* **II.** *vt* acariciar

caretaker *n* zelador(a) *m(f)*

cargo [ˈkɑːrgoʊ, *Brit:* ˈkɑːgəʊ] <-(e)s> *n* **1.** *no pl* (*freight*) carga *f* **2.** (*load of freight*) carregamento *m*

Caribbean [ˌkerɪˈbiːən, *Brit:* ˌkærɪˈbiː-] **I.** *adj* caribenho, -a **II.** *n* (*person*) caribenho, -a *m, f*; **the** ~ o Caribe

caricature [ˈkerəkətʃʊr, *Brit:* ˈkærɪkətjʊəʳ] **I.** *n* a. ART caricatura *f* **II.** *vt* LIT caricaturar

caring *adj* afetuoso, -a

carnation [kɑːrˈneɪʃn, *Brit:* kɑː-] *n* BOT cravo *m*

carnival [ˈkɑːrnəvl, *Brit:* ˈkɑːnɪ-] *n* **1.** (*festa*) carnaval *m* **2.** *Am* parque *m* de diversões

car park *n Brit, Aus* estacionamento *m*

carpenter [ˈkɑːrpnt̬əʳ, *Brit:* ˈkɑːpəntəʳ] *n* carpinteiro, -a *m, f*

carpentry *n no pl* carpintaria *f*

carpet [ˈkɑːrpət, *Brit:* ˈkɑːpɪt] *n* (*wall to wall*) carpete *m*; (*area rug*) tapete *m*; **to sweep sth under the** ~ *fig* varrer a. c. para debaixo do tapete

carriage [ˈkerɪdʒ, *Brit:* ˈkær-] *n* **1.** (*horse-drawn*) carruagem *f* **2.** *Brit* (*train wagon*) vagão *m* **3.** (*posture*) modos *mpl*

carriageway *n Brit* (*lane*) pista; **dual** ~ rodovia *f* de pista dupla

carrier [ˈkærɪəʳ, *Brit:* -əʳ] *n* **1.** (*person*) carregador(a) *m(f)*, portador(a) *m(f)* **2.** (*vehicle*) veículo *m* de transporte; **aircraft** ~ porta-aviões *m* **3.** MED portador(a) *m(f)*

carrier bag *n Brit* sacola *f* de compras

carrot [ˈkerət, *Brit:* ˈkær-] *n* cenoura *f*; ~ **and stick approach** sistema de punição e recompensa

carry [ˈkeri, *Brit:* ˈkæri] <-ies, -ied> **I.** *vt* **1.** (*in hands*) levar, carregar **2.** (*in vehicle*) transportar **3.** (*gun, money, credit card*) portar **4.** MED (*a disease*) transmitir **II.** *vt* (*voice*) projetar

◆ **carry away** *vt* **1.** (*remove*) levar **2. to get carried away (by sth)** deixar-se levar (por a. c.), empolgar-se (com a. c.)

◆ **carry off** *vt* **1.** (*remove*) levar à força **2.** (*do successfully: plan*) realizar com sucesso

◆ **carry on I.** *vt insep* continuar; ~ **the good work!** continue com o bom trabalho! **II.** *vi* **1.** (*continue*) continuar; **to** ~ **doing sth** continuar a fazer a. c. **2.** *inf* (*make a fuss*) armar uma confusão

◆ **carry out** *vt* realizar

carry-on luggage *n* bagagem *m* de mão

cart [kɑːrt, *Brit:* kɑːt] **I.** *n* **1.** (*vehicle*) carroça *f*, carreta *f* **2.** *Am* (*at supermarket*) carrinho *m* **II.** *vt* **to** ~ **sth off/away** levar a. c.

cartel [kɑːrˈtel, *Brit:* kɑː-] *n* cartel *m*

carton [ˈkɑːrtn, *Brit:* ˈkɑːtn] *n* **1.** (*box*) caixa *f* de papelão **2.** (*of juice, milk*) caixa *f*; (*of yogurt*) pote *m*

cartoon [kɑːrˈtuːn, *Brit:* kɑː-] *n* **1.** (*animated*) desenho *m* animado; (*in news-*

paper) charge *f*, história *f* em quadrinhos **2.** ART esboço *m*
cartoonist *n* cartunista *mf*
cartridge ['kɑːrtrɪdʒ, *Brit:* 'kɑː-t-] *n* cartucho *m*
cartwheel *n* ESPORT estrela *f*; **to do a ~** dar uma estrela
carve [kɑːrv, *Brit:* kɑːv] *vt* **1.** (*cut: initials, etc*) gravar, entalhar **2.** (*in stone, wood*) esculpir **3.** (*turkey, roast*) trinchar
carving *n* ART gravura *f*, escultura *f*; (*of wood*) entalhe *m*
cascade [kæsˈkeɪd] I. *n* cascata *f* II. *vi* cascatear
case¹ [keɪs] *n* **1.** caso *m*; **in any ~** de qualquer maneira; **in that ~** nesse caso; **just in ~** se por acaso; **in ~ it rains** [*o* **in ~ of rain**] caso chova; **that is not the ~** não é assim **2.** MED, LING caso *m*; **a bad ~ of ...** um caso grave de ... **3.** LAW causa *f*
case² *n* **1.** (*box, for camera, musical instrument*) caixa *f*; (*for jewels, glasses*) estojo *m*; **glass ~** vitrine *f* **2.** *Brit* (*suitcase*) maleta *f*
cash [kæʃ] I. *n no pl* dinheiro *m*; **to pay in ~** pagar em dinheiro (vivo); **~ in advance** pagamento *m* adiantado; **to be short on ~** estar com pouco dinheiro II. *vt* (*check*) descontar
 ◆ **cash in** I. *vt* converter em dinheiro II. *vi* **to ~ on sth** lucrar com a. c.
cashback card ['kæʃbækˌkɑːrd, *Brit:* kɑːd] *n* cartão *m* cashback (*tipo de cartão de crédito que oferece retorno em dinheiro ou bônus proporcional aos seus gastos*)
cash card *n* (*bank, store*) cartão *m* eletrônico; **pre-paid ~** cartão pré-pago; **reloadable ~** cartão recarregável **cash cow** *n* galinha *f* dos ovos de ouro
cashew *n* castanha-de-caju *f* **cash flow** *n* FIN fluxo *m* de capital
cashier [kæʃˈɪr, *Brit:* kæˈʃɪər] *n* caixa *mf*
cash machine *n* caixa *m* eletrônico
cash register *n* caixa *f* registradora
casino [kəˈsiːnoʊ, *Brit:* -nəʊ] *n* cassino *m*
cask [kæsk, *Brit:* kɑːsk] *n* tonel *m*; (*wine*) barril *m*
casket ['kæskɪt, *Brit:* 'kɑː-s-] *n* caixão *m*; (*for jewelry*) porta-joias *m*
Caspian Sea ['kæspiən] *n* Mar *m* Cáspio
casserole ['kæsəroʊl, *Brit:* -əʊl] *n* **1.** (*dish*) travessa *f* para forno **2.** GASTR ensopado *m*
cassette [kəˈset] *n* cassete *m*; **video ~** videocassete *m*
cassette player *n* toca-fitas *m*
cassette recorder *n* gravador *m*
cast [kæst, *Brit:* kɑːst] I. *n* **1.** THEAT, CINE elenco *m*; **supporting ~** elenco *m* de apoio **2.** (*mold*) molde *m* **3.** MED gesso *m*; **my leg's in a ~** a minha perna está engessada II. <cast, cast> *vt* **1.** (*throw*) atirar **2.** (*direct*) **to ~ doubt on sth** lançar dúvida sobre a. c.; **to ~ one's eyes on sth** dar uma espiada em a. c.; **to ~ a shadow** fazer sombra (a a. c.); **to ~ a spell (on sb)** enfeitiçar (alguém) **3.** **to ~ a vote** votar **4.** THEAT (*allocate roles*) distribuir os papéis (de uma peça); **to ~ sb as sb/sth** dar a alguém o papel de alguém/a. c.
 ◆ **cast off** I. *vt* **1.** (*throw off*) livrar(-se) **2.** (*stitch*) arrematar II. *vi* **1.** NAUT soltar as amarras **2.** (*in knitting*) fazer o arremate
castaway *n* náufrago, -a *m, f*
caste [kæst, *Brit:* kɑːst] *n* (*social class*) casta *f*; **~ system** sistema *m* de castas
cast iron I. *n no pl* ferro *m* fundido II. *adj* de ferro fundido; *fig* (*promise, will*) ferrenho, -a
castle ['kæsl, *Brit:* 'kɑːsl] *n* castelo *m*
casual ['kæʒuːəl, *Brit:* -ʒʊ-] *adj* **1.** (*relaxed*) descontraído, -a, sem cerimônia **2.** (*sex, relationship, work*) ocasional **3.** (*informal: clothes, meeting*) informal **4. a ~ acquaintance** um conhecido, -a *m, f*
casualty ['kæʒuːəlti, *Brit:* -ʒʊ-] <-ies> *n* **1.** (*victim*) vítima *f* (de acidente); (*injured*) ferido, -a *m, f*; (*dead*) morto, -a *m, f*; MIL baixa *f* **2.** *fig* (*victim*) vítima *f*
casualty department *n Brit* (*emergency department*) pronto-socorro *m*
cat [kæt] *n* gato, -a *m, f*; (*lion, etc*) felino, -a *m, f*
CAT [kæt] *n* **1.** INFOR *abbr of* **computer-assisted translation** tradução *f* assistida por computador **2.** MED *abbr of* **computerized axial tomography** TC *f*; **~ scan** exame *m* de tomografia computadorizada
Catalan ['kætəlæn, *Brit:* ˌkætəˈlæn] *adj, n* catalão, catalã
catalog ['kætəlɑːg] *Am*, **catalogue** ['kætəlɒg] *Brit* I. *n* catálogo *m*; **a ~ of**

mistakes *fig* uma série de erros **II.** *vt* catalogar
Catalonia [ˌkætəlοʊnɪə, *Brit:* -'ləʊ-] *n* Catalunha *f*
Catalonian *adj s.* **Catalan**
catalyst ['kætəlɪst, *Brit:* 'kæt-] *n a. fig* catalisador *m*
catapult ['kætəpʌlt, *Brit:* 'kæt-] *n esp Brit* (*slingshot*) estilingue *m;* HIST catapulta *f*
cataract *n* MED catarata *f* (no olho)
catastrophe [kə'tæstrəfɪ] *n* catástrofe *f*
catch [kætʃ] <-es> **I.** <caught, caught> *vt* **1.** (*ball, etc*) apanhar, pegar **2.** (*capture*) capturar, prender; **to ~ sb's attention** atrair a atenção de alguém; **to ~ sb at a bad moment** pegar alguém num mau momento; **to ~ sb off balance** pegar alguém desprevenido; **to ~ sight of sb/sth** avistar alguém/a. c. **3.** (*bus, taxi*) pegar, tomar **4.** (*the flu, a cold*) pegar **5.** (*bus*) ~ **fire** pegar fogo **6.** (*discover doing wrong*) **to ~ sb** (*doing sth*) pegar alguém (fazendo a. c.); **to ~ sb red handed** *fig* pegar alguém com a mão na massa; **to ~ sb by surprise** pegar alguém de surpresa **7.** (*hear*) ouvir **II.** *n* **1.** *no pl* (*of fish*) pesca *f* **2.** *fig* partido; **he's a good ~** ele é um bom partido **3.** (*ball*) jogo *m* de arremessar e apanhar uma bola **4.** (*fastening device*) trinco *m* **5.** (*negative point*) ardil *m*, mutreta *f*
♦ **catch on** *vi* **1.** (*become popular*) virar moda **2.** *inf* (*understand*) entender; **to ~ to sth** entender a. c.
♦ **catch up I.** *vi* **to ~ with sb** alcançar alguém; *fig* nivelar-se a alguém; **to ~ with sth** (*make up lost time*) pôr-se em dia com a. c. **II.** *vt* **to catch sb up** *Brit, Aus* alcançar alguém
catchy ['kætʃɪ] <-ier, -iest> *adj* atraente, fácil de lembrar
categorise *vt Brit, Aus,* **categorize** ['kætəgəraɪz, *Brit:* 'kætə-] *vt Am* categorizar, classificar
category ['kætəgɔːri, *Brit:* -tɪgəri] <-ies> *n* categoria *f*
cater ['keɪtər, *Brit:* -tə-] **I.** *vt* (*party, event*) fornecer serviço de bufê **II.** *vi* **1. to ~ for sth** atender a a. c. **2.** *fig* **to ~ to sb** tentar satisfazer alguém
catering service *n* serviço *m* de bufê
caterpillar ['kætərpɪlər, *Brit:* 'kætəpɪlə'] *n* **1.** ZOOL lagarta *f* **2.** (*vehicle*) caterpílar *m*, trator *m* de lagarta

catfish *n* bagre *m*
cathedral [kə'θiːdrəl] *n* catedral *f;* **~ city** (arqui)diocese *f,* (cidade) da sé
Catholic ['kæθəlɪk] *adj, n* católico, -a
Catholicism [kə'θɑːləsɪzəm, *Brit:* -'θɒl-] *n no pl* catolicismo *m*
cattle ['kætl, *Brit:* -tl] *npl* gado *m;* **beef ~** gado *m* bovino; **dairy ~** gado *m* leiteiro

> **Grammar** **cattle** (= o gado) é plural em inglês: "The cattle are in the field."

catty ['kætɪ, *Brit:* -tɪ] <-ier, -iest> *adj* maldoso, -a, ferino, -a
cat-walk *n* passarela *f*
caught [kɔːt, *Brit:* kɔːt] *pt, pp of* **catch**
cauliflower ['kɑːlɪˌflaʊər, *Brit:* 'kɒlɪflaʊəʳ] *n* couve-flor *f*
cause [kɔːz] **I.** *n* **1.** (*a reason for*) causa *f,* motivo *m;* **this is no ~ for ...** isto não é motivo para ...; **the ~ of the accident was ...** a causa do acidente foi ... **2.** *no pl* (*objective*) causa *f;* **to do sth for a good ~** fazer a. c. por uma boa causa **II.** *vt* causar; (*an accident*) provocar; **to ~ sb/sth to do sth** fazer com que alguém/a. c. faça a. c.
caution ['kɑːʃn, *Brit:* 'kɔː-] **I.** *n no pl* **1.** (*carefulness*) cautela *f,* prudência *f;* **to exercise ~** tomar cuidado; **to treat sth with ~** tratar a. c. com cautela; **~ is advised** recomenda-se cautela **2.** (*warning*) aviso *m,* advertência *f;* **a note of ~** um aviso; **~!** cuidado! **II.** *vt* **to ~ sb about sth** avisar alguém de a. c.; **to ~ sb against doing sth** advertir alguém contra a. c.
cautious ['kɑːʃəs, *Brit:* 'kɔː-] *adj* cauteloso, -a, prudente; **to be ~ about doing sth** ser cauteloso em fazer a. c.; **to be ~ in sth** ser prudente com a. c.
cautiously *adv* cautelosamente
cavalry ['kævlrɪ] *n* MIL cavalaria *f*
cave [keɪv] *n* (*natural*) caverna *f,* gruta *f;* (*man-made*) cova *f*
♦ **cave in** *vi* **1.** (*collapse*) desmoronar **2.** *fig* ceder
cavern ['kævərn, *Brit:* -ən] *n* caverna *f*
caviar(e) ['kævɪɑːr, *Brit:* -ɑːʳ] *n no pl* caviar *m*
cavity ['kævɪtɪ, *Brit:* -tɪ] <-ies> *n* cavidade *f;* **nasal ~** cavidade *f* nasal; (*in tooth*) cárie *f*
Cayman Islands ['keɪmən-] *n* Ilhas *fpl*

Cayman

CBI [ˌsiːbiːˈaɪ] *n Brit abbr of* **Confederation of British Industry** Confederação *f* da Indústria Britânica

cc [ˌsiːˈsiː] *abbr of* **cubic centimeters** cc

CCTV [ˌsiːsiːtiːˈviː] *n abbr of* **closed-circuit television** circuito *m* fechado de televisão

CD [ˌsiːˈdiː] *n abbr of* **compact disc** CD *m*

CD-player *n abbr of* **compact disc player** aparelho *m* de CD, CD-player *m* **CD-ROM** [ˌsiːdiːˈrɑːm, *Brit:* -ˈrɒm] *abbr of* **compact disc read-only memory** CD-ROM *m;* **on** ~ em CD-ROM **CD-ROM drive** *n* unidade *f* de CD-ROM

cease [siːs] *form* **I.** *vi* cessar; **to** ~ **to do sth** parar de fazer a. c.; **it never** ~**s to amaze me** nunca deixa de me surpreender **II.** *vt* cessar, suspender

cease-fire *n* MIL cessar-fogo *m;* ~! MIL cessar fogo!

ceaseless *adj form* incessante

ceiling [ˈsiːlɪŋ] *n* **1.** ARCHIT, AVIAT teto *m* **2.** (*upper limit*) teto *m*, limite *m;* **to impose a** ~ **on sth** pôr um limite em a. c.

celebrate [ˈselɪbreɪt] **I.** *vi* celebrar, comemorar; **let's** ~! vamos comemorar! **II.** *vt* celebrar; **they** ~**d him as a hero** ele foi celebrado como herói

celebrated *adj* célebre

celebration [ˌselɪˈbreɪʃn] *n* **1.** (*party*) festa *f,* comemoração *f* **2.** (*of an occasion*) celebração *f;* **this calls for a** ~! isto pede uma comemoração!

celebrity [səˈlebrəti, *Brit:* sɪˈlebrəti] <-ies> celebridade *f*

celeriac [səˈleriæk] *n* aipo-rábano *m*

celery [ˈseləri] *n no pl* aipo *m*

celery-root *n* aipo-rábano *m*

celibate [ˈselɪbət] *adj a.* REL celibatário, -a

cell [sel] *n* **1.** (*phone*) celular *m* **2.** (*in prison*) cela *f* **3.** BIO, POL célula *f;* **a single** ~ **animal** um organismo unicelular; **terrorist** ~ célula terrorista

cellar [ˈselər, *Brit:* -ər] *n* (*basement*) porão *m;* (*for wine*) adega *f*

cellist [ˈtʃelɪst] *n* MUS violoncelista *mf*

cello [ˈtʃeloʊ, *Brit:* -ləʊ] <-s> *n* MUS violoncelo *m*

cell phone *n,* **cellular phone** [ˈseljʊlər, *Brit:* -ər] *n* (telefone) celular *m*

Celsius [ˈselsiəs] *adj* PHYS Celsius

Celt [kelt, selt] *n* HIST celta *mf*

Celtic [ˈkeltɪk, ˈsel-] *adj* celta; (*language*) celta

cement [sɪˈment] *n no pl* cimento *m*

cement mixer *n* betoneira *f*

cemetery [ˈseməteri, *Brit:* -tri] <-ies> *n* cemitério *m*

censor [ˈsensər, *Brit:* -ər] **I.** *n* censor(a) *m(f)* **II.** *vt* censurar

censorship *n no pl* censura *f*

census [ˈsensəs] <-es> *n* censo *m*

cent [sent] *n* centavo *m*

centennial [senˈteniəl] *esp Am,* **centenary** [ˈsentəneri, *Brit:* senˈtiːnəri] <-ies> *esp Brit* **I.** *n* centenário *m* **II.** *adj* centenário, -a; ~ **year** ano *m* do centenário

center [ˈsentər] *n Am* **1.** centro *m* **2.** PHYS, POL, SPORTS centro *m;* ~ **party** partido *m* do centro **3.** (*of population*) centro *m*

◆ **center on** *vi* concentrar-se em

centimeter [ˈsentəˌmiːtər] *n Am,* **centimetre** [ˈsentɪˌmiːtər] *n Brit, Aus* centímetro *m*

centipede [ˈsentɪpiːd, *Brit:* -t-] *n* centopeia *f*

central [ˈsentrəl] *adj* **1.** (*at the middle*) central; (*street*) do centro; **in** ~ **Toronto** no centro de Toronto **2.** (*important*) fundamental; **to be** ~ **to sth** ser fundamental para a. c.; **the** ~ **character** o(a) *m(f)* protagonista

Central African *adj* centro-africano, -a

Central African Republic *n* República *f* Centro-Africana

Central American *adj* centro-americano, -a

Central Bank *n* Banco *m* Central

central heating *n* aquecimento *m* central

centralization [ˌsentrəlɪˈzeɪʃn, *Brit:* -laɪ-] *n no pl* centralização *f*

centralize [ˈsentrəlaɪz] *vt* centralizar

centre [ˈsentər] *n Brit s.* **center**

centre-forward *n* FUT centroavante *m*

centre spot *n* FUT centro *m* do campo

century [ˈsentʃəri] <-ies> *n* século *m;* **the twenty-first** ~ o século 21

CEO [ˌsiːiːˈoʊ, *Brit:* -ˈəʊ] *n abbr of* **chief executive officer** diretor-presidente, diretora-presidente *m, f*

ceramic [səˈræmɪk, *Brit:* sɪ-] *adj* de cerâmica

ceramics *n pl* cerâmica *f*

cereal [ˈsɪriəl, *Brit:* ˈsɪər-] *n* **1.** *no pl*

(*grain*) cereal *m* **2.** (*for breakfast*) cereais *mpl* matinais
cereal bar ['sɪriəlˌbɑːr, *Brit:* 'sɪərɪəlˌbɑːʳ] *n* cereal *m* em barra
cerebral ['serəbrəl, *Brit:* ˌserɪ-] *adj* cerebral; ~ **palsy** paralisia *f* cerebral
ceremonial [ˌserə'moʊnɪəl, *Brit:* -ɪ'məʊ-] *adj* ritual, solene
ceremonious [ˌserə'moʊnɪəs, *Brit:* -ɪ'məʊ-] *adj* cerimonioso, -a
ceremony ['serəmoʊni, *Brit:* -əməni] <-ies> *n a.* REL cerimônia *f*
certain ['sɜːrtn, *Brit:* 'sɜːtn] **I.** *adj* **1.** (*sure*) seguro, -a; **to be** ~ **about sth** ter certeza de a. c.; **for** ~ com certeza; **it is** ~ **that ...** é certo que ...; **to make** ~ **that ...** assegurar-se de que ..., não deixar de ...; **she is** ~ **to come** ela vem com certeza **2.** (*specified*) certo, -a; **a** ~ **Steve Rukus** um tal de Steve Rukus; **to a** ~ **extent** até certo ponto **II.** *pron* ~ **of** alguns, -mas
certainly *adv* **1.** (*surely*) certamente; **she** ~ **is good-looking, isn't she?** ela é sem dúvida bonita, não é?; ~ **not!** de jeito nenhum! **2.** (*gladly*) claro
certainty ['sɜːrtnti, *Brit:* 'sɜːt-] <-ies> *n* certeza *f*
certificate [sər'tɪfɪkət, *Brit:* sə'-] *n* (*document*) certificado *m*; **doctor's** ~ atestado *m* médico; (*of baptism, birth, death*) certidão *f*
certification [ˌsɜːrtəfɪ'keɪʃn, *Brit:* ˌsɜːtɪ-] *n no pl* **1.** (*process*) certificação *f* **2.** (*document*) atestado *m*
certified *adj* diplomado, -a; **certified copy** cópia *f* autenticada
certify ['sɜːrtəfaɪ, *Brit:* 'sɜːtɪ-] *vt* certificar, atestar; **he is certified to practice medicine** ele está habilitado a exercer a medicina
cervical ['sɜːrvɪkl, *Brit:* 'sɜːv-] *adj* **1.** (*neck*) cervical; ~ **vertebra** vértebra *f* cervical **2.** (*cervix*) do colo do útero
cesarean *n* cesariana *f*
cf. *abbr of* **compare** cf.
CFC [ˌsiːefsi:'] *n abbr of* **chlorofluorocarbon** CFC *m*
Chad [tʃæd] *n no pl* Tchad *m*
Chadian *adj, n* tchadiano, -a
chain [tʃeɪn] **I.** *n* **1.** corrente *f*; ~ **gang** fila *f* de presos acorrentados; **to be in** ~**s** estar acorrentado **2.** ECON (*of stores*) cadeia *f* **II.** *vt* acorrentar; **to** ~ **sth/sb (up) to sth** acorrentar a. c./alguém a a. c.

chain reaction *n* reação *f* em cadeia
chainsaw *n* motosserra *f*
chain-smoke *vi, vt* fumar um cigarro atrás do outro
chain store *n* filial *f* de uma cadeia de lojas
chair [tʃer, *Brit:* tʃeəʳ] **I.** *n* **1.** (*seat*) cadeira *f* **2.** (*head*) presidente *mf*; **to be** ~ **of a department** ser diretor [*ou* chefe] de um departamento **II.** *vt* (*a meeting*) presidir
chairman <-men> *n* presidente *m*
chairmanship *n* presidência *f*
chairperson *n* presidente *mf*
chalet [ʃæl'eɪ, *Brit:* 'ʃæleɪ] *n* chalé *m*
chalk [tʃɔːk] *n no pl* **1.** (*stone*) calcário *m* **2.** (*for writing*) giz *m*; **to be as different as** ~ **and cheese** *Brit, fig* ser completamente diferentes
challenge ['tʃælɪndʒ] **I.** *n* (*a call to competition*) desafio *m*; **to be faced with a** ~ enfrentar um desafio **II.** *vt* **1.** (*ask to compete*) desafiar; **to** ~ **sb to a duel** desafiar alguém para um duelo **2.** (*question*) contestar
challenger ['tʃælɪndʒər, *Brit:* -əʳ] *n* desafiante *mf*; (*for a title*) concorrente *mf*
chamber ['tʃeɪmbər, *Brit:* -əʳ] *n* **1.** (*room*) câmara *f* **2.** (*anat, pol*) câmara *f*, câmara *f* de deputados; **Upper/Lower** ~ Câmara Alta/Baixa; ~ **of Commerce** Câmara de Comércio **3.** TECH (*of a gun*) tambor *m*; **combustion** ~ câmara de combustão
chambermaid *n* camareira *f*
chamber music *n* música *f* de câmara
champ [tʃæmp] *n inf* campeão, campeã *m, f*
champagne [ʃæm'peɪn] *n no pl* champanhe *mf*
champion ['tʃæmpiən] *n* **1.** SPORTS campeão, campeã *m, f* **2.** (*supporter*) defensor(a) *m(f)*; **a** ~ **of sth** um defensor de a. c.
championship *n* campeonato *m*
chance [tʃæns, *Brit:* tʃɑːns] **I.** *n* **1.** *no pl* (*random force*) acaso *f*; **by** ~ por acaso **2.** *no pl* (*likelihood*) possibilidade *f*; ~**s are that ...** existe a possibilidade de ...; **there's not much of a** ~ **of my coming to the party** é pouco provável que eu venha à festa; **is he coming by any** ~? por acaso ele vem? **3.** (*opportunity*) oportunidade *f*; **to give sb a** ~ **(to do sth)** dar uma chance a alguém

(de fazer a. c.) **4.** (*risk*) risco *m;* **to take a ~** assumir um risco; **don't take ~s** não se arrisque **II.** *vt* **to ~ it** arriscar

chancellor ['tʃænsələr, *Brit:* 'tʃɑ:nsələʳ] *n* **1.** POL chanceler *m;* **~ of the Exchequer** *Brit* ministro, -a *m, f* da Fazenda **2.** UNIV reitor(a) *m(f)*

chandelier [ˌʃændəˈlɪr, *Brit:* -ˈlɪər] *n* lustre *m*

change [tʃeɪndʒ] **I.** *n* **1.** (*alteration*) mudança *f;* **for a ~** para variar; **that would make a (nice) ~** seria bom para variar **2.** *no pl* (*coins*) dinheiro *m* trocado; **small ~** trocado *m* **3.** *no pl* (*money returned*) troco *m;* **no ~ given** aceita-se apenas dinheiro trocado **II.** *vi* **1.** (*alter*) mudar; **to ~ into sth** transformar-se em a. c. **2.** (*put on different clothes*) trocar de roupa **III.** *vt* (*exchange*) trocar; **to ~ sth/sb into sth** transformar a. c./alguém em a. c.; **to ~ one's clothes** trocar de roupa; **to ~ one's mind** mudar de ideia

channel ['tʃænl] **I.** *n* **1.** TV canal *m* **2. The (English) ~** o Canal da Mancha; **irrigation ~** canal *m* de irrigação **II.** <*Brit:* -ll-, *Am also:* -l-> *vt* canalizar; *fig* canalizar; **to ~ sth into sth** concentrar a. c. em a. c.

Channel Tunnel *n no pl, inf* túnel *m* do Canal da Mancha

chant [tʃænt, *Brit:* tʃɑ:nt] **I.** *n* REL canto *m;* (*singing*) cântico *m;* **gregorian ~** canto *m* gregoriano **II.** *vi* **1.** (*intone*) entoar **2.** (*repeat*) gritar em uma só voz (para incentivar um time, para protestar) **III.** *vt* **1.** (*sing*) cantar; (*speak in a monotone*) recitar em tom monótono **2.** (*repeat*) gritar em uma só voz

chaos ['keɪɑ:s, *Brit:* -ɒs] *n no pl* caos *m inv*

chaotic [-'ɑ:tɪk, *Brit:* keɪˈɒtɪk] *adj* caótico, -a

chap [tʃæp] *n Brit* (*fellow*) camarada *m,* cara *m;* **old ~** meu camarada

chapel ['tʃæpl] *n* **1.** (*church*) templo *m* **2.** (*room*) capela *f;* **funeral ~** câmara-ardente *f*

chaplain ['tʃæplɪn] *n* REL capelão *m*

chapt. *n abbr of* **chapter** cap. *m*

chapter ['tʃæptər, *Brit:* -əʳ] *n* **1.** (*of book, in history*) capítulo *m;* **to quote ~ and verse** citar literalmente **2.** *Am* (*society*) filial *f,* sede *f* local

character ['kerəktər, *Brit:* 'kærəktəʳ] *n* **1.** *no pl* (*qualities*) caráter *m;* **to be in/ out of ~ for sb/sth** ser/não ser do feitio de alguém/a. c. **2.** (*unique person, acted part*) personagem *mf;* **in the ~ of ...** no papel de ...

characteristic [ˌkerəktəˈrɪstɪk, *Brit:* ˌkær-] **I.** *n* característica *f* **II.** *adj* característico, -a, típico, -a; **with her ~ dignity** com sua dignidade característica

characterization [ˌkerəktərɪˈzeɪʃn, *Brit:* ˌkærəktəraɪ-] *n* caracterização *f*

characterize ['kerəktəraɪz, *Brit:* 'kær-] *vt a.* CINE, THEAT representar

charcoal ['tʃɑ:rkoʊl, *Brit:* 'tʃɑ:kəʊl] *n no pl* **1.** (*fuel*) carvão *m* **2.** ART carvão *m* **3.** (*color*) cinza-escuro *m*

charge [tʃɑ:rdʒ, *Brit:* tʃɑ:dʒ] **I.** *n* **1.** (*load*) carga *f* **2.** (*cost*) preço *m;* **free of ~** grátis **3.** LAW (*accusation*) acusação *f;* **to bring ~s against sb** fazer uma acusação contra alguém **4.** *no pl* (*authority*) responsabilidade *f,* encargo *m;* **to be in ~ of sb/sth** estar encarregado de alguém/a. c.; **who is in ~ here?** quem é o responsável aqui?; **to take ~ of sth** assumir a responsabilidade de a. c. **5.** *no pl* ELEC carga *f* **II.** *vi* **1.** FIN cobrar **2.** (*attack*) **to ~ at sb/sth** investir contra alguém/a. c.; MIL carregar; **~!** preparar! **III.** *vt* **1.** FIN cobrar; (*with credit card*) pôr no cartão; **to ~ sth to sb's account** debitar a. c. da conta de alguém; **how much did they ~ you?** quanto te cobraram? **2.** LAW acusar; **she's been ~d with murder** ela foi acusada de assassinato **3.** MIL, ELEC carregar

charitable ['tʃerɪtəbl, *Brit:* 'tʃær-] *adj* (*person*) generoso, -a; (*gifts, donation*) caridoso, -a; (*activity, organization*) de caridade

charity ['tʃerəti, *Brit:* 'tʃærəti] <-ies> *n* **1.** *no pl* (*generosity*) caridade *f;* **to depend on ~** depender de donativo **2.** (*organization*) instituição *f* beneficente

charm [tʃɑ:rm, *Brit:* tʃɑ:m] **I.** *n* **1.** (*quality*) charme *m;* **she used all her ~s** ela usou todo o seu charme **2.** (*talisman*) talismã *m,* amuleto *m;* (*on bracelet*) balangandã *m;* **to work like a ~** funcionar direitinho **II.** *vt* encantar; **to ~ sb into doing sth** persuadir alguém com charme para fazer a. c.

charming *adj* charmoso, -a, encantador(a)

chart [tʃɑ:rt, *Brit:* tʃɑ:t] **I.** *n* **1.** (*for*

information) tabela *f*; **weather** ~ mapa *m* meteorológico **2.** *pl* MUS **the** ~**s** a parada de sucessos **II.** *vt a. fig* mapear; **the map** ~**s the course of the river** o mapa registra o curso do rio

charter ['tʃɑːrtər, *Brit*: 'tʃɑːtər] **I.** *n* **1.** (*government statement*) estatuto *m* **2.** (*document stating aims*) carta *f* de intenções **3.** *no pl* COM alvará *m* **II.** *vt* **1.** (*sign founding papers*) licenciar **2.** COM (*airplane, ship*) fretar

chartered *adj* **1.** COM (*airplane, ship*) fretado, -a **2.** *Brit, Aus* (*qualified*) licenciado, -a

chase [tʃeɪs] **I.** *n* **1.** (*pursual*) perseguição *f*; **to give** ~ **to sb** perseguir alguém **2. the** ~ (*hunt*) a caça *f* **II.** *vt* perseguir; **he is always chasing women** ele está sempre correndo atrás das mulheres
 ♦ **chase away** *vt* afugentar, enxotar

chasm ['kæzəm] *n* abismo *m*

chaste [tʃeɪst] *adj form* casto, -a

chastity ['tʃæstəti, *Brit*: -tɪ] *n no pl* castidade *f*

chat [tʃæt] **I.** *n* bate-papo *m*, conversa *f* **II.** *vi* <-tt-> bater papo, conversar; **to** ~ **with sb** (**about sth**) bater um papo com alguém (sobre a. c.)
 ♦ **chat up** *vt Brit, inf* cantar (alguém)

chat room *n* COMPUT sala *f* de bate-papo

chatter ['tʃætər, *Brit*: -tər] **I.** *n no pl* tagarelice *f* **II.** *vi* **1.** tagarelar; **to** ~ **about sth** tagaguear [*ou* tagarelar] sobre a. c. **2.** (*teeth*) bater os dentes, tiritar

chauffeur [ʃoʊˈfər, *Brit*: ˈʃəʊfər] *n* motorista *mf*

cheap [tʃiːp] *adj* **1.** (*inexpensive*) barato, -a; **dirt** ~ a preço de banana; ~ **labor** mão-de-obra *f* barata; **to get sth** ~ comprar a. c. barato **2.** (*poor quality*) de má qualidade, de mau gosto **3.** *esp Am, inf* (*not sharing*) pão-duro *mf*

cheat [tʃiːt] **I.** *n* **1.** (*inspection*) trapaça *f*; (*in school*) cola *f* **II.** *vi* (*in school*) colar; **to** ~ **at sth** trapacear em a. c. **III.** *vt* enganar, ludibriar; **to** ~ **sb out of sth** lesar alguém em a. c.; **to** ~ **the taxman** fraudar [*ou* sonegar] o fisco

check [tʃek] **I.** *n* **1.** (*inspection*) inspeção *f*, controle *m*; **security** ~ controle *m* de segurança; **to keep sth in** ~ controlar a. c. **2.** (*a look*) verificação *f* **3.** GAMES xadrez *m*; **to be in** ~ estar em xeque **4.** *Am* cheque *m*; **open** ~ cheque ao portador **5.** (*in restaurant*) conta *f*; **waiter, we'd like the check please** garçom, a conta por favor **II.** *adj* xadrez **III.** *vt* **1.** (*inspect*) checar; **to** ~ **sth for errors** conferir a. c. **2.** (*prevent*) deter **IV.** *vi* (*examine*) revisar
 ♦ **check in I.** *vi* **1.** (*at airport*) fazer o check in **2.** (*at hotel*) registrar-se **II.** *vt* despachar (as malas)
 ♦ **check out I.** *vi* (*at hotel*) pagar a conta e deixar o hotel **II.** *vt inf* **to** ~ **sth out** dar uma conferida

check through *vt* despachar (a bagagem) direto

checkbook *n Am* talão *m* de cheques

checkers *npl* damas *fpl*

check-in desk *n* balcão *m* de check in

check mark *n Am* sinal *m* de conferido, tique *m*

checkmate *n* xeque-mate *m* **checkpoint** *n* ponto *m* de controle

check-up *n* **1.** MED check-up, m ,, exame *m* médico completo **2.** (*of vehicle*) revisão *f*

cheek [tʃiːk] *n* **1.** ANAT bochecha *f* **2.** *no pl, esp Brit* (*impertinence*) atrevimento *m*, desfaçatez *f*

cheeky <-ier, -iest> *adj esp Brit* descarado, -a; **to be** ~ **to sb** ser descarado com alguém

cheer [tʃɪr, *Brit*: tʃɪər] **I.** *n* viva *f*, aplauso *m*; **three** ~**s for the champion!** três vivas para o campeão!; **to give a** ~ dar vivas **II.** *interj pl* **1.** ~**s!** (*toast*) saúde! **2.** *Brit, inf* (*goodbye*) tchau; (*thanks*) obrigado, -a **III.** *vi* **to** ~ **for sb** torcer para alguém
 ♦ **cheer on** *vt* torcer
 ♦ **cheer up** *vi* animar-se; ~! ânimo!

cheerful *adj* animado, -a

cheerio *interj Brit, inf* tchau

cheerleader *n Am* animadora *f* de torcida

> **Culture** **Cheerleaders** nos Estados Unidos são as moças que animam um time esportivo. Sua função consiste basicamente em conduzir as canções e gritos de incentivo da torcida e entreter o público com coreografias curtas em que elas usam os característicos **pompons**. Elas costumam usar um vestido curto ou saia e blusa, meias e sapatos de couro, todos das cores do time ou da escola.

cheery <-ier, -iest> *adj* alegre
cheese [tʃi:z] *n* queijo *m;* **hard** ~ queijo curado
cheesecake *n* torta *f* de queijo
cheesecloth *n* estopa *f*
chef [ʃef] *n* chef *m* (de cozinha)
chemical ['kemɪkl] **I.** *n* produto *m* químico **II.** *adj* químico, -a
chemist ['kemɪst] *n* **1.** CHEM químico, -a *m, f* **2.** *Brit, Aus* (*pharmacist*) farmacêutico, -a *m, f;* **the ~ 's** (**shop**) a farmácia
chemistry ['kemɪstri] *n no pl* química *f*
chemotherapy [ˌki:mou'θerəpi, *Brit*: ˌki:mə-] *n no pl* quimioterapia *f;* **to undergo** ~ fazer quimioterapia
cheque [tʃek] *n Brit, Aus s.* **check**
cherish ['tʃerɪʃ] *vt* prezar, acalentar
cherry ['tʃeri] <-ies> *n* (*fruit*) cereja *f;* ~ **tree** cerejeira *f*
cherub ['tʃerəb] <-s *o* -im> *n* querubim *m*
chess [tʃes] *n no pl* xadrez *m*
chessboard *n* tabuleiro *m* de xadrez
chest [tʃest] *n* **1.** (*torso*) peito *m,* tórax *m;* ~ **pains** dores *mpl* no peito; **to get sth off one's** ~ *fig* desabafar a. c. **2.** (*breasts*) peitos *mpl* **3.** (*trunk*) baú *m,* arca *f;* ~ **of drawers** cômoda; **medicine** ~ armário de remédios
chestnut ['tʃesnʌt] **I.** *n* (*nut*) castanha *f;* (*tree, wood*) castanheiro *m* **II.** *adj* castanho, -a
chew [tʃu:] *vt* mastigar
♦ **chew over** *vt inf* ruminar
chic [ʃi:k] *adj* chique, elegante
chick [tʃɪk] *n* **1.** (*baby chicken*) pintinho *m* **2.** (*young bird*) filhote *m* de pássaro **3.** *inf* (*young woman*) mina *f*
chicken ['tʃɪkɪn] *n* **1.** (*bird*) galinha *f* **2.** *no pl* (*meat*) galinha *f,* frango *m;* **fried/roasted** ~ frango frito/assado **3.** (*coward*) medroso, -a *m, f*
chicken out *vi inf* amarelar
chicken pox *n* catapora *f*
chick magnet *n Am, sl* homem *f* pegador de mulher
chief [tʃi:f] **I.** *n* **1.** (*boss*) chefe *mf;* ~ **executive officer** diretor-presidente, diretora-presidente *m, f* **2.** (*of a tribe*) cacique *m* **II.** *adj* principal
chiefly *adv* principalmente
child [tʃaɪld] <**children**> *n* **1.** (*young person*) criança *f;* **only** ~ filho único; **unborn** ~ feto *m;* **children's department** (*in store*) seção infantil **2.** (*off-*

spring) filho, -a *m, f;* **illegitimate** ~ filho ilegítimo
child abuse *n no pl* abuso *m* sexual de crianças **childbirth** *n no pl* parto *m* **childhood** *n no pl* infância *f*
childish *adj pej* infantil, imaturo, -a; **don't be** ~ ! não seja infantil!
childless *adj* sem filhos
childlike *adj* infantil
children ['tʃɪldrən] *n pl of* **child**
Chile ['tʃɪli] *n* Chile *m*
Chilean [tʃɪ'li:ən, *Brit*: 'tʃɪliən] *adj, n* chileno, -a
chili ['tʃɪli] <-es> *n Am,* **chili pepper** *n Am* pimenta *f* picante
chill [tʃɪl] **I.** *n* **1.** *no pl* (*coldness*) friagem *f,* frio *m;* **to catch a** ~ resfriar-se **2.** (*shiver*) calafrio *m* **II.** *vt* deixar esfriar
♦ **chill out** [ˌtʃɪl'aʊt] *vi inf* relaxar
chilli ['tʃɪli] <-es> *n esp Brit s.* **chili**
chill-out ['tʃɪlaʊt] *adj inf* (*room, area*) de relax
chilly ['tʃɪli] <-ier, -iest> *adj a. fig* frio; **to feel** ~ sentir frio
chime [tʃaɪm] **I.** *n* repique *m;* **wind ~ s** carrilhão *m* **II.** *vi* repicar
chimney ['tʃɪmni] *n* chaminé *f*
chin [tʃɪn] *n* queixo *m;* **to keep one's ~ up** *fig* não desanimar; ~ **up!** ânimo!
china ['tʃaɪnə] *n no pl* porcelana *f;* (*dishes*) louça *f*
China ['tʃaɪnə] *n* China *f*
Chinese [tʃaɪ'ni:z] **I.** *adj* chinês, -esa **II.** *n* chinês, -esa *m, f;* **the** ~ os chineses
chink [tʃɪŋk] *n* fresta *f*
chip [tʃɪp] **I.** *n* **1.** (*flake*) lasca *f;* **he's a ~ off the old block** *fig, inf* é a cara de um focinho do outro **2.** *pl, Brit* (*French fries*) batata *f* frita; *Am* (*potato chip*) batata *f* frita (em saco) **3.** INFOR chip *m* **4.** (*in casino*) ficha *f* **II.** *vt* <-pp-> lascar **III.** *vi* <-pp-> lascar-se
chipmunk *n* esquilo norte-americano com lista no dorso
chirp I. *n* (*of bird*) pio *m;* (*of cricket*) cri-cri *m* **II.** *vi* (*bird*) piar; (*cricket*) cricrilar
chisel ['tʃɪzl] **I.** *n* cinzel *m* **II.** <*Brit*: -ll-, *Am also*: -l-> *vt* (*cut*) talhar
chivalry ['ʃɪvlri] *n no pl* **1.** (*gallant behavior*) cavalheirismo *m* **2.** HIST cavalaria *f*
chives ['tʃaɪvz] *n pl* cebolinha *f* sing
chlorine ['klɔ:ri:n] *n no pl* cloro *m*
chocolate ['tʃɔ:klət, *Brit*: 'tʃɒk-] *n* **1.** *no pl* chocolate *m;* **a bar of** ~ uma barra de chocolate; **hot** ~ chocolate quente;

dark ~ chocolate *m* amargo; **milk** ~ chocolate *m* ao leite *m*; ~ **milk** leite achocolatado; **she loves** ~ ela adora o chocolate **2.** (*in box*) bombom *m*; **a box of** ~**s** uma caixa de bombons

chocolate-chip cookie *n Am*: biscoito com lascas de chocolate

chocolate chips *npl* lascas *fpl* de chocolate

choice ['tʃɔɪs] *n* **1.** (*possibility of selection*) escolha *f*; **to make a** ~ fazer uma escolha; **if I had the** ~ ... se eu pudesse escolher ...; **we had no** ~ **but to leave** não tivemos escolha senão ir embora **2.** (*selection*) seleção *f*; **a wide** ~ **of sth** uma ampla seleção de a. c.

choir ['kwaɪər, *Brit:* -ər] *n* coro *m*

choke [tʃoʊk, *Brit:* tʃəʊk] I. *vi* engasgar-se; **to** ~ **on sth** engasgar-se com a. c.; **to** ~ **to death** morrer asfixiado II. *n* AUTO afogador *m* III. *vt* sufocar

cholera ['kɑːlərə, *Brit:* 'kɒl-] *n no pl* cólera *mf*

cholesterol [kəˈlestərɑːl, *Brit:* -rɒl] *n no pl* colesterol *m*

choose [tʃuːz] <chose, chosen> I. *vi* **1.** (*select*) escolher; ~ **between the red ones and the green ones** escolher entre os vermelhos e os verdes **2.** (*decide*) **you may come whenever you** ~ venha quando lhe convier II. *vt* **1.** (*select*) escolher, optar por; **she chose him as her representative** ela o escolheu como seu representante; **they chose her to reorganize the company** ela foi escolhida para reorganizar a empresa **2.** (*decide*) **to** ~ **to do sth** decidir fazer a. c.

choos(e)y ['tʃuːzi] <-ier, -iest> *adj inf* exigente, difícil de contentar

chop [tʃɑːp, *Brit:* tʃɒp] I. *vt* <-pp-> cortar; **to** ~ **finely** picar II. *n* (*meat*) costeleta *f*

◆ **chop off** *vt* decepar

chopper ['tʃɑːpər, *Brit:* 'tʃɒpər] *n inf* helicóptero *m*

chopping board *n* tábua de cortar

choppy *adj* (*seas*) agitado, -a

chopsticks *npl* pauzinhos *mpl* para comida oriental

chord ['kɔːrd, *Brit:* 'kɔːd] *n* MUS acorde *m*

chore [tʃɔːr, *Brit:* tʃɔː'] *n* (*routine job*) tarefa *f*; **household** ~**s** tarefas *fpl* domésticas

choreography [ˌkɔːriˈɑːgrəfi, *Brit:* ˌkɒrɪˈɒg-] *n no pl* coreografia *f*

chorus ['kɔːrəs] <-es> *n* **1.** (*refrain*) refrão *m*; **to join in the** ~ cantar o refrão **2.** + *sing/pl vb* (*group of singers*) coro *m* **3.** + *sing/pl vb* (*supporting singers*) coro *m*; ~ **girl** corista *f*; **in** ~ em coro

chose [tʃoʊz, *Brit:* tʃəʊz] *pt of* **choose**

chosen ['tʃoʊzn, *Brit:* 'tʃəʊ-] *pp of* **choose**

Christ [kraɪst] I. *n* Cristo *m* II. *interj inf* santo cristo!; **for** ~**'s sake** pelo amor de Deus

christen ['krɪsn] *vt* **1.** (*baptise*) batizar **2.** (*give name to: ship*) inaugurar; **they** ~**ed their second child Sara** a segunda filha recebeu o nome de Sara

Christian ['krɪstʃən] *n* cristão, cristã *m, f*

Christianity [ˌkrɪstʃiˈænəti, *Brit:* -stiˈænəti] *n no pl* cristianismo *m*

Christmas ['krɪstməs] <-es *o* -ses> *n no pl* Natal *m*; **at** ~ no Natal; **Merry** [*o Brit* **Happy**] ~! Feliz Natal!; **Father** ~ *esp Brit* (*Santa Claus*) Papai *m* Noel

---

Culture Na Grã-Bretanha, o envio de **Christmas cards** (cartões de Natal) começa no princípio de dezembro. Este costume surgiu em meados do século XIX. Uma outra tradição natalina britânica é pendurar as **Christmas stockings** (meias compridas) ou fronhas de travesseiro para que elas apareçam cheias de presentes na manhã seguinte. Este ritual natalino é feito pelas crianças na **Christmas Eve** (Noite de Natal) que é um dia útil na Grã-Bretanha. A comida tradicional do **Christmas Day** é peru com batatas salteadas e, de sobremesa, **Christmas pudding** ou **plum pudding**, um pudim com uvas passas e frutas cristalizadas. Os **Christmas crackers** (outra criação britânica que data de meados do século XIX) são uns pequenos tubos de papelão decorados contendo um pequeno presente, um provérbio e uma coroa de papel. Este tubo é aberto durante a ceia de Natal por duas pessoas simultaneamente, uma de cada lado.

Christmas carol n canção f de Natal
Christmas Day n Dia m de Natal
Christmas Eve n Noite f de Natal
Christmas tree n árvore f de Natal
Christopher ['krɪstəfər, Brit: -əʳ] n Cristóvão m; ~ **Columbus** HIST Cristóvão Colombo
chrome [kroʊm, Brit: krəʊm] n no pl cromo m
chromosome ['kroʊməsoʊm, Brit: 'krəʊməsəʊm] n cromossomo m
chronic ['krɑːnɪk, Brit: 'krɒn-] adj crônico, -a
chronic fatigue syndrome n síndrome f da fadiga crônica
chronicle ['krɑːnɪkl, Brit: 'krɒn-] I. vt relatar II. n crônica f, narrativa f
chronological [ˌkrɑːnəˈlɑːdʒɪkl, Brit: ˌkrɒnəˈlɒdʒ-] adj cronológico, -a; **in ~ order** em ordem cronológica
chubby adj rechonchudo, -a
chuck [tʃʌk] vt 1. inf (throw) jogar 2. Brit, inf (get rid of) jogar fora, livrar-se de; **to ~ sb** livrar-se de alguém
♦ **chuck out** vt jogar fora
chuckle ['tʃʌkl] I. n risinho m de satisfação II. vi dar um risinho (de satisfação)
chum [tʃʌm] n inf amigo, -a m, f; (roommate) colega mf de quarto
chunk [tʃʌŋk] n pedaço m, naco m
Chunnel n inf abbr of **Channel Tunnel** Eurotúnel m (túnel do Canal da Mancha)
church [tʃɜːrtʃ, Brit: tʃɜːtʃ] n igreja f; ~ **hall** salão m paroquial; **to go to ~** ir à igreja
churchyard n cemitério m da igreja
churn [tʃɜːrn, Brit: tʃɜːn] I. n desnatadeira f, manteigueira f II. vt agitar vigorosamente; fig revolver III. vi agitar-se; **my stomach was ~ing** fiquei de estômago virado
♦ **churn out** vt inf produzir em baciada
chute [ʃuːt] n calha f de escoamento; **garbage ~** Am, **rubbish ~** Brit duto m da lixeira
CIA [ˌsiːaɪˈeɪ] n Am abbr of **Central Intelligence Agency** CIA f
cider ['saɪdər] n 1. Am suco m de maçã (não filtrado) 2. Brit sidra f, vinho m de maçã
cigar [sɪˈɡɑːr, Brit: -ɡɑːʳ] n charuto m
cigarette [ˌsɪɡəˈret] n cigarro m
cigarette butt n ponta f de cigarro
cinch n inf **to be a ~** ser uma moleza
Cinderella [ˌsɪndəˈrelə] n Cinderela f; gata f borralheira
cinema ['sɪnəmə] n 1. (medium) cinema m 2. Brit (movie theater) (sala de) cinema m
cinnamon ['sɪnəmən] n no pl canela f; ~ **stick** casca de canela
circa ['sɜːrkə, Brit: 'sɜːkə] prep por volta de; ~ **1850** por volta de 1850
circle ['sɜːrkl, Brit: 'sɜːkl] I. n círculo m; **to go around in ~s** andar em círculos; **to be running in ~s** dar voltas sem sair do lugar; **they stood in a ~** fizeram uma roda II. vt circular III. vi dar a volta
circuit ['sɜːrkɪt, Brit: 'sɜːk-] n circuito m
circular ['sɜːrkjələr, Brit: 'sɜːkjʊləʳ] adj circular
circulate ['sɜːrkjəleɪt, Brit: 'sɜːkjʊ-] I. vt fazer circular, divulgar II. vi circular
circulation [ˌsɜːrkjʊˈleɪʃn, Brit: ˌsɜːk-] n no pl circulação f; **to be out of ~** estar fora de circulação
circumference [sərˈkʌmfərəns, Brit: sə-] n circunferência f
circumstance ['sɜːrkəmstæns, Brit: 'sɜːkəmstəns] n circunstância f; **under no ~s** de modo algum; **under the ~ ...** neste caso ...
circumstantial [ˌsɜːrkəmˈstænʃl, Brit: ˌsɜːk-] adj circunstancial
circus ['sɜːrkəs, Brit: 'sɜːk-] <-es> n circo m
CIS [ˌsiːaɪˈes] n abbr of **Commonwealth of Independent States** CEI f
cistern ['sɪstərn, Brit: -tən] n cisterna f
cite [saɪt] vt (quote) citar; POL fazer referência a
citizen ['sɪtɪzn, Brit: 'sɪt-] n 1. (of country) cidadão, cidadã m, f 2. (of town) habitante mf
citizenship n no pl cidadania f
citrus ['sɪtrəs] <inv o -es> n cítrico m
citrus fruit n fruta f cítrica
city ['sɪti, Brit: -ti] <-ies> n cidade f

> **Culture** Muitas **cities** (grandes cidades) americanas são conhecidas por apelidos. **New York** é conhecida como **Gotham** ou **The Big Apple**. **Los Angeles** como **The Big Orange** ou **The City of the**

> Angels. Da mesma forma, **Chicago** é conhecida como **The Windy City**. A expressão **The City of Brotherly Love** é usada para se referir à **Philadelphia**. **Denver**, por sua localização, é conhecida como **The Mile-High City** e **Detroit**, por sua indústria automobilística, como **Motor City**.

city hall *n Am* prefeitura *f*
civic ['sɪvɪk] *adj* cívico, -a
civil ['sɪvl] *adj* civil; (*politeness*) gentil
civilian [sɪ'vɪljən, *Brit:* -iən] *n* civil *m*
civilization [ˌsɪvəlɪ'zeɪʃn, *Brit:* ˌsɪvəlaɪ-] *n* civilização *f*
civilized ['sɪvlaɪzd] *adj* civilizado, -a
civil rights *npl* direitos *mpl* civis **civil servant** *n* funcionário, -a *m, f* público
Civil Service *n* Administração *f* Pública

> Culture   Na Grã-Bretanha, o **Civil Service** faz parte da administração central do país. Nele estão o corpo diplomático, **Inland Revenue** (Fazenda), Seguridade Social e os centros de ensinos públicos. Os **civil servants** (funcionários públicos) são fixos e, como não ocupam postos políticos, não são afetados pelas mudanças de governo.

civil war *n* guerra *f* civil
claim [kleɪm] **I.** *n* **1.** (*assertion*) afirmação *f*, alegação *f* **2.** (*written demand*) reivindicação *f* **II.** *vt* **1.** (*assert*) afirmar, sustentar; **I don't ~ to be an expert** não alego ser um perito **2.** (*declare ownership*) reivindicar; (*reward, title*) reclamar; **to ~ damages** reclamar indenização por danos **3.** (*lives*) custar
claimant ['kleɪmənt] *n* reclamante *mf*
clam [klæm] *n* marisco *m*
♦ **clam up** *vi* <-mm-> ficar de bico calado
clammy *adj* frio e úmido, fria e úmida, pegajoso, -a
clamor ['klæmər] *n Am*, **clamour** [-mər] **I.** *n Brit* clamor *m* **II.** *vi* **to ~ for sth** clamar por a. c.
clamp [klæmp] **I.** *n* ARCHIT braçadeira *f* **II.** *vt* **1.** (*fasten together*) prender **2.** (*immobilize a vehicle*) **to ~ a car** travar a roda de um carro (com um jacaré)
♦ **clamp down** *vi* **to ~ on sb/sth** impor um controle rígido a alguém/a. c.
clan [klæn] *n + sing/pl vb* clã *m*
clap [klæp] <-pp-> **I.** *vi, vt* **1.** (*audience*) aplaudir **2. to ~ one's hands** bater palmas **II.** *n* (*of thunder*) estrondo *m*
claret ['klerət, *Brit:* 'klær-] *n* (*wine*) clarete *m*, vinho *m* tinto leve
clarification [ˌklerɪfɪ'keɪʃn, *Brit:* ˌklær-] *n no pl* esclarecimento *m*
clarify ['klerɪfai, *Brit:* 'klær-] <-ie-> *vt* esclarecer
clarinet [ˌklerɪ'net, *Brit:* ˌklær-] *n* clarinete *m*
clarity ['klerəti, *Brit:* 'klærəti] *n no pl* claridade *f*
clash [klæʃ] **I.** *vi* **1.** (*fight*) entrar em conflito; **to ~ with sb over sth** entrar em conflito com alguém por a. c. **2.** (*contradict*) divergir **3.** (*not match: colors*) destoar; **to ~ with sth** destoar de a. c. **II.** <-es> *n* **1.** (*hostile encounter*) embate *m*; **a ~ over sth** um embate por a. c. **2.** (*incompatibility*) conflito *m*
clasp [klæsp, *Brit:* klɑːsp] **I.** *n* fecho *m*, aperto *m* **II.** *vt* (*grip*) agarrar; **to ~ sb in one's arms** abraçar alguém com força
class [klæs, *Brit:* klɑːs] **I.** <-es> *n* classe *f* **II.** *vt* classificar; **to ~ sb as sth** classificar alguém como a. c.; **to ~ sb among sth** considerar alguém como a. c.
classic ['klæsɪk] *adj*, **classical** ['klæsɪkl] *adj* clássico, -a
classical music *n* música *f* clássica
classification [ˌklæsəfɪ'keɪʃn, *Brit:* ˌklæsɪ-] *n* classificação *f*
classified ['klæsɪfaɪd] **I.** *adj* **1.** (*secret*) confidencial **2.** (*organized*) classificado, -a **II.** *n Am* (*ad*) (anúncio) *m* classificado
classified ads *npl* (anúncios) *mpl* classificados
classify ['klæsɪfaɪ] <-ie-> *vt* classificar
classmate *n* colega *mf* de classe **classroom** *n* sala *f* de aula
clause [klɔːz, *Brit:* klɔːz] *n* cláusula *f*; LING oração *f*
claw [klɔː, *Brit:* klɔː] *n* garra *f*; (*of*

clay [kleɪ] *n no pl* argila *f*, barro *m*
clean [kliːn] **I.** *adj* **1.** (*not dirty*) limpo, -a; (*air, water*) puro, -a; ~ **energy** energia limpa; **to wipe sth** ~ limpar a. c. **2.** (*morally acceptable*) íntegro, -a; ~ **joke** piada limpa; **police record** ~ ficha *f* policial limpa; **to come** ~ abrir o jogo **II.** *vt* limpar; **to** ~ **sth off of sth** retirar a sujeira de a. c. **III.** *vi* limpar; **the coffee stain** ~**ed off easily** a mancha do café saiu com facilidade
◆**clean out** *vt* **1.**(*person*) deixar a zero **2.** (*room, etc.*) fazer uma boa faxina
◆**clean up I.** *vt* limpar; (*tidy up*) pôr em ordem; **to** ~ **the city** limpar a cidade **II.** *vi* limpar
cleaner ['kliːnər, *Brit:* -ər] *n* **1.** (*person*) faxineiro, -a *m, f* **2.** (*establishment*) **the cleaner's** a lavanderia, a tinturaria; **I took my blouse to the** ~**s** levei a minha blusa para a lavanderia
cleaning *n no pl* limpeza *f*, faxina *f*; **to do the** ~ fazer a limpeza
cleanliness ['klɛnlɪnəs] *n no pl* asseio *m*
cleanly *adv* com lisura, igualmente
clear [klɪr, *Brit:* klɪər] **I.** *adj* **1.** claro, -a; **to make oneself** ~ fazer-se entender; **as** ~ **as day** claro como o dia; **to be** ~ **of sth** estar livre de a. c.; **I'm not too** ~ **about this** não entendi isso muito bem **2.**(*certain*) evidente **3.** **a** ~ **conscience** consciência limpa **II.** *vt* **1.**(*remove obstacles*) desimpedir; **to** ~ **the table** tirar a mesa **2.**(*remove blockage*) desobstruir; **to** ~ **the way** abrir caminho **3.**(*remove doubts*) esclarecer; **to** ~ **one's head** aclarar as ideias **III.** *vi* (*water*) clarear; (*weather*) melhorar **IV.** *adv* claramente; **stand** ~ **of the doorway** deixar a passagem livre
◆**clear up I.** *vt* clarear; (*tidy*) arrumar **II.** *vi* abrir (o tempo)
clearance ['klɪrəns, *Brit:* 'klɪər-] *n no pl* **1.**(*act of clearing*) desocupação *f* **2.**(*permission*) autorização *f*
clearance sale *n* liquidação *f*
clear-cut *adj* bem definido, -a, claro, -a
clearing *n* clareira *f*
clearly *adv* evidentemente, claramente
cleavage ['kliːvɪdʒ] *n no pl* (*in a dress*) decote *m*
cleft [kleft] **I.** *adj* fendido, -a **II.** *n* fenda *f*

clench [klentʃ] *vt* (*fists, teeth*) cerrar
clergy ['klɜːdʒi, *Brit:* 'klɜːdʒi] *n + sing/pl vb* **the** ~ clero *m*
clergyman <-men> *n* clérigo *m*; (*protestant*) pastor *m* anglicano
clerical ['klɛrɪkl] *adj* **1.** (*of the clergy*) eclesiástico, -a **2.** (*of offices*) de escritório; ~ **staff** pessoal *m* administrativo; ~ **worker** funcionário, -a *m, f* de escritório
clerk [klɜːrk, *Brit:* klɑːk] *n* (*office worker*) funcionário, -a *m, f* de escritório, escriturário, -a *m, f*; (*at hotel,*) recepcionista *mf*; (*in shop*) vendedor(a) *m(f)*
clever ['klɛvər, *Brit:* -ər] *adj* inteligente, hábil
click [klɪk] **I.** *vi* **1.**(*make sound*) fazer clique, estalar **2.** INFOR clicar; **to** ~ **on a symbol** clicar num símbolo **3.**(*become friendly*) dar-se bem **4.**(*become clear*) ter um estalo **II.** *vt* **1.**(*make sound*) estalar, bater (os calcanhares) **2.** INFOR clicar
client ['klaɪənt] *n* cliente *mf*
clientele [ˌklaɪən'tɛl, *Brit:* ˌkliːɒn'-] *n* clientela *f*
cliff [klɪf] *n* despenhadeiro *m*; (*on coast*) penhasco *m*
climate ['klaɪmɪt] *n* **1.** (*weather*) clima *m*; **hot** ~ clima *m* quente **2.** (*general conditions*) tempo *m*; **the** ~ **of opinion** o clima geral
climax ['klaɪmæks] <-es> *n* clímax *m*
climb [klaɪm] **I.** *n* subida *f*, escalada *f* **II.** *vt* **1.** (*stairs*) subir; (*mountain*) escalar; **to** ~ **a tree** trepar numa árvore; ~ **in the window** entrar pela janela **2.**(*preços, temperatura*) subir **III.** *vi* (*avião*) escalar; **the road** ~**ed steeply** a rua tinha uma subida íngreme
◆**climb down I.** *vi* descer **II.** *vt* voltar atrás
◆**climb out I.** *vi* descer **II.** *vt* sair, baixar; **to** ~ **the window** sair pela janela
◆**climb up I.** *vi* subir **II.** *vt* trepar
climber ['klaɪmər, *Brit:* -ər] *n* (*of mountains*) alpinista *mf*; (*of rock faces*) escalador(a) *m(f)*
climbing *n no pl* **1.** (*mountains*) alpinismo *m*; **to go** ~ fazer alpinismo **2.**(*rock faces*) escalada *f*; **to go** ~ fazer uma escalada
clinch [klɪntʃ] *vt* (*settle decisively*) resolver; (*a deal*) fechar
cling [klɪŋ] <clung, clung> *vi* agarrar-

-se; **to ~ to sb/sth** aferrar-se a alguém/a. c.

clingfilm n Brit filme m de PVC

clingy adj 1. pej (person) pegajoso, -a 2. (clothes) colante

clinic ['klɪnɪk] n clínica f

clinical ['klɪnɪkl] adj 1. clínico, -a 2. (emotionless) frio, -a

clink [klɪŋk] I. vi tilintar II. n tinido m

clip¹ [klɪp] I. n (fastener) presilha f; (for paper) clipe m; (for hair) grampo m II.<-pp-> vt grampear

clip² [klɪp] <-pp-> I. vt 1. (cut) recortar; (hair, nails) aparar, cortar 2. (attach) prender C. n recorte m; **video ~** videoclipe m

clipper ['klɪpər, Brit: -əʳ] n NAUT clíper m

clipping n recorte m de jornal, clipagem f

clique [kli:k] n panelinha f

cloak [kloʊk, Brit: kləʊk] n a. fig capa f

cloakroom n 1. guarda-volumes m, chapelaria f; (for outdoor clothing) vestiário 2. (for toilet) toalete f

clock [klɑ:k, Brit: klɒk] n relógio m; **alarm ~** despertador m; **around the ~** as 24 horas; **to run against the ~** correr contra o relógio

clockwise adj, adv no sentido horário

clockwork n no pl maquinismo m; **like ~** mecanicamente

cloister ['klɔɪstər, Brit: -əʳ] n pl claustro m

clone [kloʊn, Brit: kləʊn] I. n 1. BIO clone m 2. INFOR clone m II. vt clonar

cloning n no pl clonagem f

close¹ [kloʊs, Brit: kləʊs] I. adj 1. (near in location) perto, -a; **their house is ~ to ours** a casa deles é vizinha da nossa; **~ combat** combate m corpo a corpo 2. (intimate) íntimo, -a; **to be ~ to sb** ser íntimo de alguém; **~ relatives** parentes mpl próximos 3. (attention, examination) minucioso, -a 4. (stuffy) abafado, -a 5. (almost even) parelho, -a; (contest, competition) apertado, -a 6. (almost) por pouco; **a ~ call** por um fio; **~ to tears/death** à beira do choro/da morte II. adv **they live ~ to the airport** eles moram próximo ao aeroporto; **~ by** perto; **~ at hand** bem perto

close² [kloʊz, Brit: kləʊz] I. n no pl (end) término m; (finish) fim m; **to bring sth to a ~** terminar a. c. II. vt 1. (shut) fechar 2. (end) terminar; **to ~ a deal** fechar um negócio III. vi 1. (shut) fechar 2. (end: meeting) encerrar

◆ **close down** I. vi fechar (em definitivo) II. vt fechar (em definitivo), encerrar

◆ **close in** vi 1. (surround) fechar o cerco 2. (get shorter) ficar mais curto

◆ **close up** vi (wound) cicatrizar

closed adj fechado, -a; **behind ~ doors** a portas fechadas

closely ['kloʊsli, Brit: 'kləʊ-] adv 1. (near) de perto 2. (carefully) atentamente

closeness ['kloʊsnɪs, Brit: 'kləʊs-] n 1. no pl (nearness) proximidade f 2. no pl (intimacy) intimidade f

closet ['klɑ:zɪt, Brit: 'klɒz-] n esp Am armário m embutido; **to come out of the ~** fig sair do armário

close-up ['kloʊsʌp, Brit: 'kləʊs-] n CINE close m

closing I. adj final; (speech) de encerramento II. n no pl (ending) conclusão f; (act) encerramento m

closing date n data f de encerramento

closing price n preço m final **closing time** n Brit horário m de fechamento

closure ['kloʊʒər, Brit: 'kləʊʒəʳ] n (closing) fechamento m; Brit (in Parliament) encerramento m dos debates

clot [klɑ:t, Brit: klɒt] I. n MED coágulo m II.<-tt-> vi (blood) coagular

cloth [klɑ:θ, Brit: klɒθ] n (material) tecido m; (for cleaning) pano m

clothe [kloʊð, Brit: kləʊð] vt vestir; fig prover

clothes [kloʊðz, Brit: kləʊ-] npl roupa f

> **Grammar** Para **clothes** (= roupa) não existe singular: "Susan's clothes are always smart."

clothing ['kloʊðɪŋ, Brit: 'kləʊ-] n no pl vestuário m; **article of ~** peça f de vestuário

> **Grammar** **clothing** (= vestuário) nunca é usado no plural: "In winter we wear warm clothing."

cloud [klaʊd] I. n nuvem f; **every ~ has a silver lining** prov há males que vêm para bem prov; **to be on ~ nine** fig estar nas nuvens II. vt a. fig nublar

◆ **cloud over** vi (sky) ficar nublado; (face) anuviar-se

cloud forest ['klaʊd,fɔːrɪst, *Brit:* -,fɒrɪst] *n* floresta *f* tropical de montanha

cloudy <-ier, -iest> *adj* **1.** (*sky*) nublado, -a **2.** (*liquid*) turvo, -a

clove [kloʊv, *Brit:* kləʊv] *n* cravo-da-‑índia *m*; ~ **of garlic** dente *m* de alho

clover ['kloʊvər, *Brit:* 'kləʊvə^r] *n* no pl trevo *m*

clown [klaʊn] *n* palhaço, -a *m*, *f*

club [klʌb] **I.** *n* **1.** (*disco*) boate *f* **2.** (*group*) associação *f* **3.** (*team*) clube *m* **4.** SPORTS taco *m* de golfe **5.** (*weapon*) porrete *m* **6.** (*playing card*) paus *mpl*; (*in Spanish cards*) ás *m* de paus **II.** <-bb-> *vt* dar cacetadas em

clubs *npl* (*in cards*) paus *mpl*

club soda *n* água *f* com gás

clue [kluː] *n* **1.** (*hint*) pista *f*; **to have a ~ to sth** ter uma pista sobre a. c. **2.** (*idea*) ideia *f*; **I haven't got a ~** *inf* não faço a menor ideia; **he hasn't got a ~** (*he's useless*) ele é uma nulidade

clumsy ['klʌmzi] <-ier, -iest> *adj* desajeitado, -a

clung [klʌŋ] *pt*, *pp of* **cling**

cluster ['klʌstər, *Brit:* -ə^r] **I.** *n* agrupamento *m* **II.** *vi* agrupar

clutch [klʌtʃ] **I.** *vi* **to ~ at sth** tentar agarrar-se em a. c. **II.** *vt* agrarrar **III.** *n* **1.** AUTO embreagem *f* **2.** *pl*, *pej* (*control*) **to be in the ~s of sb/sth** estar nas garras de alguém/a. c.

clutter ['klʌtər, *Brit:* -tə^r] *n* no pl desordem *f*

cm *inv abbr of* **centimeter** cm *m*

Co [koʊ, *Brit:* kəʊ] *abbr of* **company** cia. *f*

c/o *abbr of* **care of** a/c

coach [koʊtʃ, *Brit:* kəʊtʃ] **I.** <-es> *n* **1.** SPORTS técnico, -a *m*, *f*, treinador(a) *m(f)* **2.** *Brit* (*bus*) ônibus *m* **3.** (*railway passenger car*) vagão *m* (da segunda classe) **II.** *vt* **1.** SPORTS treinar **2.** (*give private lessons*) **to ~ sb** (**in sth**) dar aulas particulares a alguém (em a. c.)

coaching *n* no pl SPORTS **1.** treinamento *m* **2.** (*for business*) preparação *f*

coagulate [koʊˈægjəleɪt, *Brit:* kəʊˈægjʊ-] **I.** *vi* coagular-se **II.** *vt* coagular

coal [koʊl, *Brit:* kəʊl] *n* **1.** no pl carvão *m* **2.** **hot ~s** brasas

coalition [ˌkoʊəˈlɪʃn, *Brit:* ˌkəʊ-] *n* coalizão *f*

coal mine *n* mina *f* de carvão

coarse [kɔːrs, *Brit:* kɔːs] <-r, -st> *adj* **1.** (*rough: fabric, skin*) áspero, -a; (*meal, sand*) grosso, -a **2.** (*vulgar: language, person*) grosseiro, -a, vulgar

coast [koʊst, *Brit:* kəʊst] *n* costa *f*; **the ~ is clear** *fig*, *inf* está tudo barra limpa

coastal ['koʊstl, *Brit:* 'kəʊ-] *adj* litorâneo, -a; **~ traffic** cabotagem *f*

coast guard *n* guarda *f* costeira

coastline *n* litoral *m*

coat [koʊt, *Brit:* kəʊt] *n* **1.** (*jacket*) jaqueta *f*; (*overcoat*) casaco *m* **2.** (*of paint*) demão *f* **3.** (*of animal*) pelo *m*

coat-hanger *n* cabide *m*

coax [koʊks, *Brit:* kəʊks] *vt* **to ~ sb into doing sth** persuadir alguém a fazer a. c.
♦ **coax out** *vt* **to ~ sth out of sb** passar a lábia em alguém; **to ~ sb out of doing sth** dissuadir alguém de fazer a. c.

cobblestone ['kɑːblstoʊn, *Brit:* 'kɒblstəʊn] *n* paralelepípedo *m*

cobra ['koʊbrə, *Brit:* 'kəʊ-] *n* serpente *f*

co-brand ['koʊˌbrænd, *Brit:* 'kəʊ-] *vi* ECON **to ~ with sb** criar uma parceria de marcas com alguém

cobweb ['kɑːbweb, *Brit:* 'kɒb-] *n* teia *f* de aranha

cocaine [koʊˈkeɪn, *Brit:* kəʊ'-] *n* no pl cocaína *f*

cock [kɑːk, *Brit:* kɒk] *n* **1.** (*rooster*) galo *m* **2.** *vulg* (*penis*) pênis *m*

cockney ['kɑːkni, *Brit:* 'kɒk-] *n* dialeto da região leste de Londres, falado em geral por pessoas da classe trabalhadora

cockpit ['kɑːkpɪt, *Brit:* 'kɒk-] *n* cockpit *m*

cockroach ['kɑːkroʊtʃ, *Brit:* 'kɒkrəʊtʃ] <-es> *n* barata *f*

cocktail ['kɑːkteɪl, *Brit:* 'kɒk-] *n* coquetel *m*

cocky ['kɑːki, *Brit:* 'kɒki] <-ier, -iest> *adj inf* convencido, -a

cocoa ['koʊkoʊ, *Brit:* 'kəʊkəʊ] *n* no pl **1.** cacau *m* **2.** (*drink*) chocolate *m*

coconut ['koʊkənʌt, *Brit:* 'kəʊ-] *n* coco *m*

cocoon [kəˈkuːn] *n* casulo *m*

cod [kɑːd, *Brit:* kɒd] *n inv* bacalhau *m*

COD [ˌsiːoʊˈdiː, *Brit:* -əʊ'-] *abbr of* **cash on delivery** pagamento *m* no ato da entrega

code [koʊd, *Brit:* kəʊd] *n* **1.** (*ciphered language*) código *m* **2.** LAW código *m*

coded adj codificado, -a
code name n codinome m **code of conduct** n código m de conduta
codify ['kɑːdɪfaɪ, Brit: 'kəʊ-] <-ie-> vt codificar
co-ed ['koʊed, Brit: 'kəʊed] adj Am, inf (school, college) misto, -a
co-education [ˌkoʊedʒʊ'keɪʃn, Brit: ˌkəʊ-] n no pl educação f mista
coefficient [ˌkoʊɪ'fɪʃnt, Brit: ˌkəʊ-] n coeficiente m
coercion [koʊ'ɜːʒn, Brit: kəʊ'ɜːʃn] n no pl coerção f
coffee ['kɑːfi, Brit: 'kɒfi] n café m
coffee break n intervalo m **coffee cake** n pão m doce com nozes e frutas **coffee shop** n café m **coffee table** n mesa f de centro
coffin ['kɔːfɪn, Brit: 'kɒf-] n caixão m
cog [kɑːg, Brit: kɒg] n TECH dente m de roda; (wheel) roda f dentada; **to be a ~ in a machine** ser apenas uma peça na engrenagem (de uma empresa)
cognac ['koʊnjæk, Brit: 'kɒn-] n conhaque m
cognitive ['kɑːgnətɪv, Brit: 'kɒgnɪtɪv] adj cognitivo, -a
coherence [koʊ'hɪrəns, Brit: kəʊ'hɪər-] n no pl coerência f
coherent [koʊ'hɪrənt, Brit: kəʊ'hɪər-] adj coerente
coherently adv de modo coerente
cohesion [koʊ'hiːʒn, Brit: kəʊ-] n no pl coesão f
cohesive [koʊ'hiːsɪv, Brit: kəʊ-] adj coeso, -a
coil [kɔɪl] I. n 1. rolo m 2. ELEC bobina f II. vi enrolar-se III. vt enrolar
coiled adj enrolado, -a
coin [kɔɪn] I. n moeda f; **to toss a ~** tirar cara ou coroa II. vt cunhar; **to ~ a phrase ...** como se costuma dizer ...
coincide [ˌkoʊɪn'saɪd, Brit: ˌkəʊ-] vi coincidir; **to ~ with sth** coincidir com a. c.
coincidence [koʊ'ɪnsɪdəns, Brit: kəʊ-] n coincidência f; **what a ~!** que coincidência!
coincidental [koʊˌɪnsɪ'dentəl, Brit: kəʊˌɪnsɪ'dentəl] adj coincidente
coincidentally adv coincidentemente
coke [koʊk, Brit: kəʊk] n no pl 1. (fuel) coque m 2. (drink) coca-cola f 3. inf (drug) cocaína f
cold [koʊld, Brit: kəʊld] I. adj frio, -a; **to be ~** (person) estar com frio; (weather) fazer frio; (place) estar frio; **to go ~** (soup, coffee) esfriar; **to get ~ feet** fig, inf ficar com medo; **to give sb the ~ shoulder** dar um gelo em alguém II. n 1. METEO frio m 2. MED resfriado m; **to catch a ~** pegar um resfriado; **to have a ~** ter um resfriado
cold-blooded adj 1. BIO de sangue-frio 2. (insensitive) insensível; **~ murder** assassinato m a sangue-frio
coldness n no pl frieza f
cold sore n herpes m inv do lábio
cold storage n armazenamento m a frio
cold war n guerra f fria
coleslaw ['koʊlslɑː, Brit: 'kəʊlslɔː] n no pl salada f de repolho cru
coliseum n coliseu m
collaborate [kə'læbəreɪt] vi colaborar
collaborator [kə'læbəreɪtər, Brit: -tə] n 1. colaborador(a) m(f) 2. pej colaboracionista mf
collage [kə'lɑːʒ, Brit: 'kɒl-] n colagem f
collapse [kə'læps] I. vi (bridge, building) desmoronar, desabar; (person) ter um colapso; (the economy) falir II. n colapso m, desmantelamento m
collar ['kɑːlər, Brit: 'kɒlə] n 1. (on shirt) colarinho m; (on blouse, coat, dress) gola f 2. (for dog, cat) coleira f
collateral [kə'lætərəl, Brit: -'læt-] I. n FIN garantia f II. adj colateral
colleague ['kɑːliːg, Brit: 'kɒl-] n colega mf
collect [kə'lekt] I. vi 1. (gather) reunir-se 2. (money: contributions) arrecadar; (money: payments due) cobrar II. vt 1. (gather) reunir, coletar; (money) arrecadar; (stamps, coins, etc.) colecionar 2. (pick up) recolher III. adv **to call (sb) ~** fazer uma ligação a cobrar (para alguém)
collection [kə'lekʃn] n 1. (act of getting) a. REL coleta f 2. (money) arrecadação f 3. (objects) coleção f
collective [kə'lektɪv] adj coletivo, -a
collectively adv coletivamente
collector [kə'lektər, Brit: -ə] n 1. (of stamps, etc) colecionador(a) m(f) 2. (of payments) cobrador m
college ['kɑːlɪdʒ, Brit: 'kɒlɪdʒ] n 1. (university) faculdade f 2. Brit (school) escola f particular

> **Culture** O termo **college** indica o tempo necessário na universidade

para obter o **bachelor's degree**, que é de aproximadamente 4-5 anos. As universidades em que os estudantes apenas podem obter o **bachelor's degree** são chamadas de **colleges**, o mesmo nome que recebem algumas escolas profissionalizantes. As universidades, no sentido estrito, são as que proporcionam também **higher degrees** (títulos superiores), por exemplo, **master's degrees** e **doctorates**. Nos **junior colleges** pode-se cursar os dois primeiros anos da universidade ou formar-se numa profissão técnica.

collide [kəˈlaɪd] vi colidir; **to ~ with sb/sth** colidir com alguém/a. c.
collision [kəˈlɪʒn] n colisão f
cologne [kəˈloʊn, Brit: -ləʊn] n no pl, Am água-de-colônia f
Colombia [kəˈlʌmbɪə] n Colômbia f
Colombian adj colombiano, -a
colon [ˈkoʊlən, Brit: ˈkəʊ-] n 1. ANAT cólon m 2. LING dois-pontos mpl
colonel [ˈkɜːrnl, Brit: ˈkɜːnl] n coronel m
colonial [kəˈloʊnɪəl, Brit: -ˈləʊ-] I. adj colonial II. n colono, -a m, f
colonization [ˌkɑːlənɪˈzeɪʃn, Brit: ˌkɒlənaɪ-] n no pl colonização f
colonize [ˈkɑːlənaɪz, Brit: ˈkɒl-] vt colonizar
colony [ˈkɑːləni, Brit: ˈkɒl-] <-ies> n a. ZOOL colônia f
color [ˈkʌlər, Brit: -əʳ] n Am cor f; **primary** ~ cor primária; **what ~ are your eyes?** de que cor são
color-blind adj daltônico, -a
colored adj Am 1. colorido, -a; (pencil) de cor 2. pej (person) negro, -a
colored contact lenses npl lentes fpl de contato coloridas
color film n filme m colorido
colorful adj Am colorido, -a, animado, -a
coloring n no pl 1. colorido m 2. (complexion) tez f 3. (chemical) coloração f
colorless adj Am 1. (having no color) incolor 2. (bland) sem graça; **a grey, ~ city** uma cidade cinza, monótona
color scheme n esquema f cromático
colossal [kəˈlɑːsl, Brit: -ˈlɒsl] adj colossal, enorme

colour n Brit s. **color**
coloured adj Brit s. **colored**
colourful adj Brit s. **colorful**
colouring n no pl, Brit s. **coloring**
colourless adj Brit s. **colorless**
colt [koʊlt, Brit: kəʊlt] n potro m
Columbia [kəˈlʌmbɪə] n **the District of ~** Distrito de Colúmbia
Columbus Day [kəˈlʌmbəs-] n no pl, Am Dia f do Descobrimento da América

Culture Columbus Day é o dia em que se comemora a descoberta do Novo Mundo por Colombo em 12 de outubro de 1492. Desde 1971, este dia é comemorado sempre na segunda segunda-feira do mês de outubro.

column [ˈkɑːləm, Brit: ˈkɒl-] n a. ARCHIT, ANAT, TYP coluna f; **spinal ~** coluna vertebral
columnist [ˈkɑːləmnɪst, Brit: ˈkɒl-] n colunista m
coma [ˈkoʊmə, Brit: ˈkəʊ-] n coma m; **to go into a ~** entrar em coma
comb [koʊm, Brit: kəʊm] I. n 1. (for hair) pente m; (decorative) travessa f 2. ZOOL crista f (de galo) II. vt pentear
combat [ˈkɑːmbæt, Brit: ˈkɒm-] I. n no pl combate m; **hand-to-hand ~** combate corpo a corpo II. vt combater
combination [ˌkɑːmbəˈneɪʃn, Brit: ˌkɒmbɪ-] n combinação f
combine [kəmˈbaɪn] vt combinar; (ingredients) juntar; **to ~ sth with sth** combinar a. c. com a. c.
combined adj combinado, -a
combustion [kəmˈbʌstʃən] n no pl combustão f
come [kʌm] <came, come, coming> vi 1. (move towards) vir; **to ~ towards sb** vir em direção a alguém 2. (go) ir; **are you coming to the pub with us?** você vem ao pub conosco? 3. (arrive) chegar; **January ~s before February** janeiro vem antes de fevereiro; **the year to ~** o ano que vem; **to ~ to an agreement** chegar a um acordo; **to ~ to a decision** chegar a uma decisão; **to ~ home** vir para casa; **to ~ to sb's rescue** socorrer alguém; **to ~ first/second/third** chegar em primeiro/segundo/terceiro lugar 4. (become) tornar-se; **my dream**

has ~ true o meu sonho se concretizou [ou realizou]; **to ~ open** abrir **5.** *inf* (*have an orgasm*) gozar
◆**come about** *vi* acontecer, surgir
◆**come across I.** *vt insep* deparar-se com, topar com; **to ~ a problem** deparar-se com um problema **II.** *vi* **1.** (*be evident*) surgir **2.** (*create an impression*) dar a impressão
◆**come from** *vt* vir de; (*a family*) descender de; **where do you ~?** de onde você é?; **to ~ a good family** ser de boa família
◆**come in** *vi* entrar
◆**come on I.** *vi* **1.** (*improve*) progredir **2.** (*begin: film, program*) começar; **what time does the news ~?** a que horas começa o noticiário? **II.** *vt insep* deparar **III.** *interj* (*hurry*) vamos; (*encouragement*) força; (*in disbelief*) ora, faça-me o favor

comeback ['kʌmbæk] *n* volta *f*; SPORTS retorno *m*; **to make a ~** voltar à cena; (*fashion*) voltar à moda

comedian [kə'mi:dɪən] *n* comediante *mf*

comedienne *n* comediante *f*

comedy ['ka:mədi, *Brit*: 'kɒm-] <-ies> *n* **1.** THEAT comédia *f* **2.** (*sth humorous*) cena *f* cômica

comet ['ka:mɪt, *Brit*: 'kɒm-] *n* cometa *m*

comfort ['kʌmfərt, *Brit*: -fət] *n* conforto; (*relief*) consolo *m*; **in the ~ of one's home** no conforto do lar

comfortable ['kʌmfərtəbl, *Brit*: 'kʌmft-] *adj* **1.** (*physically*) confortável, -a, acolhedor(a); **to make oneself ~** ficar à vontade **2.** (*financially*) em boa situação financeira; **~ life** vida *f* livre de problemas

comfortably *adv* **1.** (*physically*) confortavelmente **2.** (*financially*) **to live ~** ter uma boa situação financeira

comforter *n Am* (*quilt*) edredom *m*; *Brit* (*baby's dummy*) chupeta *f*

comforting *adj* (*thought, words*) reconfortante

comfy ['kʌmfi] <-ier, -iest> *adj inf* (*furniture, clothes*) confortável

comic ['ka:mɪk, *Brit*: 'kɒm-] **I.** *n* **1.** (*magazine*) história *f* em quadrinhos **2.** (*person*) comediante *mf* **II.** *adj* cômico, -a; **~ play** comédia *f*

comical ['ka:mɪkl, *Brit*: 'kɒm-] *adj* cômico, -a

coming *adj* próximo, -a; **the ~ year** o ano que vem

comma ['ka:mə, *Brit*: 'kɒmə] *n* vírgula *f*

command [kə'mænd, *Brit*: -'ma:nd] **I.** *vt* **1.** (*order*) **to ~ sb to do sth** ordenar que alguém faça a. c.; **to ~ attention/silence** pedir atenção/silêncio **2.** (*have command over*) comandar **II.** *n* **1.** (*order*) ordem *f*; **a ~ to do sth** uma ordem para fazer a. c.; **to obey a ~** obedecer a uma ordem **2.** (*control*) domínio *m*; **to be in ~ of sth** estar no comando de a. c.

commander [kə'mændər, *Brit*: -'ma:ndər] *n* comandante *mf*

commanding *adj* dominante; **a ~ view of sth** uma vista privilegiada de a. c.

Commandment [kə'mændmənt, *Brit*: -'ma:nd-] *n* **the Ten ~s** REL os Dez Mandamentos

commando [kə'mændoʊ, *Brit*: -'ma:ndəʊ] <-s *o* -es> *n* MIL comando *m*

commemorate [kə'memərerɪt] *vt* comemorar

commemoration [kə,memə'reɪʃn] *n no pl* comemoração *f*; **in ~ of ...** em comemoração a ...

commence [kə'mens] *vi form* dar início; **to ~ speaking** iniciar um discurso

commend [kə'mend] *vt* **1.** (*praise*) elogiar; **to ~ sth/sb** (**on sth**) elogiar a. c./ alguém (por a. c.) **2.** (*entrust*) confiar; **to ~ sth to sb** confiar a. c. a alguém

comment ['ka:ment, *Brit*: 'kɒm-] **I.** *n* comentário *m*; **a ~ about sth** um comentário sobre a. c.; **no ~** sem comentários **II.** *vi* comentar; **to ~ on sth** comentar a. c.; **to ~ that ...** comentar que ...

commentary ['ka:mənteri, *Brit*: 'kɒməntri] <-ies> *n* comentário *m*

commentator ['ka:mənteɪtər, *Brit*: 'kɒmənteɪtə'] *n* TV, RADIO, POL comentarista *mf*

commerce ['ka:mɜ:rs, *Brit*: 'kɒmɜ:s] *n no pl* comércio *m*

commercial [kə'mɜ:rʃl, *Brit*: -'mɜ:ʃl] **I.** *adj* comercial **II.** *n* (*on radio, tv*) propaganda *f*; **a ~ for sth** uma propaganda de a. c.

commission [kə'mɪʃn] **I.** *vt* encomendar, encarregar **II.** *n* **1.** (*order*) encargo *m* **2.** (*system of payment, investigative body*) comissão *f*

commissioner [kə'mɪʃənər, *Brit*: -ər] *n* comissário, -a *m, f*, delegado, -a *m, f*

(de uma comissão)

commit [kə'mɪt] <-tt-> vt **1.** (*carry out*) cometer; **to ~ suicide** cometer suicídio **2.** (*institutionalize*) **to ~ sb to prison** pôr alguém na prisão; **to ~ sb to a hospital** internar alguém num hospital **3.** (*promise*) **to ~ oneself to sth** comprometer-se com a. c.

commitment [kə'mɪtmənt] *n* compromisso *m*

committee [kə'mɪti, *Brit:* -ti] *n* comitê *m*

commodity [kə'mɑ:dəti, *Brit:* -'mɒdəti] <-ies> *n* mercadoria *f*

common ['kɑ:mən, *Brit:* 'kɒm-] *adj* **1.** comum, habitual; **a ~ disease** uma doença comum; **to be ~ knowledge** ser de domínio público **2.** (*shared*) comum; **~ property** propriedade *f* conjunta; **by ~ assent** de comum acordo; **for the ~ good** para benefício geral; **what do they have in ~?** o que eles têm em comum? **3.** (*vulgar*) vulgar

common law *n no pl* lei *f* consuetudinária

commonly *adv* (*often*) frequentemente; (*usually*) geralmente

commonplace ['kɑ:mənpleɪs, *Brit:* 'kɒm-] *adj* comum; **it is ~ to see that ...** é comum ver que ...; **common sense** *n no pl* bom senso *m*; **a common-sense approach** um enfoque criterioso

Commonwealth ['kɑ:mənwelθ, *Brit:* 'kɒm-] *n* **the ~** Comunidade *f* das Nações

---

Culture A **Commonwealth of Nations** (antes, **British Commonwealth**) é uma organização livre de Estados independentes, que começou a se desenvolver no **British Empire**. Foi fundada oficialmente em 1931 com base nos **Statute of Westminster**. Naquela época, Canadá, Austrália, África do Sul e Nova Zelândia já tinham conseguido sua independência e, com o Reino Unido, foram os primeiros membros. A maioria dos países do Império Britânico, ao conseguir sua independência, foram engrossando a lista dos países pertencentes a esta organização. Hoje ela trabalha para a colaboração econômica e cultural. Os chefes de Estado dos países integrantes da **Commonwealth** se reúnem duas vezes ao ano.

---

commotion [kə'moʊʃn, *Brit:* -'məʊ-] *n* alvoroço *m*

communal [kə'mju:nl, *Brit:* 'kɒmjʊnl] *adj* comum

commune ['kɑ:mju:n, *Brit:* 'kɒm-] *n* comuna *f*

communicate [kə'mju:nɪkeɪt] *vi, vt* comunicar

communication [kə,mju:nɪ'keɪʃn] *n* comunicação *f*

communicative [kə'mju:nəkeɪtɪv, *Brit:* -nɪkətɪv] *adj* comunicativo, -a

communion [kə'mju:njən, *Brit:* -nɪən] *n no pl* comunhão *f*; **to take ~** comungar

communism ['kɑ:mjənɪzəm, *Brit:* 'kɒmjʊ-] *n no pl* comunismo *m*

communist ['kɑ:mjənɪst, *Brit:* 'kɒmjʊ-] *n* comunista *mf*

community [kə'mju:nəti, *Brit:* -ti] <-ies> *n* **1.** (*of people*) comunidade *f*; **the local ~** a comunidade local **2.** (*of animals, plants*) colônia *f* **3.** (*of expatriates*) **the Italian ~** a comunidade italiana

commute [kə'mju:t] **I.** *vi* viajar diariamente para o trabalho **II.** *n* **it's a two-hour ~** é uma viagem de duas horas para ir ao trabalho

commuter [kə'mju:tər, *Brit:* -tə-] *n* pessoa que viaja diariamente para ir ao trabalho

Comoran ['kɑ:mərən, *Brit:* 'kɒm-] *adj* comorense

Comoros ['kɑ:məroʊz, *Brit:* 'kɒm-ərəʊz] *npl* **the ~** Ilhas *f* Comores

compact I. ['kɑ:mpækt, *Brit:* 'kɒm-] *adj* compacto, -a **II.** [kəm'pækt] *vt* compactar

compact disc *n* compact *m* disc

compact disc player *n* aparelho *m* de compact disc

companion [kəm'pænjən] *n* companheiro, -a *m, f*; **traveling ~** companheiro, -a de viagem

companionship *n no pl* companheirismo *m*

company ['kʌmpəni] <-ies> *n* **1.** (*firm, enterprise*) empresa *f*, companhia *f*; **Duggan and ~** Duggan e companhia **2.** *no pl* (*companionship*) companhia *f*; **you are in good ~** você está em boa companhia; **to keep sb ~** fazer companhia a alguém **3.** *no pl* (*guests*) visitas *fpl*

comparable ['kɑ:mpərəbl, *Brit:* 'kɒm-] *adj* comparável; **~ to** [*o* **with**] comparável a

comparative [kəm'perətɪv, *Brit:* -'pærətɪv] *adj* comparativo, -a

comparatively *adv* (*by comparison*) comparativamente; (*relatively*) relativamente

compare [kəm'per, *Brit:* -'peər] **I.** *vt* comparar; **to ~ sth/sb to** [*o* **with**] **sth/sb** comparar a. c./alguém a a. c./alguém **II.** *vi* comparar-se; **to ~ favorably with sth** ser melhor do que a. c.

comparison [kəm'perɪsn, *Brit:* -'pær-] *n* comparação *f*; **by ~ with sb/sth** por comparação com alguém/a. c.; **in ~ to sth** em comparação a a. c.

compartment [kəm'pɑ:rtmənt, *Brit:* -'pɑ:t-] *n* compartimento *m*, divisão *f*; (*of train*) cabine *f*

compass ['kʌmpəs] <-es> *n* **1.** *a.* NAUT bússola *f* **2.** MAT compasso *m*

compassion [kəm'pæʃn] *n no pl* compaixão *f*

compassionate [kəm'pæʃənət] *adj* compassivo, -a

compatibility [kəm,pætə'bɪləti, *Brit:* -tə'bɪləti] *n no pl a.* MED, INFOR compatibilidade *f*

compatible [kəm'pætəbl, *Brit:* -'pæt-] *adj a.* MED, INFOR compatível

compel [kəm'pel] <-ll-> *vt form* obrigar

compelling *adj* (*reason, argument*) convincente; (*film*) envolvente; (*need*) imperioso, -a

compensate ['kɑ:mpənseɪt, *Brit:* 'kɒm-] *vt* (*make up for*) compensar; (*for loss, damage*) indenizar; **to ~ sb for sth** indenizar alguém por a. c.

compensation [,kɑ:mpen'seɪʃn, *Brit:* ,kɒm-] *n no pl* (*award*) compensação *f*; (*for loss, damage*) indenização *f*

compete [kəm'pi:t] *vi* competir; **to ~ for sth** competir por a. c.; **to ~ against sb** competir com alguém

competence ['kɑ:mpɪtəns, *Brit:* 'kɒm-] *n no pl a.* LAW competência *f*

competent ['kɑ:mpɪtənt, *Brit:* 'kɒm-] *adj* **1.** (*capable*) competente; **to be ~ at sth** ser competente em a. c. **2.** (*have authorization*) **to be ~ to do sth** ser apto para fazer a. c.

competition [,kɑ:mpə'tɪʃn, *Brit:* ,kɒm-] *n* **1.** (*state of competing*) competição *f*; **~ in sth** competição em a. c. **2.** (*contest*) concurso *m* **3.** COM **the ~** concorrência *f*

competitive [kəm'petətɪv, *Brit:* -'petətɪv] *adj* competitivo, -a; **~ sports** esportes *mpl* de competição

competitiveness *n no pl* competitividade *f*

competitor [kəm'petətər, *Brit:* -'petɪtə'] *n* **1.** *a.* ECON concorrente *mf* **2.** SPORTS competidor(a) *m(f)*

compilation [,kɑ:mpə'leɪʃn, *Brit:* ,kɒmpɪ'-] *n* **1.** (*act of compiling*) compilação *f* **2.** (*sth compiled*) coletânea *f*

compile [kəm'paɪl] *vt* **1.** *a.* INFOR compilar **2.** (*collect*) coletar

complacence [kəm'pleɪsns(i)] *n*, **complacency** *n no pl* complacência *f*

complacent [kəm'pleɪsnt] *adj* complacente; **to be ~ about sth** ser complacente com a. c.

complain [kəm'pleɪn] *vi* reclamar, queixar-se; **to ~ to sb about sth/sb** reclamar com alguém sobre a. c./alguém; **to ~ that ...** queixar-se que ...

complaint [kəm'pleɪnt] *n* reclamação *f*, queixa *f*; **to lodge a ~ (against sb)** apresentar queixa (contra alguém)

complement ['kɑ:mplɪmənt, *Brit:* 'kɒm-] *vt* complementar

complementary [,kɑ:mplə'mentəri, *Brit:* ,kɒmplɪ'mentri] *adj* complementar

complementary medicine *n no pl* medicina *f* suplementar

complete [kəm'pli:t] **I.** *vt* (*finish*) concluir; (*fill out: form*) preencher **II.** *adj* completo, -a

completely *adv* totalmente

completeness *n no pl* totalidade *f*

completion [kəm'pli:ʃn] *n no pl* conclusão *f*; **to be nearing ~** estar próximo do fim

complex ['kɑ:mpleks, *Brit:* 'kɒm-] **I.** *adj* complexo, -a **II.** <-es> *n* PSYCH, ARCHIT complexo *m*; **guilt/inferiority ~** complexo de inferioridade/culpa

complexion [kəm'plekʃn] *n* (*skin*) tez *f*; (*color*) cor *f* da pele

complexity [kəm'pleksəti, *Brit:* -ti] *n*

no pl complexidade *f*
compliance [kəm'plaɪəns] *n no pl* conformidade *f*; **to act in ~ with sth** agir de acordo com a. c.
complicate ['kɑ:mpləkeɪt, *Brit:* 'kɒmplɪ-] *vt* complicar
complicated *adj* complicado, -a
complication [ˌkɑ:mplə'keɪʃn, *Brit:* ˌkɒmplɪ'-] *n a.* MED complicação *f*
compliment ['kɑ:mpləmənt, *Brit:* 'kɒmplɪ-] **I.** *n* **1.** (*expression of approval*) elogio *m*; (*flirt*) gentileza *f*; **to pay sb a ~** fazer um elogio a alguém **2.** *pl* cumprimentos *mpl*; **with ~s** com os cumprimentos; **~s of the house** cortesia da casa **II.** *vt* **to ~ sb on sth** felicitar alguém por a. c.
complimentary [ˌkɑ:mpləmen'teri, *Brit:* ˌkɒmplɪ'mentri] *adj* **1.** (*praising*) lisonjeiro, -a; **to be ~ about sth** ser lisonjeiro sobre a. c. **2.** (*free*) de cortesia, grátis
comply [kəm'plaɪ] <-ie-> *vi* cumprir; **to ~ with the law/the rules** respeitar as leis/as regras
component [kəm'poʊnənt, *Brit:* -'pəʊ-] *n* componente *mf*; **key ~** componente *m* principal
compose [kəm'poʊz, *Brit:* -'pəʊz] *vi, vt* compor; **to ~ oneself** recompor-se
composer [kəm'poʊzər, *Brit:* -'pəʊzər] *n* compositor(a) *m(f)*
composition [ˌkɑ:mpə'zɪʃn, *Brit:* ˌkɒm-] *n* **1.** (*piece of music, etc*) composição *f*; SCH redação *f* **2.** *no pl* (*make-up*) constituição *f*
compost ['kɑ:mpoʊst, *Brit:* 'kɒmpɒst] *n no pl* adubo *m* composto
composure [kəm'poʊʒər, *Brit:* -'pəʊʒər] *n no pl* compostura *f*; **to lose/regain one's ~** perder/recuperar a compostura
compound ['kɑ:mpaʊnd, *Brit:* 'kɒm-] **I.** *vt* combinar, compor **II.** *n* **1.** CHEM composto *m* **2.** (*combination*) combinação *f*
comprehend [ˌkɑ:mprɪ'hend, *Brit:* ˌkɒm-] *vi, vt* abranger
comprehensible [ˌkɑ:mprɪ'hensəbl, *Brit:* ˌkɒm-] *adj* compreensível; **to be ~ to sb** ser compreensível para alguém
comprehension [ˌkɑ:mprɪ'henʃn, *Brit:* ˌkɒm-] *n no pl* compreensão *f*
comprehensive [ˌkɑ:mprə'hensɪv, *Brit:* ˌkɒmprɪ'-] **I.** *adj* (*exhaustive*) abrangente; **~ coverage** cobertura *f* abrangente **II.** *n Brit* SCH escola para crianças maiores de 11 anos sem haver separação dos alunos por nível de aptidão

Culture A **comprehensive school** é uma escola integrada para jovens de 11 a 18 anos. A **comprehensive school** é o resultado da unificação da **secondary modern school** e da **grammar school** (para alunos que passaram no **eleven-plus examination**), realizada nos anos 60 e 70.

compress [kəm'pres] *vt* comprimir, condensar
compressed *adj* comprimido, -a
compression [kəm'preʃn] *n a.* INFOR compressão *f*
compressor [kəm'presər, *Brit:* -ər] *n* compressor *m*
comprise [kəm'praɪz] *vt* constituir; **to be ~d of** ser constituído de
compromise ['kɑ:mprəmaɪz, *Brit:* 'kɒm-] **I.** *n* acordo *f*; **to make a ~** fazer uma concessão **II.** *vi* chegar a um acordo **III.** *vt* (*betray*) comprometer; **to ~ one's beliefs/principles** abandonar as próprias convicções/princípios
compromising *adj* comprometedor(a)
compulsion [kəm'pʌlʃn] *n no pl* compulsão *f*; **a ~ to do sth** uma compulsão para fazer a. c.
compulsive [kəm'pʌlsɪv] *adj* compulsivo, -a
compulsory [kəm'pʌlsəri] *adj* compulsório, -a, obrigatório, -a
computer [kəm'pju:tər, *Brit:* -ər] *n* computador *m*
computer game *n* jogo *m* de computador **computer graphics** *n* + *sing/pl vb* computação *f* gráfica **computer network** *n* rede *f* de computadores **computer programer** *n* programador(a) *m(f)* (de computador) **computer science** *n no pl* ciência *f* da computação
comrade ['kɑ:mræd, *Brit:* 'kɒmreɪd] *n* **1.** (*friend*) companheiro, -a *m*, *f* **2.** POL camarada *mf*
con [kɑ:n, *Brit:* kɒn] <-nn-> *vt inf* enganar, ludibriar; **to ~ sb** (**into doing sth**) ludibriar alguém (para que faça a. c.)
conceal [kən'si:l] *vt form* ocultar

concealment [kən'siːlmənt] *n no pl* ocultação *f*

concede [kən'siːd] *vt* **1.** (*acknowledge*) reconhecer; **to ~ that** reconhecer que **2.** (*surrender*) conceder

conceit [kən'siːt] *n no pl* (*vanity*) vaidade *f*; **to be full of ~** ter muita presunção

conceive [kən'siːv] **I.** *vt* **1.** (*child, idea*) conceber **2.** (*devise*) imaginar **II.** *vi* conceber; **to ~ of sth** [*o* **of doing sth**] imaginar a. c.; **she couldn't ~ of a life without him** ela não conseguia imaginar viver sem ele

concentrate ['kaːnsəntreɪt, *Brit:* 'kɒn-] **I.** *vi* concentrar-se; **to ~ on sth** concentrar-se em a. c. **II.** *vt* concentrar

concentrated *adj* concentrado, -a

concentration [ˌkaːnsn'treɪʃn, *Brit:* ˌkɒn-] *n no pl* concentração *f*; **~ on sth** concentração em a. c.

concept ['kaːnsept, *Brit:* 'kɒn-] *n* conceito *m*; **a ~ of sth** uma noção de a. c.; **to grasp a ~** captar uma ideia

conception [kən'sepʃn] *n* **1.** (*idea*) ideia *f* **2.** *no pl* BIO concepção *f*

conceptual [kən'septʃuəl] *adj* conceitual

concern [kən'sɜːrn, *Brit:* -'sɜːn] **I.** *vt* **1.** (*apply to*) referir a; **to ~ oneself about sth** interessar-se por a. c.; **as far as I'm ~** no que me diz respeito **2.** (*worry*) preocupar; **to be ~ed about sth** estar preocupado com a. c. **II.** *n* **1.** (*matter of interest*) interesse *m*; **to be of ~ to sb** ser de interesse para alguém **2.** (*worry*) preocupação *f*; **to have ~s about sth** ter preocupações sobre a. c.

concerning *prep* referente a, a respeito de

concert ['kaːnsərt, *Brit:* 'kɒnsət] *n* concerto *m*, show *m*; **~ hall** sala *f* de concertos

concerted *adj* (*action*) em conjunto

concerto [kən'tʃertoʊ, *Brit:* -'tʃeətəʊ] <-s *o* -ti> *n* MUS concerto *m*

concession [kən'seʃn] *n* concessão *f*

conciliation [kənˌsɪli'eɪʃn] *n no pl, form* conciliação *f*

concise [kən'saɪs] *adj* conciso, -a

conclude [kən'kluːd] **I.** *vi* (*finish*) concluir; **to ~ by doing sth** terminar fazendo a. c.; **to ~ with sth** terminar com a. c. **II.** *vt* **1.** (*finish*) terminar; **to ~ sth with sth** terminar a. c. com a. c.; **to ~ a contract** firmar um contrato **2.** (*infer*) **to ~ (from sth) that ...** deduzir (de a. c.) que ...

concluding *adj* final

conclusion [kən'kluːʒn] *n* conclusão *f*; **to come to a ~ about sb/sth** chegar a uma conclusão sobre alguém/a. c.

conclusive [kən'kluːsɪv] *adj* conclusivo, -a; (*argument*) decisivo, -a; (*evidence, proof*) definitivo, -a

concourse ['kaːnɔːrs, *Brit:* 'kɒŋkɔːs] *n* saguão *m*

concrete ['kaːnkriːt, *Brit:* 'kɒn-] **I.** *n no pl* concreto *m* **II.** *adj* concreto, -a

concurrent [kən'kʌrənt] *adj* concomitante

concussion [kən'kʌʃən] *n* abalo *m*

condemn [kən'dem] *vt* condenar; **to ~ sb for sth** condenar alguém por a. c.

condemnation [ˌkaːndem'neɪʃn, *Brit:* ˌkɒn-] *n* condenação *f*

condensation [ˌkaːnden'seɪʃn, *Brit:* ˌkɒn-] *n no pl* condensação *f*

condense [kən'dens] **I.** *vt* **1.** (*concentrate*) **to ~ a liquid** condensar um líquido **2.** (*version*) resumir **II.** *vi* condensar

condensed milk *n no pl* leite *m* condensado

condition [kən'dɪʃn] **I.** *n* **1.** condição *f*; **in perfect ~** em perfeitas condições; **on the ~ that ...** com a condição de que ...; **on one ~** sob uma condição; **on no ~** de modo algum **2.** *pl* circunstâncias *fpl* **II.** *vt* **1.** (*influence*) impor condição **2.** (*treat hair*) passar condicionador

conditional [kən'dɪʃənl] **I.** *adj* (*provisory*) condicional; **~ on sth** dependente de a. c. **II.** *n* LING **the ~** condicional

conditioner [kən'dɪʃənər, *Brit:* -əʳ] *n* condicionador *m* de cabelos

condom ['kaːndəm, *Brit:* 'kɒn-] *n* camisinha *f*, preservativo *m*

condominium [ˌkaːndə'mɪniəm, *Brit:* ˌkɒn-] *n* condomínio *m*

condone [kən'doʊn, *Brit:* -'dəʊn] *vt* tolerar

conduct **I.** [kən'dʌkt] *vt* **1.** (*carry out*) realizar **2.** (*behave*) **to ~ oneself** comportar-se **3.** ELEC, PHYS conduzir **II.** [kən'dʌkt] *vi* MUS reger **III.** ['kaːndʌkt, *Brit:* 'kɒn-] *n no pl* conduta *f*, gestão *f*

conductor [kən'dʌktər, *Brit:* -təʳ] *n*

1. (*director*) diretor(a) *m(f)* **2.** PHYS, ELEC condutor *m* **3.** (*of train*) cobrador(a) *m(f)* **4.** MUS regente *mf*
cone [koʊn, *Brit:* kəʊn] *n* **1.** *a.* MAT cone *m* **2.** (*for ice cream*) casquinha *f*
confectioner's sugar *n no pl* açúcar *m* de confeiteiro
confectionery [kənˈfekʃəneri, *Brit:* -əri] *n no pl* confeitaria *f*
confederacy [kənˈfedərəsi] <-ies-> *n* + *sing/pl vb* (*union*) confederação *f*; **the Confederacy** *Am* HIST Confederação dos Estados Sulistas durante a guerra civil dos Estados Unidos
confederation [kənˌfedəˈreɪʃn] *n* + *sing/pl vb* POL confederação *f*

> **Culture** O **Confederation Day** ou **Canada Day** é o feriado nacional do Canadá comemorado em 1º de julho.

confer [kənˈfɜːr, *Brit:* -ˈfɜːʳ] <-rr-> **I.** *vi* consultar; **to ~ with sb** consultar alguém **II.** *vt* conferir
conference [ˈkɑːnfərəns, *Brit:* ˈkɒn-] *n* (*meeting of specialists*) conferência *f*, congresso *m*
confess [kənˈfes] **I.** *vi* confessar; **to ~ to a crime** confessar um crime **II.** *vt* confessar
confession [kənˈfeʃn] *n* confissão *f*
confidant [ˌkɑːnfəˈdænt, *Brit:* ˌkɒnfɪ-] *n* confidente *mf*
confide [kənˈfaɪd] *vt* confiar; **to ~ (to sb) that ...** confidenciar (a alguém) que ...; **to ~ in sb** fazer confidências a alguém
confidence [ˈkɑːnfədəns, *Brit:* ˈkɒnfɪ-] *n* **1.** (*trust*) confiança *f*; **to place one's ~ in sb/sth** depositar a confiança em alguém/a. c.; **he certainly doesn't lack ~** confiança é o que não lhe falta **2.** *no pl* (*secrecy*) confidência *f*
confident [ˈkɑːnfədənt, *Brit:* ˈkɒnfɪ-] *adj* **1.** (*sure*) seguro, -a; **to be ~ about sth** estar seguro de a. c.; **to be ~ that ...** ter certeza de que ... **2.** (*self-assured*) confiante
confidential [ˌkɑːnfəˈdenʃl, *Brit:* ˌkɒnfɪ-] *adj* confidencial, sigiloso, -a
confine [kənˈfaɪn] *vt* **1.** (*limit*) **to ~ sth to sth** restringir a. c. a a. c.; **to be ~d to doing sth** restringir-se a fazer a. c. **2.** (*imprison*) confinar

confinement [kənˈfaɪnmənt] *n no pl* confinamento *m*
confirm [kənˈfɜːrm, *Brit:* -ˈfɜːm] **I.** *vt* **1.** (*verify*) confirmar **2.** REL **to ~ sb's faith** confirmar a fé de alguém **II.** *vi* confirmar
confirmation [ˌkɑːnfərˈmeɪʃn, *Brit:* ˌkɒnfə-] *n a.* REL crisma *f*
confiscate [ˈkɑːnfəskeɪt, *Brit:* ˈkɒnfɪ-] *vt* confiscar
conflict [ˈkɑːnflɪkt, *Brit:* ˈkɒn-] *n* conflito *m*; **a ~ over sth** um conflito por a. c.
conflicting *adj* conflitante
conform [kənˈfɔːrm, *Brit:* -ˈfɔːm] *vi* adaptar-se; **to ~ to the law** estar de acordo com a lei
conformity [kənˈfɔːrməti, *Brit:* kənˈfɔːmɪti] *n no pl* conformidade *f*; **in ~ with sth** de acordo com a. c.
confront [kənˈfrʌnt] *vt* confrontar; **to be ~ed with sth** confrontar-se com a. c.
confrontation [ˌkɑːnfrənˈteɪʃn, *Brit:* ˌkɒnfrʌn-] *n* confrontação *f*
confuse [kənˈfjuːz] *vt* confundir
confused *adj* confuso, -a; **to be ~d about sth** estar desconcertado [*ou* confuso] com a. c.
confusing *adj* confuso, -a
confusion [kənˈfjuːʒn] *n no pl* confusão *f*
congested [kənˈdʒestɪd] *adj* congestionado, -a, apinhado, -a
congestion [kənˈdʒestʃən] *n no pl* congestionamento *m*
conglomerate [kənˈglɑːmərət, *Brit:* -ˈglɒm-] *n* conglomerado *m*
Congo [ˈkɑːŋgoʊ, *Brit:* ˈkɒŋgəʊ] **I.** *n* **the ~** Congo **II.** *adj* congolês, -esa
Congolese [ˌkɑːŋgəˈliːz, *Brit:* ˌkɒŋgəʊ-] *adj* congolês, -esa
congratulate [kənˈgrætʃəleɪt, *Brit:* -ˈgrætʃʊ-] *vt* congratular; **to ~ sb (on sth)** congratular alguém (por a. c.)
congratulations [kənˌgrætʃəˈleɪʃnz, *Brit:* -tʃʊ-] *npl* **~!** parabéns!

> **Grammar** congratulations (= felicidades, parabéns) é usado no plural: "Congratulations on passing the exam!"

congregate [ˈkɑːŋgrɪgeɪt, *Brit:* ˈkɒŋ-] *vi* congregar-se, reunir-se
congregation [ˌkɑːŋgrɪˈgeɪʃn, *Brit:*

,kɒŋ-] *n* congregação *f*
congress ['kɑ:ŋgres, *Brit:* 'kɒŋ-] *n* congresso *m*
congressional [kəŋ'greʃənəl, *Brit:* kən'-] *adj Am* de congresso
congressman *n* <-men> *Am* deputado *m* federal
congresswoman *n* <-women> *Am* deputada *f* federal
conifer ['kɑ:nəfər, *Brit:* 'kɒnɪfər] *n* conífera *f*
conjecture [kən'dʒektʃər, *Brit:* -ər] *n* conjectura *f*
conjunction *n* 1. LING conjunção *f* 2. **in ~ with** junto com
connect [kə'nekt] I. *vi* conectar-se; **to ~ to the Internet** conectar-se à Internet II. *vt* 1. conectar; **to ~ the printer to the computer** conectar a impressora ao computador 2. ligar; **the hall ~s the two rooms** o corredor liga os dois quartos 3. (*on the phone*) **would you please ~ me with Jack Jones?** por favor, poderia me passar para Jack Jones? 4. (*airplanes, buses, trains*) fazer conexão 5. *fig* relacionar
connected *adj* conectado, -a, ligado, -a
connecting *adj* de ligação; **~ link** elo *m* de ligação; **~ trains/flights** trens/voos de conexão
connection *n*, *Brit also* **connexion** [kə'nekʃən] *n* 1. conexão *f*; **a ~ to** uma conexão com a. c.; **in ~ with** em relação a 2. *pl* (*special relationship*) contatos *mpl*; **to have ~s** ter contatos
connoisseur [ˌkɑ:nə'sɜ:r, *Brit:* ˌkɒnəˈsɜ:ʳ] *n* conhecedor(a) *m(f)*; **art/wine ~** entendido, -a *m, f* em arte/vinho
connotation [ˌkɑ:nə'teɪʃn, *Brit:* kɒn-] *n* conotação *f*
conquer ['kɑ:ŋkər, *Brit:* 'kɒŋkəʳ] *vt* conquistar
conqueror ['kɑ:ŋkərər, *Brit:* 'kɒŋkərəʳ] *n a.* HIST conquistador(a) *m(f)*
conquest ['kɑ:ŋkwest, *Brit:* 'kɒŋ-] *n no pl, a. iron* conquista *f*
conscience ['kɑ:nʃəns, *Brit:* 'kɒn-] *n* consciência *f*; **a clear ~** consciência limpa
conscious ['kɑ:nʃəs, *Brit:* 'kɒn-] *adj* 1. (*aware*) consciente; **fashion ~** a par da moda 2. (*concentrated: effort*) deliberado, -a
consciousness *n no pl* 1. (*mental state*) consciência *f* 2. (*awareness*) ciência *f*; **political/social ~** consciência política/social
consecutive [kən'sekjətɪv, *Brit:* -jʊtɪv] *adj* consecutivo, -a
consensus [kən'sensəs] *n no pl* consenso *m*
consent [kən'sent] I. *n* consentimento *m*; **by common ~** de comum acordo II. *vi* (*agree*) **to ~ to do sth** consentir em fazer a. c.
consequence ['kɑ:nsɪkwəns, *Brit:* 'kɒn-] *n* consequência *f*; **as a ~ (of sth)** como consequência (de a. c.); **in ~** em consequência
consequent ['kɑ:nsɪkwənt, *Brit:* 'kɒn-] *adj*, **consequential** ['kɑ:nsɪkwənʃl, *Brit:* 'kɒn-] *adj* consequente
consequently *adv* consequentemente
conservation [ˌkɑ:nsər'veɪʃn, *Brit:* ˌkɒnsə'-] *n no pl* conservação *f*; ECOL preservação *f*
conservation area *n* área *f* de preservação
conservationist *n* preservacionista *mf*
conservatism [kən'sɜ:rvətɪzəm, *Brit:* -'sɜ:v-] *n no pl* conservadorismo *m*
conservative [kən'sɜ:rvətɪv, *Brit:* -'sɜ:vətɪv] *adj* conservador(a)
Conservative Party *n* Partido *m* Conservador
conservatory [kən'sɜ:rvətɔ:ri, *Brit:* -'sɜ:vətri] <-ies> *n* conservatório *m*
conserve [kən'sɜ:rv, *Brit:* -'sɜ:v] *vt* preservar; **to ~ energy** economizar energia; **to ~ nature** preservar a natureza
consider [kən'sɪdər, *Brit:* -əʳ] *vt* considerar; **to ~ doing sth** pensar bem em fazer a. c.
considerable [kən'sɪdərəbl] *adj* considerável
considerate [kən'sɪdərət] *adj* atencioso, -a; **to be ~ of sb** ser atencioso com alguém
consideration [kənˌsɪdə'reɪʃn] *n no pl* consideração *f*; **~ of sth** consideração por a. c.; **to take sth into ~** levar a. c. em consideração; **the project is under ~** o projeto está sendo analisado
considering I. *prep* apesar de, tendo em vista; **~ the weather** apesar do tempo II. *conj* **~ (that)** ... considerando que ...
consignment [kən'saɪnmənt] *n* consignação *f*
consist [kən'sɪst] *vi* **to ~ of sth** consistir em a. c.
consistency [kən'sɪstənsi] *n no pl*

1. (*degree of firmness*) consistência *f* **2.** (*being coherent*) coerência *f*

consistent [kənˈsɪstənt] *adj* (*degree of firmness*) consistente; (*being coherent*) coerente

consolation [ˌkɑːnsəˈleɪʃn, *Brit:* ˌkɒn-] *n no pl* consolo *m;* **it was a ~ to him to know that ...** foi reconfortante para ele saber que ...

console¹ [kənˈsoʊl, *Brit:* -ˈsəʊl] *vt* (*comfort*) consolar

console² [ˈkɑːnsoʊl, *Brit:* ˈkɒnsəʊl] *n* (*switch panel*) console *m*

consolidate [kənˈsɑːlədeɪt, *Brit:* -ˈsɒlɪ-] **I.** *vi* consolidar-se **II.** *vt* consolidar

consolidated *adj* consolidado, -a

consolidation [kənˌsɑːləˈdeɪʃn, *Brit:* -ˌsɒlɪ-] *n no pl* **1.** (*gathering together*) fusão *f* **2.** ECON consolidação *f*

consonant [ˈkɑːnsənənt, *Brit:* ˈkɒn-] *n no pl* consoante *f*

consortium [kənˈsɔːrtɪəm, *Brit:* -ˈsɔːt-] *n* <-tia *o* -s> consórcio *m;* **~ of companies** associação *f* de empresas

conspicuous [kənˈspɪkjʊəs] *adj* chamativo, -a, notável; **to be ~ by one's absence** *iron* ter a ausência notada

conspiracy [kənˈspɪrəsi] <-ies> *n* conspiração *f;* **a ~ against sb** uma conspiração contra alguém

conspirator [kənˈspɪrətər, *Brit:* -tər] *n* conspirador(a) *m(f)*

conspire [kənˈspaɪər, *Brit:* -ər] *vi* conspirar; **to ~ to do sth** conspirar para fazer a. c.; **to ~ against sb** conspirar contra alguém

constable [ˈkɑːnstəbl, *Brit:* ˈkʌn-] *n Brit* policial *mf*

constant [ˈkɑːnstənt, *Brit:* ˈkɒn-] *adj* (*repeated*) contínuo, -a; **~ use** uso contínuo *m;* (*steady: rate, speed, value*) constante

constantly *adv* constantemente, constantemente

constipated [ˈkɑːnstəpeɪtɪd, *Brit:* ˈkɒnstɪ-] *adj* com prisão de ventre

constipation [ˌkɑːnstəˈpeɪʃn, *Brit:* ˌkɒnstɪ-] *n* MED prisão *f* de ventre

constituency [kənˈstɪtʃuənsi, *Brit:* -ˈstɪtjʊ-] *n* (*electoral district*) base *f* eleitoral; (*body of voters*) eleitorado *m*

constituent [kənˈstɪtʃuənt, *Brit:* -ˈstɪtjʊ-] **I.** *n* eleitor(a) *m(f)* **II.** *adj* (*part*) componente

constitute [ˈkɑːnstətuːt, *Brit:* ˈkɒnstɪtjuːt] *vt* constituir

constitution [ˌkɑːnstəˈtuːʃn, *Brit:* ˌkɒnstɪˈtjuː-] *n* constituição *f*

constitutional [ˌkɑːnstəˈtuːʃənl, *Brit:* ˌkɒnstɪˈtjuː-] *adj* constitucional; **~ law** lei constitucional

constrain [kənˈstreɪn] *vt* coagir

constraint [kənˈstreɪnt] *n* **1.** *no pl* (*compulsion*) coação *f;* **under ~** sob coação *f* **2.** (*limit*) restrição *f;* **to impose ~s on sb/sth** impor restrições a alguém/a. c.

construct [kənˈstrʌkt] *vt* construir

construction [kənˈstrʌkʃn] *n* construção *f*

constructive [kənˈstrʌktɪv] *adj* construtivo, -a

constructor [kənˈstrʌktər, *Brit:* -ər] *n* construtor(a) *m(f)*

consul [ˈkɑːnsl, *Brit:* ˈkɒn-] *n* cônsul, -esa *m, f*

consulate [ˈkɑːnsələt, *Brit:* ˈkɒnsjʊ-] *n* consulado *m*

consult [kənˈsʌlt] *vi, vt* consultar(-se); **to ~ (with) sb about sth** consultar alguém sobre a. c.

consultancy [kənˈsʌltənsi] <-ies> *n* consultoria *f*

consultant [kənˈsʌltənt] *n* **1.** ECON consultor(a) *m(f);* **management ~** consultor administrativo; **tax ~** consultor tributário **2.** *Brit* MED especialista *mf*

consultation [ˌkɑːnsʌlˈteɪʃn, *Brit:* ˌkɒn-] *n* consulta *f;* **~ fee** preço da consulta

consume [kənˈsuːm, *Brit:* -ˈsjuːm] *vt* consumir

consumer [kənˈsuːmər, *Brit:* -ˈsjuːmər] *n* consumidor(a) *m(f);* **~ credit** crédito *m* ao consumidor

consumption [kənˈsʌmpʃn] *n no pl* **1.** consumo *m* **2.** HIST, MED tuberculose *f*

contact [ˈkɑːntækt, *Brit:* ˈkɒn-] *n* **1.** (*communication*) contato *m;* **to make ~ with sb** fazer contato com alguém **2.** (*connection*) relação *f;* **to have ~s** ter contatos **3.** ELEC contato *m*

contact lens *n* lente *f* de contato

contagious [kənˈteɪdʒəs] *adj a. fig* contagioso, -a

contain [kənˈteɪn] *vt* conter

container [kənˈteɪnər, *Brit:* -ər] *n* recipiente *m,* contêiner *m*

container ship *n* navio *m* de carga

contaminate [kənˈtæmɪneɪt] *vt* contaminar; **to ~ sth with sth** contaminar a. c. com a. c.

contamination [kənˌtæmɪˈneɪʃn] *n no*

pl contaminação *f*
contemplate ['kɑ:templeɪt, *Brit:* 'kɒn-] *vt* **1.** (*consider*) considerar; **to ~ doing sth** pensar fazer a. c. **2.** (*look*) contemplar **3.** (*think*) pensar
contemplation [ˌkɑ:ntem'pleɪʃn, *Brit:* ˌkɒn-] *n no pl* reflexão *f*
contemporary [kən'pəreri, *Brit:* -'temprəri] **I.** *adj* contemporâneo, -a **II.** *n* contemporâneo *m*
contempt [kən'tempt] *n no pl* desprezo *m*; **~ for sb** desprezo por alguém; **~ of court** desacato à autoridade (do tribunal)
contemptuous [kən'temptʃʊəs] *adj* soberbo, -a; **to be ~ of sb** menosprezar alguém
contend [kən'tend] *vi* disputar; **to ~ for sth** disputar a. c.; **to have sb/sth to ~ with** ter que enfrentar alguém/a. c.
contender *n* rival *mf*, adversário, -a *m, f*
content¹ ['kɑ:ntent, *Brit:* 'kɒn-] *n* conteúdo *m*; *s.a.* **contents**
content² [kən'tent] **I.** *vt* contentar; **to ~ oneself with sth** contentar-se com a. c. **II.** *adj* satisfeito, -a **III.** *n* **to one's heart's ~** até não poder mais
contented *adj* satisfeito, -a
contention [kən'tenʃn] *n no pl* **1.** (*disagreement*) discórdia *f* **2.** (*competition*) **to be out of ~ for sth** ficar fora da disputa por a. c.
contentment [kən'tentmənt] *n no pl* contentamento *m*
contents ['kɑ:ntents, *Brit:* 'kɒn-] *n pl* conteúdo *m*; (*index*) índice *m*; **table of ~** índice
contest I. ['kɑ:ntest, *Brit:* 'kɒn-] *n* concurso *m*; **beauty ~** concurso *m* de beleza; *fig* disputa *f* **II.** [kən'test] *vt* **1.** (*oppose*) contestar **2.** LAW (*fine, suit, will*) impugnar
contestant [kən'testənt] *n* concorrente *mf*
context ['kɑ:ntekst, *Brit:* 'kɒn-] *n* contexto *m*
continent ['kɑ:ntnənt, *Brit:* 'kɒntɪn-] *n* **1.** continente *m* **2. the Continent** *Brit* (*Europe*) Europa *f* continental
continental [ˌkɑ:ntn̩'entl, *Brit:* ˌkɒntɪ'nentl] *adj* **1.** continental; **~ drift** deriva dos continentes **2.** (*European*) europeu; **~ breakfast** café da manhã continental
contingency [kən'tɪndʒənsi] <-ies> *n form* contingência *f*; **~ plan** plano de emergência
contingent [kən'tɪndʒənt] **I.** *n* **1.** (*part of a larger group*) delegação *f* **2.** MIL contingente *m* **II.** *adj* eventual
continual [kən'tɪnjʊəl] *adj* contínuo, -a
continually *adv* continuamente
continuation [kənˌtɪnju'eɪʃn] *n no pl* continuação *f*
continue [kən'tɪnju:] **I.** *vi* **1.** (*persist*) continuar; **he ~d by saying that ...** ele prosseguiu dizendo que ...; **to ~ with sth** continuar com a. c. **2.** (*remain unchanged*) permanecer; **to be ~d** segue **II.** *vt* continuar
continuous [kən'tɪnjʊəs] *adj* ininterrupto, -a
continuously *adv* ininterruptamente
contour ['kɑ:ntʊr, *Brit:* 'kɒntʊəʳ] *n* contorno *m*
contraception [ˌkɑ:ntrə'sepʃn, *Brit:* ˌkɒn-] *n no pl* anticoncepção *f*
contraceptive [ˌkɑ:ntrə'septɪv, *Brit:* ˌkɒn-] *n* anticoncepcional *m*
contract¹ [kən'trækt] **I.** *vi* contrair **II.** *vt* **1.** (*make shorter*) encolher **2.** (*catch*) **to ~ chickenpox/AIDS/a cold** contrair catapora/AIDS/um resfriado
contract² ['kɑ:ntrækt, *Brit:* 'kɒn-] **I.** *n* contrato *m*; **~ of employment** contrato de emprego **II.** *vt* contratar
contraction [kən'trækʃn] *n a.* MED, LING contração *f*
contractor ['kɑ:ntræktər, *Brit:* kən'træktəʳ] *n* empreiteiro, -a *m, f*
contradict [ˌkɑ:ntrə'dɪkt, *Brit:* ˌkɒn-] **I.** *vi* contradizer-se **II.** *vt* contradizer
contradiction [ˌkɑ:ntrə'dɪkʃn, *Brit:* ˌkɒn-] *n* contradição *f*
contradictory [ˌkɒntrə'dɪktəri, *Brit:* ˌkɑ:n-] *adj* contraditório, -a
contrary ['kɑ:ntrəri, *Brit:* 'kɒn-] *n no pl* **on the ~** pelo contrário
contrary to *prep* contrário a
contrast [kən'træst, *Brit:* -'trɑ:st] **I.** *n* contraste *m*; **by** [*o* **in**] **~ em contraste II.** *vt* contrastar
contribute [kən'trɪbju:t] *vi, vt* contribuir; **to ~ (sth) to sth** contribuir (com a. c.) para a. c.
contribution [ˌkɑ:ntrɪ'bju:ʃn, *Brit:* ˌkɒn-] *n* contribuição *f*
contributor [kən'trɪbjətər, *Brit:* -'trɪbjʊtəʳ] *n* contribuinte *mf*, colaborador(a) *m(f)*
contrive [kən'traɪv] *vt* **1.** (*plan*) arquitetar **2.** (*manage*) **to ~ to do sth** conse-

guir fazer a. c.
contrived *adj* artificial, forçado, -a; (*plot*) inverossímil
control [kənˈtroʊl, *Brit:* -ˈtrəʊl] **I.** *n* controle *m;* **to be in** ~ estar no controle; **to be under** ~ estar sob controle; **to get** ~ **of oneself** controlar-se; **to have** ~ **of sth** controlar a. c.; **to go out of** ~ (*car*) ficar fora de controle; (*person*) descontrolar-se **II.** *vt* <-ll-> dominar; **to** ~ **oneself** controlar-se
control tower *n* torre *f* de controle
controversial [ˌkɑːntrəˈvɜːrʃl, *Brit:* ˌkɒntrəˈvɜːʃl] *adj* controverso, -a, polêmico, -a
controversy [ˈkɑːntrəvɜːrsi, *Brit:* ˈkɒntrəvəːsi] *n* <-ies> controvérsia *f,* polêmica *f;* **to be beyond** ~ ser indiscutível; ~ **over sth** controvérsia a respeito de a. c.
convene [kənˈviːn] *vt* convocar
convenience [kənˈviːnjəns, *Brit:* -ˈviːnɪəns] *n no pl* conveniência *f;* **at one's** ~ quando for possível
convenience store *n* loja *f* de conveniências
convenient [kənˈviːnjənt, *Brit:* -ˈviːnɪənt] *adj* conveniente; **when is it** ~ **for you to come?** quando é conveniente para você vir?
convent [ˈkɑːnvənt, *Brit:* ˈkɒn-] *n* convento *m*
convention [kənˈvenʃn] *n* **1.** (*custom*) convenção *f;* ~ **dictates that** é costume que ... +*subj;* **social** ~ convenção social **2.** (*meeting*) **the annual** ~ **of the Democratic Party** a convenção anual do Partido Democrático **3.** (*agreement*) **the Geneva** ~ a convenção de Geneva
conventional [kənˈventʃənəl] *adj* convencional; ~ **wisdom** sabedoria popular
convention center *n* centro *m* de convenções
converge [kənˈvɜːrdʒ, *Brit:* -ˈvɜːdʒ] *vi a. fig* convergir; **to** ~ **on sth** convergir para a. c.
convergence [kənˈvɜːrdʒəns, *Brit:* -ˈvɜːdʒ-] *n* convergência *f*
conversation [ˌkɑːnvərˈseɪʃn, *Brit:* ˌkɒnvə-] *n* conversa *f;* **to make** ~ conversar; **to strike up a** ~ **with sb** entabular uma conversa com alguém
converse¹ [kənˈvɜːrs, *Brit:* -ˈvɜːs] *vi form* **to** ~ **with sb** conversar com alguém
converse² [ˈkɑːnvɜːrs, *Brit:* ˈkɒnvɜːs] *n* **the** ~ o inverso, o oposto
conversion [kənˈvɜːrʒn, *Brit:* -ˈvɜːʃn] *n a.* REL, POL conversão *f*
convert I. [ˈkɑːnvɜːrt, *Brit:* ˈkɒnvɜːt] *n* convertido, -a *m, f* **II.** [kənˈvɜːrt, *Brit:* -ˈvɜːt] *vi* REL, POL converter-se **III.** [kənˈvɜːrt, *Brit:* -ˈvɜːt] *vt a.* REL, INFOR converter
convertible *n* (*car*) carro *m* conversível
convey [kənˈveɪ] *vt* expressar, levar; **they have asked me to** ~ **their regards** eles me pediram para dar lembranças
convict I. [ˈkɑːnvɪkt, *Brit:* ˈkɒn-] *n* presidiário, -a *m, f,* condenado, -a *m, f* **II.** [kənˈvɪkt] *vt* condenar; **to** ~ **sb for sth** condenar alguém por a. c.
conviction [kənˈvɪkʃn] *n* **1.** LAW condenação *f* **2.** (*belief*) convicção *f;* **he lacks** ~ ele é pouco convincente
convince [kənˈvɪnts] *vt* convencer; **to** ~ **sb that ...** convencer alguém (de) que ...; **I'm not** ~**d** não estou convencido
convincing *adj* convincente
convoy [ˈkɑːnvɔɪ, *Brit:* ˈkɒn-] *n* comboio *m;* **in** [*o* **under**] ~ em comboio
cook [kʊk] GASTR **I.** *n* cozinheiro, -a *m, f;* **too many** ~**s spoil the broth** *prov* panela que muitos mexem, ou sai sem sal ou sai salgada demais *prov* **II.** *vi* (*person*) preparar a comida; (*food*) cozinhar **III.** *vt* cozinhar; **the carrots are** ~**ed** as cenouras estão cozidas
◆ **cook up** *vt* **to** ~ **an excuse** inventar uma desculpa
cookbook *n* livro *m* de culinária [*ou* de receitas]
cooker [ˈkʊkər] *n Brit* (*stove*) fogão *m*
cookery [ˈkʊkəri] *n no pl, esp Brit* culinária *f*
cookie [ˈkʊki] *n Am* biscoito *m*
cooking *n no pl* **1.** arte *f* culinária; **she enjoys** ~ ela gosta de cozinhar **2.** GASTR comida *f;* (*preparation*) preparo da comida; **to do the** ~ preparar a comida
cool [kuːl] **I.** *adj* **1.** (*slightly cold*) fresco, -a **2.** (*unfriendly*) frio, -a; **to give sb a** ~ **reception** receber alguém com indiferença **3.** (*calm*) calmo, -a; **keep** ~ manter a calma **4.** *inf* (*fashionable*) **to be** ~ ser legal; **that disco is very** ~ aquela boate é bem bacana **II.** *interj inf* legal **III.** *vt* esfriar; **just** ~ **it** *inf* calma **IV.** *vi* (*become colder*) esfriar-se
◆ **cool down I.** *vi* (*person*) acalmar-se; (*thing*) esfriar-se **II.** *vt* esfriar

coop [ku:p] *n* gaiola *f*
cooperate [koʊˈɑːpəreɪt, *Brit:* kəʊˈɒpəreɪt] *vi* cooperar; **to ~ with sb** cooperar com alguém
cooperation [koʊˌɑːpəˈreɪʃn, *Brit:* koʊˌɒpə-] *n* cooperação *f*; **in ~ with sb** em cooperação com alguém
cooperative [koʊˈɑːpərət̮ɪv, *Brit:* kəʊˈɒpərətɪv] I. *n* cooperativa *f* II. *adj* cooperativo, -a
coordinate[1] [koʊˈɔːrdɪneɪt, *Brit:* kəʊˈɔːd-] I. *vi* 1. (*work together effectively*) coordenar 2. (*match*) combinar II. *vt* coordenar
coordinate[2] [koʊˈɔːrdənət, *Brit:* kəʊˈɔːd-] *n* coordenada *f*
coordination [koʊˌɔːrdəˈneɪʃn, *Brit:* ˌkəʊˌɔːdɪ-] *n no pl* coordenação *f*
coordinator *n* coordenador(a) *m(f)*
cop [kɑːp, *Brit:* kɒp] *n inf* (*police officer*) tira *mf*
cope [koʊp, *Brit:* kəʊp] *vi* aguentar; **I can't ~** não dá para aguentar; **to ~ with sth** enfrentar a. c.
Copenhagen [ˈkoʊpənˌheɪɡən, *Brit:* ˌkəʊpən-] *n* Copenhague *f*
copper [ˈkɑːpər, *Brit:* ˈkɒpəʳ] *n no pl* cobre *m*
copy [ˈkɑːpi, *Brit:* ˈkɒpi] I. <-ies> *n* 1. (*facsimile*) cópia *f* 2. (*of a book*) exemplar *m*; (*of a magazine*) número *m* 3. *no pl* (*text*) material *m* (para publicação) II. <-ie-> *vt* 1. *a.* INFOR, MUS copiar 2. (*imitate*) imitar
copyright *n* direitos *mpl* autorais; **to hold the ~ of sth** deter os direitos autorais de a. c.
coral [ˈkɔːrəl, *Brit:* ˈkɒr-] *n no pl* coral *m*
cord [kɔːrd, *Brit:* kɔːd] *n* 1. (*rope*) corda *f*, cordão *m* 2. *Am* ELEC fio *m*; **extension ~** fio de extensão 3. ANAT **umbilical ~** cordão *m* umbilical 4. FASHION veludo *m* cotelê
cordial [ˈkɔːrdʒəl, *Brit:* ˈkɔːdɪəl] *adj* cordial, amistoso, -a
core [kɔːr, *Brit:* kɔːʳ] *n* 1. (*center*) centro *m*; **to be rotten to the ~** *fig* estar completamente podre 2. (*of apple, pear*) caroço *m*
cork [kɔːrk, *Brit:* kɔːk] *n* rolha *f*; (*material*) cortiça *f*
corn [kɔːrn, *Brit:* kɔːn] *n no pl* 1. *Am* milho *m*; **~ on the cob** espiga *f* de milho 2. *Brit* (*grain*) cereal *m* 3. MED calo *m*
corner [ˈkɔːrnər, *Brit:* ˈkɔːnəʳ] I. *n* 1. (*of two roads*) esquina *f*; **to be around the ~** estar logo ali na esquina 2. (*of a room*) canto *m* 3. (*place*) **a distant ~ of the globe** um lugar no fim do mundo 4. (*sports maneuver*) escanteio *m* II. *vt* 1. (*hinder escape*) encurralar 2. ECON **to ~ the market** monopolizar o mercado
cornerstone *n a. fig* alicerce *m*
cornflour *n Brit*, **cornstarch** *n Am* maisena®, *f*
Cornwall [ˈkɔːrnwɔːl] *n* Cornualha *f*
corny [ˈkɔːrni, *Brit:* ˈkɔːni] <-ier, -iest> *adj* 1. *inf* brega; (*joke*) batido, -a 2. (*emotive*) meloso, -a, piegas
coronary [ˈkɔːrəneri, *Brit:* ˈkɒrənri] *adj* coronário, -a
coronation [ˌkɔːrəˈneɪʃn, *Brit:* ˌkɒr-] *n* coroação *f*
coroner [ˈkɔːrənər, *Brit:* ˈkɒrənəʳ] *n* médico-legista, médica-legista *m, f*
corporal [ˈkɔːrpərəl, *Brit:* ˈkɔːp-] I. *n* MIL cabo *m* II. *adj* ~ **punishment** castigo corporal
corporate [ˈkɔːrpərət, *Brit:* ˈkɔːp-] *adj* corporativo, -a, coletivo, -a; ~ **capital** capital *m* social
corporation [ˌkɔːrpəˈreɪʃn, *Brit:* ˌkɔːp-] *n* + *sing/pl vb* 1. (*business*) corporação *f*; **a public ~** uma empresa pública 2. (*local council*) câmara *f* municipal
corpse [kɔːrps, *Brit:* kɔːps] *n* cadáver *m*
correct [kəˈrekt] I. *vt* (*put right*) corrigir II. *adj* correto, -a
correction [kəˈrekʃən] *n* correção *f*
correlate [ˈkɔːrəleɪt, *Brit:* ˈkɒr-] I. *vt* correlacionar; **to ~ sth with sth** correlacionar a. c. com a. c. II. *vi* (*relate*) relacionar
correlation [ˌkɔːrəˈleɪʃn, *Brit:* ˌkɒr-] *n* correlação *f*; **a ~ with sth** uma correlação com a. c.
correspond [ˌkɔːrəˈspɑːnd, *Brit:* ˌkɒrɪˈspɒnd] *vi* 1. (*be equal to*) equivaler 2. (*write*) corresponder-se
correspondence [ˌkɔːrəˈspɑːndəns, *Brit:* ˌkɒrɪˈspɒn-] *n no pl* correspondência *f*, equivalência *f*
correspondent [ˌkɔːrəˈspɑːndənt, *Brit:* ˌkɒrɪˈspɒn-] *n* correspondente *mf*; **special ~** correspondente *m* especial
corresponding *adj* correspondente
corridor [ˈkɔːrədər, *Brit:* ˈkɒrɪdɔːʳ] *n* (*passage*) corredor *m*
corroborate [kəˈrɑːbəreɪt, *Brit:* -ˈrɒb-] *vt* corroborar

corrosion [kə'roʊʒn, *Brit:* -'rəʊ-] *n no pl* corrosão *f*

corrugated *adj* ondulado, -a

corrupt [kə'rʌpt] **I.** *vt* corromper **II.** *adj* **1.** corrupto, -a, depravado, -a; **~ practices** práticas *fpl* corruptas **2.** INFOR corrompido, -a

corruption [kə'rʌpʃn] *n no pl* corrupção *f*

Corsica ['kɔ:rsɪkə, *Brit:* 'kɔ:s-] *n* Córsega *f*

Corsican *adj* corso, -a

cosmetic [kɑ:z'metɪk, *Brit:* kɒz'met-] **I.** *n* **1.** cosmético *m*; *fig* (*superficial*) superficialidade *f* **2. ~s** cosméticos *mpl* **II.** *adj* cosmético, -a, estético, -a; **~ cream** creme *m* comésico

cosmetic surgery *n no pl* cirurgia *f* estética

cosmic ['kɑ:zmɪk, *Brit:* 'kɒz-] *adj fig* cósmico, -a; **of ~ proportions** de proporções astronômicas

cosmonaut ['kɑ:zmənɑ:t, *Brit:* 'kɒzmənɔ:t] *n* astronauta *mf*

cosmopolitan [ˌkɑ:zmə'pɑ:lɪtən, *Brit:* ˌkɒzmə'pɒl-] *adj, n* cosmopolita *mf*

cost [kɑ:st, *Brit:* kɒst] **I.** *vt* **1.** <cost, cost> (*amount to*) custar, valer; **to ~ a fortune** custar uma fortuna; **how much does it ~?** quanto custa? **2.** <costed, costed> (*calculate price*) **to ~ sth (out)** calcular o preço de a. c. **II.** *n* **1.** (*price*) custo *m*, preço *m*; **at no extra ~** sem custos adicionais; **at all ~s** *a todo custo* **2.** *pl* (*expense*) despesa *f*

Costa Rica [ˌkoʊstə'ri:kə, *Brit:* ˌkɒstə'-] *n* Costa *f* Rica

Costa Rican *adj* costa-riquenho, -a

cost-effective *adj* vantajoso, -a, lucrativo, -a

costly ['kɑ:stli, *Brit:* 'kɒst-] <-ier, -iest> *adj* dispendioso, -a; (*mistake*) caro, -a; **to prove ~** a. *fig* sair caro

costume ['kɑ:stu:m, *Brit:* 'kɒstju:m] *n* **1.** (*decorative*) fantasia *f* **2.** (*national dress*) traje *m* típico; **to dress in ~** vestir-se a caráter

cosy ['koʊ-] <-ier, -iest> *adj Brit s.* **cozy**

cot [kɑ:t, *Brit:* kɒt] *n Am* (*foldable bed*) cama *f* de armar; *Brit* (*baby bed*) berço *m*

cottage ['kɑ:tɪdʒ, *Brit:* 'kɒt-] *n* chalé *m*; **country ~** casa *f* de campo

cottage cheese *n no pl* ricota *f*

cotton ['kɑ:tn, *Brit:* 'kɒtn] *n* algodão *m*

couch [kaʊtʃ] <-es> *n* sofá *m*; **psychiatrist's ~** divã *m*

cough [kɑ:f, *Brit:* kɒf] **I.** *n* tosse *f*; **chesty ~** tosse produtiva **II.** *vi* tossir

could [kʊd] *pt, pp of* **can²**

council ['kaʊnsl] *n* + *sing/pl vb* ADMIN **city ~** câmara *f* municipal; MIL conselho *m*; **local ~** conselho local; **the United Nations Security Council** Conselho de Segurança das Nações Unidas

councillor ['kaʊnsələr, *Brit:* -əʳ] *n*, **councilor** *n Am* conselheiro, -a *m, f*

counseling *n Am*, **counselling** *n no pl* assessoramento *m*, orientação *f* psicológica

counsellor ['kaʊnsələr, *Brit:* -əʳ] *n*, **counselor** *n Am* assessor(a) *m(f)*, advogado, -a *m, f*; **marriage guidance ~** conselheiro, -a *m, f* matrimonial

count¹ [kaʊnt] *n* conde *m*

count² [kaʊnt] **I.** *vt* contar; **to ~ sth a success/failure** considerar a. c. um sucesso/fracasso; **to ~ sb in/out** contar/não contar com alguém **II.** *vi* **1.** contar **2.** (*depend*) **to ~ on sb** contar com alguém **III.** *n* contagem *f*; **a ~ of sth** contagem de a. c.

countdown *n* contagem *f* regressiva

countenance ['kaʊntənəns, *Brit:* -tɪ-] *n no pl, form* fisionomia *f*

counter ['kaʊntər, *Brit:* -təʳ] **I.** *n* **1.** (*service point*) balcão *m*; **over the ~** sem receita médica; **under the ~** *fig* ilegalmente **2.** (*in game*) ficha *f* **II.** *vt* (*reply*) contestar; (*attack*) responder a

counteract [ˌkaʊntər'ækt] *vt* opor-se a

counterattack ['kaʊntərətæk] **I.** *n* contra-ataque *m* **II.** *vt, vi* contra-atacar

counterfeit ['kaʊntərfɪt, *Brit:* -təfɪt] **I.** *adj* (*money*) falso, -a **II.** *vt* falsificar

counterpart ['kaʊntərpɑ:rt, *Brit:* -təpɑ:t] *n* contrapartida *f*; POL par *m*

counterproductive [ˌkaʊntərprə'dʌktɪv, *Brit:* -təprə'-] *adj* contraproducente

countess ['kaʊntɪs] *n* condessa *f*

country ['kʌntri] *n* **1.** <-ies> (*political unit*) país *m*; (*home*) pátria *f* **2.** *no pl* (*rural area*) **the ~** o campo, o interior **3.** *no pl* (*area*) região *f*

country house *n* casa *f* de campo

countryside ['kʌntrisaɪd] *n no pl* campo *m*

county ['kaʊnti] <-ies> *n* condado *m*

coup [ku:] <coups> *n* êxito *m*; POL golpe *m*; **coup d'état** golpe de estado

couple ['kʌpl] *n* **1.** *no pl* dupla *f* **2.** dois, duas *m, f*, alguns, algumas; **the first ~ of weeks** as primeiras duas semanas; **in a ~ of weeks** dentro de algumas semanas **3.** + *sing/pl vb* (*two people*) par *m*; (*married*) casal *m*

coupon ['ku:pɑ:n, *Brit:* -pɒn] *n* **1.** (*voucher*) vale *m* **2.** (*return-slip of advertisement*) cupom *m*

courage ['kʌrɪdʒ] *n* coragem *f*; **to show great ~** mostrar grande coragem

courageous [kəˈreɪdʒəs] *adj* corajoso, -a

courgette *n Brit* (*zucchini*) abobrinha *f*

courier ['kʊrɪər, *Brit:* -əʳ] *n* **1.** (*mail deliverer*) mensageiro, -a *m, f*, portador(a) *m(f)* (de mensagens, encomendas) **2.** (*tour guide*) guia *mf* turístico

course [kɔ:rs, *Brit:* kɔ:s] *n* **1.** rota *f*; **to be off ~** *a. fig* desviar-se do rumo; **a ~ of action** uma linha de ação **2.** (*lessons*) curso *m*; **to take a ~ in sth** fazer um curso em a. c. **3.** (*of meal*) prato *m* **4.** (*racing*) pista *f*; (*golf*) campo *m* **5. of ~** claro

court [kɔ:rt, *Brit:* kɔ:t] **I.** *n* **1.** (*room*) tribunal *m* **2.** (*judicial body*) corte *f* de justiça **3.** (*in sports: tennis, basketball*) quadra *f* **4.** (*sovereign*) corte *f* real **II.** *vt* (*woman*) cortejar

courteous ['kɜ:rtɪəs, *Brit:* 'kɜ:t-] *adj* educado, -a

courtesy ['kɜ:rtəsi, *Brit:* 'kɜ:t-] <-ies> *n* cortesia *f*, gentileza *f*; **common ~** mera cortesia

courtroom *n* sala *f* de tribunal **courtship** *n* galanteio *m*, namoro *m* **courtyard** *n* pátio *m*

cousin ['kʌzn] *n* primo, -a *m, f*

cove [koʊv, *Brit:* kəʊv] *n* enseada *f*

covenant ['kʌvənənt] *n* pacto *m*

cover ['kʌvər, *Brit:* -əʳ] **I.** *n* **1.** (*top*) tampa *f* **2.** (*of a book, magazine*) capa *f* **II.** *vt* **1.** (*hide: eyes, ears*) tapar; (*head*) cobrir **2.** (*put over*) tampar **3.** (*with blanket*) cobrir **4.** (*deal with*) abranger
◆ **cover up I.** *vt* (*protect*) cobrir; (*hide*) esconder, encobrir **II.** *vi* **to ~ for sb** acobertar alguém

coverage ['kʌvərɪdʒ] *n no pl* cobertura *f*

covering *n* cobertura *f*, capa *f*

cow [kaʊ] *n* vaca *f*

coward ['kaʊərd, *Brit:* -əd] *n* covarde *mf*

cowardice ['kaʊərdɪs, *Brit:* -ədɪs] *n no pl* covardia *f*

cowardly I. *adj* covarde **II.** *adv* covardemente

cowboy ['kaʊbɔɪ] *n* cauboi *m*

coy [kɔɪ] <-er, -est> *adj* recatado, -a

coyote [kaɪˈoʊti, *Brit:* kɔɪˈəʊti] *n* coiote *m*

cozy ['koʊzi] *adj Am* (*armchair*) confortável; (*place, atmosphere*) acolhedor(a)

CPA *n abbr of* **Certified Public Accountant** contador licenciado, contadora licenciada *m, f*

crab [kræb] *n* caranguejo *m*

crack [kræk] **I.** *n* **1.** (*fissure*) rachadura *f*; **the door was opened a ~** havia uma fresta da porta aberta **2.** (*of thunder*) estrondo *m* **3.** *inf* (*drug*) crack *m* **4. at the ~ of dawn** no raiar do dia **II.** *adj* de primeira **III.** *vt* **1.** (*break*) rachar; (*nut*) quebrar; **~ed wheat** trigo moído **2.** *inf* (*a code*) decifrar **3.** *inf* (*joke*) fazer **IV.** *vi* rachar; (*paintwork*) lascar; (*voice*) falhar
◆ **crack down** *vi* **to ~ on sb/sth** agir com mão firme com alguém/a. c.

crackdown ['krækdaʊn] *n* medidas *fpl* enérgicas

cracked *adj* rachado, -a; *inf* (*crazy*) de miolo mole

cracker ['krækər, *Brit:* -əʳ] *n* **1.** (*wafer*) bolacha *f* de água e sal **2.** *Brit* (**Christmas**) **~** tubo de papelão decorado com uma surpresa dentro

crackle ['krækl] **I.** *vi* (*fire*) estalar, crepitar; (*telephone line*) chiar **II.** *n* (*of fire*) estalo *m*; (*of a telephone line*) chiado *m*

cradle ['kreɪdl] *n* (*baby's bed*) berço *m*; **from the ~ to the grave** a vida toda

craft [kræft, *Brit:* krɑ:ft] *n* **1.** *no pl* (*skill*) arte *f*; (*trade*) ofício *m* **2.** (*boat, plane, etc*) embarcação *f*

craftiness *n no pl* astúcia *f*

craftsman <-men> *n* artesão *m*

craftswoman *n* artesã *f*

crafty <-ier, -iest> *adj* astuto, -a

cram [kræm] <-mm-> **I.** *vt* abarrotar; **to ~ sth with** abarrotar a. c. de **II.** *vi inf* rachar (antes de uma prova)

cramp [kræmp] *n* cãibra *f*, cólica *f*; **stomach ~s** cólicas estomacais

cranberry ['krænberi, *Brit:* -ˌbəri] <-ies> *n* oxícoco *m*, mirtilo *m*

crane [kreɪn] *n* **1.** TECH guindaste *m* **2.** ZOOL grou, grua *m, f*

cranky *adj* mal-humorado, -a

crap [kræp] *n vulg* **1.** (*excrement*)

crappy *adj vulg* porcaria

crash [kræʃ] **I.** *n* <-es> 1. (*accident*) acidente *m*; (*with car*) batida *f* 2. (*noise*) estrondo *m* 3. (*of stock market*) queda *f*, falência *f* **II.** *vi* 1. (*have an accident*) bater; (*plane*) cair; **to ~ into sth** bater em a. c. 2. (*make noise*) fazer um estrondo 3. (*computer*) dar pau 4. (*stock market*) sofrer queda **III.** *vt* colidir **IV.** *adj* (*course, diet*) intensivo, -a

crass [kræs] *adj* crasso, -a, grosseiro, -a

crate [kreɪt] *n* caixote *m*, engradado *m*

crater ['kreɪtər, *Brit*: -tə'] *n* cratera *f*

crave [kreɪv] *vt* desejar intensamente, precisar muito de

craving *n* ânsia *f*; **to have a ~ for sth** ter uma vontade louca de a. c.

crawl [krɑːl, *Brit*: krɔːl] *vi* arrastar-se, engatinhar

crayon ['kreɪɑːn, *Brit*: -ən] *n* creiom *m*, lápis *m* de cera

craze [kreɪz] *n* mania *f*

craziness ['kreɪzɪnɪs] *n no pl* loucura *f*

crazy [kreɪzi] <-ier, -iest> *adj* louco, -a; **to go ~** enlouquecer

creak [kriːk] **I.** *vi* ranger **II.** *n* rangido *m*

cream [kriːm] **I.** *n* 1. *no pl* (*dairy product*) creme *m*; **light** [*o Brit* **single**] **~** creme *m* de leite light; **heavy** [*o Brit* **double**] **~** creme *m* de leite, nata *f* 2. (*cosmetic*) creme *m* **II.** *vt* (*butter*) bater

cream cheese *n no pl* queijo *m* cremoso

creamy <-ier, -iest> *adj* 1. (*smooth*) cremoso, -a 2. (*off-white*) cor champanhe

crease [kriːs] **I.** *n* (*paper*) dobra *f*; (*in trousers*) vinco *m*; (*in hat, skirt*) prega *f* **II.** *vt* preguear

create [kriːˈeɪt] *vt* criar; **to ~ sth from sth** criar a. c. a partir de a. c.

creation [kriːˈeɪʃn] *n* criação *f*

creative [kriːˈeɪtɪv, *Brit*: -tɪv] *adj* criativo, -a

creator [kriːˈeɪtər, *Brit*: -tə'] *n* criador(a) *m(f)*

creature ['kriːtʃər, *Brit*: -ə'] *n* criatura *f*, ser *m* humano/animal; **a ~ of habit** uma pessoa de costumes arraigados

crèche [kreɪʃ] *n Brit, Aus* creche *f*

credentials [krɪˈdenʃlz] *npl* credenciais *fpl*, qualificações *fpl*

credibility [ˌkredəˈbɪləti, *Brit*: -rˈbɪləti] *n no pl* credibilidade *f*

credible [ˈkredəbl] *adj* verossímil, digno, -a de crédito

credit [ˈkredɪt] *n* 1. (*honor*) honra *f*; (*recognition*) mérito *m*; **to be a ~ to sb** ser motivo de orgulho para alguém; **your kind heart does you ~** você deve ser admirada por sua generosidade 2. FIN (*loan, opposite of debit*) crédito *m*; **to buy sth on ~** comprar a. c. a crédito 3. *pl* (*at end of movie*) créditos *mpl*

credit card *n* cartão *m* de crédito **credit limit** *n* limite *m* de crédito

creditor [ˈkredɪtər, *Brit*: -tə'] *n* credor(a) *m(f)*

creed [kriːd] *n* credo *m*; **the Creed** o Credo

creek [kriːk] *n* 1. *Am, Aus* (*stream*) córrego *m*; **to be up the ~ without a paddle** estar em um mato sem cachorro 2. *Brit* (*narrow bay*) enseada *f*

creep [kriːp] **I.** <crept, crept> *vi* 1. (*crawl*) arrastar-se 2. (*move imperceptibly*) mover-se de mansinho **II.** *n* 1. *inf* (*disgusting person*) puxa-saco *mf* 2. (*pervert*) depravado, -a *m, f* 3. **the ~s** calafrios

◆ **creep up** *vi* **to ~ on sb** aproximar-se de fininho de alguém

crepe [kreɪp] *n* GASTR crepe *m*, panqueca *f*

crept [krept] *pt, pp of* **creep**

crescent [ˈkresnt] *n* (*moon*) quarto *m* crescente/minguante; (*pastry*) croissant *m*; (*street*) rua em meia-lua *f*

crest [krest] *n* crista *f*

crestfallen [ˈkrestˌfɔːlən] *adj* cabisbaixo, -a

Crete [kriːt] *n* Ilha *f* de Creta

crew [kruː] *n + sing/pl vb* NAUT, AVIAT tripulação *f*; **ground/cabin ~** tripulação de terra/bordo

crib [krɪb] **I.** *n* 1. *esp Am* (*baby's bed*) berço *m* 2. (*nativity scene*) manjedoura *f* 3. *inf* SCH (*cheat sheet*) cola *f* **II.** <-bb-> *vi inf* SCH colar; **to ~ from sb** colar de alguém

cricket[1] [ˈkrɪkɪt] *n no pl* SPORTS críquete *m*

cricket[2] *n* ZOOL grilo *m*

crime [kraɪm] *n* 1. (*illegal act*) delito *m*; (*more serious*) crime *m*; **a ~ against humanity** um crime contra a humanidade 2. *no pl* (*criminal activity*) criminalidade *f*; **~ rate** índice *m* de criminalidade; **to fight/stop ~** combater/acabar com a criminalidade

criminal ['krɪmɪnl] **I.** *n* (*offender*) delinquente *mf*; (*more serious*) criminoso, -a *m, f* **II.** *adj* (*illegal*) ilícito, -a; (*more serious*) criminoso, -a

criminal record *n* antecedentes *mpl* criminais

crimson ['krɪmzn] *adj* (*color*) carmesim

cringe *vi* encolher-se (de medo ou vergonha)

cripple ['krɪpl] **I.** *n* aleijado, -a *m, f* **II.** *vt* aleijar; *fig* frustrar

crippling *adj* (*injury, illness*) incapacitante; *fig* (*fear, debt*) desgraçado, -a

crisis ['kraɪsɪs] <crises> *n* crise *f*; **to go through a ~** passar por uma crise

crisp [krɪsp] **I.**<-er, -est> *adj* **1.**(*bacon*) crocante; (*snow*) que se esfacela **2.**(*apple, lettuce*) fresco, -a; **a ~ new dollar bill** uma nota novinha de dólar **3.**(*sharp*) firme **4.**(*weather*) ~, **cold air** ar frio e seco **II.** *n Brit* (*potato chips*) batata *f* frita (de pacote)

criterion [kraɪ'tɪriən, *Brit*: -'tɪər-] <-ria> *n* critério *m*

critic ['krɪtɪk, *Brit*: -tɪk] *n* crítica *f*; **a ~ of sth** uma crítica de a. c.

critical ['krɪtɪkl, *Brit*: 'krɪt-] *adj* crítico, -a; **to be ~ of sb** criticar alguém

criticism ['krɪtɪsɪzəm, *Brit*: 'krɪt-] *n* crítica *f*; **to take ~** aceitar críticas

criticize ['krɪtɪsaɪz, *Brit*: 'krɪt-] *vt, vi* criticar; **to ~ sb for sth** [*o for doing sth*] criticar alguém por (fazer) a. c.

croak [kroʊk, *Brit*: krəʊk] **I.** *vi* **1.**(*crow*) grasnar; (*frog*) coaxar **2.** *sl* (*die*) esticar as canelas **II.** *vt* falar com voz rouca **III.** *n* (*crow*) grasnido *m*; (*frog*) coaxo *m*

Croat ['kroʊæt, *Brit*: 'krəʊ-] *n* croata *mf*

Croatia [kroʊ'eɪʃə, *Brit*: krəʊ'eɪʃɪə] *n* Croácia *f*

Croatian *adj* croata

crochet *n* crochê *m*

crockery ['krɑːkəri, *Brit*: 'krɒk-] *n no pl, Brit* (*dishes*) louça *f*

crocodile ['krɑːkədaɪl, *Brit*: 'krɒk-] <-(s)> *n* crocodilo *m*

crocus <-es> *n* açafrão *m*

crook [krʊk] *n* **1.** *inf* (*criminal*) vigarista *mf* **2.** (*shepherd's staff*) cajado *m*

crooked ['krʊkɪd] *adj* **1.** (*not straight*) torto, -a **2.** *inf* (*dishonest*) desonesto, -a

crop [krɑːp, *Brit*: krɒp] **I.** *n* colheita *f*, plantio *m* **II.** *vi* **to ~ up** surgir

cross [krɑːs, *Brit*: krɒs] **I.** *vt* **1.**(*go across: road, threshold*) atravessar; (*desert, river, sea*) cruzar; **to ~ one's mind** *fig* passar pela cabeça **2.**(*place crosswise*) **to ~ one's legs** cruzar as pernas; **to ~ one's fingers** cruzar os dedos **3.** BIO cruzar; **to ~ sth with sth** cruzar a. c. com a. c. **4.**(*mark with a cross*) fazer uma cruz **II.** *vi* **1.**(*intersect*) cruzar **2.**(*go across*) atravessar **III.** *n* **1.** *a.* REL cruz *f* **2.**(*crossing: of streets, roads*) cruzamento *m* **3.** BIO cruzamento *m*; **a ~ between a donkey and a horse** um cruzamento entre um burro e um cavalo **4.**(*mixture*) misto *m* **IV.** *adj* bravo, -a; **to be ~ about sth** estar bravo [*ou* zangado] com a. c.

♦ **cross off** *vt* **to cross sth/sb off a list** riscar a. c./alguém de uma lista

crossbar *n* barra *f*; (*of goal*) travessão *m*; (*of bicycle*) quadro *m*

cross-country *adj* cross-country

cross-eyed *adj* vesgo, -a

crossing *n* cruzamento *m*, travessia *f*; **railroad** [*o Brit* **level**] ~ cruzamento *m* de nível; **border** ~ (*place*) local para atravessar a fronteira; (*act*) cruzamento de fronteiras; **pedestrian ~** faixa de pedestre

cross purposes *n* **at ~** não se entender direito

cross-reference *n* referência *f* cruzada

crossroads *n inv* encruzilhada *f* **cross-section** *n* corte *m* transversal; (*in statistics*) amostra *f* representativa **crossword** (**puzzle**) *n* palavras-cruzadas *fpl*

crotch [krɑːtʃ, *Brit*: krɒtʃ] <-es> *n* **1.** virilha *f* **2.**(*in trousers*) fundilhos *mpl*

crouch [kraʊtʃ] *vi* **to ~ (down)** agachar-se; **to be ~ing** estar agachado

crow [kroʊ, *Brit*: krəʊ] *n* corvo *m*; **as the ~ flies** *fig* em linha reta

crowbar *n* pé de cabra *m*

crowd [kraʊd] **I.** *n* + *sing/pl vb* **1.**(*many people*) multidão *f*; **~s of people attended** uma multidão de pessoas esteve presente; **there was quite a ~** havia uma multidão e tanto **2.**(*audience*) público *m* **3. the ~** *pej* (*average people*) a massa *f*; **to stand out from the ~** *fig* destacar-se na multidão **II.** *vt* aglomerar; **to ~ the streets/a stadium** tomar as ruas/um estádio

crowded *adj* repleto, -a; ~ **together** aglomerados; **the bar was** ~ o bar estava apinhado de gente

crown [kraʊn] **I.** *n* coroa *f*; **the Crown** (*monarchy*) a Coroa **II.** *vt* coroar; **to ~ sb queen** coroar alguém rainha

crucial ['kruʃl] *adj* (*decisive*) crucial; (*moment*) decisivo, -a; **it is ~ that ...** é fundamental que ... +*subj*

crucifix [ˌkrusɪˈfɪks] <-es> *n* crucifixo *m*

crucifixion [ˌkrusɪˈfɪkʃn] *n* crucificação *f*

crucify ['krusɪfaɪ] <-ie-> *vt* crucificar

crude [kru:d] *adj* **1.** (*unrefined*) bruto, -a; (*oil*) cru(a) **2.** (*vulgar*) grosseiro, -a

cruel [krʊəl] <-(l)ler, -(l)lest> *adj* cruel; **to be ~ to sb** ser cruel com alguém

cruelty ['krʊəlti] <-ies> *n* crueldade *f*; ~ **to** [*o* **towards**] **sb/sth** crueldade com alguém/a. c.

cruise [kru:z] **I.** *n* cruzeiro *m*; ~ **ship** navio *m* de cruzeiro **II.** *vi* fazer um cruzeiro; (*in car*) circular lentamente

cruiser ['kru:zər, *Brit:* -ər] *n* **1.** (*warship*) cruzador *m* **2.** (*pleasure boat*) cruzeiro *m*

crumb [krʌm] **I.** *n* **1.** (*of bread*) miolo *m* de pão **2.** (*small amount*) migalha *f*; **a small ~ of ...** um pouco de ... **II.** *interj* droga!

crumble ['krʌmbl] **I.** *vt* **1.** (*bread, cookie*) esfarelar **2.** (*stone, cheese*) esfacelar **II.** *vi* (*empire*) desmoronar; (*plaster, stone*) esfacelar-se

crumbly *adj* que se esfarela fácil

crumple ['krʌmpl] *vt* amarrotar; **to ~ sth up** amassar a. c.

crunch [krʌntʃ] **I.** *vt* **1.** (*in mouth*) mastigar (com barulho) **2.** (*grind*) moer **II.** *vi* moer

crunchy <-ier, -iest> *adj* crocante

crusade [kru:'seɪd] *n* **1.** REL, HIST cruzada *f* **2.** *fig* cruzada *f*; **a ~ for/against sth** uma cruzada por/contra a. c.

crush [krʌʃ] **I.** *vt* **1.** (*compress*) esmagar; **to be ~ed together** ser espremido junto; **to be ~ed to death** morrer esmagado **2.** (*grind*) moer; ~**ed ice** gelo picado **3.** (*shock severely*) arrasar **4.** (*revolt*) reprimir **II.** <-es> *n* **1.** *no pl* (*throng*) aglomeração *f*; **there was a great ~** havia uma grande aglomeração **2.** *inf* (*infatuation*) atração *f*; **to have a ~ on sb** ter uma atração por alguém

crushing **I.** *n* compressão *f* **II.** *adj* arrasador(a)

crust [krʌst] *n* GASTR, BOT (*a. external layer*) crosta *f*; (*of bread*) casca *f*; **a ~ of ice/dirt** uma crosta de gelo/sujeira; ~ **of the Earth** GEO crosta *f* terrestre

crutch [krʌtʃ] <-es> *n* MED muleta *f*

cry [kraɪ] **I.** <-ie-> *vi* **1.** (*weep*) chorar; **to ~ for joy** chorar de alegria **2.** (*shout*) gritar; (*animal*) uivar; **to ~ for help** gritar por socorro **II.** <-ie-> *vt* gritar **III.** *n* **1.** *no pl* (*weeping*) choro *m*; **to have a ~** chorar; **to ~ one's eyes** [*o* **heart**] **out** chorar até não poder mais **2.** (*shout*) grito *m* **3.** ZOOL uivo *m*

cry-baby *n* chorão, -ona *m, f*

crypt [krɪpt] *n* cripta *f*

cryptic ['krɪptɪk] *adj* enigmático, -a

crystal ['krɪstl] **I.** *n* cristal *m* **II.** *adj* cristalino, -a

cub [kʌb] *n* filhote *m*

Cuba ['kju:bə] *n* Cuba *f*

Cuban *adj* cubano, -a

cube [kju:b] *n* cubo *m*; **ice ~** cubo *m* de gelo; **sugar ~** torrão *m* de açúcar

cubic ['kju:bɪk] *adj* cúbico, -a

cubicle ['kju:bɪkl] *n* (*in shops*) provador *m*; (*in bathroom*) boxe *m*

Cub Scout *n* lobinho *m*

cuckoo ['ku:ku:, *Brit:* 'kʊku:] *n* cuco *m*

cucumber ['kju:kʌmbər, *Brit:* -ər] *n* pepino *m*; (**as**) **cool as a ~** *inf* ter sangue de barata

cuddle ['kʌdl] **I.** *vi* abraçar; **to ~ with sb** aconchegar-se a alguém **II.** *n* aconchego *m*; **to give sb a ~** dar um afago em alguém

cuddly <-ier, -iest> *adj* mimoso, -a; ~ **toy** bichinho *m* de pelúcia

cue [kju:] *n* **1.** THEAT deixa *f* **2.** (*billiards*) taco *m*; ~ **ball** bola *f* branca

cuff [kʌf] **I.** *n* **1.** (*on sleeve*) punho *m*; **off the ~** *fig* de improviso **2.** (*slap*) tapinha *m* **II.** *vt* (*slap playfully*) dar um tapinha

Cuisinart® *n* processador *m* de alimentos

cuisine [kwɪˈzi:n] *n* *no pl* culinária *f*

cul-de-sac ['kʌldəsæk] <-s *o* culs-de-sac> *n* a. *fig* beco *m* sem saída

culinary ['kʌləneri, *Brit:* -lɪ-] *adj* culinário, -a

culprit ['kʌlprɪt] *n* culpado, -a *m, f*

cult [kʌlt] *n* **1.** (*worship*) culto *m*; **fitness ~** culto ao corpo **2.** (*sect*) seita *f*

cultivate ['kʌltəveɪt, *Brit:* -tɪ-] *vt* a. *fig*

cultivar

cultivated *adj* 1. AGR cultivado, -a 2. (*person*) culto, -a

cultivation [ˌkʌltəˈveɪʃn, *Brit:* -ɪˈ-] *n no pl* 1. AGR cultivo *m*; **to be under ~** estar em cultivo 2. (*of a person*) refinamento *m*

cultural [ˈkʌltʃərəl] *adj* cultural

culture [ˈkʌltʃər, *Brit:* -əʳ] I. *n* 1. (*way of life*) cultura *f*; **corporate ~** cultura empresarial 2. *no pl* (*arts*) cultura *f* 3. AGR cultivo *m* II. *vt* cultivar

cultured *adj* 1. ~ **pearl** pérola cultivada 2. (*intellectual*) culto, -a

culture schock *n no pl* choque *m* cultural

cumbersome [ˈkʌmbəsəm] *adj* (*hard to carry*) volumoso, -a; (*slow*) pesadão; (*too complicated: phrase, procedure, method*) enrolado, -a

cunning [ˈkʌnɪŋ] I. *adj* engenhoso, -a II. *n no pl* esperteza *f*

cunt [kʌnt] *n vulg* 1. boceta *f* 2. (*despicable person*) escroto, -a *m, f*

cup [kʌp] *n* 1. (*container*) xícara *f*; **egg ~** porta-ovo *m*; **paper ~** copo *m* de papel; **that's not my ~ of tea** não é a minha praia, não faz o meu gênero 2. (*trophy*) taça *f*; **the World Cup** Copa do Mundo

cupboard [ˈkʌbərd, *Brit:* -əd] *n* armário *m*; **built-in ~** armário embutido

curator [ˈkjʊreɪtəʳ, *Brit:* kjʊəˈreɪtəʳ] *n* curador(a) *m(f)*

curb [kɜːrb, *Brit:* kɜːb] I. *n Am* meio-fio *m* II. *vt* conter

cure [ˈkjʊr, *Brit:* kjʊəʳ] I. *vt* 1. MED, GASTR curar 2. (*leather*) curtir II. *vi* curar; (*meat, fish*) defumar III. *n* cura *f*

curfew [ˈkɜːrfjuː, *Brit:* ˈkɜːf-] *n* toque *m* de recolher

curiosity [ˌkjʊriˈɑːsəti, *Brit:* ˌkjʊəriˈɒs-əti] <-ies> *n* curiosidade *f*; **~ killed the cat** *prov* a curiosidade matou o gato

curious [ˈkjʊriəs, *Brit:* ˈkjʊər-] *adj* curioso, -a; **it is ~ that** é curioso que +*subj*

curl [kɜːrl, *Brit:* kɜːl] I. *n* cacho *m* II. *vt* cachear, enrolar; **to ~ oneself up** sentar-se encolhido

curly <-ier, -iest> *adj* (*hair*) encaracolado, -a

currant [ˈkɜːrənt, *Brit:* ˈkʌr-] *n* groselha *f*; **black ~** cassis *m*

currency [ˈkɜːrənsi, *Brit:* ˈkʌr-] <-ies> *n* 1. FIN moeda *f*; **foreign ~** moeda *f* estrangeira; **hard ~** moeda *f* forte 2. *no pl* (*acceptance*) aceitação *f*

current [ˈkɜːrənt, *Brit:* ˈkʌr-] I. *adj* atual II. *n a.* ELEC corrente *f*

current affairs *npl* atualidades *fpl*

currently *adv* 1. (*at present*) atualmente 2. (*commonly*) correntemente, habitualmente

curriculum [kəˈrɪkjələm] <-a *o* -s> *n* currículo *m* escolar

curry[1] [ˈkɜːri, *Brit:* ˈkʌri] <-ies> *n* curry *m*

curry[2] *vt* **to ~ favor with sb** bajular alguém

curse [kɜːrs, *Brit:* kɜːs] I. *vi* 1. (*swear*) xingar 2. (*blaspheme*) rogar pragas II. *vt* 1. (*swear at*) xingar; **to ~ sb out** *inf* xingar alguém 2. (*damn*) amaldiçoar; **~ it!** maldito! III. *n* 1. (*oath*) praga *m*; **to let out a ~** rogar uma praga 2. (*evil spell*) maldição *f*; **to put a ~ on sb** amaldiçoar alguém

curtain [ˈkɜːrtn, *Brit:* ˈkɜːtn] *n a. fig a.* THEAT cortina *f*; **to draw the ~s** fechar as cortinas; **to raise/lower the ~** levantar/baixar a cortina

curve [kɜːrv, *Brit:* kɜːv] I. *n a.* MAT curva *f* II. *vi* curvar(-se); (*path, road*) fazer uma curva; **to ~ around to the left** dobrar para a esquerda

cushion [ˈkʊʃn] *n* almofada *f*

cushy [ˈkʊʃi] <-ier, -iest> *adj inf* muito fácil; **a ~ job** uma sopa

custard [ˈkʌstərd, *Brit:* -təd] *n no pl* GASTR creme *m* (de baunilha)

custody [ˈkʌstədi] *n no pl* LAW 1. (*care, guardianship*) custódia *f*, guarda *f*, tutela *f*; **to be in the ~ of sb** estar sob a tutela de alguém; **~ of one's child** guarda do filho 2. (*prison*) **the suspect is in ~** o suspeito está preso

custom [ˈkʌstəm] *n* 1. (*tradition*) costume *m* 2. *no pl, Brit* (*clientele*) clientela *f*

customary [ˈkʌstəmeri, *Brit:* -məri] *adj* 1. (*traditional*) consuetudinário, -a, habitual; **it is ~ to** +*infin* é costume +*infin* 2. (*usual*) habitual

customer [ˈkʌstəməʳ, *Brit:* -əʳ] *n* cliente *mf*; **regular ~** cliente habitual

cut [kʌt] I. *n* 1. (*incision*) *a.* FASHION corte *m* 2. (*gash, wound*) corte *m* 3. (*decrease*) redução *f*; **a ~ in staff** um corte de pessoal II. *adj* cortado, -a; (*glass, diamond*) lapidado, -a III. <cut, cut, -tt-> *vt* 1. (*make an incision*) cortar; **to have one's hair ~** cortar o cabelo **2.**(*saw down: trees*) derrubar **3.**(*decrease: jobs, prices*) reduzir **4.**(*cease*) parar; **~ all this noise!** chega deste barulho! **IV.** <cut, cut, -tt-> *vi Am* **to ~ (in line)** furar a fila

◆ **cut back** *vt* **1.** fazer cortes; **to ~ (on) sth** fazer cortes em a. c. **2.**(*expenses*) reduzir

◆ **cut down I.** *vt* **1.**(*tree*) derrubar **2.**(*reduce*) reduzir; **to ~ expenses** reduzir as despesas **II.** *vi* **to ~ on sth** diminuir a. c.; **to ~ on smoking** fumar menos

◆ **cut in** *vi* (*interrupt*) **to ~ (on sb)** interromper (alguém)

◆ **cut off** *vt* **1.**(*sever*) a. ELEC, TEL cortar **2.**(*amputate*) amputar **3.**(*stop talking*) interromper **4.**(*separate, isolate*) isolar; **to be ~ by the snow** ficar ilhado pela neve **5.**(*with car, bike*) dar uma fechada

◆ **cut out** *vt* **cut it/that out!** para com isso!

cute [kju:t] *adj inf* fofinho, -a, gracinha; (*f*)
cutlery ['kʌtləri] *n no pl* talheres *fpl*
cutlet *n* costeleta *f*
cutthroat competition *n* competição *f* feroz
cutting I. *n* **1.** *pl* partes *fpl* cortadas **2.**(*from plant*) muda *f*; *Brit* (*from newspaper*) recorte *m* **II.** *adj* mordaz
CV [ˌsiːˈviː] *n abbr of* **curriculum vitae** CV *m*
cybercafé ['saɪbər-, *Brit:* -bə-] *n* cibercafé *m* **cybercash** *n no pl* pagamento *m* digital **cybermall** ['saɪbərˌmɔːl, *Brit:* 'saɪbə-] *n no pl* shopping center *m* virtual **cyberspace** *n no pl* ciberespaço *m*, espaço *m* virtual **cybersquatter** ['saɪbərˌskwɑːtər, *Brit:* 'saɪbəˈskwɒtəʳ] *n pej* COMPUT cibergrileiro, -a *m, f* **cyberworld** ['saɪbərwɜːrld, *Brit:* 'saɪbəwɜːld] *n no pl, inf* COMPUT (*the Internet*) mundo *m* virtual
cycle[1] ['saɪkl] **I.** *n* bicicleta *f* **II.** *vi* andar de bicicleta
cycle[2] *n* ciclo *m*
cyclic ['saɪklɪk] *adj*, **cyclical** ['saɪklɪkl] *adj* cíclico, -a
cycling *n no pl* SPORTS ciclismo *m*
cyclist *n* SPORTS ciclista *mf*
cyclone ['saɪkloʊn, *Brit:* -kləʊn] *n* METEO ciclone *m*
cylinder ['sɪlɪndər, *Brit:* -əʳ] *n* cilindro *m*

cymbals ['sɪmblz] *n pl* pratos *mpl*
cynic ['sɪnɪk] *n* cínico, -a *m, f*
cynical ['sɪnɪkl] *adj* cínico, -a
cynicism ['sɪnɪsɪzəm] *n no pl* cinismo *m*
Cypriot ['sɪpriət] *adj* cipriota
Cyprus ['saɪprəs] *n* GEO Chipre *m*
cyst *n* cisto *m*
czar [zɑːr, *Brit:* zɑːʳ] *n Am* czar *m*
Czech [tʃek] *adj* tcheco, -a
Czech Republic *n* República *f* Tcheca

D

D, d [diː] *n* **1.**(*letter*) d *m*; **~ as in dog** *Am*, **~ for David** *Brit* d de dado **2.** MUS ré *m*
DA [ˌdiːˈeɪ] *n Am abbr of* **District Attorney** promotor(a), -a público *m*
dab [dæb] <-bb-> *vt* tocar [*ou* bater] de leve; **~ a paintbrush against the surface** bater o pincel de leve na superfície; **I ~bed on some perfume** eu passei um pouco de perfume; **she ~bed a bit of powder on her nose** ela passou um pouco de pó de arroz no nariz
dabble ['dæbl] <-ling> *vi* **to ~ in sth** dedicar-se superficialmente a a. c.
dad ['dæd] *n inf* papai *m*
daddy ['dædi] *n childspeak, inf* papai *m*
daffodil ['dæfədɪl] *n* narciso *m*
daft [dæft, *Brit:* dɑːft] *adj esp Brit, inf* idiota; **to be ~ about sth** ficar [*ou* ser] bobo com a. c.
dagger ['dægər, *Brit:* -əʳ] *n* adaga *f*, punhal *m*; **to look ~s at sb** olhar alguém com raiva
dahlia ['dælja, *Brit:* 'deɪlɪə] *n* dália *f*

> **Culture** O **Dáil** é a câmara baixa do **Oireachtas**, o parlamento da **Irish Republic**. Tem 166 deputados, eleitos democraticamente para um mandato de cinco anos. A câmara alta, o **Seanad** (Senado),

> consta de 60 senadores, dos quais 11 são nomeados pelo **taoiseach** (primeiro- ministro), 6 pelas universidades irlandesas e outros 43 são indicados de forma que todos os interesses profissionais, culturais e econômicos estejam representados.

daily ['deɪli] I. *adj* diário, -a; **on a ~ basis** diariamente; **to earn one's ~ bread** *inf* ganhar o pão de cada dia II. *adv* diariamente; **twice ~** duas vezes ao dia III. <-ies> *n* PUBL diário *m*

dainty ['deɪnti] <-ier, -iest> *adj* (*child*) delicado, -a; (*dish*) refinado, -a

dairy ['deri, *Brit:* 'deəri] *n* 1. *Am* (*farm*) (fazenda) *f* de gado leiteiro 2. *Brit* (*shop*) leiteria *f*

dairy products *npl* laticínios *mpl*

daisy ['deɪzi] <-ies> *n* margarida *f*; **to smell as fresh as a ~** cheirar a rosas

dally ['dæli] <-ie-> *vi* perder tempo, flertar; **to ~ over sth** perder tempo com a. c.; **to ~ with sb** flertar com alguém

dam [dæm] I. *n* represa *f* II. <-mm-> *vt* represar

damage ['dæmɪdʒ] I. *vt* (*building, object*) danificar; (*health, reputation*) prejudicar II. *n no pl* 1. (*harm: to environment*) prejuízo *m*; (*to objects*) estrago *m*; (*to pride, reputation*) dano *m* 2. *pl* LAW perdas *f* e danos

dame [deɪm] *n* 1. *Am, pej, inf* (*woman*) dama *f*, senhora *f* 2. *Brit* (*title*) Dama *f*

damn [dæm] *inf* I. *interj* droga! II. *adj* maldito, -a; **to be a ~ fool** ser um grande idiota III. *vt* 1. (*curse*) praguejar; **~ it!** droga! *inf* 2. REL amaldiçoar, condenar; **~ every man to be the slave of fear** condenar todos os homens a serem escravos do medo IV. *adv* **~ all** *Brit* danem-se *inf*; **to be ~ lucky** ter a maior sorte V. *n no pl* **I don't give a ~!** não estou nem aí!, estou me lixando! *inf*

damnation [dæm'neɪʃn] *n no pl a.* REL condenação *f*; (*eternal*) danação *f*

damned *adj inf* danado, -a

damp [dæmp] I. *adj* úmido, -a II. *n no pl, Brit, Aus* umidade *f*, neblina *f* III. *vt* 1. (*make wet*) umedecer 2. (*extinguish*) **to ~ a fire** extinguir o fogo

dampen ['dæmpən] *vt* 1. (*moisten*) umedecer 2. (*deaden*) **to ~ sb's enthusiasm** refrear o entusiasmo de alguém, jogar água fria (no entusiasmo de alguém) *inf*; **to ~ sth down** abafar a. c.

dampness *n no pl* umidade *f*

dance [dæns, *Brit:* dɑːnts] I. <-cing> *vi, vt* dançar; **to ~ with joy** pular de alegria II. *n* dança *f*, baile *m*

dance music *n no pl* música *f* para dançar

dancer ['dænsər, *Brit:* 'dɑːntsər] *n* dançarino, -ina *m, f*

dancing *n no pl* dança *f*; **to go ~** ir dançar

dandelion ['dændəlaɪən, *Brit:* -dɪ-] *n* dente-de-leão *m*

dandruff ['dændrəf, *Brit:* -drʌf] *n no pl* caspa *f*

dandy ['dændi] I. <-ies> *n* dândi *m* II. <-ier, -iest> *adj Am* excelente

Dane [deɪn] *n* dinamarquês, -esa *m, f*

danger ['deɪndʒər, *Brit:* -ər] *n* perigo *m*; **~ to sb/sth** perigo para alguém/a. c.; **to be in ~** estar em perigo; **to be in ~ of (doing) sth** correr o risco de (fazer) a. c.

dangerous ['deɪndʒərəs] *adj* perigoso, -a; **~ to sb/sth** perigoso para alguém/ a. c.

dangle ['dæŋgl] I. <-ling> *vi* pender; **she had big earrings dangling from her ear** grandes brincos pendiam de suas orelhas II. <-ling> *vt fig* **to ~ sth before sb** tentar alguém com a. c.

Danish ['deɪnɪʃ] *adj* dinamarquês, -esa

dank [dæŋk] *adj* frio e úmido, -a

Danube ['dænjuːb] *n* Danúbio *m*

dapper ['dæpər, *Brit:* -ər] *adj* garboso, -a

dare [der, *Brit:* deər] *vt* 1. (*risk doing*) **don't you ~!** não se atreva!; **how ~ you!** como se atreve!; **to (not) ~ to do sth** (não) atrever-se a fazer a. c. 2. (*challenge*) **~ sb (to do sth)** desafiar alguém (a fazer a. c.) 3. **I ~ say** devo dizer que

daring I. *adj* 1. (*courageous*) audacioso, -a 2. (*provocative: dress*) provocante *m* II. *n no pl* audácia *f*

dark [dɑːrk, *Brit:* dɑːk] I. *adj* 1. (*without light, black*) escuro, -a; **~ chocolate** *Am, Aus* chocolate *m* preto; **to look on the ~ side of things** ver o lado pior das coisas 2. (*complexion*) moreno, -a; (*hair*) escuro, -a 3. (*color*) **~ blue** azul--escuro 4. *fig* secreto, -a II. *n no pl* escuro *m*; **to be afraid of the ~** ter medo

Dark Ages

da escuridão; **to do sth after ~** fazer a. c. depois que o dia escurecer; **to keep sb in the ~ about sth** manter alguém desinformado de a. c.

Dark Ages *npl* HIST **the ~** a Idade *f* Média (*de 500 d.C. a 1000 d.C.*); *fig* idade *f* da ignorância

darken ['dɑːrkən, *Brit*: 'dɑːk-] *vi* escurecer; (*sky*) anuviar-se; *fig* entristecer(-se)

darkness *n no pl* escuridão *f*

darkroom *n* câmara *f* escura

darling ['dɑːrlɪŋ, *Brit*: 'dɑːl-] *n* **1.** (*dear*) querido, -a *m, f;* **oh ~, I love you** minha querida, eu te amo **2.** (*favorite*) favorito, -a *m, f;* **the king's ~** o favorito do rei

darn [dɑːrn, *Brit*: dɑːn] *vt* **to ~ a sock/ hole** remendar uma meia/um buraco

dart [dɑːrt, *Brit*: dɑːt] **I.** *n* **1.** (*arrow*) dardo *m;* **to play ~s** jogar dardos **2.** (*movement*) **to make a ~ for sth** disparar em direção a a. c. **II.** *vi* **to ~ for sth** precipitar-se em direção a a. c.

dash [dæʃ] **I.** <-es> *n* **1.** (*rush*) **to make a ~ for it** precipitar-se em direção a a. c. **2.** (*pinch*) **a ~ of color** uma pincelada *f* de cor; **a ~ of rain** uma pancada *f* de chuva **3.** TYP travessão *m* **II.** *vi* **1.** (*move quickly*) disparar; **~ upstairs** disparar escada acima **2.** (*hit*) chocar-se; **waves ~ed against the breakwater** as ondas chocavam-se contra o quebra-mar **III.** *vt* **1.** (*thrust*) arremessar; **the wave ~ed the ship against the rocks** a onda arremessou o navio contra as rochas **2.** *fig* (*hopes*) frustrar **3.** (*do quickly*) **to ~ off a letter** rabiscar uma carta

dashboard *n* painel *m* de instrumentos

dashing *adj* arrojado, -a

DAT [dæt] *n abbr of* **digital audio tape** DAT *m*

data ['deɪtə, *Brit*: 'deɪtə] *n* + *sing/pl vb* a. INFOR dados *mpl*

database *n* banco *m* de dados **data cable** *n* COMPUT cabo *m* de dados **data processing** *n no pl* processamento *m* de dados

date¹ [deɪt] **I.** *n* **1.** (*calendar day*) data *f;* **to be out of ~** estar fora de moda [*ou* desatualizado]; **to be up to ~** estar atualizado; **what ~ is it today?** que dia é hoje? **2.** (*appointment*) encontro *m;* **to make a ~ with sb** marcar um encontro com alguém **3.** *Am, inf* (*person*)

dazzle

namorado, -a *m, f* **II.** *vt* **1.** (*recognize age of*) datar **2.** *Am, inf* (*have relationship with*) **to ~ sb** namorar alguém **III.** *vi* **to ~ back to** datar de

date² *n* (*fruit*) tâmara *f;* (*tree*) tamareira *f*

dated ['deɪtɪd, *Brit*: -tɪd] *adj* obsoleto, -a

daub [dɑːb, *Brit*: dɔːb] *vt* **to ~ a wall with plaster** rebocar uma parede; **to ~ his fingers with ink** borrar os dedos com tinta

daughter ['dɑːtər, *Brit*: 'dɔːtə'] *n* filha *f*

daughter-in-law <daughters-in-law> *n* nora *f*

daunting [dɑːntɪŋ, *Brit*: dɔːn-] *adj* assustador(a)

dawdle ['dɑːdl, *Brit*: 'dɔː-] *vi* (*time*) perder tempo; (*movement*) flanar

dawn [dɑːn, *Brit*: dɔːn] **I.** *n* madrugada *f,* aurora *f; fig* começo *m;* **at ~** de madrugada **II.** *vi* **1.** (*grow light*) amanhecer **2.** *fig* (*become known*) ocorrer, dar-se conta (de que ...); **it ~ed on him that ...** ocorreu-lhe que ..., ele se deu conta de que ...

day [deɪ] *n* dia *m;* (*working period*) dia *m* útil; **~ after ~, ~ by ~** dia a dia; **~ in ~ out** dia após dia; **all ~** (**long**) o dia inteiro; **any ~ now** qualquer dia desses; **by ~** de dia; **from one ~ to the next** de um dia para o outro; **from that ~ on**(**wards**) de um dia em diante; **in the** (**good**) **old ~s** nos velhos (bons) tempos; **in this ~ and age** atualmente; **the ~ after tomorrow** depois de amanhã; **the ~ before yesterday** anteontem; **to call it a ~** parar de fazer a. c.; **to have a ~ off** ter um dia de folga; **to have seen better ~s** ter tido uma vida melhor; **two ~s ago** dois dias atrás

daybreak *n no pl* aurora *f*

daydream I. *vi* sonhar acordado **II.** *n* devaneio *m*

daylight *n* **1.** *no pl* luz *f* do dia; **in broad ~** em plena luz do dia **2.** *fig, inf* **to scare the living ~s out of sb** apavorar alguém

daytime *n* dia *m;* **in the ~** de dia

day-to-day *adj* (*events*) cotidiano, -a, do dia a dia; **life lived on a ~ basis** vida vivida no dia a dia

daze [deɪz] **I.** *n* **to be in a ~** estar atordoado, -a **II.** *vt* atordoar

dazzle ['dæzl] *vt* deslumbrar; **to ~ sb with sth** deixar alguém deslumbrado

com a. c.; (*brightness*) ofuscar
dB *abbr of* **decibel** db.
deacon ['diːkən] *vt* diácono *m*
dead [ded] I. *adj* a. *fig* (a. *town*) morto, -a; (*fire*) extinto, -a; (*numb*) mudo, -a; **as ~ as a doornail** mortinho da Silva *inf*; **she wouldn't be seen ~ wearing that** *inf* nem morta ela usaria isso; **to be a ~ loss** ser uma perda total II. *n* **in the ~ of night** no meio da noite; **the ~** os mortos *mpl* III. *adv inf* **to be ~ set on sth** estar totalmente fixado em a. c.
deaden ['dedən] *vt* (*noise*) abafar; (*pain*) aliviar
dead-end *n* beco *m* sem saída; **~ job** emprego *m* sem perspectivas
deadline *n* prazo *m*
deadlock *n* **to reach a ~** chegar a um impasse
deadly ['dedli] <-ier, -iest> *adj* **1.** mortal **2.** *inf* **~ boring** chato de doer *inf*
Dead Sea *n* Mar *m* Morto
deaf [def] I. *adj* surdo, -a; **to be ~ to sth** *fig* ser insensível a a. c.; **to go ~** ficar surdo II. *npl* **the ~** os surdos *mpl*
deafen ['defən] *vt* ensurdecer
deafening *adj* ensurdecedor(a)
deaf-mute *n* surdo-mudo, -a *m, f*
deafness *n no pl* surdez *f*
deal[1] [diːl] *n no pl* (*large amount*) quantidade *f*; **a great ~ of effort** bastante esforço; **a great ~ (of sth)** uma grande quantidade (de a. c.)
deal[2] I. *n* **1.** (*agreement*) acordo *m*; COM negócio *m*; **it's no big ~!** *fig*, *inf* não é nada demais!; **to make a ~ (with sb)** fazer um trato com alguém **2.** (*of cards*) rodada *f*, mão *f* II. <dealt, dealt> *vi* **to ~ in** sth negociar a. c. III. <dealt, dealt> *vt* (*cards*) dar as cartas; **to ~ sb a blow** dar um golpe em alguém
◆ **deal with** *vt* (*person*) lidar com; (*problem*) resolver
dealer ['diːlər, *Brit*: -ə[r]] *n* **1.** COM negociante *mf*; **drug ~** traficante *mf* **2.** GAMES (*in cards*) carteador(a) *m(f)*
dealing *n* COM negócio *m*; **to have ~s with sb** *fig* fazer negócios com alguém
dealt [delt] *pt, pp of* **deal**
dean [diːn] *n* **1.** UNIV reitor(a) *m(f)* **2.** REL deão *m*
dear [dɪr, *Brit*: dɪə[r]] I. *adj* **1.** (*much loved*) querido, -a; (*in letters*) caro, -a *form*, prezado, -a **2.** (*expensive*) caro, -a II. *interj inf* **oh ~!** ah, meu Deus!
dearly *adv* **1.** (*very*) muito **2.** *fig* **he paid ~ for his success** ele pagou caro pelo sucesso
dearth [dɜːrθ, *Brit*: dɜːθ] *n no pl* escassez *f*
death [deθ] *n* morte *f*; **to be at ~'s door** estar à beira da morte; **to be bored to ~ with sth** estar morrendo de tédio com a. c.; **to put sb to ~** executar alguém
deathbed *n* leito *m* de morte **death certificate** *n* certidão *f* de óbito **death penalty** *n* pena *f* de morte **death row** *n Am* corredor *m* da morte (*celas dos condenados*) **death sentence** *n* pena *f* de morte **death squad** *n* esquadrão *m* da morte
debacle [dɪ'bɑːkl, *Brit*: deɪ'-] *n* débâcle *f*
debar [dɪ'bɑːr, *Brit*: -'bɑː[r]] <-rr-> *vt* excluir; **custom ~s certain persons from marriage** os costumes excluem algumas pessoas do casamento, proibir; **you are ~red from holding public offices** você está proibido de exercer cargos públicos
debase [dɪ'beɪs] *vt* degradar
debatable [dɪ'beɪtəbl, *Brit*: -təbl] *adj* discutível
debate [dɪ'beɪt] I. *n no pl* debate *m* II. *vt, vi* debater
debauchery [dɪ'bɔːtʃəri, *Brit*: 'bɔː-] *n no pl* libertinagem *f*
debilitate [dɪ'bɪlɪteɪt] *vt* debilitar
debilitating *adj* debilitante
debility [dɪ'bɪləti, *Brit*: -ti] *n no pl* debilidade *f*
debit ['debɪt] *n* débito *m*
debris [də'briː, *Brit*: 'deɪbriː] *n no pl* escombros *mpl*
debt [det] *n* dívida *f*; **to be in ~** estar devendo; **to be in ~ to sb, in sb's ~** dever um favor a alguém
debtor ['detər, *Brit*: 'detə[r]] *n* devedor(a) *m(f)*
debug [ˌdiː'bʌg] <-gg-> *vt* INFOR depurar
debunk [diː'bʌŋk] *vt* desmascarar
debut [deɪ'bjuː, *Brit*: 'deɪbjuː] *n* estreia *f*; **to make one's ~** fazer a estreia
decade ['dekeɪd] *n* década *f*
decadence ['dekədəns] *n no pl* decadência *f*
decadent ['dekədənt] *adj* decadente
decaffeinated [ˌdiː'kæfɪneɪtɪd] *adj* descafeinado, -a
decanter [dɪ'kæntər, *Brit*: -ə[r]] *n* recipiente *m* para decantação (*garrafa de*

vidro ou cristal usada para servir vinhos, licores, etc)
decapitate [dɪˈkæpɪteɪt] *vt* decapitar
decathlon [dɪˈkæθlɑːn, *Brit*: -lən] *n* decatlo *m*
decay [dɪˈkeɪ] **I.** *n no pl* **1.** (*of food*) deterioração *f* **2.** (*dental*) cárie *f* **II.** *vi* (*building, intellect*) deteriorar; (*food*) apodrecer; (*teeth*) cariar
deceased [dɪˈsiːst] *n* falecido, -a *m, f*
deceit [dɪˈsiːt] *n* fraude *f*
deceitful [dɪˈsiːtfəl] *adj* (*attempt*) fraudulento, -a
deceive [dɪˈsiːv] *vt* enganar; **to ~ oneself** enganar a si mesmo, tapear *gír*; **to ~ sb into doing sth** tapear alguém para que faça a. c.
December [dɪˈsembər, *Brit*: -əʳ] *n* dezembro *m*; *s.a.* **March**
decency [ˈdiːsəntsi] *n* **1.** *no pl* (*respectability*) decência *f* **2.** *pl* (*approved behavior*) decoro *m*
decent [ˈdiːsənt] *adj* **1.** (*socially acceptable*) decente **2.** *inf* (*kind*) gentil
decentralize [diːˈsentrəlaɪz] *vt* descentralizar
deception [dɪˈsepʃn] *n* fraude *m*, trapaça, *f*
deceptive [dɪˈseptɪv] *adj* enganador, -a; **~ appearance** aparência enganadora
decibel [ˈdesɪbel] *n* decibel *m*
decide [dɪˈsaɪd] *vi, vt* decidir; **to ~ against (doing) sth** decidir contra (fazer) a. c.; **to ~ not to do sth** decidir não fazer a. c.; **to ~ on sth** escolher a. c.
decided [dɪˈsaɪdɪd] *adj* (*person, manner*) decidido, -a; (*improvement*) evidente; (*preference*) inegável
deciduous [dɪˈsɪdʒʊəs, *Brit*: -ˈsɪdjʊ-] *adj* (*leaves*) caduco, -a
decimal [ˈdesɪml] *adj* decimal
decimate [ˈdesɪmeɪt] *vt* dizimar
decipher [dɪˈsaɪfər, *Brit*: -əʳ] *vt* decifrar
decision [dɪˈsɪʒən] *n* **1.** (*choice*) decisão *f*; **a ~ against sth/sb** decisão contra a. c./alguém; **to make a ~ (about** [*o* **on**] **sb/sth)** tomar uma decisão (sobre alguém/a. c.) **2.** LAW decisão *f* judicial **3.** *no pl* (*resoluteness*) firmeza *f*
decision-making process *n* processo *m* decisório
decisive [dɪˈsaɪsɪv] *adj* (*action, battle, step*) decisivo, -a; (*tone*) categórico, -a
deck [dek] **I.** *n* **1.** (*of ship*) convés *m*; **to clear the ~s** *fig* preparar; **to go below ~s** ir para o convés inferior **2.** (*of bus*) andar *m* **3.** (*cards*) baralho *m* **II.** *vt* decorar; **the room was ~ed with flowers** a sala estava decorada com flores; **to ~ oneself out** enfeitar-se
deckchair *n* espreguiçadeira *f*
declamatory [dɪˈklæmətɔːri, *Brit*: -təri] *adj form* bombástico, -a
declaration [ˌdekləˈreɪʃn] *n* declaração *f*
declare [dɪˈkler, *Brit*: -əʳ] **I.** *vt* declarar; **to ~ war on sb** declarar guerra a alguém **II.** *vi* declarar-se; **to ~ for sb** declarar-se a favor de alguém
decline [dɪˈklaɪn] **I.** *vi* **1.** (*go down: civilization*) decair; (*power, influence*) diminuir; (*price*) baixar **2.** (*refuse*) recusar; **to ~ to do sth** recusar-se a fazer a. c. **II.** *n no pl* **1.** (*in price, power*) redução *f*; (*of civilization*) declínio *m*; **to be in ~** estar em decadência *f* **2.** MED enfraquecimento *m* **III.** *vt* rejeitar; **he ~d the unwanted manuscript** ele rejeitou o manuscrito indesejado
decode [ˌdiːˈkoʊd, *Brit*: -ˈkəʊd] *vi, vt* decodificar
decompose [ˌdiːkəmˈpoʊz, *Brit*: -ˈpəʊz] *vi* decompor-se
decontaminate [ˌdiːkənˈtæmɪneɪt] *vt* descontaminar
decor [ˈdeɪkɔːr, *Brit*: ˈdeɪkɔːʳ] *n* decoração *f*
decorate [ˈdekəreɪt] *vt* **1.** (*adorn*) enfeitar; **to ~ sth with sth** enfeitar a. c. com a. c. **2.** (*paint*) pintar **3.** (*honor*) condecorar
decoration [ˌdekəˈreɪʃn] *n* **1.** (*ornament*) decoração *f* **2.** (*medal*) condecoração *f*
decorative [ˈdekərətɪv, *Brit*: -tɪv] *adj* decorativo, -a
decorator [ˈdekəreɪtər, *Brit*: -təʳ] *n Am* (*interior designer*) decorador(a) *m(f)*
decorum [dɪˈkɔːrəm] *n no pl* decoro *m*
decoy [ˈdekɔɪ] *n a. fig* chamariz *m*
decrease I. [dɪˈkriːs] *vi* (*prices*) diminuir **II.** [ˈdiːkriːs] *n* queda *f*; **a ~ in price/in popularity/in number** uma queda no preço/na popularidade/no número, redução *f*; **a ~ in time/in income** uma redução de tempo/da renda
decree [dɪˈkriː] **I.** *n* decreto *m* **II.** *vt* decretar
decrepit [dɪˈkrepɪt] *adj* decrépito, -a

decry [dɪˈkraɪ] *vt form* execrar
dedicate [ˈdedɪkeɪt] *vt* **to ~ oneself to sth** dedicar-se a a. c.; **to ~ sth to sb** dedicar a. c. a alguém
dedicated *adj* dedicado, -a
dedication [ˌdedɪˈkeɪʃn] *n* **1.** (*devotion*) dedicação *f*; **~ to sb** dedicação a alguém **2.** (*inscription*) dedicatória *f*
deduce [dɪˈduːs, *Brit:* -ˈdjuːs] *vt*, **deduct** [dɪˈdʌkt] *vt* deduzir
deductible *adj* deduzível
deduction [dɪˈdʌkʃn] *n* dedução *f*
deed [diːd] *n* **1.** (*act*) ato *m*; (*feat*) **2.** feito *m* **3.** LAW escritura *f*
deem [diːm] *vt form* considerar; **he ~ed himself a liberal** ele se considerava um liberal, supor; **to ~ that ...** supor que ... +*subj*
deep [diːp] *adj* **1.** (*not shallow*) fundo, -a; **~ red** vermelho forte; **to be ~ in debt** estar afundado em dívidas; **to be ~ in thought** estar pensativo; **to take a ~ breath** respirar fundo **2.** (*concentration, disappointment, regret*) profundo, -a **3.** (*sound*) grave
deepen [ˈdiːpən] *vi, vt* **1.** (*make deeper*) aprofundar **2.** (*increase*) aumentar
deep-fry *vt fritar em grande quantidade de óleo*
deeply *adv* profundamente; (*breathe*) (respirar) fundo
deep-rooted *adj* arraigado, -a, **deep-seated** *adj* (*faith, mistrust*) arraigado, -a; (*fear*) inveterado, -a
deer [dɪr, *Brit:* dɪəʳ] *n inv* veado *m*
deet [diːt] *n no pl* DEET *m* (*repelente de mosquito*)
deface [dɪˈfeɪs] *vt* desfigurar
defamatory [dɪˈfæmətəˌri, *Brit:* -təri] *adj* difamatório, -a
default [dɪˈfɑːlt, *Brit:* -ˈfɔːlt] **I.** *vi* FIN não pagar **II.** *n* **by ~** à revelia **III.** *adj* INFOR default, padrão
defeat [dɪˈfiːt] **I.** *vt* derrotar **II.** *n* derrota *f*; **to admit ~** dar-se por vencido
defect¹ [ˈdiːfekt] *n* defeito *m*
defect² [dɪˈfekt] *vi* desertar; **to ~ to/from sth** desertar para/de a. c.
defection [dɪˈfekʃn] *n* deserção *f*
defective [dɪˈfektɪv] *adj* defeituoso, -a
defence *n Aus, Brit s.* defense
defence minister *n Aus, Brit* ministro, -a *m, f* da defesa
defend [dɪˈfend] *vt a.* LAW, SPORTS defender; **to ~ oneself (against sth)** defender-se (contra a. c.); **to ~ sb (from sth)** defender alguém (de a. c.)
defendant [dɪˈfendənt] *n* (*in civil case*) réu, ré *m, f*; (*in criminal case*) acusado, -a *m, f*
defense [dɪˈfents] *n Am a.* LAW, SPORTS defesa *f*; **the secretary of ~** o secretário de defesa, a secretária de defesa *m, f*; **to rush to sb's ~** correr em defesa de alguém
defensive [dɪˈfentsɪv] **I.** *adj* (*weapons*) defensivo, -a; **to be ~ about sth** ficar na defensiva em relação a a. c. **II.** *n* **to be on the ~** ficar na defensiva
defer [dɪˈfɜːr, *Brit:* -ˈfɜːʳ] <-rr-> *vt* adiar
deference [ˈdefərənts] *n no pl* respeito *m*; **in ~ to local customs** em respeito aos costumes locais; **to show ~ to sb** demonstrar respeito para com alguém
deferential [ˌdefəˈrentʃəl] *adj* respeitoso, -a
defiance [dɪˈfaɪənts] *n no pl* desafio *m*
defiant [dɪˈfaɪənt] *adj* provocador(a); **to be in a ~ mood** estar com o espírito provocador
deficiency [dɪˈfɪʃəntsi] *n* deficiência *f*
deficient [dɪˈfɪʃənt] *adj* (*diet*) deficiente; (*strength*) insuficiente; **to be ~ in sth** falhar em a. c.
deficit [ˈdefɪsɪt] *n* déficit *m*
define [dɪˈfaɪn] *vt* (*rights*) estipular; (*terms*) definir
definite [ˈdefɪnət] *adj* **1.** (*certain*) definido, -a **2.** (*clear: opinion*) claro, -a
definite article *n* artigo *m* definido
definitely *adv* definitivamente
definition [ˌdefɪˈnɪʃn] *n* definição *f*
definitive [dɪˈfɪnətɪv, *Brit:* -tɪv] *adj* **1.** (*final*) definitivo, -a **2.** (*best*) melhor
deflate [dɪˈfleɪt] *vt* **1.** (*release air*) esvaziar **2.** *fig* (*hopes*) arrefecer
deflation [dɪˈfleɪʃn] *n no pl* ECON deflação *f*
deflect [dɪˈflekt] *vt* desviar; **to ~ sth from sth** desviar a. c. de a. c.
deforestation [diːˌfɔːrɪˈsteɪʃn, *Brit:* -ˌfɒr-] *n no pl* desflorestamento *m*
deform [dɪˈfɔːrm, *Brit:* -ˈfɔːm] *vt* (*person*) desfigurar; (*spine*) deformar
deformation [ˌdiːfɔːrˈmeɪʃn, *Brit:* -fɔːˈ-] *n no pl* (*bones*) deformação *f*
deformed *adj* deformado, -a
deformity [dɪˈfɔːrməti, *Brit:* -ˈfɔːməti] *n* deformidade *f*
defraud [dɪˈfrɑːd, *Brit:* -ˈfrɔːd] *vt* fraudar
defrost [ˌdiːˈfrɑːst, *Brit:* -ˈfrɒst] *vt* (*food*) descongelar; (*fridge*) degelar

deft [deft] *adj* ágil; **a ~ waiter** perito, um garçom ágil, -a; **to be ~ at sth** ser perito em a. c.

defunct [dɪˈfʌŋkt] *adj* (*institution*) extinto, -a

defy [dɪˈfaɪ] *vt* **1.** (*challenge: person*) desafiar **2.** (*resist: decision*) opor-se a **3.** *fig* **it defies description** é quase impossível descrevê-lo

degenerate¹ [dɪˈdʒenəreɪt] *vi* degenerar; **a peaceful demonstration ~d into violence** uma manifestação pacífica degenerou em violência; (*health*) deteriorar-se

degenerate² [dɪˈdʒenərət] *adj* degenerado, -a

degeneration [dɪˌdʒenəˈreɪʃn] *n no pl* (*judicial system*) deterioração *f*; (*muscles*) degeneração *f*

degrade [dɪˈgreɪd] *vt* degradar; **to ~ oneself** degradar-se

degree [dɪˈgriː] *n* **1.** MAT, METEO grau *m*; **5 ~s below zero** 5 graus abaixo de zero **2.** (*amount*) extensão *f*; **by ~s** gradualmente **3.** UNIV diploma *m*; **to do a ~ in chemistry** fazer a faculdade de química; **to have a ~ in sth** diplomar-se em a. c.

dehydrated [ˌdiːhaɪˈdreɪtɪd, *Brit:* -trɪd] *adj* desidratado, -a; **to become ~** desidratar-se

dehydration [ˌdiːhaɪˈdreɪʃn] *n no pl* desidratação *f*

deign [deɪn] *vi* **to ~ to do sth** dignar-se a fazer a. c.

deity [ˈdiːəti, *Brit:* ˈdeɪɪti] *n* divindade *f*

dejected [dɪˈdʒektɪd] *adj* desanimado, -a

dejection [dɪˈdʒekʃn] *n no pl* desânimo *m*

delay [dɪˈleɪ] **I.** *vt* (*meeting*) adiar, atrasar; **my plane was ~ed one hour** meu avião atrasou uma hora, demorar; **to ~ doing sth** demorar a fazer a. c. **II.** *vi* **to ~ in doing sth** demorar-se ao fazer a. c. **III.** *n* demora *f*; **without ~** sem demora, atraso *m*; **~ in aircraft production** atraso na produção de aviões

delegate¹ [ˈdelɪgət] *n* representante *mf*

delegate² [ˈdelɪgeɪt] *vt* delegar; **to ~ sth to sb** delegar a. c. a alguém

delegation [ˌdelɪˈgeɪʃn] *n* delegação *f*

delete [dɪˈliːt] *vt* INFOR (*a. file*) deletar; (*references*) apagar

deliberate¹ [dɪˈlɪbərət] *adj* (*attack*) deliberado, -a; (*movement*) intencional

deliberate² [dɪˈlɪbəreɪt] **I.** *vi* **to ~ on sth** ponderar sobre a. c. **II.** *vt* (*debate*) discutir; **the committee ~d the matter** o comitê discutiu o assunto

deliberately *adv* deliberadamente

deliberation [dɪˌlɪbəˈreɪʃn] *n* discussão *f*; **after due ~** após a devida discussão

delicacy [ˈdelɪkəsi] *n* **1.** *no pl* (*tact*) delicadeza *f* **2.** (*food*) iguaria *f*

delicate [ˈdelɪkət] *adj* **1.** (*sensitive: subject*) delicado, -a **2.** (*fragile: china, health*) frágil

delicatessen [ˌdelɪkəˈtesən] *n* **1.** (*food*) delicatessen *fpl* **2.** (*store*) delicatessen *f*

delicious [dɪˈlɪʃəs] *adj* delicioso, -a

delight [dɪˈlaɪt] **I.** *n* encanto *m*; **my sister's little boy is a real ~** o menino da minha irmã é um verdadeiro encanto, prazer *m*; **to take ~ in sth** ter prazer em a. c. **II.** *vt* encantar
◆**delight in** *vi* **to ~ doing sth** ter prazer em fazer a. c.

delightful [dɪˈlaɪtfəl] *adj* (*person*) encantador(a)

delinquency [dɪˈlɪŋkwənsi] *n* delinquência *f*

delinquent [dɪˈlɪŋkwənt] *n* LAW delinquente *mf*

delirious [dɪˈlɪriəs] *adj* MED **to be ~** delirar; **to be ~ with joy** estar pulando de alegria, delirar de alegria

deliver [dɪˈlɪvər, *Brit:* -əʳ] *vt* (*lecture*) fazer; (*speech, verdict*) proferir; (*to addressee*) entregar; **to ~ a baby** dar à luz; **to ~ the goods** *fig* corresponder às expectativas, cumprir prazo de entrega de trabalho

delivery [dɪˈlɪvəri] *n* **1.** (*distribution*) entrega *f*; **to take ~ of sth** receber a. c. **2.** MED parto *m*

delta [ˈdeltə] *n* delta *m*

delude [dɪˈluːd] *vt* iludir

deluge [ˈdeljuːdʒ] **I.** *n* dilúvio *m*; **I'm soaked because I got caught in a ~** estou ensopada porque fui pega num dilúvio; (*of complaints*) enxurrada *f* **II.** *vt* inundar; **the city was ~d when the river burst its banks** a cidade foi inundada quando o rio transbordou; **to ~ sb with sth** sobrecarregar alguém com a. c.

delusion [dɪˈluːʒən] *n* ilusão *f*; **~s of grandeur** megalomania *f*; **to be under the ~ that** estar na ilusão de que

delve [delv] *vi* **to ~ into sth** investigar

a. c.

demand [dɪ'mænd, *Brit:* -'mɑ:nd] **I.** *vt* exigir; **to ~ that...** exigir que +*subj*; (*right*) reivindicar **II.** *n* **1.** (*request*) exigência *f*; **a ~ for sth** uma demanda por a. c.; **by popular ~** por reivindicação popular; **on ~** mediante apresentação; **to make ~s on sb** fazer exigências a alguém **2.** ECON demanda *f*; **~ in sth** demanda de [*ou* por] a. c.

demanding *adj* (*boss*) exigente; (*job*) desgastante

demean [dɪ'mi:n] *vt* **to ~ oneself** rebaixar-se

demeaning *adj* humilhante

demeanor *n Am, Aus,* **demeanour** [dɪ'mi:nər, *Brit:* -ər] *n Brit, Aus no pl* (*behavior*) conduta *f*; (*bearing*) feições *fpl*

demented [dɪ'mentɪd] *adj inf* demente

demilitarize [,di:'mɪlɪtəraɪz, *Brit:* -tə-] *vt* desmilitarizar

demise [dɪ'maɪz] *n no pl* falecimento *m*; **the ~ of my father** o falecimento do meu pai; *fig* extinção *f*; **the ~ of the company** a extinção da empresa

democracy [dɪ'mɑ:krəsi, *Brit:* -'mɒk-] *n* democracia *f*

democrat ['deməkræt] *n* democrata *mf*

democratic [,demə'krætɪk, *Brit:* -tɪk] *adj* democrático, -a

demolish [dɪ'mɑ:lɪʃ, *Brit:* -'mɒl-] *vt* demolir

demolition [,demə'lɪʃn] *n* demolição *f*

demon ['di:mən] *n* demônio *m*

demonic [dɪ'mɑ:nɪk, *Brit:* -'mɒn-] *adj* endiabrado, -a

demonstrable [dɪ'mɑ:ntstrəbl, *Brit:* -'mɑ:n-] *adj* demonstrável

demonstrate ['demənstreɪt] **I.** *vt* **1.** (*show clearly*) demonstrar **2.** (*prove*) provar; **to ~ sth to sb** provar a. c. a alguém **II.** *vi* POL manifestar-se; **to ~ for/against sth** manifestar-se, fazer passeata [*ou* manifestação] a favor/contra a. c.

demonstration [,demən'streɪʃn] *n* demonstração *f*; **~ of gratitude** demonstração de gratidão; POL manifestação *f*

demonstrator ['demənstreɪtər, *Brit:* -tə-] *n* **1.** COM demonstrador(a) *m(f)* **2.** POL manifestante *mf*

demoralize [dɪ'mɔ:rəlaɪz, *Brit:* -'mɒr-] *vt* desmoralizar

demote [dɪ'moʊt, *Brit:* -'məʊt] *vt* MIL rebaixar (de posto)

den [den] *n* **1.** (*lair*) toca *f* **2.** (*of thieves*) covil *m* **3.** *Am* (*family room*) sala *f* íntima

denial [dɪ'naɪəl] *n* desmentido *m*; **to issue a ~ of sth** divulgar um desmentido público de a. c.

denim ['denɪm] *n no pl* brim *m*

Denmark ['denmɑ:rk, *Brit:* -mɑ:k] *n* Dinamarca *f*

denomination [dɪ,nɑ:mə'neɪʃn, *Brit:* -,nɒmɪ'-] *n* **1.** REL seita *f* **2.** FIN valor *f*

denote [dɪ'noʊt, *Brit:* -'nəʊt] *vt* denotar

denounce [dɪ'naʊnts] *vt* denunciar; **to ~ sb as sth** denunciar alguém como a. c.; (*agreement, pact, treaty*) condenar

dense [dents] *adj* **1.** (*thick*) denso, -a; (*closely packed*) cerrado, -a; **~ fog** neblina cerrada **2.** (*compact*) compacto, -a **3.** *inf* (*stupid*) tapado, -a

densely *adv* densamente

density ['dentsəṭi, *Brit:* -sɪti] *n* densidade *f*

dent [dent] **I.** *n* mossa *f*; **a ~ in sth** uma mossa em a. c. **II.** *vt* **to ~ sth up** deixar um vinco em a. c.

dental ['dentəl] *adj* dental

dental floss *n* fio *m* dental

dentist ['dentɪst] *n* dentista *mf*

denunciation [dɪ,nʌntsi'eɪʃn] *n* denúncia *f*

deny [dɪ'naɪ] *vt* **1.** (*declare untrue*) negar **2.** (*refuse*) recusar; **to ~ oneself sth** renunciar a a. c.

deodorant [di'oʊdərənt, *Brit:* -'əʊ-] *n* desodorante *m*

depart [dɪ'pɑ:rt, *Brit:* -'pɑ:t] *vi* (*person*) ir embora; **to ~ for sth** partir para a. c.; (*plane*) decolar; (*train*) partir
♦ **depart from** *vi* abandonar; **we had to depart ~ from our plans** tivemos que abandonar nossos planos

department [dɪ'pɑ:rtmənt, *Brit:* -'pɑ:t-] *n* (*of organization*) departamento *m*; (*of shop*) seção *f*; ADMIN, POL repartição *f*

departmental [,di:pɑ:r't'mentəl, *Brit:* -pɑ:t'-] *adj* departamental

department store *n* loja *f* de departamentos

departure [dɪ'pɑ:rtʃər, *Brit:* -'pɑ:tʃər] *n* **1.** (*act of leaving: of person*) partida *f* form; (*of plane*) decolagem *f*; (*of vehicle*) saída *f* **2.** (*deviation*) desvio *m*; **a ~ from sth** desvio de a. c.

depend [dɪ'pend] *vi* **to ~ on sb** (*trust*) depender de alguém; **to ~ on sth** (*be determined by*) depender de a. c.;

~ing on the weather... dependendo do tempo..., se o tempo permitir...
dependable [dɪ'pendəbl] *adj* confiável
dependant *n s.* **dependent**
dependence [dɪ'pendənts] *n no pl* dependência *f*; **~ on sth/sb** dependência de a. c./alguém
dependency *n* 1. *no pl (overreliance)* dependência *f*; **~ on sth/sb** dependência de a. c./alguém 2. POL possessão *f*
dependent [dɪ'pendənt] I. *adj* **to be ~ on sb/sth** ser dependente de alguém/a. c. II. *n* dependente *mf*
depict [dɪ'pɪkt] *vt* retratar
depiction [dɪ'pɪkʃn] *n* representação *f*
deplete [dɪ'pliːt] *vt* reduzir; **to be ~d of sth** sofrer redução de a. c., esgotar; **coal reserves were rapidly ~d** as reservas de carvão esgotaram-se rapidamente
depleted *adj* esgotado, -a
depletion [dɪ'pliːʃn] *n* esgotamento *m*; **~ of a mine** esgotamento de uma mina, redução; **a ~ in our capital** uma redução do nosso capital
deplorable [dɪ'plɔːrəbl] *adj* deplorável
deplore [dɪ'plɔːr, *Brit:* -'plɔː'] *vt* deplorar
deploy [dɪ'plɔɪ] *vt (argument)* desenvolver uma argumentação; *(troops)* posicionar
deployment [dɪ'plɔɪmənt] *n no pl (troops)* mobilização *f*
deport [dɪ'pɔːrt, *Brit:* -'pɔːt] *vt* deportar
deportation [ˌdiːpɔːr'teɪʃn, *Brit:* -pɔː'-] *n* deportação *f*
depose [dɪ'pouz, *Brit:* -'pəʊz] *vt* depor
deposit [dɪ'pɑːzɪt, *Brit:* -'pɒz-] I. *vt a.* FIN depositar II. *n* 1. *(sediment)* sedimento *m* 2. *(payment)* depósito *m*; **to make a ~ in a bank account** fazer um depósito em uma conta bancária, entrada *f*; **a ~ on sth** uma entrada em a. c.; **to leave sth as a ~** deixar a. c. como sinal
depot ['diːpou, *Brit:* 'depəʊ] *n* 1. *(storehouse)* depósito *m*; *(for vehicles)* garagem *f* 2. *Am (train or bus station)* terminal *m*
depraved *adj* depravado, -a
depravity [dɪ'prævəti, *Brit:* -ti] *n no pl* depravação *f*
depreciate [dɪ'priːʃieɪt] *vi* depreciar
depreciation [dɪˌpriːʃi'eɪʃn] *n no pl* depreciação *f*
depress [dɪ'pres] *vt* 1. *(sadden)* deprimir; **it ~es me that ...** fico deprimido

se ... 2. *(reduce activity of)* diminuir
depressed *adj* deprimido, -a; **to feel ~ (about sth)** ficar deprimido (com a. c.)
depressing *adj* deprimente
depression [dɪ'preʃn] *n a.* METEO, FIN depressão *f*
deprivation [ˌdeprɪ'veɪʃn] *n* privação *f*
deprive [dɪ'praɪv] *vt* **to ~ sb of sth** privar alguém de a. c.
deprived *adj* carente
depth [depθ] *n* 1. *(distance down)* profundidade *f* 2. *(intensity)* intensidade *f*; **in ~** *fig* a fundo; **to get out of one's ~** *fig* ficar perdido diante de situação difícil
deputize ['depjətaɪz] *vi* **to ~ for sb** substituir alguém
deputy ['depjəti, *Brit:* -ti] *n* deputado, -a *m, f*; **~ manager** vice-diretor(a) *m(f)*
derail [dɪ'reɪl] *vt* descarrilar
deranged [dɪ'reɪndʒd] *adj* demente
deregulation [ˌdɪregjə'leɪʃn] *n no pl* desregulamentação *f*
derelict ['derəlɪkt] *adj* abandonado, -a
deride [dɪ'raɪd] *vt* escarnecer
derision [dɪ'rɪʒən] *n no pl* escárnio *m*
derivation [ˌderɪ'veɪʃn] *n* derivação *f*
derivative [dɪ'rɪvətɪv, *Brit:* -tɪv] *n* derivado *m*
derive [dɪ'raɪv] I. *vt* **to ~ sth from sth** tirar a. c. de a. c.; **we ~ a lot of pleasure from walking** temos muito prazer em andar II. *vi* derivar
dermatology [ˌdɜːrməˈtɑːlədʒi, *Brit:* ˌdɜːməˈtɒl-] *n no pl* dermatologia *f*
derogatory [dɪ'rɑːɡətɔːri, *Brit:* -'rɒɡətəri] *adj* depreciativo, -a
descend [dɪ'send] I. *vi* descender; **to ~ from sb** descender de alguém; **to ~ into sth** baixar de nível II. *vt* descer
descendant [dɪ'sendənt] *n* descendente *mf*
descent [dɪ'sent] *n* 1. *(landing)* descida *f*; **~ into sth** descida a a. c. 2. *no pl (ancestry)* ascendência *f*
describe [dɪ'skraɪb] *vt* descrever; **to ~ sb as sth** descrever alguém como a. c.
description [dɪ'skrɪpʃn] *n* descrição *f*; **of every ~** de todo tipo; **to answer a ~** corresponder à descrição
descriptive [dɪ'skrɪptɪv] *adj* descritivo, -a
desecrate ['desɪkreɪt] *vt* profanar
desegregation [diːˌseɡrɪ'ɡeɪʃən, *Brit:* ˌdiːˈsegrɪɡeɪ-] *n no pl* dessegregação *f*
desert[1] [dɪ'zɜːrt, *Brit:* -'zɜːt] I. *vi* MIL de-

sertar **II.** *vt* abandonar; **he ~ed his fellow soldiers** ele abandonou seus companheiros do Exército; **please don't ~ me!** por favor não me abandone!

desert² ['dezərt, *Brit:* -zət] *n* deserto *m*

deserted [dɪ'zɜ:rt̬ɪd, *Brit:* -'zɜ:t-] *adj* deserto, -a

deserter [dɪ'zɜ:rt̬ər, *Brit:* -'zɜ:tər] *n* MIL desertor(a) *m(f)*

desertion [dɪ'zɜ:rʃn, *Brit:* -'zɜ:ʃn-] *n* MIL deserção *f*

deserts [dɪ'zɜ:rts, *Brit:* -'zɜ:ts] *npl* **to get one's just ~** ter o que se merece

deserve [dɪ'zɜ:rv, *Brit:* -'zɜ:v] *vt* merecer

deserving *adj* merecedor(a)

design [dɪ'zaɪn] **I.** *vt* (*building*) projetar; (*dress*) desenhar **II.** *n* desenho *m*, projeto *m*; (*pattern*) design *m*; **a ~ of/for sth** um design de/para a. c.; **to do sth by ~** fazer a. c. de propósito

designate ['dezɪgneɪt] *vt* designar; **to ~ sb to do sth** designar alguém para fazer a. c.

designation [ˌdezɪg'neɪʃn] *n* designação *f*

designer [dɪ'zaɪnər, *Brit:* -əʳ] **I.** *n* (*aircraft*) projetista *mf*; (*fashion*) estilista *mf*; (*graphic*) designer *m*; (*interior*) arquiteto, -a *m, f* **II.** *adj* de designer

desirable [dɪ'zaɪərəbl] *adj* **1.** (*necessary*) desejável **2.** (*popular*) popular; (*sexually attractive*) atraente

desire [dɪ'zaɪər, *Brit:* -əʳ] **I.** *vt* desejar **II.** *n* desejo *m*; **~ for sb/sth** desejo de alguém/a. c.

desired *adj* desejado, -a

desist [dɪ'sɪst] *vi form* desistir

desk [desk] *n* **1.** (*table: office*) mesa *f* de trabalho; (*school*) carteira *f* **2.** (*counter*) balcão *m*

desktop computer *n* INFOR computador *m* de mesa **desktop publishing** *n* editoração *f* eletrônica

desolate ['desələt] *adj* desolado, -a; **to feel ~** ficar desolado

desolation [ˌdesə'leɪʃn] *n no pl* **1.** (*barrenness*) desolação *f* **2.** (*sadness*) tristeza *f*

despair [dɪ'sper, *Brit:* -'speəʳ] **I.** *n no pl* desespero *m*; **to drive sb to ~** levar alguém ao desespero **II.** *vi* **to ~ of sb** desistir de alguém

despairing *adj* desesperançado, -a

desperate ['despərət] *adj* (*person, solution*) desesperado; (*poverty*) irremediável; (*situation*) desesperador(a); **to be ~ for sth** estar louco por a. c.; **to be in ~ need of help** precisar de ajuda com urgência

desperation [ˌdespə'reɪʃn] *n no pl* desespero *m*; **in ~** desesperado; **to drive sb to ~** levar alguém ao desespero

despicable [dɪ'spɪkəbl] *adj* abominável

despise [dɪ'spaɪz] *vt* desprezar

despite [dɪ'spaɪt] *prep* apesar de

despondent [dɪ'spɒ:ndənt, *Brit:* -'spɒn-] *adj* desanimado, -a

despot ['despət] *n* déspota *mf*

dessert [dɪ'zɜ:rt, *Brit:* -'zɜ:t] *n* sobremesa *f*

destabilize [ˌdi:'steɪbəlaɪz] *vt* desestabilizar

destination [ˌdestɪ'neɪʃn] *n* destino *m*

destiny ['destɪni] *n* destino *m*

destitute ['destɪtu:t, *Brit:* -tju:t] *adj* indigente

destitution [ˌdestɪ'tu:ʃn, *Brit:* -'tju:-] *n no pl* (*poverty*) miséria *f*

destroy [dɪ'strɔɪ] *vt* destruir; (*animal*) sacrificar

destroyer [dɪ'strɔɪər, *Brit:* -əʳ] *n* NAUT destróier *m*

destruction [dɪ'strʌkʃn] *n no pl* destruição *f*

destructive [dɪ'strʌktɪv] *adj* destrutivo, -a

detach [dɪ'tætʃ] *vt* destacar; **to ~ sth from sth** destacar a. c. de a. c.

detached *adj* (*aloof*) arredio, -a

detachment [dɪ'tætʃmənt] *n* **1.** *no pl* (*disinterest*) indiferença *f*; **2.** (*group of soldiers*) destacamento *m*

detail [dɪ'teɪl, *Brit:* 'di:teɪl] **I.** *n* detalhe *m*; (*unimportant*) minúcia *f*; **in ~** em detalhe; **to go into ~** entrar em detalhes **II.** *vt* **1.** (*give detail*) detalhar **2.** (*order*) **to ~ sb to do sth** mandar alguém fazer a. c.

detailed *adj* (*study*) detalhado, -a; (*report*) pormenorizado, -a

detain [dɪ'teɪn] *vt* **1.** LAW deter **2.** (*delay*) reter

detainee [ˌdi:teɪ'ni:] *n* detento, -a *m, f*

detect [dɪ'tekt] *vt* detectar

detection [dɪ'tekʃn] *n no pl* (*of crime*) resolução *f*; (*of fraud*) detecção *f*; (*of illness*) diagnóstico *m*

detective [dɪ'tektɪv] *n* detetive *mf*

detector [dɪ'tektər, *Brit:* -əʳ] *n* detector *m*

detention [dɪ'tenʃn] *n* **1.** LAW detenção *f*

deter [dɪ'tɜːr, Brit: -'tɜːʳ] <-rr-> vt impedir; **to ~ sb from doing sth** impedir alguém de fazer a. c.

detergent [dɪ'tɜːrdʒənt, Brit: -'tɜːdʒ-] n detergente m

deteriorate [dɪ'tɪriəreɪt, Brit: -'tɪər-] vi deteriorar-se

deterioration [dɪˌtɪriə'reɪʃn, Brit: -'tɪər-] n no pl deterioração f

determinant [dɪ'tɜːrmɪnənt, Brit: -'tɜːm-] n determinante m

determinate [dɪ'tɜːrmɪnət, Brit: -'tɜːm-] adj definido, -a

determination [dɪˌtɜːrmɪ'neɪʃn, Brit: -ˌtɜːm-] n no pl determinação f

determine [dɪ'tɜːrmɪn, Brit: -'tɜːm-] vt determinar

determined adj decidido, -a; **to be ~ to do sth** estar decidido a fazer a. c.

deterrence [dɪ'terəns] n no pl dissuasão f

deterrent [dɪ'terənt] n **to act as a ~ to sb** servir de freio [ou impedimento] m para alguém

detest [dɪ'test] vt detestar

detestable [dɪ'testəbl] adj detestável

detonate ['detəneɪt] vi, vt detonar

detour ['diːtʊr, Brit: -tʊəʳ] n desvio m; **to make a ~** fazer um desvio

detract [dɪ'trækt] I. vi (devalue) **to ~ from sth** desmerecer a. c. II. vt (take away: public attention) desviar

detractor [dɪ'træktər, Brit: -əʳ] n detrator(a) m(f)

detriment ['detrɪmənt] n no pl **to the ~ of sth** em detrimento de a. c.; **without ~ to sth** sem prejuízo a a. c.

detrimental [ˌdetrɪ'mentəl] adj prejudicial; **~ to sth/sb** prejudicial a a. c./alguém

devaluation [ˌdiːvæljuˈeɪʃn] n desvalorização f

devalue [ˌdiːˈvæljuː] vt desvalorizar

devastate ['devəsteɪt] vt devastar

devastating adj (beauty, charm) arrasador(a); (effects) devastador(a)

devastation [ˌdevə'steɪʃn] n no pl devastação f

develop [dɪ'veləp] I. vi desenvolver-se; **to ~ into sth** transformar-se em a. c. II. vt 1. (expand) ampliar 2. (create) criar; **to ~ a habit** criar um hábito 3. PHOT revelar 4. (an allergy, cancer, diabetes, etc) desenvolver

developed adj desenvolvido, -a

developer [dɪ'veləpər, Brit: -əʳ] n incorporador(a) m(f)

developing adj em desenvolvimento

development [dɪ'veləpmənt] n 1. (process) desenvolvimento m 2. (event) desdobramento m 3. (building) construção f; (group of houses) loteamento m residencial 4. PHOT revelação f

deviant ['diːviənt] adj fora dos padrões

deviate ['diːvieɪt] vi **to ~ from sth** desviar-se de a. c.

deviation [ˌdiːvi'eɪʃn] n desvio m

device [dɪ'vaɪs] n (intrauterine) dispositivo m; **a ~ for doing sth** aparelho m para fazer a. c.; **to leave sb to their own ~s** deixar alguém agir por conta própria

devil ['devəl] n diabo m; **lucky ~!** seu sortudo!!; **speak of the ~** falando no diabo; **the poor ~!** o pobre diabo [ou coitado]!; **what the ~ ...?** por que cargas d'água ...?

devious ['diːviəs] adj (man) ardiloso, -a; (route) tortuoso, -a

devise [dɪ'vaɪz] vt (death) planejar; (plan) criar; (plot) maquinar

devoid [dɪ'vɔɪd] adj desprovido, -a; **to be ~ of sth** estar desprovido, -a de a. c.

devolution [ˌdevə'luːʃn, Brit: ˌdiːvə-] n no pl POL transferência de poderes de um governo central para um regional

devolve [dɪ'vɑːlv, Brit: -'vɒlv] vt (control) transferir; (responsibility) delegar

devote [dɪ'voʊt, Brit: -'vəʊt] vt dedicar; **to ~ oneself to sth** dedicar-se a a. c.

devoted adj dedicado, -a

devotee [ˌdevə'tiː] n (supporter) adepto, -a m, f; (admirer) admirador(a) m(f)

devotion [dɪ'voʊʃn, Brit: -'vəʊ-] n no pl devoção f; **~ to sb/sth** devoção a alguém/a. c.

devour [dɪ'vaʊər, Brit: -əʳ] vt devorar; **to be ~ed by jealousy** estar morrendo de ciúme

devout [dɪ'vaʊt] adj devoto, -a

dew [duː, Brit: djuː] n no pl orvalho m

diabetes [ˌdaɪə'biːtiːz, Brit: -tiːz] n no pl diabetes m ou f

diabetic [ˌdaɪə'betɪk, Brit: -tɪk] n diabético, -a m, f

diabolical [ˌdaɪə'bɑːlɪk(əl), Brit: -'bɒl-] adj diabólico, -a

diagnose [ˌdaɪəg'noʊs, Brit: 'daɪəgnəʊz] vt diagnosticar; **to ~ sb with sth** diagnosticar a. c. em alguém; **to be ~d as having sth** ser diagnosticado com a.

diagnosis [ˌdaɪəgˈnoʊsɪs, *Brit:* -ˈnəʊ-] <-ses> *n* diagnóstico *m*

diagnostic [ˌdaɪəgˈnɑːstɪk, *Brit:* -ˈnɒs-] *adj* diagnóstico, -a

diagonal [daɪˈægənl] *adj* diagonal

diagram [ˈdaɪəgræm] *n* diagrama *m*

dial [ˈdaɪəl] **I.** *n* mostrador *m* **II.** <*Brit:* -ll-, *Am:* -l-> *vt* discar

dialect [ˈdaɪəlekt] *n* dialeto *m*

dialog *n Am*, **dialogue** [ˈdaɪəlɔːg, *Brit:* -lɒg] *n* diálogo *m*

diameter [daɪˈæmətər, *Brit:* -ɪtəʳ] *n* diâmetro *m*

diamond [ˈdaɪəmənd] *n* **1.** (*precious stone*) diamante *m*; **a rough ~** *fig* pessoa *mf* sem refinamento mas de bom caráter **2.** (*rhombus*) losango *m*

diaper [ˈdaɪəpər, *Brit:* -əʳ] *n Am* fralda *f*

diaphragm [ˈdaɪəfræm] *n* diafragma *m*

diarrhea *n*, **diarrhoea** [ˌdaɪəˈriːə, *Brit:* -ˈrɪə] *n no pl* diarreia *f*

diary [ˈdaɪəri] *n* (*journal*) diário *m*; (*planner*) agenda *f*

diatribe [ˈdaɪətraɪb] *n* diatribe *f*

dice [daɪs] **I.** *npl* (*cubes*) dados *mpl;* **to roll the ~** lançar os dados **II.** *vt* jogar dados

dichotomy [daɪˈkɑːtəmi, *Brit:* -ˈkɒt-] *n* dicotomia *f*

dick [dɪk] *n vulg* (*penis*) pau *m*

dictate [ˈdɪkteɪt, daɪkˈteɪt] **I.** *vt* **1.** (*letter*) **to ~ to sb** ditar para alguém **2.** (*terms*) impor **II.** *vi* dar ordens

dictator [ˈdɪkteɪtər, *Brit:* dɪkˈteɪtəʳ] *n* ditador(a) *m(f)*

dictatorial [ˌdɪktəˈtɔːriəl] *adj* ditatorial

dictatorship [dɪkˈteɪtərʃɪp, *Brit:* -təʃɪp] *n* ditadura *f*

diction [ˈdɪkʃən] *n no pl* dicção *f*

dictionary [ˈdɪkʃəneri, *Brit:* -nəri] <-ies> *n* dicionário *m*

did [dɪd] *pt of* **do**

didactic [daɪˈdæktɪk, *Brit:* dɪˈ-] *adj* didático, -a

die¹ [daɪ] *n* **1.** dado *m*; **the ~ is cast** a sorte está lançada **2.** TECH molde *m*

die² <dying, died> *vi* (*cease to live*) morrer; **to ~ hard** ser durão, conservador; **to ~ of sth** morrer de a. c.; **the secret will ~ with her** ela levou o segredo para o túmulo; **to be dying to do sth** estar louco para fazer a. c.

♦ **die away** *vi* (*feeling*) desvanecer; (*sound*) extinguir-se

♦ **die off** *vi*, **die out** *vi* (*customs*) desaparecer; (*species*) extinguir-se

diehard [ˈdaɪhɑːrd, *Brit:* -hɑːd] *n* reacionário, -a *m, f*

diesel [ˈdiːzəl] *n no pl* diesel *m*

diet [ˈdaɪət] **I.** *n* (*balanced*) dieta *f;* **to be on a ~** estar de regime *m* **II.** *vi* fazer regime [*ou* dieta]

dietary [ˈdaɪəteri, *Brit:* -təri] *adj* (*food, habit*) dietético, -a

dietary fiber *n* fibra *f* dietética

differ [ˈdɪfər, *Brit:* -əʳ] *vi* **1.** (*be unlike*) **to ~ from sth** ser diferente [*ou* diferir] de a. c. **2.** (*disagree*) discordar; **to ~ in sth** discordar em a. c.

difference [ˈdɪfərənts] *n* **1.** diferença *f;* **a ~ in sth** uma diferença de a. c.; **to make a ~** fazer diferença; **to not make any ~** dar no mesmo; **to pay the ~** pagar a diferença **2.** (*of opinion*) divergência *f*

different [ˈdɪfərənt] *adj* diferente; **to be as ~ as chalk and cheese** *Brit, Aus,* **to be as ~ as night and day** *Am* ser tão diferentes como o dia da noite

differentiate [ˌdɪfəˈrentʃiert] *vt* distinguir; **to ~ between sth and sth, to ~ sth from sth** distinguir entre a. c. e a. c.

differentiation [ˌdɪfərəntʃiˈeɪʃn] *n* diferenciação *f*

difficult [ˈdɪfɪkəlt] *adj* difícil

difficulty [ˈdɪfɪkəlti] <-ies> *n* dificuldade *f;* **to have ~ doing sth** ter dificuldade para fazer a. c.; **with ~** com dificuldade

diffident [ˈdɪfɪdənt] *adj* acanhado, -a

diffuse¹ [dɪˈfjuːz] *vi, vt* difundir

diffuse² [dɪˈfjuːs] *adj* difuso, -a

diffusion [dɪˈfjuːʒən] *n no pl* difusão *f*

dig [dɪg] **I.** *n* (*excavation*) escavação *f;* **to have a ~ at sb** *fig* gozar a cara de alguém **II.** <-gg-, dug, dug> *vt* (*field*) escavar; (*well, canal*) cavar

♦ **dig in** *vi inf* avançar na comida

♦ **dig up** *vt* (*human remains*) desenterrar; *fig* (*information*) descobrir

digest [daɪˈdʒest] *vt* **1.** (*eat*) digerir **2.** *fig* (*understand: information*) assimilar **3.** (*summarize*) condensar

digestion [daɪˈdʒestʃən] *n* digestão *f*

digestive [daɪˈdʒestɪv] *adj* digestivo, -a

digger [ˈdɪgər, *Brit:* -əʳ] *n* escavadeira *f*

digicam [ˈdɪdʒɪˌkæm] *n abbr of* **digital camera** câmera *f* digital

digit [ˈdɪdʒɪt] *n* **1.** (*number*) dígito *m* **2.** (*finger, toe*) dedo *m*

digital ['dɪdʒɪt̬l, *Brit:* -tl] *adj* digital

dignified ['dɪɡnɪfaɪd] *adj* (*person*) digno, -a; (*occasion*) nobre

dignify ['dɪɡnɪfaɪ] <-ie-> *vt* dignificar

dignitary ['dɪɡnəteri, *Brit:* -nɪtəri] <-ies> *n* dignatário, -a *m, f*

dignity ['dɪɡnət̬i, *Brit:* -ti] *n no pl* dignidade *f*; **to be beneath sb's ~** não estar à sua altura

dike [daɪk] *n* dique *m*

dilapidated [dɪ'læpɪdeɪt̬ɪd, *Brit:* -tɪd] *adj* dilapidado, -a

dilate ['daɪleɪt, *Brit:* daɪ'leɪt] *vi* dilatar(-se)

dilemma [dɪ'lemə] *n* dilema *m*; **to be in a ~** estar num dilema

diligence ['dɪlɪdʒəns] *n no pl* diligência *f*

diligent ['dɪlɪdʒənt] *adj* diligente

dill [dɪl] *n no pl* aneto *m, tempero feito com grãos e folhas de aneto*

dilute [daɪ'luːt, *Brit:* -'ljuːt] *vt* diluir; **to ~ sth with sth** diluir a. c. em a. c.

dim [dɪm] I. <-mm-> *vt* diminuir II. <-mm-> *adj* 1. (*light*) fraco, -a 2. (*stupid*) lento, -a de raciocínio

dime [daɪm] *n* moeda *f* de dez centavos do dólar (EUA e Canadá); **a ~ a dozen** *inf* a três por dois

dimension [dɪ'mentʃən, *Brit:* ˌdaɪ'men-] *n* dimensão *f*

diminish [dɪ'mɪnɪʃ] *vi, vt* diminuir

diminutive [dɪ'mɪnjət̬ɪv, *Brit:* -jʊtɪv] *n* diminutivo *m*

din [dɪn] *n no pl* barulho *m*

dine [daɪn] *vi* jantar; **to ~ on sth** jantar a. c.

diner ['daɪnər, *Brit:* -ər] *n* 1. (*person*) conviva *mf* 2. *Am* (*restaurant*) lanchonete *f*

dinghy ['dɪŋi, *Brit:* -ŋɡi] *n* <-ies> bote *m*

dingy ['dɪndʒi] <-ier, -iest> *adj* imundo, -a

dinner ['dɪnər, *Brit:* -ər] *n* (*evening meal*) jantar *m*; (*lunch*) almoço *m*

dinner jacket *n* smoking *m* **dinner party** *n* banquete *m*

dinosaur ['daɪnəsɔːr, *Brit:* -sɔːr] *n* dinossauro *m*

diocese ['daɪəsɪs] *n* diocese *f*

dioxide [daɪ'ɑːksaɪd, *Brit:* -'ɒk-] *n no pl* dióxido *m*

dip [dɪp] I. *n* 1. (*sudden drop*) queda *f*; **a ~ in sth** uma queda em a. c. 2. GASTR molho *m* grosso 3. (*brief swim*) mergulho *m* II. *vi* 1. (*drop down*) cair 2. (*slope down*) abaixar III. *vt* mergulhar; **to ~ sth in(to) sth** mergulhar a. c. em a. c.

diploma [dɪ'ploʊmə, *Brit:* -'pləʊ-] *n* diploma *m*

diplomacy [dɪ'ploʊməsi, *Brit:* -'pləʊ-] *n no pl* diplomacia *f*

diplomat ['dɪpləmæt] *n* diplomata *mf*

diplomatic [ˌdɪplə'mæt̬ɪk, *Brit:* -tɪk] *adj* diplomático, -a

Dippin' Dots® [ˌdɪpɪn'dɑːts] *n Am: sorvete em formato de bolinhas*

dire ['daɪər, *Brit:* -ər] *adj* terrível

direct [dɪ'rekt] I. *vt* 1. (*command*) dirigir; **he ~ed the language department** ele dirigia o departamento de línguas 2. (*aim*) **to ~ sb to a place** encaminhar alguém para um lugar; **to ~ sth at sb** dirigir a. c. a alguém II. *adj* direto, -a; **the ~ opposite of sth** exatamente o oposto de a. c. III. *adv* diretamente

direction [dɪ'rekʃn] *n* direção *f*; **can you give me ~s?** pode me indicar o caminho?; **in the ~ of sth** na direção de a. c.; **sense of ~** senso *m* de direção

directive [dɪ'rektɪv] *n* diretriz *f*

directly [dɪ'rektli] *adv* 1. (*frankly*) sem rodeios 2. (*immediately*) imediatamente

director [dɪ'rektər, *Brit:* -ər] *n* diretor(a) *m(f)*

directory [dɪ'rektəri] *n* 1. (*book*) catálogo *m* 2. INFOR diretório *m*

dirt [dɜːrt, *Brit:* dɜːt] *n no pl* 1. (*unclean substance*) sujeira *f*; **to treat sb like ~** tratar alguém como lixo 2. (*soil*) terra *f*

dirty ['dɜːrt̬i, *Brit:* 'dɜːti] I. *n Brit, Aus* **to do the ~ on sb** fazer uma sujeira com alguém *gír* II. *vt* sujar III. <-ier, -iest> *adj* 1. (*unclean*) sujo, -a; **to do the ~ work** *fig* fazer o trabalho sujo e pesado 2. (*nasty*) torpe; **that's a ~ lie!** que mentira torpe! 3. (*lewd*) pornográfico, -a; (*joke*) obsceno, -a

disability [ˌdɪsə'bɪləti, *Brit:* -əti] *n* deficiência *f*; **physical ~** deficiência física, invalidez *f*; **receives a ~ pension** recebe uma aposentadoria por invalidez

disable [dɪ'seɪbl] *vt* incapacitar

disabled I. *npl* **the ~** os deficientes II. *adj* deficiente, incapacitado, -a; **the accident left him severely ~** o acidente o deixou severamente incapacitado

disadvantage [ˌdɪsəd'væntɪdʒ, *Brit:*

disadvantaged -'va:n-] I. *n* desvantagem *f*; **to be at a ~** estar em desvantagem II. *vt* desfavorecer

disadvantaged [ˌdɪsəd'væntɪdʒd] *adj* desfavorecido, -a

disaffected [ˌdɪsə'fektɪd] *adj* insatisfeito, -a

disagree [ˌdɪsə'gri:] *vi* spicy food ~s with me não me dou bem com comida picante; **to ~ with sb on sth** discordar de alguém em a. c.; **the answers ~** as respostas divergem

disagreeable [ˌdɪsə'gri:əbl] *adj* desagradável

disagreement [ˌdɪsə'gri:mənt] *n no pl* desentendimento *m*; **a ~ with sb over sth** um desentendimento com alguém sobre a. c.

disappear [ˌdɪsə'pɪr, *Brit*: -'pɪə'] *vi* desaparecer; **to ~ from sight** sumir de vista

disappearance [ˌdɪsə'pɪrənts, *Brit*: -'pɪər-] *n no pl* desaparecimento *m*

disappoint [ˌdɪsə'pɔɪnt] *vt* decepcionar

disappointed *adj* decepcionado, -a; **to be ~ about** [*o* **at**] **sth** estar decepcionado com a. c.; **to be ~ in** [*o* **with**] **sb** estar decepcionado com alguém

disappointing *adj* decepcionante

disappointment [ˌdɪsə'pɔɪntmənt] *n* decepção *f*

disapproval [ˌdɪsə'pru:vəl] *n no pl* desaprovação *f*

disapprove [ˌdɪsə'pru:v] *vi* desaprovar; **to ~ of sth** desaprovar a. c.

disarm [dɪs'ɑ:rm, *Brit*: -ɑ:m] *vt* desarmar

disarmament [dɪs'ɑ:rməmənt, *Brit*: -'ɑ:m-] *n no pl* desarmamento *m*

disarray [ˌdɪsə'reɪ] *n no pl* desordem *f*

disaster [dɪ'zæstər, *Brit*: -'zɑ:stər] *n* desastre *m*

disastrous [dɪ'zæstrəs, *Brit*: -'zɑ:s-] *adj* desastroso, -a

disbelief [ˌdɪsbɪ'li:f] *n no pl* incredulidade *f*

disc [dɪsk] *n* disco *m*

discard [dɪs'kɑ:rd, *Brit*: -kɑ:d] *vt* descartar

discern [dɪ's3:rn, *Brit*: -'s3:n] *vt* discernir

discernible [dɪ's3:rnəbl, *Brit*: -'s3:n-] *adj* perceptível

discerning *adj* perspicaz

discharge[1] [dɪst'ʃɑ:rdʒ, *Brit*: -tʃɑ:dʒ] *n no pl* 1.(*release: defendant*) absolvição *f*; (*patient*) alta *f* 2.(*emission: energy*) descarga *f*; (*nasal*) secreção *f*

discharge[2] [dɪs'tʃɑ:rdʒ, *Brit*: -'tʃɑ:dʒ] *vt* 1. MIL, COM dar baixa a 2. (*let out: waste*) lançar; (*employee*) demitir 3. (*battery*) descarregar

disciple [dɪ'saɪpl] *n* discípulo, -a *m, f*

disciplinary ['dɪsəplɪneri, *Brit*: ˌdɪsə-'plɪnəri] *adj* disciplinar

discipline ['dɪsəplɪn] I. *n* disciplina *f* II. *vt* 1.(*punish*) punir 2.(*train*) disciplinar

disciplined *adj* disciplinado, -a

disclaimer [dɪs'kleɪmər, *Brit*: -ə'] *n form* retratação *f*

disclose [dɪs'kloʊz, *Brit*: -'kləʊz] *vt* (*facts*) revelar; (*profits*) anunciar

disclosure [dɪs'kloʊʒər, *Brit*: -'kləʊʒə'] *n* revelação *f*

disco ['dɪskoʊ, *Brit*: -kəʊ] *n* discoteca *f*

discomfort [dɪ'skʌmpfərt, *Brit*: -fət] *n* 1. *no pl* (*uneasiness*) desconforto *m* 2.(*inconvenience*) inconveniência *f*

disconcert [ˌdɪskən's3:rt, *Brit*: -'s3:t] *vt* desconcertar

disconnect [ˌdɪskə'nekt] *vt* (*customer*) cortar; (*phone*) desligar; (*piece of equipment*) desconectar

discontent [ˌdɪskən'tent] *n no pl* descontentamento *m*

discontented *adj* descontente

discontinue [ˌdɪskən'tɪnju:] *vt* (*product*) tirar de linha; (*service*) suspender

discord ['dɪskɔ:rd, *Brit*: -kɔ:d] *n* 1. *no pl* (*disagreement*) discórdia *f* 2.(*noise*) dissonância *f*

discount[1] ['dɪskaʊnt] *n* desconto *m*; **a ~ on sth** um desconto em a. c.; **at a ~** com desconto

discount[2] [dɪ'skaʊnt] *vt* 1. COM descontar 2.(*disregard*) não dar importância

discourage [dɪ'sk3:rɪdʒ, *Brit*: -'skʌr-] *vt* (*attitude, thought*) desencorajar; **to ~ sb from doing sth** dissuadir alguém de fazer a. c.

discouraging *adj* desanimador(a)

discourse ['dɪskɔ:rs, *Brit*: -kɔ:s] *n* discurso *m*

discover [dɪ'skʌvər, *Brit*: -ə'] *vt* descobrir

discoverer [dɪ'skʌvərər, *Brit*: -ə'] *n* descobridor(a) *m(f)*

discovery [dɪ'skʌvəri] <-ies> *n* (*continent*) descobrimento *m*; (*scientific*) descoberta *f*

discredit [dɪ'skredɪt] *vt* (*claim*) desacreditar; (*person*) desmoralizar

discreet [dɪ'skri:t] *adj* discreto, -a

discrepancy [dɪ'skrepəntsi] <-ies> n discrepância f

discrete [dɪ'skri:t] adj distinto, -a

discretion [dɪ'skreʃn] n no pl **1.**(restraint) discrição f **2.**(discernment) at sb's ~ a critério m de alguém

discriminate [dɪ'skrɪmɪneɪt] vi **1.**(treat differently) discriminar; **to ~ against sb** discriminar (contra) alguém **2.**(see a difference) **to ~ between sth** distinguir a. c.

discrimination [dɪ,skrɪmɪ'neɪʃn] n no pl discriminação f

discriminatory [dɪ'skrɪmɪnətɔ:ri, Brit: -təri] adj discriminatório, -a

discuss [dɪ'skʌs] vt debater; **to ~ sth with sb** debater a. c. com alguém

discussion [dɪ'skʌʃn] n debate m; **to be open to ~** estar aberto à discussão

disdain [dɪs'deɪn] n no pl desdém m

disease [dɪ'zi:z] n a. fig doença f; **to catch a ~** pegar uma doença

diseased adj a. fig doente

disembark [,dɪsɪm'ba:rk, Brit: -'ba:k] vi desembarcar

disenchanted [,dɪsɪn'tʃæntɪd, Brit: -'tʃɑ:n-] adj desiludido, -a; **~ with sb/sth** desiludido com alguém/a. c.

disengage vi, vt (emotions) separar; (fingers) soltar

disfigure [dɪs'fɪɡjər, Brit: -ɡər] vt desfigurar

disgrace [dɪs'ɡreɪs] **I.** n **1.** no pl (loss of honor) desonra f **2.**(thing, person) vergonha f **II.** vt desonrar

disgraceful [dɪs'ɡreɪsfəl] adj vergonhoso, -a

disgruntled [dɪs'ɡrʌntld] adj irritado, -a

disguise [dɪs'ɡaɪz] **I.** n disfarce m; **to be in ~** estar disfarçado **II.** vt disfarçar; **to ~ oneself as sth** disfarçar-se de a. c.

disgust [dɪs'ɡʌst] **I.** n no pl **1.**(repugnance) nojo m **2.**(indignation) indignação f **II.** vt **1.**(sicken) dar nojo; **to be ~d at sth** sentir nojo de a. c. **2.**(revolt) indignar-se; **to be ~d with sb** ficar indignado com alguém

disgusting adj **1.**(repulsive) nojento, -a **2.**(unacceptable) infame

dish [dɪʃ] <-es> n **1.**(container, food) prato m; **a Brazilian ~** um prato da cozinha brasileira; **to do the ~es** lavar a louça **2.**(receiving device) **satellite ~** antena f parabólica

♦ **dish out** vt distribuir

♦ **dish up** vt servir

disharmony [dɪs'hɑ:rməni, Brit: -'hɑ:m-] n no pl desarmonia f

dishcloth n pano m de prato

dishearten [dɪs'hɑ:rtən, Brit: -'hɑ:t-] vt desanimar

disheveled adj Am, **dishevelled** [dɪ'ʃevəld] adj (clothes) em desalinho; (hair) desgrenhado, -a

dishonest [dɪ'sɑ:nɪst, Brit: -'sɒn-] adj desonesto, -a

dishonesty [dɪ'sɑ:nɪsti, Brit: -'sɒn-] n no pl desonestidade f

dishonor n Am, **dishonour** [dɪ'sɑ:nər, Brit: -'sɒnər] n Aus, Brit no pl desonra f

dishpan n Am bacia f de lavar louça

dishsoap n Am detergente m **dishwasher** n (machine) lava-louças f inv

dishwashing liquid n detergente m lava-louças

disillusioned [,dɪsɪ'lu:ʒənd] adj desiludido, -a; **to be ~ with sth/sb** ficar desiludido com a. c./alguém

disinclined [,dɪsɪn'klaɪnd] adj relutante; **to be ~ to do sth** estar relutante em fazer a. c.

disinfectant [,dɪsɪn'fektənt] n desinfetante m

disingenuous [,dɪsɪn'dʒenjuəs] adj dissimulado, -a

disintegrate [dɪ'sɪntəɡreɪt, Brit: -tɪ-] vi desintegrar(-se)

disintegration [dɪ,sɪntə'ɡreɪʃn, Brit: -tɪ-] n no pl desintegração f

disinterested [dɪ'sɪntrəstɪd, Brit: -trɪst-] adj **1.**(impartial) imparcial **2.**(uninterested) desinteressado, -a

disk [dɪsk] n INFOR disco m

disk drive n unidade f de disco

diskette [dɪs'ket] n disquete m

dislike [dɪs'laɪk] **I.** vt não gostar de **II.** n no pl aversão f; **to take a ~ to sb** aversão por alguém; (mutual) antipatia f

dislocate ['dɪsloʊkeɪt, Brit: dɪ'slə-] vt deslocar

dislodge [dɪ'slɑ:dʒ, Brit: -'slɒdʒ] vt desalojar

dismal ['dɪzməl] adj **1.**(depressing) deprimente **2.** inf(awful) horrível

dismantle [dɪ'smæntl] vt desmontar

dismay [dɪ'smeɪ] **I.** n no pl consternação f; **to sb's (great) ~** para (grande) espanto m de alguém **II.** vt consternar

dismayed adj consternado, -a m, f

dismiss [dɪ'smɪs] vt **1.**(not consider)

descartar; **to ~ sth/sb as sth** descartar a. c./alguém como a. c. **2.** (*let go*) dispensar; (*from job*) demitir

dismissal [dɪˈsmɪsəl] *n no pl* (*from job*) demissão *f*

disobedience [ˌdɪsəˈbiːdiənts, *Brit*: -əʊˈ-] *n no pl* desobediência *f*

disobedient [ˌdɪsəˈbiːdiənt, *Brit*: -əʊˈ-] *adj* desobediente

disobey [ˌdɪsəˈbeɪ, *Brit*: -əʊˈ-] *vi, vt* desobedecer

disorder [dɪˈsɔːrdər, *Brit*: -ˈsɔːdər] *n* **1.** *no pl* (*lack of order*) desordem *f* **2.** MED distúrbio *m*

disorderly *adj* **1.** (*untidy*) desordenado, -a **2.** (*unruly*) desordeiro, -a

disorient [dɪˈsɔːrient, *Brit*: -ənt] *vt Am*, **disorientate** [dɪˈsɔːriənteɪt] *vt Brit* desorientar; **to get ~ed** ficar desorientado

disown [dɪˈsoʊn, *Brit*: -ˈsəʊn] *vt* renegar

disparaging [dɪˈsperɪdʒ, *Brit*: -ˈspær-] *adj* depreciativo, -a

disparate [ˈdɪspərət] *adj* (*aggregate*) desigual; (*personality*) díspar

disparity [dɪˈsperəti, *Brit*: -ˈspærəti] *n* disparidade *f*

dispassionate [dɪˈspæʃənət] *adj* imparcial

dispatch [dɪˈspætʃ] *vt* despachar

dispel [dɪˈspel] <-ll-> *vt* dissipar

dispensation [ˌdɪspənˈseɪʃn] *n* **1.** (*permission*) dispensa *f* **2.** (*distribution*) distribuição *f*

dispense [dɪˈspens] *vt* (*medicine*) aviar; (*money*) distribuir
  ♦ **dispense with** *vt* dispensar

disperse [dɪˈspɜːrs, *Brit*: -ˈspɜːs] **I.** *vt* dispersar **II.** *vi* dispersar-se

dispirited [dɪˈspɪrɪtɪd, *Brit*: -tɪd] *adj* desanimado, -a

displace [dɪsˈpleɪs] *vt* **1.** (*eject*) desalojar **2.** (*take the place of*) substituir

display [dɪˈspleɪ] **I.** *vt* **1.** (*arrange*) apresentar **2.** (*show*) expor **II.** *n* **1.** (*arrangement*) exibição *f* **2.** *no pl* (*demonstration*) demonstração *f*

displease [dɪsˈpliːz] *vt* desagradar

displeasure [dɪsˈpleʒər, *Brit*: -əʳ] *n no pl* descontentamento *m*

disposable [dɪˈspoʊzəbl, *Brit*: -ˈspəʊ-] *adj* descartável

disposal [dɪˈspoʊzl, *Brit*: -ˈspəʊ-] *n* **to be at sb's ~** estar às ordens de alguém

dispose [dɪˈspoʊz, *Brit*: -ˈspəʊz] *vi* **to ~ of sth** (*throw away*) jogar fora; (*get rid of*) livrar-se de

disposed *adj* **to be well ~ towards sb** estar com boa disposição *f* para com alguém

disposition [ˌdɪspəˈzɪʃn] *n* disposição *f*

dispossess [ˌdɪspəˈzes] *vt* despojar

disproportionate [ˌdɪsprəˈpɔːrʃənət, *Brit*: -ˈpɔːʃ-] *adj* desproporcional

disprove [dɪˈspruːv] *vt* refutar

dispute [dɪˈspjuːt] **I.** *vt* (*argue*) discutir; (*doubt*) questionar **II.** *n* disputa *f*; **a ~ with sb over sth** uma disputa com alguém por [*ou* sobre] a. c.; **in ~** em disputa

disqualify [dɪˈskwɑːləfaɪ, *Brit*: ˈskwɒlɪ-] <-ie-> *vt* (*championship*) desclassificar; (*disbar*) incapacitar; **to ~ sb from sth** excluir alguém de a. c.

disregard [ˌdɪsrɪˈɡɑːrd, *Brit*: -ˈɡɑːd] **I.** *vt* ignorar **II.** *n no pl* pouco caso, m; **~ for sth** pouco caso de a. c.

disreputable [dɪsˈrepjətəbl, *Brit*: -təbl] *adj* de má fama

disrespect [ˌdɪsrɪˈspekt] *n no pl* desrespeito *m*; **~ for sb/sth** desrespeito (para) com alguém/a. c.

disrespectful [ˌdɪsrɪˈspektfəl] *adj* desrespeitoso, -a; **to be ~ towards sb/sth** faltar ao respeito para com alguém/a. c.

disrupt [dɪsˈrʌpt] *vt* (*disturb*) tumultuar; (*interrupt*) interromper

disruption [dɪsˈrʌpʃn] *n* (*interruption*) interrupção *f*; (*disturbance*) transtorno *m*; *fig* (*disorder*) distúrbio *m*

disruptive [dɪsˈrʌptɪv] *adj* perturbador, -a

dissatisfaction [ˌdɪssætəsˈfækʃn, *Brit*: dɪsˌsætɪsˈ-] *n no pl* insatisfação *f*; **~ with sb/sth** insatisfação com alguém/a. c.

dissatisfied [dɪsˈsætəsfaɪd, *Brit*: -ˈsætɪ-] *adj* insatisfeito, -a; **to be ~ with sb/sth** estar insatisfeito com alguém/a. c.

dissect [dɪˈsekt] *vt* (*dead body*) dissecar; *fig* analisar

dissent [dɪˈsent] **I.** *n no pl* dissenção *f* **II.** *vi* divergir

dissertation [ˌdɪsərˈteɪʃn, *Brit*: -əˈ-] *n* UNIV dissertação *f*

disservice [ˌdɪsˈsɜːrvɪs, *Brit*: -ˈsɜːv-] *n no pl* (*cause*) desserviço *m*; **to do sb a ~** causar prejuízo *m* a alguém

dissident [ˈdɪsɪdənt] *n* dissidente *mf*

dissimilar [ˌdɪsˈsɪmɪlər, *Brit*: -əʳ] *adj* diferente

dissipate ['dɪsɪpeɪt] *vi* dissipar

dissociate [dɪ'soʊʃieɪt, *Brit:* -'səʊ-] *vt* **to ~ oneself from sb** desassociar-se de alguém

dissolution [ˌdɪsə'luːʃn] *n no pl* dissolução *f*

dissolve [dɪ'zɑːlv, *Brit:* -'zɒlv] **I.** *vi* **1.** CHEM derreter-se; **ice cream dissolving in the sun** sorvete derretendo-se ao sol, dissolver-se; **sugar ~ in liquid** o açúcar se dissolve em meio líquido **2.** *fig* **~ in tears/laughter** desmanchar-se em lágrimas/risos **II.** *vt* (*candle*) derreter; (*gas, marriage*) dissolver

dissuade [dɪ'sweɪd] *vt* dissuadir; **to ~ sb from (doing) sth** dissuadir alguém de fazer a. c.

distance ['dɪstənts] **I.** *n* distância *f*; **to keep one's ~** manter distância, ficar distante **II.** *vt* **to ~ oneself from sb** distanciar-se de alguém

distant ['dɪstənt] *adj* (*far away*) distante; (*not closely related*) afastado, -a

distaste [dɪ'steɪst] *n no pl* repugnância *f*

distasteful [dɪ'steɪstfəl] *adj* repugnante

distil [dɪ'stɪl] <-ll-> *vt*, **distill** *vt Am, Aus* destilar

distillery [dɪ'stɪləri] *n* destilaria *f*

distinct [dɪ'stɪŋkt] *adj* **1.** (*separate*) distinto, -a; **to be ~ from sth** ser distinto de a. c. **2.** (*marked*) nítido, -a

distinction [dɪ'stɪŋkʃn] *n* **1.** (*difference*) distinção *f*; **to make a ~ between art and craft** fazer distinção entre obra de arte e artesanato **2.** (*award*) honra *f*

distinctive [dɪ'stɪŋktɪv] *adj* característico, -a

distinguish [dɪ'stɪŋgwɪʃ] *vt* distinguir; **to ~ oneself in sth** distinguir-se em a. c.; **to ~ sth from sth** distinguir a. c. de a. c.

distinguished *adj* (*book*) notável; (*writer*) ilustre

distort [dɪ'stɔːrt, *Brit:* -'stɔːt] *vt* (*face*) deformar; (*facts, the truth*) distorcer

distortion [dɪ'stɔːrʃn, *Brit:* -'stɔːʃn] *n* (*of face*) deformação *f*; (*of facts, the truth*) distorção *f*

distract [dɪ'strækt] *vt* distrair; **to ~ sb from sth** distrair alguém de a. c.

distracted driver [dɪ'stræktɪd 'draɪvər, *Brit:* -ə^r] *n* motorista *mf* distraído (*usado para se referir à pessoa que se distrai ao volante ao, por exemplo, usar o celular, fones de ouvido ou comer*)

distracted driving [dɪ'stræktɪd 'draɪvɪŋ] *n no pl* distração *f* no trânsito

distraction [dɪ'strækʃn] *n* distração *f*

distraught [dɪ'strɔːt, *Brit:* -'strɔːt] *adj* desesperado, -a

distress [dɪ'stres] **I.** *n no pl* (*anguish*) aflição *f* **II.** *vt* afligir

distressed *adj* **1.** (*unhappy*) aflito, -a **2.** (*in difficulties*) em perigo

distressing *adj* angustiante

distribute [dɪ'strɪbjuːt] *vt* distribuir; **to ~ sth among/to sb** distribuir a. c. entre alguém

distribution [ˌdɪstrɪ'bjuːʃən] *n no pl* distribuição *f*

distribution chain [ˌdɪstrɪ'bjuːʃən tʃeɪn] *n* COM cadeia *f* de distribuição

distributor [dɪ'strɪbjətər, *Brit:* -tə^r] *n* COM distribuidora *f*

district ['dɪstrɪkt] *n* **1.** (*defined area*) distrito *m*, bairro *m* **2.** (*region*) região *f*

district attorney *n Am* promotor público, promotora pública *m, f* **district court** *n Am* tribunal *m* da comarca

distrust [dɪ'strʌst] **I.** *vt* desconfiar **II.** *n no pl* desconfiança *f*

disturb [dɪ'stɜːrb, *Brit:* -'stɜːb] *vt* (*bother*) incomodar; (*worry*) inquietar

disturbance [dɪ'stɜːrbənts, *Brit:* -'stɜːb-] *n* **1.** (*bother*) transtorno *m* **2.** (*public incident*) tumulto *m*

disturbing *adj* (*annoying*) perturbador(a); (*worrying*) preocupante

disuse [dɪ'sjuːs] *n* desuso *m*; **to fall into ~** cair em desuso

ditch [dɪtʃ] **I.** <-es> *n* (*for drainage*) fosso *m*; (*road*) vala *f*; (*for defense*) trincheira *f* **II.** *vt* **1.** (*discard: car*) abandonar; (*proposal*) descartar **2.** *inf* (*end relationship*) dar um fora em alguém

dive [daɪv] **I.** *n* (*jump into water*) mergulho *m*; *fig* salto *m*; **to take a ~** *fig* dar um salto **II.** *vi* <dived *Am:* dove, dived *Am:* dove> mergulhar; (*head first*) a. *fig* mergulhar de cabeça; **he ~d into his new profession** ele mergulhou de cabeça na nova profissão

diver ['daɪvər, *Brit:* -ə^r] *n* **1.** SPORTS mergulhador(a) *m(f)* **2.** (*worker*) escafandrista *m*

diverge [dɪ'vɜːrdʒ, *Brit:* daɪ'vɜːdʒ] *vi* (*objective*) divergir; (*road*) afastar-se; **to ~ from sth** afastar-se de a. c.

divergence [dɪ'vɜːrdʒəns, *Brit:*

divergent [dɪˈvɜː.rdʒənt, *Brit:* daɪˈvɜː.dʒ-] *n no pl* divergência *f*

divergent [dɪˈvɜː.rdʒənt, *Brit:* daɪˈvɜː.dʒ-] *adj* divergente

diverse [dɪˈvɜː.rs, *Brit:* daɪˈvɜː.s] *adj* **1.** (*varied*) variado, -a **2.** (*not alike*) diferente

diversification [dɪˌvɜː.rsɪfɪˈkeɪʃn, *Brit:* daɪˌvɜː.s-] *n no pl* diversificação *f*

diversify [dɪˈvɜː.rsɪfaɪ, *Brit:* daɪˈvɜː.s-] <-ie-> *vi* diversificar

diversion [dɪˈvɜː.rʃən, *Brit:* daɪˈvɜː.ʃ-] *n no pl* **1.** (*of railway, river*) desvio *m* **2.** (*entertainment*) diversão *f*

diversity [dɪˈvɜː.rsəti, *Brit:* daɪˈvɜː.səti] *n no pl* diversidade *f*

divert [dɪˈvɜː.rt, *Brit:* daɪˈvɜː.t] **1.** (*change direction*) desviar **2.** (*distract*) distrair

divest [dɪˈvest, *Brit:* daɪ-] *vt* despojar

divide [dɪˈvaɪd] **I.** *n* divisão *f* **II.** *vt* **1.** *a.* MAT dividir; **to ~ sth (up) between sb/sth and sb/sth** dividir a. c. entre alguém/a. c. e alguém/a. c.; **to ~ sth (up) into sth** dividir a. c. em a. c. **2.** (*allot*) repartir **III.** *vi* dividir-se

dividend [ˈdɪvɪdend] *n* dividendo *m*

divine [dɪˈvaɪn] **I.** *adj a. fig* divino, -a **II.** *vt* adivinhar

diving *n no pl* mergulho *m*, salto *m* ornamental

divinity [dɪˈvɪnəti, *Brit:* -əti] <-ies> *n no pl* divindade *f*

division [dɪˈvɪʒən] *n* **1.** *a.* MIL, MAT divisão *f* **2.** *no pl* (*splitting up*) separação *f*

divorce [dɪˈvɔː.rs, *Brit:* -ˈvɔː.s] **I.** *n* divórcio *m* **II.** *vt* **to get ~d from sb** divorciar-se de alguém **III.** *vi* divorciar-se

divulge [dɪˈvʌldʒ, *Brit:* daɪ-] *vt* divulgar

DIY [ˌdiː.aɪˈwaɪ] *abbr of* **do-it-yourself** faça você mesmo *m*

dizzy [ˈdɪzi] <-ier, -iest> *adj* tonto, -a

DJ [ˈdiː.dʒeɪ, *Brit:* ˌdiːˈdʒeɪ] *n abbr of* **disc jockey** DJ *m*

DNA [ˌdiː.enˈeɪ] *n no pl abbr of* **deoxyribonucleic acid** DNA *m*

do [duː] **I.** *n* the **~'s and ~n'ts** as normas **II.** <does, did, done> *aux* **1.** (*to form questions*) **~ you own a dog?** você tem um cachorro? **2.** (*to form negatives*) **Frida ~esn't like olives** Frida não gosta de azeitonas **3.** (*to form imperatives*) **~ come in!** entre, vamos! **4.** (*used for emphasis*) **he did say that** ele disse mesmo que **5.** (*replaces repeated verb*) **neither ~ I** nem eu [*ou* eu também não]; **so ~ I** eu também; **she speaks more fluently than he ~es** ela fala com mais fluência (do) que ele **6.** (*requesting affirmation*) não é?; **you ~n't want to answer, ~ you?** você não quer responder, não é? **III.** <does, did, done> *vt* **1.** (*carry out*) **to ~ one's shoes** amarrar os sapatos; **to ~ one's teeth** escovar os dentes; **to ~ something for sb** fazer alguma coisa para alguém; **what on earth are you ~ing (there)?** que diabos você está fazendo (aí)? **2.** (*act*) agir; **to ~ as others ~** agir como os outros **3.** (*learn*) estudar; **I'm ~ing English at university** estou estudando inglês na faculdade **4.** (*be satisfactory*) **I only have beer – will that ~ you?** só tenho cerveja – serve? **5.** (*cook*) preparar; **to ~ sth for sb** preparar a. c. para alguém **IV.** <does, did, done> *vi* **how are you ~ing?** como vai?; **that will ~!** chega!; **that will never ~** isso não vai servir nunca; **this behavior just won't ~!** esse comportamento simplesmente não convém!

◆ **do away with** *vi inf* acabar com; **computers have done away with repetitive tasks** os computadores acabaram com as tarefas repetitivas; (*regulations*) abolir

◆ **do in** *vt always sep* **riding my byke has really done me in** pedalar me deixou esgotado

◆ **do up** *vt* **1.** (*fasten: button*) abotoar; (*shoes*) amarrar **2.** (*restore*) reformar

◆ **do without** *vi* passar [*ou* ficar] sem

docile [ˈdɑː.səl, *Brit:* ˈdəʊ.saɪl] *adj* (*pupil*) dócil; (*population*) submisso, -a

dock¹ [dɑːk, *Brit:* dɒk] NAUT **I.** *n* doca *f* **II.** *vi* atracar

dock² *n no pl* LAW **to be in the ~** sentar no banco dos réus

docker [ˈdɑː.kər, *Brit:* ˈdɒkər] *n* estivador *m*

dockyard [ˈdɑː.kjɑːrd, *Brit:* ˈdɒkjɑːd] *n* estaleiro *m*

doctor [ˈdɑː.ktər, *Brit:* ˈdɒktər] **I.** *n* **1.** MED médico, -a *m, f*; **to go to the ~'s** ir ao médico **2.** UNIV doutor(a) *m(f)* **II.** *vt* (*alter*) adulterar

doctorate [ˈdɑː.ktərət, *Brit:* ˈdɒk-] *n* doutorado *m*

> **Culture** O **doctorate** ou **doctor's degree** em uma disciplina é o título

acadêmico mais alto que se pode obter em uma universidade. Nas universidades anglo-saxãs, os doutorados recebem diversas denominações, de acordo com as matérias. O doutorado mais comum é o **PhD**, também chamado **Dphil (Doctor of Philosophy)**. Esse título é concedido em seguida à preparação de uma tese de doutorado em qualquer matéria, à exceção de Direito e Medicina. Os outros títulos de doutorado são: **Dmus (Doctor of Music), MD (Doctor of Medicine), LLD (Doctor of Laws)** e **DD (Doctor of Divinity,** Doutor em Teologia). As universidades também podem conceder o título de doutor àquelas personalidades de alto nível que tenham se destacado por sua contribuição à investigação científica, por seu trabalho ou por publicações importantes. Esse tipo de doutorado denomina-se doutorado Honoris Causa. A essa modalidade pertencem o **Dlitt (Doctor of Letters)** ou **oDSc (Doctor of Science)**.

doctor-recommended ['dɑ:ktər,rekə'mendɪd, Brit: 'dɒktə-] adj inv recomendado, -a por médicos

doctrine ['dɑ:ktrɪn, Brit: 'dɒk-] n doutrina f

document ['dɑ:kjəmənt, Brit: 'dɒkju-] I. n documento m II. vt documentar

documentary [,dɑ:kjə'mentəri, Brit: ,dɒkju-] <-ies> n documentário m; a ~ on/about sth um documentário sobre a. c.

documentation [,dɑ:kjəmən'teɪʃn, Brit: ,dɒkju-] n no pl documentação f

dodge [dɑ:dʒ, Brit: dɒdʒ] vt (bullet) desviar; (question) esquivar-se; to ~ doing sth livrar-se de fazer a. c.

dodgy ['dɑ:dʒi, Brit: 'dɒdʒi] <-ier, -iest> adj esp Brit, Aus, inf (person) suspeito, -a; (situation) arriscado, -a

doe [doʊ, Brit: dəʊ] n (deer) corça f, cerva f

does [dʌz] vt, vi, aux 3rd pers sing of do

doesn't [dʌznt] = does + not s. do

dog [dɑ:g, Brit: dɒg] I. n cachorro, -a m, f; cão, cadela m, f; **the (dirty) ~!** inf o cachorro (safado)!; **to go to the ~s** inf entrar em decadência, ir à bancarrota; **to lead a ~'s life** levar uma vida de cão II.<-gg-> vt seguir

dogged ['dɑ:gɪd, Brit: 'dɒg-] adj obstinado, -a

dogma ['dɑ:gmə, Brit: 'dɒg-] n dogma m

dogmatic [dɑ:g'mætɪk, Brit: dɒg'mæt-] adj dogmático, -a

doing ['du:ɪŋ] n no pl **no ~!** não tem jeito!; **to be sb's ~** ser obra de alguém; **to take some ~** não ser moleza gír

doldrums ['doʊldrəmz, Brit: 'dɒl-] npl **to be in the ~** (business) estagnação f; (person) abatimento m

dole [doʊl, Brit: dəʊl] I. n **to be on the ~** Brit estar desempregado, -a II. vt **to ~ sth out** distribuir a. c.

doleful ['doʊlfəl, Brit: 'dəʊl-] adj (expression) desconsolado, -a; (person) triste

doll [dɑ:l, Brit: dɒl] n boneco, -a m, f; **~'s house** casa f de bonecas

dollar ['dɑ:lər, Brit: 'dɒlə'] n dólar m; **to feel like a million ~s** querer um milhão de dólares

dolly ['dɑ:li, Brit: 'dɒli] <-ies> n **1.** (doll) boneca f **2.** CINE encosto m

dolphin ['dɑ:lfɪn, Brit: 'dɒl-] n golfinho m

domain [doʊ'meɪn, Brit: dəʊ-] n **1.** POL território m **2.** (land) terras fpl **3.** (sphere of activity) a. COMPUT domínio m; **to be in the public ~** ser de domínio público

dome [doʊm, Brit: dəʊm] n (roof) abóbada f; (ceiling) cúpula f

domestic [də'mestɪk] adj **1.** (of the house: a. flight) doméstico, -a **2.** (home-loving) caseiro, -a **3.** (produce) nacional; (market, policy) interno, -a

domestic appliance n eletrodoméstico m

domesticate [də'mestɪkeɪt] vt domesticar

dominance ['dɑ:mənənts, Brit: 'dɒmɪ-] no pl n **1.** (rule) predominância f **2.** MIL supremacia f

dominant ['dɑ:mənənt, Brit: 'dɒmɪ-]

adj dominante
dominate ['dɑ:məneɪt, *Brit:* 'dɒmɪ-] *vi, vt* dominar
domination [ˌdɑ:mə'neɪʃn, *Brit:* ˌdɒmɪ'-] *no pl n* dominação *f*
Dominican [doʊ'mɪnɪkən, *Brit:* də'-] *adj* dominicano, -a
Dominican Republic *n* República *f* Dominicana
dominion [də'mɪnjən] *n* domínio *m*
domino ['dɑ:mənoʊ, *Brit:* 'dɒmɪnəʊ] <-es> *n* **1.** *pl (games)* dominó *m* **2.** *(piece)* peça *f*
donate ['doʊneɪt, *Brit:* dəʊ'neɪt] *vt* doar
donation [doʊ'neɪʃn, *Brit:* dəʊ'-] **1.** *(contribution)* donativo *m;* **a ~ to sb/sth** um donativo para alguém/a. c. **2.** *no pl (act)* doação *f*
done [dʌn] *pp of* **do**
donkey ['dɑ:ŋki, *Brit:* 'dɒŋ-] *n a. fig* burro *m*
donor ['doʊnər, *Brit:* 'dəʊnəʳ] *n* doador(a) *m(f)*
donut ['doʊnʌt, *Brit:* 'dəʊ-] *n Am, Aus* rosquinha *f* frita
doom [du:m] **I.** *n (destiny)* destino *m* **II.** *vt* condenar; **to be ~ed to sth** estar condenado [*ou* fadado] a a. c.
door [dɔ:r, *Brit:* dɔ:ʳ] *n* porta *f*; **out of the ~s** ao ar livre; **there's someone at the ~** tem alguém na porta; **to answer the ~** atender a porta; **to live next ~ to sb** ser vizinho de alguém; **to show sb the ~** pôr alguém na rua
doorbell *n* campainha *f* **doorknob** *n* maçaneta *f* **doorman** <-men> *n* porteiro *m* **doormat** *n* capacho *m* **doorstep** *n* degrau *m (da porta de entrada)*; **to be right on the ~** *fig* estar bem no seu nariz
door-to-door *adj, adv* de porta em porta
doorway *n* entrada *f*
dope [doʊp, *Brit:* dəʊp] **I.** *n* **1.** *no pl, inf (drugs)* droga *f; (marijuana)* maconha *f;* **~ test** SPORTS teste *m* antidoping; **to give sb the ~ on sth** *fig* dar a alguém informações confidenciais sobre a. c. **2.** *inf (stupid person)* imbecil *mf* **II.** *vt* SPORTS dopar
dope-ass ['doʊpæs] *adj attr, inv, Am, sl (awesome)* massa; *inv*
dopey *adj,* **dopy** ['doʊpi, *Brit:* 'dəʊ-] *adj* <-ier, -iest> **1.** *(drowsy)* entorpecido, -a **2.** *(stupid)* estúpido, -a
dormant ['dɔ:rmənt, *Brit:* 'dɔ:m-] *adj* inativo, -a
dormitory ['dɔ:rmətɔ:ri, *Brit:* 'dɔ:mɪtəri] <-ies> *n* **1.** alojamento *m* **2.** *Am* UNIV dormitório *m*
dose [doʊs, *Brit:* dəʊs] *n a. fig* dose *f*; **a nasty ~ of flu** uma gripe em dose cavalar
dossier ['dɑ:sier, *Brit:* 'dɒs-] *n* dossiê *m*
dot [dɑ:t, *Brit:* dɒt] **I.** *n* **1.** *(round mark)* ponto *m*; **on the ~** em ponto **2.** *pl* TYP pingo *m* **II.** <-tt-> *vt* **to ~ one's i's and cross one's t's** ser muito minucioso
dote (up)on [doʊt, *Brit:* dəʊt] *vt* ser louco por
dotty ['dɑ:ti, *Brit:* 'dɒti] *adj* <-ier, -iest> *(person, idea)* doido, -a
double ['dʌbl] **I.** *adj* **1.** *(twice as much/many)* duplo, -a; **to have a ~ meaning** ter duplo sentido; **to lead a ~ life** levar vida dupla **2.** *(composed of two)* **~ "s"** duas vezes "s"; **his number is ~ two five three five six** o número dele é dois dois cinco três cinco seis; **in ~ figures** duas vezes **3.** *(for two)* **~ room** quarto *m* de casal **II.** *adv* **to be bent ~** estar vergado em dois; **to fold sth ~** dobrar a. c. em dois; **to see ~** ter visão dupla **III.** *n* **1.** *(double quantity)* dobro *m;* **at** [*o* **on**] **the ~** *inf* ao dobro **2.** *(person)* sósia *mf* **3.** *pl* SPORTS **to play ~s** jogar em duplas **IV.** *vt (increase: bet)* dobrar; *(efforts)* duplicar **V.** *vi* dobrar-se
♦ **double back** *vi* voltar atrás
double bed *n* cama *f* de casal **double chin** *n* papada *f* **double-glazing** *no pl n* vidro *m* duplo **double standard** *n* **to have ~s** ter dois pesos e duas medidas **double take** *n* **to do a ~** cair a ficha *gír*
doubly ['dʌbli] *adv (disappointing)* duplamente; **to make ~ sure that ...** estar bem certo que ...
doubt [daʊt] **I.** *n no pl* dúvida *f*; **beyond all reasonable ~** sem qualquer dúvida; **no ~** sem dúvida; **to be in ~ whether to ...** estar em dúvida se ...; **to cast ~ on sth** lançar dúvida sobre a. c.; **to raise ~s about sth** levantar dúvidas sobre a. c.; **without a ~** sem dúvida **II.** *vt (capability, word)* duvidar; *(person, sincerity)* desconfiar; **to ~ if** [*o* **whether**] **...** ter dúvidas se ...; **to ~ that** duvidar que *+subj*
doubtful ['daʊtfəl] *adj* **1.** *(uncertain, undecided)* indeciso, -a; **to be ~ about going** estar indeciso sobre ir; **to be ~**

whether to ... estar em dúvida se ...; (*expression*) dúbio, -a **2.** (*unlikely*) incerto, -a **3.** (*questionable: advantage*) duvidoso, -a

doubtless ['daʊtlɪs] *adv* sem dúvida

dough [doʊ, *Brit:* dəʊ] *n* **1.** GASTR massa *f* **2.** *Am, inf* (*money*) grana *f*

doughnut ['doʊnʌt, *Brit:* 'dəʊ-] *n* rosquinha *f* frita

dour [dʊr, *Brit:* dʊəʳ] *adj* (*manner*) severo, -a; (*appearance*) sombrio, -a

douse [daʊs] *vt* **1.** (*throw liquid on*) **to ~ sth in petrol** encharcar a. c. com gasolina **2.** (*extinguish*) apagar; **to ~ sth with sth** apagar a. c. com a. c.

dove[1] [dʌv] *n* ZOOL pomba *f*

dove[2] [doʊv, *Brit:* dəʊv] *Am pt, pp of* **dive**

down[1] [daʊn] *n no pl* (*feathers*) penugem *f;* (*hairs*) lanugem *f*

down[2] **I.** *adv* **~ with the dictator!** abaixo o ditador!; **come ~ here** venha aqui embaixo; **the price is ~** o preço baixou; **to be ~ on sb** *fig* tratar mal alguém; **to fall ~** cair; **to go ~ to the sea** ir até o mar; **to lie ~** deitar **II.** *prep* **to go ~ the stairs** descer as escadas; **to go ~ the street** descer a rua; **to run ~ the slope** correr ladeira abaixo

down-and-out *n* miserável *mf*

downcast *adj* abatido, -a

downfall *n* (*of government*) queda *f*; (*of person*) ruína *f*

downgrade *vt* **1.** (*lower category of*) rebaixar **2.** (*minimize*) minimizar; **to ~ the importance of sth** minimizar a importância de a. c.

downhill *adv* **to go ~** descer ladeira abaixo; *fig* decair

download *vt* INFOR baixar

down payment *n* entrada *f*

downpour *n* aguaceiro *m*

downright ['daʊnraɪt] *adj* (*lie*) deslavado, -a; (*refusal, disobedience*) categórico, -a; **it is a ~ disgrace** é uma grande vergonha

downside *n no pl* lado *m* negativo

downstairs I. *adv* lá embaixo; **there's a man ~** há um homem lá embaixo, para baixo; **to go ~** descer a escada [*ou* ir lá para baixo]) **II.** *adj* **a ~ bathroom** um banheiro no andar de baixo

downstream *adv* rio abaixo

down-to-earth *adj* (*explanation*) realista; (*person*) com os pés no chão

downtown I. *n no pl, Am* centro *m* da cidade **II.** *adv Am* **to go ~** ir ao centro; **to live ~** morar no centro

downturn *n* retração *f* (econômica)

downward ['daʊnwərd, *Brit:* -wəd] **I.** *adj* (*direction*) descendente; (*tendency*) decrescente **II.** *adv Am* para baixo

downwards *adv* para baixo

dowry ['daʊəri] <-ies> *n* dote *m*

doze [doʊz, *Brit:* dəʊz] *vi* cochilar

dozen ['dʌzn] *n* dúzia *f;* **~ s of times** milhares de vezes; **half a ~** meia dúzia; **it's six of one and half a ~ of the other** *inf* é a mesma coisa; **to talk nineteen to the ~** *Brit, inf* falar pelos cotovelos; **two ~ eggs** duas dúzias de ovos

dozy ['doʊzi, *Brit:* 'dəʊ-] *adj* <-ier, -iest> **1.** (*sleepy*) sonolento, -a **2.** *Brit, inf* (*stupid*) pateta

Dr *abbr of* **Doctor** Dr. *m*, Dra. *f*

drab [dræb] *adj* <drabber, drabbest> (*color*) desbotado, -a; (*existence*) enfadonho, -a

draconian [drə'koʊniən, *Brit:* -'kəʊ-] *adj* draconiano, -a

draft [dræft, *Brit:* drɑːft] **I.** *n* **1.** (*preliminary version: article*) rascunho *m;* (*contract*) minuta *f;* (*drawing*) esboço *m* **2.** *no pl, Am* MIL convocação *f* **II.** *vt* **1.** (*prepare preliminary version*) rascunhar **2.** *Am* MIL convocar

drag [dræɡ] **I.** *n* **1.** *no pl* PHYS draga *f* **2.** *fig, inf* **to be a ~ on sb** aporrinhar alguém; **to be in ~** estar com roupa de mulher (*homem*); **what a ~!** que saco! **II.** <-gg-> *vt* arrastar; **to ~ one's heels** *fig* fazer hora **III.** <-gg-> *vi* **1.** (*trail along: a. time, meeting, conversation*) arrastar-se **2.** (*lag behind*) ficar para trás
♦ **drag on** *vi* arrastar-se penosamente
♦ **drag up** *vt* (*event, story*) desenterrar

dragon ['dræɡən] *n* dragão *m*

dragonfly ['dræɡənflaɪ] <-ies> *n* libélula *f*

drain [dreɪn] **I.** *vt* **1.** AGR, MED drenar *m;* (*food*) escorrer; (*pond*) esvaziar; (*river*) secar **2.** (*empty by drinking: glass, cup, bottle*) esvaziar **3.** (*exhaust: person*) esgotar; (*resources*) exaurir **II.** *n* (*conduit*) dreno *m;* (*sewer*) esgoto *m;* **to be a ~ on sb's resources** causar um rombo nas finanças de alguém

drainage ['dreɪnɪdʒ] *n no pl* **1.** AGR, MED drenagem *f* **2.** TECH esgoto *m*

drainpipe *n* cano *m* de esgoto

drama ['drɑːmə] n 1. LIT peça f teatral 2. THEAT teatro m

drama school n escola f de teatro

dramatic [drə'mætɪk, Brit: -tɪk] adj 1. THEAT teatral 2. (appeal) dramático, -a; (rise) considerável

dramatist ['drɑːmətɪst, Brit: 'dræmət-] n dramaturgo, -a m, f

dramatize ['drɑːmətaɪz, Brit: 'dræm-] vt 1. (commercial) encenar; (novel) adaptar 2. (exaggerate) dramatizar

drank [dræŋk] pt of **drink**

drape [dreɪp] I. vt 1. (cover) cobrir; **the coffin was ~d in the Brazilian flag** o caixão estava coberto com a bandeira do Brasil, colocar; **to ~ sth over sth** colocar a. c. sobre a. c. 2. (hang) pendurar II. n pl, Am, Aus cortinas fpl

drastic ['dræstɪk] adj (change, measure) drástico, -a

draught [dræft, Brit: drɑːft] n 1. (air current) corrente f de ar 2. (drink) trago m 3. pl GAMES damas fpl

draughtsman ['dræftsmən, Brit: 'drɑːfts-] <-men> n 1. (drawing of machinery) projetista mf 2. (drawer) desenhista; (mf)

draw [drɔː, Brit: drɔː] I. n 1. (attraction) atração f 2. SPORTS empate m 3. (drawing of cards, lots) sorteio m II. <drew, drawn> vt 1. (character) retratar; (line) traçar; ART (picture) desenhar 2. (pull) **to ~ a conclusion** tirar uma conclusão; **to ~ an inference** deduzir; **to ~ sb aside** puxar alguém para um canto; **to ~ sth from sb** tomar a. c. de alguém; **to ~ the curtains** abrir/fechar as cortinas 3. (attract) atrair; **to be ~n toward(s) sb** sentir atração por alguém, provocar; **to ~ applause** provocar aplauso 4. (take out: money) sacar; (water) tirar; **to ~ blood** fig sugar o sangue 5. (salary, pension) receber III. <drew, drawn> vi 1. ART desenhar 2. (move) **to ~ ahead** passar para a frente; **to ~ away** afastar-se; **to ~ level with sb** Brit alcançar alguém (em corrida); **to ~ to a close** chegar ao fim 3. SPORTS empatar

◆ **draw in** vi 1. (evening, nights) aproximar-se, aumentar 2. (days) aproximar-se do fim, diminuir

◆ **draw on** I. vi 1. (continue) continuar 2. (approach) aproximar-se II. vt (experience) valer-se de

◆ **draw out** vt 1. (prolong: meeting) prolongar 2. (take out: money) sacar; **to draw sb out (of himself)** fig fazer com que alguém se abra

◆ **draw up** I. vt (contract) redigir; (plan) elaborar II. vi (vehicle) parar

drawback n desvantagem f

drawer ['drɔːr, Brit: 'drɔːʳ] n gaveta f

drawing n ART desenho m

drawing board n prancheta f para desenhar; **back to the ~!** começar de novo!

drawing pin n Brit, Aus tachinha f

drawing room n sala f de estar

drawl [drɔːl, Brit: drɔːl] vi falar arrastado

drawn [drɔːn, Brit: drɔːn] pp of **draw**

dread [dred] I. vt morrer de medo de II. n no pl pavor m

dreadful ['dredfəl] adj (atrocity) pavoroso, -a; (mistake) terrível; (service) péssimo, -a; **I feel ~ about it** eu me sinto péssimo a esse respeito

dreadfully adv terrivelmente

dream [driːm] I. n 1. sonho m; **a ~ about sb/sth** um sonho com alguém/a. c.; **a bad ~** um pesadelo 2. (daydream) devaneio m; (fantasy) fantasia f; **a ~ come true** a realização de um sonho; **he cooks like a ~** ele cozinha maravilhosamente bem; **to be in a ~** estar no mundo da lua II. <dreamt o dreamed, dreamt o dreamed> vi, vt sonhar; **to ~ about (doing) sth** sonhar com a. c., sonhar em fazer a. c.; **I never ~t that...** nunca imaginei que ... +subj; **I wouldn't ~ of (doing) that** eu nem pensaria em fazer isso

◆ **dream up** vt bolar

dreamer ['driːmər, Brit: -əʳ] n sonhador(a) m(f); pej lunático, -a m, f

dreamt [dremt] pt, pp of **dream**

dreary ['drɪri, Brit: 'drɪəri] adj <-ier, -iest> (day) deprimente; (weather) sombrio, -a

dredge [dredʒ] vt TECH dragar

drench [drentʃ] vt ensopar; **to be ~ed in sweat** estar ensopado de suor, estar suando em bicas inf

dress [dres] I. n <-es> vestido m II. vi vestir-se; **to ~ in blue** vestir-se de azul; **to ~ smartly for sth** vestir-se com elegância para a. c. III. vt 1. (put clothes on) vestir 2. GASTR (salad) temperar 3. MED (wound) fazer curativo em

◆ **dress up** vi 1. (put on unusual clothes) fantasiar-se; **to ~ as sth** fantasiar-se de a. c. 2. (put on formal *clothes*) **to ~ in sth** vestir-se elegantemente de a. c.

dresser ['dresər, *Brit:* -əʳ] *n* **1.** (*sideboard*) guarda-louça *m*; *Am, Can* (*chest of drawers*) cômoda *f* **2.** THEAT camareiro, -a *m, f*

dressing *n* **1.** GASTR molho *m* de salada **2.** MED curativo *m*

dressing gown *n* (*of silk*) robe *m*; (*of towel*) roupão *m* **dressing room** *n* vestiário *m*; THEAT camarim *m*

dressmaker *n* costureiro, -a *m, f*

dress rehearsal *n* ensaio *m* geral

drew [dru:] *pt of* **draw**

dribble ['drɪbl] **I.** *vi, vt* **1.** (*person*) babar; (*water*) pingar **2.** SPORTS driblar **II.** *n no pl* (*saliva*) saliva *f*; (*water*) pingo *m*

dried [draɪd] *pt, pp of* **dry**

dried-up *adj* ressecado, -a

drift [drɪft] **I.** *n* **1.** (*snow drift*) monte *m* **2. to catch sb's ~** entender as intenções de alguém **II.** *vi* **1.** (*on water*) flutuar levado pelas ondas; **to ~ out to sea** flutuar à deriva [*ou* sem rumo] pelo mar **2.** (*move aimlessly*) perambular **3.** (*sand, snow*) acumular-se
◆ **drift apart** *vi* (*people*) afastar-se
◆ **drift off** *vi* cair no sono

drill[1] [drɪl] **I.** *n* furadeira *f*; (*dentist's*) broca *f* **II.** *vt* TECH perfurar

drill[2] **I.** *n* **1.** MIL treinamento *m* **2.** SCH exercício *m* **II.** *vt* **1.** MIL treinar **2.** SCH exercitar; **to ~ sth into sb** exercitar alguém em a. c.

drink [drɪŋk] **I.** *n* **1.** bebida *f*; (*alcoholic beverage*) bebida alcoólica, drinque *m*; **to drive sb to ~** levar alguém a beber; **to have a ~** tomar um drinque **2.** *sl* propina *f* **II.** *vi* beber; **to ~ like a fish** beber como um gambá; **to ~ to sb** brindar a alguém **III.** <drank, drunk> *vt* **to ~ a toast (to sb)** fazer um brinde (a alguém); **to ~ sb under the table** beber muito mais do que alguém
◆ **drink in** *vt* (*atmosphere*) embeber-se em; (*words*) ouvir atentamente

drinkable ['drɪŋkəbl] *adj* potável

drinker *n* bebedor(a) *m(f)*

drinking water *no pl n* água *f* potável

drip [drɪp] **I.** <-pp-> *vi* pingar **II.** *n* **1.** (*of water*) pingo *m* **2.** MED tubo *m* para soro **3.** *inf* (*person*) babaca *mf*

dripping *adj* ensopado, -a; **to be ~ wet** estar ensopado

drive [draɪv] **I.** *n* **1.** volta *f*; **to go for a ~** dar uma volta de carro **2.** (*driveway*) entrada *f* para veículos **3.** *no pl* PSYCH impulso *m* **4.** (*campaign*) campanha *f* **II.** <drove, driven> *vt* **1.** AUTO dirigir; **he drove a sports car** ele dirigia um carro esporte; **to ~ sb home** levar alguém (de carro) para casa **2.** (*urge*) levar; **to ~ sb crazy** levar alguém à loucura; **to ~ sb to (do) sth** levar alguém a fazer a. c. **III.** *vi* guiar
◆ **drive at** *vt inf* dar a entender
◆ **drive away** *vt*, **drive off** *vt always sep* (*customers*) afugentar
◆ **drive out** *vt* expulsar

drive-in *n Am, Aus* (*restaurant*) lanchonete onde o cliente é servido no próprio carro; (*cinema*) drive-in *m*

drivel ['drɪvəl] *n no pl* asneira *f*

driven ['drɪvən] *pp of* **drive**

driver ['draɪvər, *Brit:* -əʳ] *n* motorista *mf*
driver's license *n Am* carteira *f* de motorista

> **Culture** As **Drive through bottle shops** são um tipo de barraca que se pode encontrar por toda a Austrália. Geralmente pertencem a hotéis e por seu aspecto parecem-se com uma garagem aberta ou celeiro no qual se pode entrar com o carro. Esse tipo de barraca também é conhecido como **liquor barns**. Nelas, sem que seja preciso sair do veículo, pode-se comprar vinho, cerveja e qualquer bebida alcoólica. O cliente é servido diretamente na janela do carro.

driveway ['draɪvweɪ] *n* entrada *f* para veículos

driving I. *n* (*lesson*) direção *f* **II.** *adj* **1.** (*rain*) forte **2.** (*ambition*) grande

driving force *n no pl* força *f* propulsora
driving school *n* autoescola *f* **driving test** *n* exame *m* de motorista

drizzle ['drɪzl] **I.** *n no pl* METEO garoa *f* **II.** *vi* METEO garoar

drone [droʊn, *Brit:* drəʊn] **I.** *n no pl* **1.** ZOOL zangão *m* **2.** (*sound*) zumbido *m* **3.** MIL (*spy plane*) avião *m* de espionagem **II.** *vi* zunir

drool [dru:l] *vi* babar; **to ~ over sth** *fig* babar-se por a. c.

droop [dru:p] *vi* (*breast*) cair; (*flowers*) murchar; *fig* (*mood, spirits*) abater-se

drop [drɑ:p, *Brit:* drɒp] **I.** *n* **1.** (*of liquid*) gota *f*; **~ by ~** gota a gota; **it's a ~ in the ocean** é uma gota de água no oceano; **just a ~** só uma gota **2.** (*vertical distance*) declive *m*; **a sheer ~** um declive acentuado **3.** (*decrease, fall, temperature*) queda *f*; **a ~ in sth** uma queda em a. c.; **at the ~ of a hat** num piscar de olhos **II.** <-pp-> *vt* **1.** (*allow to fall*) soltar; **to ~ a hint** soltar uma indireta **2.** (*lower*) baixar; **to ~ one's voice** baixar a voz **3.** (*give up: physical activity*) largar; (*plan*) abandonar **4.** (*leave out*) dispensar **III.** <-pp-> *vi* **~ dead!** *inf* desinfeta!; **to ~ with exhaustion** morrer de cansaço; **he is ready to ~** ele está a ponto de cair morto de cansaço; **the pen ~ped from the desk** a caneta caiu da mesa

◆ **drop behind** *vi* ficar para trás

◆ **drop in** *vi inf* **to ~ on sb** dar um pulo na casa de alguém

◆ **drop out** *vi* (*deal*) desistir; (*race*) abandonar

dropout *n* desistente *mf*; UNIV, SCH aluno que abandona um curso ou os estudos
drought [draʊt] *n* seca *f*
drove [droʊv, *Brit:* drəʊv] *pt of* **drive**
drown [draʊn] **I.** *vt* **1.** (*cause to die*) afogar; **to ~ one's sorrows** afogar as mágoas na bebida **2.** (*engulf in water: city*) inundar; **to ~ one's food in sauce** ensopar a comida com molho **3.** (*make inaudible*) **to ~ sth/sb out** abafar **II.** *vi* afogar-se; **to be ~ing in work** *inf* estar sobrecarregado de trabalho
drowse [draʊz] *vi* cochilar
drowsy ['draʊzi] <-ier, -iest> *adj* sonolento, -a
drug [drʌg] **I.** *n* **1.** MED remédio *m* **2.** (*narcotic*) droga *f* **II.** <-gg-> *vt* dopar; **to ~ sb with sth** dopar alguém com a. c.
drug addict *n* viciado , -a em drogas *m*
drug dealer *n* traficante *mf*
drugstore *n Am* drogaria *f* (*onde se vendem diversos artigos, além de produtos farmacêuticos*)
drum [drʌm] **I.** *n* **1.** MUS, TECH (*a. for oil*) tambor *m* **2.** *pl* (*in band*) bateria *f* **II.** <-mm-> *vi* MUS tocar tambor **III.** *vt inf* **to ~ sth into sb** inculcar a. c. em alguém
drummer ['drʌmər, *Brit:* -ər] *n* (*in brass band*) baterista *mf*; (*in group*) tambor *m*
drumstick *n* **1.** MUS vareta *f* **2.** GASTR coxa *f* de galinha
drunk [drʌŋk] **I.** *vt, vi pp of* **drink II.** *adj* bêbado, -a; **to be ~ with joy** estar morrendo de alegria; **to get ~** ficar bêbado
drunken ['drʌŋkən] *adj* bêbado
drunkenness ['drʌŋkənɪs] *n no pl* bebedeira *f*, embriaguez *f*
dry [draɪ] **I.** <-ier *o* -er, -iest *o* -est> *adj* (*a. climate*) seco, -a; (*soil*) árido, -a; **to go ~** secar; **to run ~** *fig* calar-se **II.** <-ie-> *vt* (*hair*) secar; (*tears*) enxugar **III.** <-ie-> *vi* secar

◆ **dry up** *vi* **1.** (*become dry*) secar **2.** (*dry the dishes*) enxugar a louça

dry-clean *vt* lavar a seco
dry cleaner's *n no pl* lavanderia *f*
dryer ['draɪər, *Brit:* -ər] *n* (*for hair*) secador *m*; (*for clothes*) secadora *f*
dual ['du:əl, *Brit:* 'dju:-] *adj inv* duplo, -a
dual carriageway *n Brit* rodovia *f* de duas pistas
dub [dʌb] <-bb-> *vt* CINE dublar
dubious ['du:biəs, *Brit:* 'dju:-] *adj* duvidoso, -a
duchess ['dʌtʃɪs] *n* duquesa *f*
duchy ['dʌtʃi] *n* ducado *m*
duck [dʌk] **I.** *n* pato *m*; **to take to sth like a ~ to water** *inf* achar que a. c. é café pequeno **II.** *vi* abaixar-se; **to ~ out of sth** safar-se de a. c. **III.** *vt* **to ~ an issue** esquivar um assunto; **to ~ one's head** abaixar a cabeça
duckling ['dʌklɪŋ] *n* patinho *m*
duct [dʌkt] *n* (*tube*) tubo *m*; ANAT conduto *m*
dud [dʌd] *adj* pifado, -a; (*check*) sem fundos
dude [du:d] *n Am, inf* (*man*) cara *m*
due [du:, *Brit:* dju:] **I.** *adj* **1.** (*payable*) vencido, -a; (*owing*) devido, -a; **to fall ~** vencer **2.** (*appropriate*) **in ~ course** na hora certa; **to treat sb with the respect ~ to him** *Brit, Aus* tratar alguém com o respeito que ele merece; **with (all) ~ respect** com (todo) o devido respeito **3.** (*expected*) **I'm ~ in New York this evening** minha chegada em Nova York está prevista para hoje à noite **4.** (*owing to*) **~ to** devido a **II.** *n* **to give sb his ~** ser justo com alguém; **to pay one's ~s** *fig* fazer o que se deve **III.** *adv* **~ north** bem ao norte
duel ['du:əl, *Brit:* 'dju:-] *n* duelo *m*
duet [du'et, *Brit:* dju-] *n* dueto *m*

dug [dʌg] *pt, pp of* **dig**

dugout ['dʌgaʊt] *n* 1. MIL abrigo *m* antiaéreo; SPORTS cabine *f* 2. (*canoe*) canoa *f* (*feita de um só tronco*)

duke [du:k, *Brit:* dju:k] *n* duque *m*

dull [dʌl] *adj* 1. (*boring*) chato, -a; **as ~ as ditchwater** chato de galocha 2. (*not bright: color*) embaçado, -a; (*surface*) opaco, -a 3. (*ache, thud*) surdo, -a

duly ['du:li, *Brit:* 'dju:-] *adv* devidamente

dumb [dʌm] *adj* 1. (*mute*) mudo, -a; **deaf and ~** surdo-mudo, surda-muda *m, f*; **to be struck ~** perder a fala 2. *inf* (*stupid*) pateta

dumbfounded *adj* pasmo, -a

dummy ['dʌmi] <-ies> *n* 1. (*mannequin*) manequim *m* 2. (*fool*) idiota *mf* 3. *Brit, Aus* (*for baby*) chupeta *f*

dump [dʌmp] **I.** *n* 1. (*for waste*) monte *m* de lixo, depósito de lixo *m* 2. MIL depósito *m* 3. *inf* (*nasty place*) chiqueiro *m* **II.** *vt* 1. (*waste*) jogar fora 2. *inf* (*end relationship*) dar o fora

dumpy ['dʌmpi] <-ier, -iest> *adj* atarracado, -a

dune [du:n, *Brit:* dju:n] *n* duna *f*

dung [dʌŋ] *n no pl* esterco *m*

dungarees [,dʌŋgə'ri:z] *npl* 1. *Am* (*blue jeans*) calça *f* jeans 2. *Brit* (*coveralls*) macacão *m*

dungeon ['dʌndʒən] *n* calabouço *m*

dunk [dʌŋk] *vt* molhar; **she ~ed the bread into the milk** ela molhou o pão no leite

duo ['du:oʊ, *Brit:* 'dju:əʊ] *n* dupla *f*

dupe [du:p, *Brit:* dju:p] *n* otário *m*

duplex ['du:pleks, *Brit:* 'dju:-] *n Am* dúplex *m inv*

duplicate ['du:plɪkət, *Brit:* 'dju:-] **I.** *vt* 1. (*replicate*) reproduzir 2. (*copy*) copiar **II.** *adj* (*experience*) reproduzido, -a; (*work*) copiado, -a

duplicity [du:'plɪsəti, *Brit:* dju:'plɪsəti] *n no pl* duplicidade *f*

durability [,dʊrə'bɪləti, *Brit:* ,djʊərə'bɪləti] *n no pl* durabilidade *f*

durable ['dʊrəbl, *Brit:* 'djʊər-] *adj* durável

duration [dʊ'reɪʃn, *Brit:* djʊ-] *n no pl* duração *f*; **for the ~** enquanto durar

during ['dʊrɪŋ, *Brit:* 'djʊər-] *prep* durante

dusk [dʌsk] *n no pl* penumbra *f*; **at ~** ao anoitecer

dust [dʌst] **I.** *n no pl* (*cloud*) poeira *f*; (*coal*) pó *m*; **to bite the ~** morder o pó **II.** *vt* 1. (*clean*) tirar o pó, limpar a poeira 2. (*spread over*) polvilhar; **to ~ sth with sth** polvilhar a. c. com a. c.

dustbin *n esp Brit* lixeira *f*

duster ['dʌstər, *Brit:* -ə⁻] *n* espanador *m*, pano *m* de pó

dustman <-men> *n Brit* lixeiro *m*

dust mite ['dʌst,maɪt] *n* ácaro *m* (da poeira doméstica)

dusty ['dʌsti] <-ier, -iest> *adj* empoeirado, -a

Dutch [dʌtʃ] **I.** *adj* holandês, -esa; **to go ~** *inf* rachar a conta **II.** *npl* **the ~** os holandeses

Dutchman <-men> *n* holandês *m*

Dutchwoman <-women> *n* holandesa *f*

dutiful ['du:tɪfəl, *Brit:* 'dju:tɪ-] *adj* responsável

duty ['du:ti, *Brit:* 'dju:ti] <-ies> *n* 1. (*moral*) dever *m*; (*obligation*) obrigação *f*; **to do one's ~** cumprir seu dever; **to do sth out of ~** fazer a. c. por obrigação 2. *no pl* (*work*) **to be on/off ~** estar em serviço/de folga; **to be suspended from ~** ser dispensado do serviço 3. (*tax*) taxa *f*; (*revenue on imports*) imposto *m* alfandegário; **~ on sth** imposto sobre a. c.

duty-free *adj* livre de impostos

duvet [du:'veɪ, *Brit:* 'dju:veɪ] *n* edredom *m*

DVD [,di:vi:'di:] *n inv* INFOR *abbr of* **Digital Versatile Disk** DVD *m*

dwarf [dwɔ:rf, *Brit:* dwɔ:f] <-s *o* -ves> *n* anão, anã *m, f*

dwell [dwel] <dwelt *o* -ed, dwelt *o* -ed> *vi* morar; **to ~ on sth** *fig* ficar remoendo a. c., estender-se sobre a. c.

dwelling ['dwelɪŋ] *n* moradia *f*

dwelt [dwelt] *pt, pp of* **dwell**

dwindle ['dwɪndl] *vi* minguar; **to ~ down/away to nothing** reduzir-se a zero

dye [daɪ] **I.** *vt* tingir **II.** *n* tintura *f*

dying ['daɪɪŋ] *adj* (*person, animal*) moribundo, -a; (*words*) último, -a

dyke [daɪk] *n* dique *m*

dynamic [daɪ'næmɪk] *adj* dinâmico, -a

dynamics *n* dinâmica *f*

dynamite ['daɪnəmaɪt] *n no pl* dinamite *f*

dynamo ['daɪnəmoʊ, *Brit:* -məʊ] <-s> *n* dínamo *m*

dynasty ['daɪnəsti, *Brit:* 'dɪn-] <-ies> *n* dinastia *f*

dysentery ['dɪsənteri, *Brit:* -təri] *n no pl* disenteria *f*

dyslexia [dɪ'sleksiə] *n no pl* dislexia *f*

E

E, e [iː] *n* **1.**(*letter*) e *f*; **~ as in** [*o Brit* **for**] **Edward** e de elefante **2.** MUS mi *m* **3.** SCH (*mark*) insuficiente; **I got an ~ in math** tirei um insuficiente em matemática

E *n abbr of* **east** L *m*

each [iːtʃ] **I.** *adj* cada; **~ one of you** cada um de vocês **II.** *pron* cada um *m*, cada uma *f*; **~ of them** cada um deles; **$70 < $70** cada um; **he gave us $10 ~** ele deu $10 a cada um de nós; **I'll take one pound of ~** eu vou levar meio quilo de cada

each other *pron* um ao outro; **to help ~** ajudar um ao outro; **they looked at ~** eles se olharam

eager ['iːɡər, *Brit:* -ər] *adj* ansioso, -a; **to be ~ for sth** estar ávido por a. c.; **to be ~ to do sth** estar ansioso para fazer a. c.; **to please** querer agradecer

eagle ['iːɡl] *n* águia *f*

ear[1] [ɪr, *Brit:* ɪər] *n* ANAT ouvido *m*; (*outer part*) orelha *f*; **to be all ~s** *inf* ser todo ouvidos; **to have a good ~** ter um bom ouvido; **to smile from ~ to ~** sorrir de orelha a orelha; **to be up to one's ~s in debt** *inf* estar até o pescoço de dívidas

ear[2] *n* BOT espiga *f*

earache ['ɪreɪk, *Brit:* 'ɪər-] *n* dor *f* de ouvido

eardrum *n* tímpano *m*

earl [ɜːrl, *Brit:* ɜːl] *n* conde *m*

earlobe ['ɪrloʊb, *Brit:* 'ɪələʊb] *n* lóbulo *m* da orelha

early ['ɜːrli, *Brit:* 'ɜːli] **I.** <-ier, -iest> *adj* **1.**(*ahead of time, near beginning*) cedo; **to be ~** estar adiantado; **the ~ hours** a madrugada; **in the ~ morning** de madrugada; **in the ~ afternoon** na primeira hora [*ou* no início] da tarde; **at an ~ age** em uma idade precoce; **in the ~ 15th century** no início do século XV; **to have an ~ night** ir dormir cedo; **the ~ days/years of sth** os primeiros dias/anos de a. c. **2.** *form* (*prompt: reply*) rápido, -a **3.**(*first*) primeiro, -a **II.** *adv* **1.**(*ahead of time*) cedo; **to get up ~** levantar-se cedo; **~ in the morning** de manhã cedo; **to be half an hour ~** estar meia hora adiantado **2.**(*soon*) logo; **as ~ as possible** o quanto antes

earmark ['ɪrmɑːrk, *Brit:* 'ɪəmɑːk] *vt* (*put aside*) reservar; (*funds*) destinar; **to ~ sth for sb/sth** reservar a. c. para alguém/a. c.

earn [ɜːrn, *Brit:* ɜːn] *vt* (*be paid*) ganhar; **to ~ a living** ganhar a vida **2.**(*bring in*) render; (*interest*) render **3.**(*obtain*) **to ~ money from sth** obter dinheiro de a. c.

earnest ['ɜːrnɪst, *Brit:* 'ɜːn-] **I.** *adj* (*serious*) sério, -a; (*sincere: desire*) sincero, -a **II.** *n no pl* seriedade *f*; **in ~** a sério, sinceramente; **campaigning will begin in ~ tomorrow** a campanha vai começar para valer amanhã

earnings *npl* **1.**(*of a person*) renda *f* **2.**(*of a company*) ganhos *mpl*, rendimentos *mpl*

earphones ['ɪrfoʊnz, *Brit:* 'ɪəfəʊnz] *npl* fones *mpl* de ouvido

earplug ['ɪrplʌɡ, *Brit:* 'ɪə-] *n pl* tampão *m* de ouvido

earring ['ɪrɪŋ, *Brit:* 'ɪər-] *n* brinco *m*; **a pair of ~s** um par de brincos

earshot ['ɪrʃɑːt, *Brit:* 'ɪəʃɒt] *n no pl* **within/out of ~** ao alcance/fora do alcance do ouvido

earth [ɜːrθ, *Brit:* ɜːθ] **I.** *n no pl* **1.**(*planet*) a Terra; **on ~** no mundo; **what/who on ~ ...?** *inf* o que/quem diabo ...? **2.** (*dirt*) terra *f* **3.** ELEC fio *m* terra **II.** *vt* fazer ligação terra

earthenware ['ɜːrθnwer, *Brit:* 'ɜːθnweə'] *n* louça *f* de cerâmica

earthquake ['ɜːrθkweɪk, *Brit:* 'ɜːθ-] *n* terremoto *m*

earthy ['ɜːrθi, *Brit:* 'ɜːθi] <-ier, -iest> *adj* **1.**(*smell, taste*) de terra; (*with earth*) terroso, -a **2.**(*natural*) natural **3.**(*indecent*) grosseiro, -a

ease [iːz] **I.** *n* **1.**(*without much effort*) facilidade *f*; **to do sth with ~** fazer a. c. com facilidade **2.**(*comfort*) comodidade *f*; **to be at** (**one's**) **~** ficar à vontade; **to put sb at** (**his/her**) **~** deixar alguém à vontade **3.** MIL (**stand**) **at ~!** descansar! **II.** *vt* **1.**(*relieve: pain*) ali-

ease off viar; (*tension*) diminuir; **to ~ one's conscience** aliviar a consciência **2.** (*burden*) atenuar; (*screw*) afrouxar **III.** *vi* (*tension, prices*) diminuir; (*wind*) amainar
◆ **ease off** *vi*, **ease up** *vi* (*pain*) aliviar; (*fever, sales*) diminuir; (*tension*) reduzir; (*person*) moderar-se, trabalhar menos

easel ['i:zl] *n* cavalete *m* (de pintura)

easily ['i:zəli] *adv* (*with ease*) facilmente; (*certainly*) certamente; **she is ~ the fastest runner** ela é de longe a corredora mais veloz

east [i:st] **I.** *n* **1.** leste *m*; **our town is in the ~ of Brazil** nossa cidade está no leste do Brasil; **the East** o Oriente **2.** POL os países orientais **II.** *adj* leste; **to be ~ of sth** estar a leste de a. c. **III.** *adv* para o leste; **let's head ~** vamos para o leste

Easter ['i:stər, *Brit*: -ər] *n* Páscoa *f*

> **Culture** Na Páscoa (Semana Santa), na Grã-Bretanha, costuma-se comer dois tipos de doce: os **hot cross buns**, pãezinhos com especiarias que têm uma cruz na parte de cima feita com a mesma massa e o **simnel cake**, um bolinho de passas decorado com marzipã. É costume as crianças brincarem de atirar ovos cozidos de costas para ver qual ovo chega mais longe. O **Easter egg** (ovo de Páscoa) é ovo de chocolate com recheio de doces e gulodices que é costume dar nesta ocasião.

Easter Day *n* *esp Brit* s. **Easter Sunday**; **Easter egg** *n* ovo *m* de Páscoa

easterly ['i:stərli, *Brit*: -əli] **I.** *adj* oriental; **in an ~ direction** em direção leste **II.** *adv* (*towards*) para o leste; (*from*) do leste

Easter Monday *n* segunda-feira *f* de Páscoa

eastern ['i:stərn, *Brit*: -ən] *adj* oriental, do leste

Easter Sunday *n* domingo *m* de Páscoa

East Germany *n* HIST Alemanha *f* Oriental

eastward(s) ['i:stwərd(z), *Brit*: -wəd(z)] *adv* para o leste

easy ['i:zi] <-ier, -iest> **I.** *adj* **1.** (*simple*) fácil; **~ money** *inf* dinheiro *m* fácil; **~ to get along with** fácil de se conviver; **to be as ~ as pie** *inf* ser fácil pra burro; **that's easier said than done** *inf* falar é fácil, fazer é que são elas **2.** (*comfortable, carefree*) tranquilo, -a; **to feel ~ about sth** estar tranquilo com a. c.; **I'm ~** para mim tanto faz **3.** (*relaxed: manners*) natural; **to be on ~ terms with sb** ter intimidade com alguém **4.** FIN (*price, interest rate*) acessível; **on ~ terms** com facilidade de pagamento; (*loan*) facilitado, -a **II.** *adv* com cautela; **to go ~ on sb** *inf* ir devagar com alguém; **take it ~!** *inf* calma!

easy chair *n* espreguiçadeira *f* **easygoing** *adj* (*person*) (de temperamento) fácil; (*attitude*) tranquilo, -a

eat [i:t] <ate, eaten> *vi*, *vt* comer; **to ~ lunch/supper** almoçar/jantar; **what's ~ing you?** que bicho te mordeu?
◆ **eat away I.** *vt* (*acid*) corroer; (*termites*) carcomer **II.** *vi* **to ~ at sth** corroer a. c.
◆ **eat into** *vi* **to ~ sth** consumir a. c.
◆ **eat out** *vi* comer fora
◆ **eat up** *vt* comer tudo, consumir

eater ['i:tər, *Brit*: -tər] *n* **to be a big ~** ser um comilão

eaves [i:vz] *npl* ARCHIT beiral *m*

eavesdrop ['i:vzdrɑ:p, *Brit*: -drɒp] <-pp-> *vi* **to ~ on sth/sb** escutar a. c./ alguém às escondidas

ebb [eb] **I.** *vi* **1.** (*tide*) baixar **2.** *fig* diminuir **II.** *n* *no pl* **1.** (*tide*) vazante *f* **2.** *fig* **the ~ and flow of sth** os altos e baixos de a. c.; **to be at a low ~** (*person*) estar na pior

ebb tide *n* maré *f* baixa

ebony ['ebəni] *n* ébano *m*

e-car ['i:kɑ:r, *Brit*: -kɑ:r] *n* carro *m* elétrico

e-cash ['i:kæʃ] *n* dinheiro *m* eletrônico

ECB [ˌi:si:'bi:] *n abbr of* **European Central Bank** BCE *m*

eccentric [ɪk'sentrɪk] *adj* excêntrico, -a

ECG [ˌi:si:'dʒi:] *n abbr of* **electrocardiogram** ECG *m*

echo ['ekoʊ, *Brit*: -əʊ] **I.** <-es> *n* eco *m*, ressonância *f* **II.** <-es, -ing, -ed> *vi* ecoar, ressoar **III.** <-es, -ing, -ed> *vt* repetir, reverberar

eclipse [ɪ'klɪps] **I.** *n* eclipse *f* **II.** *vt* ofuscar

eco-conscious ['i:kouˈkɑ:n(t)ʃəs, *Brit:* i:kə(ʊ)ˈkɒn-] *adj inv* com consciência ecológica, ecoconsciente
ecological [ˌi:kəˈlɑ:dʒɪkl, *Brit:* -ˈlɒdʒ-] *adj* ecológico, -a
ecologist [i:ˈkɑ:lədʒɪst, *Brit:* -ˈkɒl-] *n* **1.** (*expert*) ambientalista *mf* **2.** POL ecologista *mf*
ecology [i:ˈkɑ:lədʒi, *Brit:* -ˈkɒl-] *n no pl* ecologia *f*
e-commerce [ˈi:kɑ:mɜ:rs, *Brit:* -kɒmɜ:s] *n* comércio *m* eletrônico
economic [ˌekəˈnɑ:mɪk, *Brit:* ˌi:kəˈnɒm-] *adj* **1.** POL, ECON econômico, -a **2.** (*profitable*) lucrativo, -a
economical *adj* (*car*) econômico, -a
economics *n* **1.** + *sing vb* (*discipline*) economia *f* **2.** + *pl vb* (*matter*) economia *f*; **the ~ of sth** os aspectos *mpl* econômicos de a. c.
economist [ɪˈkɑ:nəmɪst, *Brit:* -ˈkɒn-] *n* economista *mf*
economize [ɪˈkɑ:nəmaɪz, *Brit:* -ˈkɒ:n-] *vi* economizar; **to ~ on sth** economizar em a. c.
economy [ɪˈkɑ:nəmi, *Brit:* -ˈkɒ:n-] <-ies> *n* economia *f*
economy class *n* AVIAT classe *f* econômica
ecosystem *n* ecossistema *m* **ecotourism** *n* ecoturismo *m*
ecstasy [ˈekstəsi] <-ies> *n* **1.** êxtase *m* **2.** (*drug*) ecstasy *m*
ecstatic [ekˈstætɪk, *Brit:* ɪkˈstæt-] *adj* extasiado, -a; (*rapturous*) eufórico, -a
ECT [ˌi:si:ˈti:] *n abbr of* **electroconvulsive therapy** ECT *m*
Ecuador [ˈekwədɔ:r, *Brit:* -dɔ:ʳ] *n* Equador *m*
Ecuadorian [ˌekwəˈdɔ:riən] *adj*, equatoriano, -a
edge [edʒ] **I.** *n* **1.** (*limit*) borda *f*; (*of a lake, pond*) beira *f*; (*of a page*) margem *f*; (*of a table, coin*) quina *f*; **to be on ~** estar nervoso **2.** (*cutting part*) gume *m*; **to take the ~ off sth** aliviar a. c. **II.** *vt* **1.** (*border*) margear **2. to ~ one's way through sth** abrir caminho no meio de a. c. **III.** *vi* **to ~ closer to sth** aproximar-se aos poucos de a. c.; **to ~ forward** avançar aos poucos
edgy [ˈedʒi] <-ier, -iest> *adj inf* nervoso, -a
edible [ˈedɪbl] *adj* comestível
Edinburgh [ˈedɪnbʌrə, *Brit:* -brə] *n* Edimburgo *f*

> **Culture** Desde 1947, é realizado todos os anos em **Edingburgh**, capital da Escócia, o **Edinburgh International Festival**. Este acontece em meados de agosto e dura três semanas. O festival se caracteriza por diversos espetáculos culturais: teatro, música, ópera e dança. Simultaneamente é realizado o **Film Festival**, um **Jazz Festival** e um **Book Festival**. Paralelamente ao **Festival** oficial surgiu um **Festival Fringe** com cerca de 1000 espetáculos diferentes caracterizados por seu vigor e capacidade de inovação.

edit [ˈedɪt] *vt* **1.** (*correct*) revisar; (*articles*) editar **2.** (*for newspaper*) dirigir **3.** CINE montar **4.** INFOR editar
◆ **edit out** *vt* cortar
edition [ɪˈdɪʃn] *n* TYP edição *f*; (*set of books*) tiragem *f*; **limited ~** edição *f* limitada
editor [ˈedɪtər, *Brit:* -əʳ] *n* **1.** (*of book*) editor(a) *m(f)*; (*of article*) redator(a) *m(f)*; (*of a newspaper*) diretor(a) *m(f)*; **chief ~** [*o* **~ in chief**] editor-chefe, editora-chefe *m, f* **2.** CINE montador(a) *m(f)*
editorial [ˌedəˈtɔ:riəl, *Brit:* -ˈɪ-] **I.** *n* editorial *m* **II.** *adj* editorial; **~ staff** redação *f*
EDP [ˌi:di:ˈpi:] *n abbr of* **electronic data processing** PED *m*
educate [ˈedʒʊkeɪt] *vt* **1.** (*teach*) instruir; **to ~ sb in sth** ensinar a. c. a alguém **2.** (*bring up*) educar
educated *adj* instruído, -a, culto, -a
education [ˌedʒʊˈkeɪʃn] *n no pl* **1.** SCH educação *f*; **primary/secondary ~** ensino *m* primário/secundário **2.** (*training*) formação *f*; **an ~ in sth** uma formação em a. c. **3.** (*teaching*) ensino *m*; (*study of teaching*) pedagogia *f*
educational [ˌedʒʊˈkeɪʃənl] *adj* **1.** SCH (*system*) educacional, pedagógico, -a; (*establishment*) de ensino **2.** (*instructive*) educativo, -a
eel [i:l] *n* enguia *f*
eerie [ˈɪri, *Brit:* ˈɪəri] <-r, -st> *adj*, **eery** <-ier, -iest> *adj* sinistro, -a, assusta-

dor(a)

effect [ɪ'fekt] **I.** *n* **1.** (*consequence*) efeito *m*; **to have an ~ on sth** ter feito em a. c. **2.** (*result*) resultado *m*; **to be of little/no ~** dar pouco/nenhum resultado **3.** LAW **to take ~** entrar em vigor **4.** (*medicine*) fazer efeito **5.** (*impression*) impressão *f*; **the overall ~** a impressão geral **6.** *pl* (*belongings*) bens *mpl* **II.** *vt* realizar; (*payment*) efetuar; (*cure*) conseguir

effective [ɪ'fektɪv] *adj* **1.** (*giving result: remedy, worker*) eficaz **2.** (*real*) efetivo, -a **3.** (*operative*) vigente **4.** (*striking*) de efeito

effectively *adv* **1.** (*giving result*) eficazmente **2.** (*really*) efetivamente **3.** (*strikingly*) de maneira notável

effeminate [ɪ'femɪnət] *adj* afeminado, -a

efficiency [ɪ'fɪʃnsi] *n no pl* **1.** (*of a person*) eficiência *f* **2.** (*of a machine*) rendimento *m*

efficient [ɪ'fɪʃnt] *adj* (*person*) eficiente; (*machine*) de bom rendimento

effort ['efət, *Brit:* -ɑːt] *n* esforço *m*; **to make an ~** (**to do sth**) esforçar-se (para fazer a. c.); **to be worth the ~** valer a pena

effortless *adj* fácil, sem esforço

EFL [ˌiːefel] *n*, **Efl** *n abbr of* **English as a foreign language** inglês *m* como língua estrangeira

e.g. [ˌiːˈdʒiː] *abbr of* **exempli gratia** (= *for example*) p. ex.

egg [eg] *n* ovo *m*; **hard-boiled ~** ovo *m* bem cozido; **poached ~** ovo *m* poché; **scrambled ~s** ovos *mpl* mexidos; **to put all one's ~s in one basket** arriscar tudo numa só coisa

◆ **egg on** *vt sep* instigar

eggcup *n* porta-ovo *m* **eggplant** *n Am, Aus* beringela *f* **eggshell** *n* casca *f* de ovo **egg white** *n* clara *f* (do ovo) **egg yolk** *n* gema *f* (do ovo)

ego ['iːgoʊ, *Brit:* 'egəʊ] *n* <-s> ego *m*; **to boost sb's ~** elevar o moral de alguém

egotism ['iːgoʊtɪzəm, *Brit:* 'egəʊ-] *n no pl* egoísmo *m*

egotist ['iːgoʊtɪst, *Brit:* 'egəʊ-] *n* egoísta *mf*

Egypt ['iːdʒɪpt] *n* Egito *m*

Egyptian [ɪ'dʒɪpʃn] *adj, n* egípcio, -a

Eiffel tower [ˌaɪfl'-] *n* **the ~** a Torre Eiffel

eight [eɪt] *adj* **1.** (*number*) oito *inv*; **he is ~** (**years old**) ele tem oito anos; **there are ~ of us** somos oito; **~ and a quarter/half** oito e um quarto/meio **2.** (*telling time*) **~ o'clock** oito horas; **it's ~ o'clock** são oito horas; **it's half past ~** são oito e meia; **at ~ twenty/thirty** às oito e vinte/meia

eighteen [ˌeɪ'tiːn] *adj* dezoito *inv; s.a.* **eight 1**

eighteenth [ˌeɪ'tiːnθ] *adj* décimo oitavo, décima oitava *m, f; s.a.* **eighth**

eighth [eɪtθ] **I.** *adj* oitavo, -a; **it's her ~ birthday today** hoje ela faz oito anos **II.** *pron* oitavo; **we came ~ in the competition** chegamos em oitavo (lugar) na competição; **I am ~ on the list** sou o oitavo da lista; **the ~** (*in dates*) dia oito

eightieth ['eɪtiəθ, *Brit:* 'eɪt-] *adj* octogésimo, -a

eighty ['eɪti, *Brit:* -ti] *adj* oitenta *inv;* **he is ~** (**years old**) ele tem oitenta anos; **a man of about ~ years of age** um homem com uns oitenta anos

Eire ['erə, *Brit:* 'eərə] *n* Irlanda *f*

either ['iːðər, *Brit:* 'aɪðəʳ] **I.** *adj* **1.** (*one of two*) **I'll do it ~ way** farei de qualquer jeito; **~ way ...** de qualquer forma ... **2.** (*each*) cada (de dois); **on either side** de cada lado **II.** *pron* qualquer um dos dois; **which one? – ~** qual? – qualquer um dos dois **III.** *adv* também não, nem; **I don't smoke. – I don't either** eu não fumo. – nem eu **IV.** *conj* **~ ... or ... ou ... ou ...; either she goes or I go** ou ela vai ou vou eu

eject [ɪ'dʒekt] **I.** *vt* **1.** (*video cassette*) ejetar **2.** expulsar; (*liquid, gas*) expelir **II.** *vi* ejetar-se

eke out [iːk aʊt] *vt* (*money, food*) fazer durar; **to ~ a living** ganhar a vida a duras penas

elaborate¹ [ɪ'læbərət] *adj* (*complicated*) complicado, -a; (*plan*) elaborado, -a

elaborate² [ɪ'læbəreɪt] **I.** *vt* elaborar; (*plan*) idealizar **II.** *vi* explicar detalhadamente; **to ~ on sth** explicar a. c. detalhadamente

elapse [ɪ'læps] *vi form* decorrer

elastic [ɪ'læstɪk] **I.** *n* elástico *m* **II.** *adj* elástico, -a

elastic band *n* elástico *m*, tirinha *f* de borracha

elated *adj* exultante

elation [ɪ'leɪʃn] *n no pl* exaltação *f*, júbilo *m*

elbow [-boʊ, *Brit:* 'elbəʊ] **I.** *n* cotovelo *m* **II.** *vt* dar cotovelada em; **to ~ one's way through the crowd** abrir passagem na multidão a cotoveladas

elder[1] ['eldər, *Brit:* -ər] **I.** *n* **1.** (*older person*) sênior *m*; **she is my ~ by three years** ela é três anos mais velha do que eu **2.** (*senior person*) idoso, -a *m, f* **II.** *adj* mais velho, -a

> **Grammar** **elder, eldest** podem ser usados no lugar de **older, oldest**, antes dos membros da família: "Bob has two elder brothers and his eldest brother is six years older than him."

elder[2] *n* BOT sabugueiro *m*
elderberry <-ies> *n* sabugo *m*
elderly ['eldərli, *Brit:* -əli] *adj* idoso, -a; **the ~** os idosos
eldest ['eldɪst] *adj, pron* mais velho; **the ~** o mais velho
elect [ɪ'lekt] **I.** *vt* eleger; **to ~ sb president** eleger alguém presidente; **to ~ to resign** decidir renunciar **II.** *n* REL **the ~** *pl* os eleitos **III.** *adj* **the president ~** o presidente eleito
election [ɪ'lekʃn] *n* eleição *f*; **to call/hold an ~** realizar uma eleição
election campaign *n* campanha *f* eleitoral
elector [ɪ'lektər, *Brit:* -tər] *n* eleitor(a) *m(f)*
electoral [ɪ'lektərəl] *adj* eleitoral; **~ college** colégio *m* eleitoral; **~ roll** registro *m* eleitoral
electorate [ɪ'lektərət] *n* + *sing/pl vb* eleitorado *m*
electric [ɪ'lektrɪk] *adj* ELEC elétrico, -a; (*atmosphere*) carregado, -a de eletricidade
electrical *adj* elétrico, -a
electric blanket *n* cobertor *m* elétrico **electric chair** *n* cadeira *f* elétrica **electric cooker** *n Brit* fogão *m* elétrico
electrician [ɪˌlek'trɪʃn] *n* eletricista *mf*
electricity [ɪˌlek'trɪsəti] *n no pl* eletricidade *f*; **to run on ~** funcionar com eletricidade
electricity board *n Brit* companhia *f* elétrica
electric stove *n Am* fogão *m* elétrico
electrify [ɪ'lektrɪfaɪ] *vt* eletrificar; *fig* eletrizar

electrocardiogram [ɪˌlektroʊ-'kɑːrdɪəgræm, *Brit:* -trəʊ'kɑːdɪəʊ-] *n* eletrocardiograma *m*
electrocute [ɪ'lektrəkjuːt] *vt* eletrocutar
electrocution [ɪˌlektrə'kjuːʃn] *n no pl* eletrocução *f*
electrode [ɪ'lektroʊd, *Brit:* -əʊd] *n* eletrodo *m*
electron [ɪ'lektrɑːn, *Brit:* -trɒn] *n* elétron *m*
electronic [ɪˌlek'trɑːnɪk, *Brit:* ˌɪlek'trɒn-] *adj* eletrônico, -a; **~ data processing** processamento eletrônico de dados; **~ mail** correio eletrônico
electronics *n* + *sing vb* eletrônica *f*
elegance ['eləgəns, *Brit:* 'elɪ-] *n no pl* elegância *f*
elegant ['eləgənt, *Brit:* 'elɪ-] *adj* elegante
element ['eləmənt, *Brit:* 'elɪ-] *n* **1.** *a.* CHEM, MAT elemento *m*; **an ~ of danger** uma parcela de perigo; (*part of group*) membro **2.** ELEC resistência *f* **3.** (*wind, rain, etc*) **the ~s** forças da natureza
elementary [ˌelə'mentəri, *Brit:* -ɪ'ment-] *adj* elementar; (*course*) básico, -a
elementary school *n Am* escola *f* de ensino fundamental [*ou* de primeiro grau]
elephant ['elɪfənt] *n* elefante *m*
elevate ['elɪveɪt] *vt* **1.** (*raise*) elevar; (*prices*) subir **2.** (*in rank*) ascender
elevation [ˌelɪ'veɪʃn] *n* **1.** (*rise*) elevação *f*; (*of person*) ascensão *f* **2.** (*height*) altitude *f*
elevator ['elɪveɪtər, *Brit:* -tər] *n Am* elevador *m*
eleven [ɪ'levn] *adj* onze; *inv s.a.* **eight**
elevenses [ɪ'levnzɪz] *npl Brit, inf* **to have ~** fazer o lanche das 11 da manhã
eleventh [ɪ'levnθ] **I.** *adj* décimo primeiro, décima primeira *m, f*; *s.a.* **eighth** **II.** *pron* décimo primeiro; *s.a.* **eighth**
elf [elf] <**elves**> *n* duende *m*
elicit [ɪ'lɪsɪt] *vt form* (*the truth*) extrair, obter; (*a response, a reaction*) provocar; **to ~ sth from sb** extrair a. c. de alguém
eligible ['elɪdʒəbl] *adj* **1.** qualificado, -a; **to be ~ for sth** ter direito a a. c.; **~ to vote** ter direito a voto **2.** (*desirable*) cobiçado, -a; **an ~ bachelor** um bom partido
eliminate [ɪ'lɪmɪneɪt] *vt* **1.** (*eradicate*)

elite [ɪ'liːt] n elite f

elk [elk] n alce m

elm [elm] n olmo m

elongated adj alongado, -a

elope [ɪ'loʊp, Brit: -'ləʊp] vi fugir (para casar); **to ~ with sb** fugir com alguém

elopement [ɪ'loʊpmənt, Brit: -'ləʊp-] n fuga para casar f

eloquent ['eləkwənt] adj eloquente

El Salvador [el'sælvə‚dɔːr, Brit: -‚dɔːˈ] n El Salvador

else [els] adv mais; **anyone ~?** alguém mais?; **anything ~?** algo mais?; **everybody ~** todos os outros; **everything/all ~** todas as outras coisas; **sb/sth ~** outra pessoa/coisa; **or ~** ou então, senão

elsewhere ['elswer, Brit: ‚els'weəʳ] adv outro lugar; **let's go ~!** vamos a outro lugar!

elude [ɪ'luːd] vt iludir; **the logic of that ~s me** eu não compreendo a lógica disto, a lógica disso me escapa

elusive [ɪ'luːsɪv] adj **1.** (evasive) esquivo, -a; (personality) arredio, -a **2.** (difficult to find) difícil de encontrar

elves [elvz] n pl of **elf**

emaciated [ɪ'meɪʃɪeɪt̬ɪd, Brit: -tɪd] adj caquético, -a

e-mail ['iːmeɪl] **I.** n abbr of **electronic mail** e-mail m, correio m eletrônico; **to send sb an ~** mandar um e-mail para alguém **II.** vt mandar um e-mail

e-mail address n endereço m de correio eletrônico

emancipate [ɪ'mænsɪpeɪt] vt emancipar

emancipation n no pl emancipação f

embankment [em'bæŋkmənt, Brit: ɪm-] n (next to road) aterro m; (by river) dique m

embargo [em'bɑːrgoʊ, Brit: ɪm'bɑːgəʊ] <-es> n embargo m; **trade ~** embargo comercial; **to put [o lay] an ~ on a country** impor um embargo a um país

embark [em'bɑːrk, Brit: ɪm'bɑːk] **I.** vi embarcar; **to ~ on** [o **upon**] **sth** empreender [ou meter-se em] a. c. **II.** vt embarcar

embarrass [em'berəs, Brit: ɪm'bær] vt **1.** (make feel ashamed) constranger, envergonhar **2.** (disconcert) desconcertar

embarrassed adj envergonhado, -a; (silence) constrangedor; **to be ~** estar/ficar constrangido

embarrassing adj constrangedor(a)

embarrassment n **1.** (shame) vergonha f, constrangimento m **2.** (trouble, nuisance) incômodo m

embassy ['embəsi] <-ies> n embaixada f

embed [em'bed, Brit: ɪm-] <-dd-> vt (fix) fincar; **to ~ sth in sth** fincar a. c. em a. c.; (in rock) incrustar; (in memory) gravar

embellish [em'belɪʃ, Brit: ɪm-] vt embelezar

embers ['embərz, Brit: -bəz] npl brasas fpl

embezzle [ɪm'bezl] <-ing-> vt desfalcar

embezzlement n no pl desfalque m

embittered [em'bɪtərd, Brit: ɪm'bɪtəd] adj amargurado, -a

emblem ['embləm] n emblema m

embody [em'bɑːdi, Brit: ɪm'bɒdi] vt **1.** (convey: theory, idea) encarnar **2.** (personify) personificar **3.** (include) incorporar

emboss [em'bɑːs, Brit: ɪm'bɒs] vt (letters) gravar em relevo; (leather, metal) adornar em relevo

embrace [em'breɪs, Brit: ɪm-] **I.** vt **1.** (hug) abraçar **2.** (accept: offer) aceitar; (ideas, religion) adotar **3.** (include) incorporar **II.** vi abraçar-se **III.** n abraço m

embroider [em'brɔɪdər, Brit: ɪm'brɔɪdəʳ] vi, vt bordar

embroidery [em'brɔɪdəri, Brit: ɪm'-] n no pl bordado m

embryo ['embrioʊ, Brit: -əʊ] n embrião m

emcee [em'siː] n Am apresentador(a) m(f), mestre de cerimônias m

emerald ['emərəld] n esmeralda f

emerge [ɪ'mɜːrdʒ, Brit: -'mɜːdʒ] vi **1.** (come out) aflorar, emergir; **to ~ from somewhere** aflorar de algum lugar **2.** (become known: secret) vir à tona; (ideas) surgir

emergency [ɪ'mɜːrdʒənsi, Brit: -'mɜːdʒ-] **I.** <-ies> n **1.** MED (a. dangerous situation) emergência f; **in (case of) an ~** em caso de emergência **2.** POL crise f **II.** adj (exit, services) de emergência

emergency brake n Am freio m de mão

emergency cord n Am cordão m [ou

fio] de emergência *m* **emergency exit** *n* saída *f* de emergência **emergency landing** *n* pouso *m* de emergência **emergency room** *n* MED pronto-socorro *m* **emergency service** *n* serviço *m* de pronto atendimento

emery board *n* lixa *f* para unhas **emery paper** *n* lixa *f* (de esmeril)

emigrant ['emɪgrənt] *n* emigrante *mf*

emigrate ['emɪgreɪt] *vi* emigrar; **they ~ed to Canada** eles emigraram para o Canadá

emigration [ˌemɪ'greɪʃn] *n* emigração *f*

eminence ['emɪnəns] *n no pl* eminência *f*

eminent ['emɪnənt] *adj* eminente

emission [ɪ'mɪʃn] *n* emissão *f*

emit [ɪ'mɪt] <-tt-> *vt* (*radiation, light*) emitir; (*odor*) exalar; (*smoke*) liberar; (*cry*) soltar

emotion [ɪ'moʊʃn, *Brit:* -'məʊ-] *n* emoção *f*

emotional [ɪ'moʊʃənl, *Brit:* -'məʊ-] *adj* **1.** (*relating to the emotions*) emocional; (*involvement, link*) afetivo, -a **2.** (*moving*) comovente **3.** (*governed by emotion*) emotivo, -a

emotive [ɪ'moʊtɪv, *Brit:* -'məʊt-] *adj* emotivo, -a

empathy ['empəθi] *n no pl* empatia *f*

emperor ['empərər, *Brit:* -ər] *n* imperador *m*

emphasis ['emfəsɪs] <emphases> *n* **1.** (*importance*) ênfase *f*; **to put** [*o* **lay**] **great ~ on punctuality** dar grande importância à pontualidade **2.** LING ênfase *f*

emphasize ['emfəsaɪz] *vt* **1.** (*insist on*) enfatizar; (*fact*) destacar **2.** LING acentuar

emphatic [em'fætɪk, *Brit:* ɪm'fæt-] *adj* (*forcibly expressive*) enfático, -a; (*strong*) enérgico, -a; (*refusal*) categórico, -a

emphatically *adv* (*expressively*) enfaticamente; (*strongly*) energicamente; (*forcefully*) categoricamente

empire ['empaɪər, *Brit:* -ər] *n* império *m*

employ [em'plɔɪ, *Brit:* ɪm'-] *vt* **1.** (*person*) empregar **2.** (*object*) usar

employee [ˌemplɔɪ'i:, *Brit:* 'ɪm-] *n* empregado, -a *m, f*, funcionário, -a *m, f*

employer [em'plɔɪər, *Brit:* ɪm'plɔɪəʳ] *n* empregador(a) *m(f)*, patrão, -oa *m, f*

employment [em'plɔɪmənt, *Brit:* 'ɪm-] *n no pl* emprego *m*, ocupação *f*

employment agency *n* agência *f* de empregos

empower [em'paʊər, *Brit:* ɪm'paʊəʳ] *vt* **to ~ sb to do sth** (*give ability to*) capacitar alguém para fazer a. c.; (*authorize*) dar poder a alguém para fazer a. c.

empress ['emprɪs] *n* imperatriz *f*

emptiness ['emptɪnɪs] *n no pl* vazio *m*, vácuo *m*

empty ['empti] I.<-ier, -iest> *adj* **1.** (*with nothing inside*) vazio, -a **2.** (*useless*) inútil; (*words*) sem sentido II.<-ie-> *vt* (*pour*) despejar; **to ~ sth into sth** despejar a. c. dentro de a. c.; (*remove contents*) esvaziar III.<-ie-> *vi* esvaziar-se; (*river*) desaguar; **to ~ into sth** desaguar em a. c. IV.<-ies> *n pl* vasilhame *m*
♦ **empty out** *vt* esvaziar

empty-handed *adj* de mãos abanando

EMS [ˌiːem'es] *n abbr of* **Economic and Monetary System** Sistema *m* Monetário e Econômico

EMU [ˌiːem'juː] *n no pl abbr of* **Economic and Monetary Union** UEM *f*

emulate ['emjʊleɪt] *vt form* tentar igualar-se a

emulsion [ɪ'mʌlʃn] *n* emulsão *f*

enable [ɪ'neɪbl] *vt* **1.** **to ~ sb to do sth** possibilitar a alguém fazer a. c. **2.** INFOR ativar

enact [ɪ'nækt] *vt* **1.** (*carry out*) realizar **2.** THEAT representar **3.** (*law*) sancionar

enamel [ɪ'næml] *n* esmalte *m*

encase [en'keɪs, *Brit:* ɪn'-] *vt* acondicionar; **to ~ sth in sth** acondicionar a. c. em a. c.

enchant [en'tʃænt, *Brit:* ɪn'tʃɑːnt] *vt* encantar

enchanting *adj* encantador(a)

encl. *abbr of* **enclosure** anexo *m*

enclose [en'kloʊz, *Brit:* ɪn'kləʊz] *vt* **1.** (*surround*) encerrar; **to ~ sth in brackets** pôr a. c. entre parênteses **2.** (*include*) anexar

enclosure [en'kloʊʒər, *Brit:* ɪn'kləʊʒəʳ] *n* **1.** (*enclosed area*) recinto *m* **2.** (*action*) cerco *m* **3.** (*in letter*) anexo *m*

encompass [en'kʌmpəs, *Brit:* ɪn'-] *vt* abranger

encore ['ɑːŋkɔːr, *Brit:* 'ɒŋkɔːʳ] I. *n* repetição *f*, bis *m* II. *interj* bis!

encounter [en'kaʊntər, *Brit:* ɪn'kaʊntəʳ] *form* I. *vt* encontrar; **to ~**

sb encontrar-se com alguém **II.** *n* encontro *m*

encourage [en'kɜːrɪdʒ, *Brit:* ɪn'kʌr-] *vt* (*give confidence*) incentivar; (*give hope*) encorajar; **to ~ sb to do sth** incentivar alguém a fazer a. c.

encouragement *n no pl* estímulo *m*, incentivo *m*

encroach [en'kroʊtʃ, *Brit:* ɪn'krəʊtʃ] *vi* **to ~ on** [*o* **upon**] **sth** (*intrude*) invadir a. c.; *fig* apoderar-se de a. c.

encyclopaedia *Brit*, **encyclopedia** [en,saɪklə'piːdiə, *Brit:* ɪn,-] *n Am* enciclopédia *f*

end [end] **I.** *n* **1.** (*furthest point*) final *m* **2.** (*finish*) fim *m*; **in the ~** no fim; **it's not the ~ of the world** não é o fim do mundo **3.** (*in time*) fim; **at the ~ of the day** ao final do dia **4.** (*area*) zona *f*; **we live in the east ~ of Montreal** moramos na zona leste de Montreal **5.** *pl* (*aims*) finalidade *f*; (*purpose*) propósito *m*; **to achieve one's ~s** atingir os próprios objetivos **6.** SPORTS ponta *f* **II.** *vt* **1.** (*finish*) acabar **2.** (*bring to a stop: reign, war*) pôr um fim **III.** *vi* **to ~ in sth** terminar em a. c.
 ◆ **end up** *vi* acabar; **to ~ doing sth** acabar fazendo a. c.

endanger [en'deɪndʒər, *Brit:* ɪn'deɪndʒəʳ] *vt* pôr em risco; **an ~ed species** uma espécie ameaçada de extinção

endearing [en'dɪrɪŋ, *Brit:* ɪn'dɪər-] *adj* cativante, carinhoso, -a

endeavor [en'devər] *Am*, **endeavour** [ɪn'devəʳ] *Brit* **I.** *vi form* **to ~ to do sth** empenhar-se em fazer a. c. **II.** *n* empenho *m*

ending *n* **1.** final *m*, desfecho *m* **2.** LING desinência *f*, terminação *f*

endive ['endaɪv, *Brit:* -dɪv] *n Am* (*salad*) endívia *f*; **Belgian ~** chicória *f*

endless *adj* interminável, sem fim

endorse [en'dɔːrs, *Brit:* ɪn'dɔːs] *vt* **1.** (*approve*) aprovar; (*recommendation*) recomendar **2.** FIN (*check*) endossar

endorsement *n* **1.** (*support: of a plan*) aprovação *f*, (*recommendation*) recomendação *f* **2.** FIN endosso *m*

endow [en'daʊ, *Brit:* ɪn'-] *vt* dotar; **to be ~ed with sth** ser dotado de a. c.

endurance [en'dʊrəns, *Brit:* ɪn'djʊərəns] *n no pl* resistência *f*

endure [en'dʊr, *Brit:* ɪn'djʊəʳ] **I.** *vt* **1.** (*tolerate*) suportar **2.** (*suffer*) resistir **II.** *vi form* perdurar

ENE *abbr of* **east-northeast** ENE

enema ['enəmə, *Brit:* -ɪ-] <-s *o* enemata> *n* lavagem *f* intestinal

enemy ['enəmi] <-ies> *n* inimigo, -a *m*, *f*

energetic [,enər'dʒetɪk, *Brit:* -nə'dʒet-] *adj* dinâmico, -a, ativo, -a

energy ['enərdʒi, *Brit:* -ədʒi] <-ies> *n* energia *f*; **to have the/enough ~ for sth** ter (bastante) energia para a. c.

enforce [en'fɔːrs, *Brit:* ɪn'fɔːs] *vt* aplicar, pôr em vigor; (*law*) fazer cumprir

engage [en'geɪdʒ, *Brit:* ɪn'-] **I.** *vt* **1.** (*put into use*) empregar **2.** *form* (*hold*) **to ~ sb's interest** atrair o interesse de alguém **3.** TECH (*cogs*) engrenar; **to ~ the clutch** pisar na embreagem **II.** *vi* **1.** MIL travar combate **2.** TECH engrenar **3. to ~ in sth** envolver-se em a. c.

engaged *adj* **1.** (*to be married*) noivo, -a; **to get ~** (**to sb**) ficar noivo (de alguém) **2.** (*occupied: person*) ocupado, -a; **to be ~** *Brit* (*phone line*) ser ocupado, -a

engagement *n* **1.** (*appointment*) compromisso *m* **2.** (*marriage*) noivado *m* **3.** MIL combate *m*

engagement ring *n* anel *m* de noivado, aliança *f*

engaging *adj* atraente, cativante

engender [en'dʒendər, *Brit:* ɪn'dʒendəʳ] *vt form* engendrar, gerar

engine ['endʒɪn] *n* **1.** (*gas motor*) motor *m* **2.** RAIL locomotiva *f*

engineer [,endʒɪ'nɪr, *Brit:* -'nɪəʳ] **I.** *n* **1.** (*with a degree*) engenheiro, -a *m*, *f* **2.** (*technician*) técnico, -a *m*, *f* **3.** *Am* RAIL maquinista *mf* **II.** *vt* **1.** (*mastermind*) **to ~ a plan** maquinar um plano **2.** BIO **~ed** geneticamente modificado

engineering *n no pl* engenharia *f*

England ['ɪŋglənd] *n* Inglaterra *f*

English ['ɪŋglɪʃ] **I.** *adj* inglês, -a; **the ~ Department** UNIV Departamento de Língua Inglesa **II.** *n* (*language*) inglês; **the ~** os ingleses

English breakfast *n* café da manhã *m* tradicional inglês **English Channel** *n* Canal *m* da Mancha **Englishman** <-men> *n* inglês *m* **English muffin** *n Am:* pãozinho de forma arredondada que se come quente **English-speaker** *n* falante *mf* de inglês **English-speaking** *adj* de língua inglesa **Englishwoman** <-women> *n* inglesa *f*

engrave [enˈgreɪv, *Brit:* ɪnˈ-] *vt* gravar; **she had her initials ~d in the ring** ela gravou as iniciais do seu nome no anel

engraving *n* gravação *f*

engrossed [enˈgroʊst, *Brit:* ɪnˈgrəʊst] *adj* absorto, -a; **to be ~ed in sth** estar absorto em a. c.

engulf [enˈgʌlf, *Brit:* ɪnˈ-] *vt* submergir, engolfar

enhance [ɪnˈhæns, *Brit:* -ˈhɑːns] *vt* realçar, valorizar; (*improve or intensify: chances*) aumentar; (*memory*) refrescar

enigma [ɪˈnɪgmə] *n* enigma *m*, mistério *m*

enjoy [enˈdʒɔɪ, *Brit:* ɪnˈ-] **I.** *vt* **1.** (*get pleasure from*) gostar, desfrutar; **to ~ doing sth** gostar de fazer a. c.; **~ yourselves!** divirtam-se! **2.** (*have: health*) ter **II.** *vi Am* divertir-se

enjoyable *adj* (*day, trip*) agradável; (*film, book, play*) divertido, -a

enjoyment *n no pl* prazer *m*, deleite *m*

enlarge [enˈlɑːrdʒ, *Brit:* ɪnˈlɑːdʒ] **I.** *vt* **1.** (*make bigger*) aumentar; (*expand*) expandir **2.** PHOT ampliar **II.** *vi* avolumar-se

enlargement *n* **1.** aumento *m*; (*expanding*) expansão *f* **2.** PHOT ampliação *f*

enlighten [enˈlaɪtn, *Brit:* ɪnˈ-] *vt* **1.** REL iluminar **2.** (*explain*) esclarecer, instruir; **to ~ sb about** [*o* **on**] **sth** esclarecer a. c. a alguém

enlightened *adj* **1.** (*person*) esclarecido, -a, culto, -a **2.** REL iluminado, -a

enlightenment *n no pl* **1.** REL iluminação *f* **2.** PHILOS **the** (**Age of**) **Enlightenment** o Iluminismo

enlist [enˈlɪst, *Brit:* ɪnˈ-] **I.** *vi* MIL **to ~** (**in the army**) alistar-se (no exército) **II.** *vt* **1.** MIL recrutar **2.** (*support*) angariar

enmity [ˈenməti] *n* inimizade *f*

enormity [ɪˈnɔːrməti, *Brit:* -ˈnɔːməti] <-ies> *n* enormidade *f*

enormous [ɪˈnɔːrməs, *Brit:* -ˈnɔːm-] *adj* enorme

enormously *adv* **to enjoy sth ~** desfrutar imensamente de a. c.

enough [ɪˈnʌf] **I.** *adj* (*sufficient*) suficiente, bastante **II.** *adv* bastante; **to be experienced ~** (**to do sth**) ter experiência suficiente (para fazer a. c.); **to have seen ~** ter visto o bastante; **I've had ~ of his jokes** já estou cheio das piadas dele **III.** *interj* basta! **IV.** *pron* bastante; **that's** (**quite**) **~!** basta!; **that** **should be ~** isso deve ser o suficiente; **~ is ~** já chega

enquire [enˈkwaɪər, *Brit:* ɪnˈkwaɪəʳ] *vi, vt esp Brit s.* **inquire**

enrage [enˈreɪdʒ, *Brit:* ɪnˈ-] *vt* enfurecer; **to be ~d over sth** enfurecer-se por a. c.

enrich [enˈrɪtʃ, *Brit:* ɪnˈ-] *vt* enriquecer; **to ~ sth with sth** enriquecer a. c. com a. c.

enrol [enˈroʊl] *Brit,* **enroll** [ɪnˈrəʊl] *Am* **I.** *vi* inscrever-se; **to ~ in sth** inscrever-se em a. c. **II.** *vt* inscrever; (*in a course*) matricular; **to ~ sb/oneself in sth** matricular alguém/matricular-se em a. c.

enrollment *Am,* **enrolment** *n Brit* inscrição *f*; (*in a course*) matrícula *f*

en route [ˌɑːˈruːt, *Brit:* ˌɒnˈ-] *adv* a caminho

ensue [enˈsuː, *Brit:* ɪnˈsjuː] *vi form* decorrer

ensure [enˈʃʊr, *Brit:* ɪnˈʃʊəʳ] *vt* garantir, assegurar

entail [enˈteɪl, *Brit:* ɪnˈ-] *vt form* implicar em; **to ~ doing sth** implicar em fazer a. c.

entangle [enˈtæŋgl, *Brit:* ɪnˈ-] *vt* emaranhar; **to get ~d in sth** ficar emaranhado em a. c.; *fig* complicar-se com a. c.

entanglement *n* emaranhado *m*; (*in a situation*) complicação *f*

enter [ˈentər, *Brit:* -təʳ] **I.** *vt* **1.** (*go into*) entrar; (*penetrate*) penetrar, introduzir **2.** (*begin: school, college*) entrar para **3.** (*add: word, name*) anotar; (*into a register*) matricular **4.** (*join: contest*) increver-se; (*army*) alistar-se **5.** (*make known*) registrar; (*claim, plea*) apresentar **II.** *vi* **1.** THEAT entrar em cena **2.** (*form part of*) **to ~ into a discussion** entrar numa discussão; **to ~ into negotiations** iniciar negociações

◆ **enter up** *vt* anotar; (*in accounts*) registrar

enterprise [ˈentərpraɪz, *Brit:* -təp-] *n* **1.** (*firm*) empresa *f* **2.** (*initiative*) empreendimento *m*, iniciativa *f*

enterprising *adj* empreendedor(a)

entertain [ˌentərˈteɪn, *Brit:* -təˈ-] *vt* **1.** (*amuse*) entreter; **to ~ sb with sth** entreter alguém com a. c. **2.** (*guests*) receber **3.** (*consider: idea*) nutrir; **to ~ doubts** alimentar dúvidas

entertainer [ˌentərˈteɪnər, *Brit:*

-tə'teɪnəʳ] n artista mf
entertaining adj no pl (film, book, person) divertido, -a
entertainment n 1. no pl (amusement) diversão f, entretenimento m 2.(show) espetáculo m
enthral [ɪn'θrɔːl] <-ll-> Brit, **enthrall** vt Am fascinar
enthusiasm [en'θuːzɪæzəm, Brit: ɪn'θjuː-] n no pl entusiasmo m; ~ **for sth** entusiasmo por a. c.
enthusiast [en'θuːzɪæst, Brit: ɪn,θjuː-] n entusiasta mf
enthusiastic [en,θuːzɪ'æstɪk, Brit: ɪn,θjuː-] adj entusiasmado, -a; **to be ~ about sth** estar entusiasmado com a. c.
entice [en'taɪs, Brit: ɪn-] vt atrair
entire [en'taɪər, Brit: ɪn'taɪəʳ] adj inteiro, -a, todo, -a
entirely adv totalmente, completamente; **to agree ~** concordar inteiramente
entirety [en'taɪrəti, Brit: ɪn'taɪərəti] n no pl **in its ~** na sua totalidade
entitle [en'taɪtl, Brit: ɪn'taɪtl] vt 1.(give right) dar direito a; **to ~ sb to do sth** dar direito a alguém de fazer a. c. 2.(book) intitular
entitled adj 1.(person) autorizado, -a; **to be ~ to sth** ter direito a a. c. 2.(book) intitulado, -a
entity ['entəti] <-ies> n entidade f
entrance[1] ['entrəns] n 1.(way in) entrada f; (door) porta f; **front ~** entrada f principal 2.(admission) admissão f
entrance[2] [en'træns, Brit: ɪn'trɑːns] vt encantar, fascinar
entrance examination n exame m de admissão; UNIV vestibular m **entrance fee** n preço m do ingresso **entrance requirements** npl UNIV requisitos mpl para admissão
entrant ['entrənt] n estreante mf; **an ~ for sth** um estreante em a. c.; (in competition) participante
entrepreneur [,ɑːntrəprə'nɜːr, Brit: ,ɒntrəprə'nɜːʳ] n empreendedor(a) m(f), empresário, -a m, f
entrust [en'trʌst, Brit: ɪn'-] vt incumbir; **to ~ sth to sb** [o **sb with sth**] incumbir alguém de a. c.
entry ['entri] <-ies> n 1.(act of entering) entrada f; (joining an organization) inscrição f 2.(entrance) acesso m; **No ~** Entrada proibida 3.(in dictionary) verbete m; (in diary) anotação f
entry form n formulário m de inscrição
entryphone® n Brit interfone m
E-number n Brit: código usado pela União Europeia para aditivos alimentares
enunciate [ɪ'nʌnsɪeɪt] vt 1.(word) pronunciar, articular 2.(theory) enunciar
envelop [en'veləp, Brit: ɪn'-] vt envolver; **to ~ sth in sth** envolver a. c. em a. c.
envelope ['envəloʊp, Brit: -ləʊp] n envelope m
enviable ['envɪəbl] adj invejável
envious ['envɪəs] adj invejoso, -a; **to be ~ of sb** ter inveja de alguém
environment [en'vaɪərənmənt, Brit: ɪn'-] n meio m, ambiente m; **the ~** ECOL o meio ambiente
environmental adj do meio ambiente; ECOL ambiental; **~ pollution** poluição f ambiental
environmentalist n ambientalista mf
environmentally-friendly adj não-agressivo, -a ao meio ambiente
envisage [en'vɪzɪdʒ, Brit: ɪn'-] vt, **envision** [en'vɪʒn, Brit: ɪn'-] vt 1.(expect) prever 2.(imagine) imaginar
envoy ['ɑːnvɔɪ, Brit: 'en-] n enviado, -a m, f
envy ['envi] I. n no pl inveja f II. <-ie-> vt invejar; **to ~ sb for sth** invejar alguém por a. c.
EPA [,iːpiː'eɪ] Am abbr of **Environmental Protection Agency** EPA f
epic ['epɪk] I. n épico m II. adj épico, -a
epicenter Am, **epicentre** ['epɪsentəʳ, Brit: -təʳ] n Brit, Aus epicentro m
epidemic [,epə'demɪk, Brit: -ɪ'-] I. n epidemia f; **a flu ~** uma epidemia de gripe II. adj epidêmico, -a
epilepsy ['epɪlepsi] n no pl epilepsia f
epileptic [,epɪ'leptɪk] n epiléptico, -a m, f
epilog Am, **epilogue** ['epɪlɑːg, Brit: -ɪlɒg] n Brit epílogo m
episode ['epəsoʊd, Brit: -ɪsəʊd] n episódio m
epitome [ɪ'pɪtəmi, Brit: -'pɪt-] n (embodiment) personificação f; (example) paradigma m; **to be the ~ of sth** ser o paradigma de a. c.
epitomise Aus, Brit, **epitomize** [ɪ'pɪtəmaɪz, Brit: -'pɪt-] vt personificar
epoch ['epək, Brit: 'iːpɒk] n form época f

equal ['i:kwəl] **I.** *adj* (*the same*) igual, idêntico, -a; (*treatment*) equitativo, -a; **to be ~ to a task** ser capaz de realizar uma tarefa **II.** *n* igual *mf* **III.** <*Brit:* -ll-, *Am:* -l-> *vt* **1.** *pl* MAT ser igual a **2.** (*match*) igualar(-se); **to ~ sb in sth** equiparar-se a alguém em a. c.

equality [ɪ'kwɑ:ləti, *Brit:* -'kwɒləti] *n no pl* igualdade *f*; **~ in sth** igualdade em a. c.

equalize ['i:kwəlaɪz] **I.** *vt* nivelar **II.** *vi* Aus, Brit SPORTS empatar

equally ['i:kwəli] *adv* igualmente; **to divide sth ~** dividir a. c. igualmente

equal opportunity *n no pl* igualdade *f* de oportunidades

equate [ɪ'kweɪt] **I.** *vt* equiparar, equacionar; **to ~ sth with** [*o* **to**] **sth** equiparar a. c. com [*ou* a] a. c. **II.** *vi* **to ~ to sth** equiparar-se a a. c.

equation [ɪ'kweɪʒn] *n* equação *f*

equator [ɪ'kweɪtər, *Brit:* -ər] *n no pl* equador *m*

Equatorial Guinea *n* Guiné *f* Equatorial

equilibrium [ˌi:kwɪ'lɪbriəm] *n no pl* equilíbrio *m*

equip [ɪ'kwɪp] <-pp-> *vt* **1.** (*fit out*) equipar; **to ~ sb with sth** prover alguém com [*ou* de] a. c. **2.** (*prepare*) preparar

equipment [ɪ'kwɪpmənt] *n no pl* equipamento *m*

equities ['ekwətiz, *Brit:* -tiz] *n pl* títulos e valores mobiliários

equivalent [ɪ'kwɪvələnt] **I.** *adj* equivalente; **to be ~ to sth** ser equivalente a a. c. **II.** *n* equivalente *m*; **to be the ~ of sth** ser o equivalente de a. c.

equivocal [ɪ'kwɪvəkl] *adj* ambíguo, -a

ER [ˌi:'ɑ:r, *Brit:* -'ɑ:r] *n abbr of* **emergency room** PS

era ['ɪrə, *Brit:* 'ɪərə] *n* era *f*

eradicate [ɪ'rædɪkeɪt] *vt* erradicar

erase [ɪ'reɪs, *Brit:* -'reɪz] *vt a.* INFOR apagar

eraser [ɪ'reɪsər, *Brit:* -zər] *n Am* (*for pencil, pen*) borracha *f*; (*for blackboard*) apagador *m*

erect [ɪ'rekt] **I.** *adj* **1.** levantado, -a **2.** ANAT ereto, -a **II.** *vt* erigir; (*construct*) construir; (*put up*) levantar

erection [ɪ'rekʃn] *n* **1.** ANAT ereção *f* **2.** *no pl* ARCHIT construção *f*

ERM [ˌi:ɑ:r'em] *abbr of* **Exchange Rate Mechanism** MTC *m*

erode [ɪ'roʊd, *Brit:* -'rəʊd] *vt, vi* erodir

erosion [ɪ'roʊʒn, *Brit:* -'rəʊ-] *n no pl* erosão *f*

erotic [ɪ'rɑ:tɪk, *Brit:* -'rɒtɪk] *adj* erótico, -a

err [ɜ:r, *Brit:* ɜ:ʳ] *vi form* errar; **to ~ is human, to forgive divine** *prov* errar é humano, perdoar é divino *prov*

errand ['erənd] *n* tarefa *f* corriqueira; **to run an ~** fazer uma tarefa corriqueira

erratic [ɪ'rætɪk, *Brit:* -'ræt-] *adj* **1.** GEO errático, -a **2.** MED (*pulse*) irregular

error ['erər, *Brit:* -ə'] *n* equívoco *m*, engano *m*; **an ~ in sth** um erro em a. c.; **to do sth in ~** fazer a. c. por engano; **to make an ~** cometer um equívoco

erupt [ɪ'rʌpt] *vi* **1.** (*explode: volcano*) entrar em erupção; (*anger*) descarregar **2.** MED (*rash, tooth*) sair

eruption [ɪ'rʌpʃn] *n* erupção *f*; *fig* deflagração *f*

escalate ['eskəleɪt] *vi* (*increase*) aumentar; (*incidents*) intensificar-se

escalator ['eskəleɪtər, *Brit:* -ər] *n* escada *f* rolante

escapade [ˌeskə'peɪd] *n* escapada *f*, aventura *f*

escape [ɪ'skeɪp] **I.** *vi* **1.** (*animal*) escapar; (*person*) fugir; **to ~ from** escapar de **2.** (*gas*) vazar **3.** INFOR **to ~ from a program** sair de um programa **II.** *vt* escapar; (*avoid*) esquivar-se de; **to ~ sb's attention** passar despercebido a alguém; **a cry ~d him** ele deixou escapar um grito; **his name ~s me** me foge o nome dele **III.** *n* **1.** (*act*) fuga *f*; **to have a narrow ~** escapar por pouco **2.** (*outflow*) vazamento *m*

escort I. [es'kɔ:rt, *Brit:* -ɪ'skɔ:t] *vt* acompanhar; (*politician*) escoltar **II.** ['eskɔ:rt, *Brit:* -kɔ:t] *n* **1.** (*companion*) acompanhante *mf* **2.** *no pl* (*guard*) escolta *f*

ESE *n abbr of* **east-southeast** ESE *m*

Eskimo ['eskəmoʊ, *Brit:* -kɪməʊ] <-s> *n* esquimó *mf*

Eskimo Pie® *n Am* sorvete *m* tipo Eskibon®

ESL [ˌi:es'el] *n abbr of* **English as a second language** inglês *m* como segunda língua

esophagus [ɪ'sɑ:fəgəs, *Brit:* i:'sɒf-] <-gi> *n Am* esôfago *m*

ESP [ˌi:es'pi:] *n abbr of* **extrasensory perception** percepção *f* extra-sensorial

esp. *abbr of* **especially** especialmente
especial [ɪ'speʃl] *adj* especial
especially *adv* **1.** (*particularly*) especialmente **2.** (*in particular*) em particular
espionage ['espɪənɑ:ʒ] *n no pl* espionagem *f*
espouse [ɪ'spaʊz] *vt form* desposar
Esq. *Brit abbr of* **Esquire** Sr. *m*
Esquire ['eskwaɪər, *Brit*: ɪ'skwaɪər] *n* (*title*) **John Brown, Esquire** Sr. John Brown
essay[1] ['eseɪ] *n* **1.** LIT ensaio *m* **2.** SCH redação *f*, dissertação *f*
essay[2] [e'seɪ] *vt form* **1.** (*try*) experimentar **2.** (*test*) pôr à prova
essence ['esns] *n* **1.** *no pl* essência *f*; **in ~** em essência; **time is of the ~** here tempo é de vital importância aqui **2.** (*in food*) essência *f*, extrato *m*
essential [ɪ'senʃl] **I.** *adj* essencial; (*difference*) fundamental; **it is ~ to us that ...** é fundamental para nós que ... **II.** *n pl* **the ~s** os fundamentos
essentially *adv* essencialmente
est. 1. *abbr of* **estimated** estimado, -a **2.** *abbr of* **established** fundado, -a
establish [ɪ'stæblɪʃ] **I.** *vt* **1.** (*found*) fundar **2.** (*begin: relations*) estabelecer **3.** (*set: precedent*) criar; (*priorities, norm*) estabelecer **4.** (*determine*) determinar; (*facts*) comprovar; (*truth*) provar; **to ~ that ...** comprovar que ... **II.** *vi* estabelecer-se
established *adj* **1.** (*founded*) fundado, -a **2.** (*fact*) comprovado, -a; (*procedures, tradition*) instituído, -a
establishment *n* **1.** (*business*) empresa *f* **2.** (*organization*) instituição *f* **3.** POL **the Establishment** o establishment, sistema
estate [ɪ'steɪt] *n* **1.** (*piece of land*) propriedade *f* **2.** LAW patrimônio *m* **3. housing ~** *Brit* planejamento *m* urbano; **industrial ~** parque *m* industrial
estate agent *n Brit* corretor(a) *m(f)* de imóveis **estate car** *n Brit* (*station wagon*) perua *f*
esteem [ɪ'sti:m] **I.** *n no pl* apreço *m*, estima *f*; **to hold sb in high/low ~** ter alguém em alta/baixa estima **II.** *vt* apreciar, respeitar
esthetic [es'θetɪk, *Brit*: i:s'θet-] *adj* estético, -a
estimate I. ['estɪmeɪt] *vt* calcular; **to ~ sth at sth** calcular a. c. em a. c.; **to ~ that ...** calcular que ... **II.** ['estɪmət, *Brit*: -mɪt] *n* estimativa *f*, cálculo *m*; **rough ~** *inf* cálculo aproximado
estimation [ˌestɪ'meɪʃn] *n* **1.** opinião *f*; **in my ~** na minha opinião **2.** (*calculation*) cálculo *m*
Estonia [es'toʊniə, *Brit*: -'təʊ-] *n* Estônia *f*
Estonian *adj, n* estoniano, -a
estranged [es'treɪndʒd] *adj* distanciado, -a
et al. [et'æl] *abbr of* **et alii** et al
etc. *abbr of* **et cetera** etc.
et cetera [ɪt'setərə, *Brit*: -'set-] *adv* et cetera
etching ['etʃɪŋ] *n* água-forte *f*
eternal [ɪ'tɜ:rnl, *Brit*: -'tɜ:n-] *adj* eterno, -a
eternity [ɪ'tɜ:rnəṭi, *Brit*: -'tɜ:nəti] *n no pl* eternidade *f*
ethical ['eθɪkl] *adj* ético, -a
ethics ['eθɪks] *n* + *sing vb* ética *f*
Ethiopia [ˌi:θɪ'oʊpiə, *Brit*: -'əʊ-] *n no pl* Etiópia *f*
Ethiopian *adj, n* etíope
ethnic ['eθnɪk] *adj* étnico, -a; **~ cleansing** limpeza *f* étnica
ethos ['i:θɑ:s, *Brit*: -ɒs] *n no pl, form* crenças *mpl* e valores
etiquette ['etɪkɪt, *Brit*: 'etɪket] *n no pl* etiqueta *f*, protocolo *m*
EU [ˌi:'ju:] *n abbr of* **European Union** UE *f*
euphemism ['ju:fəmɪzəm] *n* eufemismo *m*
euphoria [ju:'fɔ:riə] *n no pl* euforia *f*
EUR *n s.* **Euro** EUR *m*
Eurasia [jʊ'reɪʒə, *Brit*: jʊə'-] *n no pl* Eurásia *f*
Eurasian *adj, n* eurasiano, -a
euro ['jʊroʊ, *Brit*: 'jʊərəʊ] *n* euro *m*
euro cent *n* centavo *m* de euro **euro coins** *n* moedas *fpl* de euro **eurocurrency** *n* moeda *f* europeia **euro notes** *n* notas *fpl* de euro
Europe ['jʊrəp, *Brit*: 'jʊər-] *n* Europa *f*
European [jʊrə'piən, *Brit*: jʊər-] *adj, n* europeu, -eia
European Central Bank *n* Banco *m* Central Europeu **European Community** *n* Comunidade *f* Europeia **European Council** *n* Conselho *m* Europeu **European Court of Justice** *n* Corte *f* Europeia de Justiça **European Investment Bank** *n* Banco *m* Europeu de Investimento

European Monetary System *n* Sistema *m* Monetário Europeu **European Parliament** *n* Parlamento *m* Europeu **European Union** *n* União *f* Europeia

euthanasia [ˌjuːθəˈneɪʒə, *Brit*: -ziə] *n no pl* eutanásia *f*

evacuate [ɪˈvækjʊeɪt] *vt* (*people, building*) evacuar; **to ~ sb from sth** evacuar alguém de a. c.

evacuation [ɪˌvækjʊˈeɪʃn] *n* evacuação *f*; **~ from sth** evacuação de a. c.

evacuee [ɪˌvækjuːˈiː] *n* pessoa *f* evacuada

evade [ɪˈveɪd] *vt* (*responsibility, person*) esquivar-se de; (*police*) escapar; (*taxes*) sonegar

evaluate [ɪˈvæljʊeɪt] *vt* (*value: a. result*) avaliar; (*person*) examinar

evangelist [ɪˈvændʒəlɪst] *n* evangélico, -a *m, f*

evaporate [ɪˈvæpəreɪt] **I.** *vt* evaporar; **~d milk** leite evaporado **II.** *vi* evaporar; *fig* desaparecer

evaporation [ɪˌvæpəˈreɪʃən] *n no pl* evaporação *f*

evasion [ɪˈveɪʒn] *n* evasão *f*; (*of income tax*) sonegação *f*

evasive [ɪˈveɪsɪv] *adj* evasivo, -a; **to be ~ about sth** ser evasivo em a. c.

eve [iːv] *n no pl* véspera *f*; **on the ~ of** na véspera de; *fig* às vésperas de; **Christmas Eve** Noite *f* de Natal; **New Year's Eve** Noite *f* de Ano-Novo

even [ˈiːvn] **I.** *adv* **1.** (*indicates the unexpected*) até mesmo; **not ~** nem mesmo **2.** (*despite*) **~ if** ainda que ...; **~ so ...** mesmo assim ... **3.** (*used to intensify*) até **4.** + *compar* (*all the more*) ainda **II.** *adj* **1.** (*level*) plano, -a; (*surface*) liso, -a **2.** (*equalized*) quite; **to get ~ with sb** ajustar as contas com alguém **3.** (*of same size, amount*) igual **4.** (*constant, regular*) uniforme; (*rate*) constante **III.** *vt* **1.** (*make level*) nivelar; (*surface*) aplanar **2.** (*equalize*) igualar

♦ **even out** **I.** *vi* (*prices*) equiparar-se **II.** *vt* nivelar

♦ **even up** *vt* equilibrar

evening [ˈiːvnɪŋ] *n* (*early*) tardinha *f*, noitinha *f*; (*late*) noite *f*; **all ~** a noite toda; **tomorrow/yesterday ~** amanhã/ontem à noite; **good ~!** boa noite!; **every Monday ~** todas as segundas-feiras à noite

evening class *n* aula *f* noturna **evening dress** *n* traje *m* a rigor **evening newspaper** *n* jornal *m* vespertino

event [ɪˈvent] *n* **1.** (*happening*) acontecimento *m*; **sports** ~ evento *m* esportivo **2.** (*case*) caso *m*; **in any ~, at all ~s** *Brit* de qualquer maneira

eventful *adj* memorável

eventual [ɪˈventʃʊəl] *adj* final

eventuality [ɪˌventʃʊˈæləti, *Brit*: -ti] <-ies> *n no pl* eventualidade *f*

eventually [ɪˈventʃʊəli] *adv* **1.** (*finally*) por fim **2.** (*some day*) um dia

ever [ˈevər, *Brit*: -əʳ] *adv* **1.** (*in questions*) já; **have you ~ been to Texas?** você já esteve no Texas? **2.** (*with comparatives, superlatives*) **better than ~** melhor do que nunca **3.** (*in negative statements*) nunca, jamais; **hardly ~** quase nunca; **never ~** nunca jamais; **nobody has ~ heard of him** ninguém nunca ouviu falar dele **4. for the first time** ~ pela primeira vez **5.** (*always*) ~ **after** desde então; ~ **since ...** desde que ...; ~ **since** (*since then*) desde então ... **6.** *esp Brit, inf* (*very*) **I'm ~ so grateful** sou imensamente agradecido; **you're ~ so kind!** você é sempre muito amável!

evergreen [ˈevərgriːn, *Brit*: -əgriːn] *n* sempre-viva *f*

everlasting [ˌevərˈlæstɪŋ, *Brit*: -əˈlɑːst-] *adj* **1.** (*undying*) perpétuo, -a; (*gratitude*) eterno, -a **2.** (*continuous*) duradouro, -a

every [ˈevri] *adj* **1.** (*each*) cada; **~ time** cada vez; **~ hour** cada hora **2.** (*all*) todo, -a; **in ~ way** de todas as maneiras **3.** (*repeated*) **~ other week** a cada duas semanas; **~ now and then** [*o* **again**] de vez em quando

everybody [ˈevriˌbɑːdi, *Brit*: -ˌbɒdi] *pron indef, sing* todo mundo; **~ else** todos os outros

> **Grammar** everybody e
> **everyone** (= cada um, todos) são sempre singular: "Everybody enjoys a sunny day; as everyone knows."

everyday [ˈevrideɪ] *adj* diário, -a; (*clothes*) comum; (*event*) corriqueiro, -a; (*language*) de uso corrente; (*life*) cotidiano, -a

everyone [ˈevriwʌn] *pron s.* **everybody**

everyplace [ˈevripleɪs] *pron Am s.*

everywhere

everything ['evriθɪŋ] *pron indef, sing* tudo; **is ~ all right?** está tudo bem?; **wealth isn't ~** riqueza não é tudo

everywhere ['evriwer, *Brit:* -weə'] *adv* em todo lugar; **to look ~ for sth** procurar a. c. em todo lugar

evict [ɪ'vɪkt] *vt* despejar; **to ~ sb from sth** despejar alguém de a. c.

eviction [ɪ'vɪkʃn] *n* despejo *m*

evidence ['evɪdəns] *n* **1.** *no pl* (*sign*) indícios *mpl*; **~ of sth** indícios de a. c. **2.** (*proof*) prova *f*. (*testimony*) testemunho *m*; **to give ~** (**on sth/against sb**) prestar depoimento (sobre a. c./contra alguém)

evident ['evɪdənt] *adj* evidente; **it is ~ that ...** é evidente que ...

evidently *adv* evidentemente

evil ['i:vl] **I.** *adj* mau, má **II.** *n* mal *m*

e-vite ['i:vaɪt] *n abbr of* **electronic invitation** COMPUT convite *m* eletrônico

evoke [ɪ'voʊk, *Brit:* -'vəʊk] *vt* evocar

evolution [ˌevə'lu:ʃn, *Brit:* ˌi:və-] *n no pl* evolução *f*; *fig* progresso *m*

evolve [ɪ'vɑ:lv, *Brit:* -'vɒlv] **I.** *vi* (*gradually develop*) desenvolver-se; **to ~ into sth** converter-se em a. c.; (*animals*) evoluir; **to ~ from sth** evoluir a partir de a. c. **II.** *vt* progredir

e-waste ['i:weɪst] *n abbr of* **electronics waste** lixo *m* eletrônico

ewe [ju:] *n* ovelha *f*

ex [eks] <-es> *n inf* ex *mf*

exact [ɪg'zækt] **I.** *adj* exato, -a; **the ~ opposite** justo o contrário **II.** *vt* exigir, extorquir; **to ~ sth from sb** exigir a. c. de alguém

exacting *adj* exigente

exactly *adv* exatamente; **not ~** não exatamente; **~ !** exato!

exaggerate [ɪg'zædʒəreɪt] *vi, vt* exagerar

exaggeration [ɪgˌzædʒə'reɪʃn] *n* exagero *m*

exalted [ɪg'zɔ:ltɪd] *adj* **1.** (*elevated*) elevado, -a **2.** (*jubilant*) exaltado, -a

exam [ɪg'zæm] *n* exame *m*; **to take an ~** fazer um exame

examination [ɪgˌzæmɪ'neɪʃn] *n* **1.** (*exam*) exame *m* **2.** (*investigation*) pesquisa *f*, investigação *f*; **medical ~** exame *m* médico **3.** LAW interrogatório *m*

examine [ɪg'zæmɪn] *vt* **1.** (*test*) **to ~ sb** (**in sth**) submeter alguém a exame (em a. c.) **2.** (*study*) pesquisar **3.** LAW interrogar **4.** MED examinar

examiner [ɪg'zæmɪnər, *Brit:* -ə'] *n* examinador(a) *m(f)*

example [ɪg'zæmpl, *Brit:* -'zɑ:m-] *n* exemplo *m*; **for ~** por exemplo; **an ~ of sth** um exemplo de a. c.; **to follow sb's ~** seguir o exemplo de alguém; **to set a good ~** dar um bom exemplo

exasperate [ɪg'zæspəreɪt, *Brit:* -'zɑ:s-] *vt* irritar

exasperation [ɪgˌzæspə'reɪʃn, *Brit:* -ˌzɑ:s-] *n no pl* irritação *f*

excavate ['ekskəveɪt] *vt* escavar

excavation [ˌekskə'veɪʃn] *n* escavação *f*

exceed [ɪk'si:d] *vt* exceder; (*outshine*) ultrapassar; **to ~ sb at sth** superar alguém em a. c.

exceedingly *adv* excessivamente

excel [ɪk'sel] <-ll-> *vi* destacar-se; **to ~ at sth** sobressair-se em a. c.

excellence ['eksələns] *n no pl* excelência *f*

excellent ['eksələnt] *adj* excelente; **~ !** excelente!

except [ɪk'sept] **I.** *prep* menos; **~ for** exceto por; **it's all well, ~ that ...** está tudo bem, só que ... **II.** *vt form* exceptuar

exception [ɪk'sepʃn] *n* exceção *f*; **to make an ~** abrir uma exceção; **to take ~ to sth** fazer uma objeção a a. c.; **with the ~ of ...** à exceção de ...; **without ~** sem exceção; **the ~ proves the rule** *prov* a exceção confirma a regra *prov*

exceptional *adj* excepcional

excerpt ['eksɜ:rpt, *Brit:* -sɜ:pt] *n* trecho *m*; **an ~ from sth** um trecho de a. c.

excess [ɪk'ses] <-es> *n* excesso *m*; **in ~ of** superior a; **~ baggage** [*o* **luggage**] excesso *m* de bagagem **excess charge** *n* taxa *f* de excesso

excessive [ɪk'sesɪv] *adj* excessivo, -a

exchange [ɪk'stʃeɪndʒ] **I.** *vt* **1.** (*trade*) trocar; **to ~ sth for sth** trocar a. c. por a. c. **2.** (*interchange*) intercambiar; **to ~ words** discutir **II.** *n* **1.** (*interchange, trade*) intercâmbio *m*; **in ~ for sth** em troca de a. c. **2.** FIN, ECON câmbio *m*; **foreign ~** câmbio *m* exterior

exchange rate *n* taxa *f* de câmbio

exchequer [ɪks'tʃekər, *Brit:* -ə'] *n no pl*, *Brit* tesouro *m*; **the Exchequer** o Ministério da Fazenda

excise ['eksaɪz] *n no pl* FIN imposto *m* (sobre bens de consumo interno)

excite [ɪk'saɪt] *vt* **1.** (*move*) emocionar;

excitement 127 **exile**

to be ~d about an idea estar entusiasmado [*ou* empolgado] com uma ideia **2.** (*stimulate*) estimular; **to ~ sb's curiosity** despertar a curiosidade de alguém
excitement *n* emoção *f*; empolgação *f*
exciting *adj* emocionante, empolgante
excl. 1. *abbr of* **excluding** exceto **2.** *abbr of* **exclusive** exclusivo
exclaim [ɪkˈskleɪm] *vi, vt* exclamar
exclamation [ˌekskləˈmeɪʃn] *n* exclamação *f*
exclamation mark *esp Brit*, **exclamation point** *n* ponto *m* de exclamação
exclude [ɪkˈskluːd] *vt* **1.** (*shut out*) expulsar; **to ~ sb from sth** expulsar alguém de a. c.; **to be ~d from school** ser expulso da escola **2.** (*leave out*) excluir; (*possibility*) descartar
excluding *prep* exceto
exclusion [ɪkˈskluːʒn] *n* exclusão *f*, expulsão *f*; **~ of sb from sth** exclusão de alguém de a. c.
exclusive [ɪksˈkluːsɪv] **I.** *adj* exclusivo, -a; **~ interview** entrevista *f* exclusiva; **~ of** sem incluir; **to be ~ of** ser exclusivo de **II.** *n* reportagem *f* exclusiva **III.** *adv* **from 5 to 10 ~** de 5 a 10 exclusive
excrement [ˈekskrəmənt] *n no pl, form* excremento *m*
excruciating [ɪkˈskruːʃieɪtɪŋ, *Brit*: -tɪŋ] *adj* penoso, -a; (*pain*) lancinante
excursion [ɪkˈskɜːrʒn, *Brit*: -kɜːʃn] *n* excursão *f*
excuse I. [ɪkˈskjuːz] *vt* **1.** (*justify: behavior*) justificar; (*lateness*) relevar **2.** (*forgive*) desculpar; **~ me!** desculpe-me!; **to ~ sb for sth** desculpar alguém por a. c. **3.** (*allow not to attend*) **to ~ sb from sth** dispensar alguém de a. c.; **you may be ~d** você está dispensado **4. to ~ oneself** (*leave*) pedir desculpas e sair; **after an hour she ~d herself** depois de uma hora ela se desculpou e saiu **II.** [ɪkˈskjuːs] *n* **1.** (*explanation*) justificativa *f*; **an ~ for sth** uma justificativa para a. c. **2.** (*pretext*) pretexto *m*, desculpa *f*; **poor ~** desculpa esfarrapada
execute [ˈeksɪkjuːt] *vt* **1.** *form* (*carry out*) realizar; (*maneuver*) efetuar; (*plan*) executar; (*order*) cumprir **2.** (*put to death*) executar
execution [ˌeksɪˈkjuːʃn] *n* **1.** *no pl* (*of task*) cumprimento *m* **2.** (*of criminal*) execução *f*

executioner [ˌeksɪˈkjuːʃnər, *Brit*: -əʳ] *n* carrasco, -a *m, f*
executive [ɪɡˈzekjʊtɪv, *Brit*: -tɪv] **I.** *n* **1.** (*senior manager*) executivo, -a *m, f* **2. +** *sing/pl vb* POL poder *m* executivo **3.** ECON comissão *f* executiva **II.** *adj* executivo, -a
executor [ɪɡˈzekjʊtər, *Brit*: -təʳ] *n* inventariante *mf* (de testamento)
exemplary [ɪɡˈzempləri] *adj* exemplar
exemplify [ɪɡˈzemplɪfaɪ] <-ie-> *vt* exemplificar
exempt [ɪɡˈzempt] **I.** *vt* isentar; **to ~ sb from sth** isentar alguém de a. c. **II.** *adj* isento, -a; **to be ~ from sth** estar isento de a. c.
exemption [ɪɡˈzempʃn] *n no pl* isenção *f*
exercise [ˈeksərsaɪz, *Brit*: -əsaɪz] **I.** *vt* **1.** (*one's muscles*) exercitar; (*dog*) levar para passear; (*horse*) treinar **2.** (*apply: authority, control*) exercer; **to ~ caution** proceder com cautela **II.** *vi* fazer exercício **III.** *n* exercício *m*
exercise bike *n* bicicleta *f* ergométrica
exercise book *n* livro *m* de exercícios
exert [ɪɡˈzɜːrt, *Brit*: -ˈzɜːt] *vt* **1.** exercer; **to ~ an influence on sb** exercer influência sobre alguém **2.** (*apply*) aplicar; **to ~ oneself** esforçar-se
exertion [ɪɡˈzɜːrʃn, *Brit*: -ˈzɜːʃn] *n* esforço *m*
exhale [eksˈheɪl] **I.** *vt* expirar; (*smoke*) exalar **II.** *vi* expirar
exhaust [ɪɡˈzɑːst, *Brit*: -ˈzɔː-] **I.** *vt a. fig* exaurir; **to ~ oneself** extenuar-se **II.** *n* **1.** *no pl* (*gas*) fumaça *f* do escapamento **2.** AUTO (*pipe*) cano *m* de escapamento
exhausted *adj* exausto, -a
exhausting *adj* exaustivo, -a, cansativo, -a
exhaustion [ɪɡˈzɑːstʃn, *Brit*: -ˈzɔː-] *n no pl* exaustão *f*
exhaustive [ɪɡˈzɑːstɪv, *Brit*: -ˈzɔː-] *adj* exaustivo, -a
exhibit [ɪɡˈzɪbɪt] **I.** *n* **1.** (*display*) exposição *f* **2.** LAW prova *f* **II.** *vt* **1.** (*show*) expor; (*work*) apresentar **2.** (*display character traits*) manifestar; (*rudeness*) demonstrar
exhibition [ˌeksɪˈbɪʃn] *n* exposição *f*
exhilarating [ɪɡˈzɪləreɪtɪŋ, *Brit*: -tɪŋ] *adj* exultante
exile [ˈeksaɪl] **I.** *n* **1.** *no pl* (*banishment*) exílio *m*; **to go into ~** exilar-se **2.** (*person*) exilado, -a *m, f* **II.** *vt* exilar

exist [ɪgˈzɪst] *vi* existir; **to ~ on sth** viver de a. c.

existence [ɪgˈzɪstəns] *n* existência *f*

existing *adj* existente; **the ~ laws** as leis vigentes

exit [ˈeksɪt] I. *n* saída *f*; (*of road*) desvio *m*; **emergency ~** saída *f* de emergência; **to make an ~** sair II. *vt* sair III. *vi* 1. *a.* INFOR sair 2. THEAT sair de cena

exonerate [ɪgˈzɑːnəreɪt, *Brit:* -ˈzɒn-] *vt form* exonerar; **to ~ sb from sth** exonerar alguém de a. c.

exotic [ɪgˈzɑːtɪk, *Brit:* -ˈzɒt] *adj* exótico, -a

expand [ɪkˈspænd] I. *vi* 1. (*increase*) aumentar; (*trade*) expandir-se 2. (*spread*) espalhar-se 3. SOCIOL desenvolver-se; **to ~ on sth** desenvolver a. c. II. *vt* 1. (*make larger*) ampliar; (*wings*) estender; (*trade*) expandir 2. (*elaborate*) desenvolver

expanse [ɪkˈspæns] *n* vastidão *f*

expansion [ɪkˈspænʃn] *n* 1. *no pl* (*spreading out*) expansão *f*; (*of metal*) dilatação *f* 2. (*elaboration*) desenvolvimento *m*

expect [ɪkˈspekt] *vt* 1. esperar; (*imagine*) supor; **to ~ sb to do sth** esperar que alguém faça a. c.; **to ~ sth of sb** esperar a. c. de alguém; **I ~ed better of you than that** eu esperava mais de você do que isso; **I ~ so** assim creio; **to ~ that** esperar que +*subj* 2. (*be pregnant*) **to be ~ing (a child/baby)** estar esperando (um filho/bebê)

expectancy [ɪkˈspektəntsi] *n no pl* expectativa *f*; **life ~** expectativa *f* de vida

expectant [ɪkˈspektənt] *adj* expectante; (*look*) esperançoso, -a; **~ mother** grávida

expectation [ˌekspekˈteɪʃn] *n* 1. (*hope*) esperança *f* 2. *pl* (*demands*) expectativas *fpl* 3. (*anticipation*) expectativa *f*; **in ~ of sth** na expectativa de a. c.

expedient [ɪkˈspiːdiənt] I. *adj* 1. (*advantageous*) vantajoso, -a, conveniente 2. (*necessary*) útil; (*measure*) prático, -a II. *n* expediente *m*

expedition [ˌekspɪˈdɪʃn] *n* expedição *f*; **to go on an ~** sair em expedição

expel [ɪkˈspel] <-ll-> *vt* expulsar; **to ~ sb from sth** expulsar alguém de a. c.

expend [ɪkˈspend] *vt* (*energy, money*) gastar

expenditure [ɪkˈspendɪtʃər, *Brit:* -əʳ] *n no pl* (*money*) gasto *m*

expense [ɪkˈspens] *n* despesas *fpl*; **all ~(s) paid** todas as despesas pagas; **at sb's ~** a. *fig* às custas de alguém; **at the ~ of sth** a. *fig* à custa de a. c.

expense account *n* gastos *mpl* de representação

expensive [ɪkˈspensɪv] *adj* caro, -a, dispendioso, -a

experience [ɪkˈspɪriəns, *Brit:* -ˈspɪəri-] I. *n* experiência *f*; **to know sth from ~** saber a. c. por experiência; **to learn by ~** aprender com a experiência; **to have ~ in sth** ter experiência em a. c. II. *vt* (*difficulties, pain*) vivenciar, experimentar

experienced *adj* experiente

experiment [ɪkˈsperɪmənt] I. *n* experimento *m* II. *vi* fazer experimentos; **to ~ on sb/sth** fazer experimentos com alguém/a. c.; **to ~ with sth** experimentar a. c.

expert [ˈekspɜːrt, *Brit:* -spɜːt] I. *n* perito, -a *m, f*, especialista *mf*; **to be an ~ in sth** ser perito em a. c. II. *adj* 1. (*skilful*) perito, -a, exímio, -a 2. LAW pericial; **~ report** laudo *m* pericial

expertise [ˌekspɜːrˈtiːz, *Brit:* -spɜː-] *n no pl* 1. (*skill*) perícia *f*; **~ in sth** perícia em a. c. 2. (*knowledge*) competência *f*; **~ in sth** competência em a. c.

expiration [ˌekpəˈreɪʃn, *Brit:* -ɪ-] *n no pl, Am* 1. vencimento *f* 2. COM validade *f*

expiration date *n* data *f* de validade

expire [ɪkˈspaɪər, *Brit:* -əʳ] *vi* (*terminate*) terminar; (*contract, license*) expirar; (*passport, food*) vencer

expiry [ɪkˈspaɪəri] *n no pl, esp Brit* s. **expiration**

explain [ɪkˈspleɪn] I. *vt* explicar; **to ~ sth to sb** explicar a. c. a alguém; **to ~ how/what ...** explicar como/o que ...; **that ~s everything!** isso explica tudo! II. *vi* explicar(-se)

◆ **explain away** *vt* encontrar uma boa explicação

explanation [ˌekspləˈneɪʃn] *n* explicação *f*; **an ~ for sth** uma explicação para a. c.

explanatory [ɪkˈsplænətɔːri, *Brit:* -ətri] *adj* explicativo, -a

explicit [ɪkˈsplɪsɪt] *adj* explícito, -a

explode [ɪkˈsploʊd, *Brit:* -əʊd] I. *vi* (*blow up: a. bomb*) explodir; (*tire*) estourar; **to ~ with anger** explodir de

exploit raiva **II.** vt **1.** (*blow up: bomb*) detonar **2.** (*discredit: theory*) desabonar; (*myth*) destruir

exploit I. [ɪksˈplɔɪt] vt explorar, aproveitar-se de **II.** [ˈɛksplɔɪt] n façanha f, proeza f

exploitation [ˌɛksplɔɪˈteɪʃn] n no pl exploração f

exploration [ˌɛkspləˈreɪʃn, Brit: -lə'-] n **1.** a. MED exploração f, investigação f **2.** (*examination*) estudo m

exploratory [ɪkˈsplɒrətɔːri, Brit: -ˈsplɔːrətri] adj (*voyage*) exploratório, -a; (*test*) de investigação f; (*meeting*) preliminar

explore [ɪkˈsplɔːr, Brit: -ˈlɔːʳ] vt **1.** a. MED, INFOR explorar, investigar **2.** (*examine*) examinar

explorer [ɪkˈsplɔːrər, Brit: -əʳ] n explorador(a) m(f)

explosion [ɪkˈsploʊʒn, Brit: -ˈspləʊ-] n explosão f

explosive [ɪkˈsploʊsɪv, Brit: -ˈspləʊ-] adj explosivo, -a

export I. [ɪkˈspɔːrt, Brit: -ˈspɔːt] vt exportar **II.** [ˈɛkspɔːrt, Brit: -ɔːt] n **1.** (*product*) artigo m de exportação **2.** no pl (*selling*) exportação f

exporter [ˈɛkspɔːrtər, Brit: -ɔːtəʳ] n exportador(a) m(f)

expose [ɪkˈspoʊz, Brit: -ˈspəʊz] vt **1.** (*uncover*) revelar **2.** (*leave vulnerable to*) expor **3.** (*reveal: person*) desmascarar; (*plot*) desvendar

exposed adj **1.** (*vulnerable*) exposto, -a **2.** (*uncovered*) à vista; **to be ~ to sth** ser exposto a a. c. **3.** (*unprotected*) desabrigado, -a

exposure [ɪkˈspoʊʒər, Brit: -ˈspəʊʒəʳ] n **1.** (*contact*) ~ **to sth** exposição a a. c. f **2.** no pl MED (*to a disease*) contato m; **to die of** ~ morrer de exposição ao frio **3.** a. PHOT exposição f **4.** (*revelation*) descoberta f, revelação f

express [ɪkˈspres] **I.** vt **1.** (*convey: thoughts, feelings*) expressar; **to ~ oneself** expressar-se **2.** inf (*send quickly*) mandar por entrega rápida **3.** form (*squeeze out*) espremer **II.** adj **1.** (*rapid*) expresso, -a; **by ~ delivery** por entrega expressa **2.** (*precise*) claro, -a; **by ~ order** por ordem expressa **III.** n (*train*) trem m expresso **IV.** adv **to send sth ~** mandar a. c. por entrega rápida

expression [ɪkˈspreʃn] n expressão f; **as an ~ of thanks** como uma mostra de agradecimento

expressive [ɪkˈspresɪv] adj expressivo, -a

expressway [ɪkˈspresweɪ] n Am, Aus rodovia f

expulsion [ɪkˈspʌlʃn] n expulsão f

exquisite [ˈɛkskwɪzɪt] adj primoroso, -a; (*taste*) requintadíssimo

ext. TEL abbr of **extension** ramal

extend [ɪkˈstend] **I.** vi estender-se **II.** vt **1.** (*enlarge: house*) ampliar; (*street*) alargar **2.** (*prolong: deadline*) prorrogar; (*vacation*) prolongar **3.** (*offer*) oferecer; **to ~ one's thanks to sb** dar os agradecimentos a alguém

extension [ɪkˈstenʃn] n **1.** (*increase*) extensão f; (*of rights*) ampliação f **2.** (*of a deadline*) prorrogação f **3.** (*appendage*) anexo m **4.** (*enlargement*) **to build an ~** construir um anexo **5.** TEL ramal m

extensive [ɪkˈstensɪv] adj **1.** a. fig extenso, -a; (*experience*) vasto, -a; (*use*) amplo, -a **2.** (*large: damage*) considerável; (*repair*) grande

extensively adv amplamente; **to travel ~** viajar bastante; **to use sth ~** usar muito a. c.

extent [ɪkˈstent] n no pl **1.** (*size*) extensão f **2.** (*degree*) alcance m, grau m; **to a great ~** em grande parte; **to some ~** até certo ponto; **to such a ~ that ...** a tal ponto que ...; **to what ~ ... ?** em que medida ... ?, até que ponto ... ?

extenuating adj form ~ **circumstances** circunstâncias atenuantes

exterior [ɪkˈstɪriər, Brit: -ˈstɪəriəʳ] adj exterior

exterminate [ɪkˈstɜːrmɪneɪt, Brit: -ˈstɜːm-] vt exterminar

external [ɪkˈstɜːrnl, Brit: -ˈtɜːnl] adj **1.** (*exterior, foreign*) exterior, de fora; (*influence, wall*) externo, -a; **the ~ world** o mundo m exterior **2.** (*foreign*) exterior **3.** MED externo, -a, tópico, -a

extinct [ɪkˈstɪŋkt] adj (*animal, volcano*) extinto, -a

extinction [ɪkˈstɪŋkʃn] n no pl extinção f

extinguish [ɪkˈstɪŋgwɪʃ] vt form (*candle, cigar*) apagar; (*love, passion*) extinguir

extinguisher [ɪkˈstɪŋgwɪʃər, Brit: -əʳ] n extintor m de incêndio

extol [ɪkˈstoʊl] <-ll-> Brit, **extoll** [ɪkˈstoʊl] vt Am, form louvar

extort [ɪkˈstɔːrt, *Brit:* -ˈstɔːt] *vt* (*money*) extorquir; (*confession*) arrancar

extortion [ɪkˈstɔːrʃn, *Brit:* -ˈstɔːʃn] *n no pl* extorsão *f*

extortionate [ɪkˈstɔːrʃənət, *Brit:* -ɔːʃ-] *adj* excessivo, -a; ~ **prices** preços *mpl* exorbitantes

extra [ˈekstrə] **I.** *adj* adicional, a mais; **to work an ~ two hours** trabalhar duas horas a mais; **it costs an ~ $2** custa $2 a mais; **meals are ~** refeições não estão incluídas **II.** *adv* **1.** (*more*) a mais; **to charge ~ for sth** cobrar a mais por a. c. **2.** (*very*) ~ **special** super especial **III.** *n* **1.** ECON extra *m* **2.** AUTO acessório *m* opcional **3.** CINE figurante *mf*

extract [ɪkˈstrækt] **I.** *vt* **1.** (*remove*) extrair; **to ~ sth from sth** extrair a. c. de a. c. **2.** (*obtain: information*) arrancar; **to ~ sth from sb** arrancar a. c. de alguém **II.** [ˈekstrækt] *n* **1.** (*concentrate*) essência *f*, extrato *m* **2.** (*of text, piece of music*) passagem *f*

extraction [ɪkˈstrækʃn] *n* **1.** (*removal*) extração *f*; **the ~ of sth from sb/sth** a extração de a. c. de alguém/a. c. **2.** (*descent*) origem *f*; **he's of American ~** ele é de origem americana

extracurricular [ˌekstrəkəˈrɪkjələr, *Brit:* -jʊləʳ] *adj* extracurricular

extradite [ekstrəˈdaɪt] *vt* extraditar

extradition [ekstrəˈdɪʃn] *n no pl* extradição *f*

extraneous [ɪkˈstreɪniəs] *adj form* extrínseco, -a, alheio, -a

extraordinary [ɪkˈstrɔːrdneri, *Brit:* -ˈstrɔːdnri-] *adj* **1.** *a.* POL extraordinário, -a **2.** (*astonishing*) surpreendente

extra time *n no pl*, *Aus*, *Brit* SPORTS prorrogação *f*

extravagance [ɪkˈstrævəɡəns] *n no pl* **1.** (*luxury*) exagero *m* **2.** (*elaborateness*) extravagância *f* **3.** (*wastefulness*) esbanjamento *m*

extravagant [ɪkˈstrævəɡənt] *adj* **1.** (*luxurious*) luxuoso, -a **2.** (*exaggerated: praise*) exagerado, -a **3.** (*elaborate*) extravagante **4.** (*wasteful*) esbanjador(a)

extreme [ɪkˈstriːm] **I.** *adj* extremo, -a; **with ~ caution** com extremo cuidado; **in the ~ north** no extremo norte **II.** *n* extremo *m*; **to go to ~s** ir a extremos; **in the ~** ao extremo

extremely *adv* extremamente

extremist *n* extremista *mf*

extremity [ɪkˈstreməti, *Brit:* -ti] *n* **1.** (*furthest point*) extremidade *f* **2.** *pl* ANAT extremidades *fpl*

extricate [ˈekstrɪkeɪt] *vt form* livrar; **to ~ oneself from sth** desembaraçar-se de a. c.

extrovert [ˈekstrəvɜːrt, *Brit:* -vɜːt] *adj* extrovertido, -a

exuberant [ɪɡˈzuːbərənt, *Brit:* -ˈzjuː-] *adj* **1.** (*energetic*) efusivo, -a **2.** (*luxuriant*) exuberante

exude [ɪɡˈzuːd, *Brit:* -ˈzjuːd] *vt form* transpirar; *fig* transbordar; **to ~ confidence** irradiar confiança

eye [aɪ] **I.** *n* **1.** ANAT olho *m*; **to not believe one's ~s** não acreditar no que os olhos veem; **to catch sb's ~** atrair a atenção de alguém; **to have a good ~ for sth** ter um bom olho para a. c.; **to keep an ~ on sb/sth** ficar de olho em alguém/a. c.; **to keep one's ~s open** ficar de olhos abertos; **to (not) see ~ to ~ (with sb)** (não) estar de acordo (com alguém); **visible to the naked ~** visível a olho nu **2.** (*of needle*) buraco *m* da agulha **3.** (*of potato*) tubérculo *m* **II.** <-ing> *vt* olhar; (*observe*) observar

eyeball *n* globo *m* ocular **eyebrow** *n* sobrancelha *f* **eyebrow pencil** *n* lápis *m* de sobrancelha **eyedrops** *npl* colírio *m* **eyelash** <-es> *n* cílio *m* **eyelid** *n* pálpebra *f* **eyeliner** *n no pl* delineador *m* (para os olhos) **eyeshadow** *n* sombra *f* (para os olhos) **eyesight** *n no pl* visão *f* **eyesore** *n* monstruosidade *f* **eyewitness** <-es> *n* testemunha *mf* ocular

e-zine [ˈiːziːn] *n* revista *f* da Internet

F

F, f [ef] *n* **1.** (*letter*) f *m*; ~ **as in Fox** *Am*, ~ **for Frederick** *Brit* f de faca **2.** MUS fá *m* **3.** SCH F, *conceito escolar que indica reprovação*

FA [ˌefˈeɪ] *n Brit abbr of* **Football Association** Federação Inglesa de Futebol

fable [ˈfeɪbl] *n* fábula *f*

fabric ['fæbrɪk] *n* pano *m*, tecido *m*

fabricate ['fæbrɪkeɪt] *vt* (*invent*) inventar; **to ~ an excuse** inventar [*ou* forjar] um pretexto

fabulous ['fæbjələs, *Brit:* -jʊ-] *adj* fabuloso, -a

façade [fə'sɑːd] *n a. fig* fachada *f*

face [feɪs] **I.** *n* **1.** ANAT rosto *m*, cara *f*; **in the ~ of sth** diante de a. c.; **on the ~ of it** à primeira vista; **to make a ~** fazer careta; **to make a long ~** fazer uma cara tristonha; **to tell sth to sb's ~** dizer a. c. na cara de alguém; **to do sth ~ to ~** fazer a. c. cara a cara **2.** (*front: of building*) fachada *f*; (*of coin*) face *f*; (*of clock*) mostrador *m*; (*of mountain*) face *f* **3.** (*respect, honor*) prestígio *m*; **to lose ~** perder o prestígio; **to save ~** salvar as aparências **II.** *vt* **1.** (*turn towards*) voltar-se para; **our living room faces the lakefront** nossa sala de estar fica de frente para a beira do lago **2.** (*confront, accept*) encarar, enfrentar; **to ~ the facts** encarar os fatos; **let's ~ it, ...** sejamos realistas, ...

♦ **face up to** *vi* **to ~ sth** enfrentar a. c.

facecloth *n* toalha *f* de rosto **face cream** *n* creme *m* facial **facelift** *n* lifting *m*; **to get a ~** fazer um lifting; *fig* reformar a fachada **face powder** *n* pó *m* facial

facet ['fæsɪt] *n a. fig* faceta *f*

facetious [fə'siːʃəs] *adj pej* engraçadinho, -a

face value *n* **1.** ECON valor *m* nominal **2.** *fig* **to take sth at ~** levar a. c. ao pé da letra

facial *n* facial; **to get** [*o* **have**] **a ~** fazer uma limpeza de pele

facile ['fæsɪl, *Brit:* -saɪl] *adj* simplista

facilitate [fə'sɪlɪteɪt] *vt* facilitar

facility [fə'sɪləti, *Brit:* -ti] *n* <-ies> **1.** (*service*) centro *m*; **sports ~** centro esportivo; **credit facilities** linha *f* de crédito **2.** *pl* (*room*) instalações *fpl* **3.** (*ability, feature*) facilidade *f*

facing *n* **1.** ARCHIT revestimento *m* **2.** *no pl* FASHION (*inside stitching*) reforço *m*; (*outer cover on collars, cuffs*) acabamento *m*

facsimile [fæk'sɪməli] *n* fac-símile *m*

fact [fækt] *n* fato *m*; **a ~ about sth** um dado sobre a. c.; **in ~** na verdade; **the ~s of life** *euph* noções básicas sobre sexualidade e reprodução; **to stick to the ~s** ater-se aos fatos

faction ['fækʃn] *n* POL facção *f*

factor ['fæktər, *Brit:* -ər] *n a.* MAT, BIO fator *m*

factory ['fæktəri] <-ies> *n* fábrica *f*; **canning ~** fábrica de enlatados

factual ['fæktʃuːəl, *Brit:* -tʃʊəl] *adj* que se atém aos fatos

faculty ['fæklti] <-ies> *n Am* UNIV (*teachers*) corpo *m* docente; **Faculty of Arts** Escola de Belas Artes; **Faculty of Sciences** Faculdade de Ciências

fad [fæd] *n inf* coqueluche *f*, mania *f*

fade [feɪd] *vi* **1.** (*colors*) desbotar; (*pictures*) perder a cor; (*flowers*) murchar **2.** (*lose intensity: light*) apagar-se; (*hope, optimism, memory*) desaparecer

♦ **fade away** *vi* (*sound, love, grief*) sumir aos poucos

♦ **fade in** *vi, vt* (*picture*) aparecer gradualmente; (*sound*) aumentar gradualmente

♦ **fade out** *vi* (*picture*) desaparecer gradualmente; (*sound*) diminuir gradualmente

faeces *npl Brit* **s. feces**

fag [fæg] *n inf* **1.** *Am, pej* (*homosexual*) bicha *mf* **2.** *Brit, inf* (*cigarette*) cigarro *m*

fail [feɪl] **I.** *vi* **1.** (*not succeed: person*) fracassar; **to ~ at sth** fracassar em a. c.; (*attempt, plan, operation*) falhar; **to ~ to do sth** não conseguir fazer a. c. **2.** TECH, AUTO (*brakes, steering, a. engine*) falhar **3.** (*health*) piorar; (*crops*) perder-se **II.** *vt* (*exam, pupil*) reprovar **III.** *n* **without ~** (*definitely*) sem falta

failing I. *n* defeito *m* **II.** *adj* deficiente, falho, -a; **failing grades** notas insuficientes; **failing students** alunos reprovados **III.** *prep* na falta de

failure ['feɪljər, *Brit:* -ər] *n* **1.** *no pl* (*lack of success*) fracasso *m*; **to be a ~ at sth** ser um fracasso em a. c. **2.** TECH, ELEC falha *f* **3.** MED **heart/kidney ~** insuficiência *f* cardíaca/renal

faint [feɪnt] **I.** *adj* **1.** (*scent, odor, taste*) leve, fraco, -a; (*line, outline, scratch*) tênue **2.** (*slight: resemblance, sign, suspicion*) vago, -a; **not to have the ~est idea** *inf* não fazer a mínima ideia **3.** (*weak*) **to feel ~** sentir-se tonto **II.** *vi* desmaiar **III.** *n* desmaio *m*

faintly *adv* vagamente, ligeiramente

fair¹ [fer, *Brit:* feə^r] **I.** *adj* **1.** (*just: society, trial, wage*) justo, -a; **to be ~ to sb** ser justo com alguém; **~ play** jogo limpo; **a ~ share** uma parte justa; **~ enough** nada mais justo; **to win ~ and square** ganhar merecidamente **2.** *inf* (*quite large: amount*) bastante **3.** (*reasonably good: chance, prospect*) bom, boa **4.** (*light in color: skin*) claro, -a; (*hair*) louro, -a **5.** METEO **~ weather** tempo *m* bom **II.** *adv* **to play ~** jogar limpo

fair² *n* parque *m* de diversões; **trade ~** feira *f* de negócios

fairground *n* espaço *m* para feiras

fair-haired *adj* louro, -a

fairly ['ferli, *Brit:* 'feəli] *adv* **1.** (*quite*) bastante; **it's ~ easy/difficult/good/interesting** é bem fácil/difícil/bom/interessante; **~ quickly** razoavelmente rápido **2.** (*justly*) honestamente

fairness *n no pl* justiça *f*; **in (all) ~ ...** com toda justiça ...

fair trade *n* comércio *m* justo (e solidário)

fairy ['feri, *Brit:* 'feəri] <-ies> *n* fada *f*

fairy tale *n* conto *m* de fadas; *fig* sonho *m*

faith [feɪθ] *n a.* REL fé *f*; **to have/lose ~ in sb/sth** ter/perder a confiança em alguém/a. c.; **to put one's ~ in sb/sth** depositar a confiança em alguém/a. c.

faithful ['feɪθfəl] *adj a.* REL fiel

faithfully *adv* **1.** (*loyally*) lealmente; **Yours ~** *Brit, Aus* atenciosamente **2.** (*exactly*) fielmente

fake [feɪk] **I.** *n* **1.** (*painting, jewel*) falsificação *f* **2.** (*person*) impostor(a) *m(f)* **II.** *adj* **~ jewel** joia falsificada **III.** *vt* **1.** (*counterfeit*) falsificar **2.** (*pretend to feel*) fingir

falcon ['fælkən, *Brit:* 'fɔːl-] *n* falcão *m*

Falkland Islands ['fɔːklænd,-] *npl* **the ~** as Ilhas Malvinas

fall [fɔːl] <fell, fallen> **I.** *vi* **1.** (*drop down, a. rain, snow*) cair; **to ~ flat** (*joke*) não ter graça; (*plan, suggestion*) falhar; **to ~ flat on one's face** cair de cara *f* **2.** (*decrease: prices*) baixar; **to ~ sharply** ter queda acentuada **3.** (*enter a particular state*) **to ~ madly in love (with sb/sth)** ficar loucamente apaixonado (por alguém/a. c.) **II.** *n* **1.** (*from a height, a. decrease*) queda *f*; **a ~ in prices** uma queda dos preços **2.** *Am* (*autumn*) outono *m*

◆**fall about** *vi Brit, Aus, inf* morrer de rir

◆**fall back** *vi* retroceder; **to ~ on** [*o* **upon**] **sb/sth** recorrer a alguém/a. c.

◆**fall behind** *vi* **1.** (*become slower*) ficar para trás **2.** (*in work, etc*) atrasar-se

◆**fall down** *vi* **1.** (*person*) cair; (*building*) desabar **2.** (*be unsatisfactory: person, plan*) falhar

◆**fall for** *vi* **to ~ sb** ficar caído por alguém; **to ~ a trick** cair num golpe

◆**fall in** *vi* **1.** (*collapse: roof, ceiling*) ruir **2.** MIL enfileirar-se

◆**fall in with** *vi insep* **1.** (*agree to*) concordar com **2.** (*become friendly with*) **to ~ sb** afinar-se com alguém

◆**fall off** *vi* **1.** (*become detached*) soltar-se **2.** (*decrease*) diminuir

◆**fall out** *vi* **1.** (*drop out*) cair **2.** MIL debandar

◆**fall over** *vi* tombar

◆**fall through** *vi* fracassar

fallacy ['fæləsi] <-ies> *n* falácia *f*

fallen *pp of* **fall**

fallible ['fæləbl] *adj* falível

fallout ['fɔːlaʊt] *n no pl* PHYS chuva *f* radioativa

false [fɔːls] *adj* **1.** (*untrue: idea, information*) falso, -a; **under ~ pretenses** de má fé **2.** (*artificial: beard, eyelashes, teeth*) postiço, -a **3.** *liter* (*disloyal*) **a ~ friend** um amigo desleal; LING incorreto, -a

false alarm *n* alarme *m* falso

falsehood *n* **1.** *no pl* (*untruth*) falsidade *f* **2.** (*lie*) mentira *f*

false teeth *npl* dentadura *f* postiça

falsify ['fɔːlsɪfaɪ] <-ied> *vt* falsificar

falter ['fɔːltər, *Brit:* -ə^r] *vi* vacilar

fame [feɪm] *n no pl* fama *f*

familiar [fə'mɪljər, *Brit:* -liə^r] **I.** *adj* **1.** (*well-known*) conhecido, -a **2.** (*acquainted*) familiarizado, -a **3.** (*friendly*) íntimo, -a; **to be on ~ terms (with sb)** ter intimidade (com alguém) **II.** *n* familiar *m*

familiarity [fə,mɪli'erəti, *Brit:* -'ærəti] *n no pl* familiaridade *f*

familiarize [fə'mɪljəraɪz, *Brit:* -liə^r-] *vt* familiarizar; **to ~ oneself with sth** familiarizar-se com a. c.

family ['fæməli] *n + sing/pl vb* família *f*; **to come from a large ~** ser (membro) de uma grande família

family name *n* sobrenome *m* **family planning** *n no pl* planejamento *m* familiar **family tree** *n* árvore *f* genealógica

famine ['fæmɪn] *n* fome *f*, miséria *f*

famished ['fæmɪʃt] *adj inf* **to be ~** estar morto de fome

famous ['feɪməs] *adj* famoso, -a; **to be ~ for sth** ser famoso por a. c.

famously *adv* **to get on ~** *esp Brit* dar-se maravilhosamente bem com (alguém)

fan[1] [fæn] **I.** *n* **1.** (*hand-held*) leque *m* **2.** (*electrical*) ventilador *m* **II.** <-nn-> *vt* **1.** (*cool with fan*) abanar **2.** *fig* (*heighten: passion, interest*) atiçar

fan[2] *n* (*of person*) fã *mf*, admirador(a) *m(f)*; (*of team*) torcedor(a) *m(f)*; (*of music*) entusiasta *mf*

fanatic [fə'nætɪk, *Brit:* -tɪk] *n pej* fanático, -a *m, f*

fanatical *adj* fanático, -a

fan belt *n* AUTO correia *f* de ventilador

fanciful ['fæntsɪfəl] *adj* **1.** (*idea, notion*) fantasioso, -a **2.** (*design, style*) extravagante **3.** (*person*) excêntrico, -a

fan club *n* fã-clube *m*

fancy ['fæntsi] **I.** <-ie-> *vt* **1.** *Brit* (*want, like*) querer; **do you fancy a drink?** você quer um drinque?; **to ~ doing sth** ter vontade de fazer a. c. **2.** *esp Brit* (*be attracted to someone*) **he fancies you** ele está a fim de você **3.** (*imagine*) **to ~ (that) ...** imaginar (que) ... **II.** *n* <-ies> **1.** *no pl* (*liking*) **to take a ~ to sth/sb** tomar gosto por a. c./alguém **2.** *no pl* (*imagination*) fantasia *f*; **a flight of ~** um voo da imaginação **3.** (*whimsical idea*) capricho *m*; **whenever the ~ takes you** quando te dá na telha **III.** *adj* <-ier, -iest> **1.** (*elaborate: decoration, frills*) decorativo, -a **2.** *inf* (*expensive*) exorbitante

fancy dress *n no pl, Brit, Aus* fantasia *f*

fang [fæŋ] *n* dente *m* canino (de animal carnívoro)

fantasize ['fæntəsaɪz, *Brit:* -tə-] *vi* **to ~ about sth** fantasiar a. c.

fantastic [fæn'tæstɪk] *adj* fantástico, -a

fantasy ['fæntəsi, *Brit:* -tə-] <-ies> *n* (*dream*) fantasia *f*

FAQ *n* INFOR *abbr of* **frequently asked questions** perguntas *fpl* frequentes

far [faːr, *Brit:* faːʳ] <farther, farthest *o* further, furthest> **I.** *adv* **1.** (*a long distance*) longe; **~ away** muito longe; **~ from doing sth** longe de fazer a. c.; **~ from it** longe disso; **how ~ is it?** a que distância fica?; **is it ~?** é longe? **2.** (*distant in time*) **as ~ back as I remember ...** até onde eu me lembro ... **3.** (*in progress*) **to not get very ~ with sb/sth** não ir muito longe com alguém/a. c.; **to go too ~** ir longe demais; **so ~** até agora; **so ~, so good** até aqui tudo bem **4.** (*much*) **~ better** muito melhor; **to be the best by ~** ser de longe o melhor **5.** (*connecting adverbial phrase*) **as ~ as I know ...** que eu saiba ...; **as ~ as I'm concerned ...** quanto a mim ... **II.** *adj* **1.** (*distant*) longe; **in the ~ distance** bem distante **2.** (*extreme*) **the ~ left/right** (**of a party**) a extrema esquerda/direita (de um partido)

faraway ['faːrəweɪ] *adj* **a ~ land** uma terra distante

farce [faːrs, *Brit:* faːs] *n* farsa *f*

fare [fer, *Brit:* feəʳ] **I.** *n* **1.** (*for bus, train*) preço *m* da passagem; **single/return ~** passagem de ida/ida e volta **2.** (*taxi passenger*) passageiro, -a *m, f* **3.** *no pl* GASTR comida *f* **II.** *vi* **to ~ badly/well** sair-se mal/bem

Far East *n* **the ~** o Extremo Oriente

farewell [ˌfer'wel, *Brit:* ˌfeə'-] *interj form* adeus *m*; **to bid** [*o* **say**] **~ to sb** despedir-se de alguém

farm [faːrm, *Brit:* faːm] **I.** *n* (*small*) sítio *m*, granja *f*; (*large*) fazenda *f*; **cattle farm** fazenda *f* de gado; **fish farm** criação *f* de peixes **II.** *vt* cultivar

♦ **farm out** *vt* **to ~ work** terceirizar o trabalho

farmer ['faːrməʳ, *Brit:* 'faːməʳ] *n* fazendeiro, -a *m, f*, agricultor(a) *m(f)*

farmhand *n* colono, -a *m, f* **farmhouse** *n* <-s> casa *f* de fazenda

farming *no pl n* agropecuária *f* **farmland** *n* terra *f* cultivada **farmyard** *n* terreiro *m* de fazenda

far-reaching *adj* de longo alcance

far-sighted *adj* **1.** *Am* MED hipermetrope **2.** (*planning, policy, decision*) previdente

fart [faːrt, *Brit:* faːt] *inf* **I.** *n* pum *m*, peido *m* **II.** *vi* peidar; **to ~ around** ficar

embromando
farther ['fɑːrðər, *Brit:* 'fɑːðə'] *adj, adv comp of* **far** mais distante
farthest ['fɑːrðɪst, *Brit:* 'fɑːð-] *adj, adv superl of* **far** mais afastado; (*time*) mais remoto
fascinate ['fæsəneɪt, *Brit:* -ɪneɪt] *vt* fascinar; **to be ~d by sth** estar fascinado com a. c.; **to ~ sb with sth** encantar alguém com a. c.
fascinating *adj* fascinante
fascination [,fæsə'neɪʃn, *Brit:* -ɪ'-] *n pl* fascinação *f;* **a ~ with sth** uma fascinação por a. c.
fascism *n*, **Fascism** ['fæʃɪzəm] *n no pl* fascismo *m*
fascist, Fascist ['fæʃɪst] *n* fascista *mf*
fashion ['fæʃən] **I.** *n* **1.** (*popular style*) moda *f;* **to be in ~** estar na moda; **to be out of ~** estar fora da moda; **to come into ~** entrar na moda **2.** (*manner*) maneira *f;* **after a ~** de certo modo **II.** *vt form* formar, ajustar; (*create*) modelar
fashionable ['fæʃənəbl] *adj* (*clothes, style*) da moda; (*nightclub, restaurant*) moderno, -a; (*person, set*) elegante
fashion-conscious *adj* por dentro da moda
fashion show *n* desfile *m* de modas
fast[1] [fæst, *Brit:* fɑːst] **I.** <-er, -est> *adj* **1.** rápido, -a; **the ~ lane** a pista de alta velocidade **2.** (*clock, watch*) **to be ~** estar adiantado **3.** (*firmly fixed*) preso, -a **II.** *adv* **1.** (*quickly*) rapidamente, depressa **2.** (*firmly*) firmemente **3.** (*deeply*) profundamente; **to be ~ asleep** estar dormindo profundamente
fast[2] **I.** *vi* jejuar **II.** *n* jejum *m*
fasten ['fæsən, *Brit:* 'fɑːsən] *vt* **1.** (*do up*) amarrar **2.** (*fix securely*) prender; **to ~ sth together** prender a. c.
  ♦ **fasten on** *vt* fixar-se em; **to ~ an idea** *fig* agarrar-se a uma ideia
fastener ['fæsənər, *Brit:* 'fɑːsənə'] *n* fecho *m*, tranca *f;* **zip ~** *Brit* zíper *m*
fast food *n no pl* fast-food *f*
fastidious [fə'stɪdɪəs] *adj* exigente, detalhista
fast-talk *n no pl* conversa *f* persuasiva
fast-talk *vt* **to ~ sb into doing sth** passar uma conversa em alguém para fazer a. c.; **to ~ one's way out of sth** livrar--se de a. c. passando uma conversa
fat [fæt] <-tt-> **I.** *adj* **1.** gordo, -a **2.** (*thick*) grosso, -a **3.** (*large*) grande **II.** *n* **1.** *no pl* (*on meat*) gordura *f* **2.** (*fatty substance*) banha *f;* **to live off the ~ of the land** viver como um rei
fatal ['feɪtəl, *Brit:* -təl] *adj* **1.** (*causing death*) fatal **2.** (*disastrous*) calamitoso, -a **3.** *liter* (*consequences*) funesto, -a
fatality [fə'tæləti, *Brit:* -ti] <-ies> *n* fatalidade *f*
fate [feɪt] *n no pl* (*destiny*) destino *m;* (*one's end*) sorte *f*
fateful ['feɪtfəl] *adj* fatídico, -a
fat-free *adj* sem gordura
father ['fɑːðər, *Brit:* -ə'] *n* pai *m;* **like ~, like son** tal pai, tal filho; **Nietsche is the father of nihilism** Nietsche é o pai do niilismo
Father Christmas *n esp Brit* Papai *m* Noel
fatherhood ['fɑːðərhʊd, *Brit:* -əhʊd] *n no pl* paternidade *f*
father-in-law <fathers-in-law *o* father-in-laws> *n* sogro *m*
fatherly *adj* paternal
fathom ['fæðəm] **I.** *n* NAUT braça *f* **II.** *vt* (*mystery*) sondar
fatigue [fə'tiːg] *n no pl* (*tiredness*) cansaço *m*, fadiga *f*
fatten ['fætən] *vt* engordar; **sweets are very ~ing** doces engordam muito; **to ~ an animal on sth** engordar um animal à base de a. c.
fatty ['fæti, *Brit:* -ti] **I.** *adj* **1.** (*food*) gorduroso, -a **2.** (*tissue*) adiposo, -a **II.** <-ies> *n inf* gorducho, -a *m, f*
faucet ['fɑːsɪt, *Brit:* 'fɔː-] *n Am* torneira *f*
fault [fɔːlt] **I.** *n* **1.** *no pl* (*responsibility*) culpa *f;* **to be sb's ~ (that ...)** ser culpa de alguém (que ...); **to be at ~** ter a culpa; **to find ~ with sb** achar defeito em alguém; **who's ~ is it?** de quem é a culpa? **2.** (*in character, e. g. in a machine, etc*) defeito *m* **3.** GEO falha *f* **II.** *vt* criticar
faulty ['fɔːlti, *Brit:* -ti] *adj* defeituoso, -a
fauna ['fɑːnə, *Brit:* 'fɔː-] *n* fauna *f*
favor ['feɪvər, *Brit:* -ə'] *Am, Aus* **I.** *n* **1.** *no pl* (*approval*) apoio *m*, aprovação *f;* **to be in ~ of sb/sth** ser a favor de alguém/a. c.; **to find ~ with sb** cair nas graças de alguém **2.** (*helpful act*) favor *m*, gentileza *f;* **to ask sb a ~** pedir um favor a alguém; **to do sb a ~** fazer um favor a alguém **3.** *Am* (*small gift*) brinde *m* **II.** *vt* **1.** (*prefer*) preferir **2.** (*give advantage to*) favorecer
favorable ['feɪvərəbl] *adj Am, Aus* favorável

favorite ['feɪvərɪt] *adj, n Am, Aus* predileto, -a, favorito, -a

favour *n, vt Brit, Aus s.* **favor**

favourable *adj Brit, Aus s.* **favorable**

favourite *adj Brit, Aus s.* **favorite**

fawn[1] [fɑ:n, *Brit:* fɔ:n] **I.** *n* cervo *m* novo **II.** *adj* castanho-claro, -a

fawn[2] *vi* **to ~ on sb** bajular alguém

fax [fæks] **I.** *n no pl* fax *m* **II.** *vt* enviar por fax

FBI [ˌefbi:'aɪ] *n abbr of* **Federal Bureau of Investigation** FBI *m*

fear [fɪr, *Brit:* fɪər] **I.** *n* medo *m;* **to be in ~ of sth** ter medo de a. c.; **for ~ of sth** por medo de a. c. **II.** *vt* **1.** (*be afraid of*) ter medo de **2.** *form* (*feel concern*) **to ~** (**that** ...) temer (que ...) +*subj*

fearful *adj* amedrontado, -a; **~ of doing sth** receoso de fazer a. c.

fearless *adj* destemido, -a

feasibility [ˌfi:zə'bɪləti, *Brit:* -ti] *n no pl* viabilidade *f*

feasible ['fi:zəbl] *adj* viável

feast [fi:st] **I.** *n* **1.** (*meal*) banquete *m* **2.** REL festividade *f* **II.** *vi* **to ~ on sth** fazer um banquete com a. c. **III.** *vt* **to ~ one's eyes on sth** deleitar os olhos com a. c.

feat [fi:t] *n* façanha *f*

feather ['feðər, *Brit:* -ə-] **I.** *n* pena *f* **II.** *vt* **to ~ one's own nest** encher os bolsos

feature ['fi:tʃər, *Brit:* -ə-] **I.** *n* **1.** (*distinguishing attribute*) característica *f* **2.** (*facial attributes*) feições *fpl* **3.** (*article*) reportagem *f* **II.** *vt* (*have as performer, star*) apresentar **III.** *vi* figurar; **to ~ in ...** figurar em ...

feature film *n* longa-metragem *m*

featurette [ˌfi:tʃər'et] *n* (*on DVD*) extras *mpl*

February ['februeri, *Brit:* -əri] *n* fevereiro *m; s.a.* **March**

feces ['fi:si:z] *npl Am* fezes *fpl*

fed [fed] *pt, pp* of **feed**

Fed *abbr of* **The Federal Reserve System?** Banco *m* Central dos Estados Unidos

federal ['fedərəl] *adj* federal

federation [ˌfedə'reɪʃn] *n* federação *f*

fed up *adj inf* cheio, -a; **to be ~ with sth/sb** estar cheio de a. c./alguém

fee [fi:] *n* (*for doctor, lawyer*) honorários *mpl;* (*for school, university*) taxa *f* de matrícula; (*membership charge*) joia *f*

feeble ['fi:bl] *adj* (*weak*) fraco, -a; (*excuse, argument*) frágil

feed [fi:d] <fed, fed> **I.** *vt* **1.** (*give food to: person, animal*) alimentar; (*baby*) amamentar; (*plant*) nutrir **2.** (*provide food for: family, country*) sustentar **II.** *vi* alimentar-se; (*baby*) mamar; **to ~ on sth** alimentar-se de a. c. **III.** *n* **1.** *no pl* (*for farm animals*) ração *f* **2.** *inf* (*meal*) comida *f* **3.** TECH (*mecanismo de*) alimentação *f*

◆ **feed back** *vt* retornar

◆ **feed in** *vt* (*information*) introduzir

feedback ['fi:dbæk] *n* **1.** *no pl* (*information*) comentário *m* (de retorno) **2.** *no pl* ELEC realimentação *f*

feeding bottle *n* mamadeira *f*

feel [fi:l] <felt, felt> **I.** *vi* + *adj/n* sentir-se; **to ~ well** sentir-se bem; **to ~ hot/ cold** sentir calor/frio; **to ~ hungry/ thirsty** sentir fome/sede; **to ~ like a walk** ter vontade de caminhar; **to ~ sick** estar enjoado **II.** *vt* **1.** (*experience*) experimentar **2.** (*think, believe*) **to ~** (**that**) ... achar (que) ... **3.** (*touch*) tocar; (*pulse*) tomar **III.** *n* **1.** *no pl* (*texture*) sensação *f* **2.** *no pl* (*act of touching*) tato *m*

feeler ['fi:lər, *Brit:* -ə-] *n* ZOOL antena *f;* **to put out one's ~s** sondar o terreno

feeling *n* **1.** (*emotion*) sentimento *m;* **to hurt sb's ~** magoar alguém **2.** (*sensation*) sensação *f* **3.** (*impression*) impressão *f;* **to have the ~ (that)** ... ter a impressão (de que) ...

feet [fi:t] *n pl of* **foot**

feign [feɪn] *vt liter* fingir

fell[1] [fel] *pt of* **fall**

fell[2] *vt* (*tree*) derrubar

fell[3] *adj* HIST cruel; **at one ~ swoop** de uma tacada só

fellow ['feloʊ, *Brit:* -əʊ] **I.** *n* **1.** *inf* (*man*) sujeito *m* **2.** UNIV graduado da universidade com bolsa de estudos para se dedicar a pesquisas ou outros estudos **II.** *adj* **~ student** colega (de classe)

fellow citizen *n* concidadão, -ã *m, f* **fellow countryman** *n* compatriota *mf*

fellowship ['feloʊʃɪp, *Brit:* -əʊ-] *n* **1.** *no pl* (*comradely feeling*) companheirismo *m* **2.** UNIV **research ~** bolsa *f* de estudos para pesquisa

felony ['feləni] <-ies> *n Am* crime *m*

felt[1] [felt] *pt, pp of* **feel**

felt[2] *n no pl* feltro *m*

felt-tip pen *n* pincel *m* atômico

female ['fi:meɪl] **I.** *adj* feminino, -a; ZOOL, ELEC, TECH fêmea **II.** *n pej a.* ZOOL

fêmea *f*; **a ~ ant** uma formiga-fêmea
feminine ['femənɪn] *adj* feminino, -a
feminism ['femɪnɪzəm] *n no pl* feminismo *m*
feminist ['femɪnɪst] *n* feminista *mf*
fence [fens] I. *n* cerca *f*; **to sit on the ~** ficar em cima do muro II. *vi* SPORTS praticar esgrima III. *vt* (*enclose*) **to ~ sth (in)** cercar a. c.
fencing *n no pl* esgrima *f*
fend [fend] I. *vi* **to ~ for oneself** virar-se sozinho II. *vt* **to ~ sb/sth off** rechaçar alguém/a. c.; **to ~ off a question** rebater uma pergunta
fender ['fendər, *Brit:* -ər] *n* 1. *Am* AUTO para-lama *m* 2. (*around fireplace*) guarda-fogo *m*
fennel ['fenəl] *n no pl* (*seeds*) erva-doce *f*
ferment[1] [fər'ment, *Brit:* fə'-] *vi* CHEM fermentar
ferment[2] ['fɜːrment, *Brit:* 'fɜːm-] *n no pl, form* agitação *f*
fern [fɜːrn, *Brit:* fɜːn] *n* samambaia *f*
ferocious [fə'roʊʃəs, *Brit:* -'rəʊ-] *adj* feroz
ferocity [fə'rɑːsəti, *Brit:* -'rɒsəti] *n no pl* ferocidade *f*
ferret ['ferɪt] *n* doninha *f*
ferry ['feri] <-ies> I. *n* (*ship*) barca *f*; (*smaller*) balsa *f* II. *vt* <-ied> transportar em barca
fertile ['fɜːrtl, *Brit:* 'fɜːtaɪl] *adj a. fig* fértil
fertility [fər'tɪləti, *Brit:* fə'tɪləti] *n no pl* fertilidade *f*
fertilize ['fɜːrtəlaɪz, *Brit:* 'fɜːt-] *vt* 1. BIO fecundar 2. AGR fertilizar, adubar; **to ~ sth with sth** adubar a. c. com a. c.
fertilizer ['fɜːrtəlaɪzər, *Brit:* 'fɜːtəlaɪzə'] *n* fertilizante *m*, adubo *m*
fervent ['fɜːrvənt, *Brit:* 'fɜːv-] *adj*, **fervid** ['fɜːrvɪd, *Brit:* 'fɜːv-] *adj form* tórrido, -a
fester ['festər, *Brit:* -ər] *vi* inflamar
festival ['festɪvəl] *n* 1. REL festividade *f* 2. (*special event*) festival *m*
festive ['festɪv] *adj* festivo, -a; **to be in a ~ mood** estar num estado de alegria
festivity [fes'tɪvəti, *Brit:* -ti] <-ies> *n pl* festejo *m*, festividade *f*
fetch [fetʃ] *vt* 1. (*bring back*) apanhar, buscar 2. (*be sold for*) valer
fetching *adj* atraente
fête [feɪt] *n esp Brit, Aus* quermesse *f*
fetish ['fetɪʃ, *Brit:* 'fet-] *n a.* PSYCH fetiche *m*
fetus ['fiːtəs, *Brit:* -təs] *n Am* feto *m*

feud [fjuːd] *n* disputa *f*; **a family ~** uma rixa entre famílias
feudal ['fjuːdəl] *adj* HIST feudal
fever ['fiːvər, *Brit:* -ər] *n* febre *f*
feverish ['fiːvərɪʃ] *adj* febril
few [fjuː] <-er, -est> I. *adj def* 1. (*small number*) poucos, -as; **one of her ~ friends** um de seus poucos amigos; **quite a ~ people** bastante gente 2. (*some*) alguns, algumas; **they left a ~ boxes** deixaram algumas caixas II. *pron* **a ~** alguns, algumas
fewer ['fjuːər, *Brit:* -ər] *adj, pron* menos
fewest ['fjuːɪst] *adj, pron* os/as menos
fiancé [ˌfiːɑːn'seɪ, *Brit:* fɪ'ɒnseɪ] *n* noivo *m*
fiancée [ˌfiːɑːn'seɪ, *Brit:* fɪ'ɒnseɪ] *n* noiva *f*
fiasco [fɪ'æskoʊ, *Brit:* -kəʊ] <-cos *o* -coes> *n* fiasco *m*
fib [fɪb] *inf* I. <-bb-> *vi* contar lorotas II. *n* lorota *f*
fiber ['faɪbər, *Brit:* -ər] *n Am* fibra *f*
fiberglass *n* fibra *f* de vidro
fibre *n Brit s.* **fiber**
fickle ['fɪkl] *adj* (*person*) volúvel; (*weather*) instável
fiction ['fɪkʃn] *n no pl a.* LIT ficção *f*
fictional ['fɪkʃənl] *adj* fictício, -a
fictitious [fɪk'tɪʃəs] *adj* falso, -a; (*account, character*) fictício, -a
fiddle ['fɪdl] I. *n inf* 1. (*violin*) violino *m* 2. *Brit* (*fraud*) trapaça *f* II. *vi* **to ~ (around) with sth** remexer em a. c. III. *vt Brit, inf* (*swindle*) ludibriar
fiddler ['fɪdlər, *Brit:* -ər] *n inf* 1. (*violinist*) violinista *mf* 2. *Brit* (*swindler*) trapaceiro, -a *m, f*
fidelity [fɪ'deləti, *Brit:* -ti] *n no pl* fidelidade *f*; **~ to sb** fidelidade para com alguém
fidget ['fɪdʒɪt] *vi* não parar quieto
field [fiːld] *n* 1. *a.* ELEC, AGR, SPORTS campo *m* 2. + *sing/pl vb* (*contestants*) competidores *mpl*; **to lead the ~** ser líder 3. (*area of expertise*) área *f*; **it's not my ~** não é minha área
fieldwork *n* trabalho *m* de campo
fiend [fiːnd] *n* demônio *m*
fiendish ['fiːndɪʃ] *adj* diabólico, -a
fierce [fɪrs, *Brit:* fɪəs] *adj* <-er, -est> 1. (*competition, opposition*) acirrado, -a; (*debate, discussion*) arrebatado, -a; (*fighting*) feroz 2. (*wind*) violento, -a
fiery ['faɪri, *Brit:* -əri] <-ier, -iest> *adj* 1. (*heat*) abrasador(a) 2. (*passionate*)

apaixonado, -a

fifteen [ˌfɪfˈtiːn] *adj* quinze *inv; s.a.* **eight 1**

fifteenth *adj* décimo quinto, décima quinta; *s.a.* **eighth**

fifth [fɪfθ] *adj* quinto, -a; *s.a.* **eighth**

fiftieth [ˈfɪftiəθ] *adj* quinquagésimo, -a

fifty [ˈfɪfti] *adj* cinquenta *inv; s.a.* **eighty**

fig [fɪg] *n* figo *m*

fight [faɪt] **I.** *n* **1.** (*physical*) briga *f*; (*argument*) discussão *f* **2.** MIL combate *m* **3.** (*struggle*) luta *f* **II.** <fought, fought> *vi* **1.** (*exchange blows*) brigar; MIL combater; **to ~ with sb** (*against*) lutar contra alguém; (*on same side*) lutar junto com alguém **2.** (*dispute*) discutir **3.** (*struggle to overcome*) lutar; **to ~ for/against sth** lutar por/contra a. c. **III.** *vt* (*crime, disease, racism*) combater

◆ **fight back I.** *vi* (*counter-attack*) revidar; (*defend oneself*) defender-se **II.** *vt* **to ~ the tears** segurar as lágrimas

◆ **fight off** *vt* (*repel*) repelir (alguém)

fighter [ˈfaɪtər, *Brit:* -təʳ] *n* **1.** (*person*) combatente *m*, lutador(a) *m(f)* **2.** AVIAT (avião de) caça *m*

fighting *n no pl* luta *f*; (*battle*) combate *m*

figment [ˈfɪgmənt] *n* **a ~ of the imagination** um produto da imaginação

figurative [ˈfɪgjərətɪv, *Brit:* -trv] *adj* **1.** LING figurado, -a **2.** ART figurativo, -a

figure [ˈfɪgjər, *Brit:* -gəʳ] **I.** *n* **1.** (*shape*) figura *f* **2.** (*numeral*) cifra *f* **3.** (*diagram*) representação *f* **II.** *vt* **1.** *Am* (*think*) achar **2.** (*in diagram*) representar **III.** *vi* (*feature*) figurar; **that ~s** *Am* faz sentido

◆ **figure out** *vt* (*comprehend*) compreender; (*work out*) resolver

figurehead [ˈfɪgjərhed, *Brit:* -gəhed] *n* NAUT carranca *f* de proa

Fiji [ˈfiːdʒiː] *n* **the ~ Islands** as Ilhas Fiji

Fijian [fɪˈdʒiːən] *adj, n* fijiano, -a

file¹ [faɪl] *n* lima *f*

file² **I.** *n* **1.** (*folder*) pasta *f*, fichário *m* **2.** (*record*) ficha *f*; **to open a ~** abrir uma ficha **3.** INFOR arquivo *m* **4.** (*row*) fila *f*; **single ~** fila única **II.** *vt* **1.** (*record*) arquivar, protocolar **2.** (*present: claim, complaint*) dar entrada em

◆ **file in** *vi* entrar em fila

◆ **file out** *vi* enfileirar-se

filing *n no pl* arquivamento *m*

filing cabinet *n* arquivo *m*, fichário *m*

Filipino [fɪlɪˈpiːnoʊ, *Brit:* -nəʊ] *adj* filipino, -a

fill [fɪl] **I.** *vt* **1.** (*make full*) encher; (*space*) preencher; **to ~ a vacancy** preencher uma vaga **2.** (*seal*) obturar **II.** *n* **to drink/eat one's ~** beber/comer até se empanturrar

◆ **fill in** *vt* informar; **to fill sb in on the details** pôr alguém a par dos pormenores

◆ **fill out** *vt* (*form*) preencher

◆ **fill up I.** *vt* encher; **to ~ time** ocupar o tempo **II.** *vi* encher-se

fillet [ˈfɪlɪt] *n* filé *m*

fillet steak *n* bife *m* de filé

filling *n* **1.** (*in cake, sandwich, roll*) recheio *m*; (*in pillow, quilt*) enchimento *m* **2.** (*in tooth*) obturação *f*

filling station *n esp Brit* posto *m* de gasolina

film [fɪlm] **I.** *n* **1.** *esp Brit* CINE, PHOT filme *m* **2.** (*layer*) película *f* **II.** *vt, vi* filmar

film-maker *n* cineasta *mf*

film star *n* astro, estrela *m, f* de cinema

filter [ˈfɪltər, *Brit:* -əʳ] **I.** *n* filtro *m* **II.** *vt* filtrar

filter lane *n* faixa *f* de conversão

filth [fɪlθ] *n no pl* imundície *f*

filthy [ˈfɪlθi] <-ier, -iest> *adj* **1.** (*very dirty*) imundo, -a **2.** *inf* (*obscene*) obsceno, -a

fin [fɪn] *n* barbatana *f*

final [ˈfaɪnl] **I.** *adj* **1.** (*last*) final, último, -a **2.** (*irrevocable*) definitivo, -a; **I'm not helping them, and that's ~** definitivamente, não vou ajudá-los **II.** *n* **1.** SPORTS final *f* **2.** *pl* UNIV exames *mpl* finais

finale [fɪˈnæli, *Brit:* -ˈnɑːli] *n* final *m*, último movimento *m* (de uma composição)

finalist [ˈfaɪnəlɪst] *n* finalista *mf*

finalize [ˈfaɪnəlaɪz] *vt* concluir

finally [ˈfaɪnəli] *adv* **1.** (*at long last*) finalmente; (*expressing impatience*) enfim **2.** (*irrevocably/decisively*) definitivamente

finance [ˈfaɪnænts] *vt* financiar

finances [ˈfaɪnæntsɪz] *npl* finanças *fpl*

financial [faɪˈnæntʃəl] *adj* financeiro, -a

financial year *n* ano *m* fiscal

find [faɪnd] **I.** <found, found> *vt* **1.** (*lost object, person*) encontrar **2.** (*locate*) localizar **3.** (*conclude*) **to ~ sb guilty/**

find out I. vt descobrir; **to find sth out about sb/sth** (*about sth dishonest*) descobrir a. c. de alguém/a. c. II. vi **to ~ about sth/sb** informar-se sobre a. c./alguém

finding n 1. LAW veredicto m 2. (*result*) conclusão f

fine¹ [faɪn] I. adj 1. (*thin: line, thread, layer*) fino, -a 2. (*dust, sand*) fino, -a 3. (*delicate: feature*) delicado, -a 4. (*good quality*) de boa qualidade; (*china, food, linen, workmanship*) refinado, -a 5. (*weather*) bonito, -a 6. **I'm ~, thanks** vou bem, obrigado II. adv 1. (*all right*) bem; **to feel ~** sentir-se bem 2. (*fine-grained*) fino

fine² [faɪn] I. n multa f II. vt multar; **to ~ sb for doing sth** multar alguém por fazer a. c.

fine arts n belas artes fpl

finger ['fɪŋɡər, *Brit*: -ər] I. n ANAT dedo m; **little ~** dedo mínimo [*ou* mindinho]; **middle ~** dedo médio; **ring ~** dedo anular II. vt manusear; MUS dedilhar

fingernail n unha f (da mão) **fingerprint** I. n impressão f digital II. vt **to ~ sb** tirar as impressões digitais de alguém **fingertip** n ponta f do dedo; **to have sth at one's ~s** *fig* ter a. c. à mão

finicky ['fɪnɪki] adj (*person*) melindroso, -a

finish ['fɪnɪʃ] I. n 1. (*end*) fim m; SPORTS chegada f 2. (*sealing, varnishing*) acabamento m II. vi terminar; **to ~ doing sth** terminar de fazer a. c. III. vt 1. (*bring to end*) terminar; **to ~ school** concluir a escola 2. (*make final touches to*) finalizar

◆**finish off** vt 1. (*end*) acabar, terminar 2. (*defeat*) acabar com 3. *Am, inf* (*murder*) liquidar

◆**finish up** I. vi **to ~ at** ir parar em II. vt acabar

finishing line n, **finishing post** n linha f de chegada

finite ['faɪnaɪt] adj a. LING finito, -a

Finland ['fɪnlənd] n Finlândia f

Finn [fɪn] n finlandês, -esa m, f

Finnish ['fɪnɪʃ] adj finlandês, -esa

fir [fɜːr, *Brit*: fɜːr] n pinheiro m

fire ['faɪər, *Brit*: -ər] I. n 1. (*flames*) fogo m; (*in fireplace*) fogueira f; (*accidental*) incêndio m; **to set sth on ~** atear fogo em a. c.; **to catch ~** pegar fogo 2. **to be under ~** ser atacado; *fig* ser criticado II. vt 1. (*set fire to*) incendiar 2. (*weapon*) disparar 3. *inf* (*dismiss*) demitir III. vi 1. (*with gun*) atirar 2. AUTO pegar

fire alarm n alarme m contra incêndio **firearm** n arma f de fogo **fire brigade** n *Brit*, **fire department** n *Am* corpo m de bombeiros **fire engine** n carro m de bombeiros **fire extinguisher** n extintor m de incêndio **firefighter** n bombeiro m **fireman** <-men> n bombeiro m **fireplace** n lareira f

fireproof adj à prova de fogo

fireside n espaço m ao redor da lareira **fire station** n quartel m do corpo de bombeiros **firewood** n no pl lenha f **firework** n fogo m de artifício

firing squad n pelotão m de fuzilamento

firm¹ [fɜːrm, *Brit*: fɜːm] I. adj firme; (*strong*) sólido, -a; **to be ~ in sth** ser firme em a. c.; **a ~ offer** uma oferta segura; **to be on ~ ground** estar em terreno seguro II. adv firmemente; **to stand ~** ficar firme

firm² n empresa f, firma f

first [fɜːrst, *Brit*: fɜːst] I. adj (*earliest*) primeiro, -a; **for the ~ time** pela primeira vez; **at ~ sight** à primeira vista; **~ thing in the morning** logo pela manhã; **the ~ of December** [*o* December ~] 1o. de dezembro; **~ things ~** primeiro, o mais importante II. adv primeiro, (*firstly*) em primeiro lugar; **at ~** a princípio; **~ of all** antes de mais nada, em primeiro lugar; **to go head ~** pular de cabeça; **who came in the race?** quem chegou em primeiro lugar na corrida?; **~ come, ~ served** *prov* por ordem de chegada III. n 1. começo m; **from the (very) ~** (bem) do começo 2. **the ~** o primeiro; (*of a month*) dia primeiro de ...; *s.a.* **March**

first aid n primeiros mpl socorros **first aid kit** n estojo m de pronto-socorro **first class** I. n primeira classe II. adv **to travel ~** viajar de primeira classe

first-class adj de primeira; (*ticket*) de primeira classe; (*mail*) de rápida entrega

first-hand adj de primeira mão

first lady n *Am* **the ~** a primeira-dama **firstly** adv em primeiro lugar, primeiro **first name** n nome m

first-rate adj de primeira (categoria),

excelente

fish [fɪʃ] I. <-(es)> n 1. ZOOL, GASTR peixe m 2. ~ **and chips** peixe frito com batatas fritas; **to feel like a ~ out of water** sentir-se um peixe fora d'água II. vi pescar; **to ~ for compliments** tentar arrancar elogios III. vt pescar

fisherman [ˈfɪʃərmən, Brit: -əmən] <-men> n pescador m

fish finger n Brit filete m de peixe à milanesa

fishing n pesca; **to go ~** ir pescar

fishing line n linha f de pesca **fishing pole** n Am, **fishing rod** n Brit, Aus vara f de pesca

fishmonger [ˈfɪʃmʌŋgər, Brit: -əʳ] n esp Brit peixeiro, -a m, f

fish stick n filete m de peixe à milanesa

fishy [ˈfɪʃi] <-ier, -iest> adj 1. (smell, taste) de peixe 2. inf (wrong) suspeito, -a

fist [fɪst] n punho m

fit[1] [fɪt] I. <-tt-> adj 1. (apt, suitable) adequado, -a, próprio, -a; **~ to eat** próprio para comer; **to be ~ to be tied** estar fora de si; **do as you see ~** faça como achar melhor; (competent) capaz 2. SPORTS em (boa) forma; **to be as ~ as a fiddle** estar vendendo saúde 3. Brit (ready) pronto, -a II. <-tt-> vt 1. (adapt) adaptar 2. (clothes) servir 3. (facts) enquadrar-se 4. TECH encaixar III. vi <-tt-> 1. (be correct size) caber; **to ~ like a glove** cair como uma luva 2. (correspond) **to ~ together** encaixar-se

◆ **fit in** vi 1. (conform) ajustar-se; **to ~ with sth** ajustar-se a a. c. 2. (get on well) dar-se bem (com) II. vt encaixar

◆ **fit out** vt equipar

fit[2] n 1. MED acesso m; **coughing ~** acesso de tosse 2. inf (outburst of rage) ataque m de raiva; **to throw** [o **have**] **a ~** ter um ataque; **in ~s and starts** aos trancos e barrancos

fitness [ˈfɪtnɪs] n no pl 1. (good condition) preparo m físico; (health) boa forma f 2. (competence, suitability) aptidão f

fitted [ˈfɪtɪd, Brit: ˈfɪt-] adj 1. (adapted, suitable) adequado, -a 2. FASHION (jacket) justo, -a; **~ diaper** fralda ajustável 3. (custom-made) feito, -a sob medida; **~ kitchen** cozinha embutida

fitted sheet n lençol m com elástico

fitter [ˈfɪtər, Brit: -təʳ] n montador(a) m(f)

fitting I. n 1. FASHION prova f 2. pl, esp Brit (fixtures) acessórios mpl II. adj conveniente

fitting room n provador m

five [faɪv] adj cinco inv; **a ~-day** (**work**) **week** uma semana de cinco dias (úteis); s.a. **eight**

fiver [ˈfaɪvər, Brit: -əʳ] n Am, inf nota f de cinco dólares; Brit, inf nota f de cinco libras

fix [fɪks] vt 1. (fasten) prender; **to ~ sth in one's mind** gravar a. c. na memória 2. (determine) **to ~ a date for the next meeting** fixar uma data para a próxima reunião 3. (repair) consertar 4. Am, inf (food) preparar II. n inf (dilemma) dilema m; **to be in a ~** estar numa enrascada

◆ **fix on** vi escolher

◆ **fix up** vt 1. (supply with) **to fix sb up** (**with sth**) fornecer a. c. para alguém 2. (arrange) organizar

fixation [fɪkˈseɪʃən] n fixação f

fixed adj fixo, -a; **to be ~ of no ~ abode** LAW estar sem residência fixa

fixture [ˈfɪkstʃər, Brit: -əʳ] n 1. (in home) **light ~** instalação f de luz; **bathroom ~s** instalações fpl do banheiro 2. Brit, Aus SPORTS evento m esportivo

fizzy [ˈfɪzi] <-ier, -iest> adj (bubbly) efervescente; (carbonated) gasoso, -a

flabby [ˈflæbi] <-ier, -iest> adj pej (arms, skin, body) flácido, -a; (person) balofo, -a

flag [flæg] I. n (national) bandeira f; (pennant) flâmula f II. <-gg-> vi fraquejar

flagpole n mastro m de bandeira

flagrant [ˈfleɪgrənt] adj flagrante

flagship n capitânia f

flagstaff [ˈflægstæf, Brit: -stɑːf] n s. **flagpole**

flagstone n laje f

flair [fler, Brit: fleəʳ] n no pl talento m; **to have a ~ for sth** ter talento para a. c.

flak [flæk] n inf 1. no pl (criticism) duras críticas fpl 2. MIL artilharia f antiaérea

flake [fleɪk] I. vi (skin) descascar; (paint) lascar II. n (of paint, soap) lasca f; (of skin) escama f; (of snow) floco m

flamboyant [flæmˈbɔɪənt] adj (manner, person) extravagante; (air, clothes) vistoso, -a

flame [fleɪm] n 1. chama f; **to burst**

flamingo [flə'mɪŋgoʊ, Brit: -gəʊ] <-(e)s> n flamingo m

flammable ['flæməbl] adj Am inflamável

flan [flæn] n pudim m, torta f

flank [flæŋk] I. n (of person) lado m; MIL flanco m II. vt flanquear, ladear

flannel ['flænl] n 1. (material) flanela f 2. Brit (facecloth) toalhinha f (para banho) 3. pl (pants) calças fpl de flanela

flap [flæp] I.<-pp-> vt (shake) agitar; (wings) bater II. vi balançar III. n 1. (of cloth, pocket, envelope) aba f; (of table) borda f 2. AVIAT flape m 3. fig (small scandal) alvoroço m

flare [flɛər, Brit: fleəʳ] n 1. (blaze) chama f 2. MIL sinal m luminoso 3. pl, Brit (bell-bottoms) roda f (de saia)

flare-up n estouro m

flash [flæʃ] I. vt (light) piscar; **to ~ one's headlights** piscar os faróis II. vi 1. (lightning) relampejar 2. (move swiftly) **to ~ by** passar voando III. n 1. (burst) clarão m; **~ of light(ning)** lampejo m; **in a ~** num piscar de olhos 2. PHOT flash m

flashbulb n lâmpada f de flash

flash-heat ['flæʃhi:t] vt aquecer instantaneamente

flashlight n lanterna f

flashy ['flæʃi] <-ier, -iest> adj inf chamativo, -a

flask [flæsk, Brit: flɑ:sk] n CHEM (for perfume) frasco m

flat¹ [flæt] I. adj <-tt-> 1. (surface) plano, -a 2. (drink) choco, -a 3. (tire) vazio, -a 4. Aus, Brit (battery) descarregado, -a 5. MUS desafinado, -a 6. FIN **~ rate** taxa fixa f II. n 1. (of one's hand) palma f da mão 2. (tire) pneu m furado 3. MUS bemol m

flat² n esp Aus, Brit (apartment) apartamento m

flatly adv terminantemente

flatmate n Aus, Brit companheiro, -a m, f de apartamento

flatten ['flætn] vt **to ~ sth out** nivelar a. c.

flatter ['flætər, Brit: -təʳ] vt 1. lisonjear; **I was ~ed by his compliments** fiquei lisonjeado com seus elogios 2. (make attractive) favorecer

flattering adj 1. (clothes, portrait) favorecido, -a 2. (remark, description) lisonjeiro, -a

flattery ['flætəri, Brit: -təri] n no pl bajulação f

flaunt [flɑ:nt, Brit: flɔ:nt] vt pej ostentar; **if you've got it, ~ it** prov se tem, é para mostrar

flavor ['fleɪvər, Brit: -əʳ] Am I. n (taste) gosto m; (of ice cream, fizzy drink) sabor m; fig sabor m II. vt temperar; **to ~ sth with sth** temperar a. c. com a. c.

flavoring n Am condimento m, aromatizante m

flavour n, vt Brit, Aus s. flavor

flavouring n Brit, Aus s. flavoring

flaw [flɑ:, Brit: flɔ:] n defeito m

flawless adj impecável

flax [flæks] n no pl linho m

flea [fli:] n pulga f

flea market n mercado m de pulgas

fleck [flek] I. n (of a colour) mancha f; **a ~ of dandruff** um floco de caspa II. vt salpicar; **to be ~ed with sth** estar salpicado de a. c.

flee [fli:] <fled, fled> I. vt (run away from) fugir de, abandonar II. vi (run away) fugir; **to ~ from sb/sth** fugir de alguém/a. c.; liter desaparecer

fleece [fli:s] I. n 1. (of sheep) velo m 2. (clothing) casaco m de lã II. vt tosquiar

fleet [fli:t] n 1. (of cars, ships) frota f 2. (of airplanes) esquadrilha f

fleeting adj (quick) fugaz

Flemish ['flemɪʃ] adj flamengo, -a

flesh [fleʃ] n no pl 1. (of body) carne f; **to be (only) ~ and blood** ser (apenas) de carne e osso; **one's own ~ and blood** o próprio sangue 2. (of fruit) polpa f

flesh wound n ferida f superficial

flew [flu:] pt, pp of **fly**

flex [fleks] I. vt flexionar II. n Brit ELEC fio m elétrico

flexibility [,fleksə'bɪləti, Brit: -ti] n no pl flexibilidade f

flexible ['fleksəbl] adj 1. (pliable) flexível 2. (arrangement, policy, schedule) adaptável

flexitarian [,fleksɪ'teriən, Brit: -'teəʳ-] n pessoa vegetariana não-estrita

flex(i)time ['fleksɪtaɪm] n no pl horário m de trabalho flexível

flick [flɪk] I. vt (with finger) afastar com movimento rápido dos dedos; **she ~ed the crumbs off the table** ela varreu com a mão as migalhas da mesa **II.** *n* **1.** (*sudden movement, strike*) movimento *m* rápido; **a ~ of the wrist** um movimento rápido do pulso **2.** *Am* (*movie*) filme *m* **3. the ~s** *pl, Brit, info* cinema

flicker ['flɪkər, *Brit:* -əʳ] **I.** *vi* tremeluzir **II.** *n* luz *f* tremeluzente

flier ['flaɪər, *Brit:* -əʳ] *n* **1.** aviador(a) *m(f)* **2.** (*leaflet*) folheto *m*

flight [flaɪt] *n* **1.** (*in airplane*) voo *m* **2.** (*retreat*) fuga *f* **3.** (*of stairs*) lance *m*

flight attendant *n* comissário, -a *m, f* de bordo **flight deck** *n* cabine *f* do piloto

flight path *n* rota *f* de voo

flimsy ['flɪmzi] <-ier, -iest> *adj* **1.** (*light: dress, blouse*) fino, -a **2.** (*argument, excuse*) inconsistente

flinch [flɪntʃ] *vi* (*in pain*) retrair-se; **to not ~ from doing sth** não vacilar em fazer a. c.

fling [flɪŋ] <flung, flung> **I.** *vt* lançar; **to ~ sth at sb** jogar a. c. em alguém; **she flung the door open** ela abriu a porta com violência **II.** *n inf* caso *m* (amoroso)

flint [flɪnt] *n* pedra *f* de isqueiro, pederneira *f*

flip [flɪp] <-pp-> *vt* mover rapidamente; **to ~ a coin** tirar cara ou coroa; **to ~ sth over** virar a. c.

flip-flopper ['flɪp,flɑːpər, *Brit:* -,flɒpəʳ] *n* hesitante

flippant ['flɪpənt] *adj* leviano, -a

flipper ['flɪpər, *Brit:* -əʳ] *n* nadadeira *f*, pé de pato *m*

flirt [flɜːrt, *Brit:* flɜːt] **I.** *n* **1.** (*act*) paquera *f*, flerte *m* **2.** (*people*) paquerador(a) *m(f)* **II.** *vi* paquerar, flertar; **to ~ with sb** paquerar alguém

flit [flɪt] <-tt-> *vi* **to ~ (about)** esvoaçar

float [floʊt, *Brit:* fləʊt] **I.** *vi* **1.** (*boat*) flutuar; (*in air*) pairar; (*in liquid*) boiar **2.** (*move aimlessly*) planar **3.** ECON flutuar **II.** *vt* **1.** (*keep afloat*) fazer flutuar **2.** (*test out*) **to ~ an idea/a plan** lançar uma ideia/um plano **III.** *n* **1.** NAUT salva-vidas *mf* **2.** (*in parade*) carro *m* alegórico **3.** *Aus, Brit* (*cash*) troco *m*

flock [flɑːk, *Brit:* flɒk] **I.** *n* (*of goats, sheep*) rebanho *m*; (*of birds*) bando *m*; (*of people*) multidão *f* **II.** *vi* **to ~ into sth** afluir para a. c.

flog [flɑːg, *Brit:* flɒg] <-gg-> *vt* **1.** (*punish*) açoitar; *fig* castigar; **it's like ~ging a dead horse** ferro se malha enquanto está quente *prov* **2.** *Brit, inf* (*sell*) pôr no prego

flood [flʌd] **I.** *vt* inundar, alagar; AUTO afogar **II.** *n* **1.** METEO enchente *f*, inundação *f* **2.** (*outpouring*) aguaceiro *m*

flooding *n no pl* alagamento *m*

floodlight I. *n* holofote *m* **II.** *vt* <-lighted *o* -lit> iluminar com holofotes

floor [flɔːr, *Brit:* flɔːʳ] **I.** *n* **1.** (*of room*) chão *m*; **dance ~** pista *f* de dança; **on the ~** no chão **2.** (*level in building*) andar *m* **3.** (*of ocean*) fundo *m* **II.** *vt* **1.** (*knock down*) derrubar; *fig, inf* desconcertar; **I was floored when I found out that I had been fired** fiquei desconcertado quando soube que tinha sido demitido **2. to ~ it** *Am, sl* AUTO pisar fundo

floorboard *n* tábua *f* de assoalho

floor show *n* show *m* em boate

flop [flɑːp, *Brit:* flɒp] <-pp-> **I.** *vi inf* (*fail*) fracassar **II.** *n inf* (*failure*) fracasso *m*

floppy ['flɑːpi, *Brit:* 'flɒpi] **I.** <-ier, -iest> *adj* frouxo, -a **II.** <-ies> *n* INFOR disquete *m*; **~ drive** unidade de disquete

floppy disk *n* disquete *m*

flora ['flɔːrə] *n no pl* flora *f*

floral ['flɔːrəl] *adj* floral

Florida ['flɔːrɪdə, *Brit:* 'flɒr-] *n* Flórida *f*

florist ['flɔːrɪst, *Brit:* 'flɒr-] *n* **the ~'s** floricultura *f*

flotation [floʊ'teɪʃn, *Brit:* fləʊ'-] *n* ECON, FIN flutuação *f*

flounder¹ ['flaʊndər, *Brit:* -əʳ] *vi* debater-se; (*person*) atrapalhar-se; (*economy*) afundar

flounder² *n* (*flatfish*) linguado *m*

flour ['flaʊər, *Brit:* -əʳ] *n no pl* farinha *f*; **all-purpose ~** farinha comum (sem fermento); **pastry ~** farinha para massas

flourish ['flɜːrɪʃ, *Brit:* 'flʌr-] **I.** *vi* florescer **II.** *n* **with a ~** com um floreado

flout [flaʊt] *vt* **to ~ a law/rule** desrespeitar uma lei/regra

flow [floʊ, *Brit:* fləʊ] **I.** *vi* fluir **II.** *n no pl* (*of water, ideas*) fluxo *m*; (*of goods*) circulação *f*

flowchart *n*, **flow diagram** *n* fluxograma *m*

flower ['flaʊər, *Brit:* -əʳ] **I.** *n* flor *f*; **to be in ~** florescer **II.** *vi* florir

flowerbed *n* canteiro *m* (de flores)

flower pot *n* vaso *m* (de flores)

flowery ['flaʊəri] <-ier, -iest> *adj* (*with flowers*) florido, -a; (*perfume*) de

flores; (*speech*) floreado, -a
flown [floʊn, *Brit:* fləʊn] *vt, vi pp of* **fly¹**
flu [fluː] *n no pl* gripe *f*
fluctuate [ˈflʌktʃʊeɪt] *vi* oscilar
fluency [ˈfluːəntsi] *n no pl* fluência *f*
fluent [ˈfluːənt] *adj* (*style, movement*) fluente; **to speak ~ English** falar inglês fluentemente; **I'm ~ in Japanese** sou fluente em japonês
fluff [flʌf] *n no pl* penugem *f*
fluffy [ˈflʌfi] <-ier, -iest> *adj* (*soft*) macio, -a, felpudo, -a; (*light: soufflé*) fofo, -a; **beat the butter until it is light and ~** bater a manteiga até ficar branda e fofa
fluid [ˈfluːɪd] **I.** *n* fluido *m*, líquido *m* **II.** *adj* instável, flexível; (*style*) gracioso
flung [flʌŋ] *pt, pp of* **fling**
flurry [ˈflɜːri, *Brit:* -ʌri] <-ies> *n* rajada *f* (de vento); **snow flurries** nevada; **a ~ of excitement** agitação
flush¹ [flʌʃ] **I.** *vi* (*blush*) corar **II.** *vt* **to ~ the toilet** dar descarga na privada; **to ~ sth down the toilet** jogar a. c. na privada **III.** *n no pl* rubor *m*
flush² [flʌʃ] *adj* abastado, -a
flushed *adj* ruborizado, -a
flute [fluːt] *n* MUS flauta *f*
flutter [ˈflʌtər, *Brit:* -ə'] **I.** *n* **1.** (*of wings*) bater *m* de asas **2.** *fig* **to be all in a ~** estar todo alvoroçado **3.** *no pl, Aus, Brit, inf* (*bet*) fezinha *f* **II.** *vi* (*curtain, flag*) tremular
flux [flʌks] *n no pl* **1.** (*change*) movimento *m* contínuo; **to be in a state of ~** estar em contínua transformação **2.** MED fluxo *m*
fly¹ [flaɪ] *n* mosca *f*
fly² <flew, flown> **I.** *vi* **1.** voar; (*in airplane*) viajar de avião; **to ~ to London** viajar a Londres de avião **2. the door flew open** a porta se abriu de repente **II.** *vt* **1.** (*airplane*) pilotar **2.** (*make move through air*) fazer voar; **to ~ a flag** desfraldar uma bandeira; **to fly a kite** soltar uma pipa
◆ **fly away** *vi* sair voando
◆ **fly back** *vi* **to ~ from somewhere** voltar de avião de algum lugar
◆ **fly in** *vi* **to ~ from somewhere** chegar de avião (de algum lugar)
◆ **fly off** *vi* sair voando
flying *n no pl* voo *m*
flying saucer *n* disco *m* voador **flying squad** *n esp Brit* unidade *f* móvel da polícia **flying start** *n* SPORTS largada *f* em movimento; **to get off to a ~** começar com o pé direito
flyover *n Brit* (*overpass*) viaduto *m*
flysheet *n Brit* duplo teto *m* (de barraca)
flyweight *n* SPORTS peso-mosca *m*
FM [ˌefˈem] PHYS *abbr of* **frequency modulation** FM *m*
FO [ˌeˈfoʊ, *Brit:* -əʊ] *n Brit abbr of* **Foreign Office** Ministério *m* do Exterior
foal [foʊl, *Brit:* fəʊl] *n* potro, -a *m, f*
foam [foʊm, *Brit:* fəʊm] **I.** *n no pl* (*bubbles*) espuma *f*; (*styrofoam*) isopor *m*; (*foam rubber*) espuma *f* de borracha **II.** *vi* **to ~ with rage** espumar de raiva; **to ~ at the mouth** espumar pela boca
focal [ˈfoʊkl, *Brit:* ˈfəʊ-] *adj* focal; **~ point** ponto central
focus [ˈfoʊkəs, *Brit:* ˈfəʊ-] <-es *o* foci> **I.** *n* foco *m*; **to be in/out of ~** estar em/fora de foco **II.** <-s- *o* -ss-> *vi* enfocar; **to ~ on sth** (*concentrate*) concentrar-se em a. c.
fodder [ˈfɑːdər, *Brit:* ˈfɒdə'] *n no pl* forragem *f*; **~ crop** pasto *m*
foe [foʊ, *Brit:* fəʊ] *n liter* inimigo, -a *m, f*
foetus *n Brit s.* **fetus**
fog [fɑːg, *Brit:* fɒg] *n* neblina *f*, nevoeiro *m*
◆ **fog up** *vi* embaçar
foggy [ˈfɑːgi, *Brit:* ˈfɒgi] <-ier, -iest> *adj* (*idea, notion*) obscuro, -a; (*weather*) nebuloso, -a; **a ~ day** um dia de nevoeiro
foglamp *n*, **foglight** *n* farol *m* de neblina
foil¹ [fɔɪl] *n* **1.** (*metal paper*) papel *m* de alumínio **2.** (*sword*) florete *m*
foil² *vt* frustrar
fold¹ [foʊld, *Brit:* fəʊld] *n* (*enclosure*) curral *m*
fold² **I.** *vt* dobrar; **to ~ one's arms/hands** cruzar os braços/as mãos **II.** *n* dobra *f*, vinco *m*; **a ~ in sth** uma dobra em a. c.
◆ **fold up** *vt* dobrar
folder [ˈfoʊldər, *Brit:* ˈfəʊldə'] *n* pasta *f*, folheto *m*
folding *adj* dobrável
foliage [ˈfoʊlɪɪdʒ, *Brit:* ˈfəʊ-] *n no pl* folhagem *f*
folk [foʊk, *Brit:* fəʊk] *npl* povo *m*, gente *f*; **one's ~s** os pais
folklore [ˈfoʊklɔːr, *Brit:* ˈfəʊklɔː'] *n no pl* folclore *m*
folk music *n* música *f* folk [*ou* folclórica]

folk song *n* canção *f* popular
follow ['fɑːloʊ, *Brit:* 'fɒləʊ] **I.** *vt* **1.** seguir **2.** (*understand*) entender **II.** *vi* **1.** (*take same route as*) seguir **2.** (*happen next*) seguir-se **3.** (*as consequence*) **sth ~s from** a. c. resulta de a. c.
◆ **follow on** *vi* prosseguir
◆ **follow through** *vi*, *vt* concluir; **to ~ through on sth** levar a. c. até o fim
◆ **follow up** *vt* **1.** (*consider, investigate*) pesquisar **2.** (*do next*) **to ~ sth by** [*o* **with**] ... levar a. c. adiante ...
follower *n* adepto(a) *m(f)*
following I. *n inv* **1.** seguinte *m* **2.** (*supporters*) seguidores *mpl* **II.** *adj* seguinte
follow-up *n* acompanhamento *m*
folly ['fɑːli, *Brit:* 'fɒli] *n* loucura *f*, insensatez *f*
fond [fɑːnd, *Brit:* fɒnd] <-er, -est> *adj* **~ memories** ternas recordações; **to be ~ of sb** gostar de [*ou* ter carinho por] alguém; **he is ~ of ...** ele gosta de ...
fondle ['fɑːndl, *Brit:* 'fɒn-] <-ling> *vt* acariciar
font [fɑːnt, *Brit:* fɒnt] *n* TYP fonte *f*
food [fuːd] *n* alimento *m*, comida *f*
food intolerance ['fuːdɪntɑːlərən(t)s, *Brit:* -'tɒlər-] *n* intolerância *f* alimentar **food poisoning** *n no pl* intoxicação *f* alimentar **food processor** *n* processador *m* de alimentos **foodstuff** *n* gênero *m* alimentício
fool [fuːl] **I.** *n* tolo, -a *m, f*; **to be no ~** não ser nenhum bobo; **to make a ~ of oneself/sb** fazer papel/alguém de bobo **II.** *vt* enganar; **you could have ~ed me!** *inf* não dá para acreditar!
◆ **fool around** *vi* brincar, perder tempo
foolhardy *adj* imprudente
foolish ['fuːlɪʃ] *adj* insensato, -a
foolproof *adj* infalível
foot [fʊt] **I.** <feet> *n* **1.** (*of person*) pé *m*; (*of animal*) pata *f*; **on ~** a pé; **to find one's feet** ganhar confiança; **to put one's ~ down** agir com determinação **2.** (*unit of measurement*) pé *m* (*30,48 cm*) **3.** (*bottom*) **at the ~ of one's bed** ao pé da cama; **at the ~ of the page** ao pé da página **II.** *vt inf* **to ~ the bill** pagar a conta
footage ['fʊtɪdʒ, *Brit:* -t-] *n no pl* CINE, TV imagens *fpl* (de uma filmagem)
football ['fʊtbɔːl] *n no pl* **1.** *Am* (*American football*) futebol *m* americano **2.** *Brit* (*soccer*) futebol *m* **3.** (*ball*) bola *f* (de futebol)
football player *n* (*a. soccer*) jogador(a) *m(f)* de futebol
footbridge *n* passarela *f*
foothills *npl* contraforte *m*
foothold *n* (*in climbing*) apoio *m* para os pés; **to gain a ~** *fig* fincar o pé
footing *n no pl* **1. to lose one's ~** perder o equilíbrio **2.** (*basis*) ponto *m* de apoio; **on an equal ~** em pé de igualdade
footlights *npl* refletores *mpl* ao pé do palco
footman <-men> *n* criado *m*
footnote *n* nota *f* de rodapé
footpath *n* trilha *f*
footprint *n* pegada *f*
footstep *n* passo *m*
footwear *n no pl* calçados *mpl*
for [fɔːr, *Brit:* fɔːr] **I.** *prep* **1.** (*destined for*) para; **this is ~ you** isto é para você **2.** (*to give to*) por; **to do sth ~ sb** fazer a. c. por alguém **3.** (*intention, purpose*) **~ sale** à venda; **~ rent** aluga-se; **it's time ~ lunch** está na hora do almoço; **to wait ~ sb** esperar (por) alguém; **to go ~ a walk** sair para caminhar; **what's that ~?** para que serve isso? **4.** (*to acquire*) **to search ~ sth** procurar (por) a. c.; **to apply ~ a job** candidatar-se a um emprego **5.** (*towards*) **to make ~ home** ir para casa; **to run ~ safety** correr para um lugar seguro **6.** (*time*) **~ now** por agora; **~ a while / a time** por algum tempo; **I've been working here ~ 5 years** trabalho aqui há 5 anos **7.** (*on date of*) **to set the wedding ~ May 4** marcar o casamento para 4 de maio **8.** (*in support of*) **is he ~ or against it?** ele é contra ou a favor?; **to fight ~ sth** lutar por a. c. **9.** (*employed by*) **to work ~ a company** trabalhar para uma empresa **10.** (*the task of*) **it's ~ him to say/do ...** cabe a ele dizer/fazer ... **11.** (*price*) **I paid $10 ~ it** paguei $10 por isso **12.** (*cause*) **excuse me ~ being late** desculpe-me pelo atraso **13.** (*as*) **~ example** por exemplo **II.** *conj form* pois
forbid [fərˈbɪd, *Brit:* fəˈ-] <forbade, forbidden> *vt* proibir; **to ~ sb to do sth** proibir alguém de fazer a. c.
force [fɔːrs, *Brit:* fɔːs] **I.** *n* **1.** força *f*; **by ~** à força; **~ of gravity** PHYS força da gravidade; **to combine ~s** unir forças

2. (*large numbers*) **in ~** em grande número **3.** (*influence*) força *f*; **the ~s of nature** *liter* as forças da natureza **4.** (*validity*) vigor *m*; **to be in ~** estar em vigor; **to come into ~** entrar em vigor **5.** MIL **armed ~s** forças *fpl* armadas **II.** *vt* **1.** (*use power*) forçar **2.** (*oblige to do*) obrigar; **to ~ sb to do sth** forçar alguém a fazer a. c. [*ou* forçar]

force-feed *vt* alimentar à força

forceful ['fɔːrsfəl, *Brit:* 'fɔːs-] *adj* (*argument*) convincente; (*personality*) enérgico, -a

forceps ['fɔːrseps, *Brit:* 'fɔːs-] *npl* MED fórceps *m inv*

forcibly *adv* à força

ford [fɔːrd, *Brit:* fɔːd] **I.** *n* baixio *m* **II.** *vt* atravessar pelos lugares menos profundos

fore [fɔːr, *Brit:* fɔːʳ] *n no pl* **to be to the ~** estar na dianteira; **to come to the ~** ganhar relevância

forearm ['fɔːrɑːrm, *Brit:* -ɑːm] *n* antebraço *m*

foreboding [fɔːrˈboʊdɪŋ, *Brit:* fɔːˈbəʊ-] *n liter* pressentimento *m*

forecast ['fɔːrkæst, *Brit:* 'fɔːkɑːst] <forecast *o* forecasted> **I.** *n* previsão *f*; **weather ~** previsão *f* do tempo **II.** *vt* prever

forecourt ['fɔːrkɔːrt, *Brit:* 'fɔːkɔːt] *n* átrio *m*

forefathers ['fɔːrˌfɑːðərz, *Brit:* 'fɔːˌfɑːðəz] *npl liter* antepassados *mpl*

forefinger ['fɔːrfɪŋɡər, *Brit:* 'fɔːfɪŋɡəʳ] *n* (dedo) indicador *m*

forefront ['fɔːrfrʌnt, *Brit:* 'fɔːf-] *n no pl* vanguarda *f*; **to be at the ~ of sth** estar à frente de a. c.

forego [fɔːrˈɡoʊ, *Brit:* fɔːˈɡəʊ] <forewent, foregone> *vt s.* **forgo**

foreground ['fɔːrɡraʊnd, *Brit:* 'fɔːɡ-] *n no pl* **the ~** o primeiro plano

forehand ['fɔːrhænd, *Brit:* 'fɔːh-] *n* (*in tennis*) golpe com a palma da mão de frente para o adversário

forehead ['fɔːred, *Brit:* 'fɒrɪd] *n* testa *f*

foreign ['fɔːrɪn, *Brit:* 'fɒr-] *adj* **1.** (*from another country*) estrangeiro, -a **2.** (*involving other countries*) exterior **3.** *form* (*strange*) **these customs are ~ to them** estes costumes são estranhos para eles

foreign currency *n* moeda *f* estrangeira

foreigner ['fɔːrɪnər, *Brit:* 'fɒrɪnəʳ] *n* estrangeiro, -a *m, f*

foreign exchange *n no pl* **1.** (*system*) câmbio *m* exterior **2.** (*currency*) divisa *f* **foreign minister** *n* ministro, -a *m, f* das Relações Exteriores **Foreign Office** *n no pl, Brit* Ministério *m* das Relações Exteriores **Foreign Secretary** *n Brit* ministro, -a *m, f* das Relações Exteriores

foreman ['fɔːrmən, *Brit:* 'fɔːm-] <-men> *n* **1.** (*in factory*) supervisor, -a *m, f* **2.** LAW primeiro jurado *m*

foremost ['fɔːrmoʊst, *Brit:* 'fɔːməʊst] *adj* principal, dianteiro, -a

forename ['fɔːrneɪm, *Brit:* 'fɔːn-] *n form* nome *m*

forensic [fəˈrensɪk] *adj* forense; **~ medicine** medicina *f* legal

foreplay ['fɔːrpleɪ, *Brit:* 'fɔːp-] *n no pl* carícias *fpl* preliminares (antes do sexo)

forerunner ['fɔːrˌrʌnər, *Brit:* 'fɔːrʌnəʳ] *n* precursor(a) *m(f)*

foresee [fɔːrˈsiː, *Brit:* fɔːˈ-] *irr vt* prever

foreseeable *adj* previsível; **in the ~ future** num futuro próximo; **~ changes** mudanças previsíveis

foreshadow [fɔːrˈʃædoʊ, *Brit:* fɔːˈʃædəʊ] *vt* pressagiar

foresight ['fɔːrsaɪt, *Brit:* 'fɔːs-] *n* previsão *f*

foreskin ['fɔːrskɪn, *Brit:* 'fɔːs-] *n* prepúcio *m*

forest ['fɔːrɪst, *Brit:* 'fɒr-] *n* floresta *f*

forestall [fɔːrˈstɔːl, *Brit:* fɔːˈ-] *vt* antecipar-se a

forestry ['fɔːrɪstri, *Brit:* 'fɒr-] *n no pl* silvicultura *f*

foretaste ['fɔːrteɪst, *Brit:* 'fɔːt-] *n no pl* antegozo *m*

foretell [fɔːrˈtel, *Brit:* fɔːˈ-] <foretold> *vt* prever

forever [fɔːrˈevər, *Brit:* fəˈrevəʳ] *adv*, **for ever** *adv Brit* (*always*) para sempre; (*a long time*) continuamente; **it took me ~ to find my keys** demorei uma eternidade para encontrar as minhas chaves

foreword ['fɔːrwɜːrd, *Brit:* 'fɔːwɜːd] *n* prefácio *m*

forfeit ['fɔːrfɪt, *Brit:* 'fɔːf-] **I.** *vt* perder o direito a **II.** *n pl* (*game*) **to play ~s** brincar de prendas

forgave [fərˈɡeɪv, *Brit:* fəˈ-] *n pt of* **forgive**

forge [fɔːrdʒ, *Brit:* fɔːdʒ] **I.** *vt* **1.** (*passport, signature*) falsificar **2.** (*metal*) forjar **II.** *n* **1.** (*furnace*) fornalha *f* **2.** (*blacksmith's shop*) ferraria *f*

◆**forge ahead** vi assumir a dianteira
forger ['fɔːrdʒər, Brit: 'fɔːdʒəʳ] n falsificador(a) m(f)
forgery ['fɔːrdʒəri, Brit: 'fɔːdʒ-] <-ies> n falsificação f
forget [fərˈɡet, Brit: fəˈ-] <forgot, forgotten> I. vt esquecer; **to ~ to do sth** esquecer de fazer a. c.; **to ~ that ...** esquecer que ... II. vi **to ~ about sth** esquecer a. c.
forgetful [fərˈɡetfəl, Brit: fəˈ-] adj esquecido, -a
forgive [fərˈɡɪv, Brit: fəˈ-] <forgave, forgiven> vt 1. perdoar; **to ~ sb (for) sth** perdoar alguém por a. c.; **to ~ sb for doing sth** perdoar alguém por fazer a. c. 2. form ~ **me for asking, but ...** desculpe-me por perguntar, mas ...
forgiveness n no pl perdão m; **to ask for** ~ pedir perdão
forgo [fɔːrˈɡoʊ, Brit: fɔːˈɡəʊ] irr vt renunciar a
forgot [fərˈɡɑːt, Brit: fəˈɡɒt] pt of **forget**
forgotten [fərˈɡɑːtn, Brit: fəˈɡɒtn] pp of **forget**
fork [fɔːrk, Brit: fɔːk] I. n 1. (for eating) garfo m 2. (tool) forcado m 3. (in road) bifurcação f 4. (on bicycle) forquilha f II. vi (road) bifurcar
◆**fork out** vt (money) desembolsar
fork-lift (truck) n empilhadeira f
forlorn [fərˈlɔːrn, Brit: fəˈlɔːn] adj (person) desamparado, -a; (place) abandonado, -a; (hope) desesperado, -a
form [fɔːrm, Brit: fɔːm] I. n 1. (type, variety) tipo m; **in any (way, shape or)** ~ de qualquer tipo; **in the ~ of sth** na forma de a. c. 2. (outward shape) forma f; (of an object) formato m 3. (document) formulário m, protocolo m 4. no pl SPORTS **to be in** ~ estar em forma 5. Brit SCH (class) série f II. vt formar; **to ~ part of sth** tomar parte em a. c.; **to ~ a line** formar uma fila
formal ['fɔːrməl, Brit: 'fɔːm-] adj (declaration, announcement, banquet) oficial; (invitation) formal; ~ **dress** traje a rigor; ~ **language** linguagem formal
formality [fɔːrˈmæləti, Brit: fɔːˈmæləti] <-ies> n formalidade f
formally adv formalmente
format ['fɔːrmæt, Brit: 'fɔːm-] I. n formato m II. <-tt-> vt INFOR formatar
formation [fɔːrˈmeɪʃn, Brit: fɔːˈ-] n formação f
formative ['fɔːrmətɪv, Brit: 'fɔːmətɪv] adj formativo, -a; **the ~ years** os anos de formação
former ['fɔːrmər, Brit: 'fɔːməʳ] adj antigo, anterior; (president, husband, wife) ex-; **in a ~ life** numa vida passada; **the ~** o anterior
formerly adv anteriormente; **formerly known as** antes conhecido como
formidable ['fɔːrmɪdəbəl, Brit: 'fɔːmɪ-] adj formidável; (oponent, obstacle) tremendo, -a
formula ['fɔːrmjʊlə, Brit: -'fɔːm-] <-s o -lae> pl n fórmula f; **a ~ for success** uma fórmula para o sucesso
forsake [fɔːrˈseɪk, Brit: fəˈ-] <forsook, forsaken> vt 1. (abandon) abandonar; (give up) renunciar a
fort [fɔːrt, Brit: fɔːt] n forte m
forte[1] ['fɔːrteɪ, Brit: 'fɔːteɪ] n no pl (strong point) ponto m forte
forte[2] adv MUS forte
forth [fɔːrθ, Brit: fɔːθ] adv form **to go** ~ sair; **back and** ~ de lá para cá; **and so on and so** ~ e assim por diante
forthcoming [ˌfɔːrθˈkʌmɪŋ, Brit: ˌfɔːθ-] adj 1. (happening soon) próximo, -a 2. (available) **to be ~ (from sb)** vir (de alguém)
forthright ['fɔːrθraɪt, Brit: 'fɔːθ-] adj direto, -a, franco, -a
fortieth ['fɔːrtiəθ, Brit: 'fɔːt-] adj quadragésimo, -a
fortify ['fɔːrtəfaɪ, Brit: 'fɔːtɪ-] <-ie-> vt MIL fortificar; **to ~ sth with sth** fortificar a. c. com a. c.
fortitude ['fɔːrtətuːd, Brit: 'fɔːtɪtjuːd] n no pl, form fortaleza f
fortnight ['fɔːrtnaɪt, Brit: 'fɔːt-] n no pl, esp Brit, Aus quinzena f; **in a ~ 's time** em quinze dias
fortnightly Brit I. adj quinzenal II. adv quinzenalmente
fortress ['fɔːrtrɪs, Brit: 'fɔːt-] n fortaleza f
fortunate ['fɔːrtʃənət, Brit: 'fɔːtʃ-] adj afortunado, -a, de sorte; **it is ~ for her that ...** é uma sorte para ela que ... + subj
fortunately adv felizmente
fortune ['fɔːrtʃən, Brit: 'fɔːtʃuːn] n 1. (money) fortuna f; **to make a ~** ganhar uma fortuna; **to spend a ~ on sth** gastar uma fortuna em a. c.; **to cost a (small) ~** custar uma (pequena) fortuna 2. no pl, form (luck) sorte f
fortune teller n adivinho, -a m, f, cartomante mf

forty ['fɔːrtˌi, *Brit:* 'fɔːti] *adj* quarenta *inv; s.a.* **eighty**

forum ['fɔːrəm] *n* fórum *m;* **a ~ for sth** um fórum de a. c.

forward ['fɔːrwərd, *Brit:* 'fɔːwəd] I. *adv* 1. (*in position*) para frente; **to lean ~** inclinar-se para frente 2. (*in time*) **from that day ~** daquele dia em diante II. *adj* 1. (*towards the front*) avançado, -a 2. (*in a position close to front*) dianteiro, -a 3. (*over-confident*) presunçoso, -a III. *vt* 1. (*send*) enviar, despachar; **to ~ a letter to sb** enviar uma carta a alguém; **please ~** favor remeter (a um novo endereço) 2. *form* (*help to progress*) incentivar

forwarding address *n* endereço *m* para encaminhamento **forwarding agent** *n* despachante *mf*

forwards *adv s.* **forward**

fossil ['fɑːsəl, *Brit:* 'fɒs-] *n* GEO fóssil *m*

fossil fuel *n* combustível *m* fóssil

foster ['fɑːstər, *Brit:* 'fɒstə'] *vt* 1. (*look after*) acolher 2. (*encourage*) fomentar

foster child *n* filho, -a *m, f* de criação **foster parent** *n* pai *m* de criação, mãe *f* de criação

fought [fɑːt, *Brit:* fɔːt] *pt, pp* of **fight**

foul [faʊl] I. *adj* (*air*) viciado, -a; (*character*) sórdido, -a; (*smell*) fétido, -a; (*taste*) repugnante, -a; (*mood*) péssimo; **to be in a ~ mood** estar de péssimo humor, -a; (*weather*) horrível; (*language*) obsceno, -a II. *n* SPORTS falta *f* III. *vt* 1. (*pollute*) sujar, emporcalhar 2. SPORTS **to ~ sb** cometer uma falta em alguém

foul play *n no pl* SPORTS jogo *m* sujo

found[1] [faʊnd] *pt, pp* of **find**

found[2] *vt* (*establish*) fundar

foundation [faʊnˈdeɪʃn] *n pl* 1. fundação *f;* (*of house*) fundações *fpl* 2. (*basis*) base *f,* alicerce *m;* **this class should serve as a foundation for the rest of your studies** esta aula deve servir de base para o restante de seus estudos; **the foundations of physics** os princípios da física 3. (*reason*) fundamento; **his accusations have no foundation whatsoever** suas acusações não têm o menor fundamento; **to lay the ~(s) (for sth)** estabelecer a(s) base(s) (para a. c.)

foundation cream *n no pl* base *f*

founder[1] ['faʊndər, *Brit:* -əʳ] *n* fundador(a) *m(f)*

founder[2] *vi* afundar-se

foundry ['faʊndri] <-ries> *n* fundição *f*

fountain ['faʊntən, *Brit:* -tɪn] *n* fonte *f,* chafariz *m;* **water ~** (*for drinking*) bebedouro *m*

fountain pen *n* caneta-tinteiro *f*

four [fɔːr, *Brit:* fɔː'] I. *adj* quatro *inv* II. *n* quatro *m;* (*group of four*) quarteto *m;* **to go on all ~s** andar de gatinhas; **in all ~ corners of the globe** nos quatro cantos do mundo; *s.a.* **eight**

four-letter word *n* palavrão *m*

foursome ['fɔːrsəm, *Brit:* 'fɔːs-] *n* quarteto *m*

fourteen [ˌfɔːrˈtiːn, *Brit:* ˌfɔːˈ-] *adj* quatorze *inv; s.a.* **eight** 1

fourteenth *adj* décimo quarto, décima quarta *m, f; s.a.* **eighth**

fourth [fɔːrθ, *Brit:* fɔːθ] I. *adj* quarto, -a; *s.a.* **eighth** II. *n* MUS quarta *f*

fourth gear *n* AUTO quarta *f* (marcha)

Fourth of July *n no pl, Am* Dia *m* da Independência dos Estados Unidos

> **Culture** O **Fourth of July** ou **Independence Day** é a data comemorativa não-religiosa mais importante dos Estados Unidos. Neste dia se comemora a **Declaration of Independence** (declaração da independência), segundo a qual as colônias americanas se declararam independentes da Grã-Bretanha em 4 de julho de 1776. Este dia é comemorado com piqueniques em parques, festas familiares e jogos de beisebol. Para fechar a festa, há um espetáculo de fogos de artifício.

four-wheel drive *n* tração *f* nas quatro rodas

fowl [faʊl] <-(s)> *n* ave *f* (doméstica)

fox [fɑːks, *Brit:* fɒks] I. *n* (*animal*) raposa *f* II. *vt* ludibriar

foxy ['fɑːksi, *Brit:* 'fɒksi] *adj inf* (*sly*) astuto, -a; (*good-looking*) sexy

foyer ['fɔɪər, *Brit:* -eɪ] *n* saguão *m*

fraction ['frækʃn] *n* fração *f*

fracture ['fræktʃər, *Brit:* -əʳ] I. *vt* MED fraturar II. *n* MED fratura *f*

fragile ['frædʒəl, *Brit:* -aɪl] *adj* (*breakable*) frágil; (*health*) debilitado, -a

fragment ['frægmənt, *Brit:* -mənt] *n*

fragmento *m*
fragrance ['freɪgrəns] *n* fragrância *f*
fragrant ['freɪgrənt] *adj* (*aroma*) fragrante; (*flower*) perfumado, -a
frail [freɪl] *adj* (*person*) frágil; (*constitution, health*) delicado, -a
frame [freɪm] I. *n* 1. (*for door, picture*) moldura *f*; **a ~ of mind** estado de espírito 2. *pl* (*of glasses*) armação *f* 3. (*supporting structure*) armação *f* II. *vt* 1. (*picture*) emoldurar 2. (*surround*) enquadrar 3. (*put into words*) expressar 4. LAW **to ~ sb for sth** levantar uma falsa acusação por a. c. contra alguém
framework *n* estrutura *f*
France [fræns, *Brit:* frɑːns] *n* França *f*
franchise ['fræntʃaɪz] *n* franquia *f*
frank [fræŋk] *adj* franco, -a; **to be ~, ...** para ser franco, ...
frankly *adv* francamente
frantic ['fræntɪk] *adj* 1. (*hurry, activity*) frenético, -a 2. (*worried*) **when my son didn't come home, I was ~** quando meu filho não voltou para casa, fiquei desesperado
fraternity [frəˈtɜːrnəti, *Brit:* -ˈtɜːnəti] <-ies> *n* 1. *no pl* (*brotherly feeling*) fraternidade *f* 2. *Am* UNIV sociedade *f* de estudantes
fraud [frɔːd, *Brit:* frɔːd] *n* 1. *no pl a.* LAW fraude *f* 2. (*person*) impostor(a) *m(f)*
fraught [frɔːt, *Brit:* frɔːt] *adj* tenso, -a; **to be ~ with difficulties/problems** estar cheio de dificuldades/problemas
fray[1] [freɪ] *vi* desfiar(-se); **tempers were beginning to ~** começar a perder a paciência
fray[2] *n* **the ~** o confronto
freak [friːk] I. *n* 1. (*abnormal person, thing*) monstro ~ a *m*, *f* 2. (*enthusiast*) fanático, -a *m*, *f*; **a computer ~** um viciado em computador II. *adj* esquisito, -a, excêntrico, -a
♦ **freak out** *vi inf* **to ~ out** (**over sth**) ficar doido (com a. c.)
freckle ['frekl] *n* sarda *f*
free [friː] I. <-r, -st> *adj* 1. (*not constrained: person, country, elections*) livre; ~ **and easy** descontraído; **to break ~** (**of sth**) livrar-se de a. c.; **to be ~ to do sth** estar livre para fazer a. c. 2. (*not affected by*) **to be ~ of sth** não ter a. c.; ~ **of preservatives** sem conservantes 3. (*not attached*) **to get sth ~** soltar a. c. 4. (*not occupied*) vago, -a;

to leave sth ~ deixar a. c. desocupada 5. (*costing nothing*) gratuito, -a; **to be ~ of tax** ser isento de imposto 6. (*generous*) **to be ~ with sth** ser generoso com a. c. II. *adv* gratuitamente; **~ of charge** grátis; **for ~** *inf* de graça III. *vt* 1. (*release: person, animal*) soltar, livrar; **to ~ sb/sth from sth** livrar alguém/a. c. de a. c. 2. (*make available*) liberar
freedom ['friːdəm] *n* liberdade *f*; ~ **of speech/thought** liberdade de expressão/pensamento
freehold ['friːhoʊld, *Brit:* -həʊld] *n* propriedade *f* plena
free kick *n* SPORTS tiro *m* livre
freelance ['friːlæns, *Brit:* -lɑːns] I. *adj* freelance, autônomo, -a II. *adv* por conta própria
freely *adv* 1. (*without obstruction*) livremente 2. (*generously*) generosamente
Freemason ['friːˌmeɪsən] *n* francomaçom *m*
Freephone *n Brit* ligação *f* gratuita
free-range *adj* (*chicken/eggs*) caipira, de granja
free speech *n no pl* liberdade *f* de expressão **free trade** *n no pl* livre comércio *m* **freeway** *n Am, Aus* via *f* expressa **free will** *n no pl* livre arbítrio *m*; **of one's own ~** por sua própria vontade
freeze [friːz] <froze, frozen> I. *vi* 1. (*liquid*) gelar; (*food*) congelar 2. ~! (*don't move!*) não se mova! II. *vt* (*liquid*) gelar; (*food, prices, salaries*) congelar III. *n* 1. METEO onda *f* de frio 2. ECON congelamento *m*
♦ **freeze up** *vi* ficar travado
freezer *n* freezer *m*; (*in refrigerator*) congelador *m*
freezing *adj* gelado, -a; **it's ~** está um gelo
freezing point *n* ponto *m* de congelamento
freight [freɪt] *no pl n* 1. (*type of transportation*) frete *m* 2. (*goods*) carga *f* 3. (*charge*) frete *m*
freight train *n Am* trem *m* de carga
French [frentʃ] *adj* francês, -esa; ~ **speaker** falante de francês
French bean *n Brit* feijão-vagem *m* **French doors** *npl esp Am* portas *fpl* duplas envidraçadas **French dressing** *n no pl* molho *m* francês (para salada) **French fried potatoes** *npl*,

French fries *npl* batatas *fpl* fritas
French horn *n* trompa *f* **Frenchman** <-men> *n* francês *m* **French windows** *npl* s. **French doors**; **Frenchwoman** <-women> *n* francesa *f*
frenzy ['frenzi] *n* no *pl* frenesi *m*
frequency ['fri:kwәntsi] <-cies> *n* no *pl* frequência *f*
frequent¹ ['fri:kwәnt] *adj* frequente
frequent² [frɪ'kwent] *vt* frequentar
frequently ['fri:kwәntli] *adv* frequentemente
frequent shopper *n* cliente *mf* assíduo
fresh [freʃ] *adj* **1.** (*not stale: air, water, food*) puro, -a; (*bread, batch of cookies, coffee, fish, fruit, meat, milk*) fresco, -a **2.** (*new*) novo, -a; (*linen*) limpo, -a; (*recruit*) novato, -a; **to make a ~ start** começar vida nova **3.** (*not salty*) **fresh water** água doce
freshen ['freʃәn] *vt* (*wind*) refrescar
♦ **freshen up I.** *vt* **to freshen oneself up** refrescar-se, lavar-se; **to freshen sth up** renovar a. c. **II.** *vi* lavar-se
freshman ['freʃmәn] <-men> *n* UNIV calouro, -a *m, f*

> **Culture** **Freshman** é o nome dado ao estudante da 9a. série nos Estados Unidos, **Sophomore** ao da 10a. série, **Junior** ao da 11a. série e **Senior** ao da 12a. série. Esta denominação é usada atualmente para estudantes do curso secundário, inclusive no caso das **High Schools** em que os estudantes passam a frequentar apenas a partir da 10a. série. Esta mesma denominação é usada para estudantes universitários durante os quatro anos de college.

freshness *n* no *pl* frescor *m*
freshwater fish *n* peixe *m* de água doce
fret [fret] <-tt-> *vi* aborrecer-se; **to ~ over sth** aborrecer-se com a. c.; **to ~ and fume** exaltar-se
friar ['fraɪər, *Brit*: -ə] *n* frade *m*
friction ['frɪkʃn] *n* no *pl* **1.** (*rubbing*) fricção *f* **2.** (*conflict*) atrito *m*
Friday ['fraɪdeɪ] <-sestas-feiras> *n* **1.** sexta-feira *f*, sexta *f*; **today is Friday, September 25th** hoje é sexta-feira, (dia) 25 de setembro **2. on ~** na sexta-feira; **on ~s** às sextas(-feiras); **every ~** toda sexta(-feira); **on ~ morning** na sexta(-feira) pela manhã; **on ~ night** na sexta(-feira) à noite; **late on ~ night** na noite de sexta-feira para sábado; **see you on ~!** te vejo na sexta!; **on ~ we are going on holiday** na sexta saímos de férias; **what are you doing Friday night?** o que você vai fazer sexta(-feira) à noite? **3. this** (**coming**) **~** na sexta(-feira) que vem, next ~, na próxima sexta(-feira); **last ~** na sexta(-feira) passada; **a week on ~** sem ser esta sexta, a outra; **the ~ after next** sem ser esta sexta, a outra; **the ~ before last** sexta retrasada; **every other ~** (uma) sexta sim, (uma) sexta não
fridge [frɪdʒ] *n* geladeira *f*
fried [fraɪd] *adj* frito, -a
friend [frend] *n* amigo, -a *m, f*; **to be a ~ of sb's**, **to be ~s with sb** ser amigo de alguém; **to make ~s** (**with sb**) fazer amizade com alguém
friendly <-ier, -iest> *adj* (*chat, greeting*) amistoso, -a; (*gesture, neighbor, tone of voice*) amável, simpático, -a; (*relations*) amigável
friendship ['frendʃɪp] *n* amizade *f*
fright [fraɪt] *n* pavor *m*; **to take ~** (**at sth**) ficar apavorado (com a. c.); **I had a nasty ~** levei um baita susto
frighten ['fraɪtәn] *vt* assustar
♦ **frighten away** *vt* espantar
frightened *adj* assustado, -a; **to be ~ of sb/sth** estar com medo de alguém/a. c.
frightening *adj* assustador(a)
frightful *adj* horrível
frigid ['frɪdʒɪd] *adj* frígido, -a
frill [frɪl] *n* **1.** (*cloth*) babado *m* **2. no ~s** sem penduricalhos
frilly ['frɪli] *adj* (*dress*) de babados; (*style*) carregado, -a
fringe [frɪndʒ] *n* **1.** (*edge*) margem *f* **2.** *Brit, Aus* (*bangs*) franja *f*
fringe benefits *npl* ECON benefícios *mpl* adicionais
frisk [frɪsk] **I.** *vt* *inf* (*search*) revistar **II.** *vi* (*jump*) pular
frisky ['frɪski] <-ier, -iest> *adj* *inf* brincalhão, -ona
fritter ['frɪtər, *Brit*: -ə] *n* GASTR bolinho *m* frito (de frutas, legumes ou carne)
frivolous ['frɪvәlәs] *adj* frívolo, -a; (*not serious*) fútil
frizzy ['frɪzi] *adj* (*hair*) frisado, -a

fro [froʊ, *Brit:* frəʊ] *adv* **to and ~** para lá e para cá

frock [frɑːk, *Brit:* frɒk] *n* túnica *f*

frog [frɑːg, *Brit:* frɒg] *n* rã *f;* **to have a ~ in one's throat** *fig* estar com a garganta irritada

frogman <-men> *n* homem-rã *m*

frolic ['frɑːlɪk, *Brit:* 'frɒl-] <-ck-> *vi* divertir-se

from [frɑːm, *Brit:* frɒm] *prep* **1.** (*as starting point*) de; **where is he ~?** de onde ele é?; **to fly ~ New York to Tokyo** viajar de avião de Nova York para Tóquio; **shirts ~ $5** camisas a partir de $5; **~ inside** de dentro; **to drink ~ a cup/the bottle** beber numa xícara/na garrafa **2.** (*temporal*) **day to day** dia após dia; **~ time to time** de vez em quando; **~ now on** de agora em diante **3.** (*at distance to*) **100 meters ~ the river** a 100 metros do rio **4.** (*one to another*) **to go ~ door to door** ir de porta em porta **5.** (*originating in*) **~ my point of view** do meu ponto de vista **6.** (*in reference to*) **~ what I heard** pelo que ouvi falar; **translated ~ the English** traduzido do inglês **7.** (*caused by*) **~ experience** por experiência; **weak ~ hunger** debilitado pela fome

front [frʌnt] **I.** *n* **1.** *no pl* (*forward-facing part*) frente *f;* (*of building*) fachada *f* **2.** (*outside cover*) capa *f;* (*first pages*) começo *m* **3.** (*front area*) parte *f* dianteira; **in ~ of** na frente de **4.** POL **a united ~** uma frente unida **5.** *no pl* (*promenade*) orla *f* **6.** METEO frente *f;* **cold ~** frente fria **II.** *adj* **1.** (*at the front*) dianteiro, -a **2.** (*first*) primeiro, -a; **in the ~ row** na primeira fila **III.** *vi* estar de frente para; **the flat ~s north** o apartamento dá de frente para o norte; **to ~ for** servir de fachada a

frontage ['frʌntɪdʒ] *n* fachada *f*

front bench *n Brit* POL cadeiras na primeira fila de ambos os lados do parlamento, reservadas para ministros e principais líderes dos partidos **front door** *n* porta *f* de entrada

frontier [frʌn'tɪr, *Brit:* -'tɪəʳ] *n a. fig* fronteira *f*

front page *n* primeira *f* página (de jornal) **front-wheel drive** *n* tração *f* dianteira

frost [frɑːst, *Brit:* frɒst] **I.** *n* geada *f* **II.** *vt Am* (*a cake*) cobrir de glacê

frostbite *n no pl* geladura *f*

frosty ['frɑːsti, *Brit:* 'frɒs-] <-ier, -iest> *adj* **1.** (*with frost*) coberto de geada **2.** (*cold*) gélido, -a

froth [frɑːθ, *Brit:* frɒθ] *n no pl* espuma *f*

frothy ['frɑːθi, *Brit:* 'frɒθi] <-ier, -iest> *adj* espumante

frown [fraʊn] **I.** *vi* franzir o cenho; **to ~ at sb/sth** franzir o cenho para alguém/a. c. **II.** *n* carranca *f*

froze [froʊz, *Brit:* frəʊz] *pt of* **freeze**

frozen ['froʊzn, *Brit:* 'frəʊ-] **I.** *pp of* **freeze II.** *adj* (*food*) congelado, -a; (*ground, surface*) gelado, -a; **to be ~ stiff** estar duro de frio

frugal ['fruːgl] *adj* econômico, -a

fruit [fruːt] *n no pl* fruta *f*

fruitful *adj* frutífero, -a, proveitoso, -a

fruition [fruːˈɪʃn] *n no pl* **to come to ~** realizar-se

fruitless *adj* infrutífero, -a, inútil

fruit salad *n no pl* salada *f* de frutas

frustrate ['frʌstreɪt, *Brit:* frʌs'treɪt] <-ting> *vt* frustrar

frustrated *adj* frustrado, -a; **to be ~ with sth/sb** ficar frustrado com a. c./alguém

frustrating *adj* frustrante

frustration [frʌs'treɪʃn] *n* frustração *f;* **~ over sth** frustração com a. c.

fry[1] [fraɪ] <-ie-> *vt* fritar

fry[2] [fraɪ] *n Am,* **fry-up** *n Brit* fritada *f*

frying pan *n* frigideira *f*

ft *abbr of* **foot, feet** pé

FT [ˌefˈtiː] INFOR *abbr of* **formula translation** FORTRAN

F2F [ˌeftuːˈef] *adv abbr of* **face-to-face** (*personally*) cara a cara

fudge [fʌdʒ] **I.** *n no pl* calda de açúcar, manteiga, leite e aromatizantes **II.** <-ging> *vt* (*issue*) esquivar

fuel ['fjuːəl] **I.** *n no pl* combustível *m* **II.** <*Brit:* -ll-, *Am:* -l-> *vt* abastecer (de combustível)

fugitive ['fjuːdʒətɪv, *Brit:* -tɪv] *n* fugitivo, -a *m, f*

fulfil <-ll-> *vt Brit,* **fulfill** [fʊlˈfɪl] *vt Am, Aus* (*ambition, task*) realizar; (*condition, requirement*) cumprir; (*function, role*) desempenhar

fulfillment *n Am, Aus,* **fulfilment** *n Brit* **1.** *no pl* (*of condition, requirement*) cumprimento *m;* (*of function, role*) desempenho *m* **2.** *no pl* (*satisfaction*) realização *f;* **to seek ~ in sth** procurar realizar-se com a. c.

full [fʊl] **I.** <-er, -est> *adj* **1.** (*container,*

full-fledged (*space*) cheio, -a; (*vehicle*) lotado, -a; **to be ~ of sth** estar cheio de a. c.; **to be ~ of oneself** estar cheio de si **2.** (*total*) total; (*recovery*) completo, -a; **to be in ~ flow** estar em pleno andamento **3.** (*maximum*) máximo, -a; (*employment*) integral; **at ~ speed** a toda velocidade **4.** (*busy and active*) ocupado, -a **II.** *adv* **to know ~ well (that ...)** saber perfeitamente (que ...) **III.** *n* **in ~** na íntegra

full-fledged [ˌfʊl'fledʒd] *adj Am* (*bird*) com penas; (*person*) maduro, -a

full-length *adj* **1.** (*for entire body*) de corpo inteiro **2.** (*not short*) comprido, -a **full moon** *n* lua *f* cheia

full-scale *adj* **1.** (*original size*) de tamanho natural **2.** (*all-out*) total **full stop** *n Brit, Aus* ponto *m* final **full-time** *adj* de tempo integral

fully ['fʊli] *adv* **1.** (*completely*) completamente **2.** (*at least*) pelo menos

fully-fledged [ˌfʊli'fledʒd] *adj Brit s.* **full-fledged**

fumble ['fʌmbl] *vi* **to ~ with sth** atrapalhar-se com a. c.

fume [fjuːm] **I.** *n pl* vapor *m*, gás *m* **II.** *vi* (*be angry*) estar furioso

fun [fʌn] **I.** *n no pl* divertimento *m*; **to do sth for ~** fazer a. c. por prazer; **to have (a lot of) ~ (with sb/sth)** divertir-se (muito) (com alguém/a. c.); **to make ~ of sb** gozar alguém **II.** *adj inf* um barato

function ['fʌŋkʃn] **I.** *n a.* MAT função *f* **II.** *vi* funcionar; **to ~ as sth** atuar como a. c.

functional ['fʌŋkʃnl] *adj a.* LING funcional

fund [fʌnd] *n* fundo *m*, verba *f*; **a ~ for sth** uma verba para a. c.; **pension ~** fundo de pensão; **to be short of ~s** estar duro *inf*

fundamental [ˌfʌndə'mentəl, *Brit:* -təl] **I.** *adj* fundamental; **to be ~ to sth** ser fundamental para a. c. **II.** *n* **the ~s (of sth)** as partes essenciais (de a. c.)

fundamentalist *n* fundamentalista *mf*

funding *n* financiamento *m*; **~ for sth** financiamento para a. c.

fund-raising *n* arrecadação *f* de verbas

funeral ['fjuːnərəl] *n* enterro *m*

funeral director *n* agente *mf* funerário

funeral parlor *n* casa *f* funerária

funfair ['fʌnfeər, *Brit:* -feəʳ] *n Brit* **1.** (*amusement park*) parque *m* de diversões **2.** (*fair*) quermesse *f*

fungus ['fʌŋgəs] *n* (*mushroom*) fungo *m*; (*mold*) mofo *m*

funnel ['fʌnl] *n* **1.** (*implement*) funil *m* **2.** NAUT chaminé *f*

funny ['fʌni] <-ier, -iest> *adj* **1.** (*amusing*) engraçado, -a **2.** (*odd, peculiar*) esquisito, -a, estranho, -a; **to feel ~** estar enjoado

fur [fɜːr, *Brit:* fɜːʳ] *n* **1.** (*animal hair*) pele *f* **2.** *no pl* CHEM, MED crosta *f*

fur coat *n* casaco *m* de pele

furious ['fjʊriəs, *Brit:* 'fjʊər-] *adj* **1.** (*very angry*) furioso, -a; **to be ~ about sth** estar furioso com a. c.; **to be ~ at sb** ficar furioso com alguém **2.** (*intense*) árduo, -a; **~ effort** árduo esforço **3.** (*violent: discussion*) acalorado, -a

furlough ['fɜːrloʊ, *Brit:* 'fɜːləʊ] *n* MIL licença *f*; **to be on ~** estar de licença

furnace ['fɜːrnɪs, *Brit:* 'fɜːn-] *n a. fig* forno *m*, fornalha *f*

furnish ['fɜːrnɪʃ, *Brit:* 'fɜːn-] *vt* **1.** (*supply*) fornecer **2.** (*provide furniture*) mobiliar; **to ~ the room with furniture** mobiliar a sala com móveis

furnished *adj* mobiliado, -a

furnishings *npl* móveis *mpl*, acessórios *mpl*

furniture ['fɜːrnɪtʃər, *Brit:* 'fɜːnɪtʃəʳ] *n no pl* mobília *f*; **piece of ~** móvel *m*

> **Grammar** **furniture** (= móveis, mobília) nunca é usado no plural: "Their furniture was rather old."

furrow ['fɜːroʊ, *Brit:* 'fʌrəʊ] **I.** *n* sulco *m* **II.** *vt* sulcar

furry ['fɜːri] <-ier, -iest> *adj* **1.** peludo, -a **2.** (*looking like fur*) como pele; **~ toy** brinquedo de pelúcia

further ['fɜːrðər, *Brit:* 'fɜːðəʳ] **I.** *adj comp of* **far** **1.** (*greater distance*) mais distante; **nothing could be ~ from his mind** isso nem lhe passa pela cabeça **2.** (*additional*) outro, -a; **until ~ notice** até novo aviso; *Brit* (*education*) para adultos **II.** *adv comp of* **far** **1.** (*greater distance*) mais longe; **we didn't get much ~** não fomos muito mais longe; **~ on** mais adiante **2.** (*more*) mais; **I have nothing ~ to say** não tenho mais nada a dizer **III.** *vt* promover; **to ~ sb's interests** favorecer os interesses de alguém

furthermore ['fɜːrðərmɔːr, *Brit:* ˌfɜːðə'mɔːr] *adv* além disso

furthest ['fɜːrðɪst, *Brit:* 'fɜːð-] *adj, adv superl of* **far**

furtive ['fɜːrtɪv, *Brit:* 'fɜːt-] *adj* furtivo, -a

fury ['fjʊri, *Brit:* 'fjʊəri] *n no pl* fúria *f*

fuse [fjuːz] **I.** *n* **1.** ELEC fusível *m;* **the ~ has blown** o fusível queimou **2.** (*on bomb*) detonador *m;* (*string*) estopim *m* **II.** *vi* **1.** ELEC derreter(-se) **2.** (*join together*) fundir-se **III.** *vt* **1.** ELEC derreter **2.** (*join*) **to ~ sth together (with sth)** fundir a. c. (com a. c.)

fuse box <-es> *n* caixa *f* de fusíveis

fusion ['fjuːʒən] *n* fusão *f*

fuss [fʌs] **I.** *n* alvoroço *m*, estardalhaço *m;* **to make a ~** fazer uma onda **II.** *vi* **1.** alvoroçar-se; **to ~ over sb** dar muita atenção a alguém **2.** (*complain*) **to ~ about sth** fazer escândalo por a. c.

fussy ['fʌsi] <-ier, -iest> *adj* exigente, meticuloso, -a; **I'm not ~** *inf* para mim, tanto faz

futile ['fjuːtəl, *Brit:* -taɪl] *adj* vão, vã, inútil

future ['fjuːtʃər, *Brit:* -ər] **I.** *n* **1.** *a.* LING futuro *m;* **the distant/near ~** o futuro distante/próximo **2.** (*prospects*) perspectivas *fpl* **II.** *adj* futuro, -a

fuze *n Am s.* **fuse**

fuzzy ['fʌzi] *adj* **1.** (*unclear: picture*) sem nitidez; (*idea*) vago, -a **2.** (*with short hair*) com penugem

G

G *n,* **g** [dʒiː] *n* **1.** g *m;* **~ as in George** g de gato **2.** MUS sol *m*

g *abbr of* **gram** g

gab [gæb] <-bb-> *vi inf* tagarelar; **to ~ with sb** tagarelar com alguém

gable ['geɪbl] *n* ARCHIT empena *f;* **~ roof** telhado de duas águas *m*

gadget ['gædʒɪt] *n* dispositivo *m; pej* engenhoca *f*

Gaelic ['geɪlɪk] *adj, n* gaélico, -a

gag [gæg] **I.** *n* **1.** (*for mouth*) mordaça *f* **2.** (*joke*) gag *f*, piada *f* **II.** <-gg-> *vt* amordaçar **III.** *vi* engasgar

gage *n, vt s.* **gauge**

gaiety ['geɪəti, *Brit:* -ti] *n no pl* jovialidade *f*

gain [geɪn] **I.** *n* **1.** (*increase*) ganho *m;* (*in weight*) aumento *m* **2.** (*profit*) lucro *m* **II.** *vt* **1.** (*obtain*) ganhar, obter **2.** (*acquire*) alcançar, atingir; **to ~ ground/speed** ganhar terreno/velocidade; **to ~ success** alcançar sucesso; **to ~ the upper hand** levar a melhor; **to ~ weight** engordar; **to ~ 2 pounds** engordar 1 quilo **III.** *vi* (*increase*) aumentar; (*clock, watch*) adiantar

gait [geɪt] *n no pl* (modo *f*) andar *m;* (*horse*) marcha *f*

gal. *abbr of* **gallon** galão *m*

gala ['gɑːlə, *Brit:* 'geɪlə] *n* gala *f*

galaxy ['gæləksi] <-ies> *n* galáxia *f*

gale [geɪl] *n* vendaval *m*

gall [gɔːl] **I.** *n* **to have the ~ to do sth** ter o descaramento de fazer a. c. **II.** *vt* friccionar

gallant ['gælənt] *adj* **1.** (*chivalrous*) galante **2.** (*brave*) corajoso, -a

gallery ['gæləri] <-ies> *n* **1.** (*public*) museu *m* de arte; (*private*) galeria *f* de arte **2.** ARCHIT galeria *f*

galley ['gæli] <-s> *n* **1.** (*kitchen in airplane/ship*) cozinha (de avião/de navio) *f* **2.** (*ship*) galé *f*

gallon ['gælən] *n* galão *m* (*Am* 3,79 l, *Brit* 4,55 l)

gallop ['gæləp] **I.** *vi* galopar **II.** *n* galope *m;* **at a ~** *fig* a galope

gallows ['gæloʊz, *Brit:* -əʊz] *npl* **the ~** a forca *f*

gallstone ['gɔːlstoʊn, *Brit:* -stəʊn] *n* cálculo *m* biliar

galore [gə'lɔːr, *Brit:* -'lɔː^r] *adj after n* **money/jewels ~** dinheiro/joias em abundância

gamble ['gæmbl] **I.** *n* **to be a ~** *fig* ser arriscado; **to take a ~** correr um risco **II.** *vi* jogar; **to ~ on sth** apostar em a. c.; **to ~ with sth** arriscar-se em a. c. **III.** *vt* (*money*) apostar; (*one's life*) arriscar

gambler ['gæmblər, *Brit:* -ə^r] *n* jogador(a) *m(f)*

gambling *n no pl* jogo *m* (de azar)

game¹ [geɪm] **I.** *n* **1.** (*cards*) jogo *m;* SPORTS partida *f;* (*tennis*) jogo *m* **2.** (*of chess, checkers*) jogo *m;* **~ of chance** jogo de azar **3.** (*not reality*) brincadeira *f;* **to give the ~ away** *fig* abrir [*ou* entregar] o jogo; **to play ~s with sb**

brincar com alguém; **the ~ is up** *fig* a brincadeira acabou; **what's your ~?** *fig* o que você pretende? **II.** *adj* **to be ~** (**to do sth**) aceitar, topar (fazer a. c.)

game² [geɪm] *n no pl* (*in hunting*) caça *f*; **big ~** caça grossa

gamekeeper *n* couteiro *m* **game show** *n* programa *m* de jogos na TV

gaming *n no pl* ato de apostar *m*

gang [gæŋ] *n* **1.** (*of criminals*) bando *m*, quadrilha *f* **2.** (*of workers*) grupo *m*; *inf* (*of friends*) turma *f*
♦ **gang up** *vi* **to ~ on sb** juntar-se [*ou* conspirar] contra alguém

gangrene ['gæŋgriːn] *n no pl* gangrena *f sem pl*

gangster ['gæŋstər, *Brit:* -əʳ] *n* gângster *m*

gaol [dʒeɪl] *n Brit*-s. **jail**

> **Grammar** A grafia **gaol** para **jail** (= prisão, cárcere) é utilizada somente no inglês britânico em textos oficiais: "The criminal spent ten years in gaol."

gap [gæp] *n* **1.** (*opening*) brecha *f*, fenda *f*; (*empty space*) vão *m*; (*in text*) lacuna *f*; **a ~ in sth** uma falha em a. c.; **to fill a ~** suprir uma deficiência **2.** (*break in time*) intervalo *m* **3.** (*difference*) defasagem *f*

gape [geɪp] *vi* **1.** (*open the mouth*) bocejar **2.** (*stare*) olhar boquiaberto; **to ~ at sth/sb** olhar a. c./alguém boquiaberto

gaping *adj* (*hole, wound*) enorme

garage [gəˈrɑːʒ, *Brit:* ˈgær-] *n* **1.** (*in house*) garagem *f* **2.** (*for repair*) oficina *f* mecânica

garbage ['gɑːrbɪdʒ, *Brit:* 'gɑːb-] *n no pl* **1.** *Am, Aus* lixo *m* **2.** (*container*) lixeira *f* **3.** *inf* **that's ~!** *inf* isso é besteira!

garbage can *n Am* lata *f* de lixo **garbage dump** *n Am* depósito *m* de lixo **garbage man** *n Am* lixeiro *m* **garbage truck** *n Am, Aus* caminhão *m* de lixo

garbled ['gɑːrbld, *Brit:* 'gɑːbld] *adj* deturpado, -a

garden ['gɑːrdn, *Brit:* 'gɑːdn] *n* **1.** jardim *m*; **vegetable ~** horta *f* **2.** *Brit* (*backyard*) jardim *m*

gardener ['gɑːrdnər, *Brit:* 'gɑːdnəʳ] *n* jardineiro, -a *m, f*

gardening *n no pl* jardinagem *f sem pl*

gargle ['gɑːrgl, *Brit:* 'gɑːgl] *vi* gargarejar

garish *adj* (*clothes, color*) berrante

garland ['gɑːrlənd, *Brit:* 'gɑːl-] *n* grinalda *f*

garlic ['gɑːrlɪk, *Brit:* 'gɑːl-] *n no pl* alho *m*; **a clove of ~** um dente de alho

garment ['gɑːrmənt, *Brit:* 'gɑːm-] *n form* peça *f* de vestuário

garnish ['gɑːrnɪʃ, *Brit:* 'gɑːn-] GASTR **I.** *vt* ornamentar, ornar; **~ the fish with parsley** ornamente o peixe com [*ou* de] salsinha **II.** <-es> *n* guarnição *f*

garrison ['gerəsn, *Brit:* 'gærɪ-] *n* MIL guarnição *f*

garter ['gɑːrtər, *Brit:* 'gɑːtəʳ] *n* liga *f* (para meias)

gas [gæs] **I.** <-s(s)es> *n* **1.** CHEM gás *m* **2.** *no pl, Am* (*fuel*) gasolina *f*; **to step on the ~** meter o pé na tábua **3.** *Am* (*flatulence*) MED **I've got ~** tenho gases **II.** <-ss-> *vt* asfixiar (com gás)

gas chamber *n* câmara *f* de gás

gash [gæʃ] **I.** <-es> *n* talho *m* **II.** *vt* talhar; **to ~ sth open** dar [*ou* fazer] um talho em a. c.

gasket ['gæskɪt] *n* junta *f* de vedação

gas mask *n* máscara *f* de gás

gasoline ['gæsəliːn] *n Am* gasolina *f*

gasp [gæsp, *Brit:* gɑːsp] **I.** *vi* arfar, ofegar; **to ~ for air** respirar com dificuldade; **to be ~ing for sth** *Brit, inf* estar ávido por a. c.; **I ~ed in amazement** eu fiquei boquiaberto de surpresa **II.** *n* grito *m* sufocado, arfada *f*, palpitação *f*; **to be at one's last ~** estar nos seus últimos estertores; **to do sth at the last ~** fazer a. c. no sufoco; **he gave a ~ of astonishment** ele reprimiu um grito de espanto

gas station *n Am* posto *m* de gasolina

gastric ['gæstrɪk] *adj* gástrico, -a

gastronomy [gæˈstrɑːnəmi, *Brit:* -ˈstrɒn-] *n no pl* gastronomia *f sem pl*

gate [geɪt] *n* portão *m*; RAIL cancela *f*; AVIAT portão *m* (de embarque)

gatecrasher *n inf* penetra *mf*

gatehouse *n* casa *f* de porteiro, guarita *f*

gateway *n a. fig* entrada *f*, passagem *f*

gather ['gæðər, *Brit:* -əʳ] **I.** *vt* **1.** (*collect*) juntar; (*information, data*) coletar; (*flowers, berries*) colher; **to ~ speed** ganhar velocidade; **to ~ one's strength** reunir as forças **2.** (*infer*) concluir, inferir; **to ~ that ...** concluir que ...; **as far as I can ~** pelo que sei

gathering 153 **general strike**

3. (*sewing*) preguear II. *vi* juntar-se; (*people*) reunir-se, aglomerar-se

gathering *n* (*social*) encontro *m*; (*meeting*) reunião *f*

GATT [gæt] *n abbr of* **General Agreement on Tariffs and Trade** Acordo *m* Geral sobre Tarifas e Comércio

gaudy ['gɑːdɪ, *Brit*: 'gɔː-] <-ier, -iest> *adj* espalhafatoso, -a

gauge [geɪdʒ] I. *n* 1. (*instrument*) medidor *m* 2. RAIL bitola *f* II. *vt* 1. (*measure*) medir, aferir 2. (*assess*) avaliar

gaunt [gɑːnt, *Brit*: gɔːnt] *adj* 1. (*very thin*) magro, -a; (*too thin*) esquálido, -a 2. (*drawn: face*) abatido, -a 3. (*desolate*) lúgubre

gauntlet ['gɑːntlɪt, *Brit*: 'gɔːnt-] *n* **to run the ~** enfrentar uma saraivada (de críticas, ataques); **to throw down the ~** desafiar

gauze [gɑːz, *Brit*: gɔːz] *n no pl* gaze *f*

gave [geɪv] *pt of* **give**

gavel ['gævl] *n* (*of judge*) martelo *m* (de juiz); (*of auctioneer*) martelo *m* (de leiloeiro)

gay [geɪ] I. *adj* 1. homossexual 2. *dated* (*cheerful*) alegre II. *n* homossexual *mf*

gaze [geɪz] I. *vi* contemplar; **to ~ at sb/sth** olhar fixamente para alguém/a. c.; **to ~ into sb's eyes** olhar bem nos olhos de alguém II. *n no pl* olhar *m* fixo

gazelle [gəˈzel] *n* gazela *f*

GB [ˌdʒiːˈbiː] *n* 1. *abbr of* **Great Britain** Grã-Bretanha *f* 2. INFOR *abbr of* **gigabyte** GB *m*

GCE [ˌdʒiːsiːˈiː] *n Brit abbr of* **General Certificate of Education** *diploma que permite o acesso aos estudos universitários*

GCSE [ˌdʒiːsiːesˈiː] *n Brit abbr of* **General Certificate of Secondary Education** *diploma do ensino secundário obtido dois anos antes do GCE*

> **Culture** Para obter o **GCSE** (**General Certificate of Secondary Education**), antigamente **O-level** (**Ordinary Level**), os alunos ingleses, galeses e da Irlanda do Norte de 16 anos devem prestar um exame. É possível prestar o exame de uma única vez, mas a maioria dos alunos prefere fazê-lo de sete a oito vezes.

> Na Escócia esse exame chama-se **Standard Grade**.

GDP [ˌdʒiːdiːˈpiː] *n abbr of* **gross domestic product** PIB *m*

gear [gɪr, *Brit*: gɪəʳ] I. *n* 1. TECH engrenagem *f* 2. (*of car, bike*) marcha *f*; **to change ~** mudar a marcha 3. *no pl* (*equipment*) equipamento *m* 4. *inf* (*clothes*) roupa *f* II. *vt* **to ~ sth toward** [*o* **to**] **sb/sth** montar a. c. visando alguém/a. c.

gearbox <-es> *n* caixa *f* de câmbio

gear lever *n Brit*, **gear shift** *n Am* câmbio *m*

gee ['dʒiː] *interj Am, inf* puxa (vida)

geese *n pl of* **goose**

gel [dʒel] *n* gel *m*

gelatin [ˈdʒelətɪn] *n no pl* gelatina *f*

gem [dʒem] *n* pedra preciosa *f*; *fig* joia *f*

Gemini [ˈdʒemɪnɪ] *n* Gêmeos *m inv*; **to be a ~** ser geminiano, -a, ser (de) Gêmeos; **to be born under the sign of ~** ser nativo de Gêmeos

gender [ˈdʒendər, *Brit*: -əʳ] *n* BIO sexo *m*; LING gênero *m*

gene [dʒiːn] *n* gene *m*

genealogy [ˌdʒiːnɪˈælədʒi] *n* genealogia *f*

general [ˈdʒenrəl] I. *adj* geral; **in ~** em geral; **to be very ~ about sth** ser bastante vago sobre a. c.; **as a ~ rule** de modo geral; **the general public** o público em geral II. *n* MIL general *mf*

general anaesthetic *n* anestésico *m* geral **general assembly** <-ies> *n* assembleia *f* geral **general election** *n* eleições *fpl* gerais

generality [ˌdʒenəˈræləti, *Brit*: -ti] <-ies> *n* generalidade *f*

generalization [ˌdʒenərəlɪˈzeɪʃn, *Brit*: -laɪ-] *n* generalização *f*; **to make ~s about sth** fazer generalizações sobre a. c.

generalize [ˈdʒenərəlaɪz] *vi, vt* generalizar; **to ~ about sth** generalizar a respeito de a. c.

generally *adv* 1. (*usually*) geralmente; **~ speaking** de modo geral 2. (*mostly*) de regra

general manager *n* gerente *mf* geral **general practitioner** *n* clínico, -a *m, f* geral **general-purpose** *adj* de uso geral **general store** *n Am* venda *f* **general strike** *n* greve *f* geral

generate ['dʒenəreɪt] *vt* gerar
generation [,dʒenə'reɪʃn] *n* **1.** geração *f*; **the younger/older ~** a geração mais nova/mais velha **2.** (*of electricity*) geração *f*
generation gap *n* **the ~** o conflito *m* de gerações
generator ['dʒenəreɪtər, *Brit*: -tər] *n* gerador *m*
generic [dʒɪ'nerɪk] *adj* genérico, -a
generic brand *n* genérico *m*; MED (medicamento) genérico
generosity [,dʒenə'rɑːsəti, *Brit*: -'rɒsəti] *n no pl* generosidade *f*
generous ['dʒenərəs] *adj* generoso, -a, bom, -a; **to be ~ to sb** ser generoso com alguém; **a ~ helping of beans** uma porção generosa de feijão; **he's ~ with his money** ele é generoso [*ou* pródigo] em dar dinheiro
genetic [dʒɪ'netɪk, *Brit*: -tɪk] *adj* genético, -a
geneticist [dʒɪ'netəsɪst, *Brit*: -'netɪ-] *n* geneticista *mf*
genetics *n* + *sing vb* genética *f*
Geneva [dʒə'niːvə] *n* Genebra *f*
genial ['dʒiːniəl] *adj* afável, cordial
genie ['dʒiːni] <-nii *o* -ies> *n* gênio *m*
genitals ['dʒenətlz, *Brit*: -ɪtlz] *npl* genitais *mpl*
genitive ['dʒenətɪv, *Brit*: -tɪv] *adj* genitivo *m*
genius ['dʒiːniəs] *n* <es> gênio *m*
genocide ['dʒenəsaɪd] *n no pl* genocídio *m*
genre ['ʒɑ̃ːnrə] *n* gênero *m*
gent [dʒent] *n Brit, Aus, iron, inf* cavalheiro *m*; **the Gents** *Brit* banheiro público masculino
genteel [dʒen'tiːl] *adj* requintado, -a
gentle ['dʒentl] *adj* **1.** (*person, character*) bondoso, -a, afável; **to be ~ with sb/sth** ser atencioso com alguém/a. c. **2.** (*breeze, caress*) suave **3.** (*slope, decline*) pouco íngreme **4.** (*animal*) manso, -a
gentleman ['dʒentlmən] <-men> *n* (*man*) cavalheiro *m*; (*well-behaved*) homem *m* bem-educado
gentleness *n no pl* delicadeza *f*
gentry ['dʒentri] *n no pl*, *Brit* **the ~** pessoas de boa família e boa educação
genuine ['dʒenjuɪn] *adj* **1.** (*antique, painting*) autêntico, -a; (*diamond, leather*) verdadeiro, -a **2.** (*interest, feelings*) genuíno, -a

geographer [dʒi'ɑːgrəfər, *Brit*: -'ɒgrəfə'] *n* geógrafo, -a *m, f*
geographical [,dʒiə'græfɪkl] *adj* geográfico, -a
geography [dʒi'ɑːgrəfi, *Brit*: -'ɒg-] *n no pl* geografia *f*
geological [,dʒiə'lɑːdʒɪkl, *Brit*: -'lɒdʒ-] *adj* geológico, -a
geologist [dʒi'ɑːlədʒɪst, *Brit*: -'ɒl-] *n* geólogo, -a *m, f*
geology [dʒi'ɑːlədʒi, *Brit*: -'ɒl-] *n no pl* geologia *f sem pl*
geometric(al) [,dʒiə'metrɪk(l)] *adj* geométrico, -a
geometry [dʒi'ɑːmətri, *Brit*: -'ɒm-] *n pl* geometria *f*

> **Culture** A **George Cross** e a **George Medal** são duas condecorações britânicas introduzidas em 1940 cujo nome provém do Rei George VI. Com essas condecorações distinguem-se aqueles civis que se sobressaíram por sua valentia.

Georgia ['dʒɔːrdʒə, *Brit*: -ːdʒə] *n* Geórgia *f*
geranium [dʒə'reɪniəm] *n* gerânio *m*
germ [dʒɜːrm, *Brit*: dʒɜːm] *n* germe *m*; MED micróbio *m*
German ['dʒɜːrmən, *Brit*: 'dʒɜːm-] *adj*, *n* alemão, -mã; **the ~s** os alemães
Germanic [dʒər'mænɪk, *Brit*: dʒə-] *adj* germânico, -a
German measles *n* + *sing vb* rubéola *f*
Germany ['dʒɜːrməni, *Brit*: 'dʒɜːm-] *n* Alemanha *f*
gerund ['dʒerənd] *n* gerúndio *m*
gesture ['dʒestʃər, *Brit*: -ə'] *n* **I.** *n a. fig* gesto *m*; **a ~ of goodwill** um gesto de boa vontade **II.** *vi* gesticular; **to ~ to sb** gesticular a alguém
get [get] **I.** <-got, gotten, *Brit* got> *vt inf* **1.** (*obtain*) obter, conseguir; (*a massage, a manicure*) fazer; **to ~ the impression that ...** ter a impressão de que ...; **we got good seats at the concert** conseguimos bons lugares para o show; **I got a raise** recebi um aumento (de salário) **2.** (*receive: present, letter*) receber; **to ~ sth from sb** receber a. c. de alguém; **to ~ the better of sb** levar a melhor sobre alguém; **to ~ a surprise** ter uma surpresa **3.** (*catch: plane, train, the flu*) pegar; **do you ~ channel 4?**

(sua TV) pega o canal 4? **4.** *inf* (*understand: a joke*) entender; **you just don't ~ it!** você não entende mesmo! **5.** (*answer*) **to ~ the phone** atender ao telefone **6.** (*cause to be done*) **to ~ sth done** mandar fazer a. c.; **to ~ sb to do sth** conseguir que alguém faça a. c. **7.** *inf* (*start*) **to ~ sb doing sth** fazer com que alguém faça a. c.; **to ~ the ball rolling** fazer a bola rolar; **he got me started on the project** ele me ajudou a começar o projeto; **they got him talking** fizeram com que ele falasse **II.** *vi* **1.** + *adj/v* (*become: angry, bored, tired*) tornar-se, ficar; **to ~ to know sb** (vir a) conhecer alguém; **to ~ to like sth** (vir a) gostar de a. c.; **to ~ married** casar-se; **to ~ ready** aprontar-se, preparar-se; **to ~ upset** aborrecer-se; **to ~ used to sth** acostumar-se a a. c. **2.** (*have opportunity*) **to ~ to do sth** chegar a [*ou* conseguir] fazer a. c.; **to ~ to see sb** conseguir ver alguém **3.** (*travel*) chegar a; **to ~ home** chegar em casa; **how do you usually ~ to work?** como você costuma ir ao trabalho?; **do you know how to ~ there?** você sabe como chegar lá?; **let's ~ going** vamos indo

◆ **get along** *vi* **1.** (*have good relationship*) dar-se bem; **to ~ with sb** dar-se bem com alguém **2.** (*manage*) ser bem-sucedido; **are you getting along alright with your project?** você está sendo bem-sucedido com o projeto?

◆ **get around I.** *vt insep* (*avoid*) evitar, contornar; **we can ~ the problem** nós podemos contornar o problema **II.** *vi* **1.** (*spread: rumor, news*) espalhar-se **2.** (*travel*) deslocar-se; **to ~ to doing sth** encontrar tempo para fazer a. c.

◆ **get at** *vt insep, inf* **1.** (*suggest*) querer chegar; **what do you think the author is getting at in this text?** o que você acha que o autor quer dizer neste texto?; **what are you getting at?** aonde você quer chegar? **2.** *Aus, Brit* (*criticize*) pegar no pé de alguém

◆ **get away** *vi* escapar; **to ~ from sth/ sb** escapar de a. c./alguém; **to ~ with sth** sair impune de a. c.

◆ **get back I.** *vt* recuperar **II.** *vi* voltar, regressar; **to ~ to sth** voltar para [*ou* a fazer] a. c.; **to ~ at sb** desforrar-se de alguém; **I'll ~ to you tomorrow** eu ligo para você de volta amanhã

◆ **get behind** *vi* atrasar-se, ficar para trás; **to ~ with sth** atrasar-se em a. c.

◆ **get by** *vi* sobreviver; **how does she ~ on such a small salary?** como ela sobrevive com um salário tão pequeno?

◆ **get down** *vt always sep* (*disturb*) deprimir; **this weather is really getting me down** este tempo me deixa bem deprimido

◆ **get in I.** *vt* **1.** (*manage to say*) expor (uma opinião); **I got my suggestion in at the beginning of the meeting** dei minha sugestão no início da reunião **2.** (*bring inside*) trazer para dentro **II.** *vi* **1.** (*arrive home*) chegar em casa **2.** (*be chosen, enter*) entrar; **I've applied for Harvard, but I don't know if I'll ~** candidatei-me a Harvard, mas não sei se vou entrar

◆ **get into** *vt insep* **1.** (*become interested*) interessar-se por; **he doesn't know what he's getting into** ele não sabe com o que está se metendo **2.** (*enter*) entrar em

◆ **get off I.** *vt* (*train, bus*) descer de **II.** *vi* **1.** (*avoid punishment*) safar-se **2. when do you ~ work?** a que horas você sai do trabalho?

◆ **get on I.** *vt* (*bus, train*) tomar, subir em **II.** *vi* **1.** *Brit* (*be friends*) dar-se bem; **she and I never really got on** ele e eu nunca nos demos bem de verdade **2.** *Brit* (*manage*) ser bem-sucedido **3.** (*go ahead*) **to ~ with sth** ir em frente com a. c.; **let's ~ on with it** vamos em frente com isso

◆ **get out I.** *vt* tirar; **she got the brush out of the drawer** ela tirou a escova da gaveta **II.** *vi* **1.** (*leave*) ir embora, sair **2.** (*escape*) **to ~ of sth** escapar, livrar-se de a. c.

◆ **get over** *vt insep* (*recover from*) refazer-se de a. c., recuperar-se de a. c.; **I'm still getting over my cold** eu ainda estou me recuperando do resfriado

◆ **get round** *vt Brit s.* **get around**

◆ **get through I.** *vi* **1.** TEL completar a ligação **2. to ~ to sb** fazer-se entender por alguém, comunicar-se com alguém **II.** *vt* (*survive*) sobreviver, atravessar; **we have to ~ these difficult times** temos que atravessar estes tempos difíceis

◆ **get together** *vi* encontrar-se; **to ~ with sb** encontrar-se com alguém

get up I. *vi* (*get out of bed*) levantar-se II. *vt* 1.(*organize*) organizar [*ou* juntar] (para um fim); **we're getting up a party for her birthday** nós estamos organizando uma festa para comemorar seu aniversário 2. *always sep*, *inf* (*wake*) acordar

◆ **get up to** *vt* chegar a; **we got up to page 72 last lesson** chegamos à página 72 na última aula

getaway ['gɛtəweɪ, *Brit*: 'get-] *n inf* escapada, fuga *f*; **to make a ~** escapar

Ghana ['gɑːnə] *n* Gana *f*

Ghanaian [gɑː'neɪ·ən, *Brit*: -'neɪ-] *adj*, *n* ganense *mf*

ghastly ['gæstli, *Brit*: 'gɑːs-] <-ier, -iest> *adj* 1.(*frightful*) horripilante, horrendo, -a; **~ crime** crime hediondo 2.(*unpleasant*) desagradável, irritante

ghetto ['gɛtoʊ, *Brit*: -təʊ] <s *o* es> *n* gueto *m*

ghost [goʊst, *Brit*: gəʊst] *n* fantasma *m*, espírito *m*; **the ~ of the past** o espírito do passado; **to give up the ~** (*die*) entregar a alma a Deus; (*stop working*) pifar *inf*

ghostly <-ier, -iest> *adj* fantasmagórico, -a

ghost story *n* história *f* de assombração

ghoul [guːl] *n* pessoa *f* de tendências mórbidas

G.I. [ˌdʒiː'aɪ] *n inf* soldado *m* raso (*especialmente na Segunda Guerra Mundial*), pracinha *m*

giant ['dʒaɪənt] I. *n* gigante *m* II. *adj* gigantesco, -a

gibberish ['dʒɪbərɪʃ] *n no pl* palavreado *m sem pl*

Gibraltar [dʒɪ'brɑːltər, *Brit*: -'brɔːltər] *n* Gibraltar *m*

giddy ['gɪdi] <-ier, -iest> *adj* 1.(*dizzy: person*) atordoado, -a; (*height*) vertiginoso, -a 2.(*excitable*) frívolo, -a

gift [gɪft] *n* 1.(*present*) presente *m*; (*for client*) brinde *m*; **free ~** brinde; **to be a ~ from the gods** ser uma dádiva dos deuses 2.(*talent*) dom *m*; **to have a ~ for languages** ter o dom para línguas; **to have the ~ of the gab** *inf* ter lábia *inf*, ser convincente

gift certificate *n* vale-presente *m*

gifted *adj* talentoso, -a, bem dotado, -a

gift shop *n* loja *f* de presentes

gift wrap *n* embrulho *m* para presente

gift-wrap *vt* embrulhar para presente

gig [gɪg] *n inf* MUS apresentação *f*

gigabyte ['gɪgəbaɪt] *n* INFOR gigabite *m*

gigantic [dʒaɪ'gæntɪk, *Brit*: -tɪk] *adj* gigantesco, -a

giggle ['gɪgl] I. *vi* dar risadinhas; **to ~ sb/sth** dar risadinhas de alguém/a. c. II. *n* 1.(*laugh*) risinho *m* 2. *pl* **to get (a fit of) the ~s** ter um ataque de riso 3. *no pl*, *Aus*, *Brit*, *inf* (*joke*) gozação *f*; **to do sth for a ~** fazer a. c. de gozação

gill¹ [gɪl] *n* ZOOL guelra *f*

gill² [dʒɪl] *n* (*measure*) quarta parte de uma pinta (*equivalente a 0,142 l*)

gilt [gɪlt] *adj* dourado, -a

gimmick ['gɪmɪk] *n* truque *m*, macete *m*; (*in marketing*) peça promocional *f* (*para vender mais ou atrair a atenção*)

gin [dʒɪn] *n* gim *m*; **~ and tonic** gim-tônica *m*

ginger ['dʒɪndʒər, *Brit*: -ə'] I. *n no pl* 1.(*spice*) gengibre *m* 2.(*color*) castanho-escuro avermelhado *m* II. *adj* **~ cat** gato *m* de pelo castanho-escuro

ginger ale *n* ginger ale *m*

gingerly *adv* cautelosamente, cuidadosamente

gipsy *n s.* **gypsy**

giraffe [dʒə'ræf, *Brit*: dʒɪ'rɑːf] *n* <(s)> girafa *f*

girdle ['gɜːrdl, *Brit*: 'gɜːdl] *n* (*belt*) cinta *f*, cinturão *m*; (*corset*) cinta *f* de mulher

girl [gɜːrl, *Brit*: gɜːl] *n* menina *f*; (*young woman*) moça *f*; (*daughter*) filha *f*

girlfriend ['gɜːrlfrɛnd, *Brit*: 'gɜːl-] *n* (*of woman*) amiga *f*; (*of man*) namorada *f*

gist [dʒɪst] *n* **the ~** a essência *f*; **to get the ~ of sth** captar a essência de a. c.

give [gɪv] I. *vt* <gave, given> 1.(*offer*) dar; (*kiss, signal*) dar; **to ~** [*o* **sb sth**] **sth to sb** dar a. c. a alguém; **to ~ sb sth to eat** servir a alguém a. c. para comer; **to not ~ much for sth** *fig* não levar fé em a. c.; **given the choice ...** se pudesse escolher ...; **don't ~ me that!** *inf* não me venha com essa!; **we gave him a DVD for his birthday** nós lhe demos um DVD no seu aniversário; **they gave her $5 for the book** (eles) lhe pagaram 5 dólares pelo livro 2.(*produce: lecture*) dar; (*speech, performance, party*) fazer; (*headache, trouble*) dar; **to ~ sb a call** ligar para alguém; **to ~ sth a go** provar a. c. 3.(*pass on: cold, illness*) passar II. *vi* <gave, given> 1.(*stretch*) ceder; **the rope gave under** [*o* **with**] **the weight of**

the load a corda cedeu sob [*ou* com] o peso da carga **2.** (*donate*) **to ~ to an organization/sb** doar a uma organização/alguém **III.** *n* elasticidade *f*

◆ **give away** *vt* **1.** (*reveal*) revelar; **to give sb away** entregar alguém **2.** (*offer for free*) dar

◆ **give in I.** *vi insep* dar-se por vencido; **to ~ to sth/sb** ceder a a. c./alguém **II.** *vt Brit* entregar; **please give your test in when you've finished** queira entregar sua prova quando tiver terminado

◆ **give out** *vt* distribuir; **to give sth out to sb** distribuir a. c. a alguém

◆ **give up I.** *vt* **to ~ doing sth** desistir de fazer a. c.; **he's given up drinking** ele deixou de beber **II.** *vi* desistir; **she doesn't ~ easily** ela não desiste facilmente

given ['gɪvn] **I.** *pp of* **give II.** *adj* dado, -a; **to be ~ to do sth** ser dado a fazer a. c. **III.** *prep* **~ that ...** dado que ... +*subj*

given name *n* nome *m*

glacial ['gleɪsəl, *Brit*: -ʃɪəl] *adj* glacial

glacier ['gleɪʃər, *Brit*: 'glæsɪər] *n* geleira *f*

glad [glæd] <-dd-> *adj* contente; **to be ~ about sth** estar contente com a. c.; **I'd be very ~ to help you** ajudo você com o maior prazer

gladly *adv* com prazer

glamor ['glæmər, *Brit*: -ər] *n no pl*, *Am*, *Aus* glamour *m*

glamorous ['glæmərəs] *adj* glamouroso, -a

glamour *n no pl*, *Brit s.* **glamor**

glance [glæns, *Brit*: glɑːns] **I.** *n* olhada *f*; **at a ~** de relance; **at first ~** à primeira vista; **to take a ~ at sth** dar uma olhada em a. c. **II.** *vi* **to ~ at sth** olhar para a. c. de relance

gland [glænd] *n* glândula *f*

glare [gler, *Brit*: gleər] **I.** *n* **1.** (*look*) olhar *m* penetrante **2.** *no pl* (*from light*) brilho *m* ofuscante **II.** *vi* **1.** (*look*) lançar um olhar com raiva; **to ~ at sb/ sth** lançar um olhar para alguém/a. c. com raiva **2.** (*shine*) brilhar intensamente; **the sun is glaring in my eyes** o sol está me ofuscando a vista

glaring *adj* **1.** (*blinding: sunlight*) ofuscante **2.** (*obvious: error*) flagrante

glass [glæs, *Brit*: glɑːs] <-es> *n* **1.** *no pl* (*material*) vidro *m*; **pane of ~** vidraça *f* **2.** (*for drinks*) copo *m*; **wine ~** copo *m* de vinho

glasses *npl* óculos *mpl*; **a new pair of ~** um novo par de óculos

glasshouse *n Brit* estufa *f*

glaze [gleɪz] **I.** *n* (*ceramic*) verniz *m*, vidragem *f*; GASTR glacê *f* **II.** *vt* **1.** (*pottery*) vitrificar, envernizar; (*cake, cookie*) glaçar, pincelar **2.** (*window*) lustrar

◆ **glaze over** *vi* (*eyes*) perder o brilho

gleam [gliːm] **I.** *n* (*of light*) brilho *m* fugaz; **~ of hope** lampejo *m* de esperança **II.** *vi* reluzir; **her eyes ~ed in triumph** seus olhos reluziam de triunfo

glean [gliːn] *vt* **to ~ sth from sb** extrair a. c. de alguém

glee [gliː] *n no pl* júbilo *m*

glib [glɪb] <-bb-> *adj pej* (*excuse, response, politician*) leviano, -a, superficial

glide [glaɪd] **I.** *vi* **1.** (*move smoothly*) deslizar **2.** AVIAT planar **II.** *n* **1.** (*sliding movement*) deslizamento *m* **2.** AVIAT voo *m* planado

glider ['glaɪdər, *Brit*: -ər] *n* planador *m*

glimmer ['glɪmər, *Brit*: -ər] **I.** *vi* tremeluzir **II.** *n* (*light*) luz frouxa e trêmula *f*; **~ of hope** fio *m* de esperança

glimpse [glɪmps] **I.** *vt* vislumbrar **II.** *n* vislumbre *m*; **to catch a (fleeting) ~ of** vislumbrar, perceber de relance

glint [glɪnt] **I.** *vi* reluzir **II.** *n* clarão *m*

glisten ['glɪsn] *vi* refletir luz (de uma superfície)

glitter ['glɪtər, *Brit*: -tər] **I.** *vi* resplandescer, reluzir; **all that ~s is not gold** *prov* nem tudo que reluz é ouro *prov* **II.** *n no pl* **1.** (*sparkling*) brilho *m* cintilante; *pej* falso brilho *m* **2.** (*for crafts*) lustre *m*; (*as makeup*) brilho *m*

glittering *adj* resplandescente, cintilante

gloat [gloʊt, *Brit*: gləʊt] *vi* **to ~ over sth** vangloriar-se de a. c.

global ['gloʊbl, *Brit*: 'gləʊ-] *adj* global

global warming *n* aquecimento *m* global

globe [gloʊb, *Brit*: gləʊb] *n* **1.** (*map of world*) globo (terrestre) *m* **2.** (*earth*) **across the ~** pelo mundo **3.** (*shape*) esfera *f*

gloom [gluːm] *n no pl* **1.** (*pessimism*) desânimo *m* **2.** (*darkness*) escuridão *f*

gloomy <-ier, -iest> *adj* **1.** (*pessimistic: atmosphere*) sombrio, -a; (*prophecy*) funesto, -a **2.** (*dark: weather*) fechado,

-a; (*room*) escuro, -a

glorify ['glɔ:rəfaɪ, *Brit:* -rɪ-] <-ie-> *vt* glorificar; REL louvar

glorious ['glɔ:riəs] *adj* **1.** (*illustrious: achievement, victory*) glorioso, -a **2.** (*splendid*) esplêndido, -a

glory ['glɔ:ri] **I.** *n no pl* **1.** (*honor*) glória *f* **2.** (*splendor*) esplendor *m* **II.**<-ie-> *vi* **to ~ in sth** exultar por a. c.

gloss [glɑːs, *Brit:* glɒs] *n no pl* **1.** (*shine*) brilho *m*; **to take the ~ off sth** *fig* tirar o brilho de a. c. **2.** (*paint*) tinta *f* esmalte
◆ **gloss over** *vi* **to ~ over sth** tratar de a. c. por alto

glossary ['glɒsəri] *n* <-ies> glossário *m*

glossy ['glɒsi, *Brit:* 'glɑː-] <-ier, -iest> *adj* lustroso, -a; (*paper*) acetinado, -a

glove [glʌv] *n* luva *f*; **a pair of ~s** um par de luvas; **to fit (sb) like a ~** cair como uma luva em alguém

glow [gloʊ, *Brit:* gləʊ] **I.** *n* **1.** (*of fire*) incandescência *f* **2.** (*warmth*) ardor *m* **3.** (*good feeling*) entusiasmo *m*; **a ~ of pride** um arrebatamento de orgulho **II.** *vi* **1.** (*reflect light*) resplandecer; **to ~ in the dark** resplandecer [*ou* brilhar] no escuro **2.** (*be hot*) corar **3.** (*look radiant*) estar radiante, irradiar; **they were ~ing with health** eles irradiavam saúde

glowing *adj* incandescente; (*praise, review*) entusiasmado, -a

glucose ['gluːkoʊs, *Brit:* -kəʊs] *n no pl* glicose *f*

glue [gluː] **I.** *n no pl* cola *f*, goma *f* **II.** *vt* colar; **to ~ sth to sth** colar a. c. em a. c.; **to ~ sth together** grudar a. c.; **to be ~d to the television/computer screen** estar grudado à televisão/à tela do computador

glum [glʌm] <-mm-> *adj* **1.** (*downcast*) abatido, -a; **to look ~** parecer [*ou* estar] abatido **2.** (*drab: room*) monótono, -a

glut [glʌt] *n* **a ~ of sth** excesso *m* de a. c.

glutton [ˈglʌtən] *n* glutão, -ona *m, f*; **a ~ for work/punishment** ser alguém que gosta de trabalhar/de sofrer

GMT [ˌdʒiːemˈtiː] *abbr of* **Greenwich Mean Time** horário *m* de Greenwich

gnarled [nɑːrld, *Brit:* nɑːld] *adj* retorcido, -a

gnaw [nɔː, *Brit:* nɔː] **I.** *vi* roer; **to ~ at** [*o*

on] **sth** roer a. c. **II.** *vt* **1.** (*chew*) morder **2.** (*harass*) torturar; **to be ~ed by doubt** roer-se de dúvida

gnome [noʊm, *Brit:* nəʊm] *n* gnomo *m*

GNP [ˌdʒiːenˈpiː] *n no pl abbr of* **Gross National Product** PNB *m*

go [goʊ, *Brit:* gəʊ] **I.** <went, gone> *vi* **1.** (*proceed*) ir; **to ~ (and) do sth** ir (e) fazer a. c.; **to have to ~** ter que ir; **to ~ home** ir para casa; **to ~ on vacation** sair de férias **2.** (*disappear*) sumir; **my keys are gone** as minhas chaves sumiram **3.** (*do*) ir (fazer a. c.); **to ~ shopping** ir fazer compras; **to ~ swimming** ir nadar **4.** + *adj/n* (*become*) tornar-se, ficar; **to ~ bald** ficar careca; **to ~ wrong** dar errado **5.** + *adj* (*exist*) **to ~ hungry/thirsty** passar fome/sede; **to ~ unnoticed** passar despercebido **6.** (*happen*) **to ~ badly/well** ir/sair mal/bem; **to ~ from bad to worse** ir de mal a pior **7.** (*pass*) passar; **my headache is gone** a minha dor de cabeça passou **8.** (*belong*) ir bem com; **to ~ with sth** ir bem com a. c. **9.** (*fit*) caber em; **two ~es into eight four times** MAT em oito cabem quatro vezes dois **10.** (*extend*) ir (de um ponto a outro); **those numbers ~ from 1 to 10** aqueles números vão de 1 a 10 **11.** (*function*) funcionar; **it won't ~** não vai funcionar; **to get sth to ~** fazer a. c. funcionar; **to keep a conversation ~ing** seguir conversando **12.** (*be sold*) ser vendido; **to ~ for $50** vendido por 50 dólares **13.** (*sound*) soar, tocar; **the ambulance had sirens ~ing** as sirenes da ambulância soavam **14.** *fig* **what he says ~es** faça como ele diz; **anything ~es** vale qualquer coisa; **to ~ far** ir longe **II.** <went, gone> *vt* **1.** **to ~ it alone** fazer sozinho **2.** *inf* (*say*) **ducks ~ 'quack'** os patos fazem 'qua, qua' **III.** <-es> *n* **1.** (*turn*) vez *f*; **it's my ~** é a minha vez **2.** (*attempt*) tentativa *f*; **to have a ~ at sth** tentar/experimentar a. c.; **to have a ~ at sb about sth** soltar os cachorros em cima de alguém por a. c. *inf* **3.** (*activity*) **to be on the ~** estar a todo vapor

◆ **go about** *vt insep* **to ~ one's business** meter-se com o que é da sua conta

◆ **go after** *vt insep* ir atrás de; **to ~ sb (for doing sth)** ir atrás de alguém (para fazer a. c.)

◆**go ahead** *vi* continuar; **to ~ with sth** ir em frente com a. c.

◆**go around** *vi* circular

◆**go at** *vt insep* avançar (sobre alguém)

◆**go away** *vi* ir-se embora, sumir

◆**go back** *vi* (*return*) voltar, regressar; **to ~ to sth/sb** voltar a a. c./alguém

◆**go beyond** *vt* (*exceed*) ultrapassar

◆**go by** *vi* (*pass*) passar; **in days gone by** *form* em dias passados

◆**go down** I. *vt insep* **he went down the road** ele seguiu pela estrada II. *vi* 1.(*set*) pôr-se 2.(*ship*) afundar 3.(*plane*) cair 4.(*decrease*) baixar 5.(*be received*) **to ~ well/badly** cair bem/mal

◆**go for** *vt insep* 1.(*fetch*) buscar, ir atrás de 2.(*try to achieve*) tentar conseguir 3.(*choose*) optar por 4.(*attack*) avançar (sobre alguém)

◆**go in** *vi* (*enter*) entrar

◆**go into** *vt insep* 1.(*enter*) entrar em 2.(*examine*) discutir

◆**go off** *vi* 1.(*leave*) ir-se embora 2.(*spoil*) estragar 3.(*explode*) explodir, detonar 4.(*stop liking*) **I went off it** perdi o interesse 5.(*happen*) **to ~ badly/well** correr mal/bem

◆**go on** *vi* 1.(*continue*) continuar; **things can't ~ as they are** as coisas não podem continuar como estão 2.(*go further*) seguir em frente; **they had an accident and couldn't ~** eles sofreram um acidente e não puderam seguir em frente

◆**go out** *vi* 1.(*leave*) sair; **to ~ with sb** sair com alguém 2.(*light*) apagar-se

◆**go over** *vt insep* 1.(*examine*) examinar, revisar 2.(*cross*) atravessar 3.(*exceed*) ultrapassar

◆**go through** *vt insep* 1.(*pass*) passar por; **we went through the woods to get to the lake** nós passamos pela mata para chegar ao lago 2.(*experience*) sofrer; **you don't realize what I've been going through** você não imagina o que eu tenho sofrido

◆**go up** *vi* 1.subir 2.(*come close*) **to ~ to sb** aproximar-se de alguém

◆**go with** *vt insep* 1.(*accompany*) ir junto com 2.(*harmonize*) combinar com

◆**go without** *vt insep* passar sem

go-ahead *n no pl* **to give sth/sb the ~** dar o sinal verde para a. c./alguém

goal [goʊl, *Brit:* gəʊl] *n* 1.(*aim*) meta *f*; **to achieve/set a ~** atingir/estabelecer uma meta 2.SPORTS (*scoring area*) gol *m*; **to keep ~** defender o gol; **to play in ~** *Brit* jogar no gol 3.SPORTS (*point*) gol *m*; **to score a ~** marcar um gol

goalie ['goʊli, *Brit:* 'gəʊ-] *n inf*, **goalkeeper** *n* goleiro, -a *m, f*

goat [goʊt, *Brit:* gəʊt] *n* bode *m*, cabra *f*; **to act the ~** *Brit, inf* bancar o palhaço; **to get sb's ~** *fig* irritar alguém profundamente

gobble ['gɑ:bl, *Brit:* 'gɒbl] *vi* (*turkey*) fazer gluglu

◆**gobble down** *vt inf*, **gobble up** *vt inf* devorar

goblin ['gɑ:blɪn, *Brit:* 'gɒb-] *n* duende *m*

go-cart *n* kart *m*

god [gɑ:d, *Brit:* gɒd] *n* REL deus *m*; **God** Deus; **oh, my God!** meu Deus!; **thank God** graças a Deus; **God bless you** Deus lhe abençoe; **God knows** sabe Deus; **for God's sake!** pelo amor de Deus!

god-awful *adj inf* desagradável **godchild** *n* <godchildren> afilhado, -a *m, f* **goddam(ned)** *adj inf* maldito, -a **goddaughter** *n* afilhada *f*

goddess ['gɑ:dɪs, *Brit:* 'gɒd-] <es> *n* deusa *f*

godfather *n* padrinho *m* **god-forsaken** *adj* desolado, -a

godly *adj* devoto, -a

godmother *n* madrinha *f* **godparents** *npl* padrinhos *m* **godson** *n* afilhado *m*

goes [goʊz, *Brit:* gəʊz] *3rd pers sing of* **go**

go-getter [,goʊ'getər, *Brit:* ,gəʊ'getə'] *n* pessoa *f* arrojada

goggle ['gɑ:gl, *Brit:* 'gɒgl] I. *vi inf* **to ~ at sth** olhar com os olhos arregalados para a. c. II. *n* (**swimming, protective, ...**) **~s** *pl* óculos (de natação, proteção, ...) *m pl*

going ['goʊɪŋ, *Brit:* 'gəʊ-] *n* 1.(*act of leaving*) ida *f*; (*departure*) partida *f* 2.(*conditions*) **easy/rough ~** caminho tranquilo/acidentado *m*; **while the ~ is good** enquanto é tempo

gold [goʊld, *Brit:* gəʊld] *n* 1. *no pl* (*metal*) ouro *m* 2.(*color*) amarelo-ouro *m*; **to be good as ~** *fig* comportar-se como um anjo; **to be worth one's weight in ~** valer ouro **gold digger** *n fig* pessoa *f* interesseira **gold dust** *n* ouro *m* em pó; **to be like ~** *fig* ser uma

raridade
golden ['gəʊldən, Brit: 'gəʊ-] adj **1.**(made of gold) de ouro **2.**(color) dourado, -a
golden age n idade f de ouro **golden wedding** n bodas fpl de ouro
goldfish n inv peixinho m de aquário
gold medal n SPORTS medalha f de ouro **goldmine** n mina f de ouro; fig mina f; **the archive is a ~ for historians** o arquivo é uma mina para os historiadores **goldsmith** n ourives m inv
golf [gɑ:lf, Brit: gɒlf] n no pl golfe m; **to play ~** jogar golfe
golf ball n bola f de golfe **golf club** n **1.**(stick) taco m de golfe **2.**(association) clube m de golfe **golf course** n campo m de golfe
golfer ['gɑ:lfər, Brit: 'gɒlfər] n jogador, -a m, f de golfe
golly ['gɑ:li, Brit: 'gɒli] interj inf **by ~!** meu Deus!
gone [gɑ:n, Brit: gɒn] pp of **go**
gong [gɑ:ŋ, Brit: gɒŋ] n gongo m
gonna sl = going to s. **go**
gonorrhea [,gɑ:nə'riə] n Am, **gonorrhoea** [,gɒnə'-] n no pl, Brit gonorreia f
good [gʊd] I.<better, best> adj **1.**(of high quality) bom, boa; **to be ~ at (doing) sth** ser bom em a. c.; **to be ~ for sb, spinach is ~ for you** espinafre é bom para você; **to be ~ to sb** ser amável com alguém; **to be as ~ as new** estar praticamente novo; **to be ~ and ready** estar bem preparado; **to be in ~ shape** (thing) estar em bom estado; (person) estar em boa forma; **to be a ~ thing that ...** ainda bem que ... +subj; **a ~ time to do sth** uma boa hora para fazer a. c.; **to do a ~ job** fazer um bom trabalho; **to have the ~ sense to do sth** ter o bom senso de fazer a. c.; **to have a ~ time** divertir-se; **~ thinking!** bem pensado! **2.**(appealing to senses) **to feel ~** ser macio; **to look ~** ter boa aparência; **to smell ~** cheirar bem **3.**(valid) válido, -a; **to be ~ for nothing** não servir para nada; **~ for you!** isso mesmo! **4.**(substantial) bom, boa; **a ~ 10 pounds** uns bons 5 quilos II. n no pl bem m; **for one's own ~** para o próprio bem; **to do ~** fazer o bem; **for ~** para sempre
goodbye interj adeus; **to say ~ (to sb)** despedir-se (de alguém); **to say ~ to sth** inf dar adeus a a. c.

good-for-nothing n inútil mf
Good Friday n Sexta-feira f Santa
good-humored adj bem-humorado, -a
good-looking adj bonito, -a
good looks npl boa aparência f **good-natured** adj (person) de bom coração; (joke) inocente
goodness ['gʊdnɪs] n no pl **~ knows** só Deus sabe; **for ~' sake** pelo amor de Deus; **thank ~!** graças a Deus!
goods [gʊdz] npl mercadoria f, mercadorias fpl; **to deliver the ~** fig cumprir com o esperado
goods train n Brit trem m de carga
good-tempered adj de gênio bom
goodwill n no pl boa vontade f; **a gesture of ~** um gesto de boa vontade
gooey adj inf grudento, -a
goof I. n sl **1.**(mistake) mancada f **2.**(person) pateta mf, palerma mf II. vi dar uma mancada
♦ **goof of** vi vadiar
goofy ['gu:fi] <-ier, -iest> adj Am, inf bobalhão, -ona
Google ['gu:gl] vt, vi inf **to ~ sth** procurar (a. c.) no Google (um dos mecanismos de busca mais populares da Internet)
goon [gu:n] n inf capanga m
goose [gu:s] <geese> n ganso, -a m, f
gooseberry ['gu:sberi, Brit: 'gʊzbəri] <-ies> n GASTR groselha f; **to play ~** Brit, inf ficar de vela **goose-bumps** npl, **goose-flesh** n no pl, Brit, **goose-pimples** npl pele f arrepiada
gore [gɔ:r, Brit: gɔ:ʳ] I. n nesga f II. vt ferir com os chifres
gorge [gɔ:rdʒ, Brit: gɔ:dʒ] I. n GEO desfiladeiro m II. vt **to ~ oneself on sth** empanturrar-se de a. c.
gorgeous ['gɔ:rdʒəs, Brit: 'gɔ:dʒ-] adj **1.**(dress, color, weather) magnífico, -a **2.**(man, woman) bonito, -a
gorilla [gə'rɪlə] n a. fig gorila m
gorp [gɔ:rp, Brit: gɔ:p] n mistura de granola, cereais, uvas passas e amendoins
gorse [gɔ:rs, Brit: gɔ:s] n no pl tojo m
gory ['gɔ:ri] <-ier, -iest> adj sangrento, -a
gosh [gɑ:ʃ, Brit: gɒʃ] interj inf meu Deus
gosling ['gɑ:zlɪŋ, Brit: 'gɒz-] n ganso m novo
go-slow n operação f tartaruga
gospel ['gɑ:spl, Brit: 'gɒs-] n evangelho m

gospel (music) n música f gospel
gossip ['gɑ:səp, Brit: 'gɒsɪp] I. n 1. no pl (rumor) fofoca f; **to have a ~ about sb** fazer fofoca de alguém 2. (person) fofoqueiro, -a m, f II. vi fofocar; **to ~ about sb/sth** fofocar sobre alguém/a. c.
got [gɑ:t, Brit: gɒt] pt, pp of **get**
Gothic ['gɑ:θɪk, Brit: 'gɒθ-] adj gótico, -a
gotten ['gɑ:tən, Brit: 'gɒt-] Am, Aus pp of **get**
gouge [gaʊdʒ] vt **to ~ a hole into sth** fazer um furo em a. c.
goulash ['gu:lɑ:ʃ, Brit: -læʃ] n no pl ensopado de carne com cebola e páprica
gourd [gɔːrd, Brit: gʊəd] n 1. BOT cabaça f 2. (for drinking) cuia f (para beber)
gourmet ['gʊrmeɪ, Brit: 'gʊəm-] n gourmet mf
gout [gaʊt] n no pl gota f sem pl
Gov. abbr of **Governor** governador(a) m(f)
govern ['gʌvərn, Brit: -vn] I. vt 1. (country) governar; (organization) administrar 2. (regulate) regular; (contract) reger II. vi governar
governess ['gʌvərnəs, Brit: -ənɪs] <es> n governanta f
governing adj governante
government ['gʌvərnmənt, Brit: -ən-] n governo m; **to be in ~** estar no governo; **to form a ~** formar um governo
governmental [ˌgʌvərn'mentl, Brit: -ən'-] adj governamental
governor ['gʌvərnər, Brit: -ənəʳ] n governador(a) m(f); **the board of ~s** Brit diretoria
Govt. abbr of **Government** Governo m
gown [gaʊn] n 1. (dress) vestido m; **evening ~** vestido de noite 2. (in hospital) avental m 3. UNIV, LAW beca f
GP [ˌdʒi:'pi:] n abbr of **general practitioner** clínico, -a m, f geral
GPO [ˌdʒi:pi:'oʊ, Brit: -'əʊ] n Brit ADMIN abbr of **General Post Office** empresa britânica de correios
grab [græb] I. <-bb-> vt agarrar; **to ~ sth (away) from sb** apossar-se de a. c. de alguém; **to ~ sb's attention** prender a atenção de alguém; **to ~ a chance** agarrar uma chance; **to ~ hold of sth** agarrar a. c.; **to ~ some sleep** tirar um cochilo; **to ~ sth out of sb's hands**

arrancar a. c. das mãos de alguém; **how does this ~ you?** inf o que te parece? II. n **to make a ~ for sth** tentar agarrar a. c.; **to be up for ~s** inf estar em disputa
grace [greɪs] I. n 1. no pl (movement) graça f, charme m 2. no pl REL graça f; **divine ~** graça divina; **by the ~ of God** pela graça de Deus; **to fall from ~** fig cair em desgraça; **to give sb a day's ~** dar um prazo de um dia a alguém 3. no pl (politeness) gentileza f; **to do sth with good/bad ~** fazer a. c. de boa/má vontade; **to have the (good) ~ to do sth** ter a gentileza de fazer a. c. 4. (prayer) bênção f; **to say ~** dizer graças (antes da comida) II. vt honrar, prestigiar; **he ~d us with his presence** ele nos honrou com sua presença
graceful ['greɪsfl] adj (person) gracioso, -a; (movement) elegante
gracious ['greɪʃəs] I. adj gentil, gracioso, -a II. interj **~ (me)!** meu Deus!
grade [greɪd] I. n 1. (rank) posto m 2. Am SCH série f; **first ~** primeira série; **to skip a ~** pular de ano 3. (mark) nota f; **to get bad/good ~s** tirar notas ruins/boas 4. (level of quality) nível m; **high/low ~** alta/baixa qualidade; **to make the ~** fig ter êxito 5. Am GEO (slope) ladeira f II. vt 1. (evaluate) dar nota 2. (categorize) classificar
grade school n escola f de primeiro grau
gradient ['greɪdiənt] n gradiente m

> **Culture** O sistema de qualificação utilizado nos E.U.A. recebe o nome de **grading system**. Esse sistema emprega as seguintes letras para expressar as diferentes qualificações: A, B, C, D, E e F. A letra E, no entanto, não costuma ser utilizada. A representa a qualificação máxima, ao mesmo tempo em que F (**Fail**) significa suspenso. Além disso, as notas podem ser matizadas por um mais ou um menos. Quem obtém um A+ atingiu um rendimento verdadeiramente excepcional.

gradual ['grædʒʊəl] adj gradual
gradually adv gradativamente, aos pou-

cos
graduate¹ ['grædʒuət] n 1. SCH formado, -a m, f; **a high-school ~** formado, -a no ensino médio 2. Am UNIV **~ course** curso m de pós-graduação; **~ student** pós-graduando, -a m, f; **a university ~** graduado, -a m, f, formado, -a m, f

graduate² ['grædʒueɪt] vi 1. UNIV formar-se, graduar-se 2. SCH (*from high school*) formar-se; **she ~d from high school** ela se formou no ensino médio; (*postgraduate*) pós-graduar-se 3. (*move to higher level*) **to ~ to sth** passar gradualmente para a. c.

graduation [grædʒu'eɪʃn] n SCH, UNIV formatura f; **after ~** depois de formado

graffiti [grə'fi:ti, Brit: -ti] npl pichação f

graft [græft, Brit: grɑ:ft] I. n BOT, MED enxerto m II. vt BOT, MED enxertar

Grail [greɪl] n **the Holy ~** o Santo Graal m

grain [greɪn] n 1. *no pl* (*cereal*) cereais mpl 2. (*of rice, sand*) grão m 3. (*smallest piece*) **a ~ of hope** um resto de esperança; **a ~ of truth** um resquício de verdade; **to take sth with a ~ of salt** *fig* aceitar a. c. com reserva 4. (*fiber: of wood*) veio m; (*of meat*) fibra f

gram [græm] n Am grama m

grammar ['græmər, Brit: -əʳ] n *no pl* gramática f

grammarian [grə'meriən, Brit: -'meər-] n gramático, -a m, f

grammar school n 1. Am (*elementary school*) ensino m fundamental 2. Brit HIST (*upper level school*) colégio de ensino secundário em que se entra por meio de um exame

> Culture As antigas **grammar schools** (que correspondem mais ou menos ao ensino secundário) foram fundadas há muitos séculos na Grã-Bretanha para o estudo do latim. Por volta de 1950 o aluno que quisesse ingressar nessa escola deveria obter aprovação na **eleven-plus examination**. No entanto, somente 20% dos alunos eram aprovados nesse exame. O resto continuava seu itinerário. educativo em uma **secondary modern school** (escola secundária de grau inferior). Esses dois tipos de escola foram reorganizados durante os anos 60 e 70 como **comprehensive schools** (escolas integradas).

grammatical [grə'mætɪkl, Brit: -'mæt--] adj gramatical

gramme n Brit grama m

gramophone ['græməfoʊn, Brit: -fəʊn] n gramofone m

gran [græn] n Brit, inf abbr of **grandmother** (vo)vó f

granary ['grænəri] <-ies> n celeiro m

grand [grænd] I. adj grandioso, -a; **~ ideas** ideias grandiosas; **on a ~ scale** em grande escala; **in ~ style** em grande estilo; **the ~ total** o total geral; **to make a ~ entrance** fazer uma entrada triunfal II. n inv, inf ($1000) mil dólares mpl; (£1000) mil libras fpl

Grand Canyon n **the ~** o Grand Canyon

grandchild <-children> n neto, -a m, f

grand(d)ad n inf (vo)vô m **granddaughter** n neta f

grandeur ['grændʒər, Brit: -əʳ] n *no pl* grandeza f sem pl

grandfather n avô m

grandiose ['grændioʊs, Brit: -əʊs] adj grandioso, -a

grand jury <-ies> n Am grande júri m

grandly adv grandiosamente

grandma n inf (vó)vó f **grandmother** n avó f **grandpa** n inf vo(vô) m **grandparents** npl avós mpl **grand piano** n piano m de cauda **grandson** n neto m **grandstand** n tribuna f de honra; **a ~ view** *fig* uma vista privilegiada

granite ['grænɪt] n *no pl* granito m

granny ['græni] n vovó f

grant [grænt, Brit: grɑ:nt] I. n 1. UNIV bolsa f de estudos 2. (*subsidy*) subvenção f II. vt 1. (*allow*) dar, permitir; **to ~ sb a permit** dar uma permissão a alguém; **to take sth for ~ed** dar a. c. como certo; **to take sb for ~ed** não dar valor a alguém 2. (*transfer*) conceder; **to ~ sb sth** conceder a. c. a alguém; **to ~ sb a favor** prestar um favor a alguém; **to ~ sb a pardon** conceder perdão a alguém; **to ~ sb a request** atender um pedido de alguém; **to ~ sb a wish** satisfazer um desejo de alguém 3. (*admit*

granule ['grænju:l] n grânulo m

grape [greɪp] n uva f

grapefruit ['greɪpfru:t] n inv grapefruit m, toranja f

grape juice n no pl suco m de uva

grapevine n videira f; **to hear sth on the ~** ficar sabendo de a. c.

graph [græf, Brit: gra:f] n gráfico m

graphic ['græfɪk] adj explícito, -a; **to describe sth in ~ detail** descrever a. c. explicitamente

graphic design n no pl design m gráfico

graphics n + sing vb **1.** (drawings) ilustrações fpl **2.** INFOR (computer) gráficos mpl

graphics card n placa f de vídeo

graphite ['græfaɪt] n grafite f

grapple ['græpl] vi **to ~ with sth** fazer frente a a. c.

grasp [græsp, Brit: gra:sp] **I.** vt **1.** (take firm hold) agarrar; **to ~ sb by the arm** agarrar alguém pelo braço **2.** (understand) compreender **II.** vi tentar pegar; **to ~ at sth** fig aproveitar a. c. **III.** n no pl **1.** (grip) ato de agarrar com a mão m **2.** fig (understanding) compreensão f; **to be beyond sb's ~** estar fora do alcance (de alguém)

grass [græs, Brit: gra:s] <es> n grama f; (lawn) gramado m; **to cut the ~** cortar a grama; **to put sb out to ~** inf fazer com que alguém pendure as chuteiras; **the ~ is (always) greener on the other side (of the fence)** prov a grama do vizinho é sempre mais verde prov

grasshopper ['græsha:pər, Brit: 'gra:shɒpə'] n gafanhoto m **grassroots I.** npl (of organization) **the ~** as bases fpl **II.** adj **~ opinion** opinião f popular **grass snake** n qualquer cobra não-venenosa de cor verde

grassy ['græsi, Brit: 'gra:si] <-ier, -iest> adj coberto de grama ou capim

grate¹ [greɪt] n grelha f

grate² **I.** vi **1.** (annoy: noise) dar nos nervos; **to ~ on sb** dar nos nervos (de alguém) **2.** (rub together) esfregar; **to ~ against each other** esfregar um no outro **II.** vt GASTR ralar

grated adj ralado, -a

grateful ['greɪtfl] adj grato, -a; **to be ~ (to sb) for sth** ser grato (a alguém) por a. c.

grater ['greɪtər, Brit: -ər] n ralador m

gratification [ˌgrætəfɪˈkeɪʃn, Brit: ˌgrætɪ-] n satisfação f

gratify ['grætəfaɪ, Brit: 'grætɪ-] <-ie-> vt satisfazer

gratifying adj gratificante

gratitude ['grætətu:d, Brit: -tɪtju:d] n no pl, form gratidão f; **~ to [o towards] sb for sth** gratidão a alguém por a. c.; **as a token of my ~** em sinal de minha gratidão

gratuitous [grəˈtu:ətəs, Brit: -ˈtju:ɪtəs] adj (insult, violence) gratuito, -a

gratuity [grəˈtu:əti, Brit: -ˈtju:əti] <-ies> n form gratificação f (em dinheiro)

grave¹ [greɪv] n (burial place) túmulo m; **mass ~** vala comum f; **beyond the ~** além-túmulo

grave² adj **1.** (consequences, illness, risk) sério, -a **2.** (error, danger) grave

grave-digger n coveiro, -a m, f

gravel ['grævəl] n cascalho m

gravestone n lápide f **graveyard** n cemitério m

gravitate ['grævɪteɪt] vi **to ~ towards sth** ser atraído para a. c.

gravity ['grævəti, Brit: -ti] n no pl gravidade f

gravy ['greɪvi] n no pl molho feito do suco da carne

gray [greɪ] Am **I.** n no pl cinza m **II.** adj **1.** (color) cinza **2.** (cloudy: day, weather) nublado, -a; (rainy) chuvoso, -a **3.** (gray-haired) grisalho, -a

graze¹ [greɪz] **I.** n escoriação f **II.** vt (scrape) esfolar

graze² vi (animal) pastar

grease [gri:s] **I.** n (fat) gordura f; (lubricant) graxa m **II.** vt untar; (in mechanics) lubrificar

greasepaint n maquiagem f para teatro **greaseproof paper** n Brit papel m parafinado

greasy ['gri:si] <-ier, -iest> adj gorduroso, -a

great [greɪt] adj **1.** (very good) ótimo, -a; **to be ~ at doing sth** inf ser muito bom em (fazer) a. c.; **it's ~ to be back home again** é ótimo voltar para casa; **the ~ thing about him is ...** o legal é que ele ...; **to have a ~ time** divertir-se à beça; **~!** joia! **2.** iron oh **~!** que ótimo! **3.** (very big) grande; **a ~ amount** uma grande quantidade; **a ~**

deal of time bastante tempo; **the ~ majority of people** a grande maioria das pessoas **4.** (*emphatic*) **~ big** enorme; **they're ~ friends** eles são grandes amigos; **you ~ idiot!** seu grande idiota!; **he's a ~ train fan** ele é um grande fã de trens

great aunt *n* tia-avó *f*

Great Britain *n* Grã-Bretanha *f*

> **Culture** **Great Britain** (Grã-Bretanha) é composta do reino da Inglaterra, da Escócia e do principado de Gales. (O rei Eduardo I da Inglaterra anexou Gales em 1282 e em 1301 nomeou seu único filho **Prince of Wales**. O rei Jaime VI da Escócia herdou a coroa inglesa em 1603, tornando-se Jaime I e em 1707 os parlamentos de ambos os reinos se uniram) Esses países formam, junto com a Irlanda do Norte, o **United Kingdom** (Reino Unido). O conceito geográfico de **British Isles** (Ilhas Britânicas) inclui não somente a ilha maior que é a Grã-Bretanha, como também a Irlanda, a Ilha de Man, as Ilhas Hébridas, as Ilhas Orkney, as Ilhas Shetland, as Ilhas Scilly e as **Channel Islands** (Ilhas do Canal da Mancha).

greater ['greɪtər, *Brit:* -ər] *adj* **~ New York/São Paulo** Grande Nova York/São Paulo

great-grandchild *n* bisneto, -a *m, f*
great-grandparents *npl* bisavós *mpl*
Great Lakes *n* **the ~** os Grandes Lagos *mpl*
greatly *adv* muito, profundamente; **to improve ~** melhorar muito
greatness *n no pl* grandeza *f sem pl*
great uncle *n* tio-avô *m*
Greece [gri:s] *n* Grécia *f*
greed [gri:d] *n no pl* (*for food*) gula *f*, voracidade *f*; (*for money*) ganância *f*, cobiça *f*
greedy ['gri:di] <-ier, -iest> *adj* (*for food*) guloso, -a; (*for achievments*) ávido, -a; **~ for success/power** ávido, -a por sucesso/poder

Greek [gri:k] *adj, n* grego, -a; **it's all ~ to me** isso é grego para mim

green [gri:n] **I.** *n* **1.** (*color*) verde *m* **2. ~ s** (*green vegetables*) verdura *f*, verduras *fpl* **3.** (*at golf course*) espaço gramado ao redor do buraco **4.** POL verde, defensor(a) *m(f)* do meio ambiente **II.** *adj* **1.** (*color*) verde; **to be ~ with envy** roer-se de inveja; **to have ~ thumbs** *Am*, **to have ~ fingers** *Brit, Aus* ter mão boa para plantas; **the traffic light is ~** o sinal está verde **2.** (*unripe*) verde **3.** (*inexperienced*) imaturo, -a, inexperiente **4.** (*naïve*) ingênuo, -a; **to be ~ behind the ears** estar ainda cru (em a. c.) **5.** POL ecológico, -a

greenback *n Am, inf* nota *f* de dólar
green belt *n* cinturão *m* verde **green card** *n* **1.** *Am* (*residence and work permit*) green card, *documento dos EUA que dá permissão de residência e trabalho para estrangeiros* **2.** *Brit* AUTO green card, *seguro internacional contra acidentes de trânsito*
greenery ['gri:nəri] *n no pl* folhagem *f*
greenfly <-ies> *n* pulgão *m*
greengrocer *n esp Brit* quitandeiro, -a *m, f* **greenhorn** *n Am* novato, -a *m, f*
greenhouse *n* estufa *f*
greenhouse effect *n* efeito estufa
Greenland ['gri:nlənd] *n* Groenlândia *f*

> **Culture** O **Royal Observatory** (observatório astronômico) de **Greenwich** foi construído em 1675 para a obtenção de dados exatos sobre a posição das estrelas com vistas à preparação de cartas de navegação. O **Greenwich meridian** (meridiano de Greenwich) só foi estabelecido oficialmente como o grau zero de longitude com validade universal em 1884. Os 24 fusos horários do planeta são fixados a partir da hora local do meridiano, que é conhecida como **Greenwich Mean Time** ou **Universal Time**.

greet [gri:t] *vt* cumprimentar; **to ~ each other** cumprimentar-se; **to ~ sth with applause** receber a. c. com aplausos; **to ~ sth with delight** receber a. c.

com prazer; **a scene of joy ~ed us** fomos acolhidos com uma manifestação de alegria

greeting *n* saudação *f*, cumprimento *m*
gregarious [grɪˈgeriəs, *Brit:* -ˈgeər-] *adj* sociável
grenade [grɪˈneɪd] *n* granada *f*
grew [gru:] *pt of* **grow**
grey *n*, *adj Brit s.* **gray**
greyhound *n* galgo *m*
grid [grɪd] *n* grade *f*
griddle [ˈgrɪdl] *n* chapa (para cozinhar) *f*
gridlock *n no pl* engarrafamento *m*; *fig* impasse *m* **grid square** *n* grade (de mapa) *f*
grief [gri:f] *n no pl* pesar *m*; **to come to ~** sofrer uma fatalidade; **to give sb (a lot of) ~** criticar alguém duramente
grievance [ˈgri:vns] *n* **1.** (*complaint*) queixa *f*; **to harbor a ~ against sb** guardar ressentimento contra alguém **2.** (*sense of injustice*) injustiça *f*
grieve [gri:v] **I.** *vi* lamentar-se; **to ~ for sb** chorar a perda de alguém **II.** *vt* lamentar
grievous [ˈgri:vəs] *adj form* (*pain*) intenso, -a; (*danger*) sério, -a
grill [grɪl] **I.** *n* **1.** (*for cooking*) grelha *f* **2.** *Am* (*restaurant*) restaurante *m* especializado em grelhados **II.** *vt* grelhar
grille [grɪl] *n* grade *f*
grilling *n inf* **to give sb a ~** submeter alguém a um intenso interrogatório
grim [grɪm] *adj* **1.** (*very serious*) sério, -a, sisudo, -a **2.** (*unpleasant*) desagradável, horrível
grimace [ˈgrɪməs, *Brit:* grɪˈmeɪs] **I.** *n* careta *f* **II.** *vi* fazer caretas; **to ~ with pain** fazer careta de dor
grime [graɪm] *n no pl* sujeira *f*
grimy [ˈgraɪmi] <-ier, -iest> *adj* imundo, -a, encardido, -a
grin [grɪn] **I.** *n* sorriso largo *m* **II.** *vi* dar um sorriso largo; **to ~ at sb** sorrir largo para alguém; **to ~ and bear it** aguentar firme
grind [graɪnd] **I.** *n inf* labuta *f*; **the daily ~** a labuta diária **II.** <ground, ground> *vt* **1.** (*coffee, wheat*) moer; (*nuts*) triturar **2.** (*meat*) moer **3.** (*sharpen*) afiar
♦ **grind down II.** *vi* **1.** (*mill*) moer **2.** (*wear down*) minar **3.** (*oppress*) oprimir
grinder [ˈgraɪndər, *Brit:* -əʳ] *n* moedor *m*
grindstone *n* pedra *f* de amolar; **to keep one's nose to the ~** *inf* meter a cara no trabalho
grip [grɪp] **I.** *n* (*hold*) ato de segurar firme *m*; *fig* controle *m*, domínio *m*; **to keep a firm ~ on the bag** segurar firme a bolsa; **to be in the ~ of sth** *fig* estar nas garras de a. c.; **to get a ~ on oneself** *fig* controlar-se; **to come to ~s with sth** *fig* lidar com a. c. **II.** <-pp-> *vt* agarrar; **to be ~ped by emotion** ser tomado pela emoção; **he was ~ped by fear** ele foi tomado pelo medo
gripe [graɪp] *vi inf* queixar-se
gripping [ˈgrɪpɪŋ] *adj* eletrizante, envolvente
grisly [ˈgrɪzli] <-ier, -iest> *adj* medonho, -a
gristle [ˈgrɪsl] *n no pl* cartilagem *f*
grit [grɪt] **I.** *n no pl* **1.** (*small stones*) saibro *m* **2.** (*courage*) coragem *f*, determinação *f* **II.** <-tt-> *vt* **to ~ one's teeth** ranger os dentes; *a. fig* manter-se firme
gritty [ˈgrɪti, *Brit:* -ti] <-ier, -iest> *adj* **1.** (*stony*) arenoso, -a **2.** (*brave*) determinado, -a
grizzly (**bear**) [ˈgrɪzli] <-ies> *n* grande urso cinzento da América do Norte
groan [groʊn, *Brit:* grəʊn] **I.** *n* gemido *m* **II.** *vi* gemer; (*floorboards*) ranger; **to ~ about sth** queixar-se de a. c.; **to ~ in pain** gemer de dor; **to ~ inwardly** resmungar com os seus botões
grocer [ˈgroʊsər, *Brit:* ˈgrəʊsəʳ] *n* **1.** (*shopkeeper*) merceeiro, -a *m, f* **2.** *Brit* (*shop*) **the ~'s** a mercearia *f*
groceries [ˈgroʊsəriz, *Brit:* ˈgrəʊ-] *npl* mantimentos *mpl*, comestíveis *mpl*; **I'm going to buy ~** vou comprar mantimentos
groin [grɔɪn] *n* virilha *f*
groom [gru:m] **I.** *n* **1.** (*bridegroom*) noivo *m* **2.** (*for horses*) cavalariço *m* **II.** *vt* **1.** (*horse*) tratar de **2.** *fig* (*prepare*) preparar; **to ~ sb for sth** preparar alguém para a. c.
groove [gru:v] *n* ranhura *f*, sulco *m*
groovy [ˈgru:vi] <-ier, -iest> *adj dated*, *inf* na onda
grope [groʊp, *Brit:* grəʊp] **I.** *vi* tatear; **to ~ for sth** tatear à procura de a. c.; **to ~ for the right words** buscar as palavras certas **II.** *vt inf* (*sexually*) apalpar
gross[1] [groʊs, *Brit:* grəʊs] <es> *n* o grosso *m*; **by the ~** no atacado
gross[2] *adj* **1.** LAW grave; (*neglect*) fla-

grante; (*mistake*) crasso, -a **2.** (*fat*) corpulento, -a **3.** *Am* (*offensive*) grosseiro, -a; (*revolting*) torpe **4.** (*total*) total; (*without deductions*) bruto, -a

grossly *adv* (*extremely*) excessivamente; **to be ~ unfair** ser flagrantemente injusto

grotesque [groʊ'tesk, *Brit:* grəʊ-] *adj* grotesco, -a

grotto ['grɑːtoʊ, *Brit:* 'grɒtəʊ] <-oes *o* -os> *n* gruta *f*

ground¹ [graʊnd] **I.** *n* **1.** *no pl* (*surface*) chão *m*; **they sat on the ~** sentaram no chão **2.** *no pl* (*soil*) solo *m* **3. above/below ~** acima da/embaixo da terra; **to be on one's own ~** estar em terreno conhecido; **to give ~** perder terreno; **to stand one's ~** manter a posição **4.** (*area of land*) terreno *m* **5.** (*sports field*) campo *m* **6. ~s** (*reason*), **to have ~s to do sth** ter motivos para fazer a. c.; **on the ~s that ...** sob o pretexto de ...; **~s for sth** fundamentos para a. c. **II.** *vt Am, Aus, inf* não permitir sair (como castigo); **to get ~ed for doing sth** ficar proibido de sair por fazer a. c.

ground² *vt pt of* **grind**

groundbreaking *adj* pioneiro, -a

ground floor *n esp Brit* andar *m* térreo

ground fog *n no pl* névoa *f* baixa

ground frost *n no pl* geada *f*

grounding *n no pl* fundamentos *mpl*

groundkeeper *n* encarregado, -a da manutenção de campo, parque

groundnut *n* tipo *de* amendoim

ground rules *npl* regras *fpl* básicas

groundsheet *n* isolante *m* térmico

groundwork *n no pl* alicerces *mpl*

group [gruːp] **I.** *n* grupo *m*; *MUS* grupo *m* **II.** *vt* agrupar; **to ~ sth according to sth** agrupar a. c. segundo a. c.; **to ~ sth together** agrupar a. c.

grouping *n* agrupamento *m*

group therapy *n* terapia *f* de grupo

grouse¹ [graʊs] *n* **black ~** galo *m* lira; **red ~** lagópode *m* escocês

grouse² **I.** *n* **1.** (*complaint*) reclamação *f* **2.** (*person*) reclamador(a) *m(f)* **II.** *vi* queixar-se; **to ~ to sb about sth** queixar-se de a. c. a alguém

grove [groʊv, *Brit:* grəʊv] *n* arvoredo *m*; **olive ~** bosque *m* de oliveiras; **orange ~** pequeno laranjal *m*

grovel ['grɑːvl, *Brit:* 'grɒvl] <*Brit:* -ll-, *Am:* -l-> *vi* **to ~** (**before sb**) prostrar-se (diante de alguém)

grow [groʊ, *Brit:* grəʊ] <grew, grown> **I.** *vi* **1.** (*increase in size*) crescer; **to ~ taller** ficar mais alto **2.** (*increase*) aumentar; **to ~ by 2%** aumentar em 2%; **to ~ in popularity** ganhar popularidade **3.** (*become*) ficar; **to ~ old** envelhecer; **to ~ to like sth** vir a gostar de a. c. **II.** *vt* **1.** (*cultivate*) cultivar; **the villagers ~ coffee to sell in the market** os aldeões cultivam café para vender no mercado **2.** (*let grow*) deixar crescer; **to ~ a beard** deixar crescer a barba

◆ **grow into** *vt insep* tornar-se

◆ **grow on** *vt insep* passar a agradar (com o tempo)

◆ **grow up** *vi* crescer; **when I ~ I'd like to ...** quando crescer eu gostaria de ...

grower ['groʊər, *Brit:* 'grəʊəʳ] *n* produtor(a) *m(f)* (agrícola)

growing *adj* crescente; **a ~ number of people** um número cada vez maior de pessoas

growl [graʊl] **I.** *n* **1.** (*of dog*) rosnado *m*; (*of person*) resmungo *m* **2.** (*rumble*) ronco *m* **II.** *vi* (*dog*) rosnar; (*person*) resmungar; **to ~ at sb** rosnar para alguém

grown [groʊn, *Brit:* grəʊn] *pp of* **grow**

grown-up *n* adulto, -a *m, f*

growth [groʊθ, *Brit:* grəʊθ] *n* **1.** *no pl* (*increase in size*) crescimento *m*; **to reach full ~** desenvolver-se plenamente **2.** *no pl* (*increase*) aumento *m*; **~ in sth** aumento em a. c.; **rate of ~** ritmo *m* de crescimento **3.** MED tumor *m*

growth rate *n* ECON taxa *f* de crescimento

grub [grʌb] **I.** *n* **1.** ZOOL larva *f* **2.** *no pl, inf* GASTR rango *m* **II.** <-bb-> *vi* **to ~ about** (**for sth**) fuçar (à procura de a. c.) **III.** <-bb-> *vt inf* **to ~ sth from** [*o* **off of**] **sb** filar a. c. de alguém

grubby ['grʌbi] <-ier, -iest> *adj inf* imundo, -a

grudge [grʌdʒ] **I.** *n* ressentimento *m*, rancor *m*; **to have a ~ against sb** sentir rancor de alguém **II.** *vt* **to ~ sb sth** invejar alguém por a. c.

grudging *adj* relutante

grudgingly *adv* a contragosto

gruel ['gruːəl] *n no pl* mingau *m*

grueling *adj* extenuante

gruesome ['gru:səm] *adj* horrível, medonho, -a

gruff [grʌf] *adj* ríspido, -a

grumble ['grʌmbl] *vi* resmungar; **to ~ about** [*o* **over**] **sth** resmungar a respeito de a. c.

grumpy ['grʌmpi] <-ier, -iest> *adj* ranzinza

grunt [grʌnt] I. *n* grunhido *m* II. *vi* grunhir

guarantee [ˌgerən'ti:, *Brit*: ˌgær-] I. *n* 1. (*promise*) garantia *f*; **to give sb one's ~** garantir a alguém; **there's no ~ that ...** não há garantia que ... +*subj* 2. COM garantia *f* II. *vt* 1. (*promise*) garantir; **to ~ that ...** garantir que ... +*subj* 2. COM **to be ~d for three years** ter garantia de 3 anos

guard [gɑːrd, *Brit*: gɑːd] I. *n* 1. (*person*) guarda *mf*; **to be on ~** estar de guarda; **to be on one's ~** (**against sth**) estar alerta (contra a. c.); **to be under ~** estar sob escolta; **to drop one's ~** baixar a guarda; **to keep ~ over sth** fazer a guarda de a. c. 2. (*device*) anteparo *m* 3. *Brit* RAIL guarda-freios *m* II. *vt* 1. (*protect*) proteger; **to ~ sb/sth from sb/sth** proteger alguém/a. c. de alguém/a. c. 2. (*prevent from escaping*) guardar 3. (*keep secret*) guardar
◆ **guard against** *vt always sep* (*protect from*) **to guard sb against sth** proteger alguém contra a. c.

> **Culture** Às **Household Troops** da monarquia britânica pertencem sete regimentos dos **Guards** (Guarda). Dois regimentos de **Household Cavalry** (cavalaria): os **Life Guards** e os **Blues and Royals**. E cinco regimentos de infantaria: os **Grenadier Guards**, os **Coldstream Guards**, os **Scots Guards**, os **Irish Guards** e os **Welsh Guards**. A cerimônia de troca da guarda ocorre a cada dois dias às 11:30 no **Buckingham Palace**.

guarded *adj* cauteloso, -a

guardian ['gɑːrdiən, *Brit*: 'gɑːd-] *n* guardião, -ã *m, f*

Guatemala [ˌgwɑːtə'mɑːlə, *Brit*: -tɪ'-] *n* Guatemala *f*

Guatemalan *adj* guatemalteco, -a

guerrilla [gə'rɪlə] *n* guerrilheiro, -a *m, f*

guess [ges] I. *n* palpite *m*; **a ~ at sth** um palpite sobre a. c.; **a lucky ~** um palpite feliz; **to take** [*o* **Brit have**] **a ~** tentar adivinhar; **at a ~** como palpite; **it's anybody's ~** é conjectura II. *vi* 1. (*conjecture*) adivinhar; **to ~ at sth** adivinhar a. c.; **to ~ right** acertar; **to ~ wrong** errar; **to keep sb ~ing** deixar alguém no escuro *inf* 2. *Am* (*believe*) achar; **I ~ so/not** acho que sim/não III. *vt* adivinhar; **~ what?** adivinha só?

guesswork *n no pl* adivinhação *f*

guest [gest] *n* convidado, -a *m, f*; visita *mf*; (*at hotel*) hóspede *mf*; **be my ~** *inf* fique à vontade

guesthouse *n* casa *f* de hóspedes, pensão *f* **guestroom** *n* quarto *m* de hóspedes

guffaw [gə'fɑː, *Brit*: -'fɔː] I. *n* gargalhada *f* II. *vi* gargalhar

guidance ['gaɪdns] *n no pl* orientação *f*

guide [gaɪd] I. *n* 1. (*person*) guia *mf*; **tour ~** guia *mf* turístico 2. (*book*) guia *m* 3. (*help*) guia *f* 4. *Brit* (*girls' association*) **the Guides** fadinhas (escotismo para moças) *f* II. *vt* 1. (*show*) mostrar; **the curator ~d us round the gallery** o curador ~d nos mostrou a galeria 2. (*instruct*) orientar; **the computer has a program that ~s you** o computador tem um programa que vai orientar você 3. (*steer*) conduzir; **to be ~d by one's emotions** ser levado pela emoção

guidebook *n* guia *m* (de turismo)

guided missile *n* míssil *m* teleguiado **guide dog** *n* cão-guia *m*

guided tour *n* excursão *f* turística

guideline *n* diretriz *f*

guild [gɪld] *n* (*of merchants*) liga *f*; (*of craftsmen*) associação *f*

guile [gaɪl] *n no pl*, *form* astúcia *f*

guillotine ['gɪləti:n] *n* guilhotina *f*

guilt [gɪlt] *n no pl* 1. (*shame*) culpa *f* 2. (*responsibility for crime*) culpa *f*; **to admit one's ~** assumir a culpa

guilty ['gɪlti] <-ier, -iest> *adj* culpado, -a; **to be ~ of a crime** ser culpado de um crime; **to have a ~ conscience** ter a consciência pesada; **to feel ~ about sth** sentir-se culpado por a. c.; **to plead ~ to sth** declarar-se culpado de a. c.

Guinea ['gɪni] *n* Guiné *f*

guinea pig *n* cobaia *f*

guise [gaɪz] *n no pl* aparência *f*, pretexto *m*; **under the ~ of sth** sob o pretexto de a. c.
guitar [gɪ'tɑːr, *Brit*: -'tɑː'] *n* violão *m*, guitarra *f*; **to play the ~** tocar violão
guitarist [gɪ'tɑːrɪst] *n* violonista *mf*, guitarrista *mf*
gulf [gʌlf] *n* 1. (*body of water*) golfo *m* 2. *fig* abismo *m*
gull [gʌl] *n* gaivota *f*
gullet ['gʌlɪt] *n* goela *f*
gullible ['gʌləbl] *adj* crédulo, -a, incauto, -a
gully ['gʌli] <-ies> *n* sulco *m* na terra formado pelas águas
gulp [gʌlp] **I.** *n* (*large swallow*) trago *m*; **a ~ of air** uma tragada de ar; **to take a ~ of milk** tomar um trago de leite; **in one ~** de um trago **II.** *vt* (*liquid*) tragar; (*food*) engolir rapidamente; **to ~ sth down** engolir a. c. de uma vez só **III.** *vi* 1. (*breath*) **to ~ for air** respirar fundo 2. (*make a swallowing movement*) engolir em seco
gum¹ [gʌm] *n* ANAT gengiva *f*
gum² **I.** *n* 1. *no pl* (*sticky substance*) goma *f* 2. (*for chewing*) chiclete *m* 3. *no pl* (*glue*) resina *f* **II.** *vt* colar
gum tree *n* árvore *f* produtora de goma; **to be up a ~** *fig* estar num aperto
gun [gʌn] **I.** *n* arma (de fogo) *f*; (*pistol*) pistola *f*; (*rifle*) espingarda *f*; (*cannon*) canhão *m*; **to stick to one's ~s** *fig* não arredar pé **II.** *vt* **to ~ sb down** balear alguém **gunfire** *n no pl* fogo *m* (de arma) **gunman** <-men> *n* pistoleiro, -a *m, f*
gunner ['gʌnər, *Brit*: -ər] *n* soldado *m* da artilharia
gunpoint *n no pl* **at ~** sob a mira (de uma arma) **gunpowder** *n no pl* pólvora *f*
gunshot *n* tiro *m*
gurgle ['gɜːrgl, *Brit*: 'gɜːgl] *vi* 1. (*baby*) fazer gu 2. (*water*) gorgolejar
guru ['guːruː, *Brit*: 'gʊruː] *n fig* guru *mf*
gush [gʌʃ] **I.** <-es> *n* jorro *m*; *fig* arrebatamento *m* **II.** *vi* jorrar; *fig* entusiasmar-se
gushing *adj fig* efusivo, -a
gust [gʌst] *n* rajada *f*, pancada (de chuva) *f*
gusto ['gʌstoʊ, *Brit*: -təʊ] *n no pl* prazer *m*; **with ~** com prazer
gut [gʌt] **I.** *n* 1. (*intestine*) intestino *m*; **a ~ feeling** intuição *f*; **to bust a ~** *inf* dar o sangue 2. *pl, inf* (*bowels*) tripas *fpl* 3. **~s** (*courage*) coragem *f sem pl* **II.** <-tt-> *vt* retirar as tripas
gutless [gʌtlɪs] *adj inf* covarde
gutsy ['gʌtsi] <-ier, -iest> *adj* valentão, -ona
gutter ['gʌtər, *Brit*: -tər] *n* (*on a path*) sarjeta *f*; (*on roof*) calha *f*
guttural ['gʌtərəl, *Brit*: 'gʌt-] *adj* gutural
guy [gaɪ] *n inf* 1. (*man*) cara *m*; **~s** (*people*), **I'll see you ~s later** a gente se vê mais tarde *inf* 2. (*rope*) corda *f*
Guyana [gaɪ'ænə] *n* Guiana *f*
guzzle ['gʌzl] *vt inf* entornar
gym [dʒɪm] *n inf* 1. (*room*) ginásio *m*; (*fitness center*) academia *f* de ginástica 2. *no pl* (*gymnastics*) ginástica *f*
gymnasium [dʒɪm'neɪziəm] *n* ginásio *m*
gymnast ['dʒɪmnæst] *n* ginasta *mf*
gymnastics [dʒɪm'næstɪks] *npl* ginástica *f sem pl*
gynaecology [ˌgaɪnɪ'kɑːlədʒi, *Brit*: -'kɒl-] *n Brit*, **gynecology** *n Am, Aus no pl* ginecologia *f*
gypsy ['dʒɪpsi] <-ies> *n* cigano, -a *m, f*
gyrate [ˌdʒaɪ'reɪt] *vi* rodopiar
gyroscope ['dʒaɪrəskoʊp, *Brit*: -skəʊp] *n* giroscópio *m*

H

H, h [eɪtʃ] *n* h *m*; **~ as in How** *Am*, **~ for Harry** *Brit* h de hiena
ha [hɑː] *interj* ah
habit ['hæbɪt] *n* hábito *m*; **monk's ~** hábito de monge; **to be in the ~ of doing sth** ter o hábito de fazer a. c.; **to get into the ~ of doing sth** adquirir o hábito de fazer a. c., roupa *f*; **riding ~** roupa para cavalgar
habitat ['hæbətæt, *Brit*: -bɪ-] *n* hábitat *m*
habitation [ˌhæbɪ'teɪʃn] *n* 1. *no pl* (*occupancy*) **unfit for human ~** inabitável 2. (*dwelling*) habitação *f*
habitual [hə'bɪtʃuəl] *adj* habitual; **~ drug use** consumo regular de drogas

hack [hæk] I. *vt* 1. (*chop*) talhar 2. *Am, Aus, inf* (*cope with*) aguentar 3. INFOR **to ~ (into) a system** violar um sistema 4. *Brit* **to ~ the ball** dar um pontapé na bola II. *vi* **to ~ at sth** fazer talhos em a. c. III. *n* 1. (*journalist*) repórter *mf* de jornaleco 2. (*writer*) escrevinhador(a) *m(f)*

hacker [hækər, *Brit:* -əʳ] *n* INFOR hacker *mf*

had [həd, *stressed:* hæd] *pt, pp of* **have**

haggard ['hægərd, *Brit:* -əd] *adj* abatido, -a

haggle ['hægl] *vi* barganhar; **to ~ over the price of sth** barganhar a. c.

Hague [heɪɡ] *n* **the ~** Haia

hail[1] [heɪl] I. *n no pl* METEO granizo *m*; **a ~ of insults** uma saraivada *f* de insultos II. *vi* chover granizo

hail[2] I. *vt* 1. (*call*) chamar; **to ~ a taxi** chamar um táxi 2. (*acclaim*) aclamar; **to ~ sb as sth** aclamar alguém como a. c. II. *vi form* **to ~ from** ser proveniente de

hair [her, *Brit:* heəʳ] *n* 1. (*on a person's skin, on animal*) pelo *m* 2. (*on head of person*) cabelo *m*; **keep your ~ on!** *Brit, Aus, iron, inf* não esquente a cabeça!; **to have one's ~ cut** cortar o cabelo; **to split ~s** discutir minúcias

haircut *n* corte *m* de cabelo; **to get a ~** cortar o cabelo **hairdresser** *n* cabeleireiro, -a *m, f*; **the ~'s** salão *m* de cabeleireiro **hairstyle** *n* penteado *m*

hairy ['heri, *Brit:* 'heəri] <-ier, -iest> *adj* 1. (*having much hair: animal*) peludo, -a; (*chest, leg*) cabeludo, -a 2. *inf* (*frightening*) arrepiante

Haiti ['heɪti, *Brit:* -ti] *n* Haiti *m*

Haitian ['heɪʃən] *adj, n* haitiano, -a

half [hæf, *Brit:* hɑ:f] I. <halves> *f*; **~ an apple** meia maçã; **~ and ~** meio a meio; **~ of sth** metade de a. c.; **a kilo and a ~** um quilo e meio; **in ~** ao meio; **my other ~** *fig* minha cara-metade *f*; **to be too clever by ~** ser por demais inteligente; **to sell sth at ~ price** vender a. c. pela metade do preço II. *adj* meio, -a; **~ a liter** meio litro; **~ an hour, a ~ hour** meia hora III. *adv* 1. (*partially*) meio; **~ done** feito pela metade; **~ empty/full** meio cheio/vazio 2. (*by fifty percent*) **~ as many/much** a metade 3. *inf* (*most*) um tanto; **~ (of) the time** um tanto *m* do tempo 4. (*thirty minutes after*) **~ past three** três e meia

half brother *n* meio-irmão *m*

half-dozen *adj* meia dúzia *f*

half-hearted *adj* pouco entusiasmado, -a

half-heartedly *adv* sem entusiasmo

half-price I. *adj* pela metade do preço; **a ~ dress** um vestido pela metade do preço II. *adv* pela metade do preço; **to buy sth ~** comprar a. c. pela metade do preço

half sister *n* meia-irmã *f* **half-time** *n* SPORTS intervalo *m* **halfway** I. *adj* equidistante; **~ point** ponto equidistante II. *adv* **to be ~ between ... and ...** estar a meio caminho entre ... e ...; **to be ~ through sth** estar no meio [*ou* na metade] de a. c.

hall [hɔ:l] *n* 1. (*in entrance*) vestíbulo *m* 2. (*large public room*) concert **~** sala *f* de concertos; **gambling ~** salão *m* de jogos; **lecture ~** auditório *m*; **town ~, city ~** *Am* prefeitura *f* 3. UNIV prédio *m* de uma universidade; **~ of residence** residência *f* estudantil

hallmark ['hɔ:lmɑ:rk, *Brit:* -mɑ:k] *n* 1. (*identifying symbol*) marca *f* característica; **her ~** sua principal característica 2. *Brit* (*engraved identifying mark*) marca *f* de qualidade

hallo [hə'loʊ, *Brit:* -'ləʊ] <-s> *interj Brit* olá

Halloween [ˌhæloʊ'i:n, *Brit:* -əʊ'-] *n* Halloween *m*

> **Culture** A festa de **Halloween** é celebrada no dia 31 de outubro, um dia antes de **All Saints' Day**, também conhecido como **All Hallows** (Todos os Santos). Nesta festa as pessoas se fantasiam de bruxas e fantasmas. As crianças fazem **turnip lanterns** (lanternas feitas com abóboras sem o miolo) e, na Escócia, fazem **guising** (se fantasiam e vão de casa em casa cantando ou recitando poemas para que lhes deem dinheiro). Nos Estados Unidos, as crianças se fantasiam ao entardecer e vão de porta em porta com uma sacola na mão. Quando o morador da casa abre a porta, as crianças gritam:

> 'Trick or treat!', e a pessoa então decide entre lhes dar um **treat** (doces) ou levar um **trick** (um logro, uma peça). Hoje em dia praticamente não se pregam mais peças porque as crianças se aproximam apenas das casas em que as luzes de fora estão acesas, que serve como um sinal de boas-vindas.

halo ['heɪloʊ, Brit: -ləʊ] <-s o -es> n a. fig halo m
halt [hɔːlt, Brit: hɒlt] I. n no pl (flow) pausa f; (train) parada f; **to bring sth/sb to a** ~ fazer a. c./alguém parar; **to grind to a** ~ parar completamente II. vi parar III. vt interromper
halve [hæv, Brit: hɑːv] vt 1. (lessen: number) dividir por dois; (population) reduzir à metade 2. (cut in two) cortar ao meio
halves [hævz, Brit: hɑːvz] n pl of **half**
ham [hæm] n no pl (cured) presunto m defumado; (cooked) presunto m cozido; **a slice of** ~ uma fatia de presunto
hamburger ['hæmbɜːrgər, Brit: -bɜːgə'] n (sandwich) hambúrguer m; (meat) carne f moída
hamlet ['hæmlɪt] n aldeia f
hammer ['hæmər, Brit: -ə'] I. n martelo m; ~ **blow** a. fig martelada f; **the** ~ **and sickle** POL, HIST a foice e o martelo II. vt 1. (hit with tool: metal) forjar; (nail) martelar 2. inf (criticize: book, film) malhar; **to** ~ **sb for sth** malhar alguém por a. c.; (team) massacrar III. vi martelar; **to** ~ **at sth** martelar a. c.
hamper[1] ['hæmpər, Brit: -ə'] vt atrapalhar; **to** ~ **sb/sth** impedir alguém/a. c.
hamper[2] n 1. (picnic basket) cesta f de piquenique 2. Am (for dirty laundry) cesto m de roupa suja
hamster ['hæmstər, Brit: -ə'] n hamster m
hamstring ['hæmstrɪŋ] n tendão m do jarrete
hand [hænd] I. n 1. ANAT mão f; ~ **in** ~ de mãos dadas; ~**s up!** mãos ao alto!; **to be good with one's** ~**s** ter boa habilidade manual; **to do sth by** ~ fazer a. c. manualmente; **to shake** ~**s with sb** dar um aperto de mão em alguém 2. (handy, within reach) **at** ~ à disposição 3. (what needs doing now) **the job at** ~ o trabalho prestes a acontecer; **the problem in** ~ o problema em deliberação 4. **to get out of** ~ (person) descontrolar-se; (things, situation) sair do controle 4. pl (responsibility, authority, care) **to be in good** ~**s** estar em boas mãos; **to fall into the** ~**s of sb** cair nas mãos de alguém 5. (assistance) **to give sb a** ~ **with sth** dar uma mão a alguém com a. c. 6. (applause) **to give sb a** ~ **(for sth)** aplaudir alguém (por a. c.) 7. **on the one** ~ ... **on the other** (~) ... por um lado ...; por outro lado ...; **second** ~ de segunda mão II. vt 1. (give) dar; **will you** ~ **me my bag?** pode me dar [ou passar] a minha bolsa? 2. (give credit) **I've got to** ~ **it to you** – **we couldn't have done it without you** eu tenho que admitir [ou justiça seja feita] – nós não teríamos conseguido sem você
◆**hand in** vt entregar; **to** ~ **sth in to sb** entregar a. c. a alguém
◆**hand out** vt distribuir; **to** ~ **sth out to sb** distribuir a. c. a alguém
◆**hand over** vt 1. (give, submit: criminal) entregar; **to** ~ **sth/sb over to sb** entregar a. c./alguém a alguém 2. (transfer: business) passar; (power) transferir; (privileges) ceder
handbag n bolsa f **handbook** n (of a subject) manual m; (for travelers) guia m **handbrake** n freio m de mão **handcuffs** npl algemas fpl; **a pair of** ~ um par de algemas
handful ['hændfʊl] n no pl (small amount) punhado; **to be a real** ~ (child) ser endiabrado, -a; (adult) ser insuportável
handicap ['hændɪkæp] I. n 1. (disability) **mental** ~ deficiência f mental; **physical** ~ deficiência f física 2. (disadvantage) empecilho m 3. SPORTS handicap m II. <-pp-> vt prejudicar; **to be** ~**ped** estar em situação de desvantagem
handkerchief ['hæŋkərtʃɪf, Brit: -kətʃɪf] n lenço m
handle ['hændl] I. n 1. (of cup) asa f; (of door) maçaneta f; (of drawer) puxador m; (of knife, pan) cabo m; (of pot, basket, bag) alça f 2. **to fly off the** ~ perder a cabeça II. vt 1. (touch) manusear; ~ **with care** manusear com cuida-

do 2. (*machine, tool, weapon*) manejar 3. (*deal with: person*) **I don't know how to ~ her** não sei como lidar com ela 4. (*direct: affairs, staff*) gerenciar

handlebar *n* guidão *m*

handling *n no pl* (*of car*) manejo *m*; (*of merchandise*) expedição *f*

handout ['hændaʊt] *n* 1. (*document for a group*) apostila *f* 2. (*money*) esmola *f*

handshake *n* aperto *m* de mão

handsome ['hænsəm] *adj* 1. (*animal, thing*) vistoso, -a; (*man*) bonito, -a 2. (*large: donation*) generoso, -a; (*profit, salary*) ótimo, -a

hands-on *adj* prático, -a; **~ approach** enfoque prático

hand wipe ['hænd,waɪp] *n* lenço *m* de papel umedecido

handwriting *n no pl* caligrafia *f*, letra *f*

handwritten [,hænd'rɪtn] *adj* escrito, -a à mão

handy ['hændi] <-ier, -iest> *adj* 1. (*skillful*) hábil; **to be ~ around the house** ter mão para as coisas da casa; **to be ~ with sth** ser habilidoso com a. c. 2. (*convenient: house*) conveniente; (*useful: hint*) útil; **to come in ~** vir a calhar

hang [hæŋ] I. *n no pl* **to get the ~ of sth** pegar o jeito de a. c. II.<hung, hung> *vi* 1. (*picture*) estar pendurado; **to ~ by/on/from sth** estar pendurado por/em a. c. 2. (*lean over or forward*) debruçar-se 3. (*fit, drape: clothes, fabrics*) cair; **to ~ well** ter um bom caimento III.<hung, hung> *vt* 1. (*attach: coat*) pendurar; (*the washing*) estender 2. (*execute*) enforcar

◆**hang around** I. *vi* 1. *inf* (*waste time*) matar o tempo 2. (*wait*) esperar 3. (*idle*) fazer hora II. *vt insep* perambular; **to ~ a place** perambular por um lugar

◆**hang on** I. *vi* 1. (*wait briefly*) aguardar; **~!** *inf* espera aí 2. (*hold on to*) **~ tight** segurar-se firme; **to ~ to sth** segurar-se em a. c. II. *vt insep* 1. (*depend upon*) depender de 2. (*give attention*) ouvir atentamente; **to ~ sb's every word** ouvir atentamente cada palavra dita por alguém

◆**hang out** I. *vt* (*the washing*) estender II. *vi* 1. (*dangle*) pender 2. *inf* (*frequent*) andar; **where does he ~ these days?** onde ele anda ultimamente?

◆**hang up** I. *vt* **to ~ the phone** desligar o telefone II. *vi* desligar; **to ~ on sb** desligar na cara de alguém

hangar ['hæŋər, *Brit:* -əʳ] *n* hangar *m*

hanger ['hæŋər, *Brit:* -əʳ] *n* cabide *m*

hanging I. *n* 1. (*act of execution*) enforcamento *m* 2. *no pl* (*system of execution*) forca *f* II. *adj* suspenso, -a

hangover *n* 1. (*from drinking*) ressaca *f* 2. (*left-over*) resquício *m*

haphazard [hæp'hæzərd, *Brit:* -əd] *adj* 1. (*badly planned*) de qualquer maneira 2. (*random, arbitrary*) casual

happen ['hæpən] *vi* 1. (*occur*) acontecer; **whatever ~s** o que quer que aconteça 2. (*chance*) **as it ~s ...** por acaso ...; **he ~s to be my best friend** acontece que ele é o meu melhor amigo; **I ~ed to be at home** por acaso eu estava em casa

happening *n* 1. (*events*) acontecimento *m* 2. (*performance*) evento *m* artístico

happily ['hæpɪli] *adv* 1. (*fortunately*) felizmente 2. (*willingly*) com prazer 3. (*with happiness*) alegremente; **they lived ~ ever after** viveram felizes para sempre

happiness ['hæpɪnɪs] *n no pl* felicidade *f*

happy ['hæpi] <-ier, -iest> *adj* 1. (*feeling very good*) feliz; **~ birthday!** feliz aniversário!; **many ~ returns (of the day)**! muitos anos de vida!; **to be ~ that ...** estar contente que ... +*subj*; **to be ~ to do sth** estar feliz em fazer a. c. 2. (*satisfied*) satisfeito, -a; **are you ~ with the idea?** a ideia agrada a você?; **to be ~ about sb/sth** estar satisfeito com alguém/a. c.

harass [hə'ræs, *Brit:* 'hærəs] *vt* (*with cares*) importunar; (*with questions*) assediar

harassment [hə'ræsmənt, *Brit:* 'hærəs-] *n no pl* **the ~ of unions** a importunação *f* dos sindicatos; (*sexual*) assédio *m*

harbor ['hɑːrbər] *Am, Aus,* **harbour** ['hɑːbəʳ] I. *n* porto *m*; **fishing ~** porto pesqueiro II. *vt* 1. (*doubts, resentment, suspicion*) nutrir; **to ~ a grudge against sb** nutrir rancor por alguém 2. (*refugee*) dar guarida a

hard [hɑːrd, *Brit:* hɑːd] I. *adj* 1. duro, -a; **~ luck** azar 2. (*intense, concentrated*) **to be a ~ worker** ser uma pessoa trabalhadora 3. (*difficult, complex*) difícil; **it's ~ to tell** é difícil dizer; **to be**

~ **to please** ser difícil de agradar; **to learn the** ~ **way** *fig* aprender às duras penas **4.** (*person*) severo, -a; (*winter*) rigoroso, -a; **to give sb a** ~ **time** não dar mole para alguém *gír* **5.** COMPUT ~ **copy** cópia impressa **II.** *adv* com força; **to press/pull** ~ apertar/puxar com força, muito; **to study/work** ~ estudar/trabalhar muito

hardback *n* livro *m* de capa dura; **in** ~ com capa dura

hard cash *n* dinheiro *m* vivo **hard currency** <-ies> *n* moeda *f* forte **hard disk** *n* INFOR disco *m* rígido

harden ['hɑːrdn, *Brit:* 'hɑːdn] **I.** *vt* **1.** (*make more solid, firmer*) a. *fig* (*conviction*) fortalecer; (*heart*) endurecer **2.** (*make tougher*) calejar; **to** ~ **oneself to sth** ficar calejado em a. c. **II.** *vi* **1.** (*become firmer*) endurecer(-se) **2.** (*be accustomed to*) **to** ~ **to sth** calejar(-se) em a. c.

hardly *adv* mal; ~ **ever/anyone/anything** quase nunca/ninguém/nada

hardness *n no pl* (*of life*) dureza *f*; (*of metal*) resistência *f*

hardship ['hɑːrdʃɪp, *Brit:* 'hɑːd-] *n* (*suffering*) privação *f*; **to suffer great** ~ **because of war** passar por grandes privações por causa da guerra; (*adversity: economic*) dificuldade *f* **hardware** *n no pl* **1.** (*household articles*) ferragens *fpl* **2.** INFOR hardware *m*

hardware store *n* loja *f* de ferragens

hardy <-ier, -iest> *adj* (*boy*) robusto, -a; (*plant*) resistente

hare [her, *Brit:* heəʳ] *n* lebre *f*

harm [hɑːrm, *Brit:* hɑːm] **I.** *n no pl* dano *m*; **she came to no** ~ ela saiu ilesa; **there's no** ~ **in trying** mal não há mal nenhum em tentar; **they didn't mean any** ~ eles não tinham a intenção de ofender; **to do** ~ **to sb/sth** causar dano a alguém/a. c. **II.** *vt* prejudicar

harmful *adj* **to be** ~ **to sb/sth** (*health*) ser prejudicial a alguém/a. c.; (*people*) ser nocivo, -a a alguém/a. c.

harmless ['hɑːrmlɪs, *Brit:* 'hɑːm-] *adj* (*fun, joke*) inocente; (*person, venom*) inofensivo, -a

harmonic [hɑːrˈmɑːnɪk, *Brit:* hɑːˈmɒn-] *adj* harmônico, -a

harmonious [hɑːrˈmoʊniəs, *Brit:* hɑːˈməʊ-] *adj* harmonioso, -a

harmony ['hɑːrməni, *Brit:* 'hɑːm-] <-ies> *n* a. MUS harmonia *f*; **in** ~ (**with sb/sth**) em harmonia (com alguém/a. c.)

harness ['hɑːrnɪs, *Brit:* 'hɑːn-] **I.** *n* arreios *mpl*; **safety** ~ arreios de segurança **II.** *vt* (*energy*) aproveitar; (*horse*) atrelar

harp [hɑːrp, *Brit:* hɑːp] **I.** *n* harpa *f* **II.** *vi* **to** ~ **on about sth** (*talk about*) bater na mesma tecla sobre a. c.; **to** ~ **on sb** importunar alguém com insistência

harrowing *adj* angustiante

harsh [hɑːrʃ, *Brit:* hɑːʃ] *adj* **1.** (*severe: parents, punishment*) severo, -a **2.** (*unfair: criticism*) duro, -a **3.** (*contrast, color*) gritante **4.** (*climate*) rigoroso, -a

harvest ['hɑːrvɪst, *Brit:* 'hɑːv-] **I.** *n* (*of crops, grapes*) colheita *f* **II.** *vt* a. *fig* colher **III.** *vi* colher

has [həz, *stressed:* hæz] *3rd pers sing of* **have**

hash [hæʃ] *n no pl* **1.** GASTR picadinho *m* **2.** *no pl, inf* mixórdia *f*; **to make a** ~ **of sth** fazer uma mixórdia de a. c. [*ou* equivocar-se completamente com a. c.]

hassle ['hæsl] **I.** *n no pl, inf* (*bother*) aporrinhação *f*; **to give sb a** ~ aporrinhar alguém; (*effort*) trabalheira *f* **II.** *vt inf* atazanar; **to** ~ **sb about** [*o* **over**] **sth** atazanar alguém com a. c.; **to** ~ **sb to do sth** atazanar alguém para fazer a. c.

haste [heɪst] *n no pl* pressa *f*; **more** ~ **less speed** *prov* devagar se vai longe *prov*; **to be in** ~ estar com pressa

hasten ['heɪsn] **I.** *vi* apressar-se; **to** ~ **do sth** apressar-se para fazer a. c. **II.** *vt* (*course*) acelerar; (*death*) apressar

hasty ['heɪsti] <-ier, -iest> *adj* **1.** (*fast*) apressado, -a; **to beat a** ~ **retreat** a. *fig* bater em retirada **2.** (*rash*) precipitado, -a; **to make** ~ **decisions** tomar decisões precipitadas

hat [hæt] *n* chapéu *m*

hatch[1] [hætʃ] **I.** *vi* sair da casca **II.** *vt* **1.** (*chick*) chocar **2.** (*devise in secret: plan, plot*) tramar

hatch[2] <-es> *n* portinhola *f*; NAUT escotilha *f*

hatchet ['hætʃɪt] *n* machadinha *f*; **to bury the** ~ fazer as pazes

hate [heɪt] **I.** *n* ódio *m* **II.** *vt* **1.** odiar; **to** ~ **sb for sth** [*o* **for doing sth**] odiar alguém por (fazer) a. c.; **to** ~ **sb's guts** *inf* ter ódio mortal de alguém **2.** **I** ~ **to**

hatred [ˈheɪtrɪd] *n no pl* ódio *m*; **~ of sb/sth** ódio de alguém/a. c.

hat-trick *n* SPORTS três gols marcados por um mesmo jogador

haul [hɑːl, *Brit:* hɔːl] **I.** *vt* (*body*) arrastar; (*net*) puxar; **to ~ up the sail** içar a vela; (*passenger*) transportar **II.** *n* **1.** (*route: long, short*) percurso *m*; **long ~ flight** voo *m* de longa distância **2.** (*quantity caught: of fish, shrimp*) arrastão *m*; (*of stolen goods*) espólio *m*

haunt [hɑːnt, *Brit:* hɔːnt] *vt* **1.** (*ghost*) assombrar **2.** (*disturb, bother*) atormentar; **to be ~ed by sth** ser atormentado por a. c.

haunted *adj* **1.** (*by ghosts*) assombrado, -a; **~ house** casa mal-assombrada **2.** (*troubled*) atormentado, -a

haunting *adj* **1.** (*disturbing*) **a ~ fear/memory** um medo/uma lembrança torturante **2.** (*memorable: beauty*) perturbador(a)

Havana [həˈvænə] *n* Havana *f*

have [həv, *stressed:* hæv] **I.** <has, had, had> *vt* **1.** (*own*) ter; **she has two brothers** ela tem dois irmãos; **to ~ sth to do** ter a. c. para fazer **2.** (*engage in*) **to ~ a bath/shower** *esp Brit* tomar um banho; **to ~ a game** jogar uma partida; **to ~ a walk** ir caminhar **3.** (*eat*) **to ~ lunch** almoçar; **to ~ some coffee** tomar um café **4.** (*give birth to*) **to ~ a child** dar à luz uma criança **5.** (*receive*) receber; **to ~ visitors** receber visitas **II.** <has, had, had> *aux* (*indicates perfect tense*) **he has never been to Scotland** ele nunca esteve na Escócia; **to ~ got to do sth** ter que fazer a. c.; **we had been swimming** tínhamos ficado nadando; **what time ~ we got to be there?** a que horas precisamos estar lá?

◆ **have in** *vt always sep* chamar; **they had some experts in** chamaram alguns especialistas

◆ **have on** *vt always sep* **1.** (*wear: clothes*) vestir; **he didn't have any clothes on** ele estava sem roupa **2.** (*plan*) **have you got anything on this week?** você tem algo programado para esta semana? **3.** *Brit, inf* (*fool*) pregar uma peça

haven [ˈheɪvn] *n* porto *m*; **a safe ~ for the refugees** um porto seguro para os refugiados *fig*, refúgio *m*; **a ~ from the noise outside** um refúgio contra o barulho lá fora

havoc [ˈhævək] *n no pl* estrago *m*; **to play** [*o* **wreak**] **~ with sth** causar estragos em a. c.

Hawaii [həˈwaːiː, *Brit:* -ˈwaɪiː] *n* Havaí *m*

Hawaiian [həˈwaːjən, *Brit:* -ˈwaɪj-] *adj*, *n* havaiano, -a

hawk [hɑːk, *Brit:* hɔːk] *n* gavião *m*; *fig* POL falcão *m* (*político que adota uma linha agressiva e beligerante*)

hay [heɪ] *n no pl* feno *m*; **to hit the ~** *inf* ir para a cama

hay fever *n* rinite *f* alérgica (sazonal)

hazard [ˈhæzərd, *Brit:* -zəd] *n* **1.** (*danger*) perigo *m*; **a ~ to sb** um perigo para alguém **2.** *no pl* (*risk*) risco *m*; **fire ~** risco de incêndio; **health ~** risco à saúde

hazardous [ˈhæzərdəs, *Brit:* -zəd-] *adj* (*dangerous*) perigoso, -a; (*risky*) arriscado, -a; **to be ~ to one's health** ser prejudicial à saúde

haze [heɪz] *n* (*from dust, smoke*) nuvem *f*; **heat ~** bruma *f* (em dia ensolarado)

hazel [ˈheɪzl] **I.** *adj* castanho-claro, castanha-clara **II.** *n* aveleira *f*

hazelnut [ˈheɪzlnʌt] *n* BOT avelã *f*

hazy [ˈheɪzi] <-ier, -iest> *adj* **1.** (*day, sun*) enevoado, -a **2.** (*confused, unclear: idea*) confuso, -a; (*memory*) vago, -a

he [hiː] *pron pers* **1.** (*male person or animal*) ele; **~'s gone away but ~'ll be back soon** ele saiu mas volta logo; **~'s my father** ele é meu pai **2.** (*unspecified sex*) **if somebody comes, ~ will buy it** se vier alguém, vai comprar

head [hed] **I.** *n* **1.** ANAT cabeça *f*; **to be ~ over heels in love** estar loucamente apaixonado; **to be off one's ~** *inf* (*crazy*) estar fora de si; **to have one's ~ in the clouds** ter a cabeça nas nuvens; **to laugh one's ~ off** *inf* rachar de rir; **to nod one's ~** assentir com a cabeça **2.** *no pl* (*unit*) cabeça *f*; **a** [*o* **per**] **~** por cabeça **3.** (*mind*) **to be over one's ~** além da capacidade de compreensão de alguém; **to clear one's ~** aclarar as ideias; **to get sth/sb out of one's ~** tirar a. c./alguém da cabeça **4.** *pl* (*of coin*) cara *f*; **~s or tails?** cara ou coroa?

5. (*boss*) chefe *mf* **II.** *vt* (*lead: an expedition, revolt*) liderar; (*a firm, organization*) dirigir

◆ **head back** *vi* voltar; **to ~ to sth** voltar a a. c.

◆ **head for** *vt insep* dirigir-se a; **to ~ the exit** dirigir-se à saída, seguir para; **we were heading for Paris** nós estávamos seguindo para Paris

◆ **head off I.** *vt* (*get in front of sb*) deter **II.** *vi* ir; **to ~ towards** ir para

headache ['hedeɪk] *n* dor *f* de cabeça

heading *n* (*of chapter*) título *m*; (*letterhead*) cabeçalho *m*

headlight *n*, **headlamp** *n* farol *m* dianteiro **headline** *n* manchete *f* **headmaster** *n Brit* diretor *m* de escola

headquarters *n* + *sing/pl vb* MIL quartel-general *m*; (*of company*) sede *f*; (*of pol. party*) centro *m* de atividades

headrest *n* apoio *m* para cabeça

heads-up ['hedz,ʌp] *adj inv* SPORTS competente **headway** *n no pl* progresso *m*; **to make ~** progredir

heady ['hedi] <-ier, -iest> *adj* **1.** (*intoxicating: perfume, wine*) inebriante **2.** (*exciting*) estonteante

heal [hi:l] **I.** *vt* (*illness*) curar; (*wound*) cicatrizar **II.** *vi* curar(-se), cicatrizar(-se)

health [helθ] *n no pl* saúde *f*; **to drink to sb's ~** beber à saúde de alguém

health insurance *n no pl* seguro-saúde *m* **health service** *n Brit* serviço *m* de saúde

healthy ['helθi] <-ier, -iest> *adj* **1.** MED (*food, person*) saudável **2.** FIN (*economy*) próspero, -a

heap [hi:p] **I.** *n* (*of books, clothes*) pilha *f*; (*of earth*) monte *m*; **to collapse in a ~** *fig* (*person*) desabar **II.** *vt* **to ~ sth** (**up**) (*leaves*) amontoar; (*washing*) empilhar

hear [hɪr, *Brit:* hɪər] <heard, heard> **I.** *vt* **1.** (*with ears*) ouvir **2.** (*be told*) ficar sabendo; **to ~ that ...** ficar sabendo que ... **3.** (*listen*) escutar; **Lord, ~ our prayers** REL Senhor, escutai as nossas preces **II.** *vi* **1.** (*with ears*) ouvir; **to ~ very well** ouvir muito bem **2.** (*get news*) ficar sabendo; **to ~ about sth** ficar sabendo de a. c.; **to ~ from sb** ter notícias de alguém; **to have heard of sth** ter ouvido falar de a. c.

hearing *n* **1.** *no pl* (*sense*) audição *f* **2.** LAW audiência *f*

heart [hɑːrt, *Brit:* hɑːt] *n* **1.** ANAT coração *m*; **by ~** de memória; **to break sb's ~** *fig* magoar alguém **2.** *no pl* (*center*) centro *m*; **walk through the ~ of the capital** andar pelo centro da capital; *fig* âmago *m*; **to get to the ~ of the matter** chegar ao âmago da questão **3.** *pl* (*card suit*) copas *fpl*

heart attack *n* ataque *m* cardíaco **heartbeat** *n* batida *f* do coração **heart disease** *n no pl* doença *f* cardíaca

hearth [hɑːrθ, *Brit:* hɑːθ] *n* lareira *f*

heartily *adv* (*without reservations*) entusiasticamente; **to eat ~** comer com grande apetite

hearty ['hɑːrti, *Brit:* 'hɑːti] *adj* <-ier, -iest> **1.** (*enthusiastic: laugh*) franco, -a; (*welcome*) caloroso, -a **2.** (*large, strong: appetite*) voraz; (*breakfast*) farto, -a

heat [hi:t] **I.** *n no pl* **1.** (*warmth*) calor *m*; **in the ~ of the moment** no calor da hora **2.** *no pl* ZOOL cio *m*; **to be in ~** estar no cio **II.** *vi*, *vt* aquecer(-se); *fig* inflamar(-se)

◆ **heat up** *vi*, *vt* (*oven*) aquecer(-se); (*soup*) esquentar(-se)

heated *adj* **1.** (*pool*) aquecido, -a **2.** (*argument*) acalorado, -a; (*speaker*) inflamado, -a

heater ['hi:tər, *Brit:* -tər] *n* aquecedor *m* **heat gauge** *n* termômetro *m*

heath [hi:θ] *n* descampado *m*

heathen ['hi:ðən] **I.** *n* pagão, -ã *m*, *f*; **the ~** o gentio **II.** *adj* pagão, -ã

heather ['heðər, *Brit:* -ər] *n no pl* urze *f*

heating *n no pl* calefação *f*

heatwave *n* onda *f* de calor

heave [hi:v] **I.** *vi* (*pull*) erguer (com esforço); (*push*) empurrar; (*pant*) arquejar **II.** *vt* (*pull*) erguer (com esforço); (*push*) empurrar; **he ~d the door open** abriu a porta com um tranco **III.** *n* (*pull*) puxão *m*; (*push*) empurrão *m*; (*pant*) arquejo *m*

heaven ['hevən] *n* paraíso *m*; **it's ~** *infé* o paraíso; **to go to ~** ir para o paraíso

heavenly *adj* <-ier, -iest> **1.** (*of heaven*) celeste; **~ body** corpo *m* celeste **2.** (*wonderful*) divino, -a

heavy ['hevi] *adj* <-ier, -iest> **1.** (*weighing a lot: suitcase, rock*) pesado, -a; **~ food** comida pesada **2.** (*difficult*) difícil **3.** (*strong: accent*) acentuado, -a; (*blow*) forte, duro, -a *fig*; **~ fall** *a.* ECON forte queda **4.** (*abundant*) **~ frost/gale** forte geada/ventania **5.** (*excessive:*

drinker; smoker) inveterado, -a

heavy metal *n* **1.** (*lead, cadmium*) metal *m* pesado **2.** MUS heavy-metal *m*

heavyweight SPORTS **I.** *adj* peso pesado, -a **II.** *n* peso pesado *m*

Hebrew ['hi:bru:] *adj* hebraico, -a

heck [hek] *interj inf* diabos; **where the ~ have you been?** onde diabos você estava?

hectare ['hektər, *Brit:* -teə^r] *n* hectare *m*

hectic ['hektɪk] *adj* frenético, -a; ~ **pace** ritmo frenético

hedge [hedʒ] *n* cerca *f* viva

heed [hi:d] *n* to **pay** (no) ~ **to sth** (não) prestar atenção a a. c.

heel [hi:l] *n* **1.** (*of foot*) calcanhar *m;* **to be at sb's ~s** estar no calcanhar de alguém **2.** (*of shoe*) salto *m*

hefty ['hefti] *adj* <-ier, -iest> (*fine*) pesado, -a; (*person*) pesadão, -ona *inf;* (*profit, amount*) polpudo, -a

height [haɪt] *n* (*of person*) estatura *f;* (*of thing*) altura *f;* **to be afraid of ~s** ter medo de altura

heighten ['haɪtn] *vt* (*effect*) acentuar; (*tension*) aumentar

heir [er, *Brit:* eə^r] *n* herdeiro *m;* ~ **to the throne** herdeiro do trono

heiress ['erɪs, *Brit:* 'eərɪs] *n* herdeira *f*

held [held] *pt, pp of* **hold**

helicopter ['helɪkɑ:ptər, *Brit:* -kɒptə^r] *n* helicóptero *m*

hell [hel] **I.** *n no pl* **1.** (*place of punishment*) inferno *m;* **to make sb's life (a living) ~** *fig, inf* tornar a vida de alguém um (verdadeiro) inferno **2.** *inf* (*as intensifier*) **as cold as ~** um tremendo frio; **to run like ~** correr feito um louco **II.** *interj* raios; **what the ~...!** que diabos!

hello [hə'loʊ, *Brit:* -'ləʊ] **I.** <hellos> *n* alô *m;* **a big ~** um grande alô **II.** *interj* **1.** (*greeting*) olá; **to say ~ to sb** dizer olá para alguém **2.** (*on the phone*) alô

helm [helm] *n* leme *m;* **to be at the ~** estar no leme; *fig* ter o leme

helmet ['helmɪt] *n* capacete *m*

help [help] **I.** *vi* **1.** (*assist*) ajudar **2.** (*make easier*) facilitar **3.** (*improve situation*) melhorar **II.** *vt* **1.** (*assist*) ajudar; **to ~ oneself to sth** servir-se de a. c.; **to ~ sb with sth** ajudar alguém em a. c.; **can I ~ you?** (*in shop*) em que posso ajudá-lo? **2.** (*prevent*) evitar; **I can't ~ it** não dá para evitar; **to not be able to ~ doing sth** não conseguir evitar fazer a. c. **III.** *n no pl* ajuda *f;* **to be a ~** ser uma ajuda **IV.** *interj* socorro!

◆ **help out** *vt* ajudar; **to help sb out with sth** ajudar alguém com a. c.

helper ['helpər, *Brit:* -ə^r] *n* ajudante *mf*

helpful ['helpfl] *adj* **1.** (*willing to help: person*) prestativo, -a **2.** (*useful: suggestion*) útil

helping I. *n* porção *m* de comida **II.** *adj* **to give sb a ~ hand** dar uma mão a alguém

helpless ['helplɪs] *adj* **1.** (*powerless*) impotente **2.** (*defenseless*) indefeso, -a

helpline ['helplaɪn] *n* serviço *m* de assistência por telefone

hem [hem] *n* bainha *f;* **to take the ~ up/down** subir/descer a bainha

hemisphere ['hemɪsfɪr, *Brit:* -sfɪə^r] *n a.* MED hemisfério *m*

hen [hen] *n* (*chicken*) galinha *f;* (*bird*) ave *f* fêmea

hence [hens] *adv* **1.** (*therefore*) portanto **2.** *after n* (*from now*) daqui a; **two years ~** daqui a dois anos

henceforth [ˌhens'fɔ:rθ, *Brit:* -'fɔ:θ] *adv* daqui por diante

hepatitis [ˌhepə'taɪtɪs, *Brit:* -tɪs] *n no pl* hepatite *f*

her [hɜ:r, *Brit:* hɜ:^r] **I.** *adj poss* seu, sua, dela; ~ **children** os filhos dela, seus filhos; ~ **dress** vestido dela, seu vestido; ~ **house** casa dela, sua casa **II.** *pron pers* **1.** *direct object* a; **I saw ~** eu a vi; *indirect object* lhe, a ela; **he gave ~ the pencil** ele deu um lápis a ela, ele lhe deu um lápis; **he told ~ that ...** ele disse a ela que ..., ele lhe disse que ...; **look at ~** olhe para ela **2.** (*she*) ela; **if I were ~** se eu fosse ela; **it's ~** é ela; **older than ~** mais velho que ela **3.** *after prep* ela; **it's for/from ~** é para ela/dela

herald ['herəld] **I.** *vt* anunciar **II.** *n* presságio *m*

herb [ɜ:rb, *Brit:* hɜ:b] *n* erva *f*

herd [hɜ:rd, *Brit:* hɜ:d] *n +sing/pl vb* (*of cows, goats*) manada *f;* (*of sheep*) rebanho *m*

here [hɪr, *Brit:* hɪə^r] *adv* **1.** (*in, at, to this place*) aqui; ~ **and there** aqui e ali; **give it ~** *inf* dá aqui; **over ~** aqui **2.** (*introduction*) ~ **is ...** aqui está ...; ~ **you are** [*o go*] (*when giving sth*) aqui está **3.** (*show arrival*) **they are ~** eles estão aqui **4.** (*next to*) **my colleague ~** o meu colega aqui **5.** (*now*) **where do**

we go from ~? aonde vamos daqui?

hereabouts [ˌhɪrə'baʊts, *Brit:* ˌhɪərə-] *adv* nas redondezas

hereafter [hɪr'æftər, *Brit:* hɪər'ɑːftə^r] I. *adv* daqui por diante II. *n* **the ~** o além

hereditary [həˈredɪteri, *Brit:* hɪˈredɪtri] *adj* hereditário, -a

heredity [həˈredɪti, *Brit:* hɪˈredə-] *n no pl* hereditariedade *f*

heresy ['herəsi] <-ies> *n* heresia *f*

heritage ['herɪtɪdʒ, *Brit:* -tɪdʒ] *n no pl* herança *f*

hermit ['hɜːrmɪt, *Brit:* 'hɜːm-] *n* eremita *mf*

hero ['hɪroʊ, *Brit:* 'hɪərəʊ] <heroes> *n* 1. (*brave man*) herói *m* 2. (*main character*) protagonista *mf* 3. (*idol*) ídolo *m*

heroic [hɪ'roʊɪk, *Brit:* -'rəʊ-] *adj* heroico, -a; **~ deed** façanha heroica

heroin ['heroʊɪn, *Brit:* -rəʊ-] *n no pl* heroína *f*

heroine ['heroʊɪn, *Brit:* -rəʊ-] *n* (*of film*) protagonista *f*; (*brave woman*) heroína *f*

heron ['herən] <-(s)> *n* garça *f*

herring ['herɪŋ] <-(s)> *n* arenque *m*

hers [hɜːrz, *Brit:* hɜːz] *pron poss* dela, o(s) dela, a(s) dela; **a book of ~** um livro dela; **it's not my bag, it's ~** não é a minha bolsa, é a dela; **this glass is ~** este copo é o dela; **this house is ~** esta casa é a dela

herself [hər'self, *Brit:* hɜː-] *pron* 1. *refl* se; **she hurt ~** ela se machucou; *after prep* si (mesma); **she lives by ~** ela mora sozinha; **she looked at ~ in amazement** ela via a si mesma com espanto 2. *emphatic* ela mesma; **she cooked the dinner ~** ela mesma preparou o jantar

hesitate ['hezɪteɪt] *vi* hesitar; **to (not) ~ to do sth** (não) hesitar em fazer a. c.

hesitation [ˌhezɪ'teɪʃn] *n* hesitação *f*; **without ~** sem hesitação

heterogeneous [ˌhetəroʊ'dʒiːniəs, *Brit:* ˌhetərə-] *adj* heterogêneo, -a

heterosexual [ˌhetəroʊ'sekʃʊəl, *Brit:* ˌhetərə-] *adj* heterossexual

hey [heɪ] *interj* infei

hi [haɪ] *interj* oi

hid [hɪd] *pt of* **hide²**

hidden ['hɪdn] *adj pp of* **hide²**

hide¹ [haɪd] *n* couro *m*

hide² [haɪd] <hid, hidden> I. *vi* esconder-se; **to ~ from sb** esconder-se de alguém II. *vt* (*emotion, information*) ocultar; (*person, thing*) esconder; **to ~ one's face** esconder a cara; **to ~ sth from sb** esconder a. c. de alguém

hideous ['hɪdiəs] *adj* 1. (*very unpleasant, ugly: building, color, face, scar*) horrendo, -a 2. (*terrible: lie, crime*) hediondo, -a

hiding¹ ['haɪdɪŋ] *n* surra *f*

hiding² ['haɪdɪŋ] *n no pl* **to be in ~** estar escondido; **to go into ~** esconder-se

hierarchic(al) [ˌhaɪ'rɑːrkɪk(l), *Brit:* ˌhaɪə'rɑːk-] *adj* hierárquico, -a

hierarchy ['haɪrɑːrki, *Brit:* 'haɪərɑːki] <-ies> *n* hierarquia *f*

high [haɪ] I. *adj* 1. (*above average, elevated*) alto, -a; **one meter ~ and three meters wide** um metro de altura e três metros de largura; **to have a ~ opinion of sb** ter alguém em alta estima 2. (*important, eminent*) importante; **~ points** pontos importantes; **of ~ rank** de alta hierarquia; **to have friends in ~ places** ter amigos nos altos escalões; (*regarding job*) ter amigos influentes 3. (*under influence of drugs*) drogado, -a; **to be ~ on sth** estar viajando por causa de a. c. *inf* 4. (*of high frequency, shrill*) agudo, -a; **a ~ note** uma nota aguda II. *n* alta *f*; **an all-time ~** uma alta recorde; **to reach a record ~** atingir um nível recorde

higher education *n no pl* educação *f* de nível superior

> **Culture** O **Higher Grade** é o exame feito pelos alunos escoceses do quinto ano (um ano depois do **GCSE**). Os alunos podem optar por fazer o exame de uma única matéria, apesar de o normal ser fazer o exame para aproximadamente cinco **Highers**.

> **Culture** O **Highland dress** ou **kilt** é o traje tradicional escocês. Ele vem do século XVI e naquela época era composto de uma única peça. A partir do século XVII essa peça única se converteu em duas: o **kilt** (saia escocesa) e o **plaid** (manto de lã).

> Desta época também vem o **sporran** (uma bolsa pendurada no cinto). Só a partir do século XVIII é que surgiram os diferentes **tartans** (modelos de desenhos escoceses) para cada família ou clã. Muitos homens hoje vestem o **kilt** em eventos especiais, como casamentos.

highly adv 1.(*very*) muito 2.(*very well*) **to speak ~ of someone** falar muito bem de alguém
high-pitched adj agudo, -a; **a ~ voice** uma voz aguda **high-powered** adj de alta potência **high-ranking** adj de alta hierarquia **high-risk** adj de alto risco **high school** n Am escola f de ensino fundamental; **junior ~** *escola de ensino fundamental nos Estados Unidos que compreende da 6a. à 8a. séries*

> **Culture** O termo **high school** era antigamente usado na Grã-Bretanha para designar uma **grammar school** (escola secundária superior), mas atualmente é usado para indicar **secondary school** (escola secundária inferior).

high-tech adj de alta tecnologia
highway n rodovia f
hijack ['haɪdʒæk] I. vt sequestrar II. n sequestro m
hike [haɪk] I. n 1.(*long walk*) caminhada f; **to go on a ~** fazer uma caminhada 2. Am, inf (*increase*) alta f; **a ~ in sth** uma alta em a. c. II. vi fazer caminhada III. vt Am, inf (*prices, taxes*) aumentar
hilarious [hɪ'leriəs, Brit: -'leər-] adj hilariante
hilarity [hɪ'leræti, Brit: -'læræti] n no pl hilaridade f
hill [hɪl] n morro m; (*slope*) subida f
hillside n encosta f **hilltop** n topo m de um morrro
hilly ['hɪli] <-ier, -iest> adj montanhoso, -a
hilt [hɪlt] n cabo m (de arma, espada); **(up) to the ~** completamente
him [hɪm] pron pers 1. *direct object* o; *indirect object* lhe, a ele; **she gave ~ the pencil** ela lhe deu um lápis, ela deu um lápis a ele 2.(*he*) ele; **if I were ~** se eu fosse ele; **it's ~** é ele; **older than ~** mais velho que ele 3. *after prep* ele; **it's for/from ~** é para ele/dele 4.(*unspecified sex*) **if somebody comes, tell ~ that ...** se alguém vier, diga-lhe que ...
himself [hɪm'self] pron 1. *refl* se; **he hurt ~** ele se machucou; *after prep* si mesmo; **for ~** para si mesmo; **he lives by ~** ele mora sozinho 2. *emphatic* ele mesmo; **he did the washing ~** ele mesmo lavou a louça
hind [haɪnd] adj (*legs*) traseiro, -a
hinder ['hɪndər, Brit: -ər] vt impedir; **to ~ progress** impedir o progresso; **to ~ sb from doing sth** impedir alguém de fazer a. c.
hindrance ['hɪndrəns] n impedimento m; **a ~ to sth/sb** um impedimento para a. c./alguém
hindsight ['haɪndsaɪt] n no pl retrospecto m; **in ~** em retrospecto
Hindu ['hɪndu:] adj hindu
hinge [hɪndʒ] I. n dobradiça f II. vi **to ~ on** [o **upon**] **sb/sth** depender de alguém/a. c.
hint [hɪnt] I. n 1.(*trace*) indício m; **a ~ of sth** um indício de a. c. 2.(*allusion*) insinuação f; **to drop a ~** dar uma indireta 3.(*practical tip*) dica f; **a handy ~** uma dica útil II. vt **to ~ sth to sb** insinuar a. c. a alguém III. vi **to ~ at sth** aludir a a. c.
hip [hɪp] I. n ANAT quadril m II. adj inf (*fashionable: person*) descolado, -a inf; (*place*) badalado, -a
hippo ['hɪpoʊ, Brit: -pəʊ] n, **hippopotamus** [ˌhɪpə'pɑ:təməs, Brit: -'pɒtə-] <-es o -mi> n hipopótamo m
hire ['haɪr, Brit: 'haɪər] I. n no pl aluguel m; **"for ~"** Brit "aluga-se" II. vt 1.(*rent*) alugar 2.(*employ*) contratar; **to ~ more staff** contratar mais funcionários
his [hɪz] I. adj poss seu, sua, dele; **~ car** seu carro, carro dele; **~ children** seus filhos, filhos dele; **~ house** sua casa, casa dele II. pron poss o(s) dele, a(s) dele; **a book of ~** um livro dele; **it's not my bag, it's ~** não é minha bolsa, é a dele; **this glass is ~** este copo é o dele; **this house is ~** esta casa é a dele
Hispanic [hɪs'pænɪk] I. adj hispânico, -a II. n hispânico, -a m, f
hiss [hɪs] I. vi, vt assobiar; **to ~ at sb** assobiar a alguém II. n assobio m

historian [hɪˈstɔːrɪən] *n* historiador(a) *m(f)*

historic [hɪˈstɔːrɪk, *Brit:* -ˈstɒr-] *adj* histórico, -a; **this is a ~ moment** este é um momento histórico ...

historical *adj* histórico, -a

history [ˈhɪstəri] *n no pl* história *f*; **a ~ book** um livro de história; **sb's life ~ a** a história de vida de alguém

hit [hɪt] **I.** *n* **1.** (*blow, stroke*) batida *f* **2.** (*success*) sucesso *m* **II.** <-tt-, hit, hit> *vt* **1.** (*strike: ball*) bater; **to ~ sb hard** *a. fig* bater em alguém com força **2.** (*crash into*) chocar-se contra; **the car ~ the wall** o carro chocou-se contra o muro **3. to ~ it off with sb** dar-se bem com alguém

◆ **hit on** *vt* bolar (um plano, saída) *inf*

hitch [hɪtʃ] **I.** <-es> *n* empecilho *m*; **technical ~** problema *m* técnico **II.** *vt* **1.** (*fasten*) enganchar; **to ~ sth to sth** enganchar a. c. em a. c.; **to ~ sth up** suspender a. c. **2.** *inf* (*hitchhike*) **to ~ a lift** pegar uma carona **III.** *vi inf* viajar de carona

hitch-hiking *no pl n* carona *f*

hi-tech [ˌhaɪˈtek] *adj* de alta tecnologia

HIV [ˌeɪtʃaɪˈviː] *abbr of* **human immunodeficiency virus** HIV *m*

hive [haɪv] *n* colmeia *f*; **to be a ~ of business** estar a todo vapor

HMS [ˌeɪtʃemˈes] *abbr of* **Her/His Majesty's Service** serviço *m* de Sua Majestade

ho [hoʊ, *Brit:* həʊ] *interj inf* (*expresses scorn, surprise*) oh; (*attracts attention*) ei; **land ~!** NAUT terra à vista!

HO [ˌeɪtʃˈoʊ, *Brit:* -ˈəʊ] **1.** *abbr of* **head office** escritório *m* central **2.** *Brit abbr of* **Home Office** Ministério *m* do Interior

hoard [hɔːrd, *Brit:* hɔːd] **I.** *n* estoque *m* **II.** *vt* (*food*) estocar; (*money*) guardar

hoarse [hɔːrs, *Brit:* hɔːs] *adj* (*voice*) rouco, -a

hoax [hoʊks, *Brit:* həʊks] **I.** <-es> *n* (*call*) trote *m*; (*literary*) embuste *m* **II.** *vt* **to ~ sb into doing sth** levar alguém a fazer a. c.

hobby [ˈhɑːbi, *Brit:* ˈhɒbi] <-ies> *n* passatempo *m*

hockey [ˈhɑːki, *Brit:* ˈhɒki] *n no pl* hóquei *m*; **ice ~** hóquei no gelo

hog [hɑːg, *Brit:* hɒg] **I.** *n Am* (*pig*) porco *m* **II.** <-gg-> *vt inf* **to ~ sb/sth** (**all to oneself**) monopolizar alguém/a. c.

hoist [hɔɪst] *vt* (*raise up: flag*) hastear; (*sail*) içar

hold [hoʊld, *Brit:* həʊld] **I.** *n* **1.** (*grasp, grip*) preensão *f*; **to get ~ of sth** arranjar a. c., compreender a. c.; **to take ~ of sb/sth** segurar alguém/a. c. **2.** (*control*) domínio *m*; **he had a good ~ of the subject** ele tinha um bom domínio do assunto, influência *f*; **to have a (strong/powerful) ~ over sb** ter (muita/grande) influência sobre alguém **3.** (*of an aircraft*) compartimento *m* de carga; (*of a ship*) porão *m* **II.** <held, held> *vt* **1.** (*keep*) manter; **to ~ a ladder steady** manter uma escada fixa; (*grasp*) agarrar; **to ~ hands** dar as mãos; **to ~ onto one's arms** agarrar alguém pelo braço; **to ~ sth in one's hand** segurar a. c. na mão **2.** (*keep, retain*) prender; **to ~ one's breath** prender a respiração; **to ~ sb's attention/interest** prender a atenção/interesse de alguém **3.** (*delay, stop*) deter; **~ it!** alto lá!; **the soldiers were able to ~ the enemy** os soldado conseguiram deter o inimigo; **please ~ the line** (*on the phone*) por favor, aguarde na linha **4.** (*contain*) conter **5.** (*possess, own: land, town*) ocupar; (*property*) possuir; **to ~ the (absolute) majority** ter a maioria (absoluta) **6.** (*make happen*) **to ~ an election/a meeting/a news conference/talks** realizar uma eleição/uma reunião/uma coletiva de imprensa/discussões **III.** *vi* **1.** (*continue*) continuar; **~ tight!** fique quieto!; **the low prices held till the end of the season** os preços baixos continuaram até o fim da temporada; **to ~ still** ficar parado **2.** (*stick*) manter-se **3.** (*believe*) **to ~ that...** ser de opinião que

◆ **hold back I.** *vt* (*keep*) reter; (*stop*) deter; **to ~ information** ocultar informações; **to ~ tears** conter as lágrimas **II.** *vi* conter-se; **to ~ from doing sth** abster-se de fazer a. c.

◆ **hold in** *vt* reter

◆ **hold on** *vi* **1.** (*affix, attach*) agarrar-se; **to be held on by/with sth** estar seguro por a. c. **2.** (*manage to keep going*) **to ~** (**tight**) aguentar (firme) **3.** (*wait*) esperar

◆ **hold onto** *vt insep* **1.** (*grasp*) agarrar firme **2.** (*keep*) conservar

◆**hold out** I. *vt* (*possibility, solution*) oferecer II. *vi* resistir; **to be unable to ~** não conseguir resistir

◆**hold up** *vt* **1.** (*raise*) erguer; **to ~ one's hand** erguer a mão **2.** (*delay*) reter **3.** (*rob with violence*) assaltar à mão armada

holder ['hoʊldər, *Brit:* 'həʊldə^r] *n* **1.** (*device*) suporte *m* **2.** (*person: of I.D.*) portador(a) *m(f)*; (*of shares, of account*) titular *mf*

holding *n* **1.** *pl* (*tenure*) posse *f* **2.** ECON patrimônio *m*; **~s** participações *fpl*

holding company *n* companhia *f* controladora

hole [hoʊl, *Brit:* həʊl] *n* **1.** (*hollow space*) buraco *m*; **to dig a ~** cavar um buraco, furo *m*; **to make a ~ through the wall** fazer um furo na parede **2.** (*in golf*) buraco *m*

holiday ['hɑːlədeɪ, *Brit:* 'hɒl-] *n* **1.** (*work-free day*) feriado *m* **2.** *Brit, Aus* férias *fpl*; **on ~** em férias

holidaymaker *n Brit* turista *mf* em férias; (*in summer*) veranista *mf*

holiness ['hoʊlɪnɪs, *Brit:* 'həʊ-] *n no pl* santidade *f*; **His/Your Holiness** Sua Santidade

Holland ['hɑːlənd, *Brit:* 'hɒlənd] *n* Holanda *f*

hollow ['hɑːloʊ, *Brit:* 'hɒləʊ] I. *adj* (*block, sphere*) oco, -a; *a. fig* (*promise*) vazio, -a II. *n* buraco *m*; *Am* (*valley*) vale *m* III. *vt* **to ~ sth** (**out**) escavar a. c.

holly ['hɑːli, *Brit:* 'hɒli] *n no pl* azevinho *m*

holocaust ['hɑːləkɑːst, *Brit:* 'hɒləkɔːst] *n* holocausto *m*

holy ['hoʊli, *Brit:* 'həʊ-] <-ier, -iest> *adj* (*sacred: city, scriptures*) sagrado, -a; (*water*) bento, -a

Holy Spirit *n* Espírito *m* Santo

homage ['hɑːmɪdʒ, *Brit:* 'hɒm-] *n* homenagem *f*; **to pay ~ to sb** prestar uma homenagem a alguém

home [hoʊm, *Brit:* həʊm] I. *n* **1.** (*residence*) casa *f*; **at ~** em casa; **away from ~** fora de casa; **make yourself at ~** fique à vontade; **to leave ~** sair de casa **2.** (*family*) lar *m* **3.** (*institution*) asilo *m*; (*for old people*) asilo *m* para pessoas idosas; **children's ~** orfanato *m* II. *adv* **to be ~** estar em casa; **to go/come ~** ir/vir para casa III. *adj* **1.** (*from own country*) nacional **2.** (*from own area*) local; (*team*) da casa; **the ~ ground** a terra natal

homebot *n* TECH robô *m* doméstico

Culture Nos Estados Unidos, o termo **Homecoming** é usado para designar uma importante festa que acontece no High School e na universidade. Neste dia, o time de futebol americano local joga em seu próprio campo. Há uma grande festa e se escolhe uma **homecoming queen**, a aluna mais popular.

home-grown *adj* **1.** (*vegetables*) de cultivo caseiro **2.** (*local*) local; **a ~ talent** um talento local **homeless** I. *adj* sem-teto II. *npl* **the ~** os sem-teto

homely ['hoʊmli, *Brit:* 'həʊ-] <-ier, -iest> *adj* **1.** *Am* (*ugly*) pouco atraente **2.** *Brit, Aus* (*plain*) simples

home-made *adj* caseiro, -a **homemaker** *n Am* dona de casa *f* **homesick** *adj* com saudades de casa **home town** *n* cidade *f* natal

homeward ['hoʊmwərd, *Brit:* 'həʊmwəd] I. *adv* para casa II. *adj* (*journey*) de regresso (para casa, terra natal) **homewards** *adv* s. **homeward I.**

homework *n* SCH lição *f* de casa

homicide ['hɑːməsaɪd, *Brit:* 'hɒmɪ-] I. *n Am, Aus* **1.** (*crime*) homicídio *m* **2.** (*criminal*) homicida *mf* II. *adj* **~ squad** *Am, Aus* delegacia *f* de homicídios

homogeneous [ˌhoʊmoʊ'dʒiːniəs, *Brit:* ˌhɒmə'-] *adj*, **homogenous** *adj* homogêneo, -a

homosexual [ˌhoʊmoʊ'sekʃʊəl, *Brit:* ˌhɒmə'-] *adj* homossexual

homosexuality [ˌhoʊmoʊsekʃʊ'æləti, *Brit:* ˌhɒməsekʃʊ'æləti] *n no pl* homossexualidade *f*

Hon. *abbr of* **Honorary** Ex.mo.

Honduran [hɑːn'dʊrən, *Brit:* hɒn'djʊər-] *adj, n* hondurenho, -a

Honduras [hɑːn'dʊrəs, *Brit:* hɒn'djʊər-] *n* Honduras *f*

hone [hoʊn, *Brit:* həʊn] *vt* (*sharpen*) afiar; *fig* (*refine*) refinar

honest ['ɑːnɪst, *Brit:* 'ɒn-] *adj* **1.** (*trustworthy*) honesto, -a **2.** (*truthful*) sincero, -a; **to be ~ with oneself** ser sincero consigo mesmo

honestly *adv* (*truthfully*) sinceramente; (*with honesty*) honestamente; (*in exasperation*) francamente

honesty *n no pl* **1.** (*trustworthiness*) honestidade *f* **2.** (*sincerity*) sinceridade *f*; **in all ~** com toda a sinceridade

honey ['hʌni] *n no pl* **1.** GASTR mel *m* **2.** (*darling*) querido(a) *m(f)*

honeymoon *n* lua-de-mel *f*

honor ['ɑːnər, *Brit:* 'ɒnər] *Am, Aus* I. *n* **1.** (*respect*) honra *f*; **in ~ of sb/sth** em honra de alguém/a. c. **2.** LAW **Her/His/Your Honor** Sua/Vossa Excelência **3.** *pl* (*distinction*) honras *fpl*; **last ~s** honras *f* fúnebres *pl* II. *vt* **1.** (*fulfil: promise, contract*) honrar **2.** (*confer honor*) conferir honras a; **to be ~ed** sentir-se honrado

honorable ['ɑːnərəbl, *Brit:* 'ɒn-] *adj Am, Aus* **1.** (*worthy of respect: person*) ilustre **2.** (*honest*) honrado, -a

honorary ['ɑːnəreri, *Brit:* 'ɒnərəri] *adj* (*position, title*) honorário, -a; (*president*) de honra

honour *n, vt Brit s.* **honor**

honourable *adj Brit* POL **the Honourable member for ...** o ilustre deputado do ...; *s.a.* **honorable**

hood [hʊd] *n* **1.** (*for head*) capuz *m* **2.** *Am* AUTO capô *m*

hoodie, hoody ['hʊdi] *n jaqueta de moletom ou plush com capuz*

hoof [hʊf, *Brit:* huːf] <hooves *o* hoofs> *n* casco *m*

hook [hʊk] *n* (*for holding*) gancho *m*; **to leave the phone off the ~** deixar o telefone fora do gancho; (*for clothes*) cabide *m* (com ganchos); (*in fishing*) anzol *m*

hooker ['hʊkər, *Brit:* -ər] *n Am, Aus, inf* prostituta *f*

hooligan ['huːlɪgən] *n* hooligan *m*

hoop [huːp] *n* arco *m*

hoot [huːt] I. *vi* **1.** (*owl*) piar **2.** (*with horn*) dar toque de buzina II. *n* (*of owl*) pio *m*; (*of horn*) buzinada *f*

hoover® ['huːvər, *Brit:* -ər] I. *n Brit, Aus* aspirador *m* de pó II. *vt, vi* passar aspirador de pó

hop¹ [hɑːp, *Brit:* hɒp] *n* BOT lúpulo *m*

hop² <-pp-> I. *vi* (*jump*) saltitar; (*jump on one foot*) pular num pé só II. *n* (*leap*) salto *m*; (*using only one leg*) pulo *m* num pé só

hope [hoʊp, *Brit:* həʊp] I. *n* esperança *f*; **~ for** [*o* **of**] **sth** esperança de a. c.; **to give up ~** perder a esperança; **to not have a ~ in hell** não ter a mínima chance II. *vi* esperar; **I ~ so/not** espero que sim/não; **to ~ for sth** esperar por a. c.; **to ~ to do sth** esperar fazer a. c.

hopeful ['hoʊpfəl, *Brit:* 'həʊ-] *adj* (*promising: prospect*) promissor(a); **to be ~** (*person*) estar esperançoso, -a

hopefully *adv* **~!** tomara!; **~ we'll be in Sweden at 6.00 pm** esperamos estar na Suécia às 6 da tarde

hopeless ['hoʊpləs, *Brit:* 'həʊ-] *adj* **1.** (*without a hope*) desesperançado, -a **2.** (*inferior: service*) péssimo, -a; **to be ~** *inf* (*person*) não ter jeito

hopelessly *adv* **~ in love** desesperadamente apaixonado; **~ lost** irremediavelmente perdido

horde [hɔːrd, *Brit:* hɔːd] *n* multidão *f*

horizon [həˈraɪzn] *n* a. *fig* horizonte *m*

horizontal [ˌhɔːrɪˈzɑːntl, *Brit:* ˌhɒrɪˈzɒntl] *adj* horizontal

hormone ['hɔːrmoʊn, *Brit:* 'hɔːməʊn] *n* hormônio *m*

horn [hɔːrn, *Brit:* hɔːn] *n* **1.** ZOOL chifre *m* **2.** MUS clarim *m*, corneta *f* **3.** AUTO buzina *f*

hornet ['hɔːrnɪt, *Brit:* 'hɔːn-] *n* ZOOL vespão *m*

horoscope ['hɔːrəskoʊp, *Brit:* 'hɒrəskəʊp] *n* horóscopo *m*

horrendous [hɔːˈrendəs, *Brit:* hɒˈ-] *adj* horrendo, -a

horrible ['hɔːrəbl, *Brit:* 'hɒr-] *adj*, **horrid** ['hɔːrɪd, *Brit:* 'hɒr-] *adj* horrível

horrific [hɔːˈrɪfɪk, *Brit:* həˈ-] *adj* horroroso, -a

horrify ['hɔːrɪfaɪ, *Brit:* 'hɒr-] <-ie-> *vt* horrorizar

horror ['hɔːrər, *Brit:* 'hɒrər] *n* horror *m*; **~ film** filme *m* de terror

horse [hɔːrs, *Brit:* hɔːs] *n* cavalo *m*; **to ride a ~** montar a cavalo; **don't look a gift ~ in the mouth** *prov* em cavalo dado não se olham os dentes *prov*; **to eat like a ~** *inf* comer como um boi

♦ **horse about** *vi esp Brit*, **horse around** *vi* agir de modo estabanado

horsepower *n no pl* cavalo-vapor *m*

horse racing *n* corrida *f* de cavalos

horseshoe *n* ferradura *f*

horticulture [ˌhɔːrtəˈkʌltʃər, *Brit:* ˌhɔːtɪˈkʌltʃər] *n no pl* horticultura *f*

hose [hoʊz, *Brit:* həʊz] *n* mangueira *f*

hospice ['hɑːspɪs, *Brit:* 'hɒs-] *n* **1.** (*house of shelter*) abrigo *m* **2.** (*hospital*) instituição *f* para doentes terminais

hospitable ['hɑːspɪtəbl, *Brit:* hɒ'spɪt-] *adj* hospitaleiro, -a

hospital ['hɑːspɪtəl, *Brit:* 'hɒspɪt-] *n* hospital *m*

hospitality [ˌhɑːspɪ'tælət̬i, *Brit:* ˌhɒspɪ'tælət̬i] *n no pl* hospitalidade *f*

hospitalize ['hɑːspɪtəlaɪz, *Brit:* 'hɒspɪt-] *vt* hospitalizar

host [hoʊst, *Brit:* həʊst] I. *n* **1.** (*at home*) anfitrião *m*; TV apresentador *m* de TV **2.** BIO hospedeiro, -a *m, f* II. *vt* **1.** (*event*) sediar; (*party*) dar

hostage ['hɑːstɪdʒ, *Brit:* 'hɒs-] *n* refém *mf*

hostage-taker ['hɑːstɪdʒˌteɪkəʳ] *n* sequestrador(a) *m(f)*

hostel ['hɑːstl, *Brit:* 'hɒs-] *n* (*cheap hotel*) albergue *m*; **student** ~ albergue *m* de estudantes; **youth** ~ albergue da juventude

hostess ['hoʊstɪs, *Brit:* 'həʊ-] <-es> *n* **1.** (*at home*) anfitriã *f*; TV apresentadora *f* de TV **2.** *esp Brit* AVIAT comissária *f* de bordo

hostile ['hɑːstl, *Brit:* 'hɒstaɪl] *adj* hostil; **to be ~ to sb** ser hostil a alguém, inimigo, -a; **~ aircraft** avião inimigo

hostility [hɑːˈstɪlət̬i, *Brit:* hɒˈstɪlət̬i] <-ies> *n* hostilidade *f*

hot [hɑːt, *Brit:* hɒt] *adj* **1.** (*food, climate, water*) quente; (*day, weather*) abrasador(a); **it's ~** está quente **2.** (*temper*) violento, -a **3.** (*spicy*) picante

hotel [hoʊ'tel, *Brit:* həʊ'-] *n* hotel *m*

hotline *n* TEL linha *f* direta; **to set up a ~** estabelecer uma linha direta

hound [haʊnd] I. *n* cão *m* de caça II. *vt* perseguir

hour ['aʊr, *Brit:* 'aʊəʳ] *n* **1.** (*60 minutes*) hora *f*; **on the ~** a cada hora (cheia); **to be paid by the ~** receber por hora; **the bus stops here every ~ on the ~** o ônibus para aqui exatamente de hora em hora **2.** (*time of day*) **at all ~s of the day and night** dia e noite; **ten minutes to the ~** dez minutos para a hora cheia **3.** (*time for an activity*) **lunch ~** hora do almoço; **opening ~s** horário *m* de funcionamento

hourly *adv* (*every hour*) de hora em hora; (*hours worked*) por hora

house I. [haʊs] *n* **1.** (*inhabitation*) casa *f*; **to move ~** mudar de casa; **to set one's ~ in order** *fig* arrumar a casa **2.** (*family*) família *f*; **the House of Windsor** a Casa de Windsor II. [haʊz] *vt* **1.** (*give place to live: refugees*) acolher **2.** (*contain*) abrigar; **the police station ~s more than 300 prisoners** a delegacia abriga mais de 300 prisioneiros

household I. *n* domicílio *m* II. *adj* (*expenses, chores*) doméstico, -a

housekeeper *n* governanta *f* **housewife** <-wives> *n* dona *f* de casa

housework *n no pl* serviço *m* doméstico

housing *n* moradia *f*

housing benefit *n Brit* auxílio-moradia *m*

hover ['hʌvər, *Brit:* 'hɒvəʳ] *vi* **1.** (*in the air*) pairar; **to ~ over** [*o* **above**] **sb/sth** pairar sobre alguém/a. c. **2.** (*be in uncertain state*) vacilar

how [haʊ] *adv* **1.** (*in this way*) como; (*in which way?*) ~ **do you mean?** o que você disse? **2.** (*in what condition?*) ~ **are you?** como vai?; ~ **do you do?** como vai? **3.** (*for what reason?*) ~ **come ...?** *inf* como é que ...? **4.** (*suggestion*) ~ **about ...?** que tal ...? **5.** (*for quantities*) ~ **many/much** quantos **6.** **and ~!** e como!

however [haʊ'evər, *Brit:* -əʳ] I. *adv* **1.** (*no matter how*) por mais que +*subj*; ~ **hard she tries ...** por mais que ela tente ... **2.** (*in whichever way*) como quer que; **do it ~ you like** faça como quiser II. *conj* (*nevertheless*) entretanto

howl [haʊl] I. *vi* **1.** (*person, animal*) uivar; (*wind*) assobiar **2.** (*cry*) gritar; **to ~ in** [*o* **with**] **pain** gritar [*ou* gemer] de dor II. *n* **1.** (*person, animal*) uivo *m* **2.** (*cry: of pain, of protest*) grito *m*

hp [ˌeɪtʃˈpiː] *abbr of* **hp** cv

HP [ˌeɪtʃˈpiː] *n Brit, inf abbr of* **hire purchase** compra *f* a prazo

HQ [ˌeɪtʃˈkjuː] *abbr of* **headquarters** sede *f*

hub [hʌb] *n* **1.** (*of wheel*) cubo *m* (de roda) **2.** *fig* (*center*) centro *m*

hubcap *n* calota *f*

huddle ['hʌdl] *vi* apinhar-se

hue [hjuː] *n no pl* (*shade*) matiz *m*

huff [hʌf] I. *vi* **to ~ and puff** bufar II. *n inf* zanga *f*; **to be in a ~** estar zangado

hug [hʌg] I. <-gg-> vt abraçar II. n abraço m; **to give sb a ~** dar um abraço em alguém

huge [hju:dʒ] adj enorme

hugely adv imensamente

hull [hʌl] n NAUT casco m

hum [hʌm] <-mm-> I. vi 1. (bee) zumbir 2. (sing) cantarolar II. vt cantarolar III. n zumbido m

human ['hju:mən] adj humano, -a

humane [hju:'meɪn] adj humano, -a

humanitarian [hju:,mænə'teriən, Brit: hju:,mænɪ'teər-] adj humanitário, -a; **~ aid** ajuda humanitária

humanity [hju:'mænəti, Brit: -tɪ] n no pl humanidade f

humanize ['hju:mənaɪz] vt humanizar

human rights npl direitos m humanos pl

humble ['hʌmbl] adj modesto, -a; **in my ~ opinion, ...** na minha modesta opinião, ...

humid ['hju:mɪd] adj úmido, -a

humidity [hju:'mɪdəti, Brit: -tɪ] n no pl umidade f

humiliate [hju:'mɪlieɪt] vt (shame) envergonhar; (humble) humilhar

humiliation [hju:,mɪli'eɪʃn] n humilhação f

humility [hju:'mɪləti, Brit: -tɪ] n no pl humildade f

humor ['hju:mər, Brit: -ər] n no pl, Am, Aus humor m; **sense of ~** senso m de humor

humorous ['hju:mərəs] adj (situation) divertido, -a; (speech) jocoso, -a; (story) cômico, -a

humour n Brit s. **humor**

hump [hʌmp] n (animal's) corcova f; (person's) corcunda f

hunch [hʌntʃ] <-es> n pressentimento m; **to have a ~ that ...** ter o pressentimento de que ...

hundred ['hʌndrəd] I. adj cem; **one ~ dollars** cem dólares, centena f; **I've told you a ~ times** eu já te disse centenas de vezes II. <-(s)> n cem m, centena f; **~s of times** centenas de vezes

hung [hʌŋ] pt, pp of **hang**

Hungarian [hʌŋ'geriən, Brit: -'geər-] adj, n húngaro, -a

Hungary ['hʌŋgəri] n Hungria f

hunger ['hʌŋgər, Brit: -ər] n no pl fome f

hung over adj **to be ~** estar de ressaca

hungry ['hʌŋgri] <-ier, -iest> adj faminto, -a; **to go ~** ficar com fome; **to be ~ for sth** a. fig ter fome [ou estar faminto de] de a. c.

hunk [hʌŋk] n 1. (piece) naco m 2. inf (man) gato m

hunt [hʌnt] I. vi, vt caçar; **to ~ for sth** caçar a. c. II. n (chase) caça f; **to be on the ~ (for sth)** estar à caça (de a. c.)

hunter n caçador(a) m(f)

hunting n no pl caça f; **~ expedition** caçada f

hurdle ['hɜ:rdl, Brit: 'hɜ:dl] n 1. (fence) barreira f 2. (obstacle) obstáculo m

hurl [hɜ:rl, Brit: hɜ:l] vt atirar; **to ~ sth at sth/sb** atirar a. c. em a. c./alguém

hurricane ['hɜ:rɪkeɪn, Brit: 'hʌrɪkən] n furacão m

hurry ['hɜ:ri, Brit: 'hʌri] <-ie-> I. vi apressar-se; **~ up!** anda logo! inf II. vt apressar III. n pressa f; **to be in a ~** estar com pressa; **what's (all) the ~?** para que a pressa (toda)?

hurt [hɜ:rt, Brit: hɜ:t] I. vi <hurt, hurt> doer; **my leg ~s** minha perna dói II. <hurt, hurt> vt 1. (animal's or person's body) ferir, machucar 2. (reputation) prejudicar III. adj (injured) ferido, -a, machucado, -a; **to get ~** ferir-se, machucar-se; (distressed) magoado, -a IV. n no pl 1. (pain) dor f 2. (injury) ferida f, machucado m

husband ['hʌzbənd] n marido m

hush [hʌʃ] I. n no pl silêncio m II. interj psiu III. vi ficar quieto IV. vt silenciar; **to ~ sth up** abafar a. c.

husky¹ ['hʌski] <-ier, -iest> adj (voice) rouco, -a

husky² <-ies> n ZOOL cão m esquimó

hustle ['hʌsl] I. vt empurrar II. n empurrão m

hut [hʌt] n cabana f

hybrid ['haɪbrɪd] n híbrido, -a m, f

hydraulic [haɪ'drɑ:lɪk, Brit: -'drɒl-] adj hidráulico, -a

hydroelectric [,haɪdrouɪ'lektrɪk, Brit: -drəʊɪ'-] adj hidrelétrico, -a

hydrogen ['haɪdrədʒən] n no pl hidrogênio m

hygiene ['haɪdʒi:n] n no pl higiene f

hymn [hɪm] n hino m

hype [haɪp] n no pl COM publicidade f exagerada

hypnosis [hɪp'noʊsɪs, Brit: -'nəʊ-] n no pl hipnose f; **to be under ~** estar sob hipnose

hypnotic [hɪp'nɑ:tɪk, Brit: -'nɒt-] adj hipnótico, -a

hypocrisy [hɪ'pɑːkrəsi, *Brit:* -'pɒk-] *n no pl* hipocrisia *f*
hypocrite ['hɪpəkrɪt] *n* hipócrita *mf*
hypocritical [ˌhɪpə'krɪtɪkl, *Brit:* -'krɪt-] *adj* hipócrita
hypothesis [haɪ'pɑːθəsɪs, *Brit:* -'pɒθ-] *n* <-es> hipótese *f*
hypothetical [ˌhaɪpoʊ'θetɪkl, *Brit:* -pə'θet-] *adj* hipotético, -a
hysteria [hɪ'steriə, *Brit:* -'stɪər-] *n no pl* histeria *f*
hysterical *adj* histérico, -a

I

I, i [aɪ] i *m*; ~ **as in Item** *Am*, ~ **for Isaac** *Brit* i de ideia
I [aɪ] *pron pers* eu; ~ **'m coming** já vou; ~ **'ll do it** vou fazer; **am** ~ **late?** estou atrasado?; **it's me!** sou eu!
IAEA *n abbr of* **International Atomic Energy Agency** AIEA *f*
ibid. [ɪ'bɪd] *adv abbr of* **ibidem** ib.
ice [aɪs] *n no pl* gelo *m*; **to be skating on thin** ~ pisar em terreno perigoso; **to break the** ~ *inf* quebrar o gelo; **to put sth on** ~ engavetar a. c.
Ice Age *n* era *f* glacial **iceberg** *n* iceberg *m*; **the tip of the** ~ *fig* a ponta do iceberg **ice cream** *n* sorvete *m* **ice cube** *n* pedra *f* de gelo **ice hockey** *n no pl* hóquei *m* sobre o gelo
Icelander ['aɪsləndər, *Brit:* -ər] *n* islandês, -esa *m, f*
Icelandic [aɪs'lændɪk] *adj* islandês, -esa
ice rink *n* pista *f* de gelo **ice-skating** *n no pl* patinação *f* no gelo
icicle ['aɪsɪkl] *n* gelo *m* pendente de árvores, telhados
icing ['aɪsɪŋ] *n* cobertura *f* açucarada
icon ['aɪkɑːn, *Brit:* -kɒn] *n* ícone *m*
icy ['aɪsi] <-ier, -iest> *adj* gelado, -a; (*unfriendly*) frio, -a; (*look*) glacial
ID [ˌaɪ'diː] *abbr of* **identification** documento *m* de identidade
idea [aɪ'diːə, *Brit:* -'dɪə] *n* ideia *f*; **to have an** ~ **for sth/sb** ter uma ideia para a. c./alguém; **to have no** ~ não fazer a menor ideia; **to get an** ~ **of sth**

ter ideia de a. c.
ideal [aɪ'diːəl, *Brit:* -'dɪəl] *adj* ideal; **to be** ~ **for sth** ser ideal para a. c.
idealism *n no pl* idealismo *m*
idealist *n* idealista *mf*
idealistic [aɪdiə'lɪstɪk, *Brit:* -dɪə'-] *adj* idealista
idealize [aɪ'diːəlaɪz, *Brit:* -'dɪə-] *vt* idealizar
identical [aɪ'dentɪkl] *adj* idêntico, -a
identifiable [aɪ'dentəˌfaɪəbl, *Brit:* -tɪ'-] *adj* identificável
identification [aɪˌdentəfɪ'keɪʃən, *Brit:* -ɪfɪ'-] *n no pl* identificação *f*
identify [aɪ'dentəfaɪ, *Brit:* -tɪ-] <-ie-> *vt* **1.** identificar; **to** ~ **sb/sth with sth/sb** identificar alguém/a. c. com a. c./alguém; **to** ~ **with the character in the book** identificar-se com o personagem do livro **2.** (*associate*) associar; **most people identify the environmental movement with Greenpeace** a maioria das pessoas associa o movimento ambiental ao Greenpeace
identity [aɪ'dentəti, *Brit:* -ti] <-ies> *n* identidade *f*
identity card *n* carteira *f* de identidade
ideology [ˌaɪdi'ɑːlədʒi, *Brit:* -'ɒl-] <-ies> *n* ideologia *f*
idiom ['ɪdiəm] *n* LING **1.** (*phrase*) expressão *f* idiomática **2.** (*style of expression*) idioma *m*
idiomatic [ˌɪdiə'mætɪk, *Brit:* -tɪk] *adj* idiomático, -a
idiosyncrasy [ˌɪdiou'sɪŋkrəsi, *Brit:* -əʊ'-] *n* idiossincrasia *f*
idiot ['ɪdiət] *n* idiota *mf*
idiotic [ˌɪdi'ɑːtɪk, *Brit:* -'ɒtɪk] *adj* idiota
idle ['aɪdl] *adj* (*lazy*) preguiçoso, -a; (*with nothing to do*) ocioso, -a; (*machine*) inativo, -a; (*fear*) infundado, -a
idol ['aɪdl] *n* ídolo *m*
idolize ['aɪdəlaɪz] *vt* idolatrar
idyllic [aɪ'dɪlɪk, *Brit:* ɪ'-] *adj* idílico, -a
i.e. [ˌaɪ'iː] *abbr of* **id est** ou seja
if [ɪf] *conj* se; ~ **so/not, ...** caso sim/não, ...; ~ **only ...** se pelo menos ...; ~ **it snows** se nevar; **as** ~ **it were true** como se fosse verdade; ~ **he needs me, I'll help him** se ele precisar de mim, eu o ajudarei; **I wonder** ~ **he'll come** eu queria saber se ele vem; **cold** ~ **sunny weather** tempo frio apesar de ensolarado
ignite [ɪg'naɪt] *vi, vt* incendiar(-se),

ignition

entrar em ignição
ignition [ɪgˈnɪʃn] *n* AUTO ignição *f*
ignorance [ˈɪgnərəns] *n no pl* ignorância *f*
ignorant [ˈɪgnərənt] *adj* ignorante; **to be ~ about sth** não saber a. c.
iguana [ɪˈgwɑːnə] *n* iguana *m*
ill [ɪl] *adj* doente; **an ~ omen** um mau agouro
illegal [ɪˈliːgəl] *adj* ilegal
illegible [ɪˈledʒəbl] *adj* ilegível
illegitimate [ˌɪlɪˈdʒɪtəmət, *Brit:* -ˈdʒɪtɪ-] *adj* ilegítimo, -a
ill-fated *adj* malfadado, -a
illicit [ɪˈlɪsɪt] *adj* ilícito, -a, proibido, -a
illiteracy [ɪˈlɪtərəsi, *Brit:* -ˈlɪt-] *n no pl* analfabetismo *m*
illiterate [ɪˈlɪtərət, *Brit:* -ˈlɪt-] *adj* analfabeto, -a
illness [ˈɪlnɪs] <-es> *n* doença *f*
illogical [ɪˈlɑːdʒɪkl, *Brit:* -ˈlɒdʒ-] *adj* ilógico, -a
illuminate [ɪˈluːməneɪt, *Brit:* -mɪ-] *vt* iluminar
illumination [ɪˌluːmɪˈneɪʃn] *n* **1.** *no pl a.* ART iluminação *f* **2.** *pl, Brit* luminárias *fpl*
illusion [ɪˈluːʒən] *n* ilusão *f*; **to have no ~s (about sth)** não se iludir (com a. c.); **to be under the ~ that ...** ter a ilusão de que ...
illustrate [ˈɪləstreɪt] *vt* ilustrar
illustration [ˌɪləˈstreɪʃn] *n* ilustração *f*; **by way of ~** como esclarecimento
illustrator [ˈɪləstreɪtər, *Brit:* -tər] *n* ilustrador(a) *m(f)*
illustrious [ɪˈlʌstriəs] *adj form* ilustre
image [ˈɪmɪdʒ] *n* **1.** (*likeness*) imagem *f*; **to be the spitting ~ of sb** ser o retrato escarrado de alguém **2.** (*reputation*) conceito *m*
imagery [ˈɪmɪdʒri] *n no pl* imagens *fpl*
imaginable [ɪˈmædʒɪnəbl] *adj* imaginável
imaginary [ɪˈmædʒəneri, *Brit:* -ɪnəri] *adj* imaginário, -a
imagination [ɪˌmædʒɪˈneɪʃn] *n* imaginação *f*; (*inventiveness*) inventividade *f*
imaginative [ɪˈmædʒɪnətɪv, *Brit:* -tɪv] *adj* imaginativo, -a
imagine [ɪˈmædʒɪn] *vt* **1.** (*form mental image*) imaginar **2.** (*suppose*) supor
imbalance [ˌɪmˈbæləns] *n* desequilíbrio *m*
imbecile [ˈɪmbəsɪl, *Brit:* -siːl] *n* imbecil *mf*

impasse

IMF [ˌaɪemˈef] *n no pl abbr of* **International Monetary Fund** FMI *m*
imitate [ˈɪmɪteɪt] *vt* imitar
imitation [ˌɪmɪˈteɪʃn] *n* **1.** (*mimicry*) imitação *f*; **an ~ of sth** uma imitação de a. c. **2.** (*copy*) reprodução *f*; **an ~ of sth** uma reprodução de a. c.
imitator [ˈɪmɪteɪtər, *Brit:* -tər] *n* imitador(a) *m(f)*
immaculate [ɪˈmækjʊlət] *adj* impecável
immaterial [ˌɪməˈtɪriəl, *Brit:* -ˈtɪər-] *adj* **1.** (*not important*) irrelevante **2.** (*intangible*) imaterial
immature [ˌɪməˈtʊr, *Brit:* -ˈtjʊər] *adj* imaturo, -a; (*fruit*) verde
immediate [ɪˈmiːdiət, *Brit:* -diət] *adj* imediato, -a; **the ~ family** a família mais próxima; **in the ~ area** nas imediações
immediately *adv* imediatamente; **~ after ...** logo depois ...
immense [ɪˈmens] *adj* enorme
immensely *adv* imensamente
immerse [ɪˈmɜːrs, *Brit:* -ˈmɜːs] *vt* mergulhar; **to ~ oneself in sth** *fig* mergulhar em a. c.
immigrant [ˈɪmɪgrənt] *n* imigrante *mf*
immigrate [ˈɪmɪgreɪt] *vi* imigrar
immigration [ˌɪmɪˈgreɪʃn] *n no pl* imigração *f*
imminent [ˈɪmɪnənt] *adj* iminente
immobilize [ɪˈmoʊbəlaɪz, *Brit:* -ˈməʊ-] *vt* imobilizar
immoral [ɪˈmɔːrəl, *Brit:* -ˈmɒr-] *adj* imoral
immortal [ɪˈmɔːrtl, *Brit:* -ˈmɔːtl] *adj* imortal
immortality [ˌɪmɔːrˈtæləti, *Brit:* -ɔːˈtæləti] *n no pl* imortalidade *f*
immune [ɪˈmjuːn] *adj* imune
immunity [ɪˈmjuːnəti, *Brit:* -ti] *n no pl* imunidade *f*
impact [ˈɪmpækt] *n no pl* impacto *m*; **to have an ~ on sth** produzir forte efeito em a. c.
impair [ɪmˈper, *Brit:* -ˈpeər] *vt* (*weaken*) enfraquecer; (*health*) prejudicar
impaired *adj* **~ hearing/vision** deficiência *f* auditiva/visual
impart [ɪmˈpɑːrt, *Brit:* -ˈpɑːt] *vt form* conferir; **to ~ sth to sb** conferir a. c. a alguém
impartial [ɪmˈpɑːrʃl, *Brit:* -ˈpɑːʃl] *adj* imparcial
impasse [ˈɪmpæs, *Brit:* ˈæmpɑːs] *n no pl* impasse *m*

impassioned [ɪmˈpæʃnd] *adj* veemente

impatience [ɪmˈpeɪʃns] *n no pl* impaciência *f*

impatient [ɪmˈpeɪʃnt] *adj* impaciente

impeachment [ɪmˈpiːtʃmənt] *n* impeachment *m*

impeccable [ɪmˈpekəbl] *adj* impecável

impede [ɪmˈpiːd] *vt* atrapalhar

impediment [ɪmˈpedɪmənt] *n* obstáculo *m*; **an ~ to sth/sb** um empecilho para a. c./alguém

impending *adj* iminente

impenetrable [ɪmˈpenɪtrəbl] *adj* impenetrável; (*incomprehensible*) insondável

imperative [ɪmˈperətɪv, *Brit:* -trɪv] *n* imperativo *m*

imperceptible [ˌɪmpərˈseptəbl, *Brit:* -pəˈ-] *adj* imperceptível

imperfect [ɪmˈpɜːrfɪkt, *Brit:* -ˈpɜːf-] *adj* imperfeito, -a; (*flawed*) defeituoso, -a

imperfection [ˌɪmpərˈfekʃn, *Brit:* -pəˈ-] *n* imperfeição *f*

imperial [ɪmˈpɪriəl, *Brit:* -ˈpɪər-] *adj* imperial

imperialism *n no pl* imperialismo *m*

imperialist *n* imperialista *mf*

imperious [ɪmˈpɪriəs, *Brit:* -ˈpɪər-] *adj* autoritário, -a

impersonal [ˌɪmˈpɜːrsənl, *Brit:* -ˈpɜːs-] *adj* impessoal

impersonate [ɪmˈpɜːrsəneɪt, *Brit:* -ˈpɜːs-] *vt* fazer-se passar por; (*imitate*) imitar

impertinent [ɪmˈpɜːrtnənt, *Brit:* -ˈpɜːtɪn-] *adj* impertinente; (*remark*) insolente

impervious [ɪmˈpɜːrviəs, *Brit:* -ˈpɜːv-] *adj* impenetrável; (*not affected*) inabalável

impetuous [ɪmˈpetʃuəs, *Brit:* -ʊəs-] *adj* impetuoso, -a

impetus [ˈɪmpɪtəs, *Brit:* -təs] *n no pl* **1.** (*driving force*) ímpeto *m* **2.** *fig* impulso *m*

impinge [ɪmˈpɪndʒ] *vi* **to ~ on sth** afetar a. c.

implacable [ɪmˈplækəbl] *adj* implacável

implant [ɪmˈplænt, *Brit:* -ˈplɑːnt] *vt* implantar

implausible [ɪmˈplɑːzɪbl, *Brit:* -ˈplɔː-] *adj* implausível

implement [ˈɪmplɪmənt] **I.** *n* (*tool*) instrumento *m*; (*small tool*) utensílio *m* **II.** *vt* executar

implementation [ˌɪmplɪmenˈteɪʃn] *n no pl* implementação *f*

implicate [ˈɪmplɪkeɪt] *vt* implicar; **to ~ sb in sth** comprometer alguém em a. c.

implication [ˌɪmplɪˈkeɪʃn] *n no pl* (*hinting at*) insinuação *f*; **by ~** implicitamente

implicit [ɪmˈplɪsɪt] *adj*, **implied** [ɪmˈplaɪd] *adj* implícito, -a

implore [ɪmˈplɔːr, *Brit:* -ˈplɔː] *vt* implorar; **to ~ sb to do sth** implorar a alguém que faça a. c.

imply [ɪmˈplaɪ] <-ie-> *vt* **1.** (*suggest*) sugerir **2.** *form* (*require*) implicar

impolite [ˌɪmpəˈlaɪt] *adj* indelicado, -a; **to be ~ to sb** ser grosseiro com alguém

import I. [ɪmˈpɔːrt, *Brit:* -ˈpɔːt] *vt* importar **II.** [ˈɪmpɔːrt, *Brit:* -pɔːt] ECON importação *f*

importance [ɪmˈpɔːrtns, *Brit:* -ˈpɔːt-] *n no pl* importância *f*

important [ɪmˈpɔːrtənt, *Brit:* -ˈpɔːt-] *adj* importante; **to be ~ to sb** ser importante para alguém

importantly *adv* consideravelmente

impose [ɪmˈpoʊz, *Brit:* -ˈpəʊz] **I.** *vt* impor; **to ~ sth on sb** impor a. c. a alguém **II.** *vi* **to ~ on sb** abusar de alguém

imposing *adj* imponente

imposition [ˌɪmpəˈzɪʃn] *n* **1.** *no pl* (*forcing*) imposição *f* **2.** (*inconvenience*) incômodo *m*

impossibility [ɪmˌpɑːsəˈbɪləti, *Brit:* -ˌpɒsəˈbɪləti] *n no pl* impossibilidade *f*

impossible [ɪmˈpɑːsəbl, *Brit:* -ˈpɒs-] *adj* impossível; (*person*) insuportável

impotence [ˈɪmpətəns, *Brit:* -təns] *n no pl* impotência *f*

impotent [ˈɪmpətənt, *Brit:* -tənt] *adj* impotente

impound [ɪmˈpaʊnd] *vt* apreender

impractical [ɪmˈpræktɪkl] *adj* pouco prático, -a

impress [ɪmˈpres] *vt* impressionar; **to ~ sth on sb** incutir a. c. em alguém

impression [ɪmˈpreʃn] *n* **1.** (*general opinion*) impressão *f*; **to be of** [*o* **have**] **the ~ that ...** ter a impressão de que ...; **to make an ~ on sb** impressionar alguém **2.** (*imitation*) imitação *f*; **an ~ of sb/sth** uma imitação de alguém/a. c.

impressionable *adj* impressionável

impressionist *n* ART impressionista *mf*

impressive [ɪmˈpresɪv] *adj* impressionante

imprint I. [ɪmˈprɪnt] *vt* imprimir; (*in memory*) gravar II. [ˈɪmprɪnt] *n* (*mark*) marca *f*

imprison [ɪmˈprɪzən] *vt* encarcerar

imprisonment *n no pl* encarceramento *m*

improbable [ɪmˈprɑːbəbl, *Brit:* -ˈprɒb-] *adj* improvável

impromptu [ɪmˈprɑːmptuː, *Brit:* -ˈprɒmptjuː] *adj* improvisado, -a

improper [ɪmˈprɑːpər, *Brit:* -ˈprɒpə] *adj* impróprio, -a; (*immoral*) indecoroso, -a

improve [ɪmˈpruːv] *vt, vi* melhorar
◆ **improve on** *vi* superar

improvement [ɪmˈpruːvmənt] *n* melhora *f*; (*progress*) aperfeiçoamento *m*; (*of patient*) melhora *f*

improvisation [ɪmˌprɑːvɪˈzeɪʃn, *Brit:* ˌɪmprəvaɪ-] *n* improvisação *f*

improvise [ˈɪmprəvaɪz] *vi, vt* improvisar

impudent [ˈɪmpjʊdənt] *adj* insolente

impulse [ˈɪmpʌls] *n* impulso *m*; **to do sth on** (**an**) ~ fazer a. c. no impulso

impulsive [ɪmˈpʌlsɪv] *adj* impulsivo, -a

impurity [ɪmˈpjʊrəti, *Brit:* -ˈpjʊərəti] <-ies> *n* impureza *f*

in¹ [ɪn] I. *prep* **1.** (*place*) em; (*inside*) dentro de; **to be** ~ **bed** estar na cama; **there is sth** ~ **the drawer** há a. c. na gaveta; ~ **town** na cidade; ~ **the country** no país; ~ **Brazil** no Brasil; ~ **the picture** na foto; **the best** ~ **Canada** o melhor do Canadá; ~ **here/there** aqui/ali dentro **2.** (*position*) ~ **the beginning/end** no começo/fim; **right** ~ **the middle** bem no meio **3.** (*time*) ~ **the twenties** na década de 20; **to be** ~ **one's thirties** estar na faixa dos trinta; ~ **May** em maio; ~ **the afternoon** à tarde; ~ **a week** em uma semana; ~ (**the**) **future** no futuro; **to do sth** ~ **4 hours** fazer a. c. em 4 horas; **he hasn't done that** ~ **years** há anos que ele não faz isso **4.** (*situation*) ~ **fashion** na moda; **dressed** ~ **red** vestido de vermelho; **she screamed in anger** ela gritou de raiva; **she ran to me in tears** ela me procurou aos prantos; **leave me in peace** me deixa em paz; **I'm talking about the girl in glasses** estou falando da moça de óculos; ~ **your place** *fig* no seu lugar **5.** (*concerning*) **to be interested** ~ **sth** estar interessado em a. c.; **to have confidence** ~ **sb** ter confiança em alguém; **to have a say** ~ **the matter** opinar sobre o assunto; **a change** ~ **attitude** uma mudança de atitude; **a rise** ~ **prices** um aumento de preços **6.** (*by*) ~ **saying sth** ao dizer a. c. **7.** (*taking form of*) **to speak** ~ **English** falar em inglês; ~ **wood** de madeira; **write** ~ **pencil/pen** escrever a lápis/caneta; **to speak** ~ **a loud voice** falar em voz alta; **2 meters** ~ **length** 2 metros de comprimento **8.** (*ratio*) **two** ~ **six** dois em seis; **to buy sth** ~ **twos** comprar a. c. aos pares; ~ **tens** em dez **9.** (*as consequence of*) ~ **return** em troca; ~ **reply** em resposta II. *adv* dentro de; **to go** ~ entrar; **to put sth** ~ enfiar a. c.; **to be** ~ *inf* (*at home*) estar em casa; **to be** ~ **on sth** estar por dentro de a. c. III. *adj* interno, -a IV. *n* ~ **s and outs** os pormenores *mpl*

in² *abbr of* **inch** pol *f*

inability [ˌɪnəˈbɪləti, *Brit:* -ti] *n no pl* incapacidade *f*

inaccessible [ˌɪnækˈsesəbl] *adj* inacessível; **to be** ~ **to sb** ser inacessível a alguém

inaccuracy [ɪnˈækjərəsi, *Brit:* -jʊr-] <-ies> *n* **1.** (*fact*) incorreção *f* **2.** *no pl* (*quality*) imprecisão *f*

inaccurate [ɪnˈækjərət] *adj* **1.** (*inexact*) impreciso, -a **2.** (*wrong*) incorreto, -a

inaction [ɪnˈækʃn] *n no pl* inércia *f*

inactive [ɪnˈæktɪv] *adj* inativo, -a

inadequate [ɪnˈædɪkwət] *adj* inadequado, -a

inadmissible [ˌɪnədˈmɪsəbl] *adj* inadmissível

inane [ɪˈneɪn] *adj* vazio, -a

inanimate [ɪnˈænɪmət] *adj* inanimado, -a

inappropriate [ˌɪnəˈproʊpriət, *Brit:* -ˈprəʊ-] *adj* inadequado, -a

inaudible [ɪnˈɑːdəbl, *Brit:* -ˈɔː-] *adj* inaudível

inaugural [ɪˈnɑːgjʊrəl, *Brit:* -ˈnɔːg-] *adj* inaugural

inaugurate [ɪˈnɑːgjʊreɪt, *Brit:* -ˈnɔːg-] *vt* inaugurar

inauguration [ɪˌnɑːgjʊˈreɪʃn, *Brit:* -ˌnɔːg-] *n* inauguração *f*; posse *f*

in-between *adj* intermediário, -a

Inc. [ɪŋk] *abbr of* **Incorporated** SA

incapability [ɪnˌkeɪpəˈbɪləti, *Brit:* -ti] *n no pl* incapacidade *f*

incapable [ɪn'keɪpəbl] *adj* incapaz; **to be ~ of doing sth** ser incapaz de fazer a. c.

incapacity [ˌɪnkə'pæsəti, *Brit:* -ti] *n no pl* incapacidade *f*

incarcerate [ɪn'kɑːrsəreɪt, *Brit:* -'kɑːs-] *vt* encarcerar

incarnate [ɪn'kɑːrnət, *Brit:* -'kɑːn-] *adj* personificado, -a

incarnation [ˌɪnkɑːr'neɪʃn, *Brit:* -kɑː'-] *n* encarnação *f*; personificação *f*

incense[1] ['ɪnsents] *n* incenso *m*

incense[2] [ɪn'sents] *vt* enfurecer

incentive [ɪn'sentɪv] *n* incentivo *m*

inception [ɪn'sepʃn] *n no pl* princípio *m*; **at sth's ~** no princípio de a. c.

incessant [ɪn'sesnt] *adj* incessante

incest ['ɪnsest] *n no pl* incesto *m*

inch [ɪntʃ] <-es> **I.** *n* polegada *f*; **she knows every ~ of New York** ela conhece cada palmo de Nova York; **give someone an ~ and they'll take a mile** *prov* dá-se a mão e já se quer o braço **II.** *vi* **to ~ forward** avançar lentamente

incidence ['ɪntsɪdənts] *n no pl* incidência *f*; **an ~ of sth** uma incidência de a. c.

incident ['ɪntsɪdənt] *n* incidente *m*

incidental [ˌɪntsɪ'dentəl] *adj* secundário, -a; (*expense*) eventual

incidentally *adv* a propósito

incinerator [ɪn'sɪnəreɪtər, *Brit:* -tər] *n* incinerador *m*

incisive [ɪn'saɪsɪv] *adj* incisivo, -a, mordaz

incisor [ɪn'saɪzər, *Brit:* -ər] *n* dente *m* incisivo

incite [ɪn'saɪt] *vt* provocar

inclement [ɪn'klemənt] *adj* rigoroso, -a

inclination [ˌɪnklɪ'neɪʃn] *n* (*tendency*) propensão *f*; **to have an ~ to do sth** estar inclinado a fazer a. c.

incline [ɪn'klaɪn] *vi* **1.** (*tend*) tender a; **to ~ to do sth** tender a fazer a. c.; **to ~ towards sth** ter propensão para a. c. **2.** (*lean*) inclinar

inclined *adj* **artistically ~** com vocação artística; **I'm ~ to agree with you** estou disposto a concordar com você

include [ɪn'kluːd] *vt* incluir; (*in letter*) anexar; **to ~ sth/sb in sth** incluir a. c./alguém em a. c.; **I'm going to ~ your name in the list** vou incluir seu nome na lista

including[1] *prep* inclusive; (**not**) **~ tax** imposto (não) incluído

inclusion [ɪn'kluːʒən] *n no pl* inclusão *f*

inclusive [ɪn'kluːsɪv] *adj* incluído, -a

incognito [ˌɪnkɑːg'niːtoʊ, *Brit:* -kɒg'niːtəʊ] *adv* incógnito

incoherent [ˌɪnkoʊ'hɪrənt, *Brit:* -kəʊ'hɪər-] *adj* incoerente

income ['ɪnkʌm, *Brit:* 'ɪŋ-] *n no pl* renda *f*

income tax *n no pl* imposto *m* de renda

incoming ['ɪnˌkʌmɪŋ] *adj* entrante

incomparable [ɪnˈkɑːmprəbl, *Brit:* -'kɒm-] *adj* incomparável

incompatible [ˌɪnkəm'pætəbl, *Brit:* -'pæt-] *adj* incompatível; **to be ~ with sth/sb** ser incompatível com a. c./alguém

incompetence [ɪn'kɑːmpɪtənts, *Brit:* -'kɒmpət-] *n no pl* incompetência *f*

incompetent [ɪn'kɑːmpɪtənt, *Brit:* -'kɒmpət-] *adj* incompetente

incomplete [ˌɪnkəm'pliːt] *adj* incompleto, -a; (*not finished*) inacabado, -a

incomprehensible [ˌɪnˌkɑːmprɪ'hensəbl, *Brit:* ˌɪnkɒm-] *adj* incompreensível

inconceivable [ˌɪnkən'siːvəbl] *adj* inconcebível

inconclusive [ˌɪnkən'kluːsɪv] *adj* inconclusivo, -a

incongruous [ɪn'kɑːŋɡruəs, *Brit:* -'kɒŋ-] *adj* desproporcional

inconsequential [ɪnˌkɑːnsɪ'kwenʃl, *Brit:* -'kɒn-] *adj* **1.** (*illogical*) incoerente **2.** (*unimportant*) irrelevante

inconsiderate [ˌɪnkən'sɪdərət] *adj* irrefletido, -a

inconsistency [ˌɪnkən'sɪstəntsi] <-ies> *n* **1.** (*not regular*) inconstância *f* **2.** (*discrepancy*) incongruência *f*

inconsistent [ˌɪnkən'sɪstənt] *adj* **1.** (*changeable*) inconsistente **2.** (*lacking agreement*) incoerente

inconspicuous [ˌɪnkən'spɪkjuəs] *adj* discreto, -a

inconvenience [ˌɪnkən'viːniənts] *n* inconveniência *f*, transtorno *m*

inconvenient *adj* inconveniente; (*time*) inoportuno, -a

incorporate [ɪn'kɔːrpəreɪt, *Brit:* -'kɔːp-] *vt* **1.** (*integrate*) incorporar, associar; (*work into*) integrar; (*add*) acrescentar; **to ~ sth into sth** acrescentar a. c. a a. c. **2.** (*include*) incluir **3.** *Am* LAW, ECON constituir sociedade

incorporation [ɪnˌkɔːrpə'reɪʃən, *Brit:*

-,kɔːp-] *n no pl* **1.** (*integration*) incorporação *f*; (*working into*) integração *f* **2.** LAW, ECON constituição *f* (de uma sociedade)

incorrect [ˌɪnkəˈrekt] *adj* **1.** (*wrong, untrue*) incorreto, -a; (*diagnosis*) errado, -a **2.** (*improper*) inapropriado, -a

increase **I.** [ɪnˈkriːs] *vi* aumentar; (*grow*) crescer; (*prices*) subir **II.** [ɪnˈkriːs] *vt* aumentar; (*make stronger*) intensificar **III.** [ˈɪnkriːs] *n* aumento *m*; **an ~ in sth** um aumento em a. c.; **to be on the ~** estar em alta

increasing *adj* crescente

incredible [ɪnˈkredɪbl] *adj* incrível

incredibly *adv* incrivelmente, por incrível que pareça

incredulous [ɪnˈkredʒʊləs, *Brit:* -ˈkredjə-] *adj* incrédulo, -a

increment [ˈɪŋkrəmənt] *n* acréscimo *m*

incubator [ˈɪŋkjʊbeɪtər, *Brit:* -tə^r] *n* incubadora *f*

incur [ɪnˈkɜːr, *Brit:* -ˈkɜːr] <-rr-> *vt* (*costs*) incorrer em; (*debt*) contrair; (*losses*) sofrer; **to ~ the anger of sb** provocar a ira de alguém

incursion [ɪnˈkɜːrʃn, *Brit:* -ˈkɜːʃn] *n* MIL incursão *f*; **an ~ into sth** uma incursão em a. c.

indebted [ɪnˈdetɪd, *Brit:* -ˈdet-] *adj* **to be ~ to sb for sth** estar em dívida com alguém por a. c.

indecent [ɪnˈdiːsənt] *adj* indecente

indecision [ˌɪndɪˈsɪʒən] *n no pl* indecisão *f*

indecisive [ˌɪndɪˈsaɪsɪv] *adj* indeciso, -a

indeed [ɪnˈdiːd] **I.** *adv* **1.** (*really*) realmente; **to be very rich ~** ser realmente muito rico **2.** (*affirmation*) de fato **II.** *interj* é mesmo

indefinite [ɪnˈdefənət, *Brit:* -fɪ-] *adj* indeterminado, -a

indelible [ɪnˈdeləbl] *adj* indelével

indemnity [ɪnˈdemnəti, *Brit:* -ti] <-ies> *n form* **1.** *no pl* (*insurance*) seguro *m* contra danos **2.** (*compensation*) indenização *f*

independence [ˌɪndɪˈpendəns] *n no pl* independência *f*

independent [ˌɪndɪˈpendənt] *adj* independente; **to be ~ from sth** ser independente de a. c.

in-depth *adj* profundo, -a; (*study*) minucioso, -a

indeterminate [ˌɪndɪˈtɜːrmɪnət, *Brit:* -ˈtɜːm-] *adj* indeterminado, -a

index [ˈɪndeks] *n* <-ices *o* -es> índice *m*

index finger *n* dedo *m* indicador

India [ˈɪndiə] *n* Índia *f*

Indian *adj* **1.** (*of India*) indiano, -a **2.** (*of Native Americans*) índio, -a

Indian Ocean *n* Oceano *m* Índico

indicate [ˈɪndɪkeɪt] *vt* indicar

indication [ˌɪndɪˈkeɪʃn] *n* sinal *m*, indício *m*

indicative [ɪnˈdɪkətɪv, *Brit:* -tɪv] *adj* indicativo, -a

indicator [ˈɪndɪkeɪtər, *Brit:* -tə^r] *n Brit* AUTO seta *f*

indict [ɪnˈdaɪt] *vt* **to ~ sb of sth** LAW indiciar alguém por a. c.

indictment [ɪnˈdaɪtmənt] *n* LAW acusação *f*; *fig* denúncia *f*

Indies [ˈɪndɪz] *npl* Índias *fpl*

indifference [ɪnˈdɪfrəns] *n no pl* indiferença *f*; **~ towards sth** indiferença por a. c.

indifferent [ɪnˈdɪfrənt] *adj* indiferente; **to be ~ to sth** ser indiferente a a. c.

indigenous [ɪnˈdɪdʒɪnəs] *adj* nativo, -a, inerente

indigestion [ˌɪndɪˈdʒestʃən] *n no pl* indigestão *f*

indignant [ɪnˈdɪgnənt] *adj* indignado, -a; **to become ~ (at sth)** ficar indignado (com a. c.)

indignation [ˌɪndɪgˈneɪʃn] *n no pl* indignação *f*

indignity [ɪnˈdɪgnəti, *Brit:* -ɪti] <-ies> *n no pl* humilhação *f*

indirect [ˌɪndɪˈrekt] *adj* indireto, -a

indiscreet [ˌɪndɪˈskriːt] *adj* indiscreto, -a

indiscriminate [ˌɪndɪˈskrɪmɪnət] *adj* **1.** (*uncritical*) sem critério **2.** (*random*) indiscriminado, -a

indispensable [ˌɪndɪˈspensəbl] *adj* indispensável

indistinguishable [ˌɪndɪˈstɪŋgwɪʃəbl] *adj* indistinguível; **to be ~ from sth** ser indistinguível de a. c.

individual [ˌɪndɪˈvɪdʒuəl] **I.** *n* indivíduo *m* **II.** *adj* individual, pessoal

individualism *n no pl* individualismo *m*

individualist *n* individualista *mf*

individualistic [ˌɪndɪˌvɪdʒuəˈlɪstɪk] *adj* individualista

individuality [ˌɪndɪˌvɪdʒuˈæləti, *Brit:* -əti] *n no pl* individualidade *f*

Indochina [ˌɪndoʊˈtʃaɪnə, *Brit:* -dəʊ-] *n* Indochina *f*

indoctrinate [ɪnˈdɑːktrɪneɪt, *Brit:*

-'dɒk-] vt doutrinar
indolent ['ɪndələnt] adj indolente
Indonesia [ˌɪndə'niːʒə, Brit: -dəʊ'-] n Indonésia f
Indonesian adj indonésio, -a
indoor [ɪn'dɔːr, Brit: 'ɪndɔːʳ] adj interno, -a; (pool) coberto, -a
indoors [ˌɪn'dɔːrz, Brit: -'dɔːz] adv dentro de casa
induce [ɪn'duːs, Brit: -'djuːs] vt **1.** (persuade) induzir; **to ~ sb to do sth** induzir alguém a fazer a. c. **2.** (cause) provocar; **to ~ sth in sb** provocar a. c. em alguém
inducement n incentivo m
induction [ɪn'dʌkʃn] n iniciação f
indulge [ɪn'dʌldʒ] vt (person) condescender; (desire) satisfazer, saciar
indulgence [ɪn'dʌldʒəns] n (treat) luxo m, prazer m; (satisfaction) complacência f
indulgent adj indulgente, tolerante
industrial [ɪn'dʌstrɪəl] adj industrial; (dispute) trabalhista
industrial estate n Brit parque m industrial
industrialization [ɪnˌdʌstrɪəlɪ'zeɪʃn, Brit: -laɪ-] n no pl industrialização f
industrial park n Am parque m industrial **Industrial Revolution** n Revolução f Industrial
industrious [ɪn'dʌstrɪəs] adj diligente, aplicado, -a
industry ['ɪndəstri] n **1.** indústria f; (branch) setor m **2.** no pl (diligence) esforço m
inedible [ɪn'edəbl] adj incomestível
ineffective [ˌɪnɪ'fektɪv] adj, **ineffectual** [ˌɪnɪ'fektʃʊəl] adj ineficaz
inefficiency [ˌɪnɪ'fɪʃənsi] n no pl ineficiência f
inefficient [ˌɪnɪ'fɪʃnt] adj ineficiente
ineligible [ɪn'elɪdʒəbl] adj inelegível; **to be ~ to do sth** não estar qualificado a fazer a. c.
inept [ɪ'nept] adj (unskilled) inepto, -a; (inappropriate) impróprio, -a
inequality [ˌɪnɪ'kwɒləti, Brit: -'kwɒləti] <-ies> n desigualdade f; ~ **in sth** desigualdade de a. c.
inequity [ɪn'ekwəti, Brit: -ti] <-ies> n injustiça f
inert [ɪ'nɜːrt, Brit: -'nɜːt] adj inerte; fig apático, -a
inertia [ɪn'ɜːrʃə, Brit: ɪ'nɜːʃə] n no pl indolência f

inescapable [ˌɪnɪ'skeɪpəbl] adj inevitável
inevitable [ɪn'evɪtəbl, Brit: -tə-] adj inevitável
inexcusable [ˌɪnɪk'skjuːzəbl] adj imperdoável
inexpensive [ˌɪnɪk'spensɪv] adj barato, -a
inexperience [ˌɪnɪk'spɪrɪənts, Brit: -'spɪər-] n no pl inexperiência f
inexperienced adj inexperiente; **to be ~ in sth** ser inexperiente em a. c.
inexplicable [ˌɪnɪk'splɪkəbl, Brit: ˌɪnɪk'-] adj inexplicável
infallible [ɪn'fæləbl] adj infalível
infamous ['ɪnfəməs] adj infame; (abominable) abominável
infancy ['ɪnfəntsi] n no pl (primeira) infância f; **the movement is in its ~** o movimento está em fase inicial
infant ['ɪnfənt] n bebê m; ~ **mortality** mortalidade f infantil
infantile ['ɪnfəntaɪl] adj infantil
infantry ['ɪnfəntri] n + sing/pl vb MIL infantaria f
infatuated [ɪn'fætʃʊeɪtɪd, Brit: -ʊeɪt-] adj **to become ~ with sb** ficar apaixonado por alguém
infect [ɪn'fekt] vt infectar; a. fig (person) contagiar; **to ~ sb with sth** contagiar alguém com a. c.
infection [ɪn'fekʃn] n infecção f; fig contágio m
infectious [ɪn'fekʃəs] adj (disease) contagioso, -a; a. fig (laugh) contagiante
infer [ɪn'fɜːr, Brit: -'fɜː'] <-rr-> vt deduzir; **to ~ sth from sth** deduzir a. c. de a. c.; **we ~red from his silence that he was annoyed** deduzimos pelo seu silêncio que ele estava aborrecido
inference ['ɪnfərəns] n form **to draw the ~ that ...** chegar à conclusão de que ...; **by ~** por inferência
inferior [ɪn'fɪrɪər, Brit: -'fɪərɪər] adj inferior
inferiority [ɪnˌfɪri'ɔːrəti, Brit: -ˌfɪərɪ'ɒrəti] n no pl inferioridade f
inferno [ɪn'fɜːrnoʊ, Brit: -'fɜːnəʊ] n inferno m
infertile [ɪn'fɜːrtl, Brit: -'fɜːtaɪl] adj infértil, improdutivo, -a
infest [ɪn'fest] vt infestar; **to be ~ed with sth** estar infestado de a. c.
infidelity [ˌɪnfə'deləti, Brit: -fɪ'delətɪ] n no pl infidelidade f
infiltrate [ɪn'fɪltreɪt, Brit: 'ɪnfɪl-] vt infil-

infinite ['ɪnfənɪt, Brit: -fɪnət] adj infinito, -a
infinitely adv infinitamente
infinitive [ɪn'fɪnətɪv, Brit: -tɪv] n infinitivo m
infinity [ɪn'fɪnəti, Brit: -ti] <-ies> n **1.** no pl MAT infinito m **2.** (huge amount) infinidade f
infirmary [ɪn'fɜːrməri, Brit: -'fɜːm-] <-ies> n **1.** (hospital) hospital m **2.** Am (sick room) enfermaria f
inflame [ɪn'fleɪm] vt a. MED inflamar; to ~ sb with passion acender a paixão de alguém
inflammable [ɪn'flæməbl] adj inflamável; (situation) explosivo, -a
inflammation [ˌɪnflə'meɪʃn] n MED inflamação f
inflammatory [ɪn'flæmətːri, Brit: -təri] adj **1.** MED inflamatório, -a **2.** (speech) incendiário, -a
inflatable [ɪn'fleɪtəbl, Brit: -tə-] adj inflável
inflate [ɪn'fleɪt] vi, vt inflar
inflation [ɪn'fleɪʃn] n no pl inflação f
inflationary adj inflacionário, -a
inflection [ɪn'flekʃn] n inflexão f
inflexible [ɪn'fleksəbl] adj inflexível
inflict [ɪn'flɪkt] vt (wound) infligir; (damage) causar; **to ~ sth on sb** infligir a. c. a alguém
infliction [ɪn'flɪkʃn] n no pl imposição f
influence ['ɪnfluəns] **I.** n influência f; **to have an ~ on sth/sb** ter influência em [ou sobre] a. c./alguém; **to bring one's ~ to bear on sb** usar a própria influência para convencer alguém; **to be under the ~** fig estar embriagado **II.** vt influenciar
influential [ˌɪnflu'enʃl] adj influente
influenza [ˌɪnflu'enzə] n no pl gripe f
influx ['ɪnflʌks] n no pl afluxo m; (of people a.) afluência f
inform [ɪn'fɔːrm, Brit: -'fɔːm] **I.** vt informar; **to ~ sb of sth** informar alguém de a. c./alguém; **to be ~ed about sth** ser informado de a. c. **II.** vi **to ~ against sb** delatar alguém
informal adj informal
informant n informante mf
information [ˌɪnfər'meɪʃn, Brit: -fə'-] n no pl **1.** (data) informações fpl; **to ask for ~** pedir informações; **~ on sb/sth** informações sobre alguém/a. c.; **a piece of ~** uma informação **2.** INFOR dados mpl

> **Grammar** information não é usada no plural: **any/some information** significa informações.

information science n ciência f da informação **information superhighway** n superinfovia f **information technology** n no pl informática f
informative [ɪn'fɔːrmətɪv, Brit: -'fɔːmətɪv] adj informativo, -a
informer [ɪn'fɔːrmər, Brit: -'fɔːmə'] n informante mf
infotainment ['ɪnfouteɪnmənt, Brit: ɪnfəʊ'teɪn-] n reportagem de notícias na televisão em formato de entretenimento e pouco informativo
infrared ['ɪnfrə'red] adj infravermelho, -a
infrastructure ['ɪnfrəˌstrʌktʃər, Brit: -ə'] n infraestrutura f
infrequent [ɪn'friːkwənt] adj raro, -a
infringe [ɪn'frɪndʒ] vt LAW transgredir; **to ~ (on) sb's right** violar os direitos de alguém
infringement n LAW transgressão f; (of a rule) infração f
infuriate [ɪn'fjʊrɪeɪt, Brit: -'fjʊər-] vt enfurecer
infusion [ɪn'fjuːʒən] n infusão f
ingenious [ɪn'dʒiːnjəs, Brit: -nɪəs] adj engenhoso, -a
ingenuity [ˌɪndʒɪ'njuːəti, Brit: -ti] n no pl engenhosidade f
ingenuous [ɪn'dʒenjʊəs] adj form ingênuo, -a
ingrained [ˌɪn'greɪnd] adj **1.** (dirt) impregnado, -a **2.** (prejudice) arraigado, -a
ingratiate [ɪn'greɪʃieɪt] vt **to ~ oneself with sb** cair nas graças de alguém
ingratitude [ɪn'grætətuːd, Brit: -tɪtjuːd] n no pl ingratidão f
ingredient [ɪn'griːdiənt] n ingrediente m; **an ~ in sth** um ingrediente de a. c.
inhabit [ɪn'hæbɪt] vt habitar
inhabitant [ɪn'hæbɪtənt] n habitante mf
inhale [ɪn'heɪl] vi, vt inalar; (smoke) tragar
inherent [ɪn'hɪrənt, Brit: -'her-] adj inerente
inherit [ɪn'herɪt] vt herdar; **to ~ sth from sb** herdar a. c. de alguém
inheritance [ɪn'herɪtəns] n herança f
inhibit [ɪn'hɪbɪt] vt (hinder) impedir;

(*impair*) inibir
inhibition [ˌɪnɪ'bɪʃn] *n* inibição *f*
inhospitable [ɪnˈhɑːspɪtəbl, *Brit:* ˌɪnhɒ'spɪt-] *adj* inóspito, -a; (*attitude*) hostil
in-house *adv* COM na empresa
inhuman [ɪn'hjuːmən] *adj* desumano, -a
inhumane [ˌɪnhjuː'meɪn] *adj* cruel
inimitable [ɪ'nɪmɪtəbl, *Brit:* -tə-] *adj* inimitável
iniquity [ɪ'nɪkwəti, *Brit:* -ti] <-ies> *n* (*wickedness*) iniquidade *f*; (*unfairness*) injustiça *f*
initial [ɪ'nɪʃəl] **I.** *adj, n* inicial *f* **II.** <*Brit:* -ll-, *Am:* -l-> *vt* rubricar
initially *adv* no princípio
initiate [ɪ'nɪʃieɪt] *vt* dar início
initiation [ɪˌnɪʃi'eɪʃn] *n no pl* (*start*) iniciação *f*
initiative [ɪ'nɪʃətɪv, *Brit:* -tɪv] *n* iniciativa *f*; **to take the ~ (in sth)** tomar a iniciativa (de a. c.); **to show ~** mostrar iniciativa; **to use one's ~** agir por iniciativa própria
inject [ɪn'dʒekt] *vt* injetar; **to ~ sth into sb/sth** injetar a. c. em alguém/a. c.
injection [ɪn'dʒekʃn] *n* injeção *f*
injunction [ɪn'dʒʌŋkʃn] *n* injunção *f*
injure ['ɪndʒər, *Brit:* -əʳ] *vt* ferir
injury ['ɪndʒəri] <-ies> *n* ferida *f*, lesão *f*; **a back ~** uma lesão nas costas; **to do oneself an ~** *Brit, Aus, iron* machucar-se
injustice [ɪn'dʒʌstɪs] *n* injustiça *f*; **to do sb an ~** fazer uma injustiça com alguém
ink [ɪŋk] *n* tinta *f*
ink-jet printer *n* impressora *f* a jato de tinta
inkling ['ɪŋklɪŋ] *n* suspeita *f*; **to have an ~ that ...** ter uma suspeita de que ...
inland ['ɪnlənd] *adj* interior
Inland Revenue *n Brit* Receita *f* Federal
in-laws *npl* sogros *mpl*
inlet ['ɪnlet] *n* **1.** GEO enseada *f* **2.** *Brit* TECH entrada *f*
inmate ['ɪnmeɪt] *n* interno, -a *m, f*; (*in prison*) detento, -a *m, f*
inn [ɪn] *n* pousada *f*
innards ['ɪnərdz, *Brit:* -ədz] *npl inf* tripas *fpl*
innate [ɪ'neɪt] *adj* inato, -a
inner ['ɪnər, *Brit:* -əʳ] *adj* **1.** (*interior*) interno, -a **2.** (*feeling*) íntimo, -a
inner tube *n* câmara-de-ar *f*

inning *n* (*in baseball*) inning *m*; **to have a good ~s** *Brit, fig* ter vida longa e próspera
innocence ['ɪnəsns] *n no pl* inocência *f*
innocent ['ɪnəsnt] *adj* inocente; **to be ~ of a crime** ser inocente de um crime
innocuous [ɪ'nɑːkjuəs, *Brit:* -'nɒk-] *adj* inofensivo, -a
innovate ['ɪnəveɪt] *vi* inovar
innovation [ˌɪnə'veɪʃn] *n* inovação *f*
innovative ['ɪnəveɪtɪv, *Brit:* -vəɪv] *adj* (*product*) original; (*person*) inovador(a)
innuendo [ˌɪnjuː'endoʊ, *Brit:* -dəʊ] <-(e)s> *n* insinuação *f*
innumerable [ɪ'nuːmərəbl, *Brit:* -'njuː-] *adj* incontável
inoculation [ɪˌnɑːkjə'leɪʃn, *Brit:* -ˌnɒkjɪ'-] *n* inoculação *f*
inoffensive [ˌɪnə'fensɪv] *adj* inofensivo, -a
inopportune [ɪnˌɑːpər'tuːn, *Brit:* ɪn'ɒpətjuːn] *adj* inoportuno, -a
inorganic [ˌɪnɔːr'gænɪk, *Brit:* -ɔː'-] *adj* inorgânico, -a
input ['ɪnpʊt] *n* (*contribution*) contribuição *f*, insumo *m*; INFOR entrada *f* de dados
input device *n* INFOR dispositivo *m* de entrada
inquest ['ɪnkwest] *n* LAW inquérito *m*; **an ~ on sb/into sth** um inquérito sobre alguém/a. c.
inquire [ɪn'kwaɪr, *Brit:* -əʳ] **I.** *vi* pedir informações; **to ~ about sth** pedir informações sobre a. c.; **to ~ into a matter** investigar um assunto **II.** *vt* perguntar; **to ~ sth of sb** perguntar a. c. de alguém
inquiry [ɪn'kwaɪri, *Brit:* -əri] *n* **1.** (*question*) pergunta *f* **2.** (*investigation*) investigação *f*; **an ~ into sth** uma investigação sobre a. c.
inquisition [ˌɪnkwɪ'zɪʃn] *n* inquisição *f*
inquisitive [ɪn'kwɪzətɪv, *Brit:* -tɪv] *adj* curioso, -a; **to be ~ about sth** estar curioso sobre a. c.
insane [ɪn'seɪn] *adj a. fig* louco, -a; **to go ~** enlouquecer
insanity [ɪn'sænəti, *Brit:* -ti] *n no pl* **1.** (*mental illness*) insanidade *f* **2.** *a. fig* (*craziness*) loucura *f*
insatiable [ɪn'seɪʃəbl] *adj* insaciável
inscription [ɪn'skrɪpʃn] *n* inscrição *f*; (*dedication*) dedicatória *f*
inscrutable [ɪn'skruːtəbl, *Brit:* -tə-] *adj*

(*look*) impenetrável; (*person*) inescrutável

insect ['ɪnsekt] *n* inseto *m*

insecticide [ɪn'sektɪsaɪd] *n* inseticida *f*

insecure [ˌɪnsɪ'kjʊr, *Brit:* -'kjʊəʳ] *adj* inseguro, -a

insecurity [ˌɪnsɪ'kjʊrəti, *Brit:* -'kjʊərəti] <-ies> *n* insegurança *f*

insensitive [ɪn'sensətɪv, *Brit:* -tɪv] *adj* insensível; **to be ~ to sth** ser insensível a a. c.

inseparable [ɪn'sepɹəbl] *adj* inseparável

insert [ɪn'sɜːrt, *Brit:* -'sɜːt] *vt* (*a coin*) inserir; **to ~ sth into sth** introduzir a. c. em a. c.; (*within text*) intercalar

inside [ɪn'saɪd] **I.** *adj* interno, -a **II.** *n* interior *m*; **on the ~** no interior; **to turn sth ~ out** virar a. c. pelo avesso **III.** *prep* ~ **(of)** dentro (de); **~ three days** em três dias **IV.** *adv* dentro; **to go ~** entrar

inside information *n* informações *fpl* sigilosas

inside out I. *adj* do avesso **II.** *adv* **to know sth ~** conhecer a. c. a fundo

insider ['ɪnsaɪdər, *Brit:* -əʳ] *n* pessoa *f* com acesso a informações privilegiadas

insidious [ɪn'sɪdiəs] *adj* traiçoeiro, -a

insight ['ɪnsaɪt] *n* percepção *f* (intuitiva); *inf* estalo *m*; **to gain an ~ into sth** ter uma súbita percepção de a. c.

insignificant [ˌɪnsɪg'nɪfɪkənt] *adj* insignificante

insincere [ˌɪnsɪn'sɪr, *Brit:* -'sɪəʳ] *adj* falso, -a

insinuate [ɪn'sɪnjueɪt] *vt* insinuar

insist [ɪn'sɪst] *vi, vt* insistir; **to ~ on doing sth** insistir em fazer a. c.

insistence [ɪn'sɪstəns] *n no pl* insistência *f*; **to do sth at sb's ~** fazer a. c. por insistência de alguém

insistent [ɪn'sɪstənt] *adj* insistente

insolent ['ɪnsələnt] *adj* insolente

insolvent [ɪn'sɑːlvənt, *Brit:* -'sɒl-] *adj* insolvente

insomnia [ɪn'sɑːmniə, *Brit:* -'sɒm-] *n no pl* insônia *f*

inspect [ɪn'spekt] *vt* inspecionar, vistoriar

inspection [ɪn'spekʃn] *n* inspeção *f*, vistoria *f*

inspector [ɪn'spektər, *Brit:* -əʳ] *n* inspetor(a) *m(f)*

inspiration [ˌɪnspə'reɪʃən] *n* inspiração *f*

inspire [ɪn'spaɪr, *Brit:* -'spaɪəʳ] *vt* inspirar; **to ~ sth in sb** inspirar a. c. em alguém

instability [ˌɪnstə'bɪləti, *Brit:* -ti] *n no pl* instabilidade *f*

instal <-ll-> *Brit*, **install** [ɪn'stɔːl] *vt* instalar

installation [ˌɪnstə'leɪʃn] *n* instalação *f*

installment *n Am*, **instalment** [ɪn'stɔːlmənt] *n Brit* **1.** RADIO, TV capítulo *m* **2.** COM prestação *f*

instance ['ɪnstəns] *n* exemplo *m*, ocasião *f*; **an ~ of sth** um exemplo de a. c.; **for ~** por exemplo; **in the first ~** na primeira ocasião

instant ['ɪnstənt] **I.** *n* instante *m*; **for an ~** por um instante; **in an ~** num instante **II.** *adj* **1.** (*immediate*) imediato, -a **2.** GASTR instantâneo, -a

instantaneous [ˌɪnstən'teɪniəs] *adj* instantâneo, -a

instantly *adv* imediatamente

instead [ɪn'sted] **I.** *adv* em vez disso **II.** *prep* **~ of** em vez de, em lugar de; **~ of him** em lugar dele; **~ of doing sth** em vez de fazer a. c.

instep ['ɪnstep] *n* peito *m* do pé

instigate ['ɪnstɪgeɪt] *vt* instigar, fomentar

instil [ɪn'stɪl] <-ll-> *vt*, **instill** *vt Am* **to ~ sth (into sb)** incutir a. c. (em alguém)

instinct ['ɪnstɪŋkt] *n* instinto *m*; **to do sth by ~** fazer a. c. por instinto

instinctive [ɪn'stɪŋktɪv] *adj* instintivo, -a

institute ['ɪnstɪtuːt, *Brit:* -tjuːt] **I.** *n* instituto *m* **II.** *vt form* (*system, reform*) instituir; (*steps, measures*) estabelecer; (*legal action*) instaurar

institution [ˌɪnstɪ'tuːʃn, *Brit:* -'tjuː-] *n* instituição *f*

institutional [ˌɪnstɪ'tuːʃnəl, *Brit:* -'tjuː-] *adj* institucional

institutionalize [ˌɪnstɪtu'ʃnəlaɪz, *Brit:* -'tjuː-] *vt* institucionalizar

instruct [ɪn'strʌkt] *vt* instruir, ensinar; **to ~ sb to do sth** dar instruções a alguém para fazer a. c.; **to ~ sb in sth** ensinar alguém a. c.

instruction [ɪn'strʌkʃn] *n* **1.** *no pl* (*teaching*) ensino *m* **2.** (*order*) instrução *f*, ordem *f*; **to give sb ~s (in sth)** dar ordens a alguém (sobre a. c.)

instructive [ɪn'strʌktɪv] *adj* instrutivo, -a

instructor [ɪn'strʌktər, *Brit:* -əʳ] *n* instrutor(a) *m(f)*, professor(a) *m(f)*

instrument ['ɪnstrəmənt, *Brit:* -strʊ-] *n* instrumento *m*

instrumental [ˌɪnstrə'mentl, *Brit:* -strʊ'-] *adj*, *n* MUS instrumental; **to be ~ in doing sth** *fig* ter um papel fundamental em a. c.

insubordinate [ˌɪnsə'bɔːrdənɪt, *Brit:* -'bɔːdɪnət] *adj* indisciplinado, -a

insufferable [ɪn'sʌfrəbl] *adj* insuportável

insufficient [ˌɪnsə'fɪʃənt] *adj* insuficiente

insular ['ɪntsələr, *Brit:* -sjələr] *adj* 1. GEO insular 2. (*person*) de visão estreita

insulate ['ɪntsəleɪt, *Brit:* -sjə-] *vt* isolar

insulation [ˌɪntsə'leɪʃn, *Brit:* -sjə'-] *n no pl* isolamento *m*

insulin ['ɪntsəlɪn, *Brit:* -sjʊ-] *n no pl* insulina *f*

insult I. [ɪn'sʌlt] *vt* insultar II. ['ɪntsʌlt] *n* insulto *m*, ofensa *f*; **to add ~ to injury** ... e como se não bastasse ...

insurance [ɪn'ʃʊrəns, *Brit:* -'ʃʊər-] *n no pl* seguro *m*; **to take out ~ (against sth)** fazer seguro contra a. c.

insurance company <-ies> *n* seguradora *f* **insurance policy** <-ies> *n* apólice *f* de seguro

insure [ɪn'ʃʊr, *Brit:* -'ʃʊəʳ] *vt* pôr no seguro

insurer [ɪn'ʃʊrər, *Brit:* -'ʃʊərəʳ] *n* (*company*) seguradora *f*

insurmountable [ˌɪnsər'maʊntəbl, *Brit:* -sər'-] *adj* insuperável

insurrection [ˌɪnsə'rekʃn] *n* insurreição *f*

intact [ɪn'tækt] *adj* intacto, -a

intake ['ɪnteɪk] *n* 1. (*action of taking in*) admissão *f*; **~ of breath** inspiração *f* 2. (*amount taken in*) consumo *m*

intangible [ɪn'tændʒəbl] *adj* intangível

integral ['ɪntɪgrəl] *adj* 1. (*part of the whole*) integrante; **to be an ~ part of sth** ser parte integrante de a. c. 2. (*central, essential, complete*) integral; **to be ~ to sth** ser essencial para a. c.

integrate ['ɪntɪgreɪt] *vi*, *vt* integrar(-se); **to ~ (sth/sb) into sth** integrar (a. c./alguém) em a. c.

integrated *adj* integrado, -a

integration [ˌɪntɪ'greɪʃn] *n no pl* integração *f*

integrity [ɪn'tegrəti, *Brit:* -ti] *n no pl* integridade *f*

intellect ['ɪntəlekt] *n no pl* intelecto *m*

intellectual [ˌɪntə'lektʃʊəl] *adj* intelectual

intelligence [ɪn'telɪdʒəns] *n no pl* 1. (*ability*) inteligência *f* 2. (*collection of information*) espionagem

intelligent [ɪn'telɪdʒənt] *adj* inteligente

intelligible [ɪn'telɪdʒəbl] *adj* inteligível

intend [ɪn'tend] *vt* pretender; **to ~ to do sth** pretender fazer a. c.; **to be ~ed for sth** ser destinado a a. c.

intended *adj* planejado, -a

intense [ɪn'tents] *adj* intenso, -a

intensify [ɪn'tentsɪfaɪ] <-ie-> *vi*, *vt* intensificar

intensity [ɪn'tentsəti, -ti] *n no pl* intensidade *f*

intensive [ɪn'tentsɪv] *adj* intensivo, -a

intent [ɪn'tent] I. *n* intenção *f*, plano *m*; **a declaration of ~** uma declaração de intenções; **to all ~s and purposes** para todos os efeitos II. *adj* determinado, -a *m*, *f*; **to be ~ on doing sth** estar determinado a fazer a. c.

intention [ɪn'tentʃn] *n* intenção *f*; **to have no ~ of doing sth** não ter intenção de fazer a. c.; **with the best of ~s** com a melhor das intenções

intentional *adj* intencional, de propósito

interact [ˌɪntər'ækt, *Brit:* ˌɪntər'-] *vi* interagir; **to ~ with sb/sth** interagir com alguém/a. c.

interaction [ˌɪntər'ækʃn, *Brit:* -əʳ-] *n* interação *f*

interactive [ˌɪntər'æktɪv, *Brit:* -əʳ-] *adj* interativo, -a

intercept [ˌɪntər'sept, *Brit:* -tə'-] *vt* interceptar

interchange [ˌɪntər'tʃeɪndʒ, *Brit:* -tə'-] I. *n* 1. *form* intercâmbio *m* 2. *Brit* (*of roads*) trevo *m* II. *vt* intercambiar, trocar

interchangeable *adj* intercambiável

intercourse ['ɪntərkɔːrs, *Brit:* -əkɔːs] *n no pl* (*sexual*) relação *f* sexual; **social ~** *form* trato *m* social; **to have ~ with sb** manter um relacionamento com alguém

interdependence [ˌɪntərdɪ'pendəns, *Brit:* -tədɪ-] *n no pl* interdependência *f*

interdependent *adj* interdependente

interest ['ɪntrɪst, *Brit:* -trəst] I. *n* 1. (*hobby, curiosity*) interesse *m*; **to take an ~ in sth** interessar-se por a. c.; **to lose ~ in sth** perder o interesse por a. c.; **out of ~** por curiosidade; **a con-**

flict of ~s um conflito de interesses; **it's in your own ~ to do it** é do seu próprio interesse fazer isso **2.** FIN juros *mpl*; **~ rate** taxa de juros **II.** *vt* interessar

interested *adj* interessado, -a; **to be ~ in sth** estar interessado em a. c.

interest-free *adj* FIN sem juros

interesting *adj* interessante

interface ['ɪntərfeɪs, *Brit:* -əfeɪs] *n* A.INFOR interface *f*

interfere [,ɪntər'fɪr, *Brit:* -ə'fɪə'] *vi* interferir; **to ~ in sth** interferir em a. c.; **to ~ with sb** *Brit* (*molest*) molestar alguém (sexualmente)

interference [,ɪntər'fɪrəns, *Brit:* -ə'fɪər-] *n no pl* **1.** intervenção *f* **2.** RADIO, TECH interferência *f*

interim ['ɪntərɪm] **I.** *n no pl* ínterim *m*; **in the ~** no ínterim **II.** *adj* provisório, -a

interior [ɪn'tɪriər, *Brit:* -'tɪəriə'] **I.** *adj* interno, -a **II.** *n* interior *m*

interject [,ɪntər'dʒekt, *Brit:* -tə'-] *vt form* interpor

interjection [,ɪntər'dʒekʃn, *Brit:* -tə'-] *n* interjeição *f*

interlude ['ɪntərluːd, *Brit:* -əluːd] *n* (*interval*) intervalo *m*

intermediary [,ɪntər'miːdieri, *Brit:* -ə'miːdɪəri] <-ies> *n* intermediário, -a *m, f*

intermediate [,ɪntər'miːdɪət, *Brit:* -tə'-] *adj* intermediário, -a

interminable [ɪn'tɜːrmɪnəbl, *Brit:* -'tɜːm-] *adj* interminável

intermission [,ɪntər'mɪʃn, *Brit:* -tə'-] *n Am a.* CINE, THEAT intervalo *m*

intermittent [,ɪntər'mɪtnt, *Brit:* -tə'-] *adj* intermitente

intern I. [ɪn'tɜːrn, *Brit:* -'tɜːn] *vt* internar **II.** [ɪn'tɜːrn, *Brit:* -'tɜːn] *vi* MED trabalhar como médico estagiário **III.** ['ɪntɜːrn, *Brit:* -tɜːn] *n Am* estagiário, -a *m, f*; **hospital ~** médico *m* estagiário

internal [ɪn'tɜːrnl, *Brit:* -'tɜːnl] *adj* interno, -a

international [,ɪntər'næʃnəl, *Brit:* -tə'-] *adj* internacional

International Court of Justice *n* Tribunal *m* Internacional de Justiça

International Monetary Fund *n* Fundo *m* Monetário Internacional

internee [,ɪntɜːr'niː, *Brit:* -tɜː'-] *n* prisioneiro, -a *m, f* de guerra

Internet ['ɪntərnet, *Brit:* -ənet] *n* Internet *f*

Internet access *n* acesso *m* à Internet **Internet bank** *n* banco *m* eletrônico **Internet banking** *n no pl* internet banking **Internet café** *n* cibercafé *m* **Internet search engine** *n* mecanismo *m* de busca na Internet **Internet user** *n* internauta *mf*

internment [ɪn'tɜːrnmənt, *Brit:* -'tɜːn-] *n no pl* internação *f*

interplay ['ɪntərpleɪ, *Brit:* -əpleɪ] *n pl* interação *f*; **the ~ between sth and sth** a interação entre a. c. e a. c.

interpret [ɪn'tɜːrprət, *Brit:* -'tɜːprɪt] **I.** *vt* **1.** (*decode, construe*) interpretar **2.** (*translate*) traduzir (oralmente) **II.** *vi* interpretar

interpretation [ɪn,tɜːrprə'teɪʃn, *Brit:* -,tɜːprɪ'-] *n* interpretação *f*; **to put an ~ on sth** dar uma interpretação a a. c.

interpreter [ɪn'tɜːrprətər, *Brit:* -'tɜːprɪtə'] *n* intérprete *mf*

interpreting *n no pl* interpretação *f*

interrelate [,ɪntərɪ'leɪt, *Brit:* -ərɪ'-] *vi* inter-relacionar

interrogate [ɪn'terəgeɪt] *vt* interrogar

interrogation [ɪn,terə'geɪʃn] *n* interrogação *f*; LAW interrogatório *m*

interrogator [ɪn'terəgeɪtər, *Brit:* -tər] *n* interrogador(a) *m(f)*

interrupt [,ɪntər'rʌpt, *Brit:* -ə'-] *vi, vt* interromper

interruption [,ɪntər'rʌpʃn, *Brit:* -tə'-] *n* interrupção *f*; **without ~** sem interrupção

intersect [,ɪntər'sekt, *Brit:* -tə'-] *vi* cruzar

intersection [,ɪntər'sekʃn, *Brit:* -tə'-] *n* **1.** (*of lines*) interseção *f* **2.** *Am, Aus* (*junction*) cruzamento *m*

intersperse [,ɪntər'spɜːrs, *Brit:* -ə'spɜːs] *vt* intercalar; **to ~ sth with sth** intercalar a. c. com a. c.

interstate ['ɪntərsteɪt, *Brit:* ,ɪntə'-] *adj Am* interestadual

intertwine [,ɪntər'twaɪn, *Brit:* -tə'-] *vi, vt* entrelaçar(-se)

interval ['ɪntərvl, *Brit:* -əvl-] *n* **1.** *a.* MUS intervalo *m*; **at ~s** de vez em quando **2.** *Brit* THEAT intervalo *m*

intervene [,ɪntər'viːn, *Brit:* -tə'-] *vi* intervir; **to ~ in sth** intervir em a. c.; **to ~ on sb's behalf** interceder por alguém

intervening *adj* **in the ~ period** no intervalo de tempo

intervention [,ɪntər'venʃən, *Brit:* -tə'-] *n* intervenção *f*

interview ['ɪntərvjuː, *Brit:* -əvjuː] I. *n* entrevista *f*; **to give an ~** dar uma entrevista II. *vt* entrevistar

interviewer ['ɪntərvjuːər, *Brit:* -əvjuːəʳ] *n* entrevistador(a) *m(f)*

interweave [ˌɪntər'wiːv, *Brit:* -tə'-] *vt irr* entrelaçar

intestine [ɪn'testɪn] *n* intestino *m*

intimacy ['ɪntəməsi, *Brit:* -tɪ-] <-ies> *n* intimidade *f*

intimate ['ɪntəmət, *Brit:* -tɪ-] *adj* íntimo, -a; (*knowledge*) profundo, -a; **to be on ~ terms with sb** ter intimidade com alguém

intimidate [ɪn'tɪmɪdeɪt] *vt* intimidar; **to ~ sb into doing sth** coagir alguém a fazer a. c.

intimidating *adj* atemorizante

intimidation [ɪnˌtɪmɪ'deɪʃn] *n no pl* intimidação *f*

into ['ɪntə, *before vowels:* -tu] *prep* **1.** (*to the inside of*) em; (*towards*) para (dentro de); **to walk ~ a place** entrar num lugar; **to get ~ bed** cair na cama; **~ the future** para o futuro **2.** (*against*) em; **to drive ~ a tree** bater numa árvore; **to bump ~ a friend** dar de cara com um amigo **3.** (*to the state or condition of*) **to grow ~ a woman** tornar-se uma mulher; **to translate ~ from English - Spanish** traduzir do inglês para o espanhol **4.** *inf* (*interested in*) **she's really ~ her new job** ela está mesmo adorando o novo emprego **5.** MAT **two ~ ten equals five** dez dividido por dois é igual a cinco

intolerable [ɪn'tɑːlərəbl, *Brit:* -'tɒl-] *adj* intolerável

intolerance [ɪn'tɑːlərəns, *Brit:* -'tɒl-] *n no pl* intolerância *f*

intolerant [ɪn'tɑːlərənt, *Brit:* -'tɒl-] *adj* intolerante; **to be ~ of sb/sth** ser intolerante com alguém/a. c.

intonation [ˌɪntoʊ'neɪʃn, *Brit:* -tə'-] *n* entonação *f*

intoxicate [ɪn'tɑːksɪkeɪt, *Brit:* -'tɒk-] *vt* intoxicar; (*alcohol*) embriagar

intoxicating *adj a. fig* inebriante; (*beverage*) embriagador, -a

intoxication [ɪnˌtɑːksɪ'keɪʃn, *Brit:* -ˌtɒk-] *n no pl* **1.** (*drunkenness*) embriaguez *f* **2.** (*excitement*) alegria *f*

intractable [ˌɪn'træktəbl, *Brit:* -] *adj form* (*person*) intratável; (*problem*) de difícil solução

Intranet [ˌɪntrə'net] *n* Intranet *f*

intransitive [ɪn'trænsətɪv, *Brit:* -tɪv] *adj* intransitivo, -a

intravenous [ˌɪntrə'viːnəs] *adj* MED intravenoso, -a

intrepid [ɪn'trepɪd] *adj* intrépido, -a

intricate ['ɪntrɪkət] *adj* intrincado, -a

intrigue I. [ɪn'triːg] *vi, vt* intrigar; **to be ~d by sth** estar intrigado com a. c. II. ['ɪntriːg] *n* intriga *f*

intriguing [ɪn'triːgɪŋ] *adj* intrigante

intrinsic [ɪn'trɪnsɪk] *adj* intrínseco, -a

introduce [ˌɪntrə'duːs, *Brit:* -'djuːs] *vt* **1.** (*person*) apresentar; **she ~d her best friend to her boyfriend** ela apresentou a amiga ao namorado; **to ~ sb to sth** iniciar alguém em a. c. **2.** (*bring in*) inserir; **to ~ sth into sth** inserir a. c. em a. c.

introduction [ˌɪntrə'dʌkʃn] *n* **1.** (*of person*) apresentação *f* **2.** (*of sth new*) introdução *f* **3.** (*preface*) prefácio *m*

introductory [ˌɪntrə'dʌktəri] *adj* **1.** (*elementary, preparatory*) introdutório, -a **2.** (*beginning*) preliminar

introspection [ˌɪntroʊ'spekʃn, *Brit:* -trə'-] *n no pl* introspecção *f*

introverted [ɪntroʊ'vɜːrtɪd, *Brit:* -trəʊ'vɜːt-] *adj* introvertido, -a

intrude [ɪn'truːd] *vi* intrometer-se; **to ~ on sb** incomodar alguém

intruder [ɪn'truːdər, *Brit:* -əʳ] *n* intruso, -a *m, f*

intrusion [ɪn'truːʒən] *n* intromissão *f*

intrusive [ɪn'truːsɪv] *adj* indiscreto, -a, intrometido, -a

intuition [ˌɪntuː'ɪʃn, *Brit:* -tkuː'-] *n no pl* intuição *f*

intuitive [ɪn'tuːɪtɪv, *Brit:* -'tjuːɪt-] *adj* intuitivo, -a

inundate ['ɪnəndeɪt, *Brit:* -nʌn-] *vt* inundar; **we have been ~d with complaints** recebemos uma enxurrada de reclamações

invade [ɪn'veɪd] *vt, vi* invadir

invader [ɪn'veɪdər, *Brit:* -əʳ] *n* invasor(a) *m(f)*

invalid¹ ['ɪnvəlɪd] *n* inválido, -a *m, f*

invalid² [ɪn'vælɪd] *adj a.* LAW sem validade

invalidate [ɪn'vælɪdeɪt] *vt a.* LAW invalidar, anular

invaluable [ɪn'væljuəbl, *Brit:* -juə-] *adj* inestimável

invariable [ɪn'veriəbl, *Brit:* -'veər-] *adj* invariável

invasion [ɪn'veɪʒən] *n* invasão *f*; **~ of**

privacy invasão *f* de privacidade
invent [ɪn'vent] *vt* inventar
invention [ɪn'venʃn] *n* **1.** (*gadget*) invenção *f*, engenho *m* **2.** *no pl* (*creativity*) criação *f*
inventive [ɪn'ventɪv, *Brit*: -tɪv] *adj* criativo, -a, engenhoso, -a
inventiveness *n no pl* engenhosidade *f*
inventor [ɪn'ventər, *Brit*: -əʳ] *n* inventor(a) *m(f)*
inventory ['ɪnvəntɔ:ri, *Brit*: -tri] <-ies> *n* **1.** (*catalog*) inventário *m* **2.** *Am* (*stock*) estoque *m*
inverse [ɪn'vɜ:rs, *Brit*: -'vɜ:s] *adj* inverso, -a
inversion [ɪn'vɜ:rʒən, *Brit*: -'vɜ:ʃn] *n no pl* inversão *f*
invert [ɪn'vɜ:rt, *Brit*: -'vɜ:t] *vt* inverter
invertebrate [ɪn'vɜ:rtəbrɪt, *Brit*: -'vɜ:tɪbrət] *n* invertebrado *m*
invest [ɪn'vest] *vt, vi* investir; **to ~ (sth) in sth** investir (a. c.) em a. c.
investigate [ɪn'vestɪgeɪt] *vt* investigar
investigation [ɪn,vestɪ'geɪʃn] *n* investigação *f*
investigator [ɪn'vestɪgeɪtər, *Brit*: -təʳ] *n* investigador(a) *m(f)*
investment [ɪn'vestmənt] *n* investimento *m*; **to be a good ~** ser um bom investimento
investor [ɪn'vestər, *Brit*: -əʳ] *n* investidor(a) *m(f)*
invigorating [ɪn'vɪgəreɪtɪŋ, *Brit*: -tɪŋ] *adj* revigorante
invincible [ɪn'vɪnsəbl] *adj* invencível
invisible [ɪn'vɪzəbl] *adj* invisível
invitation [,ɪnvɪ'teɪʃn] *n* convite *m*; **an ~ to sth** um convite para a. c.
invite [ɪn'vaɪt] *vt* convidar; **to ~ sb to sth** convidar alguém para a. c.; **to ~ offers** encorajar ofertas; **to ~ trouble** procurar confusão; **to ~ sb out** convidar alguém para sair
inviting *adj* convidativo, -a
invoice ['ɪnvɔɪs] **I.** *vt* faturar **II.** *n* fatura *f*
invoke [ɪn'vouk, *Brit*: -'vəʊk] *vt* invocar, recorrer a
involuntary [ɪn'vɑ:ləntəri, *Brit*: -'vɒləntəri] *adj* involuntário, -a
involve [ɪn'vɑ:lv, *Brit*: -'vɒlv] *vt* **1.** (*implicate*) implicar em; **to be ~d in sth** participar de a. c.; **to get ~d in sth** envolver-se em a. c. **2.** (*entail*) acarretar
involved *adj* envolvido, -a; (*emotionally*) comprometido, -a

involvement *n no pl* envolvimento *m*; **~ in sth** participação em a. c.
inward ['ɪnwərd, *Brit*: -wəd] *adj* (*movement*) interno, -a
inwardly *adv* por dentro
inwards *adv* para dentro
I/O INFOR *abbr of* **input/output** E/S
IOC *n abbr of* **International Olympic Committee** COI *m*
iodine ['aɪədaɪn, *Brit*: -di:n] *n no pl* iodo *m*
ion ['aɪən] *n* íon *m*
iota [aɪ'outə, *Brit*: -'əʊtə] *n no pl* jota *m*; **not one ~** nem um ínfimo
IQ [,aɪ'kju:] *n abbr of* **intelligence quotient** QI *m*
IRA [,aɪɑ:'reɪ, *Brit*: -ɑ:ʳ-] *n no pl abbr of* **Irish Republican Army** IRA *m*
Iran [ɪ'ræn, *Brit*: -'rɑ:n] *n* Irã *m*
Iranian [ɪ'reɪniən] *adj* iraniano, -a
Iraq [ɪ'rɑ:k] *n* Iraque *m*
Iraqi *adj* iraquiano, -a
irate [aɪ'reɪt] *adj* enfurecido, -a
Ireland ['aɪrlənd, *Brit*: 'aɪə-] *n* Irlanda *f*
iris ['aɪrɪs, *Brit*: 'aɪər-] <-es> *n* BOT, ANAT íris *f inv*
Irish ['aɪrɪʃ, *Brit*: 'aɪər-] *adj* irlandês, -esa
Irishman <-men> *n* irlandês *m*
Irishwoman <-women> *n* irlandesa *f*
iron ['aɪərn, *Brit*: -ən] **I.** *n* **1.** *no pl* (*metal*) ferro *m* **2.** (*for pressing clothes*) ferro *m* de passar roupa **II.** *vi, vt* **1.** passar a ferro **2.** (*clear up problems*) **to ~ sth out** resolver a. c.
Iron Age *n* Idade *f* do Ferro **Iron Curtain** *n* HIST, POL Cortina *f* de Ferro
ironic [aɪ'rɑ:nɪk, *Brit*: -'rɒn-] *adj* irônico, -a
ironing *n no pl* **to do the ~** passar roupa
ironing board *n* tábua *f* de passar roupa
iron ore *n no pl* minério *m* de ferro
irony ['aɪrəni, *Brit*: 'aɪər-] <-ies> *n* ironia *f*
irrational [ɪ'ræʃənəl] *adj* irracional
irregular [ɪ'regjələr, *Brit*: -əʳ] *adj* irregular; (*surface*) desigual; (*behavior*) inconstante
irregularity [ɪ,regjə'lerəti, *Brit*: -'lærəti] <-ies> *n* irregularidade *f*; (*of behavior*) inconstância *f*
irrelevance [ɪ'reləvənts, *Brit*: ɪ'-] *n* irrelevância *f*
irrelevant *adj* irrelevante; **to be ~ to sth** ser irrelevante para a. c.
irreplaceable [,ɪrɪ'pleɪsəbl] *adj* insubstituível

irresistible [ˌɪrɪˈzɪstəbl] *adj* irresistível
irrespective of [ˌɪrɪˈspektɪv] *prep* independente de
irresponsible [ˌɪrɪˈspɒːnsəbl, *Brit:* -ˈspɒn-] *adj* irresponsável
irreverent [ɪˈrevərənt] *adj* irreverente
irreversible [ˌɪrɪˈvɜːrsəbl, *Brit:* -ˈvɜːs-] *adj* irrevogável
irrigate [ˈɪrɪgeɪt] *vt* AGR A. MED irrigar
irrigation [ˌɪrɪˈgeɪʃn] *n no pl* AGR irrigação *f*
irritable [ˈɪrɪtəbl, *Brit:* -tə-] *adj* irritadiço, -a
irritate [ˈɪrɪteɪt] *vt a.* MED irritar
irritating *adj* irritante
irritation [ˌɪrɪˈteɪʃn] *n* irritação *f*
is [ɪz] *vt, vi 3rd pers sing of* **be**
Islam [ɪzˈlɑːm] *n* islamismo *m*
Islamic [ɪzˈlɑːmɪk, *Brit:* -ˈlæm-] *adj* islâmico, -a
island [ˈaɪlənd] *n* ilha *f*
islander [ˈaɪləndər, *Brit:* -əʳ] *n* ilhéu, -oa *m, f*
isolate [ˈaɪsəleɪt] *vt* isolar; **to ~ sth from sth** isolar a. c. de a. c.
isolated *adj* **1.**(*remote*) isolado, -a **2.**(*lonely*) solitário, -a
isolation [ˌaɪsəˈleɪʃn] *n no pl* **1.**(*separation*) isolamento *m;* **to be in ~ (from sth)** estar isolado (de a. c.) **2.**(*loneliness*) solidão *f*
Israel [ˈɪzriəl, *Brit:* -reɪl] *n* Israel *m*
Israeli [ɪzˈreɪli] *adj* israelense
Israelite [ˈɪzriəlaɪt] *n* israelita *mf*
issue [ˈɪʃuː] **I.** *n* **1.**(*problem, topic*) questão *f;* **family ~s** assuntos *mpl* de família; **the point at ~** a questão em debate; **to force an ~** forçar uma decisão; **to make an ~ of sth** fazer um cavalo de batalha de a. c. **2.** PUBL número *m* **3.**(*of shares*) emissão *f*
II. *vt* (*passport*) expedir; (*newsletter*) publicar; (*ultimatum*) dar; **to ~ a statement** fazer uma declaração; **to ~ sth to sb** prover a. c. a alguém
it [ɪt] **I.** *pron dem* este/esta, esse/essa, isto/isso (*em muitos casos, omite-se 'it' quando se refere a uma informação já conhecida*); **who was ~?** quem era?; **~'s in my bag** está na minha sacola; **~ was in London that ...** foi em Londres que ...; **that's/this is it** é isso **II.** *pron pers* **1.** ele, ela; *direct object:* o, a; *indirect object:* lhe; **~ exploded** explodiu; **I'm afraid of ~** tenho medo disso **2.**(*time*) **what time**

is ~? que horas são? **3.**(*weather*) **~'s cold** faz frio; **~'s snowing** está nevando **4.**(*distance*) **~'s 10 km to the town** são 10 km até a cidade **5.**(*empty subject*) **~ seems that ...** parece que ... **6.**(*passive subject*) **~ is said that ...** dizem que ...
IT [ˌaɪˈtiː] *n no pl* INFOR *abbr of* **Information Technology** TI *f*
Italian [ɪˈtæljən] *adj* italiano, -a
italics [ɪˈtælɪks] *npl* itálico *m*
Italy [ˈɪtəli, *Brit:* ˈɪt-] *n* Itália *f*
itch [ɪtʃ] **I.** *vi* coçar; **to ~ to do sth** *fig, inf* estar louco para fazer a. c. **II.** *n* coceira *f,* comichão *f*
itchy [ˈɪtʃi] <-ier, -iest> *adj* **my leg is ~** estou com uma coceira na perna
item [ˈaɪtəm, *Brit:* -təm] *n* **1.**(*thing*) item *m;* **~ of clothing** peça *f* de roupa; **news ~** notícia *f* **2.**(*topic*) assunto *m;* **~ by ~** item por item
itinerant [aɪˈtɪnərənt] *adj* itinerante
itinerary [aɪˈtɪnəreri, *Brit:* -rəri] <-ies> *n* itinerário *m*
its [ɪts] **I.** *adj poss* seu, sua, dele, dela; **~ color/weight** sua cor/seu peso; **~ mountains** suas montanhas; **the cat hurt ~ head** o gato machucou a cabeça **II.** *pron* o seu, a sua, o dele, a dela
it's [ɪts] **1.** = **it + is** *s.* **be 2.** = **it + has** *s.* **have**
itself [ɪtˈself] *pron refl* se, si mesmo, -a, si próprio, -a; *direct, indirect object:* se; *after prep:* si; **the place ~** o próprio lugar; **in ~** em si
ITV [ˌaɪtiːˈviː] *n Brit abbr of* **Independent Television** ITV *f*
ivory [ˈaɪvəri] <-ies> *n no pl* marfim *m*
Ivory Coast *n* Costa *f* do Marfim
ivy [ˈaɪvi] <-ies> *n* hera *f*

J

J, j [dʒeɪ] *n* j *m;* **~ as in Jig** *Am,* **~ for Jack** *Brit* ~ de José
jab [dʒæb] **I.** *n* **1.**(*with elbow*) cotovelada *f;* (*with knife*) facada *f;* (*with needle*) espetada *f* **2.**(*in boxing*) murro *m* **II.** <-bb-> *vt* espetar; **to ~ sb**

jab into

with sth cutucar alguém com a. c. III. <-bb-> vi espetar; **to ~ at sb/sth (with sth)** espetar alguém/a. c. (com a. c.)

jab into vi **to jab a needle into sth** espetar uma agulha em a. c.

jack [dʒæk] n **1.** AUTO macaco m **2.** (in cards) valete m

◆ **jack around** vt Am always sep enrolar; **quit jacking me around and tell me the truth** inf para de me enrolar e fala a verdade inf

◆ **jack in** vt Brit, inf (give up) desistir de; **she decided to ~ her job** ela decidiu largar o emprego

◆ **jack up** vt AUTO levantar com o macaco; **they jacked up the car to change the wheel** eles levantaram o carro com um macaco para trocar a roda

jackal ['dʒækəl, Brit: -ɔːl] n chacal m

jackdaw ['dʒækdɔː, Brit: -dɔː] n gralha f

jacket ['dʒækɪt] n **1.** FASHION (short coat) jaqueta f; (of a suit) paletó m **2.** (of book) sobrecapa f

jacket potato n Brit: batata assada com casca

jack-in-the-box <-es> n caixa f de surpresa (brinquedo)

jackknife I. n canivete m (grande) II. vi AUTO dobrar-se ao meio; **the truck skidded on the ice and then ~d** o caminhão derrapou no gelo e depois dobrou-se ao meio

jackpot n prêmio m acumulado; **to hit the ~** tirar a sorte grande

jaded ['dʒeɪdɪd] adj **to be ~ with sth 1.** (bored) estar enfastiado de a. c., ficar enfastiado com a. c. **2.** (fed up) estar cansado de a. c., ficar cansado com a. c.

jagged ['dʒægɪd] adj dentado, -a

jail [dʒeɪl] I. n cadeia f, prisão f II. vt prender

jam¹ [dʒæm] n GASTR geleia f

jam² I. n **1.** inf (awkward situation) enrascada f inf, apuro m form; **to get into a ~** meter-se numa encrenca **2.** no pl (crowd) aglomeração f (de gente) **3.** AUTO congestionamento m, engarrafamento m II. <-mm-> vt **1.** (cause to become stuck) obstruir, travar; (door) emperrar; **she ~med the envelopes into the drawer** ela socou os envelopes na gaveta **2.** RADIO causar interferência em III. <-mm-> vi (brakes) emperrar

Jamaica [dʒə'meɪkə] n Jamaica f

Jamaican adj, n jamaicano, -a m, f

jamb [dʒæm] n (of door) soleira f, umbral m

jangle ['dʒæŋgl] vi tilintar

janitor ['dʒænətər, Brit: -ɪtər] n Am, Scot zelador(a) m(f)

January ['dʒænjueri, Brit: -juəri] <-ies> n janeiro m; s.a. **March**

Japan [dʒə'pæn] n Japão m

Japanese [,dʒæpə'niːz] adj, n japonês, -esa m, f

jar¹ [dʒɑːr, Brit: dʒɑː] n pote m

jar² <-rr-> vi ranger, chiar; (colors, design) destoar

jargon ['dʒɑːrgən, Brit: 'dʒɑːg-] n no pl jargão m

jaundice ['dʒɔːndɪs, Brit: 'dʒɔːn-] n no pl icterícia f

jaundiced adj **1.** MED ictérico, -a **2.** (bitter) amargurado, -a

Java ['dʒɑːvə] n Java f

javelin ['dʒævlɪn] n dardo m

jaw [dʒɑː, Brit: dʒɔː] n **1.** ANAT queixo m; (lower) mandíbula f; (upper) maxilar (inferior) m **~s** TECH mordente m

jay [dʒeɪ] n gaio m

jaywalker ['dʒeɪwɔːkər, Brit: -wɔːkər] n Am pedestre mf imprudente

jazz [dʒæz] n no pl jazz m

◆ **jazz up** vt inf (elaborate) incrementar; (enliven) animar; **she jazzed the dress up with some bright accessories** ela incrementou o vestido com uns acessórios vistosos

jealous ['dʒeləs] adj **1.** (envious) invejoso, -a; **to feel/be ~ (of sb/sth)** ter [ou sentir] inveja (de alguém/a. c.) **2.** (possessive) ciumento, -a

jealousy ['dʒeləsi] <-ies> n **1.** no pl (envy) inveja f **2.** (possessiveness) ciúme m

jeans [dʒiːnz] npl jeans m sing ou pl; **a pair of ~** uma calça f jeans

jeer [dʒɪr, Brit: dʒɪər] vi zombar; **to ~ at sb** vaiar alguém

Jell-O® n Am gelatina f

jelly ['dʒeli] <-ies> n Am geleia f; Brit gelatina f

jellyfish <-es> n água-viva f

jeopardise vt Brit, **jeopardize** ['dʒepərdaɪz, Brit: -pəd-] vt pôr em risco, comprometer

jeopardy ['dʒepərdi, Brit: -ədi] n no pl perigo m, risco m; **to be in ~** estar ameaçado; **to put sth in ~** pôr a. c. em perigo

jerk [dʒɜːrk, *Brit:* dʒɜːk] **I.** *n* **1.** (*jolt*) solavanco *m*; **the train set off with a ~** o trem partiu com um solavanco **2.** (*arrested pull or push*) **she pulled the bush out of the ground with a ~** ela arrancou o arbusto do chão com um puxão **3.** *pej, inf* (*person*) simplório, -a *m, f* **II.** *vi* mover-se aos solavancos **III.** *vt* **1.** (*shake*) sacudir **2.** (*pull*) dar safanão *inf*

jersey ['dʒɜːrzi, *Brit:* 'dʒɜːzi] *n* **1.** (*garment*) suéter *m ou f*, malha *f* **2.** *no pl* (*cloth*) jérsei *m*

Jesus ['dʒiːzəs] *interj inf* (ai) Jesus!

Jesus Christ *n* Jesus *m* Cristo

jet [dʒet] *n* **1.** (*aircraft*) (avião *m* a) jato *m* **2.** (*of gas, liquid*) jato *m*, esguicho *m*

jet-black *adj* da cor do azeviche

jet engine *n* motor *m* a jato **jet lag** *n no pl* jet lag *m*

jettison ['dʒetəsən, *Brit:* 'dʒetɪ-] *vt* **1.** (*cargo*) alijar **2.** (*idea, plan*) descartar

jetty ['dʒeti, *Brit:* -ti] *n* píer *m*, cais *m*

Jew [dʒuː] *n* judeu, judia *m, f*

jewel ['dʒuːəl] *n* **1.** (*gemstone*) joia *f* **2.** (*in watch*) rubi *m*

jeweler *n Am,* **jeweller** ['dʒuːələr, *Brit:* -əʳ] *n Brit* joalheiro, -a *m, f;* **~'s** (*shop*) joalheria *f*

jewellery *n Brit,* **jewelry** ['dʒuːəlri] *n Am no pl* joias *fpl;* **a piece of ~** uma joia

Jewish ['dʒuːɪʃ] *adj* (*person*) judeu, judia; (*community*) judaico, -a

jibe [dʒaɪb] *n* zombaria *f form*

jiffy ['dʒɪfi] *n no pl, inf* **in a ~** num instante, num momento

jigsaw ['dʒɪgsɔː, *Brit:* -sɔː] *n* **1.** (*tool*) serra *f* de vaivém, serra *f* tico-tico **2.** (*puzzle*) quebra-cabeça *m*

jihadi [dʒɪ'hɑːdi, *Brit:* -'hædi] *n* jihadista *mf*

jilt [dʒɪlt] *vt* dar o fora em *inf*; **to ~ sb** (*fiancé*) romper o noivado com alguém; (*partner*) romper o namoro com alguém

jingle ['dʒɪŋgl] **I.** *vi* tinir, tilintar **II.** *n* **1.** tinido *m* **2.** (*in advertisements*) jingle *m*

jinx [dʒɪŋks] *n no pl* **1.** (*unintentional*) pé-frio *m* **2.** (*intentional*) mau-olhado *m*; **there's a ~ on this computer** este computador deve estar com mau-olhado

jitters ['dʒɪtərz, *Brit:* -təz] *npl inf* **the ~** agitação *f*, nervosismo *m*; **he got the ~** *inf* ele ficou agitado

jittery ['dʒɪtəri, *Brit:* -t-] <-ier, -iest> *adj inf* agitado, -a, nervoso, -a

job [dʒɑːb, *Brit:* dʒɒb] *n* **1.** (*piece of work, employment*) emprego *m*, trabalho *m*; **to be out of a ~** estar desempregado; **to do a good/bad ~ with sth** fazer um serviço bem-/malfeito; **to lose one's ~** perder seu emprego **2.** *no pl* (*duty*) dever *m*; **it's not her ~** não é obrigação dela; **to do one's ~** fazer seu dever, cumprir sua obrigação **3.** *no pl* (*problem*) dificuldade *f*; **to be a ~ on sb** dar trabalho a alguém **4.** *fig* **it's a good ~ that ...** foi ainda bem que...; **that's just the ~** *Brit, inf* é justo o que eu queria; **to be on the ~** estar em atividade

job centre *n Brit* agência *f* de empregos

jobless ['dʒɑːblɪs, *Brit:* 'dʒɒb-] **I.** *adj* desempregado, -a **II.** *n* **the ~** os desempregados *mpl*

jockey ['dʒɑːki, *Brit:* 'dʒɒki] **I.** *n* jóquei, joqueta *m, f* **II.** *vi* **to ~ for position** manobrar para conseguir uma posição

jocular ['dʒɑːkjələr, *Brit:* 'dʒɒkjʊləʳ] *adj form* jocoso, -a

jog [dʒɑːg, *Brit:* dʒɒg] **I.** <-gg-> *vi* fazer jogging **II.** <-gg-> *vt* empurrar de leve, cutucar; **to ~ sb's memory** refrescar a memória de alguém **III.** *n* **to go for a ~** ir correr, ir fazer jogging

♦ **jog along** *vi insep, inf* ir indo

jogger ['dʒɑːgər, *Brit:* 'dʒɒgəʳ] *n* corredor (que pratica jogging)(a) *m(f)*

jogging *n no pl* jogging *m*; **to go ~** fazer jogging, correr

join [dʒɔɪn] **I.** *vt* **1.** (*connect*) unir, ligar; **to ~ hands** apertar as mãos **2.** (*come together with sb*) encontrar alguém; **they'll ~ us after dinner** eles vão nos encontrar depois do jantar **3.** (*become member of: army*) alistar-se em; (*club*) associar-se a; (*company*) ingressar em; (*party*) filiar-se a **II.** *vi* (*people*) reunir-se; (*rivers*) confluir; (*streets*) encontrar-se **III.** *n* junção *f*

♦ **join in I.** *vt insep* tomar parte em; **can I ~ the game?** posso tomar parte no jogo? **II.** *vi* ingressar; **he joined in last year** ele ingressou no ano passado

♦ **join up** *vi* **1.** (*meet*) unir-se; **the dots ~ to form a line** os pontos se unem formando uma linha **2.** MIL alistar-se

joiner ['dʒɔɪnər, *Brit:* -əʳ] *n Brit* carpin-

teiro, -a *m, f*
joint [dʒɔɪnt] I. *adj* conjunto, -a; ~ effort esforço conjunto II. *n* 1. (*connection*) junção *f*, junta *f* 2. ANAT articulação *f* 3. TECH encaixe *m* 4. BOT nó *m* 5. *Brit* (*meat*) quarto *m* de carne
joint account *n* conta *f* conjunta
joist [dʒɔɪst] *n* viga *f*
joke [dʒoʊk, *Brit:* dʒəʊk] I. *n* 1. piada *f*; **to tell a** ~ contar uma piada 2. (*trick, remark*) brincadeira *f*; **to make a** ~ fazer uma brincadeira; **to play a** ~ **on sb** pregar uma peça em alguém *inf*, fazer gozação com alguém *inf* II. *vi* brincar, zombar; **to** ~ **with sb about sth** caçoar com alguém de a. c.; **you must be joking!** você deve estar brincando!
joker ['dʒoʊkər, *Brit:* 'dʒəʊkər] *n* 1. (*person*) brincalhão, -ona *m, f* 2. *pej, inf* engraçadinho, -a *m, f* 3. (*playing card*) curinga *m*
jolly ['dʒɑ:li, *Brit:* 'dʒɒli] I. <-ier, -iest> *adj* 1. (*happy*) alegre 2. (*enjoyable*) divertido, -a II. *adv Brit, inf* muito; ~ **good** muito bom
◆ **jolly along** *vt* animar; **she tried to jolly him along to make him forget his problems** ela tentou animá-lo para fazê-lo esquecer seus problemas
jolt [dʒoʊlt, *Brit:* dʒəʊlt] I. *n* 1. (*sudden jerk*) solavanco *m* 2. (*shock*) choque *m* II. *vt* sacolejar
Jordan ['dʒɔ:rdn, *Brit:* 'dʒɔ:dn] *n* 1. (*country*) Jordânia *f* 2. (*river*) Jordão *m*
Jordanian [dʒɔ:r'deɪniən, *Brit:* dʒɔ:-'-] *adj, n* jordaniano, -a *m, f*
jostle ['dʒɑ:sl, *Brit:* 'dʒɒsl] *vt* empurrar
jot [dʒɑ:t, *Brit:* dʒɒt] I. *n no pl* **there's not a** ~ **of truth in it** não há um pingo de verdade nisso II. *vt* <-tt-> **to** ~ **sth down** anotar a. c.
journal ['dʒɜ:rnəl, *Brit:* 'dʒɜ:n-] *n* 1. (*periodical*) revista *f* (acadêmica) 2. (*diary*) diário *m*
journalism *n no pl* jornalismo *m*
journalist *n* jornalista *mf*, repórter *mf*, colunista *mf*
journey ['dʒɜ:rni, *Brit:* 'dʒɜ:ni] I. *n* viagem *f* II. *vi liter* viajar
joy [dʒɔɪ] *n* alegria *f*; **to jump for** ~ pular de alegria
joyful ['dʒɔɪfəl] *adj* alegre
joystick *n* 1. AVIAT manche *m* 2. INFOR joystick *m*

JP [ˌdʒeɪ'pi:] *abbr of* **Justice of the Peace** Juiz *m* de Paz
Jr *abbr of* **Junior** Jr.
jubilant ['dʒu:bɪlənt] *adj* exultante
judge [dʒʌdʒ] I. *n* juiz, juíza *m, f* II. *vi* julgar; (*estimate*) calcular; **judging by ...** a julgar por ...; **as far as I could** ~, **we were near it** com base em meus cálculos, estávamos perto III. *vt* 1. LAW (*in a jury*) decidir; **to** ~ **a case** julgar um caso; **to** ~ **sb guilty/innocent of ...** considerar alguém culpado/inocente de ... 2. (*question*) decidir; (*assess*) avaliar; (*consider*) considerar; **to** ~ **that ...** concluir que ... 3. (*as a referee*) arbitrar
judg(e)ment ['dʒʌdʒmənt] *n* 1. LAW julgamento *m*, sentença *f* 2. (*opinion*) opinião *f* 3. (*discernment*) bom senso *m*, discernimento *m*; **to use one's better** ~ usar seu bom senso
judicial [dʒu:'dɪʃl] *adj* judicial
judiciary [dʒu:'dɪʃiəri, *Brit:* -ʃəri] *n pl, form* Poder *m* Judiciário
judo ['dʒu:doʊ, *Brit:* -dəʊ] *n no pl* judô *m*
jug [dʒʌg] *n* jarra *f*
juggernaut ['dʒʌgərnɑ:t, *Brit:* -ənɔ:t] *n Brit* carreta *f*
juggle ['dʒʌgl] *vi a. fig* fazer malabarismo; **he** ~**d with two oranges** ele fez malabarismos com duas laranjas
juggler *n* malabarista *mf*
juice [dʒu:s] I. *n* 1. *no pl* (*drink*) suco *m* 2. (*of meat*) caldo *m* 3. *no pl, Am, inf* (*gas*) combustível *m* II. *vt* (*fruit, vegetables*) tirar o suco de
juicy ['dʒu:si] <-ier, -iest> *adj* suculento, -a; (*story*) picante
jukebox ['dʒu:kbɑ:ks, *Brit:* -bɒks] *n* máquina *m* em bares que toca música quando uma moeda é colocada
July [dʒu:'laɪ] *n* julho *m; s.a.* **March**
jumble ['dʒʌmbl] I. *n no pl* mixórdia *f*, miscelânea, f II. *vt* **to** ~ **things** (**up**) embolar as coisas
jumble sale *n Brit* bazar *m*
jumbo ['dʒʌmboʊ, *Brit:* -bəʊ] *adj inf* tamanho *m* gigante, jumbo *m*
jump [dʒʌmp] I. *vi* 1. (*leap*) pular, dar um pulo; **he** ~**ed into the water** ele pulou na água 2. (*skip*) saltar 3. (*start*) ter um sobressalto; **he** ~**ed at her unexpected entry** ele teve um sobressalto ao vê-la entrar inesperadamente 4. (*increase suddenly: prices*)

disparar **II.** *vt* **to ~ a queue** *Brit* furar a fila; **to ~ the fence** pular a cerca **III.** *n* **1.** (*leap*) pulo *m* **2.** (*hurdle*) salto *m* **3.** (*increase*) disparada *f*; **a ~ in prices** uma disparada dos preços
◆ **jump around** *vi* saltitar
◆ **jump at** *vt insep* (*opportunity*) agarrar; (*offer*) aceitar
◆ **jump down** *vi* pular para baixo; **he jumped down from the tree** ele pulou da árvore
◆ **jump up** *vi* levantar-se de repente
jumper ['dʒʌmpər, *Brit:* -ə^r] *n* **1.** (*person, animal*) saltador(a) *m(f)* **2.** *Am* (*dress*) jardineira *f* **3.** *Aus, Brit* (*pullover*) pulôver *m*, suéter *m ou f*
jumper cables *npl Am*, **jump lead** *n Brit* pontes *f* de ligação **jump-start** *vt* dar arranques no carro (*ligando-o à bateria de outro através de cabo*)
jumpy ['dʒʌmpi] <-ier, -iest> *adj inf* nervoso, -a
junction ['dʒʌŋkʃn] *n* (*highway ~*) cruzamento *m* rodoviário; (*railway ~*) entroncamento *m* ferroviário
juncture ['dʒʌŋktʃər, *Brit:* -ər] *n no pl, form* momento *m* crítico; **at this ~** neste momento crítico
June [dʒu:n] *n* junho *m*; *s.a.* **March**
jungle ['dʒʌŋgl] *n* selva *f*
jungle fever *n Am, sl:* relacionamento entre uma pessoa negra e uma branca
junior ['dʒu:njər, *Brit:* '-niə^r] **I.** *adj* **1.** (*younger*) mais jovem **2.** SPORTS (*baseball, football*) júnior, juvenil **3.** (*lower in rank*) subalterno, -a; **~ partner** sócio minoritário **II.** *n* **1.** (*younger person*) **to be sb's ~** ser mais novo do que alguém **2.** (*low-ranking person*) subalterno, -a *m, f* **3.** *Am* SCH estudante da penúltima série do ensino médio; UNIV estudante do penúltimo ano de curso universitário
junior high (school) *n Am:* escola para alunos de sétima, oitava e às vezes nona séries
junior school *n Brit:* escola para alunos de 7 a 11 anos de idade
junk [dʒʌŋk] **I.** *n no pl* **1.** (*rubbish*) trastes *mpl*, refugo *m* **2.** (*unhealthy food*) porcaria *f* **II.** *vt inf* jogar fora

junk food *n* junk food *f*
junkie ['dʒʌŋki] *n inf* dependente de drogas *mf*
junk mail *n* propaganda *f* por correspondência (não desejada)
junk shop *n* loja *f* de objetos usados
Jupiter ['dʒu:pɪtər, *Brit:* -tər] *n* Júpiter *m*
jurisdiction [,dʒʊrɪs'dɪkʃn, *Brit:* ,dʒʊər-] *n no pl* jurisdição *f*, alçada *f*; **to have ~ in sth** ter jurisdição sobre a. c.
juror ['dʒʊrər, *Brit:* 'dʒʊərər] *n* jurado, -a *m, f*
jury ['dʒʊri, *Brit:* 'dʒʊəri] *n* júri *m*
just [dʒʌst] **I.** *adv* **1.** (*very soon*) quase; **we were ~ about to leave** estávamos quase saindo **2.** (*now*) já; **to be ~ doing sth** já estar fazendo a. c. **3.** (*very recently*) **~ after 10 o'clock** exatamente depois das dez horas; **~ now** agora mesmo; **she's ~ turned 15** ela acaba de fazer quinze anos **4.** (*exactly, equally*) exatamente; **it's ~ as well that ...** ainda bem que ...; **~ as I expected** *inf* justo o que eu esperava; **~ like that** sem mais nem menos *inf*; **not ~ yet** não neste exato momento **5.** (*only*) só; **~ a minute** só um minuto; **~ let me close the door** espere só eu fechar a porta **6.** (*simply*) meramente; **~ in case it rains** se por acaso chover **7.** (*barely*) quase, quase não; **is the work done? ~ about** o trabalho está feito? quase; **~ in time** em cima da hora; **~ over/under a pound** pouco mais/menos de uma libra; **(only) ~** por pouco; **this dress ~ about fits** este vestido quase não serve **8.** (*very*) realmente; **you look ~ wonderful!** você está realmente maravilhosa! **II.** *adj* (*fair*) justo, -a
justice ['dʒʌstɪs] *n* justiça *f*
justification [,dʒʌstəfɪ'keɪʃn, *Brit:* -tɪ-] *n no pl* justificação *f*
justify ['dʒʌstɪfaɪ] *vt* justificar; **to ~ oneself** justificar-se
jut [dʒʌt] <-tt-> *vi* **to ~ out** projetar-se, sobressair
juvenile ['dʒu:vənl, *Brit:* -naɪl] *adj form* juvenil

K

K, k [keɪ] *n* k *m*; ~ **as in King** *Am*, ~ **for King** *Brit* k de kit
K *abbr of* **kilobyte** kB
kangaroo [ˌkæŋgəˈruː] <-(s)> *n* canguru *m*
karat *n* quilate *m*
karate [kəˈrɑːti̯, *Brit*: -ti] *n no pl* caratê *m*
Kazakhstan [kɑːzɑːkˈstæn] *n* Cazaquistão *m*
kebab [kəˈbɑːb, *Brit*: -ˈbæb] *n* kebab *m*
keel [kiːl] I. *n* NAUT quilha *f* II. *vi* **to ~ over** emborcar; (*person*) desmaiar
keen [kiːn] *adj* 1.(*intent, eager*) entusiasmado, -a; (*student*) aplicado, -a; **to be ~ on sth/doing sth** gostar muito de a. c./fazer a. c.; **to be ~ to do sth** ter vontade de fazer a. c. 2.(*perceptive: intelligence*) aguçado, -a 3.(*extreme*) intenso, -a 4. *liter* (*sharp*) afiado, -a
keep [kiːp] I. *n* 1. *no pl* (*livelihood*) sustento *m* 2. HIST (*castle tower*) torre *f* de castelo 3. *fig* **for ~s** para valer II. <kept, kept> *vt* 1.(*continue in possession of*) ficar com; **~ the change** fique com o troco 2.(*maintain*) manter; **to ~ one's eyes fixed on sth/sb** não tirar os olhos de a. c./alguém; **to ~ sb waiting** deixar alguém esperando; **to ~ sth going** continuar com a. c. *fig* 3.(*store: silence, secret*) guardar; **~ me a place** me guarda um lugar *inf* 4.(*have: guesthouse*) gerir; (*shop*) ter 5.(*fulfil*) cumprir; **to ~ an appointment** comparecer a um compromisso 6.(*record: accounts*) anotar; (*diary*) manter; **to ~ time** marcar as horas III. <kept, kept> *vi* 1. *a. fig* (*stay fresh*) conservar(-se) 2.(*stay*) permanecer; **~ quiet!** fique quieto!
◆ **keep away** I. *vi* manter-se afastado; **to ~ from sb/sth** manter-se afastado de alguém/a. c. II. *vt always sep* manter à distância; **keep medicines away from children** mantenha os remédios fora do alcance das crianças
◆ **keep back** I. *vi* (*stay away*) **to ~ from sth/sb** ficar afastado de a. c./ alguém II. *vt* **keep a piece of cake back for him** guarde um pedaço de bolo para ele; **to ~ one's tears** segurar as lágrimas
◆ **keep down** *vt* **people have been kept down by a brutal regime** as pessoas foram oprimidas por um regime brutal; **to keep prices down** manter os preços baixos
◆ **keep in** I. *vt* (*person*) não deixar sair; **I'm keeping the children in because it's raining outside** não deixo as crianças saírem porque está chovendo; (*emotions*) controlar; **he could hardly ~ his anger** ele mal podia controlar sua raiva II. *vi* **to ~ with sb** ter boas relações com alguém
◆ **keep off** I. *vi* (*stay off*) manter-se afastado; **"~ the grass"** "não pise na grama" II. *vt* 1.manter longe; **keep your hands off!** não toque! 2.(*avoid*) evitar; **the doctor's told me to ~ red meat** o médico me disse para evitar carne vermelha
◆ **keep on** *vi* continuar; **~ trying!** continue tentando!
◆ **keep out** *vi* não entrar; **~!** proibida a entrada!
◆ **keep up** I. *vt* continuar; **~ the good work!** continue com seu bom trabalho! II. *vi* 1.(*prices*) manter alto; **high transport costs are keeping food prices up** os altos custos de transporte mantêm os preços dos alimentos altos; (*moral*) não deixar cair; **they sang to keep their spirits up** eles cantavam para não desanimarem 2.(*continue*) continuar; **how many of your old school friends do you ~ with?** com quantos antigos colegas de escola você mantém contato?
keeper [ˈkiːpər, *Brit*: -əʳ] *n* (*in charge*) guarda *m*; (*of museum*) curador(a) *m(f)*; (*at jail*) carcereiro, -a *m, f*
keeping *n no pl* 1.(*guarding*) guarda *f* 2.**in ~ with sth** de acordo com a. c.; **his dark suit was in ~ with his position** o terno escuro era condizente com seu cargo
keepsake [ˈkiːpseɪk] *n* lembrança *f*
keepy-uppy [ˌkiːpiˈʌpi] *n no pl*, *inf* FUT embaixada *f*
keg [keg] *n* barril *m* pequeno
kennel [ˈkenl] *n* canil *m*
Kenya [ˈkenjə] *n* Quênia *m*
Kenyan *adj, n* queniano, -a
kept [kept] *pt, pp of* **keep**
kerb [kɜːrb, *Brit*: kɜːb] *n Brit, Aus* meio-fio *m*

kernel ['kɜːrnl, *Brit:* 'kɜːnl] *n* **1.** (*of fruit*) semente *f* contida em caroço/noz **2.** (*essential part*) **a ~ of truth** um âmago *m* de verdade

kerosene ['kerəsiːn] *n no pl, Am, Aus* querosene *m*

ketchup ['ketʃəp] *n no pl* ketchup *m*

kettle ['ketl, *Brit:* 'ketl] *n* chaleira *f*

key [kiː] **I.** *n* **1.** (*to lock*) chave *f* **2.** a. INFOR tecla *f* **3.** *no pl* (*essential point*) chave *f* **4.** (*list*) código *m*; (*on map*) legenda *f* **5.** MUS tom *m* **II.** *adj* fundamental **III.** *vt* teclar

◆ **key in** *vt* INFOR inserir; **I learned how to ~ new data** aprendi a inserir novos dados

◆ **key up** *vt* **to be keyed up** estar [*ou* ficar] exaltado, -a

keyboard *n* teclado *m*

keyhole *n* buraco *m* da fechadura

keynote *n* tônica *f*

keypad *n* INFOR teclado *m* numérico **key ring** *n* chaveiro *m*

kg *abbr of* **kilogram** kg

khaki ['kæki, *Brit:* 'kɑːki] *n no pl* cáqui *m*

kick [kɪk] **I.** *n* **1.** (*by person*) pontapé *m*; (*by horse, gun jerk*) coice *m*; (*in football*) chute *m*; (*in swimming*) bater *m* de pernas **2.** (*exciting feeling*) empolgação *f*; **to do sth for ~s** fazer a. c. por curtição *inf* **II.** *vt* dar pontapés; **he was accused of ~ing a man in the face** ele foi acusado de dar um pontapé na cara de um homem **III.** *vi* (*person*) dar pontapés; **the boy ~s when he gets into fights** o garoto dá pontapés quando se mete em brigas; (*horse*) dar coice; SPORTS chutar

◆ **kick about, kick around I.** *vi inf* (*hang around*) andar por aí; **I decided to ~ the States for a couple of months** decidi andar pelos Estados Unidos por uns meses; (*thing*) estar por aí; **his letter is kicking about somewhere** a carta dele está por aí em algum lugar **II.** *vt* **1.** (*a ball*) dar chutes em **2.** (*treat badly*) maltratar; **don't let the boss ~** não deixa o chefe te maltratar *inf*

◆ **kick off I.** *vi* (*begin*) começar; **the tour kicks off with a concert in Paris** a turnê começa com um show em Paris; (*in football*) dar o pontapé inicial **II.** *vt* começar; **who's going to ~ the discussion?** quem vai começar a discussão?

kid [kɪd] **I.** *n* **1.** (*child*) criança *f*; *Am, Aus* (*young person*) garoto, -a *m, f* **2.** ZOOL filhote *m*; (*young goat*) cabrito *m* **3.** (*goat leather*) pelica *f* **II.** <-dd-> *vi* brincar; **to ~ around with sb** ficar de brincadeira com alguém **III.** <-dd-> *vt* **to ~ oneself** enganar-se

kidnap ['kɪdnæp] **I.** <-pp-> *vt* sequestrar **II.** *n* sequestro *m*

kidnapper ['kɪdnæpər, *Brit:* -əʳ] *n* sequestrador(a) *m(f)*

kidnapping *n* sequestro *m*

kidney ['kɪdni] *n* rim *m*

kidney bean *n* feijão *m* comum

kill [kɪl] **I.** *n no pl* matança *f* **II.** *vt* **1.** (*cause to die*) matar **2.** (*destroy*) destruir; **to ~ the flavor of sth** tirar o gosto de a. c.; **lack of romance can ~ a marriage** a falta de romance pode destruir um casamento

◆ **kill off** *vt* exterminar; **the plant life was killed off by air pollution** a flora foi exterminada pela poluição do ar; (*a disease*) erradicar

killer ['kɪlər, *Brit:* -əʳ] *n* assassino, -a *m, f*

killing *n* (*of a person*) assassinato *m*; (*of an animal*) matança *f*; **to make a ~** *fig, inf* ganhar uma nota preta

killjoy ['kɪldʒɔɪ] *n* desmancha-prazeres *mf inv*

kiln [kɪln] *n* forno *m*

kilo ['kiːloʊ, *Brit:* -ləʊ] *n* quilo *m*

kilobyte ['kɪloʊbaɪt, *Brit:* -ləʊ-] *n* kilobite *m*

kilogram *n Am*, **kilogramme** ['kɪloʊɡræm, *Brit:* -ləʊ-] *n Brit* quilograma *m*

kilometer *n Am*, **kilometre** [kɪ'lɑːmətər, *Brit:* -'lɒmɪtəʳ] *n Brit, Aus* quilômetro *m*

kilowatt ['kɪloʊwɑːt, *Brit:* -ləʊwɒt] *n* quilowatt *m*

kilt [kɪlt] *n* kilt *m*, (*saia escocesa*)

kin [kɪn] *n no pl* **next of ~** parentes *mpl* mais próximos

kind[1] [kaɪnd] *adj* amável; **he was ~ enough to ...** ele teve a gentileza de ...; **to be ~ to sb** ser amável com alguém; **with ~ regards** (*in a letter*) cordialmente; **would you be ~ enough to ...?** você me faria o favor de ...?

kind[2] *n* **1.** (*type*) tipo *m*; **they are two of a ~** ser tal e qual; **what ~ of ...?** que tipo de ...? **2.** (*sth similar to*) espécie *f*

kindergarten ['kɪndərɡɑːrdn, *Brit:* -dəɡɑːtn-] *n* jardim de infância *m*

kind-hearted *adj* de bom coração

kindle ['kɪndl] *vt a. fig* despertar

kindly ['kaɪndli] I. <-ier, -iest> *adj* agradável; (*person*) bondoso, -a II. *adv* 1. (*in a kind manner*) gentilmente 2. (*please*) ~ **put that book away!** por favor, guarde esse livro!

kindness ['kaɪndnɪs] <-es> *n* 1. *no pl* (*quality*) amabilidade *f* 2. (*kind act*) gentileza *f*

kindred ['kɪndrɪd] I. *npl* parentes *mpl* II. *adj* afim; ~ **spirits** almas *fpl* gêmeas

king [kɪŋ] *n* rei *m*

kingdom ['kɪŋdəm] *n* reino *m*

kingfisher ['kɪŋˌfɪʃər, *Brit:* -əʳ] *n* martim-pescador *m*

king-size *adj* gigante; ~ **cigarettes** cigarros *mpl* longos

kinky ['kɪŋki] <-ier, -iest> *adj* 1. (*twisted*) retorcido, -a 2. (*with tight curls*) encarapinhado, -a 3. (*unusual*) bizarro, -a

kiosk ['kiːɑːsk, *Brit:* -ɒsk] *n* 1. (*stand*) quiosque *m* 2. *Brit, form* (*telephone box*) cabine *f* telefônica

kipper ['kɪpər, *Brit:* -əʳ] *n* arenque *m* defumado

kiss [kɪs] I. <-es> *n* beijo *m*; ~ **of life** respiração *f* boca-a-boca II. *vt* beijar; **to ~ sb goodnight/goodbye** dar um beijo de boa noite/despedida em alguém

kit [kɪt] *n* 1. (*set*) conjunto *m* de utensílios; **tool ~** caixa *f* de ferramentas 2. (*parts to put together*) kit *m*

kitchen ['kɪtʃɪn] *n* cozinha *f*

kitchen sink *n* pia *f* da cozinha; **everything but the ~** tudo menos lavar a louça

kite [kaɪt] *n* (*toy*) pipa *f*

kitten ['kɪtn] *n* gatinho, -a *m, f*

kitty ['kɪti, *Brit:* 'kɪti] <-ies> *n* 1. *childspeak* (*kitten or cat*) gatinho, -a *m, f* 2. (*money*) caixinha *f*

kiwi ['kiːwiː] *n* 1. ZOOL, BOT kiwi *m* 2. *inf* (*New Zealander*) neozelandês, -esa *m, f*

km *abbr of* **kilometer** km

km/h *abbr of* **kilometers per hour** km/h

knack [næk] *n no pl* jeito *m*; **to get the ~ of sth** pegar o jeito de a. c.

knapsack ['næpsæk] *n* mochila *f*

knead [niːd] *vt* 1. GASTR amassar; (*clay*) modelar 2. (*massage*) massagear

knee [niː] *n* joelho *m*

kneecap ['niːkæp] *n* rótula *f*

kneel [niːl] <knelt *Am:* kneeled, knelt *Am:* kneeled> *vi* ajoelhar; **to ~ down** ajoelhar-se

kneepads ['niːpædz] *npl* joelheira *f*

knew [nuː, *Brit:* njuː] *pt of* **know**

knickers ['nɪkərz, *Brit:* -əz] *npl Brit* calcinha *f*

knife [naɪf] <knives> *n* faca *f*

knife-edge *n* gume *m* (de faca); **to be** (**balanced**) **on a ~** *fig* equilibrar-se no fio da navalha

knight [naɪt] *n* 1. HIST cavaleiro *m* 2. (*chess figure*) cavalo *m*

knighthood *n* título *m* de cavaleiro; **to give sb a ~** conceder o título de cavaleiro a alguém

> **Culture** Na Grã-Bretanha, aqueles que se destacam por seus méritos em favor do país são agraciados com a honra de passar a fazer parte da **knighthood** (nobreza) e recebem o título de **Sir** na frente do nome, por exemplo, **Sir John Smith**. A mulher de um **Sir** recebe o tratamento de **Lady**, por exemplo, **Lady Smith** (e é assim que devem se dirigir a ela). Ao se referir a ambos, deve ser **Sir John and Lady Smith**. A partir de 1917, mulheres também podem ser agraciadas pelos seus méritos. Nesse caso, recebem o título de **Dame**, por exemplo, **Dame Mary Smith**.

knit [nɪt] I. *vi* (*wool*) tricotar; (*with a machine*) tecer II. *vt* (*wool*) tricotar
◆ **knit together** *vi* 1. (*combine or join*) unir-se 2. (*mend*) soldar-se; **the ribs are broken, but they'll ~** as costelas estão quebradas, mas elas vão se soldar

knitting *n no pl* tricô *m*

knitting-needle *n* agulha *f* de tricô

knitwear ['nɪtwer, *Brit:* -weəʳ] *n no pl* roupas *fpl* de tricô

knives *pl of* **knife**

knob [nɑːb, *Brit:* nɒb] *n* 1. (*of a door*) maçaneta *f* 2. (*lump*) calombo *m* 3. *esp Brit* (*small amount: of butter*) pedaço *m*

knock [nɑːk, *Brit:* nɒk] I. *n* 1. (*blow*) pancada *f*; **a ~ on sth** uma pancada em a. c. 2. (*sound*) (som de) batida *f* II. *vi* bater; **to ~ on the window/at the**

door bater na janela/na porta III. vt 1.(*hit*) bater; **don't ~ the table while I'm drawing** não bata na mesa enquanto estou desenhando 2. *inf* (*criticize*) criticar; **she ~ every suggestion I make** ela critica toda sugestão que eu faço

◆ **knock down** vt 1.(*cause to fall*) derrubar; **he knocked down his opponent in the first round** ele derrubou seu oponente no primeiro round; (*with a car*) atropelar; **she was knocked down by a bus** ela foi atropelada por um ônibus 2.(*reduce*) baixar; **we knocked the price down $175** nós baixamos o preço para $175

◆ **knock off** vt 1.(*cause to fall off*) fazer cair 2.(*reduce*) abater, descontar; **to knock $5 off the price** abater $5 do preço 3. *inf*(*steal*) roubar; **terrorist groups are knocking off banks to get money** grupos terroristas estão roubando bancos para conseguir dinheiro 4. *inf* matar; **another gang knocked him off** uma outra gangue o matou

◆ **knock out** vt 1.(*render unconscious*) pôr a nocaute; **his fall from the ladder knocked him out** a queda da escada o pôs a nocaute; SPORTS nocautear 2.(*eliminate*) eliminar; **France knocked Belgium out of the European Cup** a França eliminou a Bélgica da Copa da Europa

◆ **knock over** vt atropelar; (*objects*) derrubar; **you've knocked my drink over!** você derrubou meu drinque!

◆ **knock up** vt *inf* engravidar

knockdown adj ~ **price** preço m muito baixo

knocker ['nɑ:kər, Brit: 'nɒkər] n (*on door*) batente m; *inf*(*person*) crítico, -a m, f

knockout n nocaute m

knot [nɑ:t, Brit: nɒt] I. n nó m; **to tie/untie a ~** atar/desatar um nó; **to tie the ~** fig casar-se II.<-tt-> vt amarrar

knotty ['nɑ:t̬i, Brit: 'nɒti] <-ier, -iest> adj 1.(*lumber, wood*) nodoso, -a; (*hair*) embaraçado, -a 2.(*difficult: problem, question*) intrincado, -a

know [noʊ, Brit: nəʊ] <knew, known> I. vt 1.(*have information*) saber; **do you ~ ...?** você sabia ...?; **to ~ how to do sth** saber fazer a. c.; **to ~ that ...** saber que ... 2.(*be acquainted with*) conhecer; **to get to ~ sb** conhecer alguém II. vi saber; **as far as I ~** pelo que sei; **I ~!** (*I've got an idea!*) já sei!; (*said to agree with sb*) sei!; **to ~ of** [*or* **about**] sth saber de a. c.

know-all n Brit, Aus, inf sabichão, -ona m, f **know-how** n no pl know-how m

knowing adj sagaz; (*grins, look, smile*) cúmplice

knowingly adv 1.(*meaningfully*) de propósito 2.(*with full awareness*) deliberadamente

know-it-all n Am, inf sabe-tudo mf

knowledge ['nɑ:lɪdʒ, Brit: 'nɒl-] n no pl 1.(*body of learning*) conhecimento m; **to have** (**some**) **~ of sth** ter (um certo) conhecimento de a. c. 2.(*acquired information*) saber m, entendimento m; **to be common ~** ser de domínio público; **to have** (**no**) **~ about sth/sb** (não) saber nada sobre a. c./alguém; **to my ~** que eu saiba 3.(*awareness*) conhecimento m, ciência f; **to bring sth to sb's ~** levar a. c. ao conhecimento de alguém

knowledgeable ['nɑ:lɪdʒəbl, Brit: 'nɒl-] adj conhecedor(a)

known [noʊn, Brit: nəʊn] I. vt, vi pp of **know** II. adj (*expert*) conceituado, -a; (*criminal*) conhecido, -a

knuckle ['nʌkl] I. n nó m dos dedos II. vi 1. **to ~ down** arregaçar as mangas 2. **to ~ under** submeter-se; **those who refused to ~ under were imprisoned** aqueles que se recusavam a se submeter eram mandados à prisão

KO [ˌkeɪ'oʊ, Brit: -'əʊ] abbr of **knockout** nocaute m

Koran [kə'ræn, Brit: -'rɑ:n] n no pl the ~ o Alcorão

Korea [kə'riə] n Coreia f; **North/South ~** Coreia do Norte/Sul

Korean adj, n coreano, -a

kosher ['koʊʃər, Brit: 'kəʊʃər] adj kasher

kudos ['ku:doʊz, Brit: 'kju:dɒs] n no pl glória f

Kurd [kɜ:rd, Brit: kɜ:d] n curdo, -a m, f

Kurdish adj curdo, -a

Kurdistan [ˌkɜ:rdɪr'stæn, Brit: ˌkɜ:dɪ'stɑ:n] n Curdistão m

Kuwait [kʊ'weɪt] n Kuwait m

Kuwaiti adj, n kuwaitiano, -a

kw abbr of **kilowatt** kW

Kwanzaa ['kwænzə] n no pl, Am: feriado não religioso, afro-americano, celebrado de 26 de dezembro até 1 de janeiro

L

L, l [el] *n* l *m*; ~ **as in Love** *Am*, ~ **for Lucy** *Brit* l de Luís

l *abbr of* **liter** l

L 1. *abbr of* **large** G **2.** *Brit abbr of* **Learner** símbolo colocado no carro de um motorista que está aprendendo a dirigir

LA [ˌelˈeɪ] *n abbr of* **Los Angeles** LA

lab [læb] *n abbr of* **laboratory** laboratório *m*

label ['leɪbl] I. *n* 1. (*on bottle*) rótulo *m*; (*on clothing*) etiqueta *f* 2. (*brand name*) marca *f*; **designer** ~ grife *f*; **record** ~ selo *m* de gravadora II. <*Brit*: -ll, *Am*: -l> *vt* (*bottle*) rotular; (*clothing*) etiquetar

labor ['leɪbər, *Brit*: -əʳ] *Am*, *Aus* I. *n* **1.** (*work*) trabalho *m*; **manual** ~ trabalho *m* manual **2.** *no pl* (*workers*) mão-de-obra *f* **3.** *no pl* (*at childbirth*) trabalho *m* de parto; **to be in/go into** ~ estar/entrar em trabalho de parto II. *vi* **1.** (*work*) trabalhar **2.** (*do sth with effort*) esforçar-se; **to** ~ **on sth** esforçar-se em a. c. III. *vt* (*point*) estender-se demasiado sobre

laboratory [ˈlæbrəˌtɔːri, *Brit*: ləˈbɒrətri] <-ies> *n* laboratório *m*

Labor Day *n no pl*, *Am* Dia *m* do Trabalho (*a primeira segunda-feira de setembro*) **labor dispute** *n* disputa *f* trabalhista

laborer ['leɪbərər, *Brit*: -əʳ] *n* *Am*, *Aus* trabalhador *m*

labor force *n* força *f* de trabalho

laborious [ləˈbɔːriəs] *adj* **1.** (*task*) laborioso, -a **2.** (*style*) rebuscado, -a **labor relations** *npl* relações *fpl* trabalhistas

labor union *n Am* sindicato *m* (trabalhista)

labour *n*, *vt*, *vi Brit s.* **labor**

labourer *n Brit s.* **laborer**

Labour Exchange *n Brit* HIST agência *f* nacional de empregos **Labour Party** *n no pl*, *Brit*, *Aus* POL **the** ~ o Partido *m* Trabalhista

labyrinth ['læbərɪnθ] <-es> *n* labirinto *m*

lace [leɪs] I. *n* **1.** *no pl* (*cloth*) renda *f*; (*edging*) bordado *m* **2. shoe** ~ cadarço *m* (de sapato); **to do up one's** ~ **s** amarrar os sapatos II. *vt* (*fasten*) **to** ~ **sth (up)** amarrar a. c.

laceration [ˌlæsəˈreɪʃn] *n* laceração *f*

lack [læk] I. *n no pl* falta *f*; **for** ~ **of ...** por falta de ... II. *vt* carecer de

lacking *adj* **he is** ~ **in talent/experience** falta a ele talento/experiência

lacquer ['lækər, *Brit*: -əʳ] *n* (*for wood*) laca *m*; *Brit* (*for hair*) laquê *m*

lad [læd] *n Brit*, *inf* (*boy*) garoto *m*

ladder ['lædər, *Brit*: -əʳ] I. *n* **1.** (*for climbing*) escada *f* (de mão) **2.** *Brit*, *Aus* (*in stocking*) fio *m* corrido II. *vt Brit* correr o fio

laden ['leɪdn] *adj* carregado, -a; **to be** ~ **with sth** estar carregado de a. c.

ladies room *n Am* **the** ~ toalete *m* feminino

ladle ['leɪdl] *n* (*soup*) concha *f*

lady ['leɪdi] <-ies> *n* **1.** senhora *f*; **ladies and gentlemen!** senhoras e senhores!; **young** ~ jovem senhora **2.** (*noble*) dama *f*

ladybird *n Brit*, *Aus*, **ladybug** *n Am* joaninha *f* **ladylike** *adj* elegante **ladyship** *n form* **her/your** ~ Sua/Vossa Senhoria *mf*

LAFTA *n abbr of* **Latin American Free Trade Association** ALCA *f*

lag¹ [læg] I. <-gg-> *vi* **seconds** ~**ged so much** os segundos demoravam para passar; **to** ~ **behind (sb/sth)** ficar para trás (de alguém/a. c.) II. *n* (*cultural*) defasagem *f*; (*time*) atraso *m*

lag² [læg] <-gg-> *vt* (*insulate*) revestir com material isolante

lager ['lɑːɡər, *Brit*: -əʳ] *n no pl* tipo de cerveja de cor pálida

lagoon [ləˈɡuːn] *n* laguna *f*

laid [leɪd] *pt*, *pp of* **lay¹**

laid-back *adj inf* despreocupado, -a

lain [leɪn] *pp of* **lie²**

lair [ler, *Brit*: leəʳ] *n* **1.** (*of animal*) toca *f* **2.** (*of criminal*) antro *m*

lake [leɪk] *n* lago *m*

lamb [læm] *n* cordeiro *m*; (*meat*) carne *f* de cordeiro

lamb chop *n* costeleta *f* de cordeiro

lame [leɪm] *adj* **1.** (*person*, *horse*) manco, -a **2.** *inf* (*argument*) pouco convincente; (*excuse*) esfarrapado, -a

lament [ləˈment] I. *n* MUS, LIT elegia *f* II. *vt* lamentar III. *vi* **to** ~ (**over sth**) lamentar-se (de a. c.)

laminated ['læmɪneɪtɪd, *Brit*: -tɪd] *adj* (*document*) plastificado, -a; (*glass*,

wood) laminado, -a
lamp [læmp] *n* luminária *f*
lamppost *n* poste *m* de luz **lampshade** *n* cúpula *f* de abajur
LAN [læn] *n* INFOR *abbr of* **local area network** LAN *f*
lance [læns, *Brit*: lɑːns] **I.** *n* MIL lança *f* **II.** *vt* MED lancetar
land [lænd] **I.** *n* **1.** *no pl* GEO, AGR terra *f*; **to have dry ~ under one's feet** pisar em terra firme; **to travel by ~** viajar por terra **2.** (*area for building*) terreno *m* **3.** (*country*) país *m* **II.** *vi* **1.** (*bird*) pousar; (*plane*) aterrissar **2.** (*boat*) aportar **3.** (*person, ball*) cair, ir parar; **to ~ in jail** ir parar na cadeia **III.** *vt* **1.** (*bring onto land: aircraft*) aterrissar; (*boat*) atracar **2.** (*unload*) desembarcar **3.** (*cause*) **to ~ sb in trouble** colocar alguém em apuros **4.** *inf* (*get*) **to ~ a job/contract** conseguir um trabalho/contrato
landfill site *n* aterro *m* sanitário
landing *n* **1.** (*on staircase*) patamar *m* **2.** AVIAT pouso *m*, aterrissagem *f* **3.** NAUT desembarque *m*
landing gear *n* AVIAT trem *m* de pouso
landing strip *n* pista *f* de pouso
landlady <-ies> *n* **1.** (*of house, pub, hotel*) dona *f*, proprietária *f* **2.** (*of boarding house*) senhoria *f* **landlord** *n* **1.** (*of house, pub, hotel*) dono *m*, proprietário *m* **2.** (*of boarding house*) senhorio *m* **3.** (*landowner*) proprietário *m* de terras **landmark** *n* **1.** marco *m* **2.** (*point of recognition*) ponto *m* de referência **landowner** *n* proprietário, -a *m*, *f* (de terras), latifundiário, -a *m*, *f*
landscape ['lændskeɪp] *n no pl* paisagem *f*
landscape architect *n*, **landscape gardener** *n* paisagista *mf*
landslide *n* **1.** GEO deslizamento *m* de terra **2.** POL vitória *f* esmagadora
lane [leɪn] *n* **1.** (*country road*) caminho *m* estreito; (*in town*) travessa *f* **2.** (*on highway*) pista *f*; (*of traffic*) faixa *f*; SPORTS raia *f* **3.** AVIAT, NAUT rota *f*
language ['læŋgwɪdʒ] *n* **1.** *no pl* (*system of communication*) linguagem *f*; **bad ~** palavrões *mpl* **2.** (*of particular community*) língua *f*; **native ~** língua materna
language laboratory *n* laboratório *m* de línguas
languish ['læŋgwɪʃ] *vi* definhar

lank [læŋk] *adj* **1.** (*hair*) escorrido, -a **2.** (*person*) esguio, -a
lanky ['læŋki] *adj* desengonçado, -a
lantern ['læntərn, *Brit*: -tən] *n* lanterna *f*; (*lighthouse*) farol *m*
Laos [laʊs] *n* Laos *m*
lap¹ [læp] *n* colo *m*
lap² [læp] *n* SPORTS volta *f*
lap³ <-pp-> **I.** *vt* (*drink: cat, dog*) beber lambendo com a língua **II.** *vi* (*waves*) marulhar
♦ **lap up** *vt* **1.** (*drink: cat, dog*) beber lambendo com a língua **2.** *fig, inf* sorver *form*
lapdog *n* cãozinho *m* de estimação
lapel [lə'pel] *n* lapela *f*
Lapland ['læplænd] *n* Lapônia *f*
Laplander ['læplændər, *Brit*: -ət] *n*, **Lapp** [læp] *n* lapão, -ona *m*, *f*
lapse [læps] **I.** *n* **1.** *no pl* (*period*) intervalo *m* **2.** (*failure*) lapso *m*; **~ of memory** lapso *m* de memória **II.** *vi* **1.** (*deteriorate*) decair **2.** (*end: contract*) prescrever; (*conversation*) terminar; (*subscription*) expirar **3.** (*revert to*) **to ~ into sth** recair em a. c.; **to ~ into silence** ficar em silêncio
laptop (**computer**) *n* laptop *m*
larceny ['lɑːrsəni, *Brit*: 'lɑːs-] <-ies> *n Am* furto *m*
lard [lɑːrd, *Brit*: lɑːd] *n no pl* toicinho *m*
larder ['lɑːrdər, *Brit*: 'lɑːdə] *n* (*room*) despensa *f*; (*cupboard*) armário *m* (da despensa)
large [lɑːrdʒ, *Brit*: lɑːdʒ] *adj* grande; **a ~ number of people** um grande número de pessoas; **by and ~** de modo geral; **to be at ~** estar à solta
largely *adv* em grande parte
large-scale *adj* em larga escala
lark¹ [lɑːrk, *Brit*: lɑːk] *n* (*bird*) cotovia *f*
lark² [lɑːk] **I.** *n* **1.** *inf* (*joke*) farra *f* **2.** *Brit, inf* **to do sth for a ~** fazer a. c. de brincadeira **II.** *vi inf* **to ~ about** farrear
larva ['lɑːrvə, *Brit*: 'lɑːvə] <-vae> *n* larva *f*
laryngitis [ˌlerɪn'dʒaɪtɪs, *Brit*: ˌlærɪn'dʒaɪtɪs] *n no pl* laringite *f*
larynx ['lerɪŋks, *Brit*: 'lær-] <-ynxes *o* -ynges> *n* laringe *f*
laser ['leɪzər, *Brit*: -ər] *n* laser *m*
laser beam *n* raio *m* laser **laser printer** *n* impressora *f* a laser
lash¹ [læʃ] <-shes> *n* (*eyelash*) cílio *m*
lash² <-shes> *n* **1.** (*whip*) chicote *m* **2.** (*stroke of whip*) chicotada *f* **II.** *vt*

chicotear

♦ **lash down** vt amarrar com força

♦ **lash out** vi 1.(*attack*) **to ~ at sb** investir contra alguém; (*verbally*) berrar com alguém 2. *Brit, inf*(*spend*) **to ~ on sth** esbanjar dinheiro com a. c.

lass [læs] <-sses> n, **lassie** ['læsi] n *Scot, inf*(*girl*) garota f

lasso ['læsou, *Brit*: læ'su:] I.<-os *o* -oes> n laço m II. vt laçar

last¹ [læst, *Brit*: lɑ:st] n último m

last² I. *adj* 1.(*final: time, opportunity*) último, -a; **this will be the ~ time** esta será a última vez 2. (*most recent*) passado, -a; ~ **night** a noite passada II. *adv* 1.(*coming at the end*) por último 2. (*most recently*) pela última vez III. n **at** (**long**) ~ por fim; **the ~ but one** o penúltimo

last³ vi durar

last-ditch *adj*, **last-gasp** *adj* desesperado, -a

lasting *adj* duradouro, -a

lastly *adv* por fim

last-minute *adj* de última hora

latch [lætʃ] I.<-es> n tranca f II. vi *inf* **to ~ on to sb/sth** não desgrudar de alguém/a. c.

late [leɪt] I. *adj* 1.(*after appointed time*) atrasado, -a; **the train was an hour ~** o trem estava uma hora atrasado 2.(*occurring after the usual time*) tardio, -a; **in ~ summer** no fim do verão 3.(*deceased*) falecido, -a 4.(*recent: combat*) recente, -a; (*news*) último m II. *adv* 1.(*after usual time*) tarde; **to work ~** trabalhar até tarde 2.(*at advanced time*) **~ at night** tarde da noite; **~ in the day** no final do dia 3. (*recently*) **of ~** ultimamente

latecomer n retardatário, -a m, f, pessoa ou coisa que vem com atraso

lately *adv* (*recently*) ultimamente

latent ['leɪtnt] *adj* latente

later ['leɪtər, *Brit*: -tə^r] I. *adj comp of* **late** posterior; (*version*) mais recente II. *adv comp of* **late** depois; ~ **on** mais tarde

latest ['leɪtɪst, *Brit*: -t-] *adj superl of* **late** último, -a; **at the ~** no mais tardar; **his ~ movie** seu último filme

lathe [leɪð] n torno m mecânico

lather ['læðər, *Brit*: 'lɑːðə^r] I. n *no pl* espuma f (de sabão) II. vt ensaboar

Latin ['lætən, *Brit*: -ɪn] I. *adj* latino, -a II. n latim m

Latin America n América f Latina

Latin American *adj* latino-americano, -a

Latino [lə'ti:nou, *Brit*: -nəʊ] n (*person*) pessoa f de origem latino-americana

latitude ['lætətu:d, *Brit*: -tɪtju:d] n 1. GEO latitude f 2. *form* (*freedom*) liberdade f (de ação)

latter ['lætər, *Brit*: -tə^r] *adj* 1.(*second of two*) **the ~** o segundo, o último 2.(*near the end*) último, -a

latterly *adv* ultimamente

Latvia ['lætviə] n Letônia f

Latvian *adj*, n letão, -tã

laudable ['lɔ:dəbl, *Brit*: 'lɔ:-] *adj form* louvável

laugh [læf, *Brit*: lɑ:f] I. n (*sound*) risada f; **to do sth for a ~** fazer a. c. para se divertir II. vi rir; **to ~ aloud** rir a valer; **to ~ at sb** rir de alguém; **to make sb ~** fazer alguém rir

♦ **laugh off** vt não levar a sério; **to laugh one's head off** rachar o bico *fig*

laughable ['læfəbl, *Brit*: 'lɑ:f-] *adj* hilário, -a

laughing I. n riso m II. *adj* engraçado, -a; **this is no ~ matter** não tem graça nenhuma

laughing stock n motivo m de riso

laughter ['læftər, *Brit*: 'lɑ:ftə^r] n *no pl* risada f

launch [lɔ:ntʃ, *Brit*: lɔ:ntʃ] I.<-ches> n 1.(*boat*) lancha f 2. (*of missile*) lançamento m II. vt 1.(*set in the water*) lançar ao mar 2. (*send forth: missile*) lançar 3.(*exhibition*) inaugurar; (*investigation*) dar início

launching n 1.(*of a boat*) lançamento m ao mar 2. (*of missile*) lançamento m 3.(*campaign*) início m; (*exhibition*) inauguração f

launderette [lɔ:n'dret] n *Brit*, **laundromat** ['lɔ:ndroʊmæt] n *Am* lavanderia f (automática)

laundry ['lɑ:ndri, *Brit*: 'lɔ:n-] n 1. *no pl* (*dirty clothes*) roupa f para lavar; **to do the ~** lavar a roupa 2. *no pl* (*washed clothes*) roupa f lavada

laundry detergent n sabão m em pó

laureate ['lɔ:riɪt, *Brit*: 'lɒriət] n **Nobel ~** ganhador(a) m(f) do prêmio Nobel; **poet ~** poeta laureado, poetisa laureada m, f (na Grã-Bretanha, poeta escolhido pela rainha para escrever poemas em ocasiões especiais)

laurel ['lɔ:rəl, *Brit*: 'lɒr-] n louro m

lava ['lɑ:və] n lava f

lavatory ['lævətɔ:ri, *Brit*: -tri] <-ies> *n* vaso *m* sanitário

lavender ['lævəndər, *Brit*: -əʳ] *n no pl* lavanda *f*

lavish ['lævɪʃ] **I.** *adj* (*gift, production*) rico, -a; (*meal, praise*) farto, -a **II.** *vt* to ~ sth on sb distribuir fartamente a. c. a alguém

law [lɑ:, *Brit*: lɔ:] *n* **1.** *a.* PHYS lei *f*; **a ~ against sth** uma lei contra a. c. **2.** (*legal system*) direito *m*; (*body of laws*) legislação *f*; **~ and order** a ordem pública; **to be against the ~** ser proibido por lei **3.** *no pl* (*police*) **the ~** polícia *f*

law-abiding *adj* cumpridor(a) da lei

law court *n* tribunal *m* de justiça

lawful *adj form* (*legal: business*) legal; (*demands*) legítimo, -a

lawless ['lɑ:lɪs, *Brit*: 'lɔ:-] *adj* sem lei; (*country*) anárquico, -a

lawn [lɑ:n, *Brit*: lɔ:n] *n* (*grass*) gramado *m*

lawnmower *n* cortador *m* de grama

lawn tennis *n* tênis *m* (em quadra de grama)

law school *n Am* faculdade *f* de direito

lawsuit *n* ação *f* judicial; **to bring a ~ against sb** mover uma ação contra alguém

lawyer ['lɑ:jər, *Brit*: 'lɔ:jəʳ] *n* advogado, -a *m, f*

lax [læks] *adj* **1.** (*lacking care*) descuidado, -a **2.** (*lenient: rules*) brando, -a; (*security*) frouxo, -a

laxative ['læksətɪv, *Brit*: -tɪv] *n* laxante *m*

lay¹ [leɪ] *adj* **1.** (*not professional*) leigo, -a; **in ~ terms** em linguagem leiga **2.** (*not of the clergy*) secular

lay² [leɪ] *pt of* **lie²**

lay³ [leɪ] <laid, laid> *vt* **1.** (*place*) pôr **2.** (*install: cable, pipes*) instalar; (*carpet*) colocar **3.** (*prepare: place*) preparar; **to ~ the table** *Brit* pôr a mesa **4.** (*egg*) botar **5.** (*state*) apresentar; **to ~ one's case before sb/sth** apresentar o caso perante alguém/a. c.

◆**lay aside** *vt*, **lay away** *vt* **1.** (*put away*) deixar de lado; **to ~ one's differences** deixar de lado as diferenças **2.** (*save: food*) guardar; (*money*) poupar

◆**lay by** *vt* guardar

◆**lay down** *vt* **1.** (*put down*) pôr no chão, depositar; (*arms*) depor; (*life*) dar (a vida), sacrificar-se **2.** (*establish: guidelines*) estabelecer; (*law*) ditar

◆**lay in** *vt* armazenar

◆**lay into** *vt* **1.** *inf* (*assault*) agredir **2.** (*criticize: children*) repreender; (*government*) criticar

◆**lay off** *vt* demitir

◆**lay on** *vt* **1.** (*install*) instalar **2.** (*provide: food, drink*) providenciar

◆**lay out** *vt* **1.** (*organize: campaign*) organizar; (*street*) traçar **2.** (*spread out: cards*) dispor; (*clothes*) estender **3.** *inf* (*money*) desembolsar

◆**lay up** *vt* **1.** (*store*) armazenar; (*money*) poupar **2.** (*car*) deixar encostado; (*ship*) deixar fora de serviço **3.** (*in bed*) **to be laid up** ficar de cama

layabout ['leɪəˌbaʊt] *n inf* vagabundo, -a *m, f*

lay-by *n Brit* acostamento *m* (de estrada)

layer¹ ['leɪər, *Brit*: -əʳ] *n* camada *f*; **ozone ~** camada de ozônio

layer² *n* (*hen*) galinha *f* poedeira

layman <-men> *n* leigo *m*

layout ['leɪaʊt] *n* **1.** (*of letter, magazine*) diagramação *f*, projeto *m* gráfico; (*of town*) plano *m* detalhado, planta *m* **2.** TYP lay-out *m*

layover ['leɪoʊvər, *Brit*: -əʊvəʳ] *n Am* (*on journey*) parada *f*; AVIAT escala *f*

laywoman <-women> *n* leiga *f*

laze [leɪz] <-zing> *vi* **to ~ around** ficar à toa

laziness ['leɪzɪnɪs] *n no pl* preguiça *f*

lazy ['leɪzi] <-ier, -iest> *adj* (*day*) de pouca atividade; (*person*) preguiçoso, -a

lb *abbr of* **pound** libra *f* (=0,45 kg)

LCD [ˌelsiːˈdiː] *n abbr of* **liquid crystal display** LCD *m*

lead¹ [li:d] **I.** *n* **1.** *no pl* (*front position*) dianteira *f*, liderança *f*; **to be in the ~** estar na liderança; **to take (over) the ~** assumir a liderança **2.** (*example*) exemplo *m*; (*guiding*) iniciativa *f* **3.** THEAT protagonista *mf* **4.** (*clue*) indício *m* **5.** (*connecting wire*) fio *m* condutor **6.** *Brit, Aus* (*for dog*) correia *f* **II.** <led, led> *vt* **1.** (*be in charge of*) comandar; (*discussion, inquiry*) conduzir **2.** (*conduct: person*) conduzir **3.** (*induce*) induzir; **to ~ sb to believe that ...** levar alguém a acreditar que ...; **to ~ sb to do sth** levar alguém a fazer a. c. **4.** COM, SPORTS liderar **5.** (*live a particular way: life*) levar; **to ~ a quiet/**

hectic life levar uma vida sossegada/agitada III.<led, led> vi **1.** to ~ to sth (*show way*) levar a a. c.; (*cause*) causar **2.** (*be in charge*) liderar **3.** (*guide followers*) guiar **4.** (*conduct: road*) conduzir **5.** (*be ahead*) ir à frente

◆ **lead aside** *vt* levar para um lado
◆ **lead astray** *vt* desencaminhar
◆ **lead away** *vt* levar
◆ **lead back** *vt* reconduzir
◆ **lead off** I. *vt* (*person*) subverter; (*room*) mostrar a saída II. *vi* começar
◆ **lead on** *vt* (*trick, fool*) iludir; (*encourage*) levar a fazer a. c.
◆ **lead up to** *vi* preparar o terreno para

lead² [led] *n* **1.** *no pl* (*metal*) chumbo *m* **2.** (*in pencil*) grafite *f*

leaded ['ledəd] *adj* com chumbo; ~ **fuel** combustível com chumbo

leaden ['ledn] *adj* **1.** (*dark*) plúmbeo, -a **2.** (*heavy*) pesado, -a

leader ['li:dər, *Brit:* -əʳ] *n* **1.** (*of group*) líder *mf* **2.** (*guide*) guia *mf* **3.** *Am* MUS regente *mf* **4.** *Brit* (*in newspaper*) editorial *m*

leadership ['li:dərʃɪp, *Brit:* -əʃɪp] *n no pl* **1.** (*ability*) liderança *f*; ~ **qualities** espírito *m* de liderança **2.** (*leaders*) direção *f* **3.** (*function*) chefia *f*, comando *m*

lead-free ['ledfri:] *adj* sem chumbo

leading ['li:dɪŋ] *n no pl* comando *m*

leading lady *n* atriz *f* principal **leading light** *n inf* **to be a** ~ **in sth** ser expoente *mf* em a. c. **leading man** *n* ator *m* principal

lead up *n* preliminar *f*

leaf [li:f] I. <leaves> *n* folha *f*; **to take a** ~ **out of sb's book** arrancar uma folha do livro de alguém II. *vi* **to** ~ **through sth** folhear a. c.

leaflet ['li:flɪt] *n* folheto *m*

league [li:g] *n* **1.** *a.* SPORTS liga *f*; **to be in** ~ **with sb** estar mancomunado, -a com alguém **2.** (*measurement*) légua *f*

leak [li:k] I. *n* (*of gas, information, water*) vazamento *m*; (*in roof*) goteira *f* II. *vi* (*let escape: bucket, hose, information, pen*) vazar; (*tap*) gotejar; (*tire*) murchar III. *vt* vazar

leakage ['li:kɪdʒ] *n* **1.** (*leak*) vazamento *m* **2.** *no pl* (*of information*) vazamento *m*

lean¹ [li:n] I. <leant *Am:* leaned, leant *Am:* leaned> *vi* inclinar-se; **to** ~ **against sth** encostar-se em a. c. II. <leant *Am:* leaned, leant *Am:* leaned> *vt* apoiar; **to** ~ **sth against sth** apoiar a. c. contra a. c.

lean² I. *adj* **1.** (*thin: face*) chupado, -a; (*meat, person*) magro, -a **2.** (*efficient: company*) enxuto, -a II. *vi* **to** ~ **back** recostar-se; **to** ~ **forward** inclinar-se para frente; **to** ~ **out** debruçar-se; **to** ~ **over** inclinar-se sobre

leaning *n* tendência *f*

leant [lent] *pt, pp of* **lean¹**

leap [li:p] I. *n* salto *m* II. <leapt *Am:* leaped, leapt *Am:* leaped> *vi* saltar; **to** ~ **to do sth** lançar-se a fazer a. c.

◆ **leap up** *vi* **1.** (*jump up*) ficar de pé num salto; **to** ~ **to do sth** apressar-se em fazer a. c. **2.** (*rise quickly: price*) disparar

leapfrog I. *n no pl* brincadeira *f* de pular sela II. <-gg-> *vt* pular sela

leapt [lept] *vt, vi pt, pp of* **leap**

leap year *n* ano *m* bissexto

learn [lɜrn, *Brit:* lɜːn] I. <learnt *Am:* learned, learnt *Am:* learned> *vt* aprender; **to** ~ **right from wrong** saber distinguir o certo do errado; **to** ~ **sth by heart** decorar a. c.; **to** ~ **that** saber que II. <learnt *Am:* learned, learnt *Am:* learned> *vi* aprender; **to** ~ **about sth/sb** ficar sabendo sobre a. c./alguém; **to** ~ **from one's mistakes** aprender com os próprios erros; **to** ~ **to do sth** aprender a fazer a. c.

learned ['lɜːrnɪd, *Brit:* 'lɜːn-] *adj* erudito, -a

learner ['lɜːrnər, *Brit:* 'lɜːnə] *n* aluno, -a *m, f*, aprendiz *mf*

learning *n no pl* **1.** (*in school, etc*) aprendizagem *f* **2.** (*knowledge*) saber *m*

learnt [lɜːrnt, *Brit:* lɜːnt] *pt, pp of* **learn**

lease [li:s] I. *vt* alugar II. *n* (*act*) locação *f*; (*contract*) contrato *m* de locação

leash [li:ʃ] *n Am* coleira *f* (de animal)

least [li:st] I. *adj* mínimo, -a; (*age*) menor II. *adv* menos III. *n* o mínimo, a mínima *m, f*, o(a) *m(f)* menor; **at (the)** ~ ao [*ou* pelo] menos, no mínimo; **to say the** ~ é o mínimo que se pode dizer

leather ['leðər, *Brit:* -əʳ] *n no pl* couro *m*

leave [liːv] I. *n* **1.** despedida *f*; **to take (one's)** ~ **(of sb)** despedir-se (de alguém) **2.** *no pl* licença *f*; **to go/be on** ~ MIL sair/estar de licença II. <left, left> *vt* **1.** (*depart from: school, university*) abandonar; (*work*) deixar; **to** ~

leave behind 211 **leisure centre**

home sair de casa **2.** (*not take away with*) deixar; **to ~ sth to sb** deixar a. c. para alguém; (*forget*) esquecer; **they always ~ the boy at home** sempre esquecem o menino em casa **III.** <**left**, **left**> *vi* ir embora, partir

◆ **leave behind** *vt* **1.** (*not take along*) deixar; **he left behind a widow** ele deixou uma viúva **2.** (*forget*) esquecer; **she left her bag behind** ela esqueceu sua bolsa **3.** (*progress beyond*: *past*) deixar para trás

◆ **leave off** *vt* **1.** (*give up*) deixar de **2.** (*omit*) deixar de lado, omitir

◆ **leave on** *vt* deixar ligado; (*light*) deixar aceso

◆ **leave out** *vt* **1.** (*omit*) deixar de incluir **2.** (*exclude*) deixar de fora

◆ **leave over** *vt* sobrar

leaves [liːvz] *n pl of* **leaf**
Lebanese [ˌlebəˈniːz] *adj, n* libanês, -esa
Lebanon [ˈlebənɑːn, *Brit:* -nən] *n* Líbano *m*
lecherous [ˈletʃərəs] *adj* lascivo, -a
lectern [ˈlektərn, *Brit:* -tən] *n* REL atril *m*
lecture [ˈlektʃər, *Brit:* -ə^r] **I.** *n* **a.** UNIV palestra *f*, aula *f*; **a ~ on sth** uma palestra sobre a. c. **II.** *vi* (*give a lecture*) dar palestra; (*teach*) ensinar **III.** *vt* **1.** (*give a lecture*) dar uma palestra; (*teach*) dar uma aula **2.** *fig* (*criticize*) passar um sermão, repreender
lecturer [ˈlektʃərər, *Brit:* -ə^r] *n* **1.** (*person giving lecture*) palestrante *mf* **2.** UNIV professor(a) *m(f)*
lecture room *n* sala *f* de conferências **lecture theatre** *n Brit* anfiteatro *m*
led [led] *pt, pp of* **lead**¹
LED [ˌeliːˈdiː] *n abbr of* **light-emitting diode** LED *m*
ledge [ledʒ] *n* (*shelf*) prateleira *f*; (*on building*) cornija *f*; (*on cliff*) saliência *f*
ledger [ˈledʒər, *Brit:* -ə^r] *n* COM livro *m* razão
lee [liː] *n* sotavento *m*
leech [liːtʃ] <-es> *n* sanguessuga *f*
leek [liːk] *n* alho-poró *m*
leer [lɪr, *Brit:* lɪə^r] *vi* olhar com malícia; **to ~ at sb** olhar alguém com malícia
leeway [ˈliːweɪ] *n no pl* liberdade *f* de ação
left¹ [left] *pt, pp of* **leave**¹
left² [left] **I.** *n* **1.** *no pl* (*direction, sight*) esquerda *f*; **on/to the ~** à esquerda; **the ~** a esquerda **2.** *no pl* POL esquerda *f* **II.** *adj* esquerdo, -a **III.** *adv* à esquerda

left-hand *adj* esquerdo, -a; **~ side** lado esquerdo; **a ~ turn** uma virada à esquerda **left-handed** *adj* canhoto, -a; **~ scissors** tesoura *f* para canhotos
left-luggage office *n Brit* guarda-volumes *m inv*
leftovers [ˈleftˌoʊvərz, *Brit:* -ˌəʊvəz] *npl* **1.** (*food*) sobras *fpl* **2.** (*remaining things*) restos *mpl*
left wing *n* POL esquerda *f*
left-wing *adj* POL de esquerda
leg [leg] *n* **1.** (*of person, furniture*) perna *f*; (*of animal*) pata *f*; **to pull sb's ~** curtir com a cara de alguém *gír* **2.** GASTR (*of lamb, pork*) perna *f*, pernil *f*; (*of chicken*) coxa *f* **3.** (*segment*) etapa *f*
legacy [ˈlegəsi] <-ies> *n* legado *m*; (*inheritance*) herança *f*
legal [ˈliːgl] *adj* **1.** (*in accordance with law*) legal **2.** (*concerning law*) jurídico, -a
legalise *vt Brit, Aus,* **legalize** [ˈliːgəlaɪz] *vt* legalizar
legally *adv* legalmente
legend [ˈledʒənd] *n* **1.** HIST lenda *f* **2.** (*pessoa*) mito *m* **3.** (*of map, picture*) legenda *f*
leggings [ˈlegɪnz] *npl* legging *m*
legible [ˈledʒəbl] *adj* legível
legion [ˈliːdʒən] *n* legião *f*, multidão *f*
legionnaire [ˌliːdʒəˈner, *Brit:* -ˈneə^r] *n* legionário *m*
legislation [ˌledʒɪsˈleɪʃn] *n no pl* legislação *f*
legislative [ˈledʒɪsleɪtɪv, *Brit:* -slətɪv] *adj* legislativo, -a
legislator [ˈledʒɪsleɪtər, *Brit:* -tə^r] *n* legislador(a) *m(f)*
legislature [ˈledʒɪsleɪtʃər, *Brit:* -ə^r] *n* legislatura *f*
legitimacy [ləˈdʒɪtəməsi, *Brit:* lɪˈdʒɪtɪ-] *n no pl* legitimidade *f*
legitimate [ləˈdʒɪtəmət, *Brit:* lɪˈdʒɪtɪ-] *adj* legítimo, -a
legitimise *vt Brit, Aus,* **legitimize** [ləˈdʒɪtɪmaɪz, *Brit:* lɪˈdʒɪt-] *vt* **1.** (*make legal*) legitimar **2.** (*justify*) justificar
legless [ˈleglɪs] *adj* **1.** (*without legs*) sem pernas **2.** *Brit, inf* (*drunk*) de porre

legroom *n no pl* espaço *m* para a perna
leisure [ˈliːʒər, *Brit:* ˈleʒə^r] *n no pl* lazer *m*; **at one's ~** a seu bel-prazer
leisure activities *n* atividades *fpl* recreativas **leisure centre** *n Brit* centro *m*

esportivo
leisured *adj* (*comfortable*) à vontade
leisurely *adj* sossegado, -a
lemon ['lemən] *n* limão-galego *m*
lemonade [ˌleməˈneɪd] *n* **1.** (*still*) limonada *f* **2.** *Brit* (*fizzy*) soda *f* limonada
lemon tea *n* chá *m* de limão
lend [lend] <lent, lent> *vt* **1.** (*give temporarily*) emprestar; **to ~ money to sb** emprestar dinheiro a alguém **2.** (*impart, grant*) dar; **to ~ a hand** dar uma mão a alguém
lender ['lendər, *Brit:* -ər] *n* FIN credor(a) *m(f)*
length [leŋθ] *n* **1.** *no pl* (*measurement*) comprimento *m;* **it's 3 meters in ~** tem 3 metros de comprimento **2.** (*piece: of pipe, string*) pedaço *m* **3.** (*of swimming pool*) extensão *f* **4.** *no pl* (*duration*) duração *f;* **at ~** por fim; **to go to great ~s to do sth** esforçar-se para fazer a. c.
lengthen ['leŋθən] I. *vt* alongar II. *vi* alongar-se
lengthways ['leŋθweɪz] *adv, adj,* **lengthwise** ['leŋθwaɪz] *adv, adj* ao comprido
lengthy ['leŋθi] <-ier, -iest> *adj* longo, -a; **a ~ wait** uma longa espera
lenient ['liːniənt] *adj* (*judge*) condescendente; (*punishment*) brando, -a
lens [lenz] <-ses> *n* **1.** (*of glasses, of camera*) lente *f* **2.** ANAT cristalino *m*
lent [lent] *pt, pp* of **lend**
Lent [lent] *n no pl* Quaresma *f*
lentil ['lentl] *n* lentilha *f*
Leo ['liːoʊ, *Brit:* -əʊ] *n* Leão *m;* **to be a ~** ser leonino, -a, ser (de) Leão; **to be born under the sign of ~** ser nativo de Leão
leopard ['lepərd, *Brit:* -əd] *n* leopardo *m*
leotard ['liːətɑːrd, *Brit:* -tɑːd] *n* collant *m* (de ginástica)
leprosy ['leprəsi] *n no pl* lepra *f*, hanseníase *f*
lesbian ['lezbiən] *n* lésbica *f*
lesion ['liːʒn] *n* lesão *f*
Lesotho [ləˈsoʊtoʊ, *Brit:* ləˈsuːtuː] *n* Lesoto *m*
less [les] *comp* of **little** I. *adj* (*in degree, quantity, size*) menos II. *adv* menos; **~ than ...** menos que ...; **to drink ~** beber menos III. *pron* menos; **~ and ~** cada vez menos

> **Grammar** **less** (= menos) é utilizado para quantidades: "In your glass there is less juice than in my glass; Lisa has eaten less than her brother;" **fewer** (= menos) é utilizado para coisas contáveis ou pessoas: "There are fewer pages in this book than in that one."

lessen ['lesn] I. *vi* diminuir II. *vt* diminuir; (*risk*) reduzir
lesser ['lesər, *Brit:* -ər] *adj comp of* **less** menor; **to a ~ extent** em menor grau
lesson ['lesn] *n* **1.** SCH aula *f;* **a ~ in sth** uma aula sobre a. c. **2.** *fig* lição *f;* **to learn one's ~** aprender a lição
lest [lest] *conj liter* **1.** (*for fear that*) temendo que +*subj* **2.** (*if*) caso +*subj*
let [let] <let, let> *vt* deixar; **~'s go!** vamos!; **~'s see** vamos ver; **to ~ go of sth** largar a. c.; **to ~ oneself go** soltar-se; **to ~ sb do sth** deixar alguém fazer a. c.; **to ~ sb know sth** deixar alguém saber de a. c.
◆ **let down** *vt* **1.** (*disappoint*) decepcionar **2.** (*lower*) baixar; (*hair*) soltar **3.** FASHION encompridar **4.** *Brit, Aus* (*deflate*) esvaziar
◆ **let in** *vt* (*light, person*) deixar entrar; **to let oneself in for sth** meter-se em a. c.
◆ **let off** *vt* **1.** (*forgive*) perdoar **2.** (*bomb, firework*) detonar; (*gun*) disparar
◆ **let on** *vi inf* (*divulge*) **to ~ about sth** revelar a. c.
◆ **let out** *vt* **1.** (*release: hospital*) dar alta; (*prison*) soltar **2.** (*allow to leave*) **to ~ sb/an animal out** deixar alguém/um animal sair **3.** FASHION alargar **4.** (*rent*) alugar
◆ **let up** *vi* **1.** (*become weaker, stop*) abater-se; (*cold*) amenizar; (*fog*) dispersar; (*rain*) diminuir **2.** (*relent*) transigir
lethal ['liːθl] *adj* (*poison*) letal; (*weapon*) mortal
lethargic [lɪˈθɑːrdʒɪk, *Brit:* -ˈθɑːdʒ-] *adj* **1.** (*lacking energy*) letárgico, -a **2.** (*drowsy*) sonolento, -a
letter ['letər, *Brit:* -tər] *n* **1.** (*message*) carta *f* **2.** (*symbol*) letra *f*
letter bomb *n* carta-bomba *f* **letterbox** *n* caixa *f* de correio
lettering *n no pl* inscrição *f*

lettuce ['letɪs, Brit: 'let-] n alface f
leukaemia n, **leukemia** [lu:'ki:mɪə] n Am leucemia f
level ['levəl] I. adj 1. (horizontal) horizontal; (flat) plano, -a 2. (having same height) **to be ~ with sth** estar na mesma altura de a. c. 3. Brit, Aus (in same position) **to be ~ with sb/sth** estar no mesmo nível de alguém/a. c. 4. (of same amount) igual II. adv no mesmo nível III. n nível m; **to be on the ~** (business, person) ser honesto IV. <Brit: -ll-, Am: -l-> vt 1. (smoothen, flatten) nivelar 2. (demolish completely) arrasar
◆ **level off** vi, **level out** vi (aircraft, inflation) estabilizar-se
level crossing n Brit, Aus passagem f de nível **level-headed** adj equilibrado, -a
lever ['levər, Brit: 'li:və] I. n alavanca f II. vt alavancar
leverage ['levərɪdʒ, Brit: 'li:v-] n no pl 1. (using lever) alavancagem f 2. fig influência f; (bargaining) poder m
levity ['levəti, Brit: -ti] n no pl leveza f
levy ['levi] I. <-ies> n tributação m, imposto m II. <-ie-> vt tributar
lewd [lu:d, Brit: lju:d] adj (person) desavergonhado, -a, indecente; (gesture, remark) obsceno, -a
lexicographer [ˌleksɪ'kɑ:grəfər, Brit: -'kɒgrəfə] n lexicógrafo, -a m, f
lexicography [ˌleksɪ'kɑ:grəfi, Brit: -'kɒg-] n no pl lexicografia f
liability [ˌlaɪə'bɪləti, Brit: -ti] n no pl responsabilidade f legal; **~ for sth** responsabilidade legal por a. c.
liable ['laɪəbl] adj 1. (prone) propenso, -a; **to be ~ to do sth** ser propenso a fazer a. c. 2. LAW ser responsável legalmente; **to be ~ for sth** ser responsável por a. c.; **to be ~ to a fine** ser passível de multa
liaise [lɪ'eɪz] vi **to ~ with sb/sth** estabelecer contato com alguém/a. c.
liaison ['li:əzɑ:n, Brit: li'eɪzn] n 1. no pl (contact) contato m; (coordination) coordenação f 2. (affair) caso m amoroso
liar ['laɪər, Brit: -ə] n mentiroso, -a m, f
libel ['laɪbl] I. n LAW calúnia f; PUBL difamação f II. <Brit: -ll-, Am: -l-> vt LAW caluniar; PUBL difamar
liberal ['lɪbərəl] I. adj 1. (tolerant) a. POL liberal 2. (generous) generoso, -a II. n liberal mf
liberalise vt Brit, Aus, **liberalize** ['lɪbərəlaɪz] vt liberalizar
liberate ['lɪbəreɪt] vt (country, slaves) libertar; (forces) liberar; **to ~ sth from sth** liberar [ou libertar] a. c. de a. c.
liberation [ˌlɪbər'eɪʃn] n no pl liberação f
Liberia [laɪ'bɪrɪə, Brit: -'bɪər-] n Libéria f
Liberian adj liberiano, -a
liberty ['lɪbərti, Brit: -bəti] n no pl, form liberdade f; **to be at ~ to do sth** ter a liberdade de fazer a. c.; **to take the ~ of doing sth** tomar a liberdade de fazer a. c.
Libra ['li:brə] n Libra f; **to be a ~** ser libriano, -a, ser (de) Libra; **to be born under the sign of ~** ser nativo de Libra
Libran I. n libriano, -a m, f II. adj de Libra
librarian [laɪ'brerɪən, Brit: -'breər-] n bibliotecário, -a m, f
library ['laɪbreri, Brit: -brəri] n <-ies> biblioteca f
Libya ['lɪbɪə] n Líbia f
Libyan adj, n líbio, -a m, f
lice [laɪs] npl s. **louse 1**.
licence n esp Brit s. **license**.
license ['laɪsənts] I. vt autorizar II. n Am 1. (document) autorização f, licença f; **driver's ~** Am, **driving ~** esp Brit carteira f de habilitação; **under ~** sob autorização 2. no pl, form (freedom) liberdade f
licensed adj autorizado, -a; **a ~ restaurant** estabelecimento com licença para a venda de bebidas alcoólicas
licensee [ˌlaɪsən'si:] n form pessoa f ou estabelecimento m com licença
license plate n AUTO placa f (de automóvel)
lick [lɪk] I. n 1. (with tongue) lambida f 2. (light coating) **a ~ of paint** uma demão f de tinta II. vt 1. (with tongue) lamber 2. inf (beat) dar uma surra
licking n **to give sb a ~** derrotar alguém
licorice ['lɪkərɪʃ, Brit: -rɪs] n no pl, Am alcaçuz m
lid [lɪd] n 1. (for container) tampa f; **to keep the ~ on sth** fig manter a. c. em segredo 2. (eyelid) pálpebra f
lie¹ [laɪ] I. <-y-> vi mentir; **to ~ to sb (about sth)** mentir a alguém (sobre a. c.) II. n mentira f; **to be an outright ~** ser uma mentira deslavada; **to tell ~s** contar mentiras

lie² [laɪ] <lay, lain> vi **1.** (*be lying down: person*) estar deitado; (*form* (*be buried*) jazer **2.** (*be positioned*) situar-se
◆ **lie around** vi **1.** (*be somewhere*) deixar jogado [*ou* espalhado] **2.** (*be lazy*) ficar à toa
◆ **lie back** vi recostar-se; **she lay back on her pillow** ela recostou-se no travesseiro
◆ **lie down** vi (*act*) deitar-se; (*state*) estar deitado
◆ **lie up** vi Brit esconder-se
lie detector n detector m de mentiras
lieu [luː] n no pl, form **in ~ of** em vez de
lieutenant [luːˈtenənt, Brit: lefˈ-] n **1.** MIL tenente mf **2.** (*assistant*) suplente mf
life [laɪf] <lives> n vida f; **to breathe (new) ~ into sth** dar sangue novo a a. c.; **to come to ~** nascer; **to get a ~** fig tomar jeito na vida; **to take one's own ~** suicidar-se **lifebelt** n boia f salva-vidas **lifeboat** n bote m salva-vidas **life buoy** n boia f salva-vidas **life expectancy** <-ies> n expectativa f de vida **lifeguard** n salva-vidas mf inv **life insurance** n no pl seguro m de vida **life jacket** n colete m salva-vidas
lifeless adj **1.** (*dead*) morto, -a **2.** fig desanimado, -a
lifelike adj natural
lifeline n **1.** NAUT corda f salva-vidas **2.** fig tábua f de salvação
lifelong adj perpétuo, -a
life peer n Brit: membro vitalício da Câmara dos Lordes **life preserver** n Am salva-vidas m inv
lifer [ˈlaɪfər, Brit: -əʳ] n inf condenado, -a m, f à prisão perpétua
life sentence n prisão f perpétua **life-size** adj, **life-sized** adj de tamanho natural **lifespan** n (*of animals*) ciclo m de vida; (*of people*) vida f; **the average ~** a vida média; (*of machines*) vida f útil **lifestyle** n estilo m de vida **life-support system** n sistema m de suporte à vida **lifetime** n no pl vida f; **in my ~** na minha vida; **the chance of a ~ (for sb)** oportunidade única na vida (para alguém); **to happen once in a ~** acontecer uma vez na vida
lift [lɪft] I. n **1. to give sb a ~** dar uma carona a alguém **2.** Brit elevador m II. vi erguer-se III. vt **1.** (*move upwards*) levantar; (*slightly*) suspender **2.** inf (*plagiarize*) plagiar; (*steal*) afanar

◆ **lift off** vi AVIAT decolar
◆ **lift up** vt levantar
lift-off n AVIAT, TECH lançamento m
ligament [ˈlɪɡəmənt] n ligamento m
light [laɪt] I. n **1.** no pl (*energy, brightness*) luz f **2.** no pl (*daytime*) luz f do dia **3.** (*source of brightness*) luz f, iluminação f; (*lamp*) luminária f; **to cast** [*o* **shed**] **~ on sth** esclarecer a. c.; **to come to ~** vir à tona; **to turn a ~ off/on** apagar/acender a luz **4.** no pl (*flame*) fogo m; **do you have a ~?** você tem fogo? II. adj **1.** (*not heavy*) leve **2.** (*not dark: color*) claro, -a; (*room*) iluminado, -a; (*skin*) branco, -a **3.** (*not serious*) leve **4.** (*not intense: breeze, rain*) leve III. adv levemente; **to make ~ of sth** não dar importância a a. c. IV. vt <lit Am: lighted, lit Am: lighted> **1.** (*illuminate*) iluminar **2.** (*start burning*) acender
◆ **light up** I. vt (*sky*) iluminar II. vi **1.** (*become bright*) iluminar-se **2.** (*start smoking*) acender um cigarro
light bulb n lâmpada f
lighten [ˈlaɪtən] I. vi **1.** (*become brighter*) brilhar, iluminar-se **2.** (*become less heavy*) aliviar(-se), tornar-se mais leve; (*mood*) alegrar-se II. vt **1.** (*make less heavy*) aliviar **2.** (*bleach, make paler*) clarear
lighter [ˈlaɪtər, Brit: -təʳ] n isqueiro m
light-headed adj **1.** (*faint*) zonzo, -a **2.** (*excited*) deslumbrado, -a **lighthearted** adj (*carefree*) despreocupado, -a; (*happy*) contente **lighthouse** n farol m
lighting n iluminação f
lightly adv ligeiramente; (*to rest, touch*) de leve; **to get off ~** sair-se bem
lightness n no pl **1.** (*of thing, touch*) leveza f **2.** (*brightness*) luminosidade f
lightning [ˈlaɪtnɪŋ] n no pl relâmpago m **lightning conductor** n Brit, **lightning rod** n Am para-raios m inv
light pen n caneta f luminosa
lightweight I. adj (*clothing, material*) leve II. n SPORTS peso leve m
light year n ano-luz m
likable [ˈlaɪkəbl] adj Am, Aus agradável
like¹ [laɪk] I. vt **1.** (*find good*) **I ~ it when/how ...** eu gosto quando/como ...; **I ~ swimming** eu gosto de nadar; **she ~s apples** ela gosta de maçãs **2.** (*desire, wish*) querer; **I would ~ a steak** eu quero um filé; **would you ~ a**

cup of tea? gostaria de uma xícara de chá? **II.** *n pl* semelhantes *mpl*

like² [laɪk] **I.** *adj* semelhante **II.** *prep* **to be ~ sb/sth** ser como alguém/a. c.; **what does it look ~?** como é?; **what was it ~?** como foi? **III.** *conj inf* como se +*subj*

likeable *adj s.* **likable**

likelihood ['laɪklihʊd] *n no pl* probabilidade *f*; **in all ~** muito provavelmente

likely ['laɪkli] <-ier, -iest> *adj* provável; **not ~!** *inf* dificilmente!; **to be quite/ very ~** ser bem provável

liken ['laɪkən] *vt* comparar; **to ~ sb/sth to sb/sth** comparar alguém/a. c. a alguém/a. c.

likeness ['laɪknɪs] <-es> *n* **1.** (*similarity*) semelhança *f* **2.** (*painting*) retrato *m*

likewise ['laɪkwaɪz] *adv* igualmente

liking ['laɪkɪŋ] *n no pl* predileção *f*; (*for particular person*) afeição *f*; **to be to sb's ~** ser do agrado de alguém; **to develop a ~ for sb** afeiçoar-se a alguém

lilac ['laɪlək] *adj* lilás

lily ['lɪli] <-ies> *n* lírio *m*

limb [lɪm] *n* **1.** BOT ramo *m* **2.** ANAT membro *m*; **to be/go out on a ~** (**to do sth**) estar/meter-se em apuros (para fazer a. c.)

limber ['lɪmbər, *Brit*: -ər] **I.** *adj* (*material*) flexível; (*person*) ágil **II.** *vi* **to ~ up** alongar (os músculos)

limbo ['lɪmboʊ, *Brit*: -bəʊ] *n no pl* limbo *m*; **to be in ~** estar no limbo

lime¹ [laɪm] *n* **1.** (*fruit*) limão *m*, lima *f* **2.** (*tree*) limeira *f*

lime² [laɪm] *n no pl* CHEM cal *f*

lime³ [laɪm] *n* (*linden tree*) tília *f*

limelight *n no pl* holofote *m*; **to be in the ~** estar no centro das atenções

limerick ['lɪmərɪk] *n* poema *m* humorístico

limestone ['laɪmstoʊn, *Brit*: -stəʊn] *n no pl* calcário *m*

limit ['lɪmɪt] **I.** *n* limite *m*; (**speed**) AUTO limite de velocidade; **to put a ~ on sth** pôr um limite em a. c.; **within ~s** dentro de certos limites **II.** *vt* limitar; **to ~ sth to sth** limitar a. c. a a. c.

limitation [ˌlɪmɪ'teɪʃən] *n no pl* limitação *f*; (*of pollution, weapons*) redução *f*

limited *adj* limitado, -a; **to be ~ to sth** limitar-se a a. c.

limited company *n* sociedade *f* limitada

limousine ['lɪməzi:n] *n* limusine *f*

limp¹ [lɪmp] **I.** *vi* mancar **II.** *n no pl* andar *m* manco; **to walk with a ~** mancar

limp² [lɪmp] *adj* mole

limpet ['lɪmpɪt] *n* lapa *f*

line¹ [laɪn] <-ning> *vt* cobrir; (*clothes*) forrar; **to ~ sth with sth** cobrir a. c. com a. c.

line² [laɪn] **I.** *n* **1.** (*mark*) a. MAT reta *f*, linha *f*; **a ~ on sth** um traço *m* sobre a. c. **2.** *Am* (*for waiting*) fila *f*; **to be in ~ for promotion** ser o próximo a ser promovido; **to stand in ~** ficar na fila **3.** (*cord*) corda *f*, linha *f* **4.** TEL linha *f*; **hold the ~!** aguarde na linha! **5.** (*transport company*) linha *f*; **rail ~** ferrovia; **shipping ~** serviço de transporte **6.** (*of text*) linha *f* **7.** (*field, interest*) ramo *m*; **to come out with a new ~** *Am* FASHION lançar uma nova linha; **what ~ are you in?** qual a sua área de atuação?; **what's your ~ of business** [*o* **work**] qual o seu ramo de negócio/atividade? **8.** <-ning> *vt* **to ~ the streets** tomar as ruas

♦ **line up I.** *vi* enfileirar-se **II.** *vt* alinhar; **to line sth up with sth** alinhar a. c. com outra

linen ['lɪnɪn] *n no pl* roupa *f* de cama e mesa, linho *m*

liner ['laɪnər, *Brit*: -ər] *n* **1.** (*lining*) forro *m*; **dustbin ~** saco *m* de lixo **2.** (*ship*) transatlântico *m*

linesman ['laɪnzmən] <-men> *n* SPORTS juiz, juíza *m, f* de linha

lineup ['laɪnʌp] *n* grupo *m*

linger ['lɪŋɡər, *Brit*: -ər] *vi* demorar(-se); (*film*) estender-se; **to ~ over sth** demorar para fazer a. c.

lingerie [ˌlɑːnʒə'reɪ, *Brit*: 'lænʒəri:] *n no pl* lingerie *f*

lingo ['lɪŋɡoʊ, *Brit*: -ɡəʊ] <-goes> *n inf* **1.** (*foreign language*) dialeto *m* **2.** (*jargon*) jargão *m*

linguist ['lɪŋɡwɪst] *n* linguista *mf*

linguistic [lɪŋ'ɡwɪstɪk] *adj* linguístico, -a

linguistics *n* linguística *f*

lining ['laɪnɪŋ] *n* **1.** (*of boiler, pipes*) revestimento *m*; (*of coat, jacket*) forro *m* **2.** ANAT tecido *m* de revestimento

link [lɪŋk] **I.** *n* **1.** (*in chain*) elo *m* **2.** (*connection*) conexão *f*; **rail ~** conexão *f* ferroviária **3.** INFOR link *m* **II.** *vt*

linoleum   216   **live out**

1. (*connect*) to ~ sth (**up**) conectar a. c. **2.** (*associate*) associar; **to ~ sth with sth** associar a. c. a a. c.
linoleum [lɪˈnəʊliəm, *Brit*: -ˈnəʊ-] *n no pl* linóleo *m*
lion [ˈlaɪən] *n* leão *m*
lioness [laɪəˈnes] <-sses> *n* leoa *f*
lip [lɪp] *n* **1.** ANAT lábio *m*; **to give sb ~** ser mal-educado com alguém **2.** (*rim: of cup, bowl*) borda *f*; (*of jug*) boca *f*
lipo [ˈlɪpoʊ, *Brit*: pəʊ] **I.** *n abbr of* **liposuction** lipoaspiração *f* **II.** *vi* **to get ~ed** fazer uma lipoaspiração
liposuction *n* lipoaspiração *f*
lip-read *vi* fazer leitura labial
lip salve *n no pl* protetor *m* labial
lip service *n no pl* da boca *f* para fora; **to pay ~ to sth** dizer a. c. da boca para fora
lipstick *n* batom *m*
liqueur [lɪˈkɜːr, *Brit*: -ˈkjʊə] *n* licor *m*
liquid [ˈlɪkwɪd] **I.** *n* líquido *m* **II.** *adj* líquido, -a
liquidation [ˌlɪkwɪˈdeɪʃn] *n* liquidação *f*; **to go into ~** ECON ser liquidado
liquid bandage *n* MED bandagem *f* líquida
liquidize [ˈlɪkwɪdaɪz] *vt* liquidificar
liquidizer [ˈlɪkwɪdaɪzər, *Brit*: -əʳ] *n* liquidificador *m*
liquor [ˈlɪkər, *Brit*: -əʳ] *n no pl* bebida *f* alcoólica
liquorice [ˈlɪkərɪs] *n no pl* alcaçuz *m*
Lisbon [ˈlɪzbən] *n* Lisboa *f*
lisp [lɪsp] **I.** *n no pl* ceceio *m* **II.** *vi* cecear
list¹ [lɪst] **I.** *n* lista *f*; **shopping ~** lista de compras **II.** *vt* **1.** (*make a list*) fazer uma lista **2.** (*enumerate*) relacionar
list² [lɪst] NAUT **I.** *vi* adernar **II.** *n* adernamento *m*
listen [ˈlɪsən] *vi* **1.** (*hear*) escutar; **to ~ to sth/sb** escutar a. c./alguém; **to ~ for sth** estar atento para ouvir a. c. **2.** (*pay attention*) prestar atenção
listener [ˈlɪsnər, *Brit*: -əʳ] *n* ouvinte *mf*
listing [ˈlɪstɪŋ] *n* **1.** (*entry in list*) item (*de uma lista*) *f* **2.** (*list*) lista *f*, relação *f*
listless [ˈlɪstlɪs] *adj* **1.** (*lacking energy: person*) apático, -a; (*economy*) sem vigor **2.** (*lacking enthusiasm*) desanimado, -a; (*performance*) sem graça
lit [lɪt] *pt, pp of* **light**
litany [ˈlɪtəni] <-ies> *n* ladainha *f*; **a ~ of sth** uma ladainha de a. c.
liter [ˈliːtər, *Brit*: -təʳ] *n Am* litro *m*

literacy [ˈlɪtərəsi, *Brit*: ˈlɪt-] *n no pl* alfabetização *f*; **~ rate** taxa de alfabetização
literal [ˈlɪtərəl, *Brit*: ˈlɪt-] *adj* literal
literally *adv* literalmente; **to take sth/sb ~** levar a. c./alguém ao pé da letra
literary [ˈlɪtəreri, *Brit*: -tərəri] *adj* literário, -a
literate [ˈlɪtərət, *Brit*: ˈlɪt-] *adj* **1.** (*able to read and write*) alfabetizado, -a **2.** (*well-educated*) ilustrado, -a
literature [ˈlɪtərətʃər, *Brit*: -trətʃəʳ] *n no pl* **1.** (*novels, poems*) literatura *f* **2.** (*promotional material*) material *m* informativo
lithe [laɪð] *adj* ágil
Lithuania [ˌlɪθʊˈeɪniə, *Brit*: -jʊ-] *n* Lituânia *f*
Lithuanian *adj, n* lituano, -a
litigate [ˈlɪtɪɡeɪt, *Brit*: ˈlɪt-] *vi* mover uma ação
litigation [ˌlɪtɪˈɡeɪʃn, *Brit*: ˌlɪt-] *n no pl* litígio *m*
litmus paper [ˈlɪtməs-, *Brit*: -t-] *no pl n* papel *m* de tornassol
litre [ˈliːtər, *Brit*: -təʳ] *n Brit* litro *m*
litter [ˈlɪtər, *Brit*: -təʳ] **I.** *n* **1.** *no pl* (*refuse*) lixo *m* **2.** ZOOL ninhada *f* **3.** MED maca *f* **II.** *vt* espalhar; **the floor was ~ed with clothes** o chão estava entulhado de roupas
little [ˈlɪtl, *Brit*: -tl] **I.** *adj* **1.** (*in size, age*) pequeno, -a; **the ~ ones** *inf* as crianças **2.** (*amount*) pouco, -a; **by ~** pouco a pouco; **a ~ bit (of sth)** um pouco (de a. c.); **a ~ something** um pouco **3.** (*duration*) pouco tempo; **for a ~ while** por pouco tempo **II.** *adv* pouco; **~ more than an hour** um pouco mais de uma hora **III.** *pron* pouco
liturgy [ˈlɪtərdʒi, *Brit*: -tədʒi] <-ies> *n* REL liturgia *f*
live¹ [laɪv] *adj* **1.** (*living*) vivo, -a **2.** RADIO, THEAT, TV ao vivo **3.** ELEC com corrente; (*wire*) ligado, -a **4.** (*bomb*) com carga explosiva; (*cartridge*) carregado, -a
live² [lɪv] **I.** *vi* viver; **to ~ for 80 years** viver 80 anos; **she ~d to be 100** ela viveu até os 100 anos; **we don't ~ with it, but we've got to ~ with it** nós não gostamos, mas temos que aguentar **II.** *vt* viver, morar; **to ~ a happy life** levar uma vida feliz
◆ **live down** *vt* recuperar-se
◆ **live on** *vi* viver; (*tradition*) continuar
◆ **live out** *vt* viver o resto da vida;

(*dreams*) realizar
◆ **live up I.** *vt* **to live it up** curtir a vida **II.** *vi* **to ~ expectations** corresponder às expectativas; **to ~ to sb/sth** viver de acordo com alguém/a. c.
livelihood ['laɪvlihʊd] *n* subsistência *f*
lively ['laɪvli] *adj* (*person, conversation*) animado, -a; (*imagination, interest*) fértil
liven up ['laɪvən-] *vi*, *vt* animar(-se)
liver ['lɪvər, *Brit*: -ər] *n* fígado *m*
livestock ['laɪvstɑ:k, *Brit*: -stɒk] *n no pl* criação *f*
livid ['lɪvɪd] *adj* **1.** (*furious*) lívido, -a **2.** (*discolored*) pálido, -a
living ['lɪvɪŋ] **I.** *n no pl* sustento *m*; **to make a ~** ganhar a vida; **to work for one's ~** trabalhar para se sustentar *f* **II.** *adj* vivo, -a
living conditions *npl* condições *fpl* de vida **living room** *n* sala *f* de estar **living wage** *no pl n* salário *m* mínimo
lizard ['lɪzərd, *Brit*: -əd] *n* lagarto *m*; (*small*) lagartixa *f*
llama ['lɑ:mə] *n* lhama *f*
load [loʊd, *Brit*: ləʊd] **I.** *n* carga *f*; **~ s** [*o* **a ~**] **of ...** muito(s), -a *m*, *f*; **that's a ~ of nonsense** [*o vulg* **crap**] isso é um monte de bobagem **II.** *vt* a. AUTO, PHOT, INFOR carregar; **to ~ sth onto/into sth** carregar a. c. dentro de/em a. c.; **to ~ sth up** carregar a. c.
loaded *adj* **1.** (*gun, pistol*) carregado, -a **2.** (*unfair: question*) capcioso, -a **3.** *Brit, inf* (*rich*) endinheirado, -a
loaf¹ [loʊf, *Brit*: ləʊf] <**loaves**> *n* pão *m*; **a ~ of bread** um pão
loaf² *vi* vagabundear
loan [loʊn, *Brit*: ləʊn] **I.** *vt* emprestar; **to ~ sth to sb** [*o* **sb sth**] emprestar a. c. a alguém **II.** *n* empréstimo *m*; **a ~ to sb** um empréstimo para alguém
loath [loʊθ, *Brit*: ləʊθ] *adj form* pouco inclinado, -a, relutante; **to be ~ to do sth** estar pouco inclinado a [*ou* relutante em] fazer a. c.
loathe [loʊð, *Brit*: ləʊð] *vt* (*person*) detestar, odiar; (*thing*) ter aversão a
loaves [loʊvz, *Brit*: ləʊvz] *n pl of* **loaf¹**
lob [lɑ:b, *Brit*: lɒb] <-bb-> *vt* SPORTS **to ~ sth to** lançar a. c. para
lobby ['lɑ:bi, *Brit*: 'lɒbi] **I.** <-ies> *n* **1.** ARCHIT saguão *m* **2.** POL lobby *m* **II.** <-ie-> *vi* fazer lobby **III.** *vt* exercer pressão; **to ~ sb for sth** exercer pressão sobre alguém para fazer a. c.

lobbyist ['lɑ:biɪst, *Brit*: 'lɒb-] *n* lobista *mf*
lobe [loʊb, *Brit*: ləʊb] *n* lobo *m*
lobster ['lɑ:bstər, *Brit*: 'lɒbstər] *n* lagosta *f*
local ['loʊkəl, *Brit*: 'ləʊ-] **I.** *adj* local **II.** *n* **1.** (*inhabitant*) morador(a) *m(f)* **2.** *Brit* (*pub*) bar *m* (do bairro)
local anaesthetic *n* anestésico *m* local **local authority** *n* órgão *m* municipal **local call** *n* chamada *f* local **local government** *n* administração *f* municipal
locality [loʊ'kæləti, *Brit*: ləʊ'kæləti] <-ies> *n* localidade *f*
locate [loʊ'keɪt, *Brit*: 'ləʊ-] *vt* **1.** (*find*) localizar **2.** (*situate*) estabelecer
location [loʊ'keɪʃn, *Brit*: ləʊ-] *n* localização *f*; CINE locação *f*; **to film sth on ~** filmar a. c. em locação
loch [lɑ:k, *Brit*: lɒx] *n Scot* **1.** (*lake*) lago *m* **2.** (*inlet*) braço *m* de mar
lock¹ [lɑ:k, *Brit*: lɒk] *n* (*of hair*) cacho *m*
lock² [lɑ:k, *Brit*: lɒk] **I.** *n* **1.** (*fastening device*) fechadura *f*, cadeado *m*, trava *f* **2.** (*on canal*) eclusa *f* **3.** *fig* **~ , stock and barrel** armas e bagagens **II.** *vt* **1.** (*fasten with lock*) trancar; (*confine safely: person*) trancafiar; (*thing*) guardar trancado **2.** (*make immovable*) imobilizar **III.** *vi* trancar
◆ **lock away** *vt* (*document*) guardar trancado; (*person*) trancafiar
◆ **lock out** *vt* trancar do lado de fora; **to lock oneself out** ficar trancado do lado de fora
◆ **lock up** *vt* (*document*) guardar trancado; (*person*) trancafiar
locker ['lɑ:kər, *Brit*: 'lɒkər] *n* (*at train station*) guarda-volumes *m*; (*at school*) armário *m*
locket ['lɑ:kɪt, *Brit*: 'lɒk-] *n* medalhão *m*
locksmith ['lɑ:ksmɪθ, *Brit*: 'lɒk-] *n* serralheiro, -a *m*, *f*
lockup *n inf* **1.** (*cell*) cela *f* **2.** (*storage space*) depósito *m*
locust ['loʊkəst, *Brit*: 'ləʊ-] *n* gafanhoto *m*
lodge [lɑ:dʒ, *Brit*: lɒdʒ] **I.** *vi* **1.** (*stay*) hospedar-se **2.** (*settle*) alojar-se; **to be ~d in sth** estar alojado em a. c. **II.** *vt* (*objection, protest*) apresentar **III.** *n* **1.** (*for hunters*) chalé *m* **2.** (*of freemasons*) loja *f* maçônica **3.** *Brit* (*at entrance to building*) portaria *f*
lodger ['lɑ:dʒər, *Brit*: 'lɒdʒər] *n* inquili-

no, -a *m, f*
lodging *n* **1.** *no pl* (*accomodation*) acomodação *m;* **board and ~** pensão *f* completa **2.** *pl, esp Brit* (*room to rent*) quarto *m* para alugar em casa de família
loft [lɑ:ft, *Brit:* lɒft] *n* **1.** (*attic*) sótão *m* **2.** (*apartment*) loft *m*
lofty ['lɑ:fti, *Brit:* 'lɒf-] <-ier, -iest> *adj* **1.** *liter* (*tall*) eminente **2.** (*noble*) nobre **3.** (*haughty*) altivo, -a
log¹ [lɑ:g, *Brit:* lɒg] **I.** *n* **1.** (*tree trunk*) tora *f* **2.** (*firewood*) lenha *f* **II.** <-gg-> *vt* cortar **III.** <-gg-> *vi* cortar (árvores)
log² *inf abbr of* **logarithm** log
log³ I. *n* registro *m;* **ship's ~** diário *m* de bordo **II.** *vt* **1.** (*record*) registrar **2.** (*achieve, attain*) alcançar
◆ **log in** *vi* INFOR efetuar o login
◆ **log off** *vi* INFOR efetuar o logoff
◆ **log on** *vi s.* **log in**
◆ **log out** *vi s.* **log off**
logarithm ['lɑ:gərɪðəm, *Brit:* 'lɒg-] *n* logaritmo *m*
log book *n* NAUT diário *m* de bordo; AVIAT diário *m* de voo
logger ['lɑ:gər, *Brit:* 'lɒgər] *n* lenhador(a) *m(f)*
loggerheads ['lɑ:gərhedz, *Brit:* 'lɒgəhedz] *npl* **to be at ~ (with sb/over sth)** estar em total desacordo (com alguém/sobre a. c.)
logic ['lɑ:dʒɪk, *Brit:* 'lɒdʒ-] *n no pl* lógica *f*
logical ['lɑ:dʒɪkl, *Brit:* 'lɒdʒ-] *adj* lógico, -a
login *n* INFOR login *m*
logjam *n* impasse *m*
logo ['loʊgoʊ, *Brit:* 'lɒgəʊ] *n* logotipo *m*
logoff *n* INFOR logoff *m*
logon *n s.* **login**
loin [lɔɪn] **I.** *n* **1.** *pl* (*body area*) baixo *m* ventre **2.** GASTR lombo *m* **II.** *adj* de lombo
loiter ['lɔɪtər, *Brit:* -tər] *vi* **1.** (*linger*) perambular **2.** *a.* LAW vadiar
LOL *Am, inf* (*in emails*) *abbr of* **laugh(ing) out loud** risos *mpl*
loll [lɑ:l, *Brit:* lɒl] *vi* estirar-se; **to ~ about** refestelar-se
lollipop ['lɑ:lipɑ:p, *Brit:* 'lɒlɪpɒp] *n* pirulito *m*
lollipop lady, lollipop man *n Brit, inf:* pessoa que controla o trânsito para que os alunos das escolas possam atravessar a rua
lolly ['lɑ:li, *Brit:* 'lɒli] <-ies> *n* **1.** *Aus,*
Brit (*lollipop*) pirulito *m* **2.** *no pl, Brit, inf* (*money*) grana *f*
London ['lʌndən] *n* Londres *f*
Londoner *adj* londrino, -a
lone [loʊn, *Brit:* ləʊn] *adj* solitário, -a
loneliness ['loʊnlɪnɪs, *Brit:* 'ləʊn-] *n no pl* solidão *f*
lonely ['loʊnli, *Brit:* 'ləʊn-] <-ier, -iest> *adj* (*life*) solitário, -a; (*person*) sozinho, -a; (*place*) isolado, -a
loner ['loʊnər, *Brit:* 'ləʊnər] *n* solitário, -a *m, f*
long¹ [lɑ:ŋ, *Brit:* lɒŋ] **I.** *adj* (*distance, shape, time*) longo, -a; (*hair*) comprido, -a; **it's a ~ while since ...** faz tempo desde que ... **II.** *adv* muito tempo; **~ after/before** muito [*ou* bem] antes/depois; **~ ago** muito tempo atrás; **all day ~** durante todo o dia; **as ~ as** contanto que, desde que +*subj;* **to take ~ (to do sth)** demorar muito (para fazer a. c.) **III.** *n* muito tempo *m;* **the ~ and the short of it is that ...** em poucas palavras ...
long² *vi* **to ~ for sth** ansiar por a. c.
long. *abbr of* **longitude** long.
long-distance *adj* (*bus*) interurbano; (*flight*) internacional; (*negotiations, relationship*) à distância; (*race, runner*) de longa distância; **~ call** (*between states*) chamada *f* interurbana; (*between countries*) chamada *f* internacional
longhand *n no pl* escrita *f* em letra de mão
longing I. *n* **1.** (*nostalgia*) saudade *f* **2.** (*strong desire*) enorme *m* desejo **II.** *adj* muito desejoso, -a
longitude ['lɑ:ndʒətu:d, *Brit:* 'lɒŋgɪtjuːd] *n* longitude *f*
long jump *n no pl* salto *m* em distância
long-lost *adj* sumido, -a **long-range** *adj* (*aircraft*) de grande autonomia; (*missile*) de longo alcance; (*policy*) amplo, -a **long-sighted** *adj* **1.** (*having long sight*) hipermetrope **2.** *Am* (*having foresight*) previdente **long-standing** *adj* duradouro, -a **long-suffering** *adj* resignado, -a **long-term** *adj* (*care, loan, memory, strategy*) de longo prazo **long wave** *n* onda *f* longa **long-winded** *adj* prolixo, -a
loo [lu:] *n Aus, Brit, inf* quartinho *m,* pipiroom *m*
look [lʊk] **I.** *n* **1.** (*at person, thing*) olhar *m;* (*of face*) olhar *m,* cara *f;* **to have a ~**

for sth/sb procurar por a. c./alguém; **to take** [*o* have] **a ~ at sth** dar uma olhada em a. c. **2.** (*appearance*) aparência *f*, aspecto *m* **3.** (*style*) look *m*, visual *m* **II.** *vi* **1.** (*use sight*) olhar; **to ~ at sth** olhar para a. c. **2.** (*search*) procurar; **to ~ for sth/sb** procurar por a. c./alguém **3.** (*appear, seem*) parecer **III.** *vt* **to ~ sb in the eye** olhar nos olhos de alguém; **to ~ sb up and down** olhar alguém de cima a baixo; **don't ~ a gift horse in the mouth** de cavalo dado não se olham os dentes

◆ **look after** *vt* **1.** (*tend, care for*) cuidar de **2.** (*take responsibility for*) encarregar-se de

◆ **look around** *vi esp Am* **1.** (*look behind oneself*) virar-se **2.** (*look in all directions*) olhar ao redor **3.** (*search*) **to ~ for** procurar

◆ **look back** *vi* **1.** (*look behind oneself*) olhar para trás **2.** (*remember*) recordar; **to ~ on sth** recordar a. c.

◆ **look down** *vi* **1.** (*from above*) olhar para baixo; (*lower eyes*) baixar os olhos **2.** (*feel superior*) **to ~ on sth/sb** menosprezar a. c./alguém

◆ **look for** *vt* **1.** (*seek*) procurar **2.** (*expect*) esperar

◆ **look forward** *vi* **to ~ to sth** esperar ansiosamente por a. c.

◆ **look in** *vi* **to ~ on sb** ir ver alguém

◆ **look into** *vt* investigar

◆ **look on** *vi*, **look upon I.** *vi* (*watch*) ficar olhando **II.** *vt* (*view*) considerar; **to ~ sth/sb as sth** considerar a. c./alguém como a. c.

◆ **look out** *vi* ter cuidado; **to ~ for** ter cuidado com; (*search for*) tentar achar

◆ **look over** *vt* (*house*) inspecionar; (*report*) dar uma olhada

◆ **look round** *vi s.* **look around**

◆ **look through** *vt* **1.** (*look*) olhar através de **2.** (*examine*) repassar **3.** (*peruse*) **to ~ sth** dar uma olhada rápida em a. c.

◆ **look to** *vt* **1.** (*attend to*) encarregar-se de **2. to ~ sb for sth** (*depend on*) depender de alguém para a. c.; (*count on*) contar com alguém para a. c.

◆ **look up I.** *vt* **1.** (*consult*) procurar **2.** (*visit*) ir visitar **II.** *vi* levantar os olhos; **to ~ to sb** *fig* admirar alguém

lookout *n* **1.** (*observation point*) posto *m* de observação **2.** (*watch*) **to be on the ~ for sb/sth** estar atento a alguém/a. c.; **to keep a ~ for sb** ficar sempre alerta em relação a alguém

loom¹ [lu:m] *n* tear *m*

loom² *vi* **1.** (*come into view*) aparecer **2.** (*threaten*) pairar

loony ['lu:ni] **I.** <-ier, -iest> *adj inf* (*idea*) disparatado, -a; (*person*) maluco, -a **II.** <-ies> *n inf* **1.** maluco, -a *m, f*, doido, -a *m, f* **2.** *Can* moeda de um dólar

loop [lu:p] *n* **1.** (*bend*) curva *f*, volta *f*; (*of string*) alça *f*; (*in river*) curso *m* tortuoso **2.** ELEC circuito *m* fechado **3.** INFOR loop *m* **4.** (*contraceptive coil*) espiral *f*

loophole ['lu:phoʊl, *Brit:* -həʊl] *n fig* brecha *f*

loose [lu:s] **I.** *adj* **1.** (*not tight: clothing*) folgado, -a; (*knot, rope, screw*) frouxo, -a; (*skin*) flácido, -a **2.** (*not confined*) solto, -a **3.** (*discipline*) brando, -a **II.** *n* **to be on the ~** estar à solta

loosely *adv* frouxamente, livremente

loosen ['lu:sn] **I.** *vt* **to ~ sth** (**up**) soltar a. c.; (*belt*) afrouxar; (*tongue*) soltar **II.** *vi* **to ~ up** relaxar

loot [lu:t] **I.** *n no pl* saque *m* **II.** *vt, vi* saquear

looting *n no pl* saque *m*, pilhagem *f*

lopsided [ˌlɑːpˈsaɪdɪd, *Brit:* ˌlɒp-] *adj* **1.** (*leaning to one side*) torto, -a **2.** (*biased*) desigual

lord [lɔːrd, *Brit:* lɔːd] *n* **1.** (*aristocrat*) nobre *m* **2.** *Brit* (*British peer*) lorde *m*

lordship ['lɔːrdʃɪp, *Brit:* 'lɔːd-] *n no pl, form* **His Lordship** Sua Senhoria *f*

lore [lɔːr, *Brit:* lɔːʳ] *n no pl* conhecimento *m*

lorry ['lɒri, *Brit:* 'lɒri] <-ies> *n Brit* caminhão *m*

lorry driver *n Brit* motorista *mf* de caminhão

lose [lu:z] <lost, lost> **I.** *vt* perder; **to ~ one's mind** perder a cabeça **II.** *vi* perder; **to ~ at sth** perder em a. c.; **to ~ out on sth** sair perdendo em a. c.; **to get lost** (*object, person*) perder-se

loser ['lu:zər, *Brit:* -əʳ] *n* perdedor(a) *m(f)*, fracassado, -a *m, f*

loss [lɑːs, *Brit:* lɒs] <-es> *n* perda *f*; **to be at a ~** ficar sem saber (o que fazer)

lost [lɑːst, *Brit:* lɒst] **I.** *pt, pp* of **lose** **II.** *adj* perdido, -a; **to be ~ in a book** ficar absorvido, -a com a leitura de um livro

lost and found *n* **the ~** achados e per-

lost property *n no pl* objetos *mpl* perdidos

lot [lɑːt, *Brit:* lɒt] *n* **1.** (*large quantity*) **a ~ of, ~s of** muito(s), -a *m, f*; **I like it a ~** eu gosto muito disso **2.** (*destiny*) sorte *f* **3.** (*in auction*) lote *m*

lotion ['loʊʃn, *Brit:* 'ləʊ-] *n no pl* loção *f*

lottery ['lɑːtəri, *Brit:* 'lɒt-] <-ies> *n* loteria *f*

loud [laʊd] **I.** *adj* **1.** (*voice*) alto, -a; (*shout*) forte **2.** (*noisy*) barulhento, -a **II.** *adv* alto; **out ~** em voz alta; **to laugh out ~** dar altas gargalhadas

loudspeaker *n* alto-falante *m*

Louisiana [luˌiːziˈænə] *n* Louisiana *f*

lounge [laʊndʒ] **I.** *n* saguão *m,* sala *f* (de estar, de espera) **II.** *vi* **1.** (*recline*) recostar-se **2.** (*be idle*) ficar à toa
♦ **lounge about** *vt,* **lounge around** *vt* ficar à toa

lounge bar *n Brit* bar *m* **lounge suit** *n Brit* terno *m* (de trabalho)

louse [laʊs] *n* **1.** <lice> (*insect*) piolho *m* **2.** <-es> *inf* (*person*) canalha *mf*

lousy <-ier, -iest> *adj inf* **1.** (*contemptible*) desprezível **2.** (*infested with lice*) piolhento, -a

lout [laʊt] *n* bruto, -a *m, f*

lovable ['lʌvəbl] *adj* adorável

love [lʌv] **I.** *vt* amar, adorar; **I ~ swimming, I ~ to swim** eu adoro nadar; **I would** [*o* **I'd**] **~ to have some coffee** eu adoraria tomar um café **II.** *n* **1.** *no pl* (*affection*) amor *m*; **~ for sb** amor por alguém; **~ of sth** afeição por a. c.; **to be in ~** (**with sb**) estar apaixonado (por alguém); **to make ~ to sb** fazer amor com alguém **2.** *no pl* (*in tennis*) zero *m*

love affair *n* caso *m* amoroso, romance *m*

love life *n inf* vida *f* amorosa

lovely <-ier, -iest> *adj* (*house, present*) lindo, -a; (*person*) encantador, -a; (*weather*) agradável; **to have a ~ time** divertir-se

lover ['lʌvər, *Brit:* -əʳ] *n* amante *mf,* fã *mf*

lovesick *adj* perdidamente apaixonado, -a

loving *adj* carinhoso, -a, afetuoso, -a

low [loʊ, *Brit:* ləʊ] **I.** *adj* **1.** (*not high, not loud*) baixo, -a; **to be ~** (**on sth**) ter pouco (de a. c.) **2.** (*poor: opinion, quality*) mau, má; (*quality*) inferior; (*self-esteem*) baixo, -a; (*visibility*) pouco, -a **II.** *adv* baixo **III.** *n* **1.** METEO baixa *f* **2.** (*minimum*) mínima *f*

low-alcohol *adj* de baixo teor alcóolico **low-calorie** *adj* de baixa caloria **low-cost** *adj* barato, -a **low-cut** *adj* decotado, -a

lower ['loʊər, *Brit:* 'ləʊə'] *vt* baixar; (*flag, sails*) descer; (*lifeboat*) lançar ao mar; **to ~ oneself to do sth** humilhar-se para fazer a. c.; **to ~ sth down** (**to sb**) baixar a. c. (para alguém)

Lower House *n* **the ~** Câmara *f* Baixa (do Parlamento)

low-fat *adj* com baixo teor de gordura; (*milk*) semidesnatado

lowland *npl* baixada *f*

lowly <-ier, -iest> *adj* humilde, inferior

low-tech *adj* de baixa tecnologia

low tide *n* maré *f* baixa

loyal ['lɔɪəl] *adj* leal; **to be ~ to sb/sth** ser fiel a a. c./alguém

loyalist *n* partidário, -a *m, f*

loyalty ['lɔɪəlti] <-ies> *n* lealdade *f*; **~ to sb** lealdade a alguém

lozenge ['lɑːzəndʒ, *Brit:* 'lɒzɪ-] *n* pastilha *f*

LP [ˌelˈpiː] *n abbr of* **long-playing record** LP *m*

Ltd *abbr of* **Limited** Ltda.

lubricant ['luːbrɪkənt] *n no pl* lubrificante *m*

lubricate ['luːbrɪkeɪt] *vt* lubrificar; **to ~ sth with sth** lubrificar a. c. com a. c.

lucid ['luːsɪd] *adj* **1.** (*rational*) lúcido, -a **2.** (*easily understood*) claro, -a

luck [lʌk] *n no pl* sorte *f*; **a stroke of ~** um golpe de sorte; **bad ~** azar; **good ~** sorte; **to be out of/in ~** estar sem/com sorte; **to wish sb** (**good**) **~** desejar (boa) sorte a alguém

lucky <-ier, -iest> *adj* sortudo, -a

lucrative ['luːkrətɪv, *Brit:* -tɪv] *adj* lucrativo, -a

ludicrous ['luːdɪkrəs] *adj* ridículo, -a, absurdo, -a

lug [lʌg] <-gg-> *vt inf* arrastar

luggage ['lʌgɪdʒ] *n no pl* bagagem *f*

luggage rack *n* porta-bagagem *m*

lukewarm [ˌluːkˈwɔːrm, *Brit:* -ˈwɔːm] *adj* **1.** (*liquid*) morno, -a **2.** (*unenthusiastic*) sem entusiasmo

lull [lʌl] **I.** *vt* (*child*) embalar; (*sea*) acalmar; **to ~ sb into doing sth** levar alguém a fazer a. c. **II.** *n* (*in fighting*) trégua *f*; (*in rain*) calmaria *f*; **a ~ in sth** uma pausa em a. c.

lullaby ['lʌləbaɪ] <-ies> n canção f de ninar

lumber¹ ['lʌmbər, Brit: -bəʳ] vi arrastar-se

lumber² I. vt Aus, Brit, inf **to ~ sb with sth** sobrar a. c. para alguém II. n no pl 1. Am, Aus madeira f 2. (junk) cacarecos mpl **lumberjack** n madeireiro m

luminous ['lu:mənəs, Brit: -mɪ-] adj luminoso, -a

lump [lʌmp] I. n 1. (solid mass) massa f; (of coal) pedaço m; (of sugar) torrão m; **~ sum** pagamento único m; **to have a ~ in one's throat** sentir um nó na garganta 2. (swelling: in breast, on head) tumor m, caroço m II. vt 1. (combine) amontoar; **to ~ sb/sth together** juntar alguém/a. c. (indiscriminadamente) 2. (endure) aguentar

lumpy ['lʌmpi] <-ier, -iest> adj (custard, sauce) com grumos, -a; (surface) irregular

lunacy ['lu:nəsi] n no pl loucura f

lunar ['lu:nər, Brit: -əʳ] adj lunar

lunatic ['lu:nətɪk] I. n lunático m II. adj lunático, -a

lunch [lʌntʃ] I. n almoço m; **to have** [o **eat**] **~** almoçar II. vi almoçar

lunch break n intervalo m para o almoço

luncheon ['lʌntʃən] n form almoço m

luncheon meat n apresuntado (em lata) m **luncheon voucher** n Brit vale-refeição m

lunchtime n hora f do almoço

lung [lʌŋ] n pulmão m

lunge [lʌndʒ] vi **to ~ at sb** investir contra alguém

lurch [lɜːrtʃ, Brit: lɜːtʃ] I. vi (car, train) guinar; (people) cambalear; (ship) sacudir II. <-es> n sacudida f, solavanco m; **to leave sb in the ~** inf deixar alguém em apuros

lure [lʊr, Brit: lʊəʳ] I. n 1. (attraction) atração f, sedução f 2. (bait) isca m; (decoy) chamariz m II. vt atrair

lurid ['lʊrɪd, Brit: 'lʊər-] adj 1. (details) escabroso, -a; (language) indecoroso, -a 2. (extremely bright) berrante

lurk [lɜːrk, Brit: lɜːk] vi ficar à espreita

luscious ['lʌʃəs] adj 1. (fruit) suculento, -a 2. inf (girl, curves) voluptuoso, -a; (lips) carnudo, -a

lush [lʌʃ] adj opulento, -a

lust [lʌst] n 1. (sexual desire) desejo m sexual, volúpia f 2. (strong desire) ânsia f

lusty ['lʌsti] <-ier, -iest> adj (person) robusto, -a; (voice) potente

lute [lu:t] n alaúde m

Luxembourg ['lʌksəmbɜːrg, Brit: -bɜːg] n Luxemburgo m

Luxembourger n luxemburguês, -esa m, f

luxurious [lʌgˈʒʊriəs, Brit: -ˈʒʊər-] adj luxuoso, -a

luxury ['lʌkʃəri] <-ies> n luxo m; **~ flat** apartamento m de luxo

LW n abbr of **long wave** onda f longa

Lycra® ['laɪkrə] n lycra f

lying ['laɪɪŋ] I. n mentiras fpl II. adj mentiroso, -a

lyric ['lɪrɪk] I. adj lírico, -a II. n pl letra (de canção) f

lyrical ['lɪrɪkl] adj lírico, -a

M

M, m [em] n m f; **~ as in Mike** Am, **~ for Mary** Brit ~ de Maria

m 1. abbr of **meter** m 2. abbr of **mile** milha f 3. abbr of **million** milhão m

mac [mæk] n Brit, inf impermeável m

macabre [məˈkɑːbrə] adj macabro, -a

macaroni [ˌmækəˈroʊni, Brit: -ˈrəʊ-] n macarrão m

Macedonia [ˌmæsəˈdoʊniə, Brit: -ˈrɪdəʊ-] n Macedônia f

Macedonian adj macedônio, -a

machine [məˈʃiːn] n máquina f

machine gun n metralhadora f

machinery [məˈʃiːnəri] n no pl, a. fig maquinaria f, mecanismo m fig

macho ['mɑːtʃoʊ, Brit: 'mætʃəʊ] adj machão m, machista m

mackerel ['mækrəl] <-(s)> n cavala f

mackintosh ['mækɪntɑːʃ, Brit: -tɒʃ] <-es> n Brit impermeável m

macroeconomics [ˌmækroʊˌekəˈnɑːmɪks, Brit: -rəʊɪkəˈnɒm-] n macroeconomia f

mad [mæd] adj 1. esp Am (angry) **to be ~ at sb/oneself** estar furioso com a. c./alguém; **to do sth like ~** fazer a. c. como louco 2. Brit (crazy) louco; **to go**

~ enlouquecer; **to be ~ about sb** estar louco por alguém

Madagascar [,mædə'gæskər, *Brit:* -ə'-] *n* Madagascar *m*

madam ['mædəm] *n no pl* madame *f*

madden ['mædən] *vt* enfurecer, enlouquecer

made [meɪd] *pt, pp of* **make**

madman ['mædmən] <-men> *n* doido *m*, maluco *m*

madness ['mædnɪs] *n no pl* loucura *f*

maestro ['maɪstroʊ, *Brit:* -rəʊ] *n* maestro *m*

Mafia ['mɑːfiə, *Brit:* 'mæf-] *n* máfia *f*

magazine ['mægəziːn, *Brit:* ,mægə'ziːn] *n* 1. (*publication*) revista *f* 2. MIL depósito *m* (*de armas*)

magic ['mædʒɪk] I. *n no pl* magia *f*, mágica *f* II. *adj* mágico, -a

magical *adj* 1.(*power*) mágico, -a 2.(*extraordinary, wonderful*) maravilhoso, -a

magician [mə'dʒɪʃn] *n* mago *m*, -a *m, f*, mágico, -a *m, f*

magistrate ['mædʒɪstreɪt] *n* magistrado *m*

magnet ['mægnɪt] *n* ímã *m*

magnetic [mæg'netɪk, *Brit:* -'net-] *adj* 1.(*force*) magnético, -a 2.(*personality*) atraente

magnetism ['mægnətɪzəm] *n no pl* magnetismo *m*

magnificent [mæg'nɪfɪsnt] *adj* magnífico, -a

magnify ['mægnɪfaɪ] <-ie-> *vt* (*image*) ampliar; (*importance*) exagerar; (*effect, intensity*) aumentar

magnifying glass *n* lente *f* de aumento, lupa *f*

magnitude ['mægnɪtuːd, *Brit:* -tjuːd] *n no pl* magnitude *f*

mahogany [mə'hɒɡəni, *Brit:* -'hɒg-] *n no pl* mogno *m*

maid [meɪd] *n* 1.(*female servant*) empregada *f*, criada *f* 2. *liter* donzela *f*

maiden ['meɪdən] I. *n liter* donzela *f* II. *adj* (*flight, voyage*) inaugural; (*name*) de solteira

mail [meɪl] I. *n no pl* 1. correio *m*, correspondência *f*; **to be in the ~** ser remetido pelo correio 2. INFOR **electronic ~** correio eletrônico II. *vt* mandar pelo correio; **to ~ sth to sb** [*o* **sb sth**] mandar a. c. para alguém pelo correio

mailbox *n* 1. *Am* (*postbox*) caixa *f* postal 2. INFOR (**electronic**) ~ caixa de correio eletrônico

maim [meɪm] *vt* mutilar

main [meɪn] I. *adj* (*problem, reason, street*) principal; ~ **cable** cabo principal II. *n pl, Brit* ELEC, TECH rede *f* de abastecimento

mainland *n no pl* continente *m*

mainly *adv* principalmente

mainstream I. *n no pl* tendência *f* dominante II. *adj* 1.(*ideology*) dominante 2.(*film, novel*) promovido, -a

maintain [meɪn'teɪn] *vt* 1.(*preserve, provide for*) manter 2.(*claim*) defender

maintenance ['meɪntənəns] *n no pl* 1.(*keeping, preservation*) manutenção *f*; **to do ~ on sth** fazer a manutenção de a. c. 2.(*alimony*) pensão *f* alimentícia

maize [meɪz] *n no pl* milho *m*

Maj. *abbr of* **Major** Maj. *mf*

majestic [mə'dʒestɪk] *adj* majestoso, -a

majesty ['mædʒəsti] <-ies> *n no pl* majestade *f*; **Her/His/Your Majesty** Sua/Sua/Vossa Majestade

major ['meɪdʒər, *Brit:* -ər] I. *adj* 1.(*important*) principal, da maior importância; **a ~ problem** um problema da maior importância 2. MUS maior; **in C ~** em dó maior II. *n* 1. MIL major *mf Am, Aus* UNIV matéria *f* de maior interesse

Majorca [mə'jɔːrkə, *Brit:* -'jɔːkə] *n* Maiorca *f*

majority [mə'dʒɒrəti, *Brit:* -'dʒɒrəti] <-ies> *n* maioria *f*; **a narrow/large ~** POL uma pequena/grande maioria

make [meɪk] I. *vt* <made, made> 1.(*produce: coffee, soup, supper*) fazer; (*product*) produzir; **to make sth out of sth** deduzir a. c. de a. c.; **to ~ sth for sb** fazer a. c. para alguém; **to ~ time** arranjar tempo, apressar-se; **made in Brazil** feito no Brasil 2.(*cause*) fazer; **to ~ noise/a scene** fazer barulho/cena 3.(*cause to be*) **to ~ sb sad** deixar alguém triste; **to ~ sth easy** tornar a. c. fácil 4.(*perform, carry out*) **to ~ a call** fazer uma ligação; **to ~ a change in sth** fazer uma modificação em a. c.; **to ~ a decision** tomar uma decisão; **to ~ plans** fazer planos 5.(*force*) obrigar; **to ~ sb do sth** obrigar alguém a fazer a. c. 6.(*earn, get*) **to ~ friends** fazer amizades; **to ~ money** ganhar dinheiro; **to ~ profits/losses** render lucros/prejuízos II. *vi* (*amount* *to, total*) chegar a; **today's earthquake ~s five since the beginning of the year** o terremoto de hoje é o quinto desde o início do ano **III.** *n* (*brand*) marca *f*

make do *vi* **to ~ and mend** improvisar (em vez de comprar uma coisa nova)

◆ **make for** *vt insep* **1.** (*head for*) ir para **2.** (*help to promote*) **to ~ sth** produzir

◆ **make of** *vt* **what do you ~ this book?** o que você acha desse livro?

◆ **make out I.** *vi* **1.** *inf* (*succeed, cope*) sair-se bem **2.** *inf* (*kiss passionately*) **to ~ with sb** ficar com alguém **II.** *vt* **1.** *inf* (*pretend*) **he made himself out to be rich** ele passou por rico **2.** (*discern*) compreender, deduzir **3.** (*write out*) **to ~ a check** fazer um cheque

◆ **make up I.** *vt* **1.** (*invent*) inventar **2.** (*compensate*) **to ~ for sth** compensar a. c. **3.** (*decide*) **to ~ one's mind** decidir-se **II.** *vi* maquiar-se

maker ['meɪkər, *Brit:* -ər] *n* fabricante *mf*

makeshift ['meɪkʃɪft] *adj* provisório, -a, temporário, -a

make-up *n no pl* maquiagem *f*; **to put on ~** fazer maquiagem; (*examination*) recuperação *f*

making *n no pl* preparo *m*, fabricação *f*; **to be in the ~** estar em formação; **to be the ~ of sb** consagrar alguém

malaria [məˈleriə, *Brit:* -ˈleər-] *n no pl* malária *f*

Malawi [məˈlɑːwi] *n* Malaui *m*

Malawian *adj* malauiano, -a

Malaysia [məˈleɪzʒə, *Brit:* -ɪə] *n* Malásia *f*

Malaysian *adj* malásio, -a

malfunction [ˌmælˈfʌŋkʃn] **I.** *vi* funcionar mal **II.** *n* defeito *m*, mau funcionamento *m*; **a ~ in sth** um defeito em a. c.

Mali ['mɑːli] *n* Mali *m*

Malian *adj* maliano, -a

malice ['mælɪs] *n no pl* má-fé *f*, maldade *f*

malicious [məˈlɪʃəs] *adj* malicioso, -a, malvado, -a

malignancy [məˈlɪgnənsi] <-ies> *n a.* MED malignidade *f*

malignant [məˈlɪgnənt] *adj* maligno, -a

mall [mɔːl] *n Am* mall *m*

malnutrition [ˌmælnuːˈtrɪʃn, *Brit:* -njuː-] *n no pl* desnutrição *f*

malpractice [ˌmælˈpræktɪs] *n* imperícia *f*; **medical ~** imperícia médica

malt [mɔːlt] *n no pl* malte *m*

Malta ['mɔːltə] *n* Malta *f*

Maltese [ˌmɔːlˈtiːz] *adj* maltês, -esa; **~ cross** cruz *f* de Malta

mammal ['mæməl] *n* mamífero *m*

mammoth ['mæməθ] *n* mamute *m*

man [mæn] **I.** *n* <men> **1.** (*male human*) homem *m* **2.** (*the human race*) o homem **II.** *vt* <-nn-> (*operate*) operar; **to ~ a factory** operar uma fábrica **III.** *interj* homem de Deus!; **~, that was bad!** homem de Deus, foi mal!

manage ['mænɪdʒ] **I.** *vt* **1.** (*accomplish*) conseguir; **to ~ to do sth** conseguir fazer a. c. **2.** (*be in charge of*) administrar **II.** *vi* **to ~ on sth** virar-se em a. c.; **to ~ without sth/sb** arranjar-se sem a. c./alguém

manageable ['mænɪdʒəbl] *adj* (*vehicle*) manejável; (*person, animal*) tratável

management ['mænɪdʒmənt] *n* **1.** *no pl* (*direction*) gerência *f* **2.** *no pl a.* ECON administração *f*; **to study ~** estudar administração de empresas

manager ['mænɪdʒər, *Brit:* -ər] *n* administrador(a) *m(f)*; (*of business unit*) gerente *mf*; (*entertainment*) empresário, -a *m, f*; (*sports*) técnico, -a *m, f*

managerial [ˌmænəˈdʒɪriəl, *Brit:* -ˈdʒɪər-] *adj* administrativo, -a, gerencial; **~ skills** habilidades *fpl* administrativas

managing director *n* gerente *mf*

mandarin ['mændərɪn] *n* mandarim *m*

Mandarin ['mændərɪn] *n no pl* LING mandarim *m*

mandarin orange *n* tangerina *f*

mandate ['mændeɪt] *n a.* POL mandato *m*

mandatory ['mændətɔːri, *Brit:* -ətri] *adj form* obrigatório, -a; **to make sth ~** tornar a. c. obrigatório

mane [meɪn] *n* (*of horse*) crina *f*; (*of person, lion*) juba *f*

man-eater *n inf* fera *f*

maneuver [məˈnuːvər, *Brit:* -ər] *Am* **I.** *a.* MIL manobra *f*; **army ~s** manobras militares **II.** *vt, vi* manobrar; **to ~ sb into doing sth** manobrar alguém para que faça a. c.

maneuverability [məˌnuːvərəˈbɪləti, *Brit:* -əti] *n Am* maneabilidade *f*

mango ['mæŋgoʊ, *Brit:* -gəʊ] *n* <-gos *o* -goes> manga *f*

manhood ['mænhʊd] *n no pl* 1. (*adulthood*) maioridade *f* 2. (*masculinity*) virilidade *f*

mania ['meɪniə] *n* mania *f*

maniac ['meɪniæk] *n* maníaco, -a *m, f*; **football** ~ fanático por futebol

manifest ['mænɪfest] I. *adj form* evidente; **to make sth** ~ tornar a. c. evidente II. *vt form* apresentar, manifestar; (*interest*) mostrar; **to ~ symptoms of sth** apresentar sintomas de a. c.; **sth ~s itself as sth** a. c. manifesta-se em/como a. c.

manifestation [,mænɪfe'steɪʃn] *n form* manifestação *f*

manifesto [,mænɪ'festoʊ, *Brit:* -təʊ] <-stos *o* -stoes> *n* 1. manifesto *m* 2. POL plataforma *f*

manipulate [mə'nɪpjəleɪt, *Brit:* -jʊ-] *vt* manipular; (*data*) processar

manipulation [mə,nɪpjə'leɪʃn, *Brit:* -jʊ'-] *n* manipulação *f*

mankind [,mæn'kaɪnd] *n no pl* humanidade *f*

manly ['mænli] <-ier, -iest> *adj* másculo, -a

manner ['mænər, *Brit:* -əʳ] *n no pl* 1. (*way, fashion*) estilo *m*, jeito *m*, maneira *f*; **in the ~ of sb** do jeito de alguém; **in a ~ of speaking** por assim dizer 2. (*behavior*) ~**s** maneiras *mpl*; **to teach sb ~s** ensinar boas maneiras a alguém 3. *form* (*kind, type*) tipo *m*; **what ~ of man is he?** que tipo de homem ele é?; **all ~ of ...** todo tipo de ...

mannerism ['mænərɪzəm] *n* maneirismo *m*

manoeuvrability *n no pl, Brit, Aus s.* **maneuverability**

manoeuvre *n, vi, vt Brit, Aus s.* **maneuver**

manor ['mænər, *Brit:* -əʳ] *n* (*house*) solar *m*

manpower ['mænpaʊər, *Brit:* -əʳ] *n no pl* mão-de-obra *f*

mansion ['mænʃn] *n* mansão *f*

manslaughter ['mænslɔːtər, *Brit:* -slɔːtəʳ] *n no pl* homicídio *m* culposo

mantelpiece ['mæntlpiːs] *n* consolo *m* da lareira

manual ['mænjʊəl] I. *adj* manual; ~ **dexterity** agilidade manual II. *n* manual *m*; **instruction** ~ manual de instruções

manufacture [,mænjʊ'fæktʃər, *Brit:* -əʳ] I. *vt* fabricar, manufaturar II. *n no pl* fabricação *f*, manufatura *f*

manufacturer [,mænjʊ'fækʃərər, *Brit:* -əʳ] *n* fabricante *mf*

manufacturing *adj* manufatureiro, -a; ~ **industry** indústria de transformação

manure [mə'nʊr, *Brit:* -'njʊəʳ] *n no pl* esterco *m*

manuscript ['mænjʊskrɪpt] *n* manuscrito *m*

many ['meni] <more, most> I. *adj* muitos, -as *m, f pl*; ~ **flowers** muitas flores; ~ **books** muitos livros; **how ~ bottles?** quantas garrafas?; **too/so ~ people** gente demais/tanta gente; **one too** ~ um de mais; ~ **times** muitas vezes; **as ~ as ...** tantos quanto ... II. *pron* muitos, -as; ~ **think that ...** muitos acham que ...; **so** ~ tantos; **too** ~ demais; ~ **a morning** muitas manhãs III. *n* **the** ~ as massas; **a good** ~ grande número

> **Grammar** many é utilizado para coisas contáveis, animais e pessoas: "Many people make that mistake." much é utilizado para coisas não contáveis e quantidades: "Norman has eaten too much ice-cream."

map [mæp] I. *n* (*of region, stars*) mapa *m*; (*of town*) plano *m*; ~ **of the world** mapa-múndi; **road** ~ mapa rodoviário; **to put a town on the** ~ colocar uma cidade em evidência II. <-pp-> *vt* **to** ~ **sth (out)** planejar a. c. com detalhes

maple ['meɪpl] *n* bordo *m*; ~ **syrup** xarope feito da seiva extraída do tronco do bordo

mar [mɑːr, *Brit:* mɑː^r] <-rr-> *vt* estragar

marathon ['merəθɑːn, *Brit:* 'mærəθən] *n a. fig* maratona *f*

marble ['mɑːrbl, *Brit:* 'mɑːbl] *n* 1. (*stone*) mármore *m*; ~ **table** mesa de mármore 2. (*glass ball*) bola *f* de gude; **to play ~s** jogar bola de gude

march [mɑːrtʃ, *Brit:* mɑːtʃ] I. <-es> *n a.* MIL marcha *f*; **funeral** ~ enterro; **a 20 km** ~ um desfile de 20 km II. *vi a.* MIL marchar; (*parade*) desfilar; **to** ~ **into a country** invadir um país

March [mɑːrtʃ, *Brit:* mɑːtʃ] *n* março *m*; **the month of** ~ o mês de março;

every ~ todo ano em março; **in** ~ em março; **last** ~ em março do ano passado; **next** ~ em março do ano que vem; **at the beginning/in the middle/at the end of** ~ no início/no meio/no fim de março; **the first of** ~ primeiro de março; **I was born on March 15th** [*o* **on the 15th of March**] eu nasci no dia 15 de março

Mardi Gras ['mɑr:di,grɑ:, *Brit:* ,mɑ:di'grɑ:] *n* ≈ carnaval *m*

> **Culture** **Mardi Gras** é o equivalente americano do carnaval. Esta festa foi trazida pelos colonizadores franceses de Nova Orleans (no que posteriormente será o Estado da Louisiana). Ainda que a maioria das pessoas pense em Nova Orleans quando ouvem a expressão **Mardi Gras**, o certo é que é celebrado também em outros lugares, como Biloxi/Mississippi e Mobile/Alabama. Em Nova Orleans os **krewes** (blocos de carnaval) organizam muitas festas e bailes durante esses dias e na terça-feira de carnaval saem em desfile.

mare [mer, *Brit:* meə^r] *n* égua *f*

margarine ['mɑ:rdʒərɪn, *Brit:* 'mɑ:dʒəri:n] *n no pl* margarina *f*

margin ['mɑ:rdʒɪn, *Brit:* 'mɑ:dʒ-] *n* margem *f;* **profit** ~ margem de lucro; **narrow** [*o* **tight**] ~ pequena margem

marginal ['mɑ:rdʒɪnl, *Brit:* 'mɑ:dʒ-] *adj* mínimo, -a; **to be of** ~ **interest** ser de menor interesse; (*profit*) marginal

marginalise *vt Brit, Aus,* **marginalize** ['mɑ:rdʒɪnəlaɪz, *Brit:* 'mɑ:dʒ-] *vt* marginalizar

marihuana *n,* **marijuana** [,merɪ'wɑ:nə, *Brit:* ,mær-] *n no pl* maconha *f*

marina [mə'ri:nə] *n* marina *f*

marinade [,merɪ'neɪd, *Brit:* ,mær-] *n* marina *f*

marine [mə'ri:n] **I.** *adj* marinho, -a **II.** *n* fuzileiro *m* naval

marital ['merɪtəl, *Brit:* 'mærɪt-] *adj* conjugal; ~ **bliss** felicidade conjugal; **marital status** estado civil

maritime ['merɪtaɪm, *Brit:* 'mær-] *adj form* marítimo, -a

maritime law *n* código *m* naval

marjoram ['mɑ:edʒərəm, *Brit:* 'mɑ:dʒ-] *n no pl* manjerona *f*

mark [mɑ:rk, *Brit:* mɑ:k] **I.** *n* **1.** (*spot, stain*) marca *f;* (*scratch*) arranhão *m;* **to leave one's** ~ **on sth/sb** *fig* deixar marcas em a. c./alguém **2.** (*written sign*) sinal *m* **3.** sch nota *f;* **to get full** ~ **s** *Brit, Aus* tirar nota máxima **4.** *no pl* (*required standard*) meta *f;* **to be up to the** ~ ser satisfatório; **to not feel up to the** ~ não se sentir em forma **5.** (*target*) alvo *m;* **to hit the** ~ acertar o alvo; **on your** ~ **s, get set, go!** atenção, preparar, já! **II.** *vt* **1.** (*make a spot, stain*) marcar **2.** (*make written sign, indicate*) indicar; **I've** ~ **ed the route on the map** indiquei o caminho no mapa **3.** (*commemorate*) comemorar; **to** ~ **the beginning/end of sth** comemorar o início/fim de a. c.; **to** ~ **the 10th anniversary** comemorar o décimo aniversário **4.** (*exams, papers*) corrigir

marked *adj* marcado, -a; (*characteristic, difference, improvement*) notável

market ['mɑ:rkɪt, *Brit:* 'mɑ:k-] **I.** *n* mercado *m,* feira *f;* **job** ~ mercado de trabalho; **stock** ~ bolsa de valores **II.** *vt* comercializar

marketing *n no pl* marketing *m* **marketplace** *n* **1.** econ mercado *m* **2.** (*square*) praça *f* de feiras **market research** *n no pl* pesquisa *f* de mercado

marking *n* marcação *f;* (*on animal*) mancha *f*

marmalade ['mɑ:rməleɪd, *Brit:* 'mɑ:m-] *n no pl* geleia *f* (*de cítricos*)

maroon[1] [mə'ru:n] *adj* castanho, -a

maroon[2] [mə'ru:n] *vt* abandonar

marquee [mɑ:r'ki:, *Brit:* mɑ:'-] *n esp Brit, Aus* tenda *f*

marriage ['merɪdʒ, *Brit:* 'mær-] *n* **1.** (*wedding*) núpcias *fpl* **2.** (*relationship, state*) casamento *m;* ~ **to sb** casamento com alguém

married *adj* (*person*) casado, -a; ~ **couple** casal; ~ **life** vida conjugal

marrow[1] ['meroʊ, *Brit:* 'mærəʊ] *n Brit, Aus* ≈ abobrinha *f*

marrow[2] *n* med medula *f*

marry ['meri, *Brit:* 'mær-] <-ie-> **I.** *vt* **1.** (*become husband or wife*) **to** ~ **sb** casar(-se) com alguém **2.** (*priest*) casar **II.** *vi* casar-se; **to** ~ **above/beneath oneself** casar bem/mal

Mars [mɑːrz, *Brit:* mɑːz] *n* Marte *m*

marsh [mɑːrʃ, *Brit:* mɑːʃ] <-es> *n* pântano *m*

marshal ['mɑːrʃl, *Brit:* 'mɑːʃl] I. <*Brit:* -ll-, *Am:* -l-> *vt* ordenar II. *n* 1. MIL marechal *m*; **field** ~ marechal de campo de batalha 2. *Am* (*police or fire officer*) oficial *mf*

martial ['mɑːrʃəl, *Brit:* 'mɑːʃ-] *adj* marcial

martial law *n* lei *f* marcial; **to impose** ~ **on a country** impor a lei marcial a um país

Martian ['mɑːrʃn, *Brit:* 'mɑːʃn] *adj* marciano, -a

Martinique [ˌmɑːrtənˈiːk, *Brit:* ˌmɑːtɪˈniːk] *n* Martinica *f*

martyr ['mɑːrtər, *Brit:* 'mɑːtə^r] I. *n* mártir *mf* II. *vt* martirizar

martyrdom ['mɑːrtərdəm, *Brit:* 'mɑːtədəm] *n no pl* martírio *m*

marvel ['mɑːrvl, *Brit:* 'mɑːvl] I. *n* maravilha *f* II. <*Brit:* -ll-, *Am:* -l-> *vi* **to** ~ **at sb/sth** maravilhar-se com alguém/a. c.

marvellous ['mɑːrvələs, *Brit:* 'mɑːv-] *adj Brit*, **marvelous** *adj Am* maravilhoso, -a; **to feel** ~ sentir-se maravilhosamente bem

Marxism ['mɑːrksɪzm, *Brit:* 'mɑːk-] *n no pl* Marxismo *m*

Marxist ['mɑːrksɪst, *Brit:* 'mɑːk-] *adj* marxista

masculine ['mæskjələn] *adj a.* LING masculino, -a

masculinity [ˌmæskjəˈlɪnəti, *Brit:* -əti] *n* masculinidade *f*

mash [mæʃ] *vt* amassar; **to** ~ **potatoes** espremer batatas

mask [mæsk, *Brit:* mɑːsk] I. *n a. fig* máscara *f*; (*only covering eyes*) disfarce *m*; **oxygen** ~ máscara de oxigênio II. *vt* mascarar; **to** ~ **the statistics** disfarçar as estatísticas

mason ['meɪsn] *n* 1. *Am* (*bricklayer*) pedreiro *m* 2. (*freemason*) maçom *m*

masonry ['meɪsnri] *n no pl* 1. (*stonework*) alvenaria *f* 2. (*freemasonry*) maçonaria *f*

masquerade [ˌmæskəˈreɪd, *Brit:* mɑːs-] I. *n* baile *m* de máscaras; (*deceive*) farsa *f* II. *vi* **to** ~ **as sth** disfarçar-se de a. c.

mass [mæs] *n no pl* 1. a. PHYS massa *f* 2. (*large quantity*) monte *m*; **to be a** ~ **of contradictions** ser um monte de contradições

Mass [mæs] *n* Missa *f*; **to attend** ~ assistir à Missa; **to celebrate a** ~ celebrar uma Missa

massacre ['mæsəkər, *Brit:* -ə^r] I. *n* massacre *f* II. *vt* massacrar

massage [məˈsɑːdʒ, *Brit:* 'mæsɑːdʒ] I. *n* massagem *f*; **water** ~ hidromassagem *f* II. *vt* massagear; *fig* adulterar

massive ['mæsɪv] *adj* gigantesco, -a, enorme; ~ **amounts of money** enormes quantias de dinheiro

mass media *n* **the** ~ os mass media, os meios de comunicação de massa

mast [mæst, *Brit:* mɑːst] *n* NAUT mastro *m*

master ['mæstər, *Brit:* 'mɑːstə^r] I. *n* 1. (*of house*) dono *m*; (*of slave*) senhor *m* 2. (*one who excels*) mestre *m*; ~ **craftsman** mestre artesão; **to be a** ~ **at sth** ser mestre em a. c. 3. (*instructor*) professor *m*; **dancing/singing** ~ professor de dança/canto 4. (*master copy*) original *m* II. *vt* 1. (*cope with*) superar; **to** ~ **one's fear of flying** superar o medo de voar 2. (*become proficient at*) dominar

mastermind I. *n* cabeça *mf* II. *vt* planejar

masterpiece *n* obra-prima *f*

Master's *n*, **Master's degree** *n* mestrado *m*

> **Culture** Na Grã-Bretanha dá-se o nome de **Master's degree** ao título acadêmico que se obtém ao se finalizar uma carreira depois da defesa de uma dissertação (**dissertation**). O **Master's degree** recebe nomes diferentes de acordo com as disciplinas: **MA** (**Master of Arts**), **MSc** (**Master of Science**), **Mlitt** (**Master of Letters**) e **Mphil** (**Master of Philosophy**). Por outro lado, na Escócia a expressão **MA** designa um primeiro título acadêmico.

mastery ['mæstəri, *Brit:* 'mɑːst-] *n no pl* (*skill*) domínio *m*

masturbation [ˌmæstərˈbeɪʃn, *Brit:* -tə'-] *n no pl* masturbação *f*

mat [mæt] *n* (*on floor*) esteira *f*, capacho *m*; (*decorative*) tapete *m*; **bath** ~ tapete de borracha

match¹ [mætʃ] <-es> n (game) partida f; (flame) fósforo m

match² [mætʃ] I. n 1. (competitor) rival mf; **to be a good ~ for sb** estar à altura de alguém; **to meet one's ~** encontrar alguém à sua altura 2. SPORTS jogo m 3. (similarity) **to be a good ~** combinar bem II. vi combinar III. vt 1. (have same color) bater com 2. (equal) igualar

♦ **match up** I. vt 1. (in appearance) **to match sth up (with sth)** combinar a. c. (com a. c.) 2. (pair up) **to match sb up with sb** unir alguém a alguém II. vi coincidir; **to ~ to sb's expectations** corresponder à expectativas de alguém

mate¹ [meɪt] I. n 1. ZOOL (male) macho m; (female) fêmea f 2. Brit, Aus (friend) companheiro, -a m, f 3. Brit, Aus, inf (form of address) cara m, chapa m 4. NAUT imediato m; **first/second** ~ primeiro/segundo imediato II. vi acasalar-se; **to ~ with sb/sth** acasalar-se com alguém/a. c. III. vt unir

mate² n GAMES jogo m

material [mə'tɪriəl, Brit: -'tɪər-] I. n 1. (physical substance) material m; **raw ~** matéria f bruta 2. (textile) tecido m 3. pl (equipment) materiais mpl II. adj material, importante; **~ damage** dano material

materialism n no pl materialismo m

materialist n materialista mf

materialistic [mə,tɪriə'lɪstɪk, Brit: -,tɪər-] adj materialista

materialize [mə'tɪriəlaɪz, Brit: -'tɪər-] vi materializar-se, concretizar-se

maternal [mə'tɜ:rnl, Brit: -'tɜ:nl] adj 1. (feeling) maternal 2. (relative) materno, -a

maternity [mə'tɜ:rnəti, Brit: -'tɜ:nəti] n no pl maternidade f

math [mæθ] n Am abbr of **mathematics** Matemática f

mathematical [,mæθə'mætɪkl, Brit: -'mæt-] adj matemático, -a

mathematician [,mæθəmə'tɪʃn] n matemático, -a m, f

mathematics [,mæθə'mætɪks, Brit: -'mæt-] n matemática f

matrimonial [,mætrə'moʊniəl, Brit: -rɪ'məʊ-] adj form matrimonial

matrix ['meɪtrɪks] <-ices> n a. MAT matriz f

matron ['meɪtrən] n 1. (middle-aged woman) matrona f 2. (nurse) enfermeira-chefe f

matter ['mætər, Brit: -tə] I. n 1. (question, affair) assunto m, questão f; **the ~ at hand** o assunto em pauta; **it's a ~ of life or death** fig é uma questão de vida ou morte; **as a ~ of fact,...** na verdade, ...; **no ~ what** aconteça o que acontecer 2. pl (situation) situação f 3. (problem) problema m; **what's the ~ with you?** o que é que há com você? 4. no pl (substance) matéria f II. vi importar, significar; **what ~s now is that ...** o que importa agora é que ...; **to ~ to sb** ter importância para alguém

matter-of-fact adj 1. (practical) prático, -a 2. (emotionless) prosaico, -a

mattress ['mætrɪs] n colchão m

mature [mə'tʊr, Brit: -'tjʊə] I. adj 1. (person, attitude) amadurecido, -a, maduro, -a; (animal) adulto, -a; **to be ~ beyond one's years** estar envelhecido 2. (fruit) maduro, -a 3. FIN vencido, -a II. vi 1. a. fig amadurecer 2. FIN vencer III. vt 1. (cheese, ham) curar 2. (person) amadurecer 3. (wine) envelhecer

maturity [mə'tʊrəti, Brit: -'tjʊərəti] n <-ies> 1. no pl (of person, attitude) maturidade f; **to come to ~** atingir a maturidade 2. FIN vencimento m; **to reach ~** chegar ao vencimento

> **Culture** Maundy Thursday é o nome que recebe a quinta-feira santa dentro da **Holy Week** (Semana Santa). Neste dia o monarca distribui a um determinado número de pessoas pobres previamente escolhidas o **Maundy money**. O número de pessoas às quais essa esmola é dada está ligado à idade do monarca. Cada uma dessas pessoas recebe além disso um conjunto de moedas cunhadas especialmente para a ocasião.

Mauritania [,mɔ:rɪ'teɪniə, Brit: ,mɒr-] n Mauritânia f

Mauritanian adj mauritano, -a

Mauritian adj mauriciano, -a

Mauritius [mɔ:'rɪʃəs, Brit: mə'rɪʃəs] n Maurício m

mauve [moʊv, Brit: məʊv] adj lilás

maverick ['mævərɪk] n dissidente mf

max. inf abbr of **maximum** max.

maxim ['mæksɪm] n máxima f

maximum ['mæksɪməm] I. *n* máximo *m;* **to do sth to the ~** levar a. c. ao máximo II. *adj* máximo, -a; **this car has a ~ speed of 160 km/h** este carro atinge a velocidade máxima de 160 km/h

may [meɪ] <might> *aux* 1. (*be allowed*) poder; **~ I come in?** posso entrar?; **~ I ask you a question?** posso fazer uma pergunta? 2. (*possibility*) poder; **it ~ rain** pode chover; **I ~ as well wait for you** também posso esperar por você 3. (*hope, wish*) **~ she rest in peace** que ela descanse em paz; **be that as it ~** seja lá como for

> **Grammar** **may** significa poder, ter permissão: "May I finish the pudding, please?" **can** significa poder ou ser capaz: "Can you tell me the time, please?"

May [meɪ] *n* maio *m; s.a.* **March**
maybe ['meɪbi:] *adv* (*perhaps*) talvez
mayday ['meɪdeɪ] *n* S.O.S. *m*
May Day *n* primeiro de maio *m*

> **Culture** O **May Day** (1 de maio) é celebrado em algumas partes da Grã-Bretanha com a **morris dancing**. Em alguns pátios de colégio e povos ergue-se um **maypole** (mastro de maio) que é decorado com fitas coloridas. Cada pessoa dança atada a uma dessas fitas, uma atrás da outra, formando assim um bonito desenho em torno do mastro.

mayhem ['meɪhem] *n no pl* caos *m inv;* **it was ~** foi um caos
mayonnaise [ˌmeɪəˈneɪz] *n* maionese *f*
mayor ['meɪər, *Brit:* meəʳ] *n* prefeito *m*
maze [meɪz] *n* labirinto *m*
MBA [ˌembiːˈeɪ] *n abbr of* **Master of Business Administration** Mestrado *m* em Administração de Empresas
MD [ˌemˈdiː] *n* 1. *Am, Aus abbr of* **Doctor of Medicine** MD 2. *abbr of* **managing director** diretor administrativo, diretora administrativa *m, f*
MDF [ˌemdiːˈef] *n abbr of* **medium density fibreboard** MDF *m* (*painel de fibras de madeira de densidade média*)

me [mi:] *pron* 1. me; **look at ~** me olha; **she saw ~** ela me viu; **he told ~ that ...** ele me contou que ...; **he gave ~ the pencil** ele me deu o lápis 2. (*after verb 'to be'*) eu; **it's ~** sou eu; **she is older than ~** ela é mais velha do que eu 3. (*after prep*) mim; **is this for ~?** isso é para mim?
meadow ['medoʊ, *Brit:* -dəʊ] *n* campina *f*, prado *m*
meager *adj Am,* **meagre** ['mi:gər, *Brit:* -əʳ] *adj Brit* escasso, -a
meal¹ [mi:l] *n* refeição *f;* **a heavy/light ~** uma refeição pesada/leve
meal² [mi:l] *n* (*flour*) farinha *f*
mean¹ [mi:n] *adj* 1. (*unkind*) mau, má; **to be ~ to sb** ser mau com alguém 2. *esp Brit* (*stingy*) pão-duro
mean² [mi:n] I. <meant, meant> *vt* 1. (*signify*) querer dizer, significar; **does that name ~ anything to you?** esse nome significa alguma coisa para você? 2. (*express, indicate*) exprimir; **what do you ~?** o que você quer dizer? 3. (*intend for sth*) destinar; **to be meant for sth** ser destinado a a. c. 4. (*intend*) pretender; **to ~ to do sth** pretender fazer a. c.; **to ~ well** ter boas intenções; **to ~ business** falar sério II. <meant, meant> *vi* (**do you**) **know what I ~?** dá para me entender?; **I ~ ...** quer dizer ...
meander [mɪˈændər, *Brit:* -əʳ] *vi* 1. (*flow*) serpentear 2. *fig* (*wander*) perambular
meaning *n* sentido *m*, significado *m;* **what is the ~ of this?** qual é o sentido disso?; **if you take my ~** se você entende o que estou querendo dizer
meaningful *adj* significativo, -a
meaningless *adj* sem sentido
means *n* 1. (*instrument, method*) meio *m;* **~ of communication/transportation** meio de comunicação/transporte 2. *pl* (*resources*) recursos *mpl;* **~ of support** recursos de apoio; **by ~ of sth** por meio de a. c. 3. *pl* (*income*) recursos *mpl*, rendimentos *mpl;* **a person of ~** uma pessoa de recursos
meant [ment] *pt, pp of* **mean**²
meantime ['mi:ntaɪm] *n* **in the ~** enquanto isso, nesse meio tempo
meanwhile ['mi:nwaɪl] *adv* enquanto isso
measles ['mi:zlz] *n* sarampo *m*
measure ['meʒər, *Brit:* -əʳ] I. *n* 1. (*size*)

medida *f;* (*amount*) quantidade *f;* **a ~ of sth** uma quantidade de a. c.; **a ~ of truth** *fig* um grau de verdade **2.** (*measuring instrument*) compasso *m* **3.** *pl* (*actions*) medidas *fpl;* **to take ~s to do sth** tomar providências para fazer a. c.; **for good ~** por precaução; **security measures** medidas de segurança II. *vt* **1.** medir, calcular **2. to ~ sth in centimeters/weeks** calcular a. c. em centímetros/semanas **3.** (*evaluate*) **to ~ sb/sth up** avaliar alguém/ a. c. III. *vi* medir; **the box ~s 10cm by 10cm by 12cm** a caixa mede 10 cm por 10 cm por 12 cm

measured *adj* medido, -a, calculado, -a
measurement ['meʒərmənt, *Brit:* -əmənt] *n* **1.** *no pl* (*act of measuring*) medição *f* **2.** (*size*) medida *f;* **to take sb's ~s** tirar as medidas de alguém
meat [mi:t] *n no pl* carne *f;* **one man's ~ is another man's poison** *prov* pimenta nos olhos dos outros é refresco
mechanic [mɪˈkænɪk] *n* mecânico, -a *m, f*
mechanical *adj* mecânico, -a
mechanism ['mekənɪzəm] *n* mecanismo *m*
med. *adj abbr of* **medium** meio
medal ['medl] *n* medalha *f*
medallion [məˈdæljən, *Brit:* mɪˈdæliən] *n a. fig* medalhão *m*
medal(l)ist ['medəlɪst] *n* ganhador(a) *m(f)* de medalhas
meddle ['medl] *vi* ~ **in sth** intrometer-se em a. c.
media ['miːdiə] *n* **1.** *pl of* **medium 2. the ~** a mídia; **the mass ~** os meios de comunicação de massa
mediaeval [ˌmediˈiːvəl] *adj s.* **medieval**
mediate ['miːdieɪt] I. *vi* **to ~ between two groups** servir como intermediário entre dois grupos; **to ~ in sth** mediar em a. c. II. *vt* **to ~ a settlement** ser mediador de um acordo
mediation [ˌmiːdiˈeɪʃn] *n no pl* mediação *f*
mediator ['miːdieɪtər, *Brit:* -tər] *n* mediador(a) *m(f)*
medic ['medɪk] *n* **1.** *inf* (*doctor*) médico, -a *m, f* **2.** (*student*) estudante *mf* de medicina
medical ['medɪkəl] I. *adj* médico, -a II. *n inf* exame *m* médico
medication [ˌmedɪˈkeɪʃn] <-(s)> *n* medicação *f*

medicinal [məˈdɪsɪnəl] *adj* medicinal
medicine ['medɪsən, *Brit:* 'medsən] *n* **1.** (*substance*) remédio *m* **2.** *no pl* (*medical knowledge*) medicina *f*
medieval [ˌmiːdiˈiːvl, *Brit:* ˌmed-] *adj* medieval
mediocre [ˌmiːdiˈoʊkər, *Brit:* -ˈəʊkər] *adj* medíocre
mediocrity [ˌmiːdiˈɑːkrəti, *Brit:* -ˈɒkrəti] *n no pl* mediocridade *f*
meditate ['medɪteɪt] *vi* **1.** (*for relaxation*) meditar **2.** (*think deeply*) refletir; **to ~ on sth** refletir sobre a. c.
meditation [ˌmedɪˈteɪʃn] *n no pl* meditação *f*
Mediterranean [ˌmedɪtəˈreɪniən] I. *n* Mediterrâneo *m* II. *adj* mediterrâneo, -a
medium ['miːdiəm] I. *adj* médio, -a II. *n* **1.** <media *o* -s> (*method*) meio *m;* **through the ~ of** por intermédio de **2.** *no pl* INFOR processador *m;* **data ~** meio de transmissão de dados **3.** <-s> (*spiritualist*) médium *mf*
medley ['medli] *n* **1.** (*mixture*) mistura *f* **2.** MUS pot-pourri *m*
meek [miːk] *adj* dócil, manso, -a
meet [miːt] <met, met> I. *vt* **1.** (*encounter*) encontrar; (*intentionally*) ir buscar; **to arrange to ~ sb** combinar de ir buscar alguém **2.** (*for first time*) conhecer; **nice** [*o* **pleased**] **to ~ you** prazer em conhecê-lo **3.** (*fulfill*) satisfazer II. *vi* **1.** (*encounter*) encontrar-se; (*intentionally*) conhecer-se; (*for first time*) conhecer-se; **to arrange to ~** combinar um encontro **2.** (*join*) unir-se
◆ **meet with** *vt insep* **1.** encontrar; **to ~ an accident** sofrer um acidente; **to ~ success** ter sucesso **2.** (*have meeting*) reunir-se com
meeting *n* **1.** (*gathering*) reunião *f;* **to call a ~** convocar uma reunião **2.** (*casual*) SPORTS encontro *m*
melancholy ['melənkɑːli, *Brit:* -kɒli] I. *n no pl* melancolia *f* II. *adj* melancólico, -a, triste

> Culture A **Melbourne Cup** é uma das competições de hipismo mais populares entre os australianos. Acontece sempre na primeira terça-feira do mês de novembro. As apostas atingem vários milhões de dóla-

mellow ['meloʊ, Brit: -ləʊ] **I.** adj <-er, -est> **1.** (light) leve **2.** (relaxed) suave **II.** vi amadurecer; **to ~ out** abrandar

melodrama ['meloʊdrɑːmə, Brit: -lə-] n melodrama m

melodramatic [ˌmeloʊdrə'mætɪk, Brit: -lədrə'mæt-] adj melodramático, -a

melody ['melədi] <-ies> n melodia f

melon ['melən] n melão m; (watermelon) melancia f

melt [melt] **I.** vt (metal) fundir; (ice, chocolate) derreter **II.** vi **1.** (metal) fundir-se; (ice, chocolate) derreter-se; **to ~ in one's mouth** desmanchar na boca **2.** fig amolecer

member ['membər, Brit: -ər] n membro mf; (of society, club) sócio, -a m, f

membership n **1.** (state of belonging) qualidade f de membro; (to society, club) sociedade f; **to apply for ~ to a club** candidatar-se a sócio de um clube; **~ dues** taxas de sócio fpl **2.** (number of members) quadro m de sócios

membrane ['membreɪn] n membrana f

memo ['memoʊ, Brit: -məʊ] n abbr of **memorandum** memorando m

memoir ['memwɑːr, Brit: -wɑː'] n **1.** (record of events) memória f **2.** pl (autobiography) memórias fpl

memorable ['memərəbl] adj memorável

memorandum [ˌmemə'rændəm] <-s o -anda> n memorando m

memorial [mə'mɔːriəl] n monumento m; **a ~ to sb/sth** um monumento a alguém/a. c.

memorize ['memərɑɪz] vt decorar, memorizar

memory ['meməri] <-ies> n **1.** (ability to remember) memória f; **if my ~ serves me correctly** se não me falha a memória **2.** (remembered event) lembrança f, recordação f; **to bring back memories** trazer recordações; **to have memories of sth** ter lembranças de a. c.; **in ~ of sb/sth** em memória de alguém/a. c. **3.** INFOR memória f; **random access ~** RAM, memória volátil

menace ['menəs] **I.** n ameaça f; **a ~ to sb/sth** uma ameaça a alguém/a. c. **II.** vt ameaçar

menacing adj ameaçador(a)

mend [mend] **I.** vt consertar; **to ~ one's ways** emendar-se **II.** vi corrigir-se

menial ['miːniəl] adj trivial, doméstico, -a

meningitis [ˌmenɪn'dʒɑɪtɪs, Brit: -tɪs] n no pl meningite f

menopause ['menəpɔːz, Brit: -pɔːz] n no pl menopausa f

menstruate ['menstrueɪt, Brit: -stru-] vi menstruar

menstruation [ˌmenstru'eɪʃn, Brit: -stru'-] n no pl menstruação f

mental ['mentəl] adj **1.** (of the mind) mental **2.** inf (crazy) louco, -a

mentality [men'tæləti, Brit: -ti] <-ies> n mentalidade f

mentally adv mentalmente; **~ disturbed** com distúrbio mental

mention ['menʃn] **I.** n menção f, referência f; **to make ~ of sth** fazer referência a a. c. **II.** vt mencionar, falar de; **don't ~ it!** não há de quê, de nada!; **to ~ sth to sb** falar de a. c. a alguém

menu ['menjuː] n **1.** (in restaurant, fixed meal) cardápio m **2.** INFOR menu m; **context/pull-down ~** menu de ferramentas/acesso

MEP [ˌemiːˈpiː] n abbr of **Member of the European Parliament** Membro mf do Parlamento Europeu

mercenary ['mɜːrsəneri, Brit: 'mɜːsɪnəri] n <-ies> mercenário, -a m, f

merchandise ['mɜːrtʃəndɑɪz, Brit: 'mɜːtʃ-] n no pl mercadoria f

merchant ['mɜːrtʃənt, Brit: 'mɜːtʃ-] n comerciante mf

merciful ['mɜːrsɪfl, Brit: 'mɜːs-] adj misericordioso, -a

merciless ['mɜːrsɪlɪs, Brit: 'mɜːs-] adj impiedoso, -a

mercury ['mɜːrkjəri, Brit: 'mɜːkjʊri] n no pl mercúrio m

Mercury ['mɜːrkjəri, Brit: 'mɜːkjʊri] n no pl Mercúrio m

mercy ['mɜːrsi, Brit: 'mɜːsi] n no pl **1.** (compassion) piedade f; **to have ~ on sb** ter piedade de alguém **2.** (forgiveness) misericórdia f; **to be at the ~ of sb** estar à mercê de alguém

mere [mɪr, Brit: mɪə'] adj mero, -a, simples; **a ~ detail** um mero detalhe

merely adv somente, simplesmente

merge [mɜːrdʒ, Brit: mɜːdʒ] **I.** vi unir-se; ECON, POL fundir-se, incorporar-se; **to ~**

into sth incorporar-se a a. c. **II.** *vt* fundir; ECON, POL, INFOR unir

merger ['mɜːrdʒər, *Brit:* 'mɜːdʒəʳ] *n* ECON fusão *f*

merit ['merɪt] **I.** *n* mérito *m* **II.** *vt* merecer

mermaid ['mɜːrmeɪd, *Brit:* 'mɜːm-] *n* sereia *f*

merry ['meri] <-ier, -iest> *adj* **1.** (*happy*) alegre; **Merry Christmas!** Feliz Natal! **2.** *Brit, inf* (*slightly drunk*) alto, -a

mesh [meʃ] *n no pl* malha *f*; **wire ~** tela de arame

mesotherapy [ˌmezoʊ'θerəpi, *Brit:* ˌmesə(ʊ)'-] *n* mesoterapia *f*

mess [mes] <-es> *n* **1.** *no pl* (*disorganized state*) bagunça *f* **2.** *no pl* (*trouble*) confusão *f*, caos *m* **3.** (*dining hall*) refeitório *m*

◆ **mess around I.** *vi inf* fazer cera, vadiar **II.** *vt* enrolar

◆ **mess up I.** *vi inf* ir mal, pisar na bola **II.** *vt* (*place*) sujar, bagunçar; (*job, plan*) estragar

message ['mesɪdʒ] *n* mensagem *f*, recado *m*; **a ~ for sb** um recado para alguém; **to get the ~** receber o recado

messenger ['mesɪndʒər, *Brit:* -əʳ] *n* mensageiro, -a *m, f*

messiah [məˈsaɪə] *n* messias *m inv*

messy ['mesi] <-ier, -iest> *adj* **1.** (*untidy*) bagunçado, -a **2.** (*unpleasant*) complicado, -a; **~ business** negócio complicado

met [met] *vi*, *vt pt*, *pp of* **meet**

met. *abbr of* **meteorological** meteor.

metabolic [ˌmetə'bɑːlɪk, *Brit:* -tə'bɒl-] *adj* metabólico, -a

metabolism [mɪ'tæbəlɪzəm] *n* metabolismo *m*

metal ['metl, *Brit:* -tl] *n* (*element*) metal *m*

metallic [məˈtælɪk, *Brit:* mɪ'-] *adj* metálico, -a

metalworker *n* metalúrgico *m*

metamorphosis [ˌmetə'mɔːrfəsɪs, *Brit:* -tə'mɔːf-] <-es> *n* metamorfose *f*

metaphor ['metəfəʳ, *Brit:* -təfəʳ] *n* metáfora *f*

metaphorical [ˌmetə'fɔːrɪkl, *Brit:* -tə'fɒr-] *adj* metafórico, -a

metaphysical [ˌmetə'fɪzɪkl, *Brit:* ˌmet-] *adj* metafísico, -a

metaphysics [ˌmetə'fɪzɪks, *Brit:* ˌmet-] *n* metafísica *f*

meteorite ['miːtɪəraɪt, *Brit:* -ti-] *n* meteorito *m*

meteorology [ˌmiːtɪə'rɑːlədʒi, *Brit:* -'rɒl-] *n no pl* meteorologia *f*

meter¹ ['miːtər, *Brit:* -təʳ] *n* medidor *m*; (**parking**) **~** parquímetro *m*

meter² ['miːtər, *Brit:* -təʳ] *n Am* metro *m*

methane ['meθeɪn, *Brit:* 'miːθ-] *n* metano *m*

method ['meθəd] *n* método *m*; **sb's ~ of doing sth** o método de alguém fazer a. c.; **a ~ to sth** um método para a. c.

methodical [məˈθɑːdɪkl, *Brit:* mɪ'θɒd-] *adj* metódico, -a

methodology [ˌmeθə'dɑːlədʒi, *Brit:* -'dɒl-] <-ies> *n* metodologia *f*

meticulous [mɪ'tɪkjʊləs] *adj* meticuloso, -a

metre *n Brit, Aus s.* **meter**

metric ['metrɪk] *adj* métrico, -a

metropolis [məˈtrɑːpəlɪs, *Brit:* -'trɒp-] <-es> *n* metrópole *f*

metropolitan [ˌmetrə'pɑːlɪtən, *Brit:* -'pɒl-] *adj* metropolitano, -a

Mexican ['meksɪkən] *adj* mexicano, -a

Mexico ['meksɪkoʊ, *Brit:* -kəʊ] *n* México *m*; **New ~** Novo México

Mexico City *n* Cidade *f* do México

microcosm ['maɪkroʊkɑːzəm, *Brit:* -krəʊkɒz-] *n* microcosmo *m*

microfilm ['maɪkroʊfɪlm, *Brit:* -krəʊ-] *n* microfilme *m*

microphone ['maɪkrəfoʊn, *Brit:* -fəʊn] *n* microfone *m*; **to speak into a ~** falar ao microfone

microscope ['maɪkrəskoʊp, *Brit:* -skəʊp] *n* microscópio *m*

microscopic [ˌmaɪkrə'skɑːpɪk, *Brit:* -'skɒp-] *adj* microscópico, -a

microwave ['maɪkroʊweɪv, *Brit:* -krəʊ-] **I.** *n* **1.** (*wave*) micro-onda *f* **2.** (*oven*) micro-ondas *m inv* **II.** *vt* fazer no micro-ondas

mid [mɪd] *prep* entre, em meio a

midday [ˌmɪd'deɪ] *n no pl* meio-dia *m*; **at ~** ao meio-dia

middle [mɪdl] *n* meio *m*, centro; **in the ~ of sth** no meio de a. c.; **in the ~ of the night** no meio da noite; **in the ~ of nowhere** *inf* no fim do mundo

middle age *n* meia-idade *f* **middle-aged** *adj* de meia-idade **Middle Ages** *npl* Idade *f* Média

middle-class *adj* de classe média

Middle East *n* Oriente *m* Médio

midget ['mɪdʒɪt] *n* anão, anã *m, f*

midnight ['mɪdnaɪt] *n no pl* meia-noite *f*; **at ~** à meia-noite

midst [mɪdst] *n no pl* **in the ~ of** no meio de

midsummer *n no pl* pleno verão *m*

midway *adv* no meio do caminho

might¹ [maɪt] *pt of* **may it ~ be that ...** podia ser que ... +*subj*; **how old ~ she be?** quantos anos ela deve ter?; **~ I open the window?** posso abrir a janela?

might² [maɪt] *n no pl* força *f*; **with all one's ~** como toda força

mighty ['maɪti, *Brit:* -ti] <-ier, -iest> *adj* grande, poderoso, -a

migraine ['maɪgreɪn, *Brit:* 'miː-] <-(s)> *n* enxaqueca *f*

migrant ['maɪgrənt] *n* **1.** (*person*) migrante *mf* **2.** ZOOL ave *f* migratória

migrant worker *n* trabalhador(a) *m(f)* migrante

migrate ['maɪgreɪt, *Brit:* maɪ'-] *vi* migrar

migration [maɪ'greɪʃn] <-(s)> *n* migração *f*

migratory ['maɪgrətɔːri, *Brit:* -tri] *adj* migratório, -a

mild [maɪld] <-er, -est> *adj* **1.** (*not severe*) suave **2.** (*not strong tasting*) leve

mildly *adv* **1.** (*gently*) um tanto **2.** (*slightly*) ligeiramente; **to put it ~** para não dizer coisa pior

mildness *n no pl* **1.** (*placidity*) indulgência *f* **2.** (*softness*) suavidade *f*

mile [maɪl] *n* milha *f* (*1,61 km*); **to miss sth by a ~** conseguir a. c. bem diferente do desejado; **to walk for ~s** caminhar uma longa distância

mileage ['maɪlɪdʒ] *n no pl* AUTO milhagem *f*

milestone ['maɪlstoʊn, *Brit:* -stəʊn] *n* (*marker*) a. *fig* marco *m*

militant ['mɪlɪtənt] *n* militante *mf*

military ['mɪlɪteri, *Brit:* -tri] **I.** *n* **the ~** os militares *mpl* **II.** *adj* militar

militia [mɪ'lɪʃə] *n* milícia *f*

milk [mɪlk] **I.** *n no pl* leite *m*; **there's no use crying over spilt ~** *provo* que não tem remédio remediado está **II.** *vt* ordenhar

milkman <-men> *n* leiteiro *m* **milkshake** *n* milk-shake *m*

milky <-ier, -iest> *adj* leitoso, -a; (*drinks*) com leite

Milky Way *n no pl* **the ~** a Via Láctea

mill [mɪl] **I.** *n* **1.** (*for grain*) moinho *m* **2.** (*factory*) fábrica *f* **II.** *vt* moer

millennium [mɪ'leniəm] <-s *o* -ennia> *n* milênio *m*

million ['mɪljən] <-(s)> *n* milhão *m*; **two ~ people** dois milhões de pessoas; **~s of** milhões de; **one in a ~** uma raridade

> **Grammar** Depois de um número, **million** é utilizado no singular: "Fifty million people watched the World Cup Final."

millionaire [ˌmɪljə'ner, *Brit:* -'neər] *n* milionário, -a *m, f*

mime [maɪm] **I.** *n* mímica *f*, pantomima *f* **II.** *vi* fazer mímica **III.** *vt* imitar

mimic ['mɪmɪk] **I.** <-ck-> *vt* arremedar, imitar **II.** *n* mímico(a) *m(f)*

min. 1. *abbr of* **minute** min. **2.** *abbr of* **minimum** mínimo

mince [mɪns] *n no pl, Aus, Brit* carne *f* moída

mind [maɪnd] **I.** *n* (*brain*) mente *f*, cabeça *f*; **to be out of one's ~** estar fora de si *m*; **to be on sb's ~** não sair da cabeça de alguém; **to bear sth in ~** ter a. c. em mente; **to have a ~ to do sth** ter intenção de fazer a. c.; **to have sth in ~ (for sth/sb)** ter planos para a. c./alguém; **to be of two ~s about sth** estar indeciso sobre a. c.; **to have a ~ of one's own** ter sua própria opinião **II.** *vt* **1.** (*be careful of*) tomar cuidado com; **~ the step!** cuidado com o degrau! **2.** (*bother*) incomodar, ligar para; **I don't ~ the cold** não ligo para o frio; **would you ~ opening the window?** você se incomodaria de abrir a janela? **3.** (*look after*) preocupar-se com; **don't ~ me** não se preocupe comigo; **~ your own business!** meta-se com sua vida! **III.** *vi* **never ~!** não faz mal!; **I don't ~** não me importo

mine¹ [maɪn] *pron poss* meu, minha; **it's not his bag, it's ~** não é a sacola dele, é a minha; **this glass is ~** este copo é meu; **these are his shoes and those are ~** esses sapatos são dele e aqueles são meus

mine² *n* MIN, MIL mina *f*; **a ~ of information** *fig* uma fonte de informação

miner ['maɪnər, *Brit:* -ər] *n* mineiro, -a

m, f

mineral ['mɪnərəl] **I.** *n* mineral *m* **II.** *adj* mineral

mingle ['mɪŋgl] *vi* misturar-se; **to ~ with the guests** misturar-se com os convidados

miniature ['mɪniətʃər, *Brit:* -nɪtʃər] **I.** *adj* em miniatura **II.** *n* miniatura *f*

minimal ['mɪnɪml] *adj* mínimo, -a

minimize ['mɪnɪmaɪz] *vt* minimizar

minimum ['mɪnɪməm] **I.** *n* mínimo *m*; **at ~** no mínimo; **with a ~ of time and effort** com um mínimo de tempo e esforço **II.** *adj* mínimo, -a; **~ requirements** mínimos requisitos

minister ['mɪnɪstər, *Brit:* -ər] *n* **1.** POL ministro, -a *m, f* **2.** REL pastor *m*

ministerial [ˌmɪnɪˈstɪriəl, *Brit:* -ˈstɪər-] *adj* ministerial

ministry ['mɪnɪstri] <-ies> *n* **1.** POL ministério *m* **2.** REL clero *m*

mink [mɪŋk] *n no pl* marta *f*; (*coat*) vison *m*

minor ['maɪnər, *Brit:* -ər] **I.** *adj* **1.** (*not great*) menor; (*role*) secundário, -a; **~ offence** infração leve **2.** MUS **B ~** si menor **II.** *n* (*person*) inferior *mf*

Minorca [mɪˈnɔːrkə, *Brit:* -ˈnɔːkə] *n* Minorca *f*

Minorcan *adj* minorquino, -a

minority [maɪˈnɔːrəti, *Brit:* -ˈnɒrəti] **I.** <-ies> *n* minoria *f*; **to be in the ~** ser minoria **II.** *adj* da minoria, minoritário, -a; **~ sport** esporte da minoria

mint[1] [mɪnt] *n* **1.** *no pl* (*herb*) hortelã *f*, menta *f* **2.** (*sweet*) bala *f* de hortelã

mint[2] **I.** *n* (*coin factory*) casa *f* da moeda **II.** *vt* cunhar; **to ~ a word** *fig* cunhar uma palavra **III.** *adj* **in ~ condition** em perfeito estado

minus ['maɪnəs] *prep a.* MAT menos; **5 - 2 equals 3** 5 menos 2 são 3; **~ ten Celsius** dez graus centígrados abaixo de zero

minuscule ['mɪnɪskjuːl, *Brit:* -nə-] *adj* minúsculo, -a

minute[1] ['mɪnɪt] *n* **1.** (*sixty seconds*) minuto *m*; **in a ~** num minuto; **just a ~** daqui a pouco; **any ~** a qualquer momento; **at the last ~** na última hora **2.** *pl* (*of meeting*) ata *f*

minute[2] [maɪˈnuːt, *Brit:* -ˈnjuːt] *adj* miúdo, -a

miracle ['mɪrəkl] *n* milagre *m*; **by a ~** por milagre

miraculous [mɪˈrækjələs, *Brit:* -jʊ-] *adj* milagroso, -a

mirage [məˈrɑːʒ, *Brit:* ˈmɪrɑːʒ] *n* miragem *f*

mire [maɪr, *Brit:* ˈmaɪər] *n* **1.** (*swamp*) lodo *m* **2.** *fig* apuros *mpl*

mirror ['mɪrər, *Brit:* -ər] **I.** *n* espelho *m* **II.** *vt* refletir

mirror image *n* **to be the ~ of sb** ser a cara de alguém

misbehave [ˌmɪsbɪˈheɪv] *vi* comportar-se mal

miscarriage ['mɪsˌkerɪdʒ, *Brit:* ˌmɪsˈkær-] *n* aborto *m* (*natural*)

miscellaneous [ˌmɪsəˈleɪniəs] *adj* inverso, -a, variado, -a; **~ expenses** despesas variadas

mischief ['mɪstʃɪf] *n no pl* **1.** (*naughtiness*) travessura *f*; **to keep sb out of ~** poupar alguém de brincadeiras de mau gosto; **to get into ~** fazer travessura **2.** (*wickedness*) malícia *f*

mischievous ['mɪstʃəvəs, *Brit:* -tʃɪ-] *adj* **1.** (*naughty*) travesso, -a **2.** (*malicious*) malicioso, -a

misconception [ˌmɪskənˈsepʃn] *n* ideia *f* equivocada; **a popular ~** um erro comum

misconduct [ˌmɪsˈkɑːndʌkt, *Brit:* -ˈkɒn-] *n no pl* má conduta *f*

misdemeanor *n Am*, **misdemeanour** [ˌmɪsdɪˈmiːnər, *Brit:* -ər] *n Brit* delito *m* leve

miser ['maɪzər, *Brit:* -ər] *n* avarento, -a *m, f*

miserable ['mɪzrəbl] *adj* **1.** (*unhappy*) angustiado, -a, triste; **to make life ~ for sb** desgraçar a vida de alguém **2.** (*poor*) miserável; **a ~ amount** uma quantia desprezível

misery ['mɪzəri] *n* **1.** (*unhappiness*) angústia *f*, tristeza *f*; **to keep sb's life a ~** atormentar alguém; **to put sb out of his/her ~** satisfazer a curiosidade de alguém **2.** (*extreme poverty*) miséria *f*

misfortune [ˌmɪsˈfɔːrtʃən, *Brit:* -ˈfɔːtʃuːn] *n no pl* desgraça *f*, infortúnio *m*; **to suffer ~** sofrer uma desgraça

misgiving [ˌmɪsˈgɪvɪŋ] *n* apreensão *f*, receio *m*; **to be filled with ~** (**about sth**) estar bem apreensivo (com a. c.)

misguided [ˌmɪsˈgaɪdɪd] *adj* enganado, -a; **~ idea** ideia enganosa

mishap ['mɪshæp] *n form* contratempo *m*; **a series of ~s** inúmeros contratempos

mislead [ˌmɪsˈliːd] *vt irr* **1.** (*deceive*)

enganar; **to ~ sb about sth** enganar alguém a respeito de a. c. **2.** (*lead into error*) confundir; **to let oneself be misled** deixar-se confundir [*ou* enganar]

misleading *adj* enganoso, -a

mismanage [ˌmɪsˈmænɪdʒ] *vt* administrar mal

misplace [ˌmɪsˈpleɪs] *vt* extraviar, perder

misprint [ˈmɪsprɪnt] *n* erro *m* de impressão

misread [ˌmɪsˈriːd] *vt irr* (*situation*) interpretar mal; (*writing*) ler mal

miss¹ [mɪs] *n* (*form of adress*) senhorita *f*; **Miss Brazil** Miss Brasil

miss² I. <-es> *n* engano *m* II. *vi* falhar III. *vt* **1.** (*not hit*) errar **2.** (*not catch*) perder; **to ~ a deadline** perder o prazo **3.** (*not go*) **to ~ a meeting** faltar a uma reunião **4.** (*regret absence*) sentir falta [*ou* saudade] de
◆ **miss out** I. *vt* **1.** (*omit*) omitir **2.** (*overlook*) pular; **to ~ a word** pular uma palavra **3.** (*person*) **we missed her out** nós não a incluímos II. *vi* **to ~ on sth** ficar de fora de a. c.

missile [ˈmɪsəl, *Brit:* -saɪl] *n* projétil *m*, míssil *m*

missing *adj* desaparecido, -a, perdido, -a; **to report sth ~** acusar uma perda

mission [ˈmɪʃən] *n* missão *f*; **rescue ~** missão de resgate; **~ accomplished** missão cumprida

missionary [ˈmɪʃəneri, *Brit:* -nəri] <-ies> *n* missionário, -a *m, f*

mist [mɪst] *n* névoa *f*

mistake [mɪˈsteɪk] I. *n* erro *m*; **to learn from one's ~s** aprender com os próprios erros; **to make a ~** (*about sb/sth*) enganar-se (a respeito de alguém/a. c.); **to make a ~ in** [*o by*] **doing sth** cometer um erro ao fazer a. c.; **by ~** por engano II. *vt irr* confundir, enganar; **to ~ sb/sth for sb/sth** confundir alguém/a. c. com alguém/a. c.

mistaken [mɪˈsteɪkən] I. *pp of* **mistake** II. *adj* (*belief*) errado, -a, equivocado, -a; (*identity*) enganado, -a, equivocado, -a; **unless I'm very much ~ ...** se não me engano ...; **to be ~ about sb/sth** equivocar-se a respeito de alguém/a. c.

mistreat [ˌmɪsˈtriːt] *vt* maltratar

mistress [ˈmɪstrɪs] *n* **1.** (*sexual partner*) amante *f* **2.** (*woman in charge*) dona *f*; **the ~ of the house** a dona da casa

mistrust [ˌmɪsˈtrʌst] I. *n no pl* desconfiança *f*; **to have a ~ of sb/sth** suspeitar de alguém/a. c. II. *vt* **to ~ sb/sth** desconfiar de alguém/a. c.

misty [ˈmɪsti] <-ier, -iest> *adj* enevoado, -a

misunderstand [ˌmɪsˌʌndərˈstænd, *Brit:* -də'-] *vt irr* entender mal, interpretar mal

misunderstanding *n* **1.** mal-entendido *m*; **there must be some ~** deve haver algum mal-entendido **2.** (*disagreement*) desentendimento *m*

misuse¹ [ˌmɪsˈjuːs] *n* mau uso *m*; (*funds*) malversação *f*

misuse² [ˌmɪsˈjuːz] *vt* (*power*) abusar; (*funds*) desviar

mitigate [ˈmɪtɪgeɪt, *Brit:* ˈmɪt-] *vt form* mitigar

mix [mɪks] I. *n* mistura *f*; **a ~ of people** uma confusão de pessoas II. *vi* **1.** (*combine*) associar-se **2.** (*socially*) **to ~ with sb** relacionar-se com alguém; **to ~ well** misturar bem III. *vt* **1.** GASTR misturar; **to ~ sth into sth** misturar a. c. com a. c. **2.** (*combine*) combinar; **to ~ business with pleasure** combinar trabalho com prazer **3.** (*confuse*) **to ~ sb/sth up with sb/sth** confundir alguém/a. c. com alguém/a. c.; **to be/get all mixed up** ficar todo atrapalhado [*ou* confuso]

mixed *adj* **1.** (*containing various elements*) sortido, -a; (*team*) misto, -a; **~ marriage** casamento misto **2.** (*contradictory*) confuso; **~ feelings** sentimentos *mpl* confusos

mixer [ˈmɪksər, *Brit:* -əʳ] *n* (*machine*) batedeira *f*

mixture [ˈmɪkstʃər, *Brit:* -əʳ] *n* mistura *f*

mm *abbr of* **millimeter** mm

MMS [ˌememˈes] *n abbr of* **multimedia messaging service** MMS *m*

moan [moʊn, *Brit:* məʊn] I. *n* **1.** (*sound*) gemido *m* **2.** (*complaint*) lamento *m* II. *vi* **1.** (*make a sound*) gemer; **to ~ with pain** gemer de dor **2.** (*complain*) queixar-se, reclamar; **to ~ about sth** reclamar de a. c.; **to ~ that ...** lamentar que ... +*subj*

mob [mɑːb, *Brit:* mɒb] I. *n + sing/pl vb* **1.** (*crowd*) multidão *f* **2.** *inf* (*gang*) quadrilha *f* II. <-bb-> *vt* assediar; **he was ~bed by his fans** ele foi assediado pelos fãs

mobile ['moʊbəl, *Brit:* 'məʊbaɪl] I. *n* 1. móbile *m* 2. TEL celular *m* II. *adj* 1. (*able to move*) movediço, -a *m, f;* (*shop, canteen*) ambulante 2. (*movable*) móvel; **mobile home** trailer *m*

mobile Internet *n no pl* Internet *f* móvel

mobile message *n* mensagem *f* móvel

mobility [moʊ'bɪləti, *Brit:* məʊ'bɪləti] *n no pl* mobilidade *f;* **social ~** mobilidade social

mobilization [ˌmoʊbɪlɪ'zeɪʃn, *Brit:* ˌməʊbɪlaɪ'-] *n a.* MIL mobilização *f*

mobilize ['moʊbəlaɪz, *Brit:* 'məʊbɪ-] I. *vt* mobilizar II. *vi* (*support*) mobilizar-se

mock [mɑːk, *Brit:* mɒk] I. *adj* 1. (*imitation*) de imitação; **~ leather** napa *f* 2. (*practice*) **~ exam** exame simulado II. *vi* fazer zombaria; **to ~ at sb** gozar alguém III. *vt* 1. (*ridicule*) zombar 2. (*imitate*) arremedar

mockery ['mɑːkəri, *Brit:* 'mɒk-] *n* 1. (*ridicule*) zombaria *f* 2. (*subject of derision*) desmoralização *f;* **to make a ~ of sb/sth** desmoralizar alguém

modal verb ['moʊdəl-, *Brit:* 'məʊ-] *n* verbo *m* modal

mode [moʊd, *Brit:* məʊd] *n* modo *m*, estilo *m;* **~ of life** estilo de vida; **~ of transportation** meio de transporte

model ['mɑːdəl, *Brit:* 'mɒd-] I. *n* (*version, example*) *a.* ART modelo *m;* (*of car, house*) maquete *f* II. <-ll-> *vt* 1. (*make figure, representation*) modelar, moldar; **to ~ sth in clay** moldar a. c. em argila 2. (*show clothes*) desfilar

modem ['moʊdəm, *Brit:* 'məʊdem] *n* INFOR modem *m*

moderate¹ ['mɑːdərət, *Brit:* 'mɒd-] *adj* 1. (*neither large nor small*) médio, -a 2. *a.* POL moderado, -a 3. (*price*) módico, -a

moderate² ['mɑːdəreɪt, *Brit:* 'mɒd-] I. *vt* moderar, presidir; **to ~ an examination** presidir um exame II. *vi* (*act as moderator*) presidir como moderador

moderation [ˌmɑːdə'reɪʃn, *Brit:* ˌmɒd-] *n no pl* moderação *f;* **to drink in ~** beber com moderação

moderator ['mɑːdəreɪtər, *Brit:* 'mɒdəreɪtər] *n form* 1. (*mediator*) mediador(a) *m(f)* 2. *Am* (*of discussion*) moderador(a) *m(f)*

modern ['mɑːdərn, *Brit:* 'mɒdən] *adj* moderno, -a

modernize ['mɑːdərnaɪz, *Brit:* 'mɒdən-] *vt* modernizar

modest ['mɑːdɪst, *Brit:* 'mɒd-] *adj* 1. (*not boastful*) modesto, -a; **to be ~ about sth** não fazer alarde de a. c. 2. (*moderate*) comedido, -a; **a ~ wage** um salário suficiente 3. (*behavior*) recatado, -a

modesty ['mɑːdɪsti, *Brit:* 'mɒd-] *n no pl* modéstia *f*

modification [ˌmɑːdɪfɪ'keɪʃn, *Brit:* ˌmɒd-] *n* modificação *f;* **a ~ to sth** uma modificação em a. c.

modify ['mɑːdɪfaɪ, *Brit:* 'mɒd-] <-ie-> *vt* modificar

module ['mɑːdʒuːl, *Brit:* 'mɒdjuːl] *n* módulo *m*

moist [mɔɪst] *adj* úmido, -a

moisture ['mɔɪstʃər, *Brit:* -ər] *n* umidade *f*

moisturizer *n* hidratante *m* (*creme*)

molasses [mə'læsɪz] *n* melado *m*

mold¹ [moʊld, *Brit:* moʊld] *n* (*fungus*) mofo *m*

mold² [moʊld, *Brit:* məʊld] I. *n* (*for metal, clay, jell-o*) forma *f;* **to be cast in the same ~** receber a mesma formação II. *vt* moldar

Moldavia [mɑːl'deɪviə, *Brit:* mɒl-] *n s.* Moldova

Moldavian *adj* moldávico, -a

Moldova [mɑːl'doʊvə, *Brit:* mɒl'doʊ-] *n* Moldávia *f*

Moldovan *adj* moldávico, -a

moldy <-ier, -iest> *adj Am* mofado, -a

mole¹ [moʊl, *Brit:* məʊl] *n* ZOOL toupeira *f*

mole² *n* ANAT sinal *m* (*na pele*)

molecule ['mɑːlɪkjuːl, *Brit:* 'mɒl-] *n* molécula *f*

molest [mə'lest] *vt* 1. (*sexually*) abusar de 2. (*pester*) importunar

moment ['moʊmənt, *Brit:* 'məʊ-] *n* momento *m;* **the ~ of truth** a hora da verdade; **at the ~** no momento; **at any ~** a qualquer momento; **at the last ~** na última hora; **in a ~** daqui a pouco; **not for a ~** nem por um minuto; **just a ~ please** um momento, por favor

momentary ['moʊmənteri, *Brit:* 'məʊməntri] *adj* momentâneo, -a

momentous [moʊ'mentəs, *Brit:* mə'-] *adj* crucial, marcante

momentum [moʊ'mentəm, *Brit:* mə'-] *n no pl* PHYS momento *m;* *fig* ímpeto *m;* **to gather ~** ganhar ímpeto

mommy ['mɑːmi, *Brit:* 'mɒmi] <-ies> *n Am, inf* (*mother*) mamãe *f*

Monaco ['mɑːnəkoʊ, *Brit:* 'mɒnəkəʊ] *n* Mônaco *m*

monarch ['mɑːnərk, *Brit:* 'mɒnək] *n* monarca *m*

monarchy ['mɑːnərki, *Brit:* 'mɒnəki] <-ies> *n* monarquia *f*

monastery ['mɑːnəsteri, *Brit:* 'mɒnəstri] <-ies> *n* mosteiro *m*

Monday ['mʌndeɪ] *n* segunda-feira *f*, segunda *f*; **Easter** ~ *feriado na segunda-feira após o domingo de Páscoa*; *s.a.* **Friday**

monetary ['mɑːnəteri, *Brit:* 'mʌnɪtəri] *adj* monetário, -a

money ['mʌni] *n no pl* dinheiro *m*; **to be short of** ~ estar duro; **to change** ~ trocar dinheiro; **to raise** ~ ganhar dinheiro; **to get one's ~'s worth** fazer uma compra que vale a pena; ~ **talks** *prov* o dinheiro é a mola do mundo

Mongolia [mɑːŋ'goʊliə, *Brit:* mɒŋ-'gəʊ-] *n* Mongólia *f*

Mongolian *adj* mongol

monitor ['mɑːnɪtər, *Brit:* 'mɒnɪtə'] I. *n* 1. INFOR monitor *m*; **17-inch** ~ monitor de 17 polegadas 2. (*person*) monitor(a) *m(f)* II. *vt* controlar; **to** ~ **sth closely** controlar a. c. rigorosamente

monk [mʌŋk] *n* monge *m*

monkey ['mʌŋki] I. *n* macaco, -a *m*, *f* II. *vi inf* **to** ~ **around** fazer travessuras

monologue ['mɑːnəlɑːg, *Brit:* 'mɒnəlɒg] *n* monólogo *m*

monopoly [məˈnɑːpəli, *Brit:* -'nɒp-] <-ies> *n* monopólio *m*

monotonous [məˈnɑːtənəs, *Brit:* -'nɒt-] *adj* monótono, -a

monotony [məˈnɑːtəni, *Brit:* -'nɒt-] *n no pl* monotonia *f*

monsoon [mɑːn'suːn, *Brit:* mɒn'-] *n* monção *f*

monster ['mɑːnstər, *Brit:* 'mɒnstə'] *n* monstro *m*

monstrous ['mɑːnstrəs, *Brit:* 'mɒn-] *adj* 1. (*awful*) monstruoso, -a 2. (*very big*) descomunal

month [mʌnθ] *n* mês *m*; **this/next** ~ esse mês/mês que vem; **once/twice a** ~ uma vez/duas vezes por mês; **not in a** ~ **of Sundays** não para sempre

monthly I. *adj* mensal II. *adv* mensalmente III. *n* publicação *f* mensal

monument ['mɑːnjəmənt, *Brit:* 'mɒnjʊ-] *n* monumento *m*

monumental [ˌmɑːnjə'mentl, *Brit:* ˌmɒnjʊ'-] *adj* (*very big*) monumental; (*error*) gravíssimo, -a

mood [muːd] *n* 1. humor *m*, disposição *f*; **in a good/bad** ~ de bom/mau humor; **to not be in the** ~ **to do sth** não estar com disposição para fazer a. c.; **to be in the/in no** ~ **for sth** estar/não estar a fim de fazer a. c. 2. *Am* LING modo *m*

moody <-ier, -iest> *adj* temperamental

moon [muːn] *n no pl* lua *f*; **full/new** ~ lua cheia/nova; **once in a blue** ~ uma vez na vida e outra na morte

moor¹ [mʊr, *Brit:* mɔː'] *n* (*area*) charneca *f*

moor² [mʊr, *Brit:* mɔː'] *vt* NAUT atracar

moose [muːs] *n* alce *m*

mop [mɑːp, *Brit:* mɒp] I. *n* esfregão *m*; **a** ~ **of hair** uma gaforina II. <-pp-> *vt* esfregar (*o chão*); **to** ~ **up a spill** limpar uma sujeira no chão

moral ['mɔːrəl, *Brit:* 'mɒr-] I. *adj* moral; **to give sb** ~ **support** dar apoio moral a alguém II. *n* 1. (*message*) moral *f* 2. *pl* (*standards*) moral *f*, princípios *mpl*

morale [məˈræl, *Brit:* -'rɑːl] *n no pl* moral *f*, estado *m* de espírito

morality [mɔː'ræləti, *Brit:* mə'ræləti] <-ies> *n* honestidade *f*, moralidade *f*

moralize ['mɔːrəlaɪz, *Brit:* 'mɒr-] *vi* **to** ~ (**about sth**) ditar moral (sobre a. c.)

morbid ['mɔːrbɪd, *Brit:* 'mɔːb-] *adj* mórbido, -a

more [mɔːr, *Brit:* mɔː'] *comp of* **much**, **many** I. *adj* mais; ~ **wine/grapes** mais vinho/uvas; **a few** ~ **grapes** mais algumas uvas; **some** ~ **wine** um pouco mais de vinho II. *adv* mais; ~ **beautiful than me** mais bonito do que eu; **to drink (a bit/much)** ~ beber (um pouco/muito) mais; ~ **than 10** mais de 10; **to be** ~ **than happy to do sth** ter o maior prazer em fazer a. c. III. *pron* mais; **the** ~ **you eat, the** ~ **you get fat** quanto mais você come, mais você engorda; **what** ~ **does he want?** que mais ele quer?; **and what's** ~, ... e além do mais ...

moreover *adv* além disso

morning ['mɔːrnɪŋ, *Brit:* 'mɔːn-] *n* manhã *f*; **good** ~**!** bom dia!; **in the** ~ de manhã; **that** ~ aquele dia de manhã; **the** ~ **after** a manhã seguinte; **every** ~ toda manhã; **6 o'clock in the** ~ 6 horas da manhã; **from** ~ **till night** da manhã à noite

Moroccan *adj* marroquino, -a

Morocco [məˈrɑːkoʊ, *Brit:* -ˈrɒkəʊ] *n* Marrocos *m*

> **Culture** A **Morris dancing** existe há muito tempo, mas sua origem é desconhecida. O nome vem do 'Moorish' (árabe). Essa dança adquire seu significado principal no **May Day** (1 de maio) e no **Whitsuntide** (Pentecostes). Os **Morris dancers** são, na maioria das vezes, grupos de homens vestidos de branco; alguns levam campainhas nas panturrilhas e cada um deles carrega um bastão, um lenço e uma coroa na mão. A dança é repleta de movimentos; os dançarinos brincam, dão saltos e batem os pés no chão.

morsel [ˈmɔːrsl, *Brit:* ˈmɔːsl] *n* pedaço *m*

mortal [ˈmɔːrtl, *Brit:* ˈmɔːtl] *adj* mortal; ~ **danger** perigo de morte

mortality [mɔːrˈtæləti, *Brit:* mɔːˈtæləti] *n no pl* mortalidade *f*

mortar [ˈmɔːrtər, *Brit:* ˈmɔːtəʳ] *n* **1.** *a.* MIL, TECH morteiro *m* **2.** (*construction*) argamassa *f*; (*bowl*) almofariz *m*

mortgage [ˈmɔːrgɪdʒ, *Brit:* ˈmɔːg-] **I.** *n* hipoteca *f* **II.** *vt* hipotecar

mortify [ˈmɔːrtɪfaɪ, *Brit:* ˈmɔːt-] *vt* **to be mortified by sth** ficar muito chateado com a. c.

mosaic [moʊˈzeɪɪk, *Brit:* məʊ-] *n* mosaico *m*

Moscow [ˈmɑːkaʊ, *Brit:* ˈmɒskəʊ] *n* Moscou *m*

Moslem [ˈmɑːzlem, *Brit:* ˈmɒzləm] *adj* muçulmano, -a

mosque [mɑːsk, *Brit:* mɒsk] *n* mesquita *f*

mosquito [məˈskiːtoʊ, *Brit:* -təʊ] <-(e)s> *n* mosquito *m*, pernilongo *m*

moss [mɑːs, *Brit:* mɒs] <-es> *n* musgo *m*

most [moʊst, *Brit:* məʊst] *superl of* **many, much I.** *adj* a maioria de, mais; ~ **people** a maioria das pessoas; **for the ~ part** em geral **II.** *adv* mais; **the ~ beautiful** o mais bonito; ~ **of all** mais do que tudo; ~ **likely** com certeza **III.** *pron* a maioria, a maior parte; **at the** (**very**) ~ no máximo; ~ **of them/of the time** a maioria deles/a maior parte do tempo

mostly *adv* em geral

motel [moʊˈtel, *Brit:* məʊ-] *n* motel *m* (*hotel para turistas*)

moth [mɑːθ, *Brit:* mɒθ] *n* mariposa *f*, traça

mother [ˈmʌðər, *Brit:* -əʳ] *n* mãe *f*

motherhood *n* maternidade *f* **mother-in-law** *n* sogra *f*

motif [moʊˈtiːf, *Brit:* məʊ-] *n* ART motivo *m*, tema *m* recorrente

motion [ˈmoʊʃn, *Brit:* ˈməʊ-] **I.** *n* (*movement*) movimento *m*; **in slow** ~ em câmara lenta; **to go through the** ~ (**of doing sth**) cumprir uma formalidade (para fazer a. c.) **II.** *vt* acenar; **to** ~ **sb to do sth** fazer sinal a alguém para que faça a. c.

motivate [ˈmoʊtəveɪt, *Brit:* ˈməʊtɪ-] *vt* motivar

motivation [ˌmoʊtəˈveɪʃn, *Brit:* ˌməʊtɪ-] *n no pl* motivação *f*

motive [ˈmoʊtɪv, *Brit:* ˈməʊt-] *n* motivo *m*; **a** ~ **for** (**doing**) **sth** um motivo para (fazer) a. c.

motor [ˈmoʊtər, *Brit:* ˈməʊtəʳ] *n* motor *m*

motorbike *n inf* moto *f* **motor car** *n Brit* automóvel *m* **motorcycle** *n* motocicleta *f* **motor vehicle** *n* automóvel *m* **motorway** *n Brit* autoestrada *f*

motto [ˈmɑːtoʊ, *Brit:* ˈmɒtəʊ] <-(e)s> *n* lema *m*

mould[1] *n Brit s.* **mold**[1]

mould[2] *n, vi Brit s.* **mold**[2]

mouldy <-ier, -iest> *adj Brit s.* **moldy**

mount [maʊnt] **I.** *vt* **1.** (*get on: horse*) montar **2.** (*organize*) organizar **3.** (*fix for display*) montar **II.** *vi* aumentar, crescer

mountain [ˈmaʊntən, *Brit:* -tɪn] *n* montanha *f*; **to make a** ~ **out of a molehill** fazer tempestade num copo d'água

mourn [mɔːrn, *Brit:* mɔːn] **I.** *vi* ficar de luto; **to** ~ **for sb** estar de luto por alguém **II.** *vt* lamentar, chorar

mourner [ˈmɔːrnər, *Brit:* ˈmɔːnəʳ] *n* enlutado, -a *m, f*

mournful *adj* **1.** (*grieving*) pesaroso, -a **2.** (*gloomy*) lúgubre

mourning *n no pl* luto *m*; **to be in** ~ estar de luto

mouse [maʊs] <mice> *n* **1.** ZOOL camundongo *m*, rato *m* **2.** INFOR mouse

mouse mat *n Brit,* **mouse pad** *n Am* COMPUT tapete *m* para mouse

moustache ['mʌstæʃ, *Brit:* mə'staːʃ] *n* bigode *m*

mousy ['maʊsi] *adj* **1.** (*shy*) tímido, -a; **she is very** ~ ela é muito tímida **2.** (*brown*) pardacento, -a

mouth¹ [maʊθ] *n* **1.** (*of person, animal, glass*) boca *f;* **to shut one's** ~ *inf* calar a boca **2.** (*opening: of cave*) entrada *f;* (*of river*) foz *f,* desembocadura *f*

mouth² [maʊð] **I.** *vt* **1.** levar à boca **2.** (*without meaning*) falar da boca para fora **II.** *vi* **to** ~ **off (at sb)** malhar alguém

move [muːv] **I.** *n* **1.** (*movement*) movimento *m;* **to get a** ~ **on** apressar-se **2.** (*change of abode*) mudança *f* **3.** GAMES jogada *f;* **it's your** ~ é sua vez **4.** (*action*) lance *m;* **to make the first** ~ dar o primeiro lance **II.** *vi* **1.** (*change position*) mover-se **2.** (*change abode*) mudar-se; **to** ~ **to another city** mudar-se para outra cidade **III.** *vt* **1.** (*change position*) mudar **2.** (*cause emotions*) comover; **to be** ~**d by sth** ficar comovido com a. c.
 ◆ **move away I.** *vi* afastar-se **II.** *vt* afastar
 ◆ **move back I.** *vi* arredar, andar para trás **II.** *vt* recuar
 ◆ **move forward I.** *vi* avançar **II.** *vt* superar; (*time*) adiantar
 ◆ **move in** *vi* (*move into house*) mudar-se
 ◆ **move out** *vi* (*stop inhabiting*) sair de casa, mudar-se

movement ['muːvmənt] *n* movimento *m*

movie ['muːvi] *n Am, Aus* filme *m;* **the** ~**s** o cinema

movie star *n* astro, estrela *m, f* de cinema

movie theater *n* cinema *m*

moving *adj* **1.** (*that moves*) móvel, rolante; ~ **stairs** escada rolante **2.** (*causing emotion*) comovente

mow [moʊ, *Brit:* məʊ] <mowed, mown *o* mowed> *vt* cortar grama

mower ['moʊər, *Brit:* 'məʊə^r] *n* cortador *m* de grama

mown [moʊn, *Brit:* məʊn] *pp of* **mow**

MP [ˌem'piː] *n Am abbr of* **Military Police** PM

mph [ˌempiː'eɪtʃ] *abbr of* **miles per hour** milhas por hora

Mr ['mɪstər, *Brit:* -ə^r] *n abbr of* **Mister** Sr.

Mrs ['mɪsɪz] *n abbr of* **Mistress** Sra.

Ms [mɪz] *n abbr of* **Miss** forma de tratamento que se aplica tanto a mulheres solteiras como a casadas

MS [ˌem'es] *n abbr of* **multiple sclerosis** esclerose *f* múltipla *inv*

Mt *abbr of* **Mount** Monte

much [mʌtʃ] <more, most> **I.** *adj* muito; **too** ~ **wine** vinho demais; **how** ~ **milk?** quanto leite?; **too/so** ~ **water** água demais/tanta água; **as** ~ **as** tanto como **II.** *adv* muito; ~ **better** melhor; **thank you very** ~ muito obrigado; **to be** ~ **the same** ser quase a mesma coisa **III.** *pron* muito; ~ **of the day** grande parte do dia; ~ **as I'd like to, ...** por mais que eu quisesse, ...

muck [mʌk] *n no pl, esp Brit, inf* **1.** (*dirt*) sujeira *f* **2.** (*manure*) esterco *m*

mud [mʌd] *n no pl* lama *f;* **to drag sb's name through the** ~ manchar a reputação de alguém

muddle ['mʌdl] **I.** *n no pl* confusão *f,* desordem *f;* **to get in a** ~ ficar desnorteado **II.** *vt* atrapalhar, confundir

muddy ['mʌdi] <-ier, -iest> *adj* lamacento, -a

muffin ['mʌfɪn] *n* pãozinho doce redondo e achatado

muffle ['mʌfl] *vt* abafar

mug [mʌg] **I.** *n* **1.** (*for tea, coffee*) caneca *m* **2.** *pej* (*face*) cara *f,* rosto *m* **3.** *Brit, inf* (*fool*) tolo, -a *m, f* **II.** <-gg-> *vt* assaltar

mugger ['mʌgər, *Brit:* -ə^r] *n* assaltante

muggy ['mʌgi] <-ier, -iest> *adj* abafado, -a

mule [mjuːl] *n* (*animal*) mula *f*

mull [mʌl] *vt* **to** ~ **sth over** matutar sobre a. c.

multi *n Am, inf abbr of* **multivitamin** polivitamínico *m*

multicultural [ˌmʌltɪ'kʌltʃərəl] *adj* multicultural

multilateral [ˌmʌltɪ'lætərəl, *Brit:* -'læt-] *adj* POL multilateral

multimedia [ˌmʌltɪ'miːdɪə] *adj* de multimídia *inv*

multinational [ˌmʌltɪ'næʃnəl] *n* multinacional *f*

multiple ['mʌltəpl, *Brit:* -tɪ-] *adj* múltiplo, -a; **to be a** ~ **of sth** ser um múltiplo de a. c.

multiply ['mʌltəplaɪ, *Brit:* -tɪ-] <-ie->

multiracial — **mystify**

I. *vt* multiplicar; **to ~ sth by sth** multiplicar a. c. por a. c. II. *vi* multiplicar-se
multiracial [,mʌlti'reɪʃl] *adj* multirracial
multitude ['mʌltətu:d, *Brit*: -ɪtju:d] *n* 1. (*of things, problems*) infinidade *f* 2. (*crowd*) multidão *f*
mum[1] [mʌm] *n Brit, inf* mamãe *f*
mum[2] *adj* **to keep ~** *inf* ficar calado
mumble ['mʌmbl] *vi* resmungar
mummy ['mʌmi] <-ies> *n* (*preserved corpse*) múmia *f*
munch [mʌntʃ] *vi, vt* **to ~ (on) sth** mastigar a. c.
mundane [mʌn'deɪn] *adj* trivial
municipal [mju:'nɪsəpl, *Brit*: -ɪpl] *adj* municipal
municipality [mju:,nɪsə'pæləti, *Brit*: -ɪ'pæləti] <-ies> *n* municipalidade *f*
mural ['mjʊrəl, *Brit*: 'mjʊər-] *n* mural *m*
murder ['mɜ:rdər, *Brit*: 'mɜ:də'] I. *n* (*killing*) assassinato *m*; LAW homicídio *m*; **to commit ~** cometer homicídio II. *vt* (*kill*) assassinar
murderer ['mɜ:rdərər, *Brit*: 'mɜ:dərə'] *n* (*killer*) assassino, -a *m, f;* LAW homicida *mf*
murky ['mɜ:rki, *Brit*: 'mɜ:ki] <-ier, -iest> *adj* escuro, -a, turvo, -a
murmur ['mɜ:rmər, *Brit*: 'mɜ:mə'] I. *vi, vt* murmurar II. *n* murmúrio *m*
muscle ['mʌsl] *n* ANAT músculo *m*
muscular ['mʌskjələr, *Brit*: -jʊlə'] *adj* 1. (*arms, legs*) musculoso, -a 2. (*pain, contraction*) muscular
muse [mju:z] I. *vi* **to ~ (on sth)** meditar sobre a. c. II. *n* musa *f*
museum [mju:'zi:əm] *n* museu *m*
mushroom ['mʌʃru:m, *Brit*: -rʊm] *n* (*wild*) cogumelo *m;* (*button mushroom*) champignon *m*
mushy ['mʌʃi] <-ier, -iest> *adj* 1. (*soft*) amolecido, -a 2. (*film, book*) piegas *inv*
music ['mju:zɪk] *n* música *f*; **it was ~ to her ears** ouvir isso deixou-a feliz
musical ['mju:zɪkəl] *n* musical *m*
musician [mju:'zɪʃn] *n* músico, -a *m, f*
Muslim ['mʌzləm, *Brit*: 'mʊzlɪm] *adj* muçulmano, -a
mussel ['mʌsl] *n* mexilhão *m*
must [mʌst] I. *aux* 1. (*obligation*) dever, ter de; **~ you leave so soon?** você tem de ir embora cedo assim?; **you ~n't do that** você não tem de fazer isso 2. (*probability*) dever; **I ~ have lost it** devo tê-lo perdido; **you ~ be hungry** você deve estar com fome; **you ~ be joking!** você deve estar brincando! II. *n* **to be a ~** ser um must
mustache ['mʌstæʃ] *n Am* bigode *m*
mustard ['mʌstərd, *Brit*: -təd] *n no pl* mostarda *f*
muster ['mʌstər, *Brit*: -ə'] *vt* (*one's forces*) juntar; (*army*) reunir; **to ~ the courage to do sth** criar coragem para fazer a. c.
mustn't ['mʌsnt] = **must not** s. **must**
mutation [mju:'teɪʃn] *n* mutação *f*
mute [mju:t] I. *n* 1. (*person*) mudo, -a *m, f* 2. MUS surdina *f* II. *vt* (*feelings, activities*) aplacar; (*noise, sound*) abafar III. *adj* mudo, -a; **to remain ~** manter-se calado
mutiny ['mju:tɪni] I. <-ies> *n no pl* motim *m* II. *vi* <-ie-> amotinar-se
mutter ['mʌtər, *Brit*: -tə'] *vi, vt* resmungar; **to ~ sth under one's breath** resmungar baixinho a. c.
mutton ['mʌtən] *n no pl* carne *f* de carneiro
mutual ['mju:tʃʊəl] *adj* (*respect*) mútuo, -a, recíproco, -a; (*interests, friend, enemy*) comum
mutually *adv* **to be mutually exclusive** excluir-se mutuamente; **it was ~ agreed** foi aceito por ambos
muzzle ['mʌzl] I. *n* 1. (*for dog*) focinho *m* 2. (*of gun*) boca *f* II. *vt* amordaçar
my [maɪ] *adj poss* meu, minha; **~ dog/house** meu cão/minha casa; **~ children** meus filhos; **this car is ~ own** este carro é meu; **I hurt ~ foot/head** machuquei o pé/a cabeça; **oh ~!** caramba!
myriad ['mɪriəd] *n* miríade *f*
myself [maɪ'self] *pron refl* 1. (*direct, indirect object*) me; **I hurt ~** eu me machuquei 2. *emphatic* eu mesmo, -a; **I did it (all) by ~** fiz tudo sozinho 3. *after prep* mim mesmo, -a; **I said to ~** disse aos meus botões *inf*
mysterious [mɪ'stɪriəs, *Brit*: -'stɪər-] *adj* misterioso, -a
mystery ['mɪstəri] <-ies> *n* mistério *m;* **it's a ~ to me** pra mim isso é um mistério; (*novel*) romance *m* policial
mystic ['mɪstɪk] *adj* místico, -a
mystical ['mɪstɪkl] *adj s.* **mystic**
mystification [,mɪstɪfɪ'keɪʃn] *n* 1. (*mystery*) mistificação *f* 2. (*confusion*) perplexidade *f*
mystify ['mɪstɪfaɪ] <-ie-> *vt* aturdir, deixar perplexo

mystique [mɪs'tiːk] *n* mística *f*
myth [mɪθ] *n* mito *m*
mythical ['mɪθɪkl] *adj* mítico, -a
mythology [mɪ'θɑːlədʒɪ, *Brit*: -'θɒl-] <-ies> *n* mitologia *f*

N

N, n [en] *n n m;* ~ **as in Nan** *Am*, ~ **for Nelly** *Brit* n de Norma
N *abbr of* **north** N *m*
nab [næb] <-bb-> *vt inf* (*person*) prender em flagrante; (*thing*) pegar, tomar
NAFTA ['næftə] *n abbr of* **North Atlantic Free Trade Agreement** NAFTA *m*
nag[1] [næg] *I. n* (*horse*) rocim *m*
nag[2] <-gg-> *vt* importunar; **to ~ at sb** amolar alguém *inf*
nagging *I. n pl* queixas *fpl II. adj* (*pain, ache*) persistente
nail [neɪl] *I. n* **1.** (*tool*) prego *m* **2.** ANAT unha *f* **3.** *fig* **to pay on the ~** pagar à vista; **to hit the ~ on the head** acertar na mosca [*ou* em cheio] *II. vt* **1.** (*fasten*) pregar **2.** *inf* (*catch: police*) agarrar **nail file** *n* lixa *f* (de unhas) **nail polish** *n no pl* esmalte *m* (para unhas) **nail polish remover** *n* removedor *m* de esmalte **nail scissors** *npl* tesourinha *f* (de unhas)
naive, naïve [nɑː'iːv, *Brit*: naɪ'-] *adj* ingênuo, -a
naked ['neɪkɪd] *adj* **1.** (*unclothed*) nu(a), pelado, -a **2.** (*uncovered: blade*) exposto, -a; **to the ~ eye** a olho nu
name [neɪm] *I. n* **1.** nome *m;* (*surname*) sobrenome *m;* **by ~** de nome; **in the ~ of freedom and justice** em nome da liberdade e da justiça; **to call sb ~s** xingar alguém; **to go by the ~ of** atender pelo nome de; **what's your ~?** qual é o seu nome? **2.** (*reputation*) fama *f;* **to give sb/sth a good ~** fazer a fama de alguém/a.c.; **to make a ~ for oneself** fazer nome *II. vt* **1.** (*call*) dar nome a, chamar pelo nome; **they ~d him after his father** deram-lhe o nome do pai **2.** (*list*) citar

nameless *adj* sem nome; (*author*) anônimo, -a
namely *adv* a saber
namesake ['neɪmseɪk] *n* xará *mf inf*, homônimo, -a *m, f*
Namibia [nə'mɪbɪə, *Brit*: næ'-] *n* Namíbia *f*
Namibian *adj, n* namibiano, -a *m, f*
nanny ['næni] <-ies> *n* babá *f*
nap [næp] *n* soneca *f*, cochilo *m;* **to have a ~** tirar [*ou* um cochilo] uma soneca
nape [neɪp] *n* nuca *f*
napkin ['næpkɪn] *n* guardanapo *m*
nappy ['næpi] <-ies> *n Brit* fralda *f*
narcissus [nɑːr'sɪsəs, *Brit*: nɑː'-] <-es *o* narcissi> *n* narciso *m*
narcotic [nɑːr'kɑːtɪk, *Brit*: nɑː'kɒt-] *n* narcótico *m*
narrate ['næreɪt, *Brit*: nə'reɪt] *vt* narrar, contar
narrative ['nærətɪv, *Brit*: -tɪv] *n no pl* LIT narrativa *f;* (*events*) história *f*
narrator ['nærətər, *Brit*: nə'reɪtə'] *n* narrador(a) *m(f);* TV locutor(a) *m(f)*
narrow ['næroʊ, *Brit*: -rəʊ] *I.* <-er, -est> *adj* **1.** (*path, street*) estreito, -a **2.** (*margin*) apertado, -a, limitado, -a; **to be a ~ escape** escapar por pouco *II. vi* **1.** estreitar-se; (*gap*) diminuir **2.** (*field*) reduzir-se *III. vt* **to ~ sth down (to sth)** reduzir a. c. para a. c.
narrowly *adv* por pouco
narrow-minded *adj* bitolado, -a, tacanho, -a
NASA ['næsə] *n Am abbr of* **National Aeronautics and Space Administration** NASA *f*
nasal ['neɪzl] *adj* nasal; (*voice*) fanhoso, -a
nasty ['næsti, *Brit*: 'nɑː-s-] <-ier, -iest> *adj* **1.** (*bad*) grosseiro, -a; (*smell, taste*) repugnante; (*surprise, shock*) terrível; **to catch a nasty cold** pegar um sério resfriado; **what a nasty thing to say!** que coisa mais antipática de dizer! **2.** (*dangerous: accident*) feio, -a
nation ['neɪʃn] *n* nação *f*
national ['næʃənəl] *I. adj* nacional, público, -a *II. n* cidadão, cidadã *m, f*
national anthem *n* hino *m* nacional
national debt *n* dívida *f* pública
national dress *n* traje *m* nacional

> **Culture** O **national emblem** (símbolo nacional) da Inglaterra é a

> **Tudor rose**, uma rosa branca e plana da casa real de York sobre a rosa vermelha da casa de Lancaster. O símbolo nacional da Irlanda é a **shamrock**, uma espécie de trevo, que foi utilizado, ao que parece, pelo patrono da Irlanda, St. Patrick, para ilustrar o mistério da Santíssima Trindade. O **thistle** (cardo) da Escócia foi escolhido pelo rei Jaime III no século XV como símbolo nacional. O **dragon** de Gales foi utilizado desde muito tempo como símbolo nas bandeiras de guerra. Os galeses também têm o **leek** (alho-poró) como símbolo, que, segundo Shakespeare, foi levado na batalha de Poitiers contra os franceses em 1356. O **daffodil** (narciso) é um substituto do século XX mais bonito.

National Guard *n Am* Guarda *f* Nacional **National Health (Service)** *n Brit: serviço médico público e gratuito custeado pelos impostos* **National Insurance** *n no pl, Brit: seguro social mantido pelo governo por meio da cobrança de impostos*
nationalism *n no pl* nacionalismo *m*
nationalist *adj* nacionalista
nationality [ˌnæʃəˈnæləti, *Brit:* -ti] <-ies> *n* nacionalidade *f*
nationalization [ˌnæʃənəlɪˈzeɪʃn, *Brit:* -laɪ-] *n (of business, industry)* estatização *f*
nationalize [ˈnæʃənəlaɪz] *vt (business, industry)* estatizar
nationalized *adj (American, Brazilian, etc.)* nacionalizado, -a
nationwide *adj* em âmbito nacional
native [ˈneɪtɪv, *Brit:* -tɪv] I. *adj* 1. *(indigenous)* indígena 2. *(original)* natural; ~ **to Canada** natural do Canadá; *(innate)* inato, -a; *(language)* nativo, -a, materno, -a; ~ **country** terra *f* natal, país *m* de origem II. *n* 1. *(indigenous inhabitant)* nativo, -a *m, f*, indígena *mf* 2. **a ~ Torontonian** um nativo de Toronto; **to speak English like a ~** falar inglês como um nativo
native American *adj, n* ameríndio *m*

native speaker *n* falante *mf* nativo
nativity [nəˈtɪvəti, *Brit:* -ti] <-ies> *n* natividade *f*; **the Nativity** o Natal
nativity play *n* encenação *f* natalina
NATO [ˈneɪtoʊ, *Brit:* -təʊ] *n abbr of* **North Atlantic Treaty Organisation** OTAN *f*
natural [ˈnætʃərəl] I. *adj* 1. natural; **to die from ~ causes** morrer de causas naturais 2. *(ability)* inato, -a; **all ~ natural** II. *n* **to be a ~ (at sth)** ser um talento em a. c.
natural gas *n no pl* gás *m* natural **natural history** *n no pl* história *f* natural
naturalize [ˈnætʃərəlaɪz] *vt* naturalizar
naturally *adv* naturalmente
natural resources *npl* recursos *mpl* naturais
nature [ˈneɪtʃər, *Brit:* -əʳ] *n* natureza *f*; **things of this ~** coisas desta natureza; **to be in sb's ~** ser da natureza de alguém
naughty [ˈnɑːti, *Brit:* ˈnɔːti] <-ier, -iest> *adj* 1. *(badly behaved: child)* levado, -a, travesso, -a 2. *iron (adult)* malicioso, -a 3. *iron, inf (sexually stimulating)* picante
nausea [ˈnɑːziə, *Brit:* ˈnɔːs-] *n no pl* náusea *f*
nauseate [ˈnɑːzieɪt, *Brit:* ˈnɔːs-] *vt* enjoar, nausear
naval [ˈneɪvəl] *adj* naval
naval commander *n* comandante *mf* naval
nave [neɪv] *n* nave *f* (de igreja)
navel [ˈneɪvl] *n* umbigo *m*
navigate [ˈnævɪgeɪt] I. *vt* 1. *(steer)* pilotar; AUTO dirigir 2. *(sail)* navegar 3. *(in the internet)* navegar II. *vi* NAUT, AVIAT navegar; AUTO dirigir
navigation [ˌnævɪˈgeɪʃn] *n no pl* navegação *f*
navy [ˈneɪvi] I. <-ies> *n* **the Navy** a Marinha *f* II. *adj* ~ **(blue)** azul-marinho *m*
Nazi [ˈnɑːtsi] *n* nazista *mf*
NB [ˌenˈbiː] *abbr of* **nota bene** N.B.
NBC [ˌenbiːˈsiː] *n abbr of* **National Broadcasting Company** rede de televisão americana
NE [ˌenˈiː] *abbr of* **northeast** N.E.
near [nɪr, *Brit:* nɪəʳ] I. <-er, -est> *adj* 1. *(spatially)* perto *inv* 2. *(temporally)* próximo, -a 3. *(similar)* **the ~est thing to sth** o mais parecido com a. c.; **to be**

nowhere ~ **sth** não ser nem de longe a. c. **II.** *adv* (*spatial, temporal*) perto, próximo; **we left** ~ **the end of the day** nós partimos próximo do fim do dia; **we live** ~ **the bus terminal** nós moramos perto do terminal de ônibus **III.** *prep* **1.** (*in proximity to*) ~ **(to)** perto de **2.** (*almost*) **it's** ~ **midnight** está perto da meia-noite, é quase meia-noite **IV.** *vt* aproximar-se; **the project is** ~**ing completion** o projeto está se aproximando da conclusão

nearby [ˌnɪrˈbaɪ, *Brit*: ˈnɪəbaɪ] **I.** *adj* próximo, -a, vizinho, -a; **we stopped at a** ~ **shop** paramos em uma loja próxima **II.** *adv* por perto; **I live nearby** moro aqui (por) perto; **is there a drugstore nearby?** há uma drogaria aqui (por) perto?

Near East *n* Oriente *m* Médio

nearly *adv* quase; ~ **certain** quase certo, por pouco; **I** ~ **missed the bus** quase perdi o ônibus; **it's** ~ **Easter** já é quase Páscoa; **to be not** ~ **as good/fast as sth** não ser nem de longe tão bom/rápido quanto a. c.; **you're not** ~ **as strong as he is** você não é nem de longe tão forte quanto ele

near-sighted *adj esp Am, a. fig* míope

neat [niːt] *adj* **1.** (*well-ordered*) arrumado, -a; (*handwriting*) caprichado, -a **2.** *Am, Aus, inf* (*excellent*) legal; (*solution*) enxuto, -a **3.** (*deft*) hábil, engenhoso, -a

neatly *adv* **1.** (*with care*) cuidadosamente **2.** (*deftly*) habilmente

neatness *n no pl* asseio *m*, limpeza *f*

necessarily [ˌnesəˈserəli, *Brit*: ˈnesəsər-] *adv* necessariamente; **not** ~ não necessariamente

necessary [ˈnesəseri, *Brit*: -səri] *adj* necessário, -a, preciso, -a; **to do what is** ~ fazer o que for preciso; **if** ~ se for preciso; **it isn't** ~ **for you to come** não é necessário que você venha

necessity [nəˈsesəti, *Brit*: nɪˈsesəti] <-ies> *n* necessidade *f*; **in case of** ~ em caso de necessidade; **the bare necessities** as necessidades básicas

neck [nek] **I.** *n* pescoço *m*; (*nape*) nuca *f*; **I'm up to my** ~ **in debt/work** *inf* estou cheio de dívidas/de trabalho até o pescoço **II.** *vi Am, inf* acariciar-se

necklace *n* colar *m* **neckline** *n* decote *m* **necktie** *n* gravata *f*

née [neɪ] *adj* nascida *f*, nome *m* de solteira; **Tracy Jones,** ~ **Kowalski** Tracy Jones, nome de solteira Kowalski

need [niːd] **I.** *n no pl* necessidade *f*; **basic** ~**s** necessidades básicas; **if** ~**(s) be** se for necessário; ~ **for sb/sth** necessidade de alguém/a. c.; **there's no** ~ **to shout so loud** não é preciso [*ou* não há motivo para] gritar tão alto; **to be in** ~ **of sth** estar necessitando de a. c. **II.** *vt* **1.** (*require*) necessitar, precisar; **to** ~ **sb to do sth** precisar que alguém faça a. c.; **to** ~ **sth from sb** necessitar a. c. de alguém, precisar de a. c. de alguém; **to be not** ~ **sth** não precisar de a. c. **2.** (*must, have*) **to** ~ **to do sth** precisar fazer a. c. **3.** (*should*) **you** ~**n't laugh!** – **you'll be next** você não deve rir! – vai ser o próximo

needle [ˈniːdl] **I.** *n* agulha *f* **II.** *vt fig* alfinetar

needless [ˈniːdlɪs] *adj* (*tragedy*) desnecessário, -a; (*waste*) supérfluo, -a; ~ **to say ...** é claro que ...

needlework *n no pl* costura *f*

needn't [ˈniːdənt] = **need not** *s.* **need**

needy [ˈniːdi] <-ier, -iest> *adj* necessitado, -a, carente; **the** ~ os necessitados *mpl*

negative [ˈnegətɪv, *Brit*: -tɪv] **I.** *adj* negativo, -a **II.** *n* **1.** (*rejection*) negação *f* **2.** LING negativa *f*; **she answered in the** ~ ela respondeu na negativa **3.** PHOT negativo *m*

neglect [nɪˈglekt] **I.** *vt* negligenciar; **to** ~ **to do sth** esquecer(-se) de fazer a. c.; (*child*) descuidar, abandonar **II.** *n no pl* negligência *f*, desleixo *m*; **in a state of** ~ em estado de negligência

negligee *n*, **negligée** [ˌnegləˈʒeɪ, *Brit*: ˈneglɪʒeɪ] *n* robe *m* feminino, négligé *m form*

negligence [ˈneglɪdʒənts] *n no pl* negligência *f*

negligible [ˈneglɪdʒəbl] *adj* desprezível, insignificante

negotiable [nɪˈgoʊʃiəbl, *Brit*: -ˈgəʊ-] *adj* negociável; *not* ~ inegociável

negotiate [nɪˈgoʊʃieɪt, *Brit*: -ˈgəʊ-] *vt* **1.** (*discuss*) tratar; **to** ~ **sth with sb** tratar a. c. com alguém; **to** ~ **a contract** firmar [*ou* negociar] um contrato **2.** (*convert into money*) **to** ~ **a check** trocar um cheque **II.** *vi* negociar, transacionar; **to** ~ **with sb** negociar com alguém

negotiating table *n fig* mesa *f* de nego-

ciações
negotiation [nɪˌgoʊʃiˈeɪʃn, *Brit*: -ˌgəʊ-] *n* negociação *f*, transação *f*; **~s with sb for sth** negociações com alguém sobre a. c.
negotiator [nɪˈgoʊʃieɪtər, *Brit*: -ˈgəʊʃieɪtəʳ] *n* negociador(a) *m(f)*
neigh [neɪ] I. *n* relincho *m* II. *vi* relinchar
neighbor [ˈneɪbər, *Brit*: -əʳ] *n Am* vizinho, -a *m, f*
neighborhood [ˈneɪbərhʊd, *Brit*: -əhʊd] *n Am* **1.** (*community*) bairro *m*, redondezas *fpl* **2.** (*people*) vizinhos *mpl*
neighborhood watch *n* vigilância *f* local
neighboring *adj Am* **1.** (*nearby*) vizinho, -a **2.** (*bordering*) contíguo, -a
neighborly *adj Am* sociável
neighbour *n Brit s*. **neighbor**
neighbourhood *n Brit s*. **neighborhood**
neighbouring *adj Brit s*. **neighboring**
neighbourly *adj Brit s*. **neighborly**
neither [ˈniːðər, *Brit*: ˈnaɪðəʳ] I. *pron* nenhum (dos dois), nenhuma (das duas) *m, f*; **which one? – ~ (of them)** qual deles? – nenhum II. *adv* também não; **I don't like her. – me ~** eu não gosto dela. – eu também não III. *conj* também não, nem; **~ ... nor ...** nem ... nem ...; **if he won't eat, ~ will I** se ele não for comer, eu também não vou IV. *adj* nenhum (dos dois), nenhuma (das duas); **in ~ case** em nenhum dos casos
neologism [niˈɑlədʒɪzm] *n* neologismo *m*
neon [ˈniːɑːn, *Brit*: -ɒn] *n no pl* néon, neônio *m*
neon lamp *n*, **neon light** *n* luz *f* de néon [*ou* neônio]
nephew [ˈnefjuː] *n* sobrinho, -a *m, f*
nerd [nɜːrd, *Brit*: nɜːd] *n Am* cê-dê-efe *mf gír*
nerve [nɜːrv, *Brit*: nɜːv] *n* **1.** (*fiber*) nervo *m* **2.** *no pl* (*courage*) ousadia *f*; **to hold/lose one's ~** manter/perder o ânimo, animar-se/acovardar-se **3.** (*expressing annoyance*) **to get on sb's nerves** irritar alguém, dar nos nervos de alguém *inf*; **oh, the ~ of him!** oh, o cara-de-pau! *inf*; **you've got ~!** você é um saco! *gír* **4.** (*high nervousness*) **to be in a state of ~s** estar num estado de nervos
nerve-racking *adj* estressante
nervous [ˈnɜːrvəs, *Brit*: ˈnɜːv-] *adj* **1.** (*of the nerves*) nervoso, -a **2.** (*edgy*) aflito, -a, nervoso, -a; **to be ~ about sth** estar aflito com a. c.; **to make sb ~** pôr alguém nervoso
nervous breakdown *n* colapso *m* [*ou* esgotamento *m*] nervoso **nervous system** *n* sistema *m* nervoso
nervy [ˈnɜːrvi, *Brit*: ˈnɜːvi] <-ier, -iest> *adj* **1.** (*impudent*) insolente **2.** *esp Brit* (*worried*) ansioso, -a, tenso, -a
nest [nest] I. *n* ninho *m* II. *vi* aninhar
nest egg *n* (*money saved*) pé-de-meia *m*
nestle [ˈnesl] *vi* aconchegar-se; **to ~ up to sb** aconchegar-se a alguém
net¹ [net] I. *n* **1.** SPORTS (*in fishing*) rede *f*; (*in hunting*) armadilha *f* **2.** COMPUT **the Net** a Internet *f* **3.** (*fabric*) malha *f* **4.** *fig* armadilha II. <-tt-> *vt* (*fish*) pegar na rede; (*criminals*) pegar
net² [net] I. *adj* ECON líquido, -a; **~ income** [*o* **earnings**] renda *f* líquida II. *n* (*final profit*) lucro *m* líquido; (*final amount*) valor *m* líquido III. *vt* receber (salário) líquido; **I ~ted $50,000 last year** recebi um salário líquido de $50.000 no ano passado
netball [ˈnetbɔːl] *n no pl, Brit: espécie de basquetebol feminino*
Netherlands [ˈneðərləndz, *Brit*: -ələndz] *n* **the ~** os Países *mpl* Baixos
netminder [ˈnetˌmaɪndər, *Brit*: -əʳ] *n* SPORTS goleiro, -a *m, f*
nett [net] *adj Brit s*. **net²**
netting *n no pl* **1.** (*net*) tela *f* **2.** SPORTS rede *f*
nettle [ˈnetl, *Brit*: -tl] *n* urtiga *f*
network [ˈnetwɜːrk, *Brit*: -wɜːk] *n* INFOR, TEL rede *f*; **telephone ~** rede telefônica
neurological [ˌnʊrəˈlɑːdʒɪkəl, *Brit*: ˌnjʊərəˈlɒ-] *adj* neurológico, -a
neurosis [nʊˈroʊsɪs, *Brit*: njʊəˈrəʊ-] <-es> *n* neurose *f*
neurotic [njʊˈrɑːtɪk, *Brit*: nʊəˈrɒt-] *adj* neurótico, -a
neuter [ˈnuːtər, *Brit*: ˈnjuːtəʳ] I. *adj* **1.** LING neutro, -a **2.** (*sexless*) assexuado, -a II. *vt* castrar
neutral [ˈnuːtrəl, *Brit*: ˈnjuː-] I. *adj* neutro, -a II. *n* AUTO ponto *m* morto; **to put the car in ~** pôr o carro em ponto morto
neutralize [ˈnuːtrəlaɪz, *Brit*: ˈnjuː-] *vt* neutralizar

neutron ['nu:trɑ:n, *Brit*: 'nju:trɒn] *n* nêutron *m*

never ['nevər, *Brit*: -ər] *adv* **1.**(*at no time*) nunca; **I ~ forget a face** nunca esqueço um rosto; **well I ~!** não acredito! **2.**(*under no circumstances*) de jeito nenhum; **~ ever** jamais; **~ mind** não faz mal

never-ending *adj* sem fim

nevertheless [,nevərðə'les, *Brit*: ,nevəd-] *adv* no entanto, contudo

new [nu:, *Brit*: nju:] *adj* **1.**(*latest, recent*) novo, -a; **so, what's ~?** então, o que há de novo? **2.**(*in new condition*) fresco, -a; **brand ~** novo em folha; **as good as ~** como novo

New Age *n* Nova Era *f*

newborn *adj* recém-nascido, -a

New Brunswick *n* New Brunswick *f* **New Caledonia** *n* Nova Caledônia *f*

newcomer *n* (*recently arrived*) recém-chegado, -a *m, f;* (*beginner*) iniciante *mf*

New England *n* Nova Inglaterra *f* **newfound** *adj* recém-descoberto, -a, recém-achado, -a

Newfoundland ['nu:fəndlənd, *Brit*: 'nju:-] *n* Terra Nova *f*

newly *adv* (*acquired, elected, founded, published, etc.*) recentemente, recém

newly-wed *npl* recém-casado, -a *m, f*

new moon *n* lua *f* nova

New Orleans *n* Nova Orleans *f*

news [nu:z, *Brit*: nju:z] *n* + *sing vb* **1.** notícia(s) *f;* **a piece of ~** uma notícia; **bad/good ~** más/boas notícias; **to be ~ (to sb)** ser novidade para alguém **2.**(*tv, radio*) **the ~s** + *sing vb* o noticiário *m;* **the ~ media** a mídia *f*

> **Grammar**   news é utilizado no singular: "The news is good; Is there any news of Norman?"

news agency <-ies> *n* agência *f* de notícias **newsagent** *n Brit, Aus* jornaleiro, -a *m, f* **newscaster** *n Am* locutor(a) *m(f)* **news dealer** *n Am* jornaleiro, -a *m, f* **newsflash** <-es> *n* últimas *f* notícias **newsletter** *n* boletim *m* informativo **newspaper** *n* jornal *m;* **~ clipping** recorte *m* de jornal **newsprint** *n no pl* papel *m* de jornal **newsreader** *n Brit, Aus* locutor(a) *m(f)* **newsreel** *n* cine-jornal *m* **newsroom** *n* redação *f* **newsstand** *n* banca *f* de jornais **newsworthy** *adj* noticiável

newt [nu:t, *Brit*: nju:t] *n* tritão *m*

New Year *n* Ano-Novo *m;* **Happy ~** Feliz Ano-Novo; **to celebrate ~'s** comemorar o ano-novo

New Year's Day *n no pl* dia *m* de ano-novo **New Year's Eve** *n no pl* véspera *f* de ano-novo

New York I. *n* Nova Iorque *f* **II.** *adj* de Nova Iorque **New Yorker** *n* nova-iorquino, -a *m, f* **New Zealand I.** *n* Nova Zelândia *f* **II.** *adj* da Nova Zelândia **New Zealander** *n* neozelandês, -esa *m, f*

next [nekst] **I.** *adj* **1.**(*in location*) ao lado; **the ~ office** o escritório ao lado **2.**(*in time*) seguinte; **~ January** em janeiro próximo; **~ month** no mês que vem; **the ~ day** o dia seguinte; (**the**) **~ time** da próxima vez **3.**(*in order*) próximo, -a; **to be ~** ser o próximo **II.** *adv* **1.**(*afterwards, subsequently*) depois **2.**(*in location*) **~ to** ao lado de **3.**(*almost*) quase; **next to last** penúltimo, -a *m, f;* **~ to nothing** quase nada; **the ~ best thing** a segunda melhor coisa

next door *adv* ao lado **next-door neighbor** *n* vizinho, -a *m, f* paredes-meias

next-gen [nekst'dʒen] *adj inv, inf abbr of* **next-generation** futurístico, -a **next of kin** *n no pl* parentes *mpl* mais próximos

Niagara Falls [naɪ,ægərə'-] *n* **the ~** as cataratas *fpl* do Niágara

nib [nɪb] *n* (*of a pen*) ponta *f*

nibble ['nɪbl] *vt, vi* **to ~ (on) sth** beliscar a. c.

Nicaragua [,nɪkə'rɑ:gwə, *Brit*: -'rægjʊə] *n* Nicarágua *f* **Nicaraguan** *adj, n* nicaraguense

nice [naɪs] *adj* **1.**(*pleasant, agreeable*) agradável; (*weather*) bom *m;* **~ and big** grande e agradável; **~ to meet you** prazer em conhecê-lo; **have a ~ day!** tenha um bom dia; **the cat's fur is ~ and soft** o pelo do gato é gostoso e macio **2.**(*amiable*) simpático, -a; (*kind*) gentil; **to be ~ of sb to do sth** ser gentil da parte de alguém fazer a. c.; **to be ~ to sb** ser simpático com alguém; **he's a really ~ guy** *inf* ele é um cara bem legal **3.**(*subtle*) sutil; (*fine*) fino, -a

nicely *adv* agradavelmente, bem; **to do very ~** estar indo muito bem

niceties ['naɪsəṭɪz, *Brit*: -tɪz] *npl* sutilezas *fpl*

niche [nɪtʃ, *Brit*: niːʃ] *n* **1.** (*position*) nicho *m* **2.** (*hollow*) reentrância *f*

nick [nɪk] **I.** *n* **1.** (*chip in surface*) entalhe *m*, incisão *f* **2.** *fig* **in the ~ of time** na hora H **II.** *vt* **1.** (*chip*) entalhar; (*cut*) cortar as arestas **2.** *esp Brit, Aus, inf* (*steal*) furtar **3.** *esp Brit, inf* (*arrest*) **to ~ sb** pegar alguém em flagrante; (*catch*) agarrar alguém

nickel ['nɪkl] *n* **1.** *no pl* CHEM níquel *m* **2.** *Am* (*coin*) moeda *f* de cinco centavos

nickname **I.** *n* apelido *m* **II.** *vt* apelidar

nicotine [nɪkəˈtiːn] *n no pl* nicotina *f*

nicotine patch <-es> *n* adesivo *f* de nicotina

niece [niːs] *n* sobrinha *f*

Niger ['naɪdʒər, *Brit*: -ər] *n* Níger *m*

Nigeria [narˈdʒɪriə, *Brit*: -ˈdʒɪər-] *n* Nigéria *f* **Nigerian** *adj*, *n* nigeriano, -a *m, f*

niggling ['nɪglɪŋ] *adj* (*doubts, worries*) irritante

night [naɪt] *n* noite *f*; **at ~** à noite; **during the ~** durante a noite; **good ~!** boa noite!; **last ~** a noite passada; **ten o'clock at ~** às dez horas da noite; **where were you on the ~ of the 12th?** onde você estava na noite do dia 12?

nightcap *n* (*drink*) saideira *f*; **to have a ~** tomar uma saideira **nightclub** *n* boate *f* **nightdress** <-es> *n esp Brit* camisola *f* **nightfall** *n no pl* anoitecer *m* **nightgown** *n Am*, **nightie** *n inf* camisola *f* **nightingale** ['naɪtəngeɪl, *Brit*: -tɪŋ-] *n* rouxinol *m* **night life** *n no pl* vida *f* noturna

nightly **I.** *adv* toda noite **II.** *adj* noturno, -a

nightmare ['naɪtmer, *Brit*: -mər] *n* pesadelo *m*

night-porter *n* porteiro *m* da noite **night school** *n* escola *f* noturna **nighttime** *n* **at ~** à noite **night watchman** *n* guarda-noturno *m*

nil [nɪl] *n no pl* **1.** (*nothing*) nada *m* **2.** *Brit* (*no score*) zero *m*

Nile [naɪl] *n* **the ~** o Nilo

nimble ['nɪmbl] *adj* (*fingers*) ágil; (*in movement*) ligeiro, -a; (*in thinking*) perspicaz

nine [naɪn] *adj* nove; **~ times out of ten** quase sempre; *s.a.* **eight**

nineteen [ˌnaɪnˈtiːn] *adj* dezenove; *s.a.* **eight 1**

nineteenth *adj* décimo nono, décima nona; *s.a.* **eighth**

ninetieth ['naɪntiəθ] *adj* nonagésimo, -a

ninety ['naɪnti, *Brit*: -ti] *adj* noventa; *s.a.* **eighty**

ninth [naɪnθ] *adj* nono, -a; *s.a.* **eighth**

nip[1] [nɪp] <-pp-> **I.** *vt* **1.** (*bite*) morder **2.** (*pinch, squeeze*) beliscar, apertar **II.** *vi* **1.** (*bite*) **to ~ at sb** morder alguém **2.** *esp Brit, Aus, inf* (*go quickly*) ir depressa; **to ~ along** deslocar-se rápido

nip[2] [nɪp] *n inf* (*sip*) gole *m*

nipple ['nɪpl] *n* **1.** ANAT (*of woman*) mamilo *m* **2.** (*of baby bottle*) bico *m* (de mamadeira)

nippy ['nɪpi] <-ier, -iest> *adj Brit, Aus, inf* (*quick*) rápido, -a; (*nimble*) ágil

nit [nɪt] *n* **1.** (*insect*) lêndea *f* **2.** *Brit, Aus, pej, inf* (*stupid person*) pateta *mf*

nitrogen ['naɪtrədʒən] *n no pl* nitrogênio *m*

NNE *abbr of* **north-northeast** N.N.E.

NNW *abbr of* **north-northwest** N.N.W.

no [noʊ, *Brit*: nəʊ] **I.** *adv* não; (*emphasizing falsity*) de modo algum; **~ bigger/more difficult than** não maior/mais difícil que; **~ parking** proibido estacionar; **your car is no bigger than mine** seu carro não é maior que o meu **II.** *adj* nenhum(a); **~ way** de jeito nenhum; **that's no problem!** isso não é problema!; **this is no joke** isso não é (nenhuma) piada **III.** <-(e)s> *n* (*denial, refusal*) não *m*; **to not take ~ for an answer** não aceitar um não como resposta **IV.** *interj* (**oh**) **~!** (*in denial*) (oh) não!; (*in distress*) ah não!

no, **No.** *abbr of* **number** n°

Nobel prize [ˌnoʊbelˈ-, *Brit*: ˌnəʊ-] *n* prêmio *m* Nobel; **the ~ winner** o ganhador *m* do prêmio Nobel

nobility [noʊˈbɪləṭi, *Brit*: nəʊˈbɪləti] *n no pl* nobreza *f*

noble ['noʊbl, *Brit*: 'nəʊ-] *adj* nobre

nobody ['noʊbaːdi, *Brit*: 'nəʊbədi] **I.** *pron indef, sing* ninguém **II.** *n* joão-ninguém *m*

nod [naːd, *Brit*: nɒd] **I.** *n* aceno [*ou* sinal] com a cabeça *m* **II.** <-dd-> *vt* **to ~ a farewell to sb** despedir-se acenando com a cabeça; **to ~ one's head** balançar a cabeça **III.** <-dd-> *vi* acenar; **to**

~ **to sb** (*saying yes*) fazer que sim (com a cabeça) para alguém; (*in greeting*) cumprimentar alguém (acenando com a cabeça)
◆ **nod off** *vi* cochilar
noise [nɔɪz] *n* barulho *m*; (*loud, unpleasant*) gritaria *f*
noisy ['nɔɪzi] <-ier, -iest> *adj* ruidoso, -a; (*loud, unpleasant*) barulhento, -a
nominal ['nɑ:mənl, *Brit:* 'nɒmɪ-] *adj* simbólico, -a; **a ~ sum** um valor simbólico
nominate ['nɑ:məneɪt, *Brit:* 'nɒmɪ-] *vt* 1.(*propose*) propor 2.(*appoint*) nomear; **to ~ sb as sth** nomear alguém para a. c.
nomination [ˌnɑ:mə'neɪʃn, *Brit:* ˌnɒmɪ-] *n* 1.(*proposal*) proposta *f* 2.(*appointment*) nomeação *f*
nominee [ˌnɑ:mə'ni:, *Brit:* ˌnɒmɪ-] *n* 1.(*for a job*) o nomeado, -a *m, f*; **the ~ vice-president** o vice-presidente nomeado 2.(*for an award*) o indicado, -a *m, f*; **the Oscar ~** o indicado para o Oscar
non-alcoholic *adj* sem álcool; **~ beverage** bebida sem álcool
non-committal [ˌnɑ:nkə'mɪtəl, *Brit:* ˌnɒnkə'mɪt-] *adj* evasivo, -a
nondescript ['nɑ:ndɪskrɪpt, *Brit:* 'nɒn-] *adj* indefinível; (*person*) estranho, -a, medíocre *pej*; (*color*) indeterminado, -a
none [nʌn] **I.** *pron* 1.(*nobody*) ninguém; **~ of them** nenhum deles 2.(*not any*) nenhum(a) *m(f)*; **~ of my letters arrived** nenhuma das minhas cartas chegou 3.(*nothing*) nada; **~ of that!** nada disso! **II.** *adv* **~ other than ...** ninguém menos que ...; **~ the less** en entanto; **to be ~ the wiser** ficar na mesma *inf*

> **Grammar** **None** pode ser utilizado tanto no singular quanto no plural: "None of my friends smoke(s)."

nonentity [nɑ:'nentəti, *Brit:* nɒ'nentəti] <-ies> *n* 1.(*person*) joão-ninguém *m inf*, zero *m* à esquerda *inf* 2. *no pl* (*insignificance*) nulidade *f*
non-existent [ˌnɑ:nɪg'zɪstənt, *Brit:* ˌnɒn-] *adj* inexistente **non-fat** *adj* sem gordura **non-fiction** *n no pl* não-ficção *f*
no-no *n* **that's a ~** *inf* é uma travessura [*ou* um mau comportamento]

nonplus [ˌnɑ:n'plʌs, *Brit:* ˌnɒn-] <-ss-> *vt* **to be ~sed** ficar confuso, -a [*ou* perplexo], -a
nonprofit *adj* sem fins lucrativos; **~ organisation** entidade sem fins lucrativos
nonsense ['nɑ:nsents, *Brit:* 'nɒnsənts] **I.** *n no pl* besteira *f*, bobagem *f*; **to talk ~** *inf* falar bobagem, dizer besteira **II.** *interj* bobagem!
nonsensical [ˌnɑ:n'sentsɪkl, *Brit:* ˌnɒn-] *adj* disparatado, -a
non-smoker *n* não-fumante *mf*
non-smoking *adj* não-fumante
non-starter *n inf* **that proposal is a ~** esta é uma proposta sem a mínima chance
non-stick *adj* não-aderente
non-stop **I.** *adj* ininterrupto, -a; (*flight*) sem escala; (*train*) direto, -a **II.** *adv* sem parar
noodle ['nu:dl] *n* macarrão *m*
nook [nʊk] *n* recanto *m*; **she searched in every ~ and cranny** procurou por todos os cantos
noon [nu:n] *n no pl* meio-dia *m*; **at (twelve) ~** ao meio-dia
no one *pron indef, sing* ninguém
noose [nu:s] *n* nó *m* corredio
nor [nɔ:r, *Brit:* nɔ:] *conj* 1.(*or not*) nem; **neither ... ~ ...** nem ... nem ... 2.(*not either*) também não
norm [nɔ:rm, *Brit:* nɔ:m] *n* norma *f*
normal ['nɔ:rml, *Brit:* 'nɔ:ml] *adj* 1.(*within the ordinary*) normal 2.(*usual*) comum; **as (is) ~** como de hábito; **to be back to ~** ter voltado ao normal; **to be ~ for sb/sth (to do sth)** ser comum para alguém/a. c. (fazer a. c.)
normalcy ['nɔ:rməlsi, *Brit:* 'nɔ:m-] *Am*, **normality** [nɔ:r'mæləti, *Brit:* nɔ:'mæləti] *n no pl* normalidade *f*
normally *adv* normalmente
Normandy ['nɔ:rməndi, *Brit:* 'nɔ:m-] *n* Normandia *f*
north [nɔ:rθ, *Brit:* nɔ:θ] **I.** *n* norte *m*; **in/to the ~ of Brazil** no/ao norte do Brasil **II.** *adj* do norte **III.** *adv* para o norte
North Africa *n* África *f* do Norte **North African** *adj*, *n* norte-africano, -a *m, f*
North America *n* América *f* do Norte **North American** *adj*, *n* norte-americano, -a *m, f*
North Carolina *n* Carolina *f* do Norte

North Dakota *n* Dakota *f* do Norte
northeast [ˌnɔːrθˈiːst, *Brit:* ˌnɔːθ-] **I.** *n* nordeste *m;* **in the ~** no nordeste **II.** *adj* (do) nordeste **III.** *adv* para o nordeste
northeasterly *adj* (do) nordeste, para o nordeste; **in a ~ direction** em direção ao nordeste
northeastern *adj* (do) nordeste
northeastward(s) *adj* para o nordeste
northerly [ˈnɔːrðərli, *Brit:* ˈnɔːðəli] **I.** *adj* (do) norte, para o norte; **in a ~ direction** em direção ao norte **II.** *adv* (*towards*) para o norte; (*from*) do norte
northern [ˈnɔːrðərn, *Brit:* ˈnɔːðən] *adj* setentrional, (do) norte; **the ~ part of the country** a parte norte do país **Northern Territories** *npl* Territórios *mpl* do Norte
North Pole *n* the **~** o Polo Norte **North Sea** *n* Mar *m* do Norte **North-South divide** *n* ECON divisão *f* Norte-Sul **North Star** *n* estrela *f* polar
northward(s) *adv* em direção ao norte
northwest [ˌnɔːrθˈwest, *Brit:* ˌnɔːθ-] **I.** *n* noroeste *m;* **in the ~** no noroeste **II.** *adj* (do) noroeste **III.** *adv* para o noroeste
northwesterly *adj* (do) noroeste, para o noroeste; **in a ~ direction** na direção do noroeste
Northwest Territories *n pl* Territórios *mpl* do Noroeste
northwestward(s) *adj* para o noroeste
Norway [ˈnɔːrweɪ, *Brit:* ˈnɔːweɪ] *n* Noruega *f*
Norwegian [nɔːrˈwiːdʒən, *Brit:* nɔː'-] *adj, n* norueguês, -esa *m, f*
nose [noʊz, *Brit:* nəʊz] **I.** *n* **1.** ANAT nariz *m;* **to blow one's ~** assoar o nariz **2.** AVIAT nariz *m* **3. to stick one's ~ into sth** meter o bedelho em a. c. **II.** *vt* **to ~ one's way in/out** entrar/sair
◆ **nose about, nose around** *vi inf* bisbilhotar; **I'm nosing about for clues** estou bisbilhotando à procura de pistas
nosebleed *n* hemorragia *f* nasal **nose-dive** *n* mergulho *m* de ponta
nose stud *n* piercing *m* no nariz
nosey [ˈnoʊzi, *Brit:* ˈnəʊ-] <-ier, -iest> *adj* abelhudo, -a, xereta
nostalgia [nɑːˈstældʒə, *Brit:* nɒ'-] *n no pl* nostalgia *f*
nostril [ˈnɑːstrəl, *Brit:* ˈnɒs-] *n* narina *f*
nosy [ˈnoʊzi, *Brit:* ˈnəʊ-] <-ier, -iest> *adj s.* **nosey**

not [nɑːt, *Brit:* nɒt] *adv* **1.** não; **~ at all, ~ only ... but also ...** não só ... mas também ...; **why ~?** por que não?; **can I ask you a question? – not now** posso fazer-lhe uma pergunta? – agora não **2.** (*nothing*) nem um pouco **3.** (*after thanks*) de nada
notable [ˈnoʊtəbl, *Brit:* ˈnəʊt-] *adj* (*noticeable: gain, reluctance, lack of enthusiasm*) considerável; (*remarkable: achievement, contribution, person*) notável
notably *adv* em particular
notary (**public**) [ˈnoʊtəri, *Brit:* ˈnəʊt-] <-ies> *n* tabelião, tabeliã *m, f*
notation [noʊˈteɪʃn, *Brit:* nəʊ-] *n* MAT, MUS notação *f*
notch [nɑːtʃ, *Brit:* nɒtʃ] <-es> *n* (*nick*) incisão *f*
note [noʊt, *Brit:* nəʊt] **I.** *n* **1.** (*short message*) bilhete *m;* **to take ~ (of sth)** (*write down*) tomar nota de a. c.; (*notice*) notar a. c. **2.** (*importance*) of **~ form** digno, -a de nota **3.** LIT comentário *m* **4.** MUS nota *f* (musical); (*sound*) tom *m* **5.** *esp Brit, Aus* (*paper money*) nota *f* **II.** *vt* **1.** (*mention*) mencionar **2.** (*observe*) notar, observar; **please ~ that ...** queira observar que **3.** (*write*) **to ~ sth** (**down**) anotar a. c.
notebook *n* caderno *m*
noted [ˈnoʊtɪd, *Brit:* ˈnəʊt-] *adj* célebre; **to be ~ for sth** ser famoso por a. c.
notepad *n* bloco *m* de anotações **notepaper** *n no pl* papel *m* de carta
noteworthy *adj form* notável
nothing [ˈnʌθɪŋ] **I.** *pron indef, sing* **1.** (*no objects*) nada; **~ new** nada de novo; **we saw ~ (else/more)** não vimos nada mais **2.** (*not anything*) **~ of the kind** nada do gênero; **there is ~ to laugh at** não há nada de engraçado; **to have ~ to do with sb** não ter nada a ver com alguém **3.** (*only*) **~ but ...** só ... **II.** *n* **1.** nulidade *f* **2.** MAT, SPORT zero *m*
notice [ˈnoʊtɪs, *Brit:* ˈnəʊt-] **I.** *vt* (*note*) notar; **to ~ (that) ...** notar que; (*perceive*) perceber **II.** *vi* reparar; **she waved at the man but he didn't ~** ela acenou para o homem mas ele não reparou **III.** *n* **1.** *no pl* (*attention*) atenção *f;* **to come to sb's ~ (that ...)** chegar ao conhecimento de alguém (que ...); **to escape one's ~** fugir à percepção de alguém; **to take ~ of sb/sth** prestar atenção em alguém/a. c. **2.** (*in a news-*

paper, magazine) notícia *f* **3.** *no pl* (*warning*) aviso *m;* **at short ~** em cima da hora; **until further ~** até segunda ordem

noticeable ['noʊtɪsəbl, *Brit:* 'nəʊt-] *adj* (*accent, trend*) marcante; (*difference, improvement*) visível

notice board *n esp Aus, Brit* quadro *m* de avisos

notification [ˌnoʊtəfɪˈkeɪʃn, *Brit:* ˌnəʊtɪ-] *n* comunicado *m*

notify ['noʊtəfaɪ, *Brit:* 'nəʊtɪ-] <-ie-> *vt* notificar, comunicar; **to ~ sb of sth** comunicar a. c. a alguém

notion ['noʊʃn, *Brit:* 'nəʊ-] *n* noção *f*

notoriety [ˌnoʊtəˈraɪəti, *Brit:* ˌnəʊt-əˈraɪəti] *n no pl* notoriedade *f*

notorious [noʊˈtɔːriəs, *Brit:* nəʊˈ-] *adj* **1.** (*well known*) conhecido, -a, notório, -a; **São Paulo is ~ for its traffic jams** São Paulo é conhecida por seus engarrafamentos **2.** (*unfavorably known*) malvisto, -a; (*thief*) notório, -a

notwithstanding [ˌnɑːtwɪθˈstændɪŋ, *Brit:* ˌnɒt-] *adv form* todavia

nougat ['nuːgət, *Brit:* 'nuːgɑː] *n no pl* nugá *m* (*doce que é uma mistura de clara de ovos, mel e amêndoas ou nozes torradas*)

nought [nɑːt, *Brit:* nɔːt] *n esp Brit* **1.** (*nothing*) nada *m* **2.** MAT zero *m*

noun [naʊn] *n* substantivo *m*

nourish ['nɜːrɪʃ, *Brit:* 'nʌr-] *vt* **1.** (*with food*) nutrir **2.** *form* (*cherish*) alimentar; **he ~ed the hope of becoming famous** ele alimentava a esperança de ficar famoso

nourishing *adj* nutritivo, -a

nourishment *n no pl* nutriente *m,* alimento *m*

Nova Scotia [ˌnoʊvəˈskoʊʃə, *Brit:* ˌnəʊvəˈskəʊ-] *n* Nova Escócia *f*

novel[1] ['nɑːvl, *Brit:* 'nɒvl] *n* LIT romance *m*

novel[2] *adj* (*idea*) original

novelist *n* romancista *mf*

novelty ['nɑːvlti, *Brit:* 'nɒv-] <-ies> *n no pl* novidade *f*

November [noʊˈvembər, *Brit:* nəʊˈvembə] *n* novembro *m; s.a.* **March**

novice ['nɑːvɪs, *Brit:* 'nɒv-] *n* **1.** (*beginner*) novato, -a *m, f;* **to be a ~ at sth** ser um principiante em a. c. **2.** REL noviço, -a *m, f*

now [naʊ] **I.** *adv* **1.** (*at the present time*) agora; **just ~, right ~** agora mesmo **2.** (*currently*) atualmente; **by ~** já; **for ~** por ora; **from ~ on** de agora em diante **3.** (*then*) então; (*every*) **~ and then** de vez em quando **II.** *n* (*present*) momento *m* atual; **the here and ~** o aqui e agora **III.** *conj* **~ (that) ...** agora (que) ...

nowadays ['naʊədeɪz] *adv* hoje em dia

nowhere ['noʊwer, *Brit:* 'nəʊweə] *adv* em lugar nenhum; **to appear from** [*o* **out of**] **~** aparecer de repente

nozzle ['nɑːzl, *Brit:* 'nɒzl] *n* bico *m;* (*of gas pump*) agulheta *f;* (*of gun*) bocal *m*

nuclear ['nuːkliər, *Brit:* 'njuːkliə] *adj* nuclear

nucleus ['nuːkliəs, *Brit:* 'njuː-] <-ei *o* -es> *n* núcleo *m*

nude [nuːd, *Brit:* njuːd] **I.** *adj* nu(a) **II.** *n* **1.** ART, PHOT nu *m* **2.** (*naked*) **in the ~** pelado, -a *m, f,* nu(a) *m(f)*

nudge [nʌdʒ] *vt* cutucar

nudist ['nuːdɪst, *Brit:* 'njuː-] *n* nudista *mf*

nudity ['nuːdəti, *Brit:* 'njuːdəti] *n no pl* nudez *f*

nuisance ['nuːsns, *Brit:* 'njuː-] *n* chateação *f,* aborrecimento *m;* **to make a ~ of oneself** *inf* ficar chato *inf;* **what a ~!** que chato!

null [nʌl] *adj* nulo, -a; **~ and void** sem efeito; **the election was declared ~ and void** a eleição foi anulada

numb [nʌm] **I.** *adj* **1.** (*with cold*) dormente; **to go ~** ficar dormente **2.** (*with feeling*) **~ with fear** paralisado , -a de medo **II.** *vt* (*person*) paralisar; (*feeling, pain*) entorpecer

number ['nʌmbər, *Brit:* -əʳ] **I.** *n* **1.** MAT número *m;* (*symbol*) algarismo *m;* **telephone ~** número de telefone; **you have the wrong ~** você discou o número errado **2.** (*amount*) número *m;* **for a ~ of reasons** por várias razões; **to be 3 in ~** ser em número de 3 **3.** JOURN, MUS, THEAT número *m* **4.** *inf* (*trick*) **to do a ~ on sb** fazer alguém de palhaço **II.** *vt* **1.** (*assign number to*) numerar **2.** (*count*) contar **3.** (*amount to*) totalizar

Culture O **Number 10 Downing Street** é a residência oficial do **prime minister** (primeiro-ministro). A casa data do século XVII, tendo sido construída por Sir George Downing, político, especulador imobiliário e espião. O primeiro-ministro habita o andar mais alto e no resto do edifício se encontram os escritórios e salas de reunião do gabinete de governo. El **Chancellor of the Exchequer** (Ministro da Fazenda) vive na casa ao lado, no **Number 11**. Na mesma rua encontram-se além desses outros órgãos governamentais.

number plate *n Brit* placa *f* de carro
numeral ['nu:mərəl, *Brit:* 'nju:-] *n* algarismo *m*
numerical [nu:'merɪkl, *Brit:* nju:'-] *adj* numérico, -a
numerous ['nu:mərəs, *Brit:* 'nju:-] *adj* numeroso, -a
nurse [nɜ:rs, *Brit:* nɜ:s] **I.** *n* enfermeiro, -a *m, f* **II.** *vt* **1.** (*care for*) cuidar de; **to ~ sb (back) to health** cuidar de alguém até curá-lo **2.** (*nurture*) fomentar; **policies to ~ the arts** políticas de fomento às artes **3.** (*breast-feed*) amamentar
nursery ['nɜ:rsəri, *Brit:* 'nɜ:s-] <-ies> *n* **1.** (*child care*) creche *f* **2.** BOT viveiro *m* **3.** *esp Brit* (*bedroom*) quarto *m* de crianças
nursery rhyme *n* cantiga *f* infantil
nursery school *n* escola *f* maternal
nursing *n no pl* enfermagem *f*
nursing home *n* clínica *f* de repouso
nurture ['nɜ:rtʃər, *Brit:* 'nɜ:tʃər] *vt* (*talent*) incentivar; (*a plant*) cultivar; **his job is to ~ young talent** seu trabalho é de incentivar novos talentos
nut [nʌt] *n* **1.** BOT (*walnut*) noz *f*; **~s are good for you** as nozes são boas para você **2.** TECH porca *f* **3.** *inf* (*crazy person*) maluco, -a *m, f*, pinel *mf*
nutcracker *n* quebra-nozes *m inv* **nutmeg** *n no pl* noz-moscada *f*
nutrient ['nu:triənt, *Brit:* 'nju:-] *n* nutriente *m*
nutrition [nu:'trɪʃn, *Brit:* nju:-] *n no pl* nutrição *f*
nutritionist *n* nutricionista *mf*
nutritious [nu:'trɪʃəs, *Brit:* nju:-] *adj* nutritivo, -a
nuts [nʌts] *adj* **to be ~** ser louco

nutshell *n no pl* casca *f* de noz; **in a ~** em resumo
nutty ['nʌti, *Brit:* -ti] <-ier, -iest> *adj* **1.** (*flavor*) com gosto de nozes **2.** *inf* (*crazy*) amalucado, -a
NW *abbr of* **northwest** N.W.
NY *abbr of* **New York** NY

O

O, o [əʊ] *n* **1.** (*letter*) o *m*; **~ as in Oboe** *Am*, **~ for Oliver** *Brit* o de oba **2.** (*zero*) zero *m*
oak [oʊk, *Brit:* əʊk] *n* carvalho *m*
oar [ɔ:r, *Brit:* ɔ:ʳ] *n* remo *m*
oath [oʊθ, *Brit:* əʊθ] *n* juramento *m*; **under** [*o Brit* **on**] **~** sob juramento
oats [oʊts, *Brit:* əʊts] *npl* aveia *f*; **to sow one's wild ~** fazer umas farrinhas
obedience [oʊ'bi:diəns, *Brit:* ə'-] *n no pl* obediência *f*; **to ~ to sb** obediência a alguém
obedient [oʊ'bi:diənt, *Brit:* ə'-] *adj* obediente; **to be ~ to sb/sth** obedecer a alguém/a a. c.
obesity [oʊ'bi:səti, *Brit:* əʊ'bi:səti] *n no pl* obesidade *f*
obey [oʊ'beɪ, *Brit:* ə'-] *vt* obedecer
obituary [oʊ'bɪtʃueri, *Brit:* ə'bɪtʃʊəri] <-ies> *n*, **obituary notice** *n* nota *f* necrológica, obituário *m*
object[1] ['ɑ:bdʒɪkt, *Brit:* 'ɒb-] *n* **1.** (*purpose, goal*) finalidade *f*, objetivo *m*; **the ~ of the exercise is ...** a finalidade do exercício é ... **2.** (*unspecified thing*) objeto *m*
object[2] [əb'dʒekt] **I.** *vi* fazer objeção a, opor-se a; **to ~ to sth** opor-se a a. c. **II.** *vt* contestar; **to ~ that ...** contestar que ...
objection [əb'dʒekʃn] *n* objeção *f*; **an ~ to sth** uma objeção a a. c.; **to raise ~s** levantar objeções
objective [əb'dʒektɪv] *adj* objetivo, -a
objectivity [,ɑ:bdʒek'tɪvəti, *Brit:* ,ɒbdʒɪk'tɪvəti] *n no pl* objetividade *f*
obligation [,ɑ:blə'geɪʃn, *Brit:* ,ɒblɪ'-] *n no pl* obrigação *f*; **an ~ to sb** uma obrigação para com alguém; **to be under**

an/no ~ to do sth ter/não ter a obrigação de fazer a. c.
oblige [ə'blaɪdʒ] **I.** vt **1.** (force) obrigar **2.** (perform service for) fazer um favor a **II.** vi **to be happy to ~** colocar-se à disposição
obliterate [ə'blɪtəreɪt, Brit: -'blɪt-] vt apagar, obliterar
oblivion [ə'blɪviən] n no pl esquecimento m; **to fall into ~** cair no esquecimento
oblivious [ə'blɪviəs] adj alheio, -a, distraído, -a; **~ of** [o **to**] **sth/sb** alheio a a. c./alguém
oblong ['ɑːblɑːŋ, Brit: 'ɒblɒŋ] **I.** n figura f oblonga, retângulo m **II.** adj alongado, -a, retangular
obnoxious [əb'nɑːkʃəs, Brit: -'nɒk-] adj antipático, -a, detestável
oboe ['oʊboʊ, Brit: 'əʊbəʊ] n oboé m
obscene [əb'siːn] adj indecente, obsceno, -a
obscenity [əb'senəti, Brit: -ti] <-ies> n indecência f, obscenidade f
obscure [əb'skjʊr, Brit: -ə^r] **I.** adj incompreensível, obscuro, -a **II.** vt **1.** (make difficult to see) esconder **2.** (make difficult to understand) encobrir
observance [əb'zɜːrvəns, Brit: -'zɜːv-] n observância f, prática f
observant [əb'zɜːrvənt, Brit: -'zɜːv-] adj observador(a), perspicaz
observation [ˌɑːbzər'veɪʃn, Brit: ˌɒbzə-] n observação f
observatory [əb'zɜːrvətɔːri, Brit: -'zɜːvətri] n observatório m
observe [əb'zɜːrv, Brit: -'zɜːv] **I.** vt **1.** (remark) comentar, mencionar **2.** (watch closely) observar **3. to ~ a holiday** respeitar um feriado **II.** vi **1.** (remark) **to ~ (up)on sth** fazer menção de a. c. **2.** (watch) perceber
observer [əb'zɜːrvər, Brit: -'zɜːvə^r] n a. MIL, POL observador(a) m(f)
obsess [əb'ses] vt atormentar, obcecar; **to be ~ed by** [o **with**] **sb/sth** estar obcecado por alguém/a. c.
obsession [əb'seʃn] n a. PSYCH obsessão f; **to have an ~ with sb/sth** ter obsessão por alguém/a. c.
obsessive [əb'sesɪv] adj obsessivo, -a
obsolete [ˌɑːbsəl'iːt, Brit: 'ɒbsəliːt] adj obsoleto, -a
obstacle ['ɑːbstəkl, Brit: 'ɒb-] n obstáculo m

obstinate ['ɑːbstənət, Brit: 'ɒbstɪ-] adj obstinado, -a; **to be ~ about sth** ser obstinado em a. c.
obstruct [əb'strʌkt] vt **1.** (block) entupir **2.** (hinder) obstruir
obstruction [əb'strʌkʃn] n **1.** (action) a. MED, POL obstrução f **2.** (impediment) impedimento m, obstáculo m; **an ~ to sth** um obstáculo a [ou para] a. c.
obtain [əb'teɪn] vt obter
obvious ['ɑːbviəs, Brit: 'ɒb-] adj óbvio, -a; **it is ~ to me that ...** é óbvio para mim que ...; **the ~ thing to do** a única coisa a fazer
obviously adv obviamente; **~, ...** é óbvio,...
occasion [ə'keɪʒən] n **1.** (event) acontecimento m; **to rise to the ~** enfrentar uma emergência **2.** (particular time) ocasião f, oportunidade f; **on ~** de vez em quando; **on one ~** certa vez
occasional [ə'keɪʒənəl] adj ocasional; **I enjoy an ~ glass of wine** gosto de tomar um copo de vinho de vez em quando
occasionally adv de vez em quando, ocasionalmente
occult [ə'kʌlt, Brit: ɒ'-] **I.** adj oculto, -a **II.** n no pl **the ~** o ocultismo
occupancy ['ɑːkjəpəntsi, Brit: 'ɒk-] n no pl ocupação f
occupant ['ɑːkjəpənt, Brit: 'ɒk-] n form (of building, vehicle) ocupante mf; (tenant) inquilino, -a m, f, morador(a) m(f)
occupation [ˌɑːkjə'peɪʃn, Brit: 'ɒk-] n **1.** a. MIL ocupação f **2.** (profession) profissão f
occupational adj ocupacional
occupier ['ɑːkjəpaɪər, Brit: 'ɒkjʊpaɪə^r] n s. **occupant**
occupy ['ɑːkjuːpaɪ, Brit: 'ɒkjʊ-] <-ie-> vt **1.** (room, position) ocupar; **to ~ space** ocupar espaço; **the bathroom's occupied** o banheiro está ocupado **2.** (dwell in) **the house hasn't been occupied for a long time** a casa está desocupada há muito tempo **3.** (engage) **to ~ oneself** manter-se ocupado; **the whole process occupied a week** o processo inteiro levou uma semana
occur [ə'zia kɜːr, Brit: -'kɜː^r] <-rr-> vi **1.** (happen) acontecer, ocorrer; **don't let it ~ again!** não deixe isso acontecer de novo! **2.** (come into mind) **to ~ to**

sb ocorrer a alguém, vir à mente de alguém; **it ~d to me that ...** me veio à mente que ...

occurrence [əˈkɜːrəns, Brit: -ˈkʌr-] n acontecimento m, ocorrência f; **to be an everyday ~** ser um acontecimento frequente; **an unexpected ~** um acontecimento inesperado

ocean [ˈoʊʃən, Brit: ˈəʊ-] n oceano m

o'clock [əˈklɑːk, Brit: -ˈklɒk] adv **it's one ~** é uma hora; **it's two/seven ~** são duas/sete horas

October [ɑːkˈtoʊbər, Brit: ɒkˈtəʊbəʳ] n outubro m; s.a. **March**

octopus [ˈɑːktəpəs, Brit: ˈɒk-] <-es o -pi> n polvo m

odd [ɑːd, Brit: ɒd] adj 1. (approximately) **he is about 50 ~** ele tem 50 e tantos 2. (not even: number) ímpar 3. (occasional) esporádico, -a; **she does the ~ teaching job** ela faz biscate como professora 4. (strange) estranho, -a; **how (very) ~!** que coisa (mais) esquisita!; **it is ~ that ...** +subj 5. **to be the ~ man out** ser a exceção

oddly adv 1. (in a strange manner) de modo estranho 2. (curiously) curiosamente; **~ enough** por incrível que pareça

odds [ɑːdz, Brit: ɒdz] npl chances fpl; **the ~ against/on sth** a improbabilidade/probabilidade de a. c.; **the ~ are against us** a sorte não está do nosso lado; **the ~ of it happening are pretty low** são mínimas as chances de isso acontecer; **against all (the) ~** apesar de tudo

ode [oʊd, Brit: əʊd] n ode f

odor n Am, Aus, **odour** [ˈoʊdər, Brit: ˈəʊdəʳ] n Brit cheiro m, odor m

OECD [ˌoʊiːsiːˈdiː, Brit: ˌəʊ-] n abbr of **Organization for Economic Cooperation and Development** OECD f, OCED f

of [əv, stressed: ɑːv, Brit: ɒv] prep de; **because ~ sth/sb** por causa de a. c./alguém; **a city ~ wide avenues** uma cidade de avenidas largas; **the 4th ~ May** (o dia) 4 de maio; **free ~ charge** livre de imposto; **a friend ~ mine/theirs** um amigo meu/deles; **made ~ glass** feito de vidro; **that was nice ~ you** foi gentil da sua parte; **there are six ~ us** somos seis; **to smell/to taste ~ cheese** ter cheiro/gosto de queijo; **two ~ the five** dois dos cinco

off [ɑːf, Brit: ɒf] I. prep 1. (away from) **keep ~ the grass** não pise na grama 2. (down from) **to fall/jump ~ a ladder** cair/pular de uma escada; **to get ~ the train** saltar do trem 3. (from) **to eat ~ a plate** comer num prato; **to take $10 ~ the price** fazer um desconto de $10 no preço II. adv 1. (away) **it's time I was ~** está na hora de eu ir embora 2. esp Brit (bad: food) **to go ~** estragar 3. (free from work) **to get a day ~** ter um dia de folga; **to take time ~** ter tempo livre 4. (not on) **to switch/turn sth ~** desligar a. c. 5. (removed) **the lid is ~** está destampado III. adj 1. esp Brit (bad: milk) talhado, -a 2. (free from work) **to be ~ at 5 o'clock** encerrar o expediente às 5 horas 3. (not on: light) apagado, -a; (tap) fechado, -a

offence n esp Brit s. **offense**

offend [əˈfend] vi, vt ofender; **to be ~ed at sth** ficar ofendido com a. c.

offender [əˈfendər, Brit: -əʳ] n ofensor(a) m(f)

offense [əˈfens] n Am 1. (affront) insulto m, ofensa f 2. (crime) delito m; **minor ~** infração f

offensive [əˈfensɪv] I. adj ofensivo, -a II. n MIL ofensiva f; **to go on the ~** tomar a ofensiva

offer [ˈɑːfər, Brit: ˈɒfəʳ] I. vt oferecer; **to ~ oneself for a post** oferecer-se para ocupar um cargo; **can I ~ you a drink?** aceita um drinque? II. vi 1. (opportunity) oferecer-se 2. **to ~ to do sth** oferecer-se para fazer a. c. III. n (proposal) oferta f; (of job) proposta f; **an ~ of marriage** um pedido de casamento

offering n 1. REL oferenda f 2. (thing given) oferecimento m; **as an ~ of thanks** como brinde

office [ˈɑːfɪs, Brit: ˈɒf-] n 1. (at work) escritório m; (in home) gabinete m; **lawyer's ~** escritório de advocacia 2. (position) cargo m 3. Brit POL **the Home Office** o Ministério do Interior britânico

officer [ˈɑːfɪsər, Brit: ˈɒfɪsəʳ] n 1. MIL oficial mf; **naval ~** oficial da marinha 2. (policeman) policial mf; **police ~** agente de polícia

official [əˈfɪʃl] I. n funcionário, -a m, f II. adj oficial

officially adv oficialmente

off-line *adj* INFOR off-line

off-peak *adj* (*tariff*) reduzido, -a; **we like to go on vacation during ~ times** gostamos de viajar de férias na baixa estação; **the train offers cheaper ~ rates** as passagens de trem são mais baratas fora do horário de pico

off-season *n* (*sports, theater*) estação *f* morta; (*travel*) baixa estação *f*

offset ['ɑːfsɛt, *Brit:* 'ɒf-] <offset, offset> *vt* compensar; **to ~ sth with sth** compensar a. c. com a. c.

offshore [ˌɑːf'ʃɔːr, *Brit:* ˌɒfʃɔːʳ] **I.** *adj* **1.** (*at sea*) costeiro, -a; **~ fishing** pesca marítima; **~ oilfield** campo petrolífero offshore **2.** (*from the shore: breeze, wind*) da beira-mar **II.** *adv* ao largo da costa; **to anchor ~** ancorar ao largo

offside [ˌɑːf'saɪd, *Brit:* ˌɒf-] *adj* SPORTS impedido, -a

offspring ['ɑːfsprɪŋ, *Brit:* 'ɒf-] *n inv* **1.** (*animal young*) cria *f* **2.** *pl* (*children*) prole *f*

often ['ɑːfən, *Brit:* 'ɒf-] *adv* com frequência, frequentemente; **how ~?** com que frequência?; **we ~ go there** vamos lá com frequência

oh [oʊ, *Brit:* əʊ] *interj* ah!, oh!; **~ dear!** oh céus!; **~ no!** ah não!

oil [ɔɪl] **I.** *n* **1.** (*food, lubricant*) óleo *m*; **sunflower ~** óleo de girassol **2.** (*grease*) gordura *f* **3.** *pl* (*oil-based paint*) quadro *m* a óleo; **to paint in ~s** pintar a óleo **4.** *no pl* (*petroleum*) petróleo *m*; **to strike ~** perfurar um poço de petróleo, descobrir o ouro (*or* uma mina) *fig* **II.** *vt* **to ~ sth** (**up/down**) lubrificar a. c.

oil company *n* empresa *f* petrolífera **oil painting** *n* pintura *f* a óleo

oily <-ier, -iest> *adj* **1.** (*greasy: food*) gorduroso, -a; (*hands*) engordurado, -a **2.** (*manner*) evasivo, -a **3.** (*oil-like: a. hair, skin*) oleoso, -a

ointment ['ɔɪntmənt] *n* MED pomada *f*

OK, okay [ˌoʊ'keɪ, *Brit:* ˌəʊ-] *inf* **I.** *adj* **1.** (*acceptable*) **is it ~ with you if ...?** você concorda se eu ...? **2.** (*not bad*) **to be ~** estar o.k.; **her voice is ~, but it's nothing special** sua voz é boa, mas nada especial **II.** *interj* o.k.!, tudo bem! **III.** *adv* o.k., sim

old [oʊld, *Brit:* əʊld] *adj* **1.** (*age*) **how ~ are you?** quantos anos você tem?; **he's five years ~** ele tem cinco anos; **she's three years ~er than me** ela é três anos mais velha (do) que eu **2.** (*former: job*) anterior; **~ boyfriend** antigo namorado **3.** (*not new: food, wine*) velho, -a **4.** (*furniture, house*) antigo, -a **4.** (*not young*) velho, -a; **~ people** pessoas idosas; **to grow ~er** envelhecer

old age *n no pl* velhice *f*; **to reach ~** chegar à velhice

old-fashioned *adj* **1.** (*not modern: clothes*) fora de moda; (*views*) antiquado, -a; **to be ~** ser antiquado **2.** (*traditional*) antigo, -a tradicional; **it has an ~ charm** tem certo charme de coisa antiga

olive oil *n* azeite *m*

Olympic [oʊ'lɪmpɪk, *Brit:* ə'-] *adj* olímpico, -a; **the Olympic Games** SPORTS as Olimpíadas, os Jogos Olímpicos

Oman [oʊ'mɑːn, *Brit:* əʊ'-] *n* Omã *m*

Omani *adj* omani, omanense

omelet(te) ['ɑːmlət, *Brit:* 'ɒmlɪt] *n* omelete *m ou f*

omen ['oʊmən, *Brit:* 'əʊ-] *n* agouro *m*

ominous ['ɑːmənəs, *Brit:* 'ɒmɪ-] *adj* sinistro, -a

omission [oʊ'mɪʃn, *Brit:* ə'-] *n* omissão *f*

omit [oʊ'mɪt, *Brit:* ə'-] <-tt-> *vt* (*information, person*) negligenciar; (*paragraph, passage*) omitir; **to ~ sth from sth** omitir a. c. de a. c.

omnipotence [ɑːm'nɪpətəns, *Brit:* ɒm'nɪpət-] *n no pl* onipotência *f*

omnipotent [ɑːm'nɪpətənt, *Brit:* ɒm'nɪpət-] *adj* onipotente

on [ɑːn, *Brit:* ɒn] **I.** *prep* **1.** (*by means of*) **to go ~ foot** ir a pé; **to go ~ the train** ir de trem **2.** (*place*) **~ the table** na mesa; **~ the wall** na parede **3.** (*for purpose of*) **to be there ~ business** estar lá a negócios **4.** (*spatial*) **~ the right/left** à direita/esquerda **5.** (*in state of*) **~ sale** à venda; **to go ~ a trip/vacation** sair de viagem/férias **6.** (*temporal*) **~ Sunday** no domingo; **~ Sundays** aos domingos; **~ the evening of May the 4th** na noite de 4 de maio **7.** (*at time of*) **~ her arrival** na sua chegada; **to leave ~ time** sair na hora **8.** (*through medium of*) **~ CD/TV/video** em CD/na TV/em vídeo; **to speak ~ the phone/the radio** falar no telefone/no rádio **II.** *adv* **1.** (*covering one's body*) **to put a hat ~** pôr um chapéu (na cabeça); **to put one's glasses on** pôr os óculos **2.** (*connected*

to sth) make sure the top's ~ properly verifique se a tampa está no lugar 3. *(aboard)* **to get ~ a train** entrar no trem 4. *(not stopping)* **to keep ~ doing sth** continuar fazendo a. c. 5. *(in forward direction)* **later ~** mais tarde; **to move ~** prosseguir 6. *(in operation)* **to turn sth ~** ligar a. c. III. *adj* 1. *(functioning)* aceso, -a, ligado, -a 2. *(scheduled)* **what's ~ at the cinema this week?** o que está passando no cinema esta semana?

once [wʌnts] I. *adv* 1. *(one time)* uma vez; **~ a week** uma vez por semana; **at ~** *(simultaneously)* ao mesmo tempo; *(immediately)* imediatamente 2. *(at one time past)* outrora; **~ upon a time there was ...** *(in fairy tales)* uma vez havia ..., certa vez houve ... II. *conj* assim que, logo que +*subj*; **but ~ I'd arrived, ...** mas assim que eu chegasse ...

one [wʌn] I. *n* (*number*) um *m* II. *adj* 1. *numeral* um(a); **~ hundred** cem; **it's ~ o'clock** é uma hora; *s.a.* **eight** 2. *indef* um(a); **~ winter night** uma noite de inverno; **we'll meet ~ day** um dia a gente se encontra 3. *(single)* único, -a; **all files on the ~ disk** todos os arquivos num único disquete III. *pron pers* 1. *impers, no pl* **to wash ~'s face** lavar o (próprio) rosto; **what ~ can do** o que se pode fazer 2. *(person)* **every ~** todo mundo; **no ~** ninguém 3. *(particular thing or person)* **any ~** qualquer um; **this ~** este aqui; **which ~?** qual?; **the ~ on the table** o que está na mesa; **the little ~s** as crianças

one-off *esp Aus, Brit* I. *n* **to be a ~** ser uma oportunidade única II. *adj* único, -a; **~ payment** um único pagamento

oneself [wʌn'self] *pron refl* 1. *se*; *emphatic* sozinho, -a *m, f*; **to deceive ~** enganar-se; **to express ~** expressar-se 2. *(same person)* a si mesmo, a si mesma *m, f*

ongoing ['ɑːngoʊɪŋ, *Brit:* 'ɒngəʊ-] *adj* em curso; **~ state of affairs** o estado das negociações em curso

onion ['ʌnjən] *n* cebola *f*

on-line *adj* conectado, -a; INFOR on-line; **~ data service** transmissão de dados on-line; **~ information service** transmissão de informações on-line; **~ shop** loja na rede

onlooker ['ɑːnlʊkər, *Brit:* 'ɒnlʊkəʳ] *n* curioso, -a *m, f*, transeunte

only ['oʊnli, *Brit:* 'əʊn-] I. *adj* (*a. child*) único, -a; **the ~ glass he had** o único copo que ele tinha II. *adv* só, somente; **he has ~ two** ele tem somente dois; **I can ~ say ...** só posso dizer ...; **not ~ ... but also ...** não só ... como também ...

onset ['ɑːnset, *Brit:* 'ɒn-] *n no pl* início *m*

onslaught ['ɑːnslɔːt, *Brit:* 'ɒnslɔːt] *n* ataque *m*; *fig* investida *f*

onto ['ɑːntuː, *Brit:* 'ɒn-] *prep*, **on to** *prep* 1. *(connected to)* **to hold ~ sb's arm** agarrar-se ao braço de alguém 2. *(in direction of)*, para, sobre; **to put sth ~ the chair** pôr a. c. sobre a cadeira 3. **to be ~ sb/sth** estar atrás de alguém/a. c.

onward ['ɑːnwərd, *Brit:* 'ɒnwəd] *adj, adv* adiante, em diante; **from today ~** de hoje em diante

ooze [uːz] I. *vi* 1. *(seep out)* filtrar-se; **to ~ away** esvair-se; **to ~ from sth** escorrer de a. c.; **to ~ with sth** coar com a. c. 2. *fig (be full of)* irradiar; **to ~ with confidence** irradiar confiança II. *vt* **to ~ pus** supurar

opal ['oʊpl, *Brit:* 'əʊ-] *n* opala *f*

opaque [oʊ'peɪk, *Brit:* əʊ-] *adj* opaco, -a

OPEC ['oʊpek, *Brit:* 'əʊ-] *n abbr of* **Organization of Petroleum Exporting Countries** OPEP *f*

open ['oʊpən, *Brit:* 'əʊ-] I. *adj* 1. *(not closed)* aberto, -a; **wide ~** escancarado 2. *(undecided)* discutível; **to keep one's options ~** adiar as decisões 3. *(not secret, public)* público, -a; **an ~ secret** um segredo de polichinelo 4. **to have an ~ mind** ter uma mente aberta II. *n* 1. *no pl (outdoors, outside)* **(out) in the ~** ao ar livre 2. *(not secret)* **to get sth (out) in the ~** abrir o jogo com alguém III. *vi* 1. *(door, window, box)* abrir-se 2. *(shop)* inaugurar IV. *vt* 1. *(door, box, shop)* abrir; **to ~ sb's eyes** *fig* abrir os olhos de alguém; **to ~ the door to sth** *fig* abrir as portas para alguém 2. *(begin)* iniciar; **to ~ one's heart to sb** abrir o coração com alguém; **to ~ one's mind to sth** considerar a. c.

◆ **open up** I. *vi* 1. *(shop)* abrir-se, inaugurar 2. *(shoot)* disparar II. *vt* abrir

open-air *adj* ao ar livre; **~ swimming pool** piscina ao ar livre

opener ['oʊpənər, *Brit:* 'əʊpənə*ʳ*] *n* abridor *m*; **bottle** ~ abridor de garrafas; **can** ~ abridor de latas

opening *n* 1. (*ceremony*) abertura *f* 2. (*beginning*) estreia *f* 3. (*gap, hole*) fresta *f*

openly *adv* 1. (*frankly*) abertamente 2. (*publicly*) publicamente

openness *n no pl* atitude *f* aberta, franqueza *f*

opera ['ɑːprə, *Brit:* 'ɒp-] *n* ópera *f*

operate ['ɑːpəreɪt, *Brit:* 'ɒp-] I. *vi* 1. (*have or produce an effect*) funcionar 2. (*perform surgery*) operar; **to** ~ **on sb** operar alguém 3. (*work, run*) trabalhar II. *vt* 1. (*run, manage*) administrar 2. (*work*) acionar

operating *adj* 1. ECON (*profit, costs*) de operações 2. TECH (*speed*) de operação 3. MED ~ **room,** *Brit* **theatre** sala de operações

operation [ˌɑːpəˈreɪʃn, *Brit:* ˌɒp-] *n* 1. *no pl* (*way of working*) funcionamento *m* 2. *a.* COM, MAT,MED, MIL operação *f*

operational [ˌɑːpəˈreɪʃənl, *Brit:* ˌɒp-] *adj* 1. (*relating to operations*) operacional; ~ **commander** MIL comandante de operações 2. (*working*) **to be** ~ estar pronto para funcionar

operator ['ɑːpəreɪtər, *Brit:* 'ɒpəreɪtə*ʳ*] *n* (*person*) operador(a) *m(f)*; **machine** ~ maquinista; **telephone** ~ telefonista; **he's a smooth** ~ *inf* ele é um especulador habilidoso

opinion [əˈpɪnjən] *n* opinião *f*; **an** ~ **on** [*o* **about**] **sth** uma opinião sobre a. c.; **in my** ~ na minha opinião

opinion poll *n* enquete *f*, pesquisa *f* de opinião

opium ['oʊpiəm, *Brit:* 'əʊ-] *n no pl* ópio *m*

opponent [əˈpoʊnənt, *Brit:* -ˈpəʊ-] *n* 1. POL adversário, -a *m, f* 2. SPORTS competidor(a) *m(f)*

opportunity [ˌɑːpərˈtuːnəti, *Brit:* ˌɒpəˈtjuːnəti] <-ies> *n* oportunidade *f*; **an** ~ **to do sth** [*o* **for doing sth**] uma oportunidade de fazer a. c.; **at the earliest** ~ na primeira oportunidade

oppose [əˈpoʊz, *Brit:* -ˈpəʊz] *vt* opor, resistir

opposed *adj* oposto, -a; **as** ~ **to** em oposição a; **to be** ~ **to sth** ser contra a. c.

opposing *adj* contrário, -a, oposto, -a

opposite ['ɑːpəzɪt, *Brit:* 'ɒp-] I. *n* contrário *m*, oposto *m*; **the** ~ **of sth** o contrário de a. c.; **quite the** ~! exatamente o contrário! II. *adj* 1. (*absolutely different*) **the** ~ **sex** o sexo oposto 2. (*facing*) defronte de, em frente a; ~ **to/from sth** em frente a a. c. III. *adv* (*facing*) em frente; **he lives** ~ ela mora em frente IV. *prep* de frente para, em frente

opposition [ˌɑːpəˈzɪʃn, *Brit:* ˌɒp-] *n no pl* 1. *a.* POL oposição *f*; ~ **to sth** oposição a a. c. 2. (*opponent*) adversário, -a *m, f*

oppress [əˈpres] *vt* oprimir

oppression [əˈpreʃn] *n no pl* opressão *f*

oppressive [əˈpresɪv] *adj* opressivo, -a, sufocante

opt [ɑːpt, *Brit:* ɒpt] *vi* optar; **to** ~ **to do sth** optar por fazer a. c.; **to** ~ **for sth** optar por a. c.; **to** ~ **out (of sth)** não participar (de a. c.)

optic ['ɑːptɪk, *Brit:* 'ɒp-] I. *adj* ó(p)tico, -a II. *n* inf olho *m*

optical ['ɑːptɪkl, *Brit:* 'ɒp-] *adj* ó(p)tico, -a; ~ **illusion** ilusão de ótica

optician [ɑːpˈtɪʃn, *Brit:* ɒp-] *n* oculista *mf*

optics ['ɑːptɪks, *Brit:* 'ɒp-] *npl* ó(p)tica *f*

optimal ['ɑːptɪml, *Brit:* 'ɒp-] *adj s.* **optimum**

optimism ['ɑːptəmɪzəm, *Brit:* 'ɒptɪ-] *n no pl* otimismo *m*

optimist ['ɑːptəmɪst, *Brit:* 'ɒptɪ-] *n* otimista *mf*

optimistic [ˌɑːptɪˈmɪstɪk, *Brit:* ˌɒptɪ-] *adj* otimista

optimum ['ɑːptəməm, *Brit:* 'ɒptɪ-] *adj* ótimo, -a

option ['ɑːpʃn, *Brit:* 'ɒp-] *n* opção *f*; **to have no** ~ **but to do sth** não ter outra opção senão fazer a. c.

optional ['ɑːpʃənl, *Brit:* 'ɒp-] *adj* opcional; (*subject*) facultativo, -a, optativo, -a

or [ɔːr, *Brit:* ɔː*ʳ*] *conj* ou; (*before o, ho, between numbers*) ou; ~ **else!** senão...! (*ameaça*); **either** ... ~ ... ou ... ou ...; **seven** ~ **eight** sete ou oito; **something** ~ **other** coisas e loisas

oracle ['ɔːrəkl, *Brit:* 'ɒr-] *n* oráculo *m*

oral ['ɔːrəl] *adj* (*cavity, hygiene*) bucal; (*medication, quizz, statement*) oral

orange ['ɔːrɪndʒ, *Brit:* 'ɒr-] *n* laranja *f*; ~ **drink** laranjada *f*

orange juice *n* suco *m* de laranja

orator ['ɔːrət̬ər, *Brit:* 'ɒrətə*ʳ*] *n* orador(a)

m(f)
orbit ['ɔːrbɪt, *Brit:* 'ɔː-b-] **I.** *n* órbita *f* **II.** *vi* estar em órbita; **to ~ around sth** girar em torno de a. c. **III.** *vt* girar em torno de
orchard ['ɔːrtʃərd, *Brit:* 'ɔːtʃəd] *n* pomar *m*; **cherry ~** pomar *m* de cerejeiras
orchestra ['ɔːrkɪstrə, *Brit:* 'ɔːk-] *n* orquestra *f*
orchestrate ['ɔːrkɪstreɪt, *Brit:* 'ɔːk-] *vt* **1.** MUS orquestrar **2.** *fig* (*arrange*) planejar
ordeal [ɔːrˈdiːl, *Brit:* ɔː'-] *n* provação *f*, suplício *m*
order ['ɔːrdər, *Brit:* 'ɔːdə'] **I.** *n* **1.** *no pl* (*sequence*) ordem *f*; **in alphabetical ~** em ordem alfabética; **to leave sth in ~** deixar a. c. em ordem, deixar (a. c.) arrumado; **to put ,sth in ~** arrumar a. c., pôr a. c. em ordem **2.** *a.* LAW, REL (*instruction*) regra *f*; **by ~ of sb** por ordem de alguém; **to give/receive an ~** dar/receber uma ordem **3.** (*satisfactory arrangement*) estado *m*; **to be out of ~** estar estragado; **are your immigration papers in ~?** seus documentos de imigração estão em ordem? **4.** (*request*) pedido *m*; **made to ~** feito a pedido **5.** GASTR **an ~ of sth** uma porção de a. c.; **an ~ of french fries** uma porção de (batatas) fritas **6.** (*so that*) **in ~ to do sth** para [*ou* a fim de] fazer a. c. **II.** *vi* fazer um pedido; **are you ready to ~?** estão prontos para fazer o pedido? **III.** *vt* **1.** (*command*) **to ~ sb around** mandar em alguém; **to ~ sb to do sth** mandar alguém fazer a. c. **2.** (*at restaurant*) pedir **3.** (*arrange*) organizar **4.** (*merchandise*) encomendar
orderly ['ɔːrdəli, *Brit:* 'ɔːdəli] <-ies> **I.** *n* ordenança *mf* **II.** *adj* arrumado, -a; (*well-behaved*) disciplinado, -a
ordinary ['ɔːrdəneri, *Brit:* 'ɔːdənəri] *adj* comum, habitual
ordnance ['ɔːrdnənts, *Brit:* 'ɔːd-] *n* artilharia *f*
ore [ɔːr, *Brit:* ɔː'] *n* minério *m*; **copper/iron ~** minério de cobre/ferro
organ ['ɔːrgən, *Brit:* 'ɔːg-] *n* (*a. music*) órgão *m*
organic [ɔːrˈgænɪk, *Brit:* ɔː'-] *adj* **1.** (*disease, substance, compound*) orgânico, -a **2.** (*produce, farming*) natural
organisation *n s.* **organization**
organism ['ɔːrgənɪzəm, *Brit:* 'ɔːg-] *n* organismo *m*
organization [ˌɔːrgənɪˈzeɪʃn, *Brit:* ˌɔːgənaɪ'-] *n* organização *f*
organizational *adj* de organização
organize ['ɔːrgənaɪz, *Brit:* 'ɔːg-] **I.** *vt* organizar **II.** *vi* organizar-se
organized *adj* organizado, -a
orgasm ['ɔːrgæzəm, *Brit:* 'ɔːg-] *n* orgasmo *m*
orgy ['ɔːrdʒi, *Brit:* 'ɔːdʒi] <-ies> *n* orgia *f*
orient ['ɔːriənt] *vt Am s.* **orientate**
oriental [ˌɔːriˈentəl] *adj* oriental
orientate ['ɔːrienteɪt, *Brit:* 'ɔːriən-] *vt* **to ~ oneself** orientar-se
orientation [ˌɔːrienˈteɪʃn, *Brit:* ˌɔːriən'-] *n* orientação *f*; **to find/lose one's ~** adotar propósitos/renunciar a propósitos
origin ['ɔːrədʒɪn, *Brit:* 'ɒrɪ-] *n* origem *f*
original [əˈrɪdʒɪnəl, *Brit:* -ənəl] *adj* original
originality [əˌrɪdʒɪˈnæləti, *Brit:* -əˈnæləti] *n no pl* originalidade *f*
originate [əˈrɪdʒɪneɪt, *Brit:* -əneɪt] **I.** *vi* originar-se; **to ~ from sth** originar-se [*ou* surgir] de a. c. **II.** *vt* criar, originar
ornament ['ɔːrnəmənt, *Brit:* 'ɔːn-] *n* ornamento *m*
ornamental [ˌɔːrnəˈmentl, *Brit:* ˌɔːn-] *adj* ornamental
orphan ['ɔːrfn, *Brit:* 'ɔːfn] *n* órfão, órfã *m, f*
orphanage ['ɔːrfənɪdʒ, *Brit:* 'ɔːf-] *n* orfanato *m*
orthodox ['ɔːrθədɑːks, *Brit:* 'ɔːθədɒks] *adj* ortodoxo, -a
oscillate ['ɑːsɪleɪt, *Brit:* 'ɒs-] *vi, vt a.* PHYS oscilar, vacilar; (*price*) variar
ostensible [ɑːˈstensəbl, *Brit:* ɒ'-] *adj* ostensivo, -a
ostrich ['ɑːstrɪtʃ, *Brit:* 'ɒs-] *n* avestruz *mf*
other ['ʌðər, *Brit:* -ə'] **I.** *adj* **1.** (*different*) outro, -a; **some ~ way of doing sth** uma outra maneira de fazer a. c. **2.** (*remaining*) **any ~ questions?** mais alguma pergunta?; **the ~ one** o outro; **the ~ three** os outros três **3.** (*being vague*) **some ~ time** uma outra hora; **the ~ day** outro dia **4.** (*second*) **every ~ day/person** dia sim dia não, uma em cada duas pessoas **II.** *pron* **1.** (*people*) **the ~s** os outros, as outras *m, f* **2.** (*different ones*) **each ~** um ao outro; **there might be ~s** deve haver outros **3.** *sing* (*either, or*) **to choose one or the ~** escolher um ou outro;

otherwise   256   **outlook**

not to have one without the ~ não ficar com um sem o outro **4.**(*being vague*) **someone or** ~ qualquer pessoa, qualquer um **III.** *adv* ~ **than** a não ser, fora; ~ **than that, there's nothing new** fora isso, não há nada de novo

otherwise ['ʌðərwaɪz, *Brit:* -əwaɪz] **I.** *adv* de outra maneira, fora isso; ~, ... fora isso, ... **II.** *conj* do contrário, senão

otter ['ɑ:tər, *Brit:* 'ɒtər] *n* lontra *f*

ought [ɑ:t, *Brit:* ɔ:t] *aux* **1.**(*have as duty*) dever; **you** ~ **to do it** você deve fazer isso **2.**(*be likely*) **he** ~ **to be here** ele deveria estar aqui **3.**(*probability*) **she** ~ **to have arrived by now** a essa hora ela já devia ter chegado; **they** ~ **to win** eles devem ganhar

ounce [aʊns] *n* onça *f* (*28,4 g*)

our ['aʊər, *Brit:* -ər] *adj poss* nosso, -a; ~ **children** nossos filhos; ~ **house** nossa casa

ours ['aʊərz, *Brit:* -əz] *pron poss* (o) nosso, -a; **this house** ~ **is bigger** o nosso é maior; **a book of** ~ um livro nosso; **it's not their bag, it's** ~ não é a sacola deles, é a nossa; **this house is** ~ esta casa é nossa

ourselves [aʊər'selvz, *Brit:* aʊə-] *pron refl* **1.** nos; *emphatic* nós mesmos, -as; **we hurt** ~ nós nos ferimos **2.** *after prep* nós mesmos, -as **3.**(*alone*) **by** ~ sozinhos, -as

oust [aʊst] *vt* (*president*) depor; (*rival*) expulsar

out [aʊt] **I.** *adj* **1.**(*absent*) ausente **2.**(*released*) em liberdade **3.**(*finished*) **before the week is** ~ antes de terminar a semana **4.**(*not functioning*) desligado, -a **5.**(*not possible*) **it is** ~ é inconcebível **II.** *adv* **1.**(*not inside*) fora; **get** ~! fora!; **to go** ~ sair **2.**(*away*) **to be** ~ não estar em casa; **to be** ~ **at sea** estar em alto-mar; **the tide is going** ~ a maré está baixando **3. to be** ~ **of line** sair da linha; **to be** ~ **of the question** estar fora de cogitação **III.** *prep* **1.**(*towards outside*) ~ **of** fora de; **to lean/look** ~ **of the window** debruçar-se no/olhar pela janela; **to take sth** ~ **of a box** tirar a. c. de uma caixa **2.**(*outside from*) ~ **of** of reach/sight fora de alcance/de vista; **to drink** ~ **of a glass** beber de um copo **3.**(*away from*) ~ **of the way!** fora do comum!; (*place*) fora do caminho; **to be** ~ **the country/of town** estar fora do país/da cidade **4.**(*without*) ~ **of breath** sem ar; ~ **of order** estragado; **to be** ~ **of money/work** estar sem dinheiro/trabalho, estar duro/desempregado **5.**(*from*) **in 3 cases** ~ **of 10** 3 em cada 10 casos; **made** ~ **of wood** feito de madeira

outbreak ['aʊtbreɪk] *n* (*of flu, violence*) surto *m*; (*of war*) deflagração *f*

outburst ['aʊtbɜ:rst, *Brit:* -bɜ:st] *n* acesso *m*

outcast ['aʊtkæst, *Brit:* -kɑ:st] *n* pária *mf*; **social** ~ excluído

outcome ['aʊtkʌm] *n* resultado *m*

outcry ['aʊtkraɪ] <-ies> *n* clamor *m*, protesto *m*

outdated [ˌaʊt'ldeɪtɪd, *Brit:* -tɪd] *adj* ultrapassado, -a

outdo [aʊt'du:] *vt irr* exceder, superar; **to** ~ **sb at sth** superar alguém em a. c.

outdoor ['aʊtdɔ:r, *Brit:* -dɔ:r] *adj* ao ar livre

outdoors *n* **the great** ~ a fabulosa vida campestre

outer ['aʊtər, *Brit:* -tər] *adj* exterior, externo, -a; ~ **ear** ouvido externo

out-execute [ˌaʊt'eksɪkju:t] **I.** *vt Am* SPORTS (*to outdo*) levar vantagem sobre **II.** *vi* dar o melhor

outfit ['aʊtfɪt] *n* **1.**(*set of clothes*) roupa *f*, traje *m* **2.**(*team, organization*) uniforme *m*

outgoing [ˌaʊt'goʊɪŋ, *Brit:* -'gəʊ-] *adj* **1.**(*sociable, extrovert*) expansivo, -a, sociável **2.**(*retiring*) demissionário, -a

outgrow [ˌaʊt'groʊ, *Brit:* -'grəʊ] *vt irr* **1.**(*habit*) superar; **she's** ~**n her jeans** o jeans já ficou pequeno para ela **2.**(*become bigger than*) exceder em crescimento, ficar maior que

outing *n* excursão *f*, passeio *m*; **to go on an** ~ sair a passeio

outlandish [aʊt'lændɪʃ] *adj* bizarro, -a

outlaw I. *n* criminoso, -a *m, f*, fora-da-lei *mf inv* **II.** *vt* banir

outlay ['aʊtleɪ] *n* dispêndio *m*

outlet ['aʊtlet] *n* **1.** ECON distribuidor *m* **2.** ELEC tomada *f* **3.**(*exit*) saída *f* **4.**(*means of expression*) válvula *f* de escape

outline ['aʊtlaɪn] **I.** *n* **1.**(*general description*) esboço *m* **2.**(*shape*) contorno *m* **II.** *vt* **1.**(*describe*) esboçar **2.**(*draw outer line of*) delinear

outlive [ˌaʊt'lɪv] *vt* sobreviver a

outlook ['aʊtlʊk] *n* perspectiva *f*

out-of-date *adj* (*clothes*) fora de moda; (*person*) retrógrado, -a; (*ticket*) vencido, -a

outpatient ['aʊt,peɪʃənt] *n* paciente *mf* de ambulatório

outpost ['aʊtpoʊst, *Brit:* -pəʊst] *n* 1. MIL posto *m* avançado 2. *fig* vanguarda *f*

output ['aʊtpʊt] *n no pl* ECON produção *f*; (*of machine*) rendimento *m*

outrage ['aʊtreɪdʒ] *n* (*act*) afronta *f*; (*feeling*) indignação *f*; ~ **at sth** indignação com a. c.

outrageous [aʊt'reɪdʒəs] *adj* 1. (*cruel, violent*) abusivo, -a 2. (*shocking*) ultrajante

outright ['aʊtraɪt] *adj* categórico, -a

outside [,aʊt'saɪd] I. *adj* externo, -a, de fora; **the ~ door** a porta externa II. *n* aspecto *m*, exterior *m*; **judging from the ~** a julgar pelo aspecto III. *prep* 1. (*not within*) fora de 2. **~ business hours** fora do horário de expediente IV. *adv* (do lado de) fora, (para) fora; **to go ~** ir lá (para) fora; **to play ~** brincar lá (do lado de) fora

outsider [,aʊt'saɪdər, *Brit:* -ə'] *n* estranho, -a *m, f*, intruso, -a *m, f*

outskirts ['aʊtskɜːrts, *Brit:* -skɜːts] *npl* arredores *mpl*, subúrbios *mpl*

outstanding [,aʊt'stændɪŋ] *adj* 1. (*excellent*) notável 2. FIN (*account*) pendente

outward ['aʊtwərd, *Brit:* -wəd] I. *adj* aparente, externo, -a II. *adv* para fora

outweigh [,aʊt'weɪ] *vt* exceder o peso

oval ['oʊvəl, *Brit:* 'əʊ-] I. *n* oval *f* II. *adj* oval

ovary ['oʊvəri, *Brit:* 'əʊ-] <-ies> *n* ovário *m*

ovation [oʊ'veɪʃn, *Brit:* əʊ-] *n* aclamação *f*, aplausos *mpl*; **to get an ~** receber aplausos; **standing ~** aplausos em pé

oven ['ʌvən] *n* forno *m*

over ['oʊvər, *Brit:* 'əʊvə'] I. *prep* 1. (*above*) por cima de, sobre; **to hang the picture ~ the desk** pendurar o quadro por cima da escrivaninha 2. (*across*) **famous all ~ the world** famoso no mundo inteiro; **to go ~ the bridge** passar pela ponte; **the house ~ the road** a casa do outro lado da rua 3. (*behind*) **to look ~ sb's shoulder** ficar com a pulga atrás da orelha 4. (*during*) durante, por; ~ **the winter** durante o inverno; **to stay ~ the week-end** ficar durante o fim de semana 5. (*more than*) **children ~ 14** crianças de mais de 14 anos; **to speak for ~ an hour** falar por mais de uma hora 6. (*on*) **to hit sb ~ the head** bater na cabeça de alguém 7. (*through*) **I heard it ~ the radio** ouvi pelo rádio II. *adv* 1. (*distance*) ~ **here** por aqui; ~ **there** logo ali, por lá; ~ **the road** lá na estrada; **to move sth ~** afastar a. c. 2. (*downwards*) **to fall ~** tombar; **to knock sth ~** derrubar a. c. 3. (*moving above: go, jump*) por cima, sobre; **to fly ~ the city** voar sobre a cidade 4. (*moving across*) **to come ~ here** vir por aqui; **to go ~ there** ir por lá III. *adj* acabado, -a; **it's all ~** está tudo acabado

overall[1] [,oʊvər'ɔːl, *Brit:* ,əʊ-] *n pl* (*one-piece suit*) macacão *m*; **a pair of ~s** um macacão

overall[2] I. *adj* geral, total II. *adv* no total, de maneira geral

overboard [,oʊvər'bɔːrd, *Brit:* 'əʊvəbɔːd] *adv* no mar; **to fall ~** cair no mar; **to go ~** *inf* exagerar

overcoat ['oʊvərkoʊt, *Brit:* 'əʊvəkəʊt] *n* sobretudo *m*

overcome [,oʊvər'kʌm, *Brit:* ,əʊvə-] *vt irr* (*barrier, enemy*) vencer; (*crisis, despair, fear*) superar

overcrowded [,oʊvər'kraʊdɪd, *Brit:* ,əʊvə-] *adj* superlotado, -a

overdo [,oʊvər'duː, *Brit:* ,əʊvə-] *vt* 1. **to ~ things** fazer coisas em excesso 2. (*cooking*) cozinhar demais 3. *inf* (*exaggerate*) exagerar

overdose ['oʊvərdoʊs, *Brit:* 'əʊvədəʊs] I. *n* overdose *f*; **an ~ of sth** uma overdose de a. c. II. *vi* **to ~ (on sth)** exagerar na dose de a. c.

overdraft ['oʊvərdræft, *Brit:* 'əʊvədrɑːft] *n* FIN saldo *m* negativo; **to have an ~** ter saldo negativo

overdue [,oʊvər'duː, *Brit:* ,əʊvə'djuː] *adj* 1. FIN vencido, -a 2. (*late*) atrasado, -a

overestimate [,oʊvər'estəmeɪt, *Brit:* ,əʊvə'estɪ-] *vt* superestimar

overflow [,oʊvər'floʊ, *Brit:* ,əʊvə'fləʊ] *vi* transbordar

overhaul [,oʊvər'hɔːl, *Brit:* ,əʊvə'hɔːl] I. *n* revisão *f*, vistoria *f* II. *vt* rever, vistoriar

overhead [,oʊvər'hed, *Brit:* ,əʊvə-] I. *n Am* despesas *fpl* gerais II. *adj* aéreo, -a, elevado, -a; ~ **cable** cabo aéreo; ~ **light**

lâmpada suspensa III. *adv* acima, no alto

overhear [ˌoʊvərˈhɪr, *Brit:* ˌəʊvəˈhɪəʳ] *irr vt* ouvir por acaso

overjoyed [ˌoʊvərˈdʒɔɪd, *Brit:* ˌəʊvə-] *adj* **to be ~ at sth** estar eufórico com a. c.; **to be ~ to hear that ...** ficar eufórico ao ouvir que ...

overlap [ˌoʊvərˈlæp, *Brit:* ˌəʊvə-] <-pp-> I. *vi* sobrepor-se II. *vt* sobrepor

overload [ˈoʊvərloʊd, *Brit:* ˈəʊvələʊd] *n* 1. ELEC sobrecarga *f* 2. (*of work*) excesso *m*

overlook [ˌoʊvərˈlʊk, *Brit:* ˌəʊvə-] *vt* 1. (*look out onto*) dar para, ter vista para 2. (*not notice*) deixar passar, fazer vista grossa

overly [ˈoʊvərli, *Brit:* ˈəʊvəli] *adv* excessivamente, demais

overnight [ˌoʊvərˈnaɪt, *Brit:* ˌəʊvə-] I. *adj* noturno, -a; **~ bag** saco de dormir II. *adv* à noite, durante a noite; **to stay ~** passar a noite

overpower [ˌoʊvərˈpaʊər, *Brit:* ˌəʊvəˈpaʊəʳ] *vt* dominar, sobrepujar

override [ˌoʊvərˈraɪd, *Brit:* ˌəʊvə-] *vt* (*situation*) prevalecer sobre; (*veto*) anular

overrule [ˌoʊvərˈruːl, *Brit:* ˌəʊvə-] *vt* rejeitar, revogar; **to ~ an objection** LAW rejeitar uma objeção

overrun [ˌoʊvərˈrʌn, *Brit:* ˌəʊvə-] *vt irr* 1. (*invade*) invadir; **to be ~ with sth** estar inundado de a. c. 2. (*budget*) exceder, ultrapassar

overseas [ˌoʊvərˈsiːz, *Brit:* ˌəʊvə-] I. *adj* ultramarino, -a; (*trade*) exterior II. *adv* **to go/travel ~** ir/viajar para o exterior

oversee [ˌoʊvərˈsiː, *Brit:* ˌəʊvə-] *irr vt* supervisionar

overshadow [ˌoʊvərˈʃædoʊ, *Brit:* ˌəʊvəˈʃædəʊ] *vt* (*event*) obscurecer; (*person*) ofuscar

oversight [ˈoʊvərsaɪt, *Brit:* ˈəʊvəs-] *n* descuido *m*; **by an ~** por (um) descuido

overstate [ˌoʊvərˈsteɪt, *Brit:* ˌəʊvə-] *vt* exagerar

overstep [ˌoʊvərˈstep, *Brit:* ˌəʊvə-] *irr vt* exceder; **to ~ the mark** *fig* passar dos limites

overt [ˈoʊvɜːrt, *Brit:* ˈəʊvɜːt] *adj* declarado, -a, direto, -a

overtake [ˌoʊvərˈteɪk, *Brit:* ˌəʊvə-] *irr* I. *vt* passar à frente de; **events have ~n us** os acontecimentos nos surpreenderam II. *vi* ultrapassar

over-the-counter *adj* comprado sem receita médica

overthrow [ˌoʊvərˈθroʊ, *Brit:* ˌəʊvəˈθrəʊ] *vt irr* depor, derrubar

overtime [ˈoʊvərtaɪm, *Brit:* ˌəʊvə-] *n* 1. (*work*) horas *fpl* extras 2. *Am* SPORTS prorrogação *f*

overtone [ˈoʊvərtoʊn, *Brit:* ˈəʊvətəʊn] *n* insinuação *f*

overture [ˈoʊvərtʃər, *Brit:* ˈəʊvətjʊəʳ] *n* 1. MUS abertura *f* 2. (*show of friendliness*) acessibilidade *f*; **to make ~s towards sb** procurar uma aproximação com alguém

overturn [ˌoʊvərˈtɜːrn, *Brit:* ˌəʊvəˈtɜːn] I. *vi* capotar II. *vt* virar; POL derrubar

overweight [ˌoʊvərˈweɪt, *Brit:* ˌəʊvə-] *adj* **to be ~** estar com excesso de peso

overwhelm [ˌoʊvərˈwelm, *Brit:* ˌəʊvə-] *vt* 1. **to be ~ed by sth** ficar arrasado com a. c. 2. (*swamp*) soterrar

overwhelming *adj* (*grief*) massacrante; (*majority*) esmagador(a)

owe [oʊ, *Brit:* əʊ] *vt, vi* dever; **to ~ sth to sb** [*o* **sb sth**] dever a. c. a alguém

owing to *prep* devido a

owl [aʊl] *n* coruja *f*; **barn ~** coruja *f* das torres

own [oʊn, *Brit:* əʊn] I. *adj* próprio, -a; **to see sth with one's ~ eyes** ver a. c. com os próprios olhos II. *vt* possuir, ter

owner [ˈoʊnər, *Brit:* ˈəʊnəʳ] *n* dono, -a *m, f*, proprietário, -a *m, f*; **to be the ~ of sth** ser o dono de a. c.

ownership *n no pl* propriedade *f*; **to be under private/public ~** ser de propriedade privada/domínio público

ox [ɑːks, *Brit:* ɒks] <-en> *n* boi *m*

oxidation [ˌɑːksɪˈdeɪʃn, *Brit:* ˌɒks-] *n* oxidação *f*

oxygen [ˈɑːksɪdʒən, *Brit:* ˈɒks-] *n no pl* oxigênio *m*

oyster [ˈɔɪstər, *Brit:* -əʳ] *n* ostra *f*

ozone [ˈoʊzoʊn, *Brit:* ˈəʊzəʊn] *n no pl* ozônio *m*

ozone layer *n* camada *f* de ozônio

P, p [piː] <-'s> *n* p *f*; ~ **as in Peter** p de pato

p 1. *abbr of* **page** p. *f* **2.** *abbr of* **penny** pêni *m, moeda que representa a centésima parte da libra esterlina*

PA [ˌpiːˈeɪ] *n* **1.** *Am abbr of* **Pennsylvania** PA *f* **2.** *abbr of* **personal assistant** secretário, -a *m, f* particular **3.** ~ **system** (*public announcement system*) sistema de alto-falantes

pace [peɪs] **I.** *n* **1.** *no pl* (*speed*) ritmo *m;* **to set the** ~ regular a marcha; **to keep** ~ **with sb** acompanhar o ritmo de alguém; **to keep** ~ **with events** manter-se atualizado com os acontecimentos **2.** (*step*) passo *m* **II.** <pacing> *vt* **to** ~ **oneself** regular o próprio ritmo **III.** <pacing> *vi* **to** ~ **up and down** andar de um lado para o outro

pacemaker *n* MED marca-passo *m*

pacific [pəˈsɪfɪk] *adj* pacífico, -a

Pacific [pəˈsɪfɪk] *n* **the** ~ (**Ocean**) o (Oceano) Pacífico

pacifist [ˈpæsəfɪst, *Brit:* -sɪ-] *n* pacifista *mf*

pacify [ˈpæsəfaɪ, *Brit:* -sɪ-] <-ie-> *vt* acalmar

pack [pæk] **I.** *n* **1.** (*bundle*) embrulho *m;* (*backpack*) mochila *f;* (*packet*) pacote *m* **2.** (*of wolves*) alcateia *f* **II.** *vi* **1.** fazer as malas; **to send sb** ~**ing** *fig* mandar alguém embora **2. to be** ~**ing** *Am, sl* estar armado, -a **III.** *vt* **1.** (*fill: box, train*) encher **2.** (*wrap*) empacotar; **to** ~ **one's suitcase** arrumar as malas

package [ˈpækɪdʒ] *n* pacote *m*

package tour *n Am* pacote *m* turístico

packaging *n no pl* empacotamento *m*

packer [ˈpækər, *Brit:* -əʳ] *n* empacotador(a) *m(f)*

packet [ˈpækɪt] *n* embrulho *m,* pacote *m;* (*of cigarettes*) maço *m*

packing *n no pl* embalagem *m*

pact [pækt] *n* pacto *m;* **a** ~ **with sb** um pacto com alguém

pad[1] [pæd] **I.** *n* **1.** (*cushion*) almofada *f* **2.** (*of paper*) bloco *m* **II.** <-dd-> *vt* acolchoar

pad[2] <-dd-> *vi inf* caminhar sem ruído

padded *adj* acolchoado, -a

padding *n no pl* estofamento *m*

paddle [ˈpædl] **I.** *n* (*oar*) remo *m* **II.** *vi* remar; (*walk, swim*) patinhar

paddock [ˈpædək] *n* cercado *m*

padlock [ˈpædlɑːk, *Brit:* -lɒk] *n* cadeado *m*

paediatric *adj Brit s.* **pediatric**

paediatrician *n Brit s.* **pediatrician**

paedophile *n Brit s.* **pedophile**

pagan [ˈpeɪɡən] *n* pagão, pagã *m, f*

page[1] [peɪdʒ] *n* página *f*

page[2] **I.** *n* HIST pajem *m* **II.** *vt* bipar, chamar por alto-falante

pageant [ˈpædʒənt] *n* **beauty** ~ desfile [*ou* concurso] de beleza

pageantry [ˈpædʒəntri] *n no pl* pompa *f*

paid [peɪd] *pt, pp of* **pay**

pail [peɪl] *n* balde *m*

pain [peɪn] *n* dor *f;* **to be in** ~ estar com dor; **to have (a)** ~ **in one's leg/chest** sentir dor na perna/no peito; **to be at** ~**s to do sth** esforçar-se para fazer a. c.; **to be a** ~ (**in the neck**) *fig, inf* ser dose (para leão)

pained *adj* aflito, -a, magoado, -a

painful [ˈpeɪnfəl] *adj* dolorido, -a; (*emotionally*) doloroso, -a

painkiller *n* analgésico *m*

painless [ˈpeɪnləs] *adj* indolor; *fig* fácil

painstaking [ˈpeɪnzˌteɪkɪŋ] *adj* (*research*) meticuloso, -a; (*search*) cuidadoso, -a

paint [peɪnt] **I.** *n no pl* tinta *f* **II.** *vi, vt* pintar; **to** ~ **a picture of sth** *fig* descrever a. c.

paintbrush <-es> *n* (*for pictures*) pincel *m;* (*for walls*) brocha *f*

painted *adj* pintado, -a

painter [ˈpeɪntər, *Brit:* -əʳ] *n* pintor(a) *m(f)*

painting *n* **1.** (*picture*) quadro *m* **2.** *no pl* (*art*) pintura *f*

pair [per, *Brit:* peəʳ] *n* **1.** (*two items*) par *m;* **a** ~ **of scissors** uma tesoura; **a** ~ **of pants** uma calça **2.** (*group of two*) dupla *f;* **in** ~**s** aos pares

pajamas [pəˈdʒɑːməz] *npl Am* pijama *m;* **a pair of** ~ um pijama

---

Grammar pajamas (= pijama) é usado com o verbo no plural: "Where are my pajamas?" Mas para **a pair of pajamas** (= pijama) usa-se o verbo no singular: "Is this my pair of pajamas?"

Pakistan ['pækɪstæn, *Brit*: ˌpɑːkɪ'stɑːn] *n* Paquistão *m*

Pakistani *adj* paquistanês, -esa

pal [pæl] I. *n inf* companheiro, -a *m, f* II. *vi* **to ~ around with sb** fazer amizade com alguém

palace ['pæləs, *Brit*: -ɪs] *n* palácio *m*

palate ['pælət] *n* palato *m*

pale [peɪl] I. *adj* (*lacking color*) pálido, -a; (*not dark*) claro, -a II. *vi* 1. (*in face*) empalidecer 2. **to ~ in comparison to sth**) tornar-se insignificante diante de a. c.

Palestine ['pæləstaɪn, *Brit*: -lɪ-] *n* Palestina *f*

Palestinian [ˌpælə'stɪniən] *adj* palestinense, palestino, -a

palette ['pælɪt] *n* ART paleta *f*

pallet ['pælɪt] *n* catre *m*

palm[1] [pɑːm] *n* (*of hand*) palma *f*

palm[2] *n* (*tree*) palmeira *f*

Palm Sunday *n* Domingo *m* de Ramos

palpable ['pælpəbl] *adj* palpável

paltry ['pɔːltri] <-ier, -iest> *adj* insignificante

pamper ['pæmpər, *Brit*: -ə'] *vt* mimar

pamphlet ['pæmflɪt] *n* panfleto *m*

pan [pæn] *n* (*for cooking*) panela *f*; (*of scale*) prato *m*; *Brit* (*toilet bowl*) privada *f*

panache [pə'næʃ] *n no pl* brilho *m*, estilo elegante

Panama ['pænəmɑː, *Brit*: ˌpænə'-] *n* Panamá *m*

Panamanian [ˌpænə'meɪniən] *adj* panamenho, -a

pancake ['pænkeɪk] *n* panqueca *f*

pancreas ['pænkriəs] *n* pâncreas *m inv*

panda ['pændə] *n* panda *m*

pane [peɪn] *n* vidraça *f*

panel ['pænəl] *n* 1. (*metal, wooden*) painel *m*; **control ~** painel de controle 2. (*team*) painel *m*

pang [pæŋ] *n* **~s of remorse** pontadas de remorso; **~s of guilt** sentimento *m* de culpa

panic ['pænɪk] I. *n* pânico *m*; **to be in a ~** (**over sth**) estar em pânico (com a. c.) II. <-ck-> *vi* entrar em pânico; **to ~ over sth** entrar em pânico diante de a. c.

panorama [ˌpænə'ræmə, *Brit*: -'rɑːmə] *n* panorama *m*

pansy ['pænzi] <-ies> *n* 1. (*flower*) amor-perfeito *m* 2. *pej* bicha *mf*

pant [pænt] *vi* ofegar

panther ['pænθər, *Brit*: -ə'] *n* 1. (*black leopard*) pantera *f* 2. *Am* (*puma*) puma *m*

panties ['pæntiːz] *npl Am* calcinha *f*

pantomime ['pæntəmaɪm] *n* (*mime*) pantomima *f*

pantry ['pæntri] <-ies> *n* despensa *f*

pants [pænts] *npl* 1. *Am* (*trousers*) calça *f* 2. *Brit* (*underpants*) cueca *f*

pap [pæp] *n no pl* 1. (*food*) papa *f* 2. *fig, inf* mamata *f*

papa [pɑː'pə] *n Am* papai *m*

papal ['peɪpl] *adj* papal

paper ['peɪpər, *Brit*: -ə'] *n* 1. *no pl* (*for writing*) papel *m*; **a sheet of ~** uma folha de papel; **to put sth down on ~** registrar por escrito 2. (*newspaper*) jornal *m* 3. (*document*) carteira *f*; **~s** documentos

paperback ['peɪpərbæk, *Brit*: -əbæk] *n* brochura *m*; **in ~** de capa mole

paper clip *n* clipe *m* (para papel)

paperweight *n* pesa-papéis *m inv*

paperwork *n no pl* trabalho *m* escrito

papier-mâché [ˌpeɪpərmə'ʃeɪ, *Brit*: ˌpæpɪeɪ'mæʃeɪ] *n no pl* papel *m* machê

paprika [pæpˈriːkə, *Brit*: 'pæprɪ-] *n no pl* pimentão *m*

Papua New Guinea [ˌpæpjuənuː'gɪni, *Brit*: -puənjuː'-] *n* Papua Nova Guiné *f*

par [pɑːr, *Brit*: pɑː'] *n no pl* 1. (*standard*) **to be on a ~ with sb** estar em pé de igualdade com alguém; **to feel below ~** não se sentir bem 2. SPORTS média *f*, tacadas de golfe; **that's ~ for the course** *fig* é o que se pode esperar

parable ['pærəbl, *Brit*: 'pær-] *n* parábola *f*

parachute ['pærəʃuːt, *Brit*: 'pær-] *n* paraquedas *m inv*

parade [pə'reɪd] I. *n* desfile *m* II. *vi* desfilar; **to ~ around in sth** exibir-se, desfilar; **quit parading around in your pajamas!** não fique se exibindo de pijama!

paradigm ['pærədaɪm, *Brit*: 'pær-] *n* paradigma *m*

paradise ['pærədaɪs, *Brit*: 'pær-] *n* paraíso *m*

paradox ['pærədɑːks, *Brit*: 'pærədɒks] <-es> *n* paradoxo *m*

paraffin ['pærəfɪn, *Brit*: 'pær-] *n no pl* 1. (*wax*) parafina *f* 2. *Brit* (*fuel*) querosene *m*

paragon ['pærəgɑːn, *Brit*: 'pærəgən] *n* padrão *m*, protótipo *m*

paragraph ['perəgræf, *Brit:* 'pærəgrɑ:f] *n* parágrafo *m*

Paraguay ['perəgweɪ, *Brit:* 'pærəgwaɪ] *n* Paraguai *m*

Paraguayan [,perə'gweɪən, *Brit:* ,pærə'gwaɪ-] *adj* paraguaio, -a

parakeet ['perəki:t, *Brit:* 'pær-] *n* periquito *m*

parallel ['perəlel, *Brit:* 'pær-] I. *adj* paralelo, -a; **in** ~ paralelamente; **to be** ~ **to sth** ser paralelo a a. c. II. *n* MAT paralela *f;* GEO paralelo *m;* **to draw a** ~ (**between sth and sth**) *fig* fazer uma comparação (entre a. c. e a. c.)

paralysis [pə'ræləsɪs] <-ses> *n* paralisia *f*

paralytic [,perə'lɪtɪk, *Brit:* ,pærə'lɪt-] *adj* MED paralítico, -a; **to be** ~ *Brit, inf* (*drunk*) estar bêbado

paralyze ['perəlaɪz, *Brit:* 'pær-] *vt* paralisar

paramedic [,perə'medɪk, *Brit:* ,pær-] *n* paramédico, -a *m, f*

parameter [pə'ræmətər, *Brit:* -ɪtər] *n* parâmetro *m*

paramilitary [,perə'mɪləteri, *Brit:* ,pærə'mɪlɪtri] *adj* paramilitar

paramount ['perəmaʊnt, *Brit:* 'pær-] *adj form* primordial

paranoia [,perə'nɔɪə, *Brit:* ,pær-] *n* paranoia *f*

paranoid ['perənɔɪd, *Brit:* 'pær-] *adj* PSYCH paranoico, -a; **to be** ~ **about sth** estar com muito medo de a. c.

paraphrase ['perəfreɪz, *Brit:* 'pær-] *vt* parafrasear

paraplegic [,perə'pli:dʒɪk, *Brit:* 'pær-] *adj* paraplégico, -a *m, f*

parasite ['perəsaɪt, *Brit:* 'pær-] *n* parasita *m*

parasitic [,perə'sɪtɪk, *Brit:* ,pærə'sɪt-] *adj* parasítico, -a

parasol ['perəsɔ:l, *Brit:* 'pærəsɒl] *n* guarda-sol *m*, sombrinha *f*

paratrooper ['perətru:pər, *Brit:* 'pærətru:pər] *n* paraquedista *mf*

paratroops *npl* força *f* de paraquedistas

parcel ['pɑ:rsəl, *Brit:* 'pɑ:s-] I. *n* (*packet*) pacote *m;* (*of land*) lote *m* II. <-ll-, *Am:* -l-> *vt* empacotar; (*land*) lotear

◆ **parcel out** *vt* repartir; (*land*) dividir

parched [pɑ:rtʃt, *Brit:* pɑ:tʃt] *adj* ressequido, -a; **to be** ~ *inf* (*thirsty*) estar morto de sede

parchment ['pɑ:rtʃmənt, *Brit:* 'pɑ:tʃ-] *n* pergaminho *m*

pardon ['pɑ:rdn, *Brit:* 'pɑ:dn] I. *vt* (*forgive*) perdoar; (*prisoner*) indultar; **to** ~ **sb for sth** perdoar alguém por a. c.; (**I beg your**) ~**?** como (disse)?; ~ **me!** desculpe-me!, perdão! II. *n* perdão *m*

pare [per, *Brit:* peə^r] *vt* aparar; (*costs*) reduzir, restringir; **to** ~ **sth down** reduzir o tamanho de a. c.

parent ['perənt, *Brit:* 'peər-] *n* (*father*) pai *m;* (*mother*) mãe *f;* ~ **s** pais

parental [pə'rentəl] *adj* dos pais

parenthesis [pə'rentθəsɪs] <-ses> *n* parêntesis *m inv*

parenthood ['perənthʊd, *Brit:* 'peər-] *n no pl* paternidade *f*

parish ['perɪʃ] <-es> *n* paróquia *f*

parishioner [pə'rɪʃənər, *Brit:* -ə^r] *n* paroquiano, -a *m, f*

parish priest *n* pároco *m*

parity ['perəti, *Brit:* 'pærəti] <-ies> *n* paridade *f*

park [pɑ:rk, *Brit:* pɑ:k] I. *n* parque *m* II. *vt, vi* estacionar

parking *n no pl* estacionamento *m*, lugar *m* para estacionar; **"no** ~**"** proibido estacionar

parking lights *n Am, Aus* luzes *fpl* de estacionamento **parking lot** *n Am* estacionamento *m* **parking meter** *n* parquímetro *m* **parking place** *n*, **parking space** *n* vaga *f* para estacionar [*ou* de estacionamento]

Parkinson's (**disease**) ['pɑ:rkɪŋsənz-, *Brit:* 'pɑ:k-] *n no pl* mal *m* de Parkinson

parkway ['pɑ:rkweɪ, *Brit:* 'pɑ:k-] *n Am, Aus* avenida *f* arborizada

parliament ['pɑ:rləmənt, *Brit:* 'pɑ:l-] *n* parlamento *m*

> **Culture** As duas **Houses of Parliament** encontram-se no **Palace of Westminster** de Londres. A câmara baixa, eleita pelo povo e de onde procede a maioria dos ministros, chama-se **House of Commons**. Seus deputados recebem o nome de **members of parliament** ou MPs. A câmara alta, **House of Lords**, só pode aprovar determinadas leis. Os deputados, **peers of the realm**, podem ser divididos em três grupos. Os que têm um assento na câmara

por causa de seu trabalho, por serem juízes, os **law lords**, ou por serem bispos da Igreja Anglicana, a **Church of England**. Em segundo lugar vêm os que tem um assento vitalício, os **life peers**, e em terceiro lugar os que herdaram um assento junto com seu título nobiliárquico. Um comitê de juízes da **House of Lords** constitui o mais importante tribunal de justiça do Reino Unido.

---

parliamentary [ˌpɑːləˈmentəri, *Brit:* ˌpɑːləˈment-] *adj* parlamentar
parlor *n Am*, **parlour** [ˈpɑːrlər, *Brit:* ˈpɑːlə'] *n Brit* salão *m*
parochial [pəˈroʊkiəl, *Brit:* -ˈrəʊ-] *adj fig* paroquial
parody [ˈperədi, *Brit:* ˈpær-] <-ies> *n* paródia *f*
parole [pəˈroʊl, *Brit:* -ˈrəʊl] *n no pl* LAW liberdade *f* condicional; **to be out on ~** ser solto em liberdade condicional
parquet [pɑːrˈkeɪ, *Brit:* ˈpɑːkeɪ] *n no pl* assoalho *m* de tacos, parquete *m*
parrot [ˈperət, *Brit:* ˈpær-] *n* papagaio *m*
parsley [ˈpɑːrsli, *Brit:* ˈpɑːs-] *n no pl* salsa *f*
parsnip [ˈpɑːrsnɪp, *Brit:* ˈpɑːs-] *n* ≈ batata *f* baroa
parson [ˈpɑːrsən, *Brit:* ˈpɑːs-] *n* REL vigário *m*
parsonage [ˈpɑːrsənɪdʒ, *Brit:* ˈpɑːs-] *n* presbitério *m*
part [pɑːrt, *Brit:* pɑːt] **I.** *n* **1.** (*not the whole*) parte *f*; (*component*) peça *f*; **the hard ~** a parte mais difícil; **in ~** em parte; **in large ~** em grande parte; **for the most ~** geralmente; **to be ~ and parcel of sth** estar tudo incluído em a. c.; **to take ~ in sth** participar de a. c.; **in these ~s** *inf* nessas bandas **2.** THEAT, CINE papel *m* **3.** (*in hair*) repartido *m* **II.** *vt* partir; **to ~ sth in two** dividir a. c. em dois; **to ~ company** separar-se de alguém; **to ~ one's hair** repartir o cabelo **III.** *vi* desfazer-se; **to ~ with sth** desfazer-se de a. c.
partial [ˈpɑːrʃəl, *Brit:* ˈpɑːʃ-] *adj* **1.** (*incomplete*) parcial **2.** **she is ~ to ...** ela adora ...
partiality [ˌpɑːrʃiˈæləti, *Brit:* ˌpɑːʃiˈæləti] *n no pl* **1.** (*bias*) parcialidade *f* **2.** (*liking*) predileção *f*
partially *adv* parcialmente
participant [pɑːrˈtɪsəpənt, *Brit:* pɑːˈtɪsɪ-] *n* participante *mf*; **to be a ~ in sth** ser participante de a. c.
participate [pɑːrˈtɪsəpeɪt, *Brit:* pɑːˈtɪsɪ-] *vi* participar; **to ~ in sth** participar de a. c.
participation [pɑːrˌtɪsəˈpeɪʃn, *Brit:* pɑːˌtɪsɪ'-] *n no pl* participação *f*; **~ in sth** participação em a. c.
particle [ˈpɑːrṭəkl, *Brit:* ˈpɑːtɪ-] *n* partícula *f*
particular [pərˈtɪkjələr, *Brit:* pəˈtɪkjələ'] *adj* **1.** (*special*) particular, especial; (*specific*) específico, -a; **in ~** em particular, em especial; **to be ~ about sth** ser exigente com a. c. **2.** (*meticulous*) minucioso, -a
particularly *adv* especialmente, particularmente
parting *n* **1.** (*separation*) separação *f* **2.** (*saying goodbye*) despedida *f* **3.** *Brit, Aus* (*in hair*) repartido *m*
partisan [ˈpɑːrṭɪzæn, *Brit:* ˌpɑːtɪˈzæn] *n* **1.** POL partidário, -a *m, f* **2.** MIL aliado, -a *m, f*
partition [pɑːrˈtɪʃn, *Brit:* pɑːˈ-] **I.** *n* divisória *f*; (*of country*) divisão *f* **II.** *vt* (*room*) separar; (*country*) dividir
partly *adv* parcialmente, em parte
partner [ˈpɑːrtnər, *Brit:* ˈpɑːtnə'] *n* (*in dance*) par *m*; (*in relationship*) companheiro, -a *m, f*; COM sócio, -a *m, f*; **~ in crime** cúmplice de crime
partnership [ˈpɑːrtnərʃɪp, *Brit:* ˈpɑːtnəʃ-] *n* (*association*) parceria *f*; COM sociedade *f*
partridge [ˈpɑːrtrɪdʒ, *Brit:* ˈpɑːt-] *n* perdiz *f*
part-time *adv, adj* de [*ou* em] meio expediente
party [ˈpɑːrṭi, *Brit:* ˈpɑːti] *n* <-ies> **1.** (*social gathering*) festa *f* **2.** + *sing/pl vb* (*group*) grupo *m*; POL partido *m* **3.** LAW parte *f*
party leader *n* chefe *mf* de partido
pass [pæs, *Brit:* pɑːs] **I.** <-es> *n* **1.** (*mountain road*) desfiladeiro *m* **2.** (*authorization, basketball, soccer*) passe *m*; **to make a ~ at sb** *fig* dar [*ou* passar] uma cantada em alguém **3.** (*in exam*) aprovação *f* **II.** *vt* **1.** (*go past*) passar **2.** (*exceed*) ultrapassar **3.** (*exam*) passar (em) **4.** (*approve*) aprovar **5.** (*utter*) **to ~ a comment**

fazer um comentário **6.** LAW **to ~ sentence** proferir sentença **III.** *vi* (*elapse, move by, in exam*) *a.* SPORTS passar; **to ~ unnoticed** passar despercebido; **it'll soon ~** vai passar logo

◆ **pass away** *vi* falecer

◆ **pass by I.** *vi* **1.** (*elapse*) decorrer, passar **2.** (*go past*) passar por **II.** *vt* **1.** (*go past*) **to ~ sth by** passar por a. c. **2.** (*miss*) **to ~ sb by** não aproveitar; **life is passing you by** você não está aproveitando a vida

◆ **pass down** *vt* (*tradition*) transmitir

◆ **pass on I.** *vi* (*die*) morrer **II.** *vt* (*information*) distribuir; (*disease*) transmitir

◆ **pass out I.** *vi* desmaiar **II.** *vt* Am (*distribute*) distribuir

◆ **pass over** *vt* (*leave out*) passar por cima; (*job, position*) preterir

◆ **pass up** *vt* rejeitar

passage ['pæsɪdʒ] *n* **1.** (*corridor*) passagem *f* **2.** LIT, MUS trecho *m*

passageway *n* corredor *m*

passenger ['pæsəndʒər, *Brit:* -əʳ] *n* passageiro, -a *m, f*

passing I. *adj* (*fashion*) passageiro, -a; (*remark*) fugaz **II.** *n* **in ~** de passagem

passion ['pæʃn] *n* paixão *f;* **to have a ~ for sth** ter uma paixão por a. c.

passionate ['pæʃənɪt, *Brit:* -nət] *adj* (*desire, kiss, embrace, speech*) apaixonado, -a; (*plea*) ardoroso, -a; REL fervoroso, -a

passive ['pæsɪv] **I.** *n no pl* LING passiva *f* **II.** *adj* passivo, -a

Passover ['pæs,oʊvər, *Brit:* 'pɑːsəʊvəʳ] *n no pl* Páscoa *f* (*dos judeus*)

passport ['pæspɔːrt, *Brit:* 'pɑːspɔːt] *n* passaporte *m*

password ['pæswɜːrd, *Brit:* 'pɑːswɜːd] *n* INFOR senha *f*

password-protected ['pæswɜːrdprə'tektɪd, *Brit:* pɑːswɜːd-] *adj inv* COMPUT com senha de proteção

past [pæst, *Brit:* pɑːst] **I.** *n* passado *m* **II.** *adj* passado, -a **III.** *prep* **ten ~ two** (são) duas e dez; **half ~ the hour** meia hora depois **IV.** *adv* **to run ~ the door** passar correndo pela porta

pasta ['pɑːstə, *Brit:* 'pæs-] *n no pl* massa *f*, macarrão

paste [peɪst] **I.** *n no pl* **1.** (*glue*) cola *f* **2.** GASTR pasta *f* **II.** *vt* (*stick*) colar; **to ~ sth together** colar as partes de a. c.

pastel [pæ'stel, *Brit:* 'pæstəl] **I.** *n* pastel *m* **II.** *adj* pastel

pasteurize ['pæstʃəraɪz] *vt* pasteurizar

pastime ['pæstaɪm, *Brit:* 'pɑː-] *n* passatempo *m*

pastor ['pæstər, *Brit:* 'pɑːstəʳ] *n* pastor(a) *m(f)*

pastoral ['pæstərəl, *Brit:* 'pɑː-] *adj* REL pastoral

pastry ['peɪstri] <-ies> *n* **1.** *no pl* (*dough*) massa *f* **2.** (*cake*) folhado *m*

pasture ['pæstʃər, *Brit:* 'pɑːstʃəʳ] *n* AGR pasto *m;* **to put sb out to ~** *inf* pôr alguém no olho da rua

pat [pæt] **I.** <-tt-> *vt* dar tapinhas em; **to ~ sb on the back** *fig* dizer palavras de encorajamento e louvor a alguém **II.** *n* pancadinha *f*, tapinha *m*

patch [pætʃ] **I.** *n* **1.** (*of land*) lote *m;* **vegetable ~** canteiro de legumes **2.** (*piece of cloth*) retalho *m;* (*mend*) remendo *m;* **to be not a ~ on sb** *Brit, Aus, inf* não chegar aos pés de alguém **3.** *esp Brit* (*time*) **to do through a bad/difficult ~** estar cheio de problemas **4.** COMPUT patch *m* **II.** *vt* remendar

◆ **patch up** *vt* consertar; **to patch things up** *fig* resolver problemas

patchwork *n no pl* patchwork *m* (*trabalho composto de retalhos de tecidos e cores diferentes*); *fig* miscelânea *f;* **~ quilt** edredom *m* de retalhos

patchy ['pætʃi] <-ier, -iest> *adj* (*performance*) insatisfatório, -a; (*results*) insuficiente

pâté [pɑːˈteɪ, *Brit:* ˈpæteɪ] *n* patê *m*

patent ['pætənt, *Brit:* 'peɪt-] **I.** *n* LAW patente *f;* **to take out a ~ on sth** registrar a patente de a. c. **II.** *adj form* (*unconcealed*) evidente **III.** *vt* LAW patentear

patent leather *n no pl* verniz *m*

paternal [pə'tɜːrnəl, *Brit:* -'tɜː-n-] *adj* **1.** (*feeling*) paternal **2.** (*on father's side*) paterno, -a; **~ grandfather** avô paterno

paternalistic [pə,tɜːrnəl'ɪstɪk, *Brit:* -,tɜː-n-] *adj pej* paternalista

paternity [pə'tɜːrnəti, *Brit:* -'tɜːnəti] *n no pl, form* paternidade *f*

path [pæθ, *Brit:* pɑː θ] *n* caminho *m*, trilha *f;* (*of bullet*) trajetória *f;* **to cross sb's ~** encontrar alguém por acaso

pathetic [pə'θetɪk, *Brit:* -tɪk] *adj* **1.** (*arousing sympathy*) comovente, patético, -a **2.** *pej* (*arousing scorn*) lamentável

pathological [ˌpæθə'lɑ:dʒɪkl, *Brit:* -'lɒdʒ-] *adj inf* patológico, -a

pathologist [pə'θɑ:lədʒɪst, *Brit:* -'θɒl-] *n* patologista *mf*

pathology [pə'θɑ:lədʒɪ, *Brit:* -'θɒl-] *n no pl* patologia *f*

pathos ['peɪθɑ:s, *Brit:* -θɒs] *n no pl* páthos *m*

pathway ['pæθweɪ, *Brit:* 'pɑ:θ-] *n* caminho *m*

patience ['peɪʃns] *n no pl* **1.** paciência *f*; **to have the ~ of a saint** ter uma paciência de Jó **2.** *Brit, Aus* GAMES paciência *f*

patient ['peɪʃnt] *adj, n* MED paciente *mf*; **to be ~ with sth/sb** ser paciente com a. c./alguém

patio ['pætiou, *Brit:* -tiəu] <-s> *n* pátio *m*

patriarch ['peɪtrɪɑ:rk, *Brit:* -ɑ:k] *n* patriarca *m*

patriarchy ['peɪtrɪɑ:rki, *Brit:* -ɑ:ki] <-ies> *n* patriarcado *m*

patrician [pə'trɪʃən] *adj* aristocrata

patriot ['peɪtrɪət, *Brit:* 'pæt-] *n* patriota *mf*

patriotic [ˌpeɪtri'ɑ:tɪk, *Brit:* ˌpætri'ɒtɪk] *adj* patriota

patriotism ['peɪtrɪətɪzəm, *Brit:* 'pæt-] *n no pl* patriotismo *m*

patrol [pə'troul, *Brit:* -'trəul] I. <-ll-> *vt* patrulhar II. *n* patrulha *f*, ronda *f*; **to be on ~** estar de vigia

patron ['peɪtrən] *n* (*arts*) mecenas *m inv*, patrocinador(a) *m(f)*; (*in shop*) cliente

patronage ['peɪtrənɪdʒ, *Brit:* 'pæt-] *n no pl* patrocínio *m*

patronize ['peɪtrənaɪz, *Brit:* 'pæt-] *vt* **1.** *form* (*be customer*) frequentar **2.** (*treat condescendingly*) condescender

patronizing *adj* complacente

Culture Inglaterra, Irlanda, Escócia e País de Gales têm cada um deles seus próprios **patron saints** (santos padroeiros). O dia de **St George** da Inglaterra é celebrado em 23 de abril; **St Patrick** da Irlanda em 17 de março; **St Andrew** da Escócia em 30 de novembro e **St David** do País de Gales em 1 de março.

---

patter ['pætər, *Brit:* 'pætə'] *n no pl* **1.** (*of rain*) toque-toque *m* **2.** (*clever talk*) lábia *f*

pattern ['pætərn, *Brit:* -tən] *n* (*model*) padrão *m;* ART desenho *m;* FASHION molde *m*

patterned *adj* estampado, -a

patty melt *n Am:* hambúrguer com cebolas grelhadas e queijo americano servido em pão de centeio

paunch [pɑ:ntʃ, *Brit:* pɔ:ntʃ] *n* pança *f*

pauper ['pɑ:pər, *Brit:* 'pɔ:pəʳ] *n* pobre *mf*

pause [pɑ:z, *Brit:* pɔ:z] I. *n* pausa *f*; **a ~ in sth** uma pausa em a. c.; **to give sb ~ for thought** *form* fazer alguém refletir sobre a. c. II. *vi* fazer uma pausa

pave [peɪv] *vt* pavimentar; **to ~ sth with sth** pavimentar a. c. com a. c.; **to ~ the way for sth** *fig* preparar o terreno para a. c.

pavement ['peɪvmənt] *n* **1.** *Am, Aus* (*road covering*) pavimentação *f* **2.** *Brit* (*sidewalk*) calçada *f*, passeio *m*

pavilion [pə'vɪljən] *n* pavilhão *m*

paw [pɑ:, *Brit:* pɔ:] *n* (*of cat, lion, etc.*) pata *f*

pawn[1] [pɑ:n, *Brit:* pɔ:n] *n* GAMES peão *m;* *fig* fantoche *m*, títere *m*

pawn[2] *vt* penhorar

pawnbroker *n* agiota *mf*, penhorista *mf*

pay [peɪ] I. *n* pagamento *m*, salário *m*; **to be in the ~ of sb** ser aliciado [*ou* subornado] por alguém II. <paid, paid> *vt* pagar; **to ~ sb for sth** pagar alguém por a. c.; **to ~ sb to do sth** [*o* **for doing sth**] pagar alguém para fazer a. c.; **to ~ attention** (**to sb/sth**) prestar atenção (a alguém/a. c.); **to ~ sb a compliment** elogiar alguém; **to ~ respects to sb** apresentar os cumprimentos a alguém III. <paid, paid> *vi* **to ~ for sth** pagar por a. c.

♦ **pay back** *vt* **to ~ sb back** (**for sth**) pagar o que se deve a alguém

♦ **pay in** *vt* depositar (no banco)

♦ **pay off** I. *vt* (*debt*) saldar II. *vi* (*success*) dar frutos

♦ **pay out** *vi* gastar

♦ **pay up** *vi* liquidar

payable ['peɪəbl] *adj* pagável

paycheck *n Am*, **paycheque** *n Brit* contracheque *m* **payday** *n no pl* dia *m* do pagamento

payer ['peɪər, *Brit:* -əʳ] *n* pagador(a) *m(f)*

paying *adj* remunerador(a)

payment ['peɪmənt] *n* pagamento *m;* **to make a ~ on sth** fazer o pagamento de a. c.

payoff ['peɪɑːf, *Brit:* -ɒf] *n* **1.** (*payment*) suborno *m;* (*dismissal*) indenização *f* **2.** *fig* lucros *mpl*

payout *n* FIN compensação *f*

pay packet *n Brit, Aus:* envelope *com pagamento semanal* **payroll** *n* folha *f* de pagamento **payslip** *n s.* **paycheck**

PBS [ˌpiːbiːˈes] *n no pl, Am abbr of* **Public Broadcasting System** *sistema americano de radiodifusão*

PC [ˌpiːˈsiː] I. *n* **1.** *abbr of* **personal computer** PC *m* **2.** *Brit abbr of* **Police Constable** PM *mf* II. *adj abbr of* **politically correct** politicamente correto, -a

PE [ˌpiːˈiː] *abbr of* **physical education** Educação *f* Física

pea [piː] *n* ervilha *f;* **to be like two ~s in a pod** ser cara de um focinho do outro

peace [piːs] *n no pl* **1.** (*absence of war*) paz *f* **2.** (*social order*) ordem *f;* **to keep the ~** manter a paz; **to make one's ~ with sb** fazer as pazes com alguém **3.** (*tranquillity*) tranquilidade *f*, sossego *m;* **~ of mind** paz de espírito; **~ and quiet** paz e sossego; **to be at ~ (with sb/sth)** estar em paz (com alguém/a. c.); **to leave sb in ~** deixar alguém em paz; **(may he) rest in ~** (que ele) descanse em paz

peaceful ['piːsfəl] *adj* tranquilo, -a

peacekeeping *n no pl* manutenção *f* da paz

peacemaker *n* pacificador(a) *m(f)*

peace march *n* passeata *f* pela paz **peace movement** *n* movimento *m* pacifista **peace settlement** *n* acordo *m* de paz **peace sign** *n* sinal *m* de paz **peacetime** *n no pl* época *f* de paz **peace treaty** <-ies> *n* tratado *m* de paz

peach [piːtʃ] <-es> *n* pêssego *m*

peacock ['piːkɑːk, *Brit:* -kɒk] *n* pavão *m;* **as proud as a ~** orgulhoso como um pavão

peak [piːk] I. *n* **1.** (*of mountain*) cume *m*, pico *m;* *fig* auge *m* **2.** *Brit* (*of cap*) viseira *f* II. *vi* (*career*) atingir o apogeu; (*figures*) atingir o ponto máximo

peak capacity <-ies> *n* capacidade *f* máxima

peak hours *npl* horário *m* de pico **peak level** *n no pl* nível *m* mais alto, valor *m* mais alto **peak period** *n* período *m* de alta produção **peak season** *n* alta temporada *f*

peal [piːl] *n* (*of bell*) repique *m;* **a ~ of thunder** uma trovoada; **a ~ of laughter** uma gargalhada

peanut ['piːnʌt] *n* amendoim *m;* **to pay ~s** *inf* pagar uma ninharia

pear [per, *Brit:* peəʳ] *n* pera *f*

pearl [pɜːrl, *Brit:* pɜːl] *n* pérola *f;* **a string of ~s** um colar de pérolas; **~s of sweat** gotas de suor

pearl barley *no pl n* cevadinha *f* **pearl diver** *n*, **pearl fisher** *n* pescador, -a *m, f* de pérolas **pearl-fishing** *n no pl* pesca *f* de pérolas

pear tree *n* pereira *f*

peasant ['pezənt] *n* camponês, -esa *m, f*

peat [piːt] *n no pl* turfa *f*

pebble ['pebl] *n* seixo *m*

pecan [pɪˈkɑːn, *Brit:* -ˈkæn] *n* (noz-)pecã *f*

peck [pek] I. *n* **1.** (*by bird*) bicada *f* **2.** (*kiss*) beijoca *f;* **a ~ on the cheek** uma beijoca na bochecha II. *vt* **1.** (*bird*) bicar **2.** (*kiss*) dar beijocas III. *vi* resmungar

pecking order *n* ordem *f* hierárquica

peckish ['pekɪʃ] *adj* **1.** *Am* (*irritable*) irritadiço, -a **2.** *Brit, Aus* com um pouco de fome

peculiar [pɪˈkjuːljər, *Brit:* -liəʳ] *adj* estranho, -a, esquisito, -a; **to feel a little ~** sentir-se meio tonto; **to be ~ to sb/sth** ser típico de alguém/a. c.

peculiarity [pɪˌkjuːliˈerət̬i, *Brit:* -ˈærəti] <-ies> *n* **1.** (*strangeness*) particularidade *f* **2.** (*idiosyncrasy*) excentricidade *f*

peculiarly *adv* **1.** (*strangely*) de modo estranho **2.** (*especially*) especialmente

pedal ['pedəl] I. *n* pedal *m* II. <*Brit:* -ll-, *Am:* -l-> *vi* pedalar

pedal bin *n Brit* lixeira *f* com pedal **pedal boat** *n* pedalinho *m*

pedant ['pedənt] *n* pedante *mf*

pedantic [pəˈdæntɪk, *Brit:* pɪˈ-] *adj* pedante

peddle ['pedl] *vt pej* **1.** (*sell*) mascatear; **to ~ drugs** traficar drogas **2.** (*idea, lies*) mexericar, fofocar

peddler ['pedlər, *Brit:* -əʳ] *n* **1.** (*salesperson*) camelô *mf*, mascate *mf* **2.** (*drug dealer*) traficante *mf*

pedestal ['pedɪstəl] *n* pedestal *m*; **to knock sb off their ~** deixar de admirar alguém

pedestrian [pə'destrɪən, *Brit:* pɪ'-] *n* pedestre *mf*

pediatric [ˌpiːdi'ætrɪk] *adj Am* pediátrico, -a

pediatrician [ˌpiːdiə'trɪʃn] *n Am* pediatra *mf*

pedigree ['pedɪgriː] *n* pedigree *m*

pedophile ['pedoʊfaɪl, *Brit:* 'piːdəʊ-] *n Am* pedófilo *m*

pee [piː] *inf* I. *n no pl* xixi *m*; **to take a ~** fazer xixi II. *vi* fazer xixi; **to ~ in one's pants** fazer xixi na calça III. *vt* **to ~ oneself** urinar-se; **to be ~d off** (*be angry*) estar morto de raiva

peek [piːk] I. *n* **to take** [*o* **have**] **a ~ at sth** dar uma olhada [*ou* espiada] em a. c. II. *vi* **to ~ at sth** dar uma olhada em a. c., espiar a. c.

peel [piːl] I. *n* (*skin*) pele *f*; (*of fruit*) casca *f* II. *vt* (*fruit, skin*) descascar

peeler ['piːlər, *Brit:* -ə'] *n* descascador *m*

peep[1] [piːp] I. *n* (*sound: of bird*) pio *m*; (*of car horn*) chiado *m* II. *vi* piar

peep[2] I. *n* **to have a ~ at sth** dar uma olhadela em a. c. II. *vi* **to ~ at sth** espiar a. c.

♦ **peep out** *vi* mostrar-se

peephole *n* olho *m* mágico

peer[1] [pɪr, *Brit:* pɪə'] *vi* **to ~ at sth** fixar os olhos em a. c., perscrutar a. c.

peer[2] *n* 1. (*equal*) par *m* 2. *Brit* (*lord*) nobre *mf*

peerage ['pɪrɪdʒ, *Brit:* 'pɪər-] *n Brit* **to be given a ~** receber um título de nobreza

peerless ['pɪrlɪs, *Brit:* 'pɪəl-] *adj form* sem-par, sem igual

peg [peg] I. *n* (*for coat*) gancho *m*; (*in furniture, for tent*) estaca *f*; (*in mountain climbing, on guitar*) trava *f*; **clothes ~** pregador *m* (de roupa); **to take sb down a ~ or two** baixar a crista de alguém; **to feel like a square ~ in a round hole** sentir-se deslocado II. <-gg-> *vt* pendurar com pregador

pejorative [prɪ'dʒɔːrətɪv, *Brit:* -'dʒɒrət-] *adj form* pejorativo, -a

pelican ['pelɪkən] *n* pelicano *m*

pellet ['pelɪt] *n* bolinha *f* (*de barro, papel, miolo de pão, etc*); (*gunshot*) (bala de) chumbo *m*

pelt[1] [pelt] *n* (*skin*) couro *m*

pelt[2] I. *n* **at full ~** a toda (velocidade)
II. *vt* **to ~ sb with stones** jogar pedras em alguém; **to ~ sth at sb** atirar a. c. em alguém III. *vi* **to ~ after sb** bombardear alguém com palavras

pelvis ['pelvɪs] <-es> *n* bacia *f*, pelve *f*

pen[1] [pen] *n* 1. (*fountain pen*) caneta *f* 2. (*ballpoint*) esferográfica *f*; **to put ~ to paper** escrever

pen[2] *n* (*enclosure*) cercado *m*

penal ['piːnəl] *adj* penal

penalise *vt Brit, Aus,* **penalize** ['piːnəlaɪz] *vt Am* prejudicar

penalty ['penəlti] <-ies> *n* 1. LAW multa *f*; **to pay a ~ for sth** pagar multa por a. c. 2. (*punishment*) punição *f* 3. SPORTS pênalti *m*

penalty area *n* SPORTS grande área *f*
penalty clause *n* sanção *f* penal **penalty kick** *n* SPORTS chute *m* livre

pence [pens] *n pl of* **penny**

penchant ['pentʃənt, *Brit:* 'pɑːnʃɑːn] *n* **to have a ~ for sth** ter uma propensão para a. c.

pencil ['pentsəl] I. *n* lápis *m* II. *vt* **to ~ sth in** planejar a. c.

pencil case *n* lapiseira *f* **pencil sharpener** *n* apontador *m*

pendant ['pendənt] *n* pingente *m*

pending ['pendɪŋ] *prep* **~ further instructions** à espera de [*ou* até] novas instruções

pendulum ['pendʒələm, *Brit:* -djə-] *n* pêndulo *m*

penetrate ['penɪtreɪt] *vt* penetrar

penetrating *adj* penetrante

penetration [ˌpenɪ'treɪʃn] *n* penetração *f*

penguin ['peŋgwɪn] *n* pinguim *m*

penicillin [ˌpenɪ'sɪlɪn] *n no pl* penicilina *f*

peninsula [pə'nɪnsələ, *Brit:* -sjʊlə] *n* península *f*

penis ['piːnɪs] <-nises *o* -nes> *n* pênis *m*

penitent ['penɪtənt] *adj* arrependido, -a

penitentiary [ˌpenɪ'tentʃəri] *n Am* penitenciária *f*

penknife ['pennaɪf] <-knives> *n* canivete *m*

pennant ['penənt] *n* flâmula *f*

penniless ['penɪlɪs] *adj* **to be ~** estar sem um tostão

Pennsylvania [ˌpensɪl'veɪniə] *n* Pensilvânia *f*

penny ['peni] <pennies *o* pence> *n* 1. *Am* (um) centavo *m*, moeda division-

ária do dólar **2.** *Brit:* pêni *m, moeda cujo valor corresponde a um centésimo da libra* **3.** *fig* **they're ten a ~** eles não valem um tostão furado

> **Grammar** a forma plural de **penny** é **pence**: "The newspaper costs 50 pence."; mas para se referir a várias moedas de pêni, usa-se **pennies**: "There are ten pennies in my purse."

penny-pinching *adj* avarento, -a, pão-duro, -a *inf*
pen pal *n* correspondente *mf* **pen pusher** *n Aus, Brit, pej, inf* burocrata *mf*
pension ['pentʃn] *n* FIN aposentadoria *f*, pensão *f*
pensioner ['pentʃənər, *Brit:* -əʳ] *n Brit* aposentado, -a *m, f*
pension fund *n* fundo *m* de aposentadoria **pension plan** *n,* **pension scheme** *n Aus, Brit* plano *m* de aposentadoria
pensive ['pentsɪv] *adj* pensativo, -a; **to be in a ~ mood** ficar pensativo
pentagon ['pentəgɑ:n, *Brit:* -gən] *n* pentágono *m*
penthouse ['penthaʊs] *n* (*apartment*) cobertura *f*
pent-up [,pent'ʌp] *adj* (*emotion*) reprimido, -a; (*energy*) retido, -a
penultimate [pɪ'nʌltəmət, *Brit:* pen'ʌl-] *adj* penúltimo, -a
people ['pi:pl] *n* **1.** *pl* (*plural of person*) gente *f*, pessoas *fpl*; **the beautiful ~** *beautiful people, pessoas da alta sociedade* **2.** *no pl* (*nation, ethnic group*) povo *m*; **~'s republic** república *f* popular
pepper ['pepər, *Brit:* -əʳ] *n* **1.** *no pl* (*spice*) pimenta *f* **2.** (*vegetable*) pimentão *m*
peppercorn ['pepərkɔ:rn, *Brit:* -əkɔ:n] *n* pimenta-do-reino *f*
pepper mill *n* moedor *m* de pimenta
peppermint ['pepərmɪnt, *Brit:* -əm-] *n* **1.** *no pl* (*plant*) hortelã-pimenta *f* **2.** (*candy*) bala *f* de hortelã
peppery ['pepəri] *adj* GASTR picante
pep pill *n inf* (*droga*) estimulante *m* **pep talk** *n inf* **to give sb a ~** levantar o ânimo de alguém
per [pɜ:r, *Brit:* pɜ:ʳ] *prep* por; **$5 ~ kilo** $5 por quilo; **100 km ~ hour** 100 km por hora; **as ~ usual** como de costume
per annum *adv form* por ano **per capita** *adv form* per capita
perceive [pər'si:v, *Brit:* pə'-] *vt* **1.** (*sense*) perceber **2.** (*understand*) compreender
per cent *n Brit,* **percent** [pər'sent, *Brit:* pə'-] *n Am* **25 ~** 25 por cento
percentage [pər'sentɪdʒ, *Brit:* pə'-] *n* porcentagem *f*
perceptible [pər'septəbl, *Brit:* pə'-] *adj* perceptível
perception [pər'sepʃn, *Brit:* pə'-] *n* **1.** percepção *f*, visão *f*; **sb's ~ of sth** a visão de alguém sobre a. c. **2.** (*insight*) perspicácia *f*
perceptive [pər'septɪv, *Brit:* pə'-] *adj* perspicaz
perch¹ [pɜ:rtʃ, *Brit:* pɜ:tʃ] **I.** <-es> *n* poleiro *m*; **to knock sb off his ~** deixar de admirar alguém **II.** *vi* empoleirar-se, pousar
perch² *n* ZOOL perca *f*
percussion [pər'kʌʃn, *Brit:* pə'-] *n no pl* percussão *f*
percussionist *n* MUS percussionista *mf*
perennial [pə'reniəl, *Brit:* pər'en-] **I.** *n* (planta) perene *f* **II.** *adj* eterno, -a
perfect¹ ['pɜ:rfɪkt, *Brit:* 'pɜ:f-] *adj* perfeito, -a; (*calm*) impecável; (*opportunity*) ideal; **a ~ gentleman** um perfeito cavalheiro; **a ~ idiot** um perfeito idiota; **to be a ~ stranger** ser uma pessoa totalmente desconhecida; **to be far from ~** estar longe da perfeição; **to be a ~ match for sth** combinar perfeitamente com a. c.
perfect² [pɜ:r'fekt, *Brit:* pə'-] *vt* aperfeiçoar
perfection [pər'fekʃn, *Brit:* pə'-] *n no pl* perfeição *f;* **cooked to ~** cozido à perfeição
perfectionist *n* perfeccionista *mf*
perfectly *adv* perfeitamente; **~ clear** perfeitamente claro; **to be ~ honest, ...** ser de total honestidade ...
perforate ['pɜ:rfəreɪt, *Brit:* 'pɜ:f-] *vt* perfurar; (*ticket*) picotar
perforation [,pɜ:rfə'reɪʃn, *Brit:* ,pɜ:fər'eɪ-] *n* perfuração *f*
perform [pər'fɔ:rm, *Brit:* pə'fɔ:m] **I.** *vt* **1.** MUS, THEAT, TV interpretar **2.** (*do, accomplish*) desempenhar, fazer; **to ~ sth for sb** fazer a. c. para alguém; **to ~ one's duty** desempenhar sua função;

to ~ miracles fazer milagres; **to ~ a task** realizar uma tarefa **II.** *vi* THEAT representar; MUS executar

performance [pərˈfɔːrmənts, *Brit:* pəˈfɔːm-] *n* (*of play*) apresentação *f*; (*by individual actor*) atuação *f*; **to make a ~ about sth** *Brit, fig* fazer (o maior) teatro [*ou* drama] com a. c.

performer [pərˈfɔːrmər, *Brit:* pəˈfɔːməʳ] *n* THEAT artista *mf*, ator, atriz *m, f*

perfume [ˈpɜːrfjuːm, *Brit:* ˈpɜːf-] *n* perfume *m*

perhaps [pərˈhæps, *Brit:* pə-] *adv* talvez

peril [ˈperəl] *n form* perigo *m*, risco *m*; **to be in ~** estar em perigo; **at ~ of sth** com risco de a. c.

perilous [ˈperələs] *adj form* perigoso, -a, arriscado, -a

perimeter [pəˈrɪmətər, *Brit:* -mɪtəʳ] *n* perímetro *m*

period [ˈpɪriəd, *Brit:* ˈpɪər-] *n* **1.** (*time*) período *m*; ECON ciclo *m* **2.** SCH tempo *m* **3.** *Am* LING ponto *m* final **4.** (*menstruation*) menstruação *f*, regra *f*; **to have one's ~** estar menstruada

periodic [ˌpɪriˈɑːdɪk, *Brit:* ˌpɪəriˈɒd-] *adj* periódico, -a

periodical *n* periódico *m*, publicação a intervalos regulares

periodic table *n* tabela *f* periódica

peripheral [pəˈrɪfərəl] *adj* (*issue*) secundário, -a; (*area*) periférico, -a

periphery [pəˈrɪfəri] <-ies> *n* periferia *f*

periscope [ˈperɪskoʊp, *Brit:* -skəʊp] *n* periscópio *m*

perish [ˈperɪʃ] *vi* **1.** *liter* (*die*) perecer; **~ the thought!** nem pensar! **2.** *esp Aus, Brit* (*deteriorate*) estragar

perishable [ˈperɪʃəbl] *adj* perecível

perishing *adj* (*as intensifier*) frustrante; **it's ~!** *Brit, inf* é frustrante!

perjury [ˈpɜːrdʒəri, *Brit:* ˈpɜːdʒ-] *n* perjúrio *m*

perk [pɜːrk, *Brit:* pɜːk] **I.** *n* (*advantage*) mordomia *f* **II.** *vi* **to ~ up** (*cheer up*) animar-se; (*improve*) recuperar-se

permanence [ˈpɜːrmənənt, *Brit:* ˈpɜːm-] *n*, **permanency** *n no pl* permanência *f*

permanent [ˈpɜːrmənənt, *Brit:* ˈpɜːm-] *adj* (*job*) fixo, -a; (*damage*) irreparável; (*situation*) permanente

permeable [ˈpɜːrmiəbl, *Brit:* ˈpɜːm-] *adj* permeável

permeate [ˈpɜːrmieɪt, *Brit:* ˈpɜːm-] *vt* saturar

permissible [pərˈmɪsəbl, *Brit:* pə-] *adj* (*acceptable*) admissível; (*permitted*) permissível

permission [pərˈmɪʃn, *Brit:* pə-] *n no pl* permissão *f*; **with sb's ~** com a permissão [*ou* licença] de alguém; **~ from sb to do sth** permissão de alguém para fazer a. c.

permissive [pərˈmɪsɪv, *Brit:* pə-] *adj pej* permissivo, -a

permit¹ [ˈpɜːrmɪt, *Brit:* ˈpɜːm-] *n* **1.** autorização *f*; (*from person*) permissão *f* **2.** (*for fishing, hunting, sales*) licença *f*; (*to work*) visto *m* de trabalho; (*drivers licence*) carteira *f* de motorista

permit² [pərˈmɪt, *Brit:* pə-] **I.** <-tt-> *vt* permitir; **I will not ~ you to go there** não vou permitir que você vá lá +*subj* **II.** <-tt-> *vi* **if time ~s** se o tempo permitir

permitted [pərˈmɪtɪd, *Brit:* pəˈmɪt-] *adj* autorizado, -a, permitido, -a

perpendicular [ˌpɜːrpənˈdɪkjulər, *Brit:* ˌpɜːpənˈdɪkjʊləʳ] *adj* perpendicular

perpetrate [ˈpɜːrpətreɪt, *Brit:* ˈpɜːpɪ-] *vt form* perpetrar

perpetrator [ˈpɜːrpətreɪtər, *Brit:* ˈpɜːpɪtreɪtəʳ] *n form* perpetrador(a) *m(f)*

perpetual [pərˈpetʃuəl, *Brit:* pəˈpetʃʊ-] *adj* permanente, perpétuo, -a

perpetuate [pərˈpetʃueɪt, *Brit:* pəˈpetʃʊ-] *vt* perpetuar

perplex [pərˈpleks, *Brit:* pə-] *vt* desconcertar

perplexed *adj* perplexo, -a

persecute [ˈpɜːrsɪkjuːt, *Brit:* ˈpɜːs-] *vt* perseguir; **to ~ sb for sth** [*o* **for doing sth**] perseguir alguém por (fazer) a. c.

persecution [ˌpɜːrsɪˈkjuːʃən, *Brit:* ˌpɜːs-] *n* perseguição *f* (*política, religiosa*); **~ for sth** perseguição por a. c.

persecutor *n* perseguidor(a) *m(f)*

perseverance [ˌpɜːrsəˈvɪrəns, *Brit:* ˌpɜːsɪˈvɪəʳ-] *n no pl* perseverança *f*

persevere [ˌpɜːrsəˈvɪr, *Brit:* ˌpɜːsɪˈvɪəʳ] *vi* perseverar; **to ~ in** [*o* **with**] **sth** perseverar em a. c.

Persia [ˈpɜːrʒə, *Brit:* ˈpɜːʃə] *n* Pérsia *f*

Persian *adj* persa

persist [pərˈsɪst, *Brit:* pə-] *vi* (*cold, rain*) continuar; (*doubts*) persistir; (*person*) insistir; **to ~ in sth** insistir em a. c.

persistence [pərˈsɪstəns, *Brit:* pə-] *n*

no pl (*of cold, belief*) persistência *f*; (*of person*) perseverança *f*
persistent [pər'sɪstənt, *Brit:* pə'-] *adj* (*cold, belief*) persistente; (*person*) insistente
person ['pɜ:rsən, *Brit:* 'pɜ:s-] <people *o form* -s> *n* pessoa *f*; **to do sth in ~** fazer a. c. pessoalmente; **on one's ~** em pessoa; **first ~** LING primeira pessoa
personable ['pɜ:rsənəbl, *Brit:* 'pɜ:s-] *adj* atraente, bem apessoado, -a
personal ['pɜ:rsənəl, *Brit:* 'pɜ:s-] *adj* 1. (*property, matter, life*) particular 2. (*appearance, belongings, question*) pessoal; **~ hygiene** higiene pessoal; **to get ~** insinuar-se; **it's nothing ~** não é nada pessoal 3. (*account, letter*) pessoal
personal assistant *n* secretário, -a *m, f* particular **personal computer** *n* computador *m* pessoal **personal day** *n Am, inf* **to take a ~** tirar um dia *m* de folga
personality [,pɜ:rsən'æləti, *Brit:* ,pɜ:s-] *n* <-ies> personalidade *f*
personally *adv* pessoalmente; **to take sth ~** ofender-se com a. c., levar a. c. para o lado pessoal
personify [pər'sɑ:nɪfaɪ, *Brit:* pə'sɒn-] *vt* personificar
personnel [,pɜ:rsən'el, *Brit:* ,pɜ:s-] *n* 1. *pl* (*employees*) pessoal *m*, staff *m* 2. *no pl* (*department*) seção *f* de pessoal
personnel manager *n* diretor(a) *m(f)* de pessoal [*ou* chefe] *mf*
perspective [pər'spektɪv, *Brit:* pə'-] *n* perspectiva *f*; **from sb's ~** do ponto de vista de alguém
perspiration [,pɜ:rspə'reɪʃn, *Brit:* ,pɜ:s-] *n no pl* transpiração *f*
perspire [pər'spaɪər, *Brit:* pə'spaɪə'] *vi* transpirar
persuade [pər'sweɪd, *Brit:* pə'-] *vt* convencer, persuadir; **to ~ sb to do sth** convencer alguém a fazer a. c.
persuasion [pər'sweɪʒn, *Brit:* pə'-] *n* 1. (*act*) persuasão *f* 2. (*conviction*) convicção *f*
persuasive [pər'sweɪsɪv, *Brit:* pə'-] *adj* (*argument*) convincente; (*person, manner*) persuasivo, -a
pert [pɜ:rt, *Brit:* pɜ:t] *adj* atrevido, -a
pertain [pər'teɪn, *Brit:* pə'-] *vi form* **to ~ to sth** referir-se a a. c.
pertinent ['pɜ:rtnənt, *Brit:* 'pɜ:tɪn-] *adj form* pertinente; **to be ~ to sth** ser pertinente a a. c.
perturb [pər'tɜ:rb, *Brit:* pə'tɜ:b] *vt form* perturbar
Peru [pə'ru:] *n* Peru *m*
Peruvian [pə'ru:viən] *adj* peruano, -a
pervade [pər'veɪd, *Brit:* pə'-] *vt form* (*attitude*) difundir-se em; (*smell*) impregnar, penetrar
pervasive [pər'veɪsɪv, *Brit:* pə'-] *adj form* (*influence*) infiltrador(a), penetrante; (*smell*) impregnante
perverse [pər'vɜ:rs, *Brit:* pə'vɜ:s] *adj* 1. (*stubborn*) teimoso, -a 2. (*unreasonable, deviant*) mórbido, -a
perversion [pər'vɜ:rʒən, *Brit:* pə'vɜ:ʃən] *n* perversão *f*; **~ of justice** corrupção *f* da justiça
pervert¹ ['pɜ:rvɜ:rt, *Brit:* 'pɜ:vɜ:t] *n* pervertido, -a *m, f*
pervert² [pər'vɜ:rt, *Brit:* pə'vɜ:t] *vt* perverter, deturpar; **to ~ the truth** deturpar a verdade
perverted *adj* deturpado, -a, pervertido, -a
pessimism ['pesəmɪzəm, *Brit:* 'pesɪ-] *n no pl* pessimismo *m*
pessimist *n* pessimista *mf*
pessimistic [,pesə'mɪstɪk, *Brit:* -sɪ'-] *adj* pessimista; **to be ~ about sth** ser pessimista sobre [*ou* em] a. c.
pest [pest] *n* 1. (*insect, animal*) praga *f* 2. *inf* (*person*) peste *mf*
pester ['pestər, *Brit:* -ə'] *vt* azucrinar
pesticide ['pestəsaɪd, *Brit:* -tɪ-] *n* pesticida *m*
pet¹ [pet] I. *n* animal *m* de estimação; (*person*) xodó *m*; **she's the teacher's ~** ela é o xodó da professora II. *adj* 1. (*animal*) de estimação 2. (*theory*) favorito, -a
pet² [pet] <-tt-> *vt* acariciar
petal ['petl, *Brit:* -tl] *n* pétala *f*
peter ['pi:tər, *Brit:* -tə'] *vi* **to ~ out** (*path*) perder-se; (*conversation*) esgotar-se
petite [pə'ti:t] *adj* delicado, -a, frágil
petition [pə'tɪʃn, *Brit:* pr'-] I. *n* 1. POL abaixo-assinado *m* 2. LAW petição *f*, requerimento *m* II. *vi* LAW **to ~ for divorce** requerer divórcio
pet name *n* apelido *m*
Petri dish ['pi:tri-, *Brit:* 'petri-] *n* prato *m* de Petri
petrified *adj* apavorado, -a
petrify ['petrɪfaɪ] <-ies> *vt* (*fear*) apavo-

rar; (*development*) paralisar

petrochemical [ˌpetrouˈkemɪkəl, *Brit:* -rəʊ-] *adj* petroquímico, -a

petrol [ˈpetrəl] *n no pl, esp Aus, Brit* gasolina *f*

petroleum [pəˈtrouliəm, *Brit:* pɪˈtrəʊ-] *n* petróleo *m*

petrol pump *n Aus, Brit* bomba *f* de gasolina **petrol station** *n Aus, Brit* posto *m* de gasolina **petrol tank** *n Aus, Brit* tanque *m* de gasolina

pet shop *n* loja *f* para animais de estimação

petticoat [ˈpetɪkout, *Brit:* ˈpetɪkəʊt] *n* anágua *f*

petty [ˈpeti, *Brit:* -ti] <-ier, -iest> *adj* **1.** *pej* (*detail*) insignificante; (*person*) mesquinho, -a **2.** LAW (*crime*) pequeno, -a (*delito*); (*officer*) subalterno, -a

petulant [ˈpetʃələnt, *Brit:* ˈpetjə-] *adj* petulante

pew [pju:] *n* banco *m* (*de igreja*)

pewter [ˈpju:tər, *Brit:* -təʳ] *n no pl* peltre *m*

pH [ˌpi:ˈeɪtʃ] pH *m*

phantom [ˈfæntəm] **I.** *n* fantasma *m* **II.** *adj* (*imaginary*) fantasmagórico, -a

pharaoh [ˈferou, *Brit:* ˈfeərəʊ] *n* faraó *m*

pharmacist [ˈfɑ:rməsɪst, *Brit:* ˈfɑ:m-] *n* farmacêutico, -a *m, f*

pharmacology [ˌfɑ:rməˈkɑ:lədʒi, *Brit:* ˌfɑ:məˈkɒl-] *n no pl* farmacologia *f*

pharmacy [ˈfɑ:rməsi, *Brit:* ˈfɑ:m-] <-ies> *n* farmácia *f*

phase [feɪz] **I.** *n* (*period*) etapa *f*; (*stage*) fase *f*; **to be in ~** estar em harmonia; **to be out of ~** estar desencontrado **II.** *vt* **1.** (*do in stages*) fazer por etapas **2.** (*coordinate*) coordenar
 ◆ **phase in** *vt* introduzir gradualmente
 ◆ **phase out** *vt* retirar gradualmente

PhD [ˌpi:eɪtʃˈdi:] *n abbr of* **Doctor of Philosophy** PhD *m*

pheasant [ˈfezənt] <-(s)> *n* faisão *m*

phenomenal *adj* fenomenal

phenomenon [fəˈnɑ:mənɑ:n, *Brit:* fɪˈnɒmɪnən] <phenomena *o* -s> *n* fenômeno *m*

philanthropist [fəˈlænθrəpɪst, *Brit:* fɪˈ-] *n* filantropo, -a *m, f*

philanthropy [fəˈlænθrəpi, *Brit:* fɪˈ-] *n no pl* filantropia *f*

Philippines [ˈfɪləpi:nz, *Brit:* -lɪ-] *npl* **the ~** as Filipinas

philology [fɪˈlɑ:lədʒi, *Brit:* -ˈlɒl-] *n no pl* filologia *f*

philosopher [fɪˈlɑ:səfər, *Brit:* -ˈlɒsəfəʳ] *n* filósofo, -a *m, f*

philosophic(al) [ˌfɪləˈsɑ:fɪk(əl), *Brit:* -ˈsɒf-] *adj* filosófico, -a

philosophy [fɪˈlɑ:səfi, *Brit:* -ˈlɒs-] *n no pl* filosofia *f*

phlegm [flem] *n no pl* fleuma

phlegmatic [flegˈmætɪk, *Brit:* -tɪk] *adj* fleumático, -a

phobia [ˈfoubiə, *Brit:* ˈfəʊ-] *n* PSYCH fobia *f*; **to have a ~ about sth** ter fobia de a. c.

phone [foun, *Brit:* fəʊn] **I.** *n* telefone *m*; **by ~** por telefone; **to be on the ~** estar ao telefone, ter telefone **II.** *vt, vi* ligar, telefonar
 ◆ **phone back** *vt* ligar de volta
 ◆ **phone up** *vt* ligar para, telefonar para

phone book *n* catálogo *m* telefônico, lista *f* telefônica **phone booth** *n* cabine *f* telefônica **phone call** *n* ligação *f*, telefonema *m* **phone card** *n* cartão *m* telefônico

phone-in *n* programa de rádio ou televisão do qual o público participa por telefone

phoneme [ˈfouni:m, *Brit:* ˈfəʊ-] *n* fonema *m*

phone number *n* (número de) telefone *m*

phone tag *n no pl, Am, inf* TEL embaçamento *m*

phonetic [fəˈnetɪk, *Brit:* -tɪk] *adj* fonético, -a

phonetics *n* fonética *f*

phoney [ˈfouni, *Brit:* ˈfəʊ-] <-ier, -iest> *adj inf* (*person, address*) falso, -a; (*documents*) falsificado, -a

phonology [fəˈnɑ:lədʒi, *Brit:* -ˈnɒl-] *n no pl* fonologia *f*

phony *adj s.* **phoney**

phosphate [ˈfɑ:sfeɪt, *Brit:* ˈfɒs-] *n* fosfato *m*

phosphorescent [ˌfɑ:sfəˈresənt, *Brit:* ˌfɒsfərˈes-] *adj* fosforescente

phosphorus [ˈfɑ:sfərəs, *Brit:* ˈfɒs-] *n no pl* fósforo *m*

photo [ˈfoutou, *Brit:* ˈfəʊtəʊ] <-s> *n inf abbr of* **photograph** foto *f*

photocopier [ˌfoutouˈkɑ:piər, *Brit:* ˈfəʊtəʊˌkɒpiəʳ] *n* fotocopiadora *f*

photocopy [ˈfoutouˌkɑ:pi, *Brit:* ˈfəʊtəʊˌkɒpi] **I.** <-ies> *n* fotocópia *f*, xerox® *mf inv* **II.** *vt* fotocopiar, xerocar

photogenic [ˌfoutouˈdʒenɪk, *Brit:*

,fəʊtəʊ'-] *adj* fotogênico, -a
photograph ['foʊtoʊgræf, *Brit:* 'fəʊtəgrɑ:f] **I.** *n* fotografia *f;* **to take a ~ of sb** tirar uma fotografia de alguém **II.** *vt* fotografar

photograph album *n* álbum *m* de fotografias

photographer [fə'tɑ:grəfər, *Brit:* -'tɒgrəfə^r] *n* fotógrafo, -a *m, f*

photographic [ˌfoʊtə'græfɪk, *Brit:* ˌfəʊtə'-] *adj* fotográfico, -a

photography [fə'tɑ:grəfi, *Brit:* -'tɒg-] *n no pl* fotografia *f*

photosensitive [ˌfoʊtoʊ'sensɪtɪv, *Brit:* ˌfəʊtəʊ'sensə-] *adj* sensível à luz

photosynthesis [ˌfoʊtoʊ'sɪntθɪsɪs, *Brit:* ˌfəʊtəʊ'-] *n no pl* fotossíntese *f*

phrasal verb [ˌfreɪzəl'-] *n* LING locução *f* verbal

phrase [freɪz] **I.** *n* frase *f;* (*idiomatic expression*) expressão *f* (*idiomática*); **noun ~** locução nominal; **to have a good turn of ~** expressar-se de maneira especial **II.** *vt* **to ~ sth well/badly** formular [*ou* expressar] a. c. bem/mal

phrasebook *n* livro *m* de expressões úteis para viajantes

physical ['fɪzɪkəl] *adj* físico, -a

physical education *n no pl* educação *f* física

physician [fɪ'zɪʃən] *n Am* médico, -a *m, f*

physicist ['fɪzɪsɪst] *n* físico, -a *m, f*

physics ['fɪzɪks] *n no pl* física *f*

physiological [ˌfɪzɪə'lɑ:dʒɪkəl, *Brit:* -'lɒdʒ-] *adj* fisiológico, -a

physiologist *n* fisiologista *mf*

physiology [ˌfɪzɪ'ɑ:lədʒi, *Brit:* -'ɒl-] *n no pl* fisiologia *f*

physiotherapist *n* fisioterapeuta *mf*

physiotherapy [ˌfɪzioʊ'θerəpi, *Brit:* -əʊ'-] *n no pl* fisioterapia *f*

physique [fɪ'zi:k] *n* físico *m* (*corpo*)

pianist ['pi:ənɪst] *n* pianista *mf*

piano [pi'ænoʊ, *Brit:* 'pjɑ:nəʊ] <-s> *n* piano *m*

pica *n no pl* desejo de comer comida pouco nutritiva (*sobretudo durante a gravidez*)

pick [pɪk] **I.** *n* **1.** (*selection*) escolha *f;* **to take one's ~** escolher à vontade; **the ~ of the bunch** o melhor do grupo **2.** (*pickaxe*) picareta *f* **II.** *vt* **1.** (*select*) escolher **2.** (*fruit, vegetables*) colher **3.** (*touch*) **to ~ one's nose** limpar o nariz com o dedo; **to ~ one's teeth** palitar os dentes; **to ~ holes in sth** *fig* achar defeitos em a. c.; **to ~ a lock** forçar uma fechadura; **to ~ sb's pocket** bater a carteira de alguém; **to ~ sb's brain** *fig* pedir ajuda a alguém para solucionar problema **III.** *vi* **to ~ and choose** escolher a dedo

◆ **pick at** *vt insep* (*hardly eat*) beliscar a comida; (*criticize*) criticar por qualquer coisinha

◆ **pick off** *vt* (*shoot*) matar com um tiro

◆ **pick on** *vt insep* implicar com alguém

◆ **pick out** *vt* **1.** (*choose*) selecionar **2.** (*recognize*) identificar

◆ **pick up I.** *vt* **1.** (*lift*) apanhar; **to ~ the phone** atender o telefone, tirar o fone do gancho; **to ~ the pieces** *fig* recuperar os estragos **2.** (*conversation*) sacar; **to ~ an illness** pegar uma doença; **to ~ speed** ganhar velocidade **3.** (*collect*) pegar; **to pick sb up** (*sexually*) arrumar alguém **4.** (*learn*) aprender **II.** *vi* (*improve*) melhorar; **to ~ where one left off** partir do ponto onde se interrompeu uma atividade

pickax *n Am*, **pickaxe** ['pɪkæks] *n Brit, Aus* picareta *f*

picket ['pɪkɪt] *n* MIL piquete *m*

pickings *npl* sobras *fpl*

pickle ['pɪkl] **I.** *n* picles *mpl;* **to be in a** (**pretty**) **~** *inf* estar numa (boa) enrascada **II.** *vt* (*vegetables*) conservar (em vinagre); (*fish*) salmourar

pickled *adj* (*vegetables*) em conserva; (*fish*) em salmoura; **to get ~** *fig, inf* ficar bêbado

pickpocket ['pɪkˌpɑ:kɪt, *Brit:* -ˌpɒk-] *n* batedor(a) *m(f)* de carteira

pick-up *n* **1.** (*vehicle*) picape *f* **2.** (*for sex*) transa *f* **3.** (*part of record player*) pickup *m*

pick-up point *n* ponto *m* de embarque

picnic ['pɪknɪk] *n* piquenique *m;* **to be no ~** *fig* não ser nada fácil

pictorial [pɪk'tɔ:riəl] *adj* ilustrado, -a

picture ['pɪktʃər, *Brit:* -ə^r] **I.** *n* **1.** (*image*) imagem *f;* (*painting*) quadro *m;* (*drawing*) desenho *m;* **to draw a ~** fazer um desenho; **to paint a ~** pintar um quadro; **to paint a ~ of sth** *fig* descrever a. c.; **to get the ~** *fig* sacar; **to put sb in the ~** *fig* colocar alguém a par de a. c. **2.** (*photo*) foto *f;* **to take a ~** tirar uma foto **3.** (*film*) filme *m;* **to go to the ~s**

ir ao cinema **II.** *vt* imaginar
picture book *n* livro *m* ilustrado (infantil) **picture gallery** *n* exposição *f* de quadros **picture postcard** *n* cartão *m* postal
picturesque [ˌpɪktʃə'resk] *adj* pitoresco, -a
piddle ['pɪdl] *vi inf* urinar
pie [paɪ] *n* (*fruit, vegetable*) torta *f*; (*meat*) empadão *m*
piece [piːs] **I.** *n* **1.** (*bit: of wood, metal, food*) pedaço *m*; (*of text*) parte *f*; **a ~ of advice** um conselho; **a ~ of clothing** uma (peça de) roupa; **a ~ of news** uma notícia; **a ~ of paper** (*scrap*) um pedaço de papel; (*sheet*) uma folha de papel; **a 50 cent ~** uma moeda de 50 centavos; **in one ~** intacto; **in ~s** quebrado; **to break sth to ~s** partir a. c. em pedaços; **~ by ~** peça por peça; **to come to ~s** (*shatter*) espatifar-se; (*made to be disassembled*) ser desmontável; **to take sth to ~s** *Brit* desmontar a. c.; **to go all to ~s** (*trauma*) entrar em parafuso; (*collapse, break*) perder o controle; **to be a ~ of cake** *fig, inf* ser moleza; **to give sb a ~ of one's mind** *inf* dizer poucas e boas a alguém **2.** GAMES, ART, MUS peça *f* **II.** *vt* **to ~ sth together** (*rebuild*) recompor; (*figure out: story, facts*) reconstituir
piecemeal ['piːsmiːl] *adv* aos poucos
piece rate *n* preço *m* da unidade
piecework *n no pl* trabalho *m* por empreitada
pier [pɪr, *Brit:* pɪə*r*] *n* píer *m*
pierce [pɪrs, *Brit:* pɪəs] *vt* furar, perfurar; **to ~ sth with sth** perfurar a. c. com a. c.; **to ~ a hole in sth** furar um buraco em a. c.
piercing *adj* (*wind*) cortante; (*scream*) lancinante; (*gaze*) penetrante; (*wit*) provocante
piety ['paɪəti, *Brit:* -ti] *n no pl* piedade *f*
pig [pɪg] **I.** *n* **1.** ZOOL porco, -a *m, f*; **to make a ~'s ear of sth** *Brit, inf* fazer um trabalho porco **2.** *pej, inf* (*person*) porcalhão, -ona *m, f* **II.** *vi inf* **to ~ out (on sth)** empanturrar-se (com a. c.)
pigeon ['pɪdʒən] *n* pombo *f*
pigeonhole I. *n* escaninho *m* **II.** *vt* **to ~ sb** rotular alguém
piggy bank *n* cofre *m* (*em forma de porquinho*)
pigheaded *adj* cabeçudo, -a, teimoso, -a
piglet ['pɪglɪt, *Brit:* -lət] *n* leitão, -oa *m, f*

pigment ['pɪgmənt] *n* pigmento *m*
pigmentation [ˌpɪgmən'teɪʃn] *n no pl* pigmentação *f*
pigmy ['pɪgmi] <-ies> *n* pigmeu, pigmeia *m, f*
pigsty ['pɪgstaɪ] *n* chiqueiro *m*
pigswill ['pɪgswɪl] *n no pl* lavagem *f*
pigtail ['pɪgteɪl] *n s.* **ponytail**
pike¹ [paɪk] *n* (*fish*) lúcio *m*
pike² *n* (*weapon*) lança *f*
pile [paɪl] **I.** *n* pilha *f*, montão *m*; **to have ~s of sth** *inf* ter montes de a. c.; **to make a ~** *fig, inf* fazer fortuna **II.** *vt* empilhar; **to be ~d (high) with sth** estar abarrotado de a. c. **III.** *vi* **to ~ into sth** amontoar-se em a. c.; **they all piled into the car** eles se amontoaram todos no carro; **to ~ out of sth** saltar (fora) de a. c.
◆**pile up I.** *vi* amontoar-se **II.** *vt* acumular
pile-driver *n* bate-estacas *m inv*
piles *npl inf* hemorroidas *fpl*
pilfer ['pɪlfər, *Brit:* -ə*r*] *vt* furtar
pilgrim ['pɪlgrɪm] *n* peregrino, -a *m, f*
pilgrimage ['pɪlgrɪmɪdʒ] *n* peregrinação *f*, romaria *f*
pill [pɪl] *n* comprimido *m*; **to take ~s for sth** tomar comprimidos para a. c.; **the ~** (*contraception*) a pílula
pillar ['pɪlər, *Brit:* -ə*r*] *n* coluna *f*, pilar *m*; **a ~ of smoke** uma coluna de fumaça; **to be a ~ of strength** ser um ponto de apoio; **to chase sb from ~ to post** caçar alguém pra lá e pra cá
pillow ['pɪloʊ, *Brit:* -ləʊ] *n* **1.** (*for bed*) travesseiro *m* **2.** *Am* (*cushion*) almofada *f*
pillowcase *n* fronha *f*
pilot ['paɪlət] **I.** *n* piloto *m* **II.** *vt* pilotar
pilot light *n* piloto *m* **pilot study** *n* estudo piloto *m*
pimp [pɪmp] *n* cafetão *m*
pimple ['pɪmpl] *n* espinha *f* (*na pele*)
PIN [pɪn] *n abbr of* **personal identification number ~ (number)** ≈ senha para caixa eletrônico
pin [pɪn] **I.** *n* **1.** (*needle*) alfinete *m*; **to have ~s and needles** ter formigamento **2.** *Am* (*brooch*) broche *m* **II.** *vt* **1.** (*define*) **to ~ sb down** forçar alguém a assumir uma decisão **2.** (*locate*) **to ~ sth down** situar a. c.
pinball *n* **to play ~** jogar fliperama
pincers ['pɪntsərz, *Brit:* -səz] *npl* ZOOL pinça *f*; (*tool*) alicate *m*

pinch [pɪntʃ] **I.** vt **1.** (nip, tweak) beliscar; **to ~ oneself** fig **2.** (be too tight) apertar **3.** inf (steal) surripiar **4. to ~ pennies** apertar o cinto **II.** n **1.** (nip) beliscão m; **at a ~, in a ~** Am em último caso; **to feel the ~** passar por um aperto **2.** (small quantity) pitada f; **to take sth with a ~ of salt** esp Brit ficar com o pé atrás diante de a. c.

pincushion ['pɪnˌkʊʃn] n alfineteira f

pine¹ [paɪn] n pinheiro m

pine² vi **to ~ (away)** definhar; **to ~ for sth** sentir muita falta de a. c.

pineapple ['paɪnæpl] n abacaxi m

pine cone n pinha f

ping [pɪŋ] **I.** n (of bell) silvo m; (of glass, metal) sibilo m **II.** vi sibilar, silvar

ping-pong ['pɪŋˌpɑːŋ, Brit: -ˌpɒŋ] n no pl, inf pingue-pongue m

pinion¹ ['pɪnjən] vt amarrar os braços

pinion² n TECH pinhão m

pink [pɪŋk] **I.** n cravo m; **to be in the ~** estar com ótima disposição **II.** adj (cor-de-)rosa

pinnacle ['pɪnəkl] n ARCHIT pináculo m; (mountain) cume m; fig auge m

pinpoint ['pɪnpɔɪnt] vt localizar com precisão

pint [paɪnt] n quartilho m (Aus, Brit = 0,57 l, Am = 0,47 l)

pin-up n **1.** (poster) pôster m (de homem ou mulher atraente) **2.** (man) modelo m; (girl) pinup f

pioneer [ˌpaɪəˈnɪr, Brit: -ˈnɪə] n pioneiro, -a m, f

pioneering adj precursor(a)

pious ['paɪəs] adj **1.** devoto, -a **2.** pej carola

pip¹ [pɪp] n BOT semente f

pip² n pl, Brit (sound) pio m

pipe [paɪp] **I.** n **1.** (tube for gas, water) cano m; (smaller) tubo m **2.** (for smoking) cachimbo m **3.** MUS flauta f, gaita f de foles; (organ) fole m **II.** vi inf **to ~ down** calar a boca; **to ~ up** falar mais alto

pipe cleaner n limpador m de cachimbo

pipeline n encanamento m; (gas) gasoduto m; (oil) oleoduto m; **to be in the ~** fig estar para acontecer

piper ['paɪpər, Brit: -ə] n tocador(a) m(f) de gaita; **he who pays the ~ calls the tune** prov quem paga as despesas decide o que fazer

piracy ['paɪrəsi, Brit: 'paɪər-] n no pl pirataria f

pirate ['paɪrət, Brit: 'paɪər-] n pirata m

pirouette [ˌpɪruˈet, Brit: -ʊˈ-] n pirueta f

Pisces ['paɪsiːz] n Peixes m inv; **to be a ~** ser pisciano; **to be born under the sign of ~** ser nativo de Peixes

piss [pɪs] vulg **I.** n no pl **to take a ~** fazer xixi; **to take the ~ (out of sb)** esp Brit gozar alguém **II.** vi mijar chulo; **to ~ in one's pants** mijar na calça chulo; **it's ~ing with rain** Brit, Aus está caindo um pé d'água **III.** vt **to ~ oneself laughing** rir descontroladamente

◆ **piss off** vt **to ~ sb off** encher o saco de alguém

pissed [pɪst] adj inf **to be ~ 1.** Am (angry) estar puto (da vida) **2.** Brit, Aus (drunk) estar de porre

pistachio [pɪˈstæʃioʊ, Brit: -ˈstɑːʃɪəʊ] <-s> n pistache m, pistácio m

pistol ['pɪstəl] n pistola f

piston ['pɪstən] n pistão m

pit [pɪt] n caroço m; (mine) mina f; inf (untidy place) fossa f; **the ~s** pl, fig, inf boxes num autódromo

pitch¹ [pɪtʃ] n no pl (bitumen) breu m, piche m

pitch² **I.** n **1.** Am (in baseball) lance m **2.** (in cricket) campo m **3.** MUS, LING tom m; **to be at fever ~** estar muito agitado **4.** fig **sales ~** lábia f de vendedor **II.** vt lançar

◆ **pitch in** vi inf dar uma mãozinha

pitch-black adj escuro, -a como breu

pitcher¹ ['pɪtʃər, Brit: -ə] n (large jug) cântaro m; Am (smaller) jarrinha f

pitcher² n lançador(a) m(f)

pitchfork n forcado m

pitfall ['pɪtfɔːl] n pl imprevisto m, problema m

pith [pɪθ] n no pl medula f

pithy ['pɪθi] <-ier, -iest> adj substancial

pitiful ['pɪtɪfəl, Brit: 'pɪt-] adj comovente, de dar pena

pittance ['pɪtənts] n no pl miséria f, ninharia f

pituitary gland [pɪˈtuːətəri-, Brit: -ˈtjuːɪtəri-] n glândula f pituitária

pity ['pɪti, Brit: -ti] **I.** n no pl **1.** (compassion) pena f; **in ~** com pena; **to feel ~ for sb** sentir compaixão por alguém; **to take ~ on sb** ter pena de alguém; **for ~'s sake** por piedade **2.** (shame) to

be a ~ ser uma vergonha; **more's the ~!** tanto pior; **what a ~!** que pena! II.<-ies, -ied> vt ter pena de

pivot ['pɪvət] I. n pivô m II. vi, vt **to ~ around (sth)** girar em torno de (a. c.)

pivotal ['pɪvətəl] adj fundamental

pixel ['pɪksəl] n INFOR pixel m

pizza ['pi:tsə] n pizza f

placard ['plækɑ:rd, Brit: -ɑ:d] n cartaz m

placate ['pleɪkeɪt, Brit: plə'keɪt] vt apaziguar, aplacar

place [pleɪs] I. n 1. (location, area) lugar m; **~ of birth** lugar m de nascimento; **~s of interest** lugares de interesse; **to be in** estar em seu lugar; fig estar no lugar certo; **in ~ of sb** em lugar de alguém, em vez de alguém; **to fall into ~** ficar tudo claro; **to feel out of ~** sentir-se deslocado; **to go ~s** inf ser bem-sucedido; **to know one's ~** reconhecer seu lugar; **to put sb in his ~** pôr alguém em seu lugar; **all over the ~** por todo lado 2. (position) posição f; **to lose one's ~** (book) perder o lugar; **to take first/second ~** estar em primeiro/segundo lugar; **in the first ~** em primeiro lugar; **in the second ~** em segundo lugar 3. (seat) assento m, lugar m; **to change ~s with sb** trocar o lugar com alguém 4. (in organization) vaga f 5. (home) casa; **to/at sb's ~** à/na casa de alguém II. vt 1. (put) colocar; **to ~ one's hopes on sth** depositar as esperanças em a. c.; **to ~ the emphasis on sth** pôr ênfase em a. c.; **to ~ one's faith in sb** confiar em alguém; **to ~ an order for sth** fazer uma encomenda de a. c.; **to ~ a bet** fazer uma aposta; **to ~ sb in charge (of sth)** colocar alguém a cargo (de a. c.); **to ~ sb under surveillance** manter alguém em observação; **to ~ sth under the control of sb** deixar a. c. sob o controle de alguém; **I can't ~ him** não me lembro de onde o conheço 2. (impose) impor; **to ~ a limit on sth** impor um limite a a. c.

placebo [plə'si:boʊ, Brit: -bəʊ] <-s> n placebo m

placement ['pleɪsmənt] n disposição f

placenta [plə'sentə] <-s o -ae> n placenta f

placid ['plæsɪd] adj tranquilo, -a

plagiarism ['pleɪdʒərɪzəm] n no pl plágio m

plague [pleɪg] I. n peste f; **the ~** HIST a Peste; **to avoid sb like the ~** fugir de alguém como o diabo (foge) da cruz II. vt **to ~ sb for sth** atormentar alguém com a. c.

plaice [pleɪs] inv n linguado m

plaid [plæd] n no pl 1. Am (patter) xadrez m 2. (cloth) xale m axadrezado (usado pelos escoceses)

plain [pleɪn] I. adj 1. simples; (one color) liso, -a; **a ~ girl** uma garota simples 2. (uncomplicated) simples; **~ and simple** puro e simples; **the ~ truth** a pura verdade 3. GASTR puro, -a 4. (clear, obvious) claro, -a, evidente; **to make sth ~** deixar a.c claro; **to make oneself ~ (to sb)** explicar-se a alguém II. adv inf (downright) francamente III. n GEO planície f

plain clothes adj à paisana

plainly adv 1. (simply) com simplicidade 2. (obviously) obviamente

plain sailing n fig **to be ~** ser uma sopa

plaintiff ['pleɪntɪf] n requerente mf

plaintive ['pleɪntɪv] adj melancólico, -a

plait [plæt] Brit I. n trança f II. vt trançar

plan [plæn] I. n (scheme, diagram) plano m, projeto m; **savings ~** plano m de poupança; **street ~** projeto de rua m; **to draw up a ~** esboçar um plano; **to go according to ~** correr conforme o planejado; **to make ~s for sth** ter a intenção de fazer a. c. II.<-nn-> vt planejar; (prepare) programar III. vi fazer planos, intencionar; **to ~ to do sth** [o **to ~ on sth**] [o **to ~ for sth**] ter intenção de fazer a. c.

plane¹ [pleɪn] n MAT plano m

plane² n (tool) plaina f

plane³ n AVIAT avião m; **by ~** de avião

plane crash n desastre m aéreo

planet ['plænɪt] n planeta m; **~ Earth** planeta Terra

planetary ['plænɪteri, Brit: -təri] adj planetário, -a

plane tree n plátano m

plank [plæŋk] n tábua f

planner n projetista mf

planning n no pl planejamento m; **at the ~ stage** na fase de planejamento

planning permission n alvará m de construção

plant [plænt, Brit: plɑ:nt] I. n 1. BOT planta f 2. (factory) fábrica f, usina f 3. no pl (machinery) maquinaria f II. vt

plantation / **plead**

1. AGR plantar **2.** (*place*) colocar; **to ~ a bomb** colocar uma bomba

plantation [plæn'teɪʃn] *n* plantação *f*

plaque [plæk, *Brit:* plɑːk] *n* **1.** (*on building*) placa *f* **2.** *no pl* (*on teeth*) placa *f* dentária

plasma ['plæzmə] *n no pl* plasma *m*

plaster ['plæstər, *Brit:* 'plɑːstər] I. *n* **1.** *no pl* ARCHIT reboco *m* **2.** MED emplastro *m* **3.** *Brit* (*sticking plaster*) esparadrapo *m*, band-aid® *m* II. *vt* **1.** ARCHIT rebocar **2.** *inf* (*put all over*) estucar; **to ~ sth with sth** cobrir a. c. com a. c.

plasterboard *n no pl* gesso *m* em folhas de papelão

plaster cast *n* MED gesso *m*

plastered *adj inf* **to get ~** ser engessado

plastic ['plæstɪk] I. *n* plástico *m* II. *adj* plástico, -a; **plastic arts** artes plásticas

plastic bag *n* saco *m* de plástico **plastic bullet** *n* bala *f* de plástico

Plasticine® ['plæstɪsiːn] *n no pl*, *Brit* massinha *f* de modelar

plastic surgery *n* plástica *f*

plastic wrap *n* filme *m* de PVC

plate [pleɪt] *n* **1.** (*for food*) prato *m*; **to give sth to sb on a ~** *fig* dar a. c. de mão beijada a alguém; **to have a lot on one's ~** *fig* ter trabalho de sobra **2.** (*panel*) placa *f*

plateau [plæ'toʊ, *Brit:* 'plætəʊ] <*Brit:* -x, *Am*, *Aus:* -s> *n* planalto *m*

plateful ['pleɪtfʊl] *n* pratada *f*

plate glass *n* vidro *m* laminado

platelet ['pleɪlət] *n* plaqueta *f*

plate rack *n* prateleira *f*

platform ['plætfɔːrm, *Brit:* -fɔːm] *n* tribuna *f*; RAIL plataforma *f*

platinum ['plætnəm, *Brit:* -tɪnəm] *n no pl* platina *f*

platitude ['plætətuːd, *Brit:* -tɪtjuːd] *n pej* lugar-comum *m*, chavão *m*

platonic [plə'tɒnɪk, *Brit:* -'tɒn-] *adj* platônico, -a

platoon [plə'tuːn] *n* MIL pelotão *m*

platter ['plætər, *Brit:* -tər] *n* travessa *f*

plausible ['plɔːzəbl, *Brit:* 'plɔː-] *adj* plausível

play [pleɪ] I. *n* **1.** *no pl* (*recreation*) brincadeira *f*; **foul ~** jogada suja; **to be at ~** estar em jogo; **to be in/out of ~** estar no/fora do jogo; **to bring sth into ~** acionar a. c.; **to give sth full ~** colocar a. c. em plena atividade; **to make a ~ for sth** fazer uma cena por a. c. **2.** THEAT peça *f* II. *vi* **1.** brincar; **to ~ fair** agir corretamente; **to ~ with sb/sth** brincar com alguém/a. c. **2.** MUS tocar **3.** (*try to gain*) **to ~ for time** ganhar tempo III. *vt* **1.** (*participate in game*) jogar; **to ~ football** jogar futebol **2.** THEAT fazer o papel de; **to ~ the fool** fazer papel de bobo **3.** MUS pôr para tocar; **to ~ a CD** pôr um CD para tocar **4.** (*perpetrate*) **to ~ a joke/trick (on sb)** pregar uma peça em alguém; **to ~ sb against sb** jogar alguém contra alguém

◆ **play along** *vi* **to ~ with sb** contemporizar com alguém

◆ **play down** *vt* atenuar, minimizar

◆ **play on** *vt* **to ~ sb's weakness** aproveitar a fraqueza de alguém

◆ **play up** *vi* destacar, salientar

play-act *vi fig* fingir

playboy *n* playboy *m*

player ['pleɪər, *Brit:* -ər] *n* GAMES jogador(a) *m(f)*; MUS musicista *mf*, *que toca um instrumento*; CINE ator, atriz *m, f*

playfellow *n* companheiro, -a *m*, *f* de brincadeiras

playful ['pleɪfəl] *adj* brincalhão, -ona

playground *n* (*at school*) pátio *m*; (*in park*) parque *m* de diversões **playgroup** *n* creche *f* **playhouse** *n* (*theater*) teatro *m*

playing card *n* carta *f* de baralho **playing field** *n* campo *m* de esportes

playmate *n* s. **playfellow**; **play-off** *n* desempate *m* **playpen** *n* cercado *m* para crianças brincarem **playroom** *n* quarto *m* de recreação **plaything** *n* brinquedo *m* **playtime** *n no pl* recreio *m*

playwright ['pleɪraɪt] *n* dramaturgo, -a *m*, *f*

plaza ['plɑːzə] *n* praça *f* pública; (*shopping*) ~ mercado *m*

plc [ˌpiːel'siː] *n Brit abbr of* **public limited company** ≈ sociedade *f* anônima

plea [pliː] *n* **1.** (*appeal*) apelo *m*, súplica *f*; **to make a ~ for mercy** suplicar compaixão **2.** LAW defesa *f*; **to enter a ~ of not guilty** apresentar uma declaração de inocência

plead [pliːd] <pleaded *Am:* pled, pleaded *Am:* pled> I. *vi* implorar, suplicar; **to ~ for forgiveness** implorar perdão; **to ~ with sb (to do sth)** implorar a alguém (que faça a. c.) +*subj*; **to ~ innocent (to a charge)** declarar-se ino-

pleasant

cente (de uma acusação) **II.** *vt* advogar, alegar; **to ~ ignorance of sth** alegar ignorância de a. c.; **to ~ sb's cause** advogar a causa de alguém

pleasant ['plezənt] *adj* agradável; **have a ~ journey!** faça uma boa viagem!; **to be ~** (**to sb**) ser amável (com alguém)

please [pli:z] **I.** *vt* agradar; **~ yourself** faça o que quiser, como queira **II.** *vi* **eager to ~** ansioso por agradar; **to be hard to ~** ser difícil de agradar; **to do as one ~s** fazer o que quer **III.** *interj* por favor; **if you ~ form** por obséquio

pleased *adj* contente, feliz; **to be ~ that ...** estar contente que ...; **to be ~ with sb/sth** estar satisfeito com alguém/a. c.; **I'm very ~ to meet you** muito prazer em conhecê-lo; **to be ~ to do sth** estar feliz por fazer a. c.; **to be as ~ as Punch** (**about sth**) estar feliz da vida (com a. c.)

pleasing *adj* agradável, gentil

pleasurable ['pleʒərəbl] *adj* aprazível

pleasure ['pleʒər, *Brit:* -əʳ] *n* prazer *m*; **to take ~ in sth/in doing sth** comprazer-se com a. c./em fazer a. c.; **with ~** com prazer

pleat [pli:t] *n* prega *f*

pled [pled] *Am, Scot pt, pp of* **plead**

pledge [pledʒ] **I.** *n* promessa *f*; **to fulfil a ~** cumprir uma promessa; **to make a ~ that ...** comprometer-se a ...; **a ~ of good faith** uma promessa com boas intenções **II.** *vt* **to ~ loyalty** prometer fidelidade; **to ~ to do sth** comprometer-se a fazer a. c.; **I've been ~d to secrecy** prometi sigilo

plenary ['pli:nəri] *adj* plenário, -a

plentiful ['plentɪfl] *adj* abundante

plenty ['plenti] **I.** *n no pl* fartura *f*; **~ of money/time** bastante dinheiro/tempo **II.** *pron* bastante **III.** *adv* **~ more** muito mais

pliable ['plaɪəbl] *adj* 1.(*supple*) flexível 2. *fig* influenciável

pliers ['plaɪərz, *Brit:* -əz] *npl* alicate *m*; **a pair of ~** um alicate

plight [plaɪt] *n* sofrimento *m*

PLO [ˌpi:el'oʊ, *Brit:* -'əʊ] *n abbr of* **Palestine Liberation Organization** OLP *f*

plod [plɒd, *Brit:* plɒd] <-dd-> *vi* caminhar com dificuldade; **to ~ through a book** arrastar-se na leitura de um livro

plonk [plʌŋk, *Brit:* plɒŋk] **I.** *n inf* vinho

276

plumb in

m de segunda categoria **II.** *vt inf* deixar-se cair com descuido; **to ~ sth down** deixar a. c. cair pesadamente

plop [plɒp, *Brit:* plɒp] **I.** *n* (chape-)chape *m* **II.** <-pp-> *vi* estatelar-se

plot [plɑt, *Brit:* plɒt] **I.** *n* 1.(*conspiracy*) conspiração *f*; **to hatch a ~** tramar uma conspiração 2.(*story line*) enredo *m*, trama *f*; **the ~ thickens** iron o negócio está se complicando 3.(*piece of land*) lote *m*; **a ~ of land** um terreno; **building ~** terreno *m* para construção **II.** <-tt-> *vt* 1.(*conspire*) tramar 2.(*graph*) traçar; **to ~ a course** traçar um rumo **III.** <-tt-> *vi* **to ~ against sb** conspirar contra alguém; **to ~ to do sth** planejar fazer a. c.

◆ **plot out** *vt* esboçar

plough [plaʊ] **I.** *n* arado *m* **II.** *vt* arar; **to ~ one's way through sth** abrir caminho através de a. c.; **to ~ money into a project** investir dinheiro num projeto

◆ **plough up** *vt* sulcar

plow [plaʊ] *n Am s.* **plough**

ploy [plɔɪ] *n* golpe *m*, truque *m*

pluck [plʌk] **I.** *n* (*courage*) coragem *f*; **to have a lot of ~** ter muita coragem **II.** *vt* (*remove*) tirar; **to ~ a chicken** depenar uma galinha; **to ~ one's eyebrows** pinçar as sobrancelhas

◆ **pluck up** *vt* **to ~ the courage to do sth** criar coragem para fazer a. c.

plucky ['plʌki] <-ier, -iest> *adj* valente

plug [plʌg] **I.** *n* (*connector*) plugue *m*; (*socket*) tomada *f*; (*stopper*) tampa *f*; **to give sth a ~** *inf* fazer propaganda de a. c. **II.** <-gg-> *vt* 1.**to ~ a hole** tapar um buraco; **to ~ a leak** interromper um vazamento 2.(*publicize*) fazer propaganda

◆ **plug in** *vt* ELEC ligar (*na tomada*)

plughole *n* ralo *m*; **to go down the ~** *fig* entrar pelo cano

plug-in *n* INFOR aparelho que funciona plugado

plum [plʌm] *n* (*fruit*) ameixa *f*; (*tree*) ameixeira *f*; **a ~ job** um emprego vantajoso

plumage ['plu:mɪdʒ] *n no pl* plumagem *f*

plumb [plʌm] **I.** *adv* **he hit me ~ on the nose** ele me acertou em cheio no nariz **II.** *vt* sondar; **to ~ the depths** *fig* chegar ao fundo do poço

◆ **plumb in** *vt* **to plumb sth in** instalar

a. c. em canos
plumber ['plʌmər, *Brit:* -əʳ] *n* bombeiro, -a *m, f*, encanador(a) *m(f)*
plumbing *n no pl* encanamento *m*
plume [pluːm] *n* pluma *f*; (*of smoke, gas*) coluna *f*
plummet ['plʌmɪt] *vi* despencar
plump¹ [plʌmp] *adj* (*person*) rechonchudo, -a; (*animal*) carnudo, -a
plump² *vi inf* **to ~ for sb/sth** optar por alguém/a. c.
plumpness ['plʌmpnəs] *n no pl* obesidade *f*
plum pudding *n* pudim *m* de ameixa
plum tree *n* ameixeira *f*
plunder ['plʌndər, *Brit:* -əʳ] I. *n no pl* saque *m* II. *vt* saquear
plunge [plʌndʒ] I. *n* mergulho *m*, queda *f*; **to take the ~** correr o risco II. *vi* mergulhar; **to ~ to one's death** suicidar-se (*pulando de lugar alto*); **we ~d into the sea** mergulhamos no mar; **to ~ into sth** *fig* meter-se em a. c. III. *vt* enfiar; **to ~ a knife into sth** enfiar a faca em a. c.
 ♦ **plunge in** *vi* lançar-se
plunger ['plʌndʒər, *Brit:* -əʳ] *n* (*of syringe*) êmbolo *m*; (*for drain, sink*) pistom *m*
plunk [plʌŋk] *n Am s.* **plonk**
plural ['plʊrəl, *Brit:* 'plʊər-] *n* plural *m*; **in the ~** no plural
pluralism ['plʊrəlɪzəm, *Brit:* 'plʊər-] *n no pl* pluralismo *m*
plurality [plʊ'ræləṭi, *Brit:* plʊə'ræləti] <-ies> *n* pluralidade *f*
plus [plʌs] I. *prep* mais; **5 ~ 2 equals 7** 5 mais 2 são 7 II. <-es> *n* 1. (*symbol*) sinal *m* de mais 2. (*advantage*) ponto *m* positivo, vantagem *f* III. *adj* (*above zero*) positivo, -a; **~ 8** oito positivo; **200 ~** 200 e poucos; **the ~ side (of sth)** o lado positivo (de a. c.)
plush [plʌʃ] *adj* de pelúcia
Pluto ['pluːṭoʊ, *Brit:* -təʊ] *n* Plutão *m*
plutonium [pluː'toʊniəm, *Brit:* -'təʊ-] *n no pl* plutônio *m*
ply [plaɪ] <-ie-> I. *vt* **to ~ one's trade** fazer seu ponto de vendedor ambulante; **to ~ sb with questions** bombardear alguém com perguntas; **to ~ sb with wine** insistir para que alguém beba vinho +*subj*; **to ~ a route** cobrir um percurso habitual II. *vi* **to ~ for business** oferecer-se para negócios
plywood ['plaɪwʊd] *n no pl* compensado *m*
p.m. [ˌpiː'em] *abbr of* **post meridiem** da tarde, da noite; **one ~** uma da tarde; **eight ~** oito da noite
PM [ˌpiː'em] *n abbr of* **Prime Minister** primeiro-ministro *m*, primeira-ministra *f*
PMP *n* ELEC, MUS *abbr of* **portable media player** tocador *m* de mídia
pneumatic [nuː'mæṭɪk, *Brit:* njuː'mæt-] *adj* pneumático, -a
pneumonia [nuː'moʊnjə, *Brit:* njuː'məʊnjə] *n no pl* pneumonia *f*
PO [ˌpiː'oʊ, *Brit:* -'əʊ] *n abbr of* **Post Office** correio *m*
poach¹ [poʊtʃ, *Brit:* pəʊ-] *vt* (*eggs*) escaldar (*sem a casca*); **~ed egg** ovo poché; (*fish*) aferventar
poach² I. *vt* avantajar-se ilicitamente; (*fish*) roubar pesca; **to ~ someone's ideas** apropriar-se de ideias alheias II. *vi* (*catch illegally*) caçar ilegalmente; (*fish*) pescar ilegalmente
poacher ['poʊtʃər, *Brit:* 'pəʊtʃəʳ] *n* (*hunter*) caçador ilegal(a) *m(f)*; (*fisherman*) pescador ilegal(a) *m(f)*
poaching *n no pl* (*hunting*) caça *f* ilegal; (*fishing*) pesca *f* ilegal
POB *n abbr of* **Post-Office Box** *s.* **PO Box**
PO Box <-es> *n abbr of* **Post Office Box** caixa *f* postal
pocket ['pɑːkɪt, *Brit:* 'pɒk-] I. *n* bolso *m*; (*on pool table*) ventana *f*; **~ edition** edição de bolso; **a ~ of resistance** um grupo de resistência; **~ of turbulence** AVIAT, METEO área *f* de turbulência; **to be out of ~** estar duro; **to have sb in one's ~** dominar alguém; **to line one's ~s** encher os bolsos; **to pay for sth out of one's own ~** pagar a. c. do próprio bolso II. *vt* **to ~ sth** embolsar a. c.; (*steal*) apropriar-se de a. c.
pocketbook *n* 1. *Am* (*woman's handbag*) bolsa *f* 2. (*wallet*) carteira *f*
pocket calculator *n* calculadora *f* de bolso
pocketful ['pɑːkɪtfʊl, *Brit:* 'pɒk-] *n* **a ~ of sth** um monte de a. c.
pocketknife <-knives> *n* canivete *m*
pocket money *n no pl* (*for personal expenses*) dinheiro *m* para pequenas despesas; (*from parents*) mesada *f*
pod [pɑːd, *Brit:* pɒd] *n* 1. BOT vagem *f* 2. AVIAT fuselagem *f*
POD *abbr of* **pay on delivery** reembolso

m postal

podgy ['pɑːdʒi, *Brit:* 'pɒdʒi] <-ier, -iest> *adj* mole

podium ['poʊdiəm, *Brit:* 'pəʊ-] <-dia> *n* pódio *m*

poem ['poʊəm, *Brit:* 'pəʊɪm] *n* poema *m*

poet ['poʊət, *Brit:* 'pəʊɪt] *n* poeta *mf*

poetic [poʊ'etɪk, *Brit:* pəʊ'et-] *adj* poético, -a

poetry ['poʊətri, *Brit:* 'pəʊɪ-] *n no pl* poesia *f*

poignant ['pɔɪnjənt] *adj* comovente, pungente

point [pɔɪnt] **I.** *n* **1.** (*sharp end*) ponta *f* **2.** GEO (*particular place*) ponto *m* **3.** (*particular time*) altura *f*; **boiling/freezing ~** ponto de ebulição/congelamento; **starting ~** ponto de partida; **to do sth up to a ~** fazer a. c. até certo ponto; **at this ~ in time** nesse momento; **the ~ of no return** o ponto culminante **4.** (*significant idea*) questão *f*; **to be beside the ~** não vir ao caso; **to get to the ~ (of sth)** ir ao que interessa (em a. c.); **to make one's ~** levantar uma questão; **to make a ~ of doing sth** fazer questão de fazer a. c.; **to miss the ~** dormir no ponto; **to take sb's ~** aceitar a opinião de alguém; **~ taken** questão aceita; **that's just the ~!** aí é que está o problema!; **what's the ~?** de que adianta? **5.** (*in score*) ponto *m;* **decimal ~** casa decimal, ponto decimal; **to win on ~s** ganhar por pontos **II.** *vi* (*indicate*) indicar; **to ~ to/at sb/sth** indicar alguém/a. c. **III.** *vt* apontar; **to ~ sth at sb** apontar a. c. para alguém; **to ~ a finger at sb** *a. fig* apontar o dedo para alguém; **to ~ sth toward sth** apontar a. c. para a. c.; **to ~ sb toward sth** colocar alguém na direção de a. c.

♦ **point out** *vt* mostrar; **to ~ sth out to sb** (*inform*) chamar a atenção de alguém para a. c.

♦ **point up** *vi form* enfatizar

point-blank *adv* categoricamente, terminantemente; **to refuse ~** recusar terminantemente; (*to fire*) à queima-roupa

pointed *adj* **1.** (*implement, stick*) pontudo, -a **2.** *fig* (*criticism*) mordaz; (*question*) intencional

pointer ['pɔɪntər, *Brit:* -əʳ] *n* **1.** (*object*) indicador *m;* (*of clock*) ponteiro *m* **2.** (*helpful information*) dica *f*

pointless ['pɔɪntləs] *adj* inútil, sem sentido

point of view <points of view> *n* ponto *m* de vista

poise [pɔɪz] **I.** *n no pl* autocontrole *m*, equilíbrio *m;* **to lose one's ~** perder o autocontrole **II.** *vt* **to be ~d to do sth** estar pronto para fazer a. c.

poison ['pɔɪzən] **I.** *n* veneno *m;* **to take ~** tomar veneno; **what's your ~?** *iron* onde você quer chegar?, qual é a sua intenção? **II.** *vt* envenenar; **to ~ sth/sb with sth** envenenar a. c./alguém com a. c.; **to ~ sb's mind (against sb)** colocar veneno na cabeça de alguém (contra alguém)

poisoning *n no pl* envenenamento *m*

poisonous ['pɔɪzənəs] *adj* venenoso, -a; **to be ~ to sb/sth** ser venenoso para alguém/a. c., ser pernicioso para alguém/a. c. *fig*

poke [poʊk, *Brit:* pəʊk] **I.** *n* (*push*) empurrão *m;* (*with elbow*) cotovelada *f* **II.** *vt* espetar; (*with finger, elbow*) cutucar; (*a fire*) atiçar; **to ~ a hole in sth** abrir espaço empurrando a. c.; **to ~ holes in an argument** apontar os pontos fracos de um argumento; **to ~ one's nose into sb's business** meter o nariz onde não se é chamado; **to ~ fun at sb** zombar de alguém **III.** *vi* **to ~ around (in sth)** escarafunchar (a. c.), remexer (em a. c.)

poker¹ ['poʊkər, *Brit:* 'pəʊkəʳ] *n* (*card game*) pôquer *m*

poker² *n* (*for fire*) atiçador *m*

Poland ['poʊlənd, *Brit:* 'pəʊ-] *n* Polônia *f*

polar ['poʊlər, *Brit:* 'pəʊlə'] *adj* polar

polar bear *n* urso *m* polar **polar ice cap** *n no pl* calota *f* polar

polarity [poʊ'lerəti, *Brit:* pəʊ'lærəti] *n no pl* polaridade *f*

polarization [ˌpoʊlərɪ'zeɪʃn, *Brit:* ˌpəʊləraɪ-] *n no pl* polarização *f*

polarize ['poʊləraɪz, *Brit:* 'pəʊ-] *vi, vt* polarizar

pole¹ [poʊl, *Brit:* pəʊl] *n* poste *m*, vara *f;* **fishing ~** vara *f* de pescar; **telegraph ~** poste *m* telegráfico

pole² *n* GEO, ELEC pólo *m;* **to be ~s apart** *fig* estar em pontos totalmente opostos

Pole [poʊl, *Brit:* pəʊl] *n* (*person*) polonês, -esa *m, f*

polemic [pə'lemɪk] **I.** *n* polêmica *f* **II.** *adj* polêmico, -a

pole position *n no pl* **to be in** ~ largar na pole position [*ou* primeira posição]
Pole Star *n* estrela *f* polar
pole vault *n* salto *m* com vara **pole vaulter** *n* saltador(a) *m(f)*
police [pəˈliːs] **I.** *npl* polícia *f* **II.** *vt* **to ~ an area** policiar uma área; **to ~ a process** legalizar um processo

> **Grammar** police (= a polícia) usa-se no plural: "The police are coming."

police car *n* radiopatrulha *f*, carro *m* da polícia **police constable** *n Brit* policial *mf* **police department** *n Am* departamento *m* policial **police dog** *n* cão *m* policial **police force** *n* polícia *f*
policeman [pəˈliːsmən] <-men> *n* policial *m*, polícia *m*
police officer *n s.* policeman; **police station** *n* delegacia *f*
policewoman <-women> *n* policial *f*
policy[1] [ˈpɑːləsi, *Brit:* ˈpɒl-] <-ies> *n* POL, ECON política *f*; **company ~** política da companhia; **my ~ is to tell the truth whenever possible** minha política é dizer a verdade sempre que possível
policy[2] <-ies> *n* FIN apólice *f*
policyholder *n* segurado, -a *m, f* **policy maker** *n* estadista *mf* **policy-making** *n no pl* articulação *f* política
polio [ˌpoʊlioʊ, *Brit:* ˈpəʊliəʊ] *n no pl* MED pólio *f*
polish [ˈpɑːlɪʃ, *Brit:* ˈpɒl-] **I.** *n no pl* **1.** (*for furniture*) verniz *m*; (*for shoes*) graxa *f*; (*for silver*) lustro *m*; (*for nails*) esmalte *m*; **to give sth a ~** dar um polimento em algo **2.** (*sophistication*) refinamento *m* **II.** *vt* (*furniture*) lustrar; (*shoes,*) engraxar; (*silver*) polir; *fig* aprimorar
◆ **polish off** *vt* (*food*) raspar; (*opponent*) eliminar
Polish [ˈpoʊlɪʃ, *Brit:* ˈpəʊ-] *adj* polonês, -esa
polished *adj* **1.** (*shiny*) lustroso, -a **2.** *fig* requintado, -a; **a ~ performance** um desempenho requintado
polite [pəˈlaɪt] *adj* **1.** (*courteous*) gentil, bem-educado, -a; **to be ~ to sb/about sth** ser gentil com alguém/em a. c.; **~ refusal** recusa gentil *f* **2.** (*cultured*) culto, -a; **~ society** alta roda, gente fina

politeness *n no pl* gentileza *f*
political [pəˈlɪtəkəl, *Brit:* -ˈlɪtɪ-] *adj* político, -a
politician [ˌpɑːləˈtɪʃən, *Brit:* ˌpɒlɪ-] *n* político, -a *m, f*
politicize [pəˈlɪtəsaɪz, *Brit:* -ˈlɪtɪ-] *vt* politizar
politics *n pl* **1.** (*activities of government*) política *f*; **to talk ~** discutir política **2.** *Brit* (*political science*) ciência *f* política
poll [poʊl, *Brit:* pəʊl] **I.** *n* **1.** (*public opinion*) pesquisa *f*, sondagem *f*; **opinion ~** pesquisa de opinião *m*; **to conduct a ~ (on sth)** fazer uma sondagem de opinião (sobre a. c.) **2.** *pl* eleições *fpl*; **to go to the ~s** ir às urnas **II.** *vt* **1.** (*public opinion*) entrevistar (em pesquisa); **to ~ sb on sth** entrevistar alguém sobre a. c. **2.** (*elections*) receber votos
pollen [ˈpɑːlən, *Brit:* ˈpɒl-] *n no pl* pólen *m*
pollen count *n* teor *m* de pólen no ar
pollinate [ˈpɑːləneɪt, *Brit:* ˈpɒlɪ-] *vt* polinizar
polling *n no pl* votação *f*
polling booth *n Brit, Aus* cabine *f* de votação **polling day** *n Brit, Aus* dia *m* de eleição **polling place** *n Am*, **polling station** *n Brit, Aus* seção *f* eleitoral
pollster [ˈpoʊlstər, *Brit:* ˈpəʊlstəʳ] *n* perito, -a *m, f* em sondar a opinião pública
pollutant [pəˈluːtənt] *n* poluente *m*
pollute [pəˈluːt] *vt* poluir; **to ~ sth with sth** sujar a. c. com a. c.; **to ~ sb's mind** corromper alguém
polluter [pəˈluːtər, *Brit:* -təʳ] *n* poluidor(a) *m(f)*
pollution [pəˈluːʃn] *n no pl* poluição *f*
polo [ˈpoʊloʊ, *Brit:* ˈpəʊləʊ] *n no pl* SPORTS pólo *m*
polo shirt *n* camiseta *f* polo (com gola)
poly [ˈpɑːli, *Brit:* ˈpɒli] *n Brit, inf abbr of* **polytechnic** escola *f* politécnica
polyester [ˌpɑːliˈestər, *Brit:* ˌpɒliˈestəʳ] *n no pl* poliéster *m*
polygamy [pəˈlɪɡəmi] *n no pl* poligamia *f*
Polynesia [ˌpɑːləˈniːʒə, *Brit:* ˌpɒlɪ-] *n* Polinésia *f*
polyp [ˈpɑːlɪp, *Brit:* ˈpɒl-] *n* pólipo *m*
polystyrene [ˌpɑːlɪˈstaɪəriːn, *Brit:* ˌpɒl-] *n no pl* isopor *m*

polytechnic [ˌpɑːlɪˈteknɪk, *Brit:* ˌpɒl-] *n* politécnico *m*

polythene [ˈpɑːlɪθiːn, *Brit:* ˈpɒl-] *n no pl* politeno *m*

polythene bag *n Brit, Aus* plástico *m* para legumes

polyunsaturated fats [ˌpɑːliʌn-ˈsætʃəreɪtɪd-, *Brit:* ˌpɒliʌnˈsætʃəreɪt-] *npl* gordura *f* poliinsaturada

polyurethane [ˌpɑːlɪˈjʊrəθeɪn, *Brit:* ˌpɒlɪˈjʊər-] *n no pl* poliuretano *m*

pomegranate [ˈpɑːmˌgrænɪt, *Brit:* ˈpɒmɪ] *n* (*fruit*) romã *f*; (*tree*) romãzeira *f*

pomp [pɑːmp, *Brit:* pɒmp] *n no pl* ~ **and circumstance** pompa e circunstância

pompous [ˈpɑːmpəs, *Brit:* ˈpɒm-] *adj* pedante

pond [pɑːnd, *Brit:* pɒnd] *n* (*natural*) lago *m* pequeno; (*man-made*) tanque *m*; **duck** ~ lago com patos; **fish** ~ viveiro de peixes

ponder [ˈpɑːndər, *Brit:* ˈpɒndə^r] I. *vt* ponderar, refletir II. *vi* **to** ~ **on sth** refletir sobre a. c.; **to** ~ **whether ...** ponderar se...

ponderous [ˈpɑːndərəs, *Brit:* ˈpɒn-] *adj* (*movement*) pesado, -a; (*style*) enfadonho, -a

pong [pɑːŋ, *Brit:* pɒŋ] *inf* I. *n Brit, Aus* catinga *f*, fedor *m* II. *vi Brit, Aus, pej* **to** ~ **of sth** feder a a. c.

pontoon [pɑːnˈtuːn, *Brit:* pɒnˈ-] *n* 1. (*floating device*) pontão *m* 2. *no pl, Brit* (*card game*) vinte e um *m*

pony [ˈpoʊni, *Brit:* ˈpəʊ-] <-ies> *n* pônei *m*

ponytail *n* rabo de cavalo *m*

poo [puː] *s.* **pooh**

poodle [ˈpuːdl] *n* poodle *m*

poof [puːf] *n pej* bicha *mf*

pooh [puː] *n childspeak* bobagem *f*; **to do a** ~ fazer arte [*ou* travessuras]

pool¹ [puːl] *n* 1. (*of water, blood*) poça *f*; (*man-made*) tanque *m*; (*of oil*) poço *m*; **a** ~ **of light** um reflexo de luz; **swimming** ~ piscina

pool² I. *n* 1. (*common fund*) vaquinha *f inf*; **car** ~ carro para uso comum em companhias; **gene** ~ reservatório de genes 2. SPORTS bilhar *m*, sinuca *f* 3. *pl, Brit* (*football*) ~**s** loteria esportiva II. *vt* (*money, resources*) juntar; (*information*) compartilhar

pool hall *n* sala *f* de apostas **pool table** *n* mesa *f* de sinuca

poor [pʊr, *Brit:* pʊə^r] I. *adj* 1. (*lacking money*) pobre; ~ **thing!** coitado (de você)! 2. (*attendance, harvest*) escasso, -a, improdutivo, -a; (*memory, performance*) fraco, -a; ~ **visibility** visibilidade ruim; **to be** ~ **at sth** ser deficiente em a. c.; **to be in** ~ **health** estar com a saúde fraca; **to be a** ~ **loser** ser um mau perdedor; **to be a** ~ **excuse for sth** ser uma desculpa esfarrapada para a. c.; **to have** ~ **eyesight** ter a vista fraca; **to have** ~ **hearing** ouvir mal II. *n* **the** ~ os pobres

poorhouse *n* HIST asilo *m*

poorly I. *adv* 1. **to be** ~ **off** estar em condições precárias 2. (*inadequately*) deficientemente; ~ **dressed** mal vestido; **to think** ~ **of sb** menosprezar alguém II. *adj* **to feel** ~ sentir-se indisposto

pop¹ [pɑːp, *Brit:* pɒp] *n no pl* MUS pop *m*

pop² *n inf* (*father*) papai *m*

pop³ I. *n* 1. (*noise*) estouro *m* 2. (*drink*) refrigerante *m*; **fizzy** ~ bebida *f* gasosa II. <-pp-> *vi* 1. (*explode*) estourar; (*burst*) romper 2. (*go, come quickly*) **to** ~ **upstairs** dar um pulo lá em cima; **to** ~ **out for sth** dar uma saidinha para a. c. III. <-pp-> *vt* 1. (*make burst*) fazer estourar 2. (*put quickly*) **to** ~ **sth on** enfiar a. c. rapidamente

◆ **pop up** *vi* (*appear*) aparecer de repente

pop concert *n* concerto *m* pop

popcorn *n no pl* pipoca *f*

pope [poʊp, *Brit:* pəʊp] *n* papa *m*

pop group *n* conjunto *m* de músicos pop

pop gun *n* espingarda *f*

poplar [ˈpɑːplər, *Brit:* ˈpɒplə^r] *n* álamo *m*

pop music *n no pl* música *f* pop

poppy [ˈpɑːpi, *Brit:* ˈpɒpi] <-ies> *n* papoula *f*

pop singer *n* cantor(a) *m(f)* pop **pop song** *n* canção *f* popular **pop star** *n s.* **pop singer**

populace [ˈpɑːpjəlɪs, *Brit:* ˈpɒpjʊləs] *n no pl* **the** ~ o povão

popular [ˈpɑːpjələr, *Brit:* ˈpɒpjʊlə^r] *adj* popular; **he is** ~ **with girls** ele faz sucesso com as garotas; ~ **front** frente popular; **by** ~ **request** a pedido do povo

popularity [ˌpɑːpjəˈlerəti, *Brit:* ˌpɒpjʊˈlærəti] *n no pl* popularidade *f*
popularize [ˈpɑːpjələraɪz, *Brit:* ˈpɒpjʊ-] *vt* popularizar
popularly *adv* popularmente
populate [ˈpɑːpjəleɪt, *Brit:* ˈpɒp-] *vt* povoar
population [ˌpɑːpjəˈleɪʃn, *Brit:* ˌpɒp-] *n* população *f*; **the working ~** a população trabalhadora
populous [ˈpɑːpjələs, *Brit:* ˈpɒpjʊ-] *adj form* populoso, -a
porcelain [ˈpɔːrsəlɪn, *Brit:* ˈpɔːs-] *n no pl* porcelana *f*
porch [pɔːrtʃ, *Brit:* pɔːtʃ] *n* **1.** (*at entrance*) vestíbulo *m* **2.** *Am* (*verandah*) varanda *f*
porcupine [ˈpɔːrkjʊpaɪn, *Brit:* ˈpɔːk-] *n* porco-espinho *m*
pore [pɔːr, *Brit:* pɔːʳ] **I.** *n* poro *m* **II.** *vi* **to ~ over a book/map** estudar um livro/mapa
pork [pɔːrk, *Brit:* pɔːk] *n no pl* carne *f* de porco
porky <-ier, -iest> *adj pej, inf* gordo, -a
porn [pɔːrn, *Brit:* pɔːn] *n abbr of* **pornography**
pornographic [ˌpɔːrnəˈgræfɪk, *Brit:* ˌpɔːn-] *adj* pornográfico, -a, pornô *inf*
pornography [pɔːrˈnɑːgrəfi, *Brit:* pɔːˈnɒg-] *n no pl* pornografia *f*
porous [ˈpɔːrəs] *adj* poroso, -a
porpoise [ˈpɔːrpəs, *Brit:* ˈpɔːp-] *n* golfinho *m*
porridge [ˈpɔːrɪdʒ, *Brit:* ˈpɒr-] *n no pl* mingau *m* de aveia
port[1] [pɔːrt, *Brit:* pɔːt] *n* NAUT porto *m*; INFOR porta *f*; **~ of call** porto de escala; **to come into ~** ancorar, aportar; **to leave ~** levantar âncora; **any ~ in a storm** *prov* quem não tem cão caça com gato
port[2] *n no pl* AVIAT, NAUT bombordo *m*; **to ~** para bombordo
port[3] *n no pl* (*wine*) vinho *m* do Porto
portable [ˈpɔːrtəbl, *Brit:* ˈpɔːt-] *adj* portátil
portal [ˈpɔːrtəl, *Brit:* ˈpɔːt-] *n* portal *m*
porter [ˈpɔːrtər, *Brit:* ˈpɔːtəʳ] *n* RAIL carregador *m*; (*in hospital*) padioleiro *m*; (*on expedition*) portador *m*; *Brit* (*doorkeeper*) porteiro, -a *m, f*; **~'s lodge** portaria *f*
portfolio [pɔːrtˈfoʊliou, *Brit:* pɔːtˈfəʊliəʊ] *n* **1.** (*case*) portfólio *m* **2.** (*drawings, designs*) pasta *f* **3.** FIN, POL carteira *f* de títulos
porthole [ˈpɔːrthoʊl, *Brit:* ˈpɔːthəʊl] *n* vigia (de navio) *f*
portico [ˈpɔːrtɪkoʊ, *Brit:* ˈpɔːtɪkəʊ] <-es *o* -s> *n* pórtico *m*
portion [ˈpɔːrʃn, *Brit:* ˈpɔːʃn] *n* (*part*) parte *f*; (*of food*) porção *f*
portly [ˈpɔːrtli, *Brit:* ˈpɔːt-] <-ier, -iest> *adj* corpulento, -a
portrait [ˈpɔːrtrɪt, *Brit:* ˈpɔːt-] *n* retrato *m*; **to paint a ~ of sb** pintar o retrato de alguém
portray [pɔːrˈtreɪ, *Brit:* pɔːˈ-] *vt* (*person*) retratar; (*scene, environment*) descrever; *fig* interpretar; **to ~ sb/sth as sth** representar alguém/a. c. como a. c.
portrayal [pɔːrˈtreɪəl, *Brit:* pɔːˈ-] *n* ART retrato *m*; *fig* representação *f*
Portugal [ˈpɔːrtʃəgəl, *Brit:* ˈpɔːtjʊ-] *n* Portugal *m*
Portuguese [ˌpɔːrtʃəˈgiːz, *Brit:* ˌpɔːtjʊˈ-] *adj* português, -esa
pose[1] [poʊz, *Brit:* pəʊz] *vt* (*difficulty, problem*) causar; (*question*) fazer, propor; **to ~ a threat to sb** representar uma ameaça para alguém
pose[2] **I.** *vi* ART, PHOT posar; **to ~ for sb** posar para alguém; **to ~ as sth** fazer-se passar por alguém **II.** *n* **it's all a ~** é só pose
poser [ˈpoʊzər, *Brit:* ˈpəʊzəʳ] *n* **1.** *inf* (*question*) pergunta *f* embaraçosa; (*problem*) problema *m* difícil **2.** *pej* (*person*) **he's a ~** ele é afetado
posh [pɑːʃ, *Brit:* pɒʃ] *adj inf* **1.** (*stylish: area*) chique; (*car, hotel, restaurant*) elegante **2.** (*person, accent*) afetado, -a
posit [ˈpɑːzɪt, *Brit:* ˈpɒz-] *vt form* pressupor
position [pəˈzɪʃn] **I.** *n* **1.** (*situation*) posição *f*; **to be in ~** estar no lugar; **to be out of ~** estar fora do lugar; **to take up a ~ on sth** *fig* assumir uma postura em relação a a. c.; **financial ~** situação financeira; **to be in a ~ to do sth** estar em condições de fazer a. c.; **to be in no ~ to do sth** não estar em condições de fazer a. c.; **to put sb in a difficult ~** colocar alguém numa situação difícil **2.** (*rank*) cargo *m*; **the ~ of director** o cargo de diretor; **a ~ of responsibility** um cargo de responsabilidade **II.** *vt* posicionar
positive [ˈpɑːzətɪv, *Brit:* ˈpɒzət-] *adj* **1.** *a.* MAT positivo, -a; **criticism** crítica positiva; **to think ~** ter pensamento

positively *adv* positivo **2.** (*certain*) certo, -a; **to be ~ about sth** ter certeza de a. c.
positively *adv* positivamente; **to answer ~** responder positivamente; **to ~ refuse to do sth** recusar-se definitivamente a fazer a. c.
posse ['pɑːsi, *Brit:* 'pɒsi] *n* turba *f*
possess [pə'zes] *vt* possuir; **to ~ sb** (*anger, fear*) dominar alguém; **what ~ ed you to do that?** o que deu em você pra fazer aquilo?
possessed *adj* dotado, -a; **to be ~ with sth** dotado de a. c.
possession [pə'zeʃn] *n* **1.** *no pl* (*having*) posse *f*; **to take ~ of sth** apossar-se de a. c.; **to gain ~ of sth** ganhar a posse de a. c.; **to be in sb's ~** estar em poder de alguém; **to have sth in one's ~** *form* estar de posse de a. c. **2.** (*item of property*) bem *m*, pertence *m*
possessive [pə'zesɪv] *adj* possessivo, -a
possessor [pə'zesər, *Brit:* -əʳ] *n* possuidor(a) *m(f)*, proprietário, -a *m, f*
possibility [ˌpɑːsə'bɪləti, *Brit:* ˌpɒsə'bɪləti] *n* <-ies> possibilidade *f*; **within the bounds of ~** nos limites do possível; **is there any ~ (that)** ...? *form* existe alguma possibilidade (de que)...? +*subj*; **to have possibilities** ter possibilidades [*ou* potencial]
possible ['pɑːsəbl, *Brit:* 'pɒs-] *adj* possível; **as clean as ~** o mais limpo possível; **as far as ~** o mais longe possível; **as soon as ~** o mais breve possível; **if ~** se possível; **to make sth ~** tornar a. c. possível
possibly *adv* **1.** (*perhaps*) possívelmente; **could you ~ help me?** será que você podia me ajudar? **2.** (*by any means*) **we did all that we ~ could** fizemos tudo que estava ao nosso alcance
possum ['pɑːsəm, *Brit:* 'pɒs-] <-(s)> *n* gambá *f*
post[1] [poʊst, *Brit:* pəʊst] **I.** *n no pl, esp Brit* correio *m*; **by ~** pelo correio **II.** *vt* remeter (pelo correio), mandar pelo correio; **to ~ sb sth** remeter a. c. para alguém
post[2] *n* (*job*) cargo *m*; **to take up a ~** assumir um cargo; **to desert one's ~** MIL desertar do cargo
post[3] [poʊst, *Brit:* pəʊst] **I.** *n* poste *m*; *inf* (*goalpost*) trave *f* **II.** *vt* **to ~ sth (on sth)** pregar a. c. (em a. c.); **to ~ sth on the noticeboard** afixar a. c. no quadro de avisos; **to keep sb ~ed on sth** manter alguém informado sobre a. c.
postage ['poʊstɪdʒ, *Brit:* 'pəʊ-] *n no pl* postagem *f*; **~ and packing** porte e embalagem
postage meter *n Am* máquina *f* de franquia postal **postage paid** *adj* porte pago **postage stamp** *n* selo *m* (postal)
postal ['poʊstəl, *Brit:* 'pəʊ-] *adj* postal
postal order *n* vale *m* postal
postbag *n Brit* (*bag*) malote *m*; (*for letters*) mala *f* postal **postbox** <-es> *n Brit, Aus* caixa *f* de correio **postcard** *n* cartão *m* postal **postcode** *n Brit* CEP *m* (*código de endereçamento postal*)
poster ['poʊstər, *Brit:* 'pəʊstəʳ] *n* (*notice*) cartaz *m*; (*picture*) pôster *m*
posterity [pɑː'sterəti, *Brit:* pɒ'-] *n no pl, form* posteridade *f*; **to preserve sth for ~** guardar a. c. para a posteridade
postgraduate [ˌpoʊst'grædʒuwɪt, *Brit:* ˌpəʊst'grædʒuət] **I.** *n* aluno, -a *m, f* de pós-graduação, pós-graduando *m* **II.** *adj* de pós-graduação
posthumous ['pɑːstʃəməs, *Brit:* 'pɒstjə-] *adj form* póstumo, -a
posting *n* despacho *m* (pelo correio)
postman <-men> *n Brit* carteiro *m*
postmark *n* carimbo *m* (de correio)
postmaster *n* agente *m* do correio
post-modern *adj* pós-moderno, -a
postmortem [ˌpoʊst'mɔːrtəm, *Brit:* ˌpəʊst'mɔːt-] *n* autópsia *f*
postnatal [ˌpoʊst'neɪtəl, *Brit:* ˌpəʊst-'neɪt-] *adj* pós-natal; **~ depression** depressão pós-natal
Post Office *n* correio *m*
postpone [poʊst'poʊn, *Brit:* pəʊst-'pəʊn] *vt* adiar
postponement *n* adiamento *m*
postscript ['poʊstskrɪpt, *Brit:* 'pəʊ-] *n* adendo *m*, pós-escrito *m*
postulate ['pɑːstʃəleɪt, *Brit:* 'pɒstjə-] *vt form* **1.** (*assume*) postular **2.** (*hypothesize*) pressupor
posture ['pɑːstʃər, *Brit:* 'pɒstʃəʳ] *n no pl* postura *f*
postwar *adj* do pós-guerra
pot [pɑːt, *Brit:* pɒt] *n* **1.** (*container, of food*) pote *m*; (*for cooking*) panela *f*; (*for coffee, tea*) bule *f*; (*for plants*) vaso *f*; **~ s and pans** panelas e frigideiras; **~ s of money** *inf* rios de dinheiro; **to go to ~** *inf* degringolar; **it's (a case of) the ~ calling the kettle black** é o roto

falando do esfarrapado **2.** *no pl, inf* (*marijuana*) maconha *f*, erva *f*

potassium [pə'tæsiəm] *n no pl* potássio *m*

potato [pə'teɪtoʊ, *Brit:* -təʊ] <-es> *n* batata *f*

potato chips *npl Am, Aus,* **potato crisps** *npl Brit* batatas *fpl* fritas (de pacote) **potato peeler** *n* descascador *m* de batatas

potency ['poʊtənsi, *Brit:* 'pəʊ-] *n no pl* potência *f*

potent ['poʊtnt, *Brit:* 'pəʊ-] *adj* potente

potential [pə'tenʃl] *n no pl* potencial *m*, potencialidade *f*; **~ for sth** potencial para a. c.; **to have a lot of ~** ter muito potencial

potentially *adv* potencialmente

pothole ['pɒtˌhoʊl, *Brit:* 'pɒtˌhəʊl] *n* **1.** (*in road*) buraco *m* **2.** (*underground*) cova *f*

potion ['poʊʃn, *Brit:* 'pəʊ-] *n* poção *f*

potter¹ ['pɑ:tər, *Brit:* 'pɒtər] *n* ceramista *mf*, oleiro, -a *m, f*

potter² *vi Brit, fig* desperdiçar o tempo, malandrar

pottery ['pɑ:təri, *Brit:* 'pɒt-] *n* **1.** *no pl* (*art*) cerâmica *f* **2.** <-ies> (*workshop*) olaria *f*

potty ['pɑ:ti, *Brit:* 'pɒti] **I.** <-ier, -iest> *adj Brit, inf* doido, -a; **to go ~** ficar doido; **to drive sb ~** levar alguém à loucura; **to be ~ about sb** ser louco por alguém **II.** <-ies> *n* penico *m*

pouch [paʊtʃ] *n* pochete *f*

poultry ['poʊltri, *Brit:* 'pəʊ-] *n no pl* aves *fpl* domésticas; GASTR carne *f* de aves

pounce [paʊns] *vi* lançar-se sobre; **to ~ on sth** lançar-se sobre a. c.; **to ~ on an opportunity** agarrar uma oportunidade

pound¹ [paʊnd] *n* **1.** (*weight*) libra *f* (*454 g*) **2.** (*currency*) libra *f*; **~ sterling** libra esterlina

pound² *n* (*for cars*) depósito *m*; (*for dogs*) canil *f*

pound³ **I.** *vt* **1.** (*beat*) esmurrar **2.** (*crush*) socar **II.** *vi* **1.** (*heart*) latejar, pulsar com força; **my head is ~ing!** minha cabeça está latejando **2.** (*hit hard*) malhar

pounding *n* (*noise*) pancada *f*; **a ~ headache** uma dor de cabeça latejante; **to take a ~** *a. fig* tomar uma surra [*ou* esfrega]

pour [pɔːr, *Brit:* pɔːʳ] **I.** *vt* despejar, verter; **to ~ sth into sth** (*money, resources*) investir a. c. em a. c.; **to ~ wine** servir o vinho; **to ~ scorn on sth** ficar debochando de a. c. **II.** *vi* (*water*) chover, fluir; **it's ~ing** (**with rain**) está chovendo torrencialmente [*ou* a potes]
♦ **pour in** *vi* doar
♦ **pour out** *vi, vt* (*liquid*) servir; (*people*) desabafar

pout [paʊt] *vi* **to ~ over sth** fazer beicinho para a. c.

poverty ['pɑːvərti, *Brit:* 'pɒvəti] *n no pl* pobreza *f*

poverty line *n* **to live below the ~** viver na miséria

POW [ˌpiːoʊ'dʌbljuː, *Brit:* -əʊ'-] *n abbr of* **prisoner of war** prisioneiro, -a *m, f* de guerra

powder ['paʊdər, *Brit:* -əʳ] **I.** *n no pl* pó *m* **II.** *vt* passar pó em, pulverizar; **to ~ one's nose** *fig* passar pó de arroz no nariz

powdered *adj* pulverizado, -a

powder keg *n fig* barril *m* de pólvora **powder puff** *n* esponja *f*, pompom *m* **powder room** *n* toucador *m*

powdery ['paʊdəri] *adj* empoeirado, -a

power ['paʊər, *Brit:* -əʳ] **I.** *n* **1.** *no pl* (*ability to control*) poder *m*; **to have ~ over sth/sb** ter poder sobre a. c./ alguém; **to have the ~ to do sth** ter o poder de fazer a. c.; (*strength*) força *f*; **one's ~s of concentration** seus poderes de concentração **2.** (*country, organization*) potência *f*; **the ~s that be** os mandachuvas **3.** (*right*) direito *m*; **to be within one's ~ to do sth** ser o direito de alguém fazer a. c. **4.** *no pl* (*electricity*) potência *f* **II.** *vt* acionar

powerboat *n* barco *m* a motor **power cable** *n* cabo *m* elétrico **power cut** *n esp Brit, Aus* corte *m* de energia

power-driven *adj* movido, -a a energia elétrica

powerful ['paʊərfəl, *Brit:* -əfəl] *adj* **1.** (*influential*) poderoso, -a; (*emotionally*) potente **2.** (*strong*) forte

powerfully *adv* poderosamente; (*argue*) vigorosamente

powerhouse *n* **to be a ~ of ideas** *fig* ter a cabeça cheia de ideias

powerless ['paʊərləs, *Brit:* -ələs] *adj* impotente; **to be ~ against sb** não poder fazer nada contra alguém; **to be ~ to do sth** não poder fazer a. c.

power plant *n* casa *f* de força **power station** *n* usina *f* elétrica

PR [piːˈɑːr, *Brit:* -ˈɑː'] *n no pl abbr of* **public relations** relações *fpl* públicas

practical [ˈpræktɪkl] *adj* prático, -a

practicality [ˌpræktɪˈkæləṭi, *Brit:* -ti] *n* <-ies> natureza *f* prática; **the practicalities of sth** o lado prático de a. c.

practically *adv* **1.** (*almost*) praticamente **2.** (*of practical nature*) **to be ~ based** ser baseado na experiência

practice [ˈpræktɪs] **I.** *n* **1.** *no pl* (*act of practising*) prática *f*; **to be out of ~** estar sem prática; **~ makes perfect** *prov* a prática faz o mestre **2.** (*custom*) hábito *m*; **to make a ~ of sth** transformar a. c. em hábito **3.** *no pl* (*of profession*) exercício *m* **4.** (*doctor's office*) consultório *m* **II.** *vt Am* (*carry out*) praticar; **to ~ what one preaches** praticar o que se prega **III.** *vi* **1.** (*improve skill*) exercitar **2.** (*work in profession*) exercer (a profissão) **3.** *Am* SPORTS treinar

practiced *adj Am* experiente

practicing *adj Am* (*professional*) em exercício; REL praticante

practise *vi, vt Brit, Aus s.* **practice**

practised *adj Brit, Aus s.* **practiced**

practitioner [præktˈtɪʃənər, *Brit:* -əʳ] *n* (*doctor*) médico, -a *m, f*

pragmatic [prægˈmætɪk, *Brit:* -ɪk] *adj* pragmático, -a

prairie [ˈpreri, *Brit:* ˈpreəri] *n* pradaria *f*

praise [preɪz] **I.** *vt* (*express approval*) elogiar; **to ~ sb for sth** elogiar alguém por a. c.; (*worship*) louvar **II.** *n no pl* (*approval*) elogio *m*; **to (only) have ~ for sb/sth** só ter elogios para alguém/a. c.; (*worship*) louvor *m*

pram [præm] *n Brit, Aus* carrinho *m* de bebê

prank [præŋk] *n* travessura *f*

prattle [ˈprætl, *Brit:* -tl] *vi pej* falar como papagaio, tagarelar; **to ~ on about sth** falar como papagaio sobre a. c.

prawn [prɔːn, *Brit:* prɔːn] *n* camarão *m*

pray [preɪ] *vi* REL orar, rezar; **to ~ (to God) for sth** rezar pedindo a. c. (a Deus)

prayer [prer, *Brit:* preəʳ] *n* REL oração *f*, prece *f*; **to say a ~ (for sb)** fazer uma oração (por alguém)

prayer book *n* livro *m* de orações
prayer rug *n* tapete onde se fazem orações

praying mantis [-ˈmæntɪs] *n* louva-a-deus *m inv*

preach [priːtʃ] *vi, vt* pregar; **to ~ to sb** pregar a alguém

preacher [ˈpriːtʃər, *Brit:* -əʳ] *n* pregador(a) *m(f)*

preamble [priːˈæmbl] *n form* preâmbulo *m*

prearrange [ˌpriːəˈreɪndʒ] *vt* combinar de antemão [*ou* previamente]

precarious [prɪˈkeriəs, *Brit:* -ˈkeər-] *adj* precário, -a

precaution [prɪˈkɔːʃn, *Brit:* -ˈkɔː-] *n* precaução *f*; **to take ~s against sth** tomar precauções contra a. c.

precede [prɪˈsiːd] *vt* preceder

precedence [ˈpresədəns, *Brit:* -sɪ-] *n pl* prioridade *f*; **to take ~ over sb** ter prioridade sobre alguém

precedent [ˈpresədənt, *Brit:* -sɪ-] *n* precedente *m*; **to set a ~** abrir um precedente

preceding *adj* anterior

precinct [ˈpriːsɪŋkt] *n* **1.** *Am* distrito *m* policial **2.** *Brit* (*enclosed area*) área *f* de pedestres

precious [ˈpreʃəs] **I.** *adj* **1.** (*of great value*) precioso, -a, valioso, -a; **to be ~ to sb** ter muito valor para alguém **2.** (*affected*) afetado, -a **II.** *adv inf* **~ few** pouquíssimos

precipice [ˈpresəpɪs, *Brit:* -sɪ-] *n* precipício *m*

precipitate [prɪˈsɪpɪteɪt] *vt* **1.** (*trigger*) acelerar, precipitar **2.** METEO (*throw downwards*) condensar-se e cair, precipitar-se

precise [prɪˈsaɪs] *adj* (*measurement*) exato, -a, preciso, -a; (*person*) meticuloso, -a

precisely *adv* **1.** (*exactly*) exatamente **2.** (*carefully*) justamente

precision [prɪˈsɪʒən] *n no pl* (*accuracy*) precisão *f*, exatidão *f*

preclude [prɪˈkluːd] *vt form* excluir

precocious [prɪˈkoʊʃəs, *Brit:* -ˈkəʊ-] *adj* precoce

preconceived [ˌpriːkənˈsiːvd] *adj* preconcebido, -a

preconception [ˌpriːkənˈsepʃn] *n* preconcebimento *m*

precondition [ˌpriːkənˈdɪʃn] *n* precondição *f*

precursor [prɪˈkɜːrsər, *Brit:* ˌpriːˈkɜːsəʳ] *n form* precursor(a) *m(f)*

predate [priːˈdeɪt] *vt form* antedatar, pré-datar

predator ['predətər, *Brit:* -tər] *n* predador *m*

predatory ['predətɔ:ri, *Brit:* -tri] *adj* predatório, -a

predecessor ['predəsesər, *Brit:* 'pri:disesə^r] *n* antecessor(a) *m(f)*

predicament [prɪ'dɪkəmənt] *n form* situação *f* difícil; **to be in (a bit of) a ~** estar numa enrascada

predicate ['predɪkeɪt] *vt form* **to be ~d on sth** basear-se em a. c., implicar a. c.

predict [prɪ'dɪkt] *vt* prever, prognosticar

predictable [prɪ'dɪktəbl] *adj* previsível

prediction [prɪ'dɪkʃn] *n* previsão *f*

predisposition [ˌpri:dɪspə'zɪʃn] *n* predisposição *f*, propensão *f*

predominance [prɪ'dɑ:mɪnəns, *Brit:* -'dɒm-] *n no pl* predominância *f*, predomínio *m*

predominant [prɪ'dɑ:mɪnənt, *Brit:* -'dɒm-] *adj* predominante

pre-eminent [ˌpri:'emɪnənt] *adj form* preeminente

pre-empt [ˌpri:'empt] *vt form* prevenir

prefabricated [ˌpri:'fæbrɪkeɪtɪd] *adj* pré-fabricado, -a

preface ['prefɪs] I. *n* prefácio *m* II. *vt* **to ~ sth (with sth)** introduzir a. c. (com a. c.)

prefect ['pri:fekt] *n* prefeito *m*

prefer [prɪ'fɜ:r, *Brit:* prɪ'fɜ:^r] <-rr-> *vt* 1. *(like better)* preferir; **to ~ sb/sth to sb/sth** preferir alguém/a. c. a alguém/a. c. 2. *Brit LAW* **to ~ charges (against sb)** apresentar queixas (contra alguém)

preferable ['prefrəbl] *adj* preferível; **to be ~ to sth** ser preferível a a. c.

preferably *adv* de preferência

preference ['prefrəns] *n* preferência *f*, predileção *f*; **in ~ to sth** com predileção por a. c.

preferential [ˌprefə'renʃl] *adj* preferencial

preferred *adj* preferido, -a, predileto, -a

prefix ['pri:fɪks] <-es> *n* prefixo *m*

pregnancy ['pregnəntsi] *n no pl* gravidez *f*; ZOOL prenhez *f*

pregnant ['pregnənt] *adj* 1. *(woman)* grávida; *(animal)* prenhe; **to become ~** ficar grávida 2. *fig (silence, pause)* significativo, -a

prehistoric [ˌpri:hɪ'stɔ:rɪk, *Brit:* -'stɒr-] *adj* pré-histórico, -a

prejudge [ˌpri:'dʒʌdʒ] *vt* prejulgar

prejudice ['predʒʊdɪs] I. *n* preconceito *m*; **to have a ~ against sb/sth** ter preconceito contra alguém/a. c. II. *vt* **to ~ sb against sth** predispor alguém contra a. c.

prejudiced *adj (person)* preconceituoso, -a; *(attitude)* parcial; **to be ~ against sb** ser parcial contra alguém, ter preconceito contra alguém

preliminary [prɪ'lɪmənəri, *Brit:* -ɪnəri] I. *adj* preliminar II. <-ies> *npl* preâmbulo *m*; SPORTS eliminatórias *fpl*

prelude ['prelju:d] *n* prelúdio *m*; **a ~ to sth** um prelúdio de a. c.

premarital [ˌpri:'merətl, *Brit:* -'mærɪtl] *adj* pré-nupcial

premature [ˌpri:mə'tʊr, *Brit:* 'premətʃə^r] *adj* prematuro, -a

premeditated [ˌpri:'medɪteɪtɪd, *Brit:* -tɪd] *adj* premeditado, -a

premier [prɪ'mɪr, *Brit:* 'premɪə^r] I. *n* POL primeiro-ministro, primeira-ministra *m, f* II. *adj* principal

premise ['premɪs] *n* 1. *(of argument)* premissa *f* 2. *pl (store)* dependências *fpl*

premium ['pri:mɪəm] I. *n (insurance payment)* prêmio *f*; *(extra charge)* ágio *m* II. *adj* de qualidade

premium bond *n Brit* bônus *m (que participa de um sorteio nacional)*

premonition [ˌpremə'nɪʃn] *n* premonição *f*, pressentimento *m*; **to have a ~ that ...** ter um pressentimento que ...

prenatal [ˌpri:'neɪtl, *Brit:* -tl] *adj* pré-natal

preoccupation [priːˌɑ:kju'peɪʃn, *Brit:* ˌpri:ˌɒkjʊ'-] *n* preocupação *f*; **a ~ with sth** uma preocupação com a. c.

preoccupied [pri:'ɑ:kju:paɪd, *Brit:* prɪ'ɒkjʊ-] *adj* **to be ~ with sth** estar preocupado com a. c.

preoccupy [pri:'ɑ:kju:paɪ, *Brit:* -'ɒkjʊ-] <-ie-> *vt* preocupar

prepaid [ˌpri:'peɪd] *adj* pré-pago, -a

preparation [ˌprepə'reɪʃn] *n* 1. *(getting ready)* preparação *f*; **to make ~s for sth/sb** fazer preparativos para a. c./alguém 2. *(substance)* preparado *m*

preparatory [prɪ'perətɔ:ri, *Brit:* -'pær-ə-tə-ri] *adj* preparatório, -a

preparatory school *n Am* curso *m* pré-universitário *(particular; após curso secundário)*; *Brit* escola *f* primária *(particular; até a idade de 11-13 anos)*

prepare [prɪ'per, *Brit:* -'peə^r] I. *vt* preparar; **to ~ sb/sth for sb/sth** preparar alguém/a. c. para alguém/a. c. II. *vi*

preparar-se; **to ~ for sth** preparar-se para a. c.
prepared *adj* 1.(*ready*) preparado, -a; **to be ~ for sth** estar preparado para a. c. 2.(*willing*) disposto, -a; **to be ~ to do sth** estar disposto a fazer a. c.
preposition [ˌprepəˈzɪʃn] *n* preposição *f*
prepossessing [ˌpriːpəˈzesɪŋ] *adj* cativante
preposterous [prɪˈpɑːstərəs, *Brit:* -ˈpɒs-] *adj* absurdo, -a
prerequisite [ˌpriːˈrekwɪzɪt] *n form* **to be a ~ for sth** ser um pré-requisito para a. c.
prerogative [prɪˈrɑːgətɪv, *Brit:* -ˈrɒgət-] *n form* (*right, privilege*) prerrogativa *f*
Presbyterian [ˌprezbɪˈtɪriən, *Brit:* -ˈtɪər-] *adj* presbiteriano, -a
pre-school [ˈpriːskuːl] *adj* pré-escolar
prescribe [prɪˈskraɪb] *vt* MED receitar; **to ~ sth for sth** receitar a. c. para a. c.
prescribed *adj* prescrito, -a
prescription [prɪˈskrɪpʃn] *n* MED receita *f* médica; **a ~ for sth** uma receita para a. c.
prescriptive [prɪˈskrɪptɪv] *adj* normativo, -a
presence [ˈprezənts] *n* presença *f*; **~ of mind** presença de espírito; **in my ~** na minha presença; **to make one's ~ felt** impor sua presença
present[1] [ˈprezənt] *n* (*gift*) presente *m*; **to give sb a ~** dar um presente a alguém
present[2] [ˈprezənt] I. *n no pl* presente *m*; **at ~** no momento; **for the ~** por enquanto, por ora II. *adj* 1.(*current*) atual, presente; **at the ~ moment** no (presente) momento; **up to the ~ time** até hoje 2.(*in attendance*) presente; **to be ~ at sth** estar presente em a. c.
present[3] [prɪˈzent] *vt* 1.(*give*) presentear; **to ~ sth (to sb)** [*o* **to ~ sb with sth**] entregar a. c. a alguém 2.(*introduce*) apresentar; **to ~ a bill** apresentar um projeto; **to ~ sb with sth** (*confront*), **to ~ a problem for sb** ser [*ou* constituir] um problema para alguém
presentation [ˌprezənˈteɪʃn] *n* apresentação *f*; (*of prize, award*) entrega *f*; **to make a ~** fazer uma apresentação
present-day *adj* atual
presenter [prɪˈzentər, *Brit:* -əʳ] *n* apresentador(a) *m(f)*
presently [ˈprezəntli] *adv* (*soon*) em breve; (*now*) logo

preservation [ˌprezərˈveɪʃn, *Brit:* -əˈ-] *n no pl* (*of building*) conservação *f*; (*of species, custom*) preservação *f*
preservative [prɪˈzɜːrvətɪv, *Brit:* -ˈzɜːvət-] *n* conservante *m*
preserve [prɪˈzɜːrv, *Brit:* -ˈzɜːv] I. *vt* (*customs, peace*) preservar, proteger; (*dignity*) manter; (*food*) conservar; (*silence*) guardar; **to ~ sb from sth** proteger alguém de a. c. II. *n* 1. *pl* (*jam*) compota *f*, conserva *f* 2.(*reserved area*) **wildlife ~** área de proteção ambiental
preserved *adj* conservado, -a; (*food*) em conserva
preside [prɪˈzaɪd] *vi* **to ~ over sth** presidir a. c.
presidency [ˈprezɪdənsi] *n* POL presidência *f*; (*of company*) direção *f*
president [ˈprezɪdənt] *n* POL presidente, -a *m, f*; (*of company*) diretor(a) *m(f)*
presidential [ˌprezɪˈdentʃəl] *adj* presidencial
press [pres] I. *n* 1.(*push*) pressão *f*; **at the ~ of a button** ao apertar um botão 2.(*machine*) prensa *f*; **printing ~** prelo; **to go to ~** (*newspaper, book*) ir para o prelo; **the ~** PUBL a imprensa; **to have good ~** ser bem recebido pela crítica II. *vt* 1.(*button*) apertar; (*grapes, olives*) prensar; **to ~ sb to do sth** pressionar alguém para fazer a. c.; **to ~ sb for sth** pressionar alguém por a. c.; **to be ~ed for time/money** estar com pouco tempo/dinheiro; **to ~ sth on sb** insistir para que alguém aceite a. c.; **to ~ a claim** reclamar um direito; **to ~ charges** LAW fazer acusações 2.(*iron*) passar (roupa) III. *vt* (*album, disk*) gravar III. *vi* urgir; **time is ~ing** o tempo urge; **to ~ for sth** pressionar por a. c.; **to ~ up against sb/sth** fazer pressão contra alguém/a. c.
 ◆ **press on** *vi* **to ~ (with sth)** apertar o passo, avançar (em a. c.)
press agency *n* PUBL agência *f* de notícias **press conference** *n* PUBL entrevista *f* coletiva
pressing *adj* premente, urgente
press office *n* assessoria *f* de imprensa **press officer** *n* assessor(a) *m(f)* de imprensa **press release** *n* PUBL release *m*
press-up *n* Brit SPORTS musculação *f*
pressure [ˈpreʃər, *Brit:* -əʳ] I. *n* a. MED pressão *f*; **to be under ~** a. *fig* estar sob

pressão; **to put ~ on sb (to do sth)** pressionar alguém a fazer a. c. **II.** *vt* **to ~ sb to do sth** [*o* **into doing sth**] pressionar alguém para que faça a. c. *+subj*

pressure cooker *n* panela *f* de pressão

pressure group *n* POL grupo *m* de pressão

prestige [pre'sti:ʒ] *n no pl* prestígio *m*

prestigious [pre'stɪdʒəs] *adj* influente, prestigioso, -a

presumably [prɪ'zu:məbli, *Brit:* -'zju:m-] *adv* presumivelmente

presume [prɪ'zu:m, *Brit:* -'zju:m] *vt* presumir; **to ~ that ...** presumir que ...; **to ~ to do sth** (*dare*) atrever-se a fazer a. c.

presumption [prɪ'zʌmpʃn] *n* **1.** (*assumption*) suposição *f* **2.** *no pl, form* (*arrogance*) presunção *f*

presumptuous [prɪ'zʌmptʃuəs, *Brit:* -tjuəs] *adj* presunçoso, -a

presuppose [ˌpri:sə'pouz, *Brit:* -'pəuz] *vt form* pressupor

presupposition [ˌpri:sʌpə'zɪʃn] *n* pressuposição *f*

pre-tax *adj* tributável

pretence ['pri:tents, *Brit:* prɪ'tents] *n no pl* pretensão *f*; **to make no ~ of sth** não ter a menor pretensão de a. c.; **under (the) ~ of ...** sob o pretexto de ...

pretend [prɪ'tend] *vi*, *vt* **1.** (*make believe*) fingir; **to ~ to be interested** fingir estar interessado; **to ~ to be sb/sth** fingir ser alguém/a. c. **2.** (*claim*) pretender; **I don't ~ to know** não pretendo saber [*ou* conhecer]

pretended *adj* **1.** (*feign*) simulado, -a **2.** (*claim*) pretendido, -a

pretender [prɪ'tendər, *Brit:* -əʳ] *n* pretendente *mf*

pretense ['pri:tents, *Brit:* prɪ'tents] *n no pl, Am s.* **pretence**

pretension [prɪ'tenʃn] *n* pretensão *f*

pretentious [prɪ'tenʃəs] *adj pej* pretensioso, -a

pretext ['pri:tekst] *n* pretexto *m*; **under the ~ of doing sth** sob o pretexto de fazer a. c.

pretty ['prɪt̬i, *Brit:* -ti] **I.** *adj* <-ier, -iest> (*thing*) bonito, -a; (*child, woman*) atraente; **not a ~ sight** uma cena nada agradável; **a ~ mess** *inf* uma bela embrulhada **II.** *adv* (*quite*) **~ much** quase

prevail [prɪ'veɪl] *vi* prevalecer, ser corrente; **to ~ over sb** prevalecer a alguém; **to ~ upon sb to do sth** *form* convencer alguém a fazer a. c.

prevailing *adj* vigente

prevalence ['prevələnts] *n no pl* preponderância *f*

prevalent ['prevələnt] *adj* predominante

prevent [prɪ'vent] *vt* impedir; **to ~ sb from doing sth** impedir alguém de fazer a. c.

prevention [prɪ'venʃn] *n no pl* prevenção *f*

preventive [prɪ'ventɪv] *adj* preventivo, -a

preview ['pri:vju:] *n* CINE, THEAT pré-estreia *f*; (*of program, exhibition*) lançamento *m*

previous ['pri:viəs] *adj* anterior, prévio, -a; **without ~ notice** sem aviso prévio

previously *adv* antes; **to have met sb ~** ter conhecido alguém antes

pre-war *adj* do pré-guerra

prey [preɪ] **I.** *n no pl* (*animal*) presa *f*; (*person*) vítima *f*; **to fall ~ to** (*animal*) ser devorado por; (*person*) tornar-se vítima de **II.** *vt* **1.** (*feed on*) **to ~ (up)on sth** matar para comer **2.** (*exploit*) **to ~ (up)on sb** aproveitar-se de alguém **3.** **to ~ on sb's mind** atormentar [*ou* afligir] alguém

price [praɪs] **I.** *n* preço *m*; **to go up/down in ~** aumentar/baixar de preço; **not at any ~** *fig* por nada nesse mundo; **to pay a heavy ~** *fig* pagar caro; **at a ~** *fig* a preço de **II.** *vt* **1.** (*asking*) apreçar **2.** (*fixing*) colocar preço em

price-led ['praɪsˌled] *adj attr* (*marketing strategy*) de preços baixos; (*supermarket chain*) barateiro, -a

priceless ['praɪslɪs] *adj* **to be ~** ser inestimável; **that's ~!** *fig* isso não tem preço!

price level *n* nível *m* de preço **price war** *n* guerra *f* de preços

pricing *n* custo *m*

prick [prɪk] **I.** *vt* **1.** (*jab*) ferir, picar; **to ~ oneself on/with sth** ferir-se com/em a. c.; (*mark with holes*) furar; **to ~ sb's conscience** despertar a consciência de alguém **2. to ~ (up) one's ears** aguçar os ouvidos **II.** *vi* formigar **III.** *n* **1.** (*of pin, sensation*) picada *f* **2.** *vulg* (*penis*) pau *m* **3.** *vulg* (*idiot*) cavalgadura *f*

prickly ['prɪkli] <-ier, -iest> *adj* (*fabric,*

pride [praɪd] **I.** n **1.** no pl (proud feeling) orgulho m; **to be sb's ~ and joy** ser o orgulho de alguém; **to have ~ of place** ocupar lugar de honra; **to take ~ in sth** ter orgulho de a. c.; **~ comes before a fall** prov o orgulho precede a decadência **2.** no pl (self-respect) amor-próprio m; **to swallow one's ~** deixar de lado a empáfia **3.** ZOOL alcateia f **II.** vt **to ~ oneself on (doing) sth** orgulhar-se de (fazer) a. c.

priest [priːst] n REL padre m, sacerdote m

priesthood ['priːsthʊd] n no pl **1.** (position) sacerdócio m **2.** (priests) clero m

priestly ['priːstli] adj clerical, sacerdotal

priggish ['prɪgɪʃ] adj pej pedante

prim [prɪm] <-mm-> adj **1.** pej afetado, -a **2.** (appearance) caprichado, -a

primacy ['praɪməsi] n no pl, form primazia f

primaeval [praɪˈmiːvəl] adj s. **primeval**

primarily [praɪˈmerəli, Brit: 'praɪməri-] adv fundamentalmente, principalmente

primary ['praɪməri, Brit: -məri] **I.** adj **1.** (principal) principal **2.** (basic) a. SCH primário, -a; (industry) de base **II.** <-ies> n Am POL primárias fpl

primate ['praɪmeɪt] n ZOOL primata m

prime [praɪm] **I.** adj principal; **of ~ importance** de capital importância; **in ~ condition** em excelente condição **II.** n no pl apogeu m, auge m form; **to be in one's ~** [o **the ~ of one's life**] estar na flor da idade, estar no auge da vida; **to be past one's ~** ter perdido o vigor (da juventude) **III.** vt (surface) dispor; (gun, pump) preparar; **to ~ sb for doing sth** instruir alguém para fazer a. c.

prime minister n POL primeiro-ministro, primeira-ministra m, f **prime number** n MAT número m primo

primeval [praɪˈmiːvəl] adj antigo, -a, primevo, -a

primitive ['prɪmɪtɪv, Brit: -tɪv] adj primitivo, -a

primrose ['prɪmroʊz, Brit: -rəʊz] n prímula f, primavera f

prince [prɪnts] n príncipe m; **Prince Charming** príncipe encantado

princess ['prɪntsɪs, Brit: prɪn'ses] n princesa f

principal ['prɪntsəpl] **I.** adj principal **II.** n Am, Aus (of school) diretor(a) m(f)

principality [ˌprɪntsəˈpælətɪ, Brit: -sɪˈpælətɪ] n principado m

principally adv principalmente

principle ['prɪntsəpl] n princípio m

print [prɪnt] **I.** n **1.** TYP impressão f; **to appear in ~** ser publicado; **to be out of ~** estar com edição esgotada; **to be in ~** estar à venda **2.** (engraving) gravura f; PHOT cópia f **II.** vt imprimir; (publish) publicar; **to ~ sth out** COMPUT fazer a impressão de a. c., imprimir a. c.

printer ['prɪntər, Brit: -əʳ] n **1.** (person) tipógrafo, -a m, f **2.** INFOR impressora f

printing n **1.** no pl (art) imprensa f **2.** (action) impressão f

printing press n prelo m

print-out n INFOR cópia f impressa

print run n tiragem f

prior ['praɪər, Brit: -əʳ] **I.** adv form **~ to** ... antes de ... **II.** adj form prévio, -a

prioritize [praɪˈɔːrətaɪz, Brit: -ˈɒrɪ-] vt priorizar

priority [praɪˈɔːrəti, Brit: -ˈɒrəti] <-ies> n no pl prioridade f; (in time) antecedência f; **to give sth ~** dar prioridade a a. c.; **to get one's priorities right** saber estabelecer suas prioridades

priority mail n correspondência f urgente

priory ['praɪəri] n convento m

prise vt Brit, Aus s. **prize²**

prism [prɪzəm] n prisma f

prison ['prɪzən] n prisão f; **to put sb in ~** prender alguém

prisoner ['prɪzənər, Brit: -əʳ] n preso, -a m, f; MIL prisioneiro, -a m, f; **to hold sb ~** deixar alguém preso; **to take sb ~** capturar [ou deter] alguém

prisoner of war n prisioneiro, -a m, f de guerra

pristine ['prɪstiːn] adj form impecável

privacy ['praɪvəsi, Brit: 'prɪ-] n no pl privacidade f

private ['praɪvət, Brit: -vɪt] **I.** adj **1.** (not public) particular **2.** (confidential) confidencial **II.** n MIL soldado m raso

privately adv **1.** (in private) em particular **2.** (secretly) confidencialmente

privation [praɪˈveɪʃn] n no pl, form privação f; **to suffer ~** passar necessidade

privatization [ˌpraɪvətɪˈzeɪʃn, Brit: -vɪtaɪ-] n no pl privatização f

privatize ['praɪvətaɪz, Brit: -vɪ-] vt privatizar

privet ['prɪvɪt] *n no pl* alfena *f*

privilege ['prɪvəlɪdʒ] **I.** *n* privilégio *m*; **it's a ~ to meet you** é um privilégio conhecê-lo **II.** *vt* **to be ~d to do sth** ter o privilégio de fazer a. c.

privileged *adj* **1.** (*special*) privilegiado, -a **2.** (*confidential*) confidencial

privy ['prɪvi] *adj form* **to be ~ to sth** estar inteirado de a. c.

prize[1] [praɪz] **I.** *n* prêmio *m* **II.** *adj inf* perfeito, -a; **a ~ idiot** um perfeito idiota **III.** *vt* valorizar

prize[2] *vt* **to ~ open** arrombar a. c.

prize money *n* SPORTS pêmio *m* em dinheiro

prize-winning *adj* premiado, -a

pro[1] [proʊ, *Brit:* prəʊ] *n inf abbr of* **professional** profissional *mf*

pro[2] *n* **the ~ s and cons of sth** os prós e os contras de a. c.

proactive [ˌproʊˈæktɪv, *Brit:* ˌprəʊ-] *adj* proativo, -a

probability [ˌprɑːbəˈbɪləti, *Brit:* ˌprɒbəˈbɪləti] *n* probabilidade *f;* **in all ~** mais do que provável

probable ['prɑːbəbl, *Brit:* 'prɒb-] *adj* provável

probably *adv* provavelmente

probation [proʊˈbeɪʃn, *Brit:* prəʊ-] *n no pl* (*at work*) estágio *m* probatório; LAW liberdade *f* condicional

probationary [proʊˈbeɪʃənəri, *Brit:* prəʊ-] *adj* probatório, -a

probe [proʊb, *Brit:* prəʊb] **I.** *vi, vt* pesquisar, sondar; **to ~ (into) sth** investigar a. c.; **to ~ sb about sth** sondar alguém sobre a. c. **II.** *n* sindicância *f;* **a ~ into sth** uma sindicância de a. c.; MED, AVIAT sonda *f*

problem ['prɑːbləm, *Brit:* 'prɒb-] *n* problema *m*; **to have a ~ with sb/sth** ter problema com alguém/a. c.

problematic [ˌprɑːbləˈmætɪk, *Brit:* ˌprɒbləˈmæt-] *adj* problemático, -a

procedure [prəˈsiːdʒər, *Brit:* -əʳ] *n* procedimento *m*

proceed [proʊˈsiːd, *Brit:* prə-] *vi* (*continue*) continuar; (*move along*) proceder; **to ~ with sth** continuar com a. c.; (*make progress*) prosseguir; **to ~ to sth** prosseguir em a. c.; (*begin*) originar-se; **to ~ from** originar-se de; **to ~ to do sth** fazer a. c. a seguir

proceeds ['proʊsiːdz, *Brit:* 'prəʊ-] *n* lucros *mpl* (de shows)

process ['prɑːses, *Brit:* 'prəʊ-] **I.** *n* processo *m;* **to be in the ~ of doing sth** estar fazendo a. c. **II.** *vt* processar; PHOT revelar

processing *n no pl* processamento *m*; PHOT revelação *f*

procession [prəˈseʃn] *n* procissão *f*

processor [ˈprɑːˌsesər, *Brit:* ˈprəʊˌsesəʳ] *n* INFOR processador *m*

proclaim [proʊˈkleɪm, *Brit:* prəˈ-] *vt form* declarar, proclamar; **to ~ war** declarar guerra

proclamation [ˌprɑːkləˈmeɪʃn, *Brit:* ˌprɒk-] *n form* proclamação *f*

procure [proʊˈkjʊr, *Brit:* prəˈkjʊəʳ] *vt form* conseguir, obter

procurement [proʊˈkjʊrmənt, *Brit:* prəˈkjʊər-] *n no pl, form* obtenção *f*

prod [prɑːd, *Brit:* prɒd] **I.** *n* empurrão *m;* (*with elbow*) cotovelada *f;* (*with sharp object*) espetada *f* **II.** <-dd-> *vt* cutucar; (*with elbow*) empurrar; (*with sharp object*) espetar; **to ~ sb** (**into doing sth**) encorajar alguém (a fazer a. c.)

prodigal ['prɑːdɪgl, *Brit:* 'prɒd-] *adj form* pródigo, -a

prodigious [prəˈdɪdʒəs] *adj form* (*size, height*) descomunal; (*achievement, talent*) extraordinário, -a, prodigioso, -a

prodigy ['prɑːdədʒi, *Brit:* 'prɒdɪ-] *n* prodígio *m*; **child ~** criança-prodígio

produce[1] [prəˈduːs, *Brit:* -ˈdjuːs] *vt* **1.** CINE, THEAT, TV produzir; (*manufacture*) manufaturar; **to ~ results** dar resultados **2.** (*show*) **to ~ a knife** empunhar uma faca; (*manufac*) **to ~ one's passport** apresentar o passaporte

produce[2] ['proʊduːs, *Brit:* 'prɒdjuːs] *n no pl* AGR produtos *mpl* agrícolas

producer [prəˈduːsər, *Brit:* -ˈdjuːsəʳ] *n* produtor(a) *m(f)*

product ['prɑːdʌkt, *Brit:* 'prɒd-] *n* produto *m;* **to be the ~ of sth** ser o produto de a. c.

production [prəˈdʌkʃn] *n no pl* (*of goods*) a. CINE, THEAT, TV produção *f*

production costs *npl* custos *mpl* de produção **production line** *n* linha *f* de produção

productive [prəˈdʌktɪv] *adj* produtivo, -a

productivity [ˌproʊdəkˈtɪvəti, *Brit:* ˌprɒdʌkˈtɪvəti] *n no pl* produtividade *f*

Prof. [prɑːf, *Brit:* prɒf] *abbr of* **Professor** Prof., Prof.ª *m, f*

profanity [proʊˈfænəti, *Brit:* prəˈfænəti]

n form **1.** (*blasphemy*) profanação *f* **2.** (*obscene word*) blasfêmia *f*

profess [prə'fes] *vt* alegar, declarar; **to ~ to be sth.** alegar ser a. c.; **to ~ oneself satisfied (with sth)** declarar-se satisfeito (com a. c.)

professed *adj* declarado, -a

profession [prə'feʃn] *n* **1.** (*occupation*) profissão *f* **2.** (*declaration*) confissão *f*

professional [prə'feʃənəl] *adj* profissional

professor [prə'fesər, Brit: -əʳ] *n* UNIV professor universitário, professora universitária *m, f*

professorship [prə'fesərʃɪp, Brit: -əʃɪp] *n* professorado *m*

proffer ['prɑːfər, Brit: 'prɒfəʳ] *vt form* oferecer

proficiency [prə'fɪʃnsi] *n no pl* competência *f*, proficiência *f*; **~ in sth** competência em a. c.

proficient [prə'fɪʃnt] *adj* competente; **to be ~ in** [*o* **at**] **sth** ser competente em a. c.

profile ['proʊfaɪl, Brit: 'prəʊ-] *n* **1.** (*side view*) perfil *m*; **in ~** de perfil; **to keep a low ~** *fig* manter um low-profile **2.** (*description*) esboço *m* biográfico

profit ['prɑːfɪt, Brit: 'prɒ-] **I.** *n* FIN lucro *m*; **at a ~** com lucro **II.** *vi* **to ~ by sth** [*o* **from**] beneficiar-se com [*ou* aproveitar] a. c.

profitability [ˌprɑːfɪtə'bɪləti, Brit: ˌprɒfɪtə'bɪləti] *n no pl* rentabilidade *f*

profitable ['prɑːfɪtəbl, Brit: 'prɒfɪt-] *adj* (*investment*) lucrativo, -a; (*occupation*) proveitoso, -a

profit margin *n* margem *f* de lucro

profound [prə'faʊnd] *adj* profundo, -a

profuse [prə'fjuːs] *adj* abundante, pródigo, -a

profusion [prə'fjuːʒən] *n no pl, form* abundância *f*, profusão *f*

prognosis [prɑːg'noʊsɪs, Brit: prɒg'nəʊ-] *n* prognóstico *m*

program *Am,* **programme** ['proʊgræm, Brit: 'prəʊ-] *Aus, Brit* **I.** *n* programa *m* **II.**<-mm-> *vt* programar

program(m)er *n* programador(a) *m(f)*

program(m)ing *n* programação *f*

progress¹ ['prɑːgres, Brit: 'prəʊ-] *n no pl* progresso *m*; **to make ~** progredir; **to be in ~** estar em andamento [*ou* desenvolvimento]

progress² [proʊ'gres, Brit: prəʊ'-] *vi* adiantar-se, progredir; **to ~ to sth** adiantar-se em a. c.

progression [prə'greʃn] *n no pl* progressão *f*

progressive [prə'gresɪv] *adj* gradual; MED progressivo, -a; POL progressista

prohibit [proʊ'hɪbɪt, Brit: prə'-] *vt* proibir; **to ~ sb from doing sth** proibir alguém de fazer a. c.

prohibition [ˌproʊɪ'bɪʃn, Brit: ˌprəʊ-] *n* proibição *f*; **Prohibition** *Am* HIST Lei *f* Seca

prohibitive [proʊ'hɪbətɪv, Brit: prə'hɪbətɪv] *adj* proibitivo, -a

project¹ ['prɑːdʒekt, Brit: 'prɒ-] *n a.* SCH, UNIV projeto *m*

project² [prə'dʒekt, Brit: prəʊ'-] **I.** *vt* (*forecast*) prever, projetar **II.** *vi* sobressair

projectile [prə'dʒektəl, Brit: prəʊ'dʒektaɪl] *n* projétil *m*

projection [prə'dʒekʃn, Brit: prəʊ'-] *n* **1.** (*forecast*) projeção *f* **2.** (*protrusion*) saliência *f*

projector [prə'dʒektər, Brit: -əʳ] *n* projetor *m*

proletarian [ˌproʊlə'teriən, Brit: ˌprəʊlɪ'teəʳ-] *adj* proletário, -a

proliferate [proʊ'lɪfəreɪt, Brit: prə'-] *vi* proliferar

proliferation [proʊˌlɪfə'reɪʃn, Brit: prəˌ-] *n no pl* proliferação *f*

prolific [proʊ'lɪfɪk, Brit: prə'-] *adj* prolífico, -a

prolog *n Am,* **prologue** ['proʊlɑːg, Brit: 'prəʊlɒg] *n Brit* prólogo *m*; **to be a ~ to sth** ser o prólogo de a. c.

prolong [proʊ'lɑːŋ, Brit: prə'lɒŋ] *vt* prolongar

prom [prɑːm, Brit: prɒm] *n* **1.** *Am* (*school dance*) baile *m* de formatura **2.** *Brit* (*seafront*) passeio *m* à beira-mar

promenade [ˌprɑːmə'neɪd, Brit: ˌprɒmə'nɑːd] *n* (*seafront*) calçadão *m* (*da orla marítima*)

prominence ['prɑːmənəns, Brit: 'prɒmɪ-] *n no pl* importância *f*, notoriedade *f*; **to give ~ to sth** dar importância a a. c.

prominent ['prɑːmənənt, Brit: 'prɒmɪ-] *adj* **1.** (*conspicuous*) proeminente; (*teeth, chin*) saliente **2.** (*important*) conceituado, -a, eminente

promiscuous [prə'mɪskjuəs] *adj* promíscuo, -a

promise ['prɑːmɪs, Brit: 'prɒ-] **I.** *vi, vt* prometer; **to ~ to do sth** prometer

fazer a. c. **II.** n **1.** (*pledge*) promessa *f*; **to make a ~** fazer uma promessa **2.** *no pl* (*potential*) potencial *m*; **to show ~** revelar um potencial

promising *adj* promissor(a)

promote [prə'mout, *Brit:* -'məut] *vt* **1.** (*in organization*) promover; SPORTS patrocinar; **to be ~d to sth** ser promovido a a. c. **2.** (*encourage*) incentivar; COM fomentar

promoter [prə'moutər, *Brit:* -'məutə'] *n* promotor(a) *m(f)* (de eventos)

promotion [prə'mouʃn, *Brit:* -'məu-] *n* **1.** (*in organization*) promoção *f*; **to get a ~** obter uma promoção, ser promovido a. c. **2.** (*encouragement*) a. COM incentivo *m*

prompt [pra:mpt, *Brit:* prompt] **I.** *vt* **to ~ sb to do sth** levar [*ou* estimular] alguém a fazer a. c. **II.** *adj* (*quick*) rápido, -a, pronto, -a; **to be ~** ser rápido

promptly *adv* **1.** (*quickly*) imediatamente **2.** *inf* (*immediately afterward*) prontamente

promulgate ['pra:mlgeɪt, *Brit:* 'prom-] *vt form* (*theory, belief*) divulgar; LAW promulgar

prone [proun, *Brit:* prəun] **I.** *adj* **to be ~ to do sth** ser propenso [*ou* inclinado] a fazer a. c. **II.** *adv form* de bruços

prong [pra:ŋ, *Brit:* proŋ] *n* (*of fork*) dente *m*; (*of antler*) ponta *f*

pronoun ['prounaun, *Brit:* 'prəu-] *n* pronome *m*

pronounce [prə'naunts] *vt* **1.** (*speak*) pronunciar **2.** (*declare*) declarar; **to ~ that ...** declarar que ...

pronounced *adj* acentuado, -a, pronunciado, -a; **a ~ difference** uma diferença acentuada

pronouncement [prə'nauntsmənt, *Brit:* 'prəu-] *n* pronunciamento *m*; **to make a ~** fazer um pronunciamento

pronunciation [prəˌnʌntsi'eɪʃn] *n no pl* pronúncia *f*

proof [pru:f] **I.** *n no pl* prova *f*; **the burden of ~** o ônus da prova **II.** *adj* **to be ~ against/of sth** ser à prova de a. c.

proofread ['pru:f,ri:d] *irr vt* revisar provas

prop [pra:p, *Brit:* prop] *n* **1.** (*support*) apoio *m* **2.** THEAT adereço *m*, objeto *m* de cena

propaganda [ˌpra:pə'gændə, *Brit:* ˌprop-] *n no pl* propaganda *f*

propagate ['pra:pəgeɪt, *Brit:* 'prop-] *vt* BOT reproduzir; (*lie, rumor*) difundir

propagation [ˌpra:pə'geɪʃn, *Brit:* ˌprop-] *n no pl* BOT reprodução *f*

propel [prə'pel] <-ll-> *vt* impulsionar

propeller [prə'pelər, *Brit:* -ə'] *n* hélice *f*

propensity [prə'pensəti, *Brit:* -ti] *n no pl, form* propensão *f*, tendência *f*; **a ~ for sth** uma tendência para a. c.

proper ['pra:pər, *Brit:* 'propə'] *adj* adequado, -a, apropriado, -a; (*time, method*) oportuno, -a; **to be ~ to do sth** ser indicado fazer a. c.

properly *adv* bem, devidamente; **~ dressed** bem vestido

proper name *n*, **proper noun** *n* nome *m* próprio

property ['pra:pərti, *Brit:* 'propəti] <-ies> *n* propriedade *f*; LAW posse *f*

property developer *n* ECON imobiliária *f* **property market** *n no pl* mercado *m* imobiliário **property owner** *n* proprietário, -a *m, f* **property tax** *n* imposto *m* predial

prophecy ['pra:fəsi, *Brit:* 'prof-] <-ies> *n* profecia *f*

prophesy ['pra:fəsaɪ, *Brit:* 'prof-] <-ie-> *vt* predizer, profetizar

prophet ['pra:fɪt, *Brit:* 'prof-] *n* REL profeta, -isa *m, f*; **~ of doom** vidente *m*

prophetic [prə'fetɪk] *adj* profético, -a

proponent [prə'pounənt, *Brit:* -'pəu-] *n* proponente *mf*; **a ~ of sth** o proponente de a. c.

proportion [prə'pɔ:rʃn, *Brit:* -'pɔ:ʃn] *n* **1.** (*relationship*) proporção *f*; **to be out of ~ to sth** ser desproporcional a a. c.; **to be in ~ to sth** ser proporcional a a. c.; **to keep a sense of ~** manter equilíbrio **2.** (*part*) porção *f* **3.** *pl* (*size*) extensão *fpl*

proportional [prə'pɔ:rʃənəl, *Brit:* -'pɔ:ʃ-] *adj*, **proportionate** [prə'pɔ:rʃənɪt, *Brit:* -'pɔ:ʃənət] *adj* proporcional; **to be ~ to sth** ser proporcional a a. c.

proposal [prə'pouzəl, *Brit:* -'pəu-] *n* proposta *f*; (*offer of marriage*) pedido *m* de casamento

propose [prə'pouz, *Brit:* -'pəuz] **I.** *vt* propor; (*nominate*) sugerir; **to ~ a toast** fazer [*ou* levantar] um brinde; **to ~ to do sth** pretender fazer a. c. **II.** *vi* **to ~ (to sb)** pedir (alguém) em casamento

proposition [ˌpra:pə'zɪʃn, *Brit:* ˌprop-] *n* proposta *f*

propound [prə'paʊnd] *vt form* propor
proprietary [prə'praɪəteri, *Brit:* -tri] *adj* proprietário, -a; ECON patenteado, -a
proprietor [prə'praɪətər, *Brit:* prə'praɪətə^r] *n* proprietário, -a *m, f*
propriety [prə'praɪəti, *Brit:* -ti] <-ies> *n no pl* propriedade *f*
propulsion [prə'pʌlʃn] *n no pl* propulsão *f*
pro rata [ˌproʊ'reɪtə, *Brit:* ˌprəʊ'rɑːtə] *adj, adv* pro rata
prose [proʊz, *Brit:* prəʊz] *n no pl* prosa *f*
prosecute ['prɑːsɪkjuːt, *Brit:* 'prɒs-] *vt* LAW processar
prosecution [ˌprɑːsɪ'kjuːʃn, *Brit:* ˌprɒs-] *n no pl* **the** ~ a acusação
prosecutor ['prɑːsɪkjuːtər, *Brit:* 'prɒsɪkjuːtə^r] *n* promotor público, promotora pública *m, f*
prospect ['prɑːspekt, *Brit:* 'prɒs-] *n* **1.** (*possibility*) chance *f*, possibilidade *f*; **the ~ of (doing) sth** a possibilidade de (fazer) a. c. **2.** *pl* (*chances*) perspectivas *fpl*
prospective [prə'spektɪv] *adj* possível; (*candidato*) futuro, -a
prospectus [prə'spektəs] *n* folheto *m*, volante *m*; UNIV prospecto *m*
prosper ['prɑːspər, *Brit:* 'prɒspə^r] *vi* prosperar
prosperity [prɑː'sperəti, *Brit:* prɒ'sperəti] *n no pl* prosperidade *f*
prosperous ['prɑːspərəs, *Brit:* 'prɒs-] *adj* próspero, -a
prostate (gland) ['prɑːsteɪt-, *Brit:* 'prɒs-] *n* próstata *f*
prostitute ['prɑːstətuːt, *Brit:* 'prɒstɪtjuːt] **I.** *n* prostituta *f* **II.** *vt a. fig* **to ~ oneself** prostituir-se
prostitution [ˌprɑːstɪ'tuːʃn, *Brit:* ˌprɒstɪ'tjuː-] *n no pl* prostituição *f*
prostrate ['prɑːstreɪt, *Brit:* 'prɒs-] *vt* **to ~ oneself** prostrar-se
protagonist [proʊ'tægənɪst, *Brit:* prə'-] *n* protagonista *mf*
protect [prə'tekt] *vt* proteger; **to ~ oneself/sb/sth from sb/sth** proteger-se/alguém/a. c. de alguém/a. c
protection [prə'tekʃn] *n no pl* proteção *f*; ~ **from** [*o* **against**] **sth** proteção de [*ou* contra] a. c.
protection dog *n* cão *m* de guarda
protectionism *n no pl* protecionismo *m*
protectionist *adj* protecionista
protective [prə'tektɪv] *adj* de proteção,

protetor(a); **to be ~ of sb/sth** servir de proteção a alguém/a. c.
protector [prə'tektər, *Brit:* -ə^r] *n* defensor(a) *m(f)*, protetor(a) *m(f)*
protectorate [prə'tektərɪt, *Brit:* -ət] *n* protetorado *m*
protein ['proʊtiːn, *Brit:* 'prəʊ-] *n* proteína *f*
protest¹ ['proʊtest, *Brit:* 'prəʊ-] *n* protesto *m*; (*demonstration*) manifestação *f*; **in ~** em sinal de protesto; **to do sth under ~** fazer a. c. sob protesto
protest² [proʊ'test, *Brit:* prə'-] *vi, vt* protestar, reclamar; **to ~ against sth** protestar contra a. c.; **to ~ that ...** reclamar que ...
Protestant ['prɑːtəstənt, *Brit:* 'prɒtɪ-] *n* protestante *mf*
protestation [ˌprɑːtəs'teɪʃn, *Brit:* ˌprɒtes'-] *n pl* afirmação *f*
protester *n* manifestante *mf*
protest march *n* passeata *f* de protesto
protest vote *n* voto *m* de protesto
protocol ['proʊtəkɑːl, *Brit:* 'prəʊtəkɒl] *n* protocolo *m*
proton ['proʊtɑːn, *Brit:* 'prəʊtɒn] *n* próton *m*
prototype ['proʊtətaɪp, *Brit:* 'prəʊtə-] *n* protótipo *m*
protracted [proʊ'træktɪd, *Brit:* prə'-] *adj* prolongado, -a
protrude [proʊ'truːd, *Brit:* prə'-] *vi* projetar-se, sobressair; **to ~ from sth** projetar-se de a. c.
proud [praʊd] *adj* orgulhoso, -a; **to be ~ of sth** ter orgulho de a. c.; **to be ~ to do sth** ter orgulho de fazer a. c.
proudly *adv* orgulhosamente
prove [pruːv] <proved *o Am*: proven> **I.** *vt* (*theory*) demonstrar; (*innocence, loyalty*) provar; **to ~ sb innocent** provar que alguém é inocente; **to ~ sth to sb** demonstrar a. c. a alguém; **to ~ one's point** demonstrar sua capacidade **II.** *vi* **to ~ to be sth** revelar-se a. c.
provenance ['prɑːvənənts, *Brit:* 'prɒv-] *n no pl, form* procedência *f*
proverb ['prɑːvɜːrb, *Brit:* 'prɒvɜːb] *n* provérbio *m*
proverbial [prə'vɜːrbiəl, *Brit:* prəʊ'vɜːb-] *adj* proverbial
provide [prə'vaɪd, *Brit:* prəʊ'-] **I.** *vt* **1.** fornecer; **to ~ sb with sth** [*o* **to ~ sth for sb**] fornecer a. c. a alguém **2.** *form* LAW estipular **II.** *vi* **to ~ for sb** sustentar alguém; **to ~ for sth** levar a.

c. em conta
provided *conj* ~ **that** ... contanto que ... +*subj*
providence ['prɑ:vədənts, *Brit:* 'prɒvɪ-] *n no pl* providência *f*
provider [prə'vaɪdər, *Brit:* prəʊ'vaɪdə'] *n* **1.** (*person*) fornecedor(a) *m(f)* **2.** INFOR provedor *m*; **Internet Service** ~ provedor (de serviço) da Internet
providing *conj* ~ (**that**) ... contanto que ... +*subj*, desde que ... +*subj*
province ['prɑ:vɪnts, *Brit:* 'prɒv-] *n* província *f*
provincial [prə'vɪntʃəl, *Brit:* prəʊ'-] *adj* **1.** POL, ADMIN do interior **2.** *pej* (*unsophisticated*) provinciano, -a
provision [prə'vɪʒən, *Brit:* prəʊ'-] *n* **1.** (*act of providing*) fornecimento *m*; **to make** ~ **for sth** tomar providências para a. c. **2.** (*thing provided*) provisão *f* **3.** LAW cláusula *f*
provisional [prə'vɪʒənəl, *Brit:* prəʊ'-] *adj* provisório, -a
provocation [ˌprɑ:və'keɪʃn, *Brit:* ˌprɒv-] *n* provocação *f*
provocative [prə'vɑ:kətɪv, *Brit:* -'vɒkət-] *adj* provocador(a); (*sexually*) provocante
provoke [prə'vəʊk, *Brit:* -'vəʊk] *vt* provocar; (*interest*) estimular; (*crisis*) causar; **to** ~ **sb into doing sth** levar alguém a fazer a. c.
provost ['prouvoust, *Brit:* 'prɒvəst] *n* **1.** *Brit* UNIV reitor(a) *m(f)* **2.** *Scot* POL prefeito, -a *m, f*
prow [praʊ] *n* NAUT proa *f*
prowess ['praʊɪs] *n no pl, form* perícia *f*
prowl [praʊl] **I.** *n inf* **to be on the** ~ estar rondando **II.** *vt* **to** ~ **the streets** vaguear pelas ruas
proximity [prɑ:k'sɪməti, *Brit:* prɒk'sɪməti] *n no pl, form* proximidade *f*; **to be in sb's/sth's** ~ estar próximo de alguém/a. c.
proxy ['prɑ:ksi, *Brit:* 'prɒk-] <-ies> *n* (*person*) procurador, -a *m, f*; (*paper*) procuração *f*; **to do sth by** ~ fazer a. c. por procuração
prude [pru:d] *n pej* pessoa *f* puritana, santarrão, -ona *m, f*
prudence ['pru:dns] *n no pl* prudência *f*
prudent ['pru:dnt] *adj* prudente
prudish ['pru:dɪʃ] *adj pej* puritano, -a
prune¹ [pru:n] *vt* BOT **to** ~ **sth** (**back**) podar a. c.
prune² [pru:n] *n* GASTR ameixa *f* seca

pry¹ [praɪ] <pries, pried> *vi pej* **to** ~ **into sth** intrometer-se em a. c.
pry² *vt s.* **prize**²
PS [ˌpi:'es] *abbr of* **postscript** P.S.
psalm [sɑ:m] *n* salmo *m*
pseudonym ['su:dənɪm, *Brit:* 'sju:-] *n* pseudônimo *m*
psyche ['saɪki] *n* psique *f*
psychedelic [ˌsaɪkə'delɪk, *Brit:* -kɪ'-] *adj* psicodélico, -a
psychiatric [ˌsaɪki'ætrɪk] *adj* psiquiátrico, -a
psychiatrist [saɪ'kaɪətrɪst] *n* psiquiatra *mf*
psychiatry [saɪ'kaɪətri] *n no pl* psiquiatria *f*
psychic ['saɪkɪk] *adj* paranormal, vidente
psychoanalyse *vt Brit s.* **psychoanalyze**
psychoanalysis [ˌsaɪkoʊə'næləsɪs, *Brit:* -kəʊ-] *n no pl* psicanálise *f*
psychoanalyst [ˌsaɪkoʊ'ænəlɪst, *Brit:* -kəʊ'-] *n* psicanalista *mf*
psychoanalyze [ˌsaɪkoʊ'ænəlaɪz, *Brit:* -kəʊ'-] *vt Am* (psic)analisar, fazer análise *inf*
psychological [ˌsaɪkə'lɑ:dʒɪkəl, *Brit:* -'lɒdʒ-] *adj* psicológico, -a
psychologist [saɪ'kɑ:lədʒɪst, *Brit:* -'kɒl-] *n* psicólogo, -a *m, f*
psychology [saɪ'kɑ:lədʒi, *Brit:* -'kɒl-] <-ies> *n* psicologia *f*
psychopath ['saɪkəpæθ, *Brit:* -kəʊ-] *n* psicopata *mf*
psychopathic [ˌsaɪkə'pæθɪk, *Brit:* -kəʊ-] *adj* psicopata
psychosis [saɪ'koʊsɪs, *Brit:* -'kəʊ-] <-ses> *n* psicose *f*
psychosomatic [ˌsaɪkoʊsoʊ'mætɪk, *Brit:* -kəʊsə'mæt-] *adj* psicossomático, -a
psychotherapist [ˌsaɪkoʊ'θerəpɪst, *Brit:* -kə'-] *n* psicoterapeuta *mf*
psychotherapy [ˌsaɪkoʊ'θerəpi, *Brit:* -kə'-] *n no pl* psicoterapia *f*
psychotic [saɪ'kɑ:tɪk, *Brit:* -'kɒt-] *adj* psicótico, -a
PT [ˌpi:'ti:] *n* **1.** *abbr of* **physical therapy** fisioterapia **2.** *abbr of* **physical training** treinamento *m* físico
pt *n abbr of* **pint** pt *f* (≈ 0,67 litros, *Am:* ≈ 0,47 litros)
pto *abbr of* **please turn over** vide verso
pub [pʌb] *n inf* bar *m*, pub *m*
puberty ['pju:bərti, *Brit:* -əti] *n no pl*

puberdade *f*
pubic ['pju:bɪk] *adj* pubiano, -a
public ['pʌblɪk] I. *adj* público, -a; **to go ~ with sth** vender ações de a. c. no mercado de capitais II. *n* público *m*; **in ~** em público
public affairs *npl* negócios *mpl* públicos **public assistance** *n Am* assistência *f* social
publication [ˌpʌblɪ'keɪʃn] *n no pl* publicação *f*
public defender *n Am* LAW defensor público, defensora pública *m, f* **public domain** *n* domínio *m* público **public expenditure** *n*, **public expense** *n* despesas *fpl* públicas **public funds** *npl* fundos *mpl* de dívida pública **public health** *n no pl* saúde *f* pública **public holiday** *n* feriado *m* público **public house** *n esp Brit, form* pub *m* **public interest** *n* interesse *m* público
publicist ['pʌblɪsɪst] *n* publicitário, -a *m, f*
publicity [pʌb'lɪsəti, *Brit:* -ti] *n no pl* publicidade *f;* **to attract ~** atrair publicidade
publicity campaign *n* campanha *f* publicitária
publicize ['pʌblɪsaɪz] *vt* divulgar
public library <- libraries> *n* biblioteca *f* pública
publicly *adv* publicamente; **~ owned** de propriedade pública
public opinion *n* opinião *f* pública **public relations** *npl* relações *fpl* públicas **public school** *n* 1. *Am, Aus* (*state-funded*) escola *f* pública 2. *Brit* (*private*) escola *f* particular **public sector** *n* setor *m* público
public-spirited *adj* impregnado, -a de espírito público
public telephone *n* telefone *m* público **public transport** *n esp Brit*, **public transportation** *n Am* transporte *m* coletivo **public works** *npl* obras *fpl* de utilidade pública
publish ['pʌblɪʃ] *vt* publicar; **to ~ sth in sth** publicar a. c. em a. c.; (*information*) divulgar
publisher ['pʌblɪʃər, *Brit:* -əʳ] *n* 1. (*company*) editora *f* 2. (*person*) editor(a) *m(f)*
publishing *n no pl* indústria *f* editorial
publishing house *n* editora *f*
puck [pʌk] *n* SPORTS disco usado no hóquei sobre gelo

pudding ['pʊdɪŋ] *n* pudim *m*
puddle ['pʌdl] *n* poça *f*
pudgy ['pʊdʒi] <-ier, -iest> *adj* atarracado, -a
Puerto Rican [ˌpwertə'ri:kən, *Brit:* 'pwɜ:təʊ-] *adj* porto-riquenho, -a
Puerto Rico [ˌpwertə'ri:kou, *Brit:* 'pwɜ:təʊ'ri:kəʊ] *n* Porto Rico *m*
puff [pʌf] I. *vi* (*be out of breath*) arfar, soprar II. *vt* 1. (*smoke*) puxar; (*cigarette smoke*) dar baforadas 2. (*praise*) elogiar 3. (*say while panting*) ofegar III. *n* (*breath, wind*) sopro *m;* **to be out of ~** *Brit, inf* estar sem fôlego
♦ **puff up** I. *vt* eriçar II. *vi* inchar
puff pastry *n* pastel *m*
puffy ['pʌfi] <-ier, -iest> *adj* inchado, -a
puke [pju:k] *vi inf* vomitar
pull [pʊl] I. *vt* 1. (*draw*) puxar; (*trigger*) disparar; (*tooth*) extrair; (*muscle*) distender; **to ~ a fast one** *inf* passar a perna 2. (*take out: gun, knife*) sacar 3. (*attract*) atrair 4. **to ~ sb's leg** fazer hora com alguém II. *vi* puxar; **to ~ on sth** vestir a. c. III. *n* 1. (*action*) puxão *m;* **a ~ on/at sth** um puxão em a. c. 2. *inf* (*influence*) influência *f;* **to feel the ~ of sth** sentir a atração de a. c.
♦ **pull ahead** *vi* distanciar-se
♦ **pull apart** *vt insep* 1. desmontar 2. (*criticize*) criticar
♦ **pull back** *vi* cair fora; **to ~ from sth** cair fora de a. c.
♦ **pull down** *vt* (*demolish*) demolir
♦ **pull in** *vi* (*cars*) encostar; (*trains*) chegar
♦ **pull off** *vt inf* **to pull it off** tirá-la (*uma roupa*)
♦ **pull out** *vi* (*drive onto road*) dar uma guinada; (*to overtake*) ultrapassar
♦ **pull over** I. *vt* (*police*) mandar alguém encostar o carro II. *vi* encostar o carro no meio-fio
♦ **pull through** *vi* recuperar-se
♦ **pull up** I. *vt inf* (*reprimand*) censurar, repreender II. *vi* arrancar; (*car*) parar
pulley ['pʊli] <-s> *n* roldana *f*
pullover ['pʊloʊvər, *Brit:* -əʊvəʳ] *n* pulôver *m*
pulp [pʌlp] *n* (*a. of fruit*) polpa *f;* (*for making paper*) massa *f;* **to beat sb to a ~** *inf* surrar alguém até machucar
pulpit ['pʊlpɪt] *n* púlpito *m*
pulsate [pʌlseɪt, *Brit:* pʌl'seɪt] *vi* pulsar
pulse¹ [pʌls] *n* ANAT pulso *m;* (*single*

vibration) pulsação f
pulse[2] n GASTR grãos mpl de leguminosa
pulverize ['pʌlvəraɪz] vt pulverizar
puma ['pju:mə] n puma f
pumice ['pʌmɪs] n ~ (**stone**) pedra-pomes f
pummel ['pʌml] <Brit: -ll-, Am: -l-> vt esmurrar
pump [pʌmp] **I.** n (*for fuel*) bomba f; (*shoes*) sapatilha f **II.** vt **1.** bombear; **to ~ sth out** esvaziar a. c. com a bomba; **to ~ sth up** elevar [*ou* extrair] a. c. com a bomba **2. to ~ sb for information** sondar alguém **3.** (*tires*) encher
pump-and-run n Am, inf AUTO o ato de encher o tanque e sair sem pagar
pump-and-runner n Am, inf: aquele que enche o tanque e sai sem pagar
pumpkin ['pʌmpkɪn] n abóbora f
pun [pʌn] n trocadilho m
punch[1] [pʌntʃ] **I.** vt **1.** (*hit*) esmurrar, socar **2.** (*pierce*) perfurar; (*ticket*) picotar; **to ~ holes in sth** perfurar a. c. **II.** <-es> n **1.** (*in boxing*) murro m, soco m; **to pull one's ~es** fig soltar o verbo **2.** (*tool*) furador m
punch[2] n GASTR ponche m
punch bag n Brit, **punching bag** n Am: saco pesado para ser socada em treinos de boxe
punchline n chave f de uma piada
punch-up n Brit, inf luta f com socos
punctual ['pʌŋktʃʊəl] adj pontual
punctuate ['pʌŋktʃʊeɪt] vt LING pontuar fig, interromper; **he punctuated his speech with groans** ele interrompeu seu discurso com gemidos
punctuation [ˌpʌŋktʃʊ'eɪʃn] n no pl pontuação f
punctuation mark n sinal m de pontuação
puncture ['pʌŋktʃər, Brit: -ə'] **I.** vi, vt (*a. tire, ball*) furar; **to ~ sth with sth** furar a. c. com a. c.; (*lung*) puncionar **II.** n furo m, punção f; **a ~ in sth** um furo em a. c.
pundit ['pʌndɪt] n erudito, -a m, f
pungent ['pʌndʒənt] adj pungente; (*smell*) penetrante; (*criticism*) mordaz
punish ['pʌnɪʃ] vt castigar, punir; **to ~ sb for (doing) sth** castigar alguém por (fazer) a. c.
punishing adj exaustivo, -a, fatigante
punishment ['pʌnɪʃmənt] n castigo m, punição f; **~ for sth** castigo por a. c.; **to take a lot of ~** fig ser muito ofendido

punitive ['pju:nɪtɪv, Brit: -tɪv] adj form punitivo, -a
punk [pʌŋk] n **1.** (*punk-rocker*) punk mf **2.** Am, pej (*troublemaker*) pivete mf
punt[1] [pʌnt] SPORTS **I.** vi, vt apostar, jogar **II.** n aposta f
punt[2] **I.** vi **to go ~ing** passear de canoa **II.** n (*boat*) canoa f
punter ['pʌntər, Brit: -ə'] n Brit, inf (*gambler*) jogador(a) m(f)
puny ['pju:ni] <-ier, -iest> adj débil
pup [pʌp] n cachorrinho, -a m, f
pupil[1] ['pju:pl] n SCH aluno, -a m, f
pupil[2] n ANAT pupila f
puppet ['pʌpɪt] n fantoche m, marionete, f
puppy ['pʌpi] <-ies> n cachorrinho, -a m, f
purchase ['pɜ:rtʃəs, Brit: 'pɜ:tʃ-] **I.** vt adquirir, comprar; **to ~ sth from sb** comprar a. c. de alguém **II.** n **1.** (*act of buying*) aquisição f, compra f **2.** (*grasp*) **to get a ~ on sth** segurar firme a. c.
purchaser ['pɜ:rtʃəsər, Brit: 'pɜ:tʃəsə'] n comprador(a) m(f)
purchasing agent n comprador m
purchasing power n poder m aquisitivo
pure [pjʊr, Brit: pjʊə'] adj puro, -a; **~ and simple** puro e simples
purée [pjʊ'reɪ, Brit: 'pjʊəreɪ] n purê m
purely adv puramente; **~ and simply** pura e simplesmente
Purgatory ['pɜ:rgətɔ:ri, Brit: 'pɜ:gətri] n no pl REL purgatório m
purge ['pɜ:rdʒ, Brit: 'pɜ:dʒ] **I.** vt livrar, purgar; **to ~ sth/sb of sth** livrar a. c./alguém de a. c. **II.** n purgação f
purification [ˌpjʊrɪfɪ'keɪʃn, Brit: ˌpjʊərɪ-] n no pl (*a. of water*) purificação f
purify ['pjʊrəfaɪ, Brit: 'pjʊərɪ-] vt purificar; (*water*) sanear
purist ['pjʊrɪst, Brit: 'pjʊə-] n purista mf
puritan ['pjʊrɪtən, Brit: 'pjʊə-] n puritano, -a m, f
puritanical [ˌpjʊrɪ'tænɪkəl, Brit: ˌpjʊə-] adj puritano, -a
Puritanism n no pl Puritanismo m
purity ['pjʊrɪti, Brit: 'pjʊərəti] n no pl pureza f
purple ['pɜ:rpl, Brit: 'pɜ:pl] **I.** adj (*reddish*) purpúreo, -a; (*bluish*) roxo, -a **II.** n (*reddish*) púrpura f; (*bluish*) roxo

m

purport [pɜːrˈpɔːrt, *Brit:* ˈpɜːpət] *vi form* **to ~ to be sth** pretender ser a. c., querer passar por a. c.

purpose [ˈpɜːrpəs, *Brit:* ˈpɜːp-] *n* (*goal*) objetivo *m*; (*use*) finalidade *f*; **for practical ~s** de finalidades práticas; **to have a ~ in life** ter um objetivo na vida; (**strength of**) **~** (força de) determinação *f*; **to no ~** em vão; **to serve a ~** corresponder a um objetivo; **on ~** de propósito

purposeful [ˈpɜːrpəsfəl, *Brit:* ˈpɜːp-] *adj* decidido, -a

purposely *adv* intencionalmente, de propósito

purr [pɜːr, *Brit:* pɜːʳ] *vi* (*cat*) ronronar; (*engine*) roncar

purse [pɜːrs, *Brit:* pɜːs] I. *n* 1. *Am* (*handbag*) bolsa *f* 2. *Brit* (*wallet*) porta-níqueis *m inv*; **public ~** erário *m*, tesouro *m* II. *vt* (*lips*) fazer beicinho

pursue [pərˈsuː, *Brit:* pəˈsjuː] *vt* perseguir; (*goals*) procurar alcançar; (*rights*) exercer; **to ~ a matter** insistir numa questão; **to ~ a career** seguir uma carreira

pursuer [pərˈsuːər, *Brit:* pəˈsjuːəʳ] *n* perseguidor(a) *m(f)*

pursuit [pərˈsuːt, *Brit:* pəˈsjuːt] *n* 1. (*chase*) busca *f*; **to be in ~ of sth** estar atrás [*ou* em busca] de a. c. 2. (*activity*) atividade *f*; **leisure ~s** passatempo *m*

purveyor [pərˈveɪər, *Brit:* pəˈveɪəʳ] *n* fornecedor(a) *m(f)*

pus [pʌs] *n* MED *no pl* pus *m*

push [pʊʃ] I. *vt* 1. (*button*) apertar; (*shove*) empurrar; **to ~ the door open** abrir a porta empurrando; **to ~ sb out of the way** tirar alguém do caminho aos empurrões; **to ~ one's luck** atrair a sorte; **to ~ sb too far** abusar de alguém; **to ~ sb into doing sth** pressionar alguém para fazer a. c.; **to ~ oneself** mexer-se; **to be ~ed to do sth** ser forçado a fazer a. c.; **to be ~ed for money** estar em apertos financeiros; **to be ~ing 30** estar à beira dos 30 (anos) 2. *inf* (*promote*) promover II. *vi* (*press*) apertar, pressionar; **to ~ on/against sth** fazer pressão contra a. c.; **to ~ for sth** esforçar-se para conseguir a. c. III. <-es> *n* empurrão *m*; **at the ~ of a button** ao apertar um botão; **to give sb a ~** *fig* estimular alguém; **to give sb the**

~ inf (*partner*) dar o fora em alguém; (*employee*) demitir; **at a ~ ...** de um ímpeto ...; **if ~ comes to shove** na pior das hipóteses

◆ **push around** *vt inf* mandar em alguém

◆ **push off** *vi inf* cair fora, sair

◆ **push on** *vi* **to ~ (with sth)** prosseguir (com a. c.)

◆ **push through** *vt* (*legislation, proposal*) forçar a aceitação

◆ **push up** *vt* (*price*) forçar a alta

pushchair *n Brit s.* **pram**

push-up *n* SPORTS flexão *f* de braço

pushy [ˈpʊʃi] *adj* (*aggressive*) agressivo, -a; (*ambitious*) insistente; (*arrogant*) arrogante

pussy [ˈpʊsi] <-ies> *n* (*cat*) gatinho, -a *m, f*

put [pʊt] <-tt-, put, put> I. *vt* 1. (*place*) colocar, pôr; (*in box, hole*) meter; **to ~ salt in sth** pôr sal em a. c.; **to ~ energy/time into sth** investir energia/tempo em a. c.; **to ~ money on sth** investir dinheiro em a. c.; **to ~ sb in danger** deixar alguém em perigo; **to ~ a stop to sth** dar um fim a a. c.; **to ~ a tax on sth** taxar a. c.; **to ~ a high value on sth** dar muito valor a a. c.; **to ~ a question** fazer uma pergunta; **I ~ it to you that ...** proponho a você que ... +*subj*; **I ~ the number of visitors at 2,000** calculo em 2000 o número de visitantes 2. (*express*) expressar; **to ~ one's feelings into words** expressar os sentimentos em palavras II. *vi* NAUT **to ~ to sea** lançar [*ou* trazer] ao mar

◆ **put aside** *irr vt* 1. (*save*) economizar, guardar 2. (*ignore*) deixar de lado

◆ **put away** *irr vt* 1. (*remove*) descartar 2. (*save*) guardar

◆ **put back** *irr vt* 1. (*postpone*) adiar 2. (*return*) pôr no lugar, repor

◆ **put by** *irr vt* economizar

◆ **put down** *irr vt* 1. (*register, write*) anotar; **to put sb down for sth** inscrever alguém para a. c. 2. (*attribute*) **to put sth down to sb** atribuir a. c. a alguém 3. (*set down*) deixar 4. *inf* (*humiliate*) depreciar 5. (*animal*) sacrificar 6. (*rebellion, opposition*) sufocar

◆ **put forward** *irr vt* 1. (*advance*) adiantar; **to put the clock forward** adiantar o relógio 2. (*propose*) propor

♦ **put in** *irr* I. *vt* 1.(*claim, request*) apresentar, registrar 2.(*place inside*) instalar II. *vi* NAUT aportar

♦ **put into** *irr vt* 1.(*port*) ancorar 2.(*brackets*) pôr entre parênteses; (*effect*) colocar em efeito

♦ **put off** *irr vt* 1.(*delay*) adiar 2.(*repel*) rejeitar; (*food, smell*) eliminar 3.(*discourage*) desencorajar 4.(*distract*) distrair

♦ **put on** *irr vt* 1.(*place*) to put sth on sth pôr a. c. em a. c.; to put sb on to sth *fig* atribuir a. c. a alguém, uma tarefa 2.(*wear*) vestir 3. THEAT encenar 4.(*pretend*) fingir; (*accent*) simular 5.(*weight*) engordar

♦ **put out** *irr* I. *vt* 1.(*extend*) estender; to ~ one's hand estender a mão; to put the dog out pôr o cachorro do lado de fora 2.(*extinguish: fire, cigarette*) apagar 3.(*turn off*) desligar 4.(*inconvenience*) incomodar II. *vi* NAUT fazer-se ao mar

♦ **put through** *irr vt* 1.(*bill*) apresentar 2. TEL to put sb through to sb transferir a ligação telefônica 3.(*make endure*) to put sb through sth submeter alguém a a. c.

♦ **put together** *irr vt* juntar; (*model*) modelar; (*facts, clues*) reunir

♦ **put up** *irr vt* 1.(*hang up*) levantar; (*notice*) pendurar 2.(*raise*) elevar; (*umbrella*) abrir 3.(*build*) construir; (*tent*) armar 4.(*prices*) aumentar 5.(*give shelter*) acolher 6.(*provide*) to ~ money for sth fornecer dinheiro para a. c.; to put sth up for sale pôr a. c. à venda; to ~ opposition opor-se a

♦ **put up with** *irr vt* aguentar alguém/a. c.

putative ['pju:tətɪv, *Brit:* -tətɪv] *adj form* suposto, -a

putrefy ['pju:trəfaɪ, *Brit:* -trɪ-] <-ie-> *vi form* apodrecer

putrid ['pju:trɪd] *adj form* podre, pútrido, -a

putt [pʌt] SPORTS I. *vi* dar tacada leve (no golfe) II. *n* tacada *f* leve

putty ['pʌti, *Brit:* -ti] *n no pl* betume *m*

puzzle ['pʌzl] I. *vt* intrigar, desconcertar II. *n* (*game*) quebra-cabeça *m*; (*mystery*) enigma *m*

puzzled *adj* intrigado, -a

puzzling *adj* intrigante

PVC [ˌpi:vi:'si:] *n abbr of* **polyvinyl chloride** PVC *m*, tipo de fibra plástica

pygmy ['pɪgmi] *n* <-ies> pigmeu, pigmeia *m, f*

pyjamas *npl Aus, Brit s.* **pajamas**

pylon ['paɪlɑ:n, *Brit:* -lɒn] *n* torre *f* de alta tensão

pyramid ['pɪrəmɪd] *n* pirâmide *f*

pyre ['paɪər, *Brit:* 'paɪəʳ] *n* pira *f* funerária

Pyrenees [pɪrə'ni:z] *npl* the ~ os Pireneus

python ['paɪθɑ:n, *Brit:* -θən] <-(ons)> *n* píton *m*

Q

Q, q [kju:] *n* q *m;* ~ as in Queen *Am,* ~ for Queenie *Brit* q de queijo

Q *abbr of* **Queen** rainha *f*

Qatar ['kɑ:tɑ:r, *Brit:* kə'tɑ:ʳ] *n* Qatar *m*

QC [ˌkju:'si:] *n Brit abbr of* **Queen's Counsel** grupo de advogados que presta assessoria jurídica à Coroa Britânica

quack¹ [kwæk] I. *n* (*sound*) grasnido *m* II. *vi* grasnar

quack² *n inf* (*doctor*) curandeiro, -a *m, f*

quad [kwɑ:d, *Brit:* kwɒd] *n* 1. *inf* (*quadruplet*) quadrigêmeo, -a *m, f* 2.(*quadrangle*) quadra *f*, quadrângulo *m*

quadrangle ['kwɑ:dræŋgl, *Brit:* 'kwɒd-] *n form* quadrângulo *m*

quadrilateral [ˌkwɑ:drɪ'lætərəl, *Brit:* ˌkwɒdrɪ'læt-] *n* quadrilátero *m*

quadruped ['kwɑ:drʊped, *Brit:* 'kwɒd-] *n* quadrúpede *m*

quadruple ['kwɑ:dru:pl, *Brit:* 'kwɒd-] *vi* quadruplicar; **to ~ in size/number** quadruplicar em tamanho/número

quadruplet [kwɑ:'dru:plɪt, *Brit:* 'kwɒdru:plət] *n* quadrigêmeo, -a *m, f*

quail¹ [kweɪl] <-(s)> *n* codorna *f*

quail² *vi* acovardar-se

quaint [kweɪnt] *adj* (*charming*) 1.(*town, cottage, custom*) pitoresco, -a 2.(*strange: idea*) esquisito, -a

quake [kweɪk] I. *n* 1. tremor *m* 2. *inf* (*earthquake*) terremoto *m* II. *vi* tremer; **to ~ with cold/fear** tremer de frio/

medo
Quaker ['kweɪkər, *Brit:* -ə'] *n* quacre *m*
qualification [ˌkwɑːlɪfɪ'keɪʃn, *Brit:* ˌkwɒl-] *n* **1.** (*documents, etc*) habilitação *f*; **medical ~s** habilitação médica **2.** (*limiting criteria*) requisito *m*; **nursing experience is a necessary ~ for this job** experiência em enfermagem é um requisito necessário para o cargo, sem requisitos **3.** SPORTS classificação *f*
qualified *adj* **1.** (*trained*) habilitado, -a **2.** (*competent*) capacitado, -a; **to be ~ for sth** estar capacitado para a. c. **3.** (*limited*) **to be a ~ success** ser um sucesso parcial
qualify ['kwɑːlɪfaɪ, *Brit:* 'kwɒl-] <-ie-> **I.** *vt* **to ~ sb to do sth** habilitar alguém a fazer a. c.; **to ~ a remark** matizar um comentário **II.** *vi* **1.** (*complete training*) formar-se; **he qualified as a doctor** ele formou-se médico; **to ~ for sth** (*have qualifications*) ter as credenciais para a. c. **2.** (*be eligible*) dar direito a a. c., ter direito a a. c.; **she doesn't ~ for maternity leave** ela não tem direito à licença-maternidade **3.** SPORTS classificar-se
qualitative ['kwɑːlɪteɪtɪv, *Brit:* 'kwɒlɪtət-] *adj* qualitativo, -a
quality ['kwɑːləti, *Brit:* 'kwɒləti] <-ies> *n* **1.** *no pl* (*excellence*) qualidade *f* **2.** (*characteristic*) característica *f*
quality control *n* controle *m* de qualidade
qualm [kwɑːm] *n* **to have ~s about sth**) ter escrúpulos (com a. c.); **to have no ~s about doing sth** não ter escrúpulos em fazer a. c.
quandary ['kwɑːndəri, *Brit:* 'kwɒn-] <-ies> *n* dilema *m*; **to be in a ~ (about sth)** estar em um dilema a respeito de a. c.
quantify ['kwɑːntəfaɪ, *Brit:* 'kwɒntɪ-] <-ie-> *vt* quantificar
quantitative ['kwɑːntəteɪtɪv, *Brit:* 'kwɒntɪtət-] *adj* quantitativo, -a
quantity ['kwɑːntəti, *Brit:* 'kwɒntəti] <-ies> *n* quantidade *f*
quantum mechanics ['kwɑːntəm-, *Brit:* 'kwɒn-] *n + sing vb* mecânica *f* quântica
quarantine ['kwɔːrəntiːn, *Brit:* 'kwɒr-] **I.** *n* quarentena *f* **II.** *vt* pôr em quarentena
quark [kwɑːrk, *Brit:* kwɑːk] *n* PHYS quark *m*

quarrel ['kwɔːrəl, *Brit:* 'kwɒr-] **I.** *n* briga *f*, discussão *f* **II.** <-ll-> *vi* brigar; **to ~ (with sb) over sth** brigar (com alguém) por a. c.
quarry[1] ['kwɔːri, *Brit:* 'kwɒri] **I.** <-ies> *n* (*rock pit*) pedreira *f* **II.** <-ie-> *vt* extrair de pedreira
quarry[2] <-ies> *n* presa *f*
quart [kwɔːrt, *Brit:* kwɔːt] *n* quarto *m* de galão, *equivalente a 0,95 l*
quarter ['kwɔːrtər, *Brit:* 'kwɔːtə'] **I.** *n* **1.** (*one fourth*) quarto *m*; **a ~ of an hour** um quarto de hora; **a ~ of the population** um quarto da população; **a ~ past three** três e quinze; **a ~ to three** quinze para as três; **three ~s** três quartos **2.** *Am* (*25 cents*) moeda *f* de 25 centavos de dólar **3.** (*neighborhood*) bairro *m*; **at close ~s** *fig* de perto; **in certain ~s** *fig* em certos círculos (sociais) **II.** *vt* **1.** (*cut into four*) cortar em quatro **2.** (*give housing*) alojar
quarterback *n* zagueiro, -a *m, f* **quarterfinal** *n* quartas-de-final *fpl*
quarterly **I.** *adv* trimestralmente **II.** *adj* trimestral
quartet [kwɔːr'tet, *Brit:* kwɔː'-] *n* MUS quarteto *m*
quartz [kwɔːrts, *Brit:* kwɔːts] *n no pl* quartzo *m*
quash [kwɑːʃ, *Brit:* kwɒʃ] *vt* **1.** (*rebellion*) debelar; (*rumor*) abafar **2.** LAW (*verdict*) anular
quaver ['kweɪvər, *Brit:* -ə'] **I.** *vi* tremer **II.** *n Aus, Brit* MUS colcheia *f*
quay [kiː] *n* cais *m*
queasy ['kwiːzi] <-ier, -iest> *adj* enjoado, -a; **to feel ~ about sth** *fig* sentir-se constrangido com a. c.
Quebec [kwɪ'bek] *n* Québec *m*
queen [kwiːn] *n* **1.** rainha *f* **2.** (*cards*) dama *f*
Queen Mother *n* rainha-mãe *f*
queer [kwɪr, *Brit:* kwɪə'] **I.** <-er, -est> *adj* (*strange*) esquisito, -a; **to feel rather ~** sentir-se um pouco indisposto; **to have ~ ideas** ter ideias extravagantes **II.** *n pej, inf* (*homosexual*) bicha *f*
quell [kwel] *vt* (*rebellion*) sufocar; (*doubts*) dissipar
quench [kwentʃ] *vt* (*thirst*) saciar; (*fire*) extinguir
query ['kwɪri, *Brit:* 'kwɪəri] **I.** <-ies> *n* pergunta *f*; **to raise a ~** levantar uma

dúvida; **to settle a ~** resolver uma dúvida II.<-ie-> *vt* **1.** (*ask*) perguntar; **to ~ whether ...** perguntar se ... **2.** *form* (*dispute*) questionar; **to ~ his statements** questionar suas declarações **3.** (*doubt*) pôr em dúvida; **to ~ the efficiency of the network** pôr em dúvida a eficácia da rede

quest [kwest] *n* busca *f*; **a ~ for sth** uma busca por a. c.; **in ~ of sth** em busca de a. c.

question ['kwestʃən] I. *n* **1.** (*inquiry*) pergunta *f*; **a ~ about sth** uma pergunta sobre a. c.; **no ~s asked** sem contestar; **to put a ~ to sb** fazer uma pergunta a alguém **2.** *no pl* (*doubt*) dúvida *f*; **to be beyond ~** ser incontestável; **to call sth into ~** pôr a. c. em dúvida; **without ~** sem dúvida **3.** (*issue*) questão *f*; **it's a ~ of life or death** *a. fig* é uma questão de vida ou morte; **that's out of the ~** isso está fora de questão; **to be a ~ of time** ser uma questão de tempo II. *vt* **1.** (*interrogate*) interrogar; **to ~ sb on** [*o* **about**] **sth** interrogar alguém sobre a. c. **2.** (*doubt*) questionar; **experts have ~ed the usefulness of vitamin pills** especialistas questionaram a utilidade dos suplementos vitamínicos

questionable ['kwestʃənəbl] *adj* questionável

questioner ['kwestʃənər, *Brit:* -ə^r] *n* interrogador(a) *m(f)*

questioning I. *n no pl* interrogatório *m* II. *adj* inquisitivo, -a

question mark *n* ponto *m* de interrogação

questionnaire [ˌkwestʃə'ner, *Brit:* -'neə^r] *n* questionário *m*

queue [kju:] I. *n Aus, Brit a.* INFOR fila *f*; **to stand in a ~** ficar em uma fila II. *vi* fazer fila

quibble ['kwɪbl] I. *n* tergiversação *f* II. *vi* tergiversar; **to ~ over sth** criar caso por a. c.

quiche [ki:ʃ] *n* quiche *f*

quick [kwɪk] I.<-er, -est> *adj* **1.** (*fast*) rápido, -a; **~ as lightning** (rápido) como um raio; **in ~ succession** um atrás do outro; **to be ~ to do sth** ser rápido em fazer a. c.; **to have a ~ mind** ser perspicaz; **to have a ~ temper** ter pavio curto **2.** (*short*) curto, -a; **the ~est way** o caminho mais curto; **to give sb a ~ call** fazer uma ligação breve para alguém II.<-er, -est> *adv* rapidamente III. *n* **to cut sb to the ~** *fig* magoar alguém profundamente

quicken ['kwɪkən] *vi, vt* acelerar

quick-freeze *vt irr* congelar rapidamente

quickly *adv* rapidamente

quickness ['kwɪknɪs] *n no pl* rapidez *f*

quicksand *n no pl* areia *f* movediça

quick-tempered *adj* de pavio curto

quick-witted *adj* perspicaz

quid [kwɪd] *inv n Brit, inf* (*pound*) libra *f*

quid pro quo *n form* compensação *f*

quiet ['kwaɪət] I. *n no pl* **1.** (*silence*) silêncio *m* **2.** (*lack of activity*) sossego *m*; **on the ~** na surdina; **peace and ~** paz e tranquilidade II.<-er, -est> *adj* **1.** (*not loud*) silencioso, -a **2.** (*secret*) recluso, -a; **to keep ~ about sth** manter a. c. em segredo III. *vi* (*calm*) **to ~ down** acalmar-se

quietly *adv* em silêncio; **to speak ~** falar em voz baixa

quietness ['kwaɪətnɪs] *n no pl* sossego *m*

quill [kwɪl] *n* **1.** (*of feather, pen*) pena *f* **2.** (*of porcupine*) espinho *m*

quilt [kwɪlt] *n* acolchoado *m*

quince [kwɪns] *n no pl* marmelo *m*

quintessential [ˌkwɪnte'senʃəl, *Brit:* -tə'-] *adj form* quinta-essencial

quip [kwɪp] *n* tirada *f* espirituosa

quirk [kwɜ:rk, *Brit:* kwɜ:k] *n* peculiaridade *f*; **a ~ of fate** um capricho *m* do destino

quirky <-ier, -iest> *adj* excêntrico, -a

quit [kwɪt] <quit *o* quitted, quit *o* quitted> I. *vi* **1.** (*stop*) parar; **the engine spluttered and ~** o motor expeliu faíscas e parou **2.** (*resign*) demitir-se II. *vt* (*stop*) largar; **to ~ smoking** parar de fumar

quite [kwaɪt] *adv* **1.** (*fairly*) bastante; **~ a bit** consideravelmente, um bom bocado; **~ a distance** uma boa distância **2.** (*completely*) inteiramente; **not ~ as clever/rich as ...** não tão inteligente/ rico como ...

quits [kwɪts] *adj inf* **to be ~ (with sb)** estar quite (com alguém); **to call it ~** dar por encerrado

quiver ['kwɪvər, *Brit:* -ə^r] *vi* tremer

quiz [kwɪz] I.<-zes> *n* teste *m* (de conhecimento) II. *vt* interrogar; **to ~ sb on** [*o* **about**] **sth** interrogar alguém

quiz show *n* programa de perguntas e respostas na TV

quizzical ['kwɪzɪkəl] *adj* interrogativo, -a

quorum ['kwɔːrəm] *n form* quórum *m*

quota ['kwoʊtə, *Brit:* 'kwəʊtə] *n* cota *f*

quotation [kwoʊ'teɪʃn, *Brit:* kwəʊ'-] *n* LIT citação *f*; **a ~ from sb/sth** uma citação de alguém/a. c.

quotation marks *npl* aspas *fpl*

quote [kwoʊt, *Brit:* kwəʊt] I. *n* 1. *inf* (*quotation*) citação *f* 2. *pl, inf* (*quotation marks*) aspas *fpl* 3. *inf* (*estimate*) cotação *f*, orçamento *m* II. *vt* 1. citar 2. FIN cotar, orçar III. *vi* **to ~ from memory** citar de memória; **to ~ from sb** citar alguém

R

R, r [ɑːr, *Brit:* ɑːr] *n* r *m*; **~ as in Roger** r de rosa

R. *n* 1. *abbr of* **River** rio *m* 2. *Am abbr of* **Republican** republicano, -a *m, f*

rabbi ['ræbaɪ] *n* rabino *m*

rabbit ['ræbɪt] I. *n* coelho, -a *m, f* II. *vi Brit, Aus, inf* **to ~ on about sth** tagarelar sobre a. c.

rabbit hutch *n* coelheira *f*

rabble ['ræbl] *n no pl* (*noisy people*) turba *f*; (*ordinary people*) ralé *f*

rabies ['reɪbiːz] *n no pl* MED raiva *f*, hidrofobia *f*

race[1] [reɪs] I. *n* corrida *f* II. *vi* 1. (*move quickly*) correr; SPORTS competir em corridas 2. (*engine*) acelerar III. *vt* 1. (*compete against*) **to ~ against sb** disputar corrida com alguém; **I'll race you to the door!** vou correndo com você até a porta 2. (*horse*) fazer correr

race[2] *n no pl* 1. (*ethnic group*) raça *f* 2. (*species*) espécie *f*

racecourse ['reɪskɔːrs, *Brit:* -kɔːs] *n* 1. pista *f* de corrida 2. *Brit* hipódromo *m*

racehorse ['reɪshɔːrs, *Brit:* -ˌhɔːs] *n* cavalo *m* de corrida

racetrack ['reɪstræk] *n* 1. *Brit* autódromo *m* 2. *Am* hipódromo *m*

racial ['reɪʃl] *adj* racial

racing *n* corrida *f*; (*bicycle*) ciclismo *m*; (*car*) automobilismo *m*; (*horse*) hipismo *m*

racing car *n* carro *m* de corrida **racing driver** *n* piloto *m*; (*in horse-racing*) jóquei *m*

racism ['reɪsɪzəm] *n no pl* racismo *m*

racist ['reɪsɪst] *n* racista *mf*

rack [ræk] *n* (*dish*) escorredor *m*; (*luggage*) bagageiro *m inv* II. *vt* atormentar

racket ['rækɪt] *n* 1. SPORTS raquete *f* 2. *no pl, inf* (*loud noise*) barulho *m*, zoeira *f* 3. *pej* (*scheme*) tramoia *f*

racy ['reɪsi] <-ier, -iest> *adj* animado, -a

radar ['reɪdɑːr, *Brit:* -daːr] *n* radar *m*

radial ['reɪdiəl] *adj* TECH radial

radiant ['reɪdiənt] *adj* radiante

radiate ['reɪdieɪt] I. *vt* (*enthusiasm, joy*) irradiar; (*heat*) emitir II. *vi* irradiar; **to ~ from sth** irradiar de a. c.

radiation [ˌreɪdi'eɪʃən] *n no pl* radiação *f*

radiator ['reɪdieɪtər, *Brit:* -tər] *n* aquecedor *m*, radiador *m*

radical ['rædɪkəl] *adj* 1. radical 2. *inv, Am, sl* (*cool*) radical

radii ['reɪdiaɪ] *n pl of* **radius**

radio ['reɪdioʊ, *Brit:* -əʊ] I. *n* rádio *m* II. *vt* (*information*) transmitir mensagem; (*person*) chamar por rádio

radioactive [ˌreɪdioʊ'æktɪv, *Brit:* -əʊ'-] *adj* radioativo, -a

radioactivity [ˌreɪdioʊæk'tɪvəti, *Brit:* -əʊək'tɪvəti] *n no pl* radioatividade *f*

radio station *n* estação *f* de rádio, emissora *f*

radiotherapy [ˌreɪdioʊ'θerəpi, *Brit:* -əʊ'-] *n no pl* radioterapia *f*

radish ['rædɪʃ] <-es> *n* rabanete *m*

radius ['reɪdiəs] <-dii> *n* raio *m*; **within a 100-meter ~** num raio de 100 metros

RAF [ˌɑːr'eɪ'ef, *Brit:* ˌɑːr'-] *n abbr of* **Royal Air Force the ~** a Força *f* Aérea Real

raffle ['ræfl] I. *n* rifa *f* II. *vt* **to ~ sth off** rifar a. c.

raft [ræft, *Brit:* rɑːft] *n* balsa *f*

rafter ['ræftər, *Brit:* 'rɑːftər] *n* viga *f*, caibro *m*

rag [ræg] I. *n* 1. (*old cloth*) trapo *m* 2. *pl* (*worn-out clothes*) farrapos *mpl* 3. *pej* (*newspaper*) jornaleco *m* II. <-gg-> *vt inf* zombar de

rage [reɪdʒ] I. *n no pl* 1. fúria *f*; **to be in a ~** estar furioso, -a 2. (*fashion, popu-*

larity) voga *f;* **it's all the rage** está fazendo furor **II.** *vi* **1.**(*express fury*) enfurecer-se **2.**(*epidemic*) assolar; (*storm*) arrasar

ragged ['rægɪd] *adj* **1.**(*clothes*) esfarrapado, -a **2.**(*wearing worn clothes*) maltrapilho, -a **3.**(*irregular*) irregular

raid [reɪd] **I.** *n* **1.** MIL incursão *f* **2.**(*attack*) ataque *m;* **a ~ on sth** um ataque a a. c. **3.**(*robbery*) assalto *m* **4.**(*by police*) batida *f* **II.** *vt* atacar, assaltar; **to ~ the refrigerator** assaltar a geladeira

rail [reɪl] *n* **1.**(*part of fence*) barra *f* de grade; (*bar*) parapeito *m* **2.** *no pl* (*railway system*) ferrovia *f;* **by ~** de trem **3.**(*track*) trilho *m*

railcard *n* cartão para se obter descontos em viagens de trem

railing *n* grade *f*

railroad *n Am* **1.**(*system*) ferrovia *f* **2.**(*track*) estrada *f* de ferro **railroad station** *n* estação *f* ferroviária

railway *n s.* **railroad**

railway line *n s.* **railroad; railwayman** <-men> *n* ferroviário *m*

rain [reɪn] **I.** *n no pl* chuva *f* **II.** *vi* chover

rainbow *n* arco-íris *m* **raincoat** *n* capa *f* de chuva, impermeável *m* **raindrop** *n* pingo *m* de chuva **rainfall** *n no pl* chuva *f* **rain forest** *n* floresta *f* tropical **rainstorm** *n* tempestade *f* **rainwater** *n no pl* água *f* de chuva

rainy ['reɪni] *adj* <-ier, -iest> chuvoso, -a

raise [reɪz] **I.** *n Am, Aus* aumento *m* **II.** *vt* **1.**(*lift: a. anchor, doubts*) levantar; (*flag*) erguer **2.**(*wages, awareness*) aumentar **3.**(*subject, problem*) tocar em **4.** FIN arrecadar **5.**(*bring up*) educar **6.**(*end: embargo*) suspender

raisin ['reɪzn] *n* passa *f*

rake[1] [reɪk] *n* (*dissolute man*) libertino *m*

rake[2] **I.** *n* (*tool*) ancinho *m* **II.** *vt* revolver com ancinho

◆ **rake in** *vt inf* ganhar uma nota

rally ['ræli] <-ies> **I.** *n* **1.**(*race, in tennis*) rali *m* **2.** POL comício *m* **II.** *vi* FIN, MED recuperar-se **III.** *vt* reunir

◆ **rally around** *vt* socorrer

ram [ræm] **I.** *n* **1.**(*male sheep*) carneiro *m* **2.**(*implement*) bate-estacas *m inv* **II.** *vt* <-mm-> **1.**(*hit*) bater **2.**(*push*) **to ~ sth into sth** fincar a. c. em a. c.

RAM [ræm] *n abbr of* **Random Access Memory** memória *f* RAM (*memória volátil*)

ramble ['ræmbl] **I.** *n* caminhada *f* no campo **II.** *vi* caminhar no campo; **to ~ on** (**about sth**) (*in speech, writing*) divagar (sobre a. c.)

rambler ['ræmblər, *Brit:* -əʳ] *n* **1.** BOT roseira *f* trepadeira **2.**(*walker*) caminhante *mf*

rambling *adj* **1.**(*building*) irregular **2.**(*plant*) torto, -a *m, f* **3.**(*talk*) incoerente

ramp [ræmp] *n* **1.**(*sloping way*) rampa *f* **2.** *Am* AUTO acesso *m*

rampage ['ræmpeɪdʒ, *Brit:* ræm'peɪdʒ] *n* agitação *f;* **to be on the ~** ter um acesso de fúria *f*

rampant ['ræmpənt] *adj* (*disease*) endêmico, -a; (*inflation*) galopante

rampart ['ræmpɑːrt, *Brit:* -pɑːt] *n* muralha *f*

ramshackle ['ræmʃækl] *adj* em ruínas, caindo aos pedaços

ran [ræn] *pt of* **run**

ranch [ræntʃ, *Brit:* rɑːntʃ] <-es> *n* fazenda *f* de gado, estância *f*

rancher ['ræntʃər, *Brit:* 'rɑːntʃəʳ] *n* fazendeiro, -a *m, f*

rancid ['rænsɪd] *adj* rançoso, -a

rancor *n Am, Aus,* **rancour** ['ræŋkər, *Brit:* -əʳ] *n no pl* rancor *m*

random ['rændəm] **I.** *n no pl* **at ~** a esmo *m,* aleatoriamente **II.** *adj* aleatório, -a

randy ['rændi] <-ier, -iest> *adj inf* com fogo

rang [ræŋ] *pt of* **ring**[2]

range [reɪndʒ] **I.** *n* **1.**(*area*) limite *m;* (*for shooting*) campo *m* de alcance **2.**(*row*) linha *f* **3.** *Am* (*pasture*) pastagem *f* **4.**(*field*) campo *m* **5.**(*scale*) gama *f;* **a ~ of sth** uma gama de a. c. **6.** GEO cordilheira *f* **7.**(*maximum capability*) alcance *m;* **within ~** ao alcance **II.** *vi* **1.**(*vary*) variar; **to ~ from sth to sth** [*o* **between sth and sth**] variar de a. c. a a. c.; **to ~ in sth** variar em a. c. **2.**(*rove*) vaguear **3.**(*extend*) estender-se **III.** *vt* alinhar, dispor

ranger ['reɪndʒər, *Brit:* -əʳ] *n* guarda-florestal *m*

rank[1] [ræŋk] *adj* **1.**(*absolute*) completo, -a **2.**(*smelling unpleasant*) fétido, -a

rank[2] **I.** *n* **1.** *no pl* (*status*) posição *f;* **sb's ~ in sth** a posição de alguém em a. c.

2. MIL posto *m*; **the ~ and file** as bases *fpl* de apoio, as massas *fpl* **3.** (*row*) fileira *f*; **cab ~** ponto *m* de táxi **II.** *vi* ser considerado, -a; **to ~ as sth** ser considerado como a. c.

♦ **rank among** *vi* figurar entre

ransack ['rænsæk] *vt* **1.** (*search*) vasculhar **2.** (*plunder*) saquear

ransom ['rænsəm] *n* resgate *m*; **to hold sb for ~** manter alguém como refém de um sequestro; **to hold sb to ~** *fig* encostar alguém contra a parede

rant [rænt] *vi* usar linguagem empolada, arengar; **to ~ (on) about sth** arengar sobre a. c.

rap [ræp] **I.** *vt* bater rapidamente **II.** *n* pancada *f*; MUS rap *m*

rape[1] [reɪp] **I.** *n* estupro *m* **II.** *vt* estuprar, violentar

rape[2] *n* BOT, AGR colza *f*

rapeseed oil *n* óleo *m* de colza

rapid ['ræpɪd] *adj* **1.** (*quick*) rápido, -a **2.** (*sudden*) súbito, -a

rapids ['ræpɪdz] *npl* corredeira *f*

rapist ['reɪpɪst] *n* estuprador(a) *m(f)*

rapport [ræ'pɔːr, *Brit:* -'pɔː^r] *n* no pl afinidade *f*

rapture ['ræptʃər, *Brit:* -ə^r] *n* no pl arrebatamento *m*, êxtase *m*

rapturous ['ræptʃərəs] *adj* (*applause*) arrebatador(a); (*crowds*) extasiado, -a

rare[1] [rer, *Brit:* reə^r] *adj* raro, -a, fora do comum

rare[2] *adj* GASTR mal passado, -a

rarely *adv* raramente

raring ['rerɪŋ, *Brit:* 'reər-] *adj inf* **to be ~ to do sth** estar seco, -a por fazer a. c., estar ansioso, -a por fazer a. c.

rascal ['ræskl, *Brit:* 'rɑː-] *n* malandro, -a *m*, *f*

rash[1] [ræʃ] *n* **1.** MED brotoeja *f* **2.** no pl (*outbreak*) onda *f*; **a ~ of murders/scandals** uma onda de homicídios/escândalos

rash[2] *adj* precipitado, -a, imprudente

rasher ['ræʃər, *Brit:* -ə^r] *n* fatia *f* fina

raspberry ['ræz,beri, *Brit:* 'rɑːzbəri] <-ies> *n* **1.** (*fruit*) framboesa *f* **2.** *inf* (*sound*) vaia *f*

rasping ['ræspɪŋ, *Brit:* 'rɑːs-] *adj* (*inconvenience*) irritante; (*sound*) dissonante

rat [ræt] *n* rato *m*; **I smell a ~** isso me cheira a tramoia *f*

ratchet ['rætʃɪt] *n* TECH roquete *m*

rate [reɪt] **I.** *n* **1.** (*speed*) marcha *f*, ritmo *m* **2.** (*proportion: inflation*) taxa *f*; (*mortality, unemployment*) índice *m*; **at any ~** de qualquer maneira **3.** (*price*) preço *m*, tarifa *f*; **at the going ~** na tarifa em vigor **II.** *vt* Aus, Brit (*value*) a. FIN avaliar; (*grade*) classificar; **to ~ sb/sth as sth** classificar alguém/a. c. de a. c.

rateable ['reɪtəbl, *Brit:* -tə-] *adj Brit* tributável; **~ value** valor tributável

rather ['ræðər, *Brit:* 'rɑːðə^r] *adv* **1.** (*somewhat*) **~ sleepy** um tanto (quanto) sonolento **2.** (*more exactly*) mais precisamente **3.** (*very*) bastante **4.** (*in preference to*) **I would ~ stay here** eu prefiro ficar aqui

ratify ['rætəfaɪ, *Brit:* -tɪ-] *vt* ratificar

rating ['reɪtɪŋ, *Brit:* -t-] *n* **1.** no pl (*estimation*) classificação, avaliação *f* **2.** pl TV, RADIO índice *m* de audiência **3.** *Brit* MIL posto *m*

ratio ['reɪʃioʊ, *Brit:* -əʊ] *n* proporção *f*; **the ~ of sth to sth** a proporção entre a. c. e a. c.

ration ['ræʃn] **I.** *n* a. pl MIL ração *f* **II.** *vt* racionar; **to ~ sth out** racionar a. c.

rational ['ræʃənəl] *adj* **1.** (*able to reason*) racional **2.** (*sensible*) sensato, -a

rationale [,ræʃə'næl, *Brit:* -'nɑːl] *n* fundamento *m* lógico

rationalize ['ræʃənəlaɪz] *vt* racionalizar, justificar

rat race *n* **the ~** competição desmedida [*ou* desenfreada]

rattle ['rætl, *Brit:* -tl] **I.** *n* **1.** no pl (*noise*) algazarra *f*; (*of carriage*) chocalhada *f* **2.** (*for baby*) chocalho *m* **II.** *vt* **1.** (*making noise*) chacoalhar **2.** (*make nervous*) enervar

rattlesnake *n* cascavel *f*

ratty ['ræti, *Brit:* -ti] <-ier, -iest> *adj inf* **1.** (*hair*) sujo, -a **2.** *Brit* (*bad-tempered*) irritadiço, -a

raucous ['rɑːkəs, *Brit:* 'rɔː-] *adj* estridente, rouco, -a

raunchy ['rɑːntʃi, *Brit:* 'rɔːn-] <-ier, -iest> *adj* obsceno, -a

ravage ['rævɪdʒ] *vt* devastar

rave [reɪv] *vi* esbravejar; **to ~ about sth/sb** falar com entusiasmo sobre a. c./alguém; **to ~ against sb/sth** esbravejar contra alguém/a. c.

raven ['reɪvn] *n* corvo *m*

ravenous ['rævənəs] *adj* morto, -a de fome, esfomeado, -a

ravine [rə'viːn] *n* barranco *m*

raving ['reɪvɪŋ] *adj* (*idiot*) completo, -a;

(*madman*) varrido, -a
ravioli [ˈrævɪˈoʊlɪ, *Brit*: -ˈəʊ-] *n* raviólí *m*
ravish [ˈrævɪʃ] *vt liter* **1.** (*please greatly*) extasiar **2.** (*rape*) violentar
ravishing *adj* encantador(a), extasiante
raw [rɑː, *Brit*: rɔː] *adj* **1.** (*unprocessed*) ~ **material** matéria-prima; **to get a ~ deal** receber um tratamento injusto, -a **2.** (*uncooked*) cru(a) **3.** (*sore*) em carne viva **4.** (*inexperienced*) inexperiente
rawhide [ˈrɑːhaɪd, *Brit*: ˈrɔː-] *n* couro *m* cru
rawness [ˈrɑːnɪs, *Brit*: ˈrɔː-] *n no pl* **1.** (*harshness*) crueza *f* **2.** (*inexperience*) inexperiência *f*
ray [reɪ] *n* **1.** (*of light*) raio *m* **2.** (*trace*) vestígio *m*
raze [reɪz] *vt* arrasar
razor [ˈreɪzər, *Brit*: -əʳ] *n* barbeador *m*; (*open*) navalha *f*
razor blade *n* gilete *f*, lâmina *f* de barbear
RC [ˌɑːˈriːsiː, *Brit*: ˌɑːˈsiː] *n* **1.** *abbr of* **Roman Catholic** católico romano, católica romana *m, f* **2.** *abbr of* **Red Cross** Cruz *f* Vermelha
Rd *abbr of* **road** rod.
re [riː] *prep* referente a
reach [riːtʃ] I. *n* **1.** *no pl* (*range*) alcance *m*; **to be out of** [*o beyond*] (**sb's**) **~ a.** *fig* estar fora de (seu) alcance; **to be within ~** estar à mão *f* **2.** (*of river*) braço *m* II. *vt* **1.** (*stretch out*) estender **2.** (*arrive at*) chegar; (*finish line*) alcançar III. *vi* **to ~ for sth** estender a mão para pegar [*ou* apanhar a. c.] a. c.
◆ **reach down** *vi* **to ~ to** alcançar
◆ **reach out** *vi* estender a mão; **to ~ for sth** estender a mão para pegar a. c.; **to ~ to sb** sensibilizar alguém, atender alguém
react [riˈækt] *vi* reagir; **to ~ to sth/sb** reagir a a. c./alguém
reaction [riˈækʃn] *n* reação *f*; **a ~ to sth** uma reação a a. c.
reactionary [riˈækʃəneri, *Brit*: -nri] *adj* reacionário, -a
reactor [riˈæktər, *Brit*: -əʳ] *n* reator *m*
read[1] [riːd] <read, read> I. *vt* **1.** (*text*) ler; ~ **my lips, no!** vê se me entende, não!; **to ~ sth to sb** ler a. c. para alguém **2.** (*decipher*) interpretar; **to ~ sth into sth** interpretar mal a. c. **3.** (*understand*) compreender II. *vi* **to ~ about sb/sth** ler sobre alguém/a. c.;

to ~ as if/like parecer
◆ **read out** *vt* ler em voz alta
◆ **read over** *vt* ler do início ao fim
◆ **read through** *vt s.* **read over**
◆ **read up** *vi* pesquisar; **to ~ on sth** pesquisar a. c.
read[2] [red] *adj* lido, -a; **to take sth as ~** considerar a. c. (como) verdade *f*
readable [ˈriːdəbl] *adj* **1.** (*legible*) legível **2.** (*easy to read*) fácil de ler
reader [ˈriːdər, *Brit*: -əʳ] *n* **1.** (*person*) leitor(a) *m(f)* **2.** (*book*) livro *m* de leituras **3.** *Brit* UNIV professor(a) *m(f)*
readership [ˈriːdərʃɪp, *Brit*: -əʃɪp] *n no pl* **1.** número *m* de leitores **2.** *Brit* docência *f*
readily [ˈredɪli] *adv* **1.** (*promptly*) prontamente **2.** (*easily*) facilmente
readiness [ˈredɪnɪs] *n no pl* **1.** (*willingness*) disposição *f* **2.** (*preparedness*) preparação *f*
reading [ˈriːdɪŋ] *n* **1.** *no pl* TECH leitura *f* **2.** (*interpretation*) interpretação *f*
readjustment [ˌriːəˈdʒʌstmənt] *n* TECH reajuste *m*
read only memory *n* INFOR memória *f* de leitura
ready [ˈredi] I. *adj* <-ier, -iest> **1.** (*prepared*) pronto, -a; **to be ~ (to do sth)** estar pronto (para fazer a. c.); **to get ~ (for sth)** preparar-se (para fazer a. c.) **2.** (*willing*) disposto, -a **3.** (*available*) disponível II. *n* **at the ~** pronto, -a. III. *vt* preparar; **to ~ sb/sth for sth/sb** preparar alguém/a. c. para a. c./alguém
ready-made *adj* **1.** FASHION (já) pronto, -a **2.** GASTR semipronto, -a **3.** conveniente *fig*
ready-to-wear *adj* pronto para usar
reaffirm [ˌriːəˈfɜːrm, *Brit*: -ˈfɜːm] *vt* reafirmar
real [riːl] *adj* real
real estate *n no pl, Am, Aus* imóveis *mpl*
realism [ˈriːlɪzəm, *Brit*: ˈrɪəl-] *n no pl* realismo *m*
realist [ˈriːlɪst, *Brit*: ˈrɪəl-] *n* realista *mf*
realistic [ˌriːəˈlɪstɪk, *Brit*: ˌrɪə-] *adj* realista
reality [riˈæləti, *Brit*: -ti] *n no pl* realidade *f*; **in ~** na realidade; **to face the ~ of sth** aceitar a realidade de a. c.
reality-tested [riˈæləti̩testɪd, *Brit*: -əti] *adj inv* (*advice*) baseado, -a na experiência

realization [ˌriːəlɪˈzeɪʃn, *Brit:* ˌrɪəlaɪˈ-] *n* **1.** (*awareness*) conscientização *f*, percepção *f* **2.** *no pl*. FIN realização *f*

realize [ˈriːəlaɪz, *Brit:* ˈrɪə-] *vt* **1.** (*become aware of*) dar-se conta de, perceber **2.** (*achieve*) a. FIN realizar

really [ˈriːəli, *Brit:* ˈrɪə-] **I.** *adv* realmente **II.** *interj* é mesmo?

realm [relm] *n* **1.** (*kingdom*) reino *m* **2.** (*area of interest*) domínio *m*

realtor [ˈriːəltər, *Brit:* ˈrɪəltər] *n Am, Aus* correto(a) *m(f)* de imóveis

reap [riːp] *vi, vt* colher

reappear [ˌriːəˈpɪr, *Brit:* -ˈpɪər] *vi* reaparecer

reappraisal [ˌriːəˈpreɪzl] *n* FIN reavaliação *f*

rear[1] [rɪr, *Brit:* rɪər] **I.** *adj* (*door, window*) dos fundos; (*leg*) traseiro, -a **II.** *n* (*of car*) traseira *f*; (*of house*) os fundos *mpl*

rear[2] **I.** *vt* (*child, animals*) criar **II.** *vi* (*horse*) empinar-se

rearrange [ˌriːəˈreɪndʒ] *vt* rearranjar

rear view mirror *n* espelho *m* retrovisor

reason [ˈriːzn] **I.** *n* **1.** (*motive*) razão *f*; **the ~ why ...** a razão pela qual ..., motivo *m*; **a ~ for sth** motivo para [*ou* de] a. c. **2.** *no pl* (*sanity*) sensatez *f*, bom senso *m*; **to listen to ~** dar ouvidos ao bom senso; **within ~** dentro do razoável **II.** *vi, vt* raciocinar; **to ~ sth out** refletir em [*ou* sobre] a. c.; **to ~ with sb** chamar alguém à razão

reasonable [ˈriːznəbl] *adj* (*chance*) razoável; (*demand*) sensato, -a

reasonably *adv* **1.** (*fairly*) razoavelmente **2.** (*acceptably*) de maneira sensata

reasoning *n no pl* raciocínio *m*, argumentação *f*

reassurance [ˌriːəˈʃʊrəns, *Brit:* -ˈʃʊər-] *n* **1.** (*comfort*) palavras *f* de conforto **2.** *no pl* resseguro *m*

reassure [ˌriːəˈʃʊr, *Brit:* -ˈʃʊər] *vt* tranquilizar

rebate [ˈriːbeɪt] *n* **1.** (*refund*) reembolso *m*; **tax ~** restituição *f* **2.** (*discount*) abatimento *m*

rebel[1] [ˈrebl] *n* rebelde *mf*

rebel[2] [rɪˈbel] <-ll-> *vi* rebelar-se, revoltar-se; **to ~ against sb** revoltar-se contra alguém

rebellion [rɪˈbeljən, *Brit:* -liən] *n no pl* rebelião *f*

rebellious [rɪˈbeljəs, *Brit:* -liəs] *adj* (*child*) desobediente; (*group*) rebelde

rebirth [ˌriːˈbɜːrθ, *Brit:* -ˈbɜːθ] *n* renascimento *m*

rebound [rɪˈbaʊnd, *Brit:* rɪˈ-] **I.** *vi* ricochetear; **to ~ off sth** ricochetear de a. c. **II.** *n no pl* auê *m*; **on the ~** no maior auê

rebuff [rɪˈbʌf] **I.** *vt* rejeitar **II.** *n* recusa *f*

rebuild [ˌriːˈbɪld] *vt irr* reconstruir

rebuke [rɪˈbjuːk] **I.** *vt* repreender **II.** *n* repreenda *f*

rebut [rɪˈbʌt] <-tt-> *vt* refutar

recall [rɪˈkɔːl] **I.** *vt* **1.** (*remember*) lembrar, recordar **2.** (*call back: ambassador*) chamar de volta; (*product*) retirar do mercado **II.** *n* lembrança *f*

recant [rɪˈkænt] *vi* retratar-se

recap [ˈriːkæp] <-pp-> *vi, vt* recapitular

recede [rɪˈsiːd] *vi* recuar

receding hairline *n* entradas *fpl*

receipt [rɪˈsiːt] *n* **1.** (*document*) recibo *m*; **a ~ for sth** um recibo de a. c. **2.** *pl* COM receita *f*, rendimentos *mpl* **3.** (*act of receiving*) recebimento *m*, recepção *f*; **on ~ of ...** ao receber ...

receive [rɪˈsiːv] *vt* (*a. proposal*) receber; (*injury*) sofrer

receiver [rɪˈsiːvər, *Brit:* -ər] *n* **1.** TEL fone *m* **2.** RADIO receptor *m* **3.** (*of stolen goods*) receptador(a) *m(f)*

recent [ˈriːsənt] *adj* recente, último, -a; **in ~ times** nos últimos tempos

recently *adv* recentemente, ultimamente; **until ~** até pouco tempo atrás

receptacle [rɪˈseptəkl] *n* receptáculo *m*, recipiente *m*; **a ~ for sth** um recipiente para a. c.

reception [rɪˈsepʃn] *n* **1.** *no pl* (*welcome*) acolhida *f* **2.** (*in hotel*) recepção *f*

reception desk *n* recepção *f*

receptionist [rɪˈsepʃənɪst] *n* recepcionista *mf*

recess [ˈriːses, *Brit:* rɪˈses] <-es> *n* **1.** POL recesso *m* **2.** *Am, Aus* SCH recreio *m* **3.** ARCHIT nicho *m* **4.** *pl* (*place*) retiro *m*

recession [rɪˈseʃn] *n* **1.** ECON recessão *f* **2.** (*retreat*) recuo *m*

recharge [ˌriːˈtʃɑːrdʒ, *Brit:* -ˈtʃɑːdʒ] *vt* recarregar

recipe [ˈresəpi] *n* receita *f*; **a ~ for sth** uma receita para [*ou* de] a. c.

recipient [rɪˈsɪpiənt] *n* receptor(a) *m(f)*; **the ~ of sth** o receptor de a. c.; (*of a letter*) destinatário, -a *m, f*

reciprocate [rɪ'sɪprəkeɪt] *vt, vi* retribuir
recital [rɪ'saɪtl̩, *Brit:* -tl] *n* 1. MUS recital *m* 2. (*description*) relato *m*
recite [rɪ'saɪt] *vt* 1. (*repeat*) recitar 2. (*list*) enumerar
reckless ['rekləs] *adj* imprudente; LAW negligente
reckon ['rekən] I. *vt* 1. (*calculate*) calcular 2. (*consider*) considerar, considerar (que) ... II. *vi inf* to ~ (that) ... achar que; **to ~ with/without sb/sth** levar em conta alguém/a. c., não contar com alguém/a. c.
  ◆ **reckon on** *vt insep* 1. (*count on*) contar com 2. (*expect*) esperar
reckoning *n* cálculo *m*
reclaim [rɪ'kleɪm] *vt* 1. (*claim back*) reivindicar 2. (*reuse: land*) aproveitar; (*material*) recuperar
recline [rɪ'klaɪn] *vi* reclinar
reclining chair *n* cadeira *f* reclinável
recluse ['reklu:s, *Brit:* rɪ'klu:s] *n* recluso *m*
recognition [,rekəg'nɪʃn] *n no pl a.* INFOR reconhecimento *m*; **in ~ of** em reconhecimento a; **to receive ~ for sth** obter reconhecimento por a. c.
recognize ['rekəgnaɪz] *vt* reconhecer
recoil¹ [rɪ'kɔɪl] *vi* recuar; **to ~ from doing sth** recusar-se a fazer a. c.
recoil² [ri:'kɔɪl] *n* recuo *m*; (*gun*) coice *m*
recollect [,rekə'lekt] *vi, vt* lembrar(-se) (de)
recollection [,rekə'lekʃn] *n* recordação *f*, lembrança *f*; **to have no ~ of sth** não ter a menor lembrança de a. c.
recommend [,rekə'mend] *vt* recomendar; **it is not to be ~ed** não é aconselhável; **to ~ sth/sb to sb** recomendar a. c./alguém a alguém
recommendation [,rekəmən'deɪʃn, *Brit:* -men'-] *n* 1. (*suggestion*) sugestão *f* 2. (*advice*) recomendação *f*
reconcile ['rekənsaɪl] *vt* (*fact*) conciliar; (*person*) reconciliar; **to become ~d to sth** conformar-se com a. c.
reconciliation [,rekən,sɪli'eɪʃn] *n* ~ **with sb/sth** reconciliação *f* [*ou* conciliação] com alguém/a. c. *f*
recondition [,ri:kən'dɪʃn] *vt* recondicionar
reconsider [,ri:kən'sɪdər, *Brit:* -ər] *vt* reconsiderar
reconstruct [,ri:kən'strʌkt] *vt* reconstruir

record¹ ['rekərd, *Brit:* -kɔ:d] I. *n* 1. (*account, document*) registro *m*; **for the ~** para seu governo; **on the ~** protocolado, -a; **to say sth off the ~** dizer a. c. confidencialmente 2. *no pl* (*sb's past*) antecedentes *mpl*; **to have a good ~** ter bons antecedentes 3. *pl* arquivos *mpl* 4. MUS disco *m* 5. SPORTS recorde *m* 6. LAW autos *mpl* 7. INFOR arquivo *m* II. *adj* recorde; **to do sth in ~ time** fazer a. c. em tempo recorde
record² [rɪ'kɔ:rd, *Brit:* -'kɔ:d] *vt* 1. (*store*) anotar, registrar 2. *a.* INFOR, MUS: gravar 3. LAW registrar, protocolar
recorder [rɪ'kɔ:rdər, *Brit:* -'kɔ:də ͬ] *n* 1. (*tape recorder*) gravador *m* 2. MUS flauta *f* doce
record holder *n* recordista *mf*
recording *n* gravação *f*
recording studio *n* estúdio *m* de gravação
record library *n* discoteca *f* **record player** *n* toca-discos *m inv*
recount¹ [rɪ'kaʊnt] *vt* (*narrate*) contar, narrar
recount² ['ri:kaʊnt] *n* POL recontagem *f*
recoup [rɪ'ku:p] I. *vt* (*losses*) recuperar, reembolsar II. *vi* **to ~ from sth** recuperar-se de a. c.
recourse ['ri:kɔ:rs, *Brit:* rɪ'kɔ:s] *n no pl* recurso *m*; **to have ~ to** recorrer a
recover [rɪ'kʌvər, *Brit:* -ər] *vi, vt* recuperar(-se); **to ~ from sth** recuperar-se de a. c.
recovery [rɪ'kʌvəri] <-ies> *n* 1. *a.* MED, ECON melhora *f*, recuperação *f*; ~ **from sth** recuperação de a. c. 2. INFOR recuperação *f*
recreate [,ri:kri'eɪt] *vt* recriar
recreation [,ri:kri'eɪʃn] *n no pl* recreação *f*, passatempo *m*
recreational [,rekri'eɪʃənəl] *adj* recreativo, -a
recrimination [rɪ,krɪmə'neɪʃn, *Brit:* -ɪ'-] *n pl* recriminação *f*
recruit [rɪ'kru:t] I. *vt* (*employee*) contratar; (*volunteer*) recrutar II. *n* recruta *m*
recruitment *n no pl* (*employee*) contratação *f*; (*volunteer*) recrutamento *m*
rectangle ['rektæŋgl̩] *n* retângulo *m*
rectangular [rek'tæŋgjələr, *Brit:* -ʊlə ͬ] *adj* retangular
rectify ['rektəfaɪ, *Brit:* -tɪ-] *vt* retificar
rector ['rektər, *Brit:* -tə ͬ] *n* 1. *Am, Scot* SCH diretor(a) *m(f)*; UNIV reitor(a) *m(f)*

2. *Brit* REL pároco *m*
rectum ['rektəm] *n* ANAT reto *m*
recuperate [rɪ'ku:pəreɪt] *vi* recuperar-se; **to ~ from sth** recuperar-se de a. c.
recur [rɪ'kɜːr, *Brit:* -'kɜːʳ] *vi* repetir(-se)
recurrence [rɪ'kɜːrəns, *Brit:* -'kʌr-] *n* recorrência *f*
recurrent [rɪ'kɜːrənt, *Brit:* -'kʌr-] *adj* recorrente
recycle [ˌriː'saɪkl] *vt* reciclar
red [red] <-dd-> *adj* vermelho, -a; **to be in the ~** FIN estar no vermelho; **to see ~** enfurecer-se
red-blooded *adj* (*male*) viril; (*story*) emocionante
Red Cross *n no pl* **the ~** a Cruz *f* Vermelha
redcurrant *n* groselha *f*
redden ['redn] *vi, vt* avermelhar(-se)
reddish ['redɪʃ] *adj* avermelhado, -a
redecorate [ˌriː'dekəreɪt] *vt* redecorar; (*paint*) repintar
redeem [rɪ'diːm] *vt a.* REL redimir; (*pawned item*) resgatar
redeeming *adj* que salva; **he has no ~ qualities** ele não tem nenhum lado compensador(a) [*ou* favorável]
redefine [ˌriːdɪ'faɪn] *vt* redefinir
redemption [rɪ'dempʃn] *n no pl* redenção *f*
redeploy [ˌriːdɪ'plɔɪ] *vt* (*staff*) redistribuir
redeployment *n* redistribuição *f*
red-handed *adj* **to catch sb ~** pegar alguém em flagrante *m*
redhead ['redhed] *n* ruivo, -a *m, f*
red herring *n fig* pista *f* falsa
red-hot *adj* em brasa *f*
redirect [ˌriːdɪ'rekt] *vt* (*letter*) reexpedir; (*resources*) redirecionar
redistribute [ˌriːdɪ'strɪbjuːt] *vt* redistribuir
red light *n* sinal *m* vermelho **red-light district** *n* zona *f* de meretrício
redness ['rednɪs] *n no pl* vermelhidão *f*
redo [ˌriː'duː] *vt irr* refazer
redouble [rɪ'dʌbl] *vt* redobrar; **to ~ one's efforts** redobrar os esforços
redraft [ˌriː'drɑːft, *Brit:* -'drɑːft] *vt* redigir novamente
redress [rɪ'dres] **I.** *vt* compensar **II.** *n* compensação *f*
Red Sea *n* **the ~** o Mar *m* Vermelho
redskin *n* pele-vermelha *mf* **red tape** *n no pl* burocracia *f*
reduce [rɪ'duːs, *Brit:* -'djuːs] *vt* (*price*)

reduzir; (*risk*) diminuir; **to be ~d to doing sth** ser forçado, -a a fazer a. c.; **to ~ sb to tears** levar alguém às lágrimas
reduced [rɪ'duːst, *Brit:* -'djuːst] *adj* reduzido, -a
reduction [rɪ'dʌkʃn] *n* redução *f*; **a ~ in sth** uma redução de a. c.
redundancy [rɪ'dʌndəntsi] <-ies> *n* **1.** *no pl* (*uselessness*) redundância *f* **2.** (*unemployment*) demissão *f* **3.** *Brit, Aus* ECON supérfluo *m*
redundant [rɪ'dʌndənt] *adj* **1.** (*superfluous*) supérfluo, -a; LING redundante **2.** *Brit, Aus* **to be made ~** ser demitido, -a
reed [riːd] *n* **1.** (*plant*) junco *m*; (*straw*) palhinha *f* **2.** MUS palheta *f*
re-educate [ˌriː'edʒʊkeɪt] *vt* reeducar
reef [riːf] *n* recife *m*
reek [riːk] *vi* feder, cheirar mal; **to ~ of corruption** cheirar a corrupção
reel¹ [riːl] *n* (*for thread, wire*) carretel *m*; (*for film*) rolo *m*
reel² *vi* **1.** (*move unsteadily*) cambalear **2.** (*recoil*) recuar
ref [ref] *n* **1.** *inf abbr of* **referee** árbitro *m* **2.** *abbr of* **reference** referência *f*
refectory [rɪ'fektəri] <-ies> *n* refeitório *m*
refer [rɪ'fɜːr, *Brit:* -'fɜːʳ] <-rr-> *vt* encaminhar; **to ~ a patient to a specialist** encaminhar um paciente a um especialista
◆ **refer to** *vt* **1.** (*mention*) referir-se a; **refering to your letter/phone call, ...** com relação f a sua carta/seu telefonema **2.** (*consult*) consultar; **~ page 70** consultar a página 70
referee [ˌrefə'riː] **I.** *n* **1.** SPORTS árbitro *m*, juiz, juíza *m, f* **2.** *Brit* (*for employment*) referência *f* **II.** *vi, vt* (*dispute*) arbitrar; (*match*) apitar
reference ['refərənts] *n* **1.** (*consultation*) consulta *f* **2.** (*source*) referência *f* **3.** (*allusion*) alusão *f*; **with ~ to what was said** com relação *f* ao que foi dito **4.** (*for job application*) referências *fpl*
reference book *n* livro *m* de referência **reference library** *n* biblioteca *f* de consulta
referendum [ˌrefə'rendəm] <-s *o* -da> *n* referendo *m*, plebiscito *m*
referral [rɪ'fɜːrəl] *n* encaminhamento *m*
refill¹ [ˌriː'fɪl] *vt* encher de novo, reabas-

tecer

refill² ['ri:fɪl] *n* refil *m*; **he held out his glass for a refill** ele estendeu o copo para encher de novo

refine [rɪ'faɪn] *vt* (*oil, sugar*) refinar

refined *adj* 1. (*oil, sugar*) refinado, -a 2. (*very polite*) fino, -a, requintado, -a

refinement *n* 1. (*improvement*) refinamento *m* 2. *no pl* (*good manners*) requinte *m*

refinery [rɪ'faɪnəri] <-ies> *n* refinaria *f*

refit¹ [,ri:'fɪt] <-tt-> *o Am* -t-> *vt a.* NAUT reequipar

refit² ['ri:fɪt] *n a.* NAUT reaparelhamento *m*

reflect [rɪ'flekt] I. *vt* refletir; **to be ~ed in sth** estar refletido, -a em a. c. II. *vi* 1. (*cast back light*) refletir-se 2. (*contemplate*) refletir, meditar; **to ~ badly on sb** depor contra a. c.

reflection [rɪ'flekʃn] *n* 1. (*image*) reflexo *m*; ~ **in sth** reflexo em a. c.; **to be a bad ~ on sb** dar má impressão *f* de alguém 2. (*thought*) reflexão *f*; **on ~** pensando bem

reflector [rɪ'flektər, *Brit:* -ə^r] *n* telescópio *m* refletor; (*of car*) refletor *m*

reflex ['ri:fleks] <-es> *n* reflexo *m*

reflexive [rɪ'fleksɪv] *adj* reflexivo, -a

reform [rɪ'fɔ:rm, *Brit:* -'fɔ:m] I. *vt* reformar II. *n* reforma *f*

reformation [,refər'meɪʃn, *Brit:* -ə'-] *n* reforma *f*; **the Reformation** a Reforma

refrain¹ [rɪ'freɪn] *vi* conter-se; **to ~ from doing sth** abster-se de fazer a. c.

refrain² *n* MUS refrão *m*

refresh [rɪ'freʃ] *vt* refrescar; **to ~ oneself with sth** refrescar-se com a. c.

refresher [rɪ'freʃər, *Brit:* -ə^r] *n* 1. (*course*) curso *m* de atualização 2. *Brit* LAW honorários *mpl* adicionais

refreshing *adj* (*change*) agradável; (*drink*) refrescante

refreshment *n* refeição *f* ligeira (*tira-gostos e bebida*)

refrigeration [rɪ,frɪdʒə'reɪʃn] *n no pl* refrigeração *f*

refrigerator [rɪ'frɪdʒəreɪtər, *Brit:* -tə^r] *n* geladeira *f*, refrigerador *m*

refuel [,ri:'fju:əl] <*Brit:* -ll-, *Am:* -l-> *vi* reabastecer

refuge ['refju:dʒ] *n* refúgio *m*; **to take ~ in sth** procurar refúgio em a. c.

refugee [,refju'dʒi:] *n* refugiado, -a *m, f*

refugee camp *n* campo *m* de refugiados

refund¹ [,ri:'fʌnd] *vt* reembolsar

refund² ['ri:fʌnd] *n* reembolso *m*

refurbish [,ri:'fɜ:rbɪʃ, *Brit:* -'fɜ:b-] *vt* reformar (*casa*)

refusal [rɪ'fju:zl] *n* recusa *f*

refuse¹ [rɪ'fju:z] I. *vi* recusar-se; **to ~ to do sth** recusar-se a fazer a. c. II. *vt* (*permission*) negar; (*request*) recusar; **to ~ sb sth** recusar a. c. a alguém

refuse² ['refju:s] *n form* lixo *m*

refuse collection *n* coleta *f* de lixo

regain [rɪ'ɡeɪn] *vt* recuperar

regal ['ri:ɡl] *adj* majestoso, -a

regard [rɪ'ɡɑ:rd, *Brit:* -'ɡɑ:d] I. *vt* 1. (*consider*) considerar; **to ~ sth as sth** considerar a. c. como a. c. 2. *form* (*watch*) observar 3. (*concerning*) **as ~ s ...** no que diz respeito a ..., quanto a ... II. *n* 1. (*consideration*) consideração *f*; **to pay no ~ to sth** não levar a. c. em consideração; **with ~ to ...** com relação a ... 2. (*respect*) respeito *m*; **with ~ to** no que diz respeito a 3. (*point*) atenção *f* 4. *pl* (*in messages*) saudações *fpl*; **with kind ~s** atenciosamente

regarding *prep* com relação a, a respeito de

regardless [rɪ'ɡɑ:rdləs, *Brit:* -'ɡɑ:d-] I. *adv* não obstante, apesar de; **~ of ...** sem levar em conta ... II. *adj* indiferente

regatta [rɪ'ɡɑ:tə, *Brit:* -'ɡætə] *n* regata *f*

reggae ['reɡeɪ] *n no pl* reggae *m*

regime [rə'ʒi:m, *Brit:* reɪ'-] *n* regime *m*

regiment ['redʒəmənt, *Brit:* -dʒə-] I. *n* regimento *m* II. *vt* arregimentar, organizar

region ['ri:dʒən] *n* região *f*; **in the ~ of 30** em torno de 30

regional ['ri:dʒənl] *adj* regional

register ['redʒɪstər, *Brit:* -ə^r] I. *n* registro *m* II. *vt* (*car, letter*) registrar III. *vi* inscrever-se; UNIV matricular-se; **to ~ (with sb) for sth** marcar a. c. (com alguém)

registered *adj* (*letter*) registrado, -a; (*student*) matriculado, -a

registrar ['redʒɪstrɑ:r, *Brit:* ,redʒɪ'strɑ:^r] *n* ADMIN oficial *m* de registros; UNIV pessoa responsável pelos exames, admissões e registros em uma instituição de ensino

registration [,redʒɪ'streɪʃn] *n* 1. (*act*) registro *m*; UNIV matrícula *f* 2. (*number*) placa (de um veículo) *f*

registry ['redʒɪstri] *n Brit* cartório *m* de registro civil

regret [rɪ'gret] I. <-tt-> vt arrepender-se de, lamentar; **we ~ any inconvenience to passengers** lamentamos qualquer transtorno aos passageiros II. n pesar m, arrependimento m

regretfully adv com pesar

regular ['regjələr, Brit: -jʊlə] I. adj regular; (appearance) normal II. n 1. (customer) cliente mf habitual 2. MIL soldado m

regularity [,regjʊ'lerəti, Brit: -'lærəti] n no pl regularidade f

regularly adv regularmente

regulate ['regjʊleɪt] vt 1. (supervise) regular 2. (adjust) acertar

regulation [,regjʊ'leɪʃn] n 1. (rule: business) regulamento m; (safety) norma f 2. no pl (adjustment) ajuste m

rehabilitate [,ri:hə'bɪləteɪt, Brit: -lɪ-] vt reabilitar

rehabilitation [,ri:həbɪlə'teɪʃn, Brit: -ɪ'-] n no pl reabilitação f

rehash [,ri:'hæʃ] vt requentar

rehearsal [rɪ'hɜ:rsl, Brit: -'hɜ:sl] n ensaio m

rehearse [rɪ'hɜ:rs, Brit: -'hɜ:s] vt, vi ensaiar; **to ~ (for) sth** ensaiar (para) a. c.

reign [reɪn] I. vi 1. (be monarch) reinar 2. fig imperar II. n 1. (sovereignty) reino m 2. (rule) reinado m

reimburse [,ri:ɪm'bɜ:rs, Brit: -'bɜ:s] vt reembolsar; **to ~ sb for sth** reembolsar alguém de a. c.

rein [reɪn] n rédea f; **to give free ~ to sb** dar rédeas (soltas) a alguém

reincarnation [,ri:ɪnkɑːr'neɪʃn, Brit: -kɑː'-] n reencarnação f

reindeer ['reɪndɪr, Brit: -dɪə] n inv rena f

reinforce [,ri:ɪn'fɔːrs, Brit: -'fɔːs] vt reforçar

reinforcement n reforço m

reinstate [,ri:ɪn'steɪt] vt form (person) reintegrar; (a policy) restabelecer

reiterate [ri'ɪtəreɪt, Brit: -'ɪtə-] vt reiterar

reject[1] [rɪ'dʒekt] vt rejeitar; (proposal) recusar

reject[2] ['ri:dʒekt] n rejeitado, -a m, f; (commerce) produto m defeituoso

rejection [rɪ'dʒekʃn] n rejeição f

rejoice [rɪ'dʒɔɪs] vi regozijar-se; **to ~ in sth** regozijar-se com a. c.; **to ~ over sth** comemorar a. c.

rejuvenate [ri:'dʒuːvəneɪt] vt remoçar, rejuvenescer

relapse [rɪ'læps] I. n MED recaída f II. vi a. MED recair; **to ~ into sth** reincidir em a. c.

relate [rɪ'leɪt] I. vt 1. (establish connection) relacionar 2. (tell) relatar; **to ~ sth to sb** relatar a. c. a alguém II. vi (be connected with) **to ~ to sb/sth** relacionar-se com alguém/a. c.

related adj 1. (linked) relacionado, -a 2. (in same family) aparentado, -a; **to be ~ to sb** ser aparentado com [ou de] alguém

relating to prep relativo, -a a, acerca de

relation [rɪ'leɪʃn] n 1. no pl (link) relação f; **in ~ to** em relação a; **to bear no ~ to sb/sth** não ter qualquer relação com alguém/a. c. 2. (relative) parente mf 3. pl (contact) relações fpl; **~s with sb** relações com alguém

relationship [rɪ'leɪʃnʃɪp] n 1. (link) relação f 2. (family connection) parentesco m 3. (between two people: business) relações fpl; (mother-child) relacionamento m

relative ['relətɪv, Brit: -tɪv] I. adj relativo, -a II. n parente mf

relatively adv relativamente

relax [rɪ'læks] vi, vt relaxar; **~!** relaxe!

relaxation [,ri:læk'seɪʃn] n relaxamento m

relaxed adj relaxado, -a; (atmosphere) descontraído, -a

relay ['ri:leɪ] I. vt 1. TV transmitir 2. **to ~ a message to sb** transmitir um recado a alguém II. n SPORTS prova f de revezamento

release [rɪ'liːs] I. vt 1. (set free) libertar; **to ~ sb from sth** libertar alguém de a. c. 2. (cease to hold) soltar 3. (gas) emitir 4. (film) lançar II. n no pl 1. (of hostage) libertação f 2. (escape) emissão f 3. no pl (of film) lançamento m, estreia f

relegate ['relegeɪt, Brit: -lɪ-] vt relegar; **to ~ sb/sth to sth** relegar alguém/a. c. a [ou para] a. c.

relent [rɪ'lent] vi (person) ceder; (wind, rain) abrandar(-se)

relentless [rɪ'lentləs] adj implacável

relevance ['reləvənts] n, **relevancy** n no pl relevância f

relevant ['reləvənt] adj relevante; **to be ~ to sth/sb** ser relevante a [ou para] a. c./alguém

reliability [rɪ,laɪə'bɪləti, Brit: -ti] n no pl

1. (*dependability: car, machine*) segurança *f*; (*test*) confiabilidade *f* **2.** (*trustworthiness*) credibilidade *f*

reliable [rɪˈlaɪəbl] *adj* **1.** (*dependable: car*) seguro, -a; (*test*) confiável **2.** (*trustworthy: person*) digno, -a de confiança; (*testimony*) fidedigno, -a

reliance [rɪˈlaɪəns] *n no pl* **1.** (*dependence*) dependência *f*; ~ **on sth** dependência de a. c. **2.** (*belief*) confiança *f*

relic [ˈrelɪk] *n a. fig* relíquia *f*

relief [rɪˈliːf] *n* **1.** *no pl* (*aid*) ajuda *f* humanitária **2.** (*relaxation*) alívio *m* **3.** (*replacement*) substituto, -a *m, f* **4.** *a.* GEO relevo *m*

relieve [rɪˈliːv] *vt* **1.** (*assist*) socorrer **2.** (*pain*) aliviar **3.** MIL render **4.** (*urinate*) **to ~ oneself** urinar

relieved *adj* aliviado, -a

religion [rɪˈlɪdʒən] *n* religião *f*

religious [rɪˈlɪdʒəs] *adj* religioso, -a

relinquish [rɪˈlɪŋkwɪʃ] *vt* (*claim, title*) abrir mão de; (*power*) renunciar

relish [ˈrelɪʃ] **I.** *n* **1.** *no pl* (*enjoyment*) prazer *m* **2.** (*enthusiasm*) entusiasmo *m* **3.** GASTR tempero *m* **II.** *vt* (*flavor*) saborear; (*thoughts*) animar-se com

relocate [ˌriːˈloʊkeɪt, *Brit:* ˌriːləʊˈkeɪt] *vi, vt* mudar-se (*negócios*)

reluctance [rɪˈlʌktəns] *n no pl* relutância *f*

reluctant [rɪˈlʌktənt] *adj* relutante; **to be ~ to do sth** relutar em fazer a. c.

rely [rɪˈlaɪ] *vi* **to ~ on** [*o* **upon**] contar com; (*depend on*) depender de

remain [rɪˈmeɪn] *vi* **1.** (*stay*) ficar, permanecer; **to ~ seated** permanecer sentado **2.** (*continue*) continuar **3.** (*be left*) restar; **it ~ to be seen who ...** resta saber quem ...; **the fact ~s that ...** o fato é que ...

remainder [rɪˈmeɪndər, *Brit:* -əʳ] *n no pl a.* MAT resto *m*

remaining *adj* restante

remains *npl* (*human*) restos *mpl*; (*of lunch*) sobras *fpl*

remand [rɪˈmænd, *Brit:* -ˈmɑːnd] **I.** *vt* **to ~ sb to prison** [*o* **in custody**] manter sob custódia **II.** *n* **to be on ~** estar em prisão *f* preventiva

remark [rɪˈmɑːrk, *Brit:* -ˈmɑːk] **I.** *vi* **to ~ on sth** comentar a. c.; **to ~ that ...** observar que ... **II.** *n* comentário *m*; **to make a ~ about sb/sth** fazer um comentário sobre alguém/a. c.

remarkable [rɪˈmɑːrkəbl, *Brit:* -ˈmɑːk-] *adj* (*coincidence*) extraordinário, -a; (*person*) notável

remedial [rɪˈmiːdiəl] *adj* SCH de reforço; MED terapêutico, -a; (*action*) reparador(a)

remedy [ˈremədi] **I.** <-ies> *n* remédio *m*; **a ~ for sth** um remédio para a. c. **II.** *vt* remediar

remember [rɪˈmembər, *Brit:* -əʳ] *vt* **1.** (*recall*) lembrar; **I can't ~ his name** não consigo lembrar o nome dele **2.** (*commemorate*) homenagear

remembrance [rɪˈmembrəns] *n no pl* recordação *f*; **in ~ of** em memória *f* de

> **Culture** O **Remembrance Day, Remembrance Sunday** ou **Poppy Day** é celebrado no segundo domingo de novembro em comemoração ao armistício assinado em 11 de novembro de 1918. Nesse dia presta-se uma homenagem principalmente com missas e outras cerimônias a todos os soldados que morreram nas duas guerras mundiais. As pessoas levam papoulas confeccionadas em tecido que simbolizam as papoulas florescentes nos campos de batalha de Flandres depois da Primeira Guerra Mundial. Às 11 horas da manhã, guardam-se dois minutos de silêncio.

remind [rɪˈmaɪnd] *vt* fazer lembrar, lembrar; **to ~ sb to do sth** lembrar alguém de fazer a. c.; **he ~s me of you** ele me faz lembrar de você, ele me lembra você; **that ~s me, ...** por falar nisso, ...

reminder [rɪˈmaɪndər, *Brit:* -əʳ] *n* **1.** (*note*) lembrete *m* **2.** (*memento*) lembrança *f*

reminisce [ˌreməˈnɪs, *Brit:* -ˈɪ-] *vi* relembrar

reminiscent [ˌreməˈnɪsnt, *Brit:* -ˈɪ-] *adj* **to be ~ of sb/sth** fazer lembrar alguém/a. c.

remiss [rɪˈmɪs] *adj* descuidado, -a, negligente

remission [rɪˈmɪʃn] *n* remissão *f*

remit [rɪˈmɪt] <-tt-> *vt form* remitir; (*money*) remeter

remnant [ˈremnənt] *n* remanescente

mf; (*material*) retalho *m*
remorse [rɪ'mɔːrs, *Brit:* -'mɔːs] *n no pl* remorso *m;* ~ **for sth** remorso de a. c.
remorseful [rɪ'mɔːrsfəl, *Brit:* -'mɔːs-] *adj* arrependido, -a; ~ **for sth** arrependido de a. c.
remorseless [rɪ'mɔːrsləs, *Brit:* -'mɔːs-] *adj* (*judge*) implacável; (*pressure*) inexorável
remote [rɪ'moʊt, *Brit:* -'məʊt] *adj* <-er, -est> (*ancestor*) distante; (*possibility*) remoto, -a; (*region*) isolado, -a; (*resemblance, idea*) vago, -a
remote control *n* controle *m* remoto
removable [rɪ'muːvəbl] *adj* removível
removal [rɪ'muːvəl] *n* 1. *no pl* (*of stain*) remoção *f* 2. (*extraction*) extração *f* 3. *no pl, Brit* (*move*) mudança *f*
removal van *n Brit* caminhão *m* de mudanças
remove [rɪ'muːv] *vt* 1. (*take away*) retirar; **to** ~ **sth/sb from sth** retirar a. c./ alguém de a. c. 2. (*get rid of: doubts, fears*) afastar; (*entry, name*) remover
Renaissance [ˌrenə'sɑːns, *Brit:* rɪ'neɪsns] *n* **the** ~ a Renascença *f*
rename [ˌriː'neɪm] *vt* renomear
render ['rendər, *Brit:* -əʳ] *vt form* 1. (*make*) tornar 2. (*give: aid*) prestar; (*thanks*) dar
rendering *n* MUS interpretação *f*
rendezvous ['rɑːndeɪvuː, *Brit:* 'rɒndɪ-] I. *n inv* encontro *m;* **a** ~ **with sb** um encontro com alguém II. *vi* encontrar(-se) com
rendition [ren'dɪʃn] *n* tradução *f,* interpretação *f*
renew [rɪ'nuː, *Brit:* -'njuː] *vt* (*membership*) renovar; (*relationship*) reatar
renewable [rɪ'nuːəbl, *Brit:* -'njuː-] *adj* renovável
renewal [rɪ'nuːəl, *Brit:* -'njuː-] *n* renovação *f*
renounce [rɪ'naʊns] *vt* (*claim, title*) abrir mão de; (*one's faith*) renegar, renunciar
renovate ['renəveɪt] *vt* reformar (*building*), restaurar
renovation [ˌrenə'veɪʃn] *n* (*of building*) reforma *f,* restauração *f*
renowned [rɪ'naʊnd] *adj* **to be** ~ (**for sth**) ser famoso, -a (por a. c.)
rent [rent] I. *n* aluguel *m;* ~ **for sth** aluguel por a. c. II. *vt* alugar; **to** ~ **sth out** (**to sb**) alugar a. c. (para alguém)
rental ['rentəl] *n* (*car, television*) aluguel *m*
reopen [riː'oʊpən, *Brit:* -'əʊ-] *vt* reabrir
reorder [ˌriː'ɔːdər, *Brit:* -əʳ] *vt* 1. (*reorganize*) reorganizar 2. COM pedir ou encomendar novamente
reorganize [riː'ɔːrgənaɪz, *Brit:* -'ɔːg-] *vt* reorganizar
rep [rep] *n inf* 1. *abbr of* **representative** repr. *mf* 2. THEAT *abbr of* **repertory** repertório *m*
Rep. 1. *abbr of* **Republic** república *f* 2. *abbr of* **Republican** republicano, -a *m, f*
repair [rɪ'per, *Brit:* -'peəʳ] I. *vt* consertar II. *n* conserto *m;* **to be in good/bad** ~ estar em bom/mau estado *m;* **to be under** ~ estar em obras *fpl;* **to make** ~**s to sth** consertar a. c.
repair kit *n* caixa *f* de ferramentas
repay [rɪ'peɪ] <repaid> *vt* (*debts*) saldar; (*money*) pagar, reembolsar; (*person*) retribuir; **to** ~ **sb for** (**doing**) **sth** retribuir a alguém a. c.
repayment [rɪ'peɪmənt] *n* (*debts*) pagamento *m;* (*kindness*) retribuição *f*
repeal [rɪ'piːl] I. *vt* revogar, anular II. *n no pl* revogação *f,* anulação *f*
repeat [rɪ'piːt] I. *vi, vt* repetir II. *n* repetição *f;* (*television, radio*) reprise *f*
repeatedly *adv* repetidamente, várias vezes
repel [rɪ'pel] <-ll-> *vt* repelir
repellent [rɪ'pelənt] I. *n* repelente *m* II. *adj* repugnante, repulsivo, -a
repent [rɪ'pent] *vi form* arrepender-se; **to** ~ **of sth** arrepender-se de a. c.
repentance [rɪ'pentənts] *n no pl* arrependimento *m*
repercussion [ˌriːpərˈkʌʃn, *Brit:* -pə'-] *n* repercussão *f*
repertoire ['repərtwɑːr, *Brit:* -ətwɑːʳ] *n* repertório *m*
repertory company ['repərtʃriː-, *Brit:* -ətəri-] *n* companhia *f* teatral **repertory theater** *n* teatro *m* de repertório
repetition [ˌrepə'tɪʃn, *Brit:* -ɪ'-] *n* repetição *f*
repetitive [rɪ'petətɪv, *Brit:* -'petət-] *adj* repetitivo, -a
replace [rɪ'pleɪs] *vt* 1. (*take the place of*) substituir; **to** ~ **sth with sth** substituir a. c. por a. c. 2. (*put back*) repor
replacement [rɪ'pleɪsmənt] *n* 1. (*person*) substituto, -a *m, f* 2. (*act of substituting*) substituição *f;* (*part*) reposição *f;* ~ **for sth** reposição de a. c.

replay ['ri:pleɪ] *n* SPORTS, TV reprise *f*
replenish [rɪ'plenɪʃ] *vt* reabastecer; (*glass*) encher; (*stocks*) repor
replica ['replɪkə] *n* réplica *f*
reply [rɪ'plaɪ] I.<-ied> *vi* 1.(*verbally*) responder 2.(*react*) reagir; **to ~ to sth** reagir a a. c. II.<-ies> *n* resposta *f*; **a ~ to sb/sth** uma resposta a alguém/a. c., reação *f*
report [rɪ'pɔ:rt, *Brit:* -'pɔ:t] I. *n* 1.(*account*) relatório *m*; **to give a ~ (on sth)** apresentar um relatório de a. c.; PUBL reportagem *f* 2.(*explosion*) detonação *f* II. *vt* 1.(*recount*) relatar; **to ~ that ...** relatar que ... 2.(*denounce*) denunciar III. *vi* 1.(*make results public*) informar; **to ~ on sth** informar sobre a. c. 2.(*arrive at work*) apresentar-se; **to ~ to sb (for sth)** apresentar-se a alguém (para a. c.)
report card *n Am* boletim *m* escolar
reporter [rɪ'pɔ:rt̬ər, *Brit:* -'pɔ:tə'] *n* repórter *mf*, jornalista *mf*
represent [ˌreprɪ'zent] *vt* 1.(*act for*) representar 2.(*state: grievance*) apresentar
representation [ˌreprɪzen'teɪʃn] *n* 1.(*acting for*) representação *f* 2.(*statement*) protesto *m*
representative [ˌreprɪ'zentət̬ɪv, *Brit:* -tɪv] I. *adj* representativo, -a; **to be ~ of sth** representativo de a. c. II. *n* 1. COM representante *mf*, substituto, -a *m*, *f* 2. POL deputado, -a *m*, *f*
repress [rɪ'pres] *vt* reprimir
repression [rɪ'preʃn] *n no pl* repressão *f*
reprieve [rɪ'pri:v] I. *vt* suspender temporariamente II. *n* suspensão *f* temporária
reprimand ['reprəmænd, *Brit:* -ɪmɑ:nd] I. *vt* repreender; **to ~ sb for sth** repreender alguém por a. c. II. *n* reprimenda *f*; **a ~ for sth** uma reprimenda por a. c.
reprint¹ [ˌri:'prɪnt] *vt* reimprimir
reprint² ['ri:prɪnt] *n* reimpressão *f*
reprisal [rɪ'praɪzl] *n* represália *f*; **to take ~s** exercer represálias
reproach [rɪ'proʊtʃ, *Brit:* -'prəʊtʃ] I. *vt* reprovar, censurar; **to ~ sb for (doing) sth** censurar alguém por (fazer) a. c. II. *n* reprovação *f*, censura *f*; **beyond ~** irrepreensível
reproduce [ˌri:prə'du:s, *Brit:* -'dju:s] *vi*, *vt* reproduzir(-se)
reproduction [ˌri:prə'dʌkʃn] *n* reprodução *f*
reptile ['reptaɪl] *n* réptil *m*
republic [rɪ'pʌblɪk] *n* república *f*
republican *n*, *adj* republicano, -a *m*, *f*
republication [ˌri:ˌpʌblɪ'keɪʃn] *n no pl* reedição *f*

> **Culture** A **Republic of Malta** (República de Malta), que durante os anos de 1814 a 1947 foi uma colônia britânica e base naval, ficou conhecida nos últimos anos como um **English language learning centre** (centro de ensino de inglês). Jovens de toda a Europa viajam a Malta para estudar em suas renomadas escolas de inglês, hospedando-se geralmente na casa de famílias maltesas. Durante o verão realiza-se um grande número de atividades na praia, das quais os estudantes podem participar se assim o desejarem. Além disso, ao anoitecer, a cidade de Paceville oferece inúmeras opções de diversão para os jovens.

repudiate [rɪ'pju:dɪeɪt] *vt* (*accusation*) negar; (*suggestion*) rejeitar; (*wife*) repudiar
repugnant [rɪ'pʌgnənt] *adj* repugnante
repulsive [rɪ'pʌlsɪv] *adj* repulsivo, -a, nojento, -a
reputable ['repjʊt̬əbl, *Brit:* -təbl] *adj* respeitável, de confiança
reputation [ˌrepjʊ'teɪʃn] *n* reputação *f*; **to have a good/bad ~** ter uma boa/má reputação; **to have a ~ for sth** ter fama *f* de a. c.
repute [rɪ'pju:t] *n no pl* reputação *f*, renome *m*
reputed *adj* suposto, -a, pretenso, -a; **she is ~ to be rich** ela tem fama *f* de rica
request [rɪ'kwest] I. *n* pedido *m*; **at sb's ~** a pedido de alguém; **on ~** a pedido; ADMIN solicitação *f*; **to make a ~ for sth** fazer uma solicitação de a. c. II. *vt* pedir; ADMIN solicitar; **to ~ sth from [*o* of] sb** solicitar a. c. de alguém
require [rɪ'kwaɪər, *Brit:* -ə'] *vt* 1.(*need*) necessitar 2.(*demand*) requerer, exigir; **to ~ sb to do sth** exigir que alguém

faça a. c. +*subj*; **to ~ sth of sb** exigir a. c. de alguém
requirement [rɪˈkwaɪərmənt, Brit: -əmənt] *n* (*demand*) requisito *m*; **a ~ for sth** um requisito para a. c., exigência *f*; (*need*) necessidade *f*
requisite [ˈrekwɪzɪt] **I.** *adj* essencial, necessário, -a **II.** *n* requisito *m*, condição *f*
rerecordable [riːrɪˈkɔːrdəbl, Brit: -ˈkɔːd-] *adj inv* INFOR, MUS regravável
reroute [ˌriːˈruːt] *vt* (*vehicles*) desviar
rescue [ˈreskjuː] **I.** *vt* resgatar, salvar; **to ~ sb/sth from sth/sb** resgatar [*ou* salvar] alguém/a. c. de a. c./alguém **II.** *n* resgate *m*, salvamento *m*; **to come to sb's ~** vir [*ou* ir] em socorro *m* de alguém
rescuer [ˈreskjʊər, Brit: -əʳ] *n* salvador(a) *m(f)*
research [ˈriːsɜːrtʃ, Brit: rɪˈsɜːtʃ] **I.** *n* pesquisa *f*; **~ into sth** estudo *m* profundo de a. c.; **~ on sth** pesquisa de a. c. **II.** *vi*, *vt* pesquisar
researcher [ˈriːsɜːrtʃər, Brit: rɪˈsɜːtʃəʳ] *n* pesquisador(a) *m(f)*
resemblance [rɪˈzembləns] *n* semelhança *f*; **a ~ to sb/sth** uma semelhança com alguém/a. c.
resemble [rɪˈzembl] *vt* parecer-se com
resent [rɪˈzent] *vt* **to ~ sth** levar a mal a. c., ressentir-se de a. c.
resentful [rɪˈzentfəl] *adj* ressentido, -a; **~ of sb/sth** ressentido com alguém/a. c.
resentment [rɪˈzentmənt] *n* ressentimento *m*; **~ towards sb/sth** ressentimento com alguém/a. c.
reservation [ˌrezərˈveɪʃn, Brit: -əˈ-] *n* reserva *f*; **to have ~s about sth** ter reservas a respeito de a. c.
reserve [rɪˈzɜːrv, Brit: -ˈzɜːv] **I.** *n* **1.** reserva *f*; **to have sth in ~** ter a. c. de reserva **2.** SPORTS reserva *mf* **3.** MIL **the ~** a reserva *f* **II.** *vt* reservar; **to ~ sth for sb/sth** reservar a. c. para alguém/a. c.
reserved *adj* reservado, -a
reservoir [ˈrezərvwɑːr, Brit: -əvwɑːʳ] *n* **1.** (*tank*) reservatório *m* **2.** (*lake*) represa *f*
reset [ˌriːˈset] *vt irr* INFOR reinicializar
reshuffle [ˌriːˈʃʌfl] *n* (*government*) reforma *f*
reside [rɪˈzaɪd] *vi form* residir; **to ~ in sth** residir em a. c.
residence [ˈrezɪdənts] *n* residência *f*

residence permit *n* visto *m* de residência
resident [ˈrezɪdənt] **I.** *n* habitante *mf*, morador(a) *m(f)* **II.** *adj* residente
residential [ˌrezɪˈdenʃl] *adj* residencial
residue [ˈrezəduː, Brit: -ɪdjuː] *n* resíduo *m*
resign [rɪˈzaɪn] **I.** *vi* **1.** (*leave job*) demitir-se; POL renunciar **2.** GAMES abandonar **II.** *vt* renunciar a; **to ~ oneself to sth** conformar-se com a. c.
resignation [ˌrezɪɡˈneɪʃn] *n* **1.** (*from job*) demissão *f*; POL renúncia *f* **2.** *no pl* (*conformity*) resignação *f*
resigned *adj* resignado, -a, conformado, -a
resilience [rɪˈzɪljəns, Brit: -liəns] *n no pl* (*of material*) elasticidade *f*; (*of person*) resistência *f*
resilient [rɪˈzɪljənt, Brit: -liəns] *adj* (*material*) elástico, -a; (*person*) resistente
resin [ˈrezɪn] *n no pl* resina *f*
resist [rɪˈzɪst] *vt* resistir
resistance [rɪˈzɪstənts] *n* resistência *f*
resistant [rɪˈzɪstənt] *adj* resistente
resolute [ˈrezəluːt] *adj* resoluto, -a, firme
resolution [ˌrezəˈluːʃn] *n* resolução *f*
resolve [rɪˈzɑːlv, Brit: -ˈzɒlv] **I.** *vt* **1.** (*solve*) resolver **2.** (*settle*) decidir **II.** *n no pl* determinação *f*
resolved *adj* decidido, -a
resort [rɪˈzɔːrt, Brit: -ˈzɔːt] **I.** *n* **1.** *no pl* (*use*) recurso *m*; **as a last ~** como último recurso **2.** (*for vacation*) balneário *m*; **ski ~** estação *f* de esqui **II.** *vi* **to ~ to sth** recorrer a a. c.
resound [rɪˈzaʊnd] *vi* ressoar, retumbar
resounding *adj* (*failure*) retumbante; (*success*) estrondoso, -a
resource [ˈriːsɔːrs, Brit: rɪˈzɔːs] *n* recurso *m*; **natural ~s** recursos *mpl* naturais
resourceful [rɪˈzɔːrsfəl, Brit: -ˈzɔːs-] *adj* engenhoso, -a, criativo, -a
respect [rɪˈspekt] **I.** *n* **1.** (*relation*) relação *f* **2.** (*esteem*) consideração *f*, respeito *m*; **to have ~ for sb/sth** ter respeito por alguém/a. c.; **with all due ~** com todo respeito **3.** (*point*) aspecto *m*; **in all/many/some ~s** em todos os/vários/alguns aspectos; **in this ~** neste aspecto; **with ~ to** com respeito a **4.** *pl* (*greetings*) cumprimentos *mpl*, saudações *fpl* **II.** *vt* respeitar; **to ~ sb for sth** respeitar alguém por a. c.

respectable [rɪ'spektəbl] *adj* (*performance*) considerável; (*person*) respeitável

respected *adj* respeitado, -a

respectful [rɪ'spektfl] *adj* respeitoso, -a

respective [rɪ'spektɪv] *adj* respectivo, -a

respiration [ˌrespə'reɪʃn] *n no pl* respiração *f*

respite ['respɪt, *Brit*: -paɪt] *n no pl* 1. (*pause*) pausa *f* 2. (*delay*) adiamento *m*

respond [rɪ'spɑ:nd, *Brit*: -'spɒnd] *vi* 1. (*answer*) responder; **to ~ to sb/sth** responder a alguém/a. c. 2. (*react*) reagir; **to ~ to sb/sth** reagir a alguém/a. c.

response [rɪ'spɑ:ns, *Brit*: -'spɒns] *n* 1. (*answer*) resposta *f*; **a ~ to sth** uma resposta a a. c. 2. (*reaction*) reação *f*; **a ~ to sth** uma reação a a. c.

responsibility [rɪˌspɑ:nsə'bɪləti, ˌspɒnsə'bɪləti] *n* responsabilidade *f*; **~ for sb/sth** responsabilidade por alguém/a. c.

responsible [rɪ'spɑ:nsəbl, *Brit*: -'spɒn-] *adj* responsável; **to be ~ for sth (to sb)** ter de prestar contas de a. c. (a alguém)

responsive [rɪ'spɑ:nsɪv, *Brit*: -'spɒn-] *adj* sensível; **~ to sb/sth** sensível a alguém/a. c.; (*audience*) receptivo, -a

rest¹ [rest] **I.** *vt* 1. (*cause to repose*) colocar 2. (*support*) apoiar; **to ~ sth on sth** apoiar a. c. em a. c. **II.** *vi* 1. (*cease activity*) descansar 2. (*remain*) permanecer 3. (*be supported*) apoiar-se; **to ~ on sth** apoiar-se em a. c.; **you can ~ assured that ...** você pode ficar descansado, a que ... **III.** *n* 1. (*period of repose*) descanso *m* 2. MUS pausa *f* 3. (*support*) apoio *m*

rest² [rest] *n* resto *m*; **the ~** o resto

restaurant ['restərɑ:nt, *Brit*: -rɔ̃:ŋ] *n* restaurante *m*

restaurant car *n Brit* vagão-restaurante *m*

restful ['restfəl] *adj* relaxante

restive ['restɪv] *adj*, **restless** ['restlɪs] *adj* agitado, -a, irrequieto, -a

restoration [ˌrestə'reɪʃn] *n no pl* restauração *f*; (*return to owner*) restituição *f*

restore [rɪ'stɔ:r, *Brit*: -'stɔ:r] *vt* 1. (*building*) restaurar; (*peace*) restabelecer 2. *form* (*return to owner*) restituir; **to ~ sth to sb** restituir a. c. a alguém

restrain [rɪ'streɪn] *vt* conter; (*temper*) controlar; **to ~ sb from doing sth** impedir alguém de fazer a. c.

restrained *adj* (*style*) contido, -a

restraint *n* 1. *no pl* (*self-control*) autocontrole *m* 2. (*restriction*) restrição *f*

restrict [rɪ'strɪkt] *vt* restringir; **to be ~ed to sth** estar restrito, -a a a. c.; **to ~ sth/sb to sth** restringir a. c./alguém a a. c.

restriction [rɪ'strɪkʃn] *n* restrição *f*

rest room *n Am* banheiro *m* (*em cinema, restaurante*)

restructure [ˌri:'stʌktʃər, *Brit*: -əʳ] *vt* reestruturar

result [rɪ'zʌlt] **I.** *n* resultado *m* **II.** *vi* **to ~ from** resultar de; **to ~ in** resultar em

resume [rɪ'zu:m, *Brit*: -'zju:m] **I.** *vt* (*job*) reassumir; (*work, journey*) recomeçar, prosseguir **II.** *vi form* reassumir, retomar

résumé ['rezʊmeɪ, *Brit*: -zju:meɪ] *n* 1. *Am, Aus* (*curriculum vitae*) currículo *m* 2. (*summary*) resumo *m*

resumption [rɪ'zʌmpʃn] *n no pl* recomeço *m*, retomada *f*

resurgence [rɪ'sɜ:rdʒəns, *Brit*: -'sɜ:dʒ-] *n no pl, form* ressurgimento *m*

resurrection [ˌrezə'rekʃn] *n no pl* ressurreição *f*

resuscitate [rɪ'sʌsəteɪt, *Brit*: -ɪteɪt] *vt* ressuscitar

retail ['ri:teɪl] COM **I.** *n no pl* varejo *m* **II.** *vt* vender a varejo **III.** *vi* ser vendido, -a; **this product ~s at $5** este produto custa $5 no varejo

retailer ['ri:teɪlər, *Brit*: -əʳ] *n* varejista *mf*

retail price *n* COM preço *m* no varejo

retain [rɪ'teɪn] *vt* 1. *form* (*keep*) reter, conservar 2. (*employ*) contratar

retainer [rɪ'teɪnər, *Brit*: -əʳ] *n* 1. ECON sinal *m* 2. (*servant*) empregado, -a *m, f*

retaliate [rɪ'tælieɪt] *vi* retaliar, revidar; **to ~ for sth** revidar a. c.

retaliation [rɪˌtæli'eɪʃn] *n no pl* retaliação *f*, represália *f*; **~ for sth** em represália a a. c.

retch [retʃ] *vi* ter ânsia de vômito, sentir enjoo

retentive [rɪ'tentɪv, *Brit*: -tɪv] *adj* retentivo, -a; (*memory*) fiel

rethink [rɪ'θɪŋk] *vt* (*plan*) reconsiderar; (*system*) repensar

retina ['retnə, *Brit*: -tɪnə] <-s *o* -nae> *n* retina *f*

retire [rɪ'taɪər, *Brit*: -əʳ] *vi* 1. (*stop work-*

retired 314 **reverse charge call**

ing) aposentar-se **2.** *form* (*withdraw*) retirar-se **3.** *form* (*go to sleep*) recolher-se

retired *adj* aposentado, -a

retirement [rɪ'taɪərmənt, *Brit:* -əmənt] *n* aposentadoria *f*

retiring *adj* **1.**(*worker, official*) prestes a se afastar do cargo **2.**(*reserved*) retraído, -a

retrace [ri:'treɪs] *vt* **to ~ in one's mind** tentar lembrar; **to ~ one's steps** refazer o caminho de volta

retract [rɪ'trækt] **I.** *vt* (*claws*) encolher; (*statement*) retirar; (*wheels*) recolher **II.** *vi* retratar-se, desdizer-se

retread ['ri:tred] *n* (*tyre*) a. *fig* recauchutagem *f*

retreat [rɪ'tri:t] **I.** *vi* **1.** MIL retroceder, recuar **2.**(*go to a quiet place*) retirar-se **II.** *n* **1.** a. MIL retirada *f* **2.**(*quiet place*) refúgio *m*

retrial ['ri:traɪl, *Brit:* ˌri:'traɪəl] *n* novo julgamento *m*

retribution [ˌretrə'bju:ʃn, *Brit:* -ɪ'-] *n no pl, form* castigo *m*, punição *f*

retrieval [rɪ'tri:vl] *n no pl* a. INFOR recuperação *f*; **online information ~** recuperação de informações on-line

retrieve [rɪ'tri:v] *vt* a. INFOR recuperar; (*error*) corrigir; (*situation*) remediar

retriever [rɪ'tri:vər, *Brit:* -ər] *n* perdigueiro *m*

retrospect ['retrəspekt] *n no pl* **in ~** em retrospecto *m*, retrospectivamente

retrospective [ˌretrə'spektɪv] **I.** *adj* **1.**(*looking back*) retrospectivo, -a **2.** *Brit* LAW retroativo, -a **II.** *n* ART retrospectiva *f*

return [rɪ'tɜ:rn, *Brit:* -'tɜ:n] **I.** *n* **1.**(*going back*) retorno *m*, volta *f*; **a ~ to** sth uma volta a a. c. **2.**(*giving back*) devolução *f*; **by ~ (of post)** *Brit, Aus* na volta *f* do correio **3.**(*recompense*) recompensa *f*; **in ~ for sth** em troca *f* de a. c. **4.** FIN rendimento *m*; **~ on sth** rendimento de a. c. **5.** *fig* **many happy ~s (of the day)!** parabéns e muitas felicidades! **II.** *adj* **1.**(*ticket*) de ida e volta **2.**(*match*) de revanche **III.** *vi* **1.**(*come back*) retornar, voltar; **to ~ to sb/sth** voltar para alguém/a. c. **2.**(*reappear*) reaparecer **IV.** *vt* **1.**(*give back*) restituir; **to ~ sth to sb/sth** restituir a. c. a alguém/a. c. **2.**(*reciprocate: favor*) retribuir **3.**(*send back*) devolver **4.** *Brit* POL eleger

returning officer *n Can* POL alto funcionário do governo encarregado das eleições

return key *n* INFOR tecla *f* de entrada

reunion [ˌri:'ju:njən, *Brit:* -niən] *n* **1.**(*meeting*) reunião *f* **2.**(*after separation*) reencontro *m*

reunite [ˌri:ju:'naɪt] *vt* (*country*) reunificar; (*friends*) reunir

rev [rev] **I.** *n* AUTO rotação *f* do motor **II.** *vt* <-vv-> **to ~ sth up** acelerar a. c.

revaluation [ri:ˌvælju'eɪʃn] *n* reavaliação *f*

revamp [ˌri:'væmp] *vt inf* renovar

Revd. *abbr of* **Reverend** Rev.

reveal [rɪ'vi:l] *vt* revelar, mostrar

revealing *adj* revelador(a); (*clothes*) provocante

reveille [rɪ'væli, *Brit:* 'revli] *n no pl* MIL alvorada *f*

revel ['revl] <*Brit:* -ll-, *Am:* -l-> *vi* divertir-se; **to ~ in sth** deleitar-se com a. c.

revelation [ˌrevə'leɪʃn] *n* revelação *f*

revelry ['revəlri] <-ies> *n no pl* folia *f*

revenge [rɪ'vendʒ] **I.** *n no pl* **1.**(*retaliation*) vingança *f*, desforra *f*; **to take ~ (on sb) for sth** vingar-se (de alguém) por a. c. **2.** SPORTS revanche *f* **II.** *vt* vingar; **to ~ oneself on sb** vingar-se de alguém

revenue ['revənu:, *Brit:* -nju:] *n* rendimentos *mpl*; (*government income*) receita *f*

reverberate [rɪ'vɜ:rbəreɪt, *Brit:* -'vɜ:b-] *vi* (*sound*) ressoar, repercutir

reverence ['revərəns] *n no pl form* reverência *f*; **~ for sb/sth** reverência por alguém/a. c.

Reverend ['revərənd] *adj* reverendo, -a

reverent ['revərənt] *adj* reverente, respeitoso, -a

reversal [rɪ'vɜ:rsl, *Brit:* -'vɜ:sl] *n* (*of decision*) revogação *f*; (*of order*) inversão *f*; (*of policy*) reviravolta *f*

reverse [rɪ'vɜ:rs, *Brit:* -'vɜ:s] **I.** *vt* **1.**(*turn other way*) inverter **2.** *Aus, Brit* AUTO dar (marcha a) ré em **3.** TEL **to ~ the charges** ligar a cobrar **II.** *vi Aus, Brit* AUTO dar (marcha a) ré **III.** *n* **1.** *no pl* **the ~** o contrário *m* **2.** AUTO marcha *f* a ré; **to go into ~** ir em sentido contrário **3.**(*the back: of book leaf*) verso *m*; (*of cloth*) avesso *m* **IV.** *adj* **1.**(*inverse*) inverso, -a **2.**(*direction*) contrário, -a

reverse charge call *n Brit* TEL ligação *f* a cobrar

revert [rɪ'vɜːrt, *Brit:* -'vɜːt] *vi* reverter; **to ~ to type** *fig* rasgar a fantasia

review [rɪ'vjuː] **I.** *vt* **1.** (*consider*) rever, examinar **2.** (*criticize: book, film*) fazer crítica ou resenha **3.** MIL passar em revista **II.** *n* **1.** (*examination*) revisão *f*; **to come under ~** ser examinado, -a; **to hold a ~** MIL passar uma tropa em revista **2.** (*criticism: of book, film*) crítica *f*, resenha *f* **3.** (*magazine*) revista *f*

reviewer [rɪ'vjuːər, *Brit:* -əʳ] *n* crítico, -a *m, f*

revise [rɪ'vaɪz] *vt* **1.** (*opinion*) rever; (*text*) revisar **2.** *Brit, Aus* (*study again*) revisar

revision [rɪ'vɪʒn] *n* **1.** *no pl* (*of policy*) reavaliação *f*; (*of text*) revisão *f* **2.** *no pl, Brit, Aus* UNIV revisão *f*

revitalize [riː'vaɪtəlaɪz, *Brit:* -təl-] *vt* revitalizar

revival [rɪ'vaɪvəl] *n* **1.** MED reanimação *f* **2.** (*of interest*) renovação *f*, ressurgimento *m* **3.** CINE refilmagem *f*; THEAT reencenação *f* **4.** ECON reativação *f* **5.** REL movimento *m* religioso (*pregação e profissão pública de fé*)

revive [rɪ'vaɪv] **I.** *vt* **1.** MED reanimar **2.** (*idea, custom*) renovar **3.** CINE refilmar; THEAT reencenar **II.** *vi* **1.** (*be restored to life*) reanimar(-se) **2.** (*be restored: tradition*) renovar(-se)

revoke [rɪ'voʊk, *Brit:* -'vəʊk] *vt* revogar

revolt [rɪ'voʊlt, *Brit:* -'vəʊlt] POL **I.** *vi* revoltar-se; **to ~ against sb/sth** revoltar-se contra alguém/a. c. **II.** *vt* revoltar; (*revulsion*) repugnar, dar nojo **III.** *n* **1.** (*uprising*) revolta *f* **2.** *no pl* (*rebelliousness*) rebelião *f*

revolting *adj* revoltante, repugnante

revolution [ˌrevə'luːʃn] *n a.* POL revolução *f*

revolutionary [ˌrevə'luːʃəneri, *Brit:* -nri] *adj* revolucionário, -a

revolutionize [ˌrevə'luːʃnaɪz] *vt* revolucionar

revolve [rɪ'vɑːlv, *Brit:* -'vɒlv] *vi* girar; **to ~ around sth** girar em torno de a. c.

revolver [rɪ'vɑːlvər, *Brit:* -'vɒlvəʳ] *n* revólver *m*

revolving *adj* giratório, -a

revue [rɪ'vjuː] *n* THEAT revista *f*

revulsion [rɪ'vʌlʃn] *n no pl* aversão *f*, repugnância *f*

reward [rɪ'wɔːrd, *Brit:* 'wɔːd] **I.** *n* recompensa *f*; **a ~ of $50** uma recompensa de $50 **II.** *vt* recompensar; **to ~ sb for (doing) sth** recompensar alguém por (fazer) a. c.

rewarding *adj* gratificante

rewind [ˌriː'waɪnd] *irr vt* (*tape*) rebobinar; (*watch*) dar corda de novo

rewire [ˌriː'waɪər, *Brit:* -əʳ] *vt* renovar a instalação elétrica de um prédio ou máquina

reword [ˌriː'wɜːrd, *Brit:* -'wɜːd] *vt* **1.** (*rewrite*) reformular **2.** (*say again*) rearticular

rewrite [ˌriː'raɪt] *irr vt* reescrever

Rh *abbr of* **rhesus** Rh

rheumatism ['ruːmətɪzəm] *n no pl* reumatismo *m*

Rhine [raɪn] *n* **the ~** o Reno *m*

rhinoceros [raɪ'nɑːsərəs, *Brit:* -'nɒs-] <-(es)> *n* rinoceronte *m*

Rhone [roʊn, *Brit:* rəʊn] *n* **the ~** o Ródano *m*

rhubarb ['ruːbɑːrb, *Brit:* -bɑːb] *n no pl* ruibarbo *m*

rhyme [raɪm] **I.** *n* **1.** (*similar sound*) rima *f*; **without ~ or reason** sem quê nem para quê **2.** (*poem*) cantiga *f* **II.** *vi* rimar

rhythm ['rɪðəm] *n* ritmo *m*; **rhythm method** (*contraception*) tabelinha *f*

rhythmic ['rɪðmɪk] *adj*, **rhythmical** *adj* rítmico, -a

rib [rɪb] **I.** *n* costela *f* **II.** <-bb-> *vt inf* gozar

ribbon ['rɪbən] *n* fita *f*

rice [raɪs] *n no pl* arroz *m*

rice pudding *n* arroz-doce *m*

rich [rɪtʃ] **I.** <-er, -est> *adj* rico, -a; **to be ~ in sth** ser rico em a. c.; (*food*) pesado, -a; (*soil*) fértil **II.** *n* **the ~** os ricos *mpl*

rickets ['rɪkɪts] *n no pl* raquitismo *m*

rickety ['rɪkəti, *Brit:* -ti] *adj* (*chair*) sem firmeza; (*steps*) cambaleante

rickshaw ['rɪkʃɑː, *Brit:* -ʃɔː] *n* jinriquixá *m*

rid [rɪd] <rid *o* ridded, rid> *vt* **to ~ sth/sb of sth** livrar a. c./alguém de a. c.; **to get ~ of sb/sth** livrar-se de alguém/a. c.

riddance ['rɪdns] *n inf* **good ~ (to bad rubbish)**! já vai tarde!

ridden ['rɪdn] *pp of* **ride**

riddle[1] ['rɪdl] *n* **1.** (*play on words*) charada *f* **2.** *fig* (*mystery*) enigma *m*

riddle[2] *vt* crivar, perfurar; **to be ~d with mistakes** estar cheio, -a de erros

ride [raɪd] **I.** *n* **1.** (*vehicle*) passeio *m*,

volta *f*; (*horse*) cavalgada *f*; **to take sb for a ~** *inf* passar a perna em alguém **2.** *Am*, *inf* carona *f* **II.** <rode, ridden> *vt* (*sit on*) **can you ~ a bike?** você sabe andar de bicicleta?; **to ~ a bike** andar de bicicleta **III.** <rode, ridden> *vi* (*on horse, bicycle*) andar a cavalo/de bicleta

◆ **ride out** *vt a. fig* resistir

rider ['raɪdər, *Brit*: -ər] *n* (*on horse*) cavaleiro, -a *m, f*; (*on bicycle*) ciclista *mf*; (*on motorbike*) motoqueiro, -a *m, f*

ridge [rɪdʒ] *n* **1.** GEO cume *m* **2.** (*of roof*) cumeeira *f*

ridicule ['rɪdɪkjuːl] **I.** *n no pl* zombaria *f*, escárnio *m*; **to hold sth/sb up to ~** expor a. c./alguém ao ridículo *m* **II.** *vt* escarnecer, ridicularizar

ridiculous [rɪˈdɪkjʊləs] *adj* ridículo, -a

riding *n no pl* equitação *f*

riding school *n* escola *f* de equitação

rife [raɪf] *adj* comum; **to be ~ with sth** estar repleto, -a de a. c.

riff-raff ['rɪfræf] *n no pl* arraia-miúda *f*, zé-povinho *m*

rifle[1] ['raɪfl] *n* rifle *m*

rifle[2] **I.** *vt* pilhar, saquear **II.** *vi* **to ~ through sth** vasculhar a. c.

rifle range *n* campo *m* de tiro; (*at fair*) tiro *m* ao alvo

rift [rɪft] *n fig* desavença *f*, dissensão *f*

rig [rɪg] <-gg-> **I.** *vt* (*election, contest*) fraudar, manipular **II.** *n* **1.** TECH (*oil*) – plataforma *f* de exploração (de petróleo) **2.** NAUT mastreação *m*

rigging *n no pl* NAUT cordame *m*

right [raɪt] **I.** *adj* **1.** (*correct*) certo, -a; (*ethical*) correto, -a, justo, -a; **to be ~ (about sth)** ter razão em (a. c.); **to do the ~ thing** fazer a coisa certa; **to put a clock ~** acertar um relógio; **to put sth ~** resolver a. c. **2.** (*direction*) direito, -a **3.** POL de direita *f* **4.** (*well*) bem **II.** *n* **1.** *no pl* (*entitlement*) direito *m* **2.** (*morality*) certo *m*; **to be in the ~** estar com a razão *f* **3.** (*right side*) direita *f*; SPORTS lado *m* direito **4.** POL **the Right** a direita **III.** *adv* **1.** (*correctly*) bem, corretamente **2.** (*straight*) diretamente; **~ away** imediatamente, já **3.** (*to the right*) à direita **4.** (*precisely*) exatamente, justamente; **~ here** aqui mesmo **IV.** *vt* endireitar, corrigir **V.** *interj* certo!, bom!

right angle *n* ângulo *m* reto

righteous ['raɪtʃəs] *adj form* (*indignation*) justificado, -a; (*person*) honrado, -a

rightful ['raɪtfəl] *adj* legítimo, -a

right-hand *adj* **a ~ blow** um soco com a mão direita; **on the ~ side** do lado direito

right-handed *adj* destro, -a

rightly *adv* **1.** (*correctly*) corretamente; **if I remember ~** se não me falha a memória **2.** (*justifiably*) com razão

right of way <-rights> *n* preferência *f*; (*on road*) preferencial *f*

right-wing *adj* POL de direita

rigid ['rɪdʒɪd] *adj* rígido, -a; (*inflexible*) inflexível

rigmarole ['rɪgməroʊl, *Brit*: -rəʊl] *n no pl* blablablá *m*

rigor ['rɪgər, *Brit*: -ər] *n* rigor *m*; **the ~s of sth** as agruras *fpl* de a. c.

rigorous ['rɪgərəs] *adj* rigoroso, -a

rile [raɪl] *vt inf* irritar, aborrecer

rim [rɪm] *n* **1.** (*of bowl*) borda *f*; (*of spectacles*) aro *m* **2.** GEO margem *f*

rind [raɪnd] *n no pl* (*of fruit*) casca *f*; (*of bacon, cheese*) pele *f*

ring[1] [rɪŋ] *n* **1.** (*small circle*) argola *f*; (*of people*) círculo *m*, roda *f* **2.** (*jewellery*) anel *m* **3.** (*in boxing*) ringue *m*; (*in circus*) picadeiro *m*

ring[2] **I.** *n* **1.** *no pl, esp Brit* telefonema *m*, ligação *f*; **to give sb a ~** ligar para alguém **2.** (*of bell*) toque *m* **II.** <rang, rung> *vt* **1.** *esp Brit* telefonar para **2.** (*alarm*) soar; (*bell*) tocar **III.** <rang, rung> *vi* **1.** *Brit* telefonar, ligar **2.** (*alarm*) soar; (*bell*) tocar

◆ **ring back** *vi, vt esp Brit* TEL ligar de volta

◆ **ring off** *vi Brit* desligar (*o telefone*)

ring binder *n* fichário *m*

ringing *n no pl* toque *m*

ringing tone *n* TEL toque *m* do telefone

ringleader *n* cabeça *mf*, chefe *mf* (*de distúrbios, brigas, atividades ilegais*)

ringlet ['rɪŋlɪt] *n* (*hair*) caracol *m*

ring road *n esp Brit* anel *m* rodoviário

rink [rɪŋk] *n* rinque *m*

rinse [rɪns] **I.** *vt* (*hair*) enxaguar; (*hands*) lavar **II.** *n* **1.** *no pl* (*wash*) enxaguada *f* **2.** (*hair coloring*) tintura *f* leve, rinçagem *f*

riot ['raɪət] **I.** *n* tumulto *m*, distúrbio *m*; **to run ~** *fig* fazer baderna *f* **II.** *vi* amotinar-se, causar distúrbios

riot gear *n* equipamentos e roupas de proteção usados em distúrbios

riotous ['raɪət̬əs, *Brit*: -təs] *adj* desordeiro, -a; (*party*) tumultuado, -a, barulhento, -a

riot police *n* força policial treinada para controlar tumultos

rip [rɪp] **I.** <-pp-> *vi* rasgar(-se) **II.** <-pp-> *vt* rasgar **III.** *n* rasgo *m*

◆ **rip off** *vt* **1.** (*tear off*) arrancar rasgando **2.** (*cheat*) trapacear

◆ **rip up** *vt* rasgar em pedaços

RIP [ˌɑːraɪˈpiː, *Brit*: ˌɑːrˈ-] *abbr of* **rest in peace** descanse em paz

ripe [raɪp] *adj* (*fruit*) maduro, -a; (*situation, time*) propício, -a

ripen ['raɪpən] *vt, vi* amadurecer

rip-off *n inf* **1.** (*high price*) assalto *m*, roubo *m* **2.** (*reproductioin*) imitação *f*

ripple ['rɪpl] **I.** *n* **1.** (*water*) ondulação *f* **2.** (*sound*) murmúrio *m*; (*applause, laughter*) ruído *m* **II.** *vi, vt* ondular(-se), encrespar(-se)

rise [raɪz] **I.** *n no pl* **1.** (*increase*) alta *f*, aumento *m*; **a ~ in sth** uma alta de a. c., um aumento em a. c.; **to give ~ to sth** dar origem a a. c. **2.** (*incline*) encosta *f* **3.** (*power, fame*) ascensão *f* **II.** <rose, risen> *vi* **1.** (*arise*) aumentar **2.** (*become higher: ground*) elevar-se; (*river*) subir **3.** (*improve socially*) ascender

rising **I.** *n* projeção *f* **II.** *adj* (*floodwaters*) ascendente; (*in number*) crescente; (*sun*) nascente

risk [rɪsk] **I.** *n* **1.** (*chance*) risco *m*; **at one's own ~** por sua conta e risco; **to run the ~ of sth** correr o risco de a. c. **2.** *no pl* (*danger*) perigo *m*; **to be at ~ (of sth)** estar em perigo (de a. c.) **II.** *vt* arriscar; **to ~ one's neck** arriscar a pele

risky ['rɪski] <-ier, -iest> *adj* arriscado, -a

risqué [rɪˈskeɪ, *Brit*: ˈriːskeɪ] *adj* malicioso, -a, indecente

rite [raɪt] *n* rito *m*; **last ~s** últimos *mpl* sacramentos

ritual ['rɪtʃuəl, *Brit*: -uəl] *n* ritual *m*

rival ['raɪvl] **I.** *n* rival *mf* **II.** *adj* rival, concorrente **III.** <*Brit*: -ll-, *Am*: -l-> *vt* competir com, rivalizar com

rivalry ['raɪvlri] *n* rivalidade *f*

river ['rɪvər, *Brit*: -ər] *n* rio *m*

rivet ['rɪvɪt] **I.** *n* rebite *m* **II.** *vt* **1.** (*join*) fixar **2.** (*interest*) **to be ~ed by sth** ficar fascinado, -a com a. c.

riveting *adj inf* fascinante

road [roʊd, *Brit*: rəʊd] *n* **1.** (*between towns*) estrada *f*; (*in town*) rua *f*; (*route*) caminho *m*; **by ~** por terra **2.** *fig* caminho *m*; **to be on the ~ to recovery** estar a caminho da recuperação

roadblock *n* barricada *f* **road hog** *n inf* dono, -a *m, f* da rua **road map** *n* mapa *m* rodoviário **road safety** *n no pl* segurança *f* no trânsito **roadside I.** *n* margem *f* [*ou* beira] da estrada *f* **II.** *adj* à margem da estrada **road sign** *n* placa *f* de sinalização **roadway** *n no pl* pista *f* **roadworks** *npl* obras *fpl* (*na estrada*)

roam [roʊm, *Brit*: rəʊm] *vi, vt* vagar

roar [rɔːr, *Brit*: rɔːʳ] **I.** *vi* (*lion, tiger*) rugir; (*person*) berrar; (*cannon*) troar; **to ~ with laughter** rir espalhafatosamente **II.** *n* (*of engine*) barulho *m*; (*lion*) rugido *m*; (*of person*) berro *m*; (*of thunder*) estrondo *m*

roast [roʊst, *Brit*: rəʊst] **I.** *vt* (*chicken, meat*) assar; (*coffee*) torrar **II.** *n* assado *m*

roaster ['roʊstər, *Brit*: 'rəʊstəʳ] *n* (*for coffee*) torrador *m*; (*for meat*) grelha *f*

roasting *n inf* **to give sb a ~** passar um sabão *m* em alguém

rob [rɑːb, *Brit*: rɒb] <-bb-> *vt* roubar; **to ~ sb of sth** roubar a. c. de alguém; (*deprive*) privar

robber ['rɑːbər, *Brit*: 'rɒbəʳ] *n* ladrão, ladra *m, f*

robbery ['rɑːbəri, *Brit*: 'rɒb-] <-ies> *n* roubo *m*, assalto *m*

robe [roʊb, *Brit*: rəʊb] *n* (*special garment*) toga *f*; (*loose garment*) roupão *m*

robin ['rɑːbɪn, *Brit*: 'rɒb-] *n* ZOOL pintarroxo *m*

robot ['roʊbɑːt, *Brit*: 'rəʊbɒt] *n* robô *m*

robust [roʊˈbʌst, *Brit*: rəʊˈ-] *adj* (*object*) resistente; (*person*) robusto, -a

rock¹ [rɑːk, *Brit*: rɒk] *n* **1.** GEO rocha *f* **2.** *fig* **to be on the ~s** estar em apuros *mpl*; **whisky on the ~s** uísque com gelo *m*

rock² **I.** *vt* **1.** (*swing: baby*) embalar **2.** (*shock*) sacudir **II.** *vi* balançar **III.** *n* MUS ~ **(and roll)** rock (and roll)

rock bottom *n* ínfimo, -a *m, f*, mínimo, -a *m, f*; **at ~** no fundo *m* do poço; **to hit ~** chegar ao fundo do poço

rocket ['rɑːkɪt, *Brit*: 'rɒk-] **I.** *n* foguete *m* **II.** *vi* (*prices*) disparar

rock garden *n* jardim *m* decorado com

pedras

Rockies ['rɑːkiz, *Brit:* 'rɒk-] *n* the ~ as Montanhas *fpl* Rochosas

rocking chair *n* cadeira *f* de balanço

rocking horse *n* cavalo *m* de balanço

rocky[1] ['rɑːki, *Brit:* 'rɒki] <-ier, -iest> *adj* (*with rocks*) rochoso, -a

rocky[2] <-ier, -iest> *adj* (*unstable*) instável

Rocky Mountains *n* Montanhas *fpl* Rochosas

rod [rɑːd, *Brit:* rɒd] *n* vara *f*; (*fishing rod*) vara *f* de pescar

rode [roʊd, *Brit:* rəʊd] *pt of* **ride**

rodent ['roʊdnt, *Brit:* 'rəʊ-] *n* roedor *m*

rodeo [roʊdɪoʊ, *Brit:* 'rəʊdɪəʊ] <-s> *n* rodeio *m*

roe[1] [roʊ, *Brit:* rəʊ] *n* (*fish eggs*) ova *f* de peixe

roe[2] <-(s)> *n* (*deer*) corço, -a *m, f*

rogue [roʊg, *Brit:* rəʊg] *n* 1. (*rascal*) malandro, -a *m, f* 2. (*villain*) tratante *mf*

role [roʊl, *Brit:* rəʊl] *n, a.* THEAT papel *m*

role model *n* modelo *m* de comportamento **role play** *n* imitação *f*

roll [roʊl, *Brit:* rəʊl] I. *n* 1. (*turning over*) rolagem *f* 2. *no pl* (*swaying movement*) balanço *m* 3. (*of paper*) rolo *m* 4. (*noise: of drum*) rufo *m* 5. (*bread*) pãozinho *m* II. *vt* 1. (*push*) rolar 2. (*form into cylindrical shape*) **to ~ sth into sth** enrolar a. c. em a. c. 3. (*make: cigarette*) enrolar III. *vi* (*ball*) rolar; (*ship*) balançar

◆ **roll around** *vi* rolar

◆ **roll by** *vi* (*time*) passar

◆ **roll in** *vi fig* (*money*) chover

◆ **roll over** *vi* virar

◆ **roll up** I. *vi inf* aparecer II. *vt* (*sleeves*) arregaçar; (*string*) enrolar

roll call *n* lista *f* de chamada

roller ['roʊlər, *Brit:* 'rəʊləʳ] *n* rolo *m*

roller coaster *n* montanha *f* russa **rollerskate** *n* patim *m* de rodas

rolling *adj* (*hills*) ondulado, -a

rolling pin *n* rolo *m* de massa **rolling stock** *n* AUTO material *m* rodante

ROM [rɑːm, *Brit:* rɒm] *n no pl abbr of* **Read Only Memory** memória *f* de leitura (*memória permanente*)

Roman ['roʊmən, *Brit:* 'rəʊ-] I. *adj* romano, -a; (*alphabet*) (alfabeto) latino, -a; (*numeral*) (algarismo) romano, -a; (*religion*) (católico) romano, -a II. *n* romano, -a *m, f*

Roman Catholic *adj* católico romano, católica romana

romance [roʊˈmænts, *Brit:* rəʊˈ-] *n* (*love affair; novel*) romance *m*

Romania [roʊˈmeɪnɪə, *Brit:* rəˈ-] *n* Romênia *f*

Romanian *adj* romeno, -a

romantic [roʊˈmæntɪk, *Brit:* rəʊˈ-] *adj a.* LIT, ART romântico, -a

Rome [roʊm, *Brit:* rəʊm] *n* Roma *f*

romp [rɑːmp, *Brit:* rɒmp] I. *vi* brincar ruidosamente, fazer traquinagens; **to ~ home** ganhar facilmente (*corrida ou competição*) II. *n* 1. traquinagem *f* 2. (*sex*) amizade *f* colorida

rompers ['rɑːmpərz, *Brit:* 'rɒmpəz] *npl Am:* traje infantil para brincar

roof [ruːf] <-s> I. *n* teto *m*; (*of house*) telhado *m*; (*of mouth*) céu *m*; **to hit the ~** *fig* subir pelas paredes II. *vt* telhar

roofing *n no pl* cobertura *f* (*material*)

roof rack *n* bagageiro *m*

rook [rʊk] *n* 1. (*bird*) gralha *f* 2. (*in chess*) torre *f*

rookie ['rʊki] *n Am, Aus, inf* novato, -a *m, f*; (*army*) recruta *m*

room [ruːm] *n* 1. (*in house*) quarto *m*, sala *f*; **~ and board** casa e comida 2. *no pl* (*space*) espaço *m*, lugar *m*; **there's no more ~ for anything else** não cabe mais nada; **there's room for improvement/change** há possibilidade de melhora/mudança; **to make ~ for sb/sth** conseguir lugar para alguém/a. c.

rooming house *n Am* pensão *f*

roommate *n Am* colega *mf* de quarto **room service** *n* serviço *m* de quarto

roomy ['ruːmi] <-ier, -iest> *adj* espaçoso, -a; (*clothes*) folgado, -a *m, f*

roost [ruːst] I. *n* poleiro *m*; **to rule the ~** manter o controle II. *vi fig* empoleirar-se

rooster ['ruːstər, *Brit:* -əʳ] *n Am, Aus* galo *m*

root [ruːt] I. *n* 1. *a.* BOT, LING, MAT raiz *f*; **to take ~** *a. fig* criar raízes *pl* 2. (*source*) origem *f*; **the ~ of the problem is that ...** a origem do problema é que ... II. *vi* **to ~ for sb** torcer por alguém

◆ **root about** *vi*, **root around** *vi* revirar, vasculhar

◆ **root on** *vt* arraigar

◆**root out** vt (corruption) extirpar; (person) arrancar
root beer n Am: bebida sem álcool feita com extratos de raízes
rope [roʊp, Brit: rəʊp] I. n corda f; **to know the ~s** fig entender do riscado m II. vt amarrar; **to ~ sth off** isolar a. c. com corda
rosary ['roʊzəri, Brit: 'rəʊ-] <-ies> n rosário m
rose[1] [roʊz, Brit: rəʊz] I. n 1. (flower, color) rosa f 2. (on watering can) crivo m II. adj cor-de-rosa
rose[2] pt of **rise**
rosebud n botão m de rosa **rosebush** n roseira f **rosemary** n no pl alecrim m
rosette [roʊˈzet, Brit: rəʊ'-] n roseta f
roster ['rɑːstər, Brit: 'rɒstə'] n no pl escala f de serviço
rosy ['roʊzi, Brit: 'rəʊ-] <-ier, -iest> adj 1. (rose-colored) rosado, -a 2. (optimistic: future) promissor(a)
rot [rɑːt, Brit: rɒt] I. n no pl 1. podridão f 2. (situation) decadência f 3. Brit, sl besteira f, bobagem f; **stop that ~** deixe de bobagem II.<-tt-> vi, vt apodrecer
rota ['roʊtə, Brit: 'rəʊtə] n Brit rodízio m
rotary ['roʊtəri, Brit: 'rəʊt-] adj rotativo, -a, giratório, -a
rotate ['roʊteɪt, Brit: rəʊ'teɪt] I. vt 1. (turn round) girar 2. (alternate) revezar; AGR alternar II. vi 1. (turn around) girar 2. (alternate) revezar(-se)
rote [roʊt, Brit: rəʊt] n no pl **by ~** maquinalmente; **learn by ~** decorar
rotor ['roʊtər, Brit: 'rəʊtə'] n rotor m
rotten ['rɑːtn, Brit: 'rɒtn] adj 1. (food) podre, estragado, -a 2. inf (behavior) detestável form; (day) péssimo, -a; **to feel rotten** sentir-se péssimo
rotund [roʊˈtʌnd, Brit: rəʊ'-] adj rotundo, -a
rough [rʌf] I. adj 1. (road) irregular; (surface) acidentado, -a 2. (work) tosco, -a 3. (voice) áspero, -a 4. (imprecise: data) impreciso, -a; (idea) aproximado, -a 5. (person, manner) grosseiro, -a 6. (sea) agitado, -a; (weather) tempestuoso, -a II. n no pl SPORTS **the ~** o terreno m não tratado III. vt **to ~ it** inf viver sem conforto
roughage ['rʌfɪdʒ] n no pl GASTR fibra f alimentar
rough-and-ready adj (solution) improvisado, -a; (person) despachado, -a
roughly adv 1. (approximately) aproximadamente, mais ou menos; **~ speaking** em linhas gerais 2. (aggressively) com brutalidade
roughness ['rʌfnɪs] n no pl 1. (of surface) aspereza f 2. (unfairness) severidade f
roulette [ruː'let] n no pl roleta f
round [raʊnd] I.<-er, -est> adj redondo, -a II. adv ao redor; **~ (about) 10 o'clock** por volta das 10 horas; **all ~** por todos os lados; **the other way ~** do outro jeito; s. **around** III. prep 1. (surrounding) ao redor de, em volta de; **just ~ the corner** ali na esquina; **to go ~ sth** contornar a. c. 2. (visit) **to go ~ a museum** visitar todo o museu 3. (here and there) **all ~ the house** ao redor da casa; **to sit ~ the room** ficar sentado à toa no quarto 4. (approximately) por volta de; **~ 11:00** por volta das 11 horas; **somewhere ~ here** em algum lugar por aqui; s. **around** IV. n 1. (circle) círculo m 2. (series: of drinks, talks) rodada f; (of parties) sucessão f 3. pl MED visitas fpl; **to make the ~s** fazer consultas fpl em domicílio 4. (in card games) partida f; (in boxing) assalto m 5. (of ammunition) descarga f V. vt (corner) contornar
◆**round off** vt (education) completar; (meal) terminar; (season) encerrar
◆**round up** vt 1. (gather: cattle) arrebanhar; (speaker) reunir 2. MAT arredondar
roundabout ['raʊndəbaʊt] I. n 1. Aus, Brit AUTO trevo m 2. esp Brit (carousel) carrossel m II. adj indireto, -a
rounders n no pl SPORTS jogo semelhante ao beisebol
roundly adv (criticism) duramente; (defeat) totalmente
round trip n viagem f de ida e volta
round-up n 1. AGR rodeio m 2. (by police) recolhimento m 3. (summary) resumo m
rouse [raʊz] vt 1. (waken) despertar 2. (activate) estimular
rousing adj (speech) vibrante; (welcome) caloroso, -a
rout [raʊt] I. vt derrotar II. n derrota f; (flight) debandada f
route [raʊt, Brit: ruːt] n rota f, caminho m; (of bus) trajeto m, itinerário m; NAUT

rumo *m*
routine [ru:'ti:n] I. *n* 1. *a.* INFOR rotina *f* 2. (*dancing act*) número *m* II. *adj* rotineiro, -a, de rotina
row¹ [roʊ, *Brit:* rəʊ] *n* 1. (*line*) fila *f;* fileira *f* 2. (*succession*) **three times in a ~** três vezes seguidas
row² [raʊ] *n* 1. (*quarrel*) briga *f,* discussão *f;* **to have a ~** ter uma discussão 2. (*noise*) barulho *m;* **to make a ~** fazer uma zoeira *f gír*
row³ [roʊ, *Brit:* rəʊ] I. *vi* brigar II. *vt* (*boat*) remar
rowboat *n Am* barco *m* a remo
rowdy ['raʊdi] <-ier, -iest> *adj* 1. (*noisy*) barulhento, -a 2. (*quarrelsome*) arruaceiro, -a
rowing *n no pl* SPORTS remo *m*
rowing boat *n Brit s.* **rowboat**
royal ['rɔɪəl] *adj* real
royalty ['rɔɪəlti] <-ies> *n* 1. *no pl* (*sovereignty*) realeza *f* 2. *pl* (*payment*) royalty *m,* direitos *mpl* autorais
RP [ˌɑːr'piː, *Brit:* ˌɑː'-] *n no pl abbr of* **received pronunciation** pronúncia padrão do inglês britânico
rpm [ˌɑːrpiː'em, *Brit:* ˌɑː'-] *abbr of* **revolutions per minute** rpm, rotação por minuto
RSPCA [ˌɑːresˌpiːsiː'eɪ, *Brit:* ˌɑː'-] *n Brit abbr of* **Royal Society for the Prevention of Cruelty to Animals** RSPCA *f* (*Sociedade Real de Prevenção à Crueldade com os Animais*)
RSVP *abbr of* **repondez s'il vous plait** R.S.V.P.
rub [rʌb] I. *n* 1. (*act of rubbing*) esfregada *f,* fricção *f* 2. *liter* (*difficulty*) dificuldade *f* II.<-bb-> *vt* (*a. one's eyes*) esfregar; **to ~ sth clean** limpar a. c. esfregando
♦ **rub down** *vt* 1. (*horse*) limpar 2. (*dry*) enxugar
♦ **rub in** *vt* 1. (*spread on skin*) aplicar esfregando 2. *inf* (*keep reminding*) repisar; *pej* insistir em assunto desagradável
♦ **rub off** I. *vi* 1. (*become clean*) sair facilmente 2. (*affect*) **~ on sb** respingar em alguém, contagiar alguém II. *vt* remover esfregando
♦ **rub out** *vt* apagar (*com borracha*)
rubber ['rʌbər, *Brit:* -əʳ] *n* 1. (*material*) borracha *f* 2. *Am, inf* (*condom*) camisinha *f* 3. *Aus, Brit* (*eraser*) borracha *f*
rubber band *n* tira *f* elástica **rubber plant** *n* seringueira *f*
rubbing *n* esfrega *f,* fricção *f*
rubbish ['rʌbɪʃ] I. *n no pl* 1. *inf* (*waste*) lixo *m* 2. *inf* (*nonsense*) bobagem *f* II. *vt Aus, Brit, inf* meter o pau em
rubbish bin *n esp Brit* lata *f* de lixo **rubbish dump** *n Brit,* **rubbish tip** *n Brit* depósito *m* de lixo
rubble ['rʌbl] *n no pl* escombros *mpl*
ruby ['ruːbi] <-ies> *n* rubi *m*
rucksack ['rʌksæk] *n esp Brit* mochila *f*
ruddy ['rʌdi] <-ier, -iest> *adj liter* (*cheeks*) corado, -a
rude [ruːd] *adj* 1. (*impolite*) rude, grosseiro, -a; **to be ~ to do sth** (**to sb**) ser falta de educação fazer a. c. (a alguém); **to be ~ to sb** ser grosseiro com alguém 2. (*vulgar*) obsceno, -a
rudimentary [ˌruːdə'mentəri, *Brit:* -dɪ'-] *adj* rudimentar
rueful ['ruːfl] *adj* arrependido, -a
ruffian ['rʌfiən] *n iron* rufião, -ona *m, f*
ruffle ['rʌfl] *vt* 1. (*clothes*) amarrotar; (*hair*) despentear 2. (*upset*) irritar; **to ~ sb's feathers** *fig* espicaçar alguém
rug [rʌg] *n* 1. (*small carpet*) tapete *m* 2. *Brit* (*blanket*) manta *f*
rugby ['rʌgbi] *n no pl* rúgbi *m*
rugged ['rʌgɪd] *adj* (*construction, object*) vigoroso, -a; (*landscape*) acidentado, -a; (*features*) anguloso, -a *m, f*
ruin ['ruːɪn] I. *vt* 1. (*destroy*) destruir; **to ~ sth for sb** acabar com a. c. para alguém 2. (*spoil*) estragar 3. (*bankrupt*) arruinar II. *n* ruína *f;* **to be in ~s** estar em ruínas
rule [ruːl] I. *n* 1. (*law*) norma *f;* (*principle*) princípio *m;* (*in games*) regra *f;* **a ~ of thumb** uma regra prática; **as a ~** via de regra, regulamento *m;* **it is against the ~s** é contra o regulamento 2. *no pl* (*control*) domínio *m;* **the ~ of law** o estado de direito 3. (*measuring device*) régua *f* II. *vt* 1. (*govern*) governar 2. (*decide*) decidir 3. (*draw*) traçar III. *vi* 1. (*control*) mandar 2. LAW **to ~ for/against sb/sth** decidir a favor/contra alguém/a. c.; **to ~ on sth** decretar a. c. [*ou* tomar decisão sobre a. c.]
♦ **rule out** *vt* descartar; (*people*) excluir
ruler ['ruːlər, *Brit:* -əʳ] *n* 1. (*sovereign*) soberano, -a *m, f* 2. (*for measuring*) régua *f*
ruling I. *adj* (*class*) dominante; (*idea*) predominante II. *n* LAW decisão *f* judi-

cial

rum [rʌm] *n* rum *m*

Rumania *n s.* **Romania**

Rumanian *s.* **Romanian**

rumble ['rʌmbl] **I.** *n no pl* ruído *m;* (*thunder*) estrondo *m* **II.** *vi* fazer barulho; (*thunder*) retumbar; (*stomach*) roncar

rummage ['rʌmɪdʒ] *vi* **to ~ around** (**in sth**) (**for sth**) remexer (a. c.) (em busca de a. c.), vasculhar (a. c.) (em busca de a. c.)

rummage sale *n Am* bazar *m* (de caridade)

rumor *Am*, **rumour** ['ru:mər, *Brit:* -əʳ] *Brit, Aus* **I.** *n* boato *m* **II.** *vt* **it is ~ed that ...** corre o boato que ...; **sb is ~ed to be sth** dizem (por aí) que alguém é a. c.

rump [rʌmp] *n* anca *f;* (*meat*) alcatra *f*

rump steak *n* bife *m* de alcatra

rumpus ['rʌmpəs] *n no pl, inf* zorra *f*, escarcéu *m;* **to raise a ~** fazer escarcéu

run [rʌn] **I.** *n* **1.** (*jog*) **to go for a ~** fazer jogging *m;* **on the ~** (*escape*) em fuga *f;* (*hurry*) na correria *f* **2.** (*series: bad luck*) maré *f;* (*defeat*) série *f* **3.** (*hole in tights*) desfiado *m* **4.** SPORTS corrida *f;* (*ski slope*) pista *f* **5.** CINE, THEAT temporada *f* **6.** *fig* **in the long ~** a longo prazo *m* **II.** *vi* <ran, run> **1.** (*move fast*) correr; **to ~ for it** pôr-se a salvo; **to ~ for the bus** correr para pegar o ônibus; **to ~ to sb** recorrer a alguém **2.** (*operate*) funcionar; **to ~ late** estar atrasado; **to ~ smoothly** correr bem *fig* **3.** (*extend*) estender-se **4.** (*make-up*) passar; (*river*) correr; **to ~ dry** secar **5.** (*enter election*) **to ~ for election** disputar uma eleição; **to ~ for office** candidatar-se a um cargo **III.** *vt* <ran, run> **1.** (*move fast*) correr; **I can ~ 100 m in 15 seconds** consigo correr 100 m em 15 segundos **2.** (*enter in race*) **to ~ a race** competir numa corrida [*ou* participar de uma corrida] **3.** (*drive*) **to ~ sb home** levar alguém de carro para casa **4.** (*pass*) passar; **to ~ one's fingers through one's hair** passar os dedos no cabelo **5.** (*operate*) administrar; **to ~ a business** conduzir um negócio; **to ~ a household** cuidar de uma família

◆ **run across** *vt* encontrar (alguém) por acaso, topar com

◆ **run around** *vi* circular, movimentar-se (*em várias atividades*)

◆ **run away** *vi* **to ~ (from sb/sth)** fugir (de alguém/a. c.)

◆ **run down I.** *vi* (*clock*) parar **II.** *vt* **1.** (*with car*) atropelar **2.** (*talk badly about*) falar mal

◆ **run in** *vt* AUTO fazer o amaciamento

◆ **run into** *vt* (*difficulties, problems*) enfrentar; AUTO colidir com

◆ **run off I.** *vi* (*water*) fluir; **to ~ with sb** fugir com alguém **II.** *vt* xerocar

◆ **run out of** *vi* ficar sem, estar sem; **to ~ time** ficar sem tempo

◆ **run over I.** *vi* recapitular **II.** *vt* AUTO atropelar

◆ **run through** *vt* (*act* (*of a play*)) ensaiar; (*checklist*) repassar; (*money*) esbanjar

◆ **run up I.** *vi* **to ~ against difficulties** tropeçar em dificuldades **II.** *vt* **to ~ debts** acumular dívidas

runaround ['rʌnə'raʊnd] *n no pl* **to give sb the ~** tapear alguém *inf*

runaway ['rʌnəweɪ] *adj* (*horse*) desembestado, -a; (*person*) fugitivo, -a; (*train*) descontrolado, -a

rung[1] [rʌŋ] *n* (*of ladder*) degrau *m;* (*in an organization*) escalão *m*

rung[2] [rʌŋ] *pp of* **ring**[2]

run-in *n inf* bate-boca *m;* **to have a ~ with sb** ter um bate-boca com alguém

runner ['rʌnər, *Brit:* -əʳ] *n* **1.** (*person*) corredor(a) *m(f);* (*horse*) cavalo *m* de corrida **2.** (*on sled*) trilho *m*

runner bean *n Brit* vagem *f*

runner-up *n* vice-campeão, vice-campeã *m, f*

running I. *n no pl* **1.** (*action*) corrida *f* **2.** (*management*) direção *f* **3.** *fig* **to be in/out of the ~** estar no/fora do páreo ✎m **II.** *adj* **1.** (*consecutive*) consecutivo, -a **2.** (*flowing*) corrente

running costs *npl* gastos *mpl,* despesas *fpl*

runny ['rʌni] <-ier, -iest> *adj* escorrendo; **to have a ~ nose** estar com coriza

run-of-the-mill *adj* comum, normal

runt [rʌnt] *n* nanico, -a *m, f*

run-up *n* **1.** SPORTS **to take a ~** dar uma corrida *f* **2.** (*prelude*) período *m* preparatório; **the ~ to sth** o período preparatório para a. c.

runway *n* AVIAT pista *f* de decolagem

rupee ['ru:pi:, *Brit:* ru:'pi:] *n* rupia *f*

rupture ['rʌptʃər, *Brit:* -əʳ] **I.** *vi, vt* romper(-se), quebrar(-se); **to ~ oneself**

rural ['rʊrəl, Brit: 'rʊər-] adj rural
rush[1] [rʌʃ] n BOT junco m
rush[2] I. n 1. (hurry) correria f, pressa f; **to be in a ~** estar com pressa 2. (charge) investida f; (surge: of air) corrente f; **gold ~** corrida f do ouro II. vi apressar-se, correr; **to ~ to do sth** correr para fazer a. c. III. vt 1. (do quickly: job) acelerar; (person) apressar 2. (attack) atacar
♦ **rush through** vt aprovar (lei) às pressas
rush hour n hora f do rush
rusk [rʌsk] n biscoito m
Russia ['rʌʃə] n Rússia f
Russian adj russo, -a
rust [rʌst] I. n no pl ferrugem f II. vi enferrujar
rustic ['rʌstɪk] adj rústico, -a, rural
rustle ['rʌsl] I. vi (audience) sussurrar; (leaf) farfalhar II. vt 1. (paper) fazer farfalhar 2. (cattle) roubar
rustproof adj inoxidável
rusty ['rʌsti] <-ier, -iest> adj a. fig enferrujado, -a; **my Portuguese is a little rusty** meu português está um pouco enferrujado
rut[1] [rʌt] n sulco m; **to be stuck in a ~** ser escravo da rotina f
rut[2] n no pl ZOOL cio m
ruthless ['ru:θləs] adj implacável, impiedoso, -a
Rwanda [rʊˈɑːndə, Brit: -ˈæn-] n Ruanda f
Rwandan adj ruandês, -esa
rye [raɪ] n no pl centeio m

S

S, s [es] n s m; **~ as in Sugar** s de sapo
S [es] 1. abbr of **south** S 2. Am abbr of **satisfactory** regular m
SA 1. abbr of **South America** América f do Sul 2. abbr of **South Africa** África f do Sul
Sabbath ['sæbəθ] n sabá m
sabotage ['sæbətɑːʒ] I. vt sabotar II. n sabotagem f
saccharin ['sækərɪn] n no pl sacarina f
sachet [sæˈʃeɪ, Brit: ˈsæʃ-] n sachê m
sack[1] [sæk] I. n 1. (large bag) saco m, saca f; (of paper, plastic) saco m 2. no pl, inf (dismissal) **to get the ~** ser demitido, ser mandado embora; **to give sb the ~** mandar alguém embora II. vt inf pôr no olho da rua
sack[2] I. n no pl (plundering) saque m II. vt saquear
sacking n no pl (sackcloth) aniagem f
sacred ['seɪkrɪd] adj sagrado, -a
sacrifice ['sækrəfaɪs] I. vt sacrificar; **to ~ one's free time** privar-se do seu tempo livre; **to ~ sth for sth/sb** sacrificar a. c. a a. c./alguém II. n sacrifício m; **to make a ~ for sb** fazer um sacrifício por alguém
sacrilege ['sækrəlɪdʒ, Brit: -rɪ-] n sacrilégio m
sad [sæd] <-dd-> adj 1. (unhappy) triste 2. (deplorable, shameful) lamentável
saddle ['sædl] I. n sela f; (of bicycle) selim m II. vt 1. (horse) selar 2. inf (burden) **to ~ sb with sth** sobrecarregar alguém com a. c.
saddlebag n alforje m
sadist ['seɪdɪst] n sádico, -a m, f
sadistic [səˈdɪstɪk] adj sádico, -a
sadly adv 1. (unhappily) tristemente 2. (regrettably) lamentavelmente; **to be ~ mistaken** estar completamente enganado
sadness ['sædnəs] n no pl tristeza f
sae, SAE [,eseɪˈiː] n abbr of **stamped addressed envelope** envelope com remetente e selado
safari [səˈfɑːri] n safári m
safe [seɪf] I. adj 1. (free of danger) seguro, -a; **~ and sound** são e salvo; **~ journey!** boa viagem!; **it is not ~ to ...** não é seguro ... +inf; **to be on the ~ side ...** por segurança ... 2. (secure) salvo, -a 3. (certain) certo, -a II. n cofre m
safeguard ['seɪfɡɑːrd, Brit: -ɡɑːd] I. vt proteger; **to ~ sth from** [o **against**] **sth/sb** proteger a. c. de a. c./alguém; (right) salvaguardar II. n salvaguarda f, proteção f; **a ~ against sth** uma proteção contra a. c.
safekeeping n no pl custódia f; **to leave sth in ~** deixar a. c. em custódia, guarda f; **give it to me for ~** deixe sob

minha guarda

safely *adv* em [*ou* com] segurança; **I can ~ say ...** posso dizer com segurança ...

safe sex *n* sexo *m* seguro

safety ['seɪfti] *n no pl* segurança *f*

safety belt *n* cinto *m* de segurança

safety catch *n* trava *f* de segurança

safety pin *n* alfinete *m* de segurança

safety valve *n* válvula *f* de segurança

sag [sæg] <-gg-> *vi* cair, vergar; **to ~ under the weight of sth** vergar sob o peso de a. c.

saga ['sɑ:gə] *n* saga *f*

sage¹ [seɪdʒ] *n liter* (*wise man*) sábio *m*

sage² *n no pl* (*herb*) sálvia *f*

Sagittarius [ˌsædʒə'teriəs, *Brit:* -ɪ'teər-] *n* Sagitário *m*; **to be a ~** ser sagitariano, -a, ser (de) Sagitário; **to be born under the sign of ~** ser nativo de Sagitário

Sahara [sə'herə, *Brit:* -'hɑ:rə] *n* **the ~ (Desert)** o (deserto do) Saara

said [sed] I. *pt, pp of* **say** II. *adj* dito, -a

sail [seɪl] I. *n* (*on boat*) vela *f*; **to set ~ (for a place)** zarpar (para um lugar) II. *vi* 1. (*travel*) velejar, navegar; **to ~ for sth** navegar para a. c. 2. (*start voyage*) zarpar 3. (*move smoothly*) deslizar 4. *fig* (*do easily*) **to ~ through sth** fazer a. c. com facilidade III. *vt* (*manage: boat, ship*) pilotar

sailboat *n Am* barco *m* a vela

sailing *n* SPORTS vela *f*

sailing ship *n*, **sailing vessel** *n* veleiro *m*

sailor ['seɪlər, *Brit:* -ər] *n* marinheiro, -a *m, f*

saint [seɪnt] *n* santo, -a *m, f*

> **Culture** O Dia de Saint Patrick, 17 de março, é o dia em que se comemora o santo padroeiro da Irlanda. Nos EUA é uma data que faz parte do calendário oficial de comemorações. As pessoas vestem-se de verde e organizam festas. Há desfiles em muitas cidades, o mais famoso é o de Nova York.

sake¹ [seɪk] *n* **for the ~ of sb/sth** pelo bem [*ou* por causa] de alguém/a. c.; **for goodness** [*o* **Pete's**] **~** (*when annoyed*) pelo amor de Deus

sake² [ˌsɑ:ki] *n* (*drink*) saquê

sake-tini [ˌsɑ:ki'ti:ni] *n* um coquetel composto de gin ou vodka misturado com saquê

salad ['sæləd] *n* salada *f*

salad bowl *n* saladeira *f* **salad dressing** *n* molho/tempero *m* para salada

salami [sə'lɑ:mi] *n no pl* salame *m*

salary ['sæləri] *n* salário *m*

sale [seɪl] *n* 1. (*act of selling*) venda *f*; **for ~** à venda; **on ~** à venda, em liquidação 2. (*reduced prices*) liquidação *f*; **a ~ on sth** uma liquidação de a. c.

sales assistant *n esp Brit*, **salesclerk** *n Am* vendedor(a) *m(f)* **sales conference** *n* encontro *m* de vendas **sales department** *n* departamento *m* de vendas **sales figures** *npl* volume *m* de vendas **sales force** *n no pl* pessoal *m* de vendas **salesman** *n* (*in shop*) vendedor *m*; (*for company*) representante *m* de vendas

salesroom *n Am* salão *m* de vendas **saleswoman** *n* (*in shop*) vendedora *f*; (*for company*) representante *f* de vendas

saliva [sə'laɪvə] *n no pl* saliva *f*

salmon ['sæmən] *n* salmão *m*

saloon [sə'lu:n] *n* 1. *Am* (*bar*) bar *m* 2. *Brit* (*car*) sedã *m*

salt [sɔ:lt] I. *n a.* GASTR, CHEM sal *m* II. *vt* salgar

salt cellar *n* saleiro *m*

saltwater *adj* de água salgada

salty ['sɔ:lti] *adj* salgado, -a

salute [sə'lu:t] I. *vt a.* MIL saudar, fazer continência II. *n* MIL 1. (*hand gesture*) continência *f* 2. *fig* (*act of honor*) homenagem *f* 3. (*firing*) salva *f*

Salvadorian [ˌsælvə'dɔ:riən] *adj* salvadorenho, -a

salvage ['sælvɪdʒ] I. *vt* salvar, resgatar II. *n no pl* 1. (*retrieval*) salvamento *m*, resgate *m* 2. (*things saved*) salvados *mpl*

salvation [sæl'veɪʃn] *n no pl a.* REL salvação *f*

Salvation Army *n no pl* Exército *m* da Salvação

same [seɪm] I. *adj* 1. (*identical*) igual; **the ~ (as sb/sth)** igual (a alguém/a. c.), idêntico, -a 2. (*not another*) mesmo, -a; **at the ~ time** ao mesmo tempo II. *pron* 1. (*nominal*) **the ~** o mesmo, a mesma (coisa) 2. (*adverbial*) **~ here** eu também, eu concordo; **~ to you** igualmente; **all the ~** mesmo assim; **it comes to the ~** dá no mesmo

Samoa [sə'moʊə, *Brit:* -'məʊə] *n* Samoa *f*

Samoan *adj* samoano, -a

sample ['sæmpl, *Brit:* 'sɑːm-] I. *n* amostra *f*; **free ~** amostra grátis II. *vt* provar

sanatorium [ˌsænə'tɔːriəm] <-s *o* -ria> *n* sanatório *m*

sanctimonious [ˌsæŋktɪ'moʊniəs, *Brit:* -'məʊ-] *adj pej* carola, hipócrita

sanction ['sæŋkʃn] I. *n* 1. (*penalty*) sanção *f*; **to place ~s on sb/sth** impor sanções a alguém/a. c. 2. (*approval*) aprovação *f* II. *vt* sancionar, aprovar

sanctity ['sæŋktəti, *Brit:* -ti] *n no pl* santidade *f*

sanctuary ['sæŋktʃueri, *Brit:* -tʃʊəri] *n* <-ies> 1. REL santuário *m* 2. *no pl* (*refuge*) refúgio *m*

sand [sænd] I. *n* areia *f*; **the ~s** a praia II. *vt* lixar; **the shelves need to be ~ed** as prateleiras precisam ser lixadas

sandal ['sændl] *n* sandália *f*

sandbag *n* saco *m* de areia **sandbox** *n Am* caixa *f* de areia (para crianças) **sandcastle** *n* castelo *m* de areia **sand dune** *n* duna *f* **sandpaper** I. *n no pl* lixa *f* II. *vt* lixar **sandpit** *n Brit s.* **sandbox**; **sandstone** *n no pl* arenito *m* **sandstorm** *n* tempestade *f* de areia

sandwich ['sændwɪtʃ, *Brit:* 'sænwɪdʒ] I. <-es> *n* sanduíche *m* II. *vt* intercalar; **to be ~ed between sth** ser intercalado [*ou* estar espremido] entre a. c.

sandy ['sændi] *adj* <-ier, -iest> arenoso, -a, de areia

sane [seɪn] *adj* 1. (*of sound mind*) são, sã 2. (*sensible*) sensato, -a

sang [sæŋ] *pt of* **sing**

sanitary ['sænɪteri, *Brit:* -təri] *adj* 1. (*relating to hygiene*) sanitário, -a 2. (*clean*) higiênico, -a

sanitary towel *n Brit*, **sanitary napkin** *n Am* absorvente *m* (higiênico)

sanitation [ˌsænɪ'teɪʃn] *n no pl* saneamento *m*

sanity ['sænəti, *Brit:* -ti] *n no pl* sanidade *f* (mental); (*of a decision*) sensatez *f*

sank [sæŋk] *pt of* **sink**

Santa (Claus) ['sæntə(ˌklɑːz), *Brit:* ˌsæntə('klɔːz)] *n* Papai *m* Noel

sap¹ [sæp] *n no pl* BOT seiva *f*

sap² <-pp-> *vt* esgotar

sapling ['sæplɪŋ] *n* árvore *f* nova

sapphire ['sæfaɪər, *Brit:* -əʳ] *n* safira *f*

sarcasm ['sɑːrkæzəm, *Brit:* 'sɑːk-] *n no pl* sarcasmo *m*

sarcastic [sɑːr'kæstɪk, *Brit:* sɑː'-] *adj* sarcástico, -a

sardine [sɑːr'diːn, *Brit:* sɑː'-] *n* sardinha *f*

Sardinia [sɑːr'dɪniə, *Brit:* sɑː'-] *n* Sardenha *f*

Sardinian *adj* sardenho, -a

SARS, Sars [sɑːrz, *Brit:* sɑːz] *n no pl* MED *abbr of* **severe acute respiratory syndrome** Sars *f*

sash [sæʃ] <-es> *n* faixa *f*

sat [sæt] *pt, pp of* **sit**

Satan ['seɪtən] *n* satanás *m*

satchel ['sætʃəl] *n* pasta *f* escolar

satellite ['sætəlaɪt, *Brit:* 'sæt-] *n* satélite *m*

satin ['sætn, *Brit:* -tɪn] I. *n* cetim *m* II. *adj* acetinado, -a, de cetim

satire ['sætaɪər, *Brit:* -əʳ] *n* sátira *f*

satisfaction [ˌsætɪs'fækʃn, *Brit:* ˌsæt-] *n no pl* satisfação *f*; **~ from (doing) sth** satisfação de (fazer) a. c.; **to be a ~ (to sb)** ser uma satisfação (para alguém); **to do sth to sb's ~** fazer a. c. para satisfação de alguém

satisfactory [ˌsætɪs'fæktəri, *Brit:* ˌsæt-] *adj* satisfatório, -a; SCH regular

satisfied *adj* satisfeito, -a; **to be satisfied with sb/sth** estar satisfeito com alguém/a. c.

satisfy ['sætəsfaɪ, *Brit:* -tɪ-] <-ie-> *vt* 1. (*person, desire*) satisfazer 2. (*convince*) convencer; **to ~ sb that ...** convencer alguém de que ... 3. (*debt*) saldar

satisfying *adj* satisfatório, -a

saturation [ˌsætʃə'reɪʃn] *n no pl a.* CHEM, ECON saturação *f*

Saturday ['sætərdeɪ, *Brit:* -tədeɪ] *n* sábado *m*; *s.a.* **Friday**

sauce [sɑːs, *Brit:* sɔːs] *n* 1. molho *m*, tempero *m* 2. (*impertinence*) petulância *f*

saucepan *n* panela *f*

saucer ['sɑːsər, *Brit:* 'sɔːsəʳ] *n* pires *m*

saucy ['sɑːsi, *Brit:* 'sɔː-] *adj* <-ier, -iest> petulante

Saudi Arabia [ˌsaʊdiə'reɪbiə] *n* Arábia *f* Saudita

Saudi (Arabian) *adj* saudita

sauna ['sɔːnə] *n* sauna *f*

saunter ['sɑːntər, *Brit:* 'sɔːntəʳ] I. *vi* passear a pé II. *n no pl* passeio *m* a pé

sausage ['sɑːsɪdʒ, *Brit:* 'sɒs-] *n* salsicha *f*; (*cured*) linguiça *f*

sausage roll *n esp Brit* enroladinho *m* de salsicha

savage ['sævɪdʒ] **I.** *adj* (*fierce*) selvagem, feroz **II.** *n pej* selvagem *mf* **III.** *vt* (*attack*) atacar ferozmente

save¹ [seɪv] **I.** *vt* **1.** (*rescue*) salvar; **to ~ face** salvar as aparências; **to ~ sb/sth from sb/sth** salvar alguém/a. c. de alguém/a. c. **2.** (*keep for future use*) guardar **3.** (*collect*) juntar **4.** (*avoid wasting*) economizar **5.** INFOR salvar **II.** *vi* **1.** (*keep for the future*) poupar, economizar; **to ~ (up) for sth** economizar para a. c. **2.** (*conserve*) **to ~ on sth** economizar a. c. **III.** *n* SPORTS defesa *f*

save² *prep* **~ (for)** exceto, salvo

saving I. *n* **1.** *pl* (*money*) economias *fpl*, poupança *f* **2.** (*economy*) economia *f*; **to make ~** fazer economia *f* **II.** *adj* **the ~ grace of ...** o único mérito de ...

savings account *n* conta-poupança *f*

savings bank *n* caixa *f* econômica

savior *n Am*, **saviour** ['seɪvjər, *Brit:* -əʳ] *n* salvador(a) *m(f)*

savor ['seɪvər, *Brit:* -əʳ] **I.** *n Am* (*taste*) sabor *m*, gosto *m*; (*pleasure*) graça *f* **II.** *vt Am* saborear

savory ['seɪvəri] *adj* **1.** (*salty*) salgado, -a **2.** (*appetizing*) apetitoso, -a

savour *n, vt Brit s.* **savor**

savoury *adj Brit s.* **savory**

saw¹ [sɑː, *Brit:* sɔː] *pt of* **see¹**

saw² **I.** *n* serra *f*, serrote *m* **II.** <-ed, sawn *o* -ed> *vt* serrar

sawdust *n no pl* serragem *f*

sawmill *n* serraria *f*

sawn [sɑːn, *Brit:* sɔːn] *pp of* **saw**

sawn-off shotgun *n* espingarda *f* de cano serrado

Saxon ['sæksən] *adj* saxão, -ã

Saxony ['sæksəni] *n* Saxônia *f*

saxophone ['sæksəfoʊn, *Brit:* -fəʊn] *n* saxofone *m*

say [seɪ] **I.** <said, said> *vt* **1.** (*speak*) falar; **to ~ sth to sb's face** falar a. c. na cara de alguém **2.** (*state information*) **to ~ sth about sb/sth** dizer a. c. sobre alguém/a. c.; **to ~ (that) ...** dizer (que) ...; **to have something/nothing to ~ (to sb)** ter algo/não ter nada para dizer (a alguém); **when all is said and done** no final das contas **3.** (*think*) afirmar, dizer; **people ~ that ...** dizem que ... **4.** (*indicate*) dizer; **the letter ~s we should wait here** a carta diz que devemos esperar aqui, indicar; **the sign ~s no left turn** o sinal indica que não se pode virar à esquerda **5.** (*tell*) explicar; **to ~ where/when** explicar onde/quando **6.** (*for instance*) (**let's**) **~ ...** digamos (que) ... +*subj* **II.** <said, said> *vi* **I'll ~!** *inf* ora essa!; **I must ~ ...** devo admitir ... **III.** *n no pl* voz *f* ativa; **to have a ~ in sth** ter voz ativa em a. c.; **to have one's ~** expressar a própria opinião

saying ['seɪɪŋ] *n* **1.** (*proverb*) ditado *m* **2. that goes without ~** nem é preciso dizer

say-so *n no pl, inf* aprovação *f*; **we're not allowed to do that without our mom's ~** não podemos fazer isso sem a permissão da mamãe, palavra *f*; **don't do it just on my ~** não faça isto só confiando na minha palavra

scab [skæb] *n* **1.** (*over wound*) casca *f* (de ferida) **2.** *inf* (*strike-breaker*) fura-greve *mf*

scaffold ['skæfld, *Brit:* -fə(ʊ)ld] *n* (*for construction*) andaime *m*; (*for execution*) cadafalso *m*

scaffolding ['skæfəldɪŋ] *n no pl* andaime *m*

scald [skɑːld, *Brit:* skɔːld] **I.** *vt* (*jar, needle*) escaldar; (*leg*) queimar (com líquido fervente) **II.** *n* queimadura *f*

scale¹ [skeɪl] **I.** *n* **1.** ZOOL escama *f* **2.** *no pl* TECH, MED tártaro *m* **II.** *vt* **1.** (*remove scales*) descamar **2.** TECH, MED tirar o tártaro

scale² *n* (*weighing device*) prato *m* de balança; **~s** balança *f*; (*bigger*) báscula *f*

scale³ **I.** *n* (*range, magnitude, proportion*) *a.* MUS proporção *f*, escala *f*; **on a large/small ~** em grande/pequena escala; **on a ~ of 1 to 10** em uma escala de 1 a 10; **to draw sth to ~** desenhar a. c. em escala **II.** *vt* representar em escala

◆ **scale down** *vt* reduzir

scallop ['skɑːləp, *Brit:* 'skɒl-] *n* vieira *f*; **~ (shell)** venera *f*

scalp [skælp] **I.** *n* couro *m* cabeludo **II.** *vt* escalpelar

scalpel ['skælpəl] *n* MED bisturi *m*

scam [skæm] *n inf* falcatrua *f*

scamper ['skæmpər, *Brit:* -əʳ] *vi* correr saltitando

scampi [skæmpi] *npl* camarões *mpl* fritos

scan [skæn] **I.** <-nn-> *vt* **1.** (*scrutinize*) **to ~ sth for sth** esquadrinhar a. c. para

scandal — schizophrenia

a. c. **2.** (*look through quickly*) dar uma olhada **3.** MED examinar **II.** *n* INFOR escaneamento *m*, varredura *f*; MED exame *m* (de tomografia etc.)

scandal ['skændl] *n* **1.** (*public outrage*) escândalo *m* **2.** *no pl* (*gossip*) maledicência *f*

scandalize ['skændəlaɪz] *vt* escandalizar

scandalous ['skændələs] *adj* escandaloso, -a

Scandinavia [ˌskændɪˈneɪviə] *n* Escandinávia *f*

Scandinavian *adj* escandinavo, -a

scanner ['skænər, *Brit:* -əʳ] *n* INFOR scanner *m*

scant [skænt] *adj* escasso, -a

scanty ['skænti] *adj* **1.** (*clothing*) sumário, -a **2.** (*insufficient*) insuficiente

scapegoat ['skeɪpgoʊt, *Brit:* -gəʊt] *n* bode *m* expiatório

scar [skɑːr, *Brit:* skɑːʳ] **I.** *n* cicatriz *f* **II.** <-rr-> *vt* deixar cicatriz **III.** <-rr-> *vi* **to ~** (**over**) cicatrizar-se

scarce [skers, *Brit:* skeəs] *adj* escasso, -a; **to make oneself ~** dar o fora

scarcely *adv* mal, quase não

scare [sker, *Brit:* skeəʳ] **I.** *vt* assustar; **to be ~d of sth/sb** estar apavorado com a. c./alguém; **to be ~d stiff** estar morto de medo **II.** *n* **1.** (*fright*) susto *m* **2.** (*panic*) pânico *m*

◆ **scare away** *vt*, **scare off** *vt* afugentar, espantar

scarecrow ['skerkroʊ, *Brit:* 'skeəkrəʊ] *n* espantalho *m*

scarf [skɑːrf, *Brit:* skɑːf] <-ves *o* -s> *n* (*around neck*) cachecol *m*, echarpe *f*; (*around head*) lenço *m*

scarlet ['skɑːrlət, *Brit:* 'skɑːl-] *adj* escarlate

scarlet fever *n no pl* MED escarlatina *f*

scarves [skɑːrvz, *Brit:* skɑːvz] *n pl of* **scarf**

scary ['skeri, *Brit:* 'skeəri] *adj* <-ier, -iest> assustador(a); **~ film** filme arrepiante

scathing ['skeɪðɪŋ] *adj* contundente, mordaz; **to be ~ about sb/sth** criticar duramente alguém/a. c.

scatter ['skætər, *Brit:* -təʳ] **I.** *vt* espalhar, dispersar **II.** *vi* espalhar(-se), dispersar(-se)

scatterbrained *adj* desmiolado, -a, cabeça-de-vento *inf*

scavenge ['skævɪndʒ] *vi* **1.** ZOOL ir em busca de carniça **2.** (*search*) revirar o lixo; **to ~** (**around**) **for sth** revirar o lixo em busca de a. c.

scavenger ['skævɪndʒər, *Brit:* -əʳ] *n* **1.** ZOOL animal *m* que se alimenta de carniça **2.** (*person*) pessoa que remexe o lixo, lixeiro *m*

scenario [səˈneriou, *Brit:* sɪˈnɑːriəʊ] *n* **1.** (*situation*) conjuntura *f*, cenário *m* **2.** THEAT, LIT sinopse *f*

scene [siːn] *n* **1.** THEAT, CINE cena *f*; (*setting*) cenário *m*; **behind the ~s** *a. fig* nos bastidores **2.** (*locality*) local *m*; **the ~ of the crime** o local do crime **3.** (*view*) vista *f* **4.** (*milieu*) meio *m*; **the political ~** o meio político; **to appear on the ~** aparecer em cena; **to set the ~** criar um ambiente *m* **5.** (*embarrassing incident*) escândalo *m*; **to make a ~** fazer uma cena, dar um escândalo

scenery ['siːnəri] *n no pl* **1.** (*landscape*) paisagem *f* **2.** THEAT, CINE cenário *m*

scenic ['siːnɪk] *adj* cênico, -a, pitoresco, -a

scent [sent] **I.** *n* **1.** (*aroma*) odor *m* **2.** (*in hunting*) faro *m*; **to throw sb off the ~** despistar alguém **3.** *no pl* (*perfume*) perfume *m* **II.** *vt* **1.** (*smell*) cheirar, farejar **2.** (*sense, detect*) suspeitar **3.** (*apply perfume*) perfumar; **~ed letter** carta perfumada

sceptic ['skeptɪk] *n* cético, -a *m, f*

sceptical *adj* cético, -a

schedule ['skedʒuːl, *Brit:* 'ʃedjuːl] **I.** *n* **1.** (*timetable*) horário *m*; **everything went according to ~** tudo correu como previsto; **to be on ~** estar dentro do horário; **to stick to a ~** manter-se no horário **2.** (*plan of work*) programação *f*; **a ~ for sb/sth** uma programação para alguém/a. c. **II.** *vt* **1.** (*plan*) programar, agendar; **to ~ sth for Monday/12:00** agendar a. c. para segunda-feira às 12 horas **2.** (*list*) relacionar

scheduled *adj* programado, -a, agendado, -a

scheduled flight *n* voo *m* regular

scheme [skiːm] **I.** *n* **1.** (*structure*) esquema *m* **2.** *pej* (*plot*) esquema *m*, armação *f* **3.** *Brit* (*program*) programa *m*; ECON plano *m* **II.** *vi pej* tramar

schism ['skɪzəm] *n* cisma *m*

schizophrenia [ˌskɪtsəˈfriːniə, *Brit:*

-səʊ'-] *n no pl* esquizofrenia *f*
schizophrenic [ˌskɪtsə'frenɪk, *Brit:* -səʊ'-] *adj* esquizofrênico, -a
scholar ['skɑːlər, *Brit:* 'skɒləʳ] *n* **1.** (*learned person*) erudito, -a *m, f* **2.** (*student*) estudante *mf* **3.** (*scholarship holder*) bolsista *mf*
scholarly *adj* erudito, -a
scholarship ['skɑːləʳʃɪp, *Brit:* 'skɒləʃ-] *n* **1.** (*grant*) bolsa *f* de estudos **2.** *no pl* (*learning*) erudição *f* **scholarship holder** *n* bolsista *mf*
school¹ [skuːl] I. *n* **1.** (*institution*) escola *f*, colégio *m*; **to be in** ~ estar na escola; **to go to** ~ ir à escola **2.** (*buildings*) escola *f* **3.** (*university division*) faculdade *f* **4.** (*point of view*) escola *f*; ~ **of thought** escola de pensamento II. *vt* ensinar
school² *n* ZOOL cardume *m*
school age *n* idade *f* escolar **schoolbook** *n* livro *m* escolar **schoolboy** *n* aluno *m* **schoolchild** *n* aluno, -a *m, f* **schoolgirl** *n* aluna *f*
schooling *n no pl* educação *f*
school leaver *n Brit, Aus:* aluno que está por completar ou completou o ensino médio **schoolmaster** *n* professor *m* (de escola) **schoolmistress** *n* professora *f* (de escola)

> **Culture** A expressão **School of the air** designa uma rede de difusão por rádio no **outback** da Austrália. Ela funciona em zonas isoladas do país e tem como finalidade educar a população em idade escolar. Uma dúzia dessas escolas cobre uma área de 2,5 milhões de km, atingindo centenas de crianças. Os alunos recebem material didático e mandam suas lições, falando por rádio com os professores e companheiros de classe. Na maioria das vezes são seus pais ou um professor particular que os inspecionam em casa.

> **Culture** O **school system** (sistema escolar) americano começa com a **elementary school** (que abarca desde a primeira série até a sexta ou oitava). Em alguns lugares, depois da **sixth grade**, a sexta série, os alunos passam para outra escola, a **junior high school** (onde lhes ensinam o correspondente à sétima, oitava e nona séries). A seguir, os alunos vão para a **high school**, onde permanecem por três anos. Nos locais onde não há a **junior high school** os alunos passam diretamente da **elementary school** (onde permaneceram oito anos) à **high school**, que nesse caso começa com a **ninth grade**, isto é, a nona série. Os alunos finalizam seu itinerário escolar ao terminarem a **twelfth grade**, a décima segunda série.

schoolteacher *n* professor(a) *m(f)* **schoolyard** *n Am* pátio *m* da escola
science ['saɪənts] *n* ciência *f*
science fiction *n* ficção *f* científica
scientific [ˌsaɪən'tɪfɪk] *adj* científico, -a
scientist ['saɪəntɪst] *n* cientista *mf*
sci-fi ['saɪˌfaɪ] *n abbr of* **science fiction** ficção *f* científica
Scilly Isles ['sɪli aɪls] *n* **the** ~ as Ilhas *fpl* Scilly
scissors ['sɪzərz, *Brit:* -əz] *npl* tesoura *fpl*; **a pair of** ~ um par de tesouras
scoff¹ [skɑːf, *Brit:* skɒf] *vi* (*mock*) zombar; **to** ~ **at sb/sth** zombar de alguém/a. c.
scoff² *vt inf* (*eat*) **to** ~ **sth** (**up**) devorar a. c.
scold [skoʊld, *Brit:* skəʊld] *vt* repreender; **to** ~ **sb for doing sth** repreender alguém por fazer a. c.
scone [skoʊn, *Brit:* skɒn] *n* bolo *m* leve assado em chapa de ferro
scoop [skuːp] I. *n* **1.** (*utensil*) pá *f*, concha *f* **2.** (*amount*) colherada *f*; (*icecream*) bola *f* **3.** PUBL furo *m* (jornalístico); **to get the** ~ **on sb/sth** conseguir um furo em relação a alguém/a. c.; **what's the** ~? o que é que rola? II. *vt* **to** ~ **sth up** pegar a. c. (com as mãos); **she** ~**ed up the little boy and gave him a hug** ela pegou o menino com as mãos e lhe deu um abraço
scooter ['skuːtər, *Brit:* -təʳ] *n* **1.** (*toy*) patinete *m* **2.** (*vehicle*) (**motor**) ~ lam-

breta *f*

scope [skoʊp, *Brit:* skəʊp] *n no pl* **1.** (*range*) âmbito *m*, alcance *m* **2.** (*possibilities*) campo *m* de ação

scorch [skɔ:rtʃ, *Brit:* skɔ:tʃ] **I.** *vi, vt* chamuscar **II.** *n* <-es> queimadura *f* superficial

scorching *adj* abrasador(a)

score [skɔ:r, *Brit:* skɔ:ʳ] **I.** *n* **1.** (*number of points*) contagem *f* (dos pontos), placar *m*; **to keep (the)** ~ marcar (os) pontos **2.** (*goal, point*) gol *m*, ponto *m* **3.** SCH nota *f*; **a ~ on sth** uma nota em a. c. **4.** (*twenty*) vintena *f*; **~s of people** muitas pessoas **5.** (*dispute*) rixa *f*; **to settle a ~** acertar as contas **6.** MUS partitura *f* **II.** *vt* **1.** (*goal, point*) marcar **2.** (*cut*) fazer um entalhe em **III.** *vi* **1.** SPORTS marcar ponto **2.** *inf* (*succeed*) descolar **3.** SCH **to ~ on sth** tirar nota em a. c.

◆ **score out** *vt* riscar

scoreboard *n* placar *m*, marcador *m*

scorn [skɔ:rn, *Brit:* skɔ:n] **I.** *n* desprezo *m*; **~ for sb/sth** desprezo por alguém/a. c. **II.** *vt* desdenhar, desprezar

Scorpio ['skɔ:rpiou, *Brit:* 'skɔ:piəʊ] *n* Escorpião *m*; **to be a ~** ser escorpiano, -a, ser Escorpião; **to be born under the sign of ~** ser nativo de Escorpião

scorpion ['skɔ:rpiən, *Brit:* 'skɔ:p-] *n* escorpião *m*

Scot [skɑ:t, *Brit:* skɒt] *n* escocês, -esa *m, f*

scotch [skɑ:tʃ, *Brit:* skɒtʃ] *vt* **1.** (*rumor*) pôr fim a **2.** (*plan*) frustrar

Scotch [skɑ:tʃ, *Brit:* skɒtʃ] **I.** *n* uísque *m* **II.** *adj* escocês, -esa

Scotch tape® *n no pl, Am* fita *f* durex

scot-free [ˌskɑ:t'fri:, *Brit:* ˌskɒt'-] *adv* **1.** (*without punishment*) impune; **to get away ~** escapar impune **2.** (*unharmed*) ileso, -a

Scotland ['skɑ:tlənd, *Brit:* 'skɒt-] *n* Escócia *f*

Scotsman ['skɑ:tsmən, *Brit:* 'skɒt-] <-men> *n* escocês *m*

Scotswoman ['skɑ:ts,wʊmən, *Brit:* 'skɒt-] <-women> *n* escocesa *f*

Scottish ['skɑ:tɪʃ, *Brit:* 'skɒt-] *adj* escocês, -esa

scoundrel ['skaʊndrəl] *n pej* canalha *mf*

scour [skaʊər, *Brit:* -əʳ] *vt* **1.** (*scrub*) esfregar **2.** (*search*) vasculhar; **to ~ sth for sth/sb** vasculhar a. c. em busca de a. c./alguém

scourge [skɜ:rdʒ, *Brit:* skɜ:dʒ] *n* a. *fig* flagelo *m*

scout [skaʊt] *n* olheiro, -a *m, f*, escoteiro, -a *m, f*

scowl [skaʊl] **I.** *n* olhar *m* carrancudo **II.** *vi* olhar com cara feia; **to ~ at sb/sth** olhar com cara feia para alguém/a. c.

scrabble ['skræbl] *vi* **1.** (*grope*) escarafunchar; **to ~ around for sth** remexer à procura de a. c. **2.** (*claw for grip*) trepar; **to ~ at sth** trepar em a. c.

scram [skræm] <-mm-> *vi inf* cair fora

scramble ['skræmbl] **I.** *vi* mover-se com dificuldade; **to ~ for sth** lutar [*ou* engalfinhar-se] por a. c. **II.** *vt* revolver; **~d eggs** ovos mexidos **III.** *n no pl* **1.** (*rush*) luta *f*; **a ~ for sth** uma luta para obter a. c.; (*chase*) busca *f* insistente **2.** (*struggle to get*) correria *f*; **a ~ for sth** uma correria para obter a. c.

scrap[1] [skræp] **I.** *n* **1.** (*small piece*) pedaço *m*, fragmento *m* **2.** (*small amount*) pingo *m* **3.** *pl* (*leftover food*) sobras *fpl* **4.** *no pl* (*old metal*) sucata *f* **II.** <-pp-> *vt* (*get rid of*) desfazer-se de; (*abandon*) descartar; (*abolish*) abolir

scrap[2] **I.** *n inf* (*fight*) briga *f* **II.** <-pp-> *vi* brigar; **to ~ over sth with sb** brigar por a. c. com alguém

scrapbook *n* álbum *m* de recortes

scrap dealer *n* sucateiro, -a *m, f*

scrape [skreɪp] **I.** *n* **1.** *no pl* (*act of scraping*) raspagem *f*, arranhão *m* **2.** *inf* (*situation*) enrascada *f* **II.** *vt* **1.** (*remove layer*) raspar, esfolar **2.** (*rub against*) tocar de raspão em

◆ **scrape by** *vi* **to ~ on sth** virar-se (para viver) com a. c.

◆ **scrape through** *vi* (*exam, school*) passar de raspão, passar raspando

scrapheap ['skræphi:p] *n* monte *m* de ferro velho; **to throw sth on the ~** jogar a. c. no ferro velho

scratch [skrætʃ] **I.** *n* **1.** (*cut on skin*) arranhão *m* **2.** (*mark*) risco *m*; **a ~ on sth** um risco em a. c. **3.** (*start*) **from ~** começar do zero **II.** *vt* **1.** (*cut slightly*) arranhar, esfolar; **to ~ sth with sth** arranhar a. c. com a. c. **2.** (*mark*) riscar, rabiscar **3.** (*relieve itch*) coçar **III.** *vi* arranhar **IV.** *adj* improvisado, -a

scratch paper *n* papel *m* de rascunho

scrawl [skrɑ:l, *Brit:* skrɔ:l] **I.** *vt* rabiscar **II.** *n* garrancho *m*

scrawny ['skrɑ:ni, *Brit:* 'skrɔ:-] <-ier, -iest> *adj* esquelético, -a

scream [skri:m] **I.** *n* grito *m*; **to be a ~** ser muito engraçado **II.** *vi* gritar; **to ~ at sb** gritar com alguém; **to ~ in surprise/fright** dar um grito de surpresa/susto

screech [skri:tʃ] *vi* guinchar, gritar estridentemente

screen [skri:n] *n* **1.** *a.* TV, CINE, INFOR tela *f* **2.** (*framed panel*) biombo *m* **3.** *no pl* (*sth that conceals*) anteparo *m* **II.** *vt* **1.** (*conceal*) encobrir, esconder **2.** (*shield*) proteger **3.** (*examine*) examinar; (*revise*) fazer a triagem de, selecionar **4.** TV exibir; CINE projetar

screening *n* **1.** (*in cinema*) projeção *f* **2.** MED exame *m*

screenplay *n* roteiro *m*

screw [skru:] *n* **1.** (*for fastening*) parafuso *m*, rosca *f* **2.** (*propeller*) hélice *f* **II.** *vt* parafusar
  ◆ **screw up** *vt* **1.** (*fasten with screws*) parafusar **2.** *inf* (*make a mess of*) estragar

screwdriver *n* chave *f* de fenda

scribble ['skrɪbl] **I.** *vt*, *vi* rabiscar **II.** *n* garrancho *m*, rabisco *m*

script [skrɪpt] *n* **1.** CINE script *m*, roteiro *m* **2.** (*writing*) escrita *f*

Scripture ['skrɪptʃər, *Brit:* -ə^r] *n* Sagrada *f* Escritura

scroll [skroʊl, *Brit:* skrəʊl] **I.** *n* rolo *m* de papel **II.** *vi* INFOR rolar; **to ~ up/down** rolar para cima/baixo

scrounge [skraʊndʒ] **I.** *vt inf* filar; **to ~ sth off** [*o* **from**] **sb** filar a. c. de alguém **II.** *vi inf* filar; **to ~ around (sth) for sth** fuçar (a. c.) em busca de a. c.; **to ~ off of sb** viver às custas de alguém

scrounger ['skraʊndʒər, *Brit:* -ə^r] *n pej*, *inf* pessoa *f* que fila, aproveitador(a) *m(f)*

scrub[1] [skrʌb] <-bb-> **I.** *vt* **1.** (*clean*) esfregar **2.** (*cancel*) cancelar **II.** *n no pl* (*clean*) esfregação *f*

scrub[2] *n no pl* BOT mato *m*

scruff [skrʌf] *n* cangote *m*; **to grab sb by the ~ of the neck** pegar alguém pelo cangote

scruffy ['skrʌfi] <-ier, -iest> *adj* desleixado, -a, largado, -a

scrum [skrʌm] *n* SPORTS scrum *m*, *no rúgbi*, formação em círculo de jogadores em volta da bola

scruple ['skru:pl] *n no pl* escrúpulo *m*; **to have no ~s (about doing sth)** não ter escrúpulos (em fazer a. c.)

scrupulous ['skru:pjʊləs] *adj* escrupuloso, -a

scrutinise *vt Brit, Aus*, **scrutinize** ['skru:tənaɪz, *Brit:* -tɪ-] *vt* analisar detalhadamente; (*votes*) apurar

scrutiny ['skru:təni, *Brit:* -tɪni] *n no pl* escrutínio *m*

scuba diving ['sku:bəˌdaɪvɪŋ] *n* mergulho *m*

scuff [skʌf] *vt* arranhar (o assoalho), arrastar (os pés); **to ~ sth up** arranhar a. c.

scuffle ['skʌfl] **I.** *n* confusão *f* **II.** *vi* armar confusão

scullery ['skʌləri] *n* copa *f*

sculptor ['skʌlptər, *Brit:* -ə^r] *n* escultor(a) *m(f)*

sculpture ['skʌlptʃər, *Brit:* -ə^r] **I.** *n* escultura *f* **II.** *vt* esculpir

scum [skʌm] *n no pl* **1.** (*foam*) espuma *f* **2.** (*evil people*) escória *f*

scurrilous ['skɜ:rɪləs, *Brit:* 'skʌr-] *adj pej* (*damaging*) difamatório, -a; (*insulting*) calunioso, -a

scurry ['skɜ:ri, *Brit:* 'skʌri] <-ie-> *vi* sair correndo

scuttle[1] ['skʌtl, *Brit:* -tl] *vi* (*run*) correr
  ◆ **scuttle away** *vi*, **scuttle off** *vi* (*run*) escapulir

scuttle[2] *vt* (*sink*) afundar

scuttle[3] *n* recipiente *m* de carvão

scythe [saɪð] **I.** *n* foice *f* de cabo comprido **II.** *vt* (*with a scythe*) cortar com foice; (*with swinging blow*) ceifar

SE [ˌesˈi:] *abbr of* **southeast** S.E.

sea [si:] *n* mar *m*; **a ~ of people** um mar de gente; **by ~** via marítima, pelo mar; **by the ~** no litoral; **out at ~** em alto-mar

seabed *n no pl* fundo *m* do mar

seaboard *n* litoral *m*

seafood *n no pl* frutos *mpl* do mar

seafront *n* **1.** (*promenade*) orla *f* marítima **2.** (*beach*) praia *f*

seagoing *adj* de longo curso

seagull ['si:ˌgʌl] *n* gaivota *f*

seal[1] [si:l] *n* ZOOL foca *f*

seal[2] **I.** *n* (*stamp*) selo *m*; **~ of approval** carimbo *m* de aprovação **II.** *vt* **1.** (*put a seal on*) selar, vedar **2.** (*close: frontier, port*) fechar

sea level *n no pl* nível *m* do mar

sea lion *n* leão-marinho *m*

seam [si:m] *n* **1.** (*in clothing*) costura *f*

seaman ['siːmən] <-men> *n* marinheiro *m*
2. (*junction*) linha *f* de junção **3.** MIN filão *m*
seance ['seɪɑːnts, *Brit:* -ɑːnts] *n* sessão *f* espírita
seaplane ['siːpleɪn] *n* hidroavião *m*
search [sɜːrtʃ, *Brit:* sɜːtʃ] **I.** *n* busca *f*; **in ~ of** sth em busca de a. c.; (*of building*) revista *f* **II.** *vi a.* INFOR buscar, pesquisar; **~ and replace** INFOR pesquisa e substituição; **to ~ for** [*o* **after**] **sth** procurar por a. c. **III.** *vt* **1.** *a.* INFOR buscar; (*building, baggage*) revistar; **to ~ sth for sth/sb** revistar a. c. à procura de a. c./ alguém **2.** (*examine*) pesquisar; **to ~ sth for sth/sb** pesquisar a. c. à procura de a. c./alguém
search engine *n* INFOR buscador, ferramenta *f* de busca
searching *adj* (*look*) penetrante
searchlight ['sɜːrtʃlaɪt, *Brit:* 'sɜːtʃ-] *n* holofote *m*
search party <-ies> *n* grupo *m* de busca **search warrant** *n* mandado *m* de busca
seashore ['siːʃɔːr, *Brit:* -ʃɔːr] *n no pl* **1.** (*beach*) praia *f* **2.** (*coast*) costa *f*, litoral *m*
seasick *adj* enjoado, -a; **to get ~** ficar enjoado
seaside I. *n no pl* **1.** (*beach*) praia *f* **2.** (*coast*) litoral *m* **II.** *adj* litorâneo, -a
season ['siːzən] **I.** *n* **1.** (*period of year*) estação *f* do ano **2.** (*epoch*) temporada *f*, época *f*; **the** (**fishing/hunting**) **~** a temporada de pesca/caça; **to be in ~** estar na estação/época; **to be out of ~** estar fora da estação/época **3.** SPORTS temporada *f* **II.** *vt* GASTR temperar; (*add salt and pepper*) pôr sal e pimenta
seasonal ['siːzənəl] *adj* sazonal, da estação
seasoned *adj* **1.** (*experienced*) experiente **2.** (*spiced*) temperado, -a **3.** (*dried: wood*) curado, -a
seasoning *n no pl* tempero *m*, condimento *m*
season ticket *n* passe *m* (para eventos culturais, transporte)
seat [siːt] **I.** *n* **1.** (*furniture*) assento *m*; (*on a bicycle*) selim *m*; (*in theater*) poltrona *f*, cadeira *f*; (*in car, bus*) banco *m*; **is this ~ free/taken?** este lugar está livre/ocupado?; **to take one's ~** sentar-se **2.** *inf* (*buttocks*) traseiro *m* **3.** POL cadeira *f* **4.** (*center*) sede *f* **II.** *vt* **1.** (*place on a seat*) sentar; **please be ~ed** por favor, sentem-se **2.** (*have enough seats for*) ter capacidade para
seat belt *n* cinto *m* de segurança
seawater *n no pl* água *f* do mar
seaweed *n no pl* alga marinha *f*
seaworthy ['siːˌwɜːrði, *Brit:* -ˌwɜːθi] *adj* em condições de navegar
sec [sek] *abbr of* **second** s
secluded [sɪˈkluːdɪd] *adj* isolado, -a
seclusion [sɪˈkluːʒn] *n no pl* isolamento *m*
second¹ ['sekənd] **I.** *adj* segundo, -a; **on ~ thought** [*o Brit* **thoughts**] pensando bem; **the ~ floor** *Brit* o segundo andar; *Am* o primeiro andar; **to have ~ thoughts about sb/sth** ter dúvidas sobre alguém/a. c.; *s.a.* **eighth II.** *n* **1.** *Brit* (*second-class degree*) título de qualificação logo abaixo do grau mais alto que se obtém numa universidade do Reino Unido **2.** *no pl* (*second gear*) segunda *f* **3.** COM artigo *m* com defeito de fabricação **III.** *adv* segundo **IV.** *vt* (*back up*) apoiar
second² ['sekənd] *n* (*unit of time*) segundo *m*; **just a ~!** um segundo!
second³ [sɪˈkɑːnd, *Brit:* -ˈkɒnd] *vt esp Brit, Aus* (*officer, staff*) destacar
secondary ['sekənderi, *Brit:* -dəri] *adj* secundário, -a
secondary school *n* escola para crianças dos 11 aos 18 anos na Inglaterra
second class I. *adv* **to send sth ~** *Brit* enviar a. c. de correio comum; **to travel ~** viajar de segunda classe **II.** *adj* de segunda classe **second cousin** *n* primo, -a *m, f* de segundo grau **secondhand** [ˌsekəndˈhænd] *adj, adv* de segunda mão **second hand** ['sekəndˌhænd] *n* (*on clock, watch*) ponteiro *m* de segundos
secondly *adv* em segundo lugar
second-rate [ˌsekəndˈreɪt] *adj* de segunda categoria
secrecy ['siːkrəsi] *n no pl* segredo *m*, sigilo *m*
secret ['siːkrɪt] **I.** *n* segredo *m* **II.** *adj* secreto, -a; **to keep sth ~** (**from sb**) manter a. c. escondida (de alguém)
secret agent *n* agente, -a *m, f* secreto
secretary ['sekrəteri, *Brit:* -təri] <-ies> *n* secretário, -a *m, f*; **Secretary of State** *Brit* ministro; *Am* secretário de Estado
secretary-general <secretaries-gen-

eral> *n* secretário-geral, secretária-geral *m, f*

secrete[1] [sɪ'kri:t] *vt* (*discharge*) secretar

secrete[2] [sɪ'kri:t] *vt form* (*hide*) ocultar

secretive ['si:krət̬ɪv, *Brit:* -tɪv] *adj* reservado, -a

sect [sekt] *n* seita *f*

sectarian [sek'teriən, *Brit:* -'teər-] *adj* sectário, -a

section ['sekʃn] *n* **1.** (*part*) *a.* MIL, MUS, PUBL seção *f;* (*of object*) parte *f* **2.** (*group*) segmento *m* **3.** (*of document*) parágrafo *m*

sector ['sektər, *Brit:* -əʳ] *n* setor *m*

secular ['sekjʊlər, *Brit:* -əʳ] *adj* **1.** (*nonreligious*) secular, laico, -a **2.** REL civil

secure [sɪ'kjʊr, *Brit:* -'kjʊəʳ] **I.** *adj* <-rer, -est> **1.** (*safe*) seguro, -a; **to make sth ~ against attack** tornar a. c. protegida contra ataques **2.** (*confident*) **to feel ~ about sth** sentir-se seguro sobre a. c. **3.** (*fixed*) firme **II.** *vt* **1.** (*obtain*) obter **2.** (*make firm*) prender bem; *fig* assegurar, consolidar **3.** (*guarantee repayment*) afiançar

security [sɪ'kjʊrət̬i, *Brit:* -'kjʊərəti] <-ies> *n* **1.** *no pl* (*safety*) segurança *f;* **job ~** estabilidade *f* no emprego **2.** *no pl* (*payment guarantee*) fiança *f* **3.** *pl* FIN títulos *mpl;* **securities market** mercado *m* de valores mobiliários

Security Council *n* Conselho *m* de Segurança **security forces** *npl* forças *fpl* de segurança **security guard** *n* segurança *mf*

sedan [sɪ'dæn] *n Am, Aus* AUTO sedã *m*

sedate [sɪ'deɪt] **I.** *adj* (*person, lifestyle*) tranquilo, -a; (*style*) sóbrio, -a **II.** *vt* MED sedar

sedation [sɪ'deɪʃn] *n no pl* MED sedação *f;* **under ~** sob efeito de sedativos

sedative ['sedət̬ɪv, *Brit:* -tɪv] *n* sedativo *m,* calmante *m*

sediment ['sedəmənt, *Brit:* -dɪ-] *n no pl* sedimento *m*

seduce [sɪ'du:s, *Brit:* -'dju:s] *vt* seduzir

seduction [sɪ'dʌkʃn] *n no pl* sedução *f*

seductive [sɪ'dʌktɪv] *adj* sedutor(a), tentador(a)

see[1] [si:] <saw, seen> **I.** *vt* **1.** (*perceive*) ver; **to ~ sth for what it really is** ver a. c. como realmente é; **to ~ that ...** ver que ...; **as I ~ it ...** ao meu modo de ver ...; **I could ~ it coming** era de se esperar; **may I ~ your driving licence?** posso ver a sua carteira de motorista?; **you were ~n to enter the building** você foi visto entrando no edifício **2.** (*visit*) visitar, encontrar; **~ you (around)!** *inf* (*good-bye*) a gente se vê!, tchau **3.** (*have relationship*) **to be ~ing sb** estar saindo com alguém **4.** (*investigate*) **to ~ how/what/if ...** averiguar como/o que/se ... **5.** (*accompany*) **to ~ sb out/to the door** acompanhar alguém até a saída/porta **6.** (*ensure*) **~ that you are ready when we come** trate de estar pronto quando chegarmos **II.** *vi* **1.** (*use eyes*) ver; **as far as the eye can ~** até onde a vista alcança **2.** (*find out*) descobrir; **~ for yourself!** descubra você mesmo!; **let me ~** deixa eu ver **3.** (*understand*) entender; **I ~** entendo

◆**see about** *vt inf* providenciar; (*consider*) pensar em

◆**see off** *vt* despedir-se de

◆**see through** *vt* **1.** (*look through*) compreender **2.** (*not be deceived by*) não se deixar enganar por

◆**see to** *vt* providenciar, encarregar-se de

see[2] [si:] *n* REL sé *f*

seed [si:d] *n* **1.** BOT semente *f;* (*of fruit*) caroço *m* **2.** (*beginning*) germe *m*

seedling ['si:dlɪŋ] *n* planta *f* brotada da semente

seedy ['si:di] <-ier, -iest> *adj* sórdido, -a; (*place*) barra-pesada *inf*

seeing *conj* ~ (**that**) visto (que)

seek [si:k] <sought, sought> *vt* **1.** (*look for: job, person*) procurar **2.** (*ask for: help, approval*) buscar

◆**seek out** *vt* (*person*) ir procurar

seem [si:m] *vi* **1.** (*appear to be*) parecer; **to ~ as if ...** parecer que ...; **to ~ (to be) happy/upset** parecer feliz/aborrecido; **it is not all what it ~s** não é o que parece **2.** (*appear*) **it ~s that ...** parece que ...; **it would ~ so, so it ~s** assim parece

seemingly *adv* aparentemente

seen [si:n] *pp of* **see**

seep [si:p] *vi* infiltrar-se; **to ~ into sth** infiltrar-se em a. c.; **to ~ through sth** penetrar por a. c.

seesaw ['si:sɑ:, *Brit:* -sɔ:] *n* gangorra *f*

seethe [si:ð] *vi* **1.** (*bubble*) ferver **2.** *fig* (*be angry*) enfurecer-se; **to ~ with anger** ferver de raiva

see-through *adj* transparente

segment ['segmənt] *n* segmento *m,*

S

setor *m*, gomo *m*

segregate ['segrəgeɪt, *Brit:* -rɪ-] *vt* segregar

seize [siːz] *vt* **1.** (*grasp: arm*) agarrar; (*iniciative, power*) tomar **2.** (*take: opportunity*) aproveitar
◆ **seize on** *vt* aproveitar
◆ **seize up** *vi* (*brain, muscles*) travar; (*engine*) emperrar

seizure ['siːʒər, *Brit:* -əʳ] *n* **1.** MED convulsão *f* **2.** (*by police: of drugs*) apreensão *f*

seldom ['seldəm] *adv* raramente

select [sə'lekt, *Brit:* sɪ'-] **I.** *vt* (*candidate, player*) selecionar; (*gift, wine*) escolher **II.** *adj* (*high-class*) seleto, -a; (*club, restaurant*) exclusivo, -a; **the ~ few** os eleitos *mpl*

selection [sə'lekʃn, *Brit:* sɪ'-] *n* **1.** (*choosing*) seleção *f* **2.** (*range*) coleção *f* **3.** *no pl* (*choice*) escolha *f*

selector [sə'lektər, *Brit:* sɪ'lektəʳ] *n* **1.** SPORTS selecionador(a) *m(f)* **2.** TECH seletor *m*

self [self] *n* <selves> si mesmo, -a *m, f,* a própria pessoa; **the ~** PSYCH o eu *m*; **to be one's old ~** ser o mesmo de sempre

self-assurance *n no pl* autoconfiança *f*

self-assured *adj* autoconfiante **self-centered** *adj Am,* **self-centred** *adj Brit, Aus* egocêntrico, -a **self-confessed** *adj* confesso, -a **self-confidence** *n no pl* autoconfiança *f* **self-conscious** *adj* inibido, -a, constrangido, -a; **to feel ~** ficar sem jeito **self-contained** *adj* autossuficiente; (*apartment*) independente **self-control** *n no pl* autocontrole *m* **self-defence** *n Aus, Brit,* **self-defense** *n Am no pl* legítima *f* defesa, defesa *f* pessoal **self-discipline** *n no pl* autodisciplina *f* **self-employed** *adj* **to be ~** ser autônomo, -a, trabalhar por conta própria **self-esteem** *n no pl* autoestima *f* **self-evident** *adj* patente **self-explanatory** *adj* autoexplicativo **self-governing** *adj* autônomo, -a **self-help** *n* autoajuda *f* **self-indulgent** *adj* indulgente consigo próprio **self-inflicted** *adj* infligido, -a, a si próprio **self-interest** *n no pl* interesse *m* próprio

selfish ['selfɪʃ] *adj* egoísta

selfishness *n no pl* egoísmo *m*

selfless ['selfləs] *adj* altruísta, abnegado, -a

self-pity *n no pl* autocomiseração *f* **self-portrait** *n* autorretrato *m* **self-preservation** *n no pl* autopreservação *f* **self-respect** *n no pl* amor-próprio *m* **self-righteous** *adj* moralista, dono, -a da verdade **self-sacrifice** *n no pl* altruísmo *m*, abnegação *f* **self-satisfied** *adj* convencido, -a **self-service** *adj* ~ **restaurant** restaurante *m* self-service; ~ **store** loja *f* de autosserviço **self-sufficient** *adj* **1.** (*independent*) autossuficiente **2.** (*arrogant*) arrogante **self-taught** *adj* autodidata

sell [sel] **I.** *vt* <sold, sold> **1.** (*for money*) vender; **to ~ oneself short** *fig* menosprezar-se; **to ~ sth to sb for $5/ten cents** vender a. c. a alguém por 5 reais/dez centavos **2.** *fig* (*make accepted*) fazer aceitar; **I'm sold on your plan** o seu plano conseguiu me convencer **II.** *vi* <sold, sold> vender; **to ~ at** [*o* **for**] **$5** vender a [*ou* por] $5
◆ **sell off** *vt* liquidar
◆ **sell out I.** *vi* **1.** COM, FIN esgotar-se **2.** *fig* vender-se **II.** *vt* liquidar; **to be sold out of sth** estar com a. c. esgotada
◆ **sell up** *Aus, Brit* **I.** *vi* liquidar **II.** *vt* vender

sell-by date *n Brit* COM (data de) validade *f*

seller ['selər, *Brit:* -əʳ] *n* vendedor(a) *m(f)*; ~'**s market** mercado *m* em alta

selling price *n* preço *m* de venda

Sellotape® ['seləʊteɪp, *Brit:* -lə-] *n no pl, Brit* fita *f* durex

sell-out *n* **1.** THEAT, CINE lotação *f* esgotada **2.** (*betrayal*) traição *f*

selves [selvz] *n pl of* **self**

semblance ['sembləns] *n no pl, form* aparência *f*

semen ['siːmən] *n no pl* sêmen *m*

semester [sə'mestər, *Brit:* sɪ'mestəʳ] *n* semestre *m*

semi ['semi] *n* **1.** *Am* (*truck*) trailer *m* **2.** *Aus, Brit, inf* (*duplex*) casa *f* geminada

semicircle ['semɪˌsɜːrkl, *Brit:* -ˌsɜːkl] *n* semicírculo *m*

semicolon ['semɪˌkoʊlən, *Brit:* ˌsemɪ-'kəʊ-] *n* ponto e vírgula *m*

semiconductor [ˌsemɪkən'dʌktər, *Brit:* -əʳ] *n* ELEC semicondutor *m*

semi-detached [ˌsemɪdɪ'tætʃt] *adj* ~ **house** casa *f* geminada

semifinal [ˌsemɪ'faɪnəl] *n* SPORTS semifinal *f*

seminar ['semənɑːr, *Brit:* -ɪnɑːʳ] *n* UNIV

seminário *m*

seminary ['semɪneri, *Brit:* -nəri] *n* REL seminário *m*

semiskilled [,semɪ'skɪld] *adj* semiespecializado, -a

Sen. *n Am abbr of* **Senator** Sen. *mf*

senate ['senɪt] *n no pl* POL senado *m*

senator ['senətər, *Brit:* -tər] *n* POL senador(a) *m(f)*

send [send] *vt* <sent, sent> 1. (*message, letter*) enviar, mandar; ~ **her my regards** mande lembranças minhas a ela; **to ~ one's love to sb** mandar lembranças com carinho a alguém; **to ~ sth by mail** enviar a. c. pelo correio; **to ~ word (to sb)** *form* comunicar a. c. (a alguém) 2. (*propel*) lançar; **to ~ sth flying** mandar a. c. pelos ares 3. *inf* (*cause*) **to ~ sb to sleep** fazer alguém dormir; **to ~ shivers down sb's spine** dar calafrio na espinha de alguém

◆ **send away** I. *vt* enviar, mandar embora II. *vi* **to ~ for sth** pedir [*ou* encomendar] a. c. pelo correio

◆ **send back** *vt* devolver, mandar de volta

◆ **send for** *vt* (*goods*) encomendar; (*person*) chamar

◆ **send in** *vt* (*reinforcements*) mandar

◆ **send off** *vt* 1. (*by mail*) pôr no correio, despachar 2. *Aus, Brit* SPORTS expulsar

◆ **send on** *vt* 1. (*forward: mail*) remeter 2. (*send in advance*) mandar na frente

◆ **send out** I. *vt* 1. (*send on errand*) mandar 2. (*dispatch*) expedir 3. (*emit: signal, rays*) emitir II. *vi* **to ~ for sth** mandar trazer a. c.

◆ **send up** *vt* 1. (*drive up: prices, temperature*) fazer subir 2. (*caricature*) imitar

sender *n* remetente *mf*

send-off *n* despedida *f*; **to give sb a good ~** dar um belo bota-fora para alguém **send-up** *n inf* imitação *f*

Senegal [,senɪ'gɔːl] *n* Senegal

Senegalese [,senɪgə'liːz] *adj* senegalês, -esa

senile ['siːnaɪl] *adj* senil

senior ['siːnjər, *Brit:* -niər] I. *adj* 1. (*higher in rank*) superior, sênior 2. (*older*) mais velho; **James Grafton, Senior** James Grafton pai II. *n* idoso, -a *m, f*

senior citizen *n* idoso, -a *m, f* **senior high school** *n* escola *f* de ensino médio

seniority [siː'njɔːrəti, *Brit:* ˌsiːni'ɒrəti] *n no pl* antiguidade (em cargo ou função) *f*

sensation [sen'seɪʃn] *n* sensação *f*

sensational [sen'seɪʃənəl] *adj* sensacional

sense [sents] I. *n* 1. (*faculty*) sentido *m* 2. (*ability*) senso *m*; **to lose all ~ of time** perder a noção do tempo 3. (*way*) sentido *m*; **in every ~** em todos os sentidos 4. (*sensation*) sensação *f* 5. *pl* (*clear mental faculties*) discernimento *m*, juízo *m*; **to come to one's ~s** (*recover consciousness*) recobrar os sentidos; (*see reason*) recobrar o juízo 6. *no pl* (*good judgment*) (**common**) **~** bom senso *m*, sensatez *f* 7. (*meaning*) significado *m*, sentido *m*; **there's no ~ in doing sth** não faz sentido fazer a. c.; **to make ~** fazer sentido II. *vt* sentir; **to ~ that ...** perceber que ...

senseless ['sentsləs] *adj* 1. (*pointless*) sem sentido; (*remark*) disparatado, -a 2. MED inconsciente

sensibility [,sentsə'bɪləti, *Brit:* -sɪ'bɪləti] *n no pl* sensibilidade *f*

sensible ['sentsəbl, *Brit:* -sɪ-] *adj* 1. (*having good judgement*) sensato, -a 2. (*suitable: clothes, shoes*) prático, -a

sensibly *adv* 1. (*wisely*) com sensatez 2. (*dressed*) com praticidade

sensitive ['sentsətɪv, *Brit:* -sɪtɪv] *adj* 1. (*appreciative*) sensível; **to be ~ to sth** ser sensível a a. c. 2. (*touchy*) suscetível; **to be ~ about sth** ser suscetível a a. c. 3. (*issue*) delicado, -a

sensitiveness *n*, **sensitivity** [,sentsə'tɪvəti, *Brit:* -sɪ'trɪvəti] *n* 1. (*touchiness*) suscetibilidade *f*, delicadeza *f* 2. (*understanding*) sensibilidade *f*

sensual ['sentʃʊəl, *Brit:* -sjʊəl] *adj*, **sensuous** ['sentʃʊəs, *Brit:* -sjʊəs] *adj* sensual

sent [sent] *pt, pp of* **send**

sentence ['sentəns] I. *n* 1. LING frase *f* 2. (*court decision*) sentença *f*; (*punishment*) pena *f*; **jail ~** pena de prisão II. *vt* sentenciar

sentiment ['sentəmənt, *Brit:* -tɪ-] *n form* 1. (*opinion*) opinião *f* 2. *no pl* (*emotion*) sentimento *m*

sentimental [,sentə'mentəl, *Brit:* -tɪ'-] *adj* sentimental, emotivo, -a

sentry ['sentri] *n* sentinela *f*

separate¹ ['sepərɪt, *Brit:* 'seprət] *adj* separado, -a, distinto, -a

separate² ['sepəreɪt] I. *vt* separar; **to ~ sb/sth from sth** separar alguém/a. c. de a. c.; **to ~ two people** separar duas pessoas II. *vi* separar-se

separation [,sepə'reɪʃn] *n* separação *f*; (*division*) divisão *f*

September [sep'tembər, *Brit:* -ə'] *n* setembro *m*; *s.a.* **March**

septic ['septɪk] *adj* séptico, -a; **to go** [*o* **turn**] ~ infeccionar(-se)

sequel ['si:kwəl] *n* **1.** continuação *f*; **a ~ to sth** um desdobramento de a. c. **2.** (*follow-up*) seguimento *m*

sequence ['si:kwəns] *n* **1.** (*order*) ordem *f*; (*of events*) série *f* **2.** (*part of film*) sequência *f*

sequin ['si:kwɪn] *n* lantejoula *f*

sera ['sɪrə, *Brit:* 'sɪərə] *n pl of* **serum**

Serb [sɜːrb, *Brit:* sɜːb] *adj* sérvio, -a

Serbia ['sɜːrbiə, *Brit:* 'sɜːb-] *n* Sérvia *f*

Serbian *n* sérvio, -a *m, f*

serenade [,serə'neɪd] I. *vt* fazer uma serenata II. *n* serenata *f*

serene [sə'ri:n, *Brit:* sɪ'-] *adj* **1.** (*calm*) sereno, -a **2.** (*peaceful*) tranquilo, -a

serial ['sɪriəl, *Brit:* 'sɪər-] *n* série *f*, seriado *m*; **TV** ~ série *f* de TV

serial killer *n* assassino, -a *m, f* em série

serial number *n* número *m* de série

series ['sɪri:z, *Brit:* 'sɪər-] *n inv* série *f*, seriado *m*

> **Grammar** a series, o verbo fica no singular: "A new television series begins today."

serious ['sɪriəs, *Brit:* 'sɪər-] *adj* **1.** (*earnest, solemn*) sério, -a; **to be ~ about sb/sth** levar alguém/a. c. a sério; **to get ~ with sb** namorar alguém firme **2.** (*problem, injury*) grave

seriously *adv* **1.** (*in earnest*) seriamente, a sério; **no, ~ ...** não, falando sério ... **2.** (*ill, damaged*) gravemente **3.** *inf* (*very*) muito

sermon ['sɜːrmən, *Brit:* 'sɜːm-] *n a. fig* sermão *m*

serpent ['sɜːrpənt, *Brit:* 'sɜːp-] *n* serpente *f*

serum ['sɪrəm, *Brit:* 'sɪər-] <-s *o* sera> *n* soro *m*

servant ['sɜːrvənt, *Brit:* 'sɜːv-] *n* criado, -a *m, f*

serve [sɜːrv, *Brit:* sɜːv] I. *n* SPORTS saque *m* II. *vt* **1.** (*attend*) atender **2.** (*provide*) servir; **to ~ sth to sb** servir a. c. para alguém **3.** (*be enough for*) ser suficiente **4.** (*work for*) prestar serviços a; **to ~ sb's interests** servir aos interesses de alguém **5.** (*complete: sentence, mandate*) cumprir **6.** (*help achieve*) ser útil para; **if my memory ~s me right** se não me falha a memória **7.** *fig* **it ~s him/her right!** bem feito (para ele/ ela)! III. *vi* **1.** (*put food on plates*) servir; **~ hot or cold** sirva frio ou quente **2.** (*be useful*) servir **3.** SPORTS sacar

◆ **serve out** *vt* GASTR servir

◆ **serve up** *vt* GASTR servir; *fig* oferecer

service ['sɜːrvɪs, *Brit:* 'sɜːv-] I. *n* **1.** *no pl* serviço *m*; **bus/train** ~ serviço de ônibus/trem; **to be of ~ to sb** ser útil para alguém **2.** (*department*) serviço *m*; **intelligence** ~ serviço de inteligência; **the Service** MIL as Forças Armadas **3.** SPORTS saque *m* **4.** REL culto *m*; **to hold a** ~ celebrar uma missa **5.** TECH assistência *f* técnica; AUTO revisão *f* **6.** (*set*) conjunto *m* de peças; **tea** ~ aparelho *m* de chá; ~ **for eight** (**people**) serviço para oito (pessoas) II. *vt* (*car, TV*) prestar assistência mecânica/técnica

service charge *n* taxa *f* de serviço **serviceman** *n* soldado *m* **service station** *n* posto *m* de gasolina

serviette [,sɜːrvi'et, *Brit:* ,sɜːv-] *n Brit* guardanapo *m*

session ['seʃn] *n* (*meeting*) sessão *f*; **to be in** ~ estar reunido

set [set] I. *adj* **1.** (*ready*) pronto, -a; **to be (all)** ~ **for sb/sth** estar (tudo) pronto para alguém/a. c.; **to get** ~ (**to do sth**) preparar-se (para fazer a. c.) **2.** (*fixed*) fixo, -a; **to be** ~ **in one's ways** ter hábitos arraigados **3.** (*assigned*) designado, -a II. *n* **1.** (*group: of kitchen utensils*) jogo *m*; (*of people*) grupo *m*; (*of stamps*) série *f*; (*of tools*) caixa *f*; ~ **of glasses** par *m* de óculos; ~ **of teeth** dentadura *f* **2.** (*collection*) coleção *f* **3.** CINE set *m*; **to be on** ~ estar no set **4.** (*television*) aparelho *m* **5.** (*in tennis*) set *m* **6.** (*musical performance*) número *m* III. *vt* <set, set> **1.** (*place*) pôr, colocar **2.** (*start*) **to ~ sth on fire** atear fogo em a. c. **3.** (*adjust*) ajustar, regular; **to ~ the alarm clock** acertar o despertador; (*prepare: stage*) arrumar; (*trap*) preparar; **to ~ the table** pôr a mesa **4.** (*fix*) **to ~ a date for sth** marcar uma data para a. c.; **to ~ a price** fixar um preço; **to ~ oneself a goal** estabelecer-se uma meta **IV.** *vi* **1.** (*become firm: cement, jelly*) endurecer; (*milk*) coalhar **2.** (*sun*) pôr-se

◆ **set about** *vi* começar a; **to ~ doing sth** pôr-se a fazer a. c.

◆ **set aside** *vt* guardar; (*time*) reservar; (*money*) economizar

◆ **set back** *vt* **1.** (*delay*) atrasar **2.** (*place away from*) afastar

◆ **set down** *vt* **1.** (*drop off*) deixar **2.** (*write*) tomar nota

◆ **set off I.** *vi* partir **II.** *vt* **1. to set sb off** (*laughing, crying*) fazer alguém começar a rir, chorar **2.** (*detonate*) detonar **3.** (*cause*) causar **4.** (*enhance*) realçar

◆ **set out I.** *vt* **1.** (*display, arrange*) exibir, dispor **2.** (*explain: terms, reasons*) especificar **II.** *vi* **1.** partir **2. to ~ to do sth** (*intend*) planejar fazer a. c.

◆ **set up** *vt* montar, configurar; **to set sb up with sb** armar o encontro de alguém com alguém

setback ['setbæk] *n* percalço *m*; **to experience a ~** ter um contratempo *m*

settee [se'ti:] *n* sofá *m*

setting *n* **1.** (*scenery*) cenário *m* **2.** (*for jewel*) armação *f*

settle ['setl, *Brit:* -tl] **I.** *vi* **1.** (*take up residence*) instalar-se, estabelecer-se **2.** (*get comfortable*) acomodar-se **3.** (*calm down*) acalmar(-se), sossegar; (*situation*) normalizar(-se); (*weather*) abrandar **4.** (*decide*) **to ~ for sth** aceitar a. c.; **to ~ on sth** decidir-se por a. c. **II.** *vt* **1.** (*calm down: stomach*) acalmar **2.** (*decide*) decidir; **that ~s it!** está decidido! **3.** (*conclude*) pôr fim a; (*resolve*) resolver; **to ~ sth with sb** resolver a. c. com alguém **4.** (*pay*) saldar

◆ **settle down** *vi* **1.** (*take up residence*) fixar residência **2.** (*calm down*) sossegar

◆ **settle in** *vi* adaptar-se

◆ **settle up** *vi* ajustar contas

settlement ['setlmənt, *Brit:* 'set-] *n* **1.** (*resolution*) resolução *f* **2.** (*agreement*) acordo *m* **3.** FIN, ECON quitação *f*; **in ~ of sth** em pagamento de a. c. **4.** (*village, town*) assentamento *m*, colônia *f*

settler ['setlər, *Brit:* -tlər] *n* colono, -a *m, f*

set-up *n* configuração *f*

seven ['sevn] *adj* sete *inv*; *s.a.* **eight**

seventeen [ˌsevn'ti:n] *adj* dezessete *inv*; *s.a.* **eight 1**

seventeenth [ˌsevn'ti:nθ] *adj* décimo sétimo, décima sétima; *s.a.* **eighth**

seventh ['sevnθ] *adj* sétimo, -a; *s.a.* **eighth**

seventieth ['sevntiθ] *adj* septuagésimo, -a

seventy ['sevnti, *Brit:* -ti] *adj* setenta *inv*; *s.a.* **eighty**

sever ['sevər, *Brit:* -əʳ] *vt* cortar; **to ~ sth from sth** cortar a. c. de a. c.; (*relationship*) romper; **to ~ sth with sb** romper a. c. com alguém

several ['sevərəl] **I.** *adj* (*some*) vários, -as; **~ times** várias vezes; (*distinct*) diverso, -a **II.** *pron* (*some*) alguns, -mas; **~ of us** alguns de nós; (*different*) vários, -as

severance pay *n* indenização *f* (por quebra de contrato)

severe [sə'vɪr, *Brit:* sɪ'vɪəʳ] *adj* **1.** (*pain*) intenso, -a; (*problem, illness*) grave **2.** (*rough: criticism*) duro, -a; (*punishment, person*) severo, -a; (*weather*) rigoroso, -a

severity [sə'verəti, *Brit:* sɪ'verəti] *n no pl* gravidade *f*

sew [soʊ, *Brit:* səʊ] <sewed, sewn *o* sewed> *vi, vt* costurar

◆ **sew up** *vt* costurar, suturar

sewage ['su:ɪdʒ] *n no pl* material *m* de esgoto

sewer ['su:ər, *Brit:* 'sjʊəʳ] *n* esgoto *m*

sewing ['soʊɪŋ, *Brit:* 'səʊ-] *n no pl* costura *f*

sewing machine *n* máquina *f* de costura

sewn [soʊn, *Brit:* səʊn] *pp of* **sew**

sex [seks] <-es> *n* sexo *m*; **to have ~ (with sb)** ter relações sexuais (com alguém), fazer sexo (com alguém)

sex appeal *n no pl* poder *m* de sedução

sex education *n no pl* educação *f* sexual

sexist *adj* sexista

sex life *n no pl* vida *f* sexual

sexual ['sekʃuəl, *Brit:* -ʃʊəl] *adj* sexual

sexy ['seksi] <-ier, -iest> *adj inf* sensual, gostoso, -a

Seychelles [seɪ'ʃelz] *n* Ilhas *fpl* Seychelles

shabby ['ʃæbi] <-ier, -iest> *adj* **1.** (*badly*

shack [ʃæk] *n* barraco *m*, choça *f*

shackles ['ʃæklz] *npl* algemas *fpl*

shade [ʃeɪd] I. *n* 1. *no pl* (*shadow*) sombra *f*; **in the ~ of** à sombra de 2. (*covering*) cúpula *f* (de abajur) 3. *pl, Am* (*roller blind*) persiana *f* 4. (*variation*) tonalidade *f*; (*of color*) tom *m* 5. *no pl* (*small amount*) um pouco *m* 6. *pl, inf* (*glasses*) óculos *mpl* de sol II. *vt* proteger (contra a luz)

shade-grown ['ʃeɪdˌɡroʊn, *Brit:* -ɡrəʊn] *adj inv* AGR sombreado, -a

shadow ['ʃædoʊ, *Brit:* -əʊ] I. *n a. fig* sombra *f*; **without a ~ of a doubt** sem sombra de dúvida II. *vt* (*follow*) seguir (de perto)

shadowy <-ier, -iest> *adj* 1. (*with darker spaces*) sombreado, -a; (*photograph*) escuro, -a 2. (*vague: boundaries*) impreciso, -a; (*past*) nebuloso, -a

shady ['ʃeɪdi] <-ier, -iest> *adj* 1. (*protected from light*) sombreado, -a 2. *inf* (*dubious*) dúbio, -a, escuso, -a; (*character*) suspeito, -a

shaft [ʃæft, *Brit:* ʃɑːft] *n* 1. (*of weapon*) haste *f*, cabo *m* 2. TECH eixo *m* 3. (*ray: of light*) raio *m* 4. (*for elevator, in mine*) poço *m*

shaggy ['ʃægi] <-ier, -iest> *adj* peludo, -a

shake [ʃeɪk] I. *n* (*wobble*) sacudida *f*; (*vibration*) vibração *f* II.<shook, shaken> *vt* 1. (*joggle*) sacudir; (*house*) fazer tremer; **to ~ hands with sb** [*o* **to ~ sb by the hand**] apertar a mão de alguém; **to ~ one's head** fazer sinal negativo com a cabeça 2. (*unsettle*) perturbar 3. (*make worried*) abalar III.<shook, shaken> *vi* agitar-se, tremer; **to ~ with fear/excitement** tremer de medo/entusiasmo

◆ **shake off** *vt* **to shake sb off** escapar de alguém; *fig* livrar-se de

◆ **shake up** *vt* 1. agitar 2. reorganizar

shake-up *n* reorganização *f*, mudança *f* drástica

shaky ['ʃeɪki] <-ier, -iest> *adj* 1. (*jerky*) trêmulo, -a 2. (*wavering*) indeciso, -a 3. (*unstable*) instável 4. (*nervous*) abalado, -a; **to feel ~ after sth** ficar abalado depois de a. c.

shall [ʃæl] *aux* 1. (*will*) **we ~ have to wait** teremos que esperar 2. (*should*) **~ we go?** vamos? 3. (*must*) dever; **you ~ not kill** não matarás

shallot ['ʃælət, *Brit:* ʃə'lɒt] *n* cebolinha *f*

shallow ['ʃæloʊ, *Brit:* -əʊ] *adj* 1. (*not deep*) raso, -a 2. (*superficial*) superficial

sham [ʃæm] *pej* I. *n* (*imposture*) impostura *f*; (*fake*) imitação *f* II. *adj* falso, -a; (*deal*) fraudulento, -a III.<-mm-> *vt* fingir

shambles ['ʃæmblz] *n inf* (*place*) bagunça *f*; (*situation*) confusão *f*; **to be (in) a ~** estar uma bagunça

shame [ʃeɪm] I. *n no pl* 1. (*humiliation*) vergonha *f*, humilhação *f*; **~ on you!** que vergonha!; **to put sb to ~** envergonhar alguém 2. (*pity*) pena *f*; **it's a ~ that ...** é uma pena que ... +*subj*; **what a ~!** que lástima! II. *vt* envergonhar

shamefaced *adj* envergonhado, -a

shameful ['ʃeɪmfl] *adj pej* vergonhoso, -a

shameless ['ʃeɪmlɪs] *adj pej* descarado, -a, sem-vergonha

shampoo [ʃæm'puː] I. *n* xampu *m*; **~ and set** lavar e fazer escova II. *vt* lavar com xampu

shanty town ['ʃænti-] *n* favela *f*

shape [ʃeɪp] I. *n* forma *f*, formato *m*; **in the ~ of sth** na forma [*ou* no formato] de a. c.; **to get into ~** entrar em forma; **to take ~** adquirir forma II. *vt* 1. (*form*) **to ~ sth into sth** dar a forma [*ou* o formato] de a. c. a a. c. 2. (*influence*) influenciar 3. (*determine*) determinar

◆ **shape up** *vi* 1. (*become fit*) entrar em forma; *fig* (*improve*) tomar jeito 2. (*develop*) progredir

shapeless ['ʃeɪpləs] *adj* amorfo, -a

shapely <-ier, -iest> *adj* bem proporcionado, -a; (*leg*) bem torneado, -a

share [ʃer, *Brit:* ʃeə] I. *n* 1. (*part*) parte *f*, cota *f* 2. (*participation*) participação *f* 3. FIN ação *f*; **to have ~s in sth** ter ações em a. c. II. *vt* 1. (*divide*) repartir; **to ~ sth with sb** repartir a. c. com alguém 2. (*have in common*) compartilhar; **to ~ sb's view** ser da mesma opinião de alguém

◆ **share out** *vt* dividir

share certificate *n* certificado *m* de ações

shareholder *n* acionista *mf*

share issue *n* emissão *f* de ações

shark [ʃɑːrk, *Brit:* ʃɑːk] <-(s)> *n* tubarão

m

sharp [ʃɑːrp, *Brit:* ʃɑːp] **I.** *adj* **1.** (*cutting*) afiado, -a; (*pointed*) pontiagudo, -a **2.** (*angular: curve*) fechado, -a; (*feature*) anguloso, -a **3.** (*severe*) incisivo, -a; **to be ~ with sb** ser contundente com alguém; (*pain*) forte, agudo, -a **4.** MUS sustenido, -a **II.** *adv* **1.** (*exactly*) em ponto; **at ten o'clock ~** às 10 horas em ponto **2.** (*suddenly*) bruscamente; **to pull up ~** frear bruscamente **III.** *n* MUS sustenido *m*

sharpen [ˈʃɑːrpən, *Brit:* ˈʃɑːp-] *vt* **1.** (*blade*) afiar; (*pencil*) apontar **2.** (*intensify*) aguçar

sharpener [ˈʃɑːrpənər, *Brit:* ˈʃɑːpənər] *n* apontador *m*; **pencil ~** apontador de lápis, amolador *m* (de facas)

sharp-eyed *adj* perspicaz

shatter [ˈʃætər, *Brit:* -ər] **I.** *vi* estilhaçar-se, despedaçar-se **II.** *vt* **1.** (*smash*) estilhaçar **2.** (*disturb*) perturbar; (*unity*) destruir

shave [ʃeɪv] **I.** *n* barbear *m*; **to have a ~** fazer a barba **II.** *vi* barbear-se, depilar-se **III.** *vt* barbear, depilar

shaver [ˈʃeɪvər, *Brit:* -ər] *n* barbeador *m*

shaving brush *n* escova *f* de barbear

shaving cream *n* creme *m* de barbear, creme *m* depilatório

shawl [ʃɑːl, *Brit:* ʃɔːl] *n* xale *m*

she [ʃiː] *pron pers* ela; **here ~ comes** aí vem ela

sheaf [ʃiːf] <sheaves> *n* (*of wheat*) feixe *m*; (*of documents*) maço *m*

shear [ʃɪr, *Brit:* ʃɪər] <sheared, sheared *o* shorn> *vt* (*sheep*) tosar
◆ **shear off** *vi* quebrar(-se)

shears [ʃɪrz, *Brit:* ʃɪəz] *npl* (*for sheep*) tesoura *f* de tosa

sheath [ʃiːθ] *n* **1.** (*for knife*) bainha *f* **2.** *Brit* (*condom*) camisinha *f*

she'd [ʃiːd] **1.** *abbr of* **she would** contração do pronome + verbo auxiliar para o condicional **2.** *abbr of* **she had** contração do pronome + verbo auxiliar do particípio passado

shed[1] [ʃed] *n* galpão *m*, barracão *m*

shed[2] <shed, shed> [ʃed] **I.** *vt* **1.** (*cast off: hair*) soltar **2.** (*blood, tears*) derramar; (*light*) irradiar **II.** *vi* (*snake*) trocar de pele

sheen [ʃiːn] *n no pl* brilho *m*

sheep [ʃiːp] *n* ovelha *f*

sheepdog *n* cão *m* pastor

sheepish [ˈʃiːpɪʃ] *adj* tímido, -a, acanhado, -a

sheepskin *n* pele *f* de carneiro

sheer [ʃɪr, *Brit:* ʃɪər] **I.** *adj* **1.** (*absolute*) puro, -a; **~ coincidence** mera coincidência **2.** (*vertical*) íngreme; **~ drop** queda *f* vertical **3.** (*thin*) fino, -a, transparente **II.** *adv liter* perpendicularmente

sheet [ʃiːt] *n* **1.** (*for bed*) lençol *m* **2.** (*of paper*) folha *f* **3.** (*of glass*) lâmina *f*

sheik(h) [ʃiːk, *Brit:* ʃeɪk] *n* xeque *m*

shelf [ʃelf] <shelves> *n* prateleira *f*, estante *f*

shelf life *n no pl* tempo *m* de conservação

she'll [ʃiːl] **1.** *abbr of* **she will** contração do pronome + verbo auxiliar para o futuro **2.** *abbr of* **she shall** contração do pronome + verbo auxiliar para o futuro

shell [ʃel] **I.** *n* **1.** (*of nut, egg*) casca *f*; (*of shellfish, snail*) concha *f* **2.** TECH estrutura *f* **3.** (*gun*) projétil *m*, cartucho *m* **II.** *vt* **1.** (*remove shell*) descascar **2.** MIL bombardear
◆ **shell out** *vi inf* desembolsar (dinheiro); **to ~ for sth** desembolsar (dinheiro) para a. c.

shellfish [ˈʃelfɪʃ] *n inv* moluscos *mpl*; GASTR marisco *m*

shelter [ˈʃeltər, *Brit:* -ər] **I.** *n* abrigo *m*, refúgio *m*; **~ from sth** abrigo de a. c.; **to take ~** abrigar-se **II.** *vt* abrigar; **to ~ sb from sth** abrigar alguém de a. c. **III.** *vi* abrigar-se, proteger-se

sheltered *adj* abrigado, -a, protegido, -a

shelve [ʃelv] *vt* pôr em estante; POL (*plan, project*) engavetar

shelves [ʃelvz] *n pl of* **shelf**

shepherd [ˈʃepərd, *Brit:* -əd] **I.** *n a.* REL pastor(a) *m(f)* **II.** *vt* guiar

shepherd's pie *n* torta de carne moída com purê de batata

sheriff [ˈʃerɪf] *n Am* delegado, -a *m, f*

sherry [ˈʃeri] <-ies> *n* licor *m*

she's [ʃiːz] **1.** *abbr of* **she is** ela é **2.** *abbr of* **she has** contração do pronome + verbo auxiliar do particípio passado

Shetland Islands *npl*, **Shetlands** [ˈʃetləndz] *npl* Ilhas *fpl* Shetland

shield [ʃiːld] **I.** *n* **1.** (*armor*) escudo *m* **2.** (*protective layer*) blindagem *f* **II.** *vt* proteger; **to ~ sb/sth from sth** proteger alguém/a. c. de a. c.

shift [ʃɪft] **I.** *vt* **1.** *Am* (*in mechanics*) mudar de lugar/posição, mover **2.** *Brit*,

Aus, inf (*dispose of*) livrar-se de; (*stain*) tirar **II.** *vi* **1.** (*change position*) mover-se **2.** *inf* (*move over*) mudar de lugar **III.** *n* **1.** (*alteration, change*) mudança *f*; **a ~ in sth** uma mudança em a. c. **2.** (*period of work*) turno *m*

shiftwork *n no pl* trabalho *m* em turnos

shifty ['ʃɪfti] <-ier, -iest> *adj* suspeito, -a; (*eyes*) astucioso, -a

shilling ['ʃɪlɪŋ] *n* HIST xelim *m*

shimmer ['ʃɪmər, *Brit*: -ər] **I.** *vi* tremeluzir **II.** *n no pl* luz *f* trêmula

shin [ʃɪn] **I.** *n* canela *f* (da perna) **II.** <-nn-> *vi* **to ~ down** descer escorregando (com o uso das mãos e pés); **to ~ up sth** trepar em a. c. (com o uso das mãos e pés)

shine [ʃaɪn] **I.** *n no pl* brilho *m*, polimento *m* **II.** <shone *o* shined, shone *o* shined> *vi* brilhar **III.** <shone *o* shined, shone *o* shined> *vt* **1.** (*point light*) **to ~ a flashlight onto sth** iluminar a. c. com uma lanterna **2.** (*polish*) lustrar

◆ **shine down** *vi* brilhar

shingle ['ʃɪŋgl] *n* (*on roof*) telha *f* de madeira

shingles ['ʃɪŋglz] *n no pl* MED herpes *m* zóster *inv*

shiny ['ʃaɪni] <-ier, -iest> *adj* brilhante, lustroso

ship [ʃɪp] **I.** *n* navio *m*; **to board a ~** embarcar em um navio **II.** *vt* <-pp-> **1.** (*by boat*) despachar (por navio) **2.** (*transport*) expedir; **to ~ sth/sb off** despachar a. c./alguém; **to ~ sth to sb** mandar a. c. para alguém

shipbuilding *n no pl* construção *f* naval

shipment ['ʃɪpmənt] *n* **1.** (*quantity*) carregamento *m* **2.** *no pl* (*action*) expedição *f*

shipper *n* expedidor(a) *m(f)*

shipping *n no pl* **1.** (*ships*) navios *mpl* **2.** (*freight dispatch*) despacho *m*, remessa *f*

shipwreck I. *n* naufrágio *m* **II.** *vt* **to be ~ed** naufragar **shipyard** *n* estaleiro *m*

shirk [ʃɜːrk, *Brit*: ʃɜːk] *vt* fugir de (responsabilidades)

shirt [ʃɜːrt, *Brit*: ʃɜːt] *n* camisa *f*

shit [ʃɪt] **I.** *n no pl* **1.** *vulg* (*faeces*) merda *f* **2.** *pej, inf* (*nonsense*) asneira *f*; **no ~!** está brincando? **II.** *interj inf* merda!

shiver ['ʃɪvər, *Brit*: -ər] **I.** *n* arrepio *m* **II.** *vi* tremer; **to ~ with fear/cold** tremer de medo/frio

shoal [ʃoʊl, *Brit*: ʃəʊl] *n* (*of fish*) cardume *m*

shock [ʃɑːk, *Brit*: ʃɒk] **I.** *n* **1.** (*unpleasant surprise*) choque *m*; **to give sb a ~** abalar alguém **2.** *inf* (*electric shock*) descarga *f* elétrica **3.** MED (*estado de choque m* **4.** (*impact*) colisão *f*, tremor *m* (de terra) **II.** *vt* **1.** (*upset*) transtornar, escandalizar **2.** (*scare*) chocar, abalar

shock absorber *n* amortecedor *m*

shocking *adj* **1.** (*causing distress*) chocante, horrível **2.** (*offensive*) escandaloso, -a

shock wave *n* PHYS onda *f* de choque

shod [ʃɑːd, *Brit*: ʃɒd] *esp Brit pt, pp of* **shoe**

shoddy ['ʃɑːdi, *Brit*: 'ʃɒdi] <-ier, -iest> *adj* de má qualidade

shoe [ʃuː] **I.** *n* sapato *m*; (*for horse*) ferradura *f* **II.** <shod *o Am*: shoed, shod *o Am*: shoed> *vt* calçar; (*horse*) ferrar

shoelace *n* cadarço *m* **shoe polish** *n* graxa *f* de sapato

shoeshop *n* loja *f* de calçados

shoestring *n Am* cadarço *m*; **to do sth on a ~** *inf* fazer a. c. com bem pouco dinheiro

shone [ʃoʊn, *Brit*: ʃɒn] *pt, pp of* **shine**

shoo [ʃuː] **I.** *interj inf* xô **II.** *vt inf* enxotar

shook [ʃʊk] *pt of* **shake**

shoot [ʃuːt] **I.** *n* **1.** (*hunt*) caçada *f* **2.** BOT broto *m* **II.** <shot, shot> *vi* **1.** (*fire weapon*) disparar; **to ~ at sth/sb** atirar em a. c./alguém **2.** SPORTS chutar, arremessar **3.** CINE filmar **4.** (*move rapidly*) disparar; **to ~ past** passar voando **III.** <shot, shot> *vt* **1.** (*bullet*) disparar **2.** CINE rodar

◆ **shoot down** *vt* (*aircraft*) abater

◆ **shoot past** *vi* passar voando

◆ **shoot up** *vi* (*expand*) crescer rapidamente

shooting *n* **1.** (*killing*) matança *f* **2.** *no pl* (*firing of gun*) tiroteio *m* **3.** *no pl* (*hunting*) caçada *f* (com arma de fogo)

shooting star *n* estrela *f* cadente

shop [ʃɑːp, *Brit*: ʃɒp] **I.** *n* **1.** (*store*) loja *f*; **book ~** livraria *f*; **to talk ~** falar de negócios/trabalho **2.** (*factory*) fábrica *f* **II.** <-pp-> *vi* comprar; **to ~ around** comparar preços; **to ~ for sth** procurar a. c. (para comprar); **to go ~ping** ir às compras, fazer compras

shop assistant *n Brit* vendedor(a) *m(f)* **shop floor** *n* chão *m* de fábrica **shopkeeper** *n* lojista *mf*, comerciante *mf* **shoplifter** *n* ladrão, -a *m, f* (que rouba em lojas) **shoplifting** *n* furto *m* em loja **shopper** *n* cliente, comprador(a) *m(f)* **shopping** *n no pl* (*purchases*) compras *fpl*

shopping bag *n* sacola *f* de compras **shopping center** *n Am, Aus*, **shopping centre** *n* centro *m* comercial **shopping mall** *n Am, Aus* shopping *m* center

shop steward *n* funcionário, -a *m, f* que negocia com a gerência **shop window** *n* vitrine *f* (de loja)

shore [ʃɔːr, *Brit*: ʃɔː^r] I. *n* 1. (*coast*) costa *f* 2. (*beach*) praia *f*, orla *f* marítima; **on ~** em terra firme II. *vt* a. *fig* **to ~ up sth** escorar a. c.

shorn [ʃɔːrn, *Brit*: ʃɔːn] *pp of* **shear**

short [ʃɔːrt, *Brit*: ʃɔːt] I. *adj* 1. (*not long*) curto, -a 2. (*not tall*) baixo, -a 3. (*brief*) breve; **to be ~ for sth** ser a forma abreviada de a. c. 4. (*not enough*) insuficiente; **to be** [*o* **run**] **~ on sth** estar com falta de a. c. 5. (*brusque*) rude; **to be ~ with sb** ser rude com alguém; **to have a ~ temper** ter pavio curto *inf* II. *n* CINE curta-metragem *m* III. *adv* **in ~** em resumo; **to cut ~** interromper bruscamente; **to fall ~ of sth** não corresponder [*ou* não estar à altura de] a. c.

shortage ['ʃɔːrtɪdʒ, *Brit*: 'ʃɔːt-] *n* falta *f*, escassez *f*

shortbread *n no pl* biscoito *m* amanteigado

short-change *vt* enganar no troco; *fig* ludibriar

short-circuit I. *n* curto-circuito *m* II. *vi* ter um curto-circuito III. *vt* causar um curto-circuito

shortcoming *n* deficiência *f*, falha *f*

shortcrust *n*, **shortcrust pastry** *n no pl* massa *f* fina (quebradiça)

short cut *n* atalho *m*; *fig* maneira *f* mais rápida (de fazer a. c.)

shorten ['ʃɔːrtən, *Brit*: 'ʃɔːt-] *vt* encurtar

shortfall *n* falta *f*; ECON escassez *f*

shorthand ['ʃɔːrthænd, *Brit*: 'ʃɔːt-] *n no pl* estenografia *f*

short-handed *adj* **to be ~** com pouca mão-de-obra **shorthand typist** *n* estenógrafo, -a *m, f*

shortlist I. *vt* incluir na lista de candidatos pré-selecionados II. *n* lista *f* de candidatos pré-selecionados **short-lived** *adj* de curta duração, passageiro, -a

shortly ['ʃɔːrtli, *Brit*: 'ʃɔːt-] *adv* daqui a pouco, pouco

shorts [ʃɔːrtz, *Brit*: ʃɔːtz] *npl* short *m*; **a pair of ~** um short

> **Grammar** **shorts** é usado sempre no plural: "Where are my blue shorts?" Mas **a pair of shorts** é usado no singular: "This is Peter's pair of shorts."

short-sighted *adj* 1. (*of eyes*) míope 2. (*not prudent*) sem visão de longo prazo, imediatista **short-staffed** *adj* com escassez de mão-de-obra **short story** *n* conto *m* **short-tempered** *adj* de pavio curto, genioso, -a **short wave** *n* onda *f* curta

shot¹ [ʃɑt, *Brit*: ʃɒt] I. *n* 1. (*act of firing weapon*) tiro *m*; **to fire a ~** dar um tiro 2. *no pl* (*shotgun pellets*) (bolinhas de) chumbo *m* 3. (*person*) atirador(a) *m(f)*; **to be a good/poor ~** ser bom/mau atirador 4. (*photograph*) foto *f*; CINE tomada *f* 5. *inf* (*injection*) injeção *f*; 6. *inf* (*opportunity*) oportunidade *f*; **to have a ~ at sth** ter chance de (fazer) a. c. II. *pt, pp of* **shoot**

shot² *adj inf* (*worn out*) **I'm ~ –** I'm going to bed Estou exausto – Vou deitar; **to be ~** estar acabado; **to get ~ of sth/sb** *Brit* livrar-se de a. c./alguém

shotgun *n* espingarda *f*

should [ʃʊd] *aux* I **~ be so lucky!** *inf* tomara!; I **~ like to see her** Eu gostaria de vê-la; **to insist that sb ~ do sth** insistir que alguém deve fazer a. c.; **why ~ I/you ...?** por que eu/você havia de ...?

shoulder ['ʃoʊldər, *Brit*: 'ʃəʊldə^r] I. *n* 1. ANAT ombro *m*; **to be sb's ~ to cry on** ser um ombro para alguém chorar (as suas mágoas); **to glance over one's ~** tratar por cima do ombro; **to rub ~s with sb** andar com alguém 2. (*side of road*) acostamento *m* II. *vt* (*responsibility*) arcar com

shoulder bag *n* bolsa *f* a tiracolo **shoulder blade** *n* escápula *f* **shoulder strap** *n* alça *f* (de ombro)

shout [ʃaʊt] I. *n* grito *m* II. *vi, vt* gritar, berrar; **to ~ at sb** gritar com alguém; **to**

~ **sth out** gritar a. c.
◆**shout down** vt ficar aos gritos para não deixar outra pessoa falar
shouting n no pl gritaria f
shove [ʃʌv] I. n empurrão m II. vt 1.(push) empurrar; **to ~ one's way through** abrir caminho aos empurrões 2.(place) meter, jogar
◆**shove off** vi 1. inf (go away) cair fora 2.(launch by foot) desatracar
shovel ['ʃʌvəl] I. n 1.(tool) pá f 2.(machine) escavadora f II. <Brit: -ll-, Am: -l-> vt retirar com pá
show [ʃoʊ, Brit: ʃəʊ] I. n 1.(expression) demonstração f, prova f 2.(exhibition) exposição f, mostra f; **slide ~** apresentação f de slides; **to be on ~** estar em exposição; **to run the ~** estar no comando 3.(in theater) sessão f, espetáculo m; **quiz ~** programa m de perguntas e respostas II. <showed, shown> vt 1.(display) mostrar 2.(express) demonstrar 3.(expose) exibir 4.(prove) provar; **to ~ sb that ...** provar a alguém que ... 5.(escort) acompanhar; **to ~ sb to the door** acompanhar alguém até a porta III. vi <showed, shown> 1.(be visible) aparecer, mostrar-se 2. Am, Aus, inf (arrive) aparecer 3.(be shown) passar
◆**show in** vt fazer entrar
◆**show off** I. vt exibir II. vi exibir-se
◆**show out** vt acompanhar até a porta
◆**show up** I. vi 1.(be apparent) aparecer 2. inf (arrive) aparecer, dar as caras II. vt 1.(expose) mostrar 2.(embarrass) constranger
showbiz n no pl, inf, **show business** n no pl showbiz m, indústria f de espetáculos
showdown n confrontação f
shower ['ʃaʊər, Brit: -ə'] I. n 1.(rain) chuva f; **a ~ of sparks** uma chuva de faíscas; (of insults) saraivada f 2.(for washing) chuveiro m II. vt cumular; **to ~ compliments on sb** cobrir alguém de elogios III. vi chover, tomar banho de chuveiro
showery ['ʃaʊəri] adj chuvoso, -a
showing n exposição f
show jumping n no pl equitação f
shown [ʃoʊn, Brit: ʃəʊn] pp of **show**
show-off n exibicionista mf
showpiece I. n modelo m II. adj modelo
showroom n showroom m, salão m de exposição
shrank [ʃræŋk] vt, vi pt of **shrink**
shrapnel ['ʃræpn(ə)l] n no pl estilhaço m de granada
shred [ʃred] I. <-dd-> vt (cut into shreds) cortar em tiras; (document) picotar II. n 1.(strip) tira f 2. no pl (of hope, truth) fio m
shredder ['ʃredər, Brit: -ə'] n picotadora f de papel
shrewd [ʃruːd] adj astuto, -a, hábil
shriek [ʃriːk] I. n grito m estridente, guincho m II. vt, vi dar gritos estridentes, dar uma risada estridente
shrill [ʃrɪl] adj estridente, esganiçado, -a
shrimp [ʃrɪmp] n <-(s)> camarão m
shrine [ʃraɪn] n 1.(tomb) túmulo m 2.(site of worship) santuário m
shrink [ʃrɪŋk] <shrank o Am: shrunk, shrunk o Am: shrunken> I. vt encolher II. vi 1.(become smaller) encolher 2.(be reluctant to) **to ~ from (doing) sth** esquivar-se de (fazer) a. c.
shrinkage ['ʃrɪŋkɪdʒ] n no pl 1.(of clothes) encolhimento m 2.(of costs) redução f
shrink-wrap vt embalar com filme plástico
shrivel ['ʃrɪvəl] <Brit: -ll-, Am: -l-> I. vi murchar, enrugar II. vt murchar, secar
◆**shrivel up** vi murchar
shroud [ʃraʊd] I. n mortalha f, manto m II. vt envolver; **~ed in mystery** envolto em mistério
Shrove Tuesday [ʃroʊv-, Brit: ʃrəʊv-] n terça-feira f de Carnaval
shrub [ʃrʌb] n arbusto m
shrubbery ['ʃrʌbəri] n no pl arbustos mpl
shrug [ʃrʌg] I. n encolher m de ombros II. <-gg-> vt, vi **to ~ (one's shoulders)** dar de [ou encolher os] ombros
◆**shrug off** vt 1.(ignore) não dar importância a 2.(get rid of) livrar-se de
shrunk [ʃrʌŋk] pt, pp of **shrink**
shrunken ['ʃrʌŋkən] I. pp of **shrink** II. adj encolhido, -a, murcho, -a
shudder ['ʃʌdər, Brit: -ə'] I. vi estremecer II. n estremecimento m
shuffle ['ʃʌfl] vt (cards) embaralhar; (feet) arrastar
shun [ʃʌn] <-nn-> vt esquivar-se a, evitar
shunt [ʃʌnt] vt RAIL mudar de linha
shut [ʃʌt] I. <shut, shut> vt fechar II. <shut, shut> vi fechar(-se)

◆**shut down** *vt, vi* **1.** (*shop, factory*) fechar **2.** (*turn off: heavy machinery*) desligar, parar
◆**shut off** *vt* **1.** (*turn off: lights, engine, oven*) desligar **2.** (*isolate*) isolar
◆**shut out** *vt* **1.** (*block out*) barrar; (*thought*) apagar (da memória) **2.** (*exclude*) deixar de fora
◆**shut up** **I.** *vt* **1.** (*confine*) confinar **2.** *inf* (*cause to stop talking*) fazer calar **II.** *vi inf* (*stop talking*) calar-se
shutter ['ʃʌtər, *Brit:* -tə*r*] *n* **1.** PHOT obturador *m* **2.** (*of window*) persiana *f*
shuttle ['ʃʌtl, *Brit:* -tl] **I.** *n* **1.** (*plane*) ponte *f* aérea; (*bus*) serviço *m* de ônibus de interligação **2.** (*sewing-machine bobbin*) lançadeira *f* **II.** *vt* transportar **III.** *vi* (*travel regularly*) fazer viagem de ida e volta
shuttlecock ['ʃʌtlkɑːk, *Brit:* -tlkɒk] *n* peteca *f*
shy [ʃaɪ] <-er, -est> **I.** *adj* **1.** tímido, -a; **to be ~ of sb** ficar encabulado, -a com alguém **2.** (*lacking*) falta de; **we're $5 ~ of buying it** faltam $5 para poder comprá-lo **II.** *vi* **to ~ away from doing sth** evitar fazer a. c.; **to ~ away from sth** afastar-se assustado com a. c.
Siamese [ˌsaɪəˈmiːz] **I.** *n inv* **1.** (*person*) siamês, -esa *m, f* **2.** (*language*) tailandês *m* **II.** *adj* **1.** GEO, HIST siamês, -esa **2.** (*brothers*) ~ **twins** gêmeos *mpl* siameses
Siberia [saɪˈbɪriə, *Brit:* -ˈbɪər-] *n* Sibéria *f*
sibling ['sɪblɪŋ] *n* irmão, -ã *m, f*
Sicilian [sɪˈsɪljən] *adj* siciliano, -a
Sicily ['sɪsɪli] *n* Sicília *f*
sick [sɪk] <-er, -est> *adj* **1.** (*ill*) doente; **to be ~ off** ~ faltar ao trabalho por motivo de doença; **to fall** ~ adoecer; **to feel** ~ sentir-se mal **2.** (*about to vomit*) enjoado, -a **3.** (*angry*) furioso, -sa; **I'm ~ and tired of listening to his complaints** estou cheio de ouvi-lo se queixar; **to be** ~ **of sth/sb/doing sth** estar farto de a. c./alguém/fazer a. c. **4.** *inf* (*joke*) de mau gosto
sick bag *n* saquinho *m* para vômito
sick bay *n* enfermaria *f* de bordo
sicken ['sɪkən] **I.** *vi* (*become sick*) adoecer; **to ~ for sth** *Brit* incubar a. c. **II.** *vt* (*upset*) aborrecer
sickening *adj* (*repulsive*) revoltante
sickle ['sɪkl] *n* foice *f*

sick leave *n* licença *f* médica
sickly ['sɪkli] <-ier, -iest> *adj* **1.** (*not healthy*) doentio, -a **2.** (*very sweet*) enjoativo, -a
sickness ['sɪknəs] *n no pl* **1.** (*illness*) doença *f* **2.** (*nausea*) enjoo *m*
sick pay *n* auxílio-doença *m*
side [saɪd] **I.** *n* **1.** (*vertical surface*) lado *m*; **~ by ~** lado a lado; **at the ~ of sth** ao lado de a. c. **2.** (*flat surface: of coin*) face *f*; (*of page*) lado *m* **3.** (*edge*) beira *f* **4.** (*half*) parte *f* **5.** (*cut of meat*) costela *f* **6.** (*direction*) **from ~ to ~** de lado a lado **7.** (*party in dispute*) lado *m*; (*team*) time *m*; **to be on sb's ~** estar do lado de alguém; **to take ~s** tomar partido **8.** (*aspect*) aspecto *m* **II.** *vi* **to ~ with sb** (**in sth**) apoiar alguém (em a. c.)
sideboard *n* aparador *m*
sideburns *npl* costeletas *fpl*
side effect *n* efeito *m* colateral
sidelight *n* AUTO lanterna *f*
sideline *n* **1.** (*activity*) trabalho *m* secundário **2.** *Am* SPORTS linha *f* lateral
sidelong *adj* (*glance*) de esguelha
sidesaddle *adv* **to ride** ~ montar sentado de lado
sideshow *n* espetáculo *m* paralelo
sidestep <-pp-> **I.** *vt a. fig* esquivar-se de **II.** *vi* evitar golpe dando um passo para o lado
side street *n* rua *f* transversal
sidetrack **I.** *vt* desviar (do assunto principal) **II.** *n* desvio *m*; *fig* assunto *m* secundário
sidewalk *n Am* calçada *f*
sideward ['saɪdwərd, *Brit:* -wəd], **sideways** ['saɪdweɪz] *adv* para o lado
siding ['saɪdɪŋ] *n* RAIL ramal *m*
sidle ['saɪdl] *vi* **to ~ up to sb** aproximar-se de alguém sem ser notado
siege [siːdʒ] *n* MIL cerco *m*; **to lay ~ to sth** fazer o cerco de a. c.
Sierra Leone [siˌerəliˈoʊn, *Brit:* -ˈəʊn] *n* Serra *f* Leoa
Sierra Leonean *adj* serra-leonês, -esa
sieve [sɪv] **I.** *n* peneira *f* **II.** *vt* peneirar
sift [sɪft] *vt* **1.** (*through sieve*) peneirar **2.** (*examine closely*) esquadrinhar
sigh [saɪ] **I.** *n* suspiro *m* **II.** *vi* suspirar
sight [saɪt] **I.** *n* **1.** (*view, faculty*) vista *f*, visão *f*; **at first** ~ à primeira vista; **to be in** ~ estar à vista; **to be out of (one's)** ~ estar fora de vista; **to catch** ~ **of sth** avistar a. c.; **to know sb by** ~ co-

nhecer alguém de vista; **to lose ~ of sth** perder a. c. de vista; (*to forget*) esquecer **2.** *pl* (*attractions*) pontos *mpl* turísticos **3.** (*on gun*) mira *f* **II.** *vt* ver, avistar

sightseeing ['saɪt,si:ɪŋ] *n no pl* roteiro *m* turístico; **to go ~** visitar pontos turísticos

sign [saɪn] **I.** *n* **1.** (*gesture*) sinal *m* **2.** (*signpost*) placa *f*; (*signboard*) tabuleta *f* **3.** (*symbol*) símbolo *m*, sinal *m* **4.** *a.* MAT, MUS sinal *m*; ASTRON signo; **the ~s of the Zodiac** os signos *m* do Zodíaco **5.** (*trace*) indício *m* **II.** *vt* assinar, assinalar

♦ **sign away** *vt* (*rights*) abrir mão de
♦ **sign off** *vi inf* RADIO, TV terminar a transmissão
♦ **sign on I.** *vi* **1.** (*agree to take work*) assinar um contrato; **to ~ as a soldier** alistar-se como soldado; **to ~ for sth** inscrever-se em a. c. **2.** *Brit, inf* (*confirm unemployed status*) atestar condição de desempregado **II.** *vt* contratar
♦ **sign out** *vi* assinar registro de saída **II.** *vt* (*borrow*) registrar o empréstimo; **can I ~ these books, please?** por favor, eu gostaria de assinar o empréstimo destes livros
♦ **sign over** *vt* **to sign sth over to sb** passar a. c. para o nome de alguém
♦ **sign up I.** *vi* inscrever-se; **to ~ for sth** inscrever-se em a. c. **II.** *vt* contratar

signal ['sɪgnəl] **I.** *n* sinal *m*; **to give (sb) a ~** (*to do sth*) fazer sinal a alguém (para que faça a. c.) **II.** <*Brit*: -ll-, *Am*: -l-> *vt* **1.** (*indicate*) indicar, marcar **2.** (*gesticulate*) fazer sinal **III.** <*Brit*: -ll-, *Am*: -l-> *vi* sinalizar; **he ~led right** AUTO ele sinalizou com o pisca-pisca da direita

signalman ['sɪgnəlmən] <-men> *n* RAIL encarregado, -a *m, f* da sinalização

signature ['sɪgnətʃər, *Brit*: -ə'] *n* assinatura *f*

signet ring ['sɪgnɪt-] *n* anel *m* com sinete

significance [sɪg'nɪfəkəns, *Brit*: -fɪ-] *n no pl* **1.** (*importance*) importância *f* **2.** (*meaning*) significado *m*

significant [sɪg'nɪfəkənt, *Brit*: -fɪ-] *adj* significativo, -a

sign language *n* linguagem *f* de sinais
signpost I. *n* placa *f* de sinalização **II.** *vt* sinalizar com placas

silence ['saɪləns] **I.** *n* silêncio *m* **II.** *vt* (*person*) silenciar

silencer ['saɪlənsər, *Brit*: -ə'] *n* silenciador *m*

silent ['saɪlənt] *adj* calado, -a; LING mudo, -a; **~ film** filme mudo *m*; **to fall ~** ficar em silêncio **silent partner** *n* COM sócio comanditário, sócia comanditária *m, f*

silhouette [,sɪlu'et] **I.** *n* silhueta *f* **II.** *vt* destacar; **to be ~d against sth** destacar-se em a. c.

silicon ['sɪlɪkən] *n no pl* silício *m*
silicon chip *n* chip *m* de silício
silicone ['sɪlɪkoʊn, *Brit*: -kəʊn] *n no pl* silicone *m*

silk [sɪlk] *n* seda *f*; **~ dress** vestido de seda

silky ['sɪlki] <-ier, -iest> *adj* sedoso, -a, macio, -a

silly ['sɪli] <-ier, -iest> *adj* (*person*) tolo, -a; (*idea*) idiota, -a; **to look ~** parecer ridículo, -a

silt [sɪlt] *n no pl* sedimento *m*

silver ['sɪlvər, *Brit*: -ə'] **I.** *n no pl* **1.** (*metal*) prata *f* **2.** (*coins*) moedas *fpl* de prata **II.** *adj* de prata

silver foil *n*, **silver paper** *n* papel *m* de alumínio

silversmith ['sɪlvərsmɪθ, *Brit*: -əsmɪθ] *n* prateiro *m*

silverware ['sɪlvəwer, *Brit*: -vəweə'] *n Am* prataria *f*

silvery <-ier, -iest> *adj* prateado, -a

similar ['sɪmələr, *Brit*: -ɪlə'] *adj* semelhante; **to be ~ to sth/sb** ser semelhante a a. c./alguém

similarity [,sɪmə'lerəti, *Brit*: -'lærəti] *n* semelhança *f*

simile ['sɪməli, *Brit*: -ɪli] *n* LIT, LING comparação *f*

simmer ['sɪmər, *Brit*: -ə'] *vi* cozinhar em fogo brando
♦ **simmer down** *vi inf* acalmar-se

simple ['sɪmpl] *adj* **1.** (*not complex*) simples **2.** (*foolish*) tolo, -a

simplicity [sɪm'plɪsəti, *Brit*: -ti] *n no pl* **1.** (*plainness*) naturalidade *f* **2.** (*ease*) simplicidade *f*

simplify ['sɪmpləfaɪ, *Brit*: -plɪ-] *vt* simplificar

simply ['sɪmpli] *adv* **1.** (*not elaborately*) de modo simples **2.** (*just*) simplesmente

simulate ['sɪmjuleɪt] *vt* simular

simultaneous [,saɪml'teɪnjəs, *Brit*: ,sɪml'teɪnɪəs] *adj* simultâneo, -a

sin [sɪn] **I.** *n* pecado *m* **II.** *vi* <-nn->

pecar; **to ~ against sb** pecar contra alguém
since [sɪns] **I.** *adv* desde, depois; **~ then** desde então; **ever ~** desde então **II.** *prep* desde **III.** *conj* **1.**(*because*) já que, visto que **2.**(*from the time that*) desde que

> Grammar **since** é usado com complementos temporais exatos: "Vivian has been waiting since two o'clock; We have lived here since 1998"; **for** é utilizado no lugar daquele para períodos, espaços de tempo: "Vivian has been waiting for two hours; We have lived here for three years."

sincere [sɪnˈsɪr, *Brit:* -ˈsɪər] *adj* sincero, -a; **to be ~ in sth** ser franco, -a sobre a. c.
sincerely *adv* sinceramente; **yours ~** atenciosamente
sincerity [sɪnˈserəti, *Brit:* -ti] *n no pl* sinceridade *f*
sinew [ˈsɪnjuː] *n* ANAT tendão *m*
sinful [ˈsɪnfəl] *adj* (*person*) pecador(a); (*thought, act*) pecaminoso, -a
sing [sɪŋ] <sang, sung> **I.** *vi* (*kettle*) apitar; (*person, bird*) cantar **II.** *vt* cantar; **to ~ sb's praise** fazer elogios a alguém; **to ~ sth to sb** cantar a. c. para alguém
Singapore [ˈsɪŋəpɔːr, *Brit:* ˌsɪŋəˈpɔːʳ] *n* Cingapura *f*
Singaporean [ˌsɪŋəˈpɔːriən, *Brit:* sɪŋəˈpɔːr-] **I.** *adj* cingapuriano, -a *m, f* **II.** *n* cingapuriano, -a *m, f*
singe [sɪndʒ] *vt* chamuscar
singer [ˈsɪŋər, *Brit:* -əʳ] *n* cantor(a) *m(f)*
singing *n no pl* canto *m*
single [ˈsɪŋgl] **I.** *adj* **1.**(*one only*) único, -a; **every ~ thing** cada coisa; **not a ~ person/thing** ninguém/nada **2.**(*with one part*) simples **3.**(*unmarried*) solteiro, -a **II.** *n* **1.**(*record*) compacto *m* **2.** SPORTS individual *m* **3.** *Brit, Aus* (*one-way ticket*) passagem *f* de ida **III.** *vt* **to ~ sb/sth out (for sth)** escolher alguém/a. c. (para a. c.)
single-breasted *adj* (*suit*) reto, -a (sem trespasse)
single-handed *adv* sem ajuda **single-minded** *adj* resoluto, -a

singly [ˈsɪŋgli] *adv* individualmente
singular [ˈsɪŋgjələr, *Brit:* -əʳ] **I.** *adj* singular **II.** *n no pl* singular *m*
Sinhalese [ˌsɪnhəˈliːz, *Brit:* ˌsɪnhəˈ-] *adj* cingalês, -esa
sinister [ˈsɪnɪstər, *Brit:* -əʳ] *adj* sinistro, -a
sink [sɪŋk] <sank, sunk> **I.** *n* pia *f*, lavabo *m* **II.** *vi* **1.**(*in water*) afundar **2.**(*price, level*) baixar **III.** *vt* **1.**(*cause to submerge*) afundar; **to ~ sth into sth** afundar a. c. em a. c. **2.** MIN perfurar
◆ **sink in** *vi* (*be understood*) ser assimilado
sinner [ˈsɪnər, *Brit:* -əʳ] *n* pecador(a) *m(f)*
sinus [ˈsaɪnəs] *n* seio *m*
Sioux [suː] *adj* sioux
sip [sɪp] **I.** <-pp-> *vi, vt* beber aos golinhos **II.** *n* gole *m*
siphon [ˈsaɪfən] **I.** *n* sifão *m* **II.** *vt* tirar com sifão
◆ **siphon off** *vt* (*money*) malversar
sir [sɜːr, *Brit:* sɜːʳ] *n* senhor *m*
siren [ˈsaɪrən, *Brit:* ˈsaɪər-] *n* sirene *f*, sereia *f*
sirloin [ˈsɜːrlɔɪn, *Brit:* ˈsɜːl-] *n no pl* lombo *m*
sissy [ˈsɪsi] <-ies> *n pej, inf* maricas *m*
sister [ˈsɪstər, *Brit:* -əʳ] *n* **1.** *a.* REL irmã *f* **2.** *Brit, Aus* (*nurse*) enfermeira *f*
sister-in-law <sisters-in-law *o* sister-in-laws> *n* cunhada *f*
sit [sɪt] <sat, sat> **I.** *vi* **1.** sentar-se; (*be in seated position*) estar sentado **2.** *Brit* (*enter exam*) fazer; **to ~ for an examination** fazer uma prova **3.**(*be placed*) ficar; (*rest unmoved*) permanecer quieto **4.**(*be in office*) **to ~ in parliament/congress** ser membro do parlamento/congresso **5.**(*fit*) **to ~ well/badly** cair bem/mal **II.** *vt* **1.**(*put on seat*) sentar **2.** *Brit* (*take exam*) fazer (prova)
◆ **sit about** *vi Brit*, **sit around** *vi* ficar à toa
◆ **sit back** *vi* (*in chair*) acomodar-se
◆ **sit down** *vi* **1.**(*take a seat*) sentar-se **2.**(*be sitting*) estar sentado
◆ **sit in** *vi* (*attend*) **to ~ on sth** comparecer a a. c.; **to ~ for sb** (*as substitute*) substituir alguém
◆ **sit up** *vi* **1.**(*sit erect*) sentar-se ereto **2.**(*not go to bed*) ficar acordado
sitcom [ˈsɪtkɑːm, *Brit:* -kɒm] *n inf* TV *abbr of* **situation comedy** comédia *f*

de costumes

site [saɪt] I. *n* local *m;* **building** ~ obra; **on** ~ no local *f* II. *vt* situar

sit-in *n* manifestação de protesto em que os participantes ocupam um lugar e ficam sentados

sitting *n* sessão *f;* (*for meal*) vez *f,* turno *m*

sitting room *n* sala *f* de estar

situated ['sɪtʃueɪtɪd, *Brit:* -tʃueɪt-] *adj* localizado, -a

situation [ˌsɪtʃuˈeɪʃn, *Brit:* -tʃʊ-] *n* situação *f*

six [sɪks] *adj* seis *inv;* (*in phone numbers*) meia; *s.a.* **eight**

sixteen [sɪkˈstiːn] *adj* dezesseis *inv; s.a.* **eight 1**

sixteenth [ˌsɪkˈstiːnθ] *adj* décimo sexto, décima sexta; *s.a.* **eighth**

sixth [sɪksθ] *adj* sexto, -a; *s.a.* **eighth**

> **Culture** Sixth-form college é como se chama na Grã-Bretanha uma faculdade para alunos de 16-18 anos, procedentes de uma escola onde não há **sixth form** (sexto ano). No college, os alunos podem prestar os **A-levels** (algo parecido ao exame de admissão à universidade) ou realizar cursos equivalentes que lhes permitem preparar-se para o acesso à universidade.

sixtieth ['sɪkstiəθ] *adj* sexagésimo, -a

sixty ['sɪksti] *adj* sessenta *inv; s.a.* **eighty**

size [saɪz] I. *n* 1. (*of person, thing*) tamanho *m;* **to be the same** ~ **as ...** ter o mesmo tamanho que ...; **to increase/decrease in** ~ aumentar/diminuir (de tamanho); (*of space*) dimensão *f* 2. (*of clothes*) tamanho *m;* (*of shoes*) número *m* II. *vt* **to** ~ **sb/sth up** avaliar alguém/a. c.

sizeable ['saɪzəbl] *adj* de bom tamanho, considerável

sizzle ['sɪzl] I. *vi* estalar (como alimento em óleo quente) II. *n no pl* estalo *m*

skate[1] [skeɪt] *n* (*fish*) arraia *f*

skate[2] I. *n* patim *m* II. *vi* patinar

skateboard *n* skate *m*

skater ['skeɪtər, *Brit:* -əʳ] *n* patinador(a) *m(f),* skatista *mf*

skating *n* patinação *f*

skating rink *n* rinque *m* de patinação

skeleton ['skelətən, *Brit:* -lɪ-] *n* 1. ANAT esqueleto *m* 2. (*framework*) estrutura *f* 3. (*outline*) esboço *m*

skeleton staff *n* pessoal *m* mínimo (para funcionar)

skeptic ['skeptɪk] *n Am, Aus* cético, -a *m, f*

sketch [sketʃ] I. *n* 1. ART bosquejo *m* 2. (*rough draft*) rascunho *m* 3. (*outline*) esboço *m* 4. THEAT, TV esquete *m* II. *vt* esboçar

sketchbook *n* caderno *m* de desenhos

sketchy ['sketʃi] <-ier, -iest> *adj* (*vague*) superficial; (*incomplete*) incompleto, -a

skewer ['skjuːər, *Brit:* 'skjʊəʳ] I. *n* espeto *m* II. *vt* pôr no espeto, espetar

ski [skiː] I. *n* esqui *m* II. *vi* esquiar

ski boot *n* bota *f* de esqui

skid [skɪd] I. <-dd-> *vi* (*person*) escorregar; (*vehicle*) derrapar II. *n* derrapagem *f;* **to go into a** ~ derrapar

skier ['skiːər, *Brit:* -əʳ] *n* esquiador(a) *m(f)*

skiing *n no pl* esqui *m*

ski jump *n no pl* salto *m* de esqui

skilful *adj Brit, Aus s.* **skillful**

ski lift *n* teleférico *m*

skill [skɪl] *n* 1. *no pl* (*ability*) capacidade *f,* habilidade *f* 2. (*technique*) técnica *f*

skilled *adj* 1. (*trained*) apto, -a, capacitado, -a; (*skillful*) competente, capaz 2. (*requiring skill*) qualificado, -a

skillful ['skɪlfəl] *adj Am* competente, habilidoso, -a; **to be** ~ **at sth** ser habilidoso em a. c.

skim [skɪm] I. <-mm-> I. *vt* 1. (*move above*) roçar 2. GASTR tirar a espuma; (*milk*) desnatar II. *vi* **to** ~ **through sth** *fig* ler a. c. por alto

skimmed milk *n Brit,* **skim milk** *n Am no pl* leite *m* desnatado

skimp [skɪmp] *vi* racionar; **to** ~ **(on sth)** reduzir ao mínimo os gastos (com a. c.)

skimpy ['skɪmpi] <-ier, -iest> *adj* 1. (*meal*) parco, -a 2. (*dress*) sumário, -a

skin [skɪn] I. *n* 1. (*of person*) pele *f;* **to be soaked to the** ~ estar molhado até os ossos 2. (*of apple, potato, tomato*) casca *f* 3. (*on milk*) nata *f* 4. **by the** ~ **of one's teeth** por um triz II. <-nn-> *vt* (*animal*) esfolar

skin-deep *adj* superficial **skin-diving** *n*

skinhead *n* skinhead *m*, careca *m*
skinny ['skɪni] <-ier, -iest> *adj* magricelo, -a
skintight [skɪn'taɪt] *adj* justo, -a, colado, -a ao corpo
skip[1] [skɪp] *n Brit, Aus* (*container*) caçamba *f*
skip[2] [skɪp] I. <-pp-> *vi* 1. (*take light steps*) saltitar 2. *esp Brit* (*with rope*) pular corda II. <-pp-> *vt* 1. *inf* (*leave out*) pular (um trecho) 2. (*not participate in*) faltar; **he ~ped class** faltou na aula; **to ~ town** *inf* dar o fora da cidade 3. **to ~ rope** pular corda III. *n* salto *m*
ski pants *npl* calças *mpl* de esqui **ski pole** *n* bastão *m* de esqui
skipper ['skɪpər, *Brit:* -ər] *n* NAUT capitão, -ã *m, f* (de navio, time)
skipping rope *n Brit*, **skip rope** *n Am* corda *f* de pular
skirmish ['skɜːrmɪʃ, *Brit:* 'skɜːm-] *n* escaramuça *f*, desentendimento *m*
skirt [skɜːrt, *Brit:* skɜːt] I. *n* saia *f* II. *vt* 1. (*path, road*) margear 2. (*avoid*) contornar
skirting (**board**) *n Brit, Aus* rodapé *m*
ski suit *n* macacão *m* de esqui
skittle ['skɪtl, *Brit:* -tl] *n* boliche *m*; **a game of ~s** uma partida de boliche
skive [skaɪv] *vi Brit, inf* matar (aula, trabalho)
skulk [skʌlk] *vi* esconder-se
skull [skʌl] *n* caveira *f*; ANAT crânio *m*
skunk [skʌŋk] *n* gambá *mf*
sky [skaɪ] <-ies> *n* céu *m*; **the ~'s the limit** não há limite
skydiving *n* paraquedismo *m*
sky-high I. *adv a. fig* às nuvens; **to go ~** (*prices*) disparar II. *adj* (*price*) astronômico, -a
skylight *n* claraboia *f*
skyline *n* 1. (*of city*) silhueta *f* 2. (*horizon*) linha *f* do horizonte
skyscraper ['skaɪskreɪpər, *Brit:* -pər] *n* arranha-céu *m*
slab [slæb] *n* 1. (*flat piece: of stone*) laje *f*; (*of wood*) tampo *m* 2. (*slice: of cake, of cheese*) pedaço *m*
slack [slæk] *adj* 1. (*loose*) frouxo, -a 2. (*lazy*) indolente; (*writing style*) desleixado, -a 3. (*not busy*) escasso, -a; **~ demand** pequena demanda
slacken ['slækən] *vi, vt* afrouxar, diminuir

◆ **slack off** *vi*, **slacken off** I. *vi* afrouxar II. *vt* diminuir

slacks [slæks] *npl* calça *f* tipo moletom
slain [sleɪn] *pp of* **slay**
slam [slæm] <-mm-> I. *vt* 1. (*strike*) bater; **to ~ the door** bater a porta 2. *inf* (*criticize*) pichar II. *vi* **to ~ against sth** bater contra a. c.; **to ~ on the brakes** pisar no freio
slander ['slændər, *Brit:* 'slɑːndər] I. *n no pl* LAW calúnia *f* II. *vt* caluniar, denegrir
slang [slæŋ] I. *n no pl* gíria *f* II. *adj* de gíria III. *vt Brit, Aus, inf* xingar
slanging match *n Brit, Aus* troca *f* de xingamentos
slant [slænt, *Brit:* slɑːnt] *n* 1. *no pl* (*slope*) inclinação *f* 2. (*perspective*) ponto *m* de vista; **to put a favorable ~ on sth** dar um viés *m* favorável a a. c.
slanting *adj* inclinado, -a, enviesado, -a
slap [slæp] I. *n* 1. tapa *m*, bofetada *f*; **a ~ in the face** um tapa na cara; *fig* um insulto 2. *no pl, inf* (*makeup*) maquiagem *f* rápida II. <-pp-> *vt* esbofetear; **to ~ sb across the face** dar uma bofetada em alguém III. *adv inf* em cheio
slapdash ['slæpdæʃ] *adj pej, inf* desleixado, -a, nas coxas *chulo*
slapstick *n no pl* palhaçada *f*
slash [slæʃ] *vt* 1. (*cut deeply*) cortar profundamente; (*tires, paintings*) fazer rasgo em 2. (*reduce: prices, spending*) reduzir drasticamente
slat [slæt] *n* (*of wood*) ripa *f*
slate [sleɪt] I. *n no pl* telha *f* II. *vt Brit, Aus, inf* (*criticize*) malhar
slaughter ['slɔːtər, *Brit:* 'slɔːtər] I. *vt* chacinar, abater II. *n no pl* (*of animals*) abate *m*; (*of people*) chacina *f*
slaughterhouse *n* abatedouro *m*
Slav [slɑːv] *adj* eslavo, -a
slave [sleɪv] I. *n* escravo, -a *m, f* II. *vi* trabalhar como um burro de carga; **to ~ away** (**at sth**) trabalhar sem descanso (em a. c.)
slave driver *n inf* feitor(a) *m(f)*
slavery ['sleɪvəri] *n no pl* escravidão *f*
Slavic ['slɑːvɪk] *adj* eslavo, -a
slavish ['sleɪvɪʃ] *adj* 1. (*unoriginal*) pouco original 2. (*servile*) servil
Slavonic [slə'vɑːnɪk, *Brit:* -'vɒn-] *adj* eslavo, -a
slay [sleɪ] <slew, slain> *vt liter* matar
sleazy ['sliːzi] <-ier, -iest> *adj* (*area, bar*) sórdido, -a
sledge [sledʒ] *n* trenó *m*
sledgehammer *n* marreta *f*

sleek [sliːk] *adj* sedoso, -a, alinhado, -a

sleep [sliːp] **I.** *n no pl* sono *m;* **to go to ~** (*person*) ir dormir; (*arm, leg*) ficar dormente; **to put an animal to ~** sacrificar um animal (com injeção letal) **II.** <slept, slept> *vi* 1. dormir; **to ~ late** dormir tarde; **to ~ sound(ly)** dormir profundamente 2. (*have sex*) **to ~ with sb** ir para cama com alguém **III.** *vt* dormir

◆ **sleep around** *vi* ter relações sexuais com vários parceiros

◆ **sleep in** *vi* (*stay in bed*) ficar na cama até tarde

◆ **sleep over** *vi* **to ~ (at sb's house)** passar a noite (na casa de alguém)

◆ **sleep through** *vi* ferrar no sono

sleeper ['sliːpər, *Brit:* -əʳ] *n* 1. (*person*) dorminhoco, -a *m, f* 2. (*carriage*) vagão-leito *m* 3. *Brit, Aus* (*blocks*) dormente *m*

sleeping bag *n* saco *m* de dormir **sleeping car** *n* vagão-leito *m* **sleeping pill** *n* calmante *m*

sleepless ['sliːpləs] *adj* (*night*) em claro

sleepwalk *vi* sonambular

sleepwalker *n* sonâmbulo, -a *m, f*

sleepy ['sliːpi] <-ier, -iest> *adj* sonolento, -a

sleet [sliːt] *n no pl* neve *f* molhada

sleeve [sliːv] *n* 1. (*of shirt*) manga *f* 2. (*cover*) bucha *f* 3. (*for record*) capa *f*

sleigh [sleɪ] *n* trenó *m*

sleight of hand [slaɪt-] *n no pl* prestidigitação *f*

slender ['slendər, *Brit:* -əʳ] *adj* delgado, -a, esbelto, -a; (*majority*) pequeno, -a

slept [slept] *pt, pp* of **sleep**

slew [sluː] *pt of* **slay**

slice [slaɪs] **I.** *n* 1. (*of bread, meat*) fatia *f*; (*of cucumber, lemon*) rodela *f* 2. (*tool*) espátula *f* **II.** *vt* cortar (em fatias); **to ~ sth off of sth** cortar (um pedaço de) a. c. de a. c.; **to ~ sth up** fatiar a. c.

slick [slɪk] **I.** <-er, -est> *adj* 1. (*performance*) ótimo, -a 2. (*person*) astuto, -a **II.** *n* (*oil*) mancha *f* de óleo

slide [slaɪd] **I.** <slid, slid> *vi* 1. (*slip*) escorregar 2. (*glide smoothly*) deslizar **II.** <slid, slid> *vt* fazer deslizar **III.** *n* 1. (*at playground*) escorregador *m* 2. PHOT slide *m* 3. (*for microscope*) lâmina *f* 4. *Brit* (*hair clip*) presilha *f*

sliding *adj* (*door*) de correr; (*sunroof*) móvel

sliding scale *n* escala *f* variável

slight [slaɪt] **I.** <-er, -est> *adj* 1. (*small: chance*) mínimo, -a; (*error*) sem importância; **not in the ~est** em absoluto; **not to have the ~est (idea)** não fazer a mínima (ideia) 2. (*slim*) franzino, -a **II.** *n* desfeita *f* **III.** *vt* desfeitear

slightly *adv* ligeiramente

slim [slɪm] <-mm-> **I.** *adj* esbelto, -a **II.** <-mm-> *vi* **to ~ down** emagrecer

slime [slaɪm] *n no pl* lodo *m*, gosma *f*

slimming **I.** *n no pl* emagrecimento *m* **II.** *adj* (*pill*) para emagrecer

slimy ['slaɪmi] <-ier, -iest> *adj* 1. (*covered in slime*) lodoso, -a 2. (*person*) pegajoso, -a

sling [slɪŋ] <slung, slung> **I.** *vt* 1. (*throw*) atirar 2. (*hang*) suspender, pendurar; **to ~ sth over sth** pendurar a. c. em a. c. **II.** *n* 1. (*for broken arm*) tipoia *f* 2. (*weapon*) estilingue *m*

slip [slɪp] <-pp-> **I.** *n* 1. (*on ice, etc*) escorregão *m* 2. (*mistake*) deslize *m;* **~ of the tongue** lapso *m*, ato falho *m* 3. COM comprovante *m;* **a ~ of paper** uma tira *f* de papel 4. (*women's underwear*) combinação *f* 5. *fig* **to give sb the ~** desvencilhar-se **II.** *vi* 1. (*slide*) escorregar, deslizar 2. (*move quietly*) mover-se de mansinho; **to ~ into/out of one's pyjamas** pôr/tirar rapidamente o pijama 3. (*decline*) decair **III.** *vt* deixar escapar

◆ **slip away** *vi* escapulir

◆ **slip in** *vt* enfiar

◆ **slip out** *vi* escapar

slipper ['slɪpər, *Brit:* -əʳ] *n* chinelo *m*

slippery ['slɪpəri] <-ier, -iest> *adj* escorregadio, -a

slipshod ['slɪpʃɑːd, *Brit:* -ʃɒd] *adj* desleixado, -a

slip-up *n* deslize *m*

slipway *n* NAUT rampa *f*

slit [slɪt] **I.** <slit, slit> *vt* cortar; **to ~ sb's throat** degolar alguém **II.** *n* 1. (*tear*) corte *m;* **a ~ in sth** um rasgo *m* em a. c. 2. (*narrow opening*) fenda *f*; **a ~ in sth** uma fenda em a. c.

slither ['slɪðər, *Brit:* -əʳ] *vi* deslizar; **to ~ away** [*o* **off**] serpentear

sliver ['slɪvər, *Brit:* -əʳ] *n* (*of glass, wood*) lasca *f*; (*of lemon*) rodela *f* fina

slob [slɑːb, *Brit:* slɒb] *n inf* relaxado *m*

slog [slɑːɡ, *Brit:* slɒɡ] *inf* **I.** *n no pl* ralação *f* **II.** <-gg-> *vi* (*walk*) arrastar-se

III. <-gg-> *vt* (*hit*) bater forte
slogan ['sloʊgən, *Brit:* 'sləʊ-] *n* slogan *m*
slop [slɑːp, *Brit:* slɒp] <-pp-> *vi, vt inf* derramar(-se)
slope [sloʊp, *Brit:* sləʊp] **I.** *n* inclinação *f*; (*up*) ladeira *f*; (*of a mountain*) encosta *f*; (*down*) declive *m* **II.** *vi* inclinar(-se); **to ~ down** descer; **to ~ up** subir
sloping *adj* inclinado, -a
sloppy ['slɑːpi, *Brit:* 'slɒpi] <-ier, -iest> *adj* **1.** (*careless*) desleixado, -a **2.** (*loose-fitting*) folgado, -a
slot [slɑːt, *Brit:* slɒt] **I.** *n* **1.** (*narrow opening*) fenda *f* **2.** TV espaço *m* **II.** <-tt-> *vt* **to ~ sth in** enfiar [*ou* colocar] a. c. em
sloth [slɑːθ, *Brit:* sləʊθ] *n* **1.** *no pl* (*laziness*) indolência *f* **2.** ZOOL preguiça *f*
slot machine *n* **1.** (*for gambling*) caça-níqueis *m inv* **2.** *Brit, Aus* (*vending machine*) máquina *f* de venda automática
slouch [slaʊtʃ] *vi* **1.** (*bend shoulders*) encurvar-se **2.** (*walk*) andar encurvado
Slovak ['sloʊvɑːk, *Brit:* 'sləʊvæk] *adj* eslovaco, -a
Slovakia [sloʊ'vɑːkiə, *Brit:* sləʊ'væk-] *n* Eslováquia *f*
Slovakian *n* eslovaco, -a *m, f*
Slovene ['sloʊviːn, *Brit:* 'sləʊ-] *adj* esloveno, -a
Slovenia [sloʊ'viːniə, *Brit:* sləʊ'-] *n* Eslovênia *f*
Slovenian *n* esloveno, -a *m, f*
slovenly ['slʌvənli] *adj* desmazelado, -a
slow [sloʊ, *Brit:* sləʊ] **I.** *adj* lento, -a; **to be ~ to do** [*o* **in doing**] **sth** demorar para fazer a. c.; **to be (10 minutes) ~** estar (10 minutos) atrasado **II.** *vi* ir mais devagar; (*growth, production*) diminuir **III.** *vt* reduzir a velocidade de; (*development*) retardar
◆ **slow down I.** *vt* desacelerar **II.** *vi* **1.** (*reduce speed*) reduzir a velocidade; **to ~ down for sth** ir mais devagar para a. c. **2.** (*be less active*) diminuir o ritmo
slowly *adv* lentamente; **~ but surely** devagar e sempre
slow motion *n* câmera *f* lenta; **in ~** em câmera lenta
sludge [slʌdʒ] *n no pl* lodo *m*
slug¹ [slʌg] *n* ZOOL lesma *f*
slug² [slʌg] **I.** *n inf* (*bullet*) bala *f* **II.** *vt* (*hit*) dar um murro

sluggish ['slʌgɪʃ] *adj* (*person*) indolente; (*progress*) lento, -a; (*market*) recessivo, -a; (*sales*) fraco, -a
sluice [sluːs] **I.** *n* (*gate*) comporta *f* **II.** *vi* jorrar **III.** *vt* **to ~ sth down** lavar com jorro de água
slum [slʌm] *n* (*area*) bairro *m* pobre, favela *f*; (*on outskirts*) periferia *f*
slump [slʌmp] **I.** *n* ECON retração *f*; **~ in prices** queda *f* brusca dos preços **II.** *vi* baixar; (*prices*) despencar
slung [slʌŋ] *pt, pp of* **sling**
slur [slɜːr, *Brit:* slɜː'] <-rr-> **I.** *vt* pronunciar indistintamente **II.** *n* pronúncia *f* ininteligível
slurp [slɜːrp, *Brit:* slɜːp] *inf* **I.** *vt, vi* sugar ruidosamente **II.** *n* sugada *f* ruidosa
slush [slʌʃ] *n no pl* neve *f* suja semiderretida
slush fund *n* caixinha *f* (para suborno)
slut [slʌt] *n pej* puta *f*
sly [slaɪ] *adj* **1.** (*secretive*) dissimulado, -a **2.** (*crafty*) matreiro, -a
smack [smæk] **I.** *n* **1.** *inf* (*slap*) palmada *f* **2.** (*loud noise*) estalo *m* **II.** *adv* (*directly, exactly*) em cheio **III.** *vt* **1.** (*slap*) dar uma palmada em **2.** (*hit noisily*) estalar
◆ **smack of** *vi* cheirar a
small [smɔːl] **I.** *adj* **1.** (*not large*) pequeno, -a; (*person*) baixo, -a **2.** TYP, LIT (*letter*) minúsculo, -a **II.** *n no pl* **the ~ of the back** a parte *f* mais estreita das costas
small ad *n* anúncio *m* classificado **small business** <-es> *n* microempresa *f* **small change** *n no pl* trocado *m* **small hours** *npl* madrugada *f* **smallpox** *n no pl* varíola *f* **small talk** *n no pl* **to make ~** jogar conversa fora
smart [smɑːrt, *Brit:* smɑːt] **I.** *adj* **1.** (*clever*) esperto, -a **2.** (*elegant*) elegante **3.** (*quick*) rápido, -a **4.** (*rude*) **to be/get ~ with sb** ser impertinente com alguém **II.** *vi* arder; **my eyes ~** meus olhos estão ardendo
smart card *n* INFOR cartão *m* inteligente
smarten [smɑːrtn, *Brit:* smɑːtn] *vt* **to ~ sth up** melhorar a aparência de a. c.
smash [smæʃ] **I.** *n* **1.** (*sound*) estrondo *m* **2.** (*accident*) choque *m* **II.** *vt* **1.** (*break: glass*) despedaçar; *fig* destruir **2.** SPORTS (*record*) quebrar **III.** *vi* **1.** (*break into pieces: glass*) despedaçar-se **2.** (*strike against*) chocar(-se); **to ~ into/through sth** chocar(-se) contra

a. c.

◆ **smash up** *vt* arrasar; (*car*) bater

smashing *adj Brit, inf* esplêndido, -a

smash-up *n* colisão *f*

smattering ['smætərɪŋ, *Brit:* 'smæt-] *n* conhecimento *m* superficial

smear [smɪr, *Brit:* smɪəʳ] **I.** *vt* **1.** (*spread*) besuntar **2.** (*attack*) difamar **II.** *n* **1.** (*blotch*) mancha *f* **2.** (*accusation*) difamação *f* **3.** MED esfregaço *m*

smear campaign *n* campanha *f* de difamação

smell [smel] **I.** <*Brit, Aus:* smelt, smelt *Am, Aus:* -ed, -ed> *vt, vi* cheirar; **to ~ like sth** ter o cheiro de a. c.; **to ~ of sth** cheirar a a. c. **II.** *n* **1.** (*sense of smell*) olfato *m* **2.** (*odor*) cheiro *m*, aroma *m*

smelly ['smeli] *adj* <-ier, -iest> malcheiroso, -a

smelt [smelt] *Brit, Aus pt, pp of* **smell**

smile [smaɪl] **I.** *n* sorriso *m* **II.** *vi* sorrir; **to ~ at sb/over sth/to oneself** sorrir para alguém/de a. c./consigo mesmo

smirk [smɜːrk, *Brit:* smɜːk] **I.** *vi* sorrir de maneira afetada **II.** *n* sorriso *m* afetado

smock [smɑːk, *Brit:* smɒk] *n* avental *m*

smog [smɑːg, *Brit:* smɒg] *n no pl* nevoeiro *m* em ar poluído

smoke [smoʊk, *Brit:* sməʊk] **I.** *n no pl* fumaça *f*; **to go up in ~** virar fumaça, fumo *m* **II.** *vt* (*cigarette*) fumar **III.** *vi* **1.** (*produce smoke*) lançar fumaça **2.** (*smoke tobacco*) fumar

smoked *adj* esfumaçado, -a

smokeless ['smoʊkləs, *Brit:* 'sməʊk-] *adj* sem fumaça

smoker ['smoʊkər, *Brit:* 'sməʊkə'] *n* **1.** (*person*) fumante *mf* **2.** RAIL vagão *m* para fumantes

smokescreen *n a. fig* cortina *f* de fumaça

smoking *n no pl* fumo *m*; **to give up ~** parar de fumar

smoky ['smoʊki, *Brit:* 'sməʊ-] *adj* <-ier, -iest> (*filled with smoke*) enfumaçado, -a

smolder ['smoʊldər, *Brit:* 'sməʊldəʳ] *vi Am* arder (sem chama)

smooth [smuːð] **I.** *adj* (*not rough*) macio, -a; (*sea*) calmo, -a; (*surface*) liso, -a; (*texture*) suave **II.** *vt* **to ~ sth (out)** alisar a. c.

◆ **smooth over** *vt* (*things*) dar um jeito em

smother ['smʌðər, *Brit:* -əʳ] *vt* **1.** (*suffocate*) sufocar **2.** (*suppress*) abafar

smoulder *vi Brit s.* **smolder**

SMS [,esem'es] *n abbr of* **short message service** SMS *m*; **~ messaging** serviço de mensagens curtas

smudge [smʌdʒ] **I.** *vt* manchar; (*reputation*) macular *form* **II.** *n* mancha *f*, borrão *m*

smug [smʌg] *adj* <-gg-> presunçoso, -a

smuggle ['smʌgl] *vt* contrabandear

smuggler ['smʌglər, *Brit:* -əʳ] *n* contrabandista *mf*

smuggling *n no pl* contrabando *m*

smutty ['smʌti, *Brit:* -ti] *adj* <-ier, -iest> obsceno, -a

snack [snæk] *n* lanche *m*; **to have a ~** comer um lanche

snack bar *n* lanchonete *f*

snag [snæg] *n* dificuldade *f*; **there's a ~** há um empecilho

snail [sneɪl] *n* caracol *m*

snake [sneɪk] *n* (*small*) cobra *f*; (*large*) serpente *f*

snap [snæp] <-pp-> **I.** *n* **1.** (*sound*) estalo *m* **2.** (*photograph*) foto *f* **3.** METEO **a cold ~** uma onda *f* de frio **II.** *adj* repentino, -a; **~ decision** decisão repentina **III.** *vi* **1.** (*break*) arrebentar **2.** (*move*) **to ~ shut** fechar(-se) subitamente **3.** (*with fingers*) estalar **4.** (*bite*) **to ~ at sb** tentar morder alguém; *a. fig* agarrar **5.** (*speak sharply*) falar bruscamente; **to ~ at sb** responder a alguém bruscamente **IV.** *vt* **1.** (*break*) quebrar (com estalo) **2.** (*make snapping sound*) estalar; **to ~ one's fingers** estalar os dedos **3.** PHOT bater uma foto

◆ **snap up** *vt* adquirir sem demora

snappy ['ʃnæpi] *adj* <-ier, -iest> **1.** *inf* FASHION na estica *f* **2.** (*quick*) rápido, -a; **look ~!** mexa-se!

snapshot *n* foto *f*

snare [sner, *Brit:* sneəʳ] **I.** *n* armadilha *f* **II.** *vt* (*animal*) pegar em uma armadilha; (*person*) atrair

snarl [snɑːrl, *Brit:* snɑːl] **I.** *vi* rosnar; **to ~ at sb** rosnar para alguém **II.** *n* rosnado *m*

snatch [snætʃ] **I.** <-es> *n* **1.** (*sudden grab*) arrancada *f* violenta **2.** (*theft*) furto *m* **II.** *vt* (*steal*) furtar; (*win*) arrebatar; **to ~ sth (away) from sb** arrebatar a. c. de alguém **III.** *vi* agarrar(-se); **to ~ at sth** agarrar-se a a. c. [*ou* agarrar a. c.]

◆ **snatch up** *vt* agarrar

snazzy ['snæzi] <-ier, -iest> *adj inf* chique

sneak [sni:k] *Am* **I.** *vi* mover-se sem dar na vista; **to ~ in/out** entrar/sair sem dar na vista **II.** *vt* fazer (a. c.) sem dar na vista; **to ~ a look at sth/sb** olhar discretamente para a. c./alguém **III.** *n Brit, childspeak* dedo-duro *mf*

sneakers ['sni:kərz, *Brit:* -kəz] *npl Am* tênis *m inv*

sneer [snɪr, *Brit:* snɪəʳ] **I.** *vi* desdenhar; (*mock*) fazer troça; **to ~ at sth/sb** fazer troça de a. c./alguém **II.** *n* atitude *f* de desdém

sneeze [sni:z] **I.** *vi* espirrar **II.** *n* espirro *m*

sniff [snɪf] **I.** *vi* fungar, farejar; **not to be ~ed at** *fig* não ser de se jogar fora **II.** *vt* fungar, cheirar

sniffer dog *n* cão *m* farejador

snigger ['snɪgər, *Brit:* -əʳ] **I.** *vi* rir de maneira contida **II.** *n* riso *m* contido

snip [snɪp] **I.** *vt* cortar (com tesoura) **II.** *n* **1.** (*piece of cloth*) retalho *m* **2.** *Brit, inf* (*cheap item*) pechincha *f*

sniper ['snaɪpər, *Brit:* -əʳ] *n* atirador(a) *m(f)* de elite, franco-atirador(a) *m(f)*

snippet ['snɪpɪt] *n* trecho (de conversa, informação) *n*

snivel(l)ing ['snɪvəlɪŋ] **I.** *n no pl* choramingo *m* **II.** *adj* chorão, -ona

snob [snɑ:b, *Brit:* snɒb] *n* esnobe *mf*

snobbery ['snɑ:bəri, *Brit:* 'snɒb-] *n* esnobismo *m*

snobbish ['snɑ:bɪʃ, *Brit:* 'snɒb-] <more, most> *adj* esnobe

snog [snɑ:g, *Brit:* snɒg] <-gg-> *vi, vt Brit, inf* ficar aos beijos e abraços

snooker ['snʊkər, *Brit:* 'snu:kəʳ] *n* sinuca *f*

snoop [snu:p] *pej, inf* **I.** *n* bisbilhoteiro, -a *m, f* **II.** *vi* bisbilhotar; **to ~ around in sth** bisbilhotar a. c.

snooty ['snu:ti, *Brit:* -ti] <-ier, -iest> *adj* arrogante

snooze [snu:z] *inf* **I.** *vi* (*nap*) tirar uma soneca; (*nap lightly*) cochilar **II.** *n* soneca *f*

snore [snɔ:r, *Brit:* snɔ:ʳ] MED **I.** *vi* roncar **II.** *n* ronco *m*

snorkel ['snɔ:rkəl, *Brit:* 'snɔ:k-] **I.** *n* snorkel *m* **II.** <*Brit:* -ll-, *Am:* -l-> *vi* mergulhar com snorkel

snort [snɔ:rt, *Brit:* snɔ:t] **I.** *vi* bufar **II.** *inf* (*cocaine*) cheirar **III.** *n* bufo *m*

snout [snaʊt] *n* focinho *m*

snow [snoʊ, *Brit:* snəʊ] *no pl* **I.** *n* neve *f* **II.** *vi* nevar; **to be ~ed in** ficar preso pela neve
◆ **snow under** *vt* **to be snowed under (with sth)** estar sobrecarregado (com a. c.)

snowball I. *n* bola *f* de neve **II.** *vi fig* aumentar vertiginosamente

snowbound *adj* preso, -a pela neve

snow day *n Am* dia sem aulas por conta de nevasca

snowdrift *n* monte *m* de neve formado pelo vento **snowdrop** *n* BOT galanto *m* **snowfall** *n no pl* nevada *f* **snowflake** *n* floco *m* de neve **snowman** *n* boneco *m* de neve **snowplough** *n esp Brit*, **snowplow** *n Am* removedor *m* de neve **snowshoe** *n* calçado *m* tipo raquete para caminhada na neve **snowstorm** *n* nevasca *f*

snowy ['snoʊi, *Brit:* 'snəʊi] *adj* de/com neve

snub [snʌb] **I.** <-bb-> *vt* **to ~ sb** esnobar alguém **II.** *n* esnobação *f*

snub-nosed *adj* de nariz arrebitado

snuff [snʌf] **I.** *n* rapé *m* **II.** *vt* (*put out*) apagar
◆ **snuff out** *vt* (*candle*) apagar

snug [snʌg] *adj* **1.** (*cozy*) aconchegante **2.** (*tight: dress*) com bom caimento

snuggle ['snʌgl] *vi* aconchegar-se; **to ~ up to sb** aconchegar-se com alguém

so [soʊ, *Brit:* səʊ] **I.** *adv* **1.** (*in the same way*) ~ **did/do I** eu também; ~ **to speak** por assim dizer **2.** (*like that*) assim; **five or ~** cinco e pouco; **if ~** neste caso; **I hope/think ~** assim espero/acredito **3.** (*to such a degree*) tão, tanto; ~ **late** tão tarde **4.** (*in order that*) para que; **I bought the book ~ that he would read it** comprei o livro para que ele o lesse **5.** (*as a result*) desta forma; **and ~ she won** e então ela venceu **6.** ~ **long!** até logo **II.** *conj* **1.** (*therefore*) portanto **2.** *inf* (*and afterwards*) ~ **(then) he told me ...** aí (então) ele me disse ... **3.** (*summing up*) então; ~ **now, ...** então agora, ...; ~ **what?** e daí?

soak [soʊk, *Brit:* səʊk] **I.** *vt* **1.** (*in liquid*) ensopar, pôr de molho **2.** *inf* (*overcharge*) escorchar **II.** *vi* (*in liquid*) deixar de molho
◆ **soak in** *vi* penetrar
◆ **soak up** *vt* absorver

so-and-so *n inf* (*person*) fulano *m* de

tal
soap [soʊp, *Brit:* səʊp] *n no pl* sabão *m*, sabonete *m*
soapbox *n* caixa *f* de sabão **soap flakes** *npl* sabão *m* em flocos **soap opera** *n* novela *f* (de televisão) **soap powder** *n no pl* sabão *m* em pó
soapy ['soʊp-, *Brit:* 'səʊpi] <-ier, -iest> *adj* com sabão
soar [sɔːr, *Brit:* sɔːʳ] *vi* 1. (*hopes*) elevar-se; (*prices*) disparar 2. (*bird, plane*) pairar; (*glide*) planar 3. (*building*) erguer-se
sob [sɑːb, *Brit:* sɒb] I. *n* soluço *m* II. <-bb-> *vi* soluçar III. <-bb-> *vt* soluçar
sober ['soʊbər, *Brit:* 'səʊbəʳ] I. *adj* 1. (*not drunk*) sóbrio, -a 2. (*serious*) sério, -a 3. (*plain*) despojado, -a II. *vi* **to ~ up** curar-se de uma bebedeira
sob story *n* dramalhão *f*
so-called *adj* assim chamado, -a, suposto, -a
soccer ['sɑːkər, *Brit:* sɒkəʳ] *n no pl, Am* futebol *m*
sociable ['soʊʃəbl, *Brit:* 'səʊ-] *adj* sociável
social ['soʊʃəl, *Brit:* 'səʊ-] *adj* social
socialism ['soʊʃəlɪzəm, *Brit:* 'səʊ-] *n no pl* socialismo *m*
socialist *n* socialista *mf*
socialize ['soʊʃəlaɪz, *Brit:* 'səʊ-] *vi* socializar
social science *n* ciências *fpl* sociais **Social Security** *n no pl, Am* Previdência *f* Social **social services** *n pl* (*welfare*) serviços *mpl* de assistência social **social work** *n no pl* assistência *f* social **social worker** *n* assistente *mf* social
society [sə'saɪəti, *Brit:* -ti] *n* 1. (*all people*) sociedade *f*; (**high**) ~ alta sociedade 2. (*organization*) associação *f*
sociologist [ˌsoʊsi'ɑːlədʒɪst, *Brit:* ˌsəʊʃi'ɒl-] *n* sociólogo, -a *m, f*
sociology [ˌsoʊsi'ɑːlədʒi, *Brit:* ˌsəʊʃi'ɒl-] *n no pl* sociologia *f*
sock [sɑːk, *Brit:* sɒk] *n* meia *f*; **to pull one's ~ up** *inf* fazer um esforço
socket ['sɑːkɪt, *Brit:* 'sɒk-] *n* ELEC tomada *f*
sod [sɑːd, *Brit:* sɒd] *n* torrão *m* de grama
soda ['soʊdə, *Brit:* 'səʊ-] *n* 1. *no pl* CHEM soda *f* 2. *Am* (*fizzy drink*) refrigerante *m* 3. (*water*) água *f* com gás
soda water *n no pl* soda *f*

sodden ['sɑːdn, *Brit:* 'sɒdn] *adj* encharcado, -a
sodium ['soʊdiəm, *Brit:* 'səʊ-] *n no pl* sódio *m*
sodium chloride *n no pl* cloreto *m* de sódio
sofa ['soʊfə, *Brit:* 'səʊ-] *n* sofá *m*
soft [sɑːft, *Brit:* sɒft] *adj* (*ground, skin*) macio, -a; (*heart*) mole; (*landing*) suave
soften ['sɑːfən, *Brit:* 'sɒf-] I. *vi* abrandar-se II. *vt* (*grief*) atenuar; (*iron*) amolecer; (*leather*) amaciar
softener ['sɑːfənər, *Brit:* 'sɒfənəʳ] *n* amaciante *m*
softly *adv* 1. (*not hard*) suavemente 2. (*quietly*) silenciosamente
softness ['sɑːftnɪs, *Brit:* 'sɒft-] *n no pl* 1. (*not hardness*) suavidade *f* 2. (*smoothness*) maciez *f*
software ['sɑːftwer, *Brit:* 'sɒftweəʳ] *n no pl* software *m*
soggy ['sɑːgi, *Brit:* 'sɒgi] <-ier, -iest> *adj* ensopado, -a
soil¹ [sɔɪl] *vt form* macular
soil² *n no pl* AGR solo *m*, terra *f*
solace ['sɑːlɪs, *Brit:* 'sɒl-] I. *n no pl* consolo *m* II. *vt* consolar
solar ['soʊlər, *Brit:* 'səʊləʳ] *adj* solar
solarium [soʊ'leriəm, *Brit:* sə'leəʳ-] <-s *o* solaria> *n* solário *m*
solar panel *n* placa *f* solar **solar power** *n no pl* energia *f* solar **solar system** *n* sistema *m* solar
sold [soʊld, *Brit:* səʊld] *pt, pp of* **sell**
solder ['sɑːdər, *Brit:* 'sɒldəʳ] I. *vt* soldar II. *n no pl* solda *f*
soldier ['soʊldʒər, *Brit:* 'səʊldʒəʳ] I. *n* (*military person*) militar *m*; (*non-officer*) soldado *m* II. *vi* servir como soldado
♦ **soldier on** *vi* seguir adiante
sold out *adj* esgotado, -a
sole¹ [soʊl, *Brit:* səʊl] *adj* (*unique*) único, -a; (*exclusive*) exclusivo, -a
sole² *n* (*of foot*) planta *f*; (*of shoe*) sola *f*
sole³ <-(s)> *n* (*fish*) linguado *m*
solemn ['sɑːləm, *Brit:* 'sɒl-] *adj* solene
solicit [sə'lɪsɪt] I. *vt form* (*ask for*) solicitar II. *vi* (*prostitute*) abordar clientes
solicitor [sə'lɪsɪtər, *Brit:* -təʳ] *n esp Aus, Brit* procurador(a) *m(f)*
solid ['sɑːlɪd, *Brit:* 'sɒl-] I. *adj* 1. (*hard*) sólido, -a; (*silver*) maciço, -a 2. (*argument*) sólido, -a 3. (*line*) contínuo, -a II. *n* sólido *m*

solidarity [ˌsɑːləˈderəṭi, *Brit:* ˌsɒlɪˈdærəti] *n no pl* solidariedade *f*

solid fuel *n* combustível *m* sólido

solitaire [ˈsɑːləter, *Brit:* ˌsɒlɪˈteəʳ] *n* (anel) solitário *m*

solitary [ˈsɑːləteri, *Brit:* ˈsɒlɪtəri] *adj* **1.** (*alone, single: example*) único, -a; (*traveler*) solitário, -a **2.** (*isolated*) isolado, -a; (*unvisited*) afastado, -a

solitary confinement *n* prisão *m* em solitária

solitude [ˈsɑːlətuːd, *Brit:* ˈsɒlɪtjuːd] *n no pl* solidão *f*

solo [ˈsoʊloʊ, *Brit:* ˈsəʊləʊ] *n* MUS solo *m*

soloist [ˈsoʊloʊɪst, *Brit:* ˈsəʊləʊ-] *n* solista *mf*

Solomon Islands [ˈsɑːləmən-, *Brit:* ˈsɒl-] *npl* Ilhas *fpl* Salomão

solstice [ˈsɑːlstɪs, *Brit:* ˈsɒl-] *n* solstício *m*

soluble [ˈsɑːljəbl, *Brit:* ˈsɒl-] *adj* solúvel

solution [səˈluːʃn] *n* solução *f*; **a ~ to sth** uma solução para a. c.

solve [sɑːlv, *Brit:* sɒlv] *vt* resolver

solvency [ˈsɑːlvənsi, *Brit:* ˈsɒl-] *n no pl* solvência *f*

solvent [ˈsɑːlvənt, *Brit:* ˈsɒl-] **I.** *n* solvente *m* **II.** *adj* solvente

Somali [soʊˈmɑːli, *Brit:* ˌsə-] *adj* somali

Somalia [soʊˈmɑːliə, *Brit:* ˌsə-] *n* Somália *f*

somber *adj Am*, **sombre** [ˈsɑːmbər, *Brit:* ˈsɒmbəʳ] *adj* sombrio, -a

some [sʌm] **I.** *adj indef* **1.** *pl* (*several*) alguns, -mas; **~ apples** algumas maçãs; **~ people think ...** algumas pessoas acham ... **2.** (*imprecise*) algum(a); **~ day** algum dia; **~ time ago** algum tempo atrás **3.** (*amount*) um pouco de; **~ more tea** um pouco mais de chá; **to have ~ money** ter um pouco de dinheiro **II.** *pron indef* **1.** *pl* (*several*) alguns, -mas; **I would like ~** eu gostaria de alguns **2.** (*part of it*) um pouco; **I would like ~** eu gostaria de um pouco **III.** *adv* uns, umas; **~ ten of them** uns dez deles

somebody [ˈsʌmˌbɑːdi, *Brit:* ˈsʌmbədi] *pron indef* alguém; **~ or other** alguém

somehow [ˈsʌmhaʊ] *adv* **1.** (*through unknown methods*) de alguma maneira **2.** (*for unclear reason*) por alguma razão

someone [ˈsʌmwʌn] *pron s.* **somebody**

someplace [ˈsʌmpleɪs] *adv Am* em algum lugar

somersault [ˈsʌmərsɔːlt, *Brit:* -sɔːlt] **I.** *n* salto *m* mortal **II.** *vi* dar um salto mortal

something [ˈsʌmθɪŋ] **I.** *pron indef, sing* algo; **~ else/nice** algo mais/bonito **II.** *adv* **~ around $10** algo em torno de $10

sometime [ˈsʌmtaɪm] *adv* em algum momento; **~ soon** logo

sometimes *adv* às vezes

somewhat [ˈsʌmwɑːt, *Brit:* -wɒt] *adv* um tanto

somewhere [ˈsʌmwer, *Brit:* -weəʳ] *adv* (*be*) em algum lugar; (*go*) para algum lugar; **to be ~ else** estar em outro lugar; **to go ~ else** ir a outro lugar

son [sʌn] *n* filho *m*

sonar [ˈsoʊnɑːr, *Brit:* ˈsəʊnɑːʳ] *n* sonar *m*

song [sɑːŋ, *Brit:* sɒŋ] *n* canção *f*, poema *m*; **a ~ about sth for sb** um poema sobre a. c. para alguém

songwriter *n* compositor(a) *m(f)*

sonic [ˈsɑːnɪk, *Brit:* ˈsɒn-] *adj* sônico, -a

son-in-law <sons-in-law *o* son-in-laws> *n* genro *m*

sonnet [ˈsɑːnɪt, *Brit:* ˈsɒn-] *n* soneto *m*

sonny [ˈsʌni] *n no pl, inf* filhinho *m*; (*aggressive*) filhote *m*

soon [suːn] *adv* logo, dentro em pouco; **~ after ...** logo depois ...; **as ~ as possible** o quanto antes; **how ~ ...?** quando ...?

sooner [ˈsuːnər, *Brit:* -əʳ] *adv comp of* **soon** mais cedo; **~ or later** (mais) cedo ou (mais) tarde; **no ~ ... than** no mesmo instante em que ...; **no ~ said than done** dito e feito; **the ~ the better** quanto antes melhor

soot [sʊt] *n no pl* fuligem *m*

soothe [suːð] *vt* tranquilizar; (*pain*) aliviar

sophisticated [səˈfɪstəkeɪt̬ɪd, *Brit:* -tɪkeɪt-] *adj* sofisticado, -a

sophomore [ˈsɑːfəmɔːr, *Brit:* ˈsɒfəmɔːʳ] *n Am* aluno, -a *m, f* do segundo ano da faculdade

soppy [ˈsɑːpi, *Brit:* ˈsɒpi] <-ier, -iest> *adj inf* sentimental

soprano [səˈprænoʊ, *Brit:* -ˈprɑːnəʊ] *n* soprano *f*

sorbet [ˈsɔːrbeɪ, *Brit:* ˈsɔːb-] *n* sorvete *m* de frutas

sorcerer [ˈsɔːrsərər, *Brit:* ˈsɔːsərəʳ] *n*

liter feiticeiro, -a *m, f*

sordid ['sɔːrdɪd, *Brit:* 'sɔː-d-] *adj* sórdido, -a

sore [sɔːr, *Brit:* sɔːʳ] I. *adj* 1. (*aching*) dolorido, -a 2. *Am, inf* (*offended*) magoado, -a; **to be ~ at sb** estar sentido, -a com alguém II. *n* MED ferida *f*; *fig* chaga *f*

sorely *adv form* imensamente; **to be ~ tempted to do sth** estar bastante tentado a fazer a. c.

sorrow ['sɑːroʊ, *Brit:* 'sɒrəʊ] *n* tristeza *f*, sofrimento *m*

sorry ['sɑːri, *Brit:* 'sɒri] I. <-ier, -iest> *adj* 1. triste, com pesar; **to be ~ (that)** lamentar (que) +*subj*; **to feel ~ for sb** sentir pena de alguém 2. (*regretful*) arrependido, -a; **to be ~ about sth** estar arrependido de a. c.; **you'll be ~ if you don't!** você vai se arrepender se não o fizer! 3. (*before refusing*) **I'm ~ but I don't agree** sinto muito mas não concordo II. *interj* desculpe(-me)

sort [sɔːrt, *Brit:* sɔːt] I. *n* 1. (*type*) tipo *m*; (*kind*) espécie *f*; (*variety*) natureza *f*; **something/nothing of the ~** algo/nada no gênero 2. *inf* (*to some extent*) **~** de um tanto; **that's ~ of difficult to explain** é meio difícil de explicar II. *vt* 1. (*arrange*) ordenar; **to ~ sth into sth** ordenar a. c. em a. c., classificar; **to ~ sth by sth** classificar a. c. por a. c. 2. INFOR pôr em ordem 3. *Brit, inf* (*repair*) arrumar

◆ **sort out** *vt* 1. (*arrange*) ordenar 2. (*tidy up*) arrumar 3. (*resolve*) resolver

sorting office *n* centro *m* de tratamento de cartas e encomendas

SOS [ˌesoʊ'es, *Brit:* -əʊ'-] *n abbr of* **Save Our Souls** SOS *m*

so-so *inf* I. *adj* mais ou menos II. *adv* mais ou menos

sought [sɑːt, *Brit:* sɔːt] *pt, pp of* **seek**

soul [soʊl, *Brit:* səʊl] *n* 1. (*spirit*) alma *f*; **God rest his/her ~** descanse em paz 2. (*person*) alma *f*; **not a ~** nem uma alma

soulful ['soʊlfəl, *Brit:* 'səʊl-] *adj* comovente

sound¹ [saʊnd] I. *adj* 1. (*healthy*) sadio, -a 2. (*basis*) sólido, -a; (*health*) bom, boa II. *adv* **to be ~ asleep** dormir profundamente

sound² [saʊnd] *vt* 1. NAUT sondar 2. MED explorar com sonda

sound³ [saʊnd] *n* (*channel*) estreito *m*

sound⁴ [saʊnd] I. *n* 1. (*noise*) ruído *m*; (*volume*) volume *m* 2. LING, PHYS som *m* 3. (*idea expressed in words*) **by the ~ of it** ao que parece; **I don't like the ~ of that** isso não me soa bem II. *vi* 1. (*make noise*) soar 2. (*seem*) parecer III. *vt* (*alarm*) soar

◆ **sound off** *vi inf* **to ~ about sb/sth** dar palpite sobre alguém/a. c.

sound barrier *n* barreira *f* do som
soundbite *n* bordão *m*, frase *f* de efeito **sound effects** *npl* efeitos *mpl* sonoros

soundly *adv* 1. (*completely*) completamente; **to sleep ~** dormir profundamente 2. (*strongly*) violentamente; **to thrash sb ~** dar uma bela surra em alguém

soundproof I. *vt* fazer o isolamento acústico II. *adj* à prova de som
sound system *n* aparelho *m* de som
soundtrack *n* CINE trilha *f* sonora

soup [suːp] *n no pl* sopa *f*; (*clear*) caldo *m*; **to be in the ~** *inf* estar num aperto

soup plate *n* prato *m* fundo **soup spoon** *n* colher *f* de sopa

sour ['saʊər, *Brit:* -əʳ] *adj* azedo, -a; (*milk*) coalhado, -a; **to go ~** azedar; (*milk*) coalhar

source [sɔːrs, *Brit:* sɔːs] *n a. fig* fonte *f*; **from a reliable ~** de uma fonte confiável

south ['saʊθ] I. *n* sul *m*; **in the ~ of Brazil** no sul do Brasil II. *adj* do sul III. *adv* para o sul

South Africa *n* África *f* do Sul **South African** *adj* sul-africano, -a **South America** *n* América *f* do Sul **South American** *adj* sul-americano, -a **South Carolina** *n* Carolina *f* do Sul **South Dakota** *n* Dakota *f* do Sul

southeast [ˌsaʊθ'iːst] I. *n* sudeste *m* II. *adj* sudeste, de sudeste III. *adv* para o sudeste **southeasterly** *adj* do sudeste, para o sudeste; **in a ~ direction** na direção sudeste **southeastern** *adj* sudeste, de sudeste **southeastward(s)** *adv* para o sudeste, na direção sudeste

southerly ['sʌðərli, *Brit:* -əli] I. *adj* do sul; (*location*) ao sul; **in a ~ direction** na direção sul II. *adv* (*towards*) para o sul; (*from*) do sul

southern ['sʌðərn, *Brit:* -ən] *adj* do sul; **the ~ part of the country** a região sul

do país
southern hemisphere *n* hemisfério *m* sul
South Korea *n* Coreia *f* do Sul **South Korean** *adj* sul-coreano, -a
South Pole *n* Polo *m* Sul
southward(s) ['sauθwərd(z), *Brit:* -wəd(z)] *adv* para o sul, na direção sul
southwest [,sauθ'west] **I.** *n* sudoeste *m* **II.** *adj* sudoeste, de sudoeste **III.** *adv* para o sudoeste **southwesterly** *adj* do sudoeste, para o sudoeste; **in a ~ direction** na direção sudoeste **southwestern** *adj* sudoeste, de sudoeste **southwestward(s)** *adv* para o sudoeste, na direção sudoeste
souvenir [,su:və'nır, *Brit:* -'nıə^r] *n* suvenir *m*
sovereign ['sɑ:vrən, *Brit:* 'sɒvrın] *n* soberano, -a *m, f*
soviet ['souviet, *Brit:* 'səuviət] **I.** *n* soviético, -a *m, f* **II.** *adj* soviético, -a
Soviet Union *n* HIST União *f* Soviética
sow[1] [sou, *Brit:* səu] <sowed, sowed *o* sown> *vt* semear
sow[2] [sau] *n* porca *f*
sown [soun, *Brit:* səun] *pp of* **sow**[1]
soy [sɔɪ] *n Am,* **soya** ['sɔɪə] *n Brit* soja *f*
soya bean *n Brit,* **soy bean** *n Am* grão *m* de soja **soya sauce** *n Brit,* **soy sauce** *n Am* molho *m* de soja
spa [spɑ:] *n* fonte *f* de água mineral
space [speɪs] **I.** *n a.* ASTR, PHYS, TYP espaço *m*; **in a short ~ of time** em um curto espaço de tempo; **parking ~** vaga *f* de estacionamento **II.** *vt* espaçar
◆ **space out I.** *vt* viajar *fig* **II.** *vi* viajar *fig*
spacecraft *n* nave *f* espacial
spaceman <-men> *n* astronauta *m* **spaceship** *n* nave *f* espacial **spacewoman** <-women> *n* astronauta *f*
spacing *n no pl* espaçamento *m*
spacious ['speɪʃəs] *adj* espaçoso, -a
spade [speɪd] *n* **1.** (*tool*) pá *f* **2.** (*playing card*) espadas *fpl*
spaghetti [spə'geti, *Brit:* -'geti] *n* espaguete *m*
Spain [speɪn] *n* Espanha *f*
span [spæn] **I.** *n* **1.** (*of time*) espaço *m* **2.** (*of arch*) vão *m* **3.** (*of wing*) envergadura *f* **II.** <-nn-> *vt* **1.** (*cross*) atravessar **2.** (*include*) abarcar
Spaniard ['spænjərd, *Brit:* -jəd] *n* espanhol(a) *m(f)*
Spanish ['spænɪʃ] *adj* espanhol(a); ~

speaker falante do espanhol
spank [spæŋk] *vt* dar palmadas em
spanner ['spænər, *Brit:* -ə^r] *n Brit, Aus* chave *f* (inglesa, de porcas)
spar[1] [spɑ:r, *Brit:* spɑ:^r] *n* NAUT verga *f*
spar[2] *vi* <-rr-> (*in boxing*) treinar boxe
spare [sper, *Brit:* speə^r] **I.** *vt* **1.** (*pardon*) não ofender; **to ~ no effort** não poupar esforços; **to ~ sb sth** poupar alguém de a. c. **2.** (*do without*) dispensar **II.** *adj* **1.** (*additional*) de reserva **2.** (*remaining*) de sobra, disponível **III.** *n* peça *f* de reposição; AUTO estepe *m*
spare part *n* peça *f* de reposição **spare time** *n no pl* tempo *m* livre **spare tire** *n Am,* **spare tyre** *n* AUTO estepe *m*
sparing ['sperɪŋ, *Brit:* 'speərɪŋ] *adj* econômico, -a; **to be ~ with one's praise** poupar elogios
spark [spɑ:k, *Brit:* spɑ:k] *n* **1.** (*from fire, electrical*) faísca *f* **2.** (*small amount*) lampejo *m*
sparkle ['spɑ:rkl, *Brit:* 'spɑ:kl] **I.** *n no pl* cintilação *f*, brilho *m* **II.** *vi* cintilar; (*eyes*) brilhar
sparkler ['spɑ:rklər, *Brit:* 'spɑ:klə^r] *n* estrelinha *f* (fogo de artifício)
sparkling *adj* cintilante
spark plug *n* vela *f* de ignição
sparring partner *n* **1.** SPORTS sparring *m* **2.** *fig* pessoa *f* com quem se gosta de discutir
sparrow ['sperou, *Brit:* 'spærəu] *n* pardal *m*
sparse [spɑ:rs, *Brit:* spɑ:s] *adj* esparso, -a
spasm ['spæzəm] *n* MED espasmo *m*; (*of anger*) acesso *m*
spasmodic [spæz'mɑ:dɪk, *Brit:* -'mɒd-] *adj* espasmódico, -a
spastic ['spæstɪk] *n pej* tapado, -a *m, f*
spat[1] [spæt] *pt, pp of* **spit**[2]
spat[2] *n inf* (*quarrel*) bate-boca *m*
spate [speɪt] *n no pl* (*of letters*) enxurrada *f;* **to be in full ~** *Brit* (*river*) estar cheio
spatter ['spætər, *Brit:* 'spætə^r] *vt* respingar; **to ~ sb with mud/water** respingar alguém de lama/água
spawn [spɑ:n, *Brit:* spɔ:n] **I.** *n no pl* ZOOL ova *f* **II.** *vt* gerar **III.** *vi* desovar
speak [spi:k] <spoke, spoken> **I.** *vi* **1.** falar; **~ up!** fale mais alto!; **so to ~** por assim dizer; **to ~ to sb** (**about sth**) falar com alguém (sobre a. c.); **to ~ up**

speak for for sb sair em defesa de alguém; **to ~ with sb** falar com alguém **2.** + *adv* **broadly ~ing** em termos gerais; **strictly ~ing** a rigor **II.** *vt* falar, dizer; **to ~ one's mind** dizer o que pensa

◆ **speak for** *vi* falar em nome de; **it speaks for itself** é claro; **speaking for myself ...** quanto a mim ...

speaker ['spi:kər, *Brit:* -əʳ] *n* **1.** falante *mf* **2.** (*orator*) orador(a) *m(f)* **3.** (*loudspeaker*) alto-falante *m*

spear [spɪr, *Brit:* spɪəʳ] **I.** *n* lança *f*; (*for throwing*) dardo *m*; (*for fishing*) arpão *m* **II.** *vt* espetar (com lança)

spearhead I. *vt* encabeçar **II.** *n* a. *fig* ponta *f* de lança

special ['speʃəl] **I.** *adj* especial; (*aptitude*) excepcional; **nothing ~** *inf* nada de mais **II.** *n* **1.** (*sale*) oferta *f* especial; **to have a ~ on sth** ter uma oferta especial de a. c. **2.** RAIL trem *m* especial

specialist ['speʃəlɪst] *n* especialista *mf*; **a ~ in sth** um especialista em a. c.

speciality [ˌspeʃɪ'æləti, *Brit:* -ti] *n* <-ies> *s.* **specialty**

specialize ['speʃəlaɪz] *vi, vt* especializar(-se); **to ~ in sth** especializar-se em a. c.

specially *adv* especialmente

specialty ['speʃəlti] *n Am, Aus* especialidade *f*

species ['spi:ʃi:z] *n inv* a. BIO espécie *f*

specific [spə'sɪfɪk] *adj* específico, -a; **to be ~ about sth** dar detalhes sobre a. c.

specifically *adv* especificamente; (*particularly*) particularmente

specification [ˌspesəfɪ'keɪʃn, *Brit:* -ɪfɪ'-] *n* especificação *f*

specify ['spesəfaɪ, *Brit:* -sɪ-] <-ie-> *vt* especificar

specimen ['spesəmən, *Brit:* -ɪmɪn] *n* espécime *m*; (*of blood, urine*) amostra *f*

speck [spek] *n* (*of dust*) partícula *f*; (*of light*) ponto *m*; (*of paint*) mancha *f*

speckled *adj* salpicado, -a

specs [speks] *npl inf abbr of* **spectacles** óculos *mpl*

spectacle ['spektəkl] *n* **1.** espetáculo *m* **2.** *pl* óculos *mpl*

spectacular [spek'tækjʊləʳ, *Brit:* -əʳ] **I.** *adj* espetacular **II.** *n* espetáculo *m*

spectator [spek'teɪtəʳ, *Brit:* -təʳ] *n* espectador(a) *m(f)*

spectrum ['spektrəm] <-ra *o* -s> *n* espectro *m*

speculate ['spekjʊleɪt] *vi* **to ~ about sth** (*hypothesize*) especular a. c.; (*conjecture*) conjeturar a. c.

speculation [ˌspekjʊ'leɪʃn] *n* especulação *f*; **~ about sth** especulação sobre a. c.

sped [sped] *pt, pp of* **speed**

speech [spi:tʃ] <-es> *n* **1.** *no pl* (*capacity to speak*) fala *f* **2.** (*words*) linguagem *f* **3.** (*public talk*) discurso *m*; **to give a ~ on sth** fazer um discurso sobre a. c.

speechless ['spi:tʃləs] *adj* mudo, -a, sem fala; **to render sb ~** deixar alguém sem palavras

speed [spi:d] **I.** *n* **1.** (*velocity*) velocidade *f*; **at a ~ of ...** a uma velocidade de ... **2.** (*quickness*) rapidez *f* **3.** (*gear*) marcha *f* **II.** *vi* <sped, sped> **1.** (*go fast*) ir depressa; **to ~ by** passar voando **2.** (*drive too fast*) ultrapassar o limite de velocidade

◆ **speed up I.** *vt* acelerar **II.** *vi* acelerar, apressar-se

speedboat *n* lancha *f* de corrida

speeding *n no pl* excesso *m* de velocidade

speed limit *n* limite *m* de velocidade

speedometer [spi:'dɑ:mətəʳ, *Brit:* -'dɒmɪtəʳ] *n* velocímetro *m*

speed trap *n* barreira *f* na estrada para controle da velocidade

speedway ['spi:dweɪ] *n* SPORTS pista *f* de corrida

speedy ['spi:di] <-ier, -iest> *adj* veloz, ligeiro, -a

spell[1] [spel] *n* a. *fig* feitiço *m*, encanto *m*; **to be under a ~** estar enfeitiçado

spell[2] *n* **1.** (*period*) temporada *f* **2.** (*turn*) turno *m*

spell[3] <spelled, spelled *o Brit:* spelt, spelt> *vt* **1.** (*using letters*) soletrar; **how do you ~ it?** como se soletra? **2.** (*signify*) significar, ter como consequência

◆ **spell out** *vt* explicar detalhadamente

spellbound ['spelbaʊnd] *adj* enfeitiçado, -a; *fig* fascinado, -a

spelling *n no pl* ortografia *f*

spelt [spelt] *pt, pp of* **spell**

spend [spend] <spent, spent> *vt* **1.** (*money*) gastar **2.** (*time*) passar; **to ~ time (doing sth)** passar o tempo (fazendo a. c.)

spending money *n* dinheiro *m* para despesas miúdas

spendthrift ['spendθrɪft] *n inf* esbanja-

spent [spent] I. *pt, pp* of **spend** II. *adj* (*used*) gasto, -a

sperm [spɜ:rm, *Brit:* spɜ:m] <-(s)> *n* sêmen *m*

spew [spju:] *vi, vt* (*volcano*) expelir; *a. fig* (*vomit*) vomitar

sphere [sfɪr, *Brit:* sfɪər] *n* esfera *f*

spice [spaɪs] I. *n* tempero *m*, condimento *m* II. *vt* condimentar

spick and span [ˌspɪkənˈspæn] *adj inf* impecavelmente limpo, -a

spicy [ˈspaɪsi] <-ier, -iest> *adj* apimentado, -a

spider [ˈspaɪdər, *Brit:* -ər] *n* aranha *f*

spider's web *n Brit*, **spiderweb** *n Am, Aus* teia *f* de aranha

spiel [ʃpi:l] *n inf* conversa *f* mole

spike [spaɪk] I. *n* 1. (*pointed object*) ponta *f* de metal, cravo *m* 2. *pl* (*running shoes*) sapatilha *f* (de corrida) II. *vt* 1. cravejar 2. (*with alcohol*) batizar (uma bebida com álcool); **someone ~d the punch** alguém batizou o ponche com álcool

spill [spɪl] <spilt, spilt *o Am, Aus:* spilled, spilled> *vi, vt* derramar(-se)
♦ **spill over** *vi* espalhar-se

spillage [ˈspɪlɪdʒ] *n* derramamento *m*

spilt [spɪlt] *pp, pt* of **spill**

spin [spɪn] I. *n* 1. (*rotation*) giro *m* 2. (*in washing machine*) centrifugação *f* 3. (*drive*) **to go for a ~** ir dar uma volta *f* 4. POL armação *f*, conotação *f* II. *vi, vt* <spun *Brit:* span, spun> 1. (*rotate*) (fazer) girar 2. (*make thread*) tecer
♦ **spin out** *vt* esticar

spinach [ˈspɪnɪtʃ] *n no pl* espinafre *m*

spinal [ˈspaɪnəl] *adj* ANAT espinhal

spinal cord *n* medula *f* espinhal

spindly [ˈspɪndli] <-ier, -iest> *adj* alto, -a e muito magro, -a

spin doctor *n* POL estrategista *mf* (político)

spin-dryer *n* centrifugadora *f* (de roupas)

spine [spaɪn] *n* 1. (*spinal column*) coluna *f* vertebral 2. BOT espinho *m*

spineless [ˈspaɪnləs] *adj* (*weak*) fraco, -a

spinning *n* rotação *f*

spinning top *n* pião *m* **spinning wheel** *n* roda *f* de fiar

spin-off *n* subproduto *m*

spinster [ˈspɪnstər, *Brit:* -ər] *n a. pej* solteirona *f*

spiral [ˈspaɪrəl, *Brit:* ˈspaɪər-] I. *n* espiral *f* II. *adj* em espiral; **~ staircase** escada *f* em espiral III. *vi* <*Brit:* -ll-, *Am:* -l-> (*increase*) aumentar vertiginosamente; (*decrease*) cair vertiginosamente

spire [ˈspaɪər, *Brit:* -ər] *n* ARCHIT pináculo *m* (de campanário, torre)

spirit [ˈspɪrɪt] *n* 1. (*ghost, soul*) espírito *m* 2. *pl* (*mood*) ânimo *mpl*; **to be in high/low ~s** estar animado, -a/desanimado, -a 3. (*character*) índole *f* 4. (*attitude*) **in the ~ of** no espírito de; **the ~ of the law** o espírito da lei 5. *pl* (*alcoholic drink*) bebida *f* alcoólica

spirited *adj* enérgico, -a; (*discussion*) animado, -a

spirit-level *n* nível *m* de bolha de ar

spiritual [ˈspɪrɪtʃuəl] I. *adj* espiritual II. *n* MUS spiritual (negro) *m*

spit¹ [spɪt] *n* GASTR espeto *m*

spit² I. *n inf* cuspe *m*, saliva *f* II. *vi* <spat, spat> 1. (*expel saliva*) cuspir; **to ~ at sb/sth** cuspir em alguém/a. c.; **to ~ in sb's face** cuspir na cara de alguém 2. (*crackle*) crepitar

spite [spaɪt] I. *n no pl* despeito *m*; **in ~ of** apesar de II. *vt* irritar, contrariar

spiteful [ˈspaɪtfəl] *adj* rancoroso, -a

spittle [ˈspɪtl, *Brit:* -tl] *n* cusparada *f*

splash [splæʃ] I. *n* 1. (*sound*) ruído *m* do choque com a água 2. (*small drops*) borrifo *m* II. *vi, vt* respingar

spleen [spli:n] *n* ANAT baço *m*

splendid [ˈsplendɪd] *adj* esplêndido, -a

splint [splɪnt] I. *n* tala *f* II. *vt* pôr tala

splinter [ˈsplɪntər, *Brit:* -ər] I. *n* lasca *f* (de madeira, pedra), farpa *f* II. *vi* lascar(-se), fragmentar-se

split [splɪt] I. *n* 1. (*crack*) rachadura *f* 2. (*in clothes*) fenda *f* 3. (*division*) divisão *f* II. *vt* <split, split> 1. (*divide*) dividir; **to ~ sth in three/into pieces** dividir a. c. em três/em pedaços 2. (*crack*) rachar III. *vi* <split, split> 1. (*divide*) dividir-se 2. (*form cracks*) rachar(-se)
♦ **split up** *vi* **to ~ with sb** separar-se de alguém

split personality *n* PSYCH personalidade *f* esquizofrênica

splutter [ˈsplʌtər, *Brit:* -tər] *vi* estalar; (*person*) gaguejar, falar aos atropelos

spoil [spɔɪl] <spoilt, spoilt *Am:* spoiled, spoiled> I. *vt* 1. (*ruin*) estragar 2. (*child*) mimar II. *vi* estragar-se

spoilsport ['spɔɪlspɔːrt, *Brit:* -spɔːt] *n inf* desmancha-prazeres *mf inv*
spoilt I. *pt, pp of* **spoil** II. *adj* mimado, -a
spoke¹ [spoʊk, *Brit:* spəʊk] *pt of* **speak**
spoke² *n* (*on wheel*) raio *m* (de roda)
spoken *pp of* **speak**
spokesman *n* porta-voz *m* **spokesperson** *n* porta-voz *mf* **spokeswoman** *n* porta-voz *f*
sponge [spʌndʒ] I. *n* 1. (*cloth*) esponja *f* 2. GASTR pão-de-ló *m* II. *vt* limpar com esponja
  ◆ **sponge down** *vt*, **sponge off** *vt* limpar com esponja
  ◆ **sponge on** *vt inf* viver às custas de outra pessoa
sponge bag *n Aus, Brit* nécessaire *m*
sponsor ['spɑːntsər, *Brit:* 'spɒntsər] I. *vt* patrocinar II. *n* patrocinador(a) *m(f)*
sponsorship *n no pl* patrocínio *m*
spontaneous [spɑːn'teɪniəs, *Brit:* spɒn'-] *adj* espontâneo, -a
spooky ['spuːki] <-ier, -iest> *adj inf* fantasmagórico, -a
spool [spuːl] *n* (*of cotton*) bobina *f*; (*of film*) rolo *m*
spoon [spuːn] *n* colher *f*
spoon-feed *vt* 1. (*feed*) dar de comer com colher 2. *pej* **to ~ sb** dar algo mastigado a alguém
spoonful ['spuːnfʊl] <-s *o* spoonsful> *n* colher *f* cheia, colherada *f*
sporadic [spəˈrædɪk] *adj* esporádico, -a
sport [spɔːrt, *Brit:* spɔːt] *n* 1. (*activity*) esporte *m* 2. *inf* (*person*) **to be a (good) ~** ser um bom sujeito
sporting *adj* esportivo, -a
sports car *n* carro *m* esporte
sports field *n* campo *m* esportivo
sports jacket *n* jaqueta *f* esporte (de tweed)
sportsman ['spɔːrtsmən, *Brit:* 'spɔːts-] *n* esportista *m*
sportsmanship *n no pl* espírito *m* esportivo
sportswear *n no pl* roupas *fpl* de esporte
sportswoman ['spɔːrts‚wʊmən, *Brit:* 'spɔːts‚-] *n* esportista *f*
sporty ['spɔːrti, *Brit:* 'spɔːti] <-ier, -iest> *adj* esportivo, -a
spot [spɑːt, *Brit:* spɒt] I. *n* 1. (*mark*) marca *f* 2. (*pattern*) bolinha *f* 3. (*on skin*) mancha *f*, espinha *f* 4. *Brit* (*little bit*) pouquinho *m*; **a ~ of rain** um pouquinho de chuva 5. (*place*) lugar *m*; **on the ~** (*at once*) no ato e 6. (*part of TV, radio show*) espaço *m* 7. *fig* **to put sb on the ~** pôr alguém num aperto II. <-tt-> *vt* (*see*) avistar
spot check *n* verificação *f* aleatória
spotless ['spɑːtləs, *Brit:* 'spɒt-] *adj* 1. (*very clean*) limpíssimo, -a 2. (*unblemished: reputation*) ilibado, -a
spotlight *n* projetor *m*
spotted *adj* manchado, -a
spotty ['spɑːti, *Brit:* 'spɒti] <-ier, -iest> *adj* (*having blemished skin*) com espinhas
spouse [spaʊs] *n* cônjuge *m*
spout [spaʊt] I. *n* (*of pitcher*) bico *m*; (*tube*) calha *f* II. *vi* jorrar
sprain [spreɪn] I. *vt* torcer II. *n* entorse *f*
sprang [spræŋ] *vi, vt pt of* **spring**
sprawl [sprɑːl, *Brit:* sprɔːl] *pej* I. *vi* esparramar-se; **to send sb ~ing** fazer alguém se estatelar no chão II. *n* (*of town*) crescimento *m* desordenado; **urban ~** crescimento urbano desordenado
spray [spreɪ] I. *n* 1. (*mist*) pulverização *f* 2. (*device*) spray *m* II. *vt* pulverizar
spread [spred] I. *n* 1. (*act of spreading: of a disease*) propagação *f*; (*of an idea*) difusão *f* 2. (*range*) extensão *f* 3. (*in magazine*) reportagem *f* de página inteira 4. *inf* (*meal*) banquete *m* II. <spread, spread> *vi* (*disease*) propagar-se; (*liquid*) espalhar-se; (*news*) difundir-se III. <spread, spread> *vt* 1. (*disease*) propagar; (*news*) difundir 2. (*butter*) espalhar; **to ~ sth on sth** espalhar a. c. em a. c.; **to ~ sth with sth** cobrir a. c. com a. c. 3. **to ~ sth** (**out**) (*map, blanket*) estender
spread-eagled *adj* estatelado, -a
spreadsheet *n* INFOR planilha *f*
spree [spriː] *n* farra *f*; **to go** (**out**) **on a drinking ~** cair na farra
sprightly ['spraɪtli] <-ier, -iest> *adj* jovial
spring [sprɪŋ] I. *n* 1. (*season*) primavera *f* 2. (*jump*) salto *m* 3. (*metal coil*) mola *f* 4. *no pl* (*elasticity*) elasticidade *f* 5. (*source of water*) fonte *f*, nascente *f* II. <sprang, sprung> *vi* saltar; **to ~ to one's feet** levantar-se num salto III. <sprang, sprung> *vt* **to ~ sth on**

sb pegar alguém de surpresa com a. c.
springboard *n* trampolim *m*
spring-clean *vt* fazer uma faxina
spring onion *n Aus, Brit* cebolinha *f* verde **spring roll** *n* rolinho *m* primavera **springtime** *n no pl* primavera *f*
sprinkle ['sprɪŋkl] I. *vt* borrifar; **to ~ on sth** borrifar a. c. sobre a. c. II. *n* borrifo *m*
sprinkler ['sprɪŋklər, *Brit:* -ər] *n* extintor *m* de incêndio
sprint [sprɪnt] SPORTS I. *vi* correr a toda velocidade (uma curta distância) II. *n* corrida *f* de velocidade a curta distância
sprinter ['sprɪntər, *Brit:* -ər] *n* velocista *mf*
sprocket ['sprɑ:kɪt, *Brit:* 'sprɒk-] *n* roda *f* dentada
sprout [spraʊt] I. *n* 1. (*bean or alfafa sprouts*) ~**s** brotos *m* 2. (**Brussels**) ~**s** couve-de-bruxelas *f* II. *vi* brotar; **to ~ from sth** brotar de a. c.; **to ~ up** desenvolver-se
spruce¹ [spru:s] *n* BOT abeto *m*
spruce² [spru:s] I. *adj* alinhado, -a II. *vt* **to ~ sth up** ajeitar a. c.; **to spruce oneself up** vestir-se bem
sprung [sprʌŋ] I. *adj Brit* de mola II. *pp of* **spring**
spry [spraɪ] *adj* ágil
spun [spʌn] *pt, pp of* **spin**
spur [spɜ:r, *Brit:* spɜ:ʳ] I. <-rr-> *vt fig* estimular II. *n* 1. (*device*) espora *f* 2. (*encouragement*) estímulo *m;* **on the ~ of the moment** *inf* impulsivamente
spurious ['spjʊriəs, *Brit:* 'spjʊər-] *adj* espúrio, -a
spurn [spɜ:rn, *Brit:* spɜ:n] *vt form* desdenhar
spurt [spɜ:rt, *Brit:* spɜ:t] I. *n* ímpeto *m;* **to put on a ~** dar uma arrancada *f* II. *vi Am* (*accelerate*) arrancar
spy [spaɪ] I. *n* espião, -ã *m, f* II. *vi* espionar; **to ~ on sb** espionar alguém III. *vt* (*see*) espiar
Sq. *abbr of* **square** Pça.
squabble ['skwɑ:bl, *Brit:* 'skwɒbl] I. *n* bate-boca *m* II. *vi* discutir
squad [skwɑ:d, *Brit:* skwɒd] *n* 1. (*group*) pelotão *m;* (*of police*) brigada *f;* **anti-terrorist** ~ brigada antiterrorista 2. (*sports team*) time *m*
squadron ['skwɑ:drən, *Brit:* 'skwɒd-] *n* esquadrão *m*
squalid ['skwɑ:lɪd, *Brit:* 'skwɒl-] *adj* esquálido, -a
squall [skwɔ:l] I. *n* rajada *f* II. *vi* berrar com voz esganiçada
squalor ['skwɑ:lər, *Brit:* 'skwɒlər] *n no pl* imundície *f*
squander ['skwɑ:ndər, *Brit:* 'skwɒndər] *vt* (*chance*) desperdiçar; (*money*) esbanjar
square [skwer, *Brit:* skweəʳ] I. *n* 1. (*shape*) quadrado *m* 2. (*in town*) praça *f* 3. *fig* **to go back to ~ one** voltar à estaca zero II. *adj* 1. (*square-shaped*) quadrado, -a; **four ~ meters** quatro metros quadrados 2. *inf* (*level*) igual; **to be (all) ~** estar (tudo) quite; SPORTS estarem (todos) empatados III. *vt* 1. (*align*) endireitar 2. *inf* (*settle*) conciliar, condizer; **I can't ~ this with my principles** isso não condiz com os meus princípios 3. MAT elevar ao quadrado

◆**square up** *vi* **to ~ with sb** acertar (a conta) com alguém

square dance *n* quadrilha *f*

> **Culture** Square dance é o nome de uma dança popular americana. Grupos de quatro pares dançam em círculo, em forma de quadrado ou formando duas filas. Todos realizam os movimentos seguindo as orientações de um **caller**, que pode dar as indicações cantando e falando. Esses dançarinos costumam dançar acompanhados de músicos com violinos, baixos ou violões.

squarely *adv* diretamente, em cheio
square root *n* raiz *f* quadrada
squash¹ [skwɑ:ʃ, *Brit:* skwɒʃ] *n Am* (*vegetable*) abóbora *f*
squash² I. *n* 1. *no pl* SPORTS squash *m* 2. *Aus, Brit* (*drink*) suco *m* de frutas II. *vt* esmagar
squat [skwɑ:t, *Brit:* skwɒt] I. <-tt-> *vi* 1. (*crouch down*) agachar-se 2. (*occupy property*) invadir (um imóvel, terras) II. <-tt-> *adj* atarracado, -a
squatter ['skwɑ:tər, *Brit:* 'skwɒtər] *n* invasor(a) *m(f)* (de imóvel, terras)
squawk [skwɑ:k, *Brit:* skwɔ:k] I. *vi* grasnar II. *n* (*sharp cry*) grasnido *m*
squeak [skwi:k] I. *n* rangido *m*, chiado *m* II. *vi* ranger, chiar

squeaky ['skwi:ki] <-ier, -iest> *adj* rangente; **the ~ wheel gets the grease** *prov* quem não chora não mama

squeal [skwi:l] *vi* guinchar

squeamish ['skwi:mɪʃ] *adj* melindroso, -a

squeeze [skwi:z] **I.** *n* **1.** (*pressing action*) aperto *m*; **to give sb a ~** *fig* dar um aperto em alguém **2.** (*limit*) restrição *f* **II.** *vt* **1.** (*press together*) espremer; **to ~ one's eyes shut** fechar os olhos com força **2.** (*force*) pressionar

squelch [skweltʃ] **I.** *vi* patinhar (na lama) **II.** *vt Am* (*rumor*) abafar **III.** *n* patinhagem *f*

squid [skwɪd] <-(s)> *n* lula *f*

squiggle ['skwɪgl] *n* garrancho *m*

squint [skwɪnt] **I.** *vi* apertar os olhos para enxergar **II.** *n* estrabismo *m*

squirm [skwɜ:rm, *Brit*: skwɜ:m] *vi* contorcer-se

squirrel ['skwɜ:rəl, *Brit*: 'skwɪr-] *n* esquilo *m*

squirt [skwɜ:rt, *Brit*: skwɜ:t] **I.** *vt* **to ~ sth at sb** [*o* **sb with sth**] esguichar a. c. em alguém **II.** *vi* **to ~ out of** [*o* **from**] **sth** esguichar de a. c.

Sr *n abbr of* **senior** Sr.

Sri Lanka [ˌsri:'lɑ:ŋkə, *Brit*: -'læŋ-] *n* Sri *m* Lanka

Sri Lankan *adj* cingalês, -esa

St 1. *abbr of* **saint** (*man*) S.; (*woman*) Sta. **2.** *abbr of* **street** R.

stab [stæb] **I.** <-bb-> *vt* apunhalar; **to ~ sb to death** matar alguém a punhaladas **II.** *n* **1.** (*blow*) punhalada *f* **2.** (*sudden pain*) pontada *f* **3.** (*attempt*) **to have a ~ at** (**doing**) **sth** tentar (fazer) a. c.

stable[1] ['steɪbl] *adj* estável

stable[2] *n* estábulo *m*

stack [stæk] **I.** *vt* **to ~ sth** (**up**) empilhar a. c. **II.** *n* **1.** (*pile*) pilha *f* **2.** *inf* (*large amount*) monte *m*

stadium ['steɪdiəm] <-s *o* -dia> *n* estádio *m*

staff [stæf, *Brit*: stɑ:f] **I.** *n* **1.** (*employees*) pessoal *m* **2.** SCH, UNIV corpo *m* docente **3.** (*stick*) bastão *m* **II.** *vt* prover de pessoal

stag [stæg] *n* veado *m* macho

stage [steɪdʒ] **I.** *n* **1.** (*period*) fase *f*; **at this ~** (**in the game**) nesta etapa *f* (do jogo); **to do sth in ~s** fazer a. c. em etapas **2.** THEAT palco *m*; **the ~** o palco **II.** *vt* **1.** (*produce on stage*) encenar **2.** (*organize*) organizar

stagecoach *n* diligência *f*

stage manager *n* THEAT diretor(a) *m(f)* de palco; CINE diretor(a) *m(f)* de cena

stagger ['stægər, *Brit*: -ər] **I.** *vi* cambalear **II.** *vt* **1.** (*amaze*) desconcertar **2.** (*work, payments*) escalonar

staggering *adj* (*amazing*) desconcertante, surpreendente

stagnant ['stægnənt] *adj a. fig* estagnado, -a

stagnate ['stægneɪt, *Brit*: stæg'neɪt] *vi* estagnar

stag night *n*, **stag party** *n esp Brit* despedida *f* de solteiro

staid [steɪd] *adj* sisudo, -a

stain [steɪn] **I.** *vt* **1.** (*mark*) manchar **2.** (*dye*) colorir **II.** *n* **1.** (*mark*) mancha *f*; **a ~ on sth** uma mancha em a. c.; *fig* mácula *f form* **2.** (*dye*) corante *m*

stained glass window *n* janela *f* de vitral

stainless ['steɪnləs] *adj* (*immaculate*) imaculado, -a *form*; (*that cannot be stained*) que não mancha

stainless steel *n* aço *m* inoxidável

stain remover *n* removedor *m* de manchas

stair [ster, *Brit*: steər] *n* **1.** (*rung*) degrau *m* **2.** *pl* (*set of steps*) escada *f*

staircase ['sterkeɪs, *Brit*: 'steəkeɪs] *n*, **stairway** ['sterweɪ, *Brit*: 'steəweɪ] *n* escada *f*

stake [steɪk] **I.** *n* **1.** (*stick*) estaca *f* **2.** (*share*) participação *f*; **to have a ~ in sth** ter interesse *m* em a. c. **3.** (*bet*) aposta *f*; **to be at ~** estar em jogo **II.** *vt* **1.** (*mark with stakes*) delimitar **2.** (*bet*) apostar; **to ~ a claim to sth** reivindicar a. c.

◆ **stake out** *vt Am, inf* ficar de tocaia

stale [steɪl] *adj* (*bread*) amanhecido, -a; (*joke*) batido, -a

stalemate ['steɪlmeɪt] *n* impasse *m*

stalk[1] [stɔ:k] *n* talo *m*

stalk[2] **I.** *vt* (*follow*) ficar no encalço de **II.** *vi* **to ~ off** sair bufando

stalkerazzi [ˌstɔ:kəˈrɑ:tsi, *Brit*: -ˈrætsi] *npl* paparazzi *m* (*fotógrafos indiscretos*)

stall [stɔ:l] **I.** *n* **1.** (*for animals*) estábulo *m* **2.** (*in market*) barraca *f* **3.** *Brit, Aus* CINE, THEAT **the ~s** a primeira fila *f* **II.** *vi* **1.** (*stop running: engine*) afogar **2.** *inf* (*delay*) enrolar **III.** *vt* (*engine*) afogar

stallion ['stæljən, *Brit*: -liən] *n* garanhão

stalwart ['stɔːlwərt, *Brit:* -wət] *n form* fiel seguidor(a) *m(f)*

stamina ['stæmɪnə, *Brit:* -ɪnə] *n no pl* energia *f*, perseverança *f*

stammer ['stæmər, *Brit:* -əʳ] I. *vi* gaguejar, balbuciar II. *vt* gaguejar, balbuciar III. *n* gagueira *m*

stamp [stæmp] I. *n* 1. (*postmark*) selo *m* 2. (*device*) carimbo *m* 3. (*mark*) marca *f* II. *vt* 1. (*for mailing*) selar 2. (*put mark on*) carimbar 3. **to ~ one's foot** bater o pé III. *vi* bater o pé

stamp album *n* álbum *m* de selos

stamp collector *n* filatelista *mf*

stampede [stæmˈpiːd] *n* debandada *f*

stance [stæns, *Brit:* staːns] *n* postura *f*

stand [stænd] I. *n* 1. (*position*) posição *f*; **to make a ~ against sth** assumir uma posição contra a. c., postura *f*; **to take a ~ on** (**doing**) **sth** adotar uma postura quanto (a fazer) a. c. 2. *pl* (*in stadium*) arquibancada *f* 3. (*support, frame*) suporte *m*; **music ~** atril *m* 4. (*market stall*) barraca *f* 5. (*for taxis*) ponto *m* de táxi II. <stood, stood> *vi* 1. (*be upright*) ficar de pé; **to ~ still** ficar parado 2. (*be located*) situar-se 3. (*remain unchanged*) permanecer III. <stood, stood> *vt* 1. (*place*) pôr de pé 2. (*bear*) aguentar; **I can't ~ her** não posso suportá-la 3. (*pay for*) **to ~ sb a drink** pagar uma bebida a alguém

◆ **stand aside** *vi* 1. (*move*) afastar-se 2. (*do nothing*) não interferir

◆ **stand by** I. *vi* (*be ready to take action*) estar a postos II. *vt* (*support*) apoiar

◆ **stand down** *vi Brit, Aus* renunciar

◆ **stand for** *vt* 1. (*mean*) significar 2. (*tolerate*) tolerar

◆ **stand in** *vi* **to ~ for sb** substituir alguém

◆ **stand out** *vi* **to ~ (from sth)** destacar-se (de a. c.)

◆ **stand up** *vi* (*be upright*) levantar(-se); **to ~ for sb/sth** defender alguém/a. c.; **to ~ to sb** enfrentar alguém

standard ['stændərd, *Brit:* -dəd] I. *n* 1. (*level*) padrão *m*; **to be up to/below ~** ser acima/abaixo do padrão 2. (*norm*) norma *f* 3. (*flag*) estandarte *m* II. *adj* 1. (*normal*) padrão, comum 2. LING padrão

standardize ['stændərdaɪz, *Brit:* -dədaɪz] *vt* padronizar

standard of living *n* padrão *m* de vida

standby ['stændbaɪ] *n* 1. (*of money, food*) reserva *f* 2. AVIAT lista *f* de espera; **to be** (**put**) **on ~** estar na lista de espera, estar de prontidão

stand-in *n* suplente *mf*; CINE dublê *mf*

standing I. *n* 1. (*status*) reputação *f*, posição *f* 2. (*duration*) **of long ~** de longa data II. *adj* 1. (*upright*) de pé 2. (*permanent*) permanente

standing order *n* transferência *f* (bancária) automática

standoffish [ˌstændˈɔːfɪʃ, *Brit:* -ˈɒf-] *adj inf* reservado, -a, esquivo, -a

standpoint *n* ponto *m* de vista

standstill *n no pl* paralisação *f*; **to be at a ~** estar paralisado

stank [stæŋk] *pt of* **stink**

staple¹ ['steɪpl] I. *n* (*product, article*) principal produto *m*, produto *m* básico II. *adj* (*principal*) principal, básico, -a

staple² I. *n* (*fastener*) grampo *m* de papel II. *vt* grampear

stapler ['steɪplər, *Brit:* -əʳ] *n* grampeador *m*

star [staːr, *Brit:* staːʳ] I. *n* estrela *f* II. *vi* <-rr-> THEAT, CINE **to ~ in sth** protagonizar a. c. III. *vt* <-rr-> THEAT, CINE **to ~ sb as sb/sth** apresentar alguém no papel principal como alguém/a. c.

starboard ['staːrbərd, *Brit:* 'staːbəd] I. *n* NAUT estibordo *m* II. *adj* de estibordo

starch [staːrtʃ, *Brit:* staːtʃ] *n no pl* amido *m*, goma *f* (de roupa)

stardom ['staːrdəm, *Brit:* 'staːd-] *n no pl* estrelato *m*

stare [ster, *Brit:* steəʳ] I. *vi* olhar fixamente; **to ~ at sb/sth** olhar fixamente para alguém/a. c. II. *n* olhar *m* fixo

starfish ['staːrfɪʃ, *Brit:* 'staːf-] <-(es)> *n* estrela-do-mar *f*

stark [staːrk, *Brit:* staːk] I. *adj* 1. (*desolate*) desolado, -a 2. (*austere*) austero, -a II. *adv* **~ naked** nu em pelo

starling ['staːrlɪŋ, *Brit:* 'staːl-] *n* estorninho *m*

starry ['staːri] <-ier, -iest> *adj* estrelado, -a

starry-eyed *adj* sonhador, -a

Stars and Stripes *n* **the ~** a bandeira dos Estados Unidos

star sign *n* signo *m* do zodíaco

start [staːrt, *Brit:* staːt] I. *vi* 1. (*begin*)

começar; **to ~ to do sth** começar a fazer a. c.; **to ~ with sth** começar por [*ou* com] a. c. **2.** (*begin journey*) partir **3.** (*make sudden movement*) sobressaltar-se **II.** *vt* **1.** (*begin*) iniciar **2.** (*set in operation*) pôr em funcionamento **3.** (*establish: business*) abrir **III.** *n* **1.** (*beginning*) princípio *m;* **at the ~** no princípio; **to get off to a good ~** começar bem; **to make an early/late ~** começar cedo/tarde **2.** SPORTS largada *f* **3.** (*sudden movement*) sobressalto *m;* **to give sb a ~** dar um susto em alguém
◆ **start off** *vi* **1.** (*begin*) começar; **to ~ with sth** começar por [*ou* com] a. c. **2.** (*begin journey*) partir; **to ~ for sth** partir para a. c.
◆ **start up I.** *vt* começar; (*vehicle*) pôr em movimento **II.** *vi* começar; (*vehicle*) dar a partida
starter *n* **1.** AUTO motor *m* de arranque **2.** *inf* GASTR entrada *f*
starting point *n* ponto *m* de partida
startle ['stɑ:rtl̩, *Brit:* 'stɑ:tl̩] *vt* assustar
startling *adj* (*surprising*) surpreendente; (*alarming*) alarmante
starvation [stɑ:r'veɪʃn, *Brit:* stɑ:'-] *n no pl* inanição *f*
starve [stɑ:rv, *Brit:* stɑ:v] **I.** *vi* passar fome; (*die of hunger*) morrer de fome **II.** *vt* fazer passar fome; **to be ~d for sth** (*love, support*) ansiar por a. c.
stash [stæʃ] *vt* enfurnar
stat [stæt] *adv inf* (*immediately*) rapidinho
state [steɪt] **I.** *n* **1.** (*condition*) estado *m;* **~ of mind** estado de ânimo; **~ of siege/war** estado de sítio/guerra; **to be in a ~** *inf* estar agitado; **to be in no ~ to do sth** não ter condições de fazer a. c. **2.** (*nation*) país *m* **3.** (*pomp*) **to lie in ~** estar exposto em câmara-ardente **II.** *vt* **1.** (*express*) declarar **2.** (*specify, fix*) determinar
State Department *n no pl*, *Am* Departamento *m* de Estado
stately ['steɪtli] *adj* imponente
statement ['steɪtmənt] *n* **1.** (*declaration*) declaração *f;* **to make a ~** LAW prestar depoimento **2.** (*bank statement*) extrato *m* bancário
state school *n* escola/faculdade *f* estadual
statesider ['steɪtˌsaɪdər, *Brit:* -ər] *n* habitante dos Estados Unidos
statesman ['steɪtsmən] <-men> *n* estadista *m*
static ['stætɪk, *Brit:* -tɪk] **I.** *adj* estático, -a **II.** *n* PHYS *no pl* estática *f*
station ['steɪʃn] **I.** *n* **1.** RAIL estação *f* **2.** (*place*) posto *m;* **action ~s!** MIL a postos! **3.** RADIO emissora *f* **4.** (*position*) posição *f* **5.** (*social position*) posição *f* social **II.** *vt* **1.** (*place*) pôr MIL designar para um posto
stationary ['steɪʃəneri, *Brit:* -nəri] *adj* estacionário, -a
stationer ['steɪʃənər, *Brit:* -ər] *n* comerciante do ramo de papelaria *mf*
stationery ['steɪʃəneri, *Brit:* -nəri] *n no pl* artigos *mpl* de papelaria
station master *n* chefe *mf* de estação
station wagon *n* *Am*, *Aus* caminhonete *f*
statistics [stə'tɪstɪks] *n* estatística *f*
statue ['stætʃuː] *n* estátua *f*
stature ['stætʃər, *Brit:* -ər] *n* **1.** (*height*) estatura *f* **2.** (*reputation*) envergadura *f*
status ['steɪtəs, *Brit:* 'steɪt-] *n no pl* status *m;* **the ~ of sb/sth** o status de alguém/a. c.
status quo *n no pl* status *m* quo **status symbol** *n* símbolo *m* de status
statute ['stætʃuːt, *Brit:* -tjuːt] *n* LAW estatuto *m*, lei *f*
statutory ['stætʃətɔːri, *Brit:* -tjətəri] *adj* estatutário, -a
staunch¹ [stɔːntʃ] *adj* incondicional
staunch² *vt* estancar
◆ **stave in** <stove in, stove in> *vt* fazer um rombo em
◆ **stave off** <staved off, staved off> *vt* (*postpone*) protelar; (*prevent*) evitar
stay [steɪ] **I.** *n* estada *f* **II.** *vi* **1.** (*remain present*) permanecer **2.** (*reside temporarily*) hospedar-se; **to ~ at sth/sb's** (*house*) hospedar-se em a. c./na casa de alguém **3.** (*remain in state*) ficar; **to ~ away from sb/sth** manter-se longe de alguém/a. c.
◆ **stay behind** *vi* ficar (depois que os outros já foram)
◆ **stay in** *vi* ficar em casa
◆ **stay on** *vi* ficar, continuar
◆ **stay out** *vi* ficar (para) fora, ficar na rua
◆ **stay up** *vi* ficar acordado
staying power *n no pl* resistência *f*
STD [ˌestiː'diː] *n* MED *abbr of* **sexually transmitted disease** DST *f*
stead [sted] *n no pl* lugar *m;* **in his/her ~** no lugar dele/dela; **to stand sb in**

good ~ (for sth) ser útil a alguém (em a. c.)

steadfast ['stedfæst, *Brit:* -fɑ:st] *adj* firme

steady ['stedi] **I.**<-ier, -iest> *adj* **1.**(*stable*) estável **2.**(*regular*) constante **3.**(*boyfriend*) firme **II.** *vt* **1.**(*stabilize*) firmar **2.**(*make calm*) acalmar

steak [steɪk] *n* bife *m*; (*of lamb, fish*) filé *m*

steal [sti:l] <stole, stolen> *vt, vi* furtar, roubar; **to ~ (sth) from sb** roubar (a. c.) de alguém

stealth [stelθ] *n no pl* ocultação *f*; **by ~** feito às escondidas

stealthy ['stelθi] *adj* às escondidas

steam [sti:m] **I.** *n no pl* **1.**(*water vapor*) vapor *m* **2.** *fig* **to do sth under one's own ~** fazer a. c. pelos próprios meios; **to let off ~** desafogar-se; **to run out of ~** ficar sem gás **II.** *vi* (*produce steam*) gerar vapor **III.** *vt* GASTR cozinhar no vapor

◆**steam up** *vi* **1.**(*become steamy*) embaçar **2.** *inf* **to get steamed up (about sth)** irritar-se (por a. c.)

steam engine *n* motor *m* a vapor

steamer ['sti:mər, *Brit:* -əʳ] *n* **1.**(*boat*) barco *m* a vapor **2.** GASTR steamer *m*

steamroller I. *n* rolo *m* compressor **II.** *vt a. fig* esmagar, coagir **steamship** *n* navio *m* a vapor

steamy ['sti:mi] <-ier, -iest> *adj* **1.**(*full of steam*) cheio de vapor **2.**(*very humid*) úmido, -a

steel [sti:l] **I.** *n no pl* aço *m* **II.** *adj* de aço **III.** *vt* **to ~ oneself for/against sth** revestir-se de coragem para a. c.

steelworks *n inv* usina *f* siderúrgica

steep¹ [sti:p] *adj* **1.**(*sharply sloping*) íngreme **2.**(*increase, fall*) acentuado, -a **3.**(*expensive*) exorbitante

steep² *vt* impregnar

steeple ['sti:pl] *n* ARCHIT campanário *m*

steer [stɪr, *Brit:* stɪəʳ] **I.** *vt* dirigir; (*car*) guiar **II.** *vi* guiar; **to ~ clear of sth/sb** evitar a. c./alguém

steering *n no pl* direção *f*

steering wheel *n* volante *m*, direção *f*

stem [stem] **I.** *n* (*of plant*) tronco *m*; (*of glass*) pé *m* **II.**<-mm-> *vt* deter; (*blood*) estancar **III.**<-mm-> *vi* **to ~ from sth** originar-se de a. c.

stench [stentʃ] *n no pl* fedor *m*

stencil ['stensl] **I.** *n* **1.**(*pattern*) estêncil *m* **2.**(*picture*) estampa *f* **II.** *vt* estampar usando estêncil

stenographer [stə'nɑ:grəfər, *Brit:* 'nɒgrəfəʳ] *n* estenógrafo, -a *m, f*

step [step] **I.** *n* **1.**(*with foot*) passo *m*; **~ by ~** passo a passo; **to be in/out of ~** estar no mesmo/fora do passo; **fig** estar a/fora de compasso; **to take a ~ towards sth** *fig* dar um passo para fazer a. c. **2.**(*of stair, ladder*) degrau *m* **3.**(*measure*) **to take ~s (to do sth)** tomar medidas *f* (para fazer a. c.); **a ~ in the right/wrong direction** um passo na direção certa/errada **4.** *pl, Brit* (*stepladder*) escada *f* **II.**<-pp-> *vi* pisar; **to ~ on/over sth** pisar em a. c.

◆**step down** *vi* renunciar
◆**step in** *vi* intervir
◆**step up** *vt* aumentar

stepbrother *n* meio-irmão *m* **stepdaughter** *n* enteada *f* **stepfather** *n* padrasto *m*

stepladder *n* escada *f* (de abrir)

stepmother *n* madrasta *f*

stepping stone *n* caminho *m* de pedras para atravessar um riacho

stepsister *n* meia-irmã *f* **stepson** *n* enteado *m*

stereo ['steriou, *Brit:* -riəʊ] **I.** *n* **1.** *no pl* **in ~** em estéreo **2.**(*hi-fi system*) aparelho *m* de som estéreo **II.** *adj* estéreo

stereotype ['steriətaɪp] **I.** *n pej* estereótipo *m* **II.** *vt pej* estereotipar

sterile ['sterəl, *Brit:* -raɪl] *adj* estéril

sterilization [ˌsterəlɪ'zeɪʃn, *Brit:* -laɪ'-] *n no pl* esterilização *f*

sterilize ['sterəlaɪz] *vt* esterilizar

sterling ['stɜ:rlɪŋ, *Brit:* 'stɜ:l-] **I.** *n no pl* FIN (**pound**) **~** libra esterlina *f* **II.** *adj* (*silver*) (prata) de lei

stern¹ [stɜ:rn, *Brit:* stɜ:n] *adj* rigoroso, -a, severo, -a

stern² *n* NAUT popa *f*

steroid ['sterɔɪd, *Brit:* 'stɪər-] *n* (hormônio) *m* esteroide

stethoscope ['steθəskoʊp, *Brit:* -skəʊp] *n* MED estetoscópio *m*

stew [stu:, *Brit:* stju:] **I.** *n* ensopado *m* **II.** *vt* fazer ensopado de; (*fruit*) fazer compota de **III.** *vi* cozinhar (em fogo brando)

steward ['stu:ərd, *Brit:* 'stjʊəd] *n* **1.** AVIAT comissário *m* de bordo **2.**(*at concert, demonstration*) auxiliar *mf*

stewardess ['stu:ərdɪs, *Brit:* ˌstjʊə'des] <-es> *n* comissária *f* de bordo, aeromoça *f*

stick¹ [stɪk] *n* vara *f*, graveto *m;* **walking ~** bengala *f;* MIL cartucho *m* de dinamite

stick² <stuck, stuck> **I.** *vi* **1.**(*adhere*) grudar; **to ~ to sth** grudar em a. c. **2.**(*be unmovable: door, window*) emperrar; **to get stuck (in sth)** ficar preso (em a. c.) **3.**(*endure*) **to ~ in sb's mind** ficar gravado (na mente de alguém); **to ~ with sth** persistir em a. c. **II.** *vt* **1.**(*affix*) colar; **to ~ sth on sth** colar a. c. em a. c. **2.** *inf* (*tolerate*) aguentar **3.** *inf* (*put*) colocar

◆ **stick around** *vi inf* ficar por aí

◆ **stick out I.** *vi* (*protrude*) sair para fora, sobressair **II.** *vt* (*endure*) **to stick it out** aguentar

◆ **stick up** *vi* projetar-se; **to ~ for sb/sth** defender alguém/a. c.

sticker ['stɪkər, *Brit:* -əʳ] *n* adesivo *m*

sticking plaster *n Brit* curativo *m* adesivo

stickler ['stɪklər, *Brit:* -əʳ] *n* **to be a ~ for sth** pregar a. c.

stick-up *n inf* assalto *m* à mão armada

sticky ['stɪki] <-ier, -iest> *adj* (*label*) colante; (*surface, hands*) pegajoso, -a

stiff [stɪf] *adj* **1.**(*rigid*) rígido, -a; (*brush*) duro, -a; **to be bored ~** estar morrendo de tédio; **to have a ~ neck** ter torcicolo **2.**(*price*) elevado, -a

stiffen ['stɪfn] **I.** *vi* **1.**(*become tense*) ficar tenso; (*muscles*) enrijecer(-se) **2.**(*become stronger*) fortalecer-se **3.**(*become harder*) endurecer(-se) **II.** *vt* fortalecer; (*exam*) dificultar

stifle ['staɪfl] *vt* sufocar

stigma ['stɪgmə] *n* estigma *m*

stile [staɪl] *n* **1.** umbral *m* **2.** degraus que permitem passar por cima de uma cerca

stiletto [stɪ'letoʊ, *Brit:* -təʊ] <-s> *npl* (*shoes*) sapato *m* de salto agulha

stiletto heel *n* salto *m* agulha

still¹ [stɪl] **I.** *n* CINE, PHOT foto *f* **II.** *adj* **1.**(*calm*) tranquilo, -a **2.**(*not carbonated: water*) sem gás

still² *adv* **1.**(*even*) ainda **2.**(*nevertheless*) ainda assim

stillborn *adj* natimorto, -a

still life *n* ART natureza-morta *f*

stilt [stɪlt] *n* perna *f* de pau

stilted ['stɪltɪd] *adj* afetado, -a

stimulant ['stɪmjələnt] *n* estimulante *m*

stimulate ['stɪmjəleɪt] *vt* estimular

stimulating *adj* estimulante

stimulation [ˌstɪmjə'leɪʃn] *n no pl* estimulação *f*

stimulus ['stɪmjələs] <-li> *n* estímulo *m*

sting [stɪŋ] **I.** *n* **1.**(*injury*) picada *f*, ferroada *f;* (*organ*) ferrão *m* **2.**(*pain*) ardência *f* **II.** <stung, stung> *vi* picar; (*eyes*) arder **III.** <stung, stung> *vt* picar

stingy ['stɪndʒi] <-ier, -iest> *adj inf* pão-duro; **to be ~ with sth** ser mão-de-vaca com a. c.

stink [stɪŋk] **I.** *n* fedor *m*, mau cheiro *m* **II.** <stank *Am, Aus:* stunk, stunk> *vi* feder; **to ~ of sth** feder a a. c.

stint¹ [stɪnt] *n* período *m;* **to do a ~ as sth** passar um período trabalhando como a. c.

stint² *vt* impor limite a; **to ~ oneself of sth** privar-se de a. c.

stipend [staɪr, *Brit:* stɜːʳ] **I.** *n* **1.**(*agitation*) **to give sth a ~** agitar a. c. **2.**(*excitement*) alvoroço *m;* **to cause a ~** causar alvoroço **II.** <-rr-> *vt* **1.**(*coffee, sauce*) misturar; (*fire*) atiçar; **to ~ sth up** agitar a. c. **2.** incitar; (*imagination*) despertar **III.** <-rr-> *vi* mover-se

stirrup ['stɜːrəp, *Brit:* 'stɪr-] *n* estribo *m*

stitch [stɪtʃ] **I.** <-es> *n* **1.**(*in knitting, in sewing*) ponto *m* **2.** MED ponto *m* (de sutura) **3.**(*pain*) pontada *f;* **a ~ in one's side** uma pontada do lado **4. to be in ~es** dar gargalhadas **II.** *vt* dar pontos, costurar

stoat [stoʊt, *Brit:* stəʊt] *n* arminho *m*

stock [stɑːk, *Brit:* stɒk] **I.** *n* **1.**(*reserves*) provisão *f* **2.** COM, ECON estoque *m;* **to be out of ~** estar esgotado; **to have sth in ~** ter a. c. em estoque; **to take ~** fazer levantamento de estoque; *fig* fazer um balanço **3.** FIN ação *f* **4.** ZOOL gado *m* **5.** *no pl* (*line of descent*) linhagem *f* **II.** *adj* (*model*) convencional; (*response*) batido, -a **III.** *vt* **1.**(*keep in supply*) estocar **2.**(*supply goods to*) prover

◆ **stock up** *vi* **to ~ on sth** abastecer-se de a. c.

stockbroker *n* corretor(a) *m(f)* da bolsa de valores

stock cube *n* cubo *f* de caldo *m* (de carne, galinha)

stock exchange *n* bolsa *f* de valores

stock market *n* mercado *m* de ações

stockpile I. *n* reservas *fpl* **II.** *vt* armazenar **stockroom** *n* COM depósito *m* de mercadorias **stocktaking** *n* levantamento *m* de estoque

stocky ['sta:ki, *Brit:* 'stɒki] <-ier, -iest> *adj* atarracado, -a

stodgy ['sta:dʒi, *Brit:* 'stɒdʒi] <-ier, -iest> *adj* (*food*) indigesto, -a; (*book*) pesado, -a

stoke [stoʊk, *Brit:* stəʊk] *vt* atiçar

stole[1] [stoʊl, *Brit:* stəʊl] *pt of* **steal**

stole[2] *n* estola *f*

stolen [stoʊln, *Brit:* stəʊln] *pp of* **steal**

stolid ['sta:lɪd, *Brit:* 'stɒl-] *adj* impassível

stomach ['stʌmək] I. *n* 1. (*organ*) estômago *m* 2. (*belly*) barriga *f* II. *vt inf* tolerar

stomach ache *n* dor *m* de estômago

stone [stoʊn, *Brit:* stəʊn] I. *n* 1. GEO pedra *f*; **to be a ~'s throw (away)** estar a uma curta distância 2. (*of fruit*) caroço *m* 3. *Brit:* unidade de peso equivalente a 6,35 kg II. *adv* ~ **hard** duro como uma pedra III. *vt* apedrejar

stone-cold *adj* gelado, -a

stone-deaf *adj* surdo, -a como uma porta

stonework *n no pl* alvenaria *f*

stood [stʊd] *pt, pp of* **stand**

stooge [stu:dʒ] *n* títere *m*

stool [stu:l] *n* tamborete *m*

stoop [stu:p] I. *n no pl* **to have a ~** ser encurvado II. *vi* abaixar-se; **to ~ to sth** rebaixar-se a (fazer) a. c.

stop [sta:p, *Brit:* stɒp] I. *n* 1. (*break in activity*) parada *f*; **to put a ~ to sth** pôr fim a a. c. 2. (*halting place*) parada *f* 3. *Brit* LING ponto *m* II. <-pp-> *vt* 1. (*cause to cease*) fazer parar; **to ~ sb from doing sth** impedir que alguém faça a. c. 2. (*switch off*) fechar 3. (*block*) obstruir III. <-pp-> *vi* parar; **to ~ doing sth** parar de fazer a. c.

◆ **stop by** *vi* visitar

◆ **stop off** *vi* dar uma parada; **to ~ at sth/sb's** dar uma parada em a. c./na casa de alguém

◆ **stop up** *vt* (*hole*) tapar

stopgap ['sta:pgæp, *Brit:* 'stɒp-] I. *n* recurso *m* provisório II. *adj* provisório, -a

stopover *n* (*on journey*) parada *f*; AVIAT escala *f*

stoppage ['sta:pɪdʒ, *Brit:* 'stɒp-] *n* 1. (*cessation of work*) paralisação *f* 2. FIN, ECON dedução *f*

stopper ['sta:pər, *Brit:* 'stɒpəʳ] I. *n* rolha *f* II. *vt* tampar (com rolha)

stop press *n* PUBL notícias *fpl* de última hora **stopwatch** *n* cronômetro *m*

storage ['stɔ:rɪdʒ] *n no pl* armazenagem *f*; INFOR armazenamento *m*

storage heater *n Brit* aquecedor *m* de acumulação elétrico **storage space** *n* espaço *m* de armazenagem **storage tank** *n* tanque *m* de armazenamento

store [stɔ:r, *Brit:* stɔ:ʳ] I. *n* 1. *Am, Aus* (*shop*) loja *f* 2. *Brit* (*storehouse*) armazém *m* 3. (*supply*) provisões *fpl*; **what is in ~ for us?** *fig* o que nos espera? 4. *no pl* (*importance*) **to set ~ by sth** dar grande valor a a. c. II. *vt* 1. (*put into storage*) armazenar 2. (*keep for future use*) guardar 3. INFOR (*data, information*) armazenar

storeroom *n* despensa *f*

storey *n Brit, Aus s.* **story 2**

stork [stɔ:rk, *Brit:* stɔ:k] *n* cegonha *f*

storm [stɔ:rm, *Brit:* stɔ:m] I. *n* 1. METEO tempestade *f* 2. *fig* agitação *f*; **to take sth by ~** tomar a. c. de assalto II. *vi* (*speak angrily*) esbravejar III. *vt* tomar de assalto

stormy ['stɔ:rmi, *Brit:* 'stɔ:mi] <-ier, -iest> *adj* tempestuoso, -a, turbulento, -a

story[1] ['stɔ:ri] <-ries> *n* 1. (*account*) história *f*; **the ~ of sb/sth** a história de alguém/a. c.; (*fictional*) conto *m* 2. (*news report*) reportagem *f*; **a ~ on sb/sth** uma reportagem sobre alguém/a. c.

story[2] ['stɔ:ri] *n Am* andar *m*, piso *m*

storybook *n* livro *m* de histórias

stout [staʊt] I. *n* cerveja *f* preta II. *adj* (*person*) corpulento, -a; (*resistance*) firme

stove [stoʊv, *Brit:* stəʊv] *n* 1. *Am, Aus* fogão *m* 2. (*heater*) aquecedor *m*

stove [stoʊv, *Brit:* stəʊv] *pt, pp of* **stave in**

stow [stoʊ, *Brit:* stəʊ] *vt* guardar

stowaway ['stoʊəweɪ, *Brit:* 'stəʊ-] *n* passageiro clandestino, passageira clandestina *m, f*

straddle ['strædl] *vt* sentar com as pernas abertas como no cavalo

straggle ['strægl] *vi* 1. (*move in a disorganised group*) dispersar(-se) 2. (*lag behind*) apartar-se

straight [streɪt] I. *n* (*straight line*) reta *f* II. *adj* 1. (*not bent*) reto, -a 2. (*honest*) franco, -a; **to be ~ with sb** ser franco com alguém 3. (*plain*) simples; (*undi-*

straighten | 364 | **stress**

luted) puro, -a **4.** (*consecutive*) consecutivo, -a **5.** THEAT sério, -a **6.** (*traditional*) convencional **7.** *inf* (*heterosexual*) heterossexual **III.** *adv* **1.** (*in a direct line*) em linha reta; **to go ~ ahead** seguir sempre reto **2.** (*at once*) **to get ~ to the point** ir direto ao assunto **3.** (*tidy*) em ordem; **to put sth ~ right** pôr a. c. em ordem

straighten ['streɪtn] *vt* endireitar; (*arm, leg*) esticar
  ◆ **straighten out** *vt* (*problem*) resolver

straightforward [ˌstreɪt'fɔːrwərd, *Brit*: -'fɔːwəd] *adj* **1.** (*honest*) direto, -a **2.** (*easy*) fácil de entender

strain¹ [streɪn] **I.** *n no pl* **1.** (*pressure*) tensão *f*; **to be under a lot of ~** estar sob grande stress *m*; **to put a ~ on sth** fazer pressão *f* sobre a. c. **2.** *no pl* PHYS deformação *f* **3.** MED lesão resultante de esforço excessivo *f* **II.** *vi* esforçar-se **III.** *vt* **1.** (*stretch*) esticar **2.** (*overexert*) **to ~ one's eyes** forçar a vista **3.** (*coffee*) coar; **to ~ sth through sth** coar a. c. através de a. c.

strain² *n* **1.** (*variety: of animal*) raça *f*; (*of virus*) cepa *f* **2.** MUS tom *m*

strained *adj* (*relation*) tenso, -a; (*smile*) forçado, -a

strainer ['streɪnər, *Brit*: -ər] *n* coador *m*

strait [streɪt] *n* **1.** GEO estreito *m* **2.** (*bad situation*) **to be in dire ~s** estar em situação difícil

straitjacket *n* PSYCH, MED camisa *f* de força

straitlaced *adj* puritano, -a

strand [strænd] *n* fio *m*

strange [streɪndʒ] *adj* **1.** (*peculiar*) esquisito, -a **2.** (*unfamiliar*) estranho, -a

stranger ['streɪndʒər, *Brit*: -ər] *n* estranho, -a *m, f*

strangle [stræŋl] *vt* estrangular

stranglehold ['stræŋlhoʊld, *Brit*: -həʊld] *n* controle *m* total

strap [stræp] **I.** *n* correia *f*, tira *f*; (*of dress*) alça *f* **II.** <-pp-> *vt* prender com correia, tira, etc.; **to ~ sth onto sth** prender a. c. em a. c.

strapline ['stræplaɪn] *n* slogan *m*

strapping I. *n* (*bandage*) tira *f* de esparadrapo **II.** *adj inf* fortão, -ona

strategic [strə'tiːdʒɪk] *adj* estratégico, -a

strategy ['strætədʒi, *Brit*: -tə-] <-ies> *n* estratégia *f*; **a ~ for** (**doing**) **sth** uma estratégia para (fazer) a. c.

straw [strɑː, *Brit*: strɔː] *n* **1.** *no pl* (*dry stems*) palha *f* **2.** (*for drinking*) canudo *m* **3.** *fig* **to be the last ~** ser a gota d'água

strawberry ['strɑːˌberi, *Brit*: 'strɔːbəri] <-ies> *n* morango *m*

stray [streɪ] **I.** *adj* **1.** (*dog, cat*) perdido, -a **2.** (*hair*) solto, -a; (*bullet*) perdido, -a **II.** *vi* (*wander*) desgarrar-se; (*become lost*) perder-se

streak [striːk] **I.** *n* **1.** (*stripe*) listra *f* **2.** (*tendency*) veia *f*; **to be on a winning ~** estar numa maré *f* de sorte **II.** *vt* formar listras; **to have one's hair ~ed** fazer mechas *f* no cabelo **III.** *vi* passar como um raio; (*naked*) correr nu em público

streaker *n* pessoa que corre nua em público

stream [striːm] **I.** *n* **1.** (*small river*) riacho *m* **2.** (*current*) corrente *f*; **to go against the ~** *fig* remar contracorrente **3.** (*flow*) fluxo *m*; (*of people*) torrente *f*; **to come on ~** (*factory*) entrar em atividade **II.** *vi* fluir; **to ~ in/out** fluir para/de **III.** *vt Brit, Aus* SCH dividir em grupos de acordo com o desempenho escolar

streamer ['striːmər, *Brit*: -ər] *n* serpentina *f*

streamline *vt* racionalizar; (*method*) otimizar

streamlined *adj* aerodinâmico, -a, racionalizado, -a

street [striːt] *n* rua *f*; **to be on the ~s** estar nas ruas

streetcar *n Am* bonde *m* **streetlamp**, **street light** *n* poste *m* de luz

streetwise ['striːtwaɪz] *adj* aquele que sabe se virar nas ruas

strength [streŋθ] *n* **1.** *no pl* (*power*) força *f*; **on the ~ of sth** com base em a. c. [*ou* confiança em]; (*of alcohol*) influência *f*; **to have the ~ to do sth** ter força para fazer a. c. **2.** (*number of members*) **to be at full ~** estar com o quadro *m* completo; **to be below ~** estar com pouco pessoal *m*

strengthen ['streŋθn] *vt* fortalecer; **to ~ sth by doing sth** fortalecer a. c. ao fazer a. c.; **to ~ sth/sb with sth** fortalecer a. c./alguém com a. c.

strenuous ['strenjʊəs, *Brit*: -jʊəs] *adj* (*denial*) veemente; (*exercise*) extenuante; (*supporter*) persistente

stress [stres] **I.** *n no pl* **1.** (*mental*

strain) stress *m* **2.** (*emphasis*) ênfase *f* **3.** LING acento *m*, tônica *f* **4.** PHYS tensão *f* **II.** *vt* **1.** (*emphasise*) enfatizar **2.** LING acentuar

◆ **stress out** *vt*, *vi* estressar

stretch [stretʃ] **I.** <-es> *n* **1.** (*extent in length: of land*) extensão *f*; (*of road*) trecho *m* **2.** (*period: of time*) período *m* **II.** *vi* espreguiçar-se; **he awoke and ~ed** ele levantou e se espreguiçou, estender-se; **a cloud ~ed across the sky** uma nuvem estendia-se no céu **III.** *vt* **1.** (*extend*) estender; **to ~ one's legs** estender as pernas **2.** (*demand a lot of*) **to ~ sb's patience** abusar da paciência de alguém

stretcher ['stretʃər, *Brit:* -əʳ] *n* maca *f*

stricken ['strɪkən] *adj* **1.** (*wounded*) ferido, -a **2.** (*afflicted*) afligido, -a; **she was ~ with remorse** o remorso a afligia; **to be ~ with illness** ser acometido, -a por doença

strict [strɪkt] *adj* (*control, orders*) rigoroso, -a; (*person*) severo, -a

stride [straɪd] **I.** <strode, stridden> *vi* andar a passos largos **II.** *n* **1.** (*long step*) passada *f* larga **2.** *fig* **to take sth in ~** enfrentar a. c. com calma

strife [straɪf] *n no pl* luta *f*

strike [straɪk] **I.** *n* **1.** (*military attack*) ataque *m* **2.** (*withdrawal of labor*) greve *f*; **to go/be on ~** entrar/estar em greve **3.** (*discovery*) descoberta *f* **4.** *Am* (*in baseball*) ponto *m* contra o batedor que não conseguiu fazer a rebatida **II.** <struck, struck> *vt* **1.** (*collide with*) bater; **to ~ a match** riscar um fósforo **2.** (*achieve*) conseguir; **to ~ a balance** encontrar um equilíbrio; **to ~ a bargain with sb** fazer um trato com alguém; **to ~ it rich** tirar a sorte grande **3.** (*occur to*) parecer, impressionar **4.** (*cross off*) **to ~ sb/sb's name from sth** riscar alguém/o nome de alguém de a. c. **5.** (*manufacture: coin*) cunhar **6.** (*clock*) bater; **the clock struck three** o relógio bateu três horas **III.** <struck, struck> *vi* **1.** (*hit hard*) golpear; (*attack*) atacar **2.** (*withdraw labor*) **to ~ for sth** fazer greve por a. c.

◆ **strike back** *vi* revidar

◆ **strike down** *vt* **she was struck down by cancer** o câncer a abateu

◆ **strike up** *vt* (*conversation*) entabular; (*friendship*) começar (uma amizade com)

striker ['straɪkər, *Brit:* -əʳ] *n* **1.** SPORTS artilheiro, -a *m, f* **2.** (*worker*) grevista *mf*

striking *adj* (*beauty*) estonteante; (*resemblance*) impressionante

string [strɪŋ] **I.** *n* **1.** (*twine*) *a.* MUS corda *f*; (*on puppet*) fio *m*; **to pull ~s** *fig* mexer os pauzinhos; **with no ~s attached** sem compromisso **2.** *pl* MUS instrumentos *mpl* de corda **3.** INFOR cadeia *f* **II.** <strung, strung> *vt* encordoar

string bean *n Am, Aus* vagem *f*

stringed instrument *n* instrumento *m* de corda

stringent ['strɪndʒənt] *adj* rigoroso, -a

strip [strɪp] **I.** *vt* **1.** (*unclothe*) despir **2.** (*dismantle*) desmontar **II.** *vi* despir-se **III.** *n* tira *f*; (*of land*) faixa *f*; (*of metal*) fita *f*

strip cartoon *n Brit* tira *f* (de história em quadrinhos)

stripe [straɪp] *n* **1.** (*colored band*) listra *f* **2.** MIL divisa *f*

striped *adj*, **stripey** *adj* listrado, -a

strip lighting *n* iluminação *f* fluorescente

stripper ['strɪpər, *Brit:* -əʳ] *n* pessoa *f* que faz striptease

strip-search *vt* **to ~ sb** fazer alguém tirar a roupa para ser revistado

strive [straɪv] <strove, striven *o* strived, strived> *vi* **to ~ for sth** empenhar-se por a. c.; **to ~ to do sth** esforçar-se para fazer a. c.

strode [stroud, *Brit:* strəud] *pt of* stride

stroke [strouk, *Brit:* strəuk] **I.** *vt* afagar **II.** *n* **1.** (*caress*) afago *m* **2.** MED derrame *m* **3.** (*of brush*) pincelada *f*; (*of pencil*) traço *m* **4.** (*swimming movement*) braçada *f*; (*swimming style*) nado *m* **5.** (*bit*) **a ~ of luck** um golpe *m* de sorte

stroll [stroul, *Brit:* strəul] **I.** *n* passeio *m*, volta *f*; **to go for a ~** ir dar uma volta **II.** *vi* passear

stroller ['stroulər, *Brit:* 'strəuləʳ] *n Am, Aus* carrinho *m* de bebê

strong [strɑːŋ, *Brit:* strɒŋ] **I.** *adj* **1.** (*powerful*) poderoso, -a **2.** (*physically powerful*) forte **II.** *adv inf* **to be still going ~** continuar firme e forte

stronghold *n* (*fortified place*) fortaleza *f*; *fig* baluarte *m*

strongly *adv* firmemente; (*criticize*)

duramente; **to be ~ opposed to sth** opor-se veementemente a a. c.
strongroom *n* caixa-forte *f*
strove [strouv, *Brit:* strəʊv] *pt of* **strive**
struck [strʌk] *pt, pp of* **strike**
structural ['strʌktʃərəl] *adj* estrutural
structure ['strʌktʃər, *Brit:* -əʳ] **I.** *n* estrutura *f;* (*building*) construção *f* **II.** *vt* estruturar
struggle ['strʌgl] **I.** *n* luta *f;* **to be a real ~** ser uma verdadeira luta **II.** *vi* lutar, batalhar; **to ~ with sb/sth** lutar com [*ou* contra] alguém/a. c.
strum [strʌm] <-mm-> *vt* mus dedilhar
strung [strʌŋ] *pt, pp of* **string**
strut¹ [strʌt] <-tt-> *vi* **to ~ about** pavonear-se
strut² *n* escora *f*
stub [stʌb] **I.** *n* (*of check*) canhoto *m;* (*of cigarette*) ponta *f* **II.** <-bb-> *vt* **to ~ one's toe against sth** topar em a. c.
♦ **stub out** *vt* (*cigarette*) apagar
stubble ['stʌbl] *n no pl* **1.** (*beard growth*) barba *f* por fazer **2.** AGR restolho *m*
stubborn ['stʌbərn, *Brit:* -bən] *adj* teimoso, -a
stuck [stʌk] **I.** *pt, pp of* **stick²** **II.** *adj* (*jammed*) emperrado, -a
stuck-up *adj inf* com o rei na barriga
stud¹ [stʌd] *n* **1.** (*horse*) garanhão *m,* reprodutor *m* **2.** (*farm*) haras *m*
stud² [stʌd] *n* **1.** (*small metal item*) tacha *f;* **collar ~** abotoadura *f* **2.** *Brit, Aus* (*on shoe*) trava *f*
student ['stu:dənt, *Brit:* 'stju:-] *n* estudante *mf*
student union *n* (*organization*) grêmio *m* estudantil; (*meeting place*) (sede do) grêmio *m*
studio ['stu:dioʊ, *Brit:* 'stju:diəʊ] <-s> *n* estúdio *m;* (*of artist*) ateliê *m*
studious ['stu:diəs, *Brit:* 'stju:-] *adj* estudioso, -a
study ['stʌdi] **I.** *vt* estudar; (*evidence*) examinar **II.** *vi* estudar; **to ~ for sth** estudar para a. c. **III.** <-ies> *n* estudo *m*
stuff [stʌf] **I.** *n no pl* **1.** *inf* (*things*) coisas *fpl* **2.** (*belongings*) pertences *mpl* **3.** (*material*) material *m* **II.** *vt* **1.** (*fill*) encher; **to ~ sth into sth** enfiar a. c. dentro de a. c.; **to ~ sth with sth** encher a. c. com a. c. **2.** (*preserve: animal*) empalhar
stuffing *n no pl* recheio *m*

stuffy ['stʌfi] *adj* (*person*) antiquado, -a; (*room*) abafado, -a
stumble ['stʌmbl] *vi* **1.** (*trip*) tropeçar; **to ~ over sth** tropeçar em a. c. **2.** (*in speech*) gaguejar **3.** (*find accidentally*) **to ~ on sth** topar com a. c.
stumbling block *n* obstáculo *m*
stump [stʌmp] **I.** *n* (*of arm*) coto *m;* (*of plant*) toco *m* **II.** *vt inf* topar o dedo
stun [stʌn] <-nn-> *vt* **1.** (*surprise*) aturdir **2.** (*render unconscious*) atordoar
stung [stʌŋ] *pt, pp of* **sting**
stunk [stʌŋk] *pt, pp of* **stink**
stunning *adj* (*surprising*) espetacular
stunt [stʌnt] *n* **1.** (*acrobatics*) acrobacia *f* **2.** (*publicity action*) golpe *m* publicitário
stunted *adj* mirrado, -a
stuntman ['stʌntmæn] *n* dublê *m*
stupendous [stu:'pendəs, *Brit:* stju:'-] *adj* estupendo, -a
stupid ['stu:pɪd, *Brit:* 'stju:-] *adj* estúpido, -a
stupidity [stu:'pɪdəti, *Brit:* stju:'pɪdəti] *n no pl* estupidez *f*
sturdy ['stɜ:rdi, *Brit:* 'stɜ:di] *adj* robusto, -a
stutter ['stʌtər, *Brit:* -təʳ] **I.** *vi* (*stammer*) gaguejar **II.** *n* gagueira *f*
sty¹ [staɪ] *n* (*pigsty*) pocilga *f*
sty² *n,* **stye** *n* MED terçol *m*
style [staɪl] *n* **1.** *a.* ART, ARCHIT estilo *m* **2.** (*elegance*) elegância *f* **3.** (*fashion*) moda *f*
stylish ['staɪlɪʃ] *adj* **1.** (*fashionable*) na moda **2.** (*elegant*) chique
stylus ['staɪləs] <-es> *n* agulha *f* (de vitrola)
suave [swɑ:v] *adj* gentil; *pej* cheio, -a de mesuras
sub [sʌb] *n* **1.** *inf abbr of* **submarine** submarino *m* **2.** *Brit, Aus, inf abbr of* **subscription** assinatura *f*
subconscious [ˌsʌb'kɑ:nʃəs, *Brit:* -'kɒn-] **I.** *n no pl* subconsciente *m* **II.** *adj* subconsciente
subcontinent [ˌsʌb'kɑ:ntɪnənt, *Brit:* ˌsʌb'kɒntɪn-] *n* GEO subcontinente *m;* **the Indian ~** o subcontinente indiano
subcontract [ˌsʌbkə'ntrækt, *Brit:* 'sʌb,kɒn-] *vt* subcontratar
subcontractor [ˌsʌbkə'ntræktər, *Brit:* 'sʌbkən'træktəʳ] *n* subempreiteiro, -a *m, f*
subdue [səb'du:, *Brit:* -'dju:] *vt* (*tame*) domar; (*repress*) reprimir

subdued *adj* (*color*) suave; (*person*) apagado, -a

subject ['sʌbdʒɪkt] **I.** *n* **1.** (*theme*) assunto *m*; **while we're on the ~, ...** a propósito, ... **2.** SCH, UNIV matéria *f* **3.** POL súdito, -a *m, f* **II.** *adj* POL subjugado, -a; **~ to approval** sujeito, -a a aprovação; **to be ~ to sth** estar sujeito a a. c.

subjective [səb'dʒektɪv] *adj* subjetivo, -a

subject matter *n* assunto *m*; (*of letter*) conteúdo *m*

sublet [sʌb'let] <sublet, sublet> *vt* sublocar; **to ~ sth to sb** sublocar a. c. a alguém

submarine ['sʌbmə‚riːn] *n* submarino *m*

submerge [səb'mɜːdʒ, *Brit:* -'mɜːdʒ] *vi, vt* submergir

submission [səb'mɪʃn] *n no pl* **1.** (*acquiescence*) submissão *f* **2.** *no pl* (*of proposal*) apresentação *f*

submissive [səb'mɪsɪv] *adj* submisso, -a

submit [səb'mɪt] <-tt-> **I.** *vt* submeter; **to ~ sth to sb** submeter a. c. a alguém; (*proposal*) apresentar **II.** *vi* submeter-se

subordinate [sə'bɔːrdənɪt, *Brit:* -'bɔːdənət] **I.** *n* subordinado, -a *m, f*, subalterno, -a *m, f* **II.** *adj* (*secondary*) subordinado, -a; (*lower in rank*) subalterno, -a; **to be ~ to sb** ser subalterno a alguém

subpoena [sə'piːnə] LAW **I.** *vt* intimar **II.** *n* intimação *f*

subscribe [səb'skraɪb] *vi* **1.** (*agree*) **to ~ to sth** concordar com a. c. **2.** (*make subscription*) assinar

subscriber [səb'skraɪbər, *Brit:* -əʳ] *n* (*to magazine*) assinante *mf*; (*to phone service*) usuário, -a *m, f*

subscription [səb'skrɪpʃn] *n* assinatura *f*; **to take out a ~ to sth** fazer uma assinatura de a. c.

subsequent ['sʌbsɪkwənt] *adj* subsequente; **~ to ...** subsequente a ...

subsequently *adv* em seguida

subside [səb'saɪd] *vi* **1.** (*lessen*) ceder **2.** (*sink*) afundar; (*water*) baixar

subsidence [səb'saɪdns] *n no pl* afundamento *m*; (*of water*) baixa *f*

subsidiary [səb'sɪdieri, *Brit:* -dɪəri] **I.** *adj* subsidiário, -a **II.** <-ies> *n* ECON subsidiária *f*

subsidize ['sʌbsədaɪz, *Brit:* -sɪ-] *vt* subsidiar, subvencionar

subsidy ['sʌbsədi] <-ies> *n* subsídio *m*, subvenção *f*

subsistence [səb'sɪstəns] *n* subsistência *f*

substance ['sʌbstəns] *n* **1.** *no pl* (*matter*) substância *f*; matéria *f* **2.** (*essence*) essência *f* **3.** (*main point*) fundo *m*; **the ~ of the conversation** o fundo da conversa

substantial [səb'stænʃl] *adj* substancial; (*difference*) considerável

substantially *adv* consideravelmente

substantiate [səb'stænʃieɪt] *vt* comprovar

substitute ['sʌbstətuːt, *Brit:* -stɪtjuːt] **I.** *vt* substituir; **to ~ margarine for butter** [*o* **butter with margarine**] substituir a manteiga pela margarina **II.** *n* **1.** (*equivalent*) substituto, -a *m, f*; **a ~ for sth** um substituto para a. c. **2.** *a.* SPORTS reserva *mf*

substitution [‚sʌbstə'tuːʃn, *Brit:* -ɪ'tjuː-] *n a.* SPORTS substituição *f*

subterranean [‚sʌbtə'reɪniən] *adj* subterrâneo, -a

subtitle ['sʌb‚taɪtl, *Brit:* -tl] **I.** *vt* legendar **II.** *n* legenda *m*

subtle ['sʌtl, *Brit:* -tl] *adj* sutil

subtlety ['sʌtlti, *Brit:* 'sʌt-] <-ies> *n* sutileza *f*

subtotal ['sʌb‚toʊtl, *Brit:* -‚təʊtl] *n* subtotal *m*

subtract [səb'trækt] *vt* subtrair; **to ~ sth from sth** subtrair a. c. de a. c.

subtraction [səb'trækʃn] *n no pl* subtração *f*

suburb ['sʌbɜːrb, *Brit:* -ɜːb] *n* área *f* residencial nos arredores da cidade; **the ~s** áreas residenciais (de classe média)

suburban [sə'bɜːrbən, *Brit:* -'bɜːb-] *adj* dos arredores; (*train*) suburbano, -a

suburbia [sə'bɜːrbiə, *Brit:* -'bɜːb-] *n no pl* bairros *mpl* residenciais nos arredores da cidade

subversive [səb'vɜːrsɪv, *Brit:* -'vɜːs-] *form* **I.** *adj* subversivo, -a **II.** *n* subversivo, -a *m, f*

subway ['sʌbweɪ] *n* **1.** *Am* (*railway*) metrô *m* **2.** *Brit, Aus* (*walkway*) passagem *f* subterrânea

succeed [sək'siːd] **I.** *vi* prosperar, conseguir; **to ~ in doing sth** conseguir fazer a. c. **II.** *vt* suceder a

succeeding *adj* subsequente; **in the ~ weeks** nas semanas seguintes

success [sək'ses] *n no pl* sucesso *m*, bom resultado *m*

successful [sək'sesfl] *adj* bem-sucedido, -a; **to be ~** (*business*) próspero, -a; (*person*) ser bem-sucedido; **to be ~ in (doing) sth** conseguir fazer a. c.

succession [sək'seʃn] *n no pl* sucessão *f*; **in ~** em sucessão

successive [sək'sesɪv] *adj* sucessivo, -a; **six ~ weeks** seis semanas consecutivas

successor [sək'sesər, *Brit*: -ər] *n* sucessor(a) *m(f)*

succinct [sək'sɪŋkt] *adj* sucinto, -a

succulent ['sʌkjʊlənt] I. *adj* suculento, -a, carnoso, -a II. *n* planta *f* suculenta

succumb [sə'kʌm] *vi form* sucumbir; **to ~ to sth** sucumbir a a. c.

such [sʌtʃ] I. *adj* tal, semelhante, tanto, -a; **~ an honor** tanta honra; **~ great weather/a good book** um tempo/um livro tão bom II. *pron* **~ is life** assim é a vida; **as ~** desta forma; **people ~ as him** pessoas como ele

such-and-such *adj inf* tal e qual

suchlike *pron* **cookies, chocolates and ~** biscoitos, chocolates e coisas do gênero

suck [sʌk] *vt* sugar; (*air*) aspirar; (*breast*) mamar; (*with straw*) chupar

sucker ['sʌkər, *Brit*: -ər] *n* 1. *Am* (*person*) otário, -a *m*, *f* 2. ZOOL ventosa *f*

suction ['sʌkʃn] *n no pl* sucção *f*

Sudan [suː'dæn] *n* Sudão *m*

Sudanese [ˌsuːdə'niːz] *adj* sudanês, -esa

sudden ['sʌdən] *adj* (*immediate*) repentino, -a; (*death*) súbito, -a; (*departure*) inesperado, -a; **all of a ~** *inf* de repente

suddenly *adv* de repente

suds [sʌdz] *npl* espuma *f* de sabão

sue [suː, *Brit*: sjuː] <suing> *vt* processar; **to ~ sb for damages** processar alguém para obter indenização; **to ~ sb for divorce** entrar com processo de divórcio

suede [sweɪd] *n* camurça *f*

suet ['suːɪt] *n no pl* sebo *m*

suffer ['sʌfər, *Brit*: -ər] I. *vi* sofrer, passar por; **the economy ~ed from ...** a economia passou por ... II. *vt* 1. (*undergo*) sofrer 2. (*bear*) suportar 3. MED padecer

sufferer ['sʌfərər, *Brit*: -ər] *n* pessoa *f* que sofre de a. c.

suffering *n* sofrimento *m*

suffice [sə'faɪs] *vi* bastar

sufficient [sə'fɪʃnt] *adj* suficiente; **to be ~ for sb/sth** ser suficiente para alguém/a. c.

suffix ['sʌfɪks] *n* sufixo *m*

suffocate ['sʌfəkeɪt] *vi* sufocar(-se)

sugar ['ʃʊgər, *Brit*: -ər] I. *n no pl* açúcar *m* II. *vt* adoçar

sugar beet *n* beterraba *f* **sugar cane** *n* cana-de-açúcar *f*

suggest [səg'dʒest, *Brit*: sə'-] *vt* 1. (*propose*) sugerir, propor; **to ~ (to sb) that ...** propor (a alguém) que ... +*subj* 2. (*hint*) insinuar; **what are you trying to ~?** o que você está querendo insinuar?

suggestion [səg'dʒestʃən, *Brit*: sə'-] *n* sugestão *f*; **to make the ~ that ...** sugerir que ... +*subj*

suicide ['suːəsaɪd, *Brit*: 'sjuːɪ-] *n* 1. (*act*) suicídio *m*; **to commit ~** cometer suicídio 2. (*person*) suicida *mf*

suit [suːt] I. *vt* 1. (*be convenient*) convir; **that ~s me fine** isso é bem conveniente para mim 2. (*be right*) combinar; **they are well ~ed** (*to each other*) eles combinam bem (um com o outro) 3. (*look attractive with*) cair bem; **this dress ~s you** esse vestido cai bem em você II. *n* 1. (*jacket and pants*) terno *m*; (*jacket and skirt*) tailleur *m* 2. LAW processo *m* judicial 3. GAMES naipe *m*

suitable ['suːtəbl, *Brit*: -tə-] *adj* conveniente; **~ for sth** adequado, -a para a. c.

suitcase *n* mala *f*, valise *f*

suite [swiːt] *n* 1. (*set of rooms*) suíte *f* 2. (*set of furniture*) jogo *m* 3. MUS suíte *f*

suitor ['suːtər, *Brit*: -tər] *n* a. *iron* pretendente *m*

sulfur ['sʌlfər, *Brit*: -ər] *n Am* CHEM enxofre *m*

sulk [sʌlk] *vi* estar/ficar emburrado

sulky ['sʌlki] <-ier, -iest> *adj* emburrado, -a

sullen ['sʌlən] *adj* mal-humorado, -a

sulphur *n Brit s*. **sulfur**

sultana [sʌl'tænə, *Brit*: -'taːnə] *n* passa *f* de uva branca

sultry ['sʌltri] <-ier, -iest> *adj* 1. (*weather*) mormacento, -a 2. (*sensual*) sensual

sum [sʌm] I. *n* 1. (*addition*) soma *f*

2. (*total*) total *m* **II.** <-mm-> *vt* to ~ **sth up** recapitular a. c.

summarize ['sʌməraɪz] *vt* resumir

summary ['sʌməri] **I.** *n* resumo *m* **II.** *adj* sumário, -a

summer ['sʌmər, *Brit*: -əʳ] **I.** *n* verão *m* **II.** *adj* de verão

summerhouse *n* casa *f* de verão

summertime *n* no pl (*season*) verão *m*; **in the** ~ no verão

summit ['sʌmɪt] *n* cúpula *f*; *fig* cúmulo *m*

summon ['sʌmən] *vt* (*meeting*) convocar; (*people*) chamar; LAW citar judicialmente

◆ **summon up** *vt* to ~ **the courage/ strength to do sth** reunir coragem/ força para fazer a. c.

summons ['sʌmənz] *n* + *sing vb* convocação *f*; LAW citação judicial *f*; **to serve sb with a** ~ promover a citação de alguém

sun [sʌn] *n* sol *m*; **to do/try everything under the** ~ fazer/experimentar de tudo

sunbathe ['sʌnbeɪð] *vi* tomar sol

sunburn *n* queimadura *f* de sol

sunburned *adj*, **sunburnt** *adj* queimado, -a de sol

Sunday ['sʌndeɪ] *n* domingo *m*; *s.a.* **Friday**

Sunday school *n* REL escola *f* dominical (para instrução religiosa)

sundial *n* relógio *m* de sol **sundown** *n Am, Aus* pôr-do-sol *m*

sundry ['sʌndri] *adj* vários, -as; **all and** ~ *inf* todo mundo

sunflower *n* girassol *m*

sung [sʌŋ] *pp of* **sing**

sunglasses *npl* óculos *mpl* de sol

sunk [sʌŋk] *pp of* **sink**

sunlight *n no pl* luz *f* solar

sunlit *adj* ensolarado, -a

sunny ['sʌni] <-ier, -iest> *adj* **1.** (*day*) ensolarado, -a **2.** (*personality*) alegre

sunrise ['sʌnraɪz] *n* nascer *m* do sol

sunroof *n* teto *m* solar **sunscreen** *n* protetor *m* solar

sunset *n* pôr-do-sol *m*

sunshade ['sʌnʃeɪd] *n* guarda-sol *m*

sunshine *n no pl* luz *f* do sol

sunstroke *n no pl* insolação *f*

suntan *n* bronzeado *m*

suntanned *adj* bronzeado, -a

suntan oil *n* óleo *m* bronzeador

super ['su:pər, *Brit*: -əʳ] *adj inf* formidável

superannuation [ˌsu:pərˌænju'eɪʃn, *Brit*: 'su:pərˌænjʊ-] *n Brit, Aus no pl* aposentadoria *f*

superb [sə'pɜ:rb, *Brit*: su:'pɜ:b] *adj* esplêndido, -a

supercenter ['su:pərsentər] *n Am* hipermercado *m*

superficial [ˌsu:pər'fɪʃl, *Brit*: -pə'-] *adj* superficial

superfluous [su:'pɜ:rfluəs, *Brit*: -'pɜ:f-] *adj* supérfluo, -a

superhighway [ˌsu:pər'haɪweɪ, *Brit*: -pə'-] *n Am* estrada *f* com quatro ou mais pistas

superimpose [ˌsu:pərɪm'poʊz, *Brit*: -'pəʊz] *vt* PHOT sobrepor

superintendent [ˌsu:pərɪn'tendənt] *n* **1.** (*person in charge*) superintendente *mf* **2.** *Am* (*janitor*) zelador(a) *m(f)*

superior [sə'pɪriər, *Brit*: su:'pɪəriər] **I.** *adj* **1.** (*better, senior*) superior; **to be** ~ (**to sb/sth**) ser superior (a alguém/a. c.) **2.** (*arrogant*) arrogante **II.** *n* superior(a) *m(f)*

superiority [səˌpɪri'ɒrəti, *Brit*: suːˌpɪəri'ɒrəti] *n no pl* superioridade *f*

superlative [sə'pɜ:rlətɪv, *Brit*: su:'pɜ:lətɪv] *n* superlativo *m*

supermarket ['su:pərˌmɑ:rkɪt, *Brit*: -pəmɑ:k-] *n* supermercado *m*

supermodel ['su:pərˌmɑ:dəl, *Brit*: -pəˌmɒd-] *n* supermodelo *f*

supernatural [ˌsu:pər'nætʃərəl, *Brit*: -pə'-] *adj* sobrenatural

superpower ['su:pərˌpaʊər, ˌsu:pə'paʊəʳ] *n* POL superpotência *f*

supersede [ˌsu:pər'si:d, *Brit*: -pə'-] *vt* suplantar

supersonic [ˌsu:pər'sɑ:nɪk, *Brit*: -pə'sɒn-] *adj* AVIAT sonônico, -a

superstar ['su:pərstɑ:r, *Brit*: -pəstɑ:ʳ] *n* superstar *mf*

superstition [ˌsu:pər'stɪʃn, *Brit*: -pə'-] *n* superstição *f*

superstitious [ˌsu:pər'stɪʃəs, *Brit*: -pə'-] *adj* supersticioso, -a; **to be** ~ **about** (**doing**) **sth** ser supersticioso para (fazer) a. c.

superstore ['su:pərstɔ:r, *Brit*: -pəstɔ:ʳ] *n* superloja *f*

supervise ['su:pərvaɪz, *Brit*: -əvaɪz] *vt* supervisionar

supervision [ˌsu:pər'vɪʒn, *Brit*: -pə'-] *n no pl* supervisão *f*

supervisor ['su:pərvaɪzər, *Brit*:

ˌsuːpəˈvaɪzəʳ] *n* **1.** (*person in charge*) supervisor(a) *m(f)* **2.** UNIV orientador(a) *m(f)*

supper [ˈsʌpər, *Brit:* -əʳ] *n* janta *f*; **to have ~** jantar

supple [ˈsʌpl] *adj* flexível

supplement [ˈsʌpləmənt, *Brit:* -lɪ-] **I.** *n* suplemento *m*; **a ~ to sth** um suplemento a a. c. **II.** *vt* suplementar; **to ~ sth with sth** suplementar a. c. com a. c.

supplementary [ˌsʌpləˈmentəri, *Brit:* -lɪ-] *adj* suplementar

supplier [səˈplaɪər, *Brit:* -əʳ] *n* fornecedor(a) *m(f)*

supply [səˈplaɪ] **I.** <-ie-> *vt* **1.** (*provide*) fornecer; (*information*) dar; **to ~ sb with sth** [*o* **sth to sb**] prover alguém de a. c. **2.** COM abastecer **II.** *n* **1.** (*act of providing; of electricity, water*) fornecimento *m* **2.** *no pl* ECON abastecimento *m*; **~ and demand** oferta *f* e demanda; **to be in short ~** haver pouca oferta **3.** *pl* (*things necessary*) provisões *fpl*

support [səˈpɔːrt, *Brit:* -ˈpɔːt] **I.** *vt* **1.** (*hold up*) suportar **2.** (*provide for*) sustentar; **to ~ oneself** sustentar-se **3.** (*provide with money*) financiar **4.** (*encourage*) apoiar **5.** *Brit* SPORTS torcer **II.** *n* **1.** *no pl* (*backing, help*) apoio *m*; **in ~ of sth** em apoio a a. c. **2.** (*structure*) suporte *m*

supporter *n* **1.** (*of cause*) defensor(a) *m(f)* **2.** *Brit* SPORTS torcedor(a) *m(f)*

supporting *adj* (*role*) coadjuvante

supportive [səˈpɔːrtɪv, *Brit:* -ˈpɔːt-] *adj* compreensivo, -a; **to be ~ of sth/sb** dar apoio a a. c./alguém

suppose [səˈpoʊz, *Brit:* -ˈpəʊz] *vt* **1.** supor; **to ~ (that) ...** supor (que) ... +*subj* **2.** (*obligation*) **to be ~d to do sth** ter a obrigação de fazer a. c. **3.** (*opinion*) **the book is ~d to be very good** presume-se que o livro seja muito bom

supposedly [səˈpoʊzɪdli, *Brit:* -ˈpəʊ-] *adv* supostamente

supposing *conj* **~ that ...** supondo que ... +*subj*

suppress [səˈpres] *vt* (*human rights*) suprimir; (*uprising*) reprimir

supreme [səˈpriːm, *Brit:* suːˈ-] *adj* supremo, -a; **Supreme Court** Supremo Tribunal

surcharge [ˈsɜːrtʃɑːrdʒ, *Brit:* ˈsɜːtʃɑːdʒ] **I.** *n* sobretaxa *f*; **a ~ for/on sth** uma sobretaxa para/sobre a. c. **II.** *vt* sobretaxar

sure [ʃʊr, *Brit:* ʃʊəʳ] **I.** *adj* seguro, -a; **for ~** com certeza; **I'm not ~ why/how** não tenho certeza *f* do porquê/como; **to be ~ of oneself** estar seguro de si mesmo; **to be ~ of sth** estar seguro de a. c.; **to make ~ (that) ...** certificar-se de ... **II.** *adv* certamente; **~ enough** de fato

surely [ˈʃʊrli, *Brit:* ˈʃɔːli] *adv* (*certainly*) certamente; **~ you don't expect me to believe that?** certamente você não espera que eu acredite nisto?

surf [sɜːrf, *Brit:* sɜːf] **I.** *n* surfe *m* **II.** *vi* (*in water*) surfar; (*in the Internet*) navegar

surface [ˈsɜːrfɪs, *Brit:* ˈsɜːf-] **I.** *n* superfície *f*; **on the ~** *fig* na superfície **II.** *vi* emergir **III.** *vt* (*road*) asfaltar; **to ~ sth with sth** cobrir a. c. com a. c.

surface mail *n* **by ~** por via terrestre

surfboard *n* prancha *f* de surfe

surfer [ˈsɜːrfər, *Brit:* ˈsɜːfəʳ] *n* surfista *mf*

surfing *n no pl* surfe *m*

surge [sɜːrdʒ, *Brit:* sɜːdʒ] **I.** *vi* disparar **II.** *n* onda *f*, aumento *m* súbito; (*prices*) disparada *f*

surgeon [ˈsɜːrdʒən, *Brit:* ˈsɜːdʒ-] *n* cirurgião, -ã *m*, *f*

surgery [ˈsɜːrdʒəri, *Brit:* ˈsɜːdʒ-] *n no pl* (*medical operation*) cirurgia *f*; **to undergo ~** passar por uma cirurgia

surgical [ˈsɜːrdʒɪkl, *Brit:* ˈsɜːdʒ-] *adj* cirúrgico, -a

Surinam(e) [ˌsʊrɪˈnɑːm, *Brit:* ˈsʊərɪˌnæm] *n* Suriname *m*

Surinamese [ˌsʊrɪnæˈmiːz, *Brit:* ˌsʊər-] *adj* surinamês, -esa

surly [ˈsɜːrli, *Brit:* ˈsɜːli] <-ier, -iest> *adj* ríspido, -a

surname [ˈsɜːrneɪm, *Brit:* ˈsɜːn-] *n* sobrenome *m*

surplus [ˈsɜːrpləs, *Brit:* ˈsɜːp-] **I.** *n* excedente *m*; FIN superávit *m* **II.** *adj* excedente; **to be ~ to requirements** *Brit* estar sobrando

surprise [sərˈpraɪz, *Brit:* sə-] **I.** *n* surpresa *f*; **to sb's ~** para surpresa de alguém **II.** *vt* surpreender; **to be ~d at sth/sb** ser surpreendido, -a por a. c./alguém; **to be ~d that ...** estar surpreso, -a que ...

surprising *adj* surpreendente

surprisingly *adv* surpreendentemente

surrealism [səˈriːəlɪzəm, *Brit:* -ˈrɪə-] *n* surrealismo *m*

surrender [səˈrendər, Brit: -əʳ] **I.** vt, vi a. MIL render(-se); **to ~ sth to sb** render a. c. a alguém; **to ~ to sb** render-se a alguém **II.** n **1.** (giving up) rendição f **2.** no pl, form capitulação f

surreptitious [ˌsɜːrəpˈtɪʃəs, Brit: ˌsʌr-] adj sub-reptício, -a, sorrateiro, -a

surrogate [ˈsɜːrəgɪt, Brit: ˈsʌr-] **I.** adj (substitute) substituto, -a **II.** n substituto, -a m, f

surrogate mother n mãe f de aluguel

surround [səˈraʊnd] **I.** vt cercar; **to ~ sb/sth with sth** cercar alguém/a. c. com a. c. **II.** n (frame) moldura f

surrounding adj circundante

surroundings npl arredores mpl

surveillance [sərˈveɪləns, Brit: sɜːˈ-] n no pl vigilância f

survey [sərˈveɪ, Brit: sə-ˈ] **I.** vt **1.** (research) pesquisar **2.** (look at carefully) investigar **3.** Brit (examine) examinar **4.** GEO fazer levantamento topográfico **5.** (poll) sondar **II.** n **1.** (poll) sondagem f **2.** (report) pesquisa f, levantamento m **3.** (examination) exame m

surveyor [sərˈveɪər, Brit: səˈveɪəʳ] n Am topógrafo, -a m, f

survival [sərˈvaɪvl, Brit: sə-ˈ] n no pl sobrevivência f

survive [sərˈvaɪv, Brit: sə-ˈ] vi, vt sobreviver (a); **to ~ on sth** subsistir de a. c.

survivor [sərˈvaɪvər, Brit: səˈvaɪvəʳ] n sobrevivente mf

susceptible [səˈseptəbl] adj suscetível; MED propenso, -a

suspect¹ [səˈspekt] vt suspeitar; **to ~ sb of doing sth** suspeitar que alguém tenha feito a. c.

suspect² [ˈsʌspekt] **I.** n suspeito, -a m, f **II.** adj suspeito, -a

suspend [səˈspend] vt suspender

suspender [səˈspendər, Brit: -əʳ] n **1.** pl, Am (for pants) suspensórios mpl **2.** Brit (strap) liga f (de meia)

suspender belt n Brit, Aus cinta-liga f

suspense [səˈspens] n **1.** (uncertainty) incerteza f **2.** CINE filme m de suspense

suspension [səˈspentʃn] n no pl **1.** interrupção f **2.** SCH, UNIV suspensão f

suspension bridge n ponte f pênsil

suspension points npl reticências fpl

suspicion [səˈspɪʃn] n **1.** (belief) suspeita f; **to arrest sb on ~ of sth** prender alguém sob suspeita de a. c. **2.** no pl (mistrust) desconfiança f **3.** (small amount) indício m, traço m

suspicious [səˈspɪʃəs] adj **1.** (arousing suspicion) suspeito, -a **2.** (lacking trust) desconfiado, -a; **to be ~ of sb** estar desconfiado de alguém

sustain [səˈsteɪn] vt **1.** (maintain) manter **2.** (withstand) aguentar

sustainable [səˈsteɪnəbl] adj sustentável

sustained adj contínuo, -a

sustenance [ˈsʌstnənts, Brit: -tɪnəns] n no pl sustento m

SW [ˌesˈdʌbljuː] abbr of **southwest** S.O.

swab [swɑːb, Brit: swɒb] **I.** n MED cotonete m inv **II.** <-bb-> vt **1.** MED usar um cotonete (para coleta de material) **2.** (wash) esfregar

swagger [ˈswægər, Brit: -əʳ] **I.** vi andar com o nariz empinado, fanfarrear **II.** n no pl arrogância f, fanfarronada f

swallow¹ [ˈswɑːloʊ, Brit: ˈswɒləʊ] **I.** vt, vi engolir **II.** n deglutição f
◆ **swallow up** vt (absorb) tragar

swallow² n ZOOL andorinha f

swam [swæm] vi pt of **swim**

swamp [swɑːmp, Brit: swɒmp] **I.** n pântano m **II.** vt (flood) alagar; **to be ~ed with sth** fig estar atolado, -a em a. c.

swan [swɑːn, Brit: swɒn] n cisne m

swap [swɑːp, Brit: swɒp] **I.** <-pp-> vt trocar; **to ~ sth (for sth)** trocar a. c. (por a. c.) **II.** n troca f

swarm [swɔːrm, Brit: swɔːm] **I.** vi (move in large group) apinhar-se **II.** n **1.** (of bees) enxame m **2.** fig multidão f

swarthy [ˈswɔːrði, Brit: ˈswɔːði] <-ier, -iest> adj moreno, -a

swat [swɑːt, Brit: swɒt] <-tt-> vt (insect) acertar (com a mão, jornal); **to ~ sth with sth** acertar a. c. com a. c.

sway [sweɪ] **I.** vi balançar **II.** vt **1.** (from side to side) balançar **2.** (persuade) influenciar **III.** n no pl **1.** liter (influence) influência f **2.** form (control) domínio m; **to hold ~ over sth/sb** ter domínio sobre a. c./alguém

Swazi [ˈswɑːzi] adj suazi

Swaziland [ˈswɑːzilænd] n Suazilândia f

swear [swer, Brit: sweəʳ] <swore, sworn> **I.** vi **1.** (take oath) jurar; **I couldn't ~ to it** inf eu não posso jurar **2.** (curse) dizer palavrão **II.** vt prestar juramento
◆ **swear in** vt LAW **to ~ sb** empossar

alguém

swearword *n* palavrão *m*

sweat [swet] **I.** *n* **1.** *no pl* suor *m* **2.** *inf* s. **sweatshirt II.** *vi* suar
- ◆ **sweat out** *vt* to ~ sth out aguentar a. c. firme

sweat band *n* (*for head*) faixa *f* de cabelo (para absorver o suor); (*for wrists*) munhequeira *f* (para absorver o suor)

sweater ['swetər, *Brit:* -təʳ] *n* suéter *m*, agasalho *m*

sweatshirt ['swetʃɜ:rt, *Brit:* -ʃɜ:t] *n* moletom *m*

sweaty ['sweti, *Brit:* -ti] <-ier, -iest> *adj* suado, -a

swede [swi:d] *n Brit, Aus* GASTR rutabaga *f*

Swede [swi:d] *n* sueco, -a *m, f*

Sweden ['swi:dn] *n* Suécia *f*

Swedish ['swi:dɪʃ] *adj* sueco, -a

sweep [swi:p] <swept, swept> **I.** *n* **1.** *no pl* (*cleaning action*) varrida *f* **2.** (*chimney cleaner*) limpador(a) *m(f)* **3.** (*movement*) **with a ~ of her arm** com um movimento amplo de seu braço **4.** (*range*) alcance *m* **II.** *vt* **1.** (*clean with broom*) varrer **2.** (*remove*) eliminar **3. to ~ sb off their feet** fazer com que alguém fique perdidamente apaixonado **III.** *vi* varrer
- ◆ **sweep away** *vt* **1.** (*remove*) eliminar **2.** (*carry away*) levar de roldão
- ◆ **sweep up** *vt* varrer

sweeper *n* **1.** (*device*) varredeira *f* **2.** (*person*) varredor(a) *m(f)*

sweeping *adj* (*gesture*) impetuoso, -a; (*victory*) arrebatador, -a

sweet [swi:t] **I.** <-er, -est> *adj* **1.** (*like sugar*) doce **2.** (*pleasant*) agradável **3.** (*person*) terno, -a; (*smile*) meigo, -a **II.** *n* **1.** *Am* ~s encantos *mpl* **2.** *Brit, Aus* (*candy*) doce *m*, bombom *m* **3.** *Brit, Aus* (*dessert*) pudim *m*

sweet-and-sour *adj* agridoce

sweet corn *n Am* milho *m* verde

sweeten ['swi:tən] *vt* adoçar; **to ~ with sth** adoçar a. c. com a. c.

sweetener *n* GASTR adoçante *m*

sweetheart ['swi:thɑ:rt, *Brit:* -hɑ:t] *n* **1.** (*term of endearment*) querido, -a *m, f* **2.** (*boyfriend, girlfriend*) namorado, -a *m, f*

sweetness *n no pl* doçura *f*, encanto *m*

sweet pea *n* ervilha-de-cheiro *f*

swell [swel] <swelled, swollen *o* swelled> **I.** *vt* **1.** (*size*) inchar **2.** (*number*) aumentar **II.** *vi* **1.** (*get bigger*) aumentar de volume; **to ~ up** inchar **2.** (*increase*) aumentar **III.** *n no pl* (*of sea*) ondulação *f* **IV.** <-er, -est> *adj Am, inf* fantástico, -a

swelling *n* inchaço *m*, protuberância *f*

sweltering ['sweltərɪŋ] *adj* sufocante

swept [swept] *vt, vi pt, pp of* **sweep**

swerve [swɜ:rv, *Brit:* swɜ:v] **I.** *vi* guinar, desviar-se **II.** *n* mudança *f* de direção; (*of car*) guinada *f*

swift[1] [swɪft] *adj* (*fast-moving*) rápido, -a; (*occurring quickly*) imediato, -a

swift[2] *n* ZOOL andorinhão *m*

swig [swɪg] *n inf* trago *m*

swill [swɪl] **I.** *n no pl* comida *f* para porcos **II.** *vt* **1.** (*swirl*) balançar **2.** (*rinse*) enxaguar

swim [swɪm] **I.** <swam, swum> *vi* **1.** (*in water*) nadar **2.** (*be full of water*) estar inundado, -a; **to be ~ming in sauce/fat** estar banhado, -a de [*ou* em] molho/gordura **3.** (*whirl*) **her head was ~ming** a cabeça girava **II.** <swam, swum> *vt* **1.** (*cross*) atravessar a nado **2.** (*do*) **to ~ a few strokes** dar umas braçadas **III.** *n* nadada *m*; **I'm going to have a ~** vou dar uma nadada

swimmer ['swɪmər, *Brit:* -əʳ] *n* nadador(a) *m(f)*

swimming *n no pl* natação *f*

swimming cap *n* touca *f* de natação

swimming costume *n Brit, Aus* maiô *m* (para mulheres)

swimming pool *n* piscina *f* **swimming trunks** *npl* sunga *f* (para homens), calção *m* (de banho)

swimsuit *n Am* maiô *m*

swindle ['swɪndl] **I.** *vt* trapacear, roubar **II.** *n* trapaça *f*, falcatrua *f*

swine [swaɪn] *n* **1.** *liter* (*pig*) suíno *m* **2.** *inf* (*person*) escroto, -a *m, f*

swing [swɪŋ] **I.** *n* **1.** (*movement*) balanço *m* **2.** (*hanging seat*) balanço *m* **3.** (*sharp change*) oscilação *f*; POL alternância *f* **4.** *no pl* MUS suingue *m* **5.** *fig* **to get (back) into the ~ of things** *inf* (voltar a) pegar o jeito **II.** <swung, swung> *vi* **1.** (*move back and forth*) oscilar (*move circularly*) dar voltas **2.** (*on hanging seat*) balançar-se **III.** <swung, swung> *vt* **1.** (*move back and forth*) balançar **2.** *inf* (*influence*) **to ~ the balance** fazer a balança pender para um lado

swing bridge *n* ponte *f* giratória
swingeing ['swɪndʒɪŋ] *adj Brit* (*criticism*) violento, -a; (*cut*) drástico, -a
swinging door *n* porta *f* de vaivém
swipe [swaɪp] **I.** *vt* **1.** *inf* (*steal*) surrupiar **2.** (*card*) passar **3.** (*swat*) tentar acertar com força **II.** *n* pancada *f* violenta
swirl [swɜːrl, *Brit:* swɜːl] **I.** *vi, vt* rodopiar, girar **II.** *n* redemoinho *m*, turbilhão *m*
swish [swɪʃ] **I.** *vi* zunir **II.** <-er, -est> *adj inf* elegante **III.** *n* (*of cane*) zunido *m*; (*of dress*) ruge-ruge *m*
Swiss [swɪs] *adj* suíço, -a
switch [swɪtʃ] **I.** <-es> *n* **1.** ELEC chave *f*, interruptor *m* **2.** (*change*) mudança *f* **II.** *vt* trocar; **to ~ from sth to sth** mudar de a. c. para a. c.; **to ~ sth for sth** trocar a. c. por a. c.; **to ~ sth with sb** trocar a. c. com alguém
◆ **switch off** *vt* (*electricity*) desligar, interromper; (*light*) apagar; (*water*) interromper
◆ **switch on** *vt* ligar; (*light*) acender
switchboard *n* TEL mesa *f* telefônica
Switzerland ['swɪtsərlənd, *Brit:* -ələnd] *n* Suíça *f*
swivel ['swɪvəl] **I.** *n* tornel *m* **II.** <*Brit:* -ll-, *Am:* -l-> *vt* girar
swollen ['swoʊlən, *Brit:* 'swəʊ-] **I.** *pp of* **swell II.** *adj* inchado, -a
swoon [swuːn] *vi* desmaiar
swoop [swuːp] **I.** *n* **1.** (*dive*) mergulho *m* (no ar) **2.** *inf* (*surprise attack*) investida *f* **II.** *vi* investir violentamente; **to ~ down on sb** precipitar-se sobre alguém
swop [swɑːp, *Brit:* swɒp] <-pp-> *vt, vi Brit, Can s.* **swap**
sword [sɔːrd, *Brit:* sɔːd] *n* espada *f*
swordfish <-(es)> *n* peixe-espada *m*
swore [swɔːr, *Brit:* swɔːˈ] *pt of* **swear**
sworn [swɔːrn, *Brit:* swɔːn] **I.** *pp of* **swear II.** *adj* juramentado, -a
swot [swɑːt, *Brit:* swɒt] <-tt-> *vi Brit, Aus, inf* rachar de estudar (para prova)
swum [swʌm] *pp of* **swim**
swung [swʌŋ] *pt, pp of* **swing**
syllabi ['sɪləbaɪ] *n pl of* **syllabus**
syllable ['sɪləbl] *n* sílaba *f*
syllabus ['sɪləbəs] <-es, *form* syllabi> *n* (*in general*) sumário *m*; (*for specific subject*) programa *m*
symbol ['sɪmbl] *n* símbolo *m*; **a ~ for sth** um símbolo para a. c.; **a ~ of sth** um símbolo de a. c.

symbolic(al) [sɪmˈbɑːlɪk(l), *Brit:* -ˈbɒl-] *adj* simbólico, -a
symbolism ['sɪmbəlɪzəm] *n no pl* simbolismo *m*
symbolize ['sɪmbəlaɪz] *vt* simbolizar
symmetrical [sɪˈmetrɪkl] *adj* simétrico, -a
symmetry ['sɪmətri] *n no pl a.* MAT simetria *f*
sympathetic [ˌsɪmpəˈθetɪk, *Brit:* -tɪk] *adj* (*understanding*) compreensivo, -a; (*sympathizing*) solidário, -a; **to be ~ towards sb/sth** ser solidário com alguém/a. c.
sympathize ['sɪmpəθaɪz] *vi* **to ~ with sb** (*share in suffering*) solidarizar-se com alguém; (*feel compassion for*) compadecer-se de alguém
sympathizer *n* simpatizante *mf*, partidário, -a *m, f*
sympathy ['sɪmpəθi] *n no pl* (*compassion*) compaixão *f*; (*understanding*) solidariedade *f*; **you have my deepest ~** meus sinceros pêsames *mpl*
symphony ['sɪmfəni] *n* sinfonia *f*
symposium [sɪmˈpoʊziəm, *Brit:* -ˈpəʊ-] <-s *o* -sia> *n form* simpósio *m*
symptom ['sɪmptəm] *n* sintoma *m*; **~ of sth** sintoma de a. c.
synagogue ['sɪnəgɑːg, *Brit:* -gɒg] *n* sinagoga *f*
syndicate ['sɪndəkɪt] *n* **1.** ECON consórcio *m* (de empresas, pessoas) **2.** PUBL agência *f* de notícias
syndrome ['sɪndroʊm, *Brit:* -drəʊm] *n* síndrome *f*
synonym ['sɪnənɪm] *n* sinônimo *m*
synopsis [sɪˈnæpsɪs] <-es> *n* sinopse *f*
syntax ['sɪntæks] *n no pl* sintaxe *f*
synthetic [sɪnˈθetɪk, *Brit:* -tɪk] *adj* sintético, -a
syphilis ['sɪflɪs, *Brit:* -fɪlɪs] *n no pl* sífilis *f inv*
syphon ['saɪfn] *n* sifão *m*
Syria ['sɪriə] *n* Síria *f*
Syrian *adj* sírio, -a
syringe [səˈrɪndʒ, *Brit:* sɪˈ-] *n* seringa *f*
syrup ['sɪrəp] *n no pl* **1.** GASTR calda *f* **2.** MED xarope *m*
system ['sɪstəm] *n* sistema *m*; **to get something out of one's ~** *inf* colocar a. c. para fora
systematic [ˌsɪstəˈmæṭɪk, *Brit:* -tɪk] *adj* sistemático, -a
systems analyst *n* analista *mf* de sistemas

T

T, t [tiː] *n* t *m*, T *m*; ~ **as in Tare** *Am*, ~ **for Tommy** *Brit* t de tatu

T [tiː] *n inf abbr of* **T-shirt** camiseta *f*

t *abbr of* **ton** t (*Am:* 907 *quilos; Brit:* 1016 *quilos*)

ta [tɑː] *interj Brit, inf* obrigado, -a

tab [tæb] *n* **1.** (*flap*) lingueta *f*; (*on file*) orelha *f* **2.** (*watch*) vigilância *f*; **to keep ~s on sb** *fig* não perder alguém de vista **3.** *Am* (*bill*) **to pick up the ~** pagar a conta *f*

tabby ['tæbi] *n* gato *m* malhado

table ['teɪbl] *n* **1.** mesa *f*; **to set the ~** pôr a mesa **2.** MAT tabela *f*, tabuada *f* **3.** (*list*) lista *f*; **~ of contents** índice *m*

tablecloth *n* toalha *f* de mesa **tablespoon** *n* (*spoon, amount*) colher *f* de sopa

tablet ['tæblɪt] *n* (*pill*) comprimido *m*; (*of metal*) placa *f*

table tennis *n no pl* tênis *m* de mesa

tabloid ['tæblɔɪd] *n* tabloide *m*

taboo [təˈbuː] I. *n* tabu *m* II. *adj* tabu

tacit ['tæsɪt] *adj* tácito, -a

tack [tæk] I. *n* **1.** (*nail*) tacha *f*, percevejo *m* **2.** (*approach*) **to try a different ~** tentar uma outra abordagem *f* II. *vt* **1.** (*nail down*) pregar com tachas; **to ~ sth on** (**to sth**) pregar a. c. (em a. c.) **2.** (*sew*) alinhavar III. *vi* NAUT virar de bordo

tackle ['tækl] I. *vt* **1.** (*in football, rugby*) bloquear; (*in soccer*) dar uma entrada **2.** (*deal with: issue*) lidar; (*problem*) atacar, tentar resolver; **to ~ sb about sth** enfrentar alguém por a. c. II. *n no pl* **1.** (*in football, rugby*) bloqueio *m*; (*in soccer*) entrada *f* **2.** (*equipment*) equipamento *m*

tacky ['tæki] <-ier, -iest> *adj inf* (*showy*) vulgar, brega

tact [tækt] *n no pl* tato *m*

tactful ['tæktfl] *adj* diplomático, -a, habilidoso, -a com as pessoas

tactic ['tæktɪk] *n* ~(**s**) tática *f*

tactical *adj* tático, -a

tactile ['tæktɪl, *Brit:* -taɪl] *adj form* tátil

tactless ['tæktləs] *adj* sem tato

tadpole ['tædpoʊl, *Brit:* -pəʊl] *n* girino *m*

tag [tæg] I. *n* **1.** (*label*) etiqueta *f*; (*metal*) plaqueta *f* metálica **2.** *no pl* (*game*) **to play ~** brincar de pega-pega *m* II. <-gg-> *vt* etiquetar, rotular III. <-gg-> *vi* **to ~ along** (**with sb**) acompanhar (alguém)

tail [teɪl] I. *n* **1.** ANAT, AVIAT cauda *f*; (*of dog, bull*) rabo *m*; (*of bird, fish*) cauda *f* **2.** *pl* (*side of coin*) coroa *f* II. *vt* seguir

◆ **tail off** *vi* diminuir

tailor ['teɪlər, *Brit:* -əʳ] *n* alfaiate *m*

tailor-made *adj* feito sob medida

tailpipe ['teɪlpaɪp] *n Am* cano *m* de escapamento

taint [teɪnt] *vt* (*food*) contaminar; **to be ~ed with sth** contaminar-se com a. c.; (*reputation*) manchar

Taiwan [ˌtaɪˈwɑːn] *n* Taiwan *m*

Tajikistan [tɑːˈdʒiːkɪˌstɑːn] *n* Tadjiquistão *m*

take [teɪk] I. *n* **1.** PHOT, CINE tomada *f* **2.** *inf* (*information*) **to get the ~ on sb** ter uma ideia sobre alguém II. <took, taken> *vt* **1.** (*accept: advice*) seguir; (*credit card*) aceitar; (*criticism*) receber; (*medicine*) tomar; (*responsibility*) assumir; **to ~ sth as it comes** aceitar a. c. tal como é; **to ~ sth seriously** levar a. c. a sério **2.** (*hold*) pegar; **to ~ sth from sb/sth** tomar a. c. de alguém/a. c. **3.** (*capture: city*) conquistar; (*office*) assumir; (*power*) tomar; (*prisoners*) capturar **4.** (*bring*) levar; **to ~ sth to sb** levar a. c. a alguém; **~ your wallet with you** leve a carteira com você **5.** (*require*) pedir; **intransitive verbs ~ no object** os verbos intransitivos não pedem objeto, requerer; **job ~s a lot of attention** o trabalho requer muita atenção; **to ~ one's time** não se apressar **6.** (*have: decision*) tomar; (*rest*) descansar; (*vacation*) tirar **7.** (*feel, assume*) **I ~ it that ...** suponho que ... +*subj*; **I'll ~ that remark as a compliment** vou considerar [*ou* tomar] este comentário como um elogio; **to ~ (an) interest in sth** interessar-se por a. c.; **to ~ offense** ofender-se; **to ~ pity on sb** sentir pena de alguém **8.** (*photograph*) tirar **9.** (*bus, train*) tomar

◆ **take after** *vt* parecer-se com

◆ **take apart** *vt* **1.** (*disassemble*) desmontar **2.** (*destroy*) arrasar

◆ **take away** *vt* (*remove*) tirar; **to take sth away from sb** tirar a. c. de alguém; MAT subtrair

◆**take back** *vt* **1.** (*return*) devolver **2.** (*accept back*) receber de volta **3.** (*repossess*) recuperar **4.** (*retract*) retirar a. c. (que foi dita), retratar(-se)
◆**take down** *vt* **1.** (*remove*) tirar; (*from high place*) baixar **2.** (*write down*) tomar nota
◆**take in** *vt* **1.** (*bring inside*) acolher; (*guests*) hospedar; (*students*) admitir **2.** (*deceive*) **to be taken in by sb** ser enganado, -a por alguém **3.** (*understand*) compreender, assimilar
◆**take off I.** *vt* **1.** (*remove from*) retirar **2.** (*clothes*) tirar **3.** *Brit* (*imitate*) imitar **II.** *vi* AVIAT decolar
◆**take on** *vt* **1.** (*accept*) aceitar **2.** (*fight*) enfrentar
◆**take out** *vt* **1.** (*remove: tooth*) tirar; (*withdraw: money*) retirar, sacar **2.** (*bring outside*) levar para fora **3.** *inf* (*kill*) apagar
◆**take over** *vt* **1.** (*buy out*) adquirir **2.** (*seize control*) assumir o controle
◆**take to** *vt* (*start to like*) **to ~ drink** adquirir o vício da bebida; **to ~ to sb** afeiçoar-se a alguém
◆**take up I.** *vt* **1.** (*bring up*) levar para cima, levantar **2.** (*start doing*) começar **3.** (*adopt: policy*) adotar **II.** *vi* **to ~ with sb** passar a andar com alguém
taken *vt pp of* **take**
take-off *n* AVIAT decolagem *f*
takeover *n* POL tomada *f* de poder; ECON aquisição *f*
takeover bid *n* oferta pública de compra de ações para aquisição de controle
taking *n* **1.** *no pl* **it's yours for the ~** está ao seu dispor **2.** *pl* (*receipts*) rendimentos *mpl*
talc [tælk] *n no pl*, **talcum powder** ['tælkəm-] *n* talco *m*
tale [teɪl] *n* conto *m*, história *f*; **to tell ~s** *fig* fazer intriga, dedurar; **the ~ of Robin Hood** a lenda *f* de Robin Hood
talent ['tælənt] *n* talento *m*
talented *adj* talentoso, -a
talk [tɔːk] **I.** *n* **1.** (*conversation*) conversa *f*; **a ~ about sb/sth** uma conversa sobre a. c./alguém **2.** (*lecture*) palestra *f*; **to give a ~ on sth** dar uma palestra sobre a. c. **3.** *pl* (*discussions: peace, salary*) negociações *fpl* **II.** *vi* conversar, falar; **look who's ~ing** *inf* olha só quem fala; **to ~ with sb about sb/sth** conversar [*ou* falar] com alguém sobre alguém/a. c. **III.** *vt* **to ~ sb into doing sth** persuadir alguém a fazer a. c.
◆**talk over** *vt* **to talk sth over (with sb)** discutir a. c. (com alguém)
talkative ['tɔːkətɪv, *Brit*: -tɪv] *adj* falante
talker *n* falador(a) *m(f)*
talk show *n* talk show *m*
tall [tɔːl] *adj* alto, -a
tally[1] ['tæli] <-ie-> *vt* **to ~ sth up** fazer a contagem *f* de a. c.
tally[2] <-ies> *n* contagem *f*
talon ['tælən] *n* garra *f*
tambourine [ˌtæmbəˈriːn] *n* pandeiro *m*
tame [teɪm] **I.** *adj* **1.** (*domesticated*) domesticado, -a; (*not savage*) manso, -a **2.** (*unexciting*) sem graça, insosso, -a **II.** *vt* domar, domesticar
tamper ['tæmpər, *Brit*: -ər] *vi* **to ~ with** (*machine, documents*) mexer em a. c.
tampon ['tæmpɑːn, *Brit*: -pɒn] *n* absorvente *m* interno
tan [tæn] **I.** <-nn-> *vi* bronzear-se **II.** <-nn-> *vt* **1.** (*make brown*) bronzear **2.** (*leather*) curtir **III.** *n* bronzeado *m*
tang [tæŋ] *n* odor *m* penetrante
tangent ['tændʒənt] *n* tangente *f*; **to go off at a ~** sair pela tangente
tangerine [ˌtændʒəˈriːn] *n* tangerina *f*
tangible ['tændʒəbl] *adj* tangível
tangle ['tæŋgl] **I.** *n* **1.** (*in hair, string*) emaranhado **2.** *fig* (*confusion*) confusão *f* **II.** *vt* (*hair, wool*) embaraçar **III.** *vi* emaranhar-se, complicar-se; **to be/get ~d up in sth** complicar-se com a. c.
tango ['tæŋgoʊ, *Brit*: -gəʊ] *n* tango *m*
tangy ['tæŋi] <-ier, -iest> *adj* penetrante
tank [tæŋk] *n* **1.** (*container: fish*) aquário *m*; (*oil*) tanque *m*; (*water*) reservatório *m* **2.** MIL tanque *m*
tanker ['tæŋkər, *Brit*: -ər] *n* (*truck*) caminhão-tanque *m*; (*ship*) navio-tanque *m*; **oil ~** navio-petroleiro *m*
tanned [tænd] *adj* bronzeado, -a
tantalizing ['tæntəlaɪzɪŋ] *adj* tantalizante
tantamount ['tæntəmaʊnt] *adj* **to be ~ to sth** equivaler a a. c.
tantrum ['tæntrəm] *n* **to throw a ~** ter um acesso *m* de raiva, ter um faniquito *m*
Tanzania [ˌtænzəˈniːə] *n* Tanzânia *f*
tap[1] [tæp] *n* **1.** (*for water*) torneira *f* **2.** TEL grampo *m* (de telefone)

tap² [tæp] n batida f leve
tap dance n sapateado m
tape [teɪp] I. n 1. (*adhesive strip*) fita f adesiva; MED esparadrapo m 2. (*measure*) fita f métrica 3. (*cassette*) fita f cassete II. vt 1. (*fasten with tape*) prender com fita adesiva; **to ~ sth (on)to sth** grudar a. c. em a. c. 2. (*record*) gravar
tape measure n fita f métrica
tape recorder n gravador m
tapestry ['tæpəstri, *Brit:* -pɪ-] n tapeçaria f
tapeworm ['teɪpwɜːrm, *Brit:* -wɜːm] n tênia f, solitária f
tar [tɑːr, *Brit:* tɑː] n no pl alcatrão m
target ['tɑːrgɪt, *Brit:* 'tɑːg-] I. n alvo m, meta f II. vt mirar; **the ad ~s children** o anúncio tem como alvo as crianças; **to ~ sth at sb** direcionar a. c. a alguém
tariff ['terɪf, *Brit:* 'tær-] n ECON tarifa f
tarmac ['tɑːrmæk, *Brit:* 'tɑːm-] n asfalto m
tarnish ['tɑːrnɪʃ, *Brit:* 'tɑːn-] I. vt (*reputation*) manchar II. vi (*silver*) perder o brilho
tarp [tɑːrp, *Brit:* tɑːp] n esp Am, **tarpaulin** [tɑːrˈpɔːlɪn, *Brit:* tɑːˈpɔː-] n lona f
tart¹ [tɑːrt, *Brit:* tɑːt] adj (*sharp*) azedo, -a; (*acid*) ácido, -a
tart² n GASTR pequena torta f
tartan ['tɑːrtn, *Brit:* 'tɑːtn] n tecido m xadrez tipo escocês
task [tæsk, *Brit:* tɑːsk] n tarefa f, incumbência f; **to take sb to ~** chamar a atenção de alguém
taskforce n força-tarefa f
tassel ['tæsl] n borla f
taste [teɪst] I. n 1. no pl gosto m 2. (*sample*) amostra f; **to have a ~ of sth** provar a. c. 3. (*liking*) gosto m; **to get a ~ for sth** tomar gosto por a. c. II. vt 1. (*food, drink*) saborear 2. (*experience*) provar III. vi **to ~ of sth** ter o gosto de a. c.
tastebud ['teɪstbʌd] n papila f gustativa
tasteful ['teɪstfəl] adj de bom gosto
tasteless ['teɪstləs] adj 1. (*food*) insosso, -a 2. (*clothes, remark*) de mau gosto
tasty ['teɪsti] adj saboroso, -a
tattered ['tætərd, *Brit:* -təd] adj maltrapilho, -a, esfarrapado, -a
tatters ['tætərz, *Brit:* -təz] npl farrapos mpl; **to be in ~** estar em farrapos
tattoo [tætˈuː, *Brit:* təˈtuː] I. n tatuagem f II. vt tatuar
tatty ['tæti, *Brit:* -ti] <-ier, -iest> adj pej surrado, -a
taught [tɑːt, *Brit:* tɔːt] pt, pp of **teach**
taunt [tɑːnt, *Brit:* tɔːnt] vt ridicularizar
Taurus ['tɑːrəs] n Touro m; **to be a ~** ser taurino, -a, ser (de) Tauro; **to be born under the sign of ~** ser nativo de Tauro
taut [tɑːt, *Brit:* tɔːt] adj (*skin*) repuxado, -a; (*wire, string*) esticado, -a
tautology [tɑːˈtɑːlədʒi, *Brit:* tɔːˈtɒl-] <-gies> n tautologia f
tavern ['tævərn, *Brit:* -ən] n taverna f, bar m
tawdry ['tɑːdri, *Brit:* 'tɔː-] <-ier, -iest> adj pej chamativo, -a, espalhafatoso, -a
tax [tæks] FIN I. <-es> n imposto m; **free of ~** isento de imposto; **to put a ~ on sth** cobrar imposto sobre a. c. II. vt tributar; **to ~ sb on sth** cobrar imposto de alguém sobre a. c.
taxable ['tæksəbl] adj tributável
tax allowance n dedução f de imposto
taxation [tækˈseɪʃn] n no pl tributação f
tax avoidance n elisão f fiscal **tax collector** n arrecadador(a) m(f) de impostos **tax evasion** n sonegação f fiscal **tax-free** adj livre de impostos **tax haven** n paraíso m fiscal
taxi ['tæksi] n táxi m
taxi driver n motorista mf de táxi
taxing adj pesado, -a, cansativo, -a
taxi rank n Brit, **taxi stand** n Am ponto m de táxi
taxonomy [tækˈsɑːnəmi, *Brit:* -ˈsɒn-] n taxonomia f
taxpayer n contribuinte mf **tax relief** n abatimento m fiscal **tax return** n declaração f de imposto de renda **tax year** n ano-base m
TB [ˌtiːˈbiː] n abbr of **tuberculosis** tuberculose f
tea [tiː] n 1. no pl (*drink*) chá m; **a cup of ~** uma xícara de chá; **camomile ~** chá de camomila; **not for all the ~ in China** nem por todo o ouro do mundo 2. *Brit* (*afternoon meal*) lanche m, chá m; *Aus* (*evening meal*) jantar m
tea bag n saquinho m de chá
teach [tiːtʃ] <taught, taught> vt ensinar, dar aula; **to ~ sb a lesson** fig dar uma lição em alguém; **to ~ sb (how) to do sth** ensinar alguém a fazer a. c.

teacher ['ti:tʃər, *Brit:* -əʳ] *n* professor(a) *m(f)*

teacher training *n* formação *f* de professores

teaching *n* **1.** *no pl* (*profession*) ensino *m*, magistério *m* **2.** *pl* (*doctrine*) ensinamentos *mpl*

teacup *n* xícara *f* de chá

teak [ti:k] *n no pl* teca *f*

team [ti:m] **I.** *n* time *m*, equipe *f* **II.** *vi* **to ~ up with** juntar-se a, associar-se

team-mate *n* companheiro, -a *m*, *f* de equipe **teamwork** *n* trabalho *m* de equipe

teapot *n* bule *m* de chá

tear[1] [tɪr, *Brit:* tɪəʳ] *n* lágrima *f*; **to be in ~s** estar aos prantos; **to burst into ~s** desatar a chorar

tear[2] [ter, *Brit:* teəʳ] **I.** *n* rasgo *m*; **a ~ in sth** um rasgo em a. c. **II.** <tore, torn> *vt* rasgar; (*muscle*) lacerar; **to ~ a hole in sth** abrir um buraco em a. c.; **to be torn between two possibilities** estar dividido entre duas possibilidades **III.** <tore, torn> *vi* rasgar
  ◆ **tear apart** *vt* arrasar
  ◆ **tear down** *vt* derrubar, demolir
  ◆ **tear into** *vt* investir contra
  ◆ **tear up** *vt* rasgar em pedaços

teardrop ['tɪrdrɑ:p, *Brit:* 'tɪədrɒp] *n* lágrima *f*

tearful ['tɪrfl, *Brit:* 'tɪəfəl] *adj* choroso, -a

tear gas *n* gás *m* lacrimogênio

tea room *n* salão *m* de chá

tease [ti:z] **I.** *vt* **1.** (*make fun of*) caçoar de **2.** (*provoke*) provocar, importunar; (*sexually*) tentar **3.** TECH pentear (lã, algodão) **II.** *n* implicante *mf*; (*sexually*) provocador(a) *m(f)*

tea shop *n Brit* salão *m* de chá **teaspoon** *n* colher *f* de chá

teaspoonful *n* colher *f* de chá cheia

tea-strainer *n* coador *m* de chá

teat [ti:t] *n* (*of animal*) teta *f*; (*of bottle*) bico *m* (de mamadeira)

teatime *n* hora *f* do chá **tea towel** *n* pano *m* de prato

techie ['teki] **I.** *n inf* nerd *m* **II.** *adj pej*, *inf* **~ problems** problemas de computador

technical ['teknɪkəl] *adj* técnico, -a

technicality [ˌteknəˈkæləti, *Brit:* -nɪˈkæləti] <-ies> *n* (*detail*) detalhe *m* técnico

technician [tekˈnɪʃn] *n* técnico, -a *m*, *f*

technique [tekˈni:k] *n* técnica *f*

technological [ˌteknəˈlɑ:dʒɪkl, *Brit:* -ˈlɒdʒ-] *adj* tecnológico, -a

technology [tekˈnɑ:lədʒi, *Brit:* -ˈnɒl-] *n* tecnologia *f*

technology-driven [tekˈnɑ:lədʒi, *Brit:* -ˈnɒl-] *adj inv* turbinado, -a

teddy bear ['tedi-] *n* ursinho *m* de pelúcia

tedious ['ti:diəs] *adj* entediante, maçante

tedium ['ti:diəm] *n no pl* tédio *m*

tee [ti:] *n* SPORTS tee *m*

teem [ti:m] *vi* **to ~ with sth** estar apinhado de a. c.

teeming *adj* apinhado, -a

teen [ti:n] *n* adolescente *mf*

teenage(d) ['ti:neɪdʒ(d)] *adj* adolescente

teenager ['ti:nˌeɪdʒər, *Brit:* -əʳ] *n* adolescente *mf*

teens *npl* **to be in one's ~** estar na adolescência *f*

tee-shirt *n* camiseta *f*

teeter ['ti:tər, *Brit:* -təʳ] *vi* **to ~ (around)** cambalear; **to ~ on the brink of sth** estar à beira a. c.

teeth [ti:θ] *pl of* **tooth**

teethe [ti:ð] *vi* começar a nascer os dentes

teetotal [ti:ˈtoʊtl, *Brit:* -ˈtəʊtl] *adj* abstêmio, -a

tel. *abbr of* **telephone** tel.

telecommunications ['telɪkəˌmju:nɪˈkeɪʃnz] *npl* telecomunicações *fpl*

telecommute [ˌtelɪkəˈmju:t] *vi* trabalhar em casa comunicando-se por fax e e-mail com o escritório

teleconference ['telɪˌkɑ:nfərəns, *Brit:* -ˌkɒn-] *n* teleconferência *f*

telegram ['telɪɡræm] *n* telegrama *m*

telegraph ['telɪɡræf, *Brit:* -ɡrɑ:f] *n no pl* telégrafo *m*

telepathy [təˈlepəθi, *Brit:* tɪ-] *n no pl* telepatia *f*

telephone ['teləfoʊn, *Brit:* -ɪfəʊn] **I.** *n* telefone *m*; **to be on the ~** estar no telefone **II.** *vt* telefonar **III.** *vi* telefonar

telephone book *n* lista *f* telefônica **telephone booth** *n Am*, **telephone box** *n Brit* cabine *f* telefônica **telephone call** *n* chamada *f* telefônica **telephone directory** *n* lista *f* telefônica **telephone number** *n* número *m* de telefone

telephone pole *n Am* poste *m* telefônico

telepic [tel'epɪk] *n abbr of* **television epic** série *f* épica na TV

telesales ['telɪseɪls] *n no pl* vendas *fpl* por telefone

telescope ['teləskoup, *Brit:* -ɪskəup] *n* telescópio *m*

televise ['teləvaɪz, *Brit:* -lɪ-] *vt* televisar

television ['teləvɪʒən, *Brit:* 'telɪ,vɪ-] *n* televisão *f* **television program** *n Am, Aus,* **television programme** *n Brit* programa *m* de televisão **television set** *n* aparelho *m* de televisão

tell [tel] <told, told> I. *vt* 1.(*say*) dizer; **to ~ sb about sth/sb** contar a alguém sobre a. c./alguém; **to ~ sb of sth** dizer a. c. a alguém; **I told you so** eu bem que avisei; **you're ~ing me!** *inf* nem fale! 2.(*narrate: lie, story, truth, secret, time*) contar 3.(*command*) **to ~ sb to do sth** mandar alguém fazer a. c.; **do as you're told** *inf* faça como te mandaram 4.(*distinguish*) **to ~ sth from sth** distinguir a. c. de a. c.; **to ~ time** ver as horas 5.(*know*) **there is no telling** não há como saber II. *vi* 1.falar; **to ~ of sth** falar de a. c. 2.(*know*) saber; **who can ~?** quem sabe?; **you never can ~** não dá para saber

♦ **tell apart** *vt* distinguir

♦ **tell off** *vt* **to tell sb off for sth** dar uma bronca em alguém por a. c.

♦ **tell on** *vt* **to ~ sb** dedurar alguém

teller ['telər, *Brit:* -əʳ] *n* 1. POL escrutinador(a) *m(f)* (de votos) 2. FIN caixa *mf* de banco

telling *adj* 1.(*revealing*) revelador(a), comprometedor(a) 2.(*significant*) poderoso, -a

telling-off <tellings-off> *n* **to give sb a ~ for (doing) sth** dar uma bronca em alguém por (fazer) a. c.

telly ['teli] *n Brit, Aus, inf* tevê *f*

temp [temp] I. *vi* trabalhar temporariamente II. *n* funcionário, -a *m*, *f* temporário

temp. *abbr of* **temperature** temp.

temper ['tempər, *Brit:* -əʳ] *n* (*temperament*) temperamento *m*, gênio *m*; (*mood*) humor *m*; **bad ~** mau humor; **good ~** bom humor; **to get into a ~** subir o sangue à cabeça; **to keep one's ~** manter a calma; **to lose one's ~** perder a paciência

temperament ['tempərəmənt] *n* temperamento *m*

temperamental [,temprə'mentl] *adj* temperamental

temperate ['tempərət] *adj* (*moderate*) moderado, -a; (*climate*) temperado, -a

temperature ['tempərətʃər, *Brit:* -prətʃəʳ] *n* temperatura *f*; **to have a ~** MED ter febre

tempi ['tempi:] *n pl of* **tempo**

template ['templɪt] *n* molde *m*

temple ['templ] *n* REL templo *m*

tempo ['tempou, *Brit:* -pəu] <-s *o* -pi-> *n* 1. MUS tempo *m* 2.(*pace*) ritmo *m*

temporarily ['tempərerəli, *Brit:* -prərəli] *adv* temporariamente

temporary ['tempəreri, *Brit:* -prəri] *adj* (*improvement*) temporário, -a; (*relief*) passageiro, -a; (*staff, accommodation*) provisório, -a

tempt [tempt] *vt* tentar; **to ~ sb into doing sth** tentar alguém a fazer a. c.

temptation [temp'teɪʃn] *n* 1. *no pl* (*attraction*) tentação *f*; **to give in to ~** ceder à tentação 2.(*tempting thing*) tentação *f*

tempting ['temptɪŋ] *adj* atraente; (*offer*) tentador(a)

ten [ten] *adj* dez *inv*; *s.a.* **eight**

tenacious [tə'neɪʃəs, *Brit:* tɪ'-] *adj* (*belief*) firme; (*person*) obstinado, -a

tenacity [tə'næsəti, *Brit:* tɪ'næsəti] *n no pl* tenacidade *f*, obstinação *f*

tenancy ['tenənsi] <-ies> *n* (período de) locação *f*

tenant ['tenənt] *n* (*of land*) arrendatário, -a *m*, *f*; (*of house*) inquilino, -a *m*, *f*, locatário, -a *m*, *f*

tend¹ [tend] *vi* 1.**to ~ to do sth** tender a fazer a. c. 2.(*usually do*) costumar; **to ~ towards sth** estar inclinado, -a a a. c.

tend² *vt* (*look after*) tomar conta de

tendency ['tendənsi] <-ies> *n* tendência *f*; **to have the ~ to do sth** ter tendência a fazer a. c., propensão *f*

tender¹ ['tendər, *Brit:* -əʳ] *adj* 1.(*not tough: meat*) macio, -a 2.(*loving*) terno, -a, carinhoso, -a 3.(*sensitive to touch: part of body*) dolorido, -a, sensível

tender² I. *n* COM licitação *f*; **to put sth out for ~** *esp Brit* abrir licitação para a. c. II. *vt* (*offer: advice, stock*) oferecer; (*apology*) apresentar III. *vi* **to ~ for sth** participar de licitação para a. c.

tenderness ['tendərnɪs, *Brit:* -ənɪs] *n no pl* 1.(*softness*) ternura *f*, carinho *m*

2. (*sensitivity*) sensibilidade *f*, dor *f*
tendon ['tendən] *n* tendão *m*
tenement ['tenəmənt] *n* conjunto *m* habitacional popular
tenet ['tenɪt] *n* princípio *m*
tenfold ['tenfoʊld, *Brit:* -fəʊld] *adv* dez vezes
tennis ['tenɪs] *n no pl* tênis *m*
tennis ball *n* bola *f* de tênis **tennis court** *n* quadra *f* de tênis **tennis player** *n* tenista *mf* **tennis racket** *n* raquete *f* de tênis
tenor ['tenər, *Brit:* -əʳ] *n* **1.** MUS tenor *m* **2.** (*character*) teor *m*
tense[1] [tens] *n* LING tempo *m* (verbal)
tense[2] *adj* (*wire, person*) tenso, -a
tension ['tentʃn] *n no pl* tensão *f*
tent [tent] *n* (*for camping*) tenda *f*, barraca *f*; (*in circus*) lona *f* (de circo)
tentacle ['tentəkl] *n* tentáculo *m*
tentative ['tentətɪv, *Brit:* -tɪv] *adj* (*decision*) provisório, -a; (*person*) hesitante
tenth [tenθ] *adj* décimo, -a; *s.a.* **eighth**
tenuous ['tenjʊəs] *adj* tênue
tenure ['tenjər, *Brit:* -jʊəʳ] *n no pl* **1.** (*possession*) posse *f* **2.** (*period*) mandato *m*
tepid ['tepɪd] *adj* tépido, -a
term [tɜːrm, *Brit:* tɜːm] **I.** *n* **1.** (*label, word*) termo *m*; ~ **of abuse** insulto *m*; ~ **of endearment** palavra *f* carinhosa; **in no uncertain** ~**s** em termos claros **2.** *pl* (*conditions*) condições *fpl* **3.** (*limit*) prazo *m*; COM vigência *f* **4.** (*period*) **in the short/long** ~ a curto/longo prazo; **prison** ~ pena *f* de prisão **5.** UNIV, SCH período *m* do ano letivo **6.** *pl* **to be on good/bad** ~**s with sb** ter uma boa/má relação *f* com alguém; **to come to** ~**s with sb/sth** aceitar alguém/a. c. **II.** *vt* chamar, qualificar
terminal ['tɜːrmɪnl, *Brit:* 'tɜːm-] **I.** *adj* terminal; (*boredom*) mortal **II.** *n* RAIL, AVIAT, INFOR, ELEC terminal *m*
terminate ['tɜːrmɪneɪt, *Brit:* 'tɜːm-] *form* **I.** *vt* (*contract*) rescindir; (*pregnancy*) interromper **II.** *vi* encerrar-se
termination [ˌtɜːrmɪ'neɪʃn, *Brit:* ˌtɜːm-] *n no pl* (*of contract*) rescisão *f*; (*of life*) fim *m*; (*of pregnancy*) interrupção *f*
termini ['tɜːrmɪnaɪ, *Brit:* 'tɜːm-] *n pl of* **terminus**
terminology [ˌtɜːrmɪ'nɑːlədʒi, *Brit:* ˌtɜːmɪ'nɒl-] *n* terminologia *f*
terminus ['tɜːrmɪnəs, *Brit:* 'tɜːm-] <-es

o -i> *n* (*station*) estação *f* terminal; (*bus stop*) ponto *m* final
termite ['tɜːrmaɪt, *Brit:* 'tɜːm-] *n* cupim *m*
terrace ['terəs] *n* **1.** a. AGR terraço *m* **2.** *Brit, Aus* (*row of houses*) fileira *f* de casas geminadas
terrain [te'reɪn] *n* terreno *m*
terrapin ['terəpɪn] <-(s)> *n* tartaruga *f* de área pantanosa
terrestrial [təˈrestriəl, *Brit:* tɪ'-] *adj form* terrestre
terrible ['terəbl] *adj* **1.** (*very bad*) péssimo, -a **2.** (*shocking*) terrível
terribly *adv* **1.** (*very badly*) terrivelmente **2.** (*very*) muito
terrier ['teriər, *Brit:* -əʳ] *n* terrier *m*
terrific [təˈrɪfɪk] *adj inf* bárbaro, -a, maravilhoso, -a
terrified *adj* apavorado, -a; **to be** ~ **of** (**doing**) **sth** ter pavor *m* de (fazer) a. c.
terrify ['terəfaɪ] <-ie-> *vt* apavorar, aterrorizar
terrifying *adj* apavorante, aterrorizador(a)
territorial [ˌterə'tɔːriəl, *Brit:* -rɪ'-] *adj* territorial
territory ['terətɔːri, *Brit:* 'terɪtəri] <-ies> *n* território *m*
terror ['terər, *Brit:* -əʳ] *n no pl* terror *m*
terrorism ['terərɪzəm] *n no pl* terrorismo *m*
terrorist ['terərɪst] *n* terrorista *mf*
terrorize ['terəraɪz] *vt* aterrorizar
terse [tɜːrs, *Brit:* tɜːs] *adj* sucinto, -a
test [test] **I.** *n* **1.** SCH, UNIV teste *m*, prova *f*; **a** ~ **on sth** um teste sobre a. c. **2.** MED exame *m*; **blood** ~ exame de sangue **3.** (*trial*) **to put sth to the** ~ pôr a. c. à prova **II.** *vt* **1.** (*examine*) testar; **to** ~ **sb on sth** testar alguém quanto a a. c.; (*measure: hearing*) medir **2.** MED examinar; **to** ~ **sb for sth** fazer um exame de a. c. em alguém
testament ['testəmənt] *n* **1.** *form* testamento *m*; **last will and** ~ testamento e últimos desejos **2.** REL **the Old/New Testament** o Velho/Novo Testamento
testicle ['testɪkl] *n* testículo *m*
testify ['testɪfaɪ] <-ie-> **I.** *vi form* depor; **to** ~ **to sth** testemunhar sobre a. c. **II.** *vt* **to** ~ **that ...** testemunhar que ...
testimonial [ˌtestɪ'moʊniəl, *Brit:* -'məʊ-] *n form* **1.** (*character reference*) referências *fpl*, carta *f* de recomendação **2.** (*tribute*) tributo *m*; **a** ~ **to sth**

um tributo a a. c.

testimony ['testɪmʊni, *Brit:* -məni] <-ies> *n* depoimento *m*, testemunho *m*

testing *adj* difícil

test-tube baby *n* bebê *m* de proveta

tetanus ['tetnəs] *n no pl* tétano *m*

tether ['teðər, *Brit:* -əʳ] I. *n* to be at the end of one's ~ estar no limite das forças *fpl* II. *vt* amarrar

Texan ['teksən] *adj* texano, -a

Texas ['teksəs] *n* Texas *m*

text [tekst] *n* texto *m*

textbook *n* livro-texto *m*

textile ['tekstaɪl] *n pl* tecidos *mpl*

text-message I. *n* mensagem *f* de texto II. *vt* enviar uma mensagem de texto

texture ['tekstʃər, *Brit:* -əʳ] *n* textura *f*

Thai [taɪ] *adj* tailandês, -esa

Thailand ['taɪlənd] *n* Tailândia *f*

Thames [temz] *n* the (**River**) ~ o (rio) Tâmisa

than [ðən, ðæn] *conj* que; **more** ~ 60 mais de 60; **more** ~ **once** mais de uma vez; **no sooner had she told him,** ~ ... mal ela havia lhe contado, ...; **you are taller** ~ **she** (**is**) você é mais alto (do) que ela

thank [θæŋk] *vt* agradecer; **to** ~ **sb** (**for sth**) agradecer a alguém (por a. c.); ~ **you** obrigado, -a; ~ **you very much!** muito obrigado!, -a; **no,** ~ **you** não, obrigado, -a

thankful ['θæŋkfəl] *adj* **to be** ~ **that** ... ser grato, a que ... +*subj*

thankfully *adv* felizmente

thanks *npl* obrigado, -a *m, f*; **a lot** [*o* **very much**] muito obrigado, -a; ~ **to** graças a; **in** ~ **for** ... em agradecimento por ...; **no** ~ **to him** não foi graças a ele

> **Culture** **Thanksgiving** (Ação de Graças) é uma das festas mais importantes dos E.U.A., celebrada na quarta quinta-feira do mês de novembro. O primeiro **Thanksgiving Day** foi comemorado em 1621 pelos **Pilgrims** na **Plymouth Colony**. Tendo sobrevivido a grandes dificuldades, queriam dar graças a Deus por isso. É costume das famílias reunirem-se para celebrar esse dia. O prato principal é o **stuffed turkey** (peru recheado), **cranberry sauce** (molho de mirtilo), **yams** (batata-doce) e **corn** (milho).

that [ðət, ðæt] I. *adj dem* <those> esse, -a; ~ **book** esse livro; ~ **table** essa mesa, isso; (*more remote*) aquele, -a, aquilo II. *pron* 1. *rel* que; **all** ~ **I have** tudo o que eu tenho; **the woman** ~ **told me** ... a mulher que me contou ... 2. *dem* ~**'s it!** isso mesmo!; **after** ~ depois disso; **like** ~ assim; **what is** ~? o que é isso (aí)/aquilo?; **who is** ~? quem é esse (aí)?; **that** ~ 1.que; **I told you** ~ **I couldn't come** eu disse a você que não poderia ir 2.(*in order that*) para que +*subj*

thatch [θætʃ] *n no pl* (*roof*) telhado *m* de sapê

thaw [θɔː, *Brit:* θɔː] I. *n* 1.(*weather*) degelo *m* 2. (*in relations*) quebra *f* do gelo II. *vi* 1.(*food*) descongelar; (*weather*) degelar 2. (*relations*) quebrar o gelo

the [ðə, *stressed, before vowel* ðiː] I. *art def* art o *m*, a *f*, os *mpl*, as *fpl*; **at** ~ **door** à porta; **at** ~ **hotel** no hotel; **from** ~ **garden** do jardim; **in** ~ **winter** no inverno; **to** ~ **garden** para o jardim II. *adv* (*in comparison*) **sooner** ~ **better** o quanto antes melhor

theater *n Am*, **theatre** ['θiːətər, *Brit:* 'θɪətər] *n Brit, Aus* 1.teatro *m* 2. *Brit* MED **operating** ~ sala *f* de cirurgia

theatrical [θiˈætrɪkl] *adj* teatral

theft [θeft] *n* furto *m*

their [ðer, *Brit:* ðeəʳ] *adj poss* deles, -as; ~ **house** a casa deles, -as; ~ **children** os filhos deles, -as

theirs *pron poss* o (s) deles *m*, a (s) delas *f*; **a book of** ~ um livro deles, -as; **here is my son. Where's** ~? meu filho está aqui. Onde está o deles?; **they aren't our bags, they are** ~ estas não são as nossas malas, são as deles, -as; **this house is** ~ esta casa é deles, -as

them [ðem, ðəm] *pron 3rd pers pl* 1. *direct object* os *m,* as *f*; **I saw** ~ eu os, as *m, f vi; indirect object* lhes; **he gave** ~ **the pencil** ele deu a eles o lápis, para eles *m*, para elas *f*; **look at** ~ olhe para eles [*ou* elas] 2. *after prep* **it's from** ~ é deles, -as; **it's for** ~ é para eles, elas 3. (*they*) eles *m*, elas *f*; **if I**

were ~ se eu fosse eles, elas; **older than** ~ mais velho que eles, elas

thematic [θiːˈmætɪk, Brit: θɪˈmæt-] adj temático, -a

theme [θiːm] n a. MUS tema m

theme park n parque m temático

theme song n canção-tema f

themselves [ðəmˈselvz] pron 1. subject eles mesmos m, elas mesmas f 2. object, refl se; **the children behaved** ~ as crianças se comportaram 3. after prep si mesmos m, si mesmas f; **by** ~ sozinhos

then [ðen] I. adj form **the** ~ **moral code** o código moral de então; **the** ~ **president** o então presidente II. adv 1. (at aforementioned time) nessa/naquela época, nesse/naquele tempo; **before** ~ anteriormente; **(every) now and** ~ de vez em quando; **from** ~ **on(wards)** dali por diante; **since** ~ desde então; **until** ~ até então 2. (after that) em seguida, depois; **what** ~? e agora? 3. (as a result) então; ~ **he must be there** então ele precisa estar lá, assim

theologian [ˌθiːəˈloʊdʒən, Brit: θɪəˈləʊ-] n teólogo, -a m, f

theological [ˌθiːəˈlɑːdʒɪkl, Brit: θɪəˈlɒdʒ-] adj teológico, -a

theology [θɪˈɑːlədʒi, Brit: -ˈɒl-] <-ies> n teologia f

theorem [ˈθiːərəm, Brit: ˈθɪə-] n MAT teorema m

theoretical [ˌθiːəˈretɪkəl, Brit: θɪəˈret-] adj teórico, -a

theorist [ˈθiːərɪst, Brit: ˈθɪə-] n teórico, -a m, f

theorize [ˈθiːəraɪz, Brit: ˈθɪər-] vi teorizar

theory [ˈθiːəri, Brit: ˈθɪə-] <-ies> n teoria f; **in** ~ teoricamente

therapeutic(al) [ˌθerəˈpjuːtɪk(l), Brit: -tɪk-] adj terapêutico, -a

therapist [ˈθerəpɪst] n terapeuta mf

therapy [ˈθerəpi] <-ies> n terapia f

there [ðer, Brit: ðeər] adv aí, ali, lá; ~ **and then** no ato; ~ **is/are** há; ~ **is no one** não há ninguém; ~ **will be** haverá; ~ **you are!** aí está você!; **here and** ~ aqui e ali

thereafter [ðerˈæftər, Brit: ðeərˈɑːftər] adv daí em diante, depois disso

thereby [ðerˈbaɪ, Brit: ðeə-] adv form deste modo, assim

therefore [ˈðerfɔːr, Brit: ˈðeəfɔːr] adv portanto, logo

thermal [ˈθɜːrməl, Brit: ˈθɜːm-] adj térmico, -a

thermometer [θərˈmɑːmətər, Brit: θəˈmɒmɪtər] n termômetro m

these [ðiːz] pl of **this**

thesis [ˈθiːsɪs] <-ses> n tese f

they [ðeɪ] pron pers 1. (3rd pers pl) eles m, elas f; ~ **are my parents/sisters** (eles/elas) são meus pais/irmãs 2. (people in general) ~ **say that ...** dizem que ...

thick [θɪk] adj 1. (accent) carregado, -a; (fog) denso, -a; (liquid) espesso, -a; (wall, coat, hair) grosso, -a; **through** ~ **and thin** para o que der e vier 2. (stupid) estúpido, -a; **to be a bit** ~ **(in the head)** inf ser meio de miolo m mole

thicken [ˈθɪkən] I. vt engrossar; **to** ~ **sth with sth** engrossar a. c. com a. c. II. vi engrossar(-se)

thicket [ˈθɪkɪt] n mato m

thickness [ˈθɪknɪs] n no pl (of hair) abundância f; (of sauce) consistência f; (of wall) espessura f

thief [θiːf] <thieves> n ladrão, ladra m, f

thigh [θaɪ] n coxa f

thimble [ˈθɪmbl] n dedal m

thin [θɪn] <-nn-> I. adj (clothes, hair) fino, -a; (person) magro, -a; (soup, sauce) ralo, -a II. <-nn-> vt (dilute) diluir; **to** ~ **sth down with sth** diluir a. c. com a. c.

thing [θɪŋ] n 1. coisa f; **as** ~**s stand** do modo que as coisas estão; **all** ~**s being equal** se não houver nenhum imprevisto; **all his** ~**s** todas as suas coisas; **if it's not one** ~, **it's another** quando não é uma coisa, é outra; **it's a good** ~ **that ...** ainda bem que ...; **one** ~ **after another** uma coisa depois da outra; **the best** ~ o melhor; **to know a** ~ **or two** saber alguma coisa (sobre) 2. (trend) **the latest** ~ **in shoes** a última novidade f em sapatos; **to be a** ~ **of the past** ser coisa do passado 3. **you lucky** ~! sortudo, -a!

think [θɪŋk] <thought, thought> I. vt 1. (believe) acreditar, achar; **I** ~ **so** acho que sim; **who would have thought it!** quem iria imaginar! 2. (consider) ~ **nothing of it!** deixe para lá!; **to** ~ **about sth/sb** achar de a. c./alguém; **to** ~ **of doing sth** pensar em fazer a. c.; **to** ~ **sb (to be) sth** con-

siderar alguém (como sendo) a. c. **3.**(*imagine*) imaginar **II.** *vi* pensar; **to ~ aloud** pensar em voz alta; **to ~ for oneself** pensar por si mesmo
◆ **think ahead** *vi* antecipar-se
◆ **think back** *vi* **to ~ to sth** recordar a. c.
◆ **think of** *vi* pensar em
◆ **think through** *vt* examinar atentamente
◆ **think up** *vt* inventar
thinker *n* pensador(a) *m(f)*
thinking I. *n no pl* **1.**(*thought process*) pensamento *m* **2.**(*reasoning*) raciocínio *m* **II.** *adj* racional, inteligente
think tank *n* centro *m* de estudos avançados
third [θɜːrd, *Brit:* θɜːd] *adj* **1.** terceiro; *s.a.* **eighth 2.**(*fração*) terço, -a
thirdly *adv* em terceiro lugar
third party *n* terceiro *m* **Third World** *n* **the ~** o Terceiro Mundo
thirst [θɜːrst, *Brit:* θɜːst] *n* sede *f*; **~ for power** sede de poder; **to quench one's ~** matar a sede
thirsty ['θɜːrsti, *Brit:* 'θɜːsti] <-ier, -iest> *adj* com sede, sedento, -a; **to be ~** estar com sede; **to be ~ for sth** *fig* ter sede de a. c.
thirteen [θɜːr'tiːn, *Brit:* ˌθɜː'-] *adj* treze *inv*; *s.a.* **eight 1**
thirteenth [θɜːr'tiːnθ, *Brit:* ˌθɜː'-] *adj* **1.** décimo terceiro, décima terceira; *s.a.* **eighth 2.**(*fração*) treze avos
thirtieth ['θɜːrtiəθ, *Brit:* 'θɜːt-] *adj* trigésimo, -a; *s.a.* **eighth**
thirty ['θɜːrti, *Brit:* 'θɜːti] *adj* trinta *inv*; *s.a.* **eighty**
this [ðɪs] **I.** <**these**> *adj def* este, -a; **~ car** este carro; **~ day** hoje; **~ house** esta casa; **~ morning** esta manhã; **~ one** este, -a; **~ time last month** há um mês **II.** <**these**> *pron dem* este *m*, esta *f*, isto; **~ and that** isto e aquilo; **~ is Anna (speaking)** (*on the phone*) aqui quem fala é a Ana; **who is ~?** quem é este, -a? **III.** *adv* assim; **~ big** grande assim; **~ late** assim tão tarde
thistle ['θɪsl] *n* cardo *m*
thorn [θɔːrn, *Brit:* θɔːn] *n* espinho *m*
thorny ['θɔːrni, *Brit:* 'θɔːni] <-ier, -iest> *adj* (*issue, matter*) espinhoso, -a
thorough ['θɜːroʊ, *Brit:* 'θʌrə] *adj* **1.**(*detailed*) a fundo, meticuloso, -a **2.**(*careful*) minucioso, -a
thoroughbred ['θɜːroʊbred, *Brit:* 'θʌrə-] *n* puro-sangue *mf*
thoroughfare ['θɜːroʊfer, *Brit:* 'θʌrəfeə'] *n form* via *f* pública
thoroughly *adv* completamente, muito
those [ðoʊz, *Brit:* ðəʊz] *pl of* **that**
though [ðoʊ, *Brit:* ðəʊ] *conj* embora, mesmo assim; **as ~** como se +*subj*; **even ~** apesar de
thought [θɑːt, *Brit:* θɔːt] **I.** *pt, pp of* **think II.** *n* **1.** *no pl* (*process*) pensamento *m*, reflexão *f*; **after much ~** depois de pensar bastante; **on second ~** pensando bem; **to be deep** [*o* **lost**] **in ~** estar perdido em pensamentos; **without ~** sem pensar **2.**(*idea, opinion*) ideia *f*; **that's a ~** é uma ideia
thoughtful ['θɑːtfl, *Brit:* 'θɔː-] *adj* **1.**(*pensive*) pensativo, -a **2.**(*considerate*) atencioso, -a, gentil
thousand ['θaʊznd] *adj* mil; **~s of birds** milhares de pássaros; **three ~** três mil

> **Grammar** Quando vem depois de um número, **thousand** é utilizado no singular: "Five thousand inhabitants."

thrash [θræʃ] *vt* **1.**(*beat*) bater **2.** *inf* (*defeat*) dar uma surra em
thread [θred] **I.** *n* **1.** *no pl* (*for sewing*) linha *f* (de costura), fio *m*; **to hang by a ~** estar por um fio **2.**(*of screw*) rosca *f* (de parafuso) **II.** *vt* (*needle*) enfiar linha (na agulha)
threat [θret] *n* ameaça *f*; **a ~ to sb/sth** uma ameaça a alguém/a. c.
threaten ['θretən] **I.** *vt* ameaçar; **to ~ sb with sth** ameaçar alguém de a. c. **II.** *vi* **to ~ to do sth** ameaçar fazer a. c.
threatening *adj* ameaçador(a)
three [θriː] *adj* três *inv*; *s.a.* **eight**
three-dimensional *adj* tridimensional
threshold ['θreʃhoʊld, *Brit:* -həʊld] *n* **1.**(*doorway*) soleira *f* **2.**(*limit*) limiar *m*
threw [θruː] *pt of* **throw**
thrift [θrɪft] *n no pl* economia *f*
thrill [θrɪl] **I.** *n* forte emoção *f* **II.** *vt* emocionar
thriller ['θrɪlər, *Brit:* -əʳ] *n* (*book*) livro *m* de suspense; (*film*) filme *m* de suspense
thrilling *adj* eletrizante, emocionante
thrive [θraɪv] <thrived *o* throve, thrived

o thriven> *vi* (*business*) prosperar; (*person, plant*) desenvolver-se, crescer bem; **to ~ on sth** crescer em a. c. [*ou* prosperar a despeito de a. c.]

thriving *adj* (*community*) próspero, -a; (*economy*) pujante

throat [θroʊt, *Brit*: θrəʊt] *n* (*internal*) garganta *f*; (*external*) pescoço *m*; **to be at each other's ~s** viver como cão e gato

throb [θrɑːb, *Brit*: θrɒb] <-bb-> *vi* (*engine*) vibrar; (*finger*) latejar; (*heart*) pulsar

throes [θroʊz, *Brit*: θrəʊz] *npl* **to be in the ~ of sth** estar às voltas com

throne [θroʊn, *Brit*: θrəʊn] *n* trono *m*

throng [θrɑːŋ, *Brit*: θrɒŋ] *n* multidão *f*

throttle ['θrɑːtl̩, *Brit*: 'θrɒtl̩] I. *n* acelerador *m* de mão; **at full ~** no maior gás *inf* II. <-ll-> *vt* estrangular

through [θruː] I. *prep* 1. (*spatial*) através de, por (entre); **to go right ~ sth** atravessar a. c.; **to go ~ the door** passar pela porta 2. (*temporal*) do início ao fim; **all ~ my life** toda minha vida 3. *Am* (*until*) **Monday ~ Friday** de segunda a sexta 4. (*by means of*) por meio de II. *adv* 1. (*of place*) **~ and ~** de cabo a rabo; **I read the book ~** li o livro todo; **to go ~ to sth** ir direto a a. c. 2. (*of time*) ao longo de, durante; **all day ~** de manhã à noite; **halfway ~** a meio caminho 3. TEL **to put sb ~ to sb** passar alguém para falar com alguém

throughout [θruː'aʊt] *prep* 1. (*spatial*) em todo, -a 2. (*temporal*) durante todo, -a

throve [θroʊv, *Brit*: θrəʊv] *pt of* **thrive**

throw [θroʊ, *Brit*: θrəʊ] I. *n* arremesso *m*, lance *m*; **his last ~** *fig* sua última chance *f* II. <threw, thrown> *vt* 1. (*propel*) atirar, jogar; (*ball, javelin*) arremessar; **to ~ a party** dar uma festa; **to ~ oneself at sb** atirar-se sobre alguém; **to ~ oneself into sth** mergulhar de cabeça em a. c.; **to ~ sth at sb** atirar a. c. em alguém; **to ~ sth to sb** jogar a. c. para alguém 2. *inf* (*confuse*) **to ~ sb (for a loop)** desconcertar alguém

♦ **throw away** *vt* jogar fora

♦ **throw out** *vt* 1. (*person*) expulsar; (*thing*) jogar fora 2. (*heat, light*) emitir

♦ **throw up** *vi inf* vomitar

throw-in *n* (*in baseball, soccer*) arremesso *m* lateral

thrown *pp of* **throw**

thrush [θrʌʃ] *n* ZOOL sabiá *m*

thrust [θrʌst] I. <-, -> *vt* empurrar; **to ~ sth at sb** empurrar a. c. a alguém II. *n no pl* (*propulsion*) propulsão *f*

thud [θʌd] *n* baque *m*

thug [θʌɡ] *n* bandido *m*

thumb [θʌm] I. *n* dedo *m* polegar; **to stand out like a sore ~** destacar-se da multidão II. *vi* **to ~ through sth** folhear a. c.

thump [θʌmp] I. *vt* dar uma pancada em II. *n* 1. (*blow*) pancada *m* 2. (*noise*) baque *m*

thunder ['θʌndər, *Brit*: -ər] *n no pl* 1. METEO trovão *m*; **a clap of ~** uma trovoada *f* 2. (*sound*) estrondo *m* 3. **to steal sb's ~** tirar a primazia de alguém

thunderous ['θʌndərəs] *adj* estrondoso, -a

thunderstorm *n* tempestade *f*

thunderstruck ['θʌndərstrʌk, *Brit*: -əstrʌk-] *adj form* estupefato, -a

Thursday ['θɜːrzdeɪ, *Brit*: 'θɜːz-] *n* quinta-feira *f*, quinta *f*; *s.a.* **Friday**

thus [ðʌs] *adv form* 1. (*therefore*) portanto 2. (*like this*) assim

thwart [θwɔːrt, *Brit*: θwɔːt] *vt* impedir; (*effort, plan*) frustrar

thy [ðaɪ] *pron poss, liter* teu(s), tua(s)

thyme [taɪm] *n no pl* tomilho *m*

tic [tɪk] *n* tique *m*

tick[1] [tɪk] *n* carrapato *m*

tick[2] I. *n* 1. (*sound*) tiquetaque *m* 2. (*mark*) visto *m* II. *vi* fazer tiquetaque; **I don't know what makes her ~** não entendo o seu jeito de ser III. *vt* dar um visto

♦ **tick off** *vt* 1. (*mark off*) marcar 2. *Brit, Aus, inf* (*scold*) dar uma bronca *f* 3. *Am, inf* (*exasperate*) aporrinhar

♦ **tick over** *vi* 1. TECH funcionar em marcha lenta 2. *fig* ir levando

ticket ['tɪkɪt] *n* 1. (*for bus, train*) bilhete *m*, passagem *f*; (*for cinema, concert*) ingresso *m* 2. (*tag*) etiqueta *f*; **just the ~** *fig* exatamente o que precisa

ticket collector *n* condutor(a) *m(f)*

ticket office *n* bilheteria *f*

tickle ['tɪkl̩] I. *vt* fazer cócegas; (*please*) encantar II. *vi* coçar

tidal ['taɪdəl] *adj* da maré

tidal wave *n* onda *f* gigantesca (de maremoto)

tide [taɪd] *n* 1. (*of sea*) maré *f*; **high ~** maré *f* cheia; **low ~** maré *f* baixa 2. (*of*

tidy *opinion*) corrente *f*; **to go against the ~** remar contra a maré

tidy ['taɪdi] **I.** *adj* <-ier, -iest> arrumado, -a **II.** *vt* arrumar; **to ~ sth up** arrumar a. c.

tie [taɪ] **I.** *n* **1.** (*necktie*) gravata *f* **2.** (*cord*) cordão *m* **3.** *pl* (*bond*) laços *mpl*; (*diplomatic*) relações *fpl* **II.** *vt* amarrar; (*knot*) atar; **to be ~d by sth** estar amarrado, -a a a. c.

◆ **tie down** *vt* prender; **to tie sb down to sth** *fig* prender alguém a a. c., tolher alguém com a. c.

◆ **tie up** *vt* amarrar, atar; (*hair*) prender; **to be tied up** *fig* estar ocupado, -a

tier [tɪr, *Brit*: tɪə^r] *n* (*row*) fileira *f*; (*level*) camada *f*; (*in hierarchy*) nível *m*

tiger ['taɪgər, *Brit*: -ə^r] *n* tigre *m*

tight [taɪt] **I.** *adj* **1.** (*clothing*) justo, -a; (*rope, skin*) esticado, -a; (*screw, knot*) apertado, -a **2.** (*budget, schedule*) apertado, -a; (*condition, discipline*) rígido, -a; **to be ~ for time** não ter tempo; **to keep a ~ hold on sth** manter um rígido controle sobre a. c. **3.** (*hard-fought*) disputado, -a **II.** *adv* **sleep ~!** durma bem!; **to close sth ~** fechar bem a. c.

tighten ['taɪtən] *vt* **1.** (*make tight: bolt, screw*) apertar; (*rope*) amarrar firme; **to ~ sth up** apertar bem a. c., amarrar firme a. c. **2.** (*restrictions*) tornar mais rigoroso, -a

tight-fitting *adj* justo, -a

tightrope ['taɪtroʊp, *Brit*: -rəʊp] *n* corda *f* bamba

tights [taɪts] *npl* **1.** *Am, Aus* (*for dancing, gym*) calça *f* colante, legging *m* **2.** (*leggings*) meia-calça *f* de tecido grosso

tile [taɪl] **I.** *n* (*floor*) piso *m*; (*roof*) telha *f*; (*wall*) azulejo *m* **II.** *vt* (*floor*) pavimentar; (*roof*) telhar; (*wall*) azulejar

till¹ [tɪl] *adv, conj* s. **until**

till² *n* gaveta *f* de caixa registradora

tilt [tɪlt] **I.** *n* inclinação *f*; **(at) full ~** a toda velocidade *f* **II.** *vt, vi* inclinar(-se); **to ~ towards sth** inclinar(-se) em direção a a. c.

timber ['tɪmbər, *Brit*: -bə^r] *n* **1.** *no pl* (*wood*) madeira *f* **2.** (*beam*) viga *f*

time [taɪm] **I.** *n* **1.** tempo *m*; (*how*) **~ flies** (como) o tempo voa; (**only**) **~ can tell** (só) o tempo dirá; **after a ~** depois de um tempo; **all the ~** o tempo todo; **a long ~ ago** há muito tempo; **for the ~ being** por enquanto; **in ~** a tempo; **in one week's ~** em uma semana; **it takes a long ~** demora muito; **most of the ~** a maior parte do tempo; **over ~** com o tempo; **to be a matter of ~** ser uma questão de tempo; **to give sb a hard ~** *inf* infernizar a vida de alguém; **to kill ~** matar o tempo; **to make ~** encontrar tempo; **to spend ~** passar o tempo **2.** (*clock*) hora *f*; **what's the ~?, what ~ is it?** que horas são? **3.** (*moment*) momento *m*; **at any ~** a qualquer momento; **on ~** na hora; **the next ~** a próxima vez; **the right ~** o momento certo **4.** (*occasion*) vez *f*; **each ~** cada vez; **from ~ to ~** de vez em quando; **one at a ~** um de cada vez; **to have a good ~** divertir-se bastante **5.** (*epoch*) época *f*; **to be behind the ~s** estar antiquado, -a **6.** SPORTS tempo *m* **II.** *vt* **1.** SPORTS cronometrar **2.** (*choose best moment for*) escolher o momento certo para

time bomb *n* bomba-relógio *f*

time-consuming *adj* demorado, -a

timeless ['taɪmləs] *adj* eterno, -a

time limit *n* limite *m* de tempo

timely ['taɪmli] *adj* <-ier, -iest> oportuno, -a

time-out *n* **1.** SPORTS tempo *m* **2.** (*rest*) intervalo *m*

timer ['taɪmər, *Brit*: -ə^r] *n* timer *m*

timescale ['taɪmskeɪl] *n* cronograma *m*

timeshare *n* propriedade *f* conjunta usada em esquema de rodízio **timetable** **I.** *n* (*for bus, train*) horário *m*; (*for project, events*) programação *f* **II.** *vt* programar **time zone** *n* fuso *m* horário

timid ['tɪmɪd] *adj* <-er, -est> tímido, -a, acanhado, -a

timing ['taɪmɪŋ] *n no pl* timing *m*, sincronia *f*; **that was perfect ~** foi bem no momento certo

tin [tɪn] *n* **1.** *no pl* (*metal*) estanho *m*; (*tinplate*) folha *f* de flandres *f* **2.** (*container*) lata *f*; (*for baking*) fôrma *f*

tin can *n* lata *f*

tinder ['tɪndər, *Brit*: -ə^r] *n no pl* isca *f* (para fazer fogo)

tin foil *n* papel *m* de alumínio, papel *m* laminado

tinge [tɪndʒ] **I.** *n* **1.** (*of color*) tom *m* **2.** (*of emotion*) toque *m* **II.** *vt* **1.** (*dye*) tingir **2.** *fig* dar um toque de

tingle ['tɪŋgl] **I.** *vi* formigar, estremecer(-se); **to ~ with sth** estremecer de a. c. **II.** *n no pl* formigamento *m*, estremecimento *m*

tinker ['tɪŋkər, *Brit:* -əʳ] **I.** *n Brit* funileiro, -a *m, f* (ambulante) **II.** *vi* **to ~ with sth** fazer reparos em a. c.

tinkle ['tɪŋkl] **I.** *vi* tilintar **II.** *n* tinido *m*

tin-opener *n Brit, Aus* abridor *m* de latas

tinsel ['tɪnsl] *n no pl* lantejoula *f*

tint [tɪnt] *vt* tingir

tiny ['taɪni] *adj* <-ier, -iest> minúsculo, -a

tip[1] [tɪp] *n* ponta *f*; **from ~ to toe** da cabeça aos pés; **it's on the ~ of my tongue** está na ponta da língua

tip[2] [tɪp] <-pp-> *vt* **1.** (*incline*) inclinar; **to ~ the balance in favor of sb** fazer a balança pender a favor de alguém **2.** *Brit, Aus* (*empty out*) despejar **II.** *n Brit* depósito *m* de lixo

◆ **tip over I.** *vt* derrubar **II.** *vi* entornar

tip[3] **I.** *n* **1.** (*for service*) gorjeta *f* **2.** (*hint*) palpite *m*; **to take a ~ from sb** aceitar uma sugestão *f* de alguém **II.** <-pp-> *vt* dar gorjeta

◆ **tip off** *vt* dar o serviço a (alguém)

tip-off *n inf* dica *f*

tipsy ['tɪpsi] *adj* <-ier, -iest> embriagado, -a

tiptoe ['tɪptoʊ, *Brit:* -təʊ] *n* **on ~(s)** na ponta dos pés

tirade ['taɪreɪd, *Brit:* taɪ'reɪd] *n* discurso *m* de censura

tire[1] ['taɪər, *Brit:* 'taɪəʳ] *n Am* pneu *m*; **spare ~** estepe *m*

tire[2] **I.** *vt* cansar; **to ~ sb out** cansar alguém **II.** *vi* cansar(-se); **to be ~d out** estar exausto, -a

tired *adj* <-er, -est> (*person*) cansado, -a; **to be ~ of sth** estar cansado de a. c.; (*excuse*) batido, -a

tiredness ['taɪərdnɪs, *Brit:* -ədnɪs] *n no pl* cansaço *m*

tireless ['taɪərlɪs, *Brit:* -əlɪs] *adj* incansável

tiresome ['taɪərsəm, *Brit:* -əsəm] *adj* cansativo, -a; (*person*) maçante

tiring *adj* cansativo, -a

tissue ['tɪʃuː] *n* **1.** *no pl* (*paper*) papel *m* de seda **2.** (*handkerchief*) lenço *m* de papel **3.** *no pl* ANAT, BIO tecido *m*; **a ~ of lies** uma série *f* de mentiras

tit [tɪt] *n vulg* teta *f*

title ['taɪtl, *Brit:* -tl] **I.** *n* **1.** (*name*) título *m* **2.** *no pl* LAW direito *m* **II.** *vt* intitular

title role *n* papel *m* principal

titter ['tɪtər, *Brit:* -təʳ] **I.** *vi* rir dissimuladamente **II.** *n* riso *m* abafado

tittle-tattle ['tɪtl̩ˌtætl̩, *Brit:* -tltætl] *n no pl, inf* fofocagem *f*

TNT [ˌtiːenˈtiː] *n abbr of* **trinitrotoluene** TNT *m*

to [tuː] **I.** *prep* **1.** (*in direction of*) para; **~ the left** para a esquerda; **to go ~ Sao Paulo/New York** ir para São Paulo/Nova York; **to go ~ the movies** ir ao cinema **2.** (*until*) até; **a quarter ~ five** quinze para as cinco; **to count up ~ 10** contar até 10 **3.** *with indirect object* **this belongs ~ me** isso me pertence; **to be kind ~ sb** ser gentil com alguém; **to show sth ~ sb** mostrar a. c. a alguém; **to talk ~ sb** falar com alguém **4.** (*in comparison*) a; **superior ~ sth** superior a a. c. **5.** (*by*) por; **known ~ sb** conhecido de/por alguém **II.** *infin particle* **1.** (*infin: not translated*) **~ do/walk/put** fazer/andar/colocar; **she wants ~ go** ela quer ir **2.** (*wish, command*) **he wants me ~ tell him a story** ele quer que eu lhe conte uma história; **I told him ~ eat** eu disse para ele comer **3.** (*purpose*) **he comes ~ see me** ele vem me ver; **to phone ~ ask sth** ligar para perguntar a. c. **4.** (*in consecutive acts*) para; **I came back ~ find she had left Rio** quando voltei descobri que ela havia partido do Rio **5.** (*in ellipsis*) **he doesn't want ~ eat, but I want ~** ele não quer comer, mas eu quero

toad [toʊd, *Brit:* təʊd] *n* **1.** (*animal*) sapo *m* **2.** (*person*) pessoa *f* repugnante

toadstool ['toʊdstuːl, *Brit:* 'təʊd-] *n* cogumelo *m* venenoso

to and fro *adv* de um lado para o outro

toast [toʊst, *Brit:* təʊst] **I.** *n* **1.** *no pl* (*bread*) torrada *f*; **a piece of ~** uma torrada **2.** (*drink*) brinde *m inv*; **a ~ to sb/sth** um brinde a alguém/a. c. **II.** *vt* **1.** (*cook*) torrar **2.** (*drink*) brindar

toaster *n* torradeira *f*

tobacco [təˈbækoʊ, *Brit:* -kəʊ] *n no pl* fumo *m*, tabaco *m*

tobacconist [təˈbækənɪst] *n* vendedor(a) *m(f)* em tabacaria

toboggan [təˈbɑːgən, *Brit:* -ˈbɒg-] *n* tobogã *m*

today [təˈdeɪ] *adv* (*this day*) hoje; (*nowadays*) hoje em dia

toddler ['tɑːdlər, *Brit:* 'tɒdləʳ] *n* criança

f em idade de engatinhar

toe [tou, *Brit:* təʊ] *n* ANAT dedo do pé *m*; (*of shoe*) bico *f*; (*of sock*) ponta *f*; **to keep sb on their ~s** manter alguém alerta

toecap *n* biqueira *f* **toenail** *n* unha *f* do pé

toffee ['tɑ:fi, *Brit:* 'tɒfi] *n* caramelo *m*

together [tə'gedər, *Brit:* -əʳ] *adv* 1.(*jointly*) junto; **~ with sb** junto com alguém; **all ~** todos juntos; **to get ~** encontrar-se; **to get it ~** *inf* organizar-se; **to live ~** viver juntos 2.(*at the same time*) ao mesmo tempo

toggle ['tɑ:gl, *Brit:* 'tɒgl] *n* 1. INFOR dispositivo *m* de comutação 2. TECH alavanca *f* articulada

toil [tɔɪl] I. *n no pl* trabalho *m* árduo II. *vi* (*work hard*) trabalhar arduamente

toilet ['tɔɪlɪt] *n* 1.(*room*) banheiro *m*, toalete *f* 2.(*appliance*) vaso *m* sanitário

toilet bag *n* nécessaire *m* **toilet paper** *n* papel *m* higiênico

toilet roll *n Brit, Aus* rolo *m* de papel higiênico

token ['toʊkən, *Brit:* 'təʊ-] I. *n* 1.(*sign*) sinal *m*; (*of affection*) mostra *f*; **by the same ~** pela mesma razão 2.(*for machines*) ficha *f* 3. *Brit, Aus* (*coupon*) vale *m* II. *adj* (*symbolic*) simbólico, -a

told [toʊld, *Brit:* təʊld] *pt, pp of* **tell**

tolerable ['tɑ:lərəbl, *Brit:* 'tɒl-] *adj* tolerável

tolerance ['tɑ:lərəns, *Brit:* 'tɒl-] *n no pl* tolerância *f*

tolerant ['tɑ:lərənt, *Brit:* 'tɒl-] *adj* tolerante; **to be ~ of sb/sth** ser tolerante com alguém/a. c.

tolerate ['tɑ:ləreɪt, *Brit:* 'tɒl-] *vt* 1.(*accept*) tolerar 2.(*endure*) aguentar

toleration [ˌtɑ:lə'reɪʃn, *Brit:* ˌtɒl-] *n no pl* tolerância *f*

toll [toʊl, *Brit:* təʊl] *n* 1. AUTO pedágio *m* 2. *Am* TEL tarifa *f* 3. *no pl* (*damage: death*) número *m* de vítimas; **to take a ~ on sb** causar dano *m* a alguém

toll-free *adv Am* gratuito, -a

tom (*cat*) [tɑ:m, *Brit:* tɒm] *n* gato *m*

tomato [tə'meɪtoʊ, *Brit:* -'mɑ:təʊ] <-oes> *n* tomate *m*

tomb [tu:m] *n* tumba *f*, túmulo *m*

tombstone *n* lápide *f*

tome [toʊm, *Brit:* təʊm] *n* tomo *m*

tomorrow [tə'mɑ:roʊ, *Brit:* -'mɒrəʊ] *adv* amanhã; **~ morning** amanhã de manhã; **a week from ~** em uma semana; **the day after ~** depois de amanhã

ton [tʌn] *n* tonelada *f* (*Am: 907 quilos; Brit: 1016 quilos*); **~s of** *inf* toneladas de

tone [toʊn, *Brit:* təʊn] *n* 1.(*sound*) tonalidade *f*; (*of voice*) tom *m* 2.(*style*) tom *m* 3.(*of color*) matiz *m*, tonalidade *f*

◆ **tone down** *vt* moderar

◆ **tone up** *vt* fortalecer (os músculos)

toneless ['toʊnləs, *Brit:* 'təʊn-] *adj* monótono, -a

toner ['toʊnər, *Brit:* 'təʊnəʳ] *n* 1.(*for printer*) toner *m* 2.(*for skin*) tonificante *m*

tongs [tɑ:nz, *Brit:* tɒnz] *npl* pinça *f*

tongue [tʌn] *n* língua *f*; **a foreign ~** uma língua estrangeira; **to hold one's ~** ficar em silêncio; **to say sth ~ in cheek** dizer a. c. com ironia; **to stick one's ~ out (at sb)** mostrar a língua (para alguém)

tongue twister *n* trava-língua *m*

tonic ['tɑ:nɪk, *Brit:* 'tɒn-] *n* (*stimulant*) tônico *m*

tonic water *n* água *f* tônica

tonight [tə'naɪt] *adv* hoje à [*ou* esta] noite

tonnage ['tʌnɪdʒ] *n no pl* tonelagem *f*

tonne [tʌn] *n* tonelada *f* métrica

tonsil ['tɑ:nsl, *Brit:* 'tɒn-] *n* amígdala *f*

tonsillitis [ˌtɑ:nsɪ'laɪtɪs, *Brit:* ˌtɒnsɪ'laɪtɪs] *n no pl* amigdalite *f*

too [tu:] *adv* 1.(*overly*) demais, muito 2.(*also*) também 3.(*moreover*) além disso

took [tʊk] *vt, vi pt of* **take**

tool [tu:l] *n* ferramenta *f*, instrumento *m*

tool box *n* caixa *f* de ferramentas **tool kit** *n* kit *m* de ferramentas

toot [tu:t] *vi* buzinar

tooth [tu:θ] <teeth> *n* (*of person, animal*) dente *m*, presa *f*; (*molar*) molar *m*; (*of comb, of saw*) dente *m*; **to fight ~ and nail (to do sth)** lutar com unhas e dentes (para fazer a. c.)

toothache ['tu:θeɪk] *n* dor *f* de dente

toothbrush *n* escova *f* de dentes

toothpaste *n no pl* creme *m* dental

toothpick *n* palito *m* de dente

top¹ [tɑ:p, *Brit:* tɒp] *n* (*spinning top*) pião *m*

top² I. *n* 1.(*highest part: of head*) topo *m*; (*of mountain*) cume *m*; (*of tree*) copa *f*; **at the ~ of one's voice** aos gritos; **from ~ to bottom** de cima a baixo; **from ~ to toe** dos pés à cabeça; **to be at the ~** *fig* estar no topo; **to get on ~ of sth** *fig* controlar a. c.; **to go over the ~** *fig* exagerar **2.** (*on*) **on ~ of** (*pile of books*) no alto de; (*table*) em cima de **3.** (*clothing*) top *m* **4.** (*upper end*) ponta *f*; (*of bottle*) tampa *f*; (*of list, page*) alto *m*; (*of pen*) tampa *f* **5.** (*surface*) superfície *f*; (*of table*) tampo *m* **II.** *adj* **1.** (*highest, upper*) superior **2.** (*best*) de primeira categoria **3.** (*most successful*) bem-sucedido, -a **4.** (*most important*) principal **5.** (*maximum*) máximo, -a **III.** <-pp-> *vt* **1.** (*be at top of*) encabeçar **2.** (*be better than*) superar **3.** (*put at top*) **to ~ sth off with sth** encimar a. c. com a. c.

◆ **top up** *vt* **1.** (*fill up again*) encher **2.** (*add to*) completar

top hat *n* cartola *f* **top-heavy** *adj* instável

topic ['tɑːpɪk, *Brit:* 'tɒp-] *n* tópico *m*

topical ['tɑːpɪkl, *Brit:* 'tɒp-] *adj* tópico, -a

top-level *adj* do alto escalão

topography [təˈpɑːgrəfi, *Brit:* -ˈpɒg-] *n no pl* topografia *f*

topping *n* GASTR cobertura *f*

topple ['tɑːpl, *Brit:* 'tɒpl] **I.** *vt* derrubar **II.** *vi* tombar

topsy-turvy [ˌtɑːpsɪˈtɜːrvi, *Brit:* ˌtɒpsɪˈtɜːvi] *adj inf* de pernas para o ar

torch [tɔːrtʃ, *Brit:* tɔːtʃ] <-es> *n* **1.** (*burning stick*) tocha *f*; **to put sth to the ~** pôr fogo em a. c. **2.** *Am* (*blowlamp*) maçarico *m* **3.** *Aus, Brit* (*flashlight*) lanterna *f*

torchlight *n no pl* (*electric*) luz *f* de lanterna; (*burning*) luz *f* de tocha

tore [tɔːr, *Brit:* tɔː] *vi, vt pt of* **tear**

torment ['tɔːrment, *Brit:* 'tɔːm-] **I.** *n* tormento *m* **II.** *vt* atormentar

torn [tɔːrn, *Brit:* tɔːn] *vi, vt pp of* **tear**

tornado [tɔːrˈneɪdoʊ, *Brit:* tɔːˈneɪdəʊ] *n* <-(e)s> tornado *m*

torpedo [tɔːrˈpiːdoʊ, *Brit:* tɔːˈpiːdəʊ] <-es> *n* torpedo *m*

torrent ['tɔːrənt, *Brit:* 'tɒr-] *n* (*of complaints, water*) enxurrada *f*

torrential [tɔːˈrenʃl, *Brit:* təˈ-] *adj* torrencial

torso ['tɔːrsoʊ, *Brit:* 'tɔːsəʊ] *n* tronco *m*, torso *m*

tortoise ['tɔːrtəs, *Brit:* 'tɔːtəs] *n* tartaruga *f*

tortuous ['tɔːrtʃuəs, *Brit:* 'tɔːtjʊəs] *adj* tortuoso, -a; (*reasoning*) complicado, -a

torture ['tɔːrtʃər, *Brit:* 'tɔːtʃə] **I.** *n* tortura *f* **II.** *vt* torturar; **to ~ oneself with sth** torturar-se com a. c.

Tory ['tɔːri] <-ies> *n Brit:* membro do partido conservador britânico

toss [tɑːs, *Brit:* tɒs] **I.** *n* lançamento *m*; **I don't give a ~** *Brit, inf* não estou nem aí; **to argue the ~** *inf* discordar; **to win the ~** vencer no cara ou coroa **II.** *vt* (*throw*) jogar, atirar; **to ~ a coin** tirar cara ou coroa

◆ **toss up** *vi* **to ~ for sth** decidir a. c. no cara ou coroa

tot [tɑːt, *Brit:* tɒt] **I.** *n inf* (*child*) pequeno, -a *m, f* **II.** *vt* **to ~ sth up** fazer a conta

total ['toʊtl, *Brit:* 'təʊtl] **I.** *n* total *m* **II.** *adj* total **III.** *vt* <-ll-, *Am:* -l-> totalizar; **to ~ sth up** totalizar a. c.

totalitarian [toʊˌtælə'teriən, *Brit:* ˌtəʊtælɪ'teər-] *adj* totalitário, -a

totally *adv* totalmente

tote [toʊt, *Brit:* təʊt] *n abbr of* **tote bag** sacola *f* grande

totem ['toʊtəm, *Brit:* 'təʊtəm-] *n* totem *m*

totter ['tɑːtər, *Brit:* 'tɒtər] *vi* cambalear

toucan ['tuːkæn] *n* tucano *m*

touch [tʌtʃ] <-es> *n* **I.** *n* **1.** *no pl* (*sensation*) tato *m* **2.** (*act of touching*) toque *m* **3.** *no pl* (*communication*) contato *m*; **to be in ~ (with sb)** estar em contato (com alguém); **to lose ~ with sb** perder contato com alguém **4.** *no pl* (*skill*) **to lose one's ~** perder o jeito *m* **5.** *no pl* (*small amount*) pitada *f*; (*of irony*) toque *m* **6.** SPORTS **to go into ~** ir para fora (de campo) **II.** *vt* **1.** (*feel*) tocar **2.** (*brush against*) roçar **3.** (*move emotionally*) comover **III.** *vi* tocar-se

◆ **touch down** *vi* AVIAT aterrissar
◆ **touch up** *vt* PHOT retocar

touchdown *n* **1.** AVIAT aterrissagem *f* **2.** (*in football*) touchdown *m*; (*in rugby*) try *m*

touching *adj* comovente

touchstone ['tʌtʃstoʊn, *Brit:* -stəʊn] *n* pedra *f* de toque

touchy ['tʌtʃi] <-ier, -iest> *adj* (*issue*) delicado, -a; (*person*) suscetível, melindroso, -a; **to be ~ about sth** ser sensível a respeito de a. c.

tough [tʌf] *adj* **1.** (*fabric, substance*)

toughen resistente; (*meat, skin*) duro, -a **2.** (*person*) firme **3.** (*strict*) severo, -a; **to be ~ on sb** ser duro com alguém **4.** (*difficult*) difícil; **~ luck** *inf* azar *m*

toughen ['tʌfən] **I.** *vt* endurecer; **to ~ sb up** tornar alguém mais forte **II.** *vi* **to ~ up** tornar-se mais duro

toughness *n no pl* **1.** (*strength*) resistência *f*, firmeza *f* **2.** (*of meat*) dureza *f*

toupée [tuːˈpeɪ, *Brit:* ˈtuːpeɪ] *n* peruca *f* parcial

tour [tʊr, *Brit:* tʊə'] **I.** *n* **1.** (*journey*) viagem *f*; **guided ~** excursão *f* **2.** (*of factory*) visita *f* **3.** MUS turnê *f*; **to go on ~** fazer uma turnê **II.** *vt* **1.** (*travel around*) viajar **2.** (*visit*) visitar

tourism ['tʊrɪzəm, *Brit:* 'tʊər-] *n no pl* turismo *m*

tourist ['tʊrɪst, *Brit:* 'tʊər-] *n* turista *mf*

tourist agency *n* agência *f* de turismo **tourist guide** *n* guia *mf* turístico **tourist information office** *n* central *f* de informações turísticas

tournament ['tɜːrnəmənt, *Brit:* 'tɔːn-] *n* SPORTS torneio *m*

tour operator *n* agente *m* de turismo

tousle ['taʊzl] *vt* descabelar

tow [toʊ, *Brit:* təʊ] **I.** *n* guincho *m*, reboque *m*; **to give sb a ~** rebocar alguém; **to have sb in ~** *fig* andar com alguém a reboque **II.** *vt* guinchar, rebocar

toward(s) [twɔːrd(z), *Brit:* təˈwɔːd(z)] *prep* **1.** (*in direction of*) em direção a **2.** (*for*) para

towel ['taʊəl] *n* toalha *f*; **to throw in the ~** jogar a toalha

towel rack *n Am*, **towel rail** *n Aus, Brit* porta-toalhas *m*

tower ['taʊər, *Brit:* -ə'] **I.** *n* torre *f*; **a ~ of strength** um grande apoio, m **II.** *vi* **to ~ above** [*o* **over**] **sb** sobressair-se em relação a alguém

tower block *n Brit* edifício *m* elevado de apartamentos

towering *adj* muito elevado, -a

town [taʊn] *n* (*large*) cidade *f*, (*small*) vilarejo *m*; **to go out on the ~** sair para badalar; **to (really) go to ~ on sth** fazer a festa com a. c.

town centre *n Brit* centro *m* da cidade **town council** *n* câmara *f* municipal **town hall** *n* POL prefeitura *f* (prédio) **town planning** *n* urbanismo *m*

township ['taʊnʃɪp] *n* **1.** *Am, Can* município *m* **2.** *South Africa* distrito *m* municipal

townspeople ['taʊnzˌpiːpl] *npl* habitantes *mpl* da cidade

tow truck *n Am* guincho *m*

toxic ['tɑːksɪk, *Brit:* 'tɒk-] *adj* tóxico, -a

toxin ['tɑːksɪn, *Brit:* 'tɒk-] *n* toxina *f*

toy [tɔɪ] **I.** *n* brinquedo *m*; **cuddly ~** *Brit* bicho *m* de pelúcia **II.** *vi* **to ~ with sb/ sth** brincar com alguém/a. c.

toyshop *n* loja *f* de brinquedos

trace [treɪs] **I.** *n* **1.** (*sign*) pista *f*, rastro *m*; **to disappear without (a) ~** desaparecer sem deixar rastro **2.** (*slight amount*) vestígio *m* **II.** *vt* **1.** (*locate*) rastrear, localizar; **to ~ sth/sb back to sth/sb** localizar a. c./alguém em a. c./ alguém **2.** (*draw outline of*) traçar; (*with tracing paper*) decalcar

tracing paper *n* papel *m* vegetal

track [træk] **I.** *n* **1.** (*path*) trilha *f* **2.** (*rails*) trilho *m* **3.** *Am* (*in train station*) plataforma *f* **4.** (*mark*) pista *f*; (*of animal*) pegada *f*; (*of tyre*) marca *f*; **to be on the ~ of sb** estar na pista de alguém; **to cover one's ~s** despistar; **to lose/keep ~ (of sb)** perder/não perder (alguém) de vista; **to make ~s** *inf* cair fora **5.** (*path*) caminho *m*; **to be on ~ (to do sth)** *fig* estar a caminho (para fazer a. c.); **to be on the right ~** *fig* estar no caminho certo; **to be on the wrong ~** *fig* estar no caminho errado; **to change ~** *fig* mudar de rumo **6.** SPORTS pista *f* **7.** (*song*) faixa *f* **II.** *vt* **1.** (*pursue*) seguir a pista **2.** (*trace*) rastrear, localizar

◆ **track down** *vt* localizar

track-and-field *n* atletismo *m*

tracking station *n* AVIAT, TECH estação *f* de rastreamento

track record *n* histórico *m* **tracksuit** *n* abrigo *m* (de ginástica)

tract [trækt] *n* **1.** (*of land*) terreno *m* **2.** ANAT, MED trato *m*; **digestive ~** trato digestivo; **respiratory ~** trato respiratório **3.** (*pamphlet*) panfleto *m*

tractor ['træktər, *Brit:* -ət] *n* trator *m*

trade [treɪd] **I.** *n* **1.** *no pl* (*buying and selling*) comércio *m*, negócios *mpl* **2.** (*profession*) profissão *f*, ofício *m* **3.** (*swap*) troca *f* **II.** *vi* negociar; **to ~ in sth** dar a. c. como parte do pagamento **III.** *vt* (*exchange*) trocar; **to ~ sth for sth** trocar a. c. por a. c.

◆ **trade on** *vt* aproveitar-se de

trade agreement *n* acordo *m* comercial

trade association *n* associação *f* de classe **trade barrier** *n* barreira *f* comercial **trade directory** *n* catálogo *m* comercial **trade fair** *n* COM feira *f* de negócios **trade gap** *n* déficit *m* na balança comercial

trade-in *n* COM artigo *m* que entra como parte do pagamento na compra de outro **trademark** *n* marca *f* registrada **trade-off** *n* compromisso *m*

trader ['treɪdər, *Brit*: -ər] *n* negociante *mf*

trade route *n* rota *f* de comércio **trade secret** *n* segredo *m* comercial

tradesman *n* comerciante *m*

trade surplus *n* superávit *m* comercial **trade union** *n* sindicato *m* **trade war** *n* guerra *f* comercial

trading *n no pl* comércio *m*, negócios *mpl*

tradition [trə'dɪʃn] *n* tradição *f*; **by ~** por tradição

traditional [trə'dɪʃənəl] *adj* tradicional

traffic ['træfɪk] **I.** *n no pl* **1.** (*vehicles*) trânsito *m*, tráfego *m*; **air ~** tráfego aéreo **2.** (*movement*) tráfico *m*; **drug ~** tráfico de drogas **II.**<trafficked, trafficked> *vi pej* **to ~ in sth** traficar a. c.

traffic jam *n* congestionamento *m*

trafficker ['træfɪkər, *Brit*: -ər] *n* traficante *mf*

traffic light *n* semáforo *m*, sinal *m* **traffic warden** *n* *Brit* guarda *mf* de trânsito

tragedy ['trædʒədi] <-ies> *n* tragédia *f*

tragic ['trædʒɪk] *adj* trágico, -a

trail [treɪl] **I.** *n* **1.** (*path*) trilha *f* **2.** (*track*) rastro *m*; **a ~ of destruction** um rastro de destruição; **to be on the ~ of sb** estar no encalço *m* de alguém **II.** *vt* **1.** (*follow*) seguir o rastro de **2.** (*drag*) arrastar

◆ **trail behind** *vi* ficar para trás

◆ **trail off** *vi* desaparecer aos poucos

trailblazer ['treɪl,bleɪzər, *Brit*: -ər] *n* pioneiro, -a *f*

trailer ['treɪlər, *Brit*: -ər] *n* **1.** (*wheeled container*) reboque *m* **2.** *Am* (*mobile home*) trailer *m* **3.** CINE trailer *m*

trailer park *n* *Am* área *f* reservada para trailers

train [treɪn] **I.** *n* **1.** RAIL trem *m* **2.** (*series: of events*) série *f*; (*of thought*) linha *f* **II.** *vi* treinar; **to ~ as sth** formar-se a. c. **III.** *vt* treinar; (*animal*) adestrar

train driver *n* maquinista *mf*

trained *adj* formado, -a, treinado, -a; (*animal*) adestrado, -a

trainee [treɪ'ni:] *n* estagiário, -a *m, f*

trainer *n* **1.** (*person*) treinador(a) *m(f)*, adestrador(a) *m(f)* **2.** *Brit* (*shoe*) tênis *m inv*

training *n no pl* **1.** (*education*) formação *f* **2.** SPORTS treinamento *m*; **to be in ~ for sth** estar treinando para a. c.

training camp *n* SPORTS campo *m* de treinamento **training course** *n* curso *m* de treinamento

trait [treɪt] *n* traço *m*, característica *f*

traitor ['treɪtər, *Brit*: -tər] *n* traidor(a) *m(f)*

traitorous ['treɪtərəs, *Brit*: -tər-] *adj pej, form* traiçoeiro, -a

trajectory [trə'dʒɛktəri] *n* trajetória *f*

tram [træm] *n* *Brit, Aus* bonde *m*

tramp [træmp] **I.** *vi* caminhar pesadamente **II.** *n* (*down-and-out*) vagabundo, -a *m, f*

trample ['træmpl] **I.** *vt* pisotear; **to ~ sth down** passar por cima de a. c.; **to ~ sth underfoot** pisotear a. c. **II.** *vi* **to ~ on sth** pisar com força em a. c., espezinhar a. c. *fig*

trampoline ['træmpəli:n] *n* trampolim *m*

tramway ['træmweɪ] *n* linha *f* de bonde

trance [træns, *Brit*: trɑ:ns] *n* transe *m*

tranquil ['træŋkwɪl] *adj* tranquilo, -a

tranquility [træŋ'kwɪləti, *Brit*: -əti] *n* *Am no pl* tranquilidade *f*

tranquilize ['træŋkwɪlaɪz] *vt* *Am* MED sedar

tranquilizer ['træŋkwɪlaɪzər, *Brit*: -ər] *n* *Am* sedativo *m*

tranquillity *n* *Brit s.* tranquility

tranquillize *vt* *Brit s.* tranquilize

tranquillizer *n* *Brit s.* tranquilizer

transact [træn'zækt] *vt* transacionar

transaction [træn'zækʃn] *n* COM transação *f*

transatlantic [,trænzət'læntɪk] *adj* transatlântico, -a

transcend [træn'send] *vt* transcender

transcendent [træn'sendənt] *adj* transcendente

transcontinental [,trænskɑ:ntn'entl, *Brit*: -kɒntɪ'nen-] *adj* transcontinental

transcribe [træn'skraɪb] *vt* transcrever

transcript ['trænskrɪpt] *n* transcrição *f*

transcription [træn'skrɪpʃn] *n* transcrição *f*

transfer [træns'fɜːr, *Brit:* -'fɜːʳ] I. <-rr-> *vt* (*ownership, power*) transmitir; **to ~ sth to sb** transmitir a. c. a alguém; SPORTS transferir II. *n* 1. (*ownership, power*) transmitir, transmissão *f*; SPORTS transferência *f* 2. (*picture*) decalque *m*

transferable [træns'fɜːrəbl] *adj* transferível

transfix [træns'fɪks] *vt form* **to be ~ed by sth** ser transfixado por a. c.

transform [træns'fɔːrm, *Brit:* -'fɔːm] *vt* transformar

transformation [ˌtrænsfərˈmeɪʃn, *Brit:* -fəˈ-] *n* transformação *f*

transformer [trænsˈfɔːrmər, *Brit:* -ˈfɔːməʳ] *n* ELEC transformador *m*

transfusion [trænsˈfjuːʒn] *n* transfusão *f*

transgenic [trænzˈdʒɛnɪk] *adj inv* transgênico, -a

transient ['trænziənt] *adj form* transitório, -a

transistor [trænˈzɪstər, *Brit:* -əʳ] *n* ELEC transistor *m*

transit ['trænsɪt] *n no pl* trânsito *m*; **in ~** em trânsito

transition [trænˈzɪʃn] *n* transição *f*

transitional [trænˈzɪʃənl] *adj* (*period, government*) de transição

transitive ['trænsətɪv, *Brit:*-tɪv] *adj* LING transitivo, -a

transitory ['trænsɪtəːri, *Brit:* -sɪtəri] *adj* transitório, -a

translate [trænˈsleɪt, *Brit:* trænzˈleɪt] I. *vt* LING traduzir; **to ~ sth from English into Portuguese** traduzir a. c. do inglês para o português II. *vi* LING traduzir

translation [trænˈsleɪʃn, *Brit:* trænzˈleɪ-] *n* tradução *f*

translator [trænˈsleɪtər, *Brit:* trænzˈleɪtəʳ] *n* tradutor(a) *m(f)*

translucent [trænzˈluːsənt] *adj* translúcido, -a

transmission [trænzˈmɪʃn] *n* transmissão *f*; **data ~** INFOR transmissão de dados

transmit [trænzˈmɪt, *Brit:* trænzˈmɪt] <-tt-> *vt* transmitir

transmitter [trænzˈsmɪtər, *Brit:* trænzˈmɪtəʳ] *n* transmissor *m*

transparency [trænˈspɛrənsi, *Brit:* trænsˈpær-] *n* <-ies> transparência *f*

transparent [trænˈspɛrənt, *Brit:* trænsˈpær-] *adj* transparente

transpire [trænˈspaɪər, *Brit:* -əʳ] *vi* 1. (*happen*) ocorrer; **it ~d that ...** ocorreu que ... 2. (*emit vapor*) transpirar

transplant [trænˈsplænt, *Brit:* trænsˈplɑːnt] I. *vt* transplantar II. *n* transplante *m*

transplantation [ˌtrænsplænˈteɪʃn, *Brit:* -splɑːnˈ-] *n no pl* transplante *m*

transport [trænˈspɔːrt, *Brit:* -ˈspɔːt] I. *vt* transportar; *Brit* HIST expatriar, deportar II. *n no pl, Brit* transporte *m*; **~ costs** custos de transporte

transportation [ˌtrænspərˈteɪʃn, *Brit:* -spɔːˈ-] *n no pl* transporte *m*; *Brit* HIST expatriação *f*, deportação *f*

transport café <- -s> *n Brit* restaurante *m* de beira de estrada

transporter [trænˈspɔːrtər, *Brit:* -ˈspɔːtəʳ] *n* carreta *f*

transpose [trænzˈpoʊz, *Brit:* -ˈspəʊz] *vt* transpor

transsexual [trænsˈsɛkʃuəl, *Brit:* -ˈsɛksjuəl] *n* transexual *mf*

transverse ['trænzvɜːrs, *Brit:* -vɜːs] *adj* transverso, -a

transvestite [trænsˈvɛstaɪt] *n* travesti *mf*

trap [træp] I. *n* 1. (*device*) armadilha *f*; **to fall into a ~** cair numa armadilha; (*ambush*) emboscada *f*, cilada *f*; **to set a ~** armar uma cilada 2. *inf* **to keep one's ~ shut** ficar de bico calado II. *vt* <-pp-> capturar, apanhar; **to be ~ped** ficar preso, -a

trapdoor *n* alçapão *m*

trapeze [træpˈiːz, *Brit:* trəˈpiːz] *n* trapézio *m*

trapezium [trəˈpiːziəm] <-s *o* -zia> *pl n Brit, Aus,* **trapezoid** ['træpɪzɔɪd] *n Am* MAT trapézio *m*

trappings ['træpɪŋz] *npl* **the ~ of power** a pompa *f* do poder

trash [træʃ] I. *n no pl* 1. *Am* (*garbage*) lixo *m* 2. *inf* (*people*) gentalha *f*; (*book, film*) porcaria *f* 3. *inf* (*nonsense*) **to talk ~** dizer bobagens *fpl* II. *vt inf* 1. (*wreck*) destruir 2. (*criticize*) arrasar

trashcan *n Am* lata *f* de lixo

trashy ['træʃi] *adj inf* ordinário, -a

trauma ['trɑːmə, *Brit:* 'trɔː-] *n* trauma *m*

traumatic [trɑːˈmætɪk, *Brit:* trɔːˈmæt-] *adj* traumático, -a

traumatise *vt Aus, Brit,* **traumatize** ['trɔːmətaɪz] *vt* traumatizar

travel ['trævəl] I. <*Brit:* -ll-, *Am:* -l-> *vi* 1. (*make journey*) viajar; **to ~ by air/car** viajar de avião/carro; **to ~ light** viajar com pouca bagagem; **to ~ to**

travel agency | 391 | **trial**

work ir para o trabalho **2.** (*light, sound*) propagar-se **3.** (*be away*) ficar viajando **4.** *inf* (*go fast*) correr **II.** <*Brit:* -ll-, *Am:* -l-> *vt* viajar por **III.** *npl* viagens *fpl*

travel agency *n* agência *f* de viagens

travel agent *n* agente *mf* de viagens

traveler ['trævlər, *Brit:* -ər] *n Am* viajante *mf*

traveler's check *n Am* traveler's *m* check

travel expenses *n* despesas *fpl* de viagem **travel guide** *n* guia *f* de viagem

traveling *n no pl*, *Am* viagens *fpl*

travel insurance *n* seguro *m* de viagem

traveller *n Brit s.* **traveler**

traveller's cheque *n Brit* traveler's *m* check

travelling *n no pl*, *Brit s.* **traveling**

travel sickness *n no pl* enjoo *m*

traverse ['trævərs, *Brit:* -v3:s] *vt* percorrer

trawl [trɑ:l, *Brit:* trɔ:l] *vi* pescar com rede de arrasto; **to ~ through sth** *fig* rastrear

trawler ['trɑ:lər, *Brit:* 'trɔ:lər] *n* traineira *f*

tray [treɪ] *n* bandeja *f*

treacherous ['tretʃərəs] *adj* (*road, weather*) traiçoeiro, -a

treachery ['tretʃəri] *n no pl* traição *f*

treacle ['tri:kl] *n no pl*, *Brit* melaço *m*

tread [tred] **I.** <*trod Am:* treaded, trodden *Am:* trod> *vi* pisar; **to ~ on/in sth** pisar em a. c. **II.** *n* **1.** (*step*) passo *m* **2.** (*on tire*) banda *f* de rodagem

treadmill *n* esteira *f*; *fig* rotina *f*

treason ['tri:zn] *n no pl* traição *f*

treasure ['treʒər, *Brit:* -ər] **I.** *n* (*a. fig*) tesouro *m* **II.** *vt* prezar, guardar como tesouro

treasure hunt *n* caça *f* ao tesouro

treasurer ['treʒərər, *Brit:* -ər] *n* tesoureiro, -a *m*, *f*

treasury ['treʒəri] <-ies> *n* tesouro *m*; **the Treasury** o Tesouro *m*

Treasury Secretary *n Am* ministro, -a *m*, *f* da Fazenda

treat [tri:t] **I.** *vt* **1.** (*deal with, handle, discuss*) *a.* MED tratar; **to ~ sb badly** tratar alguém mal **2.** (*pay for*) pagar; (*do sth special for*) convidar; **to ~ sb to sth** convidar alguém para a. c., pagar a. c. para alguém; **to ~ oneself to sth** dar-se ao luxo de a. c. **II.** *vi* **1.** (*pay*) pagar; **put your money away – I'll ~** guarde seu dinheiro – eu pago **2.** (*negotiate*) **to ~ with sb** negociar com alguém **III.** *n* **1.** (*present*) presente *m*; **it's my ~** é por minha conta *f* **2.** (*pleasure*) prazer *m*; **it was a real ~** foi um verdadeiro prazer

treatise ['tri:tɪs, *Brit:* -tɪz] *n* tratado *m*

treatment ['tri:tmənt] *n* **1.** *no pl* tratamento *m*; **special ~** tratamento especial; **to give sb the ~** *inf* fazer alguém penar **2.** MED tratamento *m*

treaty ['tri:ti, *Brit:* -ti] <-ies> *n* tratado *m*; **peace ~** tratado de paz

treble ['trebl] **I.** *n* MUS soprano *mf* **II.** *vt Brit* triplicar **III.** *vi Brit* triplicar(-se)

treble clef *n* clave *f* de sol

tree [tri:] *n* árvore *f*

tree house *n* casa *f* na árvore

tree-lined *adj* ladeado por árvores, -a

treetop *n* **in the ~s** nas copas (das árvores) **tree trunk** *n* tronco *m* de árvore

trek [trek] **I.** <-kk-> *vi* fazer caminhada, caminhar **II.** *n* caminhada *f*, jornada *f*

trellis ['trelɪs] <-es> *n* treliça *f*; (*for plants*) grade *f*

tremble ['trembl] **I.** *vi* tremer; **to ~ like a leaf** tremer feito uma vara verde; **to ~ with cold** tremer de frio **II.** *n* tremor *m*; **to be all of a ~** *Brit, inf* tremer da cabeça aos pés

tremendous [trɪ'mendəs] *adj* **1.** (*enormous*) tremendo, -a; (*crowd, scope*) enorme **2.** *inf* (*extremely good*) extraordinário, -a

tremor ['tremər, *Brit:* -ər] *n* (*earthquake, shake*) tremor *m*; (*of excitement*) frêmito *m*; (*of fear*) tremedeira *f*

trench [trentʃ] <-es> *n* trincheira *f*

trench coat *n* capa *f* de chuva

trend [trend] *n* **1.** (*tendency*) tendência *f*; **downward/upward ~** tendência de baixa/alta **2.** (*fashion*) moda *f*; **to set a new ~** lançar moda

trendy ['trendi] <-ier, -iest> *adj* (*clothes, bar*) da moda; (*person*) descolado, -a

trepidation [ˌtrepɪ'deɪʃn] *n no pl* ansiedade *f*

trespass ['trespəs] *vi* LAW entrar sem permissão; **to ~ on sth** abusar de a. c.

trespasser ['trespæsər, *Brit:* -pəsər] *n* intruso, -a *m*, *f*

trestle table ['tresl-] *n* mesa *f* de cavaletes

trial ['traɪəl] *n* **1.** LAW julgamento *m*, juízo

trial period *n* período *m* de experiência

triangle ['traɪæŋgl] *n* triângulo *m*

triangular [traɪ'æŋgjʊlər, *Brit:* -ər] *adj* triangular

tribal ['traɪbl] *adj* tribal

tribe [traɪb] *n* tribo *f*

tribulation [,trɪbjə'leɪʃn, *Brit:* -jʊ'-] *n form* tribulação *f*

tribunal [traɪ'bju:nl] *n* tribunal *m*

tributary ['trɪbjʊteri, *Brit:* -təri] <-ies> *n* GEO tributário *m*

tribute ['trɪbju:t] *n* tributo *m*; **to be a ~ to sb** ser um tributo para alguém; **to pay ~ to sb** prestar uma homenagem *f* a alguém

trick [trɪk] **I.** *n* **1.** (*ruse*) artimanha *f*; **to play a ~ on sb** pregar uma peça *f* em alguém **2.** GAMES (*in cards*) truque *m* **II.** *adj* (*question*) capcioso, -a **III.** *vt* enganar; **to ~ sb into doing sth** levar alguém a fazer a. c.

trickery ['trɪkəri] *n no pl* trapaça *f*

trickle ['trɪkl] **I.** *vi* escorrer; (*in drops*) pingar, gotejar; **to ~ out** (*information*) espalhar-se aos poucos; (*people*) sair aos poucos **II.** *n* (*of liquid*) filete *m*; (*of people, information*) pingo *m*

tricky ['trɪki] <-ier, -iest> *adj* **1.** (*crafty*) astucioso, -a **2.** (*difficult*) difícil; (*situation*) complicado, -a

tricycle ['traɪsɪkl] *n* triciclo *m*

tried [traɪd] **I.** *vi, vt pt, pp of* **try II.** *adj* **~ and tested** testado e aprovado, testada e aprovada

trifle ['traɪfl] **I.** *n* **1.** (*sth insignificant*) insignificância *f*, ninharia *f* **2.** (*small amount*) **a ~** um pouco *m* **3.** *Brit* (*dessert*) pão-de-ló com creme, frutas e amêndoas *m* **II.** *vi* **to ~ with sb** não levar alguém a sério

trifling *adj* insignificante

trigger ['trɪgər, *Brit:* -ər] **I.** *n* **1.** (*of gun*) gatilho *m*; **to pull the ~** puxar o gatilho **2.** *fig* estopim *m* **II.** *vt* (*reaction*) desencadear; (*revolt*) deflagrar

trigonometry [,trɪgə'nɑ:mətri, *Brit:* -'nɒm-] *n no pl* trigonometria *f*

trillion ['trɪljən] *n* trilhão *m*

trilogy ['trɪlədʒi] <-ies> *n* trilogia *f*

trim [trɪm] **I.** *n* **1.** (*state*) **to be in ~ (for sth)** estar em boa forma *f* (para a. c.) **2.** (*hair*) dar uma aparada *f* no cabelo/barba de alguém **3.** *no pl* (*decorative edge*) friso *m* **II.** <-mm-> *adj* (*neat*) bem-arrumado, -a; (*lawn*) bem cuidado, -a **III.** <-mm-> *vt* **1.** (*cut: beard*) aparar; (*hedge*) podar **2.** (*reduce*) **to ~ sth off of sth** cortar a. c. de a. c.

◆ **trim down** *vt* reduzir

Trinidad ['trɪnɪdæd] *n* Trinidad *f*; **~ and Tobago** Trinidad e Tobago

Trinity ['trɪnəti, *Brit:* -ti] *n no pl* Trindade *f*; **the (holy) ~** a (Santíssima) Trindade

trinket ['trɪŋkɪt] *n* bugiganga *f*

trio ['tri:oʊ, *Brit:* -əʊ] *n a.* MUS trio *m*

trip [trɪp] **I.** *n* **1.** (*journey*) viagem *f*; **business ~** viagem de negócios; (*shorter*) excursão *f*; **to go on a ~ (to sth)** viajar (para a. c.) **2.** *inf* (*from drugs*) viagem *f* **3.** (*fall*) tropeço *m* **II.** <-pp-> *vi* (*stumble*) tropeçar; **to ~ on sth** tropeçar em a. c. **III.** <-pp-> *vt* **to ~ sb (up)** fazer alguém tropeçar, fazer alguém incorrer em erro

◆ **trip over** *vi* tropeçar; **to ~ one's words** tropeçar nas palavras

◆ **trip up** *vi* **1.** equivocar-se **2.** tropeçar

tripe [traɪp] *n no pl* **1.** GASTR tripa *f* **2.** *pej, inf* **to talk ~** dizer bobagem *f*

triple ['trɪpl] **I.** *vt* triplicar **II.** *vi* triplicar

triple jump *n* salto *m* triplo

triplet ['trɪplɪt] *n* (*babies*) trigêmeo, -a *m, f*

triplicate ['trɪplɪkɪt, *Brit:* -kət] *adj* triplicado, -a; **in ~** em três vias *fpl*

tripod ['traɪpɑ:d, *Brit:* -pɒd] *n* tripé *m*

trite [traɪt] *adj* batido, -a, banal

triumph ['traɪʌmf] **I.** *n* triunfo *m*; **a ~ of engineering** um triunfo da engenharia **II.** *vi* triunfar; **to ~ over sb** triunfar sobre alguém

triumphant [traɪ'ʌmfnt] *adj* triunfante; **to emerge ~ from sth** sair triunfante de a. c.

trivia ['trɪviə] *npl* trivialidades *fpl*

trivial ['trɪviəl] *adj* (*unimportant*) insignificante; (*dispute, matter*) irrelevante, trivial

trivialize ['trɪviəlaɪz] *vt* banalizar

trod [trɑ:d, *Brit:* trɒd] *pt, pp of* **tread**

trodden ['trɑ:dn, *Brit:* 'trɒdn] *pp of* **tread**

trolley ['trɑːli, *Brit:* 'trɒli] *n* **1.** *Am* (*trolleycar*) bonde *m* **2.** *Brit, Aus* (*small cart*) carrinho *m;* **drinks** ~ carrinho *m* de bebidas; **luggage** ~ carrinho *m* de bagagem; **shopping** ~ carrinho *m* de compras; **to be off one's** ~ perder o juízo *m*

trombone [trɑːmˈboʊn, *Brit:* trɒmˈbəʊn] *n* trombone *m*

troop [truːp] **I.** *n* **1.** *pl* MIL tropas *fpl* **2.** (*of people*) bando *m* **II.** *vi* **to** ~ **in/out** entrar/sair em bando

troop carrier *n* avião *m* de transporte de tropas

trooper ['truːpər, *Brit:* -əʳ] *n* **1.** MIL soldado *m* de cavalaria; **to swear like a** ~ soltar muitos palavrões **2.** *Am* (*state police officer*) policial *m* estadual

trophy ['troʊfi, *Brit:* 'trəʊ-] *n* <-ies> troféu *m*

tropic ['trɑːpɪk, *Brit:* 'trɒp-] *n* trópico *m;* **the** ~**s** os trópicos

tropical ['trɑːpɪkl, *Brit:* 'trɒp-] *adj* tropical

trot [trɑːt, *Brit:* trɒt] **I.** *n* trote *m;* **on the** ~ a trote **II.** *vi* trotar

trouble ['trʌbl] **I.** *n* **1.** (*difficulty*) problema *m*, dificuldade *f;* **engine** ~ defeito *m* de motor; **stomach** ~ desarranjo *m* estomacal; **to ask for** ~ arranjar encrenca *f;* **to be in** ~ **with sb** ter problemas com alguém; **to get into** ~ (**with sb**) meter-se em confusão *f* (com alguém); **to have** ~ (**with sth**) ter dificuldade (com a. c.); **to land sb in** ~ meter alguém em uma enrascada *f;* **to stay out of** ~ ficar longe de confusão; **what's the** ~**?** qual é o problema? **2.** *no pl* (*inconvenience*) incômodo *m*, transtorno *m;* **to be not worth the** ~ não valer a pena *f;* **to go to the** ~ (**of doing sth**) dar-se ao trabalho *m* (de fazer a. c.); **to put sb to the** ~ **of doing sth** incomodar alguém para que faça a. c. **II.** *vt* **1.** *form* (*inconvenience*) incomodar; **to** ~ **sb for sth** incomodar alguém por a. c. **2.** (*worry*) preocupar, aborrecer **III.** *vi* **to** ~ **to do sth** preocupar-se em fazer a. c.

troubled *adj* **1.** (*history, period*) conturbado, -a **2.** (*worried*) preocupado, -a

troublemaker *n* desordeiro, -a *m, f*, encrenqueiro, -a *m, f gír*

troubleshooting *n* detecção *f* de problemas

troublesome ['trʌblsəm] *adj* penoso, -a, preocupante

trough [trɑːf, *Brit:* trɒf] *n* **1.** (*receptacle*) gamela *f;* **feeding** ~ comedouro *m* **2.** (*low point*) depressão *f*, baixa *f* **3.** METEO zona *f* de baixa pressão

troupe [truːp] *n* THEAT trupe *f*

trouser leg *n* perna *f* de calça

trousers ['traʊzərz, *Brit:* -zəz] *npl* calças *fpl;* **a pair of** ~ um par de calças; **to wear the** ~ *fig* usar calças

trout [traʊt] *n* <-(s)> truta *f*

trowel ['traʊəl] *n* (*for building*) colher *f* de pedreiro; (*for gardening*) pá *f* de jardinagem

truancy ['truːənsi] *n no pl* cábula *f*

truant ['truːənt] *n* cábula *m*, aquele que mata aula; **to play** ~ *Brit, Aus* matar aula

truce [truːs] *n* trégua *f*

truck [trʌk] **I.** *n* **1.** (*for transportation*) caminhão *m;* **pickup** ~ picape *f* **2.** *Brit* (*train*) vagão *m* de carga **II.** *vt Am* transportar

trucker ['trʌkər, *Brit:* -əʳ] *n* caminhoneiro, -a *m, f*

trudge [trʌdʒ] *vi* andar com dificuldade, arrastar-se

true [truː] *adj* **1.** (*not false*) verdadeiro, -a, verídico, -a; **to ring** ~ parecer convincente **2.** (*genuine, real*) autêntico, -a; ~ **love** amor verdadeiro; **to come** ~ realizar-se; **too good to be** ~ bom demais para ser verdade **3.** (*loyal*) fiel; **to be** ~ **to oneself** ser fiel a si mesmo; **to be** ~ **to one's word** manter a palavra; **to remain** ~ **to sth** manter-se fiel a a. c. **4.** (*accurate*) exato, -a

truffle ['trʌfl] *n* trufa *f*

truly ['truːli] *adv* **1.** (*sincerely*) sinceramente; **yours** ~ atenciosamente **2.** (*as intensifier*) realmente

trump [trʌmp] *n* trunfo *m;* **to turn up** ~**s** *Brit* ter um sucesso inesperado

trumpet ['trʌmpət, *Brit:* -pɪt] *n* trompete *m;* **to blow one's own** ~ *inf* jogar confete sobre si mesmo

trumpeter ['trʌmpətər, *Brit:* -pɪtəʳ] *n* trompetista *mf*

truncate [trʌŋˈkeɪt] *vt* truncar

truncheon ['trʌntʃən] *n* cassetete *m*

trundle ['trʌndl] *vi* rolar, rodar

trunk [trʌŋk] *n* **1.** ANAT, BOT tronco *m;* (*of elephant*) tromba *f* **2.** (*for storage*) baú *m* **3.** *Am* (*of car*) porta-malas *m* **4. a pair of swimming** ~**s** uma sunga *f*

truss up [trʌs-] *vt* amarrar

trust [trʌst] I. *n* 1. *no pl* (*belief*) confiança *f*; **a position of** ~ um cargo de confiança; **to place one's** ~ **in sb** depositar a confiança em alguém; **to take sth on** ~ aceitar a. c. em confiança/no escuro 2. *no pl* (*responsibility*) responsabilidade *f* 3. FIN, COM truste *m* II. *vt* 1. (*place trust in*) confiar em; **to** ~ **sb to do sth** confiar em alguém para fazer a. c.; **to** ~ **that ...** confiar que ... +*subj* 2. (*entrust*) confiar; **to** ~ **sb with sth** confiar a. c. a alguém III. *vi* **to** ~ **in sb** confiar em alguém

trusted *adj* (*friend*) de confiança; (*method*) comprovado, -a

trustee [trʌs'ti:] *n* fideicomissário, -a *m, f*

trusting *adj* confiante

trustworthy ['trʌst‚wɜ:rði, *Brit*: -‚wɜ:ði] *adj* (*data*) confiável; (*person*) digno , -a de confiança

trusty ['trʌsti] <-ier, -iest> *adj* confiável

truth [tru:θ] *n* verdade *f*; **a grain of** ~ um pingo de verdade; **in** ~ na realidade; **to tell the** ~, ... a bem da verdade, ...

truthful ['tru:θfəl] *adj* honesto, -a; (*sincere*) sincero, -a

try [traɪ] I. *n* 1. (*attempt*) tentativa *f*; **to give sth a** ~ tentar a. c. 2. (*in rugby*) try *m* II. <-ie-> *vi* tentar, esforçar-se; **to** ~ **and do sth** *inf* tentar fazer a. c. III. <-ie-> *vt* 1. (*attempt*) tentar; **to** ~ **one's best** esforçar-se ao máximo; **to** ~ **one's luck** tentar a sorte 2. (*test*) experimentar 3. (*annoy*) cansar; **to** ~ **sb's patience** torrar a paciência de alguém 4. LAW julgar

◆ **try on** *vt*, **try out** *vt* experimentar, provar

trying *adj* (*exasperating*) exasperante; (*difficult*) penoso, -a

tsar [zɑ:r, *Brit*: zɑ:ʳ] *n* czar *m*

T-shirt *n* camiseta *f*

TTFN [] *Am, inf* (*in emails*) *abbr of* **ta-ta for now** bjs

tub [tʌb] *n* 1. (*container*) tina *f*; (*of icecream*) pote *m* 2. (*bathtub*) banheira *f*

tuba ['tu:bə, *Brit*: 'tju:-] *n* tuba *f*

tubby ['tʌbi] <-ier, -iest> *adj inf* rechonchudo, -a

tube [tu:b, *Brit*: tju:b] *n* 1. (*cylinder*) tubo *m*, cano *m*; **to go down the** ~**s** *fig* ir pelo cano 2. *Am, inf* TV tevê *f* 3. *no pl, Brit* RAIL metrô *m*

tuber ['tu:bər, *Brit*: 'tju:bəʳ] *n* tubérculo *m*

tuberculosis [tu:‚bɜ:rkjə'loʊsɪs, *Brit*: tju:‚bɜ:kjʊ'ləʊ-] *n no pl* tuberculose *f*

tuck [tʌk] *vt* **to** ~ **sth in** enfiar a. c. para dentro; **to** ~ **sb into bed** cobrir alguém na cama (com as cobertas); ~ **your shirt in** – it looks sloppy like that enfie sua camisa para dentro – assim fica desleixado

Tuesday ['tu:zdeɪ, *Brit*: 'tju:z-] *n* terça-feira *f*, terça *f*; *s.a.* **Friday**

tuft [tʌft] *n* (*of hair, grass*) tufo *m*

tug [tʌg] I. *n* 1. (*pull*) puxão *m* 2. NAUT rebocador *m* II. <-gg-> *vt* puxar; NAUT rebocar

tuition [tu:'ɪʃn, *Brit*: tju:'-] *n no pl* ensino *m*

tuition fees *n* UNIV anuidade *f* [*ou* mensalidade *f*] da universidade

tulip ['tu:lɪp, *Brit*: 'tju:-] *n* tulipa *f*

tumble ['tʌmbl] I. *n* tombo *m*; **to take a** ~ levar um tombo, vir abaixo II. *vi* cair, rolar; (*prices*) despencar

tumble drier *n*, **tumble dryer** *n* secadora *f* (de roupas)

tumbler ['tʌmblər, *Brit*: -əʳ] *n* copo *m*

tummy ['tʌmi] <-ies> *n childspeak* barriga *f*

tumor *n Am*, **tumour** ['tu:mər, *Brit*: 'tju:məʳ] *n Brit, Aus* tumor *m*

tumult ['tu:mʌlt, *Brit*: 'tju:-] *n no pl* (*uproar*) tumulto *m*; (*emotional*) agitação *f*

tumultuous [tu:'mʌltʃu:əs, *Brit*: tju:'mʌltʃəs] *adj* (*noisy*) tumultuado, -a; (*disorderly*) desordenado, -a

tuna ['tu:nə, *Brit*: 'tju:-] *n*, **tunafish** *m* atum *m*

tundra ['tʌndrə] *n no pl* tundra *f*

tune [tu:n, *Brit*: tju:n] I. *n* 1. MUS canção *f* 2. *no pl* (*pitch*) **to be in** ~ estar afinado, -a; **to be in** ~ **with sth** *fig* estar em sintonia *f* com a. c.; **to be out of** ~ estar desafinado, -a; **to be out of** ~ **with sth** *fig* estar fora de sintonia com a. c. 3. **to change one's** ~ mudar de tom II. *vt* 1. MUS afinar 2. AUTO regular

◆ **tune in** *vi* **to** ~ **to a station** sintonizar com uma emissora

tuneful ['tu:nfəl, *Brit*: 'tju:-] *adj* melodioso, -a

tuneless ['tu:nləs, *Brit*: 'tju:-] *adj* dissonante

tunic ['tu:nɪk, *Brit*: 'tju:-] *n* túnica *f*

Tunisia [tu:'ni:ʒə, *Brit*: tju:'nɪziə] *n*

Tunísia *f*

tunnel ['tʌnl] I. *n* túnel *m* II.<*Brit*: -l-, *Am*: -ll-> *vi* cavar um túnel

turban ['tɜ:rbən, *Brit*: 'tɜ:b-] *n* turbante *m*

turbine ['tɜ:rbɪn, *Brit*: 'tɜ:baɪn] *n* turbina *f*

turbot ['tɜ:rbət, *Brit*: 'tɜ:b-] *n* <-(s)> linguado *m*

turbulence ['tɜ:rbjʊləns, *Brit*: 'tɜ:b-] *n no pl* turbulência *f*

turbulent ['tɜ:rbjʊlənt, *Brit*: 'tɜ:b-] *adj* turbulento, -a

turd [tɜ:rd, *Brit*: tɜ:d] *n vulg* 1. (*excrement*) merda *f* 2. (*person*) merda *m*

turf [tɜ:rf, *Brit*: tɜ:f] <-s *o* -ves> *n* 1. *no pl* BOT gramado *m*; **a (piece of)** ~ um torrão *m* 2. (*territory*) território *m*

Turk [tɜ:rk, *Brit*: tɜ:k] *n* turco, -a *m, f*

turkey ['tɜ:rki, *Brit*: 'tɜ:ki] *n* 1. ZOOL peru *m*; **to talk** ~ *Am, inf* falar abertamente 2. *Am, Aus, inf* (*stupid person*) palerma *mf*

Turkey ['tɜ:rki, *Brit*: 'tɜ:ki] *n* Turquia *f*

Turkish ['tɜ:rkɪʃ, *Brit*: 'tɜ:k-] I. *adj* turco, -a II. *n* turco, -a *m, f*

turmoil ['tɜ:rmɔɪl, *Brit*: 'tɜ:m-] *n no pl* confusão *f*, caos *m*; **to be in a** ~ estar um caos; **to be thrown into** ~ ser atirado no caos

turn [tɜ:rn, *Brit*: tɜ:n] I. *vi* 1. (*rotate*) girar, dar voltas; **to** ~ **on sth** dar voltas em a. c. 2. (*switch direction: car*) dar meia-volta; (*tide*) virar; **to** ~ **around** virar-se; **to** ~ **right/left** virar à direita/esquerda 3. (*change*) ficar, tornar-se; (*for worse*) transformar-se; (*leaves*) mudar de cor; (*milk*) azedar II. *vt* 1. (*rotate: key*) girar 2. (*switch direction*) virar; **to** ~ **a page** virar uma página; **to** ~ **one's head** girar a cabeça 3. *fig* **I** ~**ed my stomach** me virou o estômago; **to** ~ **one's back on sb** virar as costas para alguém; **to** ~ **sth upside down** virar a. c. de pernas para o ar; **to** ~ **30** fazer 30 anos III. *n* 1. (*change in direction*) virada *f*; **the** ~ **of the century** a virada do século; **to make a** ~ **to the right** virar à direita; **to take a** ~ **for the worse/better** piorar/melhorar 2. (*curve*) curva *f*; **a** ~ **in the road** uma curva na estrada 3. (*period of duty*) **afternoon** ~ turno *m* da tarde; **it's your** ~ é a sua vez *f*; **to speak out of** ~ falar fora de ordem *f* 4. (*rotation*) rotação *f* 5. (*service*) **a good** ~ um favor *m*; **one good** ~ **deserves another** *prov* amor com amor se paga 6. (*shock*) **to give sb a** ~ dar um susto *m* em alguém 7. THEAT número *m*

◆**turn around** I. *vi* virar-se II. *vt* 1. (*move*) virar 2. (*change*) transformar

◆**turn away** I. *vi* afastar-se; **to** ~ **away from sb/sth** afastar-se de alguém/a. c. II. *vt* (*refuse entry*) barrar

◆**turn back** I. *vi* voltar II. *vt* (*send back*) fazer voltar

◆**turn down** *vt* 1. (*reject*) recusar 2. (*reduce volume*) abaixar

◆**turn in** *vt* (*hand over*) entregar

◆**turn into** *vt* transformar em

◆**turn off** *vt* 1. (*electricity*) cortar; (*gas*) fechar; (*light*) apagar; (*motor*) desligar 2. *inf* (*be unappealing*) fazer perder o interesse

◆**turn on** *vt* 1. (*electricity*) ligar; (*gas*) abrir; (*light*) acender 2. (*excite*) excitar

◆**turn out** I. *vi* revelar-se, provar; **it turned out to be true** acabou sendo verdade II. *vt* (*light*) apagar

◆**turn over** *vt* (*change the side*) virar (para o outro lado)

◆**turn to** *vt* **to** ~ **sb (for sth)** recorrer a alguém (para a. c.)

◆**turn up** I. *vi* (*arrive: opportunity*) aparecer; (*person*) chegar II. *vt* 1. (*volume*) aumentar 2. (*find*) descobrir, encontrar

turnaround ['tɜ:rnəraʊnd, *Brit*: 'tɜ:nə,raʊnd] *n* (*improvement*) reviravolta *f*

turning *n* (*in road*) curva *f* (de estrada)

turning point *n* momento *m* decisivo

turnip ['tɜ:rnɪp, *Brit*: 'tɜ:n-] *n* nabo *m*

turn-off *n* AUTO saída *f*; **to be a real** ~ *inf* ser muito brochante

turnout *n* presença *f*, comparecimento *m*; POL comparecimento *m* às urnas

turnover *n* 1. COM, FIN volume *m* de negócios; (*sales*) faturamento *m* 2. (*in staff*) rotatividade *f* de pessoal 3. GASTR pastel *m*

turnpike ['tɜ:rnpaɪk, *Brit*: 'tɜ:n-] *n Am* AUTO estrada *f* com pedágio

turnstile ['tɜ:rnstaɪl, *Brit*: 'tɜ:n-] *n* catraca *f*

turntable ['tɜ:rn,teɪbl, *Brit*: 'tɜ:n,-] *n* 1. MUS prato *m* (de toca-discos) 2. RAIL plataforma *f* giratória

turn-up *n Brit* acontecimento *m* inesperado; **to be a** ~ **for the book(s)** ser um acontecimento para entrar para a his-

turpentine ['tɜ:rpəntaɪn, Brit: 'tɜ:p-] n no pl aguarrás f

turquoise ['tɜ:rkɔɪz, Brit: 'tɜ:kw-] n turquesa f

turret ['tɜ:rɪt, Brit: 'tʌr-] n (tower) torreão m; (of tank, ship) torre f (de tiro)

turtle ['tɜ:rtl, Brit: 'tɜ:tl] <-(s)> n tartaruga f

turtleneck n Am gola f rolê

turves [tɜ:rvz, Brit: tɜ:vz] n pl of **turf**

tusk [tʌsk] n presa f (de animal)

tussle ['tʌsl] I. vi brigar II. n briga f

tut [tʌt] interj ~! xi!

tutor ['tu:tər, Brit: 'tju:tər] n professor(a) m(f) particular, preceptor(a) m(f)

tutorial [tu:'tɔ:riəl, Brit: tju:'-] n aula f (particular ou para um grupo pequeno)

tuxedo [tʌk'si:doʊ, Brit: -dəʊ] n Am smoking m

TV [ˌti:'vi:] n abbr of **television** TV f

tweak [twi:k] I. vt beliscar II. n beliscão m

tweed [twi:d] n no pl tweed m

tweezers ['twi:zərz, Brit: -zəz] npl (**a pair of**) ~ pinça f

twelfth [twelfθ] adj décimo segundo, décima segunda; s.a. **eighth**

twelve [twelv] adj doze inv; s.a. **eight**

twentieth ['twentiəθ] adj vigésimo, -a; s.a. **eighth**

twenty ['twenti] adj vinte inv; s.a. **eighty**

twerp [twɜ:rp, Brit: twɜ:p] n inf babaca mf

twice [twaɪs] adv duas vezes

twiddle ['twɪdl] vt brincar com; **to ~ one's thumbs** ficar à toa

twig [twɪg] n ramo m

twilight ['twaɪlaɪt] n crepúsculo m

twin [twɪn] I. n gêmeo, -a m, f; **identical ~s** gêmeos idênticos II. adj gêmeo, -a

twine [twaɪn] n no pl barbante m

twinge [twɪndʒ] n pontada f; **a ~ of conscience** uma pontada na consciência

twinkle ['twɪŋkl] vi (diamond, eyes) brilhar; (star) cintilar

twinkling ['twɪŋklɪŋ] I. adj (diamond, eyes) brilhante; (star) cintilante II. n **in the ~ of an eye** num piscar m de olhos

twirl [twɜ:rl, Brit: twɜ:l] I. vi rodopiar II. vt girar

twist [twɪst] I. vt 1. (turn) torcer; **to ~ sb around one's little finger** ter alguém na palma da mão; **to ~ sb's arm** fig persuadir alguém; **to ~ sth around sth** enrolar a. c. em volta de a. c. 2. (distort: fact) distorcer; (truth) deturpar II. vi 1. (squirm around) contorcer-se 2. (curve: path, road) dar voltas; **to ~ and turn** serpentear III. n 1. (turn) torção f 2. (unexpected change) reviravolta f

twisted adj (ankle) torcido, -a; (cable) retorcido, -a; (logic) deturpado, -a

twister ['twɪstər, Brit: -ər] n tornado m

twit [twɪt] n infidiota mf

twitch [twɪtʃ] I. vi ANAT, MED contrair-se (involuntariamente); (face) crispar-se II. n <-es> **to have a (nervous)** ~ ter um tique m (nervoso)

two [tu:] I. adj dois inv II. n dois m; **that makes ~ of us** infentão somos dois; **to put ~ and ~ together** inftirar conclusões; s.a. **eight**

two-dimensional [ˌtu:dɪ'mentʃənəl] adj bidimensional; fig raso, -a **two-faced** adj pej falso, -a

twofold ['tu:foʊld, Brit: -fəʊld] adv duas vezes

two-time vt infchifrar

two-way adj duplo, -a, de duas mãos; (process) bidirecional

TXT [tekst] vt abbr of **text** enviar uma mensagem pelo celular

TXT messaging ['tekstmesɪdʒɪŋ] n no pl abbr of **text messaging** envio m de mensagens pelo celular

tycoon [taɪ'ku:n] n magnata m

type [taɪp] I. n a. TYP tipo m (de letra); **he's not her** ~ ele não é o tipo dela II. vt, vi datilografar; **to ~ sth up/out** datilografar a. c.

typesetting ['taɪpˌsetɪŋ, Brit: -ˌset-] n no pl composição f tipográfica

typewriter ['taɪpˌraɪtər, Brit: -tər] n máquina f de escrever

typhoid (fever) ['taɪfɔɪd] n no pl febre f tifoide

typhoon [taɪ'fu:n] n tufão m

typical ['tɪpɪkəl] adj típico, -a; **to be ~ of sb/sth** ser típico de alguém/a. c.

typically adv tipicamente

typify ['tɪpɪfaɪ] <-ie-> vt caracterizar

typing ['taɪpɪŋ] n no pl datilografia f

typist ['taɪpɪst] n datilógrafo, -a m, f

tyrannical [tɪ'rænɪkəl] adj pej tirânico, -a

tyranny ['tɪrəni] n no pl tirania f

tyrant ['taɪrənt, Brit: 'taɪər-] n tirano, -a

m, f
tyre *n Aus, Brit s.* **tire**
tzar [zɑːr, *Brit:* zɑːʳ] *n* czar *m*

U

U, u [juː] *n* u *m; ~* **as in Uncle** u de uva
UAE [juːeˈriː] *npl abbr of* **United Arab Emirates** Emirados Árabes *mpl*
ubiquitous [juːˈbɪkwətəs, *Brit:* -ɪtəs] *adj* onipresente
udder [ˈʌdər, *Brit:* -əʳ] *n* úbere *m*
UEFA [juːˈeɪfə] *n abbr of* **Union of European Football Associations** UEFA *f*
UFO [juːˈeɪfoʊ, *Brit:* -ˈəʊ] *n abbr of* **unidentified flying object** óvni *m*
Uganda [juːˈgændə] *n* Uganda *f*
Ugandan *adj, n* ugandense *mf*
ugh [ɜːh, ʌg,] *interj inf* uh
ugly [ˈʌgli] <-ier, -iest> *adj* **1.** (*person*) feio, -a **2.** (*mood*) briguento, -a (*weather*) ameaçador(a); **to be ~ as sin** ser feio como o pecado; *~* **duckling** patinho feio *m*
UHT [juːeɪtˈtiː] *adj abbr of* **ultra heat treated** UHT
UK [juːˈkeɪ] *n abbr of* **United Kingdom** Reino Unido *m*
Ukraine [juːˈkreɪn] *n* Ucrânia *f*
Ukrainian *n, adj* ucraniano, -a *m, f*
ulcer [ˈʌlsər, *Brit:* -əʳ] *n* (*stomach*) úlcera *f*; (*in mouth, external*) afta *f*
Ulster [ˈʌlstər, *Brit:* -əʳ] *n* Irlanda do Norte *f*
ulterior [ʌlˈtɪriər, *Brit:* -ˈtɪəriəʳ] *adj* (*motive*) posterior
ultimata [ʌltəˈmeɪtə, *Brit:* -ɪˈmeɪtə] *n pl of* **ultimatum**
ultimate [ˈʌltəmɪt, *Brit:* -ɪmət] *adj* **1.** (*decision, experience, goal*) final **2.** (*absolute: praise*) melhor; (*cost*) maior; **the ~ in ...** o melhor em ...; **the ~ challenge** o maior dos desafios; **the ~ betrayal** o pior das traições **3.** (*cause*) fundamental
ultimately *adv* **1.** (*in the end*) por fim **2.** (*fundamentally*) fundamentalmente
ultimatum [ʌltəˈmeɪtəm, *Brit:* -ɪˈmeɪt-] <ultimata *o* ultimatums> *n* ultimato *m*
ultrarunner [ˈʌltrərʌnər, *Brit:* -nəʳ] *n* superatleta *mf*
ultrasonic [ʌltrəˈsɑːnɪk, *Brit:* -ˈsɒn-] *adj* ultrassônico, -a
ultrasound [ˈʌltrəsaʊnd] *n* ultrassom *m*
ultraviolet [ʌltrəˈvaɪəlɪt, *Brit:* -lət] *adj* ultravioleta *inv*
umbilical cord [ʌmˈbɪlɪkl-] *n* cordão *m* umbilical
umbrella [ʌmˈbrelə] *n* guarda-chuva *m*, sombrinha *f*; **beach ~** guarda-sol *m*; **to do sth under the ~ of sth** *fig* fazer a. c. sob o patrocínio de a. c.
umpire [ˈʌmpaɪər, *Brit:* -əʳ] *n* (*sports*) árbitro, -a *m, f*, juiz, juíza *m, f*
umpteenth [ˈʌmptiːnθ] *adj* enésimo, -a; **for the ~ time** pela enésima vez
UN [juːˈen] *n abbr of* **United Nations** ONU *f*
unable [ʌnˈeɪbl] *adj* incapaz; **to be ~ to do sth** não conseguir [*ou* ter condições de] fazer a. c.
unabridged [ʌnəˈbrɪdʒd] *adj* LIT integral
unacceptable [ʌnəkˈseptəbl] *adj* inaceitável, inadmissível; **to be ~ to sb** ser inaceitável para alguém
unaccompanied [ʌnəˈkʌmpənid] *adj* desacompanhado, -a
unaccustomed [ʌnəˈkʌstəmd] *adj* desacostumado, -a, desabituado, -a; **to be ~ to doing sth** não estar acostumado a fazer a. c.
unacknowledged [ʌnəkˈnɑːlɪdʒd, *Brit:* -ˈnɒl-] *adj* não reconhecido, -a
unadventurous [ʌnədˈventʃərəs] *adj* temeroso, -a, tímido, -a
unadvisable [ʌnədˈvaɪzəbl] *adj* desaconselhável
unaffected [ʌnəˈfektɪd] *adj* **1.** (*not changed*) impassível **2.** (*down to earth*) natural
unanimity [juːnəˈnɪməti, *Brit:* -ti] *n no pl, form* unanimidade *f*
unanimous [juːˈnænəməs, *Brit:* -nɪm-] *adj* unânime
unanswered [ʌnˈænsərd, *Brit:* -ˈɑːnsəd] *adj* sem resposta
unarmed [ʌnˈɑːrmd, *Brit:* -ˈɑːmd] *adj* desarmado, -a
unassuming [ʌnəˈsuːmɪŋ, *Brit:* -ˈsjuː-] *adj* despretensioso, -a
unattainable [ʌnəˈteɪnəbl] *adj* inatingível
unattractive [ʌnəˈtræktɪv] *adj* sem

atrativos; (*personality*) pouco atraente

unauthorized [ˌʌnˈɑːθəraɪzd, *Brit*: -ˈɔː-] *adj* (*biography*) não-autorizado, -a; (*permission*) sem autorização

unavailable [ˌʌnəˈveɪləbl] *adj* (*product, person*) não disponível, indisponível; **to be ~ to sb** não estar disponível para alguém

unavoidable [ˌʌnəˈvɔɪdəbl] *adj* inevitável

unaware [ˌʌnəˈwer, *Brit*: -ˈweə\] *adj* **to be ~ of sth** não estar ciente de a. c., ignorar a. c.; **to be ~ that ...** não saber que ...

unawares [ˌʌnəˈwerz, *Brit*: -ˈweəz] *adv* **to catch sb ~** pegar alguém de surpresa

unbalanced [ˌʌnˈbælənst] *adj* desequilibrado, -a

unbearable [ʌnˈberəbl, *Brit*: -ˈbeər-] *adj* insuportável

unbeatable [ʌnˈbiːtəbl, *Brit*: -ˈbiːt-] *adj* (*team, army*) invencível; (*value, quality*) imbatível

unbeaten [ʌnˈbiːtn] *adj* invicto, -a

unbelievable [ˌʌnbrˈliːvəbl] *adj* inacreditável, incrível

unbiased [ʌnˈbaɪəst] *adj* imparcial

unborn [ʌnˈbɔːrn, *Brit*: -ˈbɔːn] *adj* (*baby*) não nascido, -a; (*fetus*) por nascer

unbounded [ʌnˈbaʊndɪd] *adj* ilimitado, -a, desmedido, -a

unbreakable [ʌnˈbreɪkəbl] *adj* inquebrável

unbridled [ʌnˈbraɪdld] *adj a. fig* desenfreado, -a

unbroken [ʌnˈbroʊkən, *Brit*: -ˈbrəʊ-] *adj* 1.(*not broken*) inteiro, -a 2.(*continuous*) ininterrupto, -a 3.(*record*) absoluto, -a

unburden [ʌnˈbɜːrdən, *Brit*: -ˈbɜːd-] *vt* **to ~ oneself of sth/to sb** desabafar-se com alguém [*ou* desabafar com alguém a. c.]

unbusinesslike [ʌnˈbɪznɪslaɪk] *adj* pouco prático, -a, impróprio, -a para os negócios

unbutton [ʌnˈbʌtən] *vi, vt* desabotoar

uncalled-for [ʌnˈkɔːldfɔːr, *Brit*: -fɔːʳ] *adj* 1.(*gratuitous*) gratuito, -a 2.(*impertinent*) impertinente

uncanny [ʌnˈkæni] *adj* <-ier, -iest> (*mysterious*) estranho, -a; (*ability*) extraordinário, -a

unceremonious [ˌʌnˌserɪˈmoʊniəs, *Brit*: -ˈməʊ-] *adj* (*abrupt*) indelicado, -a

uncertain [ʌnˈsɜːrtən, *Brit*: -ˈsɜːt-] *adj* 1.(*unsure*) indeciso, -a; **in no ~ terms** sem sombra de dúvida; **to be ~ of sth** não ter certeza de a. c. 2.(*unpredictable*) incerto, -a

uncertainty [ʌnˈsɜːrtənti, *Brit*: -ˈsɜːt-] <-ies> *n* 1.(*unpredictability*) incerteza *f* 2. *no pl* (*unsettled state*) inconstância *f* 3. *no pl* (*hesitancy*) indecisão *f*

unchallenged [ʌnˈtʃælɪndʒd] *adj* inconteste; **to go ~** não ser contestado, -a

unchanged [ʌnˈtʃeɪndʒd] *adj* inalterado, -a

uncharacteristic [ˌʌnkerɪktəˈrɪstɪk, *Brit*: -ˌkærə-] *adj* atípico, -a

unchecked [ʌnˈtʃekt] *adj* (*unrestrained*) desenfreado, -a, não controlado, -a

uncivilized [ʌnˈsɪvɪlaɪzd] *adj* bárbaro, -a

uncle [ˈʌŋkl] *n* tio *m*

unclean [ʌnˈkliːn] *adj* sujo, -a

unclear [ʌnˈklɪr, *Brit*: -ˈklɪəʳ] *adj* 1.(*obscure*) obscuro, -a; **an ~ statement** uma declaração obscura 2.(*confused*) confuso, -a; **to be ~ about sth** não entender bem a. c.

uncomfortable [ʌnˈkʌmpfərtəbl, *Brit*: -ftəbl] *adj* (*situation*) incômodo, -a, desconfortável; (*person*) constrangido, -a, pouco à vontade

uncommon [ʌnˈkɑːmən, *Brit*: -ˈkɒm-] *adj* 1.(*rare*) raro, -a 2.(*exceptional*) excepcional

uncommunicative [ˌʌnkəˈmjuːnɪkətɪv, *Brit*: -tɪv] *adj* pouco comunicativo, -a

uncompromising [ʌnˈkɑːmprəmaɪzɪŋ, *Brit*: -ˈkɒm-] *adj* inflexível

unconcerned [ˌʌnkənˈsɜːrnd, *Brit*: -ˈsɜːnd] *adj* (*not worried*) despreocupado, -a; **to be ~ about sth** estar despreocupado de a. c.

unconditional [ˌʌnkənˈdɪʃənl] *adj* incondicional

unconfirmed [ˌʌnkənˈfɜːrmd, *Brit*: -ˈfɜːmd] *adj* não confirmado, -a

unconnected [ˌʌnkəˈnektɪd] *adj* desconexo, -a

unconscious [ʌnˈkɑːntʃəs, *Brit*: -ˈkɒn-] I. *adj* inconsciente; **to be ~ of sth** (*unaware*) estar alheio a a. c.; **to knock sb ~** deixar alguém desacordado II. *n no pl* PSYCH **the ~** o inconsciente

unconsciously *adv* inconscientemente

unconstitutional [ˌʌnˌkɑːntstəˈtuːʃənəl,

Brit: -ˌkɒntstrˈtjuː-] *adj* inconstitucional
uncontrollable [ˌʌnkən'troʊləbl, *Brit:* -'trəʊ-] *adj* incontrolável
uncontrolled [ˌʌnkən'troʊld, *Brit:* -'trəʊld] *adj* descontrolado, -a
unconventional [ˌʌnkən'venʃənl] *adj* não convencional, inusitado, -a
unconvinced [ˌʌnkən'vɪnst] *adj* indeciso, -a; **to be ~ of sth** não estar convencido de a. c.
unconvincing [ˌʌnkən'vɪnsɪŋ] *adj* não convincente
uncooked [ˌʌn'kʊkt] *adj* cru(a)
uncorroborated [ˌʌnkə'rɒːbərɛɪtɪd, *Brit:* -kər'ɒbəreɪt-] *adj* não confirmado, -a
uncouth [ʌn'kuːθ] *adj* grosseiro, -a
uncover [ʌn'kʌvər, *Brit:* -əʳ] *vt* (*clue, secret*) descobrir, revelar; (*lid:* destampar)
uncritical [ʌn'krɪtɪkl, *Brit:* -'krɪt-] *adj* acrítico, -a; **to be ~ of sth** não ser crítico (em relação) a a. c.
uncut [ʌn'kʌt] *adj* **1.** (*not cut*) inteiro, -a; **an ~ diamond** um diamante bruto **2.** (*not shortened*) completo, -a, integral
undated [ʌn'deɪtɪd, *Brit:* -tɪd] *adj* sem data
undaunted [ʌn'dɑːntɪd, *Brit:* -'dɔːn-] *adj* destemido, -a; **to be ~ by sth** sem se deixar abater por a. c.
undecided [ˌʌndɪ'saɪdɪd] *adj* **1.** (*unresolved*) indeciso, -a; **to be ~ about sth** estar indeciso sobre a. c. **2.** (*not settled*) indefinido, -a
undeclared [ˌʌndɪ'klerd, *Brit:* -'kleəd] *adj* **1.** FIN não declarado, -a; **~ income** renda não declarada **2.** (*not official*) não oficial
undefined [ˌʌndɪ'faɪnd] *adj* indefinido, -a
undemanding [ˌʌndɪ'mændɪŋ, *Brit:* -'mɑːnd-] *adj* desinteressante, -a, desprendido, -a
undemocratic [ˌʌndemə'krætɪk, *Brit:* -tɪk] *adj* antidemocrático, -a
undemonstrative [ˌʌndɪ'mɑːnstrətɪv, *Brit:* -'mɒnstrət-] *adj form* reservado, -a
undeniable [ˌʌndɪ'naɪəbl] *adj* inegável, incontestável
undeniably *adv* inegavelmente
under ['ʌndər, *Brit:* -əʳ] **I.** *prep* **1.** (*below*) debaixo de, embaixo de; **~ the bed** debaixo da cama **2.** (*experiencing*) sob; **to break ~ the weight** quebrar sob o peso **3.** (*less than*) **those ~ the age of 30** aqueles com menos de 30 anos; **to cost ~ $10** custar menos de $10 **4.** (*governed by*) **~ the current administration** sob o atual governo **5.** (*in category of*) **you'll find that book ~ non-fiction** você vai encontrar esse livro em não-ficção **II.** *adv* debaixo, embaixo

underage [ˌʌndər'eɪdʒ, *Brit:* -dəʳ-] *adj* menor de idade
undercarriage ['ʌndərˌkerɪdʒ, *Brit:* -dəˌkær-] *n* **1.** (*of car*) chassi *m* **2.** AVIAT trem *m* de aterrissagem
undercharge [ˌʌndər'tʃɑːrdʒ, *Brit:* -də'tʃɑːdʒ] *vt* **to ~ sb** cobrar a alguém um preço inferior ao normal
underclothes ['ʌndərkloʊðz, *Brit:* -dəkləʊðz] *npl*, **underclothing** ['ʌndərˌkloʊðɪŋ, *Brit:* -dəˌkləʊ-] *n no pl* roupa *f* de baixo
undercoat ['ʌndərkoʊt, *Brit:* -dəkəʊt] *n no pl* (*paint*) base *f*
undercover [ˌʌndər'kʌvər, *Brit:* -də'kʌvəʳ] *adj* disfarçado, -a
undercurrent [ˌʌndər'kɜːrənt, *Brit:* -dəkʌr-] *n* **1.** (*in sea*) corrente *f* submarina **2.** *fig* tendência *f* oculta
undercut [ˌʌndər'kʌt, *Brit:* -də'-] *inv vt* **1.** (*cut away*) cortar por baixo **2.** (*prices*) baixar os preços
underdeveloped [ˌʌndərdɪ'veləpt, *Brit:* -dədɪ'-] *adj* subdesenvolvido, -a; **~ country** país *m* subdesenvolvido
underdog ['ʌndərdɑːg, *Brit:* -dədɒg] *n* oprimido, -a *m, f*
underdone [ˌʌndər'dʌn, *Brit:* -də'-] *adj* malcozido, -a; (*meat*) malpassado, -a
underequipped [ˌʌndərɪ'kwɪpt] *adj* mal-equipado, -a
underestimate [ˌʌndər'estəmeɪt, *Brit:* -'estɪ-] *vt* subestimar
underfed [ˌʌndər'fed, *Brit:* -də'-] *n* subnutrido, -a *m, f*
underfoot [ˌʌndər'fʊt, *Brit:* -də'-] *adv* sob os pés
undergo [ˌʌndər'goʊ, *Brit:* -də'gəʊ] *irr vt* **to ~ a change** sofrer uma mudança; **to ~ sth** passar por a. c.
undergraduate [ˌʌndər'grædʒuət, *Brit:* -də'grædʒʊ-] *n* aluno, -a *m, f* de graduação
underground ['ʌndərgraʊnd, *Brit:* -əgraʊnd] **I.** *adj* subterrâneo, -a; *fig* clandestino, -a **II.** *adv* debaixo da terra; **to go ~** *fig* entrar na clandestinidade

III. *n no pl, Brit* (*subway train*) metrô *m*

undergrowth ['ʌndərgroʊθ, *Brit:* -əgrəʊθ] *n no pl* vegetação *f* rasteira

underhand [ˌʌndər'hænd, *Brit:* 'ʌndəhænd] **I.** *adj Brit* desleal **II.** *adv Am* (*underarm*) coom a mão abaixo do nível dos ombros

underlie [ˌʌndər'laɪ, *Brit:* -də'-] *irr vt* **to ~ sth** ser a base de a. c.

underline [ˌʌndər'laɪn, *Brit:* -də'-] *vt a. fig* sublinhar, enfatizar

underlying *adj* latente

undermanned [ˌʌndər'mænd, *Brit:* -də'-] *adj* com falta de pessoal

undermine [ˌʌndər'maɪn, *Brit:* -də'-] *vt* minar, solapar; **to ~ sb's confidence** minar a confiança de alguém

underneath [ˌʌndər'niːθ, *Brit:* -də'-] **I.** *prep* debaixo de **II.** *adv* por baixo **III.** *n no pl* **the ~** a parte de baixo

undernourished [ˌʌndər'nɜːrɪʃt, *Brit:* -də'nʌr-] *adj* subnutrido, -a

underpaid [ˌʌndər'peɪd, *Brit:* -də'-] *adj* mal pago, -a *m, f*

underpants ['ʌndərpænts, *Brit:* -əpænts] *npl* cueca(s) *f(pl)*

underpass ['ʌndərpæs, *Brit:* -dəpɑːs] *<-es> n* passagem *f* subterrânea

underpay [ˌʌndər'peɪ, *Brit:* -də'-] *irr vt* pagar mal

underperform [ˌʌndərpər'fɔːrm, *Brit:* -dəpə'fɔːm] *vi* ter um desempenho ruim

underprivileged [ˌʌndər'prɪvəlɪdʒd, *Brit:* -də'-] *adj* desvalido, -a

underrate [ˌʌndər'reɪt, *Brit:* -də'-] *vt* **to ~ sb** depreciar [*ou* subestimar] alguém; **to ~ the importance of sth** subestimar a importância de a. c.

underscore [ˌʌndər'skɔːr, *Brit:* -də'skɔː'] *vt* sublinhar; **to ~ a point** *fig* salientar um detalhe

undershirt ['ʌndərʃɜːrt, *Brit:* -dəʃɜːt] *n Am* camiseta (de baixo) *f*

underside ['ʌndərsaɪd, *Brit:* -əsaɪd] *n* a parte *f* de baixo

undersigned ['ʌndərsaɪnd, *Brit:* -əsaɪnd] *n form* **the ~** o abaixo-assinado

underskirt ['ʌndərskɜːrt, *Brit:* -əskɜːt] *n* anágua *f*

understaffed [ˌʌndər'stæft, *Brit:* -ə'stɑːft] *adj* com falta de pessoal

understand [ˌʌndər'stænd, *Brit:* -də'-] *irr vt, vi* entender, compreender; **as I ~ it** no meu entendimento; **to make oneself understood** fazer-se entender; **to ~ sb's doing sth** entender o que alguém faz

understandable [ˌʌndər'stændəbl, *Brit:* -də'-] *adj* compreensível

understanding I. *n* **1.** *no pl* (*comprehension*) entendimento *m*; **a spirit of ~** espírito de compreensão; **to not have any ~ of sth** não entender nada de a. c. **2.** (*agreement*) acordo *m*; **to come to an ~** chegar a um acordo; **to do sth on the ~ that ...** fazer a. c. na pressuposição de que ... **II.** *adj* compreensivo, -a

understate [ˌʌndər'steɪt, *Brit:* -də'-] *vt* atenuar (fatos)

understated *adj* delicado, -a, subentendido, -a

understatement [ˌʌndər'steɪtmənt, *Brit:* -də'-] *n* inverdade *f*

understudy ['ʌndərˌstʌdi, *Brit:* -də,-] *<-ies> n* THEAT ator substituto, atriz substituta *m, f*

undertake [ˌʌndər'teɪk, *Brit:* -də'-] *irr vt* **to ~ a journey** empreender uma jornada; **to ~ to do sth** comprometer-se em fazer a. c.

undertaker ['ʌndərˌteɪkər, *Brit:* -də,teɪkə'] *n* agente *m* funerário; **the ~'s** a funerária

undertaking *n* **1.** (*project*) empreendimento *m* **2.** *form* (*pledge*) **to give an ~ that ...** dar uma garantia *f* de que ...

undervalue [ˌʌndər'væljuː, *Brit:* -də'-] *vt* subestimar

underwater [ˌʌndər'wɑːtər, *Brit:* -ə'wɔːtə'] *adj* submerso, -a

underwear ['ʌndərwer, *Brit:* -əweə'] *n + pl vb* roupa *f* de baixo

underweight [ˌʌndər'weɪt, *Brit:* -də'-] *adj* abaixo do peso normal

underworld ['ʌndərwɜːrld, *Brit:* -əwɜːld] *n* **1.** *no pl* (*of criminals*) submundo *m* **2.** (*afterworld*) **the Underworld** o inferno *m*

underwrite ['ʌndəraɪt, *Brit:* ˌʌndər'aɪt] *irr vt* (*insure*) segurar

underwriter [ˌʌndər,raɪtər, *Brit:* -ər,aɪtə'] *n* segurador(a) *m(f)*

undesirable [ˌʌndɪ'zaɪrəbl, *Brit:* -'zaɪər-] *adj* indesejável

undeveloped [ˌʌndɪ'veləpt] *adj* ECON pouco desenvolvido, -a

undisclosed [ˌʌndɪs'kloʊzd, *Brit:* -'kləʊzd] *adj* não revelado, -a

undiscovered [ˌʌndɪsˈkʌvərd, *Brit:* -əd] *adj* não descoberto, -a

undisputed [ˌʌndɪˈspjuːtɪd, *Brit:* -tɪd] *adj* incontestável

undistinguished [ˌʌndɪˈstɪŋgwɪʃt] *adj* indefinido, -a

undivided [ˌʌndɪˈvaɪdɪd] *adj* não dividido, -a; **sb's ~ attention** a atenção ininterrupta de alguém

undo [ʌnˈduː] *irr vt* 1. (*unfasten*) **to ~ a zipper** abrir um zíper; **to ~ buttons** desabotoar; **to ~ the package** desfazer o pacote 2. (*cancel*) cancelar; **to ~ the good work** estragar o trabalho bem feito

undoing *n no pl, form* desgraça *f*, ruína *f*; **to be sb's ~** ser a ruína de alguém

undoubted [ʌnˈdaʊtɪd, *Brit:* -tɪd] *adj* indubitável

undoubtedly *adv* sem dúvida, certamente

undress [ʌnˈdres] **I.** *vt* despir **II.** *vi* despir-se

undressed *adj* despido, -a; **to get ~** tirar a roupa

undue [ʌnˈduː, *Brit:* -ˈdjuː] *adj form* indevido, -a, excessivo, -a

unduly *adv* indevidamente

undying [ʌnˈdaɪɪŋ] *adj liter* eterno, -a

unearned [ʌnˈɜːrnd, *Brit:* -ˈɜːnd] *adj* imerecido, -a

unearth [ʌnˈɜːrθ, *Brit:* -ˈɜːθ] *vt* desenterrar; **to ~ the truth** descobrir a verdade

unearthly *adj* absurdo, -a; **he called me at an ~ early hour** ele me chamou absurdamente cedo

unease [ʌnˈiːz] *n no pl* desassossego *m*, mal-estar *m*

uneasiness *n no pl* inquietação *f*

uneasy [ʌnˈiːzi] *adj* <-ier, -iest> 1. (*worried: person*) ansioso, -a; **to be ~ about sth** estar apreensivo com a. c. 2. unstable; (*relationship*) conturbado, -a

uneconomic [ˌʌnˌekəˈnɑːmɪk, *Brit:* -ˌiːkəˈnɒm-] *adj* antieconômico, -a

uneducated [ʌnˈedʒʊkeɪtɪd, *Brit:* -tɪd] *adj* não escolarizado, -a, sem instrução

unemotional [ˌʌnɪˈmoʊʃənəl, *Brit:* -ˈməʊ-] *adj* fleumático, -a, imperturbável

unemployable [ˌʌnɪmˈplɔɪəbl] *adj* não empregável

unemployed [ˌʌnɪmˈplɔɪd] **I.** *n pl* **the ~** os desempregados **II.** *adj* desempregado, -a

unemployment [ˌʌnɪmˈplɔɪmənt] *n no pl* 1. (*condition*) desemprego *m*; **~ benefit** seguro *m* desemprego 2. (*rate*) taxa *f* de desemprego

unending [ʌnˈendɪŋ] *adj* interminável

unenviable [ʌnˈenviəbl] *adj* não invejável

unequal [ʌnˈiːkwəl] *adj* desigual; **to be ~ to sth** não estar à altura de a. c.

unequaled *adj Am,* **unequalled** *adj Brit* incomparável, sem igual

unequivocal [ˌʌnɪˈkwɪvəkəl] *adj* inequívoco, -a, evidente; **to be ~ in sth** ser explícito sobre a. c.

unethical [ʌnˈeθɪkəl] *adj* sem ética

uneven [ʌnˈiːvən] *adj* 1. (*not flat*) irregular 2. (*unequal*) desigual 3. (*of inadequate quality*) inconstante

uneventful [ˌʌnɪˈventfəl] *adj* rotineiro, -a, tranquilo, -a

unexceptional [ˌʌnɪkˈsepʃənəl] *adj* comum, trivial

unexciting [ˌʌnɪkˈsaɪtɪŋ, *Brit:* -ˈsaɪt-] *adj* 1. (*commonplace*) comum 2. (*uneventful*) tranquilo, -a

unexpected [ˌʌnɪkˈspektɪd] *adj* inesperado, -a

unexplained [ˌʌnɪkˈspleɪnd] *adj* sem explicação, inexplicado, -a

unfailing [ʌnˈfeɪlɪŋ] *adj* infalível

unfair [ʌnˈfer, *Brit:* -ˈfeər] *adj* injusto, -a

unfaithful [ʌnˈfeɪθfʊl] *adj* 1. (*adulterous*) infiel; **to be ~ to sb** ser infiel a alguém 2. (*disloyal*) desleal; **to be ~ to sth/sb** ser desleal para com a. c./alguém

unfamiliar [ˌʌnfəˈmɪljər, *Brit:* -ər] *adj* (*face*) desconhecido, -a; (*sight*) estranho, -a

unfashionable [ʌnˈfæʃənəbl] *adj* fora de moda, ultrapassado, -a

unfasten [ʌnˈfæsn, *Brit:* -ˈfɑːsən] *vt* desatar, desprender

unfavorable *adj Am,* **unfavourable** [ʌnˈfeɪvərəbl] *adj Brit, Aus* 1. (*adverse*) adverso, -a 2. (*disadvantagous*) desfavorável

unfeeling [ʌnˈfiːlɪŋ] *adj* insensível

unfinished [ʌnˈfɪnɪʃt] *adj* inacabado, -a

unfit [ʌnˈfɪt] *adj* 1. (*unhealthy*) **I'm ~** estou fora de forma; **to be ~ for sth** não estar em boas condições para a. c. 2. (*unsuitable*) inadequado, -a

unflagging [ʌnˈflægɪŋ] *adj* incansável, infatigável

unflappable [ʌnˈflæpəbl] *adj inf* imperturbável

unfold [ʌnˈfoʊld, *Brit:* -ˈfəʊld] **I.** *vt* desdobrar; *fig* revelar **II.** *vi* desenrolar-se; *fig* desabrochar

unforeseen [ˌʌnfɔːrˈsiːn, *Brit:* -fɔː-] *adj* imprevisto, -a

unforgettable [ˌʌnfərˈgetəbl, *Brit:* -fəˈget-] *adj* inesquecível

unforgivable [ˌʌnfərˈgɪvəbl, *Brit:* -fəˈ-] *adj* imperdoável

unfortunate [ʌnˈfɔːrtʃnət, *Brit:* -ˈfɔːtʃən-] *adj* azarado, -a, infeliz; **to be ~ that ...** ser lamentável que ... +*subj*

unfortunately *adv* infelizmente

unfounded [ʌnˈfaʊndɪd] *adj* infundado, -a

unfriendly [ʌnˈfrendli] *adj* <-ier, -iest> antipático, -a, hostil

unfulfilled [ˌʌnfʊlˈfɪld] *adj* (*promise*) não cumprido, -a; (*frustrated*) frustrado, -a; (*wish*) não realizado, -a

unfurl [ʌnˈfɜːrl, *Brit:* -ˈfɜːl] **I.** *vt* (*flag*) desfraldar; (*umbrella*) abrir **II.** *vi* (*events*) desenrolar-se

unfurnished [ʌnˈfɜːrnɪʃt, *Brit:* -ˈfɜːn-] *adj* sem mobília

ungainly [ʌnˈgeɪnli] *adj* <-ier, -iest> desalinhado, -a

ungenerous [ʌnˈdʒenərəs] *adj* mesquinho, -a

ungovernable [ʌnˈgʌvərnəbl, *Brit:* -vən-] *adj* ingovernável, incontrolável

ungraceful [ʌnˈgreɪsfəl] *adj* deselegante, sem graça

ungracious [ʌnˈgreɪʃəs] *adj form* desagradável

ungrateful [ʌnˈgreɪtfəl] *adj* ingrato, -a, mal-agradecido, -a; **to be ~ to sb for sth** ser ingrato com alguém por a. c.

ungrudging [ʌnˈgrʌdʒɪŋ] *adj* **1.** (*willing*) solícito, -a **2.** (*untiring*) incansável

unguarded [ʌnˈgɑːrdɪd, *Brit:* -ˈgɑːd-] *adj* desprotegido, -a; **in an ~ moment** num momento de descuido

unhappy [ʌnˈhæpi] *adj* <-ier, -iest> infeliz; **to be ~ about sth** estar infeliz com a. c.

unharmed [ʌnˈhɑːrmd, *Brit:* -ˈhɑːmd] *adj* ileso, -a

UNHCR [ˌjuːeneɪtʃsiːˈɑːr, *Brit:* -ˈɑːʳ] *n abbr of* **United Nations High Commission for Refugees** o Alto Comissariado da ONU para Refugiados

unhealthy [ʌnˈhelθi] *adj* <-ier, -iest> **1.** (*sick*) sem saúde **2.** (*unwholesome*) doentio, -a

unheard [ʌnˈhɜːrd, *Brit:* -ˈhɜːd] *adj* **1.** (*not heard*) não ouvido, -a **2.** (*ignored*) desconhecido, -a; **that's absolutely ~ of!** isto é absolutamente inédito!

unhelpful [ʌnˈhelpfʊl] *adj* (*person*) pouco prestativo, -a; (*suggestion*) inútil

unhurt [ʌnˈhɜːrt, *Brit:* -ˈhɜːt] *adj* ileso, -a

UNICEF *n*, **Unicef** [ˈjuːnɪsef] *n abbr of* **United Nations International Children's Emergency Fund** UNICEF *f*

unicorn [ˈjuːnɪkɔːrn, *Brit:* -kɔːn] *n* unicórnio *m*

unidentified [ˌʌnaɪˈdentəfaɪd, *Brit:* -tɪ-] *n* **1.** (*unknown*) não-identificado, -a *m, f* **2.** (*not made public*) anônimo, -a *m, f*

unification [ˌjuːnɪfɪˈkeɪʃn] *n no pl* unificação *f*

uniform [ˈjuːnəfɔːrm, *Brit:* -nɪfɔːm] *n* uniforme *m*

uniformity [ˌjuːnəˈfɔːrməti, *Brit:* -ɪˈfɔːməti] *n no pl* uniformidade *f*

unify [ˈjuːnəfaɪ, *Brit:* -nɪ-] *vt* unificar

unilateral [ˌjuːnəˈlætərəl, *Brit:* -nɪˈlætr-] *adj* unilateral

unimaginable [ˌʌnɪˈmædʒnəbl] *adj* inimaginável

unimportant [ˌʌnɪmˈpɔːrtənt, *Brit:* -ˈpɔːt-] *adj* sem importância, desimportante

uninformed [ˌʌnɪnˈfɔːrmd, *Brit:* -ˈfɔːmd] *adj* desinformado, -a

uninhabitable [ˌʌnɪnˈhæbɪtəbl, *Brit:* -təbl] *adj* inabitável

uninhabited [ˌʌnɪnˈhæbɪtɪd, *Brit:* -tɪd] *adj* desabitado, -a

uninhibited [ˌʌnɪnˈhɪbɪtɪd, *Brit:* -tɪd] *adj* desinibido, -a

uninjured [ʌnˈɪndʒərd, *Brit:* -əd] *adj* intacto, -a

uninsured [ˌʌnɪnˈʃʊrd, *Brit:* -ˈʃʊəd] *adj* não segurado, -a

unintelligible [ˌʌnɪnˈtelɪdʒəbl] *adj* ininteligível

unintentional [ˌʌnɪnˈtentʃənəl] *adj* involuntário, -a

uninterested [ʌnˈɪntrəstɪd] *adj* desinteressado, -a

uninteresting *adj* desinteressante

uninterrupted [ˌʌnˌɪntərˈʌptɪd] *adj* ininterrupto, -a

union [ˈjuːnjən] *n* união *f*; (*trade ~*) sindicato *m*

unionist [ˈjuːnjənɪst] *n* unionista *mf*; (*trade union member*) sindicalizado, -a

m, f

Union Jack *n* bandeira britânica

unique [juːˈniːk] *adj* (*exceptional*) excepcional, sem igual; **to be ~ to sth** ser exclusivo de a. c.

uniqueness *n no pl* raridade *f*, singularidade *f*

unison [ˈjuːnəsən, *Brit:* -nɪ-] *n no pl* **to act in ~ with sb** agir de acordo com alguém; **to sing in ~** cantar em uníssono

unit [ˈjuːnɪt] *n* **1.** *a.* INFOR, COM unidade *f*; **~ of currency** unidade monetária **2.** + *sing/pl vb* (*team*) grupo *m* **3.** (*furniture*) móvel *m*

unite [juːˈnaɪt] **I.** *vt* unir, juntar; **to ~ sth/sb with sth/sb** unir a. c./alguém a a. c./alguém **II.** *vi* unir-se; **to ~ with sth/sb** unir-se a a. c./alguém

united *adj* unido, -a

United Arab Emirates *npl* **the ~** os Emirados Árabes Unidos *mpl* **United Kingdom** *n* **the ~** o Reino Unido *m* **United Nations** *n* **the ~** as Nações Unidas *f* **United States** *n* + *sing vb* **the ~ (of America)** os Estados Unidos (da América) + *pl verb*

unity [ˈjuːnəti, *Brit:* -ti] *n no pl* unidade *f*

Univ. *abbr of* **University** univ.

universal [juːnəˈvɜːrsəl, *Brit:* -nɪˈvɜːs-] *adj* universal

universe [ˈjuːnəvɜːrs, *Brit:* -nɪvɜːs] *n* **the ~** o Universo *m*

university [juːnəˈvɜːrsəti, *Brit:* -ɪˈvɜːsəti] <-ies> *n* universidade *f*; **the ~ community** a comunidade académica

university education *n no pl* educação *f* superior **university lecturer** *n* professor(a) *m(f)* (universitário/a) **university town** *n* cidade *f* universitária

unjust [ʌnˈdʒʌst] *adj* injusto, -a; **to be ~ to** [*o* **towards**] **sb** ser injusto com alguém

unjustifiable [ʌnˌdʒʌstɪˈfaɪəbl] *adj* injustificável

unjustified [ʌnˈdʒʌstɪfaɪd] *adj* injustificado, -a

unkempt [ʌnˈkempt] *adj* desleixado, -a; (*hair*) despenteado, -a

unkind [ʌnˈkaɪnd] *adj* indelicado, -a; **to be ~ to sb** ser indelicado com alguém

unkindly *adv* com grosseria

unknown [ʌnˈnoʊn, *Brit:* -ˈnəʊn] *adj* desconhecido, -a

unlawful [ʌnˈlɑːfəl, *Brit:* -ˈlɔː-] *adj* ilegal

unleaded [ʌnˈledɪd] **I.** *adj* sem chumbo **II.** *n* gasolina *f* sem chumbo

unleash [ʌnˈliːʃ] *vt* desencadear

unless [ənˈles] *conj* a não ser que +*subj*, a menos que +*subj*; **he won't come ~ he has time** ele não virá a menos que tenha tempo

unlike [ʌnˈlaɪk] *prep* **1.** (*different from*) diferente de **2.** (*in contrast to*) ao contrário de

unlikely <-ier, -iest> *adj* improvável, pouco provável; **it's ~ that ...** é pouco provável que ... +*subj*

unlimited [ʌnˈlɪmɪtɪd, *Brit:* -tɪd] *adj* ilimitado, -a

unload [ʌnˈloʊd, *Brit:* -ˈləʊd] *vt* descarregar; *inf* (*get rid of*) desabafar; **to ~ sth on sb** desabafar a. c. com alguém

unlock [ʌnˈlɑːk, *Brit:* -ˈlɒk] *vt* destrancar

unlucky [ʌnˈlʌki] *adj* sem sorte; (*at cards, in love*) azarado, -a; **to be ~ (in sth)** ter azar (em a. c.)

unmarried [ʌnˈmerɪd, *Brit:* -ˈmær-] *adj* solteiro, -a

unmask [ʌnˈmæsk, *Brit:* -ˈmɑːsk] *vt* desmascarar; **to ~ sb as sth** revelar que alguém é a. c.

unmentionable [ʌnˈmentʃənəbl] *adj* não mencionável

unmentioned [ʌnˈmentʃənd] *adj* não mencionado, -a

unmistak(e)able [ʌnmɪˈsteɪkəbl] *adj* inconfundível

unmitigated [ʌnˈmɪtəgeɪtɪd, *Brit:* -ˈmɪtɪgeɪt-] *adj* **1.** (*unrelieved*) não abrandado, -a **2.** (*downright: disaster*) consumado, -a

unmoved [ʌnˈmuːvd] *adj* **1.** (*undisturbed*) impassível **2.** (*firm*) inalterado, -a

unnatural [ʌnˈnætʃərəl] *adj* artificial; (*affected*) afetado, -a

unnecessary [ʌnˈnesəseri, *Brit:* -səri] *adj* desnecessário, -a, dispensável

unnerve [ʌnˈnɜːrv, *Brit:* -ˈnɜːv] *vt* **to ~ sb** enervar alguém

unnoticed [ʌnˈnoʊtɪst, *Brit:* -ˈnəʊt-] *adj* **to go ~** passar despercebido, -a

unobtainable [ʌnəbˈteɪnəbl] *adj* inalcançável

unobtrusive [ʌnəbˈtruːsɪv] *adj* discreto, -a

unoccupied [ʌnˈɑːkjəpaɪd, *Brit:* -ˈɒk-] *adj* **1.** (*uninhabited*) desabitado, -a **2.** (*chair, table*) desocupado, -a

unofficial [ʌnəˈfɪʃəl] *adj* não oficial

unorthodox 404 unsettled

unorthodox [ʌnˈɔːrθədɑːks, Brit: -ˈɔːθədɒks] adj heterodoxo, -a, não convencional

unpack [ʌnˈpæk] I. vt desembrulhar; (suitcase) desfazer II. vi desfazer a mala

unpaid [ʌnˈpeɪd] adj 1.(work) não remunerado, -a 2.(bill) não pago, -a

unpalatable [ʌnˈpælətəbl, Brit: -təbl] adj intragável

unparalleled [ʌnˈperəleld, Brit: ʌnˈpær-] adj form sem paralelo, incomparável

unperturbed [ˌʌnpərˈtɜːrbd, Brit: -pəˈtɜːbd] adj to be ~ by sth ficar imperturbável diante de a. c.

unplanned [ʌnˈplænd] adj não planejado, -a, imprevisto, -a

unpleasant [ʌnˈplezənt] adj desagradável

unplug [ʌnˈplʌɡ] <-gg-> vt desligar (da tomada)

unpopular [ʌnˈpɑːpjələr, Brit: -ˈpɒpjələʳ] adj impopular; to be ~ with sb não ser bem-aceito, -a por alguém

unprecedented [ʌnˈpresədentɪd, Brit: -ˈpresɪ-] adj sem precedentes

unpredictable [ˌʌnprɪˈdɪktəbl] adj imprevisível

unpretentious [ˌʌnprɪˈtentʃəs] adj despretensioso, -a

unprincipled [ʌnˈprɪntsəpld] adj inescrupuloso, -a

unproductive [ˌʌnprəˈdʌktɪv] adj improdutivo, -a

unprofessional [ˌʌnprəˈfeʃənəl] adj não profissional

unprofitable [ʌnˈprɑːfɪtəbl, Brit: -ˈprɒfɪt-] adj não lucrativo, -a

unprovoked [ˌʌnprəˈvoʊkt, Brit: -ˈvəʊkt] adj não provocado, -a, gratuito, -a

unpublished [ˌʌnˈpʌblɪʃt] adj inédito, -a

unqualified [ʌnˈkwɑːləfaɪd, Brit: -ˈkwɒlɪ-] adj 1.(without qualifications) não qualificado, -a 2.(unlimited) ilimitado, -a; (support) incondicional

unquestionable [ʌnˈkwestʃənəbl] adj inquestionável

unravel [ʌnˈrævəl] <Brit: -ll-, Am: -l-> I. vt 1.(disentangle) desmanchar; I had to ~ one of the sleeves I had knitted tive que desmanchar uma das mangas que havia tricotado 2.(mystery) esclarecer, desvendar II. vi desfazer-se; **the old rope ~ed** a corda velha se desfez

unreal [ʌnˈriːl, Brit: -ˈrɪəl] adj irreal

unrealistic [ʌnˌriːəˈlɪstɪk, Brit: -ˌrɪə'-] adj fantasioso, -a

unrealized adj irrealizado, -a

unreasonable [ʌnˈriːzənəbl] adj despropositado, -a, irracional

unreasoning [ʌnˈriːzənɪŋ] adj irracional

unrecognised [ʌnˈrekəɡnaɪzd] adj não reconhecido, -a

unrefined [ˌʌnrɪˈfaɪnd] adj (sugar, oil) não refinado, -a

unrelated [ˌʌnrɪˈleɪtɪd, Brit: -tɪd] adj não relacionado, -a; to be ~ to sth não estar relacionado com a. c.

unrelenting [ˌʌnrɪˈlentɪŋ] adj inflexível; (pain, pressure) implacável

unreliability [ˌʌnrɪlaɪəˈbɪləti, Brit: -ɪti] n no pl insegurança f

unreliable [ˌʌnrɪˈlaɪəbl] adj não confiável

unremarkable [ˌʌnrɪˈmɑːrkəbl, Brit: -ˈmɑːk-] adj comum

unrepeatable [ˌʌnrɪˈpiːtəbl, Brit: -tə-] adj irreproduzível

unresolved [ˌʌnrɪˈzɑːlvd, Brit: -ˈzɒlvd] adj sem solução, não resolvido, -a

unrest [ʌnˈrest] n no pl distúrbio m, agitação f

unrestrained [ˌʌnrɪˈstreɪnd] adj desenfreado, -a

unrestricted [ˌʌnrɪˈstrɪktɪd] adj ilimitado, -a; (access) irrestrito, -a

unripe [ʌnˈraɪp] adj (fruit) verde

unruly [ʌnˈruːli] <-ier, -iest> adj 1.(uncontrollable) indisciplinado, -a; (children) desobediente; (mob) incontrolável 2.(wild: hair) rebelde

unsafe [ʌnˈseɪf] adj perigoso, -a

unsatisfactory [ʌnˌsætɪsˈfæktəri, Brit: -ˌsæt-] adj insatisfatório, -a; (answer) inaceitável

unsatisfied [ʌnˈsætɪsfaɪd, Brit: -ˈsæt-] adj insatisfeito, -a

unscathed [ʌnˈskeɪðd] adj ileso, -a

unscrupulous [ʌnˈskruːpjələs] adj inescrupuloso, -a

unseemly [ʌnˈsiːmli] adj form inconveniente

unseen [ʌnˈsiːn] adj despercebido, -a m, f; invisível

unselfish [ʌnˈselfɪʃ] adj altruísta

unsettle [ʌnˈsetl, Brit: -tl] vt deslocar

unsettled adj 1.(doubtful: period)

incerto, -a 2.(*undecided: issue*) pendente 3.(*unstable: person*) vacilante; (*weather*) instável

unsettling *adj* perturbador, -a

unsightly [ʌnˈsaɪtli] <-ier, -iest> *adj* repugnante

unskilled [ʌnˈskɪld] *adj* 1.(*not skilled*) não qualificado, -a 2.(*not requiring skill*) não especializado, -a

unsociable [ʌnˈsoʊʃəbl, *Brit:* -ˈsəʊ-] *adj* insociável

unsold [ʌnˈsoʊld, *Brit:* -ˈsəʊld] *adj* não vendido, -a

unsolicited [ˌʌnsəˈlɪsɪtɪd, *Brit:* -tɪd] *adj* não solicitado, -a

unsolved [ʌnˈsɑːlvd, *Brit:* -ˈsɒlvd] *adj* não solucionado, -a

unsophisticated [ˌʌnsəˈfɪstəkeɪtɪd, *Brit:* -tɪkeɪt-] *adj* (*simple*) simples; (*person*) ingênuo, -a

unsound [ʌnˈsaʊnd] *adj* (*not acceptable*) inaceitável; **to be of ~ mind** ser alienado

unspeakable [ʌnˈspiːkəbl] *adj* inexprimível

unspecified [ʌnˈspesɪfaɪd] *adj* não especificado, -a

unspoken [ʌnˈspoʊkən, *Brit:* -spəʊ-] *adj* (*agreement*) tácito, -a; (*doubt*) implícito, -a

unstable [ʌnˈsteɪbl] *adj* instável; *fig* inconstante

unsubstantiated [ˌʌnsəbˈstæntʃieɪtɪd, *Brit:* -tɪd] *adj* infundado, -a

unsuccessful [ˌʌnsəkˈsesfəl] *adj* (*negotiations*) sem êxito; (*candidate*) fracassado, -a; (*attempt, person*) frustrado, -a; **to be ~ in sth** ser malsucedido em a. c.

unsuitable [ʌnˈsuːtəbl, *Brit:* -tə-] *adj* inadequado, -a, inapropriado, -a

unsung [ʌnˈsʌŋ] *adj* não enaltecido, -a

unsure [ʌnˈʃʊr, *Brit:* -ˈʃʊə] *adj* incerto, -a, perigoso, -a; **to be ~ about sth** estar inseguro a respeito de a. c.

unsuspecting [ˌʌnsəˈspektɪŋ] *adj* que não suspeita

unsustainable [ˌʌnsəˈsteɪnəbl] *adj* insustentável

unsympathetic [ˌʌnsɪmpəˈθetɪk, *Brit:* -tɪk] *adj* indiferente

untangle [ʌnˈtæŋgl] *vt* (*knot*) desembaraçar; (*complexities, confusion*) desvendar, esclarecer

untenable [ʌnˈtenəbl] *adj* insustentável

untested [ʌnˈtestɪd] *adj* não experimentado, -a

unthinkable [ʌnˈθɪŋkəbl] *adj* impensável

unthinking [ʌnˈθɪŋkɪŋ] *adj* irracional, irrefletido, -a

untidy [ʌnˈtaɪdi] <-ier, -iest> *adj* (*room*) desarrumado, -a, bagunçado, -a *inf;* (*appearance*) desleixado, -a

untie [ʌnˈtaɪ] <-y-> *vt* desamarrar; **to ~ a knot** desatar um nó

until [ənˈtɪl] I. *prep temporal* até; **~ then** até então II. *conj* até que +*subj;* **~ he comes** até que ele venha

untimely [ʌnˈtaɪmli] *adj* 1.(*premature*) prematuro, -a 2.(*inopportune*) inoportuno, -a

untold [ʌnˈtoʊld, *Brit:* -ˈtəʊld] *adj* 1.(*immense*) incalculável 2.(*not told*) não contado, -a

untouched [ʌnˈtʌtʃt] *adj* 1.(*not affected*) intacto, -a 2.(*emotionally unmoved*) impassível

untreated [ʌnˈtriːtɪd, *Brit:* -tɪd] *adj* não tratado, -a

untried [ʌnˈtraɪd] *adj* inexperiente

untroubled [ʌnˈtrʌbld] *adj* não molestado, -a

untrue [ʌnˈtruː] *adj* 1.(*false*) falso, -a 2.(*disloyal*) **to be ~ to sb** ser desleal com alguém

untrustworthy [ʌnˈtrʌstˌwɜːrði, *Brit:* -ˌwɜːði] *adj* indigno, -a de confiança

unused [ʌnˈjuːzd] *adj* 1.(*not used*) não usado, -a 2.(*unaccustomed*) **to be ~ to sth** não estar acostumado com a. c.

unusual [ʌnˈjuːʒuəl, *Brit:* -ʒəl] *adj* 1.(*exceptional*) raro, -a *m, f;* **a scholar of ~ ability** um erudito de rara capacidade 2.(*strange*) insólito, -a *m, f;* **~ behavior** comportamento insólito

unusually *adv* (*large, small*) extraordinariamente

unveil [ʌnˈveɪl] *vt* 1.(*uncover: statue*) descobrir 2.(*present: plan, policy*) expor

unwanted [ʌnˈwɑːntɪd, *Brit:* -ˈwɒn-] *adj* indesejado, -a

unwarranted [ʌnˈwɔːrəntɪd, *Brit:* -ˈwɒr-] *adj* (*fears, intrusion*) injustificado, -a

unwavering [ʌnˈweɪvərɪŋ] *adj* (*~ stare*) olhar firme; (*~ faith*) fé inabalável

unwelcome [ʌnˈwelkəm] *adj* (*guest*) indesejável; (*information*) inoportuno,

unwell [ʌnˈwel] *adj* **to feel ~** sentir-se indisposto, -a

unwieldy [ʌnˈwiːldi] *adj* difícil de manusear

unwilling [ʌnˈwɪlɪŋ] *adj* relutante; **to be ~ to do sth** relutar em fazer a. c.

unwind [ʌnˈwaɪnd] *irr vi* **1.** (*bandage*) desenrolar-se **2.** (*relax*) relaxar

unwise [ʌnˈwaɪz] *adj* imprudente, insensato, -a

unwittingly [ʌnˈwɪtɪŋli, Brit: -ˈwɪt-] *adv* **1.** (*without realizing*) sem perceber **2.** (*unintentionally*) sem querer

unworkable [ʌnˈwɜːrkəbl, Brit: -ˈwɜːk-] *adj* inexequível

unworthy [ʌnˈwɜːrði, Brit: -ˈwɜːði] <-ier, -iest> *adj* imerecido, -a

unwrap [ʌnˈræp] <-pp-> *vt* desembrulhar

unwritten [ʌnˈrɪtən] *adj* **1.** not written; (*constitution, language*) não escrito, -a **2.** (*rule*) tácito, -a

unyielding [ʌnˈjiːldɪŋ] *adj* inflexível; (*faith*) obstinado, -a

up [ʌp] I. *adv* **1.** (*movement*) em cima, para cima; **~ here/there** aqui/lá em cima; **on the way ~** na subida (da rua, do morro, etc); **to come ~** aparecer; **to get ~** levantar-se; **to look ~** olhar para cima **2.** (*awake*) acordado, -a; **are you up?** você está acordado?; **to be ~ all night** ficar acordado a noite inteira **3.** (*limited*) **~ to** até; **~ to here** até aqui; **~ to now** até agora; **~ to $100** até $100 **4.** (*finished*) **time's ~** acabou o tempo **5.** (*responsibility*) **it's ~ to me to decide** cabe a mim decidir; **it's ~ to you** depende de você **6.** SPORTS **to be 2 goals ~** estar vencendo por 2 gols **7.** (*phrases*) **~ and down** para cima e para baixo; **~ for sale** à venda; **this isn't ~ to much** isso deixa muito a desejar; **to be ~ against sth** enfrentar a. c.; **to be ~ and about** estar recuperado e de volta à vida normal; **to be ~ for (doing) sth** estar para (fazer) a. c.; **to feel ~ to sth** estar tramando a. c.; **what's ~?** e aí?; **what's ~ with him?** o que (é que) ele tem? II. *prep* acima, em cima; **to climb ~ a tree** subir numa árvore; **to go ~ the stairs** subir as escadas; **to go ~ the street** subir a rua III. <-pp-> *vi inf* **to ~ and do sth** levantar e fazer a. c.

upbeat [ˈʌpbiːt] *adj inf* (*mood, atmosphere*) otimista

upbringing [ˈʌpbrɪŋɪŋ] *n no pl* educação *f*

upcoming [ˈʌpˌkʌmɪŋ] *adj* (*election, tour*) próximo, -a

update [ʌpˈdeɪt] *vt* pôr em dia; INFOR atualizar

upgrade[1] [ʌpˈgreɪd] *vt* aperfeiçoar; INFOR atualizar

upgrade[2] [ˈʌpgreɪd] *n* **1.** (*improvement*) aperfeiçoamento *m* **2.** AM (*slope*) subida *f*; **to be on the ~** *fig* estar progredindo

upheaval [ʌpˈhiːvəl] *n* caos *m*

uphill [ʌpˈhɪl] I. *adv* morro acima II. *adj* **1.** (*sloping upward: climb*) ascendente **2.** (*difficult: battle, struggle*) árduo, -a

uphold [ʌpˈhoʊld, Brit: -ˈhəʊld] *irr vt* sustentar; **to ~ the law** manter a lei

upholstery [ʌpˈhoʊlstri, Brit: -ˈhəʊl-] *n no pl* estofamento *m*

upkeep [ˈʌpkiːp] *n no pl* manutenção *f*; **~ on sth** manutenção de a. c.

upland [ˈʌplənd] *n* **the ~s** o planalto

uplift [ʌpˈlɪft] *vt* erguer

uplifting *adj* (*experience*) estimulante

upon [əˈpɑːn, Brit: -ˈpɒn] *prep* **1.** (*on top of*) sobre; **to hang ~ the wall** pendurar na parede **2.** (*at time of*) **~ her arrival** logo após sua chegada; **once ~ a time** era uma vez; **~ this** prestes a (chegar)

upper [ˈʌpər, Brit: -əʳ] *adj* (*further up*) superior; **the Upper House** POL ≈ o Senado

upper case *n no pl* TYP maiúscula *f*

upper-class *adj* da classe alta

uppermost *adj* superior

upright [ˈʌpraɪt] I. *adj* ereto, -a; *fig* (*citizen*) íntegro, -a *m, f* II. *adv* na vertical

uprising [ˈʌpraɪzɪŋ] *n* insurreição *f*

uproar [ˈʌprɔːr, Brit: -rɔːʳ] *n no pl* tumulto *m*, algazarra *f*; **an ~ over sth** um alvoroço por a. c.

uproot [ˌʌpˈruːt] *vt a. fig* erradicar

upset[1] [ʌpˈset] I. *vt irr* **1.** (*overturn: a. boat, canoe*) virar **2.** (*unsettle*) atrapalhar, perturbar II. *adj* (*distressed*) chateado, -a *inf*; **to get ~ about sth** ficar chateado com a. c.; **to have an ~ stomach** estar com o estômago embrulhado

upset[2] [ˈʌpset] *n no pl* **1.** (*trouble*) revés *m*; (*argument, quarrel*) distúrbio *m* **2. stomach ~** enjoo *m*

upshot ['ʌpʃɑ:t, Brit: -ʃɒt] n no pl desfecho m

upside down adv de cabeça para baixo; **to turn sth ~** virar a. c. de cabeça para baixo

upstage [ˌʌp'steɪdʒ] **I.** vt sobressair **II.** adv no fundo do palco

upstairs [ˌʌp'sterz, Brit: -'steəz] **I.** adj de cima **II.** adv (lá) em cima; **to go ~** subir, ir lá para cima **III.** n no pl (**the**) ~ o andar m superior

upstanding [ˌʌp'stændɪŋ] adj form (citizen) honrado, -a

upstart ['ʌpstɑ:rt, Brit: -stɑ:t] n pej emergente mf inf

upstream [ˌʌp'stri:m] adv rio acima

upsurge ['ʌpsɜ:rdʒ, Brit: -sɜ:dʒ] n aumento m repentino

uptake ['ʌpteɪk] n inf **to be quick/slow on the ~** ter raciocínio rápido/lento

uptight [ʌp'taɪt] adj inf tenso, -a; **to get ~ about sth** ficar tenso com a. c.

up-to-date adj **1.** (contemporary) moderno, -a **2.** (informed) atualizado, -a, a par

upturn ['ʌptɜ:rn, Brit: -tɜ:n] n melhora f

upward ['ʌpwərd, Brit: -wəd] **I.** adj ascendente; **~ mobility** mobilidade f ascendente **II.** adv para cima

uranium [jʊ'reɪniəm, Brit: jʊə'-] n no pl urânio m

Uranus ['jʊərənəs, Brit: 'jʊər-] n Urano m

urban ['ɜ:rbən, Brit: 'ɜ:b-] adj urbano, -a

urbane [ɜ:r'beɪn, Brit: ɜ:'-] adj cortês

urbanization [ˌɜ:rbənɪ'zeɪʃn, Brit: ˌɜ:bənaɪ'-] n no pl urbanização f

urge [ɜ:rdʒ, Brit: ɜ:dʒ] **I.** n impulso m; **to have the ~ to do sth** sentir o impulso de fazer a. c. **II.** vt **to ~ caution on sb** incutir cautela em alguém; **to ~ sb to do sth** incitar alguém a fazer a. c.

♦ **urge on** vt **to urge sb on to do sth** instigar alguém a fazer a. c.

urgency ['ɜ:rdʒənsi, Brit: 'ɜ:dʒ-] n no pl urgência f

urgent ['ɜ:rdʒənt, Brit: 'ɜ:dʒ-] adj urgente; **to be in ~ need of sth** estar precisando de a. c. com urgência

urgently adv urgentemente

urinal ['jʊərənəl, Brit: jʊə'raɪnəl] n **1.** (place) mictório m **2.** (vessel) urinol m

urinate ['jʊərəneɪt, Brit: 'jʊərɪ-] vi urinar

urine ['jʊərɪn, Brit: 'jʊər-] n no pl urina f

urn [ɜ:rn, Brit: ɜ:n] n **1.** (vase) urna f **2.** (for tea) chaleira f

Uruguay ['jʊərəgweɪ, Brit: 'jʊərəgwaɪ] n Uruguai m

Uruguayan [ˌjʊrə'gweɪən, Brit: ˌjʊərə'gwaɪ-] adj, n uruguaio, -a m

us [əs, stressed: ʌs] pron after verb nos; **he gave the pencil to ~** ele nos deu o lápis; **he saw ~** ele nos viu; after prep nós; **many of ~** muitos de nós; **older than ~** mais velho (do) que nós

USA [ˌju:es'eɪ] n abbr of **United States of America** EUA mpl

use I. [ju:s] n uso m; **in ~** em uso; **it's no ~** não adianta; **to be of ~ to sb** ser útil a alguém; **to be out of ~** ser antiquado; **to come into ~** entrar em uso; **to go out of ~** cair em desuso; **to make ~ of sth** usar a. c.; **to put sth to ~** aproveitar a. c. **II.** [ju:z] vt **1.** (make use of) usar; (skills) aproveitar; **to ~ common sense** usar o bom senso; **to ~ logic** usar a lógica; **to ~ sth against sb** usar a. c. contra alguém; **to ~ sth to do sth** usar a. c. para fazer a. c. **2.** (consume) gastar; **industrialised countries are using the earth's resources** os países industrializados estão gastando os recursos da Terra, consumir; **does she still ~ drugs?** ela ainda consome drogas?. **3.** (manipulate) manusear; (exploit) usar, aproveitar-se de; **to ~ sb for sth** usar [ou aproveitar-se de] alguém para a. c. **II.** [ju:s] aux **he ~d to live in New York** ele morava em Nova York

♦ **use up** vt gastar; **I've used up all the polish** eu gastei toda a cera, esgotar; **at the age of 53 he was used up** aos 53 anos ele estava esgotado

used adj usado, -a

used to adj acostumado, -a; **to be ~ doing sth** estar acostumado a fazer a. c.; **to be ~ sth** estar acostumado com [ou a] a. c.; **to become ~ sth** acostumar-se a [ou com] a. c.

useful ['ju:sfəl] adj útil

usefulness n no pl utilidade f

useless ['ju:sləs] adj inútil

user ['ju:zər, Brit: -ər] n usuário, -a m, f; (of gas, electricity) consumidor(a) m(f); **drug ~** viciado, -a m, f

user-friendly adj INFOR (dictionary a.) fácil de usar

usher ['ʌʃər, Brit: -ər] **I.** n porteiro, -a m, f; CINE, THEAT lanterninha **II.** vt **to ~ in the New Year** iniciar o Ano Novo; **to**

~ **sb in** conduzir alguém
usual ['juːʒuəl, *Brit:* -ʒəl] *adj* habitual, de praxe; **as** ~ como sempre
usually *adv* normalmente
usurp [juːˈsɜːrp, *Brit:* -ˈzɜːp] *vt* usurpar
utensil [juːˈtensl] *n* utensílio *m*
uterus ['juːtərəs, *Brit:* -tə-] <-ri *o* -es> *n* útero *m*
utilitarian [juːˌtɪləˈteriən, *Brit:* -ɪˈteər-] *adj* utilitário, -a
utility [juːˈtɪləti, *Brit:* -ti] <-ies> *n* 1.(*usefulness*) utilidade *f*; ~ **room** despensa *f* 2.(*public service*) serviço público *m*
utmost ['ʌtmoʊst, *Brit:* -məʊst] I. *adj* máximo, -a; **put forth your hand to the** ~ **stretch** estenda sua mão ao máximo, maior; **a matter of** ~ **importance** um assunto da maior importância II. *n no pl* **the** ~ o máximo; **to do one's** ~ **to do sth (for sb)** fazer o possível para conseguir a. c. (para alguém), tentar ao máximo conseguir a. c. (para alguém)
utopian [juːˈtoʊpiən, *Brit:* -ˈtəʊ-] *adj* utópico, -a
utter[1] ['ʌtər, *Brit:* ˈʌtəʳ] *adj* (*confusion, nonsense*) total; **an** ~ **wast of time** uma total perda de tempo
utter[2] *vt* 1.proferir, pronunciar; **without** ~**ing a word** sem proferir uma palavra 2.(*contempt, desolation, despair, disbelief*) exprimir
utterance ['ʌtərənts, *Brit:*ˈʌt-] *n* 1.(*saying*) declaração *f* 2.(*ideas, feelings*) **give** ~ **to her fears** colocar seus medos para fora
utterly *adv* absolutamente, completamente
U-turn ['juːtɜːrn, *Brit:* -tɜːn] *n* 1.AUTO meia-volta *f* 2.POL mudança *f* radical
Uzbekistan [ˌʌzˌbekɪˈstæn, *Brit:* -ˈstɑːn] *n* Uzbequistão *m*

V

V, v [viː] *n* v, V *m;* ~ **as in Victor** v de vovó
V *abbr of* **volt** V

vacancy ['veɪkəntsi] <-ies> *n* (*room, job*) vaga *f*; **to fill a** ~ preencher uma vaga
vacant ['veɪkənt] *adj* (*bed, position*) vago, -a; **he had a** ~ **expression on his face** ele tinha uma expressão vazia no rosto
vacate ['veɪkeɪt, *Brit:* vəˈkeɪt] *vt form* 1.(*seat, room, building*) desocupar 2.(*job*) deixar
vacation [veɪˈkeɪʃn, *Brit:* və-] I. *n Am* férias *fpl*; **to be on** ~ estar de férias II. *vi Am* passar férias
vaccinate ['væksəneɪt, *Brit:* -ksɪ-] *vt* vacinar; **to** ~ **sb against sth** vacinar alguém contra a. c.
vaccine [vækˈsiːn, *Brit:*ˈvæksiːn] *n* vacina *f*
vacuous ['vækjuəs] *adj* (*remark*) insípido, -a; (*smile*) inexpressivo, -a
vacuum ['vækjuːm] I. *n* vácuo *m* II. *vi, vt* limpar com o aspirador de pó
vacuum cleaner *n* aspirador *m* de pó
vagabond ['vægəbɑːnd, *Brit:* -bɒnd] *n* vagabundo, -a *m, f*
vagina [vəˈdʒaɪnə] *n* vagina *f*
vagrant ['veɪgrənt] *n* vagabundo, -a *m, f*
vague [veɪg] *adj* 1.(*promise, description, outline*) vago, -a 2.(*absentminded*) distraído, -a
vain [veɪn] *adj* 1.(*conceited*) vaidoso, -a 2.(*fruitless*) vão, vã; **in** ~ em vão
Valentine's Day ['væləntaɪnz-] *n no pl* ≈ Dia *m* dos Namorados
valiant ['væljənt, *Brit:* -liənt] *adj* corajoso, -a
valid ['vælɪd] *adj* 1.(*argument, excuse, method, objection, license*) válido, -a 2.LAW vigente
validate ['vælədeɪt, *Brit:* -lɪ-] *vt* 1.(*ratify*) ratificar 2.(*authenticate: document*) autenticar; (*ticket*) validar
validity [vəˈlɪdəti, *Brit:* -ti] *n no pl* 1.(*of argument, excuse, method, objection, license*) validade *f* 2.(*of law*) vigência *f*
valley ['væli] *n* vale *m*
valor *n no pl, Am,* **valour** ['vælər, *Brit:* -əʳ] *n no pl, Brit, Aus, form* valor *m*
valuable ['væljuəbl] I. *adj* valioso, -a II. *n pl* objetos *mpl* de valor
valuation [ˌvæljuˈeɪʃn] *n* avaliação *f*
value ['væljuː] I. *n* valor *m;* **to be good** ~ **(for sb's money)** valer seu preço, ser uma pechincha; **to be of** ~ **to sb** ter valor para alguém; **to put a** ~ **on sth** dar valor a a. c. II. *vt* 1.(*cherish*) apre-

ciar, valorizar **2.** (*estimate worth*) avaliar

value-added tax *n Brit*: imposto sobre a circulação de mercadorias e serviços

value-conscious *adj inv* (*buyer, customer*) de olho em pechinchas

valued *adj form* avaliado, -a

valve ['vælv] *n* válvula *f*

vampire ['væmpaɪər, *Brit*: -əʳ] *n* vampiro *m*

van [væn] *n* van *f*, perua *f*

vandal ['vændəl] *n* vândalo *m*

vandalism ['vændəlɪzəm] *n no pl* vandalismo *m*

vandalize ['vændəlaɪz] *vt* depredar, destruir

vanguard ['væŋgɑːrd, *Brit*: -gɑːd] *n no pl* vanguarda *f*

vanilla [və'nɪlə] *n no pl* baunilha *f*

vanish ['vænɪʃ] *vi* desaparecer, sumir; **to ~ from view** sumir de vista

vanity ['vænəti, *Brit*: -əti] <-ies> *n* vaidade *f*

vanquish ['væŋkwɪʃ] *vt* vencer

vantage point ['væntɪdʒ-, *Brit*: 'vɑːn-] *n* posição *f* estratégica

vapor *n Am*, **vapour** ['veɪpər, *Brit*: -əʳ] *n Brit, Aus* vapor *m*

variability [ˌveriə'bɪləti, *Brit*: ˌveəriə'bɪləti] *n no pl* variabilidade *f*

variable ['veriəbl, *Brit*: 'veər-] *adj, n* variável *f*

variance ['veriənts, *Brit*: 'veər-] *n* **1.** *no pl* (*difference*) diferença *f*; **the ~ between reports** a diferença entre os relatórios **2.** variação *f*; **a daily ~ of one degree** uma variação diária de um grau **3.** *no pl* (*dissension*) divergência *f*; **at ~** em desacordo

variant ['veriənt, *Brit*: 'veər-] **I.** *n* variante *f*, variedade *f* **II.** *adj* variado, -a, variável

variation [ˌveri'eɪʃn, *Brit*: ˌveər-] *n no pl* variação *f*; **~ in sth** variação em [*ou* de] a. c.

varicose veins ['verəkoʊs-, *Brit*: 'værɪkəʊs-] *npl* varizes *fpl*

varied *adj* variado, -a

variety [və'raɪəti, *Brit*: -ti] <-ies> *n* (*diversity, type*) variedade *f*; **for a ~ of reasons** por várias razões; **~ is the spice of life** *prov* o inesperado é o tempero da vida *prov*

various ['veriəs, *Brit*: 'veər-] *adj* **1.** (*numerous*) vários, -as **2.** (*diverse*) diversos, -as

varnish ['vɑːrnɪʃ, *Brit*: 'vɑːn-] **I.** *n no pl* verniz *m*; (**nail**) ~ esmalte *m* (de unha) **II.** *vt* envernizar

vary ['veri, *Brit*: 'veəri] <-ie-> *vi, vt* variar; **to ~ in sth** variar em a. c.

varying *adj* variado, -a

vascular ['væskjələr, *Brit*: -əʳ] *adj* vascular

vase [veɪs, *Brit*: vɑːz] *n* (*for flowers*,) vaso *m*; (*ornamental*) jarra *f*

vast [væst, *Brit*: vɑːst] *adj* **1.** (*area, region*) vasto, -a; (*audience*) grande **2.** (*quantity*) **a ~ amount of money** uma grande quantidade de dinheiro; **the ~ majority** a grande maioria

vat [væt] *n* tanque *m*; (*for wine, oil*) barril *m*, tonel *m*

VAT [ˌviː'eɪ'tiː] *n no pl, Brit abbr of* **value-added tax** ≈ ICMS *m*

Vatican ['vætɪkən, *Brit*: 'væt-] *n no pl* **the ~** o Vaticano

vault¹ [vɑːlt, *Brit*: vɔːlt] *n* **1.** ARCHIT abóbada *f* **2.** (*under church*) catacumba *f* **3.** (*in bank*) caixa-forte *f*

vault² **I.** *n* (*jump*) salto *m* **II.** *vi, vt* saltar (*usando as mãos como apoio*); **he put his hands on the counter and ~ed over** colocou as mãos sobre o balcão e saltou

VCR [ˌviːsiː'ɑːr, *Brit*: -'ɑːʳ] *n abbr of* **videocassette recorder** VCR *m*

veal [viːl] *n no pl* vitela *f*

veer [vɪr, *Brit*: vɪəʳ] *vi* (*vehicle*) **1.** dar uma guinada, virar bruscamente; **the car suddenly ~ed off to the left** o carro deu uma guinada brusca para a esquerda; (*wind*) **2.** mudar de direção; **to ~ towards sth** virar(-se) em direção à a. c.

vegetable ['vedʒtəbl] *n* legume *m*, verdura *f*

vegetable garden *n* horta *f* **vegetable oil** *n no pl* óleo *m* vegetal

vegetarian [ˌvedʒə'teriən, *Brit*: -ɪ'teər-] *n* vegetariano, -a *m, f*

vegetate ['vedʒəteɪt, *Brit*: -dʒɪ-] *vi* vegetar

vegetation [ˌvedʒə'teɪʃn, *Brit*: -ɪ'-] *n no pl* vegetação *f*

vehement ['viːəmənt] *adj* veemente

vehicle ['viːəkl, *Brit*: 'vɪə-] *n* **1.** (*method of transport*) veículo *m* **2.** *fig* (*channel*) canal *m*; **the conference was a ~ for cooperation between the states** a conferência foi um canal de cooperação entre os Estados

veil [veɪl] I. n véu m; **to draw a ~ over sth** fig lançar um véu sobre a. c. II. vt velar

veiled adj (criticism, threat, woman) velado, -a; **thinly ~ attack** ataque mal disfarçado

vein [veɪn] n 1. ANAT, BOT veia f 2. GEO veio m 3. fig **in (a) similar ~** num estilo semelhante; **to talk in a more serious ~** conversar de uma maneira mais séria

velocity [vəˈlɑːsəti, Brit: vɪˈlɒsəti] <-ies> n form velocidade f

velvet [ˈvelvɪt] n veludo m

vendetta [venˈdetə, Brit: -tə] n vendeta f, vingança f

vendor [ˈvendər, Brit: -dɔːʳ] n vendedor(a) m(f), fornecedor(a) m(f)

veneer [vəˈnɪr, Brit: -ˈnɪəʳ] n 1. (wood) folha f compensada de madeira 2. fig (semblance) fachada f; **a ~ of respectability** uma fachada de respeitabilidade

venerable [ˈvenərəbl] adj (building, tree) venerável; (person) respeitável; (tradition) reverenciado, -a

venereal disease [vəˈnɪriəl-, Brit: -ˈnɪər-] n doença f venérea

Venezuela [ˌveneˈzweɪlə, Brit: -ˈɪ-] n Venezuela f

Venezuelan adj, n venezuelano, -a m, f

vengeance [ˈvendʒənts] n no pl vingança f; **with a ~** fig com fúria, para valer; **to take ~ on sb** vingar-se de alguém

venison [ˈvenɪsən] n no pl carne f de veado

venom [ˈvenəm] n no pl 1. (poison) veneno m 2. fig maldade f

vent [vent] I. n 1. (outlet) orifício m; **to give ~ to sth** fig dar vazão a a. c. 2. FASHION abertura f II. vt dar vazão a; **to ~ one's anger on sb** descarregar a raiva em alguém

ventilate [ˈventəleɪt, Brit: -tɪ-] vt ventilar

ventilation [ˌventəˈleɪʃn, Brit: -ˈɪ-] n no pl ventilação f

venture [ˈventʃər, Brit: -əʳ] I. n 1. (endeavor) tentativa f 2. COM empreendimento m; **joint ~** empreendimento conjunto II. vt 1. (dare) **to ~ to do sth** arriscar-se a fazer a. c. 2. (express: an opinion) aventurar

◆ **venture out** vi aventurar-se a sair

venture capital n FIN capital m de risco

venue [ˈvenjuː] n (for meeting) ponto m de encontro; (for concert, of match) local m

Venus [ˈviːnəs] n Vênus m

veranda(h) [vəˈrændə] n varanda f

verb [vɜrb, Brit: vɜːb] n verbo m

verbal [ˈvɜrbəl, Brit: ˈvɜːb-] adj 1. (oral) verbal; **~ agreement** acordo m verbal 2. (word for word) literal

verbally adv verbalmente, oralmente

verbatim [vərˈbeɪtɪm, Brit: vɜːˈbeɪt-] adv textualmente, palavra por palavra

verdict [ˈvɜrdɪkt, Brit: ˈvɜːd-] n 1. LAW (by jury, magistrate, judge) veredicto m, decisão f; **to return a ~** (jury, magistrate, judge) proferir um veredicto, julgar 2. (opinion) opinião f; **to give a ~ on sth** dar uma opinião sobre a. c.

verge [vɜrdʒ, Brit: vɜːdʒ] I. n 1. beira f; Brit (next to road) margem f 2. (on the brink) **to be on the ~ of doing sth** estar prestes a fazer a. c.; **to be on the ~ of madness** estar à beira da loucura II. vi **to ~ on sth** beirar a. c.

verify [ˈverəfaɪ, Brit: -rɪ-] <-ie-> vt 1. (corroborate) comprovar 2. (authenticate) confirmar

veritable [ˈverətəbl, Brit: -rɪt-] adj verdadeiro, -a

vermin [ˈvɜrmɪn, Brit: ˈvɜːm-] n 1. pl (animals) praga f, animais m pl nocivos; (insects) insetos mpl 2. pej (people) ralé f

vernacular [vərˈnækjələr, Brit: vəˈnækjələʳ] n (local language) vernáculo m

versatile [ˈvɜrsətəl, Brit: ˈvɜːsətaɪl] adj (tool, device, person) versátil

versatility [ˌvɜrsəˈtɪləti, Brit: ˌvɜːsəˈtɪləti] n no pl versatilidade f

verse [vɜrs, Brit: vɜːs] n (of poem) verso m, estrofe f

version [ˈvɜrʒən, Brit: ˈvɜːʃən] n versão f

versus [ˈvɜrsəs, Brit: ˈvɜːs-] prep 1. (in comparison to) versus 2. SPORTS, LAW contra

vertebra [ˈvɜrtəbrə, Brit: ˈvɜːtɪ-] <-ae> n vértebra f

vertebrate [ˈvɜrtəbrɪt, Brit: ˈvɜːtɪbreɪt] I. n vertebrado m II. adj vertebrado, -a

vertical [ˈvɜrtəkəl, Brit: ˈvɜːtɪ-] adj vertical

vertigo [ˈvɜrtəgoʊ, Brit: ˈvɜːtɪgəʊ] n no pl vertigem f

verve [vɜrv, Brit: vɜːv] n no pl verve f, vivacidade f; **with ~** com entusiasmo

very ['veri] I. *adv* muito; **at the ~ least** no mínimo; **not ~ much** não muito; **the ~ best** o melhor possível [*ou* mesmo]; **the ~ next day** exatamente o dia seguinte; **the ~ same** exatamente o mesmo; **~ much** muitíssimo; **~ well** muito bem II. *adj* 1. (*absolute*) **at the ~ beginning/end** bem no início/fim; **the very first/last** o primeiro/último de todos 2. (*exact*) **that's the ~ thing I wanted** isso é exatamente o que eu queria; **the ~ fact** o próprio fato

vessel ['vesəl] *n* 1. (*boat*) barco *m*; (*large boat*) navio *m* 2. (*container*) vasilha *f*

vest [vest] *n* 1. *Am, Aus* (*of suit, sleeveless sweater*) colete *m* 2. *Brit* (*undershirt*) camiseta *f*

vestige ['vestɪdʒ] *n* vestígio *m*

vet¹ [vet] *n* veterinário, -a *m, f*

vet² *vt* <-tt-> examinar

veteran ['vetərən, *Brit:* 'vet-] *n* veterano, -a *m, f*

> **Culture** A festa do **Veterans Day**, celebrada no dia 11 de novembro, foi criada em princípio para comemorar o armistício celebrado entre a Alemanha e os E.U.A. no ano de 1918. Na prática, nesse dia presta-se homenagem a todos os veteranos de todas as guerras americanas.

veterinarian [ˌvetərɪ'neriən, *Brit:* -'neər-] *n Am* veterinário, -a *m, f*

veterinary ['vetərɪneri, *Brit:* -nəri] *adj* veterinário, -a

veto ['viːtou, *Brit:* -təu] I. *n* <-es> veto *m* II. *vt* <vetoed> 1. (*exercise a veto against*) vetar 2. (*forbid*) proibir

vex [veks] *vt* 1. (*annoy*) atormentar 2. (*upset*) irritar

via ['vaɪə] *prep* via

viability [ˌvaɪə'bɪləti, *Brit:* -əti] *n no pl* viabilidade *f*

viable ['vaɪəbl] *adj* viável

vibrant ['vaɪbrənt] *adj* 1. (*person*) entusiasmado, -a 2. (*music, color*) vibrante; (*economy*) vigoroso, -a

vibrate ['vaɪbreɪt, *Brit:* vaɪ'breɪt] *vi* vibrar

vibration [vaɪ'breɪʃn] *n* vibração *f*

vicar ['vɪkər, *Brit:* -əʳ] *n* pastor *m* (anglicano)

vicarage ['vɪkərɪdʒ] *n* vicariato *m* (residência)

vice¹ [vaɪs] *n* (*wickedness*) vício *m*

vice² *n Brit, Aus s.* **vise**

vice-chairman <-men> *n* vice-presidente (de conselho, comissão, etc), -a *m, f* **vice-chancellor** *n Brit* UNIV reitor(a) *m(f)* **vice president** *n* vice-presidente, -a *m, f*

vice versa [ˌvaɪsə'vɜːrsə, *Brit:* -sɪ'vɜːsə] *adv* vice-versa

vicinity [və'sɪnəti, *Brit:* vɪ'sɪnəti] <-ies> *n* **in the ~ of ...** nos arredores *m pl* de ...

vicious ['vɪʃəs] *adj* 1. (*fighting*) vicioso, -a; (*attack*) violento, -a 2. (*pain*) cruel

victim ['vɪktɪm] *n* vítima *f*; **to be the ~ of sth** ser a vítima de a. c.

victimize ['vɪktəmaɪz, *Brit:* -tɪ-] *vt* tratar injustamente, sacrificar

victor ['vɪktər, *Brit:* -əʳ] *n* vencedor(a) *m(f)*

> **Culture** A **Victoria Cross** foi criada no ano de 1856 pela rainha Vitória durante a guerra da Crimeia como a condecoração militar mais alta da **Commonwealth**. Ela é concedida a quem tenha se destacado por sua coragem. A inscrição tem o seguinte teor: **'For valour'** (Por bravura)

Victorian [vɪk'tɔːriən] *adj* vitoriano, -a

victorious [vɪk'tɔːriəs] *adj* vitorioso, -a

victory ['vɪktəri] <-ies> *n* vitória *f*; **a ~ for/against sb** uma vitória de/contra alguém; **~ in sth** vitória em a. c.

video ['vɪdioʊ, *Brit:* -əʊ] I. *n* 1. (*machine*) vídeo *m* 2. (*tape*) videocassete *m*, videoteipe *m* II. *vt* gravar em vídeo

video camera *n* filmadora *f* **video conference** *n* videoconferência *f* **video game** *n* videogame *m* **videophone** *n* videofone *m* **video recorder** *n* videocassete *m*

vie [vaɪ] <vying> *vi* **to ~ (with sb) for sth** disputar a. c. com alguém

Vietnam [ˌviːet'nɑːm, *Brit:* ˌvjet'næm] *n* Vietnã *m*

Vietnamese [viˌetnə'miːz, *Brit:* ˌvjet-] *adj, n* vietnamita

view [vjuː] I. *n* 1. (*opinion*) opinião *f*; **a**

~ on [o about] sth uma opinião sobre a. c.; **exchange of** ~s troca f de ideias; **in my** ~ ..., a meu ver ..., **in sb's** ~ ... na opinião de alguém ...; **to express a** ~ dar seu parecer **2.** (*sight*) visão f, vista f; **in** ~ **of sth** fig em vista de a. c., em virtude de a. c.; **to be on** ~ estar em exposição; **to come into** ~ surgir, tornar-se visível; **to disappear from** ~ desaparecer da vista; **with a** ~ **to sth** fig com o propósito de a. c. **II.** vt **1.** (*consider*) considerar; **to** ~ **sth/sb as sth** considerar a. c./alguém como a. c. **2.** (*watch*) ver, contemplar

viewer ['vju:ər, Brit: -əʳ] n **1.** (*person*) observador(a) m(f), telespectador(a) m(f) **2.** (*device*) visor m

viewpoint n ponto m de vista

vigil ['vɪdʒəl, Brit: -ɪl] n vigília f

vigilance ['vɪdʒɪləns] n no pl vigilância f

vigilant ['vɪdʒɪlənt] adj vigilante, alerta

vigor n Am, Aus, **vigour** ['vɪgər, Brit: -əʳ] n no pl vigor m

vigorous ['vɪgərəs] adj vigoroso, -a; ~ **growth** crescimento vigoroso

vile [vaɪl] adj **1.** (*shameful*) vil, infame; **to be** ~ **to sb** cometer uma baixeza contra alguém **2.** (*mood, temper*) medonho, -a; (*weather*) horrível; **to smell** ~ ter cheiro repugnante

village ['vɪlɪdʒ] n povoado m, aldeia f

villain ['vɪlən] n vilão, vilã m, f

vindicate ['vɪndəkeɪt, Brit: -dɪ-] vt **1.** (*justify*) justificar **2.** (*clear of blame*) eximir (de culpa, responsabilidade)

vindictive [vɪn'dɪktɪv] adj vingativo, -a

vine [vaɪn] n videira f; (*climbing*) trepadeira f

vinegar ['vɪnəgər, Brit: -ɪgəʳ] n no pl vinagre m

vineyard ['vɪnjərd, Brit: -jəd] n vinhedo m

vintage ['vɪntɪdʒ] **I.** n safra f **II.** adj **1.** (*wine*) de boa safra **2.** (*of high quality: novel*) clássico, -a

vinyl ['vaɪnəl] n no pl vinil m

viola [vi'oʊlə, Brit: -'əʊ-] n MUS viola f

violate ['vaɪəleɪt] vt violar; **to** ~ **sb's privacy** invadir a privacidade de alguém

violence ['vaɪələnts] n no pl violência f

violent ['vaɪələnt] adj (*physically*) **1.** violento, -a **2.** (*argument*) veemente

violet ['vaɪəlɪt, Brit: -lət] **I.** n **1.** BOT violeta f **2.** (*color*) violeta m **II.** adj violeta

violin [ˌvaɪə'lɪn] n violino m

violinist n violinista mf

VIP [ˌvi:aɪ'pi:] s. **very important person** VIP m f

viper ['vaɪpər, Brit: -əʳ] n víbora f

virgin ['vɜ:rdʒɪn, Brit: 'vɜ:dʒ-] n virgem f

virginity [vər'dʒɪnəti, Brit: və'dʒɪnəti] n no pl virgindade f

Virgo ['vɜ:rgoʊ, Brit: 'vɜ:gəʊ] n Virgem mf; **to be a** ~ ser virginiano, -a, ser (de) Virgem; **to be born under the sign of** ~ ser nativo de Virgem

virile ['vɪrəl, Brit: -raɪl] adj viril

virility [və'rɪləti, Brit: vɪ'rɪləti] n no pl virilidade f

virtual ['vɜ:rtʃuəl, Brit: 'vɜ:tʃ-] adj INFOR virtual

virtually adv praticamente

virtual reality n realidade f virtual

virtue ['vɜ:rtʃu:, Brit: 'vɜ:tju:] n virtude f; **by** ~ **of ...** form em virtude de ...

virtuous ['vɜ:rtʃuəs, Brit: 'vɜ:tʃ-] adj virtuoso, -a

virus ['vaɪrəs, Brit: 'vaɪə-] <-es> n vírus m inv

visa ['vi:zə] n visto m

vis-à-vis [ˌvi:zə'vi:, Brit: -zɑ:'-] prep (*relation to*) com relação a; (*comparison*) em comparação com

viscous ['vɪskəs] adj viscoso, -a, pegajoso, -a; ~ **lava** lava pegajosa

vise [vaɪs] n Am (*tool*) torno m

visibility [ˌvɪzə'bɪləti, Brit: -əti] n no pl visibilidade f; **poor** ~ pouca visibilidade

visible ['vɪzəbl] adj visível; **barely** ~ pouco visível, visível a custo; **to be** ~ **to sb/the naked eye** ser visível para alguém/a olho nu

vision ['vɪʒən] n no pl (*sight, image*) visão f

visit ['vɪzɪt] **I.** n visita f; **to pay a** ~ **to sb** fazer uma visita a alguém **II.** vt visitar

visiting adj (*professor, speaker, dignitary*) visitante

visitor ['vɪzɪtər, Brit: -təʳ] n visitante mf

visualize ['vɪʒuəlaɪz] vt visualizar

vital ['vaɪtəl, Brit: -təl] adj vital, fundamental; ~ **ingredient** ingrediente m básico; **of** ~ **importance** de suma [ou capital] importância

vitamin ['vaɪtəmɪn, Brit: 'vɪt-] n vitamina f

vivacious [vɪ'veɪʃəs] adj vivaz

vivid ['vɪvɪd] adj (*color*) **1.** vívido, -a m, f **2.** (*imagination*) fértil

vocabulary [voʊ'kæbjələri, Brit:

vocal | 413 | **waddle**

vəʊ'kæbjələri] *n* vocabulário *m*
vocal ['voʊkəl, *Brit:* 'vəʊ-] *adj* **1.** (*of the voice*) vocal **2.** (*outspoken*) eloquente
vocalist ['voʊkəlɪst, *Brit:* 'vəʊ-] *n* vocalista *mf*
vocation [voʊ'keɪʃn, *Brit:* vəʊ'-] *n* vocação *f*
vocational [voʊ'keɪʃənəl, *Brit:* vəʊ'-] *adj* vocacional; (*education, training*) profissional
vociferous [voʊ'sɪfərəs, *Brit:* vəʊ'-] *adj* vociferante
vogue [voʊg, *Brit:* vəʊg] *n* moda *f*, voga *f*; **in** ~ em voga, na moda
voice [vɔɪs] **I.** *n* voz *f*; **in a loud** ~ em voz alta; **to give** ~ **to sth** expressar a. c.; **to lose one's** ~ ficar afônico; **to raise/lower one's** ~ levantar/baixar a voz **II.** *vt* enunciar
void [vɔɪd] **I.** *n* vácuo *m* **II.** *adj* **1.** (*of no legal force*) inválido, -a, sem efeito **2.** (*unoccupied*) vazio, -a **3. to be** ~ **of sth** ser desprovido, -a de a. c. **III.** *vt* **1. to** ~ **a check** anular [*ou* invalidar] um cheque **2. to** ~ **sth** (**out**) estar desprovido de a. c.
vol *abbr of* **volume** vol
volatile ['vɑːlətəl, *Brit:* 'vɒlətaɪl] *adj* (*situation, temper, prices*) volátil; (*person*) volúvel
volcanic [vɑːl'kænɪk, *Brit:* vɒl'-] *adj* vulcânico, -a
volcano [vɑːl'keɪnoʊ, *Brit:* vɒl'keɪnəʊ] <-(e)s> *n* vulcão *m*
volley ['vɑːli, *Brit:* 'vɒli] **I.** *n* **1.** MIL descarga, saraivada *f*; **a** ~ **of insults** *fig* uma saravaida de insultos **2.** SPORTS voleio *m* **II.** *vi* SPORTS rebater a bola
volleyball *n no pl* voleibol *m*
volt [voʊlt, *Brit:* vəʊlt] *n* volt *m*
voltage ['voʊltɪdʒ, *Brit:* 'vəʊl-] *n* voltagem *f*
volume ['vɑːljuːm, *Brit:* 'vɒl-] *n no pl* volume *m*; **to turn the** ~ **up/down** aumentar/abaixar o volume; **his absence speaks** ~**s** sua ausência diz tudo; **to speak** ~**s for sth** dizer tudo sobre a. c.
voluntary ['vɑːlənteri, *Brit:* 'vɒləntəri] *adj* voluntário, -a
volunteer [vɑːlən'tɪr, *Brit:* ˌvɒlən'tɪə'] **I.** *n* voluntário, -a *m, f*; **a** ~ **for sth** voluntário para a. c. **II.** *vi, vt* oferecer-se voluntariamente; **to** ~ **for sth** oferecer-se como voluntário para a. c.
vomit ['vɑːmɪt, *Brit:* 'vɒm-] **I.** *vi, vt* vomitar **II.** *n no pl* vômito *m*
voracious [vɔː'reɪʃəs, *Brit:* və'-] *adj* voraz
vote [voʊt, *Brit:* vəʊt] **I.** *n* **1.** (*choice*) voto *m*; **to have the** ~ ter direito ao voto **2.** (*election*) votação *f*; **a** ~ **of confidence** um voto de confiança; **to put sth to the** ~ pôr a. c. em votação **II.** *vi* votar; **to** ~ **for/against sth** votar a favor/contra a. c.; **to** ~ **on sth** votar a. c. **III.** *vt* **to** ~ **one's conscience** consultar a consciência; **to** ~ **that ...** decidir que ... +*subj*
◆ **vote in** *vt* eleger; **I was voted in as treasurer** fui eleito tesoureiro
◆ **vote on** *vt* votar; **the committee is voting on the proposal tonight** o comitê votará a proposta esta noite
voter ['voʊtər, *Brit:* 'vəʊtə'] *n* eleitor(a) *m(f)*
voting *n* votação *f*
vouch [vaʊtʃ] *vi* **to** ~ **for sb** responder por alguém
voucher ['vaʊtʃər, *Brit:* -ə'] *n Aus, Brit* **1.** (*coupon*) vale *m* **2.** (*receipt*) recibo *m*
vow [vaʊ] **I.** *vt* fazer voto [*ou* juramento] **II.** *n* voto *m*, juramento *m*
vowel ['vaʊəl] *n* vogal *f*
voyage ['vɔɪɪdʒ] **I.** *n* viagem *f* **II.** *vi* viajar
vulgar ['vʌlgər, *Brit:* -gə'] *adj* vulgar, grosseiro, -a
vulgarity [vʌl'gerəti, *Brit:* -'gærəti] *n no pl* vulgaridade *f*, grosseria
vulnerable ['vʌlnərəbl] *adj* vulnerável; **to be** ~ **to sth** ser vulnerável a a. c.
vulture ['vʌltʃə, *Brit:* -ə'] *n* urubu *m*

W

W, w ['dʌbljuː] *n* w *m*; ~ **as in whiskey** w de Washington
w *abbr of* **watt** W
W *abbr of* **west** W
wad [wɑːd, *Brit:* wɒd] *n* (*of banknotes*) maço *m*; (*of cotton*) chumaço *m*
waddle ['wɑːdl, *Brit:* 'wɒdl] *vi* andar requebrando (como um pato)

wade [weɪd] *vi* **to ~ across sth** atravessar a. c. com dificuldade; **to ~ through sth** avançar por a. c. a duras penas; *fig, inf* gramar a. c.; **I've got to ~ through all of these papers before I can answer your question** tenho que gramar esta papelada toda para responder a sua pergunta

wafer ['weɪfər, *Brit:* -əʳ] *n* **1.** (*biscuit*) wafer *m* **2.** REL hóstia *f*

waffle¹ ['wɑ:fl, *Brit:* 'wɒfl] *vi* enrolar *inf*; (*in essay*) encher linguiça *fig*

waffle² *n* GASTR waffle *m*

waft [wɑ:ft, *Brit:* wɒft] **I.** *vi* (*sound, scent*) deslizar no ar **II.** *vt* fazer flutuar no ar

wag [wæg] <-gg-> *vt* abanar; **to ~ one's finger at sb** advertir alguém com o dedo em riste

wage [weɪdʒ] **I.** *vt* **to ~ a campaign for sth** empreender uma campanha em prol de a. c.; **to ~ war against sb** travar guerra contra alguém **II.** *n* salário *m*

wager ['weɪdʒər, *Brit:* -əʳ] **I.** *n* aposta *f* **II.** *vt* apostar; **to ~ sth on sth** apostar a. c. em a. c.

waggon *n Brit*, **wagon** ['wægən] *n* **1.** (*horse-drawn*) carroça *f* **2.** *esp Brit* RAIL vagão *m*

wail [weɪl] **I.** *vi* lamentar-se **II.** *n* lamento *m*

waist [weɪst] *n* cintura *f*

waistcoat *n Brit* cós *m* **waistcoat** *n Brit* colete *m*

wait [weɪt] **I.** *vi* esperar; **to ~ for sb** esperar por alguém; **to keep sb ~ing** deixar alguém esperando; **he cannot ~ to see her** ele não vê a hora de encontrá-la; (*just*) **you ~!** você vai ver (só)! **II.** *vt* **to ~ one's turn** esperar pela sua vez **III.** *n no pl* espera *f*; **to lie in ~ for sb** ficar de tocaia *f* à espera de alguém

◆ **wait about** *vi Brit*, **wait around** *vi Am* **to ~ for sth** ficar à espera de a. c.

◆ **wait behind** *vi* permanecer

◆ **wait on** *vt* servir

◆ **wait up** *vi* **to ~ for sb** esperar por alguém acordado

Culture O **Waitangi Day** ou **New Zealand Day** é celebrado em 6 de janeiro. Neste dia, em 1840, 512 chefes da tribo **Maori** assinaram um acordo com o governo britânico que representou o início da Nova Zelândia como país.

waiter ['weɪtər, *Brit:* -təʳ] *n* garçom *m*

waiting list *n* lista *f* de espera **waiting room** *n* sala *f* de espera

waitress ['weɪtrɪs] *n* garçonete *f*

waive [weɪv] *vt form* renunciar a

wake¹ [weɪk] *n* NAUT esteira *f*; **in the ~ of** na esteira de

wake² *n* velório *m*, vigília *f*

wake³ <woke *o* waked, woken *o* waked> *vt* despertar

◆ **wake up** *vi, vt* despertar(-se)

waken ['weɪkən] *vt form* despertar

Wales [weɪlz] *n* País *m* de Gales

walk [wɑ:k, *Brit:* wɔ:k] **I.** *n* **1.** (*stroll*) caminhada *f*; **it's a five minute ~** são cinco minutos a pé; **to take a ~** ir caminhar **2.** (*gait*) andar *m* **3.** (*walking speed*) passo *m* **4.** *pl* **people from all ~s of life** pessoas de classes e profissões diversas **II.** *vt* andar; (*distance*) percorrer a pé; **to ~ sb home** acompanhar alguém até em casa; **to ~ the dog** passear com o cachorro **III.** *vi* andar; (*stroll*) passear a pé; **to ~ away from sth/sb** afastar-se de a. c./alguém; **to ~ into sb** dar um encontrão *m* em alguém

◆ **walk out** *vi* ir embora antes do final; **to ~ on sb** deixar alguém

walker ['wɑ:kər, *Brit:* 'wɔ:kəʳ] *n* caminhador(a) *m(f)*; (*as hobby*) adepto, -a das caminhadas *m*

walkie-talkie [,wɑ:ki'tɑ:ki, *Brit:* ,wɔ:ki'tɔ:-] *n* walkie-talkie *m*

walking *adj* **1. it is within ~ distance** dá para ir a pé; **to be a ~ encyclopaedia** ser uma enciclopédia ambulante **2.** SPORTS de caminhada

walking-stick *n* bengala *f*

walkman® ['wɑ:kmən, *Brit:* 'wɔ:k-] <-s> *n* walkman *m*

walkway *n* passagem *f*

wall [wɔ:l] **I.** *n* paredão *m*; (*interior surface*) parede *f*; (*enclosing town*) muralha *f*; (*enclosing garden*) muro *m*; **a ~ of silence** um muro de silêncio; **to go to the ~** (*go bankrupt*) falir; **to go up the ~** subir pelas paredes; **to have one's back to the ~** *fig* estar entre a cruz e a espada **II.** *vt* (*garden*) cercar com muro; (*town*) fortificar

wall chart *n* pôster *m*

wallet ['wɑːlɪt, *Brit:* 'wɒl-] *n* carteira *f*

wallflower *n* **1.** BOT goiveiro-amarelo *m* **2.** (*at dance, party*) moça *f* tímida que fica sobrando

wallop ['wɑːləp, *Brit:* 'wɒl-] *vt inf* (*hit*) dar uma surra

wallow ['wɑːloʊ, *Brit:* 'wɒləʊ] *vi* revolver-se; **to ~ in money** nadar em dinheiro; **to ~ in self-pity** chafurdar em autocomiseração

wallpaper I. *n* papel *m* de parede II. *vt* forrar parede com papel

walnut ['wɔːlnʌt] *n* **1.** (*nut*) noz *f* **2.** (*tree*) nogueira *f*

walrus ['wɔːlrəs] <walruses *o* walrus> *n* morsa *f*

waltz [wɔːlts, *Brit:* wɔːls] <-es> I. *n* valsa *f* II. *vi* valsar

◆ **waltz in** *vi inf* entrar bailando

◆ **waltz out** *vi inf* sair bailando

wand [wɑːnd, *Brit:* wɒnd] *n* varinha *f* de condão

wander ['wɑːndər, *Brit:* 'wɒndə'] I. *vi* vagar; **to let one's thoughts ~** deixar o pensamento vagar II. *n inf* passeio *m*

wane [weɪn] I. *vi* minguar II. *n* **to be on the ~** declinar

want [wɑːnt, *Brit:* wɒnt] I. *vt* **1.** (*wish*) querer; **to ~ sb to do sth** querer que alguém faça a. c.; **to ~ to do sth** querer fazer a. c. **2.** (*need*) precisar; **he is ~ed by the police** ele é procurado pela polícia; **this house ~s some renovation** esta casa precisa de uma reforma II. *n* **for ~ of sth** por falta *f* de a. c.; **to be in ~ of sth** necessitar de a. c.

wanting *adj* **to be ~ in sth** ter falta de a. c.

WAP [wæp] *abbr of* **wireless application protocol** WAP

war [wɔːr, *Brit:* wɔːʳ] *n* guerra *f*; **to be at ~ (with sb/sth)** estar em guerra (com alguém/a. c.); **to declare ~ on sb** declarar guerra a alguém; **to go to ~** ir para a guerra

war crime *n* crime *m* de guerra **war cry** *n* grito *m* de guerra

ward [wɔːrd, *Brit:* wɔːd] I. *n* **1.** (*in hospital*) enfermaria *f*, ala *f* **2.** LAW tutela *f*; **to be a ~ of the court** estar sob tutela da justiça **3.** *Brit* POL distrito *m* eleitoral II. *vt* **to ~ sth/sb off** precaver-se de a. c./alguém

warden ['wɔːrdn, *Brit:* 'wɔːd-] *n* encarregado, -a *m, f*; (*of prison*) diretor(a) *m(f)*

warder ['wɔːrdər, *Brit:* 'wɔːdə'] *n* carcereiro, -a *m, f*

wardrobe ['wɔːrdroʊb, *Brit:* 'wɔːdrəʊb] *n* **1.** (*clothes*) guarda-roupa *m* **2.** (*cupboard*) armário *m*

warehouse ['werhaʊs, *Brit:* 'weəhaʊs] *n* armazém *m*

wares [werz, *Brit:* weəz] *npl inf* mercadorias *fpl*

warfare ['wɔːrfer, *Brit:* 'wɔːfeəʳ] *n no pl* guerra *f*

warhead *n* ogiva *f*

warlike *adj* bélico, -a, beligerante

warlord *n* chefe *m* militar

warm [wɔːrm, *Brit:* wɔːm] I. *adj* **1.** morno, -a; (*climate, wind*) quente; (*clothes*) para agasalhar; **to be ~** (*person*) estar com calor; (*thing*) estar quente; (*weather*) fazer calor; **you're getting ~** *fig* está esquentando **2.** (*affectionate*) caloroso, -a; **~ welcome** boas-vindas calorosas; **to be ~** ser terno, -a II. *vt* aquecer

◆ **warm up** *vt, vi* aquecer

warm-blooded *adj* de sangue quente

warmly *adv* calorosamente

warmth [wɔːrmθ, *Brit:* wɔːmθ] *n no pl* **1.** (*heat*) calor *m* **2.** (*affection*) cordialidade *f*

warm-up *n* aquecimento *m*

warn [wɔːrn, *Brit:* wɔːn] *vt* avisar, advertir; **to ~ sb about sth** advertir alguém de a. c.; **to ~ sb not to do sth** avisar alguém para não fazer a. c.; **to ~ sb of a danger** alertar alguém de [*ou* sobre] um perigo

warning *n* aviso *m*, advertência *f*; **a word of ~** uma advertência; **to give sb a ~** advertir alguém; **without ~** sem aviso prévio

warning light *n* luz *f* de advertência

warp [wɔːrp, *Brit:* wɔːp] I. *vi* empenar II. *vt* empenar, vergar; **to ~ sb's mind** perverter alguém III. *n* empeno *m*

warrant ['wɔːrənt, *Brit:* 'wɒr-] I. *n* LAW (*arrest*) ordem *f*; (*search*) mandado *m* II. *vt* (*justify*) justificar

warranty ['wɔːrənti, *Brit:* 'wɒr-] <-ies> *n* garantia *f*; **to be under ~** estar na garantia

warren ['wɔːrən, *Brit:* 'wɒr-] *n* **1.** ZOOL coelheira *f* **2.** *fig* labirinto *m*

warrior ['wɔːrjər, *Brit:* 'wɒrɪəʳ] *n* guerreiro, -a *m, f*

warship *n* navio *m* de guerra

wart [wɔːrt, *Brit:* wɔːt] *n* verruga *f;* ~s **and all** *inf* sem retoques *mpl*

wartime *n no pl* **in** ~ em tempos de guerra

wary ['weri, *Brit:* 'weəri] <-ier, -iest> *adj* (*not trusting*) desconfiado, -a; **to be** ~ **of sth** estar desconfiado de a. c.; (*watchful*) cauteloso, -a; **to be** ~ **of doing sth** ser cauteloso em fazer a. c.

was [wɑːz, *Brit:* wɒz] *pt of* **be**

wash [wɑːʃ, *Brit:* wɒʃ] I. *vt* (*dishes, floor, hands*) lavar; **to** ~ **sth off** tirar a. c. lavando; **to** ~ **sth out** tirar a. c. lavando II. *vi* 1. (*person*) lavar-se 2. (*do the washing*) lavar a roupa III. *n* lavagem *f;* **to be in the** ~ (*clothes*) ser para lavar

◆ **wash down** *vt* lavar

◆ **wash up** I. *vt* (*dishes*) lavar II. *vi* 1. (*clean dishes*) lavar a louça 2. *Am* (*wash*) lavar (o rosto e as mãos)

washed-out *adj* 1. (*faded*) desbotado, -a 2. (*tired*) exausto, -a

washer ['wɑːʃər, *Brit:* 'wɒʃər] *n* 1. *Am* (*washing-machine*) lavadora *f* de roupas 2. TECH arruela *f*

washing *n no pl* roupa para lavar ou lavada; **to do the** ~ lavar roupa

washing machine *n* lavadora *f* de roupas **washing powder** *n no pl, Brit* sabão *m* em pó

Washington [ˌwɑːʃɪŋtən, *Brit:* ˌwɒʃ-] *n* (*State*) Washington *m*

Washington D.C. *n* Washington *f*, Distrito de Colúmbia

> **Culture** Washington's Birthday é um feriado oficial nos Estados Unidos. Embora George Washington tenha nascido em 22 de fevereiro de 1732, há alguns anos seu aniversário de nascimento é comemorado sempre na terceira segunda-feira do mês de fevereiro, para ser um fim de semana prolongado.

washing-up *n Brit* **to do the** ~ lavar a louça

washout ['wɑːʃaʊt, *Brit:* 'wɒʃ-] *n inf* fiasco *m*

washroom *n Am* banheiro *m*

wasn't [wɑznt] = **was + not** *s.* **be**

wasp [wɑːsp, *Brit:* wɒsp] *n* vespa *f*

wastage ['weɪstɪdʒ] *n no pl* (*of hillside*) desgaste *m;* (*of money*) desperdício *m*

waste [weɪst] I. *n* 1. *no pl* (*misuse*) desperdício *m*, perda *f;* **it's a** ~ **of money** é jogar dinheiro fora; **it's a** ~ **of time** é uma perda de tempo; **to go to** ~ ser desperdiçado, -a; **what a** ~**!** que desperdício! 2. *no pl* (*unwanted matter*) resíduo *m* II. *vt* (*opportunity*) desperdiçar; (*time*) perder; **to** ~ **no time in doing sth** não perder tempo para fazer a. c.; **to** ~ **one's breath** *fig* falar em vão III. *vi* esbanjar; ~ **not, want not** *prov* quem guarda tem *prov*

◆ **waste away** *vi* definhar

wastebasket *n Am,* **wastebin** *n Brit* cesto *m* de lixo

wasteful ['weɪstfəl] *adj* esbanjador(a) **wasteland** *n* terreno *m* baldio

wastepaper basket *n* cesto *m* de lixo

watch [wɑːtʃ, *Brit:* wɒtʃ] I. *n* 1. *no pl* (*observation*) vigilância *f;* **to be on the** ~ **for sth** estar à espreita *f* de a. c.; **to be on** ~ estar de guarda *f;* **to keep a close** ~ **on sb** vigiar alguém de perto 2. (*clock*) relógio *m* de pulso II. *vt* 1. (*look*) ver; **to be ~ed by the police** ser vigiado, -a pela polícia; **to** ~ **a movie** assistir a um filme; **to** ~ **the kids** tomar conta das crianças 2. (*take care*) ~ **it!** cuidado!; ~ **your step!** tome cuidado!; **to** ~ **one's weight** controlar o peso III. *vi* **to** ~ **as sb does sth** prestar atenção em como alguém faz a. c.; **to** ~ **over sb/sth** cuidar de alguém/a. c.

◆ **watch out** *vi* ter cuidado; **to** ~ **for sth/sb** tomar cuidado com a. c./ alguém

watchdog *n* 1. *Am* cão *m* de guarda 2. *fig* guardião, -ã *m, f*

watchful ['wɑːtʃfəl, *Brit:* 'wɒtʃf-] *adj* vigilante; **to keep a** ~ **eye on sb** ficar de olho vivo em alguém

watchmaker *n* relojoeiro, -a *m, f*

watchman <-men> *n* vigia *mf* **watchtower** *n* torre *f* de vigia **watchword** *n* lema *m*

water ['wɑːtər, *Brit:* 'wɔːtər] I. *n* água *f;* ~ **on the brain** MED hidrocefalia *f;* **by** ~ por mar; **to be in deep** ~ *fig* estar em situação difícil; **to be** ~ **under the bridge** *fig* ser águas passadas; **to hold** ~ *fig* ser consistente; **to pass** ~ urinar; **to pour cold** ~ **on sth** *fig* jogar água fria em a. c.; **still** ~**s run deep** *prov* águas paradas são profundas *prov;*

under ~ embaixo d'água **II.** *vt* (*livestock*) dar de beber a; (*plants*) regar **III.** *vi* (*eyes*) lacrimejar; (*mouth*) salivar ◆ **water down** *vt* diluir; *fig* amenizar; **to be ~ed down** ser amenizado, -a

watercolor *Am*, **watercolour** I. *n* aquarela *f* II. *adj* de aquarela **watercress** *n no pl* agrião *m* **waterfall** *n* cachoeira *f* **waterfront** *n* (*harbor*) zona *f* portuária **water heater** *n* aquecedor *m* de água

watering can *n* regador *m*

water level *n* nível *m* da água **water lily** <-ies> *n* lótus *m*

water-logged *adj* alagado, -a

watermark *n* (*on paper*) marca-d'água *f* **watermelon** *n* melancia *f* **water pistol** *n* pistola *f* d'água **water polo** *n* polo *m* aquático

waterproof I. *adj* à prova d'água, impermeável **II.** *n Brit* impermeável *m*

watershed *n* GEO divisor *m* de águas; **to mark a ~** *fig* ser um divisor de águas

waterside *n no pl* (*river*) ribanceira *f*; (*sea*) beira-mar *f*

water-skiing *n no pl* esqui *m* aquático **water tank** *n* tanque *m* de água

watertight *adj* **1.** hermético, -a, estanque **2.** *fig* inequívoco, -a; (*agreement*) incontestável

waterway *n* canal *m* **waterworks** *n pl* sistema *m* de tratamento e distribuição de água; **to turn on the ~** *fig* abrir o berreiro

watery <-ier, -iest> *adj* aguado, -a, insípido, -a

watt [wɑːt, *Brit:* wɒt] *n* ELEC watt *m*

wave ['weɪv] **I.** *n* **1.** (*of water*) a. PHYS onda *f*; (*on surface, of hair*) ondulação *f* **2. to make ~s** *fig* criar caso **3.** (*hand movement*) **to give sb a ~** acenar para alguém **II.** *vi* **1.** (*make hand movement*) **to ~ at sb** acenar para alguém; **to ~ goodbye** despedir-se com um aceno; **to ~ to sb** acenar para alguém **2.** (*flag*) tremular **III.** *vt* **1.** (*move*) agitar **2. to have one's hair ~d** fazer permanente *f* no cabelo

wave-length *n* **to be on the same ~** *fig* estar na mesma sintonia

waver ['weɪvər, *Brit:* -əʳ] *vi* **1.** (*lose determination*) vacilar **2.** (*be unable to decide*) hesitar

wavy ['weɪvi] <-ier, -iest> *adj* ondulado, -a

wax[1] [wæks] **I.** *n no pl* cera *f*; (*in ear*) cerume *m* **II.** *vt* **1.** (*polish: floor*) encerar; (*shoes*) lustrar **2.** (*remove hair from*) depilar com cera

wax[2] *vi liter* (*moon*) ficar cheia

way [weɪ] **I.** *n* **1.** (*route*) caminho *m*; **all the ~** (*the whole distance*) todo o caminho; (*completely*) totalmente; **by the ~** *fig* a propósito; **in the ~** no caminho; **on the ~ to sth** a caminho de a. c.; **to be a long ~ off** estar bem distante; **to be in sb's ~** estar no caminho de alguém; **to be on the ~** estar a caminho; **to be out of the ~** ser fora de mão; **to be under ~** estar em andamento *m*; **to get out of sb's/sth's ~** sair do caminho de alguém/a. c.; **to give ~** dar passagem; *fig* abrir caminho; **to give ~ to sth** abrir caminho para a. c.; **to go a long ~** *fig* ir longe; **to go one's own ~** *fig* seguir o próprio caminho; **to go out of one's ~ to do sth** *fig* dar-se ao trabalho de fazer a. c.; **to have a (long) ~ to go** ter um longo caminho pela frente; **to have come a long ~** *fig* ter percorrido um longo caminho; **to know one's ~ around sth** saber como se virar em a. c.; **to lead the ~** mostrar o caminho; *fig* ser pioneiro, -a; **to lose one's ~** perder o rumo *m*; **the right ~ around** do lado certo; **the wrong ~ around** ao contrário **2.** (*fashion*) maneira *f*; **either ~** tanto faz; **in a ~** de certa forma *f*; **in many ~s** de várias maneiras; **in some ~s** sob certos aspectos *m*; **no ~!** de jeito *m* nenhum!; **sb's ~ of life** modo de vida de alguém; **there are no two ~s about it** não há o que discutir; **the ~ to do sth** a maneira de fazer a. c.; **to get one's own ~** *inf* fazer valer a própria vontade; **to my ~ of thinking** a meu ver **3.** *no pl* (*condition*) **to be in a bad ~** estar muito mal **II.** *adv inf* **to be ~ past sb's bedtime** ter passado muito da hora de dormir (de alguém)

waylay ['weɪleɪ, *Brit:* ˌweɪ'leɪ] <waylaid, waylaid> *vt* abordar de surpresa

way out *n* saída *f*

way-out *adj inf* (*very modern*) ultramoderno, -a; (*unusual*) de vanguarda

wayside *n* **to fall by the ~** *fig* ficar à margem

wayward ['weɪwərd, *Brit:* -wəd] *adj* inconstante

WC [ˌdʌblju:'siː] *n abbr of* **water closet** toalete *m*

we [wi:] *pron pers* nós; ~'**re going to Rio and ~'ll be back here tomorrow** vamos ao Rio e estaremos de volta amanhã

weak [wi:k] *adj* **1.** (*not strong*) fraco, -a; (*coffee, tea*) ralo, -a; **to be ~ with hunger** estar debilitado, -a pela fome; ~ **spot** *fig* ponto fraco **2.** (*below standard*) medíocre; **to be ~ at sth** ser deficiente em a. c.

weaken ['wi:kən] *vi, vt* enfraquecer; (*diminish*) diminuir

weakling ['wi:klɪŋ] *n* fracote, -a *m, f*

weakly ['wi:kli] *adv* **1.** (*without strength*) debilmente **2.** (*unconvincingly*) sem convicção

weak-minded *adj* **1.** (*lacking determination*) hesitante **2.** (*stupid*) tolo, -a

weakness ['wi:knɪs] <-es> *n* **1.** *no pl* (*lack of strength*) fraqueza *f*; **to have a ~ for sth** ter um fraco *m* por a. c. **2.** (*area of vulnerability*) ponto *m* fraco

wealth [welθ] *n no pl* **1.** (*money*) riqueza *f* **2.** (*large amount*) fartura *f*

wealthy ['welθi] **I.** <-ier, -iest> *adj* rico, -a **II.** *n* the ~ os ricos *mpl*

wean [wi:n] *vt* desmamar; **to ~ sb off sth** *fig* fazer alguém perder o hábito de a. c.

weapon ['wepən] *n* arma *f*

weaponry ['wepənri] *n no pl* armamento *m*

wear [wer, *Brit:* weə^r] <wore, worn> **I.** *n* **1.** (*clothing*) roupa *f* **2.** (*amount of use*) desgaste *m*; **to be the worse for ~** (*person*) estar exausto, -a; (*thing*) estar desgastado, -a **II.** *vt* (*clothes, jewelry*) vestir, usar **III.** *vi* **to ~ thin** ficar batido, -a

◆ **wear down** *vt* desgastar

◆ **wear off** *vi* esgotar-se

◆ **wear out** *vi, vt* (*patience*) esgotar-se; (*shoes*) gastar(-se)

weary ['wɪri, *Brit:* 'wɪəri] **I.** <-ier, -iest> *adj* (*very tired*) extenuado, -a; (*unenthusiastic*) desanimado, -a; **to be ~ of sth** estar farto, -a de a. c. **II.** *vi* (*become tired*) cansar(-se); (*become bored*) entediar-se

weasel ['wi:zl] *n* fuinha *f*

weather ['weðər, *Brit:* -ə^r] **I.** *n no pl* tempo *m*; (*climate*) clima *m*; ~ **permitting** se o tempo permitir; **to be under the ~** estar indisposto, -a; **to make heavy ~ of sth** fazer um bicho de sete cabeças de a. c. **II.** *vt* **to ~ sth** superar a. c.; **to ~ the storm** *fig* enfrentar a tesmpestade

weather-beaten *adj* castigado, -a pelo tempo

weather forecast *n* previsão *f* do tempo

weatherman *n* homem *m* do tempo, meteorologista *m*

weave [wi:v] <wove *Am:* weaved, woven *Am:* weaved> *vi, vt* tecer; **to ~ sth together** trançar a. c.

weaver ['wi:vər, *Brit:* -ə^r] *n* tecelão, -ã *m, f*

web [web] *n* **1.** (*woven net*) teia *f*; **spider('s) ~** teia *f* de aranha **2.** (*on foot*) membrana *f* **3.** INFOR **the ~** a Internet

webaddict *n* INFOR viciado, -a *m, f* em Internet **web browser** *n* INFOR nevegador *m* da Internet **web camera** *n* INFOR web camera *f* **webmaster** *n* INFOR webmaster *mf*, administrador(a) *m(f)* de rede **web page** *n* INFOR página *f* da Internet **website** *n* INFOR website *m*, portal *m* da Internet **web surfer** *n* INFOR surfista *mf* da rede **webzine** *n* INFOR revista *f* da web

we'd [wi:d] **1.** = we + would *s.* **will 2.** = we + had *s.* **have**

wed [wed] <wedded *o* wed, wedded *o* wed> *form* **I.** *vt* **to ~ sb** casar(-se) com alguém **II.** *vi* casar(-se)

wedded ['wedɪd] *adj* casado, -a; **to be ~ to sth** *fig* estar aferrado, -a a. c., *f* a a. c.

wedding *n* casamento *m*

wedding cake *n no pl* bolo *m* de casamento **wedding dress** *n* vestido *m* de noiva **wedding present** *n* presente *m* de casamento **wedding ring** *n* aliança *f*

wedge [wedʒ] **I.** *n* cunha *f*; **a ~ of cake** uma fatia *f* de bolo **II.** *vt* **to ~ the door open** pôr um calço *m* para deixar a porta aberta; **to be ~d between sth** estar imprensado, -a entre a. c.

wedlock ['wedlɑ:k, *Brit:* -lɒk] *n no pl* matrimônio *m*; **to be born out of ~** ser filho ilegítimo, ser filha ilegítima *m, f*

Wednesday ['wenzdeɪ] *n* quarta-feira *f*; quarta *f*; *s.a.* **Friday**

wee [wi:] **I.** *adj Scot, a. inf* pequenino, -a; **a ~ bit** um bocadinho *m* **II.** *n no pl*, *Brit, childspeak* pipi *m* **III.** *vi childspeak, inf* fazer pipi

weed [wi:d] **I.** *n* **1.** (*plant*) erva *f* daninha **2.** *Brit, pej, inf* (*person*) fracote, -a

weedkiller *n no pl* herbicida *m*
weedy ['wi:di] *adj* <-ier, -iest> (*garden*) cheio, -a de ervas daninhas; *Brit, inf* fraco, -a, mirrado, -a
week [wi:k] *n* semana *f*; **a ~ from tomorrow/Monday** de amanhã/segunda-feira a uma semana; **during the ~** durante a semana; **last ~** semana passada; **once a ~** uma vez por semana
weekday *n* dia *m* de semana
weekend ['wi:kend, *Brit:* ˌwi:k'end] *n* fim *m* de semana; **on the ~** *Am*, **at the ~** *Brit, Aus* nos fins de semana
weekly ['wi:kli] I. *adj* semanal II. *adv* semanalmente III. *n* <-ies> publicação *f* semanal
weep [wi:p] *vi* <wept, wept> (*cry*) chorar; **to ~ with joy** chorar de alegria
weeping willow *n* salgueiro-chorão *m*
weigh [weɪ] I. *vi* pesar II. *vt* pesar; **to ~ oneself** pesar-se; **to ~ one's words** pesar as palavras; **to ~ sth against sth** *fig* ponderar a. c. com relação a a. c.
◆ **weigh down** *vt fig* sobrecarregar
◆ **weigh up** *vt* (*calculate*) medir; (*judge: possibilities*) avaliar; (*pros and cons*) pesar
weight [weɪt] I. *n* 1. peso *m*; **to be a ~ off sb's mind** tirar um peso da consciência; **to lift ~s** fazer musculação *f*; **to pull one's ~** *inf* fazer a sua parte; **to put on ~** engordar 2. *no pl* (*importance*) valor *m*; **to attach ~ to sth** dar valor a a. c. II. *vt* carregar
weightlifter *n* halterofilista *mf*
weight-lifting *n no pl* halterofilismo *m*
weighty ['weɪti, *Brit:* -ti] *adj* <-ier, -iest> 1. (*heavy*) pesado, -a 2. (*important*) de peso, importante
weir [wɪr, *Brit:* wɪəʳ] *n* represa *f*
weird [wɪrd, *Brit:* wɪəd] *adj* estranho, -a, esquisito, -a
welcome ['welkəm] I. *vt* 1. (*greet*) dar as boas-vindas; **to ~ sb to sth** dar boas-vindas a alguém a a. c. 2. (*support*) acolher bem II. *n* 1. (*reception*) boas-vindas *fpl* 2. (*expression of approval*) boa acolhida *f*; **to give sth a cautious ~** receber a. c. com cautela *f* III. *adj* bem-vindo, -a; **to be ~** ser bem-vindo, ter sido recebido, -a; **a ~ change** uma mudança bem recebida; **you are ~** (*response to thanks*) de nada; **you're ~ to use the phone** esteja à vontade para usar o telefone IV. *interj* bem-vindo
welcoming *adj* acolhedor(a)
weld [weld] *vt* soldar
welder *n* soldador(a) *m(f)*
welfare ['welfer, *Brit:* -fəʳ] *n no pl* 1. (*well-being*) bem-estar *m* 2. *Am* (*state aid*) previdência *f* social; **to be on ~** receber ajuda da previdência social
welfare state *n* Estado *m* do Bem-Estar Social
we'll [wɪl] 1. = **we + will** *s.* **will** 2. = **we + shall** *s.* **shall**
well[1] [wel] I. *adj* <better, best> bem; **to feel ~** sentir-se bem; **to get ~** melhorar; **to look ~** ter boa aparência II. <better, best> *adv* 1. (*satisfactorily*) bem; **~ done** muito bem; **~ enough** bastante bom; **it's just as ~ that he isn't coming** é bom que ele não venha; **money ~ spent** dinheiro bem gasto; **that's all very ~, but ...** está tudo muito bem, mas ... 2. (*thoroughly*) completamente; **~ and truly** totalmente 3. (*very*) muito; **to be ~ pleased with sth** estar bem satisfeito com a. c. 4. (*reasonably*) com razão; **to leave ~ enough alone** não se intrometer desnecessariamente; **you might** (*just*) **as ~ tell her the truth** melhor se você disser a ela a verdade 5. (*in addition*) **as ~** *Brit* também; **as ~ as** assim como III. *interj* (*exclamation*) bem; **very ~!** muito bem!
well[2] *n* poço *m*
well-balanced *adj* ponderado, -a **well-behaved** *adj* bem-educado, -a **well-being** *n no pl* bem-estar *m* **well-deserved** *adj* merecido, -a **well-developed** *adj* bem desenvolvido, -a **well-earned** *adj* merecido, -a **well-educated** *adj* instruído, -a **well-founded** *adj* fundado, -a **well-informed** *adj* **to be ~ about sth** estar bem informado, -a sobre a. c.
wellington (**boot**) ['welɪŋtən-] *n esp Brit* bota *f* de borracha de cano alto
well-kept *adj* bem cuidado, -a **well-known** *adj* conhecido, -a; **it is ~ that ...** é sabido que ... **well-meaning** *adj* bem-intencionado, -a **well-off** *adj* próspero, -a **well-paid** *adj* bem remunerado, -a **well-read** *adj* (*knowledgeable*) versado, -a **well-spoken** *adj* bem-falante **well-to-do** *adj* abastado, -a **well-wisher** *n* simpatizante *mf* **well-worn**

adj 1. (*damaged by wear*) gasto, -a **2.** *fig* (*over-used*) batido, -a

Welsh [welʃ] *adj* galês, -esa

Welshman ['welʃmən] <-men> *n* galês *m*

Welshwoman ['welʃ,wumən] <-women> *n* galesa *f*

welt [welt] *n* (*from blow*) vergão *m* (na pele)

went [went] *pt of* **go**

wept [wept] *pt, pp of* **weep**

we're [wɪr, *Brit:* eɪəʳ] = **we + are** *s.* **be**

were [wɜːr, *Brit:* wɜːʳ] *pt of* **be**

weren't [wɜːrnt, *Brit:* wɜːnt] = **were + not** *s.* **be**

west [west] **I.** *n* oeste *m;* **in the ~ of Brazil** no oeste do Brasil; **the West** o Ocidente; POL os países ocidentais **II.** *adj* ocidental **III.** *adv* a oeste

westerly ['westərli, *Brit:* -təli] **I.** *adj* do oeste **II.** *adv* (*towards*) para oeste; (*from*) do oeste

western ['westərn, *Brit:* -tən] **I.** *adj* ocidental **II.** *n* CINE filme *m* de faroeste

westward(s) ['westwərd(z), *Brit:* -wəd(z)] *adj* para o oeste

wet [wet] **I.** *adj* <-tt-> (*soaked*) molhado, -a; (*not yet dry*) úmido, -a; ~ **through** ensopado, -a; ~ **weather** clima úmido; **to get ~** molhar-se; **to be a ~ blanket** *fig* ser um/uma desmancha-prazeres **II.** <wet, wet> *vt* molhar; **to ~ oneself** molhar-se; **to ~ one's pants** fazer xixi nas calças; **to ~ the bed** fazer xixi na cama **III.** *n no pl* **the ~** (*rain*) a chuva

wetsuit *n* roupa *f* de mergulho

we've [wɪv] = **we + have** *s.* **have**

whack [wæk] **I.** *vt* bater em **II.** *n* **1.** (*blow*) sopapo *m* **2.** (*part*) **a fair ~** *inf* uma parcela *f* justa

whale [weɪl] *n* baleia *f;* **to have a ~ of a time** divertir-se à beça

wham [wæm] *interj inf* zape

wharf [wɔːrf, *Brit:* wɔːf] <-ves> *n* cais *m*

what [wʌt, *Brit:* wɒt] **I.** *adj interrog* que, qual; ~ **an idiot!** que idiota!; ~ **kind of book?** que tipo de livro?; ~ **time is it?** que horas são? **II.** *pron* **1.** *interrog* que, qual; ~ **about Paul?** e o Paulo?; ~ **about a walk?** que tal dar uma volta?; ~ **can I do?** o que eu posso fazer?; ~ **does it matter?** o que importa?; ~'s **his name?** qual o nome dele?; ~'s **up?** tudo bem?; **so ~?** e daí? **2.** *rel* o que, a

que; ~ **if ...** e se ...; ~ **I like is ...** o que eu gosto é ...; ~ **is more** e o que é mais importante

whatever [wʌt'evər, *Brit:* wɒt'evəʳ] **I.** *pron* **1.** (*anything*) qualquer coisa que, tudo que; ~ **happens** o que quer que aconteça **2.** (*any of them*) qualquer um; ~ **you pick is fine** qualquer um que você escolher está bom **II.** *adj* **1.** (*being what it may be*) seja o que for; ~ **the reason** seja qual for o motivo **2.** (*of any kind*) qualquer; **there is no doubt** ~ não há a menor dúvida

whatsoever [,wʌtsou'evər, *Brit:* ,wɒtsəu'evəʳ] *adv* em absoluto; **nothing ~** absolutamente nada; **to have no interest ~ in sth** não ter o menor interesse por a. c.

wheat [wiːt] *n no pl* trigo *m;* **to separate the ~ from the chaff** *fig* separar o joio do trigo

wheatgerm *n no pl* germe *m* de trigo

wheel [wiːl] **I.** *n* **1.** (*of vehicle*) roda *f;* **front/rear ~** roda dianteira/traseira; **on ~s** sobre rodas **2.** TECH torno *m* **3.** (*steering wheel*) direção *f;* volante *m* **II.** *vt* (*bicycle, stroller*) empurrar **III.** *vi* **to ~ and deal** *inf* fazer negócios escusos

◆ **wheel around** *vi* dar meia volta

wheelbarrow *n* carrinho *m* de mão

wheelchair *n* cadeira *f* de rodas

wheel clamp *n* jacaré *m*

wheeling *n* ~ **and dealing** *inf* negócios *m* escusos *pl*

wheeze [wiːz] **I.** <-zing> *vi* respirar com dificuldade, chiar **II.** *n* *Brit, inf* **a good ~** uma ideia luminosa

when [wen] **I.** *adv* quando **II.** *conj* **1.** (*time*) quando; ~ **it snows** quando neva; **I'll tell her ~ she arrives** eu a avisarei quando chegar **2.** (*considering that*) considerando que

whenever [wen'evər, *Brit:* -əʳ] **I.** *conj* **1.** (*every time that*) sempre que; ~ **I can** sempre que eu possa **2.** (*at any time that*) **he can come ~ he likes** ele pode vir quando quiser **II.** *adv* quando

where [wer, *Brit:* weəʳ] *adv* **1.** *interrog* onde **2.** *rel* onde; **the place ~ we always go** o lugar aonde [*ou* em que] sempre vamos; **I've reached a point ~ I want to forget him** cheguei a um estágio em que quero esquecê-lo

whereabout(s) ['werəbaut(s), *Brit:* 'weər-] **I.** *n* + *sing/pl vb* paradeiro *m*

whereas [wer'æz, *Brit:* weər'-] *conj* **1.** (*while*) ao passo que **2.** LAW considerando que
whereby [wer'baɪ, *Brit:* weə'-] *conj form* pelo qual, pela qual
whereupon ['werə,pɑ:n, *Brit:* ˌweərə'pɒn] *conj form* após o que
wherever [ˌwer'evər, *Brit:* ˌweər'evəʳ] I. *conj* onde quer que; ~ **I go** onde quer que eu vá II. *adv interrog* ~ **did she find that?** onde diabo ela encontrou isso?
wherewithal ['werwɪðɔ:l, *Brit:* 'weðə-] *n no pl, liter* recursos *mpl;* **to have the** ~ **to do sth** ter os recursos para fazer a. c.
whet [hwet] <-tt-> *vt* **to** ~ **sb's appetite** abrir o apetite de alguém
whether ['weðər, *Brit:* -əʳ] *conj* se; ~ **I go by bus or bike ...** se vou de ônibus ou de bicicleta ...; ~ **rich or poor ...** quer sejam ricos ou pobres ...; **I doubt** ~ **he'll come** duvido que ele venha; **she doesn't know** ~ **to buy it or not** ela não sabe se compra ou não
which [wɪtʃ] I. *adj interrog* ~ **one/ones?** que?, qual/quais? II. *pron* **1.** *interrog* que, qual/quais **2.** *rel* que, o qual/os quais, a qual/as quais; **the book** ~ **I read** o livro que eu li
whichever [wɪtʃ'evər, *Brit:* -əʳ] I. *pron* qualquer um que; **you can choose** ~ **you like** pode escolher qualquer um que quiser II. *adj* qualquer que; **you can take** ~ **book you like** pode levar qualquer livro que quiser
whiff [hwɪf] *n* (*of garlic*) bafo *f;* (*of wind*) sopro *m;* **a** ~ **of corruption** uma suspeita *f* de corrupção; **to catch a** ~ **of sth** sentir um leve cheiro *m* de a. c.
while [waɪl] I. *n* **after a** ~ pouco depois; **a short** ~ um pouco; **for a** ~ por um longo tempo; **in a** ~ logo; **once in a** ~ de vez em quando II. *conj* **1.** (*during which time*) enquanto **2.** (*although*) embora
◆ **while away** *vt* passar; **to** ~ **the time** passar o tempo
whilst [waɪlst] *conj Brit s.* **while**
whim [wɪm] *n* capricho *m;* **to do sth on a** ~ fazer a. c. por capricho
whimper ['wɪmpər, *Brit:* -əʳ] I. *vi* choramingar II. *n* choramingo *m*
whine [waɪn] <-ning> *vi* **1.** (*complain*) queixar-se; **to** ~ **about sth** queixar-se

de a. c. **2.** (*engine*) chiar **3.** (*cão*) ganir
whinge [wɪndʒ] *vi Brit, inf* queixar-se
whip [wɪp] I. *n* **1.** (*lash*) chicote *m* **2.** POL líder *mf* de bancada II. <-pp-> *vt* **1.** (*strike*) açoitar **2.** GASTR bater **3.** *Am, fig, inf* (*defeat*) derrotar alguém
◆ **whip out** *vt* sacar de repente
◆ **whip up** *vt* **1.** (*encourage*) animar; (*prejudice, support*) incentivar **2.** GASTR (*cook quickly*) preparar rapidamente
whipped cream *n* chantilly *m*
whipping *n* (*punishment*) chicotada *f*
whipping-boy *n* bode *m* expiatório
whipping cream *n no pl* chantilly *m*
whir [wɜːr, *Brit:* wɜːʳ] *vi* zunir
whirl [wɜːrl, *Brit:* wɜːl] I. *vi* rodopiar II. *vt* fazer girar III. *n* **to give sth a** ~ *fig* experimentar a. c.
whirlpool *n* redemoinho *m*
whirlwind *n* tufão *m;* **a** ~ **romance** um romance relâmpago
whisk [wɪsk] I. *vt* **1.** GASTR bater **2.** (*take*) **to** ~ **sb off somewhere** levar alguém às pressas para algum lugar **3.** (*sweep*) espanar II. *n* batedeira *f*
whisker ['wɪskər, *Brit:* -əʳ] *n* **1.** *pl* (*facial hair*) fio *m* de barba; (*of animal*) bigode *m* (de gato) **2.** *fig* **by a** ~ por um fio; **within a** ~ (**of sth**) a um passo (de a. c.)
whiskey *n Irish, Am,* **whisky** ['wɪski] *n* <-ies> *Brit, Aus* uísque *m*
whisper ['wɪspər, *Brit:* -əʳ] I. *vi* **1.** cochichar; **to** ~ **in(to) sb's ear** cochichar no ouvido de alguém **2.** sussurrar; **to** ~ **to sb** sussurrar a alguém II. *vt* cochichar, sussurrar; **it is** ~**ed that ...** o boato é que ... III. *n* sussurro *m*, cochicho *m;* **the** ~ **of the leaves** o murmúrio *m* das folhas; **to speak in a** ~ falar em voz bem baixa
whist [wɪst] *n no pl* uíste *m*
whistle ['wɪsl] I. <-ling> *vi* (*of person*) assobiar, apitar; (*of bird*) piar II. <-ling> *vt* assobiar III. *n* **1.** (*of sound*) assobio *m* **2.** (*device*) apito *m;* **to blow the** ~ **on sb** *fig* denunciar alguém
whit [wɪt] *n no pl, form* **not a** ~ nem um pouquinho *m*
white [waɪt] I. *adj* branco, -a; ~ **lie** mentira inocente II. *n* **1.** (*color*) branco *m;* (*of egg*) clara *f* **2.** (*person*) branco, -a *m, f* **3.** (*of eye*) córnea *f*
whitecollar worker *n* colarinho-branco *m*
white goods *n pl* eletrodomésticos *m* de

whitewash I. <-es> n 1. no pl (paint) cal f 2. (coverup) encobrimento m 3. inf (victory) lavada f II. vt 1. (paint) caiar 2. (conceal) encobrir 3. inf (defeat) dar uma lavada aqui

whither ['wɪðər, Brit: -ər] adv form aonde

whiting n cré m

Whitsun ['wɪtsən] n no pl Pentecostes m

whittle ['wɪtl, Brit: -tl] <-ling> vt entalhar
◆ **whittle down** vt fig reduzir gradualmente

whizz [wɪz] vi inf to ~ by passar zunindo

whizz kid n inf jovem m gênio

who [hu:] pron 1. interrog quem 2. rel quem; **it was your sister ~ did it** foi a sua irmã quem fez isso 3. que; **the people ~ work here** as pessoas que trabalham aqui

WHO [,dʌblju:,eɪtʃ'oʊ, Brit: -'əʊ] n abbr of **World Health Organization** OMS f

whoever [hu:'evər, Brit: -ər] pron rel quem, quem quer que; **~ said that doesn't know me** quem quer que tenha dito isso não me conhece

whole [hoʊl, Brit: həʊl-] I. adj 1. (entire) todo, -a; **the ~ world** o mundo todo 2. (in one piece) inteiro, -a; **to swallow sth ~** engolir a. c. inteira 3. inf **a ~ lot of people** muita gente; **to be a ~ lot faster** ser muito mais veloz II. n todo, a m, f; **as a ~** como um todo; **on the ~** em geral; **the ~ of California** toda Califórnia

wholefood n esp Brit alimentos m integrais pl

wholegrain adj Am, **wholemeal** n Brit (bread, flour) integral

whole-hearted adj irrestrito, -a, sincero, -a

wholesale ['hoʊlseɪl, Brit: 'həʊl-] I. adj 1. COM atacado, a granel 2. (large-scale) em grande escala II. adv COM por atacado

wholesaler n atacadista mf

wholesome ['hoʊlsəm, Brit: 'həʊl-] adj saudável

whom [hu:m] pron 1. quem 2. rel quem, que

whoop [hu:p] I. vi gritar II. n grito m

whoopee ['wu:pi, Brit: 'wʊpi] interj eba

whooping cough ['hu:pɪŋkɑ:f, Brit: -kɒf] n no pl coqueluche f

whoops [wʊps] interj inf opa

whopper ['wɑ:pər, Brit: 'wɒpər] n 1. (thing) coisa f enorme; **what a ~!** que colosso m! 2. (lie) mentira f deslavada

whopping ['wɑ:pɪŋ, Brit: 'wɒp-] adj inf (bruise) enorme; (rise) colossal

whore [hɔ:r, Brit: hɔ:'] n pej puta f

whose [hu:z] I. adj 1. interrog de quem 2. rel cujo, -a II. pron poss de quem

why [waɪ] I. adv por que; **~ not?** por que não? II. n **the ~s and wherefores of sth** os porquês mpl de a. c.

wick [wɪk] n pavio m; **to get on sb's ~** Brit, inf dar nos nervos m (de alguém) pl

wicked ['wɪkɪd] adj 1. (child) travesso, -a; (sense of humor) caústico, -a; (witch) malvado, -a 2. sl (very good) **that's ~!** isso é o máximo!

wicker ['wɪkər, Brit: -ər] n no pl vime m

wicket ['wɪkɪt] n SPORTS casinha f (do críquete); **to be on a sticky ~** fig estar em situação f complicada

wide [waɪd] I. adj (broad) amplo, -a; **~ support** amplo apoio; **a ~ range** uma ampla gama; **eyes ~ with fear** olhos arregalados de medo; **to be ~ of the mark** estar errado, -a; (measurement) de largura; **it is 3 meters ~** são 3 metros de largura II. adv bem; **to be ~ apart** estar bem afastado; **~ open** (door) escancarado, -a; (eyes) arregalado, -a

widely adv amplamente; **~ accepted** amplamente aceito; **~ admired** muito admirado; **~ differing aims** objetivos bem diferentes

widen ['waɪdən] I. vt (discussion) ampliar; (domain) estender II. vi alargar-se

wide-open adj 1. (undecided) indefinido, -a 2. (exposed) exposto, -a

widespread ['waɪdspred] adj difundido, -a; fig geral

widow ['wɪdoʊ, Brit: -əʊ] n viúva f

widower ['wɪdoʊər, Brit: -əʊər] n viúvo m

width [wɪdθ] n no pl (of house) extensão f; (of swimming pool, furniture) largura f; **to be 3 cm in ~** ter 3 cm de largura

wield [wi:ld] vt (instrument) manejar;

(*power*) exercer; (*weapon*) empunhar
wife [waɪf] <wives> *n* mulher *f*, esposa *f*
wig [wɪg] *n* peruca *f*
wigger ['wɪgər] *n Am, sl* branco, -a *m, f* de alma negra
wiggle ['wɪgl] *vt* (*hips*) menear; (*toes*) mexer
wild [waɪld] **I.** *adj* **1.** (*animal, man*) selvagem; (*flower*) silvestre; (*hair*) desgrenhado, -a; (*landscape*) descampado, -a **2.** (*undisciplined: fury*) descontrolado, -a; (*guess*) absurdo, -a; (*life*) desregrado, -a; (*plan*) maluco, -a; (*remarks*) impensado, -a **3.** (*stormy: night*) tempestuoso, -a **4.** *inf* (*angry*) louco, -a; **to drive sb ~** deixar alguém louco; **to go ~** ficar fora de si **5.** *inf* (*very enthusiastic: audience*) arrebatado, -a **II.** *adv* **to grow ~** crescer naturalmente; **to let one's imagination run ~** deixar a imaginação voar **III.** *n pl* **the ~s** mata *f*; **in the ~** na selva *f*
wild boar *n* javali *m* **wild card** *n* coringa *m* **wildcat** *n* ZOOL gato *m* selvagem
wilderness ['wɪldərnəs, *Brit:* -dənəs] *n no pl* (*desert*) ermo *m*; **to be in the ~** *fig* estar no ostracismo *m*
wildfire *n* **to spread like ~** espalhar-se rapidamente **wildlife** *n no pl* vida *f* selvagem
wildly *adv* **1.** (*uncontrolledly*) **to behave ~** comportar-se feito um louco; **to fluctuate ~** flutuar descontroladamente; **to talk ~** falar freneticamente **2.** (*haphazardly*) ao acaso **3.** *inf* (*very*) muito
wilful *adj Brit s.* **willful**
will[1] [wɪl] <would> **I.** *aux* **1.** (*in future tense*) **he'll win** ele vencerá; **I expect they'll come by car** acredito que eles venham de carro **2.** (*in immediate future*) **I'll answer the telephone** eu atendo o telefone; **we'll be off now** estamos indo embora agora **3.** (*with tag question*) **they ~ accept this credit card in France, won't they?** este cartão de crédito é aceito na França, não é mesmo?; **you won't forget to tell him, ~ you?** não vai esquecer de contar a ele, hein? **4.** (*expressing intention*) **I ~ not be spoken to like that!** não aceito que falem comigo assim! **5.** (*in requests and instructions*) **~ you have a slice of cake?** quer uma fatia de bolo?; **~ you let me speak!** me deixa falar! *inf*; **just pass me that knife, ~ you?** pode me passar a faca, por favor?; **who'll post this letter for me? – I ~** quem vai pôr esta carta no correio para mim? – eu vou **6.** (*expressing facts*) **the car won't run without petrol** o carro não funciona sem gasolina **7.** (*expressing persistence*) **he ~ keep doing that** ele pretende continuar fazendo isso; **they ~ keep sending me those brochures** vão continuar me mandando aqueles folhetos **8.** (*expressing likelihood*) **she ~ have received the letter by now** ela já deve ter recebido a carta; **they'll be tired** estão provavelmente cansados **II.** *vi form* **as you ~** como queira
will[2] **I.** *n* **1.** *no pl* (*faculty: free*) arbítrio *m*; (*desire*) vontade *f*; **at ~** à vontade; **the ~ of the people** a vontade do povo; **to have a ~ of one's own** ser cabeça dura; **to lose the ~ to live** perder a vontade de viver; **where there's a ~, there's a way** *prov*; **with the best ~ in the world** com a melhor das boas intenções *fpl* **2.** (*testament*) testamento *m* **II.** *vt* **1.** (*try to cause*) induzir; **to ~ sb to do sth** induzir alguém a fazer a. c. **2.** *form* (*ordain*) ordenar **3.** (*bequeath*) legar
willful ['wɪlfəl] *adj Am* **1.** (*deliberate*) intencional, proposital **2.** (*obstinate*) obstinado, -a
willing *adj* **1.** (*not opposed*) disposto, -a; **to be ~ to do sth** estar disposto a fazer a. c. **2.** (*compliant*) solícito, -a
willingness *n no pl* **to show ~ to do sth** mostrar boa vontade *f* para fazer a. c.
willow ['wɪloʊ, *Brit:* -əʊ] *n* salgueiro *m*
willpower *n no pl* força *f* de vontade
wilt [wɪlt] *vi* (*person*) definhar; (*plants*) murchar
wily ['waɪli] <-ier, -iest> *adj* esperto, -a
wimp [wɪmp] *n inf* frouxo, -a *m, f*
win [wɪn] **I.** *n* vitória *f* **II.** <won, won> *vt* **1.** (*be victorious*) vencer; **to ~ first prize** ganhar o prêmio máximo; **to ~ the day** ganhar o dia **2.** (*promotion, contract*) conseguir; (*recognition, popularity*) conquistar **III.** <won, won> *vi* vencer; **you (just) can't ~ with her** com ela nada adianta; **you ~!** você ganhou!

◆**win over** vt, **win round** vt to win sb over [o round] to sth persuadir alguém a fazer [ou de] a. c.

wince [wɪns] vi 1. (in pain) encolher-se 2. (in embarrassment) estremecer; **to ~ at sth** retrair-se com a. c.

winch [wɪntʃ] <-es> n guincho m

wind[1] [wɪnd] I. n 1. (current of air) vento m; **gust of ~** rajada f; **to get ~ of sth** ficar sabendo de a. c.; **to put the ~ up sb** Brit, Aus assustar alguém; **to sail close to the ~** ultrapassar os limites; **to take the ~ out of sb's sails** dar uma ducha de água fria em alguém 2. no pl (breath) fôlego m; **to get one's ~** tomar fôlego 3. no pl MED gases mpl; **to break ~** soltar gases II. vt arejar

wind[2] [waɪnd] <wound, wound> I. vt 1. (coil) enrolar; (wool) enovelar; **to ~ sth around sth** enrolar a. c. em torno de a. c. 2. (turn: handle) girar; (watch) dar corda 3. (film) rodar II. vi serpentear

◆**wind down** I. vt 1. (lower) abaixar 2. (gradually reduce) diminuir gradativamente II. vi (relax) relaxar

◆**wind up** I. vt 1. (bring to an end: debate, meeting, speech) finalizar 2. Brit, Aus COM dissolver 3. (watch) dar corda); **to wind sb up** Brit, fig provocar alguém 4. **to be/get all wound up** (be/get excited) ficar exaltado, -a II. vi (come to an end) acabar; **to ~ in prison** acabar na prisão

windbag n inf falastrão, -ona m, f **wind energy** n no pl energia f do vento

windfall n fig dinheiro m inesperado

wind instrument n instrumento m de sopro **windmill** n moinho m de vento

window ['wɪndoʊ, Brit: -dəʊ] n (in building, of car, train) a. INFOR janela f; (of shop) vitrine f; (display) mostrador m; (in envelope) abertura f; **a ~ of opportunity** uma janela de oportunidades

window box <-es> n jardineira f **window cleaner** n limpador de vidros m **window display** n mostrador m **window ledge** n peitoril m da janela **window-shopping** n no pl **to go ~** ir olhar as vitrines **windowsill** n peitoril m da janela

windpipe n traqueia f **wind power** n no pl força f do vento

windscreen n Brit, Aus, **windshield** n Am para-brisa m **windshield wiper** n limpador m de para-brisa **windsock** n biruta f

windsurfer n windsurfista mf

windsurfing n no pl windsurfe m

windswept adj batido, -a pelo vento

windy[1] ['wɪndi] <-ier, -iest> adj em que venta muito

windy[2] ['waɪndi] <-ier, -iest> adj empolado, -a

wine [waɪn] I. n no pl vinho m II. vt **to ~ and dine sb** tratar alguém com boa comida e bom vinho

wine glass <-es> n copo m de vinho

wing [wɪŋ] I. n 1. ZOOL, AVIAT, asa f; ARCHIT, POL ala f; **to spread one's ~s** fig desenvolver as próprias potencialidades; **to take sb under one's ~** fig proteger alguém 2. (side of field) lateral f do campo; (player) ala mf 3. pl THEAT bastidores mpl; **to be waiting in the ~s** fig esperar por uma oportunidade 4. Brit AUTO para-lama m II. vt (wound) ferir (na asa, no braço)

winger ['wɪŋər, Brit: -ər] n SPORTS lateral mf

wing nut n TECH porca f de borboleta

wingspan n envergadura f

wink [wɪŋk] I. n piscar m de olhos; **in a ~** num piscar de olhos; **not to sleep a ~** não pregar o olho; **to give sb a ~** piscar para alguém; **to have forty ~s** inf tirar uma soneca f II. vi 1. (close one eye) piscar; **to ~ at sb** piscar para alguém 2. (flash) piscar

winner ['wɪnər, Brit: -ər] n 1. (person, team) vencedor(a) m(f) 2. inf (goal, point) gol/ponto m decisivo 3. inf (success) sucesso m; **to be on to a ~ with sth** a. c. ser um sucesso

winning ['wɪnɪŋ] I. adj 1. (team) vencedor(a); (ticket) premiado, -a 2. (charming) atraente II. n pl (money) ganhos mpl

winter ['wɪntər, Brit: -ər] I. n inverno m II. vi passar o inverno

winterskate ['wɪntərskeɪt, Brit: -tə-] n prancha f de winterskate (mistura de prancha de skate e prancha de snowboard)

winter sports npl esportes m de inverno m no pl **wintertime** n no pl inverno m

wint(e)ry ['wɪntri] adj de inverno

win-win situation n inf situação f vantajosa para todos

wipe [waɪp] I. n 1. (act of wiping) esfrega f; **to give sth a ~** limpar a. c. com

pano **2.**(*tissue*) lenço *m* **II.** *vt* **1.**(*remove dirt*) esfregar com pano; (*floor*) limpar; (*one's nose*) assoar; **to ~ sth dry** enxugar a. c. com pano; **to ~ sth off** (**of sth/sb**) remover a. c. (de a. c./alguém); **to ~ sth on** (**to sth**) aplicar a. c. sobre a. c. com o pano; **to ~ sth with sth** esfregar a. c. com a. c. **2.**(*erase: disk, tape*) apagar
◆ **wipe out I.** *vt* (*debt*) liquidar; (*population, species*) exterminar **II.** *vi inf* perder o controle
◆ **wipe up** *vt* enxugar
wire ['waɪər, *Brit*: -ər] **I.** *n* **1.** *no pl* (*metal thread*) arame *m*; ELEC fio *m* elétrico; **to get one's ~s crossed** *inf* ter um mal-entendido **2.**(*telegram*) telegrama *m* **II.** *vt* **1.**(*fasten with wire*) amarrar com arame **2.** ELEC **to ~ sb up** conectar alguém a um equipamento elétrico; **to ~ sth up** conectar a. c. à rede elétrica **3.**(*send*) **to ~ sb money** fazer uma transferência eletrônica de dinheiro para alguém
wire-cutters *npl* alicate *m* corta-arame
wireless *n Brit no pl* rádio *m*
wiring ['waɪərɪŋ] *n no pl* ELEC fiação *f*
wiry ['waɪəri] <-ier, -iest> *adj* (*build, person*) magro e rijo, magra e rija; (*hair*) crespo, -a
wisdom ['wɪzdəm] *n no pl* sabedoria *f*; (*of decision*) bom senso *m*
wisdom tooth <- teeth> *n* dente *m* do siso
wise [waɪz] *adj* (*decision, choice*) sensato, -a; (*person*) sábio, -a, prudente; (*words*) sábio, -a; **the Three Wise Men** os Três Reis Magos; **to be ~ to sth** estar por dentro de a. c.; **to be none the ~r** ficar na mesma
◆ **wise up** *vi* **to ~ up to sth/sb** abrir os olhos para a. c./alguém
wisecrack *n* **to make a ~ about sth** fazer graça *f* de a. c.
wish [wɪʃ] **I.** <-es> *n* **1.**(*desire*) desejo *m*; **a ~ for sth** um desejo de a. c.; **against my ~es** contra a minha vontade *f*; **to make a ~** fazer um pedido *m* **2.** *pl* (*greetings*) **give him my best ~es** mande lembranças *f* a ele *pl*; (**with**) **best ~es** (*at end of letter*) saudações *f* cordiais *pl* **II.** *vt* **1.**(*feel a desire*) desejar; **I ~ he hadn't come** antes ele não tivesse vindo; **I ~ he were more intelligent** eu gostaria que ele fosse mais inteligente **2.** *form* (*want*) **to ~ to do sth** querer fazer a. c. **3.**(*hope*) **to ~ sb happy birthday** cumprimentar alguém pelo aniversário; **to ~ sb luck** fazer votos de boa sorte a alguém **III.** *vi* desejar; **if you ~** como queira; **to ~ for sth** ansiar por a. c.; (*make a wish*) fazer um pedido
wishbone *n* fúrcula *f*
wisp [wɪsp] *n* (*of cloud*) rastro *m*; (*of hair*) mecha *f*; (*of smoke*) filete *m*; (*of straw*) tufo *m*
wistful ['wɪstfəl] *adj* melancólico, -a
wit [wɪt] *n* **1.** *no pl* (*clever humor*) perspicácia *f*; **to have a dry ~** ter um humor sarcástico **2.**(*practical intelligence*) inteligência *f*; **to be at one's ~s' end** estar em desespero *m*; **to frighten sb out of his ~s** deixar alguém morto de medo; **to keep one's ~s about one** ficar alerta **3.**(*witty person*) pessoa *f* espirituosa
witch [wɪtʃ] <-es> *n* bruxa *f*
witchcraft *n no pl* feitiço *m* **witch doctor** *n* feiticeiro, -a *m, f*, curandeiro, -a *m, f* **witch-hunt** *n* caça *f* às bruxas
with [wɪð] *prep* **1.** com; **~ all his faults** (*despite*) apesar de todos os seus defeitos; **~ me** comigo; **~ you** com você; **he/she took it ~ him/her** ele/ela o/a levou consigo; **the man ~ the umbrella** o homem com o guarda-chuvas; **to be angry ~ sb** estar bravo com alguém; **to be pleased ~ sth** estar contente com a. c.; **to cry ~ rage** chorar de raiva; **to fill up ~ fuel** encher o tanque de combustível; **to replace sth ~ something else** substituir a. c. por outra **2.** **to be ~ sb** (*work for*) trabalhar para alguém; (*romantically*) ter um relacionamento com alguém; (*agree with*) concordar com alguém; (*understand*) entender alguém **3.** *inf* estar ligado, -a (na moda); **to get ~ it** ficar ligado
withdraw [wɪðˈdrɑː, *Brit*: -ˈdrɔː] *irr* **I.** *vt* **1.**(*take out*) retirar; (*money*) sacar **2.**(*take back*) retratar, voltar atrás **II.** *vi* **1.** *form* (*leave*) retirar-se; **to ~ from public life** retirar-se da vida pública **2.** *fig* (*become unsociable*) isolar-se
withdrawal [wɪðˈdrɑːəl, *Brit*: -ˈdrɔː-] *n* **1.** *a.* MIL retirada *f*; **to make a ~** FIN fazer um saque *m* **2.** *no pl* (*of consent, support*) retratação *f* **3.**(*from drugs*) abstinência *f*
withdrawal symptoms *npl* síndrome *f*

de abstinência

wither ['wɪðər, Brit: -əʳ] vi **1.** (plants) murchar **2.** fig (lose vitality) debilitar-se; **to allow sth to ~** deixar a. c. perder a vida

withering adj **1.** (heat) abrasador(a) **2.** (criticism, glance) fulminante

withhold [wɪð'hoʊld, Brit: -'həʊld] irr vt (information) sonegar; (rent) reter; (support) recusar

within [wɪð'ɪn] **I.** prep dentro de; **~ the law** dentro da lei; **~ 3 days** no prazo m de 3 dias; **~ 2 km of the town** a 2 km da cidade **II.** adv dentro; **from ~** de dentro

without [wɪð'aʊt] prep sem; **to do ~ sth** passar sem a. c.; **~ warning** sem aviso

withstand [wɪð'stænd] irr vt resistir; (heat, pressure) suportar

witness ['wɪtnəs] **I.** n **1.** (person) testemunha f; **to be (a) ~ to sth** ser testemunha de a. c. **2.** no pl, form (testimony) testemunho m; **to bear ~ to sth** prestar testemunho sobre a. c. **II.** vt (see) testemunhar; (changes) presenciar; **to ~ sb doing sth** presenciar alguém fazendo a. c.

witness box <-es> n Brit, **witness stand** n Am banco m das testemunhas

witty ['wɪti, Brit: -ti] <-ier, -iest> adj espirituoso, -a

wizard ['wɪzərd, Brit: -əd] n mago, -a m, f

wobble ['wɑ:bl, Brit: 'wɒbl] **I.** vi cambalear **II.** n flutuação f

wobbly ['wɑ:bli, Brit: 'wɒbli] <-ier, -iest> adj **1.** (unsteady) cambaleante; (chair) bambo, -a **2.** (note, voice) trêmulo, -a

woe [woʊ, Brit: wəʊ] n **1.** no pl, liter infortúnio m **2.** pl (troubles) desgraça f

woeful ['woʊfəl, Brit: 'wəʊ-] adj deplorável

wok [wɑ:k, Brit: wɒk] n frigideira f chinesa de fundo arredondado

woke [woʊk, Brit: wəʊk] vt, vi pt of **wake**

woken ['woʊkən, Brit: 'wəʊ-] vt, vi pp of **wake**

wolf [wʊlf] **I.** <wolves> n lobo m; **a ~ in sheep's clothing** um lobo em pele de cordeiro; **to cry ~** dar falso alarme m **II.** vt inf **to ~ sth down** devorar a. c.

wolf whistle n assobio m tipo fiu-fiu

woman ['wʊmən] <women> n mulher f

womanizer n mulherengo m

womanly adj (not manly) feminino, -a; (not girlish) de mulher adulta

womb [wu:m] n útero m

won [wʌn] vt, vi pt, pp of **win**

wonder ['wʌndər, Brit: -əʳ] **I.** vt perguntar-se, querer saber; **I ~ why he said that** queria saber porque ele disse aquilo **II.** vi **to ~ about sth** refletir sobre a. c., cogitar em a. c.; **to ~ at sth** surpreender-se com a. c. **III.** n **1.** (marvel) maravilha f; **it's a ~ (that)** ... é um milagre que ... +subj; **no ~ (that)** ... não é de admirar que ... +subj; **to do ~s** fazer maravilhas **2.** no pl (feeling) admiração f; **in ~** maravilhado, -a

wonderful ['wʌndərfəl, Brit: -dəfəl] adj maravilhoso, -a, admirável

won't [woʊnt, Brit: wəʊnt] = **will + not** s. **will**

wont [wɔ:nt, Brit: wəʊnt] form **I.** adj **to be ~ to do sth** estar acostumado, -a a fazer a. c. **II.** n no pl **as is her ~** como é seu hábito m

woo [wu:] vt **1.** (try to attract) **to ~ sb** (customers) tentar atrair alguém; (voters) tentar conquistar alguém **2.** (court) cortejar

wood [wʊd] n **1.** no pl (material) madeira f; (fuel) lenha f; **to knock on ~** Am, fig bater na madeira **2.** (group of trees) **the ~s** o bosque m

woodcutter n lenhador(a) m(f)

wooded ['wʊdɪd] adj arborizado, -a

wooden ['wʊdn] adj **1.** (made of wood: fence, house) de madeira; (leg, spoon) de pau **2.** (awkward) inexpressivo, -a

woodpecker n pica-pau m

woodwind n instrumentos m de sopro (de madeira)

woodwork n no pl **1.** (wooden parts of building) madeiramento m **2.** Brit (carpentry) carpintaria f **woodworm** n inv larva f do caruncho

woody ['wʊdi] <-ier, -iest> adj (plant) lenhoso, -a; (flavor) semelhante a madeira

wool [wʊl] n no pl lã f; **to pull the ~ over sb's eyes** fig tapar o sol com a peneira

woolen adj Am, **woollen** ['wʊlən] adj Brit de lã

woolly adj Brit, **wooly** ['wʊli] <-ier, -iest> adj Am **1.** (made of wool) de lã **2.** (wool-like) lanoso, -a **3.** (vague: idea) vago, -a

word [wɜ:rd, *Brit:* wɜ:d] **I.** *n* **1.** (*unit of language*) palavra *f*; ~ **for** ~ palavra por palavra, literalmente; **a** ~ **of advice** um conselho; **a** ~ **of warning** um aviso; **by** ~ **of mouth** no boca a boca; **in other** ~**s** em outras palavras; **my** ~! palavra de honra!; **to be a man of few** ~**s** ser um homem de poucas palavras; **to be too ridiculous for** ~**s** ser extremamente ridículo; **to have** ~**s with sb** discutir com alguém; **to not breathe a** ~ **of sth** não dizer uma palavra sobre a. c.; **to put in a good** ~ **for sb** recomendar [*ou* interceder por] alguém; **to say the** ~ dar a ordem *f* **2.** *no pl* (*news*) to **get** ~ **of sth** tomar conhecimento de a. c.; **to have** ~ **that ...** ficar sabendo que ... **3.** *no pl* (*promise*) **to give one's** ~ prometer; **to keep one's** ~ cumprir com a palavra **4.** *pl* (*lyrics*) letra *f* de música **II.** *vt* formular

wording *n no pl* fraseado *m*

wordplay *n no pl* jogo *m* de palavras

word processing *n no pl* processamento *m* de textos **word processor** *n* processador *m* de textos

wore [wɔ:r, *Brit:* wɔ:ʳ] *vt, vi pt of* **wear**

work [wɜ:rk, *Brit:* wɜ:k] **I.** *n* **1.** *no pl* (*useful activity*) trabalho *m*; **good** ~! bom trabalho!; **to get down to** ~ (**on sth**) começar a trabalhar (em a. c.); **to make short** ~ **of sth** terminar a. c. rapidamente; **to set sb to** ~ pôr alguém para trabalhar **2.** *no pl* (*employment*) emprego *m*; **to be in/out of** ~ estar empregado, -a/desempregado, -a **3.** *no pl* (*place of employment*) local *m* de trabalho; **at** ~ no trabalho **4.** (*product*) *a.* ART, MUS obra *f*; ~ **of reference** obra de consulta **5.** *pl + sing/pl vb* (*factory*) **car** ~**s** fábrica *f* de carros, montadora *f*; **steel** ~**s** siderúrgica *f* **II.** *vi* **1.** (*do job*) trabalhar; **to get** ~**ing** começar a trabalhar; **to** ~ **for sb** trabalhar para alguém; **to** ~ **to do sth** ocupar-se em fazer a. c. **2.** (*function*) funcionar; (*be successful*) dar resultado; MED surtir efeito; **to** ~ **against sb** prejudicar alguém, ser um empecilho para alguém **3.** + *adj* (*become*) **to** ~ **free** livrar-se; **to** ~ **loose** soltar-se **III.** *vt* **1.** (*make sb work*) **to** ~ **oneself to death** matar-se de trabalhar; **to** ~ **one's way through college** trabalhar para pagar a faculdade; **to** ~ **sb hard** fazer alguém trabalhar duro **2.** (*operate*) fazer funcionar; **to be** ~**ed by sth** ser acionado, -a por a. c. **3.** (*move*) **to** ~ **sth free** liberar a. c.; **to** ~ **sth loose** soltar a. c. **4.** (*bring about: miracles*) fazer, produzir **5.** (*shape: clay*) moldar; (*metal*) forjar **6.** MIN explorar; AGR cultivar

◆ **work off** *vt* (*frustration*) descarregar
◆ **work out I.** *vt* **1.** (*solve*) resolver **2.** (*calculate*) calcular **3.** (*understand*) entender **II.** *vi* **1.** (*give result*) ter resultado, ser bem-sucedido **2.** **to** ~ **for the best** sair da melhor maneira possível **3.** (*do exercise*) fazer ginástica
◆ **work over** *vt inf* **to work sb over** dar uma surra em alguém
◆ **work up** *vt* **1.** (*appetite, enthusiasm*) estimular; **to get all worked up about sth** ficar nervoso com a. c.; **to work oneself up** ficar nervoso **2.** (*develop*) elaborar

workable ['wɜ:rkəbl, *Brit:* 'wɜ:k-] *adj* viável

worker ['wɜ:rkər, *Brit:* 'wɜ:kəʳ] *n* trabalhador(a) *m(f)*, funcionário, -a *m, f*; (*in factory*) operário, -a *m, f*

work ethic *n* ética *f* de trabalho **workforce** *n + sing/pl vb* mão-de-obra *f*

workhorse *n* burro, -a de carga *m*

working *adj* **1.** (*employed*) empregado, -a; (*day, week*) útil, de trabalho; (*population*) ativo, -a **2.** (*functioning*) que funciona; (*moving: model*) móvel; **to have a** ~ **knowledge of sth** ter conhecimento básico, -a de a. c.

working class <-es> *n* **the** ~ a classe *f* operária **working-class** *adj* da classe operária

workload *n* carga *f* de trabalho

workman <-men> *n* operário *m*, trabalhador *m* manual

workmanship ['wɜ:rkmənʃɪp, *Brit:* 'wɜ:k-] *n no pl* **1.** (*skill in working*) arte *f* **2.** (*quality of work*) execução *f*

work of art *n* obra *f* de arte

workout *n* SPORTS ginástica *f*, treino *m*

work permit *n* licença *f* de trabalho **workplace** *n* local *m* de trabalho

works committee *n Brit,* **works council** *n Brit* comissão *f* de funcionários de uma empresa

worksheet *n* registro *m* das horas de trabalho **workshop** *n* (*place*) oficina *f*; (*class*) workshop *m*, seminário *m* **work station** *n* INFOR terminal *m* **worktop** *n Brit* bancada *f*

world [wɜːrld, *Brit*: wɜːld] *n* **1.** *no pl* (*the Earth*) mundo *m*; **a ~ authority** um autoridade mundial; **it's a small ~!** mundo pequeno!; **I wouldn't do such a thing for (all) the ~** não faria algo assim por nada no mundo; **the best in the ~** o melhor do mundo; **the (whole) ~ over** o mundo todo; **the ~ champion** o campeão mundial; **to be out of this ~** *inf* ser do outro mundo; **to mean the ~ to sb** ser tudo na vida de alguém; **to see the ~** conhecer o mundo todo; **to think the ~ of sb** ter alguém em alta conta; **to travel all over the ~** viajar pelo mundo afora; **what in the ~ ...?** mas que diabo ... ? **2.** (*domain*) mundo *m*; **the animal ~** o mundo animal; **to be ~s apart** viver em mundos diferentes; **to have the best of both ~s** aproveitar em dobro

World Bank *n* **the ~** o Banco *m* Mundial **world-class** *adj* de nível mundial

World Cup *n* SPORTS **the ~** a Copa *f* do Mundo **world-famous** *adj* de renome internacional

worldly ['wɜːrldli, *Brit*: 'wɜːld-] *adj* mundano, -a; (*goods*) material

world record *n* recorde *m* mundial

world war *n* HIST guerra *f* mundial

world-wide I. *adj* mundial II. *adv* mundialmente

World Wide Web *n* INFOR rede *f* mundial

worm [wɜːrm, *Brit*: wɜːm] I. *n* verme *m*; (*insect larva*) larva *f*; (*earthworm*) minhoca *f* II. *vt* **to ~ a secret out of sb** arrancar um segredo de alguém; **to ~ oneself under sth** rastejar por debaixo de a. c.

worn [wɔːrn, *Brit*: wɔːn] I. *vt*, *vi pp of* **wear** II. *adj* gasto, -a; (*clothing*) surrado, -a

worn-out *adj* (*person*, *animal*) exausto, -a; (*clothing*) puído, -a

worried *adj* preocupado, -a, apreensivo, -a; **to be ~ about sth** estar preocupado com a. c.; **to be ~ sick about sth** estar extremamente preocupado com a. c.

worry ['wɜːri, *Brit*: 'wʌri] I. <-ies> *n* preocupação *f*, aborrecimento *m*; **financial worries** problemas *m* financeiros *pl*; **to be a cause of ~ to sb** ser motivo de preocupação para alguém II. *vt* <-ie-, -ing> preocupar; **to ~ oneself about sth** preocupar-se com a. c. III. <-ie-, -ing> *vi* **to ~ (about sth)** preocupar-se (com a. c.); **don't ~!** não se preocupe!

worrying *adj* preocupante, angustiante

worse [wɜːrs, *Brit*: wɜːs] I. *adj comp of* **bad** pior; **from bad to ~** de mal a pior; **to get ~** piorar; **to get ~ and ~** piorar cada vez mais; **to make matters ~ ...** tornar as coisas piores ... II. *n no pl* **the ~** o pior *m*; **to change for the ~** mudar para pior; **to have seen ~** ter visto coisas piores III. *adv comp of* **badly** pior; **to do sth ~ than ...** fazer a. c. pior que ...

worsen ['wɜːrsən, *Brit*: 'wɜːs-] *vi*, *vt* piorar

worship ['wɜːrʃɪp, *Brit*: 'wɜːʃ-] I. *vt* <-pp-, *Am*: -p-> *a.* REL venerar II. *vi* <-pp-, *Am*: -p-> REL tomar parte em culto religioso III. *n no pl* culto *m*; **Your Worship** Vossa Senhoria

worst [wɜːrst, *Brit*: wɜːst] I. *adj superl of* **bad the ~** o pior; **the ~ mistake** o pior erro; **the ~ soup I've ever eaten** a pior sopa que eu já comi II. *adv superl of* **badly the ~ dressed person at the party** a pessoa pior vestida na vesta; **to be ~ affected by sth** ser o mais atingido por a. c. III. *n no pl* **at ~** no pior dos casos; **if (the) ~ comes to (the) ~** se o pior acontecer; **the ~** o pior; **to fear the ~** temer o pior

worth [wɜːrθ, *Brit*: wɜːθ] I. *n no pl* (*of person*) mérito *m*; (*of thing*, *money*) valor *m*; **$5 ~ of cherries** cerejas no valor de $5; **to prove one's ~** mostrar o próprio valor II. *adj* **for what it's ~** *inf* se vale para alguma coisa; **it's not ~ arguing about!** não vale a pena brigar por isso!; **it's ~ a try** vale a pena tentar; **it's ~ remembering that ...** convém lembrar que ...; **to be ~ ...** valer ...; **to be ~ a mention** ser digno, -a de menção; **to be ~ it** valer a pena; **to be ~ millions** *inf* ser milionário, -a; **to be ~ sb's while** valer a pena para alguém

worthless ['wɜːrθləs, *Brit*: 'wɜːθ-] *adj* **1.** (*valueless*) sem valor **2.** (*useless*) inútil

worthwhile [ˌwɜːrθ'waɪl, *Brit*: ˌwɜːθ-] *adj* que vale a pena

worthy ['wɜːrði, *Brit*: 'wɜːði] <-ier, -iest> *adj* (*admirable*) merecedor(a); **a ~ cause** uma causa nobre; **to be ~ of sth** ser digno, -a de a. c.

would [wʊd] *aux pt of* **will 1.** (*future in the past*) **he said he ~ do it later on**

ele disse que faria mais tarde; **we thought they ~ have done it before** achamos que eles teriam feito antes **2.** (*intention*) **he said he ~ always love her** ele disse que sempre a amaria; **I ~ rather die than do that** prefiro morrer a fazer isso; **I ~ rather have beer** prefiro tomar uma cerveja; **why ~ anyone want to do something like that?** por que alguém iria querer fazer algo assim? **3.** (*possibility*) **I'd go myself, but I'm too busy** eu mesmo iria, mas estou muito ocupado **4.** (*conditional*) **I ~ have done it if you'd asked** eu o teria feito se você tivesse pedido; **what ~ you do if you lost your job?** o que você faria se perdesse o emprego? **5.** (*polite request*) **~ you like ...?** gostaria ...?; **~ you mind saying that again?** poderia repetir por favor? **6.** (*regularity in past*) **they ~ help each other with their homework** costumavam se ajudar com a lição de casa **7.** (*typical*) **he ~ say that, wouldn't he?** é típico dela dizer isso, não é mesmo?; **the bus ~ be late when I'm in a hurry** o ônibus sempre se atrasa quando estou com pressa **8.** (*opinion*) **I ~ imagine that ...** acredito que ... +*subj*; **I ~ n't have thought that ...** nunca imaginaria que ... +*subj* **9.** (*deduction*) **the guy on the phone had an Australian accent – that ~ be Tom, I expect** o cara no telefone tinha um sotaque australiano – acho que era o Tom

would-be *adj* **1.** (*wishing to be*) aspirante **2.** (*pretending to be*) suposto, -a

wouldn't [wʊdnt] = **would + not** *s.* **would**

wound[1] [waʊnd] *vi, vt pt, pp of* **wind**[2]

wound[2] [wu:nd] **I.** *n* ferida *f* **II.** *vt* ferir

wounded *adj* ferido, -a

wove [woʊv, *Brit:* wəʊv] *vt, vi pt of* **weave**

woven ['woʊvən, *Brit:* 'wəʊv-] *vt, vi pp of* **weave**

wow [waʊ] *inf* **I.** *interj* uau **II.** *vt* **to ~ sb** impressionar alguém

wrangle ['ræŋgl] **I.** <-ling> *vi* discutir **II.** *n* disputa *f*

wrap [ræp] **I.** *n* (*robe*) xale *m;* **to keep sth under ~s** *fig* manter a. c. em segredo **II.** *vt* <-pp-> envolver; **to ~ one's fingers around sth** segurar a. c. com as mãos

◆**wrap up I.** *vt* <-pp-> envolver; **that wraps it up for today** *fig* assim encerramos por hoje; **to wrap oneself up against the cold** agasalhar-se contra o frio **II.** *vi* **1.** (*dress warmly*) agasalhar-se; **to ~ warmly** agasalhar-se bem **2. to be wrapped up in sth** *fig* estar absorto, -a em a. c.

wraparound ['ræpəˌraʊnd] *adj* (*skirt, dress*) transpassado, -a; (*sunglasses*) do tipo máscara

wrapper ['ræpər, *Brit:* -əʳ] *n* **1.** (*packaging*) invólucro *m* **2.** *Am* (*robe*) túnica *f*

wrapping paper *n* (*plain*) papel *m* de embrulho; (*for presents*) papel *m* de presente

wrath [ræθ, *Brit:* rɒθ] *n no pl, liter* ira *f*

wreak [ri:k] *vt form* **to ~ damage (on sth)** causar danos (a a. c.); **to ~ vengeance on sb** vingar-se de alguém

wreath [ri:θ] <wreaths> *n* (*of flowers*) coroa *f;* (*of smoke*) espiral *f*

wreathe [ri:ð] *vt liter* **to be ~d in sth** estar rodeado, -a de a. c.; **to be ~d in smiles** ser só sorrisos

wreck [rek] **I.** *vt* (*car*) destroçar; (*hopes, plan*) arruinar; **to ~ sb's life** arruinar a vida de alguém **II.** *n* AUTO, NAUT destroços *mpl;* **an old ~** (*car*) um ferro *m* velho; **to be a nervous ~** estar com os nervos em frangalhos *mpl;* **to feel a complete ~** estar um trapo *m*

wreckage ['rekɪdʒ] *n no pl* (*of vehicle*) destroços *mpl;* (*of building*) escombros *mpl*

wrecker ['rekər, *Brit:* -əʳ] *n Am* AUTO caminhão-guindaste *m*

wren [ren] *n* cambaxirra *f*

wrench [rentʃ] **I.** *vt* arrancar com puxão; **to ~ one's ankle** torcer o tornozelo; **to ~ oneself away (from sth)** soltar-se à força (de a. c.); **to ~ sb from sb** *fig* separar alguém de alguém à força **II.** *n* **1.** (*jerk*) puxão *m;* (*injury*) entorse *f* **2.** (*emotional pain*) sofrimento *m*, separação *f* dolorosa **3.** *Am* TECH chave *f* inglesa

wrestle ['resl] <-ling> *vi* lutar; **to ~ with sb/sth** lutar com alguém/a. c.

wrestler *n* lutador(a) *m(f)*

wrestling *n no pl* luta *f*

wrestling bout *n*, **wrestling match** *n* partida *f* de luta

wretch [retʃ] <-es> *n* desgraçado, -a *m, f*

wretched ['retʃɪd] *adj* (*house, condi-*

wriggle ['rɪgl] <-ling> vi contorcer-se; **to ~ out of sth** fig, inf safar-se a. c.

wring [rɪŋ] <wrung, wrung> vt torcer; **to ~ one's hands** torcer as mãos (em apreensão ou desespero); **to ~ sb's neck** inf torcer o pescoço de alguém; **to ~ the truth out of sb** arrancar a verdade de alguém; **to ~ water out of sth** tirar água de a. c.

wringer ['rɪŋər, Brit: -əʳ] n máquina f de torcer roupas

wrinkle ['rɪŋkl] I. n ruga f; **~s in sth** rugas em a. c. II. <-ling> vi enrugar(-se) III. <-ling> vt (dress) preguear; (face) franzir; (skin) enrugar

wrist [rɪst] n 1. ANAT pulso m 2. (of shirt) punho m

wristband n (strap) correia f; (sweatband) munhequeira f

wristwatch <-es> n relógio m de pulso

writ [rɪt] n mandado m judicial; **to issue a ~ against sb** expedir um mandado judicial contra alguém

write [raɪt] <wrote, written, writing> I. vt 1. escrever; **to ~ sb** Am escrever para alguém; **to ~ sb a check** passar um cheque a alguém 2. MUS compor II. vi escrever; **to ~ back to sb** responder a alguém; **to ~ to sb** escrever a alguém
 ◆ **write down** vt tomar nota
 ◆ **write off** vt 1. (give up doing: attempt) abandonar; (project) dar como encerrado; **to write sb off as useless** descartar alguém como sendo inútil 2. FIN (debt) cancelar 3. Brit AUTO sofrer perda total (de um veículo)
 ◆ **write out** vt escrever por extenso, passar a limpo
 ◆ **write up** vt redigir; (article, report) escrever

write-off n **to be a complete ~** (car) sofrer perda f total; (project, marriage) ser um total fracasso m

writer ['raɪtər, Brit: -təʳ] n 1. (person) escritor(a) m(f) 2. INFOR **CD-ROM/DVD ~** gravador m de CD-ROM/DVD

write-up n ART, THEAT, MUS resenha f

writhe [raɪð] <writhing> vi contorcer-se; **to make sb ~ with embarrassment** deixar alguém de saia justa

writing ['raɪtɪŋ, Brit: -t-] n no pl 1. (handwriting) caligrafia f, escrita f; **in ~** por escrito; **to put sth in ~** pôr a. c. no papel 2. (action) **she likes ~** ela gosta de escrever 3. (written work) escritos mpl, obras fpl

writing paper n papel m de carta

written I. vt, vi pp of **write** II. adj escrito, -a

wrong [rɑːŋ, Brit: rɒŋ] I. adj 1. (not right: answer) errado, -a, incorreto, -a; **to be ~ about sb** estar errado sobre alguém; **to be ~ about sth** estar errado sobre a. c.; **to get the ~ number** ser engano; **to prove sb ~** mostrar que alguém errou 2. (not appropriate) inapropriado, -a; **to say the ~ thing** dizer o que não deveria ter dito 3. (bad) errado, -a; **is there anything ~?** o que está acontecendo?; **it is ~ to do that** é errado fazer isso; **something's ~ with the television** a televisão não está funcionando direito; **what's ~ with you today?** o que há com você hoje? II. adv 1. (incorrectly) incorretamente; **to do sth ~** fazer algo incorretamente; **to get it ~** entender mal; **to get sth ~** enganar-se em a. c.; **to go ~** ir mal; (stop working) enguiçar; (fail) errar 2. (morally reprehensible) **to do ~** fazer de errado III. n 1. no pl a. LAW, REL ofensa f; **he can do no ~** ele é incapaz de fazer mal; **to be in the ~** (mistaken) ter procedido mal; **to do sb a great ~** fazer uma grande maldade f; **(to know) right from ~** distinguir o certo do errado m 2. (injustice) injustiça f; **to right a ~** corrigir uma injustiça

wrongful adj injusto, -a, ilegal

wrongly adv erroneamente, mal

wrote [roʊt, Brit: rəʊt] vi, vt pt of **write**

wrought [rɑːt, Brit: rɔːt] vt pt, pp of **work** III. 4., 5., **wreak**

wrought iron n no pl ferro m forjado

wrought-up adj agitado, -a; **to get ~ about sth** ficar agitado com a. c.

wrung [rʌŋ] vt pt, pp of **wring**

wry [raɪ] <wrier, wriest o wryer, wryest> adj sarcástico, -a

WW n abbr of **World War** guerra f mundial

WWW n abbr of **World Wide Web** INFOR www m

X

X, x [eks] *n* x *m;* ~ **as in X-ray** *Am,* ~ **for Xmas** *Brit* x de xícara

Xerox®, **xerox** ['zɪrɑːks, *Brit:* 'zɪərɒks] I. *vt Am* xerocar II. *n* xerox

Xmas ['krɪsməs] *n inf abbr of* **Christmas** Natal *m*

X-ray ['eksreɪ] I. *n* 1. (*radiation*) ~**s** raios *m* X *pl* 2. (*photograph*) radiografia *f;* **to take an** ~ tirar uma radiografia II. *vt* radiografar

xylophone ['zaɪləfoʊn, *Brit:* -fəʊn] *n* xilofone *m*

Y

Y, y [waɪ] *n* y *m;* ~ **as in Yankee** *Am,* ~ **for Yellow** *Brit* y de bifurcação em Y

ya [jə] *pron Am, sl* você

yacht [jɑːt, *Brit:* jɒt] *n* (*for pleasure*) iate *m;* (*for racing*) veleiro *m*

yachting *n no pl* iatismo *m;* **to go** ~ navegar em iate

yak [jæk] *n* iaque *m*

yam [jæm] *n* 1. (*from Africa*) inhame *m* 2. *Am* (*sweet potato*) batata-doce *f*

yank [jæŋk] I. *vt inf* **to** ~ (**on**) **sth** puxar, dar um puxão em a. c. II. *n inf* puxão *m*

Yank [jæŋk] *n,* **Yankee** ['jæŋki] *n pej, inf* ianque *mf*

yap [jæp] <-pp-> *vi* (*bark*) latir

yard[1] [jɑːrd, *Brit:* jɑːd] *n* (*3 feet*) jarda *f* (*0,91 m*)

yard[2] *n* 1. *Am* (*garden*) jardim *m* 2. *Brit* (*paved*) pátio *m,* quintal *m*

yardstick *n* 1. (*to measure*) metro *m* 2. *fig* padrão *m* de comparação

yarn [jɑːrn, *Brit:* jɑːn] I. *n* 1. *no pl* (*thread*) fio *m* 2. (*story*) caso *m;* **to spin a** ~ contar um caso II. *vi* contar casos

yawn [jɑːn, *Brit:* jɔːn] I. *vi* bocejar II. *n* bocejo *m*

yeah [jeə] *adv inf* sim

year [jɪr, *Brit:* jɪəʳ] *n* 1. (*twelve months*) ano *m;* ~ **in,** ~ **out** entra ano, sai ano; **all** ~ **round** o ano todo; **a seven-~-old boy** um menino de sete anos; **happy New Year!** feliz Ano-Novo!; **I'm seven** ~**s old** tenho sete anos; **we haven't seen each other for years!** nós não nos vemos há anos! 2. SCH, UNIV ano *m,* série *f*

yearly I. *adj* anual II. *adv* anualmente; **three times** ~ três vezes ao ano

yearn [jɜːrn, *Brit:* jɜːn] *vi* **to** ~ **after sth** almejar a. c.; **to** ~ **for sth** desejar muito a. c.; **to** ~ **to do sth** ansiar por fazer a. c.

yeast [jiːst] *n no pl* fermento *m*

yell [jel] I. *n* berro *m* II. *vi, vt* berrar; **to** ~ **at sb** (**for doing sth**) berrar com alguém (por fazer a. c.)

yellow ['jeloʊ, *Brit:* -əʊ] I. *adj* 1. (*color*) amarelo, -a 2. *pej, inf* (*cowardly*) covarde II. *n* 1. (*color*) amarelo *m* 2. *Am* (*egg yolk*) gema *f*

yelp [jelp] I. *vi* uivar II. *n* uivo *m*

Yemen ['jemən] *n* Iêmen *m*

Yemeni ['jeməni] *adj, n* iemenita *mf*

yep [jep] *adv inf* sim

yes [jes] *adv* sim

yesterday ['jestərdeɪ, *Brit:* -tədeɪ] *adv* ontem; ~ **morning** ontem de manhã; **the day before** ~ anteontem

yet [jet] I. *adv* 1. (*up to now*) ainda; **as** ~ até agora; **have you finished** ~? já acabou?; **it's too early** ~ **to ...** ainda é cedo demais para ...; **not** ~ ainda não 2. (*in future*) ainda; **to have** ~ **to do sth** ter ainda que fazer a. c.; **the best is** ~ **to come** o melhor ainda está por vir; **you might** ~ **win** você ainda pode ganhar 3. (*in addition*) ~ **again** outra vez mais; ~ **bigger/more beautiful** ainda maior/mais bonito; ~ **more food** mais comida ainda 4. (*despite that*) apesar disso; **we'll get there** ~ chegaremos lá apesar de tudo II. *conj* no entanto

yew [juː] *n* teixo *m*

yield [jiːld] I. *n* 1. COM, FIN rendimento *m;* **a** ~ **on sth** um rendimento sobre a. c. 2. AGR produção *f* II. *vt* 1. (*produce: results*) dar; AGR produzir; COM, FIN render 2. (*give up*) ceder; **to** ~ **ground** ceder terreno; **to** ~ **responsibility** delegar responsabilidades III. *vi* 1. (*cease opposition*) ceder; **to** ~ **to sb** ceder a alguém; **to** ~ **to temptation** ceder à tentação 2. (*give priority*) dar preferência a alguém/a. c.

♦**yield up** vt entregar; **he would never ~ the castle to the English** ele nunca entregaria o castelo aos ingleses

YMCA [ˌwaɪemsiːˈeɪ] n abbr of **Young Men's Christian Association** ACM f

yoga [ˈjoʊgə, Brit: ˈjəʊ-] n no pl ioga f

yog(ho)urt [ˈjoʊgərt, Brit: ˈjɒgət] n iogurte m

yoke [joʊk, Brit: jəʊk] n 1. AGR jugo m 2. FASHION pala f

yolk [joʊk, Brit: jəʊk] n gema f (de ovo)

you [juː] pron pers 1. 2nd person sing tu, você; pl: vocês; **do ~ see me?** você me vê?; **I see ~** eu te vejo, eu vejo você; **it is for ~** é para você; **older than ~** mais velho do que você 2. 2nd person sing, polite form senhor, -a; pl: senhores, -as; **older than ~** mais velho do que os senhores

you'd [juːd] 1. = **you + would** s. **would** 2. = **you + had** s. **have**

young [jʌŋ] I. adj jovem; **~ children** crianças fpl pequenas; **a ~ man** um (moço) jovem; **my ~er brother** meu irmão mais novo; **to be ~ at heart** ser jovem de espírito; **you're only ~ once!** só se é jovem uma vez (na vida)! II. n pl 1. (young people) **the ~** os [ou as] jovens pl 2. (offspring) filhotes mpl

youngster [ˈjʌŋkstər, Brit: -əʳ] n jovem mf

your [jʊr, Brit: jɔːʳ] adj poss 1. 2nd pers sing teu, tua; seu, sua; pl: teus, tuas, seus, suas, de vocês; **wash ~ hands** lave as mãos 2. 2nd pers sing and pl, polite form do(s) senhor(es), da(s) senhora(s)

yours [jʊrz, Brit: jɔːz] pron poss 1. sing: o teu, a tua, o seu, a sua; pl: os teus, as tuas, os seus, as suas, os de vocês 2. polite form o(s) do(s) senhor(es) m, o(s) da(s) senhora(s) f

yourself [jʊrˈself, Brit: jɔːˈ-] pron refl 1. sing: te, ti, se; emphatic, after prep: você mesmo, -a 2. polite form: o senhor mesmo, a senhora mesma m, f, si; emphatic: o senhor mesmo, a senhora mesma m, f; after prep: si mesmo, -a

yourselves pron refl 1. se, si; emphatic, after prep: vocês mesmos, -as 2. polite form: os senhores mesmos, as senhoras mesmas m, f, si; emphatic: os senhores mesmos, as senhoras mesmas m, f; after prep: si mesmos, -as

youth [juːθ] n 1. no pl (period) juventude f; **in my ~** na minha mocidade f 2. (young man) jovem m 3. no pl (young people) jovens mpl

youth center n, **youth club** n clube m de jovens

youthful [ˈjuːθfəl] adj juvenil

youth hostel n albergue m da juventude

yucky [ˈjʌki] adj <-ier, -iest> inf desagradável

Yugoslavia [ˌjuːgoʊˈslɑːvɪə, Brit: -gəʊ-] n Iugoslávia f

Yugoslavian adj iugoslavo, -a

Z

Z, z [ziː, Brit: zed] n z m; **as in zebra** Am, **~ for zebra** Brit z de zebra

Zaire [zaɪˈɪr, Brit: -ˈɪəʳ] n Zaire m

Zairean [zaɪˈɪrɪən, Brit: -ˈɪər-] adj, n zairense

Zambia [ˈzæmbɪə] n Zâmbia f

Zambian adj, n zambiano, -a m, f

zany [ˈzeɪni] <-ier, -iest> adj inf (person) palhaço, -a; (idea) maluco, -a

zeal [ziːl] n no pl fervor m

zealot [ˈzelət] n fanático, -a m, f

zealous [ˈzeləs] adj fervoroso, -a

zebra [ˈziːbrə, Brit: ˈzeb-] n zebra f

zebra crossing n Brit, Aus faixa f de pedestre

zenith [ˈziːnɪθ, Brit: ˈzen-] <-es> n ASTRON zênite m; **to be at the ~ of sth** fig estar no auge de a. c.

zero [ˈzɪroʊ, Brit: ˈzɪərəʊ] <-s o -es> I. n zero m; METEO zero; **below ~** abaixo de zero II. vi **to ~ in on sth** mirar em a. c.

zest [zest] n no pl 1. (enthusiasm) entusiasmo m; **~ for sth** entusiasmo por a. c. 2. (rind) casca f

zigzag [ˈzɪgzæg] I. n ziguezague m II. <-gg-> vi ziguezaguear

Zimbabwe [zɪmˈbɑːbweɪ] n Zimbábue m

Zimbabwean [zɪmˈbɑːbwɪən] adj, n zimbabuano, -a

zinc [zɪŋk] n no pl zinco m

zip [zɪp] I. n 1. esp Brit zíper m 2. inf (energy) gás m inf 3. sl nada m

II. <-pp-> *vi* (*speed*) **I'm going to ~ down to the corner store and get some milk** eu vou rapidinho à loja da esquina comprar leite; **the cars ~ped by** os carros passavam rapidamente **III.** <-pp-> *vt* **1.** (*with zipper*) **to ~ sth up** subir o zíper de a. c. **2.** INFOR **to ~ a file (up)** comprimir um arquivo

zip code *n Am* código *m* de endereçamento postal

zip-fastener *n Brit*, **zipper** ['zɪpər, *Brit:* -əʳ] *n Am* zíper *m*

zip file *n* INFOR arquivo *m* zipado

zodiac ['zoʊdiæk, *Brit:* 'zəʊ-] *n no pl* zodíaco *m*

zombie ['zɑːmbi, *Brit:* 'zɒm-] *n* zumbi *m*

zone [zoʊn, *Brit:* zəʊn] *n* zona *f*

zoo [zuː] *n* zoológico *m*

zoological [ˌzoʊəˈlɑːdʒɪkəl, *Brit:* ˌzuːəˈlɒdʒ-] *adj* zoológico, -a

zoologist [zoʊˈɑːlədʒɪst, *Brit:* zuˈɒl-] *n* zoólogo, -a *m, f*

zoology [zoʊˈɑːlədʒi, *Brit:* zuˈɒl-] *n no pl* zoologia *f*

zoom [zuːm] **I.** *n* PHOT zum *m* **II.** *vi inf* **to ~ past** passar zunindo
◆ **zoom in** *vi* PHOT **to ~ on sth** focalizar a. c.

zoom lens *n* zum *m*

zucchini [zuːˈkiːni, *Brit:* zʊˈ-] <-(s)> *n inv, Am* abobrinha *f*

Correspondência
Correspondence

Correspondência
Correspondence

What do I write, when I want to apply for work experience?

Paul West
6 Palm Avenue
Miami, FL 33130
EUA

À
Tropical Tour
Av. Washington Luís, 308
04578–458 Rio de Janeiro (RJ)
Brasil

                        Miami, 13 de fevereiro de 2010.

Solicitação de estágio

Senhores:

Escrevo-lhes para solicitar uma vaga de estágio em sua agência do Rio de Janeiro.

Estou cursando o quarto ano de Letras (espanhol, francês e português) em Miami. Pretendo terminar os meus estudos no final do ano e logo em seguida matricular-me no curso de Turismo.

Mas antes de passar para a fase final da universidade, gostaria de aproveitar as minhas férias de verão, de 24 de julho a 31 de agosto, para aperfeiçoar os meus conhecimentos de português e para ao mesmo tempo conhecer o funcionamento de uma agência de viagens.

Ficarei imensamente grato se puder estagiar em sua agência e se puderem me indicar algumas possibilidades de alojamento.

Agradeço pela sua atenção.

Atenciosamente,

Paul West

Anexos: *Curriculum vitae*
            Histórico escolar

Note: Brazilian writers put both their name and address at the top left of the page, with the name and address of the other person below and to the left.

Como solicitar um estágio?

>Praça Nove de Julho, 35
>49683–386 Campinas (SP)
>Brazil
>
>January 18, 2010

American Airlines
P.O. Box 12345
Dallas, TX 75261
U.S.A.

Dear Sir:

I am seeking a position in the American Airlines work experience program in Dallas, Texas.

At present, I am in my 4th year of aeronautical engineering and have been learning English since 2005.

I will be available to participate in the program next year from January 24 until August 31, 2011. I am confident that I can make a positive contribution toward achieving the goals set by American Airlines, and at the same time gain valuable experience in the daily operations of a major international airline and in communicating in both written and verbal English.

Should I be selected for this program, I would be very grateful if you could provide me with information to aid me in finding suitable accommodations.

Thank you for your consideration. I look forward to hearing from you soon.

Sincerely,

João Carlos Rocha

João Carlos Rocha

Enclosures: CV
 Certified copies of reports

Atenção! Não é costume numa carta em inglês escrever o nome do remetente no cabeçalho. O endereço do remetente é escrito à direita e o endereço do destinatário é escrito à esquerda do cabeçalho.

Curriculum vitae

Paul West

Informações pessoais:
Data de nascimento : 02/03/1988
Local de nascimento: Miami
Endereço: 6 Palm Avenue
Miami, FL 33130
Nacionalidade: americana

Formação escolar:
1995–2002 Escola primária em Miami
2002–2007 Escola secundária em Miami
2007 Universidade de Miami
(previsão para o término dos meus estudos: 2011)

Idiomas: Espanhol, francês e português fluentes

Outros conhecimentos: Informática: usuário de Windows XP, Vista; linguagem de programação Java

Hobbies: Idiomas, ciclismo

Curriculum vitae

João Carlos Rocha
Praça Nove de Julho, 35
49683–386 Campinas (SP)
Brazil

PERSONAL INFORMATION
Date of Birth: March 28, 1988
Nationality: Brazilian
Marital Status: Single

SCHOOLS
1994–2001   Primary and Secondary School in Campinas, Brazil
2003 –   University studies in aeronautical engineering in Campinas, Brazil

LANGUAGES
Fluent in both spoken and written French, Spanish and English

HOBBIES
Foreign languages, motor racing, computers, surfing

What do I write, when I want to apply for an au pair job?

Ann M. Tessaro
5 Rogers Road,
Rochester, NY 14011
EUA

Rochester, 8 de novembro de 2009.

À
Sra. Fernanda de Carvalho Souza
Alameda Santos, 354, apto 143
02078-657 São Paulo (SP)
Brasil

Trabalhar como aupair

Estimada Sra. Fernanda de Carvalho Souza:

Através da minha professora de português fiquei sabendo que a senhora está procurando uma aupair americana para falar inglês com os seus filhos.

Estou cursando o 10º ano da *High School* em Rochester. Como o meu pai é brasileiro, falo português e comecei a frequentar cursos de português em 2006. Gostaria de trabalhar como aupair na casa de uma família brasileira para aperfeiçoar os meus conhecimentos de português e para conhecer mais a cultura brasileira. Eu poderia começar no dia 1º de julho e ficaria dois meses em sua casa.

Tenho dois irmãos menores, um irmão de dez anos e uma irmã de seis. Como os meus pais trabalham muito (o meu pai num jornal e a minha mãe num hotel), estou acostumada a cuidar de crianças.

Espero ansiosamente pela sua resposta.

Atenciosamente,

Ann M. Tessaro

Como pedir um trabalho como aupair?

Rua da Praia do Campeche, 37
23487–080 Florianópolis (SC)
Brazil

September 4, 2009

Mr. and Mrs. David Arnold
23 Ferndale Drive
Chicago, IL 60661
U.S.A.

Dear Mr. and Mrs. Arnold,

I read your advertisement in the August 28, 2009 edition of the New York Times and would like to apply for the post of au pair with your family.

At present, I am concluding secondary school and have been studying English for five years. I will graduate in December and I would be delighted to look after your two children for one month starting February 1st.

I have one younger brother (10) and a sister (6) whom I regularly look after because our parents both work. My father is a banker and my mother works part-time in a boutique.

I am confident in my abilities to serve as an au pair with your family, and at the same time, look forward to learning more about English and the American way of life, which I find most interesting.

Please feel free to ask me any questions that you may have. Thank you for your consideration.

Sincerely,

Mariana Rodriguez Santos

Mariana Rodriguez Santos

What do I say, when I want to find out about a holiday language course?

Laura Benson
2806 Woodward Street
Portland, OR 97702
EUA

Portland, 14 de outubro de 2009.

Curso de português em Campinas

Senhores:

No seu site encontrei informações sobre os cursos intensivos que serão oferecidos em 2010. Gostaria de fazer a minha inscrição para o curso "Língua e Cultura" que começa no dia 14 de fevereiro.

Estou no 2º ano da Faculdade de Letras. Estudo português e espanhol e gostaria de aperfeiçoar os meus conhecimentos desses idiomas, primeiramente o português, já que vou escrever a minha tese final sobre literatura brasileira.

Gostaria que me informassem se tenho que prestar um exame para ingressar nesse curso e também que me informassem sobre os horários das aulas. Li também no site que os senhores organizam alojamento em casas de família, o que me interessaria muito.

Aguardo resposta e agradeço-lhes pela sua atenção.

Atenciosamente,

Laura Benson

Como solicitar informações mais detalhadas sobre um curso de língua?

Rua da Independência, 45
18020–465 Manaus
Brazil

November 14, 2009

Boston School of Language
10 Franklin Square
Boston, MA 10015
U.S.A.

Dear Sir:

I received information about your institute from my English teacher and would like to attend a language course in Boston in August of next year.

I am currently in the 3rd year of secondary school and have been studying English for three years.

Please send me detailed information about your courses. I would particularly like to know if I will have to take an assessment test. I would also like to know the tuition fees.

My teacher has told me that you can arrange accommodations for me. Would it be possible to live with a family with a son of my own age?

I look forward to hearing from you soon. Thank you for your consideration.

Sincerely yours,

Gabriel de Almeida

Gabriel de Almeida

What do I say, when I write to a pen friend for the first time?

Querida Maria:

O meu nome é Jessica Blackhill e tenho 16 anos. Navegando na internet encontrei um site com nomes de garotas brasileiras interessadas em se comunicar com falantes de inglês. Eu escolhi você porque praticamente somos da mesma idade e porque temos os mesmos gostos musicais e hobbies. Além disso, você nasceu em Porto Alegre, na mesma cidade da minha mãe. É, a minha mãe é brasileira!

Moro com os meus pais e o meu irmão caçula em Boston. O meu pai é engenheiro, a minha mãe é tradutora. Mark, o meu irmão, tem oito anos e também fala português. A minhas matérias preferidas na escola são educação física e matemática. E as suas? Você também tem irmãos? E onde trabalham o seus pais? Os meus hobbies, iguais aos seus, são ler, escutar música e jogar tênis. Além disso, toco piano já há seis anos. Você toca algum instrumento?

A gente pode se escrever em português e em inglês. Eu escrevo em português e você em inglês. Depois a gente pode trocar. Assim as duas treinam. O que você acha?

Espero receber logo uma cartinha sua e se possível, com um cartão postal de Porto Alegre! Mande também o seu e-mail. É mais fácil e rápido.

Beijos e abraços

PS:
Espero que você goste da foto que eu mandei...

Jessica

Como me dirigir pela primeira vez a uma *pen friend*?

> Dear Elizabeth,
>
> My name is Carmen and I am 16 years old. Yesterday in class, my English teacher gave us a list of boys and girls in America who are looking for pen pals in Brazil. I chose your name because we are almost the same age and have the same hobbies.
>
> I live with my parents and my younger brother, Marco, in Santos, a city on the southern coast of Brazil. My father works as an engineer, my mother runs the house, and Marco is only eight and still goes to primary school. I am in the 8th year of school and have been learning English since the 5th year. My favorite subjects are English (of course), sports, and math. What year are you in and what are your favorite subjects? Do you have any brothers or sisters? What do your parents do? Like you, my hobbies are listening to music, surfing the net, and in-line skating.
>
> I hope you write back soon, as I want to know so much about you and the United States, e.g. what sort of music you like, and what you and your friends do during weekends.
>
> Your Brazilian Pen Pal,
> Carmem Bernardes Dias

What do I write, when I want to write a thank-you letter to my hosts?

> *Querido José, querida Carmem*
> *e querida Regina:*
>
> *Gostaria de lhes agradecer mais uma vez pela sua hospitalidade. O tempo passou muito rápido!*
>
> *Aproveitei muito os meses que passei com vocês. Estou mandando as fotos que fiz na Páscoa em Ilha Bela.*
>
> *A minha professora de tradução me disse que o meu português melhorou muito! Algumas amigas da faculdade já se inscreveram para o mesmo programa de intercâmbio.*
>
> *Não vejo a hora em que chegue dezembro e a Regina venha a Cambridge. Os meus pais e eu já estamos planejando uns passeios. Queremos que você se sinta tão bem aqui como eu me senti aí.*
>
> *Mando lembranças à Ana e à Isabel. Não vejo a hora de a gente se ver de novo!*
>
> *Um beijão a todos,*
> *Muriel Harris*

Como agradecer à minha família anftriã?

Dear Mr. and Mrs. Seaton and Elizabeth,

I would like to thank you once again for your warm hospitality during the time I spent with you. The only regret that I have is that it all went too quickly.

I especially enjoyed the weekend we spent together at your holiday home, and I am enclosing a few of the photos that I took there.

My English teacher said that I have really made great progress as a result of the two weeks I spent with you. She suggested that the rest of the class should also go on an exchange.

I'm already looking forward to April, when Elizabeth will visit São Paulo. My parents and I have already planned some trips to wonderful places where we would like to go with her. I hope she will like it here with us as much as I did there with you.

Please give my regards to Jenny and Kate. I hope to see you again soon.

With love from

Regina de Miranda

Formas úteis para a correspondência

Useful Expressions in Letters

THE BEGINNING OF A LETTER

O COMEÇO DE UMA CARTA

When you're writing ...	Quando você escreve...
... to someone you know or to a friend • Querido Gabriel : • Querida Mariana: • Oi, Bete! Muito obrigada/o pela carta. Fico feliz em receber notícias suas. Desculpa/e por não ter escrito antes.	...a um conhecido ou amigo • Dear Mark, • Dear Janet, Many thanks for your letter. I was really glad/delighted to hear from you. I apologize/I'm sorry for not having written for so long.
... to someone you know or to business contacts • Sra. Regina Teixeira: • Sr. Victor Mello:	...a alguém que você conhece a nível profissional • Dear Mrs. Arnold, • Dear Mr. Arnold,
... to companies or organizations • Senhora:/Senhor: • Senhores: Gostaríamos que nos informasse/m se.... Pedimos que nos enviem ...	...a uma empresa ou a uma pessoa cujo nome você desconhece • Dear Sir or Madam, • Dear Sirs, I wonder if you could let me know whether .../ I would like to inquire whether ... Could you kindly/please send me ...?
... to someone whose title you know • Sr. Dr. Fernando Santos: • Sra. Dra. Ana Castro:	...a uma pessoa cujo título ou grau acadêmico você conhece • Dear Sir, • Dear Madam, • Dear Doctor, *(dirigindo-se a um médico)*

THE ENDING OF A LETTER

O FINAL DE UMA CARTA

Informal:	Informal:
• Um abraço bem forte, • Um forte abraço, • Beijos,	• Love, • (With) warmest regards,
• Tchau!	• Bye!
• Um abraço, • Lembranças,	• (With) kind regards, • With best wishes,
	• Regards, • Yours, • Yours ever, • Yours with best wishes
• Até breve!	• See you soon!

Formal:	Formal:
• Saudações • Atenciosamente,/Respeitosamente,	• Yours sincerely, *(Se a carta começa com "Dear Mr./ Mrs. ...")*
	• Yours faithfully, *(Se a carta começa com "Dear Sir/ Madam")*
Very formal:	**Muito formal:**
• Por ora, reiteramos nossa gratidão com respeitosas saudações. • Aceitem V. Sas. nossa distinta saudação.	• Yours sincerely, *(Se a carta começa com "Dear Mr./ Mrs. ...")* • Yours faithfully, *(Se a carta começa com "Dear Sir/ Madam")*

Expressões úteis

Useful Phrases

What do I say, when I want to greet someone?

Como cumprimentar alguém?

Bom dia! (*until 2 pm*)	Good morning!
Boa tarde! (*from 2 pm onwards until 9 pm*)	Good afternoon!
Boa noite! (*from 9 pm onwards*)	Good evening!
Oi!/Olá!	Hello!
Oi!	Hi (there)!
Com vai?/Tudo bem?	How are you?
E aí? Tudo bem?	How are things?

What do I say, when I want to say goodbye to someone?

Como me despedir de alguém?

Tchau !	Goodbye!
Até logo!	Bye!/Cheerio! (*Brit*)/See you later!
Até amanhã!	See you tomorrow!/Until tomorrow!/Goodnight!
Divirta-se!	Have fun!
Boa noite!	Good night!
Lembranças à Maria./Dá um abraço/beijo na Maria.	Give María my regards./Say hello to María for me.

What do I say, when I want to ask for something or express my thanks?

Como pedir algo ou agradecer por alguma coisa?

Sim, por favor.	Yes, please.
Não obrigada/o.	No, thank you.
Sim, por favor!	Yes please!
Obrigada/o, igualmente!	Thank you, (and) the same to you!
Por favor, podia me ajudar?	Can you help me, please?
De nada.	Not at all./You're welcome.
Muito obrigada/o!	Thanks a lot.
Não há de quê.	Don't mention it.

What do I say, when I want to apologize or express my regrets?

Como me desculpar?

Desculpa/e!/Perdão!	Sorry!/Excuse me!
Queria me desculpar.	I must/I'd like to apologize.
Sinto muito.	I'm sorry (about that).
Não era essa a minha intenção.	It wasn't meant like that.
Que vergonha!	Pity!/Shame!

What do I say, when I want to congratulate someone or wish someone good luck?

Como parabenizar alguém ou desejar boa sorte a alguém?

Parabéns!/Felicidades!	Congratulations!

Boa sorte!/Desejo-lhe muita sorte!	Good luck!
Espero que você melhore!/Estimo as melhoras!	(Hope you) get well soon!
Espero que tenha boas férias!	Have a nice holiday!
Feliz Páscoa!	Happy Easter!
Feliz Natal e Próspero Ano Novo!	Merry Christmas and a Happy New Year!
Feliz Aniversário!	Happy Birthday!
Desejo-lhe muitos anos de vida!	Many happy returns of the day!
Vou fazer figa para você./Vou fazer pensamento positivo para você.	I'll keep my fingers crossed for you.

What do I say, when I want to say something about myself?	Como me apresentar?
O meu nome é ...	My name is ...
Sou brasileira/o./Sou do Brasil.	I'm Brazilian./I'm from Brazil.
Moro em São José dos Campos.	I live in São José dos Campos.
Fica perto de ...	That's near ...
Está ao norte/sul/oeste/leste de...	That's north/south/west/east of ...
Estou aqui de férias.	I'm here on holiday.
Estou matriculada/o num curso de línguas.	I'm doing a language course here.
Estou aqui como estudante de intercâmbio.	I'm on a school exchange.
Estou aqui com o meu time de futebol.	I'm here with my football club.
Vou ficar um dia/cinco dias/uma semana/duas semanas.	I'm staying for a day/for five days/for a week/for two weeks.
Vou ficar na/no/com a/o...durante a minha permanência aqui.	During my time here I'm staying in/at/with ...
O meu pai é.../trabalha (como...) na firma...	My father is a (n) .../works (as a (n) ...) at ...
A minha mãe é...	My mother is ...
Tenho uma irmã/duas irmãs e um irmão/dois irmãos.	I've got a sister/two sisters and a brother/two brothers.
Vou à escola em ...	I go to school in ...
Estou no ... ano/na ... série.	I'm in Year ...
Tenho ... anos.	I'm ... (years old).
Gosto de jogar futebol./Gosto de jogar xadrez.	I like playing football./I like chess.

What do I say, when I want to find out something about other people?	Como fazer perguntas sobre outras pessoas?
Qual/como é o seu nome?/Como você se chama?	What's your name?
De onde você é?	Where do you come from?
Onde você mora?	Where do you live?
Onde fica?	Where is that?
O que você está fazendo aqui?/O que faz aqui?	What are you doing here?/What do you do here?

Quanto tempo vai ficar (aqui)?	How long are you staying (here)?
Onde você está morando (aqui)?	Where are you staying?
Com o que o seu pai/a sua mãe trabalha?	What does your father/mother do?
Onde ele/ela trabalha?	Where does he/she work?
Você tem irmãos?	Have you got any brothers or sisters?/Do you have any brothers or sisters?
Em que escola você está?	What school do you go to?
Em que ano/série você está?	What year are you in?
Quantos anos você tem?	How old are you?
Do que você gosta de fazer?	What do you like doing?
Quais são os seus hobbies?	What are your hobbies?

What do I say, when I agree?	O que digo quando sou da mesma opinião?
Certo!/Isso mesmo!/Exatamente!	(That's) right!/Exactly!
Eu também!	Me too!/I do too!/So do I!
Eu também não!	Nor me!/Neither do I!
É/sim, está bem/bom/ótimo/legal.	Yes, I think it's good/brilliant/great/ace too.

What do I say, when I disagree?	O que digo quando não sou da mesma opinião?
Isso não é (bem) assim! Está errado! Não é verdade!	That's not right (at all)!/That's (all) wrong!/That's not true!
Não!	No!
É sim!/Sou sim!	Yes I am/was/will/can/could/do/did!
Não! Isso é um absurdo.	No, I think it's stupid/revolting!

What do I say, when I want to say what I think?	Como expressar a minha opinião?
Eu acho/eu penso/acredito que …	I believe/think that …
Eu não acho/penso/acredito que …	I don't believe/think that …
Na minha opinião …	In my opinion …

What do I say, when I want to show that I'm listening?	Como mostrar que estou prestando atenção?
Verdade?	Really?/Honestly?
Ah é!/É mesmo?/Não me diga!	I see!

What do I say, when I want to ask the way?	Como perguntar por um lugar/caminho?
Onde fica a/o … mais próxima/o?	Where is the (nearest) …?
Qual é o caminho mais curto para ….?	How do I get to the (nearest) …?
A senhora/o senhor/você podia me dizer/mostrar onde fica/está a/o … mais próxima/o?	Could you tell me where the (nearest) … is?

What do I say, when I want to say that I'm feeling good?	Como me expressar quando me sinto bem?
Hoje estou bem!	I feel really good (today)!
Hoje estou ótima/o!	I'm in a really good mood (today)!
Hoje me sinto super bem!	I feel great/fantastic!

What do I say, when I want to say that I'm not feeling well?	Como me expressar quando me sinto mal?
Hoje não estou bem!	I don't feel/I'm not feeling well!
Hoje estou péssima/o!	I feel really terrible!
Hoje estou com um mau humor horroroso!	I'm in a foul/really bad mood!
Hoje me sinto super mal!	I feel really lousy!

What do I say, when I want to say that I like something?	Como dizer que alguma coisa me agrada?
Que legal!/Que ótimo!	It's really brilliant/ace/great/exciting!

What do I say, when I want to say that I don't like something?	Como dizer que alguma coisa não me agrada?
Não gosto disso!	It's really stupid/boring/revolting!

What do I say, when I ring/phone a friend?	O que dizer ao telefonar para um/a amigo/a?
Alô, aqui é/fala a/o ...	Hello, it's ... here/speaking.
Alô, sou eu, ...	Hello, it's me, ...
Bom, então até às ...(hs)/amanhã/mais tarde !	OK then, see you at ... (o'clock)/tomorrow/later!
Até logo!/Tchau!	Bye!/Cheerio!

What do I say, when I speak to adults on the phone?	O que dizer ao falar com pessoas mais velhas por telefone?
Boa tarde, seu .../dona ..., aqui fala a/o ...	Good morning/afternoon, Mr./Mrs. ..., it's ... here/speaking.
Eu gostaria de/queria falar com a/o ...	Could I speak to ...?
Por favor a/o ... está ...?	Is ... there/at home?
Quer deixar recado?	Would you like to leave a message?
Posso deixar recado?	I would like to leave a message.
Não obrigada/o. Tudo bem.	No, thank you. That's OK.
Eu telefono mais tarde.	I'll call back/try again later.
Sim, podia dizer a ela/ele que ...	Yes, could you please tell him/her that/to ...
Muito obrigada/o! Até logo!	Many thanks! Goodbye!

What do I say, when I have to speak to an answering machine?	Como deixar um recado na secretária eletrônica?
Boa tarde!/Oi! Aqui fala a/o ...	Good morning/afternoon./Hello! This is ... (speaking).

Telefonei para perguntar se/para dizer que ...	I (just) wanted to ask if .../say that ...
Você me encontra no número .../Você pode ligar no número ...	You can reach me (until ... o'clock) at ... (number).
Obrigada/o e até breve !	Thanks, bye!

What do I say, when I want to give somebody my e-mail/Internet address?

Como passar o endereço eletrônico para alguém ?

O meu endereço eletrônico é: <u>tom.robert@aol.com</u> (tom ponto robert arroba a o l ponto com)	My e-mail address is: <u>tom.robert@aol.com</u> (say: tom dot robert at a o l dot com)
O meu site é: <u>http://www.aol.com/~robert</u> (h t t p dois pontos duas barras dábliu dábliu dábliu ponto a o l ponto com barra til robert)	My homepage address is: <u>http://www.aol.com/~robert</u> (say: h t t p colon forward slash forward slash w w w dot a o l dot com forward slash tilde robert)

A

A, a [a] *m* A, a
a [a] **I.** *art f* the **II.** *pron pess* (*ela*) her; (*você*) you; **ele ~ visitou?** did he visit her?; **eu ~ vi** I saw her **III.** *pron dem* **~ que** the one which [*o that*]; **fiquei em dúvida entre duas blusas , mas no final escolhi ~ que me agradou financeiramente** I couldn't decide between the two tops but in the end I chose the one that suited my pocket **IV.** *prep* **1.** (*direção*) to; **ir à escola/igreja** to go to school/church; **ir ~ Fortaleza** to go to Fortaleza **2.** (*posição*) at; **à direita/esquerda** on the right/left; **à janela/mesa** at the window/table **3.** (*distância*) **~ uns metros** a few meters from here **4.** (*tempo*) at; **a uma hora** at one o'clock; **daqui ~ uma semana** one week from now; **à noite** at night; **aos 18 anos** at eighteen **5.** (*modo*) **à mão** by hand; **~ pé** on foot; **saída à francesa** French leave; **à força** by force **6.** (*preço*) at; **~ 100 reais** at 100 reals **7.** (*consecutividade*) **dia ~ dia** day by day; **passo ~ passo** step by step; **pouco ~ pouco** little by little **8.** (*complemento indireto*) **dar a. c. ~ alguém** to give sth to sb **9.** (*frequência*) **tenho aula de inglês às terças e quintas** I have English class on Tuesdays and Thursdays **10.** (*meio*) **fogão ~ gás** gas stove; **impressão ~ laser** laser print; **escrever à máquina** to typewrite **11.** (*infinitivo*) **começar ~ beber/chover** to start to drink/to rain; **ficar nervoso ao falar** to get nervous when speaking
à [a] = prep a + art a *v.* a

> **Gramática** When the preposition **a** immediately precedes the definite article "a", it fuses with it and becomes "à": "Hoje à noite; Às cinco da tarde vou à casa dele."

aba ['aba] *f* (*do chapéu*) brim; **chapéu de ~** wide-brimmed hat
abacate [aba'katʃi] *m* avocado
abacateiro [abaka'tejru] *m* avocado tree
abacaxi [abaka'ʃi] *m* **1.** (*fruta*) pineapple **2.** *inf* (*problema*) problem; **descascar um ~** to solve a problem
abade, -dessa [a'badʒi, aba'desa] *m, f* abbot *m*, abbess *f*
abadia [aba'dʒia] *f* abbey
abafado, -a [aba'fadu, -a] *adj* **1.** (*som*) muffled **2.** (*atmosfera*) close **3.** (*quarto*) stuffy **4.** (*choro, riso*) muffled **5.** (*escândalo*) hushed up **6.** *inf* (*pessoa*) **~ por problemas** weighed down by problems
abafar [aba'far] **I.** *vt* **1.** (*som*) to muffle; (*fogo*) to put out; (*vela*) to snuff out; (*informação, notícia, pessoa*) to hush up; (*soluços*) to hold in **2.** *inf* (*objeto*) to cover up **II.** *vi* **1.** (*rumores*) to hush up **2.** *inf* (*sucesso*) **aquele ator está abafando** that actor is making it big
abaixa-língua [a'bajʃa-'liɡwa] *m* tongue depressor
abaixar [abaj'ʃar] **I.** *vt* **1.** (*objeto*) to lower **2.** (*reduzir*) to lower; **~ os preços** to lower prices **3.** (*intensidade*) **~ o rádio** to turn down the radio **II.** *vi* (*reduzir*) **a temperatura vai ~** the temperature will go down **III.** *vr:* **~-se 1.** (*curvar-se*) to bow **2.** (*humilhar-se*) to lower oneself
abaixo [a'bajʃu] **I.** *adv* **1.** down; **rolou escada/morro ~** it rolled down the stairs/hill; **descer rio ~** to go down the river; **ir/vir ~** to go/to come down **2.** (*hierarquia*) below; **primeiro o presidente e, ~, os ministros** first the president and, below him, the ministers; **~ de** below **3.** (*sequência*) **os itens ~** the items below **4.** (*posição*) **mais ~** lower **II.** *interj* **~ a ditadura!** down with the dictatorship!
abaixo-assinado [a'bajʃwasi'nadu] *m* **1.** (*documento*) petition **2.** (*pessoa*) undersigned
abajur [aba'ʒur] *m* (*peça de tecido, vidro , papel*) lampshade; (*luminária*) lamp
abalado, -a [aba'ladu, -a] *adj* (*objeto*) shaky; (*saúde*) weak; *fig* (*comovido*) moved
abalar [aba'lar] **I.** *vt* (*pessoa*) to overwhelm; (*comover*) to move; (*saúde*) to wear down; **os aborrecimentos abalaram sua saúde** all the annoyance he suffered wore down his health **II.** *vi inf* (*pessoa*) to run away **III.** *vr:* **~-se ele não se abala com as reclamações** he

doesn't let the complaints get to him
abalizado, -a [abaʎi'zadu, -a] *adj* (*comentário, parecer*) well-respected
abalo [a'balu] *m* **1.** (*choque*) shock; **a separação dos pais causou um ~ no filho** the parents' separation shook the child; **o mundo sofreu um grande ~ econômico nos anos 70** the world suffered huge economic turmoil in the 1970's **2.** (*tremor de terra*) **~ sísmico** earth tremor
abalroamento [abawxoa'mẽjtu] *m* collision
abalroar [abawxo'ar] *vt* <*1. pess pres: abalroo*> to collide (with)
abanador [abɜna'dor] <-es> *m* (*leque*) fan
abanar [abɜ'nar] **I.** *vt* (*mão*) to wave; (*cabeça*) to shake; (*rabo*) to wag; (*refrescar com revista, leque*) to fan **II.** *vr:* ~-**se** to fan oneself; **abanou-se com a revista** she fanned herself with the magazine
abandonado, -a [abɜ̃do'nadu, -a] *adj* (*casa, pessoa, projeto*) abandoned; **menores ~s** abandoned children
abandonar [abɜ̃do'nar] **I.** *vt* (*pessoa, local, objeto, plano*) to abandon; **~ os estudos** to quit school; **~ uma competição** to drop out of a competition **II.** *vr:* ~-**se a: abandonou-se ao vício** he abandoned himself to vice
abandono [abɜ̃'donu] *m* (*de pessoa, local*) abandonment; **~ do lar** leaving home; **deixar a. c. no ~** to completely neglect sth; **pacientes entregues ao ~ em hospitais públicos** patients neglected in public hospitals; **~ do programa de energia nuclear** abandonment of the nuclear energy program; **~ das estradas** neglect of the highways
abano [a'bɜnu] *m* fan; **orelhas de ~** elephant ears
abarcar [abar'kar] *vt* <c→qu> (*abranger, compreender*) to comprise
abarrotado, -a [abaxo'tadu, -a] *adj* overloaded
abarrotar [abaxo'tar] *vt* to overload
abastado, -a [abas'tadu, -a] *adj* wealthy
abastança [abas'tɜ̃nsa] *f* abundance
abasteça [abas'tesa] *1./3. pres subj de* **abastecer**
abastecedor [abastese'dor] <-es> *m* supplier
abastecer [abaste'ser] <c→ç> **I.** *vt* (*fornecer*) to supply; (*carro*) to fill up; (*loja*) to stock; **~ a loja com** [*ou* **de**] **mercadorias** to stock the store with merchandise **II.** *vr:* ~-**se** ~-**se de** [*ou* **com**] **a. c.** to stock up on sth
abastecimento [abastesi'mẽjtu] *m* supply; **~ de água/energia** water/power supply
abasteço [abas'teso] *1. pres de* **abastecer**
abate [a'batʃi] *m* **1.** (*do gado, aves*) slaughter **2.** (*de árvores*) felling
abatedouro [abate'dowru] *m* slaughterhouse
abater [aba'ter] **I.** *vt* (*valor, intensidade*) to decrease; (*árvore*) to fell; (*gado*) to slaughter; (*olhos*) to lower; (*debilitar*) to weaken **II.** *vi* to fall (down) **III.** *vr:* ~-**se com a. c.** to let sth get one down; **não se abata com isso** don't let that get you down
abatido, -a [aba'tʃidu, -a] *adj* **1.** (*cansado*) worn-out **2.** (*deprimido*) depressed
abatimento [abatʃi'mẽjtu] *m* (*do preço*) reduction; **fazer um abatimento** to make a reduction
abaulamento [abawla'mẽjtu] *m* camber
abaular [abaw'lar] *conj como saudar vt* to camber
abdicação <-ões> [abdʒika'sɜ̃w, -õjs] *f* abdication
abdicar [abdʒi'kar] *vi* <c→qu> (*de cargo*) to abdicate; **~ de a. c.** to abdicate sth
abdome [ab'domi], **abdômen** [ab'domẽj] *m* abdomen
abdominal <-ais> [abdomi'naw, -ajs] **I.** *m* abdominal; **fazer abdominais** to do abdominal exercises **II.** *adj* abdominal
abdução <-ões> [abdu'sɜ̃w, -õjs] *f* JUR abduction
abecê [abe'se] *m* ABC's; **aprender o ~** to learn one's ABC's
abecedário [abese'dariw] *m* (*alfabeto*) alphabet
abeirar [abej'rar] **I.** *vt* to approach **II.** *vr:* ~-**se** to approach the edge of; ~-**se da piscina** to approach the edge of the pool
abelha [a'beʎa] *f* bee
abelha-mestra [a'beʎa-'mɛstra] <abelhas-mestras> *f* queen bee
abelhão <-ões> [abe'ʎɜ̃w, -õjs] *m* bumblebee

abelheira [abeˈʎejra] *f* beehive
abelhões *m pl de* **abelhão**
abelhudo, -a [abeˈʎudu, -a] *adj* **1.** *inf* (*intrometido*) nosy **2.** *inf* (*astuto*) smart
abençoado, -a [abẽjsuˈadu, -a] *adj* blessed
abençoar [abẽjsuˈar] *vt* <*1. pess pres:* abençoo> to bless
aberração <-ões> [abexaˈsãw, -õjs] *f* (*defeito*) distortion; (*desvio*) aberration; **ser uma ~ da natureza** to be a freak of nature
aberta *adj v.* **aberto**
abertamente [abɛrtaˈmẽjtʃi] *adv* openly
aberto, -a [aˈbɛrtu, -a] **I.** *pp de* **abrir** **II.** *adj* **1.** (*porta, loja, mentalidade*) open; (*tempo*) clear **2.** (*pessoa*) open-minded
abertura [aberˈtura] *f* **1.** (*de porta, loja*) opening **2.** (*início*) overture; **~ política** political overture **3.** (*orifício*) opening; FOTO aperture **4.** MÚS overture
abestalhado, -a [abestaˈʎadu, -a] *adj* (*abobado*) dumbfounded
abilolado, -a [abiloˈladu, -a] *adj inf* crazy; **ficar ~** to go crazy
abismado, -a [abizˈmadu, -a] *adj* astonished; **~ com a. c.** (*espantado*) shocked by sth; **ficar ~** to be shocked
abismal <-ais> [abizˈmaw, -ˈajs] *adj* profound, terrifying *fig*
abismar [abizˈmar] *vt* **1.** (*espantar*) to shock **2.** (*precipitar*) to cast
abismo [aˈbizmu] *m* abyss; *fig* gulf; **há um ~ entre nós** *fig* there is a gulf between us
abissal <-ais> [abiˈsaw, -ˈajs] *adj* **1.** (*enorme*) enormous; **há distância ~ separando ricos e pobres** there is an enormous gap between the rich and the poor **2.** (*misterioso*) unfathomable
abjeção <-ões> [abʒeˈsãw, -õjs] *f* abjection
abjeto, -a [abˈʒɛtu, -a] *adj* abject
abjudicação <-ões> [abʒudʒikaˈsãw, -õjs] *f* JUR legal seizure
abjudicar [abʒudʒiˈkar] *vt* <c→qu> JUR to seize legally
abjurar [abʒuˈrar] *vt* to renounce
ABL [abeˈɛʎi] *f abr de* **Academia Brasileira de Letras** Brazilian Academy of Letters
ablação <-ões> [ablaˈsãw, -õjs] *f* MED, GEO ablation
abnegação <-ões> [abnegaˈsãw, -õjs] *f* self-denial
abnegado, -a [abneˈgadu, -a] *adj* self-denying
abnegar [abneˈgar] *vt* <g→gu> (*renunciar, não aceitar*) to renounce, to deny oneself
abóbada [aˈbɔbada] *f* ARQUIT vault
abobalhado, -a [abobaˈʎadu, -a] *adj* foolish
abóbora [aˈbɔbora] **I.** *f* BOT squash **II.** *adj inv* (*cor*) pumpkin; **almofada ~** pumpkin-colored cushion
abobrinha [aboˈbriɲa] *f* **1.** BOT zucchini *Am*, courgette *Brit* **2.** *inf* (*conversa*) chitchat
abocanhar [abokãˈɲar] *vt* **1.** (*cão*) to mouth **2.** *inf* (*apoderar-se*) **abocanhou todo o dinheiro da herança da família** he finagled the entire family fortune **3.** (*devorar*) to devour
aboletar-se [aboleˈtarsi] *vr:* **~-se** (*acomodar-se*) **aboletou-se na minha casa** he lodged at my house
abolição <-ões> [aboliˈsãw, -õjs] *f* abolition; **~ da escravatura** abolition of slavery
abolicionista [abolisjoˈnista] *adj, mf* abolitionist
abolir [aboˈlir] *vt* (*lei*) to abolish
abominação <-ões> [abominaˈsãw, -õjs] *f* (*coisa*) abomination; (*sentimento*) abhorrence
abominar [abomiˈnar] *vt* (*detestar, odiar*) to abhor
abominável <-eis> [abomiˈnavew, -ejs] *adj* abominable
abonado, -a [aboˈnadu, -a] *adj* (*rico*) wealthy; (*confiável*) trustworthy
abonar [aboˈnar] **I.** *vt* (*declarar confiável*) to vouch for; (*afiançar*) to guarantee; (*comprovar*) to confirm; (*falta ou atraso no trabalho*) to justify **II.** *vr:* **~-se** (*vangloriar-se*) to brag
abono [aˈbonu] *m* **1.** (*subsídio*) allowance; **~ de família** family allowance; **~ salarial** bonus **2.** (*garantia*) bond **3.** (*de faltas no trabalho*) justification **4.** (*de opinião*) justification
abordagem [aborˈdaʒẽj] <-ens> *f* **1.** (*de assunto, problema*) approach **2.** NÁUT landing
abordar [aborˈdar] **I.** *vt* (*pessoa, problema*) to approach; NÁUT to board **II.** *vi* NÁUT to land
abordoar [aborˈdoar] *vt* <*1. pess pres:* abordoo> to flog

aborígine [abo'riʒini] I. *mf* aborigine II. *adj* aboriginal

aborrecer [aboxe'ser] <c→ç> I. *vt* 1.(*irritar*) to irritate 2.(*enfadar*) to bore II. *vr:* ~-**se** 1.(*irritar-se*) to get annoyed; ~-**se com a. c./alguém** to get annoyed at sth/sb 2.(*enfadar-se*) to get bored; ~-**se com** (*ou* **de**) **a. c./alguém** to get tired of sth/sb

aborrecido, -a [aboxe'sidu, -a] *adj* 1.(*chato*) boring 2.(*que irrita*) annoying; (*irritado*) annoyed; **estar** ~ **com a. c./alguém** to be annoyed by sth/sb

aborrecimento [aboxesi'mẽjtu] *m* 1.(*irritação*) annoyance; **não conseguiu evitar os ~s durante as férias** she couldn't help getting annoyed during her vacation 2.(*tédio*) boredom

abortar [abor'tar] *vi* (*feto, plano*) to abort; INFOR to quit

abortivo, -a [abor'tʃivu, -a] *adj* abortive

aborto [a'bortu] *m* 1. abortion; ~ **espontâneo** miscarriage 2. *fig* (*coisa rara*) ~ **da natureza** freak of nature

abotoadura [abotoa'dura] *f* (*conjunto de botões*) set of buttons; (*peça de dois botões interligados*) cufflink

abotoar [aboto'ar] *vt* <*l. pess pres:* abotoo> to button (up); ~ **o paletó** *inf* (*morrer*) to kick the bucket

abracadabra [abraka'dabra] *f* abracadabra

abraçar [abra'sar] <ç→c> I. *vt* 1.(*uma pessoa*) to hug, to embrace *form* 2.(*uma ideia, causa*) to embrace; ~ **uma profissão** to enter a profession II. *vr:* ~-**se a alguém** to embrace sb; **o pai abraçou-se ao filho** the father embraced his son

abraço [a'brasu] *m* 1. hug; **dar um ~ em alguém** to give sb a hug; **mandar um ~ para alguém** to send sb one's love 2.(*cartas*) **um (grande)** ~ friendly regards; (*cumprimento*) **dê um ~ em seu irmão** give my best to your brother; **um ~ para todos** best regards to all; **ele me deu um ~ de tamanduá** *inf* he turned out to be a snake in the grass

abrandar [abrɐ̃'dar] I. *vt* 1.(*a velocidade*) to slow down 2.(*sofrimento, dor*) to ease; (*ira*) to calm 3.(*amaciar*) to soften II. *vi* 1.(*pessoa*) to calm down 2.(*chuva, raiva*) to subside; (*vento*) to die down

abrangência [abrɐ̃'ʒẽjsia] *f* scope

abrangente [abrɐ̃'ʒẽjtʃi] *adj* extensive

abranger [abrɐ̃'ʒer] *vt* <g→j> 1.(*conter*) to contain 2.(*alcançar*) to reach

abrasador(a) [abraza'dor(a)] <-es> *adj* (*calor*) blazing; **sol** ~ blazing sun

abrasileirar [abrazilej'rar] *vt* to brazilianize

abrasivo [abra'zivu] *m* abrasive

abrasivo, -a [abra'zivu, -a] *adj* **pó** ~ cleanser *Am*, scouring powder *Brit*; **substância abrasiva** abrasive substance

abre-alas ['abri-'alas] *m inv* the lead baton, banner, group or float in a parade

abreviação <-ões> [abrevia'sɐ̃w, -õjs] *f* abbreviation

abreviado, -a [abrevi'adu, -a] *adj* (*palavra*) abbreviated; (*discurso*) shortened

abreviar [abrevi'ar] *vt* (*palavra*) to abbreviate; (*sofrimento, discurso*) to shorten; (*razões*) to summarize

abreviatura [abrevia'tura] *f* abbreviation

abricó [abri'ko] *m* apricot

abridor [abri'dor] <-es> *m* (*instrumento*) opener; ~ **de cartas** letter opener; ~ **de garrafas** bottle opener; ~ **de latas** can opener

abrigar [abri'gar] <g→gu> I. *vt* (*acolher*) to take in; (*refugiados*) to shelter; (*encerrar*) to hold; ~ **sentimentos** to hold one's feelings in II. *vr:* ~-**se** (*da chuva*) to take shelter

abrigo [a'brigo] *m* 1. shelter; ~ **antiaéreo** air-raid shelter; ~ **de menores** youth shelter; ~ **nuclear** fallout shelter 2.(*agasalho*) overcoat; *fig* (*amparo*) protection; **ao ~ da Constituição** afforded under the Constitution; ~ **contra tempestades** protection against storms; **procurar** ~ to seek shelter; **dar** ~ **a alguém** to give sb shelter; **servir de** ~ **para alguém** to serve as protection for sb

abril [a'briw] *m* April; *v.tb.* **março**

abrilhantar [abriʎɐ̃'tar] *vt* to brighten

abrir [a'brir] <*pp* **aberto**> I. *vt* 1.(*porta, janela*) to open; (*com chave*) to unlock; ~ **as malas** to open one's suitcases; (*carta, garrafa*) to open; **camisa** to unbutton 2.(*conta bancária, loja*) to open 3.(*torneira, o gás*) to turn on 4.(*apetite*) to stimulate 5.(*braços,* *asas*) to open **6.** (*um buraco*) to make **7. abra a boca/os olhos** open your mouth/eyes; **~ os olhos** *fig,* **~ um sorriso** to break into a smile **8. ~ caminho** to clear the way **9. ~ fogo** to open fire **10. ~ uma reunião/sessão** to open a meeting/session **11.** *inf* **não abre o bico** [*ou* **a boca**] don't open your mouth; **num ~ e fechar de olhos** in the blink of an eye **12. ~ uma exceção** to make an exception; **~ vantagem (sobre o adversário)** to gain an advantage (over an adversary) **II.** *vi* **1.** (*porta, janela, loja*) to open **2.** (*dia*) to dawn **3.** (*flor*) to open **4.** (*sinal de trânsito*) to turn green **III.** *vr:* **~-se 1.** (*porta, janela*) to open **2.** (*pessoa*) **~-se com alguém** to open up to sb

ab-rogar [abxoˈgar] *vt* ‹g→gu› JUR to abrogate

abrupto, -a [aˈbruptu, -a] *adj* (*repentino, áspero,*) abrupt; (*íngreme*) steep

abrutalhado, -a [abrutaˈʎadu, -a] *adj* brutish

abscesso [absˈsɛsu] *m* MED abscess

absenteísmo [abseˈjteˈizmu] *m sem pl* absenteeism *no pl*

absinto [abˈsĩjtu] *m* absinth

absoluta *adj v.* **absoluto**

absolutamente [absolutaˈmejtʃi] *adv* **~!** not at all, absolutely not; **~ nada** absolutely nothing

absolutismo [absoluˈtʃizmu] *m sem pl* HIST absolutism *no pl*

absoluto, -a [absoˈlutu, -a] *adj* **1.** (*não relativo*) absolute; **esta é a absoluta verdade** this is the absolute truth **2.** (*poder*) absolute; **ser senhor ~ da situação** to be in complete control of the situation **3.** (*pleno*) **viver em absoluta miséria** to live in absolute poverty **4. em ~** (*incondicionalmente*) absolutely; **concorda com isso? – em ~** do you agree with that? – absolutely!; **não podemos em ~ seguir assim** we absolutely cannot go on like this

absolutório, -a [absoluˈtɔriw, -a] *adj* absolving; **sentença absolutória** JUR acquittal

absolver [absowˈver] **I.** *vt* **1.** JUR (*de culpa*) to absolve; (*de acusação*) to acquit; **o juiz absolveu o réu da acusação** the judge acquitted the defendant **2.** REL to absolve **II.** *vr:* **~-se de a. c.** to absolve oneself of sth; **ela tentou ~-se da culpa** she tried to absolve herself of blame

absolvição ‹-ões› [absowviˈsɐ̃w, -õjs] *f* **1.** JUR acquittal **2.** REL absolution

absolvido, -a [absowˈvidu, -a] *adj* JUR **ser ~** to be acquitted; REL absolved

absorção ‹-ões› [absorˈsɐ̃w, -õjs] *f tb.* TEC absorption

absorto, -a [abˈsortu, -a] *adj* **1.** (*em pensamentos*) absorbed **2.** (*extasiado*) transported

absorvente [absorˈvejtʃi] **I.** *m* **~ higiênico** sanitary napkin *Am*, sanitary towel *Brit* **II.** *adj* **papel ~** absorbent paper; **leitura ~** absorbing reading

absorver [absorˈver] **I.** *vt* (*líquido*) to absorb; *fig* (*pessoa*) to absorb; (*atenção*) to absorb; (*assimilar*) to assimilate **II.** *vr:* **~-se em** to become absorbed in; **~-se em leituras** to become absorbed in reading

absorvível ‹-eis› [absorˈvivew, -ejs] *adj* absorbent

abstêmio [absˈtemiw] *m* abstemious

abstenção ‹-ões› [abstẽjˈsɐ̃w, -õjs] *f* POL abstention

abstencionista [abstẽjsjoˈnista] *mf* abstentionist

abster [absˈter] *irr como* **ter I.** *vt* to restrain; **ela o absteve de falar** she restrained him from speaking **II.** *vr:* **~-se de** to refrain from; **na dúvida ele se absteve de julgar** in doubt, he refrained from making a judgment; **~-se de beber/fumar** to abstain from drinking/smoking; (*em votação*) to abstain; **muitos se abstiveram de votar** many people abstained from voting

abstinência [abstʃiˈnẽjsia] *f* abstinence

abstinente [abstʃiˈnẽjtʃi] *adj* abstinent

abstração ‹-ões› [abstraˈsɐ̃w, -õjs] *f* (*separação, distração*) separation *no pl*

> **Gramática** abstração and all other words in Portuguese that derive from Latin and end in -ação are feminine: "A ação dos atores durante a representação da peça foi genial."

abstracionismo [abstrasjoˈnizmu] *m sem pl* abstractionism *no pl*

abstraído, -a [abstraˈidu, -a] *adj* (*separado*) abstracted; **~ em pensamentos** absorbed in thought

abstrair [abstra'ir] *conj como sair* I. *vt* (*separar*) ~ **o espírito de preocupações** to free the spirit from worry II. *vr:* ~**-se** to withdraw oneself; **ele abstraiu-se de tudo e de todos** he withdrew himself from everything and everyone; ~**-se em divagações** to go off on tangents

abstrato, -a [abs'tratu, -a] *adj* abstract

absurdo [ab'surdu] *m* absurdity

absurdo, -a [ab'surdu, -a] *adj* absurd

abundância [abūw'dãŋsia] *f* (*grande quantidade, opulência*) abundance; ~ **de** [*ou* **em**] **alimentos/minerais** abundance of food/minerals

abundante [abūw'dãŋtʃi] *adj* (*fértil*) abundant; ~ **em** abundant in

abundar [abūw'dar] *vi* to abound; **a região abunda em** [*ou* **de**] **rios** the region abounds in rivers

abusado, -a [abu'zadu, -a] *adj* abusive; (*confiado*) bold

abusador(a) [abuza'dor(a)] <**-es**> *adj* abuser

abusar [abu'zar] I. *vt* to abuse; ~ **de a. c.** to abuse sth; ~ **da amizade/confiança de alguém** to abuse sb's friendship/trust; ~ **da comida/bebida** to eat/drink too much; ~ **de alguém** (*sexualmente*) to (sexually) abuse sb II. *vi* (*tirar vantagem*) to take advantage

abusivo, -a [abu'zivu, -a] *adj* (*preços, juros*) outrageous

abuso [a'buzu] *m* abuse; ~ **de poder** abuse of power; ~ **de confiança** abuse of trust

abutre [a'butri] *m* vulture; *pej* (*pessoa*) vulture

a. C. [a'se] *abr de* **antes de Cristo** B.C.

a/c [a'se] *abr de* **aos cuidados de** c/o

acabado, -a [aka'badu, -a] *adj* 1. (*feito*) finished 2. (*cansado*) exhausted; (*envelhecido*) worn out

acabamento [akaba'mẽjtu] *m* (*de produto, casa, automóvel, móveis*) finish; (*de encadernação*) binding

acabar [aka'bar] I. *vt* 1. (*concluir*) to finish; ~ **um namoro** to break up, to end a relationship 2. (*matar*) to do sb in 3. (*vir a ser*) to end up being; **estudou muito e acabou doutora** she studied hard and turned out to be a doctor II. *vi* 1. to end; ~ **bem/mal** to turn out well/badly; **isso vai** ~ **mal** that is going to turn out [*o* to end up] all wrong; **o filme acabou às oito horas** the movie ended at eight o'clock; **acabou o café/açúcar** to end up of coffee/sugar 2. ~ **de fazer a. c.**, **acabei de falar com ele** I just spoke with him; ~ **por fazer a. c.** to end up doing sth; **acabou por admitir o erro** he eventually admitted the mistake 3. ~ **com a. c.** (*fechar, esgotar*) to put an end to sth, to do away with sth; **acabaram com os cinemas de bairro** they did away with the neighborhood movie theaters; **esta gripe acabou comigo** this flu has done me in 4. (*parar*) to stop doing sth; **acabaram com o ensopado no almoço** they stopped serving stew at lunch 5. (*desmanchar*) ~ **com a. c.** to destroy sth 6. (*namoro*) ~ **com alguém** to break up with sb 7. ~ **em** to end up in; **as discussões sempre acabavam em brigas** the arguments always ended up in fights III. *vr:* ~**-se** to do oneself in; **acabou-se tentando salvar o negócio** she did herself in trying to save the business; **acabou-se o que era doce** those were the good old days

acabrunhado, -a [akabrũ'ɲadu, -a] *adj* downcast

acácia [a'kasia] *f* acacia

academia [akade'mia] *f* academy; ~ **de ginástica** gym; ~ **de Letras** *v.* **ABL**

acadêmico, -a [aka'demiku, -a] I. *m, f* (*estudante universitário*) university student; (*membro da academia*) academician II. *adj* academic

açafrão <**-ões**> [asa'frãw, -õjs] *m* saffron

açaí [asa'i] *m* assai (palm)

acaju [aka'ʒu] *m, adj inv* (*cor*) mahogany

acalanto [aka'lãŋtu] *m* lullaby

acalcar [akaw'kar] *vt* <**c**→**qu**> to step on

acalentar [akalẽj'tar] *vt* (*criança*) to lull; (*sonho, paixão*) to nourish

acalmar [akaw'mar] I. *vt* 1. (*pessoa*) to calm down 2. (*dor*) to relieve II. *vi* 1. (*pessoa*) to calm down 2. (*tempestade, vento*) to die down III. *vr:* ~**-se** to calm down

acalorado, -a [akalo'radu, -a] *adj* (*pessoa*) impetuous; (*discussão*) heated

acalorar [akalo'lar] *vt* 1. (*aquecer*) to warm up 2. (*discussão*) to heat up 3. (*entusiasmar*) to enthuse

acamado, -a [akɜ̃'madu, -a] *adj* **estar ~** to be bedridden

açambarcamento [asɜ̃ŋbarka'mẽjtu] *m* monopolization

açambarcar [asɜ̃ŋbar'kar] *vt* <c→qu> to monopolize

acampamento [akɜ̃ŋpa'mẽjtu] *m* MIL camp; **~ de refugiados** refugee camp; (*de férias*) summer camp; **levantar ~** to pitch camp

acampar [akɜ̃ŋ'par] *vi* to camp (out); (*nas férias*) to go camping

acanhado, -a [akɜ̃'ɲadu, -a] *adj* **1.** (*tímido*) timid **2.** (*cômodo*) cramped

acanhamento [akɜ̃ɲa'mẽjtu] *m* **1.** (*timidez*) shyness; (*embaraço*) bashfulness **2.** (*em tamanho*) restriction

acanhar [akɜ̃'ɲar] **I.** *vt* **1.** (*pessoa*) to shame **2.** (*em tamanho*) to make smaller **II.** *vr:* **~-se 1.** (*envergonhar-se*) to be ashamed **2.** (*acovardar-se*) to feel afraid

acantonamento [akɜ̃ŋtona'mẽjtu] *m* MIL (*lugar, ato*) cantonment

acantonar [akɜ̃ŋto'nar] **I.** *vt* MIL to quarter **II.** *vi* MIL to take up quarters

ação <-ões> [a'sɜ̃w, -õjs] *f* **1.** (*ato de agir*) action; **fazer uma boa ~** to do a good deed; **ficar sem ~** to be motionless; **pôr um plano em ~** to put a plan into action **2.** (*efeito*) action; **~ do detergente sobre** [*ou* **em**] **a gordura** action of the detergent on the grease; **sofrer a ~ do tempo** to suffer the effects of time **3.** ECON share; **investir em ações** to invest in stocks and shares; **~ ao portador** unregistered share **4.** MIL action **5.** JUR action; **~ de despejo** eviction action; **~ judicial contra a União** lawsuit against the federal government; **mover uma ~ contra alguém** to bring [*o* to file] suit against sb; **~ para conscientizar o público** public awareness intervention **6.** LIT, CINE action

acarajé [akara'ʒɛ] *m* GASTR *fritter made with black-eyed peas and palm oil and served with pepper sauce*

acareação <-ões> [akarea'sɜ̃w, -õjs] *f* JUR confrontation (of witnesses)

acarear [akare'ar] *conj como passear vt* JUR to confront (witnesses)

acariciar [akarisi'ar] *vt* to caress

acarinhar [akarĩ'ɲar] *vt* (*mimar*) to coddle; (*acariciar*) to caress

ácaro ['akaru] *m* mite

acarpetar [akarpe'tar] *vt* to carpet

acarretar [akaxe'tar] *vt* (*ocasionar*) to lead to

acasalamento [akazala'mẽjtu] *m* (*animais*) mating

acasalar [akaza'lar] **I.** *vt* (*animais*) to mate **II.** *vr:* **~-se** (*animais*) to mate

acaso [a'kazu] *m* chance; **ao ~** at random; **por ~** by chance; **puro ~** pure chance; **escolher um número ao ~** to choose a number at random

acastanhado, -a [akastɜ̃'ɲadu, -a] *adj* chestnut brown

acatamento [akata'mẽjtu] *m* respect

acatar [aka'tar] *vt* (*respeitar*) to respect; (*ordens*) to obey

acautelado, -a [akawte'ladu, -a] *adj* cautious

acautelar [akawte'lar] **I.** *vt* (*prevenir, precaver*) to forewarn; **~ alguém contra** [*ou* **de**] **imprevistos** to warn sb of unexpected events **II.** *vr:* **~-se** to take precautions; **~-se contra** [*ou* **de**] **invasores** to protect oneself from invaders

acavalar [akava'lar] *vr* **~-se em a. c.** to straddle sth

ace ['ejs] *m* ESPORT ace

aceder [ase'der] *vi* (*concordar*) to accede, to agree; **~ a um pedido** to accede to a request; **ele acedeu em colaborar** he agreed to collaborate

acéfalo, -a [a'sɛfalu, -a] *adj fig* leaderless

aceita *adj v.* **aceito**

aceitação <-ões> [asejta'sɜ̃w, -õjs] *f* **1.** (*de proposta, presente*) acceptance **2.** (*reconhecimento*) acknowledgement **3.** (*receptividade*) reception; **ter boa ~** to be given a good reception

aceitar [asej'tar] *vt* <*pp* aceito *ou* aceitado> (*proposta, presente*) to accept; **~ de volta** to take back; **aceitam-se cartões de crédito** credit cards accepted

aceitável <-eis> [asej'tavew, -ejs] *adj* acceptable

aceito, -a [a'sejtu, -a] **I.** *adj pp de* **aceitar II.** *adj* (*admitido*) accepted; **bem recebido** well received

aceleração <-ões> [aselera'sɜ̃w, -õjs] *f* acceleration

acelerado, -a [asele'radu, -a] *adj* accelerated

acelerador [aselera'dor] <-es> *m* (*automóvel*) accelerator; **pisar no ~** to

step on the gas [*o accelerator*]
acelerar [asele'rar] **I.** *vt* (*um processo*) to expedite **II.** *vi* (*no automóvel*) to accelerate, to speed up; (*a pé*) to hurry up; ~ **o passo** to walk faster
acelga [a'sɛwga] *f* chard
acém [a'sēj] *m sem pl* chuck (steak)
acenar [ase'nar] *vi* **1.** (*com a mão*) to wave; **acenei a ela de longe** I waved to her from a distance **2.** (*com a cabeça*) to nod **3.** (*atrair*) to attract; **acenou-lhe com uma proposta tentadora** he attracted her with a tempting offer
acendedor [asējde'dor] <-es> *m* (*para gás*) igniter
acender [asēj'der] <*pp* aceso *ou* acendido> **I.** *vt* (*cigarro, fogo, vela, fósforo*) to light; (*luz, forno, fogão*) to turn on; (*sentimento*) to ignite **II.** *vr:* ~-**se** (*discussão*) to heat up; (*desejo*) to be aroused
aceno [a'senu] *m* **1.** (*com a mão*) wave **2.** (*com a cabeça*) nod **3.** (*apelo*) appeal
acento [a'sēju] *m* **1.** (*sinal gráfico*) accent (mark); ~ **agudo** acute (accent); ~ **circunflexo** circumflex; ~ **grave** grave (accent); ~ (*de palavra*) accent; ~ **tônico** tonic accent
acentuação <-ões> [asējtwa'sãw, -õjs] *f* accentuation
acentuado, -a [asēju'adu, -a] *adj* **1.** (*na grafia*) accentuated; (*na pronúncia*) stressed **2.** (*realçado*) highlighted; (*nariz*) prominent; (*curva*) accentuated
acentuar [asēju'ar] *vt* **1.** (*na grafia*) to accentuate; (*na pronúncia*) to stress **2.** (*realçar*) to highlight
acepção <-ões> [asep'sãw, -õjs] *f* sense; **nesta** ~ **da palavra** in this sense of the word
acepipe [ase'pipi] *m* appetizer
acerbo [a'sɛrbu] *m* (*azedo*) sour; (*comentário*) harsh; (*trabalho*) arduous
acerca [a'sɛrka] *prep* ~ **de** about
acercar-se [aser'karsi] <c→qu> *vr:* ~-**se** to draw near; **ela acercou-se da janela** she drew near the window
acerola [ase'rɔla] *f* acerola cherry (*cherry-like tropical fruit rich in vitamin C*)
acérrimo, -a [a'sɛrimu, -a] *superl de* **acre**
acertado, -a [aser'tadu, -a] *adj* correct; **decisão acertada** correct decision; **ficou** ~ **que eles vinham** it was decided that they would come
acertador(a) [aserta'dor(a)] <-es> *m(f)* (*de loteria*) winner
acertar [aser'tar] **I.** *vt* **1.** (*atinar com*) to hit upon; (*um murro*) to hit; ~ **no alvo** to hit the target **2.** ~ **o caminho** to find one's way **3.** (*ajustar*) to adjust; ~ **o relógio** to set the clock; ~ **contas com alguém** to settle up with sb, *fig* to settle the score with sb **4.** (*combinar*) ~ **com a. c.** to agree(on sth) with sb; **acertaram de se encontrar hoje** they arranged to meet today **II.** *vi* to be right; **acertou!** correct!; ~ **em cheio** to be right on the mark
acerto [a'sertu] *m* **1.** (*sensatez*) prudence; **agir com** ~ to act with prudence **2.** (*ajuste*) **fazer ~s no vestido** to make adjustments to the dress; ~ **de contas** settlement of accounts **3.** (*correção*) accuracy
acervo [a'servu] *m* **1.** (*patrimônio*) total assets **2.** (*arte*) collection; (*mercadorias*) stock
aceso, -a [a'sezu, -a] **I.** *adj* **1.** (*vela*) lit; (*luz*) on **2.** (*excitado*) agitated; (*discussão*) heated **II.** *pp irr de* **acender**
acessar [ase'sar] *vt* INFOR to access
acessível <-eis> [ase'sivew, -ejs] *adj* **1.** (*pessoa, lugar*) accessible **2.** (*preço*) affordable **3.** (*obra intelectual*) understandable
acesso [a'sɛsu] *m* **1.** (*entrada*) access; (*para carros*) access ramp; **via de** ~ access road; **ter** ~ **a a. c.** to have access to sth; ~ **à diretoria** access to management; ~ **à Internet** internet access **2.** (*alcance*) **ter** ~ **à educação** to have access to education **3.** (*ataque*) fit; ~ **de fúria** fit of rage
acessório [ase'sɔriw] *m* (*de máquina, moda*) accessory; (*peça sobressalente*) spare part
acessório, -a [ase'sɔriw, -a] *adj* (*suplementar*) supplementary; (*secundário*) subsidiary
acetato [ase'tatu] *m* acetate
acético, -a [a'sɛtʃiku, -a] *adj* acetic; **ácido** ~ acetic acid
acetileno [asetʃi'lenu] *m* acetylene
acetinado, -a [asetʃi'nadu, -a] *adj* (*lustroso*) satiny
acetona [ase'tona] *f* acetone; (*para as unhas*) nail polish remover
achacar [aʃa'kar] *vt* <c→qu> (*roubar mediante intimidação*) to rob; *inf*

(*extorquir dinheiro*) to extort
achado [a'ʃadu] *m* (*descoberta*) find; ~ **s e perdidos** lost and found; **ser um** ~ to be a find; **não se dar por** ~ not to care

achado, -a [a'ʃadu, -a] *adj* found

achaque [a'ʃaki] *m* **1.** (*mal-estar*) indisposition **2.** (*extorsão*) extortion

achar [a'ʃar] **I.** *vt* (*encontrar*) to find; (*descobrir*) to find out; (*pensar, julgar*) to think; **acho que sim/não** I think/ don't think so; **o que você acha disso?** what do you think of that?; **acharam por bem dispensar o gerente** they thought it (was) best to fire the manager **II.** *vr:* ~-**se** to consider oneself; **ele se acha um bom advogado** he considers himself a good lawyer

achatado, -a [aʃa'tadu, -a] *adj* flattened

achatar [aʃa'tar] *vt* to flatten

achegar-se [aʃe'garsi] <g→gu> *vr:* ~-**se** to approach

achincalhar [aʃĩjka'ʎar] *vt* to ridicule

achocolatado, -a [aʃokola'tadu, -a] *adj* (*sabor*) chocolate-flavored

ácida *adj v.* **ácido**

acidentado, -a [asidẽj'tadu, -a] *adj* **1.** (*terreno, rua*) rough **2.** (*vida*) rough **3.** (*peripécias*) **uma viagem acidentada** a disastrous trip

acidental <-ais> [asidẽj'taw, -'ajs] *adj* **1.** (*casual*) chance; **encontro** ~ chance meeting **2.** (*inesperado*) unexpected **3. morte** ~ accidental death

acidentar-se [asidẽj'tarsi] *vr* to have an accident

acidente [asi'dẽjtʃi] *m* **1.** (*desastre*) accident; ~ **aéreo** plane crash; ~ **de trânsito** traffic accident; **sofrer um** ~ to have an accident **2.** (*acaso*) accident, chance; **por** ~ by accident [*o chance*] **3.** GEO ~ **geográfico** geographical accident

acidez [asi'dɛs] *f sem pl* acidity *no pl; fig* acrimony *no pl*

acidificar [asidʒifi'kar] *vt* <c→qu> to acidify

ácido ['asidu] *m* acid; ~ **carbônico** carbonic acid; ~ **clorídrico** hydrochloric acid; ~ **sulfúrico** sulfuric acid

ácido, -a ['asidu, -a] *adj* acid; (*crítica, comentário*) acerbic

acima [a'sima] *adv* **1.** (*em cima*) above; ~ **de** above; **os nomes** ~ the names above; **ela ganha** ~ **de 5 salários-mínimos** she earns more than five times the minimum wage; **estar** ~ **de qualquer suspeita** to be above all suspicion; **inteligência** ~ **da média** above-average intelligence **2.** (*para cima*) up; **pelas escadas** ~ up the stairs; **mais** ~ farther up; **morro** ~ up the hill

acinte [a'sĩjtʃi] *m* provocation

acintoso, -a [asĩ'jtozu, -ˈɔza] *adj* provocative

acinzentado, -a [asĩjzẽj'tadu, -a] *adj* grayish

acionador(a) [asjona'dor(a)] <-es> *adj* activator

acionamento [asjona'mẽjtu] *m* TEC activation

acionar [asjo'nar] *vt* **1.** (*máquina*) to activate; (*motor*) to drive **2.** JUR to sue

acionário, -a [asjo'nariw, -a] *adj* **mercado** ~ stock market

acionista [asjo'nista] *mf* shareholder

acirrado, -a [asi'xadu, -a] *adj* (*provocado*) provoked; **ânimos** ~ high spirits; **disputa acirrada** heated dispute

acirrar [asi'xar] *vt* **1.** (*provocar*) to provoke; ~ **os ânimos** to lift one's spirits **2.** (*estimular*) to stimulate

aclamação <-ões> [aklɜma'sãw, -õjs] *f* (*aplauso, voto oral, aprovação de liturgia*) acclamation; **eleito por** ~ elected by acclamation

aclamar [aklɜ'mar] *vt* to acclaim

aclarar [akla'rar] *vt* **1.** (*esclarecer*) to clarify **2.** (*crime*) to solve; (*a verdade*) to reveal **3.** (*explicar*) to explain; ~ **uma questão** to answer a question

aclimatação <-ões> [aklimata'sãw, -õjs] *f* acclimation *Am*, acclimatization *Brit*

aclimatar [aklima'tar] **I.** *vt* to acclimate *Am*, to acclimatize *Brit* **II.** *vr:* ~-**se** to become acclimatized to

aclive [a'klivi] **I.** *m* upward slope; **em** ~ in ascent **II.** *adj* (*rua*) sloping upward(s)

acne ['akni] *f* acne

aço ['asu] *m* steel; ~ **inoxidável** stainless steel; **ter nervos de** ~ to have nerves of steel

acobertar [akober'tar] **I.** *vt* (*tapar*) to cover; (*encobrir*) to cover up; ~ **um crime** to cover up a crime **II.** *vr* ~-**se sob a. c.** to hide behind sth

acochambrar [akoʃãŋ'brar] *vt* (*de modo escuso*) to arrange in secret; (*forjar*) to forge

acocorar-se [akoko'rarsi] *vr* to squat

acode [a'kɔdʒi] *3. pess pres de* **acudir**

açoitar [asoj'tar] *vt* to whip

açoite [a'sojtʃi] *m* **1.** (*chicote*) whip; (*látego*) lash **2.** (*castigo*) punishment

acolá [ako'la] *adv* over there; **aqui e ~** here and there; **para aqui, para ~** this way, that way

acolchoado [akowʃu'adu] *m* (*tecido*) upholstery; (*coberta*) quilt

acolchoado, -a [akowʃu'adu, -a] *adj* (*estofado*) upholstered; (*roupa*) padded *Am*, quilted *Brit*

acolchoar [akowʃu'ar] *vt* < *1. pess pres:* acolchoo> (*estofado*) to upholster; (*roupa*) to pad *Am*, to quilt *Brit*

acolhedor(a) [akoʎe'dor(a)] <-es> *adj* **1.** (*ambiente, local*) inviting **2.** (*pessoa*) welcoming

acolher [ako'ʎer] *vt* (*uma visita, ideia*) to welcome; (*abrigar*) to take (sb) in; (*hospedar*) to put (sb) up

acolhida [ako'ʎida] *f v.* **acolhimento**

acolhimento [akoʎi'mẽtu] *m* **1.** (*de uma visita*) welcome; (*de uma ideia*) acceptance **2.** (*refúgio*) shelter

acólito [a'kɔlitu] *m* REL acolyte

acometer [akome'ter] *vt* (*atacar*) to attack; **a doença acometeu o fígado** the disease attacked the liver; **ele foi acometido de/por uma vertigem** he had a sudden dizzy spell

acomodação <-ões> [akomoda'sãw, -õjs] *f* (*adaptação*) adaptation; (*alojamento*) accommodation

acomodado, -a [akomo'dadu, -a] *adj* (*alojado*) accommodated; (*adaptado*) adapted; (*conformado*) resigned

acomodar [akomo'dar] **I.** *vt* (*alojar*) to accommodate; (*arrumar*) to arrange **II.** *vr* **~-se num canto** to find a corner for oneself; **~-se à situações** to adapt according to circumstances

acompanhamento [akõwpãɲa'mẽtu] *m* **1.** (*de pessoa*) assistance; (*séquito*) procession; **~ fúnebre** funeral procession **2.** MÚS accompaniment **3.** GASTR side dish **4.** MED care, supervision; **~ médico** medical supervision

acompanhante [akõwpã'ɲãtʃi] *mf* companion; (*grupo de turistas, dignitário*) escort; MÚS accompanist

acompanhar [akõwpã'ɲar] *vt* **1.** (*pessoa*) to accompany; **~ alguém à casa** to accompany sb home; **~ alguém ao piano** to accompany sb on the piano; (*grupo de turistas, dignitário*) to escort **2.** (*um acontecimento*) to follow; (*as aulas*) to attend **3.** (*paciente*) to monitor **4.** (*objeto*) **o CD acompanha o dicionário** the CD comes with the dictionary

aconchegado, -a [akõwʃe'gadu, -a] *adj* comfortably settled; **~ na poltrona** comfortably settled in the armchair

aconchegante [akõwʃe'gãtʃi] *adj* cozy *Am*, cosy *Brit*; **ambiente ~** cozy environment

aconchegar [akõwʃe'gar] <g→gu> **I.** *vt* **~ alguém na cama** to tuck sb up in bed; **ela aconchegou o bebê na manta** she wrapped the baby up in the blanket **II.** *vr:* **~-se** to curl up; **ela se aconchegou no sofá** she curled up on the sofa; (*encostar-se*) to snuggle up

aconchego [akõw'ʃegu] *m* comfort

acondicionamento [akõwdʒisjona'mẽtu] *m* (*embrulho*) packaging

acondicionar [akõwdʒisjo'nar] **I.** *vt* **1.** (*líquido*) to store; (*embalar*) to wrap; (*para transporte*) to package **2.** (*adaptar*) to adapt **II.** *vr:* **~-se a a. c.** to get used to sth; **~ a exigências** to conform to requirements; **~ à temperatura** to get used to the temperature

aconselhamento [akõwseʎa'mẽtu] *m* advice; PSICO counseling

aconselhar [akõwse'ʎar] **I.** *vt* **1.** to advise; **~ a. c. a alguém** to advise sb of sth **2.** PSICO to counsel; **~ alguém** to counsel sb **II.** *vr* **~-se com alguém** to seek advice from sb

aconselhável <-eis> [akõwse'ʎavew, -ejs] *adj* advisable

aconteça [akõw'tesa] *1./3. pres subj de* **acontecer** **~ o que acontecer** whatever happens; **caso isso ~** if that happens

acontecer [akõwte'ser] *vi* <c→ç> *impess* **1.** to happen; **acontece que ...** it (just so) happens that ...; **fique tranquilo, nada vai ~ a você** don't worry, nothing will happen to you **2.** *inf* (*fazer sucesso*) to be a hit; **a modelo aconteceu no desfile pela passarela** the model was a hit on the catwalk

acontecimento [akõwtesi'mẽtu] *m* event

aconteço [akõw'tesu] *1. pess pres de* **acontecer**

acoplamento [akopla'mẽtu] *m* (*de carros, máquinas*) coupling; (*circuitos*) connection

acoplar [ako'plar] *vt* (*carros, máquinas*) to couple; (*circuitos*) to connect
acordado, -a [akor'dadu, -a] *adj* **1.** (*desperto*) awake; **sonhar ~** to daydream **2.** (*combinado*) agreed to
acórdão [a'kɔrdʒɐ̃w] *m* JUR decision of court of appeal
acordar [akor'dar] I. *vt* **1.** (*despertar*) to wake (sb) up **2.** (*combinar*) to agree (to/on sth) **3.** (*pôr em harmonia*) to harmonize II. *vi* **1.** (*despertar*) to wake up, to awake; **~ para uma vida nova** to awake to a new life **2.** (*concordar*) to agree
acorde [a'kɔrdʒi] *m* MÚS chord
acordeão <-ões> [akorde'ɐ̃w, -õjs] *m* accordion
acordo [a'kordu] *m* **1.** (*concordância, convenção*) agreement; **~ amigável** amicable settlement; **~ de cavalheiros** gentleman's agreement; **~ pré-nupcial** prenuptial agreement; **de ~!** OK!; **de ~ com** in accordance with; **estar de ~ com alguém** to be in agreement with sb; **chegar a um ~** to reach an agreement; **de comum ~** in mutual agreement **2.** POL accord; **assinar um ~** to sign an accord
acorrentar [akoxẽj'tar] *vt* to chain
acorrer [ako'x'er] *vi* to run to help; **~ (a) alguém** to run to help sb
acossar [ako'sar] *vt* **1.** (*perseguir*) to pursue **2.** (*atormentar*) to torment
acostamento [akosta'mẽjtu] *m* (*da pista*) shoulder *Am*, hard shoulder *Brit*
acostumado, -a [akustu'madu, -a] *adj* accustomed, used; **~ a trabalhar** accustomed [*o* used] to working; **mal ~** spoiled
acostumar [akustu'mar] I. *vt* to familiarize; **~ alguém a a. c.** to familiarize sb with sth II. *vr:* **~-se** to get used to; **~ com o frio** to get used to the cold
acotovelamento [akotovela'mẽjtu] *m* (*na multidão*) elbowing
acotovelar [akotove'lar] I. *vt* to nudge II. *vr* **~-se pela multidão** to elbow one's way through the crowd
açougue [a'sowgi] *m* butcher's (shop)
açougueiro, -a [asow'gejru, -a] *m*, *f* butcher; *pej* (*dentista ou cirurgião inábil*) butcher
acovardado, -a [akovar'dadu] *adj* cowardly
acovardar [akovar'dar] I. *vt* to frighten II. *vr:* **~-se** to be intimidated

acre ['akri] I. *m* AGR acre II. *adj* (*sabor, tom*) acrid
Acre ['akri] *m* Acre
acreditar [akredʒi'tar] I. *vt* to believe; **~ em alguém** to believe in sb II. *vr:* **~-se** (*julgar-se*) to consider oneself
acrescentar [akresẽj'tar] *vt* **1.** (*anexo, ingrediente*) to add **2.** (*aumentar*) to increase
acrescer [akre'ser] <c→ç> I. *vt* to add II. *vi* to increase
acréscimo [a'krɛsimu] *m* increase
acrílico [a'kriʎiku] *m* acrylic
acrimônia [akri'monia] *f* acrimony
acrobacia [akroba'sia] *f* acrobatics *no pl;* **~ aérea** aerobatics
acrobata [akro'bata] *mf* acrobat
acrobático, -a [akro'batʃiku, -a] *adj* acrobatic
acromático, -a [akro'matʃiku, -a] *adj* (*ótica*) achromatic; (*música*) diatonic
acuado, -a [aku'adu, -a] *adj* cornered
acuar [aku'ar] *vt* to corner
açúcar [a'sukar] *m* sugar; **~ cristal** granulated sugar; **~ em cubos** sugar cubes; **~ mascavo** brown sugar; **~ refinado** superfine sugar, caster sugar *Brit;* **sem ~** without sugar
açucarar [asuka'rar] *vt tb. fig* to sweeten
açucareiro [asuka'rejru] *m* (*recipiente*) sugar bowl
açucareiro, -a [asuka'rejru, -a] *adj* **indústria açucareira** sugar industry
açucena [asu'sena] *f* lily
açude [a'sudʒi] *m* (*barragem*) dam
acudir [aku'dʒir] *irr como subir vi* **1.** (*em socorro*) to run to help; **acudam!** help! **2.** (*comparecer*) to appear; **~ à convocação** to answer the call
acuidade [akuj'dadʒi] *f* (*agudeza, sensibilidade*) acuteness
aculturação [akuwtura'sɐ̃w] *f* cultural assimilation
acumulação <-ões> [akumula'sɐ̃w, -õjs] *f* accumulation; **~ de capitais** capital accumulation
acumulado, -a [akumu'ladu, -a] *adj* accumulated
acumular [akumu'lar] I. *vt* (*amontoar*) to accumulate; (*energia*) to store; **~ funções** to have two jobs II. *vr:* **~-se** to accumulate
acúmulo [a'kumulu] *m* accumulation
acupuntura [akupũw'tura] *f* acupuncture

acurácia [aku'rasia] *f* accuracy
acurado, -a [aku'radu, -a] *adj* (*exame*) accurate
acusação <-ões> [akuza'sãw, -õjs] *f* (*incriminação*) accusation; **~ infundada** unfounded accusation; **fazer uma ~ contra alguém** to make an accusation against sb; JUR to charge
acusado, -a [aku'zadu, -a] *m, f tb.* JUR accused
acusar [aku'zar] *vt* 1.(*culpar*) to accuse; **~ alguém de a. c.** to accuse sb of sth; **~ alguém de um crime** to accuse sb of a crime 2. JUR to charge 3.(*confirmar: carta recebida*) to confirm receipt of 4.(*revelar*) to reveal; **o computador acusou uma falha no sistema** the computer revealed a fault in the system
acusativo [akuza'tʃivu] *m* LING accusative
acústica [a'kustʃika] *f* FÍS acoustics *pl*; (*qualidade do som*) acoustics *pl*
acústico, -a [a'kustʃiku, -a] *adj* acoustic
adaga [a'daga] *f* dagger
adágio [a'daʒiw] *m* 1.(*provérbio*) adage 2. MÚS adagio
adaptação <-ões> [adapta'sãw, -õjs] *f* (*acomodação, modificação, de filme*) adaptation; **~ ao meio** adaptation to one's surroundings
adaptador [adapta'dor] *m* ELETR adaptor
adaptar [adap'tar] I. *vt* (*um romance para o teatro*) to adapt, to adjust; **~ a lente do telescópio** to adjust the telescope lens II. *vr:* **~-se** to adapt; **~ às mudanças** to adapt to change
adaptável <-eis> [adap'tavew, , -ejs] *adj* adaptable
adega [a'dɛga] *f* (*para guardar vinho*) wine cellar; (*bar*) wine bar
adelgaçar [adewga'sar] *vt* <ç→c> (*líquido*) to thin (down); (*rarefazer*) to thin (out)
ademais [ade'majs] *adv* furthermore
adendo [a'dẽjdu] *f* addendum
adenite [ade'nitʃi] *f* lymphadenitis
adentrar [adẽj'trar] *vt* to enter
adentro [a'dẽjtru] *adv* into; **noite ~** into the night
adepto, -a [a'dɛptu, -a] *m, f* follower
adequação <-ões> [adekwa'sãw, -õjs] *f* (*propriedade*) suitability; (*adaptação*) adaptation
adequada *adj v.* **adequado**

adequadamente [adekwada'mẽjtʃi] *adv* adequately
adequado, -a [ade'kwadu, -a] *adj* (*próprio*) appropriate; **~ às necessidades** suited to one's needs; (*oportuno*) appropriate
adequar [ade'kwar] I. *vt* to adapt; **~ a roupa à ocasião** to dress for the occasion II. *vr:* **~-se** to adapt oneself; **~-se aos novos tempos** to adapt to the new times
adereço [ade'resu] *m* decoration; **~s** (*teatro*) props
aderência [ade'rẽjsia] *f* 1. TEC (*de objeto*) adhesion; (*de automóvel*) traction 2.(*à ideia*) adherence; **~ aos costumes** adherence to customs
aderente [ade'rẽjtʃi] *adj, mf* adherent
aderir [ade'rir] *irr como preferir vi* 1.(*colar*) to adhere; **a roupa molhada aderia ao corpo** our wet clothes stuck to our bodies 2.(*organização, campanha*) to join; **~ a um partido** to join a party
adesão <-ões> [ade'zãw, -õjs] *f* 1.(*à organização*) adherence; **~ à greve** joining the strike; **~ do Brasil ao Mercosul** Brazil's attachment to Mercosur 2.(*aprovação*) **~ ao governo** support for the government 3. FÍS adhesion
adesivo [ade'zivu] *m* adhesive
adesivo, -a [ade'zivu, -a] *adj* adhesive; **fita adesiva** adhesive tape
adesões *f pl de* **adesão**
adestramento [adestra'mẽjtu] *m* training
adestrar [ades'trar] *vt* (*pessoa, animal*) to train
adeus [a'dews] I. *m* goodbye; **dizer ~ a alguém** to say goodbye to sb; **dizer ~ à boa vida** to say goodbye to the good life II. *interj* **~!** goodbye!
adiamento [adʒia'mẽjtu] *m* 1.(*de reunião*) postponement 2.(*de prazo*) extension
adiantadamente [adʒjãntada'mẽjtʃi] *adv* in advance
adiantado, -a [adʒjãn'tadu, -a] *adj* advanced; **estar ~** (*pessoa, aluno, país*) to be advanced; (*relógio*) (running) fast; **dar um sinal ~** to put down a deposit
adiantado [adʒjãn'tadu] I. *m* **o ~ da hora** the lateness of the hour II. *adv* **pagar ~** to pay in advance
adiantamento [adʒjãnta'mẽjtu] *m*

adiantar 13 **admirar**

1. (*progresso*) advancement 2. (*dinheiro*) advance

adiantar [adʒjãŋ'tar] I. *vt* (*mover adiante, fazer progredir*) to advance; (*uma reunião*) to bring forward; ~ **trabalho** to get work done early; (*dinheiro*) to advance; ~ **o relógio** to put the clock forward II. *vi* to be worthwhile, to serve (a purpose); **não adianta nada** it is no use III. *vr:* ~-**se** 1. (*chegar antes*) to come early; **o inverno adiantou-se este ano** winter came early this year 2. (*avançar*) to go forward; **adiantou-se para cumprimentar o amigo** he went forward to greet his friend

adiante [adʒi'ãŋtʃi] I. *adv* (*direção, em primeiro lugar*) ahead; **mais** ~ further ahead; **ir** ~ **com** to go ahead with; **levar a. c.** ~ to carry sth forward II. *interj* ~ **com a fila!** let's get this line moving!

adiar [adʒi'ar] *vt* to postpone; **adiou a prova para quarta-feira** she postponed the test until Wednesday; (*sessão*) to adjourn; ~ **o pagamento** to defer payment

adiável <-eis> [adʒi'avew, -ejs] *adj* postponable

adição <-ões> [ad'sãw, -õjs] *f* MAT addition

adicional <-ais> [adsjo'naw, -'ajs] I. *m* supplement; (*dinheiro*) bonus, premium II. *adj* additional; **rendimento** ~ additional earnings

adicionar [adsjo'nar] *vt* (*somar, acrescer, anexar*) to add

adido [a'dʒidu] *m* attaché; ~ **cultural/militar** cultural/military attaché

adiposo, -a [adʒi'pozu, -'ɔza] *adj* obese; (*tecido, célula*) adipose

aditamento [adʒita'mẽjtu] *m* addition; JUR amendment

aditivado, -a [adʒitʃi'vadu, -a] *adj* **gasolina aditivada** gasoline with additives (to help clean the engine)

aditivo [adʒi'tʃivu] *m* QUÍM additive; ~ **alimentar** food additive

aditivo, -a [adʒi'tʃivu, -a] *adj* additive; **sinal** ~ MAT plus sign

adivinha *f v.* **adivinho**

adivinhação <-ões> [adʒivĩɲa'sãw, -õjs] *f* divination

adivinhar [adʒivĩ'ɲar] *vt* 1. (*deduzir*) to guess; **adivinhou!** you guessed it!; (*pensamento*) to read; ~ **os pensamentos de alguém** to read sb's mind 2. (*enigma*) to solve, to work out 3. (*prognosticar*) to predict; ~ **o futuro** to predict the future 4. (*pressentir*) to sense; **já estava adivinhando** I sensed it

adivinho, -a [adʒi'vĩɲu, -a] *m, f* fortune-teller

adjacência [adʒa'sẽjsia] *f* (*proximidade*) proximity

adjacências [adʒa'sẽjsias] *fpl* surroundings *pl*

adjacente [adʒa'sẽjtʃi] *adj* adjacent

adjetivar [adʒetʃi'var] *vt* (*um substantivo*) to qualify

adjetivo [adʒe'tʃivu] *m* adjective

adjudicação <-ões> [adʒudʒika'sãw, -õjs] *f* JUR award; (*decisão*) adjudication

adjudicar [adʒudʒi'kar] *vt* <c→qu> 1. JUR to award; ~ **um contrato** to award a contract 2. (*vincular*) to link; ~ **o fornecimento ao pagamento** to link supply to payment

adjudicatário, -a [adʒudʒika'tariw, -a] *m, f* JUR awardee

adjunto, -a [a'dʒũwtu, -a] *m, f* (*assistente*) assistant; **professor** ~ associate professor

administração <-ões> [adʒiministra'sãw, -õjs] *f* 1. administration; ~ **municipal/estadual/federal** local/state/federal government; ~ **pública** public administration 2. (*de empresa*) management 3. (*tempo de gestão*) administration; (*sede*) headquarters 4. (*de medicamentos*) administration

administrador(a) [adʒiministra'dor(a)] <-es> *m(f)* administrator

administrar [adʒiminis'trar] *vt* (*uma empresa, casa, situação*) to manage; (*um cargo, medicamento, sacramento*) to administer

administrativo, -a [adʒiministra'tʃivu, -a] *adj* administrative

admiração <-ões> [adʒimira'sãw, -õjs] *f* 1. (*estima*) admiration; ~ **por seu pai** admiration for his father 2. (*surpresa*) amazement

admirado, -a [adʒimi'radu, -a] *adj* amazed; **ficou admirado com o que viu** he was amazed at what he saw

admirador(a) [adʒimira'dor(a)] <-es> *m(f)* admirer; ~ **secreto** secret admirer

admirar [adʒimi'rar] I. *vt* 1. (*adorar*) to admire 2. (*surpreender*) to surprise;

admirável — **muito me admira** it greatly surprises me; **não admira!** you're kidding! II. vr: ~-**se** to be amazed; **admira-se com a coragem dele** she is amazed at his courage

admirável <-eis> [adʒimi'ravew, -ejs] adj admirable

admissão <-ões> [adʒimi'sãw, -õjs] f 1. (em escola) admission; **exame de** ~ entrance examination 2. (em associação) ~ **à** [ou **na**] **Academia de Letras** admission into the Academy of Letters 3. (em empresa) hiring 4. (aceitação) admission 5. TEC intake; ~ **de ar** air intake

admissível <-eis> [adʒimi'sivew, -ejs] adj admissible

admissões f pl de **admissão**

admitir [adʒimi'tʃir] vt 1. (um erro) to admit to 2. (uma possibilidade) to accept 3. (contratar) to hire, to take on; ~ **um aprendiz** to hire [o take on] an apprentice 4. (permitir) to allow 5. (deixar entrar) to admit

admoestação <-ões> [adʒimoesta'sãw, -õjs] f 1. (advertência) warning 2. (repreensão) reprimand

admoestar [adʒimoes'tar] vt 1. (advertir) to warn 2. (repreender) to reprimand

adoçante [ado'sãntʃi] m sweetener

adoção <-ões> [ado'sãw, -õjs] f (de crianças, medidas, princípio) adoption

adoçar [ado'sar] vt <ç→c> (açucarar, suavizar) to sweeten

adocicado, -a [adosi'kadu, -a] adj sweetish; (vinho) sweet

adocicar [adosi'kar] vt <c→qu> to sweeten

adoções f pl de **adoção**

adoecer [adoe'ser] vi <c→ç> to get sick [o ill]

adoentado, -a [adoẽj'tadu, -a] adj ill

adoidado, -a [adoj'dadu, -a] adj crazy

adoidado [adoj'dadu] adv inf (em demasia) to extremes; **beber** ~ to drink like a fish; **chover** ~ to pour

adolescência [adole'sẽjsia] f adolescence

adolescente [adole'sẽjtʃi] adj, mf adolescent

adoração <-ões> [adora'sãw, -õjs] f adoration; REL worship

adorar [ado'rar] I. vt 1. REL to worship; ~ **um ídolo** to worship 2. (amar muito) to adore; **adorava a filha caçula** she adored her youngest daughter 3. inf (gostar muito) to love; **gostou do filme? – adorei!** did you like the movie? – I loved it!; **adoro queijo!** I love cheese! II. vr: ~-**se** to love oneself; **os dois irmãos se adoravam** the two brothers were deeply attached to one and other

adorável <-eis> [ado'ravew, -ejs] adj adorable

adormecer [adorme'ser] <c→ç> I. vt (criança) to put to sleep II. vi to fall asleep; (perna, dedo) to go to sleep

adormecido, -a [adorme'sidu, -a] adj asleep

adornar [ador'nar] vt to adorn

adorno [a'dornu] m adornment

adotar [ado'tar] vt (criança, medida, princípio, conselho, método) to adopt

adotivo, -a [ado'tʃivu, -a] adj adoptive, adopted; **filhos** ~**s** adopted children; **pais** ~**s** adoptive parents; **pátria adotiva** adopted homeland

adquirir [adʒiki'rir] vt 1. (comprar) to buy 2. (conseguir, obter) to acquire

adrenalina [adrena'ʎina] f 1. adrenaline 2. inf (energia) energy; **vai precisar de muita** ~ **para fazer isso** you'll need a lot of energy to do that

adriático, -a [adri'atʃiku, -a] adj **mar Adriático** Adriatic Sea

adro ['adru] m atrium

adstringente [adstrĩj'ʒẽjtʃi] adj astringent

aduana [adu'ãna] f customs

aduaneiro, -a [aduʒ'nejru, -a] I. m, f customs agent II. adj customs

adubar [adu'bar] vt (terra) to fertilize

adubo [a'dubu] m fertilizer; ~ **químico** chemical fertilizer

adulação <-ões> [adula'sãw, -õjs] f adulation

adular [adu'lar] vt to flatter

adúltera f v. **adúltero**

adulteração <-ões> [aduwtera'sãw, -õjs] f (de combustível) adulteration; (de documentos) falsification

adulterado, -a [aduwte'radu, -a] adj (combustível) adulterated; (documento) forged

adulterar [aduwte'rar] I. vt 1. (falsificar) to forge; ~ **um documento** to forge a document 2. (combustível) to adulterate II. vr: ~-**se** (gasolina) to be adulterated; (documento) to be forged

adultério [aduw'tɛriw] m adultery;

cometer ~ to commit adultery
adúltero, -a [a'duwteru, -a] *m, f* adulterer
adulto, -a [a'duwtu, -a] *adj, m, f* adult
adunco [a'dũwku] *adj (nariz)* hooked
adutora [adu'tora] *f* water main
adventício [adʒivẽ'tʃisiw] *m* outsider; *(estrangeiro)* foreigner
adventício, -a [adʒivẽ'tʃisiw, -a] *adj* **1.** *(estrangeiro)* foreign **2.** *(casual)* unexpected
adventista [adʒivẽ'tʃista] *mf* REL Adventist
advento [adʒi'vẽjtu] *m* advent
adverbial <-ais> [adʒiverbi'aw, -'ajs] *adj* adverbial
advérbio [adʒi'vɛrbiw] *m* adverb
adversa *adj v.* **adverso**
adversário, -a [adʒiver'sariw, -a] **I.** *m, f* adversary **II.** *adj* adversarial *form*
adversativo, -a [adʒiversa'tʃivu, -a] *adj* adverse; LING adversative
adversidade [adʒiversi'dadʒi] *f* **1.** *(aborrecimento)* aversion **2.** *(infortúnio)* adversity
adverso, -a [adʒi'vɛrsu, -a] *adj (desfavorável, que traz infortúnio)* adverse; ~ **a a. c.** unfavorable to sth; **condições adversas** adverse conditions; **a situação é adversa a novos investimentos** the situation is unfavorable to new investments
advertência [adʒiver'tẽjsia] *f* **1.** *(aviso)* warning **2.** *(repreensão)* reprimand **3.** *(informação)* notice
advertido, -a [adʒiver'tʃidu, -a] *adj* **1.** *(avisado)* warned **2.** *(prevenido)* precautionary
advertir [adʒiver'tʃir] *irr como vestir vt* **1.** *(avisar)* ~ **alguém de um perigo** to warn sb of danger **2.** *(chamar a atenção)* ~ **alguém sobre falhas** to draw sb's attention to mistakes **3.** *(informar)* to warn; ~ **sobre os atrasos** to warn of the delays **4.** *(repreender)* to reprimand
advir [adʒi'vir] *irr como vir vi* **1.** *(suceder)* to happen **2.** ~ **de, seu prejuízo advém da situação econômica** your loss is the result of the economic situation
advocacia [adʒivoka'sia] *f* JUR the legal profession; **exercer** [*ou* **praticar**] ~ to practice law
advogado, -a [adʒivo'gadu, -a] *m, f* JUR lawyer, attorney *Am*; ~ **de acusação** prosecuting attorney; ~ **de defesa** defense attorney; ~ **do diabo** devil's advocate
advogar [adʒivo'gar] *vt* <g→gu> to practice law
aedes [a'ɛds] *m inv* ZOOL aedes, yellow fever mosquito
aéreo, -a [a'ɛriw, -a] *adj* **1.** *(do ar)* air; **tráfego** ~ air traffic; **companhia aérea** airline; **ponte aérea** air shuttle; *(vista, fotografia)* aerial; **vista aérea** aerial view; **via aérea** by air **2.** *fig (pessoa)* absent-minded
aeróbica [ae'rɔbika] *f* aerobics + *sing vb*
aerodinâmica [aɛrodʒi'nɜmika] *f* aerodynamics + *sing vb*
aerodinâmico, -a [aɛrodʒi'nɜmiku, -a] *adj* aerodynamic
aeródromo [ae'rɔdromu] *m* airfield
aeroespacial [aɛrujspasi'aw, -'ajs] *adj* aerospace
aerofólio [aɛro'fɔʎiw] *m* airfoil *Am*, aerofoil *Brit*
aerograma [aɛro'grɜma] *m* aerogram *Am*, aerogramme *Brit*
aerômetro [ae'rometru] *m* FÍS aerometer
aeromoça [aɛro'mosa] *f* flight attendant
aeromodelismo [aɛromode'ʎizmu] *m sem pl* **clube de** ~ model airplane club
aeronauta [aɛro'nawta] *mf* crew member; *(de aeróstato)* aeronaut
aeronáutica [aɛro'nawtʃika] *f* aeronautics; MIL *(Forças Armadas)* air force
aeronáutico, -a [aɛro'nawtʃiku, -a] *adj* aeronautical
aeronave [aɛro'navi] *f* aircraft *inv*
aeroplano [aɛro'plɜnu] *m* airplane *Am*, aeroplane *Brit*
aeroporto [aɛro'portu] *m* airport
aerossol <-óis> [aɛro'sɔw, -'ɔjs] *m* aerosol
aerostática [aɛros'tatʃika] *f* FÍS aerostatics + *sing vb*
aeróstato [ae'rɔstatu] *m* aerostat
aerotecnia [aɛrotek'nia] *f* aeronautics + *sing vb*
aerovia [aɛro'via] *f* air lane
aeroviário [aɛrovi'ariw] *m* air transport worker
aeroviário, -a [aɛrovi'ariw, -a] *adj* air-transport
afã [a'fã] *m (faina)* toil; *(afobação)* anxiety; *(diligência)* diligence

afabilidade [afabiʎi'dadʒi] *f* affability
afagar [afa'gar] *vt* <g→gu> **1.** (*acariciar*) to caress **2.** (*lisonjear*) to flatter
afago [a'fagu] *m* caress
afamado, -a [afɜ'madu, -a] *adj* distinguished
afamar [afɜ'mar] **I.** *vt* to make famous **II.** *vr*: ~-**se** to become famous
afanado, -a [afɜ'nadu, -a] *adj inf* (*furtado*) stolen
afanar [afɜ'nar] **I.** *vt inf* (*furtar*) to swipe **II.** *vr*: ~-**se 1.** (*trabalhar arduamente*) to work hard; **afanou-se para concluir o curso** she worked hard to finish the course **2.** (*cansar-se*) to get tired
afasia [afa'zia] *f* MED aphasia
afastado, -a [afas'tadu, -a] *adj* **ele mora ~ da cidade** he lives a long way from town; **estou ~ do trabalho** I am on leave from work; **manter-se** ~ to stay back [*o* away]; **parentes ~s** distant relatives
afastamento [afasta'mẽjtu] *m* **1.** (*do cargo*) removal **2.** (*distância*) distance
afastar [afas'tar] **I.** *vt* to remove; ~ **alguém do cargo** to remove sb from the position; (*mover*) to move away; **afaste a cadeira da mesa** move the chair away from the table **II.** *vr*: ~-**se 1. afastei-me dos amigos** I distanced myself from friends **2.** (*desviar-se*) ~-**se do bom caminho** to go astray **3.** (*retirar-se*) **aposentou-se e afastou-se das responsabilidades** he retired and left responsibility behind **4. afaste-se, por favor!** stay back, please!
afável <-eis> [a'favew, -ejs] *adj* affable; **ser ~ com os clientes** to be friendly with the customers
afavelado, -a [afave'ladu, -a] *adj* (*rua, bairro*) slummy
afazeres [afa'zeris] *mpl* **1.** (*ocupação*) things to do *pl* **2.** (*obrigações*) commitments *pl*; ~ **domésticos** chores *pl*
afebril [afe'briw] *adj* MED afebrile, feverless
afecção <-ões> [afek'sãw, -õjs] *f* MED disease
Afeganistão [afegɜnis'tãw] *m* Afghanistan
afeição <-ões> [afej'sãw, -õjs] *f* **1.** (*afeto*) affection; **ter ~ por animais de estimação** to have an affection for pets; **tenho ~ pela minha mãe** I have a great affection for my mother **2.** (*inclinação*) **ter ~ pelas artes** to have a liking for the arts
afeiçoado, -a [afejso'adu, -a] *adj* ~ **a alguém** attached to sb
afeiçoar [afejso'ar] <*1. pess pres:* afeiçoo> **I.** *vt* (*fazer sentir amizade*) to charm; (*fazer envolver gosto*) to inspire a liking; **o professor afeiçoou os alunos à pesquisa** the teacher inspired a liking for research in her students **II.** *vr*: ~-**se a a. c.** to take a liking to sth; ~-**se aos esportes** to take a liking to sports
afeições *f pl de* **afeição**
afeito, -a [a'fejtu, -a] *adj* accustomed; **ser ~ a situações difíceis** to be accustomed to difficult situations
aferição <-ões> [aferi'sãw, -õjs] *f* (*de instrumento*) gauging
aferido, -a [afe'ridu, -a] *adj* gauged
aferidor [aferi'dor] <-es> *m* (*instrumento, critério*) gauge
aferir [afe'rir] *irr como preferir vt* **1.** (*pesos, medidas*) to gauge **2.** (*medir*) to measure
aferrado, -a [afe'xadu, -a] *adj* obstinate; ~ **às ideias do passado** stuck in the past
aferrar [afe'xar] **I.** *vt* to grasp **II.** *vr*: ~-**se a** to cling on to; **o garoto aferrou-se ao pai para não cair** the boy clung on to his father so as not to fall
aferro [a'fexu] *m* obstinacy
aferroar [afexo'ar] *vt* <*1. pess pres:* aferroo> to prick
aferrolhar [afexo'ʎar] *vt* **1.** (*porta*) to bolt **2.** (*criminosos, dinheiro*) to lock up [*o* away]
afetação <-ões> [afeta'sãw, -õjs] *f* **1.** (*maneiras*) affectation **2.** (*vaidade*) vanity
afetado, -a [afe'tadu, -a] *adj* **1.** (*sem naturalidade*) affected **2.** (*vaidoso*) vain **3.** (*tocado emocionalmente*) affected, moved
afetar [afe'tar] *vt* **1.** (*influenciar*) to affect; (*dizer respeito a*) to concern **2.** (*doença*) to affect **3.** (*simular*) to feign **4.** (*comover*) to affect
afetivo, -a [afe'tʃivu, -a] *adj* affective; **vida afetiva** emotional life
afeto [a'fɛtu] *m* (*afeição, carinho*) affection *no pl*
afetuoso, -a [afetu'ozu, -'ɔza] *adj* affectionate
afiado, -a [afi'adu, -a] *adj* **1.** (*faca, lâmina, língua*) sharp; (*lápis*) sharpened **2.** (*bem preparado*) sharp

afiançar [afiʒ̃'sar] *vt* <ç→c> **1.** (*ficar por fiador*) to stand surety **2.** (*garantir*) to guarantee **3.** (*pagar fiança*) to stand bail for

afiançável <-eis> [afiʒ̃'savew, -ejs] *adj* bailable

afiar [afi'ar] *vt* (*faca, lâmina, lápis*) to sharpen

aficionado, -a [afisjo'nadu, -a] *m, f* aficionado, enthusiast

afigurar-se [afigu'rarsi] *vr:* ~-**se** (*parecer*) to seem

afilhado, -a [afi'ʎadu, -a] *m, f* **1.** REL godchild **2.** (*protegido*) protégé

afiliação <-ões> [afiʎia'sãw, -õjs] *f* affiliation

afiliado, -a [afi'ʎiadu, -a] *m, f* affiliate

afiliar [afiʎi'ar] **I.** *vt* (*um membro*) to affiliate **II.** *vr:* ~-**se** to join; ~-**se a um partido político** to join a political party

afim [a'fĩj] <-ins> **I.** *m* (*parente*) relative by marriage; **afins** the like; **eles vendem publicações e afins** they sell publications and the like **II.** *adj* related; **ciências afins** related sciences

afinação <-ões> [afina'sãw, -õjs] *f* **1.** TEC tuning **2.** MÚS tuning

afinado, -a [afi'nadu, -a] *adj* (*cantor, instrumento*) in tune

afinal [afi'naw, -'ajs] *adv* **1.** (*por fim*) finally; ~ **de contas** after all **2.** (*ênfase*) so; **o que você quer** ~**?** so what do you want?

afinar [afi'nar] **I.** *vt* **1.** TEC (*motor*) to tune **2.** (*tornar melhor*) ~ **as maneiras** to improve one's manners; **o seu comportamento não afinava com os demais** his behavior was not in tune with that of the others **3.** MÚS to tune **II.** *vi inf* FUT (*time*) to be afraid of the opponent

afinco [a'fĩjku] *m* (*pertinácia*) obstinacy; (*perseverança*) perseverance

afinidade [afini'dadʒi] *f* **1.** (*identidade, semelhança*) affinity; ~ **entre irmãos** affinity between brothers; ~ **ideológica** ideological affinity **2.** (*atração*) attraction; **havia grande** ~ **entre os namorados** the two lovers were strongly attracted to each other **3.** QUÍM affinity

afins *adj, m pl de* **afim**

afirmação <-ões> [afirma'sãw, -õjs] *f* (*declaração, confirmação*) affirmation

afirmar [afir'mar] **I.** *vt* (*asseverar, dar por certo, dizer sim*) to affirm; (*comprovar*) to confirm **II.** *vr:* ~-**se** (*pessoa*) to confirm for oneself

afirmativa [afirma'tʃiva] *f* affirmative

afirmativamente [afirmatʃiva'mẽjtʃi] *adv* affirmatively; **responder** ~ to respond affirmatively

afirmativo, -a [afirma'tʃivu, -a] *adj* affirmative; **resposta afirmativa** affirmative response

afivelar [afive'lar] *vt* to buckle

afixação <-ões> [afiksa'sãw, -õjs] *f* (*selo*) affixing; (*cartaz*) posting

afixar [afik'sar] *vt* (*selo*) to affix; (*cartaz*) to post

aflição <-ões> [afli'sãw, -õjs] *f* **1.** (*sofrimento, dor*) affliction **2.** (*angústia*) anguish **3.** (*ansiedade*) anxiety

afligir [afli'ʒir] <g→j> **I.** *vt* **1.** (*preocupar*) to worry; (*atormentar*) to torment **2.** (*agitar*) to agitate **3.** (*doença*) to afflict; **problemas de coração afligem os obesos** heart problems afflict the obese **4.** (*assolar*) to devastate; **a seca afligiu a região** the drought has devastated the region **II.** *vr:* ~-**se** to be devastated; **afligiu-se com a crise** she was devastated by the crisis

aflito, -a [a'flitu, -a] *adj* **1.** (*angustiado*) distressed; **ficou** ~ **com o acidente** he was distressed by the accident **2.** (*preocupado*) worried; **ficou** ~ **com a doença do pai** he was worried about his father's illness **3.** (*agitado*) annoyed; **estava** ~ **com o comportamento do filho** he was annoyed by his son's behavior

aflorar [aflo'rar] **I.** *vt* (*assunto*) to touch on **II.** *vi* to emerge

afluência [aflu'ẽjsia] *f* **1.** (*de pessoas*) steady flow; ~ **às urnas** steady flow of voters **2.** (*de água, dinheiro, palavras*) affluence

afluente [aflu'ẽjtʃi] **I.** *m* GEO affluent **II.** *adj* (*sociedade*) affluent

afluir [aflu'ir] *conj como* **incluir** *vi* **1.** (*rio*) **o Rio Negro aflui ao Amazonas** the (river) Negro flows into the (river) Amazon **2.** (*pessoas*) to flock

afluxo [a'fluksu] *m* (*de capital, pessoas*) influx

afobação <-ões> [afoba'sãw, -õjs] *f* (*pressa*) rush; (*perturbação*) fluster

afobado, -a [afo'badu, -a] *adj* flustered; **ficar** ~ to get flustered

afobar [afo'bar] **I.** *vt* (*pressa*) to rush **II.** *vr:* ~-**se** to get flustered; **não se**

afobe! don't get flustered!, don't lose your cool!

afogada *adj v.* **afogado**

afogadilho [afoga'dʒiʎu] *m* haste; **de ~** in haste

afogado, -a [afo'gadu, -a] *adj* 1.(*pessoa*) drowned; **morrer ~** to drown 2.(*sufocado*) suffocated 3.**~ de trabalho** inundated with work

afogador [afoga'dor] <-es> *m* (*de motor*) throttle

afogamento [afoga'mẽtu] *m* (*morte por submersão*) drowning

afogar [afo'gar] <g→gu> I. *vt* to drown; **~ as mágoas** to drown one's sorrows II. *vr:* **~-se** (*morrer*) to drown; **~ em lágrimas** to drown in one's tears; (*embriagar-se*) to drown one's sorrows

afogueado, -a [afogi'adu, -a] *adj fig* (*pessoa*) enthusiastic; (*debate*) heated

afoito, -a [a'fojtu, -a] *adj* (*apressado*) rushed; (*ousado*) daring

afonia [afo'nia] *f sem pl* aphonia

afora [a'fɔra] I. *adv* 1.(*local*) out; **saiu porta ~** he ran out of the door; **por aí ~** around and about; **rua ~** down the street 2.(*temporal*) throughout; **pela vida ~** throughout life II. *conj* (*exceto*) apart from; **~ a música, nada lhe interessava** apart from music, nothing interested him

aforismo [afo'rizmu] *m* aphorism

afortunado, -a [afortu'nadu, -a] *adj* fortunate

afortunar [afortu'nar] I. *vt* (*tornar feliz*) to cheer (up); (*dar fortuna*) to endow (sb) with a fortune II. *vr:* **~-se** to become prosperous

afrescalhado, -a [afreska'ʎadu, -a] *adj inf* effeminate

afresco [a'fresku] *m* fresco

África ['afrika] *f* Africa; **~ do Sul** South Africa

africano, -a [afri'kɐnu, -a] I. *m, f* African II. *adj* African

afro-brasileiro, -a ['afro-brazi'lejru, -a] *adj* Afro-Brazilian

afrodisíaco [afrod'ziaku] *m* aphrodisiac

afrodisíaco, -a [afrod'ziaku, -a] *adj* aphrodisiacal

afronta [a'frõwta] *f* affront

afrontado, -a [afrõw'tadu, -a] *adj* (*ultrajado*) affronted

afrontar [afrõw'tar] *vt* to affront

afrouxamento [afrowʃa'mẽtu] *f* (*de cinto, laço, parafuso*) loosening; (*de corda*) slackening; (*de medidas*) relaxation

afrouxar [afrow'ʃar] I. *vt* 1.(*cinto*) to loosen; (*corda*) to slacken 2.(*regras, músculos, disciplina*) to relax 3.(*o passo*) to slow down II. *vi* (*ceder*) to give in; (*acovardar-se*) to back down

afta ['afta] *f* mouth ulcer

afugentar [afuʒẽj'tar] *vt* to drive away

afundar [afũw'dar] I. *vt* 1.(*barco*) to sink 2.(*pé, colher*) to dip 3.(*âncora*) to drop II. *vi* (*barco*) to sink; (*negócios*) to go under [*o* bankrupt] III. *vr:* **~-se** to be immersed; **~-se em pensamentos** to be immersed [*o* deep] in thought

afunilado, -a [afuni'ladu, -a] *adj* funnel-shaped

agarrado, -a [aga'xadu, -a] *adj* (*pessoa*) attached; (*roupa*) tight; (*ao dinheiro*) stingy

agarramento [agaxa'mẽtu] *m* 1. *inf* (*entre pessoas*) close connection 2.(*amasso voluptuoso*) petting

agarrar [aga'xar] I. *vt* 1.to grab 2.(*com força*) to capture, to seize; **agarraram os bandidos** they nabbed the robbers; **~ uma oportunidade** to seize an opportunity II. *vr:* **~-se** to hold on; **~-se com unhas e dentes a a. c.** to hold on (to sth) for dear life

agasalhado, -a [agaza'ʎadu, -a] *adj* dressed warmly, wrapped up; **estar bem ~** to be well wrapped up

agasalhar [agaza'ʎar] I. *vt* (*com roupa*) to wrap up, to dress warmly II. *vr:* **~-se** 1.(*com roupa, manta*) to wrap up 2.(*abrigar-se*) to lodge

agasalho [aga'zaʎu] *m* warm clothing

ágata ['agata] *f* agate

ágeis *adj pl de* **ágil**

agência [a'ʒẽjsia] *f* agency; **~ bancária** (bank) branch; **~ de informações** intelligence agency; **~ de notícias** news agency; **~ de propaganda** [*ou* **publicidade**] advertising agency; **~ de transportes** freight forwarder; **~ de turismo** [*ou* **de viagens**] travel agency

agenciador(a) [aʒẽjsja'dor(a)] <-es> *m(f)* agent

agenciar [aʒẽjsi'ar] *vt* (*agente*) to represent; (*diligenciar*) to arrange for

agenda [a'ʒẽjda] *f* 1.(*caderneta*) appointment book *Am*, diary *Brit;* **~ eletrônica** PDA, palmtop 2.(*compromissos, pauta*) agenda

agendar [aʒēj'dar] *vt* (*um encontro*) to schedule
agente [a'ʒējtʃi] **I.** *m* QUÍM, MED, LING agent **II.** *mf* agent; **~ comercial** business agent; **~ de polícia** police officer; **~ secreto** secret agent; **~ de seguros** insurance agent; **~ de viagens** travel agent
agigantar [aʒigɜ̃n'tar] **I.** *vt* (*aumentar*) to enlarge; (*exagerar*) to exaggerate **II.** *vr:* **~-se o goleiro agigantou-se naquela defesa** the goalkeeper distinguished himself defending that goal; **a dívida externa agigantou-se** foreign debt assumed gigantic proportions
ágil <-eis> ['aʒiw, -'ejs] *adj* **1.** (*nos movimentos*) agile **2.** (*diligente*) diligent
agilidade [aʒiʎi'dadʒi] *f* **1.** (*nos movimentos*) agility **2.** (*diligência*) diligence
agilizar [aʒiʎi'zar] *vt* to expedite *form*, to deal with sth quickly
ágio ['aʒiw] *m* ECON premium
agiota [aʒi'ɔta] *mf* **1.** (*usurário*) loan shark **2.** (*na Bolsa*) speculator
agiotagem [aʒio'taʒēj] <-ens> *f* **1.** (*especulação*) speculation **2.** money-lending at exorbitant interest rates
agiotar [aʒio'tar] *vi* **1.** (*usurar*) to lend money at exorbitant interest rates **2.** (*na Bolsa*) to speculate
agir [a'ʒir] *vi* <g→gu> (*proceder, atuar*) to act; **~ sobre a matéria** to act on the matter; **ele age no seu meio** he is active in his environment
agitação <-ões> [aʒita'sɜ̃w, -õjs] *f* **1.** (*movimento*) unrest **2.** (*de líquido*) swirling; (*do mar*) turbulence **3.** *fig* (*de pessoa*) agitation **4.** POL agitation
agitado, -a [aʒi'tadu, -a] *adj* **1.** (*mar*) rough **2.** (*pessoa*) agitated; (*dia*) hectic
agitador(a) [aʒita'dor(a)] <-es> *m(f)* agitator
agitar [aʒi'tar] **I.** *vt* **1.** (*uma coisa*) to shake; **~ bem antes de usar** shake well before using **2.** *fig* (*uma pessoa*) to agitate **3.** POL to agitate **II.** *vr* **~-se durante o sono** to toss and turn in one's sleep
agito [a'ʒitu] *m inf* agitation *fig*
aglomeração <-ões> [aʒlomera'sɜ̃w, -õjs] *f* (*de pessoas*) crowd; (*de material*) mass
aglomerado [aglome'radu] *m* **1.** cluster; **~ urbano** urban cluster **2.** (*chapas de madeira*) chipboard
aglomerado, -a [aglome'radu, -a] *adj* clustered
aglomerar [aglome'rar] **I.** *vt* (*tropas*) to mass; (*fortuna*) to amass **II.** *vr:* **~-se no corredor** to crowd (together) in the hallway
aglutinação <-ões> [aglutʃina'sɜ̃w, -õjs] *f* (*integração*) union; MED, LING agglutination
aglutinar [aglutʃi'nar] *vt* **1.** LING to agglutinate **2.** (*colar*) to stick together; (*ligar*) to unite
agnóstico, -a [ag'nɔstʃiku, -a] *m, f* agnostic
agogô [ago'go] *m* MÚS *Afro-Brazilian cowbells played with a metal stick*
agonia [ago'nia] *f* **1.** (*aflição*) agony; **entrar em ~** to be in agony **2.** *inf* (*indecisão*) indecision; **sai desta ~, decide logo!** stop dillydallying, make up your mind already!
agoniado, -a [agoni'adu, -a] *adj* (*angustiado*) overwrought, distressed; **estou ~** I am very upset; (*apressado*) in a rush
agoniar [agoni'ar] **I.** *vt* (*afligir*) to distress **II.** *vr* **~-se com a situação** to get upset over the situation
agonizante [agoni'zɜ̃ntʃi] **I.** *mf* dying person **II.** *adj* agonizing
agonizar [agoni'zar] *vt, vi* to agonize
agora [a'gɔra] **I.** *adv* now; **até ~** until now; **~ mesmo** right now; **de ~ em diante** from now on; **saiu ~ mesmo** *inf* it just came out; **mais esta ~!** and now this!; **e ~, o que faremos?** now what are we going to do? **II.** *conj* (*mas*) but; **reclamar todos sabem, ~ elogiar nem pensar** *prov* it is so easy to complain, but difficult to praise; **~ que** now that
agorafobia [agorafo'bia] *f* agoraphobia
agosto [a'gostu] *m* August; *v.tb.* **março**
agourar [agow'rar] *vt, vi* to forebode
agourento, -a [agow'rẽjtu, -a] *adj* foreboding
agouro [a'gowru] *m* omen; **mau ~** bad omen
agraciar [agrasi'ar] *vt* to honor *Am*, to honour *Brit*
agradar [agra'dar] **I.** *vt, vi* to please; **a solução agrada a todos** the solution is agreeable to all; **ser difícil de ~** to be difficult to please **II.** *vr:* **~-se de** to enjoy; **~-se com pequenas coisas** to take pleasure in little things

agradável <-eis> [agra'davew, -ejs] **I.** *m* unir o útil ao ~ to add profit to pleasure **II.** *adj* **1.** (*clima, situação, cheiro, sabor, lugar*) pleasant, agreeable, nice **2.** (*pessoa*) pleasant, nice; ~ **á vista** pleasing to the eye?; (*pouco ~*) rather unpleasant

agradeça [agra'desa] *1./3. pres subj de* **agradecer**

agradecer [agrade'ser] *vt* <c→ç> to thank; ~ **a. c. a alguém** to thank sb for sth; **agradeceu ao amigo a ajuda** he thanked his friend for his/her help; ~ **antecipadamente** to thank in advance

agradecido, -a [agrade'sidu, -a] *adj* thankful, grateful; **mal** ~ ungrateful; **estou muito** ~ I am very thankful [*o* grateful]

agradecimento [agradesi'mẽjtu] *m* thankfulness, thanks; **meus** ~**s** many thanks; **ela não recebeu** ~**s pela ajuda dada** she didn't receive any thanks for her help

agradeço [agra'desu] *1. pres de* **agradecer**

agrado [a'gradu] *m* (*satisfação*) contentment; **fazer um** ~ **a alguém** to make sb happy; **não é do meu** ~ it is not to my liking; **ser do** ~ **de alguém** to be to sb's liking

agrário, -a [a'grariw, -a] *adj* agrarian *form*, land; **reforma agrária** agrarian [*o* land] reform

agravamento [agrava'mẽjtu] *m* (*da situação*) worsening; ~ **da pena** JUR increase in sentence

agravante [agra'vãntʃi] **I.** *mf* JUR (*pessoa*) appellant **II.** *adj tb.* JUR aggravating

agravar [agra'var] **I.** *vt* (*o estado*) to aggravate; JUR to appeal; (*a pena*) to increase **II.** *vr:* ~-**se** (*situação, doença*) **a crise agravou-se com a inflação** the crisis worsened with inflation

agravo [a'gravu] *m* **1.** (*ofensa*) offense **2.** JUR appeal

agredir [agre'dʒir] *irr como prevenir vt* **1.** (*atacar*) to attack **2.** (*bater*) to hit **3.** (*insultar*) to insult

agregação <-ões> [agrega'sãw, -õjs] *f* (*ajuntamento, união*) aggregation

agregado [agre'gadu] *m* **1.** (*conjunto*) aggregate; ~ **familiar** member of the household **2.** (*material*) aggregate

agregado, -a [agre'gadu, -a] *adj* aggregate

agregar [agre'gar] *vt* <g→gu> to

1. (*acrescentar*) to add **2.** (*reunir*) to join/bring together

agremiação <-ões> [agremia'sãw, -õjs] *f* fellowship

agressão <-ões> [agre'sãw, -õjs] *f* (*ataque, hostilidade*) aggression; **um ato de** ~ an act of aggression; **agressões contra os cidadãos** aggression against citizens

agressiva *adj v.* **agressivo**

agressividade [agresivi'dadʒi] *f sem pl* aggressiveness

agressivo, -a [agre'sivu, -a] *adj* aggressive

agressões *f pl de* **agressão**

agressor(a) [agre'sor(a)] <-es> *m(f)* aggressor

agreste [a'grɛstʃi] **I.** *m* scrub region in the Brazilian Northeast between the coastal rainforest and the arid interior **II.** *adj* **1.** (*selvagem*) wild; (*clima*) inclement **2.** (*rústico*) rustic

agrião <-ões> [agri'ãw, -õjs] *m* watercress

agrícola [a'grikula] *adj* farming; **cooperativa** ~ farming cooperative

agricultor(a) [agrikuw'tor(a)] <-es> *m(f)* farmer

agricultura [agrikuw'tura] *f* crop farming; ~ **de subsistência** subsistence farming

agrida [a'grida] *1./3. pres subj de* **agredir**

agride [a'gridʒi] *3. pres de* **agredir**

agrido [a'gridu] *1. pres de* **agredir**

agridoce [agri'dosi] *adj* (*sabor, sentimento*) bittersweet; (*molho*) sweet and sour; *fig* bittersweet

agrimensor [agrimẽj'sor] <-es> *m* (land) surveyor

agriões *m pl de* **agrião**

agroindústria [agroĩj'dustria] *f* agroindustry

agrônoma *f v.* **agrônomo**

agronomia [agrono'mia] *f* agronomy

agrônomo, -a [a'gronumu, -a] *m, f* agronomist

agropecuária [agropeku'aria] *f* crop and livestock farming

agrotóxico [agro'tɔksiku] *m* pesticide

agroturismo [agrutu'rizmu] *sem pl m* agritourism

agrovia [agro'via] *f* outlet for farm waste

agrupamento [agrupa'mẽjtu] *m* **1.** (*ação de agrupar*) grouping

2. (*grupo*) group

agrupar [agru'par] **I.** *vt* to group **II.** *vr*: **~-se** to gather; **os alunos agrupam-se no pátio** the students gathered in the schoolyard

agrura [a'grura] *f* harshness; **as ~ s da vida** *fig* life's hardships

água ['agwa] *f* **1.** water; **~ benta** holy water; **~ corrente/parada** running/still water; **~ destilada** distilled water; **~ doce** fresh water; **~ encanada** piped water; **~ filtrada** filtered water; **~ mineral com/sem gás** carbonated/natural mineral water *Am*, sparkling/still mineral water *Brit*; **~ de nascente** spring water; **~ oxigenada** hydrogen peroxide; **~ potável** drinking water; **~ salgada** salt water; **~ sanitária** bleach; **~ de torneira** tap water; **~s de março** the last rains of summer; **~ medicinais** medicinal waters *pl*; **~ residuais** wastewater; **~ territoriais** territorial waters *pl*; **~ passadas** *fig* old history **2.** *inf* (*líquido amniótico*) waters **3. dar** [*ou* **ficar com**] **~ na boca** *fig* to make sb's mouth water; **ir por ~ abaixo** *inf* to turn out all wrong; **pôr ~ na fervura** *inf* to calm the waters; **até debaixo de ~** *inf* anyway; **tirar ~ do joelho** *inf* to take a pee; **tirar ~ de pedra** to get blood from a stone **4. ~ mole em pedra dura tanto bate até que fura** *prov* if at first you don't succeed, try, try again *prov*; **~s passadas não movem moinhos** *prov* it's water under the bridge *prov*; **ainda vai passar muita ~ debaixo da ponte** *prov* we haven't seen the end of this

aguaceiro [agwa'sejru] *m* cloudburst

água com açúcar ['agwa kwa'sukar] *adj inv* (*carta, filme*) sugary

água de coco ['agwa dʒi 'koku] <águas de coco> *f* coconut milk

água-de-colônia ['agwa-dʒi-ko'lonia] <águas-de-colônia> *f* eau-de-cologne

aguado, -a [a'gwadu, -a] *adj* watery; **café ~** weak coffee; *fig* (*sem graça*) bland; **ficar ~** *inf* (*com água na boca*) drooling

água-forte ['agwa-'fɔrtʃi] <águas-fortes> *f* **1.** QUÍM nitric acid **2.** (*desenho*) silver nitrate

água-furtada ['agwa-fur'tada] <águas-furtadas> *f* attic

água-marinha ['agwa-ma'rĩɲa] <águas-marinhas> *f* aquamarine

aguapé [agwa'pɛ] *m* BOT water lily

aguar [a'gwar] **I.** *vt* (*leite, vinho*) to water down, to dilute; (*regar*) to water; (*campo*) to soak **II.** *vr*: **~-se** (*boca*) to water; (*olhos*) to fill up

aguardar [agwar'dar] **I.** *vt* to await; **~ pelos acontecimentos** to wait things out **II.** *vi* to wait

aguardente [agwar'dẽjtʃi] *f* spirit; **~ de cana** (sugar-cane) rum

aguardo [a'gwardu] *m* waiting; **estar ao** [*ou* **no**] **~** to be waiting

aguarrás [agwa'xas] *f* turpentine

água-viva ['agwa-'viva] <águas-vivas> *f* jellyfish *no pl*

aguçado, -a [agu'sadu, -a] *adj* **1.** (*lápis, faca, nariz*) sharp **2.** (*comentário*) cutting; (*perspicaz*) sharp; (*zeloso*) keen; **visão/ouvido ~** keen eyesight/sense of hearing

aguçar [agu'sar] *vt* <ç→c> (*incitar*) to spark; **~ o apetite** to whet sb's appetite/curiosity; **~ a curiosidade** to spark sb's curiosity

aguda *adj v.* **agudo**

agudizar [agudʒi'zar] *vt fig* (*doença, crise*) aggravate

agudo [a'gudu] *m* MÚS sharp

agudo, -a [a'gudu, -a] *adj* **1.** (*objeto, som*) sharp **2.** MED acute

aguentar [agwẽj'tar] **I.** *vt* **1.** (*suportar: peso*) to bear; (*aturar: sofrimento, pessoa*) to put up with, to stand; **não aguento essa meninada** I can't stand these kids **2.** (*sustentar: a família*) to support **II.** *vi* **1.** (*resistir*) to hold **2.** *inf* **aguenta um pouco que ele chega** hold on, he'll come; **aguenta firme** hang in there **III.** *vr*: **~-se 1.** (*manter-se*) **aguentou-se no poder enquanto deu** he held on to power as long as he could **2.** (*arranjar-se*) **ele que se aguente** he has to work it out on his own

aguerrido, -a [age'xidu, -a] *adj* (*belicoso*) hostile

águia ['agia] *f* eagle

aguilhoar [agiʎo'ar] *vt* <1. *pess pres*: aguilhoo> (*incentivar*) to spur on; (*consciência*) to prick

agulha [a'guʎa] *f* **1.** (*de costura, tricô, para injeção*) needle; (*crochê*) hook; **enfiar a linha na ~** to thread a needle; **é como procurar uma ~ no palheiro** *prov* it is like looking for a needle in a haystack **2.** (*de toca-discos*) stylus

agulhada [aguˈʎada] *f* 1.(*picada*) pinprick 2.(*dor*) twinge
agulhão <-ões> [aguˈʎɜ̃w, -ōjs] *m* ZOOL blue marlin
agulha-padrão <agulhas-padrão *ou* agulhas-padrões> [aˈguʎa-paˈdrɜ̃w, -ōjs] *f* NÁUT main compass
agulhar [aguˈʎar] *vt* 1.(*a pele*) to prick 2.(*afligir*) to needle
agulhões *m pl de* **agulhão**
ah [ˈa] *interj* oh
ai [ˈaj] I. *m* peep; **não quero ouvir um ~ de vocês** I don't want to hear one peep out of you II. *interj* ~! (*dor*) ouch!; (*aflição*) oh dear!; **~ dele se mexer com ela de novo** he'll be sorry if he bothers her again
aí [aˈi] I. *adv* 1.(*lá*) there; **~ dentro/fora** in/out there; **~ embaixo/em cima** down/up there; **~ mesmo** right there; **~ vem ele** here he comes; **e ~(, tudo bem?)** *inf* how are things?; **e ~, beleza?** *gír* how are things?; **espera ~!** wait a minute!; **por ~** (*caminho*) that way; **e por ~ (afora)** around; (*lugar indeterminado*) around there 2.(*aproximadamente*) around; **~ por 10 dias** around 10 days; **~ pelas quatro horas** around four o'clock II. *interj* **~, rapaziada, muito bem!** that's it, boys, well done!
aiatolá [ajatoˈla] *m* ayatollah
aidético, -a [ajˈdɛtʃiku, -a] *m*, *f* AIDS sufferer
aids [ˈajds] *f abr de* **Síndrome da Imunodeficiência Adquirida** AIDS
ai-jesus [ˈaj-ʒeˈzus] I. *m inv* (*o mais amado*) the darling II. *interj* ~! Jesus (Christ)!
ainda [aˈĩjda] *adv* 1.(*com negativo*) yet; **~ não** not yet; **~ não chegaram** they haven't arrived yet 2.(*com positivo*) still; **ela ~ está aqui** she is still here; **~ assim** even so; **~ bem que ...** it's a good thing that ...; **~ mais** even more; **~ por cima** on top of that; **~ que** +*subj* even if; **~ agora** even now
aipim [ajˈpĩj] <-ins> *m* cassava
aipo [ˈajpu] *m* celery
air bag [ɛrˈbɛgi] *m* airbag
airoso, -a [ajˈrozu, -ˈɔza] *adj* (*pessoa, atitude*) genteel
aja [ˈaʒa] *1./3. pres subj de* **agir**

> **Gramática** Almost all verbs in Portuguese form the present subjunctive from the 1st person singular of the present indicative. "Eu ajo mal discutindo, Ana age bem calando-se, tomara que Paulo aja como ela; Eu digo sempre: é importante que ela diga a verdade."

ajardinado, -a [aʒardʒiˈnadu, -a] *adj* landscaped; **zona ajardinada** landscaped area
ajardinar [aʒardʒiˈnar] *vt* (*terreno*) to turn into a garden; (*bairro*) to landscape
ajeitar [aʒejˈtar] I. *vt* (*a roupa*) to straighten; (*um trabalho*) to arrange II. *vr:* **~-se** to adapt; **~-se às circunstâncias** to adapt to the circumstances; **~-se com a vizinhança** to get along with one's neighbors
ajo [ˈaʒu] *1. pres de* **agir**
ajoelhado, -a [aʒweˈʎadu, -a] *adj* on one's knees, kneeling (down)
ajoelhar-se [aʒweˈʎarsi] *vr:* **~-se** to kneel (down)
ajuda [aˈʒuda] *f* 1.(*auxílio*) help; **com a ~ de** with the help of; **dar uma ~ a alguém** to help sb (out); **~ na limpeza da casa** to help (out) with the housecleaning; **pedir ~ a alguém** to ask sb for help 2.(*dinheiro*) financial help; **~ de custo** allowance
ajudante [aʒuˈdɜ̃ntʃi] *mf* 1.(*que ajuda*) helper 2.(*assistente*) assistant 3. MIL adjutant
ajudar [aʒuˈdar] *vt* to help; **~ alguém em a. c.** to help sb with sth; **~ alguém a fazer a. c.** to help sb (to) do sth; **posso ~ ?** can I help (you)?
ajuizado, -a [aʒuiˈzadu, -a] *adj* sensible
ajuntamento [aʒũwtaˈmẽjtu] *m* (*de pessoas*) meeting
ajuntar [aʒũwˈtar] *vt* (*dinheiro*) to save (up)
ajustado, -a [aʒusˈtadu, -a] *adj* (*pessoa*) in agreement; (*negócio*) agreed
ajustagem [aʒusˈtaʒẽj] <-ens> *f* adjustment
ajustar [aʒusˈtar] I. *vt* 1.(*adaptar*) tb. TEC to adjust; **~ a balança** to o adjust the scales 2.(*combinar*) to agree 3.(*liquidar*) to settle; **~ contas com alguém** *fig* to settle accounts with sb II. *vr:* **~-se a** to adapt to; **~-se ao meio** to adapt to the environment

ajustável <-eis> [aʒus'tavew, -ejs] *adj* adjustable

ajuste [a'ʒustʃi] *m* **1.**(*combinação*) arrangement **2.**(*máquina*) adjustment **3.**(*liquidação*) ~ **de contas** settlement

ala ['ala] I. *f* **1.**(*fila*) row; **abrir ~s** to form two rows, facing each other **2.**(*de um partido, edifício, tropa*) wing; ~ **conservadora/radical** right/left wing II. *mf* ESPORT wing

alabastro [ala'bastru] *m* alabaster

à la carte [a la 'kartʃi] *adv* à la carte

alado, -a [a'ladu, -a] *adj* **1.**(*com asas*) winged **2.**(*leve*) airy

alagado, -a [ala'gadu, -a] *adj* (*inundado*) flooded

alagamento [alaga'mẽjtu] *m* flooding

alagar [ala'gar] <g→gu> I. *vt* **1.**(*inundar*) to flood **2.**(*encher*) to fill with water; **alegria alagou seu coração** happiness flooded his heart II. *vr*: ~-**se** to be flooded; **as ruas alagaram-se** the streets were flooded

Alagoas [ala'goas] (State of) Alagoas

alambique [alãj'biki] *m* still

alambrado [alãj'bradu] *m* wire fencing

alameda [ala'meda] *f* **1.**(*rua*) lane **2.**(*parque*) grove

alar [a'lar] I. *vt* (*o pensamento*) to lift II. *vr*: ~-**se** to ascend; ~-**se ao céu** to ascend into heaven

alaranjado, -a [alarãj'ʒadu, -a] *adj* (*cor*) orange; (*sabor, cheiro, formato*) like an orange

alarde [a'lardʒi] *m* fanfare; (*exibicionismo*) exhibitionism; **fazer ~ de a. c.** to make a big deal of sth

alardear [alardʒi'ar] *conj como passear vt* to make a big deal (of sth)

alargamento [alarga'mẽjtu] *m* widening

alargar [alar'gar] <g→gu> I. *vt* **1.**(*tornar largo: rua*) to widen; (*elástico*) to stretch; (*tecido*) to stretch III. *vr*: **os horizontes** to expand one's horizons **2.**(*afrouxar*) to loosen II. *vi* (*rua, rio, olhos*) to widen; (*metal*) to expand; (*tecido*) to stretch III. *vr*: ~-**se** (*discurso*) to prolong; ~-**se em detalhes** to go into detail

alarido [ala'ridu] *m* uproar

alarmante [alar'mãtʃi] *adj* alarming

alarmar [alar'mar] I. *vt* to alarm; ~ **alguém com boatos** to alarm sb with rumors II. *vr*: ~-**se com** to be alarmed by

alarme [a'larmi] *m* **1.**(*para avisar*) alarm; ~ **de incêndio** fire alarm; **falso** ~ false alarm; **sinal de** ~ alarm signal **2.**(*sobressalto*) confusion

alarmista [alar'mista] *mf* alarmist

Alasca [a'laska] *m* Alaska

alastramento [alastra'mẽjtu] *m* spreading

alastrar [alas'trar] I. *vt* to spread II. *vr*: ~-**se** (*fogo*) to spread; ~-**se por** (*doença*) to spread throughout; **a doença alastrou-se pela região** the disease spread throughout the region

alaúde [ala'udʒi] *m* lute

alavanca [ala'vãŋka] *f* **1.**lever; ~ **de câmbio** stick shift *Am*, gear stick *Brit*; ~ **de comando** AERO control lever; **puxar a ~ em caso de emergência** to pull the lever in case of emergency **2.***fig* (*expediente*) means *inv*

alavancagem [alavãŋ'kaʒẽj] <-ens> *f* ECON leverage

alavancar [alavãŋ'kar] *vt* <c→qu> (*promover*) to promote; (*custear*) to fund

alazão, alazã <-ões> [ala'zãw, -'ã, -õjs] *m, f* (*cavalo*) sorrel

albanês, -esa [awba'nes, -'eza] I. *m, f* Albanian II. *adj* Albanian

Albânia [aw'bãnja] *f* Albania

albarda [aw'barda] *f* pack saddle

albatroz [awba'trɔs] <-es> *m* albatross

albergar [awber'gar] <g→gu> I. *vt* (*hospedar: amigo*) to put up; (*conter*) to hold II. *vr*: ~-**se** (*em hotel*) to stay

albergue [aw'bɛrgi] *m* (*pousada*) hostel; ~ **de juventude** youth hostel; (*abrigo*) shelter

albina *f, adj v.* **albino**

albinismo [awbi'nizmu] *m sem pl* albinism

albino, -a [aw'binu, -a] *adj, m, f* albino

álbum ['awbũw] <-uns> *m* album; ~ **de fotografias** photo album

albumina [awbu'mina] *f* BIO albumin

álbuns *m pl de* **álbum**

Alca ['awka] *f abr de* **Área de Livre Comércio das Américas** FTAA

alça ['awsa] *f* (*de roupa*) strap; ~ **de mala/xícara** handle; **estar na ~ de mira de alguém** *inf* to be in sb's sights

alcachofra [awka'ʃofra] *f* artichoke

alcaçuz [awka'sus] <-es> *m* licorice *Am*, liquorice *Brit*

alçada [aw'sada] *f* **1.**power; **isso não é da minha ~** that is not within my power **2.**JUR jurisdiction; **estar sob a ~**

alçado / **alemão**

de alguém to be under sb's jurisdiction
alçado [aw'sadu] *m* ARQUIT elevation
alcaguete [awka'gwetʃi] *m inf* stool pigeon
álcali ['awkaʎi] *m* alkali
alcalino, -a [awka'ʎinu, -a] *adj* alkaline
alcaloide [awka'lɔjdʒi] *m* alkaloid
alcançado, -a [awkãŋ'sadu, -a] *adj* **1.** (*atingido*) accomplished **2.** (*apanhado*) caught
alcançar [awkãŋ'sar] *vt* <ç→c> **1.** (*objetivo*) to achieve **2.** (*pessoa*) to catch up(to) **3.** (*ir até*) to reach
alcançável <-eis> [awkãŋ'savew, -ejs] *adj* attainable
alcance [aw'kãŋsi] *m* **1.** (*de raios*) verge **2.** (*de tiro, visão*) range; **fora do ~** (*de tiro*) out of range; **fora do ~ das crianças** out of the children's reach; **estar ao ~ da vista** to be within eyeshot **3.** (*âmbito*) range; **ao ~ de todos** (*compreensível*) accessible to all; (*para compra*) affordable
alçapão <-ões> [awsa'pãw, -õjs] *m* **1.** ARQUIT chute **2.** (*armadilha*) trap; **cair no ~** to fall into the trap
alcaparra [awka'paxa] *f* BOT caper
alçar [aw'sar] <ç→c> **I.** *vt* (*elevar*) to raise; (*vela*) to hoist; (*edificar*) to put up, to erect; (*aclamar*) to acclaim **II.** *vr*: **~-se a** to rise to
alcateia [awka'teja] *f* (*de lobos*) pack; (*de bandidos*) gang
alcatra [aw'katra] *f* rump
alcatrão <-ões> [awka'trãw, -õjs] *m* tar
alce ['awsi] *m* moose
álcool <-óis> ['awkow, -'ɔjs] *m* alcohol; **sem ~** nonalcoholic
alcoólatra [aw'kɔlatra] *mf* alcoholic
alcoólico, -a [aw'kɔʎiku, -a] **I.** *m, f* alcoholic; **~ crônico** chronic alcoholic; **Alcoólicos Anônimos** Alcoholics Anonymous **II.** *adj* alcoholic; **bebida alcoólica** alcoholic beverage; **teor ~** alcohol content
alcoolismo [awkoʎizmu] *m sem pl* alcoholism
alcoolizado, -a [awkoʎi'zadu, -a] *adj* intoxicated
alcoolizar [awkoʎi'zar] **I.** *vt* to fortify; (*clandestinamente*) to spike *inf* **II.** *vr*: **~-se** to get drunk
Alcorão [awko'rãw] *m* REL Koran
alcova [aw'kova] *f* alcove
alcovitar [awkovi'tar] *vi* (*mexericar*) to gossip

alcoviteiro, -a [awkovi'tejru, -a] *m, f* (*mexeriqueiro*) telltale
alcunha [aw'kũɲa] *f* nickname
aldeão, aldeã <-ões> [awde'ãw, -'ã, -õjs] **I.** *m, f* villager; (*camponês*) peasant **II.** *adj* village; (*camponês*) peasant
aldeia [aw'deja] *f* village
aldeões *adj, m pl de* **aldeão**
aleatório, -a [alea'tɔriw, -a] *adj* random
alecrim [ale'krĩj] <-ins> *m* rosemary
alegação <-ões> [alega'sãw, -õjs] *f* JUR allegation
alegar [ale'gar] <g→gu> **I.** *vt* (*razão*) to state; (*desculpa*) to make; **~ doença** to claim illness **II.** *vi* to allege
alegoria [alego'ria] *f* allegory
alegórico, -a [ale'gɔriku, -a] *adj* allegorical; **carro ~** theme float
alegrar [ale'grar] **I.** *vt* **1.** (*causar alegria a*) to make happy; **alegra-me que ...** I am glad that **... 2.** (*animar: festa*) to liven up **II.** *vr*: **~-se** to celebrate; **~-se com o sucesso** to celebrate the success; **alegro-me ao ouvir isso** I'm glad to hear that; **alegro-me por você** I'm happy for you
alegre [a'lɛgri] *adj* **1.** (*contente*) happy **2.** (*divertido*) funny **3.** (*animado*) lively **4.** (*levemente embriagado*) merry **5.** (*cor*) bright
alegria [ale'gria] *f* joy; **pular/gritar de ~** to jump/shout for joy; **o casamento foi uma ~ para a família** the marriage was a joyous occasion for the family
alegro [a'lɛgru] *m* MÚS allegro
aleijado, -a [alej'ʒadu, -a] **I.** *m, f* cripple **II.** *adj* crippled [*o* lame]
aleijão <-ões> [alej'ʒãw, -õjs] *m* deformity
aleijar [alej'ʒar] **I.** *vt* to maim **II.** *vr*: **~-se** to become crippled [*o* lame]
aleijões *m pl de* **aleijão**
aleluia [ale'luja] **I.** *f* alleluia **II.** *interj* **~!** alleluia!
além [a'lẽj] **I.** *m* **o ~** the afterlife; **ir para o ~** to go [*o* to pass] to the great beyond **II.** *adv* beyond; (*longe*) far; **mais ~** farther; **não há nada ~ disso** there is nothing further to add; **~ de** (*para lá de*) beyond; (*exceto*) other than; **~ disso** besides; **~ do mais** what's more
Alemanha [ale'mãɲa] *f* Germany; **antiga ~ Ocidental/Oriental** former West/East Germany
alemão, alemã <-ães> [ale'mãw, -'ã, -'ãjs] **I.** *m, f* German; **~ do leste/**

oeste East/West German **II.** *m* (*língua*) German

além-mar [a'lɛj-'mar] **I.** *m* <-es> overseas **II.** *adv* overseas

alentado, -a [alẽj'tadu, -a] *adj* **1.**(*forte*) robust **2.**(*encorajado*) brave

alentar [alẽj'tar] **I.** *vt* (*esperanças*) to hearten **II.** *vr:* ~-**se** to get one's breath back

alento [a'lẽju] *m* (*coragem*) courage; **dar ~ a alguém** to give sb courage; **dar o último ~** to breathe one's last (breath)

alergia [aler'ʒia] *f tb. fig* allergy; **ter ~ a a. c.** to be allergic to sth; **ter ~ aos estudos** to be allergic to studying

alérgico, -a [a'lɛrʒiku, -a] *adj* allergic; **ser ~ a a. c.** to be allergic to sth

alerta [a'lɛrta] **I.** *m* (*sinal*) alert; **dar o ~** to sound the alert **II.** *adj* alert; **estar ~** to be alert **III.** *interj* ~! warning! **IV.** *adv* **estar/ficar/continuar ~** to stay alert

alertar [aler'tar] *vt* to alert

alfabético, -a [awfa'bɛtʃiku, -a] *adj* alphabetical; **por ordem alfabética** in alphabetical order

alfabetização <-ões> [awfabetiza'sãw, -õjs] *f* (*taxa*) literacy; (*processo*) teaching how to read and write

alfabetizado, -a [awfabet'zadu, -a] *adj* literate

alfabetizar [awfabet'zar] **I.** *vt* to teach how to read and write; (*crianças*) to put through primary education **II.** *vr:* ~-**se** to learn how to read and write

alfabeto [awfa'bɛtu] *m* alphabet

alface [aw'fasi] *f* lettuce

alfafa [aw'fafa] *f* alfalfa

alfaiataria [awfajata'ria] *f* tailor's (shop)

alfaiate [awfaj'atʃi] *m* tailor

alfândega [aw'fãŋdega] *f* customs; **passar pela ~** to go through customs

alfandegário, -a [awfãŋde'gariw, -a] *adj* customs; **controle ~** customs control

alfazema [awfa'zema] *f* lavender

alfinetada [awfine'tada] *f* **1.**(*picada*) pinprick; **dar uma ~ em alguém** to provoke sb **2.**(*dor*) twinge

alfinetar [awfine'tar] *vt* **1.**(*crachá, roupa*) to pin **2.**(*criticar*) to criticize; **eles não perdem uma oportunidade de ~ os outros** they never miss the chance to criticize others

alfinete [awfi'netʃi] *m* (*para pregar, joia*) pin; ~ **de segurança** safety pin; (*de gravata*) tiepin

alfineteira [awfine'tejra] *f* (*almofada*) pin cushion

alforriar [awfoxi'ar] *vt* (*escravos*) to free

alga ['awga] *f* alga; ~**s** (*nome genérico*) algae; (*de água salgada*) seaweed

algarismo [awga'rizmu] *m* numeral; ~ **arábico/romano** Arabic/Roman numeral

algazarra [awga'zaxa] *f* racket; **fazer uma ~** to make a racket

álgebra ['awʒebra] *f* algebra

algema [aw'ʒema] *f* ~**s** handcuffs *pl*

algemar [awʒe'mar] *vt* to handcuff

algibeira [awʒi'bejra] *f* pocket

algo ['awgu] **I.** *pron indef* something; **eu gostaria de comer ~** I would like to eat something **II.** *adv* somewhat; **ela é ~ arrogante** she is somewhat arrogant

algodão <-ões> [awgu'dãw, -õjs] *m* cotton

algodoeiro [awgodo'ɛjru] *m* cotton plant

algodoeiro, -a [awgodo'ejru, -a] *adj* cotton

algodões *m pl de* **algodão**

algoritmo [awgo'ritʃimu] *m* algorithm

algoz [aw'gɔs] <-es> *m* executioner

alguém [aw'gẽj] *pron indef* **1.**somebody; **ser ~ na vida** to be somebody in life **2.**(*interrogativo*) anybody; **você conhece alguém que possa ajudar?** do you know anybody who can help?

algum [aw'gũw] *pron indef* **1.** *sing* some, any; **alguma coisa** something; **mais alguma coisa?** anything else?; ~ **dia** some day **2.** *pl* a few; **algumas vezes** a few times; **alguns anos** a few years

alguma [aw'guma] *f inf* (*coisa nova, estranha, má*) ~ **te aconteceu, dá para ver** something's happened to you, I can tell; **ele deve ter aprontado ~** *inf* he probably stirred up some trouble

alhear-se [aʎe'arsi] *conj como* **passar** *vr:* ~-**se** to alienate oneself

alheio, -a [a'ʎeju, -a] *adj* **1.**(*estranho*) foreign; **ele morreu em terra alheia** he died in a foreign country **2.**(*que não nos pertence*) other people's; **vida alheia** other people's lives **3.**(*impertinente*) irrelevant; **comentários alheios** irrelevant remarks **4.**(*afasta-*

alho / **aliteração**

do) removed; **ser/estar ~ a a. c.** to be removed from sth

alho ['aʎu] *m* garlic; **dente de ~** clove of garlic; **misturar ~s com bugalhos** to compare apples to oranges

alho-poró ['aʎu-po'rɔ] <alhos-porós> *m* leek

alhures [a'ʎuris] *adv* elsewhere

ali [a'ʎi] *adv* there; (*para ~*) there; **vou ~ e volto já** I'm going there. I'll be right back.

aliado, -a [aʎi'adu, -a] I. *m, f* ally II. *adj* allied; **ser/estar ~ a a. c./alguém** to be allied to [*o* with] sth/sb

aliança [aʎi'ɜ̃ŋsa] *f* 1.(*união*) alliance 2.(*anel*) **~ de casamento** wedding ring; **~ de noivado** engagement ring 3. POL (*pacto*) alliance

aliar [aʎi'ar] I. *vt* to ally; **~ uma coisa a outra** to ally sth to [*o* with] sth else II. *vr:* **~-se** to join; **~-se a um partido político** to join a political party

aliás [aʎi'as] *adv* 1.(*diga-se de passagem*) by the way 2.(*correção*) "I mean"; **formou-se em engenharia, ~, computação** he got a degree in engineering, I mean, computing 3.(*de outra forma*) otherwise; **eles resolveram suas diferenças, ~, não poderiam trabalhar juntos** they worked out their differences, otherwise they wouldn't be able to work together 4.(*além disso*) what's more; **contava piadas inteligentes e, ~, muito engraçadas** the jokes he told were intelligent and, what's more, very funny

álibi ['aʎibi] *m* alibi

alicate [aʎi'katʃi] *m* pliers; **~ de unhas** nail clippers

alicerce [aʎi'sεrsi] *m* ARQUIT *fig tb.* foundation; **lançar os ~s para a. c.** to lay the foundations for sth

aliciamento [aʎisja'mẽjtu] *m* enticement; **~ de menores** corruption of minors

aliciar [aʎisi'ar] *vt* 1.(*seduzir*) to seduce 2.(*atrair: menores*) to corrupt 3.(*instigar*) to incite; **~ alguém para fazer a. c.** to incite sb to do sth

alienação <-ões> [aʎjena'sãw, -õjs] *f* 1.(*afastamento*) alienation 2. *inf* (*indiferença aos problemas*) indifference 3. ECON (*transferência*) alienation

alienado, -a [aʎje'nadu, -a] I. *m, f* PSICO insane II. *adj* (*bens*) alienated; *inf* (*pessoa*) indifferent

alienar [aʎje'nar] I. *vt* (*afastar*) to alienate; (*desvairar*) to perturb; ECON (*transferir*) to alienate II. *vr:* **~-se** PSICO to go crazy

alienatário, -a [aʎjena'tariw, -a] *m, f* ECON grantee

alienável <-eis> [aʎje'navew, -ejs] *adj* ECON (*bens*) alienable

alienígena [aʎje'niʒena] *mf* alien

alijar-se [aʎi'ʒarsi] *vr*(*desembaraçar-se*) to free oneself

alimentação <-ões> [aʎimẽjta'sãw, -õjs] *f* 1.(*sustento*) food; (*de animais*) feed; **~ forçada** forced feeding 2. TEC, ELETR power supply 3. **~ de papel** INFOR paper feed

alimentar [aʎimẽj'tar] I. *vt* (*dar comida*) to feed; (*nutrir*) to nourish; **~ uma esperança** to cherish a hope II. *vr:* **~-se** to eat; **~-se de vegetais** to live on vegetables III. *vi* to be nourishing; **alimenta bem** it's very nourishing IV. *adj* **cadeia ~** food chain

alimentício, -a [aʎimẽj'tʃisiw, -a] *adj* food; **indústria alimentícia** food industry; **gêneros alimentícios** foodstuffs *usu pl*; **valor ~** nutritional value

alimento [aʎi'mẽjtu] *m* food; (*de animais*) feed

alimentos [aʎi'mẽjtus] *mpl* (*para esposa*) alimony; (*para filhos*) support

alinhado, -a [aʎĩ'adu, -a] *adj* (*texto, direção*) aligned; (*elegante*) elegant; (*competidores*) lined up

alinhamento [aʎĩɲa'mẽjtu] *m* (*direção, texto*) alignment; ARQUIT, POL alignment; (*em fila*) row

alinhar [aʎĩ'nar] I. *vt* 1.(*em linha reta*) to line up; (*direção, texto*) to align 2.(*estrada*) to line II. *vi* (*em fila*) to line up III. *vr:* **~-se** 1.(*arrumar-se*) to dress up 2. POL to align oneself

alinhavar [aʎĩɲa'var] *vt* 1.(*costura*) to tack 2.(*esboçar*) to sketch

alíquota [a'ʎikota] *f* rate

alisador, -a [aʎiza'dor, -a] <-es> *m, f* (*de cabelo*) hair straightener

alisar [aʎi'zar] *vt* to smooth (out); (*aplanar*) to flatten (out); (*o cabelo*) to straighten; (*carícia*) to stroke

alistamento [aʎista'mẽjtu] *m* MIL enlistment

alistar [aʎis'tar] I. *vt* MIL to enlist II. *vr:* **~-se** MIL to enlist

aliteração <-ões> [aʎitera'sãw, -õjs] *f*

aliviado 27 **altar**

LIT alliteration
aliviado, -a [aʎivi'adu, -a] *adj* relieved
aliviar [aʎivi'ar] **I.** *vt* **1.** (*da preocupação*) to relieve **2.** (*a dor*) to relieve; (*o peso*) to lighten; (*suavizar*) to lessen **II.** *vi* (*dor*) to subside **III.** *vr:* ~-**se 1.** ~-**se de a. c.** to seek relief from sth **2.** *inf* (*defecar*) to relieve oneself; (*peidar*) to fart
alívio [a'ʎiviw] *m* (*da preocupação, dor*) relief; **sentir um** ~ to feel relief
alma ['awma] *f* (*espírito, fantasma*) soul; ~ **penada** lost soul; **de corpo e** ~ body and soul; **dar** [*ou* **vender**] **a** ~ **ao diabo** to sell one's soul to the devil; **fazer a. c. com** ~ to do sth with feeling; **dar** ~ **nova a a. c.** to breath new life into sth; **ser uma boa** ~ to be a good soul; **a propaganda é a** ~ **do negócio** advertising is the essence of good business; **rezar pela** ~ **de alguém** to pray for sb's soul
almanaque [awma'naki] *m* almanac
almejar [awme'ʒar] *vt* to long (for)
almirante [awmi'rãntʃi] *m* admiral
almíscar [aw'miskar] <-es> *m* musk
almoçar [awmu'sar] *vi* <ç→c> to have lunch
almoço [aw'mosu] *m* lunch; ~ **comercial** standard workday lunch (*a low-priced lunch consisting of substantial main dish, bread, beverage and simple dessert.*); ~ **de negócios** business lunch
almofada [awmu'fada] *f* cushion
almofadão <-ões> [awmufa'dãw, -õjs] *m* large cushion
almofadar [awmufa'dar] *vt* to cushion
almofadinha [awmufa'dʒĩna] *m* (*janota*) dandy
almofadões *m pl de* **almofadão**
almôndega [aw'mõwdega] *f* meatball
almoxarifado [awmoʃari'fadu] *m* stockroom
almoxarife [awmoʃa'rifi] *m* stockroom manager
alô [a'lo] **I.** *m* **dar um alô** to say hello **II.** *interj* (*ao telefone*) hello
alocação <-ões> [aloka'sãw, -õjs] *f* (*de recursos*) allocation
alocar [alo'kar] *vt* <c→qu> (*verbas*) to allocate
aloé [alo'ɛ] *m* aloe
aloirado, -a [aloj'radu, -a] *adj* (*cabelo*) blondish
aloirar [aloj'rar] *vt, vi* (*cabelo*) to lighten

alojamento [aloʒa'mẽjtu] *m* **1.** (*geral*) accommodation **2.** MIL barracks *inv*
alojar [alo'ʒar] **I.** *vt* **1.** (*hotel*) to accommodate; (*sem cobrar*) to put up **2.** MIL to quarter **II.** *vr:* ~-**se** (*pessoa*) to stay; (*bactéria, bala*) to lodge
alongado, -a [alõw'gadu, -a] *adj* stretched
alongamento [alõwga'mẽjtu] *m* stretching; (*em comprimento*) lengthening
alongar [alõw'gar] <g→gu> **I.** *vt* **1.** (*tornar longo: um vestido*) to lengthen **2.** (*estender: o corpo*) to stretch **3.** (*prolongar, atrasar: prazo*) to extend **II.** *vr:* ~-**se 1.** (*prolongar-se*) to delay **2.** (*orador*) to expound; ~ **em detalhes** to go into detail
alopata [alo'pata] *mf* allopath
aloprado, -a [alo'pradu, -a] *adj gír* mad
alourado, -a [alow'radu, -a] *adj v.* **aloirado**
alourar [alow'rar] *vi v.* **aloirar**
alpaca [aw'paka] *f* (*animal, tecido*) alpaca
alpendre [aw'pẽjdri] *m* porch
alpercata [awper'kata], **alpargata** [awpar'gata] *f* sandal
Alpes ['awps] *mpl* the Alps *pl*
alpinismo [awpi'nizmu] *m* mountain climbing
alpinista [awpi'nista] *m/f* mountain climber; ~ **social** social climber
alpino, -a [aw'pinu, -a] *adj* (*planta, animal*) alpine; (*relativo aos Alpes*) Alpine
alpiste [aw'pistʃi] *m* bird seed
alquebrado, -a [awke'bradu, -a] *adj* weakened
alqueire [aw'kejri] *m* unit of land measure; (*paulista*) 24,200 m², (= 28,943 sq. yd.); (*de Minas, Rio, Goiás*) 48,400 m², (= 57,886 sq. yd.)
alquimia [awki'mia] *f* alchemy
alquimista [awki'mista] *m/f* alchemist
alta ['awta] *f* **1.** (*de preços, cotação*) increase **2.** (*conjuntura favorável*) boom **3.** MED discharge; **dar** ~ to discharge; **receber** ~ to be discharged
alta-costura ['awta-kus'tura] *f* haute couture
altamente [awta'mẽjtʃi] *adv* highly
altaneiro, -a [awta'nejru, -a] *adj* **1.** (*ave, árvore, torre*) soaring **2.** (*pessoa*) snooty
altar [aw'tar] <-es> *m* altar; **subir ao** ~ to tie the knot

alta-roda ['awta-'xɔda] <altas-rodas> *f* high society; **circular pelas altas-rodas** to move in fashionable circles

alteração <-ões> [awtera'sɜ̃w, -õjs] *f* 1.(*modificação*) alteration 2.(*transformação*) change; ~ **química** chemical change 3.(*perturbação*) **causar** ~ to anger

alterado, -a [awte'radu, -a] *adj* (*modificado*) altered; (*nervoso*) angry; (*adulterado*) adulterated

alterar [awte'rar] I. *vt* 1.(*modificar*) to alter 2.(*adulterar*) to adulterate; ~ **a verdade** to hide the truth 3.(*o tom de voz*) to vary II. *vr:* ~**-se** 1.(*modificar-se*) to change 2.(*zangar-se*) to get angry

altercar [awter'kar] *vt* <c→qu> to have an argument with, to have an altercation with *form*

alter ego [awte'rɛgu] *m* alter ego

alternada *adj v.* **alternado**

alternadamente [awternada'mējtʃj] *adv* alternately

alternado, -a [awter'nadu, -a] *adj* (*dias, ordem*) alternate

alternador [awterna'dor] *m* ELETR alternator

alternância [awter'nɜ̃sia] *f* alternation

alternar [awter'nar] *vt* to alternate

alternativa [awterna'tʃiva] *f* alternative; **isto é uma boa** ~ this is a good alternative; **não há outra** ~ there is no other alternative

alternativo, -a [awterna'tʃivu, -a] *adj* (*opção, cinema, estilo*) alternative

alteza [aw'teza] *f* highness; **Sua Alteza (Real), a Princesa** Her (Royal) Highness, the Princess

altímetro [aw'tʃimetru] *m* altimeter

altitude [awtʃi'tudʒi] *f* altitude

altiva *adj v.* **altivo**

altivez [awtʃi'ves] *f sem pl* elevation; (*orgulho*) arrogance

altivo, -a [aw'tʃivu, -a] *adj* elevated; (*orgulhoso*) arrogant

alto ['awtu] I. *m* 1.(*topo*) top; **do** ~ from above; **lá no** ~ way up high; **chutar a. c. para o** ~ to kick sth into the air 2.(*em terreno*) high up; **ter ~s e baixos** *fig* to have ups and downs 3.(*direção*) **receber ordens do** ~ to receive orders from above II. *adv* 1.(*som*) loud, loudly; **falar** ~ to talk loud 2. **voar** ~ (*avião*) to fly high; *fig* to be a high flyer; **olhar por** ~ to look over; **olhar alguém de** ~ **a baixo** to look sb up and down III. *interj* ~ (**lá**)! halt!

alto, -a ['awtu, -a] *adj* 1.(*prédio, pessoa, arvore*) tall; (*som*) loud; (*temperatura, preço, montanha*) high; ~ **escalão** top echelon; **alta sociedade** high society; **alta tecnologia** high technology 2. **alta traição** high treason 3. GEO remote; (*cidade*) upper; **o Alto Xingu** the Upper Xingu 4. *inf* **estar/ficar** ~ to be/get tipsy

alto-astral <altos-astrais> [awtwas'traw, -'ajs] I. *m* 1. *inf* (*boa disposição*) high spirits *pl*; **o meu vizinho é o maior alto-astral** my neighbor is always in high spirits 2. (*sucesso*) lucky stars *pl* II. *adj inf* cheerful

alto-falante ['awtu-fa'lɜ̃ntʃj] *m* loudspeaker

alto-forno ['awtu-'fornu] <altos-fornos> *m* blast furnace

alto-mar ['awtu-'mar] <altos-mares> *m* high seas *pl*

alto-relevo ['awtu-xe'levu] <altos-relevos> *m* high relief

altruísmo [awtru'izmu] *m sem pl* altruism *no pl*

altruísta [awtru'ista] I. *mf* altruist II. *adj* altruistic

altura [aw'tura] *f* 1.(*de edifício, montanha*) height; **tem 100 metros de** ~ it is 100 meters high 2.(*de pessoa*) height; **tenho um metro e meio de** ~ I am a meter and a half tall 3.(*ocasião*) point; **a certa** ~ at a certain point; **na** ~ **dos acontecimentos/da situação** at this stage of events; **nesta** ~ **do campeonato** *inf* at this point in the game; **nessa** ~ (*passado*) at that point; **nesta** ~ (*futuro*) at this point 4.(*de uma rua*) street number 5.(*nível*) level; **estar à** ~ **de alguém/a. c.** to be on the same level as sb/sth; **responder à** ~ to respond in kind; **pôr alguém nas** ~**s** to put sb on a pedestal; **cair das** ~**s** *fig* to fall from grace

alucinação <-ões> [alusina'sɜ̃w, -õjs] *f* hallucination

alucinado, -a [alusi'nadu, -a] *adj* (*pessoa*) hallucinating

alucinante [alusi'nɜ̃ntʃj] *adj* (*substância*) hallucinatory

alucinar [alusi'nar] *vt* to hallucinate

alucinógeno [alusi'nɔʒenu] *m* hallucinogen

aludir [alu'dʒir] *vt* to allude; ~ **a a. c./alguém** to allude to sth/sb

alugar [alu'gar] *vt* <g→gu> 1.(*casa, bicicleta, filme*) to rent; (*terreno*) to lease; (*um carro*) to rent *Am*, to hire *Brit*; **aluga-se** for rent 2. *gír* (*tomar o tempo*) **ele sempre me aluga** he always keeps me waiting

aluguel <-éis> [alu'gɛw, -'ɛjs] *m* (*arrendamento*) lease; (*de casa*) rent; ~ **de automóveis** car rental; **pagar o** ~ to pay the rent *Am*, car hire *Brit*

alumiar [alumi'ar] *vt, vi* (*iluminar, esclarecer*) to illuminate

alumínio [alu'miniw] *m* aluminum; **papel de** ~ aluminum foil

aluno, -a [a'lunu, -a] *m, f* (*da universidade*) student; (*da escola*) student *Am*, pupil *Brit*

alusão <-ões> [alu'zɐ̃w, -õjs] *f* allusion; **fazer uma** ~ **a a. c./alguém** to make an allusion to sth/sb

alusivo, -a [alu'zivu, -a] *adj* allusive

alusões *f pl de* **alusão**

aluvião <-ões> [aluvi'ɐ̃w, -õjs] *m* (*cheia*) deluge; **terra de** ~ GEO sedimentary deposit

alva *adj v.* **alvo**

alvará [awva'ra] *m* (*para negócio, construção*) permit

alvejante [awve'ʒɐ̃ntʃi] *m* bleach

alvejar [awve'ʒar] *vt* (*com arma*) to target

alvenaria [awvena'ria] *f* masonry

alveolar [awveo'lar] *adj* LING alveolar

alvéolo ['aw'vɛwlu] *m* 1. ANAT alveolus 2. (*de colmeia*) cell

alvissareiro [awvisa'rejru] *m* bearer of good news

alvitre [aw'vitri] *m* proposal

alvo ['awvu] *m* target; *fig* intention; **grupo** ~ target group; **acertar no** ~ to hit the target; **errar o** ~ to miss the target; **ser** ~ **das atenções** to be the center of attention

alvo, -a ['awvu, -a] *adj* 1.(*branco*) white 2.(*puro*) pure

alvorada [awvo'rada] *f* 1.(*manhã*) dawn 2. MIL **toque de** ~ reveille 3.(*princípio*) **a** ~ **da vida** the dawn of life

alvorecer [awvore'ser] *vi* <c→ç> impess to dawn

alvoroçar [awvoro'sar] *vt* <ç→c> 1.(*inquietar, agitar*) to agitate 2.(*amotinar*) to mutiny 3.(*entusiasmar*) to incite

alvoroço [awvo'rosu] *m* 1.(*inquietação, agitação*) agitation 2.(*motim*) mutiny 3.(*entusiasmo*) enthusiasm 4.(*balbúrdia*) commotion

alvura [aw'vura] *f* 1.(*brancura*) whiteness 2.(*pureza*) purity

ama ['ɐma] *f* 1.(*ama-seca*) nanny 2.(*dona da casa*) housewife 3.(*governanta*) governess

amabilidade [ɐmabiʎi'dadʒi] *f* amiability, kindness; **falta de** ~ lack of kindness

amabilíssimo, -a [ɐmabi'ʎisimu, -a] *adj superl de* **amável**

amaciante [amasi'ɐ̃ntʃi] *m* (*de roupas*) fabric softener

amaciar [amasi'ar] **I.** *vt* (*roupa, couro*) to soften; (*o couro, motor*) to break in **II.** *vi* to soften

ama de leite ['ɐma-dʒi-'lejtʃi] <amas de leite> *f* wet nurse

amado, -a [ɐ'madu, -a] *m, f* beloved

amador(a) [ama'dor(a)] <-es> *m(f)* amateur

amadorismo [amado'rizmu] *m* amateurism

amadorístico, -a [amado'ristʃiku, -a] *adj* amateurish

amadurecer [amadure'ser] <c→ç> **I.** *vt* (*frutos*) to ripen; (*uma ideia*) to think over **II.** *vi* (*frutos*) to ripen; *fig* to grow up, to mature

amadurecimento [amaduresi'mẽntu] *m* maturation

âmago ['ɐmagu] *m* 1.(*interior*) core 2.(*núcleo, essência*) essence; **o** ~ **da questão** the heart of the issue

amainar [amɐj'nar] *vi* (*tempestade, ira*) to calm down

amaldiçoar [amawdsu'ar] <1. pess pres: amaldiçoo> **I.** *vt* to curse **II.** *vi* to swear

amálgama [a'mawgama] *f* 1. QUÍM amalgam 2.(*mistura*) amalgamation

amalgamar [amawga'mar] *vt* 1. QUÍM to amalgamate 2.(*misturar*) to amalgamate

amamentação [amamẽjta'sɐ̃w] *f sem pl* breastfeeding

amamentar [amamẽj'tar] *vt* to breastfeed

amanhã [amɐ'ɲɐ̃] **I.** *m* tomorrow **II.** *adv* tomorrow; ~ **de manhã** tomorrow morning; **depois de** ~ the day after tomorrow

amanhecer [amɐ̃ɲe'seɾ] I. *m* dawn; **ao ~** at dawn II. *vi* <c→ç> *impess* to dawn

amansar [amɐ̃'saɾ] I. *vt* (*domar*) to domesticate; (*serenar*) to calm II. *vi* to calm down; (*tempestade*) to die down

amante [a'mɐ̃tʃi] *m(f)* lover; **~ da arte** art lover

amanteigado, -a [amɐ̃te'gadu, -a] *adj* (*biscoito*) buttery

Amapá [ama'pa] *m* (State of) Amapá

amar [a'maɾ] *vt* to love

amarelado, -a [amare'ladu, -a] *adj* (*pele*) sallow; (*tecido*) yellowish

amarelão [amare'lɐ̃w] *m inf* (*infecção*) hookworm (disease)

amarelar [amare'laɾ] *vi* to turn yellow; (*acovardar-se*) to chicken out

amarelo [ama'rɛlu] I. *m* yellow II. *adj* 1. (*cor*) yellow 2. (*pálido*) sallow; **sorriso ~** forced smile

amarfanhar [amaɾfɐ̃'ɲaɾ] *vt* 1. (*amassar*) to crumple 2. (*humilhar*) to humiliate

amarga *adj v.* **amargo**

amargar [amaɾ'gaɾ] I. *vt* <g→gu> 1. (*tornar amargo: pessoa*) to embitter, to make bitter; (*comida*) to make bitter 2. (*sofrer*) to suffer; **~ uma derrota** to suffer defeat; **os discursos dele eram de ~** his speeches were torture II. *vi* to be bitter

amargo, -a [a'maɾgu, -a] *adj fig* bitter

amargor [amaɾ'goɾ] *m* (*sabor, dissabor, sofrimento*) bitterness

amargura [amaɾ'guɾa] *f* (*sabor*) bitterness; (*padecimento*) suffering

amargurado, -a [amaɾgu'ɾadu, -a] *adj* (*pessoa, vida*) embittered

amargurar [amaɾgu'ɾaɾ] I. *vt* to embitter II. *vr:* **~-se** to turn bitter

amaríssimo, -a [ama'ɾisimu, -a] *superl de* **amargo**

amarra [a'maxa] *f* NÁUT knot; **soltar as ~s** to loosen the knots

amarração <-ões> [amaxa'sɐ̃w, -õjs] *f* 1. (*ato de amarrar*) tying (up); NÁUT mooring 2. *inf* (*relação*) love affair

amarrado, -a [ama'xadu, -a] *adj inf* hooked (on); **ele está totalmente ~ na Paula** he is completely hooked on Paula

amarrar [ama'xaɾ] I. *vt* 1. (*atar*) to tie (up); (*acorrentar*) to chain (up); NÁUT to moor 2. (*firmar: um negócio*) to close 3. (*entravar*) to hamper 4. *fig* (*a cara*) to make a face II. *vi* NÁUT to moor III. *vr:* **~-se** 1. (*com corda*) tie up 2. (*casar*) to tie the knot; **~-se em alguém** to tie the knot with sb

amarrotar [amaxo'taɾ] *vt* (*tecido*) to crumple

ama-seca ['ɐma-'seka] <amas-secas> *f* dry nurse

amassado, -a [ama'sadu, -a] *adj* 1. (*chapa*) dented 2. (*tecido, pele*) wrinkled

amassar [ama'saɾ] *vt* 1. (*a massa*) to knead 2. (*chapa, o carro*) to dent 3. (*tecido, cara*) to wrinkle; (*papel*) to scrunch up; (*lata*) to crush; (*batatas*) to mash

amasso [a'masu] *m gír* **dar um ~** [*ou* **uns ~s**] **em alguém** to feel sb up

amável <-eis> [a'mavew, -ejs] *adj* (*digno de ser amado*) lovable; (*simpático*) kind; **pouco ~** unkind

amazona [ama'zona] *f* amazon

Amazonas [ama'zonas] *m* (*estado*) (State of) Amazonas; (*rio*) the Amazon

Amazônia [ama'zonia] *f* Amazonia

amazônico, -a [ama'zoniku, -a] *adj* Amazon; **floresta amazônica** Amazon rainforest

âmbar ['ɐ̃baɾ] <-es> *m* amber

ambição <-ões> [ɐ̃bi'sɐ̃w, -õjs] *f* ambition

ambicionar [ɐ̃bisjo'naɾ] I. *vt* to yearn for II. *vi* to aspire (after/to)

ambicioso, -a [ɐ̃bisi'ozu, -ɔza] *adj* ambitious

ambidestro, -a [ɐ̃bi'dɛstɾu, -a] *adj* ambidextrous

ambiental <-ais> [ɐ̃biẽj'taw, -'ajs] *adj* environmental; **política ~** environmental policy; **preservação ~** environmental conservation

ambientar [ɐ̃biẽj'taɾ] I. *vt* to set; **a escritora ambientou o romance em sua cidade natal** the writer set the novel in her home town II. *vr:* **~-se** to get [*o* to find] one's bearings; (*no emprego*) to settle in

ambiente [ɐ̃bi'ẽjtʃi] I. *m* 1. *tb.* ECOL environment; **~ pesado** bad atmosphere 2. (*que nos rodeia*) surroundings; (*meio social*) milieu II. *adj* **temperatura ~** room temperature; (*poluição*) environmental

ambígua *adj v.* **ambíguo**

ambiguidade [ɐ̃bigwi'dadʒi] *f* ambiguity

ambíguo, -a [ãɲˈbiguu, -a] *adj* ambiguous

âmbito [ˈãɲbitu] *m* **1.** (*campo de atividade*) field **2.** (*extensão*) scope; **no ~ do projeto** within the scope of the project **3.** (*espaço delimitado*) confines; **o ~ doméstico** the confines of the home

ambivalente [ãɲbivaˈlẽjtʃi] *adj* ambivalent

ambos [ˈãɲbus] *pron indef* both

ambrosia [ãɲbroˈzia] *f* (*alimento dos deuses*) ambrosia; GASTR Brazilian ambrosia, *pudding made with eggs, milk, sugar and vanilla*

ambulância [ãɲbuˈlãɲsia] *f* ambulance

ambulante [ãɲbuˈlãɲtʃi] *adj* ambulatory; **vendedor ~** street hawker; **teatro ~** (*mambembe*) traveling theater

ambulatorial <-ais> [ãɲbulatoriˈaw, -ˈajs] *adj* MED (*tratamento*) outpatient

ambulatório [ãɲbulaˈtɔriw] *m* outpatient clinic

ameaça [ameˈasa] *f* threat; **~ de bomba** bomb threat; **~ de morte** death threat; **fazer uma ~ a alguém** to threaten sb

ameaçador(a) [ameasaˈdor(a)] <-es> *adj* (*pessoa, tom, atitude, tempo*) threatening

ameaçar [ameaˈsar] *vt* <ç→c> to threaten; **ele nos ameaçou de morte** he threatened to kill us; (*com arma*) to brandish; (*a liberdade, a segurança*) to jeopardize; **a seca ameaçava fome** the drought threatened famine; **ele ameaçou uma resposta mas preferiu ficar calado** he was about to answer but decided to keep quiet

amealhar [ameaˈʎar] *vi* (*uma fortuna*) to amass

ameba [aˈmɛba] *f* BIO amoeba

amedrontar [amedrõwˈtar] *vt* to scare

ameixa [aˈmejʃa] *f* plum; (*fruto seco*) prune

ameixa-preta [aˈmejʃa-ˈpreta] <ameixas-pretas> *f* prune

ameixeira [amejˈʃejra] *f* plum tree

amélia [aˈmɛʎia] *f inf* doormat, long-suffering wife

amém [aˈmẽj] **I.** *interj* ~! amen!; **dar** [*ou* **dizer**] **~ a tudo** to go along with anything **II.** *m* consent; **fechou o negócio depois do ~ do sócio** he closed the deal after receiving his partner's consent

amena *adj v.* **ameno**

amêndoa [aˈmẽjdua] *f* almond

amendoeira [amẽjduˈejra] *f* almond tree

amendoim [amẽjduˈĩj] <-ins> *m* peanut

amenidade [ameniˈdadʒi] *f* **1.** (*no trato*) amenity **2.** *pl* (*assuntos leves*) small talk; **gostava somente de conversar sobre ~s** he only liked to talk about pleasant things

amenizar [ameniˈzar] *vt* to ease

ameno, -a [aˈmenu, -a] *adj* mild; (*clima, temperatura*) mild; (*leitura*) pleasant

amenorreia [amenoˈxɛja] *f* amenorrhea *Am*, amenorrhoea *Brit*

América [aˈmɛrika] *f* America; **~ Central** Central America; **~ Latina** Latin America; **~ do Norte** North America; **~ do Sul** South America

americanice [amerikãˈnisi] *f pej, inf* stupid Americanism; **isso é uma ~** that's a stupid Americanism

americanismo [amerikãˈnizmu] *m* Americanism

americano, -a [ameriˈkãnu, -a] *adj, m, f* American

amestrado, -a [amesˈtradu, -a] *adj* (*animal*) trained

amestrar [amesˈtrar] *vt* **1.** (*domar*) to tame; (*cavalo*) to break **2.** (*ensinar*) to train

ametista [ameˈtʃista] *f* MIN amethyst

amianto [amiˈãɲtu] *m* asbestos

amicíssimo, -a [amiˈsisimu, -a] *adj superl de* **amigo**

amido [aˈmidu] *m* GASTR starch

amigão <-ões> [amiˈgãw, -õjs] *m* great friend

amigável <-eis> [amiˈgavew, -ejs] *adj* (*relação, pessoa*) friendly; **separação ~** amicable separation

amígdala [aˈmidala] *f* tonsil

amigdalite [amidaˈlitʃi] *f* tonsillitis

amigo, -a [aˈmigu, -a] **I.** *m, f* friend; **~ do peito** best friend; **ele tem cara de poucos ~s** he seems standoffish **II.** *adj* (*nação, gesto*) friendly; **ser ~ de alguém** to be friendly with sb; **ser ~ das artes** to be an art lover [*o* aficionado]

amigo da onça [aˈmigu-da-ˈõwsa] <amigos da onça> *m inf* false friend

amigões *m pl de* **amigão**

amigo-oculto [aˈmigw-oˈkuwtu] <ami-

gos-ocultos> *m* Secret Santa
aminoácido [amino'asidu] *m* amino acid
amistoso, -a [amis'tozu, -'ɔza] *adj* **1.** (*relações*) friendly; (*acordo*) amicable **2.** FUT (*jogo*) friendly
amiúde [ami'udʒi] *adv* repeatedly
amizade [ami'zadʒi] *f* friendship; **travar ~ com alguém** to make friends with sb; **fazer ~s** to make friends; **ei, ~, quanto é o café?** hey, pal, how much for the coffee?
amnésia [ami'nɛzia] *f* amnesia
amniocentese [amnjosẽj'tɛzi] *f* amniocentesis
amo ['ɜmu] *m* master
amofinado, -a [amofi'nadu, -a] *adj* grumpy
amolação [amola'sɜ̃w] *f inf* inconvenience
amolar [amo'lar] *vt* **1.** (*afiar*) to sharpen **2.** (*molestar*) to bother
amolecer [amole'ser] <c→ç> **I.** *vt* (*uma substância*) to soften; *fig* (*pessoa,*) to mollify; (*regra*) to relax **II.** *vi* (*ficar mole*) to soften; (*perder a energia*) to wilt
amônia [a'monia] *f* ammonia
amoníaco [amo'niaku] *m* ammonia
amônio [a'moniw] *m* ammonium
amontoado [amõwtu'adu] *m* heap; **um ~ de pessoas** a crowd of people
amontoado, -a [amõwtu'adu, -a] *adj* piled up
amontoar [amõwtu'ar] <*1. pess pres:* amontoo> **I.** *vt* (*livros, roupas*) to pile up **II.** *vr:* **~-se** (*pessoas*) to crowd
amor [a'mor] *m* **1.** (*sentimento*) love; **ter ~ por a. c./alguém** to care for sth/sb; **fazer algo por ~ a a. c./alguém** to do sth for the sake of sth/sb; **fazer ~ (com alguém)** to make love (with [*o* to] sb); **pelo ~ de Deus!** for God's sake!; **o ~ é cego** love is blind; **ter ~ ao próximo** to love one's neighbor; **~ à primeira vista** love at first sight; **(não) morrer de ~es por alguém** (not) to be madly in love with sb; **ter ~ à vida** to love life **2.** (*pessoa*) love; **meu ~** my love; **ela é um ~ (de pessoa)** she is a sweetheart
amora [a'mɔra] *f* mulberry
amoral <-ais> [amo'raw, -'ajs] **I.** *mf* amoral person **II.** *adj* amoral
amordaçar [amorda'sar] *vt* <ç→c> (*com mordaça, fazer calar*) to muzzle

amoreira [amo'rejra] *f* mulberry tree
amorfo, -a [a'mɔrfu, -a] *adj* amorphous
amoroso, -a [amo'rozu, -'ɔza] *adj* loving; **vida amorosa** love life
amor-perfeito [a'mor-per'fejtu] <amores-perfeitos> *m* BOT pansy
amor-próprio [a'mor-'prɔpriw] <amores-próprios> *m* self-esteem
amortalhar [amorta'ʎar] *vt* to shroud
amortecedor [amortese'dor] **I.** *m* (*que abafa o som*) muffler *Am,* silencer *Brit*; (*que impede os choques: carro, avião*) shock absorber **II.** *adj* shock-absorbing
amortecer [amorte'ser] *vt* <c→ç> (*choque*) to buffer; (*queda*) to cushion; (*ruído*) to muffle; (*luz*) to lower; (*golpe*) to soften; (*dor*) to lessen
amortecido, -a [amorte'sidu, -a] *adj* (*som*) muffled; (*golpe*) softened; (*ânimo*) dampened; (*dor*) numbed
amortização <-ões> [amortza'sɜ̃w, -õjs] *f* ECON (*ágio, dívida, empréstimo*) amortization
amortizar [amort'zar] *vt* ECON (*uma dívida*) to amortize
amostra [a'mɔstra] *f* **1.** (*de mercadoria, estatística*) sample; **~ acidental** [*ou* **randômica**] random sample; **etiqueta de ~** sample ticket **2.** (*demonstração*) show
amostragem [amos'traʒẽj] <-ens> *f* (*estatística*) sampling
amotinado, -a [amotʃi'nadu, -a] *adj* (*presos*) rebellious
amotinar [amotʃi'nar] **I.** *vt* to cause to revolt **II.** *vr:* **~-se** to revolt; (*de navio*) to mutiny
amparar [ɜ̃pa'rar] **I.** *vt* (*apoiar, sustentar, patrocinar*) to support; (*proteger*) to protect **II.** *vr:* **~-se** to lean; **~-se contra a/na parede** to lean against/on the wall
amparo [ɜ̃'paru] *m* **1.** (*apoio, ajuda*) support **2.** (*proteção*) protection
amperagem [ɜ̃pe'raʒẽj] <-ens> *f* amperage
ampere [ɜ̃'pɛri] *m* FÍS ampere
ampere-hora [ɜ̃'pɛri-'ɔra] <amperes-hora(s)> *m* FÍS ampere-hour
amperímetro [ɜ̃pe'rimetru] *m* FÍS ammeter
ampla *adj v.* **amplo**
ampliação <-ões> [ɜ̃plia'sɜ̃w, -õjs] *f* (*alargamento, foto*) enlargement
ampliar [ɜ̃pli'ar] *vt* (*foto*) to enlarge; (*prazo*) to extend; (*conhecimentos*) to

ampliável   33   **âncora**

increase; (*negócio, império*) to expand
ampliável <-eis> [ɜ̃plia'vew, -ejs] *adj* enlargeable
amplificação <-ões> [ɜ̃plifika'sɜ̃w, -õjs] *f* **1.** (*de som*) amplification **2.** (*ampliação*) enlargement
amplificador [ɜ̃plifika'dor] <-es> *m* ELETR amplifier
amplificar [ɜ̃plifi'kar] *vt* <c→qu> **1.** (*som*) to amplify **2.** (*ampliar*) to enlarge
amplitude [ɜ̃pli'tudʒi] *f tb.* FÍS amplitude
amplo, -a ['ɜ̃plu, -a] *adj* **1.** (*largo: sorriso*) wide **2.** (*vasto: território*) wide **3.** (*espaçoso: sala; ambiente*) spacious **4.** (*extenso: conhecimento; material*) vast **5.** (*ilimitado: poderes*) full **6.** (*abundante, rico: recursos*) vast
ampola [ɜ̃'pola] *f* FARM ampule *Am*, ampoule *Brit*
ampulheta [ɜ̃pu'ʎeta] *f* hourglass
amputação <-ões> [ɜ̃puta'sɜ̃w, -õjs] *f* amputation
amputar [ɜ̃pu'tar] *vt* to amputate
amuado, -a [amu'adu, -a] *adj* sulky
amuar-se [amu'arsi] *vr:* ~-**se** to sulk
amuleto [amu'letu] *m* amulet, good-luck charm
anacrônico, -a [ana'kroniku, -a] *adj* (*ideias*) anachronistic
anacronismo [anakro'nizmu] *m* anachronism
anaeróbio, -a [anae'rɔbiw, -a] *adj* (*vida, micro-organismo*) anaerobic
anafilático, -a [anafi'latʃiku, -a] *adj* MED (*choque*) anaphylactic
anáfora [a'nafora] *f* LING anaphora
anagrama [ɜna'grɜma] *m* anagram
anais [ɜ'najs] *mpl tb.* HIST annals *pl*
anal <-ais> [ɜ'naw, -'ajs] *adj* anal
analfabetismo [anawfabe'tʃizmu] *m* illiteracy
analfabeto, -a [anawfa'bɛtu, -a] I. *m, f* illiterate; ~ **funcional** functional illiterate; ~ **de pai e mãe** completely illiterate II. *adj* illiterate
analgésico [anaw'ʒɛziku] *m* analgesic, painkiller
analgésico, -a [anaw'ʒɛziku, -a] *adj* analgesic
analisador [anaʎiza'dor] <-es> *m* FÍS analyzer *Am*, analyser *Brit*
analisar [anaʎi'zar] *vt* (*resultado, situação*) to analyze *Am*, analyse *Brit*
analisável <-eis> [anaʎi'zavew, -ejs] *adj* analyzable *Am*, analysable *Brit*
análise [a'naʎizi] *f* **1.** MED, QUÍM analysis; ~ **laboratorial** laboratory analysis; ~ **química** chemical analysis; ~ **de sangue** hemanalysis **2.** ECON ~ **de custo-benefício** cost-benefit analysis; ~ **de mercado** market analysis **3.** ~ **de dados** MAT data analysis; ~ **sintática** LING grammatical analysis **4. fazer uma** ~ to make an analysis; **em última** ~ ultimately
analista [ana'ʎista] *mf* POL, PSICO, MAT analyst
analítico, -a [ana'ʎitʃiku, -a] *adj* analytical; LING analytic
análoga *adj v.* **análogo**
analogia [analo'ʒia] *f* analogy
analógico, -a [ana'lɔʒiku, -a] *adj* analog *Am*, analogue *Brit*; **relógio** ~ analog watch
analogismo [analo'ʒizmu] *m tb.* LING analogism
análogo, -a [a'nalugu, -a] *adj* **1.** (*fundado em analogia*) analogous; **ser** ~ **a a. c.** to be analogous to [*o* with] sth **2.** (*similar*) similar; **ser** ~ **a a. c./ alguém** to be similar to sth/sb
anamnese [anami'nɛzi] *f* MED anamnesis
anão, anã <-ões> [a'nɜ̃w, -'ɜ̃ -õjs] I. *m, f* dwarf, midget II. *adj* (*arvore*) dwarf
anarquia [anar'kia] *f* anarchy
anárquico, -a [a'narkiku, -a] *adj* (*estado, teoria*) anarchic
anarquista [anar'kista] I. *mf* anarchist II. *adj* anarchistic
anatomia [anato'mia] *f* anatomy; ~ **de um crime** *fig* anatomy of a crime
anatômico, -a [ana'tomiku, -a] *adj* (*colchão, perfeição*) anatomical
anca ['ɜ̃ka] *f* rump
ancestrais [ɜ̃nses'trajs] *mpl* ancestors *pl*
ancestral <-ais> [ɜ̃nses'traw, -'ajs] *adj* ancestral
anchova [ɜ̃'ʃova] *f* anchovy
ancião, anciã <-s *ou* -ões, -ães> [ɜ̃nsi'ɜ̃w, -'õjs, -'ɜ̃js] I. *m, f* elder II. *adj* elderly
ancilose [ɜ̃nsi'lɔzi] *f* ankylosis
ancilóstomo [ɜ̃nsi'lɔstomu] *m* hookworm infection, ancylostomiasis
ancinho [ɜ̃n'siɲu] *m* rake
anciões *m pl de* **ancião**
âncora ['ɜ̃nkora] I. *f* **1.** NAÚT anchor; **levantar/lançar** ~ to weigh/drop

anchor 2. ECON ~ **cambial** fixed exchange rate II. *mf* TV anchor

ancorado, -a [ɨŋkoˈradu, -a] *adj* NAÚT anchored; **estar ~** to be anchored

ancoradouro [ɨŋkoraˈdowru] *m* NAÚT anchorage

ancoragem [ɨŋkoˈraʒēj] <-ens> *f* anchorage

ancorar [ɨŋkoˈrar] NAÚT I. *vt* to anchor II. *vi* to (drop) anchor

andada [ɨˈndada] *f* **dar uma ~** to take a walk

andador [ɨndaˈdor] <-es> *m* (*aparelho*) walker

andaime [ɨnˈdɐ̃jmi] *m* scaffolding; **~ suspenso** suspended scaffold

andamento [ɨndaˈmẽjtu] *m* 1.(*progresso*) progress; (*curso*) course; **dar ~ a a. c.** to make headway with sth; **estar em ~** to be underway [*o* in progress]; **pôr a. c. em ~** to put sth into action 2. MÚS tempo

andanças [ɨnˈdɐ̃nsas] *fpl* travels

andante [ɨnˈdɐ̃ntʃi] I. *m* MÚS andante II. *adj* andante

andar [ɨnˈdar] I. *m* 1.(*de edifício*) floor; **~ térreo** ground floor 2.(*modo de andar*) walk; **a reconheci pelo ~** I recognized her by her walk; **o ~ das coisas** the way things work II. *vi* 1.(*movimentar-se*) to move; (*com transporte*) to go; **~ de carro/avião/barco/bicicleta** to go by car/plane/boat/bicycle; **~ a cavalo** to go on horseback, to go horseback riding *Am*, to go horse-riding *Brit*; **~ a pé** to go on foot, to walk; **anda!** get going!; **~ atrás de alguém** to go behind sb; *fig* to go after sb; **pôr-se a ~** to get going; **~ pelo país inteiro** to wander the entire country; **onde será que ele anda?** where could he be? 2.(*exercer uma atividade*) **ela anda fazendo ginástica ultimamente** he has been working out lately 3.(*funcionar*) to work; **a máquina não anda** the machine doesn't work 4.(*decorrer*) to go by; **deixar ~** to let go 5.(*progredir*) to progress; **o processo andou rápido** the process went quickly 6.(*estar*) **~ fora de si** to have one's head in the clouds; **~ mal das pernas** to be short of money; **~ de mal a pior** to go from bad to worse; **~ triste** to be feeling sad; **eu ando bem** I am doing fine; **a quantas anda seu projeto?** how far along is your project? 7. *inf*

(*estar com alguém*) to hang out together; **as duas andavam sempre juntas** the two always used to hang out together; **ele gosta de andar com as amigas da irmã** he likes to hang out with his sister's friends

andarilho [ɨndaˈriʎu] *m* tramp

Andes [ˈɨndʒis] *mpl* Andes *pl*

andor [ɨnˈdor] *m* litter; **devagar com o ~ que o santo é de barro** *prov* slow and steady wins the race *prov*

andorinha [ɨndoˈriɲa] *f* swallow; **uma ~ só não faz verão** *prov* one swallow does not make a summer *prov*

andrajos [ɨnˈdraʒus] *mpl* rags, tatters

andrógino, -a [ɨnˈdrɔʒinu, -a] *adj* androgynous

androide [ɨnˈdrɔjdʒi] *m* android

anedota [aneˈdɔta] *f* anecdote

anedotário [anedoˈtariw] *m* anecdotal

anel <-éis> [ɜˈnɛw, -ˈɛjs] *m* ring; **~ rodoviário** [*ou* **viário**] beltway *Am*, ring road *Brit*; **vão-se os anéis, ficam os dedos** *prov* better lose the saddle than the horse *prov*

anemia [aneˈmia] *f* anemia *Am*, anaemia *Brit*

anêmico, -a [aˈnemiku, -a] *adj* 1. MED anemic *Am*, anaemic *Brit* 2. *fig* (*sem brilho: discurso, desempenho*) lackluster *Am*, lacklustre *Brit* 3.(*cor*) pale

anemômetro [aneˈmɔmetru] *m* METEO anemometer

anêmona-do-mar [aˈnemuna-du-ˈmar] <anêmonas-do-mar> *f* sea anemone

anencéfalo [anẽjˈsɛfalu] *m* anencephaly

aneroide [aneˈrɔjdʒi] *m* FÍS aneroid

anestesia [anesteˈzia] *f* MED (*estado*) anesthesia *no pl Am*, anaesthesia *no pl Brit*; **~ geral** general anesthetic; **~ local** local anesthetic; (*apatia*) apathy

anestesiar [anesteziˈar] *vt* to anesthetize *Am*, anaesthetize *Brit*

anestésico [anesˈtɛziku] *m* anesthetic *Am*, anaesthetic *Brit*

anestésico, -a [anesˈtɛziku, -a] *adj* anesthetic *Am*, anaesthetic *Brit*

anestesista [anesteˈzista] *mf* anesthetist *Am*, anaesthetist *Brit*

aneurisma [anewˈrizma] *m* MED aneurysm; **~ cerebral** cerebral aneurysm

anexa *adj v.* **anexo**

anexação <-ões> [aneksaˈsɜ̃w, -ˈõjs] *f* POL annexation

anexar [anekˈsar] I. *vt* POL to annex; (*um*

anexo   35   **anistiado**

documento) to attach **II.** *vr:* **~-se a uma região** to join a region

anexo [a'nɛksu] *m* ARQUIT annex; (*documento*) appendix, attachment; (*em carta*) enclosure

anexo, -a [a'nɛksu, -a] *adj* (*junto*) attached; (*perto*) adjoining

anfetamina [ɜ̃ɲfeta'mina] *f* amphetamine

anfíbio [ɜ̃ɲ'fibiw] *m* amphibian

anfíbio, -a [ɜ̃ɲ'fibiw, -a] *adj* BIO amphibious; (*veículo*) amphibious

anfiteatro [ɜ̃ɲfitʃi'atru] *m* amphitheater

anfitrião, anfitriã <-ões> [ɜ̃ɲfitri'ɜ̃w, -'ɜ̃, -ɔ̃js] *m, f* host *m*, hostess *f*

ânfora [ɜ̃'ɲfora] *f* (*vaso*) amphora

angariação <-ões> [ɜ̃ɲgaria'sɜ̃w, -ɔ̃js] *f* (*de pessoas*) recruitment; **~ de fundos** fund raising

angariar [ɜ̃ɲgari'ar] *vt* **1.** (*obter, conseguir*) to secure; **~ simpatias** to win sympathy **2.** (*pessoas*) to recruit **3.** (*dinheiro*) to raise **4.** (*votos*) to win

angelical <-ais> [ɜ̃ɲʒeʎi'kaw, -'ajs] *adj* angelic

angina [ɜ̃ɲ'ʒina] *f* angina; **~ do peito** angina pectoris

anglicano, -a [ɜ̃ɲgli'kɜnu, -a] *adj, m, f* **1.** English **2.** REL Anglican

anglicismo [ɜ̃ɲgli'sizmu] *m* Anglicism

anglo-saxão, anglo-saxã <-ões> ['ɜ̃ɲglu-sak'sɜ̃w, -'ɜ̃, -ɔ̃js] *m, f* Anglo-Saxon

anglo-saxônico, -a ['ɜ̃ɲglu-sak'soniku, -a] *adj* Anglo-Saxon

Angola [ɜ̃ɲ'gɔla] *f* Angola

angolano, -a [ɜ̃ɲgo'lɜnu, -a] *adj, m, f* Angolan

angorá [ɜ̃ɲgo'ra] *adj* (*gato, coelho, cabra, roupa*) angora

angra ['ɜ̃ɲgra] *f* bay (*surrounded by high cliffs*)

angu [ɜ̃ɲ'gu] *m* **1.** thick sauce made by cooking corn, cassava, or rice flour in water and salt **2. estar num ~** *inf* to be in trouble

angulação <-ões> [ɜ̃ɲgula'sɜ̃w, -ɔ̃js] *f* angularity

angular [ɜ̃ɲgu'lar] <-es> *adj* angular

ângulo ['ɜ̃ɲgulu] *m* **1.** (*geometria, esquina, canto*) angle; **~ agudo** acute angle; **~ obtuso** obtuse angle; **~ reto** right angle **2.** *fig* (*ponto de vista*) angle

anguloso, -a [ɜ̃ɲgu'lozu, -'ɔza] *adj* (*rosto*) angular, gaunt

angústia [ɜ̃ɲ'gustʃia] *f* anguish

angustiado, -a [ɜ̃ɲgustʃi'adu, -a] *adj* anguished

angustiante [ɜ̃ɲgustʃi'ɜ̃tʃi] *adj* agonizing

angustiar [ɜ̃ɲgustʃi'ar] **I.** *vt* to distress **II.** *vr:* **~-se** to suffer anguish, to be distressed

anídrico, -a [ɜ̃'nidriku, -a] *adj* QUÍM anhydrous

anil [ɜ̃'niw] *sem pl adj* (*cor*) indigo

anilha [ɜ̃'niʎa] *f* MEC ring

anilina [ani'ʎina] *f* aniline

animação <-ões> [ɜnima'sɜ̃w, -ɔ̃js] *f* **1.** (*ato de animar*) enlivenment; CINE animation **2.** (*vivacidade, alegria*) cheerfulness **3.** (*lugar*) bustle; (*pessoa*) liveliness

animado, -a [ɜni'madu, -a] *adj* (*pessoa, ambiente*) lively; (*rua, praça*) bustling; (*desenho ~*) animated cartoon

animador(a) [ɜnima'dor(a)] <-es> **I.** *m(f)* (*de imagens*) animator; (*em programa*) host **II.** *adj* encouraging

animal <-ais> [ɜni'maw, -'ajs] **I.** *m* **1.** animal; **~ doméstico** [*ou* **de estimação**] pet **2.** *pej* (*pessoa*) animal **II.** *adj* **1.** animal **2. festa ~** *gír* wild party

animalesco, -a [ɜnima'lesku, -a] *adj* (*instinto ~*) animal instinct

animar [ɜni'mar] **I.** *vt* (*pessoa*) to cheer up; (*conversa, jogo*) to liven up **II.** *vr:* **~-se 1.** (*tomar vida*) to become animate **2.** (*encorajar-se*) to cheer up

anímico, -a [ɜ'nimiku, -a] *adj* psychic

ânimo ['ɜnimu] **I.** *m* (*alento, coragem*) spirit; **recobrar o ~** to take heart; (*força de vontade*) willpower **II.** *interj* **~!** chin up!

animosidade [ɜnimozi'dadʒi] *f* animosity

aninhar [ɜni'ɲar] **I.** *vt* (*acolher*) to harbor *Am*, to harbour **II.** *vr:* **~-se** to nestle

ânion ['ɜniõw] *m* QUÍM anion

aniquilação [anikila'sɜ̃w] *f sem pl* annihilation

aniquilado, -a [ɜniki'ladu, -a] *adj* (*inimigo*) annihilated; (*moralmente*) depressed

aniquilar [ɜniki'lar] **I.** *vt* (*o inimigo*) to annihilate; (*moralmente*) to depress **II.** *vr:* **~-se** to be humbled

anis [ɜ'nis] *m* (*planta*) anise; (*semente*) aniseed; (*licor*) anisette

anistia [ɜnis'tʃia] *f* amnesty

anistiado, -a [ɜnistʃi'adu, -a] *adj*

granted amnesty

anistiar [ɜnistʃi'ar] *vt* to grant amnesty

aniversariante [ɜniversari'ɜntʃi] *mf* birthday boy *m*, birthday girl *f*

aniversário [ɜniver'sariw] *m* 1.(*de nascimento*) birthday; **quando é o seu ~?** when is your birthday?; **o meu ~ é no dia 14 de junho** my birthday is on June 14; **ela faz ~ amanhã** her birthday is tomorrow 2.(*de um evento*) anniversary; **~ de casamento** wedding anniversary

anjinho [ɜɲ'ʒiɲu] *m* 1.(*criança comportada*) good little boy *m*, good little girl *f* 2. *irôn* innocent

anjo [ˈɜɲʒu] *m* angel; **~ da guarda** guardian angel; **dormir como um ~** to sleep like an angel

ano [ˈɜnu] *m* year; **~ bissexto** leap year; **~ civil** calendar year; **~ corrente** current year; **~ fiscal** fiscal year; **~ letivo** (*escola*) school year; (*universidade*) academic year; **~ de nascimento** year of birth; **passar de ~** to go up to the next grade; **ao** [*ou* **por**] **~** yearly, per year; **os ~s cinquenta** the (19)50s, the fifties; **no ~ de 2000** in the year 2000; **no próximo ~** next year; **no ~ passado** last year; **quantos ~s ele tem?** how old is he?; **ele tem 18 ~s** he is 18 (years old) [*o* of age]; **fazer 20 ~s** to turn 20

ano-base [ˈɜnu-ˈbazi] <anos-base(s)> *m* ECON, FIN reference year

anões *m pl de* **anão**

anoitecer [anojte'ser] I. *m* dusk, nightfall; **ao ~** at dusk II. *vi* <c→ç> to get dark

ano-luz [ˈɜnu-ˈlus] <anos-luz> *m* light year

anômala *adj v.* **anômalo**

anomalia [anomaˈʎia] *f* anomaly

anômalo, -a [aˈnomalu, -a] *adj* anomalous

anônima *adj v.* **anônimo**

anonimato [anoniˈmatu] *m* anonymity

anônimo, -a [aˈnonimu, -a] *adj* (*carta, compositor*) anonymous

ano-novo [ˈɜnu-ˈnovu] <anos-novos> *m* new year

anorexia [ɜnorek'sia] *f* MED anorexia

anoréxico, -a [ɜno'reksiku] *adj* anoréxico

anorexígeno [anorek'siʒenu] *m* (*droga, substância*) anorexic

anormal <-ais> [anor'maw, -'ajs] *adj* abnormal

anormalidade [anormaʎi'dadʒi] *f* abnormality

anotação <-ões> [anota'sɜw, -ōjs] *f* 1.(*em texto*) annotation 2.(*comentário*) commentary

anotar [ano'tar] *vt* 1.(*escrever*) to note down; (*texto*) to annotate 2.(*observar*) to comment

anseio [ɜɲ'seju] *m* 1.(*aflição*) distress 2.(*desejo*) craving

ânsia [ˈɜnsia] *f* 1.(*aflição*) anxiousness; **com ~ de aprender** anxious to learn; **ele está com ~ de poder** he craves power 2.(*mal-estar*) **~ de vômito** nausea

ansiar [ɜnsi'ar] *irr como odiar* I. *vt* 1.(*desejar*) to long (for) 2.(*afligir*) to disturb II. *vi* (*desejar*) to yearn; **~ por dias melhores** to yearn for better days

ansiedade [ɜnsie'dadʒi] *f* 1.(*impaciência*) anxiousness 2.(*angústia, aflição*) anxiety

ansioso, -a [ɜnsi'ozu, -ˈɔza] *adj* 1.(*desejoso*) anxious; **~ para aprender** anxious to learn; **está ~ pelo poder** he craves power 2.(*inquieto, angustiado*) anxious, disturbed

anta [ˈɜnta] I. *f* ZOOL tapir II. *mf* (*pessoa tola*) blockhead, dimwit *sl*

antagônico, -a [ɜnta'goniku, -a] *adj* antagonistic

antagonismo [ɜntago'nizmu] *m* antagonism

antagonista [ɜntago'nista] *mf* antagonist

antagonizar [ɜntagoni'zar] *vt* to antagonize

antártico, -a [ɜɲ'tartʃiku, -a] *adj* (*pólo, continente*) Antarctic

Antártida [ɜɲ'tartʃika] *f* Antarctica

ante [ˈɜntʃi] *prep* (*diante de*) in view [*o* light] of

antebraço [ɜnte'brasu] *m* forearm

antecâmara [ɜnte'kɜmara] *f* antechamber

antecedência [ɜntese'dējsia] *f* antecedence; **com ~** in advance

antecedente [ɜntese'dējtʃi] *adj* antecedent

antecedentes [ɜntese'dējts] *mpl* (*de pessoa*) antecedents; **bons ~** clean record; **ter ~ criminais** to have a criminal record; **sem ~** "no record"

anteceder [ɜntese'der] I. *vt* to precede

II. *vr:* ~-**se** to be ahead
antecessor(a) [ɑ̃tese'sor(a)] <-es> *m(f)* predecessor
antecipação <-ões> [ɑ̃tesipa'sɐ̃w, -õjs] *f* anticipation; ~ **salarial** advance
antecipada *adj v.* **antecipado**
antecipadamente [ɑ̃tesipada'mejtʃi] *adv* in advance
antecipado, -a [ɑ̃tesi'padu, -a] *adj* (*eleições*) early; (*pagamento*) in advance
antecipar [ɑ̃tesi'par] **I.** *vt* (*prever*) to anticipate; (*evento, data*) to bring forward; ~ **o pagamento** to pay in advance **II.** *vr:* ~-**se a fazer a. c.** to do sth in advance
antemão [ɑ̃te'mɐ̃w] *adv* **de** ~ beforehand
antena [ɑ̃'tena] *f* **1.** (*de rádio, televisão*) antenna *Am*, aerial *Brit*; ~ **externa/interna** internal/external antenna; ~ **parabólica** parabolic antenna; **está de** ~ **ligada** he is on the lookout **2.** ZOOL antenna
antenado, -a [ɑ̃te'nadu, -a] *adj inf* (*bem informado*) in the know, tuned in
anteontem [ɑ̃tʃi'õwtẽj] *adv* the day before yesterday
anteparo [ɑ̃te'paru] *m* (*proteção*) shield, protection
antepassado, -a [ɑ̃tepa'sadu, -a] **I.** *m, f* ancestor **II.** *adj* past
antepasto [ɑ̃te'pastu] *m* antipasto
antepenúltimo, -a [ɑ̃tepe'nuwtʃimu, -a] *adj* third to last, antepenultimate
anteprojeto [ɑ̃tʃipro'ʒɛtu] *m* draft
anterior [ɑ̃teri'or] <-es> *adj* previous
anteriormente [ɑ̃terjor'mẽjtʃi] *adv* previously
antes ['ɑ̃ts] *adv* before; ~ **que chova** before it rains; ~ **de comer** before eating; ~ **de mais nada** without further ado; ~ **do tempo** ahead of time; **ele vai chegar** ~ he will arrive before; **alguns dias** ~ a few days before; (*de preferência*) would sooner; ~ **ficar em casa que sair** I would sooner [*o* rather] stay at home than go out; (*pelo contrário*) on the contrary; ~ **assim** that would be better; ~ **tarde do que nunca** *prov* better late than never *prov*
antessala [ɑ̃te'sala] *f* anteroom
antever [ɑ̃te'ver] *irr como* **ver** *vt* (*prever*) to foresee
antevéspera [ɑ̃tʃi'vɛspera] *f* day before the eve; **na** ~ **de Natal** on the day before Christmas eve
antiácido [ɑ̃tʃi'asidu] *m* antacid
antiácido, -a [ɑ̃tʃi'asidu, -a] *adj* antacid
antiaderente [ɑ̃tʃjade'rẽjtʃi] **I.** *m* nonstick surface **II.** *adj* **panela antiaderente** non-stick pan
antiaéreo, -a [ɑ̃tʃja'ɛriw, -a] *adj* antiaircraft; **abrigo** ~ air-raid shelter; **defesa antiaérea** anti-aircraft defense
antiAids [ɑ̃tʃi'ajdʒis] *adj, m* anti-AIDS; **droga** ~ AIDS drug; **agente/proteína** ~ anti-AIDS agent/protein
antialérgico [ɑ̃tʃja'lɛrʒiku] *m* antiallergenic
antiamericanismo [ɑ̃tʃjamerikɐ̃'nizmu] *m sem pl* anti-Americanism *no pl*
antibiótico [ɑ̃tʃibi'ɔtʃiku] *m* antibiotic
antibiótico, -a [ɑ̃tʃibi'ɔtʃiku, -a] *adj* antibiotic
anticaspa, -a [ɑ̃tʃi'kaspa] *adj* **xampu** ~ (anti-)dandruff shampoo
anticiclone [ɑ̃tsi'kloni] *m* anticyclone
anticlerical <-ais> [ɑ̃tʃikleri'kaw, -'ajs] *adj* anticlerical
anticlímax <-ces> [ɑ̃tʃi'klimaks, -ses] *m* anticlimax
anticoagulante <-ais> [ɑ̃tʃikwagu'lɑ̃tʃi] *adj, m* anticoagulant
anticoncepcional <-ais> [ɑ̃tʃikõwsepsjo'naw, -'ajs] **I.** *m* contraceptive **II.** *adj* (*métodos, pílula*) contraceptive
anticongelante [ɑ̃tʃikõwʒe'lɑ̃tʃi] **I.** *m* antifreeze **II.** *adj* nonfreezing
anticonstitucional <-ais> [ɑ̃tʃikõwstʃitusjo'naw, -'ajs] *adj* unconstitutional
anticorpo [ɑ̃tʃi'korpu] *m* antibody
anticorrosivo, -a [ɑ̃tʃikoxo'zivu, -a] *adj* anticorrosive
anticorrupção <-ões> [ɑ̃tʃikoxup'sɐ̃w, -'õjs] *adj, f* POL anticorruption
anticristo [ɑ̃tʃi'kristu] *m* Antichrist
antidemocrata [ɑ̃tʃidemo'krata] *mf* antidemocrat
antidemocrático, -a [ɑ̃tʃidemo'kratʃiku, -a] *adj* undemocratic
antidepressivo [ɑ̃tʃidepre'sivu] *m* antidepressant
antiderrapante [ɑ̃tʃidexa'pɑ̃tʃi] *adj* TEC (*pneu*) nonskid; (*solado*) nonslip
antídoto [ɑ̃'tʃidotu] *m* antidote
antiespasmódico, -a [ɑ̃tʃjespaz'mɔdʒiku, -a] *adj* FARM antispasmodic
antiesportivo, -a [ɑ̃tʃjespor'tʃivu, -a]

adj (*comportamento, espírito*) unsportsmanlike

antiestático, -a [ɐ̃ŋtʃjesˈtatʃiku, -a] *adj* FÍS anti-static

antiestático, -a [ɐ̃ŋtʃjesˈtɛtʃiku, -a] *adj* unaesthetic

antiético, -a [ɐ̃ŋtʃiˈɛtʃiku, -a] *adj* (*atitude*) unethical

antifúngico [ɐ̃ŋtʃiˈfũwʒiku] *m* antifungal

antifurto [ɐ̃ŋtʃiˈfurtu] *adj* (*travas*) anti-theft

antiga *adj v.* **antigo**

antigamente [ɐ̃ŋtʃigaˈmẽjtʃi] *adv* formerly

antígeno [ɐ̃ŋˈtʃiʒenu] *m* antigen

antigo, -a [ɐ̃ŋˈtʃigu, -a] *adj* **1.** (*velho*) old; **o Antigo Testamento** the Old Testament **2.** (*desatualizado*) antiquated; **à antiga** in the old-fashioned way **3.** (*da antiguidade*) ancient; **costumes ~s** ancient customs; **civilizações antigas** ancient civilizations **4.** (*anterior*) former; **os ~s alunos** the former students

antigripal <-ais> [ɐ̃ŋtʃigriˈpaw, -ˈajs] *m* cold remedy

antiguidade [ɐ̃ŋtʃigwiˈdadʒi] *f* **1.** HIST antiquity **2.** (*tempo de serviço*) seniority

antiguidades [ɐ̃ŋtʃigwiˈdads] *fpl* antiques *pl*

anti-herói [ˈɐ̃ŋtʃjeˈrɔj] *m* antihero *Am*, anti-hero *Brit*

anti-higiênico, -a [ˈɐ̃ŋtʃiˈʒjeniku, -a] *adj* unhygienic

anti-histamínico [ˈɐ̃ŋtʃistaˈminiko] *m* antihistamine

anti-horário [ɐ̃ŋtʃjoˈrariw] *adj* (*sentido*) counterclockwise

anti-inflacionário, -a [ɐ̃ŋtʃĩjflasjoˈnariw, -a] *adj* anti-inflationary

anti-inflamatório [ɐ̃ŋtʃĩjflɐ̃maˈtɔriw] *m* anti-inflammatory

antílope [ɐ̃ŋˈtʃilopi] *m* antelope

antimilitarismo [ɐ̃ŋtʃimiliˌtaˈrizmu] *m* antimilitarism

antimonárquico, -a [ɐ̃ŋtʃimoˈnarkiku, -a] *adj* antimonarchic

antimônio [ɐ̃ŋtʃiˈmoniw] *m* antimony

antinatural <-ais> [ɐ̃ŋtʃinatuˈraw, -ˈajs] *adj* unnatural

antinomia [ɐ̃ŋtʃinoˈmia] *f* JUR antinomy

antinuclear [ɐ̃ŋtʃinukleˈar] <-es> *adj* antinuclear

antioxidante [ɐ̃ŋtʃjoksiˈdɐ̃tʃi] *m* antioxidant

antipatia [ɐ̃ŋtʃipaˈtʃia] *f* antipathy; **ter** [*ou* **sentir**] **~ por alguém** to have an aversion to sb

antipático, -a [ɐ̃ŋtʃiˈpatʃiku, -a] *adj* unpleasant

antipatizar [ɐ̃ŋtʃipatiˈzar] *vi* to feel an aversion; **~ com alguém** to dislike sb

antipatriótico, -a [ɐ̃ŋtʃipatriˈɔtʃiku, -a] *adj* unpatriotic

antiquado, -a [ɐ̃ŋtʃiˈkwadu, -a] *adj* antiquated, old-fashioned

antiquário, -a [ɐ̃ŋtʃiˈkwariw, -a] *m, f* (*pessoa*) antiquarian; (*loja*) antique shop

antiquíssimo, -a [ɐ̃ŋtʃiˈkwisimu, -a] *adj* extremely ancient

antirrábico, -a [ɐ̃ŋtʃiˈxabiku, -a] *adj* **vacina antirrábica** rabies shot

antirreligioso, -a [ɐ̃ŋtʃixeʎiʒiˈozu, -ˈɔza] *adj* antireligious

antirroubo [ɐ̃ŋtʃiˈxowbu] *adj* anti-theft

antirrugas [ɐ̃ŋtʃiˈxugas] *adj inv* anti-wrinkle; **creme ~** anti-wrinkle cream

antissemita [ɐ̃ŋtseˈmita] **I.** *mf* anti-Semite **II.** *adj* anti-Semitic

antissemitismo [ɐ̃ŋtsemiˈtʃizmu] *m sem pl* anti-Semitism

antisséptico, -a [ɐ̃ŋtˈsɛptʃiku, -a] *adj* MED antiseptic

antissequestro [ɐ̃ŋtseˈkwɛstru] *adj* **divisão ~ da polícia** police anti-kidnap unit

antissísmico, -a [ɐ̃ŋtˈsizmiku, -a] *adj* quakeproof

antissocial <-ais> [ɐ̃ŋtsosiˈaw, -ˈajs] *adj* antisocial

antitabagista [ɐ̃ŋtʃitabaˈʒista] *adj* (*política*) antismoking

antitérmico [ɐ̃ŋtʃiˈtɛrmiku] *m* antipyretic

antiterrorismo [ɐ̃ŋtʃitexoˈrizmu] *m sem pl* antiterrorism

antítese [ɐ̃ŋˈtʃitezi] *f tb.* FILOS antithesis

antitetânico, -a [ɐ̃ŋtʃiteˈtɐ̃niku, -a] *adj* **vacina antitetânica** tetanus shot

antitruste [ɐ̃ŋtʃiˈtrustʃi] *adj* (*lei*) antitrust

antiviral <-ais> [ɐ̃ŋtʃiviˈraw, -ˈajs] *adj* antiviral

antolhos [ɐ̃ŋˈtɔʎus] *mpl* (*de cavalo*) blinkers

antologia [ɐ̃ŋtoloˈʒia] *f* LIT anthology

antológico, -a [ɐ̃ŋtoˈlɔʒiku, -a] *adj* (*admirável*) noteworthy

antônimo [ɐ̃ŋˈtonimu] *m* antonym

antônimo, -a [ɜ̃ŋ'tonimu, -a] *adj* antonymous

antraz [ɜ̃ŋ'tras] *m* MED anthrax

antro ['ɜ̃ŋtru] *m* den; ~ **de bandidos** thieves' den

antropocêntrico, -a [ɜ̃ŋtropo'sẽjtriku, -a] *adj* anthropocentric

antropófago, -a [ɜ̃ŋtro'pɔfagu, -a] *m, f* cannibal

antropoide [ɜ̃ŋtro'pɔjdʒi] **I.** *m* anthropoid **II.** *adj* anthropoid

antropóloga *f v.* **antropólogo**

antropologia [ɜ̃ŋtropolo'ʒia] *f sem pl* anthropology *no pl*

antropólogo, -a [ɜ̃ŋtro'pɔlugu, -a] *m, f* anthropologist

antropometria [ɜ̃ŋtropome'tria] *f* anthropometry

antropomorfismo [ɜ̃ŋtropomor'fizmu] *m* FILOS anthropomorphism

antúrio [ɜ̃ŋ'turiw] *m* anthurium

anual <-ais> [ɜ̃nu'aw, -'ajs] *adj* (*todos os anos, de um ano*) yearly, annual; **encontro** ~ annual meeting; **relatório** ~ annual report

anualmente *adv* annually

anuário [ɜ̃nu'ariw] *m* yearbook

anuência [ɜ̃nu'ẽjsia] *f* (*autorização*) consent

anuidade [ɜ̃nuj'dadʒi] *f* annuity

anuir [ɜ̃nu'ir] *conj como* **incluir** *vi* to consent to; ~ **a a. c.** to consent to sth

anulação <-ões> [ɜ̃nula'sɜ̃w, -'õjs] *f* (*de lei*) repeal; (*de contrato*) nullification; (*de casamento*) annulment; (*de pedido*) cancellation

anular [ɜ̃nu'lar] **I.** *vt* (*lei*) to repeal; (*contrato*) to nullify; (*casamento*) to annul; (*pedido*) to cancel **II.** *adj* (*dedo*) ring

anunciação <-ões> [anũwsja'sɜ̃w, -'õjs] *f* REL Annunciation

anunciante [anũwsi'ɜ̃ŋtʃi] *m(f)* advertiser

anunciar [anũwsi'ar] *vt* **1.** (*dar a conhecer; prenunciar*) to announce **2.** (*em rádio, televisão*) to announce; (*em jornal*) to report **3.** (*fazer publicidade*) to advertise

anúncio [a'nũwsiw] *m* **1.** (*informação*) announcement; ~ **de casamento** wedding announcement **2.** (*de publicidade*) advertisement; ~ **s classificados** classified advertisements [*o* ads]; (*na televisão*) commercial; ~ **luminoso** illuminated sign

anúria [ɜ̃'nuria] *f* MED anuria

ânus ['ɜ̃nus] *m inv* anus

anuviar [ɜ̃nuvi'ar] **I.** *vt* (*nublar, escurecer*) to cloud **II.** *vr:* ~**-se** (*céu*) to cloud over

anzol <-óis> [ɜ̃'zɔw, -'ɔjs] *m* **1.** (*pesca*) (fish)hook **2.** *fig* (*artimanha*) ruse

ao [aw] = **a + o** *v.* **a**

> **Gramática** **ao** is a contraction formed by the fusion of the preposition "a" with the definite article "o": "ao amanhecer; aos domingos; Sua casa é ao lado da minha."

aonde [a'õwdʒi] *adv* where

aorta [a'ɔrta] *f* ANAT aorta

apadrinhar [apadrĩ'nar] *vt* **1.** (*criança*) to be a godparent to **2.** (*proteger*) to take (sb) under one's wing

apagado, -a [apa'gadu, -a] *adj* **1.** (*fogo, vela, luz*) out; (*aparelho, luz*) off **2.** (*som*) faint **3.** (*sem brilho*) dull **4.** (*sem ânimo*) listless

apagador [apaga'dor] *m* eraser; (*de vela*) snuffer

apagar [apa'gar] <g→gu> **I.** *vt* **1.** (*fogo, cigarro*) to put out, to extinguish **2.** (*aparelho, luz*) to turn off **3.** (*escrita*) to erase **4.** INFOR to delete **5.** *inf* (*uma pessoa*) to take (sb) out **II.** *vi* (*motor*) to die; (*perder os sentidos*) to pass out **III.** *vr:* ~**-se 1.** (*fogo, luz*) to go out **2.** (*som*) to fade (away)

apaixonado, -a [apajʃo'nadu, -a] **I.** *m, f* person in love **II.** *adj* **1.** (*pessoa*) in love **2.** (*discurso*) impassioned

apaixonar-se [apajʃo'narsi] *vr* ~ **por alguém/uma ideia/uma cidade** to fall in love with sb/an idea/a city

apalermado, -a [apaler'madu, -a] *adj* idiotic

apalpadela [apawpa'dɛla] *f* squeeze

apalpar [apaw'par] *vt inf* to grope

apanhado [apɜ̃'nadu] *m* (*resumo*) synopsis; **fazer um** ~ **da história** to sum up a story

apanhado, -a [apɜ̃'nadu, -a] *adj* caught; **ser** ~ **com a boca na botija** to get caught with one's hand in the cookie jar *Am*, to be caught red-handed

apanhar [apɜ̃'nar] **I.** *vt* (*fruta, flores*) to pick; (*peixe, bola, doença*) to catch; (*do chão*) to pick (sth) up; (*pegar um*

apara 40 **apegar-se**

objeto) to get (sth); (*alcançar uma pessoa*) to catch up with (sb); (*agarrar*) to grab; **a polícia apanhou o ladrão** the police caught the thief; **~ um ônibus/ táxi** to catch a bus/taxi; **você vai ~!** you're going to get it!; **~ ar fresco** to get some fresh air; **~ chuva** to be caught in the rain; (**~** *frio*) to catch a cold; **~ sol** to get some sun; (*surpreender*) to catch; **~ alguém em flagrante** to catch sb in the act; (*captar*) to grasp; **apanha rápido os novos conceitos** she grasps new concepts quickly **II.** *vi* **1.**(*ser derrotado*) to be beaten; **o meu time apanhou em casa** my team was beaten at home **2.** *inf* (*ter dificuldade*) to have a rough time; **apanhei até aprender a mexer no computador** I had a rough time learning how to use the computer

apara [a'para] *f* (*de madeira*) chip; (*de papel*) shred

aparador [apara'dor] <-es> *m* (*móvel*) buffet *Am*, sideboard *Brit*

aparafusar [aparafu'zar] *vt v.* **parafusar**

aparar [apa'rar] *vt* (*cabelo, unhas*) to trim; (*a grama*) to trim

aparato [apa'ratu] *m* apparatus

aparecer [apare'ser] *vi* <c→ç> **1.**(*na televisão, em sonho, no horizonte*) to appear; (*doença*) to appear **2.**(*mostrar-se*) to show off; (*inesperadamente*) to show up; **~ numa festa** to show up at a party

aparecimento [aparesi'mẽjtu] *m* appearance

aparelhado, -a [apare'ʎadu, -a] *adj* equipped

aparelhagem [apare'ʎaʒẽj] <-ens> *f* **1.**(*de som, equipamento*) apparatus *inv* **2.**(*ferramenta*) appliance

aparelhar [apare'ʎar] *vt* (*equipar*) **ele aparelhou o escritório todo** he equipped the entire office

aparelho [apa'reʎu] *m* **1.** ELETR, TEL appliance; **~ de barbear** electric shaver; **~ de som** sound system **2.**(*administrativo, governamental, político*) apparatus **3.** ANAT tract; **~ digestivo** digestive tract; **~ respiratório** respiratory tract **4.**(*utensílios*) **~ de jantar** dinnerware set **5.**(*de ginástica*) gym equipment **6. de dentes** braces

aparência [apa'rẽjsia] *f* appearance; **ter boa ~** to look good; **manter as ~s** to keep up appearances; **esforçava-me para manter uma ~ de normalidade** I tried hard to make everything look normal

aparências [apa'rẽjsias] *fpl* **as ~ enganam** appearances are deceptive; **manter as ~** to keep up appearances

aparentado, -a [aparẽj'tadu, -a] *adj* related

aparentar [aparẽj'tar] *vt* **1.**(*parecer*) to look; **ele aparenta ser mais velho** he looks older **2.**(*simular*) to pretend

aparente [apa'rẽjtʃi] *adj* apparent

aparição <-ões> [apari'sãw, -õjs] *f* apparition

apartamento [aparta'mẽjtu] *m* apartment *Am*, flat *Brit*

apartar [apar'tar] **I.** *vt* (*uma briga*) to break up **II.** *vr:* **~-se** (*separar-se*) to separate; **~-se de alguém** to separate from sb

aparte [a'partʃi] *m* **fazer um ~** to make an aside

apartheid [apar'tajdʒi] *m* apartheid

apart-hotel <-éis> [a'partʃjo'tɛw, -'ɛjs] *m* apartment hotel

apartidário, -a [apartʃi'dariw, -a] *adj* nonpartisan

aparvalhado, -a [aparva'ʎadu, -a] *adj* **1.**(*confuso*) disoriented **2.**(*apalermado*) idiotic

aparvalhar [aparva'ʎar] *vt* to confuse

apatia [apa'tʃia] *f* apathy

apático, -a [a'patʃiku, -a] *adj* apathetic

apátrida [a'patrida] *adj* stateless

apavorado [apavo'radu] *adj* terrified

apavorante [apavo'rãntʃi] *adj* terrifying

apavorar [apavo'rar] *vt* (*amedrontar*) to terrify

apaziguador(a) [apazigwa'dor(a)] <-es> **I.** *m(f)* pacifier **II.** *adj* pacifying

apaziguamento [apazigwa'mẽjtu] *m* pacification

apaziguar [apazi'gwar] *conj como averiguar vt* (*pôr em paz, acalmar, abrandar*) to pacify

apear [ape'ar] *conj como passear* **I.** *vt* (*fazer descer*) to help (sb) down **II.** *vr:* **~-se** (*do cavalo*) to dismount

apedrejar [apedre'ʒar] *vt* to stone

apegado, -a [ape'gadu, -a] *adj* attached; **ser/estar ~ a a. c./alguém** to be attached to sth/sb

apegar-se [ape'garsi] *vr* <g→gu> to

apego become attached; ~-**se a a. c./alguém** to become attached to sth/sb

apego [a'pegu] *m* 1.(*afeição*) attachment; **ter ~ à família** to be attached to one's family 2.(*afinco*) stubborn adherence; **ter ~ às próprias ideias** to stick to one's opinions

apelação <-ões> [apela'sɐ̃w, -õjs] *f* 1. *tb.* JUR appeal 2. *inf* (*contra a boa-fé*) **há muita ~ nos programas de televisão** television programs are often very unscrupulous

apelar [ape'lar] *vi* 1. JUR to appeal; ~ **da sentença** to appeal a decision *Am*, to appeal against a decision *Brit* 2.(*invocar, recorrer*) ~ **para alguém** to appeal to sb 3. *inf* ~ **para a ignorância** to resort to rudeness

apelidar [apeʎi'dar] *vt* to nickname; ~ **alguém de a. c.** to nickname sb sth

apelido [ape'ʎidu] *m* nickname

apelo [a'pelu] *m* 1.(*chamada*) call 2.(*sex appeal*) **sem ~** without appeal 3.(*de um produto*) appeal

apenas [a'penas] **I.** *adv* 1.(*somente*) only, just; **tenho ~ 20 reais** I only have 20 reals; **custa ~ dez reais!** it costs just ten reals! 2. (*com dificuldade, mal*) barely; **um ruído ~ audível** a barely audible noise **II.** *conj* ~ **chegou, foi dormir** he came in and went straight to bed

apêndice [a'pẽjdsi] *m* (*anexo, órgão*) appendix

apendicite [apẽjd'sitʃi] *f* MED appendicitis

aperceber-se [aperse'bersi] *vr* ~ **de a. c.** to realize sth

aperfeiçoado, -a [aperfejso'adu, -a] *adj* perfected

aperfeiçoamento [aperfejswa'mẽjtu] *m* 1.(*acabamento*) finishing touches *pl*; (*melhoramento*) improvement 2.(*estudos, profissão*) betterment

aperfeiçoar [aperfejsu'ar] <*1. pess pres*: aperfeiçoo> **I.** *vt* to perfect; (*melhorar*) to improve **II.** *vr*: ~-**se** to improve oneself

aperitivo [aperi'tʃivu] *m* appetizer

aperreado [apexe'adu] *adj* (*contrariado*) upset

aperrear [apexe'ar] *conj como passear vt* (*aborrecer*) to upset

apertado, -a [aper'tadu, -a] *adj* 1.(*nó; roupa*) tight 2.(*rua*) narrow 3.(*numa multidão*) crowded 4.(*sem tempo*) pressed (for time) 5.(*sem dinheiro*) **estou ~** money is tight 6.(*vitória*) tough 7.(*coração*) broken 8. *inf* (*ter necessidades fisiológicas*) **estou ~, preciso ir ao banheiro** I'm dying to go to the bathroom

apertado [aper'tadu] *adv* narrowly; **vencer ~** to win by a narrow margin

apertão <-ões> [aper'tɐ̃w, -õjs] *m inf* pinch; **dar/levar um ~** to pinch/to get pinched

apertar [aper'tar] **I.** *vt* 1.(*pessoa*) to pinch; (*abraçar*) to squeeze; ~ **a mão de alguém** to squeeze sb's hand 2.(*atar*) to tie; (*abotoar*) to button (up); ~ **o cinto de segurança** to fasten one's seatbelt; ~ **o cinto** *fig* to tighten one's belt 3.(*pressionar*) to press; **apertaram até que ele falou a verdade** they pressed him until he told the truth 4.(*parafuso*) to tighten 5.(*roupa*) to take in 6.(*disciplina, vigilância*) to tighten 7.(*botão, tecla*) to press 8.(*o passo*) to speed up 9.(*buzina*) to beep **II.** *vi* 1.(*sapatos*) to pinch; (*vestido*) to be tight 2.(*chuva, frio*) to intensify 3.(~ *o coração*) to break sb's heart **III.** *vr*: ~-**se** (*para economizar*) to tighten one's belt; (*comprimir-se*) to squeeze; **apertaram-se todos dentro do carro** they all squeezed into the car

aperto [a'pertu] *m* 1.(*pressão*) pressure; ~ **de mão** handshake 2.(*situação difícil*) bind; **estar num ~** to be in a bind 3.(*de pessoas*) horde 4.(*espaço*) narrow 5.(*pressão*) pressure; **dar um ~ em alguém** to twist sb's arm

apertões *m pl de* **apertão**

apesar [ape'zar] *adv* ~ **de** despite, in spite of; ~ **da chuva, foi nadar** despite the rain, he went swimming; **foi ao cinema, ~ de não ter vontade** she went to the movies, despite not wanting to go

apetecer [apete'ser] *vt* <c→ç> to feel like; **com esse calor só me apetece um sorvete** with this heat, ice cream is the only thing I feel like having; **não me apetece sair** I don't feel like going out

apetite [ape'tʃitʃi] *m* appetite; **bom ~!** enjoy your meal!; **abrir o ~** to whet sb's appetite

apetitoso, -a [apetʃi'tozu, -'ɔza] *adj* (*gostoso*) appetizing

apetrecho [ape'treʃu] *m* apparatus; ~ **s**

apiário

ESPORT gear; (*de pesca*) tackle
apiário [api'ariw] *m* apiary
ápice ['apisi] *m* **1.** (*cume*) apex **2.** (*grau mais alto*) peak
apicultor(a) [apikuw'tor(a)] <-es> *m(f)* apiculturist *form*, bee-keeper
apicultura [apikuw'tura] *f* apiculture *form*, bee-keeper
apiedar-se [apie'darsi] *vr* to have pity
apimentado, -a [apimẽj'tadu, -a] *adj* (*comida*) spicy; (*piada*) dirty
apimentar [apimɛj'tar] *vt* to spice (up)
apinhado, -a [apĩ'ɲadu, -a] *adj* packed
apinhar [api'ɲar] **I.** *vt* (*encher*) to fill (up); (*amontoar*) to collect **II.** *vr*: **~-se** to fill (with); (*pessoas*) to throng
apitar [api'tar] **I.** *vi* to blow one's whistle **II.** *vt* (*um jogo*) to referee; (*uma falta*) to signal (with a whistle)
apito [a'pitu] *m* **1.** (*instrumento, som*) whistle **2.** FUT **~ inicial** kickoff; **~ final** final whistle
aplacar [apla'kar] *vt* <c→qu> to placate; (*dor*) to lessen
aplainado, -a [aplaj'nadu, -a] *adj* leveled; (*madeira*) planed
aplainar [aplaj'nar] *vt* **1.** (*madeira*) to plane **2.** (*caminho*) to level
aplaudir [aplaw'dʒir] *vt, vi* (*com aplausos, louvar*) to applaud
aplauso [a'plawzu] *m* applause
aplicação <-ões> [aplika'sɐ̃w, -õjs] *f* **1.** (*de lei, programa, método*) implementation; **~ para** [*ou* **em**] **multimídia** INFOR multimedia application **2.** (*uso, dedicação*) application **3.** (*de capitais*) investment
aplicado, -a [apli'kadu, -a] *adj* (*ciência*) applied; (*pessoa*) dedicated
aplicador [aplika'dor] <-es> *m* applicator
aplicar [apli'kar] <c→qu> **I.** *vt* **1.** (*lei, programa, método*) to implement **2.** (*utilizar*) to use **3.** (*etiqueta, tinta*) to apply **4.** (*medicamento, injeção*) to administer; (*pomada*) to apply **5.** (*golpe*) to deliver **6.** (*dinheiro*) to invest **7.** (*multa, pena*) to impose **II.** *vr*: **~-se 1.** (*pessoa*) to apply oneself; **ela aplicou-se aos** [*ou* **nos**] **estudos** she applied herself to her studies **2.** (*situação, caso*) to apply; **esse caso se aplica a várias pessoas** this case applies to several people
aplicativo [aplika'tʃivu] *m* INFOR application

apontar

aplicável <-eis> [apli'kavew, -ejs] *adj* applicable; **ser ~ a a. c.** to be applicable to sth
aplique [a'pliki] *m* (*de cabelo*) hair piece
apocalipse [apoka'ʎipsi] *m* apocalypse
apocalíptico, -a [apoka'ʎiptʃiku, -a] *adj* apocalyptic
apócrifo, -a [a'pɔkrifu, -a] *adj* apocryphal
apoderar-se [apode'rarsi] *vr*: **~-se de a. c.** to take possession of sth
apodrecer [apodre'ser] *vi* <c→ç> **1.** (*alimento, material*) to rot **2.** (*num emprego*) to rot
apodrecimento [apodresi'mẽjtu] *m* (*de alimento, material, moral*) rot
apogeu [apo'ʒew] *m* (*posição, auge*) apogee
apoiado, -a [apoj'adu, -a] *adj* (*aprovado, recomendado, amparado*) supported
apoiado [apoj'adu] *interj* I'll second that!
apoiar [apoj'ar] **I.** *vt* (*muro, braço, pessoa, tese*) to support; **~ um candidato nas eleições** to support a candidate for election; **~ o caso em fatos** to support the case with facts; **~ iniciativas** to support initiatives; **~ a cabeça no ombro de alguém** to rest one's head on sb's shoulder **II.** *vr*: **~-se em a. c./alguém** to rely on sth/sb (for support)
apoio [a'poju] *m* (*físico, moral, financeiro*) support
apólice [a'pɔʎisi] *f* policy; **~ de seguro** insurance policy
apologia [apolo'ʒia] *f* **1.** (*defesa*) apology **2.** (*defesa*) apologia *form*, defense, defence *Brit*
apologista [apolo'ʒista] *m(f)* (*que defende uma ideia*) apologist
apontado, -a [apõw'tadu, -a] *adj* (*que tem ponta; direcionado*) pointed; (*indicado*) pointed out, indicated
apontador [apõwta'dor] <-es> *m* (*de lápis*) pencil sharpener
apontar [apõw'tar] **I.** *vt* **1.** (*arma*) to point; **~ uma arma a** [*ou* **para**] **alguém** to point a gun at sb **2.** (*tomar nota*) to note [*o* to jot] (down); (*assinalar*) to point out; **~ erros** to point out mistakes **3.** (*um lápis*) to sharpen **4.** (*citar*) to name; **diante do juiz, apontou os seus cúmplices** in front of the judge, he named his accomplices

apoquentação 43 **apresentar**

5. (*para um cargo*) to recommend **II.** *vi* (*com o dedo*) to point; **não é educado ~ para alguém** it is not nice to point at sb

apoquentação <-ões> [apokẽjta'sãw, -õjs] *f* fuss

apoquentar [apokẽj'tar] **I.** *vt* (*molestar, afligir*) to bother **II.** *vr*: **~ -se** to fuss

aporrinhação [apoxĩɲa'sãw] *f inf* fuss

aporrinhar [apoxĩ'ɲar] *vt inf* to bug

aportar [apor'tar] *vi* NAÚT (*cidade*) to land; **o navio aportou em Recife** the ship landed at Recife; (*porto*) to be docked; **o navio aporta no porto de Santos** the ship is docked in Santos

aporte [a'pɔrtʃi] *m* contribution

após [a'pɔs] **I.** *prep* after; **~ uma semana** a week later; **ano ~ ano** year after year **II.** *adv* **fomos para casa logo ~ o cinema** we went home right after the movies

aposentado, -a [apozẽj'tadu, -a] **I.** *m, f* retired person **II.** *adj* retired

aposentadoria [apozẽjtado'ria] *f* (*inatividade*) retirement; (*remuneração*) pension

aposentar [apozẽj'tar] **I.** *vt* (*funcionário*) to pension off; (*roupa*) to stop wearing; (*ideia*) to give up **II.** *vr*: **~ -se** to retire

aposento [apo'zẽtu] *m* (*quarto*) (bed)room

aposição <-ões> [apozi'sãw] *f tb.* LING apposition

apossar-se [apo'sarsi] *vr*: **~ -se de a. c.** to take possession of sth

aposta [a'pɔsta] *f* bet; **fazer uma ~** to make a bet

apostador(a) [aposta'dor(a)] <-es> *m(f)* better

apostar [apos'tar] *vt* to bet; **aposto 500 reais** I'll bet 500 reals; **aposto que ele não vem** I'll bet he's not coming; (*uma corrida*) to contest

apostasia [aposta'zia] *f* apostasy

apóstata [a'pɔstata] *m(f)* apostate

apostila [apos'tʃila] *f* (*material de aula*) course handbook

aposto [a'postu] *m* LING appositive

apostólico, -a [apos'tɔʎiku, -a] *adj* REL apostolic

apóstolo [a'pɔstulu] *m* REL apostle

apóstrofe [a'pɔstrofi] *f* apostrophe

apóstrofo [a'pɔstrufu] *m* apostrophe

apoteose [apote'ɔzi] *f* apotheosis

aprazer [a'prazer] *irr vt* to please; **a sua decisão não me apraz** I am not pleased with your decision

aprazível <-eis> [apra'zivew, -ejs] *adj* pleasant

apreciação <-ões> [apresja'sãw, -õjs] *f* **1.** (*exame*) analysis **2.** (*avaliação*) evaluation; (*crítica, juízo*) judgment **3.** (*estima*) appreciation

apreciador(a) [apresja'dor(a)] <-es> *m(f)* enthusiast

apreciar [apresi'ar] *vt* **1.** (*dar valor a*) to appreciate; (*deleitar-se com*) to enjoy **2.** (*avaliar*) to evaluate; (*analisar, examinar*) to analyze; (*julgar*) to judge

apreço [a'presu] *m* **1.** (*estima*) esteem; **ter ~ por alguém** to hold sb in high esteem **2.** (*valor*) worth

apreender [apreẽ'der] *vt* **1.** (*mercadoria; carteira de motorista*) to confiscate **2.** (*uma ideia*) to grasp

apreensão <-ões> [apreẽ'sãw, -õjs] *f* **1.** (*preocupação*) apprehension **2.** (*de mercadoria, carteira de motorista*) confiscation **3.** (*compreensão*) **de fácil ~** easy to understand

apreensivo, -a [apreẽj'sivu, -a] *adj* apprehensive

apreensões *f pl de* **apreensão**

apregoador(a) [apregwa'dor(a)] <-es> *m(f)* proclaimer; (*no mercado*) announcer (of bargains)

apregoar [apregu'ar] *vt* <*1. pess pres:* apregoo> (*um feito*) to proclaim; (*no mercado*) to announce (bargains)

aprender [aprẽ'der] *vi* to learn; **~ de cor** to learn by heart; **~ uma língua** to learn a language

aprendiz(a) [aprẽj'dʒis, -iza] <-es> *m(f)* apprentice

aprendizado [aprẽjdʒi'zadu] *m* apprenticeship

aprendizagem [aprẽjdʒi'zaʒẽj] <-ens> *f* learning

aprendizes *m pl de* **aprendiz**

apresentação <-ões> [aprezẽjta'sãw, -õjs] *f* **1.** (*de pessoas, introdução*) introduction **2.** (*de filme, peça de teatro*) showing **3.** (*de documentos*) presentation; **mediante ~** upon presentation **4.** (*aparência*) appearance; **ter boa ~** to be neat and tidy **5.** (*configuração*) arrangement

apresentador(a) [aprezẽjta'dor(a)] <-es> *m(f)* (*na televisão*) presenter; (*em programa*) host

apresentar [aprezẽj'tar] **I.** *vt* **1.** (*pes-*

apresentável 44 **apuração**

soa) to introduce; ~ **uma pessoa a alguém** to introduce a person to sb **2.**(*documento, candidato*) to present **3.**(*álibi, desculpa*) to give **4.**(*programa da televisão*) to present **II.** *vr:* ~-**se 1.**(*a uma pessoa*) to introduce oneself **2.**(*num local*) to enter

apresentável <-eis> [aprezēj'tavew, -ejs] *adj* (*pessoa, trabalho*) presentable

apressado, -a [apre'sadu, -a] *adj* hurried

apressar [apre'sar] **I.** *vt* to hurry **II.** *vr:* ~-**se** to hurry

aprimorar [aprimo'rar] **I.** *vt* to improve; (*aperfeiçoar*) to perfect **II.** *vr:* ~-**se** to improve oneself

a priori [apri'ɔri] *adj, adv* a priori

aprisionado, -a [aprizjo'nadu, -a] *adj* imprisoned

aprisionamento [aprizjona'mẽjtu] *m* imprisonment

aprisionar [aprizjo'nar] *vt* to imprison

aprofundamento [aprofūwda'mẽjtu] *m* deepening

aprofundar [aprofũw'dar] **I.** *vt* (*o conhecimento*) to expand, to deepen **II.** *vr* ~-**se em um assunto** to go deeper into a subject

aprontar [aprõw'tar] **I.** *vt* (*preparar*) to prepare, to get (sth) ready **II.** *vi inf* **a molecada gosta de** ~ kids like to get up to all kinds of mischief

apropriação <-ões> [apropria'sãw, -õjs] *f* (*de bens*) appropriation

apropriado, -a [apropri'adu, -a] *adj* (*oportuno, conveniente*) appropriate

apropriar-se [apropri'arsi] *vr:* ~-**se de a. c.** to take (possession) of sth

aprouve 3. *pret de* **aprazer**

aprovação <-ões> [aprova'sãw, -õjs] *f* (*de uma proposta*) approval; (*num exame*) pass; **não dá um passo sem a** ~ **da família** he won't take one step without his family's approval

aprovado, -a [apro'vadu, -a] *adj* (*método*) approved; (*no exame*) passed; **ser** ~ **no exame** to pass the exam

aprovar [apro'var] *vt* **1.**(*autorizar*) ~ **uma proposta/medida** to approve a proposal/measure **2.**(*concordar*) ~ **o casamento** to approve of the marriage **3.**(*um aluno, exame*) to pass

aproveitador(a) [aprovejta'dor(a)] <-es> *m(f) pej tb.* user

aproveitamento [aprovejta'mẽjtu] *m*

1.(*de tempo, objeto*) use; (*de restos*) reuse; ~ **do solo** proper land use **2.**(*escolar*) progress; **ter bom** ~ to make good progress

aproveitar [aprovej'tar] **I.** *vt* (*tempo, espaço, oportunidade*) to take advantage of; (*objeto*) to make use of; ~ **o papel para rascunho** to reuse paper for scrap; (*conhecimentos*) to put to good use; ~ **bem as aulas** to progress well in class **II.** *vi* to jump at the opportunity **III.** *vr:* ~-**se de uma situação** to take advantage of a situation; *inf* (*sexualmente*) to take advantage (of sb)

aproveitável <-eis> [aprovej'tavew, -ejs] *adj* usable

aprovisionamento [aprovizjona'mẽjtu] *m* supply

aprovisionar [aprovizjo'nar] *vt* to supply

aproximação <-ões> [aprosima'sãw, -õjs] *f* **1.**(*geral*) proximity; **tentar uma** ~ **entre duas pessoas** to try to get two people together **2.** AERO approach **3.** MAT approximation; **fazer uma** ~ to make an approximation

aproximadamente [aprosimada'mẽjtʃi] *adv* approximately

aproximar [aprosi'mar] **I.** *vt* (*pessoas*) to bring together; (*objeto*) to bring (sth) closer **II.** *vr:* ~-**se de a. c./alguém** to approach sth/sb

aprumado, -a [apru'madu, -a] *adj* **1.**(*na vertical*) plumb; (*postura*) erect **2.** *fig* (*pessoa honesta*) upstanding, upright

aprumar [apru'mar] **I.** *vt* (*pôr a prumo*) to plumb **II.** *vr:* ~-**se** to stand/sit up straight; (*soldado*) to stand to attention

aprumo [a'prumu] *m* (*posição vertical, compostura*) uprightness

apta *adj v.* **apto**

aptidão <-ões> [aptʃi'dãw, -õjs] *f* aptitude; **teste de** ~ aptitude test; (*disposição inata*) gift; **ter** ~ **para a.c** to have a gift for sth

apto, -a ['aptu, -a] *adj* suitable; **um candidato** ~ **a exercer o cargo** a suitable candidate for the job; ~ **par o serviço militar** fit for military service

apunhalar [apuɲa'lar] *vt* **1.**(*com punhal*) to stab **2.**(*trair*) to betray; ~ **alguém pelas costas** to stab sb in the back

apuração <-ões> [apura'sãw, -õjs] *f* **1.**(*contagem*) counting; ~ **dos votos**

apurado

vote count **2.** (*de informações, da verdade*) investigation **3.** ECON ~ **dos custos** cost assessment **4.** (*de verbas*) calculation

apurado, -a [apu'radu, -a] *adj* **1.** (*problema*) detected **2.** (*ouvido*) sharp **3.** (*pessoa*) refined **4.** (*fato*) investigated **5.** (*em dificuldades financeiras*) in financial trouble

apurar [apu'rar] *vt* **1.** (*informações, verdade*) to find out **2.** (*aperfeiçoar*) to refine **3.** (*sentidos*) to sharpen **4.** (*molho, caldo*) to reduce **5.** (*dinheiro*) to collect

apuro [a'puru] *m* **1.** (*requinte*) refinement **2.** (*última correção*) finishing touch

apuros [a'purus] *mpl* trouble; **estar** [*ou* **ver-se**] **em ~s** to be in trouble

aquaplanagem [akwaplã'naʒẽj] <-ens> *f* (*de um veículo*) hydroplaning *Am*, aquaplaning *Brit*

aquarela [akwa'rɛla] *f* (*técnica, quadro, tinta*) watercolor

aquariano, -a [akwari'ãnu, -a] *adj, m, f* Aquarius; **ser ~** to be an Aquarius

aquário [a'kwariw] *m* aquarium

Aquário [a'kwariw] *m* (*zodíaco*) Aquarius; **nativo de ~** born under the sign of Aquarius; **ser** (**de**) **~** to be an Aquarius

aquartelamento [akwartela'mẽjtu] *m* MIL billeting

aquartelar-se [akwarte'larsi] *vr:* **~-se** MIL be billeted

aquático, -a [a'kwatʃiku, -a] *adj* (*animal, vegetação*) aquatic; **parque ~** water park

aquecedor [akese'dor] <-es> *m* (*para quarto, água*) heater

aquecer [ake'ser] <c→ç> **I.** *vt* **1.** (*a casa, água, comida*) to heat **2.** (*as mãos, motor*) to warm (up) **3.** (*o coração*) to warm **4.** ECON (*o mercado*) to stimulate **II.** *vi* **1.** (*água, café*) to heat up **2.** ESPORT (*músculos*) to warm (up) **3.** METEO to heat [*o* to warm] up **III.** *vr:* **~-se** to heat [*o* to warm] up

aquecimento [akesi'mẽjtu] *m* **1.** heating; **~ central** central heating; **~ elétrico** electric heating; **~ a gás** gas heating **2.** ECON **~ da economia** stimulation of the economy

aqueduto [ake'dutu] *m* aqueduct

aquela [a'kɛla] *pron dem* that; **~ mesa/menina/mulher** that table/girl/woman; **~ que ...** whoever ...

àquela [a'kɛla] = **a + aquela** *v.* **a**

aquele [a'keʎi] *pron dem* that; **~ homem/carro/cigarro** that man/car/cigarette; **~ que ...** whoever ...

àquele [a'keʎi] = **a + aquele** *v.* **a**

> **Gramática** In **àquele**, the grave accent signifies the fusion of the demonstrative pronoun "aquele" with the preposition "a": "Maria refere-se àquele empregado e àquele cargo; Prefiro qualquer coisa àquilo que ele sugeriu."

aquém [a'kẽj] *adv* below

aqui [a'ki] *adv* **1.** here; (*para ~*), here, this way **2.** (*agora*) now; **até ~** until now; **daqui a pouco** in a bit; **daqui a dois meses** in two months

aquicultura [akwikuw'tura] *f* aquaculture

aquiescer [akie'ser] *vt* <c→ç> acquiesce

aquietar [akie'tar] *vt* (*criança, ânimo*) to quiet *Am*, to quieten *Brit*

aquilo [a'kilu] *pron dem* that; **~ que ...** that which ...

àquilo [a'kilu] = **a + aquilo** *v.* **a**

aquisição <-ões> [akizi'sãw, -õjs] *f* **1.** (*obtenção*) acquisition; **~ de conhecimentos** acquisition of knowledge **2.** (*compra*) purchase

aquisitivo, -a [akizi'tʃivu, -a] *adj* acquisitive; **poder ~** ECON purchasing [*o* buying] power

aquoso, -a [a'kwozu, -'ɔza] *adj* (*com água*) aqueous

ar ['ar] *m* **1.** (*atmosfera*) air; **~ comprimido** compressed air; **~-condicionado** air conditioning; **ao ~ livre** outside, in the open air; **tomar ~ (fresco)** to breathe (fresh) air; **ir pelos ~es** to be blown to bits; **mudar de ~es** to move to a new environment; **pegar a. c. no ~** *fig* to pull sth out of thin air; **deixar a. c. no ~** *fig* to leave sth up in the air **2.** (*tv, rádio*) air; **entrar no ~** to go on the air; **estar no ~** to be on the air; **sair** [*ou* **estar fora**] **do ~** to be off the air **3.** (*brisa*) breeze; (*corrente de ~*) air current **4.** (*aparência*) air; **dar-se ~s** to put on airs (and graces); **ter um ~ de superioridade** to have an air of superiority; **nem deu o ~ da sua graça** *inf* he didn't make his presence

felt at all
árabe ['arabi] I. *m(f)* Arab II. *m* (*idioma*) Arabic III. *adj* Arab
árabe-israelense ['arabi-isxae'lẽjsi] <árabe-israelenses> *adj* Arab-Israeli
Arábia [a'rabia] *f* Arabia; ~ **Saudita** Saudi Arabia
Aracajú [aɾaka'ʒu] (City of) Aracajú
aracnídeo [arak'nidʒiw] *m* arachnid
arado [a'radu] *m* plow *Am*, plough *Brit*
aragem [a'raʒẽj] <-ens> *f* (*brisa*) breeze; *fig* opportunity
arame [a'rãmi] *m* wire; ~ **farpado** barbed wire
aranha [a'rɐɲa] *f* spider
araponga [ara'põwga] *mf* screamer
arapuca [ara'puka] *f* 1.(*para pássaros*) snare 2. *inf* (*armadilha*) trap; **cair na** ~ to fall into the trap
araque [a'raki] *m inf* **de** ~ (*de aparência*) pseudo; **intelectual de** ~ pseudo intellectual; (*de má qualidade: uísque*) second rate
arar [a'rar] *vt* to plow *Am*, to plough *Brit*
arara [a'rara] *f* macaw; **ficar uma** ~ to get furious
árbitra *f v.* **árbitro**
arbitragem [arbi'traʒẽj] <-ens> *f* 1.(*mediação*) arbitration 2. ECON arbitrage 3. FUT refereeing
arbitral <-ais> [arbi'traw, -'ajs] *adj* arbitration
arbitrar [arbi'trar] *vt* 1.(*mediar*) to arbitrate; (*decidir*) to determine 2. FUT referee; (*tênis*) to umpire
arbitrária *adj v.* **arbitrário**
arbitrariamente [arbitrarja'mẽjtʃi] *adv* arbitrarily
arbitrariedade [arbitrarje'dadʒi] *f* arbitrariness
arbitrário, -a [arbi'trariw, -a] *adj* arbitrary
arbítrio [ar'bitriw] *m* 1.(*decisão*) decision 2.(*vontade*) will; **de livre** ~ of one's own free will
árbitro, -a [ar'bitru, -a] *m, f* 1.(*mediador*) arbitrator; (*modelo, exemplo*) arbiter 2. FUT referee; (*tênis*) umpire
arborização <-ões> [arboriza'sõw, -õjs] *f* (*ato*) tree planting; (*conjunto*) trees
arborizar [arbori'zar] *vt* to plant with trees; (*rua*) to line with trees; **rua arborizada** tree-lined street
arbusto [ar'bustu] *m* bush
arca ['arka] *f* ark; **arca de Noé** Noah's Ark; (*caixa grande*) chest
arcabouço [arka'bowsu] *m* (*ossatura, estrutura de construção*) frame
arcada [ar'kada] *f* ARQUIT arch; ~ **dentária** dental arch
arcaico, -a [ar'kajku, -a] *adj* archaic
arcaísmo [arka'izmu] *m* LING archaism
arcanjo [ar'kãʒu] *m* archangel
arcar [ar'kar] *vi* (<c→qu>) to bear; ~ **com as consequências/a responsabilidade/o prejuízo** to bear the consequences/liability/loss
arcebispo [arse'bispu] *m* archbishop
archote [ar'ʃɔtʃi] *m* torch
arco ['arku] *m* 1. MAT arc 2.(*para flechas*) bow; MÚS bow 3.(*aro*) hoop 4. ARQUIT arch
arco-da-velha ['arku-da-'vɛʎa] <arcos-da-velha> *m inf* **coisas do** ~ unbelievable things
arco e flecha ['arkwi'fleʃa] *m inv* ESPORT archery
arco-íris [arkw'iris] *m inv* rainbow
ar-condicionado ['ar-kõwdsjo'nadu] <ares-condicionados> *m* air conditioning
ardência [ar'dẽjsia] *f* burning
ardente [ar'dẽjtʃi] *adj* (*paixão*) ardent
arder [ar'der] *vi* 1.(*fogo, madeira, olhos, pele, pimenta*) to burn; (*olhos*) to sting; ~ **em febre** to burn with a fever 2. *fig* ~ **de raiva/paixão** (*pessoa*) to burn with rage/passion
ardil <-is> [ar'diw, -'is] *m* trap
ardiloso, -a [ardʒi'lozu, -'ɔza] *adj* cunning
ardis *m pl de* **ardil**
ardor [ar'dor] <-es> *m* (*calor*) heat; (*paixão*) ardor *Am*, ardour *Brit*
ardoroso, -a [ardo'rozu, -'ɔza] *adj* (*entusiasta*) enthusiastic
ardósia [ar'dɔzia] *f* slate
árduo, -a [ar'duu, -a] *adj* (*trabalho, tarefa; caminho; sofrimento*) arduous
área ['aria] *f* 1.(*superfície*) area; ~ **coberta/descoberta** ARQUIT roofed/unroofed area; ~ **cultivada** AGR cultivated area; ~ **útil** (*apartamento*) living space 2.(*zona*) ~ **residencial** residential area; ~ **de serviço** utility room; ~ **verde** green space 3.(*de atividade*) field; ~ **de competência** area of expertise; ~ **de livre comércio** free-trade area; ~ **de pesquisa** area of research, field of study; ~ **de trabalho** field of work 4. FUT **grande** ~ penalty

areia [a'reja] *f* **1.** sand; ~ **fina** fine sand; ~ **movediça** quicksand **2.** *inf* **botar ~ em a. c.** to hinder sth; **entrou ~ em a. c.** sth fell through; **é muita ~ para o meu caminhão** it's too much for me to handle

arejado, -a [are'ʒadu, -a] *adj* (*ambiente*) ventilated

arejar [are'ʒar] **I.** *vt* to ventilate **II.** *vi* to get some air

arena [a'rena] *f* arena

arenoso, -a [are'nozu, -'ɔza] *adj* sandy

arenque [a'rẽjki] *m* herring; ~ **defumado** smoked herring

aresta [a'rɛsta] *f* (*quina da mesa*) corner; **aparar as ~s** to iron out the wrinkles

aresto [a'rɛstu] *m* JUR ruling

arfar [ar'far] *vi* (*ofegar*) to pant

argamassa [arga'masa] *f* mortar

Argélia [ar'ʒɛʎia] *f* Algeria

argênteo, -a [ar'ʒẽjteu, -a] *adj* silvery

Argentina *f* Argentina

argentino, -a *adj, m, f* Argentine, Argentinean

argila [ar'ʒila] *f* clay; ~ **branca** white clay

argiloso, -a [arʒi'lozu, -'ɔza] *adj* claylike

argola [ar'gɔla] *f* **1.** (*aro*) ring; ~ **s** ESPORT (Roman) rings *pl* **2.** (*brinco*) hoop earring **3.** (*de porta*) door knocker

argônio [ar'goniw] *m* argon

argúcia [ar'gusia] *f* shrewdness

arguição <-ões> [argwi'sãw, -õjs] *f* **1.** JUR (*argumentação*) argumentation **2.** JUR (*impugnação*) challenge **3.** (*exame oral*) oral test

arguir [ar'gwir] **I.** *vt* JUR (*acusar*) to accuse; JUR to examine; (*examinar: aluno*) to test orally **II.** *vi* to contend, to argue

argumentação <-ões> [argumẽjta'sãw, -õjs] *f* argumentation

argumentar [argumẽj'tar] *vt, vi* (*debater, sustentar*) to argue

argumento [argu'mẽjtu] *m* **1.** (*para convencer, justificação*) argument **2.** (*de filme, peça*) plot

arguto, -a [ar'gutu, -a] *adj* (*astucioso, engenhoso*) astute

ária ['aria] *f* MÚS aria

ariano, -a [a'riʒnu, -a] *adj, m, f* Aries; **ser ~** to be an Aries

árida *adj v.* **árido**

aridez [ari'des] *f sem pl* aridity

árido, -a ['aridu, -a] *adj* (*terra, clima; assunto*) arid

Áries ['aries] *f* Aries; **nativo de ~** born under the sign of Aries; **ser (de) ~** to be an Aries

ariranha [ari'rãɲa] *f* giant otter

arisco, -a [a'risku, -a] *adj* **1.** (*tímido*) timid; (*arredio*) aloof **2.** (*bravio: cavalo, cão*) untamable

aristocracia [aristokra'sia] *f* aristocracy

aristocrata [aristo'krata] *mf* aristocrat

aristocrático, -a [aristo'kratʃiku, -a] *adj* aristocratic

aritmética [aritʃi'mɛtʃika] *f* arithmetic

aritmético, -a [aritʃi'mɛtʃiku, -a] **I.** *m, f* arithmetician **II.** *adj* arithmetic(al)

arlequim [arle'kĩj] <-ins> *m* harlequin

arma ['arma] *f* **1.** MIL weapon, arms *pl*; ~ **branca** cold steel; ~ **s biológicas/ nucleares** biological/nuclear weapon; ~ **de fogo** firearm; ~ **s pesadas** heavy artillery; **às ~s!** grab your weapons!; **pegar em ~s** (*serviço militar*) to bear arms; (*guerrear*) to take up arms **2.** (*recurso*) weapon

armação <-ões> [arma'sãw, -õjs] *f* **1.** (*ato*) installation, mounting **2.** (*estrutura; de óculos*) frame **3.** (*de barco; equipamentos*) rigging **4.** *inf* (*trapaça*) trap

armada *adj v.* **armado**

armada [ar'mada] *f* NÁUT armada

armadilha [arma'diʎa] *f tb. fig* trap; **cair na ~** to fall into a trap

armado, -a [ar'madu, -a] *adj* **1.** armed; **forças armadas** armed forces; **luta armada** armed struggle **2.** (*tecido, material*) sturdy

armador [arma'dor] <-es> *m* NÁUT carrier

armadura [arma'dura] *f* (*do guerreiro*) armor *Am*, armour *Brit*

armamentista [armamẽj'tʃista] **I.** *mf* advocate of military buildup **II.** *adj* **corrida ~** arms race; **indústria ~** arms industry

armamento [arma'mẽjtu] *m* MIL armament

armar [ar'mar] **I.** *vt* **1.** (*com armas*) to arm **2.** (*equipar*) to rig, to equip **3.** (*tenda*) to pitch, to set up **4.** (*armadilha*) to set; ~ **um berreiro** to bawl; ~ **uma (baita) confusão** to cause a (huge) confusion; ~ **intrigas** to scheme **5.** ESPORT (*um time, uma jogada*) to set up **II.** *vr:* **~-se 1.** (*com armas*) to take

armarinho up arms **2.** (*prevenir-se*) to protect oneself; ~ **-se contra o frio** to protect oneself against the cold

armarinho [armaˈriɲu] *m* sewing store

armário [arˈmariw] *m* cabinet; (*de cozinha*) cupboard; ~ **embutido** built-in shelving; *inf* (*pessoa*) stout person; **sair do** ~ *inf* to come out of the closet

armas [ˈarmas] *fpl* **1.** (*brasão*) (coat of) arms **2.** (*força militar*) arms, weapons

armazém [armaˈzẽj] <-ens> *m* (*depósito*) storeroom; (*edifício*) warehouse; (*de comércio*) grocery store

armazenamento [armazenaˈmẽtu] *f* (*mercadoria, dados*) storage

armazenar [armazeˈnar] *vt* (*mercadoria, dados*) to store

armazéns *m pl de* **armazém**

Armênia *m* Armenia

armeniano, -a *adj, m, f* Armenian

armistício [armisˈtʃisiw] *m* armistice

arnica [arˈnika] *f* arnica

aro [ˈaru] *m* **1.** (*de barril*) hoop **2.** (*anel*) ring **3.** (*da roda*) rim **4.** (*de janela, porta*) frame

aroeira [aroˈejra] *f* pepper tree

aroma [aˈroma] *m* aroma

aromático, -a [aroˈmatʃiku, -a] *adj* aromatic

aromatizar [aromatˈzar] *vt* GASTR to flavor

arpão <-ões> [arˈpãw, -õjs] *m* harpoon

arqueado, -a [arkeˈadu, -a] *adj* arched; (*pernas*) bowlegged

arqueamento [arkeaˈmẽtu] *m* (*curvatura*) arch

arquear [arkeˈar] *conj como passear* **I.** *vt* (*curvar*) to arch **II.** *vr:* ~ **-se** to arch

arquejar [arkeˈʒar] *vi* to gasp for breath

arquejo [arˈkeʒu] *m* gasp

arqueóloga *f v.* **arqueólogo**

arqueologia [arkeoloˈʒia] *f* archaeology

arqueólogo, -a [arkeˈɔlogu, -a] *m, f* archaeologist

arquétipo [arˈkɛtʃipu] *m* archetype

arquibancada *f* ESPORT bleachers *Am*, terraces *Brit*

arquidiocese [arkidʒjoˈsɛzi] *f* archdiocese

arquiduque, arquiduquesa [arkiˈduki, -ˈeza] *m, f* archduke *m*, archduchess *f*

arqui-inimigo [arkiniˈmigu] *m* archenemy

arquipélago [arkiˈpɛlagu] *m* archipelago

arquiteta *f v.* **arquiteto**

arquitetar [arkiteˈtar] *vt* **1.** (*edificar*) to design **2.** (*um plano*) to devise

arquiteto, -a [arkiˈtɛtu, -a] *m, f* architect

arquitetônico, -a [arkiteˈtoniku, -a] *adj* architectonic

arquitetura [arkiteˈtura] *f* architecture

arquivamento [arkivaˈmẽtu] *m* (*de papéis*) filing; (*de processo*) dismissal

arquivar [arkiˈvar] *vt* **1.** (*numa pasta*) to file; ~ **um plano** to shelve a plan **2.** JUR (*processo*) to dismiss **3.** INFOR to store (in a file)

arquivista [arkiˈvista] *mf* file clerk

arquivo [arˈkivu] *m* **1.** (*de documentos*) file; (*pasta*) folder; (*móvel*) filing cabinet; (*de jornal, revista*) archive; ~ **morto** back files *pl*; ~ **público** public records *pl*; **ser um** ~ **vivo** *inf* to be witness to a crime; **queima de** ~ *inf* murder of a witness **2.** INFOR file; ~ **de dados** data file; ~ **de programa** program file; ~ **de texto** text file

arrabalde [axaˈbawdʒi] *m* **1.** (*da cidade*) suburb **2.** (*arredores*) outskirts

arraia [aˈxaja] *f* **1.** (*fronteira*) border **2.** (*ralé*) common people **3.** ZOOL ray

arraial <-ais> [axajˈaw, -ˈajs] *m* **1.** (*lugarejo*) hamlet **2.** (*festa popular*) folk festival

arraigado, -a [axajˈgadu, -a] *adj* rooted

arraigar [axajˈgar] <g→gu> **I.** *vi* (*planta*) to take root; (*pessoa*) to put down roots. *vr:* ~ **-se** (*planta*) to take root; (*pessoa*) to put down roots

arrancar [axãˈŋkar] <c→qu> **I.** *vt* **1.** (*folha de papel*) to rip out; (*planta, árvore*) to uproot **2.** (*tirar: dente*) to pull (out); (*com força*) to yank (out); ~ **alguém da cama** to pull sb out of bed; **não consegui** ~ **uma palavra dele** I couldn't get a word out of him **3.** (*aplausos*) to draw **4.** (*obter com dificuldade: confissão*) to extract **II.** *vi* (*dar partida*) to start; (*cavalo*) to bolt; (*motor*) to start; AERO to take off **III.** *vr:* ~ **-se** (*fugir*) to take off

arranca-rabo [aˈxãŋka-ˈxabu] *m inf* brawl

arranha-céu(s) [aˈxãɲa-ˈsɛw(s)] <*pl* arranha-céus> *m* skyscraper

arranhão <-ões> [axãˈɲãw, -õjs] *m* scratch

arranhar [axãˈɲar] *vt* **1.** (*a pele*) to scratch **2.** (*língua*) to speak a little; (*instrumento musical*) to play a little;

eu arranho o inglês I speak a little English

arranhões *m pl de* **arranhão**

arranjado, -a [axɐ̃ˈʒadu, -a] *adj* well-off; **estar bem ~** to be well-off

arranjar [axɐ̃ˈʒar] *vt* **1.** (*ordenar, compor*) to arrange **2.** (*arrumar*) to tidy (up) **3.** (*conseguir*) to get; **~ problemas** to look for trouble **4.** (*consertar*) to fix **5.** (*cabelo*) to fix (up) **6.** (*almoço*) to fix **7.** (*emprego*) to find **8.** (*música*) to arrange **II.** *vr:* **~-se 1.** (*na vida*) to do well **2.** (*para sair*) to get ready

arranjo [aˈxɐ̃ʒu] *m* **1.** (*de papéis*) putting in order; (*de quarto*) tidying up; **~ de flores** flower arrangement **2.** (*acordo*) arrangement **3.** MÚS arrangement **4.** (*conchavo*) collusion

arranque [aˈxɐ̃ki] *m* (*de máquina*) starter; (*de motor*) start-up

arrasado, -a [axaˈzadu, -a] *adj* (*cidade*) destroyed; (*pessoa*) devastated

arrasa-quarteirão <arrasa-quarteirões> [aˈxaza-kwartejˈrɐ̃w -õjs] *adj inf* blockbuster

arrasar [axaˈzar] **I.** *vt* **1.** (*aplanar*) to level; (*casa, cidade*) to destroy **2.** *fig* (*pessoa*) to devastate **II.** *vi inf* (*fazer sucesso*) to be a big success **III.** *vr:* **~-se** (*arruinar-se*) to go broke

arrastado, -a [axasˈtadu, -a] *adj* (*passos*) dragging; (*voz*) drawling; (*processo*) long drawn-out

arrastão <-ões> [axasˈtɐ̃w, -õjs] *m* **1.** (*puxão*) drag **2.** (*rede de pesca*) dragnet **3.** *fig* mass robbery

arrasta-pé [aˈxasta-pɛ] *m inf* shindig

arrastar [axasˈtar] **I.** *vt* (*levar à força*) to drag; **~ um móvel** to drag furniture; **~ os pés** to drag one's feet; **~ a voz** to drawl; **a criança foi arrastada pela corrente** the child was carried away by the current **II.** *vi* INFOR (*com o mouse*) to drag **III.** *vr:* **~-se** (*carregar-se com dificuldade*) to drag oneself; **o doente arrastou-se pelo hospital** the sick man dragged himself to hospital

arrastões *m pl de* **arrastão**

arre [ˈaxi] *interj* **1.** (*irritação*) aargh! *inf* **2.** (*para animais*) giddyup!

arrebanhar [axebɐˈɲar] *vt* (*o gado*) to herd; (*pessoas*) to gather together

arrebatado, -a [axebaˈtadu, -a] *adj* **1.** (*impetuoso, precipitado*) rash **2.** (*entusiasmado*) enraptured

arrebatador(a) [axebataˈdor(a)] <-es> *adj* entrancing

arrebatar [axebaˈtar] *vt* (*coração; plateia*) to enrapture

arrebentação [axebẽjtaˈsɐ̃w] *f sem pl* (*das ondas*) surf

arrebique [axeˈbiki] *m* (*enfeite*) frippery

arrebitado, -a [axebiˈtadu, -a] *adj* turned up; **nariz ~** turned-up nose

arrecadação <-ões> [axekadaˈsɐ̃w, -õjs] *f* depository; (*de impostos*) collection

arrecadar [axekaˈdar] *vt* **1.** (*tributos, renda*) to collect **2.** (*recolher*) to raise **3.** (*ganhar*) to earn **4.** (*prêmios*) to win

arredar [axeˈdar] **I.** *vt* (*pessoa*) to remove; **~ pé** to leave **II.** *vr:* **~-se** to back off

arredio, -a [axeˈdʒiw, -a] *adj* (*pessoa*) withdrawn

arredondado, -a [axedõwˈdadu, -a] *adj* **1.** (*forma*) rounded **2.** MAT rounded (off)

arredondar [axedõwˈdar] **I.** *vt* (*forma*) to make round; (*a conta*) to round (off) **II.** *vi* MAT to round (off)

arredores [axeˈdɔris] *mpl* surroundings

arrefecer [axefeˈser] *vi* <c→ç> (*entusiasmo*) to cool down

arregaçar [axegaˈsar] *vt* <ç→c> (*calças, mangas*) to roll up

arregalar [axegaˈlar] *vt* **~ os olhos** to be wide-eyed (in amazement)

arreganhar [axegɐ̃ˈɲar] *vt* **~ os lábios** [*ou* **dentes**] (*sorrir*) to grin; (*para mostrar raiva*) to bare one's teeth

arregimentar [axeʒimẽjˈtar] *vt* to regiment

arreios [aˈxejus] *mpl* harness

arrematante [axemaˈtɐ̃tʃi] *mf* (*comprador em leilão*) winning bidder

arrematar [axemaˈtar] **I.** *vt* **1.** (*trabalho*) to do slipshod work; (*vestido, obra*) to finish (off) **2.** (*comprar em leilão*) to buy at an auction **II.** *vi* to finalize

arremedar [axemeˈdar] *vt* to ape; (*de forma caricatural*) to mimic

arremedo [axeˈmedu] *m* (*imitação caricatural*) mimicry

arremessador(a) [axemesaˈdor(a)] <-es> *m(f)* (*beisebol*) pitcher

arremessar [axemeˈsar] **I.** *vt* (*objeto*) to throw; (*beisebol*) to pitch **II.** *vr* **~-se da janela** to throw oneself out (of) the window

arremesso [axe'mesu] *m* **1.** (*de objeto*) throw **2.** ~ **lateral** FUT throw-in; ~ **livre** (*basquete*) free throw

arremeter [axeme'ter] **I.** *vt* to thrust **II.** *vi* to charge; ~ **contra o inimigo** to charge the enemy

arremetida [axeme'tʃida] *f* assault

arrendamento [axẽjda'mẽjtu] *m* **1.** (*de imóvel*) lease **2.** (*preço*) rent

arrendar [axẽj'dar] *vt* (*tomar/dar em arrendamento*) to rent/rent out

arrendatário, -a [axẽjda'tariw, -a] *m, f* (*de imóvel*) tenant

arrepender-se [axepẽj'dersi] *vr:* ~-**se de a. c.** to regret sth

arrependido, -a [axepẽj'dʒidu, -a] *adj* regretful; (*criminoso*) repentant; **estar** ~ **de a. c.** to be sorry for sth

arrependimento [axepẽjdʒi'mẽjtu] *f* regret

arrepiado, -a [axepi'adu, -a] *adj* (*cabelo*) standing on end; (*pele de animal*) bristling; **pele arrepiada** goose bumps; **estou** ~ I have goose bumps

arrepiante [axepi'ãntʃi] *adj* hair-raising, terrifying

arrepiar [axepi'ar] **I.** *vt* **1.** (*cabelos*) to stand on end; (*pele de animal*) to bristle; (*penas*) to ruffle **2.** (*pessoa*) to terrify; **crimes de** ~ horrifying crimes **II.** *vr:* ~-**se** to shudder

arrepio [axe'piw] *m* shiver; **sentir** ~**s de pavor** to shudder with fear

arresto [a'xɛstu] *m* (*de bens*) seizure

arriar [axi'ar] **I.** *vt* **1.** (*abaixar vela, bandeira*) to lower; ~ **as calças** to pull one's pants down; ~ **a capota** to roll the top down **2.** (*arma*) surrender **II.** *vi* **1.** (*render-se*) to surrender **2.** (*estante*) to give way **3.** (*bateria de carro*) to give out

arrimo [a'ximu] *m* support; ~ **de família** breadwinner; **muro de** ~ retaining wall

arriscado, -a [axis'kadu, -a] *adj* risky

arriscar [axis'kar] <c→qu> **I.** *vt* to risk; ~ **todo o seu dinheiro numa jogada** to risk all of one's money on a bet; ~ **a vida** to risk one's life **II.** *vt* to venture; **quem não arrisca, não petisca** nothing ventured, nothing gained *prov* **III.** *vr:* ~-**se** to take risks [*o a risk*]

arritmia [axitʃi'mia] *f* MED arrhythmia

arroba [a'xoba] *f* INFOR at

arrocho [a'xoʃu] *m* bind; ~ **salarial** pay squeeze; **levar um** ~ to suffer coercion

arrogância [axo'gãnsia] *f sem pl* arrogance *no pl*

arrogante [axo'gãntʃi] *adj* arrogant

arrogar [axo'gar] *vr* <g→gu> ~-**se direitos** to usurp rights

arrojado, -a [axo'ʒadu, -a] *adj* (*pessoa*) daring; (*negócio*) risky

arrojo [a'xoʒu] *m* nerve; **ter o** ~ **de fazer a. c.** to have the nerve to do sth

arrolamento [axola'mẽjtu] *m* (*inventário, listagem de bens*) inventory

arrolar [axo'lar] *vt* (*objetos, bens*) to inventory

arromba [a'xõwba] *f* **festa de** ~ bash

arrombamento [axõwba'mẽjtu] *m* (*de casa*) break-in

arrombar [axõw'bar] *vt* (*fechadura*) to force; (*porta, janela*) to force open; (*casa, automóvel*) to break in

arrotar [axo'tar] *vi* **1.** to belch, to burp **2.** *fig* to brag

arroto [a'xotu] *m* burp

arroubo [a'xowbu] *m* rapture

arroxeado, -a [axoʃi'adu, -a] *adj* (*lábios*) ruby

arroz [a'xos] <-es> *m* rice; ~ **à grega** rice with ham, raisins and diced vegetables

arrozal <-ais> [axo'zaw, -'ajs] *m* rice field

arroz-de-festa [a'xoz-dʒi-'fɛsta] <arrozes-de-festa> *m inf* party animal

arroz-doce [a'xoz-'dosi] <arrozes-doces> *m* rice pudding

arrozes *m pl de* **arroz**

arruaça [axu'asa] *f* riot

arruaceiro, -a [axua'sejru, -a] *m, f* rioter

arruda [a'xuda] *f* BOT rue

arruela [axu'ɛla] *f* washer

arrufo [a'xufu] *m* pique

arruinado, -a [axuj'nadu, -a] *adj* ruined

arruinar [axuj'nar] **I.** *vt* (*pessoa, saúde, reputação*) to ruin **II.** *vr:* ~-**se** (*falir*) to go broke

arrulhar [axu'ʎar] *vi* (*de pombos; palavras carinhosas*) to coo

arrumação <-ões> [axuma'sãw, -õjs] *f* **1.** (*ação de arrumar*) tidying up **2.** (*ordem*) order

arrumada *adj v.* **arrumado**

arrumada [axu'mada] *f* tidying up; **dar uma** ~ **em a. c.** to tidy sth up

arrumadeira [axuma'dejra] *f* chambermaid

arrumado, -a [axu'madu, -a] *adj* (*casa,*

arrumar [axu'mar] **I.** vt **1.** (*casa, quarto*) to straighten [*o* to tidy] up; ~ **a casa** fig to put everything in order **2.** (*emprego*) to find **3.** (*problema*) to look for **4.** (*desculpa*) to make up; (*confusão*) to cause **5.** (*carro, televisão*) to fix **6.** inf (*um namorado*) to find **7.** (*as malas*) to pack **II.** vr: ~ **-se 1.** (*para sair*) to get ready **2.** (*na vida*) to do well; **você que se arrume!** figure it out yourself!

arsenal <-ais> [arse'naw, -'ajs] m arsenal

arsênico [ar'seniku] m (*trióxido de arsênio*) arsenic trioxide

arsênio [ar'seniw] m arsenic

arte ['artʃi] f **1.** art; ~ **dramática** dramatics + *sing vb*; ~**s marciais** martial arts pl; ~ **moderna/abstrata** modern/abstract art; ~**s plásticas** visual arts pl; **sétima** ~ the cinema; **ter a** ~ **de falar em público** to have the ability to speak in public **2.** (*travessura*) mischief; **as crianças fizeram muita** ~ the children misbehaved a lot

artefato [arte'fatu] m artifact

artelho [ar'teʎu] m ANAT toe

artemísia [arte'mizia] f artemisia

artéria [ar'tɛria] f ANAT (*via de tráfego tb.*) artery

arterial <-ais> [arteri'aw, -'ajs] adj arterial

arteriosclerose [artɛrjoskle'rɔzi] f arteriosclerosis

artesanal <-ais> [arteza'naw, -'ajs] adj handmade; **trabalho artesanal** craftwork

artesanato [arteza'natu] m (*produtos*) craftwork no pl, handicrafts pl; (*técnica*) craftsmanship no pl

Cultura Noteworthy techniques in Brazilian **craftwork** include ceramics, basketweaving, lace, weaving (mostly of hammocks and nets) and wood, stone and leather artifacts. There are art fairs throughout the country, sometimes referred to as **feiras hippies** (hippy fairs), each boasting the standard esthetic character of its region.

artesão, artesã [arte'zãw, -'ã] <-s> m, f craftsperson, artisan

artesiano, -a [artezi'ãnu, -a] adj **poço** ~ artesian well

ártico, -a ['artʃiku, -a] adj arctic; **pólo** ~ North Pole

articulação <-ões> [artʃikula'sãw, -õjs] f ANAT joint; (*de pensamentos, palavras*) articulation

articulado, -a [artʃiku'ladu, -a] adj **1.** MEC articulated **2.** (*pessoa; pensamento*) articulate **3.** (*jogada*) coordinated

articulador(a) [artʃikula'dor(a)] <-es> m(f) LING articulator; (*de emenda legislativa*) sponsor

articular [artʃiku'lar] **I.** vt (*pensamentos, palavras, peças*) to articulate; POL (*uma candidatura, proposta*) to sponsor **II.** adj MED articular

articulista [artʃiku'ʎista] mf writer of articles

artículo [ar'tʃikulu] m (*artigo*) article; ANAT, BOT, ZOOL articulation

artífice [ar'tʃifisi] mf (*artesão*) artisan, craftsperson; (*artista*) artist; (*autor*) author

artificial <-ais> [artʃifisi'aw, -'ajs] adj artificial; **flor** ~ artificial flower; **sorriso** ~ fake smile

artificialidade [artʃifisjaʎi'dadʒi] f sem pl (*de pessoa*) artificiality

artifício [artʃi'fisiw] m (*recurso, habilidade,*) skill; (*astúcia*) artifice

artigo [ar'tʃigu] m **1.** PREN article **2.** ECON ~**s** goods pl; ~ **de luxo** luxury goods; ~ **de marca** brand-name goods; ~**s congelados** frozen goods pl; ~**s de moda** fashion items pl; ~ **de papelaria** stationery pl; ~ **de primeira necessidade** essential goods **3.** LING article; ~ **definido/indefinido** definite/indefinite article **4.** (*cláusula*) clause

artilharia [artʃiʎa'ria] f FUT artillery; ESPORT forward line

artilheiro, -a [artʃi'ʎejru, -a] m, f ESPORT leading goal scorer

artimanha [artʃi'mãɲa] f (*manha, astúcia*) artifice

artista [ar'tʃista] mf artist

artístico, -a [ar'tʃistʃiku, -a] adj artistic

artrite [ar'tritʃi] f arthritis

artroscopia [artrosko'pia] f arthroscopy

árvore ['arvori] f BOT tree; ~ **genealógica** family [*o* genealogical] tree; ~ **de**

Natal Christmas tree
arvoredo [arvo'redu] *m* grove
ás ['as] *m fig* ace; **ser um ~ no volante** to be an ace at the wheel
asa ['aza] *f* 1.(*de ave, avião, construção*) wing 2.*fig* **arrastar ~ para alguém** to court sb; **bater ~s** to run away; **cortar as ~s a alguém** to clip sb's wings; **dar ~s à imaginação** to let one's imagination run wild; **estar de ~ caída** to be down; **manteve os filhos debaixo da ~** she kept her children under her wing 3.(*da xícara*) handle
asa-delta ['aza-'dɛwta] <asas-delta(s)> *f* hang glider
asbesto [az'bestu] *m* asbestos *no pl*
ascendência [asēj'dẽjsia] *f* 1.(*antepassados, origem*) ancestry, lineage 2.(*influência, superioridade*) ascendancy
ascendente [asēj'dẽjtʃi] I. *mf* ancestor II. *m* (*influência, astros*) ascendant III. *adj* rising
ascender [asēj'der] *vi* (*pessoa*) to rise; **~ a um novo cargo** to assume a new position; **~ ao poder** to rise to power; **os preços ascenderam a níveis muito altos** prices rose to very high levels
ascensão <-ões> [asēj'sãw, -õjs] *f* 1.(*subida*) ascent; **~ do ar** rising of the air 2. REL Ascension
ascensorista [asējso'rista] *mf* elevator attendant *Am*, lift attendant *Brit*
asco ['asku] *m* disgust; **ter ~ de a. c./alguém** to be disgusted by sth/sb; **que ~!** how disgusting!
asfaltar [asfaw'tar] *vt* to asphalt
asfalto [as'fawtu] *m* asphalt
asfixia [asfik'sia] *f* asphyxia
asfixiante [asfiksi'ãŋtʃi] *adj fig* stifling
asfixiar [asfiksi'ar] I. *vt, vi* to asphyxiate II. *vr*: **~-se** to asphyxiate oneself
Ásia ['azia] *f* Asia
asiático, -a [azi'atʃiku, -a] *adj, m, f* Asian
asilar [azi'lar] I. *vt* to shelter II. *vr*: **~-se** to take shelter
asilo [a'zilu] *m* 1.home; (*de órfãos*) orphanage; (*de idosos*) nursing home; (*de doentes mentais*) asylum 2. POL asylum 3. **buscar ~ entre os amigos** to seek refuge among friends
asma ['azma] *f* asthma
asmático, -a [az'matʃiku, -a] *adj* asthmatic

asna *f v.* **asno**
asneira [az'nejra] *f* 1.(*disparate*) stupid remark; **dizer/fazer ~s** to say/to do stupid things 2.(*palavrão*) obscene remark
asno, -a ['aznu, -a] *m, f* 1. ZOOL donkey, ass 2. *pej* (*pessoa*) ass
aspargo [as'pargu] *m* asparagus *no pl*
aspas ['aspas] *fpl* **abrir ~** "open quote(s)"; **entre ~** in quotation marks; **fechar ~** "close quote(s)"
aspecto [as'pɛktu] *m* 1.(*aparência*) look, appearance; **ter ~ de doente** to look sickly; **ter bom/mau ~** to look good/bad 2.(*ponto de vista*) aspect, regard; **em todos os ~** in all aspects; **nesse ~** in that regard
áspera *adj v.* **áspero**
aspereza [aspe'reza] *f* 1.(*de uma superfície*) roughness 2.(*severidade*) harshness
aspergir [asper'ʒir] *irr como convergir vt* to sprinkle
áspero, -a ['asperu, -a] *adj* 1.(*terreno, pele, tecido*) rough 2.(*severo*) harsh
aspiração <-ões> [aspira'sãw, -õjs] *f* 1.(*de ar*) breath 2.(*ambição*) aspiration 3. TEC (*sucção*) suction; (*de motor*) intake 4. LING aspiration
aspirador [aspira'dor] *m* **~ de pó** vacuum cleaner
aspirante [aspi'rãŋtʃi] I. *mf* (*a um título, cargo*) hopeful II. *adj* aspiring
aspirar [aspi'rar] I. *vt* (*inspirar*) to inhale; (*sugar*) to suck (up); (*chão*) to vacuum; TEC (*ar*) to suck in; LING to aspirate II. *vi* to aspire; **~ a um novo cargo** to aspire to a new position
aspirina [aspi'rina] *f* FARM aspirin
asqueroso, -a [aske'rozu, -ɔza] *adj* disgusting
assada *adj v.* **assado**
assadeira [asa'deira] *f* baking [*o* roasting] pan, roasting tin *Brit*
assado [a'sadu] *m* GASTR roast
assado, -a [a'sadu, -a] *adj* 1.(*frango, carne*) roast 2. **o bebê está ~** *inf* the baby has a rash
assadura [asa'dura] *f* (*de bebê*) diaper rash *Am*, nappy rash *Brit*
assalariado, -a [asalari'adu, -a] *m, f* salaried employee
assalariar [asalari'ar] *vt* 1.(*pagar*) to pay a salary 2.(*empregar*) to hire
assaltante [asaw'tãŋtʃi] *mf* 1.(*de banco*) robber; (*de casa*) burglar 2.(*na*

rua) mugger, assailant

assaltar [asaw'tar] *vt* **1.** (*pessoa, banco*) to rob; (*casa*) to burglarize *Am,* to burgle *Brit* **2.** (*atacar*) to assault, to mug **3.** (*dor*) to attack

assalto [a'sawtu] *m* **1.** (*a pessoa, banco*) robbery; (*a casa*) burglary; ~ **à mão armada** armed robbery; **um cafezinho a esse preço é um** ~ *fig* this price for a coffee is highway robbery **2.** (*ataque*) assault; ~ **a uma posição inimiga** assault on an enemy position; **tomar de** ~ to take by assault [*o* by siege] **3.** ESPORT (*pugilismo*) round

assanhado, -a [asã'nadu, -a] *adj* **1.** (*furioso*) worked up **2.** (*atrevido*) fresh

assanhamento [asãɲa'mẽjtu] *m* **1.** (*fúria*) enragement **2.** *inf* come-on

assanhar [asã'nar] **I.** *vt* to enrage **II.** *vr:* ~-**se 1.** to anger **2.** (*atrever-se*) to get fresh

assar [a'sar] *vt* to roast

assassina *f, adj v.* **assassino**

assassinar [asasi'nar] *vt* to murder; (*pessoa importante*) to assassinate; *fig;* ~ **a gramática** to mangle grammar

assassinato [asasi'natu] *m* murder; (*de figura política*) assassination; **roubo e** ~ robbery and murder

assassínio [asas'siniu] *m v.* **assassinato**

assassino, -a [asa'sinu, -a] **I.** *m, f* murderer; (*de figura política*) assassin **II.** *adj* murderous

assaz [a'sas] *adv* **1.** (*bastante*) rather; **este problema é** ~ **complicado** this problem is rather complicated **2.** *form* (*em alto grau: irritado, preocupado*) extremely

asseado, -a [ase'adu, -a] *adj* well-groomed

assear [ase'ar] *conj como passear* **I.** *vt* to clean **II.** *vr:* ~-**se** (*vestir-se com apuro*) to dress well

assediar [asedʒi'ar] *vt* **1.** (*importunar*) to harass **2.** (*perseguir insistentemente*) to besiege; ~ **com perguntas** to ply with questions

assédio [a'sɛdʒiw] *m* **1.** (*impertinência*) harassment; ~ **sexual** sexual harassment **2.** (*cerco*) siege

assegurado, -a [asegu'radu, -a] *adj* (*garantido, convencido*) assured

assegurar [asegu'rar] **I.** *vt* (*afirmar*) to assure; (*garantir*) to ensure **II.** *vr* ~-**se do sucesso do negócio** to make sure the business succeeds

asseio [a'seju] *m* cleanliness

assembleia [asẽj'blɛja] *f* meeting; ~ **geral de acionistas** shareholders' meeting; ~ **legislativa** legislative assembly

assemelhar [aseme'ʎar] **I.** *vt* (*comparar*) to liken **II.** *vr:* ~-**se a alguém** to look like sb

assentamento [asẽjta'mẽjtu] *m* (*de colonos*) settlement

assentar [asẽj'tar] <*pp* assente *ou* assentado> **I.** *vt* **1.** (*pessoas*) to sit (sb) down **2.** (*ideias*) to establish **3.** (*tijolos, vigas*) to lay **II.** *vi* **1.** (*pessoa*) to sit **2.** (*poeira*) to settle **III.** *vr:* ~-**se** (*estabelecer-se*) to settle

assentimento [asẽjtʃi'mẽjtu] *m* assent

assentir [asẽj'tʃir] *irr como sentir vt* to assent

assento [a'sẽjtu] *m* **1.** (*de cadeira*) seat **2.** (*cargo*) chair

assepsia [asep'sia] *f* asepsis

asséptico, -a [a'sɛptʃiku, -a] *adj* aseptic

asserção <-ões> [aser'sãw, -õjs] *f* assertion

assessor(a) [ase'sor(a)] <-es> *m(f)* adviser; ~ **de imprensa** press agent

assessoramento [asesora'mẽjtu] *m* assistance

assessorar [aseso'rar] *vt* to advise

assessores *m pl de* **assessor**

assessoria [aseso'ria] *f* assistance

asseveração <-ões> [asevera'sãw, -õjs] *f* affirmation

asseverar [aseve'rar] *vt* to affirm; (*assegurar*) to assure

assexuado, -a [aseksu'adu, -a] *adj* asexual

assídua *adj v.* **assíduo**

assiduidade [asiduj'dadʒi] *f* (*constância, empenho*) assiduousness

assíduo, -a [a'siduu, -a] *adj* (*constante, empenhado*) assiduous

assim [a'sĩj] **I.** *adv* (*deste modo*) like this; ~ **como** just as; ~ **que** +*subj* as soon as; ~ **ou assado** like this or like that; ~, ~ so-so; ~ **seja!** I hope so!; **ainda/mesmo** ~; **como** ~? what do you mean?; **e** ~ **por diante** and so forth; **por** ~ **dizer** so to speak **II.** *conj* so

assimetria [asime'tria] *f* asymmetry

assimétrico, -a [asi'mɛtriku, -a] *adj* asymmetric

assimilação <-ões> [asimila'sāw, -õjs] *f tb.* BIO, LING assimilation
assimilar [asimi'lar] *vt tb.* BIO, LING to assimilate
assinalar [asina'lar] *vt* **1.** (*marcar*) to mark; ~ **com uma cruz** to mark with a cross **2.** (*afirmar*) to affirm
assinante [asi'nãntʃi] *m(f)* **1.** (*de revista, serviço*) subscriber **2.** (*de um documento*) signatory
assinar [asi'nar] *vt* **1.** (*documento*) to sign **2.** (*revista, jornal*) to subscribe to
assinatura [asina'tura] *f* **1.** (*em documento*) signature **2.** (*revista, jornal*) subscription
assintomático, -a [asĩjto'matʃiku, -a] *adj* asymptomatic
assistência [asis'tējsia] *f* **1.** (*auxílio*) assistance; ~ **médica** medical assistance; ~ **religiosa** religious assistance; ~ **social** social work; ~ **técnica** technical assistance; **prestar** ~ **a alguém** to provide sb with assistance **2.** ~ **pública** welfare *Am*, benefit *Brit* **3.** ESPORT (*passe*) assist; **fazer uma** ~ to make an assist
assistencial <-ais> [asistējsi'aw, -'ajs] *adj* (*trabalho, obra*) charitable
assistente [asis'tējtʃi] **I.** *mf* (*ajudante*) assistant; ~ **de laboratório** laboratory assistant; ~ **social** social worker; ESPORT teammate who makes an assist **II.** *adj* assistant
assistir [asis'tʃir] **I.** *vt* to attend; ~ **à aula** to attend class; ~ **um doente** to attend a patient; ~ **a um filme** to watch a movie **II.** *vi* (*residir*) **assiste em Brasília** he lives in Brasilia
assoalho [aso'aʎu] *m* wooden floor
assoar [aso'ar] *vt* <*1. pess pres:* assoo> ~ **o nariz** to blow one's nose
assobiada [asubi'ada] *f* cat call
assobiar [asubi'ar] **I.** *vt* (*uma melodia*) to whistle **II.** *vi* to whistle
assobio [asu'biw] *m* (*som, instrumento*) whistle
associação <-ões> [asosia'sãw, -õjs] *f* association; ~ **comercial** trade association; ~ **criminosa** conspiracy; ~ **de empregadores** employers' association; ~ **de empresários** business association; ~ **de moradores** residents' association
associado, -a [asosi'adu, -a] **I.** *m, f* associate **II.** *adj* associated; **estar** ~ **a um grupo** to be associated with a group
associar [asosi'ar] **I.** *vt* to associate; ~ **uma coisa a outra** to associate one thing with another **II.** *vr:* ~**-se a 1.** (*juntar-se*) to join **2.** (*tomar parte*) to share **3.** ~**-se com** to go into partnership with
assolar [aso'lar] *vt* (*cidade, pessoa*) to devastate
assomar [aso'mar] *vt* (*aparecer*) to appear
assombração <-ões> [asõwbra'sãw, -õjs] *f* spookiness; (*fantasma*) ghost
assombrado, -a [asõw'bradu, -a] *adj* **1.** (*casa*) haunted; **castelo** ~ haunted castle **2.** (*assustado*) spooked **3.** (*com medo*) frightened **4.** (*atônito*) amazed
assombrar [asõw'brar] **I.** *vt* **1.** (*fantasma*) to haunt; (*assustar*) to frighten, to spook **2.** (*causar admiração*) to amaze **II.** *vr:* ~**-se com a. c.** (*com medo*) to be spooked by sth; (*atônito*) to be amazed by sth
assombro [a'sõwbru] *m* (*espanto*) fright; (*admiração*) amazement; **é um** ~ **o seu talento** her talent is amazing
assombroso, -a [asõw'brozu, -'ɔza] *adj* (*espantoso*) frightening
assomo [a'somu] *m* (*manifestação*) show; ~ **de raiva** show of rage
assumir [asu'mir] *vt* (*responsabilidade*) to assume; (*culpa*) to accept; (*um erro*) to admit; ~ **o cargo** to take office
assunção [asũw'sãw] *f sem pl* REL ~ **de Maria** Assumption
assunto [a'sũwtu] *m* matter; (*de um livro*) subject; ~ **de família** family matter; **estar sem** ~ to have nothing to talk about; **mudar de** ~ to change the subject
assustado, -a [asus'tadu, -a] *adj* scared; **ficar** ~ **com a. c./alguém** to be scared [*o* frightened] by sth/sb
assustador(a) [asusta'dor(a)] <-es> *adj* scary, frightening
assustar [asus'tar] **I.** *vt* to scare, to frighten **II.** *vr:* ~**-se com a. c./alguém** to be alarmed by sth/sb
asterisco [aste'risku] *m* asterisk
asteroide [aste'rɔjdʒi] *m* asteroid
astigmatismo [astʃigma'tʃizmu] *m* MED astigmatism
astral <-ais> [as'traw, -'ajs] **I.** *m* spirits *pl*; **andar num bom/mau** ~ to be in high/low spirits **II.** *adj* astral; **inferno**

~ a period of doom and gloom, usually before one's birthday

astro ['astru] *m* heavenly body; CINE, TV star

astrofísica [astro'fizika] *f sem pl* astrophysics + *sing vb*

astróloga *f v.* **astrólogo**

astrologia [astrolo'ʒia] *f sem pl* astrology *no pl*

astrólogo, -a [as'trɔlogu, -a] *m, f* astrologer

astronauta [astro'nawta] *mf* astronaut

astrônoma *f v.* **astrônomo**

astronomia [astrono'mia] *f* astronomy *no pl*

astronômico, -a [astro'nomiku, -a] *adj fig tb.* astronomical

astrônomo, -a [as'tronumu, -a] *m, f* astronomer

astúcia [as'tusia] *f (manha)* cunning; *(perspicácia)* shrewdness

astuto, -a [as'tutu, -a] *adj* shrewd

ata ['ata] *f (relatório)* record; *(de reunião)* minutes *pl*

atabalhoado, -a [atabaʎo'adu, -a] *adj* disorderly; *(pessoa)* rash

atabaque [ata'baki] *m* ≈ conga drum

atacadista [ataka'dʒista] *mf* wholesaler

atacado [ata'kadu] *m* ECON *(comércio)* wholesale; **por ~** wholesale

atacante [ata'kãntʃi] *mf* FUT forward

atacar [ata'kaɾ] *vt* <c → qu> **1.** *(agredir, hostilizar)* to attack **2.** *(pedras)* to throw **3.** *(doença)* to attack **4.** *inf (comida)* to attack **5.** ESPORT to attack

atado, -a [a'tadu, -a] *adj (cordão)* tied

atadura [ata'dura] *f* bandage

atalhar [ata'ʎaɾ] **I.** *vt (abreviar)* to cut short; *(interromper)* to cut off, to interrupt; *(impedir)* to block **II.** *vi (caminho)* to take a shortcut [*o* short cut] *Brit*

atalho [a'taʎu] *m (caminho) tb.* INFOR shortcut *Am*, short cut *Brit*; **criar ~** create shortcut

atapetar [atape'taɾ] *vt* to carpet

ataque [a'taki] *m* **1.** *(agressão)* attack **2.** MED attack; **~ do coração** heart attack; **~ epiléptico** epileptic seizure *Am*, epileptic fit *Brit*; **~ de tosse** coughing fit **3. ter um ~ de raiva/riso** to have a fit of rage/laughter; **ele teve um ~ ao ver o carro todo riscado** *inf* he had a fit when he saw the car all scratched up **4.** ESPORT offense *Am*, offence *Brit*

atar [a'taɾ] *vt* **1.** *(com fio, corda)* to lace **2.** *(segurar)* to fasten; *(com nó)* to tie; **não ata nem desata** he's still sitting on the fence

atarantado, -a [atarãn'tadu, -a] *adj* disconcerted; **ficar ~** to be disconcerted

atarantar [atarãn'taɾ] *vt* to disconcert

atarefado, -a [atare'fadu, -a] *adj* extremely busy; **andar ~** to be overworked

atarefar-se [atare'faɾsi] *vr:* ~ **-se** to busy oneself

atarracado, -a [ataxa'kadu, -a] *adj fig* stocky

atarraxar [ataxa'ʃaɾ] *vt (com parafuso)* to screw together

ataúde [ata'udʒi] *m* coffin

atávico, -a [a'taviku, -a] *adj* atavistic

ataxia [atak'sia] *f* MED ataxia

atazanar [ataz̃'naɾ] *vt (incomodar)* to annoy

até [a'tɛ] **I.** *prep* **1.** *(temporal)* **~ agora** until now, as yet; **~ já** see you in a little while; **~ logo/mais** see you later; **não podemos sair ~ as 15 horas** we cannot leave until 3:00 p.m.; **é obrigatório sair ~ as 15 horas** we must leave by 3:00 p.m. **2. ~ que** +*subj* until; **esperei muito tempo ~ que uma alma bondosa me ajudou a atravessar a rua** I waited ages until a kind soul finally helped me across the road; **~ que enfim!** finally! **3.** *(local)* to; **~ Brasília** to Brasília; **~ certo ponto** (up) to a certain point; **~ em cima** all the way up; **~ a estação** to the station; **~ o joelho** to the knee **II.** *adv* even; **convidou ~ mesmo os desafetos** he even invited his enemies

atear [ate'aɾ] *conj como passear vt* **1.** *(fogo)* to set **2.** *(ódio)* to incite

ateia [a'tɛja] *f v.* **ateu**

ateísmo [ate'izmu] *m sem pl* atheism

ateliê [ateʎi'e] *m* studio, atelier

atemorizar [atemori'zaɾ] *vt* **1.** *(assustar)* to frighten **2.** *(intimidar)* to intimidate

atemporal <-ais> [atẽjpo'raw, -'ajs] *adj* atemporal

atenção <-ões> [atẽj'sãw, -õjs] **I.** *f (concentração)* attention; **fazer a. c. com ~** to do sth carefully; **prestar ~ em a. c./alguém** to pay attention to sth/sb; *(reparo)* attention; **chamar a ~ de alguém** *(repreender)* to reprimand sb; *(atrair interesse)* to catch sb's attention; **dar ~ a alguém** to give sb atten-

atenciosa *adj v.* **atencioso**

atenciosamente [atẽjsiɔza'mẽjtʃi] *adv* (*em carta*) Yours sincerely

atencioso, -a [atẽjsi'ozu, -ɔza] *adj* **1.** (*gentil*) kind **2.** (*atento*) attentive **3.** (*minucioso*) thorough

atendente [atẽj'dʒẽjtʃi] *mf* attendant; ~ **de enfermagem** nurse's aide; ~ **de telemarketing** telemarketer

atender [atẽj'der] *vt* **1.** (*servir: cliente*) to serve; (*no restaurante*) to wait on; **o senhor já foi atendido?** is sb serving you?; (*receber*) to see; **o diretor não quis me** ~ the director refused to see me **2.** ~ **a uma reivindicação, pedido** to attend to a complaint, request; ~ **às necessidades** to attend to needs **3.** TEL to answer; ~ **uma chamada/o telefone** to answer a call/the telephone; **eu atendo!** I'll get it!

atendimento [atẽjdʒi'mẽjtu] *m* **1.** (*num restaurante*) service **2.** (*num hospital*) treatment

atenta *adj v.* **atento**

atentado [atẽj'tadu] *m* **1.** attack; ~ **a bomba** bomb attack; ~ **terrorista** terrorist attack **2.** (*tentativa de assassinato*) attempt on sb's life; **cometer um** ~ **contra alguém** to commit an offense against sb

atentamente [atẽjta'mẽjtʃi] *adv* carefully

atentar [atẽj'tar] **I.** *vt* **1.** (*observar*) to note **2.** (*considerar*) to consider **3.** *inf* (*importunar*) to annoy **II.** *vi* **1.** (*cometer um atentado*) to commit an offense; ~ **contra a vida de alguém** make an attempt on sb's life **2.** (*ponderar*) ~ **em** to pay attention to

atento, -a [a'tẽjtu, -a] *adj* attentive; **estar** ~ **a a. c.** to be attentive to sth; (*exame, análise*) careful

atenuação <-ões> [atenua'sãw, -õjs] *f* **1.** (*de efeitos, sofrimento*) mitigation **2.** QUÍM, FÍS attenuation

atenuante [atenu'ãntʃi] **I.** *f* JUR mitigating circumstance **II.** *adj tb.* JUR mitigating

atenuar [atenu'ar] *vt* **1.** (*efeitos, sofrimento*) to mitigate; (*cor*) to soften **2.** ELETR, MED to attenuate **3.** JUR (*pena*) to mitigate

aterrador(a) [atexa'dor(a)] <-es> *adj* terrifying

aterrar [ate'xar] *vt* (*vala*) to fill (with earth)

aterrissagem [atexi'saʒẽj] <-ens> *f* AERO landing; ~ **forçada/de emergência** forced/emergency landing

aterrissar [atexi'sar] *vi* AERO to land

aterro [a'texu] *m* earthwork; (*para lixo*) landfill; ~ **sanitário** (sanitary) landfill

aterrorizar [atexori'zar] *vt* to terrorize

ater-se [a'tersi] *irr como* **ter** *vr* ~ **-se a a. c./alguém** to hold on to sth/sb

atestado [ates'tadu] *m* certificate; (*da escola; de saúde*) certificate; ~ **de bons antecedentes** certificate of good conduct; ~ **médico** doctor's note; ~ **de óbito** death certificate

atestado, -a [ates'tadu, -a] *adj* certified

atestar [ates'tar] *vt* (*passar atestado*) to pass, to certify

ateu, ateia [a'tew, a'tɛja] **I.** *m, f* atheist **II.** *adj* atheistic

atiçar [at'sar] *vt* <ç→c> **1.** (*fogo*) to stoke (up); (*ódio*) to incite **2.** (*pessoa, animal*) to provoke

atinado, -a [atʃi'nadu, -a] *adj* **1.** (*prudente*) prudent **2.** (*esperto*) clever

atinar [atʃi'nar] *vt* **1.** (*descobrir*) to deduce, to figure out; **atinou que ela o amava** he figured out that she loved him **2.** (*dar-se conta*) **não atinava com a solução** I couldn't find a solution; (*atentar, reparar*) to notice; ~ **com/para a. c.** to get sth right

atingir [atʃĩ'ʒir] *vt* <g→j> **1.** (*objetivos*) to reach, to attain **2.** (*compreender*) to understand **3.** (*com tiro*) to hit **4.** (*dizer respeito a*) **essa crítica não me atinge** that criticism does not affect me **5.** (*alastrar-se*) to spread; **a epidemia atingiu todo o país** the epidemic spread throughout the country

atípico, -a [a'tʃipiku, -a] *adj* atypical

atirador(a) [atʃira'dor(a)] <-es> *m(f)* shooter

atirar [atʃi'rar] **I.** *vt* (*pedras*) to throw **II.** *vi* (*com arma*) to shoot **III.** *vr* ~ **-se a** [*ou* **para**] **a. c./alguém** to throw oneself at sth/sb; ~ **-se nos braços de alguém** to fall into sb's arms; ~ **-se de cabeça** (*ao mar*) *tb. fig* to dive headfirst; ~ **-se na cama/no trabalho** to dive into bed/work

atitude [atʃi'tuʒi] *f* attitude; **tomar uma** ~ to take a stand; ~ **negativa/positiva** negative/positive attitude

ativa *adj v.* **ativo**

ativação <-ões> [atʃiva'sɐ̃w, -õjs] *f* activation

ativar [atʃi'var] *vt* to activate

atividade [atʃivi'dadʒi] *f* activity; **~ profissional** practice; **~s culturais** cultural activities *pl*; **~s de lazer** leisure activities; **cheio de ~** full of activity; **estar em plena ~** to be fully active; **qual o seu ramo de ~?** what is your line of work?

ativista [atʃi'vista] *m(f)* activist

ativo [a'tʃivu] *m* ECON assets *pl*

ativo, -a [a'tʃivu, -a] *adj* **1.** (*pessoa; profissionalmente*) active **2.** (*eficaz*) effective; **papel ~** active role

atlântico, -a [a'tlɐ̃ntʃiku, -a] *adj* (*atlante*) herculean; **correntes atlânticas** Atlantic currents

Atlântico [a'tlɐ̃ntʃiku] *m* the Atlantic (Ocean)

atlas ['atlas] *m inv* atlas

atleta [a'tlɛta] *m(f)* athlete

atlético, -a [a'tlɛtʃiku, -a] *adj* athletic

atletismo [atle'tʃizmu] *m sem pl* (*corrida, lançamento, salto*) track and field; (*esportes atléticos*) athletics + *sing vb*

atmosfera [atʃmos'fɛra] *f tb.* METEO atmosphere

atmosférico, -a [atʃmos'fɛriku, -a] *adj* atmospheric; **pressão atmosférica** atmospheric pressure

ato ['atu] *m* **1.** (*ação*) action, act; **~ falho** Freudian slip; **~ jurídico** legal action; **~ público** political action; **ser pego no ~** to be caught in the act **2.** TEAT act

à-toa [a'toa] *adj* (*pessoa*) worthless; (*rádio*) useless; (*trabalho*) painless

atol <-óis> [a'tɔw, -ɔjs] *m* GEO atoll

atolado, -a [ato'ladu, -a] *adj* (*carro*) stuck (in the mud); **estar ~ de trabalho/em dívidas** to be bogged down with/in work/ debt

atolar [ato'lar] **I.** *vt* (*sobrecarregar*) to overload **II.** *vr:* **~-se** (*sobrecarregar-se*) to be bogged down

atoleiro [ato'lejru] *m* quagmire; **sair do ~** *fig* to get out of a jam

atômico, -a [a'tomiku, -a] *adj* atomic; **bomba atômica** atomic bomb; **energia atômica** atomic energy

átomo ['atomu] *m* atom

atonia [ato'nia] *f* **1.** MED atony **2.** (*inércia*) inertia

atônito, -a [a'tonitu, -a] *adj* (*tomado de admiração*) astonished; (*confuso*) bewildered

átono ['atonu] *adj* LING atonic

ator, atriz [a'tor, a'tris] <-es> *m, f* actor *m*, actress *f*

atordoado, -a [atordu'adu, -a] *adj* (*por um golpe, atônito*) stunned

atordoar [atordu'ar] *vt* <atordoo> *1. pess pres* (*estontear, admirar*) to stun

atormentado, -a [atormẽj'tadu, -a] *adj* tormented

atormentar [atormẽj'tar] **I.** *vt* to torment; (*torturar*) to torture **II.** *vr:* **~-se** to torture oneself

atóxico, -a [a'tɔksiku, -a] *adj* nontoxic

atracadouro [atraka'dowru] *m* NAÚT dock

atração <-ões> [atra'sɐ̃w, -õjs] *f* **1.** (*ação de atrair, força*) attraction **2.** (*coisa interessante*) attraction; **~ sexual** sexual attraction; **~ turística** tourist attraction; **sentir ~ por alguém** to feel attracted to sb; **a ~ da festa foi o show pirotécnico** the highlight of the party was the fireworks display **3.** LING **atração pronominal** attraction

atracar [atra'kar] *vi* <c→qu> NAÚT to dock; **o navio atracou no porto** the ship docked at the port

atraente [atra'ẽjtʃi] *adj* (*pessoa, ideia*) attractive

atraiçoar [atrajso'ar] *vt* <*1. pess pres:* atraiçoo> to betray

atrair [atra'ir] *conj como* **sair** *vt tb.* FÍS to attract

atrapalhação <-ões> [atrapaʎa'sɐ̃w, -õjs] *f* **1.** (*confusão*) confusion **2.** (*acanhamento*) shyness

atrapalhado, -a [atrapa'ʎadu, -a] *adj* **1.** (*confuso*) confused **2.** (*embaraçado*) embarrassed; **ficar ~** to get embarrassed

atrapalhar [atrapa'ʎar] **I.** *vt* **1.** (*confundir*) to confuse **2.** (*incomodar*) to disturb **3.** (*embaraçar*) to embarrass **II.** *vr:* **~-se** **1.** (*confundir-se*) to get confused **2.** (*embaraçar-se*) to get embarrassed **3.** (*ao falar*) to stammer

atrás [a'tras] *adv* **1.** (*local, direção*) **~ de** behind; **andar** [*ou* **ir**] **~ de alguém** to walk behind sb, to be after someone *fig*; **voltar ~** to go back **2.** (*temporal*) **um ~ do outro** one after the other; **dois meses ~** two months ago

atrasado, -a [atra'zadu, -a] *adj* **1.** (*país, costumes*) backward **2.** (*pessoa, trans-*

atrasar

porte) late; **chegar** ~ to arrive late; **estou** ~ I am late; (*na escola*) behind; **o meu relógio está** ~ my watch is (running) slow **3.** (*pagamento*) late
atrasar [atra'zar] I. *vt* **1.** (*relógio*) to turn back **2.** (*pagamento*) to delay II. *vr:* ~**-se 1.** (*pessoa, transporte, num trabalho*) to be late **2.** (*relógio*) to be (running) slow
atraso [a'trazu] *m* **1.** (*de um país*) backwardness **2.** (*de pessoa, transporte*) delay; **estar/vir com uma hora de** ~ to be/arrive one hour late; **ser um** ~ **de vida** hold sb back **3.** (*no pagamento*) delay; **estar em** ~ to be in arrears **4.** (*falta*) lack; **esbaldou-se para tirar o** ~ she went all out to make up for lost time
atrativo, -a [atra'tʃivu, -a] I. *m, f* attraction; **o grande** ~ **era o salário** the biggest attraction was the salary II. *adj* (*com propriedade de atrair*) magnetic
atravancar [atravɐ̃ŋ'kar] *vt* <c→qu> (*rua*) to block; (*atrapalhar*) to hinder
atravanco [atra'vɐ̃ŋku] *m* obstruction
através [atra'vɛs] *adv* through; **ver a chuva** ~ **da janela** to see the rain through the window; ~ **dos séculos** throughout the centuries; **eu conheci o Pedro** ~ **da Maria** I met Pedro through Maria; **subiu na vida** ~ **de troca de favores** he got on in life through an exchange of favors
atravessado, -a [atrave'sadu, -a] *adj* **1.** askew **2. olhar** ~ scornful look; **resposta** ~ rude answer **3.** (*deitado*) laid across; (*espinha*); **está** ~ **na garganta** *fig* I can't accept it
atravessador(a) [atravesa'dor(a)] <-es> *m(f)* (*intermediário*) middleman
atravessar [atrave'sar] I. *vt* **1.** (*rua, rio, mar*) to cross(over); ~ **o rio a nado** to swim across the river **2.** (*frustrar*) to hinder **3.** (*cidade*) to pass through **4.** (*crise*) to go through **5.** (*ponte*) to span **6.** (*mercadoria ilegal*) to sell on the black market II. *vr:* ~**-se** (*pessoa, automóvel*) to block; (*deitando-se*) to lay across; ~**-se no caminho de alguém** *fig tb.* to block sb's path
atrelar [atre'lar] I. *vt* (*cavalo*) to hitch up; ~ **a moeda ao dólar** to peg the currency to the dollar II. *vr* ~**-se a alguém** to ally oneself with sb
atrever-se [atre'versi] *vr:* ~**-se a fazer**

atualizar

a. c. to dare to do sth
atrevido, -a [atre'vidu, -a] *adj* daring
atrevimento [atrevi'mẽjtu] *m* daring
atribuição <-ões> [atribuj'sɐ̃w, -õjs] *f* **1.** (*de tarefa*) assignment **2.** (*de prêmio, bolsa*) award
atribuições [atribuj'sõjs] *fpl* duties *pl*
atribuir [atribu'ir] *conj como incluir vt* **1.** (*culpa, tarefas*) to assign **2.** (*significado, características*) to attribute **3.** (*direitos*) to grant; (*título, prêmio, bolsa*) to award; (*poder*) to confer; (*importância*) to attach
atribulação <-ões> [atribula'sɐ̃w, -õjs] *f* affliction
atribulado, -a [atribu'ladu, -a] *adj* **1.** (*vida, dia*) trying **2.** (*aflito*) distressed
atribular [atribu'lar] *vt* to distress
atributo [atri'butu] *m* **1.** (*característica, qualidade*) attribute, trait **2.** LING attribute
átrio ['atriw] *m* atrium
atrito [a'tritu] *m* FÍS friction; (*divergência*) disagreement; **entrar em** ~ **com alguém** to have a disagreement with sb
atriz [a'tris] <-es> *f* actress *f;* v. **ator**
atrocidade [atrosi'dadʒi] *f* atrocity
atrofia [atro'fia] *f* MED atrophy
atrofiado, -a [atrofi'adu, -a] *adj* (*órgão, membro*) atrophied
atrofiar [atrofi'ar] *vi* (*órgão, membro*) to atrophy
atropelamento [atropela'mẽjtu] *m* (*de pedestre*) running over
atropelar [atrope'lar] *vt* **1.** (*por veículo*) to run over **2.** (*lei*) to trample on; ~ **a verdade** to trample on the truth
atropelo [atro'pelu] *m* **1.** (*da lei*) violation **2.** (*de palavras*) confusion; **aos** ~ **s** pell-mell
atropina [atro'pina] *f* MED atropine
atroz [a'trɔs] <-es> *adj* atrocious
atuação <-ões> [atua'sɐ̃w, -õjs] *f* (*desempenho, em palco*) performance; ~ **ao vivo** live performance
atual <-ais> [atu'aw, -'ajs] *adj* current, present
atualidade [atuaʎi'dadʒi] *f* **1.** (*de notícia, documento*) topicality; **de grande** ~ highly topical **2.** (*presente*) the present; **viver na** ~ to live in the present
atualização <-ões> [atuaʎiza'sɐ̃w, -õjs] *f* updating; ~ **de conhecimentos** updating of knowledge
atualizar [atuaʎi'zar] I. *vt* to update II. *vr:* ~**-se** to be up to date

atualmente [atuaw'mẽjtʃi] *adv* currently

atuar [atu'ar] *vi* **1.** (*influir*) to influence; **a droga atua sobre os nervos** the drug acts on the nerves **2.** (*em palco*) to act, to perform; ~ **ao vivo** to perform live

atulhar [atu'ʎar] *vt v.* **entulhar**

atum [a'tũw] <-uns> *m* tuna

aturar [atu'rar] *vt* to bear

aturável <-eis> [atu'ravew, -ejs] *adj* bearable

aturdido, -a [atur'dʒidu, -a] *adj* dazed; (*assombrado*) amazed

aturdimento [aturdʒi'mẽtu] *m* **1.** (*dos sentidos*) stunning **2.** (*assombro*) amazement

aturdir [atur'dʒir] *vt* **1.** (*atordoar*) to daze **2.** (*pasmar*) to amaze

audácia [aw'dasia] *f* daring

audaz [aw'das] <-es> *adj* daring

audição <-ões> [awd'sãw, -õjs] *f* **1.** (*sentido*) hearing **2.** MÚS performance; **primeira** ~ recital **3.** (*para teatro*) audition

audiência [awdʒi'ẽsia] *f* **1.** JUR hearing **2.** (*público atingido*) audience **3.** (*recepção*) hearing; **conceder uma** ~ **a alguém** to grant sb a hearing

audiovisual <-ais> [awdʒjuvizu'aw, -'ajs] *adj* audiovisual

auditivo, -a [awdʒi'tʃivu, -a] *adj* auditory

auditor(a) [awdʒi'tor(a)] <-es> *m(f)* auditor

auditoria [awdʒito'ria] *f* audit

auditório [awdʒi'tɔriw] *m* **1.** (*salão*) auditorium **2.** (*ouvintes*) audience, listeners *pl*; **programa de** ~ talk show

auê [aw'e] *m inf* confusion

auferir [awfe'rir] *irr como* **preferir** *vt* (*lucro*) to make

auge ['awʒi] *m fig* height

augúrio [aw'guriw] *m* (*sinal, pressentimento*) omen

augusto, -a [aw'gustu, -a] *adj form* venerable

aula ['awla] *f* class *Am*, lesson *Brit*; **dar** ~**s a** [*ou* **para**] **alguém** to give sb classes; **ter** ~ **com alguém** to have class with sb

aumentar [awmẽj'tar] **I.** *vt* **1.** (*em tamanho*) to increase; (*em quantidade*) to increase **2.** (*salário, preço*) to raise, to increase **3.** (*rendimento*) to increase **4.** (*alargar*) to widen **II.** *vi* **1.** (*crescer*) to grow **2.** (*preço, temperatura*) to rise **3.** (*rendimento, valor*) to increase

aumento [aw'mẽtu] *m* **1.** (*em quantidade, tamanho*) increase **2.** (*do salário*) raise; (*do preço*) increase **3.** (*do rendimento, valor*) increase **4.** (*da temperatura*) rise

aura ['awra] *f* aura

áureo, -a ['awriw, -a] *adj* golden

auréola [aw'rɛwla] *f* (*dos santos, prestígio*) halo

aurícula [aw'rikula] *f* **1.** ANAT (*cavidade do coração*) atrium; (*da orelha*) auricle **2.** BOT (*folha sagitada*) auricle

auricular [awriku'lar] *adj* auricular; **testemunha** ~ hearsay

aurora [aw'rɔra] *f* (*início da manhã*) dawn; ~ **boreal** aurora borealis, northern lights

auscultação [awskuwta'sãw] *f sem pl* MED auscultation *no pl*

auscultar [awskuw'tar] *vt* MED to auscultate

ausência [aw'zẽjsia] *f* **1.** (*não-presença*) absence; ~ **de gravidade** zero gravity **2.** (*carência*) lack; ~ **de a. c.** lack of sth

ausentar-se [awzẽj'tarsi] *vr:* ~-**se** **1.** (*partir*) to leave **2.** (*afastar-se*) to remove oneself

ausente [aw'zẽjtʃi] *adj* **1.** (*afastado*) absent **2.** (*distraído*) absent-minded

auspício [aws'pisiw] *m* **1.** (*prenúncio*) omen *pl* **2.** (*apoio, proteção*) auspices *pl*; **sob os** ~**s de** under the auspices of

auspicioso, -a [auspisi'ozu, -'ɔza] *adj* auspicious

austera *adj v.* **austero**

austeridade [awsteri'dadʒi] *f sem pl* *tb.* ECON (*severidade*) austerity; **política de** ~ austerity policy

austero, -a [aws'tɛru, -a] *adj* austere

austral <-ais> [aws'traw, -'ajs] *adj* austral, (of the) southern (hemisphere)

Austrália [aws'traʎia] *f* Australia

australiano, -a [awstraʎi'ãnu, -a] *adj, m, f* Australian

Áustria ['awstria] *f* Austria

austríaco, -a [aws'triaku, -a] *adj, m, f* Austrian

autarquia [awtar'kia] *f* **1.** (*governo*) autarchy **2.** (*entidade estatal*) independent agency

autárquico, -a [aw'tarkiku, -a] *adj* autarchic

autêntica *adj v.* **autêntico**

autenticação <-ões> [awtẽjtʃika'sãw, -õjs] *f* JUR authentication
autenticar [awtẽjtʃi'kar] *vt* <c→qu> JUR to authenticate
autenticidade [awtẽjtsi'dadʒi] *f* authenticity
autêntico, -a [aw'tẽjtʃiku, -a] *adj* (*obra*) authentic; (*pessoa, sentimento*) genuine
autismo [aw'tʃizmu] *m sem pl* autism
autista [aw'tʃista] **I.** *mf* autistic person **II.** *adj* autistic
auto ['awtu] *m* **1.** JUR ~ **de infração** violation notice, citation *Am*, summons *Brit;* **lavrar um** ~ to issue a citation **2.** ~**s** case record **3.** (*registro*) deed
autoafirmação ['awtwafirma'sãw] *f sem pl* self-affirmation *no pl*
autoajuda ['awtwa'ʒuda] *f sem pl* self-help *no pl*
autoatendimento [awtwatẽjdʒi'mẽjtu] *m* self-service; **terminal de** ~ (*no banco*) self-service terminal
autoavaliação <-ões> ['awtwavaʎia'sãw, -õjs] *f* self-evaluation
autobiografia [awtubiogra'fia] *f* autobiography
autobiográfico, -a [awtubio'grafiku, -a] *adj* autobiographical
autocolante [awtuko'lãtʃi] *adj* (*adesivo*) **figurinhas** ~**s** self-adhesive stickers
autoconfiança [awtukõwfi'ãŋsa] *f sem pl* self-confidence *no pl*
autoconhecimento [awtukõɲesi'mẽjtu] *m* self-knowledge *no pl*
autocontrole [awtukõw'troʎi] *m* self-control *no pl*
autocracia [awtokra'sia] *f* autocracy
autocrata [awto'krata] *mf* autocrat
autocrático, -a [awto'kratʃiku, -a] *adj* autocratic
autocrítica [awtu'kritʃika] *f* self-criticism *no pl*
autóctone [aw'tɔktoni] **I.** *mf* aborigine **II.** *adj* indigenous
auto-de-fé ['awtu-dʒi-'fɛ] <autos-de-fé> *m* HIST auto-da-fé
autodefesa [awtude'feza] *f* self-defense *no pl Am*, self-defence *no pl Brit*
autodeterminação <-ões> [awtudetermina'sãw, -õjs] *f* POL self-determination *no pl*
autodidata [awtudʒi'data] **I.** *mf* self-taught person **II.** *adj* self-taught
autodidático, -a [awtudʒi'datʃiku, -a] *adj* autodidactic, self-teaching
autodomínio [awtudo'miniw] *m* self-control *no pl*
autódromo [aw'tɔdrumu] *m* racetrack
autoescola ['awtwis'kɔla] *f* driving school
autoestima ['awtwis'tʃima] *f* self-esteem *no pl*
autoestrada ['autwis'trada] *f* (*estrada*) highway *Am*, motorway *Brit*
autogestão <-ões> [awtuʒes'tãw, -õjs] *f* self-management *no pl*
autografar [awtogra'far] *vt* to autograph
autógrafo [aw'tɔgrafu] *m* autograph
autoimune ['awtui'muni] *adj* autoimmune
autointitular-se [awtwĩjtʃitu'larsi] *vr* to classify oneself as, to call oneself; **ele se autointitula o maior atleta do mundo** he classifies himself as the greatest athlete in the world
automática *adj v.* **automático**
automaticamente [automatʃika'mẽjtʃi] *adv tb. fig* automatically
automático, -a [awto'matʃiku, -a] *adj* automatic
automatismo [awtoma'tʃizmu] *m* automatism
automatização <-ões> [awtomatza'sãw, -õjs] *f* automation
autômato [aw'tomatu] *m* (*máquina, pessoa*) automaton
automedicação [awtumedʒika'sãw] *f sem pl* self-medication *no pl*
automobilismo [awtomobi'ʎizmu] *m* ESPORT auto racing *Am*, motor racing *Brit*
automobilista [awtomobi'ʎista] *m(f)* racing driver; (*motorista*) driver
automobilístico, -a [awtomobi'ʎistʃiku, -a] *adj* auto-racing *Am*, motor-racing *Brit*
automóvel <-eis> [awto'mɔvew, -ejs] *m* automobile, car
autônoma *adj v.* **autônomo**
autonomia [awtono'mia] *f* **1.** POL autonomy **2.** (*na administração*) autonomy **3.** (*moral, financeira*) independence **4.** AERO ~ **de voo** maximum range, flight endurance **5.** ELETR endurance
autônomo, -a [aw'tonumu, -a] *adj* **1.** POL autonomous **2.** (*independente*) independent **3.** (*trabalho*) self-employed

autopeça [awto'pɛsa] *f* automobile part *Am*, car part *Brit*
autopreservação [awtuprezerva'sãw] *f sem pl* self-preservation *no pl*
autopromoção [awtpromo'sãw] *f sem pl* self-promotion *no pl*
autópsia [aw'tɔpsia] *f* autopsy
autopsiar [awtopsi'ar] *vt* to perform an autopsy
autor(a) [aw'tor(a)] <-es> *m(f)* **1.** (*de texto, obra*) author **2.** (*de crime*) perpetrator **3.** JUR plaintiff
autoral <-ais> [awto'raw, -'ajs] *adj* **direitos autorais** copyright
autores *m pl de* **autor**
autoria [awto'ria] *f* (*de obra*) authorship; (*de ação*) responsibility (for); **assumir a ~ do crime** to admit to the crime
autoridade [awtori'dadʒi] *f* (*poder, competência*) authority
autoridades [awtori'dads] *fpl* authorities *pl*; **~ locais/municipais** local/municipal authorities
autoritário, -a [awtori'tariw, -a] *adj* authoritarian
autoritarismo [awtorita'rizmu] *m* authoritarianism
autorização <-ões> [awtoriza'sãw, -õjs] *f* authorization; **~ para viajar** travel authorization
autorizado, -a [awtori'zadu, -a] *adj* (*pessoa*) authorized
autorizar [awtori'zar] *vt* (*permitir*) to authorize
autosserviço ['awtusser'visu] *m* (*self-service*) **restaurante com ~** self-service restaurant
autossuficiente ['awtussufisi'ẽjtʃi] *adj* self-sufficient; **ser ~** to be self-sufficient
autuar [awtu'ar] *vt* **1.** (*multar*) to fine, to cite **2.** JUR (*processar*) to prosecute
auxiliar [awsiʎi'ar] **I.** <-es> *adj, mf* assistant **II.** *vt* (*ajudar, socorrer*) to assist; (*apoiar*) to support
auxílio [aw'siʎiw] *m* (*ajuda, apoio, subsídio*) aid
auxílio-desemprego [aw'siʎiwdzĩj'pregu] <auxílios-desemprego> *m* unemployment benefits
avacalhado, -a [avaka'ʎadu, -a] *adj inf* demoralized
avacalhar [avaka'ʎar] *vt inf* to demoralize
aval <-ais *ou* -es> [a'vaw, -'ajs] *m* **1.** ECON surety bond **2.** *fig* (*apoio moral*) moral support
avalancha [ava'lãŋʃa], **avalanche** [ava'lãŋʃi] *f* avalanche
avaliação <-ões> [avaʎia'sãw, -õjs] *f* **1.** (*de preço*) valuation; (*escolar*) evaluation **2.** (*de rendimento*) evaluation; **~ pericial** expert evaluation
avaliar [avaʎi'ar] *vt* **1.** (*valor*) to estimate **2.** (*rendimento*) to evaluate **3.** (*calcular*) to calculate **4.** (*estimar*) to estimate
avalista [ava'ʎista] *mf* ECON surety
avalizar [avaʎi'zar] *vt* to stand surety
avançado, -a [avãŋ'sadu, -a] *adj* (*idade, nível, tecnologia*) advanced
avançar [avãŋ'sar] <ç→c> **I.** *vt* **1.** (*processo*) to advance **2.** (*notícia*) to pass on **3.** (*sinal*) to run (a traffic light) **II.** *vi* **1.** (*tropas*) to advance; **~ contra alguém** to advance toward sb **2.** (*progredir*) to progress; **~ com a. c.** to progress with sth
avanço [a'vãŋsu] *m* **1.** (*progresso; de tropas*) advancement **2.** MEC feed **3.** (*distância*) advantage
avantajado, -a [avãŋta'ʒadu, -a] *adj* (*superior*) superior
avantajar [avãŋta'ʒar] **I.** *vt* (*favorecer*) to favor *Am*, to favour *Brit* **II.** *vr:* **~-se a** to have an advantage over, to be bigger and better than
avante [a'vãtʃi] **I.** *adv* ahead; **ir ~** to move forward **II.** *interj* **~!** forward!
avara *adj v.* **avaro**
avarento, -a [ava'rẽtu, -a] **I.** *m, f* miser **II.** *adj* miserly
avaria [ava'ria] *f* (*de máquina, automóvel*) damage
avaro, -a [a'varu, -a] *adj* miserly
avassalador(a) [avasala'dor(a)] <-es> *adj* devastating
ave ['avi] *f* bird; **~ de rapina** bird of prey
ave-do-paraíso ['avi-du-para'izu] <aves-do-paraíso> *f* bird of paradise
aveia [a'veja] *f* oats *pl*
avelã [ave'lã] *f* hazelnut
aveludado, -a [avelu'dadu, -a] *adj* velvety
ave-maria ['avi-ma'ria] *f* Hail Mary
avença [a'vẽjsa] *f* (*entre litigantes*) settlement
avenida [ave'nida] *f* avenue
avental <-ais> [avẽj'taw, -'ajs] *m* apron
aventura [avẽj'tura] *f* adventure
aventurar [avẽjtu'rar] **I.** *vt* (*vida, fortu-*

na) to risk; (*sugerir*) to venture **II.** *vr:* ~-**se a fazer a. c.** to venture to do sth
aventureiro, -a [avẽjtu'rejru, -a] **I.** *m, f* adventurer **II.** *adj* adventurous
averiguação <-ões> [averigwa'sãw, -õjs] *f* investigation
averiguado, -a [averi'gwadu, -a] *adj* verified
averiguar [averi'gwar] *irr vt* **1.** (*investigar, apurar*) to investigate **2.** (*verificar*) to verify
avermelhado, -a [averme'ʎadu, -a] *adj* reddish
aversão <-ões> [aver'sãw, -õjs] *f* aversion; **ter ~ a a. c./alguém** to have aversion to sth/sb
avessa *adj v.* **avesso**
avessas [a'vɛsas] *fpl* **às ~** (*situação*) the other way around; (*roupa*) inside out; **sair às ~** to come [*o* to turn] out the wrong way
avesso [a'vesu] *m* **estar do ~** to be inside out; **virar pelo ~** to turn inside out; *fig* to search high and low for sth
avesso, -a [a'vesu, -a] *adj* averse; **ser ~ a grandes festas** to be averse to big parties
avestruz [aves'trus] <-es> *mf* ostrich
aviação [avia'sãw] *sem pl f* aviation; **~ militar/civil** military/civil aviation
aviador(a) [avia'dor(a)] <-es> *m(f)* aviator
aviamento [avia'mẽjtu] *m* execution; **~ de receita** making up of a prescription
avião <-ões> [avi'ãw, -õjs] *m* **1.** airplane *Am*, plane; **~ de caça** fighter plane; **~ de carga** cargo plane; **~ a jato** jet (plane); **~ de longo alcance** long-range aircraft; **~ de passageiros** passenger plane; **~ supersônico** supersonic plane **2.** *inf* (*mulher bonita*) looker
aviar [avi'ar] *vt* (*receita*) to make up
aviário [avi'ariw] *m* aviary
avicultor(a) [avikuw'tor(a)] <-es> *m(f)* aviculturist
avicultura [avikuw'tura] *f* aviculture
ávida *adj v.* **ávido**
avidez [avi'des] *f sem pl* eagerness *no pl*
ávido, -a ['avidu, -a] *adj* avid, eager; **~ por fazer a. c.** eager to do sth
aviltamento [aviwta'mẽjtu] *m* humiliation
aviltar [aviw'tar] **I.** *vt* to humiliate; **~ mercadoria** ECON to discount merchandise **II.** *vr:* ~-**se** (*humilhar-se*) to humiliate oneself
avinagrado, -a [avina'gradu, -a] *adj* vinegary
avinagrar [avina'grar] **I.** *vt* **1.** GASTR to season with vinegar **2.** (*vinho*) to turn to vinegar **3.** *fig* (*azedar*) to go sour **II.** *vr:* ~-**se** to turn to vinegar
aviões *m pl de* **avião**
avisar [avi'zar] *vt* **1.** (*prevenir*) to warn; **~ alguém de a. c.** to warn sb of sth **2.** (*informar*) to notify, to let (sb) know **3.** (*aconselhar*) to advise
aviso [a'vizu] *m* **1.** (*advertência*) warning **2.** (*comunicação, de evento*) notice; **~ de cobrança** collection notice; **dar ~ prévio** to give advance notice; **~ prévio** (*indenização*) severance pay
avistar [avis'tar] **I.** *vt* (*ver*) to see; (*OVNI*) to sight **II.** *vr:* ~-**se casualmente**) to meet by chance
avitaminose [avitãmi'nɔzi] *f* MED avitaminosis
avivar [avi'var] **I.** *vt* (*animar*) to liven (up); (*realçar*) to highlight **II.** *vr:* ~-**se** to cheer up
avô, -ó [a'vo, a'vɔ] *m, f* grandfather; **materno/paterno** maternal/paternal grandfather; **os avós** grandparents
avoado, -a [avu'adu, -a] *adj* absent-minded
avolumar [avolu'mar] **I.** *vt* to enlarge; (*em número*) to add to **II.** *vr:* ~-**se** to enlarge
avos ['avus] *mpl* MAT *nominal suffix for fractional numbers with a denominator greater than 10;* **cinco doze avos** five-twelfths
avulso, -a [a'vuwsu, -a] *adj* **1.** (*solto*) single; **comprar a. c. ~** to purchase sth separately **2.** (*arrancado*) torn off
avultado, -a [avuw'tadu, -a] *adj* (*aumentado*) increased; (*volumoso*) voluminous; (*quantia*) hefty
avultar [avuw'tar] **I.** *vt* to increase **II.** *vi* to increase
axadrezado, -a [aʃadre'zadu, -a] *adj* checked
axé [a'ʃɛ] **I.** *m* **1.** REL vital force **2.** MÚS *energetic dance music with Afro-Brazilian elements, originated in Bahia and now popular throughout Brazil* **II.** *interj* ~! peace and love!
axial <-ais> [aksi'aw, -'ajs] *adj* axial
axila [ak'sila] *f* armpit; ANAT axilla
axioma [aksi'oma] *m* axiom

axiomático, -a [aksio'matʃiku, -a] *adj* axiomatic

azáfama [a'zafɐ̃ma] *f* urgency

azálea *f* BOT azalea

azar [a'zar] *m* bad luck; *inf* bummer; **ter ~** to have bad luck

azarado, -a [aza'radu, -a] *adj* unlucky

azarão <-ões> [aza'rɐ̃w, -õjs] *m* underdog

azeda *adj v.* **azedo**

azedar [aze'dar] *vt, vi* to sour

azedo, -a [a'zedu, -a] *adj* (*comida, pessoa*) sour

azedume [aze'dumi] *m* **1.** (*sabor*) sourness **2.** (*mau humor*) bitterness

azeite [a'zejtʃi] *m* (olive) oil

azeite-de-dendê [a'zejtʃi-dʒi-dẽj'de] <azeites-de-dendê> *m* palm oil

azeiteiro, -a [azej'tejru, -a] *adj* olive oil; **a indústria azeiteira** the olive oil industry

azeitona [azej'tona] *f* olive

azeviche [aze'viʃi] *m* jet; **de ~** jet-black

azia [a'zia] *f* MED indigestion

azougue [a'zogi] *m fig* live wire

azucrinar [azukri'nar] *vt inf* to pester

azul <-uis> [a'zuw, -'ujs] **I.** *m* blue **II.** *adj* blue; **tudo ~** everything's great

azulado, -a [azu'ladu, -a] *adj* bluish

azular [azu'lar] *vi* to (turn) blue

azul-celeste [a'zuw-se'lɛstʃi] *adj inv* sky blue

azulejo [azu'leʒu] *m* tile

azul-marinho [a'zuw-ma'riɲu] *adj inv* marine blue

azulões *m pl de* **azulão**

azul-turquesa [a'zuw-tur'keza] *adj inv* turquoise blue

B

B, b ['be] *m* b, B; **~ de bola** B as in baker *Am*, B for Benjamin *Brit*

baba ['baba] *f* (*saliva*) drool *no pl Am*, dribble *no pl Brit*; (*de quiabo, lesma*) slime *no pl*; **é uma ~** *gír* it's piece of cake

babá [ba'ba] *f* nanny, nurse

babaca [ba'baka] *adj gír* jerk

baba de moça ['baba dʒi 'mosa] <babas de moça> *f dessert made with egg whites cooked in coconut custard sauce*

babado, -a [ba'badu, -a] *adj* **1.** (*com baba*) full of drool **2.** *inf* (*desejoso*) **ele ficou ~ pelo carro** he fell in love with the car

babado [ba'badu] *m* (*em roupa*) frill; (*em saia*) flounce

babador [baba'dor] *m* bib

baba-ovo ['baba-'ovu] *m* yes man *m*, apple polisher *Am*, bootlicker *Brit*

babaquice [baba'kisi] *f* foolishness *no pl*

babar [ba'bar] **I.** *vi* to drool **II.** *vr:* **~-se** (*por a. c.*) (*gostar de*) to drool over sth; **~-se por alguém** to drool over sb

babau [ba'baw] *interj inf* that's it!, it's over!

babel <-éis> [ba'bɛw, -'ɛis] *f* pandemonium *no pl*

babilônia [babi'lonia] *f* (*império*) Babylonia; (*cidade*) Babylon

baboseira [babo'zejra] *f* nonsense

babuíno [babu'inu] *m* baboon

bacalhau [baka'ʎaw] *m* **1.** (*seco*) salted cod; **~ fresco** fresh cod **2.** (*pessoa muito magra*) all skin and bones

bacalhoada [bakaʎo'ada] *f* cod baked in olive oil with potatoes and vegetables

bacana [ba'kɐna] **I.** *mf inf* rich person **II.** *adj inf* (*atitude, pessoa, roupa*) cool

bacanal <-ais> [bakã'naw, -'ajs] *f* orgy

bacará [baka'ra] *m* **1.** (*jogo*) baccarat **2.** (*cristal*) cut glass

bacharel <-eis> [baʃa'rɛw, -'ɛjs] *m* graduate

bacia [ba'sia] *f* **1.** ANAT pelvic cavity **2.** (*recipiente*) wash-bowl *Am*, wash-basin *Brit* **3.** GEO **~ hidrográfica** basin

baciada [basi'ada] *f* a basinful; **de ~** by the dozen

bacilo [ba'silu] *m* bacillus

backup [be'kapi] *m* INFOR backup; **fazer um ~ de um arquivo** to make a back-up (file)

baço ['basu] *m* ANAT spleen

baço, -a ['basu, -a] *adj* (*olhos*) dull

bactéria [bak'tɛria] *f* bacterium (*usu pl: bacteria*)

bactericida [bakteri'sida] **I.** *m* bactericide **II.** *adj* bactericidal

bacteriologia [bakterjolo'ʒia] *f sem pl* bacteriology *no pl*

bacu ['baku] *m South American freshwater game fish with golden body, quadrangular head and red fins*

bacuri [baku'ri] *m* **1.** (*árvore*) bacuri (*Brazilian timber tree*) **2.** (*fruta*) bacuri (*yellow, grapefruit-sized fruit with sweet, aromatic white flesh*) **3.** (*menino pequeno*) small boy

badalação [badala'sãw] *f* **1.** *inf* entertainment **2.** (*promoção*) trendy thing, place or event

badalada [bada'lada] *f* ringing, chiming; **dar uma** ~ to chime

badalado, -a [bada'ladu, -a] *adj* **1.** (*evento, festa*) fashionable, trendy **2.** (*artista*) celebrated

badalar [bada'lar] **I.** *vi* **1.** (*relógio*) to strike **2.** (*sino*) to ring **3.** (*eventos, festas*) to make an appearance at **II.** *vt* (*promover*) to promote

badalo [ba'dalu] *m* bell-clapper

bad boy ['bɛdʒi 'bɔj] *m* bad boy

badejo [ba'deʒu] *m* sea bass

baderna [ba'dɛrna] *f* **fazer** ~ to cause a commotion

badernar [bader'nar] *vi* to lead an idle life

baderneiro [bader'nejru] *m* rowdy

badminton [bɛdʒ'mijtõw] *m* badminton

badulaques [badu'laks] *f* (*coisas miúdas e de pouco valor*) *pl* odds and ends *pl*

bafafá [bafa'fa] *m* row

bafejar [bafe'ʒar] **I.** *vi* to exhale **II.** *vt* **a sorte a bafeja** fortune is smiling on her

bafejo [ba'feʒu] *m* **1.** (*hálito*) breath **2.** ~ **da sorte** good fortune

bafo ['bafu] *m* bad breath *no pl*; **ter** ~ **de onça** *inf* to have bad breath

bafômetro [ba'fometru] *m inf* Breathalyzer®

baforada [bafo'rada] *f* **1.** (*de vento*) gust **2.** (*de fumo*) cloud

bagaceira [baga'sejra] *f* (*aguardente de cana*) white sugar cane rum

bagaço [ba'gasu] *m* (*resíduo de cana*) bagasse; (*resíduo de uva, azeitona*) husks *pl*; **estar/ficar um** ~ to be/become a wreck

bagageiro [baga'sejru] *m* (*ônibus*) luggage compartment; (*carro*) luggage rack

bagagem [ba'gaʒẽj] *f* **1.**<-ens> (*malas*) baggage *no pl*, luggage *no pl*; **despachar a** ~ to check in; ~ **de mão** hand luggage *no pl* **2.** (*conhecimentos*) experience *no pl*; **ela é uma professora de grande** ~ she is a very experienced teacher

bagana [ba'gãna] *f* cigarette butt

bagatela [baga'tɛla] *f* trifle

bago ['bagu] *m* (*de uva*) grape; (*de trigo*) seed

bagre ['bagri] *m* catfish

baguete [ba'gɛtʃi] *f* (*pão*) baguette

bagulho [ba'guʎu] *m inf* **1.** (*coisa sem valor*) junk **2.** (*pessoa feia*) ugly customer **3.** (*maconha*) pot; (*cigarro de maconha*) joint

bagunça [ba'gũwsa] *f* **1.** mess; **fazer** ~ to make a mess **2.** (*barulho*) **fazer** ~ to get rowdy

bagunçado, -a [bagũw'sadu] *adj* messy

bagunçar [bagũw'sar] **I.** *vi* to make a mess **II.** *vt* (*um quarto*) to mess up; ~ **o coreto** to mess around

bagunceiro [bagũw'sejru] *m, adj* **1.** (*que faz desordem*) mess-maker **2.** (*que causa confusão*) rowdy person

Bahía [ba'ia] *f* (State of) Bahia

baia ['baja] **I.** *f* **1.** stall (in a stable) **2.** (*cavalo*) *v.* **baio II.** *adj v.* **baio**

baía [ba'ia] *f* GEO bay

baiacu [baja'ku] *m* puffer(fish)

baiana [baj'ãna] **I.** *f* **1.** *woman street vendor of Bahian food dressed in native costume;* **ala das** ~**s** *wing of native-dressed Bahian women in the Carnival parade* **2.** *inf* **rodar a** ~ to lose one's cool **II.** *adj v.* **baiano**

baianada [baj'ãnada] *f pej, inf* **fazer uma** ~ to do sth stupid

baiano, -a [baj'ãnu] *adj, m, f* **1.** Bahian **2.** *pej* (*nortista*) Northern Brazilian

baião <-ões> [baj'ãw, -õjs] *m Northern Brazilian folk dance*

baila ['bajla] *f inf* **vir à** ~ to come up (for discussion); **trazer a. c. à** ~ to bring sth up

bailado [baj'ladu] *m* dance

bailar [baj'lar] *vi* to dance

bailarino, -a [bajla'rinu, -a] *m, f* **1.** dancer **2.** (*de balé*) ballet dancer

baile ['bajʎi] *m* **1.** dance, ball; ~ **à fantasia** fancy dress ball, costume ball; ~ **de Carnaval** Carnival ball; ~ **de máscaras** masked ball **2.** ESPORT **dar um** ~ to give the other team a whipping *Am*, to give the other team a (good) beating

bainha [ba'ĩɲa] *f* **1.** (*da roupa*) hem

2. (*da espada*) scabbard, sheath; (*da faca*) sheath

baio, -a ['baju, -a] *adj, m, f* (*cavalo*) bay

baiões *m pl de* **baião**

baioneta [bajo'neta] *f* bayonet

bairrismo [baj'xizmu] *m* provincialism *no pl*

bairrista [baj'xista] *mf* provincial

bairro ['bajxu] *m* neighborhood; **o ~ de Vila Madalena** the district of Vila Madalena; **o ~ italiano** the Italian quarter

baita ['bajta] *adj inf* awesome *inf,* helluva *sl*

baixa ['bajʃa] **I.** *f* **1.** (*de terreno*) **uma ~ de 3 metros** a drop of 3 meters **2. uma ~ de preços/salários** a drop in prices/salaries; **uma ~ de produção** a slow-down in production, a low **3.** (*na Bolsa*) dip **4.** (*por doença*) sick leave **5.** MIL (*licença*) furlough; (*em combate*) casualty; **dar ~ de alguém** to discharge sb **6. dar ~ de a. c.** to cross sth out **II.** *adj v.* **baixo**

baixada [baj'ʃada] *f* (*vale*) valley; (*planície*) lowland

baixar [baj'ʃar] **I.** *vt* **1.** (*os preços*) to lower **2.** (*a produção*) to slow down **3.** (*a voz*) to lower **4.** (*o som*) to turn down; **~ o rádio** to turn down the radio **5.** (*diminuir*) to fall; **~ no conceito de alguém** to go down in sb's opinion **6.** INFOR (*arquivos*) to download; **~ um arquivo da Internet** to download a file from the Internet **7.** (*um aviso, uma ordem*) to issue **II.** *vi* **1.** (*os preços, a temperatura*) to fall, to go down **2.** (*avião*) to land **3.** *gír* (*aparecer*) to show up *inf* **III.** *vr:* **~-se 1.** (*reverência*) to bow; (*desviar o corpo*) to duck **2.** (*humilhar-se*) to humiliate oneself

baixaria [bajʃa'ria] *f gír* low behavior *no pl*

baixela [baj'ʃɛla] *f* silver table-ware *no pl*

baixo ['bajʃu] **I.** *m* MÚS (*instrumento, voz*) bass **II.** *adv* **1.** (*voz*) quietly, softly; **falar ~** to speak softly **2.** (*lugar*) **para ~** down(ward); (*abatido*) low; **estar por ~** to be badly off **3.** (*por baixo*) under

baixo, -a ['bajʃu, -a] *adj* **1.** (*pessoa*) short; (*monte*) low **2.** (*preço*) low **3.** (*cabeça*) bowed **4.** (*som, voz, volume*) low; **o som do rádio está baixo** the radio (volume) is low; **falar em voz baixa** to speak in a low voice; **pôr o volume mais ~** to turn the volume down **5.** (*rio*) shallow **6.** (*classe*) lower **7.** (*desprezível*) low

baixo-astral <baixo(s)-astrais> ['bajʃwas'traw, -'ajs] **I.** *m* **hoje estou num ~** I'm feeling really down today **II.** *adj* low

baixo-relevo ['bajʃu-xe'levu] <baixos-relevos> *m* bas relief

bajulação <-ões> [baʒula's̃aw, -õjs] *f pej* toadying

bajulador(a) [baʒula'dor(a)] *m(f)* toady

bajular [baʒu'lar] *vt* **~ alguém** *pej* to suck up to sb

bala ['bala] *f* **1.** hard candy *Am,* boiled sweet *Brit* **2.** (*de arma*) bullet; **~ de festim** blank cartridge; **~ perdida** stray bullet; **mandar ~** *inf* to let sth rip; **ter** [*ou* **estar com**] **~ na agulha** to be well-to-do; **saiu como uma ~** he/she rushed out

balacobaco [balaku'baku] *m inf* **ela é do ~** she's a real beauty; **a festa foi do ~** the party was great

balada [ba'lada] *f* **1.** MÚS, LIT ballad **2.** *gír* party

balaio [ba'laju] *m* hamper

balaio de gatos [ba'laju dʒi 'gatus] <balaios de gatos> *m fig* **1.** (*confusão, briga*) catfight **2.** (*lugar em desordem*) **O armário está um ~** the cupboard is a mess

balança [ba'lãsa] *f* **1.** (*instrumento*) scales; **colocar** [*ou* **pôr**] **a. c. na ~** to weigh sth; **~ de banheiro** bathroom scales **2.** ECON **~ comercial** commercial balance **3.** (*zodíaco*) Libra

balançar [balãŋ'sar] <ç→c> **I.** *vi* **1.** (*oscilar: rede*) to swing **2.** (*trem*) to shake; (*barco, navio*) to rock **3.** (*bebê*) to rock **4.** (*hesitar*) to hesitate **II.** *vr:* **~-se** to rock back and forth

balancê [balãŋ'se] *m* folk dance step

balanceado, -a [balãŋsi'adu, -a] *adj* (*dieta*) balanced

balanceamento [balãŋsja'mẽjtu] *m* (*de rodas*) balancing

balancete [balãŋ'setʃi] *m* ECON balance sheet

balanço [ba'lãŋsu] *m* **1.** ECON checking of accounts; **fazer o ~** to make up a balance sheet **2.** (*exame*) **a tecnica fez um ~ da atuação do time** the coach evaluated the team's performance **3.** (*brinquedo*) swing; (*de rede*) swing

balangandá [balãgãn'dã] *m* ornamental trinket
balão <-ões> [ba'lãw, -õjs] *m* **1.** (*de ar*) balloon **2.** AERO hot air balloon **3.** (*em quadrinhos*) speech balloon, speech bubble **4.** (*retorno*) U-turn; **fazer o ~** to make a U-turn
balaustrada [balaws'trada] *f* railing
balaústre [bala'ustri] *m* handrail
balbuciar [bawbusi'ar] **I.** *vi* to stammer; (*bebê*) to gurgle **II.** *vt* to stammer
balbúrdia [baw'burdʒia] *f* racket, commotion
balcão <-ões> [baw'kãw, -õjs] *m* **1.** (*de café, loja*) counter **2.** (*no teatro*) **~ de primeira/segunda ordem** dress/upper circle **3.** (*do banco, aeroporto*) counter; **~ de informações** information desk **4.** ARQUIT balcony
balconista [bawko'nista] *mf* salesclerk *Am*, shop assistant *Brit*
balde ['bawʒi] *m* bucket; **~ de lixo** trash can *Am*, rubbish bin *Brit*; **chutar o ~** to go over the top; **levar um ~ de água fria** to be taken by surprise
baldeação [bawdʒja'sãw] *f* (*de bagagem, passageiros*) transfer; **fazer ~ para um outro trem** to change trains
baldear [bawdʒi'ar] *conj como passear* **I.** *vt* to transfer; **~ para** to transfer to **II.** *vr*: **~-se** to change stations
baldio, -a [baw'dʒiw, -a] *adj* (*terreno*) vacant
balé [ba'lɛ] *m* ballet; **~ clássico** classical ballet; **~ moderno** modern dance
baleado, -a [baʎi'adu, -a] *adj* shot
balear [baʎi'ar] *conj como passear vt* to shoot
baleia [ba'leja] *f* **1.** ZOOL whale **2.** *pej* (*gordo*) **estar uma ~** to be huge
balela [ba'lɛla] *f* lie
balir [ba'ʎir] *vi* to bleat
balística [ba'ʎistʃika] *f* ballistics *pl*
balístico [ba'ʎistʃiku] *f* (*míssil*) ballistic
baliza [ba'ʎiza] *f* **1.** FUT goalpost **2.** (*trânsito*) **fazer ~** to maneuver [*o Brit* manoeuvre] into a parking space
balneário [bawne'ariw] *m* (*na praia*) beach resort; (*estância*) spa
balneário, -a [bawne'ariw, -a] *adj* (*na praia*) beach; (*estância*) spa
balões *m pl de* **balão**
balofo, -a [ba'lofu, -a] *adj* **1.** (*pessoa*) pudgy **2.** (*travesseiro*) fluffy **3.** (*bolo*) feathery

balonismo [balo'nizmu] *m sem pl* ballooning
balsa ['bawsa] *f* raft; (*em vez de ponte*) ferry
bálsamo ['bawsãmu] *m* balsam *no pl*
balseiro [baw'sejru] *m* ferryman
báltico, -a ['bawtʃiku, -a] *adj* Baltic; **Mar Báltico** Baltic Sea
baluarte [balu'artʃi] *m* fortress
bamba ['bãba] *inf*, **bambambã** [bãbãbã'bã] *adj, mf inf* **1.** *fig* (*conhecedor profundo de determinado assunto*) expert **2.** (*valentão*) bully
bambo, -a ['bãbu, -a] *adj* (*cadeira, dente, mesa*) wobbly; (*barbante*) loose, slack
bambolê [bãbo'le] *m* Hula-Hoop®
bambolear [bãbole'ar] *conj como passear vi* to swing; (*ao andar*) to swagger
bambu [bã'bu] *m* bamboo *no pl*
bambuzal <-ais> [bãbu'zaw, -'ajs] *m* bamboo grove
banal <-ais> [ba'naw, -'ajs] *adj* banal
banalidade [banaʎi'dadʒi] *f* banality
banalizar [banaʎi'zar] *vt* to vulgarize
banana [bã'nãna] **I.** *f* **1.** BOT banana **2. a preço de ~** dirt-cheap **II.** *mf pej, inf* (*pessoa*) wimp, weakling
bananada [bãnã'nada] *f candy made of sugar and bananas*
banana-nanica [bã'nãna-nã'nika] <bananas-nanicas> *f* dwarf banana
bananeira [bãnã'nejra] *f* **1.** BOT banana tree; **~ que já deu cacho** mature banana tree; **plantar ~** *fig* to do a handstand **2.** (*pessoa*) no spring chicken
banca ['bãka] *f* **1.** (*jogo*) bank **2.** (*de jornais*) newsstand **3.** (*de examinadores*) board **4.** (*de frutas*) stall; **abafar a ~** (*vencer totalmente*) to win hands down; **botar** [*ou pôr*] **~** to show off
bancada [bãŋ'kada] *f* **1.** (*de trabalho*) bench **2.** POL congressional bloc
bancar [bãŋ'kar] <c→qu> *vt* **1.** (*financiar*) to finance **2.** (*fingir*) **~ o cavalheiro** to play the gentleman; **~ que ...** to pretend that ...
bancário [bãŋ'kariw] *m* bank clerk
bancário, -a [bãŋ'kariw, -a] *adj* bank; **crédito ~** bank credit
bancarrota [bãŋka'xota] *f* bankruptcy; **ir à ~** to go bankrupt
banco ['bãŋku] *m* **1.** ECON bank; **Banco Central/Mundial** Central/World

Bank; ~ **virtual** Internet bank **2.** (*assento*) seat; ~ **de praça** bench; ~ **dos réus** the dock **3.** AUTO seat; **o ~ da frente/de trás** the front/back seat; ~ **reclinável** reclining seat **4.** MED bank; ~ **de sangue** blood bank; ~ **de sêmen** sperm bank; ~ **de órgãos** organ bank **5.** GEO bank; ~ **de areia** sand bank **6.** INFOR ~ **de dados** database **7.** ESPORT ~ **de reservas** reserve bench; **ficar no** ~ to stay on the bench

banda ['bɐ̃da] *f* **1.** MÚS band **2.** (*lado*) side; **andar por essas ~s** to move around these parts; **não ser dessas ~s** not to be from these parts; **pôr de ~** to put aside; **sair de ~** to sneak out **3.** ECON ~ **cambial** exchange rate

bandagem [bɐ̃n'daʒẽj] <-ens> *f* bandage

band-aid® ['bɐ̃nʲdejdʒi] *m* band-aid®

bandalheira [bɐ̃da'ʎejra] *f* low behavior

bandana [bɐ̃n'dɐna] *f* bandana

bandear [bɐ̃ndʒi'ar] *conj como passear* **I.** *vt* to band together **II.** *vr:* ~-se to change sides

bandeira [bɐ̃n'dejra] *f* **1.** (*distintivo*) flag; ~ **branca** white flag; ~ **nacional** national flag; ~ **a meio pau/mastro** flag at half mast; **carregar a ~** (*o fly*) the flag **2.** (*no táxi*) taxi meter; ~ **dois** band II (*higher rate, e.g. on Sundays after 10 p.m.*) **3.** (*gafe*) blunder; **dar ~** (*cometer uma gafe*) to put one's foot in one's mouth; (*deixar transparecer a. c.*) to give the game away

bandeirada [bɐ̃ndej'rada] *f* (*táxi*) minimum charge

bandeirinha [bɐ̃ndej'riɲa] *mf* FUT linesman

bandeja [bɐ̃n'deʒa] *f* tray; **servir a. c. na ~** to serve sth on a tray; **dar a. c. a alguém de ~** *fig* to give sth to sb for free

bandejão <-ões> [bɐ̃nde'ʒɐ̃w, -õjs] *m* (*restaurante*) cafeteria

bandidagem [bɐ̃ndʒi'daʒẽj] <-ens> *f* banditry

bandido [bɐ̃n'dʒidu] **I.** *m* bandit, outlaw **II.** *adj* criminal

banditismo [bɐ̃ndʒi'tʃizmu] *m* banditry

bando ['bɐ̃ndu] *m* **1.** (*de aves*) flock **2.** (*de pessoas*) group; **um ~ de ...** a bunch of ... **3.** (*de bandidos*) gang; **agir ~** to act as a gang

bandoleiro [bɐ̃ndo'lejru] *m* bandit

bandolim [bɐ̃ndu'ʎĩj] *m* mandolin

bangalô [bɐ̃ŋa'lo] *m* bungalow

bangue-bangue ['bɐ̃ŋi-'bɐ̃ŋi] *m* **filme de ~** western (*movie*)

banguela [bɐ̃ŋ'gɛla] *adj* **1.** (*boca*) missing one or more front teeth **2.** AUTO **na ~** in neutral

banha ['bɐ̃ɲa] *f* (*de porco*) lard; (*de pessoa*) fat

banhar [bɐ̃'ɲar] **I.** *vt* (*dar banho*) to bathe sb; (*rio*) to flow into **II.** *vr:* ~-se (*no mar*) to bathe

banheira [bɐ̃'ɲejra] *f* **1.** bathtub *Am,* bath *Brit* **2.** (*automóvel*) big car **3.** ESPORT **jogar na ~** to take it easy and wait for others to pass the ball to you

banheiro [bɐ̃'ɲejru] *m* bathroom

banhista [bɐ̃'ɲista] *mf* bather

banho ['bɐ̃ɲu] *m* **1.** bath; **tomar ~** to take a bath *Am,* to have a bath *Brit;* **tomar ~ de chuveiro** to take a shower; ~ **de vapor** steam bath; ~ **de sangue** blood bath; **tomar ~ de sol** to sunbathe **2.** *fig* **levar um ~** ESPORT to take a licking; **tomar um ~ de cultura** to undergo cultural immersion; **preciso de um ~ de loja** I need to go clothes-shopping

banho-maria ['bɐ̃ɲu-ma'ria] <banhos-marias> *m* double-boiler; **cozinhar em ~** to cook in a double-boiler; **deixar a. c. em ~** *fig* to put [*o* leave] sth on the back burner

banir [bɐ̃'nir] *vt* to ban

banjo ['bɐ̃nʒu] *m* banjo

banqueiro [bɐ̃ŋ'kejru] *m* banker

banqueta [bɐ̃ŋ'keta] *f* stool

banquete [bɐ̃ŋ'ketʃi] *m* banquet

baobá [bao'ba] *m* baobab

baque ['baki] *m* **1.** (*ruído*) thud **2.** (*queda*) fall **3.** (*choque*) blow; **sofrer um ~** to suffer a blow

baquear [baki'ar] *conj como passear vi* to fall heavily

baqueta [ba'keta] *f* drumstick

bar ['bar] <-es> *m* **1.** (*de diversão*) bar **2.** (*com comida*) snack bar

---

Cultura The **bar** and **barzinho** are common meeting places in Brazil. Some are fancier (**barzinhos**), others more modest (**bares**), but all have a laid-back atmosphere and often live music, snacks and light meals. Note that some establishments or restaurants may refuse entry to men in shorts, bermudas or sandals.

barafunda [bara'fũwda] *f* **1.** (*ajuntamento*) noisy crowd **2.** (*confusão*) commotion **3.** (*barulho*) uproar

baralhar [bara'ʎar] *vt v.* **embaralhar**

baralho [ba'raʎu] *m* deck [*o Brit a.* pack] of cards

barão, baronesa <-ões> [ba'rãw, baro'neza -õjs] *m, f* baron *m,* baroness *f*

barata [ba'rata] **I.** *f* **1.** ZOOL cockroach **2.** *fig* **ficar como uma ~ tonta** to be in a daze; **entregue às ~s** *inf* abandoned; **o projeto está entregue às ~s** the project has been abandoned **II.** *adj v.* **barato**

baratear [baratʃi'ar] *conj como passear vt* to sell cheaply, to sell off *Brit*

barateiro, -a [bara'tejru, -a] *adj* cheap

baratinado, -a [baratʃi'nadu, -a] *adj* **gír estar ~** to not know whether one is coming or going

barato, -a [ba'ratu, -a] *adj* cheap

barato [ba'ratu] **I.** *m gír* **ser um ~** to be awesome [*o* cool]; **a festa foi um ~!** the party was awesome! **II.** *adv* very little; **esta blusa saiu ~** this blouse cost very little

barba [ˈbarba] *f* beard; **~ cerrada** thick beard; **fazer a ~** to shave; **fazer a ~ de alguém** to shave sb; **fazer ~, cabelo e bigode** ESPORT to sweep the board; **fazer a. c. nas ~s de alguém** to do sth right under sb's nose

barba-azul [barba'zuw] <barbas-azuis> *m* womanizer

barbada *adj v.* **barbado**

barbado, -a [r'badu, -a] *adj* bearded

barbante [bara'bãntʃi] *m* string

bárbara *adj v.* **bárbaro**

barbaridade [barbari'dadʒi] *f* **1.** (*crueldade*) barbarity **2.** (*disparate*) absurdity; **que ~!** that's absurd!

barbárie [bar'barii] *f* barbarism

barbarizar [barbari'zar] *vt* to barbarize; (*língua*) to corrupt

bárbaro [ˈbarbaru] *m* barbarian

bárbaro, -a [ˈbarbaru, -a] *adj* **1.** (*fantástico*) awesome *Am,* fantastic **2.** (*selvagem*) wild **3.** (*desumano*) inhuman **4.** (*rude*) crude

bárbaro [ˈbarbaru] *interj* **que ~!** how awesome! *Am,* how fantastic!

barbatana [barba'tãna] *f* (*nadadeira*) fin

barbear [barbe'ar] *conj como passear* **I.** *vt* to shave; **máquina de ~** electric shaver **II.** *vr:* **~-se** to shave, to have a shave

barbearia [barbea'ria] *f* barber shop

barbeira *adj v.* **barbeiro**

barbeiragem [barbej'raʒẽj] <-ens> *f* bad driving

barbeiro [bar'bejru] *m* **1.** barber; **ir ao ~** to go to the barber's **2.** *inf* (*motorista*) bad driver **3.** (*profissional descuidado*) inept

barbicha [bar'biʃa] *f* goatee

barbiturato [barbitu'ratu] *m* barbiturate

barbudo, -a [bar'budu, -a] *adj* bearded

barca [ˈbarka] *f* barge

barcaça [bar'kasa] *f* (large) barge

barco [ˈbarku] *m* boat; (*navio*) ship; **~ a motor** motor boat; **~ a remo** rowboat *Am,* rowing-boat *Brit;* **~ à vela** sailboat *Am,* sailing boat *Brit;* **~ pesqueiro** [*ou* **de pesca**] fishing boat; **~ salva-vidas** lifeboat; **estar no mesmo ~** to be in the same boat; **deixar o ~ correr** to let things ride; **tocar o ~ (para a frente)** to keep things moving

bardo [ˈbardu] *m* bard

bares *m pl de* **bar**

barganha [bar'gãɲa] *f pej* swindle

barganhar [bargã'ɲar] *vt* to bargain

bário [ˈbariw] *m* barium *no pl*

barítono [ba'ritunu] *m* baritone

barman [bar'mẽj] *m* barman

barões *m pl de* **barão**

barômetro [ba'rometru] *m* barometer

baronesa *f v.* **barão**

barqueiro, -a [bar'kejru, -a] *m, f* boatman

barra [ˈbaxa] *f* **1.** (*de metal*) bar **2.** (*de chocolate, sabão*) bar **3.** (*do porto*) bar **4.** ESPORT **~ fixa** horizontal bar; **~s paralelas** parallel bars **5.** (*salto em altura*) pole **6.** (*da saia*) hem **7.** MÚS bar **8.** JUR **~ do tribunal** bar **9.** (*tipografia*) slash **10.** *inf* (*situação*) fix; **aguentar a ~** to face the music; **forçar a ~** to force sb's hand; **limpar a ~** to straighten sth out; **segurar a ~** to face the music; **sujar a ~** to make things worse; **é uma ~** things are looking grim

barraca [ba'xaka] *f* **1.** (*de madeira*) hut **2.** (*de feira*) stall **3.** (*de camping*) tent

4. (*de praia*) (beach) umbrella

barracão <-ões> [baxa'kɜ̃w, -õjs] *m* large shed

barraco [ba'xaku] *m* shack; **armar o maior ~** to cause a scandal

barracões *m pl de* **barracão**

barragem [baxa'ʒēj] <-ens> *f* dam

barra-limpa ['baxa-'ʎĩjpa] **I.** *adj inf* (*pessoa*) cool **II.** *mf* cool guy *m*, cool woman *f*

barranco [ba'xɜ̃ŋku] *m* **1.** (*quebrada*) steep bank **2.** (*precipício*) ravine

barra-pesada ['baxa-pe'zada] <barras-pesadas> **I.** *f inf* (*situação*) fix **II.** *mf* (*pessoa de má índole*) dangerous customer

barrar [ba'xar] *vt* (*a passagem*) to bar; ESPORT to defend

barreira [ba'xejra] *f* **1.** (*cancela*) gate **2.** (*obstáculo*) barrier; (*de jogadores*) wall; **~ do som** sound barrier; **ultrapassar as ~s** to go beyond the limit

barricada [baxi'kada] *f* barricade

barriga [ba'xiga] *f* stomach; **dor de ~** stomachache; (*abdome*) belly; **chorar de ~ cheia** to complain without cause; **empurrar com a ~** to take it easy; **estar de ~** to be pregnant; **tirar a ~ da miséria** to have one's fill

barriga-d'água [ba'xiga-'dagwa] <barrigas-d'água> *f* abdominal dropsy

barrigudo, -a [baxi'gudu, -a] *adj* potbellied

barril <-is> [ba'xiw, -'is] *m* barrel; **~ de pólvora** gunpowder barrel

barro ['baxu] *m* clay

barroco, -a [ba'xoku] *adj* baroque

barroco [ba'xoku, -a] *m* baroque period

barulheira [baru'ʎejra] *f* racket

barulhento, -a [baru'ʎẽjtu, -a] *adj* noisy

barulho [ba'ruʎu] *m* **1.** (*constante*) din; (*momentâneo*) uproar; **fazer ~** to make a noise; **ouvir um ~** to hear a noise **2.** (*tumulto*) quarrel; **armar ~** to kick up a fuss **3.** (*alarde*) a lot of noise [*o publicity*]; **o filme foi lançado com muito ~** the movie was launched in a whirl of publicity; **ela é do ~** she is exceptional

barzinho [bar'zĩnu] *m* small bar

basalto [ba'zawtu] *m* basalt *no pl*

basculante [basku'lɜ̃ɲtʃi] *adj* dump truck *Am*, dumper truck *Brit*

base ['bazi] *f* **1.** (*suporte*) base; **tremer nas ~s** to shake in one's shoes **2.** (*princípio*) foundation; **com ~ em** based upon; **à ~ de** under the influence of; **não ter ~** unfounded; **estabelecer as ~s de um acordo** to establish the basis of an agreement **3.** INFOR **~ de dados** database **4.** ARQUIT (*de uma coluna*) base **6.** (*cosmético*) foundation **7.** (*conhecimento básico*) basic knowledge; **não ter ~ para acompanhar as aulas** to be unable to follow the classes **8.** MIL base; **~ aérea** air base; **~ de operações** base of operations; **~ espacial** AERO space station **9.** POL party; **consultar as ~s** to consult the party

baseado, -a [bazi'adu, -a] *adj* based; **~ em** based on

baseado [bazi'adu] *m inf* (*de maconha*) joint

basear [bazi'ar] *conj como passear* **I.** *vt* to base; **~ a. c. em a. c.** to base sth on sth **II.** *vr:* **~-se em** (*filme, livro*) to be based on; **ela se baseou em dados concretos para tomar a decisão** she made a decision based on solid facts

básico, -a ['baziku, -a] *adj* **1.** (*fundamental*) basic; **conhecimentos ~s** basic knowledge *pl* **2.** QUÍM basic

Basileia [bazi'lɛja] *f* Basel

basílica [ba'ziʎika] *f* basilica

basquete(bol) [bas'kɛtʃi('bɔw)] *m* basketball

basta ['basta] **I.** *m* quilting stitch; **dar um ~ em a. c.** to put a stop to sth **II.** *interj* stop that!

bastante [bas'tɜ̃ɲtʃi] **I.** *adj* (*suficiente: dinheiro, provas*) enough; (*muito: dinheiro*) plenty of **II.** *adv* **1.** (*suficientemente*) quite **2.** (*muito: rico, inteligente*) pretty; **ela ganha bastante** she earns plenty **III.** *m* **isto é o ~** that's enough

bastão <-ões> [bas'tɜ̃w, -õjs] *m* stick; (*de beisebol*) bat

bastar [bas'tar] **I.** *vi* to be enough; **~ de bocejar** stop yawning; **basta de guerras** enough of wars; **não basta ser bonito** being handsome is not enough **II.** *vr:* **~-se** to be self sufficient; **ela se basta para viver** she's self-sufficient

bastardo, -a [bas'tardu, -a] *adj* bastard

bastião <-ões, -ães> [bastʃi'ɜ̃w, -õjs, -'ɜ̃js] *m* bastion

bastidores [bastʃi'doris] *mpl* TEAT wings *pl;* **nos ~** in the wings; *fig* behind the scenes

bastiões *m pl de* **bastião**

bastões *m pl de* **bastão**

bata ['bata] *f* robe *Am*, dressing gown *Brit*

batalha [ba'taʎa] *f* battle; **travar uma ~ com alguém** to have a battle with sb; **a ~ do dia-a-dia** the daily battle; **~ naval** (*jogo*) battleships

batalhador(a) [bataʎa'dor, -a] *m(f)* fighter

batalhão <-ões> [bata'ʎɜ̃w, -õjs] *m* MIL battalion; (*de repórteres, torcedores etc.*) horde

batalhar [bata'ʎar] *vi* to fight; **~ para conseguir a. c.** to fight for something

batalhões *m pl* de **batalhão**

batata [ba'tata] *f* **1.** GASTR potato; **~s fritas** French fries *Am*, chips *pl Brit*; (*de pacote*) potato chips *Am*, (potato) crisps *Brit*; **vá plantar ~!** get lost!; **ficar com** [*ou* **ter**] **uma ~ quente nas mãos** to be left holding the baby **2.** ANAT (**~ da perna**) calf

batata-doce [ba'tata-'dosi] *f* sweet potato

bate-boca ['batʃi-'boka] *m* quarrel

batedeira [bate'dejra] *f* beater; **~ elétrica** electric beater

batedor(a) [bate'dor(a)] <-es> *m(f)* (*de comitiva*) outrider; **~ de carteiras** pickpocket

bate-estaca [bat'staka] *m* **1.** pile driver **2.** MÚS *electronic music created by a DJ*

batelada [bate'lada] *f* pile; **ter uma ~ de coisas para fazer** to have a bunch of things to do

batente [ba'tẽtʃi] *m* **1.** (*da porta*) doorpost **2.** (*trabalho*) work; **pegar no ~** to go to work

bate-papo ['batʃi-'papu] *m inf* chat; **ter um ~ com alguém** to have a chat with sb

bater [ba'ter] **I.** *vt* **1.** (*golpear*) to beat; **~ asas** to escape; **~ palmas** to applaud; **~ o pé** to stamp one's foot **2.** (*porta*) to slam; **~ a porta** to slam the door; **~ à** [*ou* **na**] **porta** to knock on the door; (*ir*) **~ à** [*ou* **na**] **porta de alguém** to show up on sb's doorstep; **estão batendo (à** [*ou* **na**] **porta)** sb is knocking on the door **3.** (*a massa*) to beat; **~ as claras em neve** to beat the egg whites until stiff **4.** (*roupa*) to wash (in the washing machine) **5.** (*vencer*) to beat **6.** (*um recorde*) to break; **o desemprego bateu a casa dos 13%** unemployment has hit 13% **7.** (*foto*) to take **8.** **~ à máquina** to type **9.** (*carteira*) to steal **10.** ESPORT to kick; **~ um pênalti/uma falta** to kick a penalty/a foul **11.** (*telefone*) to hang up; **~ o telefone na cara de alguém** to hang up on sb **II.** *vi* **1.** (*dar pancada*) to sock; **~ em alguém** to sock sb **2.** (*ir de encontro a*) to hit; **~ com a cabeça na parede** to bang one's head against the wall; **~ com a perna na cadeira** to bang one's leg on a chair; **~ contra a parede** to slam into a wall; **~ com o nariz na porta** to visit sb and find he is not in; **eu bati com o carro** I crashed my car **3.** (*coração*) beat; **o meu coração bate por ele** he makes my heart pound **4.** (*dentes*) to chatter **5.** (*luz, sol*) to shine; **o sol esta batendo no meu rosto** the sun is shining in my face **6.** (*ondas*) to pound; **as ondas batem contra o penhasco** the waves are pounding against the cliff **7.** (*horas*) to strike **8.** *inf* (*drogas*) to take **9.** **as informações não batem** the information does not match up; **há qualquer coisa que não bate** there is something that doesn't fit **10.** **não ~ bem da cabeça** to have a screw loose **III.** *vr:* **~-se** to hit oneself

bateria [bate'ria] *f* **1.** (*do automóvel*) battery; **carregar as ~s** *fig* to charge one's batteries **2.** MÚS percussion; **tocar ~** to play percussion [*o* the drums] **3.** MIL battery; **~ antiaérea** anti-air battery

baterista [bate'rista] *mf* percussionist, drummer

batida [ba'tʃida] *f* **1.** (*drinque*) cocktail made of vodka or white rum, fruit juice and sugar **2.** (*polícia*) raid; **~ policial** police raid **3.** (*ritmo*) beat **4.** (*de veículos*) crash

batido, -a [ba'tʃidu, -a] *adj* **1.** (*rua*) dirt; (*caminho*) well-traveled **2.** (*roupa*) worn out **3.** (*expressão*) worn out **4.** (*assunto*) old hat **5.** (*veículo*) smashed

batimento [batʃi'mẽjtu] *m* beating; **~ cardíaco** heartbeat *no pl*

batina [ba'tʃina] *f* cassock

batismo [ba'tʃizmu] *m* baptism; **~ de fogo** baptism of fire

batizado, -a [batʃi'zadu, -a] *adj* baptized; (*gasolina, leite*) watered down

batizado [batʃi'zadu] *m* baptism

batizar [batʃi'zar] *vt* to baptize

batom [ba'tõw] *m* lipstick; **usar ~ to**

wear lipstick

batráquio [baˈtrakiw] *m* amphibian

batucada [batuˈkada] *f* Afro-Brazilian rhythm

batucar [batuˈkar] <c→qu> *vi* to beat the rhythm

batuque [baˈtuki] *m* 1. MÚS (*tambor*) beating 2. (*dança*) singing and dancing accompanied by stomping, hand-clapping and drums

batuta [baˈtuta] *f* MÚS baton; *inf* (*amigo*) real, reliable

baú [baˈu] *m* trunk; **tirar a. c. do fundo do ~** to dig sth up *fig*; **dar o golpe do ~** to marry for money

baunilha [bawˈniʎa] *f* vanilla

bauru [bawˈru] *m reg* (*SP*) sandwich consisting of bread roll, roast beef, mozzarella and pickled cucumber and seasoned with salt and oregano

bazar [baˈzar] *m* bazaar

bazófia [baˈzɔfia] *f inf* bragging *no pl*

bazuca [baˈzuka] *f* bazooka

bê-á-bá [beaˈba] *m* **o ~** the alphabet; **aprender o ~** to learn one's ABCs

beatificar [beatʃifiˈkar] <c→qu> *vt* to beatify

beato [beˈatu] *m* devout person

bêbado, -a [ˈbebadu, -a] **I.** *m, f* (*alcoólatra*) drunkard; (*embriagado*) drunk **II.** *adj* drunk; **estar/ficar ~** to be/get drunk

bebê [beˈbe] *m* baby; **~ de proveta** test tube baby

bebedeira [bebeˈdejra] *f* drinking binge; **tomar uma ~** to get drunk

bebedouro [bebeˈdowru] *m* drinking fountain

beber [beˈber] *vt* 1. (*animais, pessoas*) to drink; **~ à saúde de alguém** to make a toast to sb's health; **nunca diga 'desta água não beberei'** never say never 2. *fig* (*veículos*) to consume; **o meu carro bebe muito** my car guzzles fuel

bebericar [beberiˈkar] <c→qu> *vt* to imbibe

beberrão, -ona <-ões> [bebeˈxɐ̃w, -ˈona, -ˈõjs] *m, f* hard drinker

bebes [ˈbɛbis] *mpl* **comes e ~** food and drink *no pl*

bebida [beˈbida] *f* drink; **~s alcoólicas/não alcoólicas** alcoholic/non-alcoholic drinks *pl*

bebível <-eis> [beˈbivew, -ejs] *adj* drinkable

bebum [beˈbũw] *mf inf* drunk

beca [ˈbɛka] *f* 1. (*vestimenta*) UNIV gown; JUR robe 2. *inf* (*roupa elegante*) smart clothes *pl*

bechamel <-éis> [beʃaˈmɛw, -ˈɛis] *m* béchamel sauce

beco [ˈbeku] *m* alley; **~ sem saída** blind alley, dead end; **estar num ~ sem saída** to find oneself in a tight spot

bedel <-éis> [beˈdɛw, -ˈɛis] *m* (*da escola*) beadle

bedelho [beˈdeʎu] *m* (*de porta*) door bolt; **meter o ~ em a. c.** to stick one's nose into sth

beduíno [beduˈinu] *m* Bedouin

bege [ˈbɛʒi] *adj, m* beige

begônia [beˈgonia] *f* begonia

beicinho [bejˈsĩɲu] *m* **fazer ~** to pout

beiço [ˈbejsu] *m* lip; **lamber os ~s** *fig* to lick one's lips

beiçudo, -a [bejˈsudu, -a] *adj* thick-lipped

beijada [bejˈʒada] *adj* **dar a. c. a alguém de mão ~** to give sb sth for free; **receber a. c. de mão ~** to receive sth for free

beija-flor [ˈbejʒa-ˈflor] *m* humming-bird

beijar [bejˈʒar] *vt* to kiss

beijinho [bejˈʒĩɲu] *m* coconut candy made with condensed milk

beijo [ˈbejʒu] *m* 1. kiss; **~ de língua** French kiss; **~ da morte** the kiss of death; **dar um ~ em alguém** to kiss sb 2. (*numa carta*) **um ~ kisses** *pl*; **mande um ~ para ela** give her my love

beijoca [bejˈʒɔka] *f inf* smacker

beijoqueiro, -a [bejʒoˈkejru, -a] *m, f* person fond of kissing

beira [ˈbejra] *f* 1. (*do chapéu, do copo*) brim; (*de mesa*) edge; **à ~ de** on the brink of; **estar à ~ da morte** to be on one's deathbed; **estar à ~ de um ataque de nervos** to be on the verge of a nervous breakdown 2. (*de rio*) bank; (*do mar*) shore

beirada [bejˈrada] *f* edge

beira-mar [ˈbejra-ˈmar] <-es> *f* seaside, seashore; **à ~** on the seashore, by the sea

beirar [bejˈrar] *vt* to skirt

beisebol [bejziˈbɔw] *m* baseball

bela *adj, f v.* **belo**

belas-artes [ˈbɛlaz-ˈarts] *fpl* fine arts *pl*

belas-letras [ˈbɛlaz-ˈletras] *fpl* literary studies, belles-lettres *pl*

beldade [bewˈdadʒi] *f* beauty

beleléu [bele'lɛw] *m inf* (*morrer*) **ir para o ~** to kick the bucket; (*sumir*) to be gone for good
Belém [be'lẽj] (City of) Belém
beleza [be'leza] *f* beauty; **é uma ~!** what a beauty!; **este trabalho está uma ~** this is a beautiful piece of work; **cansar a ~ de alguém** to tire sb to death
belezoca [bele'zɔka] *f* real beauty
belga ['bɛwga] *adj, mf* Belgian; **os ~s** the Belgians
Bélgica ['bɛwʒika] *f* Belgium
bélica *adj v.* **bélico**
beliche [be'ʎiʃi] *m* bunk bed
bélico, -a ['bɛliku, -a] *adj* MIL bellicose
beligerância [beliʒe'rãŋsia] *f* belligerency; MIL aggression
beligerante [beliʒe'rãŋtʃi] *adj* belligerent
beliscão [beʎis'kãw] *m* pinch; **dar um ~ em alguém** to pinch sb
beliscar [beʎis'kar] <c→qu> I. *vt* (*pessoa*) to pinch; (*alimentos*) to nibble II. *vr:* **~-se** to pinch oneself
belo, -a ['bɛlu, -a] *adj, m, f* beautiful
Belo Horizonte [beloɾi'zõwtʃi] *m* (City of) Belo Horizonte
bel-prazer [bɛwpɾa'zer] <-es> *m* **a seu ~** as you see fit
beltrano [bew'tɾɐnu] *m* so-and-so
belvedere [bewve'dɛɾi] *m* belvedere
bem ['bẽj] I. *m* 1. (*moral*) good; **homem/gente de ~** good man/people; **estar de ~ com alguém** to be on good terms with sb; **estar de ~ com a vida** to be well satisfied with life; **o ~ e o mal** good and evil; **ele terá de vir por ~ ou por mal** he will have to come no matter what; **praticar** [*ou* **fazer**] **o ~** to do good (deeds) 2. (*bem-estar*) well-being; (*benefício*) benefit; **é para o seu ~!** it's for your own good!; **meu ~** my dear 3. ECON property; (*de consumo*); **bens** *pl* goods *pl*; **bens de consumo** consumer goods; **bens de primeira necessidade** basic needs *pl* II. *adv* 1. (*de modo agradável*) well; **sentir-se ~** to feel well; **cheirar ~** to smell good 2. (*corretamente*) well; **responder ~** to give a good answer; **muito ~!** very good!, well done!; (**é**) **~ feito!** it serves you right! 3. (*com saúde*) well; **fazer ~ à saúde** to be good for the health; **isto vai fazer ~ a você** this will do you good; (**está**) **tudo bem?** how are you?; **tudo ~!** everything's fine!; **passe ~!** have a good life! 4. (*muito: caro, frio, fundo, grande*) very; **querer ~ a alguém** to be very fond of sb, to love sb 5. (*exatamente*) exactly; **~ no meio** exactly in the middle; **não é ~ assim** that's not exactly so; **eu ~ te disse/avisei** I told you so 6. (*de bom grado*) gladly; **eu ~ (que) queria ir, mas não posso** I would be glad to go, but I cannot; **está ~!** okay; **ainda ~!** luckily!; **ainda ~ que ...** it's just as well that; **a ~ da verdade...** to tell the truth; **falar ~ de alguém** to speak well of sb; **viver ~** to live well III. *adj* good; **ele está ~ de saúde** she's in good health IV. *conj* **como** as well, also; **se ~ que** although, even though V. *interj* **~, de que estávamos falando?** well, what were we talking about?; **muito ~!** very good!
bem-aventurado, -a [bɛɲavẽjtu'radu, -a] *adj* blessed
bem-bom [bẽj'bõw] *m* comfort, pleasure; **viver no ~** to live in comfort
bem-comportado, -a [bẽjkõwpor'tadu, -a] *adj* well-behaved
bem-disposto, -a [bẽjdʒis'postu, -'ɔsta] *adj* feeling good
bem-educado, -a [bẽnedu'kadu, -a] *adj* polite
bem-estar [bẽɲis'tar] *m* well-being
bem-falante [bẽjfa'lãŋtʃi] *adj* eloquent
bem-humorado, -a [bẽnumo'radu, -a] *adj* cheerful; **estar ~** to be in a good mood
bem-intencionado, -a [bẽɲĩjtẽjsjo'nadu, -a] *adj* well-meaning
bem-me-quer [bẽjmi'kɛr] *m* BOT daisy
bemol [be'mɔw] *m* MÚS a flat note
bem-posto, -a [bẽj'postu, -'ɔsta] *adj* refined
bem-querer [bɛjke'rer] I. *m* (*pessoa*) loved one; (*sentimento*) affection II. *vt* to care very much for
bem-sucedido, -a [bẽjsuse'dʒidu, -a] *adj* successful
bem-te-vi [bẽjtʃi'vi] *m* ZOOL (*ave*) tyrant flycatcher
bem-vindo, -a [bẽj'vĩjdu, -a] *adj, interj* welcome; (**seja**) **~!** welcome!; **~ a São Paulo!** welcome to São Paulo!
bem-visto, -a [bẽj'vistu, -a] *adj* greatly admired; (*estimado*) highly esteemed
bênção ['bẽjsãw] <-s> *f* blessing; **dar a**

bendito 73 **bezerro**

~ **a alguém** to give sb one's blessing
bendito, -a [bēj'dʒidu, -a] *adj* blessed
bendizer [bējdʒi'zer] *irr como dizer vt* to praise
beneditino [benedʒi'tʃinu] *m* Benedictine monk
beneficência [benefi'sẽjsia] *f sem pl* charity *no pl*
beneficiar [benefisi'ar] *conj como enviar* **I.** *vt* (*favorecer*) to benefit; (*melhorar*) to improve **II.** *vr* ~**-se de a. c.** to benefit from sth
beneficiário, -a [benefisi'ariw, -a] *m, f* beneficiary; ~ **do seguro** insurance policy beneficiary
benefício [bene'fisiw] *m* **1.** o ~ **da dúvida** the benefit of doubt **2.** (*lucro*) gain; **em** ~ **de** in favor of **3.** (*melhoramento*) improvement
benéfico, -a [be'nɛfiku, -a] *adj* **1.** (*clima*) favorable **2.** (*atitude*) beneficial
benemérito, -a [bene'mɛritu, -a] *adj* distinguished
benemérito [bene'mɛritu] *m* distinguished person
beneplácito [bene'plasitu] *m* approval *no pl*
benevolência [benevo'lẽjsia] *f sem pl* benevolence *no pl*
benevolente [benevo'lẽjtʃi] *adj* kind
benfeitor(a) [bẽjfej'tor, -a] *m(f)* benefactor *m*, benefactress *f*
bengala [bẽj'gala] *f* walking stick
benigno, -a [be'nignu, -a] *adj* MED benign
benjamim [bẽjʒã'mĩj] <-ins> *m* ELETR adaptor
benzer [bẽj'zer] **I.** *vt* to bless **II.** *vr:* ~**-se** to cross oneself
benzina [bẽj'zina] *f* benzene *no pl*
beócio [be'ɔsiw] *m* dimwit
beque ['bɛki] *m* ESPORT back
berço ['bersu] *m* cradle; **nascer em** ~ **de ouro** to be born with a silver spoon in one's mouth; **ter** ~ to have breeding
bereba [be'rɛba] *f* rash
berimbau [berĩj'baw] *m Afro-Brazilian instrument made from a gourd half with a long wooden arm and one string*

Cultura The **berimbau** is a percussion instrument of Bantu origin, having a single string mounted on a gourd (resonance box). The string is struck with a small stick to the beat of **capoeira** dancing.

beringela [berĩj'ʒɛla] *f* eggplant *Am*, aubergine *Brit*
Berlim [ber'ʎĩj] *f* Berlin
berlinense [berʎi'nẽjsi] **I.** *adj* of or relating to Berlin **II.** *mf* Berliner
berloque [ber'lɔki] *m* (*da pulseira*) charm, trinket
bermudão [bermu'dãw] *m* knee length Bermuda shorts
bermudas [ber'mudas] *fpl* Bermuda shorts *pl*
berrante [be'xãtʃi] *adj* (*cor*) loud; (*roupa*) flashy
berrar [be'xar] *vi* to shout; ~ **com alguém** to shout at sb
berreiro [be'xejru] *m* shouting; **abrir o** ~ *inf* to bawl one's eyes out
berro ['bɛxu] *m* shout; **dar um** ~ to cry out
besouro [be'zowru] *m* beetle
besta ['bɛsta] **I.** *f* **1.** (*animal*) beast; ~ **de carga** beast of burden, pack animal **2.** *inf* (*pessoa presunçosa*) big head **II.** *adj* **1.** *inf* stupid **2.** *inf* (*presunçoso*) big-headed
bestalhão, -ona <-ões> [besta'ʎãw, -'ona -õjs] *m, f* dope, big head
besteira [bes'tejra] *f inf* stupidity; **dizer** ~**s** to talk nonsense; **fazer uma** ~ to make an ass of oneself
bestial <-ais> [bestʃi'aw, -'ajs] *adj* brutal
best-seller [bɛst'sɛler] *m* best-seller
besuntado, -a [bezũw'tadu, -a] *adj* (*de graxa*) greased; (*de óleo*) oiled
besuntar [bezũw'tar] *vt* (*com graxa*) to grease; (*com óleo*) to oil
beterraba [bete'xaba] *f* beet *Am*, beetroot *Brit*
betoneira [beto'nejra] *f* concrete mixer
bétula ['bɛtula] *f* BOT birch
betume [be'tume] *m* bitumen *no pl*
betuminoso, -a [betumi'nozu, -'ɔza] *adj* bituminous
bexiga [bi'ʃiga] *f* **1.** ANAT bladder **2.** (*balão*) balloon **3.** (*varíola*) smallpox
bezerra [be'zexa] *f* ZOOL heifer; (**estar**) **pensando na morte da** ~ to be lost in thought
bezerro [bi'zexu] *m* ZOOL calf; **chorar como um** ~ **desmamado** *inf* to cry

one's eyes out
biatlo [bi'atlu] *m* ESPORT biathlon
bibelô [bibe'lo] *m* knickknack *pl*
Bíblia ['biblia] *f* Bible
bíblico, -a ['bibliku, -a] *adj* biblical
bibliografia [bibliogra'fia] *f* bibliography
bibliográfico, -a [biblio'grafiku, -a] *adj* bibliographic
biblioteca [biblio'tɛka] *f* library
bibliotecário, -a [bibliote'kariw, -a] *m*, *f* librarian
biboca [bi'bɔka] *f inf* dive
bica ['bika] *f* (*torneira*) faucet *Am*, tap *Brit*; (*fonte*) spring; **água da** ~ spring water; **suar em** ~**s** to sweat like crazy *Am*, to sweat buckets *Brit*
bicada [bi'kada] *f* peck; *inf* (*de comida*) little bite; *inf* (*de bebida*) sip; **dar uma** ~ **no vinho** to take a sip of the wine
bicão, -ona <-ões> [bi'kɜ̃w, -'ona, -õjs] *m*, *f inf* gatecrasher
bicar [bi'kar] <c→qu> *vt* to peck at; *inf* (*bebida*) to sip
bicarbonato [bikarbo'natu] *m* bicarbonate; ~ **de sódio** baking soda *no pl Am*, bicarbonate of soda *no pl Brit*
bicentenário [bisɛjte'nariw] *m* bicentennial
bíceps ['biseps] *m* ANAT biceps
bicha ['biʃa] *f pej* queer, fag
bichado, -a [bi'ʃadu, -a] *adj* (*frutas*, *legumes*) wormy
bicha-louca [biʃa-'loka] <bichas-loucas> *f pej* gatecrasher
bichano [bi'ʃɜnu] *m* pet kitten
bicharada [biʃa'rada] *f sem pl* menagerie
bicho ['biʃu] *m* **1.** ZOOL animal; **ver que** ~ **dá** see what happens; **virar um** ~ to blow one's top; **é o** ~! *gír* cool, man! **2.** (*inseto*) bug; (*verme*) worm **3.** (*calouro*) freshman **4.** *gír* (*meu chapa*) pal; **é isso aí,** ~ way to go, pal *Am*, that's the way, mate *Brit*
bicho-carpinteiro ['biʃu-karpĩj'tejru] <bichos-carpinteiros> *m* woodworm
bicho-da-seda ['biʃu-da-'seda] <bichos-da-seda> *m* ZOOL silkworm
bicho do mato ['biʃu du 'matu] <bichos do mato> *m fig* loner
bicho-do-pé ['biʃu-du-'pɛ] <bichos-do-pé> *m* ZOOL chigoe
bicho-papão ['biʃu-pa'pɜ̃w] <bichos-papões> *m* bogey-man
bicho-preguiça *m* ZOOL sloth

bicicleta [bisi'klɛta] *f* **1.** bike, bicycle; **andar de** ~ to ride a bicycle **2.** FUT bicycle kick
bico ['biku] *m* **1.** (*de pássaro*) beak **2.** (*ponta*) point **3.** (*de pena*) pen nib **4.** (*de chaleira*) spout; (*de gás*) burner **5.** *inf* (*boca*) mouth; **abrir o** ~ to open one's mouth; ~ **calado!** be quiet!; **ser bom de** ~ to be a sweet-talker **6.** *inf* (*trabalho informal*) sideline **7.** ESPORT **chutar de** ~ *to kick in any direction to keep the other team from scoring a goal*
bico-de-papagaio ['biku-dʒi-papa'gaju] <bicos-de-papagaio> *m* MED pathological outgrowth on the spine
bicões *m pl de* **bicão**
bicolor [biko'lor] *adj* bicolor *Am*, bicolour *Brit*
bicona *f v.* **bicão**
bicudo, -a [bi'kudu, -a] *adj* **1.** (*pontiagudo*) pointed; **caso** ~ tough case **2.** (*emburrado, zangado*) surly
BID ['bidʒi] *m abr de* **Banco Interamericano de Desenvolvimento** Inter-American Development Bank
bidê [bi'de] *m* bidet
Bielorrússia [bi'ɛlu'rusia] *f* Belarus
bienal <-ais> [bie'naw, -'ajs] *adj*, *f* biennial
biênio [bi'eniw] *m* biennium
bife ['bifi] *m* GASTR (beef)steak; ~ **bem/mal passado** well-done/rare steak; ~ **a cavalo** steak with a fried egg on top; ~ **à milanesa** breaded steak
bifurcação <-ões> [bifurka'sɜ̃w, -õjs] *f* (*na rua, no caminho*) fork
bifurcar [bifur'kar] <c→qu> *vi* to fork
bígama *f v.* **bígamo**
bigamia [biga'mia] *f sem pl* bigamy *no pl*
bígamo, -a ['bigɜmu, -a] *m*, *f* bigamist
bigode [bi'gɔdʒi] *m* mustache; (*de gato*) whiskers *pl*
bigodudo [bigo'dudu] *m* man with a bushy mustache
bigorna [bi'gɔrna] *f* anvil; ANAT incus
bijuteria [biʒute'ria] *f* costume jewelry
bilateral <-ais> [bilate'raw, -'ajs] *adj* bilateral
bile ['bili] *f* MED bile
bilhão <-ões> [bi'ʎɜ̃w, -õjs] *m* billion
bilhar [bi'ʎar] *m* billiards
bilhete [bi'ʎetʃi] *m* **1.** (*entrada, de loteria*) ticket **2.** (*de metrô, avião*) ticket; ~ **de ida e volta** round-trip ticket *Am*,

bilheteria 75 **bituca**

return ticket *Brit* **3.** (*recado*) note; **deixar/escrever um** ~ to leave/write a note
bilheteria [biʎete'ria] *f* **1.** (*teatro, cinema*) box office **2.** (*do metrô*) ticket window
bilhões *m pl de* **bilhão**
biliar [biʎi'ar] *adj* MED biliary; **cálculos** ~ **es** gallstones *pl*
bilíngue [bi'ʎĩgwi] *adj* bilingual
bilionário [biʎjo'nariw] *m* billionaire
bimestral <-ais> [bimes'traw, -'ajs] *adj* bimonthly
bimestre [bim'ɛstri] *m* a period of two months
bimotor [bimo'tor] **I.** *m* AERO twin-engined plane **II.** *adj* twin-engined
binário, -a [bi'nariw, -a] *adj* **1.** MAT, INFOR binary **2.** MÚS **compasso** ~ double time
bingo ['bĩjgu] **I.** *m* bingo **II.** *interj* ~! bingo!
bingueiro, -a [bĩj'gejru, -a] *m, f* owner of a bingo establishment
binóculo [bi'nɔkulu] *m* binoculars *pl*
binômio [bi'nomiw] *m* MAT binomial
biodegradável <-eis> [biodegra'davew, -ejs] *adj* biodegradable
biógrafa *f v.* **biógrafo**
biografia [biogra'fia] *f* biography
biográfico, -a [bio'grafiku, -a] *adj* biographic
biógrafo, -a [bi'ɔgrafu, -a] *m, f* biographer
bióloga *f v.* **biólogo**
biologia [biolo'ʒia] *f sem pl* biology *no pl*
biológico, -a [bio'lɔʒiku, -a] *adj* biological
biólogo, -a [bi'ɔlugu, -a] *m, f* biologist
biomassa [bio'masa] *f* biomass
biombo [bi'õwbu] *m* screen
biomédica [bio'mɛdʒiku] *m* biomedicine
biomédico, -a [bio'mɛdʒiku, -a] *adj* biomedical
biópsia [bi'ɔpsia] *f* biopsy
bioquímica [bio'kimika] *f* biochemistry *no pl*
bioquímico, -a [bio'kimiku, -a] *m, f* biochemist
biosfera [bios'fɛra] *f* biosphere
biotecnologia [bioteknolo'ʒia] *f sem pl* biotechnology *no pl*
biótipo [bi'ɔtʃipu] *m* biotype
bipartidário [bipartʃi'dariw] *adj, m* bipartisan
bípede ['bipedʒi] *adj, m* biped
bipolar [bipo'lar] <-es> *adj* bipolar
biquíni [bi'kini] *m* bikini
biriba [bi'riba] *f* JOGOS Brazilian card game
birita [bi'rita] *f inf* booze; **tomar umas** ~ **s** to have a few drinks
birosca [bi'rɔska] *f inf:* small, unsophisticated eating place
birra ['bixa] *f* tantrum; **fazer** ~ to throw a tantrum
biruta [bi'ruta] **I.** *f* METEO windsock **II.** *mf inf* nutcase **III.** *adj* nuts, crazy
bis ['bis] **I.** *m* again **II.** *interj* ~! encore!
bisão <-ões> [bi'zɐ̃w, -õjs] *m* ZOOL bison, buffalo
bisavô, -vó [biza'vo, biza'vɔ] *m, f* great-grandfather *m*, great-grandmother *f*; **bisavós** great-grandparents
bisbilhotar [bizbiʎo'tar] *vi* **1.** (*intrometer-se*) to meddle **2.** (*investigar*) to snoop **3.** (*observar*) to peer
bisbilhoteiro, -a [bizbiʎo'tejru, -a] **I.** *m, f* nosy person **II.** *adj* nosy
bisbilhotice [bizbiʎo'tʃisi] *f* (*mexerico*) nosiness
biscate [bis'katʃi] *m* odd job; **fazer uns** ~ **s** to do a few odd jobs
biscoito [bis'kojtu] *m* (*salgado*) cracker; (*doce*) cookie *Am*, biscuit *Brit*
bisnaga [biz'naga] *f* **1.** (*tubo*) tube **2.** (*pão*) soft roll, shaped like a tiny hot-dog bun, bridge roll *Brit*
bisneto, -a [biz'nɛtu, -a] *m, f* great-grandson *m*, great-granddaughter *f*; ~ **s** great-grandchildren *pl*
bisões *m pl de* **bisão**
bisonho, -a [bi'zõɲu, -a] *adj* inexperienced; (*tímido*) shy
bispado [bis'padu] *m* diocese
bispo ['bispu] *m* bishop
bissexto [bi'sestu] **I.** *m* February 29 **II.** *adj* **ano** ~ leap year
bissexual <-ais> [biseksu'aw, -'ajs] *adj* bisexual
bisteca [bis'tɛka] *f* chop; ~ **de porco** pork chop
bisturi [bistu'ri] *m* scalpel
bit ['bitʃi] *m* INFOR bit
bitola [bi'tɔla] *f* **1.** (*medida-padrão*) gauge, standard measure **2.** (*norma*) pattern
bitolado, -a [bito'ladu, -a] *adj inf* (*de visão estreita*) narrow-minded
bituca [bi'tuka] *f inf* (*ponta de cigarro*)

bizarro 76 **boca**

cigarette stub
bizarro, -a [bi'zaxu, -a] *adj* bizarre
blablablá [blabla'bla] *m* waffle *no pl*
blasfemar [blasfe'mar] *vi* to blaspheme
blasfêmia [blas'femja] *f* blasphemy
blazer ['blejzer] *m* blazer
blecaute [ble'kawtʃi] *m* blackout
blefar [ble'far] *vi* to bluff
blefe ['blɛfi] *m* bluff
blindado, -a [blĩ'dadu, -a] *adj* armored *Am*, armoured *Brit*
blindado [blĩ'dadu] *m* MIL armored car *Am*, armoured car *Brit*
blindagem [blĩ'daʒẽj] *f* armor plating *Am*, armour plating *Brit*
blindar [blĩ'dar] *vt* to armor-plate *Am*, to armour-plate *Brit*
blitz ['blits] *f inv* (*da polícia*) raid
bloco ['blɔku] *m* 1. (*de concreto, gelo*) block 2. (*de papel*) pad; ~ **de notas** notepad 3. POL (*países, partidos*) coalition 4. (*carnaval*) Carnival group; **botaram o ~ na rua** the carnival group paraded through the streets 5. (*edifício*) block
bloquear [bloke'ar] *conj como passear vt* to block
bloqueio [blo'keju] *m* 1. (*obstrução*) roadblock 2. MIL blockade; **retirar o ~** to lift the blockade/roadblock 3. (*vôlei*) (defensive) block; **furar o ~** to break through the block
blues ['bluws] *m* MÚS blues *no pl*
blusa [bluza] *f* 1. blouse 2. (*suéter*) sweater; ~ **de lã** woolen sweater
blusão <-ões> [blu'sɜ̃w, -õjs] *m* bomber jacket
BNDES [beende'ɛsi] *m abr de* **Banco Nacional de Desenvolvimento Econômico e Social** National Economic and Social Development Bank
boa ['boa] I. *f inf* **estar numa ~** to be doing fine; **meter-se numa ~** to get into serious trouble; **tenho uma ~ para te contar** I have a juicy bit of news to tell you; **dizer poucas e ~s** to tell sb a thing or two; **qual é a ~?** *inf* what's on for today? II. *adj* 1. **essa é ~!** that's a good one! 2. *v.* **bom**
boa-fé ['boa-'fɛ] <boas-fés> *f* good faith *no pl;* **agir de ~** to act in good faith
boa-pinta ['boa-'pĩjta] <boas-pintas> I. *m* (*homem*) dish II. *adj* (*boa-pinta*) dishy
boa-praça ['boa-'prasa] <boas-pra-

ças> *adj inf* (*pessoa*) nice, warm
boas-festas ['boas-'fɛstas] I. *fpl* (*Natal*) merry Christmas; (*Ano-Novo*) happy New Year; **cartão de ~** (*Natal/Ano-Novo*) Christmas/New Year card; **desejar** (**as**) ~ **a alguém** to wish sb a merry Christmas and a happy New Year II. *interj* ~! Merry Christmas! Happy New Year!
boas-vindas ['boaz-'vĩjdas] *fpl* welcome; **dar** (**as**) ~ **a alguém** to welcome sb
boate [bu'atʃi] *f* nightclub
boato [bu'atu] *m* rumor *Am*, rumour *Brit;* **espalhar um ~** to spread a rumor
boa-vida ['boa-'vida] <boas-vidas> *f* **é um ~** he just wants the good life without the hard work
Boa Vista ['boa 'vista] (City of) Boa Vista
boazuda [boa'zuda] *adj inf* sexy woman
boba *adj v.* **bobo**
bobagem [bo'baʒẽj] <-ens> *f* nonsense *no pl;* **dizer ~** to talk nonsense; **fiz uma ~** I did something silly
bobalhão, -ona <-ões> [boba'ʎɜ̃w, -'ona -õjs] *m, f* nincompoop, dimwit
bobeada [bobi'ada] *f* carelessness; **dar uma ~** not to catch on
bobear [bobi'ar] *conj como passear vi* (*ato*) to do sth silly; (*atitude*) to play the fool
bobeira [bo'bejra] *f* foolishness *no pl;* **marcar ~** *gír* to do sth foolish
bobina [bu'bina] *f* 1. COST bobbin; ELETR coil 2. (*de filme*) reel
bobo, -a ['bobu, -a] I. *m, f* fool; ~ **alegre** a happy fool II. *adj* foolish
bobó [bo'bɔ] *m* Afro-Brazilian dish made of highly-spiced shrimp, brown beans and palm oil
boboca [bo'bɔka] *m* silly fool
boca ['bɔka] *f* 1. ANAT mouth; **abrir a ~** *tb. fig* to open one's mouth; **bater ~** to argue; **botar** [*ou* **pôr**] **a ~ no mundo** to protest loudly; **cair na ~ do povo** to become the talk of the town; **espalhar no ~** ~ to spread news from mouth to mouth; **falar da ~ pra fora** to say sth without meaning it; **fazer um ~ a ~** to revive sb by using mouth to mouth resuscitation; **ficar** [*ou* **estar**] **de ~ aberta** to be struck dumb; **não abrir a ~** to keep quiet; **ser pego com a ~ na botija** to get caught red-handed; **tapar**

a ~ de alguém to cover sb's mouth, to shut sb up; **ter seis ~s para sustentar** to have six mouths to feed; **ter ~ suja** *fig* to be foul-mouthed; **cala a ~!** shut up!; **em ~ fechada não entra mosca** *prov* a closed mouth catches no flies *prov* **2.** ~ **do estômago** pit of the stomach **3.** (*de túnel*) mouth, entrance **4.** (*entrada*) entrance; **na ~ do gol** in the goal-mouth **5.** (*de calça*) opening at the bottom of pant leg **6.** (*do fogão*) burner **7.** (*emprego*) sideline; **arranjar uma ~** to get a sideline **8. fazer ~-de-urna** to play the polls

boca-de-fumo [ˈbɔka-dʒi-ˈfumu] *f inf* area where drugs are sold

boca-de-siri [ˈbɔka-dsiˈri] *f inf* **fazer ~** to keep mum; **faço ~** my lips are sealed

bocado [boˈkadu] *m* **1.** (*pedaço*) big piece; **um ~ de** quite a lot of **2.** (*período*) long time; **eu esperei um ~** I waited a long time; **passado um ~** a lot of time passed; **passar por maus ~s** to go through hard times

boca-do-lixo [ˈbɔka-duˈliʃu] <bocas-do-lixo> *f* sleazy area

boçais *adj pl de* **boçal**

bocal <-ais> [boˈkaw, -ˈajs] *m* **1.** (*de frasco*) mouth **2.** MEC socket **3.** MÚS mouthpiece

boçal <-ais> [boˈsaw, -ˈajs] *adj* (*tosco, cara, sujeito*) rude

boçalidade [bosaʎiˈdadʒi] *f sem pl* rudeness *no pl*

boca-livre [ˈbɔka-ˈʎivri] <bocas-livres> *f* an event with free admission

boca-mole [ˈbɔka-ˈmɔʎi] <bocas-moles> I. *m inf* squealer II. *adj inf* snitchy

bocejar [boseˈʒar] *vi* to yawn

bocejo [boˈseʒu] *m* yawn

boceta [buˈseta] *f chulo* cunt

bochecha [buˈʃeʃa] *f* cheek

bochechar [boʃeˈʃar] *vi* to gargle

bochechudo, -a [buʃeˈʃudu, -a] *adj* chubby-cheeked

bócio [ˈbɔsiw] *m* MED goiter *Am,* goitre *Brit*

bocó [boˈkɔ] *adj inf* simple

boda [ˈbɔda] *f* wedding; **~s de prata/de ouro** silver/gold wedding anniversary

bode [ˈbɔdʒi] *m* **1.** ZOOL goat; **~ expiatório** scapegoat **2.** *inf* (*confusão*) ruckus *Am,* commotion; **deu o maior ~** there was such a to-do **3.** *inf* (*depressão*) black mood

bodega [buˈdɛga] *f* **1.** (*taberna*) small tavern **2.** (*porcaria*) piece of junk

Boêmia [boˈemia] *f* Bohemia

boêmia [boˈemia] *f* bohemian life

boêmio [boˈemiw] I. *m* **1.** (*da Boêmia*) Bohemian **2.** (*pessoa de vida desregrada*) bohemian II. *adj* bohemian, unconventional

bofe [ˈbɔfi] *m inf* **1.** (*pessoa feia*) dog *f pej,* ugly brute *m* **2.** (*pulmão*) **estar com os ~s para fora** to be out of breath

bofetada [bufeˈtada] *f* slap; **dar uma ~ em alguém** to slap sb; **levar uma ~** to be slapped

boi [ˈboj] *m* ox

boia [ˈbɔja] *f* **1.** NÁUT buoy **2.** *inf* (*comida*) grub

boia-fria [ˈbɔja] <boias-frias> *mf* farmhand who moves from one farm to another during harvest time

boiar [bɔjˈar] *vi* (*pessoa, barco*) to float; *inf* (*não entender*) not to get the drift of sth; **metade da classe boiou na aula de matemática** half the class was lost in the math [*o Brit* maths] class

boicotar [bojkoˈtar] *vt* to boycott

boicote [bojˈkɔtʃi] *m* boycott

boina [ˈbojna] *f* beret

bojo [ˈboʒu] *m* **1.** (*saliência*) bulge, protuberance **2.** (*de garrafa*) belly

bola [ˈbɔla] *f* **1.** (*para brincar*) ball; **~ de futebol** soccer ball; **~ de gude** marble; **~ de neve** snowball; **bater ~** ESPORT to kick the ball around **2.** *fig* **comer ~** *inf* to take a backhander; **estar com a ~ toda** *inf* to have it all; **não dar ~ para alguém** to not give sb the time of day; **pisar na ~** *inf* to screw up; **ter ~ de cristal** to be clairvoyant; **trocar as ~s** to get mixed up, to make a mistake **3.** *inf* (*cabeça*) nut; **não bater bem da ~** to be off one's rocker **4.** (*de chiclete, sabão*) bubble

bolacha [boˈlaʃa] *f* **1.** GASTR (*salgada*) cracker; (*doce*) cookie *Am,* biscuit *Brit* **2.** *inf* (*bofetada*) slap

bolada [boˈlada] *f* **1.** ESPORT **levar uma ~** to get hit with the ball **2.** (*muito dinheiro*) pile of money; **levar uma ~** to get a pile of money

bola de neve [ˈbɔla dʒi ˈnɛvi] <bolas de neve> *f* snowball; **o boato cresceu como uma bola de neve** the rumor snowballed

bolar [bo'lar] *vt inf* (*um plano*) to dream up

bolas ['bɔlas] **I.** *fpl inf* (*testículos*) balls *pl* **II.** *interj* (*ora*) ~! nonsense!

bolchevismo [bowʃe'vizmu] *m sem pl* Bolshevism *no pl*

bolchevista [bowʃe'vista] *adj, mf* Bolshevist

boldo ['bowdu] *m* BOT boldo, *evergreen tree whose leaves are used for medicinal infusions*

boleia [bo'leja] *f* truck *Am* [*o Brit* lorry] driver's cab

bolero [bo'lɛru] *m* bolero

boletim [bole'tʃĩj] *m* **1.** (*escola*) ~ **de notas** report card **2.** (*comunicado*) note; ~ **oficial** official bulletin **3.** (*relatório*) report; ~ **financeiro** financial report; ~ **meteorológico** weather report **4.** (*impresso*) bulletin; ~ **de inscrição** registration bulletin

boleto [bo'letu] *m* (*bancário, de pagamento*) installment payment slip

bolha ['boʎa] **I.** *f* MED blister; (*de ar*) air bubble **II.** *mf inf* (*pessoa chata*) pest

boliche [bo'liʃi] *m* bowling *no pl*

bolinho [bo'liɲu] *m* GASTR (*de arroz, de bacalhau*) patty *Am*, cake *Brit*

Bolívia [bo'livia] *f* Bolivia

boliviano, -a [bolivi'ɜnu, -a] *adj, m, f* Bolivian

bolo ['bolu] *m* **1.** GASTR cake; **dar o ~ (em alguém)** to stand sb up **2.** *inf* (*quantidade*) number, group; **um ~ de gente** a number/group of people

bolor [bo'lor] *m* mildew; (*na comida*) mold *Am*, mould *Brit*

bolorento, -a [bolo'rẽjtu, -a] *adj* moldy *Am*, mouldy *Brit*

bolsa ['bowsa] *f* **1.** ECON market; ~ **de valores** stock market **2.** (*carteira*) change purse *Am*, purse *Brit* **3.** (*saco*) bag; (*de senhora*) purse *Am*, handbag *Brit*; **abrir a ~** to open one's purse; **rodar ~** to prostitute oneself **4.** (*de estudos*) scholarship; ~ **anual** annual scholarship; **candidatar-se a uma ~** to apply for a scholarship

bolsa-d'água ['bowsa-'dagwa] <bolsas-d'água> *f inf* amniotic sac

bolsão <-ões> [bow'sɜ̃w, -õjs] *m* (*área*) area; ~ **de pobreza** poverty stricken area

bolsista [bow'sista] *mf* **1.** ECON stock market speculator **2.** (*de estudos*) scholarship holder

bolso ['bowsu] *m* pocket; **botar** [*ou* **pôr**] **a. c. no** ~ to put sth into one's pocket; **encher os ~s** to fill one's pockets; **meter a mão no ~** to come up with the money

bolsões *m pl de* **bolsão**

bom, boa ['bõw, 'boa] *adj* **1.** (*agradável*) good; ~ **dia!** good day!; **boa tarde!** good afternoon!; **boa noite!** good evening; (*ao se deitar*) good night; **ele é muito ~ com todo mundo** he is very good to everyone; **ser ~ de a. c.** to be good at something; **ser ~ em matemática** to be good at math *Am* [*o Brit* maths]; **que ~!** how nice! **2.** (*tempo*) good, nice; **o tempo está ~** the weather is nice **3.** (*qualidade*) good; **é um ~ livro** it is a good book; **a comida está muito boa** the food is very good; **um ~ médico** a good doctor; **uma boa professora** a good teacher; **água boa para beber** drinking water **4.** (*com saúde*) in good health, well; **ele está ~** he is well; **eu já estou ~/boa** I have recovered; **não estar ~ da cabeça** not to be in one's right mind. **5.** (*não exatamente, muito*) good; **um ~ quarto de hora** a good half hour; **ele recebeu um ~ dinheiro** he received a good sum (of money); **não a vejo há uns bons anos** I have not seen her for a good many years

bom ['bõw] **I.** *m* be best; **ele se acha o ~** he thinks he is the best; **do ~ e do melhor** the best of everything; **comer do ~ e do melhor** to eat the best of everything **II.** *interj* ~, **vamos embora que é tarde** well, let's go, it's late; ~! good!, well done!

bomba ['bõwba] *f* **1.** (*máquina*) pump; ~ **de ar/de água** air/water pump; ~ **de gasolina** gasoline pump *Am*, petrol pump *Brit*; ~ **de incêndio** fire pump; ~ **de sucção** suction pump **2.** (*explosivo*) bomb; ~ **atômica** atomic bomb; ~ **de hidrogênio** hydrogen bomb; **cair como uma ~** to come as a complete [*o* total] bombshell **3.** *inf* (*de má qualidade*) trash *no pl*; **este livro é uma ~** this book is trash **4.** (*ser reprovado*) **levei ~ em física** I flunked *Am* [*o Brit* failed] physics

bombardear [bõwbardʒi'ar] *conj como passear vt* bombard; ~ **alguém com perguntas** to bombard sb with questions

bombardeio [bõwbar'deju] *m* bombardment; ~ **aéreo** aerial bombardment

bombardeiro [bõwbar'dejru] *m* bombardier

bomba-relógio ['bõwba-xe'lɔʒiw] <bombas-relógio(s)> *f* time bomb

bombástico, -a [bõw'bastʃiku, -a] *adj* bombastic

bombeamento [bõwbea'mẽjtu] *m* **1.** MIL bombing **2.** (*de água*) pumping

bombear [bõwbe'ar] *conj como passear vt* **1.** MIL to bomb **2.** (*líquido*) to pump

bombeiro [bõw'bejru] *m* fire-fighter; **corpo de ~s** Fire Department *Am*, Fire Brigade/Service *Brit*

bom-bocado [bõwbo'kadu] <bons-bocados> *m* GASTR dessert made with sugar, egg yolks and coconut milk

bombom [bõw'bõw] *m* bonbon, chocolate

bombordo [bõw'bɔrdu] *m* NÁUT port(side)

bom-mocismo [bõwmo'sizmu] *m* niceness *no pl*; *irôn* hypocrisy *no pl*

bom-moço [bõw'mosu] *m* good [*o* nice] guy; *irôn* hypocrite

bom-tom [bõw'tõw] *m* good taste *no pl*; (**não**) **é de ~** it is not in good taste

bonachão, -ona <-ões> [bona'ʃãw, -'ona, -õjs] *adj* good-hearted

bonança [bo'nãnsa] *f* **1.** NÁUT calm weather **2.** (*sossego*) peace, quiet

bondade [bõw'dadʒi] *f* goodness *no pl*; **tenha a ~ de entrar** would you be so good as to enter?

bonde ['bõwdʒi] *m* streetcar *Am*, tram *Brit*; **pegar o ~ andando** to come in halfway through a conversation

bondinho [bõw'dʒĩɲu] *m* (*teleférico*) cable car

bondoso, -a [bõw'dozu, -'ɔza] *adj* charitable

boné [bo'nɛ] *m* cap

boneca [bu'nɛka] *f* doll

boneco [bu'nɛku] *m* (*brinquedo*) male doll

bongô [bõw'go] *m* bongo

bonificação <-ões> [bonifika'sãw, -õjs] *f* **1.** (*gratificação no trabalho*) bonus; (*de ações*) gratuity **2.** (*dos preços*) bonus

bonita *adj v.* **bonito**

bonitão, -ona <-ões> [buni'tãw, -'ona -õjs] *m, f* looker

bonito, -a [bu'nitu, -a] *adj* (*homem*) handsome; (*mulher*) pretty, beautiful; (*paisagem, objeto*) beautiful; (*pessoa*) attractive, good-looking; (*sorriso, música*) nice; **estar ~** to look nice

bonito [bu'nitu] **I.** *interj* **~!** *irôn* very nice!; **~ serviço!** *irôn* nice work! **II.** *adv* beautifully; **ele canta ~** he sings beautifully; **fazer ~** to give a good impression

bonitões *m pl de* **bonitão**

bonitona *f v.* **bonitão**

bonsai [bõw'saj] *f* bonsai

bons-bocados *m pl de* **bom-bocado**

bônus ['bonus] *m* **1.** (*prêmio*) bonus **2.** (*desconto*) bonus

boom ['bum] *m* ECON boom

boquete [bo'ketʃi] *m chulo* blow job

boquiaberto, -a [bokja'bɛrtu, -a] *adj* open-mouthed; **ficar** [*ou* **estar**] **~** to gape

boquilha [bo'kiʎa] *f* **1.** (*de cigarro*) cigarette holder; (*de charuto*) cigar holder **2.** MÚS mouthpiece

borboleta [borbo'leta] *f* butterfly

borbotão <-ões> [borbo'tãw, -õjs] *m* gush; **aos borbotões** gushing

borbulha [bor'buʎa] *f* (*em líquidos*) bubbles

borbulhar [borbu'ʎar] *vi* to bubble

borda ['bɔrda] *f* **1.** (*beira*) edge; (*de copo*) brim **2.** (*bainha*) hem **3.** (*de lago, rio*) edge

bordadeira [borda'dejra] *f* **1.** (*pessoa*) embroideress **2.** (*máquina*) embroiderer

bordado [bor'dadu] *m* embroidery *no pl*

bordão <-ões> [bor'dãw, -õjs] *m* **1.** (*repetição*) repetition for comic or emotional effect **2.** (*bastão*) stick **3.** MÚS bass string

bordar [bor'dar] *vt* to embroider; *fig* to embellish; **pintar e ~** *inf* to paint the town red

bordéis *m pl de* **bordel**

bordejar [borde'ʒar] *vi* NÁUT to tack

bordel <-éis> [bor'dɛw, -'ɛjs] *m* brothel

bordo ['bɔrdu] *m* NÁUT, AERO side; **a ~** aboard, on board

bordoada [bordu'ada] *f* blow (with a stick)

bordões *m pl de* **bordão**

boreal <-ais> [bore'aw, -'ajs] *adj* boreal

boro ['bɔru] *m* boron *no pl*

borocoxô [boroko'ʃo] *adj gír* down,

dejected

borra ['bɔxa] f (de café, de vinho) dregs

borra-botas ['bɔxa-'bɔtas] m um ~ a nobody

borracha [bo'xaʃa] f rubber; (para apagar) eraser Am, rubber Brit; **passar a ~ em a. c.** fig to forget about sth

borracharia [boxaʃa'ria] f ≈ tire center Am, tyre centre Brit

borracheiro [boxa'ʃejru] m 1. (profissional) tire repairman Am, tyre repairman Brit 2. (serviço) tire repair Am, tyre repair Brit

borrachudo [boxa'ʃudu] m midge

borrão <-ões> [bo'xɐ̃w, -õjs] m 1. (de tinta) ink stain 2. (rascunho) blotter 3. (esboço) rough draft 4. (mácula) blotch

borrar [bo'xar] I. vt (manchar) to stain II. vr: ~-**se** chulo (defecar) to shit in one's pants

borrifador [boxifa'dor] m (do jardim) sprinkler; (da roupa) spray

borrifar [boxi'far] vt (cabelo) to spray; (sal, açúcar, água) to sprinkle

borrões m pl de **borrão**

Bósnia ['bɔznia] f Bosnia

Bósnia-Herzegóvina ['boznia-erze-'gɔvina] f Bosnia-Herzegovina

bósnio, -a ['bɔzniw, -a] I. m, f Bosnian II. adj Bosnian

bosque ['bɔski] m wood

bossa ['bɔsa] f 1. (do camelo) hump 2. MED swelling 3. (talento) talent; **ter ~ para** to have a natural talent for

bossa nova ['bɔsa-'nɔva] f bossa nova

> **Cultura** Bossa nova is a style of Brazilian music that became very popular in the 1950s and early 1960s in Europe and in the United States. With the record "Chega de Saudade" by João Gilberto, bossa nova officially began a period that influenced the development of **MPB** (Musica Popular Brasileira). This fusion of jazz with a touch of classical music produced innumerable hits:"Garota de Ipanema" (performed by João Gilberto, written by Vinícius de Moraes and Tom Jobim) is the most famous example.

bosta ['bɔsta] f chulo shit, crap; **é uma ~!** that's bullshit!; **que ~!** shit!

bota ['bɔta] f boot; **~s de borracha** rubber boots pl; **~s de cano curto/longo** ankle/knee boots pl; **~s de montaria** riding boots pl; **bater a ~** inf to kick the bucket; **lamber as ~s de alguém** to lick sb's boots

bota-fora ['bɔta-'fɔra] m inf (festa de despedida) a farewell party

botânica [bo'tɐ̃nika] f Botany

botânico, -a [bo'tɐ̃niku, -a] I. m, f botanist II. adj botanic(al); **jardim ~** botanical garden

botão <-ões> [bo'tɐ̃w, -õjs] m 1. (da roupa) button; **falar com os seus botões** to talk to oneself 2. (de máquina) button; (da campainha) door bell; **apertar o ~** to press the button 3. BOT bud

botar [bo'tar] vt 1. (pôr) to put; (a mesa) to set; (ovos) to lay 2. (roupa, sapatos) to put on 3. (atribuir) to point out; **~ defeito em a. c.** to point out the shortcomings [o faults] in sth

bote ['bɔtʃi] m 1. NÁUT (salva-vidas) lifeboat; (a remo) rowboat 2. (investida) attack; **dar o ~** to spring upon sth/sb, to strike out at sth/sb

boteco [bu'tɛku] m small bar

botequim [butʃi'kĩj] m cheap bar

boticário, -a [butʃi'kariw, -a] m, f pharmacist, apothecary esp Brit

botijão [butʃi'ʒɐ̃w] m (de gás) (gas) bottle

botina [bu'tʃina] f high-laced boot

boto ['botu] m ZOOL bouto (Amazonian river dolphin)

botões m pl de **botão**

botulismo [botu'ʎizmu] m sem pl botulism no pl

Bovespa [bo'vespa] f abr de **Bolsa de Valores do Estado de São Paulo** São Paulo State Stock Exchange

bovino, -a [bo'vinu, -a] adj bovine; **gado ~** cattle no pl

boxe ['bɔksi] m boxing

boxeador [boksja'dor] <-es> m boxer

boxear [boksi'ar] conj como passear vi to box

braçada [bra'sada] f 1. (quantidade) an armful 2. ESPORT (natação) stroke 3. **dar uma ~ a alguém** to hit sb hard

braçadeira [brasa'dejra] f 1. (no braço) armlet; (de pulso) sweatband 2. MEC clamp

braçal <-ais> [bra'saw, -'ajs] *adj* trabalho ~ manual labor *Am*, manual labour *Brit*
bracelete [brase'letʃi] *f* bracelet
braço ['brasu] *m* **1.** ANAT arm; **de ~s abertos** with open arms; **de ~s cruzados** with one's arms crossed; **de ~ dado** arm-in-arm; **não dar o ~ a torcer** not to give in; **ser o ~ direito de alguém** to be sb's right hand [*o* arm] **2.** (*da cadeira*) armrest **3.** (*ramo*) branch; **~ armado** POL armed force **4.** MEC, GEO arm; **~ articulado** mechanical arm; **~ de mar** arm; **~ de rio** tributary **5.** (*do violino*) neck plate **6.** (*mão-de-obra*) work hand
braço-de-ferro ['brasu-dʒi-'fɛxu] <braços-de-ferro> *m* **ele é um ~** he rules with a rod of iron
bradar [bra'dar] *vi* to shout, to roar
braguilha [bra'giʎa] *f* fly
braile ['brajʎi] *m* Braille
bramido [brɐ̃'midu] *m* roar, howl
bramir [brɐ̃'mir] *vi* to roar, to howl
branco, -a ['brɐ̃ŋku, -a] *adj* **1.** (*cor*) white; **Branca de Neve** Snow-White **2.** (*vazio*) **página em ~** blank page; **cheque em ~** blank check **3.** (*pálido*) white **4.** (*alma*) pure
branco ['brɐ̃ŋku] *mf* **1.** white man *m*, white woman *f*; **os ~s** white people **2.** (*cor*) white; **deu um ~** my mind went blank **3.** ANAT **o ~ do olho** the white of the eye
brancura [brɐ̃ŋ'kura] *f* whiteness
branda *adj v.* **brando**
brandir [brɐ̃n'dʒir] **I.** *vt* to brandish **II.** *vi* to wave
brando, -a ['brɐ̃ŋdu, -a] *adj* **1.** (*mole*) soft **2.** (*frouxo*) yielding **3.** (*tempo*) mild; (*vento*) gentle **4. em fogo ~** GASTR on low heat
brandura [brɐ̃ŋ'dura] *f* **1.** (*doçura*) kindliness *no pl* **2.** (*suavidade*) softness *no pl* **3.** (*fraqueza*) meekness *no pl*
branquear [brɐ̃ŋke'ar] *conj como passear vt* **1.** (*tornar branco*) to whiten **2.** (*caiar*) to whitewash
branquelo, -a [brɐ̃ŋ'kɛlu, -a] *adj pej* (*pessoa*) pasty
brânquia ['brɐ̃ŋkia] *f* ZOOL branchiae, gills *usu pl*
brasa ['braza] *f* **1.** (*de carvão*) live coal; **churrasquinho na ~** barbecued meat; **em ~** red hot; **mandar ~** to show what you can do; **rosto em ~** face on fire; **puxar a ~ para a sua sardinha** *inf* to look after [*o* out] for number one **2.** (*tempo*) extremely hot weather **3.** (*paixão, entusiasmo*) passion
brasão <-ões> [bra'zɐ̃w, -õjs] *m* HIST coat of arms
braseiro [bra'zejru] *m* brazier
brasil [bra'ziw] *m* BOT (*pau-brasil*) brazil wood (*reddish wood used to make violin bows and red dye*)
Brasil <-is> [bra'ziw, -'is] *m* Brazil
brasileira *adj, f v.* **brasileiro**
brasileirismo [brazilej'rizmu] *m sem pl* LING Brazilianism
brasileiro, -a [brazi'lejru, -a] *adj, m, f* Brazilian
Brasília [bra'ziʎia] *f* (City of) Brasilia
brasilianista [braziʎjɐ̃'nista] *mf* Brazilianist
brasilidade [braziʎi'dadʒi] *f sem pl* **1.** nature or quality of Brazil **2.** love of Brazil
brasis *m pl de* **brasil**
brasões *m pl de* **brasão**
brava *adj v.* **bravo**
bravata [bra'vata] *f* bravado *no pl*, boast
bravatear [bravatʃi'ar] *conj como passear vi* to boast
braveza [bra'veza] *f* wildness, fierceness
bravio, -a [bra'viw] *adj* **1.** (*terreno*) wild **2.** (*animal*) wild **3.** (*clima*) harsh
bravio [bra'viw, -a] *m* wild [*o* rough] country
bravo, -a ['bravu, -a] **I.** *adj* **1.** (*pessoa*) angry **2.** (*intrépido*) spirited, brave; (*animal*) wild **3.** (*mar*) rough **II.** *interj* **~!** bravo!
bravura [bra'vura] *f* courage
brazuca [bra'zuka] *mf inf* (*no interior*) Brazilian; (*no exterior*) expatriate Brazilian
breca ['brɛka] *f* **ser levado da ~** to be mischievous
brecada [bre'kada] *f* braking; **dar uma ~** to step on the brakes
brecar [bre'kar] *vi* <c→qu> to brake
brecha ['brɛʃa] *f* opening, breach
brechó [bre'ʃɔ] *m* flea market
brega ['brɛga] *adj* (*de mau gosto*) tacky; (*de qualidade inferior: móveis*) tacky; (*música*) corny
brejeiro, -a [bre'ʒejru, -a] *adj* (*travesso*) impish; (*coquete*) coquettish
brejo ['brɛʒu] *m* (*terreno pantanoso*)

breque ['brɛki] *m* 1. brake; ~ **de mão** handbrake 2. MÚS break; **samba de** ~ *samba during which the singer suddenly stops singing to make amusing observations*

breu ['brew] *m* tar, pitch; **escuro como** ~ pitch-black

breve ['brɛvi] I. *adj* brief, concise II. *adv* soon; **até** ~ see you soon; (**dentro**) **em** ~ in a short while

brevê [bre've] *m* AERO pilot's license

brevemente [brɛvi'mẽjtʃi] *adv* soon, shortly

brevidade [brɛvi'dadʒi] *f* 1. *sem pl* brevity 2. *small baked cake made with tapioca flour, sugar and eggs*

bricabraque [brika'braki] *m* bric-a-brac *no pl*

bricolagem *f* DIY *no pl*

brida ['brida] *f* rein

briga ['briga] *f* fight; ~ **de foice** fierce fight; **comprar** ~ to be spoiling for a fight

brigada [bri'gada] *f* brigade; ~ **de trânsito** traffic brigade

brigadeiro [briga'dejru] *m* 1. MIL brigade general 2. GASTR *candy made of condensed milk and chocolate*

brigão, -ona <-ões> [bri'gãw, -'ona, -õjs] *m, f* brawler, trouble maker

brigar [bri'gar] *vi* <g→gu> (*bater-se corpo a corpo*) to fight; (*discutir tb.*) to argue; ~ **por a. c.** to fight over sth

brigões *m pl de* **brigão**

brigona *adj, f v.* **brigão**

brilhante [bri'ʎãntʃi] I. *m* diamond II. *adj* 1. (*luminoso*) bright 2. (*cintilante*) sparkling 3. (*muito bom*) brilliant 4. (*inteligente*) bright

brilhantina [briʎã'tʃina] *f* brilliantine

brilhar [bri'ʎar] *vi* (*metais, luz, olhos, sol*) to shine

brilho ['briʎu] *m* 1. (*dos metais, olhos*) shine 2. (*da luz, do sol*) brightness 3. (*nos olhos*) twinkle

brim ['brĩj] *m* canvas

brincadeira [brĩjka'dejra] *f* 1. (*gracejo*) joke; ~ **de mau gosto** joke in bad taste; **chega de** ~! stop fooling around!; **de** [*ou* **por**] ~ for fun, just for kicks; **não estar para** ~**s** not to be in the mood for jokes; **não ser** ~ to be no laughing matter; **o que eu tive de passar não foi** ~ what I went through was no laughing matter; **não gostar de** ~**s** not to like fooling around [*o* foolishness]; **sem** ~ all joking aside 2. (*crianças*) game; ~ **de roda** ring-around-a rosy *Am*, ring-a-ring-a-roses *Brit*

brincalhão, -ona <-ões> [brĩjka'ʎãw, -'ona -õjs] I. *m, f* joker II. *adj* fun-loving

brincar [brĩj'kar] *vi* <c→qu> 1. (*crianças*) to play; ~ **de casinha** to play house; ~ **de professor/médico** to play teacher/doctor; ~ **com fogo** *fig* to play with fire; **não** ~ **em serviço** not to play while on the job 2. (*gracejar*) to joke; **dizer a. c. brincando** to say sth without meaning it; **eu estava só brincando!** I was only kidding!; **com isso não se brinca!** don't joke about that! 3. (*Carnaval*) to join in the fun

brinco ['brĩjku] *m* 1. earring 2. **a casa ficou um** ~ (*arrumado*) the house is all tidied up

brinco-de-princesa ['brĩjku-dʒi-prĩj'seza] <brincos-de-princesa> *m* fuchsia

brindar [brĩj'dar] I. *vt* to toast; ~ **alguém com a. c.** to give sb a gift II. *vi* (*com os copos*) to raise a toast; ~ **a alguém/a. c.** to raise a toast to sb/ sth; ~ **à saúde de alguém** to drink to sb's health

brinde ['brĩjdʒi] *m* 1. (*com copos*) toast; **fazer um** ~ **a alguém** to raise a toast to sb 2. (*presente*) free gift

brinquedo [brĩj'kedu] *m* toy; **loja de** ~**s** toy store *Am*, toy shop *Brit*

brinquedoteca [brĩjkedo'tɛka] *f* (*pedagogia*) play space for creative play

brio ['briw] *m* spirit, mettle; **ter** ~ to have mettle [*o* spirit]

brisa ['briza] *f* breeze; **viver de** ~ to live on next to nothing

brita ['brita] *f* crushed rock

britadeira [brita'dejra] *f* rock crusher

britânico, -a [bri'tãniku, -a] *adj, m, f* British; **os** ~**s** the British

broa ['broa] *f* corn bread

broca ['brɔka] *f* 1. drill 2. *inf* **ser** ~ to be hard

brocado [bro'kadu] *m* brocade

brocar [bro'kar] *vt* <c→qu> to drill

broche ['brɔʃi] *m* brooch

brochura [bro'ʃura] *f* 1. (*folheto*) brochure 2. (*de livros*) booklet

brócolis ['brɔkuʎis] *mpl* broccoli *no pl*

bronca ['brõwka] *f* 1. *inf* tongue lashing; **dar uma** ~ **a alguém** to give sb a

bronco, **-a** ['brõwku, -a] *adj* (*pessoa*) coarse
broncopneumonia [brõwkupinewmu'nia] *f* bronchopneumonia
broncoscopia [brõwkosko'pia] *f sem pl* bronchoscope
brônquico, **-a** ['brõwkiku, -a] *adj* bronchial
brônquio ['brõwkiw] *m* bronchial tube
bronquite [brõw'kitʃi] *f* bronchitis
bronze ['brõwzi] *m* (*metal*) bronze; **de ~** (made of) bronze; **medalha de ~** bronze medal; **pegar um ~** *inf* to get a suntan
bronzeado, **-a** [brõwzi'adu, -a] *adj* suntanned
bronzeado *m* suntan
bronzeador [brõwzi'ador] *m* suntan lotion
bronzeamento [brõwzja'mɛjtu] *m* 1.(*metais*) bronzing 2.(*por exposição ao sol*) tanning
bronzear-se [brõwzi'arsi] *conj como passear vr* to get a suntan
brotar [bro'tar] I. *vt* to sprout II. *vi* 1.(*planta, árvore*) to sprout 2.(*água*) to gush
broto ['brotu] *m* 1.BOT (*de flor*) bud; (*de planta*) shoot 2.(*adolescente*) teenager
brotoeja [broto'eʒa] *f* MED rash
broxa ['brɔʃa] *f* 1.(*pincel*) large paintbrush 2. *chulo* impotent
broxar [bro'ʃar] I. *vt* (*pintar*) to paint with a large brush II. *vi chulo* to be impotent
bruaca [bru'aka] *f inf* hag
bruços ['brusus] *adv* **de ~** face down, prone
brucutu [bruku'tu] *m* boor
bruma ['bruma] *f* fog, mist
brusco, **-a** ['brusku, -a] *adj* 1.(*movimento*) abrupt, sudden 2.(*pessoa*) brusque, gruff 3.(*palavras*) blunt
bruta *adj v.* **bruto**
brutal <-ais> [bru'taw, -'ajs] *adj* 1.(*grosseiro*) rude 2.(*violento*) brutal
brutalidade [brutaʎi'daʒi] *f* brutality
brutalizar [brutaʎi'zar] *vt* brutalize
brutalmente [brutaw'mẽjtʃi] *adv* brutally
brutamontes [bruta'mõwts] *m* brute
bruto, **-a** ['brutu, -a] *adj* 1.(*pessoa*) brutal; **usar da força bruta** to use brutal force 2.(*seda*) raw; (*diamante*) uncut; (*não trabalhado: granito*) unfinished; **matéria bruta** raw material 3.ECON gross; **peso ~** gross weight; **renda ~** gross income; **salário ~** gross salary 4. **um ~ resfriado** a nasty cold
bruxa ['bruʃa] *f* witch; **noite das ~s** Halloween
bruxaria [bruʃa'ria] *f* witchcraft *no pl*; **fazer ~** to do witchcraft
Bruxelas [bru'ʃɛlas] *f* Brussels
bruxo ['bruʃu] *m* wizard
bucha ['buʃa] *f* 1.(*de fixação*) plug 2. MIL **~ de canhão** wadding; **fazer a. c. na ~** to do sth on the spot
bucho ['buʃu] *m inf* 1. stomach 2. *pej* (*mulher velha e feia*) (old) hag; (*mulher feia*) dog
buço ['busu] *m* down (on the upper lip)
bucólico, **-a** [bu'kɔʎiku, -a] *adj* bucolic; LIT pastoral
budismo [bu'dʒizmu] *m sem pl* Buddhism
budista [bu'dʒista] *adj, mf* Buddhist
bueiro [bu'ejru] *m* 1.(*cano*) drainpipe 2.(*na rua*) drain
búfalo ['bufalu] *m* buffalo
bufão, **-ona** <-ões> [bu'fãw, -'ona, -õjs] *m, f* buffoon
bufar [bu'far] *vi* 1.(*soprar*) to snort 2.(*de raiva*) to huff and puff
bufê [bu'fe] *m* BOT buffet
bufões *m pl de* **bufão**
bufona *f v.* **bufão**
bugalho [bu'gaʎu] *m* BOT oak apple; **misturar alhos com ~s** to not know one thing from another
bugiganga [buʒi'gãŋga] *f* trinket; **loja de ~s** flea market
bujão <-ões> [bu'ʒãw, -õjs] *m* (*de gás*) gas bottle
bula ['bula] *f* MED **~ de remédio** printed directions for taking medicine
bulbo ['buwbu] *m* BOT bulb
buldogue [buw'dɔgi] *m* bulldog
bule ['buʎi] *m* (*para café*) coffeepot; (*para chá*) teapot
búlgara *adj, f v.* **búlgaro**
Bulgária [buw'garia] *f* Bulgaria
búlgaro, **-a** ['buwgaru, -a] *adj, m, f* Bulgarian
bulhufas [bu'ʎufas] *pron indef, inf* **não entendo ~** I can't understand a word
buliçoso, **-a** [buʎi'sozu, -'ɔza] *adj* active
bulimia [buʎi'mia] *f* bulimia
bulir [bu'ʎir] *irr como subir* I. *vt* to move

II. *vi* to meddle
bulufas *pron indef, inf v.* **bulhufas**
bum ['būw] *interj* boom!
bumba-meu-boi ['būwba-mew-'boj] *m Northern Brazilian folk dance in which the central character is an ox that dies and comes back to life*
bumbo ['būwbu] *m* bass drum
bumbum [būw'būw] *m infantil* tush *Am*, bum *Brit*
bunda ['būwda] *f inf* butt *Am*, bum *Brit*, *f* chicken, wimp
bumerangue [bume'rãŋgi] *m* boomerang
bunda ['būwda] *f inf* butt *Am*, bum *Brit*; **nascer com a ~ para lua** *inf* to be born lucky; **sentar a ~ e estudar** *inf* to sit down and study
bunda-mole ['būwda-'mɔʎi] <bundas-moles> *mf inf* chicken, wimp
bundão, -ona <-ões> [būw'dãw, -'ona -õjs] *m, f* chicken, wimp
bundear [būwdʒi'ar] *conj como passear vi* to lie around doing nothing
bundões *m pl de* **bundão**
bundona *f v.* **bundão**
buquê [bu'ke] *m* bouquet; *(vinho)* aroma; **~ de flores** bouquet of flowers
buraco [bu'raku] *m* **1.** hole; **~ da fechadura** keyhole; **~ de ozônio** hole in the ozone layer; **~ na parede** hole in the wall; **sentir um ~ no estômago** to feel hungry **2. ~ negro** ASTRON black hole **3.** *(habitação)* hole **4.** *(dificuldade)* **estar num ~** to be in a hole; **sair do ~** to get out of debt; **tapar ~** to get out of a fix **5.** JOGOS card game similar to canasta
burburinho [burbu'rĩɲu] *m* babble
bureta [bu'reta] *f* QUÍM burette
burguês, -esa [bur'ges, -'eza] **I.** *m, f* bourgeois **II.** *adj* bourgeois; *pej* middle class; *pej* unrefined
burguesia [burge'zia] *f* middle class
burilar [buri'lar] *vt* to engrave
buriti [buri'tʃi] *m Brazilian palm tree from which oil is extracted*
burla ['burla] *f* trick; **~ fiscal** tax evasion *Am*, tax dodge *Brit*
burlar [bur'lar] *vt* to circumvent
burocracia [burokra'sia] *f sem pl* bureaucracy *no pl*
burocrata [buro'krata] *mf* bureaucrat
burocrático, -a [buro'kratʃiku, -a] *adj* bureaucratic
burocratizar [burokratʃi'zar] *vt* *(dar estrutura)* to bureaucratize; *pej* to create a lot of red tape

burrada [bu'xada] *f* herd of mules; **fazer ~** *inf* to do something stupid
burrice [bu'xisi] *f* stupidity
burro, -a ['buxu, -a] **I.** *m, f* **1.** ZOOL donkey; **~ de carga** pack animal; *fig* dogsbody; **dar com os ~s n'água** to come a cropper **2.** *pej (pessoa)* blockhead **II.** *adj* stupid; **pra ~** *(quantidade)* loads of; **ele tem dinheiro para ~** he has loads of money; *(qualidade)* really; **correu pra ~** she ran like crazy; **feio pra ~** really [*o* hideously] ugly
busca ['buska] *f* search; **~ da felicidade** search for happiness
buscador [buska'dor] *m* INFOR search engine
busca-pé ['buska-'pɛ] *m* *(fogo de artifício)* firecracker *Am*, banger *Brit*
buscar [bus'kar] *vt* <c→qu> **1.** *(coisa)* to search for; **ir ~ a. c./alguém** to search for sth/sb **2.** *(pegar)* to fetch **3.** *(recolher)* to pick up **4.** *(empenhar-se)* to strive for
bússola ['busula] *f* compass; **~ marítima** sailor's compass
bustiê [bustʃi'e] *m* bustier
busto ['bustu] *m* **1.** ANAT *(torso)* bust; *(seios)* bust **2.** *(escultura, pintura)* bust
butim [bu'tʃĩj] <-ins> *m* loot
butique [bu'tʃiki] *f* boutique
buzina [bu'zina] *f* horn; **tocar a ~** to honk (one's horn)
buzinaço [buzi'nasu] *m* loud honking of horns
buzinar [buzi'nar] *vi* to honk; **~ para alguém** to honk at sb; **~ aos ouvidos de alguém** to repeat sth over and over
Búzios ['buziws] (City of) Búzios

C

C, c ['se] *m* C, c
cá ['ka] *adv* here; *(para ~)* over here; **de lá para ~** back and forth; **vem ~!** come here!
caatinga ['kaa'tʃĩga] *f* caatinga *(shrubland vegetation common to the arid climate of Northeast Brazil)*
cabaça [ka'basa] *f* **1.** BOT bottle gourd;

(*recipiente*) gourd **2.** MÚS cabaca (*musical instrument used in candomble*)

cabal <-ais> [ka'baw, -'ajs] *adj* **1.**(*completo*) complete **2.**(*certo*) perfect

cabana [ka'bɐ̃na] *f* hut

cabaré [kaba'rɛ] *m* cabaret

cabeça [ka'besa] **I.** *f* **1.** ANAT, TEC head; **~ de gravação** INFOR recording head; **andar com a ~ no ar** to have one's head in the clouds; **cair de ~** to involve oneself completely in sth; **esquentar a ~** to worry about sth; **fazer a ~ de alguém** to convince sb of sth; **levar** [*ou* **tomar**] **na ~** to have some financial loss; **meter a. c. na ~** to get sth into one's head; **não estar bom da ~** *inf* to be crazy; **perder a ~** to lose one's head; **quebrar a ~** to dwell on sth; **querer a ~ de alguém** to want sb's head; POL to have sb fired for political reasons; **saber a. c. de ~** to know sth by heart; **ser ~ fria** to have a cool head; **subir à ~** to go to one's head; **ter ~** to have a good head on one's shoulders; **ter a ~ no lugar** to be sensible; **usar a ~** to use one's head **2.** *fig* mind; **ele é uma das ~s mais brilhantes** he is one of the most brilliant minds **3.**(*numericamente*) first; **~ de gado** head of cattle **4.**(*de uma lista, página*) top; (*de um prego*) head **II.** *mf* (*líder*) leader; **~ do partido** party leader

cabeçada [kabe'sada] *f* **1.**(*pancada*) headbutt; **dar uma ~** *inf* to blunder **2.** FUT header

cabeça de bagre [ka'besa dʒi 'bagri] <cabeças de bagre> *mf* idiot; FUT *mediocre player*

cabeça de casal [ka'besa dʒi ka'saw] <cabeças de casal> *mf* head of the household

cabeça de vento [ka'besa dʒi 'vẽtu] <cabeças de vento> *mf* airhead, scatterbrain

cabeça-dura [ka'besa-'dura] <cabeças-duras> *mf* (*pessoa teimosa*) pigheaded person; (*pessoa estúpida*) blockhead

cabeça-feita [ka'besa-'fejta] <cabeças-feitas> *mf inf* (*pessoa*) sb who knows their own mind

cabeçalho [kabe'saʎu] *m* heading; (*do jornal*) masthead

cabeceador, -a [kabesea'dor, -a] *m, f* FUT header

cabecear [kabese'ar] *conj como passear vi* **1.**(*com sono*) to nod off **2.**(*barco*) to pitch **3.**(*esporte*) to head

cabeceira [kabesej'ra] *f* (*da cama*) headboard; (*da mesa*) head; (*do rio*) fountainhead

cabeçote [kabe'sɔtʃi] *m* TEC (*carro*) cylinder head

cabeçudo, -a [kabe'sudu, -a] *adj fig* pigheaded

cabedal [kabe'daw] *m sem pl* (*patrimônio*) wealth

cabeleira [kabe'lejra] *f* **1.**(*cabelo*) head of hair *pl* **2.**(*artificial*) wig

cabeleireiro, -a [kabelej'rejru, -a] *m, f* hairdresser

cabelo [ka'belu] *m* hair; **de arrepiar os ~s** hair-raising; **de ~s brancos** *fig* (*ultrapassado*) outdated; **pelos ~s** (*a contragosto*) against one's will

cabeludo, -a [kabe'ludu, -a] *adj* **1.** hairy **2.** *fig* **mentira cabeluda** elaborate lie; **nome ~** bad name; **xingar alguém de todos os nomes cabeludos** to call sb every bad name one can think of

caber [ka'ber] *irr vt* **1.**(*objeto, pessoa*) to fit; **minha bagagem não cabe no porta malas** my bags won't fit in the trunk **2.**(*título*) to belong to; **~ a alguém** (*tarefa*) to be up to sb; **cabe a ela resolver o problema** it's up to her to resolve the problem

cabide [ka'bidʒi] *m* **1.** coathanger **2. ~ de empregos** *inf* phantom employees

cabidela [kabi'dɛla] *f* GASTR chicken giblet soup

cabimento [kabi'mẽtu] *m sem pl* suitability; **ter ~** to be suitable; **isso não tem ~!** this is outrageous!

cabine [ka'bini] *f* booth; **~ telefônica** telephone booth

cabisbaixo, -a [kabiz'bajʃu, -a] *adj* dejected

cabo ['kabu] *m* **1.**(*extremidade*) end; (*de vassoura*) stick; (*de faca*) handle; **de ~ a rabo** from beginning to end; **dar ~ de** to kill; **levar a ~** to carry out **2.** MIL (*graduação hierárquica*) corporal; (*comandante*) commander; **~ da polícia** police chief **3.** GEO cape **4.** ELETR wire **5.**(*fio*) cable; **~ de aço** steel cable; **~ de reboque** towrope **6. ~ eleitoral** ward boss

caboclo, -a [ka'boklu, -a] *m, f* (*mestiço*) mestizo; (*caipira*) backwoodsman

cabograma [kabo'grama] *m* cablegram

cabotagem [kabo'taʒẽj] *f sem pl* costal navigation
Cabo Verde ['kabu 'verdʒi] *m* Cape Verde *pl*
cabo-verdiano, -a ['kabu-verdʒi'ɜ̃nu, -a] *adj, m, f* Cape Verdean
cabra ['kabra] **I.** *f* nanny goat **II.** *m* (*sujeito*) person; ~ **da peste** an intrepid person
cabra-cega ['kabra-'sɛga] *f* <cabras-cegas> (*jogo*) blindman's buff
cabra-macho ['kabrɐ-'maʃu] *m* <cabras-machos> courageous person
cabreiro, -a [ka'brejru, -a] *adj inf* (*desconfiado*) suspicious
cabresto [ka'brestu] *m* halter; **trazer alguém no** [*o* pelo] ~ to lead sb by the nose *inf*; **sentar no** ~ to flatly refuse
cabriolé [kabrio'lɛ] *m* cabriolet
cabrito [ka'britu] *m* kid
cabrocha [ka'brɔʃa] *f inf*: *a young girl who likes to dance samba and participate in the carnival parade*
caça ['kasa] **I.** *f* (*atividade*) hunting; ~ **submarina** submarine chaser; **ir à** ~ to go hunting; (*animais*) game **II.** *m* AERO fighter
caçador, -a [kasa'dor, -a] *m, f* hunter; ~ **de cabeças** head hunter; ~ **de talentos** talent scout
caçamba [ka'sɜ̃ba] *f* (*balde*) bucket
caça-minas ['kasa-'minas] *m* MIL mine sweeper
caça-níqueis ['kasa-'nikejs], **caça-níquel** ['kasa-'nikew] *m* (*jogo*) slot machine *Am*, fruit machine *Brit; pej* (*empreendimento, produção artística*) money pit
cação <-ões> [ka'sɜ̃w, -'õjs] *m* (*tubarão*) shark
caçar [ka'sar] *vt* <ç→c> **1.** (*em terra*) to hunt **2.** (*apanhar*) to catch **3.** (*livro, palavra*) to search for
cacareco [kaka'rɛku] *m* junk *no pl*
cacarejar [kakare'ʒar] *vi* to cackle
cacarejo [kaka'reʒu] *m* **1.** cackle **2.** *fig* chatterbox
caçarola [kasa'rɔla] *f* casserole
cacatua [kaka'tua] *f* cockatoo
cacau [ka'kaw] *m* cocoa
cacaueiro [kakaw'ejru] *m* cocoa tree
cacetada [kase'tada] *f* **1.** whack (with a stick or club) **2.** *inf* (*quantidade*) tons; **uma ~ de a. c.** tons of sth; **e ~** *gír* and then some; **já deve ter 50 e ~** he must be over 50 **3.** FUT hard shot

cacete [ka'setʃi] **I.** *m* **1.** (*pau*) club; (*da polícia*) baton *Am*, truncheon *Brit* **2.** *inf* (*cacetada*) whacking **II.** *adj inf* (*pessoa*) boring **III.** *interj chulo* prick
cachaça [ka'ʃasa] *f* white rum

> **Cultura** **Cachaça** is obtained by distilling sugarcane mash. Brazil's most popular alcoholic beverage is known by many names: **aguardente de cana** (sugarcane brandy), **branquinha**, **caninha**, **pinga**, etc. It is the basic ingredient of the **caipirinha** and of fruit daiquiris, but is also commonly drunk straight. Cachaça boiled with ginger, cinnamon and sugar makes a **quentão**, a typical drink at the **festas juninas**.

cachaceiro, -a [kaʃa'sejru, -a] *m, f* drunk, boozer *inf*
cachalote [kaʃa'lɔtʃi] *m* sperm whale
cachê [ka'ʃe] *m* (*pagamento*) fee
cacheado, -a [kaʃi'adu, -a] *adj* (*cabelo*) curly
cachecol <-óis> [kaʃi'kɔw, -'ɔjs] *m* scarf
cachimbo [ka'ʃĩbu] *m* pipe; **fumar** ~ to smoke a pipe; ~ **da paz** pipe of peace
cacho ['kaʃu] *m* **1.** (*de uvas, de bananas*) bunch **2.** (*de cabelo*) lock **3.** *inf* (*caso amoroso*) affair
cachoeira [kaʃu'ejra] *f* waterfall
cachola [ka'ʃɔla] *f inf* nut
cachorra *f v.* **cachorro**
cachorrada [kaʃo'xada] *f* pack of dogs; *inf* (*canalhice*) rabble
cachorro, -a [ka'ʃoxu, -a] *m, f* dog; (*cafajeste*) swine; ~ **sem dono** stray dog; **matar ~ a grito** *inf* to be desperate; **pra** ~ *inf* galore; **dinheiro pra** ~ money galore; **soltar os ~s em cima de alguém** to let fly at sb
cachorro-quente [ka'ʃoxu-'kẽtʃi] <cachorros-quentes> *m* hot dog
cacife [ka'sifi] *m* JOGOS stake; *inf* resources
cacilda [ka'siwda] *interj gír* oh my God!
cacimba [ka'sĩba] *f* (*poço*) well
cacique [ka'siki] *m* **1.** (*chefe indígena*) Indian chief **2.** *pej* (*política, administração*) big wig
caco ['kaku] *m* **1.** (*de louça, vidro*) shard **2.** *inf* (*juízo*) savvy **3.** *inf* (*pessoa*) old wreck; **ele está um ~** he is an old

wreck **4.** TEAT gag

caçoada [kasu'ada] *f* mockery

caçoar [kasu'ar] *vt* <*1. pess pres* caçoo> to mock; ~ **de alguém** to mock sb

cações *m pl de* **cação**

cacofonia [kakofo'nia] *f* cacophony

cacto ['kaktu] *m* cactus

caçula [ka'sula] **I.** *mf* the youngest, the baby (of the family) *inf* **II.** *adj* (*irmão, filho*) youngest

cada ['kada] *pron indef* each, every; ~ **um** [*ou* **qual**] everyone; ~ **vez** every time; **100 reais** ~ (**um**) 100 reals each; **a** ~ **dois dias** every two days; ~ **vez mais** increasingly; **um de** ~ **vez** one at a time; (**ela fala**) ~ **uma!** the things she says!

cadafalso [kada'fawsu] *m* gallows *pl*

cadarço [ka'darsu] *m* (*amarrar*) shoelace

cadastrado, -a [kadas'tradu, -a] *adj* registered

cadastramento [kadastra'mẽjtu] *m* registration

cadastrar [kadas'trar] *vt* to register

cadastro [ka'dastru] *m* **1.** (*de imóveis*) survey **2.** (*pessoas*) record; ~ **eleitoral** electoral regiser; ~ **de pessoas físicas** (**CPF**) taxpayer ID number **3.** (*lista*) list

cadáver [ka'daver] *m* (*de pessoa*) corpse; (*de animal*) cadaver

cadavérico, -a [kada'vɛriku, -a] *adj* corpselike

cadê [ka'de] *adv inf* ~ **o Paulo?** where is Paulo

cadeado [kadʒi'adu] *m* padlock

cadeia [ka'deja] *f* **1.** (*corrente*) chain; **reação em** ~ chain reaction **2.** (*prisão*) jail **3.** ~ **de montanhas** mountain range **4.** RÁDIO, TV ~ **nacional** nationwide network

cadeira [ka'dejra] *f* **1.** (*móvel*) chair ?; ~ **de balanço** rocking chair; ~ **de braços** armchair; ~ **elétrica** eletric chair; ~ **de palha** cane-bottom chair; ~ **de rodas** wheelchair; **falar** [*ou* **dizer**] ~ to speak with authority **2.** (*da universidade*) professorship **3.** ~ **cativa** season ticket

cadeirão <-ões> [kadej'rãw, -'õjs] *f* (*de bebê*) highchair

cadela [ka'dɛla] *f* ZOOL bitch

cadência [ka'dẽjsia] *f* **1.** (*ritmo*) ryhthm **2.** (*estilo fluente na expressão verbal, no canto*) cadence **3.** (*vocação*) talent **4.** MÚS cadenza

cadenciado, -a [kadẽjsi'adu, -a] *adj* (*samba*) rhythmic; (*voz*) cadenced

cadente [ka'dẽjtʃi] *adj* falling; (*estrela*) falling

caderneta [kader'neta] *f* **1.** (*bloco, caderno*) notebook **2.** (*registro bancário*) bank details; ~ **de poupança** savings account

caderno [ka'dɛrnu] *m* notebook; ~ **de espiral** spiral notebook; ~ **de livro/jornal** book/newspaper supplement; ~ **de notas** notebook

cadete [ka'detʃi] *m* MIL cadet

cádmio ['kadʒimiw] *sem pl m* cadmium

caduca *adj v.* **caduco**

caducar [kadu'kar] *vi* <c→qu> **1.** (*documento*) to be invalid; (*prazo*) to expire **2.** (*senilidade*) to become senile **3.** (*decadência*) to decline

caduco, -a [ka'duku, -a] *adj* **1.** JUR (*lei*) null and void **2.** (*senil*) senile **3.** BOT caducous

caduquice [kadu'kisi] *f* senility

cães *m pl de* **cão**

cafajeste [kafa'ʒɛstʃi] *m pej* (*pessoa*) swine

café [ka'fɛ] *m* **1.** (*produto, bebida*) coffee; ~ **em grão** coffee beans; ~ **instantâneo** instant coffee; ~ **com leite** white coffee; ~ **da manhã** breakfast; ~ **pingado** white coffee; ~ **preto** black coffee; ~ **solúvel** instant coffee **2.** (*local*) coffee shop **3.** *inf* (*gorjeta*) tip

> **Cultura** **Café com leite** is coffee with hot milk. There is always more milk than coffee. This is the traditional beverage at a Brazilian breakfast.

café-concerto [ka'fɛ-kõw'sertu] <cafés-concerto(s)> *m* cabaret

cafeeiro [kafe'ejru] *m* coffee tree

cafeicultor, -a [kafejkuw'tor, -a] *m, f* coffee grower

cafeína [kafe'ina] *f sem pl* caffeine *no pl*; **sem** ~ decaffeinated

cafetão [kafe'tãw] *m* pimp

cafeteira [kafe'tejra] *f* coffee pot

cafetina [kafe'tʃina] *f* madam

cafezal <-ais> [kafe'zaw, -'ajs] *m* coffee plantation

cafezinho [kafɛ'zĩɲu] *m* ≈ espresso; **tomar um** ~ to have an espresso

Cultura Cafezinho is served in small cups and often sugar-sweet. It is drunk after meals and throughout the day during breaks, trips, meetings, etc.

cafona [ka'fɔna] *adj inf* tacky
cafonice [kafo'nisi] *f inf* tackiness
cafua [ka'fua] *f* **1.** (*cova*) cave **2.** (*habitação*) hovel
cafundó [kafũw'dɔ] *m* (*lugar muito afastado*) out-of-the-way place; **nos ~s** in the boondocks *Am*, in the back of beyond
cagaço [ka'gasu] *m chulo* fright
cagada [ka'gada] *f chulo* junk; **fazer uma ~** *fig* to screw up
cágado ['kagadu] *m* fresh-water turtle
caganeira [kagã'nejra] *f inf* **1.** the runs *pl Am*, the trots *pl Brit* **2.** (*grande medo*) **o filme deu uma ~ no meu irmão** the film scared my brother shitless
cagão, -ona [ka'gãw, -'ona] *m, f pej, inf* (*pessoa*) chicken
cagar [ka'gar] <g→gu> **I.** *vi chulo* to shit; **~ e andar** to not give a shit **II.** *vt chulo* (*desprezar*) **cagou para os conselhos do pai** he didn't think his father's advice was worth a shit **III.** *vr*: **~-se** *chulo* (*sair-se mal*) to screw up
cagona *f v.* **cagão**
caiapó [kaja'pɔ] *m* Cayapo
caiaque [kaj'aki] *m* kayak
cãibra ['kãjbra] *f* cramp
caída [ka'ida] *f v.* **queda**
caído, -a [ka'idu, -a] *adj* **1.** (*pendurado*) hanging **2.** (*abatido*) dejected **3.** *inf* (*apaixonado*) **estar ~ por alguém** to be smitten by sb
câimbra ['kãjbra] *f v.* **cãibra**
caipira [kaj'pira] *mf* country person, hick *pej*

Cultura Caipirinha is a cocktail prepared by crushing unpeeled pieces of lime with sugar and ice and adding **cachaça**. Recently there have been new caipirinha "recipes": passionfruit caipirinha, strawberry caipirinha, etc. The most famous takeoff of the traditional caipirinha is the **caipirosca**, prepared with vodka.

cair [ka'ir] *conj como sair vi* **1.** (*pessoa*) to fall; **~ duro** to be broke; **~ fora** *inf* to run away; **~ de maduro** to fall down; **~ morto** to die; **~ para trás** to fall backwards; **~ de sono** [*ou* **de cansaço**] to be dead tired; **~ na armadilha** to fall into a trap; **~ num erro** to err; **~ no esquecimento** to be forgotten; **~ na farra** to go out partying; **~ na miséria** to fall into poverty; **~ no ridículo** to make a fool of oneself; **~ em si** to come to one's senses **2.** (*avião*) to crash **3.** (*cabelo*) to fall out; (*folhas*) to fall; (*botão*) to come off **4.** (*nível, preços*) to fall **5.** (*telhado*) to fall **6.** (*raio*) to strike; **ao ~ da tarde/noite** at nightfall **7.** (*ligação telefônica, sistema*) to be cut off **8.** (*ser afastado do cargo*) to be fired **9.** (*deixar-se enganar*) to be taken in; **ela caiu na conversa dele** she was taken in by his smooth talk **10.** (*condizer*) **esse vestido lhe cai bem** that dress looks good on you; **~ mal** (*não agradar*) to go down badly **11.** (*ocorrer*) **este ano o carnaval caiu em março** this year carnival was in March
cais ['kajs] *m inv* quay
caixa ['kajʃa] **I.** *f* **1.** box; (*grande*) chest; **~ acústica** speaker; **~ de correio** mailbox *Am*, postbox *Brit*; **~ de ferramentas** tool box; **~ de música** music box; **~ postal** post office box, PO box; **~ de som** speaker **2.** (*numa loja, banco*) cash desk; (*supermercado*) checkout; **Caixa Econômica** state savings and loan bank; **~ eletrônico** ATM, automated teller machine; **~ registradora** cash register **3.** TEC **~ de marchas** transmission *Am*, gearbox *Brit* **4.** INFOR **~ de entrada** inbox; **~ de mensagens** message box; **~ de saída** outbox **II.** *mf* cashier **III.** *m* ECON cash; (*livro*) account book; **~ eletrônico** ATM
caixa-d'água ['kajʃa-'dagwa] <caixas--d'água> *f* water tank
caixa-forte ['kajʃa-'fɔrtʃi] <caixas--fortes> *f* strongbox
caixão <-ões> [kaj'ʃãw, -'õjs] *m* coffin
caixeiro-viajante [kajʃejru-via'ʒãŋtʃi] <caixeiros-viajantes> *m* travelling salesman

caixilho [kaj'ʃiʎu] *m* (*de quadro, porta, janela*) frame

caixões *m pl de* **caixão**

caixote [kaj'ʃɔtʃi] *m* small box; (*para transporte*) wooden packing crate

cajá [ka'ʒa] *m* hog plum (*yellow, fragrant, sour fruit used in medicines*)

cajadada [kaʒa'dada] *f* blow with a stick

cajado [ka'ʒadu] *m* **1.** (*de pastor*) crook **2.** (*amparo*) support

cajazeira [kaʒa'zejra] *f*, **cajazeiro** [kaʒa'zejru] *m* hog plum tree (*tropical tree whose fruit has medicinal properties*)

caju [ka'ʒu] *m* fruit of the cashew tree (*used in sweets and drinks*)

cajueiro [kaʒu'ejru] *m* cashew tree

cal ['kaw] *f* MIN lime

calabouço [kala'bowsu] *m* jail; (*subterrânea*) dungeon

calada [ka'lada] *f* (*silêncio*) silence; **na ~ da noite** in the still of night; **pelas ~s** secretly

caladão, -ona [kala'dãw, -'ona] *m, f* silent type

calado, -a [ka'ladu, -a] *adj* quiet; **ficar ~** to be quiet; **entrar mudo e sair ~** to remain silent

caladona *f v.* **caladão**

calafetar [kalafe'tar] *vt* to caulk

calafrio [kala'friw] *m* shiver; **tenho ~s** I've got the shivers

calamidade [kalami'dadʒi] *f* calamity; (*desastre*) catastrophe; (*desgraça*) affliction; **estado de ~** a disastrous state

calamitoso, -a [kalami'tozu, -'ɔza] *adj* disastrous; (*desgraçado*) tragic

cálamo [ˈkalãmu] *m* quill

calar [ka'lar] I. *vt* **1.** (*fato*) to cover up **2.** (*pessoa*) to silence; **cala a boca!** *inf* shut up! II. *vi* to be silent; **quem cala consente** *prov* silence implies consent *prov* III. *vr:* ~-**se** to keep quiet

calça [ˈkawsa] *f v.* **calças**

calçada [kaw'sada] *f* sidewalk *Am*, pavement *Brit*

calçadão <-ões> [kawsa'dãw, -'õjs] *m* wide, landscaped sidewalk; **~ da praia** promenade

calçadeira [kawsa'dejra] *f* shoehorn

calçado [kaw'sadu] *m* footwear; **~ de corrida** running shoes

calçadões *m pl de* **calçadão**

calcanhar [kawkã'ɲar] *m* heel; **~ de Aquiles** Achilles' heel; **dar aos ~es** to take to one's heels; **ir** [*ou* **estar**] **nos ~es de alguém** to be hard on sb's heels

calção <-ões> [kaw'sãw, -'õjs] *m* shorts; **~ de banho** bathing suit

calcar [kaw'kar] *vt* <c→qu> to step on

calçar [kaw'sar] <ç→c> I. *vt* **1.** (*luvas, meias, sapatos*) to put on **2.** (*rua*) to pave **3.** (*colocar calço*) to wedge **4.** FUT to trip II. *vr* ~-**se** to put on one's shoes

calcário [kaw'kariw] *m* limestone

calcário, -a [kaw'kariw, -a] *adj* chalky; **agua calcária** hard water

calças [ˈkawsas] *fpl* pants *pl*, trousers; **~ compridas** long pants; **~ curtas** shorts; **~ jeans** jeans *pl*; **ficar de ~ curtas** to be caught off-guard

calcificação <-ões> [kawsifika'sãw, -'õjs] *f* MED calcification

calcificar [kawsifi'kar] *vi* <c→qu> to calcify

calcinação <-ões> [kawsina'sãw, -'õjs] *f* QUÍM calcination

calcinar [kawsi'nar] *vt* **1.** (*queimar*) burn **2.** QUÍM to oxidize

calcinha(s) [kaw'sĩɲa(z)] *f(pl)* panties *Am*, knickers *Brit*

cálcio [ˈkawsiw] *m sem pl* calcium

calço [ˈkawsu] *m* **1.** wedge **2.** FUT trip

calcografia [kawkogra'fia] *f* engraving

calculadamente [kawkulada'mẽjtʃi] *adv* calculatedly

calculadora [kawkula'dora] *f* calculator; **~ de bolso** pocket calculator

calcular [kawku'lar] I. *vt* **1.** MAT to calculate **2.** (*estimar*) to estimate **3.** (*imaginar*) to reckon; **calculo!** I see!; **calculo que sim** I reckon so II. *vi* (*fazer cálculo*) to reckon up; **ele calcula rápido** he reckons up very fast

calculável <-eis> [kawku'lavew, -ejs] *adj* calculable

calculista [kawku'ʎista] *pej* I. *mf* schemer II. *adj* scheming

cálculo [ˈkawkulu] *m* **1.** MAT calculus; **~ diferencial** differential calculus; **~ integral** integral calculus **2.** (*aproximado*) estimate; **~ de cabeça** rough estimate **3.** MED stones; **~ renal** kidney stone

calda [ˈkawda] *f* **1.** (*xarope*) syrup **2.** (*do ferro*) red heat

caldas [ˈkawdas] *fpl* hot springs

caldear [kawde'ar] *conj como* **passear** *vt* **1.** (*ligar metais*) to weld **2.** (*cal*) to make quicklime 3. (*tornar rubro*) to make red hot

caldeira [kaw'dejra] *f* 1. (*recipiente*) kettle 2. (*de máquina a vapor*) boiler 3. GEO caldera

caldeirão <-ões> [kawdej'rɐ̃w, -'õjs] *m* 1. cauldron 2. *fig* (*político, social*) melting pot; (*agitaçaõ*) turmoil

caldo ['kawdu] *m* GASTR stock; ~ **de cana-de-açúcar** sugarcane juice; ~ **verde** vegetable broth; **dar/levar um** ~ *inf* to give sb/to get a dunking; **entornar o** ~ to spoil everything

calefação <-ões> [kalefa'sɐ̃w, -'õjs] *f* heating *no pl*

caleidoscópio [kalejdos'kɔpiw] *m* kaleidoscope

calejado, -a [kale'ʒadu, -a] *adj* 1. (*caloso: mãos, pés*) calloused 2. (*endurecido: coração, alma*) hardened 3. (*experimentado: profissional*) seasoned

calendário [kalẽj'dariw] *m* calendar

calha ['kaʎa] *f* (*para escoamento*) gutter

calhambeque [kaʎɐ̃ŋ'bɛki] *m* junk *no pl*

calhar [ka'ʎar] *vi impess* 1. (*encaixar-se*) to fit together 2. (*ocorrer por acaso*) to happen; **calhou que ...** it happened that ...; **vir** (**mesmo** [*ou* **bem**]) **a** ~ to come at (exactly) the right time; **bem** (*roupa*) to suit; **quando** ~ when you get the chance

calibração [kaʎibra'sɐ̃w] *f v.* **calibragem**

calibragem [kaʎi'braʒẽj] <-ens> *f* calibration

calibrar [kaʎi'brar] *vt* 1. (*balança*) to calibrate 2. (*medir*) to gauge 3. (*pneus*) to check the pressure

calibre [ka'ʎibri] *m* 1. (*arma, tubo*) caliber *Am*, calibre *Brit* 2. (*padrão*) caliber 3. (*qualidade*) caliber

cálice ['kaʎisi] *m* 1. REL chalice 2. BOT calyx

cálida *adj v.* **cálido**

calidez [kaʎi'des] *f* warmth *no pl*

cálido, -a ['kaʎidu, -a] *adj* 1. (*quente*) hot; (*apaixonado*) ardent 2. (*astuto*) clever

calidoscópio [kaʎidos'kɔpiw] *m v.* **caleidoscópio**

caligrafia [kaʎigra'fia] *f* 1. (*letra bonita*) penmanship 2. (*forma de letra*) calligraphy

calista [ka'ʎista] *mf* podiatrist *Am*, chiropodist *Brit*

calma *adj v.* **calmo**

calma ['kawma] *f sem pl* 1. (*sossego*) calm 2. (*de espírito*) tranquility; ~! calm down!; **manter a** ~ to remain calm; **perder a** ~ to lose one's cool; **vá/vai com** ~! take it easy! 3. NAÚT calm

calmante [kaw'mɐ̃ntʃi] I. *m* FARM sedative II. *adj* (*chá*) relaxing

calmaria [kawma'ria] *f sem pl* 1. (*no mar*) calm 2. (*calor*) hot windless weather

calmo, -a ['kawmu, -a] *adj* 1. (*sossegado: mar, voz, dia*) calm 2. (*vida, lugar*) quiet 3. (*descontraído: ambiente, pessoa, conversa*) relaxed

calo ['kalu] *m* 1. (*na mão, planta do pé*) callus; (*no dedo do pé*) corn; **criar** ~ *fig* (*habituar-se*) to become hardened 2. (*insensibilidade*) callousness; **pisar nos** ~**s de alguém** to step[*o* tread] on sb's toes *Brit*

calombo [ka'lõwbu] *m* swelling

calor [ka'lor] *m* 1. (*de um corpo*) heat; ~ **humano** body heat 2. (*clima*) heat; ~ **sufocante** oppressive heat; **está** ~ it's hot; **estou com** ~ I'm hot 3. (*ardor*) passion; **com** ~ with passion

caloria [kalo'ria] *f* calorie; **de baixa** ~ low calorie

caloroso, -a [kalo'rozu, -'ɔza] *adj* 1. (*recepção*) warm 2. (*enérgico*) enthusiastic

calosidade [kalozi'dadʒi] *f v.* **calo**

calota [ka'lɔta] *f* 1. (*roda*) hubcap 2. ~ **polar** polar ice cap

calote [ka'lɔtʃi] *m inf* bad debt; **dar um** ~ to swindle

caloteiro, -a [kalo'tejru, -a] *m, f* swindler

calouro, -a [ka'lowru, -a] *m, f* 1. (*principiante*) beginner; (*pessoa inexperiente*) novice 2. UNIV freshman 3. (*artista amador*) amateur

calúnia [ka'lunia] *f* slander

caluniar [kaluni'ar] *vt* to slander

calunioso, -a [kaluni'ozu, -'ɔza] *adj* slanderous

calva *adj v.* **calvo**

Calvário *m* Calvary

calvário [kaw'variw] *m* (*martírio*) suffering

calvície [kaw'visi] *f* baldness l *no p*

calvo, -a ['kawvu, -a] *adj* bald; **ser** ~ to

be bald

cama ['kɐma] f bed; **~ de casal** double bed; **~ de solteiro** single bed; **cair de ~** to fall ill; **cair da ~** to get up early; **cair na ~** to fall into bed; **estar de ~** to be bedridden; **fazer a ~** to make the bed; **fazer a ~ de alguém** fig (causar problemas) to set sb up; **fazer a ~ para alguém** inf to pave the way for sb; **ir para a ~ com alguém** inf to go to bed with sb; **ser bom de ~** to be good in bed

camada [ka'mada] f layer; **~ de ozônio** ozone layer; **~s sociais** social strata

camaleão, -oa <-ões> [kamale'ɐ̃w, -'oa -'õjs] m, f 1. zool chameleon 2. fig (pessoa) chameleon

câmara ['kɐmara] f 1. (quarto, instituição) chamber; **~ acústica** sound box; **~ do comércio** chamber of commerce; **~ dos Deputados** house of representatives; **~ escura** black box; **~ frigorífica** freezer; **~ municipal** city council 2. foto **~ digital** digital camera; **~ escura** dark room; **~ fotográfica** camera; **~ de vídeo** video camera; **~ de televisão** television camera

câmara-ardente ['kɐmara-ar'dẽjtʃi] <câmaras-ardentes> f mourning chamber

camarada [kama'rada] I. mf 1. (indivíduo) guy m, woman f 2. inf (amigo) buddy m, mate Brit 3. pol comrade II. adj (favorável: preço) good; (tempo) nice

camaradagem [kamara'daʒẽj] <-ens> f fellowship

câmara-de-ar [kɐmara-dʒi'ar] <câmaras-de-ar> f inner tube

camarão <-ões> [kama'rɐ̃w, -'õjs] m 1. zool shrimp Am, prawn Brit 2. inf (pessoa) as red as a lobster

camarim [kama'rĩj] <-ins> m 1. compartment 2. (teatro) dressing room

camarões m pl de **camarão**

camarote [kama'rɔtʃi] m 1. (teatro) box; **assistir de ~** inf to have a grandstand view 2. naút cabin

cambada [kɐ̃'bada] f 1. (quantidade) bundle; (de chaves) bunch 2. (de pessoas) gang

cambalacho [kɐ̃ba'laʃu] m pej fraud

cambalear [kɐ̃bali'ar] conj como passear vi to stagger

cambalhota [kɐ̃ba'ʎɔta] f somersault; **dar uma ~** to do a somersault

cambial <-ais> [kɐ̃bi'aw, -'ajs] adj econ (taxa, política, títulos) exchange

cambiar [kɐ̃bi'ar] vt (dinheiro) to change

câmbio ['kɐ̃biw] m 1. (de dinheiro) exchange 2. econ (cotação) exchange rate

cambraia [kɐ̃'braja] f cambric

camélia [ka'mɛʎja] f camellia

camelo [kɐ'melu] m camel

camelô [kɐme'lo] mf street vendor

> **Cultura** A **camelô** is a hawker of merchandise as varied as costume jewelry, CDs, perfume, watches and clothing, set up temporarily along streets or sidewalks, almost always without a legal permit.

caminhada [kɐmĩ'nada] f walk

caminhão <-ões> [kɐmĩ'nɐ̃w, -'õjs] m 1. truck Am, lorry Brit; **~ basculante** dump truck; **~ de lixo** garbage truck 2. (grande quantidade) **um ~ de dinheiro** a truck-load of money

caminhão-tanque <caminhões-tanque(s)> [kɐmĩ'nɐ̃w-'tɐ̃ŋki, -'õjs] m tanker

caminhar [kɐmĩ'nar] vi (pessoa, animal) to walk

caminho [kɐ'mĩnu] m 1. (via) way; **abrir ~** to clear the way; **cortar ~** to take a shortcut; **estar a ~** to be on the way; **ficar pelo ~** to stop on the way; **pelo** [ou **no**] **~** to go astray; **estar no bom ~** well underway; **(já) é meio ~ andado** we're already half way through 2. (distância) distance to travel 3. (modo) **um ~ para combater a fome** a way of dealing with hunger

caminhões m pl de **caminhão**

caminhoneiro, -a [kamĩɲo'nejru, -a] m, f truck driver Am, lorry driver Brit

caminhonete [kɐmĩɲo'nɛtʃi] f 1. (de passageiros) van 2. (de carga) pickup

camisa [kɐ'miza] f shirt; **suar a ~** fig to work hard; **vestir a ~** fig to work for a cause

camisa de força [kɐ'miza dʒi 'fɔrsa] <camisas de força> f strait jacket

camisa de vênus [kɐ'miza dʒi 'venus] <camisas de vênus> f inf condom

camiseta [kɐmi'zeta] f T-shirt

camisinha [kɐmi'zĩɲa] f inf condom

camisola [kãmi'zɔla] *f* nightdress
camomila [kãmo'mila] *f sem pl* chamomile; **chá de** ~ chamomile tea; **flor de** ~ chamomile flower
campainha [kãpã'iɲa] *f* **1.**(*de casa*) doorbell; **tocar a** ~ to ring the doorbell **2.**(*sino*) bell **3.** BOT bellflower
campal <-ais> [kãŋ'paw, -'ajs] *adj* rural
campana [kãŋ'pãna] *f* bell
campanário [kãŋpã'rjiw] *m* bell tower
campanha [kãŋ'pãɲa] *f* **1.**campaign; ~ **eleitoral** electoral campaign; ~ **publicitária** marketing campaign **2.** MIL campaign **3.** ESPORT performance
campânula [kãŋ'pãnula] *f* (*laboratório*) bell jar
campeão, campeã <-ões> [kãŋpi'ãw, -'ɛ̃, -'õjs] *m, f* ESPORT champion; ~ **mundial** world champion
campeonato [kãŋpjo'natu] *m* championship; ~ **mundial** world championship
campestre [kãŋ'pɛstri] *adj* (*paisagem, sede, festa*) rural
campi *m pl de* **campus**
campina [kãŋ'pina] *f* meadow
Campinas [kãŋ'pinas] (City of) Campinas
camping [kãŋ'pĩj] *m* camping; **fazer** ~ to go camping
campista [kãŋ'pista] *mf* camper
campo ['kãŋpu] *m* **1.**(*terreno*) field; (*de cultivo*) farm land; ~ **de batalha** battlefield; **andar em** ~ **minado** to walk in a mine field; **ter o** ~ **livre** to have one's way clear **2.**(*de trabalho*) area; ~ **de ação** field of activity **3.**(*aldeia*) rural area; **no** ~ in the country side; **para o** ~ to the country side **4.** ESPORT field; ~ **de futebol** soccer field; ~ **de golfe** golf course; **entrar em** ~ to enter the game **5.**(*acampamento*) campsite; ~ **de concentração** concentration camp; ~ **de refugiados** refugee camp **6.** INFOR (*para informação*) field
Campo Grande ['kãŋpu 'grãŋdʒi] *m* (City of) Campo Grande
camponês, -esa [kãŋpo'nes, -'eza] <-eses> *m, f* **1.**country person; **camponeses** country people **2.** HIST peasant
campônio [kãŋ'poniw] *m pej* farmer, peasant
campus <campi> ['kãŋpus, 'kãŋpi] *m* campus
camuflagem [kãmu'flaʒẽj] <-ens> *f* camouflage
camuflar [kãmu'flar] *vt* **1.**to camouflage **2.**(*dissimular*) to disguise
camundongo [kãmũw'dõwgu] *m* mouse
camurça [kã'mursa] *f* **1.** ZOOL chamois **2.**(*pele*) suede
cana ['kãna] *f* **1.** BOT sugarcane **2.** *inf* (*cadeia*) jail; **ir** [*ou* **entrar**] **em** ~ to go to jail **3.**(*policial*) policeman **4.** *inf* (*situação difícil*) **nós estamos aqui nesta** ~ **dura** we are in a tough spot
Canadá [kãna'da] *m* Canada
cana-da-índia ['kãna-da-'ĩjdʒia] <canas-da-índia> *f* bamboo
cana-de-açúcar ['kãna-dʒi-a'sukar] <canas-de-açúcar> *f* sugarcane
canadense [kãna'dẽjsi] *adj, mf* Canadian
canal <-ais> [kã'naw, -'ajs] *m* **1.** ARQUIT (*via artificial*) canal **2.**(*do mar*) channel **3.**(*de televisão*) channel; ~ **de comunicações** communication channel
canalha [kã'naʎa] **I.** *mf* (*patife*) swine **II.** *f pej* (*gente*) scum
canalização <-ões> [kãnaʎiza'sãw, -'õjs] *f* piping; (*de água, de gás*) piping
canalizar [kãnaʎi'zar] *vt* **1.**(*abrir canais*) to canalize **2.**(*encaminhar*) to channel
canapé [kãna'pɛ] *m* GASTR canapé
canário [kã'nariw] *m* canary
canastra [kã'nastra] *f* **1.**wicker basket **2.**(*cartas*) canasta
canastrão <-ões> [kanas'trãw, -'õjs] *m* (*ator*) ham
canção <-ões> [kã'sãw, -'õjs] *f* song; ~ **de ninar** lullaby; ~ **popular** pop song
cancela [kã'sɛla] *f* **1.**(*de sítio*) gate **2.**(*trilhos, trânsito*) traffic barrier
cancelamento [kãŋsela'mẽjtu] *m* (*encomenda, matrícula, conta*) cancellation
cancelar [kãŋse'lar] *vt* (*encomenda, matrícula, conta*) to cancel
Câncer *m* Cancer; **nativo de** ~ born under the sign of Cancer; **ser (de)** ~ to be a Cancer
câncer ['kãŋser] *m* MED cancer; ~ **de próstata** prostate cancer; ~ **de pulmão** lung cancer; ~ **do seio** [*ou* **de mama**] breast cancer
canceriano, -a *adj, m, f* Cancer; **ser** ~ to be a Cancer

cancerígeno, -a [kɑ̃se'riʒenu, -a] *adj* carcinogenic

canceroso, -a [kɑ̃se'rozu, -'ɔzɐ] *adj* cancerous

cancha ['kɑ̃ɲa] *f* 1. ESPORT sports field; **abrir ~** to open the way 2. (*grande experiência*) experience

candeeiro [kɑ̃de'ejru] *m* oil lamp

candeia [kɑ̃'deja] *f* small hanging oil lamp

candelabro [kɑ̃de'labru] *mpl* (*na mesa*) candelabra; (*no teto*) chandelier

candelária [kɑ̃de'larja] *f* 1. REL Candlemas 2. BOT white mullein

candente [kɑ̃'dẽjtʃi] *adj* incandescent

cândida *adj v.* **cândido**

candidata *f v.* **candidato**

candidatar [kɑ̃dʒida'tar] **I.** *vt* to nominate sb as a candidate **II.** *vr:* **~-se** 1. (*a um cargo*) to run for; **~-se a a. c.** to present oneself as a candidate for sth 2. **~ a** (*um emprego, uma bolsa*) to apply for

candidato, -a [kɑ̃dʒi'datu, -a] *m, f* 1. (*a um cargo*) candidate 2. (*a um emprego, uma bolsa*) applicant

candidato-laranja [kɑ̃dʒi'datula'rɑ̃ʒa] <candidatos-laranja> *m* POL stalking-horse

candidatura [kɑ̃dʒida'tura] *f* 1. (*a um cargo*) candidacy 2. (*a um emprego, uma bolsa*) application

cândido, -a ['kɑ̃dʒidu, -a] *adj* 1. (*alvo*) pure white 2. (*puro, ingênuo*) innocent 3. (*sincero*) candid

candomblé [kɑ̃dõw'blɛ] *m* Candomblé (*Brazilian animist religion of African origin*)

> **Cultura** Candomblé is an animist religion from parts of Nigeria and Benin, brought to Brazil by enslaved Africans perhaps in the early 19th century. In public or private ceremonies, the believers act out a proximity to natural and ancestral forces. In orthodox candomblé, **Iemanjá** is the **orixá** (divinity) of the seawater and considered the mother of other **orixás**.

candura [kɑ̃'dura] *f sem pl* 1. (*alvura*) whiteness 2. (*ingenuidade, inocência*) innocence 3. (*sinceridade*) candor *Am*, candour *Brit*

caneca [kɑ̃'nɛka] *f* 1. (*de cerveja*) tankard 2. (*de café*) mug

caneco [kɑ̃'nɛku] *m* 1. mug 2. ESPORT (*taça*) cup

canela [kɑ̃'nɛla] *f* 1. GASTR cinnamon 2. ANAT shin

canelado, -a [kɑ̃ne'ladu, -a] *adj* grooved

caneleira [kɑ̃ne'lejra] *f* ESPORT shin guards

caneta [kɑ̃'neta] *f* pen; **~ esferográfica** ballpoint pen; **~ hidrográfica** felt-tip pen

caneta-tinteiro [kɑ̃'neta-tʃĩ'tejru] <canetas-tinteiro(s)> *f* fountain pen

cânfora [kɑ̃'fora] *f sem pl* camphor *no pl*

canga ['kɑ̃ga] *f* (*de praia*) sarong

cangaceiro [kɑ̃ga'sejru] *m* bandit

cangambá *m* Brazilian skunk

canguru [kɑ̃gu'ru] *m* kangaroo

cânhamo ['kɑ̃ɲmu] *m sem pl* hemp

canhão <-ões> [kɑ̃'ɲɑ̃w, -'õjs] *m* 1. MIL cannon 2. (*da fechadura*) cylinder 3. (*refletor de luz*) spotlight 4. (*da manga*) cuff 5. *pej* (*mulher feia*) hag 6. FUT hard shot

canhestro, -a [kɑ̃'ɲɛstru, -a] *adj* awkward

canhões *m pl de* **canhão**

canhoto [kɑ̃'ɲotu] **I.** *m* 1. left-hander 2. (*talão*) stub **II.** *adj* 1. (*que usa a mão esquerda*) left-handed 2. (*desajeitado*) clumsy

canibal <-ais> [kɑ̃ni'baw, -'ajs] *mf* cannibal

canibalismo [kɑ̃niba'ʎizmu] *m sem pl* cannibalism

caniço [kɑ̃'nisu] *m* 1. reed 2. *inf* (*perna*) skinny leg; **magro como um ~** thin as a rail

canil <-is> [kɑ̃'niw, -'is] *m* kennel

canino [kɑ̃'ninu] *m* (*dente*) canine

canino, -a [kɑ̃'ninu, -a] *adj* canine; **fome canina** very hungry

canis *m pl de* **canil**

canivete [kɑ̃ni'vɛtʃi] *m* penknife; **~ suíço** Swiss army knife; **mesmo que chova ~** no matter what

canja ['kɑ̃ʒa] *f* 1. GASTR chicken soup 2. **isto é ~!** this is a piece of cake! 3. MÚS (*apresentação improvisada*) improvisment; **dar uma ~** to give a free show

canjica [kɑ̃'ʒika] *f* ≈ hominy grits

(*creamy dish of boiled grated sweet corn with sugar, milk or coconut milk*)
cano ['kãnu] *m* 1.(*tubo*) pipe; ~ **de descarga** discharge pipe; ~ **de esgoto** drainpipe 2.(*de arma*) barrel 3.(*de bota*) leg 4. **dar o** ~ **gír** (*não comparecer a compromisso*) to stand sb up; **entrar pelo** ~ **gír** (*ser malsucedido*) to bomb
canoa [kã'noa] *f* canoe; **não embarcar** [*ou* **entrar**] **em** ~ **furada** to avoid risky business dealings; **não ir nessa** ~ not to get involved in sth
cânone ['kãnoni] *m* canon
canônico, -a [kã'noniku, -a] *adj* canonic
canonização <-ões> [kãnoniza'sãw, -'õjs] *f* REL canonization
canonizar [kãnoni'zar] *vt* REL to canonize
canoro, -a [kã'nɔru, -a] *adj* melodious; **pássaro canoro** song bird
cansaço [kã'sasu] *m* fatigue *no pl*
cansado, -a [kã'sadu, -a] *adj* tired; **estar** ~ **de alguém/a. c.** to be tired of sb/sth; **vista cansada** tired eyes
cansar [kã'sar] **I.** *vt* (*fatigar*) to become tired; (*enfastiar*) to bore **II.** *vr:* ~**-se** to become tired; **não me canso de ouvi-lo** I never get tired of listening to him; **cansar-se de alguém/a. c.** to tire of sb/sth
cansativo, -a [kãsa'tʃivu, -a] *adj* (*que dá sono*) tiring; (*chato*) boring
canseira [kã'sejra] *f* fatigue *no pl*
cantada [kã'tada] *f inf* (*de flores*) sweet talk; **levar uma** ~ to be given a line, to be chatted up *Brit;* **passar uma** ~ **em alguém** to make a pass at sb, to chat sb up *Brit*
cantão [kã'tãw] *m* canton
cantar [kã'tar] **I.** *vi* (*pessoa, pássaro*) to sing; (*galo*) to crow **II.** *vt inf* (*notícia, fato*) to forecast; ~ **alguém** to sweet talk sb into doing sth
cântaro ['kãntaru] *m* jug; **chover a** ~**s** to rain cats and dogs
cantarolar [kãntaro'lar] *vi* to hum
canteiro [kã'tejru] *m* (*de flores*) flower bed; ~ **de obras** construction site
cântico ['kãntʃiku] *m* hymn
cantiga [kã'tʃiga] *f* ballad
cantil <-is> [kã'tʃiw, -'is] *m* plane
cantina [kã'tʃina] *f* (*fábrica, escola*) canteen

cantis *m pl de* **cantil**
canto ['kãntu] *m* 1.(*da sala*) corner; **dos quatro** ~**s do mundo** from the four corners of the earth 2.(*da mesa*) corner; ~ **arredondado** rounded corner 3.(*ângulo*) angle; ~ **da boca** corner of the mouth 4.(*vocal*) song; (*do galo*) crow; ~ **da sereia** siren's song 5.(*morada*) **só quero ficar no meu** ~ I just want to be alone
cantoneira [kãnto'nejra] *f* 1.(*armário*) corner cupboard; (*prateleira*) corner shelf 2.(*reforço*) angle plate
cantor(a) [kã'tor(a)] *m(f)* singer
cantoria [kãnto'ria] *f* singing
canudo [kã'nudu] *m* drinking straw; **levar um** ~ to be disappointed by sth
cão <cães> ['kãw, 'kãjs] *m* 1. dog 2.(*pessoa*) swine; ~ **que ladra não morde** *prov* a barking dog seldom bites; **viver como** ~ **e gato** to fight like cats and dogs
caos ['kaws] *m sem pl* chaos
caótico, -a [ka'ɔtʃiku, -a] *adj* (*trânsito*) chaotic
capa ['kapa] *f* 1.(*vestuário*) cape; ~ **de chuva** raincoat 2.(*de livro*) cover; ~ **dura** hardback; (*de revista*) cover 3.(*cobertura*) cover
capacete [kapa'setʃi] *m* helmet; (*para motociclistas*) (crash) helmet
capacho [ka'paʃu] *m* 1.(*tapete*) doormat 2. *pej* (*pessoa*) doormat
capacidade [kapasi'dadʒi] *f sem pl* 1.(*de uma pessoa*) capacity; **uma grande** ~ **para trabalhar** a great capacity for work; (*aptidão*) ability; **ter** ~ **para a. c.** to have the ability to do sth 2.(*de um recipiente, hotel*) capacity 3.(*de uma máquina*) production capacity 4. MAT capacity 5. INFOR storage capacity
capacitar [kapasi'tar] **I.** *vt* (*tornar capaz*) to enable; ~ **alguém para a. c.** to qualify sb for sth; (*persuadir*) to persuade **II.** *vr:* ~**-se** to persuade oneself; ~**-se de a. c.** to persuade oneself of sth
capanga [ka'pãnga] **I.** *f* (*bolsa*) knapsack **II.** *m* (*pessoa*) heavy
capar [ka'par] *vt* (*animal macho*) to castrate; (*fêmea*) to spay
capataz [kapa'tas] *m* foreman
capaz [ka'pas] *adj* capable; (*pessoa*) able; (*máquina, objeto, pessoa*) capability; **ser** ~ **de a.c.** to be capable of

capela [ka'pɛla] *f* **1.** (*igreja*) chapel **2.** (*grupo de cantores*) choir
capelão <-ães> [kape'lɐ̃w, -'ɜjs] *m* chaplain
capenga [ka'pẽjga] *adj* (*manco*) lame; (*defeituoso*) faulty; (*lei, solução*) flawed; **explicação ~** lame excuse
capeta [ka'peta] *m* devil; (*traquinas*) little devil
capilar [kapi'lar] *adj* **1.** (*do cabelo*) hair; **loção ~** hair lotion **2.** ANAT capillary
capim [ka'pĩj] <-ins> *m* grass; **vá comer ~!** go take a hike!
capitã *f v.* **capitão**
capitães *m pl* **de capitão**
capital <-ais> [kapi'taw, -'ajs] **I.** *f* (*de um país*) capital **II.** *m* ECON capital; **~ de giro** working capital; **~ social** capital stock **III.** *adj* capital; **pena ~** capital punishment
capitalismo [kapita'lizmu] *m sem pl* capitalism
capitalista [kapita'liʃta] *mf* capitalist
capitalizar [kapitaʎi'zar] *vt* **1.** ECON capitalize **2.** (*tirar proveito*) to capitalize on
capitania [kapita'nia] *f* NAÚT captaincy
capitão, -ã <-ães> [kapi'tɐ̃w, -'ɐ̃, 'ɜjs] *m, f* **1.** MIL, NAÚT captain; **~ do porto** harbor master **2.** ESPORT captain
capitão-de-mar-e-guerra <capitães-> [kapi'tɐ̃w-dʒi-mar-i-gɛra, -'ɜjs] *m* rank of captain
capitel <-éis> [kapi'tɛw, -'ɛjs] *m* ARQUIT capital
capitulação <-ões> [kapitula'sɐ̃w, -'õjs] *f* capitulation
capitular [kapitu'lar] *vi* MIL to surrender; *fig* (*ceder*) to yield
capítulo [ka'pitulu] *m* **1.** (*de um livro*) chapter; (*de um contrato*) clause; (*rádio, TV*) episode **2.** REL chapter
capivara *f* ZOOL capybara (*large, Brazilian rodent*)
capô [ka'po] *m* hood *Am*, bonnet *Brit*
capoeira [kapu'ejra] *f* capoeira, *Brazilian martial art of African origin,*

> **Cultura** Capoeira is a martial art for attack and defense brought to Brazil by Bantu slaves. The **berimbau** is the traditional instrument of accompaniment. Today, **capoeira** is practiced in the streets as a game and sport.

capota [ka'pɔta] *f* (*do carro*) roof
capotar [kapo'tar] *vi* **1.** to overturn **2.** *gír* to fall fast asleep
capote [ka'pɔtʃi] *m* overcoat; MIL greatcoat
caprichado, -a [kapri'ʃadu, -a] *adj* with great care
caprichar [kapri'ʃar] *vi* **1.** (*ter capricho*) to excel oneself **2.** (*esmerar-se*) to be meticulous; **~ em a. c.** to take great pains in doing sth
capricho [ka'priʃu] *m* **1.** (*vontade súbita*) whim **2.** (*inconstância*) fickleness; **~ do destino** twist of fate **3.** (*esmero*) meticulousness; **no ~** *inf* meticulously
caprichoso, -a [kapri'ʃozu, -'za] *adj* **1.** (*inconstante*) fickle **2.** (*extravagante*) fancy **3.** (*esmerado*) meticulous
capricorniano, -a *adj, m, f* Capricorn; **ser ~** to be a Capricorn
Capricórnio [kapri'kɔrniw] *m* Cancer; **nativo de ~** born under the sign of Capricorn; **ser (de) ~** to be a Capricorn
cápsula ['kapsula] *f* **1.** FARM capsule **2.** (*invólucro*) sheath; **~ espacial** space capsule
captar [kap'tar] *vt* **1.** (*programa, TV*) to pick up **2.** (*na nascente*) to tap **3.** (*empréstimo, capital*) to receive **4.** (*ideia*) to grasp **5.** (*interesse, atenção*) catch
captura [kap'tura] *f* capture
capturar [kaptu'rar] *vt* to capture
capuz [ka'pus] *m* hood
caqui [ka'ki] *m* BOT persimmon
cáqui ['kaki] *m* (*cor*) khaki; (*tecido*) khaki
cara *adj v.* **caro**
cara ['kara] **I.** *f* **1.** ANAT face; **~ a ~** face to face; **com a ~ e a coragem** without a penny to one's name; **dizer a. c. na ~ de alguém** to tell sb sth to their face; **é a cara do pai** he looks just like his father; **jogar a. c. na ~ de alguém** to throw sth in sb's face; **não ir com a ~ de** not to like the looks of; **ser muito ~ de pau** to be shameless; **~ de tacho** *inf* puzzled look; **ficar com a ~ no chão** to be mortified; **dar as ~s** to show up; **dar de ~ com alguém/a. c.** to come across sb/sth; **(logo) de ~** from the outset; **encher a ~** to drink a lot, to drink

buckets *Brit;* **estar na** ~ to be obvious; **meter a** ~ **em** to apply oneself to; **quebrar a** ~ to fall short of expectations; **quem vê** ~ **não vê coração** *prov* you can't judge a book by the cover *prov* **2.** (*expressão*) look; **estar com** [*ou* **ter**] ~ **de poucos amigos** to look dejected; **fazer** ~ **feia** to frown; (*aspecto*) look; **estar com má** ~ to look down and out; **ter** ~ **de** to look like; **ter duas** ~**s** to be two-faced **3.** (*da moeda*) heads **II.** *m inf* (*pessoa*) guy

carabina [kara'bina] *f* carbine

caracol <-óis> [kara'kɔw, -'ɔjs] *m* **1.** ZOOL snail **2.** (*de cabelo*) ringlet

caracteres [karak'tɛris] *mpl* TIPO characters; ~ **de imprensa** print type

característica [karakte'ristʃika] *f* feature

característico, -a [karakte'ristʃiku, -a] *adj* characteristic

caracterização <-ões> [karakteriza'sãw, -'õjs] *f* characterization

caracterizar [karakteri'zar] *vt* **1.** (*descrever*) characterize **2.** (*teatro*) to make up and dress sb as

cara de pau ['kara dʒi 'paw] <caras de pau> *mf a shameless person;* **que** ~**!** What a nerve!, What a cheek! *Brit*

caraíba [kara'iba] *f* BOT carob

caralho [ka'raʎu] *m chulo* dick; **pra** ~**!** lots!

caramanchão <-ões> [karamãɲ'ʃãw, -'õjs] *m* arbor *Am*, arbour *Brit*

caramba [ka'rãnba] *interj* (*espanto*) wow!; (*desagrado*) dammit!

carambola *f* star fruit

caramelo [kara'mɛlu] *m* **1.** (*açúcar*) caramel **2.** (*bala*) caramel, toffee *Brit*

cara-metade ['kara-me'tadʒi] *f inf* **a minha** ~ my better half

caraminguás [karamĩj'gwas] *m inf* few belongings

caramujo [kara'muʒu] *m* ZOOL periwinkle

caranguejo [karãɲ'geʒu] *m* crab

carapaça [kara'pasa] *f* carapace

cara-pintada ['kara-pĩj'tada] <caras--pintadas> *mf* POL *young protester with a painted face* (*originally to call for the impeachment of former president Fernando Collor de Mello*)

carapuça [kara'pusa] *f* hood; **vestir a** ~ to wear a hood

caráter [ka'rater] *m* **1.** PSICO character **2.** (*tipografia*) type **3.** (*índole*) nature; **um texto de** ~ **religioso** a text that is religious in nature

caravana [kara'vãna] *f* **1.** (*camping*) trailer *Am*, caravan *Brit* **2.** (*no deserto, de circo*) caravan

caravela [kara'vɛla] *f* caravel

carbonato [karbo'natu] *m* carbonate

carboneto [karbo'netu] *m* carbide

carbonizado, -a [karboni'zadu, -a] *adj* carbonized

carbonizar [karboni'zar] *vt* to carbonize

carbono [kar'bonu] *m* carbon

carburador [karbura'dor] *m* carburetor *Am*, carburettor *Brit*

carcaça [kar'kasa] *f* (*de animal*) carcass; (*armação*) frame

cárcere ['karseri] *m* prison; ~ **privado** hostage cell

carcereiro, -a [karse'rejru, -a] *m, f* jailer

carcinoma [karsi'noma] *m* carcinoma

carcomer [karko'mer] *vt* to eat away

carcomido, -a [karko'midu, -a] *adj* eaten away

cardápio [kar'dapiw] *m* menu

cardeal <-ais> [kardʒi'aw, -'ajs] **I.** *m* REL cardinal **II.** *adj* principal; **pontos cardeais** fundamentals *pl*

cardíaco, -a [kar'dʒiaku, -a] **I.** *m, f* cardiac patient **II.** *adj* cardiac

cardigã [kardʒi'gã] *m* cardigan

cardinal <-ais> [kardʒi'naw, -'ajs] *adj* principal; **numeral** ~ MAT cardinal number

cardiologista [kardʒjolo'ʒista] *mf* cardiologist

cardo ['kardu] *m* cardoon

cardume [kar'dumi] *m* (*de peixe*) school

careca [ka'rɛka] **I.** *f* bald spot **II.** *m* (*pessoa*) bald person **III.** *adj* balding; **pneu** ~ bald tire; **estar** ~ **de saber** *fig* to be tired of hearing

carecer [kare'ser] *vt* <c→ç> to lack; ~ **de a. c.** to be in need of sth; **eles carecem de ajuda** they need help

careiro, -a [ka'rejru, -a] *adj* overpriced

carência [ka'rẽjsia] *f* **1.** (*falta*) lack; ~ **de afeto** lack of affection; (*de alimentos*) shortage; **ter** [*ou* **haver**] ~ **de a. c.** to be in need of sth **2.** (*prazo*) waiting period

careta [ka'reta] **I.** *f* grimace; **fazer** ~**s** to make a face **II.** *adj inf* (*pessoa*) square

carga ['karga] *f* **1.** (*carregamento*) load;

cargo 97 **carne**

~ **explosiva** explosive charge; **porque ~s d'água ...?** why on earth ...? **2.** (*fardo*) cargo **3.** *fig* (*responsabilidade*) **cuidar dos órfãos é uma ~ enorme** caring for orphans is an enormous responsibility; ~ **horária** workload **4.** (*peso*) charge; **palavras com forte ~ emocional** highly charged words; **com toda a ~** with full force; **voltar à ~** to insist **5.** ECON ~ **tributária** tax burden **6.** ELETR charge **7.** MIL charge **8.** (*de caneta*) refill

cargo ['karga] *m* **1.** (*função*) function; (*emprego*) position; ~ **de chefia** management position; ~ **público** public sector job **2.** (*responsabilidade*) responsibility; **isso está a ~ dele** this is his responsibility; **deixar a. c. a ~ de alguém** to leave sb in charge of sth; **isso fica a meu ~** this is my job

cargueiro [kar'gejru] *m* NAÚT freighter

cargueiro, -a [kar'gejru, -a] *adj* (*trem*) freight

cariado, -a [kari'adu, -a] *adj* (*dente*) decayed

cariar [kari'ar] *vi* (*dente*) to decay

caricato, -a [kari'katu, -a] *adj* ridiculous

caricatura [karika'tura] *f* caricature

caricaturar [karikatu'rar] *vt* to make a caricature of

carícia [ka'risia] *f* caress

caridade [kari'dadʒi] *f sem pl* **1.** (*amor ao próximo*) kindness **2.** (*generosidade*) charity

caridoso, -a [kari'dozu, -ɔza] *adj* charitable

cárie ['karij] *f* MED cavity

caril [ka'riw] *m* curry powder

carimbar [karĩj'bar] *vt* to stamp

carimbo [ka'rĩjbu] *m* stamp

carinho [ka'rĩɲu] *m* **1.** (*sentimento*) affection; **ter ~ por alguém** to be fond of sb **2.** (*ato*) caress; **fazer um ~ em alguém** to caress sb

carinhoso, -a [karĩ'ɲnozu, -ɔza] *adj* affectionate; (*marido, pai*) loving; **ser ~ com alguém** to treat sb tenderly

carioca [kari'ɔka] **I.** *adj, mf* (*pessoa*) native of Rio de Janeiro **II.** *m* (*café*) strong coffee weakened with hot water

carisma [ka'rizma] *m* charisma

carismático, -a [kariz'matʃiku, -a] *adj* charismatic

carmesim [karme'zĩj] *adj, m* crimson

carmim [kar'mĩj] *adj, m v.* **carmesim**

carnal <-ais> [kar'naw, -'ajs] *adj* carnal; (*voluptuoso*) sensual

carnaval <-ais> [karna'vaw, -'ajs] *m* carnival; **fazer um ~** *inf* to go wild

> **Cultura** Famous throughout the world, **Carnival** in Brazil originated from the Portuguese **entrudo**, a street game in which people would throw water, flour, eggs, and other things at each other. **Entrudo** took place just before Lent, the Christian period of fasting and penitence, and thus symbolized a time to let loose. Brought to Brazil in the 17th century, the **entrudo** was influenced by the Carnivals of Italy and France beginning in the nineteenth century, when masks, outfits, and theatricalities such as **Colombina, Pierrot** and **Rei Momo** became a part of the Brazilian festivities. Street bands and parades with floats also began to gain popularity in all regions of Brazil. The musical repertoire has grown year after year with new rhythms, starting with the **marchinhas** (upbeat march tunes). In 1928 the first **escola de samba** ("Deixa Falar") was formed in Rio de Janeiro. The custom of samba schools spread to other cities, but the tradition of the street carnival did not disappear; **frevo** and **maracatu** beats are the staple in Recife and Olinda, and Salvador has street bands and musical floats.

carnavalesco [karnava'lesku] *m* carnival reveler *Am* [*o Brit* reveller]

carnavalesco, -a [karnava'lesku, -a] *adj* carnival; **baile ~** carnival ball

carne ['karni] *f* **1.** (*de animal*) meat; (*de vaca*) beef; **~ assada** roast beef; **~ defumada** smoked beef; **~ moída** ground beef *Am,* minced meat *Brit;* **~ de porco** pork **2.** (*humana*) flesh; **~ de minha ~** my flesh and blood; **em ~ e osso** in the flesh; **em ~ viva** red raw; **ser de ~ e osso** to be human; **sofrer**

na própria ~ to suffer sth personally

carnê [kar'ne] *m* appointment book; (*de pagamento*) payment book

carneiro [kar'nejru] *m* sheep; ~ **assado** roast mutton

carne-seca ['karni-'seka] <carnes--secas> *f* dried beef; **estar por cima da** ~ to be doing well

carniceiro, -a [karni'sejru, -a] **I.** *adj* **1.** (*carnívoro*) carnivorous **2.** (*sanguinário, violento*) bloodthirsty **II.** *m, f* **1.** (*de animais*) carnivore **2.** *pej* (*cirurgião*) butcher

carnificina [karnifi'sina] *f* carnage

carnívoro, -a [kar'nivoru, -a] *adj* carnivorous

carnudo, -a [kar'nudu, -a] *adj* fleshy

caro, -a ['karu, -a] **I.** *adj* **1.** (*no preço*) expensive **2.** (*querido*) dear; (*em carta*) dear **II.** *adv* **1. cobrar** ~ to charge too much **2. a falta de planejamento pode sair** ~ lack of planning may cost us dearly

carochinha [karɔ'ʃĩɲa] *f* **história da** ~ fairy tale

caroço [ka'rosu] *m* MED lump; (*de azeitona, ameixa*) pit *Am*, stone *Brit*; (*de laranja*) seed *Am*, pip *Brit*

carola [ka'rɔla] **I.** *m/f* very religious person **II.** *adj* very religious

carolice [karo'λisi] *f* religious devotion

carona [ka'rona] **I.** *f* ride *Am*, lift *Brit*; **andar de** ~ to hitchhike; **dar** ~ to give sb a ride; **de** ~ (*sem pagar*) free **II.** *m/f* passenger

carótida [ka'ɾɔtʃida] *f* carotid

carpa ['karpa] *f* ZOOL carp

carpete [kar'pɛtʃi] *m* carpet

carpintaria [karpĩjta'ria] *f* carpentry

carpinteiro, -a [karpĩj'tejru, -a] *m, f* carpenter

carpo ['karpu] *m* **1.** ANAT wrist **2.** BOT fruit

carqueja [kar'keʒa] *f* BOT a bitter tasting plant used in teas for its digestive and cold treament properties

carquilha [kar'kiʎa] *f* wrinkle

carrada [kaˈxada] *f* cartload; **às** ~**s** in large quantities; **ter** ~**s de razão** to be absolutely right

carrancudo, -a [kaxãŋ'kudu, -a] *adj* (*pessoa*) glowering

carrapato [kaxa'patu] *m* **1.** ZOOL tick **2.** BOT castor bean **3.** (*pessoa*) hanger-on

carrapicho [kaxa'piʃu] *m* (*no cabelo*) bun

carrasco [ka'xasku] *m* **1.** (*verdugo*) executioner **2.** (*pessoa cruel*) monster

carregado, -a [kaxe'gadu, -a] *adj* **1.** (*automóvel*) loaded; **muito** ~ overloaded **2.** ELETR charged **3.** (*céu*) threatening **4.** (*cor*) dark **5.** (*sotaque*) heavy

carregador [kaxega'dor] *m* ELETR charger

carregador(a) [kaxega'dor(a)] *m(f)* (*de bagagem*) porter

carregamento [kaxega'mẽjtu] *m* **1.** (*carga*) cargo; (*de caminho*) load of food **2.** (*embarque*) loading **3.** (*de arma*) loading

carregar [kaxe'gar] *vt* <g→gu> **1.** (*navio, caminhão*) to load; (*mercadoria*) to load; (*malas, caixas*) to pack; ~ **a criança no colo** to carry a child in your arms; ~ **demais o carro** to overload the car **2.** ELETR to charge; ~ **a bateria do carro** to charge the car battery **3.** INFOR to load; ~ **arquivos** to load files **4.** (*arma, máquina fotográfica*) to load **5.** (*suportar, levar*) **parecer** ~ **o mundo nas costas** to look as if one has the weight of the world on one's shoulders **6.** (*exagerar*) ~ **em a. c.** to overdo sth, to go overboard with sth; **preparou a comida e carregou na pimenta** he prepared the food but overdid it on the pepper

carreira [ka'xejra] *f* **1.** (*profissão*) career; **fazer** ~ to have a career **2.** ESPORT race; **sair de** ~ to be in a hurry **3.** (*fila*) row; **em** ~ in a line

carreiro [ka'xejru] *m* trail; (*de formigas*) trail

carreta [ka'xeta] *f* cart

carreteiro [kaxe'tejru] *m* driver

carretel <-éis> [kaxe'tɛw, -'ɛjs] *m* spool

carreto [ka'xetu] *m* shipping, carriage *Brit*; **fazer o** ~ to transport

carrinho [ka'xĩɲu] *m* **1.** wagon; ~ **de bebê** baby carriage *Am*, pram *Brit*; ~ **de compras** shopping cart *Am*, shopping trolley *Brit*; ~ **de mão** wheel barrow **2.** FUT **dar um** ~ to tackle

carriola [kaxi'ɔla] *f* cariole

carro ['kaxu] *m* car; ~ **alegórico** parade float; ~ **de aluguel** rental car *Am*, rented car *Brit*; ~ **blindado** bulletproof car; ~ **de corrida** race car *Am*, racing car *Brit*; ~ **de passeio** car; ~ **usado** [*ou* **de segunda mão**] used car

> **Gramática** **carro** and almost all other words in Portuguese that end in -o are masculine: "o cavalo; o campo; o ovo; o pão."

carro-bomba ['kaxu-'bõwba] <carros--bomba(s)> *m* car bomb
carroça [ka'xɔsa] *f* cart; (*veículo velho*) jalopy; **colocar a ~** [*ou* **o carro**] **na frente dos bois** *fig* to put the cart before the horse
carroceiro [kaxo'sejru] *m* wagon driver; *fig* (*pessoa grosseira*) boor
carroceria [kaxose'ria] *f* bodywork; (*parte traseira*) bed
carro-chefe ['kaxu-'ʃɛfi] <carros--chefe> *m fig* outstanding feature
carro-forte ['kaxu-'fɔrtʃi] <carros--fortes> *m* armored car
carro-pipa ['kaxu-'pipa] <carros--pipa(s)> *m* water tanker
carrossel <-éis> [kaxo'sɛw, -'ɛjs] *m* merry-go-round
carruagem [kaxu'aʒẽj] <-ens> *f* carriage; **pelo andar da ~** by the looks of things
carta ['karta] *f* **1.** (*correspondência*) letter; **~ de apresentação** letter of introduction; **~ de demissão** letter of resignation; **~ de recomendação** letter of recommendation; **~ registrada** registered letter; **~ de vinhos** wine list **2.** (*do baralho*) cards; **dar ~ branca a alguém** to give sb carte blanche; **dar as ~s** *fig* to run the show; **pôr as ~s na mesa** *tb. fig* to lay one's cards on the table; **ser uma ~ fora do baralho** to have no say; **ter as ~s na mão** to have the upper hand **3.** (*mapa*) chart **4.** (*para dirigir*) driver's license *Am*, driving licence *Brit*; **~ constitucional** constitutional charter; **~ de crédito** ECON letter of credit
cartada [kar'tada] *f* play; **dar uma ~** to play a card; **jogar a última ~** to play one's last card
cartão <-ões> [kar'tãw, -'õjs] *m* **1.** (*papelão*) cardboard; **~ ondulado** corrugated cardboard **2.** (*de instituição*) card; **~ de CPF** tax ID card; **~ de crédito** credit card; **~ eletrônico** magnetic card; **~ de ponto** time card; **~ telefônico** telephone card; **~ de visita** business card **3.** FUT **~ amarelo/vermelho** yellow/red card

cartão-postal <cartões-postais> [kar'tãw-pos'taw, kar'tõjs-pos'tajs] *m* postcard; *fig* showpiece; **O Rio de Janeiro é o ~ do país** Rio de Janeiro is the country's showpiece
cartaz [kar'tas] <-es> *m* poster; **afixar um ~** to post a bill; **estar em ~** to be showing; **ter ~** to be famous; **ter ~ com alguém** to be in sb's good graces
carteira [kar'tejra] *f* **1.** (*para dinheiro*) wallet; (*para cigarros*) cigarette case; **bater a ~** to pick sb's pocket **2.** (*documento*) **~ de estudante** student card; **~ de identidade** ID card; **~ de motorista** [*ou* **de habilitação**] driver's license *Am*, driving licence *Brit*; **tirar a ~** to get one's driver's license **3.** (*escrivaninha*) desk **4.** ECON portfolio
carteiro [kar'tejru] *m* letter carrier *Am*, postman *Brit*
cartel <-éis> [kar'tɛw, -'ɛjs] *m* ECON cartel
cartilagem [kartʃi'laʒẽj] <-ens> *f* cartilage
cartilha [kar'tʃiʎa] *f* primer; *fig* model; **ler** [*ou* **rezar**] **pela mesma ~** to read from the same book, to work/think the same way
cartões *m pl de* **cartão**
cartografia [kartogra'fia] *f sem pl* cartography *no pl*
cartola [kar'tɔla] **I.** *f* (*chapéu*) top hat **II.** *m pej* ESPORT sports club manager
cartolina [kartu'ʎina] *f* light cardboard *Am*, card *Brit*
cartomante [karto'mãntʃi] *mf* fortuneteller
cartório [kar'tɔriw] *m* **1.** (*tabelião*) public notary's office **2.** (*registro civil*) records office *Am*, registry office *Brit*; **casamento no ~** civil marriage **3.** (*arquivo*) registry
cartucho [kar'tuʃu] *m* **1.** (*invólucro*) cone **2.** (*de arma, de impressora*) cartridge; **queimar o último ~** to play one's last card
cartum [kar'tũw] <-uns> *m* cartoon
cartunista [kartu'nista] *m* cartoonist
cartuns *m pl de* **cartum**
carvalho [kar'vaʎu] *m* oak
carvão <-ões> [kar'vãw, -'õjs] *m* charcoal; **~ mineral** coal; **~ vegetal** charcoal
casa ['kaza] *f* **1.** ARQUIT house; (*apartamento*) apartment; (*lar*) home; **~ alugada** rental home *Am*, rented house

Brit; ~ **de campo** country house; ~ **geminada** duplex *Am,* semi(-detached house) *Brit;* ~ **das máquinas** machine house; ~ **popular** low-cost housing; ~ **própria** one's own home; **em** ~ at home; **arrumar a** ~ to clean house; *fig* to put things in order; **estar em** ~ to be at home; **estar na** ~ **de alguém** to be in sb's house; **está na casa da Cristina** he is at Cristina's house; **ir na** [*ou* **à**] ~ **de alguém** to go to sb's house; **ir para** ~ to go home; **ser de** ~ to be one of the family; ~ **de ferreiro, espeto de pau** *prov* the cobbler's children have no shoes; **da mãe joana/da sogra** *inf* free-for-all **2.** (*estabelecimento*) establishment; **Casa da Moeda** mint; **ministro da Casa Civil** presidential chief of staff; ~ **de câmbio** bureau de change; ~ **de detenção** jail; ~ **de espetáculos** concert hall; ~ **noturna** nightclub; ~ **de penhores** pawn shop; ~ **de saúde** health clinic; **santa** ~ public hospital **3.** (*do botão*) button hole **4.** (*xadrez*) square **5.** MAT ~ **decimal** decimal point; **ele está na** ~ **dos 20** he is in his twenties

casaca [ka'zaka] *f* dress coat; **virar a** ~ (*partido*) to be a turncoat *pej;* (*opinião*) to change one's tune *pej*

casacão <-ões> [kaza'kãw, -'õjs] *m* overcoat

casaco [ka'zaku] *m* coat; ~ **de malha** jacket

casacões *m pl de* **casacão**

casado, -a [ka'zadu, -a] *adj* married

casadouro, -a [kaza'dowru, -a] *adj* marriageable

casal <-ais> [ka'zaw, -'ajs] *m* (*de pessoas*) couple; (*casado*) married couple; (*de animais*) pair

casamata [kaza'mata] *f* bunker

casamenteiro, -a [kazamẽj'tejru, -a] *m, f* matchmaker

casamento [kaza'mẽjtu] *m* **1.** (*união*) matrimony; ~ **político** political alliance **2.** (*cerimônia*) wedding; ~ **civil/religioso** civil/religious wedding **3.** (*festa*) wedding reception **4.** (*instituição*) marriage

casanova [kaza'nɔva] *m* Casanova

casar [ka'zar] **I.** *vt* to unite; (*estar conforme*) to match; ~ **o ritmo com a música** to harmonize the rhythm with the music **II.** *vi* to get married; **ela casa hoje** she gets married today; ~ **na Igreja** to get married in a church **III.** *vr:* ~**-se** to get married; ~**-se com alguém** to marry sb

casarão <-ões> [kaza'rãw, -'õjs] *m* mansion

casca ['kaska] *f* (*de árvore*) bark; (*fruta, batata*) peel; ~ **de ferida** scab; **sair da** ~ **do ovo** to hatch

casca-grossa ['kaska-'grɔsa] <**cascas-grossas**> *mf inf* thick-skinned person

cascalho [kas'kaʎu] *m* (*pedras*) gravel

cascão <-ões> [kas'kãw, -õjs] *m* (*sujeira*) encrusted dirt

cascar [kas'kar] *vt* <c→qu> *inf* (*bater*) to beat up

cascata [kas'kata] *f* **1.** (*água*) cascade **2.** *inf* (*mentira*) lie

cascateiro [kaska'tejru] *m* boastful liar

cascavel <-éis> [kaska'vɛw, -'ɛjs] **I.** *f* ZOOL rattlesnake; *fig* (*pessoa má*) snake **II.** *m* (*chocalho*) rattle

casco ['kasku] *m* **1.** (*crânio*) skull **2.** (*de navio*) hull **3.** (*de cavalo*) hoof **4.** (*de vinho*) cask **5.** (*garrafa vazia*) ~ **de refrigerante** empty soft drink bottle; **dar nos** ~**s** *gír* to run away from

cascudo [kas'kudu] *m* (*bordoada*) a rap on the head with a stick

cascudo, -a [kas'kudu, -a] *adj* (*de casca grossa*) thick-skinned

casebre [ka'zɛbri] *m* shack

caseiro, -a [ka'zejru, -a] **I.** *m, f* (*arrendatário*) tenant; (*empregado*) caretaker **II.** *adj* **1.** (*pessoa*) homeloving **2.** (*objeto, alimento*) simple

caserna [ka'zɛrna] *f* barracks

casimira [kazi'mira] *f* cashmere

casinha [ka'ziɲa] *f* **1.** (*de cachorro*) kennel; ~ **de boneca** doll house *Am,* doll's house *Brit* **2.** *inf* (*latrina*) outhouse

casmurro, -a [kaz'muxu, -a] *adj* **1.** (*teimoso*) stubborn **2.** (*triste*) sad

caso ['kazu] **I.** *m* **1.** (*acontecimento*) case; ~ **de consciência** matter of conscience; ~ **contrário** otherwise; ~ **sério** serious matter; **criar** ~ to make a fuss; **de** ~ **pensado** deliberately; **em** ~ **de dúvida** if in doubt; **em** ~ **de necessidade** if need be; **em todo o** ~ in any case; **em último** ~ as a last resort; **fazer pouco** ~ **de alguém/a. c.** to ignore sb/sth; **nesse** [*ou* **neste**] ~ in this case; **no** ~ **de** in the event of; **isso foge ao** ~ this is beside the point; **isso não vem ao** ~ this is beside the point; **não fazer ~ de ...** not to make a big deal of ...; (*história*) story; **contar um ~** to tell a story; (*relação amorosa*) affair **2.** MED (*doença*) case; LING case; JUR case **II.** *conj* + *subj* **~ seja preciso, irei ao seu encontro.** if necessary, I'll contact you

casório [kaˈzɔriw] *m inf* wedding

caspa [ˈkaspa] *f* dandruff

casquinha [kasˈkiɲa] *f* **1.** (*casca fina*) thin shell; **tirar ~** *inf* to take advantage **2.** **~ de siri** GASTR crab served on a half shell; (*de sorvete*) cone

cassação [kasaˈsãw] <-ões> *f* **~ do mandato** impeachment

cassar [kaˈsar] *vt* (*licença*) to revoke; (*político*) to impeach

cassete [kaˈsɛtʃi] *m* cassette; **fita ~** cassette tape

cassetete [kaseˈtetʃi] *m* nightstick *Am*, truncheon *Brit*

cassino [kaˈsinu] *m* cassino

casta *adj v.* **casto**

casta [ˈkasta] *f* **1.** (*raça*) race **2.** (*classe social*) caste

castanha [kasˈtãɲa] *f* **1.** BOT chestnut **2.** (*assada*) roasted chestnut

castanha-de-caju [kasˈtãɲa-dʒi-kaˈʒu] <castanhas-de-caju> *f* cashew

castanha-do-pará [kasˈtãɲa-duˈpaˈra] <castanhas-do-pará> *f* Brazil nut

castanho [kasˈtãɲu] *m* (*madeira*) chestnut; (*cor*) chestnut

castanho, -a [kasˈtãɲu, -a] *adj* chestnut

castanholas [kastãˈɲɔlas] *fpl* castanets *pl*

castelhano, -a [kasteˈʎãnu, -a] **I.** *m*, *f* Castilian; (*língua*) Spanish **II.** *adj* Spanish

castelo [kasˈtɛlu] *m* castle; (*fortaleza*) fortress; (*amontoado de coisas*) pile of things; **fazer ~s no ar** to day dream

castiçal <-ais> [kastˈsaw, -ˈajs] *m* candlestick

castiço, -a [kasˈtʃisu, -a] *adj* **1.** (*animal*) purebred **2.** (*puro*) pure

castidade [kastʃiˈdadʒi] *f* chastity

castigar [kastʃiˈgar] <g→gu> **I.** *vt* **1.** (*punir*) to chastise; **~ alguém por a. c.** to punish sb for sth **2.** (*exigir demais*) to strain; **o professor castigou a garganta na aula** the teacher strained his voice in the lesson **II.** *vr*: **~-se (por a. c.)** to blame oneself (for sth)

castigo [kasˈtʃigu] *m* **1.** (*pena*) punishment; **dar um ~ em alguém** to punish sb; **deu um castigo no filho** he punished his son; **é um ~ trabalhar aos sábados** (*obrigação desagradável*) it's a drag having to work on Saturdays **2.** (*repreensão*) discipline; **levou um ~ severo na escola** he was severely disciplined at school **3.** *inf* (*derrota humilhante*) **o time da casa sofreu um ~ inesquecível** the home team were well and truly thrashed

casto, -a [ˈkastu, -a] *adj* chaste

castor [kasˈtor] *m* beaver

castração <-ões> [kastraˈsãw, -ˈõjs] *f* castration

castrar [kasˈtrar] *vt* castrate

casual <-ais> [kazuˈaw, -ˈajs] *adj* by chance

casualidade [kazuaʎiˈdadʒi] *f* chance

casulo [kaˈzulu] *m* (*insetos*) cocoon; **viver num ~** *fig* to live in a cocoon

cata [ˈkata] *f* search; **andar à ~ de a. c.** to be in search of sth

cataclismo [kataˈklizmu] *m fig tb.* cataclysm

catacumba [kataˈkũwba] *f* catacomb

catalepsia [katalepˈsia] *f* catalepsy

catalisador [kataʎizaˈdor] *m* **1.** catalyzer **2.** QUÍM *fig tb.* catalyst **3.** (*de carro*) catalytic converter

catalisar [kataʎiˈzar] *vt* QUÍM catalyze

catálise [kataˈʎizi] *f* catalysis

catalogar [kataloˈgar] *vt* <g→gu> to catalog

catálogo [kaˈtalugu] *m* catalog

cataplasma [kataˈplazma] *f* poultice

catapulta [kataˈpuwta] *f* catapult

catapultar [katapuwˈtar] *vt* to catapult; (*promover*) to promote

catar [kaˈtar] *vt* **1.** (*buscar*) to search for; (*feijão, lixo*) to sort; (*tirar e matar piolhos*) to delouse **2.** *inf* (*ônibus*) to catch; **conseguiu ~ o ônibus a tempo** he was in time to catch the bus; (*tomar*) to catch; **catou a bola bem atrás da linha de fundo** he caught the ball well behind the end line; **vai te catar!** get lost!

catarata [kataˈrata] *f* **1.** (*queda d'água*) waterfall; **~s falls; ~ do Iguaçu/Niágara** Iguaçu/Niagara Falls **2.** MED cataract

catarro [kaˈtaxu] *m* MED catarrh

catástrofe [kaˈtastrɔfi] *f* catastrophe

catastrófico, -a [katasˈtrɔfiku, -a] *adj* catastrophic

catatônico [kataˈtoniku] **I.** *m* catatonic

cata-vento ['kata-'vẽjtu] *m* weather vane

catecismo [kate'sizmu] *m* catechism

cátedra ['katedra] *f* cathedra

catedral <-ais> [kate'draw, -'ajs] *f* cathedral

categoria [katego'ria] *f* 1. (*grupo*) category; ~ **profissional** professional class 2. (*hierarquia*) hierarchy; ~ **social** social hierarchy; (*qualidade*) quality; **de** ~ high quality; **de quinta** ~ third-rate

categórico, -a [kate'gɔriku, -a] *adj* categorical

catequese [kate'kɛzi] *f* catechism

catequização [katekiza'sãw] *f* REL catechesis; (*doutrinação*) indoctrination

cateto [ka'tetu] *m* MAT cathetus

catimba [ka'tʃĩba] *f* gír ESPORT gamesmanship

catinga [ka'tʃĩga] **I.** *f sem pl* (*odor desagradável*) stink **II.** *adj* (*sovina*) stingy

cativa *adj, f v.* **cativo**

cativante [katʃi'vãntʃi] *adj* (*personalidade, sorriso*) captivating; (*história*) enthralling

cativar [katʃi'var] **I.** *vt* 1. (*prender*) to capture 2. (*ganhar a simpatia*) to captivate **II.** *vr:* ~**-se de alguém** (*apaixonar-se*) to fall for sb

cativeiro [katʃi'vejru] *m sem pl* captivity; **criação em** ~ raised in captivity; (*tirania*) bondage

cativo, -a [ka'tʃivu, -a] **I.** *m, f* captive **II.** *adj* (*seduzido*) captivated; (*preso*) confined; (*ouvintes, espectadores*) captive

católica *adj, f v.* **católico**

catolicismo [katoʎi'sizmu] *m sem pl* Catholicism

católico, -a [ka'tɔʎiku, -a] **I.** *m, f* Catholic **II.** *adj* Catholic; (*certo*) correct

catorze [ka'torzi] *num card v.* **quatorze**

caubói [kaw'bɔj] *m* cowboy

caução <-ões> [kaw'sãw, -'õjs] *f* 1. (*valor*) collateral 2. (*garantia*) bond

cauda ['kawda] *f* 1. (*animais*) tail 2. (*vestido*) train 3. (*cometa*) tail 4. (*avião*) tail fin 5. (*rastro*) trail

caudal <-ais> [kaw'daw, -'ajs] **I.** *m* (*torrente*) torrent; (*volume*) abundance **II.** *adj* torrential; (*abundante*) abundant

caule ['kawʎi] *m* BOT stalk

causa ['kawza] *f* 1. (*motivo*) reason; (*origem*) cause; **a** ~ **de a. c.** the cause of sth; **por** ~ **de** because of 2. JUR motive; (*processo*) case; **justa** ~ just cause

causador, -a [kawza'dor, -a] **I.** *m, f* cause; (*de danos*) cause **II.** *adj* causing

causal <-ais> [kaw'zaw, -'ajs] *adj* causal; LING causal

causar [kaw'zar] *vt* to cause; ~ **admiração** to inspire admiration; ~ **danos** to cause damage; ~ **a morte de alguém** to cause sb's death

cáustico ['kawstʃiku] *m* caustic

cáustico, -a ['kawstʃiku, -a] *adj* caustic

cauta *adj v.* **cauto**

cautela [kaw'tɛla] *f sem pl* 1. (*prudência*) caution; **com** ~ with care; **por** ~ to be on the safe side 2. ECON share certificate 3. (*de penhor*) pawn ticket

cauteloso, -a [kawte'lozu, -'ɔza] *adj* cautious

cauterizar [kawteri'zar] *vt* cauterization

cauto, -a ['kawtu, -a] *adj* cautious

cava ['kava] *f* 1. (*escavação*) hole 2. (*para mangas*) armhole 3. (*veia*) vena cava

cavaco [ka'vaku] *m* 1. (*de madeira*) chip 2. *inf* (*conversação*) chat; **catar** ~ to lose one's balance

cavado, -a [ka'vadu, -a] *adj* excavated; (*decote*) low-cut; (*olhos*) deep-set

cavalar [kava'lar] *adj fig* excessive

cavalaria [kavala'ria] *f* MIL cavalry; **regimento de** ~ cavalry regiment

cavalariça [kavala'risa] *f* stable

cavalariço, -a [kava'lejru, -a] *m, f* rider

cavaleiro [kava'lejru] *m* HIST knight

cavalete [kava'letʃi] *m* 1. (*armação*) frame 2. (*do pintor*) easel

cavalgada [kavaw'gada] *f* 1. (*pessoas*) cavalcade 2. (*passeio*) cavalcade

cavalgadura [kavawga'dura] *f* saddle animal; *fig, pej* oaf

cavalgar [kavaw'gar] *vt, vi* <g→gu> (*montar*) to mount

cavalheiresco, -a [kavaʎej'resku, -a] *adj* chivalrous; (*nobre*) noble

cavalheirismo [kavaʎej'rizmu] *f sem pl* chivalry

cavalheiro [kava'ʎejru] *m* gentleman; **o** ~ **pode me informar onde fica a saída?** sir, could you please tell me where the exit is?

cavalo [ka'valu] *m* 1. ZOOL horse; ~ **de sela** saddle horse; **a** ~ on horseback;

andar a ~ to ride a horse; **cair do ~** to be taken aback; **fazer de a. c. um ~ de batalha** *fig* (*complicar*) to make a big deal of sth; **passar de ~ para burro** to go from bad to worse; **tirar o ~ da chuva** to give up on sth 2. *pej* (*pessoa*) boor 3. (*xadrez*) knight 4. fís horsepower; **motor de 8 ~s** tec 8 horsepower engine

cavalo-marinho [ka'valu-ma'rĩnu] <cavalos-marinhos> *m* sea horse

cavalo-vapor [ka'valu-va'por] <cavalos-vapor> *m* fís horsepower

cavanhaque [kavɐ̃'naki] *m* goatee

cavaquinho [kava'kĩnu] *m* ukelele

cavar [ka'var] I. *vt* 1. (*abrir a terra: sepultura, túnel*) to dig; (*revolver*) to hoe; **~ a própria cova** to dig one's own grave 2. (*tirar da terra*) to dig up 3. *fig* (*esforçar-se*) **cavou um bom emprego** he worked hard to get himself a good job; (*conseguir de modo ilícito*) to wangle; esport; **~ um pênalti** to provoke a penalty II. *vi* (*lutar duramente*) **é preciso ~ muito para chegar lá** you'll need to work hard to get what you want

caveira [ka'vejra] *f* skull; **fazer a ~ de alguém** to defame sb

caverna [ka'vɛrna] *f* (*gruta*) cavern

caviar [kavi'ar] *m* caviar

cavidade [kavi'dadʒi] *f* cavity; **~ abdominal** anat abdominal cavity

cavilha [ka'viʎa] *f* peg

cavo ['kavo] *adj* 1. (*oco*) hollow 2. (*fundo*) deep

cavoucar [kavow'kar] *vt* <c→qu> (*chão, terra*) to dig; (*nariz*) to pick

caxinguelê *m* [kaʃĩge'le] Brazilian squirrel

Cazaquistão [kazaks'tɐ̃w] *m* Kazakhstan

CBF [sebe'ɛfi] *f abr de* **Confederação Brasileira de Futebol** Brazilian Football Federation

CD [se'de] *m abr de* compact disc CD

CD-ROM [sedɛks'õw] *m abr de* **compact disk read-only memory** CD-ROM

cear [se'ar] *conj como passear* vi to eat supper

Ceará [sea'ra] *m* (State of) Ceará

cearense [sea'rẽjsi] I. *mf* native of Ceará II. *adj* (*proveniente de Ceará*) from Ceará; (*relativo a Ceará*) of Ceará

cebola [se'bola] *f* onion

cebolada [sebo'lada] *f* sauce made with fried or sautéed onions

cebolinha [sebo'ʎĩna] *f* (*pequena cebola*) spring onion; (*erva*) chives *pl*

cecear [sese'ar] *conj como passear* vi to lisp

ceco ['sɛku] *m* anat cecum *Am*, caecum *Brit*

ceder [se'der] I. *vt* 1. (*transferir: poder*) hand over; (*a vez, o lugar, a vaga*) to give up; (*renunciar: direitos*) to give up; (*emprestar*) to lend 2. (*à pressão, à tentação, à chantagem*) to give in to II. *vi* (*abrandar*) to give in; (*não resistir*) to give way; **o asfalto cedeu** the road gave way

cedilha [se'dʒiʎa] *f* cedilla

cedinho [se'dʒĩnu] *adv* very early

cedo ['sedu] *adv* (*em breve*) soon; (*antes do tempo*) early; **mais ~ ou mais tarde** sooner or later

cedro ['sɛdru] *m* cedar

cédula ['sɛdula] *f* note; **~ eleitoral** ballot paper; **~ de identidade** ID card

cefaleia [sefa'lɛja] *f* headache

cefálico, -a [se'faʎiku, -a] *adj* cephalic

cega *adj, f v.* **cego**

cegar [se'gar] <g→gu> I. *vt* to blind II. *vi* to become blind

cegas ['sɛgas] *f* **às ~** blindly

cego, -a ['sɛgu, -a] I. *m, f* blind person II. *adj* 1. (*que não vê*) blind 2. (*absoluto*) **obediência cega** blind obedience 3. (*irracional: entusiasmo, paixão*) blind; **~ de ódio** blinded by hate 4. (*sem fio*) blunt

cegonha [se'gõɲa] *f* zool stork; **a chegada da ~** *fig* the new arrival

cegueira [se'gejra] *f* blindness

ceia ['seja] *f* supper; (*jantar*) dinner; **Santa** [*ou* **Última**] **Ceia** rel The Last Supper

ceifadeira [sejfa'dejra] *f* (*máquina*) harvester

ceifar [sej'far] *vt* 1. agr to harvest 2. (*vidas*) to claim

cela ['sɛla] *f* cell

celebérrimo, -a [sele'bɛximu, -a] *superl de* **célebre**

celebração <-ões> [selebra'sɐ̃w, -'õjs] *f* celebration

celebrar [sele'brar] *vt* 1. (*festejar*) to celebrate; **~ a missa** celebrate mass 2. (*promover: aliança, acordo, tratado*) to conclude

célebre ['sɛlebri] *adj* 1. (*famoso*) famous; (*ilustre*) celebrated; **ser ~ por**

ter feito a. c. to be famous for having done sth **2.** *inf* (*estranho*) peculiar
celebridade [selebri'dadʒi] *f* **1.** (*fama*) fame **2.** (*pessoa*) celebrity
celeiro [se'lejru] *m* (*para cereais*) granary; (*para palha*) barn; **~ de talentos** a storehouse of talented people
célere [ˈsɛleri] *adj* swift
celeste [seˈlɛstʃi] *adj* celestial
celestial <-ais> [selestʃiˈaw, -ˈajs] *adj v.* **celeste**
celeuma [seˈlewma] *f* (*polêmica*) heated argument
celibatário, -a [seʎibaˈtarjw, -a] **I.** *m, f* single person **II.** *adj* single
celibato [seʎiˈbatu] *m sem pl* celibate
celofane [seloˈfãni] *m* cellophane
celta I. *adj* celtic **II.** *mf* Celt
célula [ˈsɛlula] *f* BIO, POL cell
celular [seluˈlar] **I.** *m* (*telefone*) cellphone, mobile phone *Brit* **II.** *adj* cellular
celulite [seluˈʎitʃi] *f sem pl* cellulite
celuloide [seluˈlɔjdʒi] *m sem pl* celluloid
celulose [seluˈlɔzi] *f sem pl* cellulose
cem [ˈsẽj] *num card* a hundred

> **Gramática** **cem** is used for the number one hundred when counting in series ("noventa e nove, cem"); in addition it is used when it stands alone as a number ("apartamento número cem"), before nouns ("cem pessoas") and before larger numbers ("cem mil lugares").
>
> **cento** is used to form all the numbers between 101 and 199 ("cento e um homens; cento e oitenta e nove reais")

cemitério [semiˈtɛriw] *m* cemetery; **~ de automóveis** scrapyard; **~ radioativo** radioactive materials storage site
cena [ˈsena] *f* **1.** CINE, TEAT (*situação*) scene **2.** (*palco*) stage; **entrar em ~** to come on the scene; **fazer uma ~** *fig* to make a scene; **roubar a ~** *fig* to steal the show; **sair de ~** *fig* to disappear
cenário [seˈnariw] *m* **1.** (*no teatro*) stage scenery **2.** (*panorama*) landscape **3.** (*modelo para análise*) scenario
cenho [ˈsẽɲu] *m* **franzir o ~** frown
cênico, -a [ˈseniku, -a] *adj* theatrical

cenografia [senograˈfia] *f sem pl* scenography
cenoura [seˈnora] *f* carrot
censo [ˈsẽjsu] *m* census; **~ populacional** census
censor [sẽjˈsor] *m* censor
censura [sẽjˈsura] *f* **1.** (*de textos*) censorship **2.** (*repreensão*) censure
censurar [sẽjsuˈrar] *vt* **1.** (*textos*) to censor **2.** (*repreender*) to censure
censurável <-eis> [sẽjsuˈravew, -ejs] *adj* reprehensible
centavo [sẽjˈtavu] *m* (*moeda*) cent
centeio [sẽjˈteju] *m sem pl* rye
centelha [sẽjˈteʎa] *f* spark; (*inspiração*) inspiration
centena [sɛjˈtena] *f* hundred; **às ~s** by the hundreds
centenário [sẽjteˈnariw] *m* centennial, centenary *Brit*; **~ da morte de alguém** centennial of sb's death
centenário, -a [sẽjteˈnariw, -a] *adj* centennial
centésima *num v.* **centésimo**
centesimal <-ais> [sẽjteziˈmaw, -ˈajs] *adj* hundredth
centésimo [sẽjˈtɛzimu] *m* hundredth
centésimo, -a [sẽjˈtɛzimu, -a] *num ord* one hundredth
centígrado [sẽjˈtʃigradu] *adj* **grau ~** degrees centigrade; **dez graus ~s** ten degree centigrade
centímetro [sẽjˈtʃimetru] *m* centimeter *Am*, centimetre *Brit*
cento [ˈsẽjtu] *m* hundred; **cinco por ~** five percent; *v.tb.* **cem**
centopeia [sẽjtoˈpɛja] *f* centipede
central <-ais> [sẽjˈtraw, -ˈajs] **I.** *f* (*de operações*) centre; TEL telephone exchange; **~ elétrica** power plant; **~ nuclear** nuclear power plant **II.** *adj* **1.** central; (*importante*) principal; **questão ~** main issue **2.** FUT **linha ~** halfway line
centralização <-ões> [sẽjtraʎizaˈsãw, -ˈõjs] *f* centralization
centralizar [sẽjtraʎiˈzar] *vt* to centralize
centrar [sẽjˈtrar] *vt* to center *Am*, to centre *Brit*
centrífuga *adj v.* **centrífugo**
centrífuga [sẽjˈtrifuga] *f*, **centrifugadora** [sẽjtrifugaˈdora] *f* centrifuge; **~ de roupa** spin dryer
centrifugar [sẽjtrifuˈgar] *vt* <g→gu> to centrifuge; (*roupa*) to spin
centrífugo, -a [sɛjˈtrifugu, -a] *adj* cen-

trifugal; **força centrífuga** centrifugal force

centro ['sẽjtru] *m* **1.** (*ponto no meio*) center *Am*, centre *Brit*, middle; ~ **da cidade** downtown *Am*, ciy centre *Brit*; ~ **de gravidade** FÍS center of gravity; **ser o ~ das atenções** to be the center of attention **2.** (*instituição*) center; ~ **cirúrgico** surgical center; ~ **cívico** civic center; ~ **comercial** commercial center; ~ **de convenções** convention center; ~ **de saúde** health center **3.** POL center; **de** ~ centrist

centroavante [sẽjtrwa'vãntʃi] *mf* FUT center forward

centro-esquerda ['sẽjtru-is'kerda] *sem pl mf* POL center-left

CEP ['sɛpi] *m abr de* **código de endereçamento postal** zipcode *Am*, postcode *Brit*

cepa ['sepa] *f* stock; **de boa ~** from good stock

cepo ['sepu] *m* **1.** (*pedaço de madeira*) log **2.** (*de árvore*) stump

cera ['sera] *f sem pl* **1.** (*velas, depilação*) wax; ~ **de assoalho** floor wax **2.** (*do ouvido*) ear wax; **fazer ~** *fig, inf* to pretend to work / **3.** ESPORT (*catimbar*) to kill time

cerâmica [se'rãmika] *f* ceramics *pl*

cerâmico, -a [se'rãmiku, -a] *adj* ceramic

cerca ['serka] **I.** *m* **1.** (*construção*) fence; ~ **de arame farpado** barbed-wire fence; **pular a ~** *fig* to play around **2.** (*terreno*) enclosure; (*para animais*) corral **II.** *adv* (*aproximadamente*) ~ **de** around; **são ~ de 500 km** it's around 500 km

cercado [ser'kadu] *m* enclosure; (*terreno*) yard; (*pasto, lavoura*) fenced pasture

cercado, -a [ser'kadu, -a] *adj* fenced

cercanias [serkã'nias] *fpl* surroundings

cercar [ser'kar] <c→qu> **I.** *vt* **1.** (*com cerca*) to fence **2.** (*uma cidade*) to surround; (*polícia*) to close in on **3.** (*rodear*) encircle; ~ **o jardim de flores** to encircle the garden with flowers **4.** (*impedir a passagem*) to block sb's path **5.** (*cumular*) the father showered her with attention **II.** *vr*: ~-**se de** to surround oneself with the best professionals

cercear [serse'ar] *conj como passear vt* (*aparar*) to trim; (*liberdade, informações*) to restrict

cerco ['serku] *m* **1.** (*ato*) encirclement **2.** MIL siege **3.** (*bloqueio*) blockade

cerda ['sɛrda] *f* bristle

cereais [sere'ajs] *mpl* cereals

cereal <-ais> [sere'aw, -'ajs] *m* cereal; ~ **matinal** breakfast cereal

cerebelo [sere'bɛlu] *m* cerebellum

cerebral <-ais> [sere'braw, -'ajs] *adj* cerebral

cérebro ['sɛrebru] *m* **1.** ANAT brain **2.** (*inteligência*) intelligence **3.** (*centro intelectual*) nerve center

cereja [se'reʒa] *f* cherry

cerejeira [sere'ʒejra] *f* **1.** (*árvore*) cherry tree **2.** (*madeira*) cherry wood

cerimônia [seri'monia] *f* **1.** (*celebração*) ceremony **2.** (*etiqueta*) etiquette; **fazer ~** to stand on ceremony; **sem ~** informal

cerimonial <-ais> [serimoni'aw, -'ajs] **I.** *m* (*ritual*) ritual; (*regras*) rites; ~ **da presidência da república** protocol of the president of the republic **II.** *adj* ceremonial

cerimonioso, -a [serimoni'ozu, -'ɔza] *adj* ceremonious; (*pessoa*) formal

cerne ['sɛrni] *m* **1.** (*árvore*) heartwood **2.** (*parte central*) heart; **o ~ da questão** the heart of the matter

ceroulas [se'rowlas] *fpl* longjohns

cerração [sexa'sãw] *f* fog

cerrado, -a [se'xadu, -a] *adj* **1.** (*nevoeiro*) thick **2.** (*noite*) dark; (*céu*) cloudy **3.** (*olhos*) shut **4.** (*barba, mata*) thick **5.** (*punhos, dentes*) clenched **6.** (*falar*) difficult to understand

cerrado [se'xadu] *m* scrubland

cerrar [se'xar] *vt* **1.** (*fechar*) to close; ~ **os olhos** to shut one's eyes **2.** (*apertar: lábios, dentes, punhos*) to clench; ~ **os punhos** to clench one's fist **3.** (*obstruir*) to block

certa *adj, pron, f v.* **certo**

certame [ser'tãmi] *m* fight

certamente [sɛrta'mẽtʃi] *adv* certainly

certeiro, -a [ser'tejru, -a] *adj* **1.** (*sensato: opinião, ideia, resposta*) sensible **2.** (*exato*) accurate; **tiro ~** well-aimed shot

certeza [ser'teza] *f* certainty; **com ~** certainly; **ter (a) ~ (de que ...)** to be sure (that ...)

certidão <-ões> [sertʃi'dãw, -'õjs] *f* certificate; ~ **de casamento** marriage certificate; ~ **de nascimento** birth certifi-

cate; ~ **negativa** clearance certificate; ~ **de óbito** death certificate
certificação <-ões> [sertʃifika'sãw, -'õjs] f certification
certificado [sertʃifi'kadu] m certificate; (*comprovação*) certificate; (*atestado*) proof; ~ **de garantia** warranty; ~ **de habilitação** certificate; ~ **de qualidade** guarantee of quality
certificar [sertʃifi'kar] <c→qu> I. vt (*curso, cópia*) to certify II. vr: ~-se to make sure; ~-**se de a. c.** to find out sth
certo, -a ['sɛrtu, -a] I. adj 1.(*sem dúvida*) certain; **estou ~ de que ...** I'm sure that ... 2.(*exato*) correct; **resposta certa** correct answer; **o relógio está ~** the clock is right; **está ~!** sure! II. *pron* (*determinado*) certain; ~ **dia** one day; **de ~ modo** [*ou* **de certa forma**] in a certain way; (**uma**) **certa pessoa** a certain person III. adv **ao ~** for certain; **por ~** granted; **dar ~** to work out; **funcionar ~** to function properly IV. m, f **trocar o ~ pelo incerto** a bird in hand is worth two in the bush *prov*
cerveja [ser'veʒa] f beer; ~ **choca** flat beer; ~ **clara** lager; ~ **preta** stout
cervejaria [serveʒa'ria] f 1.(*fábrica*) brewery 2.(*bar*) bar, pub *Brit*
cervical <-ais> [servi'kaw, -'ajs] adj cervical
cervo ['servu] m deer
cerzideira [serzi'dejra] f (*agulha*) darning needle; (*pessoa*) darner
cerzir [ser'zir] *irr como prevenir* vt to darn
cesariana [sezari'ʒna] f cesarean *Am*, Caesarean *Brit*
césio ['sɛziw] m *sem pl* cesium *Am*, caesium *Brit*
cessar [se'sar] I. vt 1.(*parar*) to cease; (*suspender*) to suspend 2.(*deixar de fazer*) to discontinue II. vi 1.(*acabar, desistir*) to end; **sem ~** ceaselessly 2.(*parar*) to cease
cessar-fogo [se'sar-'fogu] m *sem pl* MIL cease-fire
cesta ['sesta] f 1.basket; (*com tampa*) hamper 2. ECON ~ **básica** monthly basic food package 3. ESPORT basket
cestinha [ses'tʃiɲa] mf (*basquetebol*) leading scorer; **o ~ do jogo** the game's leading scorer
cesto ['sestu] m basket
cetáceo [se'tasiw] m cetacean

cética adj, f v. **cético**
ceticismo [setsi'sizmu] m *sem pl* skepticism *Am*, scepticism *Brit*
cético, -a ['sɛtʃiku, -a] I. m, f skeptic *Am*, sceptic *Brit* II. adj skeptical *Am*, sceptical *Brit*
cetim [se'tʃĩ] <-ins> m satin
cetro ['sɛtru] m scepter
céu ['sɛw] I. m sky; ~ **da boca** ANAT roof of the mouth; **cair dos ~s** to be a godsend; **elevar ao ~** to praise; **estar no sétimo ~** to be in seventh heaven; **ir para o ~** to go to heaven; **a ~ aberto** in the open air; **mover ~s e terras** to move heaven and earth; **que os ~s nos protejam!** may God be with us! II. *interj* **~s!** heavens!
cevada [se'vada] f barley
CFC [seɛfi'se] m *abr de* **clorofluorocarboneto** CFC
chã adj v. **chão**
chá ['ʃa] m (*planta, bebida*) tea; ~ **dançante** tea dance; ~ **verde** green tea; **tomar ~ de cadeira** to be a wallflower; **tomar ~ de sumiço** *inf* to disappear
chacal <-ais> [ʃa'kaw, -'ajs] m jackal
chácara ['ʃakara] f 1.country house 2.small holding
chacareiro, -a [ʃaka'rejru, -a] m, f *owner or manager of a country house or holding*
chacina [ʃa'sina] f 1.(*de animais*) slaughter; (*de pessoas*) massacre 2. *fig* (*de texto*) dissection
chacinar [ʃasi'nar] vt 1.(*animais*) slaughter 2.(*pessoas*) massacre 3.(*texto*) dissect
chacoalhar [ʃakwa'ʎar] vt (*sacudir*) to shake; (*chatear*) to irritate
chacota [ʃa'kɔta] f mockery; **fazer ~ de alguém** to mock sb
chacrinha [ʃa'kriɲa] f *inf* (*roda de conversa*) get-together; **fazer ~** to mess about
chador [ʃa'dor] m v. **xador**
chafariz [ʃafa'riz] m public fountain
chafurdar [ʃafur'dar] I. vt fig (*honra, nome, reputação*) to drag through the mud II. vi to wallow
chaga ['ʃaga] f (*ferida*) open wound; (*problema*) problem; ~ **social** social problem; (*desgraça*) misfortune
chagas ['ʃagas] fpl BOT nasturtium
chalé [ʃa'lɛ] m chalet
chaleira [ʃa'lejra] f kettle

chama [ˈʃɐma] *f* 1. flame; **estar em ~s** to be on fire 2. (*ardor*) heat; **~ da paixão** the heat of passion

chamada [ʃɐˈmada] *f* 1. (*telefônica*) call; **~ a cobrar** collect call *Am*, reverse charge call *Brit*; **~ interurbana** long-distance call; **~ local** local call 2. (*na escola*) roll call; **segunda ~** exam repeats 3. (*repreensão*) reprimand; **~ de atenção** warning 4. (*num texto*) catchword 5. MIL muster

> **Cultura** A **chamada a cobrar** is a telephone call that may be made from any public telephone (known as the **orelhão**, due to its similarity to big ears) or private line. The collect call is paid by the recipient of the call, and no telephone card is needed. So even without money for a call, the person can communicate.

chamar [ʃɐˈmar] I. *vt* to call; **~ o elevador** to call the elevator; **~ a responsabilidade para si** to assume responsibility; MIL to call up for military service; **~ alguém de ladrão** to call sb a thief II. *vi* (*telefone*) to ring; **o telefone chamava e ninguém atendia** the phone rang but nobody answered it III. *vr*: **~-se** to be called; **eu me chamo Marisa** my name is Marisa

chamariz [ʃɐmaˈris] *m* 1. (*engodo, isca*) lure 2. (*atrativo*) attraction

chá-mate [ˈʃa-ˈmatʃi] *m* maté tea (*a popular tea in Brazil, generally served cold*)

chamego [ʃɐˈmegu] *m* 1. (*namoro*) romance 2. (*afeição, atenção especial*) infatuation; **ter um ~ por alguém/a. c.** to be infatuated with sb/sth

chaminé [ʃɐmiˈnɛ] *f* 1. (*conduto*) chimney; (*de fábrica*) chimney 2. *pej* (*pessoa*) heavy smoker

champanhe [ʃɐ̃ˈpɐɲi] *m*, **champanha** *m sem pl* champagne

chamuscado, -a [ʃɐmusˈkadu, -a] *adj* singed

chamuscar [ʃɐmusˈkar] *vt* <c→qu> to singe

chance [ˈʃɐ̃si] *m* 1. (*possibilidade*) likelihood 2. (*oportunidade*) chance

chanceler [ʃɐ̃seˈlɛr] *mf* POL chancellor

chanchada [ʃɐ̃ˈʃada] *f* CINE cheap movie

chantagear [ʃɐ̃taʒiˈar] *vt* to blackmail

chantagem [ʃɐ̃ˈtaʒẽj] <-ens> *f* blackmail; **fazer ~ com alguém** to blackmail sb

chantagista [ʃɐ̃taˈʒista] *mf* blackmailer

chantilly [ʃɐ̃tʃiˈʎi] *m* whipped cream

chão <-s> [ˈʃɐ̃w, ˈʃɐ̃s] *m* 1. ground; (*na casa*) floor; **ganhar ~** to distance oneself; **ter os pés no ~** to have one's feet on the ground; **ter muito ~ pela frente** to have a long way to go 2. (*solo*) soil

chão, chã [ˈʃɐ̃w, ˈʃɐ̃] *adj* level

chapa [ˈʃapa] I. *f* 1. AUTO licence plate; **~ fria** false license plates 2. GASTR griddle; **fazer um bife na ~** to fry a steak on the griddle 3. POL **~ eleitoral** party ticket 4. **de ~** in full II. *m inf* (*amigo*) pal; **o que você tem, meu ~?** what's up with you, pal?

chapa-branca [ˈʃapa-ˈbrɐ̃ka] <chapas-brancas> *m* public service vehicle

chapada [ʃaˈpada] *f* 1. GEO plateau 2. *inf* (*tapa*) slap

chapado, -a [ʃaˈpadu, -a] *adj* 1. (*estatelado*) **ficou ~ no chão** I fell flat on the floor 2. *inf* (*completo*) complete; **é um idiota ~** he's a complete idiot 3. *inf* (*embriagado*) drunk; (*drogado*) stoned

chapelaria [ʃapelaˈria] *f* (*fábrica*) hat factory; (*loja*) hat shop

chapeleira [ʃapeˈlejra] *f* hat box

chapéu [ʃaˈpɛw] *m* 1. hat; **~ de palha** straw hat; **de ~ na mão** with hat in hand; **passar o ~** to pass the hat; **pôr/tirar o ~** to put on/take off one's hat; **tirar o ~ para alguém** *fig* (*mostrar reverência, admiração*) to salute sb; **um trabalho de tirar o ~** a commendable job; **é de tirar o ~!** you have to take your hat off (to sb/sth)! 2. FUT **dar um ~ no adversário** to kick the ball over an opponent's head and then get it back again

chapinhar [ʃapiˈɲar] *vt* 1. (*água*) to splash 2. (*pessoa*) to slap

charada [ʃaˈrada] *f* charade

charanga [ʃaˈrɐ̃ga] *f* 1. MÚS (*formada por instrumentos de metal*) brass band 2. *inf* (*automóvel velho*) jalopy 3. (*troço*) thingy

charco [ˈʃarku] *m* swamp; (*lodaçal*) bog

charlatanice [ʃarlatɐ̃ˈnisi] *f* charlatanism *no pl*

charlatão, -ã <-ães *ou* -s> [ʃarla'tʃãw, -'ʒ, 'ʒjs] *m, f* charlatan

charme ['ʃarmi] *m sem pl* charm; **fazer ~** [*ou* **charminho**] *inf*: to pretend one does not like or want sth/sb

charmoso, -a [ʃar'mozu, -'ɔza] *adj* charming

charque ['ʃarki] *m* GASTR beef jerky (*beef cut into strips, salted and dried in the sun*)

charrete [ʃa'xɛtʃi] *f* buggy

charrua [ʃa'xua] *f* plow *Am*, plough *Brit*

charter [ʃarter] *m* charter; **voo ~** charter flight

charuto [xa'rutu] *m* cigar

chassi [ʃa'si] *m* chassis

chata *adj v.* chato

chateação <-ões> [ʃatʃja'sãw, -'õjs] *f inf* irritation, bore; **que ~!** what a bore!

chateado, -a [ʃatʃi'adu, -a] *adj inf* **1.** (*zangado*) irritated; **estar/ficar com alguém ou a. c.** to be/become upset with sb or sth **2.** (*enfadado*) bored

chatear [ʃatʃi'ar] *conj como passear vt inf* **1.** (*irritar*) to bore **2.** (*maçar*) to pester **3.** (*importunar*) to annoy

chatice [ʃa'tʃisi] *f v.* chateação

chato [ʃatu] *m inf* bore; **que ~!** what a bore!; **ele é um ~ de galochas** he is an incredible bore; **o ~ é que eu preciso sair agora** unfortunately I have to go now

chato, -a ['ʃatu, -a] *adj* **1.** (*plano*) flat; **pé ~** flat foot **2.** *inf* (*maçante*) boring **3.** (*sem originalidade*) dull **4.** (*irritante*) annoying; **esta chuvinha chata!** this rain is really annoying!

chauvinismo [ʃovi'nizmu] *m sem pl* chauvinism

chavão <-ões> [ʃa'vãw, -'õjs] *m* **1.** (*clichê*) cliché **2.** (*pessoa*) important writer **3.** (*molde*) mold *Am*, mould *Brit*

chave ['ʃavi] *f* **1.** (*instrumento*) key; **~ falsa** counterfeit key; **~ de fenda** screwdriver; **~ de ignição** ignition key; **~ inglesa** monkey wrench; **~ mestra** master key; **fechar à ~** to lock; **fechar a sete ~s** to be under lock and key; **fechar com ~ de ouro** to end well **2.** (*posse*) key; **entrega das ~s** to recieve the keys to one's house; **~ da cidade** the keys to the city **3.** (*solução*) key; **~ do enigma** key to the riddle **4.** (*parte essencial*) **a ~ do sucesso** the key to success **5.** ELETR switch **6.** INFOR (*senha*) password **7.** ESPORT group; **a ~ do Brasil é fraca** Brazil's group is weak **8.** (*golpe*) wrestling hold

chaveiro [ʃa'vejru] *m* (*pessoa*) locksmith; (*porta-chaves*) keyring

chavões *m pl de* **chavão**

checar [ʃe'kar] *vt* <c→qu> to check

chechênio, -a [ʃe'ʃeniw, -a] *adj, m, f* Chechen

chefão [ʃe'fãw] *m* big shot

chefe ['ʃɛfi] *mf* chief; **~ de Estado/governo** chief of state; **~ de família** head of the family

chefia [ʃe'fia] *f* leadership *no pl*

chefiar [ʃefi'ar] *vt* (*grupo, departamento*) to lead; (*comissão*) to head

chega ['ʃega] *interj* that's enough!

chegada [ʃe'gada] *f* arrival; (*de avião*) arrival; **dar uma ~** to drop by

chegado [ʃe'gadu] *adj* **1.** (*próximo*) close **2.** (*íntimo*) close; **ficar/ser ~ a alguém/a. c.** to get/be close to sb/sth **3.** (*propenso*) prone; **era ~ a uma confusão** he was prone to getting into trouble

chega-pra-lá ['ʃega-pra-'la] *m inf* (*encontrão*) push; **levei um ~ na rua** I was pushed in the street; (*reprimenda*) telling off; **dar um ~ em alguém** to tell sb off; **tomou um ~ da namorada** he was told off by his girlfriend

chegar [ʃe'gar] <g→gu> I. *vi* **1.** (*vir: pessoa, trem, avião*) to arrive; **~ a algum lugar** to arrive somewhere; **~ de viagem** to return (from a trip); **o avião chega às 20 horas** the plane arrives at 8 p.m.; **não sei onde você quer ~** I'm not sure what you're driving at **2.** (*aproximar-se*) to come; **chegue aqui!** come over here! **3.** (*atingir*) to reach; **a água chega (até) ao joelho** the water comes up to one's knees; **~ a fazer a. c.** to achieve sth; **~ a velho** to grow old; **ele não chega aos seus pés** he's not half as good as you; **quase chegou a desmaiar** he almost fainted **4.** (*ser suficiente*) to be enough; **não há dinheiro que chegue para você** there's never enough money for you; **chega e sobra!** more than enough!; **até dizer chega** until one says when **5.** (*ir embora*) **vou chegando que já é tarde!** I'll be leaving since it's already late II. *vt* (*aproximar*) to bring sth close; **chegue sua cadeira, quero conversar** bring your

cheia ['ʃeja] f (de rio, maré) flood

cheio, -a ['ʃeju, -a] adj 1. (recipiente) full; ~ **de água** full of water; **em** ~ (com precisão) on target; **acertar em** ~ to be on target 2. (de comida) full; (rosto, corpo) plump; ~ **de si** full of oneself 3. gír (pessoa) **estar ~ de a. c./alguém** to be tired of sth/sb; **com a cara cheia** drunk

cheirar [ʃej'rar] I. vt to smell; (animais) to sniff; fig to detect II. vi 1. to smell of; ~ **bem** to smell good; **esta história cheira mal** this story sounds fishy 2. ~ **a a. c.** to sniff out sth; (agradável) to scent sth

cheiro ['ʃejru] m smell; (agradável) scent; **ter ~ de ...** to smell like ...

cheiroso, -a [ʃej'rozu, -'ɔza] adj fragrant

cheiro-verde ['ʃejru-'verdʒi] <cheiros-verdes> m bouquet garni

cheque ['ʃɛki] m check Am, cheque Brit; ~ **em branco** blank check; ~ **cruzado** check only for deposit, crossed cheque Brit; ~ **especial** cheque guaranteed by the bank; ~ **sem fundos** bad check, bounced cheque Brit; ~ **à ordem** check payable to sb; ~ **ao portador** check made out to cash; ~ **de viagem** traveler's check; ~ **pré-datado** postdated check; **cobrar** [ou **trocar**] **um ~** to cash a check; **dar um ~** to write a check

cherne ['ʃɛrni] m ZOOL grouper

chiadeira [ʃia'dejra] f fig whine

chiar [ʃi'ar] vi 1. (ave) to chirp; (rato) squeak 2. (pneus) to screech 3. (porta) to creak 4. inf (pessoas) to whine

chibatada [ʃiba'tada] f whiplash

chicana [ʃi'kãna] f 1. chicanery; **fazer** ~ to give people a hassle 2. ESPORT chicane

chiclete [ʃi'klɛtʃi] m chewing gum

chicória [ʃi'kɔria] f chicory

chicotada [ʃiko'tada] f whiplash

chicote [ʃi'kɔtʃi] m whip

chifre ['ʃifri] m horn; ~**s** horns; **botar** [ou **pôr**] ~**s em alguém** inf to be unfaithful

chifrudo [ʃi'frudu] m inf man whose wife is unfaithful

Chile ['ʃiɫi] m Chile

chilique [ʃi'ɫiki] m inf (ataque nervoso) fit; **ter um** ~ to have a fit; (desmaiar) to pass out

chilrear [ʃiwxe'ar] conj como passear vi to chirp

chimarrão [ʃima'xɐ̃w] m hot maté tea, popular in southern Brazil

> **Cultura** **Chimarrão** is bitter boiling-hot maté tea (**erva-mate**), taken without sugar and drunk from a **cuia** (cured gourd or horn) through a metallic or bambu straw called a **bomba**. It is ubiquitous in the state of Rio Grande do Sul and common in many other southern and western states.

chimpanzé [ʃĩpɐ̃'zɛ] m chimpanzee

China ['ʃina] f China

chinela [ʃi'nɛla] f flip-flop

chinelo [ʃi'nɛlu] m (de praia) flip-flop; (de quarto) slipper; **botar alguém no** ~ to outdo sb

chinês, -esa [ʃi'nes, -'eza] adj, m, f Chinese

chinfrim [ʃĩj'frĩj] <-ins> inf I. adj (ordinário) insignificant II. m (barulho, confusão) commotion

chip ['ʃipi] m INFOR chip

Chipre ['ʃipri] m Cyprus

chique [ʃiki] adj chic

chiquê [ʃi'ke] m inf pretentiousness no pl

chiqueiro [ʃi'kejru] m pigsty

chispa ['ʃispa] f spark

chispar [ʃis'par] vi 1. (cintilar) to sparkle 2. inf (partir em disparada) to rush off; **chispa daqui já!** get out of here!

chiste ['ʃistʃi] m joke

chita ['ʃita] f (tecido) calico

choca adj v. **choco**

choça ['ʃɔsa] f 1. (casa pobre) hut 2. inf (prisão) the clink

chocalhar [ʃoka'ʎar] I. vt to rattle II. vi 1. (chocalho) to rattle 2. (mexericar) to gossip

chocalho [ʃo'kaʎu] m 1. (de bebê) rattle 2. (de gado) cowbell 3. (badalo) bell clapper

chocante [ʃo'kɐ̃tʃi] adj shocking

chocar [ʃo'kar] <c→qu> I. vt (ovos) to hatch; (uma pessoa) to shock; ~ **em a. c.** to crash into sth II. vi (comida, bebida) to go bad, to go off Brit III. vr: ~**-se** (escandalizar-se) to be shocked

chocho, -a ['ʃoʃu, -a] adj 1. (seco) dry

2. (*palavras*) empty; (*tentativa*) futile **3.** (*festa, pessoa*) dull

choco [ˈʃoku] *m* (*incubação*) incubation

choco, -a [ˈʃoku, ˈʃɔka] *adj* **1.** (*ovo*) hatched **2.** (*estragado*) spoiled; (*podre*) rotten; (*comida*) spoiled **3.** (*água*) stagnant; **cerveja choca** flat beer **4.** *inf* (*pessoa*) dull

chocolate [ʃokoˈlatʃi] *m* chocolate; (*bebida quente*) hot chocolate

chofer [ʃoˈfɛr] *m* chauffeur

chofre [ˈʃofri] *m* sudden blow; **de ~** suddenly

choldra [ˈʃowdra] *f* **1.** *inf* (*canalha*) scum **2.** *inf* (*mixórdia*) confusion

chopada [ʃoˈpada] *f* beer drinking session

chope [ˈʃopi] *m* draft beer *Am*, draught beer *Brit*

choperia [ʃopeˈria] *f* bar, pub *Brit*

choque [ˈʃɔki] *m* **1.** (*colisão*) collision; **~ frontal** head-on collision **2.** (*comoção*) shock; **estar em estado de ~** he is in a state of shock **3.** (*oposição violenta*) **~ de ideias** clash of ideas **4.** ELETR shock **5.** MED **~ anafilático** anaphylactic shock

choradeira [ʃoraˈdejra] *f* fit of crying

chorado [ʃoˈradu] *adj* (*pranteado*) lamented; **venceu com um gol ~** (*difícil de obter*) he won the game with a hard-earned goal

choramingar [ʃoramĩjˈgar] *vi* <g→gu> to cry

chorão¹ <-ões> [ʃoˈrãw, -ˈõjs] *m* BOT weeping willow

chorão² <-ões> [ʃoˈrãw] *m* MÚS a composer of choro music; *v.tb.* **choro**

chorão, -ona <-ões *ou* -s> [ʃoˈrãw, -ˈona, -ˈõjs] **I.** *m, f* cry baby **II.** *adj* **é um menino ~** he's a cry baby

chorar [ʃoˈrar] **I.** *vt* **1.** (*lágrimas*) to cry; (*arrepender-se de: pecados*) to be sorry for; (*sentir saudade*) to miss; **chora um passado de glórias** he misses his days of glory; **~ por alguém/a. c.** to cry over sb/sth; (*tristeza profunda*) to mourn **2.** *inf* (*pechinchar*) **~ o preço** to haggle over a price **II.** *vi* to cry; **é de ~** it is lamentable [*o deplorable*]; **quem não chora não mama** *prov* the squeaky wheel gets the grease *prov*

chorinho [ʃoˈrĩɲu] *m* a type of choro music with a fast and lively rhythm

choro [ˈʃoru] *m* **1.** (*de lágrimas*) crying **2.** (*lamento, som*) weeping **3.** MÚS sentimental music from Rio de Janeiro played at dances and parties

Cultura The beginnings of **choro** music, a Brazilian adaptation of European dance rhythms in vogue at the time, go back to around 1870. Since then, this fascinating genre of music has been explored by successive generations of illustrious musicians, most notably the composer and instrumentalist Pixinguinha (RJ, 1897-1973). Today's **choro** band is composed of one viola, one or two six-stringed guitars and another with seven strings, a ukelele, a tambourine, and occasionally one or more wind instruments.

chorões *adj, m pl de* **chorão**
chorona *adj, f v.* **chorão**
chorrilho [ʃoˈxiʎu] *m* series
chorudo, -a [ʃoˈrudu, -a] *adj inf* **1.** (*gordo*) fat **2.** (*rendoso*) lucrative
chorumela [ʃoruˈmɛla] *f inf* (*dinheiro*) pittance; (*lenga-lenga*) blah, blah, blah
choupana [ʃowˈpãna] *f* cabin
choupo [ˈʃowpu] *m* poplar
chouriço [ʃuˈrisu] *m* **1.** GASTR chorizo **2.** (*para portas, janelas*) draft excluder
chove-não-molha [ˈʃovi-nũ-ˈmɔʎa] *m sem pl, inf* (*situação indecisa*) standstill; **ficar no ~** to be at a standstill; **cheio de ~** (*cheio de exigências*) too fussy; (*cheio de histórias*) pretentious
chover [ʃoˈver] *vi impess* to rain; **está chovendo** it is raining; **~ a cântaros** to rain cats and dogs; **~ no molhado** to flog a dead horse; **nem que chova canivete** whatever happens; (*abundar*); **na entrevista, choviam perguntas** during the interview, he was showered with questions
chuchar [ʃuˈʃar] *vt* **1.** (*chupar*) to suck **2.** *inf* (*cutucar*) to poke
chuchu [ʃuˈʃu] *m* **1.** GASTR chayote **2.** *inf* (*queridinho*) honey **3. pra ~** (*depois de adjetivo*) extremely; (*depois de verbo*) a lot; **ela é inteligente pra ~** she is extremely intelligent; **come pra ~** he eats a lot!
chucro, -a [ˈʃukru, -a] *adj* (*animal*) wild; (*pessoa*) boorish

chucrute [ʃu'krutʃi̥] *m* GASTR sauerkraut
chué [ʃu'ɛ] *adj* common
chula *adj v.* **chulo**
chulé [ʃu'lɛ] *chulo* **I.** *m* foot odor **II.** *adj* (*de má qualidade*) crappy
chulear [ʃule'ar] *conj como passear vt* to overcast
chuleta [ʃu'leta] *f* GASTR ribs
chulipa [ʃu'ʎipa] *f* (*pontapé*) kick in the backside
chulo, -a [ʃulu, -a] *adj* vulgar
chumaço [ʃu'masu] *m* padding
chumbar [ʃũw'bar] *vt* (*metal*) to solder; (*balear*) to shoot
chumbo ['ʃũwbu] *m* **1.** (*metal*) lead; **com ~** leaded; **sem ~** unleaded **2.** (*para caça*) shot; **comer/tomar ~** to be filled full of lead **3.** *inf* (*escola, universidade*) **levar ~** to fail an exam
chupado [ʃu'padu] *adj inf* (*rosto*) gaunt
chupão [ʃu'pãw] *m* (*beijo*) long, passionate kiss
chupar [ʃu'par] *vt* **1.** (*esponja*) to soak up **2.** (*bala, dedo*) to suck **3.** *inf* (*copiar*) to copy; (*obter: vantagem*) to gain; (*dissipar*) to waste; **chupou todo dinheiro que conseguiu** he wasted all the money he had
chupeta [ʃu'peta] *f* pacifier *Am,* dummy *Brit*
chupim [ʃu'pĩj] *m inf* freeloading husband
churrascaria [ʃuxaska'ria] *f restaurant whose speciality is barbecued meat;* **~ rodízio** *restaurant where barbecued meats and other dishes are brought to the table as required*

> **Cultura** A **churrascaria** is a restaurant that basically serves grilled beef, or **churrasco**. Those with a **rodízio**, or rotating service, charge a fixed price for all you can eat, and the waiters constantly bring to the table the different cuts of meat on large spits. These types of restaurants usually have a salad bar as well, which is also unlimited.

churrasco [ʃu'xasku] *m* barbecue; (*em espeto*) kabob *Am,* kebab *Brit*
churrasqueira [ʃuxas'kejra] *f* barbecue
churrasqueiro [ʃuxas'kejru] *m* barbecue chef
churrasquinho [ʃuxas'kĩɲu] *m* (*no espeto*) kabob *Am,* kebab *Brit*
churro ['ʃuxu] *m* GASTR *doughnut, often with a sweet filling, sprinkled with sugar and cinnamon*
chutar [ʃu'tar] *vt* **1.** (*bola*) to kick; **~ um problema para outra pessoa** to pass the buck; **~ alto** *inf* to brag **2.** *gír* (*uma resposta*) to guess; (*livrar-se*) get rid of; **chutou a namorada** he dumped his girlfriend
chute ['ʃutʃi̥] *m* (*bola*) kick; **~ de bico** toe kick; **~ a gol** shot at goal; **dar um ~ em alguém** to give sb a kick; **levar um ~** to be kicked; **responder no ~** *fig* to guess
chuteira [ʃu'tejra] *f* soccer boot *Am,* football boot *Brit*
chuva ['ʃuva] *f* **1.** rain; **~ ácida** acid rain; **~ radioativa** radioactive fallout; **~ torrencial** torrential rain; **saiu na ~ é pra se molhar** *prov* if you can't stand the heat, stay out of the kitchen *prov* **2.** (*grande quantidade*) shower; **~ de desaforos** a shower of insults
chuvarada [ʃuva'rada] *f* downpour
chuveiro [ʃu'vejru] *m* shower
chuviscar [ʃuvis'kar] *vi* <c→qu> *impess* to drizzle; **está chuviscando** it's drizzling
chuvisco [ʃu'visku] *m* drizzle
chuvoso, -a [ʃu'vozu, -ɔza] *adj* rainy
cianeto [sia'netu] *m sem pl* cyanide *no pl*
ciático, -a [si'atʃiku, -a] *adj* **dor ciática** sciatica; **nervo ~** sciatic nerve
cibercafé [siberka'fɛ] *m* cyber café, Internet café
ciberespaço [siberes'pasu] *m* cyberspace
cibernética [siber'nɛtʃika] *f sem pl* cybernetic
cicatriz [sika'tris] *f* scar
cicatrizar [sikatri'zar] *vi* to heal
cicerone [sise'roni] *mf* tourist guide
cíclico, -a ['sikliku, -a] *adj* cyclical
ciclismo [si'klizmu] *m sem pl* cycling
ciclista [si'klista] *mf* cyclist
ciclo ['siklu] *m* (*sucessão*) cycle; **~ básico** (*ensino superior*) ENS required courses; **~ econômico** business cycle
ciclone [si'kloni] *m* cylone
ciclope [si'klɔpi] *m* cyclops
ciclovia [siklo'via] *f* cycle lane
cidadã *f v.* **cidadão**
cidadania [sidadã'nia] *f* citizenship;

dupla ~ dual citizenship
cidadanizar-se [sidadɜni'zarsi] *vr* to act civilized
cidadão, -dã [sida'dɜ̃w, -ɜ̃] **<-s>** *m, f* (*no Estado*) citizen; (*na cidade*) resident; **o que quer este ~?** (*um indivíduo qualquer*) what does this guy want?
cidade [si'dadʒi] *f* city; (*centro comercial*) downtown *Am*, city centre *Brit*; **~-universitária** university campus; **~ velha** old town; **Cidade Maravilhosa** Rio de Janeiro
cidadela [sida'dɛla] *f* fortress
cidade-satélite [si'dad-sa'tɛʎitʃi] **<cidades-satélite(s)>** *f* satellite city
cidra ['sidra] *f* citron
cidreira [si'drejra] *f* citron tree
ciência [si'ẽjsia] *f* science; **~s exatas** exact sciences; **~s humanas** human sciences; **~s naturais** natural sciences; **~s sociais** social sciences; **tomar ~ de a. c.** to become aware of sth
ciente [si'ẽjtʃi] *adj* aware; **estar ~ de** to be aware of
científico, -a [siẽj'tʃifiku, -a] *adj* scientific
cientista [siẽj'tʃista] *mf* scientist
cifra ['sifra] *f* **1.** (*algarismo*) figure **2.** (*soma*) total
cifrão **<-ões>** [si'frɜ̃w, -'õjs] *m* dollar sign
cigano, -a [si'gɜnu, -a] *m, f* gypsy
cigarra [si'gaxa] *f* ZOOL cicada
cigarreira [siga'xejra] *f* cigarette case
cigarrilha [siga'xiʎa] *f* cigarillo
cigarro [si'gaxu] *m* cigarette
cilada [si'lada] *f* trap; **armar uma ~ para alguém** to set a trap for sb; **cair numa ~** to fall into a trap
cilíndrico, -a [si'ʎĩjdriku, -a] *adj* cylindrical
cilindro [si'ʎĩjdru] *m* **1.** (*sólido, do motor*) cylinder **2.** (*para laminar*) roller
cílio ['siʎiw] *m* eyelash
cima ['sima] *f* top; **de ~** from above; **de ~ a baixo** from top to bottom; **em ~** above; **em ~ de** on top of; **lá em ~** up there; **na parte de ~** the top part; **para ~** upwards; **por ~ de** over; **ainda por ~** moreover; **dar em ~ de alguém** *inf* to make advances; **dar a volta por ~** to get over sth; **em ~ do muro** on the fence; **estar por ~ da carne-seca** to be doing well
cimentar [simẽj'tar] *vt* to cement

cimento [si'mẽjtu] *m* cement
cimo ['simu] *m* (*monte*) summit; (*torre*) top
cinco ['sĩku] *num card* five; *v.tb.* **dois**
cindir [sĩj'dʒir] *vt* to divide
cineasta [sine'asta] *mf* film maker
cineclube [sini'klubi] *m* film club
cinéfilo [si'nɛfilu] *m* movie buff *Am*, film buff *Brit*
cinegrafista [sinegra'fista] *mf* cinematographer
cinema [si'nema] *m* **1.** (*sala*) movie theater *Am*, cinema *Brit*; **ir ao ~** to go to the movies *Am*, to go to the cinema *Brit* **2.** (*arte*) film making; **~ mudo** silent movie; **fazer ~** to make movies
cinemateca [sinema'tɛka] *f* film archive
cinematografia [sinematroga'fia] *f sem pl* **1.** (*arte*) cinematography **2.** (*indústria*) film industry
cinematográfico, -a [sinemato'grafiku, -a] *adj* cinematographic
cinética [si'nɛtʃika] *f* kinetic
cingir [sĩj'ʒir] **<g→gu>** I. *vt* (*cercar*) to encircle; (*assunto*) to encompass; **as medidas cingiram a reduzir os custos** the measures encompassed cost reductions II. *vr:* **~-se** to restrict oneself to; **não se cingiram a agredir a honra** they didn't restrict themselves to attacking his reputation
cínico, -a ['siniku, -a] *adj* cynical
cinismo [si'nizmu] *m sem pl* cynicism
cinquenta [sĩj'kwẽjta] *num card* fifty
cinquentenário [sĩjkwẽjte'nariw] *m* fiftieth anniversary; **~ da morte** fiftieth anniversary of sb's death
cinta ['sĩjta] *f* **1.** (*de pano*) sash; (*de couro*) belt; **~ de papel** mailing wrapper; **~ de aço** band **2.** (*cintura*) waist **3.** (*roupa íntima*) girdle
cintado, -a [sĩj'tadu, -a] *adj* (*vestido*) belted
cinta-liga ['sĩjta-'ʎiga] **<cintas-liga(s)>** *f* garter belt *Am*, suspender belt *Brit*
cintilante [sĩjtʃi'lɜ̃jtʃi] *adj* (*estrelas, luzes*) twinkling; (*diamantes*) sparkling
cintilar [sĩjtʃi'lar] *vi* (*estrelas, luzes*) to twinkle; (*diamantes*) to sparkle
cinto ['sĩjtu] *m* (*das calças*) belt; **apertar o ~** *fig* to tighten one's belt; **~ de segurança** seat belt; **colocar** [*ou* **pôr**] **o ~** to put on a belt
cintura [sĩj'tura] *f* waist
cinturão **<-ões>** [sĩjtu'rɜ̃w, -'õjs] *m*

1. (*cinta*) belt; ~ **industrial** conveyor belt **2.** (*faixa de terra*) belt; ~ **verde** green belt
cinza ['sĩza] **I.** *f* ash **II.** *adj* (*cinzento*) gray *Am*, grey *Brit*
cinzeiro [sī'jzejru] *m* ashtray
cinzel <-éis> [sī'zɛw, -'ɛjs] *m* chisel
cinzento, -a [sīj'zẽjtu, -a] *adj* gray *Am*, grey *Brit*
cio ['siw] *m sem pl* heat; **andar** [*ou* **estar**] **no** ~ (*cadela*) to be in heat
cipó [si'pɔ] *m* vine
cipreste [si'prɛstʃi] *m* cypress
ciranda [si'rɐ̃da] *f* **1.** (*dança de roda*) ≈ ring-around-the-rosey **2.** *fig* → **financeira** ECON short-term financial speculation; ~ **dos políticos** switching from one party to another
circo ['sirku] *m* circus; **ver o** ~ **pegar fogo** to fiddle while Rome burns
circuito [sir'kwito] *m* **1.** (*perímetro*) perimeter; **sair de** ~ *fig* to disappear **2.** (*volta, roteiro turístico*) route; ~ **das águas** water course **3.** ESPORT track; (*automóveis*) race track **4.** ELETR circuit; ~ **elétrico** electric circuit
circulação <-ões> [sirkula'sɐ̃w, -'õjs] *f* **1.** (*ciclo*) circulation; ~ **do sangue** blood circulation **2.** (*trânsito*) traffic flow **3.** (*de produtos, moeda*) circulation; ~ **monetária** monetary circulation; **em** ~ in circulation; **fora de** ~ out of circulation; **depois do sucesso na TV, saiu de** ~ *inf* after a successful run on TV, it was taken off the air **4.** (*jornal, revista*) circulation
circular [sirku'lar] **I.** *f* (*carta*) circular **II.** *adj* circular; **movimento** ~ circular movement **III.** *vi* **1.** (*sangue, ar*) to circulate; (*dinheiro*) to circulate **2.** (*pessoas*) to walk around; **circulam pelas** [*ou* **nas**] **ruas de Salvador** they walked around the streets of Salvador; (*carros*) to pass through **3.** (*transportes*) to travel; **o ônibus circula entre as duas cidades** the bus travels back and forth between the two cities
circulatório, -a [sirkula'tɔriw, -a] *adj* circulatory
círculo ['sirkulu] *m* circle; ~ **de amigos** circle of friends; ~ **polar** Arctic or Antarctic Circle; ~ **vicioso** vicious circle
circum-navegação <-ões> [sirkūwna-vega'sɐ̃w, -'õjs] *f* circumnavigation
circuncisão <-ões> [sirkũwsi'zɐ̃w, -'õjs] *f* circumcision
circundado, -a [sirkũw'dadu, -a] *adj* cited; ~ **de a. c.** surrounded by sth
circundante [sirkũw'dɐ̃tʃi] *adj* surrounding
circundar [sirkũw'dar] *vt* to surround
circunferência [sirkũwfe'rẽjsia] *f* circumference
circunflexo, -a [sirkũw'flɛksu, -a] *adj* circumflex; **acento** ~ circumflex accent
circunscrever [sirkũwskre'ver] <*pp* circunscrito> **I.** *vt* **1.** MAT to circumscribe **2.** (*restringir*) to restrict **II.** *vr*: ~ **-se** to restrict oneself; ~ **-se a a. c.** to restrict oneself to sth
circunscrição <-ões> [sirkũwskri'sɐ̃w, -'õjs] *f* restriction; ~ **eleitoral** constituency
circunspecção <-ões> [sirkũw-spek'sɐ̃w, -'õjs] *f* circumspection
circunstância [sirkũws'tɐ̃jsia] *f* circumstance; **nestas** ~**s** under the circumstances
círio ['siriw] *m* large candle
cirrose [si'xɔzi] *f* cirrhosis
cirurgia [sirur'ʒia] *f* surgery; ~ **plástica** plastic surgery
cirurgião, -giã <-ões *ou* -s> [sirur-ʒi'ɐ̃w, -'ɐ̃, -'õjs] *m, f* surgeon
cirúrgico, -a [si'rurʒiku, -a] *adj* surgical
cirurgiões *m pl de* **cirurgião**
cisão <-ões> [si'zɐ̃w, -'õjs] *f* split; ~ **nuclear** nuclear fission
cisma ['sizma] **I.** *f* (*preocupação*) concern; (*ideia fixa*) obsession **II.** *m* split; REL schism
cismar [siz'mar] *vt, vi* (*ruminar*) to ponder; (*andar preocupado*) to worry (about); ~ **com a. c.** (*meter na cabeça*) to get sth into one's head; **andar cismado** to have one's doubts
cisne ['sizni] *m* swan
cisões *f pl de* **cisão**
cisterna [sis'tɛrna] *f* cistern
cistite [sis'tʃitʃi] *f* cystitis, bladder infection
citação <-ões> [sita'sɐ̃w, -'õjs] *f* **1.** (*de um texto*) quotation **2.** JUR summons
citadino, -a [sita'dʒinu, -a] *adj* urban
citar [si'tar] *vt* **1.** (*de um texto*) to quote **2.** JUR to summons
cítara ['sitara] *f* MÚS zither
citrato [si'tratu] *m* citrate
citrino [si'trinu] *m* citrine
ciúme [si'umi] *m* jealousy; **ter** ~**s** to be jealous; **ter** ~ **de alguém/a. c.** to be

jealous of sb/sth
ciumento, -a [siu'mẽjtu, -a] *adj* jealous
cívico, -a ['siviku, -a] *adj* civic
civil <-is> [si'viw, -'is] **I.** *mf* civilian **II.** *adj* **1.** (*dos cidadãos*) civil **2.** (*não militar*) civilian
civilização <-ões> [siviʎiza'sãw, -'õjs] *f* civilization
civilizado, -a [siviʎi'zadu, -a] *adj* civilized; (*cortês*) courteous
civis *adj, m pl de* **civil**
civismo [si'vizmu] *m* civic pride
clã ['klã] *m* clan
clamar [klã'mar] *vi* **1.** (*gritar*) to cry out **2.** (*queixar-se*) to cry out against
clamor [klã'mor] *m* **1.** (*gritos*) clamor *Am*, clamour *Brit* **2.** (*queixa*) outcry
clandestina *adj v.* **clandestino**
clandestinidade [klãɳdestʃini'dadʒi] *f* **1.** (*secretismo*) secrecy **2.** JUR illegal underhand activity
clandestino, -a [klãɳdes'tʃinu, -a] *adj* **1.** (*secreto*) secret **2.** (*ilegal*) illegal; **passageiro** ~ stowaway
claque ['klaki] *f* claque
clara *adj v.* **claro**
clara ['klara] *f* egg white; **bater as ~s em neve** beat the egg whites until they are stiff; **fazer a. c. às ~s** to do sth publicly
claraboia [klara'bɔja] *f* skylight
clarão <-ões> [kla'rãw, -'õjs] *m* (*claridade intensa*) glare; (*luz instantânea*) flash
clarear [klare'ar] *conj como passear vi* **1.** (*céu*) to clear **2.** (*enigma*) to be clarified
clareira [klarej'ra] *f* clearing
clareza [kla'reza] *f* clarity; **com** ~ clearly
claridade [klari'dadʒi] *f* (*light*) clarity
clarim [kla'rĩj] <-ins> *m* bugle
clarinete [kari'netʃi] *m* clarinet
clarins *m v.* **clarim**
clarividência [klarivi'dẽjsia] *f sem pl* clairvoyance
claro, -a ['klaru, -a] **I.** *adj* **1.** (*nítido*) clear; **~ como água** as clear as day; (*fácil de entender: linguajar, ideias*) clear; (*evidente: intenção, prova*) clear; **é** [*ou* **está**] ~! sure! **2.** (*luz*) bright **3.** (*cor*) light **II.** *adv* (*com nitidez*) clearly; (*francamente*) frankly, honestly; **tomei a liberdade de falar claro** I took the liberty of speaking frankly; **passar a noite em** ~ to stay up all night **III.** *interj* of course; ~ **que sim!** of course!; ~ **que não!** of course not!

clarões *m pl de* **clarão**
classe ['klasi] *f* **1.** (*grupo*) category; ~ **média** middle class; ~ **social** social stratum; ~ **dos advogados** members of the legal profesion **2.** (*aula*) class; ~ **de história** history class **3.** (*categoria*) class; **de segunda** ~ second class; **viajar em primeira** ~ to travel first class **4.** (*elegância*) class; **toque de** ~ touch of class
clássica *adj v.* **clássico**
classicismo [klasi'sizmu] *m sem pl* (*doutrina*) classicism
clássico, -a ['klasiku, -a] *adj* (*famoso, exemplar*) classic; (*arte, música*) classical
classificação <-ões> [klasifika'sãw, -'õjs] *f* **1.** (*ordenação*) classification **2.** ESPORT qualification
classificado, -a [klasifi'kadu, -a] *adj* organized, classified; **ficar** ~ **em segundo lugar** to be in second place
classificados [klasifi'kadus] *mpl* (*anúncios*) the classifieds *pl*
classificar [klasifi'kar] <c→qu> **I.** *vt* to classify **II.** *vr:* ~**-se 1.** to classify oneself as; ~**-se de liberal** to call oneself a liberal **2.** ESPORT to qualify for; ~**-se para as semifinais** to qualify for the semifinals
claustrofóbico, -a [klawstro'fɔbiku, -a] *adj* claustrophobic
cláusula ['klawzula] *f* (*contrato, acordo*) clause
clausura [klaw'zura] *f* closure
clave ['klavi] *f* MÚS clef; ~ **de sol** treble clef
clavícula [kla'vikula] *f* collarbone
clemência [kle'mẽjsia] *f sem pl* clemency *no pl*; **pedir** ~ to plead for mercy
clemente [kle'mẽjtʃi] *adj* merciful
cleptomania [klεptomã'nia] *f* kleptomania *no pl*
cleptomaníaco, -a [klεptomã'niaku, -a] *m, f* kleptomaniac
clerical <-ais> [kleri'kaw, -'ajs] *adj* clerical
clero ['klεru] *m sem pl* clergy *pl*
clichê [kli'ʃe] *m* cliché
cliente [kli'ẽjtʃi] *mf* **1.** (*loja*) customer; ~ **habitual** frequent customer **2.** (*médico*) patient **3.** (*advogado*) client

clientela [kliẽj'tɛla] *f* clientele
clientelismo [kliẽjte'ʎizmu] *m* (*troca de votos e favores*) clientism
clima ['klima] *m* **1.** GEO climate; **~ frio/quente** hot/cold climate **2.** (*ambiente*) atmosphere; **~ de tensão** tense atmosphere
climático, -a [kli'matʃiku, -a] *adj* climatic
clímax ['klimaks] *m sem pl* climax
clínica ['klinika] *f* **1.** (*local*) clinic; **~ dentária** dental clinic; **~ particular** [*ou* **privada**] private clinic **2.** (*prática*) practice; **~ geral** general practice
clínico ['kliniku] *m* physician; **~ geral** general practicitioner, G.P.
clínico, -a ['kliniku, -a] *adj* clinical
clínico-geral, clínica-geral ['kliniku-ʒe'raw] <clínicos-gerais> *m, f* MED general practitioner
clipe ['klipi] *m* **1.** (*para papel*) paper clip **2.** (*videoclipe*) video clip
clitóris [kli'tɔris] *m* clitoris
cloaca [klo'aka] *f* (*esgoto*) sewer
clonagem [klo'naʒẽj] *f* cloning
clonar [klo'nar] *vt* **1.** BIO to clone **2.** (*telefone celular, cartão de crédito*) to clone
cloreto [klo'retu] *m sem pl* chloride
cloro ['klɔru] *m sem pl* chlorine
clorofila [kloro'fila] *f sem pl* chlorophyll
clorofórmio [kloro'fɔrmiw] *m* chloroform
clubber ['klɔbɛr] *mf* clubber
clube ['klubi] *m* club; **~ de futebol** soccer club; **~ de tênis** tennis club
coabitar [koabi'tar] *vi* to cohabit
coação <-ões> [koa'sãw, -'õjs] *f* straining; (*coerção*) coercion
coadjuvante [koadʒu'vãtʃi] *mf* aid; (*cinema, teatro*) supporting actor
coador [kwa'dor] *m* strainer
coagir [koa'ʒir] *vt* <g→j> to coerce
coagulação <-ões> [koagula'sãw, -'õjs] *f* **1.** (*leite, sangue*) coagulation **2.** QUÍM agglutination
coagular [koagu'lar] *vi* **1.** (*leite, sangue*) to coagulate **2.** QUÍM to agglutinate
coágulo [ko'agulu] *m* clot
coala [ko'ala] *m* koala
coalhada [koa'ʎada] *f* GASTR curds
coalizão [koaʎi'zãw] *f* (*de partidos, nações*) coalition
coar [ku'ar] *vt* <*1. pess pres:* coo> (*líquido*) to strain

coarrendar [koaxẽj'dar] *vt* to rent jointly
coautor(a) [koaw'tor(a)] *m(f)* (*livro*) co-author
coautoria [koawto'ria] *f* co-authorship
coaxar [koa'ʃar] *vi* to croak
cobaia [ko'baja] *f* **1.** ZOOL guinea pig **2.** (*para experiências*) guinea pig; **fazer** [*ou* **servir**] **de ~** to be a guinea pig
cobalto [ko'bawtu] *m sem pl* cobalt
coberta [ku'bɛrta] *f* **1.** (*de cama*) bedspread **2.** NAÚT deck
coberto [ku'bɛrtu] **I.** *pp de* **cobrir II.** *m* (*telheiro*) lean-to
coberto, -a [ku'bɛrtu, -a] *adj* covered
cobertor [kober'tor] *m* blanket
cobertura [kober'tura] *f* **1.** (*de proteção*) covering; (*cobertor*) cover **2.** (*teto*) roof **3.** (*seguro*) coverage *Am*, cover **4.** GASTR topping **5.** (*edifício*) penthouse **6.** MIL cover
cobiça [ko'bisa] *f sem pl* covetousness; (*avidez*) avarice
cobiçar [kobi'sar] *vt* <ç→c> to covet
cobra ['kɔbra] *f* snake
cobra-coral <cobras-coral> *f* coral snake (*brightly colored venemous snake of Brazil*)
cobrador(a) [kobra'dor(a)] *m(f)* collector; (*de ônibus*) conductor
cobrança [ko'brãsa] *f* **1.** (*ato*) collection **2.** (*quantia*) charge *pl* **3. ~ de falta** FUT free kick
cobrar [ko'brar] *vt* **1.** (*dinheiro*) to charge; (*impostos*) to collect; (*uma dívida*) to collect; **a ~** (*chamada*) collect *Am*, reverse charge *Brit* **2.** (*força*) to recover; **~ ânimo** to rally **3.** (*em futebol, basquete*) **~ o escanteio** to take a corner kick
cobre ['kɔbri] *m* copper; **de ~** made of copper
cobres ['kɔbris] *mpl* money; **passar a.c. nos ~** (*vender*) to sell
cobrir [ko'brir] <*pp* coberto> *irr como* dormir **I.** *vt* **1.** (*ocultar, resguardar*) **ela cobriu o bebê com o cobertor** she covered the baby with a blanket; (*objeto*) cover; (*uma casa*) to put a roof on; (*disfarçar*) to disguise **2.** (*cumular*) **~ alguém de beijos** to cover sb in kisses **3.** (*proteger*) to protect; (*estender-se, abranger*) to cover; **a poluição cobre os seus céus da cidade** a cloud of pollution covers the city sky **4.** (*os custos*) to cover; MIL to cover; **~ a retaguarda**

to cover the rear **II.** *vr:* **~-se** to cover oneself

coca ['kɔka] *f sem pl* BOT coca; (*cocaína*) cocaine

coça ['kɔsa] *f* scratching; *inf* (*surra*) beating; **dar uma ~ em alguém** to give sb a thrashing; **levar uma ~** to take a beating

cocada [ko'kada] *f* **1.** GASTR coconut dessert; **ser o rei da ~ preta** *fig* to be a big shot **2.** *inf* (*cabeçada*) head-butt

cocaína [koka'ina] *f sem pl* cocaine *no pl*

cocar [ko'kar] *m* cockade

coçar [ko'sar] <ç→c> **I.** *vt* to scratch **II.** *vr:* **~-se** to scratch oneself; **na hora de pagar a conta, ele não se coçava** *inf* (*fazer menção de sacar o dinheiro*) when it was time for the bill, he didn't make a move to pay

cóccix ['kɔksis] *m* coccyx

cócegas ['kosegas] *fpl* **1.** tickling; **fazer ~** to tickle; **ter** [*ou* **sentir**] **~** to be ticklish **2.** *fig* (*impaciência*) impatience; **ter ~ na língua** to be itching to speak

coceira [ko'sejra] *f* itch

coche ['kɔʃɨ] *m* coach

cocheiro [ko'ʃejru] *m* driver

cochichar [koʃi'ʃar] *vi* to whisper

cochicho [ko'ʃiʃu] *m* whisper

cochilada [kuʃi'lada] *f* nap; (*descuido*) carelessness

cochilar [kuʃi'lar] *vi* to doze

cochilo [ku'ʃilu] *m* nap; **tirar um ~** to take a nap; **o seu ~ lhe custou caro** (*distração*) your carelessness cost you dearly

cockpit [kɔk'pitʃi] *m* cockpit

coco ['koku] *m* **1.** BOT coconut **2.** (*cabeça*) head

> **Cultura** Coconuts are essential in the Brazilian kitchen. They yield: **água de coco** (coconut water), **leite de coco** (coconut milk, often used in puddings, ice cream, stews, etc.), **coco ralado** (grated coconut, used in sweets and cakes), **raspas de coco** (coconut flakes, used to make coconut brittle) and even cleaning products like bar and liquid coconut soap detergent, and cosmetic products, like shampoo and body soap.

> The shell of the coconut is used in **artesanato** (craftwork); the fiber obtained from the shell is also used by the automobile industry to make car seats.

cocô [ko'ko] *m infantil* poo; **fazer ~** to poo; **o trabalho ficou um ~** *pej* the work was crap

cócoras ['kɔkoras] **I.** *f* **de ~** squatting **II.** *adv* **ficar de ~** to squat

cocorocó [kɔkɔrɔ'kɔ], **cocoricó** *m* cock-a-doodle-doo

codificar [kodʒifi'kar] *vt* <c→qu> to codify

código ['kɔdʒigu] *m* **1.** (*para identificar*) code; **~ de barras** bar code; **~ genético** genetic code; **~ postal** [*ou* **de endereçamento postal**] zip code *Am*, postcode *Brit*; **~ secreto** secret code **2.** (*regulamento*) code; **~ penal** JUR penal code; **~ de trânsito** traffic code

codinome [kodʒi'nɔmi] *m* code name

codorna [ko'dɔrna] *f* quail

coeficiente [koefisi'ẽtʃi] *m* **1.** MAT coefficient **2.** (*fator*) factor

coelho, -a [ko'eʎu, -a] *m, f* rabbit; **matar dois ~s com uma cajadada** *prov* to kill two birds with one stone *prov*

coentro [ko'ẽtru] *m* coriander *no pl*

coerção <-ões> [koer'sãw, -'õjs] *f* coercion *no pl*; (*repressão*) repression *no pl*

coercivo, -a [koer'sivu, -a] *adj* coercive

coerência [koe'rẽjsia] *f sem pl* (*consistência*) consistency; (*lógica*) coherence *no pl*

coerente [koe'rẽtʃi] *adj* (*consistente*) consistent; (*lógico*) coherent

coesa *adj v.* **coeso**

coesão <-ões> [koe'zãw, -'õjs] *f sem pl* FÍS cohesion *no pl*; *fig* (*lógica*) coherence *no pl*; (*solidariedade*) unity

coeso, -a [ko'ezu, -a] *adj* cohesive; (*unido*) united; (*lógico*) coherent

coesões *f v.* **coesão**

coetâneo [koe'tãniw] *m* contemporary

coetâneo, -a [koe'tãniw, -a] *adj* contemporary

coexistência [koezis'tẽjsia] *f* coexistence

coexistir [koezis'tʃir] *vi* to coexist

cofre ['kɔfri] *m* **1.** safe; **~ de aluguel**

cogitação 117 **colchete**

safe-deposit box **2.** ~ **públicos** public treasury

cogitação <-ões> [koʒita'sãw, -'õjs] f reflection; **estar fora de** ~ to be out of the question

cogitar [koʒi'tar] **I.** vt to think about; ~ **as possibilidades** to consider the possibilities; ~ **sobre o futuro** to think about the future; ~ **de fazer uma viagem** to think about taking a trip; ~ **em sair de casa** to think about leaving home **II.** vi to think sth over

cognição [kogni'sãw] f sem pl cognition

cognitivo, -a [kogni'tʃivu, -a] adj cognitive

cogumelo [kogu'mɛlu] m mushroom; ~ **radioativo** mushroom cloud

coibir [koi'bir] <i→í> **I.** vt (impedir) to stop **II.** vr: ~-se to refrain from; **coibiu-se de falar no assunto** he refrained from speaking about the matter

coice ['kojsi] m **1.** kick with the heels; **dar um** ~ **em alguém** to give sb a kick with the heels; **levar um** ~ to be treated rudely **2.** (recuo da arma) recoil

coifa ['kojfa] f (fogão) extractor hood

coincidência [kõjsi'dẽjsia] f coincidence

coincidir [kõjsi'dʒir] **I.** vi (acontecer) to coincide; (ser igual) to correspond **II.** vt (ocorrer ao mesmo tempo) to coincide; (combinar) to correspond with

coió [koj'ɔ] m zool **1.** flying fish **2.** (pessoa loia) fool

coisa ['kojza] f thing; ~ **nenhuma** nothing; **alguma** ~ something; **outra** ~ something else; **a mesma** ~ the same thing; **cheio de** ~ touchy; **não ser grande** ~ to be no big deal; **há** ~ **de cinco minutos** only five minutes ago; **não dizer** ~ **com** ~ not to make sense; **o vestido era uma** ~ the dress was really something; **pegue as suas** ~**s e suma daqui** pack your things and get out of here

coitada adj, f v. **coitado**

coitadinho, -a [kojta'dʒĩɲu, -a] adj inf poor thing; ~! you poor thing!

coitado, -a [koj'tadu, -a] **I.** m, f inf poor thing; ~! you poor thing! **II.** adj poor; ~ **do menino!** poor kid!

coito ['kojtu] m coitus

cola ['kɔla] f **1.** (de papel) glue; (de madeira) glue **2.** (rasto) tail; **andar na** ~ **de alguém** to breathe down sb's neck **3.** inf (em exames) crib; **fazer** ~ to prepare a crib; **passar** ~ **para alguém** to give sb the answers during an exam

colaboração <-ões> [kolabora'sãw, -õjs] f (trabalho) collaboration; (ajuda) cooperation; ~ **com a polícia na solução do caso** to cooperate with the police to solve the case; **com a** ~ **de** with the cooperation of; (de escritor) contribution

colaboracionista [kolaborasjo'nista] mf POL collaborator

colaborador(a) [kolabora'dor(a)] m(f) collaborator

colaborar [kolabo'rar] vt **1.** ~ **com alguém** to collaborate with sb; ~ **em a. c.** to collaborate on sth **2.** (contribuir) ~ **para a. c.** to contribute to sth

colação [kola'sãw] f (concessão de título, grau, diploma) conferral

colagem [ko'laʒẽj] f **1.** (ação de colar) gluing **2.** <-ens> (pintura, teatro) collage

colapso [ko'lapsu] m **1.** MED collapse; ~ **nervoso** nervous breakdown **2.** (queda repentina) collapse

colar [ko'lar] **I.** m necklace **II.** vt **1.** (papel, madeira, plástico) to glue **2.** inf (em exames) to cheat **3.** (colocar-se bem próximo) to press together; **colou a cara no vidro para ver melhor** he pressed his faced against the window to get a better look; **odeio quando colam na traseira do carro** I hate it when people tailgate **4.** INFOR to paste **III.** vi (aderir) to stick; inf (ser aceito); **aquela história não colou** that story didn't ring true

colarinho [kola'rĩɲu] m **1.** shirt collar **2.** (camada de espuma de chope, cerveja) head

colarinho-branco <colarinhos-brancos> [kola'rĩɲu-'brãŋku] m white-collar worker

cola-tudo ['kɔla-'tudu] m sem pl super glue®

colcha ['kowʃa] f bed spread; ~ **de retalhos** patchwork quilt; fig patchwork

colchão <-ões> [kow'ʃãw, -õjs] m mattress; ~ **de água** water bed; ~ **de ar** air mattress; ~ **de molas** spring mattress

colcheia [kow'ʃeja] f eighth note Am, quaver Brit

colchete [kow'ʃetʃi] m **1.** (da roupa) hook and eye fastener **2.** (tipografia)

square bracket
colchões *m pl de* **colchão**
colchonete [kowʃo'nɛtʃi] *m* foldaway mattress
coldre ['kowdri] *m* holster
coleção <-ões> [kole'sɐ̃w, -õjs] *f* 1. (*de arte, moda*) collection 2. (*de livros, obras*) collection
colecionador(a) [kolesjona'dor(a)] *m(f)* collector
colecionar [kolesjo'nar] *vt* to collect; ~ **selos** to collect stamps
colega [ko'lɛga] *mf* (*de trabalho*) coworker *Am*, colleague *Brit*; (*de curso*) classmate
colegial [kolegi'aw, -'ajs] **I.** *m* student **II.** *adj* collegiate
colégio [ko'lɛʒiw] *m* school; ~ **eleitoral** electoral college; ~ **interno** boarding school
coleira [ko'lejra] *f* (*animal*) collar
cólera [ko'lɛra] *f sem pl* 1. (*raiva*) rage 2. MED cholera
colérico [ko'lɛriku] *m* cholera sufferer
colérico, -a [ko'lɛriku, -a] *adj* MED suffering from cholera; (*irascível*) irascible
colesterol [koleste'rɔw] *m sem pl* cholesterol
coleta [ko'lɛta] *f* 1. (*ato de colher*) collection 2. (*imposto*) levying 3. (*dados, informações*) gathering
coletânea [kole'tɐ̃nia] *f* (*livros, discos, obras*) collection
coletar [kole'tar] **I.** *vt* (*reunir*) to collect; (*tributar*) to levy **II.** *vr:* ~-**se** (*cotizar-se*) to join together
colete [ko'letʃi] *m* vest *Am*, waistcoat *Brit*; ~ **salva-vidas** life jacket; ~ **à prova de balas** bullet-proof vest
coletiva *adj v.* **coletivo**
coletiva [kole'tʃiva] *f* (*entrevista*) press conference
coletividade [koletʃivi'dadʒi] *f* collectivity
coletivismo [koletʃi'vizmu] *sem pl m* POL collectivism
coletivo [kole'tʃivu] *m* (*transporte*) public; ESPORT (*treino*) training session
coletivo, -a [kole'tʃivu, -a] *adj* collective; **nome** ~ LING collective noun
coletor(a) [kole'tor(a)] *m(f)* (*esgoto*) sewer trap; ELETR collector
colhão [ku'ʎɐ̃w] *m chulo* balls *pl*
colheita [ko'ʎejta] *f* AGR harvest
colher¹ [ko'ʎer] *vt* 1. (*fruta*) to harvest 2. (*flores*) to pick 3. (*informações*) to gather 4. (*obter*) to achieve; ~ **os louros da vitória** to reap the rewards of victory; **quem semeia ventos colhe tempestades** *prov* you reap what you sow *prov*
colher² [ko'ʎer] *f* 1. spoon; ~ **de café** coffee spoon; ~ **de chá** teaspoon; ~ **de sobremesa** dessert spoon; ~ **de sopa** soupspoon 2. *inf* **dar uma** ~ **de chá** to give an opportunity; **meter a** ~ to stick one's nose in; **esse problema é de** ~ this problem is easy to resolve
colherada [koʎe'rada] *f* spoonful
colibri [koli'bri] *m* hummingbird
cólica ['kɔlika] *f* colic
colidir [koli'dʒir] *vt* (*veículos*) to collide; **o caminhão colidiu com um carro** the truck collided with a car; ~ **com alguém ou a. c.** to bump into sb or sth; **colidiu o carro contra a árvore** the car crashed into the tree
coligação <-ões> [koliga'sɐ̃w, -õjs] *f* alliance; POL coalition
colina [ko'ʎina] *f* hill
colírio [ko'ʎiriw] *m* eye drops; **ele é um** ~ **para os olhos** *inf* he is a sight for sore eyes
colisão <-ões> [koli'zɐ̃w, -õjs] *f* (*veículos*) collision
coliseu [koʎi'zew] *m* coliseum
colisões *f pl de* **colisão**
collant [ko'lɐ̃] *m* 1. (*de mulher*) pantyhose *Am*, tights *Brit* 2. (*de bailarina*) tights
colmeia [kow'meja] *f* beehive
colmo ['kowmu] *m* thatch
colo ['kɔlu] *m* 1. (*regaço*) lap; **colocar uma criança no** ~ to sit a child on one's lap; **trazer ao** ~ to protect 2. (*pescoço*) neck 3. MED neck; ~ **do fêmur** neck of the femur
colocação <-ões> [koloka'sɐ̃w, -õjs] *f* 1. (*emprego*) job 2. (*ato de colocar*) placement 3. (*classificação*) standing 4. LING collocation; **dicionário de colocações** dictionary of collocations
colocar [kolo'kar] <c→qu> **I.** *vt* 1. (*pôr*) to place; (*afixar*) to put; (*pneus*) to put on; **o seu gol colocou o time na final** *inf* his goal put the team in the final 2. (*num emprego*) to employ; (*conseguir emprego para alguém*) to find sb a job 3. (*expor*) to present; ~ **uma ideia a alguém** to present an idea to sb 4. ECON (*dinheiro, ações*) to sell 5. INFOR (*dados*) to enter

Colômbia 119 **combustão**

II. *vr*: ~-**se** (*considerar-se*) to consider oneself; **sempre se colocou acima dos demais** he always thought he was better than the rest
Colômbia [ko'lõwbia] *f* Colombia
colombiano, -a [kolõwbi'ɜnu, -a] *adj, m, f* Colombian
cólon ['kɔlõw] *m* colon
colona *f v.* colono
colônia [ko'lonia] *f* colony; ~ **de férias** company vacation resort; ~ **de imigrantes** immigrant community; **as antigas** ~**s** the colonies
colonial <-ais> [koloni'aw, -'ajs] *adj* colonial; **época** ~ Colonial era
colonização <-ões> [koloniza'sɜ̃w, -õjs] *f* colonization
colonizar [koloni'zar] *vt* to colonize
colono, -a [ko'lonu, -a] *m, f* colonist
coloquial <-ais> [koloki'aw, -'ajs] *adj* colloquial
colóquio [ko'lɔkiw] *m* 1. (*conversa*) conversation 2. (*reunião de especialistas*) colloquium
coloração <-ões> [kolora'sɜ̃w, -õjs] *f* coloration
colorido, -a [kolo'ridu, -a] *adj* colorful *Am*, colourful *Brit*
colorir [kolo'rir] *vt* 1. to color *Am*, to colour *Brit*; (*pintar*) to paint sth; ~ **a. c. de vermelho** to paint sth red 2. (*enfeitar*) to adorn; **bandeiras coloriam a rua** flags adorned the street 3. (*realçar*) to color; **gostava de** ~ **as suas histórias** he liked to color his stories
colossal <-ais> [kolo'saw, -'ajs] *adj* colossal
colosso [ko'losu] *m* colossus; ~ **em tecnologia** technology giant; **a comida estava um** ~ the food was magnificent
coluna [ko'luna] *f* 1. ARQUIT column 2. ANAT ~ **vertebral** spinal column 3. TIPO column 4. MIL column 5. (*de fogo, fumaça, água*) column 6. (*jornal*) column
colunável <-eis> [kolu'navew, -ejs] *mf inf* good copy
colunista [kolu'nista] *mf* columnist; ~ **esportivo** sports columnist; ~ **social** gossip columnist
com [kõw] *prep* 1. (*acompanhamento*) with; **estar** ~ **os amigos** to be with friends; **estar** ~ **fome/sono** to be hungry/sleepy; **estar** ~ **frio/calor** to be cold/hot; **estar** ~ **medo** to be afraid; **falar** ~ **alguém** to speak with friends; **isso é** ~ **ela** this is her concern 2. (*circunstância*) during; ~ **mau tempo** during bad weather 3. (*por meio de*) via; ~ **a reforma** with the renovation
coma ['koma] *m sem pl* MED coma
comadre [ko'madri] *f* 1. (*madrinha*) godmother; (*mãe*) godchild's mother; (*amiga próxima*) close friend; *pej* (*mulher bisbilhoteira*) gossip 2. (*urinol*) bedpan
comandante [komɜ̃n'dɜ̃ntʃi] *mf* 1. MIL commander 2. AERO captain; NÁUT captain
comandar [komɜ̃n'dar] *vt* 1. MIL to command 2. (*ordenar*) to order 3. (*liderar: revolução*) to lead 4. (*uma empresa*) to run 5. (*ter domínio*) to control; **já não conseguia** ~ **as pernas** he couldn't control his legs
comando [ko'mɜ̃ndu] *m* 1. MIL command 2. INFOR command 3. TEC control; ~ **automático** cruise control; ~ **eletrônico** electronic control 4. (*grupo, brigada*) command
comando-chefe <comandos-chefes> [ko'mɜ̃ndu-'ʃefi] *m* commander in chief
comarca [ko'marka] *f* JUR judicial jurisdiction
combalido, -a [kõwba'ʎidu, -a] *adj* weakened
combate [kõw'batʃi] *m* combat; MIL combat; ~ **ao crime** crime fighting; ~ **ao fogo** firefighting; **estar fora de** ~ *fig* to be out of the game
combatente [kõwba'tẽjtʃi] *mf* MIL combatant
combater [kõwba'ter] I. *vt* to combat II. *vr*: ~-**se** to fight with each other
combativo, -a [kõwba'tʃivu, -a] *adj* combative
combinação <-ões> [kõwbina'sɜ̃w, -õjs] *f* 1. (*ligação*) combination 2. (*acordo*) agreement 3. (*roupa*) slip
combinar [kõwbi'nar] *vt* 1. (*unir*) to combine 2. (*entrar em acordo*) to make an agreement; (*um encontro*) to arrange; (*condições*) to agree upon; **combinado!** agreed!; **combinei com a Maria de ir ao teatro** I arranged to go to the theater with Maria 3. (*cores, roupas*) to match; ~ **com** to match 4. (*ideias*) to harmonize
comboio [kõw'boju] *m* (*de caminhões, carros*) convoy; MIL convoy
combustão [kõwbus'tɜ̃w] *f sem pl*

combustion
combustível <-eis> [kõwbus'tʃivew, -ejs] I. *m* fuel II. *adj* flammable
começar [kome'sar] <ç→c> I. *vt* to begin, to start; ~ **um trabalho** to start a job II. *vi* to start, to begin; **começa às 20 horas** it begins at 8 p.m.; **começou a chover** it's started to rain; **ela começou como faxineira** she began as a cleaning woman
começo [ko'mesu] *m sem pl* beginning; **cheguei quando o filme estava no ~** I arrived at the beginning of the film
comedeira [kome'dejra] *f* (*ganho ilícito*) graft
comédia [ko'mɛdʒia] *f* (*teatro, cinema*) comedy; (*situação ridícula*) farce; **~ musical** musical comedy
comediante [komedʒi'ãntʃi] *mf* comedian
comédia-pastelão <comédias-pastelão *ou* comédias-pastelões> [ko'mɛdʒia-paste'lãw, -õjs] *f* slapstick comedy
comedido, -a [kome'dʒidu, -a] *adj* (*moderado*) moderate
comedir [kome'dʒir] *irr* I. *vt* to moderate II. *vr:* **~-se** to restrain oneself
comedouro [kome'dowru] *m* (*lugar*) feeding place; (*recipiente*) trough
comemoração <-ões> [komemora'sãw, -õjs] *f* 1. (*solenidade*) commemoration; **em ~ a** in commemoration of 2. (*celebração*) celebration; **em ~ a** in celebration of
comemorar [komemo'rar] *vt* (*lembrar*) to commemorate; (*festejar*) to celebrate; *form* REL to solemnize
comemorativo, -a [komemora'tʃivu, -a] *adj* commemorative; **placa comemorativa** commemorative plaque
comenda [ko'mẽjda] *f* (*distinção*) distinction
comentar [komẽj'tar] *vt* 1. (*criticar*) to criticize 2. (*explicar*) to explain 3. (*falar sobre um fato*) to comment on, to talk about *inf*
comentário [komẽj'tariw] *m* 1. (*crítica, análise*) critical analysis; **fazer um ~ sobre alguém/a. c.** to criticize sb/sth; (*opinião*) comment 2. (*explicação*) commentary
comentarista [komẽjta'rista] *mf* (*jornal, televisão, rádio*) commentator
come-quieto ['kɔmi-'kjɛtu] *m sem pl, inf* discreet lover

comer [ko'mer] I. *vt* 1. (*comida*) to eat; **~ o pão que o diabo amassou** *prov* to go through hell 2. *fig* (*palavras*) to believe without question 3. (*xadrez, damas*) to take 4. (*desgaste*) to eat away 5. (*esbanjar*) to squander; **comeu toda a fortuna que o pai tinha deixado** he squandered the entire fortune his father had left 6. *chulo* (*sexo*) to hump 7. (*suprimir*) **comeu dois parágrafos** she omitted two paragraphs II. *vi* (*pessoa*) to eat; **dar de ~** to give sth to eat; **ela deu de comer aos animais** he gave the animals something to eat; **~ como um boi** to eat like a horse; **~ fora** to eat out; *inf* (*acontecer*) to happen; **o pau vai ~** the shit's going to hit the fan *sl* III. *vr:* **~-se** (*de raiva*) to be consumed with; **~-se de inveja** to be consumed with jealousy
comercial <-ais> [komersi'aw, -'ajs] I. *adj* commercial; **centro ~** commercial center II. *m* commercial
comercializar [komersjaʎi'zar] *vt* to market
comerciante [komersi'ãntʃi] *mf* (*de loja*) storekeeper *Am*, shopkeeper *Brit*
comerciar [komersi'ar] I. *vt* to trade; **~ com alguém** to do business with sb II. *vi* to do business
comércio [ko'mɛrsiw] *m* 1. (*atividade*) trade; **~ atacadista** wholesale trade; **~ clandestino** black-market trade; **~ eletrônico** electronic commerce; **~ exterior** foreign trade; **~ interno** domestic trade; **~ justo** fair trade; **~ varejista** retail trade; **livre ~** free trade 2. (*lojas*) business; **de fechar o ~** *inf* to die for
comes ['kɔmis] *mpl* **~ e bebes** food and drink
comestíveis [komes'tʃivejs] *mpl* food
comestível <-eis> [komes'tʃivew, -ejs] *adj* edible
cometa [ko'meta] *m* comet
cometer [kome'ter] *vt* (*um crime*) to commit; **~ suicídio** to commit suicide; (*erro*) to make
comezinho [kome'zĩɲu] *m* (*vida, fato*) simple
cômica *adj, f v.* **cômico**
comichão <-ões> [komi'ʃãw, -õjs] *f* 1. MED itch 2. (*tentação*) itch; **senti um ~ de sair às compras** I got the itch to go shopping

comício [ko'misiw] *m* meeting

comício-monstro [ko'misiw-'mõwstru] <comícios-monstro> *m* POL mega-rally

cômico, -a ['komiku, -a] **I.** *m, f* comedian **II.** *adj* funny

comida [ko'mida] *f* food; (*refeição*) meal; ~ **caseira** home-cooked food; ~ **natural** vegetarian food

comigo [ko'migu] = **com + mim** *v.* **com**

comilança [komi'lɐ̃sa] *f inf* gorging; *fig* graft

comilão, -ona [komi'lɐ̃w, -'ona] **I.** *m, f inf* a big eater **II.** *adj* greedy

cominho [ko'miɲu] *m sem pl* cumin

comiseração <-ões> [komizera'sãw, -õjs] *f* commiseration

comiserar [komize'rar] **I.** *vt* to move to pity **II.** *vr*: ~-**se** to commiserate; ~-**se de alguém** to commiserate with sb

comissão <-ões> [komi'sãw, -õjs] *f* **1.** (*comitê*) commission; **Comissão Europeia** European Commission; ~ **executiva** executive body; ~ **de fábrica** factory committee; ~ **de frente** samba school parade leaders; ~ **parlamentar de inquérito** congressional investigation committee **2.** ECON commission; **por** ~ on commission; **trabalho à base de** ~ earnings based on commission; **ter** ~ **nas vendas** to receive commission on sales; **5% de** ~ 5% commission

comissária *f v.* **comissário**

comissariado [komisari'adu] *m* (*lugar*) commissioner's office

comissário, -a [komi'sariw, -a] *m, f* commissioner; ~ **de bordo** AERO flight attendant; ~ **de polícia** police commissioner

comissões *f pl de* **comissão**

comitê [komi'te] *m* committee; ~ **eleitoral** electoral committee

comitiva [komi'tʃiva] *f* entourage

como ['komu] **I.** *conj* (*comparação*) like, as; **assim** ~ such as; **ele é** ~ **o pai** he is like a father to me; **tão ... ~ as ...** as; **tanto ... ~** as much as; (*visto que*) since; ~ **era tarde, ele dormiu aqui** since it was late, he slept here; (*na qualidade de*) as; **ele trabalha ~ gerente de loja** he works as store manager **II.** *adv* (*interrogativo*) ~**?** how?; ~ **assim?** how so?; ~ **não?** why not?; (*modo*) how; ~ **ele gosta dela!** he really likes her!; ~ **é que funciona?** how does this work?; ~ **se diz ...?** how do you say ...?; ~ **não!** why not!; ~ **se** +*subj* as if

comoção <-ões> [komo'sãw, -õjs] *f* **1.** (*emoção*) emotion; **com grande** ~ with great feeling **2.** (*abalo*) shock **3.** (*agitação*) commotion

cômoda *adj v.* **cômodo**

cômoda ['komoda] *f* chest of drawers

comodidade [komodʒi'dadʒi] *f* **1.** (*conforto*) comfort **2.** (*conveniência*) convenience; **com todas as** ~**s** with all the conveniences

comodismo [komo'dʒizmu] *m* (*egoismo*) selfishness

comodista [komo'dʒista] *adj* selfish

cômodo ['komodu] *m* (*de casa, de hotel*) room

cômodo, -a ['komodu, -a] *adj* (*poltrona*) comfortable; (*vantajoso, fácil*) convenient; **pagar as contas pela Internet é mais** ~ paying bills on the internet is very convenient; **é muito ~ não tomar partido na discussão** *pej* it's very convenient to not take sides in the argument

comovente [komo'vẽtʃi] *adj* moving

comover [komo'ver] **I.** *vt* to move **II.** *vr*: ~-**se** to be moved

compacta *adj v.* **compacto**

compactar [kõwpak'tar] *vt* INFOR to compress

compacto, -a [kõw'paktu, -a] *adj* **1.** (*maciço*) solid **2.** (*denso*) compact

compacto *m* RÁDIO, TV highlights

compadecer [kõwpade'ser] <c→ç> **I.** *vt* (*ter compaixão*) to pity; (*suportar*) to tolerate **II.** *vr* (*condoer-se*) ~-**se de alguém** to feel sorry for sb

compadre [kõw'padri] *m* (*padrinho*) godfather; (*pai*) godchild's father; (*amigo próximo*) friend; *pej* (*mancomunado*) crony

compaixão <-ões> [kõwpaj'ʃãw, -õjs] *f* compassion; **sentir** [*ou* **ter**] ~ **por alguém** to feel sorry for sb

companheira *adj, f v.* **companheiro**

companheirismo [kõwpɐɲej'rizmu] *m sem pl* companionship

companheiro, -a [kõwpɐ'ɲejru, -a] **I.** *m, f* **1.** (*camarada*) comrade; (*amigo*) pal; (*da escola*) classmate **2.** (*que acompanha*) companion; (*relação amorosa*) companion **II.** *adj* accompanying

companhia [kõwpã'nia] *f* **1.** (*acompanhamento*) company; **andar em boa ~** to be in good company; **fazer ~ a alguém** to accompany sb **2.** (*de teatro*) company **3.** ECON company; **~ aérea** airline; **~ limitada** limited company; **~ de seguros** insurance company **4.** MIL company

comparação <-ões> [kõwpara'sãw, -õjs] *f* **1.** (*confronto*) comparison; **em ~ com** compared to; **isso não tem ~** *inf* nothing compares to this; **era de uma beleza sem ~** its beauty was beyond compare **2.** LING comparison; **~ dos adjetivos** comparison of adjectives; **graus de ~** degrees of comparison

comparar [kõwpa'rar] *vt* to compare; **~ os preços com a tabela** to compare prices with the price list

comparativo [kõwpara'tʃivu] *m* LING comparative; **~ de igualdade** comparative degree

comparativo, -a [kõwpara'tʃivu, -a] *adj* **1.** (*em comparação*) comparative **2.** LING comparative; **linguística comparativa** comparative liguistics

comparável <-eis> [kõwpa'ravew, -ejs] *adj* comparable; **~ a alguém/a. c.** comparable to sb/sth

comparecer [kõwpare'ser] *vt* <c→ç> **1.** to appear; **~ a algum lugar** to show up somewhere; **~ ao tribunal** to appear before the court **2.** *inf* (*dar, oferecer*) **todos compareceram com 10 reais** everyone contributed 10 reais

comparecimento [kõwparesi'mẽjtu] *m* appearance

comparsa [kõw'parsa] *mf* (*cúmplice*) accomplice

compartilhar [kõwpartʃi'ʎar] *vt* to share; **~ de a. c.** to share sth

compartimento [kõwpartʃi'mẽjtu] *m* **1.** (*de casa*) room **2.** (*de móvel*) compartment **3.** NÁUT compartment

compassado, -a [kõwpa'sadu, -a] *adj* (*moderado, ritmado*) measured

compassivo, -a [kõwpa'sivu, -a] *adj* compassionate

compasso [kõw'pasu] *m* **1.** (*instrumento*) compass **2.** MÚS bar; **no ~** in time; **marcar o ~** beat time; **estar em ~ de espera** to be on hold

compatibilidade [kõwpatʃibiʎi'dadʒi] *f* compatibility; INFOR compatibility

compatível <-eis> [kõwpa'tʃivew, -ejs] *adj* compatible; INFOR compatible; **~ com a. c.** compatible with sth

compatriota [kõwpatri'ɔta] *mf* compatriot

compelir [kõwpe'ʎir] *irr como preferir vt* to compel

compêndio [kõw'pẽjdʒiw] *m* compendium

compenetrado, -a [kõwpene'tradu, -a] *adj* **1.** (*convicto*) inwardly convinced **2.** (*concentrado*) absorbed; **~ em a. c.** absorbed in sth

compensação <-ões> [kõwpẽjsa'sãw, -õjs] *f* **1.** (*indenização*) compensation **2.** (*substituto*) replacement **3.** (*equilíbrio*) counterbalance; **em ~ recebe ...** in return he receives ... **4.** ECON (*de cheque*) clearing

compensado [kõwpẽj'sadu] **I.** *m* plywood **II.** *adj* (*cheque*) cleared; (*indenizado*) recompensed

compensar [kõwpẽj'sar] *vt* **1.** (*reparar o dano*) to make ammends; **~ alguém de a. c.** to make ammends to sb for sth; **não sei como compensá-los por isso** I don't know how to repay them for this; **a longo prazo compensa** it's worth it in the long run; **o crime não compensa** *prov* crime doesn't pay *prov* **2.** (*equilibrar*) to counterbalance **3.** ECON (*cheque*) to clear

competência [kõwpe'tẽjsia] *f* **1.** (*de um funcionário, tribunal*) jurisdiction; **isso não é da minha ~** (*conta*) this is none of my business; (*ramo*) this is not my area **2.** (*capacidade, aptidão*) competence; **ter** [*ou* **demonstrar**] **~ para a. c.** to demonstrate one's competence at [*o in*] sth; **não ter ~ para nada** to be incompetent

competente [kõwpe'tẽjtʃi] *adj* **1.** (*funcionário, tribunal*) competent; **ser ~ para a. c.** to be competent at [*o in*] sth **2.** (*capaz*) capable; **ser ~ para a. c.** to be capable of sth **3.** (*apto*) apt **4.** (*próprio*) proper; **vias ~s** proper channels

competição <-ões> [kõwpetʃi'sãw, -õjs] *f* **1.** (*luta*) contest **2.** (*concorrência*) competition **3.** ESPORT competition

competidor(a) [kõwpetʃi'dor(a)] *m(f)* competitor

competir [kõwpe'tʃir] *irr como preferir vt* **1.** (*concorrer*) to compete; **~ com alguém (por a. c.)** to compete with sb (for sth); ECON to compete; **as empresas competem pelo mercado** com-

panies compete for a share in the market 2. (*caber*) ~ **a alguém** to be up to sb; **isso não me compete** this is not up to me; **compete a nós encontrar uma solução pacífica** it's up to us to find a peaceful solution

competitiva *adj v.* **competitivo**

competitividade [kõwpetʃitʃivi'dadʒi] *f* competitiveness

competitivo, -a [kõwpetʃi'tʃivu, -a] *adj* competitive

compilação <-ões> [kõwpila'sãw, -õjs] *f* compilation

compilar [kõwpi'lar] *vt* to compile

complacente [kõwpla'sẽjtʃi] *adj* eager to please

compleição <-ões> [kõwplej'sãw, -õjs] *f* **1.** (*física*) build **2.** (*psicológica*) frame of mind **3.** (*temperamento*) disposition

complementar [kõwplemẽj'tar] *adj* complementary

complemento [kõwple'mẽjtu] *m* **1.** (*remate*) finish **2.** (*contraparte*) complement **3.** LING object; ~ **direto/indireto** direct/indirect object **4.** MAT complementary angle **5.** (*de roupa*) accessory

completa *adj v.* **completo**

completamente [kõwplɛta'mẽjtʃi] *adv* completely; **estar ~ cheio** to be completely full; **estar ~ exausto** to be completely exhausted

completar [kõwple'tar] *vt* **1.** (*preencher: um formulário*) to fill out [*o in*] **2.** (*um trabalho*) to conclude; (*os estudos*) to finish **3. ela completou 20 anos** she is 20

completo, -a [kõw'plɛtu, -a] *adj* **1.** (*trabalho, coleção*) finished; **obras completas** finished works **2.** (*total*) complete; **vivia uma felicidade ~** he lived in utter happiness; **é um ~ idiota** he is a complete idiot **3.** (*inteiro*) entire; **dar uma volta completa** to turn 360° **4.** (*trem, hotel*) full service

complexa *adj v.* **complexo**

complexado, -a [kõwplek'sadu, -a] *adj* suffering from a complex

complexidade [kõwpleksi'dadʒi] *f* complexity

complexo [kõw'plɛksu] *m* **1.** PSICO complex; ~ **de inferioridade** inferiority complex; **ter ~s** to have complexes **2.** ~ **industrial** industrial complex

complexo, -a [kõw'plɛksu, -a] *adj* **1.** (*problema*) complex **2.** (*confuso: explicação*) confusing

complicação <-ões> [kõwplika'sãw, -õjs] *f* **1.** (*dificuldade*) difficulty; (*obstáculo*) complication **2.** MED complication **3.** (*coisa intrincada*) intricacy

complicado, -a [kõwpli'kadu, -a] *adj* (*pessoa, problema*) complicated

complicar [kõwpli'kar] <c→qu> **I.** *vt* **1.** to complicate; ~ **a vida de alguém** to complicate sb's life **2.** (*comprometer*) to involve; **assim você vai me ~** this way you'll involve me **II.** *vr* ~**-se** **1.** MED **o estado do paciente se complicou** the state of the patient worsened **2.** (*ficar confuso*) to get confused; **ele sempre se complica ao tentar se explicar** he always gets confused when he tries to explain himself

complô [kõw'plo] *m* conspiracy; **armar um ~ contra alguém** to plot against sb

componente [kõwpo'nẽjtʃi] **I.** *mf* (*geral*) part; ELETR component; QUÍM ingredient **II.** *adj* component

compor [kõw'por] *irr como* **pôr** **I.** *vt* **1.** (*formar*) to form **2.** (*juntar: comissão, grupo, equipe*) to form **3.** MÚS to compose **4.** (*um texto*) to write **5.** TIPO to set type **6.** (*personagem*) to create **II.** *vr:* ~**-se** **1.** (*postura*) to stand up straight **2.** (*recuperar-se*) to pull oneself together; **componha-se!** pull yourself together! **3.** (*ser composto*) ~**-se de** to consist of

comporta [kõw'pɔrta] *f* floodgate

comportado, -a [kõwpor'tadu, -a] *adj* **bem ~** well behaved; **mal ~** badly behaved

comportamento [kõwporta'mẽjtu] *m* behavior *Am,* behaviour *Brit;* ~ **do automóvel na estrada** car's performance on the highway

comportar [kõwpor'tar] **I.** *vt* to hold; **o estádio comporta 40 000 pessoas** the stadium holds 40,000 people; **o contêiner comporta 50 kg** the container holds 50 kg **II.** *vr:* ~**-se** to behave; ~**-se bem/mal** to behave well/badly; ~**-se como uma criança** to behave like a child

composição <-ões> [kõwpozi'sãw, -õjs] *f* **1.** (*ato de compor*) composition **2.** (*redação*) composition **3.** (*estrutura*) structure **4.** MÚS composition **5.** QUÍM compound

compositor(a) [kõwpozi'tor(a)] *m(f)*

1. MÚS composer 2. TIPO typesetter
composto [kõw'postu] I. *pp de* **compor** II. *m* QUÍM compound
composto, -a [kõw'postu, -'ɔsta] *adj* 1. (*ordenado*) made up of 2. LING compound; **palavra composta** compound word
compostura [kõwpos'tura] *f sem pl* composure; **perder a ~** to lose one's composure
compota [kõw'pɔta] *f* compote
compra ['kõwpra] *f* purchase; **~ e venda** buying and seling|; **~s de Natal** Christmas shopping; **fazer ~s** to do the shopping; **ir às ~s** to go shopping
comprador(a) [kõwpra'dor(a)] *m(f)* buyer
comprar [kõw'prar] *vt* (*presente*) to buy; **~ a. c. para alguém** to buy sth for sb; **~ a prestações** to pay in installments; **~ à vista** to pay cash; **comprou o policial** (*subornar*) he bought the policeman off; **~ briga** to fight sb else's battle; **o dinheiro não compra felicidade** money can't buy happiness
comprazer [kõwpra'zer] *irr como* **aprazer** I. *vi* (*consentir*) to consent; (*transigir*) to compromise II. *vr*: **~-se** to be pleased; **~-se com a. c.** to be pleased with sth; **~-se a fazer a. c.** to take pleasure in sth
compreender [kõwpreẽj'der] *vt* 1. (*entender*) to understand 2. (*incluir*) to include 3. (*conter*) to contain 4. (*abranger*) to cover
compreensão [kõwpreẽj'sãw] *f* understanding; **de ~ lenta** slow to understand; **de fácil ~** easy to understand; (*complacência*) indulgence; **ter** [*ou* **mostrar**] **~** to show sympathy
compreensiva *adj v.* **compreensivo**
compreensível <-eis> [kõwpreẽj'sivew, -ejs] *adj* understandable
compreensivo, -a [kõwpreẽj'sivu, -a] *adj* understanding
compressa [kõw'prɛsa] *f* compress
compressão <-ões> [kõwpre'sãw, -õjs] *f* 1. (*redução*) compression 2. TEC constriction 3. (*de gases*) pressure 4. (*opressão*) oppression
compressor [kõwpre'sor] *m* compressor
comprido, -a [kũw'pridu, -a] *adj* long; **ao ~** lengthwise
comprimento [kõwpri'mẽtu] *m* length; **ter 5 metros de ~** it's 5 meters long
comprimido [kõwpri'midu] *m* FARM pill
comprimido, -a [kõwpri'midu, -a] *adj* compressed; **ar ~** compressed air
comprimir [kõwpri'mir] *vt* to compress
comprobatório, -a [kõwproba'tɔriw, -a] *adj* conclusive; JUR corroborating
comprometedor(a) [kõwpromete'dor(a)] *adj* compromising
comprometer [kõwprome'ter] I. *vt* (*assumir compromisso*) to promise; (*empenhar*) to pledge; (*arriscar*) to compromise; **não me comprometa** *inf* don't involve me II. *vr*: **~-se** to commit oneself; **~-se a fazer a. c.** to commit oneself to doing sth
comprometido, -a [kõwprome'tʃidu, -a] *adj* 1. (*com namorado, -a, noivo, -a*) engaged 2. (*para um encontro*) commited 3. (*embaraçado*) involved
compromissado, -a [kõwpromi'sadu, -a] *adj* obligated
compromisso [kõwpro'misu] *m* 1. (*acordo*) agreement; JUR compromise; **chegar a um ~** to reach a compromise 2. (*encontro*) engagement; **ter um ~** to have an engagement 3. (*obrigação*) commitment; **assumir um ~** to take on a commitment; **ter um ~ com alguém** to be obligated to sb; **sem ~** no obligation; ECON financial commitment; **~ com credores internacionais** financial commitment with international creditors
comprovação <-ões> [kõwprova'sãw, -õjs] *f* 1. (*prova*) proof 2. (*confirmação*) confirmation
comprovante [kõwpro'vãtʃi] *m* proof; (*documento*) receipt
comprovar [kõwpro'var] *vt* 1. (*provar*) to prove 2. (*confirmar*) to confirm
compulsão <-ões> [kõwpuw'sãw, -õjs] *f* compulsion
compulsivo, -a [kõwpuw'sivu, -a] *adj* compulsive
compulsões *f pl de* **compulsão**
compulsório, -a [kõwpuw'sɔriw, -a] *adj* compulsory; **depósito ~** compulsory deposit
computador [kõwputa'dor] *m* computer; **~ pessoal** personal computer; **~ portátil** portable computer
computadorizado, -a [kõwputadori'zadu, -a] *adj* computerized; **análise computadorizada** computerized analysis; **sistema ~** computerized sys-

tem
computar [kõwpu'tar] *vt* (*contar*) to calculate; (*orçar*) to estimate
cômputo ['kõwputu] *m* calculation; ~ **geral** total
comum [ko'mũw] **I.** *adj* **1.** (*conjunto*) common; **de ~ acordo** by common consent; **fazer a. c. em ~** to do sth together; **ter a. c. em ~ com alguém** to have sth in common with sb **2.** (*usual*) usual; **isso é ~ a essas pessoas** this is usual with these people **II.** *m* commonplace; **o ~ entre eles é brigar** it is normal for them to fight; **fora do ~** out of the ordinary
comuna [ko'muna] **I.** *f* commune **II.** *mf pej* communist
comungar [komũw'gar] *vi* <g→gu> REL to take Communion
comunhão <-ões> [komũ'ɲãw, -õjs] *f* **1.** REL communion; ~ **solene** Holy Communion; **fazer a ~** to take Communion **2.** JUR ~ **de bens** communal property
comunicação <-ões> [komunika'sãw, -õjs] *f* **1.** (*ato de comunicar*) communication; **meio de ~ de massa** means of mass communication; **estabelecer ~ com alguém** o testablish contact with sb **2.** (*participação*) cotrespondence; ~ **interna** internal correspondence **3.** (*ligação, passagem*) connection
comunicado [komuni'kadu] *m* POL communiqué, announcement; ~ **de imprensa** press release
comunicar [komuni'kar] <c→qu> **I.** *vi* to communicate **II.** *vt* **1.** to report; ~ **a notícia à família** to tell the family the news **2.** (*dar passagem*) to connect; (*transferir: cargo*) to transfer; (*transmitir: doença*) to transmit **III.** *vr* ~-**se** to communicate; ~-**se com alguém** communicate with sb
comunicativo, -a [komunika'tʃivu, -a] *adj* communicative; (*afável*) sociable
comunidade [komuni'dadʒi] *f* community; REL community; **Comunidade Europeia** Europoean Community
comunismo [komu'nizmu] *m sem pl* communism *no pl*
comunista [komu'nista] **I.** *mf* communist **II.** *adj* communist
comunitário, -a [komuni'tariw, -a] *adj* communal; **serviço ~** community service
comutador [komuta'dor] *m* ELETR comutator
comutar [komu'tar] *vt* **1.** (*permutar*) to exchange **2.** JUR (*pena*) to commute
côncavo, -a ['kõwkavu, -a] *adj* concave
conceber [kõwse'ber] *vt* **1.** BIO to conceive **2.** (*entender*) to understand **3.** (*imaginar*) to imagine **4.** (*um plano*) to devise
concebível <-eis> [kõwse'bivew, -ejs] *adj* conceivable
conceder [kõwse'der] *vt* **1.** (*uma autorização*) to grant **2.** (*um favor*) to grant **3.** (*um direito*) to give **4.** (*bens*) to concede **5.** (*autorizar*) to authorize **6.** (*admitir*) to concede
conceição [kõwsej'sãw] *f* REL conception; **a Imaculada Conceição** Immaculate Conception
conceito [kõw'sejtu] *m* **1.** (*ideia*) concept **2.** (*opinião*) opinion **3.** (*em escolas*) evaluation **4.** (*reputação*) reputation
conceituado, -a [kõwsejtu'adu, -a] *adj* respected; **ser muito ~** to be highly thought of
conceitual <-ais> [kõwsejtu'aw, -'ajs] *adj* conceptual
concentração <-ões> [kõwsẽjtra'sãw, -õjs] *f* **1.** (*mental*) concentration **2.** (*de pessoas*) crowd **3.** QUÍM concentration **4.** ESPORT (*de jogadores*) pre-game meeting
concentrado [kõwsẽj'tradu] *m* concentrate
concentrado, -a [kõwsɛj'tradu, -a] *adj* **1.** (*num local*) concentrated; (*poder, autoridade*) centralized **2.** (*intenso: raiva, ódio*) intense **3.** (*mentalmente*) focused; ~ **em a. c.** focused on sth
concentrar [kõwsẽj'trar] **I.** *vt* **1.** (*reunir*) to gather together **2.** (*esforços, atenção*) to concentrate **3.** QUÍM (*um líquido*) to concentrate **4.** (*tornar mais denso*) to concentrate **5.** (*tornar mais forte*) to strengthen **6.** (*as tropas*) to concentrate **II.** *vr:* ~-**se 1.** (*pessoas*) to come together **2.** (*mentalmente*) to concentrate; ~-**se na palestra** to concentrate on the lecture
concepção <-ões> [kõwsep'sãw, -õjs] *f* **1.** BIO conception **2.** (*percepção*) perception **3.** (*compreensão*) understanding **4.** (*de um plano*) creation
conceptual <-ais> [kõwseptu'aw, -'ajs] *adj* conceptual
concernir [kõwser'nir] *vt* to concern; ~

a alguém/a. c. to concern sb/sth; **no que concerne a** with regard to

concertar [kõwser'tar] *vt* 1.(*combinar*) to arrange 2.(*uma conspiração*) to hatch

concerto [kõw'sertu] *m* concert

concessão <-ões> [kõwse'sãw, -õjs] *f* 1. ECON concession 2.(*de uma hipótese*) concession 3.(*de um pedido*) granting 4.(*de uma licença*) granting 5.(*permissão*) permission

concessionária [kõwsesjo'naria] *f* 1. ECON conessionaire 2. **~ de automóveis** car dealership

concessionário [kõwsesjo'nariw] *m* JUR concessionaire

concessões *f pl de* **concessão**

concha ['kõwʃa] *f* 1. ZOOL conch 2.(*do caracol*) shell 3.(*da sopa*) ladle 4.(*concavidade*) hollow; **~ das mãos** hollow of the hand; **~ acústica** ARQUIT conch

conchavo [kõw'ʃavu] *m* (*acordo*) agreement; (*trama*) collusion

conciliar [kõwsiʎi'ar] *vt* 1.(*inimigos*) to conciliate 2.(*interesses*) to reconcile

conciliável <-eis> [kõwsiʎi'avew, -ejs] *adj* reconcilable

concílio [kõw'siʎiw] *m* REL council

conciso, -a [kõw'sizu, -a] *adj* concise

concludente [kõwklu'dẽjtʃi] *adj* 1.(*decisivo*) decisive 2.(*final*) concluding 3.(*convincente*) conclusive

concluir [kõwklu'ir] *conj como* **incluir** *vt* 1.(*acabar*) to finish 2.(*um contrato*) to settle 3.(*deduzir*) to conclude; **~ que** to conclude that; **daí podemos ~ que ...** from this we can conclude that ...

conclusão <-ões> [kõwklu'zãw, -õjs] *f* 1.(*de um trabalho*) conclusion 2.(*de um contrato*) end 3.(*dedução*) conclusion; **tirar uma ~** to draw a conclusion

conclusivo, -a [kõwklu'zivu, -a] *adj* conclusive

conclusões *f pl de* **conclusão**

concomitante [kõwkomi'tãntʃi] *adj* 1.(*que acompanha*) accompanying; **circunstâncias ~s** accompanying circumstances *pl* 2.(*que age em conjunto*) concomitant 3.(*simultâneo*) concurrent

concordância [kõwkor'dãnsia] *f* 1.(*harmonia*) harmony 2. LING agreement

concordar [kõwkor'dar] *vt* to agree; **~ com alguém/a. c.** to agree with sb/sth; **~ em a. c.** [*ou* **em fazer a. c.**] (*permitir*) to concede

concordata [kõwkor'data] *f* JUR concordat; **pedir ~** to file for bankrupcy

concórdia [kõw'kordʒia] *f* harmony

concorrência [kõwko'xẽjsia] *f* 1. ECON competition; **~ desleal** unfair competition; **~ pública** public bidding; **fora de ~** out of the running 2.(*convergência*) crowd

concorrente [kõwko'xẽjtʃi] *mf* 1. ECON bidder 2.(*num concurso*) contestant 3.(*concomitante*) concurrent

concorrer [kõwko'xer] *vi* 1. ECON to compete; **~ com alguém/a. c.** to compete with sb/sth 2.(*afluir*) to flock to; **os cidadãos concorreram à praça para o comício** the residents flocked to the square for the meeting 3.(*candidatar-se*) to present oneself as a candidate; **~ a uma vaga** to apply for a position 4.(*contribuir*) to contribute; **~ para o progresso social** to contribute to social progress 5.(*disputar*) to vie; **os filhos concorrem pela atenção dos pais** the children vie for their parent's attention

concorrido, -a [kõwko'xidu, -a] *adj* popular

concreta *adj v.* **concreto**

concretização [kõwkretʃiza'sãw] *f* realization

concretizar [kõwkretʃi'zar] *vt* to realize

concreto [kõw'krɛtu] *m* 1. *sem pl* (*material*) concrete; **~ armado** reinforced concrete 2.(*o real*) reality; **não há nada de ~ nesta história** there is nothing real about this story

concreto, -a [kõw'krɛtu, -a] *adj* real

concubina [kõwku'bina] *f* concubine

concurso [kõw'kursu] *m* 1.(*competição*) contest; (*hipismo, dança*) competition; TV (*de beleza*) contest 2. ECON bidding; **abrir ~** to open bidding 3.(*encontro*) **um feliz/infeliz ~ de circunstâncias** a happy/unhappy turn of events

condado [kõw'dadu] *m* (*território*) county

condão [kõw'dãw] *m* magic power; **varinha de ~** magic wand

conde, -essa ['kõwdʒi, -'esa] *m, f* count *m*, countess *f*

condecoração <-ões> [kõwdekora'sãw, -õjs] *f* decoration

condecorar [kõwdeko'rar] *vt* to decorate

condenação <-ões> [kõwdena'sãw, -õjs] *f* JUR sentence; (*crítica severa*) condemnation

condenado, -a [kõwde'nadu, -a] **I.** *m, f* **1.** convict; **trabalhar feito um ~** to work like a slave **2.** *fig* (*desgraçado*) wretch **3.** (*desenganado*) hopeless case **II.** *adj* **1.** JUR sentenced; **ser** [*ou* **estar**] **~ a 10 anos de prisão** to be sentenced to 10 years in prison; **estar ~** to be sentenced; **~ a viver na cadeira de rodas** sentenced to a life in a wheelchair **2.** (*reprovável: prática, atitude, método, hábito*) reproachable **3.** (*construção*) condemned

condenar [kõwde'nar] **I.** *vt* **1.** (*censurar*) to censure **2.** JUR to sentence; **~ alguém a a. c.** to sentence sb to sth; **~ à morte** to sentence to death **3.** REL to damn **4.** (*incriminar*) to incriminate; **sua aparente calma o condenava** his outward calmness went against him **II.** *vr* **~-se** to subject oneself to

condenável <-eis> [kõwde'navew, -ejs] *adj* condemnable; (*reprovável*) reproachable

condensação [kõwdẽjsa'sãw] *f* condensation

condensado, -a [kõwdẽj'sadu, -a] *adj* **1.** (*ideias, texto*) summarized **2.** (*amontoado*) amassed **3.** (*vapor*) condensed **4.** (*denso*) condensed; **leite ~** condensed milk

condensador [kõwdẽjsa'dor] *m* **1.** ELETR, FÍS capacitor **2.** (*ótica*) condenser

condensar [kõwdẽj'sar] *vt* **1.** FÍS (*gás, vapor*) to condense **2.** (*resumir, sintetizar*) to summarize

condescendência [kõwdesẽj'dẽjsia] *f sem pl* **1.** (*transigência*) acquiescence **2.** (*complacência*) complaisance *form*, eagerness to please

condescendente [kõwdesẽj'dẽjtʃi] *adj* complaisant *form*, eager to please; (*transigente*) acquiescent

condescender [kõwdesẽj'der] *vt* **1.** (*transigir*) to agree; **~ a fazer as pazes** to agree to make up; **~ em esquecer o fato** to agree to forget what happened; *irôn* to condescend; **~ em nos receber em sua casa** to condescend to invite us into his home **2.** (*consentir*) to consent; **~ em seguir viagem** to agree to continue the journey

condessa *f v.* **conde**

condição <-ões> [kõwd'sãw, -õjs] *f* **1.** (*circunstância*) circumstance; **nestas condições** under these circumstances; **sob** [*ou* **com**] **a ~ de ... +***inf* essential condition; **~ sine qua non** sine qua non **2.** (*estado*) state; **~ física** physical state; **estar em condições de fazer a. c.** to be in a position to do sth; **ter condições para fazer a. c.** to be able to do sth **3.** (*social*) class; **de baixa ~** low class **4.** (*qualidade*) quality **5.** *inf* (*possibilidade*) **sem ~!** impossible!

condicional [kõwdsjo'naw, -ajs] **I.** *m* LING conditional **II.** <-ais> *adj* **1.** (*sob condição*) conditional upon; **liberdade ~** parole **2.** LING conditional; **oração ~** conditional clause

condicionar [kõwdsjo'nar] *vt* to impose conditions

condigno, -a [kõw'dʒignu, -a] *adj* (*merecido*) deserved; (*pena*) fitting

condimentar [kõwdʒimẽj'tar] *vt* to season

condimento [kõwdʒi'mẽjtu] *m* seasoning

condizer [kõwd'zer] *irr como* **dizer** *vt, vi* **1.** (*combinar*) to go with; **o sofá não condiz com os móveis da sala** the sofa does not go with the furniture in the living room **2.** (*concordar*) to be consistent; **suas ações condizem com as suas palavras** his actions are consistent with what he says, he does what he says *inf*

condoer-se [kõwdo'ersi] *conj como* **roer** *vr* **~ de alguém** to pity sb

condolências [kõwdo'lẽjsias] *f* condolences; **apresentar as ~ a alguém** to give sb one's condolences

condomínio [kõwdo'miniw] *m* **1.** (*apartamentos*) condominium; **~ fechado** gated community **2.** (*administração*) management **3.** (*taxa mensal*) service charge

condômino [kõwdo'miniw] *m* joint owner

condor [kõw'dor] *m* condor

condução <-ões> [kõwdu'sãw, -õjs] *f* **1.** (*direção*) direction **2.** (*de um automóvel*) driving **3.** (*transporte*) transportation; (*ônibus/trem*); **perdi a ~** I missed the bus/train

conduta [kõw'duta] *f* (*comportamen-*

conduto 128 **confirmação**

to) conduct; **ter boa/má ~** to be well/badly behaved

conduto [kõw'dutu] *m* (*cano*) pipe; **~ do lixo** garbage chute

condutor(a) [kõwdu'tor(a)] **I.** *m/f* (*de automóvel*) driver; (*de caminhão*) truck driver **II.** *adj* **fio ~** electric wire

condutor [kõwdu'tor] *m* ELETR conductor

conduzir [kõwdu'zir] **I.** *vt* **1.** (*um automóvel*) to drive; (*uma máquina*) to operate; (*um barco*) to pilot **2.** (*negócio, nação*) to lead **3.** (*encaminhar*) to direct; **~ o visitante até a porta** to see a visitor to the door **4.** (*levar a*) to lead to **5.** FÍS to conduct **II.** *vr:* **~-se** to conduct oneself; **~-se com lisura** to act in good faith

cone ['koni] *m* (*geometria*) cone

conector [konek'tor] *m* ELETR, INFOR connector

cônego ['konegu] *m* canon

conexão [konek'sãw] *f* **1.** (*ligação, nexo*) connection, tie; **consegui fazer a ~ com o banco de dados** I was able to connect to the database; **encontraram a conexão entre os suspeitos e o crime** they found a tie between the suspects and the crime **2.** (*transporte*) connection; **do voo** flight connection **3.** (*rota*) route **4.** INFOR communication

confabular [kõwfabu'lar] *vt* (*conversa amistosa*) to chat; (*tramar*) to plot

confecção <-ões> [kõwfek'sãw, -õjs] *f* **1.** (*vestuário*) off-the-peg clothing **2.** (*fabrico*) manufacture **3.** (*fábrica*) clothes manufacturer

confeccionar [kõwfeksjo'nar] *vt* (*ingredientes*) to prepare; (*roupa, bolo*) to make

confederação <-ões> [kõwfedera'sãw, -õjs] *f* POL confederation; **Confederação Brasileira de Futebol** Brazilian Soccer Federation

confeitaria [kõwfejta'ria] *f* confectionery *Am*, confectioner's *Brit*

confeito [kõw'fejtu] *m* (*cobertura*) sweet topping

conferência [kõwfe'rẽjsja] *f* **1.** (*encontro de especialistas*) conference; **~ de cúpula** summit meeting; **realizar uma ~** to hold a conference **2.** (*discurso*) lecture; **fazer uma ~** to give a lecture **3.** (*verificação*) verification

conferenciar [kõwferẽjsi'ar] *vt* to confer; **~ com alguém** to confer with sb

conferencista [kõwferẽj'sista] *mf* lecturer

conferir [kõwfe'rir] *irr como preferir* **I.** *vt* (*verificar*) to check; (*controlar*) to control; (*privilégios*) to confer; (*debater*) to discuss **II.** *vi* to confer

confessar [kõwfe'sar] **I.** *vt* (*a culpa, um erro*) to admit; (*os pecados*) to confess; **confesso que sim/não** yes, I did/no, I did not **II.** *vr:* **~-se** to confess one's sins

confessionário [kõwfesjo'nariw] *m* confessional

confete [kõw'fɛtʃi] *m* confetti; **jogar ~** *inf* (*elogiar*) to flatter

confiança [kõwfi'ãnsa] *f sem pl* trust; **ter ~ em alguém** to trust sb; **ser de ~** to be trustworthy; **ter ~ em si próprio** to be self-confident; **de ~** trustworthy; **não dê ~ a pessoas estranhas** don't trust strangers; **que ~, abrir a minha bolsa!** he had the nerve to open my purse!

confiante [kõwfi'ãntʃi] *adj* confident; **estar ~ em** to be sure that

confiar [kõwfi'ar] *vt* to trust; **confie neles** trust them; **~ o carro a ela** to entrust the car to her; **confiei-lhe todos os meus segredos** I trusted him with all my secrets

confidência [kõwfi'dẽjsja] *f* (*segredo*) secret; **fazer uma ~** to speak in confidence

confidencial <-ais> [kõwfidẽjsi'aw, -'ajs] *adj* confidential

confidente [kõwfi'dẽjtʃi] *mf* confidant

configuração <-ões> [kõwfigura'sãw, -õjs] *f* form; INFOR configuration

configurar [kõwfigu'rar] *vt* to form; INFOR to configure

confinado, -a [kõwfi'nadu, -a] *adj* confined

confinar [kõwfi'nar] **I.** *vt* (*limitar*) to limit; (*enclausurar*) to confine; **confinou o doente em casa** he confined the patient to his house **II.** *vr:* **~-se** (*concentrar-se*) to concentrate; **~-se para escrever um livro** to concetrate on writing a book

confins [kõw'fĩjs] *mpl* (*fronteiras, limites*) borders *pl;* **nos ~ do mundo** within the confines of this world

confirmação <-ões> [kõwfirma'sãw, -õjs] *f* **1.** (*certificação*) confirmation **2.** REL (*católica*) confirmation; (*protes-*

tante) confirmation

confirmar [kõfir'mar] *vt* **1.** (*certificar*) to confirm **2.** REL (*católica*) to confirm; (*protestante*) to confirm

confiscar [kõfis'kar] *vt* <c→qu> to confiscate

confisco [kõ'fisku] *m* JUR confiscation

confissão <-ões> [kõfi'sãw, -õjs] *f* **1.** (*de culpa*) admission **2.** REL confession

conflitante [kõfli'tãntʃi] *adj* conflicting

conflito [kõ'flitu] *m* conflict; **~ de gerações** generation gap; **~ de interesses** conflict of interest

conflituoso, -a [kõflitu'ozu, -'ɔza] *adj* conflicting

conformar-se [kõfor'marsi] *vr* to accept; **~ com a. c.** to accept sth; **não me conformo!** this is unacceptable!

conforme [kõ'fɔrmi] **I.** *adj* (*idêntico*) identical; **estar ~** to be identical; **ser** [*ou* **estar**] **~ com a. c.** to be identical to sth; (*nos devidos termos*) in order; **a certidão está ~** the certificate is in order **II.** *conj* as; **~ recebia, já gastava** as soon as he earned it, he would spend it **III.** *prep* as; **correu tudo ~ o previsto** it all went as predicted; (*correspondente*) according; **~ as circunstâncias** according to circumstances

conformes *m* **nos** [*ou* **dentro dos**] **~ inf** as it should be

conformidade [kõformi'dadʒi] *f sem pl* conformity; **em ~ com** in accordance with

confortar [kõfor'tar] *vt* **1.** (*consolar*) to comfort **2.** (*animar*) to strengthen

confortável <-eis> [kõfor'tavew, -ejs] *adj* comfortable

conforto [kõ'fortu] *m* **1.** (*de uma casa*) comfort **2.** (*consolo*) comfort

confraria [kõfra'ria] *f* brotherhood

confraternização <-ões> [kõfraterniza'sãw, -õjs] *f* fraternization

confraternizar [kõfraterni'zar] **I.** *vt* to fraternize; (*festejar*) to mix socially; **~ com alguém** to get together with sb **II.** *vr:* **~-se** to associate with

confrontação <-ões> [kõfrõwta'sãw, -õjs] *f* **1.** (*conflito, choque*) confrontation **2.** (*acareação*) confrontation

confrontar [kõfrõw'tar] **I.** *vt* to confront; (*comparar*) to compare **II.** *vr:* **~-se** to face; **~-se com alguém/a. c.** to face sb/sth

confronto [kõ'frõwtu] *f* confrontation; (*comparação*) comparison

confundir [kõfũw'dʒir] **I.** *vt* **1.** (*coisas*) to mix up; **~ a. c. com a. c.** to mistake sth for sth (else) **2.** (*tornar confuso*) to confuse **II.** *vr:* **~-se** to be confused

confusa *adj v.* **confuso**

confusão <-ões> [kõfu'zãw, -õjs] *f* **1.** confusion; **armar** [*ou* **criar**] **uma ~** to cause trouble **2.** (*desarrumação*) **arrume já a ~ do seu quarto** clean up that mess in your room now **3.** (*equívoco*) mix-up; **houve uma ~ de mesas** there was a mix-up with the tables

confuso, -a [kõ'fuzu, -a] *adj* (*perplexo*) confused; (*assunto*) confusing

confusões *f pl de* **confusão**

congelado, -a [kõʒe'ladu, -a] *adj* **1.** (*comida*) frozen **2.** (*muito frio*) chilly

congelador [kõʒela'dor] *m* freezer

congelar [kõʒe'lar] **I.** *vt* **1.** (*comida*) to freeze **2.** (*o crédito*) to deny; (*preços*) to freeze **II.** *vr:* **~-se** to freeze

congênere [kõ'ʒeneri] *adj* related

congênito, -a [kõ'ʒenitu, -a] *adj* congenital

congestão <-ões> [kõʒes'tãw, -õjs] *f* MED congestion

congestionado, -a [kõʒestʃjo'nadu, -a] *adj* **1.** (*trânsito*) congested **2.** (*rubor*) flushed

congestionamento [kõʒestʃjona'mẽjtu] *m* (*do trânsito*) congestion

congestionar [kõʒestʃjo'nar] **I.** *vt* **1.** MED to congest **2.** (*trânsito*) to congest **II.** *vr:* **~-se 1.** (*sangue*) to become congested **2.** (*trânsito*) to become congested **3.** (*de raiva: rosto*) to become flushed

congestões *f pl de* **congestão**

congratulações [kõwgratula'sõjs] *fpl* congratulations

congratular [kõwgratu'lar] **I.** *vt* to congratulate; **congratulei o aluno pelo seu desempenho** he congratulated the student on his performance **II.** *vr:* **~-se** to congratulate oneself; **congratulou-se pela vitória** he congratulated himself on winning

congregação <-ões> [kõwgrega'sãw, -õjs] *f* **1.** REL congregation **2.** (*ajuntamento*) assembly

congresso [kõw'grɛsu] *m* congress; **Congresso Nacional** Congress

congruência [kõwgru'ëjsia] *f sem pl* congruence *no pl*

congruente [kõwgru'ējtʃi] *adj* congruent

conhaque [ko'ɲaki] *m* cognac

conhecer [kõɲe'ser] <c→ç> **I.** *vt* **1.** (*ter conhecimento*) to know; ~ **por dentro e por fora** to know inside out; **dar a** ~ to introduce; **vir** [*ou* **chegar**] **a** ~ to get to know **2.** (*travar conhecimento*) to get to know **3.** (*reconhecer*) to recognize; **ele conhece o amigo pelo andar** he can recognize his friend by his walk **4.** (*orientar-se em*) to be familiar with a place **II.** *vr*: ~**-se** to know oneself; (*ter conhecimento*) to have the know-how; ~**-se a si mesmo** to get to know oneself

conhecido, -a [kõɲe'sidu, -a] *m, f* acquaintance

conhecido, -a [kõɲe'sidu, -a] *adj* known; **ser muito** ~ to be well-known

conhecimento [kõɲesi'mẽjtu] *m* **1.** (*saber*) knowledge; ~ **de causa** knowledge of a subject; **ter** [*ou* **tomar**] ~ **de a. c.** to get to know about sth; **dei** ~ **do fato ao diretor** I brought the fact to the director's attention; **teste seus** ~**s** test your knowledge **2.** (*pessoa*) aquaintance; **ter** ~**s** to have well-placed contacts **3.** (*consciência*) consciousness *no pl;* **perder o** ~ to lose consciousness **4.** ECON (*recibo*) ~ **de mercadoria** bill

conivência [kõwvi'vẽjsia] *f sem pl* connivance

conivente [kõni'vẽjtʃi] *adj* conniving; **ser** ~ **em a. c.** to connive at sth

conjetura [kõʒek'tura] *f* conjecture; **fazer** ~**s** to make conjectures

conjeturar [kõʒektu'rar] *vt* to conjecture

conjugação <-ões> [kõʒuga'sãw, -õjs] *f* **1.** LING conjugation **2.** (*ligação*) union

conjugado [kõʒu'gadu] *m* (*apartamento*) conjoined apartment

conjugado, -a [kõʒu'gadu, -a] *adj* conjoined; **eixo** ~ conjugated axle

conjugal <-ais> [kõʒu'gaw, -'ajs] *adj* conjugal

conjugar [kõʒu'gar] *vt* <g→gu> **1.** LING to conjugate **2.** (*ligar*) to join **3.** (*unir*) to unite

cônjuge ['kõʒuʒi] *m* spouse; (*marido*) husband; (*mulher*) wife; **os** ~**s** the married couple

conjunção <-ões> [kõʒũw'sãw, -õjs] *f* **1.** LING conjunction **2.** (*ligação*) connection **3.** (*união*) union

conjunta *adj v.* **conjunto**

conjuntamente [kõʒũwta'mẽjtʃi] *adv* jointly

conjuntivite [kõʒũwtʃi'vitʃi] *f* conjunctivitis

conjuntivo [kõʒũwtʃi'tʃivu] *m* LING conjunctive

conjunto [kõw'ʒũwtu] *m* **1.** (*totalidade*) whole; (*de roupas, toalha, de ferramentas*) set; ~ **residencial** apartment block **2.** MÚS band **3.** (*roupa*) suit

conjunto, -a [kõw'ʒũwtu, -a] *adj* joint; **conta conjunta** joint account

conjuntura [kõʒũw'tura] *f* ECON current situation; ~ **favorável** favorable situation

conluio [kõw'luju] *m* collusion

conosco [ko'nosku] = **com + nós** *v.* **com**

conquanto [kõw'kwãntu] *conj* (*embora*) although

conquista [kõw'kista] *f* **1.** (*ação*) conquest **2.** (*objeto*) prize

conquistador [kõwkista'dor] *m* **1.** (*de terras, corações*) conqueror **2.** *inf* (*de mulheres*) lady-killer; ~ **barato** *pej* womanizer

conquistar [kõwkis'tar] *vt* **1.** (*terras, simpatia, mulheres*) to conquer **2.** (*alcançar*) to achieve; **ele conquistou o primeiro lugar** he won first place

consagração <-ões> [kõwsagra'sãw, -õjs] *f* **1.** (*glorificação*) praise **2.** (*dedicação*) dedication **3.** REL (*na missa*) consecration **4.** (*honra, reconhecimento*) recognition

consagrado, -a [kõwsa'gradu, -a] *adj* acclaimed; (*dedicado: pai*) devoted

consagrar [kõwsa'grar] *vt* **1.** REL to consecrate **2.** (*dedicar*) to dedicate **3.** (*reconhecer*) to recognize

consanguíneo, -a [kõwsãŋ'gwiniw, -a] *adj* (*parentes*) blood

consciência [kõwsi'ẽjsia] *f* **1.** (*moral*) conscience; **agir com** ~ to be conscientious; **por desencargo de** ~ to get some peace of mind; **ter a** ~ **limpa/pesada** to have a clear/guilty conscience **2.** (*conhecimento*) awareness **3.** (*faculdades*) consciousness; **perder a** ~ to lose consciousness; **voltar à** ~ to come around [o to]

conscienscioso, **-a** [kõwsiẽjsi'ozu, -'ɔza] *adj* conscientious

consciente [kõwsi'ẽjtʃi] **I.** *m* PSICO awareness; MED consciousness **II.** *adj* aware; **estar (bem) ~ de** to be well aware of

conscientizar [kõwsiẽjt'zar] *vt* to become aware of

consecutiva *adj v.* **consecutivo**

consecutivamente [kõwsekutʃiva'mẽjtʃi] *adv* consecutively; **e assim ~** and so on

consecutivo, **-a** [kõwseku'tʃivu, -a] *adj* consecutive; **dois dias ~s** two consecutive days; **duas horas consecutivas** two consecutive hours

conseguinte [kõwse'gĩjtʃi] *adj* consequent; **por ~** consequently

conseguir [kõwse'gir] *irr como* **seguir I.** *vt* (*obter*) **1.** (*alcançar*) to achieve; **eu (não) consigo entender o texto** I can't understand the text; **não consigo dormir** I can't sleep; **conseguiu falar com ele?** did you manage to speak with him?; **não consigo ouvir/ver nada** I can't see/hear anything; **ela consegue estudar com barulho** she manages to study in a noisy environment; **consegui tirar nota máxima** I got the highest grade; **conseguiram a unanimidade** they achieved consensus; *inf* (*arranjar*) to get; **onde é que ele conseguiu o dinheiro?** where did he get the money? **II.** *vi inf* (*alcançar os objetivos*) to do it; **eu vou conseguir!** I can do it!; **consegui!** I did it!

conselheiro, **-a** [kõwse'ʎejru, -a] *m, f* (*título*) honorary title bestowed during the Brazilian Empire; (*orientador*) counsellor

conselho [kõw'seʎu] *m* **1.** (*recomendação*) advice; **dar um ~ a alguém** to give sb advice; **pedir um ~ a alguém** to ask advice from sb; **seguir o ~ de alguém** to follow sb's advice; **se ~ fosse bom, era vendido** *prov* if advice were worth anything, you could sell it **2.** (*assembleia*) council; **Conselho Administrativo** Administrative Council; **Conselho de Ministros** Cabinet; **Conselho de Segurança** Security Council

consenso [kõw'sẽjsu] *m* **1.** (*concordância*) consensus **2.** (*acordo*) agreement; **chegar a um ~** to reach an agreement

consentimento [kõwsẽjtʃi'mẽjtu] *m* consent; **dar o ~** to give one's consent

consentir [kõwsẽj'tʃir] *irr como* **sentir** *vt* **1.** (*permitir*) to consent to **2.** (*tolerar*) to tolerate

consequência [kõwse'kwẽjsia] *f* consequence; **em ~ de** as a result of; **por ~** in consequence; **arcar com as ~s** to accept the consequences; **(não) medir as ~s** (not)to consider the consequences; **ter ~s** to have consequences; **ter a. c. como ~**, **ele teve um ataque cardíaco como consequência de sua vida sedentária** he had a heart attack as a result of his sedentary lifestyle

consequente [kõwse'kwẽjtʃi] *adj* consequent

consequentemente [kõwsekwẽjtʃi'mẽjtʃi] *adv* consequently

consertar [kõwser'tar] *vt* to repair

conserto [kõw'sertu] *m* repair; **isto não tem ~** this cannot be repaired

conserva [kõw'sɛrva] *f* conserve; **de** [*ou* **em**] **~** (*enlatado*) canned *Am*, tinned *Brit;* (*em vidro*) preserved

conservação <-ões> [kõwserva'sãw, -õjs] *f* (*do meio ambiente*) conservation *no pl;* (*de documentos*) preservation *no pl;* (*de alimentos*) preserving *no pl;* **empresa de ~** maintenance company

conservador(a) [kõwserva'dor(a)] **I.** *m(f)* **1.** (*de museu, biblioteca*) curator **2.** POL conservative; *pej* (*tradicional*) reactionary **II.** *adj* conservative

conservadorismo [kõwservado'rizmu] *m* conservatism

conservante [kõwser'vãtʃi] *m* preservative; **sem ~s** preservative free

conservar [kõwser'var] **I.** *vt* **1.** (*alimentos, documentos*) to preserve **2.** (*frutos*) to preserve **3.** (*manter*) to maintain; **~ a boa forma** to stay in good shape **4.** (*guardar*) to keep **II.** *vr:* **~-se 1.** (*alimento*) to last **2.** (*permanecer*) to remain

conservatório [kõwserva'tɔriw] *m* conservatory

consideração <-ões> [kõwsidera'sãw, -õjs] *f* **1.** (*ponderação*) consideration; **levar** [*ou* **ter**] [*ou* **tomar**] **a. c. em ~** to take sth into consideration **2.** (*respeito*) respect; **falta de ~** lack of respect; **com**

considerado 132 **constar**

toda a ~ with all due respect; **ter ~ por alguém** to respect sb; **irei à reunião em ~ a você** I will go to the meeting out of respect for you 3.(*opinião*) opinion; **tecer as suas considerações** to give one's opinion

considerado, -a [kõwside'radu, -a] *adj* esteemed; **político ~** esteemed politician

considerar [kõwside'rar] I. *vt* 1.(*ter em consideração*) to take into consideration; (*tomar como*) to consider 2.(*ponderar*) to ponder 3.(*ter consideração por*) to respect; (*ter em alta conta*) to admire II. *vr:* ~-**se** to consider oneself

considerável <-eis> [kõwside'ravew, -ejs] *adj* considerable

consignação [kõwsigna'sãw] *f sem pl* 1.(*entrega*) delivery 2. ECON consignment; **em ~** on consignment

consignar [kõwsig'nar] *vt* 1.(*entregar*) to deliver 2. ECON to consign 3.(*dinheiro*) to consign 4.(*por escrito*) to put in writing

consignatário, -a [kõwsigna'tariw, -a] *m, f* 1.(*destinatário*) consignee 2.(*credor*) consignor

consigo [kõw'sigu] = **com + si** *v.* **com**

consistência [kõwsis'tẽjsia] *f* 1.(*de objetos, alimentos*) firmness 2.(*de fato, projeto, ideia*) credibility 3.(*de resultados*) consistency

consistente [kõwsis'tẽjtʃi] *adj* 1.(*que consta de*) consisting of 2.(*firme*) firm 3.(*substancioso*) substantial; **comer algo ~** to eat sth substantial 4.(*estável*) consistent 5.(*história, argumento, ideia*) coherent

consistir [kõwsis'tʃir] *vt* 1.(*compor-se de*) to consist of; ~ **em a. c.** to be made of sth 2.(*fundamentar-se em*) to be based on; **o plano consiste em cercar o inimigo** the plan is based on surrounding the enemy

consoante [kõwso'ãtʃi] I. *f* LING consonant II. *adj* harmonious III. *prep* 1.(*segundo*) according to 2.(*conforme*) as

consolação <-ões> [kõwsola'sãw, -õjs] *f* consolation; **prêmio de ~** consolation prize; **servir de ~** to be a consolation

consolado, -a [kõwso'ladu, -a] *adj* consoled

consolador(a) [kõwsola'dor(a)] *adj* consoling

consolar [kõwso'lar] I. *vt* to console II. *vr:* ~-**se** to console oneself; ~-**se com alguém/a. c.** to console oneself with sb/sth; ~-**se da perda de um grande amor** to resign oneself to the loss of a great love

console [kõw'sɔʎi] *m* (*mobília*) console; (*automóvel*) console

consolidação <-ões> [kõwsoʎida'sãw, -õjs] *f* 1.(*fortificação*) fortification 2.(*de uma amizade*) strengthening 3. ECON merger 4.(*leis*) consolidation; ~ **das leis trabalhistas** consolidation of labor law

consolidar [kõwsoʎi'dar] I. *vt* 1.(*fortificar*) to strengthen 2.(*fundir*) establish; (*uma amizade*) to strengthen 3. ECON to merge II. *vr:* ~-**se** to consolidate

consolo [kõw'solu] *m* consolation

consonância [kõwso'nãsia] *f* 1.(*harmonia*) harmony 2.(*rima*) rhyme

consonante [kõwso'nãtʃi] *adj* consonant

consorciado, -a [kõwsorsi'adu, -a] I. *m, f* member of a consortium II. *adj* married

consórcio [kõw'sɔrsiw] *m* ECON consortium; ~ **de veículos** organized car buying pool

consorte [kõw'sɔrtʃi] *mf* consort

conspícuo, -a [kõws'pikwu, -a] *adj* 1.(*facilmente notado*) conspicuous 2.(*ilustre*) distinguished

conspiração <-ões> [kõwspira'sãw, -õjs] *f* conspiracy

conspirador(a) [kõwspira'dor(a)] *m(f)* conspirator

conspirar [kõwspi'rar] I. *vt* to plot; ~ **contra alguém ou a. c.** to plot against sb or sth; **o tempo conspira contra nós** time is working against us II. *vi* to conspire

conspurcação <-ões> [kõwspurka'sãw, -õjs] *f fig* defilement; (*de templo, igreja*) desecration

conspurcar [kõwspur'kar] *vt* <c→qu> 1.(*roupa*) to soil 2.(*honra, nome*) to defile 3.(*templo, igreja*) to desecrate

constância [kõws'tãsia] *f sem pl* constancy

constante [kõws'tãtʃi] I. *f* MAT constant II. *adj* constant

constar [kõws'tar] I. *vi* (*dizer-se*) to be said that; **consta que ...** it is said that

... **II.** *vt* **1.** (*consistir*) to comprise; ~ **de** to consist of **2.** (*estar escrito*) to appear; **isso não consta dos registros** this does not appear in the records

constatar [kõsta'tar] *vt* to verify

constelação <-ões> [kõstela'sãw, -õjs] *f* ASTRON constellation; (*de elementos, conjuntura*) set; (*pessoas brilhantes*) stars

consternado, -a [kõster'nadu, -a] *adj* dismayed

consternar [kõster'nar] *vt* to dismay

constipação <-ões> [kõstʃipa'sãw, -õjs] *f* **1.** (*prisão de ventre*) constipation **2.** (*resfriado*) cold

constipado, -a [kõstʃi'padu, -a] **estar** ~ **1.** (*intestino*) to be constipated **2.** (*resfriado*) to have a cold

constipar-se [kõstʃi'par-se] *vr* to catch a cold

constitucional <-ais> [kõstʃitusjo'naw, -'ajs] *adj* constitutional

constitucionalidade [kõstʃitusjonaλi'daʒi] *f* constututivity

constitucionalismo [kõstʃitusjona'λizmu] *m* constitutionalism

constituição <-ões> [kõstʃituj'sãw] *f* **1.** (*fundação*) establishment **2.** (*de uma comissão*) organization **3.** (*formação*) formation **4.** MED constitution **5.** QUÍM nature **6.** POL constitution

constituinte [kõstʃitu'ĩjtʃi] *adj* POL constituent; **Assembleia Constituinte** Constitutional Assembly

constituir [kõstʃitu'ir] *conj como incluir vt* **1.** (*estabelecer*) to establish; ~ **família** to start a family **2.** (*formar*) to form **3.** (*ser*) to constitute *form*, to be

constitutivo, -a [kõstʃitu'tʃivu, -a] *adj* constitutive

constrangedor(a) [kõstrãʒe'dor(a)] *adj* (*embaraçoso*) embarrassing

constranger [kõstrãʒ'ʒer] *vt* <g→j> **1.** (*obrigar*) to compel; ~ **alguém a fazer a. c.** to compel sb to do sth; ~ **os clientes a esperar horas na fila** to make the clients wait hours in line **2.** (*acanhar*) to restrain **3.** (*envergonhar*) to embarrass

constrangido, -a [kõstrãʒidu, -a] *adj* uncomfortable

constrangimento [kõstrãʒi'mẽjtu] *m* **1.** (*obrigação*) compulsion; **sem** ~ freely **2.** (*acanhamento*) restraint **3.** (*vergonha*) embarrassment

construção <-ões> [kõstru'sãw, -õjs] *f* **1.** (*prédio*) building **2.** (*setor*) sector **3.** LING syntax **4.** MAT construction **5.** (*estrutura*) structure

construir [kõstru'ir] *irr vt* **1.** (*casa*) to build; (*edificar*) to construct **2.** (*máquinas, veículos*) to manufacture **3.** MAT to construct **4.** (*formar, organizar: carreira, futuro*) to build

construtivo, -a [kõstru'tʃivu, -a] *adj* constructive

construtor(a) [kõstru'tor(a)] *m(f)* builder

construtora [kõstru'tora] *f* (*empresa*) construction company

cônsul ['kõwsuw] *m* consul; ~ **honorário** honorary consul

consulado [kõwsu'ladu] *m* consulate

consulado geral [kõwsu'ladu ʒe'raw, -'ajs] <consulados gerais> *m* consulate general

consulesa [kõwsu'leza] *f* consul

cônsul-geral ['kõwsuw-ʒe'raw, -'ajs] <cônsules-gerais> *m* consul general

consulta [kõw'suwta] *f* **1.** (*ato de pedir uma opinião*) consultation; **fazer uma** ~ to consult **2.** (*no médico*) appointment; **marcar uma** ~ to schedule an appointment; **tenho uma consulta com o médico/dentista amanhã** I have an appointment with my doctor/dentist tomorrow **3.** (*a um livro*) **fazer uma** ~ **a um livro/dicionário** to consult a book/dictionary

consultar [kõwsuw'tar] *vt* **1.** (*pedir conselho*) to consult; ~ **alguém** to consult sb; ~ **um médico** to consult a doctor **2.** (*um livro, dicionário*) to consult

consultor(a) [kõwsuw'tor(a)] *m(f)* consultant

consultoria [kõwsuwto'ria] *f* (*ação*) giving advice; **dar uma** ~ to give advice; (*cargo*) consultancy; (*lugar*); **trabalhar numa** ~ to work for a cosultancy

consultório [kõwsuw'tɔriw] *m* office; ~ **médico** doctor's office *Am*, doctor's surgery *Brit*

consumação [kõwsuma'sãw] *f sem pl* **1.** (*ato de levar a termo*) consummation; (*do matrimônio*) consummation **2.** (*casa de show, bar*) cover charge; ~ **mínima** minimum charge

consumado, -a [kõwsu'madu, -a] *adj* consummate; **fato** ~ fait accompli

consumar [kõwsu'mar] **I.** *vt* **1.** (*com-*

consumição 134 **contaminar**

pletar) to complete 2.(*um ato*) to finish 3.(*um crime*) to commit 4.(*um casamento*) to consummate II. *vr*: ~-**se** (*tornar-se exímio*) to prove to be the best; ~-**se como um ás do volante** to prove to be an ace behind the wheel

consumição <-ões> [kõwsumi'sɜ̃w, -õjs] *f* (*preocupação*) worry

consumido, -a [kõwsu'midu, -a] *adj* 1.(*muito preocupado*) eaten up with worry 2.(*pelo fogo*) consumed 3.(*utilizado*) used 4.(*comida,*) comsumed

consumidor(a) [kõwsumi'dor(a)] *m(f)* consumer

consumir [kõwsu'mir] I. *vt* 1.(*produtos*) to consume; (*comer, beber*) to consume; (*gastar*) to spend; (*energia*) to use; (*drogas*) to take; *inf* to use 2.(*preocupar*) to worry 3.(*fogo*) to consume; (*saúde*) to destroy II. *vr*: ~-**se** to be consumed with; **consumiu-se de tristeza** he was consumed with sadness

consumismo [kõwsu'mizmu] *m sem pl* consumerism *no pl*

consumista [kõwsu'mista] *adj* consumerist

consumo ['kõw'sumu] *m sem pl* 1. ECON consumption; ~ **de drogas** drug use; ~ **de energia** energy consumption 2.(*de comida, bebida*) consumption 3.(*dispêndio*) expenditure

conta ['kõwta] *f* 1.(*bancária*) account; ~ **conjunta** joint account; ~-**corrente** checking account *Am*, current account *Brit*; ~ **fantasma** phantom account; **abrir/fechar uma** ~ to open/close an account; **depositar dinheiro na** ~ to deposit money in an account; **sacar dinheiro da** ~ to withdraw money from an account 2.(*cálculo, fatura*) calculation; **errar a** ~ to miscalculate; **fazer uma** ~ to make a calculation; **pedir a** ~ to ask for the bill; **a** ~, **por favor** the bill, please; **pôr na** ~ to put on the bill; **prestar** ~**s a alguém** to give sb an account of sth; **ajustar** ~**s com alguém** to settle an account with sb; *fig* to settle a score with sb; **afinal de** ~**s** at the end of the day; **esta loja tem preços em** ~ this shop has reasonable prices; **pedir as** ~**s** to resign; **ele não apareceu e ela ficou por** ~ he didn't show up and she ended up on her own 3.(*encargo*) **à** ~ **de** because of; **por** ~ **de** to be the responsibility of; **por** ~ **própria** on one's own; **as compras ficam por sua** ~ the shopping is your responsibility; **tomar** ~ **de alguém** to take care of sb; **é demais da** ~ *inf* it's too much; **não se meta, não é da sua** ~ don't get involved, it's none of your business 4.(*conseguir*) **dar** ~ **do recado** to handle; **não vou dar** ~ **de terminar hoje** I won't be able to finish today; **deu-se** ~ **quando era tarde demais** he realized it when it was too late 5.(*reputação*) **ter alguém em alta** ~ *fig* to hold sb in high esteem 6.(*fingir*) **fazer de** ~ to pretend 7.(*de rosário*) bead

contábil <-eis> [kõw'tabiw, -ejs] *adj* accounting; **escritório** ~ accounting office

contabilidade [kõwtabiʎi'dadʒi] *f sem pl* accountancy

contabilista [kõwtabi'ʎista] *mf* accountant

contabilizar [kõwtabiʎi'zar] *vt* (*fazer o registro*) to record; (*avaliar*) to assess

contador(a) [kõwta'dor(a)] *m(f)* 1.(*funcionário*) accountant 2.(*contabilista*) accountant 3.(*de histórias*) narrator

contador [kõwta'dor] *m* (*da água*) water meter; (*da luz*) eletric meter; (*do gás*) gas meter

contagem [kõw'taʒẽj] <-ens> *f* count; ~ **regressiva** countdown

contagiante [kõwtaʒi'ɜ̃ntʃi] *adj* contagious; (*gargalhada*) infectious

contagiar [kõwtaʒi'ar] *conj como enviar vt* to infect; ~ **alguém com a. c.** to infect sb with sth

contágio [kõw'taʒiw] *m* contagion

contagioso, -a [kõwtaʒi'ozu, -'ɔza] *adj* contagious; **doença contagiosa** contagious disease

conta-giros ['kõwta-'ʒirus] *m* tachometer

conta-gotas ['kõwta-'gotas] *m sem pl* dropper

contaminação <-ões> [kõwtamina-'sɜ̃w, -õjs] *f* 1.(*contágio*) infection 2.(*impureza*) contamination; (*poluição*) pollution

contaminar [kõwtami'nar] *vt* 1.(*tornar impuro*) contaminate 2.(*contagiar*) to infect 3.(*poluir*) to pollute 4.(*corromper*) to corrupt; **o comportamento desonesto do pai contaminou os filhos** their father's dishonesty corrupted the children

contanto [kõw'tɜ̃ŋtu] *conj* ~ **que** +*subj* provided (that), providing; **ele pode ir ~ que tome as devidas precauções** he can go provided he takes the necessary precautions

contar [kõw'tar] I. *vt* 1. (*uma história*) to tell; ~ **a. c. a alguém** to tell sb sth 2. (*números*) to count; ~ (**a. c.**) **nos dedos** to count (sth) on one's fingers; **já conta com 10 anos de experiência** he already has 10 years of experience; **a empresa conta com 15 funcionários** the company has 15 employees 3. (*esperar*) ~ **fazer a. c.** to expect to do sth; ~ **com alguém/a. c.** to count on sb/sth; **conto com a sua ajuda** I'm counting on your help 4. (*considerar*) to consider; **tem dois empregos sem ~ o trabalho em casa** he has two jobs not counting his work at home II. *vi* 1. (*calcular*) to calculate 2. (*ter importância*) **isso não conta para mim** in my opinion this doesn't count

contatar [kõwta'tar] *vt* to contact

contato [kõw'tatu] *m* 1. (*ligação*) contact; **entrar em ~ com alguém** to get in contact with sb; **estar em ~ com alguém** to be in contact with sb; **ter ~ com gente importante** to rub elbows with important people 2. (*com a pele*) touch 3. ELETR contact; **fazer ~** to make contact

contemplação [kõwtẽpla'sãw] *f sem pl* 1. (*observação*) contemplation 2. REL meditation

contemplar [kõwtẽ'plar] *vt* 1. (*observar*) to look at 2. (*um pedido*) to consider 3. (*prêmio*) to confer 4. (*meditar*) meditate

contemporâneo, -a [kõwtẽpo'rɜ̃niw, -a] *m*, *f* contemporary; ~ **de** contemporary of II. *adj* contemporary; **pintor ~** contemporary painter

contemporizar [kõwtẽpori'zar] *vt* (*transigir*) to accept; (*manter ocupado*) to keep busy

contenção [kõwtẽ'sãw] *f sem pl* (*disputa*) contention; **fazer ~ de despesas** to cut down on expenses

contencioso, -a [kõwtẽsi'ozu, -'ɔza] *adj* contentious

contenda [kõw'tẽda] *f* dispute

contentamento [kõwtẽta'mẽtu] *m sem pl* contentment

contentar [kõwtẽj'tar] I. *vt* to make content II. *vr:* **~-se** to be content with; **~-se com a. c.** to be content with sth; **~-se com pouco** to be content with little

contente [kõw'tẽtʃi] *adj* content; **estar** [*ou* **ficar**] **~ com a. c.** to be content with sth; **estar** [*ou* **ficar**] **~ com o novo emprego** to be content with his new job

contentor [kõwtẽj'tor] *m* container

conter [kõw'ter] *irr como* **ter** I. *vt* (*abranger*) to contain; *inf* (*o riso*) to hold back II. *vr:* **~-se** to restrain oneself; **contenha-se, menino!** control yourself, boy!

conterrâneo, -a [kõwte'xɜ̃niw, -a] *m*, *f* compatriot

contestação <-ões> [kõwtesta'sãw, -õjs] *f* dispute; **sem ~** no contest

contestar [kõwtes'tar] I. *vt* (*disputar*) to contest; (*questionar*) to question; (*sentença*) to appeal II. *vi* to protest

contestável [kõwtes'tavew, -ejs] *adj* disputable; (*sentença*) appealable

conteúdo [kõwte'udu] *m* content; (*teor*) content

contexto [kõw'testu] *m* context; **estar fora do ~** to be out of context

contigo [kõw'tʃigu] = **com** + **ti** *v.* **com**

contígua *adj v.* **contíguo**

contiguidade [kõwtʃigwi'dadʒi] *f sem pl* proximity

contíguo, -a [kõw'tʃigwu, -a] *adj* (*adjacente*) adjacent

continência [kõwtʃi'nẽjsia] *f sem pl* 1. (*moderação*) control 2. MIL salute; **fazer ~ a** to salute sb/sth

continental <-ais> [kõwtʃinẽj'taw, -'ajs] *adj* continental

continente [kõwtʃi'nẽjtʃi] I. *m* continent II. *adj* controlled

contingência [kõwtʃĩ'ʒẽjsia] *f* contingency

contingente [kõwtʃĩ'ʒẽjtʃi] I. *m* MIL contingent; (*cota*) quota II. *adj* contingent

contínua *adj v.* **contínuo**

continuação <-ões> [kõwtʃinua'sãw, -õjs] *f* continuation

continuar [kõwtʃinu'ar] I. *vi* to continue II. *vt* 1. (*não parar*) to continue; ~ **a fazer a. c.** to keep on doing sth; **ela continua a estudar** she continues to study; ~ **com a. c.** to go on with sth; ~ **doente/aqui** to stay sick/here; ~ **em**

continuidade [kõwtʃinuj'dadʒj] f sem pl continuity

contínuo [kõw'tʃinuu] m (de escritório) office boy

contínuo, -a [kõw'tʃinuu, -a] adj 1. (seguido) immediate; **de ~** immediately 2. (repetido) continual; (sem interrupção) continuous

conto ['kõwtu] m (história) story; (de fadas) fable; (embuste) swindle

conto do vigário ['kõwtu du vi'gariw] <contos do vigário> m con game; **cair no ~** to be swindled

contorção <-ões> [kõwtor'sãw, -õjs] f contortion

contorcer [kõwtor'ser] <c→ç> I. vt to twist; (cara) to contort II. vr: **~-se** to writhe

contorcionista [kõwtorsjo'nista] mf contortionist

contornar [kõwtor'nar] vt 1. (uma praça) to go around 2. (um assunto, uma situação) to get around 3. (no papel) to outline

contorno [kõw'tornu] m 1. (de um objeto) outline 2. (desvio) detour 3. (curva) contour 4. (da frase) turn

contra ['kõwtra] I. m against; **os prós e os ~** the pros and cons; **ser do ~ inf** to disagree on principle II. adj against; **marcar um gol ~** to score an own goal III. prep (em oposição) opposed to; **bater ~ a. c.** to hit sth; **ele está ~ mim** he is against me; **não tenho nada ~ ela** I don't have anything against her; **isso vai ~ os meus princípios** this goes against my priniples; (face a) versus IV. adv counter; **o juiz votou ~** the judge voted against the motion

contra-almirante ['kõwtrawmi'rãŋtʃj] m MIL rear admiral

contra-argumento ['kõwtrargumẽjtar] m counter-argument

contra-atacar ['kõwtrata'kar] vi <c→qu> to counter attack

contra-ataque ['kõwtra'taki] m counter attack

contrabaixo [kõwtra'bajʃu] m double bass

contrabalançar [kõwtrabalãŋ'sar] vt <ç→c> counterbalance

contrabandear [kõwtrabãŋdʒi'ar] conj como passear vt to smuggle

contrabandista [kõwtrabãŋ'dʒista] mf smuggler

contrabando [kõwtra'bãŋdu] m 1. (atividade) smuggling; **tabaco de ~** smuggled tobacco; **fazer ~ (de a. c.)** to smuggle sth 2. (mercadoria) contraband

contração <-ões> [kõwtrata'sãw, -õjs] f 1. (de metal) contraction 2. LING, MED contraction; **~ muscular** muscular contraction

contracapa [kõwtra'kapa] f (livro, revista) back cover

contracenar [kõwtrase'nar] vt CINE, TEAT to play a secondary role; **~ com alguém** to act with another actor

contracepção <-ões> [kõwtrasep'sãw, -õjs] f contraception

contraceptivo [kõwtrasep'tʃivu] m contraceptive

contraceptivo, -a [kõwtrasep'tʃivu, -a] adj contraceptive

contracheque [kõwtra'ʃɛki] m paystub Am, payslip Brit

contracultura [kõwtrakuw'tura] f counterculture

contradança [kõwtra'dãŋsa] f 1. (dança) contredanse 2. inf (vaivém) toing and froing

contradição <-ões> [kõwtrad'sãw, -õjs] f contradiction

contraditório, -a [kõwtradʒi'tɔriw, -a] adj contradictory

contradizer [kõwtrad'zer] irr como dizer I. vt (uma pessoa) to contradict; (um fato) to refute II. vr: **~-se** to contradict oneself

contraespionagem [kõwtraespio'naʒẽj] <-ens> f counterespionage

contrafação <-ões> [kõwtrafa'sãw, -õjs] f 1. (de dinheiro) counterfeit 2. (imitação) fake

contrafé [kõwtra'fɛ] f JUR copy of notice

contrafeito, -a [kõwtra'fejtu, -a] adj 1. (forçado: sorriso) forced 2. (constrangido) ill at ease

contrafilé [kõwtrafi'lɛ] m GASTR sirloin

contrafluxo [kõwtra'fluksu] m counterflow

contragolpe [kõwtra'gɔwpi] m counterblow

contragosto [kõwtra'gostu] m dislike; **foi à festa a ~** he went to the party reluctantly

contraído, -a [kõwtra'idu, -a] *adj* contracted; (*músculos*) tight

contraindicação ['kõwtra-ĩdʒika'sɜ̃w] *f* MED contraindication

contrair [kõwtra'ir] *conj como sair* **I.** *vt* (*unir: lábios*) to press together; LING, MED to contract; (*uma dívida*) to incur; (*matrimônio*) to get married; (*uma doença*) to contract; (*um empréstimo*) to get; (*um hábito*) to acquire **II.** *vr*: ~**-se** to shrink

contralto [kõw'trawtu] *m* contralto

contramão [kõwtra'mɜ̃w] *f sem pl* **ir na** ~ to go against the flow of traffic; **a empresa segue na** ~ **do mercado** *fig* the company is going against the tide in the market

contramedida [kõwtrame'dʒida] *f* countermeasure

contramestre [kõwtra'mɛstri] *m* supervisor; NAÚT bosun *Am*, boatswain *Brit*

contraofensiva [kõwtrofẽj'siva] *f* MIL counteroffensive

contraordem ['kõwtra'ɔrdẽj] *f* counterorder

contrapartida [kõwtrapar'tʃida] *f sem pl* compensation; **em** ~ in compensation

contrapeso [kõwtra'pezu] *m* counterweight

contraponto [kõwtra'põwtu] *m sem pl* MÚS counterpoint; *fig* (*contraste*) counterpoint

contrapor [kõwtra'por] *irr como pôr vt* (*contrastar*) to contrast; (*divergir*) to go against

contraproducente [kõwtraprodu'sẽjtʃi] *adj* counterproductive

contraproposta [kõwtrapro'pɔsta] *f* counterproposal

contraprova [kõwtra'prɔva] *f* (*de um texto*) counterproof

contrarregra [kõwtra'xɛgra] *mf* TEAT stage manager

contrária *adj v.* **contrário**

contrariado, -a [kõwtrari'adu, -a] *adj* annoyed

contrariamente [kõwtraria'mẽjtʃi] *adv* against; ~ **a alguém/a. c.** against sb/ sth

contrariar [kõwtrari'ar] *conj como enviar v t* **1.** (*ir contra*) to oppose **2.** (*um plano*) to thwart **3.** (*aborrecer*) to annoy

contrariedade [kõwtrarie'dadʒi] *f* (*oposição*) opposition; (*aborrecimento*) annoyance

contrário [kõw'trariw] *m* opposite; **ao** ~ on the contrary; **ao** ~ **de** unlike; **(muito) pelo** ~ on the contrary; **do** ~ otherwise

contrário, -a [kõw'trariw, -a] *adj* contrary; **do** [*ou* **caso**] ~ otherwise; **em sentido** ~ in the opposite direction

contrassenha ['kõwtra'sẽna] *f* MIL password

contrassenso ['kõwtra'sẽjsu] *m sem pl* **1.** (*contradição*) nonsense **2.** (*absurdez*) absurdity

contrastante [kõwtras'tɜ̃ntʃi] *adj* contrasting

contrastar [kõwtras'tar] *vt* (*contrapor*) to contrast; ~ **com** to contrast with; (*divergir*) to oppose

contraste [kõw'trastʃi] *m* **1.** contrast; **estabelecer** [*ou* **fazer**] **o** ~ **entre** to form a contrast between **2.** (*de metais*) assay **3.** (*de tons*) contrast **4.** MED contrast medium

contratação <-ões> [kõwtrata'sɜ̃w, -õjs] *f* contract

contratado, -a [kõwtra'tadu, -a] **I.** *m, f* person under contract **II.** *adj* contracted

contratante [kõwtra'tɜ̃ntʃi] *mf* contractor

contratar [kõwtra'tar] *vt* (*pessoal*) to hire; (*músicos, grupo de teatro*) to book

contratempo [kõwtra'tẽjpu] *m* **1.** (*impedimento*) setback **2.** MÚS offbeat

contrato [kõw'tratu] *m* contract; ~ **de aluguel** rental agreement; ~ **a termo** short-term contract; ~ **de trabalho** employment contract; **conforme o** ~ [*ou* **nos termos do** ~] [*ou* **de acordo com o** ~] in accordance with the contract

contratual <-ais> [kõwtratu'aw, -'ajs] *adj* contractual

contravenção <-ões> [kõwtravẽj'sɜ̃w, -õjs] *f* contravention

contraventor(a) [kõwtravẽj'tor(a)] **I.** *m(f)* offender **II.** *adj* contravening

contravir [kõwtra'vir] *irr como vir vt form* to contravene

contribuição <-ões> [kõwtribui'sɜ̃w, -õjs] *f* **1.** (*para uma obra comum*) contribution; **dar uma** ~ **para a. c.** to make a contribution to sth **2.** (*imposto*) tax; ~ **federal** federal tax

contribuinte [kõwtribu'ījtʃi] *mf* taxpayer

contribuir [kõwtribu'ir] *conj como incluir vt* to contribute; ~ **para a. c.** to contribute to sth; *(cota)* to contribute a share of; *(impostos)* to pay

contrição [kõwtri'sãw] *f sem pl* REL contrition

controlador(a) [kõwtrola'dor(a)] *m(f)* controller

controlar [kõwtro'lar] **I.** *vt (fiscalizar)* to inspect; *(a situação)* to handle; TEC to supervise; *(domínio)* to control **II.** *vr:* ~**-se** to control oneself

controle [kõw'trɔʎi] *m* 1.*(fiscalização)* inspection; ~ **de doping** drug testing; ~ **de qualidade** quality control; ~ **por radar** radar control; **ter alguém/a. c. sob** ~ to have something under control 2.*(da situação)* **ter** ~ **de a. c.** to have control; **está tudo sob** ~ everything is under control; **fora de** ~ out of control; **perder o** ~ to lose control 3.*(domínio)* control 4. ELETR control; ~ **remoto** remote control

controversa *adj v.* **controverso**

controvérsia [kõwtro'vɛrsja] *f* controversy

controverso, -a [kõwtro'vɛrsu, -a] *adj* controversial

controvertido, -a [kõwtrover'tʃidu, -a] *adj* controversial

contudo [kõw'tudu] *conj* nevertheless; **ela não gosta de viajar;** ~ **saiu de férias** he doesn't like to travel; nevertheless he went on vacation

contumácia [kõwtu'masja] *f* 1.*(teimosia)* obstinacy 2. JUR contempt of court

contumaz [kõwtu'mas] <-es> *adj* obstinate

contundente [kõwtũw'dẽjtʃi] *adj* 1.*(instrumento)* blunt 2.*(prova)* damning 3.*(palavras)* hurtful

contundir [kõwtũw'dʒir] *vt* to bruise

conturbado, -a [kõwtur'badu, -a] *adj* perturbed

conturbar [kõwtur'bar] *vt* 1.*(perturbar)* to perturb 2.*(amotinar)* to stir up trouble

contusão <-ões> [kõwtu'zãw, -õjs] *f* contusion, bruise *inf*

convalescença [kõwvale'sẽjsa] *f sem pl* convalescence; **estar em** ~ to be convalescing

convalescente [kõwvale'sẽjtʃi] *mf* convalescent

convalescer [kõwvale'ser] *vi* <c→ç> to convalesce

convecção <-ões> [kõwvek'sãw, -õjs] *f* convection

convenção <-ões> [kõwvẽj'sãw, -õjs] *f* 1.*(acordo)* agreement 2.*(formalidade)* convention 3.*(encontro)* convention

convencer [kõwvẽj'ser] <c→ç> **I.** *vt (fazer crer)* to convince; **suas palavras o convenceram** your words convinced him; *(persuadir)* to persuade; **tentou convencê-la a ir ao cinema** he tried to persuade him to go to the movies; ~ **alguém de um crime** to talk sb into commiting a crime; *(provar)* to prove **II.** *vr:* ~**-se** to be convinced; ~**-se da inocência do rapaz** he was convinced that the boy was innocent

convencido, -a [kõwvẽj'sidu, -a] *adj* 1.*(convicto)* convinced; **estar** ~ **de a. c.** to be convinced of sth; **estou** ~ **de que sim** I'm certain 2. *inf (imodesto)* conceited

convencional <-ais> [kõwvẽjsjo'naw, -'ajs] **I.** *mf (de convenção)* delegate **II.** *adj* 1.*(admitido geralmente)* conventional 2. *pej (pessoa)* insincere

convencionalismo [kõwvẽjsjona'lizmu] *m sem pl* conventionalism

convencionar [kõwvẽjsjo'nar] *vt* to agree upon

conveniado [kõwveni'adu] *m* holder of a health plan

conveniência [kõwveni'ẽjsja] *f* 1.*(de palavras)* appropriacy 2.*(utilidade)* convenience; *(vantagem)*; **casamento de** ~ marriage of convenience 3.*(decência)* propriety

conveniente [kõwveni'ẽjtʃi] *adj* 1.*(preciso, decente)* appropriate 2.*(útil)* convenient 3.*(vantajoso)* expedient

convênio [kõw'veniw] *m* agreement; ~ **médico** health plan

convento [kõw'vẽjtu] *m* convent

convergência [kõwver'ʒẽjsja] *f* 1. MAT convergence 2.*(semelhança)* similarity

convergente [kõwver'ʒẽjtʃi] *adj* 1.*(linhas)* converging 2.*(igual: interesses)* similar

convergir [kõwver'ʒir] *irr vi* 1.*(pessoas)* to meet 2. MAT to converge 3.*(para um fim)* to come together

conversa [kõw'vɛrsa] f conversation; (*diálogo*) talk; ~ **fiada** idle talk; ~ **mole** idle talk; ~ **para boi dormir** *inf* idle talk; ~ **telefônica** telephone conversation; **ter uma ~ com alguém** to have a conversation with sb; **deixar de ~** *inf* to get to the point; **ir na ~ de alguém** to believe sb; **jogar ~ fora** to chat about this and that; **passar uma ~ em alguém** to try to talk sb around; **puxar ~ com alguém** *inf* to start a conversation with sb; **ouvir a ~ dos outros** (*sem querer*) to overhear; (*de propósito*) to eavesdrop; **isso é ~!** this is nonsense!; ~ **vai,** ~ **vem** after a lot of talking

conversação <-ões> [kõwversa'sãw, -õjs] f conversation; **estar em conversações** POL to be holding talks

conversador(a) [kõwversa'dor(a)] adj conversationalist

conversão <-ões> [kõwver'sãw, -õjs] f 1. (*transformação*) conversion 2. (*de moeda*) conversion 3. REL conversion 4. INFOR conversion 5. (*trânsito*) turn

conversar [kõwver'sar] vt to talk; ~ **com alguém sobre a. c.** to talk to sb about sth; **conversou com o porteiro que o deixou entrar** he spoke to the doorman, who let him in

conversível <-eis> [kõwver'sivew, -ejs] I. m (*automóvel*) convertible II. adj 1. (*moeda*) convertible 2. INFOR convertible

conversões f pl de **conversão**

converter [kõwver'ter] I. vt (*transformar*) to convert; ~ **em a. c.** to turn into sth; ~ **o calor em energia** to convert heat into energy; (*moeda*) to convert; INFOR to convert; REL to convert II. vi ESPORT (*encestar*) to score III. vr: ~-**se** REL to convert to

convés [kõw'vɛs] m sem pl NÁUT deck

convexo, -a [kõw'vɛksu, -a] adj convex

convicção <-ões> [kõwvik'sãw, -õjs] f conviction

convicto, -a [kõw'viktu, -a] adj convinced; **estar ~ de a. c.** to be convinced of sth

convidado, -a [kõwvi'dadu, -a] I. m, f guest II. adj invited; **estar** [*ou* ser] **~ para a. c.** to be invited to sth

convidar [kõwvi'dar] I. vt 1. (*para uma festa*) to invite; ~ **alguém para a. c.** to invite sb to sth 2. (*solicitar*) to ask; ~ **a sair** to ask out 3. (*predispor*) to make; **o calor me convida à preguiça** the heat makes me lazy II. vr: ~-**se** 1. (*reciprocidade*) **os amigos sempre se convidam para jantar** the friends are always inviting each other to dinner 2. (*ir sem ser convidado*) to invite oneself; **convidou-se para a festa** he invited himself to the party

convidativo, -a [kõwvida'tʃivu, -a] adj inviting

convincente [kõwvĩj'sẽjtʃi] adj 1. (*pessoa*) persuasive 2. (*prova, argumento*) convincing

convir [kõw'vir] *irr como* **vir** I. vi (*ser conveniente, ficar bem*) to suit; **convém notar que ...** it is worth noting that ...; (**não**) **convém** it's not a good idea II. vt 1. (*servir*) to suit; ~ **a alguém/a. c.** to suit sb/sth; **não me convém** it does not suit me 2. (*concordar*) to agree; ~ **em a. c.** to agree to sth; **convenhamos que ...** we agree that ...

convite [kõw'vitʃi] m 1. (*para uma festa*) invitation; **aceitar um ~** to accept an invitation; **fazer/receber um ~ para a. c.** to extend/receive an invitation to sth; ~ **de casamento** wedding invitation 2. (*solicitação*) request; **fazer/receber um ~ para a. c.** to make/receive a request for sth 3. (*incentivo, tentação*) invitation; ~ **à alegria** sth to make sb happy

conviva [kõw'viva] mf form guest

convivência [kõwvi'vẽjsia] f (*familiaridade*) familiarity

conviver [kõwvi'ver] I. vt to live with; ~ **com alguém** to live with sb; **convive bem com a falta de dinheiro** he gets along fine on just a little money II. vi to live together

convívio [kõw'viviw] m (*convivência*) familiarity; **ter ~ com alguém** to be familiar with sb

convocação <-ões> [kõwvoka'sãw, -õjs] f 1. (*convite*) invitation 2. MIL conscription 3. ESPORT selection

convocar [kõwvo'kar] vt <c→qu> 1. (*uma reunião*) to convene 2. (*uma greve*) to hold 3. (*pessoas*) to invite 4. JUR to call 5. ESPORT to select

convocatória [kõwvoka'tɔria] f 1. MIL draft 2. (*reunião*) convocation 3. (*para greve*) call

convosco [kõw'vosku] = **com + nós** v. **com**

convulsão 140 **coragem**

convulsão <-ões> [kõwvuw'sãw, -õjs] f 1. MED convulsion 2. POL revolution 3. (*agitaçao*) commotion

convulsionar [kõwvuwsjo'nar] I. vt (*agitar*) to stir up II. vi MED to suffer convulsions

convulsivo, -a [kõwvuw'sivu, -a] adj 1. MED convulsive; **crise convulsiva** seizure 2. (*agitado*) agitated

convulsões f pl de **convulsão**

cooper ['kuper] m sem pl jogging; **pista de** ~ jogging lane; **fazer** ~ to jog

cooperação <-ões> [koopera'sãw, -õjs] f co-operation

cooperar [koope'rar] vt to cooperate; ~ **com alguem para a. c.** to cooperate with sb on sth

cooperativa [koopera'tʃiva] f cooperative; ~ **agrícola** farming cooperative

cooperativo, -a [koopera'tʃivu, -a] adj 1. (*pessoa*) cooperative 2. (*instituição*) cooperative

coordenação <-ões> [koordena'sãw, -õjs] f coordination

coordenadas [koorde'nadas] fpl 1. MAT, GEO coordinates pl 2. (*diretrizes*) guidelines

coordenador [koordena'dor] m coordinator

coordenador(a) [koordena'dor(a)] adj coordinating

coordenar [koorde'nar] vt to coordinate

copa ['kɔpa] f 1. (*de árvore*) crown 2. (*da casa*) pantry 3. ESPORT cup 4. (*de chapéu*) crown

coparticipação [kopartsipa'sãw] f joint venture

coparticipar [kopartsi'par] vi to have a joint interest

copas ['kɔpas] fpl (*cartas*) hearts

copeiro [ko'pejru] m (*profissão*) butler

cópia ['kɔpia] f 1. (*de texto*) transcript; (*de documento*) copy; (*de fotografia*) print; (*de cassete, disquete*) copy; ~ **pirata** pirated copy; **fazer uma ~ de a. c.** to make a copy of sth; **tirar uma ~ de a. c.** to make a copy of sth 2. (*reprodução*) copy 3. (*plágio*) plagiarism

copiadora [kopia'dora] f (*máquina*) photocopier; (*serviço*) photocopying

copiar [kopi'ar] vt 1. (*um documento, um disquete*) to copy; (*um texto*) to transcribe; (*um cassete*) to record 2. (*imitar*) to copy 3. (*plagiar*) to plagiarize

copiloto [kopi'lotu] mf copilot

copioso, -a [kopi'ozu, -'bza] adj 1. (*abundante*) copious 2. (*extenso*) extensive

copo ['kɔpu] m (*de vidro*) glass; (*de plástico*) plastic cup; **um ~ de água/ vinho** a glass of water/wine; **ser um bom** ~ to be able to hold one's liquor; **vamos tomar uns ~s!** let's go have a few drinks!

copo-d'água ['kɔpu-'dagwa] m glass of water

coproprietário, -a [koproprie'tariw, -a] m, f co-owner

cópula ['kɔpula] f 1. (*ligação*) coupling 2. (*acasalamento*) copulation 3. LING copula

copulação <-ões> [kopula'sãw, -õjs] f copulation

copular [kopu'lar] vi to copulate

coque ['kɔki] m 1. sem pl QUÍM coke 2. (*na cabeça*) rap

coqueiro [ko'kejru] m coconut palm

coqueluche [koke'luʃi] f 1. sem pl MED whooping cough 2. inf fad; **ser a ~ do momento** to be the in thing

coquetel <-éis> [koki'tɛw, -'ɛjs] m cocktail; (*reunião social*) cocktail party

cor¹ ['kor] f color; ~ **de tijolo** brick colored; ~ **de vinho** wine colored; **dar ~ a a. c.** to give sth color; **mudar de ~** to change color; **de que ~ é?** what color is it?; **de ~** (*objeto, pessoa*) colored; **televisão em ~es** color television; **ver a ~ do dinheiro** to see the color of (sb's) money

cor² ['kɔr] adv **de ~** (**e salteado**) by heart

coração <-ões> [kora'sãw, -õjs] m heart; **abrir o ~ para alguém** to open one's heart to sb; **de cortar o ~** heartbreaking; **do fundo do ~** from the bottom of one's heart; **não ter ~** to be heartless; **no ~ da floresta** in the heart of the forest; **ter bom ~** to be kindhearted; **com o ~ na mão** with heart in hand; **ter ~ mole** to be soft hearted; **ter um ~ de ouro** to have a heart of gold; **ter um ~ de pedra** to have a heart of stone

corado, -a [ko'radu, -a] adj 1. (*do sol, frio*) red 2. (*de vergonha*) flushed 3. (*alimento*) **cebola corada** browned onions

coragem [ko'raʒẽj] f sem pl courage; **teve a ~ de me mentir na cara** (*des-*

façatez) he had the gall to lie to my face
corais *m pl de* **coral**
corajoso, -a [koraˈʒozu, -ˈɔza] *adj* courageous
coral <-ais> [koˈraw, -ˈajs] **I.** *m* ZOOL coral; MÚS choir **II.** *adj* choral; **canto ~** choral singing; **grupo ~** choir
corante [koˈrɐ̃ntʃi] *m* dye
corar [koˈrar] **I.** *vt* (*roupa*) to dye **II.** *vi* to color
corcel [korˈsɛw] *m* courser
corcova [korˈkɔva] *f* hump
corcunda [korˈkũwda] **I.** *f* ANAT hump **II.** *mf* (*pessoa*) hunchback **III.** *adj* hunchbacked
corda [ˈkɔrda] *f* **1.** (*para prender*) rope; **~ bamba** tightrope; **andar na ~ bamba** *fig* to walk a tightrope; **estar com a ~ no pescoço** *fig* to be in a tight spot; **roer a ~** *inf* to break a promise **2.** MÚS string; **instrumento de ~s** string instruments **3. dar ~ no relógio** to wind a watch; **dar ~ a alguém** *fig* to encourage sb to speak **4.** (*da roupa*) clothes line **5.** JOGOS **~** (**de pular**) jump rope *Am*, skipping rope *Brit* **6.** ANAT, MAT cord; **~s vocais** vocal cords *pl*
cordame [korˈdɐ̃mi] *m* NÁUT rigging
cordão <-ões> [korˈdɐ̃w, -ˈõjs] *m* **1.** (*fio*) cord; **~ umbilical** *fig tb.* umbilical cord; **~ de puxa-sacos** *pej* bunch of kiss-asses **2.** (*da polícia*) cordon **3.** (*joia*) neck chain **4.** ELETR copper wiring
cor da pele [ˈkor da ˈpɛʎi] *adj inv* flesh-colored
cordeiro [korˈdejru] *m* lamb
cordel <-éis> [korˈdɛw, -ˈɛjs] *m* pocket-sized, low-priced popular literature

> **Cultura** **Cordel** is a type of folk literature printed on pamphlets illustrated with woodblock prints. The name indicates the way the poems are presented to the reader; the booklets are hung on strings at street fairs and farmer's markets. Brought over by the Portuguese in the second half of the 19th century, the **cordel** is still quite prevalent in the Northeast. The poems narrate events in daily life, such as floods and droughts, heroic deeds performed by the **cangaceiros** (a heavily armed gang that roamed throughout the Northeast scrub region in the first three decades of the 20th century), the lives of other famous bandits, miracles, and events in Brazil's recent history.

cor de laranja [ˈkor dʒi laˈrɐ̃ʒa] *adj inv* orange
cor-de-rosa [ˈkor-dʒi-ˈxɔza] *adj inv* pink
cordial <-ais> [kordʒiˈaw, -ˈajs] *adj* cordial
cordialidade [kordʒjaʎiˈdadʒi] *f* cordiality
cordilheira [kordʒiˈʎejra] *f* mountain range
cordões *m pl de* **cordão**
coreano, -a [koreˈɐ̃nu, -a] *adj, m, f* Korean
coreia [koˈrɛja] *f* MED chorea
Coreia [koˈrɛja] *f* Korea
coreógrafa *f v.* **coreógrafo**
coreografia [koreograˈfia] *f* choreography
coreógrafo, -a [koreˈɔgrafu, -a] *m, f* choreographer
coreto [koˈretu] *m* bandstand; **bagunçar o ~** *inf* to upset the apple cart
corinto [koˈrĩjtu] *m* GASTR (*uva passa*) currant
coriscar [korisˈkar] *vi* <c→qu> to flash
corisco [koˈrisku] *m* flash
corista [koˈrista] *mf* choir member
coriza [koˈriza] *f sem pl* runny nose
corja [ˈkɔrʒa] *f pej* rabble
córnea [ˈkɔrnia] *f* ANAT cornea
córner [ˈkɔrner] *m* FUT corner
corneta [korˈneta] *f* MÚS bugle; **~ acústica** ear trumpet
corneteiro [korneˈtejru] *m* bugler
cornija [korˈniʒa] *f* ARQUIT cornice
corno [ˈkornu] *m* **1.** horn; **~s** horns; **pôr os ~s em alguém** to cheat on sb; **ter os ~s** to be cheated on **2.** *chulo* (*pessoa*) man whose wife is unfaithful; **~ manso** man who accepts his wife's infidelity
cornucópia [kornuˈkɔpia] *f sem pl* cornucopia
cornudo, -a [korˈnudu, -a] *adj chulo* **marido ~** man whose wife is unfaithful
coro [ˈkoru] *m* **1.** MÚS chorus; **em ~** in chorus; **fazer ~ com** *fig* to go along

coroa 142 **corrente**

with **2.** ARQUIT choir loft
coroa [ko'roa] **I.** f **1.** (joia, de dente) crown **2.** (de flores) wreath; ~ **de louros** laurel wreath **3.** ASTRON corona **4.** (de moeda) tails; **cara ou ~?** heads or tails? **II.** mf inf oldie
coroação <-ões> [koroa'sãw, -õjs] f coronation
coroado, -a [koro'adu, -a] adj crowned; ~ **de êxito** crowned with success
coroar [koro'ar] vt <1. pess pres: **coroo**> fig to crown; ~ **rei** to crown king
coroca [ko'rɔka] adj pej decrepit; **velho ~** broken down old man, old crock Brit
coroinha [koro'iɲa] m REL altar boy
corolário [koro'larıw] m corollary
coronel <-éis> [koro'nɛw, -'ɛjs] m MIL colonel
coronelismo [korone'ʎizmu] m sem pl POL rural oligarchies headed by rich landowners
coronha [ko'rõɲa] f (de arma) butt
coronhada [korõ'ɲada] f blow with a rifle [o pistol] butt
corpanzil <-is> [korpãŋ'ziw, -'is] m (corpo) burly body; (pessoa) burly person
corpo ['korpu] m **1.** (geral, administrativo, do homem) body; ~ **de bombeiros** fire department Am, fire brigade Brit; ~ **de Deus** congregation; ~ **docente** teaching staff; ~ **diplomático** diplomatic corps; ~ **a** ~ hand-to-hand; **de** ~ **e alma** body and soul; **ganhar** [ou **tomar**] ~ to take shape; **fazer** ~ **mole** to shirk; **ter o ~ fechado** to be protected against physical harm due to witchcraft and amulets; **tirar o ~ fora** to dodge **2.** (cadáver) body **3.** MIL corps **4.** (de obra literária, de ideias) main part **5.** ~ **de delito** JUR corpus delicti **6.** FÍS ~ **sólido/líquido/gasoso** matter
corporação <-ões> [korpora'sãw, -õjs] f (empresa) corporation; (associação) association
corporal <-ais> [korpo'raw, -'ajs] **I.** m REL corporal **II.** adj corporal
corporativa adj v. **corporativo**
corporativismo [korporatʃi'vizmu] m sem pl corporatism
corporativização [korporatʃiviza'sãw] f corporatization
corporativo, -a [korpora'tʃivu, -a] adj corporative; **Estado ~** corporative government
corpóreo, -a [kor'pɔriw, -a] adj corporal
corpulência [korpu'lẽjsia] f corpulence
corpulento, -a [korpu'lẽtu, -a] adj corpulent
Corpus Christi ['kɔrpus 'kristʃi] m Corpus Christi
corpúsculo [kor'puskulu] m corpuscle
correção <-ões> [koxe'sãw, -õjs] f **1.** (de um teste, erro) correction **2.** (de uma pessoa) correctness **3.** (no comportamento) correction; **casa de ~** correctional facility
correcional <-ais> [koxesjo'naw, -'ajs] adj JUR correctional; **tribunal ~** correctional court
corre-corre ['kɔxi-'kɔxi] <corre(s)-corres> m inf (correria) rush
corredeira [koxe'dejra] f (água) rapids
corrediça [koxe'dʒisa] f glide
corrediço, -a [koxe'dʒisu, -a] adj sliding
corredor [koxe'dor] m **1.** ESPORT runner **2.** ARQUIT (de predio) corridor; (de avião, cinema, teatro, igreja) aisle **3.** (de ônibus) bus lane
corregedor(a) [koxeʒe'dor(a)] m(f) JUR magistrate
corregedoria [koxeʒedo'ria] f position or jurisdiction of magistrate
córrego ['kɔxegu] m (rio pequeno) stream
correia [ko'xeja] f belt; ~ **do ventilador** fan belt
correio [ko'xeju] m **1.** (correspondência) mail; ~ **aéreo** air mail; ~ **eletrônico** e-mail; ~ **de voz** voice mail; (**agência dos**) ~**s** post office; **caixa de ~** mail box Am, letter box Brit; **pôr uma carta no ~** to mail a letter Am, to post a letter Brit **2.** (carteiro) letter carrier
correlação <-ões> [koxela'sãw, -õjs] f correlation
correligionário, -a [koxeʎiʒjo'nariw, -a] m, f **1.** REL coreligionist **2.** (partido) fellow party member
corrente [ko'xẽjtʃi] **I.** f **1.** ELETR current; ~ **alternada** alternating current; ~ **contínua** direct current **2.** (metálica) chain **3.** (da água) current; ~ **de ar** air current; **nadar** [ou **ir**] **contra a ~** fig to go [o swim] against the tide **4.** (de ideias) trend **5.** (de pessoas) group (of people wishing for the same thing); ~ **de orações** prayer group **II.** adj **1.** (mês, ano) current **2.** (água) flowing

3. (*aceito por todos: opinião*) popular **4.** (*usual*) common; **linguagem** ~ colloquial **5.** (*moeda*) official currency **6.** (*informado*) informed; **estar ao ~ de** to be up on **7.** (*conta*) current **III.** *adv* (*sem dificuldade*) fluently; **falar ~ uma língua** to speak a language fluently

correntemente [koxẽjtʃi'mẽtʃi] *adv* currently

correnteza [koxẽj'teza] *f* **1.** (*de rio*) current **2.** (*de coisas, fatos*) chain

correntista [koxẽj'tʃista] *mf* account holder

correr [ko'xer] **I.** *vt* **1.** (*um percurso*) to run **2.** (*o risco*) to run **3.** (*as persianas, as cortinas*) to draw **4.** (*afugentar*) to flee **5.** (*visitar*) to visit; **correu todas as lojas pela manhã** he visited all the stores that morning **6.** (*dedos*) to run; (*olhos*) **só teve tempo de ~ os olhos pelo jornal** he only had time to glance through the newspaper **II.** *vi* **1.** (*pessoa*) to follow; **~ atrás de alguém/a. c.** to follow sb/sth **2.** (*processo*) to be in progress; **a conversa corria solta** the conversation was lively **3.** (*exame*) to go; **como é que correu?** how did it go? **4.** (*água*) to flow **5.** (*boato*) to spread **6.** (*carro*) to speed

correria [koxe'ria] *f* (*pressa*) rush; (*assalto*) foray

correspondência [koxespõw'dẽjsia] *f* **1.** (*troca de cartas*) correspondence **2.** (*correio*) mail; **receber ~** to receive a letter **3.** (*correlação*) correlation **4.** (*de sentimentos*) reciprocation

correspondente [koxespõw'dẽtʃi] **I.** *mf* correspondent **II.** *adj* corresponding

corresponder [koxespõw'der] **I.** *vt* (*estar de acordo*) to correspond; **~ a a. c.** to correspond to sth; **~ à verdade** to be consistent with the truth; **~ às expectativas** to meet expectations; (*sentimentos*) to reciprocate **II.** *vr:* **~-se** to correspond; **~-se com alguém** to correspond with sb

correta *adj v.* **correto**

corretivo [koxe'tʃivu] *m* correction; (*castigo*) punishment

corretivo, -a [koxe'tʃivu, -a] *adj* corrective

correto, -a [ko'xɛtu, -a] *adj* **1.** (*certo*) correct; **politicamente ~** politically correct **2.** (*exato*) exact **3.** (*pessoa*) honest

corretor(a) [koxe'tor(a)] *m(f)* reviser; **~ ortográfico** INFOR spell check; ECON broker

corretora [koxe'tora] *f* ECON broker; **~ de seguros** insurance broker

corrida [ko'xida] *f* **1.** ESPORT race; **~ automobilística** car race; **~ de cavalos** horse race; **dar uma ~** to go for a run **2.** (*competição*) competition for; **~ a a. c.** run on sth; **~ aos bancos** run on on the banks; **~ do ouro** gold rush **3.** (*de táxi*) ride **4.** *inf* (*repreenda*) reprimand; **levou uma bela ~ da professora** he was severely reprimanded by the teacher

corrido, -a [ko'xidu, -a] *adj* (*expulso*) thrown out; (*escoado, passado*) elapsed; (*envergonhado*) ashamed

corrigir [koxi'ʒir] <g→j> **I.** *vt* (*um teste*) to correct; (*um erro*) to correct; (*dentes, cabelo, gravata*) to fix; (*repreender*) to reprimand; **corrigiu o aluno na frente da classe** he reprimanded the student in front of the class **II.** *vr:* **~-se** to correct oneself

corrigível <-eis> [koxi'ʒivew, -ejs] *adj* corrigible

corrimão <-ões> [koxi'mãw, -õjs] *m* handrail

corrimões *m pl de* **corrimão**

corriola [koxi'ɔla] *f gír* gang

corriqueiro, -a [koxi'kejru, -a] *adj* everyday

corroboração <-ões> [koxobora'sãw, -õjs] *f* corroboration

corroborar [koxobo'rar] *vt* to corroborate

corroer [koxo'er] *conj como* **roer** *vt* (*metal*) to corrode

corroído, -a [koxo'idu, -a] *adj* (*gasto*) eaten away; (*danificado*) eroded

corromper [koxõw'per] **I.** *vt* (*perverter*) to corrupt; (*alimentos*) to rot; (*subornar*) to bribe; (*texto, documento*) to tamper with **II.** *vr:* **~-se** (*apodrecer*) to go rotten

corrompível <-eis> [koxõw'pivew, -ejs] *adj* (*pessoa*) corruptible

corrosão <-ões> [koxo'zãw, -õjs] *f* corrosion

corrosivo, -a [koxo'zivu, -a] *adj* corrosive; **agente ~** corrosive agent; **humor ~** caustic humor

corrosões *f pl de* **corrosão**

corrupção <-ões> [koxup'sãw, -õjs] *f*

corrupio 144 **costa**

corruption; (*suborno*) bribery; (*devassidão*) depravity

corrupio [koxu'piw] *m* JOGOS children's game

corrupta *adj v.* **corrupto**

corruptela [koxup'tɛla] *f* corruption

corruptível [koxup'tʃivew, -ejs] *adj* 1.(*alimento*) perishable 2.(*pessoa*) corruptible

corrupto, -a [ko'xuptu, -a] *adj* corrupt

corruptor [koxup'tor] *m* corrupter

corsário [kor'sariw] *m* corsair

cortador [korta'dor] *m* cutter; ~ **de grama** lawn mower; ESPORT attacker

cortante [kor'tɐ̃ntʃi] *adj* 1.(*objeto*) cutting 2.(*muito frio: vento*) cutting 3.(*dor*) sharp 4.(*som*) piercing

corta-papel <-éis> ['kɔrta-pa'pɛw, -'ɛjs] *m* paperknife

cortar [kor'tar] I. *vt* 1.(*tecido, papel, cabelo, carne*) to cut; (*de um pedaço*) to cut off; (*uma árvore*) to cut down; (*grama*) to cut; ~ **ao meio** to cut in two 2.(*gás, água*) to cut off; (*telefone*) to cut off 3.(*de uma lista*) to remove; **cortou metade dos funcionários** the company fired half of its employees 4.(*cruzar: os mares*) to cross; **a rua corta a avenida** the street intersects the avenue 5.(*encurtar*) to shorten; ~ **caminho** to take a shortcut 6.(*cartas*) to cut 7.(*interromper*) to interrupt; ~ **a mesada** to stop a monthly allowance; ~ **a palavra a alguém** to cut in while sb is speaking; ~ **relações com alguém** to sever relations with sb; **corta essa!** *gír* cut it out! 8.(*anular*) to suppress; **café ajuda a** ~ **o sono** coffee helps to suppress sleep 9.(*deixar de usar*) to stop doing sth; **não consegue** ~ **o cigarro** he can't stop smoking 10.(*afligir*) to hurt; **isso é de** ~ **o coração** this is heartbreaking 11. ESPORT to smash 12. INFOR to cut II. *vi* (*tesoura*) to cut III. *vr:* ~-**se** to cut oneself

corte[1] ['kɔrtʃi] *m* 1.(*num dedo*) cut; ~ **de árvores** tree felling 2.(*de cabelo*) haircut; **ter um novo** ~ **de cabelo** to get a new hairstyle 3.(*de relações*) severing 4.(*de pessoal, de verbas*) cut 5.(*da roupa*) cut 6.(*de faca*) edge 7.(*do gado*) jointing 8.(*de energia elétrica*) power cut

corte[2] ['kɔrtʃi] *f* (*de soberano*) court; (*justiça*) court; (*galanteio*) courtship

cortejar [korte'ʒar] *vt* to court

cortejo [kor'teʒu] *m* procession; ~ **fúnebre** funeral cortege; ~ **nupcial** wedding procession

cortês [kor'tes] <-eses> *adj* courteous

cortesã [korte'zɐ̃] *f* (*prostituta*) courtesan

cortesão <-ãos *ou* -ões> [korte'zɐ̃w, -'ɐ̃ws, -'õjs] *m* courtier

corteses *adj pl de* **cortês**

cortesia [korte'zia] *f sem pl* (*civilidade*) courtesy; (*presente*) gift; **fazer** ~ **com o chapéu dos outros** to be generous at sb else's expense

cortesões *m pl de* **cortesão**

córtex <córtices> ['kɔrtɛks, 'kortʃisis] *m* 1. BOT bark 2. ANAT cortex

cortiça [kur'tʃisa] *f sem pl* cork

cortiço [kur'tʃisu] *m* 1.(*de abelhas*) hive 2.(*bloco de habitação*) slum

cortina [kur'tʃina] *f* curtain; ~ **de ferro** iron curtain; **atrás da** ~ *inf* underhandedly

cortisona [kortʃi'zona] *f sem pl* cortisone

coruja [ku'ruʒa] I. *f* owl II. *adj* doting; **pai/mãe** ~ doting mother/father

corujão <-ões> [kuru'ʒɐ̃w, -õjs] *m* late-night flight

corveta [kor'veta] *f* NÁUT corvette

corvo ['korvu] *m* crow

cós ['kɔs] *m sem pl* waistband

cossecante [kose'kɐ̃ntʃi] *f* MAT cosecant

cosseno [ko'senu] *m* MAT cosine

coser [ko'zer] *vt* to sew; (*ferida*) to stitch; ~ **algo a a. c.** to sew sth together

cosmética [koz'mɛtʃika] *f* cosmetic industry

cosmético [koz'mɛtʃiku] *m* cosmetics *pl*

cosmético, -a [koz'mɛtʃiku, -a] *adj* cosmetic

cósmico, -a ['kɔzmiku, -a] *adj* cosmic

cosmologia [kozmolo'ʒia] *f* ASTRON cosmology

cosmonauta [kozmo'nawta] *mf* cosmonaut

cosmonáutica [kozmo'nawtʃika] *f* astronautics + *sing vb*

cosmopolita [kozmopo'ʎita] *adj* cosmopolitan

cosmos ['kɔzmus] *m sem pl* cosmos

cossaco [ko'saku] *m* Cossack

costa ['kɔsta] *f* GEO coast; **dar à** ~ (*naufragar*) to run aground

Costa Rica ['kɔsta-xi'ka] f Costa Rica
costa-riquenho, -a ['kɔsta-xi'kẽɲu, -a] I. m, f Costa Rican II. adj Costa Rican
costas ['kɔstas] fpl 1. ANAT back; **nas** ~ on one's back; **estar de** ~ **para alguém/a. c.** to have one's back turned to sb/sth; **falar mal pelas** ~ to talk behind sb's back; **ser apunhalado pelas** ~ inf to be stabbed in the back; **virar as** ~ **a** [ou **para**] **alguém** to turn one's back on sb; **carregar nas** ~ fig to carry; **o jogador carregou o time nas costas durante o jogo** the player carried the team throughout the game; **querer ver alguém pelas** ~ to want to see the back of sb; **ter as** ~ **largas** to shoulder great responsibility; **ter as** ~ **quentes** to have backing 2. (da cadeira) back
costear [kostʃi'ar] conj como passear vt to follow the coast
costeiro, -a [kos'tejru, -a] adj coastal
costela [kos'tɛla] f rib
costeleta [koste'leta] f (comida) rib
costumar [kustu'mar] vt ~ **fazer a. c.** to usually do sth; **ele costuma ser simpático** he is usually friendly; **costuma fazer calor** it is generally hot
costume [kus'tume] m 1. (hábito) habit; ~**s** manners; **os bons** ~**s** good manners; **ter o** ~ **de fazer a. c.** to be in the habit of doing sth; **como de** ~ as usual; **de** ~ usual 2. (de um país) custom; **é** ~ (de um país) it's a custom
costumeiro, -a [kostu'mejru, -a] adj customary
costura [kos'tura] f 1. (atividade) sewing 2. (de roupa, soldadura) seam; **estar arrebentando pelas** ~**s** to be coming apart at the seams; **alta** ~ haute couture 3. (cicatriz) stitches
costurar [kostu'rar] I. vt to sew; (acordo) to hammer out II. vi (trânsito) to weave through
costureiro, -a [kostu'rejru, -a] m, f women's tailor; **costureira** dressmaker
cota ['kɔta] f 1. (porção determinada) quota; ~ **parte** share 2. (quantia) quota; ~ **anual** annual quota
cotação <-ões> [kota'sãw, -õjs] f quotation
cotado, -a [ko'tadu, -a] adj highly rated
cotangente [kotãŋ'ʒẽjtʃi] f MAT cotangent
cotar [ko'tar] vt ECON to quote; ~ **em** quoted at

cotejar [kote'ʒar] vt to compare
cotejo [ko'teʒu] m comparison
cotidiano [kotʃidʒi'ɜnu] m daily routine
cotidiano, -a [kotʃidʒi'ɜnu, -a] adj daily
cotonete [koto'netʃi] m cotton swab, cotton bud Brit
cotovelada [kotove'lada] f (golpe forte) blow from an elbow; (pressão leve) nudge; **dar uma** ~ **em a. c.** to elbow sb; **sair dando** ~**s** to be rude to everybody
cotovelo [koto'velu] m 1. ANAT elbow; **falar pelos** ~**s** to talk a lot 2. (cano) elbow joint
cotovia [koto'via] f lark
coube ['kowbi] 3. pret de **caber**
couraça [kow'rasa] f breastplate
couraçado [kowra'sadu] m NAÚT battleship
couraçado, -a [kowra'sadu, -a] adj armored Am, armoured
couro ['kowru] m 1. (de animal) hide 2. (trabalhado) leather 3. (de pessoa) skin; ~ **cabeludo** scalp; **dar no** ~ (mostrar-se eficaz) to show what one is made of; **tirar o** ~ **de alguém** (explorar financeiramente) to fleece sb; **o** ~ **comeu** things got out of hand
couve ['kowvi] f kale; ~ **à mineira** sautéed kale
couve-de-bruxelas ['kowvi-dʒi-bru'ʃɛlas] <couves-de-bruxelas> f Brussels sprouts pl
couve-flor ['kowvi-'flor] <couves-flor(es)> f cauliflower
couvert [ku'vɛr] m cover charge; ~ **artístico** cover charge
cova ['kɔva] f 1. (na terra) pit 2. (sepultura) grave; **ter os pés na** ~ to have one foot in the grave 3. (caverna) cave
covarde [ko'vardʒi] I. mf coward II. adj coward
covardia [kovar'dʒia] f sem pl cowardice
coveiro [ko'vejru] m gravedigger
covil <-is> [ko'viw, -'is] m (de animais) den; (de ladrões) hideout
covinha [ko'viɲa] f dimple
covis m pl de **covil**
coxa adj v. **coxo**
coxa ['koʃa] f 1. ANAT thigh; **fazer a. c. nas** ~**s** inf to do a sloppy job 2. GASTR (de frango) thigh
coxear [koʃe'ar] conj como passear vi to limp
coxia [ko'ʃia] f 1. (de avião) aisle 2. NAÚT

coxinha gangway 3. ARTE (*no teatro*) aisle
coxinha [koˈʃĩɲa] *f* GASTR chicken croquette
coxo, -a [ˈkoʃu, -a] *adj* lame
cozedura [kozeˈdura] *f* 1. *v.* **cozimento** 2. (*de cerâmica, de barro*) baking
cozer [koˈzer] *vt* 1. (*batatas*) to boil 2. (*pão*) to bake 3. (*cerâmica*) to bake
cozido [kuˈzidu] *m* stew
cozido, -a [kuˈzidu, -a] *adj* 1. (*ovo*) boiled; **batatas cozidas** boiled potatoes 2. (*pão*) baked
cozimento [koziˈmẽjtu] *f* 1. (*de batatas*) boiling 2. (*de pão*) baking
cozinha [kuˈzĩɲa] *f* kitchen; ~ **baiana** Bahian cuisine; ~ **pré-montada** pre-assembled kitchen
cozinhar [koziˈɲar] I. *vi* to cook II. *vt* 1. (*tramar*) to cook up 2. ESPORT to play for time
cozinheiro, -a [kuziˈɲejru, -a] *m, f* cook
CPF [sepeˈɛfi] *m abr de* **Cadastro de Pessoa Física** taxpayer's ID number
craca [ˈkraka] *f* fluting
crachá [kraˈʃa] *m* badge
crânio [ˈkrɐ̃niw] *m* ANAT skull; *inf* (*pessoa*) brain
crápula [ˈkrapula] *m* scoundrel
craque [ˈkraki] *m* expert; (*esporte*) star
crase [ˈkrazi] *f* LING crasis
crasso, -a [ˈkrasu, -a] *adj* 1. (*grande*) large 2. (*grosso*) thick 3. (*grosseiro*) crass; (*erro*) gross 4. (*denso*) dense
cratera [kraˈtɛra] *f* crater
cravar [kraˈvar] *vt* 1. (*pregar*) to nail; ~ **as unhas em a. c.** to dig one's nails into sth; ~ **os olhos em a. c.** to stare at sth 2. (*pedras preciosas*) to set
cravinho [kraˈvĩɲu] *m* BOT small carnation
cravo [ˈkravu] *m* 1. BOT carnation 2. (*condimento*) clove 3. MED (*no pé*) corn; (*ponto negro*) blackhead 4. MÚS harpsichord 5. (*prego*) nail
cravo-da-índia [ˈkravu-da-ˈĩdʒia] <cravos-da-índia> *m* clove
creche [ˈkrɛʃi] *f* daycare center *Am*, creche *Brit*
credenciais [kredẽjsiˈajs] *fpl* credentials
crediário [kredʒiˈariw] *m* installment plan *Am*, hire purchase
credibilidade [kredʒibiʎiˈdadʒi] *f sem pl* credibility
creditar [kredʒiˈtar] *vt* to credit

crédito [ˈkrɛdʒitu] *m* 1. ECON credit; **comprar/vender a** ~ to buy/sell on credit 2. (*de conta*) balance; **débito e** ~ debit and credit 3. (*empréstimo*) loan 4. (*credibilidade*) credibility 5. (*confiança*) trust 6. (*livro, filme, obra*) credits 7. (*na faculdade*) credit
credo [ˈkrɛdu] I. *m* REL creed II. *interj* ~ ! heavens!; **cruz-credo** heaven forbid!
credor(a) [kreˈdor(a)] *m(f)* creditor
crédula *adj v.* **crédulo**
credulidade [kreduʎiˈdadʒi] *f sem pl* credulity
crédulo, -a [ˈkrɛdulu, -a] *adj* gullible
cremação <-ões> [kremaˈsãw, -õjs] *f* cremation
cremalheira [kremaˈʎejra] *f* MEC rack
cremar [kreˈmar] *vt* to cremate
crematório [kremaˈtɔriw] *m* crematorium
creme [ˈkrɛmi] *m* 1. (*cosmética*) cream; ~ **de barbear** shaving cream; ~ **dental** tooth paste; ~ **hidratante** moisturizing cream 2. GASTR ~ **de legumes** creamed vegetables; (*sopa*); ~ **de cebola** cream of onion soup; (*recheio doce*) custard; ~ **chantilly** whipped cream; ~ **de leite** cream 3. (*cor*) cream
cremoso, -a [kreˈmozu, -ˈɔza] *adj* creamy
crença [ˈkrẽjsa] *f* belief; **ter** ~ **em** to believe in
crendice [krẽjˈdʒisi] *f* superstition
crente [ˈkrẽjtʃi] I. *mf* believer II. *adj* believing; **estar** ~ **que** to have faith that
crepe [ˈkrɛpi] *m* 1. GASTR crepe 2. (*tecido*) crepe
crepitação <-ões> [krepitaˈsãw, -õjs] *f* crackling
crepitar [krepiˈtar] *vi* to crackle
crepom [kreˈpõw] *adj* (*papel*) crepe paper
crepuscular [krepuskuˈlar] *adj* twilight
crepúsculo [kreˈpuskulu] *m* twilight
crer [ˈkrer] *irr* I. *irr vi* to beleive; ~ **em** to have faith in; **creio que sim/não** I think so/not II. *vr*: ~ -**se** to believe oneself to be
crescente [kreˈsẽjtʃi] I. *m* ASTRON crescent II. *adj* increasing; **quarto** ~ quarter moon
crescer [kreˈser] *vi* <c→ç> 1. (*em tamanho: bolo*) to rise 2. (*pessoa*) to grow; (*criar-se*) grow up; **cresça e apareça** *inf* first grow up and then ...

3. (*aumentar em número*) to increase
crescido, -a [kre'sidu, -a] *adj* (*pessoa*) grown
crescimento [kresi'mẽjtu] *m* **1.** (*em tamanho*) growth **2.** (*em quantidade*) increase
crespo, -a ['krespu, -a] *adj* **1.** (*cabelo*) curly **2.** (*superfície*) rough
cretina *f v.* **cretino**
cretinice [kretʃi'nisi] *f* MED cretinism
cretino, -a [kre'tʃinu, -a] *m, f* cretin
cria ['kria] *f* (*animal*) suckling; **~s** offspring; **dar ~** to give birth; **lamber a ~** to cosset
criação <-ões> [kria'sãw, -õjs] *f* **1.** (*invenção*) invention **2.** (*do mundo*) creation **3.** (*de crianças*) raising *Am*, bringing up *Brit*; **irmão de ~** foster brother **4.** (*de animais*) breeding
criada *adj, f v.* **criado**
criadagem [kria'daʒẽj] <-ens> *f* household servants
criado, -a [kri'adu, -a] **I.** *m, f* servant **II.** *adj* raised
criado-mudo [kri'adu-'mudu] <criados-mudos> *m* bedside table
criador(a)[1] [kria'dor(a)] **I.** *m(f)* (*de animais*) breeder **II.** *adj* creative
criador[2] [kria'dor] *m* (*do mundo*) the Creator
criança [kri'ɐ̃sa] *f* child; **~ de colo** infant
criançada [kriɐ̃'sada] *f sem pl* children
criação [kriɐ̃'sãw] *m* big baby
criancice [kriɐ̃'sisi] *f pej* childishness
criar [kri'ar] *conj como* **enviar** *vt* **1.** (*gerar*) to create **2.** (*produzir*) to produce **3.** (*inventar*) to invent **4.** (*fundar*) to establish **5.** INFOR to generate **6.** (*crianças*) to raise *Am*, to bring up *Brit* **7.** (*animais*) to breed **8.** (*plantas, flores*) to grow **9.** (*pó, ferrugem*) to form
criativa *adj v.* **criativo**
criatividade [kriatʃivi'dadʒi] *f* creativity
criativo, -a [kria'tʃivu, -a] *adj* creative
criatura [kria'tura] *f* creature
crime ['krimi] *m* crime; **cometer um ~** to commit a crime
criminal <-ais> [krimi'naw, -'ajs] *adj* criminal
criminalidade [kiminaʎi'dadʒi] *f sem pl* criminality
criminologia [kriminolo'ʒia] *f* JUR criminology *no pl*
criminoso, -a [krimi'nozu, -'ɔza] **I.** *m, f* criminal **II.** *adj* criminal
crina ['krina] *f* mane
crioulo, -a [kri'olu, -a] **I.** *m, f* creole; *pej* black **II.** *adj* creole; *pej* (*negro*) black
cripta ['kripta] *f* crypt
críquete ['kriketʃi] *m* ESPORT cricket
crisálida [kri'zaʎida] *f* ZOOL chrysalis
crisântemo [kri'zɐ̃ntemu] *m* chrysanthemum
crise ['krizi] *f* crisis; **~ de ciúmes** fit of jealousy; **~ econômica** economic crisis; **~ de nervos** attack of nerves; **entrar em ~** to be in crisis
crisma ['krizma] **I.** *m* REL chrism **II.** *f* REL (*sacramento*) confirmation
crismar [kriz'mar] *vt* **1.** REL to confirm **2.** (*dar nome*) to christen
crispar [kris'par] **I.** *vt* to crinkle **II.** *vr*: **~-se** to twitch
cristã *adj, f v.* **cristão**
crista ['krista] *f* **1.** (*da onda, de aves*) crest **2.** (*do galo*) comb **3.** (*cabelo*) hair
cristal <-ais> [kris'taw, -'ajs] *m* crystal; **de ~** crystal; **os cristais** glassware
cristaleira [krista'lejra] *f* china cabinet
cristalino [krista'ʎinu] *m* ANAT crystalline lens
cristalino, -a [krista'ʎinu, -a] *adj* crystalline; (*claro*) crystal clear; **voz cristalina** crystal clear voice
cristalizado, -a [kristaʎi'zadu, -a] *adj* (*fruta*) candied
cristandade [kristɐ̃n'dadʒi] *f sem pl* Christianity *no pl*
cristão, -tã [kris'tɐ̃w, -ɐ̃] <-s> *adj, m, f* Christian
cristianismo [kristʃjɐ̃'nizmu] *m sem pl* Christianity *no pl*
cristianização [kristʃjɐ̃niza'sɐ̃w] *f sem pl* Christianization *no pl*
Cristo ['kristu] *m* Christ
critério [kri'tɛriw] *m* criterion; **deixar a. c. ao ~ de alguém** leave sth to sb's discretion
criterioso, -a [kriteri'ozu, -'ɔza] *adj* judicious
crítica *adj v.* **crítico**
crítica ['kritʃika] *f* criticism; (*análise*) critique; (*de filme, livro*) review; **~ de cinema** movie review; **fazer uma ~ a alguém/a. c.** to criticize sb/sth; **seu trabalho está abaixo da ~** your work is of poor quality
criticar [kritʃi'kar] *vt* <c→qu> to criticize; (*obra, filme, livro*) to review; *pej* (*ridicularizar*) to ridicule

criticável <-eis> [kritʃiˈkavew, -ejs] *adj* censurable

crítico [ˈkritʃiku] *m* critic

crítico, -a [ˈkritʃiku, -a] *adj* critical; **estado ~** critical condition

crivar [kriˈvar] *vt* to sift

crível <-eis> [ˈkrivew, -ejs] *adj* believable

Croácia [kroˈasia] *f* Croatia

croata [kroˈata] **I.** *mf* Croat **II.** *adj* Croatian

crocante [kroˈkãntʃi] *adj* crunchy; GASTR praline

crochê [kroˈʃe] *m* crochet; **fazer ~** to crochet

crocodilo [krokoˈdʒilu] *m* crocodile; **chorar lágrimas de ~** to cry crocodile tears

croissant [kruaˈsã] *m* croissant

cromado, -a [kroˈmadu, -a] *adj* chrome-plated

cromática [kroˈmatʃika] *f* chromatic

cromo [ˈkromu] *m* chromium

cromossomo [kromoˈsomu] *m* chromosome

crônica [ˈkronika] *f* chronicle; (*conto*) short story

crônico, -a [ˈkroniku, -a] *adj* chronic

cronista [kroˈnista] *mf* (*historiador*) chronicler; (*no jornal*) columnist

cronologia [kronoloˈʒia] *f sem pl* chronology

cronológico, -a [kronoˈlɔʒiku, -a] *adj* chronological

cronometrar [kronomeˈtrar] *vt* to time

cronômetro [kroˈnometru] *m* stop watch

croquete [kroˈkɛtʃi] *m* GASTR croquette

crosta [ˈkrɔsta] *f* crust; (*de ferida*) scab; **~ terrestre** Earth's crust

cru [ˈkru] *adj* **1.** (*material*) unprocessed; (*alimento*) raw **2.** (*rude*) crude **3.** (*não amadurecido*) green **4.** (*sem experiência*) inexperienced; **você é muito ~ neste assunto** you are very inexperienced in this matter **5.** (*palavras*) harsh **6.** (*verdade*) unvarnished

crucial <-ais> [krusiˈaw, -ˈajs] *adj* (*decisivo*) crucial

crucificação <-ões> [krusifikaˈsãw, -õjs] *f* crucifixion

crucificar [krusifiˈkar] *vt* <c→qu> to crucify; *fig* (*criticar duramente*) to crucify

crucifixo [krusiˈfiksu] *m* crucifix

cruel <-éis> [kruˈɛw, -ˈɛjs] *adj* cruel

crueldade [krueldaˈdʒi] *f* cruelty

cruento, -a [kruˈẽjtu, -a] *adj* bloody

crustáceo [krusˈtasiw] *m* crustacean

cruz [ˈkrus] *f* cross; **~ suástica** swastika; **em ~** in the form of a cross; **Cruz Vermelha** Red Cross; **carregar a sua ~** *fig* to have a cross to bear; **ficar entre a ~ e a espada** *fig* to be between a rock and a hard place *Am*, to be between the devil and the deep blue sea *Brit*

cruzada [kruˈzada] *f* crusade

cruzado [kruˈzadu] *m* (*pessoa*) crusader

cruzado, -a [kruˈzadu, -a] *adj* (*braços*) folded; (*pernas*) crossed; (*cheque*) crossed; **fogo ~** crossfire; **palavras--cruzadas** crossword puzzle; **ficar de braços ~s** to stand by and do nothing

cruzamento [kruzaˈmẽjtu] *m* **1.** crossroads; BIOL crossbreeding **2.** ESPORT cross; **o gol saiu de um ~** the goal was scored from a cross

cruzar [kruˈzar] **I.** *vt* **1.** (*rua*) to cross; **~ os braços** to fold one's arms; *fig* to stand by and do nothing; **~ as pernas** to cross one's legs; **~ com alguém** to meet sb; **ele cruzou com um amigo na rua** he met a friend in the street **2.** (*acasalar animais*) to breed animals; **~ uma cadela com um vira-lata** to cross a bitch with a mongrel **3.** ECON (*cheque*) to cross **4.** ESPORT (*bola*) to cross **II.** *vr:* **~-se 1.** to meet; **eles cruzaram-se na rua** they met in the street **2.** (*corresponder*) **~-se com a. c.** to correspond to sth; **as alças do vestido cruzam-se nas costas** the dress straps cross over at the back

cruzeiro [kruˈzejru] *m* cruise

cruzes [ˈkruzis] **I.** *fpl* ANAT hips **II.** *interj* **~!** oh my!

cu [ˈku] *m chulo* asshole *Am*, arsehole *Brit*; **ficar com o ~ na mão** to be scared shitless; **tirar o ~ da reta** to save one's ass; **vai tomar no ~!** up yours!

cuba [ˈkuba] *f* vat

Cuba *f* Cuba

cubano, -a [kuˈbanu, -a] *adj, m, f* Cuban

cúbico, -a [ˈkubiku, -a] *adj* cubic; **metro ~** cubic meter; **raiz cúbica** cube root

cubículo [kuˈbikulu] *m* cubicle

cubo [ˈkubu] *m* MAT cube

cuca [ˈkuka] *f* **1.** (*cozinheiro*) cook **2.** (*bicho-papão*) bogeyman; **encher a**

~ *gír* to get drunk; **fundir a ~ de alguém** *gír* to confuse sb
cucaracho [kuka'raʃu] *m pej* spic
cuco ['kuku] *m* cuckoo; (*relógio*) cuckoo clock
cu-do-mundo ['ku-du-'mūwdu] <cus-do-mundo> *m chulo* middle of nowhere
cueca [ku'ɛka] *f* (men's) underpants
Cuiabá [kuja'ba] (City of) Cuiabá
cuíca [ku'ika] *f* opossum

> **Cultura** A **cuíca** is a musical instrument in the form of a tiny barrel covered with animal skin at one end, which is fixed to a piece of leather or a wooden stick and produces a hoarse sound when rubbed with a damp cloth. Of Bantu origin, it was brought to Brazil by slaves from the Congo and Angola.

cuidado [kuj'dadu] I. *m* 1. (*preocupação*) care; **requerer ~s** to require care; (*precaução*) precaution; (*cautela*) caution; **com ~** with care; **ter** [*ou* **tomar**] **~ com a. c.** to be careful with sth 2. (*responsabilidade*) **aos ~s de** in the care of; (*em carta*) c/o; **deixar a. c. aos ~s de alguém** to leave sth in sb's care II. *interj* ~! look out!
cuidadoso, -a [kujda'dozu, -'ɔza] *adj* 1. (*cauteloso*) cautious 2. (*diligente*) careful; **ser ~ com a. c.** to be careful with sth
cuidar [kuj'dar] I. *vt* 1. (*tratar*) to take care of; **~ de alguém/a. c.** to take care of sb/sth; **~ da mãe doente** to take care of a sick mother 2. (*pensar*) to think carefully; **é preciso ~ o que se diz** it is important to think carefully before you speak 3. (*tomar conta*) take charge; **cuida dos negócios da família** to take charge of family affairs II. *vr:* ~-**se** 1. (*fisicamente*) to treat oneself 2. (*zelo*) to take care of oneself; **cuide-se!** take care of yourself!
cujo, -a ['kuʒu, -a] I. *pron rel* whose; **a mulher, ~ gato/cuja casa ...** the woman, whose cat/whose house; **o homem, ~ gato/cuja casa ...** the man, whose cat/whose house II. *m, f inf* **o dito ~** the said person
culatra [ku'latra] *f* breech; **o tiro saiu pela ~** the shot backfired
culinária [kuʎi'naria] *f* cookery
culinário, -a [kuʎi'nariw, -a] *adj* culinary
culinarista [kuʎina'rista] *mf* culinarian
culminação <-ões> [kuwmina'sɜ̃w, -õjs] *f* culmination; ASTRON apogee
culminância [kuwmi'nɜ̃sia] *f* culmination
culminante [kuwmi'nɜ̃tʃi] *adj* culminating; **momento ~** crowning moment; **ponto ~** highest point
culminar [kuwmi'nar] *vi* to culminate; **~ em** to culminate in
culpa ['kuwpa] *f* fault; **a ~ não é minha** [*ou* **não tenho ~**] it's not my fault; **ter (a) ~ de** to be to blame for sth; **não teve ~ no acidente** no one was to blame for the accident; **por ~ de** to blame sb; **jogar a ~ em cima de alguém** to blame sb else; **ter ~ no cartório** *inf* to have a guilty conscience
culpado, -a [kuw'padu, -a] I. *m, f* culprit II. *adj* guilty; **ser ~ de a. c.** to be guilty of sth
culpar [kuw'par] I. *vt* to blame; **~ alguém de** [*ou* **por**] **a. c.** to blame sb for sth II. *vr:* ~-**se** to blame oneself; ~-**se por a. c.** to blame oneself for sth
culpável <-eis> [kuw'pavew, -ejs] *adj* (*ato*) culpable; (*pessoa*) guilty
culta *adj v.* **culto**
cultivar [kuwtʃi'var] I. *vt* (*a terra*) to farm; (*legumes*) to grow; (*uma amizade*) to cultivate II. *vr:* ~-**se** to become cultured
cultivável <-eis> [kuwtʃi'vavew, -ejs] *adj* AGR arable
cultivo [kuw'tʃivu] *m sem pl* 1. AGR (*da terra*) farming 2. (*de legumes*) growing 3. (*de uma amizade*) cultivation
culto ['kuwtu] *m* cult; **praticar um ~** to take part in a cult
culto, -a ['kuwtu, -a] *adj* cultured
cultura [kuw'tura] *f* 1. (*de um povo*) culture 2. (*de uma pessoa*) education; **~ geral** general knowledge 3. (*da terra*) cultivation
cultural <-ais> [kuwtu'raw, -'ajs] *adj* cultural
cumbuca [kūw'buka] *f* 1. (*recipiente*) bowl 2. *gír* gambling house
cume ['kumi] *m* 1. (*de um monte*) summit 2. (*auge*) climax
cumeeira [kumi'ejra] *f* rooftop
cúmplice ['kũwplisi] I. *mf* accomplice

cumplicidade 150 **curto**

II. *adj* complicit

cumplicidade [kũwplisi'dadʒi] *f* cumplicity

cumpridor(a) [kũwpri'dor(a)] *adj* reliable

cumprimentar [kũwprimẽj'tar] I. *vt* (*saudar*) to greet; (*felicitar*) to compliment II. *vi* to pay sb a compliment

cumprimento [kũwpri'mẽtu] *m* 1.(*de uma ordem, lei*) compliance 2.(*de uma tarefa*) accomplishment 3.(*dos requisitos*) fulfillment 4.(*saudação*) greeting; **mandar ~ s a alguém** to give ones regards to sb 5.(*felicitação*) compliment

cumprir [kũw'prir] I. *vt* (*uma ordem, lei*) to comply with; (*uma tarefa*) to carry out; (*uma promessa*) to fulfill; (*a palavra*) to keep; (*um prazo*) to meet; (*os requisitos*) to fulfill II. *vi* to meet; **~ com as suas obrigações** to meet one's obligations

cúmulo ['kumulu] *m sem pl* culmination; **isso é o ~!** this is the last straw!; **isso é o ~ da estupidez!** this is the height of stupidity!; **isso é o ~ dos ~ s!** this takes the cake! *Am,* this takes the biscuit! *Brit*

cunha ['kuɲa] *f* wedge

cunhado, -a [kũ'ɲadu, -a] *m, f* brother-in-law

cunhagem [kũ'ɲaʒẽj] <-ens> *f* coinage

cunhar [kũ'ɲar] *vt* to mint; (*inventar*) to coin

cunho ['kũɲu] *m* 1.(*carimbo*) stamp 2.(*marca*) hallmark 3.(*caráter*) character

cupê [ku'pe] *m* coupe

cupido [ku'pidu] *m* cupid

cupim [ku'pĩj] *m* ZOOL termite

cupincha ['pĩjʃa] *m* pal

cupom [ku'põw] <-ons> *m* coupon

cúpula ['kupula] *f* 1. ARQUIT dome 2.(*de partido*) leadership 3.(*conferência*) summit(meeting)

cura ['kura] I. *f* cure; **ter/não ter ~** to be curable/incurable; **~ de desintoxicação** detoxification II. *m* REL parish priest

curado, -a [ku'radu, -a] *adj* 1.(*pessoa, doença*) cured 2.(*queijo*) cured 3.(*metal*) cured

curador [kura'dor] *m* JUR trustee

curandeiro, -a [kurãɲ'dejru, -a] *m, f* quack

curar [ku'rar] I. *vt* 1. MED (*pessoa*) to cure; (*ferida*) to heal 2.(*queijo, carne*) to cure II. *vr:* **~-se** to recover one's health

curativo [kura'tʃivu] *m* bandage; **fazer o ~** to dress a wound

curativo, -a [kura'tʃivu, -a] *adj* curative

curável <-eis> [ku'ravew, -ejs] *adj* curable

curetagem [kure'taʒẽj] *f* MED curettage

cúria ['kuria] *f* Curia, curia

curiosa *adj v.* **curioso**

curiosidade [kuriozi'dadʒi] *f* 1.(*sentimento*) curiosity; **estar com ~** to be curious 2.(*raridade*) curiosity

curioso, -a [kuri'ozu, -'ɔza] *adj* 1.(*indiscreto*) curious 2.(*estranho*) curious

Curitiba [kuri'tʃiba] (City of) Curitiba

curitibano, -a [kuritʃi'bãnu, -a] I. *m, f* native of Curitiba II. *adj* (*proveniente de Curitiba*) from Curitiba; (*relativo a Curitiba*) of Curitiba

curral <-ais> [ku'xaw, -'ajs] *m* corral

currar [ku'xar] *vt* gang-rape

currículo [ku'xikulu] *m* curriculum

curriculum vitae [kuxiku'lũw 'vitɛ] *m sem pl* resumé *Am,* curriculum vitae, cv *Brit*

cursado, -a [kur'sadu, -a] *adj* studying; **ser ~ em a. c.** to have knowledge of sth

cursar [kur'sar] *vt* (*curso*) to take; (*universidade*) to attend; **ele cursa medicina** he studies medicine

curso ['kursu] *m* 1.(*direção*) course 2.(*aulas*) course; **~ de especialização** extension course; **fazer um ~** to take a course 3.(*universidade*) course; **terminar** [*ou* **acabar**] **o ~** to finish a course; **fazer o ~ de medicina** to study medicine

cursor [kur'sor] *m* INFOR cursor

curta *adj v.* **curto**

curta-metragem [kurtame'traʒẽj] <curtas-metragens> *m* CINE short film

curtição <-ões> [kurt'sãw, -õjs] *f inf* enjoyment

curtir [kur'tʃir] I. *vt* 1.(*couro*) to tan 2.(*azeitonas*) to pickle 3. *inf* (*férias, música, pessoa*) to enjoy II. *vi* 1. *inf* (*divertir-se*) to enjoy oneself 2. *inf*(*com alguém*) to make fun of sb

curto, -a ['kurtu, -a] *adj* 1.(*tamanho*) short 2.(*duração*) brief; **de vista ~** short-sighted 3.(*inteligência*) limited 4.(*lacônico*) concise; **ele foi ~ e gros-**

so he was very brusque
curto-circuito ['kurtu-sir'kwitu] <cur­tos-circuitos> *m* ELETR short circuit
curtume [kur'tumi] *m* tanning; **fábrica de ~ s** tannery
curva *adj v.* **curvo**
curva ['kurva] *f* curve; (*de estrada*) bend; **~ fechada** hairpin bend; **fazer a ~** to take a bend
curvado, -a [kur'vadu, -a] *adj* curved
curvar [kur'var] **I.** *vt* to curve **II.** *vr:* **~-se 1.** (*inclinar a cabeça*) to bow **2.** (*submeter-se*) **~-se a alguém/a. c.** to bow to sb/sth
curvatura [kurva'tura] *f* curvature
curvo, -a ['kurvu, -a] *adj* curved
cuspe ['kuspi] *m sem pl* spit
cuspido, -a [kus'pidu, -a] *adj* spat out; (*expelido*); **ser ~** to be flung out
cuspir [kus'pir] *irr como subir* **I.** *vt* (*lançar*) to toss; (*expelir*) to fling out; **~ sangue** to spit blood; **~ no prato em que comeu** to bite the hand that feeds you **II.** *vi* to spit
custar [kus'tar] **I.** *vt* to cost; **quanto custa?** how much does it cost?; **~ os olhos da cara** to cost an arm and a leg; **~ a vida** to cost sb's life **II.** *vi* to be hard; **isso não custa (nada)** this is easy; **custe o que ~** at all costs; **~ a fazer** to be hard to do; **custa a crer** it's hard to believe; **custou-lhe a aceitar o fato** he found it hard to accept the truth
custas ['kustas] *fpl* JUR costs; **à(s) ~(s) de** at sb's expense; (*financeiramente*) expenses
custear [kustʃi'ar] *conj como passear vt* to finance
custo ['kustu] *m* **1.** (*preço*) cost; **o ~ da vida** the cost of living; **~s** expenses *pl;* **~ de viagem** travel expenses *pl;* **ajudas de ~** financial assistance **2.** (*esforço*) difficulty; **a muito ~** with great difficulty; **a todo o ~** at all costs
custo-benefício ['kustu-bene'fisiw] *sem pl m* cost-effectiveness *no pl;* **relação ~** cost-benefit ratio
custódia [kus'tɔdʒia] *f* **1.** (*de prisioneiros*) custody **2.** (*de crianças*) custody; **o pai/a mãe tem a ~ dos filhos** the mother/father has custody of the children **3.** REL monstrance
custoso, -a [kus'tozu, -ɔza] *adj* **1.** (*caro*) expensive **2.** (*difícil*) difficult
cutâneo, -a [ku'tɜniw, -a] *adj* ANAT cutaneous, skin *inf;* **erupção cutânea** cutaneous eruption, rash *inf*
cutelo [ku'tɛlu] *m* cleaver
cutia *f* ZOOL agouti (*Brazilian rodent*)
cutícula [ku'tʃikula] *f* cuticle
cútis ['kuts] *f sem pl* (*pele do rosto*) complexion
cutucar [kutu'kar] *vt* <c→qu> to nudge; (*nariz, ouvidos*) to pick; (*incentivar*) to prod
CV [se've] *m abr de* **cavalo-vapor** horsepower
czar [ki'zar] *m* czar

D

D, d ['de] *m* D, d
D. ['dona] *f abr de* **Dona** Miss, *title of respect used with a first name and without regard for marital status*
da [da] = **de + a** *v.* **de**
dada *adj v.* **dado**
dádiva ['dadʒiva] *f* (*dom*) gift; **é uma ~ de Deus!** it's a gift from Heaven!
dado ['dadu] **I.** *m* **1.** (*de jogo*) die *sing,* dice *pl;* **lançar os ~s** to throw the dice **2.** *tb.* INFOR (*fato*) data *pl;* **~ pessoais** personal data **3.** MAT given fact **II.** *conj* **~ que ...** given that ... **III.** *pron indef* **em ~ momento** at a given time
dado, -a ['dadu, -a] *adj* **1.** (*motivo*) given; **dada a gravidade da situação, tomaremos medidas drásticas** given the gravity of the situation, we will take drastic measures **2.** (*sociável*) outgoing; **todos gostam dele, é muito ~** everybody likes him, he is very outgoing **3.** (*propenso*) **ser ~ a a. c.** to be given to sth; **ela é dada a acessos de raiva** she is given to fits of rage
daí [da'i] *adv* **1.** (*desse lugar*) from there; **saia ~!** get out! **2.** (*por isso*) therefore; **~ resulta que ...** which is why ...; **e ~?** so what?
daiquiri [dajki'ri] *m* daiquiri
dalai-lama [da'laj-'lɜma] *m* Dalai Lama
dali [da'ʎi] *adv* from there
dália ['daʎja] *f* BOT dahlia
dálmata ['dawmata] *m* ZOOL Dalmatian (dog)

daltônico, -a [daw'toniku, -a] *adj* color-blind *Am*, colour-blind *Brit*
daltonismo [dawto'nizmu] *m sem pl* color blindness *no pl*
dama ['dɜma] *f* 1. (*senhora*) lady; ~ **de companhia** employed companion; ~ **de honra** maid of honor; **primeira** ~ first lady 2. (*baralho*) queen
dama-da-noite ['dɜma-da-'nojtʃi] <damas-da-noite> *f* BOT night jasmine
damas ['dɜmas] *fpl* (*jogo*) checkers *no pl Am*, draughts *no pl Brit*; **jogar** ~ to play checkers
damasco [dɜ'masku] *m* 1. (*tecido*) damask 2. BOT apricot
danação [dɜna'sɜ̃w] *f sem pl* (*condenação*) condemnation *no pl*; (*aborrecimento*) anger *no pl*
danado, -a [dɜ'nadu, -a] *adj* 1. (*condenado*) condemned 2. (*estragado*) ruined; **o sapato ficou todo** ~ the shoe was ruined 3. (*furioso*) livid; **ele ficou** ~ **da vida com a atitude do colega** his colleague's attitude made him livid 4. *inf* (*travesso*) naughty; **êta moleque** ~**!** you naughty boy! 5. (*extraordinário*) amazing; **ter uma sorte danada** to have amazing luck; **ser** ~ **de bom** to be damn(ed) [*o* darn(ed)] good
danar [dɜ'nar] I. *vt* to damage; **ler no escuro pode** ~ **a vista** reading in the dark is bad for your eyes II. *vi* **é um homem rico pra** ~ *inf* he's loaded III. *vr* ~**-se** *inf* (*sair-se mal*) to screw up; **que se danem!** screw them!
dança [dɜ̃'sa] *f* dance; ~ **de roda** square dance; ~ **de salão** ballroom dancing; **a** ~ **dos ministros** *fig, inf* musical chairs (played by the ministers); (*movimentação*) bustle; (*negócio*); **entrar na** ~ *inf* to go in on the deal
dançante [dɜ̃'sɜ̃ntʃi] *adj* **ritmo/música** ~ dance rhythm/music; **jantar** ~ dinner and dance
dançar [dɜ̃'sar] <c→ç> I. *vt* to dance; ~ **uma música com alguém** to dance a song [*o* a number] with sb II. *vi* 1. to dance; ~ **conforme a música** *fig* to dance to the music 2. (*ficar folgado*) **a calça lhe dançava na cintura** his pants *Am* [*o Brit* trousers] were sagging at his waist 3. *inf* (*não dar certo*) to go wrong; **aquela proposta de trabalho dançou** that work proposal didn't work out; **você dançou** you're out of luck; (*dar-se mal*); **ele dançou na prova de matemática** she flunked [*o Am sl* bombed] the math test 4. (*ser preso*) to get arrested; **foi pego em flagrante e dançou** he was [*o* he got] caught in the act and arrested
dançarino, -a [dɜ̃sa'rinu, -a] *m, f* dancer
danceteria [dɜ̃sete'ria] *f* dance club
danificação [dɜnifika'sɜ̃w] *f sem pl* damaging *no pl*
danificar [dɜnifi'kar] <c→qu> I. *vt* to damage II. *vr:* ~**-se** to become damaged
daninho, -a [dɜ'nĩɲu, -a] *adj* 1. harmful 2. **ervas daninhas** BOT weeds *pl*
dano ['dɜnu] *m* 1. (*prejuízo*) damage; ~ **material** material damage; ~ **moral** pain and suffering 2. (*perda*) loss
dantes ['dɜ̃ts] *adv* before
dantesco, -a [dɜ̃'tesku, -a] *adj* (*espetáculo; sonho*) horrible
daquele, -a [da'keʎi, -'ɛla] = **de** + **aquele** *v.* **de**
daqui [da'ki] *adv* from here; ~ **em diante** from now on; ~ **a pouco** in a short while; ~ **a uma semana/um mês** a week/month from now; ~ **até lá** (*distância*) from here to there; (*tempo*) from now until then; **sai** [*ou* **some**] ~**!** get out (of here)!
daquilo [da'kilu] = **de** + **aquilo** *v.* **de**
dar ['dar] *irr* I. *vt* 1. (*ceder*) to give away; **ela deu as suas roupas velhas** she gave her old clothes away; ~ **o braço a torcer** to give in; ~ **lugar** to give way (to); ~ **tudo para ser feliz** to give anything to be happy 2. (*oferecer*) to give; ~ **as boas-vindas** to welcome (sb); ~ **conselhos** to give advice; ~ **oportunidade a alguém** to give sb a chance 3. (*entregar*) to give; ~ **aulas** to teach classes; ~ **uma explicação a alguém** to give sb an explanation; **dá aqui!** give it here!; **dei 50 reais pelos sapatos** I spent fifty reais on the shoes; **quanto você dá por isso?** how much would you say this is worth?; ~ **a vida por alguém** to give one's life for sb 4. (*conceder*) to give; ~ **um crédito/garantia** to give a credit/warranty; ~ **direitos** to grant rights; ~ **ouvidos a alguém** to listen to sb; ~ **palpites** to butt in; ~ **razão a alguém** to give sb; ~ **satisfação a alguém** to give sb an explanation; ~ **um tempo** *gír* to take a break; **dá licença, por favor** excuse

me, please **5.** (*comunicar*) to give; ~ **informações** to give information; ~ **ordens** to give orders; ~ **os parabéns a alguém** to congratulate sb; ~ **um recado a alguém** to give sb a message; **dê meus cumprimentos à sua mãe** send my compliments to your mother **6.** (*fazer*) to give; ~ **uma festa** to give [*o* to throw] a party; ~ **uma matéria** to give a subject; ~ **um passeio** to go for a walk **7.** (*soma*) to pay; ~ **entrada no carro** to put a down payment on the car **8.** (*causar*) to cause; ~ **dor de cabeça** to give (sb) a headache; ~ **problemas** to cause problems; ~ **trabalho a alguém** to make work for sb, to give (*o* cause) sb trouble; **isso dá medo/pena** it's scary/a pity **9.** (*produzir*) to bear; ~ **fruto** to bear fruit; ~ **um grito** to let out a yell; ~ **sinal de vida** to show a sign of life; ~ **um sorriso** to give a smile **10.** (*reparar em*) to notice; **não ~ por a. c.** to overlook sth; ~ **pela presença de alguém** to perceive sb's presence **11.** (*encontrar*) to come across; ~ **com uma casa/rua** to come across a house/street; ~ **com uma foto antiga** to come across an old photo **12.** (*ir ter*) to meet; **este caminho dá para o rio** this path leads to the river **13.** (*estar voltado*) to look out over; **a janela dá para o jardim** the window looks out over the garden **14.** (*no jornal*) to appear; **o que deu hoje no jornal sobre ele?** what did today's newspaper say about him?; **o que está dando no cinema?** what's showing at the movies *Am* [*o Brit* cinema] ?; **o que está dando na tevê?** what's on (the) TV? **15.** *chulo* to give oneself (sexually); ~ **para deus e o mundo** to sleep around **16.** (*as cartas*) to deal **17.** (*uma bofetada*) to cuff, to punch; (*um remédio*) to give **18.** (*prosseguir*) **deu continuidade ao trabalho do pai** to continue with the father's work **19.** (*horas*) to strike; **o relógio deu duas horas** the clock struck two (o'clock) II. *vi* **1.** (*ser possível*) to work out; **não dá!** it's impossible!; **tentei chegar na hora, mas não deu** I tried to get there on time, but it didn't work out **2.** (*ser suficiente*) to do; **a comida não dá para todos** the food won't be enough for everyone; **isso não dá para nada** that won't do for anything; **esse dinheiro dá para** (**comprar**) **um vestido** this money will get you [*o* is enough for] a dress **3.** ~ ~ **azar** to bring bad luck; ~ **certo** to turn out all right; ~ **em cima de alguém** to come on to sb; ~ (**um**) **duro** (**danado**) *inf* to work (damn) hard; ~ **o que falar** to give people sth to talk about; ~ **mole** *inf* to come on to sb's advances; ~ **para trás** to give up; **para o que der e vier** whatever may come; **não dará em nada** nothing will happen at all; **não ~ para a. c.** (*ter jeito*) to work; **quem me dera!** I wish! III. *vr*: ~**-se 1.** (*sentir-se*) **esta planta não se dá bem dentro de casa** this plant does not do well indoors **2.** (*acontecer*) to happen; **o casamento deu-se em outubro** the wedding took place in October **3.** (*com alguém*) ~**-se bem/mal com alguém** to get along well/badly with sb

dardo ['dardu] *m* **1.** ESPORT javelin **2.** (*do jogo*) dart; **jogar ~ s** to play darts **3.** (*de inseto*) sting

darwinismo [darvi'nizmu] *m sem pl* Darwinism *no pl*

data ['data] *f* date; ~ **de nascimento** date of birth; ~ **de validade** (**de documento**) effective date (of a document); ~ **de validade** (**de alimento**) expiry date (of food), best-by date; **são amigos de longa** ~ they are longtime friends; **pôr a ~ em a. c.** to date sth; **naquela ~ eu estava viajando** I was out of town [*o* away] on that date

data-base ['data-'bazi] <**datas-base(s)**> *f* ECON reference date, base date

datado, -a [da'tadu, -a] *adj* (*ultrapassado*) dated

datar [da'tar] *vt* to date; **o documento data de 1956** the document dates from 1956

datilógrafa *f v.* **datilógrafo**

datilografar [dat∫ilogra'far] *vt* to type

datilografia [dat∫ilogra'fia] *f* typing *no pl*

datilógrafo, -a [dat∫i'lɔgrafu, -a] *m, f* typist

dativo [da't∫ivu] *m* LING dative

d.C. [de'se] *adv abr de* **depois de Cristo** A.D.

DDD [dede'de] *m abr de* **discagem direta a distância** area code

DDI [dede'i] *m abr de* **discagem direta internacional** country code

DDT [dede'te] *m* QUÍM *abr de* dicloro-difeniltricloroetano DDT

de [dʒi] *prep* **1.** (*proveniência, origem*) **ela é ~ Brasília** she is from Brasília; **ele saiu ~ casa** he left home; **recebi uma carta do João** I received a letter from João **2.** (*material*) **bolo ~ chocolate** chocolate cake; **chapéu ~ palha** straw hat; **uma mesa ~ madeira/vidro** a wood(en)/glass table **3.** (*posse*) **a casa/o carro do Manuel** Manuel's house/car; **os ativos da empresa ABC** the assets of the ABC company, the ABC company's assets **4.** (*temporal*) **~ ... a ...** from ... to ...; **~ dia** during the day; **~ manhã** in the morning; **~ hoje em diante** from today on(wards); **~ hoje a duas semanas** two weeks from today **5.** (*modo*) **estar ~ pé** to be standing; **estou ~ chapéu/óculos** I'm wearing a hat/glasses; **ir ~ carro/trem** to go by car/train; **a cadeira está ~ lado** the chair is on its side; **ver a. c. ~ lado/frente/costas** to see the side/front/back of sth; **começar ~ novo** to start again [*o* over] *Am;* **nada ~ novo** nothing new **6.** (*descritivo*) **a cidade ~ Nova York** the city of New York; **um copo ~ vinho/água** a glass of wine/water; **sala ~ jantar** dining room; **isso é difícil/fácil ~ entender** that is difficult/easy to understand; **não é ~ comer/beber** it is not for eating/drinking **7.** (*causa*) **morrendo ~ fome** dying of hunger **8.** (*distância, números*) **da minha casa à esquina** from my house to the corner; **~ zero a vinte** from zero to twenty; **~ cá para lá e ~ lá para cá** back and forth, to and fro **9.** (*comparação*) **mais ~ vinte** more than twenty; **é o vestido mais caro da loja** it's the most expensive dress in the store

deambular [deɜ̃bu'lar] *vi* **1.** (*vaguear*) to wander **2.** (*passear*) to stroll

debaixo [dʒi'bajʃu] *adv* **~ de** below, beneath

debandada [debɜ̃'dada] *f* disorderly flight; **em ~** in disorderly flight

debandar [debɜ̃'dar] **I.** *vt* to dispel **II.** *vr:* **~-se** to disperse

debate [de'batʃi] *m* **1.** debate; **~ político** political debate; **estar em ~** to be in debate **2.** (*contestação*) challenge

debater [deba'ter] **I.** *vt* to debate **II.** *vr:* **~-se** to scrabble

débeis *adj, f pl de* **débil**

debelar [debe'lar] *vt* (*uma crise*) to overcome

debênture [de'bẽturi] *f* ECON debenture

débil <-eis> ['dɛbiw, -ejs] **I.** *adj* **1.** (*corpo*) feeble, weak **2.** (*mente*) feeble-minded **II.** *mf* retarded person; **~ mental** mentally retarded person

debilidade [debiʎi'dadʒi] *f sem pl* infirmity; **~ mental** mental disability

debilitante [debiʎi'tɜ̃ntʃi] *adj* debilitating

debilitar [debiʎi'tar] **I.** *vt* to debilitate **II.** *vr:* **~-se** to weaken

debiloide [debi'lɔjdʒi] *adj, mf pej, inf* retard

debitar [debi'tar] *vt* to debit

débito ['dɛbitu] *m* debit; (*dívida*) debt; **~ e crédito** debit and credit

debochado, -a [debo'ʃadu, -a] *adj* (*tom*) mocking; (*pessoa, jeito*) sarcastic

debochar [debo'ʃar] *vt* to debauch; (*zombar*) to mock; **~ de a. c./alguém** to mock sth/sb

deboche [de'bɔʃi] *m* (*troça*) mockery

debruçar <c→ç> [debru'sar] **I.** *vt* (*pôr de bruços*) to lie on one's stomach **II.** *vr:* **~-se 1. ~-se na janela** to lean out (of) the window; **~-se sobre a mesa** to lean over the table **2.** *fig* **~-se sobre um assunto** to expound on an issue

debulhadora [debuʎa'dora] *f* AGR threshing machine

debulhar [debu'ʎar] **I.** *vt* to thresh **II.** *vr* **~-se em lágrimas** to burst into tears

debutante [debu'tɜ̃tʃi] *f* debutante; **baile de ~s** debutante ball

debutar [debu'tar] *vi* to debut

década ['dɛkada] *f* decade

decadência [deka'dẽsja] *f* decadence *no pl;* (*de época, costumes*) decline *no pl;* **estar em ~** to be in decline

decadente [deka'dẽtʃi] *adj* (*sociedade, ideias*) decadent

decágono [de'kagonu] *m* decagon

decaída [deka'ida] *f* decay

decaído [deka'idu] *adj* (*prédio*) run-down, dilapidated; (*pessoa*) down-and-out

decair [deka'ir] *conj como* **sair** *vi* to decay; (*qualidade, nível*) to fall (away)

decalcar [dekaw'kar] <c→qu> *vt* to trace (off); *fig* to imitate

decálogo [de'kalugu] *m* REL Ten Commandments *pl*

decalque [de'kawki] *m* tracing

decano [de'kɐnu] *m* (*de universidade, instituição*) dean

decantar [dekɐ̃ȷ̃'tar] *vt* to decant

decapagem [deka'paʒẽj] *f* stripping *no pl*

decapar [deka'par] *vt* to strip

decapitação <-ões> [dekapita'sɐ̃w, -'õjs] *f* decapitation *no pl*

decapitar [dekapi'tar] *vt* to decapitate

decasségui [deka'sɛgi] *mf* foreign worker in Japan

decassílabo [deka'silabu] *m* decasyllable

decatlo [de'katlu] *m* decathlon

decência [de'sẽjsja] *f sem pl* **1.** (*decoro, honradez*) decency **2.** (*asseio*) cleanliness *no pl*

decênio [de'seniw] *m* decade

decente [de'sẽjtʃi] *adj* **1.** (*comportamento, índole, salário*) decent **2.** (*banheiro, roupa*) tidy

decepado, -a [dese'padu, -a] *adj* amputated

decepar [dese'par] *vt* to amputate

decepção <-ões> [desep'sɐ̃w, -'õjs] *f* let-down, disappointment; **ter uma ~** to be disappointed

decepcionado, -a [desepsjo'nadu, -a] *adj* disappointed; **ficar/estar ~ com a. c./alguém** to be disappointed with sth/sb

decepcionante [desepsjo'nɐ̃ȷ̃tʃi] *adj* (*desempenho; resultado*) disappointing

decepcionar [desepsjo'nar] **I.** *vt* (*desiludir, desapontar*) to disappoint, to let (sb) down **II.** *vr* **~-se com a. c./alguém** to be disappointed with sth/sb

decerto [de'sɛrtu] *adv* certainly; **~ ele ainda não sabe o que aconteceu** for sure, he doesn't know what happened yet

decibel <-éis> [desi'bɛw, -'ɛjs] *m* decibel

decidida *adj v.* **decidido**

decididamente [desiʤida'mẽjtʃi] *adv* decidedly

decidido, -a [desi'ʤidu, -a] *adj* **1.** (*resolvido*) decided; **estar ~ a fazer a. c.** to be set on doing sth **2.** (*resoluto*) determined; **ela é uma pessoa muito decidida** she is a very resolute person

decidir [desi'ʒir] **I.** *vt* (*julgar*) to decide; **~ uma disputa** to resolve a dispute **II.** *vi* to decide; **~ entre duas coisas** to decide between two things **III.** *vr:* **~-se** to decide; **~-se contra a. c./alguém** to be set against sth/sb; **~-se a fazer a. c.** to decide to do sth; **~-se por a. c.** to decide on sth; **~-se por terminar os estudos** to decide to quit one's studies

decifrar [desi'frar] *vt* (*letra*) to make out; (*código*) to decipher

decilitro [desi'ʎitru] *m* deciliter

décima ['dɛsima] *f* tenth

decimal <-ais> [desi'maw, -'ajs] *adj* decimal

decímetro [de'simetru] *m* decimeter

décimo ['dɛsimu] **I.** *num ord* tenth **II.** *m* tenth; *v.tb.* **segundo**

decisão <-ões> [desi'zɐ̃w, -'õjs] *f* **1.** (*escolha, resolução*) decision; **tomar uma ~** to make a decision; **o tribunal proferiu sua ~** the court handed down its decision **2.** (*capacidade de decidir*) decision, decisiveness *no pl;* **faltou ~ entre os jogadores** the players were indecisive **3.** ESPORT (*jogo final*) decider

decisivo, -a [desi'zivu] *adj* (*atitude, momento, jogo, argumento*) decisive

decisões *f pl de* **decisão**

declamação <-ões> [deklɜma'sɐ̃w, -'õjs] *f* declamation

declamar [deklɜ'mar] *vi* to declaim

declaração <-ões> [deklɜra'sɐ̃w, -'õjs] *f* **1.** (*ação, documento, alfândega*) declaration; **~ de bens** declaration of goods; **~ do imposto de renda** income tax return [*o* declaration]; **fazer uma ~ de amor** to make a declaration of love **2.** (*afirmação, depoimento*) statement; **prestar declarações** to make statements

declarada *adj v.* **declarado**

declaradamente [deklarada'mẽjtʃi] *adv* openly

declarado, -a [dekla'radu, -a] *adj* (*ódio; patrimônio*) declared; (*idade*) evident

declarar [dekla'rar] **I.** *vt* **1.** (*anunciar*) to declare; **~ guerra** to declare war; **eu declaro que ...** I declare that ... **2.** (*rendimentos, na alfândega*) to declare; **nada a ~** nothing to declare **II.** *vr:* **~-se** to declare; **~-se culpado** to declare his guilt; **~-se a favor de a. c./alguém** to declare [*o* to proclaim] oneself in favor of sth/sb; **ele finalmente se declarou a ela** he finally declared

declinação <-ões> [deklina'sãw, -'õjs] f 1.(*inclinação*) slope 2. ASTRON, GEO declination 3. LING declension

declinar [dekli'nar] I. vt form 1.(*recusar*) to decline 2. LING to decline II. vi (*decair*) to decline

declínio [de'kliniw] m decline no pl

declive [de'klivi] m slope; **em** ~ sloping

decodificador [dekodʒifika'dor] <-es> m decoder

decodificar [dekodʒifi'kar] <c→qu> vt to decode

decolagem [deko'laʒēj] <-ens> f AERO takeoff

decolar [deko'lar] I. vi AERO to take off II. vt fig (*carreira, candidatura*) to take off

decompor [dekõw'por] irr como pôr I. vt QUÍM to decompose II. vr: ~-se (*cadáver, substância*) to decompose

decomposição <-ões> [dekõwpozi'sãw, -'õjs] f decomposition no pl; **estar em estado de** ~ to be in a state of decomposition

decoração <-ões> [dekora'sãw, -'õjs] f 1.(*atividade*) decorating no pl; ~ **de interiores** interior decorating 2.(*de um quarto*) decoration

decorador(a) [dekora'dor(a)] <-es> m(f) decorator; ~ **de interiores** interior decorator

decorar [deko'rar] vt 1.(*ornamentar, uma casa, arrumar*) to decorate 2.(*uma matéria*) to memorize

decorativo, -a [dekora'tʃivu, -a] adj decorative; (*motivo*) ornamental

decoreba [deko'rεba] f inf memorization

decoro [de'koru] m decorum no pl; ~ **parlamentar** parliamentary decorum

decoroso, -a [deko'rozu, -ɔza] adj (*traje; uso*) decorous, proper

decorrência [deko'xẽjsja] f consequence; **em** ~ **de...** as a result of

decorrente [deko'xẽjtʃi] adj resulting

decorrer [deko'xer] I. vi 1.(*realizar-se*) to run; **a exposição decorre de 10 a 20 de maio** the exhibition runs from May 10 to 20 2.(*acontecimentos*) to take place 3.(*tempo*) to elapse II. m **no** ~ **de** in the course of

decotado, -a [deko'tadu, -a] adj (*vestido*) low-cut

decote [de'kɔtʃi] m (*de vestido*) low-cut front

decrépito, -a [de'krεpitu, -a] adj decrepit

decrepitude [dekrepi'tudʒi] f decrepitude no pl

decrescente [dekre'sẽjtʃi] adj decreasing

decrescer [dekre'ser] <c→ç> vi to decrease

decréscimo [de'krεsimu] m decrease

decretar [dekre'tar] vt to decree

decreto [de'krεtu] m decree; **nem por** ~ no way

decreto-lei [de'krεtu-'lej] <decretos-lei(s)> m decree-law

decurso [de'kursu] m (*dos acontecimentos, do tempo*) course; **no** ~ **do mês** over the course of the month

dedada [de'dada] f 1.(*no olho*) poke 2.(*marca*) fingerprint

dedal <-ais> [de'daw, -'ajs] m thimble

dedão [de'dãw] m (*do pé*) big toe

dedar [de'dar] vt inf to inform against; **o aluno dedou os colegas à diretora** the student informed against his fellow students (to the principal)

dedetização <-ões> [dedetʃiza'sãw, -'õjs] f insect extermination

dedetizar [dedetʃi'zar] vt to exterminate insects

dedéu [de'dεw] m gír **pra** ~ extremely; **este carro é lento pra** ~ this car is terribly slow

dedicação [dedʒika'sãw] f sem pl (*devoção, nos estudos, no trabalho*) dedication no pl

dedicado, -a [dedʒi'kadu, -a] adj (*nos estudos, no trabalho*) dedicated

dedicar [dedʒi'kar] I. vt to dedicate; ~ **uma música a alguém** to dedicate a song to sb; ~ **o seu tempo/a sua vida a a. c./alguém** to dedicate one's time/life to sth/sb II. vr ~-**se à biologia** to specialize in biology

dedicatória [dedʒika'tɔria] f dedication; **escrever uma** ~ **a alguém** to write a dedication to sb

dedilhar [dedʒi'ʎar] vt to strum

dedo ['dedu] m ANAT finger; ~ **anular** ring finger; ~ **indicador** index finger, forefinger; ~ **médio** middle finger; ~ **mínimo/mindinho** little/pinkie finger; ~ **polegar** thumb; ~ **do pé** toe; **dois** ~**s de conversa/vinho** a bit of conversation/wine; **cheio de** ~ fig flustered; **escolher a** ~ to handpick; **ficar chupando o** ~ to long for some-

thing and not be able to get it; **de lamber os ~s** finger-licking good; **meter o ~ em tudo** to stick one's nose in everything; **ele não levanta um ~ para ajudar** he doesn't lift a finger to help; **pôr o ~ na ferida** *fig* to touch (on) a sore spot; **ter ~ para a. c.** (*aptidão*) to have a flair for sth

dedo-duro ['dedu'duru] <dedos-duros> *mf inf* fink *Am*, sneak *Brit*

dedução <-ões> [dedu'sãw, -'sõjs] *f tb.* FILOS (*de uma quantia; inferência*) deduction

deduragem [dedu'raʒẽj] <-ens> *f* informing *no pl*

dedurar [dedu'rar] *vt inf* to fink *Am*, to sneak (on) *Brit*

dedutível <-eis> [dedu'tʃivew, -ejs] *adj* deductible

dedutivo, -a [dedu'tʃivu, -a] *adj* (*raciocínio; método*) deductive

deduzir [dedu'zir] *vt* 1. (*de uma quantia*) to deduct; **~ da conta** to deduct (sth) from the bill; **~ do imposto de renda** to deduct (sth) from income tax 2. (*inferir*) to deduce; **daí se deduz que ...** that leads us to infer that ...

defasado, -a [defa'zadu, -a] *adj* 1. (*preço, projeto*) out-of-date, outdated 2. FÍS out-of-phase

defasagem [defa'zaʒẽj] <-ens> *f* 1. outdating *no pl* 2. FÍS phase difference

default [de'fawtʃi] *m* INFOR default

defecação [defeka'sãw] *f sem pl* defecation *no pl*

defecar [defe'kar] <c→qu> *vi* to defecate

defectivo, -a [defek'tʃivu, -a] *adj* LING defective

defeito [de'fejtu] *m* 1. (*moral*) defect; (*físico*) deformity; (*imperfeição*) defect; **para ninguém botar** [*ou* **pôr**] **~** *inf* for no one to criticize 2. (*num produto*) defect; **~ de fabricação** defect in workmanship

defeituoso, -a [defejtu'ozu, -ɔza] *adj* (*produto*) defective

defender [defẽj'der] I. *vt* (*pessoa, ideia, opinião, argumento, pênalti*) to defend; **~ alguém contra a. c./alguém** to defend sb from [*o against*] sth/sb II. *vr*: **~-se** to defend oneself; **~-se contra a. c.** to defend oneself against sth; **quanto mais se defendia mais se complicava** the more he defended himself the worse it got; **ele se defende bem** he defends himself well

defensável <-eis> [defẽj'savew, -ejs] *adj* (*ideia*) defensible

defensiva [defẽj'siva] *f* defensive *no pl*; **estar/ficar na ~** to be/to go on the defensive

defensivo [defẽj'sivu] *m* **~ agrícola** pesticide

defensivo, -a [defẽj'sivu, -a] *adj* defensive

defensor(a) [defẽj'sor(a)] <-es> *m(f)* defender; (*de uma causa*) supporter

deferência [defe'rẽjsja] *f form* deference *no pl*

deferido, -a [defe'ridu, -a] *adj form* granted, awarded

deferimento [deferi'mẽjtu] *m form* grant, award

deferir [defe'rir] *irr como preferir vt form* to grant, to award

defesa [de'feza] I. *f* 1. defense *Am*, defence *Brit* 2. MIL, JUR defense; **~ contra ataques aéreos** defense against air attack; **~ de tese** defense of a thesis; **advogado da ~** attorney for the defense; **legítima ~** legitimate defense; **partir em ~ de alguém** to go to sb's defense 3. (*proteção*) protection; **~ civil** civil defense; **~ do consumidor** consumer protection; **~ do meio-ambiente** environmental protection; **~ do patrimônio** property protection; **Ministério da Defesa** Ministry of Defense 4. ESPORT defense; **jogar na ~** to play in defense II. *f* ESPORT defense

deficiência [defisi'ẽjsja] *f* (*imperfeição*) deficiency; (*falta*) lack; MED insufficiency

deficiente [defisi'ẽjtʃi] I. *adj* deficient II. *mf* MED a disabled person; **~s mentais** the mentally disabled *pl*

déficit ['dɛfisitʃi] *m* deficit

deficitário, -a [defisi'tariw, -a] *adj* (*orçamento*) deficit

definhado, -a [defi'ɲadu, -a] *adj* (*pessoa*) frail; (*plantas*) withered

definhar [defi'ɲar] *vi* (*pessoa*) to waste away; (*plantas*) to wither

definição <-ões> [defini'sãw, -'õjs] *f* 1. definition; (*decisão*); **o governo prometeu uma ~ sobre salários** the government promised a decision on salaries 2. FOTO **~ de imagem** image definition *no pl*; **alta ~** high definition *no* *pl*

definido, -a [defiˈnidu, -a] *adj* defined

definir [defiˈnir] **I.** *vt* (*palavra; área*) to define; **definir uma posição sobre a. c.** to take a stance on sth **II.** *vr:* ~ **-se** (*assumir posição*) to take a stance

definitiva *adj v.* **definitivo**

definitivamente [definitʃivaˈmẽjtʃi] *adv* definitively; (*decididamente*) decidedly

definitivo, -a [definiˈtʃivu, -a] *adj* (*decisão*) final; (*versão*) definitive; **em** ~ definitively

deflação <-ões> [deflaˈsãw, -ˈõjs] *f* ECON deflation *no pl*

deflacionar [deflasjoˈnar] *vt* to deflate

deflagração <-ões> [deflagraˈsãw, -ˈõjs] *f* (*de guerra, rebelião, incêndio*) outbreak

deflagrar [deflaˈgrar] *vi* (*rebelião, guerra, incêndio*) to break out

defletir [defleˈtʃir] *vt* to deflect

deformação <-ões> [deformaˈsãw, -ˈõjs] *f* **1.** (*mudança da forma, deturpação*) deformation **2.** MED defect; ~ **congênita** congenital defect

deformar [deforˈmar] *vt* (*imagem, deturpar*) to deform

deformável <-eis> [deforˈmavew, -ejs] *adj* (*superfície*) deformable

deformidade [deformiˈdadʒi] *f* deformity

defraudação <-ões> [defrawdaˈsãw, -ˈõjs] *f* swindle

defraudar [defrawˈdar] *vt* **1.** (*uma pessoa*) to defraud **2.** to swindle; ~ **alguém de a.c.** to swindle sb (out) of sth

defrontar-se [defrõwˈtarsi] *vr:* ~ **com a. c./alguém** to face (up to) sth/sb

defronte [dʒiˈfrõwtʃi] *adv* **1.** (*em frente*) in front; ~ **a** [*ou* **de**] in front of **2.** (*diante*) ahead; ~ **de** ahead of

defumado, -a [defuˈmadu, -a] *adj* smoked, smoke-dried; **carne defumada** smoked meat

defumar [defuˈmar] *vt* to smoke, to smoke-dry

defunto, -a [deˈfũwtu, -a] **I.** *adj* defunct **II.** *m, f* dead person; **matar** ~ to beat [*ou* to flog] a dead horse; ~ **sem choro** pitiful forsaken person

degelar [deʒeˈlar] *vt* to thaw (out); (*retirar o gelo*) to de-ice

degelo [deˈʒelu] *m* thaw; (*remoção do gelo*) de-icing

degeneração <-ões> [deʒeneraˈsãw, -ˈõjs] *f* degeneration *no pl*

degenerado, -a [deʒeneˈradu, -a] *adj* degenerate; (*depravado*) corrupted, depraved

degenerar [deʒeneˈrar] **I.** *vt* to degenerate; ~ **em** to degenerate into **II.** *vr:* ~ **-se** (*depravar-se*) to become corrupted

deglutir [degluˈtʃir] *vt* to swallow

degola [deˈgɔla] *f* beheading, decapitation; *fig, inf* (*corte em massa*) mass layoff

degolar [degoˈlar] *vt* to behead, to decapitate

degradação <-ões> [degradaˈsãw, -ˈõjs] *f* (*moral*) demeaning *no pl*; (*de local; de cargo*) degradation *no pl*

degradado, -a [degraˈdadu, -a] *adj* (*local, do cargo*) degraded

degradante [degraˈdãntʃi] *adj* degrading

degradar [degraˈdar] **I.** *vt* (*moralmente*) to demean; (*do cargo, desgastar*) to degrade **II.** *vr:* ~ **-se** to deteriorate

dégradé [degraˈde] **I.** *adj* (*cor*) graduated **II.** *m* gradation

degrau [deˈgraw] *m* step; *fig* (*meio*) stepping stone

degredado, -a [degreˈdadu, -a] **I.** *adj* deported **II.** *m, f* deportee

degredar [degreˈdar] *vt* to deport

degringolar [degrĩŋgoˈlar] *vt fig* to plummet

degustação <-ões> [degustaˈsãw, -ˈõjs] *f* tasting

degustar [degusˈtar] *vt* (*comida, vinho*) to taste

dei [ˈdej] *I. pret perf de* **dar**

deidade [dejˈdadʒi] *f* deity

deificação [dejfikaˈsãw] *f sem pl* deification *no pl*

deificar [dejfiˈkar] <c→qu> *vt* to deify

deísmo [deˈizmu] *m* deism *no pl*

deitado, -a [dejˈtadu, -a] *adj* lying down; **estar** ~ to be lying down; **já está deitado** he has already gone to bed

deitar [dejˈtar] **I.** *vr:* ~ **-se** to lie down; (*à noite*) to go to bed **II.** *vt* (*colocar na horizontal; na cama*) to lay; ~ **e rolar** *inf* to do as one pleases

deixa [ˈdejʃa] *f* (*teatro*) cue; **aproveitar a** ~ to take the cue

deixar [dejˈʃar] **I.** *vt* **1.** (*permitir*) to allow, to let; ~ **rolar** *inf* to let it go;

deixe eu ver let me see; **isso não dá para ~ passar** *inf* we can't let this one go by; **os meus pais não me deixam sair** my parents won't let me go out; **o barulho não o deixou dormir** the noise wouldn't let him sleep **2.** (*abandonar*) to leave; **~ o emprego** to quit the job; **~ o país** to leave the country; **ela deixou o marido** she left her husband; **ele deixou a sala** he left the room **3.** (*ao morrer*) to be survived by; **deixou mulher e dois filhos pequenos** he is survived by [*o he leaves*] a wife and two small children **4.** (*objeto, pessoa*) to leave; **~ a. c. com alguém** to leave sth with sb; **ele deixou os livros em casa** he left the books at home; **você pode me ~ aqui/em casa** you can leave me here/at home; **onde foi que deixei os meus óculos?** where did I leave my glasses? **5.** (*desistir*) to leave; **vamos deixar isso para depois** let's leave that for later **6.** (*adiar*) to leave; **deixemos a reunião para amanhã** we left the meeting for tomorrow, we put off the meeting until tomorrow **7.** (*causar*) to make; **~ alguém triste/sem jeito** to make sb sad/embarrassed; **~ saudades** to be missed; **o acidente deixou um ferido** the accident left one person injured **8.** (*soltar*) to drop; **~ cair a. c.** to drop sth **9.** (*um recado, uma herança*) to leave; **~ um legado para a humanidade** to leave a legacy for humanity; **~ recado** to leave a message **10. ~ de fora** to leave out; **~ (muito) a desejar** to leave (much) to be desired **11.** (*desistir*) to quit; **~ de fumar** to quit smoking; **não posso ~ de ir** I cannot fail to go; **~ de lado** to cast aside; **~ estar** *inf* to let it be; **deixa disso!** stop it!, stop it!; **~ para lá** *inf* never mind **II.** *vr:* **~-se: ~-se levar** to allow oneself to be carried away; **ele se deixou cativar pela garota** he let himself be captivated by the girl; **ele se deixou convencer pela mulher** his gave in to his wife

dejeto [de'ʒɛtu] *m* excrement *no pl*
dela ['dɛla] = **de + ela** *v.* **de**
delação <-ões> [dela'sãw, -'õjs] *f* whistle-blowing *no pl*
delatar [dela'tar] *vt* to blow the whistle (on sb/sth)
delator(a) [dela'tor(a)] <-es> *m(f)* whistle-blower
dele ['deʎi] = **de + ele** *v.* **de**
delegação <-ões> [delega'sãw, -'õjs] *f* delegation
delegacia [delega'sia] *f* **1.** (*da polícia*) police station **2.** (*repartição*) government office
delegado, -a [dele'gadu, -a] *m, f* **1.** (*da polícia*) police chief, superintendent **2.** (*representante*) delegate
delegar [dele'gar] <g→gu> *vt* to delegate; **~ a. c. a alguém** to delegate sth to sb; **~ tarefas** to delegate tasks
deleitar [delej'tar] **I.** *vt* to delight **II.** *vr:* **~-se** to enjoy (oneself)
deleite [de'lejtʃi] *m* enjoyment *no pl*
deletar [de'lejtar] *vt* INFOR to delete
deletério, -a [dele'tɛriw, -a] *adj* deleterious, harmful
delfim [dew'fĩj] <-ins> *m* dolphin
delgado, -a [dew'gadu, -a] *adj* thin
deliberação <-ões> [delibera'sãw, -'õjs] *f* deliberation; **em ~** in session
deliberadamente [deʎiberada'mẽjtʃi] *adv* deliberately
deliberar [deʎibe'rar] **I.** *vt* (*decidir*) to decide; **o conselho deliberou o arquivamento do processo** the counsel decided to dismiss the case **II.** *vi* (*refletir*) to deliberate; **~ sobre um assunto** to deliberate on a question
delicada *adj v.* **delicado**
delicadeza [deʎika'deza] *f* delicacy; (*pessoa*) courteousness *no pl;* (*situação*) sensitivity
delicado, -a [deʎi'kadu, -a] *adj* **1.** (*pessoa*) courteous **2.** (*situação, assunto, roupa; operação*) delicate
delícia [de'ʎisja] *f* delight; **ser uma ~** (*comida*) to be delicious; **é uma ~ ver as crianças dormindo** it is a delight to see the children sleeping
deliciar [deʎisi'ar] **I.** *vt* to treat; **~ alguém com chocolate** to treat sb to chocolate **II.** *vr:* **~-se com a. c.** to enjoy oneself with sth
delicioso, -a [deʎisi'ozu, -ɔza] *adj* (*comida*) delicious; (*aroma*) fragrant; (*música*) excellent
delimitação <-ões> [deʎimita'sãw, -'õjs] *f* delimitation, demarcation
delimitar [deʎimi'tar] *vt* to delimit
delineador [deʎinea'dor] *m* (*de olhos*) eyeliner
delinear [deʎine'ar] *conj como* **passear** *vt* **1.** (*um desenho*) to trace (out)

2. (*uma ideia*) to outline
delinquência [deʎĩj'kwẽjsja] *f* delinquency *no pl*
delinquente [deʎĩj'kwẽjtʃi] *mf* delinquent
delirante [deʎĩ'rãntʃi] *adj* (*ideia*) magnificent; (*pessoa*) delirious
delirar [deʎi'rar] *vi* **1.** (*falando, imaginando*) to have delusions **2.** (*de dores*) to be delirious
delírio [de'ʎiriw] *m* (*entusiasmo, agitação; condição patológica*) delirium; ~ **febril** feverish delirium
delirium tremens [de'ʎiriũw 'tremẽjs] *m sem pl* delirium tremens *no pl*
delito [de'ʎitu] *m* JUR offense, misdemeanor *Am*, misdemeanour *Brit*; **cometer um** ~ to commit an offense; **em flagrante** ~ red-handed; JUR in flagrante delicto
delituoso, -a [deʎitu'ozu, -'ɔza] *adj* JUR wrongful
delonga [de'lõwga] *f* **1.** (*demora*) delay **2.** (*adiamento*) postponement
delta ['dɛwta] *m* delta
deltoide [dew'tɔjdʒi] *m* ANAT deltoid (muscle)
demagoga *f v.* **demagogo**
demagogia [demago'ʒia] *f sem pl* (*simulação de virtudes*) demagoguery *no pl*
demagógico, -a [dema'gɔʒiku] *adj* (*discurso, atitude*) demagogical
demagogo, -a [dema'gogu, -a] *m, f* demagogue
demais [dʒi'majs] **I.** *adv* too much; **é bom ~ para ser verdade!** it's too good to be true; **isso já está ~!** now you've gone too far!; **nunca é ~ se prevenir** it is never too late to take precautions; **isso/ele é ~!** *inf* that/he is wonderful **II.** *pron indef* **os** ~ the rest, the others
demanda [de'mãnda] *f* **1.** JUR (law)suit, complaint **2.** ECON, ELETR demand
demandante [demãn'dãntʃi] *mf* JUR plaintiff, complainant
demandar [demãn'dar] *vt* **1.** JUR to file (a) suit **2.** *tb.* ECON (*requer*) to demand; **crianças demandam muita atenção** children demand a lot of attention
demarcação <-ões> [demarka'sãw, -'õjs] *f* demarcation; ~ **de terras** land demarcation
demarcado, -a [demar'kadu, -a] *adj* demarcated; **área demarcada** delimited area

demarcar [demar'kar] <c→qu> *vt* to demarcate
demasia [dema'zia] *f* excess; **em** ~ to excess
demasiada *adj v.* **demasiado**
demasiadamente [demazjada'mẽjtʃi] *adv* overly; **ele é ~ extrovertido** he is excessively outgoing
demasiado [demazi'adu] *adv* too; **por** ~ to excess
demasiado, -a [demazi'adu, -a] *adj* excessive, too much
demência [de'mẽjsja] *f sem pl* demência
demente [de'mẽjtʃi] *adj* demented
demérito [de'mɛritu] *m* demerit
demissão <-ões> [demi'sãw, -'õjs] *f* (*exoneração*) dismissal; **pedir** ~ to resign
demissionário, -a [demisjo'nariw, -a] *adj* outgoing
demissões *f pl de* **demissão**
demitir [demi'tʃir] **I.** *vt* (*empregados*) to dismiss; (*governo*) to oust **II.** *vr*: ~-**se** (*empregado, político*) to resign
demo ['demu] *m* **1.** INFOR demo **2.** (*demônio, diabo*) demon
democracia [demokra'sia] *f* democracy
democrata [demo'krata] *mf* democrat
democrático, -a [demo'kratʃiku, -a] *adj* democratic
democratização [demokratʃiza'sãw] *f sem pl* democratization *no pl*
democratizar [demokratʃi'zar] *vt* (*um país; as artes*) to democratize
demografia [demogra'fia] *f sem pl* demography *no pl*
demográfico, -a [demo'grafiku, -a] *adj* demographic
demolição <-ões> [demoʎi'sãw, -'õjs] *f* (*construção*) demolition
demolir [demo'ʎir] *vt* (*construção*) to demolish, to pull down; *fig* to ruin
demoníaco, -a [demo'niaku, -a] *adj* demoniacal
demônio [de'moniw] *m* demon; ~ **da dúvida** demon of doubt; **com os ~s!** I'll be damned!
demonizar [demoni'zar] *vt* to demonize
demonstração <-ões> [demõws-tra'sãw, -'õjs] *f* (*comprovação, exposição*) demonstration; ~ **de afeto** demonstration of affection
demonstrar [demõws'trar] *vt* (*comprovar um fato, sentimentos*) to demon-

strate

demonstrativo [demõwstra'tʃivu] *m* (*de contas*) statement

demonstrativo, -a [demõwstra'tʃivu, -a] *adj tb.* LING demonstrative

demora [de'mɔra] *f* (*atraso*) delay; **sem ~** without delay, at once

demorado, -a [demo'radu, -a] *adj* lengthy, protracted

demorar [demo'rar] **I.** *vi* **1.** (*acontecimento*) to take; **demora muito?** does it take long?; **ainda demora muito?** will it take much longer? **2.** (*pessoa*) to take; **~ a chegar** to arrive late; **~ a fazer a. c.** to take a while to do sth; **eu não demoro** it doesn't take me long **II.** *vr:* **~-se 1.** (*permanecer*) to continue; **~-se em fazer a. c.** to continue to do sth; **demorou-se com o cálculo das despesas** it took him a long time to calculate the expenses **2.** (*atrasar-se*) to be late

demover [demo'ver] *vt* to move; **~ alguém de um cargo** to move sb from a position

dendê [dēj'de] *m* BOT oil palm; **azeite de ~** GASTR palm oil

denegar [dene'gar] <g→gu> *vt* to deny; **~ um depoimento** to reject a testimony

denegrir [dene'grir] *vt* (*reputação*) to denigrate

dengoso, -a [dējgozu, -ɔza] *adj* affected; (*criança*) peevish

dengue ['dējgi] *f* MED dengue (fever); **~ hemorrágico** hemorrhagic dengue (fever)

denguice [dēj'gisi] *f* affectation

denominação <-ões> [denomina'sãw, -'õjs] *f* denomination

denominado, -a [denomi'nadu, -a] *adj* denominated; (*coisa*) named

denominador [denomina'dor] *m* MAT denominator; **~ comum** common denominator; **reduzir ao mesmo ~** to reach agreement

denominar [denomi'ar] **I.** *vt* to denominate **II.** *vr:* **~-se ele se denomina diretor** he calls himself director

denotação <-ões> [denota'sãw, -'õjs] *f tb.* LING denotation

denotar [deno'tar] *vt* to denote

densa *adj v.* **denso**

densidade [dējsi'dadʒi] *f sem pl* (*massa; obra*) density; **~ populacional** population density; **~ de tráfego** traffic density

densímetro [dēj'simetru] *m* FÍS densimeter

densitometria [dējsitome'tria] *f* MED densitometry *no pl;* **~ óssea** bone densitometry

denso, -a ['dējsu, -a] *adj* (*nevoeiro, nuvens; mata; obra*) dense; (*sopa*) thick

dentada [dēj'tada] *f* bite; **dar uma ~ em a. c./alguém** to bite sth/sb

dentado, -a [dēj'tadu, -a] *adj* toothed; (*de engrenagem*) cogged; BIO dentate

dentadura [dēj'tadura] *f* dentition *no pl;* (*dentes artificiais*) denture, false teeth *pl*

dental <-ais> [dēj'taw, -'ajs] **I.** *adj* dental; **fio ~** dental floss **II.** *f* LING dental

dentar [dēj'tar] *vi* to teethe

dentário, -a [dēj'tariw, -a] *adj* dental; **clínica dentária** dental clinic

dente ['dējtʃi] *m* **1.** ANAT tooth; **~ canino** canine tooth; **~ de leite/siso** baby/wisdom tooth; **~ permanente** permanent teeth; **ele estava batendo os ~s** his teeth were chattering; **dizer a. c. entre ~s** to mumble; **escovar os ~s** to brush one's teeth; **mostrar os ~s a alguém** to threaten sb; **ranger os ~s** to grind one's teeth; **armado até os ~s** armed to the teeth; **esse negócio tem ~ de coelho** *inf* there's something fishy about this deal **2.** (*de garfo*) prong, tine; (*de pente*) tooth **3.** (*de alho*) clove

dente-de-leão ['dējtʃi-dʒi-ʎi'ãw] <dentes-de-leão> *m* dandelion

dente de leite ['dējtʃi dʒi 'lejtʃi] <dentes de leite> *m* FUT little league soccer *Am*, junior football *Brit*

dentição <-ões> [dējt'sãw, -'õjs] *f* teething *no pl;* (*dentadura*) dentition *no pl*

dentifrício [dējtʃi'frisiw] *m* dentifrice *no pl*

dentista [dēj'tʃista] *mf* dentist

dentre ['dējtri] = **de** + **entre** *v.* **de**

dentro ['dējtru] *adv* **1.** (*local*) inside; **aí ~** in there; **de ~** from inside; **para ~** into; **por ~** (on the) inside; **eles estão lá ~** they are in there; **vai lá para ~** go inside; **vive ~ de casa** he always stays at home **2.** (*temporal*) within; **~ de cinco dias** within five days; **~ em pouco** |*ou* **de pouco tempo**| in a short while

dentuço, -a [dẽj'tusu, -a] *adj* bucktoothed

denúncia [de'nũwsja] *f* denouncement; (*acusação*) accusation; **~ vazia** JUR lease cancellation

denunciante [denũsi'ãntʃi] *mf* accuser; (*delator*) informer

denunciar [denũwsi'ar] **I.** *vt* to denounce; (*acusar*) to accuse; (*em segredo*) to inform; **~ alguém à polícia** to turn sb in to the police **II.** *vr:* **~-se** (*trair-se*) to give oneself away; **denunciou-se pelo rubor nas faces** he gave himself away by blushing

deparar [depa'rar] **I.** *vt* **~ com** to come across, to encounter **II.** *vr* **~-se com** to come across

departamento [departa'mẽjtu] *m* (*de empresa, universidade, governo*) department; **~ de pessoal** personnel department; **~ de vendas** sales department; **isso não é do meu ~** *inf* that's not my department

depauperado, -a [depawpe'radu, -a] *adj* impoverished

depauperar [depawpe'rar] *vt* to impoverish

depenado, -a [depe'nadu, -a] *adj* **1.** (*sem penas*) plucked **2.** *fig, inf* (*de pessoas*) fleeced; (*carro*) stripped

depenar [depe'nar] *vt* **1.** (*tirar as penas*) to pluck **2.** *fig, inf* (*de pessoas*) to fleece; (*tirar bens de*) to strip (clean)

dependência [depẽj'dẽsja] *f* **1.** (*de droga; de pessoa*) dependence *no pl* **2.** (*de prédio*) accommodation *no pl*

dependente [depẽj'dẽntʃi] **I.** *adj* dependent; **ele ainda é ~ dos pais** he is still dependent on his parents **II.** *mf* (*de drogas*) addict; (*econômico*) dependent

depender [depẽj'der] *vt* to depend; **~ de a. c./alguém** to depend on sth/sb; **~ de aprovação prévia** to require prior approval; (**isso**) **depende!** it depends!

depilação <-ões> [depila'sãw, -'õjs] *f* depilation; **fazer ~** to have hair removal done [*o* performed]

depilar [depi'lar] **I.** *vt* to depilate **II.** *vr:* **~-se** to depilate oneself

depilatório, -a [depila'tɔriw, -a] **I.** *adj* depilatory **II.** *m, f* depilatory (substance)

deplorar [deplo'rar] *vt* to deplore

deplorável <-eis> [deplo'ravew, -ejs] *adj* deplorable; **estar num estado ~** to be in a deplorable state

depoente [depo'ẽntʃi] *mf* deponent

depoimento [depoi'mẽjtu] *m* (*relato*) account; JUR testimony; **dar um ~** to give a deposition

depois [de'pojs] *adv* after; (*em seguida*) then; (*mais tarde*) later; **~ de** after; **~ disso** after that; **~ de almoçar, vou sair** after lunch, I'm going out; **~ de amanhã** the day after tomorrow; **dois dias ~** two days later; **e ~?** and then what?

depor [de'por] *irr como* **pôr I.** *vt* **1.** (*armas*) to lay down; (*uma pessoa, o governo*) to depose **2.** JUR to testify; **tal atitude depõe contra você** that attitude is evidence against you **II.** *vi* JUR to testify

deportação <-ões> [deporta'sãw, -'õjs] *f* deportation

deportado, -a [depor'tadu, -a] *adj* deported

deportar [depor'tar] *vt* to deport

depositante [depozi'tãntʃi] *mf* depositor

depositar [depozi'tar] *vt* **1.** (*dinheiro*) to deposit; (*bagagem*) to check (in); (*mercadoria*) to store; **~ em dinheiro** to make a deposit in cash **2.** (*pôr*) to place; **depositou o livro sobre a mesa** he placed the book on the table **3.** (*confiar*) to place; **~ as esperanças em alguém** to place one's hopes on sb

depósito [de'pɔzitu] *m* **1.** (*de dinheiro*) deposit; **fazer um ~ bancário** to make a bank deposit **2.** (*de água*) reservoir **3.** (*de garrafas*) depository **4.** (*armazém*) warehouse, storehouse **5.** QUÍM, GEO deposit

depravação [deprava'sãw] *f sem pl* depravation *no pl*

depravado, -a [depra'vadu, -a] *adj* depraved

depravar [depra'var] *vt* to deprave

depreciação <-ões> [depresja'sãw, -'õjs] *f* **1.** (*desvalorização*) depreciation *no pl* **2.** (*menosprezo*) disparagement *no pl*, belittlement *no pl*

depreciar [depresi'ar] **I.** *vt* **1.** (*desvalorizar*) to depreciate **2.** (*menosprezar*) to disparage, to belittle **II.** *vr:* **~-se** to be undervalued

depreciativo, -a [depresja'tʃivu, -a] *adj* depreciatory

depredação <-ões> [depreda'sãw,

-'õjs] f depredation *no pl*
depredado, -a [depre'dadu, -a] *adj* plundered, pillaged
depredar [depre'dar] *vt* to plunder, to pillage
depreender [depreẽj'der] *vt* to infer, to conclude; **daí se depreende que ...** that leads us to infer that ...
depressa [de'prɛsa] *adv* quickly
depressão <-ões> [depre'sãw, -'õjs] f **1.** ECON, PSICO depression **2.** METEO, GEO depression
depressivo, -a [depre'sivo, -a] *adj* depressive
depressões *f pl de* **depressão**
deprimente [depri'mẽjtʃi] *adj* (*espetáculo, história*) depressing
deprimido, -a [depri'midu, -a] *adj* depressed
deprimir [depri'mir] **I.** *vt* to depress **II.** *vr:* ~**-se** to get depressed
depuração [depura'sãw] *f sem pl* purification *no pl;* (*de erro no computador*) debugging *no pl*
depurar [depu'rar] *vt* to purify; (*erro no computador*) to debug
deputação [deputa'sãw] *f sem pl* deputation *no pl*
deputado, -a [depu'tadu, -a] *m, f* deputy; ~ **estadual** state representative [*o* congressman] *Am*, Member of Parliament *Brit, Can*
deque ['dɛki] *m* ARQUIT, NÁUT deck
derby ['dɛrbi] *m* ESPORT derby
deriva [de'riva] *f tb.* LING drift; **à** ~ adrift; **andar à** ~ to wander (around)
derivação <-ões> [deriva'sãw, -'õjs] *f tb.* LING, MAT derivation
derivada [deri'vada] *f* MAT derivative
derivado, -a [deri'vadu, -a] **I.** *adj* derived **II.** *m, f* **1.** (*produto*) by-product **2.** QUÍM, LING derivative
derivar [deri'var] **I.** *vt* (*um rio*) to divert; ELETR, LING to derive **II.** *vr:* ~**-se** (*originar-se*) to derive; ~ **de a. c.** to derive from sth
dermatite [derma'tʃitʃi] *f* MED dermatitis *no pl*
dermatologia [dermatolo'ʒia] *f sem pl* MED dermatology *no pl*
dermatologista [dermatolo'ʒista] *mf* MED dermatologist
derradeiro, -a [dexa'dejru, -a] *adj* last; **palavra/recurso** ~ last word/resort; (*ato*) final
derramamento [dexama'mẽjtu] *m* spillage; ~ **de sangue** bloodshed
derramar [dexa'mar] **I.** *vt* **1.** (*sangue, lágrimas*) to shed **2.** (*despejar*) to spill **II.** *vr:* ~**-se** (*exceder-se*) to lavish; **derramou-se em elogios diante da atriz** he lavished praise on the actress
derrame [de'xami] *m* MED effusion; ~ **cerebral** stroke, cerebral hemorrhage *Am* [*o Brit* haemorrhage]
derrapagem [dexa'paʒẽj] <-ens> *f* skidding *no pl*
derrapar [dexa'par] *vi* to skid
derreter [dexe'ter] **I.** *vt* (*gelo, manteiga*) to melt; (*gordura*) to burn; (*dissipar*) to squander **II.** *vi* (*neve, gelo, coração*) to melt **III.** *vr:* ~**-se** (*comover-se*) to be moved; ~**-se por alguém** to fall madly in love with sb
derrocada [dexo'kada] *f* **1.** (*casa*) collapse **2.** *fig* (*ruína*) ruins *pl*
derrogação <-ões> [dexoga'sãw, -'õjs] *f* JUR derogation
derrogar [dexo'gar] <g→gu> *vt* to derogate; JUR (*alterar em parte*) to amend; (*contrariar*) to partially revoke
derrogatório, -a [dexoga'tɔriw, -a] *adj tb.* JUR derogatory
derrota [de'xɔta] *f* (*em luta, jogo, discussão*) defeat; **sofrer uma** ~ to suffer (a) defeat
derrotado, -a [dexo'tadu, -a] *adj* defeated; (*arrasado*) overwhelmed
derrotar [dexo'tar] *vt* (*em luta, discussão, esporte*) to defeat
derrotismo [dexo'tʃizmu] *m* defeatism *no pl*
derrotista [dexo'tʃista] **I.** *adj* defeatist **II.** *mf* defeatist
derrubada [dexu'bada] *f* (*de um governo*) overthrow *no pl;* (*de árvores*) felling *no pl*
derrubado, -a [dexu'badu, -a] *adj gír* (*festa, pessoa*) dull
derrubar [dexu'bar] *vt* **1.** (*um objeto*) to knock (sth) over **2.** (*o governo*) to overthrow **3.** (*a resistência*) to defeat **4.** *fig* (*abater*) to knock out; **esta gripe me derrubou** this flu has knocked me out **5.** *fig* (*uma pessoa*) to stab (sb) in the back
desabafar [dʒizaba'far] **I.** *vt* to uncover, to clear **II.** *vi* to vent (emotion) **III.** *vr:* ~**-se com alguém** to open up (one's feelings) to sb
desabafo [dʒiza'bafu] *m* release (of emotion); **foi um** ~ **para mim!** I had to

let it out!

desabamento [dʒizaba'mẽjtu] *m* (*telhado, muro*) collapse; (*do morro*) landslide

desabar [dʒiza'bar] *vi* **1.** (*terra*) to slide **2.** (*telhado, muro; projeto*) to collapse **3.** (*tempestade*) to break **4.** (*deixar-se abater*) to fall apart

desabastecer [dʒizabaste'ser] <c→ç> *vi* to run out (of provisions/supplies)

desabastecimento [dʒizabastesi'mẽjtu] *m* ECON undersupply, short supply

desabitado, -a [dʒizabi'tadu, -a] *adj* uninhabited; (*abandonado*) deserted

desabituado, -a [dʒizabitu'adu, -a] *adj* out of practice; **já estou ~** I'm out of practice

desabituar [dʒizabitu'ar] **I.** *vt* to disaccustom (to), to cause (sth) to lose a habit; **~ o corpo do efeito da nicotina** to wean the body from the effect of nicotine **II.** *vr:* **~-se** to lose a habit; **~-se de levantar cedo** to lose [*o* to get out of] the habit of getting up early

desabonado, -a [dʒizabo'nadu, -a] *adj* (*sem recursos financeiros*) without credit; (*descreditado*) discredited

desabonador(a) [dʒizabona'dor(a)] *adj* discrediting

desabonar [dʒizabo'nar] *vt* to discredit

desabotoar [dʒizabotu'ar] *vt* <*1. pess pres:* desabotoo> to unbutton

desabrido, -a [dʒiza'bridu, -a] *adj* **1.** (*rude, áspero*) rude **2.** (*tempestuoso*) violent

desabrigado, -a [dʒizabri'gadu, -a] *adj* (*pessoa, local*) unsheltered, exposed

desabrigar [dʒizabri'gar] <g→gu> *vt* to take away shelter, to expose

desabrochar [dʒizabro'ʃar] **I.** *m* awakening; **o ~ da vida** the beginning of life **II.** *vt* to unfasten; (*um segredo*) to reveal **III.** *vi impess* (*flor, pessoa*) to bloom

desabusado, -a [dʒizabu'zadu, -a] *adj* (*sem preconceitos*) unprejudiced; (*insolente*) impertinent

desacatar [dʒizaka'tar] *vt* (*autoridade*) to disrespect; (*desprezar*) to disdain

desacato [dʒiza'katu] *m* disrespect *no pl*; **~ à autoridade** failure to obey an authority; (*desprezo*) disdain *no pl*

desacelerar [dʒizasele'rar] *vt* to slow down, to decelerate

desacerto [dʒiza'sertu] *m* mistake, error

desacompanhado, -a [dʒizakõwpã'ɲadu, -a] *adj* unaccompanied

desaconchegado, -a [dʒizakõwʃe'gadu, -a] *adj* discomforted

desaconselhar [dʒizakõwse'ʎar] *vt* to advise against; **~ alguém de a. c.** to advise sb against sth

desaconselhável <-eis> [dʒizakõwse'ʎavew, -ejs] *adj* unadvisable

desacordado, -a [dʒizakor'dadu, -a] *adj* unconscious

desacordo [dʒiza'kordu] *m* (*falta de acordo, divergência*) disagreement; **estar em ~ com alguém** to be in disagreement with sb

desacreditado, -a [dʒizakredʒi'tadu, -a] *adj* discredited

desacreditar [dʒizakredʒi'tar] *vt* to discredit

desafeiçoado, -a [dʒizafejsu'adu, -a] *adj* disaffected

desafeiçoar-se [dʒizafejsu'arsi] *vr* <*1. pess pres:* desafeiçoo> **~ de a. c./alguém** to become estranged from sth/sb

desaferrar [dʒizafe'xar] *vt* to pry *Am* [*o Brit* to prise] (sth) open; **~ alguém de uma ideia** to dissuade sb from an idea

desafeto [dʒiza'fɛtu] *m* (*desafeição*) disaffection; (*adversário*) adversary, foe

desafiador(a) [dʒizafia'dor(a)] <-es> *adj* challenging

desafiar [dʒizafi'ar] *vt* to challenge; **~ para um debate** to challenge to a debate; **~ a morte** to defy death

desafinado, -a [dʒizafi'nadu, -a] *adj* (*instrumento, voz*) out of tune, off-key

desafinar [dʒizafi'nar] *vi* **1.** (*cantando, tocando*) to be out of tune, to be off-key **2.** (*instrumento*) to go out of tune

desafio [dʒiza'fiw] *m* (*provocação; convite*) challenge; **aceitar um ~** to accept a challenge

desafogado, -a [dʒizafo'gadu, -a] *adj* **1.** (*sem problemas financeiros*) in the black **2.** (*desobstruído*) unclogged, freed; (*desembaraçado*) unencumbered **3.** (*aliviado*) carefree

desafogar [dʒizafo'gar] <g→gu> *vt* (*as mágoas*) to vent; (*o tráfego*) to free up, to unclog

desaforado, -a [dʒizafo'radu, -a] *adj* insolent

desaforo [dʒiza'foru] *m* insolence

desafortunado, -a [dʒizafortu'nadu,

desagasalhado [dʒizagaza'ʎadu, -a] *adj* unfortunate

desagasalhado, -a [dʒizagaza'ʎadu, -a] *adj* (*do cobertor*) uncovered

desagasalhar-se [dʒizagaza'ʎarsi] *vr* (*do cobertor*) to uncover oneself

deságio [de'zaʒiw] *m* ECON discount

desagradar [dʒizagra'dar] *vi* to displease; **essa situação me desagrada** that situation displeases me

desagradável <-eis> [dʒizagra'davew, -ejs] *adj* (*situação, pessoa*) unpleasant

desagravar [dʒizagra'var] *vt* 1.(*atenuar*) to alleviate 2.(*reparar*) to redress; JUR; ~ **a sentença do tribunal inferior** to overturn the decision of the lower court

desagravo [dʒisa'gravu] *m* 1.(*de situação*) alleviation *no pl* 2.(*reparação*) redress *no pl*; JUR (*de sentença*) reversal

desagregação <-ões> [dʒizagrega-'sãw, -õjs] *f* separation

desagregar [dʒizagre'gar] <g→gu> I. *vt* to separate; (*substância*) to fragment II. *vr*: ~-**se** to become separated

desaguar [dʒiza'gwar] *vt* to drain; **o Rio Amazonas deságua no Oceano Atlântico** the Amazon River *Am* [*o Brit* the River Amazon] flows into the Atlantic Ocean

desairoso, -a [dʒizaj'rozu, -a] *adj* (*tratamento; comentário*) uncouth

desajeitado, -a [dʒizaʒej'tadu, -a] *adj* clumsy

desajuizado, -a [dʒizaʒui'zadu, -a] *adj* unwise, foolish; (*imprudente*) imprudent

desajustado, -a [dʒizaʒus'tadu, -a] *adj* 1.(*de uma máquina*) out of adjustment 2. PSICO maladjusted; **estar ~ à realidade** to be maladjusted to reality

desajuste [dʒiza'ʒustʃi] *m* disagreement; ~ **entre as partes** disagreement between the parties; ~ **fiscal** fiscal imbalance

desalentador(a) <-es> [dʒizalẽjta-'dor(a)] *adj* discouraging

desalento [dʒiza'lẽjtu] *m* discouragement

desalinhado, -a [dʒizaʎi'ɲadu, -a] *adj* 1. out of line; (*carro*) **a direção está desalinhada** the steering is out of alignment 2. (*cabelo, traje*) disheveled *Am*, dishevelled *Brit*

desalinhar [dʒizaʎi'ɲar] *vt* to misalign; (*cabelo*) to dishevel

desalinho [dʒiza'ʎĩɲu] *m* misalignment; **o seu charme eram os cabelos em ~** her charm was her disheveled hair

desalmado, -a [dʒizaw'madu, -a] *adj* cruel

desalojado, -a [dʒizalo'ʒadu, -a] *adj* ousted

desalojar [dʒizalo'ʒar] *vt* to oust

desamarrar [dʒizama'xar] *vt* to untie, to unfasten

desamarrotar [dʒizamaxo'tar] *vt* to smooth (out)

desamassar [dʒizama'sar] *vt* to smooth (out)

desambientado, -a [dʒizãnbjẽj'tadu, -a] *adj* (*não se adaptado*) out of place; (*fora de seu ambiente*) displaced

desamontoar [dʒizamõwtu'ar] *vt* <*1. pess pres:* desamontoo> to unpile

desamor [dʒiza'mor] <-es> *m* disdain *no pl*

desamparado, -a [dʒizãnpa'radu, -a] *adj* 1.(*indefeso*) defenseless *Am*, defenceless *Brit*; (*desprotegido*) unsupported 2.(*abandonado*) abandoned

desamparar [dʒizãnpa'rar] *vt* to leave without support

desamparo [dʒizãn'paru] *m* 1.(*falta de defesas*) defenselessness *Am*, defencelessness *no pl Brit*; (*falta de proteção*) lack of support 2.(*abandono*) abandonment *no pl*

desancar [dʒizãŋ'kar] <c→qu> *vt fig* (*reprovar*) to criticize

desandar [dʒizãn'dar] *vi inf* (*talhar*) to spoil

desanexar [dʒizanek'sar] *vt* to detach

desanimado, -a [dʒizani'madu, -a] *adj* disheartened

desanimar [dʒizani'mar] I. *vt* to dishearten II. *vi* to despair; **não desanime!** don't despair!

desânimo [dʒi'zɐnimu] *m* despair *no pl*

desanuviado, -a [dʒizanuvi'adu, -a] *adj* 1.(*céu*) clear 2.(*pessoa*) tranquil

desanuviar [dʒizanuvi'ar] *vi* 1.(*céu*) to clear (up) 2.(*pessoa*) to become tranquil

desaparafusar *vt* to unscrew

desaparecer [dʒizapare'ser] <c→ç> *vi* (*sumir, esconder-se, ausentar-se*) to disappear, to vanish; ~ **do mapa** to drop off the map; **fazer ~** to make (sth) disappear; **costumava ~ do escritório sem avisar** he used to disappear from the office without telling anyone; **as minhas chaves desapareceram** my keys are lost; **o búfalo está desaparecendo** the buffalo is disappearing; **o casal desapareceu sem deixar pistas** the couple vanished without leaving clues; **o sol desapareceu entre as nuvens** the sun disappeared behind the clouds

desaparecido, -a [dʒizapareˈsidu, -a] **I.** *m*, *f* POL missing person **II.** *adj* disappeared, vanished; **andar ~** to be in hiding; **dado como ~** to be considered missing

desaparecimento [dʒizaparesiˈmẽjtu] *m* disappearance

desapegado, -a [dʒizapeˈgadu, -a] *adj* (*de bens materiais*) detached

desapegar-se [dʒizapeˈgarsi] <g→gu> *vr*: **~ de** to come off, to detach

desapego [dʒizaˈpegu] *m* detachment *no pl*

desapercebido, -a [dʒizaperseˈbidu, -a] *adj* (*desprevenido*) unprepared; (*despercebido*) unnoticed

desapertar [dʒizaperˈtar] **I.** *vt* **1.** (*cinto, casaco, gravata*) to loosen (up); (*desafivelar*) to unbuckle; (*roupa*) to undo; (*parafuso*) to loosen **2.** *fig* (*financeiro*) **o empréstimo desapertou-o por uns meses** the loan tided him over for a few months **3.** (*desprender*) to unfasten **II.** *vr*: **~-se** *inf* (*defecar*) to move the bowels

desapontado, -a [dʒizapõwˈtadu, -a] *adj* disappointed; **estar ~ com a c./ alguém** to be disappointed with sth/sb

desapontamento [dʒizapõwtaˈmẽjtu] *m* disappointment

desapontar [dʒizapõwˈtar] *vt* to disappoint

desapossar [dʒizapoˈsar] *vt* to dispossess

desapreço [dʒizaˈpresu] *m* disdain *no pl*

desaprender [dʒizaprẽjˈder] *vt* to unlearn

desapropriação <-ões> [dʒizapropriaˈsãw, -ˈõjs] *f* JUR expropriation

desapropriar [dʒizapropriˈar] *vt* JUR to expropriate

desaprovação <-ões> [dʒizaprovaˈsãw, -ˈõjs] *f* disapproval *no pl*

desaprovar [dʒizaproˈvar] *vt* (*não aprovar, censurar*) to disapprove

desaquecimento [dʒizakesiˈmẽjtu] *m* cooling down; **o ~ da economia** the weakening of the economy

desarborizado, -a [dʒizarboriˈzadu, -a] *adj* treeless

desarborizar [dʒizarboriˈzar] *vt* to clear an area of trees

desarmado, -a [dʒizarˈmadu, -a] *adj* unarmed; **à vista desarmada** with the naked eye

desarmamento [dʒizarmaˈmẽjtu] *m* MIL disarmament; **~ nuclear** nuclear disarmament

desarmar [dʒizarˈmar] **I.** *vt* (*tropas, pessoas*) to disarm; (*bomba, máquina*) to deactivate; (*barraca*) to take down; (*aplacar*) to soothe **II.** *vi* MIL to disarm

desarranjado, -a [dʒizaxãˈʒadu, -a] *adj* in disarray

desarranjar [dʒizaxãˈʒar] *vt* to disarray; (*o estômago*) to upset

desarranjo [dʒizaˈxãʒu] *m* **1.** disarray **2. ~ intestinal** intestinal flu

desarrazoado, -a [dʒizaxazuˈadu, -a] *adj* **1.** (*lucro*) disproportionate **2.** (*temor*) unfounded

desarregaçar [dʒizaxegaˈsar] <ç→c> *vt* (*mangas, calças*) to roll down

desarrochar [dʒizaxoˈʃar] *vt* (*encargos*) to relax

desarrolhar [dʒizaxoˈʎar] *vt* to uncork

desarrumação <-ões> [dʒizaxumaˈsãw, -ˈõjs] *f* disorder

desarrumado, -a [dʒizaxuˈmadu, -a] *adj* (*quarto*) messy; (*pessoa*) disheveled

desarrumar [dʒizaxuˈmar] *vt* to mess up

desarticular [dʒizartʃikuˈlar] *vt* **1.** (*greve, partido político*) to disrupt **2.** (*deslocar*) to disarticulate

desarvorado, -a [dʒizarvoˈradu, -a] *adj* displaced

desassociar-se [dʒizasosiˈarsi] *vr* to dissociate

desassossegado, -a [dʒizasoseˈgadu, -a] *adj* agitated

desassossegar [dʒizasoseˈgar] <g→gu> *vt* to agitate

desassossego [dʒizasoˈsegu] *m* agitation

desastrado, -a [dʒizasˈtradu, -a] *adj* (*pessoa*) messy; (*comentário, palavras*) disastrous

desastre [dʒiˈzastri] *m* disaster; **~ ambiental** environmental disaster; **~**

desastroso 167 **descalabro**

de automóvel car crash; **~ de avião** airplane crash; **a festa foi um ~** the party was a disaster; **é um ~ quando quer agradar** he's a disaster when he tries to be nice

desastroso, -a [dʒizas'trozu, -a] *adj* (*funesto*) disastrous

desatar [dʒiza'tar] *vt* **1.** (*um nó*) to untie; (*o sapato*) to undo **2. ~ a fazer a. c.** to start to do sth; **~ a correr** to take off running; **~ a chorar/rir** to burst out crying/laughing; **não ata nem desata** he's still on the fence

desatarraxar [dʒizataxa'ʃar] *vt* to unbolt

desatenção [dʒizatẽj'sãw] *f sem pl* inattentiveness *no pl*

desatento, -a [dʒiza'tẽjtu, -a] *adj* distracted

desatinado, -a [dʒizatʃi'nadu] *adj* **1.** (*sem juízo*) rash **2.** *inf* (*zangado*) mad

desatinar [dʒizatʃi'nar] *vi* **1.** (*não atinar*) to miss **2.** (*perder o juízo, descontrolar-se*) to go insane; **ele desatinou com a crise na empresa** he lost his head over the crisis at the firm; **esgotado, passou a ~** drained, he began to hallucinate

desatino [dʒiza'tʃinu] *m* **1.** (*falta de juízo*) imprudence **2.** (*disparate*) foolishness

desativação <-ões> [dʒizativa'sãw, -'õjs] *f* deactivation

desativado, -a [dʒizatʃi'vadu, -a] *adj* **1.** (*uma bomba*) deactivated **2.** (*uma fábrica*) shut down

desativar [dʒizatʃi'var] *vt* **1.** (*uma bomba*) to deactivate **2.** (*uma fábrica*) to shut down

desatolar [dʒizato'lar] *vt* (*veículo*) to get unstuck (from the mud)

desatracar [dʒizatra'kar] <c→qu> *vt, vi* to disengage

desatravancar [dʒizatravãŋ'kar] <c→qu> *vt* to unblock

desatrelar [dʒizatre'lar] *vt* **1.** (*desengatar*) to unhook **2.** (*cães*) to unleash

desatualizado, -a [dʒizatwaʎi'zadu, -a] *adj* **1.** (*pessoa*) behind the times, old-fashioned **2.** (*documento*) outdated **3.** (*conhecimentos*) obsolete

desautorizar [dʒizawtori'zar] *vt* **1.** (*desprestigiar*) to detract (from); **seus erros não o desautorizam como líder** his mistakes do not detract from his leadership **2.** (*rejeitar*) to repudiate; **o governo desautorizou o aumento de preços** the government has repudiated the rise in prices

desavença [dʒiza'vẽjsa] *f* disagreement

desavergonhado, -a [dʒizavergõ'ɲadu, -a] *adj* shameless, impudent

desavisado, -a [dʒizavi'zadu, -a] *adj* ill-advised

desbancar [dʒizbã'kar] <c→qu> *vt* **1.** (*vencer*) to win **2.** (*exceder*) to surpass

desbaratamento [dʒizbarata'mẽjtu] *m* waste; **ao ~** to waste

desbaratar [dʒizbara'tar] *vt* **1.** (*os bens*) to waste **2.** (*uma quadrilha*) to destroy; (*o inimigo*) to beat

desbarrancado [dʒizbaxã'kadu] *m* cliff

desbastar [dʒizbas'tar] *vt* **1.** (*madeira*) to make thin **2.** (*mato*) to chop down **3.** (*o cabelo*) to thin out

desbloquear [dʒizbloki'ar] *conj como* passear *vt* (*passagem; cartão de crédito; memória*) to unblock

desbocado, -a [dʒizbo'kadu, -a] *adj* **1.** unbridled **2.** *fig* bigmouthed

desbotado, -a [dʒizbo'tadu, -a] *adj* (*cor, roupa*) faded

desbotar [dʒizbo'tar] *vi* (*cor, roupa*) to fade

desbragado, -a [dʒizbra'gadu, -a] *adj* intemperate

desbravar [dʒizbra'var] *vt* **1.** (*terras*) to brave **2.** (*caminho*) to clear

desbrecado, -a [dʒizbre'kadu, -a] *adj* without brakes

desbrecar [dʒizbre'kar] <c→qu> *vt* (*carro*) to let off the brake

desbunde [dʒiz'bũwdʒi] *m gír* astonishment; **ela estava um ~ na festa** she was breathtaking at the party; **depois do ~ patriótico veio a ressaca** after the patriotic furor came the hangover

desburocratizar [dʒizburokratʃi'zar] *vt* to streamline

descabelado, -a [dʒiskabe'ladu, -a] *adj* (*despenteado*) disheveled *Am*, dishevelled *Brit*

descabelar-se [dʒiskabe'larsi] *vr:* **~-se** *fig* to pull one's hair out

descabido, -a [dʒiska'bidu, -a] *adj* inappropriate

descafeinado, -a [dʒiskafei'nadu, -a] *adj* decaffeinated

descalabro [dʒiska'labru] *m* (*ruína,*

prejuízo) calamity

descalçar [dʒiskaw'sar] <*pp* descalço; ç→c> **I.** *vt* (*sapatos, luvas, meias*) to take off; **~ a rua** to tear up the pavement **II.** *vr:* ~**-se** to take one's shoes off

descalcificação [dʒiskawsifika'sãw] *f sem pl* MED decalcification *no pl*

descalço, -a [dʒis'kawsu, -a] *adj* **1.** (*sem calçado*) barefoot; **andar ~** to go barefoot **2.** (*desprevenido*) unprepared

descamar [dʒiska'mar] *vt* to scale

descambar [dʒiskãŋ'bar] *vt* to degenerate; **~ em** to degenerate into

descamisado [dʒiskami'zadu] *m fig* impoverished person

descampado [dʒiskãŋ'padu] *m* wasteland

descansado, -a [dʒiskãŋ'sadu, -a] *adj* (*vida*) calm; (*pessoa*) rested; **dormir ~** to get a good night's rest; **fique ~!** stay calm!

descansar [dʒiskãŋ'sar] **I.** *vt* (*tranquilizar*) to calm (down); (*a vista, pernas*) to rest; **~ armas!** MIL order arms! **II.** *vi* **1.** (*nas férias*) to rest; **fui visitá-lo mas ele estava descansando** I went to visit him but he was resting **2.** (*tranquilizar-se*) to relax; **só descansará depois de pagar suas dívidas** he will relax only after paying off his debts **3.** (*massa de pão*) to let sit

descanso [dʒis'kãŋsu] *m* **1.** (*sossego*) calm **2.** (*repouso*) rest; (*nas férias*) relaxation **3.** (*apoio*) support; (*do telefone*) hook; (*da bicicleta*) kickstand; (*para os pés*) footrest **4.** (*folga*) rest; **~ semanal** weekly rest period; **sem ~** restless

descaracterizar [dʒiskarakteri'zar] *vt* JUR (*crime, fato*) to disqualify; (*objeto, ambiente*) to belie; **os prédios descaracterizam a floresta em volta** the buildings belie the surrounding forest

descaradamente [dʒiskarada'mẽjtʃi] *adv* brazenly; **ele mente ~** he tells bald-faced lies

descarado, -a [dʒiska'radu, -a] *adj* (*roubo; plágio; pessoa*) brazen

descaramento [dʒiskara'mẽjtu] *m* gall; **ter o ~ de** to have the gall to

descarga [dʒis'karga] *f* **1.** (*de eletricidade, tiros*) discharge; **~ elétrica** electrical discharge **2.** (*de caminhão, navio*) unloading, discharge; **fazer a ~** to unload, to discharge; **carga e ~** loading and unloading; (*de um sentimento*) unload **3.** (*de vaso sanitário*) flush; **dar** [*ou* **puxar**] **a descarga** to flush

descaroçar [dʒiskaro'sar] <ç→c> *vt* to pit

descarregamento [dʒiskaxega'mẽjtu] *m* unloading; (*de navio*) discharge

descarregar [dʒiskaxe'gar] <g→gu> *vt* **1.** (*mercadoria, caminhão*) to unload; (*mercadoria de navio*) to discharge, to disembark **2.** (*arma, bateria*) to discharge **3.** (*sentimentos*) to unload

descarrego [dʒiska'xegu] *m inf* unloading

descarrilamento [dʒiskaxila'mẽjtu] *m* derailment

descarrilar [dʒiskaxi'lar] *vi tb. fig* to derail

descarrilhamento [dʒiskaxiʎa'mẽjtu] *m v.* **descarrilamento**

descarrilhar [dʒiskaxi'ʎar] *vi v.* **descarrilar**

descartar [dʒiskar'tar] **I.** *vt* (*carta; coisa inútil; hipótese*) to discard **II.** *vr* ~**-se de a. c./alguém** to get rid of sth/sb

descartável <-eis> [dʒiskar'tavew, -ejs] *adj* (*seringa, embalagem, fralda*) disposable

descasar [dʒiska'zar] *vi* to break up

descascador [dʒiskaska'dor] *m* peeler

descascar [dʒiskas'kar] <c→qu> **I.** *vt* **1.** (*fruta, batata*) to peel; (*uma árvore*) to debark **2.** *inf* (*criticar*) to censure **II.** *vi* (*pele, tinta*) to peel

descaso [dʒis'kazu] *m* disregard

descendência [desẽj'dẽjsja] *f* **1.** (*filhos*) offspring, issue **2.** (*filiação*) lineage

descendente [desẽj'dẽjtʃi] **I.** *mf* descendant; **~s** offspring **II.** *adj* **1.** (*decrescente*) decreasing **2.** (*proveniente*) **ser ~ de** to be descended from

descentralização <-ões> [desẽjtraʎiza'sãw, -õjs] *f* decentralization

descentralizar [desẽjtraʎi'zar] *vt* to decentralize

descer [de'ser] <c→ç> **I.** *vt* **1.** (*escadas, monte*) to go down, to descend **2.** (*a persiana*) to lower **II.** *vi* **1.** (*temperatura, pressão, qualidade, notas*) to fall, to go [*o* to come] down; **sua pressão desceu** her blood pressure fell **2.** (*preço*) to fall; **o preço desceu para 10 reais** the price dropped to ten reals;

o preço desceu em 10% the price fell by 10% **3.** (*rua, avião*) to descend **4.** (*a pé*) to get out; **~ do carro** to get out of the car **5.** (*do cavalo*) to get down (from); (*da bicicleta*) to get off (of); **~ do ônibus** to get off the bus

descerrar [deseˈxar] *vt* (*uma placa*) to unveil

descida [deˈsida] *f* **1.** (*ato; na rua; declive; de montanha; de avião; de paraquedas*) descent **2.** ESPORT (*de divisão*) relegation **3.** (*dos preços, da temperatura*) drop **4.** (*decadência*) degeneration

desclassificado, -a [dʒisklasifiˈkadu, -a] *adj* **1.** ESPORT disqualified; **ser ~** to be disqualified **2.** (*indigno*) discredited

desclassificar [dʒisklasifiˈkar] <c→qu> *vt* **1.** ESPORT to disqualify **2.** (*fazer perder o bom conceito*) to discredit

descoberta [dʒiskoˈbɛrta] *f* discovery; **fazer uma ~** to make a discovery

descoberto [dʒiskoˈbɛrtu] *pp de* **descobrir**

descoberto, -a [dʒiskoˈbɛrtu, -a] *adj* (*destapado, revelado*) uncovered; **a ~** without cover

descobridor(a) [dʒiskobriˈdor(a)] <-es> *m(f)* discoverer, explorer

descobrimento [dʒiskobriˈmẽjtu] *m* discovery

descobrir [dʒiskoˈbrir] *irr como* **cobrir** **I.** *vt* (*encontrar*) to discover; (*um tesouro*) to uncover; (*cabeça, corpo; verdade*) to uncover **II.** *vr:* **~-se** (*lua*) to appear

descolar [dʒiskoˈlar] *vt* **1.** (*material*) to unglue **2.** (*separar-se*) to separate; **eles não descolam um do outro** they won't leave each other's side **3.** *gír* (*obter*) to get; **ela descolou um bom emprego** she found a good job

descoloração <-ões> [dʒiskoloraˈsãw, -ˈõjs] *f* discoloration

descolorir [dʒiskoloˈrir] *vt* to discolor *Am*, to discolour *Brit*

descomedido, -a [dʒiskomeˈdʒidu, -a] *adj* intemperate

descomedimento [dʒiskomedʒiˈmẽjtu] *m* intemperateness

descomissionar [dʒiskomisjoˈnar] *vt* decommission

descompactar [dʒiskõwpakˈtar] *vt* INFOR to decompress, to unzip

descompassado, -a [dʒiskõwpaˈsadu, -a] *adj* out of step

descompasso [dʒiskõwˈpasu] *m fig* exaggeration

descomplicar [dʒiskõwpliˈkar] <c→qu> *vt* to simplify

descompor [dʒiskõwˈpor] *irr como* **pôr** *vt* **1.** (*desarranjar*) to disarrange **2.** (*censurar*) to rebuke

descomposto, -a [dʒiskõwˈpostu] **I.** *pp de* **descompor** **II.** *adj* (*desarranjado, sem compostura*) discomposed

descompostura [dʒiskõwpusˈtura] *f* discomposure; **passar uma ~ em alguém** to rebuke sb

descompressão <-ões> [dʒiskõwpreˈsãw, -ˈõjs] *f* decompression

descomprimir [dʒiskõwpriˈmir] *vi* to decompress

descomprometido, -a [dʒiskõwpromeˈtʃidu, -a] *adj* (*pessoa*) discharged

descomunal <-ais> [dʒiskomuˈnaw, -ˈajs] *adj* **1.** (*extraordinário*) extraordinary **2.** (*colossal*) huge

desconceituado, -a [dʒiskõwsejtuˈadu, -a] *adj* disreputable

desconcentrar [dʒiskõwsẽjˈtrar] **I.** *vt* (*descentralizar*) to decentralize **II.** *vr:* **~-se** to lose one's concentration

desconcertado, -a [dʒiskõwserˈtadu, -a] *adj* (*embaraçado, perturbado*) disconcerted

desconcertante [dʒiskõwserˈtãntʃi] *adj* disconcerting

desconcertar [dʒiskõwserˈtar] *vt* (*confundir, transtornar*) to disconcert

desconectar [dʒiskonekˈtar] *vt* INFOR to disconnect

desconexa *adj v.* **desconexo**

desconexão <-ões> [dʒiskonekˈsãw, -ˈõjs] *f* disconnection; (*incoerência*) incoherence

desconexo, -a [dʒiskoˈnɛksu, -a] *adj* disconnected

desconexões *f pl de* **desconexão**

desconfiado, -a [dʒiskõwfiˈadu, -a] *adj* skeptical

desconfiança [dʒiskõwfiˈãnsa] *f* skepticism

desconfiar [dʒiskõwfiˈar] **I.** *vt* (*supor*) to suspect; **desconfio que foi ela que cometeu o crime** I suspect that she was the one who committed the crime **II.** *vi* (*duvidar*) to doubt; **~ de alguém** to doubt sb

desconfiômetro [dʒiskõwfiˈometru] *m*

irôn, inf skeptical intuition

desconforme [dʒiskõw'fɔrmi] *adj* **1.**(*não conforme*) nonconformist **2.**(*desigual*) unequal **3.**(*monstruoso*) monstrous

desconfortável <-eis> [dʒiskõwfor'tavew, -ejs] *adj* uncomfortable

desconforto [dʒiskõw'fortu] *m* (*de uma casa, aflição*) discomfort

descongelamento [dʒiskõwʒela'mẽjtu] *m* **1.**(*comida, geleira*) thawing, defrosting **2.** ECON (*de preços, salários*) unfreezing

descongelar [dʒiskõwʒe'lar] *vt* **1.**(*comida, geleira*) to thaw, to defrost **2.** ECON (*de preços, salários*) to unfreeze

descongestionante [dʒiskõwʒestʃjo'nãntʃi] *m* decongestant

descongestionar [dʒiskõwʒestʃjo'nar] *vt* **1.**(*trânsito, rua*) to free up, to unclog **2.** MED to decongest

desconhecer [dʒiskõɲe'ser] <c→ç> *vt* **1.**(*ignorar*) to be ignorant [*o* unaware] of; ~ **as leis** to be ignorant of the law; **desconheço a língua inglesa** I do not know English; **desconheço o talento dele** I am unaware of his talent **2.**(*não reconhecer*) to overlook; **desconhece os esforços dos amigos em agradá-lo** he overlooks his friends' efforts to please him

desconhecido, -a [dʒiskõɲe'sidu, -a] **I.** *adj* unknown **II.** *m, f* unknown; **ilustre** ~ personage

desconhecimento [dʒiskõɲesi'mẽjtu] *m* unawareness; (*ignorância*) ignorance

desconjuntar [dʒiskõwʒũw'tar] **I.** *vt* (*uma articulação*) to disarticulate, to disjoint; (*um sofá*) to separate **II.** *vr*: ~-**se** to separate

desconserto [dʒiskõw'sertu] *m fig* trouble

desconsideração [dʒiskõwsidera'sãw] *f sem pl* disregard *no pl*; (*desprezo*) disdain *no pl*

desconsiderado, -a [dʒiskõwside'radu, -a] *adj* (*não ponderado, não estimado*) disregarded

desconsiderar [dʒiskõwside'rar] *vt* (*não considerar, tratar sem respeito*) to disregard

desconsolado, -a [dʒiskõwso'ladu, -a] *adj* (*triste, sem consolação; sem graça*) disconsolate

desconsolo [dʒiskõw'solu] *m* (*desgosto*) disconsolation

descontaminação <-ões> [dʒiskõwtɜmina'sãw, -'õjs] *f* decontamination

descontaminar [dʒiskõwtɜmi'nar] *vt* to decontaminate

descontar [dʒiskõw'tar] *vt* **1.** ECON to discount; (*um cheque*) to cash; ~ **do imposto de renda** to deduct from the income tax; ~ **do total da conta** to deduct from the total of the bill **2.**(*não fazer caso*) to disregard; **sua história convence se descontarmos os exageros** your story is convincing if we disregard the exaggeration **3.** *inf* (*reagir*) to take out; **descontou sua raiva dando socos na parede** she took out her rage by pounding on the wall

descontentamento [dʒiskõwtẽjta'mẽjtu] *m* discontentment

descontente [dʒiskõw'tẽjtʃi] *adj* discontent; **estar** ~ **com a. c./alguém** to be unhappy with sth/sb

descontínua *adj v.* **descontínuo**

descontinuidade [dʒiskõwtʃinuj'dadʒi] *f sem pl* discontinuity *no pl*

descontínuo, -a [dʒiskõw'tʃinuo, -a] *adj* discontinuous

desconto [dʒis'kõwtu] *m* **1.**(*dedução*) deduction; ~ **na fonte** withholding; **dar** [*ou* **fazer**] **um** ~ **a** [*ou* **para**] **alguém** to give sb a discount **2.** ECON discount **3.** ESPORT **os descontos** (*tempo extra*) overtime

descontração [dʒiskõwtra'sãw] *f sem pl* unconstraint *no pl*

descontraído, -a [dʒiskõwtra'idu, -a] *adj* unconstrained

descontrair [dʒiskõwtra'ir] *conj como* **sair I.** *vt* to relax **II.** *vr*: ~-**se** to relax, to disengage

descontrolado, -a [dʒiskõwtro'ladu, -a] *adj* (*pessoa, sentimento, aumentos, veículo*) out of control

descontrolar [dʒiskõwtro'lar] **I.** *vt* to overpower **II.** *vr*: ~-**se** to lose control

descontrole [dʒiskõw'trɔʎi] *m* lack of control

desconversar [dʒiskõwver'sar] *vi* to change the subject

desconvidar [dʒiskõwvi'dar] *vt* to cancel an invitation, to tell sb not to come

descoordenação [dʒiskoordena'sãw] *f*

sem pl disorganization *no pl*

descoordenar [dʒiskoorde'nar] *vt* to disorganize

descorado, -a [dʒisko'radu, -a] *adj* discolored

descortês [dʒiskor'tes] <-eses> *adj* discourteous

descortesia [dʒiskorte'zia] *f* discourtesy

descortinar [dʒiskurtʃi'nar] *vt fig* to reveal

descosturado, -a [dʒiskustu'radu, -a] *adj (costura)* undone

descosturar [dʒiskustu'rar] **I.** *vt* to take apart (at the seams) **II.** *vr:* ~-**se** *(costura)* to come undone [*o* apart]

descredenciar [dʒiskredẽjsi'ar] *vt* disqualify

descrédito [dʒis'krɛdʒitu] *m* discredit

descrença [dʒis'krẽjsa] *f* disbelief

descrente [dʒis'krẽjtʃi] **I.** *adj* disbelieving **II.** *mf* disbeliever

descrever [dʒiskre'ver] *vt* **1.** *(objeto, pessoa)* to describe; *(acontecimento, narrar)* to relate **2.** *(traçar)* to trace; **a bola descreveu uma curva antes de entrar no gol** the ball traced a curve before entering the goal

descrição <-ões> [dʒiskri'sãw, -'õjs] *f* *(de objeto, pessoa)* description; *(de acontecimento, narração)* account; **fazer a** ~ **de a. c./alguém** to make a description of sth/sb

descriminalizar [dʒiskriminaʎi'zar] *vt* to decriminalize

descritivo, -a [dʒiskri'tʃivu, -a] *adj* descriptive

descrito [dʒis'kritu] *pp de* **descrever**

descruzar [dʒiskru'zar] *vt (braços, pernas)* to uncross

descuidado, -a [dʒiskuj'dadu, -a] *adj* **1.** *(ato, pessoa)* careless **2.** *(aspecto)* lax

descuidar [dʒiskuj'dar] **I.** *vt* to neglect **II.** *vr:* ~-**se 1.** to neglect; ~-**se da saúde** to neglect one's health; ~-**se das tarefas** to neglect the chores **2.** *(ser desleixado)* to be lax; ~-**se com as horas** *inf* to lose track of the time; **não se descuide!** watch out!

descuido [dʒis'kujdu] *m* **1.** *(desleixo)* carelessness **2.** *(lapso)* slip; **por** ~ owing to an oversight

desculpa [dʒis'kuwpa] *f* **1.** *(perdão)* forgiveness; **pedir** ~(**s**) **a alguém por a. c.** to apologize to sb for sth; **o governo pediu** ~**s à nação por abusos passados** the government apologized to the nation for past abuses **2.** *(pretexto)* excuse; ~ **esfarrapada** lame [*o* sorry] excuse; **dar uma** ~ **a alguém** to give sb an excuse

desculpar [dʒiskuw'par] **I.** *vt* **1.** *(perdoar)* to forgive; **desculpe!** sorry! **2.** *(justificar)* to excuse; **seu bem-intencionado não desculpa a sua falta de tato** his good intentions are no excuse for his lack of sensitivity **II.** *vr:* ~-**se por a. c.** to apologize for sth

desculpável <-eis> [dʒiskuw'pavew, -ejs] *adj* excusable

descumprir [dʒiskũw'prir] *vt* to breach

desde ['dezdʒi] *prep* **1.** *(temporal)* since; ~ **o dia 30 de abril** since April 30th; ~ **então** since then; ~ **há muito** for a long time; ~ **logo** therefore; ~ **que** since; **não disse nada** ~ **que chegou** she hasn't said anything since she arrived **2.** *(local)* from; **percorremos tudo,** ~ **o norte até o sul** we traveled everywhere, from north to south **3.** *(condição)* ~ **que** as long as, if; **eu vou,** ~ **que me convidem** I'll go, as long as they invite me

desdém [dez'dẽj] *m* disdain; **com** ~ with disdain

desdenhar [dezdẽ'ɲar] *vt* to disdain

desdenhoso, -a [dezdẽ'ɲozu, -ɔza] *adj* disdainful

desdentado, -a [dʒizdẽj'tadu, -a] *adj* toothless

desdita [dʒiz'dʒita] *f (desgraça)* misfortune

desdito [dʒiz'dʒitu] *pp de* **desdizer**

desdizer [dʒizdʒi'zer] *irr como dizer vt (o que disse)* to take back; *(contrariar)* to contradict

desdobrar [dʒizdo'brar] **I.** *vt (lenço)* to unfold; *(separar)* to separate **II.** *vr:* ~-**se** to go all out; ~-**se para pagar a escola dos filhos** to bend over backwards to pay the children's tuition

desdobrável [dʒizdo'bravew] **I.** *adj* fold-out **II.** <-eis> *m* folder

desedificar [dʒizedʒifi'kar] <c→qu> *vt* to demoralize

deseducar [dʒizedu'kar] <c→qu> *vt* to miseducate

desejado, -a [deze'ʒadu, -a] *adj* desired

desejar [deze'ʒar] *vt* to wish, to desire; **o que deseja?** what would you like?;

desejamos muitas felicidades aos noivos we wish the bride and groom much happiness; **isso deixa muito a ~** that leaves much to be desired

desejável <-eis> [deze'ʒavew, -ejs] *adj* desirable

desejo [de'zeʒu] *m* desire; **um ~ ardente** an ardent desire; **satisfazer um ~** to grant a wish; **o seu ~ é uma ordem** your wish is my command; **ter ~ de fazer a. c.** to feel like doing sth; **tinha ~ de comer chocolate** she had a craving for chocolate

desejoso, -a [deze'ʒozu, -'ɔza] *adj* desirous; **estar ~ de fazer a. c.** to feel like doing sth

deselegância [dʒizele'gãsia] *f* inelegance

deselegante [dʒizele'gãtʃi] *adj* inelegant

desemaranhar [dʒizĩmarã'ɲar] *vt* 1.(*desenredar*) to untangle 2.(*esclarecer*) to explain

desembaçador [dʒizĩbasa'dor] *m* (*automóvel*) defogger

desembaçar [dʒizĩba'sar] <ç→c> *vt* (*vidro, espelho*) to defog

desembalar [dʒizĩba'lar] *vt* to unwrap

desembaraçado, -a [dʒizĩbara'sadu, -a] *adj* untangled; (*ágil*) nimble

desembaraçar [dʒizĩbara'sar] <ç→c> I. *vt* (*cabelo*) to untangle; (*caminho*) to clear; (*livrar*) to rescue; **desembaraçou o amigo daquela situação** he rescued his friend from that situation II. *vr*: **~-se de a. c./alguém** to get rid of sth/sb

desembaraço [dʒizĩba'rasu] *m* 1.(*desenvoltura*) expeditiousness 2.(*facilidade, agilidade*) agility; **fazer a. c. com ~** to do sth with agility

desembaralhar [dʒizĩbara'ʎar] *vt* to untangle

desembarcar [dʒizĩbar'kar] <c→qu> *vt* to unload; (*do navio*) to disembark; (*do trem, avião*) to get off, to exit

desembargador(a) [dʒizĩbarga'dor(a)] <-es> *m(f)* appeals court judge

desembargar [dʒizĩbar'gar] <g→gu> *vt* to lift an embargo

desembargo [dʒizĩ'bargu] *m* lifting of a restriction

desembarki [dʒizĩ'barki] *m* (*de passageiros*) arrival; (*do navio*) disembarkation; (*de mercadoria*) unloading

desembestar [dʒizĩbes'tar] *vi* 1.(*correr*) to run wildly 2. *fig* (*perder a calma*) to lose one's temper

desembocadura [dʒizĩboka'dura] *f* mouth (of a river)

desembocar [dʒizĩbo'kar] <c→qu> *vt* (*rio, rua*) to empty, to flow into; **esse rio desemboca em outro país** that river empties into another country

desembolsar [dʒizĩbow'sar] *vt* to disburse, to spend

desembrenhar [dʒizĩbrē'ɲar] *vt* to drive from the bush

desembrulhar [dʒizĩbru'ʎar] *vt* 1.(*um presente*) to unwrap 2.(*estender*) to lay out flat 3.(*esclarecer*) to explain

desembuchar [dʒizĩbu'ʃar] *vt, vi* to confess; **vamos, desembucha!** let's go, out with it!

desempacar [dʒizĩpa'kar] <c→qu> *vt* (*cavalo; projeto*) to get (sth) moving

desempacotar [dʒizĩpako'tar] *vt* to unpack

desempatar [dʒizĩpa'tar] I. *vt* (*votação*) to break the tie II. *vi* ESPORT to break the tie; **o nosso time desempatou quase no fim do jogo** our time broke the tie almost at the end of the game

desempate [dʒizĩ'patʃi] *m* 1.(*decisão*) prevailing decision; **voto de ~** casting vote 2. ESPORT tiebreaker

desempenhar [dʒizĩpẽ'ɲar] I. *vt* 1.(*tarefa, função, obrigação*) to perform, to fulfill; **~ um papel importante** to play an important role 2. TEAT (*um personagem*) to play 3.(*uma penhora*) to discharge II. *vi* TEAT to perform

desempenho [dʒizĩ'pẽɲu] *m* 1.(*de tarefa, função, obrigação; atuação*) performance 2.(*de uma máquina*) output 3.(*de uma penhora*) discharge

desemperrar [dʒizĩpe'xar] *vt* (*porta, língua*) to loosen up

desempoeirar [dʒizĩpoej'rar] *vt* to dust off

desempregado, -a [dʒizĩpre'gadu, -a] I. *adj* unemployed II. *m, f* the unemployed *sing* + *pl vb*

desempregar [dʒizĩpre'gar] <g→gu> I. *vt* to dismiss II. *vr*: **~-se** to become unemployed

desemprego [dʒizĩ'pregu] *m* unemployment

desencadear [dʒizĩkade'ar] *conj como passear* I. *vt* (*provocar*) to trigger

desencadernado 173 **desenhista industrial**

II. *vr:* ~-**se** (*irromper*) to break out; (*cair*) to come crashing down

desencadernado, -a [dʒizĩjkadeɾˈnadu, -a] *adj* unbound

desencadernar [dʒizĩjkadeɾˈnaɾ] *vt* to unbind

desencaixar [dʒizĩjkajˈʃaɾ] *vt* **1.** (*tirar*) to remove **2.** (*desmanchar*) to take apart

desencaixilhar [dʒizĩjkajʃiˈʎaɾ] *vt* to unframe

desencaixotar [dʒizĩjkajʃoˈtaɾ] *vt* to unpack

desencalacrar-se [dʒizĩjkalaˈkɾaɾsi] *vr* to get out of debt

desencalhar [dʒizĩjkaˈʎaɾ] **I.** *vt* NÁUT to get afloat **II.** *vi* **1.** NÁUT to get afloat **2.** (*mercadorias*) to move **3.** *inf* (*casar-se*) to marry

desencaminhar [dʒizĩjkamĩˈɲaɾ] **I.** *vt* to lead astray **II.** *vr:* ~-**se** to get lost

desencanar [dʒizĩjkaˈnaɾ] *vi gír* to mellow out

desencantamento [dʒizĩjkãntaˈmẽjtu] *m* (*desilusão*) disenchantment

desencantar [dʒizĩjkãˈtaɾ] **I.** *vt* **1.** (*desiludir*) to disenchant **2.** (*encontrar*) to find **II.** *vr:* ~-**se** to become disillusioned; ~-**se da vida** to become disillusioned with life

desencapar [dʒizĩjkaˈpaɾ] *vt* to uncover

desencaracolar [dʒizĩjkaɾakoˈlaɾ] *vi* (*cabelos*) to straighten

desencardir [dʒizĩjkaɾˈdʒiɾ] *vt* to clean

desencargo [dʒizĩjˈkaɾgu] *m* discharge; **por** ~ **de consciência** to set the mind at ease

desencarnar [dʒizĩjkaɾˈnaɾ] *vi inf* (*desgrudar*) to pry oneself away from

desencasquetar [dʒizĩjkaskeˈtaɾ] *vt inf* (*uma ideia*) to urge against

desencavar [dʒizĩjkaˈvaɾ] *vt* to unearth

desenclausurar [dʒizĩjklawzuˈɾaɾ] *vt* to reintroduce onto society

desencontrar-se [dʒizĩjkõwˈtɾaɾsi] *vr* to miss each other

desencontro [dʒizĩjˈkõwtɾu] *m* divergence

desencorajar [dʒizĩjkoɾaˈʒaɾ] *vt* to discourage

desencostar [dʒizĩjkosˈtaɾ] **I.** *vt* to move away; ~ **a mesa da parede** to move the table away from the wall **II.** *vr:* ~-**se** to get up; **custou em** ~-**se e ir trabalhar** it was hard for him to get up and go to work

desencravar [dʒizĩjkɾaˈvaɾ] *vt* (*um prego*) to pry; (*uma unha*) to remove

desencrencar [dʒizĩjkɾẽjˈkaɾ] <c→qu> *vt inf* to resolve

desenfaixar [dʒizĩjfajˈʃaɾ] *vt* to remove the bandage from

desenfeitar [dʒizĩjfejˈtaɾ] *vt* to remove decorations

desenfeitiçar [dʒizĩjfejtˈsaɾ] <c→c> *vt* (*desencantar*) to disenchant; (*libertar*) to disenthrall

desenferrujar [dʒizĩjfexuˈʒaɾ] *vt* **1.** (*um metal*) to derust **2.** (*as pernas*) to exercise; ~ **a língua** to speak up

desenfreado, -a [dʒizĩjfɾeˈadu, -a] *adj* (*pessoa, ambição, sentimentos*) unrestrained

desenfronhar [dʒizĩjfɾõˈɲaɾ] *vt fig* to strip

desenfurnar-se [dʒizĩjfuɾˈnaɾsi] *vr:* ~-**se** *inf* to come out of hiding

desengajado, -a [dʒizĩjgaˈʒadu, -a] *adj* (*opinião, postura*) disengaged

desenganado, -a [dʒizĩjgɐˈnadu, -a] *adj* (*doente*) incurable

desenganar [dʒizĩjgɐˈnaɾ] *vt* (*não dar esperanças, desiludir*) to disenchant

desenganchar [dʒizĩjgɐ̃ˈʃaɾ] *vt* to unhook

desengano [dʒizĩjˈgɐnu] *m* disappointment; (*desilusão*) disillusion

desengarrafar [dʒizĩjgaxaˈfaɾ] *vt* (*trânsito*) to free up

desengasgar [dʒizĩjgazˈgaɾ] <g→gu> *vt* to dislodge

desengatar [dʒizĩjgaˈtaɾ] *vt* (*vagão, embreagem*) to disengage

desengate [dʒizĩjˈgatʃi] *m* (*vagão*) uncoupling

desengonçado, -a [dʒizĩjgõwˈsadu, -a] *adj* **1.** (*objeto*) tilted, crooked **2.** (*pessoa*) disjointed

desengonçar-se [dʒizĩjgõwˈsaɾsi] <ç→c> *vr* to move disjointedly

desengordurar [dʒizĩjgoɾduˈɾaɾ] *vt* to degrease

desengrenar [dʒizĩjgɾeˈnaɾ] *vt* to disengage

desenhar [dezẽˈɲaɾ] *vt* to design; (*um projeto*) to plan

desenhista [dezẽˈɲista] *mf* (*de móveis*) designer

desenhista industrial <desenhistas industriais> [dezẽˈɲista ĩjdustɾiˈaw, -ˈajs] *mf* industrial designer

desenho [de'zẽɲu] *m* design; ~ **animado** animated cartoon; ~ **de uma casa** plan (view); ~ **geométrico** geometric design

desenlace [dʒiziˈlasi] *m* final resolution, denouement

desenquadrado, -a [dʒizĩjkwaˈdradu, -a] *adj* disqualified

desenrascado, -a [dʒizĩjxasˈkadu, -a] *adj* untangled

desenrascar [dʒizĩjxasˈkar] <c→qu> I. *vt* to untangle II. *vr*: ~-**se** (*sair de apuros*) **o que fazer para me ~ dessa?** how am I going to get myself out of this one?

desenredar [dʒizĩjxeˈdar] *vt* to unwind

desenrolar [dʒizĩjxoˈlar] I. *vt* to unroll II. *vr*: ~-**se** (*acontecimento*) to unfold

desenrustir-se [dʒizĩjxusˈtʃirsi] *vr gír* to come out of the closet, to assume one's sexuality

desentalar [dʒizĩjtaˈlar] *vt* 1.(*desprender*) to release 2.(*pessoa*) to free

desentender-se [dʒizĩjtẽjˈdersi] *vr*: ~ **com alguém** to get into a disagreement with sb

desentendido, -a [dʒizĩjtẽjˈdʒidu, -a] *adj* **fazer-se de ~** to play dumb

desentendimento [dʒizĩjtẽjdʒiˈmẽjtu] *m* 1.(*mal-entendido*) misunderstanding 2.(*discussão*) argument; **ter um ~ com alguém** to have an argument with sb

desenterrado, -a [dʒizĩjteˈxadu, -a] *adj* dug up

desenterrar [dʒizĩjteˈxar] *vt* 1.(*um osso*) to dig up; (*cadáver*) to exhume 2.*fig* (*descobrir*) to uncover; (*passado, memórias*) to dig up

desentorpecer [dʒizĩjtorpeˈser] <c→ç> *vt* (*o corpo*) to sober (up); *fig* (*reanimar*) to reanimate

desentortar [dʒizĩjtorˈtar] *vt* to straighten (out)

desentulhar [dʒizĩjtuˈʎar] *vt* to clear (out)

desentupidor [dʒizĩjtupiˈdor] *m* plunger

desentupir [dʒizĩjtuˈpir] *vt* (*nariz, cano*) to unclog

desenvolto, -a [dʒizĩjˈvowtu, -a] *adj* 1.(*desembaraçado*) diligent 2.(*ágil, ligeiro*) agile

desenvoltura [dʒizĩjvowˈtura] *f* 1.(*desembaraço*) diligence 2.(*agilidade, ligeireza*) agility

desenvolver [dʒizĩjvowˈver] I. *vt* (*projeto, negócio; capacidades; raciocínio; equação*) to develop; (*atividade*) to carry out, to perform II. *vr*: ~-**se** (*progredir, crescer*) to develop

desenvolvido, -a [dʒizĩjvowˈvidu, -a] *adj* (*criança; país*) developed

desenvolvimento [dʒizĩjvowviˈmẽjtu] *m* (*progresso*) development; (*aumento*) growth; ~ **econômico** economic development; ~ **sustentável** sustainable development; **país em ~** developing country

desenxabido, -a [dʒizĩjʃaˈbidu, -a] *adj* (*pessoa*) dull

desequilibrado, -a [dʒizikiʎiˈbradu, -a] *adj* (*pessoa, mesa*) unbalanced

desequilibrar [dʒizikiʎiˈbrar] I. *vt* to unbalance II. *vr*: ~-**se** to lose one's balance; (*mentalmente*) to become unbalanced

desequilíbrio [dʒizikiˈʎibriw] *m* (*entre diferentes coisas*) imbalance; (*mental*) unbalance

deserção <-ões> [dʒizerˈsãw, -ˈõjs] *f* desertion

deserdar [dʒizerˈdar] *vt* to disinherit

deserta *adj v.* **deserto**

desertar [dʒizerˈtar] I. *vi* MIL to desert II. *vt* (*renunciar: ideais*) to abandon

desértico, -a [deˈzertʃiku, -a] *adj* (*clima, fauna*) desert; (*terreno*) desert like

deserto [deˈzertu] *m* desert; **pregar no ~** to preach when no one is listening

deserto, -a [deˈzertu, -a] *adj* (*desabitado, abandonado*) deserted

desertor(a) [dʒizerˈtor, -a] <-es> *m(f)* deserter

desesperado, -a [dʒizispeˈradu] *adj* desperate

desesperador(a) [dʒizisperaˈdor] <-es> *adj* despairing

desesperança [dʒizispeˈrɐ̃sa] *f* hopelessness

desesperançado, -a [dʒizisperɐ̃ˈsadu, -a] *adj* hopeless

desesperançar-se [dʒizisperɐ̃ˈsarsi] <ç→c> *vr* to lose hope

desesperar [dʒizispeˈrar] I. *vt* to distress; **a crise desespera a todos** the crisis distresses everybody II. *vi* to despair III. *vr*: ~-**se** to despair

desespero [dʒizisˈperu] *m* despair; **em ~ de causa** as a last-ditch effort

desestabilizar [dʒizistabiʎiˈzar] *vt* to

desestagnar [dʒizistag'nar] *vt* to make flow

desestatizar [dʒizistatʃi'zar] *vt* to privatize

desestimular [dʒizistʃimu'lar] I. *vt* to discourage II. *vr:* ~**-se** to discourage

desestruturar [dʒizistrutu'rar] I. *vt* to destructure II. *vr:* ~**-se** to lose one's support

desfaçatez [dʒisfasa'tes] *f sem pl* impudence *no pl*

desfalcar [dʒisfaw'kar] <c→qu> 1. (*defraudar*) to bilk 2. (*reduzir*) to diminish; **machucou-se e desfalcou o time** he got hurt and left the team short-handed; **ele teve de ~ sua coleção de selos para pagar as contas** he had to reduce his stamp collection to pay the bills

desfalecer [dʒisfale'ser] <c→ç> *vi* 1. (*perder as forças*) to weaken 2. (*desmaiar*) to faint

desfalque [dʒis'fawki] *m* JUR defalcation; **dar um ~** to embezzle

desfavorável <-eis> [dʒisfavo'ravew, -ejs] *adj* (*situação, vento*) unfavorable; **a situação está ~ a** [*ou* **para**] **gastos** the situation is unfavorable for spending; **a justiça deu uma decisão ~ a** the court handed down an unfavorable decision

desfavorecer [dʒisfavore'ser] <c→ç> *vt* (*prejudicar, contrariar os interesses*) to disfavor; ~ **alguém** to do sb a disfavor; **o novo contrato desfavorece a nossa situação** the new contract disfavors our situation

desfavorecido, -a [dʒisfavore'sidu, -a] *adj* disadvantaged

desfazer [dʒisfa'zer] *irr como* fazer I. *vt* 1. (*cama; nó, costura*) to undo; **~ as malas** to unpack the suitcases 2. (*um acordo*) to cancel 3. (*destruir*) to undo; (*em pedaços*) to shred; **ela desfez o livro** she took the book apart 4. (*dissolver em*) to dissolve II. *vr:* ~**-se** 1. (*casa*) to fall apart 2. (*costura, nó*) to come undone; (*tecido*) to fray 3. (*grupo*) to disband, to break up 4. (*penteado*) to mess up 5. (*uma sociedade*) to dissolve 6. (*gelo*) to melt 7. ~**-se em pó** to crumble; ~**-se em lágrimas/desculpas** to dissolve into tears/apologies; **este biscoito se desfaz na boca** this cookie melts in your mouth 8. (*vender*) ~**-se de a. c.** to get rid of sth

desfechar [dʒisfe'ʃar] *vt* 1. (*terminar*) to end 2. (*murro*) to deliver; (*tiro, insultos*) to fire; (*uma ofensiva*) to undergo

desfecho [dʒis'feʃu] *m* conclusion

desfeita [dʒis'fejta] *f* insult; **fazer uma ~ a** [*ou* **para**] **alguém** to insult sb

desfeito [dʒis'fejtu] *pp de* desfazer

desfeito, -a [dʒis'fejtu, -a] *adj* 1. (*destruído*) wrecked; **o carro ficou completamente ~** the car was completely wrecked 2. (*pó; casamento, contrato*) dissolved 3. (*dúvida*) resolved

desferir [dʒisfe'rir] *irr como* preferir *vt* to deliver

desfiar [dʒisfi'ar] I. *vt* 1. (*tecido*) to fray 2. (*bacalhau, frango*) to pull apart 3. *fig* (*contar em detalhes*) to recount II. *vr:* ~**-se** to fray

desfiguração [dʒisfigura'sãw] *f sem pl* (*da forma; tornar feio*) disfigurement; (*de fatos*) misrepresentation

desfigurado, -a [dʒisfigu'radu, -a] *adj* 1. (*feio, feições*) disfigured 2. (*fatos*) misrepresented

desfigurar [dʒisfigu'rar] *vt* 1. (*forma; tornar feio*) to disfigure 2. (*fatos*) to misrepresent

desfiladeiro [dʒisfila'dejru] *m* mountain pass; *fig* tight situation

desfilar [dʒisfi'lar] I. *vi* 1. (*com uma escola de samba*) to parade 2. MIL to march II. *vt* (*ostentar*) to parade; **gosta de ~ seu carro novo** he likes to parade (around in) his new car

desfile [dʒis'fiʎi] *m* 1. (*de escola de samba*) parade; **~ de moda** fashion show 2. (*de tropas*) march

desflorestamento [dʒisfloresta'mẽjtu] *m* deforestation *no pl*

desflorestar [dʒisflores'tar] *vt* to deforest

desfocado, -a [dʒisfo'kadu, -a] *adj* unfocused

desfocar [dʒisfo'kar] <c→qu> *vt* (*televisão, fotografia; pessoa*) to defocus

desfolhar [dʒisfo'ʎar] *vt* (*o milho*) to shuck, to husk; (*uma flor*) to defoliate

desforra [dʒis'fɔxa] *f* retaliation; **dar a ~** to retaliate; **tirar a ~** to get even

desforrar-se [dʒisfo'xarsi] *vr:* ~ **de a. c.** to seek revenge for sth

desfraldar [dʒisfraw'dar] *vt* (*bandeira, vela*) to unfurl

desfrutar [dʒisfru'tar] *vt* to enjoy; ~ **as coisas boas da vida** to enjoy the good things in life; **desfruta do respeito do presidente** she enjoys the president's respect

desfrute [dʒis'frutʃi] *m* (*gozo, usufruto*) enjoyment

desgarrado, -a [dʒizga'xadu, -a] *adj* errant

desgarrar [dʒizga'xar] **I.** *vt* to deviate **II.** *vr:* ~**-se de** to deviate from

desgastado, -a [dʒizgas'tadu, -a] *adj* (*material, roupa, pessoa, imagem*) worn; (*completamente*) worn-out

desgastante [dʒizgas'tãntʃi] *adj fig* trying

desgastar [dʒizgas'tar] **I.** *vt* (*material, roupa, sapatos, pessoa*) to wear out **II.** *vr:* ~**-se 1.** (*material*) to wear out **2.** (*pessoa*) to exhaust oneself

desgaste [dʒiz'gastʃi] *m* wear

desgostar [dʒizgos'tar] *vt* (*causar desgosto*) to displease; (*mortificar*) to mortify; ~ **de a. c.** to dislike sth

desgosto [dʒiz'gostu] *m* **1.** (*desagrado, pesar*) displeasure; ~ **de amor** unlucky in love; **ter/sofrer um** ~ to suffer discontentment; **é um** ~ **ver tamanho desperdício** it is discomforting to see such waste **2.** (*aborrecimento*) unpleasantry; **este país só nos tem dado** ~**s** this country has brought us nothing but unpleasantries

desgostoso, -a [dʒizgos'tozu, 'ɔza] *adj* discontent

desgovernado, -a [dʒizgover'nadu, -a] *adj* (*pessoa, automóvel*) out of control

desgoverno [dʒizgo'vernu] *m* misgovernment

desgraça [dʒiz'grasa] *f* **1.** (*infortúnio*) misfortune; **por** ~ unfortunately **2.** (*miséria*) wretchedness **3.** (*descrédito*) disgrace; **cair em** ~ to fall into disgrace **4.** *inf* (*pessoa inábil*) mess; **ele é uma** ~ **na cozinha** he is absolutely incapable of cooking

desgraçada *adj, f v.* **desgraçado**

desgraçadamente [dʒizgrasada'mẽjtʃi] *adv* unfortunately

desgraçado, -a [dʒizgra'sadu, -a] **I.** *m, f* wretch **II.** *adj* **1.** (*infeliz*) unhappy **2.** (*malsucedido, miserável*) wretched **3.** (*inábil*) incapable **4.** (*vil*) despicable **5.** (*extraordinário*) amazing; **ele tem sempre uma sorte desgraçada** he always has amazing luck

desgraçar [dʒizgra'sar] <ç→c> **I.** *vt* (*causar desgraça*) to disgrace; (*arruinar*) to ruin **II.** *vr:* ~**-se** to sadden

desgraceira [dʒizgra'sejra] *f* **1.** (*sucessão de desgraças*) avalanche of misfortunes **2.** *inf* (*coisa malfeita*) borax

desgramado, -a [dʒizgrɐ'madu, -a] *adj inf* wretched

desgravar [dʒizgra'var] *vt* (*uma fita cassete*) to erase

desgrenhado, -a [dʒizgrẽ'nadu, -a] *adj* (*cabelo*) unkempt

desgrudar [dʒizgru'dar] **I.** *vt* to unstick; (*não conseguiu* ~ *os olhos do chocolate*) she couldn't take her eyes off (of) the chocolate **II.** *vr* ~**-se de a. c.** to let go of sth; ~**-se de alguém** to leave sb's side

desguarnecer [dʒizgwarne'ser] <c→ç> *vt* MIL to deprive of military force

desidratação [dʒizidrata'sãw] *f sem pl tb.* MED dehydration *no pl*

desidratado, -a [dʒizidra'tadu, -a] *adj tb.* MED dehydrated

desidratar [dʒizidra'tar] **I.** *vt* to dehydrate **II.** *vr:* ~**-se** to dehydrate

design [dʒi'zajni] *m* design

designação <-ões> [dezigna'sãw, -'õjs] *f* (*indicação, nomeação, denominação*) designation

designadamente [dezignada'mẽjtʃi] *adv* namely

designar [dezig'nar] *vt* **1.** (*indicar, nomear, denotar*) to designate **2.** (*data, regra*) to set

designer [dʒizaj'ner] *mf* designer

desígnio [de'zigniw] *m* (*propósito, intenção, plano*) design

desigual <-ais> [dʒizi'gwaw, -'ajs] *adj* **1.** (*não igual; superfície; variável*) unequal **2.** (*injusto*) unfair

desigualdade [dʒizigwaw'dadʒi] *f* (*falta de igualdade; superfície; desproporção; diferença*) inequality

desiludido, -a [dʒizilu'dʒidu, -a] *adj* disappointed; **estar** ~ **com a. c./alguém** to be disappointed with sth/sb

desiludir [dʒizilu'dʒir] **I.** *vt* (*decepcionar*) to disappoint; (*desenganar*) to disillusion **II.** *vr:* ~**-se com alguém** to be disappointed by sb

desilusão <-ões> [dʒizilu'zãw, -'õjs] *f* **1.** (*decepção*) disappointment; **ter uma** ~ to be disappointed **2.** (*desengano*) disillusion

desimpedido, -a [dʒizĩpiˈdʒidu, -a] *adj* (*tráfego*) clear; (*pessoa, processo*) unfettered

desimpedir [dʒizĩpiˈdʒir] *irr como* **pedir** *vt* to clear

desinchar [dʒizĩˈʃar] *vi* **1.** MED to reduce swelling, to go down **2.** (*perder o orgulho*) to deflate

desincumbir-se [dʒizĩkũwˈbirsi] *vr* to discharge (a duty)

desindexação <-ões> [dʒizĩjdeksaˈsãw, -ˈõjs] *f* deindexation

desindexar [dʒizĩjdekˈsar] *vt* to deindex

desinência [dʒiziˈnẽjsja] *f* LING ending, inflectional suffix

desinfecção <-ões> [dʒizĩjfekˈsãw, -ˈõjs] *f* disinfection

desinfestação <-ões> [dʒizĩjfestaˈsãw] *f* disinfestation

desinfestar [dʒizĩjfesˈtar] *vt* to disinfest

desinfetante [dʒizĩjfeˈtãtʃi] *adj, m* disinfectant

desinfetar [dʒizĩjfeˈtar] **I.** *vt* to disinfect **II.** *vi* **desinfeta daqui!** *gír* beat it!

desinflamar [dʒizĩjflaˈmar] *vi* (*cessar a inflamação*) to reduce inflammation; (*desinchar*) to deflate

desinformado, -a [dʒizĩjforˈmadu, -a] *adj* (*não informado*) uninformed; (*mal informado*) misinformed

desinformar [dʒizĩjforˈmar] *vt* to misinform

desinibido, -a [dʒiziniˈbidu, -a] *adj* uninhibited

desinibir [dʒiziniˈbir] **I.** *vt* to remove sb's inhibition **II.** *vr:* ~-**se** to become uninhibited

desintegração <-ões> [dʒizĩjtegraˈsãw, -ˈõjs] *f* FÍS disintegration; ~ **social** social disintegration

desintegrar [dʒizĩjteˈgrar] **I.** *vt* (*pedra, átomo*) to disintegrate **II.** *vr:* ~-**se** (*família, império; núcleo*) to disintegrate

desinteressado, -a [dʒizĩjtereˈsadu, -a] *adj* (*não interesseiro, não interessado*) disinterested

desinteressante [dʒizĩjtereˈsãtʃi] *adj* uninteresting

desinteressar-se [dizĩjtereˈsarsi] *vr:* ~ **de a. c.** to divest oneself of interest in sth

desinteresse [dʒizĩjteˈresi] *m* **1.** (*indiferença*) disinterest; **ter** ~ **por a. c.** to be indifferent to sth **2.** (*isenção*) disinterestedness

desintoxicação <-ões> [dʒizĩjtoksikaˈsãw, -ˈõjs] *f* (*de tóxicos*) detoxification; **fazer um tratamento de** ~ to go through detoxification treatment

desintoxicar [dʒizĩjtoksiˈkar] <c→qu> **I.** *vt* to detoxify **II.** *vr:* ~-**se** to detoxify, to detox *inf*

desistência [dʒizisˈtẽjsja] *f* **1.** (*de um cargo, direito*) renouncement, relinquishment **2.** (*de um curso*) cancellation **3.** JUR (*renúncia*) waiver

desistir [dʒizisˈtʃir] *vi* **1.** (*de um cargo, direito*) to renounce, to relinquish; ~ **de fazer a. c.** to give up [*o* to stop] doing sth; **o deputado desistiu de seu cargo** the representative renounced his position **2.** JUR to waive

desjejum [deze'ʒũw] <-uns> *m* breaking of one's fast

deslanchar [dʒizlãˈʃar] *vi inf* (*avançar*) to get going

deslavadamente [dʒizlavadaˈmẽjtʃi] *adv* shamelessly; **mentir** ~ to lie through one's teeth

deslavado, -a [dʒizlaˈvadu, -a] *adj* (*descarado*) barefaced

desleal <-ais> [dʒizleˈaw, -ˈajs] *adj* **1.** (*infiel*) unfaithful **2.** (*desonesto: ação, adversário*) dishonest; (*concorrência*) unfair

deslealdade [dʒisleawˈdadʒi] *f* **1.** (*traição*) unfaithfulness **2.** (*ato*) dishonesty

desleixado, -a [dʒizlejˈʃadu, -a] *adj* careless

desleixar [dʒizlejˈʃar] *vt* to neglect

desleixo [dʒizˈlejʃu] *m* neglect

desligado, -a [dʒizʎiˈgadu, -a] *adj* **1.** (*aparelho*) (turned) off **2.** *inf* (*pessoa*) oblivious; **ele é** ~ **de tudo!** he is oblivious to everything! **3.** (*afastado*) away; **vive** ~ **da família** he lives away from his family **4.** (*sem vínculos*) severed; **foi** ~ **do seu antigo cargo** he was severed from his last position

desligar [dʒizʎiˈgar] <g→gu> **I.** *vt* **1.** (*um aparelho, motor*) to turn off; (*a luz*) to turn off [*o* out] **2.** TEL to hang up; **não desligue!** don't hang up! **3.** (*de um cargo*) to sever **II.** *vr:* ~-**se** ~ **de a. c.** to sever ties with sth; **desliga-se dos problemas com facilidade** she leaves problems behind her easily; **desligou-se do partido por divergências** he left the party because of differences; **vê se desliga!** *gír* chill (out)!, calm down!

deslizar [dʒizʎi'zar] *vi* **1.**(*mover-se*) to glide; **~ pelo gelo** to glide on the ice; **deslizou os dedos sobre a pele do bebê** she ran her fingers over the baby's skin; **o casal de bailarinos deslizava pelo salão** the pair of dancers glided through the dance hall **2.**(*escorregar*) to slide, to slip; **o carro deslizou sobre o asfalto molhado** the car slid on the wet asphalt

deslize [dʒiz'ʎizi] *m* (*lapso*) slip

deslocado, -a [dʒizlo'kadu, -a] *adj* **1.**(*do lugar; membro*) dislocated **2.**(*pessoa, crítica*) out of place

deslocamento [dʒizloka'mẽjtu] *f* **1.**(*viagem*) travel **2.**(*do ar, da água*) movement **3.** MED dislocation

deslocar [dʒizlo'kar] <c→qu> **I.** *vt* **1.**(*objeto; água, ar; osso, membro*) to dislocate **2.**(*funcionário*) to transfer **II.** *vr:* **~-se I.**(*movimentar-se*) to move [*o* to get] around **2.**(*viajar*) to travel; **como você se desloca para o trabalho?** how do you commute to work?

deslumbrado, -a [dʒizlũw'bradu, -a] **I.** *adj* fascinated; **ficar ~ com a. c./alguém** to be fascinated with sth/sb **II.** *m, f* pushover

deslumbramento [dʒizlũwbra'mẽjtu] *m* **1.**(*fascinação*) fascination **2.** *fig* (*cegueira*) blindness

deslumbrante [dʒizlũw'brãtʃi] *adj* (*fascinante*) fascinating

deslumbrar [dʒizlũw'brar] **I.** *vt* (*fascinar*) to fascinate; (*desorientar*) to disorient **II.** *vr:* **~-se com a. c./alguém** to be fascinated by sth/sb

desmagnetizar [dʒizmagnetʃi'zar] *vt* to demagnetize

desmaiado, -a [dʒizmaj'adu, -a] *adj* (*sem sentidos*) faint

desmaiar [dʒizmaj'ar] *vi* to faint

desmaio [dʒiz'maju] *m* faint; **ter um ~** to faint, to fall into a faint

desmamar [dʒizmã'mar] *vt* to wean

desmancha-prazeres [dʒis'mãŋʃa-pra'zeris] *mf inv, inf* killjoy

desmanchar [dʒizmãŋ'ʃar] **I.** *vt* **1.**(*nó*) to undo, to untie **2.**(*cama, penteado*) to mess up **3.**(*plano*) to wreck **4.**(*noivado*) to call off **5.**(*máquina*) to take apart **6.**(*empresa*) to disband **II.** *vr:* **~-se** (*derramar-se*) to melt; **ele desmanchou-se em elogios ao chefe** he praised the boss profusely

desmanche [dʒiz'mãŋʃi] *m* (*de carros*) scrap yard

desmantelamento [dʒizmãŋtela'mẽjtu] *m* (*de grupo, construção, plano*) dismantlement

desmantelar [dʒizmãŋte'lar] *vt* (*grupo; construção; plano*) to dismantle

desmarcar [dʒizmar'kar] *vt* (*encontro, consulta*) to cancel

desmascarar [dʒizmaska'rar] *vt* (*revelar*) to unmask

desmatamento [dʒizmata'mẽjtu] *m* deforestation *no pl*

desmazelado, -a [dʒizmaze'ladu, -a] *adj* unkempt

desmazelo [dʒizma'zelu] *m* unkemptness

desmedido, -a [dʒizme'dʒidu, -a] *adj* (*excessivo*) excessive

desmembramento [dʒizmẽjbra'mẽjtu] *m* **1.**(*desagregação*) dismemberment; **~ em várias partes** dismemberment into many parts **2.**(*terra*) subdivision

desmembrar [dʒizmẽj'brar] **I.** *vt* (*corpo, dividir, separar*) to dismember **II.** *vr:* **~-se** (*dividir-se*) to split up

desmemoriado, -a [dʒizmemori'adu, -a] *adj* distracted

desmentido [dʒizmĩ'tʃidu] *m* denial

desmentir [dʒizmĩ'tʃir] *irr como sentir vt* **1.**(*negar, contestar*) to deny; **não vá ~ o que eu disse** don't contradict what I said; (*retratar-se*) to take back; **o assessor desmentiu os boatos** the assistant denied the rumors **2.**(*não condizer a*) to belie; **o tremor das mãos desmentia uma aparente calma** her trembling hands belied an apparent calm

desmerecedor(a) [dʒizmerese'dor(a)] *adj* unworthy; **ser ~ de a. c.** to be unworthy of sth

desmerecer [dʒizmere'ser] <c→ç> *vt* **1.**(*não ser digno de*) **ele fez por ~ o nosso respeito** he doesn't deserve our respect **2.**(*menosprezar*) to put down; **costuma ~ os colegas nas reuniões** he often puts his colleagues down at meetings

desmerecimento [dʒizmeresi'mẽjtu] *m* scorn

desmesurado, -a [dʒizmezu'radu, -a] *adj* **1.**(*enorme*) huge **2.**(*excessivo*) excessive

desmilingüir-se [dʒizmiʎĩ'gwirsi] *vr inf* to peter out

desmilitarização [dʒizmiʎitariza'sãw] *f*

sem pl demilitarization *no pl*
desmilitarizar [dʒizmiʎitari'zar] *vt* to demilitarize
desmiolado, -a [dʒizmio'ladu, -a] *adj fig* imprudent
desmistificar [dʒizmistʃifi'kar] <c→qu> *vt* to demystify
desmitificar [dʒizmitʃifi'kar] <c→qu> *vt* to demythify
desmobilização [dʒizmobiʎiza'sãw] *f sem pl* MIL demobilization *no pl*
desmobilizar [dʒizmobiʎi'zar] *vt* MIL to demobilize
desmontagem [dʒizmõw'taʒẽj] <-ens> *f* (*de máquina*) disassembly; (*de peça*) removal
desmontar [dʒizmõw'tar] *vt* 1. (*uma máquina*) to disassemble, to dismantle; (*barraca, peça*) to take down 2. (*as defesas inimigas; arruinar*) to dismantle; **a guerra desmontou o turismo** the war wrecked tourism 3. to dismount; **~ do cavalo** to dismount from the horse
desmontável <-eis> [dʒizmõw'tavew, -ejs] *adj* (*máquina*) disassembled; (*peça*) removable
desmoralização [dʒizmoraʎiza'sãw] *f sem pl* demoralization
desmoralizado, -a [dʒizmoraʎi'zadu, -a] *adj* demoralized
desmoralizar [dʒizmoraʎi'zar] **I.** *vt* to demoralize **II.** *vr:* **~-se** to degrade oneself
desmoronamento [dʒizmorona'mẽjtu] *m* 1. (*de casa, ruínas*) collapse 2. **~ de terra** landslide
desmoronar [dʒizmoro'nar] *vi* 1. (*casa, ruínas, sistema*) to collapse 2. (*terra*) to slide
desmunhecar [dʒizmũɲe'kar] <c→qu> *vi gír* (*homem*) to turn gay
desnatado, -a [dʒizna'tadu, -a] *adj* skimmed
desnatar [dʒizna'tar] *vt* to skim
desnaturado, -a [dʒiznatu'radu, -a] *adj* adulterated; (*cruel*) inhumane
desnecessária *adj v.* **desnecessário**
desnecessariamente [dʒiznesesarja'mẽjtʃi] *adv* unnecessarily
desnecessário, -a [dʒiznese'sariw, -a] *adj* (*supérfluo*) unnecessary
desnível <-eis> [dʒiz'nivew, -ejs] *m* 1. (*de estrada*) difference in level; (*de terreno*) slope 2. (*social*) disparity
desnivelado, -a [dʒiznive'ladu, -a] *adj* 1. (*terreno*) not level 2. (*inclinado*) sloped
desnivelar [dʒiznive'lar] *vt* 1. (*terreno*) to make unlevel 2. (*distinguir*) to distinguish
desnorteado, -a [dʒiznortʃi'adu, -a] *adj* 1. (*sem rumo*) disoriented 2. (*tonto*) dizzy
desnudar [dʒiznu'dar] *vt* to strip
desnutrição [dʒiznutri'sãw] *f sem pl* malnutrition *no pl*
desnutrido, -a [dʒiznu'tridu, -a] *adj* malnourished
desobedecer [dʒizobede'ser] <c→ç> *vt* to disobey; **~ a alguém/a uma lei** to disobey sb/a law
desobediência [dʒizobedʒi'ẽjsia] *f* disobedience; **~ às leis** disobedience to the laws
desobediente [dʒizobedʒi'ẽjtʃi] *adj* (*que desobedece, insubmisso*) disobedient
desobrigação <-ões> [dʒizobriga'sãw, -'õjs] *f* release, discharge
desobrigar [dʒizobri'gar] <g→gu> *vt* to release; **~ alguém de fazer a. c.** to relieve sb from having to do sth
desobstrução <-ões> [dʒizobstru'sãw, -'õjs] *f* (*de veia, estrada*) unblocking
desobstruir [dʒizobstru'ir] *conj como incluir vt* (*veia, estrada*) to unblock; (*cano*) to unclog
desocupação <-ões> [dʒizokupa'sãw, -'õjs] *f* 1. MIL pullout 2. (*de uma casa*) leaving 3. (*ociosidade*) idleness
desocupado, -a [dʒizoku'padu, -a] *adj* 1. (*desempregado*) unemployed 2. (*casa*) empty; (*banheiro, telefone*) free
desocupar [dʒizoku'par] *vt* (*casa*) to leave; (*banheiro*) to free (up)
desodorante [dʒizodo'rãntʃi] *m* deodorant
desolação [dʒizola'sãw] *f sem pl* (*tristeza, aflição, devastação*) desolation *no pl*
desolado, -a [dʒizo'ladu, -a] *adj* (*pessoa, lugar, solitário*) desolate
desolar [dʒizo'lar] *vt* (*pessoa, terra*) to desolate
desonesta *adj v.* **desonesto**
desonestidade [dʒizonestʃi'dadʒi] *f* dishonesty
desonesto, -a [dʒizo'nɛstu, -a] *adj* dishonest
desonra [dʒi'zõwxa] *f* (*perda da honra,*

desonrado

vergonha) dishonor *Am*, dishonour *Brit*

desonrado, -a [dʒizõw'xadu, -a] *adj* (*comportamento, pessoa*) dishonorable *Am*, dishonourable *Brit*

desonrar [dʒizõw'xar] *vt* (*tirar a honra, desacreditar*) to dishonor *Am*, to dishonour *Brit*

desopilação [dʒizopila'sãw] *f sem pl* purge; (*de dores*) relief

desopilar [dʒizopi'lar] I. *vt* MED to purge; (*dor*) to relieve II. *vi* to relax; (*dores*) to be relieved

desordeiro, -a [dʒizor'dejru, -a] I. *adj* rowdy II. *m, f* rowdy

desordem [dʒi'zɔrdēj] <-ens> *f* (*na casa, rua*) disarray; (*confusão*) disorder; POL revolt

desordenado, -a [dʒizorde'nadu, -a] *adj* (*coisas*) in disarray

desordenar [dʒizorde'nar] *vt* to disorder

desordens *f pl de* **desordem**

desorganização [dʒizorgɜniza'sãw] *f sem pl* disorganization *no pl*

desorganizado, -a [dʒizorgɜni'zadu, -a] *adj* (*pessoa, trabalho*) disorganized

desorganizar [dʒizorgɜni'zar] *vt* to disorganize

desorientação [dʒizorjẽjta'sãw] *f sem pl* disorientation *no pl*

desorientado, -a [dʒizorjẽj'tadu, -a] *adj* disoriented

desorientar [dʒizorjẽj'tar] I. *vt* (*desnortear, desconcertar*) to disorient II. *vr*: ~-**se** to lose one's bearings

desova [dʒi'zɔva] *f* 1. ZOOL spawning 2. *inf* (*de cadáver, carro*) dump

desovar [dʒizo'var] *vi* 1. ZOOL to spawn 2. *inf* (*cadáver, carro*) to dump

despachado, -a [dʒispa'ʃadu, -a] *adj* (*uma encomenda*) shipped; (*franco*) sincere

despachante [dʒispa'ʃãntʃi] *m* agent, expediter; ~ **aduaneiro** customs broker

despachar [dʒispa'ʃar] *vt* (*uma encomenda*) to ship; (*um processo*) to decide; (*incumbir de missão*) to dispatch, to send (off); (*mandar embora*) to send away

despacho [dʒis'paʃu] *m* 1. (*de encomendas, mercadoria*) dispatch 2. (*do governo*) order 3. (*umbanda, candomblé*) offering to a deity

desparafusar [dʒisparafu'zar] *vt* to unscrew

despautério [dʒispaw'tɛɾiw] *m form* idiocy

despedaçar [dʒispeda'sar] <ç→c> *vt* 1. (*um objeto*) to shatter 2. *fig* (*o coração*) to break

despedida [dʒispi'dʒida] *f* farewell

despedir [dʒispi'dʒir] *irr como* pedir I. *vt* to dismiss II. *vr*: ~-**se** 1. (*de alguém*) to take leave, to say goodbye 2. (*de um emprego*) to resign

despeitado, -a [dʒispej'tadu, -a] *adj* spiteful

despeitar [dʒispej'tar] *vt* to spite

despeito [dʒis'pejtu] *m* spite; **a ~ de** in spite of

despejar [dʒispe'ʒar] *vt* 1. (*um líquido*) to pour; **despeje a calda no pudim** pour the syrup over the custard 2. (*recipiente, garrafa*) to empty 3. (*inquilinos*) to evict

despejo [dʒis'peʒu] *m* (*desocupação*) eviction; **ação de ~** eviction action

despencar [dʒispẽj'kar] <c→qu> *vi* to tumble; **o gato despencou do 5º andar** the cat fell from the fifth floor

despender [dʒispẽj'der] *vt* (*tempo, energia, dinheiro*) to spend; (*esforços*) to use

despenhadeiro [dʒispẽɲa'dejru] *m* precipice

despensa [dʒis'pẽjsa] *f* pantry

despenteado, -a [dʒispẽjtʃi'adu, -a] *adj* unkempt

despentear [dʒispẽjtʃi'ar] *conj como* passear *vt* (*cabelo*) to mess up; ~ **uma pessoa** to mess up sb's hair

despercebido, -a [dʒisperse'bidu, -a] *adj* unnoticed; **passar ~** to go unnoticed

desperdiçar [dʒisperdʒi'sar] <ç→c> *vt* 1. (*dinheiro, tempo, energia*) to waste, to squander 2. (*uma oportunidade*) to throw away

desperdício [dʒisper'dʒisiw] *m* (*de dinheiro, tempo, energia*) waste

desperta *adj v.* **desperto**

despertador [dʒisperta'dor] <-es> *m* alarm clock

despertar [dʒisper'tar] <-es> *m* to wake up; ~ **para um novo mundo** to wake up to a new world

despertar [dʒisper'tar] <*pp* desperto *ou* despertado> I. *vt* 1. (*uma pessoa*) to wake up, to awake 2. (*sentimentos*) to arouse; ~ **interesse/curiosidade/ suspeita** to arouse interest/curiosity/

suspicion **II.** *vi* to awake

desperto, -a [dʒisˈpɛrtu, -a] *adj* awake

despesa [dʒisˈpeza] *f* expense; **~s de viagem** travel expenses; **arcar com as ~s de** to bear the expenses of; **não quero te dar ~** I don't want you to go to allot of expense

despido, -a [dʒisˈpidu, -a] *adj* (*pessoa, árvore, sala*) naked, bare; **~ de preconceitos** devoid of prejudice

despir [dʒisˈpir] **I.** *vt* (*roupa, pessoa*) to strip **II.** *vr:* **~-se** (*roupas*) to strip; (*despojar-se*) to cast aside

despirocado, -a [dʒispiroˈkadu, -a] *adj gír* demented

despistar [dʒispisˈtar] *vt* (*desnortear*) to throw off the track; (*iludir*) to deceive

despiste [dʒisˈpistʃi] *m* disguise

desplante [dʒisˈplãtʃi] *m* effrontery; **ter o ~ de fazer a. c.** to have the gall to do sth

despojado, -a [dʒispoˈʒadu] *adj* devoid; (*estilo*) simple; **ele é ~ de qualquer ambição** he is devoid of all ambition

despojar [dʒispoˈʒar] **I.** *vt* (*roubar*) to steal; (*privar*) to take away **II.** *vr* **~-se de a. c.** to cast off

despojo [dʒisˈpoʒu] *m* (*espólio*) booty

despojos [dʒisˈpɔʒus] *mpl* remains *pl*

despolitização [despoʎitʃizaˈsãw] *sem pl f* depoliticization *no pl*

despontar [dʒispõwˈtar] *vi* **1.** to arise **2.** (*sol*) to rise **3.** BOT to shoot

desposar [dʒispoˈzar] *vt form* to marry

déspota [ˈdɛspota] *mf* despot

despótico, -a [dʒisˈpɔtʃiku, -a] *adj* despotic

despotismo [dʒispoˈtʃizmu] *m sem pl* despotism

despovoado, -a [dʒispovoˈadu, -a] *adj* uninhabited

despovoamento [dʒispovoaˈmẽtu] *m* (*ato*) depopulation; (*lugar*) desolate place

despovoar [dʒispovoˈar] *vt* <*1. pess pres:* despovoo> to depopulate

desprazer [dʒispraˈzer] <-es> *m* displeasure

desprender [dʒisprẽjˈder] **I.** *vt* to detach; (*desatar*) to untie **II.** *vr:* **~-se** to let go (of)

desprendido, -a [dʒisprẽjˈdʒidu, -a] *adj* (*pessoa*) unattached

despreocupação [dʒisprewkupaˈsãw] *f sem pl* lightheartedness *no pl*

despreocupado, -a [dʒisprewkuˈpadu, -a] *adj* carefree

despreparado, -a [dʒisprepaˈradu, -a] *adj* unprepared

desprestigiar [dʒisprestʃiʒiˈar] *vt* (*pessoa, trabalho*) to put down, to belittle

despretensioso, -a [dʒispretẽjsiˈozu, -ˈɔza] *adj* unpretentious

desprevenido, -a [dʒispreviˈnidu, -a] *adj* off guard, unprepared; **pegar alguém ~** to catch sb off guard; *inf* (*sem dinheiro*) broke

desprezado, -a [dʒispreˈzadu, -a] *adj* slighted

desprezar [dʒispreˈzar] *vt* to disregard, to slight

desprezível <-eis> [dʒispreˈzivew, -ejs] *adj* (*ato; pessoa*) despicable

desprezo [dʒisˈprezu] *m* contempt

desprivilegiado, -a [dʒispriviʎeʒiˈadu, -a] *adj* disadvantaged

desprivilegiar [dʒispriviʎeʒiˈar] *vt* disadvantage

desprogramar [dʒisprograˈmar] *vt* to cancel

desproporção <-ões> [dʒisproporˈsãw, -ˈõjs] *f* disproportion

desproporcional <-ais> [dʒisproporsjoˈnaw, -ˈajs] *adj* disproportional, disproportionate; **tamanho ~ a a. c.** size disproportionate to sth

despropositadamente [dʒispropozitadaˈmẽjtʃi] *adv* unintentionally

despropositado, -a [dʒispropoziˈtadu, -a] *adj* unintentional

despropósito [dʒisproˈpɔzitu] *m* absurdity; *inf* (*excesso*) excess; **a professora costumava passar um ~ de lições de casa** the teacher used to give us an absurd amount of homework

desprotegido, -a [dʒisproteˈʒidu, -a] *adj* unprotected; (*abandonado*) abandoned

desprover [dʒisproˈver] *vt* to deprive; **a tática era ~ o inimigo de alimentos** the tactic was to deprive the enemy of food

desprovido, -a [dʒisproˈvidu, -a] *adj* devoid; **ele é uma pessoa desprovida de bom senso** he is a person devoid of common sense

despudor [dʒispuˈdor] <-es> *m* indecency

despudorado, -a [dʒispudoˈradu, -a] *adj* immodest

despudores *m pl de* **despudor**
desqualificação [dʒiskwaʎifika'sɜ̃w] *f sem pl* ESPORT disqualification
desqualificado, -a [dʒiskwaʎifi'kadu, -a] *adj* 1. ESPORT disqualified 2. (*sem reputação*) discredited
desqualificar [dʒiskwaʎifi'kar] <c→qu> *vt* ESPORT disqualify
desquite [dʒis'kitʃi] *m* JUR (*separação*) separation
desratizar [dʒisxatʃi'zar] *vt* to exterminate mice
desregrado, -a [dʒisxe'gradu, -a] *adj* (*pessoa, vida*) intemperate
desregulado, -a [dʒisxegu'ladu, -a] *adj* (*pessoa, máquina*) maladjusted
desregulamentação <-ões> [dʒisxegulamẽjta'sɜ̃w, -'õjs] *f* deregulation
desregulamentar [dʒisxegulamẽj'tar] *vt* to deregulate
desrespeitar [dʒisxespej'tar] *vt* 1. (*uma lei*) to violate 2. (*uma pessoa*) to disrespect
desrespeito [dʒisxes'pejtu] *m* (*desacato, falta de respeito*) disrespect
dessa ['dɛsa] = de + essa *v.* **de**
dessacralizar [dʒisakraʎi'zar] *vt* to demystify
dessalinização [dʒisaʎiniza'sɜ̃w] *f sem pl* desalinization
desse ['desi] = de + esse *v.* **de**
desserviço [deser'visu] *m* disservice
dessincronizado, -a [dʒisĩjkroni'zadu, -a] *adj* desynchronized, out of sync *inf*
desta ['dɛsta] = de + esta *v.* **de**
destacado [dʒista'kadu] *m* MÚS staccato
destacado, -a [dʒista'kadu, -a] *adj* 1. (*evidente*) conspicuous 2. (*saliente*) emphasized 3. (*solto*) detached
destacamento [dʒistaka'mẽjtu] *m* MIL detachment
destacar [dʒista'kar] <c→qu> I. *vt* 1. (*fazer sobressair, sublinhar*) to emphasize 2. (*papel*) to detach; ~ **pelo picotado** to detach along the dotted line 3. MIL to detach II. *vr:* ~ **-se o diretor destacou-se pela simplicidade** the director was noted for his simplicity
destacável <-eis> [dʒista'kavew, -ejs] *adj* (*papel, objeto*) detachable
destampado, -a [dʒistɜ̃'padu, -a] *adj* uncovered; *fig* uncurbed
destampar [dʒistɜ̃'par] *vt* to uncover
destapado, -a [dʒista'padu, -a] *adj* (*recipiente*) uncovered
destapar [dʒista'par] *vt* (*panela; olhos*) to uncover
destaque [dʒis'taki] *m* 1. emphasis; **de** ~ prominent; **ele era uma figura de ~ na política** he was a prominent figure in politics; **em** ~ highlighted; **pôr em** ~ to set apart 2. (*escola de samba*) prominent figure
deste ['destʃi] = de + este *v.* **de**
destelhado, -a [dʒiste'ʎadu, -a] *adj* unroofed
destemido, -a [dʒiste'midu, -a] *adj* fearless
destemperado, -a [dʒistẽjpe'radu, -a] *adj* 1. (*molho*) watery 2. (*pessoa*) intemperate
desterrado, -a [dʒiste'xadu, -a] *adj* banished
desterrar [dʒiste'xar] *vt* to banish, to send into exile; ~ **de um país** to banish from a country
desterro [dʒis'texu] *m* banishment
destilação [dʒistʃila'sɜ̃w] *f sem pl* (*purificação; gotejamento*) distillation
destilado, -a [dʒistʃi'ladu, -a] *adj* distilled
destilar [dʒistʃi'lar] *vt* 1. (*purificar, gotejar*) to distill 2. *fig* (*insinuar*) to exude
destilaria [dʒistʃila'ria] *f* distillery
destinar [dʒistʃi'nar] I. *vt* to design; (*fixar*) to predetermine II. *vr:* ~ **-se a a. c.** to dedicate oneself to sth
destinatário, -a [dʒistʃina'tariw] *m, f* addressee
destino [dʒis'tʃinu] *m* 1. (*sina*) destiny 2. (*de carta, de uma viagem*) destination; **sem** ~ aimless; **o ônibus com** ~ **a Salvador** the bus to Salvador 3. (*finalidade*) destination; **ninguém soube que** ~ **teve o dinheiro arrecadado** no one knows the destination given to the money raised
destituição <-ões> [dʒistʃituj'sɜ̃w, -'õjs] *f* destitution; (*demissão*) dismissal
destituir [dʒistʃitu'ir] *conj como* **incluir** *vt* to deprive; **I.** *vt* to design; ~ **alguém de um cargo** to dismiss sb from a position; ~ **alguém de seus bens** to deprive sb of of his/her property
destoante [dʒisto'ɜ̃tʃi] *adj* (*som; opinião*) dissonant
destoar [dʒisto'ar] <*1. pess pres:* destoo> I. *vi* MÚS to sound dissonant; **seus comentários destoaram** to sound bad II. *vt* (*não condizer*) to discord; **isso destoa do necessário** that discords

from need
destra *adj v.* **destro**
destrambelhado, -a [dʒistrãŋbe'ʎadu, -a] *adj* sloppy
destrancar [dʒistrãŋ'kar] <c→qu> *vt* to unlock
destratar [dʒistra'tar] *vt* to disrespect verbally
destravado, -a [dʒistra'vadu, -a] *adj* (*porta*) unlocked
destravar [dʒistra'var] *vt* (*porta*) to unlock; (*língua*) to unleash
destreinado, -a [dʒistrej'nadu, -a] *adj* untrained; ESPORT out of practice
destreza [des'treza] *f* dexterity
destrinçar [dʒistrĩ'sar] <ç→c> *vt*, **destrinchar** [dʒistrĩ'ʃar] *vt* (*um assunto*) to expound (on)
destro, -a ['dɛstru, -a] *adj* **1.** (*ágil*) dexterous **2.** (*não canhoto*) right-handed
destrocar [dʒistro'kar] <c→qu> *vt* to swap back
destroçar [dʒistro'sar] <ç→c> *vt* **1.** (*quebrar*) to smash; (*o coração*) to break **2.** (*destruir, quebrar*) to destroy **3.** (*derrotar*) to crush
destroço [dʒis'trɔsu] *m* **1.** (*destruição*) destruction **2.** (*derrota*) defeat **3.** (*estrago*) wreckage
destroços [dʒis'trɔsus] *mpl* wreckage
destronar [dʒistro'nar] *vt* to dethrone
destroncar [dʒistrõw'kar] <c→qu> *vt* (*braço, perna*) to mutilate; (*desmembrar*) to dismember
destruição <-ões> [dʒistruj'sãw, -'õjs] *f* **1.** (*de objeto, cidade, edifício; aniquilação*) destruction **2.** (*devastação*) devastation
destruído, -a [dʒistru'idu, -a] *adj* **1.** (*objeto, cidade, edifício*) destroyed **2.** (*devastado*) devastated
destruidor(a) [dʒistruj'dor(a)] <-es> **I.** *adj* destructive **II.** *m(f)* destroyer
destruir [dʒistru'ir] *conj como* **incluir** *vt* **1.** (*objeto, cidade, edifício*) to destroy **2.** (*devastar*) to devastate
destrutivo, -a [dʒistru'tʃivu, -a] *adj* destructive
desumano, -a [dʒizu'mʌnu, -a] *adj* (*tratamento*) inhumane; (*bruto*) inhuman
desumidificador [dʒizumidʒifika'dor] *m* dehumidifier
desunião <-ões> [dʒizuni'ãw, -'õjs] *f* **1.** (*desacordo*) discord **2.** (*separação*) separation
desunir [dʒizu'nir] *vt* **1.** (*separar*) to separate **2.** (*causar discórdia*) to discord
desuso [dʒi'zuzu] *m* out of use; **cair em** ~ to fall out of use; **estar em** ~ to be out of use
desvairado, -a [dʒizvaj'radu, -a] *adj* disoriented; (*olhar*) wild; (*multidão*) frenetic; (*dor*) excruciating
desvalido, -a [dʒizva'ʎidu, -a] *m, f* wretch
desvalorização <-ões> [dʒizvaloriza'sãw, -'õjs] *f* (*moeda*) devaluation
desvalorizar [dʒizvalori'zar] *vt, vi* (*moeda*) to devalue
desvanecer [dʒizvʌne'ser] <c→ç> *vi* to disappear
desvantagem [dʒizvãŋ'taʒẽj] <-ens> *f* disadvantage; **estar** [*ou* **ficar**] **em** ~ to be at a disadvantage
desvantajoso, -a [dʒizvãŋta'ʒozu, -'ɔza] *adj* disadvantageous; **ser** ~ **para alguém** to be disadvantageous to sb
desvão [dʒiz'vãw] <-s> *m* **1.** (*entre o forro e o telhado*) attic **2.** (*recanto*) hideout
desvario [dʒizva'riw] *m* lunacy
desvelo [dʒiz'velu] *m* precaution
desvencilhar [dʒizvẽjsi'ʎar] **I.** *vt* (*desprender*) to unfasten; *fig* (*desemaranhar*) to untangle **II.** *vr:* ~-**se de alguém/a. c.** to get rid of sb/sth
desvendar [dʒizvẽj'dar] *vt* (*mistério*) to solve
desventura [dʒizvẽj'tura] *f* misfortune
desviado, -a [dʒizvi'adu, -a] *adj* (*afastado*) remote
desviar [dʒizvi'ar] **I.** *vt* **1.** to deviate; ~ **do assunto/do caminho** to deviate [*o* to move away] from the subject/path; ~ **o olhar/cabeça** to look/turn away [*o* the other way] **2.** (*um avião*) to hijack **3.** (*dinheiro*) to misappropriate; (*uma carta*) to divert **4.** (*trânsito*) to detour **5.** ~ **o assunto** to change the subject **II.** *vr:* ~-**se** (*do caminho*) to stray; (*de uma pessoa*) to avoid sb
desvincular [dʒizvĩjku'lar] **I.** *vt* to sever **II.** *vr:* ~-**se** to dissociate
desvio [dʒiz'viw] *m* **1.** (*de direção; do caminho; do assunto*) deviation **2.** (*na estrada*) detour; **fazer um** ~ to make a detour **3.** (*de dinheiro*) misappropriation **4.** MED (*da coluna*) curvature **5.** (*de conduta*) deviation **6.** MAT ~ **padrão** standard deviation
desvirar [dʒizvi'rar] *vt* to right

desvirginar [dʒizvirʒi'nar] *vt* to deflower

desvirtuar [dʒizvirtu'ar] *vt* (*a virtude*) to discredit; (*o sentido*) to distort

detalhada *adj v.* **detalhado**

detalhadamente [detaʎada'mējtʃi] *adv* in detail

detalhado, -a [deta'ʎadu, -a] *adj* detailed; **fazer uma descrição detalhada** to make a detailed description

detalhe [de'taʎi] *m* detail

detalhista [deta'ʎista] *adj, mf* meticulous

detecção <-ões> [detek's3w, -'õjs] *f* detection

detectar [detek'tar] *vt* to detect; **foi detectado um problema no sistema** a problem has been detected in the system

detectável <-eis> [detek'tavew, -ejs] *adj* detectable

detector [detek'tor] <-es> *m* detector; ~ **de incêndio** fire detector; ~ **de mentiras** lie detector; ~ **de metais** metal detector

detenção <-ões> [detēj's3w, -'õjs] *f* JUR detention; **casa de** ~ prison

detento, -a [de'tētu, -a] *m, f* prisoner

detentor(a) [detēj'tor(a)] <-es> *m(f)* holder; **ser o** ~ **de certos direitos** to be the holder of certain rights

deter [de'ter] *irr como* **ter** I. *vt* 1. (*poder*) to hold 2. (*fazer parar*) to deter, to hold back; (*prender; fazer demorar*) to detain, to hold up; **a polícia nada fez para** ~ **a onda de assaltos** the police did nothing to deter [*o to hold back*] the wave of muggings; **ele mal deteve o sorriso de satisfação diante da derrota do adversário** he could barely hold in his satisfied grin over the adversary's defeat; **o trânsito o deteve por 2 horas** the traffic held him up for two hours II. *vr:* ~-**se** to delay; (*ocupar-se demoradamente*) to linger; **o palestrante desviou-se do assunto detendo-se em detalhes** the speaker veered from the subject and lingered over details

detergente [deter'ʒējtʃi] *m* (*para limpeza; da louça, roupa*) detergent; ~ **líquido** liquid detergent; ~ **em pó** powdered detergent

deterioração [deterjora's3w] *f sem pl* (*de produto, situation*) deterioration *no pl*

deteriorado, -a [deterjo'radu, -a] *adj* spoiled

deteriorar [deterjo'rar] I. *vt* (*alimento, mercadoria*) to spoil; (*material, situação*) to deteriorate II. *vr:* ~-**se** (*produto*) to spoil; (*situação, saúde, relação*) to deteriorate

deteriorável <-eis> [deterjo'ravew, -ejs] *adj* spoilable

determinação <-ões> [determina-'s3w, -'õjs] *f* 1. (*definição; resolução, firmeza*) determination 2. (*ordem superior*) order

determinado, -a [determi'nadu, -a] I. *adj* 1. (*decidido*) determined; **estar** ~ **a fazer a. c.** to be determined to do sth 2. (*estabelecido*) established; **na data determinada** on the established date II. *pron* (*certo*) certain; **em** ~ **momento** at a given time

determinante [determi'nãntʃi] *adj* determinant

determinar [determi'nar] *vt* 1. (*fixar*) to establish 2. (*um valor; precisar*) to determine 3. (*decretar*) to mandate; **o governo determinou corte de custos** the government mandated a reduction in costs

detestar [detes'tar] *vt* to detest; (*odiar*) to hate

detestável <-eis> [detes'tavew, -ejs] *adj* detestable

detetive [dete'tʃivi] *mf* detective; ~ **particular** private detective

detido, -a [de'tʃidu, -a] I. *pp de* **deter** II. *adj* 1. (*no trânsito*) held up 2. JUR arrested

detonação <-ões> [detona's3w, -'õjs] *f* detonation

detonador [detona'dor] <-es> *m* detonator

detonar [deto'nar] I. *vt* 1. (*uma arma*) to detonate 2. (*deflagrar*) to set off; **a demissão do ministro detonou uma nova crise** the minister's dismissal set off a new crisis 3. *fig* (*acabar*) to do away with; **a falta de dinheiro detonou com os planos de viagem** a lack of money did away with the travel plans 4. *inf* (*devorar*) to devour; **ele detonou tudo o que tinha na geladeira** he devoured everything that was in the refrigerator II. *vi* to detonate

Detran [de'trã] *m abr de* **Departamento Estadual de Trânsito** State Transit Department

detrás [de'tras] *adv* ~ **de** behind; **por** ~ from behind

detrator(a) [detra'tor(a)] <-es> *m(f)* detractor

detrimento [detri'mẽtu] *m* detriment; **em** ~ **de** to the detriment of

detritos [de'tritus] *mpl* GEO remains

deturpação [deturpa'sãw] *f sem pl* adulteration

deturpar [detur'par] *vt* (*uma história, a verdade*) to adulterate

deu ['dew] *1. pret de* **dar**

deus ['dews] *m* god; **Deus me livre!** God help me!; **Deus queira!** [*ou* **queira Deus!**] God willing!; **meu Deus (do céu)!** dear God (in heaven)!; **santo Deus** good God; **pelo amor de Deus!** for crying out loud!; **valha-me Deus!** so help me God!; **graças a Deus** thank God; **se Deus quiser** if God wills it; **vá com Deus!** God be with you!

deusa ['dewza] *f* (*divindade feminina; mulher muito atraente*) goddess

deus-dará ['dews-da'ra] *m* **ao** ~ at random

deus me livre ['dewz mi 'ʎivri] *m sem pl, reg* (*RJ: lugar distante*) godforsaken place; **mora para lá de** ~ she lives out in the boonies

deus-nos-acuda ['dewz-nuz-a'kuda] *m sem pl* bedlam *no pl*; **foi um** ~ **quando começou a chover** it was bedlam when it started to rain

devagar [dʒiva'gar] *adv* slow; ~ **se vai ao longe** slowly but surely

devanear [dʒivani'ar] *conj como passear vi* to fantasize

devaneio [deva'neju] *m* (*fantasia, sonho*) fantasy

devassa [de'vasa] *adj v.* **devasso**

devassa [de'vasa] *f* JUR (*sindicância*) criminal investigation

devassar [deva'sar] *vt* to expose

devassidão [devasi'dãw] *f sem pl* licentiousness *no pl*

devasso, -a [de'vasu, -a] *adj* licentious

devastação <-ões> [devasta'sãw, -'õjs] *f* devastation

devastador(a) [devasta'dor(a)] <-es> *adj* devastator

devastar [devas'tar] *vt* to devastate

devedor(a) [deve'dor(a)] <-es> *m(f)* debtor; (*tomador de empréstimo*) borrower

dever [de'ver] I. *m* duty; **cumprir** ~ **es** to fulfill duties; **fazer os** ~ **es de casa** to do one's homework II. *vt* 1.(*dinheiro, respeito, favor*) to owe; ~ **dinheiro a alguém** to owe sb money; ~ **100 reais** to owe 100 reals; **eu devo a vida a ele** I owe my life to him 2.(*obrigação*) should; **ele devia ir ao médico** he should go to the doctor; **esta história não deveria acabar assim** this story shouldn't end like that 3.(*probabilidade*) probably; **ela deve estar em casa** she is probably at home, she should be at home; **ele ainda não deve ter chegado** he probably hasn't arrived yet; **nós devemos ir almoçar fora no domingo** we will probably go out for lunch on Sunday III. *vi* (*ter dívidas*) **devo, não nego** I owe, I know

deveras [de'vɛras] *adv* really

devida *adj v.* **devido**

devidamente [devida'mẽtʃiʃi] *adv* (*adequadamente*) properly, duly; **o formulário está** ~ **preenchido** the form is properly filled out; **isso já foi** ~ **explicado** that has already been properly explained

devido [de'vidu] I. *m* (*quantia*) due II. *adv* ~ **a** owing to, due to

devido, -a [de'vidu, -a] *adj* (*adequado*) proper; **com o** ~ **respeito** with due respect; **na devida altura** at the proper time

devoção <-ões> [devo'sãw, -'õjs] *f* 1. REL devotion 2.(*dedicação*) dedication

devolução <-ões> [devolu'sãw, -'õjs] *f* return; (*restituição*) refund

devolver [devow'ver] *vt* 1.(*entregar*) to deliver; (*enviar*) to return; (*atirar*) to vomit 2.(*restituir*) to refund

devolvido, -a [devow'vidu, -a] *adj* (*correio*) returned

devorador(a) [devora'dor(a)] <-es> I. *adj* (*olhar*) devouring II. *m(f)* devourer

devorar [devo'rar] *vt tb. fig* to devour

devota *adj, f v.* **devoto**

devotado, -a [devo'tadu, -a] *adj* devoted; **ser** ~ **a a. c./alguém** to be devoted to sth/sb

devotar [devo'tar] *vt* to devote; ~ **mais tempo aos filhos** to devote more time to the children

devoto, -a [de'vɔtu, -a] I. *adj* REL devout II. *m, f* follower, devotee

dez ['dɛs] *num card* ten; *v.tb.* **dois**

dezembro [de'zẽjbru] *m* December;

v.tb. **março**

dezena [de'zena] *f* MAT tenth's place; **uma ~ de ovos** ten eggs

dezenove [deze'nɔvi] *num card* nineteen

dezesseis [deze'sejs] *num card* sixteen

dezessete [deze'sɛtʃi] *num card* seventeen

dezoito [de'zojtu] *num card* eighteen

dia ['dʒia] *m* day; **~ de folga** day off; **~ morto** wasted day; **~ dos pais/das mães** fathers/mothers day; **~ santo** holy day; **~ de São Nunca** when hell freezes over; **~ de semana** weekday; **~ útil** business day; **a ~** day by day; **bom ~** good morning; **de/durante o ~** during the day; *(de manhã)* morning; **um ~** one day; **um belo ~** one fine day; **um ~ destes** one of these days; **no ~ 2 de março** on the 2nd of March; **~ sim, ~ não** every other day; **até o fim dos meus ~s** till the end of my days; **de um ~ para o outro** from one day to the next; **dentro de alguns ~s** in a few days; **faz alguns ~s** a few days ago; **hoje em ~** nowadays; **mais ~, menos ~** one of these days; **(no) outro ~** the other day; **todo santo ~ é a mesma coisa** every single day is the same thing; **qual é o assunto do ~?** what is today's topic?; **meu ~ começa cedo** my day starts early; **claro como o ~** as clear as day; **ter o ~ cheio** to have a full day; **estar naqueles ~s** to be having one of those days; **estou com os ~s contados** my days are numbered; **pensar no ~ de amanhã** to think about tomorrow; **estar em ~** *(documento)* to be valid; **ter as contas em ~** to have one's accounts up to date; **pôr a conversa/costura em ~** to catch up on one's gossip/sewing

dia a dia ['dʒia a 'dʒia] <dia(s) a dias> *m* daily affairs

diabetes [dʒia'bɛts] *mf* MED diabetes

diabético, -a [dʒia'bɛtʃiku, -a] *adj, m, f* diabetic

diabo [dʒi'abu] **I.** *m* devil; **pobre ~** poor devil; **que ~!** what the devil!; **o ~ que te carregue!** now you're on your own!; **o ~ a quatro** extraordinary things; **o ~ anda solto** all hell has broken loose; **por que ~(s) ... ?** *gír* why the hell ... ?; **comer o pão que o ~ amassou** to fall on hard times; **como o ~ gosta** excellent; **dizer o ~ dos outros** to talk badly about others; **estar com o ~ no corpo** to be possessed; **fazer um calor dos ~s** to be hotter than hell; **ele fez o ~ para conquistá-la** he did all he could to win her over; **correu como o ~ para não perder o trem** he ran like mad so he wouldn't miss the train; **o ~ do cachorro não o deixava em paz** *gír* the damned dog wouldn't leave him in peace; **o ~ do tenista acertou todas as bolas** that devil of a tennis player returned all the balls **II.** *interj gír* **~!** estou atrasado de novo dammit! I'm late again; **com os ~s!** to hell with it!

diabólico, -a [dʒia'bɔliku, -a] *adj* diabolic

diabrete [dʒia'bretʃi] *m (criança)* imp

diabrura [dʒia'brura] *f* mischief; **fazer ~s** to get into mischief

diacho [dʒi'aʃu] *m inf v.* **diabo**

diacrônico, -a [dʒia'kroniku, -a] *adj (estudo)* diachronic

diadema [dʒia'dema] *m* diadem

diáfano, -a [dʒi'afɐnu] *adj form (transparente)* diaphanous

diafragma [dʒia'fragma] *m* ANAT, MED, FOTO diaphragm

diagnosticar [dʒiagnostʃi'kar] <c→qu> *vt* MED to diagnose

diagnóstico [dʒiag'nɔstʃiku] *m* MED diagnosis; **fazer um ~** to make a diagnosis

diagonal <-ais> [dʒiago'naw, -'ajs] **I.** *adj* diagonal **II.** *f* diagonal

diagrama [dʒia'grɐma] *m* diagram; **~ de barras** bar chart

diagramação <-ões> [dʒiagrɐma'sɐ̃w, -'õjs] *f* layout

diagramador(a) [dʒiagrɐma'dor(a)] <-es> *m(f)* layout artist

dial [dʒi'aw] *m* RÁDIO dial

dialética [dʒia'lɛtʃika] *f* FILOS dialectic

dialeto [dʒia'lɛtu] *m* dialect

diálise [dʒi'alizi] *f* QUÍM, MED dialysis; **peritoneal** peritoneal dialysis

dialogado, -a [dʒialo'gadu, -a] *adj* dialogic

dialogar [dʒialo'gar] <g→gu> *vi* to dialogue; **~ com alguém sobre a. c.** to dialogue with sb about sth

diálogo [dʒi'alugu] *m* dialogue; **ter um ~ com alguém sobre a. c.** to have a dialogue with sb about sth

diamante [dʒia'mɐ̃ntʃi] *m* diamond; **anel de ~** diamond ring

diametral <-ais> [dʒiʒme'traw, -'ajs] *adj* diametrical

diametralmente [dʒiʒmetraw'mẽjtʃi] *adv* diametrically; **~ oposto** diametrically opposed

diâmetro [dʒi'ʒmetru] *m* MAT diameter

diante [dʒi'ʒntʃi] **I.** *adv* ahead; **de hoje em ~** from now on; **ir por ~** to move forward; **e assim por ~** and so on **II.** *prep* **~ de 1.** (*local*) in front of **2.** (*perante*) before

dianteira [dʒiʒn'tejra] *f* **1.** (*de objeto*) front **2.** (*vanguarda*) forefront; **tomar a ~** to take the forefront

dianteiro, -a [dʒiʒn'tejru, -a] *adj* front; **rodas dianteiras** front wheels

diapasão <-ões> [dʒiapa'zãw, -'õjs] *m* MÚS (*instrumento, som*) diapason

diapositivo [dʒiapozi'tʃivu] *m* FOTO slide

diária [dʒi'aria] *f* (*de hotel*) daily rate; **de funcionário em trânsito** per diem

diário [dʒi'ariw] *m* **1.** (*livro*) journal; **~ de bordo** ship's log **2.** (*jornal*) journal; **Diário Oficial** Federal Register, Official Gazette

diário, -a [dʒi'ariw, -a] *adj* daily

diarista [dʒia'rista] *mf* day worker

diarreia [dʒia'xɛja] *f* MED diarrhea

dica ['dʒika] *f inf* hint; **dar uma ~ a alguém** to give sb a hint

dicção <-ões> [dʒik'sãw, -'õjs] *f* diction

dicionário [dʒisjo'nariw] *m* dictionary; **~ bilíngue/monolíngue** bilingual/monolingual dictionary; **~ eletrônico** electronic dictionary; **~ de verbos** verb dictionary

didática [dʒi'datʃika] *f* didactics + *sing vb*

didático, -a [dʒi'datʃiku, -a] *adj* didactic, learning

diesel ['dʒizew] *m* <sem pl> (*combustível*) diesel

dieta [dʒi'ɛta] *f* diet; **~ rigorosa** strict diet; **estar de ~** to be on a diet; **fazer ~** to go on a diet

dietético, -a [dʒie'tɛtʃiku, -a] *adj* dietetic

difamação [dʒifama'sãw] *f sem pl* defamation *no pl*, slander

difamador(a) [dʒifama'dor(a)] <-es> *m(f)* defamer, slanderer

difamar [dʒifa'mar] *vt* to defame, to slander

difamatório, -a [dʒifama'tɔriw] *adj* defamatory

diferença [dʒife'rẽjsa] *f* (*divergência, excesso, distinção*) difference; **a ~ entre duas coisas** the difference between two things; **o conflito nasce de uma ~ de opinião** conflicts start as differences of opinion; **fazer ~ entre ricos e pobres** to differentiate between rich and poor; **não faz ~ (nenhuma)** it makes no difference (at all); **viviam em paz apesar das suas ~s** they lived peacefully despite their differences

diferencial <-ais> [dʒiferẽjsi'aw, -'ajs] **I.** *m* MAT, TEC differential **II.** *adj* differential; **engrenagem ~** differential gear

diferenciar [dʒiferẽjsi'ar] **I.** *vt* to differentiate; **~ entre duas coisas** to differentiate between two things **II.** *vr*: **~-se por** to be noted for

diferente [dʒife'rẽjtʃi] *adj* (*distinto*) different; **ela está muito ~** she looks very different; **ele é ~ dos outros** he is different from the others; **eles são muito ~s (um do outro)** they are very different (from one another)

diferir [dʒife'rir] *irr como preferir* **I.** *vt* to defer **II.** *vi* to differ; **a minha opinião difere da sua** my opinion differs from yours

difícil <-eis> [dʒi'fisiw, -ejs] **I.** *m* difficult; **bancar o** [*ou* **fazer-se de**] **~** to play hard to get **II.** *adj* **1.** (*trabalho*) hard; (*pessoa, situação, temperamento, caráter*) difficult; **acesso ~** difficult to access **2.** (*improvável*) unlikely; **é ~ que isso aconteça** that is unlikely to happen **III.** *adv* **falar/escrever ~** to use big words

dificílimo [dʒifi'siʎimu] *superl de* **difícil**

dificilmente [dʒifisiw'mẽjtʃi] *adv* (*com dificuldade, improbabilidade*) hardly; **isso ~ acontece** that hardly ever happens

dificuldade [dʒifikuw'dadʒi] *f* difficulty; **causar/ter ~s** to cause/to have problems; **com/sem ~** with/without difficulty; **ela tem ~ em aceitar ajuda** she has difficulty in accepting help; **este exercício não tem nenhuma ~** this exercise is not hard at all

dificultar [dʒifikuw'tar] **I.** *vt* to hinder; **por favor, não dificulte as coisas** please don't make things any harder **II.** *vr*: **~-se** to be difficult

difteria [dʒifte'ria] *f* MED diphtheria

difundir [dʒifũw'dʒir] **I.** *vt* **1.** (*notícias*)

to spread **2.** (*rádio*) to broadcast **II.** *vr:* **~-se** to spread
difusa *adj v.* **difuso**
difusão [dʒifu'zãw] *f sem pl* **1.** (*rádio*) broadcasting **2.** (*divulgação, propagação*) propagation **3.** FÍS, CINE, METEO, SOCIOL diffusion
difuso, -a [dʒi'fuzu, -a] *adj* diffuse
difusor [dʒifu'zor] *m* FÍS diffuser
digerir [dʒiʒe'rir] *irr como* preferir *vt tb. fig* to digest
digerível <-eis> [dʒiʒe'rivew, -ejs] *adj* digestible
digestão [dʒiʒes'tãw] *f sem pl* digestion; (**não**) **fazer a ~** (not) to digest one's food
digestivo [dʒiʒes'tʃivu] *m* (*vinho*) digestif
digestivo, -a [dʒiʒes'tʃivu, -a] *adj tb.* MED digestive; **aparelho ~** digestive tract
digitação <-ões> [dʒiʒita'sãw, -'õjs] *f* typing
digitador(a) [dʒiʒita'dor(a)] <-es> *m(f)* typist
digital <-ais> [dʒiʒi'taw, -ajs] *adj* **1.** ANAT digital; **impressão ~** fingerprint **2.** (*relógio; fotografia; tecnologia*) digital
digitalizar [dʒiʒitaλi'zar] *vt* INFOR to digitize
digitar [dʒiʒi'tar] *vt* (*telefone*) to press; (*computador*) to enter
dígito ['dʒiʒitu] *m* digit
digladiar [dʒigladʒi'ar] *vi* to contend
digna *adj v.* **digno**
dignar-se [dʒig'narsi] *vr* **~ a fazer a. c.,** to kindly do sth; **ela não se dignou a aparecer** she didn't have the courtesy to show up
dignidade [dʒigni'dadʒi] *f* dignity; **~ humana** human dignity
dignificar [dʒignifi'kar] <c→qu> *vt* to dignify; **~ alguém** to dignify sb
dignitário [dʒigni'tariw] *m* dignitary
digno, -a ['dʒignu, -a] *adj* **1.** (*merecedor*) worthy; **~ de confiança** worthy of trust; **~ de proteção** worthy of protection **2.** (*apropriado*) appropriate
digressão <-ões> [dʒigre'sãw, -'õjs] *f* (*de um tema*) digression
dilacerante [dʒilase'rãntʃi] *adj* (*dor*) poignant
dilacerar [dʒilase'rar] *vt* to dilacerate
dilapidar [dʒilapi'dar] *vt* (*um patrimônio*) to dilapidate

dilatação <-ões> [dʒilata'sãw, -'õjs] *f* dilation
dilatado, -a [dʒila'tadu, -a] *adj* dilated; (*placar*) ≈ by a wide margin
dilatar [dʒila'tar] *vt* **1.** (*aumentar*) to dilate **2.** (*prolongar*) to delay
dilema [dʒi'lema] *m* dilemma
diletante [dʒile'tãntʃi] *adj, mf* dilettante
diletantismo [dʒiletãn'tʃizmu] *m sem pl* dilettantism
diligência [dʒiλi'ʒẽjsia] *f* **1.** (*no trabalho, esmero*) diligence **2.** (*carruagem*) carriage
diligências [dʒiλi'ʒẽjsias] *fpl* **1.** (*medidas*) measures; **fazer ~** to run errands **2.** (*do tribunal*) judicial services
diligente [dʒiλi'ʒẽjtʃi] *adj* diligent
diluente [dʒilu'ẽjtʃi] *m* diluent
diluir [dʒilu'ir] *conj como* incluir *vt* **1.** (*substância*) to dissolve; **~ em água** to dissolve in water **2.** (*líquido; sentimento*) to dilute
dilúvio [dʒi'luviw] *m tb. fig* deluge
dimensão <-ões> [dʒimẽj'sãw, -'õjs] *f* **1.** (*extensão*) dimension; **de três dimensões** three-dimensional **2.** (*tamanho*) measurements *pl;* **quais são as dimensões do quarto?** what are the room's measurements?; **ainda se desconhece a ~ da catástrofe** the scope of the catastrophe is still unknown
dimensional <-ais> [dʒimẽjsjo'naw, -'ajs] *adj* dimensional
dimensionar [dʒimẽjsjo'nar] *vt* to dimension
dimensões *f pl de* **dimensão**
diminuição <-ões> [dʒiminuj'sãw, -'õjs] *f* (*da quantidade, da qualidade, do nível; em tamanho*) reduction
diminuidor [dʒiminuj'dor] *m* MAT subtractive quantity
diminuir [dʒiminu'ir] *conj como* incluir **I.** *vt* **1.** (*a quantidade, a qualidade*) to diminish, to lower; **~ as férias em cinco dias** to cut one's vacation five days short; **~ a jornada de trabalho de oito para sete horas** to shorten the workday from eight to seven hours **2.** (*subtrair*) to subtract **3.** (*despesas*) to reduce **4.** (*preços*) to lower; **~ o peso** to lose weight; **~ o preço da blusa para 30 reais** to lower the price of the shirt to 30 reais; **~ os preços em 20%** to lower prices by 20% **II.** *vi* (*a quantidade, a qualidade, o interesse*) to diminish; **o interesse pela leitura**

diminuiu muito interest in reading has waned greatly **III.** *vr:* **~-se** (*humilhar-se*) to humiliate oneself; **não precisava ~-se diante dos amigos** you didn't have to humiliate yourself in front of your friends

diminuta *adj v.* **diminuto**

diminutivo [dʒiminu'tʃivu] *m* LING diminutive

diminuto, -a [dʒimi'nutu, -a] *adj* diminutive

dimmer ['dʒimer] *m* ELETR dimmer

Dinamarca [dʒina'marka] *f* Denmark

dinamarquês, -esa [dʒinamar'kes, -'eza] **I.** *adj* Danish **II.** *m, f* Dane

dinâmica [dʒi'nɜmika] *f* FÍS dynamic

dinâmico, -a [dʒi'nɜmiku, -a] *adj* dynamic

dinamismo [dʒinɜ'mizmu] *m sem pl* dynamism

dinamitar [dʒinɜmi'tar] *vt* to dynamite

dinamite [dʒinɜ'mitʃi] *f* dynamite

dinamizar [dʒinɜmi'zar] *vt* to dynamize

dínamo ['dʒinɜmu] *m* FÍS dynamo

dinastia [dʒinas'tʃia] *f* dynasty

dinheirama [dʒĩɲej'rɜma] *f* fortune

dinheirão [dʒĩɲej'rɜ̃w] *m sem pl, inf* bundle (of money)

dinheiro [dʒĩ'ɲejru] *m* money; **~ público** public funds; **~ sujo** *inf* dirty money; **~ trocado** change; **~ vivo** cash; **depositar/tirar ~** to deposit/to withdraw cash; **fazer ~** to make money; **lavar ~** *fig* to launder money; **nadar em ~** to swim in money; **pagar em ~** to pay in cash; **trocar ~** to exchange money

dino ['dʒinu] *m abr de* **dinossauro** dino

dinossauro [dʒino'sawru] *m* dinosaur

diocese [dʒio'sɛzi] *f* REL diocese

diodo [dʒi'odu] *m* ELETR diode

dionisíaco, -a [dʒioni'ziaku, -a] *adj* Dionysian

dioptria [dʒiop'tria] *f* FÍS dioptrics + *sing vb*

dióxido [dʒi'ɔksidu] *m* QUÍM dioxide; **~ de carbono** carbon dioxide

diploma [dʒi'ploma] *m* diploma

diplomacia [dʒiploma'sia] *f sem pl* diplomacy

diplomado, -a [dʒiplo'madu, -a] *adj* degreed

diplomata [dʒiplo'mata] *mf* diplomat

diplomático, -a [dʒiplo'matʃiku, -a] *adj* diplomatic

dique ['dʒiki] *m* dike

direção <-ões> [dʒire'sɜ̃w, -'õjs] *f* **1.** (*administração, diretores*) management, directorate; POL government; **~ artística** artistic direction **2.** (*sentido*) direction; **em ~ a** headed toward; **ir na ~ do mercado** to be headed toward the market **3.** TEC steering; **alinhar a ~** to align the wheels **4.** (*orientação*) directions *pl*; **eles deram a ~ de como chegar na festa** they gave directions on how to get to the party

direcionar [dʒiresjo'nar] *vt* to guide, to give directions

direita [dʒi'rejta] *f* **1.** (*do lado direito, de uma rua*) right; **à ~** to the right; **seguir pela ~** stay on the right **2.** POL right; **ele é de ~** he is on the right **3.** ESPORT right; **ele chuta muito bem com a ~** he kicks very well with his right foot **4.** MIL **~ volver** right face!

direitinho [dʒirej'tʃĩɲu] *adv* perfectly; **ela se comportou ~ no dentista** she behaved very well at the dentist; **o vestido serviu ~** the dress fit perfectly

direito [dʒi'rejtu] **I.** *m* **1.** (*regalia*) right; **~ a autodefesa** right to self-defense; **~s alfandegários** customs duties; **~s autorais** copyrights; **~s humanos** human rights; **dar a alguém o ~ de fazer a. c.** to entitle sb to do sth; **lutar pelos seus ~s** to fight for one's rights; **ter ~ a a. c.** to be entitled to sth; **ter o ~ de fazer a. c.** to have the right to do sth; **ter o ~ de votar** to have the right to vote; **o preço dá ~ à sobremesa** the price includes dessert **2.** (*ciência*) law; **~ civil** civil law; **~ consuetudinário** common law; **~ internacional** international law; **~ penal** criminal law; **ela estuda ~** she studies law **3.** (*de um tecido*) obverse **II.** *adv* (*de modo correto*) correctly; **agir ~** to act properly; **fala ~!** speak correctly!; **ela não o trata ~** she doesn't treat him right

direito, -a [dʒi'rejtu, -a] *adj* **1.** (*mão, lado*) right **2.** (*em linha reta ou vertical*) straight **3.** (*pessoa*) upstanding **4.** (*justo*) fair; **isso não está ~** that isn't right

direta *adj v.* **direto**

diretamente [dʒirɛta'mejtʃi] *adv* directly; **ele descende ~ dessa família** he is a direct descendant of that family; **fale ~ com o gerente** speak with the manager directly

diretiva [dʒire'tʃiva] *f* directive

diretivo, -a [dʒi're'tʃivu, -a] *adj* directorial; **Conselho Diretivo** directorate

direto, -a [dʒi'rɛtu, -a] I. *adj* (*eleição, caminho, contato, pessoa*) direct; **ônibus ~** express bus; **transmitir ~** (*televisão*) to transmit directly II. *adv* directly; **ir ~ ao assunto** to get right to the issue; **chegou e foi ~ para cama** he arrived and went straight to bed; **passou ~ por mim sem me cumprimentar** he passed right by me without saying hello; **trabalha ~ sem pausa para o almoço** *inf* he works straight through without stopping for lunch

diretor(a) [dʒire'tor(a)] <-es> *m(f)* **1.** director; (*de empresa*) director, officer **2.** (*de escola*) principal **3.** TEAT, CINE director; **~ artístico** artistic director

diretoria [dʒireto'ria] *f* management

diretório [dʒire'tɔriw] *m tb.* INFOR directory

diretor-presidente, diretora-presidente, -presidenta [dire'tor-prezi'dẽjtʃi] <diretores-presidentes> *m, f* chief executive officer, president

diretriz [dʒire'tris] *f* **1.** MAT directrix **2.** (*de um plano*) guideline

dirigente [dʒiri'ʒẽjtʃi] *mf* (*de partido, sindicato*) leader

dirigir [dʒiri'ʒir] I. *vt* **1.** (*um negócio*) to direct; (*um partido, sindicato*) to lead **2.** (*o olhar, a atenção*) to direct; **~ o olhar para outro lado** to look away **3.** (*uma pergunta, um pedido*) to direct; **~ a palavra a alguém** to address sb; **favor ~ seus pedidos à diretoria** please direct your requests to the management **4.** (*um veículo*) to steer II. *vi* (*veículo*) to drive; **aquele chofer dirige bem** that chauffeur drives well III. *vr:* **~-se 1.** (*a alguém*) to approach sb; **para mais informações, dirija-se à recepção** for further information, please go to the reception desk **2.** (*ir em direção*) to head; **a chuva se dirige para outra região** the rain is headed for another region; **a multidão se dirigiu ao show de rock** the crowd headed for the rock concert

dirigível <-eis> [dʒiri'ʒivew, -ejs] I. *adj* drivable II. *m* AERO airship

dirimir [dʒiri'mir] *vt* (*dúvidas*) to resolve

discagem [dʒis'kaʒẽj] <-ens> *f* dialing; **~ direta** direct dialing

discar [dʒis'kar] <c→qu> *vt* TEL to dial

discernimento [dʒiserni'mẽjtu] *m* (*faculdade, juízo*) discernment

discernir [dʒiser'nir] *vt* to discern; **~ entre o certo e o errado** to discern right from wrong

disciplina [dʒisi'plina] *f* discipline; **~ obrigatória** strict discipline

disciplinado, -a [dʒisipli'nadu, -a] *adj* disciplined

disciplinar [dʒisipli'nar] I. *adj* disciplinary II. *vt* to discipline III. *vr:* **~-se** to discipline oneself

discípulo [dʒi'sipulu] *m tb.* REL disciple

disc-jóquei ['dʒiski-'ʒɔkej] *mf* disk jockey

disco ['dʒisku] *m* **1.** (*chapa*) disk; **~ voador** flying saucer **2.** MÚS disk; **~ a laser** laser disk; **virar o ~** (*mudar de assunto*) to turn the page **3.** ESPORT discus **4.** INFOR disk; **~ rígido** hard disk

discordância [dʒiskor'dãsia] *f* discord

discordar [dʒiskor'dar] *vi* to disagree; **~ de alguém** to disagree with sb; **discordamos em quase tudo** we disagree on almost everything

discórdia [dʒis'kɔrdʒia] *f* discord; **pomo da ~** seeds of discord

discorrer [dʒisko'xer] *vt* to ramble; **~ sobre a. c.** to ramble on about sth

discoteca [dʒisko'tɛka] *f* **1.** (*para divertimento*) nightclub; **ir à ~** to go to the nightclub **2.** (*coleção de discos*) record collection

discrepância [dʒiskre'pãsia] *f* discrepancy; **~ entre dois cálculos** discrepancy between two calculations

discrepante [dʒiskre'pãtʃi] *adj* discrepant

discreta *adj v.* **discreto**

discretamente [dʒikrɛta'mẽjtʃi] *adv* discreetly; **fazer/dizer a. c. ~** to do/to say sth discreetly

discreto, -a [dʒis'krɛtu, -a] *adj* (*pessoa, comportamento, vestido, dor, mancha*) discreet

discrição [dʒiskri'sãw] *f sem pl* (*reserva*) discretion; **fazer a. c. com ~** to do sth with discretion

discricionário, -a [dʒiskrisjo'nariw, -a] *adj* (*ilimitado*) discretionary

discriminação <-ões> [dʒiskrimina'sãw, -õjs] *f* **1.** (*de sexo, raça*) discrimination; **~ contra minorias** discrimination against minorities **2.** (*distinção*) distinction; **~ entre dois sig-**

nificados distinction between two meanings

discriminado, -a [dʒiskrimi'nadu, -a] *adj* (*produtos, chamadas telefônicas*) itemized; **fatura discriminada** itemized bill

discriminar [dʒiskrimi'nar] *vt* 1. (*pelo sexo, raça*) to discriminate; **nunca discrimino as pessoas pela cor da pele** I never judge people by the color of their skin 2. (*distinguir*) to set apart; ~ **os resultados corretos** to indicate the correct results 3. (*produtos, itens*) to itemize, to break down

discriminatório, -a [dʒiskrimina'tɔriw, -a] *adj* discriminatory

discursar [dʒiskur'sar] *vi* to discourse, to converse; ~ **sobre um assunto** to converse about a matter

discurso [dʒis'kursu] *m* 1. discourse; **fazer um** ~ to make a speech; **toda vez que ele chega tarde tem que ouvir o mesmo** ~ **chato** every time he comes home late he has to hear the same boring speech 2. LING ~ **direto/indireto** direct/indirect discourse

discussão <-ões> [dʒisku'sɜ̃w, -'õjs] *f* 1. (*amigável*) discussion; ~ **sobre política** discussion about politics 2. (*conflito*) argument; **ter uma** ~ **com alguém** to get into an argument with sb

discutido, -a [dʒisku'tʃidu, -a] *adj* discussed

discutir [dʒisku'tʃir] I. *vt* (*falar sobre*) to discuss; (*contestar*) to contest; (*questionar*) to question II. *vi* to argue; ~ **por causa de a. c./alguém** to argue because of sth/sb; **elas discutiram** they had an argument

discutível <-eis> [dʒisku'tʃivew, -ejs] *adj* debatable

disenteria [dʒizĩjte'ria] *f* MED dysentery

disfarçado, -a [dʒisfar'sadu, -a] *adj* 1. (*fantasiado*) dressed up; **ele foi ao baile** ~ **de bandido** he went to the dance dressed as a bandit 2. (*dissimulado*) disguised

disfarçar [dʒisfar'sar] <ç→c> I. *vt* (*a verdade, um ato, a voz*) to disguise II. *vi* to dissimulate; **lá vem ela, disfarça!** here she comes, make like nothing happened! III. *vr*: ~-**se de** to disguise oneself as

disfarce [dʒis'farsi] *m* 1. (*fantasia de carnaval*) costume 2. (*dissimulação*) disguise

disforme [dʒis'fɔrmi] *adj* deformed

disjuntor [dʒiʒũw'tor] *m* ELETR circuit breaker

dislexia [dʒizlek'sia] *f* dyslexia

disléxico, -a [dʒiz'lɛksiku, -a] *adj* dyslexic

díspar ['dʒispar] <-es> *adj* disparate

disparada [dʒispa'rada] I. *f* shot; **ele me fez perguntas em** ~ he shot questions at me II. *adj v.* **disparado**

disparado, -a [dʒispa'radu, -a] *adj* daring; (*preços*) skyrocketing

disparado [dʒispa'radu] *adv* **sair de casa** ~ to tear out of the house; **ele ganhou** ~ he won by a landslide

disparador [dʒispara'dor] *m* FOTO shutter (release); ~ **automático** automatic shutter

disparar [dʒispa'rar] I. *vt* 1. (*uma arma*) to shoot; (*um tiro*) to fire; **ele disparou contra** [*ou* **sobre**] **os passageiros do ônibus** he shot at the passengers on the bus 2. FOTO to shoot II. *vi* 1. (*pessoa, arma*) to shoot; **a arma disparou** the gun went off 2. (*preços*) to shoot up, to rise sharply 3. (*flash*) to flash

disparatado, -a [dʒispara'tadu, -a] *adj* (*pessoa, comentário*) foolish

disparatar [dʒispara'tar] *vi* to blunder

disparate [dʒispa'ratʃi] *m* blunder; **dizer** ~**s** to talk nonsense; **fazer** ~**s** to indulge [*o* to engage] in antics; **que** ~! what nonsense!

díspares *adj pl de* **díspar**

disparidade [dʒispari'dadʒi] *f* disparity

disparo [dʒis'paru] *m* shot

dispendioso, -a [dʒispẽdʒi'ozu] *adj* expensive

dispensa [dʒis'pẽjsa] *f* release; ~ **dos exames de admissão** exemption from entrance examinations; **obteve** ~ **das aulas de ginástica** she was excused from the gym classes

dispensado, -a [dʒispẽj'sadu, -a] *adj* excused; **está** ~ you are dismissed; **você está** ~ **de trabalhar amanhã** you are excused from work tomorrow

dispensar [dʒispẽj'sar] *vt* 1. (*de um dever*) to exempt; **a professora não me dispensou da prova** the teacher made me take the test 2. (*prescindir*) to dispense with; **ela dispensa apresentações** she needs no introduction; **dispensamos qualquer ajuda** we don't need any help; **dispensaram as for-**

dispensável 192 **disseminar**

malidades they have dispensed with the formalities **3.** (*demitir*) to dismiss; **a empresa dispensou metade dos funcionários** the company dismissed half of the workers **4.** (*conceder*) to dispense; **o cantor dispensa atenção aos seus fãs** the singer pays attention to her fans

dispensável <-eis> [dʒispẽj'savew, -ejs] *adj* dispensable

dispersa *adj v.* **disperso**

dispersão <-ões> [dʒisper'sãw, -'õjs] *f* (*de gases, pessoas, animais*) dispersion

dispersar [dʒisper'sar] **I.** *vt* (*tropas, pessoas*) to disperse; (*a atenção*) to distract **II.** *vi* (*multidão, fumaça, neblina*) to disperse **III.** *vr:* ~-**se** (*distrair-se*) to get distracted

dispersivo, -a [dʒisper'sivu, -a] *adj* dispersive

disperso, -a [dʒis'pɛrsu, -a] *adj* dispersive; (*tropas*) dispersed

dispersões *f pl de* **dispersão**

displicência [dʒispli'sẽjsia] *f* **1.** (*descaso*) nonchalance; **tentava disfarçar a vaidade com** ~ she tried to hide her vanity with nonchalance **2.** (*negligência*) negligence; **tratou um assunto sério com** ~ she handled a serious matter negligently

displicente [dʒispli'sẽjtʃi] *adj* (*desleixado*) nonchalant; (*negligente*) negligent

disponibilidade [dʒisponibiʎi'dadʒi] *f* availability; ~ **de caixa** cash; **ter** ~ **para fazer a. c.** to be available to do sth

disponibilizar [dʒisponibiʎi'zar] *vt* to make (sth) available (to sb); INFOR to make (sth) accessible (to sb)

disponível <-eis> [dʒispo'nivew, -ejs] *adj* (*produto, fundos, tempo, pessoa*) available; **ele ainda está** ~ *inf* he is still available

dispor [dʒis'por] **I.** *m sem pl* (*disposição*) disposal; **estar ao** ~ **de alguém** to be at sb's disposal **II.** *vt* **1.** (*arranjar, ordenar*) to dispose **2.** AGR, BOT to plant **3.** (*regras*) to provide (for) **4.** (*empregar*) to use; **dispõe o seu talento a serviço da comunidade** she uses her talent to serve the community; **ele dispõe de tempo e dinheiro** he has time and money **5.** (*predispor*) to set; **dispuseram todo mundo contra** they set everyone against it **III.** *vi* (*resolver*) **o advogado propõe e a Justiça dis-**

põe counsel proposes, the law disposes; **disponha!** at your service! **IV.** *vr:* ~-**se 1.** (*estar pronto a*) to be willing to; **ele se dispôs a ajudar** he was willing to help **2.** (*decidir-se a*) to decide; ~-**se a levar a vida menos a sério** to decide to take life less seriously

disposição [dʒispozi'sãw] *f* **1.** (*estado de espírito*) disposition; **estar com boa/má** ~ to be in a good/bad mood; **não estava com** ~ **para sair** I didn't feel like going out **2.** *sem pl* (*ao dispor*) disposal *no pl;* **estar à** ~ **de alguém** to be at sb's disposal; **pôr as informações à** ~ **de todos** to make the information available to everybody **3.** <-ões> (*preceito*) provision; ~ **legal** provision of law **4.** *sem pl* (*de objetos, móveis*) arrangement

dispositivo [dʒispozi'tʃivu] *m* device; ~ **de segurança** safety device

disposto [dʒis'postu] **I.** *pp de* **dispor** **II.** *adj* **1.** (*pronto*) willing; **ela está disposta a ajudar** she is willing to help **2.** (*inclinado, estado de espírito*) disposed; **estar bem/mal** ~ to be disposed/indisposed; **era pouco** ~ **a perdoar** he was little inclined [*o* disposed] to forgive **3.** (*organizado*) arranged; **livros** ~**s por ordem alfabética** books arranged in alphabetical order **4.** (*determinado*) provided for; **regras dispostas na lei** rules set forth by law

disputa [dʒis'puta] *f* **1.** (*contenda*) dispute **2.** ESPORT contest

disputar [dʒispu'tar] *vt* **1.** *tb.* ESPORT (*lutar por*) to contend; ~ **o primeiro lugar** to contend for first place; ~ **uma corrida** to compete in a race; **eles disputavam pelo amor dos pais** they competed for the love of their parents **2.** (*rivalizar*) to dispute; **eles vivem disputando** they are always competing

disque-denúncia ['dʒiski-de'nũwsia] *m* crime hotline

disquete [dʒis'kɛtʃi] *m* INFOR diskette

dissabor [dʒisa'bor] <-es> *m* unpleasant situation, unpleasantry

disse ['dʒisi] *1./3. pret perf de* **dizer**

dissecação <-ões> [dʒiseka'sãw, -'õjs] *f* (*de corpo; análise*) dissection

dissecar [dʒise'kar] <c→qu> *vt* (*corpo; análise*) to dissect

disseminação <-ões> [dʒisemina'sãw, -'õjs] *f* dissemination

disseminar [dʒisemi'nar] *vt* to dissemi-

nate

dissensão <-ões> [dʒisẽj'sãw, -'õjs] *f* dissent

dissertação <-ões> [dʒiserta'sãw, -'õjs] *f* (*trabalho escrito, de mestrado; discurso*) dissertation

dissertar [dʒiser'tar] *vi* (*falando*) to dissertate; ~ **sobre algum assunto** to dissertate on a certain topic

dissidência [dʒisi'dẽjsia] *f* (*discordo*) dissidence; (*cisão*) separatism

dissidente [dʒisi'dẽjtʃi] **I.** *adj* dissident; REL separatist **II.** *mf* dissident

dissídio [dʒi'sidʒiw] *m* JUR labor dispute *Am*, labour dispute *Brit*

dissílabo [dʒi'silabu] *m* LING disyllabic

dissimulado, -a [dʒisimu'ladu, -a] *adj* (*ato*) dissimulative

dissimular [dʒisimu'lar] **I.** *vt* (*ocultar, fingir*) to dissimulate **II.** *vi* to dissimulate

dissipação [dʒisipa'sãw] *f sem pl* (*dispersão, desregramento, desperdício*) dissipation *no pl*

dissipar [dʒisi'par] **I.** *vt* (*cerração; fortuna*) to dissipate; (*uma dúvida*) to clear up **II.** *vr*: ~-**se** (*nevoeiro*) to dissipate

disso ['dʒisu] = **de** + **isso** *v*. **de**

dissociação <-ões> [dʒisosja'sãw, -'õjs] *f tb.* QUÍM dissociation

dissociar [dʒisosi'ar] *vt* QUÍM to dissociate; ~ **um elemento do outro** to dissociate one element from the other

dissociável <-eis> [dʒisosi'avew, -ejs] *adj* dissociable

dissolução [dʒisolu'sãw] *f sem pl* (*de elemento, casamento, parlamento*) dissolution

dissolver [dʒisow'ver] **I.** *vt* (*elemento, casamento, parlamento*) to dissolve **II.** *vr*: ~-**se em** to dissolve into

dissonância [dʒiso'nãsia] *f* MÚS dissonance

dissonante [dʒiso'nãtʃi] *adj* MÚS dissonant

dissuadir [dʒiswa'dʒir] *vt* to dissuade; ~ **alguém de fazer a. c.** to dissuade sb from doing sth; (*desaconselhar*) to discourage

dissuasão [dʒiswa'zãw] *f sem pl* dissuasion

dissuasivo, -a [dʒiswa'zivu, -a] *adj* dissuasive

distância [dʒis'tãsia] *f* **1.** (*local*) distance; **uma ~ de 50 metros** a distance of fifty meters; **a ~ entre a padaria e o posto** the distance between the bakery and the gas station; **a 10 quilômetros de ~** ten kilometers from here; **manter a ~** maintain your distance; **manter a. c. à ~** to keep sth at a distance **2.** (*espaço, intervalo*) span; **uma ~ de algumas horas** a span of a few hours; **guardar ~** to mark one's distance

distanciamento [dʒistãsja'mẽjtu] *m* aesthetic distance

distanciar [dʒitãsi'ar] **I.** *vt* ~ **de** to distance (sth) from; **as reformas não distanciaram a empresa dos seus objetivos** the reforms did not distance the company from its objectives **II.** *vr*: ~-**se de a. c. 1.** (*local*) to leave sth at a distance **2.** (*de ideia, pessoa*) to distance oneself (from sth/sb); **é melhor ~-se dessa ideia louca** you'd better forget that crazy idea

distante [dʒis'tãtʃi] **I.** *adj* **1.** (*local*) far, distant; **a escola é muito ~ da minha casa** the school is very far from my house **2.** (*temporal*) remote, far-off **3.** (*pessoa*) aloof **II.** *adv* far (away); **moro não muito ~ da minha família** I don't live very far (away) from my family

distar [dʒis'tar] *vi form* to stand apart; **a escola dista 100 km daqui** the school is 100 km from here

distender [dʒistẽj'der] *vt* (*dilatar*) to distend; (*estirar*) to strain

distensão <-ões> [dʒistẽj'sãw, -'õjs] *f* (*dilatação*) distention; (*estiramento*) strain; ~ **muscular** strained muscle

distensível <-eis> [dʒistẽj'sivew, -ejs] *adj* distensible

distensões *f pl de* **distensão**

distinção <-ões> [dʒistʃĩ'sãw, -'õjs] *f* (*diferenciação, classificação, elegância*) distinction; ~ **entre duas coisas** distinction between two things; **com ~** with distinction; **fazer ~** to make a distinction; **ele é uma pessoa de rara ~** his is a person of rare distinction

distinguir [dʒistʃĩ'gir] **I.** *vt* (*diferenciar*) to distinguish; ~ **entre duas coisas** to distinguish between two things **II.** *vr*: ~-**se de** to distinguish oneself from

distinguível <-eis> [dʒistʃĩ'givew, -ejs] *adj* (*diferenciável, perceptível*) distinguishable, discernable

distinta *adj v.* **distinto**

distintivo [dʒistʃĩj'tʃivu] *m* (*da polícia*) badge

distinto, -a [dʒis'tʃĩjtu, -a] *adj* 1.(*diferente; nítido*) distinct 2.(*notável*) distinctive 3.(*educado*) distinguished

disto ['dʒistu] = **de + isto** *v.* **de**

distorção <-ões> [dʒistor'sãw, -'õjs] *f* (*de imagem, som*) distortion

distorcer [dʒistor'ser] <c→ç> *vt* (*som, imagem; história*) to distort

distorcido, -a [dʒistor'sidu, -a] *adj* (*som, imagem; história*) distorted

distração <-ões> [dʒistra'sãw, -'õjs] *f* distraction; (*divertimento*) diversion; **por ~** for diversion

distraída *adj v.* **distraído**

distraidamente [dʒistraida'mẽjtʃi] *adv* absent-mindedly

distraído, -a [dʒistra'idu, -a] *adj* distracted; **apanhar alguém ~** to catch sb off guard

distrair [dʒistra'ir] *conj como* **sair** I. *vt* (*desconcentrar, entreter*) to distract II. *vr:* **~-se** 1.(*desconcentrar-se*) to get distracted; **~-se na aula** to get distracted in class 2.(*entreter-se*) to entertain oneself

distribuição <-ões> [dʒistribui'sãw, -'õjs] *f* 1.(*de panfletos, presentes, jornais, correio*) distribution; **~ dos prêmios** distribution of the prizes 2.(*de tarefas*) assignment; (*dos móveis*) arrangement 3. ECON (*de produtos*) distribution; **~ de renda** distribution of income

distribuidor [dʒistribui'dor] *m* TEC distributor

distribuidor(a) [dʒistribui'dor(a)] *m(f)* 1. ECON dealer; **~ autorizado** authorized dealer 2. CINE distributor

distribuidora [dʒistribui'dora] *f* **~ de alimentos** food distributor; **~ de autopeças** auto parts distributor [*o dealer*]; **~ de títulos mobiliários** securities broker

distribuir [dʒistribu'ir] *conj como* **incluir** *vt* 1.(*panfletos, presentes*) to hand out; (*jornais, correio*) to deliver; (*elogios*) to give out 2.(*as tarefas*) to assign; (*os móveis*) to arrange 3. ECON (*produtos*) to distribute

distrital <-ais> [dʒistri'taw, -'ajs] *adj* district

distrito [dʒis'tritu] *m* district; **~ federal** federal district; **~ policial** police precinct

distrofia [dʒistro'fia] *f* dystrophy; **~ muscular** muscular dystrophy

distúrbio [dʒis'turbiw] *m* (*interferência; tumulto*) disturbance; **~ mental** mental disorder

dita *adj v.* **dito**

ditado [dʒi'tadu] *m* 1.(*na escola*) dictation 2.(*provérbio*) saying; **~ popular** popular saying

ditador(a) [dʒita'dor(a)] <-es> *m(f)* dictator

ditadura [dʒita'dura] *f* dictatorship

ditame [dʒi'tɐmi] *f* dictate; **os ~s da moda** the dictates of fashion

ditar [dʒi'tar] *vt* 1.(*um texto*) to dictate; **~ uma carta à secretária** to dictate a letter to the secretary 2.(*regras*) to dictate; **os comerciantes ditam as condições de pagamento** the shopkeepers dictate the payment terms 3.(*inspirar*) to influence; **a intuição pode ~ o destino** intuition can influence destiny

ditatorial <-ais> [dʒitatori'aw, -'ajs] *adj* dictatorial

dito ['dʒitu] I. *m* saying; **dar o ~ por não ~** to reverse what was said II. *pp de* **dizer** **~ e feito** no sooner said than done; **tenho ~!** and that's that!

dito, -a ['dʒitu, -a] *adj* said, such; **o ~ documento** (the) said document

dito-cujo, dita-cuja ['dʒitu-'kuʒu] <ditos-cujos> *m, f inf* the one(s) in question

ditongo [dʒi'tõwgu] *m* LING diphthong

diurético [dʒiw'rɛtʃiku] *m* diuretic

diurno, -a [dʒi'urnu, -a] *adj* **movimento ~** diurnal motion; (*trabalho*) daytime

diva ['dʒiva] *f* diva

divã [dʒi'vã] *m* divan

divagação <-ões> [dʒivaga'sãw, -'õjs] *f* divagation

divagar [dʒiva'gar] <g→gu> *vi* 1.(*falando, pensando, devaneando*) to divagate 2.(*andando*) to wander

divergência [dʒiver'ʒẽjsia] *f* (*de rumo, opinião, expressão matemática*) divergence

divergente [dʒiver'ʒẽjtʃi] *adj* (*rumo; opinião; expressão matemática*) divergent; **~ de a. c./alguém** divergent from sth/sb

divergir [dʒiver'ʒir] *vi* (*desviar-se de*) to diverge (away) from; (*opiniões; expressão matemática*) to diverge

diversa *adj v.* **diverso**

diversão <-ões> [dʒiver'sãw, -'õjs] *f* (*entretenimento; desvio; ação militar*) diversion

diversidade [dʒiversi'dadʒi] *f sem pl* diversity *no pl*; ~ **de espécies** diversity of species

diversificado, -a [dʒiversifi'kadu, -a] *adj* diversified

diversificar [dʒiversifi'kar] <c→qu> *vt, vi* to diversify

diverso, -a [dʒi'versu, -a] *adj* (*cores, opiniões*) diverse; (*situação, resultado*) different

diversões *f pl de* **diversão**

divertido, -a [dʒiver'tʃidu, -a] *adj* (*pessoa, festa, filme*) fun

divertimento [dʒivertʃi'mẽjtu] *m* fun

divertir [dʒiver'tʃir] **I.** *vt* to entertain **II.** *vr:* ~**-se com a. c./alguém** to enjoy oneself with sth/sb

dívida ['dʒivida] *f* debt; ~ **externa** foreign debt; ~ **de jogo** debt of honor, gambling debt; ~ **pública** public debt; **contrair uma** ~ to get into debt; **estar em** ~ (**para**) **com alguém** to be indebted to sb; **pagar uma** ~ to pay a debt

dividendo [dʒivi'dẽdu] *m* **1.** ECON, MAT dividend **2.** *pl* (*vantagens*) dividend; **saiu em campanha procurando tirar** ~**s políticos** he went campaigning seeking political dividends

dividido, -a [dʒivi'dʒidu, -a] *adj* divided; **estar** ~ **entre duas opiniões** to be divided between two opinions

dividir [dʒivi'dʒir] *vt* **1.** (*um bolo*) to divide; ~ **o lucro em partes iguais** to split the profits in equal parts; ~ **o trabalho entre duas pessoas** to split the work between two people **2.** (*compartilhar*) to share **3.** (*separar*) to divide; **uma parede fina dividia os quartos** a thin wall divided the rooms **4.** MAT to divide; ~ **o resultado por dois** to divide the result by two **5.** (*divergir*) to divide; **a briga dividiu a família** the quarrel divided the family

divina *adj v.* **divino**

divindade [dʒivĩj'dadʒi] *f* (*entidade, objeto de veneração*) divinity

divino, -a [dʒi'vinu, -a] *adj* (*graça*) divine; (*pessoa, obra*) captivating

divisa [dʒi'viza] *f* **1.** (*lema*) motto; (*num brasão*) brand **2.** MIL stripe **3.** *pl* ECON foreign exchange **4.** (*fronteira*) border

divisão <-ões> [dʒivi'zãw, -'õjs] *f* **1.** (*de um bolo*) division; ~ **do bolo em partes iguais** division of the cake in equal parts; ~ **do trabalho entre duas pessoas** division of the work between two people **2.** (*linha*) dividing line; (*parede*) dividing wall **3.** (*da casa*) area **4.** MAT, MIL division **5.** (*de uma organização*) division

divisibilidade [dʒivizibiʎi'dadʒi] *f* divisibility

divisível <-eis> [dʒivi'zivew, -ejs] *adj* divisible; **ser** ~ **por** to be divisible by

divisões *f pl de* **divisão**

divisor [dʒivi'zor] <-es> *m* MAT divisor; ~ **de águas** watershed

divisória [dʒivi'zɔria] *f* **1.** (*linha*) dividing line **2.** (*parede*) dividing wall

divorciado, -a [dʒivorsi'adu, -a] *adj* divorced

divorciar-se [dʒivorsi'arsi] *vr:* ~ **de alguém** to divorce sb

divórcio [dʒi'vɔrsiu] *m* divorce; **pedir o** ~ to ask for a divorce

divulgação <-ões> [dʒivuwga'sãw, -'õjs] *f* (*de uma notícia, um boato*) disclosure

divulgado, -a [dʒivuw'gadu, -a] *adj* disclosed

divulgar [dʒivuw'gar] <g→gu> *vt* (*uma notícia, um boato*) to disclose

dizer [dʒi'zer] *irr* **I.** *vt* **1.** to say; ~ **a. c. a alguém** to say sth to sb; ~ **duas palavras** to say a few words; ~ **cobras e lagartos** *inf* to curse; ~ **uma oração** to say a prayer; **como se diz isso em inglês?** how do you say that in English?; **dizem que ...** they say that ...; **não me diga!** you're kidding!; **para quem você diz isso!** who are you talking to!; **dize-me com quem andas e eu te direi quem és** *prov* a man is known by his company *prov* **2.** (*despedir-se*) ~ **adeus a** [*ou* **para**] **alguém** to say goodbye to sb **3.** (*interessar*) to mean; **a beleza do rapaz não lhe dizia nada** the guy's good looks didn't mean anything to her **4.** (*condizer*) to match; **sua história não diz com a verdade** your story doesn't match the truth **5.** (*importar*) to matter; **isso não diz ao caso** that is not relevant in this case **II.** *vi* (*falar*) to tell; ~ **bem/mal de alguém** to speak well/badly of sb; **por assim** ~ so to speak; **quer** ~ **...** I mean ...; **o que isso quer dizer?** what does that mean?; **o que**

dízima 196 **doente**

você quer ~ (com isso)? what do you mean (by that)?; ~ **respeito a** to concern; ~ **ao que veio** *inf* to show interest; ~ **com seus botões** *inf* to talk to oneself **III.** *vr:* ~-**se** to consider oneself; **ele se diz o melhor do time** he says he's the best on the team

dízima ['dʒizima] *f* tithe; ~ **periódica** repeating [*o* circulating] decimal

dizimar [dʒizi'mar] *vt* to decimate

dízimo ['dʒizimu] *m* REL tithe

diz-que-me-diz-que ['dʒis-ki-mi-'dʒis-ki] *m inv* chitchat

DNER [de'enie'ɛxi] *m abr de* **Departamento Nacional de Estradas de Rodagem** National Highway Department

do [du] = **de** + **o** *v.* **de**

dó ['dɔ] *m* **1.** (*compaixão*) sympathy; **dar** ~ it's a shame; **sem** ~ **nem piedade** mercilessly **2.** MÚS C, do

doação <-ões> [doa'sãw, -'õjs] *f* donation; ~ **de órgãos** organ donation; ~ **de sangue** blood donation; **fazer uma** ~ **a** [*ou* **para**] **alguém** to make a donation to sb

doador(a) [doa'dor(a)] <-es> *m(f)* donor; ~ **de órgãos** organ donor; ~ **de sangue** blood donor

doar [do'ar] *vt* <*1. pess pres:* **doo**> (*bens, sangue, órgãos*) to donate; ~ **a. c. a** [*ou* **para**] **alguém** to donate sth to sb

dobra ['dɔbra] *f* **1.** (*em papel, tecido*) fold **2.** (*das calças*) crease

dobrada *adj v.* **dobrado**

dobradiça [dobra'dʒisa] *f* **1.** (*de porta*) hinge **2.** (*cadeira*) folding chair

dobradinha [dobra'dʒĩɲa] *f* **1.** GASTR beef tripe stew **2.** *inf* (*dupla*) duo

dobrado, -a [do'bradu, -a] *adj* **1.** (*duplicado*) double **2.** (*papel, tecido*) folded

dobrar [do'brar] **I.** *vt* **1.** (*papel, tecido*) to fold; (*sino*) to ring **2.** (*contornar*) to double; NÁUT (*cabo*) to double; ~ **a esquina** to turn the corner **3.** (*uma pessoa*) to bend **4.** (*duplicar*) to double **II.** *vi* to bend; (*duplicar*) to double; **a população da cidade dobrou** the city's population doubled **III.** *vr:* ~-**se** (*ceder*) to give in

dobrável <-eis> [do'bravew, -ejs] *adj* foldable

dobro ['dobru] *m* double; **o revide foi em** ~ the retaliation was in double

doca ['dɔka] *f* dock

doce ['dosi] **I.** *m* sweet; ~ **de leite** caramelized milk; **dar um** ~ **a alguém** to give sb a candy; **fazer** ~ *inf* to play coy **II.** *adj tb. fig* sweet

doce de coco ['dosi dʒi 'koku] <**doces de coco**> *m* coconut brittle; *fig, inf* (*pessoa*) sweetheart

doceiro, -a [do'sejru, -a] *m, f* confectioner

dóceis *adj pl de* **dócil**

docência [do'sẽsia] *f* instruction

docente [do'sẽtʃi] **I.** *adj* lecturing; **corpo** ~ faculty **II.** *mf* lecturer

doceria [dose'ria] *f* confectionery

dócil <-eis> ['dɔsiw, -ejs] *adj* (*manso, flexível*) docile

> **Cultura** Typical fare at birthday parties, Brazilian sweets are tiny treats. Rolled or shaped into little pies and served in paper wrappers, their ingredients are commonly found in Brazilian recipes: **beijinhos** (grated coconut), **brigadeiros** (milk caramel balls covered with chocolate), **cajuzinhos** (cashew nuts), **maria-mole** (grated coconut), **queijadinhas** (grated cheese and coconut), **quindins** (egg yolks and grated coconut), etc.

documentação <-ões> [dokumẽjta'sãw, -'õjs] *f* **1.** (*ação*) documentation **2.** (*documentos*) documentation; (*de trabalho*) papers

documentado, -a [dokumẽj'tadu, -a] *adj* documented

documentar [dokumẽj'tar] *vt* to document

documentário [dokumẽj'tariw] *m* documentary

documento [doku'mẽjtu] *m* document

doçura [do'sura] *f* **1.** (*característica do doce*) sweetness **2.** (*ternura*) tenderness

dodói [do'dɔj] *m infantil* boo-boo

doença [du'ẽjsa] *f* MED disease; ~ **do coração** heart disease; ~ **grave** serious illness; ~ **prolongada** extended illness; ~ **da vaca louca** *inf* mad cow disease; **o futebol era uma** ~ **em sua vida** *fig* soccer was his life obsession

doente [du'ẽjtʃi] **I.** *adj* **1.** MED sick, ill;

doentio 197 **dono**

ser ~ do coração to have a heart condition 2.(*obcecado*) obsessed; **ele é ~ por chocolate** he is obsessed by chocolate II. *mf* sick person

doentio, -a [duẽj'tʃiw, -a] *adj pej* sick

doer [du'er] *vi impess* to hurt; **a cabeça/o braço me dói** my head/arm hurts; **ele é burro de ~** *pej* he is painfully stupid

dogma ['dɔgma] *m* dogma

dogmático, -a [dog'matʃiku] *adj* dogmatic

dogue ['dɔgi] *m* guard dog

dogueiro, -a [do'gejru, -a] *m, f* hot dog vendor

doida *adj, f v.* **doido**

doidão, -ona <-ões> [doj'dãw, -'ona, -'õjs] *m, f gír* dope head

doidice [doj'dʒisi] *f* craziness

doidivanas [dojdʒi'vanas] *mf inv, inf* harum-scarum

doido, -a ['dojdu, -a] I. *m, f* crazy; **~ varrido/de pedra** certified crazy person II. *adj* crazy; **ele é ~ por ela** he is crazy for her; **ele ficou ~ com os presentes que ganhou** he was thrilled with the presents he got

doído [du'idu, -a] *adj* sore

doidões *m pl de* **doidão**

doidona *f v.* **doidão**

dois, duas ['dojs, 'duas] *num card* two; **~ a ~** two by two; **os ~** the both |*o* the two| of them; **ter uma conversa a ~** to have talk between the two of us; **às duas horas** at two o'clock; **às duas e meia/e quinze** at two thirty/fifteen; **de duas em duas horas** every two hours; **o dia ~ de maio** May 2nd; **ela tem/faz ~ anos** she is/turns two years old; **isso custa ~ reais** that costs two reals; **das duas uma** either one of the two; **são duas (horas)** it is two o'clock

dois-quartos ['dojs-'kwartus] *m inv* (*apartamento*) two-bedroom apartment

dólar ['dɔlar] *m* dollar

dolarizar [dolari'zar] *vt* to peg the currency to the dollar

doleiro, -a [do'lejru] *m, f* black-market money changer

dolo ['dɔlu] *m* (*fraude*) fraud; *JUR* willful misconduct

dolorido, -a [dolo'ridu, -a] *adj* sore

doloroso, -a [dolo'rozu, -'ɔza] *adj* painful

dom ['dõw] <-ons> *m* 1.(*dádiva*) gift 2.(*talento*) talent 3.(*tratamento de religioso*) reverend; (*tratamento de realeza*) sir

domador(a) [doma'dor(a)] <-es> *m(f)* trainer

domar [do'mar] *vt* to tame; *fig* to overcome

doméstica *adj, f v.* **doméstico**

domesticar [domestʃi'kar] <c→qu> *vt* to domesticate

doméstico, -a [do'mɛstʃiku] I. *m, f* domestic worker II. *adj* domestic

domicílio [domi'siʎiw] *m* (*endereço, sede*) domicile; **entrega em ~** home delivery

dominação <-ões> [domina'sãw, -'õjs] *f* domination

dominador(a) [domina'dor(a)] <-es> I. *adj* dominating II. *m(f)* dominator *m*, dominatrix *f*

dominante [domi'nãntʃi] *adj* dominant

dominar [domi'nar] I. *vt* (*pessoa*) to control; (*língua*) to be proficient (in); (*país*) to rule II. *vi* 1.(*rei, povo*) to rule 2.(*preponderar*) to dominate

domingo [du'mĩjgu] *m* Sunday; **~ de carnaval** Shrove Sunday; **Domingo de Páscoa** Easter Sunday

domingueira [dumĩj'gejra] *f* Sunday get-together

domingueiro, -a [domĩj'gejru, -a] *adj* Sunday; **traje ~** Sunday best

dominical <-ais> [domini'kaw, -'ajs] *adj* dominical; **missa ~** Sunday Mass

domínio [do'miniw] *m* 1.(*poder*) dominion; **exercer ~ sobre a. c./ alguém** to exert power over sth/sb; **estar sob o ~ de alguém** to be under sb's rule 2.(*âmbito; de internet; território*) domain; **isso é de ~ público** this is in the public domain

dominó [domi'nɔ] *m* (*jogo*) dominoes *pl*; **efeito ~** domino effect

dom-joão <dom-joões> ['dõw-ʒu'ãw, -'õjs] *m*, **dom-juan** ['dõw-ʒu'ã] <dom-juans> *m* Don Juan

domo ['domu] *m* dome

dona ['dona] *f* lady; **~ de casa** housewife; **~ Ana** Miss Ana

donatário, -a [dona'tariw, -a] *m, f* donee

donativo [dona'tʃivu] *m* donation; **fazer um ~** to make a donation

dondoca [dõw'dɔka] *f* princess *iron*

doninha [do'nĩɲa] *f ZOOL* weasel

dono, -a ['donu, -a] *m, f* (*de uma casa*)

owner; **o ~ da bola** *fig* the one in charge; **~ da verdade** know-it-all; **ser ~ do seu nariz** *inf* to be one's own boss

dons *m pl de* **dom**

donzela [dõwˈzɛla] *f* damsel

dopado, -a [doˈpadu, -a] *adj tb.* ESPORT doped

dopar [doˈpar] **I.** *vt tb.* ESPORT to dope **II.** *vr:* **~-se** to get doped up; ESPORT to engage in doping

doping [ˈdɔpĩj] *m* ESPORT doping

dor [ˈdor] *f* pain; (*mágoa*) anguish; **~ de barriga** stomachache; **~ de cabeça** headache; **~ de dente** toothache; **~ de ouvido** earache

doravante [doraˈvãŋtʃi] *adv* from now on, hereafter *form*

dor de corno <dores de corno> [ˈdor dʒi ˈkornu, ˈdoriz-] *f gír* jealousy

dor de cotovelo <dores de cotovelo> [ˈdor dʒi kotoˈvelu, ˈdoriz-] *f inf* jealousy *no pl;* **ter dor de cotovelo** to be jealous

dormência [dorˈmẽjsia] *f* dormancy

dormente [dorˈmẽjtʃi] **I.** *m* (*de trilho de trem*) tie, crosstie, sleeper *Brit* **II.** *adj* (*perna*) numb

dormida [dorˈmida] *f* nap; **dar uma ~** to take a nap

dorminhoco, -a [durmĩˈɲoku, -ˈɔka] *m, f* sleepyhead

dormir [durˈmir] *irr* **I.** *vi* **~ fora** to spend the night away from home; **~ como uma pedra** *inf* to sleep like a rock; **~ no ponto** *inf* to fall asleep on the job; **fazer ~** *inf* to make sb fall asleep (from boredom); **pôr alguém para ~** to put sb to sleep; **minha perna dormiu** my leg fell asleep **II.** *vt* to sleep; **~ sobre a. c.** (*postergar*) to sleep on sth; **~ com as galinhas** *inf* to go to bed early; **~ o sono dos justos** to sleep well

dormitar [durmiˈtar] *vi* to doze off

dormitório [durmiˈtɔriw] *m* (*quarto, edifício*) dormitory

dorsal <-ais> [dorˈsaw, -ˈajs] *adj* dorsal

dorso [ˈdorsu] *m* **1.** ANAT dorsum **2.** (*de objeto*) back

dosagem [doˈzaʒẽj] <-ens> *f* dosage

dosar [doˈzar] *vt* to mete out; **é preciso ~ bem a punição** punishment must be meted out carefully; (*remédio*) to dispense

dose [ˈdɔzi] *f* dose; **~ cavalar** *inf* huge dose; **uma boa ~ de coragem** a hefty dose of courage; **ser ~ (para leão/elefante)** *inf* to be very unpleasant

dossel <dosséis> [doˈsɛw, -ˈɛjs] *m* dossal

dossiê [dosiˈe] *m* report

dotado, -a [doˈtadu, -a] *adj* **1.** (*talentoso*) talented **2.** (*equipado*) equipped; **o estúdio está ~ de muitos aparelhos** the studio is heavily equipped

dotar [doˈtar] *vt* (*de qualidade*) **~ alguém de a. c.** to endow sth/sb with sth; (*de equipamentos*); **~ a. c. de a. c.** to equip sth with sth

dote [ˈdɔtʃi] *m* **1.** (*de casamento*) dowry **2.** (*talento*) talent; **~s culinários/musicais** culinary/musical talent

dou [ˈdow] *1. pres de* **dar**

dourado [dowˈradu] *m* ZOOL characin

dourado, -a [dowˈradu, -a] *adj* **1.** (*cor, anos*) golden **2.** (*coberto com ouro*) gold-coated

dourar [dowˈrar] *vt* **1.** (*joia*) to gild, to coat with gold leaf **2.** GASTR to brown **3.** *fig* (*pílula*) to gild

douto, -a [ˈdowtu, -a] *adj form* eminent

doutor(a) [dowˈtor(a)] <-es> *m(f)* doctor; **~ honoris causa** honorary doctor

doutorado [dowtoˈradu] *m* doctorate

doutorando, -a [dowtoˈrãŋdu, -a] *m, f* doctoral candidate

doutorar-se [dowtoˈrarsi] *vr* to earn a doctorate

doutores *m pl de* **doutor**

doutrina [dowˈtrina] *f* doctrine; JUR legal theory

doutrinação <-ões> [dowtrinaˈsãw, -ˈõjs] *f* indoctrination

download [dawˈlowdʒi] *m* download; **fazer um ~** to download

doze [ˈdozi] *num card* twelve; *v. tb.* **dois**

Dr. [dowˈtor] *m abr de* **doutor** Dr., *in Portuguese, "Dr." can also refer to an educated person who is not necessarily a doctor*

Dra. [dowˈtora] *f abr de* **doutora** Dr., *in Portuguese, "Dra." can also refer to an educated person who is not necessarily a doctor*

draconiano, -a [drakoniˈʒnu, -a] *adj* draconian

draga [ˈdraga] *f* drag

dragão <-ões> [draˈgãw, -ˈõjs] *m* dragon

dragar [draˈgar] <g→gu> *vt* to drag

drágea [ˈdraʒia] *f tb.* FARM sugar-coated

pill

dragões *m pl de* **dragão**

drag queen ['drɛgi 'kwīj] *f* drag queen

drama ['drɐma] *m* CINE, TEAT *tb. fig* drama; **fazer um ~ (de a. c.)** to make a scene (about sth)

dramalhão <-ões> [drɐma'ʎɜ̃w, -'õjs] *m* melodrama

dramático, -a [drɐ'matʃiku, -a] *adj* dramatic

dramatizar [drɐmatʃi'zar] *vt* to dramatize

dramaturgia [drɐmatur'ʒia] *f sem pl* dramaturgy *no pl*

dramaturgo, -a [drɐma'turgu, -a] *m, f* playwright, dramatist

drástica *adj v.* **drástico**

drasticamente [drastʃika'mẽjtʃi] *adv* drastically; **os preços subiram/desceram ~** the prices have gone up/down drastically

drástico, -a ['drastʃiku, -a] *adj* drastic; **tomar medidas drásticas** to take drastic measures

drenagem [dre'naʒẽj] <-ens> *f (de terreno, parte do corpo)* drainage

drenar [dre'nar] *vt (terreno; parte do corpo)* to drain

dreno ['drenu] *m* drain

driblar [dri'blar] *vt* **1.** ESPORT to dribble **2.** *(lei, regra)* to find a loophole

drible ['dribli] *m* ESPORT dribble

drinque ['drĩki] *m (alcoholic)* drink

drive ['drajvi] *m* INFOR drive

drive-in ['drajvĩj] *m* drive-in

droga ['drɔga] *f* drug; **~s leves/pesadas** recreational/heavy drugs; **~, nada funciona!** *inf* darn, nothing works!; **que ~!** *inf* darn it!

drogado, -a [drɔ'gadu, -a] **I.** *adj* doped up **II.** *m, f* drug addict

drogar [drɔ'gar] <g→gu> **I.** *vt* to drug **II.** *vr:* **~-se** to take drugs

drogaria [drɔga'ria] *f* drugstore

dromedário [drome'dariw] *m* ZOOL dromedary

drope ['drɔpi] *m (bala)* drop

DSV [deesi've] *m abr de* **Departamento de Operações do Sistema Viário** Traffic System Operations Department

duas ['duas] *num card v.* **dois**

duas-peças ['duas-'pɛsas] *m inv (roupa)* two-piece

dúbio, -a ['dubiw] *adj* dubious

dublagem [du'blaʒẽj] <-ens> *f (de um filme)* dubbing

dublar [du'blar] *vt (um filme)* to dub

dublê [du'ble] *mf* CINE double

ducha ['duʃa] *f* shower; **levei uma ~ de água fria** *fig* I had a rude awakening; **tomar uma ~** to take a shower

ducto ['duktu] *m*, **duto** ['dutu] *m tb.* ANAT duct

duelo [du'ɛlu] *m* duel; **travar um ~ com alguém** to duel with sb

duende [du'ẽjdʒi] *m* goblin

dueto [du'etu] *m* MÚS duet

dulcíssimo [duw'sisimu] *superl de* **doce**

dum [dūw] = **de + um** *v.* **de**

duma ['duma] = **de + uma** *v.* **de**

dumping ['dɜ̃npīj] *m sem pl* ECON dumping

duna ['duna] *f* dune

dundum [dūw'dūw] <-uns> *f* dumdum (bullet)

dunga ['dūga] *m* brave man

duo ['duu] *m* MÚS duo

duodeno [duo'denu] *m* ANAT duodenum

dupla ['dupla] **I.** *adj v.* **duplo II.** *f* MÚS duo

dúplex ['duplɛks] *m inv* two-storey apartment

duplicação <-ões> [duplika'sɜ̃w, -'õjs] *f* duplication

duplicado, -a [dupli'kadu, -a] *adj* duplicate

duplicar [dupli'kar] <c→qu> **I.** *vt* to duplicate **II.** *vi* to duplicate

duplicata [dupli'kata] *f* ECON trade acceptance (draft); **em ~** in duplicate

duplo, -a ['duplu, -a] *adj* double, twofold

duque, -esa ['duki, -'eza] *m, f* duke *m*, duchess *f*

dura ['dura] **I.** *adj v.* **duro II.** *f* **dar uma ~ (em alguém)** *inf* to give sb a hard time

durabilidade [durabiʎi'dadʒi] *f sem pl* durability

duração [dura'sɜ̃w] *f sem pl* duration; **filme de curta/longa ~** short/full-feature film

duradouro, -a [dura'dowru, -a] *adj* long-lasting

durante [du'rɜ̃tʃi] *prep* during; **~ uma hora/uma semana** for an hour/week

durão, -ona <-ões> [du'rɜ̃w, -'ona, -'õjs] *m, f inf* tough guy

durar [du'rar] *vi (prolongar-se, conservar-se)* to last; **o filme dura três horas**

the movie lasts three hours; **as rosas estão durando bastante** the roses are lasting a while; **a amizade deles já dura dez anos** their friendship has lasted ten years

durex® [du'rɛks] *m* **a fita** ~ Scotch® tape

dureza [du'reza] *f* hardness; **estar na maior** ~ *inf* to be completely broke

duro ['duru] I. *m* **dar um** ~ *inf* to work hard; **dar um** ~ **em alguém** *inf* to scold sb; **no** ~, **vai-se casar?** *gír* really, are you getting married? II. *adv inf* rough; **falar** ~ to talk rough

duro, -a ['duru, -a] *adj* (*material*) hard; *inf* (*sem dinheiro*) broke; (*atitude, trabalho*) harsh; **jogo** ~ rough play; **ser** ~ **com alguém** to be tough with sb; ~ **de roer** *fig* obstinate

durões *m pl de* **durão**

durona *f v.* **durão**

duty-free shop ['dətʃ-fri-ʃõpi] *m* duty-free shop

dúvida ['duvida] *f* doubt; **estar em** ~ to be in doubt; **pôr em** ~ to cast into doubt; **sem** ~ undoubtedly; **tirar uma** ~ **com alguém** to clear sth up with sb; **tirar uma** ~ **de alguém** to clarify sb's doubt; **em caso de** ~ if there is any question; **por via das** ~**s** just in case; **o atacante era** ~ **mas acabou jogando** the forward was not on the roster but ended up playing anyway; **ele tinha sérias** ~**s quanto à sinceridade do amigo** he seriously doubted his friend's sincerity

duvidar [duvi'dar] *vt* to doubt; ~ **de a. c./alguém** to doubt sth/sb; **duvido que ele venha!** I doubt he will come!

duvidoso, -a [duvi'dozu, -'ɔza] *adj* doubtful; (*suspeito*) suspect

duzentos [du'zẽjtus] *num card* two hundred

dúzia ['duzia] *f* dozen; **meia** ~ **(de)** a half (of a) dozen of

DVD [deve'de] *m* DVD

E

E, e ['e] *m* e, E; ~ **de elefante** e as in [*ou Brit* for] Edward

e [i] *conj* 1. and 2. (*e em oposição, mas*) **há pessoas** ~ **pessoas** there are people and people

é ['ɛ] 3. *pres de* **ser**

ébano ['ɛbɐnu] *m* 1. BOT ebony 2. *fig* pitch black; **negro como** ~ black as pitch

ebonite [ebo'nitʃi] *f* ebonite

ébrio, -a ['ɛbriw, -a] I. *adj* (*de álcool*) intoxicated, drunk; ~ **de amor** intoxicated with love II. *m, f* drunk(ard)

ebulição <-ões> [ebuʎi'sɐ̃w, -'õjs] *f* FÍS boiling; **estar em** ~ to be boiling; *fig* effervescence

ECG [ese'ʒe] *m abr de* **eletrocardiograma** ECG

eclesiástico [eklezi'astʃiku] *m* clergyman

eclesiástico, -a [eklezi'astʃiku, -a] *adj* ecclesiastical

eclipsar [eklip'sar] I. *vt* 1. ASTRON to eclipse 2. (*encobrir, esconder*) to overshadow 3. (*vencer*) to outshine II. *vr:* ~**-se** 1. ASTRON to eclipse 2. (*desaparecer*) to disappear

eclipse [e'klipsi] *m* ASTRON *tb. fig* eclipse

eclíptica [e'kliptʃika] *f* ecliptic

eclodir [eklo'dʒir] *vi* (*ovo*) to hatch; (*guerra, crise*) to break out

eclosão <-ões> [eklo'zɐ̃w, -'õjs] *f* (*de ovo*) hatching; (*de guerra*) outbreak

eclusa [e'kluza] *f* (*canal*) lock

eco ['ɛku] *m* 1. FÍS echo 2. (*repetição*) reverberation; **fazer** ~ to cause an echo 3. (*repercussão*) repercussion; **ter** [*ou* **encontrar**] ~ to be well-received

ecoar [eko'ar] <1. *pess pres* **ecoo**> I. *vi* (*fazer eco*) to echo II. *vt* (*repetir*) to echo

ecografia [ekogra'fia] *f* ultrasonography *no pl*; **fazer uma** ~ to have an echogram made

ecologia [ekolo'ʒia] *f sem pl* ecology

ecológico, -a [eko'lɔʒiku, -a] *adj* ecological

economia [ekono'mia] *f* 1. (*ciência*) economy 2. (*sistema produtivo*) economy 3. (*moderação*) frugality *no pl*; (*cautela com dinheiro*) thrift *no pl*

economias [ekono'mias] *fpl* savings *pl*

econômica *adj v.* **econômico**

economicamente [ekonomika'mējtʃi] *adv* economically

economicismo [ekonomi'sizmu] *m* economism *no pl*

economicista [ekonomi'sista] *adj* economistic; **determinismo ~** economistic determinism

econômico, -a [eko'nomiko, -a] *adj* **1.** (*de economia*) economic **2.** (*utilizando o mínimo de a. c.*) economical **3.** (*barato*) economical **4.** (*lucrativo*) economic, profitable

economista [ekono'mista] *mf* economist

economizar [ekonomi'zar] **I.** *vt* to economize; (*dinheiro, energia*) to save **II.** *vi* to economize; **ele economiza muito** he saves a lot

ecossistema [ɛkosis'tema] *m* ecosystem

ecstasi ['ekstazi] *m* (*droga*) ecstasy

eczema [ek'zema] *m* eczema

edema [e'dema] *m* edema *Am*, oedema *Brit*, swelling

éden ['ɛdēj] *m* **1.** (*paraíso*) paradise **2.** REL Garden of Eden, Paradise

edição <-ões> [edʒi'sãw, -'õjs] *f* **1.** *sem pl* TIPO, TV (*ação de editar*) editing *no pl* **2.** (*repetição de um evento*) **terceira ~ do Rock In Rio** third staging of the Rock in Rio event **3.** (*publicação*) publication **4.** (*conjunto de exemplares*) edition; (*distribuição*) circulation; **a nova ~** the new edition **5.** RÁDIO, TV edition; PREN issue

edificação <-ões> [edʒifika'sãw, -'õjs] *f* **1.** *sem pl* (*ação de edificar*) edification *no pl*, enlightenment *no pl* **2.** (*de casa, prédio*) construction **3.** *fig* erection, building

edificante [edʒifi'kãntʃi] *adj* edifying

edificar [edʒifi'kar] *vt* <c→qu> **1.** (*um edifício, uma cidade*) to build; *fig* (*uma doutrina, uma filosofia*) to institute **2.** (*elevar*) to edify

edifício [edʒi'fisiw] *m* building

edifício-garagem [edʒi'fisiw-ga'raʒēj] <edifícios-garagens *ou* edifícios-garagem> *m* parking garage *Am*, multi-storey (car park) *Brit*

édipo ['ɛdʒipu] *m* **complexo de ~** Oedipus complex

edital <-ais> [edʒitaw, -'ajs] *m* edict, notice

editar [edʒi'tar] *vt* **1.** (*publicação*) to publish; () **2.** (*preparar para publicação/radiodifusão*) to edit; (*fazer modificações*) to edit

edito [e'dʒitu] *m* proclamation

editor(a) [edʒi'tor(a)] **I.** *adj* publishing **II.** *m(f)* **1.** (*que publica um livro*) publisher; PREN, RÁDIO, TV editor **2.** INFOR editor; **~ de texto** text editor

editora [edʒi'tora] *f* (*empresa*) publishing house

editorial <-ais> [edʒitori'aw, -'ajs] **I.** *m* PREN (*newspaper*) editorial **II.** *adj* editorial; TIPO publishing

edredom [edre'dõw] <-ns> *m* eiderdown, duvet

educação [eduka'sãw] *sem pl* *f* **1.** (*boas maneiras*) courtesy *no pl*, politeness *no pl*; **falta de ~** bad manners *pl*; **ter ~** to be polite **2.** (*aquisição de conhecimento*) education *no pl*; (*desenvolvimento*) nurture *no pl* **3.** (*instrução, formação*) **~ física/sexual** physical/sexual education **4.** (*pedagogia*) education *no pl*

educacional <-ais> [edukasjo'naw, -'ajs] *adj* educational

educado, -a [edu'kadu, -a] *adj* **1.** (*polido*) polite; **ser bem-~** to be polite; **ser mal-~** to be impolite, to be rude **2.** (*instruído*) educated

educador(a) [eduka'dor(a)] <-es> **I.** *m(f)* (*especialista em pedagogia*) educator; (*professor*) teacher **II.** *adj* educating

educando, -a [edu'kãndu, -a] *m, f* learner; (*aluno*) student

educar [edu'kar] *vt* <c→qu> **1.** (*criar*) to bring up **2.** (*pessoa*) to educate; (*animal*) to train

educativo, -a [eduka'tʃivu, -a] *adj* **1.** (*relativo à educação*) educational **2.** (*instrutivo*) instructional; **série educativa** educational series; **filme ~** educational film

EEG [ee'ʒe] *m abr de* **eletroencefalograma** EEG

efeito [e'fejtu] *m* **1.** (*influência, finalidade*) effect; (*consequência*) result; **~ colateral** MED side effect; **~s especiais** CINE special effects *pl*; **~ estufa** greenhouse effect; **ter ~ sobre a. c.** to have an effect on sth; **este remédio faz ~** this medicine works; **estar sob o ~ do álcool** to be under the influence of alcohol; **para todos os ~s** to all intents

efeito-dominó [e'fejtu-domi'nɔ] <efeitos-dominó> *m* domino effect

efêmera *adj v.* **efêmero**

efeméride [efe'mɛridʒi] *f* **1.** ASTRON ephemeris **2.** ~**s** *pl* (*enumeração de acontecimentos*) almanac

efêmero, -a [e'femeru, -a] *adj* ephemeral, short-lived

efeminado, -a [efemi'nadu, -a] **I.** *adj* effeminate; (*homossexual*) gay **II.** *m, f* effeminate man

efervescência [eferve'sējsia] *f* FIS effervescence; *fig* excitement; **estar em** ~ to be bubbling (over) with excitement

efervescente [eferve'sēt∫i] *adj* (*comprimido*) effervescent; *fig* bubbly

eferverscer [eferve'ser] *vi* <c→ç> to fizz, to effervesce; *fig* to bubble (over)

efetiva *adj v.* **efetivo**

efetivação <-ões> [efet∫iva'sãw, -'õjs] *f* act of putting into effect

efetivamente [efet∫iva'mēt∫i] *adv* effectively, in fact

efetivar [efet∫i'var] *vt* **1.** (*realizar*) to put [*o bring*] (sth) into effect **2.** (*um funcionário*) to regularize; **tornar efetivo na função** to become a regular [*o permanent*] employee

efetivo [efe't∫ivu] *m* **1.** MIL strength *no pl* **2.** ECON (*ativo líquido (de uma empresa*) net assets *pl*

efetivo, -a [efe't∫ivu, -a] *adj* **1.** (*real*) real **2.** (*funcionário*) permanent; **passar a** ~ to become a permanent employee **3.** (*confiável*) effective; **tratamento** ~ effective treatment

efetuar [efetu'ar] **I.** *vt* (*realizar*) to accomplish, to carry out **II.** *vr* ~-**se** (*realizar-se*) to take place

eficácia [efi'kasia] *f* efficacy *no pl*, effectiveness *no pl*; (*eficiência*) efficiency

eficaz [efi'kas] *adj* (*tratamento, terapia, lei*) effective; (*pessoa, funcionário*) efficient

eficiência [efisi'ējsia] *f* efficiency

eficiente [efisi'ēt∫i] *adj* efficient

efígie [e'fiʒii] *f* effigy

egípcio, -a [e'ʒipsiw, -a] *adj, m, f* Egyptian

Egito [e'ʒitu] *m* Egypt

ego ['ɛgu] *m* (*eu*) ego; **isso faz bem ao** ~ this is good for the ego; **massagear o** ~ to massage the ego; SOCIOL, PSICO ego

egocêntrico, -a [ego'sējtriku, -a] **I.** *adj* egocentric, self-centered *Am*, self-centred *Brit* **II.** *m, f* egocentricity *no pl*

egoísmo [ego'izmu] *m* **1.** (*egocentrismo*) egoism **2.** (*amor*) self-regard

egoísta [ego'ista] **I.** *mf* egoist **II.** *adj* **1.** (*que tem egoísmo*) egoistic, selfish **2.** (*comodista*) self-centered *Am*, self-centred *Brit*

égua ['ɛgwa] *f* **1.** mare; **lavar a** ~ to win by a mile **2.** *chulo* bitch ≈

eh ['e] *interj* ~! ah!

ei ['ej] *interj* ~! **1.** eh!, hey! **2.** hello!

eia ['eja] *interj* ~! come on!

ei-lo, -a ['ej-lu, -a] = **eis** + **o/a** *v.* **eis**

eira ['ejra] *f* **1.** (*para limpeza de cereais*) threshing-floor **2.** (*para juntar sal*) saltern **3.** (*pátio*) yard **4.** (*para guardar cana*) shed; **sem** ~ **nem beira** down and out

eis ['ejs] *adv* **1.** (*singular*) here is; (*plural*) here are; ~-**me** (*aqui*) here I am; ~ **senão quando** suddenly **2.** (*singular*) this is; (*plural*) these are

eito ['ejtu] *m* sequence; **a** ~ one after another

eixo ['ej∫u] *m* axis; MEC axle (shaft); *fig* (*ponto principal, apoio*) focal point; **entrar nos** ~**s** (*de uma pessoa*) to recover one's senses; (*normalizar-se*) to straighten out; **andar nos** ~**s** to toe the line; **sair dos** ~**s** to get out of line [*o hand*]

ejaculação <-ões> [eʒakula'sãw, -'õjs] *f* **1.** (*de líquido*) spurt **2.** (*de sêmen*) ejaculation; ~ **precoce** premature ejaculation

ejacular [eʒaku'lar] *vt, vi* to ejaculate

ejetar [eʒe'tar] **I.** *vt* (*expelir, expulsar*) to eject **II.** *vr:* ~-**se** AERO to eject (oneself); **o piloto ejetou-se** the pilot ejected

ela ['ɛla] *pron pess* **1.** she; ~ **foi embora** she went away **2.** her; **saí com** ~ I went out with her **3.** (*coisa*) it

elã [e'lã] *m sem pl* élan *no pl*; (*arrebatamento*) impetuosity *no pl*; (*entusiasmo*) enthusiasm *no pl*; (*inspiração*) inspiration *no pl*

elaboração <-ões> [elabora'sãw, -'õjs] *f* **1.** (*execução detalhada: de plano, projeto*) elaboration *no pl* **2.** (*preparação: de jantar*) preparation

elaborar [elabo'rar] *vt* (*executar detalhadamente*) to elaborate; (*formar, organizar*) to work up, to draw up; (*preparar*) to prepare

elas ['ɛlas] *pron pess pl* **1.** they; ~ **foram embora** they went away **2.** them; **saí com** ~ I went out with them; **agora é que são** ~ **s!** now we've done it!; ~ **s por** ~ **s** tit for tat

elástica *adj v.* **elástico**

elasticidade [elastʃisi'dadʒi] *f* **1.** (*de um objeto, de um corpo*) elasticity *no pl*; (*de caráter*) resilience *no pl* **2.** (*falta de escrúpulos*) unscrupulousness *no pl* **3.** ECON elasticity *no pl*

elástico [e'lastʃiku] *m* (*tira para prender objetos*) elastic band, rubber band; (*de uma calça*) elastic tape

elástico, -a [e'lastʃiko, -a] *adj* **1.** (*com elasticidade*) elastic; **tecido** ~ stretch fabric **2.** *fig* pliable, flexible **3.** ECON elastic

ele ['eli] *pron pess* **1.** he; ~ **foi embora** he went away **2.** him; **saí com** ~ I went out with him; **para** ~ for him; **que só** ~ just like him **3.** (*coisa*) it

elefante [ele'fãntʃi] *m* elephant; *fig* overweight person; ~ **branco** gift causing a lot of work

elegância [ele'gãŋsia] *f* **1.** (*de movimentos, modos*) elegance *no pl*; (*gentileza*) gracefulness *no pl* **2.** (*delicadeza*) daintiness, no pl

elegante [el'gãntʃi] **I.** *adj* **1.** (*nos movimentos, modos*) elegant; (*moda*) chic **2.** (*delicado*) dainty **II.** *mf* elegant person

eleger [ele'ʒer] *vt* <pp eleito *ou* elegido; g→j> (*escolher*) to choose; (*candidato, presidente*) to elect

eleição <-ões> [elej'sãw, -'õjs] *f* election

eleições [elej'sõjs] *fpl* POL elections *pl*; ~ **diretas** direct elections *pl*; ~ **legislativas** congressional elections *Am*, parliamentary elections *pl Brit*

eleito [e'lejtu] *pp irr de* **eleger**

eleito, -a [e'lejtu, -a] **I.** *adj* **1.** (*escolhido*) chosen **2.** POL elected **II.** *m, f* the person chosen or elected

eleitor(a) [elej'tor(a)] *m(f)* voter

eleitorado [elejto'radu] *m* **1.** (*direito de eleger*) right to choose **2.** (*conjunto de eleitores*) electorate

eleitoral <-ais> [elejto'raw, -'ajs] *adj* electoral; (*campanha, colégio*) electoral

elementar [elemẽj'tar] <-es> *adj* **1.** (*de elemento*) elementary **2.** (*simples, primário, fundamental*) elemental; **matemática** ~ elementary mathematics

elemento [ele'mẽjtu] *m* **1.** (*parte*) element; (*de um grupo*) constituent, component **2.** QUÍM element; **os quatro** ~ **s** FILOS the four basic elements

elenco [e'lẽjku] *m* (*lista*) list; (*teatro*) cast

eles ['ɛʎis] *pron pess pl* they, them; ~ **foram embora** they went away; **saí com** ~ I went out with them

eletrencefalograma [eletrẽjsɛfalo'grama] *m v.* **eletroencefalograma**

elétrica *adj v.* **elétrico**

eletricidade [eletrisi'dadʒi] *f* electricity *no pl*; ~ **estática** static electricity

eletricista [eletri'sista] *mf* electrician

elétrico, -a [e'lɛtriku, -a] *adj* **1.** ELETR electric, electrical; **cadeira elétrica** electric chair; **cerca elétrica** electric fence; **fio** ~ electric(al) wire; **dispositivo elétrico** electrical appliance **2.** *inf* (*pessoa*) hyper(active); **ele está** ~ he is hyperactive

eletrificar [eletrifi'kar] *vt* <c→qu> (*cerca, ferrovia, violão*) to electrify; (*casa, propriedade, cidade*) to install electricity

eletrocardiograma [elɛtrokardʒjo'grama] *m* electrocardiogram

eletrochoque [elɛtro'ʃɔki] *m* electroshock treatment

eletrocução <-ões> [eletroku'sãw, -'õjs] *f* (*acidente, pena*) electrocution

eletrocutado, -a [eletroku'tadu, -a] *adj* electrocuted; **ele morreu** ~ he was electrocuted

eletrocutar [eletroku'tar] *vt* to electrocute

eletrodo [ele'trodu] *m* electrode

eletrodoméstico [elɛtrodo'mɛstʃiku] *m* household appliance

eletroencefalograma [elɛtroẽj'sɛfalo'grama] *m* electroencephalogram

eletroímã [elɛtro'imã] *m* electromagnet

eletrólise [ele'trɔʎizi] *f* electrolysis *no pl*

eletrólito [ele'trɔʎitu] *m* electrolyte

eletromagnético, -a [elɛtromag'nɛtʃiku, -a] *adj* electromagnetic; **campo** ~ electromagnetic field; **força eletromagnética** electromagnetic power; **onda eletromagnética** electromag-

eletromecânico, -a [elɛtromeˈkɐniku, -a] *adj* electromechanical

eletrômetro [eleˈtrometru] *m* electrometer

eletromotor, -triz [elɛtrumoˈtor, -ˈtris] <-es> *adj* electromotive

elétron [eˈlɛtrõw] *m* electron

eletrônica [eleˈtronika] *f sem pl* electronics *pl*

eletrônico, -a [eleˈtronika, -a] *adj* electronic; **aparelho ~** electronic device; **correio ~** electronic mail; **jogo ~** electronic game

eletroscópio [elɛtrosˈkɔpiw] *m* electroscope

eletrotecnia [elɛtrotekˈnia] *f* study of electrotechnology

eletrotécnico, -a [elɛtroˈtɛkniku, -a] *adj* electrotechnical; **engenheiro ~** electrotechnical engineer

eletroterapia [elɛtroteraˈpia] *f* electrotherapy *no pl*

elevado [eleˈvadu] *m* elevated highway

elevado, -a [eleˈvadu, -a] *adj* 1. (*lugar; terreno, teto*) lofty; (*preço, salário*) high 2. (*nobre, sublime*) elevated

elevador [elevaˈdor] <-es> I. *adj* uplifting II. *m* elevator *Am*, lift *Brit*

elevar [eleˈvar] *vt* to lift; *fig* to exalt; **~ alguém/algo a a. c.** to promote sb/sth to sth

eliminação <-ões> [eʎiminaˈsɐ̃w, -ˈõjs] *f* elimination

eliminar [eʎimiˈnar] *vt* 1. (*excluir*) to eliminate; (*a concorrência*) to eliminate; (*uma possibilidade*) to rule out; **~ alguém/algo de a.c.** (*expulsar*) to eliminate sb/ sth from sth; MAT to eliminate 2. (*matar*) to eliminate 3. ESPORT to eliminate; **o time foi eliminado da competição** the team was eliminated from the competition

eliminatória [eʎiminaˈtɔria] *f* eliminating phase, heat

eliminatório, -a [eʎiminaˈtɔriw, -a] *adj* (*competição, exame*) eliminatory; (*fase*) eliminating

elipse [eˈʎipsi] *f* 1. LING ellipsis; **~ do sujeito** ellipsis of the subject 2. MAT ellipse

elite [eˈʎitʃi] *f* 1. elite 2. SOCIOL upper classes

elitista [eʎiˈtʃista] *adj* elitist

elixir [eʎiˈʃir] <-es> *m* 1. FARM elixir 2. (*mágico*) quintessence of a thing; **o ~ da juventude** elixir of youth

elmo [ˈɛwmu] *m* elm

elo [ˈɛlu] *m* 1. (*de corrente*) link 2. (*ligação*) link, bond; **o ~ perdido** the missing link; **ser o ~ entre pessoas ou coisas** to be a link between persons or things

elocução <-ões> [elokuˈsɐ̃w, -ˈõjs] *f* elocution *no pl*

elogiar [eloʒiˈar] *vt* to praise; **~ alguém por a.c.** to praise sb for sth

elogio [eloˈʒiw] *m* praise *no pl*, compliment; **fazer um ~ a alguém** to pay a compliment to sb

eloquência [eloˈkwẽjsia] *f* eloquence *no pl*; *fig* (*arte de persuadir*) persuasiveness *no pl*

eloquente [eloˈkwẽjtʃi] *adj* eloquent; *fig* (*persuasivo*) persuasive

elucidar [elusiˈdar] *vt* (*questão, opinião*) to clarify, to elucidate; (*problema, enigma*) to explain

elucidativo, -a [elusidaˈtʃivu, -a] *adj* elucidative, explanatory

em [ĩj] *prep* 1. (*local; dentro de*) in; (*sobre*) on; (*perto de*) by; **estar na gaveta/no bolso** to be in the drawer/pocket; **estar no avião/ônibus** to be on a plane/bus; **estar na mesa/no chão** to be on the table/floor; **~ casa** at home; **na casa de alguém** at sb's house; **no Brasil** in Brazil; **no litoral** on the coast; **trabalhar em uma empresa** to work at a company; **~ cima** on top (of) 2. (*movimento; para dentro*) in(to); (*sobre*) on; **pôr na gaveta/no bolso** to put sth in(to) a drawer/ pocket; **entrar no avião/ônibus** to get on a plane/ bus; **pôr na mesa/no chão** to place on the table/ floor 3. (*temporal*) in; **~ dois dias** in two days; **~ 2005** in 2005; **~ março** in March; **no domingo/fim de semana** on Sunday/the weekend; (*dentro de*); **~ dois dias** within two days 4. (*modo*) **~ inglês** in English; **~ forma** in shape; **~ silêncio** in silence; **estar ~ pé** to be standing; **jardim ~ flor** garden in bloom; **trabalhar ~ harmonia** to work in harmony 5. (*diferença*) by; **aumentar/diminuir ~ 5%** to increase/decrease by 5%

> **Gramática** **em** fuses with the definite articles "a" and "o": "Estarei no

ema *f* Brazilian ostrich

emagrecer [emagre'ser] <c→ç> **I.** *vt* to lose; *fig* to waste away; **ele emagreceu três quilos** he lost three kilos **II.** *vi* to lose weight

emagrecimento [emagresi'mẽjtu] *m* weight reduction; **clínica de** ~ slimming clinic; *fig* weakening *no pl*

e-mail [e'meiw] *m* **1.** e-mail **2.** *(endereço eletrônico)* electronic mailing address

emanar [emɜ'nar] *vi* (*luz, calor*) to emanate, to come from; **o calor que emana do sol** the heat that comes from the sun; (*odor*) to come from; **o odor que emana das flores** the fragrance that comes from flowers; **o poder emana do povo** power emanates from the people

emancipação <-ões> [emɜ̃sipa'sɐ̃w, -'õjs] *f* **1.** emancipation *no pl*; ~ **da mulher** women's lib(eration) **2.** JUR (*aos 18 anos*) age of majority **3.** ~ **de um município** POL granting of municipal independence

emancipado, -a [emɜ̃si'padu, -a] *adj* emancipated; **ficar** ~ **aos 18 anos** to reach the age of majority at 18

emancipar [emɜ̃si'par] **I.** *vt* to emancipate; (*libertar*) to set free; ~ **os escravos** to set the slaves free **II.** *vr*: ~-**se** (*indivíduo, município*) to free sb/ sth from sth; ~-**se de alguém ou a. c.** to set oneself free from sb or sth

emaranhado [emarɜ̃'nadu] *m* ~ **de pensamentos** confused thoughts

emaranhado, -a [emarɜ̃'nadu, -a] *adj* **vegetação** ~ tangled vegetation *no pl*

emaranhar [emarɜ̃'nar] **I.** *vt* to tangle; *fig* to entangle **II.** *vr*: ~-**se** to tangle oneself, to get entangled

embaçado, -a [ĩjba'sadu, -a] *adj v.* **embaciado**

embaçar [ĩjba'sar] <c→ç> *vt, vi v.* **embaciar**

embaciado, -a [ĩjbasi'adu, -a] *adj* tarnished; **ficar** ~ to become lackluster *Am* [*o* lacklustre] *Brit*

embaciar [ĩjbasi'ar] **I.** *vt* to tarnish; (*com o bafo, com o vapor*) to mist (over), to steam up; *fig* to obscure **II.** *vi* to become dull/lusterless *Am* [*o* lustreless] *Brit*

embainhar [ĩjbaĩ'nar] *vt* **1.** (*uma saia, uma calça*) to sew the hem **2.** (*uma espada*) to sheathe

embaixada [ĩjbaj'ʃada] *f* embassy; ESPORT foot trap; **fazer** ~**s** to juggle (the ball), to dribble by using foot traps

embaixador, -a [ĩjbajʃa'dor] *m, f* ambassador

embaixatriz [ĩjbajʃa'tris] *f* **1.** ambassador's wife **2. a** ~ **da escola de samba** the ambassadress of the samba school

embaixo [ĩj'bajʃu] *adv* downstairs; **a portaria do prédio fica** ~ the reception desk is downstairs; ~ **de** below, under(neath); **o jornal está** ~ **do tapete** the newspaper is underneath the carpet; **o barco passou** ~ **da ponte** the boat passed under the bridge

embalado, -a [ĩjba'ladu, -a] **I.** *adj* **1.** (*empacotado*) packaged, wrapped; (*acondicionado*) packed **2.** (*carro, bicicleta*) speeding **II.** *adv* **ir** ~ to step on the gas *Am*, to put one's foot down

embalagem [ĩjbala'ʒẽj] <-ens> *f* ~ **plástica** plastic wrapping; ~ **de vidro** glass container

embalar [ĩjba'lar] **I.** *vt* **1.** (*uma encomenda*) to pack; ~ **a vácuo** to vacuum-pack **2.** (*bebê*) to rock **II.** *vi* (*ganhar velocidade*) to accelerate **III.** *vr:* ~-**se** *inf* to get high

embalo [ĩj'balu] *m* **1.** (*balanço*) to rock *no pl*, swinging *no pl* **2.** *inf* **festa de** ~ wild party; **ir no** ~ to go with the flow

embalsamado, -a [ĩjbawsɜ'madu, -a] *adj* (*cadáver*) embalmed

embalsamar [ĩjbawsɜ'mar] *vt* (*cadáver*) to embalm

embaraçado, -a [ĩjbara'sadu, -a] *adj* **1.** (*constrangido*) embarrassed **2.** (*emaranhado*) tangled

embaraçar [ĩjbara'sar] <c→ç> **I.** *vt* **1.** (*constranger*) to embarrass; **o aluno embaraçou o professor com sua pergunta** the student put the teacher on the spot with his question **2.** (*emaranhar*) ~ **os fios** to entangle the yarn **3.** (*obstruir*) ~ **o trânsito** to obstruct the traffic **II.** *vr:* ~-**se: a testemunha se embaraçou durante o depoimento** the witness got confused in his testimony

embaraço [ĩba'rasu] *m* **1.** (*constrangimento*) embarrassment; **causar** [*ou* **provocar**] ~ to cause embarrassment **2.** (*obstáculo*) impediment

embaraçoso, -a [ĩjbara'sozu, -'ɔza] *adj* embarrassing; **situação embaraçosa** embarrassing situation

embarcação <-ões> [ĩjbarkas'ãw, -'õjs] *f* (*barco, navio*) vessel, ship

embarcar [ĩjbar'kar] <c→qu> **I.** *vt* (*avião, barco*) to board, to get on board; (*carga*) to put on board; ~ **a carga** to load; ~ **para a. lugar** to depart for somewhere; *fig* to embark on sth; **embarcaram na história do malandro** they swallowed the rascal's story whole, rod, hook and sinker **II.** *vi* AERO, NÁUT to board; **os passageiros embarcaram** the passengers boarded (the plane, ship); (*no trem*) to get on board

embargar [ĩjbar'gar] *vt* <g→gu> to embargo

embargo [ĩj'bargu] *m* embargo; JUR attachment; ~ **econômico** economic embargo; **levantar o** ~ to lift the embargo

embarque [ĩj'barki] *m* NÁUT embarkation *no pl;* AERO boarding *no pl;* **sala de** ~ departure lounge; **taxa de** ~ airport tax

embasbacado, -a [ĩjbazba'kadu, -a] *adj* stunned, flabbergasted; **ficar** ~ to stare in wonder/ with mouth agape

embasbacar [ĩjbazba'kar] <c→qu> **I.** *vt* to amaze **II.** *vi* to gape, to stare in wonder **III.** *vr* ~-**se** to be open-mouthed in awe; **embasbacou-se com o que viu** his mouth fell open in awe at the sight

embate [ĩj'batʃi] *m* collision; *fig* impact *no pl*

embater [ĩjba'ter] **I.** *vi* to clash, to collide **II.** *vr* ~-**se** to crash (against/into)

embebedar [ĩjbebe'dar] **I.** *vt* to make drunk; *fig* to intoxicate; **a fama embebedou o cantor** the singer was drunk with fame **II.** *vi* to intoxicate; **o vinho embebeda** wine makes you drunk **III.** *vr:* ~-**se** to get drunk; **ela embebedou-se com cerveja** she got drunk on beer

embeber [ĩjbe'ber] **I.** *vt* (*um pano, uma esponja*) to soak, to drench; **a água embebeu a areia da praia** the water soaked into the beach sand; ~ **algo em** [*ou* **com**] **a. c.** to soak sth in sth; ~ **um pano com álcool** to soak a cloth in alcohol; (*o pincel na tinta*) to dip **II.** *vr:* ~-**se** to become absorbed (in); *fig* to become intoxicated; ~-**se no prazer** to become enraptured

embelezamento [ĩjbeleza'mẽjtu] *m* embellishment; **clínica de** ~ beauty clinic

embelezar [ĩjbele'zar] **I.** *vt* to embellish; ~ **o ambiente** to embellish [*o* decorate] the surroundings **II.** *vr* ~-**se** to make oneself beautiful

embevecer [ĩjbeve'ser] <c→ç> **I.** *vt* to enchant, to enrapture **II.** *vr:* ~-**se** to become enchanted [*o* enraptured]

embevecido, -a [ĩjbeve'sidu, -a] *adj* enraptured, enchanted; **ficar** ~ to become enchanted; **estar** ~ to be enchanted

embirrar [ĩjbi'xar] *vi* **1.** (*teimar*) to sulk; **a criança embirrou** the child went into a sulk **2.** (*implicar, antipatizar*) ~ **com alguém/a. c.** to take a strong dislike to sb/sth

emblema [ĩj'blema] *m* emblem

emblemático, -a [ĩj'ble'matʃiku, -a] *adj* (*de emblema*) emblematic; (*significativo*); **aquela comemoração foi um evento** ~ that commemoration was a symbolic event

embocadura [ĩjboka'dura] *f* **1.** (*de instrumento*) mouthpiece **2.** (*de rio*) mouth **3.** (*do freio de cavalo*) (bridle) bit

embolia [ĩjbo'ʎia] *f* embolism

êmbolo ['ẽjbulu] *m* MEC piston; MED embolus

embolsar [ĩjbow'sar] *vt* (*dinheiro, herança, lucros*) to pocket; ~ **alguém** to reimburse sb

embora [ĩj'bɔra] **I.** *adv* ir(-**se**) ~ to go away; (**não**) **vá** ~! don't go away!; **mandar alguém** ~ to send sb away; ~ **para a escola!** off to school (with you)! **II.** *conj* **1.** (al)though, even though; **vamos passear, ~ esteja chovendo** let's go out, even though it's raining; ~ **eu não goste de festas, esta foi muito divertida** although I don't like parties, this one was a lot of fun **2.** despite, in spite of; ~ **cansado, prosseguiu** despite being tired, he continued

emboscada [ĩjbos'kada] *f* ambush; **cair numa ~** to fall into a trap [*o ambush*]

embotado, -a [ĩjbo'tadu, -a] *adj* (*machado, faca*) blunt; (*raciocínio*) dull

embrandecer [ĩjbrãnde'ser] <c→ç> *form* I. *vt* 1.(*tornar flexível*) to soften 2.(*comover*) to move II. *vi* **ele embrandeceu por causa de seu filho** he relented because of his son

embreagem [ĩjbre'aʒẽj] <-ns> *f* clutch; **pedal de ~** clutch pedal

embrear [ĩjbre'ar] *conj como passear vi* to operate the clutch (of a car)

embrenhado, -a [ĩjbrẽ'nadu, -a] *adj* (*escondido*) hidden in the woods

embrenhar-se [ĩjbrẽ'narsi] *vr* to hide away; **~ pelo mato** to hide in the woods; **~ no assunto** *fig* to become deeply absorbed in the subject

embriagado, -a [ĩjbria'gadu, -a] *adj* 1.(*bêbedo, ébrio*) drunk; **ficar ~** to get drunk 2.(*extasiado*) enraptured; **~ de amor** infatuated

embriagar [ĩjbria'gar] <g→gu> I. *vt* (*com álcool*) to get drunk; (*extasiar*) to enrapture II. *vr*: **~-se** to get drunk; (*extasiar-se*) to become enraptured

embriaguez [ĩjbria'ges] *sem pl f* 1.(*com álcool*) drunkenness, intoxication; **estado de ~** state of intoxication 2.(*êxtase*) rapture

embrião <-ões> [ĩjbri'ãw, -'õjs] *m* embryo

embrionário, -a [ĩjbrio'nariw, -a] *adj* embryonic

embromar [ĩjbro'mar] *inf* I. *vt* (*adiar por meio de embustes*) to put off, to delay; (*enganar*) to deceive II. *vi* (*contar falsidades de si mesmo*) to delude oneself; (*enrolar*) to make false promises

embrulhada [ĩjbru'ʎada] *f inf* confusion, muddle; **estar metido** [*ou* **envolvido*] numa ~** to be involved in a muddle

embrulhado, -a [ĩjbru'ʎadu, -a] *adj* wrapped; **~ em papel** wrapped in paper; *inf* (*confuso, difícil*) confused; **estômago ~** *inf* upset stomach

embrulhar [ĩjbru'ʎar] *vt* 1.(*um objeto*) to wrap (up); **embrulhou o bolo em papel-alumínio** he wrapped the cake up in aluminum *Am* [*o Brit* aluminium] foil; **~ para presente** to gift wrap, to gift-wrap 2.*inf* (*uma pessoa*) to deceive; **deixar-se ~** to be fooled; **embrulhou o amigo** he deceived his friend

embrulho [ĩj'bruʎu] *m* 1.package, bundle; (*pacote*); **~ de presente** gift package; **papel de ~** wrapping paper 2. *inf* (*coisa confusa*) mess; **meteu-se no ~** he became embroiled in the mess

embruxar [ĩjbru'ʃar] *vt* to bewitch

embuchar [ĩjbu'ʃar] I. *vt* 1.*inf* (*comida*) to fill one's belly; (*fartar, saciar a fome*) to stuff oneself; **~ a criança** to stuff the child (with food) 2.*inf* (*engravidar*) to get pregnant; **ele embuchou a moça** he got the girl pregnant II. *vi* 1.(*andar amuado, desgostoso*) to be unwilling to speak out 2. *inf* (*engravidar*) to get pregnant

embuste [ĩj'bustʃi] *m* 1.(*ardil*) ruse 2.(*mentira*) deception

embusteiro, -a [ĩjbus'tejru, -a] *m, f* trickster, impostor

embutido, -a [ĩjbu'tʃidu, -a] *adj* 1.embedded; ARQUIT built in; **armário ~** built-in closet; **cofre ~ na parede** wall safe 2.*fig* (*secreto*) **mensagem embutida** embedded message

embutido, -a [ĩjbu'tʃidu, -a] *adj* (*armário, guarda-roupa*) built-in

embutidos [ĩjbu'tʃidus] *mpl* cold cuts *pl*

embutir [ĩjbu'tʃir] *vt* to embed; (*artesanatos*) to inlay; (*um armário*) to build in; *fig;* **embutiu nela ideias subversivas** he put subversive ideas into her head

emenda [i'mẽjda] *f* 1.(*correção*) correction; **servir de ~ a alguém** to serve as a lesson to sb; **é pior a ~ que o soneto** the cure is worse than the ailment; (*melhoramento*) reform; **ela não tem ~** she is impossible 2.(*remendo*) patch(ing), mend(ing) 3.JUR amendment; **~ de lei** legal amendment

emendar [imẽj'dar] I. *vt* 1.(*um erro*) to rectify; (*melhorar*) to revise; (*uma lei*) to amend 2.(*ajuntar*) to join; (*tecido, cabos*) to splice; **~ a. c. em a. c.** to join sth to sth, to join two things together 3.(*o feriado*) to stretch a holiday II. *vr*: **~-se** to mend one's ways

ementa [e'mẽjta] *f* summary

emergência [emer'ʒẽjsia] *f* 1.(*situação crítica*) emergency; **~ de hospital** hospital emergency; **~ médica** medical emergency; **em caso de** ~ in case of emergency; **luz de** ~ emergency light **2.**(*surgimento*) emergence

emergir [emer'ʒir] <*pp* pp emerso *ou* emergido; g→j> *vi* **1.**(*surgir*) to appear **2.**(*da água*) to emerge

emérito, -a [e'mɛritu, -a] *adj* **1.** distinguished; **professor** ~ distinguished professor **2.** *form* emeritus

emersa *adj v.* **emerso**

emersão <-ões> [imer'sɜ̃w, -'õjs] *f* emergence *no pl;* ASTRON emersion

emerso, -a [e'mɛrsu, -a] *adj* immersed

emersões *f pl de* **emersão**

emigração <-ões> [emigra'sɜ̃w, -'õjs] *f* emigration *no pl;* **a** ~ **de um país para outro** emigration from one country to another

emigrante [emi'grɜ̃tʃi] *mf* emigrant

emigrar [emi'grar] *vi* to emigrate; ~ **de um país para outro** to emigrate from one country to another; **o jogador de futebol vai** ~ **para o Japão** the soccer player is going to emigrate to Japan

eminência [emi'nẽjsia] *f* **1.**(*título*) His/Your Eminence **2.**(*saliência*) prominence; (*de terreno*) promontory; *fig* eminence; ~ **parda** eminence grise

eminente [emi'nẽjtʃi] *adj* **1.**(*elevado*) prominent **2.**(*superior*) eminent

emissão <-ões> [emi'sɜ̃w, -'õjs] *f* **1.** emission; ~ **de gases de escape** emission of exhaust gas **2.**(*de cheque, documento*) issuing; ~ **de moeda/notas/selos** issuing of currency **3.**(*de rádio, televisão*) transmission, broadcast **4.** FÍS emission

emissora [emi'sora] *f* broadcasting station; ~ **nacional** national broadcasting station; ~ **de rádio** radio broadcasting station; ~ **de televisão** television broadcasting station

emitir [emi'tʃir] *vt* **1.**(*gases*) to emit **2.**(*um cheque, documento*) to issue **3.**(*notas, selos*) to issue **4.**(*veredito, opinião*) to issue **5.** RÁDIO to broadcast **6.**(*som, luz*) to emit

emoção <-ões> [emo'sɜ̃w, -'õjs] *f* emotion; **razão e** ~ reason and emotion

emocional <-ais> [emosjo'naw, -ajs] *adj* emotional; **inteligência** ~ emotional intelligence

emocionante [emosjo'nɜ̃tʃi] *adj* **1.**(*excitante*) exciting **2.**(*comovente*) stirring

emocionar [emosjo'nar] **I.** *vt* (*excitar*) to excite (emotion) **II.** *vi* (*comover*) to move **III.** *vr* ~**-se com a. c.** to be moved by sth

emoldurar [emowdu'rar] *vt* (*um quadro*) to frame; (*enfeitar*) to decorate

emolumento [emolu'mẽjtu] *m* **1.**(*taxa*) fee **2.**(*lucro*) profit; ~**s** *pl* (*lucros eventuais*) possible profits *pl*

emotiva *adj, f v.* **emotivo**

emotividade [emotʃivi'dadʒi] *f* emotionality

emotivo, -a [emo'tʃivu, -a] **I.** *adj* (*pessoa*) emotional; **função emotiva** LING emotional function **II.** *m, f* emotional person

empacotado, -a [ĩjpako'tadu, -a] *adj* packaged, wrapped

empacotar [ĩjpako'tar] **I.** *vt* to pack **II.** *vi gír* to drop down dead

empada [ĩj'pada] *f* **1.** GASTR patty, pasty *Brit* **2.** *inf* (*pessoa*) pest

empadão <-ões> [ĩjpa'dɜ̃w, -'õjs] *m* GASTR ~ **de carne/camarão** meat/shrimp pie

empáfia [ĩj'pafia] *f* conceit *no pl,* haughtiness *no pl*

empalhar [ĩjpa'ʎar] *vt* **1.**(*animais*) to stuff **2.**(*vidro, louça*) to pack (in straw) **3.**(*tecer com palhinha*) to weave with cane

empalidecer [ĩjpaʎide'ser] <c→ç> **I.** *vi* to pale; **ele empalideceu subitamente** he suddenly grew pale; *fig* to pale **II.** *vt* to blanch

empanar [ĩjpa'nar] *vt* **1.**(*ocultar*) to hide **2.**(*embaçar*) to block out (the light) **3.**(*obstar, atrapalhar*) to impede, to get in the way; ~ **o desempenho de alguém** to impede sb's performance **4.** GASTR to bread; **bife empanado** breaded steak

empanque [ĩj'pɜ̃ki] *m* sealing material

empanturrar [ĩjpɜ̃tu'xar] **I.** *vt* (*pessoa de comida*) to stuff; (*coisa*) to cram **II.** *vr:* ~**-se** to gorge oneself; ~**-se de a. c.** to gorge oneself on sth; *fig* to stick out one's chest with pride

emparelhado, -a [ĩjpare'ʎadu, -a] *adj* **1.**(*tornado igual, aos pares, lado a lado*) paired (with); **cavalos** ~**s** paired [*o* matching] horses; **rimas emparelhadas** matching rhymes **2.** ~ **com a. c./alguém** on a par with sb/sth; **câmbio** ~ ECON one-to-one exchange rate

emparelhar [ĩjpare'ʎar] **I.** *vt* (*pôr de par em par*) to pair off; ~ **os cavalos** to

empastado pair the horses; (*nivelar, equiparar*) to match II. *vi* (*ficar lado a lado*) to be side by side III. *vr* ~-**se** to become equal (to)

empastado, -a [ĩjpas'tadu, -a] *adj* (*tinta, cabelo*) pasted down

empatado, -a [ĩjpa'tadu, -a] *adj* ESPORT, POL tied; **o jogo estava** ~ the game was tied; **os candidatos ficaram empatados** the candidates were neck and neck

empatar [ĩjpa'tar] I. *vt* (*uma pessoa*) to take up sb's time; (*tempo*) to stall for time; ~ **capital em um projeto** to tie up funds in a project; ~ **tempo com a. c.** to dedicate one's time to doing sth; (*dinheiro*) to tie up (money) in an investment II. *vi* ESPORT **um time empatou com outro** (*durante o jogo*) one team was tied with the other; (*resultado do jogo*) to draw, one team drew with the other; (*xadrez*) to be stalemated

empate [ĩj'patʃi] *m* ESPORT (*durante o jogo*) tie; (*resultado do jogo*) draw; POL tie; ~ **técnico** technical tie(break); (*xadrez*) stalemate

empecilho [ĩjpe'siʎu] *m* impediment, hindrance; (*pessoa*) obstacle

empedrado [ĩjpe'dradu] *m* 1. (*pavimentado*) stone-paved 2. GASTR lumpy

empedrar [ĩjpe'drar] I. *vt* to pave with stone II. *vi* to harden (like rock); **o sal empedrou** the salt became as hard as a rock

empenagem [ĩjpe'naʒēj] <-ns> *f* empennage

empenar [ĩjpe'nar] I. *vi* (*madeira*) to warp II. *vt* 1. (*entortar*) to twist out of shape 2. (*enfeitar com penas*) to feather III. *vr* o **passarinho empenou-se** the bird grew its feathers

empenhado, -a [ĩjpē'nadu, -a] *adj* 1. (*penhorado*) pawned 2. (*esforçado*) diligent; **estar** ~ **em a. c.** to strive hard for sth

empenhamento [ĩjpēɲa'mējtu] *m v.* **empenho**

empenhar [ĩjpē'nar] I. *vt* (*penhorar*) to pawn; *inf* to hock *Am*; ~ **a palavra** to pledge one's word II. *vr* 1. (*endividar-se*) to get into debt 2. (*esforçar-se*) to strive diligently; ~-**se em fazer a. c.** to strive diligently to do sth

empenho [ĩj'pēɲu] *m* 1. (*esforço*) diligence; (*afinco*) zeal 2. ADMIN assiduity

emperrar [ĩjpe'xar] I. *vt* to become obstinate; (*o movimento*) to stiffen II. *vi* to jam, to stick

empestar [ĩjpes'tar] *v.* **empestear**

empestear [ĩjpestʃi'ar] *conj como passear vt* to contaminate; (*com peste*) to infest; *fig* to pervert

empilhadeira [ĩjpiʎa'dejra] *f* forklift (truck), hoister

empilhador [ĩjpiʎa'dor] *m* forklift (truck) operator

empilhar [ĩjpi'ʎar] I. *vt* to stack, to pile II. *vr* ~-**se** to amass

empinado, -a [ĩjpi'nadu, -a] *adj* raised; **com o nariz** ~ *fig* stuck-up

empinar [ĩjpi'nar] I. *vt* (*pôr a pino, erguer*) to raise, to lift up; ~ **pipa** to fly a kite II. *vr:* ~-**se** (*cavalo*) to rear up

empírica *adj, f v.* **empírico**

empiricamente [ĩjpirika'mējtʃi] *adv* empirically

empírico, -a [ĩj'piriku, -a] I. *adj* empirical; **conhecimento** ~ empirical knowledge; **ciências empíricas** empirical sciences II. *m, f* 1. person with empirical knowledge 2. *pej* charlatan; *med* quack

empirismo [ĩjpi'rizmu] *m* 1. (*prática*) use of empirical methods 2. FILOS empiricism *no pl*

emplasto [ĩj'plastu], **emplastro** [ĩj'plastru] *m* MED salve; **ela não ajuda, é um** ~ she never moves a muscle to help

empobrecer [ĩjpobre'ser] <c→ç> I. *vt* to impoverish II. *vi* to become poor III. *vr* ~-**se** to become poor

empobrecimento [ĩjpobresi'mējtu] *m* impoverishment *no pl*

empola [ĩj'pola] *f* blister

empolado, -a [ĩjpo'ladu, -a] *adj* (*pele*) blistered; *fig* (*pomposo*) bombastic

empolar [ĩjpo'lar] I. *vi* (*pele*) to blister II. *vt* (*tornar pomposo*) to puff up

empoleirado, -a [ĩjpulej'radu, -a] *adj* perched; **estar** ~ **no muro** to be perched on the wall

empoleirar [ĩjpulej'rar] I. *vt* to set on a perch II. *vr* ~-**se em algum lugar** to put up in some place; *fig* to reach a high office

empolgado, -a [ĩjpow'gadu, -a] *adj* excited, thrilled

empolgante [ĩjpow'gãntʃi] *adj* exciting, thrilling

empolgar [ĩjpow'gar] <g→gu> I. *vt* to thrill, to excite II. *vr:* ~-**se** to become

empório [ĩ'pɔriw] *m* emporium; (*de secos e molhados*) grocery store *Am*, grocer's (shop) *Brit*

empreendedor(a) [ĩpreẽjde'dor(a)] **I.** *m(f)* entrepreneur **II.** *adj* enterprising; **mulher empreendedora** enterprising woman

empreendedorismo [ĩpriẽjdo'rizmu] *m* ECON entrepreneurialism, entrepreneurship

empreender [ĩpreẽj'der] *vt* to undertake

empreendimento [ĩpriẽjdʒi'mẽjtu] *m* undertaking; ECON enterprise; ~ **imobiliário** real estate venture

empregado, -a [ĩpre'gadu, -a] **I.** *m, f* (*de empresa, do Estado*) employee; **empregada doméstica** maid; ~ **de escritório** office clerk **II.** *adj* **1.** employed; **um funcionário ~ na empresa** a worker employed in the company **2.** (*aplicado*) **dinheiro ~** invested money

empregador(a) [ĩprega'dor(a)] *m(f)* employer

empregar [ĩpre'gar] <g→gu> **I.** *vt* (*pessoal*) to employ; (*admitir num emprego*) to hire; (*utilizar*) to use; (*a força*) to use; (*uma técnica, um método*) to use, to utilize; (*dinheiro*) to invest; ~ **capital em ações** to invest capital in stocks; **empregou o dinheiro na pintura da casa** he used the money to paint the house; ~ **serviços de alguém** to employ sb's services **II.** *vr:* ~**-se** to get a job

emprego [ĩ'pregu] *m* **1.** (*trabalho*) employment; ~ **em meio-expediente** [*ou* **em meio-período**] part-time job; ~ **em tempo integral** full-time job; **arranjar ~** to get a job; **chegou tarde ao ~** he got to work late **2.** (*utilização, uso*) use; (*da força*) use; (*de técnica, método*) use, utilization **3.** (*de dinheiro*) investment

empreitada [ĩprej'tada] *f* contract work *no pl* [*o* job]; **dar de ~** to give a work contract; **contrato de ~** work contract

empreiteiro [ĩprej'tejru] *m* (*de construção*) building contractor; (*subcontratado*) subcontractor

empresa [ĩ'preza] *f* **1.** (*organização, firma*) company; ~ **pontocom** dot-com (company) **2.** ECON enterprise; ~ **privada** private enterprise; ~ **pública** public enterprise **3.** (*tarefa*) undertaking

empresário, -a [ĩpre'zariw, -a] *m, f* **1.** ECON businessman *m*, businesswoman *f* **2.** (*de atriz, cantor, tenista*) manager

emprestado, -a [ĩpres'tadu, -a] *adj* **1.** borrowed; **um livro ~ de alguém** a book borrowed [*o* on loan] from sb **2.** loaned; **pedir a. c. emprestada a alguém** to ask sb to lend [*o* to loan] sth

emprestar [ĩpres'tar] *vt* ~ **a. c. a alguém** to lend [*o* to loan] sth to sb; ~ **a. c. de alguém** to borrow sth from sb

empréstimo [ĩ'prɛstʃimu] *m* loan; (*financeiro*); **contrair um ~** to take out a loan; **pedir um ~ ao banco** to ask the bank for a loan

emproado, -a [ĩpru'adu, -a] *adj* haughty

emproar-se [ĩpru'arsi] *vr* <*1. pess pres:* **emproo-me**> to become arrogant; ~ **com a. c.** to swagger about sth

empunhar [ĩpũ'nar] *vt* to hold (by the handle); ~ **uma arma** to hold a gun

empurra-empurra [ĩ'puxĩ'puxa] *m* pushing and shoving *no pl*; **entraram depois de muito ~** they got in after a lot of pushing and shoving

empurrão <-ões> [ĩpu'xʃw, -'ōjs] *m* shove; **dar um ~ em alguém** to shove sb; **aos empurrões** by shoving; **dar um ~** *fig* to give (sb) a push (in the right direction)

empurrar [ĩpu'xar] *vt* **1.** (*uma pessoa, um objeto, uma porta*) to shove, to push **2.** (*a responsabilidade*) to thrust aside; ~ **com a barriga** *inf* to put off

empurrões *m pl de* **empurrão**

emudecer [emude'ser] <c→ç> **I.** *vt* to silence **II.** *vi* to become silent

emulação <-ões> [emula'sʃw, -'ōjs] *f* emulation; (*competição*) competition; (*estímulo*) stimulus

emulsão <-ões> [emuw'sʃw, -'ōjs] *f* emulsion

enaltecedor [enawtese'dor] *adj* exalting

enaltecer [enawte'ser] *vt* <c→ç> to exalt

enamorado, -a [enamo'radu, -a] *adj* enamored *Am*, enamoured *Brit*; **estar ~ de alguém** to be in love with sb

enamorar-se [enamo'rarsi] *vr* ~ **de alguém** to fall in love with sb

encabeçar [ĩkabe'sar] *vt* <ç→c> (*um*

grupo) to lead, to head; (*uma lista*) to be at the top of; **o título encabeça a folha** the title goes at the top of the page

encabulado, -a [ĩkabu'ladu, -a] *adj* bashful, shy

encabular [ĩkabu'lar] *conj como passear* I. *vt* to abash II. *vr* ~-**se** to become shy

encadeamento [ĩkadea'mẽjtu] *m* sequence, series

encadear [ĩkade'ar] *conj como passear* I. *vt* to form a chain; (*objetos*) to form a series; (*pensamentos, palavras, ações*) to form a sequence II. *vr* ~-**se** to form a chain

encadernação <-ões> [ĩkaderna'sãw, -'õjs] *f* 1. (*ação de encadernar*) bookbinding 2. (*capa*) book cover

encadernado, -a [ĩkader'nadu, -a] *adj* (*livro*) bound

encadernar [ĩkader'nar] *vt* (*livro*) to bind

encafifado, -a [ĩkafi'fadu, -a] *adj inf* shy

encafuar [ĩkafu'ar] I. *vt* to hide II. *vr:* ~-**se** to hide (oneself)

encaixar [ĩkaj'ʃar] I. *vt* 1. (*uma peça*) to set, to fit; ~ **a. c. em a. c.** to fit sth into sth 2. *fig* to fit perfectly; **encaixou-me na história** he fitted me into the story perfectly II. *vi* to fit III. *vr* ~-**se** to fit in (with sth)

encaixe [ĩ'kajʃi] *m* 1. (*ação de encaixar*) fitting 2. (*ranhura*) groove; (*fenda*) slot 3. (*peça de encaixe*) insert

encaixilhar [ĩkajʃi'ʎar] *vt* (*um quadro*) to frame; (*uma janela, porta*) to frame

encaixotado, -a [ĩkajʃo'tadu, -a] *adj* crated, boxed

encaixotar [ĩkajʃo'tar] *vt* to crate, to box

encalço [ĩ'kawsu] *m* pursuit, chase; **ir ao ~ de alguém** to be on sb's heels

encalhado, -a [ĩka'ʎadu, -a] *adj* 1. NÁUT aground; **o navio está ~** the ship has run aground; (*vendas*) stagnant; (*com pouca saída*) stuck on the shelves 2. *pej* (*solteiro*) unattached; **estar ~** to be on the shelf

encalhar [ĩka'ʎar] *vi* 1. NÁUT to run aground 2. (*mercadorias*) to be left on the shelf; (*processo, negociações*) to be stuck

encaminhado, -a [ĩkami'ɲadu, -a] *adj* on one's way; **bem/mal ~** well/badly directed; **ele está bem ~ na profissão** he is well on his way in his profession

encaminhar [ĩkami'ɲar] I. *vt* (*um processo, um documento*) to set in motion; (*uma pessoa*) to direct (towards); ~ **alguém no bom caminho** to set sb on the right path II. *vr:* ~-**se** to make one's way; ~-**se para algum lugar** to direct one's steps (towards)

encanado, -a [ĩka'nadu, -a] *adj* 1. (*água, gás*) piped 2. *fig* worried; **ser ~** *inf* to be thrown in(to) jail

encanador(a) [ĩkana'dor(a)] *m(f)* plumber

encanamento [ĩkana'mẽjtu] *m* plumbing *no pl*, piping *no pl*; ~ **de água/ gás/esgoto** water/gas/sewage piping

encandear [ĩkãde'ar] *conj como passear vt, vi* to dazzle

encantado, -a [ĩkã'tadu, -a] *adj* 1. (*por artes mágicas*) enchanted, charmed; **lugar ~** enchanted place 2. (*muito contente*) **estar ~ com alguém/a. c.** to be delighted with sb/ sth

encantador(a) [ĩkãta'dor(a)] I. *adj* charming, enchanting; **moça encantadora** charming girl II. *m(f)* charmer

encantamento [ĩkãta'mẽjtu] *m* 1. (*artes mágicas*) ~ **do bruxo** sorcerer's charm 2. (*efeito de encantar*) enchantment

encantar [ĩkã'tar] I. *vt* 1. (*por meio de magia*) to cast a spell (up)on, to bewitch 2. (*maravilhar, seduzir*) to enchant; (*deliciar*) to delight II. *vr* ~-**se** to become enchanted

encanto [ĩ'kãtu] *m* 1. (*feitiço*) enchantment, spell 2. (*pessoa*) beauty; (*coisa*) charm, appeal; **ela é um ~** she is enchanting

encapar [ĩka'par] *vt* (*um livro*) to cover

encapelado, -a [ĩkape'ladu, -a] *adj* rough; **mar ~** choppy [*o* white-capped] sea

encaracolado, -a [ĩkarako'ladu, -a] *adj* curly

encaracolar [ĩkarako'lar] I. *vt* to curl, to spiral II. *vr:* ~-**se** (*cabelo*) to curl

encarapitar-se [ĩkarapĩ'tarsi] *vr* ~ **em algum lugar** to position oneself comfortably at the top of a place

encarar [ĩka'rar] *vt* 1. (*uma pessoa*) to look straight at 2. (*um problema*) to

encarcerar [ĩjkarse'rar] I. *vt* to incarcerate II. *vr*: **~-se** (*isolar-se*) to go into seclusion; **~-se para estudar** to lock oneself away to study

encardido, -a [ĩjkar'dʒidu, -a] *adj* (*cor*) stained; **roupa encardida** discoloured *Am* [*o Brit* discoloured] clothing; (*sujo*) grimy, dirty; **tênis ~** dirty tennis shoes

encarecer [ĩjkare'ser] <c→ç> I. *vt* (*produtos*) to raise the price of; (*excesso*) to exaggerate II. *vi* to increase in price

encarecidamente [ĩjkaresida'mẽjtʃi] *adv* kindly; **pedimos ~ que os visitantes não fumem** we kindly request that visitors do not smoke

encarecimento [ĩjkaresi'mẽtu] *m* (*produtos*) raising of prices; (*das qualidades*) praising of sth

encargo [ĩj'kargu] *m* 1. (*incumbência*) duty, responsibility; (*ocupação*) position; (*sentimento de culpa*) **tirar o ~ da consciência** to unburden one's conscience 2. (*financeiro*) charges *pl*; **~s judiciais** legal expenses

encarnação <-ões> [ĩjkarna'sãw, -'õjs] *f* 1. (*personificação*) personification 2. REL (*existência, materialização do espírito*) incarnation, embodiment; **ela deve ter sido artista em outra ~** she must have been an artist in another incarnation

encarnado, -a [ĩjkar'nadu, -a] *adj* 1. incarnate, embodied; (*personificado*) personified 2. (*cor*) scarlet (red); **vestido ~** scarlet dress

encarnar [ĩjkar'nar] *vt* 1. (*personificar*) to personify 2. REL (*materializar o espírito*) to embody 3. (*cor*) to paint scarlet 4. *inf* (*perseguir, importunar*) to harass

encarquilhado, -a [ĩjkarki'ʎadu, -a] *adj* (*pele, cara*) wrinkled; (*fruta*) dried

encarquilhar [ĩjkarki'ʎar] *vi* (*pele, cara*) to wrinkle; (*fruta*) to dry

encarregado, -a [ĩjkaxe'gadu, -a] I. *m, f* person in charge; **~ de educação** person in charge of education II. *adj* (*com encargo*) in charge of; **o político ~ da missão** the politician in charge of the mission; (*incumbido*) responsible for; **o funcionário ~ de a. c.** the employee responsible for sth

encarregar [ĩjkaxe'gar] <g→gu> I. *vt* to put in charge; **~ alguém de a. c.** to put sb in charge of sth II. *vr* **~-se de a. c.** to take sth upon oneself; **~-se de fazer a. c.** to take charge of doing sth

encarreirar [ĩjkaxej'rar] *vt* (*encaminhar*) to guide; **~ alguém no bom caminho** to set sb on the right path

encarrilhar [ĩjkaxi'ʎar] *vt* (*pôr nos trilhos, engatar*) to put (sb/sth) on track

encasquetar [ĩjkaske'tar] *vt inf* to get sth into one's head; **encasquetou que a namorada estava mentindo** he got it into his head that his girlfriend was lying

encastelar-se [ĩjkaste'larsi] *vr* to withdraw to a safe place

encastrar [ĩjkas'trar] *vt* to encase

encavacado, -a [ĩjka'vadu, -a] *adj* annoyed

encefálico, -a [ĩjse'faʎiku, -a] *adj* encephalic; **massa encefálica** encephalic mass; **tronco ~** encephalic trunk

encefalite [ĩjsefa'ʎitʃi] *f* encephalitis *no pl*

encefalograma [ĩjsɛfalo'grɜma] *m* encephalogram

encenação <-ões> [ĩjsena'sãw, -'õjs] *f* 1. TEAT staging 2. *fig* feigning *no pl*; **fazer encenações** to put on an act

encenador(a) [ĩjsena'dor(a)] *m(f)* TEAT director

encenar [ĩjse'nar] *vt* 1. TEAT (*peça teatral*) to put on 2. *fig* to fake; **o menino encenou uma gripe para não ir à escola** the boy faked a cold to avoid going school

encerada *adj v.* **encerado**

enceradeira [ĩjsera'dejra] *f* floor-polishing machine

encerado, -a [ĩjse'radu, -a] *adj* polished; (*com cera*) waxed

encerar [ĩjse'rar] *vt* to polish; (*com cera*) to wax

encerrado, -a [ĩjse'xadu, -a] *adj* (*audiência, reunião*) closed; **assunto ~!** the subject is closed!

encerramento [ĩjsexa'mẽtu] *m* (*de uma reunião, audiência*) act of closing, conclusion

encerrar [ĩjse'xar] I. *vt* 1. (*uma reunião, audiência*) to close, to conclude 2. (*fechar*) to close 3. (*conter*) to contain II. *vr* **~-se** to go into seclusion

encestar [ĩjses'tar] *vt, vi* (*basketball*) to score (a basket)

encetar [ĩjse'tar] *vt* (*iniciar*) to begin

encharcado, -a [ĩjʃar'kadu, -a] *adj* 1. flooded 2. soaking wet; **~ de chuva**

encharcar [ĩʃaɾ'kaɾ] <c→qu> **I.** vt to flood **II.** vr: ~-se **1.** to get soaked **2.** inf (beber) to get as drunk as a skunk

enchente [ĩj'ʃẽjtʃi] f flood; **uma ~ de a. c.** an overabundance of sth

encher [ĩj'ʃeɾ] **I.** vt **1.** (um recipiente, uma sala) to fill; (um pneu) to inflate; (um balão) to blow up; ~ **o bolso** to fill one's pockets; ~ **um copo de água** to fill a glass with water; ~ **o tanque** to fill up with gas Am [o Brit petrol] **2.** (aborrecer) to exhaust sb's patience; ~ **o saco** inf to get sb fed up; ~ **a cara** to get drunk; ~ **linguiça** inf to dawdle; ~ **o(s) olho(s)** to feast one's eyes on; ~ **o bucho** to stuff oneself (with food); ~ **o peito** to swell one's chest with pride **II.** vi (maré) to rise **III.** vr: ~-se **1.** (de comida) to stuff oneself **2.** inf (cansar-se, aborrecer-se) to get tired; ~-se de esperar to get tired of waiting; **ele não se enche de ouvir aquela música** he never gets tired of listening to that music **3.** (recipiente, sala) to fill up, to be full; **o teatro encheu-se de gente** the theater had a full house

enchimento [ĩjʃi'mẽjtu] m (ação de encher) filling; (recheio) stuffing

enciclopédia [ĩjsiklo'pɛdʒia] f encyclopedia; ~ **ambulante** walking encyclopedia; **verbete de** ~ encyclopedia entry

enclausurado, -a [ĩjklawzu'radu, -a] adj cloistered

enclausurar [ĩjklawzu'raɾ] **I.** vt to confine **II.** vr ~-se to go into seclusion

encoberto [ĩjku'bɛɾtu] **I.** pp de **encobrir II.** adj **1.** (céu, tempo) overcast **2.** (oculto) hidden

encobrir [ĩjku'briɾ] irr como dormir vt **1.** (ocultar) to cover; (falha, escândalo) to cover up; (vista) to hide **2.** (uma pessoa) to cover up; ~ **alguém** to cover up for sb **3.** ESPORT **encobrou o goleiro e marcou gol** he chipped the ball over the goalkeeper's head and scored

encolher [ĩjko'ʎeɾ] **I.** vt (as pernas) to draw up; (os ombros) to shrug **II.** vi to contract; (roupa) to shrink **III.** vr: ~-se to huddle up; **o menino encolheu-se de frio** the boy huddled up with the cold; **o artista encolheu-se com a genialidade de seu mestre** the artist bowed before his master's genius

encolhido, -a [ĩjko'ʎidu, -a] adj **1.** (com o frio) huddled up **2.** (tímido) shy

encomenda [ĩjko'mẽjda] f **1.** (pedido) order; **de** [ou **por**] ~ commissioned; **feito sob** ~ made to order **2.** (pacote) package; ~ **postal** parcel post

encomendar [ĩjkomẽj'daɾ] vt **1.** to commission **2.** REL to commend; **o padre encomendou a alma do moribundo** the priest commended the dying man's soul to God **3.** (confiar) to entrust

encontrão <-ões> [ĩjkõw'trãw, -'õjs] m collision; **dar um ~ em alguém/a. c.** to crash into sb/sth; **aos encontrões** by pushing and shoving

encontrar [ĩjkõw'traɾ] **I.** vt **1.** (achar, localizar) to find **2.** (inesperadamente: uma pessoa) to run into, to bump into; (uma coisa) to come across **II.** vr: ~-se **1.** (achar-se) to be located **2.** (ter encontro) ~-se com alguém to meet up with sb

encontro [ĩj'kõwtru] m **1.** (entre conhecidos) meeting; (casual) get-together; **ponto de** ~ meeting place; **ter um ~ (marcado) com alguém** to have an appointment with sb; **marcar um ~ com alguém** to make a date with sb; **ir ao ~ de alguém/a. c.** to meet sb/ sth; **ir de ~ a alguém/a. c.** to go against sb/sth **2.** (reunião) encounter; (congresso) congress

encontrões m pl de **encontrão**

encorajar [ĩjkora'ʒaɾ] **I.** vt to encourage; ~ **alguém a fazer a. c.** to encourage sb to do sth **II.** vr ~-se to take heart

encorpado, -a [ĩjkoɾ'padu, -a] adj **1.** (vinho) full-bodied; (espesso) thick **2.** (pessoa) corpulent

encorrilhar [ĩjkoxi'ʎaɾ] vi to shrivel

encosta [ĩj'kɔsta] f slope; (de colina) hillside; (de montanha) mountainside

encostado, -a [ĩjkos'tadu, -a] adj **1.** (pessoa, objeto) **estar ~ a/em alguém/a.c.** to lean on sb/sth; **estar ~ a/em a. c.** to be placed against sth **2.** (porta, janela) closed **3.** (mercadorias) unsold

encostar [ĩjkos'taɾ] **I.** vt **1.** (um objeto) to lean sth against sth; ~ **a bicicleta no muro** to lean the bicycle against the wall; ~ **alguém na parede** fig to put sb (up) against the wall **2.** (a cabeça) to lean one's head against sth; ~ **a cabeça**

encosto | 214 | **energia**

no travesseiro to lay one's head on a pillow **3.** (*abandonar*) to put aside **4.** (*o carro*) to park (beside sth) **5.** (*a porta, a janela*) to close **II.** *vi* **1.** to touch; **~ em a. c./alguém** to touch sth/sb **2.** (*automóvel*) to stop, to pull over **III.** *vr:* **~-se 1.** (*apoiar-se*) to lean against sth; **~-se na cerca** to lean against the fence; (*reclinar-se, deitar-se*) to lie down **2.** (*ficar sob proteção*) to be under sb's protection

encosto [ĩj'kostu] *m* **1.** (*da cadeira*) back; **~ - de braços** armrest; **~ - de cabeça** headrest; *fig* protection **2.** REL evil spirit

encovado, -a [ĩjko'vadu, -a] *adj* (*olhos*) sunken; (*bochechas*) hollow

encravado, -a [ĩjkra'vadu, -a] *adj* **1.** (*pêlo, unha*) ingrowing **2.** (*com pregos*) embedded **3.** (*encaixado*) inlaid

encravar [ĩjkra'var] **I.** *vi* (*pêlo, unha*) to be ingrown **II.** *vt* (*fixar*) to inlay

encrenca [ĩj'krẽjka] *f inf* trouble; **meter-se numa ~** to get into trouble

encrencado, -a [ĩjkrẽj'kadu, -a] *adj inf* **1.** (*situação*) complicated **2.** (*pessoa*) complicated; **estar ~** to be in a tight fix

encrencar [ĩjkrẽj'kar] <c→qu> *inf* **I.** *vt* (*uma pessoa*) to embroil; (*uma situação*) to complicate; **~ com alguém** to get in(to) trouble with sb **II.** *vi* (*situação*) to get complicated

encrespado, -a [ĩjkres'padu, -a] *adj* **1.** (*cabelo*) frizzled **2.** (*mar*) choppy

encrespar [ĩjkres'par] **I.** *vt* **1.** (*cabelo*) to frizzle **2.** (*mar*) to be choppy **II.** *vr* **~-se 1.** (*cabelo*) to get frizzled **2.** (*mar*) to get choppy **3.** (*irritar-se*) to get irritated

encruar [ĩjkru'ar] *vt, vi* (*carne, massa*) to become tough [*o* hard]

encruzilhada [ĩjkruzi'ʎada] *f* crossroads; **estar numa** [*ou* **diante de uma**] **~** to find oneself at a crossroads

encurralado, -a [ĩjkuxa'ladu, -a] *adj* hemmed in, at a dead end

encurralar [ĩjkuxa'lar] *vt* (*o gado*) to corral; (*uma pessoa*) to hem in

encurtar [ĩjkur'tar] *vt* **1.** (*roupa, calça*) to raise the hem on **2.** (*prazo*) to shorten

endêmico, -a [ẽj'demiku, -a] *adj* MED endemic

endereçar [ĩjdere'sar] <ç→c> **I.** *vt* to address; **~ uma carta a alguém** to address a letter to sb **II.** *vr* **~-se a alguém** to address oneself to sb

endereço [ĩjde'resu] *m* address; **~ - eletrônico/de e-mail** electronic/e-mail address

endeusar [ĩjdew'zar] **I.** *vt* to deify **II.** *vr* **~-se** to glorify oneself

endiabrado, -a [ĩjdʒia'bradu, -a] *adj* (*travesso*) mischievous

endinheirado, -a [ĩjdʒĩnej'radu, -a] *adj* moneyed

endireitar [ĩjdʒirej'tar] **I.** *vt* (*um objeto*) to set right; (*uma situação*) to rectify, to straighten out **II.** *vi* to straighten up **III.** *vr:* **~-se** to become straightened

endívia [ẽj'dʒivia] *f* endive

endividado, -a [ĩjdʒivi'dadu, -a] *adj* indebted

endividar [ĩjdʒivi'dar] **I.** *vt* to indebt; **a doença da mãe o endividou** his mother's illness got him into debt **II.** *vr* **~-se** to run into debt

endocarpo [ẽjdo'karpu] *m* endocarp *no pl*

endoidecer [ĩjdojde'ser] <c→ç> **I.** *vt* to madden **II.** *vi* to go crazy

endossado, -a [ĩjdo'sadu, -a] **I.** *adj* (*cheque*) endorsed **II.** *m, f* endorsee

endossante [ĩjdo'sɑ̃ntʃi] *mf* endorser

endossar [ĩjdo'sar] *vt* to sanction; (*um cheque*) to endorse

endosso [ĩj'dosu] *m* endorsement

endurecer [ĩjdure'ser] <c→ç> **I.** *vt, vi* to harden; *fig* to become hardened; *fig* to become hardhearted [*o* callous]

endurecimento [ĩjduresi'mẽjtu] *m* hardening *no pl; fig* increasing severity; **o ~ do regime** the increasing severity of the regime

energética [ener'ʒɛtʃika] *f* energetics + *sing vb*

energético, -a [ener'ʒɛtʃiku, -a] *adj* energetic

energia [ener'ʒia] *f* **1.** FÍS energy *no pl*, power *no pl*; **~ atômica/nuclear** atomic/nuclear energy; **~ elétrica** electric power; **~ solar** solar energy; **fontes de ~ renováveis** renewable sources of energy; **acumular/poupar/gastar ~** to store/save/waste energy **2.** (*força, vigor*) energy; **agiu com muito ~** he acted with great energy, vigor *no pl Am*, vigour *no pl Brit;* **com a idade, perdeu a ~** with age, he lost his vigor

enérgico [e'nɛrʒiku] *adj* energetic, vigorous

enervante [ener'vɐ̃ntʃi] *adj* enervating

enervar [ener'var] **I.** *vt* to enervate, to weaken; (*irritar*) to irritate **II.** *vr:* ~-**se** to become weakened; (*irritar-se*) to become irritated

enevoado, -a [enevo'adu, -a] *adj* foggy; (*nublado*) cloudy

enfado [ĩ'fadu] *m* disagreeableness *no pl*; (*aborrecimento*) annoyance

enfadonho, -a [ĩjfa'dōɲu, -a] *adj* irksome, annoying

enfaixar [ĩjfajʃar] *vt* (*envolver com faixas*) to bandage

enfarinhado, -a [ĩjfarī'ɲadu, -a] *adj* covered with flour

enfarruscado, -a [ĩjfaxusˈkadu, -a] *adj* grimy, sooty

enfartado, -a [ĩjfar'tadu, -a] *adj* MED infarcted; *inf* stuffed, gorged

enfartar [ĩjfar'tar] **I.** *vi* MED to cause an infarct **II.** *vt* to stuff; ~ **alguém com comida** to stuff sb with food

enfarte [ĩ'fartʃi] *m* MED *v*. **infarto**

ênfase ['ẽjfazi] *m* emphasis; (*realce*) emphasis; **com** ~ with emphasis; **dar** ~ **a a. c.** to give emphasis to sth

enfastiado, -a [ĩjfastʃi'adu, -a] *adj* fed up

enfastiar [ĩjfastʃi'ar] **I.** *vt* (*aborrecer, irritar*) to annoy **II.** *vr* ~-**se de** to get tired of

enfático, -a [ĩj'fatʃiku] *adj* emphatic

enfatizar [ĩjfatʃi'zar] *vt* to emphasize, to stress

enfeitar [ĩjfej'tar] **I.** *vt* to decorate **II.** *vr:* ~-**se** to dress up

enfeite [ĩj'fejtʃi] *m* decoration; ~**s de Natal** Christmas decorations

enfeitiçado, -a [ĩjfejt'sadu, -a] *adj* 1.(*com feitiço*) bewitched 2.*fig* (*encantado*) enchanted, spellbound

enfeitiçar [ĩjfejt'sar] <ç→c> **I.** *vt* 1.(*com feitiço*) to bewitch, to cast a spell (up)on 2.*fig* (*encantar*) to seduce **II.** *vr* ~-**se** to be fascinated

enferma *adj v*. **enfermo**

enfermagem [ĩjfer'maʒẽj] *f* nursing *no pl*; **pessoal de** ~ nursing personnel

enfermaria [ĩjferma'ria] *f* ward; ~ **de hospital** hospital ward

enfermeiro, -a [ĩjfer'mejru, -a] *m, f* male nurse *m*, nurse *f*; (*assistente hospitalar*) hospital orderly

enfermidade [ĩjfermi'dadʒi] *f* illness, sickness; ~ **crônica** chronic illness

enfermo, -a [ĩj'fermu, -a] **I.** *adj* ill, sick **II.** *m, f* sick person

enferrujado, -a [ĩjfexu'ʒadu, -a] *adj* 1.(*ferro*) rusty 2.(*sem prática*) rusty; (*sem exercício*) stiff

enferrujar [ĩjfexu'ʒar] **I.** *vi* (*ferro*) to rust; *fig* (*pessoa*) to lose dexterity; **faz exercícios para não** ~ he exercises so that he doesn't get stiff; (*conhecimento*) to become rusty **II.** *vt* to rust

enfiada [ĩjfi'ada] *f* series; **de** ~ uninterrupted

enfiado, -a [ĩjfi'adu, -a] *adj* **estar** ~ **em** to be up to one's ears in sth; **estar sempre** ~ **em casa** to always be stuck at home

enfiar [ĩjfi'ar] **I.** *vt* (*meter*) to stick (in); ~ **a. c. na cabeça de alguém** *fig* to stick sth into sb's head *fig*; (*fios*) to string, to thread; ~ **a linha na agulha** to thread a needle; *inf* (*vestir, calçar*) to slip on **II.** *vr:* ~-**se por** to pass through; **onde é que ele se enfiou?** where has he snuck off to?

enfim [ĩj'fĩj] *adv* finally; **até que** ~! at last!; ~! finally!; (*afinal de contas*) after all

enforcado, -a [ĩjfor'kadu, -a] **I.** *m, f* hanged person **II.** *adj* hanged; **morrer** ~ to be executed by hanging; **ficar** ~ *inf* to have a noose around one's neck

enforcar [ĩjfor'kar] <c→qu> **I.** *vt* 1.(*pelo pescoço*) to hang (by the neck) 2.*inf* (*não ir ao colégio*) to play hooky *Am*, to skive (off) *Brit* **II.** *vr:* ~-**se** to hang oneself; *inf* (*casar*) to tie the knot

enfraquecer [ĩjfrake'ser] <c→ç> **I.** *vt* 1.to weaken 2.*fig* to dishearten **II.** *vi* (*pessoa*) to weaken **III.** *vr* ~-**se** to weaken

enfraquecimento [ĩjfrakesi'mẽjtu] *m* weakening *no pl*; deterioration *no pl*; ~ **dos ossos** bone deterioration

enfrascar [ĩjfras'kar] *vt* <c→qu> (*engarrafar*) to bottle

enfrentar [ĩjfrẽj'tar] *vt* (*uma situação*) to face; (*uma pessoa*) to confront; (*um time*) to take on

enfurecer [ĩjfure'ser] <c→ç> **I.** *vt* to madden, to anger **II.** *vr:* ~-**se** 1.(*pessoa*) to become infuriated/enraged 2.(*mar*) to get up

enfurecido, -a [ĩjfure'sidu] *adj* 1.(*pessoa*) infuriated, enraged 2.(*mar*) rough

engalfinhar-se [ĩjgawfĩ'ɲarsi] *vr* to

grapple, to wrestle; ~-**se com alguém** to wrestle with sb; *fig* to get entangled (in sth) with sb

enganado, -a [ĩjgɜ'nadu, -a] *adj* **estar/ser** ~ to be mistaken/wrong; **estar redondamente** ~ to be totally wrong

enganador(a) [ĩjgɜna'dor(a)] *adj* (*traiçoeiro*) deceitful; (*ilusório*) deceptive

enganar [ĩjgɜ'nar] **I.** *vt* (*iludir*) to deceive, to trick; ~ **a fome** to fool one's stomach; (*trair*) to cheat **II.** *vi* to mislead **III.** *vr*: ~-**se** to delude oneself, to be mistaken; ~-**se no caminho** to go the wrong way; ~-**se uma coisa por outra** to mistake one thing for another; ~-**se nas contas** to miscalculate; ~-**se ao escrever** to misspell; ~-**se ao falar** to mispronounce; ~-**se a respeito de alguém** to be wrong about sb; **se não me engano** if I'm not mistaken

enganchar [ĩj'gɜ̃ɲ'ʃar] **I.** *vt* to hook (on) **II.** *vr* ~-**se** to interlock

engano [ĩj'gɜnu] *m* (*erro*) error, mistake; **é** ~ I made a mistake; **desculpe, foi** ~ TEL sorry, wrong number; **por** ~ by mistake; **cometer um** ~ to make a mistake; (*traição*) deceit *no pl;* (*ilusão*) illusion; **ledo** ~ happy illusion

enganoso, -a [ĩjgɜ'nozu, -'ɔza] *adj* (*ilusório*) deceptive; (*traiçoeiro*) deceitful; **propaganda enganosa** deceitful advertising

engarrafado, -a [ĩjgaxa'fadu, -a] *adj* (*vinho*) bottled; *fig* (*trânsito*) jammed

engarrafamento [ĩjgaxafa'mẽjtu] *m* (*de bebidas*) bottling *no pl; fig* (*do trânsito*) traffic jam

engarrafar [ĩjgaxa'far] **I.** *vt* (*bebidas*) to bottle; *fig* (*o trânsito*) to jam **II.** *vi* the traffic jammed up

engasgado, -a [ĩjgaz'gadu, -a] *adj* (*com comida, bebida*) **estar** ~ to be choked; (*sem fala*) choked up

engasgar [ĩjgaz'gar] <g→gu> **I.** *vt, vi* to choke **II.** *vr* ~-**se** to choke on sth

engastar [ĩjgas'tar] *vt* (*pedra preciosa*) to embed, to set

engatar [ĩjga'tar] *vt* **1.** (*uma peça*) to connect; (*enganchar*) to hook; (*vagões de trem*) to couple **2.** (*marcha*) to engage; ~ **a ré do carro** to put the car into reverse (gear) **3.** (*iniciar*) to engage (in); **engatou conversa com o colega** he engaged in conversation with a friend

engate [ĩj'gatʃi] *m* (*do carro, de vagões de trem*) coupling

engatinhar [ĩjgatʃĩ'ɲar] *vi* (*bebê, pessoa*) to crawl; *fig* (*ser principiante*) to feel one's way

engavetamento [ĩjgaveta'mẽjtu] *m* (*acidente*) pile-up; **houve um** ~ **de vários carros na estrada** there was a pile-up on the highway involving several cars

engavetar [ĩjgave'tar] *vt* (*guardar na gaveta*) to put in(to) a drawer; (*projeto, processo*) to shelve; **o juiz engavetou o processo** the judge shelved the case

engelhado, -a [ĩjʒe'ʎadu, -a] *adj* (*tecido, papel*) wrinkled; (*pele*) wrinkled; (*plantas*) shriveled

engelhar [ĩjʒe'ʎar] **I.** *vt* (*papel, tecido*) to wrinkle; (*pele*) to dry up **II.** *vi* to dry up, to shrivel up

engendrar [ĩjʒẽj'drar] *vt* (*gerar*) to produce, to create; *fig* (*pretexto*) to contrive

engenharia [ĩjʒẽɲa'ria] *f* engineering *no pl;* ~ **ambiental** environmental engineering; ~ **civil** civil engineering; ~ **genética** genetic engineering

engenheiro, -a [ĩjʒẽ'ɲejru, -a] *m, f* engineer; ~ **agrônomo** agronomist; ~ **civil** civil engineer; ~ **elétrico** electrical engineer; ~ **mecânico** mechanical engineer; ~ **de minas** mining engineer; ~ **químico** chemical engineer

engenho [ĩjʒe'ɲu] *m* **1.** (*aptidão*) ingenuity *no pl* **2.** (*máquina*) machine **3.** (*moinho*) mill

engenhoca [ĩjʒẽ'ɲɔka] *f inf* contraption, gadget

engenhoso, -a [ĩjʒẽ'ɲozu, -'ɔza] *adj* ingenious

engessado, -a [ĩjʒe'sadu, -a] *adj* covered in plaster; **ter um braço** ~ to have an arm in a (plaster) cast

engessar [ĩjʒe'sar] *vt* to put into a (plaster) cast; *fig* to restrict the action of

englobar [ĩjglo'bar] *vt* (*abranger*) to encompass; (*incluir*) to include; ~ **algo em a. c.** to include sth within sth

engodo [ĩj'godu] *m* enticement; *fig;* **isso não passa de um** ~ it's nothing more than a lure

engolir [ĩjgu'ʎir] *irr como dormir vt* **1.** (*comida, bebida*) to swallow; (*as palavras*) to swallow; (*uma ideia*) to absorb; **ele vai ter que me** ~ he'll just have to accept me; ~ **sapos** to take

engomar everything dished out; *fig* to swallow sth whole; ~ **em seco** to bite one's tongue **2.** *inf* (*uma história, uma situação*) to swallow; **não dá para ~ isso!** don't give me that!

engomar [ĩgo'mar] *vt* **1.** (*com goma*) to starch sth **2.** (*passar a ferro*) to starch and iron

engordar [ĩgor'dar] **I.** *vt* (*animal*) to fatten **II.** *vi* **1.** (*pessoa*) to gain weight, to put on weight **2.** (*comida*) to be fattening

engordurar [ĩgordu'rar] **I.** *vt* to grease **II.** *vr* ~-**se** to become smeared with grease

engraçadinho [ĩgrasa'dʒĩɲu] *m inf* (*espertalhão*) smart aleck; **não venha bancar o ~ comigo** don't play the smart aleck with me

engraçado, -a [ĩgra'sadu, -a] *adj* **1.** (*divertido*) amusing **2.** (*com piada*) funny **3.** (*estranho*) funny

engraçar [ĩgra'sar] <ç→c> **I.** *vi* ~ **com alguém** to take a liking to sb; *fig* to fall for sb **II.** *vr* ~-**se** to ingratiate oneself with sb

engrandecer [ĩgrãnde'ser] *vt* <c→ç> to become greater; (*enobrecer*) to aggrandize *Am*, to aggrandise *Brit*

engravatado [ĩgrava'tadu] *adj* **trabalha em firma e anda ~** he works in an office and wears a tie

engravidar [ĩgravi'dar] **I.** *vt* ~ **alguém** to get sb pregnant **II.** *vi* to become pregnant

engraxadela [ĩgraʃa'dɛla] *f* (*com graxa*) shoeshine; **dar uma ~ nos sapatos** to do a quick shoeshine

engraxar [ĩgra'ʃar] *vt* (*sapatos*) to shine; (*couro*) to polish

engraxate [ĩgra'ʃatʃi] *mf* (*de sapatos*) shoe shiner

engrenagem [ĩgre'naʒẽj] <-ns> *f* **1.** MEC gears *pl*, gearing **2.** *fig* (*de instituição*) internal organization *Am* [*o Brit* organisation]

engrenar [ĩgre'nar] **I.** *vt* **1.** MEC to put into gear **2.** (*em assunto, conversa*) ~ **um assunto com alguém** to engage in a subject with sb **II.** *vi* to prepare

engrossar [ĩgro'sar] **I.** *vt* **1.** (*líquido*) to thicken; (*o rio*) to swell, to enlarge **2.** *inf* (*numa conversa*) to lose one's cool; (*com uma pessoa*) to fly off the handle **II.** *vi* (*aumentar*) to become larger, to swell; (*pessoa*) to lose one's temper

enguia [ẽj'gia] *f* eel

enguiçar [ĩgi'sar] <ç→c> **I.** *vt* to cause to break down **II.** *vi* (*carro, máquina*) to break down

enguiço [ĩ'gisu] *m* **1.** (*mau agouro*) bad luck **2.** (*carro, avaria, máquina*) breakdown; **houve um ~ e desistimos de viajar** *inf* there was a hitch and we canceled the trip

enigma [e'nigma] *m* enigma

enigmático, -a [enig'matʃiku] *adj* enigmatic; **pessoa enigmática** enigmatic person

enjaulado, -a [ĩʒaw'ladu, -a] *adj* caged; **o animal está ~** the animal is in a cage

enjaular [ĩʒaw'lar] *vt* to cage

enjeitar [ĩʒej'tar] *vt* (*rejeitar*) to reject; (*uma criança*) to abandon

enjoado, -a [ĩʒu'adu, -a] *adj* **1.** nauseated; (*em viagem*); **está ~** he feels sick; (*no mar*) he's seasick; (*no carro*) he's carsick **2.** (*enfastiado*) fed up; **estou ~ disso** *inf* I'm sick of this, I'm fed up with this **3.** (*cheio de caprichos, manhas*) insufferable

enjoar [ĩʒu'ar] <*1. pess pres:* enjoo> **I.** *vt* **1.** (*remédio, comida, cheiro*) to nauseate, to turn one's stomach; **isso enjoa-me** this turns my stomach **2.** (*enfastiar*) to sicken **II.** *vi* **1.** (*em viagem*) to feel nauseated [*o queasy*]; (*no carro*) to feel carsick; (*no mar*) to feel seasick; **ele enjoa muito em viagem** he gets very nauseated [*o queasy*] on trips **2.** (*enfastiar-se*) ~ **de a. c.** to be fed up with sth

enjoativo, -a [ĩʒua'tʃivu, -a] *adj* sickening, nauseating

enjoo [ĩ'ʒow] *m* (*em viagem*) queasiness *no pl*, nausea *no pl*; (*no carro*) carsickness; (*no mar*) seasickness

enlaçar [ĩjla'sar] <ç→c> **I.** *vt* (*atar, unir*) to entwine; (*prender*) to put one's arms around sb **II.** *vr* ~-**se** to become entwined

enlace [ĩj'lasi] *m* union; ~ **matrimonial** marriage

enlameado, -a [ĩjlami'adu, -a] *adj* muddied

enlatado, -a [ĩjla'tadu, -a] *adj* (*comida*) canned

enlatado [ĩjla'tadu, -a] *m* **1.** (*alimento*) canned food **2.** *pej, fig* CINE cheap low-quality movie

enlatar [ĩjla'tar] *vt* (*comida*) to can

enlevar [ĩjle'var] **I.** *vt* to enrapture **II.** *vr:* ~-**se** to become enraptured

enlevo [ĩj'levu] *m* rapture *no pl,* ecstasy

enlouquecer [ĩjlowke'ser] <c→ç> **I.** *vi tb. fig* to go crazy **II.** *vt* to drive crazy; *fig;* **a moça enlouqueceu-o** the girl drove him crazy

enobrecer [enobre'ser] <c→ç> **I.** *vt* (*pessoa*) to ennoble **II.** *vr* ~-**se** to become famous

enojado, -a [eno'ʒadu, -a] *adj* nauseated, disgusted; **estar** ~ **com a. c./ alguém** to feel disgusted with sth/ sb

enojar [eno'ʒar] **I.** *vt* to disgust, to nauseate **II.** *vr:* ~-**se** to become disgusted/ nauseated

enologia [enolo'ʒia] *f* oenology *no pl*

enorme [e'nɔrmi] *adj* (*grande*) enormous; (*exagerado*) monstrous

enormidade [enormi'dadʒi] *f* **1.**(*tamanho*) enormity; **uma** ~ **de** an enormity of **2.**(*absurdo, barbaridade*) impropriety

enquadramento [ĩjkwadra'mẽtu] *m* framing, fitting; *fig* fitting in (with); JUR indictment; ~ **em a. c.** indictment for sth

enquadrar [ĩjkwa'drar] **I.** *vt* **1.** to frame; **enquadrou a imagem** FOTO he framed his shot **2.** *fig* to fit in; ~ **a. c. num contexto** to fit sth into a context **3.** JUR to indict; **foi enquadrado no código de defesa do consumidor** he was indicted within the consumer protection code **II.** *vr:* ~-**se** to fit in; ~-**se em uma situação** to identify oneself with a situation; (*num grupo*) to belong to; **os mamíferos se enquadram nos vertebrados** mammals belong to the vertebrate category; **suas ideias se enquadram com as dele** your ideas coincide with his

enquanto [ĩj'kwãŋtu] *conj* **1.**(*temporal*) while; ~ **ele trabalhava, eu me divertia** while he worked, I played; ~ **isso, eu me divertia** meanwhile, I had fun; **por** ~ **tome esse remédio, até fazer efeito** for the time being, take this medicine until it works **2.**(*ao passo que*) while, whereas; **ele gosta de sair,** ~ (**que**) **sua esposa prefere ficar em casa** he likes to go out while [*o* whereas] his wife prefers to stay (at) home **3.**(*na qualidade de*) as, in the capacity of; ~ **professor, minha função é ensinar** as a professor, my job is to teach

enquete [ĩj'kɛtʃi] *f* (*pesquisa de opinião*) survey

enraivecer [ĩjxajve'ser] <c→ç> **I.** *vt* to enrage, to infuriate **II.** *vr:* ~-**se** to become enraged [*o* furious]

enraizado, -a [ĩjxaj'zadu, -a] *adj* rooted; *fig* deep-rooted

enraizar [ĩjxaj'zar] **I.** *vt* to root **II.** *vr* ~-**se** to take root; *fig* to settle down (somewhere)

enrascada [ĩjxas'kada] *f* predicament; **estar/meter-se numa** ~ to be in/get into a bad fix

enrascado, -a [ĩjxas'kadu, -a] *adj inf* snared

enrascar [ĩjxas'kar] <c→qu> **I.** *vt inf* to get (sb) into trouble **II.** *vr:* ~-**se** to get into trouble

enredo [ĩj'xedu] *m* **1.**(*de um livro*) plot, story **2.**(*intriga*) intrigue, meddling

enregelar [ĩjxeʒe'lar] **I.** *vt* to freeze, to chill; **as mágoas enregelaram-no até os ossos** *fig* his grief chilled him to the bone **II.** *vr* ~-**se** to become frozen, to freeze up; *fig* to freeze

enriçado, -a [ĩjxi'sadu, -a] *adj* frizzled

enriçar [ĩjxi'sar] *vt* <ç→c> to frizzle

enrijecer [ĩjxiʒe'ser] <c→ç> **I.** *vt, vi* to harden **II.** *vr* ~-**se** to become hard, to stiffen

enriquecer [ĩjxike'ser] <c→ç> **I.** *vt* ~ **alguém** to make sb rich; (*melhorar*) to enrich; *fig* (*enobrecer*) to enrich **II.** *vi* (*ficar rico*) to get rich **III.** *vr* ~-**se** to become rich

enriquecimento [ĩjxikesi'mẽtu] *m* **1.**(*material*) moneymaking *no pl* **2.** *fig* (*enobrecimento*) enrichment *no pl*

enrodilhar [ĩjxodʒi'ʎar] **I.** *vt* ~ **a cauda** (*cobra*) to coil up; *fig* (*enganar*) to deceive **II.** *vr* ~-**se** to get entwined [*o* entangled]

enrolamento [ĩjxola'mẽtu] *m* coiling, winding

enrolar [ĩjxo'lar] **I.** *vt* **1.**(*um tapete, papel*) to roll up; (*um fio, uma corda*) to coil, to wind (around); (*um cigarro*) to roll **2.**(*um presente*) to wrap up; ~ **a. c. em a. c.** to wrap sth up in sth **3.** *inf*(*uma pessoa*) to dupe **II.** *vr:* ~-**se 1.** to roll up, to curl **2.** *fig* to get confused, to get mixed up

enroscar [ĩjxos'kar] <c→qu> **I.** *vt* to

enrouquecer [ĩjxowke'ser] <c→ç> I. *vt* to make (the voice) hoarse II. *vi* to become hoarse III. *vr* ~-**se** to become hoarse

enrubescer [ĩjrube'ser] <c→ç> I. *vt form* to turn (ruby) red II. *vi* to blush, to redden; *form* to flush III. *vr* ~-**se** *form* to become (ruby) red

enrugado, -a [ĩjxu'gadu, -a] *adj* furrowed, creased; (*pele*) wrinkled

enrugar [ĩjxu'gar] <g→gu> I. *vt* to wrinkle; (*testa*) to furrow, to crease II. *vr:* ~-**se** to become wrinkled

ensaboadela [ĩjsaboa'dɛla] *f* (*com sabão*) soaping; **dar uma** ~ **em a. c.** to give sth a quick soaping

ensaiar [ĩjsaj'ar] *vt* 1.(*uma peça, uma música*) to rehearse 2.(*começar, iniciar*) to get ready 3. QUÍM to assay, to test

ensaio [ĩj'saju] *m* 1.(*de teatro*) rehearsal; ~ **final** dress rehearsal 2. LIT essay 3. QUÍM experiment, assay; **tubo de** ~ test tube

ensaísta [ĩjsa'ista] *mf* essayist

ensamblar [ĩjsãŋ'blar] *vt* (*madeira*) to fit together

ensanduichado, -a [ĩjsãŋduj'ʃadu, -a] *adj inf* sandwiched

ensanduichar [ĩjsãŋduj'ʃar] I. *vt inf* (*comida*) to sandwich (sth) between II. *vr:* ~-**se** *fig* **o carro ensanduichou- -se entre dois ônibus** the car was sandwiched between two buses

ensanguentado, -a [ĩjsãŋgwẽj'tadu, -a] *adj* (*pessoa, ferida*) bloodied; (*chão, roupa*) bloodstained

ensanguentar [ĩjsãŋgwẽj'tar] I. *vt* to bloody, to stain with blood II. *vr:* ~-**se** to become bloodstained

enseada [ĩjse'ada] *f* bay, cove

ensejo [ĩj'seʒu] *m* opportunity

ensinado, -a [ĩjsi'nadu, -a] *adj* 1.(*animal*) trained 2.(*pessoa*) educated

ensinamento [ĩjsina'mẽjtu] *m* lesson; (*doutrina*) teaching

ensinar [ĩjsi'nar] *vt* 1.(*uma disciplina, pessoa*) to teach; ~ **a. c. a alguém** to teach sth to sb; ~ **alguém a fazer a. c.** to teach sb to do sth 2.(*um animal*) to train

ensino [ĩj'sinu] *m* 1.(*instrução*) education *no pl*, teaching *no pl*; ~ **público** public education; ~ **de línguas** language teaching 2.(*sistema*) ~ **fundamental** primary school education; ~ **médio** high school *Am* [*o Brit* secondary] education; ~ **superior** college *Am* [*o Brit* tertiary] education

ensopado [ĩjso'padu] *m* GASTR ~ **de carne** beef stew

ensopado, -a [ĩjso'padu, -a] *adj* drenched; **chegou** ~ **por causa da chuva** he arrived drenched by the rain

ensopar [ĩjso'par] *vt* (*embeber*) to soak; (*encharcar*) to drench

ensurdecedor [ĩjsurdese'dor] *adj* deafening

ensurdecer [ĩjsurde'ser] <c→ç> I. *vt* to deafen; (*atordoar*) to stun; (*abafar*) to deaden II. *vi* to become deaf; (*produzir surdez*) to deafen

entalado, -a [ĩjta'ladu, -a] *adj* 1.(*preso*) stuck; **ficou** ~ **na cadeira** he got stuck in the chair 2.(*engasgado*) **estar** ~ to choke on sth; **ficar** ~ to choke on sth

entalar [ĩjta'lar] I. *vt* 1. ~ **a cabeça entre as grades** to get one's head stuck in the railings 2. ~ **uma perna quebrada** to put a broken leg into splints II. *vi* to get stuck III. *vr:* ~-**se** to become [*o get*] stuck

entalhar [ĩjta'ʎar] *vt, vi* to carve

entalhe [ĩj'taʎi] *m* carving; ~ **em madeira** wood carving

então [ĩj'tãw] I. *adv* (*nessa altura*) then; (*naquele tempo*) at that time; **até** ~ until then, up to that time; **desde** ~ ever since; (*nesse caso*) so, in that case II. *adj* former; **a** ~ **URSS** the former USSR III. *interj* how about it?; ~, **tudo bem?** *inf* so, how's things? *Am*

entardecer [ĩjtarde'ser] I. *m* nightfall; **ao** ~ at nightfall II. *vi* <c→ç> *impess:* to grow dark

ente ['ẽjtʃi] *m* being; **meus** ~s **queridos** my loved ones

enteado, -a [ĩjte'adu, -a] *m, f* stepson *m*, stepdaughter *f*

entediar [ĩjtedʒi'ar] I. *vt* to tire II. *vr* ~-**se** to become weary

entendedor(a) [ĩjtẽjde'dor(a)] *m(f)* **para bom** ~, **meia palavra basta** *prov* a word to the wise is enough *prov*

entender [ĩjtẽj'der] I. *m* understanding; **no meu** ~ in my opinion II. *vt* 1.(*compreender*) to understand; (*uma língua*) to understand; **nã entendo japonês** I

entendido   220   **entranhado**

don't understand Japanese; **dar a ~ a. c. a alguém** to make sth clear to sb; **fazer-se ~** to make oneself understood **2.**(*achar*) to understand; (*conhecer*); **~ de a. c.** to know about sth; **ele não entende nada de música** he knows nothing about music **III.** *vr:* **~-se** to understand each other; **~-se com alguém** to come to an understanding with sb; **~-se por gente** to be understood (by people)

entendido, -a [ĩjtẽjˈdʒidu, -a] **I.** *adj* (*combinado*) understood; (*compreendido*) understood; **bem ~** of course, certainly; **ficou entendido que ...** it was agreed that ... **II.** *m, f* knowledgeable person; *gír* homosexual; **bar de ~s** gay bar

entendimento [ĩjtẽjdʒiˈmẽjtu] **1.**(*inteligência, compreensão*) comprehension *no pl* **2.**(*acordo*) understanding

enternecer [ĩjterneˈser] <c→ç> **I.** *vt* to move to compassion **II.** *vr* **~-se** to be moved, to feel sorry

enternecimento [ĩjternesiˈmẽjtu] *m* tenderness *no pl*

enterrado, -a [ĩjteˈxadu, -a] *adj* buried; **morto e ~** *fig* dead and buried

enterrar [ĩjteˈxar] **I.** *vt tb. fig* to bury; **o velho tem tanta saúde que ainda vai ~ todos nós** the old man is so healthy that he will bury us all yet **II.** *vi* (*basquetebol*) to bury the ball (in the basket); **aquele jogador realmente sabe ~** that player really knows how to bury the ball **III.** *vr:* **~-se** to bury oneself; **~-se no trabalho** to bury oneself in work

enterro [ĩjˈtexu] *m* (*ato*) burial; (*funeral*) funeral

entidade [ẽjtʃiˈdadʒi] *f* **1.**(*ser*) being; REL spiritual entity **2.**(*corporação*) group, entity

entoação <-ões> [ĩjtoaˈsãw, -ˈõjs] *f* (*modulação*) intonation *no pl*

entoar [ĩjtoˈar] *vt* < *1. pess pres:* entoo> to intone, to start singing

entomologia [ẽjtomoloˈʒia] *f* entomology *no pl*

entomológico, -a [ẽjtomoˈlɔʒiku, -a] *adj* entomological

entomologista [ẽjtomoloˈʒista] *mf* entomologist

entonação <-ões> [ĩjtonaˈsãw, -ˈõjs] *f* *v.* **entoação**

entontecer [ĩjtõwteˈser] <c→ç> **I.** *vt* to make dizzy **II.** *vi* to get dizzy

entornar [ĩjtorˈnar] **I.** *vt* (*derramar*) to spill; (*de um recipiente*) to pour out (of); **~ o caldo** *fig* to spill the beans **II.** *vi* to drink too much; (*transbordar*) to overflow

entorpecente [ĩjtorpeˈsẽjtʃi] *m* narcotic

entorpecer [ĩjtorpeˈser] <c→ç> **I.** *vt* (*perder sensibilidade*) to numb; (*drogar*) to drug **II.** *vi* to become numb

entorpecido, -a [ĩjtorpeˈsidu, -a] *adj* numb

entorpecimento [ĩjtorpesiˈmẽjtu] *m* (*falta de ação*) stupor, torpor; (*falta de sensibilidade*) numbness *no pl*

entorse [ĩjˈtɔrsi] *f* sprain

entortar [ĩjtorˈtar] **I.** *vt* (*dobrar*) to bend; (*torcer*) to twist; (*pessoa*) to lead astray **II.** *vi* to bend **III.** *vr:* **~-se** to become bent; *inf* to get drunk, to get smashed *inf*

entozoário [ẽjtozoˈariw] *m* intestinal worm, entozoa *pl*

entrada [ĩjˈtrada] *f* **1.**(*ação de entrar*) entry; (*num país*) admission; **~ proibida** no entry; **~ em vigor** coming into effect; **dar ~ no hospital** to be hospitalized **2.** ESPORT **a ~ do time em campo** the team's entry onto the field **3.** TEAT **~ em cena** entrance **4.**(*local*) entrance; (*em lugar público*) lobby; **~ para carros** garage entrance; **~ de rodovia** access ramp *Am*, slip road *Brit* **5.**(*preço*) entrance fee; **~ gratuita** [*ou* **franca**] free admission; (*ingresso*) ticket **6.**(*de dinheiro, mercadoria, correio*) inflow **7.** JUR **dar ~** to file; **ele deu ~ no pedido de divórcio** he filed an application for divorce **8.**(*pagamento inicial*) down payment; **dar uma ~** to make a down payment **9.** GASTR appetizer *Am*, starter *Brit* **10.**(*começo*) **~ do inverno** beginning of winter

entradas [ĩjˈtradas] *fpl* **1.**(*no cabelo*) **possui grandes ~** he has a receding hairline **2.**(*ano novo*) **boas ~!** Happy New Year!

entrançado, -a [ĩjtrãˈsadu, -a] *adj* braided, interwoven

entrançar [ĩjtrãˈsar] <ç→c> **I.** *vt* to braid, to interweave **II.** *vr:* **~-se** to become twisted, to become matted

entranhado, -a [ĩjtrãˈɲadu, -a] *adj* (*sujeira*) ingrained; (*cheiro*) impreg-

entranhar [ĩjtrɐ̃'ɲar] **I.** *vt* to drive; ~ **a. c. em a. c.** to drive sth into sth **II.** *vr:* ~-**se** to penetrate; ~-**se em a. c.** to enter deeply into sth; *fig* to become absorbed (in sth)

entranhas [ĩj'trɐ̃ɲas] *fpl* **1.** (*vísceras*) entrails *pl*, guts *pl*; *fig* guts **2.** (*interior*) ~ **da terra** the bowels of the earth

entrar [ĩj'trar] *vi* **1.** (*ir para dentro*) to go in(to), to enter; (*vir para dentro*) to come in(to); (*num país*) to get into, to enter; (*automóvel*) to get in(to); (*navio*) to get on; **mandar** ~ to tell sb to come in; **entre/entra!** come in!; ~ **em pormenores** [*ou* **detalhes**] to enter into details **2.** (*numa associação*) to join **3.** (*mercadoria, correio, dinheiro*) to come in; (*no trabalho*) to start work **4.** TEAT ~ **em cena** to come on stage, to make an entrance **5.** JUR ~ **em vigor** to become effective; **a lei entra em vigor amanhã** the law becomes effective [*o* comes into force] tomorrow **6.** (*líquido*) to come in; **deixar** ~ **água** to let water come in **7.** (*num jogo, num filme*) to participate in; ~ **numa brincadeira** to join in the fun; ~ **numa discussão** to enter a discussion; ~ **pelo cano** *inf* to come out (of sth) badly; ~ **em fria** *inf* to get in(to) deep water [*o* trouble]

entravar [ĩjtra'var] *vt* to hinder

entrave [ĩj'travi] *m* obstacle

entre ['ẽjtri] *prep* (*duas coisas*) between; (*várias coisas*) among; ~ **parênteses/aspas** between parentheses/quotation marks; ~ **outras coisas** among other things; ~ **si** between each other; **deve chover** ~ **hoje e amanhã** it should rain between today and tomorrow

entreaberto, -a [ẽjtrea'bɛrtu, -a] **I.** *adj* (*porta, janela*) ajar, partly open; (*botão*) slightly open **II.** *pp* de **entreabrir**

entreabrir [ẽjtrea'brir] <*pp* entreaberto> **I.** *vt, vi* to open slightly **II.** *vr:* ~-**se** to become slightly open

entreato [ẽjtre'atu] *m* intermission, interval

entrecortado, -a [ẽjtrekor'tadu, -a] *adj* interrupted

entrecortar [ẽjtrekor'tar] **I.** *vt* to interrupt, to cut in(to); **os soluços entrecortavam suas palavras** her sobs cut through her words **II.** *vr:* ~-**se** to cross (each other), to intersect; **seus caminhos se entrecortavam** their paths crossed; MAT to intersect

entrecosto [ĩjtre'kostu] *m* rib steak

entrecruzar-se [ĩjtrekru'zarsi] *vr* to cross (each other)

entrega [ĩj'trɛga] *f* **1.** (*de objeto, mercadoria, bagagem*) delivery; (*de posse*) handover; (*de prêmio*) award; ~ **a domicílio** home delivery; **fazer a** ~ **de a. c.** to make the delivery of sth **2.** (*dedicação*) dedication *no pl*; ~ **a uma causa** dedication to a cause **3.** (*rendição*) surrender *no pl*

entregar [ĩjtre'gar] <*pp* entregue *ou* entregado; g→gu> **I.** *vt* **1.** (*um objeto, uma mercadoria, um requerimento*) to deliver; ~ **a. c. a alguém** to deliver sth to sb **2.** (*a posse*) to hand over; (*a lição de casa*) to hand in; (*um prêmio*) to award; **entregou o troféu ao vencedor** he awarded the trophy to the winner **3.** (*atraiçoar*) to betray; ~ **alguém à polícia** to betray sb to the police **II.** *vr:* ~-**se 1.** (*a uma pessoa*) ~-**se a alguém** to give oneself to sb; (*a uma causa*) to devote oneself to sth; ~-**se a a. c.** to dedicate oneself to sth **2.** (*render-se*) to turn oneself in, to surrender; ~-**se à polícia** to turn oneself in to the police

entregue [ĩj'trɛgi] **I.** *pp de* **entregar** **II.** *adj* dedicated; **estar** ~ **a alguém/a. c.** to be dedicated to sb/sth; **estar** ~ **a si próprio** to be self-absorbed

entrelaçar [ẽjtrela'sar] <ç→c> **I.** *vt* to interweave; (*fazer trança*) to braid; ~ **fios de verde com fios de amarelo** to braid green and yellow thread **II.** *vr:* ~-**se** to be intertwined; **os braços dos amantes entrelaçaram-se** the lovers' arms were intertwined

entrelinha [ẽjtre'ʎiɲa] *f* space between lines; **ler nas** ~**s** *fig* to read between the lines

entremear [ẽjtreme'ar] *conj como passear* **I.** *vt* to intermingle, to mix (with) **II.** *vr:* ~-**se** to become mixed (with)

entremeio [ẽjtre'meju] *m* interval

entrementes [ẽjtre'mẽjts] *adv* meanwhile

entreolhar-se [ẽjtreo'ʎarsi] *vr* to exchange glances

entreposto [ẽjtre'postu] *m* depot, warehouse

entretanto [ẽjtre'tɐ̃ŋtu] **I.** *m* interim *no*

pl; **no ~** in the meantime **II.** *adv* meanwhile **III.** *conj* however, on the other hand

entretenimento [ĩjtreteni'mẽjtu] *m* entertainment, amusement

entreter [ĩjtre'ter] *irr como* ter **I.** *vt* to entertain, to amuse; **os palhaços entretêm as crianças** clowns amuse [*o* entertain] children **II.** *vi* to entertain, to amuse **III.** *vr:* **~-se** to amuse oneself; **~-se com a. c.** to occupy oneself with sth

entretido, -a [ĩjtre'tʃidu, -a] *adj* occupied, busy; **estar** [*o* ficar] **~ com a. c.** to be busy with sth; **estar** [*o* ficar] **~ fazendo a. c.** to be busy doing sth

entrevado, -a [ĩjtre'vadu, -a] *adj* crippled

entrevista [ĩjtre'vista] *f* interview; **~ coletiva** press conference; **~ para um emprego** job interview; **marcar uma ~** to make an appointment

entrevistador(a) [ĩjtrevista'dor(a)] *m(f)* interviewer

entrevistar [ĩjtrevis'tar] **I.** *vt* to interview **II.** *vr:* **~-se** to have an interview (with)

entristecer [ĩjtriste'ser] <c→ç> **I.** *vt* to sadden **II.** *vi* to grow sad **III.** *vr:* **~-se** to become sad

entroncado, -a [ĩjtrõw'kadu, -a] *adj* **árvore entroncada** thick-trunked tree; **pessoa entroncada** stocky person

entroncamento [ĩjtrõwka'mẽjtu] *m* intersection, junction

entrosado, -a [ĩjtro'zadu, -a] *adj* adapted; **estar ~ no grupo** to fit in(to) the group

entrosamento [ĩjtroza'mẽjtu] *m* understanding; **o grupo tem um bom ~** the group works well together

entulhar [ĩjtu'ʎar] *vt* **1.** (*encher de entulho*) to fill with rubble; (*de lixo*) to fill with garbage **2.** (*amontoar*) to heap up

entulho [ĩj'tuʎu] *m* **1.** (*lixo*) rubbish, garbage **2.** (*de construção*) rubble

entupido, -a [ĩjtu'pidu, -a] *adj* **1.** blocked, bunged up; **estar com o nariz ~** to have a blocked nose **2.** (*obstaculizado*) clogged

entupimento [ĩjtupi'mẽjtu] *m* blockage; (*obstáculo*) clogging

entupir [ĩjtu'pir] *irr com* subir **I.** *vt, vi* to block; (*obstaculizar*) to clog **II.** *vr:* **~-se** *inf* to stuff oneself

enturmado [ĩjtur'madu] *adj* forming part of the group; **é novo na escola e já está ~** he is new in the school, but he's already part of the group

enturmar-se [ĩjtur'marsi] *vr* to become part of the group

entusiasmado [ĩjtuzjaz'madu] *adj* excited; **ficar ~ com a. c.** to be excited about sth

entusiasmar [ĩjtuzjaz'mar] **I.** *vt* to fill with enthusiasm, to excite **II.** *vr:* **~-se** to get excited; **~-se com a. c.** to get excited about sth

entusiasmo [ĩjtuzi'azmu] *m* enthusiasm; **ter ~ por a. c.** to be enthusiastic about sth

entusiasta [ĩjtuzi'asta] *mf* enthusiast

entusiástico [ĩjtuzi'astʃiku] *adj* enthusiastic; **aplauso ~** enthusiastic applause

enumeração <-ões> [enumera'sãw, -'õjs] *f* enumeration

enumerar [enume'rar] *vt* (*contar*) to enumerate; (*relacionar*) to specify

enunciado [enũwsi'adu] *m* (*de um teste, de um exercício*) exposition

enunciar [enũwsi'ar] *vt* to enunciate; (*declarar*) to declare

envaidecer [ĩvajde'ser] <c→ç> **I.** *vt* to puff up with pride **II.** *vr:* **~-se** to become vain

envelhecer [ĩjveʎe'ser] <c→ç> **I.** *vt* to age **II.** *vi* to age, to grow old

envelhecimento [ĩjveʎesi'mẽjtu] *m* aging

envelope [ĩjve'lɔpi] *m* envelope

envenenado, -a [ĩjvene'nadu, -a] *adj* **1.** poisoned; **morrer ~** to be poisoned to death **2.** *gír* **carro ~** hot rod

envenenamento [ĩjvenena'mẽjtu] *m* poisoning

envenenar [ĩjvene'nar] **I.** *vt* to poison **II.** *vr:* **~-se** to poison oneself

enveredar [ĩjvere'dar] *vi* **~ por** (*caminho, estrada, casa*) to head for; **~ por carreira profissional** to head for a professional career; **~ por religião** to become religious; **~ pelo marxismo** to follow (down the road of) Marxism

envergadura [ĩjverga'dura] *f* **1.** (*de asas*) (wing)span; (*de velas*) spread **2.** (*de pessoa*) capacity **3.** (*de importância*) significance

envergonhado, -a [ĩjvergo'ɲadu, -a] *adj* ashamed; (*embaraçado, tímido*) shy, bashful

envergonhar [ĩjvergõ'ɲar] **I.** *vt* to shame; (*embaraçar*) to embarrass; **ele me envergonhou** he embarrassed me **II.** *vr*: ~-**se** to be ashamed; ~-**se de alguém/a. c.** to be ashamed of sb/sth

envernizar [ĩjverni'zar] *vt* to varnish

enviado, -a [ĩjvi'adu, -a] *m, f* **1.** POL envoy **2.** PREN ~ **especial** special correspondent

enviar [ĩjvi'ar] *vt* (*carta, mercadoria*) to send; ~ **a. c. a alguém** to send sth to sb; (*pessoa*) to send

envidraçado, -a [ĩjvidra'sadu, -a] *adj* glazed

envidraçar [ĩjvidra'sar] *vt* <ç→c> to glaze

enviesado, -a [ĩjvie'zadu, -a] *adj* slanted; (*de tecidos*) cut on the bias

enviesar [ĩjvie'zar] *vt* to slant; (*cortar ao viés*) to cut on the bias

envio [ĩ'jviw] *m* (*de carta*) sending; (*de mercadoria*) dispatch, shipping

enviuvar [ĩjviu'var] *vi* to become a widow *f*/widower *m*

envolto, -a [ĩj'vowtu, -a] *adj* wrapped; **estar ~ em a. c.** to be wrapped in sth

envolvente [ĩjvow'vẽtʃi] *adj* (*livro, filme*) gripping

envolver [ĩjvow'ver] **I.** *vt* **1.** (*embrulhar*) to wrap; ~ **a. c. em a. c.** to wrap sth in sth **2.** (*cobrir*) to cover; ~ **a. c. em a. c.** to cover sth with sth **3.** (*comprometer*) ~ **alguém em a. c.** to involve sb in sth; ~ **alguém numa discussão** to involve sb in an argument **4.** (*acarretar*) to involve; **este projeto envolve muito trabalho** this project involves a lot of work **II.** *vr*: ~-**se 1.** (*numa situação*) to become involved; **envolveu-se numa investigação arriscada** he became involved in a risky investigation **2.** (*com uma pessoa*) ~-**se com alguém** to become involved with sb

envolvido, -a [ĩjvow'vidu, -a] *adj* involved; **estar ~ num crime** to be involved in a crime

envolvimento [ĩjvowvi'mẽjtu] *m* involvement; ~ **amoroso** love life; **o ~ de alguém em a. c.** the involvement of sb in sth

enxada [ĩj'ʃada] *f* hoe

enxaguar [ĩjʃa'gwar] *vt* to rinse

enxame [ĩj'ʃami] *m* swarm

enxaqueca [ĩjʃa'keka] *f* migraine

enxergar [ĩjʃer'gar] <g→gu> **I.** *vt* **1.** (*avistar*) to see; (*ao longe*) to discern; **não ~ um palmo na frente do nariz** not to be able to see beyond one's nose **2.** (*notar*) to notice **3.** (*pressentir*) to perceive **4.** (*considerar*) to consider **II.** *vi* (*perceber pela visão*) **ele não enxerga bem** he can't see well

enxerido, -a [ĩjʃi'ridu, -a] *adj pej* meddling, intruding

enxertar [ĩjʃer'tar] *vt* MED to graft

enxerto [ĩj'ʃertu] *m* AGR, MED graft, grafting; **fazer um ~ em a. c.** to do grafting on sth

enxofre [ĩj'ʃofri] *m* sulfur *Am*, sulphur *Brit*

enxotar [ĩjʃo'tar] *vt* to drive out

enxoval [ĩjʃo'vaw] *m* (*da noiva*) trousseau; (*do bebê*) layette

enxovalhar [ĩjʃova'ʎar] *vt* to soil

enxugar [ĩjʃu'gar] <pp enxuto *ou* enxugado; g→gu> **I.** *vt* to dry; (*louça*) to dry; (*suor*) to wipe **II.** *vi* to dry (off) **III.** *vr* ~-**se** to dry oneself

enxurrada [ĩjʃu'xada] *f* **1.** (*de água*) flash flood **2.** (*grande quantidade*) torrent; **uma ~ de gente** an abundance of people

enxuto, -a [ĩj'ʃutu, -a] *adj* **1.** (*seco*) dry; (*texto*) dry **2.** (*indivíduo*) svelte

enxuto [ĩj'ʃutu] *pp de* **enxugar**

enzima [ẽj'zima] *f* enzyme

eólico, -a [e'ɔliku] *adj* Aeolian; **energia eólica** wind energy

épica *adj v.* **épico**

epicentro [epi'sẽjtru] *m* epicenter *Am*, epicentre *Brit*

épico ['ɛpiku] **I.** *m* (*autor*) epic poet **II.** *adj* epic

epidemia [epide'mia] *f* MED epidemic; *fig* (*uso intenso*) rage *no pl*; ~ **de saias justas** tight skirts are the rage

epidêmico, -a [epi'demiku, -a] *adj* epidemic

epiderme [epi'dɛrmi] *f* epidermis *no pl*

epiglote [epi'glɔtʃi] *f* epiglottis *no pl*

epígrafe [e'pigrafi] *f* epigraph

epigrafia [epigra'fia] *f* epigraphy *no pl*

epilepsia [epilep'sia] *f* epilepsy *no pl*

epiléptico, -a [epi'lɛptʃiku] **I.** *m, f* epileptic (person) **II.** *adj tb. fig* epileptic; **ataque ~** epileptic fit

epílogo [e'pilogu] *m* epilogue; *fig* epilogue

episcopado [episko'padu] *m* episcopacy

episcopal <-ais> [episko'paw, -'ais] *adj* episcopal
episódio [epi'zɔdʒiw] *m* episode; (*de uma série*) episode
epíteto [e'pitetu] *m* (*alcunha, apelido*) epithet
época ['ɛpuka] *f* 1. time; **naquela ~** at that time 2. (*do ano*) time of year 3. HIST era; **fazer ~** to make history; **marcar ~** to mark an age; **a ~ das grandes navegações** the era [*o time*] of the great voyages
epopeia [epo'peja] *f* epic poem
equação <-ões> [ekwa'sãw, -'õjs] *f* equation
equador [ekwa'dor] *m* equator
Equador [ekwa'dor] *m* Ecuador
equalizador [ekwaʎiza'dor] <-es> *m* equalizer
equatorial <-ais> [ekwatori'aw, -'ajs] *adj* equatorial
equatoriano, -a [ekwatori'ɔnu, -a] *adj, m, f* Ecuadorian
equiângulo, -a [ekwi'ãŋgulu, -a] *adj* equiangular
equidade [ekwi'dadʒi] *f* equity
equidistante [ekwidʒis'tãntʃi] *adj* equidistant
equilátero, -a [ekwi'lateru, -a] *adj* equilateral
equilibrado, -a [ekiʎi'bradu, -a] *adj* balanced; *fig* levelheaded
equilibrar [ekiʎi'brar] I. *vt* (*pôr em equilíbrio*) to balance; (*manter em equilíbrio*) to equilibrate; (*igualar*) to equalize II. *vr:* **~-se** to keep one's balance
equilíbrio [eki'ʎibriw] *m* equilibrium, balance; **manter/perder o ~** to keep/lose one's balance; *fig* equilibrium
equilibrista [ekiʎi'brista] *mf* equilibrist, tightrope walker
equinócio [eki'nɔsiw] *m* equinox
equipamento [ekipa'mẽjtu] *m* 1. ELETR, TEC equipment; **um ~** a piece of equipment 2. (*apetrechos*) paraphernalia 3. ESPORT equipment
equipar [eki'par] I. *vt* (*um avião, uma fábrica*) to equip; **~ algo/alguém com a. c.** to equip sth/sb with sth; (*uma cozinha*) to furnish II. *vr:* **~-se** (*jogador*) to equip oneself; **~-se de a. c.** to equip oneself with sth
equiparação <-ões> [ekipara'sãw, -'õjs] *f* matching, equating
equiparar [ekipa'rar] I. *vt* to equate, to match with; **~ algo/alguém a a. c.** to equate sth/sb to sth II. *vr* **~-se a alguém** to be on a par with sb; **ela equipara-se aos seus adversários** she and her opponents are well matched
equiparável <-eis> [ekipa'ravew, -ejs] *adj* comparable; **ser ~ a alguém/a. c.** to be comparable to sb/sth
equipe [e'kipi] *f* team; **~ de trabalho** work team; **~ esportiva** sports team; **em ~** as a team
equitação [ekita'sãw] *sem pl f* (*horseback*) riding *no pl*; **praticar** [*ou* **fazer**] **~** to go horseback riding
equitativo, -a [ekwita'tʃivu, -a] *adj* equitable
equivalência [ekiva'lẽjsia] *f* equivalence; (*de curso*) equivalence; **dar ~ a** to give equivalence to
equivalente [ekiva'lẽjtʃi] I. *m* equivalent II. *adj* 1. (*com valor igual*) equivalent in value; (*com significado igual*) equivalent in meaning; **ser ~ a a. c.** to be equivalent to sth 2. (*correspondente*) **isso é ~ a afirmar sua culpa** that's the same as saying you're guilty
equivaler [ekiva'ler] *irr como* **valer** *vi* 1. (*ter valor igual*) to be worth the same (as); (*ter significado igual*) to be equivalent to, to mean the same (as); **~ a alguém/a. c.** to mean the same as sb/sth 2. (*corresponder*) to be the same as
equívoca *adj v.* **equívoco**
equivocado, -a [ekivo'kadu, -a] *adj* **estar ~** to be mistaken
equivocar-se [ekivo'karsi] *vr* <c→qu> to be mistaken; **~ com alguém** to mistake sb for sb else
equívoco [e'kivoku] *m* 1. (*mal-entendido*) misunderstanding 2. (*engano*) misconception; (*erro*) mistake
equívoco, -a [e'kivoku, -a] *adj* 1. (*ambíguo*) ambiguous 2. (*duvidoso*) dubious; **comportamento ~** dubious behavior
era¹ ['ɛra] *imp de* **ser**
era² ['ɛra] *f* (*época*) era; **~ glacial** ice age
erário [e'rariw] *m* funds *pl;* **~ público** public funds
ereção <-ões> [ere'sãw, -'õjs] *f* 1. ANAT erection 2. (*de um monumento*) erection
eremita [ere'mita] *mf* hermit
ereto, -a [e'rɛtu, -a] *adj* (*pessoa*) upright; (*pênis*) erect

ergo ['ɛrgu] *1. pres de* **erguer**

ergonomia [ergono'mia] *f* ergonomics *no pl*

ergonômico, -a [ergo'nomiku, -a] *adj* ergonomic

erguer [er'ger] **I.** *vt* **1.** (*levantar*) to lift; (*cabeça, olhos, voz*) to raise; (*ombros*) to shrug **2.** (*um monumento*) to raise, to erect **II.** *vr:* ~-**se** to get up, to rise

erguido, -a [er'gidu, -a] *adj* raised

eriçado, -a [eri'sadu, -a] *adj* bristly

eriçar [eri'sar] <ç→c> **I.** *vt* (*arrepiar*) to bristle; (*despertar, aguçar*) to bristle with anger **II.** *vr:* ~-**se** to bristle with anger

erigir [eri'ʒir] *vt* to erect

ermo ['ermu] **I.** *m* solitary place **II.** *adj* solitary

erosão <-ões> [ero'zãw, -'õjs] *f* erosion *no pl*

erótico, -a [e'rɔtʃiku, -a] *adj* erotic

erotismo [ero'tʃizmu] *m* eroticism *no pl*

errada *adj v.* **errado**

erradicar [exadʒi'kar] *vt* <c→qu> to eradicate

errado, -a [e'xadu, -a] *adj* wrong; **dar** ~ to go wrong; **ele está** ~ he's wrong

errante [e'xɐ̃ntʃi] *adj* errant, wandering

errar [e'xar] **I.** *vt* ~ **o caminho** to lose one's way; (*no comportamento*) to go astray; (*uma pergunta*) to answer wrongly; ~ **o alvo** to miss the target **II.** *vi* **1.** (*enganar-se*) to be wrong **2.** (*vaguear*) to roam **3.** (*cometer um erro*) to make a mistake

errata [e'xata] *f* erratum

erro ['exu] *m* **1.** (*engano*) mistake; **cometer um** ~ to make a mistake; **salvo** ~ errors excepted **2.** INFOR, MAT error; ~ **de ortografia** spelling error [*o* mistake]; ~ **padrão** standard error

errôneo, -a [e'xoniw, -a] *adj* erroneous

erudição <-ões> [erudʒi'sãw, -'õjs] *f* learning *no pl,* knowledge *no pl*

erudito, -a [eru'dʒitu, -a] **I.** *m, f* scholar **II.** *adj* (*pessoa*) scholarly; (*coisa*) erudite

erupção <-ões> [erup'sãw, -'õjs] *f* **1.** GEO eruption; **entrar em** ~ to erupt **2.** MED ~ **cutânea** rash

eruptivo, -a [erup'tʃivu, -a] *adj* GEO eruptive

erva ['ɛrva] *f* **1.** BOT herb; ~ **s aromáticas** aromatic herbs; ~ **s daninhas** weeds **2.** *inf* (*droga*) grass

erva-doce ['ɛrva-'dosi] <ervas-doces> *f* anise

ervanário [erva'nariw] *m* medicinal herb dealer

ervilha [er'viʎa] *f* pea

és ['ɛs] *pres de* **ser**

esbaforido, -a [izbafo'ridu, -a] *adj* (*sem poder respirar*) breathless; (*ofegante*) panting, gasping

esbanjar [izbɐ̃n'ʒar] *vt* (*dinheiro*) to squander

esbarrar [izba'xar] **I.** *vi* **1.** to collide (with), to run into; ~ **contra a. c.** to run into sth **2.** (*ir de encontro a*) to run into; ~ **com problemas** to run into problems **II.** *vr* ~-**se em** [*ou* **contra**] **alguém/a. c.** to bump into sb/sth; (*encontrar casualmente*); ~ **com alguém** to bump into sb

esbelto, -a [iz'bɛwtu, -a] *adj* slim; (*elegante*) elegant

esboçar [izbo'sar] <ç→c> **I.** *vt* **1.** (*um desenho*) to sketch, to draw roughly; (*um plano*) to draft **2.** ~ **um sorriso** to smile briefly **3.** (*reação*) to react briefly **II.** *vr:* ~-**se** to outline

esboço [iz'bosu] *m* (*de um quadro, de uma escultura*) sketch; (*início*) beginnings *pl;* (*resumo*) draft; **eis o** ~ **do livro** here's the outline for the book

esbofetear [izbofetʃi'ar] *conj como passear vt* to slap

esborrachado, -a [izboxa'ʃadu, -a] *adj* squashed, crushed

esborrachar [izboxa'ʃar] **I.** *vt* to squash, to crush **II.** *vr:* ~-**se** to fall sprawling

esbranquiçado, -a [izbrɐ̃nki'sadu, -a] *adj* whitish

esbugalhado, -a [izbuga'ʎadu, -a] *adj* **olhos ~ s** bug-eyes, pop eyes

esbugalhar [izbuga'ʎar] *vt* to goggle; **esbugalhou os olhos em admiração** he goggled at her in admiration

esburacado, -a [izbura'kadu, -a] *adj* (*rua, parede, roupa*) full of holes

esburacar [izbura'kar] *vt* <c→qu> (*uma rua, uma parede*) to fill with holes; (*perfurar*) to make holes (in)

escabeche [iska'bɛʃi] *m* **1.** GASTR marinade; **peixe de** ~ marinated fish **2.** *inf* (*barulho, confusão*) uproar

escabroso, -a [iska'brozu, -'ɔza] *adj* **1.** (*áspero*) rough; (*acidentado*) rugged; (*íngreme*) arduous **2.** (*embaraçoso, indecente*) indecorous, improper

escachar [iska'ʃar] *vt* to cleave; (*as per-*

escada [isˈkada] *f* **1.** (*fixa*) stairs *pl*, staircase; **~ de caracol** spiral staircase; **~ rolante, lance de ~** flight of stairs, escalator **2.** (*portátil*) ladder; **~ dobradiça** stepladder [*o* steps] *pl*; *fig*: **servir de ~ para o sucesso** to serve as a ladder to success

escadaria [iskadaˈria] *f* stairway, flight of stairs

escadote [iskaˈdɔtʃi] *m* stepladder, steps *pl*

escafandro [iskaˈfɐ̃ndru] *m* diving suit

escafeder-se [iskafeˈdersi] *vr inf* to skedaddle, to run away

escala [isˈkala] *f* **1.** (*de mapa, planta*) scale; **à ~ de 1 para 100** at a scale of one to a hundred **2.** (*de um instrumento*) scale **3.** AERO stopover; **o voo faz ~ em Brasília** the flight makes a stopover in Brasília; NÁUT port of call; **o navio fará ~ no Rio** the ship will call in at Rio **4.** MÚS scale

escalada [iskaˈlada] *f* (*subida*) climbing, scaling; (*aumento*) escalation

escalão <-ões> [iskaˈlɐ̃w, -ˈõjs] *m* **1.** (*nível*) level **2.** (*profissional*) echelon; **funcionário do primeiro ~** first-tier employee; **subida de ~** promotion; MIL; **em ~** in battle positions

escalar [iskaˈlar] **I.** *vt* (*uma montanha, um muro*) to climb **II.** *vi* to stop over; NÁUT to call in (at)

escaldado, -a [iskawˈdadu, -a] *adj* (*queimado*) scalded

escaldante [iskawˈdɐ̃ntʃi] *adj* scalding

escaldar [iskawˈdar] **I.** *vt* (*com água quente*) to scald; (*queimar*) to burn; (*para tirar a pele*) to scald **II.** *vr:* **~-se** (*aquecer-se*) to burn oneself

escaleno, -a [iskaˈlenu, -a] *adj* scalene

escalões *m pl de* **escalão**

escalope [iskaˈlɔpi] *m* scallop

escama [isˈkɐma] *f* (*de peixe, na pele*) scale

escamado, -a [iskɐˈmadu, -a] *adj* (*peixe*) scaled; *fig* irritated

escamar [iskɐˈmar] **I.** *vt* (*um peixe*) to scale **II.** *vi* (*pele*) to peel

escamoso, -a [iskɐˈmozu, -ˈɔza] *adj* scaly; MED squamous

escamotear [iskɐmoˈtʃiar] *conj como passear vt* **1.** (*fazer desaparecer, esconder*) to conceal; **ele escamoteou a verdade** he covered up the truth **2.** (*roubar*) to filch; (*na prestidigitação*) to palm

escancarado, -a [iskɐ̃nkaˈradu, -a] *adj* open to view, wide-open; **janelas ~s** wide-open windows

escancarar [iskɐ̃nkaˈrar] *vt* **1.** (*uma porta*) to open wide **2.** (*mostrar*) to put on public view; **a reportagem escancarou a vida do artista** the report exposed the artist's life to public view

escanchar [iskɐ̃nˈʃar] *vt* (*as pernas*) to spread (apart)

escandalizado, -a [iskɐ̃ndaliˈzadu, -a] *adj* scandalized *Am*, scandalised *Brit*, shocked; (*ofendido*) offended

escandalizar [iskɐ̃ndaliˈzar] **I.** *vt* to shock, to scandalize *Am*, to scandalise *Brit*; (*ofender*) to offend, to shock **II.** *vr:* **~-se** (*ofendido*) to take offense; **~-se com alguém/a. c.** to feel offended with sb/sth; (*choque*) to be shocked by sb/sth

escândalo [isˈkɐ̃ndalu] *m* scandal; **dar um ~** to cause a scandal; **fazer um ~** to make a scene

escandaloso, -a [iskɐ̃ndaˈlozu, -ˈɔza] *adj* (*comportamento*) scandalous, outrageous; **roupa ~** outrageous outfit

escandinava *adj, f v.* **escandinavo**

Escandinávia [iskɐ̃ndʒiˈnavia] *f* Scandinavia

escandinavo, -a [iskɐ̃ndʒiˈnavu, -a] *adj, m, f* Scandinavian

escanear [iskɐniˈar] *conj como passear vt* to scan

escangalhar [iskɐ̃ngaˈʎar] **I.** *vt inf* (*estragar*) to spoil; *inf* (*desmontar*) to break (up) **II.** *vr:* **~-se** to burst into laughter

escanteio [iskɐ̃nˈteju] *m* FUT corner; **chutar alguém de ~** *inf* to put sb aside

escantilhão <-ões> [iskɐ̃ntʃiˈʎɐ̃w, -ˈõjs] *m* (*medida-padrão*) standard measurement

escanzelado, -a [iskɐ̃nzeˈladu, -a] *adj inf* **ele é ~** he's just skin and bones

escapada [iskaˈpada] *f* **1.** (*fuga*) escape **2.** (*aventura*) escapade; (*amorosa*) affair; **dar uma ~** to have an affair

escapamento [iskapaˈmẽntu] *m* exhaust (system)

escapar [iskaˈpar] *vi* **1.** (*fugir*) to escape; **~ de alguém/a. c.** to escape from sb/sth; **~ das mãos** to slip through one's fingers; **~ de um perigo** to escape safe and sound; **~ da prisão**

escapatória 227 **escola de samba**

to escape from prison; ~ **por um triz** to have a narrow escape **2.** (*passar despercebido*) to go unnoticed; **não te escapa nada!** you never miss a thing!; **deixar** ~ **a. c.** to let sth slip **3.** (*deixar soltar*) to let go of sth

escapatória [iskapa'tɔria] *f inf* escaping; **não há** ~ **possível** there is no way out

escape [is'kapi] *m* escape

escapulário [iskapu'lariw] *m* scapular

escapulir [iskapu'ʎir] *irr como* subir **I.** *vt* to escape (from); ~ **de um lugar/a. c.** to run away from a place/sth **II.** *vr*: ~-**se** to make one's escape (from)

escara [is'kara] *f* MED scab; ~ **de decúbito** bedsore

escarafunchar [iskarafũw'ʃar] *vt* **1.** (*limpar*) to pick, to rake; (*revolver*) to dig over **2.** (*investigar*) to investigate

escaravelho [iskara'veʎu] *m* beetle

escarcéu <-éis> [iskar'sɛw, -'ɛjs] *m* **1.** (*onda*) big wave **2.** (*alarido*) uproar; **fazer um** ~ to cause an uproar

escarlate [iskar'latʃi] *adj, m* scarlet

escarlatina [iskarla'tʃina] *f* scarlet fever

escárnio [is'karniw] *m* scorn *no pl*

escarpa [is'karpa] *f* (*declive, ladeira*) steep slope; (*ribanceira*) high banks *pl*; GEO escarpment

escarpado, -a [iskar'padu, -a] *adj* steeply sloping

escarrapachado, -a [iskaxapa'ʃadu, -a] *adj* (*pernas*) spread; (*caído*) sprawled

escarrapachar [iskaxapa'ʃar] **I.** *vt* (*as pernas*) to spread; (*com as pernas nos dois lados*) to straddle (sth) **II.** *vr*: ~-**se** to fall sprawling

escarrar [iska'xar] **I.** *vi* to spit (out) **II.** *vt* to spit; MED to expectorate

escarro [is'kaxu] *m* **1.** (*muco*) saliva **2.** *inf* (*pessoa*) schmuck *Am,* lout

escassa *adj v.* **escasso**

escassear [iskasi'ar] *conj como* passear **I.** *vt* to scrimp (on) **II.** *vi* (*tempo, material*) to fall short

escassez [iska'ses] *f* shortage; **há** ~ **de a. c.** there is a shortage of sth

escasso, -a [is'kasu, -a] *adj* (*tempo, material*) scarce; (*vegetação*) sparse; **dinheiro** ~ meager *Am* [*o Brit* meagre] funds; **ter dinheiro** ~ to be short of money

escavação <-ões> [iskava'sãw, -'õjs] *f* **1.** (*arqueologia*) excavation; *inf* dig **2.** (*construção*) excavation

escavadeira [iskava'dejra] *f* excavator

escavar [iska'var] *vt* **1.** (*um buraco*) to dig **2.** (*ruínas*) to excavate **3.** *fig* to dig up

esclarecedor(a) [isklarese'dor(a)] <-es> *adj* enlightening; (*que explica*) illuminating; **uma explicação** ~ **a, fato** ~ an illuminating explanation, illuminating fact

esclarecer [isklare'ser] *vt* <c→ç> **1.** (*problema*) to elucidate; (*dúvida, situação*) to clarify; (*engano, mistério*) to clear up; ~ **um mal-entendido** to clear up a misunderstanding **2.** (*explicar*) to explain

esclarecido, -a [isklare'sidu, -a] *adj* **1.** (*situação*) clarified **2.** (*pessoa*) **estar/ficar** ~ to be enlightened

esclarecimento [isklaresi'mẽjtu] *m* **1.** (*de um problema*) elucidation; (*de um mal-entendido, de uma dúvida, situação*) clarification; (*de um engano, mistério*) solution **2.** (*explicação*) explanation **3.** (*informação*) information *no pl*; **dar** ~ **sobre a. c.** to give an explanation about sth

esclerose [iskle'rɔzi] *f* sclerosis

esclerótica [iskle'rɔtʃika] *f* sclerotic

escoadouro [iskoa'dowru] *m* drain

escoamento [iskoa'mẽjtu] *m* **1.** (*de águas, líquidos*) drainage **2.** (*de mercadoria*) outlet

escoar [isko'ar] *vt* <*1. pess pres* escoo> **1.** (*um líquido*) to drain (off) **2.** (*mercadoria*) to send out

escocês, -esa [isko'ses, -'eza] **I.** *m, f* Scot *mf*, Scotsman *m*, Scotswoman *f*; **os** ~**es** the Scots **II.** *adj* Scottish; (*uísque*) Scotch

Escócia [is'kɔsia] *f* Scotland

escola [is'kɔla] *f* school; ~ **primária** primary school; ~ **de samba** samba school; ~ **secundária** high school *Am,* secondary school *Brit;* ~ **superior de música** school of higher education in music, music college; **já fez** ~ *fig* he already has his own disciples

> **Cultura** **Escolas de samba** are not actually "schools". In 1928, the first carnival performance group – initially called **Deixa Falar**, later **Estácio de Sá** – was created in Rio de Janeiro by samba composer

Ismael Silva. From Rio, the custom of having parades by **escolas de samba** spread to other cities of Brazil. Contrary to what the name suggests, the samba "schools" do not give samba lessons per se. Each samba group organizes its annual parade and holds parties and rehearsal presentations all year round. Many samba groups actively participate in the community and carry out social projects. **Escolas de samba** have a defined structure, including a president, a **carnavalesco** (creative director), the **samba-enredo** (annual theme song with lyrics), **puxador de samba** (leading samba singer who keeps the beat going), and the distinguished couple that leads the parade. The parade consists of the **porta-bandeira** (holder of the samba group's banner) and the **mestre-sala** (master of ceremonies), **bateria** (percussion section), many **carros alegóricos** (theme floats) and numerous **alas** (wings, or sections), notably that of the **baianas**, traditional women from Bahia wearing hoop skirts, lace blouses, headcloths, **panos da costa** (traditional shawls), sandals, necklaces, earrings and costume jewelry. The contestant samba groups compete for points awarded after the parade according to the rules. Depending on the results of the count the groups move on to be semi-finalists and finalists. Each announcement of finalists brings fervent bursts of emotion and celebration. The categories are: themes and accessories, percussion section, opening section, evolution, lyrics, costumes, harmony, master of ceremonies and banner holder, and the **samba-enredo**.

escolar [isko'lar] <-es> *adj* **material** ~ school material; **livro** ~ school book
escolaridade [iskolari'dadʒi] *f* education *no pl*, schooling *no pl*; ~ **obrigatória** compulsory schooling; **grau de** ~ level of education
escolástica [isko'lastʃika] *f* REL scholasticism *no pl*
escolástico [isko'lastʃiku] *m* 1. ENS student 2. REL scholastic
escolástico, -a [isko'lastʃiku, -a] *adj* 1. (*escolar*) scholastic 2. REL scholastic
escolha [is'koʎa] *f* choice; (*seleção*) selection; **à** ~ **with** freedom of choice; **fazer uma boa** ~ to make a good choice; **teste de múltipla** ~ multiple choice test
escolher [is'koʎer] *vt* (*eleger: uma alternativa*) to elect; (*selecionar*) to choose; **o professor escolheu os melhores alunos** the teacher chose the best students; (*selecionar cuidadosamente*) to pick out
escolhido, -a [isko'ʎidu, -a] *adj* chosen, selected
escolho [is'koʎu] *m fig* dangerous obstacle
escólio [is'kɔliw] *m form* scholium; (*comentário*) commentary; (*anotaço*) gloss
escolta [is'kɔwta] *f* 1. MIL guard 2. (*acompanhamento*) escort
escoltar [iskow'tar] *vt* 1. MIL to guard; **os policiais escoltaram o presidente** the policemen guarded the president 2. (*acompanhar*) to escort, to accompany
escombros [is'kõwbrus] *mpl* ruins *pl*
esconde-esconde [is'kõwdʒis'kõwdʒi] *m* hide-and-seek; **brincar de** ~ to play hide-and-seek
esconder [iskõw'der] I. *vt* (*objeto, pessoa, segredo, sentimento*) to hide; ~ **a. c. de alguém** to hide sth from sb II. *vr:* ~-**se** to hide; ~-**se de alguém** to hide from sb
esconderijo [iskõwdʒe'riʒu] *m* hiding place, hideout
escondida *adj v.* **escondido**
escondidas [iskõw'dʒidas] *fpl* **brincar às** ~ to play secretly; **fazer a. c. às** ~ to do sth furtively
escondido, -a [iskõw'dʒidu, -a] *adj* 1. hidden; (*tesouro*) secret 2. (*oculto*) concealed
esconjurar [iskõwʒu'rar] I. *vt* 1. (*exor-*

cizar: o demônio) to exorcize, to cast out **2.** (*amaldiçoar*) to curse **II.** *vr:* ~-**se de** to lament; ~-**se de seu infortúnio** to lament one's misfortunes

esconjuro [iskõwˈʒuru] *m* **1.** (*exorcismo*) exorcism **2.** (*maldição*) curse

escopo [isˈkopu] *m* **1.** (*objetivo, propósito, intenção*) intention; **ela agiu com o ~ de ofendê-lo** she acted with the intention of offending him **2.** (*alcance*) scope; **pesquisa de ~ internacional** research of international scope

escora [isˈkɔra] *f* **1.** (*apoio*) prop, support **2.** (*cilada*) ambush

escorbuto [iskorˈbutu] *m* scurvy *no pl*

escória [isˈkɔrja] *f* **1.** (*resíduo*) slag *no pl* **2.** GEO scoria *no pl* **3.** (*ralé*) scum *no pl*, dregs *pl*; **a ~ da sociedade** the dregs of society

escoriação <-ões> [iskoriaˈsãw, -ˈõjs] *f* graze

escorpiano, -a [iskorpiˈãnu, -a] *adj, m, f* Scorpio; **ser ~ to** be a Scorpio

escorpião <-ões> [iskorpiˈãw, -ˈõjs] *m* scorpion

Escorpião <-ões> [iskorpiˈãw, -ˈõjs] *m* Scorpio; **nativo de ~** born under the sign of Scorpio; **ser (de) ~** to be a Scorpio

escorraçar [iskuxaˈsar] *vt* <ç→c> to drive away

escorregadela [iskoxegaˈdɛla] *f* **1.** (*andando*) slipping, sliding **2.** (*deslize, erro na fala*) **dar uma ~** to slip up, to make a mistake; **deu uma ~ quando discursava** he slipped up during his speech

escorregadio, -a [iskoxegaˈdʒiw, -a] *adj* slippery

escorregão <-ões> [iskoxeˈgãw, -ˈõjs] *m* **1.** slipping, sliding **2.** *v.* **escorregadela**

escorregar [iskoxeˈgar] *vi* <g→gu> **1.** to slip; **ele escorregou numa casca de banana** he slipped on a banana skin **2.** (*deslizar*) to slide; **a água da chuva escorregou pelas pedras** the rainwater slid over the stones **3.** *fig* to slip; **o livro é bom, mas escorrega no último capítulo** it's a good book, but it slides off in the last chapter

escorregões *m pl de* **escorregão**

escorrer [iskoˈxer] **I.** *vt* (*líquido*) to drain; (*louça*) to rinse **II.** *vi* (*vazar*) to empty, to drain off; (*por filtro, fenda*) to filter (through); (*pingar*) to drip

escoteiro, -a [iskoˈtejru, -a] *m, f* boy scout *m*, girl scout *f*

escotilha [iskoˈtʃiʎa] *f* hatch

escotilhão <-ões> [iskotʃiˈʎãw, -ˈõjs] *m* hatchway

escova [isˈkova] *f* brush; **~ de dentes/ de cabelo** toothbrush/hairbrush; **fazer ~** (*por outra pessoa*) to have one's hair blow-dried; (*sozinho*) to blow-dry one's hair

escovadela [iskovaˈdɛla] *f* **1. dar uma ~ em a. c.** to brush sth off **2.** *fig* (*bronca*) **deu uma ~ no filho** he told his son off

escovar [iskoˈvar] *vt* to brush; (*o cabelo, os dentes*) to brush; (*um cavalo*) to groom; (*roupa, sapatos*) to brush

escrava *adj, f v.* **escravo**

escravatura [iskravaˈtura] *f* **1.** (*tráfico*) slave trade **2.** (*escravidão*) slavery *no pl*; **abolição da ~** abolition of slavery

escravidão <-ões> [iskraviˈdãw, -ˈõjs] *f* slavery *no pl*; **viver na ~** to live in slavery

escravizar [iskraviˈzar] *vt* to enslave, to reduce to slavery

escravo, -a [isˈkravu, -a] **I.** *m, f* slave **II.** *adj* slave; **trabalho ~** slave labor *Am* [*o Brit* labour]

escrever [iskreˈver] <*pp* escrito> **I.** *vt* to write; **~ (uma carta) a alguém** to write (a letter) to sb **II.** *vi* to write; **~ à mão** to write by hand; **~ à máquina** to type; **gosta de ~** he likes to write

escrevinhar [iskrevĩˈɲar] *vt* to scribble; *fig* to doodle

escrita [isˈkrita] *f* **1.** (*letra*) writing *no pl*; (*à mão*) handwriting *no pl*; **~ alfabética** alphabet; **~ hieroglífica** hieroglyphics **2.** ECON book-keeping; **~ de uma empresa** a company's accounts

escrito [isˈkritu] *pp de* **escrever**

escrito, -a [isˈkritu, -a] *adj* written; **~ à mão** handwritten; **~ à máquina** typed; **por ~** in writing

escritor(a) [iskriˈtor(a)] <-es> *m(f)* writer

escritório [iskriˈtɔriw] *m* office; (*em casa*) study

escritura [iskriˈtura] *f* **1.** JUR deed; **~ de uma casa** (title) deed of a house **2. Sagradas Escrituras** REL Holy Scriptures

escrituração <-ões> [iskrituraˈsãw, -ˈõjs] *f* ECON book-keeping *no pl*,

accounting *no pl*
escriturário, -a [iskritu'rariw] *m, f* book-keeper, clerk
escrivã *f v.* **escrivão**
escrivães *m pl de* **escrivão**
escrivaninha [iskrivɜ'niɲa] *f* (*writing*) desk
escrivão, -vã <-ães> [eskri'vɜ̃w, -'vɜ̃, -'ɜjs] *m, f* JUR scrivener
escrúpulo [is'krupulu] *m* (*cuidado, consciência*) scruple; **fez com ~** he did it scrupulously; (*senso moral*) scruples *pl;* **homem sem ~** a man without scruples, an unscrupulous man
escrupuloso, -a [iskrupu'lozu, -'ɔza] *adj* scrupulous
escrutínio [iskru'tʃiniw] *m* 1. (*votação*) voting *no pl;* **~ secreto** secret voting 2. (*contagem dos votos*) scrutiny, counting of the votes 3. (*exame minucioso*) scrutiny
escudar [isku'dar] *vt* to shield; **escudou seu filho contra o assaltante** he shielded his son from the robber
escudo [is'kudu] *m* 1. (*arma*) shield 2. (*moeda*) HIST escudo
esculpir [iskuw'pir] *vt* 1. (*em pedra, madeira*) to carve 2. *fig* **a tristeza estava esculpida no rosto dele** sadness marked his expression
escultor(a) [iskuw'tor(a)] <-es> *m(f)* (*em pedra, em madeira*) sculptor
escultura [iskuw'tura] *f* (*arte, obra*) sculpture
escultural <-ais> [iskuwtu'raw, -'ajs] *adj* sculptural; **corpo ~** *fig* perfect body
escuma [is'kuma] *f v.* **espuma**
escumadeira [iskuma'dejra] *f* skimmer
escumar [isku'mar] *vi* to froth
escuna [is'kuna] *f* schooner
escura *adj v.* **escuro**
escuras [is'kuras] *f* 1. (*sem luz*) **durante a chuva, a casa ficou às ~** during the rain, the house was blacked out 2. (*escondido*) **agir às ~** to act secretly; **ficar às ~** (*às cegas*) to be in the dark
escurecer [iskure'ser] <c→ç> I. *vt* 1. (*tornar escuro*) to darken 2. (*obscurecer*) to obscure II. *vi* to darken, to get dark; (*no anoitecer*); **estava escurecendo** it was getting dark; **volte para casa antes de ~** come home before dark
escuridão [iskuri'dɜ̃w] *sem pl f* darkness *no pl;* (*trevas*) obscurity *no pl*
escuro, -a [is'kuru, -a] *adj* 1. (*sombrio: bosque, dia, céu*) dark 2. (*local, cor*) dark; **vermelho-~** dark red; **~ como breu** pitch black 3. (*obscuro*) shady; **negócios ~s** shady business
escuro [is'kuru] *m* dark; **o menino tem medo do ~** the boy is afraid of the dark
escusado, -a [isku'zadu, -a] *adj* unnecessary, needless; **é ~ dizer que ...** needless to say...
escusar [isku'zar] I. *vt* 1. (*perdoar*) to excuse; **~ uma falha** to excuse a shortcoming 2. (*dispensar*) to dispense (with); **o fato em si escusa explicações** the fact in itself dispenses with explanations II. *vi* **isso escusa de ser traduzido** there's no need to translate this III. *vr:* **~-se** 1. (*desculpar-se*) to give one's excuses 2. (*recusar-se*) to decline
escuta [is'kuta] *f* listening *no pl;* **~ telefônica** wiretapping *no pl;* **aparelho de ~** wiretapping equipment; **estar à ~** to listen in; **estar sob ~** to be wiretapped
escutar [isku'tar] I. *vt* 1. (*ouvir*) to hear 2. (*com atenção*) to listen (to); **eles escutaram o discurso** they listened to the speech II. *vi* 1. (*ouvir com atenção*) to listen; **fique atento e escute!** pay attention and listen! 2. (*estar à escuta de a.c.*) to listen in on/to sth
esdrúxulo, -a [iz'druʃulu, -a] *adj inf* extravagant; **ele veste-se com roupas esdrúxulas** he wears extravagant clothes
esfacelar [isfase'lar] I. *vt* (*arruinar*) to ruin; (*estragar*) to damage II. *vr:* **~-se** to decay; (*gangrenar*) to become gangrenous
esfalfar [isfaw'far] I. *vt* to tire out II. *vr:* **~-se** (*estafar-se*) to tire oneself out, to get exhausted
esfaquear [isfaki'ar] *conj como passear vt* to stab
esfarelado, -a [isfare'ladu, -a] *adj* (*madeira*) powdery; (*muro, parede, bolo*) crumbly
esfarelar [isfare'lar] I. *vi* to crumble II. *vt* to crumble; (*fragmentar*) to crush III. *vr:* **~-se** to crumble
esfarrapado, -a [isfaxa'padu, -a] *adj* 1. (*pessoa*) ragged 2. (*tecido*) tattered 3. (*desculpa*) shoddy
esfera [is'fɛra] *f* 1. (*corpo redondo*) sphere 2. (*área*) sphere; **destacou-se na ~ da política** he distinguished himself in politics

esférico, **-a** [isˈfɛriku, -a] *adj* spherical

esferográfica [isferoˈgrafika] *f* ballpoint pen

esfiapar [isfiaˈpar] *vi* to fray

esfinge [isˈfĩʒi] *f* sphinx

esfoladura [isfolaˈdura] *f* graze; (*arranhão*) scratch

esfolar [isfoˈlar] **I.** *vt* **1.** (*ferir levemente*) to graze; **esfolou o joelho jogando futebol** he grazed his knee playing soccer **2.** (*um animal*) to skin, to flay **II.** *vr*: ~-**se** (*por arranhão*) to scratch oneself; **o menino caiu e esfolou-se** the boy fell and grazed himself

esfomeado, **-a** [isfomiˈadu, -a] *adj* famished, starving

esforçado, **-a** [isforˈsadu, -a] *adj* diligent, hard-working; **um aluno ~** a diligent student

esforçar-se [isforˈsarsi] *vr* <ç→c> to strive, to try hard; ~ **para fazer a. c.** to strive to do sth; **teve que ~ muito para chegar** he had to strive hard to get there

esforço [isˈforsu] *m* effort; (*empenho*) endeavor *Am*, endeavour *Brit*; **sem ~** without effort, effortlessly; **fazer um ~** to make an effort

esfrangalhar [isfrãgaˈʎar] **I.** *vt* to tear into small pieces **II.** *vr*: ~-**se** to become torn into small pieces

esfregão <-ões> [isfreˈgãw, -ˈõjs] *m* mop

esfregar [isfreˈgar] <g→gu> **I.** *vt* to scour; (*limpar o chão*) to mop; (*limpar o chão com esforço*) to scrub; (*friccionar*) to rub; **as mãos/os olhos** to rub one's hands/eyes **II.** *vr*: ~-**se** to rub oneself down, to scrub oneself; ~-**se em a. c.** to rub oneself down with sth; ~-**se com a. c.** to scrub oneself with sth

esfregões *m pl de* **esfregão**

esfriar [isfriˈar] **I.** *vt* **1.** (*arrefecer*) to cool; ~ **a comida** to cool food **2.** (*esmorecer*) to cool; (*os ânimos*) to cool off, to cool down **II.** *vi* to cool (down)

esfumar-se [isfuˈmarsi] *vr* **1.** (*névoa*) to vanish; **a névoa esfumou-se aos poucos** the fog slowly cleared **2.** (*sentimento*) to go up in smoke

esgaçar [izgaˈsar] *vt* <ç→c> *v.* **esgarçar**

esganado, **-a** [izgɜˈnadu, -a] *adj* **1.** (*esfomeado*) starving **2.** (*ávido*) greedy **3.** (*avarento*) mean

esganar [izgɜˈnar] *vt* to strangle; **não faça isso, senão te esgano!** *inf* don't do that or I'll kill you!

esganiçado, **-a** [izgɜniˈsadu, -a] *adj* (*voz*) shrill

esgaravatar [izgaravaˈtar] *vt* (*o solo*) to scrape; (*revolver*) to dig over

esgarçar [izgarˈsar] <ç→c> **I.** *vt* to tear; (*tecido*) to fray; (*carne*) to shred **II.** *vi* to fray; **a camisa esgarçou de tanto uso** the shirt frayed from so much use **III.** *vr*: ~-**se** to wear out; **o tecido foi-se esgarçando** the cloth was wearing out

esgazeado, **-a** [izgazeˈadu, -a] *adj* wild, staring; **olhos ~s** wild, staring eyes

esgotado, **-a** [izgoˈtadu, -a] *adj* **1.** (*entradas*) sold out; (*livro*) sold out **2.** (*pessoa*) exhausted, worn out

esgotamento [izgotaˈmẽtu] *m* **1.** MED breakdown; ~ **nervoso** nervous breakdown **2.** (*exaustão*) exhaustion *no pl*

esgotante [izgoˈtãntʃi] *adj* exhausting

esgotar [izgoˈtar] **I.** *vt* to exhaust; ~ **a paciência de alguém** to exhaust sb's patience; **já esgotamos todas as possibilidades** we have exhausted all possibilities; (*ficar sem a. c.*) to run out of; (*gastar até o fim*) to use up **II.** *vt* (*mercadoria*) to sell out; **as entradas/livros esgotaram** the tickets/books sold out **III.** *vr*: ~-**se** (*forças, energia, paciência*) to become exhausted; **a minha paciência esgotou-se** my patience ran out

esgoto [izˈgotu] *m* sewage pipe, sewer

esgravatar [izgravaˈtar] *vt v.* **esgaravatar**

esgrima [izˈgrima] *f* fencing *no pl*

esgrimir [izgriˈmir] *vi* to fence

esgrimista [izgriˈmista] *mf* fencer

esgrouviado, **-a** [izgrowviˈadu, -a] *adj inf* **1.** (*alto e magro*) lanky **2.** (*de cabelos desalinhados*) disheveled *Am*, dishevelled *Brit*

esgueirar-se [izgejˈrarsi] *vr* to sneak out

esguelha [izˈgeʎa] *f* **de ~** obliquely; **olhar para alguém de ~** to look at sb out of the corner of one's eye

esguia *adj v.* **esguio**

esguichar [izgiˈʃar] **I.** *vt* to squirt **II.** *vi* to spurt; **a água esguichou pela mangueira** the water spurted from the hose

esguicho [izˈgiʃu] *m* **1.** (*jato*) jet **2.** (*instrumento para esguichar*) squirter

esguio, -a [izˈgiw, -a] *adj* lanky

eslavo, -a [izˈlavu, -a] **I.** *m, f* Slav; (*língua*) Slavonic **II.** *adj* Slavonic, Slavic *Am*

eslovaco, -a [izloˈvaku, -a] *adj, m, f* Slovak

Eslováquia [izloˈvakia] *f* Slovakia

Eslovênia [izloˈvenia] *f* Slovenia

esloveno, -a [izloˈvenu, -a] *adj, m, f* Slovene, Slovenian

esmaecer [izmaeˈser] *vi* <c→ç> **1.** (*perder o cor*) to fade; (*empalidecer*) to become faint **2.** (*esmorecer*) to falter

esmagado, -a [izmaˈgadu, -a] *adj* crushed; (*de a. c. muito mole*) squashed; (*quebrado*) smashed

esmagador(a) [izmagaˈdor] <-es> *adj* crushing; (*irrefutável*) overwhelming; **a esmagadora maioria é a favor** the overwhelming majority is in favor

esmagar [izmaˈgar] *vt* <g→gu> to crush; *fig* (*vencer*) to give a sound beating to, to smash

esmaltar [izmawˈtar] *vt* to enamel; (*as unhas*) to apply nail polish to *Am*, to varnish *Brit*

esmalte [izˈmawtʃi] *m* **1.** (*para metal*) enamel; (*para porcelana*) glaze **2.** (*dos dentes*) (tooth) enamel **3.** (*de unhas*) nail polish *Am*, nail varnish *Brit*

esmerado, -a [izmeˈradu, -a] *adj* **1.** (*visual*) neat **2.** (*trabalho*) painstaking

esmeralda [izmeˈrawda] *f* (*pedra*) emerald

esmeraldo, -a [izmeˈrawdo, -a] *adj* (*cor*) emerald (green)

esmerar-se [izmeˈrarsi] *vr* to take pride in doing sth well; (*no trabalho*) to take great care; **ele esmerou-se para escrever o artigo** he took great care in writing the article

esmero [izˈmeru] *m* diligence *no pl*; **com ~** with great care; **o ~ de seu trabalho é notado por todos** everyone recognizes the perfection of his work

esmigalhar [izmigaˈʎar] *vt* to crumble

esmiuçar [izmiuˈsar] *vt* <ç→c> **1.** (*pulverizar um objeto*) to crush into pieces **2.** (*examinar com detalhes*) to examine in detail

esmo [ˈezmu] *m* estimation *no pl*; **a ~** at random

esmola [izˈmɔla] *f* alms *pl*; **dar uma ~ a alguém** to give money to sb; **pedir ~** to beg

esmorecer [izmoreˈser] *vi* <c→ç> **1.** (*enfraquecer*) to falter, to lose heart; (*desmaiar*) to faint, to pass out **2.** (*cor*) to fade; (*luz*) to fade **3.** (*relação, sentimento*) to cool

esmurrado, -a [izmuˈxadu, -a] *adj* punched

esmurrar [izmuˈxar] *vt* to punch

esnobar [iznoˈbar] *vt* to act like a snob (towards)

esnobe [izˈnɔbi] **I.** *adj pej* snobbish **II.** *mf* snob

esnobismo [iznoˈbizmu] *m pej* snobbery *no pl*

esôfago [eˈzofagu] *m* esophagus

esotérico, -a [ezoˈtɛriku, -a] *adj* esoteric

esoterismo [ezoteˈrizmu] *m* esotericism *no pl*

espaçada *adj v.* **espaçado**

espaçadamente [ispasadaˈmẽtʃi] *adv* at intervals

espaçado, -a [ispaˈsadu, -a] *adj* **1.** (*temporal*) **a intervalos ~s** at intervals; **as pessoas foram chegando em intervalos ~s** people began to arrive at intervals **2.** (*local*) spaced out, well-spaced

espacial <-ais> [ispasiˈaw, -ˈajs] *adj* spatial, space; **estação ~** space station

espaço [isˈpasu] *m* **1.** (*extensão*) space; (*lugar*) area; **~ aéreo** airspace; **~ cultural** cultural center; **~ verde** green area; **ainda há ~ para três pessoas/carros** there is still room for three people/cars **2.** (*distância*) space; **deixar um ~ entre duas coisas** to leave a space between two things **3.** (*intervalo*) interval; **~ de tempo** time interval; **um ~ de dois anos** a two-year interval **4.** ASTRON space; **~ sideral** sidereal space **5.** (*tipografia*) space

espaçoso, -a [ispaˈsozu, -ˈɔza] *adj* spacious, roomy; (*pessoa*) pushy

espada [isˈpada] *f* sword; **estar entre a cruz e a ~** to be between hell and high water

espadachim [ispadaˈʃĩj] *m* swordsman

espadarte [ispaˈdartʃi] *m* swordfish

espadas [isˈpadas] *fpl* (*cartas*) spades *pl*

espádua [isˈpadwa] *f* shoulder

espaguete [ispa'gɛtʃi] *m* GASTR spaghetti *no pl*

espairecer [ispajre'ser] <c→ç> **I.** *vt* to soothe; **~ a mente** to soothe one's mind, to put one's mind at rest **II.** *vi* to relax, to unwind; **andava pelo parque para ~** he took a walk in the park to unwind; (*distrair-se, divertir-se*) to amuse oneself

espaldar [ispaw'dar] *m* back rest

espalhafato [ispaʎa'fatu] *m* **1.** (*barulho, gritaria*) uproar; **fazer um ~** to cause an uproar **2.** (*confusão*) disorder *no pl* **3.** (*ostentação*) extravagance *no pl*

espalhafatoso, -a [ispaʎafa'tozu, -ɔza] *adj pej* (*extravagante*) gaudy; **vestido ~** gaudy dress; (*exagerado*) loud; **pessoa espalhafatosa** loud person

espalhar [ispa'ʎar] **I.** *vt* **1.** (*polvilhar*) to sprinkle **2.** (*divulgar uma notícia, um boato, o pânico*) to disseminate, to spread **3.** (*pomada*) to spread **II.** *vr:* **~-se 1.** (*notícia, doença*) to spread **2.** (*pôr-se à vontade*) to spread out; (*dispersar-se*) to scatter

espalmado, -a [ispaw'madu, -a] *adj* (*mão*) open; (*folhas*) spread out

espalmar [ispaw'mar] *vt* **1.** to flatten; (*distender*) to spread (out) **2.** FUT **~ a bola** to palm the shot; **o goleiro espalmou a bola para escanteio** the goalkeeper palmed the shot away, for a corner

espanador [ispana'dor] *m* duster

espancar [ispãŋ'kar] *vt* <c→qu> to beat (up)

Espanha [is'pãɲa] *f* Spain

espanhol, -a <-óis> [ispã'ɲɔw, -a, -ɔjs] **I.** *m, f* Spaniard **II.** *adj* Spanish

espantado, -a [ispãŋ'tadu, -a] *adj* frightened; (*pasmado*) astonished; **ficar ~ com a. c.** to be astonished by sth

espantalho [ispãŋ'taʎu] *m* scarecrow; **você parece um ~!** you look terrible!

espantar [ispãŋ'tar] **I.** *vt* (*admirar*) to amaze; (*pasmar*) to astonish; (*afugentar*) to scare (off), to frighten (off); **~ o sono** to chase sleep away **II.** *vr:* **~-se** to be startled; **~-se com a. c.** to be amazed at sth

espanto [is'pãŋtu] *m* surprise; **causou ~ o sucesso desse filme** the success of that film was a surprise

espantoso, -a [ispãŋ'tozu, -ɔza] *adj* **1.** (*que assusta: acontecimento, história*) horrible; **uma morte espantosa** a terrible death **2.** (*indignação*) appalling; **é ~ como certas pessoas não sabem dirigir** it is appalling how some people can't drive **3.** (*estupendo: sucesso, desenvolvimento*) extraordinary; **a voz daquele cantor é ~** that singer's voice is extraordinary

esparadrapo [ispara'drapu] *m* adhesive plaster

esparramar [ispaxɜ'mar] **I.** *vt* **1.** (*objetos: brinquedos, moedas*) to scatter; **o menino esparramou os brinquedos pelo chão** the boy scattered his toys all over the floor **2.** (*líquidos*) to spill; **ele esparramou o suco pela mesa** he spilt juice all over the table **II.** *vr:* **~-se** to spread; **o suco esparramou-se pela mesa** the juice spread all over the table; **~-se numa poltrona** to sprawl in a chair

esparrela [ispa'xɛla] *f* (*armadilha, cilada*) trap; (*fraude*) swindle; **cair na ~** to fall for sth

esparso, -a [is'parsu, -a] *adj* **1.** (*espalhado*) **chuvas esparsas** scattered showers **2.** (*solto*) sparse

espartilho [ispar'tʃiʎu] *m* corset, stays *pl*

espasmo [is'pazmu] *m* spasm

espatifar [ispatʃi'far] **I.** *vt* to smash **II.** *vr:* **~-se** to shatter; **o vaso caiu e espatifou-se no chão** the vase fell down and shattered on the floor

espátula [is'patula] *f* spatula, spreader

espavorido, -a [ispavo'ridu, -a] *adj* terrified

especial <-ais> [ispesi'aw, -'ajs] *adj* **1.** (*autorização, edição, comissão*) special; (*lugar, data, livro, amigo*) special; **em ~** especially; **nada de ~** nothing special **2.** (*deficiente*) handicapped

especialidade [ispesjaʎi'dadʒi] *f* specialty *Am,* speciality *Brit;* **a ~ da casa é lasanha** the specialty of the house is lasagna; (*ramo de atividade*) field of expertise, specialty; **sua ~ é a Lexicografia** lexicography is his field of expertise

especialista [ispesja'ʎista] *mf* **1.** specialist; (*profissional*) expert; **ser ~ em a. c.** to be an expert in sth **2.** MED specialist; **aquele médico é ~ em oftalmologia** that doctor is a specialist in

especialização <-ões> [ispesʒ-aʎizaˈsɐ̃w, -ˈõjs] f specialization; **~ profissional** professional specialization; **fazer uma ~ em a. c.** to take a specialization course in sth

especializado, -a [ispesʒaʎiˈzadu, -a] adj specialized; (profissional) expert

especializar-se [ispesʒaʎiˈzarsi] vr to specialize; **~ em a. c.** to specialize in sth

especialmente [ispesjawˈmẽjtʃi] adv 1. (de propósito) (e)specially; **isto foi feito ~ para você** this was made especially for you 2. (principalmente) particularly

especiaria [ispesjaˈria] f spice

espécie [isˈpɛsii] f 1. (tipo) kind; **ele faz toda a ~ de erros** he makes all kinds of mistakes 2. BIO species 3. ECON **em ~** (in) cash

específica adj v. **específico**

especificação <-ões> [ispesifikaˈsɐ̃w, -ˈõjs] f specification

especificado, -a [ispesifiˈkadu, -a] adj specified

especificar [ispesifiˈkar] vt <c→qu> to specify

específico, -a [ispeˈsifiku, -a] adj specific

espécime [isˈpɛsimi] m 1. (modelo, padrão) sample 2. (amostra, exemplar) specimen; **esse animal é um ~ raro** that animal is a rare specimen

espectador(a) [ispektaˈdor(a)] <-es> m(f) spectator; (testemunha) bystander

espectro [isˈpɛktru] m 1. (fantasma) specter Am, spectre Brit, phantom 2. FÍS spectrum

especulação <-ões> [ispekulaˈsɐ̃w, -ˈõjs] f speculation; **~ na Bolsa** Stock Market speculation

especulador(a) [ispekulaˈdor(a)] <-es> m(f) ECON speculator

especular [ispekuˈlar] vi 1. ECON to speculate; **~ na Bolsa** to speculate on the Stock Market 2. (meditar) to ponder, to speculate; **~ sobre a. c.** to theorize about sth

especulativo, -a [ispekulaˈtʃivu, -a] adj speculative

espéculo [isˈpɛkulu] m speculum

espelhar [ispeˈʎar] I. vt to reflect; **o mar espelha a lua** the sea reflects the moon; fig to reflect, to mirror; **seu trabalho espelha seu esforço** his work reflects his efforts II. vr: **~-se** to be mirrored; **seus mestres espelharam-se em seu trabalho** his masters were mirrored in his work

espelho [isˈpeʎu] m mirror; **~ retrovisor** rearview mirror

espelunca [ispeˈlũwka] f pej dump; **como ganho pouco, vivo nessa ~** I live in this dump because I don't earn much

espera [isˈpɛra] f wait; **estar à ~ de alguém/a. c.** (esperar por) to be waiting for sb/sth; **estar à ~ de a. c.** (contar com) to be expecting sth

esperado, -a [ispeˈradu, -a] adj expected, foreseen

esperança [ispeˈrɐ̃sa] f hope; **dar falsas ~s a alguém** to give sb false hopes; **ter ~(s)** to have hopes; **ainda tenho ~(s) de que vou conseguir um emprego** I still have hopes of getting a job

esperançoso, -a [isperɐ̃ˈsozu, -ˈɔza] adj hopeful, promising

esperanto [ispeˈrɐ̃tu] m Esperanto

esperar [ispeˈrar] I. vt 1. (aguardar) to wait for; **estar esperando bebê** to be expecting a baby 2. (contar com) to hope II. vi 1. (aguardar) to wait; **~ por alguém/a. c.** to wait for sb/sth; **fazer alguém ~** to make sb wait; **espera aí!** wait a moment! 2. (ter esperança) to hope; **~ por a. c.** to hope for sth; **espero que sim/não** I hope so/not

esperma [isˈpɛrma] m sperm

espermatozoide [ispermatoˈzɔjdʒi] m spermatozoon

espernear [isperniˈar] conj como passear vi to shake one's legs; (insubordinar-se) to be insubordinate

esperto, -a [isˈpɛrtu, -a] adj smart

espesso, -a [isˈpesu, -a] adj 1. (líquido) dense 2. (tecido, livro, parede) thick

espessura [ispeˈsura] f 1. (de líquido) density 2. (de material) thickness

espetacular [ispetakuˈlar] adj 1. (de espetáculo) spectacular 2. (excelente) excellent, splendid

espetáculo [ispeˈtakulu] m 1. (de teatro, música) show 2. (maravilha) **a festa foi um ~!** the party was fantastic! 3. inf (escândalo) spectacle; **dar ~** to make a spectacle of oneself

espetada [ispeˈtada] f 1. (agulha, alfinete) pinprick 2. GASTR hole; **dar ~s**

espetar [ispe'tar] **I.** vt **1.** (*alfinete*) to stick **2.** (*pendurar, prender*) to stick; ~ **um aviso no quadro** to stick a notice on the board **3.** GASTR (*furar: batatas*) to prick; (*colocar num espeto*) to put onto a spit/skewer; **espetou a carne para assá-la** he put the meat onto a spit to roast it **II.** vr: ~**-se 1.** (*picar-se*) to prick oneself; ~**-se com uma agulha** to prick oneself with a needle **2.** inf (*ficar em má situação, encrencar-se*) to get into trouble

espevitado, -a [ispevi'tadu, -a] adj **1.** (*vivaz*) vivacious **2.** (*pretensioso*) pretentious

espezinhar [ispezĩ'nar] vt **1.** (*pisar*) to trample on **2.** (*humilhar*) to humiliate **3.** (*tratar mal*) to mistreat

espia [is'pia] mf spy; (*sentinela*) lookout

espiã f v. **espião**

espiada [ispi'ada] f (*olhada*) peep; **dar uma ~ em a. c./alguém** to take a peep at sth/sb

espião m **1.** spy; (*da polícia*) informer **2.** (*pessoa curiosa*) snooper

espiar [ispi'ar] vt **1.** (*olhar às escondidas*) to watch secretly, to snoop (on) **2.** (*espionar*) to spy (on)

espicaçar [ispika'sar] vt <ç→c> **1.** (*de aves*) to peck **2.** (*picar*) to prick **3.** (*instigar*) to stimulate; ~ **a curiosidade** to whet one's curiosity **4.** (*magoar*) to torment, to needle; **gosta de ~ os colegas** he likes to needle his co-workers

espiga [is'piga] f **1.** ~ **de milho** ear of corn [*o Brit* maize] **2.** GASTR corn on the cob

espigado, -a [ispi'gadu, -a] adj **1.** (*pessoa*) lanky **2.** (*cabelo*) spiky

espigar [ispi'gar] vi <g→gu> **1.** (*de milho, trigo*) to develop ears **2.** (*de cabelo*) to become spiky **3.** inf (*fazer crescer, tornar alto*) to shoot up

espinafre [ispi'nafri] m spinach

espingarda [ispĩj'garda] f rifle; ~ **de dois canos** double-barreled shotgun

espinha [is'piɲa] f **1.** (*do peixe*) (fish)bone **2.** ANAT spinal column, spine; ~ **dorsal** backbone **3.** (*na pele*) pimple

espinhal <-ais> [ispĩ'ɲaw, -'ajs] adj spinal; **medula ~** [*ou* **nervo**] spinal cord

espinho [is'pĩɲu] m **1.** (*de rosa*) thorn; (*de cáctus*) needle **2.** (*de animal*) quill **3.** (*dificuldade*) thorn; **seu percurso teve muitos ~ s** his path was very thorny

espinhoso, -a [ispi'ɲozu, -'ɔza] adj **1.** BOT thorny, prickly **2.** (*difícil*) tough; **situação espinhosa** thorny situation

espiões m pl de **espião**

espionagem [ispio'naʒẽj] f espionage no pl, spying no pl

espionar [ispio'nar] **I.** vt to spy (on) **II.** vi to snoop (around)

espiral [ispi'raw] adj, f <-ais> spiral

espírita [is'pirita] **I.** mf spiritualist **II.** adj spiritualistic

espiritismo [ispiri'tʃizmu] m spiritualism no pl

espírito [is'piritu] m **1.** (*pensamento, alma*) spirit; **o Espírito Santo** the Holy Ghost [*o* Spirit]; **ter paz de ~** to have inner peace, to be at peace (with oneself) **2.** (*sensibilidade*) spirit; ~ **de equipe** team spirit; **ter ~ crítico** to have a critical spirit; **ter ~ para a. c.** to have the right spirit for sth **3.** inf (*significado*) spirit; **não entendeu o ~ da coisa** he didn't get the idea

Espírito Santo [is'piritu 'sãntu] m (State of) Espírito Santo

espiritual <-ais> [ispiritu'aw, -'ajs] adj **1.** spiritual; (*sobrenatural*) supernatural **2.** (*religioso*) spiritual

espiritualidade [ispiritwʎi'dadʒi] f spirituality no pl

espirituoso, -a [ispiritu'ozu, -'ɔza] adj **1.** spirited; (*pessoa*) witty, clever **2.** (*bebida*) strong

espirrar [ispi'xar] **I.** vt to squirt (out); **a mangueira está espirrando água de um furo** water is squirting out of a hole in the hose **II.** vi to sneeze

espirro [is'pixu] m sneeze; **dar um ~** to sneeze

esplanada [ispla'nada] f (*em frente a edifício*) esplanade

esplêndido, -a [is'plẽdʒidu] adj splendid

esplendor [isplẽj'dor] m splendor *Am*, splendour *Brit*

esplendoroso, -a [isplẽjdo'rozu, -'ɔza] adj v. **esplêndido**

espoleta [isp'leta] f **1.** fuse (cap); (*detonador*) detonator **2.** inf (*de uma criança*) very lively child

espoliação <-ões> [ispoʎia'sãw, -'õjs] f (*pilhagem*) pillage no pl, plunder no *pl*

espoliar [ispoʎi'ar] *vt* (*pilhar*) to pillage, to plunder

espólio [is'pɔʎiw] *m* **1.** (*herança*) estate **2.** (*de guerra*) spoils *pl*

espondilose [ispõwdʒ'lɔzi] *f* spondylosis

esponja [is'põwʒa] *f* **1.** ZOOL sponge **2.** (*material*) sponge; **passemos uma ~ sobre o assunto!** *inf* let's wipe the slate clean; **beber como uma ~** *inf* to drink like a fish **3.** *inf* (*pessoa*) sponge

esponjoso, -a [ispõw'ʒozu, -'ɔza] *adj* spongy

esponsais [ispõ'sajs] *mpl* engagement, betrothal; **celebraram os ~ na semana passada** they got engaged last week

espontânea *adj v.* **espontâneo**

espontaneamente [ispõwtɜnja'mẽtʃi] *adv* spontaneously

espontaneidade [ispõwtɜnej'dadʒi] *f* spontaneity

espontâneo, -a [ispõw'tɜniw, -a] *adj* spontaneous; **de livre e espontânea vontade** of one's own free will

espontar [ispõw'tar] **I.** *vt* (*cabelo*) to trim; (*arbusto, árvore*) to prune **II.** *vi* **1.** (*astro*) to appear; **a lua já esponta no céu** the moon has just come out **2.** (*dia*) to dawn

espora [is'pɔra] *f* spur

esporádico, -a [ispo'radʒiku, -a] *adj* sporadic

esporão <-ões> [ispo'rɜ̃w, -'õjs] *m* ZOOL, MED spur

esporte [is'portʃi] **I.** *m* sport; **praticar ~** to practice sports **II.** *adj* **traje ~** sportswear

esportista [ispor'tʃista] *mf* sportsman *m*, sportswoman *f*

esportivo, -a [ispor'tʃivu, -a] *adj* **1.** sports; **loteria esportiva** sports lottery **2.** sporting; **ter espírito ~** to be sporting

esposo, -a [is'pozu, -a] *m, f* spouse

espreguiçar-se [ispreɡi'sarsi] *vr* <c→ç> to stretch (one's arms) lazily; **espreguiçou-se ao acordar** he stretched lazily when he woke up

espreita [is'prejta] *f* **estar à ~** to be on the lookout (for sb/sth); **pôr-se à ~** to set up watch (for sb/sth)

espreitar [ispɾej'tar] **I.** *vt* to spy on, to snoop on **II.** *vi* to watch [*o observe*] (in secret)

espremedor [ispreme'dor] *m* squeezer

espremer [ispre'mer] **I.** *vt* **1.** (*com espremedor*) to squeeze **2.** (*uma esponja, espinha*) to squeeze **3.** *inf* (*um povo*) to oppress **II.** *vi* to squeeze (into sth); **espremeram-se dentro do ônibus** they all squeezed into the bus

espuma [is'puma] *f* (*de sabão*) foam; (*de cerveja, leite*) froth; (*das ondas*) foam; **~ de banho** bath foam; **~ de barbear** shaving foam; **~ de borracha** foam rubber; **fazer ~** to work up a lather

espumadeira [ispuma'dejra] *f v.* **escumadeira**

espumante [ispu'mɜ̃tʃi] **I.** *m* (*champanha*) bubbly **II.** *adj* frothy, bubbly; **vinho ~** sparkling wine

espumar [ispu'mar] *vi* **1.** to foam; **o cachorro raivoso estava espumando** the rabid dog was foaming at the mouth; (*de champanha*) **2.** to bubble (up)

espumoso, -a [ispu'mozu, -'ɔza] *adj* bubbly, frothy

espúrio, -a [is'puriw, -a] *adj* spurious

esq. *adj abr de* **esquerdo** l.

esquadra [is'kwadra] *f* **1.** MIL squadron **2.** NÁUT fleet

esquadrão <-ões> [iskwa'drɜ̃w, -õjs] *m* squad; **~ policial** police squad

esquadria [iskwa'dria] *f* **1.** MAT right angle **2.** (*acabamento de porta ou janela*) frame; **~ de alumínio** aluminum frame

esquadro [is'kwadru] *m* square; **a planta parece fora de ~** the plant doesn't look straight

esquadrões *m pl de* **esquadrão**

esquálido, -a [is'kwaʎidu, -a] *adj* **1.** (*lugar sujo*) dingy, squalid; (*coisa suja*) filthy **2.** (*desnutrido, magro, pálido*) emaciated

esquartejar [iskwarte'ʒar] *vt* to quarter; (*retalhar*) to cut into pieces; (*dilacerar*) to tear apart

esquecer [iske'ser] <c→ç> **I.** *vt* **1.** (*não lembrar, desaprender*) to forget; **deixou de falar inglês e esqueceu tudo** he stopped speaking English and forgot everything **2.** (*negligenciar*) to forget; **sempre esquece o guarda-chuva** he always forgets his umbrella **3.** (*deixar de amar*) to forget; **vê se me esquece!** *inf* just forget me! **II.** *vr* **~-se de a. c.** to forget sth; **não se esqueça de estudar**

don't forget to study

esquecido, -a [iske'sidu, -a] *adj* forgotten; (*esquecidiço*) forgetful; **fazer-se de** ~ to pretend to be forgetful

esquecimento [iskesi'mẽjtu] *m* forgetfulness *no pl*; **cair no** ~ to become forgotten

esquelético, -a [iske'lɛtʃiku] *adj* skeletal, gaunt

esqueleto [iske'letu] *m* 1. ANAT skeleton 2. (*armação*) framework 3. (*estrutura, esboço*) outline

esquema [is'kema] *m* 1. (*figura*) diagram 2. (*projeto*) scheme 3. (*resumo, sinopse,*) summary

esquemático, -a [iske'matʃiku] *adj* schematic

esquematizar [iskematʃi'zar] *vt* to schematize

esquentado, -a [iskẽj'tadu] *adj* 1. heated 2. *fig* easily excited, hotheaded; **não tem paciência, é muito** ~ he hasn't got any patience, he's very hotheaded

esquentar [iskẽj'tar] I. *vt* 1. to heat 2. *inf* to heat up sth; ~ **a cabeça** *inf* to worry II. *vi* to become warm, to warm up; **a cerveja esquentou** the beer got warm III. *vr:* ~**-se** (*pessoa*) to get angry, to lose one's temper

esquerda *adj v.* **esquerdo**

esquerda [is'kerda] *f* 1. POL left (wing); **o político passou para a** ~ the politician moved to the left 2. **virar à** ~ to turn left

esquerdista [isker'dʒista] *mf* leftwinger

esquerdo, -a [is'kerdu, -a] *adj* left

esqui [is'ki] *m* skiing; ~ **aquático** water skiing; **fazer** ~ to ski

esquiador(a) [iskia'dor(a)] <-es> *m(f)* skier

esquiar [iski'ar] *vi* to ski

esquilo [is'kilu] *m* squirrel

esquimó [iski'mɔ] *adj, mf* Eskimo

esquina [is'kina] *f* corner; **na** ~ at the corner; **virar na próxima** ~ to turn at the next corner

esquisito, -a [iski'zitu, -a] *adj* 1. (*estranho*) strange; (*muito estranho*) weird 2. (*raro, invulgar*) odd 3. (*requintado*) exquisite; **iguarias e vinhos** ~**s** exquisite food and wine

esquiva *adj v.* **esquivo**

esquivar-se [iski'varsi] *vr* to dodge, to shirk; ~ **de alguém/a. c.** to shun sb/ sth, to avoid sb/sth; ~ **do trabalho/de uma pergunta** to sidestep a job/question

esquivo, -a [is'kivu, -a] *adj* 1. (*pessoa*) disdainful; (*resposta*) disdainful 2. (*olhar*) shifty

esquizofrenia [iskizofre'nia] *f* schizophrenia *no pl*

esquizofrênico, -a [iskizo'freniku, -a] I. *m, f* schizophrenic II. *adj* schizophrenic

esse, -a ['esi, 'ɛsa] I. *adj* 1. (*aí*) that; (*aqui*) this; ~ **livro/vinho** that book/ wine; **essa senhora** that lady; ~ **tal ...** that so-called... 2. (*momento passado*) **foi por essa época que morei no Brasil** that was the time I was living in Brazil II. *pron dem* 1. (*coisa: aqui*) this one; **essa agora!** now this!; **ainda mais essa!** on top of all that, now this! 2. (*coisa: aí*) that one; **essa aí vai servir** that one will do; **essa é boa!** how do you like that!; **ora essa!** (*surpresa*) well, well!; (*indignação*) don't give me that!; **é por essas e por outras** that's why

essência [e'sẽjsia] *f* 1. (*ser, existência*) essence 2. (*ideia principal*) essence 3. (*perfume*) essence

essencial [esẽjsi'aw] I. *m* essential point II. *adj* <-ais> essential

essencialmente [esẽjsjaw'mẽjtʃi] *adv* essentially

esta *pron v.* **este**

estabelecer [istabele'ser] <c→ç> I. *vt* 1. (*criar, fundar*) to establish, to found; (*um negócio*) to establish 2. (*um horário, prazo, regras*) to establish; (*uma lei*) to establish, to decree; (*um recorde, uma teoria*) to establish 3. (*uma ligação, relação*) to establish; ~ **uma relação entre os fatos** to establish; (*contato*) to establish II. *vr:* ~**-se** 1. (*fixar residência*) to settle 2. (*montar um estabelecimento*) to set up a business

estabelecimento [istabelesi'mẽjtu] *m* 1. (*fundação*) foundation 2. (*das regras, do prazo*) establishment; (*de um recorde, de uma teoria*) establishment 3. (*instituição*) institution; ~ **comercial** establishment; ~ **de ensino** educational institution; ~ **penitenciário** penitentiary; ~ **público** public institution

estabilidade [istabiʎi'dadʒi] *f* (*finan-*

estabilizador [istabiʎiza'dor] *m* 1. AERO, AUTO stabilizer 2. AUTO stabilizer *Am*

estabilizar [istabiʎi'zar] I. *vt* (*situação, moeda*) to stabilize *Am* II. *vr:* ~ **-se** to become stable

estábulo [is'tabulu] *m* stable

estaca [is'taka] *f* 1. (*peça de madeira, aço*) stake; (*peça redonda*) pole 2. **~ zero** starting point

estação <-ões> [ista'sãw, -'õjs] *f* 1. (*ferroviária*) railroad *Am* [*o Brit* railway] station; (*de ônibus*) bus station 2. (*do ano*) season 3. (*de rádio, televisão*) radio/television station 4. (*centro*) station; ~ **espacial** space station 5. (*de águas*) spa; (*de férias*) resort

estacar [ista'kar] *vi* <c→qu> 1. to stake 2. (*interromper*) to stop short 3. (*parar*) to stand still

estacionado, -a [istasjo'nadu, -a] *adj* (*carro*) parked; **estar mal** ~ to be badly parked

estacionamento [istasjona'mẽjtu] *m* 1. (*ação de estacionar*) parking; ~ **proibido** no parking (zone) 2. (*lugar*) parking lot *Am*, car park *Brit*

estacionar [istasjo'nar] I. *vt* (*o carro*) to park II. *vi* 1. (*o carro*) to park; **não** ~! no parking! 2. (*situação, doença*) to remain stationary, to be at a standstill

estacionário, -a [istasjo'nariw] *adj* stationary

estada [is'tada] *f* stay

estadia [ista'dʒia] *f* 1. (*descarga no porto*) lay days *pl* 2. *v.* **estada**

estádio [is'tadʒiw] *m* 1. ESPORT stadium 2. (*fase*) phase

estadista [ista'dʒista] *m* statesman, stateswoman *f*

estado [is'tadu] *m* 1. (*condição boa ou má*) condition; ~ **civil** marital status; ~ **de emergência, de saúde, de abandono** state of emergency, health, abandon; ~ **de espírito** state of spirit 2. POL state; (*de Federação*) state; **Estados Unidos da América** United States of America

> **Gramática** estado is always written with a lower-case initial letter, except when it refers to political institutions: "O Estado Maior das Forças Armadas tem um novo presidente; Ele é Ministro de Estado."

estado-maior [is'tadu-maj'ɔr] *m* general staff

estadual <-ais> [istadu'aw, -'ais] *adj* state; **constituição** ~ state constitution

estafa [is'tafa] *f* (*esgotamento, fadiga*) tiredness *no pl*

estafado, -a [ista'fadu, -a] *adj* tired out, worn out

estafar [ista'far] I. *vt* to tire (out) II. *vr:* ~ **-se** to get tired; **o estudante estafou-se com as provas** the student got tired of doing exams

estafeta [ista'feta] *mf* (*de entrega em domicílio*) courier

estagiar [istaʒi'ar] *vi* to train, to do training; ~ **em uma empresa** to train (as a professional) in a company; (*recém-formado*) to work as an apprentice; (*de médico*) to work as an intern *Am* [*o Brit* houseman] (at a hospital)

estagiário, -a [istaʒi'ariw, -a] *m, f* trainee; (*recém-formado*) apprentice; **engenheiro** ~ trainee engineer; (*médico*) intern *Am*, houseman *Brit*

estágio [is'taʒiw] *m* 1. (*aprendizagem*) training; ~ **de professor** teacher training; **fazer** ~ to be in training 2. (*fase*) stage; **em que** ~ **se encontra o projeto?** what stage is the project at?

estagnado, -a [istag'nadu, -a] *adj* 1. (*água*) stagnant 2. (*progresso, economia*) stagnant; (*processo*) stagnant

estagnar [istag'nar] *vi* 1. (*água*) to stagnate 2. (*progresso, economia*) to stagnate; (*processo*) to stagnate

estalactite [istalak'tʃitʃi] *f* stalactite

estalada [ista'lada] *f* 1. (*de um tiro*) crack 2. *inf* (*bofetada*) slap

estalado, -a [ista'ladu, -a] *adj* cracked

estalagem [ista'laʒẽj] *f* hostel, inn

estalagmite [istalag'mitʃi] *f* stalagmite

estalar [ista'lar] I. *vt* to snap; ~ **os dedos** to snap one's fingers II. *vi* 1. (*fender*) to crack 2. (*dar estalos*) to crackle; (*lenha*) to split; **sua cabeça estalava de dor** *inf* he had a splitting headache 3. (*guerra*) to break out

estaleiro [ista'lejru] *m* (*de construção*) shipyard; NAÚT dock

estalido [ista'ʎidu] *m* clack; (*com a boca, os dedos*) snap(ping); (*da lenha*) crackling

estalo [is'talu] m **1.** (*som*) clack, crack; (*iluminação*) insight; **dar um ~** to have a brainwave **2.** *inf* (*bofetada*) slap; **levar um ~** to get slapped; **dar um ~ em alguém** to slap sb

estampa [is'tɐ̃pa] f print

estampado [istɐ̃'padu] m printed cloth

estampado, -a [istɐ̃'padu, -a] *adj* **1.** (*tecido, papéis*) printed **2.** (*evidente*) stamped, imprinted; **ela tem a felicidade estampada no rosto** happiness is stamped all over her face

estampagem [istɐ̃'paʒẽj] f stamping; (*impressão*) printing

estampar [istɐ̃'par] *vt* to stamp; (*imprimir*) to print; (*em relevo*) to emboss

estamparia [istɐ̃pa'ria] f **1.** print shop, printery *Am* **2.** (*estampa*) print, impression

estampido [istɐ̃'pidu] m blast, explosion

estancar [istɐ̃'kar] <c→qu> **I.** *vt* (*cessar, terminar*) to stop, to put an end to; (*água*) to stop the flow (of); (*sangue*) to stanch; **é preciso ~ o sangue** the blood needs to be stanched **II.** *vi* (*sangue*) to stanch

estância [is'tɐ̃sia] f **1.** (*para gado*) (cattle) ranch, stock farm; (*de férias*) resort; **~ balneária** seaside resort; **~ termal** spa (resort) **2.** LIT stanza, verse

estandardização [istɐ̃dardʒiza'sɐ̃w] f standardization

estandardizar [istɐ̃dardʒi'zar] *vt* to establish standards, to standardize

estandarte [istɐ̃'dartʃi] m banner, standard; **~ de escola de samba** samba school banner

estande [is'tɐ̃dʒi] m stand; **~ de exposição** display stand, exhibition stand

estanho [is'tɐ̃ɲu] m tin; **papel de ~** foil

estanque [is'tɐ̃ki] *adj* watertight

estante [is'tɐ̃tʃi] f bookcase, bookshelves *pl*

estapafúrdio, -a [istapa'furdʒiw] *adj* **1.** *inf* (*disparatado*) harebrained **2.** *inf* (*excêntrico*) eccentric

estar [is'tar] *irr vi* **1.** (*encontrar-se*) to be (somewhere); **~ em casa** to be at home; **onde é que ele está?** where is he? **2.** (*presença*) to be (here/there); **ela não está** she isn't here; **quem está aí?** who's there? **3.** (*modo*) **~ de chapéu/óculos, de calça jeans** to be wearing a hat/glasses/jeans; **~ deitado** to be lying down; **~ sem dinheiro/emprego** to be without money/job; **~ doente/contente** to be sick/happy; **~ esperando bebê** to be expecting a baby; **~ de férias** to be on vacation; **~ com fome/sede** to be hungry/thirsty; **~ frio/calor** to be cold/hot; **~ de luto** to be in mourning; **~ com medo** to be afraid; **~ de pé** to be standing; **~ pendurado** to be hanging; **~ sentado** to be sitting; **~ a par (da situação)** to know what is going on; **não ~ para brincadeiras** not to be in the mood for games; **(ainda) ~ por fazer** (still) needing to be done; **como está?** how are you?; **está bem!** all right!; **ela está sem dormir/comer há dois dias** she has gone without sleep/food for two days **4.** (*ação contínua*) **~ fazendo a. c.** to be doing sth; **ele está conversando/lendo/cozinhando** he is talking/reading/cooking **5.** (*temperatura*) **estou com frio, calor** I am (feeling) cold/hot

estardalhaço [istarda'ʎasu] m *inf* hullabaloo

estarrecer [istaxe'ser] <c→ç> **I.** *vt* to scare; **estarreceu a plateia** he frightened the audience **II.** *vr:* **~-se** to be appalled

estarrecido, -a [istaxe'sidu, -a] *adj* appalled; **ficou ~ com o que viu** he was appalled by what he saw

estatal [ista'taw] *adj* state; **empresa ~** state company

estatelado, -a [iste'ladu, -a] *adj* stunned, dumbfounded; **ficar, estar ~ com a notícia** to be dumbfounded by the news

estatelar-se [iste'larsi] *vr* to fall flat on the ground

estática [is'tatʃika] f static *no pl*

estático, -a [is'tatʃiku, -a] *adj* **1.** FÍS static **2.** (*imóvel*) static, motionless

estatística [ista'tʃistʃika] f statistics *pl*

estatístico, -a [ista'tʃistʃiku, -a] *adj* statistical; **cálculos ~s** statistical calculations

estátua [is'tatwa] f statue

estatueta [istatu'eta] f statuette

estatuir [istatu'ir] *conj como incluir vt* to establish, to decree

estatura [ista'tura] f stature *no pl;* **~ alta, baixa, mediana** tall, short, medi-

estatuto 240 **estilhaçar**

um stature

estatuto [istaˈtutu] *m* (*lei*) statute, law; (*de uma associação*) bylaw *pl*

estável <-eis> [isˈtavew, -ejs] *adj* (*funcionário*) permanent; (*relação*) stable, enduring; (*situação, economia, saúde*) stable; (*tempo*) stable

este [ˈɛstʃi] *m v.* **leste**

este, -a [ˈestʃi, -ˈɛsta] *pron dem* this; ~ **livro/vinho** this book/wine; **esta senhora** this lady; (*tempo presente*) at this time; **esta noite** this evening, tonight; (*pessoa ou lugar próximo*) this; **esta menina comporta-se bem** this girl is well-behaved

esteio [isˈteju] *m* support; *fig* breadwinner; ~ **da família** the family breadwinner

esteira [isˈtejɾa] *f* **1.** (*tapete*) mat **2.** (*tapete rolante*) moving belt; (*aparelho de exercício*) treadmill **3.** *fig* (*vestígio*) trace; (*caminho*) track; (*de navio*) wake; **ir na** ~ **de alguém** to follow in sb's wake/footsteps

estender [istẽjˈder] **I.** *vt* **1.** (*um mapa, uma toalha*) to spread out; (*uma rede*) to extend **2.** (*a mão*) to hold out; (*as pernas, os braços*) to stretch (out) **3.** (*a massa*) to roll out **4.** (*um prazo*) to extend **5.** (*a roupa*) to hang up **II.** *vr:* ~**-se 1.** (*deitar-se*) to stretch out **2.** (*paisagem*) to stretch **3.** (*temporal*) to last **4.** (*estatelar-se*) to sprawl, to be sprawled; (*durar*) to last; **a exposição estendeu-se por 6 semanas** the exhibition lasted for 6 weeks

estenógrafa *f v.* **estenógrafo**

estenografar [istenogɾaˈfar] *vt* to write in shorthand

estenografia [istenogɾaˈfia] *f* shorthand *no pl*, stenography *no pl*

estenógrafo, -a [isteˈnɔgɾafu, -a] *m, f* stenographer

estepe [isˈtɛpi] **I.** *f* (*vegetação*) steppe **II.** *m* (*pneu sobressalente*) spare wheel

esterco [isˈterku] *m* **1.** (*estrume*) manure *no pl* **2.** (*excremento animal*) dung *no pl*

estéreis *adj v.* **estéril**

estereofonia [istɛɾjofoˈnia] *f* stereo(phony)

estereofônico, -a [istɛɾjoˈfoniku, -a] *adj* stereo(phonic)

estereoscópio [istɛɾjosˈkɔpiw] *m* stereoscope

estereótipo [isteɾiˈɔtʃipu] *m* stereotype

estéril <-eis> [isˈtɛɾiw, -ejs] *adj* **1.** (*pessoa, animal, solo*) barren, infertile **2.** (*sem resultados*) unfruitful, unproductive; **uma temporada** ~ a lean time **3.** (*asséptico*) sterile; **material** ~ sterilized material

esterilidade [isteɾiʎiˈdadʒi] *f* (*pessoa, animal*) barrenness *no pl*, infertility *no pl*; (*solo*) barrenness *no pl*, infertility *no pl*; (*assepsia*) sterility *no pl*

esterilização [isteɾiʎizaˈsãw] *f* sterilization *no pl*, decontamination *no pl*

esterilizado, -a [isteɾiʎiˈzadu, -a] *adj* (*tornado estéril*) sterilized *Am*; (*desinfetado*) sterilized

esterilizar [isteɾiʎiˈzar] *vt* (*pessoa, animal, objeto*) to sterilize

esterlino, -a [isterˈʎinu, -a] *adj* **libra esterlina** pound sterling

esterno [isˈtɛrnu] *m* breastbone, sternum

esteroide *m* steroid; **esteroide** *m* **anabolizante** anabolic steroid

esterqueira [isterˈkejɾa] *f* manure heap

estética *adj v.* **estético**

estética [isˈtɛtʃika] *f* **1.** FILOS esthetics *no pl Am*, aesthetics *no pl Brit* **2.** (*beleza*) esthetics *no pl Am*, aesthetics *no pl Brit*

esteticista [istetʃˈsista] *mf* beautician

estético, -a [isˈtɛtʃiku] *adj* **1.** (*relativo à estética*) esthetic *Am*, aesthetic *Brit* **2.** (*relativo ao corpo*) esthetic *Am*, aesthetic *Brit;* **cirurgia** ~ plastic surgery

estetoscópio [istetosˈkɔpiw] *m* stethoscope

estiagem [istʃiˈaʒẽj] *f* drought, lack of rain

estibordo [istʃiˈbɔrdu] *m* starboard

esticadela [istʃikaˈdɛla] *f* lengthening; **dar uma** ~ *inf* to stretch an outing (to yet another place)

esticar [istʃiˈkar] <c→qu> **I.** *vt* (*alongar*) to stretch; (*os braços, as pernas, o pescoço*) to stretch; (*elástico, corda*) to stretch; (*material*) to stretch; (*um prazo*) to stretch **II.** *vr:* ~**-se** to stretch out; ~**-se sobre as almofadas** to stretch out on the cushions

estigma [isˈtʃigma] *m* **1.** BOT, ZOOL stigma **2.** (*marca, cicatriz*) scar **3.** (*sinal infamante*) stigma

estigmatizar [istʃigmatʃiˈzar] *vt* to stigmatize

estilhaçar [istiʎaˈsar] <ç→c> **I.** *vt* to shatter, to splinter; **a explosão estilhaçou as janelas** the explosion shattered the windows **II.** *vr:* ~ **-se** to shatter, to splinter

estilhaço [istʃiˈʎasu] *m* fragment, splinter

estilista [istʃiˈʎista] *mf* stylist; (*moda*) designer

estilístico, -a [istʃiˈʎistʃiku, -a] *adj* stylistic

estilizar [istʃiʎiˈzar] *vt* (*aprimorar*) to stylize; (*modificar*) to stylize

estilo [isˈtʃilu] *m* **1.** (*maneira de expressar-se*) style; ~ **natural** natural style; ~ **de vida** lifestyle **2.** (*costume*) style; **isso não faz o meu** ~ that's not my style; (*com pompa*) ceremoniously; **receber em grande** ~ to receive sb with great ceremony

estima [isˈtʃima] *f* **1.** (*consideração*) **ter** ~ **por alguém** to hold sb in high regard **2.** (*apego*) **ter** ~ **por alguém/a.c.** to hold sb/sth in esteem

estimação <-ões> [istʃimaˈsãw, -ˈõjs] *f* (*estima*) affection, esteem *no pl*; **bichinho de** ~ pet; **objeto de** ~ prize possession

estimado, -a [istʃiˈmadu, -a] *adj* valued; **cliente** ~ valued client

estimar [istʃiˈmar] **I.** *vt* **1.** (*ter consideração por*) to hold in high regard; (*ter estima por*) to esteem; **estimo-lhe as melhoras** I hope you get well soon **2.** (*calcular*) to estimate; ~ **o valor em dinheiro** to estimate the cash value **II.** *vr:* ~ **-se** to have mutual esteem

estimativa [istʃimaˈtʃiva] *f* estimate; ~ **dos custos** cost estimate

estimativo, -a [istʃimaˈtʃivu, -a] *adj* estimated

estimulante [istʃimuˈlãntʃi] **I.** *m* stimulant **II.** *adj* stimulating; **elogios** ~**s** stimulating praise

estimular [istʃimuˈlar] *vt* **1.** (*incitar*) to stimulate; (*uma pessoa*) to stimulate; ~ **alguém a fazer a. c.** to stimulate sb to do sth **2.** (*a circulação, o coração*) to stimulate; (*a fantasia*) to arouse **3.** (*a economia*) to stimulate, to encourage

estímulo [isˈtʃimulu] *m* (*incentivo*) stimulus

estio [isˈtʃiw] *m* summer

estipular [istʃipuˈlar] *vt* to stipulate

estirão <-ões> [istʃiˈrãw, -ˈõjs] *m* stretch; (*distância*) long way

estirar [istʃiˈrar] *vt* to stretch (out), to extend; ~ **as pernas** to stretch one's legs (out)

estirões *m pl de* **estirão**

estirpe [isˈtʃirpi] *f* **1.** BOT strain **2.** (*linhagem*) lineage, breed

estivador [istʃivaˈdor] *m* longshoreman *Am*, docker *Brit*, stevedore

estivagem [istʃiˈvaʒẽj] *f* loading and unloading of ships

estival <-ais> [isˈtʃivaw, -ˈajs] *adj* summery

estofado, -a [istoˈfadu, -a] **I.** *adj* upholstered **II.** *m, f* couch set *Am*, suite, Brit

estofador(a) [istofaˈdor(a)] *m(f)* upholsterer

estofamento [istofaˈmẽntu] *m* ~ **do carro** car upholstery

estofar [istoˈfar] *vt* (*móveis*) to upholster

estofo [isˈtofu] *m* **1.** (*para móveis*) padding, upholstery **2.** (*de pessoa*) guts; **ele não tem** ~ **para isso** he hasn't got the guts to do it

estoica *adj, f v.* **estoico**

estoicismo [istoiˈsizmu] *m* stoicism *no pl*

estoico, -a [isˈtɔjku, -a] *adj, m, f* stoic

estojo [isˈtoʒu] *m* case; ~ **de óculos** glasses case; ~ **de lápis, canetas** pencil case; (*caixa*) box; ~ **de costura** sewing kit; ~ **de primeiros socorros** first aid kit

estola [isˈtɔla] *f* stole; ~ **de vison** mink stole

estomacal <-ais> [istomaˈkaw, -ˈajs] *adj* stomach

estômago [isˈtomagu] *m* stomach; **forrar o** ~ to have a quick bite [*o* snack]; **ter** ~ **para fazer a. c.** *inf* to have the stomach to do sth

estomatologia [istomatoloˈʒia] *f* stomatology *no pl*

estonteante [istõntʃiˈãntʃi] *adj fig* stunning, dazzling

estontear [istõntʃiˈar] *conj como passear* **I.** *vt* to stun; *fig* to dazzle **II.** *vr:* ~ **-se** to feel dazed

estoque [isˈtɔki] *m* stock

estore [isˈtɔri] *m* window shade, blinds *pl*

estornar [istorˈnar] *vt* (*uma quantia*) to reverse a transaction

estorno [isˈtornu] *m* reversal of a transaction

estorvar [istorˈvar] *vt* **1.** (*incomodar*) to disturb; **evitem estorvá-lo, tem muito trabalho** avoid disturbing him, he has a lot of work **2.** (*dificultar*) to

estorvo obstruct; **a cadeira estorvava a passagem** the chair was obstructing the passage; (*impedir*) to hamper; **a dor nas pernas estorvava-o de andar** the pain in his legs hampered his gait

estorvo [is'torvu] *m* 1.(*incômodo*) inconvenience 2.(*obstáculo*) obstruction 3.(*pessoa*) nuisance; **não ajuda nada, é um** ~ he never helps, he just gets in the way

estourar [istow'rar] I. *vt* 1.(*rebentar*) to burst, to split open 2.(*extinguir*) **a polícia estourou um cartel de drogas** the police busted a drugs ring II. *vi* 1.(*bomba, foguetes*) to explode; (*pneu, balão*) to burst 2.(*escândalo*) to explode 3.(*latejar de dor*) to throb with pain 4. *gír* (*não se conter*) to blow one's top

estouro [is'towru] *m* 1.(*estrondo*) explosion 2.(*debandada*) stampede; ~ **da boiada** cattle stampede 3. *inf* (*espetacular*) **a festa foi um** ~ the party was a blast 4. *fig* (*discussão, raiva súbita*) **o chefe tinha** ~**s repentinos** the boss was prone to sudden outbursts of anger

estouvado, -a [istow'vadu, -a] *adj* rash, hotheaded

estrábico, -a [is'trabiku, -a] *adj* cross-eyed, squinting

estrabismo [istra'bizmu] *m* squint; MED strabismus

estraçalhar [istrasa'ʎar] *vt* to tear to pieces/shreds

estrada [is'trada] *f* 1.(*rua*) street; (*fora da cidade*) road; ~ **de ferro** railroad *Am,* railway *Brit;* ~ **de rodagem** highway *Am,* road *Brit* 2. *fig* (*caminho*) path

estrado [is'tradu] *m* 1.(*palanque, tablado*) platform 2.(*de cama*) bed frame

estragado, -a [istra'gadu, -a] *adj* 1.(*comida*) bad, spoilt 2.(*máquina, móvel*) damaged 3.(*criança*) spoiled

estragar [istra'gar] <g→gu> I. *vt* 1.(*o apetite*) to spoil 2.(*o dinheiro*) to waste 3.(*uma máquina*) to damage; (*a reputação*) to destroy; (*a saúde, os planos*) to ruin 4.(*com mimos*) to spoil II. *vr:* ~**-se** (*comida*) to go off

estrago [is'tragu] *m* damage

estrambólico, -a [istrãm'bɔʎiku, -a] *inf* 1. odd, eccentric; **gosto** ~ strange taste 2.(*ridículo*) ridiculous

estrangeira *adj, f v.* **estrangeiro**

estrangeirado, -a [istrãʒej'radu, -a] *adj* imitative of foreigners

estrangeiro [istrã'ʒejru] *m* foreign countries *pl;* **estar no** ~ to be abroad; **ir para o** ~ to go abroad

estrangeiro, -a [istrã'ʒejru, -a] I. *m, f* foreigner II. *adj* foreign; **país** ~ foreign country

estrangulado, -a [istrãŋgu'ladu, -a] *adj* strangled; **morrer** ~ to be strangled to death

estrangulador [istrãŋgula'dor] *m* strangler

estrangulamento [istrãŋgula'mẽjtu] *m* strangulation *no pl*

estrangular [istrãŋgu'lar] *vt* to strangle

estranha *adj, f v.* **estranho**

estranhar [istrã'nar] *vt* 1.(*achar estranho*) to find strange/odd 2.(*o clima, um ambiente*) not to be used to sth 3.(*admirar-se com*) to be astonished about

estranheza [istrã'neza] *f* 1.(*qualidade de estranho*) strangeness *no pl,* oddness *no pl* 2.(*admiração*) surprise, astonishment *no pl;* **isso causa-me** ~ this surprises me

estranho, -a [is'trãnu, -a] I. *m, f* (*desconhecido*) stranger, unknown person; **disse-me para não falar com** ~**s** you told me not to talk to strangers; **proibida a entrada de** ~**s** no entry for unknown persons II. *adj* (*diferente, esquisito*) strange

estranja [is'trãʒa] I. *mf inf* (*pessoa*) foreigner; **não é brasileiro, é um** ~ he's not Brazilian, he's a foreigner II. *f inf* (*países*) foreign countries *pl;* **ficou muito tempo na** ~ he lived abroad for a long time

estratagema [istrata'ʒema] *m* stratagem; (*subterfúgio*) ruse

estratégia [istra'tɛʒia] *f* strategy; (*tática*) tactics *pl*

estratégico, -a [istra'tɛʒiku, -a] *adj* strategic

estratificação <-ões> [istratʃifika'sãw, -'õjs] *f* GEO, SOCIOL stratification *no pl*

estratificar [istratʃifi'kar] <c→qu> I. *vt* 1.(*material*) to layer 2. GEO to stratify II. *vr:* ~**-se** to stratify

estrato [is'tratu] *m* 1. GEO stratum 2. METEO stratus 3.(*social*) stratum

estratosfera [istratos'fɛra] *f* stratosphere *no pl;* **estar na** ~ to have one's head in the clouds

estrear [istre'ar] *conj como passear* I. *vt*

estrebaria

(*uma peça, um filme*) to show for the first time; (*roupa*) to wear for the first time **II.** *vi* (*filme, peça*) to make its debut, to come out **III.** *vr:* ~-**se** to make one's debut; ~-**se como cantor** to make one's debut as a singer

estrebaria [istɾeba'ɾia] *f* stable

estrebuchar [istɾebu'ʃaɾ] *vi* to toss convulsively

estreia [is'tɾeja] *f* **1.** (*de filme, peça*) opening night **2.** (*de ator*) debut **3.** (*de alguma atividade, de um uso*) first appearance

estreita *adj v.* **estreito**

estreitamento [istɾejta'mẽjtu] *m* **1.** (*ação de estreitar, diminuir*) narrowing (down); (*de relação*) **2.** becoming closer

estreitar [istɾej'taɾ] *vt* **1.** (*diminuir*) to narrow **2.** (*uma relação*) to become closer

estreiteza [istɾej'teza] *f* **1.** (*de espaço*) narrowness *no pl*; (*aperto*) tightness *no pl* **2.** (*de mentalidade*) narrowness *no pl*

estreito [is'tɾejtu] *m* GEO strait

estreito, -a [is'tɾejtu, -a] *adj* **1.** (*objeto, caminho*) narrow; (*rua*) narrow **2.** (*relação*) close **3.** (*na mente*) narrow-minded

estrela [is'tɾela] *f* **1.** ASTRON star; ~ **cadente** falling star; ~ **polar** Pole Star; **ver** ~**s** to see stars **2.** (*pessoa eminente, célebre*) star; ~ **de cinema** movie *Am* [*o Brit* film] star

estrelado, -a [istɾe'ladu, -a] *adj* **1.** (*céu*) starry, starlit **2.** (*ovo*) ovo ~ fried egg

estrela-do-mar [is'tɾela-du-'maɾ] *f* starfish

estrelar [istɾe'laɾ] *vt* **1.** (*um ovo*) to fry **2.** (*pôr estrelas*) to adorn with stars **3.** (*um filme*) to star in

estrelato [istɾe'latu] *m* stardom *no pl;* **atingir o** ~ to become a star

estremadura [istɾema'duɾa] *f* frontier, boundary line

estremecer [istɾeme'seɾ] *vi* <c→ç> **1.** (*edifício*) to shake; (*parede*) to shake **2.** (*pessoa*) to tremble; **eu estremeço quando penso nisso** I shudder every time I think of that

estremunhado, -a [istɾemũ'ɲadu, -a] *adj* drowsy, half-awake

estrênuo, -a [is'tɾenuu, -a] *adj* strenuous

estrepar-se [istɾe'paɾsi] *vr inf* (*dar-se mal*) to come out badly

estressado, -a [istɾe'sadu, -a] *adj* stressed

estressante [istɾe'sãntʃi] *adj* stressing

estresse [is'tɾɛsi] *m* stress *no pl*

estria [is'tɾia] *f* striation; (*na gravidez*) stretch mark

estribeira [istɾi'bejɾa] *f* **perder as** ~**s** *inf* to lose one's temper

estribo [is'tɾibu] *m* **1.** (*de carruagem, do cavalo*) stirrup **2.** MED stirrup bone

estricnina [istɾiki'nina] *f* strychnine *no pl*

estridente [istɾi'dẽjtʃi] *adj* shrill, strident

estrita *adj v.* **estrito**

estritamente [istɾita'mẽjtʃi] *adv* strictly; ~ **necessário** strictly necessary; ~ **proibido** strictly prohibited

estrito, -a [is'tɾitu, -a] *adj* **1.** (*restrito*) strict; **em sentido** ~ in the strict sense **2.** (*rigoroso*) strict

estrofe [is'tɾɔfi] *f* strophe, verse

estroina [is'tɾɔjna] **I.** *mf* roisterer **II.** *adj* dissolute

estroinice [istɾoj'nisi] *f* extravagance

estroncar [istɾõw'kaɾ] *vt* <c→qu> *v.* **destroncar**

estrôncio [is'tɾõwsiw] *m* strontium

estrondo [is'tɾõwdu] *m* boom; (*de trovão*) rumble, clap; **armar** ~ to make a racket

estrondoso, -a [istɾõw'dozu, -a] *adj* **1.** (*ruidoso*) booming; (*aplauso*) thunderous **2.** *inf* (*espetacular*) resounding

estropiar [istɾopi'aɾ] **I.** *vt* to cripple, to maim; *fig* to mutilate; ~ **um texto** to mutilate a text **II.** *vr:* ~-**se** to hurt oneself badly; **caiu da árvore e estropiou-se todo** he fell out of the tree and hurt himself badly

estrugido [istɾu'ʒidu] *m inf* (*estrondo*) racket

estrugido, -a [istɾu'ʒidu, -a] *adj* GASTR braised

estrumar [istɾu'maɾ] *vt* to manure

estrume [is'tɾumi] *m* manure *no pl*

estrupício [istɾu'pisiw] *m inf* **1.** (*algazarra*) brawl; **a briga foi apenas um** ~ the fight was just a brawl **2.** (*asneira*) stupidity *no pl*

estrupido [istɾu'pidu] *m* clatter (of horses' hooves), stamping (of feet)

estrutura [istɾu'tuɾa] *f* **1.** structure; ~ **da casa, do prédio** structure of a house, building; ~ **óssea** bone struc-

estrutural 2. (*organização*) organization; ~ **social** social organization 3. LIT structure

estrutural <-ais> [istrutu'ral, 'ajs] *adj* structural

estruturar [istrutu'rar] I. *vt* to give structure (to); (*texto*) to organize II. *vr* <~-se> to organize

estuário [istu'ariw] *m* estuary

estucador(a) [istuka'dor(a)] <-es> *m(f)* plasterer

estucar [istu'kar] *vt* <c→qu> to plaster

estudante [istu'dãntʃi] *mf* (*da escola*) (school) student; (*universitário*) (university) student

estudantil <-is> [istudãŋ'tʃiw, -'is] *adj* student; **movimento** ~ student movement; **vida** ~ student life

estudar [istu'dar] I. *vt* 1. (*um caso, documento, matéria*) to study 2. UNIV to study 3. CINE, TEAT (*um papel*) to study; (*ensaiar, praticar*) to rehearse II. *vi* (*na escola*) to go to [*o* attend] school; (*na universidade*) to go to [*o* attend] university; **ele estuda na USP** he studies at USP (*The University of São Paulo*)

estúdio [is'tudiw] *m* 1. (*de rádio, televisão*) studio 2. (*artes*) studio, atelier

estudioso, -a [istudi'osu, -'ɔza] I. *adj* studious II. *m, f* ~ **de a. c.** person who has studied sth

estudo [is'tudu] *m* study; **realizou um** ~ **sobre aves** he carried out a study on birds

estudos [is'tudus] *mpl* studies *pl*; (*escola*) high school studies *Am,* secondary school studies *Brit;* UNIV course of studies; **acabar/terminar os** ~ to finish one's studies

estufa [is'tufa] *f* 1. (*para plantas*) greenhouse, hothouse 2. (*para aquecer a casa*) stove; *fig* oven; **esta sala é uma** ~! it's as hot as an oven in this room!

estufado [istu'fadu] *m* stew

estufado, -a [istu'fadu, -a] *adj* 1. stewed; **carne estufada** beef stew 2. (*inchado*) stuffed; **a sacola está estufada de compras** the bag is stuffed with shopping

estufar [istu'far] *vt* 1. GASTR (*carne*) to braise; (*guisar*) to stew 2. (*inchar*) to stuff; ~ **o peito, a barriga** to puff out one's chest, belly

estupefação <-ões> [istupefa'sãw, -'õjs] *f* stupefaction, astonishment

estupefaciente [istupefasi'ẽjtʃi] *m* stupefacient, narcotic

estupefato, -a [istupe'fatu, -a] *adj* 1. astonished, astounded; **ficou** ~ **com o que viu** what he saw left him thunderstruck 2. MED stupefied

estupendo, -a [istu'pẽjdu, -a] *adj* sensational, stupendous

estúpida *adj, f v.* **estúpido**

estupidez [istupi'des] *f* 1. (*burrice*) stupidity 2. (*grosseria*) rudeness 3. (*impertinência*) impertinence; **que** ~! what impertinence!

estúpido, -a [is'tupidu, -a] I. *m, f* idiot, blockhead II. *adj* 1. (*burro*) dumb, stupid 2. (*grosso, bruto*) ill-mannered, uncouth 3. (*impertinente*) impertinent

estupor [istu'por] *m* 1. MED lethargy, stupor 2. *fig* (*espanto*) stupor 3. *inf* (*pessoa*) scoundrel

estuporar [istupo'rar] I. *vt inf* to startle II. *vi* (*morrer*) to die

estuprar [istu'prar] *vt* to rape

estupro [is'tupru] *m* rape

estuque [is'tuki] *m* stucco

esturricado, -a [istuxi'kadu, -a] *adj* scorched, burnt to a crisp; (*de plantas*) parched

esturricar [istuxi'kar] *vt* <c→qu> to scorch

esvaecer [izvae'ser] <c→ç> I. *vt* to make (sth) disappear, to make (sth) vanish II. *vi* (*esmorecer*) to faint III. *vr*: ~-se to weaken; (*dissipar-se*) to disappear, to vanish; **o mau cheiro esvaeceu-se** the awful smell vanished

esvaído, -a [izva'idu, -a] *adj* exhausted

esvair-se [izva'irsi] *conj como sair vr* to vanish; ~ **em sangue** to bleed to death

esvanecer [ezvɜne'ser] *vi* <c→ç> *v.* **esvaecer**

esvaziar [izvazi'ar] I. *vt* to empty, to drain II. *vr*: ~-se to empty, to drain

esverdeado, -a [izverdʒi'adu, -a] *adj* greenish

esvoaçar [izvoa'sar] *vi* <c→ç> (*bater as asas com força*) to flap; (*uma borboleta*) to flutter

etapa [e'tapa] *f* 1. (*de um caminho*) stage 2. (*fase*) stage; **por** ~**s** in stages 3. ESPORT leg, stage

etc. [et'setera] *conj abr de* **et cetera** etc.

éter ['ɛter] *m* ether

etéreo, -a [e'tɛriw, -ea] *adj* ethereal

eterna *adj v.* **eterno**

eternidade [eterni'dadʒi] *f* 1. eternity;

eternizar 245 **eventualidade**

isso dura uma ~! this is lasting forever! **2.** REL eternal life

eternizar [eterni'zar] *vt* to eternalize

eterno, -a [e'tɛrnu, -a] *adj* eternal

ética ['ɛtʃika] *f* ethics *no pl*

ético, -a ['ɛtʃiku, -a] *adj* ethical

etileno [etʃi'lenu] *m* ethylene *no pl*

etílico, -a [e'tʃiliku, -a] *adj* ethyl; **álcool** ~ ethyl alcohol

étimo ['ɛtʃimu] *m* LING etymon, root (of a word)

etimologia [etʃimolo'ʒia] *f* etymology *no pl*

etimológico, -a [etʃimo'lɔʒiku, -a] *adj* etymological

etíope [e'tʃiwpi] *adj, mf* Ethiopian

Etiópia [etʃi'ɔpia] *f* Ethiopia

etiqueta [etʃi'keta] *f* **1.** (*na roupa; rótulo*) label; (*com preço*) tag; (*numa mala*) name tag, identification tag **2.** (*protocolo*) etiquette *no pl*

etiquetagem [etʃike'taʒēj] *f* labeling

etiquetar [etʃike'tar] *vt* to label

etmoide [etʃi'mɔjdʒi] *m* ethmoid bone

etnia [etʃi'nia] *f* race, ethnic group; ~ **aborígene** aboriginal ethnic group

étnico, -a ['ɛtʃiniku] *adj* ethnic; **grupo** ~ ethnic group

etnologia [etʃinolo'ʒia] *f* ethnology *no pl*

etnológico, -a [etʃino'lɔʒiku, -a] *adj* ethnological

eu ['ew] **I.** *m* self; ~ **consciente** conscious self; ~ **verdadeiro** true self **II.** *pron pess* **1.** I; **entre** ~ **e você** between you and me; ~ **também** me too; **sou** ~! it's me! **2.** (*comparativo*) **ele é mais grande do que** ~ he is taller than me

EUA *m abr de* **Estados Unidos da América** USA

eucalipto [ewka'ʎiptu] *m* eucalyptus, eucalypt

eucaristia [ewkaris'tʃia] *f* Eucharist

eucarístico, -a [ewka'ristʃiku, -a] *adj* Eucharistic

eufemismo [ewfe'mizmu] *m* euphemism

eufonia [ewfo'nia] *f* euphony

eufônico, -a [ew'foniku, -a] *adj* euphonic, euphonious

euforia [ewfo'ria] *f* euphoria *no pl*; (*alegria*) elation *no pl*, exhilaration *no pl*

eufórico, -a [ew'fɔriku, -a] *adj* euphoric, elated

eunuco [ew'nuku] *m* eunuch

euro ['ewru] *m* (*moeda*) euro

euro-asiático, -a [ewrwazi'atʃiku, -a] *adj* Eurasian

Europa [ew'rɔpa] *f* Europe; ~ **Central** Central Europe; ~ **Oriental/Ocidental** Eastern/Western Europe

europeu, europeia [ewro'pew, ewro'pɐja] **I.** *m*, *f* European **II.** *adj* European; **Leste** ~ Eastern European

eutanásia [ewtɜ'nazia] *f* euthanasia *no pl*

evacuação <-ões> [evakwa'sãw, -'õjs] *f* evacuation

evacuar [evaku'ar] **I.** *vt* (*uma sala, região*) to evacuate; (*as tropas*) to evacuate **II.** *vi* BIO to evacuate

evadir [eva'dʒir] **I.** *vt* to evade, to avoid **II.** *vr* ~-**se** (**de a. c.**) to run away (from sth)

evangelho [evɜ̃'ʒɛʎu] *m* REL gospel; *fig* gospel, bible

evangélico, -a [evɜ̃'ʒɛʎiku, -a] **I.** *m*, *f* evangelical **II.** *adj* evangelical; **pregador** ~ evangelical preacher

evangelista [evɜ̃ʒe'ʎista] *mf* evangelist

evangelizar [evɜ̃ʒeʎi'zar] *vt* to evangelize *Am*, to evangelise *Brit*, to preach the Christian gospel

evaporação <-ões> [evapora'sãw, -'õjs] *f* evaporation *no pl*

evaporar [evapo'rar] **I.** *vt* to evaporate **II.** *vi* **1.** to evaporate **2.** *inf* (*desaparecer*) to evaporate, to vanish **III.** *vr*: ~-**se 1.** (*água*) to evaporate **2.** (*cheiro*) to disappear **3.** *inf* (*desaparecer*) to evaporate, to vanish

evasão <-ões> [eva'zãw, 'õjs] *f* **1.** (*evitação*) avoidance *no pl*; ~ **escolar** truancy *no pl*; ~ **fiscal** tax avoidance **2.** (*escapo*) escape; (*de prisioneiros*) getaway; **a** ~ **de algum lugar** escape from somewhere; ~ **de pessoas** flight *no pl*

evasiva [eva'ziva] *f* (*subterfúgio, escapatória*) evasion *no pl*

evasivo, -a [eva'zivu, -a] *adj* (*resposta, pessoa*) evasive

evasões *f pl de* **evasão**

evento [e'vẽjtu] *m* event

eventual <-ais> [evẽjtu'aw, 'ajs] *adj* **1.** (*possível*) possible **2.** (*casual, ocasional*) occasional

eventualidade [evẽjtwaʎi'dadʒi] *f* **1.** (*possibilidade*) possible event; **na** ~ **de** in the event that; **na** ~ **de o produ-**

to apresentar defeito, a garantia é de 2 meses should the product present any defect, there is a two-month warranty **2.** (*casualidade*) eventuality, chance occurrence

eventualmente [evẽjtwaw'mẽjtʃi] *adv* **1.** (*possivelmente*) possibly; **o assunto desse livro pode ~ lhe interessar** the subject of this book might interest you **2.** (*casualmente*) by chance

evidência [evi'dẽjsia] *f* evidence *no pl*; **pôr a. c. em ~** to highlight [*o* emphasize] sth; **render-se às ~s** to accept the evidence [*o* the obvious], to accept the facts

evidenciar [evidẽjsi'ar] *vt* (*mostrar, salientar*) to point out, to make evident

evidente [evi'dẽjtʃi] *adj* evident, obvious; **é ~ que sim/não** obviously/obviously not

evidentemente [evidẽjtʃi'mẽjtʃi] *adv* evidently, obviously

evitar [evi'tar] *vt* **1.** (*uma pessoa, um local*) to avoid **2.** (*um erro, um acidente*) to avoid; **~ fazer a. c.** to avoid doing sth

evitável <-eis> [evi'tavew, -ejs] *adj* avoidable

evocação <-ões> [evoka'sãw, -'õjs] *f* **1.** (*de espíritos*) evocation **2.** (*de lembranças*) recollection

evocar [evo'kar] *vt* <c→qu> **1.** (*um espírito*) to evoke **2.** (*uma lembrança*) to recollect

evolução <-ões> [evolu'sãw, -'õjs] *f* BIO evolution *no pl*; (*desenvolvimento*) evolution, development; (*de doença*) evolution, progression

evoluir [evolu'ir] *conj como incluir vi* to evolve, to develop; (*doença*) to evolve, to progress; BIO to evolve

evolutivo, -a [evolu'tʃivu, -a] *adj* evolutional, developmental

Exª *pron abr de* **Excelência** Excellency

exacerbar [ezaser'bar] **I.** *vt* **1.** (*irritar*) to irritate **2.** (*agravar*) to aggravate, to exacerbate **II.** *vr:* **~-se 1.** (*exaltar-se*) to be/become impassioned; **exacerbou-se ao discursar contra a corrupção** his speech against corruption was impassioned **2.** (*agravar-se*) to get worse, to worsen

exagerado, -a [ezaʒe'radu, -a] **I.** *m, f* exaggerator **II.** *adj* exaggerated

exagerar [ezaʒe'rar] *vt, vi* to exaggerate

exagero [eza'ʒeru] *m* exaggeration, overstatement; **um ~ de a. c.** an exaggeration of sth; **que ~!** what an exaggeration!

exalar [eza'lar] **I.** *vt* to exhale, to emit **II.** *vr:* **~-se** (*vapor*) to evaporate

exaltação <-ões> [ezawta'sãw, -'õjs] *f* **1.** (*excitação*) frenzy, deliriousness *no pl* **2.** (*irritação*) irritation *no pl* **3.** (*glorificação*) exaltation *no pl*

exaltado, -a [ezaw'tadu, -a] *adj* **1.** (*excitado*) frenzied, delirious **2.** (*irritado*) irritated, hot tempered

exaltar [ezaw'tar] **I.** *vt* (*excitar*) to excite; (*irritar*) to irritate; (*glorificar*) to exalt; (*em excesso*) to glorify **II.** *vr:* **~-se** to get excited, to become irritated; **não se exalte, não foi nada** don't lose your temper, nothing happened

exame [e'zɐmi] *m* **1.** (*prova*) exam; **~ de admissão** entrance exam; **~ final** final exam; **fazer um ~** to take an exam; **passar no ~** to pass an exam; **ser reprovado no ~** to fail an exam **2.** (*do ensino médio*) test **3.** MED test; **~ médico** medical examination; **fazer um ~** (*médico*) to do [*o* perform] a test; (*paciente*) to have sth tested, to have a test done; **o médico me pediu estes ~s** the doctor asked me to have these tests done

examinador(a) [izɨmina'dor(a)] <-es> *m(f)* examiner

examinando, -a [ezami'nɐ̃ndu, -a] *m, f* examinee

examinar [izɨmi'nar] *vt* **1.** to examine; (*documentos, contas, candidatos*) to examine; (*uma pessoa*) check up on, investigate **2.** (*um doente*) to examine **3.** (*uma máquina*) to check **4.** (*observar*) to look over; (*uma situação*) to go over

exasperar [ezaspe'rar] **I.** *vt* to exasperate **II.** *vr:* **~-se** to become exasperated

exatamente [ezata'mẽjtʃi] *adv* exactly; **~ o mesmo** exactly the same; **são ~ quatro horas** it is exactly four o'clock; **~!** exactly!

exatidão <-ões> [izatʃi'dãw, -'õjs] *f* **1.** (*precisão*) precision *no pl* **2.** (*de uma conta*) accuracy *no pl*

exato, -a [e'zatu, -a] *adj* **1.** exact; (*correto*) correct; **~!** correct! **2.** (*preciso*) precise

exaurir [ezaw'rir] **I.** *vt* **1.** (*esgotar*) to exhaust, to deplete **2.** (*esvaziar*) to

exausta *adj v.* **exausto**

exaustão <-ões> [ezawsˈtʃɐ̃w, -ˈõjs] *f* exhaustion *no pl;* **trabalhar até a ~** to work to the point of exhaustion

exaustivo, -a [ezawsˈtʃivu, -a] *adj* **1.** *(fatigante)* exhausting **2.** *(estudo, leitura)* exhaustive

exausto, -a [eˈzawstu, -s] *adj* exhausted

exaustões *f pl de* **exaustão**

exaustor [ezawsˈtor] *m* exhaust fan

exceção <-ões> [eseˈsɐ̃w, -ˈõjs] *f* exception; **com ~ de** with the exception of; **sem ~** without exception; **abrir uma ~** to make an exception

excedente [eseˈdẽjtʃi] **I.** *m* excess *no pl;* **~ de produção** excess production **II.** *adj* surplus; **a produção ~ será exportada** the surplus production will be exported

exceder [eseˈder] **I.** *vt* **1.** *(ultrapassar)* to exceed **2.** *(superar)* to surpass; **~ em a. c.** to outdo (sb) in sth **II.** *vr:* **~-se 1.** *(superar-se)* to surpass **2.** *(descomedir-se)* to overdo (sth), to go too far

excelência [eseˈlẽsja] *f* **1.** *(tratamento)* **Vossa/Sua ~** Your/His Excellency **2.** *(qualidade de excelente)* excellence *no pl;* **por excelência** *(mais alto grau)* par excellence

excelente [eseˈlẽtʃi] *adj* **1.** *(comida)* excellent, first rate; *(comportamento, atuação)* excellent; *(qualidade)* superior **2.** *(pessoa)* excellent, first rate **3.** *(nota)* excellent

Excelentíssimo [eselẽjˈtʃisimu] *adj* *(em carta)* **~ Senhor** Dear Sir; **~s Senhores** Dear Sirs

excelso, -a [eˈsɛwsu, -a] *adj* exalted, eminent

excêntrica *adj v.* **excêntrico**

excentricidade [esẽjtrisiˈdadʒi] *f* eccentricity

excêntrico, -a [eˈsẽjtriku, -a] *adj* eccentric

excepcional <-ais> [esepsjoˈnaw, 'ajs] *adj* **1.** *(de exceção)* exceptional; *(raro, notável)* extraordinary **2.** *(portador de deficiência)* handicapped

excepcionalmente [esepsjonawˈmẽjtʃi] *adv* exceptionally

excerto [eˈsertu] *m* excerpt; **um ~ de um texto** an excerpt of a text

excessiva *adj v.* **excessivo**

excessivamente [esesivaˈmẽjtʃi] *adv* excessively

excessividade [esesiviˈdadʒi] *f* excessiveness *no pl*

excessivo, -a [eseˈsivu, -a] *adj* excessive

excesso [eˈsɛsu] *m* **1.** *(falta de moderação)* excess, immoderation *no pl;* **ter ~ de peso** to be overweight; **~ de velocidade** speeding; **comer/beber em ~** to eat/drink to excess **2.** *(excedente)* surplus, remainder

exceto [eˈsɛtu] *prep* **1.** except (for); **vieram todos ~ ele** everyone came, except him; **as férias foram ótimas, ~ o último dia** my vacation was wonderful, except for the last day **2.** *(excluído)* excluding

excetuar [esetuˈar] **I.** *vt* **1.** to exclude; **~ a. c. de um contexto** to exclude sth from a context; **o senador excetuou os funcionários públicos da lei** the senator excluded the public servants from the law **2.** *(isentar)* to exempt **II.** *vr:* **~-se** to make an exception

excisão <-ões> [esiˈzɐ̃w, -ˈõjs] *f* excision

excitação <-ões> [esitaˈsɐ̃w, -ˈõjs] *f* **1.** *(agitação)* excitement **2.** *(sexual)* arousal **3.** Fís excitation

excitado, -a [esiˈtadu, -a] *adj* **1.** *(agitado)* excited **2.** *(sexualmente)* aroused

excitante [esiˈtɐ̃tʃi] **I.** *m* excitant, stimulant **II.** *adj* **1.** *(estimulante)* exciting, stimulating; **esporte ~** stimulating sport **2.** *(sexualmente)* provocative, sexy

excitar [esiˈtar] **I.** *vt* to excite; *(agitar, provocar)* to incite; *(provocar)* to provoke; *(despertar)* to stimulate; *(sexualmente)* to arouse **II.** *vr:* **~-se 1.** *(sexualmente)* to become aroused **2.** *(irritar-se)* to get angry

exclamação <-ões> [isklamaˈsɐ̃w, -ˈõjs] *f* exclamation; LING exclamation; **ponto de ~** exclamation mark

exclamar [iskləˈmar] *vt* to exclaim, to cry out

exclamativo, -a [iskləmaˈtʃivu, -a] *adj* exclamatory; **frase exclamativa** exclamatory phrase

excluir [iskluˈir] *conj como incluir vt* to exclude; **~ a. c. de** to exclude sth from

exclusão <-ões> [iskluˈzɐ̃w, -ˈõjs] *f* exclusion; **~ social** social exclusion

exclusiva *adj v.* **exclusivo**

exclusivamente [iskluzivaˈmẽjtʃi] *adv* exclusively

exclusive [esklu'zive] *adv* exclusive
exclusividade [iskluzivi'dadʒi] *f* exclusiveness *no pl*
exclusivo, -a [esklu'zivu, -a] *adj* **1.** (*que exclui*) exclusive **2.** (*único*) sole, exclusive
exclusões *f pl de* **exclusão**
excomungar [iskomũw'gar] *vt* <g→gu> to excommunicate
excomunhão <-ões> [iskomũ'ɲãw, -'õjs] *f* excommunication
excremento [iskre'mẽjtu] *m* excrement *no pl*
excrescência [iskre'sẽjsia] *f* excrescence
excursão <-ões> [iskur'sãw, -'õjs] *f* (*viagem*) excursion, trip; *fig* digression
ex-ditador(a) [ezdʒita'dor(a)] <-es> *m(f)* ex-dictator
execrar [eze'krar] *vt* to despise, to execrate
execrável [eze'kravew] *adj* execrable, abhorrent
execução <-ões> [ezeku'sãw, -'õjs] *f* **1.** (*de uma tarefa*) performance *no pl*; (*de uma ordem*) execution *no pl* **2.** (*de uma pessoa*) execution
executar [ezeku'tar] *vt* **1.** (*uma pena*) to put into effect; (*uma tarefa, ordem*) to carry out, to perform **2.** (*uma pessoa*) to execute **3.** MÚS to play (music) **4.** INFOR to run
executável <-eis> [ezeku'tavew, -ejs] *adj* **1.** (*tarefa, ordem*) executable **2.** INFOR executable; **arquivo ~** executable file
executivo, -a [ezeku'tʃivu, -a] **I.** *m, f* (business) executive **II.** *adj* executive; **poder ~** executive branch (of government)
executor(a) [ezeku'tor(a)] <-es> *m(f)* executor
exemplar [ezẽj'plar] **I.** *m* (*unidade*) copy; **tenho um ~ desse livro** I have a copy of that book; (*modelo*) model; (*exemplo*) example **II.** *adj* exemplary; **é um aluno ~** he is an exemplary student
exemplificar [ezẽjplifi'kar] *vt* <c→qu> to exemplify
exemplo [e'zẽjplu] *m* **1.** (*fato, frase*) example; **por ~** for example; **dar um ~** to give an example **2.** (*modelo*) example; **dar o ~** to set an example; **servir de ~** to serve as an example; **seguir o ~ de alguém** to follow sb's example
exéquias [e'zɛkias] *fpl* funeral rites *pl*
exequível <-eis> [eze'kwivew, -ejs] *adj* executable; (*que pode ser feito*) feasible
exercer [ezer'ser] *vt* <c→ç> **1.** (*poder, influência*) to exercise **2.** (*uma atividade*) to practice; **~ influência sobre a. c.** to exercise influence (up)on sth; **~ medicina/advocacia** to practice medicine/law **3.** (*levar a efeito*) to exert
exercício [ezer'sisiw] *m* **1.** (*ação de exercitar*) exercise; **~ físico** physical exercise; (*na academia de ginástica*) workout **2.** (*trabalho na escola*) exercise **3.** (*ação de exercer*) practice; **no ~ das suas funções** performance **4.** FIN accounting period; **~ fiscal** tax year
exercitar [ezersi'tar] *vt* to exercise
exército [e'zɛrsitu] *m* army; **ele fez o suficiente para alimentar um ~** he made enough to feed an army
ex-favela [esfa'vɛla] *f* former slum
exibição <-ões> [ezibi'sãw, -'õjs] *f* exhibition; (*de um filme*) showing; (*de uma peça*) performance; **estar em ~ nos melhores cinemas** to be showing at the best movie theaters *Am* [*o Brit* cinemas]
exibicionismo [ezibisjo'nizmu] *m* **1.** (*ação de exibir*) exhibitionism *no pl* **2.** (*pessoa*) exhibitionism *no pl*
exibicionista [ezibisjo'nista] **I.** *mf* **1.** PSICO exhibitionist **2.** (*exibido*) show-off, exhibitionist **II.** *adj* showy; **pessoa ~** show-off
exibido, -a [ezi'bidu, -a] *adj* showy; **pessoa ~** show-off
exibir [ezi'bir] **I.** *vt* **1.** (*mostrar*) to exhibit **2.** (*os documentos*) to present **3.** (*um filme*) to show; (*uma peça*) to perform **II.** *vr:* **~-se** to show off; **gosta de ~-se para os outros** he likes to show off in front of others
exigência [ezi'ʒẽsia] *f* **1.** (*reclamação*) demand; **fazer ~s** to make demands **2.** (*requisito*) requirement; (*necessidade*) requirement; **satisfazer as ~s** to satisfy [*o* fulfill] the requirements
exigente [ezi'ʒẽtʃi] *adj* demanding, exacting
exigir [ezi'ʒir] *vt* <g→j> **1.** (*reclamar*) to demand; **~ a. c. de alguém** to demand sth from sb **2.** (*requerer*) to require; **isto exige muito esforço** this

exíguo, -a [e'zigwu, -a] *adj* **1.**(*escasso*) meager *Am*, meagre *Brit*; **inteligência exígua** limited intelligence **2.**(*diminuto*) little; **espaço ~ para se mover** little room to move in

exilado, -a [ezi'ladu, -a] **I.** *m, f* exile **II.** *adj* exiled; **estar ~** to be exiled

exilar [ezi'lar] **I.** *vt* to exile **II.** *vr:* **~-se** to go into exile

exílio [e'ziʎiw] *m* exile

exímio, -a [e'zimiw, -a] *adj* extraordinary

existência [ezis'tẽjsja] *f* **1.**(*vida*) existence **2.**(*de coisas*) existence *no pl*

existencial [ezistẽjsi'aw] *adj* existential

existente [εzis'tẽjtʃi] *adj* existing

existir [ezis'tʃir] *vi* **1.**(*viver*) to exist **2.**(*haver*) there is/there are

êxito ['ezitu] *m* success

Exmo. *pron abr de* **Excelentíssimo** Most Excellent

êxodo ['ezodu] *m* exodus

exoneração <-ões> [ezonera'sãw, -'õjs] *f* exoneration *no pl;* (*de um cargo*) dismissal

exonerar [ezone'rar] *vt* **1.**(*de um cargo*) to dismiss; **o presidente exonerou o ministro** the president dismissed the minister **2.**(*de uma obrigação*) to release, to discharge; **~ alguém de a. c.** to discharge sb from sth; **o chefe exonerou-o da tarefa** the boss released him from the duty

exorar [ezo'rar] *vt form* to entreat, to supplicate

exorbitância [ezorbi'tãsja] *f* (*excesso, exagero*) exorbitance *no pl*, excessiveness, *no pl*; **isso é uma ~** (*preço*) this is far too expensive

exorbitante [ezorbi'tãtʃi] *adj* (*excessivo, exagerado*) exorbitant; (*preço*) exorbitant price

exorcismar [ezorsi'zar] *vt v.* **exorcizar**

exorcismo [ezor'sizmu] *m* exorcism

exorcista [ezor'sista] *mf* exorcist

exorcizar [ezorsi'zar] *vt* to exorcise

exórdio [e'zɔrdʒiw] *m form* preamble; **~ de um texto** preamble of a text

exortação <-ões> [ezorta'sãw, -'õjs] *f* exhortation, earnest request; **fazer uma ~ a alguém para a. c.** to exhort sb to do sth

exortar [ezor'tar] *vt* to exhort; **~ alguém a a. c.** to exhort sb to do sth

exótico, -a [e'zɔtʃiku, -a] *adj* exotic

expandir [ispãŋ'dʒir] **I.** *vt* to expand; (*os conhecimentos*) to expand; (*o poder*) to expand **II.** *vr:* **~-se** to expand, to become expanded

expansão <-ões> [ispãŋ'sãw, -'õjs] *f* **1.**(*alargamento*) expansion **2.** ECON, POL expansion; **~ econômica** economic expansion

expansionismo [ispãŋsjo'nizmu] *m* expansionism *no pl*

expansivo, -a [ispãŋ'sivu, -a] *adj* expansive; (*pessoa*) communicative

expansões *f pl de* **expansão**

expatriado, -a [espatri'adu, -a] *m, f* (*da pátria*) expatriate; *inf* (*residente no exterior*) expat

expatriar [espatri'ar] *conj como* **enviar** *vt* to expatriate; (*banir*) to banish

expectativa [ispekta'tʃiva] *f* expectation; **ficar na ~** to hope for (sth); **o menino ficou na ~ de ganhar um brinquedo** the boy hoped to receive a toy; **isso corresponde às minhas ~s** that corresponds to my expectations

expectoração <-ões> [ispektora'sãw, -'õjs] *f* expectoration *no pl*

expectorante [ispekto'rãtʃi] *adj, m* expectorant

expectorar [ispekto'rar] *vi* to expectorate, to cough up

expedição <-ões> [ispedʒi'sãw, -'õjs] *f* **1.**(*viagem*) expedition **2.**(*envio*) shipment (of goods); (*despacho*) dispatch

expediente [ispedʒi'ẽjtʃi] **I.** *m* **1.**(*de escritório*) office work; (*despacho*) dispatches *pl*; **horário de ~** business hours **2.**(*desembaraço*) resource; **ela tem muitos ~s** she has a lot of resources **3.**(*conveniência*) expedient **II.** *adj* **1.**(*conveniente*) expedient **2.**(*com rapidez*) prompt, speedy

expedir [ispe'dʒir] *irr como* **pedir** *vt* **1.**(*mercadoria*) to dispatch; (*um telegrama*) to send **2.**(*despachar*) to dispatch

expedito, -a [ispe'dʒitu, -a] *adj* **1.**(*rápido*) prompt, speedy **2.**(*desembaraçado*) disengaged, unencumbered

expelir [ispe'ʎir] *irr como* **vestir** *vt* to expel, to eject; *fig* to spit out

experiência [isperi'ẽjsja] *f* **1.**(*prática*) experience; **~ profissional** professional experience; **por ~** (*própria*) based on (one's own) experience; **ter uma boa/má ~** to have a good/bad experience **2.**(*ensaio*) experiment; **~**

química chemical experiment; **a título de** ~ for trial/experimental purposes

experiente [ispeˈɾjẽjtʃi] *adj* experienced

experimentado, -a [isperimẽjˈtadu, -a] *adj* expert; **profissional** ~ **em a. c.** professional expert in sth

experimental <-ais> [isperimẽjˈtaw, -ˈajs] *adj* experimental; **método** ~ experimental method

experimentar [isperimẽjˈtar] *vt* 1.(*comida*) to try 2.(*roupa*) to try on 3.(*droga, uma atividade*) to try out 4.(*submeter à experiência*) to try out 5.(*pôr à prova*) to test 6.(*passar por*) to undergo, to experience

expiração <-ões> [espiraˈsãw, -ˈõjs] *f* 1.(*respiração*) exhalation *no pl* 2.(*de um prazo*) expiry

expirar [ispiˈrar] *vi* 1.(*respiração*) to exhale; *fig* to expire, to die 2.(*prazo*) to expire

explanação <-ões> [isplɜnaˈsãw, -ˈõjs] *f* (*explicação, exposição*) explanation

explanar [isplɜˈnar] *vt* (*explicar, expor*) to explain

explicação <-ões> [isplikaˈsãw, -ˈõjs] *f* explanation; **dar uma** ~ **a alguém** to give sb an explanation; **dever explicações** to owe sb an explanation; **isso não tem** ~ that does not make sense

explicar [ispliˈkar] <c→qu> I. *vt* 1.(*esclarecer*) to explain; ~ **a. c. a alguém** to explain sth to sb 2.(*expor*) to explain II. *vr:* ~**-se** to explain oneself

explicativo, -a [isplikaˈtʃivu, -a] *adj* explanatory

explícito, -a [isˈplisitu, -a] *adj* explicit

explodir [isploˈdʒir] *vi* to explode; *fig* to blow one's top

exploração <-ões> [isploraˈsãw, -ˈõjs] *f* 1.(*utilização de riquezas naturais*) exploitation 2.(*pesquisa de petróleo/minerais*) exploration; (*de minas*) prospecting; ~ **de ferro** iron prospecting 3.(*de terreno, região*) exploration 4.(*desenvolvimento*) development; ~ **agrícola** agricultural development 5.(*em excesso*) exploitation; (*de pessoa*) exploitation

explorador(a) [isploraˈdor(a)] <-es> *m(f)* 1.(*investigador*) explorer 2.(*de pessoas*) exploiter

explorar [isploˈrar] *vt* 1.(*riquezas naturais*) to exploit 2.(*pesquisar petróleo*) to explore (for); (*pesquisar minas*) to prospect (for) 3.(*um terreno, uma região*) to explore 4.(*um negócio*) to develop 5.(*em excesso*) to exploit; (*uma pessoa*) to exploit

explosão <-ões> [isploˈzãw, -ˈõjs] *f* 1.(*de uma bomba*) explosion 2.(*de sentimentos*) outburst

explosivo [isploˈzivu] *m* explosive

explosivo, -a [isploˈzivo, -a] *adj* 1.(*material*) explosive 2.(*pessoa, temperamento*) explosive

explosões *f pl de* **explosão**

expoente [ispoˈẽjtʃi] I. *m* MAT exponent II. *mf* (*pessoa*) exponent

expor [isˈpor] *irr como* **pôr** I. *vt* 1.(*um cartaz*) to display; (*em exposição*) to exhibit; (*em vitrine*) to display 2.(*a vida de alguém*) to expose; ~ **alguém ao ridículo/ao perigo** to expose sb to ridicule/danger 3.(*descrever*) to give an account (of sth); (*explicar*) to explain 4. FOTO to expose II. *vr:* ~**-se** 1.(*em público*) to expose oneself 2.(*arriscar*) to endanger oneself

exportação <-ões> [isportaˈsãw, -ˈõjs] *f* export(ation)

exportador(a) [isportaˈdor(a)] <-es> *m(f)* exporter

exportadora [isportaˈdora] *f* (*empresa*) export(ing) company

exportar [isporˈtar] *vt* to export

exposição <-ões> [ispoziˈsãw, -ˈõjs] *f* 1.(*de arte*) exhibition; (*feira*) show, fair; **estar em** ~ to be on display 2.(*descrição*) account; (*explicação*) explanation 3.(*exibição*) exhibition; ~ **ao sol** exposure 4. FOTO exposure

expositor(a) [ispoziˈtor(a)] <-es> *m(f)* exhibitor

exposto [isˈpostu] I. *pp irr de* **expor** II. *m* sth that is presented; **o acima** ~ the aforementioned (statement), the foregoing (statement)

exposto, -a [isˈpostu, -ɔsta] *adj* 1.(*cartaz*) displayed; (*na exposição*) exhibited; (*na vitrine*) displayed 2.(*lugar*) exposed 3.(*pessoa*) exposed; **estar** ~ **ao perigo** to be exposed to danger

expressa *adj v.* **expresso**

expressamente [ispresaˈmẽjtʃi] *adv* expressly

expressão <-ões> [ispreˈsãw, -ˈõjs] *f* 1. expression; ~ **artística** artistic expression; ~ **idiomática** idiomatic expression; **é força de** ~ it's just a form

expressar [ispre'sar] *vt* <*pp* expresso *ou* expressado> *v.* **exprimir**

expressionismo [ispresjo'nizmu] *m* expressionism *no pl*

expressiva *adj v.* **expressivo**

expressividade [ispresivi'dadʒi] *f* expressiveness *no pl*

expressivo, -a [ispre'sivu -a] *adj* expressive

expresso [is'prɛsu] I. *pp irr de* **exprimir** II. *m* (*trem*) express (train)

expresso, -a [is'prɛsu, -a] *adj* 1. (*explícito*) express 2. (*rápido*) express; **café** ~ espresso; **correio** ~ express mail

expressões *f pl de* **expressão**

exprimir [ispri'mir] <*pp* expresso *ou* exprimido> I. *vt* (*emoções*) to express II. *vr:* ~ **-se** to express oneself

expropriação <-ões> [espropria'sãw, -'õjs] *f* expropriation

expropriar [espropri'ar] *vt* to expropriate

expugnar [espug'nar] *vt* 1. (*conquistar, tomar*) to overcome 2. (*vencer*) to take by storm

expulsão <-ões> [ispuw'sãw, -'õjs] *f* 1. (*de país,*) deportation 2. (*de comunidade, região*) expulsion 3. (*da escola*) expulsion; (*jogador*) sending off 4. (*de espírito*) casting out, banishment

expulsar [ispuw'sar] *vt* <*pp* expulso *ou* expulsado> 1. (*de um país*) to deport; ~ **alguém de um país** to deport sb from a country 2. (*de uma região, comunidade*) to drive out; ~ **alguém de uma região** to drive sb out of a region 3. (*de uma festa, de casa, de um lugar público*) to throw out; ~ **alguém de casa** to throw sb out of the house 4. ENS to expel; ~ **o aluno da escola** to expel a student from school 5. ESPORT (*um jogador*) to send off

expulso [is'puwsu] *pp irr de* **expulsar**

expulsões *f pl de* **expulsão**

êxtase ['estazi] *m* ecstasy; **ficar em** ~ to be in ecstasy

extasiado, -a [istazi'adu, -a] *adj v.* **extático**

extasiar [istazi'ar] I. *vt* to enchant II. *vr:* ~ **-se** to become enchanted

extático, -a [is'tatʃiku, -a] *adj* ecstatic; **estar** [*o ficar*] ~ to be ecstatic

extensa *adj v.* **extenso**

extensão <-ões> [istēj'sãw, -'õjs] *f* 1. (*dimensão, alcance*) extent; *fig* reach; **esta pesquisa é de grande** ~ this research is far-reaching 2. ELETR extension 3. TEL ~ **telefônica** telephone extension

extensiva *adj v.* **extensivo**

extensivamente [istējsiva'mējtʃi] *adv* extensively, widely

extensível [istēj'sivew] *adj* 1. (*material*) extendable 2. (*antena*) extendable

extensivo, -a [istēj'sivu, -a] *adj* 1. (*extenso*) extensive 2. (*extensível*) extendable, extended 3. **ser** ~ **a** to be extended to; **o convite é** ~ **a toda a sua família** the invitation is extended to the whole family

extenso, -a [is'tējsu, -a] *adj* 1. (*comprido*) long 2. (*texto, discurso*) long, extensive; **por** ~ in full, without abbreviation 3. (*vasto*) extensive, wide

extensões *f pl de* **extensão**

extensor [istēj'sor] *m* (*de ginástica*) extensor

extenuação <-ões> [istenwa'sãw, -'õjs] *f* (*enfraquecimento, exaustão*) exhaustion *no pl*, weakening *no pl*

extenuado, -a [istenu'adu, -a] *adj* (*esgotado, exausto*) exhausted, worn out

extenuante [istenu'ãntʃi] *adj* exhausting

extenuar [istenu'ar] I. *vt* (*debilitar, esgotar*) to exhaust II. *vr:* ~ **-se** to become exhausted

exterior [isteri'or] I. *m* (*parte de fora, aspecto*) exterior; (*estrangeiro*) foreign countries; **no** ~ abroad II. *adj* outside; **o lado** ~ the outside

exteriorização <-ões> [isterjoriza'sãw, -'õjs] *f* externalization *no pl*, outward expression *no pl*

exteriorizar [isterjori'zar] *vt* to externalize; (*emoções, pensamentos*) to give outward expression to

exteriormente [isterjor'mējtʃi] *adv* outwardly

exterminação <-ões> [istermina'sãw, -'õjs] *m v.* **extermínio**

exterminar [istermi'nar] *vt* to exterminate

extermínio [ister'miniw] *m* (*de um povo, do inimigo, de insetos, parasitas*) extermination

externa *adj v.* **externo**

externato [ister'natu] *m* day school

externo, -a [is'tɛrnu, -a] *adj* **1.** external **2.** (*de outro país*) foreign; **o país está sujeito a influências externas** the country is subject to foreign influence **3. para uso ~** FARM for external use

extinção <-ões> [istʃĩj'sãw, -'õjs] *f* **1.** (*do fogo*) extinguishment *no pl* **2.** (*de uma espécie, de um povo*) extinction; **em vias de ~** endangered species

extinguir [istʃĩj'gir] <*pp* extinto *ou* extingido> **I.** *vt* **1.** (*o fogo*) to put out, to extinguish **2.** (*um povo*) to exterminate, to destroy **II.** *vr:* **~-se 1.** (*fogo*) to go out, to burn out **2.** (*espécie, povo*) to become extinct, to die out

extinto, -a [is'tʃĩjtu, -a] *adj* **1.** (*fogo*) extinguished **2.** defunct, dead; **vulcão ~** extinct volcano **3.** (*espécie, povo*) extinct

extintor [istʃĩj'tor] *m* extinguisher

extirpar [istʃir'par] *vt* to extirpate, to eradicate

extorquir [istor'kir] *vt* (*por extorsão*) to extort; (*por tortura*) to wring (sth from sb)

extorsão <-ões> [istor'sãw, -'õjs] *f* extortion *no pl*

extra ['ɛstra] **I.** *m* **1.** extra, plus; (*quantia*) more money **2.** (*pessoa*) extra; **trabalha como ~ nesse teatro** he works as an extra at that theater **II.** *adj inv* extraordinary; **horas ~** overtime, additional hours *pl*

extração <-ões> [istra'sãw, -õjs] *f* **1.** (*da loteria*) draw **2.** (*de um dente*) extraction **3.** (*de minério, petróleo*) extraction

extraconjugal <-ais> [ɛstrakõwʒu'gaw, -'ajs] *adj* extramarital, outside of marriage

extracurricular [ɛstrakuxiku'lar] *adj* extracurricular

extradição <-ões> [istradʒi'sãw, -'õjs] *f* extradition

extraditar [istradʒi'tar] *vt* to extradite

extrair [istra'ir] *conj como sair vt* **1.** (*um dente*) to extract, to pull out **2.** MAT **~ uma raiz** to determine a root **3.** (*minério, petróleo*) to extract

extrajudicial <-ais> [ɛstraʒudʒisi'aw, -'ajs] *adj* extrajudicial

extraordinária *adj v.* **extraordinário**

extraordinariamente [istraordʒinarja'mẽjtʃi] *adv* extraordinarily

extraordinário, -a [istraordʒi'narju, -a] *adj* (*raro, notável*) extraordinary; (*reunião, despesa*) extraordinary; **horas extraordinárias** additional hours *pl*

extraprograma [ɛstrapro'grɐma] *m* not on the program; (*bis*) encore

extraterrestre [ɛstrate'xɛstri] **I.** *mf* extraterrestrial, alien **II.** *adj* extraterrestrial

extrato [is'tratu] *m* **1.** (*bancário*) bank statement **2.** (*substância*) extract; **~ de tomate** tomato paste

extravagância [istrava'gãnsia] *f* extravagance

extravagante [istrava'gãntʃi] *adj* extravagant

extravasar [istrava'zar] **I.** *vt* (*um líquido*) to spill; (*emoções*) to show; **ele não extravasa suas emoções** he doesn't show his feelings **II.** *vi* (*um líquido*) to spill; **a água extravasou** the water spilled

extraviar [istravi'ar] *conj como enviar* **I.** *vt* **1.** (*uma carta*) to misdirect; (*dinheiro*) to embezzle **2.** (*desencaminhar*) to lead astray **II.** *vr:* **~-se 1.** (*objeto*) to get lost **2.** *fig* (*pessoa*) to go astray

extravio [istra'viw] *m* (*de uma carta*) misdirection *no pl;* (*de dinheiro*) embezzlement *no pl;* (*perda*) loss

extrema *adj v.* **extremo**

extremamente [istrema'mẽjtʃi] *adv* extremely; **~ difícil/caro/perigoso** extremely difficult/expensive/dangerous

extrema-unção <-ões> [is'trema-ũw'sãw, -'õjs] *f* extreme unction

extremidade [istremi'dadʒi] *f* extremity; (*no corpo*) tip; **~ dos dedos** fingertips

extremismo [istre'mizmu] *m* extremism *no pl*

extremista [istre'mista] *adj, mf* extremist

extremo [is'tremu] *m* extremity, limit; **levar a. c. ao ~** to go to extremes

extremo, -a [is'tremu, -a] *adj* **1.** (*excessivo, radical*) extreme; **a extrema direita/esquerda** extreme right/left wing **2.** (*no espaço*) outermost; **o Extremo Oriente** the Far East

extremoso, -a [istre'mozu, -'ɔza] *adj* extremely fond, overly affectionate

extrínseco, -a [is'trĩjseku, -a] *adj* extrinsic

extrovertido, -a [istrover'tʃidu, -a] *adj* outgoing, extrovert

exuberância [ezube'rɐ̃ŋsia] *f* exuberance *no pl*

exuberante [ezube'rɐ̃ŋtʃi] *adj* exuberant

exultar [ezuw'tar] *vi* to exult

exumação <-ões> [ezuma'sɐ̃w, -'õjs] *f* exhumation

exumar [ezu'mar] *vt* to exhume

eyeliner [aj'lajner] *m* eyeliner; *v.* **delineador**

F

F, f ['ɛfi] *m* F, f; ~ **de fada** F as in fox *Am*, F for Frederick *Brit*

fá ['fa] *m* MÚS F

fã ['fɐ̃] *mf* fan

fábrica ['fabrika] *f* (*de roupas, brinquedos, chocolates*) factory; (*de automóveis, software*) plant; ~ **de cerveja** brewery; ~ **de conservas** cannery; ~ **de papel** paper mill

fabricação <-ões> [fabrika'sɐ̃w, -'õjs] *f* manufacture *no pl*, production *no pl*; **de** ~ **americana** American-made; **de** ~ **própria** our own make; **todos as sobremesas são de** ~ **própria** all desserts are our own make

fabricante [fabri'kɐ̃ŋtʃi] *mf* manufacturer, maker

fabricar [fabri'kar] *vt* <c→qu> **1.** to manufacture, to make **2.** (*provas, mentiras*) to fabricate

fabrico [fa'briku] *m* production *no pl*

fabril <-is> [fa'briw, -'is] *adj* industrial; (*produção*) manufacturing; **indústria** ~ manufacturing industry

fábula ['fabula] *f* **1.** fable **2.** (*quantia elevada*) fortune; **o carro custou uma** ~ the car cost a fortune

fabuloso, -a [fabu'lozu, -'ɔza] *adj* fabulous

faca ['faka] *f* knife; ~ **de dois gumes** *tb. fig* double-edged sword; **entrar na** ~ to have an operation; **ter** [*ou* **estar com**] **a** ~ **e o queijo na mão** *inf* to have the upper hand

facada [fa'kada] *f* **1.** stab; **dar uma** ~ **em alguém** to stab sb; **levar uma** ~ **de alguém** to be stabbed by sb **2.** *fig* (*surpresa dolorosa*) blow; **uma** ~ **no orgulho** a blow to one's pride **3.** *inf* **dar uma** ~ **no bolso de alguém** to hit sb (up) for cash [*o a* loan], to tap sb for cash [*o a* loan] *Brit;* **levar uma** ~ **no bolso** to be hit (up) for cash/a loan, to be tapped for cash/a loan

façanha [fa'sɐ̃ɲa] *f* achievement

facção <-ões> [fak'sɐ̃w, -'õjs] *f* POL faction

faccioso, -a [faksi'ozu, -'ɔza] *adj* **1.** POL factious **2.** (*parcial*) partisan

face ['fasi] *f* **1.** (*rosto*) face; (*bochecha*) cheek; ~ **a** ~ face to face; **à** [*ou* **em**] ~ **de** in view of; **fazer** ~ **a a. c./alguém** to face sth/sb; **fazer** ~ **às despesas** to meet expenses **2.** (*superfície*) face; **na** ~ **da Terra** on the face of the Earth

fáceis *adj pl de* **fácil**

faceta [fa'seta] *f* facet; **mostrar a sua verdadeira** ~ to show one's true colors

fachada [fa'ʃada] *f* **1.** (*de edifício*) front, façade; (*de pessoa*) face **2.** (*ilusão*) façade; **empresa de** ~ dummy corporation

facho ['faʃu] *m* torch; **abaixar o** ~ to calm down

facial [fasi'aw] *adj* facial; **creme** ~ face cream; **fazer uma limpeza** ~ to have a facial

fácil <-eis> ['fasiw, -ejs] **I.** *adj* **1.** (*simples*) easy, simple; **ser** ~ **de fazer** to be easy to do; **é mais** ~ **do que parece** it's easier than it seems; **isso é** ~ **de dizer** that's easy to say **2.** (*pessoa, temperamento*) easy-going **II.** *adv* **vaso ruim não quebra** ~ *prov* a creaking door hangs long on its hinges *prov*

facilidade [fasiʎi'dadʒi] *f sem pl* **1.** ease *no pl*, facility *no pl;* **fazer a. c. com** ~ to do sth with ease **2.** (*talento*) flair; **ter** ~ **para a. c.** to have a flair for sth

facilidades [fasiʎi'dadʒis] *fpl* **1.** means *pl;* ~ **de pagamento** payment arrangements **2.** (*procedimento leviano*) recklessness *no pl*

facílimo, -a [fa'siʎimu, -a] *adj superl de* **fácil**

facilitar [fasiʎi'tar] **I.** *vt* **1.** (*tornar fácil*) to facilitate, to make easy; ~ **o trabalho de alguém** to make sb's job easier **2.** (*pôr à disposição de alguém*) to

facilmente [fasiw'mẽtʃi] *adv* easily

fac-símile [fak'simiʎi] <fac-símiles> *m tb.* TEL facsimile

factício, -a [fak'tʃisiw, -a] *adj* artificial

factual <-ais> [faktu'aw, -'ajs] *adj* factual

faculdade [fakuw'dadʒi] *f* 1. (*capacidade*) faculty; ~s **mentais** mental faculties 2. (*autoridade*) power *no pl*; **ter a ~ de fazer a. c.** to have the power to do sth 3. UNIV (*escola superior*) college, university; **na** ~ at college [*o* university]; **fazer** ~ to go to college; (*departamento*) faculty, school; **Faculdade de Medicina** School of Medicine 4. UNIV (*corpo docente*) faculty

facultar [fakuw'tar] *vt* 1. (*possibilitar*) to enable 2. (*conceder*) to grant

facultativo, -a [fakuwta'tʃivu, -a] *adj* optional

fada ['fada] *f* fairy

fadado, -a [fa'dadu] *adj* (*predestinado*) destined; (*sentido negativo*) doomed; ~ **ao fracasso** doomed to fail

fadiga [fa'dʒiga] *f* fatigue *no pl*

fado ['fadu] *m* 1. (*destino*) fate 2. melancholic folk song and dance of Portugal

fagote [fa'gotʃi] *m* bassoon

fagulha [fa'guʎa] *f* spark

faina ['faina] *f sem pl* 1. NAÚT *routine work on a ship* 2. (*trabalho*) toil

faisão <-ões *ou* -ães> [faj'zãw, -õjs, -ãjs] *m* pheasant

faísca [fa'iska] *f* 1. spark; **fazer** ~ to spark 2. (*brilho, graça*) **a ~ em seus olhos** the sparkle in his/her eyes

faiscar [fais'kar] *vi* <c<qu> 1. (*metal, fogo*) to spark 2. (*cintilar*) to sparkle, to twinkle

faisões *m pl de* **faisão**

faixa ['fajʃa] *f* 1. (*no chão*) line; (*de luz*) strip 2. (*na estrada*) lane; ~ **de pedestres** pedestrian crossing; ~ **de rodagem** traffic lane; ~ **de ultrapassagem** passing lane 3. (*de um CD*) track 4. (*de tecido*) sash; (*em judô*) belt; (*tira*) strip 5. MED (*atadura*) bandage 6. (*de terra*) strip 7. ~ **etária** age group; ~ **de frequência** frequency band

fajuto, -a [fa'ʒutu, -a] *adj inf* 1. (*tecido*) shoddy 2. (*documento, perfume*) fake

fala ['fala] *f* speech; **perder a** [*ou* **ficar sem**] ~ to be speechless; **de ~ inglesa** English-speaking

falacioso, -a [falasi'ozu, -a] *adj* (*enganador: pessoa*) deceitful; (*coisa*) deceptive

falado, -a [fa'ladu, -a] *adj* 1. (*não escrito*) spoken 2. (*famoso*) famous; **muito ~** much [*o* widely] commented on 3. (*de má fama*) infamous

falador(a) [fala'dor(a)] I. *m(f)* (great) talker II. *adj* talkative

falange [fa'lãʒi] *f* ANAT phalanx

falante [fa'lãtʃi] I. *adj* talkative II. *mf* speaker

falar [fa'lar] I. *vt* 1. (*uma língua*) to speak; **fala português?** Do you speak Portuguese? 2. (*dizer*) to say; ~ **a. c. a alguém** to say sth to sb; ~ **a. c. de alguém** to say sth about sb; ~ **besteira** to talk nonsense; ~ **a verdade** to tell the truth; **o que você falou?** what did you say? II. *vi* 1. to speak, to talk; **falar com alguém** to talk to [*o* with] sb; ~ **de** [*ou* **sobre**] **alguém/a. c.** to talk about sb/sth; ~ **bem/mal de alguém** to speak highly/poorly of sb; ~ **ao público** to address the public; **dar o que ~** to give people sth to talk about; **por ~ nisso** speaking of which; **para não ~ de ...** not to mention ...; **ouvir ~ em a. c./alguém** to hear of sth/sb 2. (*conversar*) to talk; ~ **em inglês** to talk in English; **o bebê já fala** the baby can talk already *Am*, the baby can already talk *Brit*; **ela fala demais** she talks too much; (*no telefone*) to speak; **posso ~ com a Carla?** may I speak to Carla, please?; **quem fala?** who's speaking? 3. *fig* ~ **grosso** to talk loudly and menacingly; ~ **mais alto** to carry more weight 4. *gír* **falou!** alright! III. *vr:* ~**-se** to speak [*o* talk] to each other, to be on speaking terms; **eles já não se falam há anos** they haven't spoken to each other for years IV. *m* 1. <-es> (*maneira de falar*) speech; **ela tem um ~ correto** she speaks correctly 2. (*dialeto*) dialect

falastrão, -ona [falas'trãw, -'ona] *adj* garrulous

falatório *m* buzz (of voices)

falaz [fa'las] *adj* (*índole, pessoa*) deceitful; (*sucesso, esperança*) illusory

falcão <-ões> [faw'kãw, -'õjs] *m* falcon

falcatrua [fawka'trua] *f* 1. (*fraude*)

deception **2.** (*ardil*) trick; **fazer uma ~** to play a trick

falcões *m pl de* **falcão**

falecer [fale'ser] *vi* <c→ç> to die, to pass away

falecido, -a [fale'sidu, -a] **I.** *m, f* **o ~** the deceased **II.** *adj* deceased

falecimento [falesi'mẽjtu] *m* death, demise

falência [fa'lẽjsja] *f* bankruptcy; **abrir ~** to initiate bankruptcy proceedings; **ir à ~** to go bankrupt; **levar alguém à ~** to lead sb to bankruptcy

falésia [fa'lɛzia] *f* cliff

falha ['faʎa] *f* **1.** (*defeito*) fault; (*de máquina*) defect; (*erro*) error **2.** (*lacuna*) gap **3.** GEO fault

falhado, -a [fa'ʎadu, -a] *adj* **1.** (*que tem falha*) defective **2.** (*malsucedido: plano*) failed

falhar [fa'ʎar] *vi* **1.** (*não acertar*) to miss **2.** (*motor*) to misfire **3.** (*planos*) to misfire, to backfire, to fall through; (*na vida*) to fail

falho, -a ['faʎu, -a] *adj v.* **falhado**

falido, -a [fa'ʎidu, -a] *adj* bankrupt

falir [fa'ʎir] *vi* to go bankrupt

falível <-eis> [fa'ʎivew, -ejs] *adj* fallible

falsa *adj v.* **falso**

falsamente [fawsa'mẽjtʃi] *adv* falsely

falsário, -a [faw'sariw, -a] *m, f* (*de dinheiro*) counterfeiter; (*de documentos, assinaturas, obras de arte*) forger

falsete [faw'setʃi] *m* falsetto

falsidade [fawsi'dadʒi] *f* **1.** (*de documento*) inauthenticity; (*de uma emoção*) falseness **2.** (*mentira*) falsehood

falsificação <-ões> [fawsifika'sãw, -'õjs] *f* falsification

falsificador(a) [fawsifika'dor(a)] *m(f)* (*de dinheiro*) counterfeiter; (*de documentos, assinaturas, quadros, obras de arte*) forger

falsificar [fawsifi'kar] *vt* <c→qu> (*assinatura, obra de arte*) to forge; (*dinheiro*) to counterfeit; (*identidade, fatos*) to falsify

falso, -a ['fawsu, -a] *adj* **1.** (*inverdade*) false; (*fictício*) false; **nome ~** false name **2.** (*dinheiro*) counterfeit; (*joia, obra de arte*) fake; (*assinatura, obra de arte*) forgery; (*pessoa*) insincere; **assinatura falsa** forged signature; **juramento ~** perjury; **nota falsa** counterfeit bill *Am* [*o Brit* note] **3.** (*escondido*) **fundo ~** hidden compartment; **porta falsa** secret door; **dar um passo em ~** to stumble **4.** **~s gêmeos** fraternal twins

falta ['fawta] *f* **1.** (*escassez, carência*) lack, want; **por ~ de** for lack of, for want of; **fazer ~** to be missed; **~ de ar** shortness of breath; **~ de respeito** lack of respect; **isso é ~ de educação** that's rude; **sem ~** without fail; **há ~ de matéria-prima** we are out of raw material **2.** (*ausência*) absence; **sentir ~ de alguém/a. c.** to miss sb/sth; **você me faz ~** I miss you **3.** (*erro*) mistake, fault; **cometer uma ~** to make a mistake; **a falta foi minha** it was my mistake **4.** ESPORT foul; **fazer uma ~** to foul; **sofrer uma ~ de alguém** to be fouled by sb

faltar [faw'tar] **I.** *vt* **1.** (*carecer*) to be lacking; **falta-lhe coragem** he lacks courage **2.** (*para completar algo*) **ainda faltam cinco minutos** there are still five minutes left; **faltam-me dez centavos** I am short 10 cents; **falta pouco para começar** it will begin shortly, it is about to begin; **é (só) o que faltava!** that's all I need! **3.** (*não cumprir*) **~ à palavra** to break one's word **II.** *vi* (*não comparecer*) to be absent/missing; **~ às aulas/ao trabalho** to be absent from class/work; **quem ~?** who is missing?

fama ['fama] *f sem pl* **1.** (*celebridade*) fame *no pl*; **ter ~** to be famous **2.** (*reputação*) reputation; **ter má ~** to have a bad reputation; **ela tem ~ de ser generosa** she has a reputation for being generous; **levar ~** to be falsely accused

família [fa'miʎia] *f* family; **~ numerosa** large family; **pessoa de ~** relative; **estamos em ~** we are among family; **ele é ~** he is family; **ser de ~** to run in the family

> **Cultura** As it has such an important place in the life of Brazilians, the **family** is quite a common topic of conversation, and such talk should not be interpreted as indiscreet.

familiar [fɜmiʎi'ar] **I.** *mf* relative **II.** *adj* **1.** (*da família*) family; **agregado ~** member of the household **2.** (*conhecido*) familiar; **esse nome me é ~** that name is familiar to me **3.** (*caseiro*)

familiaridade   256   **faro**

comida caseira home cooking; ambiente ~ family environment
familiaridade [fɜmiʎjari'dadʒi] *f* **1.** *sem pl* (*conhecimento*) familiarity *no pl* **2.** (*confiança*) confidence **3.** (*à vontade*) informality; **~s** *pl* intimacy
familiarizado, -a [fɜmiʎjari'zadu, -a] *adj* familiarized; **estar ~ com alguém** to be friendly with sb
familiarizar [fɜmiʎjari'zar] **I.** *vt* **1.** (*melhorar o conhecimento*) to make known; **~ alguém com a. c.** to make sth known to sb **2.** (*acostumar*) to familiarize; **~ alguém com a. c.** to familiarize sb with sth **II.** *vr:* **~-se** to become familiar; **~-se com a. c.** to get used to sth
faminto, -a [fa'mĩjtu, -a] *adj* starving; **estamos famintos** we're starving; **~ de conhecimento** hungry for knowledge; **~ de poder/prazer** power-/pleasure-hungry
famoso, -a [fa'mozu, -'ɔza] *adj* famous; **ser ~ por a. c.** to be famous for sth
fanático, -a [fa'natʃiku, -a] **I.** *m, f* fanatic **II.** *adj* fanatical; **ser ~ por música** to be fanatical about music
fanatismo [fɜna'tʃizmu] *m* fanaticism *no pl*
fandango [fɜŋ'dɜ̃ngu] *m* **1.** fandango **2.** *fig* commotion
fanfarra [fɜŋ'faxa] *f* fanfare
fanfarrão <-ões> [fɜŋfa'xɜ̃w, -'õjs] *m* braggart
fanhoso, -a [fa'ɲozu, -'ɔza], **fanho, -a** [fa'ɲu, -a] *adj* (*som*) nasal; **ele é ~** he has a nasal twang
faniquito [fɜni'kitu] *m inf* conniption *Am*, tantrum *Brit*; **ter um ~** to throw a conniption [*o Brit* tantrum]
fantasia [fɜŋta'zia] *f* **1.** (*sonho*) fantasy **2.** (*imaginação*) imagination **3.** (*traje*) fancy dress, costume; **~ de carnaval** carnival costume
fantasiar [fɜŋtazi'ar] *conj como passear* **I.** *vt* to dress; **no carnaval fantasiou o filho de pirata** she dressed her son as a pirate for carnival; **~ que a vida é bela** to live in a fantasy world **II.** *vi* to fantasize **III.** *vr:* **~-se** to dress in costume; **~-se de a. c.** to dress up as sth
fantasioso, -a [fɜŋtazi'ozu, -'ɔza] *adj* fanciful
fantasma [fɜŋ'tazma] *m* **1.** (*espírito*) ghost **2.** (*ilusão*) illusion
fantasmagórico, -a [fɜŋtazma'gɔriku, -a] *adj* phantasmagorical
fantástico, -a [fɜ̃ŋ'tastʃiku, -a] *adj* fantastic
fantochada [fɜ̃ŋto'ʃada] *f* **1.** (*cena com fantoches*) puppet show **2.** (*cena ridícula*) farce
fantoche [fɜ̃ŋ'tɔʃi] *m* (*boneco, pessoa*) puppet; **é um ~ nas mãos do partido** he is a puppet in the party's hands
faqueiro [fa'kejru] *m* (*jogo de talheres*) set of flatware *Am*, canteen of cutlery *Brit*
faquir [fa'kir] *m* fakir
faraó [faɾa'ɔ] *m* pharaoh
faraônico, -a [faɾa'oniku, -a] *adj* (*referente aos faraós*) pharaonic; (*grandioso*) monumental; **obra faraônica** monumental project
farda ['farda] *f* uniform
fardado, -a [far'dadu, -a] *adj* in uniform
fardar-se [far'darsi] *vr:* **~-se** to dress in uniform
fardo ['fardu] *m* **1.** (*de palha, papel*) bale; (*de tecido*) bundle **2.** (*sobrecarga*) burden
farejar [faɾe'ʒar] *vi* to smell [*o* sniff] out
farelo [fa'ɾɛlu] *m* **1.** (*de pão*) crumbs *pl* **2.** (*de trigo*) chaff *no pl*
farináceo, -a [faɾi'nasiw, -a] *adj* farinaceous
farináceo *m* farinaceous food
faringe [fa'ɾĩjʒi] *f* pharynx
faringite [faɾĩj'ʒitʃi] *f sem pl* pharyngitis *no pl*
farinha [fa'ɾiɲa] *f* flour; **~ integral** whole-wheat [*o* wholemeal] flour; **~ de mandioca** cassava flour; **~ de mesa** fine-ground cassava flour; **~ de rosca** bread crumbs; **~ de trigo** flour; **são ~ do mesmo saco** *fig* they're cut from the same cloth
farinha de pau [fa'ɾiɲa dʒi 'paw] *f* fine-ground cassava flour
farinheira [faɾĩ'ɲejɾa] *f* "farofa" bowl
farinhento, -a [faɾĩ'ɲejtu, -a] *adj* floury
farmacêutico, -a [farma'sewtʃiku, -a] **I.** *m, f* pharmacist, druggist **II.** *adj* pharmaceutical; **indústria farmacêutica** pharmaceutical industry
farmácia [far'masia] *f* **1.** (*loja*) pharmacy **2.** *sem pl* (*ciência*) pharmacy *no pl*
farmacologia [farmakolo'ʒia] *f sem pl* pharmacology *no pl*
farnel <-éis> [far'nɛw, -'ɛjs] *m* knapsack
faro ['faɾu] *m* **1.** (*dos animais*) sense of

faroeste [fa'rɔ(w)estʃi] *m sem pl* **1.** (*filme*) western **2.** *inf: violent, lawless area* (*as in the Wild West*)

farofa [fa'rɔfa] *f* **1.** (*comida*) toasted cassava flour served with meat dishes and "feijoada" **2.** *inf* (*conversa fiada*) hot air *no pl*

> **Cultura** Farofa accompanies many Brazilian dishes, especially **feijoada**. It is made with toasted **farinha de mandioca** (manioc flour), oil or butter, bacon, onion, parsley, and scallions. As with **feijoada**, the method of preparation and the ingredients vary according to the region or state.

farofeiro, -a [faro'fejru, -a] **I.** *m, f* **1.** *pej* (*da praia*) beachgoer who takes an entire meal with them to avoid buying it there **2.** (*fanfarrão*) braggart **II.** *adj* boastful

farol <-óis> [fa'rɔw, -'ɔjs] *m* **1.** (*torre*) lighthouse **2.** (*de automóvel*) headlight; ~ **alto** high beam; ~ **baixo** low beam; ~ **de neblina** fog light; **piscar o** ~ to flash one's headlights

farolete [faro'letʃi] *m* flashlight

farpa ['farpa] *f* **1.** (*de madeira*) splinter **2.** (*sarcasmo*) caustic criticism; **soltar** ~**s** to make cutting remarks

farpado, -a [far'padu, -a] *adj* barbed; **arame** ~ barbed wire

farra ['faxa] *f* **andar** [*ou* **cair**] **na** ~ to be/go out on the razzle; **só por** ~ *inf* just for [*ou* in] fun

farrapo [fa'xapu] *m* **1.** (*de tecido*) rag **2.** (*pessoa*) ragamuffin

farsa ['farsa] *f* farce

farsante [far'sãntʃi] *mf* trickster

farta *adj v.* **farto**

farta ['farta] *f* **à** ~ in abundance

fartar-se [far'tarsi] <*pp* **farto** *ou* **fartado**> *vr* **1.** to stuff oneself; **ele se fartou de comer/a. c.** he ate his fill **2.** *fig* ~ **de alguém/a. c.** to be tired of sb/sth; ~ **de chorar** to be tired of crying; ~ **de rir** to laugh heartily; **não se fartar de olhar para/ouvir a. c.** to never get tired of looking at/listening to sth

farto, -a ['fartu, -a] *adj* **1.** (*satisfeito*) full **2.** **estar** ~ **de fazer a. c.** to be (sick and) tired of doing sth **3.** (*refeição*) abundant

fartura [far'tura] *f* (*abundância*) abundance; **com** ~ in abundance

fascículo [fa'sikulu] *m* (*de livro*) fascicle, installment of a book

fascinado, -a [fasi'nadu, -a] *adj* fascinated; **estar** [*ou* **ficar**] ~ **com** [*ou* **por**] **a. c.** to be fascinated by sth

fascinante [fasi'nãntʃi] *adj* fascinating

fascinar [fasi'nar] *vt* to fascinate

fascínio [fa'siniw] *m* fascination *no pl*; **exercer** ~ to hold a fascination

fascismo [fa'sizmu] *m sem pl* fascism *no pl*

fascista [fa'sista] *adj, mf* fascist

fase ['fazi] *f tb.* ELETR phase; ~ **de construção** phase of construction

fashion ['fɛʃõw] <-(s) *ou* fashions> *adj* **estar** ~ to be en vogue, to be in fashion

fastidioso, -a [fastʃidʒi'ozu, -'ɔza] *adj* **1.** (*maçante*) tedious **2.** (*impertinente, rabugento*) cantankerous

fastio [fas'tʃiw] *m sem pl* **1.** (*tédio*) boredom **2.** (*aversão*) aversion **3.** (*falta de apetite*) lack of appetite

fatal <-ais> [fa'taw, -'ajs] *adj* **1.** (*mortal: doença, erro*) fatal; **derrota** ~ crushing defeat **2.** (*inevitável: demora, desfecho*) inevitable

fatalidade [fataʎi'dadʒi] *f* fatality; **foi uma fatalidade** it was a disaster

fatalismo [fata'ʎizmu] *m sem pl* fatalism *no pl*

fatalista [fata'ʎista] *mf* fatalist

fatalmente [fataw'mẽjtʃi] *adv* inevitably

fatia [fa'tʃia] *f* **1.** (*de pão*) slice; **cortar a. c. em** ~**s** to cut sth into slices **2.** (*parcela*) part, share; **ele ficou com uma boa** ~ **dos lucros** he got a big share of the profits

fatídico, -a [fa'tʃidʒiku, -a] *adj* fateful

fatigante [fatʃi'gãntʃi] *adj* tiresome

fato ['fatu] **I.** *m* fact; ~ **consumado** fait accompli; **chegar às vias de** ~ to come to grips (with sth); **pelo** ~ **de** because of **II.** *adv* **de** ~ in fact, actually

fator [fa'tor] *m* factor; ~ **de proteção solar** sun protection factor (SPF)

fátuo, -a ['fatuu, -a] *adj* **1.** *form* (*fugaz*) fleeting **2.** *form* (*tolo, insensato*) fatuous

fatura [fa'tura] *f* **1.** invoice, bill; **uma** ~ **de 100 Reais** an invoice for 100 reals;

preparar/pagar uma ~ to prepare/to pay an invoice **2.** *inf* (*resolver compromisso*) **liquidar a** ~ to settle a matter

faturar [fatu'rar] **I.** *vt* **1.** (*mercadoria*) to invoice [*o* to bill] sb for sth **2.** (*ganhar dinheiro*) to make money; **faturar alto** to make a lot of money; **a empresa faturou muito dinheiro no ano passado** the company made a lot of money last year **3.** *chulo* to fuck **II.** *vi inf* to make money

fauna ['fawna] *f* zool fauna + *sing vb*

fausto ['fawstu] *m sem pl* ostentatious luxury

fausto, -a ['fawstu, -a] *adj* fortunate

fava ['fava] *f* **1.** bot broad bean **2. ir às ~s** to go away; **mandar alguém ou a.c. às ~s** to send someone packing

favela [fa'vɛla] *f* shantytown (*slum characterized by flimsy, improvised shacks, often on a hill*)

> **Cultura** A **favela** is a clump of low-income housing, jerry-built on urban (public or private) property owned by others. A lack of essential public services is one of the characteristics of this type of settlement.

favelado, -a [fave'ladu, -a] *m, f* inhabitant of a favela; **é ~** he lives in a favela

favo ['favu] *m* honeycomb

favor [fa'vor] *m* **1.** favor *Am*, favour *Brit*; **fazer um ~ a alguém** to do sb a favor; **a** [*ou* **em**] **~ de** on behalf of; **a meu ~** in my favor **2. por ~!** please!; **podia fazer o ~ de ...** would you please ...? **3.** (*atenção*) excuse me; **por ~, onde fica ...?** excuse me, where's ...?

favorável <-eis> [favo'ravew, -ejs] *adj* **1.** (*situação*) favorable, advantageous; **~ a a. c./alguém** favorable to sth/sb; **ser ~ a a. c./alguém** to be in favor of sth/sb **2. vento ~** fair wind

favorecer [favore'ser] <c→ç> **I.** *vt* (*beneficiar, proteger, corroborar*) to favor *Am*, to favour *Brit*; **ela favoreceu seu filho mais novo** she favored her youngest son; **as respostas do réu favoreceram as suspeitas do juiz** the defendant's replies confirmed the judge's suspicions **II.** *vr:* **~-se** (*servir-se*) to make use (of); **~-se da ajuda da comunidade** to take advantage of the community's help

favorita *f, adj v.* **favorito**

favoritismo [favori'tʃizmu] *m* favoritism *no pl*

favorito, -a [favo'ritu, -a] **I.** *m, f* favorite; **franco ~** clear favorite **II.** *adj* (*filme, livro, etc.*) favorite

fax ['faks] *inv m* fax; **mandar** [*ou* **enviar**] **um ~** to send a fax; **mandar** [*ou* **enviar**] **a. c. por ~** to send sth by fax

faxina [fa'ʃina] *f* cleaning *no pl;* **dia de ~** cleaning day; **fazer uma ~ na casa** to do the housecleaning

faxineiro, -a [faʃi'nejru, -a] *m, f* cleaner

fazenda [fa'zẽjda] *f* **1.** (*grande propriedade rural*) farm **2.** (*pano*) cloth; **1 metro de ~** 1 meter of cloth **3.** (*finanças*) public treasury; **Ministério da ~** Treasury Department *Am*, Ministry of Finance *Brit*

fazendeiro, -a [fazẽj'dejru, -a] *m, f* farmer

fazer [fa'zer] *irr* **I.** *vt* **1.** (*executar, produzir*) to do, to make; (*almoço, café, bolo*) to make; **fizemos nossa lição de casa** we did our homework; **~ a barba** to shave; **~ efeito** to take effect; **~ ginástica** [*ou* **academia**] to go to gym; **~ justiça** to do justice; **~ uma pergunta** to ask a question; **~ supermercado** to do the food shopping; **o que você está fazendo?** what are you doing?; **~ a. c. a alguém** to do sth to sb; **ter muito o que ~** to have a lot to do; **dito e feito** no sooner said than done; **ela fez as malas e foi embora** she packed her bags and left; **bem feito!** well done!, it serves you right! *iron;* **faça favor!** please! **2.** (*ocupação*) to do; **ela faz medicina na faculdade** she studies medicine at college; **o que você faz (da vida)?** what do you do (in life)? **3.** (*personagem*) to play (a role); **ele faz o professor** he plays the teacher **4.** (*obrigar*) to make; **ele me fez ficar aqui** he made me stay here **5.** (*provocar*) to make; **isso me faz sentir melhor** that makes me feel better; **a grande procura faz com que os preços subam** high demand makes prices rise **6.** (*aniversário*) **faço anos hoje** today is my birthday; **fiz 18 anos ontem** I turned 18 yesterday **7.** (*esforçar-se*) **nada fez para se proteger** he did nothing to protect himself; **ele fez por merecer** he did a lot to deserve it **II.** *vt, vi* **1.** (*consequências*) **isso faz bem/mal à saúde** that is good/bad for your health; **você me faz bem** you do me good; **essa comida não me fez bem** that food upset my stomach **2. o que é feito dele?** whatever happened to him?; **~ e acontecer** to do whatever one pleases; **não ~ por menos** to do exactly what one intends to do **III.** *vi impess* **1.** METEO **faz frio/calor** it is cold/hot **2.** (*temporal*) **faz hoje um ano que me casei** I was married a year ago today; **faz seis meses que ela está aqui** she has been here for six months **3. não faz mal!** no problem!; **tanto faz** whatever **IV.** *vr:* **~-se 1.** (*tornar-se*) to become; **fez-se adulto** he became an adult **2.** (*fingir*) to pretend; **eu me fiz de surdo** I played deaf

faz-tudo [fas-'tudu] *mf inv* jack-of-all-trades

fé ['fɛ] *f sem pl* (*confiança*) *tb.* REL faith; **agir de boa/má ~** to act in good/bad faith; **certificar e dar ~** to certify; **certifico e dou fé que...** I hereby certify that...; **dar ~ a a. c./alguém** to bet on sth/sb; **fazer uma ~ em a. c./alguém** to bet on sth/sb; **levar** [*ou* **ter**] **~ em a. c./alguém** to trust sth/sb; **ter ~ em a. c./alguém** to have faith in sth/sb

FEBEM [fe'bẽj] *f sem pl* POL *abr de* **Fundação Estadual do Bem-Estar do Menor** State Foundation for the Well-Being of Minors (*a prison for young offenders*)

febre ['fɛbɾi] *f sem pl* fever; **estar com** [*ou* **ter**] **~** to have a fever [*o* temperature]; **~ aftosa** foot-and-mouth disease; **~ amarela** yellow fever

febril <-is> [fe'bɾiw, -'is] *adj* **1.** *tb.* MED (*estado, convulsão*) feverish; **estar ~** to be feverish **2.** *fig* (*exaltado, apaixonado: desejo, declaração*) fervent

fechado, -a [fe'ʃadu, -a] *adj* **1.** (*loja, porta*) closed; (*via*) closed off; (*torneira*) turned [*o* shut] off; **~ à chave** locked **2.** (*sem abertura*) **curva fechada** blind curve **3.** (*pessoa*) reserved **4.** (*dia, tempo*) overcast **5.** (*negócio*) closed **6.** *inf* (*trânsito*) **sinal ~** red light

fechadura [feʃa'dura] *f* lock; **~ de segurança** safety lock

fechar [fe'ʃar] **I.** *vt* **1.** (*porta, loja, rua*) to close; **~ à chave** to lock; **~ a sete chaves** to lock (up) securely; (*torneira*) **2.** to turn [*o* shut] off **3.** *inf* (*trânsito*) **o caminhão me fechou** the truck cut in front of me **4.** (*conta, balanço, acordo*) to close; **~ um acordo** to close a deal; **feche a conta, por favor** (*no restaurante*) please bring the check *Am*, *Brit* bill **5.** *inf* **~ com alguém** to be on sb's side **6. o tempo fechou** it clouded over **II.** *vi* (*encerrar o expediente*) to close; (*deixar de funcionar*) close down; (*sinal*) to turn red **III.** *vr:* **~-se** *fig* (*retrair-se*) to withdraw; (*encerrar-se*) to shut oneself up

fecho ['feʃu] *m* **1.** (*para bolsa*) clasp; (*para roupa*) fastener **2.** (*de obra*) closure

fécula ['fɛkula] *f* starch; **~ de batata** potato starch; **~ de milho** cornstarch

fecunda *adj v.* **fecundo**

fecundação <-ões> [fekũwda'sãw, -'õjs] *f* fertilization

fecundar [fekũw'dar] *vt* to fertilize

fecundidade [fekũwdʒi'dadʒi] *f sem pl* fertility *no pl*

fecundo, -a [fe'kũwdu, -a] *adj* fertile

fedelho [fe'deʎu] *m* infant

feder [fe'der] *vi* to stink

federação <-ões> [federa'sãw, -'õjs] *f tb.* POL federation

federal [fede'raw] *adj* **1.** POL federal **2.** *gír* (*muito grande*) **eles fizeram uma bagunça ~** they made a royal mess

federalismo [federa'ʎizmu] *m* federalism

fedor [fe'dor] *m sem pl* stench

fedorento, -a [fedo'rẽtu, -a] *adj* smelly, stinky

feedback [fidʒi'bɛki] *m sem pl* feedback *no pl*

feia *adj v.* **feio**

feição <-ões> [fej'sãw, -õjs] *f* (*aparência*) appearance; (*maneira*) manner; **só faz as coisas à sua ~** she only does things her own way

feições [fej'sõjs] *fpl* features

feijão <-ões> [fej'ʒãw, -õjs] *m* bean; **~ preto** black bean

feijoada [fejʒu'ada] *f* Brazilian black bean stew made with different types of sausage and salt beef

Cultura Feijoada is the Brazilian national dish prepared with black

> beans, seasoned with onion and garlic and cooked with various types of cured pork (sausage, jerked beef, bacon, etc.) In certain regions vegetables are added (squash, gherkin, okra, etc.) White rice, **farofa** (toasted manioc flour), collard greens, hot pepper sauce, and oranges or pineapple are usually served as an accompaniment.

feijões *m pl de* **feijão**
feio, -a [ˈfeju, -a] I. *adj* 1.(*pessoa, objeto, situação, tempo*) ugly 2.(*atitude*) naughty, not nice; **fazer ~** to behave badly 3.(*mal-educado*) rude; **é ~ falar assim** it's rude to speak like that II. *adv* (*de maneira vergonhosa*) shamefully; **o time perdeu ~** the team was clobbered
feira [ˈfejɾa] *f* (*mercado, exposição*) fair; **~ livre** farmer's market *Am,* market *Brit;* **~ do livro/de ciência** book/science fair

> Cultura   A **feira livre** is an open-air farmer's market offering fowl, fish, beef, seasonings, flowers, fruit, eggs, vegetables, and even clothing, footwear, and household items. The stalls are set up along a few streets of a certain neighborhood on a specific day of the week.

feirante [fejˈɾɐ̃ntʃi] *mf* market stallholder
feita *adj v.* **feito**
feita [ˈfejta] *f* **desta ~** this time
feitiçaria [fejtʃisaˈria] *f* witchcraft
feiticeiro, -a [fejtʃiˈsejɾu, -a] I. *m, f* witch *f,* wizard *m* II. *adj* enchanting
feitiço [fejˈtʃisu] *m* 1.(*coisa mágica*) spell; **virar o ~ contra o feiticeiro** to turn the tables (on sb) 2.(*encanto*) delight
feitio [fejˈtʃiw] *m* 1.(*forma*) shape; (*de roupa*) style 2.(*temperamento*) character; **isso não é do meu ~** that's not my style
feito, -a [ˈfejtu, -a] *adj* 1.(*produzido*) made; **~ à mão** handmade 2.(*terminado*) done, finished; **prato ~** *economical restaurant dish, usually consisting of rice, beans, fries, salad and meat, all served one plate;* **ela já está de [***ou* **com a] cabeça feita** *inf* her mind is made up; **bem ~!** well done!, it serves you right! *iron;* **ele é um homem ~** he is a grownup
feito [ˈfejtu] I. *pp de* **fazer** II. *m* act; **~ heroico** heroic deed III. *conj* like; **chorou ~ criança** he cried like a baby
feiura [fejˈuɾa] *f sem pl* ugliness *no pl*
feixe [ˈfejʃi] *m* (*lenha*) bundle; *fig* (*nervos*) bundle; **~ de luz** beam of light
fel [ˈfɛw] *m sem pl* (*do fígado*) bile *no pl; fig tb.* (*sabor, estado do espírito*) bitterness *no pl*
felicidade [felisiˈdadʒi] *f sem pl* (*contentamento, acerto*) happiness *no pl;* (*fortuna*) good fortune [*o* luck] *no pl*
felicidades [felisiˈdads] *fpl* **muitas ~!** congratulations!
felicíssimo, -a [feliˈsisimu, -a] *adj superl de* **feliz**
felicitação [felisitaˈsɐ̃w] *f* congratulation
felicitações [felisitaˈsõjs] *f* congratulations; **cartão de ~** greeting card *Am,* greetings card *Brit;* **dar as ~ a alguém** to congratulate sb
felicitar [felisiˈtar] *vt* to congratulate; **~ alguém por a. c.** to congratulate sb on sth
felino, -a [feˈlinu, -a] *adj* feline
felino [feˈlinu] *m* ZOOL feline
feliz [feˈlis] *adj* happy; **~ no amor** lucky in love; **um ar ~** a happy air; **casamento ~** happy marriage; **negócio ~** successful business
felizardo, -a [feliˈzardu, -a] *m, f* extremely fortunate
felizmente [feliz'mẽjtʃi] *adv* luckily
felpudo, -a [fewˈpudu, -a] *adj* (*penugem, travesseiro*) fluffy; (*tapete*) plush
feltro [ˈfewtɾu] *m* felt *no pl*
fêmea [ˈfemia] *f tb.* TEC female
feminilidade [feminiliˈdadʒi] *f sem pl* femininity
feminino [femiˈninu] *m* LING feminine
feminino, -a [femiˈninu, -a] *adj* 1.(*com qualidades de mulher*) feminine; (*sexo*) female; **equipe ~** women's team 2. LING feminine
feminismo [femiˈnizmu] *m sem pl* fem-

inism
feminista [femi'nista] **I.** *mf* feminist **II.** *adj* feminist
fêmur ['femur] *m* femur
fenda ['fẽjda] *f* (*na louça, na terra*) crack; (*na saia*) slit
fenecer [fene'ser] *vi* <c→ç> *form* **1.** (*murchar: flores*) to wither **2.** (*morrer: pessoa*) to fade away **3.** (*terminar: esperança*) to fade
feno ['fenu] *m sem pl* hay *no pl*
fenol [fe'nɔw] *m* phenol, carbolic acid
fenomenal [fenome'naw] *adj* phenomenal
fenômeno [fe'nomenu] *m* phenomenon; **ser um ~** to be fantastic
fera ['fɛra] *f* beast; *fig* (*pessoa cruel*) brute; (*pessoa de grandes conhecimentos*) genius; **ela é ~ em matemática** she is a genius at math
feracidade [ferasi'dadʒi] *f sem pl* fruitfulness *no pl*
féretro ['fɛretru] *m* coffin
feriadão [ferja'dãw] *m inf* long (holiday) weekend
feriado [feri'adu] *m* holiday, bank [*o public*] holiday *Brit;* **~ nacional** national holiday; **~ religioso** religious holiday; **~ prolongado** long weekend

> **Cultura** Feriados nacionais (national holidays):
> January 1: **Ano-Novo**, New Year's Day
> February/March: **Carnaval**, Carnival
> **Terça-Feira de Carnaval**, Shrove Tuesday
> **Quarta-Feira de Cinzas**, Ash Wednesday
> **Quinta-Feira Santa**, Holy Thursday
> **Sexta-Feira Santa**, Good Friday
> **Páscoa**, Easter
> April 21: **Dia de Tiradentes**
> May 1: **Dia do Trabalho**, Labor Day
> May/June: **Corpo de Christo**, Corpus Christi
> September 7: **Independência do Brasil**, Independence Day
> October 12: **Nossa Senhora da Aparecida**, Holy Day of Brazil's Patron Saint
> November 2: **Finados**, All Souls' Day
> November 15: **Proclamação da República**, Proclamation of the Republic
> December 24: **Véspera de Natal**, Christmas Eve
> December 25: **Natal**, Christmas
> December 31: **Réveillon**, New Year's Eve

férias ['fɛrias] *fpl* vacation *Am,* holiday(s) *Brit;* **~ escolares** school vacation, school holiday(s) *Brit;* **estar de ~** to be on vacation; **passar as ~ em ...** to spend one's vacation in/at ...; **tirar (umas) ~** to take (a) vacation
ferida *adj v.* **ferido**
ferida [fe'rida] *f* **1.** wound; **casca de ~** scab **2.** *fig* **tocar na ~, pôr o dedo na ~** to touch [*o hit*] a raw nerve
ferido, -a [fe'ridu, -a] **I.** *m, f* (*em acidente*) injured person, casualty; (*por arma*) wounded person; **~ leve/grave** slight/serious injury **II.** *adj* (*em acidente*) hurt, injured; (*magoado*) hurt; (*por arma*) wounded
ferimento [feri'mẽjtu] *m* (*por arma*) wound; (*em acidente*) injury
ferir [fe'rir] *irr como* **preferir I.** *vt* **1.** MED to injure; (*por arma*) to wound **2.** (*machucar, irritar*) to hurt; **o alto-falante feria os ouvidos** the loudspeaker hurt our ears; (*magoar*) to hurt **3.** (*interesses, a lei*) to go against **II.** *vr:* **~-se** to get hurt, to injure oneself; **~-se na perna** to hurt one's leg
fermentação <-ões> [fermẽjta'sãw, -'õjs] *f* fermentation *no pl*
fermentar [fermẽj'tar] *vi* to ferment
fermento [fer'mẽjtu] *m sem pl* ferment *no pl;* (*de pão*) yeast *no pl;* **~ em pó** baking powder
ferocidade [ferosi'dadʒi] *f sem pl* ferocity, ferociousness *no pl*
feroz [fe'rɔs] *adj* **1.** (*animal*) ferocious; (*pessoa*) brutal **2.** (*terrível*) terrible
ferrado, -a [fe'xadu, -a] *adj gír* **estou ~** I'm done for
ferradura [fexa'dura] *f* horseshoe
ferragem <-ens> [fe'xaʒẽj, -ẽjs] *f* hardware *no pl*
ferragens [fe'xaʒẽjs] *fpl* (*de veículo acidentado*) **ficou presa nas ~ do carro** she was trapped in the wreckage

ferramenta [fexa'mẽjta] *f* **1.** (*utensílio*) tool **2.** (*conjunto*) tool kit **3.** ~ **de trabalho** work tool **4.** INFOR ~ **de busca** search tool

ferrão <-ões> [fe'xȝ̃w, -'õjs] *m* (*de inseto*) sting

ferrar [fe'xar] **I.** *vt* **1.** (*inseto*) to sting **2.** (*um cavalo*) to shoe; (*gado*) to brand **3.** *gír* (*prejudicar*) to screw up **II.** *vr*: ~**-se 1.** (*sair-se mal*) to get stung; **quem se ferrou fui eu** I'm the one who got stung **2.** *chulo* **vai se ~!** go screw yourself!

ferreiro, -a [fe'xejɾu, -a] *m, f* blacksmith; **em casa de ~, o espeto é de pau** *prov* the shoemaker's children are badly shod *prov*

ferrenho, -a [fe'xẽɲu, -a] *adj* (*vontade*) iron; (*inimigo, luta*) relentless

férreo, -a ['fɛxiw, -a] *adj* ferrous; **via férrea** railway

ferro ['fɛxu] *m* **1.** *sem pl* (*metal*) iron *no pl*; ~ **ondulado** corrugated iron; **de ~** ironclad; **governar com mão de ~** to rule with an iron fist; **a ~ e fogo** by any means **2.** ~ **de passar** iron; **passar a ~** to iron **3.** NÁUT anchor; **levantar ~** to lift anchor

ferroada [fexu'ada] *f* (*de inseto*) sting; **levar uma ~ de abelha** to get stung by a bee

ferrões *m pl de* **ferrão**

ferrolho [fe'xoʎu] *m* bolt

ferro-velho ['fɛxu-'vɛʎu] *m* **1.** *sem pl* (*material*) scrap metal **2.** <ferros-velhos> (*lugar*) scrap yard; (*pessoa*) scrap dealer

ferrovia [fexo'via] *f* railroad *Am*, railway *Brit*

ferroviário, -a [fexovi'aɾiw, -a] *adj* railroad, rail

ferrugem [fe'xuʒẽj] <-ens> *f* rust; **criar** [*ou* **ganhar**] ~ to go rusty

ferrugento, -a [fexu'ʒẽjtu, -a] *adj* rusty

ferruginoso, -a [fexuʒi'nozu, -'ɔza] *adj* ferruginous

fértil <-eis> ['fɛɾtʃiw, -ejs] *adj* (*pessoa, solo, imaginação*) fertile

fertilidade [feɾtʃili'dadʒi] *f sem pl* fertility *no pl*

fertilizante [feɾtʃiliˈzɐ̃ntʃi] *m* fertilizer

fertilizar [feɾtʃili'zar] *vt* (*solo, ovo*) to fertilize

fervente [feɾ'vẽjtʃi] *adj* (*água*) boiling; (*pessoa*) fervent, ardent

ferver [feɾ'ver] **I.** *vt* (*líquido, algo no líquido*) to boil **II.** *vi* (*sangue*) to boil; **fervendo de raiva/paixão/impaciência** boiling with rage/passion/impatience

fervilhar [feɾvi'ʎar] *vi* **1.** (*líquido*) to simmer **2.** (*abundar*) to swarm; **a rua fervilhava de gente** the street was swarming with people

fervor [feɾ'vor] *m* (*ardor, paixão, devoção*) fervor *Am*, fervour *Brit*

fervoroso, -a [feɾvo'rozu, -'ɔza] *adj* (*caloroso, apaixonado, zeloso*) fervent

fervura [feɾ'vura] *f* (*líquido*) boiling point; *fig* (*ebulição*) ebullience; **levar a. c. à ~** to bring sth to the boil; **a água levantou** ~ the water came to the boil

festa ['fɛsta] *f* **1.** (*celebração*) party; *inf* celebration; ~ **de arromba** bash; ~ **de despedida** going away party; **dar uma ~** to throw a party; **Boas Festas!** merry Christmas (and happy New Year!); **dar** [*ou* **desejar**] **boas-festas a alguém** to wish sb merry Christmas (and happy New Year); **fazer a ~** *fig* to go all out; **no melhor da ~** at the height of the celebration **2.** (*carícia*) caress; **fazer ~ em alguém** to caress sb **3.** (*manifestação de alegria*) show of happiness; **eles fizeram-lhe ~ quando a viram** they gave her a very warm welcome

festança [fes'tɐ̃sa] *f* gala affair

> **Cultura** **Festas juninas** are celebrated throughout Brazil. These "June feasts" are held in homage of three saints: santo Antônio (Saint Anthony), são João (Saint John), and são Pedro (Saint Peter), usually outside in an open area decorated with colored banners and lit by a bonfire during the entire party. There are many typical foods, such as **canjica de milho** (white corn pudding), **doce de batata doce** (sweet potato paste), **pé-de-moleque** (peanut brittle), etc. The adults drink the traditional **quentão** and **vinho quente**. The height of the party is square dancing and setting off firecrackers.

festejar [feste'ʒar] *vt* to celebrate

festejo [fes'teʒu] *m* festivity

festim [fes'tʃĩj] <-ins> *m* **1.** (*festa*) intimate party **2.** (*cartucho sem projétil*) blank cartridge; **tiro de ~** blank shot

festiva *adj v.* **festivo**

festival <-ais> [festʃi'vaw, -'ajs] *m* **1.** festival; **~ da canção** song festival; **~ de cinema** movie festival; **~ de teatro** theater festival **2.** (*grande quantidade*) **~ de besteiras** series [*o* succession] of blunders

festividade [festʃivi'dadʒi] *f* festivity; **~ religiosa** religious feast

festivo, -a [fes'tʃivu, -a] *adj* festive

fetiche [fe'tʃiʃi] *m* fetish

fetichista [fetʃi'ʃista] *mf* fetishist

fétido, -a ['fɛtʃidu, -a] *adj* fetid

feto ['fɛtu] *m* **1.** (*embrião*) fetus *Am*, foetus *Brit* **2.** BOT fern

feudal [few'daw] *adj* feudal

feudalismo [fewda'lizmu] *m sem pl* feudalism *no pl*

feudo ['fewdu] *m* fief

fevereiro [feve'rejru] *m* February; *v.tb.* **março**

fez ['fes] *3. pret de* **fazer**

fezes ['fɛzis] *fpl* feces *Am*, faeces *Brit*

fezinha [fɛ'zĩɲa] *f* **fazer uma ~** to make a modest bet

fiação <-ões> [fja'sãw, -'õjs] *f* **1.** (*de tecido*) spinning; **fábrica de ~** spinning mill **2.** ELETR wiring; **~ da casa** house wiring

fiado [fi'adu] *adv* on credit; **comprar/vender a. c. ~** to buy/sell sth on credit

fiador(a) [fja'dor(a)] *m(f)* guarantor

fiança [fi'ãsa] *f* (*ato*) guarantee; (*obrigação*) bond; **sob ~** on bail

fiapo [fi'apu] *m* short, fine thread

fiar [fi'ar] **I.** *vt* **1.** (*algodão*) to spin (thread) **2.** (*vender a crédito*) to sell on credit **II.** *vi* (*confiar*) to trust **III.** *vr* **~-se** (*ter confiança*) to trust; **~-se em alguém/a. c.** to trust sb/sth

fiasco [fi'asku] *m* fiasco

fiável <-eis> [fi'avew, -ejs] *adj* trustworthy

fibra ['fibra] *f* **1.** (*têxtil*) fiber *Am*, fibre *Brit*; **~ óptica** optical fiber; **~ sintética/natural** synthetic/natural fiber; **~ de vidro** glass fiber **2.** BIO **~s vegetais** plant fibers; **~ alimentar** dietary fiber, roughage *no pl* **3.** (*firmeza de caráter*) fiber, fortitude

fibroma [fi'broma] *m* MED fibroma

fibroso, -a [fi'brosu, -'ɔza] *adj* fibrous

ficar [fi'kar] <c→qu> **I.** *vi* **1.** (*permanecer*) to stay; **~ para trás** to stay back; **~ parado** to stand [*o* to stay] (in one place); **sempre fiquei com ela na memória** I've always remembered her; **~ comendo/falando** to keep eating/talking; **ficou na mesma** it ended up the same; **~ na sua** *gír* to mind one's own business; **ela fica como supervisora** she holds the position of supervisor **2.** (*num hotel*) to stay **3.** (*sobrar*) to be left; **~ por fazer** to be left to do **4.** (*estar situado*) to be located; **~ em algum lugar** to be in a certain place; **a loja fica no centro** the store is downtown **5.** (*tornar-se*) to be, to get; **~ bom/ruim** to turn out good/bad; **~ cego/surdo** to go blind/deaf; **~ com medo/frio** to be afraid/cold; (**~ com raiva**) to get angry; **~ contente/triste** to be happy/sad; **~ fora de si** to be beside oneself **6.** (*guardar*) **~ com** to keep; (*levar*) to take; **fazer companhia** to stay (with sb); **isto fica para você** this is for you; **isso fica só entre nós** this is just between us **7.** (*roupa, cor*) **azul fica bem/mal em você** blue suits/does not suit you; (*atitude*) to seem; **isso não fica bem!** this does not look good!; **ele ficou de braços cruzados** he just stood/sat there with his arms crossed; **~ cara a cara** to stand/sit face to face **8.** (*ser adiado*) **~ para** to put off until; **isso fica para amanhã** leave this for tomorrow **9.** (*acordo*) **~ de fazer a. c.** to agree to do sth; **ele ficou de telefonar** he agreed to call; **em que pé ficamos?** what did we settle on? **10.** (*constantemente*) **~ falando/pensando em a. c./alguém** to keep talking/thinking about sth/sb; **fiquei falando sozinho** I was ignored **11.** *gír* (*namorar sem compromisso*) **ficou com ele na boate** she hung out with him at the dance club **12.** (*não reagir*) **ficou por isso mesmo** no one did anything about it **II.** *vr:* **~-se** (*num local*) to stay put

ficção <-ões> [fik'sãw, -'õjs] *f* fiction *no pl;* **~ científica** science fiction

ficha ['fiʃa] *f* **1.** (*de telefone, de máquina*) token; (*de jogo*) chip **2.** (*de arquivo*) index card **3.** (*de inscrição, formulário*) form; **preencher uma ~** to fill out a form **4.** (*de antecedentes*) record; **ter ~ limpa** *inf* to have a clean record

fichário [fi'ʃariw] *m* **1.** (*armário*) filing cabinet; (*caixa*) card index **2.** (*caderno, pasta*) file

fichinha [fi'ʃĩɲa] *f gír* a piece of cake

fictício, -a [fik'tʃisiw, -a] *adj* fictitious

fidalgo [fi'dawgu] *m* **1.** HIST nobleman **2.** *pej* (*esnobe*) snob

fidalguia [fidaw'gia] *f sem pl* **1.** nobility **2.** (*índole*) generosity

fidedigno, -a [fide'dʒignu] *adj* trustworthy

fidelidade [fideʎi'dadʒi] *f sem pl* **1.** (*lealdade*) fidelity, faithfulness; ~ **a alguém/a. c.** fidelity to sb/sth **2.** (*exatidão*) exactness, accuracy

fidelíssimo, -a [fide'ʎisimu, -a] *adj superl de* **fiel**

fiduciário, -a [fidusi'ariw, -a] *adj* ECON fiduciary; **moeda fiduciária** fiat money

fiéis [fi'ɛjs] *mpl* os ~ the faithful

fiel <-éis> [fi'ɛw, -'ɛjs] **I.** *m* **1.** (*adepto de uma religião*) believer **2.** (*empregado*) subordinate **3.** (*da balança*) pointer **II.** *adj* **1.** (*pessoa*) faithful; ~ **a alguém/a. c.** faithful to sb/sth **2.** (*descrição*) faithful, accurate

FIFA ['fifa] *f sem pl* FUT *abr de* **Federação Internacional de Futebol Associação** FIFA (*the international governing body of soccer*)

fig *f* **1.** *abr de* **figura** fig. **2.** *abr de* **figurativo** fig.

figa ['figa] *f* good-luck charm in the form of a fist with the thumb between the index and middle fingers; **fazer ~s** (*rogar praga contra*) to curse (sb)

fígado ['figadu] *m* liver

figo ['figu] *m* BOT fig; ~ **seco** dried fig; **não vale um ~ podre** it is not worth a damn

figueira [fi'gejra] *f* fig tree

figura [fi'gura] *f* **1.** (*ilustração*) picture **2. fazer uma ~** to look silly; **fazer boa/triste ~** to cut a fine/sorry figure **3.** (*geometria*) figure **4.** (*pessoa*) figure; (~ **de destaque**) prominent figure; **ele é uma ~** he's a character **5.** LING ~ **de linguagem** figure of speech

figurado, -a [figu'radu, -a] *adj* figurative; **em sentido ~** in a figurative sense

figurante [figu'rãntʃi] *mf* CINE extra

figurão <-ões> [figu'rãw, -'õjs] *m* distinctive figure (in society)

figurar [figu'rar] *vi* (*destacar-se*) to stand out; ~ **entre os melhores do mundo** to stand out among the best in the world

figurativo, -a [figura'tʃivu, -a] *adj* figurative

figurino [figu'rinu] *m* **1.** COST pattern **2.** (*vestuário*) costume; **como manda o ~** *fig* as it should be

figurões *m pl de* **figurão**

fila ['fila] *f* line *Am*, queue *Brit*, file; **em ~** in line; **furar ~** to stand in line; **furar ~** to cut in line *Am*, to jump the queue *Brit*; ~ **indiana** single file

filamento [fila'mẽjtu] *m* (*fio*) filament

filantropia [filãtro'pia] *f sem pl* philanthropy *no pl*

filantrópico, -a [filãŋ'trɔpiku, -a] *adj* philanthropic

filantropo [filãŋ'tropu] *m* philanthropist

filão <-ões> [fi'lãw, -'õjs] *m* **1.** GEO vein **2.** *fig* (*fonte abundante*) mine; ~ **de informações** mine of information

filarmônica [filar'monika] *f* philharmonic

filarmônico, -a [filar'moniku, -a] *adj* philharmonic; **orquestra filarmônica** philharmonic orchestra

filatelia [filate'ʎia] *f sem pl* philately, stamp collecting *no pl*

filé [fi'lɛ] *m* **1.** (*de carne, frango, peixe*) fillet; ~ **mignon** filet mignon *Am*, fillet steak *Brit*. *fig* (*a melhor parte de algo*) the best part

fileira [fi'lejra] *f* row; **em ~** in a row

filete [fi'letʃi] *m* **um ~ de água** a trickle of water

filha ['fiʎa] *f* daughter

filha de santo *f v.* **filho de santo**

filharada [fiʎa'rada] *f* troop of children

filho ['fiʎu] *m* son *m*, child *m,f*; (*de animais*) young; ~**s** children; **também sou ~ de Deus!** I'm a human being too!; ~ **da (puta) mãe** *chulo* son of a bitch, bastard; ~ **de peixe, peixinho é** *prov* like father, like son *prov*

filhó [fi'ʎɔ] *f* ≈ cruller *Am* (*unfilled doughnut coated with sugar syrup and sprinkled with sugar*)

filho de santo, filha de santo ['fiʎu dʒi 'sãŋtu, 'fiʎa] *m, f* <filhos de santo> REL (*candomblé, umbanda*) medium prepared to receive a spirit or divinity

filhote [fi'ʎɔtʃi] *m* ZOOL young (offspring) *no pl*; (*de cachorro, foca*) pup, puppy; (*de gato*) kitten; (*de peixe*) fry *pl*; (*de leão, de urso*) cub; (*de elefante, de vaca*) calf

filiação <-ões> [fiʎia'sɐ̃w, -'õjs] *f* **1.** (*nomes dos país*) parents' names **2.** (*entidade*) affiliation; ~ **partidária** party affiliation

filial <-ais> [fiʎi'aw, -'ajs] *f* branch

filiar-se [fiʎi'arsi] *vr* to join; ~ **a a. c.** to join sth

filigrana [fiʎi'ɡrɐna] *f* filigree *no pl*

Filipinas [fiʎi'pinas] *fpl* the Philippines

filmagem [fiw'maʒẽj] <-ens> *f* filming

filmar [fiw'mar] *vt* to film

filme ['fiwmi] *m* **1.** FOTO film **2.** CINE film, movie *Am*; ~ **de ação** action movie; ~ **de comédia** comedy; ~ **policial** detective movie; ~ **de terror** horror movie; ~ **de longa metragem** feature-length movie; **assistir a um** ~ to watch a movie; **queimar o** ~ *inf* to burn one's bridges; **o filme de alguém** *inf* to trash sb's reputation; **já vi este** ~ I've already seen this film

filões *m pl de* **filão**

filologia [filolo'ʒia] *f sem pl* philology *no pl*

filológico, -a [filo'lɔʒiku, -a] *adj* philological

filólogo, -a [fi'lɔlogu, -a] *m, f* philologist

filosofal [filozo'faw] *adj* philosophical; **pedra** ~ philosopher's stone

filosofar [filozo'far] *vi* to philosophize

filosofia [filozo'fia] *f* philosophy

filosófico, -a [filo'zɔfiku, -a] *adj* philosophical

filósofo, -a [fi'lɔzofu, -a] *m, f* philosopher

filtrar [fiw'trar] *vt* to filter

filtro ['fiwtru] *m* filter; ~ **solar** sun block

fim [fĩj] <-ins> *m* **1.** (*final*) end; ~ **do ano** end of the year; ~ **de estação** end of season; ~ **de** [*ou* **do**] **mundo** *fig* end of the world; **ao** ~ **da tarde/do dia** at the end of the afternoon/day; **no** ~ **de agosto** at the end of August; **é o** ~ **(da picada)** it can't get any worse (than that); **no** [*ou* **ao**] ~ **de** in the end; **por** ~ finally; **sem** ~ endless; **chegar ao** ~ to reach the end; **estar a** ~ **de fazer a. c.** *gír* to feel like doing sth; **pôr** [*ou* **dar**] ~ **a a. c.** to end sth; **que** ~ **levou ele?** what ever happened to him? **2.** (*objetivo, propósito*) end, purpose; **a** ~ **de fazer a. c.** in order to do sth; **os fins justificam os meios** the end justifies the means **3.** ~ **de semana** weekend; **no** ~ **de semana** on [*o* **at**] the weekend *Brit*; **bom** ~ **de semana!** have a good weekend!

fina *adj v.* **fino**

finado, -a [fi'nadu] **I.** *m, f* the deceased; **Dia de** ~**s** All Souls' Day **II.** *adj* deceased

final <-ais> [fi'naw, -'ajs] **I.** *m* **1.** (*fim*) end; ~ **feliz** happy end; **juízo** ~ final judgment **2.** MÚS finale **II.** *f* ESPORT final; **chegar à** ~ to make it to the final **III.** *adj* (*último, definitivo*) final

finalidade [finaʎi'dadʒi] *f* (*propósito, intenção*) purpose; **com a** ~ **de** for the purpose of

finalíssima [fina'ʎisima] *f* ESPORT final

finalista [fina'ʎista] *mf* finalist

finalizar [finaʎi'zar] *vt* to finalize

finalmente [finaw'mẽtʃi] **I.** *adv* (*por fim*) finally; (*por último*) lastly, finally **II.** *interj* ~! finally!

finanças [fi'nɐ̃sas] *fpl* finances *pl*; **estar mal de** ~ to be in financial trouble

financeiro [finɐ̃'sejru] *m* financier

financeiro, -a [finɐ̃'sejru, -a] *adj* financial

financiamento [finɐ̃sja'mẽtu] *m* financing *no pl*

financiar [finɐ̃si'ar] *vt* to finance

finca-pé ['fĩka-pɛ] *m* foothold; **fazer** ~ to dig one's heels in; **fazer** ~ **em a. c.** to insist on sth

fincar [fĩj'kar] <c→qu> **I.** *vt* to thrust in; (*os olhos*) to dart; (*ela fincou as unhas/a faca nas costas dele*) she dug her nails/the knife into his back; ~ **o pé** to gain a foothold **II.** *vr:* ~**-se** to stand firm

findar [fĩj'dar] **I.** *vt* to finish **II.** *vi* to end; (*prazo*) to expire **III.** *vr:* ~**-se** to end in

findo, -a ['fĩjdu, -a] *adj* (*prazo*) ended

fineza [fi'neza] *f sem pl* **1.** (*magreza*) slenderness *no pl* **2.** (*nos modos*) politeness

fingido, -a [fĩj'ʒidu, -a] *adj* (*pessoa*) false; (*sentimento*) feigned

fingimento [fĩjʒi'mẽtu] *m* pretense

fingir [fĩj'ʒir] <g→j> **I.** *vt* (*doença, sentimento*) feign **II.** *vi* to pretend; **como finge bem!** how well he/she pretends! **III.** *vr:* ~**-se** to feign; ~**-se de morto** to feign death, to play [*o* to pretend to be] dead

finito, -a [fi'nitu, -a] *adj* MAT finite

finlandês, -esa [fĩjlɐ̃ŋ'des, -'eza] **I.** *m, f* Finn **II.** *adj* Finnish

Finlândia [fĩ'lãŋdʒia] f Finland
fino ['finu] m 1. **o** ~ the elite 2. inf **tirar um** ~ to drive dangerously close to sth
fino, -a ['finu, -a] adj 1. (delgado: lâmina, ponta, chuva) fine; (esbelto) slender 2. (distinto: linguajar, porte) fine; (educado) polite 3. (requintado: ambiente, paladar) refined 4. (voz) thin
finório, -a [fi'nɔriw, -a] adj cunning
fins m pl de **fim**
finta ['fĩjta] f tb. ESPORT feint; (drible) dribble
fintar [fĩj'tar] vt 1. (enganar) to cheat 2. tb. ESPORT to feint; (driblar) to dribble
fio ['fiw] m 1. (têxtil) thread; ~ **dental** dental floss; **a** ~ without interruption; **no** ~ (roupa) worn out; **de** ~ **a pavio** fig from beginning to end; **estar por um** ~ fig, **horas a** ~ hours and hours, to be hanging by a thread; **perdi o** ~ **da meada** I lost my train of thought 2. ELETR, TEL wire; ~ **condutor** conductor wire; ~ **terra** ground Am wire, Brit earth 3. (da faca) blade 4. (de água) trickle of water 5. (de ouro, prata) wire, thread; ~ **de cabelo** strand of hair
fio de prumo ['fiw dʒi 'prumu] <fios de prumo> m plumb line
fiorde [fi'ɔrdʒi] m fjord
firma ['firma] f 1. COM firm 2. (assinatura) signature
firmamento [firma'mẽjtu] m (céu) firmament; (alicerce) support
firmar [fir'mar] vt 1. (contrato) to enter into 2. (amizade, posição) to strengthen
firme ['firmi] adj 1. (pessoa, objeto, decisão) firm 2. (muro) solid 3. (namoro) steady
firmeza [fir'meza] f sem pl (de pessoa, de objeto) firmness
firula [fi'rula] f (de futebol, fala) fancy footwork
fiscal [fis'kaw] I. mf inspector; ~ **de alfândega** customs inspector; ~ **de impostos** tax inspector II. adj (de impostos) fiscal; **conselho** ~ finance [or audit] committee; **nota** ~ tax invoice; **paraíso** ~ tax haven; **sonegação** ~ tax evasion
fiscalização <-ões> [fiskaʎiza'sãw, -'õjs] f inspection; ~ **por radar** radar speed check
fiscalizar [fiskaʎi'zar] vt to inspect

fisco ['fisku] m tax authorities; **fugir ao** ~ to evade tax
fisgada [fiz'gada] f 1. (linha de pesca) twitch 2. ESPORT hooking; (com arpão) harpooning 3. (dor) twinge
fisgar [fiz'gar] vt <g→gu> 1. (pesca) to hook; (com arpão) to harpoon 2. (pegar no ar) to catch 3. (perceber com rapidez) to catch on 4. inf (seduzir) to hook
física adj v. **físico**
física ['fizika] f sem pl physics + sing vb; ~ **nuclear** nuclear physics
fisicamente [fizika'mẽjtʃi] adv physically
físico, -a ['fiziku, -a] I. m, f FÍS physicist II. adj tb. FÍS physical; **educação física** physical education
físico ['fiziku] m (constituição) constitution; (aspeto) physique, build
físico-químico, física-química ['fiziku-'kimiku, -a] adj physicochemical
fisiologia [fizjolo'ʒia] f sem pl physiology no pl
fisiológico, -a [fizjo'lɔʒiku, -a] adj physiological
fisionomia [fizjono'mia] f physiognomy no pl form, face
fisioterapeuta [fizjotera'pewta] mf physical therapist Am, physiotherapist Brit
fisioterapia [fizjotera'pia] f physical therapy Am, physiotherapy Brit; **fazer** ~ to have physical therapy
fissão <-ões> [fi'sãw, -'õjs] f fission no pl; ~ **nuclear** nuclear fission
fissura [fi'sura] f 1. (fenda) crack 2. MED fissure 3. inf (obsessão) obsession
fístula ['fistula] f MED fistula
fita ['fita] f 1. (de tecido) ribbon; (cassete) tape; ~ **adesiva** adhesive tape; ~ **Durex**® Scotch tape® Am, Sellotape® Brit; ~ **magnética** magnetic tape; ~ **métrica** measuring tape 2. (fingimento) pretense; **fazer** ~ to pretend
fitar [fi'tar] vt (fixamente) to stare at; (com admiração) to gaze at
fitness ['fitʃinɛs] sem pl m fitness no pl
fito ['fitu] m 1. (alvo) target 2. (finalidade) aim
fitologia [fitolo'ʒia] f sem pl botany
fivela [fi'vɛla] f 1. (cinto) buckle 2. (para cabelo) barrette Am, hair slide Brit
fixa adj v. **fixo**
fixação <-ões> [fiksa'sãw, -'õjs] f

fixador 267 **flor**

1. (*ação de fixar*) fixing **2.** (*obsessão*) fixation; **ter ~ por alguém/a. c.** to have a fixation on sb/sth

fixador [fiksa'dor] *m* **1.** (*de cabelo*) hair gel, hair spray **2.** FOTO fixative

fixamente [fiksa'mẽjtʃi] *adv* fixedly; **olhar~ para alguém/a. c.** to stare at sb/sth

fixar [fik'sar] **I.** *vt* (*objeto, prazo*) to fix; (*atenção*) to focus, to fix; (*preço*) to set, to fix; **~ na memória** to fix in one's memory **II.** *vr*: **~-se** to become fixed; **~-se no interior/na capital** to settle in the interior/capital

fixo, -a ['fiksu, -a] **I.** *adj* **1.** (*salário, morada, objeto, preço*) fixed; **olhar ~** fixed stare; **ideia ~** fixed idea **2.** (*emprego*) permanent; **namorado ~** steady boyfriend **II.** *adv* fixedly, steadily; **ele olhou ~ para ela** he stared fixedly at her

fiz ['fis] *1.* pret *de* **fazer**

> **Gramática** Most verbs in Portuguese form the imperfect subjunctive from the 3rd person plural of the perfect indicative. "Elas fizeram seis pontos na Loto; que bom se eu também fizesse!"

flã ['flã] *m* baked caramel custard
flácida *adj v.* **flácido**
flacidez [flasi'des] *f* flabbiness *no pl*
flácido, -a ['flasidu, -a] *adj* **1.** (*sem elasticidade: pele, barriga, pálpebra*) flabby, flaccid **2.** (*mole*) limp; **gesto ~** languid gesture

flagelar [flaʒe'lar] **I.** *vt* to whip **II.** *vr* **~-se** to flagellate [*o* flog] oneself

flagelo [fla'ʒɛlu] *m* scourge

flagrante [fla'grãtʃi] **I.** *m* **~ policial** arrest while a crime is in progress; **apanhar** [*ou* **pegar**] **alguém em ~** to catch sb in the act [*o* red-handed] **II.** *adj* **1.** (*ardente: paixão, face*) burning **2.** (*evidente: injustiça*) flagrant **3.** JUR **em ~ delito** in the act, in flagrante (delicto)

flamejante [flame'ʒãtʃi] *adj* flaming
flamejar [flame'ʒar] *vi* to flame
flamenco [fla'mẽku] *m* MÚS flamenco
flamengo, -a [fla'mẽjgu, -a] **I.** *m*, *f* Fleming **II.** *adj* Flemish
flamingo [fla'mĩjgu] *m* flamingo
flanar [flã'nar] *vi* to stroll; **~ pelo bairro** to stroll around the neighborhood

flanco ['flãŋku] *m* flank; **marcha de ~** flank attack

Flandres ['flãŋdris] *f* Flanders

flanela [flã'nɛla] *f* **1.** (*tecido*) flannel **2.** (*pano para limpeza*) duster

flanquear [flãŋke'ar] *conj como passear vt tb.* MIL to flank

flash ['flɛʃ] <-es> *m* **1.** FOTO flash **2.** CINE (*cena rápida*) flash **3.** *inf* (*ideia repentina*) flash; **ter um ~** to have a flash

flashback [flɛʃi'bɛki] *m* (*no enredo, lembrança*) flashback

flatulência [flatu'lẽjsja] *f sem pl* flatulence *no pl*

flauta ['flawta] *f* flute; **~ doce** recorder; **~ transversa** flute; **ele leva o curso na ~** he does not take the course seriously

flautim [flaw'tʃĩ] <-ins> *m* piccolo
flautista [flaw'tʃista] *mf* flutist, flautist
flébil <-eis> ['flɛbiw, -ejs] *adj* **1.** (*choroso*) tearful **2.** (*fraco*) weak
flebite [fle'bitʃi] *f sem pl* phlebitis *no pl*
flecha ['flɛʃa] *f* arrow; **rápido como uma ~** quick as a flash

flertar [fler'tar] *vi* to flirt; **~ com alguém** to flirt with sb

flerte ['flertʃi] *m* flirt

fletir [fle'tʃir] *irr como refletir vt* to bend; **~ os joelhos** to bend one's legs

flexão <-ões> [flek'sãw, -'õjs] *f* **1.** ANAT flexion; (*ato de dobrar*) flection **2.** LING inflection **3.** ESPORT push-ups; **fazer flexões** to do push-ups

flexibilidade [fleksibiʎi'dadʒi] *f sem pl* (*de material, personalidade*) flexibility *no pl*; **~ nas negociações** flexibility in negotiations

flexibilizar [fleksibiʎi'zar] **I.** *vi* to become flexible **II.** *vt* to make flexible

flexível <-eis> [flek'sivew, -ejs] *adj* (*material, corpo, personalidade*) flexible; **horário ~** flexible schedule

flexões *f pl de* **flexão**

flíper ['fliper], **fliperama** [flipe'rama] *m* **1.** (*jogos eletrônicos*) pinball game **2.** (*casa de jogos eletrônicos*) arcade *Am*, amusement arcade *Brit*

floco ['flɔku] *m* **1.** flake; (*de neve*) snowflake; **~s de milho** cornflakes *pl* **2.** (*de pelo*) tuft

flor ['flor] *f* **1.** BOT flower; **~ campestre** wild flower; **um vestido de ~es** a flowery dress; **estar em ~** (*flores*) to be blooming; (*árvore*) to be in blossom;

ele não é ~ que se cheire *fig* I wouldn't trust him as far as I could throw him **2.**(*superfície*) surface; **à ~ da água** on the surface of the water; **tenho os nervos à ~ da pele** my nerves are frayed **3.**(*auge*) prime; **estar na ~ da idade** to be in the prime of life **4.**(*elite*) elite; **a ~ da sociedade** the elite of society

flora ['flɔra] *f* **1.** BOT flora + *sing vb* **2.** **~ intestinal** MED intestinal flora

floreado, -a [flori'adu, -a] *adj* (*tecido, estilo*) flowery

floreado [flori'adu] *m* adornment

floreira [flo'rejra] *f* flowerpot

florescência [flore'sẽjsja] *f sem pl* florescence *no pl*, flowering *no pl*

florescente [flore'sẽjtʃi] *adj* **1.**(*florido*) flowery **2.**(*em desenvolvimento*) blossoming; **indústria ~** blossoming industry

florescer [flore'ser] *vi* <c→ç> **1.**(*florir*) to flower **2.**(*desenvolver-se: indústria*) to blossom

floresta [flo'rɛsta] *f* **1.** forest; **~ tropical** rainforest; **~ virgem** virgin forest, old growth; **~ negra** (*torta*) Black Forest cake **2.**(*labirinto*) labyrinth

florestal [flores'taw] *adj* forest; **engenheiro ~** forest engineer; **guarda-~** forest ranger

Florianópolis [florjaˈnɔpuʎis] (City of) Florianópolis

floricultor(a) [florikuw'tor(a)] *m(f)* floriculturist, flower grower

floricultura [florikuw'tura] *f* **1.**(*cultivo de flores*) floriculture **2.**(*loja*) flower shop, florist's *Brit*

florido, -a [flo'ridu, -a] *adj* (*estilo*) flowery; (*jardim*) in (full) bloom; (*árvore*) in blossom

florir [flo'rir] *vi* (*plantas*) to bloom; (*flor*) to bloom

florista [flo'rista] *mf* florist

fluência [flu'ẽjsja] *f sem pl* fluency *no pl*; **falar com ~** to speak fluently

fluente [flu'ẽjtʃi] *adj* fluent; **~ em português/inglês** fluent in Portuguese/English; **prosa ~** fluent prose

fluentemente [flwẽjtʃi'mẽjtʃi] *adv* fluently; **falar uma língua ~** to speak a language fluently

fluida *adj v.* **fluido**

fluidez [flui'des] *f sem pl* (*qualidade de fluido, de movimentos*) fluidity *no pl*; **~ de estilo** fluidity of style

fluido ['flujdu, flu'idu] *m* fluid

fluido, -a ['flujdu, flu'idu, -a] *adj* (*líquido ou gasoso*) liquid; (*movimento*) fluid; **estilo ~** flowing style

fluir [flu'ir] *conj como* **incluir** *vi*(*líquido, palavras*) to flow

fluminense [flumi'nẽjsi] **I.** *mf* person from Rio de Janeiro state **II.** *adj* (*pessoa, produto*) from Rio de Janeiro state; (*instituto*) of Rio de Janeiro state

flúor ['fluor] *m sem pl* (*gás*) fluorine; (*em dentifrício*) fluoride

fluorescente [fluore'sẽjtʃi] *adj* fluorescent; **amarelo ~** fluorescent yellow; **caneta ~** fluorescent pen; **lâmpada ~** fluorescent light bulb

flutuação <-ões> [flutua'sãw, -'õjs] *f* **1.**(*ação de flutuar*) flotation **2.**(*instabilidade, indecisão*) fluctuation; **~ de ideias** flow of ideas ECON fluctuation; **~ dos preços** instability of prices

flutuador [flutua'dor] *m* (*pesca, hidroavião*) float

flutuante [flutu'ãntʃi] *adj* **1.**(*que flutua*) floating **2.**(*oscilante*) fluctuating; **bandeira ~** fluttering flag

flutuar [flutu'ar] *vi* **1.**(*barco*) to float **2.**(*variar*) to fluctuate; **a cotação do dólar costuma ~** the dollar exchange rate usually fluctuates **3.**(*ao vento*) to flutter; (*no ar*) to float; **a pipa flutua** the kite is flying

fluvial <-ais> [fluvi'aw, -ajs] *adj* fluvial; **águas fluviais** river water; **ilha ~** river island; **porto ~** river port

fluxo ['fluksu] *m* flow; **~ do rio** stream; **~ do tráfego** flow of traffic; **~ sanguíneo** bloodstream; **~ de caixa** cash flow; **seguir o ~** to go with the flow

fluxograma [flukso'grɐma] *m* flowchart

FMI [ɛfʒemi'i] *m abr de* **Fundo Monetário Internacional** IMF

fobia [fo'bia] *f* phobia; **ter ~ de alguém/a. c.** to have a fear of sb/sth

foca¹ ['fɔka] *f* ZOOL seal

foca² ['fɔka] *mf* (*pessoa inexperiente*) greenhorn; **ele é um ~ nesse trabalho** he is new to this type of work

focagem [fo'kaʒẽj] <-ens> *f*, **focalização** <-ões> [fokaʎiza'sãw, -'õjs] *f* FOTO focalization

focalizar [fokaʎi'zar] *vt* (*lente, pensamento*) to focus; **~ um problema** to focus on a problem

focar [fo'kar] *vt* <c→qu> (*lente, pensamento*) to focus; **~ um problema** to

focus on a problem
focinho [fu'siɲu] *m* (*de porco*) snout; (*de cão*) muzzle
foco ['fɔku] *m* focus; **estar em ~** to be in focus; **pôr em ~** to bring into focus
foder [fo'der] **I.** *vi chulo* (*copular*) to fuck, to screw **II.** *vr*: **~-se** *chulo* (*sair-se mal*) to fuck up; **foda-se!** fuck it!; **vai se ~!** fuck you!
fofo, -a ['fofu, -a] *adj* **1.** (*material*) soft, fluffy **2.** (*massa*) fluffy **3.** (*pessoa*) nice; **menino ~** cute child
fofoca [fo'fɔka] *f inf* gossip *no pl*; **fazer ~s** to spread gossip; **revista de ~** gossip magazine
fofocar [fofo'kar] *vi* <c→qu> *inf* to gossip; **~ sobre a vida alheia** to gossip about other people
fofoqueiro, -a [fofo'kejru] **I.** *m, f inf* gossip **II.** *adj* gossipy; **ele é ~** he's a gossip
fogão <-ões> [fo'gãw, -'õjs] *m* stove *Am*, cooker *Brit*; (*de camping*) camping stove; **~ a gás** gas stove; **~ a lenha** wood burning stove
fogareiro [foga'rejru] *m* mini-stove *Am*, mini-cooker *Brit*
fogo <-s> ['fogu, 'fɔgus] *m* **1.** (*incêndio*) fire; **fazer ~** to light a fire; **pegar ~** to catch (on) fire; **pôr** [*ou* **atear**] **~ em a. c.** to set fire to sth; **apagar o ~** to put out the fire; **à prova de ~** fireproof **2.** GASTR heat; **em ~ alto/brando** on high/low heat **3.** MIL fire; **~ cruzado** crossfire; **abrir/cessar ~** to open/to cease fire **4.** (*entusiasmo*) fire; **~ da juventude** fire of youth; **~ de palha** short-lived enthusiasm **5.** *fig* (*bêbado*) **estar de ~** to be smashed **6.** *fig* **é ~!** it's impossible! **7.** *inf* super, awesome **8. ~ de artifício** firework; **soltar ~s de artifício** to set off fireworks
fogões *m pl de* **fogão**
fogo-fátuo ['fogu-'fatuu] *m* will-o'-the-wisp
fogosidade [fogozi'dadʒi] *f sem pl* fieriness *no pl*
fogoso, -a [fo'gozu, -'ɔza] *adj* (*irascível*) fiery; (*entusiástico*) ardent; **é uma mulher fogosa!** *inf* she's a hot woman!
fogueira [fo'gejra] *f* bonfire; **fazer uma ~** to make a bonfire
foguete [fo'getʃi] *m* rocket; **soltar ~s** *fig* to celebrate; **não soltes ~s antes da festa** *prov* don't count your chickens before they are hatched *prov*
foi ['foj] *3. pret de* **ir, ser**
foice ['fojsi] *f* (*pequeno*) sickle; (*grande*) scythe
folclore [fow'klɔri] *m sem pl* folklore
folclórico, -a [fow'klɔriku, -a] *adj* folkloric; **dança folclórica** folk dance; **grupo ~** folk group
fole ['fɔʎi] *m* bellows
fôlego ['folegu] *m* **1.** (*respiração*) breath; **perder o ~** to lose one's breath **2.** (*ânimo*) vitality; **sem ~** lifeless; **tomar ~** to get one's breath back
folga ['fowga] *f* **1.** (*do trabalho, da escola*) time off (from work/school); **estar de ~** to be off **2.** (*espaço entre partes*) gap; **ter ~** to have a day off **3.** (*atrevimento*) insolence, cheek *Brit*; **é muita ~ me tratar dessa maneira!** how rude to treat me that way! **4.** (*alívio*) respite; **já chega, me dá uma ~!** enough, give me a break! **5.** (*ócio, boa vida*) leisure; **ele não faz nada, fica na maior ~** he doesn't do anything, he has a free and easy life
folgado, -a [fow'gadu, -a] *adj* **1.** (*roupa*) loose-fitting **2.** (*vida*) easy **3.** *inf* (*atrevido*) sassy *Am*, cheeky *Brit*
folgar [fow'gar] *vi* <g→gu> **1.** (*descansar*) to take a break; (*do trabalho*) to take time off **2.** (*divertir-se*) to have fun **3.** *form* (*alegrar-se*) to be pleased; **folgo que tenha tido boa viagem** I am so pleased that you had a good trip **4.** *inf* (*atrever-se*) to get fresh *Am* [*o Brit* cocky] with sb; **ele está folgando muito** he's getting very fresh
folgazão, -ona <-ões> [fowga'zãw, -'ona, -'õjs] **I.** *m, f* joker **II.** *adj* light-hearted
folha ['foʎa] *f* **1.** (*de papel*) sheet; **~ de exercícios** exercise sheet **2.** BOT leaf **3.** (*de metal*) sheet; **~ de alumínio** sheet of aluminum
folha de flandres ['foʎa dʒi'flãndris] *f* <folhas de flandres> tin plate
folhado, -a [fo'ʎadu, -a] *adj* **1.** (*árvore*) leafy **2.** (*forma*) leaf shaped; **massa folhada** puff pastry
folhagem [fo'ʎaʒẽj] <-ens> *f* foliage *no pl*
folheado [foʎi'adu] *m* (*lâmina: ouro*) leaf
folheado, -a [foʎi'adu, -a] *adj* (*revestido*) coated; **anel ~ a ouro** gold-plated ring
folhear [foʎi'ar] *conj como* **passear** *vt* to

page (through); ~ **um livro** to leaf through a book

folhetim [foʎe'tʃĩj] <-ins> *m* pamphlet

folheto [fo'ʎetu] *m* (*panfleto*) pamphlet; (*brochura*) brochure; ~ **informativo** bulletin

folhinha [fo'ʎĩɲa] *f* calendar

folho ['foʎu] *m* fringe

folia [fu'ʎia] *f* merrymaking *no pl*, revelry *no pl*

Folia de Reis [fuʎia-dʒi-xejs] *f festive musical group that parades through the streets asking for alms to celebrate Epiphany*

folião <-ões> [fuʎi'ãw, -'õjs] *m* (*carnavalesco*) carnival reveler

fome ['fɔmi] *f sem pl* 1. (*alimento*) hunger; **tomei um leite para enganar a** ~ I drank a glass of milk to tide me over; **estar com** [*ou* **ter**] ~ to be hungry; **estar sem** ~ not to be hungry; **passar** ~ to go hungry; **matar a** ~ to satisfy one's hunger; **estar com** ~ **de leão** to be ravenous [*o* famished] 2. (*necessidade*) need; **ter** ~ **de amor** to be hungry for love; **ter** ~ **de bola** ESPORT to go after the ball aggressively; **ter** ~ **de gente** to be needy of company; **juntar a** ~ **com a vontade de comer** to combine two similar interests

fomentar [fo'mẽjtar] *vt* (*ódio*) to incite; (*economia, desenvolvimento*) to stimulate

fomento [fo'mẽjtu] *m* incitement; (*economia, cultura*) stimulation

fominha [fo'mĩɲa] I. *mf* (*avarento, pão-duro*) miser II. *adj* (*avarento, pão-duro*) stingy

fondue [fõw'dʒi] *m* GASTR fondue; ~ **de carne** beef fondue; ~ **de chocolate** chocolate fondue; ~ **de queijo** cheese fondue

fonema [fo'nema] *m* phoneme

fonética [fo'nɛtʃika] *f sem pl* phonetics + *sing vb*

fonético, -a [fo'nɛtʃiku, -a] *adj* phonetic

fonoaudiologia *f sem pl* speech therapy *no pl*

fonoaudiólogo, -a *m, f* speech therapist

fonologia [fonolo'ʒia] *f sem pl* LING phonology *no pl*

fontanário, -a [fõwta'nariw, -a] *adj* fontal

fonte ['fõwtʃi] *f* 1. (*chafariz*) fountain 2. (*nascente de água*) spring 3. (*origem*) source; ~ **de energia** power source; ~ **de renda** source of income; **sabemos de** ~ **segura que ...** we have learned from a reliable source that ... 4. ANAT temple 5. TIPO font

for ['for] *1./3. fut subj de* **ir, ser**

fora ['fɔra] I. *m* 1. rejection; **deu o** ~ **na namorada** he broke up with his girlfriend; **dar o** ~ to go away (abruptly) 2. (*erro*) blunder; **dar um** ~ to blunder II. *adv* 1. (*exteriormente*) out, away; **cair** ~ to go away (abruptly); **lá** ~ outside; **por** ~ on the outside; **deixar de** ~ to leave out; **ficar de** ~ to be left out; **ir lá para** ~ to go outside; **jogar** ~ to throw away; **olhar lá para** ~ to look outside; (**ir**) **jantar** ~ to eat out; **pagar a. c./alguém por** ~ to pay sth/sb on the side; **vender comida para** ~ to sell homemade food 2. (*em outro lugar*) **lá** ~ on the outside; **de** ~ from the outside; **estar** ~ to be away III. *prep* 1. (*no exterior, longe*) ~ **de** away from; ~ **de casa** away from home; ~ **de mão** out of the way (from the usual route); ~ **de moda** outdated; ~ **de serviço** out of order; **ela estudou** ~ she studied abroad; **estar** ~ **de** to be out of; **ficar** ~ **de si** to be beside oneself; **isso está** ~ **de questão** that is out of the question 2. (*exceto, além de*) except (for), besides; ~ **Maria, todos chegaram** except for Maria, everyone has arrived; ~ **isso** other than that IV. *interj* ~ **!** (get) out!

fora-de-estrada ['fɔra-dʒis'trada] <foras-de-estrada> *m* AUTO off-road vehicle

foragido, -a [fora'ʒidu, -a] I. *m, f* (*polícia, justiça*) fugitive II. *adj* fugitive; **o sequestrador está** ~ the hijacker is on the run

forasteiro, -a [foras'tejru, -a] I. *m, f* 1. outsider 2. (*estranho*) stranger II. *adj* outside; (*estrangeiro*) foreign

forca ['fɔrka] *f* 1. gallows *no pl* 2. (*jogo de palavras*) hangman *no pl*

força ['forsa] *f* 1. (*robustez*) strength, force; **fazer** ~ to make an effort 2. to exert force, to push; **bater a porta com** ~ to slam the door hard 3. (*violência*) force; ~ **bruta** brute force; **usar a** ~ to use force; **à** (**viva**) ~ by force 4. MIL ~ **aérea** air force; ~**s armadas** armed forces *pl* 5. (*energia elétrica*) power; **acabou a** ~ there was a power cut 6. ~

de expressão stretching the truth **7.** (*ajudar*) **dar ~ a alguém/a. c.** to support sb/sth; **dar uma ~ a alguém** to help sb out **8. ~ maior** force majeure; (**~ de vontade**) strength of will, will-power

forcado [for'kadu] *m* AGR pitchfork

forçado, -a [for'sadu, -a] *adj* **1.** (*obrigado*) obliged; **pouso ~** forced landing; **trabalhos ~s** forced labor **2.** (*não-natural*) forced, strained; **sorriso ~** forced smile

forçar [for'sar] *vt* <c→ç> **1.** (*obrigar*) to force; **~ alguém a fazer a. c.** to force sb to do sth **2.** (*fechadura, porta, mala*) to force; **~ a entrada** to force entry **3.** (*a vista, voz*) to strain

forçosamente [forsɔza'mẽjtʃi] *adv* **1.** (*com força*) forcefully **2.** (*necessariamente*) necessarily; **ele necessita ~ trabalhar** he works out of sheer necessity

forçoso, -a [for'sozu, -'ɔza] *adj* **1.** (*que tem força*) forceful **2.** (*necessário*) required; **é ~ trabalhar** it's necessary to work

forja ['fɔrʒa] *f* **1.** (*oficina de ferreiro, forno*) forge **2.** (*conjunto*) blacksmith's tools

forjado, -a [for'ʒadu, -a] *adj* **1.** forged; **ferro ~** wrought iron **2.** (*inventado*) invented; **álibi ~** invented excuse

forjador(a) [forʒa'dor(a)] *m(f)* **1.** (*de metal*) blacksmith **2.** (*inventor*) liar; **~ de notícias** taleteller

forjar [for'ʒar] *vt* **1.** (*metal*) to forge **2.** (*inventar*) to invent; **~ um álibi** to invent an excuse

forma¹ ['fɔrma] *f* **1.** (*formato*) form; **dar ~ a a. c.** to give form to sth **2.** (*maneira*) manner; **desta ~** accordingly; **de alguma/nenhuma ~** no way; **de alguma ~** somehow; **de outra ~** otherwise; **de qualquer ~** anyway; **de ~ a fazer a. c.** in order to do sth **3.** (*física*) shape; **estar em ~** to be in shape; **estar fora de ~** to be out of shape; **manter a ~** to keep fit

forma² ['fɔrma] *f* **1.** (*molde*) form, mold *Am*, mould *Brit;* (*para bolos*) baking pan *Am*, cake tin *Brit;* (*de sapatos*) shoe tree **2.** TIPO (*composição tipográfica*) type

formação <-ões> [forma'sãw, -'õjs] *f* **1.** (*educação*) upbringing; (*escolaridade*) education; **~ profissional** vocational education; **~ profissional especializada** specialized vocational training **2.** (*da personalidade*) character **3.** (*constituição*) foundation; **~ da nação brasileira** foundation of the Brazilian nation

formado, -a [for'madu, -a] *adj* **1.** (*pela universidade*) **ela é formada em medicina** she has a degree in medicine **2.** (*constituído*) composed of; **o grupo é ~ por dez mulheres** the group is composed of ten women

formal <-ais> [for'maw, -'ajs] *adj* formal; **educação ~** formal education; **traje ~** formal attire

formalidade [formaʎi'dadʒi] *f* (*etiqueta, procedimento estabelecido*) formality; **cerimônia cheia de ~** ceremony replete with formality; **cumprir as ~s** to comply with the requirements

formalizar [formaʎi'zar] *vt* **1.** (*seguir as formalidades*) to formalize; **formalizou o apoio ao candidato** he formalized his support for the candidate **2.** (*dar forma*) to formulate; **~ um teorema** to formulate a theorem

formalmente [formaw'mẽjtʃi] *adv* formally

formando, -a [for'mãndu, -a] *m, f* (university or college) graduate; **formatura dos ~s** (university or college) graduation

formão <-ões> [for'mãw, -'õjs] *m* chisel

formar [for'mar] **I.** *vt* **1.** (*compor, fazer*) to form; (*uma frase, uma equipe*) to put together; (*a personalidade*) to build; (*uma sociedade, empresa*) to create **2.** (*educar*) to provide sb (with) an education; **consegui ~ todos meus filhos** I managed to put all my children through college [*o* university] **II.** *vi* MIL (*tropas*) to assemble **III.** *vr:* **~-se 1.** (*surgir*) to emerge **2.** UNIV to graduate; **~-se médico** to get a degree in medicine

formatar [forma'tar] *vt* INFOR to format; **~ um disquete** to format a diskette; **~ um arquivo** to format a file

formato [for'matu] *m* **1.** (*forma*) shape **2.** INFOR (*de um arquivo*) format; **~ Word/HTML** Word/HTML format

formatura [forma'tura] *f* **1.** (*da faculdade*) graduation; **baile de ~** graduation ball **2.** MIL formation

formidável <-eis> [formi'davew, -ejs]

adj (*livro, filme, pessoa*) magnificent
formiga [fur'miga] *f* **1.** ZOOL ant **2.** (*pessoa trabalhadeira*) hard worker; **ele é uma ~ no trabalho** he beavers away all day at work **3.** (*apreciador de doces*) **ele é uma ~** he has a sweet tooth
formigamento [furmiga'mẽjtu] *m* (*sensação por dentro de uma parte do corpo*) pins and needles; **sinto um ~ na perna** I've got pins and needles in my leg; (*sensação na superfície da pele*) tingling
formigar [furmi'gar] *vi* <g→gu> **1.** (*dar comichão*) to tingle **2.** (*pulular*) to abound
formigueiro [furmi'gejru] *m* **1.** (*de formigas*) ant's nest **2.** (*de pessoas*) crowd; **~ humano** densely populated area **3.** (*no corpo*) tingling sensation
formões *m pl de* **formão**
formoso, -a [for'mozu, -'ɔza] *adj* (*paisagem, pessoa*) beautiful
formosura [formo'zura] *f sem pl* beauty
fórmula ['fɔrmula] *f* **1.** (*modelo, de matemática, de química*) formula **2.** AUTO Formula; **~ 1** Formula One
formular [formu'lar] *vt* to formulate; **~ uma resposta** to formulate a reply
formulário [formu'lariw] *m* **1.** form; **preencher um ~** to fill out [*o* to complete] a form **2.** (*coleção de fórmulas*) formulary
fornada [for'nada] *f* batch; **~ de pães** batch of bread; **ele fez o trabalho de uma só ~** he did the work in one go
fornalha [for'naʎa] *f* furnace; **aqui está uma ~!** it is a furnace in here!
fornecedor(a) [fornese'dor(a)] *m(f)* supplier
fornecer [forne'ser] *vt* <c→ç> (*mercadoria, loja*) to supply, to provide; **~ a. c. a alguém** to supply sth to sb [*o* sb with sth]
fornecimento [fornesi'mẽjtu] *m sem pl* supply *no pl*
fornicar [forni'kar] *vt, vi* <c→qu> to fornicate
forno ['fornu] *m* **1.** oven; **~ de microondas** microwave oven; **é cozinheira de ~ e fogão** she is a versatile cook **2.** *fig* (*lugar quente*) oven; **está um ~ aqui!** it's like an oven in here!
foro ['foru] *m* **1.** (*jurisdição*) jurisdiction; **questão de ~ íntimo** matter of personal conscience **2.** (*tribunal*) court; **~ civil** civil court
forquilha [for'kiʎa] *f* pitchfork
forrado, -a [fo'xadu, -a] *adj* (*revestido*) covered; (*roupa*) lined; **vestido ~ de tafetá** dress lined with taffeta; (*móvel*) covered; (*de papel: parede*) (wall)papered; (*de madeira*) paneled *Am*, panelled *Brit*
forrar [fo'xar] *vt* (*revestir*) to cover; (*roupa*) to line; (*com madeira*) to panel; **~ a parede de** [*ou* **com**] **papel** to (wall)paper the wall
forreta [fo'xeta] **I.** *mf* miser **II.** *adj* miserly
forro ['foxu] *m* **1.** (*de roupa*) lining **2.** (*de sofá*) covering **3.** (*de madeira*) veneer, paneling *Am*, panelling *Brit*
forró [fo'xɔ] *m* **1.** MÚS popular music from the Northeast of Brazil for dancing in pairs **2.** (*baile popular*) hop

> **Cultura** Forró is a party for dancing in couples to music from the Northeast. Rhythms such as the **coco**, **baião**, and **xote** are generally accompanied by an accordeon.

fortalecer [fortale'ser] *vt* <c→ç> (*dar maior força*) to strengthen; **~ os músculos** to strengthen the muscles
fortalecimento [fortalesi'mẽjtu] *m sem pl* strengthening
fortaleza [forta'leza] *f* fortress; **os criminosos esconderam-se em uma verdadeira ~** the criminals hid out in a stronghold
Fortaleza [forta'leza] *f* (City of) Fortaleza
forte ['fɔrtʃi] **I.** *m* **1.** MIL fort **2.** (*aptidão*) forte, strong point; **matemática (não) é o meu ~** math is not my forte **II.** *adj* **1.** (*pessoa*) strong; (*corpulento, sólido*) solid; (*musculoso*) muscular; **um abraço ~** a big hug **2.** (*sol, vento*) strong; (*chuva*) heavy **3.** (*pancada*) solid **4.** (*bebida*) strong **5.** (*dor de cabeça*) bad **6.** (*obsceno*) **piada ~** crude joke; **cena ~** heavy scene; **meu santo é ~** *fig* my guardian angel watches over me? **7.** FIN **moeda ~** hard currency **III.** *adv* (*fortemente*) solidly, hard; **bater ~ em a. c.** to hit sth hard
fortemente [fɔrtʃi'mẽjtʃi] *adv* (*intensamente*) strongly
fortificar [fortʃifi'kar] *vt* <c→qu> (*for-*

fortuito, -a [for'tujtu, -a] *adj* (*casual, imprevisto*) fortuitous; **acontecimento** ~ fortuitous event; **caso** ~ JUR act of God

fortuna [fur'tuna] *f* (*riqueza, destino*) fortune; **fazer** ~ to make a fortune; **a casa custa uma** ~ the house costs a fortune

fórum ['fɔrũw] *m* <-uns> 1. (*reunião, conferência*) forum; ~ **de discussão** forum of discussion 2. (*tribunal*) court; (*edifício*) courthouse

fosco, -a ['fosku, -a] *adj* (*cor, metal*) dull; (*tinta*) mat *Am*, matt *Brit*; **vidro** ~ frosted glass

fosfato [fos'fatu] *m* phosphate

fosforescência [fosfore'sẽjsia] *f sem pl* phosphorescence *no pl*

fosfórico, -a [fos'fɔriku, -a] *adj* 1.(*de fósforo*) phosphoric 2.(*brilhante*) phosphorescent; **brilho** ~ phosphorescent glow

fósforo ['fɔsfuru] *m* 1. QUÍM phosphorus 2.(*chama*) match; **acender um** ~ to light a match; **apagar um** ~ to blow out a match

fossa ['fɔsa] *f* 1.(*cova*) pit; (*para o despejo de matérias fecais*) cesspit; ~ **séptica** septic tank 2. ANAT cavity 3. ARQUIT pit 4. *inf* (*depressão*) depression, the pits; **curtir uma** ~ to stay depressed; **estar na** ~ to be down in the dumps

fosse ['fɔsi] *1./3. imp subj de* **ir, ser**

fóssil <-eis> ['fɔsiw, -ejs] *m* fossil

fossilizar [fosiʎi'zar] *vr* ~-**se** *tb.* GEO to fossilize

fosso ['fosu] *m* pit

foto ['fɔtu] *f* photo, picture; ~ **em branco e preto** black and white photo; ~ **colorida** color photo; **tirar uma** ~ **de alguém/a. c.** to take a picture of sb/sth

fotocópia [fɔto'kɔpia] *f* photocopy; ~ **a cores** color photocopy; **tirar uma** ~ to make a photocopy

fotocopiadora [fɔtukupja'dora] *f* photocopier

fotoelétrico, -a [fɔtwe'lɛtriku, -a] *adj* photoelectric

fotogênico, -a [foto'ʒeniku, -a] *adj* photogenic

fotografar [fotogra'far] **I.** *vt* to photograph **II.** *vi* (*ser fotogênico*) to be photogenic; **ela fotografa bem** she photographs well

fotografia [fotogra'fia] *f* 1.(*processo*) photography 2.(*imagem*) photograph; **tirar uma** ~ to take a picture

fotográfico, -a [foto'grafiku, -a] *adj* photographic; **máquina fotográfica** camera; **memória fotográfica** photographic memory

fotógrafo, -a [fo'tɔgrafu, -a] *m, f* photographer

fotomontagem [fɔtumõw'taʒẽj] <-ens> *f* photomontage, composite picture

fotonovela [fɔtuno'vɛla] *f* photo novel

fotossíntese [fɔto'sĩjtezi] *f sem pl* photosynthesis

foxtrote [fɔks'trɔtʃi] *m* foxtrot

foz ['fɔs] <fozes> *f* mouth (of a river)

fraca *adj v.* **fraco**

fração <-ões> [fra'sãw, -õjs] *f* MAT fraction; ~ **decimal** decimal fraction; ~ **contínua** continuous fraction

fracassar [fraka'sar] *vi* (*plano, pessoa*) to fail; **o projeto fracassou** the project failed

fracasso [fra'kasu] *m* failure; CINE, TEAT flop; **sou um** ~ **em matemática** I'm a failure at math

fracionário, -a [frasjo'nariw, -a] *adj* MAT fractional; **numeral** ~ fractional number

fraco ['fraku] *m* 1.(*pessoa*) weakling 2.(*inclinação*) weakness; **ter um** ~ **por alguém** to have a soft spot for sb; **bebida é o seu** ~ alcohol is his weakness

fraco, -a ['fraku, -a] *adj* 1.(*sem força, inferior*) weak 2.(*saúde, desempenho*) poor 3.(*chuva*) light

frade ['fradʒi] *m* friar

fraga ['fraga] *f* crag

fragata [fra'gata] *f* 1. NÁUT frigate 2. ZOOL frigate [*o* man-o'-war] bird

frágil <-eis> ['fraʒiw, -ejs] *adj* (*objeto, pessoa, saúde*) fragile

fragilidade [fraʒiʎi'dadʒi] *f* 1. *sem pl* (*qualidade de frágil*) fragility *no pl* 2.(*fraqueza*) weakness; **a bebida é uma de suas** ~**s** drinking is one of his weaknesses

fragmentação <-ões> [fragmẽjta'sãw, -'õjs] *f* fragmentation *no pl*

fragmentar [fragmẽj'tar] **I.** *vt* to fragment; (*vidro*) to shatter **II.** *vr:* ~-**se** to shatter; **o vidro fragmentou-se em múltiplas partes** the glass shattered into hundreds of pieces

fragmento [fraɡ'mẽjtu] *m* (*objeto, obra*) fragment
fragor [fra'ɡor] *m* (*de ondas*) crash; (*de explosão*) blast
fragoroso, -a [fraɡo'rozu, -'ɔza] *adj* 1. (*estrondoso: ondas*) crashing 2. (*extraordinário: derrota*) crushing; **cometi um erro ~** I made a calamitous mistake
fragrância [fra'ɡrãsia] *f* fragrance; **~ suave** light fragrance
fralda ['frawda] *f* 1. (*para bebê*) diaper *Am*, nappy *Brit*; **trocar a ~ do bebê** to change the baby's diaper 2. (*da camisa*) shirt-tail
framboesa [frãbo'eza] *f* raspberry
França ['frãsa] *f* France
franca *adj v.* **franco**
francamente [frãka'mẽtʃi] **I.** *adv* frankly; **responda-me ~** answer me honestly **II.** *interj* ~! really!
francês, -esa [frã'ses, -'eza] **I.** *m, f* (*língua*) French; (*pessoa*) French person, Frenchman *m*, Frenchwoman *f*; **os franceses** the French **II.** *adj* French
francesismo [frãse'zizmu] *m* Gallicism
franchising ['frãʃajzĩɡ] *m sem pl* ECON franchising *no pl*
franciscano [frãsis'kɔnu] *m* Franciscan
franciscano, -a [frãsis'kɔnu, -a] *adj* 1. REL Franciscan 2. (*miserável*) poverty-stricken; **pobreza franciscana** dire poverty
franco ['frãku] *m* (*moeda*) franc; **~ suíço** Swiss franc
franco, -a ['frãku, -a] *adj* 1. (*sincero*) frank 2. (*isento de pagamento*) free of charge; **entrada franca** free admission; (*direito alfandegário*) duty free; **zona franca** free-trade zone
francófilo, -a [frãŋ'kɔfilu, -a] *adj* Francophile
frangalho [frãŋ'ɡaʎu] *m* tatter; **ficar em ~s** *fig tb.* to be in tatters
frango ['frãŋɡu] *m* 1. chicken; **~ assado** roast chicken 2. **engolir um ~** ESPORT to let in an easy goal
frangote [frãŋ'ɡɔtʃi] *m fig* lad
franja ['frãʒa] *f* 1. (*de tecido*) fringe 2. (*de cabelo*) bangs *pl Am*, fringe *Brit*
franquear [frãŋki'ar] *conj como passear vt* to franchise; **~ uma loja** to franchise a store
franqueza [frãŋ'keza] *f sem pl* (*sinceridade*) frankness; **para falar com ~, ele não me agrada nada** frankly, I don't like him one bit
franquia [frãŋ'kia] *f tb.* ECON (*liberdade/concessão de direitos*) franchise
franzino, -a [frã'zinu, -a] *adj* (*corpo*) skinny
franzir [frã'zir] *vt* 1. (*tecido*) to gather 2. (*contrair*) to wrinkle; **~ o nariz** to wrinkle one's nose; **~ as sobrancelhas** to frown
fraque ['fraki] *m* tailcoat, tails *pl*
fraquejar [frake'ʒar] *vi* 1. (*enfraquecer*) to weaken 2. (*desanimar*) to lose heart
fraqueza [fra'keza] *f* (*falta de vigor, obstinação*) weakness; **a bebida é sua ~** drink is his weakness
frasco ['frasku] *m* flask; **~ de perfume** bottle of perfume
frase ['frazi] *f* sentence, phrase; **~ feita** set phrase; **~ declarativa** declaratory sentence; **~ interrogativa** interrogative sentence
fraternal <-ais> [frater'naw, -'ajs] *adj* 1. (*de irmão*) fraternal 2. (*afetuoso*) brotherly; **abraço ~** affectionate hug
fraternidade [fraterni'dadʒi] *f sem pl* 1. (*parentesco de irmão*) brotherhood 2. (*harmonia*) harmony
fraternizar [fraterni'zar] *vi* to socialize; **na festa** to mingle; **~ com alguém** to mingle with sb
fratricídio [fratri'sidʒiw] *m* 1. (*assassinato de irmão*) fratricide 2. (*guerra civil*) civil war
fratura [fra'tura] *f* 1. MED fracture; **~ craniana** cranial fracture; **~ exposta** compound fracture 2. (*quebra*) shattering; **~ de um vidro** shattering of glass
fraturar [fratu'rar] *vt* 1. MED to fracture; **fraturei a perna** I fractured my leg 2. (*quebrar: janela*) to break; (*porta*) to break down
fraudar [fraw'dar] *vt* 1. (*lesar economicamente*) to defraud; **~ o fisco** to defraud the government of tax revenue 2. (*enganar*) to deceive; **~ um amigo** to cheat a friend
fraude ['frawdʒi] *f* fraud; **cometer uma ~** to commit fraud
fraudulento, -a [frawdu'lẽtu] *adj* fraudulent; **operação fraudulenta** fraudulent transaction
freada [fre'ada] *f* **dar uma ~** to apply the brakes
frear [fre'ar] *conj como passear vt*

freguês **1.** (*veículo*) to brake **2.** (*conter*) to curb; ~ **os gastos** to curb expenses

freguês, -esa [fre'ges, -'eza] *m, f* customer; **ao gosto do** ~ to the customer's liking

freguesia [frege'zia] *f* **1.** (*clientela*) clientele, customers **2.** REL (*conjunto de paroquianos*) parishioners

frei ['frej] *m* friar

freima ['frejma] *f sem pl* **1.** (*impaciência*) impatience **2.** (*pressa*) haste

freio ['freju] *m* **1.** (*de veículo*) brake; ~ **de emergência** emergency brake; ~ **de mão** hand brake **2.** (*do cavalo*) bridle **3.** *fig* (*limite*) in check; **pôr ~ em alguém** to restrain sb; **ele não tem ~ na língua** he cannot hold his tongue

freira ['frejra] *f* REL nun, sister

freixo ['frejʃu] *m* BOT ash

fremente [fre'mẽjtʃi] *adj* vehement

frenesi [frene'zi] *m sem pl* (*entusiasmo, inquietação*) frenzy; **vive num frenesi eterno** he/she lives in a constant frenzy

frenético, -a [fre'nɛtʃiku, -a] *adj* **1.** (*multidão*) angry **2.** (*ritmo*) frenetic

frente ['frẽjtʃi] *f* **1.** (*lado frontal*) front; (*de prédio*) front; ~ **a** ~ face to face; **estar de** ~ **para alguém/a. c.** to be facing sb/sth; **para a** ~ toward the front; **à** ~ **de** in front of; **fazer** ~ to face; **sair da** ~ to get out of the way; **sempre em** ~ straight ahead; **ele está à** [*ou* **na**] **minha** ~ (*posição*) he is in front of me; (*obstáculo*) he is in my way **2.** (*dianteira*) front; **estar à** ~ to be in the front; **ir à** [*ou* **na**] ~ to go up front; ~ **de trabalho** labor front; (*em corrida, jogo*) lead **3.** MIL front; ~ **de batalha** battle front **4.** METEO front; ~ **fria/quente** cold/warm front

frentista [frẽj'tʃista] *mf* (*empregado de posto de gasolina*) service station attendant *Am*, petrol pump attendant *Brit*

frequência [fre'kwẽjsia] *f* **1.** (*repetição*) frequency; **com** ~ often; **com que** ~? how often? **2.** (*aula, trabalho*) attendance **3.** MAT, FÍS frequency; ~ **de rádio** radio frequency

frequentado, -a [fre'kwẽj'tadu] *adj* (*local*) busy; **ser bem** ~ to be busy; **ser muito** ~ to well frequented?

frequentador, -a [fre'kwẽjta'dor, -a] *m, f* regular

frequentar [frekwẽj'tar] *vt* **1.** (*uma escola, aula*) to attend; (*um restaurante*) to frequent **2.** (*conviver*) to move; **gosta de ~ artistas** he likes to move in artistic circles

frequente [fre'kwẽjtʃi] *adj* (*reiterado, assíduo*) frequent; **crises ~s** frequent crises; **presença ~ nos concertos** frequent attendance at concerts

frequentemente [frekwẽjtʃi'mẽjtʃi] *adv* frequently

fresa ['frɛza] *f* MEC milling machine

fresar [fre'zar] *vt* MEC to mill

fresca *adj v.* **fresco**

fresca ['freska] *f form* gentle breeze; **vestir-se à** ~ to wear light clothing

frescão <-ões> [fres'kãw, -'õjs] *m inf* (*ônibus luxuoso, com ar-condicionado*) air-conditioned tourist bus; **andar de** ~ to travel in an air-conditioned bus

fresco ['fresku] *m* **1.** *sem pl* (*aragem*) light breeze; **pôr-se ao** ~ to go outside **2.** *gír* (*pessoa*) finicky [*o* picky] person; **é um** ~ she's finicky

fresco, -a ['fresku, -a] *adj* **1.** (*recente, não estragado*) fresh; **pintura fresca** fresh paint; **legumes ~s** fresh vegetables **2.** (*temperatura, bebida*) cool, refreshing; **sombra fresca** cool shade; (*roupa*) light; **vestir uma roupa fresca** to wear light clothing **3.** *pej, inf* (*maricas*) effeminate

frescões *m pl de* **frescão**

frescura [fres'kura] *f* **1.** *sem pl* (*temperatura*) coolness **2.** *inf* (*pieguice*) fussiness; **não gosto de ~s** I don't like fussiness **3.** *pej, inf* (*efeminamento*) effeminacy

fresta ['frɛsta] *f* (*da porta, janela*) crack, slit; (*no telhado*) opening

fretar [fre'tar] *vt* (*um caminhão*) to freight; (*avião, navio, ônibus*) to charter

frete ['frɛtʃi] *m* freight *no pl;* **fazer** ~ to transport freight

frevo ['frevu] *m* **1.** MÚS *frenetic dance from the Brazilian Northeast with ornate umbrellas* **2.** (*folia*) revelry **3.** (*desordem*) commotion *no pl*

Cultura **Frevo**, a typical Northeastern quickstep dance originated in the late 19th century. The dancers hold umbrellas and perform individual choreographies, including agile

> kicking movements. Especially in Pernambuco, **Frevo** is the beat that moves throngs of Carnival dancers, who seemingly "boil" to the music: **frevo** is etymologically related to the verb "to boil".

fria *adj v.* **frio**
fria ['fria] *f sem pl, inf* **entrar numa** ~ to get into a bind; **estar numa** ~ to be in a predicament
fricassê [frika'se] *m stew prepared with chunks of chicken or fish simmered in onions, parsley, pepper and other seasonings*
fricativa [frika'tʃiva] *f* fricative
fricção <-ões> [frik'sãw, õjs] *f* friction
friccionar [friksjo'nar] *vt* to rub
fricções *f pl de* **fricção**
frieira [fri'ejra] *f* chilblain
frieza [fri'eza] *f sem pl (sentimento, falta de expressividade)* coldness; **seus poemas revelam** ~ her poems reveal a coldness
frígida *adj v.* **frígido**
frigideira [friʒi'dejra] *f* frying pan
frigidez [friʒi'des] *f sem pl* coldness; *(ausência de desejo sexual)* frigidity *no pl*
frigidíssimo, -a [friʒi'dʒisimu, -a] *adj superl de* **frio**
frígido, -a ['friʒidu, -a] *adj (temperatura)* freezing; *(insensível)* cold; *(sem desejo sexual)* frigid
frigorífico [frigo'rifiku] *m* **1.** *(aparelho)* cold storage **2.** *(estabelecimento)* meat-packing plant
frigorífico, -a [frigo'rifiku, -a] *adj* cold-storage; **câmara frigorífica** cold store
frincha ['frĩʃa] *f* crack
frio ['friw] *m sem pl* cold; **pegar** ~ to catch cold; **estou com** [*ou* **tenho**] ~ I am cold
frio, -a ['friw, -a] *adj* **1.** *(temperatura)* cold; **está** [*ou* **faz**] ~ it is cold **2.** *(insensível: pessoa)* cold **3.** *(falso)* **nota fria** counterfeit bill; **cheque** ~ forged check
friorento, -a [frio'rẽjtu, -a] *adj* sensitive to cold
frios ['friws] *mpl (presunto, mortadela)* cold cuts *Am*, cold meats *Brit*; **tábua de** ~ plate of cold cuts
frisado, -a [fri'zadu, -a] *adj (cabelo)* curly; *(pneu)* retreaded

frisar [fri'zar] *vt* **1.** *(o cabelo)* to curl **2.** *(pneu)* to retread **3.** *(salientar)* to emphasize; **ele frisou a palavra "amor"** he emphasized the word "love"
friso ['frizu] *m* ARQUIT frieze
frita *adj v.* **frito**
fritar [fri'tar] *vt* **1.** *(na frigideira)* to fry **2.** *inf (desacreditar)* **o presidente fritou o ministro** the president discredited the minister
frito ['fritu] *pp de* **fritar**
frito, -a ['fritu, -a] *adj* **1.** *(alimento)* fried; **batatas fritas** French fries *Am*, chips *pl Brit* **2.** *inf (em apuros)* in trouble; **estou** ~! I'm in trouble!
fritura [fri'tura] *f* **1.** fried food **2.** *inf (afastamento)* **a** ~ **do ministro** the discrediting of the minister
frívola *adj v.* **frívolo**
frivolidade [frivoʎi'dadʒi] *f sem pl* frivolity
frívolo, -a ['frivulu, -a] *adj* frivolous
fronha ['frõɲa] *f (de travesseiro)* pillowcase
frontal <-ais> [frõw'taw, -'ajs] **I.** *m (de porta)* frontal **II.** *adj* **1.** *(de frente)* frontal; **choque** ~ head-on collision **2.** *(pessoa)* direct
frontão <-ões> [frõw'tãw, -'õjs] *m* ARQUIT pediment; ~ **clássico** classical pediment
frontaria [frõwta'ria] *f* ARQUIT façade
fronte ['frõwtʃi] *f* ANAT forehead
fronteira *adj v.* **fronteiro**
fronteira [frõw'tejra] *f* **1.** border; **cidade de** ~ border town; **fazer** ~ **com a. c.** to border sth; **atravessar** [*ou* **passar**] **a** ~ to cross the border **2.** *(limite, extremo)* limit; **chegou às** ~**s da paciência** he was at the end of his patience
fronteiriço, -a [frõwtej'risu, -a] *adj (país)* border; **guarda fronteiriça** border guard
fronteiro, -a [frõw'tejru, -a] *adj (em frente)* in front; **sentou-se na cadeira fronteira à minha** he sat in the chair in front of mine
frontispício [frõwtʃis'pisiw] *m (livro, arquitetura)* frontispiece
frontões *m pl de* **frontão**
frota ['frɔta] *f (navio, táxi, ônibus)* fleet; ~ **pesqueira** fishing fleet
frouxa *adj v.* **frouxo**
frouxidão [frowʃi'dãw] *f sem pl* weak-

frouxo, **-a** ['froʃu, -a] *adj* 1. (*músculo*) flaccid; (*corda*) slack 2. (*fraco*) weak; **luz frouxa** dim light; **voz frouxa** weak voice

frouxo ['froʃu] *m* (*indivíduo fracote*) weakling

fruição [frui'sãw] *f sem pl* fruition

fruir [fru'ir] *conj como* **incluir** *vt* to enjoy; ~ **os serviços** to enjoy [*o* to use] the services

frustração <-ões> [frustra'sãw, -õjs] *f* frustration

frustrado, **-a** [frus'tradu, -a] *adj* (*pessoa*) frustrated; (*tentativa*) foiled

frustrante [frus'trãntʃi] *adj* frustrating

frustrar [frus'trar] I. *vt* to frustrate; ~ **os planos de alguém** to frustrate sb's plans II. *vr* ~-**se** falhar, to fail, o sonho se frustrou, the dream was frustrated

fruta ['fruta] *f* 1. fruit; ~ **cristalizada** crystallized fruit; ~ **seca** dried fruit *no pl* 2. *inf* (*homossexual*) fruit *pej*

fruticultura [frutʃikuw'tura] *f* fruit growing *no pl*

frutífero, **-a** [fru'tʃiferu, -a] *adj* 1. fruit(-bearing); **árvore frutífera** fruit tree 2. *fig* fruitful

fruto ['frutu] *m* 1. BOT fruit; ~**s secos** dried fruit; **o** ~ **proibido** the forbidden fruit 2. ~ **do mar** seafood 3. (*resultado*) result; **isto é** ~ **do meu trabalho** this is the fruit of my labor; **dar** ~**s** to bear fruit 4. (*lucro*) profit; **colher os** ~**s** to reap the rewards

frutuoso, **-a** [frutu'ozu, -ɔza] *adj* 1. fruitful 2. (*negócio*) profitable

fubá [fu'ba] *m sem pl* cornmeal

fuça ['fusa] *f inf* face; **dei um tapa nas** ~**s dos meninos** I gave the boys a slap in the face

fuçar [fu'sar] <c→ç> *inf* I. *vt* (*bisbilhotar*) to snoop; **vive fuçando a vida dos outros!** she is constantly snooping into other people's business! II. *vi* (*bisbilhotar*) to snoop

fuga[1] ['fuga] *f* (*evasão*) escape; (*de líquido, gás*) leakage; (*de prisioneiro*) breakout; **houve uma** ~ **de gás** there was a gas leakage; (*por onde escapar*) escape route; (*em recipiente*) hole

fuga[2] ['fuga] *f* MÚS fugue

fugacidade [fugasi'dadʒi] *f sem pl* fugacity, evanescence *no pl*

fugaz [fu'gas] <-es> *adj* 1. (*rápido, veloz*) quick 2. (*efêmero*) fleeting;

sucesso ~ fleeting success

fugida [fu'ʒida] *f* flying visit; **dar uma** ~ **até ...** to pay a flying visit to

fugidio, **-a** [fu'ʒidʒiw, -a] *adj* (*efêmero*) fleeting; (*esquivo*) elusive

fugir [fu'ʒir] *irr* I. *vi* to flee, to run away; (*prisioneiro*) to escape II. *vt* ~ **de alguém/a. c.** to run away from sb/sth

fugitivo, **-a** [fu'ʒi'tʃivu, -a] *m*, *f* fugitive

fui ['fuj] 1. *1. pret de* **ir**, **ser** 2. *1. pret de* **ir**

fuinha [fu'iɲa] I. *f* ZOOL weasel II. *mf* (*pessoa bisbilhoteira*) gossip; (*pessoa avara*) miser

fula *adj v.* **fulo**

fulano, **-a** [fu'lʌnu, -a] *m*, *f* so-and-so; ~ **de tal** a Mr. so-and-so; **falei com** ~, **beltrano e sicrano mais ninguém foi capaz de me ajudar** I spoke to everybody imaginable, but nobody was able to help me

fulcral <-ais> [fuw'kraw, -'ajs] *adj* (*importância, questão*) fundamental

fulcro ['fuwkru] *m* (*ponto de apoio, base*) support, foundation

fuleiro, **-a** [fu'lejru, -a] *adj inf* (*ambiente, comentário*) tasteless; (*objeto*) tacky

fulgente [fuw'ʒẽntʃi] *adj* dazzling

fulgor [fuw'gor] *m* flash of light

fulgurante [fuwgu'rãntʃi] *adj* flashing

fuligem [fu'liʒẽj] *f sem pl* soot *no pl*

fulminante [fuwmi'nãntʃi] *adj* fulminating; (*olhar*) withering; (*palavras*) explosive

fulminar [fuwmi'nar] I. *vt* 1. (*olhar, palavras*) to condemn 2. (*aniquilar com raio*) to destroy; **o raio fulminou a plantação** the lightning torched the plantation II. *vi* (*fulgurar*) to flash; **seu olhar fulminava** her eyes flashed

fulo, **-a** ['fulu, -a] *adj inf* furious; **ficou** ~ **da vida** he blew his top

fumaça [fu'masa] *f* smoke; **e lá vai** ~! *inf* and who knows what else!; **onde há** ~ **há fogo** *prov* there is no smoke without fire *prov*

fumaceira [fuma'sejra] *f* cloud of smoke

fumante [fu'mãntʃi] *mf* smoker; ~ **passivo** passive smoker

fumar [fu'mar] I. *vi* to smoke; **deixar de** ~ to quit smoking; **ela fuma muito** she smokes a lot; **o vulcão fuma** the volcano is smoldering II. *vt* (*cigarro, charuto, cachimbo*) to smoke; ~ **um**

fumegante [fume'gãntʃi] *adj* (*chaminé*) smoking; **a comida foi servida ~** the food was served piping hot

fumegar [fume'gar] *vi* <g→gu> 1.(*vapor*) to steam; (*fumo*) to smoke, to smolder *Am*, smoulder *Brit* 2.(*transparecer*) to transpire; **suas intenções fumegavam pelos olhos** her eyes gave away her intentions

fumeiro [fu'mejru] *m* 1.(*fumaça*) smoke 2.(*chaminé*) chimney

fumo ['fumu] *m* 1.(*de fogo*) smoke 2.(*vapor*) vapour *Am*, vapour *Brit* 3.(*tabaco*) tobacco 4. *inf* (*maconha*) pot; **puxar ~** *inf* to toke *Am*, to smoke pot *Brit*

função <-ões> [fũw'sãw, -'õjs] *f* 1.(*papel*) role 2.(*trabalho*) function, duty; (*cargo*) position; **desempenhar uma ~** to perform a function 3.(*espetáculo*) function, event; **vai começar a ~** the event is about to begin 4. MAT function

funcho ['fũʃu] *m* BOT fennel *no pl*

funcional [fũwsjo'naw] *adj* 1.functional 2.(*funcionário público*) civil-service; **carreira ~** civil-service career

funcionalismo [fũwsjona'ʎizmu] *m sem pl* 1.**~ público** civil service 2. ARQUIT, SOCIOL, PSICO, LING, functionalism

funcionamento [fũwsjona'mẽjtu] *m* (*sistema, empresa, máquina*) operation *no pl*; **pôr a. c. em ~** to put sth into operation

funcionar [fũwsjo'nar] *vi* 1.(*máquina*) to function, to operate 2.(*dar bom resultado*) to work; **o plano funcionou** the plan worked

funcionário, -a [fũwsjo'nariw, -a] *m, f* (*de empresa*) employee; POL functionary; **~ público** civil servant

funcionarismo [fũwsjona'rizmu] *m sem pl* (*funcionalismo*) **~ público** civil service *no pl*

funda *adj v.* **fundo**

fundação <-ões> [fũwda'sãw, -'õjs] *f* (*constituição, instituição, de edifício*) foundation

fundador(a) [funda'dor(a)] I. *m(f)* founder II. *adj* founding; **sócio ~** founding partner

fundamental <-ais> [fũwdamẽj'taw, -ajs] *adj* (*básico, essencial*) fundamental

fundamentalmente [fũwdamẽjtaw'mẽjtʃi] *adv* fundamentally

fundamentar [fũwdamẽj'tar] I. *vt* 1.(*justificar*) to justify; (*basear*) to base; **o juiz fundamentou sua decisão na Constituição** the judge based his decision on the Constitution 2.(*colocar alicerces*) to found, to lay the foundations II. *vr:* **~-se** to be based; **a pesquisa fundamentou-se em teorias recentes** the research was based on recent theories

fundamento [fũwda'mẽjtu] *m* 1.(*motivo, justificação*) grounds *pl*; **sem ~** groundless 2.(*base, alicerce, princípio*) basis, foundation

fundão <-ões> [fũw'dãw, -'õjs] *m* (*de rio, lago*) depths

fundar [fũw'dar] *vt* 1.(*instituir*) to establish; **~ uma empresa** to open a company 2.(*colocar alicerces*) to found, to lay the foundations 3.(*basear, fundamentar*) to base

fundiário, -a [fũwdʒi'ariw, -a] *adj* of landholding; **questão fundiária** landholding issue

fundição <-ões> [fũwdʒi'sãw, -'õjs] *f* 1.(*atividade*) metalworking 2.(*fábrica*) foundry

fundir [fũw'dʒir] *vt* 1.(*vidro*) to melt; (*metal, minério*) to smelt 2.(*unir*) to unite; (*empresas*) to consolidate; **~ a cabeça** *inf* to get mixed up

fundo ['fũwdu] I. *m* 1.(*parte inferior*) bottom; **a ~** thoroughly; **no ~** at the bottom; **ir ao ~** to go to the bottom; *tb. fig* to get to the bottom of sth 2.(*do palco, quadro*) back; **~ musical** background music; **ouvia-se um barulho de ~** a background noise could be heard 3.(*extremidade*) other end; **ao** [*ou* **no**] **~ do corredor** at the (other) end of the corridor; **é ali ao** [*ou* **no**] **~** it's back there; **chegar ao ~ do poço** to hit bottom 4. ECON **~s** funds *pl*; **a ~ perdido** with no expected return; **~s de reserva** reserve fund II. *adv* deeply; **ir ~** *inf* to go all the way

fundo, -a ['fũwdu, -a] *adj* deep

fundões *m pl de* **fundão**

fúnebre ['funebri] *adj* 1.(*de funeral*) funeral; **carro ~** hearse; **cortejo ~** funeral procession; **honras ~s** funeral ceremonies 2.(*triste*) funereal

funeral <-ais> [fune'raw, -'ajs] *m*

funeral

funerária [fune'rarja] *f* funeral home [*o parlor*] *Am*, funeral parlour *Brit*

funerário, -a [fune'rarju, -a] *adj* funerary; **urna funerária** (funerary) urn

funesto, -a [fu'nɛstu, -a] *adj* (*prejudicial, nocivo*) disastrous; (*mortal*) fatal

fungar [fũw'gar] *vi* <g→gu> to sniff

funghi ['fũwgi] *sem pl m* porcini (mushroom)

fungo¹ ['fũwgu] *m* BOT fungus

fungo² ['fũwgu] *m* (*ação de fungar*) sniff

funil <-is> [fu'niw, -'is] *m* funnel

furacão <-ões> [fura'kãw, -'õjs] *m* 1. METEO hurricane 2. (*ímpeto*) whirlwind

furada [fu'rada] *f inf* **entrar numa ~** to get into a hole

furadeira [fura'dejra] *f* drill

furado, -a [fu'radu, -a] *adj* 1. (*orelha*) pierced; **o saco/sapato está ~** the bag/shoe has a hole in it; (*pneu ~*) flat (tire) *Am*, puncture *Brit* 2. (*falho*) flat; **negócio ~** bad business; **papo ~** nonsense; **não vale um tostão ~** it's not worth a dime *Am* [*o Brit* penny]

furador [fura'dor] *m* hole puncher

fura-fila ['fura-'fila] <fura-filas> *m* guided trolleybus system

furar [fu'rar] I. *vt* (*fazer um furo*) to pierce; (*perfurar*) to perforate; (*papel*) to punch a hole in; **~ a greve** *fig* to break a strike; **ela furou as orelhas** she got her ears pierced II. *vi* 1. **o pneu furou** the tire went flat 2. (*não ter sucesso*) to fall through; **o passeio furou** the trip fell through

furgão <-ões> [fur'gãw, -'õjs] *m* delivery van

fúria ['furja] *f sem pl* (*raiva*) fury *no pl*

Fúrias ['furjas] *f* (*mitologia*) the Furies *pl*

furibundo, -a [furi'bũwdu, -a] *adj* angry; **mar ~** angry sea

furioso, -a [furi'ozu, -'ɔza] *adj* furious

furna ['furna] *f* cavern

furo ['furu] *m* 1. (*orifício*) hole; (*num pneu*) puncture; **o prego fez um ~ no pneu** the nail punctured the tire 2. (*falha*) mistake; **dar um ~** to put one's foot in one's mouth *Am*, to put one's foot in it *Brit* 3. (*imprensa*) scoop

furor [fu'ror] *m* (*ira, entusiasmo*) rage

furtar [fur'tar] I. *vt* to steal; **~ a. c. de alguém** to steal sth from sb II. *vi* to steal; **tem o costume de ~** he has a habit of stealing III. *vr:* **~-se** to avoid; **~-se a a. c.** to avoid sth

furtivo, -a [fur'tʃivu, -a] *adj* furtive; **olhar ~** furtive glance

furto ['furtu] *m* theft; JUR theft, larceny *Am*

furúnculo [fu'rũwkulu] *m* MED boil

fusão <-ões> [fu'zãw, -'õjs] *f* 1. (*de metal, de minério*) smelting; **ponto de ~** melting point 2. FÍS fusion; **~ nuclear** nuclear fusion 3. (*união*) fusion; (*de empresas*) consolidation, amalgamation

fusca ['fuska] *m* AUTO VW beetle

fusco, -a ['fusku, -a] *adj* (*pardo*) dark; (*triste*) sad

fuselagem [fuze'laʒẽj] <-ens> *f* AERO fuselage

fusível <-eis> [fu'zivew, -ejs] *m* ELETR fuse; **o ~ queimou** the fuse blew

fuso ['fuzu] *m* (*da roca*) spindle; **~ horário** time zone

fusões *f pl de* **fusão**

fustigar [fustʃi'gar] *vt* <g→gu> (*bater com vara*) to beat with a switch; **~ os cavalos** to whip the horses

futebol [futʃi'bɔw] *m sem pl* soccer *no pl*, football *no pl esp Brit*; **~ de salão** indoor soccer; **jogador de ~** soccer player, footballer *esp Brit*; **time de ~** soccer team

> **Cultura** Brazil holds a few records in this, the world's most popular sport. It is the only country to have won the World Cup five times (in Sweden, 1958; Chile, 1962; Mexico, 1970; USA, 1994; Japan and South Korea, 2002), the only country to have played in all World Cup championships, the only one to have won the World Cup on three continents (America, Asia and Europe), and the only country to have won outside its own continent. Pelé is the only player in the world that has managed to win the World Cup three times. Zagallo has been a world champion both as a player and as a coach, a feat matched only by Beckenbauer of Germany.

fútil <-eis> ['futʃiw, -ejs] *adj* (*pessoa*) superficial; (*discussão*) futile; **motivo ~** JUR reckless disregard

futilidade [futʃiʎi'dadʒi] *f* 1. *sem pl* (*qualidade de fútil*) futility *no pl* 2. (*ninharia*) trinket; **ela gosta de comprar ~s** she likes to buy trinkets

futrica [fu'trika] *f inf* 1. (*bodega*) tavern 2. (*coisas velhas*) junk 3. (*provocação, intriga*) trouble; **fazer ~** to stir up trouble

futricar [futri'kar] <c→qu> I. *vt* (*prejudicar*) to hinder II. *vi* (*trapacear*) to cheat; (*fazer intriga*) to cause trouble

futura *adj v.* **futuro**

futurismo [futu'rizmu] *m* ARTE futurism

futurista [futu'rista] *adj* futurist

futuro [fu'turu] *m sem pl* 1. (*temporal*) future *no pl;* **no ~** in the future; **num ~ próximo** in the near future 2. LING future; **~ do presente** future; **~ do pretérito** would + infinitive

futuro, -a [fu'turu, -a] *adj* future

fuxico [fu'ʃiku] *m inf* (*intriga, fofoca*) gossip

fuxiqueiro, -a [fuʃi'kejru, -a] *m, f inf* schemer, conniver

fuzil <-is> [fu'ziw, -is] *m* rifle

fuzilamento [fuzila'mẽjtu] *m* execution by a firing squad

fuzilar [fuzi'lar] *vt* 1. to shoot to death 2. (*soltar com fúria*) to shoot; **~ ameaças** to fire threats

fuzileiro [fuzi'lejru] *m* rifleman; **~ naval** marine

fuzis *m pl de* **fuzil**

fuzuê [fuzu'e] *m sem pl, gír* 1. (*festa*) revelry 2. (*confusão*) commotion; **armou um grande ~** he caused a huge commotion

G

G, g ['ʒe] *m* G, g; **~ de gato** g as in George *Am,* g for George *Brit*

gabar [ga'bar] I. *vt* to praise II. *vr:* **~-se de a. c.** to boast about sth

gabardina [gabar'dʒina] *f* 1. (*tecido*) gaberdine *no pl* 2. (*gaberdine*) raincoat

gabaritado, -a [gabari'tadu, -a] *adj inf* well-qualified

gabarito [gaba'ritu] *m* 1. (*de uma prova*) answer key 2. *fig* (*classe*) caliber *Am,* calibre *Brit;* **de ~** high caliber, first class; **ter ~** to have the ability

gabinete [gabi'netʃi] *m* 1. (*escritório*) office; (*em casa*) study 2. POL cabinet

gabro ['gabru] *m* GEO gabbro

gado ['gadu] *m* livestock *no pl;* **~ bovino** cattle *no pl;* **~ leiteiro/de corte** dairy/beef cattle

gaélico, -a [ga'ɛʎiku, -a] *adj, m, f* Gaelic

gafanhoto [gafɜ'ɲotu] *m* grasshopper

gafe ['gafi] *f* blunder; **cometer uma ~** to make a faux pas, to make a blunder

gafieira [gafi'ejra] *f* 1. (*baile popular*) hop *inf* 2. (*local*) dance hall

gagá [ga'ga] *adj inf* gaga

gago, -a ['gagu, -a] I. *adj inf* stuttering, stammering II. *m, f* stutterer, stammerer

gagueira [ga'gejra] *f* stuttering, stammering

gaguejar [gage'ʒar] *vi* to stammer, to stutter

gaiato, -a [gaj'atu, -a] I. *adj* mischievous II. *m, f* urchin, scamp

gainambé [gajnɜ̃'bɛ] *m* bellbird

gaiola [gaj'ɔla] *f* cage

gaita ['gajta] *f* harmonica *Am,* mouth organ *Brit*

gaita de boca ['gajta dʒi 'boka] <gaitas de boca> *f* harmonica, mouth organ *Brit, inf*

gaita de foles ['gajta dʒi 'fɔʎis] <gaitas de foles> *f* bagpipes

gaiteiro, -a [gaj'tejru, -a] I. *m, f* (*de gaita de boca*) harmonica player II. *adj* (*festeiro*) lively

gaivota [gai'vɔta] *f* seagull

gala ['gala] *f* formal dress; **noite de ~** gala

galã [ga'lɜ̃] *m* romantic lead, leading man; *fig* ladies' man

galáctico, -a [ga'laktʃiku, -a] *adj* galactic

galactose [galak'tɔzi] *f* galactose

galalau [gala'law] *m inf* tall person

galante [ga'lɜ̃tʃi] *adj* gallant

galanteador [galɜ̃tʃja'dor] <-es> *m* ladies' man, charmer

galanteio [galɜ̃'teju] *m* gallantry (*courtly attention to women*)

galão <-ões> [ga'lɜ̃w, -'õjs] *m* 1. (*medi-*

galardão 281 **gana**

da) gallon **2.** MIL stripe, braid
galardão <-ões> [galar'dɐ̃w, -'õjs] *m* reward
galáxia [ga'laksia] *f* galaxy
galé [ga'lɛ] *f* NAÚT galley
galeão <-ões> [ga'ʎi'ɐ̃w, -'õjs] *m* NAÚT galleon
galego, -a [ga'legu, -a] *adj*, *m*, *f* Galician
galeões *m pl de* **galeão**
galera [ga'lɛra] *f* **1.** NAÚT galley **2.** *inf* (*torcedores*) fans, supporters *Brit*, crowd (of fans); (*roda de amigos*) gang
galeria [gale'ria] *f* **1.** (*de arte*) gallery **2.** TEAT balcony; (*de um edifício*) passage; (*de lojas*) arcade **2.** (*subterrânea*) tunnel
Gales ['gaʎis] **País de ~** Wales
galeto [ga'letu] *m* spit-roasted young chicken
galgar [gaw'gar] <g→gu> **I.** *vt* **1.** (*saltar*) to leap over **2.** (*subir*) to climb **II.** *vi* to speed along; **~ a cargos de chefia** to rise to a high position
galhardia [gaʎar'dʒia] *f* gallantry *no pl*, bravery *no pl*
galheta [ga'ʎeta] *f* (*de vinagre, azeite*) cruet
galheteiro [gaʎe'tejru] *m* cruet stand
galho ['gaʎu] *m* **1.** (*de árvore*) branch **2.** *inf* part-time job, sideline **3.** *inf* (*complicação*) trouble; **dar (um) ~** to lead to trouble; **quebrar um ~** to help sort sth out **4.** *inf* (*relação extraconjugal*) affair
galhofa [ga'ʎɔfa] *f* **1.** (*brincadeira*) joke **2.** (*zombaria*) mockery *no pl*
galhofeiro, -a [gaʎo'fejru, -a] *m*, *f* jester, clown
galicismo [gaʎi'sizmu] *m* LING Gallicism
galináceo, -a [gaʎi'nasiw, -a] *m*, *f* domestic fowl or pheasant; **~s** poultry *no pl*
galinha [ga'ʎiɲa] *f* **1.** hen, chicken; **~ caipira** free-range chicken; **~ choca** brooding hen; **~ ao molho pardo** *chicken stewed in its own blood, vinegar and flour*; **deitar-se com as ~s** to go to bed with the sun; **quando as ~s criarem dentes** when hell freezes over **2.** *inf* (*que tem vários parceiros sexuais*) promiscuous man *m*, promiscuous woman *f*, slut *f inf*
galinha-d'angola [ga'ʎiɲa-dɐ̃ŋ'gɔla] <galinhas-d'angola> *f* guinea fowl

galinhagem [ga'ʎi'naʒɛj] <-ens> *f inf* playing [*o* fooling] around
galinha-morta [ga'ʎiɲa-'mɔrta] <galinhas-mortas> *f reg* (*RJ*) **1.** (*pessoa covarde*) chicken **2.** (*coisa barata*) bargain **3.** (*coisa fácil*) cinch, piece of cake *inf*
galinhar [gaʎi'ɲar] *vi gír* to fool around
galinheiro [gaʎi'ɲejru] *m* chicken coop, hen house
galo ['galu] *m* **1.** ZOOL rooster *Am*, cock *Brit*; **~ de briga** fighting cock; **~ garnisé** bantam; **cantar de ~** *inf* to be the boss; **ouvir o ~ cantar sem saber onde** to have only a vague notion about sth **2.** *inf* (*na cabeça*) bump, lump
galocha [ga'lɔʃa] *f* rubber boot *Am*, Wellington (boot) *Brit*
galões *m pl de* **galão**
galopada [galo'pada] *f* gallop
galopante [galo'pɐ̃ntʃi] *adj* galloping; **inflação ~** runaway inflation
galopar [galo'par] *vi* to gallop
galope [ga'lɔpi] *m* gallop; **a ~** at a gallop
galpão <-ões> [gaw'pɐ̃w, -'õjs] *m* shed
galvânico, -a [gaw'vɐniku, -a] *adj* galvanic
galvanização <-ões> [gawvɐniza'sɐ̃w, -'õjs] *f* galvanization
galvanizado, -a [gawvɐni'zadu, -a] *adj* galvanized
galvanizar [gawvɐni'zar] *vt* **1.** (*metalurgia*) to galvanize **2.** (*estimular*) to enthuse
galvanômetro [gawvɐ'nometru] *m* galvanometer
gama ['gɐma] *f* (*de produtos*) range; (*de cores*) (color) scale
gamação <-ões> [gɐma'sɐ̃w, -'õjs] *f gír* passion
gamado, -a [gɐ'madu, -a] *adj inf* **estar ~ por alguém** to be in love with sb
gamão [gɐ'mɐ̃w] *m sem pl* backgammon *no pl*
gamar [gɐ'mar] *vt gír* **~ por alguém** to fall for sb
gamba ['gɐ̃ba] *f* viol
gambá [gɐ̃'ba] *m* opossum, skunk; **bêbado como um ~** *inf* as drunk as a skunk
game ['gejmi] *m* (*tênis*) game
gamela [gɐ'mɛla] *f* trough
gameta [gɐ'meta] *m* gamete
gamo ['gɐmu] *m* fallow deer
gana ['gɐna] *f* **1.** (*desejo*) craving,

desire; **ter ~s de fazer a. c.** to feel like doing sth **2.**(*ódio*) hate; **aquilo me deu uma ~!** that made me so mad!

Gana ['gɜna] *m* Ghana

ganância [gɜ'nɜ̃nsia] *f sem pl* **1.**(*avidez*) greed *no pl* **2.**(*usura*) usury *no pl*

ganancioso, -a [gɜnɜ̃si'ozu, -'ɔza] *adj* greedy

gancho ['gɜ̃ʃu] *m* **1.** hook **2.**(*de calça*) crotch **3.**(*de telefone*) hook

gandaia [gɜ̃'daja] *f inf* (*farra*) carousing; **cair na ~** to paint the town red

gandula [gɜ̃'dula] *mf* ESPORT ball boy *m*, ball girl *f*

gânglio ['gɜ̃gliw] *m* ganglion; **~ linfático** lymph node

gangorra [gɜ̃'goxa] *f* seesaw

gangrena [gɜ̃'grena] *f* gangrene *no pl*

gangrenar [gɜ̃gre'nar] **I.** *vt* to cause gangrene in **II.** *vr:* **~-se** to become gangrenous

gângster ['gɜ̃gster] <-es> *mf* gangster

gangue ['gɜ̃gi] *f* gang

ganhador(a) [gɜ̃na'dor] <-es> *m(f)* winner

ganha-pão ['gɜ̃na-'pɜ̃w] <ganha-pães> *m* livelihood, living

ganhar [gɜ̃'nar] <*pp* ganho *ou* ganhado> **I.** *vt* **1.**(*adquirir*) gain; **~ coragem para a. c.** to muster up the courage for sth; **as ruas ganharam nova iluminação** new lighting was installed in the streets; **ganhei um quilo** I put on 2 pounds **2.**(*receber: um presente*) to get; **~ uma bolsa de estudos** to be awarded [*o* granted] a scholarship; **~ nenê** *inf* to have a baby; **~ uma tapa/bofetada** *inf* to be slapped/punched **3.**(*salário, respeito*) to earn; **~ a vida** to make [*o* earn] a living; **quanto é que ela ganha?** how much does she make [*o* earn]? **4.**(*jogo, competição, prêmio*) to win; (*conquistar: pessoa*) to win (over); **sair ganhando** to come out on top; **ganhou a garota** he won the girl's heart, he got the girl; **ganhou a simpatia de todos** everyone took a liking to him/her **5.**(*avançar*) **~ terreno** to gain ground **6. ~ tempo** to save time **II.** *vi* to win; **~ mas não levar** *inf* to win [*o* achieve] sth without reaping any reward

ganho ['gɜnu] **I.** *pp de* **ganhar II.** *m* **1.**(*lucro*) profit, gain **2.**(*proveito*) advantage **3.** JUR **~ de causa** victory in a lawsuit

ganho, -a ['gɜnu, -a] *adj* **1.**(*adquirido*) acquired, gained **2.**(*recebido*) obtained **3.**(*salário, respeito*) earned **4.**(*jogo, competição, prêmio*) won; (*conquistado: pessoa*) won over **5.**(*tempo*) saved

ganido [gɜ'nidu] *m* (*de cão*) yelp; (*de pessoa*) squeal

ganir [gɜ'nir] *vi* (*cão*) to yelp; (*pessoa*) to howl (in pain)

gansa ['gɜ̃sa] *f* goose *f*

ganso ['gɜ̃su] *m* goose, gander *m*; **afogar o ~ chulo** to have sex

garagem [ga'raʒẽj] <-ens> *f* **1.**(*para o carro*) garage; **~ subterrânea** underground garage **2.**(*oficina*) garage

garagista [gara'ʒista] *mf* (*dono*) garage owner; (*encarregado*) person in charge of a garage

garanhão <-ões> [garɜ̃'nɜ̃w, -'õjs] *m* **1.**(*cavalo*) stallion **2.**(*homem*) lady-killer, womanizer

garantia [garɜ̃'tʃia] *f* **1.**(*de um aparelho*) warranty, guarantee *Brit*; (*período de vigor*) warranty period, guarantee period *Brit* **2.**(*abonação*) guarantee; **~ bancária** bank guarantee **3. ~s** *pl* JUR privileges; **~s constitucionais** constitutional rights and privileges

garantir [garɜ̃'tʃir] **I.** *vt* **1.**(*prometer*) to guarantee; (*assegurar*) to assure **2.**(*abonar*) to endorse **II.** *vr:* **~-se contra a. c.** to protect oneself against sth

garapa [ga'rapa] *f* sugarcane juice

garbo ['garbu] *m sem pl* elegance *no pl*, grace *no pl*

garça ['garsa] *f* heron

garçom, garçonete [gar'sõw, garso-'nɛtʃi] <-ons> *m, f* waiter *m*, waitress *f*

garçonnière [garsoni'ɛr] *f* love nest *inf*

garçons *m pl de* **garçom**

gardênia [gar'denia] *f* gardenia

garfada [gar'fada] *f* forkful; **dar uma ~** to get a forkful

garfar [gar'far] *vt* **1.** to pitch (with a pitchfork) **2.** *inf* (*prejudicar*) to harm; (*arriscar*) to jeopardize

garfo ['garfu] *m* fork; **ser um bom ~** to be a hearty eater

gargalhada [garga'ʎada] *f* bursts [*o* peals] of laughter; **dar** [*ou* **soltar**] **uma ~** to burst out laughing; **rir às ~s** to roar [*o* howl] with laughter

gargalo [gar'galu] *m* **1.** bottleneck **2.** *fig* setback

garganta [gar'gɜ̃nta] *f* **1.** ANAT throat; **limpar a ~** to clear one's throat; **ter dor de ~** to have a sore throat; **estou com dor de ~** I have a sore throat; **molhar a ~** *inf* to wet one's whistle; **não passar pela ~** *inf* to be unacceptable; **ficar atravessada na ~** *fig* to stick in one's craw; **ter** [*ou* **estar com**] **alguém atravessado na ~** *fig* to have a bone to pick with someone **2.** (*voz*) voice; **ter boa ~** to have a good voice **3.** *inf* (*bravata*) hot air; **aquilo era pura ~** that was just hot air **4.** GEO gorge, ravine

gargantilha [gargɜ̃n'tʃiʎa] *f* (*joia*) choker

gargarejar [gargare'ʒar] *vi* to gargle

gargarejo [garga'reʒu] *m* **1.** (*ação*) gargling **2.** (*líquido*) gargle **3.** *inf* TEAT front row

gari [ga'ri] *mf* street sweeper

garimpar [garĩj'par] *vt* (*ouro*) to prospect; (*livros, ideias*) to search for

garimpeiro, -a [garĩj'pejru, -a] *m, f* prospector

garimpo [ga'rĩjpu] *m* mine

garnisé [garni'zɛ] *m* bantam

garoa [ga'roa] *f sem pl* drizzle *no pl*

garoar [garo'ar] *< 1. pess. pres:* garoo*> vi* to drizzle

garota *f v.* **garoto**

garotada [garo'tada] *f* group of youngsters

garotão <-ões> [garo't͡ʃɐ̃w, -'õjs] *m inf* young man

garoto, -a [ga'rotu, -a] *m, f* boy *m*, girl *f*

garotões *m pl de* **garotão**

garoto-propaganda, garota-propaganda [ga'rotu-propa'gɜ̃nda, ga'rota-] <**garotos-propaganda(s)**> *m, f* actor *m*/actress *f* in a television commercial

garoupa [ga'rowpa] *f* sea bass

garra ['gaxa] *f* **1.** (*de animal*) claw; (*de ave*) talon; **ter ~** *fig* to have determination [*o* pluck] **2.** (*domínio*) power; **as ~s da lei** the power of the law

garrafa [ga'xafa] *f* bottle; **~ térmica** thermos, (vacuum) flask *Brit*; **uma ~ de vinho** a bottle of wine; **conversar com a ~** *inf* to hit the bottle

garrafada [gaxa'fada] *f* bottleful; **dar uma ~ em a. c./alguém** to hit sth/sb with a bottle

garrafão <-ões> [gaxa'fɐ̃w, -'õjs] *m* **1.** flagon; **um ~ de água** a flagon of water **2.** (*basquete*) key

garrafeiro, -a [gaxa'fejru, -a] *m, f* bottle collector

garrafões *m pl de* **garrafão**

garrancho [ga'xɜ̃nʃu] *m* (*letra*) scrawl

garrido, -a [ga'xidu, -a] *adj* (*vistoso*) smart

garrote [ga'xɔtʃi] *m* **1.** garrote **2.** MED tourniquet

garupa [ga'rupa] *f* **1.** (*do cavalo*) hindquarters *pl* **2.** (*bicicleta*) **ir** (**de carona**) **na ~ da bicicleta** to be given a lift on the back of a bicycle

gás ['gas] *m* **1.** FÍS gas; **~ de escapamento** exhaust gas; **~ lacrimogêneo** tear gas; **~ natural** natural gas; **~ tóxico** toxic gas; **emissão de gases** gas emission **2.** (*de bebidas*) **água com/sem ~** sparkling [*o* carbonated] /still water **3.** *sem pl, inf* (*energia*) energy; **essa menina tem muito ~** that girl is very energetic

gaseificação [gazejfika'sɜ̃w] *f sem pl* gasification *no pl*

gaseificado, -a [gazejfi'kadu, -a] *adj* (*bebida*) sparkling, carbonated; **água gaseificada** sparkling [*o* carbonated] water

gaseificar [gazejfi'kar] <c→qu> *vt* to gasify

gases ['gazis] *mpl inf* gas *no pl Am*, wind *no pl Brit;* **estar com ~** to have gas *Am* [*o Brit* wind]

gasoduto [gazo'dutu] *m* gas pipeline

gasóleo [ga'zɔʎiw] *m* diesel oil

gasolina [gazo'ʎina] *f* gas *no pl Am*, petrol *no pl Brit;* **~ com/sem chumbo** leaded/unleaded gas; **pôr ~** to fill up the tank

gasômetro [ga'zometru] *m* gasometer

gasoso, -a [ga'zozu, -'ɔza] *adj* gaseous

gasta *adj v.* **gasto**

gastadeira *f v.* **gastador**

gastador, -eira, -a [gasta'dor, -dejra, -dora] *adj* spendthrift

gastar [gas'tar] <*pp* gasto *ou* gastado> **I.** *vt* **1.** (*dinheiro, tempo*) to spend; (*eletricidade, gasolina*) to use; (*a roupa, sapatos, um aparelho*) to wear out; (*os pneus*) to wear down; (*o estoque*) to use up; **~ tempo com a. c./alguém** to spend time on sth/ with sb **2.** (*fazer uso*) to use; (*água, energia*) waste; **~ a energia com ...** to waste one's energy on ...; **~ o latim** to waste one's time **II.** *vr:* **~-se** (*consumir*) to use (up)

gasto ['gastu] *pp de* **gastar**
gasto, -a ['gastu, -a] *adj* **1.** (*estoque*) used up **2.** (*objeto*) worn out; (*piso*) worn down; (*roupa*) threadbare; (*pneu*) bald
gastos ['gastus] *mpl* expenses
gástrico, -a ['gastriku, -a] *adj* gastric
gastrite [gas'tritʃi] *f* gastritis *no pl*
gastrônoma *f v.* **gastrônomo**
gastronomia [gastrono'mia] *f sem pl* gastronomy *no pl*
gastronômico, -a [gastro'nomiku, -a] *adj* gastronomic
gastrônomo, -a [gas'tronomu, -a] *m, f* gourmet
gata [gata] *f* **1.** (*animal*) (female) cat **2.** *inf* (*mulher jovem muito atraente*) babe *inf*
gata-borralheira ['gata-boxa'ʎejra] <gatas-borralheiras> *f* Cinderella, stay-at-home
gatão, gatona [ga'tãw, ga'tona] *m, f inf* hunk *m*, gorgeous woman *f*
gatilho [ga'tʃiʎu] *m* trigger; ~ **salarial** wage spiral; **apertar o ~** to pull the trigger
gatinhas [ga'tʃinas] *pl* **andar de ~** to crawl, to walk on all fours
gato, -a ['gatu, -a] *m, f* **1.** (*animal*) cat; **comprar** [*ou* **vender**] ~ **por lebre** to buy a pig in a poke; **o pulo do ~** the ace up one's sleeve, smart move; **viver como ~ e cachorro** to fight like cats and dogs; ~ **escaldado tem medo de água fria** *prov* once bitten, twice shy *prov* **2.** (*estratégia*) a smart move; **aí tem ~!** there's something fishy going on **3.** (*homem atraente*) dish *m inf*, hunk *m inf* **4.** *inf* ELETR *illicit tapping of power lines*
gatona *f v.* **gatão**
gato-pingado ['gatu-pĩ'gadu] <gatos-pingados> *m inf* the few people who turn up; **meia dúzia de gatos-pingados** a handful of people
gato-sapato ['gatu-sa'patu] <gatos-sapato(s)> *m* **fazer alguém de ~** to walk all over sb
gatuna *f v.* **gatuno**
gatunagem [gatu'naʒẽj] <-ens> *f* thievery *no pl*
gatuno, -a [ga'tunu, -a] *m, f* thief
gaúcho, -a [ga'uʃu, -a] **I.** *adj* of Rio Grande do Sul **II.** *m, f* native of Rio Grande do Sul
gávea ['gavia] *f* NAÚT (*vela*) topsail;

(*cesto da* ~) crow's nest
gaveta [ga'veta] *f* drawer; ~ **de cima/de baixo** top/bottom drawer
gavião <-ões> [gavi'ãw, -'õjs] *m* hawk
gay ['gej] *adj, mf inf* gay
gaze ['gazi] *f* gauze
gazela [ga'zɛla] *f* gazelle
gazeta [ga'zeta] *f* **1.** PREN gazette, periodical **2.** *inf* (*falta à aula*) truancy; **fazer ~** to cut class *Am*, to play hooky *Am, inf*, to skive off school *Brit, inf*; (*faltar ao trabalho*) to fake a cold, to skive off work *Brit, inf*
geada [ʒe'ada] *f* frost
gear [ʒe'ar] *conj como passear vi impess* to freeze; (*janela*) to frost up; (*terra*) to frost over; **esta noite geou** last night was freezing
gel <géis *ou* geles> ['ʒɛw, 'ʒɛjs, 'ʒɛʎis] *m* gel; ~ **para os cabelos** hair gel
gelada [ʒe'lada] **I.** *f inf* **entrar numa ~** to be up a [*o* the] creek (without a paddle) **II.** *adj v.* **gelado**
geladeira [ʒela'dejra] *f* refrigerator
geladinha [ʒela'dʒina] *f inf* **uma ~** a cold beer
gelado, -a [ʒe'ladu, -a] *adj* (*inverno, pés*) ice-cold, freezing cold; **água gelada** iced water; **uma cerveja gelada** an ice-cold beer; **estou ~** I'm freezing
gelar [ʒe'lar] *vt* (*esfriar*) to chill, to cool; (*congelar*) to freeze
gelatina [ʒela'tʃina] *f* **1.** (*ingrediente*) gelatin(e) **2.** (*sobremesa*) Jell-O® *Am*, jelly *Brit*
gelatinoso, -a [ʒelatʃi'nozu, -'ɔza] *adj* gelatinous, gooey *inf*
geleia [ʒe'lɛja] *f* **1.** (*de morango, framboesa, goiaba*) jelly *Am*, jam *Brit*; (*de cassis, uva*) jelly; (*de laranja*) marmalade **2.** (*de carne*) aspic
geleira [ʒe'lejra] *f* glacier
geles *m pl de* **gel**
gélido, -a ['ʒɛʎidu, -a] *adj* (*muito frio*) icy; (*imóvel*) frozen
gelo ['ʒelu] *m* ice *no pl*; **dar um ~ em alguém** *inf* to give sb the cold shoulder; **quebrar o ~** to break the ice
gelo-seco ['ʒelu'seku] <gelos-secos> *m* dry ice *no pl*
gema ['ʒema] *f* **1.** (*do ovo*) yolk **2.** BOT (*de folhas, ramos*) shoot; (*de flores*) bud **3.** (*genuinidade*) **da ~** through and through, authentic **4.** (*pedra preciosa*) gem
gemada [ʒe'mada] *f* custard-like des-

sert of egg yolk, sugar and milk

gêmea *adj, f v.* **gêmeo**

gemedeira [ʒeme'dejrɐ] *f* (*som baixo, de dor*) moaning; (*voz chorosa*) wailing

gêmeo, -a ['ʒemiw, -a] **I.** *adj* (*irmão, irmã*) twin; **irmão** ~ twin brother; (*torres, camas*) twin **II.** *m, f* twin; ~**s idênticos** identical twins

Gêmeos ['ʒemiws] *mpl* Gemini; **nativo de** ~ born under the sign of Gemini; **ser** (**de**) ~ to be a Gemini

gemer [ʒe'mer] *vi* to wail; ~ **de dor** to moan, to groan; (*animal*) whine

gemido [ʒe'midu] *m* moan, groan; (*de animal*) whine; **dar** [*ou* **soltar**] **um** ~ to let out a moan [*o* groan]

geminado, -a [ʒemi'nadu, -a] *adj* BOT geminate; **casa geminada** duplex *Am*, semi-detached house *Brit*

geminar [ʒemi'nar] *vt* to geminate

geminiano, -a [ʒemini'ɐnu, -a] *adj, m, f* Gemini; **ser** ~ to be a Gemini

gemologia [ʒemolo'ʒia] *f sem pl* gemology *no pl*

gene ['ʒeni] *m* gene

genealogia [ʒenealo'ʒia] *f* genealogy *no pl*

genealógico, -a [ʒenea'lɔʒiku, -a] *adj* genealogical; **árvore genealógica** family tree

general <-ais> [ʒene'raw, -a] *m* MIL general

generalidade [ʒenerali'daʒi] *f* generality; ~**s** basics, principles

generalista [ʒenera'lista] *mf* MED general practitioner

generalização <-ões> [ʒeneraliza'sɐ̃w, -'õjs] *f* generalization

generalizado, -a [ʒenerali'zadu, -a] *adj* **1.** (*geral*) widespread **2.** (*vulgarizado*) common

generalizar [ʒenerali'zar] **I.** *vt* **1.** (*tornar geral*) to propagate **2.** (*vulgarizar*) to spread **II.** *vi* to generalize **III.** *vr:* ~-**se** to become widespread

generativo, -a [ʒenera'tʃivu, -a] *adj* generative

genérica *adj v.* **genérico**

genericamente [ʒenɛrika'mẽtʃi] *adv* generically

genérico, -a [ʒe'nɛriku, -a] *adj* **1.** (*do gênero*) generic **2.** (*geral*) general; **medicamento** ~ generic medication

gênero ['ʒeneru] *m* **1.** (*tipo*) kind, type; **ele não faz o meu** ~ *inf* he's not my type **2.** BIOL genus; **o** ~ **humano** humankind **3.** LING gender **4.** LIT genre

gêneros ['ʒeneros] *mpl* goods; ~ **alimentícios** foodstuffs; ~ **de primeira necessidade** staples

generosa *adj v.* **generoso**

generosidade [ʒenerozi'dadʒi] *f sem pl* generosity

generoso, -a [ʒene'rozu, -'ɔza] *adj* (*pessoa*) generous; (*quantia*) generous, handsome, considerable

gênese ['ʒenezi] *f* origin

genética [ʒe'nɛtʃika] **I.** *f sem pl* genetics + *sing vb*; ~ **humana** human genetics **II.** *adj v.* **genético**

geneticista [ʒenetʃi'sista] *mf* geneticist

genético, -a [ʒe'nɛtʃiku, -a] *adj* genetic; **engenharia genética** genetic engineering

gengibre [ʒẽ'ʒibri] *m* ginger *no pl*

gengiva [ʒĩ'ʒivɐ] *f* gum

gengivite [ʒẽʒi'vitʃi] *f* MED gingivitis

genial <-ais> [ʒeni'aw, -ajs] *adj* ingenious; *inf* (*ideia*) brilliant

gênio ['ʒeniw] *m* **1.** (*pessoa*) genius; **ser um** ~ **em a. c.** to be a genius at sth **2.** (*temperamento*) temperament; **ter bom/mau** ~ to be good/bad tempered

genioso, -a [ʒeni'ozu, -'ɔza] *adj* bad-tempered, surly

genital <-ais> [ʒeni'taw, -ajs] *adj* genital; **órgãos genitais** genitals *pl*

genitália [ʒeni'taʎia] *fpl* genitalia *pl*

genitivo [ʒeni'tʃivu] *m* LING genitive

genitor(a) [ʒeni'tor(a)] <-es> *m(f)* progenitor

genocídio [ʒeno'sidʒiw] *m* genocide *no pl*

genoma [ʒe'noma] *m* genome; **o** ~ **humano** the human genome

genótipo [ʒe'nɔtʃipu] *m* genotype

genro [ʒẽxu] *m* son-in-law

gentalha [ʒẽj'taʎa] *f* rabble

gentarada [ʒẽjta'rada] *f inf* crowd

gente ['ʒẽjtʃi] *f* **1.** (*pessoas*) people; ~ **boa** [*ou* **fina**] *inf* good [*o* nice] person/people; ~ **de casa** a close friend of the family; ~ **grande** grown-up; **ser** ~ to be somebody; **a nossa** ~ our people [*o* folks]; **virar** ~ to become an adult; **desde que me entendo** [*ou* **conheço**] **por** ~ for as long as I can remember; **havia muita** ~ **na festa** there were lots of people at the party; **tem** ~ **na cozinha** there's somebody in the kitchen **2.** *inf* ~! (*vocativo, grupo*) hey every-

gentil 286 **gesso**

one!; (*nós(sujeito*)) we; **a ~ vai embora** we are leaving; (*nós(objeto*)) us; **ela não falou com a gente** she didn't speak to us

gentil <-is> [ʒẽj'tʃiw, -'is] *adj* kind; **ser ~ com alguém** to be kind to sb

gentileza [ʒẽjʎi'leza] *f* kindness; **foi ~ dele telefonar** it was kind of him to phone; **por ~, você poderia ...?** would you be so kind as to ...?

gentilmente [ʒẽjtʃiw'mẽjtʃi] *adv* kindly

gentinha [ʒẽj'tʃiɲa] *f pej* (*de pouca importância*) small fry; (*de espírito baixo*) low person

gentio [ʒẽj'tʃiw] *m* heathen

gentis *adj pl de* **gentil**

genuflexório [ʒenuflek'sɔriw] *m* (*móvel*) kneeler, prie-dieu

genuína *adj v.* **genuíno**

genuinidade [ʒenwini'dadʒi] *f sem pl* genuineness *no pl*

genuíno, -a [ʒenu'inu, -a] *adj* 1.(*produto, quadro, sentimento*) genuine 2.(*pessoa*) sincere

geocêntrico, -a [ʒɛo'sẽjtriku, -a] *adj* ASTRON geocentric

geode [ʒɛ'ɔdʒi] *m* geode

geodinâmica [ʒɛodʒi'nɔmika] *f sem pl* geodynamics + *sing vb*

geofísica [ʒɛo'fizika] *f sem pl* geophysics + *sing vb*

geógrafa *f v.* **geógrafo**

geografia [ʒɛogra'fia] *f sem pl* geography *no pl*

geográfico, -a [ʒɛo'grafiku, -a] *adj* geographical; **localização geográfica** geographical location

geógrafo, -a [ʒɛ'ɔgrafu, -a] *m, f* geographer

geóloga *f v.* **geólogo**

geologia [ʒɛolo'ʒia] *f sem pl* geology *no pl*

geológico, -a [ʒɛo'lɔʒiku, -a] *adj* geological

geólogo, -a [ʒɛ'ɔlogu, -a] *m, f* geologist

geomagnetismo [ʒɛomagne'tizmu] *m sem pl* geomagnetism *no pl*

geometria [ʒɛome'tria] *f sem pl* geometry *no pl*

geométrico, -a [ʒɛom'mɛtriku, -a] *adj* geometric

geopolítica [ʒɛopo'ʎitʃika] *f sem pl* geopolitics + *sing vb*

geopolítico, -a [ʒɛopo'ʎitʃiku] *adj* geopolitical

geração <-ões> [ʒera'sãw, -'õjs] *f* 1.(*de pessoas*) generation; **as gerações futuras** future generations; **a ~ do pós-guerra** the post-war generation; **de última ~** state-of-the-art 2. *sem pl* (*ação de gerar*) generation *no pl*

gerador [ʒera'dor] *m* TEC generator

geral <-ais> [ʒe'raw-'ajs] I. *m sem pl* **no ~** in general, generally II. *f* 1.(*nos estádios*) bleachers *pl Am*, open stands *pl Brit* 2.(*revisão*) general overhaul, service *Brit*; (*da polícia*) raid; **dar uma ~ em a. c.** *inf* to go over sth III. *adj* general; **de um modo ~** on the whole

geralmente [ʒeraw'mẽjtʃi] *adv* generally

gerânio [ʒe'rɔniw] *m* geranium

gerar [ʒe'rar] I. *vt* 1. (*um filho*) to have; (*pai*) to father 2.(*energia*) generate 3.(*mal-estar, problema*) cause II. *vr:* **~-se** to arise; **gerou-se uma grande confusão** a great commotion arose

gerência [ʒe'rẽjsia] *f* (*função*) manager; (*administração*) management *no pl*

gerenciamento [ʒerẽjsja'mẽjtu] *m* management *no pl*

gerente [ʒe'rẽjtʃi] *mf* manager

gergelim [ʒerʒe'ʎĩj] *m sem pl* sesame *no pl;* **pão com ~** bread with sesame seeds

geriatria [ʒerja'tria] *f sem pl* geriatrics + *sing vb*

geriátrico, -a [ʒeri'atriku] *adj* geriatric

geringonça [ʒerĩj'gõwsa] *f* 1.(*coisa*) contraption 2.(*carro*) jalopy *inf*, old banger *Brit, inf*

gerir [ʒe'rir] *irr como preferir vt* 1.(*uma empresa, dinheiro*) to administrate, to manage 2.(*uma casa, uma empresa*) to run

germânico, -a [ʒer'mɔniku, -a] *adj* Germanic

germe ['ʒɛrmi] *m* germ; **~ de trigo** wheat germ *no pl*

germicida [ʒermi'sida] *m* germicide

germinação [ʒermina'sãw] *f sem pl* 1. BOT germination *no pl* 2.(*formação*) development *no pl*, evolution *no pl*

germinar [ʒermi'nar] *vi* 1. BOT to germinate 2.(*formar-se*) to develop

gerontologia [ʒerõwtolo'ʒia] *f sem pl* gerontology *no pl*

gerúndio [ʒe'rũwdʒiw] *m* LING gerund

gesso ['ʒesu] *m* 1. (*material*) plaster (of Paris) *no pl;* (*em ortopedia*) plaster cast 2.(*estátua*) plaster ornament, plaster

gestação <-ões> [ʒesta'sɐ̃w, -'õjs] *f* **1.**(*dos humanos*) pregnancy; (*dos animais*) gestation *no pl* **2.**(*elaboração*) development

gestaltiano <-a> [gestawtʃi'ɐnu, -a] *adj* FILOS gestalt, configurationist

gestante [ʒes'tɐ̃tʃi] **I.** *f* MED pregnant woman **II.** *adj* pregnant

gestão <-ões> [ʒes'tɐ̃w, -'õjs] *f* (*de uma empresa*) management *no pl*, administration; ~ **de negócios** business management *no pl*

gesticular [ʒestʃiku'lar] *vi* to gesticulate

gesto ['ʒεstu] *m* gesture; **um ~ generoso** a generous gesture; **fazer ~s** to gesticulate

gestões *f pl de* **gestão**

gestor(a) [ʒes'tor(a)] *m(f)* (*gerente*) manager; (*de bens alheios*) administrator; ~ **de conta** account manager

gestual <-ais> [ʒestu'aw, -'ajs] *adj* gestural

gibi [ʒi'bi] *m inf* (*revista*) comic book; ~s comics; **não estar no gibi** to be incredible [*o* unimaginable]

gigabyte [ʒiga'bajtʃi] *m* INFOR gigabyte

gigante [ʒi'gɐ̃tʃi] **I.** *adj* giant, huge **II.** *m* giant; **um ~ do ramo têxtil** a textile industry giant

gigantesco, -a [ʒigɐ̃'tesku] *adj* gigantic, huge

gigolô [ʒigo'lo] *m* gigolo

gilete [ʒi'lεtʃi] *f* **1.**(*lâmina*) razor blade; (*aparelho*) razor **2.** *chulo* (*bissexual*) bi

gim <gins> ['ʒĩj] *m* gin

gim-tônica [ʒĩj-'tonika] <gins-tônicas> *m* gin and tonic

ginasial <-ais> [ʒinazi'aw, -'ajs] *adj* high school; **professor** ~ high school teacher *Am*, secondary school teacher *Brit*

ginásio [ʒi'naziw] *m* **1.** ESPORT gymnasium **2.**(*escola*) high school *Am*, secondary school *Brit*

ginasta [ʒi'nasta] *mf* gymnast

ginástica [ʒi'nastʃika] *f* **1.** gymnastics, calisthenics; ~ **aeróbica** aerobics; **fazer ~** to do calisthenics [*o* aerobics] **2.** ENS physical education, PE, phys ed *Am*, *inf* **3.** *fig* (*esforço excessivo*) **o governo terá que fazer uma ~ para cumprir as metas** the government will have to bend over backwards to meet its goals **4.** *fig* (*esforço intelectual*) mental gymnastics

ginástico, -a [ʒi'nastʃiku, -a] *adj* gymnastic

gincana [ʒĩj'kɐna] *f* **1.**(*de cavalo*) gymkhana **2.** *any competition in which the fastest team wins a prize*

ginecologia [ʒinekolo'ʒia] *f sem pl* gynecology *no pl Am*, gynaecology *no pl Brit*

ginecológico, -a [ʒineko'lɔʒiku, -a] *adj* gynecological *Am*, gynaecological *Brit*

ginecologista [ʒinekolo'ʒista] *mf* gynecologist *Am*, gynaecologist *Brit*

ginga ['ʒĩjga] *f* swing (of the body), sway (of the body)

gingar [ʒĩj'gar] <g→gu> *vi* to sway

ginger ale [ʒĩjʒe'reju] *m* ginger ale

gins *m pl de* **gim**

ginseng [ʒĩj'sẽj] *m sem pl* ginseng *no pl*

girafa [ʒi'rafa] *f* giraffe

girar [ʒi'rar] *vi* **1.** to turn; ~ **em torno de a. c./alguém** to be dependent on sb/sth; **fazer ~** (*pião*) to spin; **a terra gira** the earth turns **2.**(*moeda*) to bring into circulation

girassol <-óis> [ʒira'sɔw, -'ɔjs] *m* sunflower; **semente de** ~ sunflower seed

giratório, -a [ʒira'tɔriw, -a] *adj* revolving; **cadeira giratória** swivel chair; **porta giratória** revolving door

gíria ['ʒiria] *f* slang *no pl*

girino [ʒi'rinu] *m* tadpole

giro ['ʒiru] *m* **1.**(*passeio*) wander, stroll; **vamos dar um ~ pela cidade?** shall we go for a stroll around the city? **2.** *sem pl* ECON (*de dinheiro, crédito*) circulation *no pl*

giroscópio [ʒiros'kɔpiw] *m* gyroscope

giz ['ʒis] <-es> *m* chalk

glacê [gla'se] *m* (*doce*) frosting *no pl Am*, icing *no pl Brit*

glacial <-ais> [glasi'aw, -ajs] *adj* **1.** glacial; **era** ~ ice age **2.**(*acolhida*) cold, indifferent

gladiador [gladʒja'dor] <-es> *m* gladiator

glamour [glɜ'mur] *m sem pl* glamour *no pl*

glamouroso, -a [glɜmu'rozu, -'ɔza] *adj* glamorous

glande ['glɐ̃dʒi] *f* ANAT glans

glândula ['glɐ̃dula] *f* gland

glandular [glɐ̃du'lar] *adj* glandular

glauco, -a ['glawku, -a] *adj* glaucous

glaucoma [glaw'koma] *m* glaucoma *no pl*

gleba ['glεba] *f* field

glicemia [glise'mia] *f* blood sugar *no pl*
glicerina [glise'rina] *f* glycerin *no pl Am*, glycerine *no pl Brit*
glicose [gli'kɔzi] *f* glucose *no pl*
global <-ais> [glo'baw, -'ajs] *adj* **1.** global; **aldeia** ~ global village; **aquecimento** ~ global warming **2.** (*geral*) overall
globalização [globaʎiza's3w] *f* <-ões> globalization *no pl*
globalizado, -a [globaʎi'zadu, -a] *adj* globalized
globalizar [globaʎi'zar] *vt* to globalize
globalmente [globaw'mẽjtʃi] *adv* globally
globo ['globu] *m* globe; ~ **ocular** eyeball; ~ **terrestre** globe
glóbulo ['glɔbulu] *m* globule; ~**s brancos/vermelhos** white/red corpuscles [*o* blood cells]; ~ **sanguíneo** blood corpuscle
glória ['glɔria] *f* glory; ~ **a Deus!** Glory be (to God)!; **Pelé é uma ~ nacional** Pelé is one of the glories of Brazil; **trabalhar com ele foi uma ~** working with him was a pleasure
glorificar [glorifi'kar] <c→qu> *vt* to glorify
glorioso, -a [glori'ozu, -'ɔza] *adj* (*feito, exército*) glorious; (*espetáculo, manhã*) splendid, glorious
glossário [glo'sariw] *m* glossary
glote ['glɔtʃi] *f* ANAT glottis
glutão, -ona <-ões> [glu'tãw, -'ona, -ōjs] **I.** *adj* gluttonous, greedy **II.** *m, f* glutton
glúten <glutens *ou* glútenes> ['glutẽj] *m* gluten *no pl*
glúteo ['glutʃiw] *m* gluteus
glutões *m pl de* **glutão**
glutona *f v.* **glutão**
gnomo ['gnomu] *m* gnome
gnose ['gnɔzi] *f* gnosis *no pl*
gnosticismo [gnost'sizmu] *m sem pl* Gnosticism *no pl*
gnu [gi'nu] *m* gnu
godê [go'de] *m* COST gore; **saia ~** flared skirt, gored skirt
goela [gu'ɛla] *f* ANAT (*esôfago*) gullet; (*garganta*) throat; **enfiar a. c. ~ abaixo** to shove sth down sb's throat
gogó [go'gɔ] *m inf* Adam's apple; **levar alguém no ~** to smooth-talk sb
goiaba [goj'aba] *f* guava
goiabada [goja'bada] *f very thick guava jelly*

> **Cultura** **Goiabada** is sweetened guava paste commonly cut into slices and served with slices of **queijo branco** (white cheese); such a combination is called **Romeu e Julieta** (Romeo and Juliet).

goiabeira [goja'bejra] *f* guava tree
goiano, -a [goj'ʌnu] **I.** *adj* from (the Brazilian state of) Goiás **II.** *m, f* native of Goiás
Goiás [goj'as] *m* (the Brazilian state of) Goiás
gol ['gow] <gols *ou* goles> *m* goal; ~ **contra** FUT own goal; ~ **olímpico** goal scored direct from a corner; ~ **de ouro** golden goal; ~ **de placa** memorable goal; **chute a ~** shot at goal; **fechar o ~** to keep a clean sheet; **marcar** [*ou* **fazer**] **um ~** to score a goal; **o time oponente sofreu** [*ou* **levou**] **um ~** we scored a goal against the opposing team
gola ['gɔla] *f* (*de roupa*) collar; ~ **em V** V-neck; ~ **rulê** turtleneck *Am*, polo neck *Brit*
golaço [go'lasu] *m* ESPORT brilliant goal
gole ['gɔʎi] *m* sip; **dar um ~** to take a sip; **tomar tudo num ~ só** to drink everything in a single gulp
goleada [goʎi'ada] *f* FUT *victory due to a large number of goals*
goleador(a) [goʎja'dor(a)] <-es> *m(f)* ESPORT leading goal-scorer
golear [goʎi'ar] *conj como* passear **I.** *vt* to thrash **II.** *vi* to score a lot of goals
goleiro [go'lejru] *m* goalkeeper
goles *m pl de* **gol**
golfada [gow'fada] *f* (*de água*) spurt, gush
golfe ['gowfi] *m* golf
golfinho [gow'fiɲu] *m* dolphin
golfo ['gowfu] *m* gulf
golpe ['gɔwpi] **I.** *m* **1.** (*pancada*) blow; ~ **mortal** deathblow **2.** POL **Golpe de Estado** coup (d'état) **3.** (*trapaça*) trick, ploy; ~ **baixo** dirty trick; **dar um ~ em alguém** to con sb; **dar o ~ do baú** to marry for money **4.** (*desgraça*) misfortune; **ele levou um duro ~ na vida** he's been through hard times **5.** ~ **de mestre** masterstroke; ~ **de vento** gust of wind; ~ **de vista** glance **II.** *adv* **de ~** suddenly
golpear [gowpi'ar] *conj como* passear

vt (*com o punho*) to punch; (*com faca*) to stab

golpista [gow'pista] *mf* swindler

gols *m pl de* **gol**

goma ['goma] *f* **1.** BOT gum *no pl* **2.** (*chiclete*) gum *no pl*; ~ **de mascar** chewing gum **3.** (*para roupa*) starch *no pl*

goma-arábica ['goma-a'rabika] <gomas-arábicas> *f* gum arabic *no pl*

gomo ['gomu] *m* **1.** (*de laranja, grapefruit*) segment **2.** (*de ramo*) sprout; (*de flor*) bud

gôndola ['gõdula] *f* (*barco*) gondola; *inf* (*de supermercado*) rack, shelf

gondoleiro [gõdo'lejru] *m* gondolier

gongo ['gõwgu] *m* gong; **ser salvo pelo ~** *inf* to be saved by the bell

gonorreia [gono'xɐja] *f* gonorrhea *no pl*, gonorrhoea *no pl Brit*

gorar [go'rar] **I.** *vt* (*plano*) to thwart, to frustrate **II.** *vi* (*plano*) to fall through; (*ovo*) to fail to hatch

gorda *adj v.* **gordo**

gordão, -ona <-ões> [gor'dãw, -'ona, -'õjs] **I.** *adj* very fat **II.** *m, f* very fat person, fatso *inf*

gordo, -a ['gordu, -a] *adj* **1.** (*pessoa, livro*) fat; (*cara*) round, chubby **2.** (*carne*) fatty; **leite ~** whole milk **3.** (*salário, mentira*) big; (*gorjeta tb.*) generous

gordões *m pl de* **gordão**

gordona *f v.* **gordão**

gorducho, -a [gor'duʃu, -a] *adj* chubby, plump

gordura [gor'dura] *f* **1.** (*no corpo*) GASTR TB. fat **2.** (*obesidade*) obesity **3.** TEC grease

gordurento, -a [gordu'rẽjtu, -a] *adj* greasy

gorduroso, -a [gordu'rozu, -ɔza] *adj* **1.** (*pele, mãos*) greasy, oily **2.** (*comida*) fatty, greasy **3.** (*oleoso*) oily, greasy

gorete [go'retʃi] *m* ZOOL croaker

gorgolejar [gorgole'ʒar] *vi* to gurgle

gorila [gu'rila] *m tb. fig* gorilla

gorjear [gorʒe'ar] *conj como passear vi* to warble, to twitter

gorjeio [gor'ʒeju] *m* warbling, twittering

gorjeta [gur'ʒeta] *f* tip; **dar ~** to tip

gororoba [goro'rɔba] *f inf* (*comida mal-feita*) slop

gorro ['goxu] *m* cap, beanie

gosma ['gɔzma] *f* slime *no pl*, goo *no pl*

inf

gosmento, -a [goz'mẽjtu, -a] *adj* slimy

gostar [gos'tar] **I.** *vt* ~ **de** to like; ~ **muito de a. c./alguém** to like sth/sb very much, to be fond of sth/sb; (*amar*) to love sth/sb; ~ **de fazer a. c.** to enjoy doing sth; **gosto deste livro** I like this book; **ele gosta mais deste livro** he prefers this book; **ela gosta mais de ler** she prefers reading; **gostou do filme?** did you enjoy the film?; **eu gostaria de ir** I would like to go; **nem todas as plantas gostam de sol** not all plants like sunlight **II.** *vr:* ~ -**se** to like each other; **eles sempre se gostaram** they've always liked each other

gosto ['gostu] *m* **1.** taste; **ter ~ de laranja** to taste like orange; **ter bom/mau ~** to have good/bad taste; **serviços ao ~ do freguês** personalized services; **isso é uma questão de ~!** it is a matter of taste!; ~ **não se discute** there's no accounting for taste, different strokes for different folks; **com muito ~** with great pleasure **2.** (*entusiasmo*) **tomar ~ por a. c.** to acquire a taste for sth; **ele não tem ~ pela vida** he has no passion for life; **dá ~ ver uma criança tão educada** it's a treat [*o* delight] to see such a well mannered child **3. a ~** at ease; **tempere a ~** season to taste

gostosa *adj v.* **gostoso**

gostosão, -ona <-ões> [gosto'zãw, gostɔ'zona, -'õjs] *m, f gír* very sexy man *m*, very sexy woman *f*

gostoso, -a [gos'tozu, -ɔza] *adj* **1.** (*comida*) delicious **2.** (*ambiente*) lovely **3.** *inf* (*pessoa*) sexy **4.** (*presunçoso*) fresh *Am*, cocky *Brit*; **não banque o ~ comigo** don't get fresh [*o Brit* cocky] with me

gostosões *m pl de* **gostosão**

gostosona *f v.* **gostosão**

gostosura [gosto'zura] *f inf* **é uma gostosura** it is delicious

gota ['gota] *f* **1.** (*de um líquido*) drop; **medicamento em ~s** drops; ~ **a ~** drop by drop; *fig* little by little; **ser a ~ d'água** to be the last straw; **ser uma ~ de água no oceano** to be a drop in the ocean **2.** MED gout

goteira [go'tejra] *f* leak

gotejar [gote'ʒar] *vi* to drip

gótica *adj v.* **gótico**

gótico, -a ['gɔtʃiku] **I.** *m, f* (*língua*)

Gothic; (*pessoa*) Goth **II.** *adj* Gothic
gotícula [go'tʃikula] *f* droplet
gourmet [gur'me] *m* gourmet
governabilidade [governabiʎi'dadʒi] *f sem pl* governability *no pl*
governador(a) [governa'dor(a)] <-es> *m(f)* governor
governamental <-ais> [governamẽj'taw, -ajs] *adj* governmental
governanta [gover'nãta] *f* (*de casa*) housekeeper; (*de criança*) governess
governante [gover'nãtʃi] *mf* ruler
governar [gover'nar] **I.** *vt* to govern; (*um automóvel*) to drive; (*um navio*) to steer; ~ **a casa** to keep house **II.** *vr*: ~-**se** to take care of one's affairs
governista [gover'nista] *adj* pro-government
governo [go'vernu] *m* **1.** POL government; ~ **militar** military government **2.** (*de um automóvel*) driving; (*de um navio*) steering **3.** (*informação*) information; **para o seu** ~, **estaremos fora do país** for your information, we'll be out of the country
gozação <-ões> [goza'sãw, -'õjs] *f* enjoyment *no pl*
gozado, -a [goˣzadu, -a] *adj* funny
gozador(a) [goza'dor, -a] <-es> *m(f)* (*que vive bem*) bon vivant; (*brincalhão*) joker
gozar [go'zar] **I.** *vt* (*desfrutar*) to enjoy **II.** *vi* **1.** (*divertir-se*) to enjoy oneself **2.** (*zombar*) to make fun of; ~ **da cara de alguém** to tease sb **3.** (*atingir o orgasmo*) to come **III.** *vr*: ~-**se** (*aproveitar-se*) to enjoy one's self
gozo ['gozu] *m* **1.** (*desfrute*) enjoyment *no pl*; (*prazer*) pleasure; **ter** ~ **em a. c.** to take pleasure in sth **2.** (*zombaria*) joke **3.** (*orgasmo*) orgasm
Grã-Bretanha [grɛ̃-bre'tɐɲa] *f* Great Britain
graça ['grasa] *f* **1.** (*graciosidade*) grace; **ficar sem** ~ to be embarrassed; **ser sem** ~ to be dull; **o menino é uma** ~ the boy is delightful [*o* lovely] **2.** (*brincadeira*) joke, jest; **fazer** ~ to fool [*o* mess] around; **não ser de muita** ~ to be serious; **não ter** ~ to be unfunny; **sem** ~ dull, boring; **ter** ~ to be funny **3.** (*favor*) favor *Am*, favour *Brit*; (*mercê*) mercy; **de** ~ (*gratuitamente*) (for) free; (*sem motivo*) for no reason; **dar de** ~ ESPORT to be a giveaway; **estava tudo de** ~ **na liquidação** everything was a steal in the sale *Am*, they were giving everything away in the sale *Brit*. **4.** *form* (*nome*) name; **qual é a sua** ~? what is your name? **5.** REL grace
graças ['grasas] *fpl* thanks; ~ **a alguém/a. c.** thanks to sb/sth; ~ **à sua ajuda** thanks to your help; ~ **a Deus!** thank God!; **cair nas** ~ **de alguém** to be in sb's good graces
gracejar [grase'ʒar] *vi* to joke, to jest
gracejo [gra'seʒu] *m* joke
graciosa *adj v.* **gracioso**
graciosidade [grasjozi'dadʒi] *f sem pl* graciousness
gracioso, -a [grasi'ozu, -'ɔza] *adj* gracious
grã-cruz [grɛ̃-'krus] <grã-cruzes> *f* Grand Cross
gradação <-ões> [grada'sãw, -'õjs] *f* (*de luz, cor*) gradation
gradativo, -a [grada'tʃivu, -a] *adj* gradual
grade ['gradʒi] *f* **1.** (*em janela*) grille, grating; (*em prisão*) bars *pl*; (*cerca*) fence; **atrás das** ~**s** *inf* behind bars **2.** AGR harrow **3.** (*quadro*) ~ **de horários** schedule, timetable; (*funcionários*) roster
gradeamento [gradʒja'mẽjtu] *m* fencing *no pl*
gradiente [gradʒi'ẽjtʃi] *m* gradient
gradil [gra'dʒiw] *m* <-is> low fence, railing
grado ['gradu] *m* **de bom/mau** ~ willingly/unwillingly
grado, -a ['gradu, -a] *adj* important
graduação <-ões> [gradwa'sãw, -'õjs] *f* **1.** (*divisão em graus*) graduation **2.** MIL rank **3.** UNIV **curso de** ~ undergraduate degree
graduado, -a [gradu'adu, -a] *adj* (*escala, régua, termômetro*) graduated; UNIV graduate; (*membro, profissional*) distinguished
gradual <-ais> [gradu'aw, -'ajs] *adj* gradual
gradualmente [gradwaw'mẽjtʃi] *adv* gradually
graduando [gradu'ɐ̃du] *m* graduating student
graduar [gradu'ar] **I.** *vt* (*dividir em graus*) to graduate **II.** *vr*: ~-**se** to graduate (from university); ~-**se em Biologia** to graduate in biology, to get a degree in biology
grã-duquesa [grɛ̃-du'keza] *f* Grand

grafia [gɾa'fia] *f* (*letra*) handwriting *no pl*; (*ortografia*) spelling

gráfica ['gɾafika] *f* (*oficina*) printer *Am*, printer's *Brit*

gráfico ['gɾafiku] *m* (*representação*) graph; (*profissional*) printer

gráfico, -a ['gɾafiku, -a] *adj* **1.** (*relativo à gráfica*) graphic; **artes gráficas** graphic arts **2.** (*relativo à grafia*) related to writing/spelling

grã-fina *f v.* **grã-fino**

grã-finagem [gɾɐ̃-fi'naʒẽj] <-ens> *f* (*alta sociedade*) high society; (*comportamento e estilo de vida*) aristocratic behavior and lifestyle

grã-fino, -a [gɾɐ̃-fi'no, -a] *m, f* aristocrat, socialite

grafite [gɾa'fitʃi] *f* (*de lápis*) lead; (*em local público*) graffiti *no pl*

grafiteiro, -a [gɾafi'tejɾu] *m, f* graffittist

grafóloga *f v.* **grafólogo**

grafologia [gɾafolo'ʒia] *f sem pl* graphology *no pl*

grafólogo, -a [gɾa'fɔlogu, -a] *m, f* graphologist

gralha ['gɾaʎa] *f* **1.** ZOOL (Brazilian) jay **2.** TIPO misprint, typo **3.** *inf* (*pessoa*) chatterbox

grama ['gɾama] I. *m* (*peso*) gram II. *f* BOT grass

gramado [gɾa'madu] I. *adj* grassy II. *m* lawn; (*campo de futebol*) football field, football pitch *Brit*

gramar [gɾa'mar] *vt* **1.** (*terreno*) to plant with grass **2.** *inf* (*trilhar*) to hike **3.** *inf* (*aturar*) to put up with

gramática [gɾa'matʃika] I. *f* **1.** grammar *no pl* **2.** (*pessoa*) *v.* **gramático** II II. *adj v.* **gramático** I

gramatical <-ais> [gɾamatʃi'kaw, -'ajs] *adj* grammatical; **regra ~** grammatical rule

gramático, -a [gɾa'matʃiku, -a] I. *adj* grammatical II. *m, f* grammarian

gramínea [gɾa'minia] *f* any plant of the grass family

gramofone [gɾamo'foni] *m* gramophone

grampeador [gɾɐ̃pja'doɾ] *m* stapler

grampear [gɾɐ̃pi'ar] *conj como passear vt* to staple; *inf* (*ligações telefônicas*) to tap

grampo ['gɾɐ̃pu] *m* staple; **~ de cabelo** hairpin; **~ telefônico** tap

grana ['gɾana] *f gír* bucks *Am, inf*, dosh *no pl Brit, inf*

granada [gɾa'nada] *f* **1.** MIL shell; **~ de mão** grenade **2.** (*mineral*) garnet

granadeiro [gɾana'dejɾu] *m* MIL grenadier

grandalhão, -ona <-ões> [gɾɐ̃da'ʎɐ̃w, -'ona, -'õjs] *adj* huge, enormous

grande ['gɾɐ̃dʒi] *adj* **1.** (*tamanho*) big, large; **um ~ coração** a big heart; **cidade ~** big city; **estes sapatos ficam ~ em mim** these shoes are too big for me **2.** FUT **grande** – penalty area **3.** (*altura*) tall **4.** (*intensidade*) **uma ~ dor** a terrible pain **5.** (*qualidade*) **um ~ espetáculo** a magnificent show; (*importante*) great; **um ~ poeta** a great poet

grandemente [gɾɐ̃dʒi'mẽtʃi] *adv* greatly

grandeza [gɾɐ̃'deza] *f* **1.** (*tamanho*) size **2.** (*importância*) greatness

grandiosa *adj v.* **grandioso**

grandiosidade [gɾɐ̃dʒjozi'dadʒi] *f sem pl* grandeur

grandioso, -a [gɾɐ̃dʒi'ozu, -'ɔza] *adj* magnificent

grandote, -a [gɾɐ̃'dɔtʃi, -a] *adj* almost fully grown

granel <-éis> [gɾa'nɛw, -'ɛjs] *m* (*para cereais*) granary; **a granel** *sem pl* in bulk; *fig* (*a rodo*) in large quantities

granito [gɾa'nitu] *m* granite *no pl*

granizo [gɾa'nizu] *m* hail *no pl;* **chover ~** to hail

granja ['gɾɐ̃ʒa] *f* (*sítio*) small farm

granjear [gɾɐ̃ʒe'aɾ] *conj como passear vt* **1.** to cultivate; (*terra*) to till **2.** (*conquistar*) to achieve [*o* acquire] through labor

granola [gɾa'nɔla] *f* granola *no pl*

granulado, -a [gɾanu'ladu, -a] *adj* (*aspecto*) grainy; (*açúcar, chocolate*) granulated

granulado [gɾanu'ladu] *m* granules; **~ de ...** ... in granules

grânulo ['gɾanulu] *m* granule; (*numa superfície*) grain

grão ['gɾɐ̃w] <-s> *m* **1.** (*de areia, arroz, sal, trigo*) grain; (*de milho*) kernel; **~ de café** coffee bean; **de ~ em ~ a galinha enche o papo** *prov* little strokes fell great oaks *prov* **2.** (*de mostarda*) seed

grão-de-bico ['gɾɐ̃w-dʒi-'biku] <grãos-de-bico> *m* chick pea

grão-duque ['grɜ̃w-'duki] *m* Grand Duke

grão-mestre ['grɜ̃w-'mɛstri] *m* grand master

grapa ['grapa] *f* grappa

grasnar [graz'nar] *vi* (*corvo, gralha*) to caw; (*gaivota*) to screech; (*ganso*) to honk; (*pato*) to quack; (*rã, sapo*) to croak

grata *adj v.* **grato**

gratidão [gratʃi'dɜ̃w] *sem pl f* gratitude *no pl*; **ter** [*ou* **sentir**] ~ **por alguém** to be [*o* feel] grateful to sb

gratificação <-ões> [gratʃi fika'sɜ̃w, -õjs] *f* gratification *no pl*

gratificante [gratʃifi'kɜ̃tʃi] *adj* rewarding, gratifying

gratificar [gratʃifi'kar] <c→qu> *vt* to reward, gratify; ~ **alguém por a. c.** to reward sb for sth

gratinado, -a [gratʃi'nadu, -a] *adj* GASTR au gratin

gratinado [gratʃi'nadu] *m* GASTR gratin

gratinar [gratʃi'nar] *vt* GASTR to brown, to cook au gratin

grátis ['gratʃs] *adj inv* free

grato, -a ['gratu, -a] *adj* 1.(*agradecido*) grateful, thankful; **sou muito ~ por tudo** I am very grateful for everything 2.(*agradável*) pleasant; **ter gratas lembranças** to have pleasant memories

gratuito, -a [gra'tujtu, -a] *adj* 1.(*serviço, comida, viagem*) free 2.(*comentário, ofensa*) gratuitous

grau ['graw] *m* 1. MAT, FÍS, GEO degree; ~ **centígrado** degree centigrade; ~ **de latitude** degree latitude 2.(*nível*) level; ~ **de conhecimento** level of knowledge; ~ **de dificuldade** degree of difficulty 3.(*parentesco*) degree of kinship; **primos de segundo ~** second cousins 4. ENS **primeiro ~** elementary school *Am*, primary school *Brit*; **segundo ~** high school *Am*, secondary school *Brit* 5. UNIV degree; ~ **acadêmico** academic degree; ~ **de doutor em Psicologia** doctorate [*o* PhD] in Psychology 6.(*ótica*) **óculos de ~** prescription glasses 7. LING ~ **de comparação** comparative degree

graúdo, -a [gra'udu, -a] *adj* 1.(*coisa*) large, big; **uma nota graúda** a large bill [*o Brit* note] 2.(*pessoa*) important; (*criança*) strapping, big

graúna [gra'una] *f* grackle

gravação <-ões> [grava'sɜ̃w, -'õjs] *f* 1.(*em CD, disco, cassete*) recording 2.(*em metal, pedra*) engraving; (*em madeira*) carving

gravador [grava'dor] *m* 1.(*CD, disco, cassete*) recorder 2.(*de metal, pedra*) engraver

gravadora [grava'dora] *f* record company

gravar [gra'var] *vt* 1.(*em CD, disco, cassete*) to record; ~ **um CD/um álbum** to record a CD/an album; ~ **uma música em CD** to record a song on CD; ~ **os textos em disquete** to save the texts on a disk 2.(*no metal, pedra*) to engrave; (*na madeira*) to carve, to engrave; ~ **o nome na caneta** to engrave one's name on a pen 3.(*na memória*) to memorize; **gravou bem na memória aquele dia** that day was firmly etched in [*o* on] his memory

gravata [gra'vata] *f* tie; **dar uma ~ em alguém** to get sb in a stranglehold

gravata-borboleta [gra'vata-borbo'leta] <gravatas-borboleta(s)> *f* bow tie

grave ['gravi] *adj* 1.(*assunto, situação*) serious; (*doença, ferimento*) serious, grave; (*ofensa*) grievous; **estar em estado ~** to be in a serious condition 2.(*som, voz*) deep 3. LING **acento ~** grave accent

gravemente [gravi'mẽjtʃi] *adv* seriously

graveto [gra'vetu] *m* (*galho*) twig; (*lenha*) kindling

grávida ['gravida] I. *adj* pregnant; **estar ~ de 6 meses** to be 6 months pregnant II. *f* pregnant woman

gravidade [gravi'dadʒi] *f sem pl* 1.(*de assunto, situação, doença*) seriousness *no pl* 2. FÍS gravity *no pl*; ~ **zero** zero gravity; **a força da ~** the force of gravity

gravidez [gravi'des] <-es> *f* pregnancy; ~ **indesejada** unwanted pregnancy; ~ **de risco** high-risk pregnancy

graviola [gravi'ɔla] *f* soursop (*sweet Brazilian fruit with dark-green skin and white pulp*)

gravitação [gravita'sɜ̃w] *sem pl f* FÍS gravitation *no pl*

gravitacional <-ais> [gravitasjo'naw, -'ajs] *adj* gravitational

gravitar [gravi'tar] *vi* FÍS to gravitate; *fig tb.* to tend

gravura [gra'vura] *f* ARTE engraving; ~ **s**

rupestres rock carvings; (*ilustração*) picture

graxa ['graʃa] *f* (*para sapatos*) shoe polish *no pl*; (*para automóveis*) grease *no pl*

Grécia ['grɛsia] *f* Greece

grega *adj, f v.* **grego**

gregário, -a [gre'gariw, -a] *adj* gregarious

grego, -a ['gregu, -a] *adj, m, f* Greek

gregoriano, -a [gregori'ɜnu, -a] *adj* Gregorian

grelha ['grɛʎa] *f* grill; **na** ~ grilled

grelhado, -a [gre'ʎadu] I. *adj* grilled II. *m, f* grilled food

grelhar [gre'ʎar] *vt* to grill

grêmio ['gremiw] *m* guild, club; (*comissão*) society; ~ **estudantil** student club [*o society*]

grená [gre'na] *adj* (*cor*) dark red, garnet-colored

greta ['greta] *f* (*no solo*) crack

gretar [gre'tar] *vt* (*solo*) to crack

greve ['grɛvi] *f* strike; ~ **branca** work slowdown, go-slow *Brit*; ~ **de fome** hunger strike; ~ **geral** general strike; **estar em** ~ to be on strike; **fazer** ~ to go on strike; **furar** ~ to break a strike

grevista [gre'vista] *mf* striker

grid ['gridʒi] *m* ESPORT grid

grifar [gri'far] *vt* to italicize

grife ['grifi] *f* designer label; **produtos de** ~ designer products

grifo ['grifu] *m* 1. (*mitologia*) griffin, gryphon; (*mistério*) enigma 2. TIPO italics

grilado, -a [gri'ladu, -a] *adj gír* worried

grilagem [gri'laʒẽj] <-ens> *f reg* (*posse ilegal*) land grabbing *no pl*, squatting *no pl*

grilar [gri'lar] I. *vi* (*grilo*) chirp II. *vr*: ~-**se** to become upset, to get worked up

grileiro, -a [gri'lejru, -a] *m, f reg* (*posse ilegal*) land grabber, squatter

grilhão <-ões> [gri'ʎɜ̃w, -'õjs] *m* chain; **grilhões** fetters

grilo ['grilu] *m* 1. ZOOL cricket 2. *gír* (*preocupação*) worry 3. *reg*: land held under false title

grinalda [gri'nawda] *f* garland, wreath

gringo, -a ['grĩjgu, -a] *m, f pej* foreigner

gripado, -a [gri'padu, -a] *adj* **estar/ficar** ~ to have/get the flu

gripar [gri'par] I. *vt* to jam [*o stick*] (due to poor lubrication) II. *vr*: ~-**se** to come down with the flu

gripe ['gripi] *f* flu; **pegar uma** ~ to get the flu; MED influenza

grisalho, -a [gri'zaʎu, -a] *adj* (*cabelo, barba*) gray *Am*, grey *Brit*; (*pessoa*) gray-haired; **ficar** ~ to go gray

grisu [gri'zu] *m* QUÍM firedamp *no pl*

gritante [gri'tɜ̃tʃi] *adj* 1. (*som*) shrill; (*voz*) strident 2. (*cor*) loud, garish

gritar [gri'tar] I. *vt* to shout, to yell; ~ **com alguém** to shout [*o yell*] at sb; ~ **a. c. para alguém** to shout [*o yell*] sth to sb II. *vi* to scream [*o to cry*]; ~ **por socorro** to scream [*o cry*] for help

gritaria [grita'ria] *f* shouting, clamor of voices

grito ['gritu] *m* shout, scream; ~ **de guerra** MIL battle-cry, war cry; **dar** [*ou* **soltar**] **um** ~ to cry out; **ganhar no** ~ ESPORT to win through aggression rather than skill; **aos** ~**s** shouting; **no** ~ *inf* (*na marra*) by force

groenlandês, -esa [groẽjlɜ̃ʒ'des, -'eza] *m, f* Greenlander

Groenlândia [groẽj'lɜ̃ndʒia] *f* Greenland

grogue ['grɔgi] *adj* (*de sono*) groggy; (*bêbado*) drunk

groselha [gro'zeʎa] *f* 1. (*fruto*) redcurrant 2. (*xarope*) redcurrant syrup

grossa *adj v.* **grosso**

grosseira *adj v.* **grosseiro**

grosseirão, -ona <-ões> [grosej'rɜ̃w, -'ona, -'õjs] I. *adj* uncouth, boorish II. *m, f* lout, boor

grosseiro, -a [gro'sejru, -a] *adj* 1. (*pessoa, resposta, modos*) rude; (*piada tb.*) crude; **ele foi muito** ~ **comigo** he was very rude to me 2. (*rude*) uncouth 3. (*objeto*) rough; (*pano*) coarse, rough

grosseirões *adj, m pl de* **grosseirão**

grosseirona *adj, f v.* **grosseirão**

grosseria [grose'ria] *f* 1. (*ato*) act of disrespect; **fazer uma** ~ to be [*o do sth*] rude 2. (*palavra*) rude language; **dizer uma** ~ to say sth rude

grosso ['grosu] I. *m* bulk; **o** ~ **do tráfego** the bulk of the traffic; **o** ~ **das vendas aumentou este ano** most sales were up this year II. *adv* ~ **modo** roughly; **falar** ~ to speak in an authoritative voice

grosso, -a ['grosu, 'grɔsa] *adj* 1. (*livro, papel, madeira, líquido*) thick; (*pele*) rough 2. (*voz*) deep 3. (*grosseiro*) rude, uncouth

grossura [gro'sura] f 1. (*espessura*) thickness 2. (*corpulência*) stoutness, corpulence 3. *inf* (*grosseria*) rudeness

grota ['grɔta] f (*encosta, ribanceira*) water erosion on hill or riverbank; (*vale*) deep valley

grotão <-ões> [gro'tʒ̃w, -'õjs] m gorge

grotesco, -a [gro'tesko, -a] I. *adj* grotesque II. m, f grotesque person

grotões m pl de **grotão**

grou, grua ['grow, 'grua] m, f ZOOL crane

grua ['grua] f 1. (*guindaste*) crane 2. ZOOL v. **grou**

grudar [gru'dar] I. vt to stick II. vi (*ser aceito*) to be well received; (*ser acreditado*) to be believed; **a mentira grudou fácil** they swallowed the lie

grude ['grudʒi] m 1. glue 2. *inf* (*apego*) closeness *no pl* 3. *inf* (*comida*) grub *no pl*

grudento, -a [gru'dẽjtu, -a] *adj* (*comida, substância*) sticky; (*pessoa*) clingy

grumo ['grumu] m (*na tinta, massa, no molho*) lump; (*de sangue*) clot

grunhido [grũ'nidu] m grunt

grunhir [grũ'nir] vi 1. (*porco*) to grunt 2. (*resmungar*) to grumble

grupo ['grupu] m 1. group; ~ **de amigos** group [*o* circle] of friends; ~ **de música** band, group; ~ **de operações especiais** special operations unit; ~ **de risco** risk group; ~ **sanguíneo** blood group; ~ **de trabalho** work group, team; **fazer a. c. em** ~ to do sth as a group 2. *inf* (*mentira*) lie; **tudo não passou de** ~ it was all just a big lie

gruta ['gruta] f cave, grotto

guache ['gwaʃi] m gouache

guaíba [gwa'iba] f *reg* (*Sul: pântano profundo*) deep swamp

---

Cultura **Guaraná** is the most popular soft drink in Brazil. The seeds of the Amazon tree of the same name have medicinal qualities. They are transformed into a paste, bar, or powder especially in the making of tonics and stimulants.

---

guarda ['gwarda] I. f 1. (*pessoas*) guard; ~ **de honra** guard of honor; ~ **nacional** national guard; **render a** ~ to change guard 2. (*defesa*) defense *Am*, defence *Brit;* **pôr-se em** ~ to be on one's guard 3. (*custódia*) custody; **ter a** ~ **de filhos** to have custody of children 4. (*veteranos de um grupo*) guard; **a velha** ~ the old guard II. *mf* security guard, watchman; ~ **do banco** bank security guard; ~ **de trânsito** traffic policeman m, policewoman f

guarda-chuva ['gwarda-'ʃuva] m umbrella

guarda-civil <guardas-civis> ['gwarda-si'viw, -si'vis] m police officer

guarda-costas ['gwarda-'kɔstas] I. m *inv* (*embarcação*) coastguard boat II. *mf inv* (*pessoa*) bodyguard

guardador(a) [gwarda'dor(a)] <-es> m(f) *reg* (*RJ, SP: de carros*) valet, parking attendant

guarda-florestal ['gwarda-flores'taw] <guardas-florestais> *mf* forest ranger

guarda-fogo ['gwarda-'fogu] m (*em lareira*) fire screen, fireguard *Brit;* (*entre prédios*) firewall

guarda-louça ['gwarda-'losa] m sideboard, china cabinet

guardanapo [gwarda'napu] m (table) napkin

guarda-noturno ['gwarda-no'turnu] <guardas-noturnos> m night watchman

guardar [gwar'dar] I. vt 1. (*conservar*) to keep; ~ **um segredo** to keep a secret; **guardou o chocolate para comer depois** he put the chocolate away to eat later 2. (*proteger*) to protect; **Deus o guarde!** May God protect you! 3. (*vigiar*) to guard, to watch over; (*animais*) to take care of, to look after 4. (*arrumar*) to put [*o* Brit tidy] away; (*em segurança*) to safeguard; (*a roupa*) to put away 5. (*memorizar*) to remember; **nunca guardo o nome das pessoas** I can never remember people's names 6. (*observar*) to observe; ~ **os dias santos** to observe holy days II. *vr:* ~-**se** (*abster-se*) to protect oneself

guarda-roupa ['gwarda-'xopa] I. m (*armário, roupas*) wardrobe II. *mf* (*pessoa*) wardrobe assistant

guarda-sol <-sóis> ['gwarda-'sɔw, -'ɔjs] m sunshade, parasol

guarda-volumes ['gwarda-vo'lumis] m *inv* baggage room

guardião, -diã <-ões, -ães> [gwardʒi'ʒ̃w, dʒi'ʒ̃, -'õjs, -'ʒ̃js] m, f guardian

guaribada [gwaɾi'bada] *f reg (RJ, SP: ajeitada de leve)* **dar uma ~** to tidy up a little

guarida [gwa'ɾida] *f (abrigo)* refuge, shelter; **dar ~ a alguém** to give sb shelter

guariroba [gwaɾi'ɾɔba] *f* Catole palm

guarita [gwa'ɾita] *f* guard house, sentry box

guarnecer [gwarne'ser] <c→ç> *vt* **1.** MIL *(fortificar)* to garrison **2.** *(equipar)* to equip; **~ a. c. de** to equip sth with **3.** *(enfeitar)* to adorn, to trim; **~ de** to trim with

guarnição <-ões> [gwarni'sãw, -'õjs] *f* **1.** MIL garrison **2.** GASTR *(acompanhamento)* accompaniment **3.** *(enfeite)* trim, decoration; *(de um vestido)* trim

Guatemala [gwate'mala] *f* Guatemala

guaxinim [gwaʃi'nĩj] <-ins> *m* raccoon

gude ['gudʒi] *m* **bolinha de ~** marble

gueixa ['gejʃa] *f* geisha

guelra ['gɛwxa] *f* ZOOL gill

guerra ['gɛxa] *f* war; **~ atômica** [*ou* **nuclear**] nuclear war; **~ civil** civil war; **~ fria** cold war; **~ mundial** world war; **~ de nervos** war of nerves; **~ santa** holy war; **estar em ~ com** to be at war with; **declarar ~ contra alguém** to declare war on sb; **ser velho de ~** *inf* to be a trusty companion

guerra-relâmpago ['gɛxa-xe'lĩŋpagu] <guerras-relâmpago(s)> *f* blitzkrieg

guerrear [gexi'ar] *conj como passear vi* to wage war

guerreiro, -a [ge'xejɾu, -a] **I.** *adj* **1.** *(relativo à guerra)* bellicose, belligerent **2.** *(dedicado à guerra)* warring **II.** *m, f* warrior; *(batalhador)* fighter

guerrilha [ge'xiʎa] *f (luta)* guerrilla warfare; *(tropa)* guerrilla group

guerrilheiro, -a [gexi'ʎejɾu, -a] *m, f* guerrilla

gueto ['getu] *m* ghetto

guia¹ ['gia] **I.** *m (livro)* guidebook; *(manual)* manual; **~ do estudante** student handbook **II.** *mf (pessoa)* guide

guia² ['gia] *f* **1.** ECON *(documento)* waybill, permit **2.** *(meio-fio)* curb

guiar [gi'ar] **I.** *vt (uma pessoa)* to guide; *(um automóvel)* to drive; *(uma bicicleta)* to steer **II.** *vr:* **~-se por a. c.** to go [*o* be guided] by sth

guichê [gi'ʃe] *m* ticket window [*o* counter]

guidom [gi'dõw] <-ons> *m* handlebars *pl*

guilhotina [giʎo'tʃina] *f* **1.** *(para decapitar)* guillotine **2.** *(para papel)* guillotine, paper cutter

guimba ['gĩba] *f inf (cigarette)* butt

guinada [gi'nada] *f* **1.** NÁUT change of course **2.** *(com o automóvel)* swerve; **dar uma ~** to swerve

guinar [gi'nar] *vi* to swerve

guinchar [gĩj'ʃar] *vt (automóvel)* to tow

guincho ['gĩjʃu] *m* **1.** *(de animal)* squeal; *(de pessoa)* shriek **2.** *(máquina)* winch, windlass **3.** *(reboque)* a tow

guindaste [gĩj'dastʃi] *m (grande)* crane; *(pequeno)* hoist

Guiné [gi'nɛ] *f* Guinea

Guiné-Bissau [gi'nɛ-bi'saw] *f* Guinea-Bissau

guisado [gi'zadu] *m* GASTR stew

guita ['gita] *f* **1.** *(cordel)* twine **2.** *inf (dinheiro)* bucks *Am,* dosh *no pl Brit*

guitarra [gi'taxa] *f* guitar; **~ elétrica** electric guitar; **tocar ~** to play guitar

guitarrista [gita'xista] *mf* guitarist

guizo ['gizu] *m* round metal bell, sleigh bell

gula ['gula] *f* gluttony *no pl*

gulodice [gulo'dʒisi] *f* **1.** *sem pl (de uma pessoa)* gluttony *no pl* **2.** *(comida)* delicacy

gulosa *adj, f v.* **guloso**

guloseima [gulo'zejma] *f* delicacy, dainty

guloso, -a [gu'lozu, -ɔza] **I.** *adj (comilão)* greedy **II.** *m, f* glutton

gume ['gumi] *m* cutting edge; **faca de dois ~s** *fig* double-edged sword

guri, guria [gu'ɾi, gu'ɾia] *m, f* child

guru [gu'ɾu] *mf inf* guru

gusa ['guza] *f* pig iron *no pl*

gustação <-ões> [gusta'sãw, -'õjs] *f* tasting

gustativo, -a [gusta'tʃivu, -a] *adj* gustative, gustatory

gutural <-ais> [gutu'ɾaw, -'ajs] *adj* guttural

H, h ['a'ga] *m* H, h
há ['a] *3. pres de* **haver**

> **Gramática** **há** in the sense of "existir" is invariable in both the plural and the singular and can be used with the definite and indefinite article, with the indefinite pronouns, and also with "muito" and "pouco": "Há uma pessoa/umas pessoas/oito pessoas esperando; Há gente/muita gente que não sabe o que faz."

hã ['ɜ̃] *interj* uh?
habeas corpus ['abeas 'kɔrpus] *m* JUR habeas corpus
hábil <-eis> ['abiw, -'ejs] *adj* **1.** (*capaz*) capable **2.** (*manualmente*) skilled **3.** JUR legally competent
habilidade [abiʎi'dadʒi] *f* **1.** (*capacidade*) capability; **ter ~ para fazer a. c.** to be capable of doing sth **2.** (*talento*) ability; **~ artística** artistic ability **3.** (*manual*) handiness, skill
habilidoso, -a [abi'ʎi'dozu, -'ɔza] *adj* able; (*jeitoso*) handy
habilitação <-ões> [abiʎita'sɜ̃w, -'õjs] *f* **1.** competence; **~ para fazer a. c.** the competence to do sth **2.** (*para dirigir*) competence; **carteira de ~** driver's license *Am*, driving licence *Brit*
habilitações [abiʎita'sõjs] *fpl* qualifications
habilitado, -a [abiʎi'tadu, -a] *adj* qualified
habilitar [abiʎi'tar] **I.** *vt* **1.** (*tornar apto*) to qualify; **~ alguém a fazer a. c.** to qualify sb for sth **2.** (*dar direito a*) to enable; **~ alguém a fazer a. c.** to enable sb to do sth **3.** (*senha, cartão de crédito*) to authorize **II.** *vr*: **~-se a fazer a. c.** (*dispor-se, oferecer-se*) to be willing to; **quem se habilita a comprar as bebidas?** who'll buy the drinks?
habitação <-ões> [abita'sɜ̃w, -'õjs] *f* **1.** (*casa*) house **2.** (*residência*) home
habitacional <-ais> [abitasjo'naw, -'ajs] *adj* housing; **financiamento ~** housing finance
habitado, -a [abi'tadu, -a] *adj* inhabited
habitante [abi'tɜ̃ntʃi] *mf* (*de uma casa*) resident; (*de um país, de uma cidade*) inhabitant
habitar [abi'tar] **I.** *vt* to inhabit **II.** *vi* to live; **~ em** to live in
habitat ['abita] *m* BIO habitat
habitável <-eis> [abi'tavew, -ejs] *adj* habitable
habite-se [a'bitsi] *m sem pl* authorization given by the local authority permitting the occupancy of a property
hábito ['abitu] *m* **1.** (*costume*) custom; **ter por ~** to have the habit **2.** (*mania*) habit; **mau ~** bad habit **3.** REL habit; **o ~ não faz o monge** clothes don't make the man
habituado, -a [abitu'adu] *adj* used to; **estar ~ a fazer a. c.** to be used to doing sth
habitual <-ais> [abitu'aw, -'ajs] *adj* usual
habituar [abitu'ar] **I.** *vt* to accustom; **~ alguém a fazer a. c.** to get sb used to doing sth **II.** *vr* (*acostumar-se*) **~-se a fazer a. c.** to get used to doing sth
habitué, -ée [abitu'e] *m*, *f* habitué
hacker ['xaker] *mf* hacker
hagiografia [aʒiogra'fia] *f sem pl* hagiography
Haiti [ai'tʃi] *m* Haiti
haitiano, -a [aitʃi'anu, -a] *adj, m, f* Haitian
hálito ['aʎitu] *m* breath; **mau ~** bad breath
hall ['ɔw] *m* **o ~ de entrada** the entrance hall
halo ['alu] *m* ASTRON halo
halogênico, -a [alo'ʒeniku, -a] *adj* halogenic
halógeno [a'lɔʒenu] *m* halogen
haltere [aw'tɛri] *m* weight; **levantar os ~s** to lift weights
halterofilista [awterofi'ʎista] *mf* weightlifter
hamamélis [ɜma'mɛʎis] *f* BOT witch hazel
hambúrguer [ɜ̃'burger] *m* GASTR burger, hamburger
hamster ['xɜms'ter] *m* hamster
handebol [xɜ̃dʒi'bɔw] *m* handball
hangar [ɜ̃'gar] *m* (*para máquinas*) shed; AERO hangar
happy hour [xɛpi'awor] *mf* happy hour (*time in the early evening when*

drinks are sold cheaper)
haraquiri [araki'ri] *m* hara-kiri
haras ['aras] *m inv* stud farm
hardware ['xardʒiwɛr] *m* INFOR hardware
harém [a'rẽj] *m* harem
harmonia [armo'nia] *f* **1.**(*entre pessoas*) harmony **2.**(*acordo*) accordance **3.**MÚS consonance; (*ciência*) harmonics *no pl*
harmônica [ar'monika] *f* accordion; (*gaita de boca*) harmonica
harmônico, -a [ar'moniku, -a] *adj* harmonic
harmonioso, -a [armoni'ozu, -'ɔza] *adj* harmonious
harmonizar [armoni'zar] *vt* **1.**(*conciliar*) to reconcile; **ela conseguiu ~ a profissão com as afazeres domésticos** she managed to reconcile work with home; **~ com a. c.** to be in harmony with sth **2.**MÚS to harmonize
harpa ['arpa] *f* harp
hasta ['asta] *f tb.* JUR auction; **~ pública** public auction
haste ['astʃi] *f* **1.**(*de bandeira*) flagpole **2.** BOT stem **3.**(*dos óculos*) arm
hastear [astʃi'ar] *conj como passear vt* (*uma bandeira*) to hoist
Havaí [ava'i] *m* Hawaii
havana [a'vɜna] *m* (*charuto*) Havana (*cigar*)
haver[1] [a'ver] *m* credit
haver[2] [a'ver] *irr* I. *vt impess* **1.**(*existir*) **há** there is/are; **há uma carta sobre a mesa** there is a letter on the table; **há muitos alunos nessa escola** there are a lot of students in this school; **havia muita gente lá** there were a lot of people there; **o que há para comer?** what is there to eat?; **espero que haja dinheiro para isso** I hope there is money for this **2.**(*acontecer*) to happen; **o que houve?** what happened?; **houve um acidente** there was an accident; **não houve nada de novo** there wasn't anything new; **haja o que houver** whatever happens; **não há de quê** you are welcome, don't mention it **3.**(*atrás*) ago; **há pouco (tempo)** a short while ago; **há muito (tempo)** a long while ago; **há tempos** a long time ago; **isso (já) foi há muito tempo** that was a long time ago; **vi o Pedro há três dias** I saw Pedro three days ago **4.**(*duração*) for; **há uma semana** for a week; **ela está lá em casa há três dias** she has been at home for three days; **há anos que não a vejo** I haven't seen her for [*o in*] years **5.**(*considerar*) **~ por bem** to see fit II. *vi* **1.**(*futuro*) **~ de** will; **eu hei de vencer!** I will win **2. ~ de** [*ou* **que**] (*dever*) have to; **vocês hão de falar com ele** you have to speak to him; **há que** there has to **III.** *vr:* **~-se com alguém** to deal with sb; **se não se comportar, vai ter que se ~ comigo** if you don't behave well, you'll have me to deal with **IV.** *aux* to have; **ele havia comprado uma casa nova** he had bought a new house
haveres [a'veris] *mpl* (*bens*) wealth; (*crédito*) credit
haxixe [a'ʃiʃi] *m* hashish
hebraico, -a [e'brajku, -a] *adj, m, f* (*língua*) Hebrew
hebreu, hebreia [e'brew, e'brɛja] *adj, m, f* (*pessoa*) Hebrew
hectare [ek'tari] *m* hectare
hediondo, -a [edʒi'õwdu, -a] *adj* (*crime, rosto*) hideous
hedonista [edo'nista] *mf* hedonist
hegemonia [eʒemo'nia] *f sem pl* hegemony
hei ['ej] *1. pres de* **haver**
hein ['ẽj] *interj* uh?; (*o quê*) huh?; **o que você disse, ~?** hey, what did you say?; **você gosta de arrumar confusão, ~?** you like to mess things up, huh?
hélice ['ɛlisi] *f* **1.** MAT helix **2.**(*de helicóptero, navio*) propeller
helicóptero [eʎi'kɔpteru] *m* helicopter
hélio ['ɛʎiw] *m* helium
heliocêntrico, -a [eʎjo'sẽjtriku, -a] *adj* heliocentric
heliporto [eʎi'pɔrtu] *m* heliport
helmintíase [ewmĩ'ʒi'tʃiazi] *f* MED helminthiasis
hem ['ẽj] *interj v.* **hein**
hemácia [e'masia] *f* erythrocyte
hematologia [ematolo'ʒia] *f sem pl* hematology *no pl Am*, haematolgy *no pl Brit*
hematologista [ematolo'ʒista] *mf* hematologist *Am*, haematologist
hematoma [ema'toma] *m* hematoma *Am*, haematoma
hematose [ema'tɔzi] *f* hematosis *Am*, haematosis
hemisfério [emis'fɛriw] *m* hemisphere;

Hemisfério Norte/Sul Northern/Southern Hemisphere

hemocentro [emo'sẽjtru] *m* hemocenter *Am*, haemocentre *Brit*

hemodiálise [emodʒi'aʎizi] *f* hemodialysis *Am*, haemodialysis

hemofilia [emofi'ʎia] *f sem pl* hemophilia *Am*, haemophilia

hemofílico, -a [emo'fiʎiku, -a] *m, f* hemophilic *Am*, haemophiliac *Brit*

hemoglobina [emoglo'bina] *f* hemoglobin *Am*, haemoglobin *Brit*

hemograma [emo'grɐma] *m* blood count

hemorragia [emoxa'ʒia] *f* hemorrhage *Am*, haemorrhage *Brit*; **~ nasal** nose bleed

hemorroidas [emo'xɔjdas] *fpl* hemorrhoids *Am*, haemorrhoids *Brit*

hemostático [emos'tatʃiku] *m* FARM hemostatic *Am*, haemostatic

hepatite [epa'tʃitʃi] *f* hepatitis

hera ['ɛra] *f* BOT ivy

herança [e'rɐ̃sa] *f* inheritance; **deixar a. c. de ~ (para alguém)** leave sth to sb

herbáceo, -a [er'basiw, -a] *adj* herbaceous

herbanário [erbɐ'nariw] *m* (*pessoa*) herbalist; (*lugar*) herbalist's

herbicida [erbi'sida] *m* herbicide

herbívoro [er'bivoru] *m* herbivore

herbívoro, -a [er'bivoru, -a] *adj* herbivorous

hercúleo, -a [er'kuʎiw, -a] *adj* (*esforço*) herculean

herdar [er'dar] *vt* to inherit

herdeiro, -a [er'dejru, -a] *m, f* heir; **~ universal** universal heir

hereditária *adj v.* **hereditário**

hereditariedade [eredʒitarje'dadʒi] *f sem pl* heredity

hereditário, -a [eredʒi'tariw, -a] *adj* hereditary; **doença hereditária** hereditary illness

herege [e'rɛʒi] I. *mf* heretic II. *adj* heretical

heresia [ere'zia] *f* heresy; (*contrasenso*) heresy

hermafrodita [ermafro'dʒita] I. *mf* hermaphrodite II. *adj* hermaphroditic

hermenêutica [erme'newtʃika] *f* hermeneutic

hermético, -a [er'mɛtʃiku, -a] *adj* (*fechado: recipiente*) hermetic; (*de difícil compreensão*) complex, dense

hérnia ['ɛrnia] *f* hernia

herói, heroína [e'rɔj, ero'ina] *m, f* hero

heroico, -a [e'rɔjku, -a] *adj* heroic

heroína¹ [ero'ina] *f* (*mulher*) heroine

heroína² [ero'ina] *f* (*droga*) heroin

heroísmo [ero'izmu] *m* heroism *no pl*

herpes ['ɛrps] *mf* herpes

hertz ['xɛrts] *m* hertz

hesitação <-ões> [ezita'sɐ̃w, -'õjs] *f* hesitation; **sem ~** without hesitation

hesitante [ezi'tɐ̃ntʃi] *adj* hesitant

hesitar [ezi'tar] *vi* to hesitate; **não ~ em fazer a. c.** to not hesitate to do sth

heterodoxo, -a [etero'dɔksu, -a] *adj* heterodox

heterogêneo, -a [etero'ʒeniw, -a] *adj* heterogeneous

heterônimo [ete'ronimu] *m* LIT **os ~ de Fernando Pessoa** the heteronyms of Fernando Pessoa

heterossexual <-ais> [ɛteruseksu'aw, -'ajs] I. *mf* heterosexual II. *adj* heterosexual

heureca [ew'rɛka] *interj* eureka

hexagonal <-ais> [ezago'naw, -'ajs] *adj* hexagonal

hexágono [e'zagonu] *m* hexagon

Hg [mer'kuriw] *m abr de* **mercúrio** Hg

hialino, -a [ia'ʎinu, -a] *adj* (*relativo a vidro*) translucent; (*transparente*) transparent

hiato [i'atu] *m* **1.** LING hiatus **2.** (*lacuna*) gap

hibernação [iberna'sɐ̃w] *f sem pl* hibernation

hibernar [iber'nar] *vi* to hibernate

hibisco [i'bisku] *m* hibiscus

híbrido ['ibridu] *m* hybrid

híbrido, -a ['ibridu, -a] *adj* BIO, LING hybrid

hidra ['idra] *f* hydra

hidramático, -a [idra'matʃiku, -a] *adj* (*veículo*) automatic

hidrante [i'drɐ̃ntʃi] *m* hydrant

hidratação [idrata'sɐ̃w] *f sem pl* hydration

hidratante [idra'tɐ̃ntʃi] *adj* hydrating; **creme ~** moisturizer

hidratar [idra'tar] *vt* (*pele, cabelos*) to moisturize; MED to hydrate

hidrato [i'dratu] *m* QUÍM hydrate; **~ de carbono** carbon hydrate

hidráulica [i'drawʎika] *f* hydraulics + *sing vb*

hidráulico, -a [i'drawʎiku, -a] *adj* hydraulic; **central hidráulica**

hidrelétrica [idre'lɛtrika] *f* (*usina*) hydroelectric power plant

hidrelétrico, -a [idre'lɛtriku, -a] *adj* hydroelectric; **energia hidrelétrica** hydroelectric power

hídrico, -a ['idriku, -a] *adj* hydric

hidroavião <-ões> [idrwavi'ãw, -'õjs] *m* seaplane

hidrocefalia [idrosefa'ʎia] *f* hydrocephalus

hidrodinâmica [idrodʒi'nɜmika] *f* hydrodynamics + *sing vb*

hidrodinâmico, -a [idrodʒi'nɜmiku, -a] *adj* hydrodynamic

hidrofílico, -a [idro'fiʎiku, -a] *adj* hydrophilic

hidrofobia [idrofo'bia] *f sem pl* hydrophobia

hidrogênio [idro'ʒeniw] *m sem pl* hydrogen

hidrografia [idrogra'fia] *f sem pl* hydrography

hidrográfico, -a [idro'grafiku, -a] *adj* hydrographic; **bacia hidrográfica** hydrographic basin; **mapa ~** hydrographic chart

hidrólise [i'drɔʎizi] *f* hydrolysis

hidrologia [idrolo'ʒia] *f sem pl* GEO hydrology

hidromassagem [idroma'saʒẽj] <-ens> *f* hydro massage; **banheira de ~** hydro massage tub

hidrômetro [i'drometru] *m* hydrometer

hidrosfera [idros'fɛra] *f* hydrosphere

hidrostática [idros'tatʃika] *f* hydrostatics

hidrovia [idro'via] *f* waterway

hidroviário, -a [idrovi'ariw, -a] *adj* (*transporte*) water

hidróxido [i'drɔksidu] *m* hydroxide

hiena [i'ena] *f* hyena

hierarquia [ierar'kia] *f* hierarchy

hierárquico, -a [ie'rarkiku, -a] *adj* hierarchical

hierarquizar [ierarki'zar] *vt* to rank according status

hieróglifo [ie'rɔglifu] *m* (*figura*) hieroglyph; (*sistema de escrita*) hieroglyphics; (*escrita ilegível*) scrawl

hífen ['ifẽj] <hífens> *m* hyphen

hígido, -a ['iʒidu, -a] *adj* salubrious, healthy

higiene [iʒi'eni] *f* hygiene; **~ pessoal** personal hygiene

higiênico, -a [iʒi'eniku, -a] *adj* hygienic; **absorvente ~** sanitary napkin; **papel ~** toilet paper

higrômetro [i'grometru] *m* hygrometer

hilária *adj v.* **hilário**

hilariante [ilari'ɜntʃi] *adj* hilarious; **gás ~** laughing gas

hilário, -a [i'lariw, -a] *adj* hilarious

hímen ['imẽj] <-s> *m* hymen

hindu [ĩj'du] I. *mf* Hindu II. *adj* Indian; REL Hindu

hinduísmo [ĩjdu'izmu] *m sem pl* Hinduism

hino ['inu] *m* REL hymn; **~ nacional** National Anthem

hiperativo, -a [ipera'tʃivu, -a] *adj* (*criança*) hyperactive

hipérbole [i'pɛrboʎi] *f* LIT, MAT hyperbole

hiperglicemia [iperglise'mia] *f* MED hyperglycemia *Am*, hyperglycaemia *Brit*

hiperinflação <-ões> [iperĩjfla'sãw, -'õjs] *f* hyperinflation

hipermercado [ipermer'kadu] *m* hypermarket

hipermetrope [iper'mɛtropi] I. *mf* farsighted person *Am*, long-sighted person *Brit* II. *adj* hypermetropic *Aus*, *Am*, long-sighted *Brit*

hipermetropia [ipermetro'pia] *f sem pl* hypermetropia, far-sightedness *Am*, long-sightedness *Brit*

hipersensibilidade [ipersẽjsibiʎi'dadʒi] *f* hypersensitivity

hipersensível <-eis> [ipersẽj'sivew, -ejs] *adj* hypersensitive

hipertensa *adj v.* **hipertenso**

hipertensão [ipertẽj'sãw] *f* <sem pl> hypertension

hipertenso, -a [iper'tẽjsu, -a] *adj* hypertensive

hipertexto [iper'testu] *m* hypertext

hipertireoidismo [ipertʃireɔj'dʒizmu] *m sem pl* hyperthyroidism

hipertrofia [ipertro'fia] *f sem pl* MED, BIOL hypertrophy

hip-hop ['xipi-'xɔpi] *m* MÚS hip-hop

hípico, -a ['ipiku, -a] *adj* equine, horse-riding; **centro ~** equine centre, horse-riding school

hipismo [i'pizmu] *m sem pl* (*saltos e obstáculos*) show jumping; (*corrida*) horse racing; (*técnica*) horsemanship

hipnose [ip'nɔzi] *f* hypnosis

hipnótico, -a [ip'nɔtʃiku, -a] *adj* hypnotic

hipnotismo [ipno'tʃizmu] *m sem pl* hypnotism

hipnotizado, -a [ipnotʃi'zadu, -a] *adj* **1.** hypnotized **2.** (*encantado*) fascinated

hipnotizador(a) [ipnotʃiza'dor(a)] *m(f)* hypnotist

hipnotizar [ipnotʃi'zar] *vt* to hypnotize

hipocondria [ipokõw'dria] *f sem pl* hypochondria

hipocondríaco, -a [ipokõw'driaku, -a] **I.** *m, f* hypochondriac **II.** *adj* hypochondriacal

hipocrisia [ipokri'zia] *f* hypocrisy

hipócrita [i'pɔkrita] **I.** *mf* hypocrite **II.** *adj* hypocritical

hipódromo [i'pɔdromu] *m* race course

hipoglicemia [ipoglise'mia] *f sem pl* hypoglycemia *Am*, hypoglycaemia *Brit*

hipopótamo [ipo'pɔtɐmu] *m* hippopotamus

hipoteca [ipo'tɛka] *f* mortgage

hipotecado, -a [ipote'kadu, -a] *adj* mortgaged

hipotecar [ipote'kar] <c→qu> *vt* to mortgage

hipotensa *adj v.* **hipotenso**

hipotensão [ipotẽj'sɐ̃w] *f* <sem pl> hypotension

hipotenso, -a [ipo'tẽjsu, -a] *adj* hypotensive

hipotenusa [ipote'nuza] *f* MAT hypotenuse

hipotermia [ipoter'mia] *f sem pl* MED hypothermia

hipótese [i'pɔtezi] *f* **1.** (*suposição*) hypothesis; **na ~ de ele vir** if he comes; **na melhor das ~s** at best; **na pior das ~s** at worst **2.** (*teoria*) assumption

hipotético, -a [ipo'tɛtʃiku, -a] *adj* hypothetical

hipotireoidismo [ipotʃireoj'dʒizmu] *m sem pl* hypothyroidism

hipoxia [ipok'sia] *f sem pl* hypoxia

hippie ['xipi] *adj, mf* hippie

hirsuto, -a [ir'sutu, -a] *adj* hairy

hirto, -a ['irtu, -a] *adj* stiff

hispânico, -a [is'pɐniku, -a] *adj* Hispanic; HIST Hispanic

histerectomia [isterekto'mia] *f* hysterectomy

histeria [iste'ria] *f* hysteria; **~ coletiva** mass hysteria

histérico, -a [is'tɛriku, -a] *adj* hysterical

histologia [istolo'gia] *f sem pl* histology

história [is'tɔria] *f* **1.** (*passado*) history; **~ da arte** art history; **~ contemporânea** modern history; **~ natural** natural history; **~ sagrada** Sacred History; **~ universal** world history **2.** (*conto*) story; **~ do arco-da-velha** cock-and-bull story; **~ da carochinha** fairy tale; **~ em quadrinhos** comic; **contar uma ~** to tell a story; **~ para boi dormir** idle talk **3.** (*de filme*) plot; **a ~ do filme não foi convincente** the film's plot was not convincing; **deixa de ~!** stop complicating things!; **ela é cheia de ~s** she makes everything so complicated; **isso é outra ~!** that's another story altogether; **que ~ é esta de falar mal dos outros?** what is this about bad mouthing other people?; **assim não vai ficar ninguém para contar a ~** this way there will be nobody left to tell the tale

historiador(a) [istoria'dor(a)] *m(f)* historian

histórico [is'tɔriku] *m* records; **~ escolar/médico** school/medical records

histórico, -a [is'tɔriku, -a] *adj* **1.** (*importante na história: momento, missão, vitória*) historic **2.** (*relativo á história: romance, fato, documentos*) historical

histriônico, -a [istri'oniku, -a] *adj* (*veia*) histrionic

hit ['xitʃi] *m* (*sucesso*) hit

hitlerista [xitle'rista] *adj* Hitlerian

hobby ['xɔbi] <hobbies> *m* hobby

hodômetro [o'dometru] *m* odometer

hoje ['oʒi] *adv* today; **~ em dia** nowadays; **~ à tarde** this afternoon

Holanda [o'lɐ̃da] *f* the Netherlands, Holland

holandês, -esa [olɐ̃'des, -'eza] **I.** *m, f* (*língua*) Dutch; (*pessoa*) Dutchman *m*, Dutchwoman *f*; **os holandeses** the Dutch; **ele é um holandês** he's Dutch **II.** *adj* Dutch

holding ['xrowdʒĩj] *m* holding

holístico, -a [o'ʎistʃiku, -a] *adj* holistic

holocausto [olo'kawstu] *m* holocaust

holofote [olo'fɔtʃi] *m* spotlight

holograma [olo'grɐma] *m* hologram

homem ['ɔmẽj] <-ens> *m* **1.** (*do sexo masculino*) man; **~ de bem** good man; **~ de negócios** businessman **2.** (*ser humano*) human being **3.** (*soldado*) **um exército de 2000 homens** an army of 2,000 men

homem-rã ['ɔmēj-xã] <homens-rã(s)> *m* frogman

homenageado, -a [omenaʒi'adu, -a] *m, f* honored *Am*, honoured *Brit*

homenagear [omenaʒi'ar] *conj como passear vt* to honor *Am*, to honour *Brit*

homenagem [ome'naʒēj] <-ens> *f* honor *Am*, honour *Brit*; **prestar ~ a alguém** to honor sb; **em ~ ao seu trabalho** in honor of your work

homens *m pl de* **homem**

homenzarrão <-ões> [omējza'xãw, -'õjs] *m (muito alto e forte)* giant

homenzinho [ɔmēj'zīɲu] *m (menino)* little man

homeopata [omew'pata] *mf* homeopath

homeopatia [omewpa'tʃia] *f sem pl* homeopathy

homepage ['xowmi 'pejʒi] *f* INFOR homepage

homérico, -a [o'mɛriku, -a] *adj (derrota,)* epic; *(mentira, banqueta)* of epic proportions

homicida [omi'sida] **I.** *mf* murderer **II.** *adj* homicidal

homicídio [omi'sidʒiw] *m* homicide; **~ culposo** manslaughter; **~ doloso** first degree murder

homilia [omi'ʎia] *f* REL homily

hominídeo [omi'nidʒiu] *m* hominid

homofobia [omofo'bia] *f sem pl* homophobia

homófono [o'mɔfonu] *m* LING homophone

homófono, -a [o'mɔfonu, -a] *adj* LING homophonic

homogênea *adj v.* **homogêneo**

homogeneidade [omoʒenej'dadʒi] *f sem pl* homogeneity

homogeneizar [omoʒenej'zar] *vt* to homogenize, to make homogeneous

homogêneo, -a [omo'ʒeniw, -a] *adj* homogeneous

homógrafo [o'mɔgrafu] *m* LING homograph

homógrafo, -a [o'mɔgrafu, -a] *adj* LING homographic

homóloga *adj, f v.* **homólogo**

homologação <-ões> [omologa'sãw, -'õjs] *f* JUR homologation

homologar [omolo'gar] <g→gu> *vt form* to homologate, to ratify

homologia [omolo'ʒia] *f* homology

homólogo, -a [o'mɔlugu, -a] **I.** *m, f* homolog *Am*, homologue *Brit* **II.** *adj* homologous

homônimo, -a [o'monimu, -a] *adj* LING homonym

homossexual <-ais> [omoseksu'aw, -'ajs] *adj, mf* homosexual

homossexualidade [omosekswaʎi'dadʒi] *f sem pl* homosexuality

Honduras [õw'duras] *fpl* Honduras

hondurenho, -a [õwdu'rēɲu, -a] *adj, m, f* Honduran

honesta *adj v.* **honesto**

honestamente [onesta'mējtʃi] *adv* honestly

honestidade [onestʃi'dadʒi] *f sem pl* honesty

honesto, -a [o'nɛstu, -a] *adj* honest

honorário, -a [ono'rariw, -a] *adj* honorary; **cidadão ~** honorary citizen; **sócio ~** honorary member

honorários [ono'rariws] *mpl* fees

honorífico, -a [ono'rifiku, -a] *adj* honorary; **cargo ~** honorary position

honra ['õwxa] *f* honor *Am*, honour *Brit*; **palavra de ~** word of honor; **em ~ de** in honor of; **fazer as ~s da casa** to do the honors; **tenho a ~ de apresentar ...** I have the honor of presenting

honrada *adj v.* **honrado**

honradez [õwxa'des] *f* **1.** *(honestidade)* honesty **2.** *(de caráter)* integrity

honrado, -a [õw'xadu, -a] *adj* **1.** *(que tem honra)* honorable **2.** *(respeitado)* respected

honrar [õw'xar] *vt* to honor *Am*, to honour *Brit*; **~ seus compromissos** to honor one's obligations

honrarias [õwxa'rias] *f pl* distinctions

honroso, -a [õw'xozu, -'ɔza] *adj (atitude)* honorable *Am*, honourable *Brit*

hóquei ['xɔkej] *m* hockey; *(sobre a grama)* field hockey; **~ sobre gelo** ice hockey

hora ['ɔra] *f* **1.** *(60 minutos)* hour; **de ~ em ~** hour by hour; **por ~** per hour; **meia ~** half an hour; **fazer ~ extra** to work overtime; **ser pago por ~** to be paid by the hour; **esperei duas ~s** I waited (for) two hours; **esperar ~s e ~s** to wait for hours and hours; **ele está com as ~s contadas** his days are numbered **2.** *(velocidade)* **100 km por ~** 100 km an hour; **o carro ia a 100 por ~** the car was going at 100 kms an hour **3.** *(em relógio)* o'clock; **às dez ~s** at ten o'clock; **na ~** on time; **que ~s são?** what time is it?; **a que ~s?** at what time?; **a qualquer ~** at any hour; **é uma ~/são dez ~s** it is one/it is ten o'clock; **tem ~s?** what time is it?; **fazer ~** to kill time; **perder a ~** to oversleep; **chegar em cima da ~** to arrive at the last minute; **chegar na ~ H** to arrive just at the right time; **trabalhar até altas ~s (da noite)** to work till the wee hours of the morning **4.** (*momento*) time; **~ do almoço/do jantar** lunchtime/dinnertime; **~ de chegada** arrival time; **~ do rush** rush hour; **na ~ do almoço/jantar** at lunch/dinnertime; **é ~ de ir dormir** it's bedtime; **a toda a ~ de ir** all the time; **está na ~ de ir embora** it's time to go; **já são (mais que) ~s de ...** it's way past the time to....; **está tudo pela ~ da morte** everything is very expensive **5.** (*compromisso*) appointment; **marcar uma ~** to make an appointment **6. de última ~** last-minute; **foi uma decisão de última ~** it was a last minute decision

> **Gramática** In Brazil, cardinal numbers are always used to indicate the time at a quarter before and after the hour: "oito e quinze; quinze para as dez, nove e quarenta e cinco"

hora-aula ['ɔra-'awla] <horas-aula> *f* class-hour
horário [o'rarıw] **I.** *m* **1.** timetable; (*da escola*) schedule, timetable *Brit* **2.** (*dos transportes*) schedule; **~ de abertura** opening time; **~ de atendimento** business hours; **~ de consulta** office hours *Am*, surgery *Brit*; **~ de expediente** working hours, business hours; **~ de trabalho** working hours; **~ flexível** flexi-time; **~ nobre** prime time; **~ de verão** daylight saving time **II.** *adj* **100 km ~s** 100 kms per hour
horda ['ɔrda] *f* horde
horizontal <-ais> [orizõw'taw, -'ajs] *adj, f* horizontal
horizonte [ori'zõwtʃi] *m* horizon; **linha do ~** the horizon; (*perspectiva*) horizon, prospect; **ampliar os ~s** to broaden one's horizons; **era uma pessoa sem ~s** he was a person with no prospects
hormonal <-ais> [ormo'naw, -'ajs] *adj* hormonal
hormônio [or'moniw] *m* hormone

horóscopo [o'rɔskopu] *m* horoscope
horrendo, -a [o'xẽjdu, -a] *adj* horrendous
horripilante [oxipi'lãntʃi] *adj* horrifying
horrível <-eis> [o'xivew, -ejs] *adj* horrible
horror [o'xor] *m* **1.** (*impressão*) **que ~!** how terrible **2.** (*aversão, medo*) horror; **tem ~ a baratas** I have a horror of cockroaches
horrores [o'xoris] *m pl* **1.** **~ da guerra** the horrors of war; **ela disse ~ do ex-marido** *inf* she said awful things about her ex husband **2.** *inf* a fortune; **ganha ~ com o novo negócio** he's earning a fortune in his new business
horrorizar [oxori'zar] **I.** *vt* to horrify **II.** *vr*: **~-se** to be horrified
horroroso, -a [oxo'rozu, -ɔza] *adj* horrible
hors-concours [ɔrkõw'kur] *adj inv* (*superior*) hors-concours, unrivalled
horta ['ɔrta] *f* vegetable garden
hortaliça [orta'ʎisa] *f* **~s** greens
hortelã [orte'lã] *f* mint
hortelã-pimenta [orte'lã-pi'mẽjta] <hortelãs-pimenta(s)> *f* peppermint
hortênsia [or'tẽjsia] *f* hydrangea
horticultura [ortʃikuw'tura] *f* horticulture
hortifrutigranjeiro [ortʃifrutʃigrãn'ʒejru] *m* fruit, vegetables and poultry
horto ['ortu] *m* vegetable garden; **~ florestal** forest nursery
hosana [o'zɐna] *interj, m* REL hosanna *m*
hospedado, -a [ospe'dadu, -a] *adj* **estar ~ na casa de alguém** to be a guest in sb's home
hospedar [ospe'dar] **I.** *vt* to put up; **hospedou os amigos durante as férias** his friends stayed with him during their vacation **II.** *vr*: **~-se em um hotel** to stay in a hotel
hospedaria [ospeda'ria] *f* hostel
hóspede ['ɔspedʒi] *mf* guest
hospedeiro, -a [ospe'dejru, -a] *m, f* BIO host
hospício [os'pisiw] *m* mental asylum
hospital <-ais> [ospi'taw, -'ajs] *m* hospital; **~ militar** military hospital; **estar no ~** be in the hospital *Am*, to be in hospital *Brit*
hospitalar [ospita'lar] <-es> *adj* hospital; **leito ~** hospital bed
hospitaleiro, -a [ospita'lejru, -a] *adj* hospitable

hospital-escola <hospitais-escola(s)> [ospi'taw-is'kɔla, -'ajz-] *m* hospital school

hospitalidade [ospitaʎi'dadʒi] *f sem pl* hospitality

hospitalizado, -a [ospitaʎi'zadu, -a] *adj* **estar ~** to be hospitalized

hospitalizar [ospitaʎi'zar] *vt* to hospitalize

hoste ['ɔstʃi] *f* multitude

hóstia ['ɔstʃia] *f* Host; **receber a ~** to receive [o take] Communion

hostil <-is> [os'tʃiw, -'is] *adj* hostile; (*atitude*) hostile; **~ a pessoas estranhas** hostile to strangers

hostilidade [ostʃili'dadʒi] *f* hostility

hostilizar [ostʃili'zar] *vt* to treat with hostility

hostis *adj pl de* **hostil**

hotel <-éis> [o'tɛw, -'ɛjs] *m* hotel; **~ cinco estrelas** five-star hotel

hotelaria [otela'ria] *f sem pl* hotel administration [*o* management]; **ela tem curso de hotelaria** she has done a hotel management course

hoteleiro, -a [ote'lejru, -a] *m* (*dono*) hotelier; (*gerente*) hotel manager

hoteleiro, -a [ote'lejru, -a] *adj* **indústria hoteleira** hotel industry

houve ['ouvi] *3. pret de* **haver**

hum [m:] *interj* hum

humana *adj v.* **humano**

humanamente [umɜna'mẽjtʃi] *adv* humanly

humanidade [umɜni'dadʒi] *f* **1.** (*gênero humano*) humanity **2.** (*bondade*) kindness, humanity; **tratar com ~** treat with kindness

humanidades [umɜni'dads] *fpl* (the) humanities

Humanismo [umɜ'nizmu] *m sem pl* Humanism

humanista [umɜ'nista] *adj, mf* Humanist

humanitário, -a [umɜni'tariw, -a] *adj* humanitarian; **ajuda humanitária** humanitarian aid

humanizar [umɜni'zar] **I.** *vt* to make more humane **II.** *vr:* **~-se** to become more humane

humano [u'mɜnu] *m* human being; **os ~s** humanity *no pl*, the human race

humano, -a [u'mɜnu, -a] *adj* human; **a natureza ~** human nature

humildade [umiw'dadʒi] *f sem pl* **1.** (*pobreza*) humbleness **2.** (*sentimento*) humility

humilde [u'miwdʒi] *adj* **1.** (*modesto*) humble; **de família ~** from a humble background **2.** (*respeitoso*) humble

humilhação <-ões> [umiʎa'sɜ̃w, -'õjs] *f* humiliation *no pl;* **sofrer uma ~** suffer humiliation

humilhante [umi'ʎɜ̃tʃi] *adj* humiliating

humilhar [umi'ʎar] **I.** *vt* to humiliate **II.** *vr:* **~-se** to humiliate oneself

humo ['umu] *m* humus

humor [u'mor] *m* **1.** (*comicidade*) humor *Am*, humour *Brit;* **~ negro** black humor; **ter senso de ~** to have a sense of humor **2.** (*disposição*) mood; **estar de bom/mau ~** to be in a good/bad mood

humorado, -a [umo'radu, -a] *adj* **estar bem-/mal-~** to be good/bad humored

humorismo [umo'rizmu] *m sem pl* (*teoria*) Humorism; (*qualidade*) humorousness

humorista [umo'rista] *mf* humorist

humorístico, -a [umo'ristʃiku, -a] *adj* (*programa*) comedy; (*em que há graça*) funny

húngaro, -a ['ũwgaru, -a] *adj, m, f* Hungarian

Hungria [ũw'gria] *f* Hungary

hurra ['uxa] *interj* hurray, hurrah

Hz ['xɛrts] *m abr de* **hertz** Hz

I

I, i ['i] *m* I, i

iaiá [ja'ja] *f inf: form of address for young girls, used during slavery times*

iambo ['jɜ̃bu] *m* iamb

ianomâmi [jano'mɜmi] *m* (*povo, língua*) Yanomamo

ianque [i'ɜ̃ŋki] *mf* Yankee

iansã [jɜ̃'sɜ̃] *f* REL *feminine African deity that embodies the wind, lightning and storms in African spirit worship*

iate [i'atʃi] *m* yacht

Ibama [i'bɜma] *m abr de* **Instituto Brasileiro do Meio Ambiente e dos**

ibérico   304   **ignóbil**

Recursos Naturais Renováveis Brazilian Environmental Protection Agency

ibérico, -a [i'bɛriku, -a] *adj* Iberian

ibero-americano, -a [i'bɛruameri'kɐnu, -a] *adj* Iberian-American

IBGE [ibeʒe'ɛ] *m abr de* **Instituto Brasileiro de Geografia e Estatística** Brazilian Institute of Geography and Statistics

ibope [i'bɔpi] *m abr de* **Instituto Brasileiro de Opinião Pública e Estatística** Brazilian Institute of Public Opinion and Statistics; (*índice de audiência*); **este programa na TV dá bom ~** this TV program has a high rating; (*prestígio*); **ele tem um bom ~ entre as mulheres** he is very popular with the women

içar [i'sar] <c→c> *vt* to hoist

iceberg [ajsi'bɛrgi] *m* iceberg

ICMS [iseemi'ɛsi] *m abr de* **Imposto sobre Circulação de Mercadorias e Serviços** (State) Tax on the Circulation of Merchandise and Services

ícone [ikoni] *m tb.* REL, INFOR icon

iconografia [ikonogra'fia] *f* iconography

icterícia [ikte'risia] *f sem pl* MED jaundice

ictiologia [iktʃjolo'ʒia] *f sem pl* ichthyology *no pl*

ida ['ida] *f* (*viagem*) trip; **~ e volta** round trip; **na ~** going

idade [i'dadʒi] *f* age; **Idade Média** Middle Ages; **de ~** aged; **na minha ~** at my age; **ser maior de ~** to be of legal age; **ser menor de ~** to be a minor; **terceira ~** old age; **que ~ ele tem?** what is his age?; **tenho 16 anos de ~** I am 16 years old; **ela tem a minha ~** she and I are the same age; **eles são da mesma ~** they are the same age

ideal <-ais> [ide'aw, -'ajs] I. *m* 1. (*político*) platform 2. (*situação*) ideal II. *adj* (*exemplar, imaginário*) ideal

idealismo [idea'ʎizmu] *m sem pl* idealism *no pl*

idealista [idea'ʎista] I. *mf* idealist II. *adj* idealistic

idealizar [ideaʎi'zar] *vt* to idealize

ideia [i'dɛja] *f* 1. (*pensamento*) idea; **~ fixa** fixed idea; **ter uma ~** to have an idea 2. (*imaginação*) idea; **não faço ~** I have no idea; **não faço a mínima ~** I haven't the least idea; **fazer uma ~ de a. c.** to get an idea of sth 3. (*opinião*) opinion; **mudar de ~** to change one's mind; **~s políticas** political plans; **trocar uma ~** *inf* to chat 4. (*intenção*) plan; **estar com ~s de fazer a. c.** to plan to do sth 5. (*lembrança*) recollection; **tenho uma vaga ~ disso** I have a vague recollection of that

idem ['idẽj] *pron* the same, idem

idêntico, -a [i'dẽjtʃiku, -a] *adj* identical; **ele é ~ à irmã** he is identical to his sister

identidade [idẽjtʃi'dadʒi] *f* 1. (*de pessoa, igualdade*) identity 2. (*documento*) identity [*o* ID] card

identificar [idẽjtʃifi'kar] <c→qu> I. *vt* (*pessoa, problema, doença*) to identify II. *vr:* **~-se** 1. (*apresentar identificação*) to identify oneself 2. (*empatia*) to identify; **~-se com alguém/a. c.** to identify with sb/sth

ideologia [ideolo'ʒia] *f* ideology

ideológico, -a [ideo'lɔʒiku, -a] *adj* ideological

idílico, -a [i'dʒiʎiku, -a] *adj* idyllic

idílio [i'dʒiʎiw] *m* idyll

idioma [i'dʒioma] *m* language

idiomático, -a [idʒjo'matʃiku, -a] *adj* idiomatic

idiossincrasia [idʒjosĩjkra'zia] *f* idiosyncrasy

idiota [i'dʒiɔta] I. *mf* idiot II. *adj* idiotic

idiotice [idʒio'tʃisi] *f* idiocy

idolatrar [idola'trar] *vt* to worship

ídolo ['idulu] *m* (*pessoa*) idol

idônea *adj v.* **idôneo**

idoneidade [idonej'dadʒi] *f* **~ moral** uprightness; **~ financeira** creditworthiness

idôneo, -a [i'doniw, -a] *adj* (*competente*) apt

idoso, -a [i'dozu, -'ɔza] I. *m, f* elderly person II. *adj* aged

iê-iê-iê [jeje'je] *m sem pl* MÚS *type of Brazilian rock in the 1960s*

Iemanjá [jemɐ̃ʒ'ʒa] *f in candomblé, the goddess of the sea;* **festa de ~** feast of Iemanjá

Iêmen ['jemẽj] *m* Yemen

iene ['jeni] *m* yen

igarapé [igara'pɛ] *m* *small navigable river in the Amazon region*

ignição <-ões> [igni'sɐ̃w, -'õjs] *f* ignition

ignóbil <-eis> [ig'nɔbiw, -ejs] *adj*

ignoble

ignorância [igno'rãŋsia] *f sem pl* ignorance *no pl;* **apelar/partir para a ~** to stoop to rudeness; **santa ~!** how absurd!

ignorante [igno'rãŋtʃi] I. *mf* unlearned person II. *adj* uninformed, ignorant

ignorar [igno'rar] *vt* 1. (*não saber*) to be unaware of; (*não conhecer*) to be unschooled in; **ignoro a matemática** I have never studied math 2. (*não prestar atenção*) to ignore

igreja [i'greʒa] *f* church; **ir à ~** to got to church

igual [i'gwaw] I. *adj* <-ais> (*o mesmo, idêntico; proporcional*) equal; **ser ~ a alguém/a. c.** to be equal to sb/sth; **tratar alguém de ~ para ~** to treat sb fairly; **dividir a. c. em partes iguais** to divide sth into equal parts; **um acontecimento sem ~** an unparalleled event; **três mais três é ~ a seis** MAT three plus three equals six II. *adv* equally; **tratava os filhos ~** he treated his children equally; **repartiu a comida por ~** she divided the food equally III. *conj* **~ a** like

igualar [igwa'lar] I. *vt* to equal; **~ a alguém/a. c.** to be equal [*o* to match] sb/sth; (*nivelar*) to equalize II. *vr:* **~-se** to equal; **~-se a alguém** to equal sb

igualdade [igwaw'dadʒi] *f* equality; **~ de direitos** equal rights

igualmente [igwaw'mẽjtʃi] *adv* equally; (*como resposta*) to you, too

igualzinho, -a [igwaw'zĩɲu, -a] *adj inf* just like; **o meu casaco é ~ ao seu** my coat is just like yours

iguana [i'gwɜna] *f* iguana

iguaria [igwa'ria] *f* delicacy

ilação <-ões> [ila'sãw, -'õjs] *f form* conclusion; **tirar suas ilações de a. c.** to draw one's conclusions from sth

ilegal <-ais> [ile'gaw, -'ajs] *adj* illegal

ilegalidade [ilegaʎi'dadʒi] *f* illegality

ilegítimo, -a [ile'ʒitʃimu, -a] *adj* (*ato, filho*) illegitimate

ilegível <-eis> [ile'ʒivew, -ejs] *adj* illegible

ileso, -a [i'lezu, -a] *adj* unscathed; **sair ~ de um acidente** to come out of an accident unharmed

iletrado, -a [ile'tradu, -a] *adj* illiterate

ilha ['iʎa] *f* island; (*calçada para pedestres*) safety island

ilhéu [i'ʎɛw] *m* (*ilhota*) islet

ilhéu, ilhoa [i'ʎɛw, i'ʎoa] *m, f* islander

ilhó [i'ʎɔ] *mf* eyehole

ilhoa *f v.* **ilhéu**

ilhota [i'ʎɔta] *f* islet

ilibado, -a [iʎi'badu, -a] *adj* (*pessoa*) uncorrupted; (*reputação*) unblemished

ilibar [iʎi'bar] *vt* to clear; **~ alguém de um crime** to clear sb of a crime

ilícito, -a [i'ʎisitu, -a] *adj* illicit; **cometer um ato ~** to commit an illicit act

ilimitado, -a [iʎimi'tadu, -a] *adj* unlimited

Ilmo. [ilus'trisimu] *m abr de* **ilustríssimo** honorable *Am,* honourable *Brit*

ilógico, -a [i'lɔʒiku, -a] *adj* illogical

iludir [ilu'dʒir] I. *vt* to delude, to trick II. *vr:* **~-se** to be mistaken; **~-se com alguém/a. c.** to be wrong about sb/sth

iluminação <-ões> [ilumina'sãw, -'õjs] *f* illumination; **~ natural** natural light; (*inspiração*) luminosity; (*conhecimento*) enlightenment

iluminado, -a [ilumi'nadu, -a] *adj* 1. (*rua*) lit, lighted 2. (*espírito, pessoa*) enlightened

iluminar [ilumi'nar] *vt* 1. (*com luz*) to illuminate 2. *fig* (*esclarecer*) to enlighten

Iluminismo [ilumi'nizmu] *m sem pl* Enlightenment *no pl*

ilusão <-ões> [ilu'zãw, -'õjs] *f* (*erro, aparência, fantasia*) illusion; **~ de ótica** optical illusion

ilusionismo [iluzjo'nizmu] *m* illusionism

ilusionista [iluzjo'nista] *mf* illusionist

ilusões *f pl de* **ilusão**

ilusório, -a [ilu'zɔriw, -a] *adj* illusory

ilustração <-ões> [ilustra'sãw, -'õjs] *f* (*de livro, texto; de uma ideia*) illustration

ilustrado, -a [ilus'tradu, -a] *adj* (*pessoa, pensamento*) enlightened; (*livro, mapa*) illustrated

ilustrar [ilus'trar] *vt* (*livro; ideia*) to illustrate

ilustre [i'lustri] *adj* illustrious

ilustríssimo, -a [ilus'trisimu, -a] *adj* (*em carta*) **~ senhor** dear sir

imã [i'mã] *m* REL imam

imã ['imã] *m* magnet

imaculado, -a [imaku'ladu, -a] *adj* (*caráter; passado; roupa, casa; cristal*) immaculate

imagem [i'maʒẽj] <-ens> *f* 1. (*figura,*

imaginação

retrato; reprodução, objeto de culto; de televisão, no espelho) image **2.** (*reputação*) image; **manter a ~ de** to maintain one's image; **ela é a ~ da felicidade** she is the image of happiness

imaginação <-ões> [imaʒi'sãw, -'õjs] *f* (*criatividade, fantasia*) imagination; **usar a ~** to use one's imagination; **aquilo era fruto da sua ~** that was the product of your imagination

imaginar [imaʒi'nar] **I.** *vt* **1.** (*conceber*) to imagine; **você nem imagina!** you can't even imagine!; **não posso ~** I can't imagine; **imagina que ...** imagine that ...; **imagine!** yeah right! **2.** (*supor*) to imagine, to guess; **imagino que sim** I imagine so **II.** *vr:* **~-se 1.** (*imaginar a si próprio*) to think of oneself (as) **2.** (*julgar-se*) to consider oneself

imaginário [imaʒi'nariw] *m* (*de um povo*) iconography

imaginário, -a [imaʒi'nariw, -a] *adj* imaginary

imaginativo, -a [imaʒina'tʃivu, -a] *adj* imaginative

imane [i'mɜni] *adj* (*cruel*) inhumane; (*desmedido*) enormous

imanente [imɜ'nẽjtʃi] *adj* immanent

imatura *adj v.* **imaturo**

imaturidade [imaturi'dadʒi] *f* immaturity

imaturo, -a [ima'turu, -a] *adj* immature

imbatível <-eis> [ĩjba'tʃivew, -ejs] *adj* unbeatable

imbecil <-is> [ĩjbe'siw, -'is] *adj, mf* imbecile

imberbe [ĩj'bɛrbi] *adj* clean-shaven; *fig* (*jovem*) youthful

imbricar [ĩjbri'kar] <c→qu> *vt* to imbricate

imbróglio [ĩj'brɔʎiw] *m* imbroglio

imbuir [ĩjbu'ir] *conj como* **incluir I.** *vt* to imbue **II.** *vr:* **~-se** to imbue oneself; **ele imbuiu-se de coragem antes de falar** he imbued himself with courage before speaking

imediações [imedʒja'sõjs] *fpl* **nas ~** in the surrounding area

imediata *adj v.* **imediato**

imediatamente [imedʒjata'mẽjtʃi] *adv* (*com urgência*) immediately; **~ a seguir** immediately following

imediato, -a [ime'dʒjatu, -a] *adj* immediate; **de ~** immediately

imemorável <-eis> [imemo'ravew, -ejs] *adj* immemorial; **em tempos imemoráveis** from time immemorial

imensa *adj v.* **imenso**

imensidão <-ões> [imẽjsi'dãw, -'õjs] *f* immensity

imenso, -a [i'mẽjsu, -a] *adj* (*lugar, oportunidades, saudade, talento*) immense

imensurável <-eis> [imẽjsu'ravew, -ejs] *adj* immeasurable

imerecido, -a [imere'sidu, -a] *adj* undeserved

imergir [imer'ʒir] *vt <pp* imergido *ou* imerso; g→j> to immerge

imersa *adj v.* **imerso**

imersão <-ões> [imer'sãw, -'õjs] *f* immersion

imerso, -a [i'mɛrsu, -a] *adj* immersed; **~ em pensamentos** immersed in thought

imersões *f pl de* **imersão**

imigração <-ões> [imigra'sãw, -'õjs] *f* immigration

imigrante [imi'grãtʃi] *mf* immigrant

imigrar [imi'grar] *vi* to immigrate

iminência [imi'nẽjsja] *f* imminence; **o prédio está na ~ de ruir** the building is about to collapse

iminente [imi'nẽjtʃi] *adj* (*perigo, crise*) imminent; **ser** [*ou* **estar**] **~** to be imminent

imiscível <-eis> [imi'sivew, -ejs] *adj* unmixable

imiscuir-se [imis'kwirsi] *conj como* **incluir** *vr* to poke (into)

imitação <-ões> [imita'sãw, -'õjs] *f* **1.** (*ação de imitar*) imitation; **fazer uma ~ de alguém** to imitate sb **2.** (*cópia*) imitation; **a joia/o quadro é uma ~** the jewelry/painting is an imitation

imitador(a) [imita'dor(a)] *m(f)* imitator

imitar [imi'tar] *vt* to imitate

imitável <-eis> [imi'tavew, -ejs] *adj* imitable

imobiliária [imobiʎi'arja] *f* real estate agency

imobilidade [imobiʎi'dadʒi] *f sem pl* immobility *no pl*

imobilizado, -a [imobiʎi'zadu, -a] *adj* **estar/ficar ~** to be immobilized

imobilizar [imobiʎi'zar] *vt* (*pessoa, membro, processo, dinheiro*) to immobilize

imoderado, -a [imode'radu, -a] *adj* immoderate

imodesta *adj v.* **imodesto**

imodéstia [imo'dɛstʃia] f immodesty

imodesto, -a [imo'dɛstu, -a] adj immodest

imódico, -a [i'mɔdʒiku, -a] adj exorbitant

imolado, -a [imo'ladu, -a] adj sacrificed

imoral <-ais> [imo'raw, -'ajs] adj immoral

imoralidade [imoraliˈdadʒi] f immorality

imortal <-ais> [imor'taw, -'ajs] I. mf immortal; (*membro da Academia Brasileira de Letras*) member of the Brazilian Academy of Letters II. adj immortal

imortalidade [imortaliˈdadʒi] f sem pl immortality no pl

imortalizar [imortali'zar] I. vt to immortalize II. vr: ~-se to become immortalized; **ela imortalizou-se através de suas pinturas** she became immortalized through her paintings

imóveis [i'mɔvejs] m real estate pl

imóvel <-eis> [i'mɔvew, -ejs] adj real property

impaciente [ĩjpasi'ẽjtʃi] adj impatient

impacto [ĩj'paktu] m (*choque; efeito*) impact; ~ **ambiental** environmental impact; **de grande** ~ having a huge impact; **atividade física de alto** ~ high-impact physical activity; **causar impacto em a. c./alguém** to cause an impact on sth/sb

impagável <-eis> [ĩjpa'gavew, -ejs] adj 1.(*dívida*) unpayable 2.(*sem preço, espirituoso*) priceless

impalpável <-eis> [ĩjpaw'pavew, -ejs] adj impalpable

ímpar ['ĩjpar] <-es> adj 1.(*número*) uneven 2.(*único*) unparalleled

imparcial <-ais> [ĩjparsi'aw, -'ajs] adj impartial

imparcialidade [ĩjparsjaliˈdadʒi] f impartiality

ímpares adj pl de **ímpar**

impasse [ĩj'pasi] m stalemate; **estar num** ~ to be in a stalemate

impassível <-eis> [ĩjpa'sivew, -ejs] adj 1.(*indiferente à dor*) impassible 2.(*insensível*) impassive

impávido, -a [ĩj'pavidu, -a] adj fearless

impeachment [ĩj'pitʃimẽj] m impeachment

impecável <-eis> [ĩjpe'kavew, -ejs] adj (*trabalho, objeto, pessoa*) impeccable

impedido, -a [ĩjpi'dʒidu, -a] adj 1.(*pessoa*) impeded 2.(*rua*) closed 3. ESPORT (*futebol*) offside

impedimento [ĩjpedʒi'mẽjtu] m 1. tb. JUR impediment 2. FUT offside position

impedir [ĩjpi'dʒir] irr como pedir vt to impede; ~ **a. c.** to impede sth; ~ **alguém de fazer a. c.** to impede sb from doing sth; ~ **a passagem** to block the passage; **ninguém o impede de sonhar** no one is stopping you from dreaming

impeditivo, -a [ĩjpedʒi'tʃivu, -a] adj impediment

impelir [ĩjpe'lir] irr como preferir vt to impel

impenetrável <-eis> [ĩjpene'travew, -ejs] adj (*floresta; pessoa; raciocínio, mistério*) impenetrable

impenitente [ĩjpeni'tẽjtʃi] adj unrepentant

impensado, -a [ĩjpẽj'sadu, -a] adj (*ato, gesto*) unexpected

impensável <-eis> [ĩjpẽj'savew, -ejs] adj unthinkable

imperador [ĩjpera'dor] m emperor

imperar [ĩjpe'rar] vt, vi to rule; **era uma situação em que imperava o caos** it was a situation in which chaos ruled

imperativo [ĩjpera'tʃivu] m tb. LING imperative

imperativo, -a [ĩjpera'tʃivu, -a] adj imperative

imperatriz [ĩjpera'tris] f empress

imperceptível <-eis> [ĩjpersep'tʃivew, -ejs] adj (*som, falha*) imperceptible

imperdível <-eis> [ĩjper'dʒivew, -ejs] adj (*objeto*) unlosable; (*evento*) that should not be missed

imperdoável <-eis> [ĩjperdo'avew, -ejs] adj inexcusable

imperecível <-eis> [ĩjpere'sivew, -ejs] adj non-perishable

imperfeição <-ões> [ĩjperfej'sãw, -õjs] f (*falta de perfeição, defeito*) imperfection

imperfeito [ĩjper'fejtu] m LING imperfect

imperfeito, -a [ĩjper'fejtu, -a] adj (*sem perfeição, defeituoso*) imperfect

imperial <-ais> [ĩjperi'aw, -'ajs] adj (*relativo a imperador, relativo a império*) imperial

imperialismo [ĩjperja'liʒmu] m sem pl imperialism no pl

imperialista [ĩjperja'lista] I. mf imper-

imperícia [ĩjpe'risia] *f* malpractice
império [ĩj'pεriw] *m* empire
imperioso, -a [ĩjperi'ozu, -'ɔza] *adj* (*tom, atitude*) imperious
impermeabilidade [ĩjpermeabiʎi'dadʒi] *f* imperviousness to water
impermeável <-eis> [ĩjpermi'avew, -ejs] I. *m* raincoat II. *adj* 1.(*tecido*) waterproof 2.(*pessoa*) impervious
impertinente [ĩjpertʃi'nẽjtʃi] *adj* (*pessoa, comentário*) impertinent
imperturbável <-eis> [ĩjpertur'bavew, -ejs] *adj* serene
impessoal <-ais> [ĩjpesu'aw, -'ajs] *adj* (*lei, regras*) uniform; (*voz, tratamento, estilo*) impersonal
ímpeto ['ĩjpetu] *m* 1.(*impulso*) impetus 2.(*furor, dinamismo*) vigor
impetrar [ĩjpe'trar] *vt* JUR to file; **o advogado impetrou um habeas corpus** the attorney filed (for) a habeas corpus
impetuoso, -a [ĩjpetu'ozu, -'ɔza] *adj* impetuous
impiedade [ĩjpje'dadʒi] *f* impiety
impiedoso, -a [ĩjpje'dozu, -'ɔza] *adj* merciless
impingir [ĩjpĩj'ʒir] *vt* to impinge; **o governo impingiu ao povo uma nova lei** the government imposed a new law on the people
ímpio, -a ['ĩjpiw, -a] *adj form* impious
implacável <-eis> [ĩjpla'kavew, -ejs] *adj* (*fúria, doença, dor*) implacable; (*justiça, rival*) ruthless
implantação <-ões> [ĩjplãjta'sãw, -'õjs] *f* 1.(*de um sistema*) implementation; ~ **da República** establishment of the Republic 2. MED implantation, implant
implantar [ĩjplãj'tar] I. *vt* 1.(*um sistema*) to implement 2.(*árvore*) to plant 3. MED to implant II. *vr*: ~**-se** (*costume, bactéria*) to take root
implante [ĩj'plãjtʃi] *m* MED implant
implicar [ĩjpli'kar] <c→qu> I. *vt* 1.(*envolver*) to implicate; ~ **alguém em a. c.** to implicate sb in sth; **as provas implicaram os funcionários em corrupção** the evidence implicated the employees in corruption 2.(*acarretar, consequências*) to lead (to), to result (in); **a infração das regras do trânsito implica em multa** violation of traffic rules will lead to a fine 3.(*requerer*) to require; **a situação implica cautela** the situation requires caution II. *vi* to find fault (with); **ele gosta de ~ com Deus e o mundo** he likes to find fault with everyone III. *vr*: ~**-se em a. c.** (*comprometer-se*) to be committed to sth; **desde jovem implicou-se na luta pela democracia** since youth, she has been committed to the struggle for democracy
implícita *adj v.* **implícito**
implicitamente [ĩjplisita'mẽjtʃi] *adv* implicitly
implícito, -a [ĩj'plisitu, -a] *adj* (*contido; subentendido*) implicit; **isso está ~** that is implicit
implodir [ĩjplo'dʒir] *vi* to implode
implorar [ĩjplo'rar] *vt* to implore; ~ **perdão** to implore forgiveness; ~ **ao professor uma segunda chance** to implore the teacher for a second chance
implosão <-ões> [ĩjplo'zãw, -'õjs] *f* implosion
impoluto, -a [ĩjpo'lutu, -a] *adj* (*amor, espírito; comportamento; pessoa*) virtuous
imponderado, -a [ĩjpõwde'radu, -a] *adj* (*palavras, gestos, atitude; pessoa*) inconsiderate
imponderável <-eis> [ĩjpõwde'ravew, -ejs] I. *m* imponderable II. *adj* imponderable
imponência [ĩjpo'nẽsia] *f* 1.(*altivez*) arrogance 2.(*magnificência*) magnificence
imponente [ĩjpo'nẽjtʃi] *adj* 1.(*altivo*) arrogant 2.(*magnífico*) magnificent
impontualidade [ĩjpõwtwaʎi'dadʒi] *f* unpunctuality
impopular [ĩjpopu'lar] <-es> *adj* unpopular
impopularidade [ĩjpopulari'dadʒi] *f sem pl* unpopularity *no pl*
impor [ĩj'por] *irr como* **pôr** I. *vt* 1.(*a vontade, opinião, obrigação*) to impose; ~ **respeito** to impose respect 2.(*condições; regras*) to impose II. *vr*: ~**-se** (*fazer-se respeitar; ter imponência*) to assert oneself
importabando [ĩjporta'bãjdu] *m* imported equipment sold under the guise of domestic merchandise so that it becomes eligible for tax benefits
importação <-ões> [ĩjporta'sãw, -'õjs] *f* importation
importador, -a [ĩjporta'dor, -a] *m, f*

importer

importância [ĩjpor'tãɲsia] *f* **1.** (*qualidade de importante*) importance; **sem ~** of no importance, unimportant; **dar ~ a a. c.** to lend importance to sth; **não tem ~** it is not important; **isso não tem ~ nenhuma** that is not important at all **2.** (*quantia*) amount

importante [ĩjpor'tãɲtʃi] **I.** *m* **o ~** the important thing; **o ~ é que não haja problemas** the important thing is that there are no problems **II.** *adj* important

importar [ĩjpor'tar] **I.** *vt* **1.** ECON, INFOR to import **2.** (*quantia*) **~ em** to total **3.** (*resultar*) **~** (**em**) to result (in), to lead (to); **as atitudes do magistrado importavam em constrangimento geral** the magistrate's attitudes led to general uneasiness **II.** *vi* (*ter importância*) to matter; **não importa!** it doesn't matter! **III.** *vr:* **~-se** to care; **~-se com a. c./alguém** to care about sth/sb; **não me importo** I don't care; **afinal, que te importa isso?** after all, what do you care?

importuna *adj v.* **importuno**

importunar [ĩjportu'nar] *vt* to bother

importuno, -a [ĩjpor'tunu, -a] *adj* (*comentário, sugestão; visita*) importunate

imposição <-ões> [ĩjpozi'sãw, -'õjs] *f* **1.** (*obrigação*) imposition **2.** (*de insígnia*) bestowal

impossibilidade [ĩjposibiʎi'dadʒi] *f* impossibility

impossibilitado, -a [ĩjposibiʎi'tadu, -a] *adj* **~ de comparecer** unable to come

impossibilitar [ĩjposibiʎi'tar] *vt* to prevent

impossível <-eis> [ĩjpo'sivew, -ejs] **I.** *m* impossible; **fazer o ~** to do the impossible **II.** *adj* impossible; **o trânsito na cidade é ~** the traffic in the city is impossible; **as crianças estão impossíveis hoje** the kids are impossible today; **melhor ~!** it can't get any better than that!

imposto [ĩj'postu] **I.** *pp de* **impor II.** *m* tax; **~ sobre o automóvel** automobile ownership tax; **~ sobre circulação de mercadorias** sales tax; **~ de renda** income tax

impostor(a) [ĩjpos'tor(a)] *m(f)* impostor, imposter

impotência [ĩjpo'tẽjsia] *f sem pl tb.* MED impotence *no pl*

impotente [ĩjpo'tẽjtʃi] *adj* **1.** (*incapaz*) impotent; **sentir-se ~ para resolver os problemas** to feel powerless into resolve the problems **2.** MED impotent, sterile

impraticável <-eis> [ĩjpratʃi'kavew, -ejs] *adj* (*situação, regras*) impracticable; (*trânsito*) bumper-to-bumper

imprecação <-ões> [ĩjpreka'sãw, -'õjs] *f* curse

imprecar [ĩjpre'kar] <c→qu> *vt* to curse

imprecisa *adj v.* **impreciso**

imprecisão <-ões> [ĩjpresi'zãw, -'õjs] *f* imprecision

impreciso, -a [ĩjpre'sizu, -a] *adj* imprecise

imprecisões *f pl de* **imprecisão**

impregnado, -a [ĩjpreg'nadu, -a] *adj* (*de líquido, cheiro, ideias*) impregnated; **estar ~ de a. c.** to be impregnated with sth; **um livro ~ de conceitos metafísicos** a book fraught with metaphysical concepts

impregnar [ĩjpreg'nar] *vt* (*de líquido, cheiro*) to impregnate; **~ o ar de perfume** to impregnate the air with perfume; **~ a esponja de água** to saturate the sponge with water

imprensa [ĩj'prẽjsa] *f* press; **~ marrom/sensacionalista** sensationalist press; **liberdade de ~** liberty of the press; (*jornalistas*) the press; **o deputado fez declarações à ~** the representative made statements to the press

imprensar [ĩjprẽj'sar] *vt* **1.** (*apertar muito*) to compress **2.** (*constranger*) to press; **imprensou o adversário contra a parede** he pressed the adversary against the wall; **imprensou o suspeito e ele confessou** *fig* he pressured the suspect and he confessed

imprescindível <-eis> [ĩjpresĩj'dʒivew, -ejs] *adj* essential

imprescritível <-eis> [ĩjpreskri'tʃivew, -ejs] *adj* JUR not subject to the limitations period

impressa *adj v.* **impresso**

impressão <-ões> [ĩjpre'sãw, -'õjs] *f* **1.** (*tipografia*) printing; **~ em cores** color printing **2.** (*marca, sensação*) impression; **~ digital** fingerprint; **troca de impressões** exchange of impressions; **causar boa/má ~** to make a good/bad impression; **tenho a ~ de**

que ... I have the feeling that ...; **ela deu a ~ de ter entendido o recado** she gave the impression that she understood the point **3.** *pl (opinião)* **quais são suas impressões sobre o assunto?** what are your opinions on the issue?

impressionado, -a [ĩjpresjo'nadu, -a] *adj* **1.** *(de forma positiva)* impressed; **ficar ~ com alguém/a. c.** to be impressed with sb/sth **2.** *(de forma negativa)* unimpressed; **ficar ~ com alguém/a. c.** to be unimpressed with sb/sth

impressionante [ĩjpresjo'nãtʃi] *adj* impressive; **~!** amazing!

impressionar [ĩjpresjo'nar] **I.** *vt (de forma positiva)* to impress; *(de forma negativa)* to shock **II.** *vr:* **~-se** to be moved; **~-se com o cantor e sua bela voz** to be moved by the singer and his beautiful voice; **~-se com a falta de civilidade do vizinho** to be shocked by the neighbor's lack of civility

impressionável <-eis> [ĩjpresjo'navew, -ejs] *adj (pessoa, caráter)* impressionable

impressionismo [ĩjpresjo'nizmu] *m sem pl* impressionism *no pl*

impressionista [ĩjpresjo'nista] *mf* impressionist

impresso [ĩj'prɛsu] **I.** *pp irr de* **imprimir II.** *m* printed matter; **preencher um ~** to fill out a form

impresso, -a [ĩj'prɛsu, -a] *adj* printed

impressões *f pl de* **impressão**

impressora [ĩjpre'sora] *f* INFOR printer; **~ de jato de tinta** ink-jet printer; **~ a laser** laser printer; **~ matricial** dot-matrix printer

imprestável <-eis> [ĩjpres'tavew, -ejs] *adj (pessoa)* useless

impreterível <-eis> [ĩjprete'rivew, -ejs] *adj (ordem, prazo)* pressing

impreterivelmente [ĩjpreterivew'mẽjtʃi] *adv* without fail

imprevidência [ĩjprevi'dẽjsia] *f* improvidence

imprevidente [ĩjprevi'dẽjtʃi] *adj* improvident; *(descuidado)* careless

imprevisível <-eis> [ĩjprevi'zivew, -ejs] *adj* **1.** *(acontecimento, consequência)* unforeseeable **2.** *(pessoa)* unpredictable

imprevisto [ĩjpre'vistu] *m* unexpected event; **surgiu um ~** sth unexpected has come up

imprevisto, -a [ĩjpre'vistu, -a] *adj* unexpected, unforeseen

imprimir [ĩjpri'mir] <*pp* impresso *ou* imprimido> *vt* **1.** *(documento, planilha, estampa)* to print **2.** *(aplicar)* to apply; **imprimiu velocidade ao carro** he made the car go faster **3.** *(incutir)* to inspire; **o professor imprimia respeito** the professor inspired respect

ímproba *adj v.* **ímprobo**

improbabilidade [ĩjprobabiʎi'dadʒi] *f* improbability

improbidade [ĩjprobi'dadʒi] *f* improbity

ímprobo, -a ['ĩjprobu, -a] *adj* dishonest

improcedente [ĩjprose'dẽjtʃi] *adj* **1.** *(denúncia, pedido)* groundless, baseless **2.** *(argumento, reclamação)* unjustified

improdutivo, -a [ĩjprodu'tʃivu, -a] *adj (trabalho, esforço, solo)* unproductive

impronunciável <-eis> [ĩjpronũwsi'avew, -ejs] *adj* **1.** JUR unfit for trial **2.** *(de difícil pronúncia)* unpronounceable

impropério [ĩjpro'pɛriw] *m* affront

imprópria *adj v.* **impróprio**

impropriedade [ĩjproprje'dadʒi] *f* impropriety

impróprio, -a [ĩj'prɔpriw, -a] *adj (medida)* improper; *(atitude, assunto, ocasião)* inappropriate; **~ para consumo** not for consumption; **~ para menores de 18 anos** not for minors under 18 years

improrrogável <-eis> [ĩjproxo'gavew, -ejs] *adj (prazo)* that cannot be extended

improvável <-eis> [ĩjpro'vavew, -ejs] *adj* improbable

improvisar [ĩjprovi'zar] *vt (jantar, desculpa, discurso)* to improvise; *(documento)* to make up

improviso [ĩjpro'vizu] *m* improvisation; **de ~** improvised

imprudência [ĩjpru'dẽjsia] *f* imprudence

imprudente [ĩjpru'dẽjtʃi] *adj* imprudent

impúbere [ĩj'puberi] *adj* prepubescent

impudor [ĩjpu'dor] <-es> *m* impudence

impugnação <-ões> [ĩjpugna's̃ãw, -'õjs] *f (de teoria, sentença)* challenge

impugnar [ĩjpug'nar] *vt (teoria, sen-*

tença) to challenge, to contest

impulsão <-ões> [ĩjpuw'sãw, -'õjs] *f* Fís impulsion

impulsionador(a) [ĩjpuwsjona'dor(a)] *m(f)* impellent, impeller

impulsionar [ĩjpuwsjo'nar] *vt* to impel

impulsivo, -a [ĩjpuw'sivu, -a] *adj* (*pessoa, ato*) impulsive

impulso [ĩj'puwsu] *m* **1.** (*ímpeto, estímulo*) impulse; **agir por** ~ to act on an impulse; **dar** ~ **a a. c.** to boost sth **2.** TEL pulse

impulsões *f pl de* **impulsão**

impulsor(a) [ĩjpuw'sor(a)] *adj* impellent

impune [ĩ'puni] *adj* unpunished; **sair** ~ to remain unpunished

impura *adj v.* **impuro**

impureza [ĩjpu'reza] *f* **1.** (*estado*) impurity **2.** (*no ar, na água*) impurity *pl;* ~ **s da pele** skin impurities

impuro, -a [ĩj'puru, -a] *adj* (*espírito, ar, água*) impure

imputar [ĩjpu'tar] *vt* (*responsabilidade, trabalho*) to attribute; (*culpa*) to assign; **imputaram mentiras ao rapaz** they accused the boy of lying

imunda *adj v.* **imundo**

imundície [imũw'dʒisii] *f* filthiness

imundo, -a [i'mũwdu, -a] *adj* (*ruas, roupa, comportamento, filme*) filthy

imune [i'muni] *adj* MED, JUR *tb. fig* immune; **ser** ~ **a a. c.** to be immune to sth

imunidade [imuni'dadʒi] *f* MED, JUR immunity; ~ **parlamentar/diplomática** parliamentary/diplomatic immunity

imunização [imuniza'sãw] *f* immunization

imunodeficiência [imunodefisi'ẽjsia] *f* MED immunodeficiency

imutável <-eis> [imu'tavew, -ejs] *adj* immutable

inabalável <-eis> [inaba'lavew, -ejs] *adj* (*fé, opinião*) unshakable

inábil <-eis> [i'nabiw, -ejs] *adj* **1.** (*incapaz*) incapable **2.** (*sem habilidade*) unqualified

inabilidade [inabiʎi'dadʒi] *f* **1.** (*inaptidão*) incapacity **2.** (*falta de habilidade*) clumsiness

inabitado, -a [inabi'tadu, -a] *adj* uninhabited

inabitável <-eis> [inabi'tavew, -ejs] *adj* uninhabitable

inacabado, -a [inaka'badu, -a] *adj* unfinished

inaceitável <-eis> [inasej'tavew, -ejs] *adj* unacceptable

inacessível <-eis> [inase'sivew, -ejs] *adj* **1.** (*local*) inaccessible **2.** (*preço*) exorbitant **3.** (*pessoa*) unreachable

inacreditável <-eis> [inakredʒi'tavew, -ejs] *adj* unbelievable

inadequado, -a [inade'kwadu, -a] *adj* inadequate; **ser** ~ **a** [*ou* **para**] **a. c.** to be inadequate for sth

inadiável <-eis> [inadʒi'avew, -ejs] *adj* not deferrable, that cannot be delayed

inadimplência [inadʒĩj'plẽjsia] *f* default

inadimplente [inadʒĩj'plẽjtʃi] *adj* in default

inadmissível <-eis> [inadʒimi'sivew, -ejs] *adj* inadmissible; (*inaceitável*) unacceptable

inadvertência [inadʒiver'tẽjsia] *f sem pl* (*negligência, descuido*) inadvertence *no pl*

inadvertido, -a [inadʒiver'tʃidu, -a] *adj* (*pessoa, ato, uso*) inadvertent

inafiançável <-eis> [inafjãj'savew, -ejs] *adj* (*crime*) ineligible for bail

inalação <-ões> [inala'sãw, -'õjs] *f* (*de medicamento*) inhalation

inalador [inala'dor] *m* inhaler

inalar [ina'lar] *vt* (*medicamento, fumaça*) to inhale

inalcançável <-eis> [inawkãj'savew, -ejs] *adj* (*sonho, meta*) unattainable; (*objeto*) unreachable

inalterado, -a [inawte'radu, -a] *adj* unchanged

inalterável <-eis> [inawte'ravew, -ejs] *adj* (*situação*) unalterable; (*decisão*) unchangeable

inanimado, -a [inɐni'madu, -a] *adj* (*ser*) inanimate

inaplicável <-eis> [inapli'kavew, -ejs] *adj* inapplicable; **ser** ~ **a** [*ou* **em**] **a. c.** to be inapplicable to sth

inapropriado, -a [inapropri'adu, -a] *adj* inappropriate

inaproveitável <-eis> [inaprovej'tavew, -ejs] *adj* unusable

inapta *adj v.* **inapto**

inaptidão *f sem pl* ineptitude; ~ **para a. c.** ineptitude for sth

inapto, -a [in'apto, -a] *adj* inept; **ser** ~ **para a. c.** to be inept at sth

inarticulado, -a [inartʃiku'ladu, -a] *adj* (*sons, palavras*) inarticulate

inatacável <-eis> [inata'kavew, -ejs] *adj* **1.** (*pessoa, comportamento, moral*) irreprehensible **2.** (*lugar; argumento*) indisputable

inatenção <-ões> [inatẽj'sãw, -'õjs] *adj* inattention

inatingível <-eis> [inatʃĩj'ʒivew, -ejs] *adj* **1.** (*inalcançável*) unattainable **2.** (*incompreensível*) incomprehensible

inativa *adj v.* **inativo**

inativar [ina'tʃivar] *vt* deactivate

inatividade [inatʃivi'dadʒi] *f* (*inércia*) inactivity

inativo, -a [ina'tʃivu, -a] *adj* **1.** (*indolente*) inactive **2.** (*aposentado*) retired

inato [i'natu] *adj* innate

inaudito, -a [inaw'dʒitu, -a] *adj* **1.** (*sem igual*) unparalleled **2.** (*incrível*) extraordinary

inaudível <-eis> [inaw'dʒivew, -ejs] *adj* (*som*) inaudible

inauguração <-ões> [inawgura'sãw, -'õjs] *f* inauguration

inaugural <-ais> [inawgu'raw, -ajs] *adj* inaugural

inaugurar [inawgu'rar] **I.** *vt* (*loja, monumento*) to inaugurate **II.** *vi* to commence

incalculado, -a [ĩjkawku'ladu, -a] *adj* (*risco, tempo*) unforeseen; (*número, fortuna*) uncalculated

incalculável <-eis> [ĩjkawku'lavew, -ejs] *adj* (*custos, prejuízo, riqueza*) incalculable

incandescência [ĩjkãnde'sẽjsia] *f* incandescence

incandescente [ĩjkãnde'sẽjtʃi] *adj* (*brasa; coração, alma*) incandescent

incansável <-eis> [ĩjkãn'savew, -ejs] *adj* tireless; (*enérgico*) energetic

incapacidade [ĩjkapasi'dadʒi] *f sem pl* incapacity *no pl*; ~ **para** [*ou* **de**] **a. c.** incapacity for sth

incapacitado, -a [ĩjkapasi'tadu, -a] *adj* disabled; ~ **de trabalhar** unfit to work; (*inaptidão*) unqualified

incapacitante [ĩjkapasi'tãntʃi] *adj* (*doença*) disabling

incapacitar [ĩjkapasi'tar] *vt* to disable

incapaz [ĩjka'pas] **I.** *mf* disabled **II.** *adj* (*inábil*) incapable; **ser ~ de a. c.** to be incapable of sth

incas ['ĩjkas] *mpl* Incas *pl*

incauto, -a [ĩj'kawtu, -a] *adj* incautious

incendiar [ĩjsẽjdʒi'ar] *irr como odiar* **I.** *vt* (*casa; ânimos*) to inflame **II.** *vr*: ~**-se** to inflame

incendiário, -a [ĩjsẽjdʒi'ariw, -a] *m, f* incendiary

incêndio [ĩj'sẽjdiw] *m* fire

incenso [ĩj'sẽjsu] *m* incense

incentivar [ĩjsẽjtʃi'var] *vt* to incite, to encourage; ECON to incentivize; ~ **alguém a fazer a. c.** to incite sb to do sth

incentivo [ĩjsẽj'tʃivu] *m* incentive; ~ **fiscal** tax incentive; **esta medida é um ~ à agricultura** this measure is a incentive for farming

incerta *adj v.* **incerto**

incerteza [ĩjser'teza] *f* uncertainty

incerto, -a [ĩj'sɛrtu, -a] *adj* **1.** (*pessoa, negócio, número*) uncertain; **trocar o certo pelo ~** to trade the certain for the uncertain **2.** (*tempo*) fluctuating **3.** (*forma*) blurry

incessante [ĩjse'sãntʃi] *adj* incessant

incesto [ĩj'sestu] *m* incest; **cometer ~** to commit incest

incestuoso, -a [ĩjsestu'ozu, -ɔza] *adj* incestuous

inchaço [ĩj'ʃasu] *m* MED swelling

inchado, -a [ĩj'ʃadu, -a] *adj* **1.** MED swollen **2.** *fig* (*vela, balão*) full **3.** *fig* (*pessoa*) haughty, full of oneself

inchar [ĩj'ʃar] *vi* MED to swell

incidência [ĩjsi'dẽjsia] *f* incidence; **ângulo de ~** angle of incidence

incidental <-ais> [ĩjsidẽj'taw, -'ajs] *adj* (*eventual*) incidental; **música ~** incidental music

incidente [ĩjsi'dẽjtʃi] **I.** *m* (*acontecimento; dificuldade*) incident **II.** *adj* (*luz*) incident; (*questão*) incidental

incidir [ĩjsi'dʒir] *vt* **1.** (*luz, suspeita*) to fall; ~ **em a. c./alguém** to fall on sth/sb **2.** (*imposto*) to be levied (on), to apply (to) **3.** (*doença*) to occur, to appear; **a desnutrição incide em crianças pequenas** malnutrition occurs in small children **4.** ~ **em erros** to fall into error

incineração <-ões> [ĩjsinera'sãw, -'õjs] *f* (*de lixo*) incineration

incinerador [ĩjsinera'dor] *m* incinerator

incinerar [ĩjsine'rar] *vt* (*lixo*) to incinerate

incipiente [ĩjsipi'ẽjtʃi] *adj* incipient

incisão <-ões> [ĩjsi'zãw, -'õjs] *f* incision

incisivo [ĩjsi'zivu] *m* (*dente*) incisor

incisivo, -a [ĩjsi'zivu, -a] *adj tb. fig* (*dente; pessoa, ordem*) incisive

incisões *f pl de* **incisão**

incitar [ĩjsi'tar] **I.** *vt* (*cão*) to provoke; (*à revolta*) to incite; ~ **a. c.** to incite sth; **suas atitudes incitaram uma reação violenta** her attitudes provoked a violent reaction; ~ **alguém a fazer a. c.** to incite sb to do sth; **a leitura incita a meninada a usar a imaginação** reading inspires kids to use their imagination **II.** *vr*: ~**-se** (*encolerizar-se*) to inflame

incivilizado, -a [ĩjsiviλi'zadu, -a] *adj* uncivilized

inclassificável <-eis> [ĩjklasifi'kavew, -ejs] *adj* unclassifiable; (*digno de censura*) censurable

inclemência [ĩjkle'mẽjsia] *f* inclemency; **a ~ do destino** the mercilessness of destiny; **as ~s do tempo** the inclemencies of the weather

inclemente [ĩjkle'mẽjtʃi] *adj* (*pessoa*) unmerciful; (*clima*) inclement

inclinação <-ões> [ĩjklina'sãw, -'õjs] *f* **1.** (*de superfície, tendência*) inclination **2. ter ~ para a. c.** to have a propensity for sth **3.** (*interesse amoroso*) attraction; **ter ~ por alguém** to be attracted to sb

inclinado, -a [ĩjkli'nadu, -a] *adj* (*superfície, objeto; pessoa*) inclined; (*propenso*) prone; ~ **a acessos de mau humor** prone to fits of bad humor

inclinar [ĩjkli'nar] **I.** *vt* (*um objeto, a cabeça*) to incline **II.** *vr*: ~**-se** (*terreno*) to slope; (*baixar-se*) to bow; (*debruçar-se*) to lean; ~**-se para trás** to lean back; (*submeter-se*) to bow; **todos se inclinam aos caprichos de alguém** everyone bows to sb's whims

incluído, -a [ĩjklu'idu, -a] *adj* included; (*em anexo*) enclosed; **com tudo ~** all included

incluindo [ĩjklu'ĩjdu] *adv* including

incluir [ĩjklu'ir] <*pp* incluso *ou* incluído> *irr* **I.** *vt* (*inserir*) to include; (*em lista*) to add; **a nutricionista incluiu frutas na dieta** the nutritionist added fruit to the diet; (*em anexo*) to enclose; (*abranger*) to include; **a reforma inclui medidas de segurança** the reform includes security measures **II.** *vr* ~**-se em a. c.** to include oneself in sth; **o pintor inclui-se na vanguarda artística** the painter considered himself part of the artistic vanguard

inclusa *adj v.* **incluso**

inclusão <-ões> [ĩjklu'zãw, -'õjs] *f* (*em lista*) inclusion; ~ **social** social inclusion

inclusive [ĩjklu'zivi] *adv* inclusively; **do dia 1 ao dia 30 ~** from the 1st through the 30th

incluso, -a [ĩj'kluzu, -a] *adj* included; (*dente*) impacted

inclusões *f pl de* **inclusão**

incoadunável <-eis> [ĩjkoadu'navew, -ejs] *adj* incompatible; **ser ~ com a. c.** to be incompatible with sth

incoerência [ĩjkoe'rẽjsia] *f* incoherence

incoerente [ĩjkoe'rẽjtʃi] *adj* (*ilógico; discordante*) incoherent

incogitável <-eis> [ĩjkoʒi'tavew, -ejs] *adj* unthinkable

incógnita [ĩj'kɔgnita] *f tb.* MAT (*mistério*) unknown

incógnito [ĩj'kɔgnitu] *adv* incognito

incógnito, -a [ĩj'kɔgnitu, -a] *adj, m, f* incognito

incolor [ĩjko'lor] *adj* colorless *Am*, colourless *Brit*

incólume [ĩj'kɔlumi] *adj* (*pessoa*) unscathed; (*objeto*) undamaged

incomensurável <-eis> [ĩjkomẽjsu'ravew, -ejs] *adj* **1.** (*imenso*) immense **2.** (*sem medida comum*) incommensurate

incomestível <-eis> [ĩjkomes'tʃivew, -ejs] *adj* inedible

incômoda *adj v.* **incômodo**

incomodado, -a [ĩjkomo'dadu, -a] *adj* (*aborrecido*) bothered; **ficar ~ com a. c.** to be bothered by sth

incomodar [ĩjkomo'dar] **I.** *vt* (*atrapalhar, aborrecer, afligir*) to bother **II.** *vr*: ~**-se** to be bothered; ~**-se com a. c.** to be bothered by sth; (*molestar-se*) to mind; **o rapaz não se incomodou em abaixar o volume da TV** the boy did not mind lowering the volume of the TV

incômodo [ĩj'komudu] *m* (*transtorno*) bother; **não é ~ nenhum** it's no bother at all; (*estorvo*) trouble; **causar ~ a alguém** to cause sb trouble; (*mal-estar*) discomfort; **sentia um ~ no corpo depois da operação** he felt discomfort after the operation

incômodo, -a [ĩj'komudu, -a] *adj* **1.** (*cadeira, posição; roupas; situação*) uncomfortable **2.**(*presença; pessoa*) bothersome **3.**(*hora; visita; pedido; crítica*) inopportune

incomparável <-eis> [ĩkõwpaˈravew, -ejs] *adj* (*valor, grandeza*) incomparable; (*admirável*) admirable; **ser ~ a alguém/a. c.** to be incomparable to sb/sth

incompatibilidade [ĩkõwpatʃibiʎiˈdadʒi] *f sem pl* incompatibility; **ter ~ com a. c./alguém** to be incompatible with sth/sb

incompatível <-eis> [ĩkõwpaˈtʃivew, -ejs] *adj tb.* INFOR, JUR (*inconciliável*) incompatible; **ser ~ com a. c./alguém** to be incompatible with sth/sb

incompetência [ĩkõwpeˈtẽsja] *f sem pl* (*inaptidão*) incompetence *no pl*

incompetente [ĩkõwpeˈtẽtʃi] *adj, mf* incompetent

incompleto, -a [ĩkõwˈplɛtu, -a] *adj* (*inacabado*) incomplete

incomportável <-eis> [ĩkõwporˈtavew, -ejs] *adj* intolerable

incompreendido, -a [ĩkõwprẽˈdʒidu, -a] **I.** *m, f* misunderstanding; **sou um ~!** no one understands me! **II.** *adj* misunderstood; (*não reconhecido*) unappreciated

incompreensível <-eis> [ĩkõwprẽjˈsivew, -ejs] *adj* enigmatic; (*difícil de admitir: comportamento, atitude; pessoa*) bitter

incomum [ĩkoˈmũw] <-uns> *adj* uncommon

incomunicabilidade [ĩkomunikabiʎiˈdadʒi] *f* JUR incommunicability

incomunicável <-eis> [ĩkomuniˈkavew, -ejs] *adj* **1.**(*preso; ideias, pensamentos*) incommunicable **2.**(*insociável*) unsociable **3.**(*direito*) nontransferable

incomuns *adj v.* **incomum**

incomutável <-eis> [ĩkomuˈtavew, -ejs] *adj* JUR (*pena*) incommutability

inconcebível <-eis> [ĩkõseˈbivew, -ejs] *adj* (*surpreendente*) inconceivable

inconciliável <-eis> [ĩkõsiliˈavew, -ejs] *adj* irreconcilable

inconcludente [ĩkõwkluˈdẽtʃi] *adj* (*provas*) inconclusive

inconclusivo, -a [ĩkõwkluˈzivu, -a] *adj* inconclusive

incondicional <-ais> [ĩkõwdʒisjoˈnaw, -ajs] *adj* (*amor, pagamento, rendição*) unconditional

inconfesso, -a [ĩkõwˈfɛsu, -a] *adj* JUR (*réu*) unrepentant

inconfiável <-eis> [ĩkõwfiˈavew, -ejs] *adj* (*soma; amigo*) unreliable

inconfidência [ĩkõwfiˈdẽjsja] *f sem pl* nonconfidence *no pl*; (*indiscrição*) indiscretion; **Inconfidência Mineira** HIST Minas Conspiracy, *isolated movement of unrest to secure political freedom in the second half of the 18th century*

inconfundível <-eis> [ĩkõwfũwˈdʒivew, -ejs] *adj* unmistakable

incongruente [ĩkõwgruˈẽtʃi] *adj* incongruent; (*disparatado*) inconsistent

inconsciência [ĩkõwsiˈẽsja] *f sem pl* **1.** MED unconsciousness *no pl* **2.**(*irresponsabilidade*) carelessness

inconsciencioso, -a [ĩkõwsiẽjsiˈozu, -ˈɔza] *adj* unconscientious, careless

inconsciente [ĩkõwsiˈẽtʃi] **I.** *m sem pl* PSICO the unconscious *no pl*; **~ coletivo** collective unconscious **II.** *adj* **1.** MED unconscious **2.**(*irrefletido*) unconscious **3.**(*irresponsável*) careless

inconsequente [ĩkõwseˈkwẽtʃi] *adj* (*ilógico*) inconsequential; (*irresponsável*) reckless

inconsiderado, -a [ĩkõwsideˈradu, -a] *adj* inconsiderate; (*temerário*) risky

inconsistente [ĩkõwsisˈtẽtʃi] *adj* (*material, teoria, caráter*) inconsistent

inconsolável <-eis> [ĩkõwsoˈlavew, -ejs] *adj* inconsolable

inconstância [ĩkõwsˈtãsja] *f sem pl* **1.** METEO instability *no pl* **2.**(*psicológica*) fickle; **form** inconstancy **3.**(*de duração breve*) transitoriness

inconstante [ĩkõwsˈtãtʃi] *adj* **1.**(*mutável*) variable; **tempo ~** variable weather **2.**(*psicologicamente*) fickle **3.**(*transitório*) transitory

inconstitucional <-ais> [ĩkõwstʃitusjoˈnaw, -ˈajs] *adj* unconstitutional

inconstitucionalidade [ĩkõwstʃitusjonaʎiˈdadʒi] *f* unconstitutionality

incontável <-eis> [ĩkõwˈtavew, -ejs] *adj* uncountable; (*inarrável*) indescribable

incontestável <-eis> [ĩkõwtesˈtavew, -ejs] *adj* uncontestable

inconteste [ĩkõwˈtɛstʃi] *adj* (*testemunhas, provas; afirmação*) consistent

incontinência [ĩkõwtʃiˈnẽjsja] *f sem pl*

incontinence *no pl*
incontinente [ĩkõwtʃi'nẽjtʃi] *adj* **1.**(*urina, desejo sexual*) incontinent **2.**(*descontrolado*) uncontrolled
incontornável <-eis> [ĩkõwtor'navew, -ejs] *adj* unavoidable
incontrolável <-eis> [ĩkõwtro'lavew, -ejs] *adj* uncontrollable
incontroverso, -a [ĩkõwtro'vɛrsu, -a] *adj* uncontroversial
inconveniência [ĩkõwveni'ẽjsia] *f* **1.** inconvenience; **causar ~ a alguém** to cause sb inconvenience **2.**(*grosseria*) discourteousness
inconveniente [ĩkõwveni'ẽjtʃi] I. *m* (*desvantagem*) disadvantage; (*transtorno*) setback II. *adj* (*comentário, atitude*) inappropriate; (*pessoa*) discourteous; (*momento*) inconvenient
incoordenado, -a [ĩkoorde'nadu, -a] *adj* uncoordinated
incorporação <-ões> [ĩkorpora'sãw, -'õjs] *f* ECON merger
incorporar [ĩkorpo'rar] *vt* **1.**(*integrar*) to incorporate; ~ **algo a** [*ou* **em**] **a. c.** to incorporate sth into sth; **empresa X incorpora empresa Y** company Y merges with company X **2.**(*um personagem*) to incorporate; REL (*entidade*) to embody
incorpóreo, -a [ĩkor'pɔriw, -a] *adj* incorporeal
incorreção <-ões> [ĩkoxe'sãw, -'õjs] *f* **1.**(*erro*) mistake **2.**(*imprecisão*) inaccuracy **3.**(*deslealdade*) impropriety
incorrer [ĩko'xer] *vt* (*estar sujeito a*) to be subject to; ~ **em a. c.** to be subject to sth; ~ **em multa** to receive a fine; (*cometer*) to commit; ~ **na mesma falta** to make the same mistake
incorreto, -a [ĩko'xɛtu, -a] *adj* **1.**(*errado*) incorrect **2.**(*estilo, raciocínio*) imprecise **3.**(*comportamento*) improper **4.**(*pessoa, atitude, procedimento*) dishonest
incorrigível <-eis> [ĩkoxi'ʒivew, -ejs] *adj* (*vícios, erros, defeitos*) incorrigible
incorruptível <-eis> [ĩkoxup'tʃivew, -ejs] *adj* (*pessoa, integridade; metal*) incorruptible
incrédulo, -a [ĩ'krɛdulu, -a] I. *m, f* **1.**(*sem fé*) nonbeliever **2.**(*cético*) unbeliever II. *adj* **1.**(*sem fé*) unbelief **2.**(*cético*) incredulous, unbelieving
incrementar [ĩkremẽj'tar] *vt* **1.** to increase; (*a economia*) to boost **2.** *inf*
(*roupa, moto*) to add styling **3.** *inf* (*prato*) to add trimmings
incremento [ĩkre'mẽjtu] *m* **1.**(*crescimento, aumento; da economia*) growth **2.**(*desenvolvimento*) development
incriminar [ĩkrimi'nar] I. *vt* to incriminate II. *vr:* ~-**se** (*transparecer a culpa*) to incriminate oneself; **incriminou-se ao tentar fugir** he incriminated himself by trying to escape
incrível <-eis> [ĩ'krivew, -ejs] *adj* (*pessoa, evento*) incredible; **por ~ que pareça** as incredible as it may seem
incrustar [ĩkrus'tar] *vt* to incrust; (*diamantes, adornos*) to inlay
incubação <-ões> [ĩkuba'sãw, -'õjs] *f tb.* MED (*ação de incubar*) incubation; (*espaço de tempo*) incubation period
incubadora [ĩkuba'dora] *f* incubator
incubar [ĩku'bar] *vt* (*vírus, plano, ovos*) to incubate
inculcar [ĩkuw'kar] <c→qu> *vt* (*ideia*) to inculcate
inculta *adj v.* **inculto**
incultivável <-eis> [ĩkuwtʃi'vavew, -ejs] *adj* uncultivatable
inculto, -a [ĩj'kuwtu, -a] *adj* **1.**(*pessoa*) uncultured **2.**(*terreno*) uncultivated
incumbência [ĩkũw'bẽjsia] *f* incumbency; (*encargo*) charge; **ter a ~ de fazer a. c.** to be charged with doing sth
incumbido, -a [ĩkũw'bidu, -a] *adj* **estar ~ de a. c.** to be charged with doing sth
incumbir [ĩkũw'bir] I. *vt* to charge; ~ **alguém de a. c.** to charge sb with doing sth II. *vr:* ~-**se** (*encarregar-se*) to take charge; ~ **das tarefas domésticas** to take charge of the house chores
incurável <-eis> [ĩjku'ravew, -ejs] *adj* (*doença, vício*) incurable
incúria [ĩj'kuria] *f sem pl* negligence *no pl*
incursão <-ões> [ĩjkur'sãw, -'õjs] *f* incursion; ~ **aérea** air raid; **a polícia fez uma ~ pelo morro** the police raided the slum
incutir [ĩjku'tʃir] <g→gu> *vt* to instill; ~ **a. c. em alguém** to instill sth in sb; ~ **o sentido da responsabilidade em alguém** to instill a sense of responsibility in sb
indagar [ĩjda'gar] <g→gu> *vt* to inquire
indébito, -a [ĩj'dɛbitu, -a] *adj* undue

indecência [ĩjde'sẽjsia] *f* indecency

indecente [ĩjde'sẽjtʃi] *adj* (*pessoa, ato, comentário*) indecent; **isso foi ~ da parte dela** that was indecent on her part

indecifrável <-eis> [ĩjdesi'fravew, -ejs] *adj* (*ilegível, imperceptível*) indecipherable

indecisa *adj v.* **indeciso**

indecisão <-ões> [ĩjdesi'zãw, -'õjs] *f* indecision

indeciso, -a [ĩjde'sizu, -a] *adj* indecisive

indecisões *f pl de* **indecisão**

indeclinável <-eis> [ĩjdekli'navew, -ejs] *adj* (*convite*) that cannot be turned down

indecoroso, -a [ĩjdeko'rozu, -'ɔza] *adj* (*proposta*) indecent; (*acordo, salário*) undignified

indefensável <-eis> [ĩjdefẽj'savew, -ejs] *adj* (*ideia; cidade*) indefensible

indeferido, -a [ĩjdefi'ridu, -a] *adj* (*pedido*) denied

indeferimento [ĩjdeferi'mẽjtu] *m* denial, dismissal

indeferir [ĩjdefi'rir] *irr como preferir vt* (*pedido*) to deny, to dismiss

indefeso, -a [ĩjde'fezu, -a] *adj* (*sem defesa*) defenseless *Am*, defenceless *Brit*; (*desprotegido*) unprotected

indefinição [ĩjdefini'sãw] *f* vagueness

indefinidamente [ĩjdefinida'mẽjtʃi] *adv* indefinitely

indefinido [ĩjdefi'nidu] **I.** *m* undefined **II.** *adj* LING indefinite; **por tempo ~** indefinitely

indefinível <-eis> [ĩjdefi'nivew, -ejs] *adj* indefinable

indelével <-eis> [ĩjde'lɛvew, -ejs] *adj* (*mancha; marca*) indelible

indelicada *adj v.* **indelicado**

indelicadeza [ĩjdeʎika'deza] *f* indiscretion

indelicado, -a [ĩjdeʎi'kadu, -a] *adj* indelicate; **ser ~ com alguém** to be indelicate with sb

indene [ĩj'deni] *adj* (*ileso*) unharmed

indenização <-ões> [ĩjdeniza'sãw, -'õjs] *f* indemnification; **~ de danos** payment of [*o for*] damages

indenizar [ĩjdeni'zar] *vt* to indemnify; **~ alguém por a. c.** to indemnify [*o to reimburse*] sb for sth

independência [ĩjdepẽj'dẽjsia] *f sem pl* (*de país, pessoa, espírito, financeira*) independence *no pl*; **~ ou morte** liberty or death

independente [ĩjdepẽj'dẽjtʃi] *adj* (*país, pessoa; opinião, decisão*) independent

independentemente [ĩjdepẽjdẽjtʃi'mẽjtʃi] *adv* regardless; **os funcionários serão pagos, ~ do julgamento** the employees will be paid regardless of the judgment

indescritível <-eis> [ĩjdeskri'tʃivew, -ejs] *adj* (*espantoso*) indescribable

indesculpável <-eis> [ĩjdeskuw'pavew, -ejs] *adj* inexcusable

indesejável <-eis> [ĩjdeze'ʒavew, -ejs] *adj* undesirable

indestrutível <-eis> [ĩjdestru'tʃivew, -ejs] *adj* indestructible; (*inabalável*) unshakable

indeterminado [ĩjdetermi'nadu] **I.** *m* indeterminate **II.** *adj* indeterminate; **por tempo ~** indefinitely

indevassável <-eis> [ĩjdeva'savew, -ejs] *adj* impenetrable

indevidamente [ĩjdevida'mẽjtʃi] *adv* (*de forma imprópria, injustamente*) improperly, unduly

indevido, -a [ĩjde'vidu, -a] *adj* **1.** (*uso*) improper **2.** (*queixa*) baseless **3.** (*castigo*) undue

index <índices> ['ĩjdeks, 'ĩjdʒisis] *m* **1.** REL Index **2.** (*dedo indicador*) index, forefinger

indexação <-ões> [ĩjdeksa'sãw, -'õjs] *f* ECON indexation; **~ de tarifas** indexation of tariffs

indexador [ĩjdeksa'dor] *m* index

indexar [ĩjdek'sar] *vt* (*economia*) to index

índia *f v.* **índio**

Índia ['ĩjdʒia] *f* India

indianista [ĩjdʒjɐ'nista] *mf* India scholar

indiano, -a [ĩjdʒi'ɐnu, -a] **I.** *m, f* Indian, from India **II.** *adj* Indian, from India

indicação <-ões> [ĩjdʒika'sãw, -'õjs] *f* **1.** (*instrução*) instruction; **por ~ do médico** as instructed by the physician **2.** (*indício*) indication; **há ~ de a. c.** there is an indication of sth; **não há ~ de que ...** +*subj* there is no indication that ... **3.** (*informação*) directions *pl*

indicado, -a [ĩjdʒi'kadu, -a] *adj* **1.** (*apontado*) indicated; **é aqui o local ~ no mapa** here is the place indicated on the map **2.** (*apropriado*) appropriate;

indicador

não é o momento ~ it is not the appropriate time **3.** (*designado*) designated; **ser ~ para um cargo** to be designated for the position; **ser ~ para resolver o impasse** to be appointed to resolve the stalemate **4.** (*recomendado*) recommended; **estas são as lojas indicadas** these are the recommended stores

indicador [ĩjdʒika'dor] **I.** *m* (*ponteiro*) indicator; (*dedo*) forefinger, index finger; **~ econômico** ECON economic indicator **II.** *adj* **~ de** indicative; **a subida de preços é um fator ~ de crise** the rise in prices is indicative of a crisis

indicar [ĩjdʒi'kar] <c→qu> *vt* **1.** (*referir*) to indicate; **~ as razões** to indicate the reasons **2.** (*sugerir*) to recommend; **~ um bom restaurante** to recommend a good restaurant **3.** (*informação*) **~ o caminho** to give directions **4.** (*cargo*) to designate; **o grupo o indicou para coordenar o projeto** the group appointed him to coordinate the project **5.** (*dar indícios de*) to indicate, to signal; **isso indica falta de conhecimentos** that indicates a lack of knowledge; **tudo indica que ...** all indications are that ...

indicativo [ĩjdʒika'tʃivu] *m sem pl* **1.** LING indicative *no pl* **2.** (*indício*) indication

índice ['ĩjdʒisi] *m* **1.** (*de um livro, dos termos usados; sintoma, sinal: remissivo*) index **2.** (*taxa*) rate, index; **~ de álcool no sangue** blood alcohol content **3.** ECON, MAT index; **~ de preços** price indices

índices *m pl de* **índex**

indiciar [ĩjdʒisi'ar] *vt tb.* JUR (*denunciar*) to indict

indício [ĩj'dʒisiw] *m* indication; **há ~ de a. c.** there is an indication of sth; JUR (*prova circunstancial*) circumstantial evidence

Índico ['ĩjdʒiku] *m sem pl* (*oceano*) Indian Ocean *no pl*

indiferença [ĩjdʒife'rẽjsa] *f sem pl* indifference *no pl*

indiferente [ĩjdʒife'rẽjtʃi] *adj* (*apático*) indifferent; **ser ~ a a. c.** to be indifferent to sth

indígena [ĩj'dʒiʒena] **I.** *mf* native, Indian **II.** *adj* indigenous, Indian

indigência [ĩjdʒi'ʒẽjsja] *f* indigence

indigenista [ĩjdʒiʒe'nista] *mf* nativist

indigente [ĩjdʒi'ʒẽjtʃi] **I.** *m* (*mendigo*)

índios

bum **II.** *adj* indigent

indigesta *adj v.* **indigesto**

indigestão <-ões> [ĩjdʒiʒes'tɜ̃w] *f* indigestion

indigesto, -a [ĩjdʒi'ʒɛstu, -a] *adj* indigestible; *fig* (*pessoa*) unbearable

indigestões *f pl de* **indigestão**

indigna *adj v.* **indigno**

indignação <-ões> [ĩjdʒigna'sɜ̃w, -'õjs] *f* indignation

indignado, -a [ĩjdʒig'nadu, -a] *adj* (*pessoa; atitude, comentário*) indignant; **ficar ~ com alguém/a. c.** to be outraged by sb/sth

indignar [ĩjdʒig'nar] **I.** *vt* to outrage **II.** *vr:* **~-se** to be outraged; **~-se com alguém/a. c.** to be outraged by sb/sth

indignidade [ĩjdʒigni'dadʒi] *f sem pl* (*afronta*) indignity *no pl;* **cometer uma ~ com alguém** to disgrace sb

indigno, -a [ĩj'dʒignu, -a] *adj* unworthy; **ser ~ de a. c.** to be unworthy of sth; (*torpe*) low; (*impróprio*) improper

índigo ['ĩjdʒigu] *m* indigo

índio, -a ['ĩjdʒiw, -a] *m, f* Indian; (*das Américas*) Native American, American Indian

---

Cultura According to the 2000 Census, Brazil has 701,000 indigenous people, equivalent to 0.4% of the entire population. There are 587 Indian reserves, totalling 101.84m hectares (11.92% of Brazilian territory). They are distributed among approximately 215 ethnicities, which communicate in 180 languages and dialects (divided into three branches: **Tupi**, **Macro-Ge**, and **Arawak**) in nearly the entire country. The greatest problems that the indigenous peoples face are invasions and attempts to economically exploit their lands by farmers, squatters, loggers, and miners. White men have introduced diseases into indigenous communities and destroyed the environment and indigenous cultural traditions.

indireta *adj v.* **indireto**

indireta [ĩdʒi'rɛta] *f inf* insinuation; **dar** [*ou* **soltar**] **~s para alguém** to make insinuations to sb; **dava ~s porque não tinha coragem de falar abertamente** he made insinuations because he did not have the courage to speak openly

indiretamente [ĩdʒirɛta'mẽtʃi] *adv* indirectly

indireto, -a [ĩdʒi'rɛtu, -a] *adj* (*dissimulado*) indirect

indisciplina [ĩdʒisi'plina] *f* indiscipline

indisciplinado, -a [ĩdʒisipli'nadu, -a] *adj* (*rebelde*) undisciplined

indiscreto, -a [ĩdʒis'krɛtu, -a] *adj* (*intrometido, inconveniente*) indiscreet

indiscrição <-ões> [ĩdʒiskri'sãw, -'õjs] *f* (*bisbilhotice, de segredo*) indiscretion; **desculpe a minha ~, mas ...** excuse my indiscretion, but ...

indiscriminadamente [ĩdʒiskriminada'mẽtʃi] *adv* indiscriminately

indiscriminado, -a [ĩdʒiskrimi'nadu, -a] *adj* indiscriminate

indiscutível <-eis> [ĩdʒisku'tʃivew, -ejs] *adj* (*incontestável*) indisputable

indispensável <-eis> [ĩdʒispẽ'savew, -ejs] I. *m* **o ~ the** bare essentials *no pl*; **falar somente o ~** to say only what is necessary II. *adj* (*imprescindível; habitual*) indispensable, essential; **trazia sempre consigo o ~ guarda-chuva** he always carried his indispensable umbrella with him

indisponível <-eis> [ĩdʒispo'nivew, -ejs] *adj* (*mercadoria; pessoa*) unavailable

indispor [ĩdʒis'por] *irr como* **pôr** I. *vt* 1. (*aborrecer*) to irritate 2. (*de saúde*) to indispose; **a viagem longa indispôs o motorista** the long trip indisposed the driver II. *vr:* **~-se** to get irritated; **costumava ~-se com pessoas de ideias divergentes** he used to get irritated with people with opposing ideas

indisposição <-ões> [ĩdʒispozi'sãw, -'õjs] *f* indisposition; (*zanga*) irritation

indisposto [ĩdʒis'postu] *pp de* **indispor**

indisposto, -a [ĩdʒis'postu, -'ɔsta] *adj* indisposed; **estar ~** to be indisposed

indisputável <-eis> [ĩdʒispu'tavew, -ejs] *adj* indisputable

indissociável <-eis> [ĩdʒisosi'avew, -ejs] *adj* not dissociable, inseparable; **ser ~ de** to be inseparable from

indissolúvel <-eis> [ĩdʒiso'luvew, -ejs] *adj* indissoluble

indistinguível <-eis> [ĩdʒistʃĩ'givew, -ejs] *adj* indistinguishable

indistinto, -a [ĩdʒis'tʃĩtu, -a] *adj* indistinct; (*sem nexo*) indiscriminate

individual <-ais> [ĩdʒividu'aw, -'ajs] I. *m* individuality II. *adj* (*particular; separado*) individual

individualidade [ĩdʒividwaʎi'dadʒi] *f* individuality

individualismo [ĩdʒividwa'ʎizmu] *m* individualism *no pl*; (*egoísmo*) selfishness *no pl*

individualista [ĩdʒividwa'ʎista] I. *mf* individualist II. *adj* individualistic; (*egoísta*) selfish

individualmente [ĩdʒividwaw'mẽtʃi] *adv* individually

indivíduo [ĩdʒi'vidwu] *m* 1. (*ser humano*) individual 2. *inf* (*sujeito*) individual; **aquele ~ nasceu com a sorte grande** that individual was born with great luck

indivisível <-eis> [ĩdʒivi'zivew, -ejs] *adj* indivisible

indóceis *adj pl de* **indócil**

Indochina [ĩdo'ʃina] *f* Indochina

indócil <-eis> [ĩ'dɔsiw, -ejs] *adj* rebellious; (*irritado*) irritated

índole ['ĩduʎi] *f* 1. (*temperamento*) character; **de boa ~** good-natured; **de má ~** ill-natured 2. (*natureza*) nature; **realiza trabalhos de ~ social** he carries out work of a social nature

indolência [ĩdo'lẽjsia] *f sem pl* 1. (*preguiça*) indolence 2. (*apatia*) apathy

indolente [ĩdo'lẽtʃi] *adj* 1. (*preguiçoso*) indolent 2. (*apático*) apathetic

indolor [ĩdo'lor] *adj* (*sem grande esforço*) painless; **dividir as despesas seria uma alternativa ~ para economizar dinheiro** to share the expenses would be a painless alternative for saving money

indomável <-eis> [ĩdo'mavew, -ejs] *adj* 1. (*animal*) untamable 2. (*pessoa*) invincible

indômito, -a [ĩ'domitu, -a] *adj form* (*espírito*) untamed; (*arrogante*) haughty

Indonésia [ĩdo'nɛzia] *f* Indonesia

indonésio, -a [ĩdo'nɛziw, -a] *adj, m, f*

Indonesian

indubitável <-eis> [ĩjdubi'tavew, -ejs] *adj* indubitable

indubitavelmente [ĩjdubitavew'mẽjtʃi] *adv* indubitably

indução <-ões> [ĩjdu'sɐ̃w, -õjs] *f* 1.(*persuasão*) inducement 2. ELEC, FILOS induction

indulgência [ĩjduw'ʒẽjsia] *f tb.* REL (*condescendência*) indulgence

indulgente [ĩjduw'ʒẽjtʃi] *adj* (*tolerante*) indulgent

indultar [ĩjduw'tar] *vt* JUR to pardon

indulto [ĩj'duwtu] *m* 1.JUR pardon; ~ **de Natal** Christmas pardon 2. REL indult

indumentária [ĩjdumẽj'taria] *f* garb

indústria [ĩj'dustria] *f* industry; ~ **alimentícia** food industry; ~ **pesada** heavy industry; ~ **petroquímica** petrochemical industry; **pequena** ~ small industry; (*ofício*) manufacturing

industrial <-ais> [ĩjdustri'aw, -'ajs] **I.** *mf* industrialist **II.** *adj* (*área, polo, centro*) industrial

industrialização <-ões> [ĩjdustriaʎiza'sɐ̃w, -'õjs] *f* 1.(*de país, agricultura*) industrialization 2.(*de mercadorias*) manufacturing

industrializar [ĩjdustriaʎi'zar] *vt* 1.(*país, agricultura*) to industrialize 2.(*mercadorias*) to manufacture

indutivo, -a [ĩjdu'tʃivu, -a] *adj* inductive

induzir [ĩjdu'zir] *vt* 1.(*persuadir*) to induce; ~ **alguém a a. c.** to induce sb to do sth; ~ **em erro** to lead astray; **o apelo dos lojistas induz o consumidor a comprar** the shopkeepers' appeal induces consumers to buy 2.(*deduzir*) to deduce 3.(*medo, pânico, insegurança*) to induce, to provoke

inebriante [inebri'ɐ̃tʃi] *adj* (*bebida; êxtase*) inebriant

inebriar [inebri'ar] *vt fig* **deixou-se ~ pelo sucesso** he was exhilarated by his success

inédito, -a [i'nɛdʒitu, -a] *adj* 1.(*música, livro*) unpublished 2.(*acontecimento*) original

inefável <-eis> [ine'favew, -ejs] *adj* ineffable

ineficácia [inefi'kasia] *f sem pl* (*inutilidade*) inefficiency

ineficaz [inefi'kas] <-es> *adj* inefficient; (*inútil*) useless

ineficiência [inefisi'ẽjsia] *f sem pl* inefficiency *no pl*

ineficiente [inefisi'ẽjtʃi] *adj* inefficient

inegável <-eis> [ine'gavew, -ejs] *adj* undeniable

inegociável <-eis> [inegosi'avew, -ejs] *adj* (*proposta*) nonnegotiable

inelegível <-eis> [inele'ʒivew, -ejs] *adj* ineligible

inequívoco, -a [ine'kivoku, -a] *adj* unequivocal

inércia [i'nɛrsia] *f sem pl* 1. FÍS inertia *no pl* 2.(*letargia*) inertness *no pl*; **a economia mundial vive um momento de** ~ the world economy is going through a period of sluggishness

inerente [ine'rẽjtʃi] *adj* (*nato*) inherent; **ser** ~ **a a. c.** to be inherent in sth; **a liberdade é um direito** ~ **a todos** freedom is a right inherent to all

inerte [i'nɛrtʃi] *adj* (*sem movimento*) inert; (*apático*) apathetic; **decepcionado, passou semanas** ~ **na cama** disappointed, he lay inert in bed for weeks

inescrupuloso, -a [ineskrupu'lozu, -'ɔza] *adj* unscrupulous

inescrutável <-eis> [ineskru'tavew, -ejs] *adj* inscrutable

inesgotável <-eis> [inesgo'tavew, -ejs] *adj* (*recursos*) abundant; (*sabedoria*) unfailing

inespecífico, -a [inespe'sifiku, -a] *adj* unspecific

inesperado, -a [inespe'radu, -a] *adj* unexpected

inesquecível <-eis> [ineske'sivew, -ejs] *adj* unforgettable

inestimável <-eis> [inestʃi'mavew, -ejs] *adj* (*amizade, valor*) inestimable

inevitável <-eis> [inevi'tavew, -ejs] *adj* unavoidable, inevitable; (*sempre presente*) infallible; **costumava comparecer às festas com um** ~ **sorriso no rosto** he usually went to parties with an infallible smile on his face

inexato, -a [ine'zatu, -a] *adj* inexact

inexaurível <-eis> [inezaw'rivew, -ejs] *adj* inexhaustible

inexequível <-eis> [ineze'kwivew, -ejs] *adj* (*plano, trabalho*) unexecutable; (*lei, contrato*) unenforceable

inexistência [inezis'tẽjsia] *f* nonexistence; ~ **de a. c.** nonexistence of sth

inexistente [inezis'tẽjtʃi] *adj* nonexistent

inexorável <-eis> [inezo'ravew, -ejs]

adj (*leis, regras, destino*) inexorable
inexperiência [inesperi'ẽjsia] *f* (*imperícia*) inexperience
inexperiente [inesperi'ẽjtʃi] *adj* (*ingênuo*) inexperienced
inexplicável <-eis> [inespli'kavew, -ejs] I. *m* unexplainable; **não tente explicar o ~** do not try to explain the unexplainable II. *adj* (*atitude*) unexplainable
inexplorado, -a [inesploradu, -a] *adj* unexplored
inexpressivo, -a [inespresivu, -a] *adj* (*sem importância*) insignificant; **recebeu um número ~ de votos** he received an insignificant number of votes
inexpugnável <-eis> [inespug'navew, -ejs] *adj* (*fortaleza*) invincible
inextinguível <-eis> [inestʃĩj'givew, -ejs] *adj* inextinguishable
infalível <-eis> [ĩjfaʎivew, -ejs] *adj* (*fórmula, remédio, plano*) infallible; (*sucesso; apoio*) assured
infame [ĩj'fsmi] *adj* 1. (*indigno*) shameful 2. (*desprezível*) disreputable 3. (*detestável*) odious
infâmia [ĩj'fɜmia] *f* 1. (*vergonha*) disgracefulness 2. (*vileza*) wickedness 3. (*calúnia*) disrepute
infância [ĩj'fɜŋsia] *f* infancy
infantaria [ĩjfɜŋta'ria] *f* MIL infantry
infante, -a [ĩj'fɜŋtʃi, -a] *m, f* infant
infantil <-is> [ĩjfɜŋ'tʃiw, -'is] *adj* 1. (*para crianças*) infantile; **educação ~** kindergarten; **contos infantis** children's stories 2. (*atitude, mentalidade*) childish, infantile; **não seja ~!** don't be childish!
infantilidade [ĩjfɜŋtʃiʎi'dadʒi] *f* (*comportamento*) childishness; **a reação dela foi de tamanha ~** her reaction was so childish
infantis *adj pl de* **infantil**
infatigável <-eis> [ĩjfatʃi'gavew, -ejs] *adj* untiring; (*perseverança*) indefatigable
infausto, -a [ĩj'fawstu, -a] *adj* (*destino*) unlucky
infecção <-ões> [ĩjfek'sɜw, -'õjs] *f* (*em ferida, contágio*) infection
infeccionado, -a [ĩjfeksjo'nadu, -a] *adj* infected
infeccionar [ĩjfeksjo'nar] I. *vt* to infect II. *vi* to infect
infeccioso, -a [ĩjfeksi'ozu, -'ɔza] *adj* infectious
infectado, -a [ĩjfek'tadu, -a] *adj* (*computador*) infected
infectar [ĩjfek'tar] I. *vt* INFOR to infect II. *vr:* **~-se** to infect
infecundo, -a [ĩjfe'kũwdu, -a] *adj fig* infertile
infelicidade [ĩjfeʎisi'dadʒi] *f* 1. (*falta de felicidade*) unhappiness 2. (*desgraça*) disgrace; **foi uma ~ ter perdido os pais tão jovem** it was a shame to have lost his parents so early on 3. (*azar*) misfortune; **teve a ~ de machucar o pé logo no início das férias** he had the misfortune of hurting his foot just as vacation began
infeliz [ĩjfe'ʎis] <-es> I. *mf* 1. (*não feliz*) unhappy 2. (*fracassado*) **os ~es dos músicos terminaram a apresentação sob vaias** the wretched musicians were jeered as they ended their presentation II. *adj* hapless; (*acontecimento*) unfortunate; (*palpite, comentário, ideia*) inopportune
infelizmente [ĩjfeʎiz'mẽjtʃi] *adv* unfortunately; **~ o médico não poderá atendê-lo hoje** unfortunately the doctor cannot see you today
inferior [ĩjferi'or] *adj* 1. (*nível, temperatura*) lower; **no inverno, a temperatura chega a ser ~ a 5°C** in the winter, the temperature goes down to less than 5°C; **a piscina está num nível ~ ao da casa** the pool is at a lower level than the house 2. (*qualidade*) inferior; **este vinho é ~ aos demais da mesma região** this wine is inferior to the others of the same region 3. (*quantidade*) lower; **o volume vendido de mercadorias foi ~ ao ano passado** the volume of goods sold was lower than last year
inferioridade [ĩjferjori'dadʒi] *f sem pl* inferiority *no pl;* **o treinador admitiu a ~ do seu time** the trainer admitted his team was inferior
inferiorizar [ĩjferjori'zar] I. *vt* (*pessoa, trabalho*) to demean II. *vr:* **~-se** to demean oneself
inferir [ĩjfe'rir] *irr como* **preferir** *vt* to infer; **~ a. c.** to infer sth
infernal <-ais> [ĩjfer'naw, -'ajs] *adj* 1. (*calor, barulho; dores*) terrible 2. (*noite, pessoa*) extraordinary
inferninho [ĩjfɛr'nĩɲu] *m* ~ hellhole
infernizar [ĩjferni'zar] *vt* **~ a vida de**

alguém to make sb's life hell
inferno [ĩj'fɛrnu] *m* hell; **vá para o/para os quintos dos ~s!** go to hell!; **um homem de mau humor em casa é o ~ em vida** an ill-humored man at home is a pain in the neck
infértil <-eis> [ĩj'fɛrtʃiw, -ejs] *adj* (*pessoa, solo*) infertile
infertilidade [ĩjfertʃiʎi'dadʒi] *f* (*de pessoa, solo*) infertility
infestação [ĩjfesta'sãw] *f* infestation
infestado, -a [ĩjfes'tadu, -a] *adj* (*pessoa*) infested
infestar [ĩjfes'tar] *vt* to infest
infidelidade [ĩjfideʎi'dadʒi] *f* infidelity
infiel <-eis> [ĩjfi'ɛw, -'ejs] **I.** *mf* REL infidel **II.** *adj* unfaithful; **ser ~ a alguém** to be unfaithful to sb; (*texto, tradução*) unfaithful
infiltração <-ões> [ĩjfiwtra'sãw, -'õjs] *f tb.* MED (*de líquido, gás, pessoa*) infiltration
infiltrar-se [ĩjfiw'trarsi] *vr* **1.** (*líquido, gás, cheiro*) to infiltrate; **a água infiltrou-se pela parede da sala** the water seeped [*o* infiltrated] through the living room wall **2.** (*pessoa*) to infiltrate; **o espião conseguiu ~ no sistema de inteligência do país** the spy managed to infiltrate the country's intelligence system
ínfimo, -a ['ĩjfimu, -a] *adj* trifling; **descrever a. c. até o mais ~ detalhe** to describe sth down to the smallest detail; **tem quem pague uma quantia ínfima de impostos** some people pay next to nothing in taxes
infindável <-eis> [ĩjfĩj'davew, -ejs] *adj* (*lista, tarefas*) unending
infinidade [ĩjfini'dadʒi] *f* infinity; **uma ~ de coisas** an endless number of things; **tive de me submeter a uma ~ de perguntas** I had to submit to an endless number of questions
infinita *adj v.* **infinito**
infinitamente [ĩjfinita'mẽjtʃi] *adv* (*sem fim; extraordinariamente*) infinitely; **ser ~ maior/melhor** to be infinitely larger/better
infinitivo [ĩjfini'tʃivu] *m* LING infinitive
infinito [ĩjfi'nitu] **I.** *m* infinite **II.** *adj tb.* MAT infinite
inflação [ĩjfla'sãw] *f sem pl* ECON inflation *no pl*
inflacionado, -a [ĩjflasjo'nadu, -a] *adj* (*moeda, mercado*) inflated

inflacionar [ĩjflasjo'nar] *vt* (*mercado*) to inflate
inflacionário, -a [ĩjflasjo'nariw, -a] *adj* inflationary
inflado, -a [ĩjf'ladu, -a] *adj* (*inchado; vaidoso*) inflated
inflamação <-ões> [ĩjflama'sãw, 'õjs] *f* MED inflammation
inflamado, -a [ĩjfla'madu, -a] *adj* MED inflamed
inflamar [ĩjfla'mar] **I.** *vt* to inflame **II.** *vi* MED to inflame; **a ferida inflamou** the wound became inflamed **III.** *vr:* **~-se** (*exaltar-se*) to inflame
inflamatório, -a [ĩjflama'tɔriw, -a] *adj* MED inflammatory
inflamável <-eis> [ĩjfla'mavew, -ejs] *adj* inflammable, flammable; (*pessoa*) excitable
inflar [ĩj'flar] *vt* to inflate
inflável <-eis> [ĩj'flavew, -ejs] *adj* inflatable
inflexão <-ões> [ĩjflek'sãw, -'õjs] *f* (*voz*) inflection
inflexível <-eis> [ĩjflek'sivew, -ejs] *adj* (*material, pessoa*) inflexible
inflexões *f pl de* **inflexão**
infligir [ĩjfli'ʒir] *vt* (*um castigo, dor*) to inflict; **~ penas maiores aos motoristas infratores reincidentes** to impose greater penalties on drivers who are repeat offenders
influência [ĩjflu'ẽjsia] *f* influence; **uma pessoa de ~** an influential person; **tráfico de ~** graft; **estar sob a ~ de álcool/calmantes** to be under the influence of alcohol/tranquilizers; **exercer ~ sobre alguém/a. c.** to exert an influence over sb/sth; **ter ~ nos destinos do mundo** to have influence on the world's destiny
influenciar [ĩjfluẽjsi'ar] **I.** *vt* to influence **II.** *vr:* **~-se** to be swayed; **deixou ~-se demais pelo professor** he let himself be overly influenced by his teacher
influenciável <-eis> [ĩjfluẽjsi'avew, -ejs] *adj* impressionable
influente [ĩjflu'ẽjtʃi] *adj* influential
influir [ĩjflu'ir] *conj como* **incluir I.** *vt* **~ em** [*ou* **sobre**] to influence **II.** *vi* to matter; **o fato de ele ser ateu em nada influi** the fact that he is an atheist does not matter at all
influxo [ĩj'fluksu] *m* influx, inflow; **~ de capitais** influx of capital

informação <-ões> [ĩjforma'sãw, -'õjs] *f* **1.** information *no pl;* **dar uma ~ a alguém** to give sb information; **pedir informações a alguém (sobre a. c.)** to ask sb for information (about sth); **para sua ~** for your information **2.** (*notícia*) information; **tivemos informações sobre o seu paradeiro** we have received information about his whereabouts **3.** (*instrução*) instructions *pl;* **estas são as informações para o preenchimento da guia** these are the instructions for filling out the form **4.** INFOR (*dados*) data

informado, -a [ĩjfor'madu, -a] *adj* informed; **estar/ser ~** to be informed; **estar bem/mal ~** to be well/badly informed

informal <-ais> [ĩjfor'maw, -ajs] *adj* informal; **conversa ~** informal conversation; **economia ~** gray economy, shadow economy; **um jantar ~** an informal dinner

informalidade [ĩjformaʎi'dadʒi] *f* informality

informante [ĩjfor'mãntʃi] *mf* informer

informar [ĩjfor'mar] **I.** *vt* to inform; **~ alguém de** [*ou* **sobre**] **a. c.** to inform sb of sth; **a professora informou os alunos sobre as novas normas** the teacher informed her students of the new rules; **pode me informar os horários dos ônibus?** could you tell me the bus schedule? **II.** *vr:* **~-se** to find out; **~-se sobre a. c.** to find out about sth; **informe-se com o frentista no posto** ask the attendant at the gas station; **ela informa-se sobre os preços antes de ir às compras** she finds out the prices before going shopping; **informou-se com o policial sobre o acidente** he found out from the policeman about the accident; **informa-se em Brasília a demissão do ministro** the minister's dismissal is being reported in Brasília

informática [ĩjfor'matʃika] *f sem pl* IT, information technology *no pl;* **profissional de ~** IT professional

informático, -a [ĩjfor'matʃiku, -a] *adj* computer

informativo [ĩjforma'tʃivu] *m* bulletin

informativo, -a [ĩjforma'tʃivu, -a] *adj* informative; **boletim ~** newsletter

informatizado, -a [ĩjformatʃi'zadu, -a] *adj* computerized; **serviço ~** computerized service

informatizar [ĩjformatʃi'zar] *vt* (*empresa, instituição*) to computerize

informe [ĩj'fɔrmi] *m* information

infortúnio [ĩjfor'tuniw] *m* misfortune

infração <-ões> [ĩjfra'sãw, -'õjs] *f* (*de lei, regra*) infraction, violation; (*de contrato*) breach

Infraero [ĩjfra'ɛru] *f sem pl abr de* **Empresa Brasileira de Infraestrutura Aeroportuária** Brazilian Airport Management Agency *no pl*

infraestrutura [ĩjfrajstru'tura] *f* infrastructure

infrator(a) [ĩjfra'tor(a)] *m(f)* offender

infravermelho, -a [ĩjfraver'meʎu, -a] *adj* infrared

infrequente [ĩjfre'kwẽntʃi] *adj* infrequent

infringir [ĩjfrĩj'ʒir] *vt* to infringe; JUR to break

infrutífero, -a [ĩjfru'tʃiferu, -a] *adj* (*terra, esforços*) unfruitful

infundado, -a [ĩjfũw'dadu, -a] *adj* (*acusação*) unfounded, baseless

infundir [ĩjfũw'dʒir] *vt* (*respeito, admiração*) to infuse

infusão <-ões> [ĩjfu'zãw, -'õjs] *f* (*com água fervendo; bebida*) infusion

ingênua *adj v.* **ingênuo**

ingenuidade [ĩjʒenuj'dadʒi] *f sem pl* naiveté *no pl*

ingênuo, -a [ĩj'ʒenuu, -a] *adj* naive

ingerência [ĩjʒe'rẽjsja] *f* interference

ingerir [ĩjʒe'rir] *irr cono preferir* **I.** *vt* (*alimento*) to ingest; (*medicamento*) to swallow **II.** *vr:* **~-se** to interfere; **~-se em vida alheia** to interfere in other people's lives

ingestão <-ões> [ĩjʒes'tãw, -'õjs] *f* (*de alimento*) ingestion; (*de medicamento*) swallowing

Inglaterra [ĩjgla'tɛxa] *f* England

inglês, -esa [ĩj'gles, -'eza] **I.** *m, f* Englishman *m,* Englishwoman *f;* **os ingleses** the English; **para ~ ver** *inf* just for show **II.** *adj* English

inglório, -a [ĩj'glɔriw, -a] *adj* (*passado*) inglorious

ingovernável <-eis> [ĩjgover'navew, -ejs] *adj* (*país*) ungovernable; (*automóvel, raiva*) uncontrollable; (*pessoa*) unruly

ingrata *adj, f v.* **ingrato**

ingratidão <-ões> [ĩjgratʃi'dãw, -'õjs] *f* ungratefulness

ingrato, -a [ĩj'gratu, -a] I. *m, f* ingrate II. *adj* (*pessoa, atividade*) ungrateful, thankless; (*terra*) infertile

ingrediente [ĩjgredʒi'ẽjtʃi] *m tb. fig* ingredient

íngreme ['ĩjgrimi] *adj* steep

ingressar [ĩjgre'sar] *vt* 1. to enter; ~ **em a. c.** to enter sth; ~ **na escola** to enter school 2. (*em organização*) to be admitted

ingresso [ĩj'grɛsu] *m* 1. (*ação de ingressar*) entry, ingress *form;* (*na escola, faculdade*) admittance; **o ~ em uma instituição** admittance into an institution; **o ~ em algum lugar** the entry into a certain place 2. (*bilhete*) ticket

inhaca [ĩ'ɲaka] *f inf* stench

inhame [ĩ'ɲɐmi] *f* taro

inibição <-ões> [inibi'sãw, -'õjs] *f* PSICO inhibition

inibido, -a [ini'bidu, -a] *adj* inhibited

inibidor(a) [inibi'dor(a)] *adj* inhibiting

inibir [ini'bir] I. *vt* (*impedir*) to inhibit; ~ **a ação de a. c.** to inhibit the action of sth II. *vr:* ~-**se** (*embaraçar-se*) to get inhibited

iniciação <-ões> [inisja'sãw, -'õjs] *f* 1. (*em atividade*) initiation; **fazer a ~ em a. c.** to be initiated into sth 2. (*primeiras noções*) fundamentals; ~ **científica** science fundamentals

iniciado, -a [inisi'adu, -a] *adj* initiated; **ser ~ em a. c.** to be initiated in sth

inicial <-ais> [inisi'aw, -'ajs] I. *f* (*nome*) initial II. *adj* initial

inicialmente [inisjaw'mẽjtʃi] *adv* initially

iniciante [inisi'ɜ̃ntʃi] *m, f* beginner

iniciar [inisi'ar] I. *vt* 1. (*começar*) to initiate 2. INFOR to boot 3. (*atividade*) to initiate; ~ **alguém em a. c.** to initiate sb into sth II. *vr:* ~-**se** to become initiated; ~-**se em a. c.** to become initiated into sth

iniciativa [inisja'tʃiva] *f* initiative; **por ~ própria** by one's own initiative; **ter espírito de ~** to have a spirit of initiative; **tomar a ~ (de fazer a. c.)** to take the initiative (to do sth); **ela sempre foi uma pessoa de ~** she has always been a person of initiative

início [i'nisiw] *m* start; **no ~** at the start; **a sessão vai ter ~** the session is going to start

inigualável <-eis> [inigwa'lavew, -ejs] *adj* incomparable

inimaginável <-eis> [inimaʒi'navew, -ejs] *adj* unimaginable

inimigo, -a [ini'migu, -a] I. *m, f* 1. enemy; ~ **jurado** sworn enemy; **ser ~ de alguém** to be sb's enemy; **a pressa é inimiga da perfeição** haste makes waste; **o cigarro é o ~ público número um** cigarettes are public enemy number one 2. (*avesso*) **era ~ dos eventos sociais** he was adverse to social events II. *adj* enemy

inimitável <-eis> [inimi'tavew, -ejs] *adj* inimitable

inimizade [inimi'zadʒi] *f* unfriendliness, aversion

ininteligível <-eis> [inĩjteʎi'ʒivew, -ejs] *adj* unintelligible

ininterrupta *adj v.* **ininterrupto**

ininterruptamente [inĩjtexupta-'mẽjtʃi] *adv* uninterruptedly, continuously

ininterrupto, -a [inĩjte'xuptu, -a] *adj* uninterrupted, continuous

iniquidade [inikwi'dadʒi] *f* iniquity

injeção <-ões> [ĩjʒe'sãw, -'õjs] *f* 1. MED, TEC injection; **dar/levar uma ~** to give/get an injection [*o* shot] 2. *fig* (*de ânimo*) boost; **o governo vai fazer uma ~ de capital no mercado** the government will infuse capital into the market

injetar [ĩjʒe'tar] I. *vt* 1. MED to inject 2. (*dinheiro*) to infuse; **empresas estrangeiras injetam muitos milhões no país** foreign companies infuse many millions into the country II. *vr:* ~-**se** to inject oneself; **os olhos se injetaram de sono** his eyes were filled with sleepiness

injetável <-eis> [ĩjʒe'tavew, -ejs] *adj* (*medicamento*) injectable

injunção [ĩjʒũw'sãw] *f* (*ordem formal*) injunction

injúria [ĩj'ʒuria] *f* (*insulto*) injury

injuriado, -a [ĩjʒuri'adu, -a] *adj* 1. insulted; JUR 2. slandered 3. *inf* (*zangado*) angry

injuriar [ĩjʒuri'ar] I. *vt* 1. to insult 2. (*desonrar*) to slander II. *vr:* ~-**se** *inf* to get angry; **injuria-se comigo facilmente** he often gets angry at me

injurioso, -a [ĩjʒuri'ozu, -'ɔza] *adj* injurious

injusta *adj v.* **injusto**

injustiça [ĩjʒus'tʃisa] *f* injustice;

cometer uma ~ to commit an injustice; **isto é uma ~!** this is unfair!

injustiçado, -a [ĩʒustʃi'sadu, -a] *adj* wronged; **o político disse que foi ~ pela imprensa** the politician said he was treated unfairly by the press

injustificado, -a [ĩʒustʃifi'kadu, -a] *adj* unjustified

injustificável <-eis> [ĩʒustʃifi'kavew, -ejs] *adj* (*atitude*) unjustifiable

injusto, -a [ĩ'ʒustu, -a] *adj* **1.**(*pessoa, atitude*) unjust, unfair **2.**(*sem fundamento*) baseless; **é ~ o que se diz por aí** what people are saying is groundless

in loco [ĩj'lɔku] *adv* at the site; **inspeção ~** on-site inspection

inocência [ino'sẽsja] *f sem pl* **1.**(*falta de culpa*) innocence; **provar a ~ de alguém** to prove sb's innocence **2.**(*ingenuidade*) innocence, naiveness

inocentar [inosẽj'tar] *vt* to absolve, to clear

inocente [ino'sẽtʃi] **I.** *m, f* innocent; **~ útil** stooge **II.** *adj* **1.**(*sem culpa, sem malícia*) innocent **2.**(*ingênuo*) naive, innocent

inócua *adj v.* **inócuo**

inocular [inoku'lar] *vt* BIO, MED to inoculate

inócuo, -a [i'nɔkuu, -a] *adj* (*substância*) innocuous; (*medidas*) ineffective

inodoro, -a [ino'dɔru, -a] *adj* odorless

inofensivo, -a [inofẽj'sivu, -a] *adj* inoffensive

inominável <-eis> [inomi'navew, -ejs] **I.** *m* nameless person **II.** *adj* (*afronta*) revolting

inoperante [inope'rãtʃi] *adj* inoperative

inoperável <-eis> [inope'ravew, -ejs] *adj* (*câncer*) inoperable

inopinado, -a [inopi'nadu, -a] *adj* (*acontecimento*) unexpected

inoportuno, -a [inopor'tunu, -a] *adj* (*inconveniente*) inopportune

inorgânico, -a [inor'ɡɜniku, -a] *adj* inorganic

inóspito, -a [i'nɔspitu, -a] *adj* (*povo, país; clima*) inhospitable

inovação <-ões> [inova's̃ãw, -õjs] *f* (*ato; novidade*) innovation

inovador(a) [inova'dor(a)] *adj* innovative

inovar [ino'var] *vt* to innovate

inoxidável <-eis> [inoksi'davew, -ejs] *adj* rustproof; **aço ~** stainless steel

INPC [jenipe'se] *m sem pl abr de* **Índice Nacional de Preços ao Consumidor** National Consumer Price Index *no pl*

inqualificável <-eis> [ĩkwaʎifi'kavew, -ejs] *adj* unqualified; (*vergonhoso*) shameful

inquebrável <-eis> [ĩke'bravew, -ejs] *adj* unbreakable

inquérito [ĩ'kɛritu] *m* investigation; JUR inquiry

inquestionável <-eis> [ĩkestʃjo'navew, -ejs] *adj* unquestionable

inquieta *adj v.* **inquieto**

inquietação <-ões> [ĩkjõjeta'sãw, -'õjs] *f* restlessness; (*agitação*) agitation

inquietante [ĩkje'tãtʃi] *adj* unsettling

inquietar [ĩkje'tar] **I.** *vt* (*agitar*) to disquiet **II.** *vr:* **~-se** to fret

inquieto, -a [ĩ'kjɛtu, -a] *adj* (*mar, sono*) agitated; (*pessoa*) apprehensive; (*espírito*) restless

inquilino, -a [ĩki'ʎinu, -a] *m, f* tenant

inquirição <-ões> [ĩkiri'sãw, -'õjs] *f* inquiry

inquirir [ĩki'rir] *vt* (*interrogar, investigar*) to inquire

Inquisição [ĩkizi'sãw] *f* HIST Inquisition

inquisidor [ĩkizi'dor] *m* HIST inquisitor

insaciável <-eis> [ĩsasi'avew, -ejs] *adj* (*fome*) insatiable

insalubre [ĩsa'lubri] *adj* (*trabalho*) unhealthy

insalubridade [ĩjsalubri'dadʒi] *f* **adicional de ~** health hazard allowance

insana *adj v.* **insano**

insanidade [ĩjsani'dadʒi] *f* insanity

insano, -a [ĩ'sɜnu, -a] *adj* (*demente*) insane; (*excessivo*) excessive

insatisfação <-ões> [ĩjsatsfa'sãw, -'õjs] *f* (*contrariedade*) dissatisfaction; **recebeu com ~ a notícia** he received the news with dissatisfaction

insatisfatório, -a [ĩjsatsfa'tɔriw, -a] *adj* (*desempenho*) unsatisfactory

insatisfeito, -a [ĩjsats'fejtu, -a] *adj* dissatisfied; **estar/ficar ~ com alguém/a. c.** to be dissatisfied with sb/sth

insaturado, -a [ĩjsatu'radu, -a] *adj* unsaturated

inscrever [ĩjskre'ver] <*pp* inscrito> **I.** *vt* (*em curso, escola*) to enroll; (*em lista*) to register **II.** *vr:* **~-se** (*em curso, escola, universidade*) to enroll; (*em concurso*) to sign up; **~-se em a. c.** to enroll in sth

inscrição <-ões> [ĩjskri'sãw, -'õjs] *f* **1.** (*epígrafe*) inscription **2.** (*em curso, escola, universidade*) enrollment; **fazer ~ em a. c.** to sign up for sth; **as inscrições estão abertas** enrollment is open **3.** (*em lista*) registration

inscrito [ĩjs'kritu] *pp de* **inscrever**

inscrito, -a [ĩjs'kritu, -a] *adj* **1.** inscribed; **há desenhos ~ nas paredes das cavernas** there are drawings inscribed on the cave walls **2.** (*universidade*) enrolled; **os alunos ~ s devem pagar uma taxa no banco** enrolled students must pay a fee at the bank

insegura *adj v.* **inseguro**

insegurança [ĩjsegu'rãŋsa] *f* insecurity; **a população sofre com a ~ pública** citizens suffer with the lack of public safety

inseguro, -a [ĩjsi'guru, -a] *adj* (*perigoso*) unsafe; (*sem garantia; sem confiança*) insecure

inseminação <-ões> [ĩjsemina'sãw, -'õjs] *f* insemination; **~ artificial** artificial insemination

inseminar [ĩjsemi'nar] *vt* to inseminate

insensata *adj v.* **insensato**

insensatez [ĩjsẽja'tes] <-es> *f* **1.** (*falta de juízo*) foolishness; **fazer aquela escalada foi uma ~** making that climb was unwise **2.** (*falta de bom senso*) folly; **o povo paga pela insensatez dos governantes** the people pay for the folly of their rulers

insensato, -a [ĩjsẽj'satu, -a] *adj* (*atos, palavras, pessoa*) senseless

insensibilidade [ĩjsẽjsibili'dadʒi] *f sem pl* (*sentimental*) insensibility; (*física, intelectual*) insensitivity

insensível <-eis> [ĩjsẽj'sivew, -ejs] *adj* **1.** (*indiferente*) insensible; **ser ~ a a. c.** to be insensible to sth; **era ~ aos apelos da família** he was indifferent to the family's calls for help **2.** (*físico*) insensitive; **seus dentes eram insensíveis ao calor e frio** his teeth were insensitive to heat or cold

inseparável <-eis> [ĩjsepa'ravew, -ejs] *adj* inseparable; **eles são amigos inseparáveis** they are inseparable friends

insepulto, -a [ĩjse'puwtu, -a] *adj* unburied

inserção <-ões> [ĩjser'sãw, -'õjs] *f* insertion; **fazer a ~ de algo em a. c.** to insert sth into sth; (*de disquete, moeda*) insertion

inserir [ĩjse'rir] *irr como* **preferir** **I.** *vt* **1.** (*introduzir*) to insert; **~ um disquete/uma moeda** to insert a diskette/coin **2.** (*incluir*) to insert; **~ uma cláusula no contrato** to insert a clause in the contract **3.** INFOR to insert **II.** *vr:* **~-se** **1.** (*introduzir-se*) to become established **2.** (*incluir-se*) to be included; **~-se em um grupo** to be included in a group

inseticida [ĩjsetʃi'sida] *m* insecticide

inseto [ĩj'setu] *m* insect

insidioso, -a [ĩjsidʒi'ozu, -'ɔza] *adj* (*doença*) insidious

insígnia [ĩj'signia] *f* insignia

insignificância [ĩjsignifi'kãŋsia] *f* **1.** (*qualidade de insignificante*) insignificance **2.** (*coisa de pouco valor*) pittance

insignificante [ĩjsignifi'kãŋtʃi] *adj* (*sem importância*) insignificant; **levar uma vida ~** to lead an insignificant life; (*muito pequeno*) trifling; **a coleta seletiva de lixo ainda é ~** selective waste collection is still insignificant

insincero, -a [ĩjsĩ'seru, -a] *adj* insincere

insinuação <-ões> [ĩjsinwa'sãw, -'õjs] *f* insinuation; **fazer uma ~** to make an insinuation

insinuante [ĩjsinu'ãntʃi] *adj* (*atitude*) insinuating; (*roupa*) suggestive

insinuar [ĩjsinu'ar] **I.** *vt* to insinuate; **o ministro insinuou haver irregularidades** the minister insinuated that there were irregularities; **o que você está querendo ~?** what are you trying to insinuate? **II.** *vr:* **~-se** to enter surreptitiously; **insinuou-se pelo mato adentro** he surreptitiously entered the brush; **ela insinuava-se sem que ele percebesse** she came on to him without his realizing it

insípido, -a [ĩj'sipidu, -a] *adj* **1.** (*comida*) insipid **2.** (*monótono*) tedious

insistência [ĩjsis'tẽjsia] *f sem pl* insistence *no pl;* **pedir a. c. com ~** to ask insistently for sth

insistente [ĩjsis'tẽjtʃi] *adj* (*pessoa, pedido; chuva, dor*) insistent

insistir [ĩjsis'tʃir] **I.** *vt* (*teimar, repetir*) to insist; **~ em fazer a. c.** to insist on doing sth; **insistia em manter uma**

vida desregrada he insisted on maintaining an unstructured life; **~ em a. c.** to insist on sth; **insistia sempre nas mesmas ideias ultrapassadas** she always insisted on the same outdated ideas **II.** *vi* to insist; **tanto insistiu que ela cedeu** he insisted so much that she gave in

insociável <-eis> [ĩjsosi'avew, -ejs] *adj* (*de difícil convivência*) unsociable

insolação <-ões> [ĩjsola'sãw, -'õjs] *f sem pl* MED sunstroke *no pl*; **ter uma ~** to get sunstroke

insolência [ĩjso'lẽjsia] *f sem pl* (*desaforo, arrogância*) insolence *no pl*

insolente [ĩjso'lẽjtʃi] *adj* (*desaforado, arrogante*) insolent

insólito, -a [ĩj'sɔʎitu, -a] *adj* (*extraordinário*) uncommon

insolúvel <-eis> [ĩjso'luvew, -ejs] *adj* (*substância*) insoluble; (*problema*) unsolvable; (*dívida*) uncollectible

insolvência [ĩjsow'vẽjsia] *f* ECON insolvency

insolvente [ĩjsow'vẽjtʃi] *adj* ECON insolvent

insondável <-eis> [ĩjsõw'davew, -ejs] *adj* (*mistério*) unfathomable

insone [ĩj'soni] *adj* insomniac

insônia [ĩj'sonia] *f sem pl* insomnia *no pl*; **ter ~** to have insomnia

insosso, -a [ĩj'sosu, -a] *adj* (*comida; pessoa*) bland

inspeção <-ões> [ĩjspe'sãw, -'õjs] *f tb.* MIL (*vistoria, fiscalização, exame, revisão*) inspection; (*vigilância*) surveillance

inspecionar [ĩjspesjo'nar] *vt tb.* MIL (*vistoriar, fiscalizar, examinar, revistar*) to inspect; (*vigiar*) to keep under surveillance

inspetor(a) [ĩjspe'tor(a)] *m(f)* (*da polícia, fiscal*) inspector; (*de escola*) proctor

inspetoria [ĩjspeto'ria] *f* inspectorship

inspiração <-ões> [ĩjspira'sãw, -'õjs] *f* **1.** (*respiração*) inhalation **2.** (*espiritual; lampejo*) inspiration; **estou sem nenhuma ~ para escrever** I have no inspiration to write; **pintou o quadro sob ~ da sua musa** he painted the portrait under the inspiration of his muse; **teve a ~ de mudar de cidade e se deu bem** she had the inspiration to move to another city and did just fine

inspirado, -a [ĩjspi'radu, -a] *adj* (*animado*) inspired; **ela estava inspirada e rimos muito** she was inspired and we laughed a lot

inspirar [ĩjspi'rar] **I.** *vt* (*sugerir*) to prompt; **o estado dela inspira cuidados especiais** her condition prompted special care **II.** *vi* to inhale; **inspire fundo** take a deep breath **III.** *vr*: **~-se** to be inspired; **~-se em alguém a. c.** to be inspired by sb/sth; **inspirou-se em um grande poeta para montar o espetáculo** in setting up the event, he drew his inspiration from a great poet

INSS [jenje'sjesi] *m sem pl abr de* **Instituto Nacional de Seguro Social** National Social Security Institute *no pl*

instabilidade [ĩjstabiʎi'dadʒi] *f sem pl tb.* PSIC, ECON, POL (*objetos, tempo*) instability *no pl*; **clima de ~** climate of instability; **eles lutavam contra a ~ no emprego** they fought against the lack of permanent employment

instalação <-ões> [ĩjstala'sãw, -'õjs] *f* (*de máquina, aparelhos; software; cabos, canos; telefone, inauguração*) installation; **~ elétrica** electrical installation; **cerimônia de ~** installation ceremony

instalações [ĩjstala'sõjs] *fpl* (*de fábrica, empresa, escola*) facilities *pl*

instalar [ĩjsta'lar] **I.** *vt* (*máquina, aparelhos; software; cabos, canos; telefone, gás; governador; ocupante*) to install **II.** *vr*: **~-se 1.** (*numa cidade; num cargo*) to install oneself; **~-se em um novo apartamento** to install oneself in a new apartment **2.** (*medo, pânico; bactéria*) to take hold

instância [ĩjs'tãsia] *f tb.* JUR instance; **tribunal de última ~** court of last resort

instantâneo [ĩjstãŋ'tãniw] *m* FOTO snapshot

instantâneo, -a [ĩjstãŋ'tãniw, -a] *adj* **1.** (*resposta, café, pudim*) instant **2.** (*repentino*) sudden

instante [ĩjs'tãŋtʃi] *m* instant; **neste ~** this instant; **isso se faz num ~** that can be done on the spot; **um ~, por favor** one moment, please

instar [ĩjs'tar] *form* **I.** *vt* (*insistir*) to urge; (*desaprovar*); **~ contra a. c.** to urge against sth **II.** *vi* **~ (com) alguém** to plead with sb; (*urgência*) to urge

instauração <-ões> [ĩjstawra'sãw, -'õjs] *f* (*de sistema*) restoration *no pl*;

(*de democracia, ditadura*) establishment

instaurar [ĩstaw'rar] *vt* **1.**(*um sistema*) to restore; (*democracia, ditadura*) to institute **2.**JUR (*um processo*) to initiate, to open

instável [ĩjs'tavew] *adj* **1.** *tb.* ECON, POL (*pessoa, tempo, objeto*) unstable **2.**(*trabalho*) nonpermanent

instigante [ĩjstʃi'gãntʃi] *adj* instigative

instigar [ĩjstʃi'gar] <g→gu> *vt* (*greve, revolta; estimular*) to instigate

instilar [ĩjstʃi'lar] *vt* (*líquido, remédio*) to instill

instintivo, -a [ĩjstʃ'ĩjtʃivu, -a] *adj* (*reação, resposta*) instinctive

instinto [ĩjs'tʃĩjtu] *m* (*aptidão; intuição*) instinct; ~ **de conservação** preservation instinct; ~ **maternal** maternal instinct; **agir por** ~ to act on instinct; **seguir os seus** ~**s** to follow one's instincts; **ter um bom** ~ **para os negócios** to have good instincts for business; **o seu** ~ **dizia para que desconfiasse do sócio** his instincts told him to be wary of his partner

institucional <-ais> [ĩjstʃitusjo'naw, -'ajs] *adj* institutional; **ato** ~ act of state

institucionalizar [ĩjstʃitusjonaʎi'zar] *vt* to institutionalize

instituição <-ões> [ĩjstʃituj'sãw, -'õjs] *f* **1.**(*entidade; criação*) institution; ~ **bancária** banking institution; ~ **de caridade** charitable institution **2.** *irôn* (*mau costume*) institution; **a troca de favores é uma** ~ **nacional** exchanging favors is a national institution **3.**(*referência*) institution; **Pelé é uma** ~ **no futebol** Pelé is an institution in soccer

instituir [ĩjstʃi tu'ir] *conj como incluir vt* **1.**(*fundar*) to institute **2.**(*fixar*) to set **3.**(*designar*) to designate

instituto [ĩjstʃi'tutu] *m* institute; ~ **de beleza** beauty institute; ~ **de línguas** language institute

instrução <-ões> [ĩjstru'sãw, -'õjs] *f* **1.**(*saber, educação, ensino*) instruction; ~ **primária** primary education **2.**(*explicação*) directions *pl;* **siga as instruções do manual** follow the directions in the manual **3.** MIL instructions *pl;* **os soldados receberam instruções para atacar a fortaleza** the soldiers received orders to attack the fortress

instruções [ĩjstru'sõjs] *fpl* directions *pl;* ~ **de funcionamento** operating instructions; **dar** ~ **a alguém** to give sb directions; **seguir as** ~ **de alguém** to follow sb's directions

instruído, -a [ĩjstru'idu, -a] *adj* educated

instruir [ĩjstru'ir] *conj como incluir vt* **1.**(*educar*) to educate; (*ensinar*) to teach **2.**(*dar instruções*) to give directions **3.**(*informar*) **seus assessores costumam instruí-lo sobre tudo** his assistants usually inform him of everything **4.** JUR (*um processo*) to prepare

instrumentação [ĩjstrumẽjta'sãw] *f* MÚS, MED instrumentation

instrumental <-ais> [ĩjstrumẽj'taw, -'ajs] *adj* MÚS instrumental

instrumentista [ĩjstrumẽj'tʃista] *mf* instrumentalist

instrumento [ĩjstru'mẽjtu] *m* **1.** MÚS instrument; ~ **de cordas** string instrument; ~ **de sopro** wind instrument; **tocar um** ~ to play an instrument **2.**(*ferramenta; meio*) instrument

instrutivo, -a [ĩjstru'tʃivu, -a] *adj* instructive

instrutor, -a [ĩjstru'tor, -a] *m, f* (*professor*) instructor; ESPORT trainer; ~ **pessoal** personal trainer; MIL instructor

insubmissa *adj v.* **insubmisso**

insubmissão <-ões> [ĩjsubmi'sãw, -'õjs] *f* (*desobediência*) disobedience; (*rebeldia*) rebellion

insubmisso, -a [ĩjsub'misu, -a] *adj* (*desobediente*) disobedient; (*rebelde*) rebellious

insubmissões *f pl de* **insubmissão**

insubordinação [ĩjsubordʒina'sãw] *f* (*indisciplina*) insubordination

insubordinado, -a [ĩjsubordʒi'nadu, -a] *adj* insubordinate

insubornável <-eis> [ĩjsubor'navew, -ejs] *adj* incorruptible

insubstituível <-eis> [ĩjsubstʃitu'ivew, -ejs] *adj* irreplaceable

insucesso [ĩjsu'sεsu] *m* failure

insuficiência [ĩjsufisi'ẽjsia] *f sem pl* **1.** insufficiency *no pl* **2.** MED ~ **cardíaca** cardiac insufficiency **3.**(*falta*) insufficiency; ~ **de recursos** insufficiency of resources

insuficiente [ĩjsufisi'ẽjtʃi] *adj* insufficient; (*rendimento escolar*) unsatisfactory

insuflar [ĩjsu'flar] *vt* (*pulmões*) to insufflate; (*balão*) to inflate; (*luta, rebeldia*)

to inspire
insular [ĩjsuˈlar] **I.** *vt* TEC to insulate **II.** *adj* insular
insulina [ĩjsuˈʎina] *f sem pl* MED insulin *no pl*
insultante [ĩjsuwˈtãntʃi] *adj* insulting
insultar [ĩjsuwˈtar] *vt* (*ofender*) to insult
insulto [ĩjˈsuwtu] *m* (*ofensa, menosprezo*) insult; (*falta de respeito*) lack of respect; **o discurso do presidente foi um ~ à inteligência** the president's speech insulted our intelligence
insumo [ĩjˈsumu] *m* ECON input
insuperável [ĩjsupeˈravew] *adj* (*dificuldade*) insurmountable
insuportável [ĩjsuporˈtavew] *adj* (*dor, sofrimento; pessoa; obra*) unbearable
insurgente [ĩjsurˈʒẽntʃi] *adj, m* insurgent
insurgir-se [ĩjsurˈʒirsi] *vr* to rise (up); **~ contra a. c.** to rise against sth
insurreição <-ões> [ĩjsuxejˈsãw, -ˈõjs] *f* insurrection
insurreto [ĩjsuˈxɛtu] *adj* insurgent
insuspeito, -a [ĩjsusˈpejtu, -a] *adj* unexpected; (*opinião, parecer*) irreproachable
insustentável <-eis> [ĩjsustẽjˈtavew, -ejs] *adj* (*intolerável, sem fundamento*) unsustainable
intangível <-eis> [ĩjtãŋˈʒivew, -ejs] *adj* intangible
intato [ĩjˈtatu] *adj* (*ileso*) intact
íntegra [ˈĩjtegra] **I.** *adj v.* **íntegro II.** *f* (*totalidade*) totality; **na ~** entirely
integração <-ões> [ĩjtegraˈsãw, -ˈõjs] *f* integration; **fazer a ~ com/em a. c.** to integrate with/into sth
integral <-ais> [ĩjteˈgraw, -ˈajs] *adj* 1. (*completo*) whole; **cálculo ~** MAT integral calculus 2. GASTR **arroz ~** brown rice; **pão ~** whole-wheat bread
integrante [ĩjteˈgrãntʃi] **I.** *mf* member **II.** *adj* **ser parte ~ de a. c.** to be an integral part of sth
integrar [ĩjteˈgrar] **I.** *vt* to integrate; **~ algo em a. c.** to integrate sth into sth **II.** *vr*: **~-se** to integrate; **~-se em** [*ou* **a**] **a. c.** to join sth
integridade [ĩjtegriˈdadʒi] *f sem pl* (*física, moral*) integrity *no pl*
íntegro, -a [ˈĩjtegru, -a] *adj* (*pessoa*) upstanding
inteira *adj v.* **inteiro**
inteirado, -a [ĩjtejˈradu, -a] *adj* **estar ~ de a. c.** to be aware of sth
inteiramente [ĩjtejraˈmẽjtʃi] *adv* entirely; **estar ~ de acordo com alguém** to be entirely in agreement with sb
inteirar [ĩjtejˈrar] **I.** *vt* 1. to let know; **~ alguém de a. c.** to let sb know sth 2. (*completar quantia*) to complete; **~ o dinheiro da passagem** to pay the rest of the ticket **II.** *vr*: **~-se** to find out; **~-se de a. c.** to find out about sth, to find sth out
inteiriço, -a [ĩjtejˈrisu, -a] *adj* whole
inteiro, -a [ĩjˈtejru, -a] *adj* 1. (*não partido; completo*) entire; **dar ~ apoio a alguém** to give full support to sb 2. (*intato*) whole; (*ileso*) intact, whole
intelecto [ĩjteˈlɛktu] *m* intellect
intelectual <-ais> [ĩjtelektuˈaw, -ˈajs] **I.** *mf* intellectual **II.** *adj* intellectual
intelectualoide [ĩjtelektwaˈlɔjdʒi] *adj, mf pej* pseudo intellectual
inteligência [ĩjteʎiˈʒẽjsia] *f* 1. intelligence; **~ artificial** artificial intelligence; **ela era brilhante, uma das grandes ~s do país** she was brilliant, one of the country's great minds 2. (*serviço de informações*) intelligence
inteligente [ĩjteʎiˈʒẽntʃi] *adj* intelligent
inteligível <-eis> [ĩjteʎiˈʒivew, -ejs] *adj* (*som, conceito*) intelligible
intempérie [ĩjtẽjˈpɛrii] *f* 1. METEO bad weather 2. (*infortúnio*) misfortune
intempestivo, -a [ĩjtẽjpesˈtʃivu, -a] *adj* 1. (*inoportuno*) untimely 2. (*inesperado*) unexpected; (*súbito*) sudden
intenção <-ões> [ĩjtẽjˈsãw, -ˈõjs] *f* intention; **com a melhor das intenções** with the best of intentions; **com segundas intenções** with ulterior motives; **ter a ~ de fazer a. c.** to have the intention to do sth
intencionado, -a [ĩjtẽjsjoˈnadu, -a] *adj* intentioned
intencional <-ais> [ĩjtẽjsjoˈnaw, -ˈajs] *adj* intentional
intencionar [ĩjtẽjsjoˈnar] *vt* to intend
intendência [ĩjtẽjˈdẽjsia] *f* intendency
intensa *adj v.* **intenso**
intensidade [ĩjtẽjsiˈdadʒi] *f sem pl* intensity *no pl*
intensificar [ĩjtẽjsifiˈkar] <c→qu> **I.** *vt* (*relações*) to enhance **II.** *vr*: **~-se** (*calor, conflito, tensão, contato*) to intensify; (*trânsito,*) to become heavy
intensivo, -a [ĩjtẽjˈsivu, -a] *adj* inten-

intenso sive; **agricultura intensiva** intensive farming; **curso ~** intensive course

intenso, -a [ĩj'tẽjsu, -a] *adj* (*dor, cheiro, sentimento, luz, comércio, tráfego, vida social*) intense

intento [ĩj'tẽjtu] *m* intention

interação <-ões> [ĩjtera'sãw, -'õjs] *f* interaction

interagir [ĩjtera'ʒir] *vt* (*relacionar-se*) to interact; **~ com a. c./alguém** to interact with sth/sb

interamericano, -a [ĩjterameri'kɜnu, -a] *adj* Inter-American

interativo, -a [ĩjtera'tʃivu, -a] *adj tb.* INFOR interactive

intercalar [ĩjterka'lar] *vt* to insert; **ele intercalou exercícios fáceis com outros mais complicados** he inserted easy exercises between more complicated ones

intercâmbio [ĩjter'kɜ̃biw] *m* exchange; **intercâmbio de dados** INFOR data interchange

interceder [ĩjterse'der] *vt* to intercede; **~ por alguém/a. c.** to intercede on sb's/sth's behalf

interceptar [ĩjtersep'tar] *vt* (*carta, ligação, conversa*) to intercept; (*um veículo*) to block

interclube [ĩjter'klubi] *adj* (*campeonato*) interclub

intercontinental <-ais> [ĩjterkõwtʃinẽj'taw, -'ajs] *adj* intercontinental

interdição <-ões> [ĩjterdʒi'sãw, -'õjs] *f* prohibition

interdisciplinar [ĩjterdisipli'nar] *adj* interdisciplinary

interdita *adj v.* **interdito**

interditado, -a [ĩjterdʒi'tadu, -a] *adj* (*rua, área*) closed (off); JUR interdicted

interditar [ĩjterdʒi'tar] *vt* to prohibit; **~ a. c. a** [*ou* **para**] **alguém** to prohibit sb from doing sth; **~ uma área ao acesso do público** to close an area (off) to the public; JUR (*pessoa*) to interdict

interdito, -a [ĩjter'dʒitu, -a] *adj* JUR interdicted

interessado, -a [ĩjtere'sadu, -a] I. *m, f* interested party [*o* person]; **os ~s devem fazer o requerimento** interested persons must apply II. *adj* interested; **estar ~ em alguém/a. c.** to be interested in sb/sth; **ser ~** to have a (vested) interest

interessante [ĩjtere'sãntʃi] I. *m* interesting thing; **o ~ é ...** the interesting thing is ... II. *adj* interesting

interessar [ĩjtere'sar] I. *vi* 1. **~ a alguém** to interest sb; **a reportagem interessou aos leitores** the report interested the readers 2. (*importar*) to matter; **isso não me interessa** that does not matter to me; **as novas medidas interessam apenas ao empresariado** the new measures matter only to the business community II. *vt* to interest; **~ alguém em a. c.** to interest sb in sth III. *vr:* **~-se** to be interested; **~-se por alguém/a. c.** to be interested in sb/sth

interesse [ĩjte'resi] *m* 1. (*empenho*) interest; **falta de ~** lack of interest; **perder o ~** to lose interest; **sem ~** uninterested 2. (*simpatia, curiosidade*) interest; **demonstrar ~ pelo bem-estar geral** to demonstrate an interest for the general well-being; **ter ~ em a. c./alguém** to be interested in sth/sb; **o livro despertou o ~ da meninada** the book sparked the kids' interest 3. (*egoísta*) **fazer a. c. por ~** to do sth for one's own benefit 4. (*utilidade*) interest; **questão de ~ público** matter of public interest; **o meu interesse é pelo sucesso da empresa** my interest is in the company's success

interesseiro, -a [ĩjtere'sejru, -a] *adj* self-seeking

interestadual <-ais> [ĩjteristadu'aw, -'ajs] *adj* (*rodovia*) interstate

interestelar [ĩjteriste'lar] <-es> *adj* interstellar

interface [ĩjter'fasi] *f* interface

interferência [ĩjterfe'rẽjsia] *f* (*ruído*) interference; **fazer ~** to cause interference

interferir [ĩjterfe'rir] *irr como preferir vi* (*fazer interferência; intrometer-se*) to interfere; **~ em a. c.** to interfere with/in sth

interfonar [ĩjterfo'nar] *vi* to use the intercom

interfone [ĩjter'foni] *m* intercom

interino, -a [ĩjte'rinu, -a] *adj* POL interim

interior [ĩjteri'or] I. *m* (*parte de dentro*) inside; (*lado de dentro; centro*) interior; (*do país*) inland; **no ~** in the interior of II. *adj* interior; **vida ~** inner life

interiorano, -a [ĩjterjo'rɜnu, -a] *adj* inlander

interiorizar [ĩjterjori'zar] *vt* to internal-

interjeição <-ões> [ĩjterʒej'sãw, -'õjs] *f* LING interjection

interligado, -a [ĩjterλi'gadu, -a] *adj* interconnected

interlocutor(a) [ĩjterloku'tor(a)] *m(f)* interlocutor

interlúdio [ĩjter'ludʒiw] *m* MÚS interlude

intermediar [ĩjtermedʒi'ar] *irr como odiar vt* (*intercalar*) to alternate; (*interceder*) to intermediate

intermediário, -a [ĩjtermedʒi'ariw, -a] **I.** *m, f* ECON intermediary; (*atravessador*) middle-man **II.** *adj* intermediate; **nível ~** intermediate level

intermédio [ĩjter'mɛdʒiw] *m* **por ~ de alguém** through sb

intermédio, -a [ĩjter'mɛdʒiw, -a] *adj v.* **intermediário**

interminável <-eis> [ĩjtermi'navew, -ejs] *adj* (*demorado*) unending

interministerial <-ais> [ĩjterministeri'aw, -ajs] *adj* (*reunião*) interministerial

intermitente [ĩjtermi'tẽjtʃi] *adj* (*luz, semáforo*) intermittent

interna *adj v.* **interno**

internação <-ões> [ĩjterna'sãw, -'õjs] *f* **1.** (*em hospital*) hospitalization; **fazer a ~ em um hospital/uma clínica** to check in at a hospital/clinic **2.** (*em hospício*) confinement, internment

internacional <-ais> [ĩjternasjo'naw, -'ajs] *adj* international

internado, -a [ĩjter'nadu, -a] *adj* (*em hospital*) hospitalized; **estar ~** to be hospitalized

internar [ĩjter'nar] **I.** *vt* **1.** (*em colégio*) to place; **~ o aluno em uma escola particular** to place the student in a private school **2.** (*em hospital*) to hospitalize; **~ o paciente em uma clínica** to check the patient into a clinic **3.** (*em hospício*) to confine **II.** *vr*: **~-se internou-se para cuidar da saúde** he checked in to the hospital to take care of his health

internato [ĩjter'natu] *m* **1.** boarding school **2.** MED (*estágio*) internship

internauta [ĩjter'nawta] *m, f* INFOR web surfer

Internet [ĩjter'nɛtʃi] *f* Internet; **navegar na ~** to surf the internet

internetizado, -a [ĩjternetʃi'zadu, -a] *adj* INFOR internetted

interno, -a [ĩj'tɛrnu, -a] *adj* **1.** (*interior*) internal; **medicina interna** internal medicine **2. aluno ~** student at a boarding school **3.** (*comércio*) domestic **4.** (*medicamento*) for internal use

interpelação <-ões> [ĩjterpela'sãw, -'õjs] *f* (*confrontação*) confrontation; JUR judicial notice

interpelar [ĩjterpe'lar] *vt* **1.** (*dirigir-se a*) to confront **2.** JUR (*intimar a depor*) to be summoned

interpor [ĩjter'por] *irr como pôr vt* (*intervir*) to interfere; JUR (*um recurso*) to file

interposto [ĩjter'postu] *pp de* **interpor**

interposto, -a [ĩjter'postu, -a] *adj* interposed

interpretação <-ões> [ĩjterpreta'sãw, -'õjs] *f* **1.** (*de um texto, uma pergunta, situação; de línguas*) interpretation; **~ simultânea** simultaneous interpretation **2.** (*de um papel, de uma música*) performance

interpretar [ĩjterpre'tar] *vt* **1.** (*texto, pergunta, situação, língua*) to interpret; **ela interpretou mal os olhares do amigo** she misinterpreted her friend's expression; **ele interpretou o silêncio como recusa** he interpreted the silence as a refusal **2.** (*papel, música*) to perform

intérprete [ĩj'tɛrpretʃi] *mf* **1.** (*de línguas*) interpreter **2.** (*de um papel, de uma música*) performer

inter-racial <-ais> ['ĩjter-xasi'aw, -ajs] *adj* interracial

inter-regional <-ais> ['ĩjter-xeʒjo'naw, -'ajs] *adj* interregional

interregno [ĩjter'xegnu] *m form* interreign

interrogação <-ões> [ĩjtexoga'sãw, -'õjs] *f* **1.** LING question **2.** (*interrogatório*) interrogation **3.** *fig* (*incerteza*) **o futuro é uma ~** the future is a question mark

interrogar [ĩjtexo'gar] <g→gu> *vt* to interrogate; (*testemunhas*) to examine

interrogatório [ĩjtexoga'tɔriw] *m* interrogatory

interromper [ĩjtexõw'per] *vt* (*processo, pessoa*) to interrupt; (*definitivamente*) to terminate

interrupção <-ões> [ĩjtexup'sãw, -'õjs] *f* interruption; (*definitiva*) termination; **~ voluntária da gravidez** voluntary termination of pregnancy; **falou por duas horas, sem ~** she spoke for two

interruptor [ĩjtexup'tor] *m* ELETR switch
intersecção [ĩjtersek'sãw] *f tb.* MAT (*cruzamento*) intersection
intersectar [ĩjtersek'tar] *vt* MAT to intersect
interurbano, -a [ĩjterur'bʒnu, -a] *adj* **1.** TEL **serviço** ~ domestic long-distance service; **chamada** [*ou* **ligação**] **interurbana** domestic long-distance call **2.** (*ônibus*) intercity
intervalo [ĩjter'valu] *m* **1.** (*de tempo, distância; pausa*) interval; **fazer um** ~ to take a break **2.** TEAT intermission
intervenção <-ões> [ĩjtervẽj'sãw, -'õjs] *f tb.* MED, MIL, JUR intervention
interventor, -a [ĩjtervẽj'tor, -a] *m, f* **1.** (*representante oficial do governo*) provisional authority **2.** (*intermediário*) intermediary
intervir [ĩjter'vir] *irr como* **vir** I. *vt* **1.** (*interferir*) to interfere; **o governo não vai** ~ **em decisões judiciárias** the government will not interfere in court decisions **2.** (*em conversa, debate*) to interfere; **ela evita** ~ **em assuntos alheios** she avoids interfering in other people's business II. *vi* **1.** (*acontecer*) to arise; **intervieram imprevistos** unexpected events arose **2.** (*agir*) to intercede; (*polícia*) to intervene
intestinal <-ais> [ĩjtestʃi'naw, -'ajs] *adj* intestinal
intestino [ĩjtes'tʃinu] *m* intestine; ~ **delgado** small intestine; ~ **grosso** large intestine
íntima *adj v.* **íntimo**
intimação <-ões> [ĩjtʃima'sãw, -'õjs] *f* **1.** summons **2.** JUR citation
intimamente [ĩjtʃima'mẽjtʃi] *adv* intimately; **estar** ~ **relacionado com a. c.** to be intimately related with sth
intimar [ĩjtʃi'mar] *vt* to order; *tb.* JUR to summon, to summons
intimidação <-ões> [ĩjtʃimida'sãw, -'õjs] *f* intimidation
intimidade [ĩjtʃimi'dadʒi] *f* **1.** (*vida íntima*) intimacy; **ter** ~ **com alguém** to be intimate with sb; **compartilhou suas** ~**s com o irmão** he shared his intimate secrets with his brother; **produzia muito na** ~ **do lar** he produced a lot in the comfort of his own home **2.** (*familiaridade*) intimacy; **antes desafetos, agora conversavam na maior** ~ once at odds, now they talk in close intimacy; **o jogador tem muita** ~ **com a bola** the player is very agile with the ball; **tinha** ~ **para ser bem sincera com a amiga** she had the intimacy necessary to be very sincere with her friend **3.** (*atrevimento*) daring; **comporte-se, não gosto deste tipo de** ~**s** behave yourself, I don't go for that kind of bold behavior
intimidador(a) [ĩjtʃimida'dor(a)] *adj* intimidating
intimidar [ĩjtʃimi'dar] I. *vt* (*inibir*) to intimidate; **deixar-se** ~ **por alguém/a. c.** to let oneself be intimidated by sb/sth; **o pai severo o intimidava** his harsh father intimidated him II. *vr:* ~**-se** to be intimidated; ~**-se com a. c.** to be intimidated by sth; **intimida-se na presença de pessoas inteligentes** he gets intimidated in the presence of intelligent people
íntimo ['ĩjtʃimu] I. *m* intimate; **no** ~ deep down inside; (*amigo*) close friend; **foram convidados apenas os mais íntimos** only the closest friends were invited II. *adj* **1.** (*vida, assunto, amigo, relações*) intimate **2.** (*ligações*) close; **mantém íntimas ligações com o alto escalão do governo** he maintains close ties with the top echelon of government
intitular [ĩjtʃitu'lar] I. *vt* to entitle II. *vr:* ~**-se** to call oneself
intocável <-eis> [ĩjto'kavew, -ejs] *adj* (*inatacável*) untouchable
intolerância [ĩjtole'rʒnsia] *f* (*intransigência*) intolerance
intolerante [ĩjtole'rʒntʃi] *adj* (*rígido*) intolerant
intolerável <-eis> [ĩjtole'ravew, -ejs] *adj* (*inadmissível*) intolerable
intoxicação <-ões> [ĩjtoksika'sãw, -'õjs] *f* poisoning; ~ **alimentar** food poisoning
intoxicar [ĩjtoksi'kar] <c → qu> I. *vt* to intoxicate II. *vr:* ~**-se** to intoxicate oneself
intraduzível <-eis> [ĩjtradu'zivew, -ejs] *adj* untranslatable
intragável <-eis> [ĩjtra'gavew, -ejs] *adj* **1.** (*comida*) unpalatable **2.** (*pessoa*) unbearable
intramuscular [ĩjtramusku'lar] *adj* (*injeção*) intramuscular
intranquilidade [ĩjtrʒŋkwiʎi'dadʒi] *f*

intranquilo 332 **inutilizável**

disquiet
intranquilo, -a [ĩjtrɐ̃ŋ'kwilu, -a] *adj* restless
intransferível <-eis> [ĩjtrɐ̃sfe'rivew, -ejs] *adj* nontransferable, untransferable
intransigência [ĩjtrɐ̃zi'ʒẽjsia] *f* (*rigidez*) intransigence
intransigente [ĩjtrɐ̃zi'ʒẽjtʃi] *adj* (*austero*) intransigent
intransitável <-eis> [ĩjtrɐ̃zi'tavew, -ejs] *adj* (*rua, caminho*) impassable
intransitivo [ĩjtrɐ̃zi'tʃivu] *adj* LING intransitive
intransmissível <-eis> [ĩjtrɐ̃zmi'sivew, -ejs] *adj* untransmissible
intransponível <-eis> [ĩjtrɐ̃spo'nivew, -ejs] *adj* (*barreira, dificuldade*) insuperable, insurmountable
intratável <-eis> [ĩjtra'tavew, -ejs] *adj* intractable; (*insociável*) unsociable
intravenoso, -a [ĩjtrave'nozu, -'ɔza] *adj* intravenous
intrépido, -a [ĩj'trɛpidu, -a] *adj* intrepid
intriga [ĩj'triga] *f* 1. (*mexerico*) gossip; (*política; enredo*) intrigue 2. (*desavença*) discord
intrigado, -a [ĩjtri'gadu, -a] *adj* 1. (*desconfiado*) wary 2. (*curioso*) intrigued; **estar/ficar ~ com a. c.** to be intrigued by sth
intrigante [ĩjtri'gɐ̃tʃi] I. *mf* troublemaker II. *adj* 1. (*com intrigas*) scheming 2. (*assunto*) intriguing
intrigar [ĩjtri'gar] <g→gu> I. *vt* to intrigue II. *vr*: **~-se** to find sth intriguing [*o* puzzling]
intrincado, -a [ĩjtrĩ'kadu, -a] *adj* intricate
intrínseco, -a [ĩj'trĩjseku, -a] *adj* (*interior, inerente, essencial*) intrinsic
introdução <-ões> [ĩjtrodu'sɐ̃w, -'õjs] *f* 1. (*de sistema*) implementation; (*de moeda, disquete*) insertion 2. (*de texto, discurso, composição musical*) introduction
introduzir [ĩjtrodu'zir] I. *vt* 1. (*novo sistema*) to implement 2. (*chave, disquete, moeda*) to insert; **~ em** to insert (sth) into 3. (*um tema*) to introduce II. *vr*: **~-se** to edge in; **~-se em a. c.** to enter into sth
intrometer-se [ĩjtrome'tersi] *vr* to meddle; **~ em a. c.** to meddle in sth
intrometido, -a [ĩjtrome'tʃidu, -a] *adj* busybody

intromissão <-ões> [ĩjtromi'sɐ̃w, -'õjs] *f* 1. ANAT intromission 2. (*interferência*) interference
introspecção <-ões> [ĩjtrospek'sɐ̃w, -'õjs] *f* PSICO introspection
introspectivo, -a [ĩjtrospek'tʃivu, -a] *adj* introspective
introvertido, -a [ĩjtrover'tʃidu, -a] *adj* introverted
intrujão, -ona <-ões> [ĩjtru'ʒɐ̃w, -'ona, -'õjs] *m, f* intruder
intrusa *f v.* **intruso**
intrusão [ĩjtru'zɐ̃w] *f* intrusion
intruso, -a [ĩj'truzu, -a] *m, f* intruder
intuição [ĩjtuj'sɐ̃w] *f* intuition; (*pressentimento*) feeling; **tenho a ~ de que ela não virá** I have a feeling that she won't come
intuir [ĩjtu'ir] *conj como* incluir *vt* to intuit
intuitivo, -a [ĩjtuj'tʃivu, -a] *adj* intuitive
intuito [ĩj'tujtu] *m* 1. (*intenção*) intention 2. (*propósito*) purpose
inumano, -a [inu'mɐnu, -a] *adj* inhumane
inumerável <-eis> [inume'ravew, -ejs] *adj* innumerable
inúmero [i'numeru] *adj* numerous; **inúmeras vezes** numerous times
inundação <-ões> [inũwda'sɐ̃w, -'õjs] *f tb. fig* inundation
inundado, -a [inũw'dadu, -a] *adj* (*com água; cheio*) inundated
inundar [inũw'dar] I. *vt* (*com água; encher*) to inundate, to flood II. *vi* (*rio*) to inundate, to flood III. *vr*: **~-se** (*espalhar-se*) **a cidade inundou-se de luz** the city was flooded with light
inusitado, -a [inuzi'tadu, -a] *adj* uncommon; (*insólito*) extraordinary
inútil <-eis> [i'nutʃiw, -ejs] *adj* 1. *pej* (*pessoa*) worthless, good-for-nothing 2. (*objeto*) useless 3. (*ação*) superfluous; (*tentativa*) vain
inutilidade [inutʃili'dadʒi] *f* uselessness; (*sem resultados*) unproductivity; **é uma ~ total continuar tentando** it is of absolutely no use to keep trying
inutilizado, -a [inutʃili'zadu, -a] *adj* 1. (*objeto*) useless; **estar ~** to be useless 2. (*bilhete*) cancelled 3. (*pessoa*) incapacitated
inutilizar [inutʃili'zar] *vt* 1. (*objeto*) to destroy 2. (*bilhete*) to invalidate, to cancel; (*cartão*) to destroy
inutilizável <-eis> [inutʃili'zavew, -ejs]

invadir [ĩva'dʒir] *vt* **1.** (*uma casa*) to break into; **as águas do rio invadiram as ruas** the river overran its banks and flooded the streets; MIL to invade **2.** (*alastrar-se: moda*) to invade; (*doença*) to spread **3.** (*sentimento*) to take over

inválida *adj, f v.* **inválido**

invalidar [ĩvaʎi'dar] *vt* **1.** (*um contrato, uma lei*) to cancel, to annul **2.** (*desacreditar*) to discredit

invalidez [ĩvaʎi'dɛs] *f sem pl* MED disability

inválido, -a [ĩ'validu, -a] **I.** *m, f* invalid **II.** *adj* **1.** (*pessoa; documento*) invalid **2.** INFOR (*acesso*) invalid

invariável <-eis> [ĩvari'avew, -ejs] **I.** *f* MAT constant **II.** *adj* invariable

invariavelmente [ĩvarjavew'mẽjtʃi] *adv* invariably

invasão <-ões> [ĩva'zãw, -'õjs] *f* (*de uma casa*) break-in; MIL invasion; ~ **da privacidade** invasion of privacy; **as praias sofrem uma ~ de turistas no verão** the beaches are invaded by tourists in the summer; ~ **de domicílio** JUR breaking and entering

invasivo, -a [ĩva'zivu, -a] *adj* (*comportamento*) invasive

invasões *f pl de* **invasão**

invasor, -a [ĩva'zor, -a] *m, f* MIL invader

inveja [ĩ'vɛʒa] *f* envy; **ter ~ de alguém** to envy sb; **uma semana no Caribe? estou morrendo de ~** a week in the Caribbean? I'm green with envy; **não tenho a mínima ~ de quem tem muito dinheiro** I'm not the least bit jealous of those with a lot of money; **matou de ~ os amigos com o carro novo** he made his friends green with envy with his new car

invejar [ĩve'ʒar] *vt* (*uma pessoa*) to envy; (*um objeto*) to covet; ~ **a. c. de alguém** to envy sb's sth

invejável <-eis> [ĩve'ʒavew, -ejs] *adj* enviable

invejoso, -a [ĩve'ʒozu, -'ɔza] **I.** *m, f* envious person **II.** *adj* envious

invenção <-ões> [ĩvẽj'sãw, -'õjs] *f* (*invento; mentira*) invention; **tudo não passou de invenções a seu respeito** it was all nothing more than a pack of lies about him

invencionice [ĩvẽjsjo'nisi] *f* trick

invencível <-eis> [ĩvẽj'sivew, -ejs] *adj* **1.** (*inimigo*) invincible **2.** (*obstáculo*) insurmountable

inventar [ĩvẽj'tar] *vt* **1.** (*objeto, máquina*) to invent; (*história; desculpas*) to make up **2.** (*cismar*) to take it into one's head; **ela inventou de pintar a casa toda de azul** she took it into her head to paint the whole house blue

inventariação <-ões> [ĩvẽjtarja'sãw, -'õjs] *f* inventory

inventariar [ĩvẽjtari'ar] *vt* to inventory

inventário [ĩvẽj'tariw] *m* (*rol, inventariação*) inventory

inventivo, -a [ĩvẽj'tʃivu, -a] *adj* inventive

invento [ĩ'vẽjtu] *m* invention

inventor, -a [ĩvẽj'tor, -a] *m, f* inventor

inverdade [ĩver'dadʒi] *f* untruth

inverno [ĩ'vɛrnu] *m* winter; **no ~** in winter; **no próximo ~** next winter, *no ~ passado*, last winter

inverossímil <-eis> [ĩvero'simiw, -ejs] *adj* **1.** (*improvável*) improbable **2.** (*inacreditável*) unbelievable

inversa *adj v.* **inverso**

inversão <-ões> [ĩver'sãw, -'õjs] *f tb.* LING inversion; ~ **térmica** thermal inversion

inverso [ĩ'vɛrsu] *m* inverse

inverso, -a [ĩ'vɛrsu, -a] *adj* **1.** (*ordem*) inverse **2.** (*oposto*) opposite

inversões *f pl de* **inversão**

invertebrado [ĩverte'bradu] *adj, m* ZOOL invertebrate

inverter [ĩver'ter] *vt tb.* LING to invert

invertido, -a [ĩver'tʃidu, -a] *adj* inverted

invés [ĩ'vɛs] *m* **ao ~ de** as opposed to, instead of

investida [ĩves'tʃida] *f* **1.** MIL assault; **fazer uma ~ sobre alguém/a. c.** to rush at sb/sth **2.** (*tentativa*) attempt; **fez algumas ~s como músico mas não deu em nada** he made a few attempts at being a musician, but it came to nothing

investidor, -a [ĩvestʃi'dor, -a] *m, f* investor

investigação <-ões> [ĩvestʃiga'sãw, -'õjs] *f* investigation; ~ **científica** scientific research; ~ **policial** police investigation [*o* inquiry]

investigador, -a [ĩvestʃiga'dor, -a] *m, f* (*da polícia*) investigator; ~ **científico** scientific researcher

investigar [ĩjvestʃi'gar] <g→gu> vt to investigate, to probe; ~ **um caso** to investigate a case

investimento [ĩjvestʃi'mẽjtu] m investment

investir [ĩjves'tʃir] irr como vestir **I.** vt (dinheiro, tempo) to invest; ~ **em ações** to invest in stocks; ~ **em um projeto** to invest in a project; **ele investiu muita energia em seu novo trabalho** he invested a lot of energy at his new job **II.** vi ~ **contra** to attack **III.** vr: ~-**se de a. c.** to muster up sth; **investiu-se de coragem e foi queixar-se ao presidente da empresa** he mustered up the courage to go to the company president and complain

inveterado, -a [ĩjvete'radu, -a] adj inveterate; **ser um fumante** ~ to be an inveterate smoker

inviabilizar [ĩjvjabiʎi'zar] vt to render unfeasible

inviável <-eis> [ĩjvi'avew, -ejs] adj unfeasible; (inexequível) unenforceable

invicto, -a [ĩj'viktu, -a] adj invincible

inviolável <-eis> [ĩjvjo'lavew, -ejs] adj (código) inviolable

invisível <-eis> [ĩjvi'zivew, -ejs] adj invisible

in vitro [ĩj'vitru] adv MED in vitro; **fecundação** ~ in vitro fertilization

invocado, -a [ĩjvo'kadu, -a] adj **1.** (chamado) summoned **2.** gír (cismado) wary **3.** (irritado) irritated; **estar/ficar** ~ **com alguém/a. c.** to be irritated with sb/sth

invocar [ĩjvo'kar] <c→qu> vt **1.** (razão, espírito) to invoke **2.** gír (irritar) to irritate; **adora** ~ **as pessoas** he loves to irritate people **3.** gír ~ **com a. c.** (implicar) to find fault (with); **invocava sempre com as roupas que a mulher vestia** he always found fault with the clothes his wife wore

invólucro [ĩj'vɔlukru] m wrapper

involuntário, -a [ĩjvolũw'tariw, -a] adj involuntary; (homicídio) involuntary manslaughter

invulgar [ĩjvul'gar] adj uncommon

invulnerável <-eis> [ĩjvuwne'ravew, -ejs] adj (inatingível) invulnerable

iodo ['jodu] m sem pl iodine no pl

IOF [io'ɛfi] m sem pl abr de **Imposto sobre Operações Financeiras** Tax on Financial Transactions no pl

ioga [i'oga] m ou f sem pl yoga no pl

iogurte [jo'gurtʃi] m yogurt

ioiô [jo'jo] m yo-yo

íon ['iõw] <-es> m FÍS ion

ionização [joniza'sɐ̃w] f QUÍM ionization

ioruba [joru'ba] m, f Yoruba

iota [j'ɔta] m iota

ípsilon ['ipsilõw] m epsilon

IPTU [ipete'u] m sem pl abr de **Imposto Predial e Territorial Urbano** Municipal Real Estate Tax no pl

IPVA [ipeve'a] m sem pl abr de **Imposto sobre a Propriedade de Veículos Automotores** Motor Vehicle Ownership Tax no pl

IR [i'ɛxi] m abr de **Imposto de Renda** income tax

ir ['ir] irr **I.** vi **1.** (a pé; com transporte; partir) to go; ~ **de carro/avião** to drive/to fly; ~ **a cavalo/pé** to go on horseback/foot; ~ **embora** to leave; **já vou!** I'll be right there!; **você vai à festa?** are you going to the party?; **ela já foi (embora)** she has already left; **onde você vai?** where are you going?; **vamos (embora)!** let's go!; **não adianta se lamentar, vamos em frente** there's no use feeling sorry for ourselves, let's move on; **apesar da crise, vamos levando** inf despite the crisis, we're getting along all right; **é bastante persistente, ainda vai longe** he is very persistent, he'll go far; **vá lá, mas não vai chegar tarde** go ahead, but don't come home late; **vai ver que ficaram presos no trânsito por isso não vieram** inf maybe they didn't come because they got stuck in traffic; **vamos e venhamos, este cara é um chato** inf you have to agree, this guy is a pain **2.** (dirigir-se) to go; **ir à escola** to go to school **3.** (estar, passar) to get along, to be doing; **como vai?** how are you?; **ele não vai muito bem** he is not doing very well **4.** (futuro) ~ **fazer a. c.** to go do sth; **vou sair** I'm going out; **eu vou trabalhar amanhã** I'm going to work tomorrow **5.** (+ gerúndio) ~ **fazendo a. c.** to go do sth; **eu vou andando** [ou **indo**] I'm leaving **6.** (destino) to go; **parte do meu salário vai para pagar as contas** part of my salary goes to pay the bills, to lead; **todos os caminhos vão a Roma** all paths lead to Rome; **tudo que está sobre a mesa vai para o lixo** everything that is on the table goes in the trash **7.** (*deixar-se levar*) to lead; **a jovem foi nos braços do noivo** the girl fell into the arms of her fiancé **8.** (*simpatizar*) **não vou com a cara dele** I don't get a good feeling about him; ~ **na conversa dos outros** to be misled by smooth talk **II.** *vr:* ~ **-se 1.** (*partir*) ~ **-se** (**embora**) to leave **2.** *inf* (*morrer*) to depart; **ele se foi primeiro que a mulher** he departed before his wife **3.** (*desaparecer*) to disappear; **o amor terminou, foi-se tudo** the love ended; everything is gone

ira ['ira] *f* ire; (*vingança*) ire, wrath

Irã [i'rɜ̃] *m* Iran

irado, -a [i'radu, -a] *adj* furious

iraniano, -a [irɜni'ɜnu, -a] *adj, m, f* Iranian

Iraque [i'raki] *m* Iraq

iraquiano, -a [iraki'ɜnu, -a] *adj, m, f* Iraqi

irascível <-eis> [ira'sivew, -ejs] *adj* irascible

ir e vir <ires e vires> ['ir i 'vir, 'iriz i 'viris] *m* (*liberdade*) freedom to come and go

íris ['iris] *f* **1.** *inv* BOT iris **2.** ANAT iris

Irlanda [ir'lɜ̃ŋda] *f* Ireland

irlandês, -esa [irlɜ̃ŋ'des, -'eza] **I.** *m, f* (*pessoa*) Irishman *m*, Irishwoman *f*; **os irlandeses** the Irish **II.** *adj* Irish

irmã [ir'mɜ̃] *f* <-s> sister; ~ **gêmea** twin sister

irmandade [irmɜ̃ŋ'dadʒi] *f* sisterhood

irmão [ir'mɜ̃w] <-s> *m* **1.** brother; ~ **gêmeo** twin brother *pl* **2.** ~ **s** REL brethren **3.** *gír* (*chapa*) buddy; **e aí, ~, tudo em paz?** hey buddy, what's up?

ironia [iro'nia] *f* irony; **isso é ~ do destino** that is the irony of destiny

irônica *adj v.* **irônico**

ironicamente [ironika'mējtʃi] *adv* ironically

irônico, -a [i'roniku, -a] *adj* ironic

ironizar [ironi'zar] *vt* to express sth ironically

irracional <-ais> [ixasjo'naw, -'ajs] *adj* irrational

irracionalidade [ixasjonaʎi'dadʒi] *f* irrationality

irradiação <-ões> [ixadʒja'sɜ̃w, -'õjs] *f* irradiation

irradiar [ixadʒi'ar] *vt* (*luz, felicidade*) to irradiate

irreal <-ais> [ixe'aw, -'ajs] *adj* unreal

irreconciliável <-eis> [ixekõwsiʎi'avew, -ejs] *adj* irreconcilable

irreconhecível <-eis> [ixekõɲe'sivew, -ejs] *adj* unrecognizable; **ele está ~** he is unrecognizable

irrecuperável <-eis> [ixekupe'ravew, -ejs] *adj* unrecoverable

irrecusável <-eis> [ixeku'zavew, -ejs] *adj* irrefutable; **uma proposta ~** an irrefutable proposal

irredutível <-eis> [ixedu'tʃivew, -ejs] *adj* (*pessoa*) unyielding

irrefletido, -a [ixefle'tʃidu, -a] *adj* (*sem reflexo*) non-reflecting, unreflected; (*pessoa, gesto*) rash

irrefutável <-eis> [ixefu'tavew, -ejs] *adj* irrefutable

irregular [ixegu'lar] *adj* **1.** (*verbo; desempenho; menstruação; padrão; formato*) irregular **2.** (*superfície*) uneven **3.** (*contrário às normas*) irregular, noncompliant

irregularidade [ixegulari'dadʒi] *f* **1.** (*no ritmo; falha, diferença*) irregularity **2.** (*em superfície*) unevenness **3.** (*conduta, ação*) irregularity, noncompliance

irrelevante [ixele'vɜ̃tʃi] *adj* irrelevant; (*irrisório*) negligible

irremediável <-eis> [ixemedʒi'avew, -ejs] *adj* **1.** (*conduta, pessoa*) irremediable **2.** (*inevitável*) infallible

irremissível <-eis> [ixemi'sivew, -ejs] *adj* irremissible

irreparável <-eis> [ixepa'ravew, -ejs] *adj* **1.** (*estrago*) irreparable **2.** (*situação, erro*) irreparable

irrepreensível <-eis> [ixepreẽj'sivew, -ejs] *adj* irreproachable

irrequieto, -a [ixi'kjɛtu, -a] *adj* (*caráter*) unquiet

irresistível <-eis> [ixezis'tʃivew, -ejs] *adj* (*sedutor*) irresistible

irresoluto, -a [ixezo'lutu, -a] *adj* (*pessoa*) irresolute

irrespirável <-eis> [ixespi'ravew, -ejs] *adj* stuffy

irresponsabilidade [ixespõwsabiʎi'dadʒi] *f* irresponsibility

irresponsável <-eis> [ixespõw'savew, -ejs] *adj* (*pessoa, ato*) irresponsible

irrestrito, -a [ixes'tritu, -a] *adj* unrestricted

irreverência [ixeve'rẽjsia] *f* irreverence

irreverente [ixeve'rẽjtʃi] *adj* irreverent

irreversível <-eis> [ixever'sivew, -ejs]

irrevogável <-eis> [ixevo'gavew, -ejs] *adj* irrevocable

irrigação <-ões> [ixiga'sãw, -'õjs] *f* (*de terreno, jardim*) irrigation; ~ **sanguínea** MED bloodstream

irrigar [ixi'gar] <g→gu> *vt* (*terreno, jardim*) to irrigate; (*sangue*) to supply

irrisório, -a [ixi'zɔriw, -a] *adj* (*salário, quantia*) trifling, negligible

irritabilidade [ixitabiʎi'dadʒi] *f* irritability

irritação <-ões> [ixita'sãw, -'õjs] *f* (*sentimento; na pele*) irritation

irritada *adj v.* **irritado**

irritadiço, -a [ixita'dʒisu, -a] *adj* irritable

irritado, -a [ixi'tadu, -a] *adj* (*pessoa; pele*) irritated

irritante [ixi'tãntʃi] *adj* irritating

irritar [ixi'tar] **I.** *vt* (*pessoa; pele*) to irritate **II.** *vr*: ~**-se** to be irritated

irritável <-eis> [ixi'tavew, -ejs] *adj* irritable

irromper [ixõw'per] *vi* **1.** (*pessoa*) to barge in; **os alunos irromperam na sala de aula** the students barged into the classroom **2.** (*ódio*) to emerge

isca ['iska] *f* (*pesca*) bait; **morder a** ~ *fig* to take the bait

isenção <-ões> [izẽj'sãw, -'õjs] *f* exemption; ~ **de impostos** tax exemption

isento, -a [i'zẽjtu, -a] *adj* exempt; ~ **de impostos/taxas** exempt from taxes/fees

Islã [iz'lã] *m* Islam

islâmico, -a [iz'lɜmiku, -a] *adj* Islamic

islamismo [izlɜ'mizmu] *m sem pl* Islamism *no pl*

islandês, -esa [izlãŋ'des, -'eza] **I.** *m, f* (*língua*) Icelandic; (*pessoa*) Icelander **II.** *adj* Icelandic

Islândia [iz'lãŋdʒia] *f* Iceland

isolado, -a [izo'ladu, -a] *adj* **1.** (*lugar, pessoa*) isolated; **estar/ficar** ~ **de tudo** to be isolated from everything **2.** (*fio; parede; teatro*) insulated

isolamento [izola'mẽjtu] *m sem pl* **1.** (*pessoa*) isolation *no pl* **2.** (*fio; parede; teatro*) insulation *no pl*

isolante [izo'lãŋtʃi] *adj* (*material*) insulation

isolar [izo'lar] **I.** *vt* (*pessoa*) to isolate; (*fio; parede; teatro*) to insulate **II.** *vr*: ~**-se** to isolate oneself; ~**-se de tudo** to isolate oneself from everything

isopor [izo'por] <-es> *m* Styrofoam®; (*caixa térmica*) cooler

isósceles [i'zɔseʎis] *adj* MAT isosceles

isótopo [i'zɔtopu] *m* isotope

isqueiro [is'kejru] *m* lighter; (*no automóvel*) cigarette lighter; **acender o** ~ to light [*o* to use] the lighter

Israel [isxa'ɛw] *m* Israel

israelense [isxae'lẽjsi] *adj, mf* Israeli

israelita [isxae'ʎita] **I.** *mf* Israelite **II.** *adj* Israelite, Hebrew

isso [ˈisu] *pron dem* **1.** (*objeto*) that; **o que é** ~**?** what is that?; **me dá** ~ **aqui!** give that to me! **2.** (*assunto*) that; ~ **é com você!** that's up to you!; ~ **mesmo!** that's right!; ~ **não interessa** that's not important; **por** ~ therefore

istmo ['istʃimu] *m* isthmus

isto ['istu] *pron dem* **1.** (*objeto*) this; **o que é** ~**?** what is this? **2.** (*assunto*) that; ~ **é** that is, i.e.; **com** ~ **as a result**

Itália [i'taʎia] *f* Italy

italiano, -a [ita'ʎjɜnu, -a] *adj, m, f* Italian

itálico [i'taʎiku] *m* italics *pl*; **escrever a. c. em** ~ to write sth in italics

itálico, -a [i'taʎiku, -a] *adj* italic

item [i'tẽj] <-ens> *m* **1.** (*de lista, tabela*) item **2.** (*de texto, contrato*) part

itinerante [itʃine'rãŋtʃi] *adj* itinerant

itinerário [itʃine'rariw] *m* (*rota, horário de viagem*) itinerary

Iugoslávia [juguz'lavia] *f* Yugoslavia

iugoslavo, -a [juguz'lavu, -a] **I.** *m, f* Yugoslav **II.** *adj* Yugoslav, Yugoslavian

J

J, j ['ʒɔta] *m* J, j

já [ʒa] **I.** *adv* **1.** (*afirmativo*) already; ~ **terminei** I've already finished **2.** (*interrogativo*) yet; ~ **terminou?** have you finished yet? **3.** (*anteriormente*) ever; **você** ~ **esteve no Canadá?** have you ever been to Canada? **4.** (*negativo*) no longer; ~ **não sei mais** I no longer understand **5.** (*agora*) now; **desde** ~ as of now; **desde** ~ **agradeço a sua ajuda** I thank you in advance for your

jaburu   337   **jazer**

help; **é para ~** it's time now; **~ chega!** that's enough! **6.** (*dentro de pouco tempo*) soon; **até ~!** see you soon; **~ vou!** I'm coming! **7.** (*imediatamente*) at once, immediately; **faça isso ~!** do it now!; **isso fica pronto ~, ~!** it'll be ready in just a second! **II.** *conj* **1. ~ que** +*subj* since **2.** (*por outro lado*) but; **não gosto de filmes de terror, ~ os de ficção científica me agradam mais** I don't like horror films, but I do like sci-fi

jaburu [ʒabu'ru] *m* **1.** ZOOL jabiru stork **2.** *pej* (*pessoa esquisita*) weirdo

jabuti [ʒabu'tʃi] *m* south American tortoise

jabuticaba [ʒabutʃi'kaba] *f* jaboticaba, *small, round, black fruit of the jaboticaba tree with sweet, juicy white flesh*

jaca ['ʒaka] *f* jackfruit

jacarandá [ʒakarɐ̃'da] *m* BOT jacaranda

jacaré [ʒaka'rɛ] *m* alligator; (*caimão*) caiman

jacinto [ʒa'sĩtu] *m* hyacinth

jactância [ʒak'tɐ̃sia] *f form* **1.** (*vaidade*) vanity **2.** (*orgulho*) pride

jacto *v.* **jato**

jade ['ʒadʒi] *m* jade

jaguar [ʒa'gwar] *m* jaguar

jaguatirica [ʒagwatʃi'rika] *f* ocelot

jagunço [ʒa'gũwsu] *m* hired gun

jaleco [ʒa'lɛku] *m* tunic

jamaicano, -a [ʒamaj'kɐnu, -a] *adj, m, f* Jamaican

jamais [ʒa'majs] *adv* **1.** (*nunca*) never; **eu ~ irei lá** I will never go there; **~ pensei em tal coisa** I've never thought about that **2.** (*alguma vez*) ever; **é o mais bonito que ~ vi** it's the most beautiful one I've ever seen

jamanta [ʒa'mɐ̃ta] **I.** *f* ZOOL manta ray **II.** *mf pej, inf* slob

jambo ['ʒɐ̃bu] **I.** *m* BOT rose apple **II.** *adj inv* (*cor*) morena, brown; **ela tem a pele ~** she has brown skin

janeiro [ʒa'nejru] *m* January; *v.tb. março*

janela [ʒa'nɛla] *f* **1.** window; **~ dupla** double-glazed window; **entrar pela ~** *fig* to get in by [*o* through] the back door **2.** *inf* (*na boca*) gap **3.** (*lacuna em texto*) gap, omission **4.** INFOR window **5.** (*tempo livre*) break

jangada [ʒɐ̃'gada] *f* raft

jangadeiro [ʒɐ̃ŋga'dejru] *m* raftsman

janota [ʒa'nɔta] *mf* dandy

janta ['ʒɐ̃ta] *f inf* dinner, supper

jantar [ʒɐ̃'tar] **I.** *m* dinner, supper; **fazer o ~** to make dinner **II.** *vi* to have supper [*o* dinner], to dine *form* **III.** *vt* to have for supper [*o* dinner]

Japão [ʒa'pɐ̃w] *m* Japan

japona [ʒa'pona] *f* (*roupa*) pea jacket

japonês, -esa [ʒapo'nes, -'eza] *adj, m, f* Japanese

jaqueira [ʒa'kejra] *f* **1.** (*árvore*) jack tree **2.** (*fruta*) jack-fruit

jaqueta [ʒa'keta] *f* jacket

jaquetão [ʒake'tɐ̃w] *m* double-breasted jacket

jararaca [ʒara'raka] *f* **1.** ZOOL pit viper **2.** *inf* (*pessoa*) **ela é uma ~** she's vicious

jarda ['ʒarda] *f* yard (0.9144 m)

jardim [ʒar'dʒĩj] <-ins> *m* garden; (*público*) gardens, park; **~ botânico** botanical garden; **~ zoológico** zoo

jardim de infância [ʒar'dʒĩj-dʒĩj'fɐ̃sia] <jardins de infância> *m* kindergarten

jardim de inverno [ʒar'dʒĩj dʒĩj'vɛrnu] <jardins de inverno> *m* sunroom, conservatory *Brit*

jardinagem [ʒardʒi'naʒẽj] *f* gardening *no pl*

jardinar [ʒardʒi'nar] *vi* to garden

jardineira [ʒardʒi'nejra] *f* **1.** (*caixa*) planter, jardinière **2.** (*roupa*) overalls *Am*, dungarees *Brit*

jardineiro, -a [ʒardʒi'nejru, -a] *m, f* gardener

jardins *m pl de* **jardim**

jargão <-ões> [ʒar'gɐ̃w, -'õjs] *m* jargon

jarra ['ʒaxa] *f* **1.** (*de água*) pitcher, jug **2.** (*de flores*) vase

jarrão <-ões> [ʒa'xɐ̃w, -'õjs] *m* **1.** large ornamental vase **2.** *inf* (*mulher*) wallflower

jarro ['ʒaxu] *m* **1.** (*de água*) pitcher, jug **2.** (*de flores*) flowerpot

jarrões *m pl de* **jarrão**

jasmim [ʒaz'mĩj] <-ins> *m* jasmine

jato ['ʒatu] *m* **1.** (*de água*) jet **2.** AERO jet(plane); **propulsão a ~** jet propulsion **3.** (*de luz*) flash

jatobá [ʒato'ba] *f Brazilian tree used in the making of varnish*

jaula ['ʒawla] *f* cage

javali, -ina [ʒava'ʎi -'ina] *m, f* wild boar

jazer [ʒa'zer] *vi* **1.** to lie (down) **2.** (*no cemitério*) to be buried; **aqui jaz ...** here lies...

jazida [ʒaˈzida] *f* (*lugar*) resting place; ~ **mineral** mineral deposit

jazigo [ʒaˈzigu] *m* tomb

jazz [ˈdʒɛs] *m sem pl* jazz

jazzista [dʒɛˈzista] *mf* (*músico*) jazz musician; (*entusiasta*) jazz enthusiast

jazzístico, -a [dʒɛˈzistʃiku] *adj* jazz

jeca [ˈʒɛka] **I.** *mf* (*caipira*) country bumpkin **II.** *adj* backwoods; (*cafona*) tacky; (*ridículo*) ridiculous

jeca-tatu [ˈʒɛka-taˈtu] <jecas-tatus> *m* backwoodsman (*unrefined rural inhabitant of Brazil*)

jegue [ˈʒɛgi] *m* **1.** *reg* donkey **2.** *pej* (*pessoa*) jackass

jeitão <-ões> [ʒejˈtɐ̃w, -ˈõjs] *m inf* **1.** (*aspecto*) look, appearance **2.** (*modo de ser*) manner, way

jeitinho [ʒejˈtʃiɲu] *m inf* **1.** (*aptidão*) talent; **fazer a. c. com** ~ to do sth. skillfully; **ele não tem** ~ **nenhum para isso** he has no talent for this **2.** (*maneira*) way; **ela tem um** ~ **doce de falar** she has a sweet way of talking **3.** (*maneira astuciosa*) shrewdness; **o** ~ **brasileiro** the Brazilian way of doing things; **não é possível dar um** ~? can't we find a way around this?

jeito [ˈʒejtu] *m sem pl* **1.** (*aptidão, destreza*) knack; **falta de** ~ awkwardness; **sem** ~ useless; **ter** [*ou* **levar**] ~ **para** (**fazer**) **a. c.** to have talent for something; **não dá** ~ it won't work/it is not possible **2.** (*de uma pessoa*) manner; **ele tem um** ~ **brincalhão** he has a playful manner **3.** (*maneira*) way; **de que** ~? how?; **com** ~ **de** in a certain way; **de** ~ **nenhum!** no way!; **desculpe o mau** ~ **...** excuse me but ...; **fazer algo daquele** ~ to do something in that way; **ficar** [*ou* **estar**] **sem** ~ to be uncomfortable; (**falar**) **com** ~ to speak eloquently **4.** *inf* **fazer de qualquer** ~ any old how, by hook or by crook; **faz a lição de qualquer** ~ **porque a professora não vai ter tempo de corrigir mesmo** do the homework any old how because the teacher won't have time to correct it; **eu vou comprar aquele carro de qualquer** ~ I'm going to buy that car by hook or by crook; **pelo** ~, **parece que vai chover** from the looks of it, it will probably rain **5.** (*arranjo*) **dar um** ~ **em a. c.** to repair [*o fix*] sth; **dar um** ~ **na casa** to clean one's house; **dar um** ~ **no cabelo** to fix one's hair **6.** (*situação*) **dar um** ~ **em a. c.** to find a solution to something; **isso não tem** ~! this won't work!; **não vejo** ~ I can't see a way out **7.** (*torcedura*) twist; **dar um** ~ **no pé** to twist one's ankle

jeitões *m pl de* **jeitão**

jeitoso, -a [ʒejˈtozu, -a] *adj* **1.** (*habilidoso: pessoa*) skillful **2.** (*casa, sala*) elegant; (*sofá*) comfortable; (*apetrecho*) proper **3.** (*aparência*) smart

jejuar [ʒeʒuˈar] *vi* to fast

jejum [ʒeˈʒũw] <-uns> *m* **1.** fast; **estar** [*ou* **ficar**] **em** ~ to fast; **quebrar o** ~ to end a fast **2.** *fig* (*privação*) abstention; ~ **de vitórias** losing streak

jenipapo [ʒeniˈpapu] *m* aromatic, edible fruit of the genipap tree

Jeová [ʒeoˈva] *m* Jehovah

jequitibá [ʒekitʃiˈba] *f* Brazilian tree with a large crown and trunk

jerico [ʒiˈriku] *m* **1.** ZOOL ass, donkey **2.** *fig* (*pessoa*) ass

jérsei [ˈʒɛrsej] *m* jersey

jesuíta [ʒezuˈita] **I.** *m* Jesuit **II.** *adj* Jesuit; *pej* hypocritical

Jesus [ʒeˈzus] *m* Jesus; ~! oh my God!

jetom [ʒeˈtõw] *m* voucher; (*remuneração*) payment

jet ski [ʒɛtsˈki] *m* Jet Ski

jiboia [ʒiˈbɔja] *f* ZOOL boa constrictor

jiboiar [ʒibojˈar] *vi* to rest after a big meal

jihad [ʒiˈxadʒi] *m* REL jihad

jiló [ʒiˈlɔ] *m* gilo, bitter, edible fruit from a variety of nightshade (*jiloeiro*)

jingle [ˈdʒĩjgow] *m* jingle

jipe [ˈʒipi] *m* jeep

joalheiro, -a [ʒuaˈʎejru] *m, f* jeweler *Am*, jeweller *Brit*

joalheria [ʒuaʎeˈria] *f* jewelry store *Am*, jeweller's *Brit*

joanete [ʒuɜˈnɛtʃi] *m* MED bunion

joaninha [ʒuɜˈniɲa] *f* (*besouro*) ladybug *Am*, ladybird *Brit*

joão-bobo <joões-bobos> [ʒuˈɐ̃w-ˈbobu, juˈõjs-] *m* a soccer player who runs around the field without getting the ball

joão-de-barro <joões-de-barro> [ʒuˈɐ̃w-dʒi-ˈbaxu, ʒuˈõjs-] *m* ZOOL ovenbird

joão-ninguém <joões-ninguém> [ʒuˈɐ̃w-nĩjˈgẽj, ʒuˈõjs-] *m* **um** ~ a nobody

João Pessoa [juˈɐ̃w peˈsoa] (City of)

joça 339 **jubilado**

João Pessoa

joça ['ʒɔsa] f **1.** inf thingy; **ele saiu, foi fazer uma ~ qualquer** he stepped out to do something; **para que serve esta ~?** what's this thingy for? **2.** (coisa ruim) a piece of junk; **esta televisão é uma ~** this television is a piece of junk

jocosa adj v. jocoso

jocosidade [ʒokozi'dadʒi] f playfulness

jocoso, -a [ʒo'kozu, -'ɔza] adj playful

joelhada [ʒueˈʎada] f **dar uma ~** to knee

joelheira [ʒueˈʎejra] f ESPORT knee pad

joelho [ʒuˈeʎu] m knee; **de ~s** kneeling; **cair de ~s** to fall to one's knees; **estar de ~s** to kneel

jogada [ʒo'gada] f **1.** ESPORT move; **foi uma boa ~** it was a good move **2.** (no xadrez) move **3.** (negócios) strategy **4. estar fora da ~** fig to be left out; **tirar alguém da ~** fig to eliminate sb

jogador(a) [ʒoga'dor(a)] m(f) player; (no cassino) gambler

jogão <-ões> [ʒo'gãw, -'õjs] m inf big match [o game]

jogar [ʒo'gar] <g→gu> **I.** vt **1.** to play; **~ cartas** to play cards; **~ a última carta(da)** fig to play one's last card **2.** (arriscar) to gamble; **~ na bolsa** to play [o invest in] the stock market; **~ na loteria** to play the lottery **3.** (atirar) to throw; **~ fora** to throw away [o out]; **a multidão insatisfeita jogou ovos no político** the angry crowd threw eggs at the politician **II.** vi (balançar) to rock back and forth **III.** vr: **~-se** to throw oneself; **~-se nos braços de alguém** to throw oneself into someone's arms; **uma pessoa jogou-se da janela** a person threw himself out of the window

jogatina [ʒoga'tʃina] f pej gambling

jogging ['ʒɔgĩj] m ESPORT jogging; (roupa) sweat suit; **fazer ~** to go for a jog, to go jogging

jogo ['ʒogu] m **1.** (diversão) game; **~ de azar** gambling no pl; **~ de palavras** play on words; **~ do bicho** numbers game; **~ sujo** dirty play; **Jogos Olímpicos** Olympic Games; **abrir o ~** fig to speak frankly; **entrar no ~** fig to play the game; **entregar o ~** fig to give up; **esconder o ~** to keep one's cards close to one's chest; **estar em ~** fig (correr risco) to be at stake; **fazer ~ duplo** fig to have a hidden agenda; **ter ~ de cintura** inf to know how to play the game; **virar o ~** inf to turn the game around **2.** (conjunto) set

jogo da velha <jogos da velha> [ʒogu da 'vɛʎa, 'jɔguz] m tic-tac-toe Am, noughts and crosses Brit

jogões m pl de **jogão**

jogral [ʒo'graw] m jester

joguete [ʒo'getʃi] m (pessoa) laughingstock

joia ['ʒɔja] f **1.** (para adorno) piece of jewelry; **~s** jewelry **2.** (de inscrição) registration fee **3.** inf (pessoa) treasure; **ele é uma ~** he's a treasure **4.** gír great; **~, vamos juntos na festa** great, let's go to the party together

joint venture ['ʒɔjtʃi 'vejtʃur] f joint venture

joio ['ʒoju] m **separar o ~ do trigo** to separate the wheat from the chaff

jojoba [ʒo'ʒɔba] f jojoba

jóquei ['ʒɔkej] m ESPORT jockey

jóquei-clube <jóqueis-clube(s)> [ʒɔkei'klubi] m jockey club

Jordânia [ʒor'dɜnia] f Jordan

jornada [ʒor'nada] f **1.** (dia) a day's journey; (de trabalho) work day; **trabalhar em ~ integral** to work fulltime **2.** (viagem) trip

jornal <-ais> [ʒor'naw, -'ajs] m newspaper; (noticiário na TV/rádio) the news

jornaleco [ʒorna'lɛku] m pej, inf rag

jornaleiro, -a [ʒorna'lejru, -a] m, f **1.** (trabalhador) day laborer **2.** (vendedor) newspaper vendor

jornalismo [ʒorna'ʎizmu] m journalism no pl

jornalista [ʒorna'ʎista] mf journalist

jornalístico, -a [ʒorna'ʎistʃiku, -a] adj journalistic

jorrar [ʒo'xar] vi (água, palavras) to gush (out); (palavras) to pour out

jorro ['ʒoxu] m gush

jovem ['ʒɔvẽj] <-ens> **I.** mf youth, young man m, young woman f; **os jovens** young people **II.** adj young

jovial <-ais> [ʒovi'aw, -'ajs] adj (ar, espírito) jovial

jovialidade [ʒovjaʎi'dadʒi] f sem pl joviality

juazeiro [ʒwa'zejru] m BOT jujube tree

juba ['ʒuba] f mane

jubilação [ʒubila'sãw] f (alegria) jubilation; (de professor) retirement; (de aluno) expulsion

jubilado, -a [ʒubi'ladu, -a] adj (profes-

jubilar *sor*) retired; (*aluno*) expelled

jubilar [ʒubi'lar] **I.** *vt* (*aluno*) to expel; (*professor*) to allow to retire **II.** *vi* **1.** to rejoice **2.** (*aluno*) to be expelled **III.** *vr*: ~-**se** (*professor*) to retire

jubileu [ʒubi'lew] *m* jubilee; ~ **de prata** silver jubilee

júbilo ['ʒubilu] *m* jubilation

jubiloso, -a [ʒubi'lozu, -ɔza] *adj* jubilant

judaico, -a [ʒu'dajku, -a] *adj* (*relativo aos judeus*) Jewish; (*relativo ao judaísmo*) Judaic

judaísmo [ʒuda'izmu] *m sem pl* Judaism *no pl*

judas ['ʒudas] *m inv, fig* Judas, traitor; (*boneco*) effigy of Judas burned on Holy Saturday; **pegar alguém para** ~ to make a scapegoat of sb; **onde** ~ **perdeu as botas** in the middle of nowhere

judeu [ʒu'dew] **I.** *m* Jew **II.** *adj* Jewish

judia [ʒu'dʒia] *f* Jew

judiação <-ões> [ʒudʒja'sɐ̃w, -'õjs] *f inf* mistreatment

judiado, -a [ʒudʒi'adu, -a] *adj* mistreated

judiar [ʒudʒi'ar] *vi* to mistreat; ~ **de alguém** to mistreat sb

judicial <-ais> [ʒudʒisi'aw, -'ajs] *adj* **1.** (*de tribunal: mandado, ordem*) judicial **2.** (*de direito: sistema, decisão*) legal

judiciário, -a [ʒudʒisu'ariw, -a] *adj* judiciary; **poder** ~ POL judicial branch

judicioso, -a [ʒudʒisi'ozu, -ɔza] *adj* (*sensato*) prudent

judô [ʒu'do] *m* judo

judoca [ʒu'dɔka] *mf* judoka, judoist

jugo ['ʒugo] *m* yoke; *fig* oppression

jugular [ʒugu'lar] **I.** <-es> *adj* (*veia*) jugular **II.** *vt* (*rebeldes*) to crush

juiz, juíza [ʒu'iz, ʒu'iza] *m, f* **1.** JUR judge; ~ **de paz** justice of the peace **2.** ESPORT referee; (*em beisebol, tênis*) umpire

juizado [ʒuj'zadu] *m* JUR judgeship; ~ **de menores** juvenile court judge; ~ **de pequenas causas** small claims judge

juízo [ʒu'izu] *m* **1.** (*sensatez*) good judgment; **ganhar** [*ou* **tomar**] ~ to develop sound judgment; (**não**) **estar com o** ~ **perfeito** not to be of sound mind; **perder o** ~ to lose one's mind; **ter** ~ to have good judgment; **~!** take care of yourself!; **toma** ~**!** don't be stupid! **2.** (*sentença*) sentence; (*parecer*) opinion; **o Juízo Final** The Last Judgment; **formar um** ~ **sobre** to form an opinion on; **responder em** ~ to appear in court

jujuba [ʒu'ʒuba] *f* jujube

julgamento [ʒuwga'mẽjtu] *m* **1.** JUR (*audiência*) trial **2.** (*ação de julgar*) judgment **3.** (*sentença*) sentence **4.** (*opinião*) opinion

julgar [ʒuw'gar] <g→gu> **I.** *vt* **1.** JUR (*sentenciar*) to sentence; **o juiz julgou o réu culpado** the judge sentenced the guilty defendant, to pass judgment; **o juiz julgou o processo** the judge passed judgment on the case; **ele está sempre julgando os outros** he is always criticizing others **2.** (*avaliar*) to form an opinion on **3.** (*considerar*) to consider **II.** *vt* (*supor*) to suppose; **julgo que sim/não** I suppose so/not **III.** *vr*: ~-**se** to think oneself; **ele se julga o melhor** he thinks he's the best; **ela se julga capaz de tudo** she thinks she can do anything

julho ['ʒuʎu] *m* July; **as férias de** ~ winter vacation *Am*, winter holidays *Brit*; *v.tb.* **março**

jumento, -a [ʒu'mẽjtu, -a] *m, f* donkey, ass; *fig* (*pessoa*) jackass

junção <-ões> [ʒũw'sɐ̃w, -'õjs] *f* **1.** (*ação de juntar*) joining **2.** (*ponto*) junction; (*de rios*) confluence

junco ['ʒũwku] *m* **1.** BOT rush **2.** NÁUT junk

junho ['ʒuɲu] *m* June; *v.tb.* **março**

junino, -a [ʒu'ninu, -a] *adj* June; **festas juninas** Brazilian June Festival (*festivities on and around the Brazilian holy days of Santo Antônio, São Pedro and São João, which all fall in the month of June*)

júnior <juniores> ['ʒunjor, ʒu'njoris] **I.** *m* **1.** ESPORT junior team player **2.** (*filho com o mesmo nome do pai*) Junior; **José da Silva Junior** José da Silva, Junior **II.** *adj* junior; **advogado** ~ junior lawyer

junta *adj v.* **junto**

junta ['ʒũwta] *f* **1.** (*no corpo*) joint **2.** (*de bois*) team **3.** (*comissão*) commission; ~ **médica** medical council **4.** (*ligação*) union

juntamente [ʒũwta'mẽjtʃi] *adv* jointly; ~ **com alguém/a. c.** together with sb/ sth

juntar [ʒũw'tar] <*pp* junto *ou* juntado> **I.** *vt* **1.** (*unir*) to join; ~ **a. c. a a. c.** to

junto 341 **justo**

join sth to sth **2.** (*reunir: conchas, moedas, selos*) to collect; **vamos ~ as nossas forças** let's join forces **3.** (*acrescentar: ingredientes*) to add; (*anexar*) to append **4.** (*amontoar*) to assemble; (*dinheiro*) to save **II.** *vr:* **~-se 1.** (*unir-se*) to join; **~-se a alguém/a. c.** to join sb/sth **2.** (*reunir-se*) to get together **3.** (*casal*) to live together; **~-se com alguém** to live with sb

junto, -a ['ʒũwtu, -a] *adj* (*um com o outro*) together; **viveram ~s por muitos anos** they lived together for many years; (*um perto do outro*) near; **sentavam ~s na classe** they sat near each other in the class; **~s all together; todos ~s** everybody; (*em anexo*) attached

junto ['ʒũwtu] *adv* **1.** (*ao lado*) next to, beside; **sentou-se ~ à porta** he sat down next to the door **2.** (*em anexo*) adjoining, attached; **o banheiro é ~ ao quarto** the bathroom adjoins the bedroom **3.** (*de uma vez*) together; **tudo ~** all together

Júpiter ['ʒupiter] *m* ASTRON Jupiter

jura ['ʒura] *f* **1.** oath, vow; **~s de amor** lovers' vow **2.** (*praga*) curse

jurado, -a [ʒu'radu, -a] **I.** *m, f* JUR juror **II.** *adj* **1.** sworn **2.** (*ameaçado*) threatened; **ele foi ~ de morte** he received a death threat

juramentado, -a [ʒuramẽj'tadu, -a] *adj* (*escrevente, tradutor*) certified

juramento [ʒura'mẽjtu, -a] *m* oath, vow; **~ falso** perjury, false testimony; **fazer um ~** to take an oath; **sob ~** under oath

jurar [ʒu'rar] **I.** *vt* (*testemunha*) to testify; (*prometer*) to promise, to vow **II.** *vi* to swear, to promise; **eu juro** I swear

jurássico, -a [ʒu'rasiku, -a] *adj* (*período*) Jurassic

júri ['ʒuri] *m* **1.** (*de concurso, prova*) jury, judging panel **2.** JUR jury

jurídico, -a [ʒu'ridʒiku, -a] *adj* (*ordem, sistema*) legal; **pessoa jurídica** legal entity

jurisdição <-ões> [ʒurizdʒi'sãw, -'õjs] *f* **1.** (*aplicação das leis*) jurisdiction **2.** (*território*) authority, control **3.** (*alçada*) competence

jurisprudência [ʒurispru'dẽjsia] *f* case law, jurisprudence

jurista [ʒu'rista] *mf* legal expert, jurist

juro ['ʒuru] *m* **1.** ECON interest; **taxa de ~s** interest rate; **sem ~s** interest free; **pagar a. c. com/sem ~s** to pay some/no interest on sth; **os bancos cobram ~s de 6 %** the banks charge 6 percent interest **2.** **pagar com ~s** *fig, inf* to pay dearly

jurubeba [ʒuru'bɛba] *f* BOT Brazilian shrub yielding a bitter fruit used to treat jaundice

jururu [ʒuru'ru] *adj inf* sad

jus ['ʒus] *m sem pl* **fazer ~ a alguém/a. c.** to deserve sb/sth

jusante [ʒu'sãntʃi] *f* low tide; **a ~** downstream

justa *adj v.* **justo**

justamente [ʒusta'mẽjtʃi] *adv* **1.** (*precisamente*) precisely; (*exatamente*) exactly; **chegamos ~ quando eles iam saindo** we arrived just as they were leaving **2.** (*com justiça: castigar*) justly, fairly

justapor [ʒusta'por] *irr como* **pôr** *vt* to juxtapose

justaposição <-ões> [ʒustapozi'sãw, -'õjs] *f* juxtaposition

justiça [ʒus'tʃisa] *f* **1.** (*equidade*) justice; **fazer ~** to do justice to; **fazer ~ pelas próprias mãos** to take the law into one's own hands **2.** JUR **a ~** the law

justiçado, -a [ʒustʃi'sadu, -a] *adj* executed

justificação <-ões> [ʒustʃifika'sãw, -'õjs] *f* justification; **~ para** [*ou* **de**] **a. c.** justification for sth

justificar [ʒustʃifi'kar] <c→qu> **I.** *vt* to justify; **~ a. c.** to justify sth; **~ uma falta** to excuse an absence **II.** *vr:* **~-se** (*desculpar-se*) to clear oneself; **~-se por** [*ou* **de**] **a. c.** to clear oneself of sth

justificativa [ʒustʃifika'tʃiva] *f* justification; **~ para** [*ou* **de**] **a. c.** justification for sth

justificável <-eis> [ʒustʃifi'kavew, -ejs] *adj* justifiable

justo, -a ['ʒustu, -a] *adj* **1.** (*pessoa, lei, sentença*) just; (*imparcial*) fair, unbiased; **não é ~!** it's not fair! **2.** (*apertado: roupa*) tight-fitting; **ficar ~** to fit tightly **3.** (*correto*) correct; **usou a palavra justa** he used the correct word

justo ['ʒustu] **I.** *adv* **1.** just; **estava pensando ~ em você** I was just thinking about you; **o telefone tocou ~ quando eu saía** the telephone rang just when I was leaving **2.** just; **era ~ o que eu precisava** that was just what I needed **II.** *m* **dormir o sono dos ~s** to sleep with a clear conscience

juta ['ʒuta] *f* BOT jute

juvenil <-is> [ʒuve'niw, -is] *adj* **1.** (*literatura*) young people's **2.** youth; **clube ~** youth club **3.** ESPORT (*equipe, tênis*) junior **4.** (*delinquência*) juvenile

juventude [ʒuvẽj'tudʒi] *f* (*jovens*) youth, young people; (*época*) youth

K

K, k ['ka] *m* K, k

k-7 [ka'sɛtʃi] *m abr de* **cassete** cassette tape

kaiser ['kajzer] *m v.* **cáiser**

kamikaze [kɜmi'kazi] *m v.* **camicase**

karaokê [karao'ke] *m v.* **caraoquê**

kart ['kartʃi] *m* kart, go-kart *Brit*

kartódromo [kar'tɔdromu] *m* kart speedway

kB [kilo'bajtʃi] *m abr de* **quilobyte** kb

kcal [kilokalo'ria] *f abr de* **quilocaloria** kcal

ketchup [kɛtʃi'ʃupi] *m* ketchup

kg [kilo'grɜma] *m abr de* **quilograma** kg

kHz [kilo'xɛrts] *m abr de* **quilohertz** kHz

kibutz <-im> [ki'buts, -zĩj] *m* kibbutz

kilo ['kilu] *m v.* **quilo**

kit [kitʃi] *m* (*conjunto*) kit; (*de facas de cozinha, CD*) set; **~ de ferramentas** tool kit; **~ de montagem** assembly kit; **~ de primeiros socorros** first aid kit

kitchenette [kitʃi'nɛtʃi] *f v.* **quitinete**

kitsch ['kitʃi] *adj inv* kitsch

kiwi [kiw'i] *m* kiwi fruit

km [ki'lometru] *m abr de* **quilômetro** km

km/h [ki'lometrus pu'rɔra] *m abr de* **quilômetros por hora** km/h, kph

knock-out [no'kawtʃi] *m* ESPORT *v.* **nocaute**

know-how [now'xaw] *m sem pl* know-how

kosher [kɔʃer] *adj* REL kosher

kuwaitiano, -a [kwajtʃi'ɜnu, -a] *adj, m, f* Kuwaiti

kV [kilo'vowtʃi] *m abr de* **quilovolt** kV

kW [kilo'vatʃi] *m abr de* **quilowatt** kW

L

L, l ['ɛʎi] *m* L, l; **~ de Luís** l as in love *Am*, l for Lucy *Brit*

la [la] *pron f* it; **a carta chegou ontem; você não vai abri-~?** the letter arrived yesterday; aren't you going to open it?

lá ['la] **I.** *m* MÚS A **II.** *adv* **1.** (*naquele lugar*) there; (**para**) **~** over there; (**por**) **~** that way; **~ embaixo/em cima** down/up there; (*andares*) downstairs/upstairs; **~ atrás** back there; **~ fora** outside; **~ em casa** at home; **de ~** from there; **vou ~ amanhã** I'm going there tomorrow; **de ~ para cá** (**e de cá para ~**) back and forth **2.** (*ênfase*) **sei ~!** how should I know?; **pra ~ de ...** more than ... **3.** (*aproximadamente*) around; **~ pelas 4 horas** around 4 o'clock **4.** (*temporal*) **até ~** until then; **ela precisa esperar até ~** she has to wait until then, by then; (*o pagamento deverá ser feito até ~*) payment must be made by then

lã ['lã] *f* wool; **de ~** woolen

labareda [laba'reda] *f* flame

lábeis *adj pl de* **lábil**

lábia ['labia] *f* **1.** *inf* (*palavreado*) smooth talk *no pl*; **ter muita ~** to have the gift of the gab **2.** *inf* (*astúcia*) cunning

labial <-ais> [labi'aw, -'ajs] **I.** *f* LING labial (consonant) **II.** *adj* LING labial

lábil <-eis> ['labiw, -ejs] *adj* labile

lábio ['labiw] *m* lip; **~ inferior/superior** lower/upper lip; LING labial **leporino** harelip; **morder os ~s** to bite one's lip

labirintite [labirĩj'tʃitʃi] *f sem pl* MED labyrinthitis *no pl*

labirinto [labi'rĩjtu] *m* labyrinth; (*em jardim*) maze

laborar [labo'rar] *vi* to labor *Am*, to labour *Brit*, toil

laboratório [labora'tɔriw] *m* laboratory; **~ de línguas** language lab

laborioso, -a [labori'ozu, -ɔza] *adj* **1.**(*trabalho*) laborious **2.**(*pessoa*) hard-working
labuta [la'buta] *f* hard work
labutar [labu'tar] *vi* to work hard
laca ['laka] *f* lacquer; (**goma-**)~ shellac
lacaio [la'kaju] *m* lackey
laçar [la'sar] <c→c> *vt* to lasso
laçarote [lasa'rɔtʃi] *m* large bow
laço ['lasu] *m* **1.**(*nó*) knot; (*de fita*) bow; **dar um** ~ to tie a bow/knot **2.**bond; ~**s de família** family ties; **reforçar os** ~**s de amizade** to strengthen the bonds of friendship
lacônico, -a [la'koniku, -a] *adj* laconic; (*linguagem, estilo*) concise; (*pessoa*) curt
lacraia [la'kraja] *f* centipede
lacrar [la'krar] *vt* seal; (*carta*) to seal with wax
lacre ['lakri] *m* seal; (*de carta*) sealing wax
lacrimal <-ais> [lakri'maw, -'ajs] *adj* tear; **glândula** ~ tear gland
lacrimejante [lakrime'ʒɐ̃ntʃi] *adj* (*olhos*) watery
lacrimejar [lakrime'ʒar] *vi* (*olhos*) to water
lacrimogêneo, -a [lakrimo'ʒeniw, -a] *adj* **1.**(*filme*) tear-jerking **2.** QUÍM lachrymatory; **gás** ~ tear gas
lacrimoso, -a [lakri'mozu, -ɔza] *adj* tearful
lactação [lakta'sɐ̃w] *f sem pl* lactation; (*período*) lactation period; (*amamentação: pessoa*) breast feeding; (*animal*) suckling of young
lactante [lak'tɐ̃ntʃi] *f* nursing mother
láctea *adj v.* **lácteo**
lactente [lak'tẽntʃi] *mf* suckling
lácteo, -a ['laktʃiw, -a] *adj* (*regime*) milk; (*cor, substância*) milky; **Via Láctea** ASTRON Milky Way
lactose [lak'tɔzi] *f* lactose *no pl*
lacuna [la'kuna] *f* **1.**gap, omission; ~ **da lei** loophole in the law **2.**(*em formulário*) blank; **preencher uma** ~ to fill in a blank
ladainha [lada'iɲa] *f tb.fig* litany; **é sempre a mesma** ~ it's always the same old litany
ladear [ladʒi'ar] *conj como passear vt* to flank
ladeira [la'dejra] *f* slope; (*rua íngreme*) steep street; **abaixo/acima** downhill/uphill

ladino, -a [la'dʒinu] *adj* crafty, cunning
lado ['ladu] *m* side; **ao** ~ close by; **ao/no** ~ **de** beside, next to; **a casa ao** ~ the house next door; **de** ~ sideways; **estar ao** ~ **de alguém** to be on sb's side; ~ **a** ~ side by side; **dos dois** ~**s** from both sides; **de um** ~ **para o outro** back and forth; **pelo meu** ~ from my point of view; **por um** ~ **..., por outro** ~ **...** one the one hand ..., on the other hand ...; **pôr de** ~ (*dinheiro*) to save; (*ideia*) to forget about, to put on the back burner; (*pessoa*) to forget (about); **por esses** ~**s** in those parts, in that neck of the woods; **para os** ~**s de** near; **olhar de** ~ **para alguém** to glance sideways at sb; (*fazer pouco de*) to look down upon sb
ladrão, -a <-ões> [la'drɐ̃w, 'ladra, -'õjs] *m, f* **1.**thief **2.**(*tubo de descarga*) overflow pipe; **sair pelo** ~ to abound
ladrar [la'drar] **I.** *m* **o** ~ **do cão assustou o ladrão** the dog's barking scared the thief **II.** *vi* to bark; **cão que ladra não morde** *prov* barking dogs seldom bite *prov*
ladrilhar [ladri'ʎar] *vt* (*chão*) to tile
ladrilho [la'driʎu] *m* paving [*o* floor] tile
ladroagem [ladro'aʒẽj] <-ens> *f* (*ato*) thievery; (*pessoas*) thieves
ladroeira [ladro'ejra] *f* (*ato*) theft; (*lugar*) thieves' hideout
ladrões *m pl de* **ladrão**
lagarta [la'garta] *f* **1.**ZOOL caterpillar **2.**MEC tractor belt
lagartixa [lagar'tʃiʃa] *f* gecko
lagarto [la'gartu] *m* lizard
lago ['lagu] *m* lake; (*de jardim*) pond; **Lago do Ibirapuera** Lake Ibirapuera
lagoa [la'goa] *f* **1.**(*pequeno lago*) small lake, pond; ~ **de patos** duck pond; **Lagoa Rodrigo de Freitas** Lake Rodrigo de Freitas **2.**(*charco*) swamp
lagosta [la'gosta] *f* lobster
lagostim [lagos'tʃĩj] <-ins> *m* crayfish
lágrima ['lagrima] *f* tear; ~**s de crocodilo** crocodile tears; **banhado em** ~**s** bathed in tears; **chorar rios de** ~**s** to cry buckets; **desfazer-se em** ~**s** to burst into tears
laguna [la'guna] *f* lagoon
laia ['laja] *f sem pl* (*de pessoas*) kind, sort; **da mesma** ~ of the same kind
laico ['lajku] **I.** *m* layperson **II.** *adj* (*independente de religião*) lay; **ensino** ~ lay teaching

laivos ['lajvus] *m pl* **1.** (*rudimentos*) smattering **2.** (*vestígios*) traces; ~ **de sangue** traces of blood

laje ['laʒi] *f* **1.** large, flat rock **2.** (*de construção*) cement slab, paving stone

lajeado [laʒi'adu] *m* **1.** (*pavimento*) flagging **2.** (*superfície*) surface paved with flagstones

lajota [la'ʒɔta] *f* flagstone

lama¹ ['lɐma] *f* mud; **mar de** ~ *fig* sea of corruption; **cair** [*ou* **afundar**] **na** ~ *fig* to sully one's reputation, to fall into disgrace

lama² ['lɐma] *m* REL lama

lamaçal <-ais> [lɐma'saw, -'ajs] *m* quagmire

lamacento, -a [lɐma'sẽjtu, -a] *adj* muddy

lambada [lɐ̃'bada] *f* **1.** (*bofetada*) beating; (*censura severa*) tongue-lashing; **dar/levar uma** ~ to give sb/get a tongue-lashing **2.** MÚS lambada (*popular Brazilian dance*)

lambança [lɐ̃'bɐ̃sa] *f* **1.** (*a. c. malfeita*) botch job; **fazer uma** ~ to do a botch job **2.** (*bagunça, tumulto*) commotion **3.** (*ladroeira*) crooked scheme

lambão, -ona <-ões> [lɐ̃'bɐ̃w, -'ona, -'õjs] *inf* I. *m, f* **1.** sloppy eater **2.** glutton II. *adj* greedy

lambari [lɐ̃ba'ri] *m* ZOOL minnow

lambe-botas ['lɐ̃bi-'bɔtas] *mf inv, inf* (*bajulador*) bootlicker

lambe-lambe ['lɐ̃bi-'lɐ̃bi] *m reg: a photographer who works in parks and other public places*

lamber [lɐ̃'ber] I. *vt* to lick; ~ **os beiços** to lick one's lips; ~ **os sapatos de alguém** to lick sb's boots II. *vr:* ~**-se** to rejoice

lambição <-ões> [lɐ̃bi'sɐ̃w, -'õjs] *f inf* blarney

lambida [lɐ̃'bida] *f* lick; **dar uma** ~ **em a. c.** to lick sth

lambido, -a [lɐ̃'bidu, -a] *adj* (*sem graça: cabelo*) very greasy

lambiscar [lɐ̃bis'kar] <c→qu> *vt inf* to nibble [*o* pick] at

lambões *adj, m pl de* **lambão**

lambona *adj, f v.* **lambão**

lambreta [lɐ̃'breta] *f* scooter

lambuja [lɐ̃'buʒa], **lambujem** [lɐ̃'buʒẽj] *f* (*vantagem*) advantage; **de** ~ into the bargain

lambuzar [lɐ̃bu'zar] I. *vt* to smear II. *vr:* ~**-se** to be smeared with

lamê [lɐ'me] *m* lamé

lamentação <-ões> [lɐmẽjta'sɐ̃w, -'õjs] *f* wailing, lamentation

lamentar [lɐmẽj'tar] *vt* **1.** (*ter pena*) to be [*o* feel] sorry; (*pedir desculpas*) to apologize, to be sorry; ~ **a. c.** to be sorry about sth; **lamento muito!** I'm so sorry! **2.** (*o morte de alguém*) to lament; (*deplorar*) to deplore

lamentável <-eis> [lɐmẽj'tavew, -ejs] *adj* regrettable; (*deplorável*) deplorable

lamento [lɐ'mẽjtu] *m* lament

lâmina ['lɐmina] *f* **1.** (*cortante*) blade; ~ **de barbear** razor blade **2.** (*de metal*) sheet **3.** (*de microscópio*) plate

laminado, -a [lɐmi'nadu, -a] *adj* (*metal,papel*) laminated

laminar [lɐmi'nar] *vt* (*metal,papel*) to laminate

lâmpada ['lɐ̃pada] *f* **1.** lamp **2.** (*elétrica*) light bulb; ~ **fluorescente** fluorescent light; ~ **halógena** halogen bulb

lamparina [lɐ̃pa'rina] *f* (*de óleo, querosene*) lamp, lantern

lampeiro, -a [lɐ̃'pejɾu, -a] *adj* **1.** (*esperto*) sharp **2.** (*apressado, irrequieto*) hasty

lampejo [lɐ̃'peʒu] *m* flash (of light)

lampião <-ões> [lɐ̃pi'ɐ̃w, -'õjs] *m* lantern

lampreia [lɐ̃'preja] *f* lamprey

lamúria [la'muria] *f* whining

lamuriar [lamuri'ar] *vr:* ~**-se de a. c.** to bemoan sth

lança ['lɐ̃sa] *f* lance, spear

lança-chamas ['lɐ̃sa-'ʃamas] *m inv* flame-thrower

lançamento [lɐ̃sa'mẽjtu] *m* **1.** (*de objeto: resultado*) throw; (*ação*) throwing **2.** ESPORT ~ **de dardo** javelin throwing; ~ **de disco** discus throwing; **fazer um** ~ FUT to make a pass **3.** (*de um foguete*) firing; (*de um navio*) launch **4.** (*de um produto, livro*) launch; (*de CD, filme*) release

lança-perfume ['lɐ̃sa-per'fumi] *m perfume squirter, used from a distance, usually at carnival celebrations*

lançar [lɐ̃'sar] <ç→c> I. *vt* **1.** ESPORT (*bola*) to pass; (*disco*) to throw; (*objeto*) to throw, to hurl **2.** (*uma bomba*) to drop; (*um foguete*) to fire **3.** (*um candidato*) to put forward; (*um CD, filme*) to release; (*uma moda*) to introduce (onto the market); (*um produto*) to launch **4.** (*um boato*) to start **5.** INFOR (*dados*)

lance to enter **II.** *vr* ~ **-se a uma empreitada** to throw oneself into sth

lance ['lɐ̃sɪ] *m* **1.** (*arremesso*) throw **2.** (*fato*) fact; ~ **de sorte** stroke of luck; **um ~ legal** *gír* (*proposta*) a good offer; (*jogada*) a good move; **em cima do ~** right there and then **3.** (*em leilão*) bid **4.** (*de casas*) row; (*de estrada*) stretch; ~ **de escada** flight of stairs **5.** ESPORT shot; ~ **livre** free kick [*o throw*]

lancha ['lɐ̃ʃa] *f* launch
lanchar [lɐ̃'ʃar] *vi* to have a snack
lanche ['lɐ̃ʃɪ] *m* (*à tarde*) afternoon snack; (*refeição rápida*) quick meal
lancheira [lɐ̃'ʃejra] *f* lunchbox
lanchonete [lɐ̃ʃo'nɛtʃɪ] *f* coffee shop *Am*, snack bar *Brit*

> **Cultura** A **lanchonete** is a snack bar that serves light meals, sandwiches, ice cream, **sucos** (juices), soft drinks, and coffee.

lancinante [lɐ̃sɪ'nɐ̃tʃɪ] *adj* (*dor*) stabbing; (*grito*) piercing
languidez [lɐ̃gɪ'des] *f* **1.** (*moleza*) listlessness **2.** (*definhamento*) weakness
lânguido, -a ['lɐ̃gɪdu, -a] *adj* **1.** (*sensual: olhar*) sensual **2.** (*debilitado: esforço*) feeble
lanolina [lɐno'ʎina] *f* lanolin *no pl*
lantejoula [lɐ̃te'ʒowla] *f* sequin
lanterna [lɐ̃'tɛrna] *f* **1.** lantern **2.** (*de pilhas*) flashlight *Am*, torch *Brit* **3.** AUTO headlight
lanterninha [lɐ̃tɛr'niɲa] *mf* **1.** ESPORT person or team coming last in a competition **2.** (*no cinema*) usher
lapão, -ona <-ões> [la'pɐ̃w, -ona, -'õjs] *adj*, *m*, *f* Lapp
laparoscopia [laparosko'pia] *f* laparoscopy
lapela [la'pɛla] *f* (*de casaco*) lapel
lapidação <-ões> [lapida'sɐ̃w, -'õjs] *f* cutting and polishing of gems
lapidar [lapi'dar] **I.** *vt* **1.** (*pedras preciosas*) to cut and polish **2.** (*aperfeiçoar*) to improve, to polish **II.** *adj* (*frase*) polished
lápide ['lapidʒɪ] *f* **1.** (*no cemitério*) gravestone, tombstone; (*tumular*) tombstone **2.** (*comemorativa*) memorial stone
lápis ['lapɪs] *m inv* pencil; ~ **de cor** colored pencil; ~ **de olho** eye-brow pencil

lapiseira [lapi'zejra] *f* mechanical pencil *Am*, propelling pencil *Brit*
lápis-lazúli ['lapɪz-la'zuli] *m* lapis-lazuli
lapona *f v.* **lapão**
Lapônia [la'ponia] *f* Lapland
lapso ['lapsu] *m* **1.** (*deslize*) lapse; (*erro*) slip; ~ **de memória** memory lapse **2.** (*de tempo*) time lapse
laptop [lɛp'tɔpi] *m* laptop
laquê [la'ke] *m* lacquer
laqueadura [lakia'dura] *f* MED tubal ligation
laquear [laki'ar] *conj como passear vt* to lacquer
lar [lar] <-es> *m* **1.** (*casa*) home **2.** (*família*) household
laranja [la'rɐ̃ʒa] **I.** *f* (*fruta*) orange **II.** *m* **1.** (*cor*) orange **2.** *inf* (*testa-de-ferro*) front man **III.** *adj inv* orange
laranjada [larɐ̃'ʒada] *f* orangeade
laranjal [larɐ̃'ʒaw] <-ais> *m* orange grove
laranjeira [larɐ̃'ʒejra] *f* orange tree
larápio [la'rapiw] *m* thief
lareira [la'rejra] *f* fireplace
lares *m pl de* **lar**
larga ['larga] *f* **à ~** freely; **dar ~s à imaginação** to let one's imagination run wild
larga *adj v.* **largo**
largada [lar'gada] *f* NAÚT departure; (*em corrida*) start; **dar a ~** to start
largadão, -ona [larga'dɐ̃w, -'ona] *adj* (*roupas*) baggy, loose-fitting
largado, -a [lar'gadu, -a] *adj* (*abandonado*) abandoned; (*displicente com a aparência*) scruffy, shabby(-looking)
largadona *adj v.* **largadão**
largamente [larga'mejtʃɪ] *adv* (*extensamente*) widely
largar [lar'gar] <g→gu> **I.** *vt* **1.** (*soltar*) to release, to let go; **não largava os filhos um segundo** she didn't let go of her kids for a second **2.** (*deixar escapar*) to set free **3.** (*abandonar*) to give up, to abandon **4.** (*parar*) to stop, to give up; **larga (mão) de ser bobo** stop being silly; **largou o trabalho pela metade** he left his work half done **II.** *vi* NAÚT (*velas*) to unfurl; ESPORT to start
largo ['largu] *m* **1.** (*praça*) square **2.** NAÚT open sea **3.** **passar ao ~** to keep well away
largo, -a ['largu, -a] *adj* **1.** (*com grande extensão transversal: avenida, rio*)

wide, broad; (*roupa: manga*) wide; (*visão*) broad; (*extenso*) extensive **2.**(*temporal*) long; ~s anos/meses many years/months **3.**(*grande*) large; **largas quantidades de tecido** large quantities of fabric; **a passos ~s** in a hurry; **ter as costas largas** *fig* to be under sb's protection **4.**(*roupa*) loose (fitting); **esse vestido ficou ~ para mim** this dress is too big for me **5.**(*vasto*) extensive; **ter ~s conhecimentos de a. c.** to have a great deal of knowledge about sth

largura [lar'gura] *f* width, breadth; **ter um metro de ~** to be one meter [*o Brit* metre] wide; **qual é a ~ da mesa?** how wide is the table?

larica [la'rika] *f inf* the munchies; **ter ~** to have the munchies

laringe <-s> [la'rĩʒi] *f* larynx

laringite [larĩ'ʒitʃi] *f* laryngitis

laringologia [larĩʒolo'ʒia] *f sem pl* laryngology, no pl

larva [ˈlarva] *f* larva

las [las] *pron pl* them; (*após infinitivo*) them; **proibí-las de sair** she forbade them to leave

lasanha [la'zɐɲa] *f* lasagna

lasca [ˈlaska] *f* (*de louça, madeira*) chip; (*de madeira, metal*) splinter

lascado, -a [las'kadu, -a] *adj* **1.**(*madeira*) splintered; (*louça*) chipped **2.***inf* (*à toda velocidade*) in a hurry [*o rush*]; (*muito intenso: amor, dor*) intense

lascar [las'kar] <c→qu> *vi* (*madeira*) to splinter; (*louça, unha*) to chip; **fez um frio de ~** it was terribly cold; **esta é de ~** it's incredible

lascivo, -a [la'sivu, -a] *adj* (*comportamento*) lascivious, lewd; (*comentários*) lewd

laser [ˈlejzer] *m* laser; **a ~** laser

lassear [lasi'ar] *conj como passear vi* (*roupa, sapatos*) to loosen

lassidão [lasi'dɐ̃w] *f sem pl* lassitude

lástima [ˈlastʃima] *f* pity; **é uma ~** it's a shame/pity; **que ~!** what a shame/pity!

lastimar [lastʃi'mar] **I.** *vt* to lament **II.** *vr:* **~-se** to complain

lastimável <-eis> [lastʃi'mavew, -ejs] *adj* lamentable; **estar/encontrar-se num estado ~** to be/find oneself in a sorry state

lastimoso, -a [lastʃi'mozu, -'ɔza] *adj* pitiful; (*voz*) mournful

lastro [ˈlastru] *m* **1.** ballast *no pl* **2.** ECON gold reserve(s)

lata [ˈlata] *f* **1.**(*material*) tin **2.**(*recipiente*) tin, can; **~ de conservas** canned/tinned goods; **~ de lixo** garbage can *Am*, rubbish bin *Brit* **3.** *inf* face; **falar a. c. na ~** to say sth straight to sb's face

latão [la'tɐ̃w] *m sem pl* (*material*) brass

lataria [lata'ria] *f* (*enlatados*) canned/tinned food; AUTO bodywork; **amassar a ~** to dent the bodywork

latejar [late'ʒar] *vi* (*sangue*) to pulse; (*cabeça*) to throb

latente [la'tẽtʃi] *adj* **1.**(*oculto: calor, doença, hostilidade*) latent; (*perigo, sentido*) hidden **2.**(*subentendido*) implicit

lateral <-raw, -ajs> [late'raw, -ajs] ESPORT half-back; **~ direita/esquerda** right/left wing **II.** *adj* side, lateral

látex [ˈlateks] *m* latex *no pl*

laticínio [latʃi'siniw] *m* dairy product

latido [la'tʃidu] *m* bark

latifundiário, -a [latʃifũwdʒi'ariw, -a] *m, f* large landowner

latifúndio [latʃi'fũwdʒiw] *m* large landed estate

latim [la'tʃĩ] *m* Latin; **gastar o seu ~** to waste one's breath

latino, -a [la'tʃinu, -a] **I.** *m, f* Latin **II.** *adj* Latin; **América Latina** Latin America; **línguas latinas** Romance languages

latino-americano, -a [la'tʃinuameri'kɐnu, -a] *adj, m, f* Latin American

latir [la'tʃir] *vi impess* to bark

latitude [latʃi'tudʒi] *f* GEO latitude

lato [ˈlatu] *adj* (*abrangente*) broad; **em senso ~** in a broad sense

latrina [la'trina] *f* latrine

latrocínio [latro'siniw] *m* (*assalto a mão armada*) armed robbery, hold-up; (*homicídio*) armed robbery resulting in the death of the victim

lauda [ˈlawda] *f* standard page length

láudano [ˈlawdɐnu] *m* laudanum *no pl*

laudatório, -a [lawda'tɔriw, -a] *adj* laudatory

laudo [ˈlawdu] *m* (*parecer técnico*) findings, report; **~ médico** medical report

laureado, -a [lawre'adu, -a] *adj, m, f* laureate

lauto, -a ['lawtu, -a] *adj* **1.**(*abundante: banquete, refeição*) lavish **2.**(*suntuoso: decoração, veludo*) sumptuous

lava ['lava] *f* lava *no pl*

lavabo [la'vabu] *m* **1.**(*lavatório*) washroom *Am*, cloakroom *Brit* **2.**(*móvel*) sink

lavada *adj v.* **lavado**

lavadeira [lava'dejɾa] *f* washerwoman

lavado, -a [la'vadu] *adj* washed

lavadora [lava'doɾa] *f* (*de louça*) dishwasher; (*de roupa*) washing machine

lavagem [la'vaʒẽj] <-ens> *f* **1.**(*ação de lavar*) wash(ing); (*de louça*) washing up; **~ automática** carwash; **~ cerebral** brainwashing; **~ de dinheiro** money laundering; **~ a seco** dry cleaning **2.**(*restos para porcos*) swill

lava-louças ['lava-'losas] *f inv* dishwasher

lavanda [la'vɐ̃da] *f* lavender *no pl*

lavanderia [lavɐ̃de'ɾia] *f* **1.**(*loja*) laundry **2.**(*em casa*) laundry room

lavar [la'var] **I.** *vt* **1.**(*cabelo, roupa*) to wash; (*~ a louça*) to wash [*o* do] the dishes *Am*, to do the washing up *Brit*; **pôr a. c. para ~** to put sth in the wash; **~ a alma** to take a weight off one's mind **II.** *vr*: **~-se** to wash (up), to cleanse [*o* purify] oneself

lavatório [lava'tɔɾiu] *m* lavatory

lavável [la'vavew] <-eis> *adj* washable

lavoura [la'voɾa] *f* farming *no pl*

lavrador *f v.* **lavrador**

lavrado, -a [la'vɾadu] *adj* (*cartório*) drawn-up

lavrador, -eira [lavɾa'dor, -'ejɾa] *m, f* (*agricultor*) farm laborer *Am*, farm labourer *Brit*

lavrar [la'vɾar] *vt* **1.**(*a terra*) to plow *Am*, to plough *Brit*, to till **2.**(*um documento*) to draw up

laxante [la'ʃɐ̃tʃi] *m* laxative

laxativo, -a [laʃa'tʃivu, -a] *adj* laxative

lazer [la'zer] *m* **1.**(*descanso*) leisure **2.**(*divertimento*) recreation; **horas de ~** leisure time

lazulita [azu'ʎita] *f* lapis lazuli

leal <-ais> [le'aw, -'ajs] *adj* **1.**(*parceiro, pessoa*) loyal; **ser ~ a alguém** to be loyal to sb **2.**(*animal*) faithful

lealdade [leaw'dadʒi] *f* loyalty; **ter ~ para com alguém** to be loyal to sb

leão, leoa <-ões> [ʎi'ɐ̃w, le'oa, -'õjs] *m, f* ZOOL lion *m*, lioness *f*

Leão [ʎi'ɐ̃w] *m* Leo; **nativo de ~** born under the sign of Leo; **ser (de) ~** to be a Leo

leão-de-chácara <leões-de-chácara> [ʎi'ɐ̃w-dʒi-'ʃakaɾa, ʎi'õjs-] *m* bouncer

leão-marinho <leões-marinhos> [ʎi'ɐ̃w-ma'ɾĩɲu, ʎi'õjs-] *m* sea-lion

leasing ['ʎizĩʒ] *m* leasing

lebre ['lɛbɾi] *f* (*espécie*) hare; **levantar a ~** *inf* to raise a question

lecionar [lesjo'nar] *vt, vi* (*inglês*) to teach

lecitina [lesi'tʃina] *f* lecithin *no pl*

ledo, -a ['ledu, -a] *adj* joyful, happy; **~ engano** happy illusion

legação <-ões> [lega'sɐ̃w, -'õjs] *f* POL legation

legado [le'gadu] *m* **1.**envoy **2.**JUR legacy

legal <-ais> [le'gaw, -'ajs] *adj* **1.**(*relativo a lei*) lawful **2.**(*permitido por lei*) legal **3.** *inf*(*local, pessoa, roupa*) cool; **ela é muito ~** she is really cool; **(es)tá ~!** cool!

legalidade [legaʎi'dadʒi] *f sem pl* legality

legalização <-ões> [legaʎiza'sɐ̃w, -'õjs] *f* legalization

legalizar [legaʎi'zar] *vt* to legalize

legalmente [legaw'mẽtʃi] *adv* legally

legar [le'gar] <g→gu> *vt* **1.**(*como herança*) to bequeath **2.**(*pessoa*) to delegate

legenda [le'ʒẽjda] *f* **1.**(*de filme*) subtitles; (*de foto*) caption **2.**(*de mapa*) legend **3.**(*lenda*) legend **4.**(*de gravura*) inscription

legendado, -a [leʒẽj'dadu, -a] *adj* subtitled

legendar [leʒẽj'dar] *vt* to subtitle

legendário, -a [leʒẽj'daɾiu, -a] *adj* legendary

legião <-ões> [leʒi'ɐ̃w, -'õjs] *f* **1.**(*exército*) legion **2.**(*de pessoas*) multitude

legionário [leʒjo'naɾiu] *m* legionary

legislação <-ões> [leʒizla'sɐ̃w, -'õjs] *f* legislation

legislador(a) [leʒizla'dor(a)] *m(f)* legislator, lawmaker

legislar [leʒiz'lar] *vt, vi* to legislate

legislativo, -a [leʒizla'tʃivu, -a] *adj* legislative; **o poder ~** legislative power, legislature; **assembleia legislativa** legislative assembly

legislatura [leʒizla'tuɾa] *f* **1.**(*período*) legislative period **2.**(*órgão*) legislature

legítima *adj v.* **legítimo**

legitimidade [leʒitʃimi'daʤi] *f sem pl* legitimacy

legítimo, -a [le'ʒitʃimu, -a] *adj* **1.** (*ato*) legitimate; **em legítima defesa** in self-defense **2.** (*filho*) legitimate **3.** (*autêntico*) genuine

legível <-eis> [le'ʒivew, -ejs] *adj* legible

légua ['lɛgwa] *f* league; **~ marítima** nautical mile

legume [le'gumi] *m* vegetable

leguminosa [legumi'nɔza] *f* pulse

leguminoso, -a [legumi'nozu, -'ɔza] *adj* leguminous

lei ['lej] *f* POL law; (*da sociedade*) *tb.* LING rule; **~ natural/da selva** law of nature/of the jungle; **~ do mais forte** survival of the fittest; **~ do menor esforço** line of least resistance; **~ da oferta e da procura** principle of supply and demand; **cumprir a ~** to obey the law; **infringir/violar uma ~** to break/violate a law

leigo, -a ['lejgu, -a] **I.** *m, f* layperson **II.** *adj* **1.** lay; **ser ~ em a. c.** not to be an expert in sth **2.** REL secular

leilão <-ões> [lej'lãw, -'õjs] *m* auction; **vender a. c. em ~** to auction sth (off)

leiloar [lejlo'ar] <*1. pess pres* leiloô> *vt* to auction

leiloeiro, -a [lejlo'ejru, -a] *m, f* auctioneer

leilões *m pl de* **leilão**

leishmaniose [lejʃimɐni'ɔzi] *f* MED leishmaniasis

leitão, leitoa <-ões> [lej'tãw, -'oa, -'õjs] *m, f* suckling pig

leite ['lejtʃi] *m* milk; **~ de coco** coconut milk; **~ condensado** condensed milk; **~ desnatado** skim [*o* skimmed] milk; **~ semidesnatado** partially skimmed milk, 2% milk, semi- skimmed milk *Brit*; **~ integral** full-fat milk; **~ em pó** powdered milk; **tirar ~ de pedra** (to try) to get blood from a stone; **chorar pelo ~ derramado** to cry over spilled milk

leiteria [lejte'ria] *f* dairy

leito ['lejtu] *m* **1.** bed; (*de hospital*) hospital bed; **no ~ de morte** on one's death bed **2.** (*de rio*) river bed

> **Cultura** **Leitos** are intercity buses which offer more space, with fewer seats than ordinary buses, and are consequently more comfortable.

> **Ônibus-leito** are a good alternative for those travelling great distances.

leitoa [lej'toa] *f v.* **leitão**

leitões *m pl de* **leitão**

leitor(a) [lei'tor(a)] <-es> *m(f)* **1.** (*de livro, de texto*) reader **2.** (*professor*) lecturer

leitor [lej'tor] *m* **~ de cassetes/de CD** cassette/CD player; **~ de CD-ROM** CD-ROM drive

leitora [lei'tora] *f* INFOR **~ de código de barras** bar code scanner

leitura [lej'tura] *f* **1.** (*de texto*) reading **2.** (*água, eletricidade*) **fazer a ~ do gás/de um código** to read a gas meter/code

lelé [le'lɛ] *mf inf* nuts; **estar ~ da cuca** to be off one's rocker

lema ['lema] *m* **1.** (*preceito*) motto **2.** MAT premise **3.** (*no dicionário*) headword

lembrança [lẽj'brɐ̃sa] *f* **1.** (*memória*) memory **2.** (*presente*) souvenir

lembranças [lẽj'brɐ̃sas] *f pl* greetings; **mandar ~** to give sb one's regards; **~** (*mais familiar*) to send sb one's love

lembrar [lẽj'brar] **I.** *vt* **1.** to remember; **não lembro de nada** I can't remember anything **2.** to remind; **~ alguém de a. c.** to remind sb of sth; **~ alguém de fazer a. c.** to remind sb to do sth; **fazer ~ a. c.** to remind sb of sth; **ele lembra a mãe no seu modo de falar** he reminds one of his mother when he speaks **II.** *vr*: **~-se de a. c./alguém** to remember sth/sb; **nem me lembrei dela** I didn't even remember her

lembrete [lẽj'bretʃi] *m* (*lembrança*) reminder; (*papel*) note

leme ['lemi] *m* AERO, NÁUT *tb. fig* helm; **perder o ~** to lose control

lenço ['lẽjsu] *m* handkerchief; (*de cabeça, pescoço*) scarf; **~ de papel** Kleenex®

lençol <-óis> [lẽj'sɔw, -'ɔjs] *m* **1.** (*de cama*) sheet; **estar em maus lençóis** to be in a tight spot **2.** FUT (*chapéu*) *a pass over the head of an opponent with recovery of the ball by the player who made the pass.*

lenda ['lẽjda] *f* legend; **diz a ~ que ...** the story goes that ...

lendário   349   levantador

lendário, -a [lẽjˈdaɾiw, -a] *adj* legendary
lêndea [ˈlẽjdʒja] *f* nit
lengalenga [lẽjgaˈlẽjga] *f inf* rigmarole
lenha [ˈlẽɲa] *f* **1.** firewood; **pôr ~ na fogueira** *fig* to add fuel to the flames **2.** (*surra*) *tb. fig* beating; **baixar a ~ em alguém/a. c.** to give sb/sth a beating **3.** (*crítica*) ironic criticism
lenhador(a) [lẽɲaˈdor(a)] *m(f)* (*que abate as árvores*) lumberjack; (*que corta a lenha*) woodcutter
leniente [leniˈẽjtʃi] *adj* lenient
leninismo [leniˈnizmu] *m sem pl* POL Leninism
lenta *adj v.* **lento**
lentamente [lẽjtaˈmẽjtʃi] *adv* slowly
lente [ˈlẽjtʃi] *f* lens *pl;* (*dos óculos*) lens; **~ de aumento** magnifying glass; **~s de contato** contact lenses; **~ grande-angular** wide-angle lens
lentidão [lẽjtʃiˈdãw] *f sem pl* slowness; (*de movimentos*) sluggishness; (*de raciocínio*) slowness
lentilha [lẽjˈtʃiʎa] *f* lentil
lento, -a [ˈlẽjtu, -a] *adj* slow
leoa [leˈoa] *f v.* **leão**
leões *m pl de* **leão**
leonino, -a [leoˈninu, -a] *adj* **1.** leonine **2.** (*zodíaco*) Leo; **ser ~** to be a Leo
leopardo [leoˈpardu] *m* leopard
lépido, -a [ˈlɛpidu, -a] *adj* (*andar*) sprightly; (*jovial*) cheerful, jovial
leporino, -a [lepoˈɾinu, -a] *adj* leporine; **lábio ~** harelip
lepra [ˈlɛpɾa] *f* leprosy *no pl*
leproso, -a [leˈpɾozu, -ɔza] **I.** *m, f* leper **II.** *adj* leprous; *pej* loathsome
leque [ˈlɛki] *m* **1.** (*objeto*) fan **2.** (*de produtos*) range; **ter um grande ~ de escolha** to have a wide range of choice
ler [ˈleɾ] *irr vt* **1.** (*livro, jornal, etc.*) to read; **~ a. c. em voz alta** to read sth out loud; **(não) saber ~** (not) to know how to read **2.** (*interpretar: texto*) to interpret, to read; **~ os pensamentos de alguém** to read sb's mind **3.** (*adivinhar*) to read; **~ a sorte de alguém (nas cartas)** to read sb's fortune
lerda *adj v.* **lerdo**
lerdeza [lerˈdeza] *f sem pl* slowness *no pl*
lerdo, -a [ˈlɛɾdu, -a] *adj* slow
lero-lero [ˈlɛɾu-ˈlɛɾu] *m inf* yackety-yak
lesão <-ões> [leˈzãw, -ˈõjs] *f* **1.** injury; MED lesion **2.** (*dano*) wrong
lesar [leˈzaɾ] *vt* **1.** (*corpo*) to injure; (*reputação*) to harm, to damage **2.** (*violar*) to violate
lésbica [ˈlɛzbika] *adj, f* lesbian
lesionado, -a [lezjoˈnadu, -a] *adj* MED injured, hurt
lesionar-se [lezjoˈnaɾsi] *vr:* ~ **-se** MED to injure [*o* hurt] oneself
lesma [ˈlezma] *f* **1.** ZOOL slug **2.** *pej* (*pessoa vagarosa*) slowpoke *Am*, slowcoach *Brit*
lesões *f pl de* **lesão**
leste [ˈlɛstʃi] **I.** *m* east **II.** *adj* (*costa, vento*) east; (*região*) eastern
letal <-ais> [leˈtaw, -ˈajs] *adj* lethal
letalidade [letaliˈdadʒi] *f* lethality
letargia [letaɾˈʒia] *f sem pl* lethargy *no pl*
letárgico, -a [leˈtaɾʒiku, -a] *adj* lethargic
letivo, -a [leˈtʃivu, -a] *adj* **1.** (*na escola*) school; **ano ~** school year **2.** (*na universidade*) academic; **ano ~** academic year; (*período*) term
Letônia [leˈtonia] *f* Latvia
letra [ˈletɾa] *f* **1.** (*do alfabeto*) letter; **com todas as ~s** clearly; **levar a. c. ao pé da ~** to take sth literally; **pessoa de poucas ~s** uneducated person; **responder à ~** to answer literally [*o* exactly]; **seguir à ~** to follow [*o* obey] word for word; **tirar de ~** to be able do sth with one's eyes closed **2.** (*escrita*) print; (*de pessoa*) handwriting; **~ de fôrma** (*maiúscula*) block letters, capitals; (*de pessoa*) round hand; **~ maiúscula/minúscula** capital/lowercase letter **3.** (*de música*) lyrics **4.** ECON **~ de câmbio** bill of exchange
letrado, -a [leˈtɾadu, -a] *m, f* scholar
Letras [ˈletɾas] *fpl* Language and Literature; **fazer ~** to study Language and Literature
letreiro [leˈtɾejɾu] *m* **1.** (*inscrição*) label **2.** (*legenda*) subtitles; CINE (*créditos de abertura/finalização*) opening/closing credits **3.** (*cartaz*) lettering
léu [ˈlɛw] *m* **ao ~** at random; **ficar ao ~** to drift aimlessly
leucemia [lewseˈmia] *f sem pl* leukemia *Am*, leukaemia *no pl Brit*
leucócito [lewˈkɔsitu] *m* leucocyte
leva [ˈlɛva] *f* levy
levadiço, -a [levaˈdʒisu, -a] *adj* **ponte ~** drawbridge
levado, -a [leˈvadu, -a] *adj* mischievous
levantador(a) [levãtaˈdoɾ(a)] <-es> *m(f)* (*vôlei*) setter

levantamento [levãta'mẽjtu] *m* **1.** (*ação de levantar*) lifting; ~ **de pesos** weight lifting; **fazer um** ~ (*vôlei*) to set the ball **2.** *fig* ~ **de dados** survey; ~ **de dinheiro** fund-raising **3.** (*em terreno*) ~ **topográfico** survey

levantar [levãn'tar] **I.** *vt* **1.** (*um objeto, uma pessoa*) to lift; (*a cabeça, a mão*) to raise; (*o fone*) to pick up; (*pó*) to stir up **2.** (*do chão: coisa*) to pick up; (*pessoa*) to help up **3.** (*pôr em pé*) to stand sb/sth up(right) **4.** (*soma de dinheiro*) to raise **5.** (*a moral, a voz*) to raise **6.** (*suscitar*) ~ **dúvidas** to raise doubts; ~ **problemas** to stir up problems **7.** AERO ~ **voo** to take off **8.** (*içar*) to hoist **9.** (*a bandeira*) to hoist **10.** ~ **ferro** NÁUT to weigh anchor **II.** *vi* **1.** (*nevoeiro*) to lift **2.** (*avião*) to take off **3.** *chulo* (*ereção*) to get a hard-on **III.** *vr:* ~-**se 1.** (*da cama*) to get up; (*do chão, de cadeira tb.*) to stand up **2.** (*vento*) to rise **3.** ~-**se contra a. c./alguém** to rise up against sth/sb

levante [le'vãntʃi] *m* uprising

levar [le'var] **I.** *vt* **1.** (*objeto, pessoa*) to take; ~ **alguém para casa** to take sb home; **posso** ~ **as crianças à escola** I can take the children to school **2.** (*receber*) to get; ~ **uma bofetada** to get slapped **3.** (*culpa*) to take **4.** (*durar*) to take; ~ **tempo** to take time **5.** (*a vida*) to lead; **ir levando** to take it easy **6.** (*induzir*) to make; ~ **alguém a fazer a. c.** to make sb do sth; **deixar-se** ~ to let oneself be led (on) **7.** (*receber*) ~ **a. c./alguém a bem** to take sth/sb in good part; ~ **a. c./alguém a mal** to take sth/sb amiss; ~ **a. c./alguém a sério** to take sth/sb seriously **8.** *inf* (*enganar*) to take in; ~ **alguém na conversa** to take sb in **9.** (*realizar*) ~ **a. c. a cabo** to finish sth, to carry sth out **10.** (*roubar*) to take; **levaram todo o dinheiro do banco** they took all the money in the bank **11.** (*lucrar*) to get; **quanto eu levo nisto?** what do I get out of this? **12.** (*conduzir*) ~ **a** to lead to; **todos os caminhos levam a Roma** *prov* all roads lead to Rome *prov* **II.** *vi* (*apanhar*) to take a beating; **ele provocou e acabou levando do irmão** he irritated his brother and ended up taking a beating

leve ['lɛvi] **I.** *adj* **1.** (*mala, refeição, roupas*) light **2.** (*falta, ferimento*) slight; (*ferida tb.*) minor **3.** (*filme, livro*) light **II.** *adv* **de** ~ lightly; **tocar num assunto de** ~ to touch on a subject superficially

levedura [leve'dura] *f* yeast; ~ **de cerveja** brewer's yeast

levemente [lɛvi'mẽjtʃi] *adv* (*ferido*) slightly; (*apimentado, armado*) lightly

leveza [le'veza] *f sem pl* lightness *no pl*

leviana *adj v.* **leviano**

leviandade [levjãn'dadʒi] *f* frivolity

leviano, -a [levi'ɐnu, -a] *adj* frivolous

levitação <-ões> [levita'sãw, -'õjs] *f* levitation *no pl*

levitar [levi'tar] *vt, vi* to levitate

lexical <-ais> [lɛksi'kaw, -'ajs] *adj* lexical

léxico ['lɛksiku] *m* lexicon

lexicógrafa *f v.* **lexicógrafo**

lexicografia [lɛksikogra'fia] *f sem pl* lexicography *no pl*

lexicógrafo, -a [lɛksi'kɔgrafu, -a] *m, f* lexicographer

lexicologia [lɛksikolo'ʒia] *f sem pl* lexicology *no pl*

lhama ['ʎɐma] *m* llama

lhe [ʎi] *pron* **1.** (*a ele*) him; (*a ela*) her; (*a você*) you; (*a uma coisa*) it **2.** (*depois de preposição*) to him/her/you, for him/her/you

lhes [ʎis] *pron pl* **1.** (*a eles/elas*) them; (*a vocês*) you **2.** (*depois de preposição*) to them/you, for them/you

lhufas ['ʎufas] *pron indef* not anything/ nothing; **não entendi** ~ **da aula** I didn't understand anything in the lesson

li *1. pret de* **ler**

libanês, -esa [ʎibɜ'nes, -'eza] *adj, m, f* Lebanese

Líbano ['ʎibɐnu] *m* Lebanon

libelo [ʎi'bɛlu] *m* JUR (*escrito difamatório*) libel; (*acusação*) formal charge

libélula [ʎi'bɛlula] *f* dragonfly

liberação [ʎibera'sãw] *f sem pl* **1.** liberation *no pl;* ~ **da mulher** women's liberation **2.** COM (*mercadorias*) release

liberado, -a [ʎibe'radu, -a] *adj* liberated; (*dispensado*) released

liberal <-ais> [ʎibe'raw, -'ajs] **I.** *mf* POL liberal **II.** *adj* **1.** (*pessoa*) generous **2.** (*profissional*) self-employed

liberalidade [ʎiberaʎi'dadʒi] *f sem pl* (*mentalidade*) liberality; (*que reparte*) liberality, generosity

liberalismo [ʎibera'ʎizmu] *m sem pl*

liberalização

POL liberalism *no pl*
liberalização [ʎiberaʎiza'sãw] *f sem pl* liberalization *no pl*
liberalizar [ʎiberaʎi'zar] *vt* to give liberally; (*as drogas*) to liberalize
liberar [ʎibe'rar] **I.** *vt* **1.** to release **2.** (*permitir*) to lift restrictions; ~ **geral** *gír* to give sb carte blanche **3.** (*calor, energia*) to release **II.** *vr:* ~-**se de a. c.** to free oneself of sth; **finalmente já me liberei dos meus compromissos** I have finally freed myself of all commitments
liberdade [ʎiber'dadʒi] *f* liberty, freedom; ~ **condicional** JUR parole; ~ **de culto** freedom of religion; ~ **de expressão** freedom of expression; ~ **de imprensa** freedom of the press; **pôr alguém em** ~ to set sb free; **tomar a** ~ **de fazer a. c.** to take the liberty of doing sth; **que ~s são estas?** what a liberty!
Libéria [ʎi'bɛria] *f* Liberia
liberiano, -a [ʎibeˈrianu] *adj*, *m*, *f* Liberian
líbero ['ʎiberu] *m* FUT sweeper
libertação <-ões> [ʎiberta'sãw -'õjs] *f* (*da prisão*) release
libertar [ʎiber'tar] <*pp* liberto *ou* libertado> **I.** *vt* (*preso*) to (set) free; **a polícia libertou os reféns do cativeiro** the police freed the hostages (from captivity); **os bombeiros libertaram todos do fogo** the firemen rescued everyone from the fire **II.** *vr:* ~-**se de a. c./alguém** to free oneself from sth/sb; (*de uma dificuldade*) to escape from sth/sb
libertina *adj v.* **libertino**
libertinagem [ʎibertʃi'naʒẽj] <-ens> *f* debauchery
libertino, -a [ʎiber'tʃinu, -a] *adj* libertine
liberto, -a [ʎi'bɛrtu, -a] **I.** *m* freed slave **II.** *adj* (*da prisão*) at liberty
liberto [ʎi'bɛrtu] *pp de* **libertar**
Líbia ['ʎibia] *f* Libya
líbia *adj*, *f v.* **líbio**
libidinoso, -a [ʎibidʒi'nozu, -'ɔza] *adj* lecherous
libido [ʎi'bidu] *f* libido
líbio, -a [ʎibiw, -a] *adj*, *m*, *f* Libyan
libra ['ʎibra] *f* **1.** (*peso*) pound (≈ *454 g*) **2.** FIN ~ **esterlina** pound sterling
Libra ['ʎibra] *f* Libra; **ser (de)** ~ to be a Libra

libreto [ʎi'bretu] *m* libretto
libriano, -a [ʎi'briãnu, -a] *adj*, *m*, *f* Libra; **ser** ~ to be a Libra
lição <-ões> [ʎi'sãw, -'õjs] *f* **1.** (*aula, unidade temática*) lesson **2.** (*experiência*) lesson (*taken from life*); **aprender a** ~ to learn a lesson; **dar uma** ~ **a** [*ou* **em**] **alguém** *fig* to teach sb a lesson; **servir de** ~ **a alguém** to serve as a lesson to sb
licença [ʎi'sẽjsa] *f* **1. com** ~! excuse me!; **dá** ~? may I?; **pedir** ~ to excuse oneself **2.** (*permissão*) permission; **dar** ~ **a alguém para fazer a. c.** to give sb permission to do sth; **pedir** ~ **a alguém para fazer a. c.** to ask sb for permission to do sth **3.** (*autorização oficial*) AUTO license *Am,* licence *Brit;* (*para construção*) permit; (*para um negócio*) license *Am,* licence *Brit* **4.** (*do trabalho*) leave (of absence); ~ **médica** sick leave; **estar de** ~ to be on leave; (*grávida*) to be on maternity leave; (*do exército*) to be on furlough [*o* leave]
licença-maternidade [ʎi'sẽjsa-materni'dadʒi] <licenças-maternidade(s)> *f* maternity leave
licenciado, -a [ʎisẽjsi'adu, -a] **I.** *m*, *f* **1.** UNIV university graduate **2. estou** ~ I'm on leave (of absence) **II.** *adj* **1.** (*obra*) authorized **2.** (*estudar*) a graduate in; (*trabalhar*) licensed to practise; ~ **em direito** licensed to practice law; **sou** ~ **em pedagogia** I am a graduate in Pedagogy
licenciar [ʎisẽjsi'ar] **I.** *vt* ~ **o carro** to do one's car registration *Am,* to do one's car tax *Brit* **II.** *vr:* ~-**se em a. c.** to have a (university) degree in sth; **me licenciou em ...** I graduated in ..., I have a degree in.....
licenciatura [ʎisẽjsja'tura] *f* teaching degree (*between Bachelor's and Master's*)
licencioso, -a [ʎisẽjsi'ozu, -'ɔza] *adj* licentious
liceu [ʎi'sew] *m* high school *Am,* secondary school
lícita *adj v.* **lícito**
licitação <-ões> [ʎisita'sãw, -'õjs] *f* (*venda*) auctioning; (*compra*) bidding at an auction
licitar [ʎisi'tar] *vt* (*vender*) to auction; (*comprar*) to bid (at an auction)
lícito, -a ['ʎisitu, -a] *adj* **1.** (*legal*) lawful; **não é** ~ **roubar** stealing is against the

licor ['ʎi'kor] *m* liqueur
lidar [ʎi'dar] *vi* ~ **com a. c./alguém** to deal with sth/sb
líder ['ʎider] <-es> *mf* leader
liderança [ʎide'rɐ̃nsa] *f* leadership
liderar [ʎide'rar] *vt* to lead
líderes *mf pl de* **líder**
lido ['ʎidu] *pp de* **ler**
liga ['ʎiga] *f* **1.** (*aliança*) alliance **2.** ESPORT league; **Liga dos Campeões** League of Champions **3.** (*de meias*) garter **4.** QUÍM alloy; ~ **leve** light alloy
ligação <-ões> [ʎiga'sɐ̃w, -'ɔjs] *f* **1.** TEL call; ~ **a cobrar** collect call *Am*, reverse charge call *Brit*; ~ **interurbana** long-distance call; **caiu a** ~ the line went dead; **fazer uma** ~ to make a phone call **2.** (*entre pessoas*) bond **3.** (*entre acontecimentos*) connection; **estabelecer uma** ~ to establish a connection **4.** (*de veículos*) **fazer uma** ~ **direta** to hot-wire a car **5.** (*de transportes*) connection **6.** ELETR electrical connection
ligada [ʎi'gada] *f* TEL call; **dar uma** ~ to call; **dar uma** ~ **para alguém** to give sb a call
ligado, -a [ʎi'gadu, -a] *adj* **1.** (*aparelho, luz*) turned on; **deixar** ~ (*aparelho*) to leave on **2.** *gír* high **3.** (*unido*) joined **4.** (*relacionado*) linked
ligamento [ʎiga'mẽjtu] *m* ANAT ligament
ligar [ʎi'gar] <g→gu> **I.** *vt* **1.** (*unir*) to join **2.** (*um aparelho, a luz*) to turn on; (*o carro*) to start **3.** (*à corrente, à Internet*) to connect to **4.** (*estabelecer ligação*) to connect; ~ **um acontecimento a outro** to link one event to another **5.** (*telefonar*) to call (up); **vou** ~ **para você mais tarde** I will call you (up) later **6.** (*dar importância*) to mind; **ela não liga para mim** she is indifferent towards me; **ele não liga a mínima para isso** he does not mind in the least; **se liga!** *gír* pay attention! **II.** *vi* QUÍM to amalgamate **III.** *vr:* ~**-se** (*relacionar-se*) to join
ligeireza [ʎiʒej'reza] *f* quickness *no pl*
ligeiro, -a [ʎi'ʒejru, -a] *adj* **1.** (*leve: chuva, refeição, roupa*) light; (*resfriado, sotaque*) slight **2.** (*rápido: pessoa, telefonema*) quick
ligeiro [ʎi'ʒejru] *adv* quickly; **vai chover, vamos** ~ it's about to rain, let's hurry

lilás [ʎi'las] **I.** *m* <lilases> BOT lilac; (*cor*) lilac, light purple **II.** *adj inv* lilac, light purple
liliputiano, -a [ʎiʎiputʃi'ɜnu, -a] *adj, m, f* Lilliputian
lima ['ʎima] *f* **1.** (*ferramenta*) file **2.** BOT sweet lime; **laranja** ~ sweet orange
lima-da-pérsia ['ʎima-da-'pɛrsia] <limas-da-pérsia> *f* Persian lime
limalha [ʎi'maʎa] *f* filings *pl*
limão <-ões> [ʎi'mɐ̃w] *m* (*amarelo*) lemon; (*verde*) lime
limão-galego <limões-galegos> [ʎi'mɐ̃w-ga'legu, ʎi'mõjs-ga'legus] *m* lemon
limar [ʎi'mar] *vt* **1.** (*metal*) to file; (*madeira*) to sand **2.** (*aperfeiçoar*) to smooth
limbo ['ʎĩbu] *m* REL *tb. fig* limbo
limeira [ʎi'mejra] *f* BOT Persian lime tree
limiar [ʎimi'ar] *m* threshold; *fig* beginning; **no** ~ **do século XXI** at the beginning of the XXI Century
liminar [ʎimi'nar] <-es> *f* JUR preliminary
limitação <-ões> [ʎimita'sɐ̃w, -'ɔjs] *f* ~ **de gastos** restriction on spending; **conhecer as próprias limitações** to know one's own limitations
limitado, -a [ʎimi'tadu, -a] *adj* (*prazo, tempo*) limited; (*espaço*) reduced; (*pessoa*) of limited intelligence
limitar [ʎimi'tar] **I.** *vt* (*despesas*) to reduce; (*liberdade*) to restrict; (*tempo*) to define **II.** *vr:* ~ **a fazer a. c.** to limit [*o confine*] oneself to doing sth; ~**-se com um país** (*país, região*) to border on a country
limite [ʎi'mitʃi] *m* **1.** limit; ~ **de idade** age limit; ~ **de velocidade** speed limit **2.** (*fronteira*) border; (*ponto extremo*) extremity; **passar dos** ~**s** to go too far
limítrofe [ʎi'mitrofi] *adj* (*país, região*) bordering, adjacent; **ser** ~ **com** to border on
limo ['ʎimu] *m* slime *no pl*, mud *no pl*
limoeiro [ʎimo'ejru] *m* (*fruto amarelo*) lemon tree; (*fruto verde*) lime tree
limões *m pl de* **limão**
limonada [ʎimo'nada] *f* lemonade
limpador [ʎĩpa'dor] *m* **1.** (*substância*) cleaner **2.** ~ **de para-brisas** windshield wiper *Am*, windscreen wiper *Brit*
limpa-móveis [ʎĩpa-'mɔvejs] *m inv* furniture polish *no pl*
limpar [ʎĩj'par] <*pp* limpo *ou* limpado>

limpeza 353 **linha**

I. vt **1.** (*a casa, o chão*) to clean; (*pó*) to wipe off **2.** ~ **a boca/o nariz** to wipe one's mouth/nose; (*lágrimas, suor*) to dry, to wipe away **3.** (*ferimento*) to clean **4.** GASTR (*feijão*) to pick over; (*peixe*) to scale and gut **5.** (*reputação*) to clear **6.** (*roubar*) to clean out; **dois ladrões limparam a loja** two thieves cleaned out the store; (*de marginais*) to clean up; **a prefeitura quer ~ o centro da cidade** the mayor wants to clean up the downtown area *Am*, the mayor wants to clean up the city centre *Brit* **II.** vi (*desanuviar: céu*) to clear up **III.** vr: ~-**se** to wash (oneself); ~-**se com alguém** to clear things up with sb

limpeza [ʎĩjˈpeza] f **1.** (*estado*) cleanliness **2.** (*processo*) cleaning; ~ **de pele** facial cleansing; **fazer uma ~ em a. c.** to clean sth up

límpida adj v. **límpido**

limpidez [ʎĩjpiˈdes] f (*da água*) transparency, clarity; (*do ar, céu,*) clarity

límpido, -a [ˈʎĩjpidu, -a] adj **1.** (*água, ar, céu*) clear **2.** (*transparente: água, cristal, olhar*) transparent

limpo [ˈʎĩjpu] **I.** pp irr de **limpar II.** adj **1.** (*sem sujeira*) clean; (*ar*) fresh; **passar a. c. a ~** to make a clean copy of sth; **tirar a. c. a ~** to get to the bottom of sth; **sair ~** to get away with **2.** (*céu*) clear **3.** (*consciência*) clear; (*reputação*) spotless; **ter a consciência limpa** to have a clear conscience; **a polícia revistou dois suspeitos que estavam ~s** the police frisked two suspects who were clean **4.** ECON (*líquido*) net; **10 000 reais ~s** 10,000 reals net **5.** GASTR (*arroz, feijão*) picked over; (*peixe*) scaled and gutted

limusine [ʎimuˈzini] f limousine

lince [ˈʎĩjsi] m lynx

linchamento [ʎĩjʃaˈmẽjtu] m lynching

linchar [ʎĩjˈʃar] vt to lynch

linda adj v. **lindo**

lindeza [ʎĩjˈdeza] f beauty

lindo, -a [ˈʎĩjdu, -a] adj (*paisagem, dia*) beautiful; (*moço*) handsome; (*moça*) pretty, beautiful

linear [ʎineˈar] <-es> adj **1.** (*relativo a linha de descendência*) lineal **2.** MAT, FIS linear

linfa [ˈʎĩjfa] f lymph

linfático, -a [ʎĩjˈfatʃiku, -a] adj lymphatic

linfoma [ʎĩjˈfoma] m lymphoma

lingerie [lɑ̃ʒeˈxi] f lingerie no pl

lingote [ʎĩjˈɡɔtʃi] m ingot

língua [ˈʎĩɡwa] f **1.** (*idioma*) language; ~ **estrangeira** foreign language; ~ **materna** mother tongue; **falar várias ~s** to speak several languages **2.** ANAT tongue; **pôr a ~ de** [*ou* **para**] **fora** to stick out one's tongue; **dar com a ~ nos dentes** to spill the beans, to let the cat out of the bag; **saber a. c. na ponta da ~** to know something by heart; **estar na ponta da língua** to be on the tip of one's tongue; **ficar com a ~ de fora** to be out of breath; **morder a ~** *fig* to bite one's tongue; **não falar a mesma ~** not to speak the same language; **ter a ~ solta** to have a big mouth

língua de sogra [ˈʎĩɡwa dʒiˈsɔɡra] <línguas de sogra> f JOGOS party blower

linguado [lĩjˈɡwadu] m ZOOL flounder, sole

linguagem [ʎĩjˈɡwaʒẽj] <-ens> f language; ~ **corporal/gestual** body/sign language; ~ **de programação** INFOR programming language

linguajar [ʎĩjɡwaˈʒar] <-es> m way of speaking

linguarudo, -a [ʎĩjɡwaˈrudu, -a] m, f gossip

lingueta [ʎĩjˈɡweta] f **1.** (*peça*) bolt, latch **2.** (*de sapato*) tongue

linguiça [ʎĩjˈɡwisa] f sausage; **encher ~** *inf* to waffle

linguista [ʎĩjˈɡwista] mf linguist

linguística [ʎĩjˈɡwistʃika] f linguistics no pl; ~ **comparada** comparative linguistics

linguístico, -a [ʎĩjˈɡwistʃiku, -a] adj linguistic; **sistema linguístico** language system

linha [ˈliɲa] f **1.** (*traço*) line; ~ **em ziguezague** zigzag line; ~**s aerodinâmicas** aerodynamic lines; **em ~ reta** in a straight line; **Deus escreve certo por ~s tortas** *prov* God moves in a mysterious way *prov* **2.** (*fila*) line *Am*, queue *Brit*; ~ **de montagem** assembly line **3.** (*de texto*) line **4.** (*de costurar*) thread **5.** TEL line; ~ **cruzada** crossed line; **esperar na ~** to hold the line; **o telefone não está dando ~** the telephone (line) is dead **6.** (*de pesca*) fishing line **7.** ~ **aérea** airline; (*de trem*) railway line [*o* track(s)]; **o trem saiu da**

linha the train came off the track(s); (*de ônibus*) route; **o fim da ~** *tb. fig* the end of the line **8.** ELETR line; **~ de alta tensão** high voltage lines **9. ~ de comportamento** line of conduct; **andar na ~** to behave; **manter a ~** to keep one's self control; **manter alguém na ~** to make sb toe the line [*o behave*]; **perder a ~** to lose one's self control **10.** ECON (*de produtos*) line; **~ branca** basic domestic appliances (*refrigerator, stove, washing machine and freezer*); **~ de crédito** line of credit **11.** ESPORT **~ de impedimento** offside line **12.** (*de partido, de ideias*) line; **~ dura** hard line

linhaça [ʎiˈɲasa] *f* linseed; **óleo de ~** linseed oil

linhagem [ʎiˈɲaʒej] <-ens> *f* lineage

linho [ˈʎĩɲu] *m* **1.** BOT flax **2.** (*tecido*) linen

link [ˈʎĩjki] *m* INFOR link

linóleo [ʎiˈnɔʎiw] *m* linoleum

liofilizado, -a [ʎiofiʎiˈzadu, -a] *adj* freeze-dried

lipídio [ʎiˈpidʒiw] *m* lipid

lipoaspiração <-ões> [ʎipwaspiraˈsãw, -ˈõjs] *f* liposuction *no pl*; **fazer uma ~** to have liposuction done

lipoma [ʎiˈpoma] *m* lipoma

liquefação [ʎikwefaˈsãw] *f sem pl* FÍS liquefaction *no pl*

liquefazer [ʎikefaˈzer] *irr como fazer* **I.** *vt* to liquefy **II.** *vr:* **~-se** to melt

liquefeito [ʎikweˈfejtu] **I.** *pp de* **liquefazer II.** *adj* liquefied

líquen [ˈʎikẽj] <liquens> *m* lichen

liquidação <-ões> [ʎikidaˈsãw, -ˈõjs] *f* **1.** (*de dívida*) paying off, settlement; (*de conta bancária*) closing **2.** (*de contas*) settling **3.** (*em loja*) sale; **~ total** clearance sale **4.** (*extermínio*) elimination

liquidar [ʎikiˈdar] *vt* **1.** (*conta bancária*) to close; (*dívida*) to pay off **2.** (*contas*) to settle **3.** (*mercadorias*) to sell off **4.** (*matar*) to eliminate; (*vencer*) to annihilate

liquidez [ʎikiˈdes] *f sem pl* **1.** (*de líquido*) liquidity **2.** ECON marketability

liquidificador [ʎikidʒifikaˈdor] *m* blender, liquidizer *Brit*

liquidificar [ʎikidʒifiˈkar] <c→qu> *vt, vi* to blend, liquidize *Brit*

líquido [ˈʎikidu] **I.** *m* liquid **II.** *adj* **1.** (*estado*) liquid **2.** ECON net; **lucro ~** net profit; **peso ~** net weight

liquor [ˈʎikwɔr] *m* MED spinal fluid; **exame de ~** spinal tap, spinal fluid test

lira [ˈʎira] *f* MÚS lyre

lírica [ˈʎirika] *f* lyric poetry *no pl*

lírico, -a [ˈʎiriku, -a] **I.** *m, f* lyric poet **II.** *adj* lyrical

lírio [ˈʎiriw] *m* lily

lírio-d'água [ˈʎiriw-ˈdagwa] <lírios-d'água> *m* water lily

lírio-do-vale [ˈʎiriw-du-ˈvaʎi] <lírios-do-vale> *m* lily of the valley

lirismo [ʎiˈrizmu] *m sem pl* lyricism *no pl*

lisa *adj v.* **liso**

Lisboa [ʎizˈbowa] *f* Lisbon

lisboeta [ʎizboˈeta] **I.** *mf* (*residente*) inhabitant of Lisbon; (*nativo*) native of Lisbon **II.** *adj* (*proveniente de Lisboa*) from Lisbon; (*relativo a Lisboa*) of Lisbon

liso, -a [ˈʎizu, -a] *adj* **1.** (*superfície*) smooth **2.** (*cabelo*) straight **3.** (*sem ornatos*) plain **4.** (*tecido de um cor só*) plain **5.** *inf* (*sem dinheiro*) **estou completamente ~** I'm flat [*o* completely] broke

lisonja [ʎiˈzõʒa] *f* flattery

lisonjear [ʎizõʒiˈar] *conj como passear vt* to flatter

lisonjeiro, -a [ʎizõˈʒejru, -a] *adj* flattering

lista [ˈʎista] *f* **1.** (*rol*) list; **~ de compras** shopping list; **~ de espera** waiting list; **~ negra** black list; **~ telefônica** telephone directory **2.** (*tira*) strip **3.** INFOR **~ de discussão** newsgroup

listado, -a [ʎisˈtadu, -a] *adj* listed

listagem [ʎisˈtaʒẽj] <-ens> *f* INFOR listing

listar [ʎisˈtar] *vt* to list

listra [ˈʎistra] *f* stripe

listrado, -a [ʎisˈtradu, -a] *adj* striped

lisura [ʎiˈzura] *f* smoothness *no pl*; *fig* sincerity *no pl*

litania [ʎitʃˈnia] *f* litany

literal <-ais> [ʎiteˈraw, -ˈajs] *adj* literal; **tradução ~** literal translation

literalmente [ʎiterawˈmẽjtʃi] *adv* literally; **ela foi ~ expulsa** she was literally expelled; **traduzir a. c. ~** to translate sth literally

literário, -a [ʎiteˈrariw, -a] *adj* literary

literato, -a [ʎiteˈratu, -a] *m, f* writer; (*letrado*) scholar

literatura [ʎiteraˈtura] *f* literature

litigante [ʎitʃi'gãntʃi] *mf* JUR litigant
litigar [ʎitʃi'gar] <g→gu> *vt* JUR to litigate
litígio [ʎi'tʃiʒiw] *m* JUR lawsuit
litigioso, -a [ʎitʃiʒi'ozu, -'ɔza] *adj* JUR litigious
litografia [ʎitogra'fia] *f* lithography *no pl*
litogravura [ʎitogra'vura] *f* lithograph
litoral <-ais> [ʎito'raw, -'ajs] **I.** *m* coast(line) **II.** *adj* coastal
litorâneo, -a [ʎito'rɜniw, -a] *adj* coastal
litosfera [ʎitos'fɛra] *f* GEO lithosphere
litro ['ʎitru] *m* liter *Am*, litre *Brit*; **um ~ de leite** a liter of milk; **e meio** one and a half liter(s); **meio ~** half a liter
Lituânia [ʎitu'ɜnia] *f* Lithuania
lituano, -a [ʎitu'ɜnu] *adj, m, f* Lithuanian
liturgia [ʎitur'ʒia] *f* liturgy
litúrgico, -a [ʎi'turʒiku, -a] *adj* liturgical
lívida *adj v.* **lívido**.
lividez [ʎivi'des] *f* lividness *no pl*
lívido, -a ['ʎividu, -a] *adj* livid
livramento [ʎivra'mẽntu] *m* release; JUR; **~ condicional** release on parole
livrar [ʎi'vrar] **I.** *vt* **1.** (*libertar*) to liberate, to free; **só você pode me ~ dessa situação** only you can get me out of this situation; (*salvar*) to save (from); **o bombeiro pôde ~ as pessoas do perigo** the fireman was able to save the people (from danger) **2.** (*preservar*) to save; **Deus me livre!** God forbid! **II.** *vr:* **~-se 1.** (*escapar*) to free oneself (from); **~-se de a. c./alguém**, **~-se de fazer a. c.** to get out of doing sth **2.** (*libertar-se*) to get rid of sth/sb
livraria [ʎivra'ria] *f* bookstore *Am*, bookshop *Brit*
livre [ʎivri] *adj* **1.** (*com liberdade, desocupado*) free; **ao ar ~** in the open air; **de ~ e espontânea vontade** of one's own free will; **ter um dia ~** to have a day off; **eleições ~s** democratic elections; **vivemos num país ~** we live in a free country **2.** (*não comprometido*) free; **você está ~ amanhã?** are you free tomorrow? **3.** (*isento*) **~ de impostos** tax-free; **~ de preconceitos** free of prejudice; **entrada ~** free entry **4.** (*desocupado*) free; **este lugar está ~** this seat is free; **ter as mãos ~s** to have one's hands free
livre-arbítrio ['ʎivri-ar'bitriw] <livres--arbítrios> *m* free will *no pl*
livre-câmbio ['ʎivri-'kɜ̃mbiw] <livres--câmbios> *m* free trade
livre-iniciativa ['ʎivri-inisja'tʃiva] <livres-iniciativas> *f* free enterprise
livreiro, -a [ʎi'vrejru, -a] *m, f* bookseller
livremente [ʎivri'mẽntʃi] *adv* freely; **circular ~** to circulate freely
livreta [ʎi'vreta] *f* notebook
livro ['ʎivru] *m* book; **~ de bolso** pocket book; **~ de bordo** ship's log; **~ de cabeceira** bedside book; **~ de contas** ledger; **~ didático/de texto** schoolbook; **~ de instruções** (instruction) manual; **~ de receitas** cookbook; **ser um ~ aberto** to be an open book
livro-caixa ['ʎivru-'kajʃa] <livros-caixas> *m* cash book
lixa ['ʎiʃa] *f* **1.** (*para madeira*) sandpaper; **passar uma ~ em a. c.** to sand sth **2.** **~ de unhas** emery board; (*de metal*) nail file
lixar [ʎi'ʃar] **I.** *vt* (*madeira*) to sand; (*as unhas*) to file **II.** *vr:* **~-se** *inf* to not to give [*o care*] a damn; **vá se ~!** get lost!; **estou pouco me lixando** I couldn't care less
lixeira [ʎi'ʃejra] *f* (*recipiente*) garbage can *Am*, dustbin *Brit*; *fig* riff-raff
lixeiro [ʎi'ʃejru] *m* garbage collector *Am*, refuse collector *Brit*
lixívia [ʎi'ʃivia] *f* QUÍM lye *no pl*
lixo ['ʎiʃu] *m* garbage *Am*, rubbish *Brit*, waste; **atômico/nuclear** nuclear waste; **~ espacial** spatial refuse; **~ orgânico** organic waste; **~ radioativo** radioactive waste; **lata de ~** garbage can *Am*, dustbin *Brit*; **jogar a. c. no ~** to throw sth in the garbage; **separar o ~** to separate garbage; **este trabalho está um ~** this paper is a piece of trash
lo [lu] *pron* **1.** (*coisa*) it; **o pacote chegou ontem; você não vai abri-~?** the package arrived yesterday; aren't you going to open it? **2.** (*pessoa*) him; **ontem estivemos com o João. vimo--lo no cinema** yesterday we ran into John. we saw him at the movies

> **Gramática** When the weak pronouns **o** und **a** are placed after verbs in the infinitive, the infinitive loses its "r" and an "l" is added at the front of the pronoun: "A viagem foi boa, mas seria bom tê-la desfrutado com

mais tempo; O fecho emperrou e não posso abri-lo."

ló ['lɔ] *m* NAÚT (*barlavento*) luff
loba *f v.* **lobo**
lobby ['lɔbi] *m* lobby; **fazer** ~ to lobby
lobisomem [lobi'zɔmēj] <-ens> *m* werewolf
lobista [lo'bista] *mf* lobbyist
lobo[1] ['lobu] *m* ANAT (*do pulmão*) lobe
lobo, -a[2] ['lobu, -a] *m, f* ZOOL wolf; ~-**guara** Brazilian wolf
lobo do mar ['lobu du 'mar] <lobos do mar> *m* sea-lion; *fig* old sea dog
lobotomia [loboto'mia] *f* lobotomy
lóbulo ['lɔbulu] *m* **1.** ANAT (*da orelha*) lobe **2.** BOT lobule
locação <-ões> [loka'sãw, -'õjs] *f* **1.** (*lugar*) location **2.** (*de imóvel*) letting; (*de fitas de vídeo*) rental
locador(a) [loka'dor(a)] *m(f)* lessor
locadora [loka'dora] *f* (*de carro*) car rental agency *Am*, car hire firm *Brit*; (*de fitas de vídeo*) video (rental) shop
local <-ais> [lo'kaw, -'ajs] I. *m* **1.** place, spot; ~ **de nascimento** birthplace; ~ **de trabalho** work place; (*em formulários*) place of birth **2.** (*de show*) venue; (*de um crime, acidente*) scene II. *adj* (*costume, hora*) local; **anestesia** ~ local anesthetic *Am*, local anaesthetic *Brit*
localidade [lokaʎi'dadʒi] *f* **1.** locality **2.** (*cidade*) town; (*aldeia*) village
localização <-ões> [lokaʎiza'sãw, -'õjs] *f* **1.** (*ação de localizar*) localization **2.** (*local*) location
localizado, -a [lokaʎi'zadu, -a] *adj* **estar bem/mal** ~ to be well/badly located
localizar [lokaʎi'zar] *vt* (*lugar*) to locate; (*pessoa*) to track down
loção <-ões> [lo'sãw, -'õjs] *f* lotion; ~ **pós-barba** aftershave
locar [lo'kar] <c→qu> *vt* **1.** (*alugar: locatário*) to rent; (*locador*) to rent out **2.** (*localizar*) to place
locatário, -a [loka'tariw] *m, f* tenant
lockout [lo'kawtʃi] *m* lockout
locomoção [lokomo'sãw] *f sem pl* locomotion *no pl*
locomotiva [lokomo'tʃiva] *f* locomotive
locomotor(a) [lokomo'tor(a)] <-es, -as> *adj* locomotor
locução <-ões> [loku'sãw, -'õjs] *f* (*dicção*) locution; (*conjunto de duas ou mais palavras*) expression, phrase
locutor(a) [loku'tor(a)] <-es, -as> *m(f)* announcer; ~ **esportivo** sports commentator
lodaçal <-ais> [loda'saw, -'ajs] *m* swamp
lodo ['lodu] *m* mud; *fig* degradation *no pl*
logaritmo [loga'ritʃimu] *m* logarithm
lógica ['lɔʒika] *f* logic *no pl*; **ter** ~ to be logical
lógico, -a ['lɔʒiku, -a] *adj* **1.** (*racional*) logical **2.** ~! of course!; **é** ~ **que eu vou** of course I'm going; **é** ~ **que não** of course not
logística [lo'ʒistʃika] *f* logistics + *sing vb*
logístico, -a [lo'ʒistʃiku, -a] *adj* logistical
logo ['lɔgu] I. *adv* **1.** (*em seguida*) immediately; ~ **a seguir** before long; ~ **à primeira** right at first; **calma,** ~, **vamos comer** calm down, we're going to eat right away **2.** (*mais tarde*) later; ~ **mais** later (on); **até** ~! so long!, goodbye!, see you! **3.** (*justamente*) ~ **agora!** why now?; ~ **ele!** why him? II. *conj* so, therefore; ~ **que ...** +*subj* as soon as...; ~ **que seja possível** as soon as possible
logotipo [logo'tʃipu] *m* logo
logradouro [logra'dowru] *m* (*lugar*) public park
lograr [lo'grar] I. *vt* **1.** (*alcançar: vitória, êxito*) to achieve; (*consentimento, lucro*) to gain **2.** (*enganar*) to deceive II. *vi* to succeed
logro ['logru] *m* (*engano*) trick, sham
loiro, -a ['lojru, -a] *m, f v.* **louro, -a**
loja ['lɔʒa] *f* store, shop; ~ **de conveniência** convenience store; ~ **de departamentos** department store; ~ **de produtos naturais** natural foods store [*o Brit* shop]; **abrir uma** ~ to open a shop [*o store*]
lojista [lo'ʒista] *mf* shopkeeper, store owner
lombada [lõw'bada] *f* **1.** (*de livro*) spine **2.** (*na rua*) speed bump *Am*, hump *Brit*, sleeping policeman *Brit*, *inf*
lombar [lõw'bar] <-es> *adj* lumbar
lombinho [lõw'biɲu] *m* GASTR pork tenderloin
lombo ['lõwbu] *m* **1.** (*de animal*) back **2.** GASTR (*de carne de vaca*) sirloin; (*de*

lombriga [lũw'briga] *f* roundworm
lona ['lona] *f* canvas *no pl*; **estar na (última)** ~ *inf* to be flat broke
Londres ['lõwdris] *f* London
londrino, -a [lõw'drinu, -a] **I.** *m, f* Londoner **II.** *adj* (*proveniente de Londres*) from London; (*relativo a Londres*) of London
longa *adj v.* **longo**
longa-metragem [lõwga-me'traʒẽj] <longas-metragens> *m* CINE movie *Am*, feature film *Brit*
longe [lõwʒi] **I.** *adv* far; ~ **de** far from; ~ **disso** far from it; **ao** ~ in the distance; **de** ~ from a distance; *fig* by far; **ela é de** ~ **a melhor** she is the best by far; **ir** ~ **demais** to go too far; ~ **de mim tal ideia!** I would never dream of such a thing!; **ver** ~ to see ahead; **este menino vai** ~ this boy will go far; **a Europa é muito** ~ Europe is very far away **II.** *adj* faraway, remote
longeva *adj v.* **longevo**
longevidade [lõwʒevi'dadʒi] *f sem pl* longevity *no pl*
longevo, -a [lõw'ʒɛvu, -a] *adj form* enduring, long-lived
longínquo, -a [lõw'ʒĩjkuu, -a] *adj* (*local*) distant; (*temporal*) remote
longitude [lõwʒi'tudʒi] *f* longitude
longitudinal <-ais> [lõwʒitudʒi'naw, -'ajs] *adj* longitudinal
longo, -a [lõwgu] *adj* long
longo ['lõwgu] *m* long dress
lontra ['lõwtra] *f* otter
looping ['lupĩj] *m* looping
loquaz [lo'kwas] <-es> *adj* talkative
lorde ['lɔrdʒi] *m* lord
lordose [lor'dɔzi] *f* lordosis
lorota [lo'rɔta] *f* nonsense *no pl*
loroteiro, -a [loro'tejru, -a] *m, f* liar
losango [lo'zãngu] *m* lozenge; (*pedra preciosa*) diamond
lotação <-ões> [lota'sãw, -'õjs] *f* 1.(*de recinto, ônibus*) full capacity; **estar com a** ~ **esgotada** to be sold out 2.(*pequeno transporte coletivo*) private minibus or minivan used as public transport
lotado, -a [lo'tadu, -a] *adj* (*cinema, teatro*) filled to capacity
lotar [lo'tar] *vt* to fill
lote ['lɔtʃi] *m* 1.(*de terreno*) lot 2.(*de mercadoria*) shipment
loteamento [lotʃja'mẽjtu] *m* allotment
lotear [lotʃi'ar] *conj como* **passear** *vt* (*um terreno*) to subdivide into building lots
loteca [lo'tɛka] *f inf* lottery shop
loteria [lote'ria] *f* lottery; **jogar/ganhar na** ~ to play/win the lottery
lotérico, -a [lo'tɛriku, -a] *adj* lottery; **casa lotérica** lottery shop
loto[1] ['lɔtu] *f* (*loteria*) bingo
loto[2] ['lɔtu] *m* BOT lotus
louça ['lowsa] *f* (*de cozinha*) dishes *pl*, crockery *no pl*; ~ **de barro** earthenware; ~ **sanitária** sanitaryware; **lavar a** ~ to do [*o* wash] the dishes, to do the washing up *Brit*
louco, -a ['loku, -a] **I.** *m, f* madman *m*, madwoman *f* **II.** *adj* 1.(*paixão*) crazy; **ela é louca por ele** she's crazy about him; **ele é** ~ **por chocolate** he is crazy about chocolate; **me deixa** ~ it drives me crazy; (*demente*) insane; **ficar** ~ to go crazy 2.(*sucesso*) wild
loucura [low'kura] *f* madness; (*demência*) insanity; **isso é uma** ~! this is madness!; (*fora do comum*) crazy thing to do; **a festa estava uma** ~, **me diverti muito** it was a wild party. I had a wonderful time!
louro, -a ['loru, -a] **I.** *m, f* blond (man) *m*, blond(e) *f* **II.** *adj* (*pessoa, cabelo*) blond
louro ['loru] *m* 1. BOT **folha de** ~ bay leaf 2. *inf* parrot
lousa ['loza] *f* slate, (black)board; **escrever na lousa** to write on the board
louva-a-deus [lowva-a-'dews] *m inv* praying mantis
louvar [low'var] *vt* to praise
louvável <-eis> [low'vavew, -ejs] *adj* praiseworthy
louvor [low'vor] <-es> *m* praise
LSD [ɛʎjɛsi'de] *m abr de* **lysergic acid diethylamid** ácido lisérgico, LSD
LTDA [ʎimi'tada] *f abr de* **limitada sociedade limitada** Ltd, Limited
lua ['lua] *f* moon; ~ **cheia** full moon; **lua crescente** crescent [*o* waxing] moon; ~ **minguante** decrescent [*o* waning] moon; ~ **nova** new moon; **andar** [*ou* **viver**] **com a cabeça na** ~ to have one's head in the clouds; **ser de** ~ to be moody
lua-de-mel ['lua-dʒi-'mɛw] <luas-de-mel> *f* honeymoon; **estar em** ~ to be on one's honeymoon; **viajar na** ~ to go

away on one's honeymoon
luar [lu'ar] *m sem pl* moonlight
lubrificação <-ões> [lubrifika'sãw, -õjs] *f* lubrication
lubrificante [lubrifi'kãntʃi] **I.** *m* lubricant **II.** *adj* lubricating; **óleo ~** lubricating oil
lubrificar [lubrifi'kar] <c→qu> *vt* to lubricate
lúcida *adj v.* **lúcido**
lucidez [lusi'des] *f* lucidity
lúcido, -a ['lusidu, -a] *adj* (*pessoa*) clearheaded; (*exposição*) rational
lucrar [lu'krar] **I.** *vt* to profit; **lucrou 30 milhões para a empresa** he made 30 million profit for his company **II.** *vi* to benefit; **~ com a. c.** to profit from sth; **nós lucramos com a nova estrada** we profited from the new road; **saí lucrando** I benefited from it
lucrativa *adj v.* **lucrativo**
lucratividade [lukratʃivi'dadʒi] *f* profitability *no pl*, lucrativeness *no pl*
lucrativo, -a [lukra'tʃivu, -a] *adj* **1.** (*financeiramente*) profitable, lucrative **2.** (*vantajoso*) lucrative
lucro ['lukru] *m* **1.** (*financeiro*) profit; **dar ~** to pay; **~ bruto** gross profit; **~ líquido** net profit; **ter ~** to make a profit **2.** (*proveito*) benefit
ludibriar [ludʒibri'ar] *vt* **1.** to outwit **2.** (*enganar*) to deceive
lúdico, -a ['ludʒiku, -a] *adj* playful
lufada [lu'fada] *f* gust of wind
lugar [lu'gar] <-es> *m* **1.** (*local*) place; (*teatro, estádio*); **~ de pé** standing room *no pl*, place to stand; **~ sentado** seat, place to sit; **~ de pé** a place standing; **~ sentado** a place sitting; **em/no ~ de** in place of; **estar fora do ~** to be out of place; **ceder o ~ a alguém** to give sb one's seat; **que ~ estranho!** what a strange place! **2.** (*ordenação*) place; **em primeiro ~** in first place **3.** (*emprego, situação*) position; **não conhecer o seu ~** not to know one's place; **não esquentar ~** not to stay long (in one place); **no seu ~, eu não faria isso** in your place, I wouldn't do that; **ponha-se no meu ~** put yourself in my shoes **4.** (*ocasião*) **dar ~ a** to give rise to; **a cerimônia terá ~ no salão** the ceremony will take place in the parlor
lugar-comum [lu'gar-ko'mũw] <lugares-comuns> *m* commonplace
lugarejo [luga'reʒu] *m* hamlet
lugares *m pl de* **lugar**
lúgubre ['lugubri] *adj* lugubrious, eerie
lula ['lula] *f* squid
lume ['lumi] *m* light; (*fogo*) blaze
lúmen ['lumẽj] *m* ANAT cavity
luminária [lumi'naria] *f* lamp
luminosa *adj v.* **luminoso**
luminosidade [luminozi'dadʒi] *f sem pl* **1.** (*claridade*) lightness *no pl* **2.** (*intensidade da luz*) luminosity *no pl*
luminoso, -a [lumi'nozu, -ɔza] *adj* **1.** (*sala*) illuminated **2.** (*que ilumina*) luminous; (*brilhante*) bright; **placa luminosa** scoreboard; **ter uma ideia luminosa** to have a brilliant [*o* bright] idea **3.** (*referente a luz: astro, raio*) bright
lunar [lu'nar] <-es> *adj* lunar
lunático, -a [lu'natʃiku, -a] *adj, m, f* lunatic
luneta [lu'neta] *f* (*telescópio*) small telescope
lupa ['lupa] *f* magnifying glass
lúpus ['lupus] *m* MED lupus
lusa *adj v.* **luso**
lusco-fusco ['lusku-'fusku] *m* dusk
lusitano, -a [luzi'tɐnu, -a] *adj, m, f* Lusitanian, Portuguese (from Portugal)
luso, -a ['luzu, -a] *adj* of or pertaining to Portugal
luso-brasileiro, -a ['luzu-brazi'leiru, -a] *adj* Portuguese-Brazilian
lustra-móveis ['lustra-'mɔvejs] *m inv* furniture polish *no pl*
lustrar [lus'trar] *vt* (*móveis, sapatos*) to polish
lustre ['lustri] *m* **1.** (*brilho*) shine; **dar ~ a a. c.** to give a shine to sth **2.** (*iluminação elétrica*) chandelier
lustro ['lustru] *m inf v.* **lustre**
luta ['luta] *f* **1.** fight; **~ de classes** class struggle; **~ pela sobrevivência** fight for survival; **~ contra a. c.** fight against sth; **ir à ~** *fig* to go after what one wants **2.** ESPORT **livre ~** wrestling
lutador(a) [luta'dor(a)] *m(f)* fighter
lutar [lu'tar] *vi* to fight; **lutou muito para manter a família** he fought hard to support his family; **devemos ~ pelos nossos direitos** we must fight for our rights; **o novo boxeador vai ~ contra o veterano** the young boxer is going to fight (against) the veteran
luterana *adj, f v.* **luterano**

luteranismo [luteɹˈnizmu] *m sem pl* Lutheranism *no pl*

luterano, -a [luteˈɹɐnu, -a] *adj, m, f* Lutheran

luto [ˈlutu] *m* mourning; **estar de ~** to be in mourning; **estar de ~ por alguém** to be in mourning for sb; **pôr ~** to wear mourning (clothes)

luva [ˈluva] *f* 1. (*para as mãos*) glove; **~ de borracha** rubber glove; **calçar** [*ou* **pôr**] **~s** to put on gloves; **cair como uma ~ em alguém** to be a perfect fit, to fit like a glove; **dar com ~ de pelica** to treat [*o* handle] someone with kid gloves 2.**~s** ESPORT transfer fee; **receber as ~s pelo passe do jogador** to receive a fee for the transfer of a professional player

luxação <-ões> [luʃaˈsɐ̃w, -ˈõjs] *f* sprain

luxar [luˈʃar] *vt* to sprain

Luxemburgo [luʃẽjˈburgu] *m* Luxemburg

luxemburguês, -esa [luʃẽjburˈges, -ˈeza] **I.** *m, f* Luxemburger **II.** *adj* Luxemburgian

luxo [ˈluʃu] *m* luxury; **de ~** luxury; **dar-se ao ~ de fazer a. c.** to permit oneself the luxury of doing sth

luxuoso, -a [luʃuˈozu, -ˈɔza] *adj* luxurious

luxúria [luˈʃuria] *f sem pl* lust *no pl*

luz [ˈlus] *f* 1. (*clareza*) light; **~ do dia** daylight; **à ~ de** *fig* in (the) light of; **meia ~** half light; **á meia ~ do madrugada** in the half-light of dawn; **dar à ~** to give birth to; (*publicar*) to publish; **dar uma ~** to shed light upon sth; **trazer a. c. à ~** to bring sth to light; **perder a ~ da razão** to lose all reason; **ser a ~ dos olhos de alguém** to be the light of sb's life, to be the apple of sb's eye 2.light; **~ ultravioleta** ultraviolet light; **acender/apagar a ~** to turn on/off the light; **dar ~ verde a/para alguém** to give sb the green light 3.(*eletricidade*) electricity; **faltou ~** there was a power cut; **não ter ~ em casa** not to have electricity in the house

luzidio, -a [luziˈdʒiw, -a] *adj* (*cabelos*) shiny; (*pele*) clear

luzir [luˈzir] *vi* to shine

lycra® [ˈlajkra] *f* Lycra®

M

M, m [ˈemi] *m* M, m; **~ de Maria** m as in Mike *Am*, m for Mary *Brit*

ma [ma] *v.* **me**

má [ˈma] *adj v.* **mau**

maca [ˈmaka] *f* NÁUT hammock; MED stretcher

maçã [maˈsɐ̃] *f* apple; **~ do rosto** cheek

macabro, -a [maˈkabru, -a] *adj* macabre

macaca [maˈkaka] *f* female monkey; **estar com a ~** *inf* to be in a foul mood

macacada [makaˈkada] *f inf* the gang

macaca de auditório [maˈkaka dʒi awdʒiˈtɔriw] <macacas de auditório> *f* groupie

macacão <-ões> [makaˈkɐ̃w, -ˈõjs] *m* (*sem mangas*) overalls *Am*, dungarees *Brit;* (*com mangas*) coveralls *Am*, overalls *Brit*

macaco [maˈkaku] *m* (*para automóvel*) jack

macaco [maˈkaku, -a] *m* ZOOL monkey; **~ aranha** spider monkey; **~ prego** capuchin monkey; **ser ~ velho** to be an old hand; **~s me mordam se ...** I'll be damned if ...; **vai pentear ~!** get lost!; **cada ~ no seu galho** *prov* stick to what you know

macacões *m pl de* **macacão**

maçada [maˈsada] *f* bore; **que ~!** what a drag!

macadâmia [makaˈdɜmia] *f* BOT macadamia

macambúzio, -a [makɐ̃ˈbuziw, -a] *adj* 1.(*carrancudo*) moody 2.(*tristonho*) sad

maçaneta [masɐˈneta] *f* (*de porta*) doorhandle; (*redonda*) doorknob; (*de gaveta*) knob

maçante [maˈsɐ̃ntʃi] *adj* boring

macaquear [makakiˈar] *conj como passear vt* (*imitar ridicularizando*) to ape; (*fazer travessuras*) to monkey around [*o* about]

macaquice [makaˈkisi] *f* aping; (*travessuras*) monkeying around

maçarico [masaˈriku] *m* (*de chama*) blowtorch

maçaroca [masaˈrɔka] *f* 1.(*fio*) tangled thread 2. *inf* (*intriga*) intrigue

macarrão [makaˈxɐ̃w] *m* pasta

macarronada [makaxo'nada] f spaghetti with cheese and tomato sauce
macarrônico, -a [maka'xoniku, -a] adj (idioma) **inglês** ~ broken English
Macedônia [mase'donia] f Macedonia
maceração [masera'sɐ̃w] f 1.(em líquido) softening 2.(penitências) mortification
macerar [mase'rar] vt 1.(em líquido) to soften 2.(com penitências) to mortify
macete [ma'setʃi] m inf (artifício) trick; ~s da profissão tricks of the trade
machadada [maʃa'dada] f blow from ax or hachet; **dar uma ~ em alguém/a. c.** to hack sth/sb
machadinha [maʃa'dʒĩna] f small hatchet, butcher's cleaver
machado [ma'ʃadu] m ax Am, axe Brit
machão [ma'ʃɐ̃w] m macho man; (valentão) tough guy
machista [ma'ʃista] I. m male chauvinist II. adj macho
macho ['maʃu] I. m 1.zool male 2.(homem) man 3.(para roscas) male end II. adj 1.(animal) male 2.(varonil) manly
machucado [maʃu'kadu] m injury; (contusão) bruise
machucado, -a [maʃu'kadu, -a] adj (ferido) hurt; (magoado) hurt
machucar [maʃu'kar] <c→qu> I. vt 1.(ferir) to hurt 2.(magoar) to hurt II. vr: ~-se 1.(ferir-se) to hurt oneself 2.(magoar-se) to upset oneself
macia adj v. macio
maciço [ma'sisu] m (montanhas) massif
maciço, -a [ma'sisu, -a] adj (compacto: ouro, madeira) solid; (em grande quantidade: presença, dose) massive
macieira [masi'ejra] f apple tree
maciez [masi'es] f softness
macilento, -a [masi'lẽtu, -a] adj (corpo) emaciated; (rosto) haggard
macio, -a [ma'siw, -a] adj (objeto, tecido, pele, cabelo) soft; (liso) smooth; (fala) smooth
maciota [masi'ɔta] f inf **na ~** smoothly
maço ['masu] m 1.(de cigarros) package Am, packet Brit 2.(de notas, folhas) bundle 3.(martelo) a wooden mallet
maçom [ma'sõw] <-ons> m mason
maconha [ma'kɔɲa] f marijuana; **cigarro de ~** joint
maconheiro, -a [makõ'ɲejru] m, f dopehead
macramé [makrɛ'me] m macramé
má-criação ['ma-kria'sɐ̃w, -'õjs] <má(s)-criações> f (atitude) rudeness
macrobiótica [makrobi'ɔtʃika] f sem pl macrobiotics
macrobiótico, -a [makrobi'ɔtʃiku, -a] adj macrobiotic
macroeconômico, -a [makroeko'nomiku, -a] adj macroeconomic
macromolécula [makromo'lɛkula] f macromolecule
macuco [ma'kuku] m zool tinamou
macular [maku'lar] vt to stain
macumba [ma'kũwba] f REL Brazilian voodoo, generic name for Afro-Brazilian cults; **fazer uma ~** to make a voodoo offering
macumbeiro, -a [makũw'bejru, -a] m, f a macumba devotee; (feiticeiro) macumba priest
madame [ma'dɐmi] f madame
madeira [ma'dejra] f wood; **de ~** made of wood; **bater na ~** to knock on wood Am, to touch wood Brit
madeireira [madej'rejra] f lumberyard Am, timber yard Brit
madeireiro, -a [madej'rejru, -a] m, f (que negocia) lumber dealer; (que retira) lumberjack; (que trabalha) woodworker
madeixa [ma'dejʃa] f lock of hair
madrasta [ma'drasta] f stepmother
madre ['madri] f REL (freira) nun; **~ superiora** mother superior
madrepérola [madre'pɛrula] f mother-of-pearl
madressilva [madre'silva] f honeysuckle
Madri [ma'dri] f Madrid
madrinha [ma'drĩɲa] f (batizado) godmother; (casamento) maid of honor
madrugada [madru'gada] f early morning; **de ~** in the early morning
madrugador(a) [madruga'dor(a)] m(f) early riser
madrugar [madru'gar] vi <g→gu> to get up early
maduro, -a [ma'duru, -a] adj 1.(fruta) ripe; (pessoa) mature 2.(plano) prudent
mãe ['mɐ̃j] f mother; **~ adotiva** adoptive mother; **futura ~** expectant mother; **ser uma ~ (para alguém)** to be a mother to sb; **a casa da ~ Joana** a madhouse; **nossa ~!** oh my God!

mãe de santo ['mɛ̃j dʒi 'sɐ̃ntu] <mães de santo> *f* REL Brazilian voodoo priestess

maestria [maes'tria] *f* mastery

maestro, -ina [ma'estru, -'ina] *m, f* MÚS (*que compõe*) composer; (*que dirige*) conductor

má-fé ['ma-'fɛ] <más-fés> *f* bad faith; **agir de** ~ to act in bad faith

máfia ['mafia] *f* Mafia

mafioso, -a [mafi'ozu, -'ɔza] *m, f* Mafioso

má-formação <más-formações> [ma-forma'sɐ̃w, -'õjs] *f*, **malformação** <-ões> [mawforma'sɐ̃w, -'õjs] *f* deformity

mafuá [mafu'a] *f* 1. *inf* (*bagunça, desordem*) mess 2. *reg* (*RJ:*) amusement park

magazine [maga'zini] *m* (*loja de variedades*) department store

magérrimo, -a [ma'ʒɛximu, -a] *adj* (*superl de magro*) very slim; *pej* skinny; *v.* **magro**

magia [ma'ʒia] *f* magic; ~ **negra** black magic; **a** ~ **das palavras** the enchantment of words

mágica ['maʒika] *f* magic; **fazer** ~ to perform magic tricks

mágico, -a ['maʒiku, -a] I. *adj* (*palavras*) magic; (*fascinante*) magical II. *m, f* magician

magistério [maʒis'tɛriw] *m* 1. (*profissão*) the teaching profession 2. (*professorado*) teachers 3. (*ensino*) teaching

magistrado [maʒis'tradu] *m* magistrate

magistral <-ais> [maʒis'traw, -'ajs] *adj* masterly

magistratura [maʒistra'tura] *f* 1. (*estatuto*) magistracy 2. (*duração*) term 3. (*autoridades judiciárias*) the magistracy

magma ['magma] *m* magma

magna *adj v.* **magno**

magnânimo, -a [mag'nɐnimu, -a] *adj* magnanimous

magnata [mag'nata] *m* magnate

magnésio [mag'nɛziw] *m* magnesium

magnético, -a [mag'nɛtʃiku, -a] *adj* magnetic

magnetismo [magne'tʃizmu] *m sem pl* 1. FÍS magnetism 2. (*atração*) magnetism

magnetizado, -a [magnetʃi'zadu, -a] *adj* **ficar** ~ to be mesmerized

magnetizar [magnetʃi'zar] *vt* 1. (*imantar*) to magnetize 2. (*fascinar*) to mesmerize

magnífica *adj v.* **magnífico**

magnificência [magnifi'sɛjsia] *f sem pl* magnificence

magnífico, -a [mag'nifiku, -a] *adj* magnificent

magnitude [magni'tudʒi] *f sem pl* magnitude

magno, -a ['magnu, -a] *adj* (*grande*) great; **Alexandre** ~ Alexander the Great; (*importante*) important; **aula magna** first lesson

magnólia [mag'nɔʎia] *f* magnolia

mago ['magu] I. *adj* magical; **os Reis Magos** the Three Wise Men II. *m* magician

mágoa ['magwa] *f* sorrow

magoado, -a [magu'adu, -a] *adj* hurt; **estou** ~ **com ele / a atitude dele** I was hurt by him / what he did

magoar [magu'ar] <*1. pess pres* magoo> I. *vi* to hurt II. *vt* to hurt III. *vr:* ~ -**se** (*ofender-se*) to be hurt

magra *adj v.* **magro**

magrelo, -a [ma'grɛlu, -a] *m, f* skinny

magreza [ma'greza] *f sem pl* thinness

magricela [magri'sɛla] *mf pej* skeleton; **ser um** ~ to be skinny

magro, -a ['magru, -a] *adj* (*pessoa*) thin; (*carne*) lean; (*queijo, iogurte*) low fat; **salário** ~ *fig* meager wage

maia ['maja] I. *m* (*povo*) Maya; (*língua dos Maias*) Mayan II. *adj* (*dos maias*) Mayan

maio ['maju] *m* May; *v.tb.* **março**

maiô [maj'o] *m* bathing suit *Am*, swimsuit *Brit*

maionese [majo'nɛzi] *f* mayonnaise; (*salada de batatas com maionese*) potato salad

maior [maj'ɔr] *adj* 1. (*comp de grande*) bigger; ~ (**do**) **que** bigger than; (*em altura*) taller; (*superior*) greater; ~ **de idade** adult 2. (*superl de grande*) **o/a** ~ (*tamanho*) the biggest; (*superior*) the greatest; (*em altura*) the tallest; **a** ~ **parte das vezes** most of the time; **a** ~ **parte dos livros/das pessoas** most people/books; **ela é a** ~ she's the best 3. MÚS (*tom*) **sol** ~ G major

maioral <-ais> [majo'raw, -'ajs] *mf* boss; **eles são os maiorais** they are the big shots

maioria [majo'ria] *f* majority; ~ **absoluta** POL absolute majority; **a** ~ **das pes-**

soas most people; **aprovado por ~** passed by a majority; **estar em ~** to be in the majority

maioridade [majori'dadʒi] *f sem pl* adulthood

mais ['majs] **I.** *m* **o ~** (*resto*) the rest; **com saúde, o ~ pode faltar** if you are healthy, the rest doesn't matter; (*a maior quantidade*) most; **o ~ das vezes, não me arrependo** most of the time I have no regrets **II.** *adv* **1.** (*comparativo*) more; **~ bonito (do) que ...** more beautiful than ... **2.** (*intensidade*) intensity; **~ de dez** more than ten; **~ dia menos dia** sooner or later; **~ ou menos** kind of; **muito ~** much more; **pouco ~ de** a little more of; **até ~ (ver)** see you later; **cada vez ~** more and more; **nem ~ nem menos** (*exatamente*) no more, no less; **sem ~ nem menos** out of the blue; **não vejo nada de ~ em sua atitude** I don't see anything wrong in what you did; **que garota ~ sem graça!** what an incredibly dull girl! **3.** (*superlativo*) most; **o ~ bonito** the most beautiful; **o ~ tardar** at the latest; **aquele que sabe/lê o ~** the person who knows/reads the most **4.** (*adicional*) **~ alguma coisa?** is there anything else?; **~ nada** that's it; **~ ninguém** no one else; **~ uma vez** one more time; **~ vezes** again; **que ~?** anything else?; **antes de ~ nada** first of all **5.** (*negativa*) again; **ele não vai lá ~, nunca ~** never again, he won't go there ever again; **não quero ~** I don't want it any longer/more; **não tenho ~ dinheiro** I'm out of money **6.** (*de sobra*) **estar a ~** to have extra; **ter a. c. a ~** to have a little sth different; **de ~ extra 7.** (*de preferência*) **gosto ~ de ler** I prefer reading; **~ vale ...** it's better to have ... **8.** MAT plus; **dois ~ dois são quatro** two plus two is four **9.** (*concessivo*) **por ~ que tente** no matter how hard he tries; **por ~ difícil que seja** no matter how difficult it is; **quanto ~ não seja** even if **III.** *conj* and

maisena [maj'zena] *f* corn starch *Am*, cornflour *Brit*

maison [me'zõw] *f* (*moda*) couture house

mais-que-perfeito [majs-ki-per'fejtu] *m* LING pluperfect

mais-valia ['maiz-va'ʎia] *f* ECON surplus value

maiúscula [maj'uskula] *f* capital, upper case; **escrever a. c. em ~s** to write sth in capital letters

maiúsculo, -a [maj'uskulu, -a] *adj* **1.** *fig* (*artista*) important **2.** (*letra*) **escrever a. c. com letra maiúscula** to write sth in capital letters

majestade [maʒes'tadʒi] *f* majesty; **Sua Majestade** His/Her Majesty; **sem perder a ~** without losing one's dignity

majestoso, -a [maʒes'tozu, -'ɔza] *adj* majestic

major [ma'ʒɔr] *m* MIL major

majorar [maʒo'rar] *vt* (*preços*) to increase

majoritariamente [maʒoritarja'mējtʃi] *adv* with a majority

majoritário, -a [maʒori'tariw, -a] *adj* (*sócio ~*) majority shareholder

mal <-es> ['maw, 'maʎis] **I.** *m* **1.** (*moral*) evil; **praticar o ~** to do evil; **não fez por ~** he didn't mean any harm **2.** (*de situação*) in a bad situation; **cortar o ~ pela raiz** to nip a problem in the bud; **nada de ~** no harm; **que ~ tem isso?** what's the harm in it? **3.** (*doença*) disease; **ele está ~** he is ill; **dos ~es o menor** the lesser of two evils **II.** *adv* **1.** (*incorretamente*) incorrectly; **a resposta está ~ escrita** the answer is poorly written; **você fez ~** you were wrong **2.** (*imperfeitamente*) badly; **~ acabado** badly finished; **isso está ~ feito** this is badly done **3.** (*de forma grosseira*) rudely; **falar ~ de alguém** to speak unkindly of sb; **responder ~ a alguém** to be rude to sb; **tratar ~ a alguém** to treat sb badly **4.** (*contra a virtude*) unjustly; **fazer ~ a alguém** to do sb harm; **não fazer ~ a uma mosca** he wouldn't harm a fly; **proceder ~** misbehave **5.** (*situação*) bad; **ir de ~ a pior** to go from bad to worse; **menos ~** not so bad **6.** (*saúde*) sick *esp Am*, ill *esp Brit*; **esse peixe me fez ~** this fish made me sick **7.** (*quase não*) hardly; **~ posso esperar!** I can hardly wait!; **eu ~ falei com ele** I hardly ever speak with him **III.** *conj* hardly; **~ você saiu, tocou o telefone** you had hardly left when the telephone rang

mala ['mala] *f* **1.** (*de viagem*) suitcase; **~ de mão** hand luggage; **fazer/desfazer a ~** to pack/unpack a suitcase; **de ~ e**

cuia bag and baggage; **mudou-se de ~ e cuia para a casa dos pais** he moved bag and baggage to his parents' house **2.** (*correspondência*) ~ **direta** direct mail; ~ **postal** mailbag **3.** *inf* (*pessoa importuna*) **ele é uma** ~ he is a bore

malabarismo [malaba'rizmu] *m* juggling

malabarista [malaba'rista] *mf* juggler

mal-acabado, -a [mawaka'badu, -a] *adj* badly finished

mal-acostumado, -a [mawakustu'madu, -a] *adj* (*pessoa*) spoiled *Am*, spoilt *Brit*

mal-agradecido, -a [mawagrade'sidu, -a] *adj* ungrateful

malagueta [mala'geta] *f* BOT **pimenta ~** chili pepper

mal-ajambrado, -a [mawaʒã'bradu, -a] *adj* **1.** (*pessoa*) scruffy **2.** (*objeto*) poorly made; (*trabalho*) poorly presented

mal-amado, -a [mawa'madu, -a] *adj* unloved

malandra *adj, f v.* **malandro**

malandragem [malã'draʒẽj] <-ens> *f* **1.** (*vigarice*) double dealing **2.** (*vadiagem*) idleness **3.** (*esperteza*) cunning

malandro, -a [ma'lãndru, -a] I. *m, f* **1.** (*maroto*) rascal **2.** (*vigarista*) crook **3.** (*preguiçoso*) bum II. *adj* **1.** (*patife*) doube dealing **2.** (*preguiçoso*) lazy **3.** (*esperto*) cunning

malaquita [mala'kita] *f* MIN malachite

malária [ma'laria] *f* malaria

mal-arrumado, -a [mawaxu'madu, -a] *adj* untidy

malas-arte [mala'zartʃi] *adj* (*azarado*) jinxed

mala sem alça ['mala-sẽj 'awsa] <malas sem alça> *mf gír* boor

Malásia [ma'lazia] *f* Malaysia

mal-assombrado, -a [mawasõw'bradu, -a] *adj* **1.** (*enfeitiçado*) under a spell **2.** (*casa*) haunted

mal-aventurado, -a [mawavẽjtu'radu, -a] *adj* unlucky, unfortunate

malcheiroso, -a [mawʃej'rozu, -'ɔza] *adj* smelly

malcomportado, -a [mawkõwpor'tadu, -a] *adj* badly behaved

malconservado, -a [mawkõwser'vadu, -a] *adj* (*pessoa*) prematurely old; (*objeto*) poorly maintained

malcriado, -a [mawkri'adu, -a] I. *adj* (*grosseiro*) rude II. *m, f* rude person

maldade [maw'dadʒi] *f* wickedness

mal da montanha [maw da mõw'tʒɲa, 'maʎiz] <males das montanhas> *m* MED altitude sickness

maldição <-ões> [mawdʒi'sãw, -'õjs] *f* curse; (*desgraça*) misfortune

maldisposto, -a [mawdʒis'postu, -a] *adj* **1.** (*humor*) in a bad mood **2.** (*saúde*) **estou ~** I don't feel well

maldito, -a [maw'dʒitu, -a] I. *pp de* **maldizer** II. *adj* damned; ~ **dia em que te conheci** I curse the day I met you; ~ **sejas!** damn it!

maldizer [mawdʒi'zer] *irr como dizer vt* to curse

maldormido, -a [mawdor'midu, -a] *adj* **noite maldormida** restless night

mal dos mergulhadores <males dos mergulhadores> ['maw duz merguʎa'doris, 'maʎiz] *m* the bends

maldoso, -a [maw'dozu, -'ɔza] *adj* wicked; (*malicioso*) malicious; *fig* (*travesso*) wicked

maleabilidade [maʎjabiʎi'dadʒi] *f sem pl* malleability; (*flexibilidade*) flexibility

maleável <-eis> [maʎi'avew, -ejs] *adj* malleable; (*flexível*) flexible

maledicência [maledʒi'sẽjsia] *f* slander

mal-educado, -a [mawedu'kadu, -a] *adj* rude

maléfica *adj v.* **maléfico**

malefício [male'fisiw] *m* harm

maléfico, -a [ma'lɛfiku, -a] *adj* (*prejudicial*) harmful; (*malévolo*) malevolent

malemolência [malemo'lẽjsia] *f sem pl* **1.** (*ritmo mole de sambistas*) swing; **eles cantam com ~** their singing really swings **2.** *reg* (*NE: moleza*) laziness *no pl*

mal-encarado, -a [mawĩjka'radu, -a] *adj* shady

mal-entendido [mawĩjtẽj'dʒidu] *m* (*desentendimento*) misunderstanding; **esclarecer um ~** clear up a misunderstanding

males *m pl de* **mal**

mal-estar [mawis'tar] *m sem pl* **1.** (*físico*) discomfort; **sentir um ~** to feel discomfort **2.** (*moral*) embarrassment

maleta [ma'leta] *f* small suitcase

malévola *adj v.* **malévolo**

malevolência [malevo'lẽjsia] *f sem pl* malevolence

malevolente [malevo'lẽjtʃi] *adj* malevolent

malévolo, -a [ma'lɛvolu, -a] *adj* (*mal-in-*

tencionado) malevolent; (*maldoso*) evil

malfadado, -a [mawfa'dadu, -a] *adj* unlucky

malfazejo, -a [mawfa'zeʒu, -a] *adj* evildoer

malfeito, -a [maw'fejtu, -a] *adj* shoddy

malfeitor(a) [mawfej'tor(a)] <-es> *m(f)* wrongdoer

malha ['maʎa] *f* **1.**(*da rede*) mesh; ~ **de algodão** cotton jersey; **blusa de** ~ jersey top **2.** *reg SP* (*suéter*) sweater; **vestir uma** ~ to put on a sweater **3.**(*rede*) network; ~ **rodoviária** highway network; **cair nas** ~**s da justiça** caught by the long arm of the law

malhação <-ões> [maʎa'sãw, -'õjs] *f* **1.** beating; ~ **do judas** *annual traditional festival where participants beat an effigy of Judas* **2.** *inf* ESPORT working out

malhado, -a [ma'ʎadu, -a] *adj* **1.**(*animal*) spotted **2.** *inf* ESPORT **ter o corpo** ~ to be in good shape

malhar [ma'ʎar] **I.** *vt* **1.**(*ferro*) to hammer **2. espancar** to beat **3.**(*criticar*) to knock **II.** *vi inf* ESPORT to work out

malharia [maʎa'ria] *f* knitwear

malho ['maʎu] *m* mallet; **descer o** ~ **em alguém** *inf* to hammer

mal-humorado, -a [mawumo'radu, -a] *adj* grumpy

malícia [ma'lisia] *f* **1.**(*maldade*) malice **2.**(*manha*) cunning **3.**(*zombaria picante*) satire

malicioso, -a [maʎisi'ozu, -'ɔza] *adj* **1.**(*maldoso*) malicious **2.**(*manhoso*) sly

maligno, -a [ma'ʎignu, -a] *adj* malignant; **tumor** ~ malignant tumor; **caráter** ~ evil character

má-língua ['maʎĩgwa] <**más-línguas**> **I.** *f* slander **II.** *mf* (*pessoa*) gossip; **dizem as más-línguas que ele trai a mulher** gossip has it that he cheated on his wife

mal-intencionado, -a [mawĩjtẽjsjo'nadu, -a] *adj* (*pessoa*) malicious; (*gesto*) offensive

malmequer [mawmi'kɛr] <-es> *m* marigold

malnutrido, -a [mawnu'tridu, -a] *adj* malnourished

maloca [ma'lɔka] *f* (*barracão*) hut

malograr [malo'grar] **I.** *vt* to spoil; (*plano*) to thwart **II.** *vr:* ~-**se** to fail; (*plano*) to fall through

malogro [ma'logru] *m* failure

maloqueiro, -a [malo'kejru, -a] *m, f gír* (*marginal*) petty thief

malote [ma'lɔtʃi] *m* (*entrega rápida de encomendas/correspondência*) courier service; **os cheques vão por** ~ the check are going by courier

malpassado, -a [mawpa'sadu, -a] *adj* GASTR **bife** ~ rare steak

malsucedido, -a [mawsuse'dʒidu, -a] *adj* (*sem sucesso*) unsuccessful

malta ['mawta] *f* gang

Malta ['mawta] *f* Malta

malte ['mawtʃi] *m* malt

maltrapilho, -a [mawtra'piʎu, -a] *m, f* ragged

maltratar [mawtra'tar] *vt* mistreat

maluco, -a [ma'luku, -a] **I.** *adj* crazy **II.** *m, f* madman

maluquice [malu'kisi, -a] *f* **1.**(*ato, ideia*) madness **2.**(*estado*) insanity

malva ['mawva] *f* hibiscus

malvada *adj, f v.* **malvado**

malvadez [mawva'des] <-es> *f* wickedness

malvado, -a [maw'vadu, -a] **I.** *adj* wicked **II.** *m, f* wicked person; (*o diabo*) the Devil

malversação <-ões> [mawversa'sãw, -'õjs] *f* (*má administração*) mismanagement; (*dinheiro público*) embezzlement

malversar [mawver'sar] *vt* (*administrar*) to mismanage; (*dinheiro público*) to embezzle

malvisto, -a [maw'vistu, -a] *adj* **ficar** ~ to get a bad reputation

MAM ['mɑ̃] *m abr de* **Museu de Arte Moderna** Museum of Modern Art

mama ['mɐma] *f* breast; **câncer de** ~ breast cancer

mamada *adj v.* **mamado**

mamada [mɐ'mada] *f* feeding

mamadeira [mɐma'dejra] *f* (baby's) bottle

mamado, -a [mɐ'madu, -a] *adj inf* (*embriagado*) drunk

mamãe [mɐ'mɐ̃j] *f* mommy *Am*, mummy *Brit*

mamão [mɐ'mɐ̃w] *m* BOT papaya

mamar [mɐ'mar] **I.** *vt* **1.**(*leite: um bebê*) to breast feed; **dar de** ~ **a** to breast feed **2.**(*obter lucro ilícito*) to get a rake off from **II.** *vi* **1. o bebê já mamou** the baby's already been fed **2.** (*embriagar-se*) to get drunk

mamário, -a [mɜˈmariw, -a] *adj* mammary

mamata [mɜˈmata] *f* (*proveito ilícito*) racket; **o negócio é a maior ~** the deal is a big racket

mambembe [mɜ̃ŋˈbẽjbi] **I.** *adj* (*medíocre*) mediocre **II.** *m* TEAT second-rate

mambo [ˈmɜ̃ŋbu] *m* MÚS mambo

mameluco, -a [mameˈluku, -a] *m, f* mestizo

mamífero [mɜˈmiferu] *m* mammal

mamilo [mɜˈmilu] *m* nipple

maminha [mɜˈmĩɲa] *f* (*carne de vaca*) tenderest part of the rump

mamoeiro [mamoˈejru] *m* BOT papaya tree

mamografia [mɜmograˈfia] *f* mammography

mamona [maˈmona] *f* BOT castor bean

mamute [mɜmuˈtʃi] *m* mammmoth

maná [mɜˈna] *m fig* windfall

mana *f inf v.* **mano**

manada [mɜˈnada] *f* herd; *fig* gang

manancial <-ais> [mɜnɜ̃ŋsiˈaw, -ˈajs] *m* spring; *fig* source

Manaus [mɜˈnaws] (City of) Manaus

manca *adj, f v.* **manco**

mancada [mɜ̃ŋˈkada] *f inf* gaffe; **dar uma ~** to make a blunder

mancar [mɜ̃ŋˈkar] <c→qu> **I.** *vi* to limp **II.** *vr:* **~-se** *inf* (*perceber*) **ele não se ~** he is doesn't even realise he's doing wrong

mancha [ˈmɜ̃ŋʃa] *f* **1.** (*nódoa*) stain **2.** *fig* (*mácula*) stain

Mancha [ˈmɜ̃ŋʃa] *f* **Canal da ~** English Channel

manchado, -a [mɜ̃ŋˈʃadu, -a] *adj* stained

manchar [mɜ̃ŋˈʃar] *vt* **1.** (*sujar*) to stain **2.** (*a reputação*) to tarnish

mancha-roxa [ˈmɜ̃ŋʃa-ˈxoʃa] <manchas-roxas> *f* bruise

manchete [mɜ̃ŋˈʃetʃi] *f* **1.** PREN headline **2.** ESPORT forearm pass

manco, -a [ˈmɜ̃ŋku, -a] **I.** *m, f* disabled person; *pej* a cripple **II.** *adj* disabled, lame; (*coxo*) crippled; **ele é ~ de uma perna** he is lame (in one leg); **estar** [*ou* **ser**] **~** (**da cabeça**) he is stupid

mancomunado, -a [mɜ̃ŋkomuˈnadu, -a] *adj* in collusion with; **estar ~ com alguém** to be in collusion with sb.

mancomunar [mɜ̃ŋkomuˈnar] **I.** *vt* to connive **II.** *vr:* **~-se com alguém** to connive with sb.

mandachuva [ˈmɜ̃ŋdaˈʃuva] *mf* big shot; (*chefe*) boss

mandado [mɜ̃ŋˈdadu] **I.** *m* **1.** order **2.** JUR **~ de busca e apreensão** search warrant; **~ de prisão** arrest warrant; **~ de segurança** court injunction **II.** *adj* **bem ~** with good grace

mandamento [mɜ̃ŋdaˈmẽjtu] *m* REL commandment; **os dez ~s** the Ten Commandments

mandante [mɜ̃ŋˈdɜ̃ŋtʃi] *mf* commander

mandão, -ona <-ões> [mɜ̃ŋˈdɜ̃w, -ˈona, -ˈõjs] **I.** *adj* bossy **II.** *m, f* a bossy person

mandar [mɜ̃ŋˈdar] **I.** *vt* **1.** (*ordenar*) to order; **~** (**alguém**) **fazer a. c.** order sb to do sth; **~ em alguém** to order sb around sb **2.** (*enviar*) to send; **~ uma carta a alguém** to send sb a letter; **ele manda lembranças** he sends his regards; **mandou a filha passar férias na Espanha** he sent his daughter to Spain for vacation **3.** (*encomendar*) to order; **~ chamar alguém** to send for sb; **~ embora** (*despedir*) to fire; **~ limpar um casaco** to send a coat to be cleaned; **mandou vir os tecidos da Europa** he sent away to Europe for the fabrics; **~ ver** *gír* to get on with it **II.** *vi* to give orders; **quem manda aqui sou eu!** I give the orders around here!; **ele manda e desmanda** he makes the rules **III.** *vr: inf* to take off; **para evitar brigas, ela se mandou rapidinho** she took off immediately to avoid a fight

mandarim [mɜ̃ŋdaˈrĩj] *m* **1.** (*idioma*) Mandarin **2.** *pej* big wig

mandatário, -a [mɜ̃ŋdaˈtariw, -a] *m, f* representante, representative; (*delegado*) delegate

mandato [mɜ̃ŋˈdatu] *m* (*autorização*) mandate; POL term; **cumprir um ~** to complete a term of office

mandato-tampão <mandatos-tampões, mandatos-tampão> [mɜ̃ŋˈdatu-tɜ̃ŋˈpɜ̃w, -ˈõjs,] *m* POL extension of mandate

mandíbula [mɜ̃ŋˈdʒibula] *f* jaw

mandinga [mɜ̃ŋˈdʒĩjga] *f* witchcraft; **fazer uma ~** to cast a spell

mandioca [mɜ̃ŋdʒiˈɔka] *f* cassava

Cultura Manioc is the most important culinary inheritance from Brazilian indians. Once its toxin is extracted, the root may be cooked, fried, or ground. Manioc flour is used to make **farofa**, an essential accompaniment to **feijoada**.

mando ['mɐ̃ndu] *m* **a ~ de** by order of

mandões *m pl de* **mandão**

mandona *adj, f v.* **mandão**

mané [ma'nɛ] *m pej, inf* simpleton

maneira *adj v.* **maneiro**

maneira [mɜ'nejrɜ] *f* manner, way; **à ~ de** like; **de ~ nenhuma** absolutely not; **de qualquer ~** anyway; **de que ~?** how?; **de tal ~ que ...** in such a way that ...; **uma ~ de falar** a manner of speaking; **não há ~ de convencê-lo** there is no way of convincing him

maneirar [mɜnej'rar] *vi inf* (*agir com moderação*) to be careful

maneiras [mɜ'nejrɜs] *fpl* manners; **ter boas ~** to have good manners

maneirismo [mɜnej'rizmu] *m* mannerism

maneiro, -a [mɜ'nejru, -a] *adj inf* (*pessoa, roupa*) cool

maneiroso, -a [mɜnej'rozu, -a] *adj* (*amável, delicado*) courteous

manejar [mɜne'ʒar] *vt* 1.(*instrumento*) to handle; (*máquina*) to operate; **fácil de ~** to be easy to handle 2.(*negócio*) to manage; (*pessoas*) to control

manejável <-eis> [mɜne'ʒavew, -ejs] *adj* (*situação*) manageable

manejo [mɜ'neʒu] *m* (*de instrumento*) handling; (*de máquina*) operating; (*dos negócios*) management

manequim [mɜni'kĩj] <-ins> I. *m* (*de vitrine*) mannequin; (*medida para roupas*) size II. *mf* (*pessoa*) model

maneta [mɜ'netɜ] *adj* (*pessoa: braço*) one-armed; (*mão*) one-handed

manga ['mɐ̃ŋɡɜ] *f* 1.(*roupa*) sleeve; **em ~s de camisa** in shirt sleeves; **arregaçar as ~s** to roll up one's sleeves; **botar as ~s de fora** to show your true colours 2. BOT mango

manga-larga ['mɐ̃ŋɡɜ-'larɡɜ] <mangas-largas> *m* a breed of Brazilian horse

manganês [mɐ̃ŋɡɜ'nes] *m sem pl* manganese

mango ['mɐ̃ŋɡo] *m inf* money; **estou sem um ~ na carteira** I don't have any money on me

mangue ['mɐ̃ŋɡe] *m* (*planta*) mangrove; GEO mangrove swamp

mangueira [mɐ̃ŋ'ɡejrɜ] *f* 1. hose 2. BOT (*árvore*) mango tree

manha ['mɐɲɜ] *f* 1.(*astúcia*) cunning; **ter ~** to be cunning 2.(*birra*) whining; **fazer ~** to whine 3. *inf* (*segredo*) tricks; **ter as ~s de fazer a. c.** *gír* to have the knack of doing sth

manhã [ma'ɲɐ̃] *f* morning; **às sete da ~** seven in the morning; **esta ~** this morning; **de ~** (**cedo**) early morning; **da ~ à noite** all day; **ontem de ~** yesterday morning; **na quarta de ~** on Wednesday morning

manhãzinha [mɐ̃ɲɜ'ziɲɜ] *f* **de ~** early in the morning

manhoso, -a [mɜ'ɲozu, -ɔzɜ] *adj* (*astuto*) clever; (*birrento*) whiny

mania [mɜ'niɜ] *f* 1. MED mania; **~ de perseguição** persecution complex; **ter ~ de grandeza** to have delusions of grandeur 2.(*obsessão*) obsession 3.(*excentricidade*) eccentricity; **ter a ~ de chegar atrasado** to be in the habit of arriving late

maníaco, -a [mɜ'niaku, -a] I. *adj* 1.(*excêntrico*) eccentric; **ser ~** to be eccentric 2. MED manic II. *m, f* maniac

maníaco-depressivo, -a [mɜ'niaku-depre'sivu, -a] *adj* manic-depressive

manicômio [mɜni'komiw] *m* asylum

manicure [mɜni'kuri] *f* manicure

manifesta *adj v.* **manifesto**

manifestação <-ões> [mɜnifestɜ'sɐ̃w, -'õjs] *f* 1.(*protesto*) demonstration 2.(*de sentimentos*) display

manifestante [mɜnifes'tɐ̃ntʃi] *mf* demonstrator

manifestar [mɜnifes'tar] I. *vt* 1.(*opinião*) to express 2.(*sentimentos*) to show II. *vr:* **-se** 1.(*pessoa*) to show up 2.(*sintomas*) to appear; (*doença*) to show symptoms of

manifesto [mɜni'fɛstu] *m* manifest

manifesto, -a [mɜmani'fɛstu, -a] *adj* evident

manilha [mɜ'niʎɜ] *f* (*canalização*) pipe

manipulação <-ões> [mɜnipulɜ'sɐ̃w, -'õjs] *f* handling; *fig* manipulation; **~ eleitoral** electoral fraud

manipulador(a) [mɜnipulɜ'dor(a)] *adj* manipulator, handler

manipular [mɜnipu'lar] *vt* to manipulate; (*plano*) to create; (*medicamentos*) to prepare; (*manejar*) to handle

manipulável <-eis> [mɜnipu'lavew, -ejs] *adj* manipulable

manivela [mɜni'vɛla] *f* crank

manjado, -a [mɜ̃'ʒadu, -a] *adj inf*(*pessoa, assunto*) well-known

manjar [mɜ̃'ʒar] I. *m* (*comida*) food; (*iguaria*) delicacy II. *vt inf* (*entender, perceber: trama, truque*) to catch on

manjar-branco [mɜ̃ʒar-'brɜ̃ŋku] <manjares-brancos> *m* ≈ blancmange, *pudding made with corn starch, milk, sugar and coconut milk, topped with caramel sauce and/or prunes*

manjedoura [mɜ̃ʒe'dowra] *f* manger

manjericão <-ões> [mɜ̃ʒeri'kɜ̃w, -õjs] *m* basil

manjuba [mɜ̃'ʒuba] *f* ZOOL smelt

mano, -a ['mɜnu, a] *m, f inf*brother *m*, sister *f*

manobra [mɜ'nɔbra] *f* **1.**(*navio, automóvel, militar*) maneuver *Am*, manoeuvre *Brit;* **fazer uma** ~ to maneuver *Am*, to manoeuvre *Brit;* **o motorista fez uma ~ perigosa** the driver performed a dangerous maneuver **2.**(*artimanha*) maneuver *Am*, manoeuvre *Brit;* **oposição denuncia ~ política do governo** the opposition denounced the government's political maneuverings

manobrar [mɜno'brar] *vt* **1.** to maneuver **2.**(*carro*) to handle; (*mecanismo*) to operate **3.**(*manipular*) to manipulate **4.**(*usar de astúcia*) to scheme

manobrista [mɜno'brista] *mf* (*estacionamento*) valet

manômetro [mɜ'nometru] *m* FÍS manometer

manquejar [mɜ̃ke'ʒar] *vi* to limp; *fig* (*falhar*) to fall down

mansa *adj v.* **manso**

mansão <-ões> [mɜ̃'sɜ̃w, -õjs] *f* mansion

mansidão <-ões> [mɜ̃si'dɜ̃w, -õjs] *f* gentleness

mansinho, -a [mɜ̃'siɲu, -a] *adv* **de** ~ gently; (*devagar*) slowly

manso, -a ['mɜ̃su, -a] *adj* **1.**(*índole*) gentle **2.**(*animal*) tame **3.**(*mar*) calm

mansões *f pl de* **mansão**

manta ['mɜ̃ta] *f* (*cobertor*) blanket; (*xale*) shawl

manteiga [mɜ̃'tega] *f* butter; ~ **de cacau** cocoa butter; **ser uma ~ derretida** *inf* to be a crybaby

manteigueira [mɜ̃te'gera] *f* butter dish

manter [mɜ̃'ter] *irr como* **ter** I. *vt* **1.**(*conservar*) to maintain; (*um costume*) to preserve; (*a cor*) to keep; **~ as aparências** to keep up appearances; **~ a linha** *inf* to toe the line; **~ a ordem** to keep the peace; **~ a palavra** to keep one's word **2.**(*a opinião*) to defend **3.**(*um diálogo*) to keep open **4.**(*num lugar*) to keep; **~ longe das crianças!** keep out of reach of children! **5.**(*a família*) to support II. *vr:* **~-se 1.**(*situação*) to remain; **os juros mantiveram-se elevados** interest rates remained high **2.**(*pessoa*) to support oneself; **~-se em forma** *inf* to keep in shape

mantilha [mɜ̃'tiʎa] *f* mantilla; (*véu*) veil

mantimentos [mɜ̃tʃi'mejtus] *mpl* provisions

manto ['mɜ̃tu] *m* cloak

manual <-ais> [mɜnu'aw, -'ajs] I. *m* manual II. *adj* manual; **trabalho ~** manual labor

manualmente [mɜnuaw'mejtʃi] *adv* manually

manufatura [mɜnufa'tura] *f* manufacture

manufaturar [mɜnufatu'rar] *vt* to manufacture

manuscrito [mɜnus'kritu] *m* HIST document; (*de livro*) manuscript

manuscrito, -a [mɜnus'kritu, -a] *adj* handwritten

manusear [mɜnuze'ar] *conj como* **passear** *vt* to handle; (*livro*) to leaf through

manuseio [mɜnu'zeju] *m* handling

manutenção <-ões> [mɜnutẽj'sɜ̃w, -õjs] *f* **1.**(*do carro, de máquina*) maintenance; (*da casa*) upkeep **2.**(*administração*) management; (*~ da ordem*) keeping the peace **3.**(*da família*) providing for

mão ['mɜ̃w] <-s> *f* **1.** ANAT hand; **~s ao alto** hands up; **carrinho de ~** hand cart; **freio de ~** hand break; **à ~** (*lavagem, trabalho*) by hand; **à ~ armada** at gunpoint; **abrir ~ de a. c.** to give sth up; **com ~ de ferro** with an iron fist; **com uma ~ atrás e outra na frente**

without a penny to one's name; **dar a ~ a alguém** (*cumprimentar*) to shake sb's hand; **dar a ~ à palmatória** to stand corrected; **dar uma ~ a alguém** to give sb a hand; **de ~ em ~** from one person to another; **de ~ beijada** (*sem exigência*) for nothing; **de ~ cheia** *fig* first-rate; **de ~s dadas** (**com alguém**) holding hands (with sb); **de segunda ~** second hand; **em primeira/segunda ~** new/second hand; **entregar em ~s** to deliver by hand; **escrito à ~** handwritten; **estar à ~** (*perto*) to be close at hand; **estar em boas ~s** to be in good hands; **estar com a ~ na massa** *fig* to be in the midle of sth; **estar de ~s atadas** *fig* to have one's hands tied; **estar nas ~s de alguém** to be in sb's hands; **ficar na ~** (*ser logrado*) to be cheated; **lançar ~ de a. c.** to make use of; **lavar as ~s** *fig* to wash one's hands; **levantar as ~s ao céu** to thank God for sth; **meter a ~ no bolso de alguém** to rip sb off; **molhar a ~ de alguém** (*garçom*) to tip; (*subornar*) to bribe; **passar a ~ em a. c.** to touch; **passar a ~ na cabeça de alguém** to let sb off; **pedir a ~ de alguém** to ask for sb's hand (in marriage); **pôr ~s à obra** to get to work; **pôr a ~ no fogo por alguém** to vouch for sb; **pôr as ~s em alguém** to lay hands on sb; **pôr a ~ na consciência** to search one's conscience; **ser uma ~ na roda** to be a big help; **de ~s abanando/vazias** empty-handed; **uma ~ lava a outra** *prov* one good turn desrves another **2.** (*de pintura*) coat **3.** (*no trânsito*) **dupla** two-way; **~ única** one-way; **ser fora de ~** to drive against the flow of traffic; **na sua ~** in one's lane

mão-aberta ['mɐ̃w-a'bɛrta] <mãos--abertas> *adj* generous

mão-cheia ['mɐ̃w-'ʃeja] <mãos--cheias> *f* first-rate; **cozinheiro de ~** first-rate chef

mão-de-obra ['mɐ̃w-dʒi-'ɔbra] <mãos--de-obra> *f* (*trabalho*) workmanship; (*trabalhadores*) labor

mão-de-vaca ['mɐ̃w-dʒi-'vaka] <mãos--de-vaca> *m* **ele é ~** he is tightfisted

mapa ['mapa] *m* (*de país*) map; (*de cidade*) map; **~ astral** astrological map; **~ das estradas** road atlas; **~ da mina** *inf* key to success; **sumir do ~** to disappear

mapa-múndi ['mapa-'mũwdʒi] <mapas-múndi> *m* world map

mapear [mapi'ar] *conj como* passear *vt* to map

maquete [ma'kɛtʃi] *f* ARQUIT scale model

maquiagem [maki'aʒẽj], **maquilagem** [maki'laʒẽj] <-ens> *f* makeup; **pôr ~** to put on one's makeup; **tirar a ~** to take off one's makeup

maquiar [maki'ar] **I.** *vt* to make up; (*mascarar: fatos*) to misrepresent **II.** *vr:* **~-se** to make oneself up

maquiavélico, -a [makia'vɛʎiku, -a] *adj* Machiavellian

máquina ['makina] *f* machine; **~ de costura** sewing machine; **~ de escrever** typewriter; **~ do Estado** state apparatus; **~ fotográfica** camera; **~ de lavar** washing machine; **à ~** by machine; **bater** [*ou* **escrever**] **à ~** to type

maquinação <-ões> [makina'sɐ̃w, -õjs] *f* (*intriga*) conspiracy

maquinar [maki'nar] *vt* to conspire

maquinaria [makina'ria] *f* machinery

maquinista [maki'nista] *mf* operator; (*de trem*) engineer

mar ['mar] *m* **1.** (*água*) sea; **~ adentro** on the high seas; **Mar Mediterrâneo** the Mediterranean Sea; **Mar do Norte** the North Sea; **o Mar Vermelho/Morto/Negro** the Red/Dead/Black Sea; **alto-~** the open sea; **por ~** by sea; **nem tanto ao ~, nem tanto à terra** *fig* a sea of corruption; **~ de rosas** bed of roses **2.** *fig* (*grande quantidade*) sea; **um ~ de gente** a sea of people; **um ~ de lágrimas** a sea of tears

maracatu [maraka'tu] *m a dance in which a group in costume dances to the sound of drums, cowbells and a gong and follow a woman who carries a decorated doll on a pole and performs choreographed movements*

maracujá [maraku'ʒa] *m* passion fruit; **suco de ~** passion fruit juice

maracutaia [maraku'taja] *f* (*negociata*) dirty trick

marajá [mara'ʒa] *m* (*título*) maharajah; *pej* (*servidor público*) *a retired civil servant who receives an excessive pension*

Maranhão [marɐ̃'nɐ̃w] *m* (State of) Maranhão

maranhense [marɐ̃'nẽjsi] **I.** *adj* pertain-

marasmo 369 **margem**

ing to the state of Maranhão II. *mf native of Maranhão*

marasmo [ma'razmu] *m* (*estagnação*) stagnation

maratona [maɾa'tɔna] *f* ESPORT marathon

maratonista [maɾato'nista] *mf* marathon runner

maravilha [maɾa'viʎa] *f* marvel; ~**s do mundo** wonders of the world; **correu tudo às mil ~s** *inf* everything went wonderfully; **isto é uma ~** *inf* this is wonderful

maravilhado, -a [maɾavi'ʎadu, -a] *adj* amazed; **ficar ~ (com a. c./alguém)** to be amazed by sth/sb

maravilhar [maɾavi'ʎaɾ] I. *vt* to marvel II. *vr:* ~**-se** to wonder at

maravilhoso, -a [maɾavi'ʎozu] *adj* marvelous *Am,* marvellous *Brit*

marca ['maɾka] *f* **1.** (*sinal*) mark **2.** (*de produto*) brand; (*automóvel*) make; ~ **registrada** registered trademark **3.** MED (*cicatriz*) scar **4.** (*grau*) level; **os preços atingiram uma ~ histórica** prices have reached historic levels; **é um cínico de ~ maior** he's an out-and-out cynic; **atingir uma ~** to be up to scratch

marcação <-ões> [maɾka'sãw, -'ɔjs] *f* **1.** (*sinalização*) marking **2.** (*de lugar*) demarcation; (*reserva*) reservation **3.** (*de data, consulta, prazo*) scheduling **4.** ESPORT scoring; ~ **homem a homem** man-to-man marking; **estar de ~ com alguém** *inf* to pick on sb

marcado, -a [maɾ'kadu, -a] *adj* (*lugar*) marked; **ficar ~** *fig,* **ficou ~ pelas dificuldades da vida** he was marked by the difficulties he faced in life

marcador [maɾka'doɾ] *m* **1.** (*caneta*) marker **2.** ESPORT (*quadro*) scoreboard **3.** ~ **de livros** bookmark

marcante [maɾ'kãntʃi] *adj* (*personalidade, fato*) striking

marcapasso [maɾka'pasu] *m* pacemaker

marcar [maɾ'kaɾ] *vt* <c→qu> **1.** (*assinalar*) to mark **2.** (*um lugar*) to demarcate; (*reservar*) to reserve **3.** (*hora, data*) to set; ~ **uma consulta** to make an appointment **4.** ESPORT (*um gol, pontos*) to score; (*jogador adversário*) to mark **5.** *fig* ~ **bobeira** *gír* to be asleep; ~ **passo** *inf* (*não progredir*) to mark time

marcenaria [masena'ɾia] *f* carpentry; (*oficina*) carpentry shop

marceneiro, -a [maɾse'nejɾu, -a] *m, f* carpenter

marcha ['maɾʃa] *f* **1.** MIL, MÚS march; ~ **acelerada** double time; ~ **fúnebre** funeral march; ~ **nupcial** wedding march; ~ **de protesto** protest march **2.** *fig* (*andamento*) progress **3.** (*de carro*) gear; **dar a ~ à ré** to put in reverse; **estar em ~** to be in gear; **ir em ~ à ré** to go backwards; **pôr a. c. em ~** to get sth going

marchand [maɾ'ʃã] *mf* art dealer

marchar [maɾ'ʃaɾ] I. *vi* to march II. *interj* MIL **ordinário, marche!** forward, march!

marcial <-ais> [maɾsi'aw, -'ajs] *adj* martial; **corte ~** court martial; **lei ~** martial law

marciano, -a [maɾsi'ɐnu] I. *adj* Martian II. *m, f* Martian

marco ['maɾku] *m* **1.** (*em terreno*) landmark **2.** (*na História*) milestone

março ['maɾsu] *m* March; **em ~** in March; **no mês de ~** in the month of March; **no dia 10 de ~** on the tenth of March; **o dia 5 de ~** on the fifth of March; **hoje é 20 de ~** today is March twentieth; **no início/fim de ~** at the beginning/end of March; **em meados de ~** in the middle of March; **Rio de Janeiro, 30 de ~ de 2004** Rio de Janeiro, March 30, 2004

maré [ma'ɾɛ] *f* tide; ~ **alta** high tide; ~ **de azar** run of bad luck; ~ **baixa** [*ou* **vazante**] low tide; ~ **cheia** high tide; ~ **de sorte** run of good luck; **remar contra a ~** to swim against the tide

marechal <-ais> [maɾe'ʃaw, -'ajs] *m* marshal

marejar [maɾe'ʒaɾ] *vt* (*lágrimas*) to shed

maremoto [maɾe'mɔtu] *m* tidal wave

maresia [maɾe'zia] *f* sea air

marfim [maɾ'fĩ] <-ins> *m* ivory

margarida [maɾga'ɾida] *f* daisy

margarina [maɾga'ɾina] *f* margarine

margear [maɾʒe'aɾ] *conj como passear vt* to border

margem ['maɾʒẽj] <-ens> *f* **1.** (*de rio*) riverbank; **à ~ de a. c.** alongside **2.** (*de página*) margin **3.** ECON (*diferença*) mark up; ~ **de lucro** profit margin **4.** (*grau de diferença*) margin; ~ **de erro** margin of error; **o candidato teve boa ~ de votos** the cadidate won by a wide margin 5.(*oportunidade*) chance; **dar ~ a alguém** to give sb a chance

marginal [marʒi'naw, -'ajs] I. *f* (*de rio*) riverbank II. *adj* marginal III. *mf* delinquent

marginália [marʒina'ʎia] *f* margin notes

marginalidade [marʒinaʎi'dadʒi] *sem pl f* delinquency

marginalizado, -a [marʒinaʎi'zadu, -a] *adj* marginalized; **ficar** [*ou* **ser**] **~** to be marginalized; **sentir-se ~** to feel excluded

marginalizar [marʒinaʎi'zar] *vt* to marginalize

maria-chiquinha [ma'ria-ʃi'kĩɲa] <marias-chiquinhas> *f* (*cabelo*) pigtails *Am*, bunches *Brit*

maria-fumaça [ma'ria-fu'masa] <marias-fumaça(s)> *f* steam engine

maria-mole [ma'ria-'mɔʎi] <marias-moles> *f* ≈ coconut marshmallow (*a spongy sweet made of egg whites, sugar and coconut*)

maria-sem-vergonha [ma'ria-sẽj-ver'gõɲa] <marias-sem-vergonha> *f* BOT busy Lizzie

maria-vai-com-as-outras [ma'ria-vajkwaz'otras] *f inv, fig, inf* sheep

maricas [ma'rikas] *inf* I. *adj* effeminate II. *m* (*covarde*) sissy; *inv, pej* (*homosexual*) poof

marido [ma'ridu] *m* husband

marimba [ma'rĩjba] *f* MÚS marimba

marimbondo [marĩj'bõwdu] *m* hornet

marina [ma'rina] *f* marina

marinar [mari'nar] *vt* GASTR to marinate

marinha *adj v.* **marinho**

marinha [ma'rĩɲa] *f* **~ de guerra** navy; **~ mercante** merchant navy

marinheiro [marĩ'ɲejru] *m* sailor; **~ de primeira viagem** *fig* novice

marinho, -a [ma'rĩɲu, -a] *adj* 1. marine; **algas marinhas** marine algae 2.(*azul* **~**) navy blue

marionete [mario'nɛtʃi] *f* marionette; *fig* puppet

mariposa [mari'poza] *f* 1. ZOOL moth 2. *reg* (*RJ: prostituta*) prostitute

marisco [ma'risku] *m* (*mexilhão*) mussell

maritaca [mari'taka] *f* ZOOL parakeet

marital <-ais> [mari'taw, -'ajs] *adj* marital

marítimo, -a [ma'ritʃimu, -a] *adj* 1.(*relativo ao mar: pesca, comércio, corrente*) sea 2.(*relativo à navegação: tráfego*) maritime

marketing ['marketʃij] *m sem pl* marketing

marmanjo [mar'mãnʒu] *m* 1.(*homen*) grown man; (*rapaz*) big boy 2.(*patife*) rascal; (*grosseiro*) brute

marmelada [marme'lada] *f* 1. GASTR quince jam 2. *inf* (*negócio desonesta*) double dealing 3.(*resultado combinado*) fix; **ser uma ~** to be a fix

marmelo [mar'mɛlu] *m* quince

marmita [mar'mita] *f* box lunch

mármore ['marmuri] *m* marble

marmota [mar'mɔta] *f* 1. ZOOL marmot 2. *reg* (*NE: pessoa mal vestida*) badly dressed person

marola [ma'rɔla] *f* NÁUT swell

maromba [ma'rõwba] *f gír* (*musculação*) weight training

marombeiro, -a [marõw'bejru, -a] *m, f gír* weight trainer

maroto, -a [ma'rotu, -a] I. *adj* (*piada, garoto*) naughty II. *m, f* rascal

marquês, -esa [mar'kes, -'eza] *m, f* marquis

marqueteiro, -a [marke'tejru, -a] *m, f* marketing executive

marquise [mar'kizi] *f* (*alpendre*) canopy

marra ['maxa] *f inf* (*a contragosto*) unwillingly; **foi à escola na ~** he went to school unwillingly; (*à força*) forcibly; (*a qualquer preço*) at all costs

marreco [ma'xɛku] *m* duck

marreta [ma'xeta] *f* mallet

marreteiro, -a [maxe'tejru, -a] *m, f reg* (*SP: vendedor ambulante*) street vendor

Marrocos [ma'ɔkus] *m* Morocco

marrom [ma'xõw] <-ons> I. *adj* brown; **imprensa ~** the gutter press II. *m* chestnut

marrom-glacê [ma'xõw-gla'se] <marrons-glacês> *m* marron glacé

marroquino, -a [maxo'kinu, -a] I. *adj* Moroccan II. *m, f* Moroccan

marruá [maxu'a] *m* an innocent

marsupial <-ais> [marsupi'aw, -'ajs] *m* ZOOL marsupial

Marte ['martʃi] *m* ASTRON Mars

martelada [marte'lada] *f* hammer blow; **dar uma ~ em a. c.** to hammer sth

martelar [marte'lar] *vt* 1.(*com martelo*) to hammer; **~ em a. c.** to hammer sth 2. *inf* (*insistir*) to insist; **estar sempre martelando na mesma tecla** to be like a broken record

martelo [mar'tɛlu] *m* hammer; **bater o ~** to make the winning bid at an auction

martim-pescador [mar'tʃīj-peska'dor] <martins-pescadores> *m* ZOOL kingfisher

martíni [mar'tʃini] *m* martini

mártir ['martʃir] <-es> *mf* martyr

martírio [mar'tʃiriw] *m* 1. (*do mártir*) martyrdom 2. (*padecimento*) torment

martirizar [martʃiri'zar] I. *vt* to martyr *fig*, to torment II. *vr* **~ com a. c.** to to agonize over sth

marujo [ma'ruʒu] *m* sailor

marxismo [mark'sizmu] *m sem pl* POL Marxism

marxista [mark'sista] *mf* Marxist

marzipã [marzi'pã] *m* marzipan

mas [mas] I. *conj* but; **não só ... ~ também** not only but also II. *m* objection; **nem ~ nem meio** ~ no ifs, ands or buts *Am*, no ifs and buts *Brit*

mascar [mas'kar] *vt* <c→qu> to chew; **~ chiclete** to chew gum

máscara ['maskara] *f* 1. mask; **~ contra gases** gas mask; **deixar cair a ~** to let one's mask slip; **tirar a ~ de alguém** to unmask sb 2. (*cosmética*) face mask

mascarado, -a [maska'radu, -a] *adj* 1. (*disfarçado*) disguised 2. (*fantasiado*) masked 3. (*falso*) insincere; (*convencido*) conceited

mascarar [maska'rar] I. *vt* 1. (*pôr máscara em*) to mask 2. (*dissimular*) to disguise 3. (*ocultar*) to conceal II. *vr:* **~-se** 1. (*pôr máscara*) to disguise oneself 2. *fig* to become conceited

mascate [mas'katʃi] *mf* street vendor

mascavo [mas'kavu] *adj* **açucar ~** brown sugar

mascote [mas'kɔtʃi] *f* mascot

máscula *adj v.* **másculo**

masculina *adj v.* **masculino**

masculinidade [maskuʎini'dadʒi] *f sem pl* masculinity

masculino, -a [masku'ʎinu, -a] *adj* masculine; **figura masculina** male presence

másculo, -a ['maskulu, -a] *adj* masculine; **voz máscula** manly voice

masmorra [maz'mɔxa] *f* dungeon

masoquismo [mazo'kizmu] *m sem pl* masochism

masoquista [mazo'kista] *adj* masochist

massa ['masa] *f* 1. (*para pão*, *pizza*) dough; (*macarrão*) pasta; **~ cinzenta** (*cérebro*) gray matter; *fig* intelligence; **~ folhada** puff pastry; **~ de tomate** tomato paste 2. (*quantidade*) mass; **as ~s** the masses; **cultura de ~** mass culture; **em ~** en masse 3. METEO **~ de ar** air mass

massa-corrida ['masa-ko'xida] <massas-corridas> *f* plaster

massacrar [masa'krar] *vt* to massacre

massacre [ma'sakri] *m* massacre

massagear [masaʒi'ar] *conj como passear vt* to massage

massagem [ma'saʒēj] <-ens> *f* massage; **fazer uma ~** to give a massage

massagista [masa'ʒista] *mf* masseur/masseuse

massificar [masifi'kar] *vt* <c→qu> *to shape public opinion through the mass media*

massudo, -a [ma'sudu, -a] *adj* (*pão*) doughy; (*pessoa*) burly

mastectomia [mastekto'mia] *f* mastectomy

mastigar [mastʃi'gar] *vt* <g→gu> 1. (*os alimentos*) to chew 2. (*as palavras*) to mumble

mastodonte [masto'dõwtʃi] *m* mastodon

mastro ['mastru] *m* NÁUT mast

masturbação <-ões> [masturba'sãw, -'õjs] *f* masturbation

masturbar-se [mastur'barsi] *vr* to masturbate

mata ['mata] *f* forest; **~ virgem** virgin forest

mata-borrão <mata-borrões> ['mata-bo'xãw, -'õjs] *m* 1. (*papel*) blotting paper; **passar um ~** to blot sth out 2. *fig* (*pessoa*) drunk

mata-burro ['mata-'buxu] *m* cattle guard

matador(a) [mata'dor(a)] <-es> *m(f)* killer

matadouro [mata'dowru] *m* slaughterhouse

matagal <-ais> [mata'gaw, -ajs] *m* thicket

mata-moscas ['mata-'moskas] *m inv* 1. (*produto*) fly spray 2. (*objeto*) fly swatter

mata-mosquitos ['mata-mus'kitus] *m inv* member of public health depart-

matança [ma'tɔ̃sa] *f* **1.** (*de animal*) slaughter **2.** (*de pessoas*) massacre

matar [ma'tar] <*pp* morto *ou* matado> **I.** *vt* **1.** (*uma pessoa*) to kill; (*gado*) to slaughter; (*a sede*) to quench; (*a fome*) to satify; (*o tempo*) to kill; (*uma aula*) to skip; (*uma charada*) to guess; **~ de desgosto** to make sb extremely unhappy; **~ a saudade** to satisfy one's longing for sth or sb; **~ a bola no peito** ESPORT to trap a ball on one's chest **2.** *gír* (*dar cabo: a cerveja; o bolo; o cigarro*) to eat or drink the whole thing; **essa é de ~** this is terrible **II.** *vr:* **~-se** to commit suicide; **~-se de trabalhar** to work oneself to death

mata-ratos ['mata-xatus] *m* (*veneno*) rat poison

mate ['matʃi] **I.** *adj* matte **II.** *m* (*xeque-mate*) checkmate; (*chá*) maté tea

matemática [mate'matʃika] *f* mathematics, math *Am*, maths *Brit*

matemático, -a [mate'matʃiku, -a] **I.** *adj* mathematical **II.** *m, f* mathematician

matéria [ma'tɛria] *f* **1.** (*substância*) matter **2.** (*assunto*) subject; **~ jornalística** news report; **em ~ de** regarding **3.** (*da escola*) course, subject; **dar uma ~** to teach a subject

material <-ais> [materi'aw, -'ajs] **I.** *m* material; **~ didático** teaching material **II.** *adj* material; (*bens*) material goods

materialismo [materja'ʎizmu] *m sem pl* materialism

materialista [materja'ʎista] **I.** *adj* materialistic **II.** *mf* materialist

materializar [materjaʎi'zar] **I.** *vt* (*um sonho*) to realize **II.** *vr:* **~-se** to materialize

matéria-prima [ma'tɛria-'prima] <matérias-primas> *f* raw material

materna *adj v.* **materno**

maternal <-ais> [mater'naw, -'ajs] **I.** *adj* maternal; **amor ~** motherly love **II.** *m* (*escola*) preschool; **estar no ~** to be in preschool

maternidade [materni'dadʒi] *f* **1.** (*qualidade de mãe*) motherhood **2.** (*estabelecimento*) maternity ward

materno, -a [ma'tɛrnu, -a] *adj* maternal; **o avô ~** maternal grandfather; **a língua materna** native language

matilha [ma'tʃiʎa] *f* (*de cães*) pack

matina [ma'tʃina] *f inf* morning; **às duas da ~** two o'clock in the morning; **às sete da ~** seven o'clock in the morning

matinal [matʃi'naw, -'ajs] *adj* (*caminhada; brisa*) morning

matiné [matʃi'ne] *f* matinee

matiz [ma'tʃis] <-es> *m* **1.** (*de cor*) shade **2.** (*gradação*) gradation

mato ['matu] *m* bush; **estar em um ~ sem cachorro** to be up a creek without a paddle

mato-grossense [matugro'sẽjsi] **I.** *adj* pertaining to the state of Mato Grosso **II.** *mf* native of the state of Mato Grosso

Mato Grosso ['matu 'grosu] *m* state of Mato Grosso

Mato Grosso do Norte ['matu 'grosu du 'nɔrtʃi] *m* (State of) Mato Grosso do Norte

Mato Grosso do Sul ['matu 'grosu du 'suw] *m* (State of) Mato Grosso do Sul

matraca [ma'traka] *f* **1.** (*instrumento*) rattle **2.** *inf* (*tagarela*) chatterbox; **falar como uma ~** to talk a mile a minute *Am*, to talk nineteen to the dozen *Brit*

matreiro, -a [ma'trejru, -a] *adj* shrewd

matriarca [matri'arka] *f* matriarch

matrícula [ma'trikula] *f* **1.** (*em escola, curso*) enrollment; (*em universidade*) admission **2.** (*de motoristas*) registration **3.** (*registro*) register

matricular [matriku'lar] **I.** *vt* **1.** (*em escola*) to enroll; **~ a criança num colégio** to enroll a child in school **2.** (*em curso*) to register; **~ num curso de inglês** to register for an English course **3.** (*em universidade*) to be admitted to; **~ em matérias** to register for classes **II.** *vr:* **~-se** (*em escola*) to enroll; (*em curso*) to register; (*em universidade*) to be admitted

matrimonial [matrimoni'aw] *adj* matrimonial; (*acordo; contrato*) nuptial

matrimônio [matri'moniw] *m* matrimony

matriz [ma'tris] **I.** *f* **1.** (*molde*) mold **2.** MAT matrix **3.** (*sede*) headquarters; **a ~ da empresa** the company's headquarters **4.** (*origem*) source **II.** *adj* (*principal*) main; **igreja ~** Mother Church

matrona [ma'trona] *f* matron

maturação <-ões> [matura'sãw, -'õjs] *m* maturation; (*de fruta*) ripening

maturidade [maturi'dadʒi] *f sem pl*

matusalém 373 **mediador**

maturity

matusalém [matuza'lēj] <-ens> *m* Methusaleh; (*garrafa de vinho*) methusaleh

matusquela [matus'kɛla] *f reg* (*RJ*) loony

matuta *adj, f v.* **matuto**

matutar [matu'tar] *vt* to mull; ~ **sobre uma proposta** to mull over a proposal

matutino, -a [matu'tʃinu, -a] *adj* (*frio; pessoa*) morning

matuto, -a [ma'tutu, -a] **I.** *adj* (*do mato*) rustic **II.** *m, f* rustic; (*ignorante*) simpleton

mau, má ['maw, 'ma] <pior, péssimo> *adj* (*situação*) bad situation; (*tempo, ambiente*) bad weather; (*qualidade*) poor quality; (*índole*) bad; (*resultado*) poor; **má alimentação** poor eating habits; ~ **aluno** poor student; ~ **cantor** bad singer; ~ **comportamento** bad behviour; ~ **humor** bad mood; ~**s modos** bad manners; ~ **negócio** bad deal; **má notícia** bad news; ~**s presságios** bad omen; **má visibilidade** poor visibility; **vir em má hora** to come at a bad time

mau-caráter ['maw-ka'ratɛr] <maus-caracteres> *m* bad lot

mau-olhado ['maw-o'ʎadu] <maus-olhados> *m* evil eye

mauricinho [mawri'siɲu] *m inf:* young man who dresses well and frequents fashionable places

mausoléu [mawzo'lɛw] *m* mausoleum

maus-tratos ['maws-'tratus] *mpl* ill-treatment; **sofrer** ~ to suffer ill-treatment

maxilar [maksi'lar] **I.** *adj* jaw **II.** *m* jaw; ~ **inferior** lower jaw; ~ **superior** upper jaw

máxima *adj v.* **máximo**

máxima ['masima] *f* maxim

maximizar [maksimi'zar] *vt* to maximize

máximo ['masimu] *m* maximum; **ao** ~ to the utmost; **no** ~ at most; **é necessário o** ~ **de esforço** maximum effort is reqired; **a festa foi o** ~**!** *inf* the party was the great!

máximo, -a ['masimu, -a] *adj superl de* **grande** greatest; **a nota máxima** the maximum grade; **o** ~ **cuidado** the utmost care; **a temperatura máxima** the highest temperature

maxixe [ma'xiʃi] *m* BOT gherkin

mazela [ma'zɛla] *f* **1.** (*mácula na reputação*) blemish **2.** (*doença*) infirmity **3.** (*ferida*) sore

me [mi] *pron pess* (*objeto direto, reflexivo*) me, myself; (*objeto indireto*) me; **ela me pergunta** she asks me; **eu me lavo** I wash myself; **ela me dá** she gives me

mea-culpa [mea'kuwpa] *m* mea culpa; **fazer** ~ to admit fault

meada [me'ada] *f* skein; **perder/pegar o fio da** ~ *fig* to lose/follow the thread

meado [me'adu] *m* middle; **em** ~**s de janeiro** in the middle of January

meandro [me'ɜ̃ŋdru] *m* meandering; ~**s da política** political intrigue

meca ['mɛka] *f* Mecca; **Nova York é a** ~ **da cultura pop** New York is the mecca of pop culture

mecânica [me'kɜnika] *f* (*ciência*) mechanics; (*de um relógio, automóvel*) mechanics

mecânico, -a [me'kɜniku, -a] **I.** *adj* (*gestos; reação*) mechanical **II.** *m, f* mechanic; ~ **de automóveis** car mechanic

mecanismo [mekɜ'nizmu] *m* mechanism

mecanizar [mekɜni'zar] *vt* to mechanize

mecenas [me'sɛnas] *mf inv* patron

mecha ['mɛʃa] *f* **1.** (*pavio*) wick **2.** (*rastilho*) fuse **3.** (*de cabelo tingido*) highlight **4.** (*gaze*) gauze

meço ['mɛsu] *3. pres de* **medir**

medalha [me'daʎa] *f* medal; ~ **de ouro/prata/bronze** gold/silver/bronze medal

medalhão <-ões> [meda'ʎɜ̃w, -'õjs] *m* **1.** medallion **2.** *pej* (*figura de projeção*) big shot **3.** GASTR medallion

medalhista [meda'ʎista] *mf* medalist

medalhões *m pl de* **medalhão**

média *adj v.* **médio**

média ['mɛdʒia] *f* **1.** (*valor médio*) average; **em** ~ on average; **estar acima/abaixo da** ~ to be above/below average; **fazer** ~ *inf* to get on the right side of sb; **tirar a** ~ to find/calculate the average **2.** (*nota para aprovação escolar*) minimum passing grade **3.** *inf* (*copo grande de café com leite*) large white coffee

mediação <-ões> [medʒia'sɜ̃w, -'õjs] *f* mediation

mediador(a) [medʒia'dor(a)] *m(f)*

mediator; (*de grupo de discussão*) moderator

mediana [meˈdʒiˈɜna] *f* MAT median

mediano, -a [meˈdʒiˈɜnu, -a] *adj* **1.** (*regular: saúde; aluno*) average **2.** (*em tamanho: estatura*) medium

mediante [meˈdʒiˈɜntʃi] *prep* **1.** (*com o auxílio de*) by means of; **identificação ~ exame de sangue** identification by means of a blood test **2.** (*por meio de*) through; **prevenção de cáries ~ a educação das crianças** prevention of tooth decay through child education **3.** (*em troca de*) in return for; **liberação ~ pagamento de multa** release in return for paying a fine

mediar [meˈdʒiˈar] *irr como odiar vt* to divide in the middle; (*ser mediador*) to mediate

mediato, -a [meˈdʒiatu, -a] *adj* mediate

médica *adj, f v.* **médico**

medicação <-ões> [medʒikaˈsɐ̃w, -ˈõjs] *f* medication; **estar sob ~** to be on medication

medicamento [medʒikaˈmẽjtu] *m* medicine; **tomar um ~** to take medicine

medicamentoso, -a [medʒikamẽjˈtozu, -ˈɔza] *adj* medicinal

medição <-ões> [medʒiˈsɐ̃w, -ˈõjs] *f* measurement

medicar [medʒiˈkar] <c→qu> **I.** *vt* (*tratar*) to treat **II.** *vi* (*exercer a medicina*) to practice medicine **III.** *vr:* **~-se** to take medicine

medicina [medʒiˈsina] *f sem pl* medicine; **~ de grupo** group practice; **~ legal** forensic medicine; **~ preventativa** preventative medicine; **estudar ~** to study medicine; **exercer ~** to practice medicine

medicinal <-ais> [medʒisiˈnaw, -ˈajs] *adj* (*chá; ervas*) medicinal

médico, -a [ˈmɛdʒiku, -a] **I.** *adj* medical; **exame ~** medical test **II.** *m, f* doctor; **~ de clínica geral** general practitioner; **~ especialista** medical specialist

médico-cirurgião, -a <médicos-cirurgiões, -giães> [ˈmɛdʒiku-siruʒiˈɐ̃w, -ɐ̃, -õjs,] *m, f* surgeon

médico-legista [ˈmɛdʒiku-leˈʒista] <médicos-legistas> *m* medical examiner *Am*, (forensic) pathologist *Brit*

medida [miˈdʒida] *f* **1.** (*para medição*) measurement; (*unidade de ~*) unit of measurement; **à ~** custom made; **feito sob ~** made to order **2.** (*de roupa*) size; **tirar ~s de alguém/a. c.** to measure sb/sth **3.** (*decisão*) measure; **~s de precaução** precautionary measures; **~ provisória** POL provisional measure; **~s de segurança** safety measures; **tomar uma ~** to take steps **4.** *fig* (*extensão*) extent; **em que ~** to what extent; **na ~ em que** to the extent that; **na ~ do possível** within the bounds of possibility; **ir além da ~** to go too far; **à ~ que eu for falando, podem tomar notas** while I speak, you can take notes; **ter dois pesos e duas ~s** *inf* to have a double standard

medidor [midʒiˈdor] <-es> *m* (*de gás*) meter; (*de pressão*) gauge

medieval <-ais> [medʒjeˈvaw, -ˈajs] *adj* medieval

médio, -a [ˈmɛdʒiw, -a] *adj* **1.** (*no meio*) in the middle; **classe média** middle class; **dedo ~** middle finger; **Idade Média** Middle Ages; **tamanho ~** medium size **2. temperatura média** average temperature

medíocre [meˈdʒiwkri] *adj* mediocre

mediocridade [medʒiwkriˈdadʒi] *f* mediocrity

medir [miˈdʒir] *irr como pedir* **I.** *vt* to measure; **ele mede 1,70 m** he is 1.70m tall; **~ as consequências** to weigh the consequences; **~ a. c. com fita métrica** to measure (sth) with a tape measure; **~ forças com alguém** to compete with sb; **~ as palavras/os atos** to weigh words/actions; **meça suas palavras!** hold your tongue!; **não ~ esforços** do whatever it takes; **~ alguém de alto a baixo** to size sb up **II.** *vr:* **~-se** (*rivalizar*) to compete with

meditação <-ões> [medʒitaˈsɐ̃w, -ˈõjs] *f* meditation

meditar [medʒiˈtar] *vt* meditate; **~ sobre a vida** to think about life

meditativo, -a [medʒitaˈtʃivu, -a] *adj* meditative

Mediterrâneo [medʒiteˈxɜniw] *m* Mediterranean

médium [ˈmɛdʒiũw] <-uns> *mf* medium

medo [ˈmedu] *m* fear; **estar com** [*ou* **ter**] **~ de alguém/a. c.** to be afraid of sb/sth; **ficar com/sentir ~** to become/be frightened; **meter ~ em alguém** to scare sb; **não ter ~ de cara feia** to be unafraid of disapproval; **ter ~**

da própria sombra to be afraid of one's own shadow; **sem ~ de nada** fearless

medonho, -a [me'dõɲu, -a] *adj* frightful

medroso, -a [me'drozu, -'ɔza] *adj* frightened; (*tímido*) timid

medula [me'dula] *f* ANAT medulla; **~ óssea** bone marrow; **até a ~** (*dos ossos*) (*inteiramente*) completely

medusa [me'duza] *f* ZOOL jellyfish

meeiro, -a [me'ejru, -a] *m, f* AGR sharecropper

megabaite [mɛga'bajtʃi] *m* INFOR megabyte

megabit [mɛga'bitʃi] *m* INFOR megabit

megafone [mega'foni] *m* megaphone

megalomania [megaloma'nia] *f* megalomania

megalomaníaco, -a [megaloma'niaku] *m, f* magalomaniac

meganha [me'gãɲa] *m inf* cop

megera [me'ʒɛra] *f* shrew

meia ['meja] **I.** *f* sock; (*curta*) short socks; **~ elástica** support hose *Am,* support stockings *Brit;* **~ de seda** (*comprida*) silk stockings; **~ três-quartos** (*joelhos*) knee-high socks; **calçar uma ~** to put on socks **II.** *num* card six; **cinco meia quatro** (*564*) five six four; **~ dúzia** half a dozen

meia-calça ['meja-'kawsa] <meias-calças> *f* pantyhose *Am,* tights *Brit*

meia-direita ['meja-dʒi'rejta] <meias-direitas> *m* FUT inside right

meia-entrada ['meja-ẽj'trada] <meias-entradas> *f* half-price ticket

meia-esquerda ['meja-is'kerda] <meias-esquerdas> *m* FUT inside left

meia-estação ['meja-ista'sãw, -'õjs] *f* mild weather; **roupa/moda de ~** spring/autumn fashion

meia-idade ['meja-i'dadʒi] <meias-idades> *f* middle age; **uma senhora de ~** a middle-aged woman

meia-lua ['meja-'lua] <meias-luas> *f* half-moon

meia-luz ['meja-'lus] <meias-luzes> *f* half-light; **à ~** crepuscular at twilight

meia-noite ['meja-'nojtʃi] <meias-noites> *f* midnight; **à ~** at midnight

meias ['mejas] *f pl* fifty-fifty partnership

meia-sola ['meja-'sɔla] <meias-solas> *f* new sole

meia-tigela ['meja-tʃi'ʒɛla] <meias-tigelas> *f inf* (*medíocre*) second-rate; **escritor de ~** second-rate writer

meia-volta ['meja-'vɔwta] <meias-voltas> *f* half turn; **dar ~** to turn around

meigo, -a ['mejgu, -a] *adj* (*voz; palavras*) sweet

meiguice [mej'gisi] *f* sweetness; **~s** caresses

meio ['meju] **I.** *m* **1.** (*centro*) middle; **no ~** in the middle; **no ~ de** in the middle of; **no ~ da multidão** in a crowd; **no ~ da noite** in the middle of the night; **no ~ da rua** in the middle of the street; **a janela no ~** the window in the middle **2.** (*metade*) half; **o** [*ou* **no**] **~ do caminho** half way through; **pelo ~** half way; **cortar a. c. ao ~** cut sth in half; **deixar um trabalho no ~** to leave work half finished; **deixar um pão no ~** to leave a piece of bread half eaten; **deixar uma conversa no ~** not to finish a conversation; **dividir a. c. ~ a ~** to divide sth fifty-fifty; **embolar o ~ de campo** *fig* to foul things up **3.** (*instrumento, método*) means; **~ ambiente** environment; **~ de comunicação** means of communication; **~ de transporte** means of transportation; **~ de vida** livelihood; **por ~ de** by means of; **os fins justificam os ~s** the ends justify the means **II.** *adj* half; **~ litro** half a liter; **meia hora** half an hour; **um e ~** one and a half; **dois e ~** two and a half; **à meia-noite e meia** at half past midnight; **às três e meia** at three thirty **III.** *adv* kind of; **estar ~ cansado** I'm kind of tired; **estar ~ dormindo** I'm half asleep

meio-campista ['meju-kãŋ'pista] *m* ESPORT midfield player

meio-de-campo ['meju-dʒi-'kãŋpu] *m* FUT (*posição*) midfield; **jogador de ~** midfield

meio-dia ['meju-'dʒia] *m* noon, midday; **~ e meia** (**hora**) twelve thirty; **ao ~** at noon [*o* midday]

meio-fio ['meju-'fiw] <meios-fios> *m* **estacionar no ~** to park at the curb

meio-irmão, meia-irmã ['meju-ir'mãw] <meios-irmãos, meias-irmãs> *m, f* half brother

meios ['mejus] *mpl tb.* FIN means

meio-termo ['meju-'termu] *m* compromise; **não tem ~!** there is no compromising!

meio-tom ['meju-'tõw] <meios-tons>

m MÚS semitone
mel ['mɛw] <méis *ou* meles> *m* honey; (*doçura*) sweetness
melaço [me'lasu] *m* molasses *pl*
melado, -a [me'ladu, -a] *adj* (*pegajoso*) sticky
melancia [melɐ̃'sia] *f* watermelon
melancolia [melɐ̃ko'ʎia] *f* melancholy
melancólico, -a [melɐ̃'kɔʎiku, -a] *adj* sad; **estar ~** to be sad
melanina [melɐ'nina] *f* melanin
melanoma [melɐ'nɔma] *m* MED melanoma
melão <-ões> [me'lɐ̃w, -'õjs] *m* melon
melar [me'lar] **I.** *vt* (*adoçar*) to sweeten; (*sujar*) to mess **II.** *vr*: ~-**se** to become messy
meleca [me'lɛka] *f inf* snot; **uma ~ bogey;** (*ruim*) crap; **este trabalho está uma ~!** this work is crap!
meleira [me'lejra] *f* sticky mess
meles *m pl de* **mel**
melhor [me'ʎɔr] **I.** *m* **o ~** the best; **o ~ é telefonar** it would be best to phone; **fazer o ~ possível** to do the best one can; **no ~ da festa** (*inesperadamente*) all of a sudden **II.** *adj* **1.** (*comp de bom*) better; **tanto ~!** much better!; **a minha mãe está ~** my mother is feeling better **2.** (*superl de bom*) **o/a ~** the best; **o ~ aluno da turma** the best student in the class; **ele é o ~** he is the best **III.** *adv* better; **ele faz isso ~ que eu** he does this better than I do **IV.** *conj* (*isto é*) **..., ou melhor, ...** or rather
melhor [me'ʎɔr] *f* **levar a ~** to come off best; **ele passou desta para a ~** *inf* (*morreu*) he has gone to a better place
melhora [me'ʎɔra] *f* improvement; **~ da temperatura** an improvement in temperature; **estimo ~s!** get well soon!
melhorada [meʎo'rada] *f inf* improvement; **o tempo deu uma ~** the weather has improved
melhorado, -a [meʎo'radu, -a] *adj* improved
melhoramento [meʎora'mẽtu] *m* improvement
melhorar [meʎo'rar] **I.** *vt* to improve; **~ de vida** to get ahead in life **II.** *vi* **1.** (*aperfeiçoar-se*) to perfect **2.** MED to get better **3.** (*tempo, situação*) to get better
melindrado, -a [melĩj'dradu, -a] *adj* hurt
melindrar [melĩj'drar] **I.** *vt* to offend **II.** *vr*: ~-**se** to take offense

melindre [me'ʎĩjdri] *m* (*suscetibilidade*) sensitivity
melindroso, -a [meʎĩj'drozu, -'ɔza] *adj* **1.** (*pessoa*) sensitive **2.** (*situação*) delicate
melodia [melo'dʒia] *f* melody
melodioso, -a [melodʒi'ozu, -'ɔza] *adj* melodious
melodrama [melo'drɐma] *m* melodrama
melodramático, -a [melodrɐ'matʃiku, -a] *adj* melodramatic
melões *m pl de* **melão**
meloso, -a [me'lozu, -'ɔza] *adj* sweet; (*voz*) mellifluous; (*excessivamente sentimental: filme, pessoa*) mushy
melro, mélroa ['mɛwxu, 'mɛwxoa] *m, f* blackbird
membrana [mẽj'brɐna] *f* membrane
membro ['mẽjbru] *m* **1.** ANAT limb; **~ viril** penis **2.** (*de organização, grupo*) member
memorando [memo'rɐ̃du] *m* memorandum
memorável <-eis> [memo'ravew, -ejs] *adj* memorable
memória [me'mɔria] *f* **1.** (*de pessoa*) memory; (*de escritor*) memento; **guardar a. c. na ~** to keep sth as a memento; **perder a ~** to lose one's memory; **preservar a ~ nacional** to preserve national heritage; **recitar um poema de ~** to recite a poem from memory; **refrescar a ~** to refresh one's memory; **ter ~ curta** to have a short memory; **ter ~ de elefante** to have a memory like an elephant; **ter boa ~** to have a good memory; **em ~ de alguém/a. c.** in sb/sth's memory **2.** INFOR memory
memorial [memori'aw] *m* ARQUIT memorial
memórias [me'mɔrias] *fpl* memoirs
memorizar [memori'zar] *vt* to memorize
menção <-ões> [mẽj'sɐ̃w, -'õjs] *f* mention; **~ honrosa** honorable mention; **fazer ~ a a. c.** to mention sth
mencionar [mẽjsjo'nar] *vt* to mention
mendicância [mẽjdʒi'kɐ̃sia] *f* begging
mendiga *f v.* **mendigo**
mendigar [mẽjdʒi'gar] <g→gu> **I.** *vt* to beg for **II.** *vi* to beg
mendigo, -a [mẽj'dʒigu, -a] *m, f* beggar
menestrel <menestréis> [menes'trɛw, -'ɛjs] *m* minstrel

menina [mi'nina] *f* (*criança*) girl; (*mocinha*) young woman
meninada [mini'nada] *f sem pl* kids
menina dos olhos [mi'nida duz 'ɔʎus] <meninas dos olhos> *f* **1.** pride and joy; **o Rio de Janeiro é a ~ do país** Rio de Janeiro is the pride and joy of the country **2.** (*pessoa*) **ela é a ~ do pai** she's the apple of her father's eye, she's her father's pride and joy
menina-moça [mi'nina-'mosa] <meninas-moças> *f* a pubescent girl
meninge [mi'nĩʒi] *f* ANAT meninx
meningite [mixĩj'ʒitʃi] *f* MED meningitis
meninice [mini'nisi] *f* **1.** (*infância*) infancy **2.** (*criancice*) childhood
menino [mi'ninu] *m* boy; **~ de ouro** golden boy; **~s de rua** street kids; **aquele estouro, ~, me deu um baita susto!** that bang, boy, it really gave me a fright!
menino-prodígio [mi'ninu-pro'dʒiʒiw] <meninos-prodígio(s)> *m* child prodigy
menisco [me'nisku] *m* ANAT meniscus
menopausa [meno'pawza] *f* menopause
menor [me'nɔr] **I.** *mf* minor; **proibida a entrada de ~es** no minors allowed; **impróprio para ~es de 18 anos** inappropriate for persons less than 18 years of age **II.** *adj* **1.** *comp de* **pequeno** (*em tamanho*) smaller; (*em quantidade*) less; **~ (do) que** smaller than; (*idade*) younger; **irmão ~** younger brother **2.** *superl de* **pequeno** (*em tamanho*) **o/a ~** the smallest; (*em quantidade*) the least; (*idade*) the youngest; **não faço a ~ ideia** I don't have the faintest idea; **ela não me dá a ~ atenção** she doesn't give me any attention; **em trajes ~es** *inf* in one's underwear
menoridade [menori'dadʒi] *f sem pl* minority
menos ['menus] **I.** *m* **o ~** (*mínimo*) least; **é o ~ que dá para fazer** it's the least you can do **II.** *pron* **a inflação nos deixa com ~ dinheiro no bolso** inflation leaves us with less money in our pockets **III.** *adv* **1.** (*comparativo*) less; **~ (do) que** less than; **~ caro/difícil** less expensive/difficult; **ao** [*ou* **pelo**] **~** at least; **isso é o de ~!** this is the least of our worries!; **não é para ~!** no wonder; **ele não deixa nada por ~!** she doesn't let anything pass!; **eu não sei falar bem inglês e muito ~ escrever** I can't speak English well much less write it **2.** (*superlativo*) least; **o/a ~ inteligente** the least intelligent; **o que estuda ~** who studies least **IV.** *prep* **1.** (*exceto*) except; **todos ~ eu** everyone except me **2.** MAT minus; **quatro ~ dois são dois** four minus two equals two **V.** *conj* **a ~ que** unless
menosprezar [menospre'zar] *vt* **1.** (*subestimar*) to underestimate **2.** (*desprezar*) to despise
menosprezo [menos'prezu] *m* **1.** *sem pl* (*subestimação*) underestimation **2.** (*desprezo*) disdain
mensageiro, -a [mẽsa'ʒejru, -a] **I.** *adj* messenger **II.** *m, f* messenger
mensagem [mẽj'saʒẽj] <-ens> *f* message; (*recado*) message; **~ eletrônica** e-mail; **deixar uma ~ para alguém** leave a message for sb
mensal <-ais> [mẽj'saw, -'ajs] *adj* (*prestação, encontro*) monthly
mensalidade [mẽjsaʎi'dadʒi] *f* monthly payment
mensalista [mẽjsa'ʎista] *mf employee who recieves a monthly salary*
mensalmente [mẽjsaw'mẽjtʃi] *adv* monthly
menstruação <-ões> [mẽjstrua'sãw, -'õjs] *f* menstruation *no pl*
menstruado, -a [mẽjstru'adu, -a] *adj* menstruating
menstrual <-ais> [mẽjstru'aw, -'ajs] *adj* menstrual
menstruar [mẽjstru'war] *vi* to menstruate
mensurar [mẽjsu'rar] *vt* to measure
mensurável <-eis> [mẽjsu'ravew, -ejs] *adj* measurable
menta ['mẽjta] *f* mint
mental <-ais> [mẽj'taw, 'ajs] *adj* mental
mentalidade [mẽjtaʎi'dadʒi] *f* mentality
mentalmente [mẽjtaw'mẽjtʃi] *adv* mentally
mente ['mẽjtʃi] *f* mind; **ter a. c. em ~** to have sth in mind; **ter uma ~ fértil** to have a creative mind
mentecapto [mẽjte'kaptu] *adj* mad
mentir [mĩj'tʃir] *irr como* sentir *vt* to lie; **~ a alguém** to lie to sb; **ele mente ao pai sobre as notas** he lied to his father about his grades

mentira [mĩj'tʃira] *f* lie; **~ deslavada** barefaced lie; **contar** [*ou* **dizer**] **uma ~** to tell a lie; **parece ~!** it's seems to good to be true!; **é de ~!** it's fake!; **a ~ tem pernas curtas** *prov* lies have short legs *prov*

mentiroso, -a [mĩjtʃi'rozu, -ɔza] **I.** *adj* lying **II.** *m, f* liar

mentol <-óis> [mẽj'tɔw, -ɔjs] *m sem pl* menthol

mentor(a) [mẽj'tor(a)] <-es> *m(f)* mentor

menu [me'nu] *m* GASTR, INFOR menu

mera *adj v.* **mero**

meramente [mɛra'mẽjtʃi] *adv* merely

mercadinho [merka'dʒĩnu] *m inf* (*de bairro*) local store

mercado [mer'kadu] *m* **1.** market; **ir ao ~** to go to the market **2.** ECON market; **~ acionário, ~ de ações** stock market; **~ de capitais** capital market; **o Mercado Comum** the Common Market; **~ financeiro** financial market; **~ informal** gray market; **~ negro** black market; **~ paralelo** gray market; **~ de trabalho** labor market; **economia de ~** market economy; **pesquisa de ~** market research; **lançar um produto no ~** to launch a product on the market

mercador(a) [merka'dor(a)] <-es> *m(f)* merchant

mercadoria [merkado'ria] *f* merchandise

mercante [mer'kãntʃi] *adj* merchant; **navio ~** merchant ship

mercantil <-is> [merkãn'tʃiw, -'is] *adj* mercantile; **cidade ~** commercial center; **povo ~** mercantile people

mercantilismo [merkãntʃi'lizmu] *m sem pl* ECON mercantilism

mercantis *adj pl de* **mercantil**

mercê [mer'se] *f* **1.** (*arbítrio*) **à ~ de** at the mercy of **2.** (*à disposição*) **pôr-se à ~ de alguém** to be at sb's disposal

mercearia [mersea'ria] *f* grocery store

merceeiro, -a [merse'ejru, -a] *m, f* grocer

mercenário, -a [merse'nariw, -a] *m, f* mercenary

merchandising [merʃã'dajzĩg] *m* merchandizing

Mercosul [merko'suw] *m abr de* **Mercado Comum do Sul** Mercosur

mercúrio [mer'kuriw] *m sem pl* QUÍM mercury

Mercúrio [mer'kuriw] *m* ASTRON Mercury

mercurocromo [merkuro'kromu] *m* FARM mercurochrome

merda ['mɛrda] *f chulo* shit; **estar na ~** to be in deep shit; **fazer ~** to screw up; **~!** shit!; **a ~ do ônibus** goddamn bus *Am*, bloody bus *Brit*; **é uma ~!** this is crap!; **ele é um artista de ~** he's a crap artist; **vá à ~!** piss off!

merecedor(a) [merese'dor(a)] <-es> *adj* deserving; **ser ~ de a. c.** to deserve sth

merecer [mere'ser] *vt* <c→ç> to deserve; **fazer por ~ a. c.** to earn sth; **eles se merecem** they deserve each other; **eu não mereço isto** I don't deserve this

merecida *adj v.* **merecido**

merecidamente [meresida'mẽjtʃi] *adv* deservedly

merecido, -a [mere'sidu, -a] *adj* deserved; **bem ~** well deserved

merecimento [meresi'mẽjtu] *m* merit; **por ~** on merit

merenda [me'rẽjda] *f* snack; **~ escolar** school lunch

merendar [merẽj'dar] **I.** *vi* to have school lunch **II.** *vt* to have (sth) for school lunch

merengue [me'rẽjgi] *m* GASTR meringue

meretriz [mere'tris] <-es> *f* prostitute

mergulhador(a) [merguʎa'dor(a)] *m(f)* diver

mergulhão <-ões> [mergu'ʎãw, -'õjs] *m* ZOOL grebe

mergulhar [mergu'ʎar] **I.** *vi* to dive; **o avião mergulhou para atacar** the plane dived to attack **II.** *vt* **1.** (*na água*) to dive **2.** (*em pensamentos*) to be lost **3.** (*nos estudos*) to immerse oneself in one's **4. ~ a.c. em a.c** to dip sth into sth

mergulho [mer'guʎu] *m* dive; **dar um ~** (*na praia*) to take a dip

mergulhões *m pl de* **mergulhão**

meridiano [meridʒi'anu] *m* GEO meridian

meridional <-ais> [meridʒjo'naw, -'ajs] *adj* southern

meritíssimo, -a [meri'tʃisimu, -a] *adj* Your Honor

mérito ['mɛritu] *m* **1.** (*merecimento*) merit; **conseguiu isso por ~ próprio** he achieved it on his own merit **2. entrar no ~ da questão** to get to the heart of the issue

meritório, -a [meri'tɔriw, -a] *adj* praiseworthy

mero, -a ['mɛru, -a] *adj* mere; **por ~ acaso** by mere chance; **por mera coincidência** by mere coincidence

merreca [me'xɛka] *f inf (quantia insignificante)* measly amount

mês ['mes] <meses> *m* month; **ao** [*ou* **por**] **~** a month; **um ~ e meio** a month and a half; **no ~ de maio** in the month of May; **no início/fim do ~** at the beginning/end of the month; **no ~ passado** last month; **no ~ que vem** next month; **faz hoje um ~** it's been a month since; **todo ~** every month

mesa ['meza] *f* 1. *(móvel)* table; **~ de jantar** dining table; **~ de jogo** card table; **estar/sentar-se à ~** to be/ sit at the table; **pôr a ~** to set the table; **servir a ~** to serve a meal; **ter a ~ farta** to have plenty to eat; **tirar a ~** to clear the table; **virar a ~** *inf* to make a scene, to be rude 2. *(comissão)* council

mesada [me'zada] *f* monthly allowance

mesa de cabeceira ['meza dʒi kabe'sejra] <mesas de cabeceira> *f* bedside table

mesa-redonda ['meza-xe'dõwda] <mesas-redondas> *f* round table

mesário, -a [me'zariw, -a] *m, f (eleições)* board member

mesa-tenista ['meza-te'nista] *mf* table tennis player

mescla ['mɛskla] *f* mixture, mix

mesclado, -a [mes'kladu, -a] *adj* mixed

meses *m pl de* **mês**

mesma *adj v.* **mesmo**

mesma ['mezma] *f (igual)* **dá na ~** it's all the same; **ficar** [*ou* **estar**] **na ~** to stay the same

mesmice [mez'misi] *f* sameness

mesmíssimo, -a [mez'misimu, -a] *adj superl de* **mesmo**; **é a mesmíssima coisa!** it's exactly the same thing!

mesmo ['mezmu] *adv* 1. *(ênfase)* exactly,; **aqui~** right here; **por isso ~** for that very reason; **fica ~ ao lado de** to be right beside; **só ~ ele** only he; **nem ~** not even; **isso é ~ dele!** this is so typical of him! 2. *(temporal)* just; **ela chegou agora ~** he arrived just now 3. *(concessivo)* even; **~ assim** even so; **~ que eu queira** even if I wanted 4. *(até)* even; **~ ele não concordou** not even he agreed 5. *(exatamente)* exactly; (**é**) **isso ~!** exactly!; **é ~?** really?

mesmo, -a ['mezmu, -a] I. *adj* same; **ao ~ tempo** at the same time; **é a mesma coisa** it's the same thing; **eles vivem na mesma casa** they live in the same house; **eles são da mesma idade** they are the same age; **elas são do ~ tamanho** they are the same size; **ele ~ fez isso** he's the one who did it II. *m, f* **o ~/a mesma** the same; **fazer o ~ a alguém** to do the same to sb; **vai dar no ~** it will be all the same; **eles continuam os ~s** they haven't changed a bit; **eles estudam o ~** they study the same thing

mesquinha *adj v.* **mesquinho**

mesquinhez [meski'ɲes] *f sem pl* 1. *(com insignificâncias)* pettiness 2. *(parcimônia)* meanness

mesquinho, -a [mes'kiɲu, -a] *adj* 1. *(com insignificâncias)* petty 2. *(não generoso)* mean

mesquita [mes'kita] *f* mosque

messiânico, -a [mesi'ɜniku, -a] *adj* messianic

Messias [me'sias] *m* Messiah

mestiço, -a [mes'tʃisu, -a] I. *adj* mestizo II. *m, f* mestizo

mestra *adj, f v.* **mestre**

mestrado [mes'tradu] *m* master's degree

mestre, -a ['mɛstri, -a] I. *adj* master; **chave mestra** master key II. *m, f (professor)* teacher; *(de um ofício)* expert; **de ~** masterful; **ele é ~ em arranjar confusões** he is a master at creating problems

mestre-cuca ['mɛstri-'kuka] <mestres-cucas> *m* head chef

mestre de obras ['mɛstri dʒi 'ɔbras] <mestres de obras> *m* foreman

mestre-sala ['mɛstri-'sala] <mestres-salas> *m (carnaval)* performer who is paired with the standard-bearer in the samba school parade

mesura [me'zura] *f* courtesy

mesurado, -a [mezu'radu, -a] *adj* 1. *(comedido)* respectful 2. *(palavras)* measured

meta ['mɛta] *f* 1. goal; **alcançar a ~** to achieve a goal 2. ESPORT **tiro de ~** goal kick

metabolismo [metabo'ʎizmu] *m* BIO metabolism

metabolizar [metaboʎi'zar] *vt* to metabolize

metade [me'tadʒi] *f* half; **pagar a ~ to** pay half; **pela ~** halfway through

metadona [meta'tona] *f* methadone

metafísica [meta'fizika] *f sem pl* metaphysics

metafísico, -a [meta'fiziku, -a] *adj* metaphysical

metáfora [me'tafoɾa] *f* metaphor

metafórico, -a [meta'fɔɾiku, -a] *adj* metaphorical

metais [me'tajs] *mpl* MÚS brass instruments

metal <-ais> [me'taw, -'ajs] *m* metal; **~ precioso** precious metal

metaleiro, -a [meta'lejɾu, -a] *m, f* heavy metal fan

metálico, -a [me'taʎiku, -a] *adj* metallic

metalizado, -a [metaʎi'zadu, -a] *adj* metalized *Am*, metallize *Brit*

metalurgia [metalur'ʒia] *f sem pl* metallurgy

metalúrgico, -a [meta'lurʒiku, -a] *adj* metallurgical; **usina metalúrgica** foundry

metalúrgico [meta'lurʒiku] *m* (*operário*) metalworker

metamorfose [metamor'fɔzi] *f* metamorphosis

metanol [metɜ'nɔw] *m* methanol

metástase [me'tastazi] *f* MED metastasis

meteórico, -a [mete'ɔɾiku, -a] *adj* (*carreira, sucesso*) meteoric

meteorito [meteo'ɾitu] *m* meteorite

meteoro [mete'ɔɾu] *m* meteor

meteorologia [meteoɾolo'ʒia] *f sem pl* meteorology

meteorológico, -a [meteoɾo'lɔʒiku, -a] *adj* meteorological; **previsão meteorológica** weather forecast

meteorologista [meteoɾolo'ʒista] *mf* meteorologist

meter [me'ter] I. *vt* 1. (*introduzir*) to put in; **~ a chave na fechadura** to put the key in the lock; **~ o dinheiro no banco** to put money in the bank; **~ as roupas na gaveta** to put clothes in the drawer; **~ a. c. na cabeça de alguém** to put sth in sb's head; **~ o nariz em a. c.** to stick one's nose into sth 2. (*envolver*) to meddle; **não vou ~ a colher no seu trabalho** *inf* I won't meddle in your work; **~ os pés pelas mãos** to get flustered 3. (*infundir*) **~ medo a alguém** to frighten sb II. *vi chulo* (*copular*) to screw III. *vr:* **~-se** 1. (*enfiar-se*) to get into sth; **no que ela se meteu?** what on earth has she gotten into ? 2. (*intrometer-se*) to meddle; **meta-se na sua vida!** mind your own business!; **não se meta nisso!** keep out of it! 3. (*envolver-se*) to involve oneself; **~-se em enrascadas** to get involved in touble 4. (*provocar*) **~-se com alguém** to pick a fight with sb

meticuloso, -a [metʃiku'lozu, -a] *adj* meticulous

metido, -a [me'tʃidu, -a] *adj* 1. (*envolvido*) involved; **estar ~ em a. c.** to be involved in sth; **estar ~ em apuros** to be in trouble; **andar ~ com** *inf* to be mixed up in sth 2. (*intrometido*) nosy; **~ a besta** snobbish

metileno [metʃi'lenu] *m sem pl* QUÍM methylene

metódica *adj v.* **metódico**

metodicamente [metodika'mẽtʃi̥] *adv* methodically

metódico, -a [me'tɔdʒiku, -a] *adj* methodical

metodista [meto'dʒista] *mf* REL Methodist

método ['mɛtodu] *m* method; **~ anticoncepcional** birth control method; **com ~** methodically

metodologia [metodolo'ʒia] *f* methodology; (*de ensino*) teaching methodology

metragem [me'traʒẽj] <-ens> *f* meterage *Am*, metreage *Brit*, *length or area in meters;* CINE footage

metralhadora [metɾaʎa'doɾa] *f* machine gun

metralhar [metɾa'ʎar] *vt* to machine-gun

métrica ['mɛtrika] *f* (*poesia, música*) meter *Am*, metre *Brit*

métrico, -a ['mɛtriku, -a] *adj* metric; **fita ~** tape measure; **sistema ~** metric system

metrificação [metɾifika'sãw] *f sem pl* metrification

metro ['mɛtru] *m* meter *Am*, metre *Brit*; **~ cúbico** cubic meter; **~ quadrado** square meter; **ter 10 ~s de altura/comprimento/largura** to be 10 meters tall/long/wide; **isto/ele mede dois ~s** this/he is two meters tall

metrô [me'tro] *m* subway *Am*, underground *Brit*; **ir de ~** to go by subway;

pegar o ~ to take the subway

metrologia [metroloˈʒia] *f sem pl* metrology

metrópole [meˈtrɔpoʎi] *f* metropolis

metropolitano, -a [metropoʎiˈtʒnu, -a] *adj* metropolitan

meu [ˈmew] **I.** *pron poss* my, mine; **o ~ quarto/pai/trabalho** my room/father/work; **isso é ~** this is mine; **um amigo ~** a friend of mine **II.** *interj reg* (*SP*) **ô meu, esquece isso!** hey, forget it!

meus [ˈmews] *m pl* **os ~** (*a família*) my folks

mexer [meˈʃer] **I.** *vt* **1.** (*a sopa*) to stir; (*bebida*) to mix; (*a cabeça, um braço*) to move; **~ com a. c.** to deal in sth; **~ em** to touch; **não mexa nisso!** don't touch that! **2.** *inf* (*comover*) to get to sb; **essa história mexeu comigo** this story got to me **3.** *inf* (*solucionar*) to solve; **~ uns pauzinhos** to pull strings **4.** (*caçoar*) to fool with; **estou só mexendo com você!** I'm just joking! **5.** (*trabalhar*) to work; **seu irmão mexe com o quê?** what does your brother do? **II.** *vi* to shake **III.** *vr*: **~-se** to move; **mexam-se!** get moving!; **não se mexa!** don't move!

mexerica [meʃiˈrika] *f* BOT (*tangerina*) tangerine

mexericos [meʃiˈrikus] *mpl* gossip

mexeriqueiro, -a [meʃiriˈkejru, -a] *m, f* gossip

México [ˈmɛʃiku] *m* Mexico

mexido, -a [meˈʃidu, -a] *adj* **1.** (*objetos*) mixed up; **ovos ~s** scrambled eggs; **meus livros foram ~s** sb has messed with my books **2.** *inf* (*emocionado*) **fiquei ~ com sua história** his story got to me

mexilhão <-ões> [meʃiˈʎʒw, -ˈõjs] *m* (*marisco*) mussel

mezanino [mezaˈninu] *m* mezzanine

mi [ˈmi] *m* MÚS mi

miado [miˈadu] *m* meow *Am*, miaow *Brit*

miar [miˈar] *vi* to meow *Am*, to miaow *Brit*

miau [miˈaw] *m* (*voz do gato*) meow *Am*, miaow *Brit*

miçanga [miˈsʒŋga] *f* beads *pl*

micção <-ões> [mikˈsʒw, -ˈõjs] *f* urination

michê [miˈʃe] *m chulo* **1.** (*prostituição*) whoring **2.** (*pessoa que se prostitui*) whore

mico [ˈmiku] *m* **1.** ZOOL capuchin monkey **2. pagar ~** *gír* (*situação embaraçosa*) to make a fool of oneself

mico-leão <micos-leões *ou* micos-leão> [ˈmiku-ʎiˈʒw, -ˈõjs] *m* lion tamarin monkey

mico-preto [ˈmiku-ˈpretu] *m sem pl* JOGOS old maid

micose [miˈkɔzi] *f* MED mycosis

micro [ˈmikru] *m v*. **microcomputador**

micróbio [miˈkrɔbiw] *m* BIO microbe

microchip [mikroˈʃipi] *m* ELETR microchip

microcomputador [mikrokõwputaˈdor] *m* microcomputer, personal computer

microeletrônica [mikrweleˈtronika] *f* microelectronics

microempresa [mikrwĩjˈpreza] *f* small business

microempresário, -a [mikrwĩjpreˈzariw, -a] *m, f* small business owner

microfilme [mikroˈfiwmi] *m* microfilm

microfone [mikroˈfoni] *m* microphone; **falar ao ~** to speak through a microphone

micro-onda [mikroˈõwda] *f* FÍS microwave

micro-ondas [mikroˈõwdas] *m* (*forno*) microwave oven

micro-ônibus [mikroˈonibus] *m inv* minibus

micro-organismo [mikroorgʒˈnizmu] *m* BIO microorganism *Am*, micro-organism *Brit*

microprocessador [mikroprosesaˈdor] *m* INFOR microprocessor

microscópico, -a [mikrosˈkɔpiku, -a] *adj* microscopic

microscópio [mikrosˈkɔpiw] *m* microscope

microvariz [mikrovaˈris] <-es> *f* MED spider vein

mictório [mikˈtɔriw] *m* (*banheiro*) urinal

mídia [ˈmidʒia] *mpl* media; **~ eletrônica** broadcast media; **homem de ~** media professional

midiático, -a [miˈdʒiatʃiku, -a] *adj* (*evento; negócio*) media

migalha [miˈgaʎa] *f* **1.** crumb; **~s de pão** crumbs of bread **2.** (*coisa sem importância*) triviality

migração <-ões> [migraˈsʒw, -ˈõjs] *f*

migration
migrante [mi'grɜ̃ŋtʃi] *mf* migrant
migrar [mi'grar] *vi* to migrate
migratório, -a [migra'tɔriw, -a] *adj* (*movimento*) migratory; **ave migratória** migratory bird
mijada [mi'ʒada] *f inf* a piss
mijar [mi'ʒar] **I.** *vi inf* to piss **II.** *vr:* ~**-se** (*amedrontar-se*) to be scared shitless; **mijou-se todo diante do grandalhão** he was scared shitless when confronted by the big guy
mijo ['miʒu] *m inf* piss
mijões *m pl de* **mijão**
mijona *f v.* **mijão**
mil ['miw] *num card* thousand
milagre [mi'lagri] *m* miracle; **por** ~ miraculously; **eu não faço** ~**s** I can't do miracles
milagreiro, -a [mila'grejru, -a] *m, f* miracle worker
milagroso, -a [mila'grozu, -a] *adj* miraculous; (*medicamento*) miracle
milanesa [milɜ'neza] *f* GASTR **à** ~ breaded and fried
Milão [mi'lɜ̃w] *f* Milan
milenar [mile'nar] <-es> *adj* thousand-year-old
milênio [mi'leniw] *m* millennium
milésimo, -a [mi'lɛzimu, -a] *num ord* thousandth
mil-folhas [miw-'foʎas] *f inv* GASTR millefeuille
milha ['miʎa] *f* mile; ~ **marítima** nautical mile
milhagem [mi'ʎaʒẽj] <-ens> *f* mileage
milhão <-ões> [mi'ʎɜ̃w, -'õjs] *m* million; **um** ~ **de vezes** a million times
milhar [mi'ʎar] *m* thousand; ~**es de anos/pessoas** thousands of years/people
milharal <-ais> [miʎaraw, -'ajs] *m* cornfield
milho ['miʎu] *m* corn

Cultura Native to South America, with numerous varieties and hybrids, **corn** is cultivated worldwide for its nutritive properties. The corn on the cob may be cooked or roasted before it is eaten; grain corn is used mainly to make corn flour (fubá) and cooking oil. Corn is also used to make many sweets and puddings, not to mention **pipoca** (popcorn).

milhões *m pl de* **milhão**
milícia [mi'ʎisia] *f* militia
milico [mi'ʎiku] *m pej* miltary type
miligrama [miʎi'grɜma] *m* milligram
mililitro [miʎi'ʎitru] *m* milliliter *Am,* millilitre *Brit*
milímetro [mi'ʎimetru] *m* millimeter *Am,* millimetre *Brit;* **examinar a. c.** ~ **por** ~ to examine sth carefully
milionário, -a [miʎjo'nariw, -a] **I.** *adj* millionaire **II.** *m, f* millionaire
militância [miʎi'tɜ̃ŋsia] *f* POL militancy
militante [miʎi'tɜ̃ŋtʃi] *mf* POL militant
militar [miʎi'tar] <-es> **I.** *m* (*soldado*) soldier **II.** *adj* military; **regime** ~ military regime; **Polícia Militar** Military Police **III.** *vi* POL to be active; MIL (*combater*) to fight
militarização <-ões> [miʎitariza'sɜ̃w, -'õjs] *f* militarization
milk-shake ['miwki-'ʃejki] *m* milk shake
milongas [mi'lõwgas] *f pl* (*mexericos*) gossip
milongueiro, -a [milõw'gejru] *m, f* (*que tem lábia*) gossip
mim ['mĩj] *pron pess* me; **para** ~ for me; **por** ~**, está bem** that's alright for me; **faz isso por** ~ do this for me
mimado, -a [mi'madu, -a] *adj* spoiled *Am,* spoilt *Brit*
mimar [mi'mar] *vt* to spoil; (*dar carinho*) to pamper
mimetismo [mime'tʃizmu] *m* ZOOL mimicry
mímica ['mimika] *f* mime
mímico, -a ['mimiku, -a] *adj* mimic
mimo ['mimu] *m* (*pessoa/coisa encantadora*) delight; (*presente*) gift; **cheio de** ~**s** (*mimado*) spoiled *Am,* spoilt *Brit;* **ter muito** ~ **com alguém** to be very fond of sb
mimosa [mi'mɔza] *f* BOT mimosa
mimoso, -a [mi'mozu, -'ɔza] *adj* **1.** (*delicado*) delicate **2.** (*meigo*) sweet
mina ['mina] *f* **1.** (*de minério*) mine; (*de água*) well; (*de petróleo*) field; **este negócio é uma** ~ **de ouro** *fig* this business is a gold mine **2.** MIL mine; ~ **submarina** depth charge; ~ **terrestre** land mine **3.** *inf* (*garota*) girl
minar [mi'nar] *vt* **1.** MIL to mine **2.** (*projeto*) to undermine; ~ **as ener-**

gias de alguém *fig* to sap sb's energy **3.** (*água*) to drill for

minarete [mina'retʃi] *m* minaret

Minas Gerais [minaʒe'rajs] *fpl* (State of) Minas Gerais

mindinho [mĩ'dʒĩɲu] *m inf* pinky *Am*, little finger *Brit*

mineiro, -a [mi'nejɾu, -a] **I.** *adj* **1.** mining; (*atividade mineira*) mining activity **2.** pertaining to the state of Minas Gerais **II.** *m, f* **1.** miner **2.** (*de Minas Gerais*) native of the state of Minas Gerais

mineração <-ões> [minera'sɐ̃w, -'õjs] *f* mining

minerador(a) [minera'dor(a)] **I.** *adj* miner; **companhia mineradora** mining company **II.** *m(f)* miner

mineral <-ais> [mine'ɾaw, -'ajs] **I.** *adj* mineral **II.** *m* mineral

mineralogia [mineralo'ʒia] *f sem pl* mineralogy

minério [mi'nɛɾiw] *m* ore

mingau [mĩ'gaw] *m* porridge; ~ **de aveia** oatmeal; ~ **de maisena** custard

míngua ['mĩgwa] *f* **1.** (*escassez*) lack; **a população vive na** ~ the people lack what they need to live **2.** (*carência*) need; **viver/morrer à** ~ to live/die in poverty

minguado, -a [mĩ'gwadu, -a] *adj* (*escasso*) scarce; (*salário*) meagre; (*jantar*) frugal

minguante [mĩ'gwɐ̃tʃi] **I.** *adj* quarto ~ the fourth quarter of the moon **II.** *m* waning

minguar [mĩ'gwar] *vi* **1.** (*escassear*) to be scarce; (*faltar*) to dwindle; **os medicamentos minguaram** we are running out of medicine **2.** (*diminuir*) to decrease

minha ['mĩɲa] **I.** *pron poss* my, mine; **a** ~ **amiga/cama/mesa** my friend/bed/table; **uma amiga** ~ a friend of mine; **entrar na** ~ *inf* to agree with my way of thinking; **ficar na** ~ to mind my own business; **me deixa ficar na** ~ *inf* leave me alone **II.** *interj* ~ **nossa, que bagunça!** my God, what a mess!

minhoca [mĩ'ɲɔka] *f* **1.** (earth)worm **2.** (*bobagens*) nonsense; **botar ~s na cabeça de alguém** to fill sb's head with nonsense; **ter ~s na cabeça** to have a head full of crazy ideas

miniatura [minja'tuɾa] *f* miniature

mínima *adj v.* **mínimo**

mínima ['minima] *f* **1.** minimum **2.** MÚS minim **3. não dou** [*ou* **ligo**] **a** ~ *inf* (*pouca importância*) I could care less *Am*, I couldn't care less *Brit*

minimizar [minimi'zar] *vt* **1.** (*reduzir*) to minimize **2.** (*subestimar*) to play down

mínimo ['minimu] *m* least; ~ **de subsistência** subsistence level; **tomo, no** ~**, um copo de leite pela manhã** drink a glass of milk every morning, at least; **você podia, no** ~**, ter me avisado** you could at least have let me know; **é o** ~ **que posso fazer** it's the least I can do; **com o** ~ **de esforço** without the slightest effort

mínimo, -a ['minimu,-a] *adj superl de* **pequeno** smallest; **dedo** ~ pinky *Am*, little finger *Brit*; **salário-**~ minimum wage; **temperatura/nota mínima** minimum temperature/grade; **não faço a mínima ideia** I don't have the least idea

mininovela [minino'vɛla] *f* TV miniseries, minidrama

minissaia [mini'saja] *f* miniskirt

minissérie [mini'sɛɾii] *f* miniseries

ministerial <-ais> [ministeɾi'aw, -'ajs] *adj* ministerial

ministeriável <-eis> [ministeɾi'avew, -ejs] *adj* minister material

ministério [minis'tɛɾiw] *m* department, ministry; ~ **da Defesa** Department of Defense *Am*, Ministry of Defence *Brit*; ~ **da Educação** Department of Education *Am*, Department of Education *Brit*; ~ **da Fazenda** Treasury Department *Am*, HM Treasury *Brit*; ~ **do Interior** Department of the Interior *Am*, The Home Office *Brit*; ~ **das Relações Exteriores** State Department *Am*, the Foreign Office *Brit*; ~ **da Saúde** Derpartment of Health and Human Services *Am*, Department of Health *Brit*

ministra *f v.* **ministro**

ministrar [minis'tɾar] *vt* **1.** (*um medicamento*) to administer **2.** (*uma aula*) to give

ministro, -a [mi'nistɾu, -a] *m, f* ~ **da Fazenda** Secretary of the Treasury *Am*, Chancellor of the Exchequer *Brit*; ~ **do Meio Ambiente** Environmental Protection Agency Administrator *Am*, Minister for the Environment *Brit*; ~ **da Saúde** Secretary of Health and Human

Services *Am*, Minister of Health *Am*; ~ **sem pasta** minister without portfolio

minivan [mini'vã] *f* minivan

minorar [mino'rar] *vt* 1.(*diminuir*) to lessen 2.(*tornar menos intenso: dor*) to lessen

minoria [mino'ria] *f* minority; ~ **racial** racial minority; **estar em** ~ to be in the minority

minta ['mĩjta] *1. e 3. pres subj de* **mentir**

minto ['mĩjtu] *1. pres de* **mentir**

minúcia [mi'nusia] *f* detail

minucioso, -a [minusi'ozu, -a] *adj* 1.(*pessoa*) thorough 2.(*estudo, trabalho*) detailed

minúscula [mi'nuskula] *f* lower case letter; **escrever uma palavra com** ~ to write a word in lower case letters

minúsculo, -a [mi'nuskulu, -a] *adj* (*casa; pés*) minute; (*letra*) lower case

minuta [mi'nuta] *f* (*rascunho*) rough draft

minuto [mi'nutu] *m* minute; **um ~, por favor!** just a minute, please!; **tem um ~?** **queria falar com você** do you have a minute? I'd like to speak with you

miolo [mi'olu] *m* 1.(*de maçã*) core; (*de pão*) bread roll without the crusts 2.(*de revista*) pages 3. *inf* (*cérebro*) brain; **ter o** ~ **mole** to be soft in the head

miolos [mi'ɔlus] *mpl inf* brains; **estourar os** ~ to blow one's brains out

míope ['miwpi] *adj* myopic, nearsighted *Am*, short-sighted *Brit;* (*sem perspicácia*) short-sighted

miopia [miw'pia] *f sem pl* myopia, nearsightedness *Am*, short-sightedness *Brit*

miosótis [mio'zɔtʃis] *m inv* BOT myosotis, forget-me-not *inf*

mira ['mira] *f* 1.(*de arma*) sight 2.(*intenção*) aim; (*objetivo*) aim; **ter a. c. em** ~ to have one's eye on sth

mirabolante [mirabo'lãntʃi] *adj* (*plano, ideias*) ambitious; (*roupa*) showy

miradouro [mira'dowru] *m* viewpoint

miragem [mi'raʒẽj] <-ens> *f* mirage

mirante [mi'rãntʃi] *m* viewpoint

mirar [mi'rar] I. *vt* (*olhar*) to look at; (*aspirar a*) to have designs on; (*arma*) to aim II. *vr:* ~-**se** to look at oneself; ~-**se no espelho** to look at oneself in the mirror

miríade [mi'riadʒi] *f* myriad

mirim [mi'rĩj] <-ins> *adj* small

mirrado, -a [mi'xadu, -a] *adj* (*criança*) undersized; (*rosto*) haggard

misantropa *adj, f v.* **misantropo**

misantropia [mizãntro'pia] *f* misanthropy; *inf* (*melancolia*) depression

misantropo, -a [mizãn'tropu, -a] I. *m, f* misanthrope II. *adj* insociável, unsociable

miscelânea [mise'lãnia] *f* miscellany

miscigenação <-ões> [misiʒena'sãw, -'õjs] *f* ~ **racial** miscegenation

mísera *adj v.* **mísero**

miserável <-eis> [mize'ravew, -ejs] I. *mf* 1.(*pobre*) wretch 2.(*desprezível*) evildoer 3.(*avarento*) miser II. *adj* 1.(*pessoa*) pitiful; (*estado, situação*) deplorable; (*salário*) miserable 2.(*avarento*) stingy

miserê [mize're] *m gír* misery

miséria [mi'zɛria] *f* 1.(*penúria*) abject poverty; **cair na** ~ to fall into poverty 2.(*ninharia*) pittance; **pagar/ganhar uma** ~ to pay/earn a pittance 3.(*porcaria*) trash; **o filme era uma** ~ the film was trash; **fazer** ~(**s**) **para pagar as contas** to do wonders to pay one's bills

misericórdia [mizeri'kɔrdʒia] *f* 1.(*comiseração*) pity 2.(*compaixão*) mercy; ~ **divina** divine mercy; **golpe de** ~ mercy blow

misericordioso, -a [mizerikordʒi'ozu, -ɔza] *adj* merciful

mísero, -a ['mizeru, -a] *adj* (*insignificante*) miserable

missa ['misa] *f* mass; ~ **do galo** midnight mass; ~ **de sétimo dia** *mass said 7 days after sb's death;* **ir à** ~ to go to mass

missão <-ões> [mi'sãw, -'õjs] *f* REL, POL mission; ~ **diplomática** diplomatic mission; **cumprir uma** ~ to fulfill a mission; **vir em** ~ **de paz** to come on a peace mission

míssil <-eis> ['misiw, -ejs] *m* MIL missile; ~ **de alcance médio** medium-range missile; ~ **balístico** ballistic missile; ~ **de cruzeiro** cruise missile; ~ **de longo alcance** long-range missile

missionário, -a [misjo'nariw, -a] *m, f* missionary

missiva [mi'siva] *f* missive

missões *f pl de* **missão**

mista *adj v.* **misto**

mistério [mis'tɛriw] *m* 1.(*enigma*) mys-

misterioso / **modalidade**

tery; **livro de ~** mystery novel; **desvendar um ~** unravel a mystery; **isso não tem ~** there's no secret to this **2.** REL (*artigo de fé*) mystery

misterioso, -a [misteri'ozu, -'ɔza] *adj* mysterious

mística *adj v.* **místico**

mística ['miʃtʃika] *f* mysticism

misticismo [miʃtʃi'sizmu] *m sem pl* mysticism

místico, -a ['miʃtʃiku, -a] *adj* mystical

mistificar [miʃtʃifi'kar] *vt* <c→qu> (*burlar*) to fool

misto ['miʃtu] *m* mixture

misto, -a ['miʃtu, -a] *adj* mixed; **colégio ~** coed high school; **salada mista** mixed salad

misto-quente ['miʃtu-kẽjtʃi] <mistos-quentes> *m* toasted ham and cheese sandwich

mistura [miʃ'tura] *f* **1.**(*junção*) compound **2.**(*produto misturado*) mixture

misturado, -a [miʃtu'radu, -a] *adj* mixed

misturar [miʃtu'rar] **I.** *vt* **1.** to mix **2.**(*confundir*) to mix up **II.** *vr*: **~-se** (*juntar-se*) to mingle; **~-se na multidão** to mingle with the crowd

mítico, -a ['mitʃiku, -a] *adj* (*personagem; narrativa*) mythical

mitigar [mitʃi'gar] *vt* <g→gu> (*raiva, sofrimento*) to mitigate

mito ['mitu] *m* myth; **o ~ Pelé** Pelé, the living legend; **isso tudo é ~** this is all a lie

mitologia [mitolo'ʒia] *f sem pl* mythology

mitológico, -a [mito'lɔʒiku, -a] *adj* mythological

miúda *adj v.* **miúdo**

miudeza [miu'deza] *f* **1.** minuteness *fig*, meticulousness **2.** **~s** *pl* (*bugigangas*) odds and ends

miudinho, -a [miu'dʒĩɲu, -a] *adj* minute

miúdo, -a [mi'udu, -a] *adj* small; **dinheiro ~** small change

miúdos [mi'udus] *mpl* **1.** GASTR (*de aves*) giblets **2. trocar em ~** to spell it out

mixa *adj v.* **mixo**

mixagem [mik'saʒẽj] <-ens> *f* (*som*) mixing; (*cinema, televisão*) editing

mixar [mik'sar] *vt* (*som*) to mix; (*cinema, televisão*) to edit

mixaria [miʃa'ria] *f* nothing

mixo, -a ['miʃu, -a] *adj* (*roupa; festa*) poor; (*salário*) miserable

mixórdia [mi'ʃɔrdʒia] *f* **1.**(*confusão*) jumble; **como você pode viver no meio dessa ~?** how can you live in the middle of this mess? **2.**(*comida*) slop; (*bebida*) rotgut

mixuruca [miʃu'ruka] *adj gír* poor

mnemônico, -a [mine'moniku, -a] *adj* (*regra, número*) mnemonic

mó ['mɔ] *f* (*de moinho*) millstone; (*para afiar*) grindstone

moagem [mo'aʒẽj] <-ens> *f* grinding

móbile ['mɔbiʎi] *m* mobile

mobília [mo'biʎia] *f* furniture

mobiliado, -a [mobiʎi'adu, -a] *adj* furnished

mobiliar [mobiʎi'ar] *vt* to furnish

mobiliário [mobiʎi'ariw] *m* furnishings

mobilidade [mobiʎi'dadʒi] *f sem pl* mobility

mobilização <-ões> [mobiʎiza'sãw, -'õjs] *f* mobilization

mobilizar [mobiʎi'zar] *vt* to mobilize

moca ['mɔka] *m* (*café*) mocha

moçada [mo'sada] *f* group of young people

moçambicano, -a [mosãɲbi'kanu, -a] **I.** *adj* Mozambican **II.** *m, f* Mozambican

Moçambique [mosãɲ'biki] *m* Mozambique

moção <-ões> [mo'sãw, -'õjs] *f* motion; (*proposição*) motion; **apresentar uma ~** to to propose a motion

mocassim [moka'sĩj] <-ins> *m* moccasin

mochila [mu'ʃila] *f* backpack

mocidade [mosi'dadʒi] *f* youth

mocinho [mo'sĩɲu] *m* (*herói*) good guy

moço, -a ['mosu, -a] **I.** *adj* young **II.** *m, f* (*jovem*) young man; **~ de recados** errand boy; **o filho mais ~** the youngest child

mocotó [moko'tɔ] *m* cow heel

moda ['mɔda] *f* **1.**(*atual*) fashion; **desfile de ~** fashion show; **entrar na ~** to become fashionable; **estar na ~** to be in fashion; **estar fora de ~** to be old-fashioned; **sair de ~** to go out of fashion; **a última ~** the latest fashion; **deixa de ~!** stop messing about! **2.**(*maneira*) way; **à ~ da casa** house specialty *Am*, house speciality *Brit*

modal <-ais> [mo'daw, -'ajs] *adj* modal

modalidade [modaʎi'dadʒi] *f* **1.**(*tipo*)

type **2.** ESPORT event

modelagem [mode'laʒēj] <-ens> *f* modeling *Am*, modelling *Brit*

modelar [mode'lar] *vt* to model

modelo¹ [mo'delu] *m* (*padrão*) standard; (*exemplo*) model; (*de automóvel*) model; (*de sapato, vestido*) model

modelo² [mo'delu] *mf* (*pessoa*) model; ~ **fotográfico** model

modem ['mɔdēj] <-ens> *m* INFOR modem

moderação <-ões> [modera'sãw, -'õjs] *f* moderation; **fazer a. c. com** ~ to do sth in moderation

moderada *adj v.* **moderado**

moderadamente [moderada'mējtʃi] *adv* moderately

moderado, -a [mode'radu, -a] *adj* **1.** (*pessoa, partido*) moderate; (*velocidade*) moderate; (*preço*) reasonable **2.** (*clima*) mild

moderador(a) [modera'dor(a)] **I.** *adj* moderating; **poder** ~ executive power **II.** *m(f)* moderator

moderar [mode'rar] **I.** *vt* (*a velocidade; os gastos*) to reduce; (*as atitudes*) to modify **II.** *vr:* ~-**se** to control oneself

moderna *adj v.* **moderno**

modernice [moder'nisi] *f* modernism

modernidade [moderni'dadʒi] *f* modernity

modernismo [moder'nizmu] *m sem pl* modernism

modernizar [moderni'zar] **I.** *vt* to modernize **II.** *vr:* ~-**se** to bring oneself up to date

moderno, -a [mo'dɛrnu, -a] *adj* **1.** (*roupa, edifício*) modern; (*vida*) modern **2.** (*época*) present-day; **História Moderna** modern history

modesta *adj v.* **modesto**

modestamente [modɛsta'mējtʃi] *adv* modestly

modéstia [mo'dɛstʃia] *f* modesty; ~ **à parte** all modesty aside; **sem falsa** ~ in all modesty

modesto, -a [mo'dɛstu, -a] *adj* (*casa; pessoa; recursos*) modest

módico, -a ['mɔdʒiku, -a] *adj* modest; (*preço*) reasonable

modificação <-ões> [modʒifika'sãw, -'õjs] *f* modification

modificar [modʒifi'kar] <c→qu> **I.** *vt* to modify; (*lei*) to amend **II.** *vr:* ~-**se** to change

modinha [mɔ'dʒĩɲa] *f* MÚS popular song

modista [mo'dʒista] *f* (*vestido*) dressmaker; (*cantor*) popular singer

modo ['mɔdu] *m* **1.** (*maneira*) way; ~ **de vida** way of life; **de** ~ **algum** on no account; **de** ~ **que** so that; **de certo** ~ in a certain way; **do mesmo** ~ just as; **de outro** ~ otherwise; **de qualquer** ~ anyway; **deste** ~ in this way **2.** LING mood

modorra [mo'doxa] *f* drowsiness

modos ['mɔdus] *mpl* manners; **com** ~ well-mannered; **sem** ~ ill-mannered

modulador [modula'dor] *m* ELETR modulator

modular [modu'lar] *vt* to modulate

módulo ['mɔdulu] *m* **1.** (*unidade de material*) module **2.** AERO module

moeda [mo'ɛda] *f* **1.** (*objeto*) coin; **uma** ~ **de cinquenta centavos** a fifty centavo coin **2.** ECON (*de um país*) currency; ~ **corrente** currency; ~ **forte** hard currency; **Casa da Moeda** the Mint; **pagar na mesma** ~ *fig* pay in kind; **honestidade é** ~ **rara** honesty is a rare commodity

moedeiro [moe'dejru] *m* (*bolsinha*) coin purse

moedor [moe'dor] *m* ~ **de café** coffee grinder; ~ **de carne** meat grinder *Am*, mincer *Brit*

moela [mu'ɛla] *f* gizzard

moer [mu'er] *conj como* **roer** *vt* (*café, milho*) to grind; (*carne*) to grind *Am*, to mince *Brit*

mofado, -a [mo'fadu, -a] *adj* moldy *Am*, mouldy *Brit*

mofar [mo'far] *vi* to go moldy *Am*, to go mouldy *Brit*; (*na prisão*) to rot

mofo ['mofu] *m* mold *Am*, mould *Brit*; **cheirar a** ~ to smell musty

mogno ['mɔgnu] *m* **1.** (*madeira*) mahogany **2.** (*árvore*) mahogany

moído, -a [mu'idu, -a] *adj* **1.** (*café, milho*) ground; (*carne*) ground *Am*, minced *Brit* **2.** (*pessoa*) worn out

moinho [mu'iɲu] *m* mill; ~ **de água** water mill; ~ **de café** coffee grinder; ~ **de vento** windmill

moita ['mojta] *f* **1.** thicket **2.** *fig* **fazer a. c. na** ~ to do sth on the quiet; **ficar na** ~ to keep quiet

mola ['mɔla] *f* AUTO spring

molambento, -a [mulɐ̃'bẽtu, -a] *adj* ragged

molambo [mo'lɐ̃bu] *m* rag

molar [mo'lar] *m* (*dente*) molar

moldar [mow'dar] **I.** vt **1.** (*uma peça*) to mold *Am*, to mould *Brit*; (*metal*) to cast **2.** (*personalidade*) to shape **II.** vr: ~-**se** to adapt

Moldávia [mow'davia] f Moldavia

molde ['mɔwdʒi] m (*para peças*) mold *Am*, mould *Brit*; (*para metal*) die; (*para vestuário*) pattern

moldura [mow'dura] f frame

mole ['mɔʎi] adj **1.** (*objeto*) soft **2.** (*sem energia*) listless **3.** (*coração*) soft **4.** *inf* (*fácil*) **aguentar essa gente não é** ~ it's not easy putting up with people like that

moleca [mu'lɛka] f v. **moleque**

molecada [mule'kada] f group of boys

molecagem [mule'kaʒẽj] <-ens> f (*ação*) mischief

molécula [mo'lɛkula] f molecule

molecular [moleku'lar] adj molecular

moleirão, -ona <-ões> [molej'rãw, -'ona, -'õjs] m, f lazybones

moleiro [mo'lejru] m miller

molejo [mo'leʒu] m suspension

molengão, -ona [molẽ'gãw, -'ona] **I.** adj lazy **II.** m, f inf (*mole*) softy

moleque, moleca [mu'lɛki, -a] m, f **1.** (*adolescente*) young boy m, young girl f **2.** (*de rua*) street boy m, street girl f **3.** (*brincalhão, -ona*) joker **4.** (*canalha*) scoundrel

molestar [moles'tar] vt **1.** (*ofender*) to upset **2.** (*incomodar*) to bother **3.** (*enfadar*) to annoy

moléstia [mo'lɛstʃia] f illness

moletom [mole'tõw] <-ons> m sweatshirt

moleza [mo'leza] f **1.** (*de objeto*) softness **2.** (*falta de energia*) listlessness **3.** *inf* (*fácil*) **este trabalho é** ~ this work is a piece of cake; **na** ~ without any effort

molhado [mo'ʎadu] m a damp or wet place; **chover no** ~ to waste one's time on sth

molhado, -a [mo'ʎadu, -a] adj wet

molhados [mo'ʎaduz] mpl **secos e** ~ food and beverages

molhar [mo'ʎar] **I.** vt **1.** to wet; (*roupas*) to soak **2.** (*banhar*) to bathe **3.** ~ **a mão** (*subornar*) to bribe; (*dar gorjeta*) to tip **II.** vr: ~-**se** to become wet

molho¹ ['moʎu] m **1.** GASTR sauce; ~ **branco** white sauce; ~ **inglês** Worcestershire sauce **2.** (*de água*) **pôr a. c. de** ~ to soak sth **3. ficar de** ~ *inf* to stay in bed

molho² ['mɔʎu] m (*de chaves*) set; (*de papéis, roupa*) bundle

molinete [moli'netʃi] m reel

molusco [mo'lusku] m ZOOL mollusk *Am*, mollusc *Brit*

momentânea adj v. **momentâneo**

momentaneamente [momẽjtɐnja'mẽtʃi] adv momentarily

momentâneo, -a [momẽj'tɐniw, -a] adj momentary; (*passageiro*) ephemeral

momento [mo'mẽjtu] m moment; ~**s depois** moments later; **a todo** ~ constantly; **de** ~ for the time being; **neste** ~ at the moment; **de um** ~ **para o outro** from one moment to the next; **um** ~, **por favor!** just a moment, please!

Momo ['momu] m (*carnaval*) **rei** ~ king of carnival

Mônaco ['monaku] m Monaco

monarca [mo'narka] mf monarch

monarquia [monar'kia] f monarchy

monárquico, -a [mo'narkiku, -a] adj monarchic

monástico, -a [mo'nastʃiku, -a] adj (*do mosteiro, dos monges*) monastic

monção <-ões> [mõw'sãw, -'õjs] f METEO monsoon

monetário, -a [mone'tariw, -a] adj monetary; **Fundo Monetário Internacional** International Monetary Fund

monge ['mõwʒi] m monk

Mongólia [mõw'gɔʎia] f Mongolia

mongolismo [mõwgo'ʎizmu] m MED Down's syndrome, mongolism *pej*

mongoloide [mõwgo'lɔjdʒi] adj MED affected with Down's syndrome, mongoloid *pej*

moníliase [moni'ʎiazi] f MED candidiasis

monitor(a) [moni'tor(a)] m(f) mentor

monitor [moni'tor] m INFOR monitor

monitoramento [monitora'mẽjtu] m monitoring

monitoria [monito'ria] f control

monja ['mõwʒa] f nun; ~ **budista** Buddhist nun

monocromático, -a [monokro'matʃiku, -a] adj monochromatic

monocultura [monokuw'tura] f AGR monoculture

monofásico, -a [mono'faziku, -a] adj ELETR single-phase

monógama adj v. **monógamo**

monogamia [monogɐ'mia] f monogamy

monógamo, -a [mo'nɔgɜmu, -a] *adj* monogamous

monoglota [mono'glɔta] *mf* monoglot

monografia [monogra'fia] *f* monograph

monograma [mono'grɜma] *m* monogram

monolítico, -a [mono'ʎitʃiku, -a] *adj* monolithic

monólogo [mo'nɔlugu] *m* monolog *Am*, monologue *Brit;* **fazer um ~** to give a monolog

monopólio [mono'pɔʎiw] *m* monopoly

monopolizar [monopoʎi'zar] *vt* **1.** ECON to monopolize **2.** (*uma conversa*) to monopolize

monossilábico, -a [monosi'labiku, -a] *adj* monosyllabic

monossílabo [mono'silabu] *m* monosyllable

monoteísmo [monote'izmu] *m sem pl* monotheism

monoteísta [monote'ista] **I.** *adj* monotheistic **II.** *mf* monotheist

monótona *adj v.* **monótono**

monotonia [monoto'nia] *f* monotony

monótono, -a [mo'nɔtonu, -a] *adj* monotonous

monóxido [mo'nɔksidu] *m* QUÍM monoxide; **~ de carbono** carbon monoxide

monstro ['mõwstru] **I.** *adj* (*comício, espetáculo*) huge **II.** *m* monster; **~ sagrado** superstar

monstruosa *adj v.* **monstruoso**

monstruosidade [mõwstruozi'dadʒi] *f* **1.** (*coisa descomunal*) aberration **2.** (*coisa abominável*) monstrosity

monstruoso, -a [mõwstru'osu, -'ɔza] *adj* **1.** (*descomunal*) abnormal; (*enorme*) huge **2.** (*abominável*) monstrous

montadora [mõwta'dora] *f* AUTO carmaker

montagem [mõw'taʒẽj] <-ens> *f* **1.** (*máquinas*) assembly **2.** CINE editing

montanha [mõw'tɜ̃ɲa] *f* mountain; **uma ~ de coisas para resolver** a mountain of things to do

montanha-russa [mõw'tɜ̃ɲa-'rusa] <montanhas-russas> *f* roller coaster; **andar na ~** to ride on a roller coaster

montanhismo [mõwtɜ̃'ɲizmu] *m sem pl* mountaineering

montanhista [mõwtɜ̃'ɲista] *mf* mountaineer

montanhoso, -a [mõwtɜ̃'ɲozu, -'ɔza] *adj* mountainous

montante [mõw'tɜ̃tʃi] *m* amount; **a ~** (*de um rio*) upstream

montão <-ões> [mõw'tɜ̃w, -'õjs] *m* **1.** pile **2.** *fig* **um ~ de dinheiro/gente** a load of money/people

montar [mõw'tar] **I.** *vt* **1.** (*uma máquina*) to assemble; (*uma barraca*) to put up **2.** (*subir: motocicleta*) to get on **3.** (*cavalgar*) to ride; **~ em cavalo** to get on a horse **4.** (*uma casa*) to furnish; (*uma loja, empresa*) to start **5.** CINE to edit **II.** *vi* to ride on horseback

monte ['mõwtʃi] *m* **1.** (*em terreno*) hill **2.** (*pilha*) pile; **~ de gente** a bunch of people; **um ~ de livros** a pile of books; **gente aos ~s** lots of people

montões *m pl de* **montão**

monumental <-ais> [monumẽj'taw, -'ajs] *adj* monumental; (*grandioso*) grandiose; (*magnífico*) magnificent

monumento [monu'mẽjtu] *m* monument

moqueca [mu'kɛka] *f fish stew;* **~ de peixe/camarão** fish/shrimp stew

> **Cultura** **Moqueca** is a fish stew made with **leite de coco** (coconut milk), **dendê** (palm oil from the seed of a feather palm that reaches 30 meters in height), tomato, bell pepper, dried shrimp, onions, coriander, and hot peppers. Originally from the Northeast and Bahia, it has become a characteristic of Brazilian cookery and may be found in many states of Brazil.

mora ['mɔra] *f* (*atraso no pagamento de dívida*) arrears

morada [mo'rada] *f*, **moradia** [mora'dʒia] *f* residence

morador(a) [mora'dor(a)] *m(f)* (*de uma casa*) resident; **~ de rua** homeless person

moral [mo'raw, -'ajs] **I.** *f sem pl* (*princípios*) morals; **~ da história** moral of the story **II.** *m* (*ânimo*) morale; **estar com o ~ baixo** to be in low spirits **III.** <-ais> *adj* moral

moralidade [moraʎi'dadʒi] *f sem pl* morality

moralista [mora'ʎista] **I.** *adj* moralistic

II. *mf* moralist

morango [mo'rãngu] *m* strawberry

morar [mo'rar] *vt* **1.** to live; **moro em Montreal** I live in Montreal **2.** *gír* (*entender*) **sai desta vida, morou?** get lost, got it?

moratória [mora'tɔria] *f* moratorium; **decretar** ~ to declare a moratorium

mórbida *adj v.* **mórbido**

morbidez [morbi'des] *f sem pl* morbidity

mórbido, -a ['mɔrbidu, -a] *adj* morbid

morcego [mor'segu] *m* bat

mordaça [mor'dasa] *f* gag; (*de animal*) muzzle

mordaz [mor'das] *adj* (*crítica*) scathing

morder [mor'der] **I.** *vt* (*pessoa, cão*) to bite; (*inseto*) to sting; ~ **a língua** to bite one's tongue; ~ **a isca** *fig* to swallow the bait **II.** *vi* to bite; **cão que ladra não morde** *prov* a barking dog seldom bites *prov* **III.** *vr* to be eaten up with; ~-**se de inveja** to be green with envy

mordida [mor'dʒida] *f* bite; **dar uma** ~ **em a. c.** to tap sb for a loan

mordiscar [mordʒis'kar] *vt* <c→qu> to nibble

mordomia [mordo'mia] *f* benefits

mordomo [mordo'mu] *m* butler

moreia [mo'rɛja] *f* moray (eel)

moreno, -a [mo'renu, -a] **I.** *adj* **1.** (*de cabelo*) dark **2.** (*de pele*) brown; (*pelo sol*) tanned **II.** *m, f* young brown-skinned woman

morfema [mor'fema] *m* LING morpheme

morfina [mor'fina] *f* morphine

morfologia [morfolo'ʒia] *f sem pl* morphology

morfológico, -a [morfo'lɔʒiku, -a] *adj* morphological

morgado, -a [mor'gadu, -a] *adj gír* dead tired

moribundo, -a [mori'būwdu, -a] *adj* dying

moringa [mu'rĩjga] *f* clay water cooler (*a porous clay jug used to store and cool water*)

mormacento, -a [morma'sẽjtu, -a] *adj* (*tempo*) sultry

mormaço [mor'masu] *m* sultry weather

mormente [mor'mẽjtʃi] *adv* mainly

morno, -a ['mornu, 'mɔrna] *adj* lukewarm, tepid

moroso, -a [mo'rozu, -'ɔza] *adj* **1.** (*demorado*) delayed **2.** (*lento*) slow

morrer [mo'xer] *vi* <*pp* morto *ou* morrido> **1.** (*pessoa, animal, planta*) to die; (*motor*) to stall; ~ **afogado** to drown; ~ **asfixiado** to suffocate; ~ **de fome/sede/frio** to die of hunger/thirst/cold; ~ **de inveja** to be green with envy; ~ **de rir** to die laughing; ~ **de susto** to be frightened to death; ~ **de vergonha/medo** to die of shame/fright; ~ **por alguém/a. c.** to be passionately in love with sb/sth **2.** (*fogo*) to die down; (*luz, sentimento, som*) to fade **3.** *inf* (*pagar conta*) to fork out; **morreu em 100 reais no restaurante** he forked out 100 reals at the restaurant

morrinha [mo'xĩɲa] *f* **1.** (*fedor*) stench **2.** (*preguiça*) laziness

morro ['moxu] *m* hill; **descer o** ~ *reg: RJ* (*agir, falar com grosseria*) to make a scene

morsa ['mɔrsa] *f* walrus

Morse ['mɔrsi] *m* **código** ~ Morse code

morta *adj, f v.* **morto**

mortadela [morta'dɛla] *f* mortadella

mortal <-ais> [mor'taw, -'ajs] **I.** *adj* **1.** (*que mata*) deadly; **pecado** ~ mortal sin **2.** (*que morre*) mortal **II.** *mf* mortal

mortalha [mor'taʎa] *f* (*de cadáver*) shroud

mortalidade [mortaʎi'dadʒi] *f sem pl* mortality; ~ **infantil** infant mortality; **taxa de** ~ mortality rate

mortalmente [mortaw'mẽjtʃi] *adv* mortally

mortandade [mortãn'dadʒi] *f* slaughter

morte ['mɔrtʃi] *f* **1.** death; ~ **súbita** sudden death **2.** ESPORT sudden death

morteiro [mor'tejru] *m* MIL mortar

mortífero, -a [mor'tʃiferu, -a] *adj* deadly

mortificado, -a [mortʃifi'kadu, -a] *adj* (*atormentado*) tormented

morto, -a ['mortu, 'mɔrta] **I.** *pp irr de* **matar II.** *m, f* dead person **III.** *adj* **1.** (*falecido*) dead **2.** (*cor*) dull **3.** (*inexpressivo*) lifeless **4.** (*exausto*) exhausted **5.** (*ansioso*) **estar** ~ **de fome** to be starving; **estar** ~ **de cansaço/medo** to be dead tired/scared stiff; **estar** ~ **de vontade de fazer a. c.** to be dying to do sth

mosaico [mo'zajku] *m* mosaic

mosca ['moska] *f* fly; **acertar na** ~ to hit a bull's eye; **andar/estar às** ~**s** to be idle/deserted; **ele não faz mal a uma** ~ he wouldn't hurt a fly

mosca-das-frutas ['moska-das-'frutas]

<moscas-das-frutas> *f* fruit fly

mosca-morta ['mɔska-'mɔrta] <moscas-mortas> *mf* (*pessoa apática*) non-entity

moscatel [moska'tɛw] **I.** *adj sem pl* **uva** ~ muscat (grape) **II.** *m sem pl* muscatel

mosca-varejeira ['mɔska-vare'ʒejra] <moscas-varejeiras> *f* bluebottle

Moscou [mos'kow] *m* Moscow

moscovita [mosko'vita] **I.** *adj* Muscovite **II.** *mf* Muscovite

mosquete [mos'ketʃi] *m* musket

mosqueteiro [moske'tejru] *m* musketeer

mosquiteiro [moski'tejru] *m* mosquito net

mosquito [mus'kitu] *m* mosquito

mostarda [mus'tarda] *f* mustard

mosteiro [mos'tejru] *m* (*de monges*) monastery; (*de monjas*) convent

mostra ['mɔstra] *f* display; (*sinal*) sign; ~ **de cinema** film festival; **dar** ~**s de progresso** show signs of progress; **estar à** ~ to be on display; **pôr/ter a. c. à** ~ to put/have sth on display

mostrador [mostra'dor] *m* (*de relógio*) face

mostrar [mos'trar] **I.** *vt* to show; (*provar*) to prove **II.** *vr:* ~-**se** to show oneself; (*exibir-se*) to show off

mostrengo, -a [mos'trẽjgu, -a] *m, f pej* monster

mostruário [mostru'ariw] *m* display case

mote ['mɔtʃi] *m* motto

motel <-éis> [mo'tɛw, -'ɛjs] *m* sex hotel

> **Cultura** **Motels** are a type of hotel located along highways, that cater specifically to couples. The turnover is high as rooms can be rented by the hour. **Motels** have a fairly decent infrastructure, such as parking, food service, etc.

motim [mo'tʃĩ] <-ins> *m* MIL mutiny

motivação <-ões> [motʃiva'sãw, -'õjs] *f* motivation; **ele não tem** ~ **para trabalhar** he has no motivation to work

motivado, -a [motʃi'vadu, -a] *adj* motivated

motivar [motʃi'var] *vt* to motivate; ~ **alguém para o trabalho** to motivate sb to work

motivo [mo'tʃivu] *m* (*causa, razão*) reason; (*de crime*) motive; ~ **de força maior** for reasons beyond one's control; JUR force majeur; **por** ~ **de doença** because of illness; **por esse** ~ for this reason

moto ['mɔtu] *m* (*movimento*) motion; **de** ~ **próprio** of one's one's own accord

moto ['mɔtu] *f abr de* **motocicleta** motorcycle

motocicleta [motosi'klɛta] *f* motorcycle, motorbike *inf*

motociclismo [motosi'klizmu] *m sem pl* motorcycling

motociclista [motosi'klista] *mf* motorcyclist, biker *inf*

motocross [mɔto'krɔs] *m* motocross

motoneta [moto'nɛta] *f* motor scooter

motoqueiro, -a [moto'kejru, -a] *m, f inf* (*motociclista*) biker

motor [mo'tor] *m* motor; ~ **de arranque** starter (motor); (*de carro*) engine; ~ **a diesel** diesel engine; ~ **de injeção** fuel injection engine

motorista [moto'rista] *m(f)* (*de ônibus*) bus driver; (*de caminhão*) truck driver; (*de táxi*) taxi driver; (*particular*) chauffeur

motorizado, -a [motori'zadu, -a] *adj* motorized

motorneiro [motor'nejru] *m* driver

motosserra [moto'sɛxa] *f* chain-saw

motriz [mo'tris] *adj* motive; **força** ~ driving force

mouro, -a ['mowru, -a] **I.** *adj* Moorish **II.** *m, f* Moor

mouse ['mawzi] *m* INFOR mouse

movediço, -a [move'dʒisu, -a] *adj* easily moved; **areias movediças** quicksand

móvel <-eis> ['mɔvew, -ejs] **I.** *m* (*peça de mobília*) furniture; **móveis embutidos** built-in furniture **II.** *adj* movable; **unidades** ~ mobile units

mover [mo'ver] **I.** *vt* **1.** (*deslocar*) to move **2.** (*provocar uma reação*) provoke; (*um processo*) to set in motion **II.** *vr:* ~-**se** to move

movimentação <-ões> [movimẽjta'sãw, -'õjs] *f* movement; (*na rua*) bustle

movimentado, -a [movimẽj'tadu, -a] *adj* (*rua, lugar*) bustling; (*trânsito*) flowing

movimentar [movimẽj'tar] **I.** *vt*

movimento (*mover*) to move; (*dinheiro*) to transfer; (*animar*) to liven up **II.** *vr:* **~-se** to move

movimento [movi'mẽjtu] *m* **1.** (*deslocamento*) *tb.* POL movement; **pôr a. c. em ~** to set [*o* put] sth in motion **2.** ECON trade **3.** (*na rua, em estabelecimento*) activity; **essa loja tem muito ~** this store is very busy

MST [emjɛsi'te] *m abr de* **Movimento dos Trabalhadores Rurais sem Terra** Landless Workers' Movement

muamba [mu'ɐ̃ba] *f* **1.** (*contrabando*) contraband **2.** (*compra/venda*) fencing

muambeiro, -a [muɐ̃'bejɾu, -a] *m, f* (*contrabandista*) smuggler

muco ['muku] *m* mucus

mucosa [mu'kɔza] *f* mucous membrane

mucoso, -a [mu'kozu, -ɔza] *adj* viscous

muçulmano, -a [musuw'mɐnu, -a] **I.** *adj* Muslim **II.** *m, f* Muslim

muda *adj v.* **mudo**

muda ['muda] *f* **1.** BOT seedling **2. uma ~ de roupa** a change of clothes

mudança [mu'dɐ̃sa] *f* **1.** (*alteração*) change; (*transformação*) transformation; **~ de tempo** change in the weather **2.** (*troca*) change; **de casa** move **3.** (*variação*) variation **4.** (*de marcha*) shift *Am*, change *Brit*

mudar [mu'dar] **I.** *vt* **1.** (*alterar*) to change **2.** (*trocar*) to change; **~ a fralda** to change a diaper; **~ a roupa de cama** to change the sheets **3.** (*trocar*) **~ de** to change; **~ de assunto** to change the subject; **~ de casa** to move house; **~ de lugar com alguém** to switch places with sb; **~ de ônibus/trem** to change buses/trains; **~ de opinião/ ideias** to change one's mind; **~ de roupa** to change clothes; **preciso ~ de ares** I need a change of scene **II.** *vi* (*alterar-se*) to change; **o tempo vai ~** the weather will change; **isto não mudou nada** this doesn't change anything; **a hora muda amanhã** the time changes tomorrow **III.** *vr:* **~-se** (*casa*) to move; **~-se para o campo** to move to the countryside

mudez [mu'des] *f sem pl* muteness; (*silêncio*) silence

mudo, -a ['mudu, -a] **I.** *adj* **1.** mute; **cinema ~** silent film **2.** (*telefone*) dead **II.** *m, f* mute

mugido [mu'ʒidu] *m* mooing

mugir [mu'ʒir] *vi* to moo

muito, -a ['mũjtu, -a] **I.** *adj* a lot of; (*em frase negativa ou interrogativa*) much, many; **ela tem ~s amigos?** does she have many friends?; **~ esforço** a lot of effort; **muitas pessoas** a lot of people; **não tenho ~ tempo** I don't have much time **II.** *pron indef* a lot, much, many; **tenho ~ que fazer** I have a lot to do; **vem ~ aqui?** do you come here much?; **~s pensam que ...** a lot of people think that ...

muito ['mũjtu] **I.** *m* much; **não sabe o ~ que te quero** you don't know how much I want you **II.** *adv* very, much, a lot; **~ cansada** very tired; **~ caro** very expensive; **~ melhor** much better; **comer/ler/trabalhar ~** to eat/read/ work a lot; **gostar ~ de alguém** to like sb a lot; **gosto ~ deste livro** I like this book a lot; **conheço-o há ~ tempo** I've known him for a long time; **li este livro há ~ tempo** I read this book a long time ago; **não demorou ~** it didn't take long; **~ bem!** very well!; **quando ~, dormia 4 horas por noite** at most, I sleep 4 hours a night

mula ['mula] *f* mule; **picar a ~** *inf* to leave

mulato, -a [mu'latu, -a] *m, f* mulatto

muleta [mu'leta] *f* crutch; **andar de ~s** to walk on crutches

mulher [mu'ʎɛr] *f* woman; (*esposa*) wife; **~ de negócios** business woman; **~ da vida/da zona** *pej* prostitute; **conversa de ~ para ~** woman's talk

mulheraço [muʎe'rasu] *m* statuesque beauty

mulherada [muʎe'rada] *f sem pl* women

mulherengo [muʎe'rẽjgu] **I.** *adj* womanizing; **ser ~** to be a womanizer **II.** *m* womanizer

mulherio [muʎe'riw] *m inf* women

mulher-macho [mu'ʎɛr-'maʃu] <mulheres-machos> *f* butch woman

mulher-objeto [mu'ʎɛr-ob'ʒetu] <mulheres-objeto(s)> *f* sex object

multa ['muwta] *f* fine; **levar uma ~** to get fined

multar [muw'tar] *vt* to fine; **~ alguém (em 500 euros)** to fine sb 500 euros

multicolor [muwtʃiko'lor] *adj* multicolored *Am*, multicoloured *Brit*

multicultural <-ais> [muwtʃikuwtu'raw, -'ajs] *adj* multicultural

multidão <-ões> [muwtʃi'dɐ̃w, -'õjs] *f*

crowd

multimídia [muwtʃi'midʒia] I. *adj* multimedia II. *f* multimedia

multimilionário, -a [muwtʃimiʎjo'nariw, -a] I. *adj* multimillion II. *m, f* multimillionaire

multinacional <-ais> [muwtʃinasjo'naw, -'ajs] I. *adj* (*banco; acordo*) multinational II. *f* multinational company

multipartidário, -a [muwtʃipartʃi'dariw, -a] *adj* multiparty

múltipla *adj v.* **múltiplo**

multiplicação <-ões> [muwtʃiplika'sãw, -'õjs] *f* 1.MAT multiplication 2.(*reprodução*) propagation

multiplicador [muwtʃiplika'dor] I. *adj* multiplying II. *m* MAT multiplier

multiplicar [muwtʃipli'kar] <c→qu> I. *vt* MAT to multiply; (*reproduzir*) to propagate; (*aumentar*) to increase II. *vr:* ~ -**se** to propagate

múltiplo, -a ['muwtʃiplu, -a] *adj* multiple; **questão de múltipla escolha** multiple-choice question

múltiplo ['muwtʃiplu] *m* MAT multiple; **20 é ~ de 5** 20 is a multiple of 5

multirracial <-ais> [muwtʃixasi'aw, -'ajs] *adj* multiracial

múmia ['mumia] *f* mummy

mundano, -a [mũw'dɜnu, -a] *adj* (*material*) worldly

mundaréu [mũwda'rɛw] *m* ~ **de gente** large number of people

mundial <-ais> [mũwdʒi'aw, -'ajs] I. *adj* (*recorde, guerra*) world II. *m* ESPORT (*campeonato*) world championship; **o ~ de futebol** the World Cup

mundialmente [mũwdʒjaw'mẽjtʃi] *adv* ~ **conhecido** known worldwide

mundo ['mũwdu] *m* world; **Terceiro Mundo** Third World; **o ~ dos negócios** the business world; **o outro ~** the other world; **estar** [*ou* **viver**] **no ~ da lua** to live in another world; **prometer ~ s e fundos** to promise the earth; **ter um ~ de coisas para fazer** to have a lot of things to do; **todo ~** everyone; **uma coisa do outro ~** something from another world; **desde que o ~ é ~** from the beginning of time; **vir ao ~** to come into the world; **meu ~ veio abaixo** my world shattered; **convidou meio ~ para a festa** he invited half the town to the party

munheca [mũ'ɲɛka] *f* wrist

munição <-ões> [muni'sãw, -'õjs] *f* ammunition

municipal <-ais> [munisi'paw, -'ajs] *adj* municipal; **biblioteca ~** municipal library; **câmara ~** city council; **prefeitura ~** city hall

município [muni'sipiw] *m* 1.(*cidade*) town 2.(*comunidade*) city residents 3.POL local authority

munir [mu'nir] I. *vt* to provide II. *vr:* ~ -**se** to arm oneself

muque ['muki] *m inf* brute force; **a ~** by force

muquirana [muki'rɜna] *mf reg* (*SP: avarento*) miser

mural <-ais> [mu'raw, -'ajs] *m* mural

muralha [mu'raʎa] *f* high wall; (*de fortaleza*) rampart

murar [mu'rar] *vt* (*cidade*) to wall

murcha *adj v.* **murcho**

murchar [mur'ʃar] *vi impess* 1.(*flor*) to wilt 2.(*cor*) to fade; (*voz*) to fade away 3.(*pessoa*) to shrivel up

murcho, -a ['murʃu, -a] *adj* 1.(*flor*) withered 2.(*pessoa*) shriveled up *Am,* shrivelled up *Brit*

mureta [mu'reta] *f* low wall

muriqui *m* spider monkey

murmurar [murmu'rar] I. *vt* to murmur; (*sussurrar*) to whisper II. *vi* to murmur; (*queixar-se*) to mutter; (*sussurrar*) to whisper; (*vento*) to whistle; (*folhagem*) to rustle; (*água*) to babble

murmúrio [mur'muriw] *m* (*de pessoa*) murmuring; (*queixa*) muttering; (*do vento*) whistling; (*da folhagem*) rustling; (*da água*) babbling

muro ['muru] *m* wall

murro ['muxu] *m* punch; **dar um ~ em alguém/a. c.** to punch sb/sth; **dar ~ em ponta de faca** to bang one's head aginst a brick wall

musa ['muza] *f* muse

musculação <-ões> [muskula'sãw, -'õjs] *f* bodybuilding; **fazer/praticar ~** to do bodybuilding

muscular [musku'lar] *adj* muscular

músculo ['muskulu] *m* muscle

musculoso, -a [musku'lozu, -'ɔza] *adj* muscular

museologia [muzeolo'ʒia] *f sem pl* museology

museu [mu'zew] *m* museum; **~ de arte moderna** modern art museum

musgo ['muzgu] *m* moss

música *f v.* **músico**

música ['muzika] *f* **1.** (*geral*) music; ~ **instrumental** orchestral music **2.** (*peça musical*) piece of music; (*canção*) song; **dançar conforme a** ~ *fig* to play the game

musical <-ais> [muzi'kaw, -'ajs] **I.** *adj* musical **II.** *m* musical

músico, -a ['muziku, -a] *m, f* musician

müsli ['muzʎi] *m* muesli

musselina [muse'ʎina] *f* muslin

mutação <-ões> [muta'sɐ̃w, -'õjs] *f* alteration; BIO mutation

mutável <-eis> [mu'tavew, -ejs] *adj* changeable

mutilação <-ões> [mutʃila'sɐ̃w, -'õjs] *f* mutilation

mutilado, -a [mutʃi'ladu, -a] **I.** *adj* mutilated; (*pessoa*) maimed **II.** *m, f* cripple

mutilar [mutʃi'lar] *vt* to mutilate; (*pessoa*) to maim; (*texto*) to cut

mutirão <-ões> [mutʃi'rɐ̃w, -'õjs] *m* collective effort

mutreta [mu'tɾeta] *f inf* trick

mútua *adj v.* **mútuo**

mutuamente [mutua'mẽjtʃi] *adv* mutually

mútuo, -a ['mutuw, -a] *adj* mutual

muvuca [mu'vuka] *f inf* unruly crowd

muxoxo [mu'ʃoʃu] *m* **1.** (*beijo*) peck **2.** (*carícia*) caress **3.** (*demonstração de desprezo*) tutting

N

N, n ['eni] *m* N, n; ~ **de Norma** n as in Nan *Am*, n for Nelly *Brit*

na [na] **I.** = **em + a** *v.* **em II.** *pron* **1.** (*ela*) her **2.** (*coisa*) it

nã [nɐ̃] *adv inf* nah

nababesco, -a [naba'besku, -a] *adj* opulent

nababo [na'babu] *m* nabob

nabo ['nabu] *m* **1.** BOT turnip **2.** *chulo* (*pênis*) dick *Am*, cock *Brit*

nação <-ões> [na'sɐ̃w, -'õjs] *f* nation; **Nações Unidas** United Nations

nacional <-ais> [nasjo'naw, -'ajs] *adj* **1.** POL national; **em cadeia** ~ on national television **2.** (*vinho, carro*) domestic

nacionalidade [nasjonaʎi'dadʒi] *f* nationality; **dupla** ~ dual nationality; **qual é a sua** ~? what's your nationality?

nacionalismo [nasjona'ʎizmu] *m sem pl* nationalism *no pl*

nacionalista [nasjona'ʎista] **I.** *mf* nationalist **II.** *adj* patriotic

nacionalização <-ões> [nasjonaʎiza'sɐ̃w, -'õjs] *f* ECON nationalization *no pl*

nacionalizar [nasjonaʎi'zar] **I.** *vt* to nationalize **II.** *vr:* ~-**se** to be nationalized; ~-**se brasileiro** to be a naturalized Brazilian

naco ['naku] *m* chunk

nada ['nada] **I.** *m sem pl* nothing *no pl*; **vir do** ~ to come from nothing **II.** *pron indef* **1.** nothing; ~ **de novo** no news; ~ **disso** not at all; ~ **feito** no dice, nothing doing; **obrigada – de** ~ thank you – you're welcome; **antes de mais** ~ first of all; **nossa conversa deu em** ~ our conversation led to nothing; ~ **de televisão hoje** no TV today **2.** (*depois de negativo*) anything; **não quer mesmo** ~ **para beber?** are you sure you don't want anything to drink?; **ele não fez** ~ he didn't do a thing; **não sei de** ~ I don't know a thing; **isso não tem** ~ **a ver com ele** this has nothing to do with him **III.** *adv* at all; **não é** ~ **fácil** it is not at all easy; ~ **menos (que)** nothing less (than); **a cara dele não era** ~ **boa** he was not very handsome

nada-consta ['nada-'kõwsta] *m* no objections

nadada [na'dada] *f* swim; **dar uma** ~ to go for a swim

nadadeira [nada'dejɾa] *f* (*de peixe*) fin

nadador *m* (*de golfinho, de nadador*) flipper

nadador(a) [nada'dor(a)] <-es> *m(f)* swimmer

nadar [na'dar] *vi* to swim; ~ **em dinheiro** to be rolling in money; **a comida nadava em óleo** the food was swimming in oil; **nem tudo que nada é peixe** *prov* you can't judge a book by its cover *prov*

nádegas [na'dɛgas] *fpl* buttocks *pl*

nadica [na'dʒika] *adv inf* dash, wee bit

nadinha [na'dʒiɲa] **I.** *m inf* bit; **um** ~ a little bit **II.** *pron indef, inf* (*nada*)

nado ['nadu] *m* stroke; ~ **borboleta** butterfly stroke; ~ **de costas** backstroke; ~ **livre** freestyle; ~ **de peito** breast stroke; **atravessar o lago a** ~ to swim across the lake

nafta ['nafta] *f* naphtha *no pl*

naftalina [nafta'ʎina] *f sem pl* **1.** QUÍM naphthalene *no pl* **2.** (*contra a traça*) mothball

náilon ['najlõw] *m sem pl* nylon *no pl*

naipe ['najpi] *m* **1.** (*cartas*) suit **2.** (*pessoas*) entourage; **era acompanhado por um ~ de assessores** he was accompanied by an entourage of assistants **3.** (*qualidade*) background; **ser do mesmo ~** to have the same background

nalgum, -a [naw'gũw, -'guma] <-uns> = **em + algum** *v.* **algum**

Namíbia [nɐ'mibia] *f* Namibia

namoradeiro, -a [namoɾa'dejɾu, -a] *adj* flirtatious

namorado, -a [namo'ɾadu, -a] *m, f* boyfriend *m*, girlfriend *f*; **somos ~s há um ano** we've been going out [*o dating*] for a year now

namorador(a) [namoɾa'dor(a)] <-es> **I.** *m/f* flirt **II.** *adj* flirtatious

namorar [namo'ɾaɾ] *vt* **1.** (*cortejar*) to court; (*flertar*) to flirt; ~ (**com**) **alguém** to date sb *Am*, to go out with sb *Brit*; **namoramos por dois anos** we had a relationship for two years **2.** (*desejar*) to fall in love with; **namorava os vestidos nas vitrines** I fell in love with the dresses I saw in the shop windows

namorico [namo'ɾiku] *m* flirt

namoro [na'moɾu] *m* relationship, love affair

nanar [nɐ'naɾ] *vi inf* (*bebê*) to sleep

nanico [nɐ'niku] *m* dwarf

nanquim [nɐ̃'kĩ] *m sem pl* **tinta ~** India ink *Am*, Indian ink *Brit*

não ['nɐ̃w] **I.** *m sem pl* no; **recebeu um sonoro ~** he/she got a loud no for an answer **II.** *adv* **1.** (*resposta*) no; **ele vem? – ~** is he coming? – no; **o dia está lindo, ~ é?** it's a gorgeous day, isn't it?; **pois ~** my pleasure, certainly **2.** (*em negativa*) not; **ele ~ vem** he is not coming; **ela já ~ vem** he is no longer coming; **só ..., mas também ...** not only ..., but also ...; **~ tem de quê** you are welcome

não- ['nɐ̃w] *in compounds* (*antes de substantivo*) non-; (*antes de adjetivo*) un

não-agressão [aɡɾe'sɐ̃w] *sem pl f* **pacto de ~** non-aggression pact

não-autorizado, -a [nɐ̃wawtoɾi'zadu, -a] *adj* unauthorized

não-conformismo ['nɐ̃w-kõwfoɾ'mismu] *m sem pl* nonconformism *no pl*

não-conformista ['nɐ̃w-kõwfoɾ'mista] *mf* nonconformist

não-fumante ['nɐ̃w-fu'mɐ̃tʃi] *mf* nonsmoker *Am*, non-smoker *Brit*

não-identificado, -a [nɐ̃widẽjtʃifi'kadu, -a] *adj* unidentified

não-intervenção ['nɐ̃w-ĩjteɾvẽj'sɐ̃w] *f* nonintervention

não-poluente ['nɐ̃w-polu'ẽjtʃi] *adj* non-polluting

não-remunerado, -a [nɐ̃wxemuneɾa'du, -a] *adj* unpaid, without pay; **licença não-remunerada** unpaid leave (of absence)

não-violência ['nɐ̃w-vjo'lẽjsia] *f sem pl* non-violence *no pl*

napalm [na'pawm] *sem pl m* napalm *no pl*

Nápoles ['napoʎis] *f* Naples

napolitano, -a [napoʎi'tɐnu, -a] *adj* Neapolitan

naquele, -a [na'keʎi, na'kɛla] = **em + aquele/-a** *v.* **aquele**

naquilo [na'kilu] = **em + aquilo** *v.* **aquilo**

narcisismo [naɾsi'zizmu] *m sem pl* narcissism *no pl*

narcisista [naɾsi'zista] *adj* narcissistic

narciso [naɾ'sizu] *m* **1.** BOT daffodil **2.** (*pessoa*) narcissist

narcodólar [naɾko'dɔlaɾ] *m* narcodollar

narcose [naɾ'kɔzi] *f* narcosis

narcótico [naɾ'kɔtʃiku] *m* narcotic

narcótico, -a [naɾ'kɔtʃiku, -a] *adj* narcotic

narcotraficante [naɾkotɾafi'kɐ̃tʃi] *mf* drug dealer

narcotráfico [naɾko'tɾafiku] *m* narcotraffic, drug trafficking

narigudo, -a [naɾi'gudu, -a] *adj* bignosed; **ser ~** to be nosey

narina [na'ɾina] *f* nostril

nariz [na'ɾis] <-es> *m* nose; **colocar o dedo no ~** to pick one's nose; **dar com o ~ na porta** to find no one at home; **estar com o ~ escorrendo** to have a runny nose; **torcer o ~** to turn up one's nose; **meter o ~ onde não é cha-**

mado to poke one's nose into other people's affairs

narração <-ões> [naxa'sãw, -'õjs] *f* narration

narrador(a) [naxa'dor(a)] *m(f)* narrator

narrar [na'xar] *vt* to narrate

narrativa [naxa'tʃiva] *f* LIT narrative; (*história*) story

narrativo, -a [naxa'tʃivu, -a] *adj* narrative

nas [nas] = **em + as** *v.* **em**

nasal <-ais> [na'zaw, -'ajs] *adj* ANAT, LING nasal; **som** ~ nasal sound; **uma voz** ~ a nasal voice

nasalar [naza'lar] *vt* (*um som*) to nasalize

nascença [na'sẽjsa] *f sem pl* birth; **de** ~ by birth; **sinal de** ~ birthmark

nascente [na'sẽjtʃi] **I.** *f* **1.** (*de um rio*) source; **água de** ~ spring water **2.** (*fonte*) spring **II.** *m* **o** ~ the East **III.** *adj* (*interesse*) emerging; (*sol*) rising

nascer [na'ser] <c→ç> **I.** *vi* **1.** (*pessoa, animal*) to be born; (*ave*) to hatch; ~ **para ser médico/cantor, ...** to be a born doctor/singer, ...; **onde você nasceu?** where were you born?; **nasci em abril/em 1989** I was born in April/ in 1989; ~ **de novo** to be born again; **eu não nasci ontem** I wasn't born yesterday **2.** (*dia*) to begin; (*sol*) to rise **3.** (*rio*) to originate **4.** (*planta*) sprout **5.** (*furúnculo*) to appear **6.** *fig* (*aparecer*) to show up **II.** *m* ~ **do sol** sunrise

nascido, -a [na'sidu, -a] *adj* born

nascimento [nasi'mẽjtu] *m* **1.** (*de pessoa*) birth; **data de** ~ date of birth; **ele é canadense de** ~ he is Canadian by birth **2.** (*do sol*) sunrise **3.** *fig* (*origem*) origin **4.** (*do samba, cinema*) birth

nata ['nata] *f* **1.** *sem pl* (*da sociedade, de um grupo*) cream **2.** (*leite*) cream

natação [nata'sãw] *f sem pl* swimming *no pl*; **praticar** [*ou* **fazer**] ~ to swim; **faço** ~ **uma vez por semana** I go swimming once a week

natal <-ais> [na'taw, -'ajs] *adj* (*país*) native; **minha cidade** ~ my hometown; **minha terra** ~ my native country

Natal [na'taw] *m* **1.** Christmas; **no** ~ at Christmas; **noite/ véspera de** ~ Christmas Eve; **presente de** ~ Christmas present; **Feliz** ~**!** Merry Christmas **2.** (City of) Natal

natalício, -a [nata'λisiw, -a] *adj* natal; **pré-**~ pre-natal; **data** ~ date of birth

natalidade [nataλi'dadʒi] *f sem pl* birthrate; **índice de** ~ birthrate index

natalino, -a [nata'λinu, -a] *adj* referring to Christmas; **as festas natalinas** Christmas holidays

natimorto [natʃi'mortu] *m* stillbirth

natimorto, -a [natʃi'mortu, -a] *adj* stillborn

nativa *adj, f v.* **nativo**

natividade [natʃivi'dadʒi] *f sem pl* Nativity *no pl*

nativo, -a [na'tʃivu, -a] **I.** *m, f* native **II.** *adj* native; **a sua língua nativa é japonesa** his/her native language is Japanese

nato, -a ['natu, -a] *adj* born; **ele é um músico** ~ he is a born musician; **sou brasileira nata** I am Brazilian-born

natural <-ais> [natu'raw, -'ajs] **I.** *mf* natural **II.** *adj* **1.** (*não artificial: fibras, sabor, cor*) natural; **a água é uma riqueza** ~ water is a natural resource **2.** (*normal*) natural; **nada mais** ~ **que ele fique irritado** it's typical of him to get irritated **3.** (*nascido*) ~ **de** a native of **4.** (*alimentos*) **suco** ~ pure juice; **ao** ~ fresh, in their natural state; **produtos naturais** natural products **5.** (*provável*) natural; **a fome é consequência** ~ **da pobreza** hunger is a natural result of poverty

naturalidade [naturaλi'dadʒi] *f sem pl* **1.** (*com normalidade*) naturally; **encarar a. c. com** ~ to face something naturally **2.** (*local de nascimento*) place of birth, origin; **a sua terra de** ~ **é desconhecida** his/her place of birth is unknown

naturalismo [natura'λizmu] *m sem pl* naturalism *no pl*

naturalista [natura'λista] *mf* naturalist

naturalização <-ões> [naturaλiza'sãw, -'õjs] *f* naturalization *no pl*

naturalizar [naturaλi'zar] **I.** *vt* (*estrangeiro*) to naturalize **II.** *vr:* ~**-se** to be naturalized; **naturalizou-se brasileira** she became a naturalized Brazilian

naturalmente [naturaw'mẽjtʃi] **I.** *adv* (*de maneira natural*) naturally; (*com certeza*) of course **II.** *interj* certainly!

natureba [natu'rɛba] *m pej, inf* health food freak

natureza [natu'reza] *f sem pl* nature; ~

humana human nature; **por ~** by nature; **problemas desta ~** issues of this nature

natureza-morta [natuˈrezaˈmɔrta] <naturezas-mortas> f still life

naturista [natuˈrista] mf naturist

nau [ˈnaw] f vessel

náufraga f v. **náufrago**

naufragar [nawfraˈgar] <g→gu> vi to be shipwrecked; (*empreendimento, plano*) to fail

naufrágio [nawˈfraʒiw] m shipwreck; (*insucesso*) failure

náufrago, -a [ˈnawfragu, -a] m, f castaway

náusea [ˈnawzia] f nausea *no pl*; (*no mar*) seasickness; (*no avião*) airsickness *no pl*; **sentir ~s** to feel sick; **isso me dá ~s** *tb. fig* this makes me feel sick

nauseabundo, -a [nawzjaˈbũwdu] *adj* disgusting

nausear [nawziˈar] *conj como passear* I. vt to nauseate II. vr: **~-se** to become nauseated; (*no mar*) to get seasick

náutica [ˈnawtʃika] f sem pl nautical science

náutico, -a [ˈnawtʃiku, -a] *adj* nautical; **clube ~** sailing club; **termo ~** nautical term

naval <-ais> [naˈvaw, -ˈajs] *adj* (*de barcos*) naval; **construção ~** *sem pl* Naval Engineering *no pl*; **polícia ~** coastguard

navalha [naˈvaʎa] f **1.** (*para barbear*) (cut throat) razor; (*faca*) pocket knife **2.** *inf* (*motorista*) Sunday driver

navalhada [navaˈʎada] f (*com navalha de barba*) slash; (*com faca*) stab

nave [ˈnavi] f **1.** NÁUT ship; **~ espacial** space ship **2.** ARQUIT (*da igreja*) nave

navegação <-ões> [naveɡaˈsãw, -ˈõjs] f **1.** NÁUT navigation *no pl*; **~ aérea** aerial navigation; **~ fluvial** river navigation; **~ marítima** maritime navigation **2.** INFOR (*na Internet*) surfing

navegador(a) [naveɡaˈdor(a)] m(f) **1.** navigator **2.** INFOR (*internauta*) surfer; (*programa*) browser

navegante [naveˈɡãntʃi] mf navigator

navegar [naveˈɡar] <g→gu> I. vt **1.** (*os mares*) to cruise; (*atravessar*) to cross **2.** (*o espaço*) to navigate II. vi **1.** NÁUT to navigate; (*velejar*) to sail **2.** AERO to fly **3.** (*na Internet*) to surf

navegável <-eis> [naveˈɡavew, -ejs] *adj* navigable

nave-mãe [ˈnaviˈmãj] <naves-mãe(s)> f ASTRON mother ship

navio [naˈviw] m ship; **~ de carga** cargo ship; **~ de guerra** war ship; **~ mercante** merchant ship; **abandonar o ~** to abandon ship; **ficar a ver ~s** to be left high and dry

navio-escola [naˈviwisˈkɔla] <navios-escola(s)> m training ship

navio-tanque [naˈviwˈtãŋki] <navios-tanque(s)> m tanker

nazismo [naˈzizmu] m sem pl Nazism m; (*época*) National Socialism

nazista [naˈzista] *adj, mf* Nazi

N.B. [ˈnotʃi ˈbẽj] m abr de **Nota Bene** obs., NB

N.E. [nɔrˈdɛstʃi] m abr de **nordeste** NE

neblina [neˈblina] f fog

nebulizador [nebuʎizaˈdor] m nebulizer

nebulosa *adj v.* **nebuloso**

nebulosa [nebuˈlɔza] I. *adj* **1.** *v.* **nebuloso 2.** ASTRON nebula II. f ASTRON nebula

nebulosidade [nebuloziˈdadʒi] f sem pl (*neblina*) mist; (*com nuvens*) fog

nebuloso, -a [nebuˈlozu, -ˈɔza] *adj* **1.** METEO foggy; (*em altitude: céu, dia*) cloudy **2.** (*discurso, ideia*) vague **3.** (*vulto*) indistinct

neca [ˈnɛka] I. *adv inf* nope; **fez a lição? – ~** did you do your homework? – nope II. *pron indef* a thing; **ele não sabe ~s (de pitibiriba)** he doesn't know a thing

nécessaire [neseˈsɛr] f cosmetic [*o* make-up] bag

necessariamente [nesesarjaˈmẽjtʃi] *adv* necessarily; **não ~** not necessarily

necessário, -a [neseˈsariw, -a] I. m, f **o ~** the essentials II. *adj* **1.** (*preciso*) essential; **faz-se ~ tomar precauções** it is essential to take precautions **2.** (*exigido*) necessary; **é ~ fazer a. c.** it is necessary to do sth; **não é ~ que você ajude** it's not necessary for you to help; **se for ~** if (it's) necessary

necessidade [nesesiˈdadʒi] f **1.** (*que se precisa*) necessity; ECON necessity; **de primeira ~** basic need; **ter ~ de a. c.** to need something; **não há ~ de ...** there is no need for...; **é de grande ~ que** +*subj* there is a great need for.... **2.** (*falta*) need; **sem ~** needlessly; **satisfazer uma ~** to satisfy a need; **~s básicas da população** basic needs of the population; **por ~** out of necessity;

necessidades [nesesi'dadʒis] *fpl inf* **tenho que fazer as** ~ I've got to go to the bathroom

necessitado, -a [nesesi'tadu, -a] *adj* needy

necessitar [nesesi'tar] **I.** *vt* to need **II.** *vi* ~ **de a. c.** to need sth

necrológio [nekro'lɔʒiw] *m* obituary

necrópole [ne'krɔpoʎi] *f* cemetery

necropsia [nekrop'sia, ne'krɔpsia] *f* autopsy

necrose [ne'krɔzi] *f* MED necrosis

necrotério [nekro'tɛriw] *m* morgue

néctar ['nɛktaɾ] *m sem pl* nectar *no pl*

nectarina [nekta'rina] *f* nectarine

nefando, -a [ne'fɐ̃ndu, -a] *adj* (*crime, tráfico*) abominable

nefasto, -a [ne'fastu, -a] *adj* (*dia, elemento*) inauspicious

nefrite [ne'fritʃi] *f* nephritis (*inflammation of the kidneys*)

nefrologista [nefrolo'ʒista] *mf* nephrologist

nega *f v.* **nego**

negação <-ões> [nega'sɐ̃w, -'õjs] *f* **1.** (*ato de negar*) negation, denial **2.** (*recusa*) denial **3.** (*sem valor*) **era uma ~ de professor** he was a failure as a teacher

negacear [negasi'ar] *conj como passear vt* **1.** (*recusar*) to deny **2.** (*ludibriar*) to deceive

negar [ne'gar] <g→gu> **I.** *vt* **1.** (*desmentir: boatos*) to deny **2.** (*recusar: ajuda*) to refuse; ~ **a. c. a alguém** to refuse sb sth **3.** (*contestar: ideias, princípios*) to reject **II.** *vr:* ~**-se a fazer a. c.** to refuse to do sth

negativa *adj v.* **negativo**

negativa [nega'tʃiva] *f* **1.** refusal **2.** LING negative

negativo [nega'tʃivu] **I.** *m* ELETR, FOTO negative **II.** *adv inf* negative, no; **posso ir brincar?** – ~ ~ can I go and play? – negative [*o no*]

negativo, -a [nega'tʃivu, -a] *adj* **1.** (*não positivo: atitudes, efeitos, medidas*) negative **2.** (*resposta*) negative; **dar uma resposta negativa a alguém** to give sb a negative answer **3.** (*inferior a zero*) negative; **número ~** negative number; **está 5 graus ~s** it is 5 degrees below zero **4.** ELETR (*polo*) negative

négligé [negli'ʒe] *m* negligee

negligência [negli'ʒẽjsia] *f* **1.** neglect *no pl* **2.** JUR negligence *no pl*

negligenciar [negliʒẽjsi'ar] *vt* to neglect, to disregard

negligente [negli'ʒẽjtʃi] *adj* **1.** neglectful **2.** JUR negligent

nego, -a ['negu, -a] *m, f inf* (*pessoa*) pal *m*, dear *f*; **tudo bem, minha nega/meu nego?** everything ok, dear/pal?

negociação <-ões> [negosja'sɐ̃w, -'õjs] *f* negotiation; **estar em negociações** to be under negotiation

negociador(a) [negosja'dor(a)] <-es, -as> *m(f)* negotiator

negociante [negosi'ɐ̃ntʃi] *mf* (*com loja*) merchant; (*de imóveis, etc*) businessman *m*, businesswoman *f*

negociar [negosi'ar] **I.** *vt* (*discutir*) to negotiate; ~ **a. c. com alguém** to negotiate sth with sb **II.** *vi* **1.** (*comprar, vender*) to do business **2.** to negotiate; ~ **em reuniões** to negotiate at meetings

negociata [negosi'ata] *f* racket, shady deal; **fazer uma ~** to be involved in a shady deal

negociável <-eis> [negosi'avew, -ejs] *adj* negotiable

negócio [ne'gɔsiw] *m* **1.** COM business; (*transação*) business transaction; **~ da China** killing; **~ de ocasião** good deal; **homem/mulher de ~s** businessman/business woman; **fazer ~** to do business; **fazer um ~ no escuro** to trade in the dark; **fechar um ~** to close a deal; **estou aqui a ~s** I'm here on business; **isto não é ~** this is not a good deal; **não quero ~ com você** *inf* I don't want to have anything to do with you **2.** (*loja*) business; **casa de ~** store **3.** ~ *pl* (*assuntos*) affairs; **~s de família** family affairs **4.** *inf* (*coisa*) thing; **dê-me esse ~ aí** give me that thing over there; **o bolo está delicioso, um ~!** wow! the cake is great!, this cake is the business! *Brit*

negra *adj v.* **negro**

negra ['negra] *f* ESPORT tie-break(er)

negrada [ne'grada] *f inf* (*pessoa*) gang; **vamos lá, ~!** come on, gang!, come on, you guys!

negrito [ne'gritu] *m* TIPO bold

negritude [negri'tudʒi] *f sem pl* Black identity, negritude

negro, -a ['negru, -a] **I.** *m, f* (*pessoa*) black *pej* **II.** *adj* **1.** (*cor*) black; (*pessoa*) black **2.** (*sinistro, lúgubre*) dark;

humor ~ black humor; **lista** ~ blacklist; **ovelha** ~ black sheep; **passado** ~ shady past

negro ['negɾu] *m* (*cor*) black

negrume [ne'gɾumi] *m* darkness *no pl*

neguinho [ne'gĩɲu] *m inf* (*pessoa*) pal, buddy *Am;* **tudo bem, meu ~?** how are things, pal?

nele, -a ['neʎi, 'nɛla] = **em + ele**/**-a** *v.* **em**

nem [nẽj] **I.** *adv* not; **~ ...** ~ neither ... nor; **~ pense nisso** don't even think about it; **não veio e ~ sequer telefonou** he didn't come and didn't even call; **~ sempre** not always **II.** *conj* **~ que** +*subj* not even; **~ que chova canivetes** not even if it rains cats and dogs

nenê [ne'ne] *mf,* **neném** [ne'nẽj] <-ens> *mf inf* baby

nenhum, -a [nẽ'ɲũw, -ɲuma] <-uns> *pron indef* none; **de modo ~** no way; **em lugar ~** nowhere; **eles demonstram ~ interesse por política** they show no interest in politics; **dos qualificados no exame, ~ veio se matricular** of those who passed the test, none came to enroll

nenúfar [ne'nufar] <-es> *m* water lily

neo- [nɛw] *in compounds* neo-

neoclássico, -a [nɛw'klasiku, -a] *adj* neoclassical

neolatino, -a [nɛwla'tʃinu, -a] *adj* Neo-Latin

neolítico [nɛo'ʎitʃiku] *m* **o ~ the** Neolithic Period

neolítico, -a [neo'ʎitʃiku, -a] *adj* Neolithic; **o período ~** the Neolithic Period

neologia [neolo'ʒia] *f* **1.** (*palavra*) neologism **2.** (*assunto*) neology

neologismo [newlo'ʒizmu] *m* neologism

néon [ne'õw] *m sem pl* neon *no pl*

neonatal <-ais> [newna'naw, -'ajs] *adj* neonatal

neonatologia [newnatolo'ʒia] *f sem pl* neonatology *no pl*

neonazismo [mɛwna'zizmu] *m sem pl* neo-Nazism *no pl*

neonazista [nɛwna'zista] *mf* neo-Nazi

neopentecostal <-ais> [nɛwpẽjtekos'taw, -ajs] *adj, mf* REL neo-Pentecostal

neoplasia [newpla'zia] *f* neoplasia

neorrealismo [nɛwxea'ʎizmu] *m sem pl* neo-realism *no pl*

neozelandês, -esa [nɛwzelãɲ'des,

-'eza] **I.** *m, f* New Zealander **II.** *adj* from New Zealand

nepalês, -esa [nepa'les, -'eza] <-es, -as> *adj, m, f* Nepalese

nepotismo [nepo'tʃizmu] *m sem pl* nepotism *no pl*

nereida [ne'rejda] *f* Nereid

nervo ['nervu] *m* **1.** (*de pessoa, planta*) nerve; **estar com os ~s à flor da pele** to be highly-strung; **ter ~s de aço** to have nerves of steel; **dar nos ~s de alguém** to get on sb's nerves **2.** (*de carne*) gristle *no pl*

nervosa *adj v.* **nervoso**

nervosismo [nervo'zizmu] *m* **1.** (*ansiedade*) nervousness *no pl* **2.** (*irritabilidade*) irritability

nervoso, -a [ner'vozu,-'ɔza] *adj* **1.** (*anfioxo*) nervous; (*irritado*) irritated; **ter uma crise ~** to go into hysterics; **um tique ~** a nervous tick; **ficar ~** to get worked up; **ele me deixa ~** he really irritates me **2.** ANAT **o sistema ~** the nervous system; **tecido ~** nerve tissue

néscio ['nɛsiw] *m* fool

nêspera ['nespeɾa] *f* loquat

nesse, -a ['nesi, 'nɛsa] = **em + esse**/**-a** *v.* **esse**

neste, -a ['nestʃi, 'nɛsta] = **em + este**/**-a** *v.* **este**

neto, -a ['nɛtu, -a] *m, f* grandson *m,* granddaughter *f;* **~s** *pl* grandchildren *pl*

Netuno [ne'tunu] *m sem pl* Neptune

neura ['newɾa] *f inf* the creeps, **me dá uma neura,** it gives me the creeps

neurite [new'ritʃi] *f* MED neuritis *no pl*

neurocirurgia [newɾosiɾur'ʒia] *f sem pl* neurosurgery *no pl*

neurocirurgião, -giã <-ões, -ães> [newɾosiɾur'ʒiãw, -'ʒ, -'ɔjs, -'ʒjs] *m, f* neurosurgeon

neurologia [newɾolo'ʒia] *f sem pl* neurology *no pl*

neurológico, -a [newɾo'lɔʒiku, -a] *adj* (*distúrbio, sequela*) neurological

neurologista [newɾolo'ʒista] *mf* neurologist

neurônio [new'ɾoniw] *m* neuron

neurose [new'ɾɔzi] *f* neurosis

neurótico, -a [new'ɾɔtʃiku, -a] *adj, m, f* neurotic

neutra *adj v.* **neutro**

neutralidade [newtɾaʎi'dadʒi] *f sem pl* neutrality *no pl*

neutralização <-ões> [newtɾaʎiza-'sɐ̃w, -'õjs] f neutralization

neutralizar [newtɾaʎi'zar] vt to neutralize

neutro, -a ['newtɾu, -a] adj 1. (*imparcial*) impartial; (*cor, país*) neutral 2. LING neuter; **gênero ~** neuter gender

nêutron ['newtɾõ] <-ns> m neutron

nevada adj v. **nevado**

nevada [ne'vada] f 1. (*quantidade*) snowfall 2. (*caimento*) snow

nevado, -a [ne'vadu, -a] adj (*picos, paisagem*) snow-covered

nevar [ne'var] vi impess to snow

nevasca [ne'vaska] f snowstorm

neve ['nɛvi] f snow; **bater as claras em ~** to beat (the) egg whites until stiff

névoa ['nɛvua] f haze; **~ úmida** mist

nevoeiro [nevu'ejɾu] m fog; **há ~** it's foggy

nevralgia [nevɾaw'ʒia] f MED neuralgia no pl

nevrálgico, -a [ne'vɾawʒiku, -a] adj neuralgic

nexo ['nɛksu] m sense; **com/sem ~** coherent/incoherent

nhenhenhém [ɲẽɲẽ'ɲẽj] m inf grumbling

nhoque ['ɲɔki] m gnocchi pl

Nicarágua [nika'ɾagwa] f Nicaragua

nicaraguense [nikaɾa'gwẽjsi] adj, mf Nicaraguan

nicho ['niʃu] m 1. (*para estátua*) niche; (*em armário, estante*) recess 2. ENS recess 3. ECON niche; **~ de mercado** market niche

nicotina [niko'tʃina] f sem pl nicotine no pl

Nigéria [ni'ʒɛɾia] f Nigeria

Nilo ['nilu] m the Nile

nimbo ['nĩbu] m 1. METEO nimbus 2. (*de santo*) halo

ninar [ni'nar] vt to lull to sleep; **cantiga de ~** lullaby

ninfa ['nĩfa] f nymph

ninfeia [nĩj'fɛja] f water lily

ninfeta [nĩj'feta] f nymphet

ninfomaníaca [nĩjfomɐ'niaka] f nymphomaniac

ninguém [nĩj'gẽj] pron indef nobody, no-one; **~ sabe** nobody knows; **~ está** [ou **não tem ~**] there's nobody around; **mais ~** nobody else

ninhada [ni'ɲada] f (*de cães, gatos*) litter; (*de pássaros*) brood

ninharia [niɲa'ɾia] f trifle

ninho ['niɲu] m nest; **fazer um ~** to build a nest; **~ de cobras** fig den of thieves [o iniquity]; **~ de rato** fig (*gaveta, mesa*) complete mess

nipônico, -a [ni'poniku, -a] adj Japanese

níquel <-eis> ['nikew, -ejs] m 1. QUÍM nickel no pl 2. (*dinheiro*) **não tenho nem um ~ no bolso** inf I'm flat, I'm completely broke, I don't have two pennies to rub together Brit

nirvana [nir'vɐna] m sem pl nirvana no pl

nissei [ni'sej] mf nisei (*Brazilian of Japanese parentage*)

nisso ['nisu] = **em + isso** v. **isso**

nisto ['nistu] = **em + isto** v. **isto**

nítida adj v. **nítido**

nitidamente [nitʃida'mẽjtʃi] adv clearly

nitidez [nitʃi'des] f sem pl 1. (*de imagem, fotografia*) sharpness 2. (*clareza*) clarity

nítido, -a ['nitʃidu, -a] adj 1. (*imagem, fotografia*) sharp 2. (*claro: som, declínio, sinal*) clear

nitrato [ni'tɾatu] m nitrate

nitrogênio [nitɾo'ʒeniw] m sem pl nitrogen no pl

nitroglicerina [nitɾoglise'ɾina] f sem pl nitroglycerine no pl

nívea adj v. **níveo**

nível <-eis> ['nivew, -ejs] m 1. (*grau*) level 2. (*situação*) level; **~ de conhecimentos** level of knowledge; **~ de desenvolvimento** level of development; **~ de radiação** level of radiation; **~ de vida** standard of living; **ensino de ~ universitário** university level courses; **uma reunião no mais alto ~** a meeting at the highest level 3. (*de líquido*) level; **~ da água** water level; **~ do mar** sea level; **1000 m acima do ~ do mar** 1000 m above sea level 4. (*categoria: pessoa*) high standing; **uma pessoa de ~** a person of high standing; (*conversa*) high-level; **conversas de ~** a high-level conversation; **ele não tem ~ para acompanhar as discussões** he is unable to follow the discussion; **o alto/baixo ~ dos professores** the high/low standard of teachers 5. (*instrumento*) level

niveladora [nivela'doɾa] f leveler Am, bulldozer

nivelar [nive'lar] **I.** vt 1. (*estrada, terreno*) to level 2. (*diferenças*) to even out;

níveo ~ **por baixo** to fix a level/limit based on the lowest common denominator II. *vr:* ~-**se** to place oneself on a level with

níveo, -a ['nivew, -a] *adj* snow-white

no [nu] = **em** + **o** *v.* **em**

nº ['numeru] *m abr de* **número** no.

nó ['nɔ] *m* 1. (*em fio, na gravata*) knot; ~ **cego** tangled knot *fig,* knotty problem, Gordian knot; **dar um** ~ to tie a knot; **ter um** ~ **na garganta** *inf* to have a lump in one's throat; **o** ~ **da questão** the crux of the matter; **não se deve dar ponto sem** ~ one should play it safe 2. (*no trânsito*) snarl-up 3. ~ **dos dedos** knuckle 4. (*na madeira*) knot; **ser** ~ **na madeira** to be obstinate 5. NÁUT knot 6. INFOR node

nobilitar [nobiʎi'tar] *vt* (*engrandecer*) to exalt; (*conceder título de nobreza*) to ennoble

nobre ['nɔbri] I. *mf* nobleman *m,* noblewoman *f;* **os** ~**s** the nobility *no pl* II. *adj* 1. (*da nobreza*) noble 2. (*ato, sentimento*) noble 3. (*advogado, deputado*) distinguished 4. (*área, salão*) VIP 5. **horário** ~ TV prime time

nobreza [no'breza] *f* nobility; (*sentimentos*) magnanimity *no pl*

noção <-ões> [no'sãw, -'õjs] *f* 1. (*ideia*) idea; **não ter a mínima** ~ not to have the slightest idea 2. (*conceito*) notion 3. (*conhecimento básico*) basic knowledge; **ter algumas noções de a. c.** to know sth about sth

nocaute [no'kawtʃi] *m* ESPORT knockout

nocautear [nokawtʃi'ar] *conj como passear vt* to knock out

nocivo, -a [no'sivu, -a] *adj* noxious; ~ **para o meio ambiente** harmful to the environment

noctívago, -a [no'tʃivagu, -a] *m, f* 1. (*pessoa*) night-owl 2. (*animal*) nocturnal animal

nodo ['nɔdu] *m* ASTRON node

nódoa ['nɔdua] *f* 1. (*de sujeira*) stain 2. (*mácula*) blemish

nódulo ['nɔdulu] *m* MED node

nogueira [no'gejra] *f* walnut tree

noitada [noj'tada] *f* full night; (*de trabalho*) full night's work; **fazer uma** ~ (*farra*) to stay out all night

noite ['nojtʃi] *f* (*fim do dia*) night; (*noitinha*) evening; **à** ~ in the evening; **de** ~ at night; **uma** ~ a night; **tarde da** ~ late at night; **da** ~ **para o dia** overnight; ~ **e dia** night and day; **passar a** ~ **em claro** to spend a sleepless night; **a** ~ **é uma criança** the night is young; **boa** ~! good night; (*despedida*) good night; **às oito da** ~ at eight in the evening; **quinta-feira à** ~ Thursday night; **hoje à** ~ tonight; ~ **de Natal** Christmas Eve; **virei a noite trabalhando** I was up all night working; **de** ~ **todos os gatos são pardos** *prov* at night all cats are *Am* gray, *Brit* grey *prov*

noitinha [noj'tʃĩna] *f* (*início da noite*) evening; **à** ~ in the evening

noiva *f v.* **noivo**

noivado [noj'vadu] *m* engagement; **festa de** ~ engagement party

noivo, -a ['nojvu, -a] *m, f* (*comprometido*) fiancé *m,* fiancée *f;* (*no casamento*) groom *m,* bride *f;* **os** ~**s** the bride and groom; (*recém-casados*) the newlyweds

nojeira [no'ʒejra] *f* (*coisa nojenta*) disgusting sight [*o* thing]; (*sujeira*) filth *no pl*

nojento, -a [no'ʒẽjtu, -a] *adj* 1. (*sujo*) filthy 2. (*repulsivo*) disgusting 3. *inf* (*metido a besta*) big-headed

nojo ['noʒu] *m* (*repugnância*) disgust *no pl;* **ter** ~ **de alguém/a. c.** to be disgusted by sb/sth; **isto me dá** ~ I can't stand this, this makes me sick; **isto é** [*ou* **está**] **um** ~ this is disgusting

nômade ['nomadʒi] I. *mf* nomad II. *adj* nomadic

nome ['nɔmi] *m* name; **em** ~ **de** on behalf of; **conhecer alguém/a. c.** ~ to know sb by name; ~ **completo** full name; ~ **de guerra** pseudonym; (*de escritor*) nom de plume, pen-name; (*de prostituta*) professional [*o* working] name; (*de ator*) stage name; **dizer** ~**s feios** to call someone names; ~ **próprio** given name, first name; ~ **de solteira** maiden name; **dar** ~ **aos bois** (*relevar nomes*) to name names; (*dizer claramente*) to call a spade a spade; **qual é o seu** ~? what is your name?; **ter um** ~ **a zelar** to have one's name to think of

nomeação <-ões> [nomea'sãw, -'õjs] *f* appointment; ~ **para um cargo** appointment to a position

nomeado, -a [nomi'adu, -a] *adj* appointed

nomear [nomi'ar] *conj como passear vt* 1. (*designar*) to appoint, to name; ~

alguém para a. c. to appoint sb to sth **2.** (*mencionar*) to mention **3.** (*para prêmio*) to nominate; **~ alguém para a. c.** to nominate sb for sth

nomenclatura [nomẽjkla'tura] *f* nomenclature

nominal <-ais> [nomi'naw, -'ajs] *adj* nominal; **cheque ~** personal check; **valor ~** nominal value; **salário ~** nominal salary

nominativo [nomina'tʃivu] *m* LING nominative

nominativo, -a [nomina'tʃivu, -a] *adj* (*cheque, ações*) personal; LING nominative

nonagenário, -a [nonaʒe'nariw, -a] **I.** *m, f* nonagenarian **II.** *adj* **estar ~** to be in one's nineties

nonagésimo, -a [nona'ʒɛzimu, -a] *num ord* ninetieth

nono, -a ['nonu, -a] *num ord* ninth; *v.tb.* **segundo**

nora ['nɔra] *f* (*familiar*) daughter-in-law

nordeste [nor'dɛstʃi] *m* northeast; **a ~ de** to the northeast of

nordestino, -a [nordes'tʃinu, -a] **I.** *m, f* person from the Northeast (of Brazil); **os ~s** the people of the Northeast (of Brazil) **II.** *adj* (*comida, música*) Northeastern

nórdico, -a ['nɔrdʒiku, -a] *adj, m, f* Nordic

norma ['nɔrma] *f* norm; **ter como ~ fazer a. c.** to do sth as a rule

normal <-ais> [nor'maw, -'ajs] **I.** *adj* normal **II.** *m primary school teacher training* (*course*)

normalidade [normaʎi'dadʒi] *f* normality *no pl*

normalista [norma'ʎista] *mf primary school teacher trainee*

normalização <-ões> [normaʎiza'sãw, -'õjs] *f* normalization

normalizar [normaʎi'zar] **I.** *vt* **1.** (*tornar normal*) to restore to normal **2.** (*elaborar normas*) to normalize **II.** *vr:* **~-se** to get back to normal

normalmente [normaw'mẽtʃi] *adv* normally

normativo, -a [norma'tʃivu, -a] *adj* (*direito, gramática*) normative

normatizar [normatʃi'zar] *vt* to normalize

noroeste [noro'ɛstʃi] *m sem pl* northwest; **a ~ de** to the northwest of

norte ['nɔrtʃi] **I.** *m sem pl* north; **ao ~ de** to the north of; (**mais**) **ao norte daqui** to the north of here; **no norte do Brasil** in the north of Brazil; **perder o ~** to lose one's bearings **II.** *adj* **polo norte** the north pole

norte-americano, -a [nɔrtʃjameri'kɐnu, -a] *adj, m, f* North American

nortear [nortʃi'ar] **I.** *vt* to steer northward **II.** *vr:* **~-se** to get one's bearings

nortista [nor'tʃista] **I.** *mf* northerner **II.** *adj* northern

Noruega [noru'ɛga] *f* Norway

norueguês, -esa [norwe'ges, -'eza] *adj, m, f* Norwegian

nos [nus] **I.** *pron* us; **nosso filho ~ dá muita alegria!** our son gives us a lot of happiness! **II.** = **em + os** *v.* **em**

nós ['nɔs] *pron pess* (*sujeito*) we; (*objeto, após prep.*) us; **isso é para ~?** is this for us?

nosso, -a ['nɔsu, -a] *pron poss* our; **~ amigo** our friend; **um amigo ~** a friend of ours

nostalgia [nostaw'ʒia] *f* nostalgia *no pl*

nostálgico [nos'tawʒiku] *m* nostalgic person

nostálgico, -a [nos'tawʒiku, -a] *adj* (*sentimento, canção*) nostalgic

nota ['nɔta] *f* **1.** (*recado*) note **2.** (*apontamento*) note; **tomar ~ de a. c.** to make a note of something **3.** (*de escola*) grade *Am*, mark *Brit*; **ter** [*ou* **tirar**] **boas ~s** to have [*o get*] good grades **4.** MÚS note **5.** (*dinheiro*) bill *Am*, note *Brit*; **~ de cinco dólares** five dollar bill *Am*; **~ de cinco libras** five-pound note *Brit*; **o conserto da TV saiu uma ~ preta** *inf* repairing the TV cost a fortune; **ele ficou cheio da ~** *inf* now he's rolling in money **6.** (*conta*) bill **7.** ECON **~ fiscal** invoice, bill; (*numa loja*) receipt

notabilizar [notabiʎi'zar] **I.** *vt* to make famous **II.** *vr:* **~-se** to become famous

notar [no'tar] *vt* to notice; **fazer-se ~** to make oneself noticed

notável <-eis> [no'tavew, -ejs] *adj* (*livro, obra, pessoa, feito*) notable; (*melhora*) noticeable

notícia [no'tʃisia] *f* news + *sing vb;* **as ~s do dia** the news of the day; **mandar ~s** to send news; **ter ~s de alguém** to hear from sb

noticiar [notʃisi'ar] *vt* **1.** (*nascimento, morte*) to announce **2.** PREN to report; **o**

jornal noticiou o atentado the paper reported the attack

noticiário [notʃisiˈariw] *m* **o ~** the news + *sing vb*

notificação <-ões> [notʃifikaˈsãw, -ˈõjs] *f* notification; **~ do imposto de renda** IRS notification *Am*, tax bill *Brit*

notificar [notʃifiˈkar] <c→qu> *vt* to notify; **~ alguém de a. c.** to notify sb of sth

notificável <-eis> [notʃifiˈkavew, -ejs] *adj* (*doença*) notifiable

notória *adj v.* **notório**

notoriedade [notorjeˈdadʒi] *f sem pl* (*fama*) fame *no pl;* **de ~ mundial** world famous

notório, -a [noˈtɔriw, -a] *adj* **1.** (*conhecido*) well-known **2.** (*evidente*) evident

noturno, -a [noˈturnu, -a] *adj* evening; **curso ~** evening course; **guarda ~** night watchman; **trabalho ~** night shift

noturno [noˈturnu] *m* MÚS nocturne

noutro, -a [ˈnowtru, -a] = **em + outro/-a** *v.* **outro**

nova *adj v.* **novo**

nova [ˈnɔva] *f* piece of news; **tenho boas ~s** I have good news

Nova Escócia [ˈnɔvisˈkɔsia] *f* Nova Scotia

Nova Inglaterra [ˈnɔvījglaˈtɛxa] *f* New England

nova-iorquino, -a [nɔvajorˈkinu, -a] **I.** *m, f* New Yorker **II.** *adj* (*coisa, pessoa*) from New York; (*ambiente, vida*) of New York

novamente [nɔvaˈmējtʃi] *adv* again

novato, -a [noˈvatu, -a] *m, f* novice; (*aluno*) new student

Nova York [ˈnɔva ˈjɔrki] *f* New York

Nova Zelândia [ˈnɔva zeˈlãdʒia] *f* New Zealand

nove [ˈnɔvi] *num card* nine; *v.tb.* **dois**

novecentos, -as [nɔviˈsējtus, -as] *num card* nine hundred

nove-horas [ˈnɔvi-ˈɔras] *f pl, inf* windbag, waffler *Brit;* **ele é cheio de ~** he is full of baloney

novela [noˈvɛla] *f* **1.** LIT novella **2.** (*de televisão*) soap opera **3.** *fig* (*situação de solução demorada*) soap opera

noveleiro, -a [noveˈlejru, -a] *m, f* **1.** (*entusiasta*) soap opera fan **2.** (*escritor*) soap opera writer **3.** (*fofoqueiro*) scandalmonger

novelista [noveˈʎista] *mf* soap opera writer

novelo [noˈvelu] *m* (*de fios*) skein

novembro [noˈvējbru] *m* November; *v.tb.* **março**

novena [noˈvena] *f* REL novena

noventa [noˈvējta] *num card* ninety

noviça *f v.* **noviço**

noviciado [novisiˈadu] *m* REL novitiate

noviço, -a [noˈvisu, -a] *m, f* REL novice

novidade [noviˈdadʒi] *f* **1.** (*coisa nova*) novelty; **isso para mim é ~** this is a novelty to me **2.** (*notícia*) piece of news; **as ~s sobre a guerra são desanimadoras** the news about the war is disheartening; **há ~s?** any news?

novilho [noˈviʎu] *m* male calf

novo, -a [ˈnovu, ˈnɔva] *adj* **1.** (*objeto, situação*) new; **~ em folha** brand new; **de ~** again; **nada de ~** nothing new; **o que há de ~?** what's new? **2.** (*pessoa, animal*) young; **irmão mais ~** younger brother

novocaína [novokaˈina] *f* Novocain *no pl*

novo-rico, nova-rica [ˈnovu-ˈxiku, ˈnɔva-ˈxika] *m, f* nouveau riche

noz [ˈnɔs] *f* nut

noz-moscada [ˈnɔz-mosˈkada] <nozes-moscadas> *f* nutmeg *no pl*

nu, -a [ˈnu, ˈnua] *adj* naked; (*cabeça, pés*) bare; **a olho ~** to the naked eye; **a verdade ~a e crua** the naked truth; **pôr a. c. a ~** to lay sth bare

nu [ˈnu] *m* (*pintura*) nude

nuança [nuˈãsa] *f* nuance

nublado, -a [nuˈbladu, -a] *adj* cloudy

nublar [nuˈblar] *vt impess, tb. fig* to cloud

nuca [ˈnuka] *f* nape (of the neck)

nuclear [nukleˈar] *adj* nuclear; **armas ~es** nuclear weapons; **energia ~** nuclear energy; **reator ~** nuclear reactor

núcleo [ˈnukliw] *m* **1.** nucleus; **~ atômico** atomic nucleus **2.** (*da cidade, empresa*) heart **3.** (*grupo*) select group

nudez [nuˈdes] *f* nudity *no pl*

nudismo [nuˈdʒizmu] *m sem pl* nudism; **praticar ~** to practice nudism

nudista [nuˈdʒista] *mf* nudist

nugá [nuˈga] *m* nougat *no pl*

nula *adj v.* **nulo**

nulidade [nuʎiˈdadʒi] *f* (*falta de validade*) worthlessness; (*pessoa*) non-entity; **ele/ela é uma ~** he/she is a non-entity

nulo, -a ['nulu, -a] *adj* **1.** (*inexistente*) non-existent; **os lucros foram ~s** the profits were non-existent **2.** (*esforços, trabalho*) worthless **3.** (*inválido: contrato, sentença*) invalid; **declarar ~** (*casamento*) to annul

num, -a [nũw, numa] <-uns> = **em + um/-a** *v.* **em**

numeração <-ões> [numera'sãw, -'õjs] *f* numeration

numerado, -a [nume'radu, -a] *adj* numbered

numerador [numera'dor] *m* MAT numerator

numeral <-ais> [nume'raw, -'ajs] *m* numeral; **~ cardinal** cardinal number; **~ fracionário** fraction; **~ ordinal** ordinal number

numerar [nume'rar] *vt* (*páginas*) to number

numérico, -a [nu'mɛriku, -a] *adj* numerical

número ['numeru] *m* **1.** MAT number; **~ primo** prime number; **ser o ~ um** to be number one; **fazer um ~** to make up the numbers; **sem ~** countless **2.** (*cifra*) figure; **~ de casa** house number; **~ de telefone** telephone number **3.** (*quantidade*) number; **o ~ de casas/sócios** the number of houses/associates; **um grande ~ de** a great number of **4.** LING number **5.** (*de calçado, roupa*) size; **que ~ você veste?** what size do you wear *Am* [*o Brit* take]? **6.** (*do espetáculo*) act; **ser um ~** be quite a character

numerologia [numerolo'ʒia] *f sem pl* numerology *no pl*

numeroso, -a [nume'rozu, -ɔza] *adj* **1.** (*grande*) large; **um grupo ~ de pessoas** a large group of people **2.** (*vários*) numerous

numismática [numiz'matʃika] *f sem pl* numismatics *no pl*

nunca ['nũwka] *adv* never; **~ mais** never again; **mais (do) que ~** more than ever; **quase ~** almost never, hardly ever; **até ~ mais** goodbye, for ever

núncio ['nũwsiw] *m* legate; **o ~ apostólico** the Papal legate

nuns *pl de* **num**

nupcial <-ais> [nupsi'aw, -'ajs] *adj* **cerimônia ~** wedding ceremony

núpcias ['nupsias] *fpl* wedding; **noite de ~** wedding night

nutrição <-ões> [nutri'sãw, -'õjs] *f sem pl* nutrition; **boa/péssima ~** good/poor nutrition *no pl*

nutricional <-ais> [nutrisjo'naw, -'ajs] *adj* nutritional

nutricionismo [nutrisjo'nizmu] *m sem pl* (study of) nutrition *no pl*

nutricionista [nutrisjo'nista] *mf* nutritionist

nutrido, -a [nu'tridu, -a] *adj* **bem/mal ~** well/badly nourished

nutriente [nutri'ẽjtʃi] *m* (*energético, saudável*) nutrient; **rico em ~s** rich in nutrients; **teor de ~s** nutritional value [*o* content]

nutrir [nu'trir] I. *vt* **1.** (*alimentar*) to feed **2.** (*um sentimento: paixão, ódio*) to nourish II. *vr:* **~-se de** to live on a diet of; **os corredores nutrem-se de frutas, legumes e massas** runners live on a diet of fruit, vegetables and pasta

nutritivo, -a [nutri'tʃivu, -a] *adj* (*alimento, refeição*) nourishing

nuvem ['nuvẽj] <-ens> *f* cloud; **~ de fumaça/de pó** cloud of smoke/of dust; **~ de gafanhotos** swarm of grasshoppers; **andar nas nuvens** to have one's head in the clouds; **cair das nuvens** to be flabbergasted *inf*; **seu aniversário decorreu em brancas nuvens** her birthday went by unnoticed; **passar pela vida em brancas nuvens** to live an uneventful life; **estar nas nuvens** to be on cloud nine; **pôr alguém nas nuvens** to put sb on a pedestal

O

O, o ['o] *m* O, o; **~ de oba** o as in Oboe *Am*, o for Oliver *Brit*

o [u] I. *art m* the; **~ homem/cigarro** the man/cigarette; **~ Carlos não está** Carlos isn't here II. *pron pess* **1.** (*ele*) him; **viu o João? Vi-o lá fora** did you see John? I saw him outside; **encontrou o casaco? – eu ~ encontrei** did you find the coat? – yes, I did **2.** (*você*) you; **conheço-~ bem** I know you well

ô ['o] *interj* ~ **menina!** hey, young lady!; ~ **Marcos!** oh, Marcos!

ó [ɔ] *interj* (*olhar*) look!; **fica logo ali, ~!** look, it's right over there!

OAB [ɔa'be] *f abr de* **Ordem dos Advogados do Brasil** Brazilian Bar Association

oásis [o'azis] *m inv* oasis

oba ['oba] *interj* 1. oh!, wow! 2. *inf* (*saudação*) hi there!

oba-oba ['oba-'oba] *m* fun *no pl*, partying *no pl*; **chega de ~ e vamos trabalhar** enough messing around, let's get some work done

obcecado, -a [obse'kadu, -a] *adj* 1. obsessed; **estar ~ por a. c./alguém** to be obsessed with sth/sb 2. (*obstinado*) unreasonable

obedecer [obede'ser] <c→ç> I. *vt* 1. (*a pessoa*) to obey; ~ **a alguém** to obey sb 2. (*a regras*) to obey, to comply with; ~ **às normas** to obey the rules II. *vi* to answer; **o carro não obedecia ao comando** the car did not respond

obediência [obedʒi'ẽjsia] *f sem pl* obedience *no pl*; ~ **a alguém/a. c.** obedience to sb/sth

obediente [obedʒi'ẽjtʃi] *adj* obedient

obelisco [obe'ʎisku] *m* obelisk

obesa *adj v.* **obeso**

obesidade [obezi'dadʒi] *f sem pl* obesity *no pl*

obeso, -a [o'bezu, -a] *adj* obese

óbito ['ɔbitu] *m* death; **certidão de ~** death certificate

obituário [obitu'ariw] *m* obituary

objeção <-ões> [obʒe'sɐ̃w, -'õjs] *f* objection; **levantar objeções a a. c.** to raise objections to sth; **pôr objeções a a. c.** to object to sth

objetar [obʒe'tar] I. *vt* to oppose II. *vi* to object to

objetiva [obʒe'tʃiva] I. *adj v.* **objetivo** II. *f* FOTO (objective) lens

objetividade [obʒetʃivi'dadʒi] *f sem pl* objectivity *no pl*

objetivo, -a [obʒe'tʃivu, -a] *adj* (*sem preconceitos*) objective; (*prático*) purposeful

objetivo [obʒe'tʃivu] *m* objective, purpose, aim

objeto [ob'ʒɛtu] *m* 1. (*coisa*) object; ~ **de desejo** object of desire; ~ **de valor** object of value 2. LING object

oblíqua [o'blikwa] *f* MAT oblique

oblíquo, -a [o'blikwo, -a] *adj* 1. (*ângulo, linha*) oblique 2. (*olhar*) slanting 3. (*caminho*) sloping 4. (*conduta*) devious

obliterar [obʎite'rar] *vt* to obliterate; (*selo, bilhete*) to cancel

oblívio [ob'ʎiviw] *m form* oblivion

oblongo, -a [ob'lõwgu, -a] *adj* oblong

oboé [obo'ɛ] *m* oboe

obra ['ɔbra] *f* 1. (*artística*) work; ~ **de arte** work of art; **~s completas** collected works 2. (*de construção*) construction work; **~s públicas** public works; **estar em ~s** to be under repair; (*na estrada*) to be under construction 3. (*feito*) work; **isso é ~ dele** this is his doing; **mãos à ~** let's get to work; **por ~ e graça de...** by the grace of ...

obra-prima ['ɔbra-'prima] <obras-primas> *f* masterpiece

obrar [o'brar] I. *vi* 1. (*agir*) to act 2. (*defecar*) to defecate II. *vt* (*construir, tramar*) to produce

obrigação <-ões> [obriga'sɐ̃w, -'õjs] *f* 1. (*dever*) obligation; **ter a ~ de fazer a. c.** to be under obligation to do sth 2. (*tarefa*) task 3. ECON bond

obrigacionista [obrigasjo'nista] *mf v.* **debenturista**

obrigado, -a [obri'gadu, -a] I. *adj* obliged, compelled, forced; **estar ~ a a. c.** to be forced to do sth; **ser ~ a fazer a. c.** to be obliged to do sth; **foi à festa ~ pelos pais** his parents made him to go to the party II. *interj* thank you, thanks; ~ **por me ajudar** thank you [*o* thanks] for helping me; **muito ~!** thank you very much!

> **Gramática** When a woman says thank you, she uses the word **obrigada**, whereas a man uses **obrigado**.

obrigar [obri'gar] <g→gu> I. *vt* 1. (*forçar*) ~ **alguém a a. c.** to make sb do sth 2. (*implicar*) to obligate; **isso obriga mais despesas** this imposes further expenses II. *vr:* ~-**se** (*empenhar-se*) to compel oneself, to force oneself; **obrigou-se a levantar cedo todos os dias** he forced himself to get up early everyday

obrigatória *adj v.* **obrigatório**

obrigatoriamente [obrigatɔrja'mẽjtʃi] *adv* mandatorily

obrigatório, -a [obriga'tɔriw, -a] *adj* obligatory, compulsory; **serviço militar** ~ compulsory military service; **é ~ preencher esta seção** you must fill out this section

obs. [observa'sãw] *fpl abr de* **observações** obs. *sing*, notes *pl*

obscena *adj v.* **obsceno**

obscenidade [obseni'dadʒi] *f* **1.** (*característica*) indecency, vulgarity **2.** (*comentário*) obscenity; **dizer ~s** to use obscene language

obsceno, -a [ob'senu, -a] *adj* (*ato*) indecent; (*comentário*) obscene; (*pessoa*) vulgar

obscura *adj v.* **obscuro**

obscurantismo [obskurãŋ'tʃizmu] *m sem pl* obscurantism *no pl*

obscurecer [obskure'ser] <c→ç> *vt* (*os fatos, a verdade*) to obscure; (*o entendimento*) to cloud over

obscuridade [obskuri'dadʒi] *f sem pl* **1.** (*ausência de luz*) darkness *no pl* **2.** (*esquecimento*) obscurity *no pl*

obscuro, -a [obs'kuru, -a] *adj* **1.** (*sala*) dim, dark **2.** (*confuso*) confused **3.** (*passado*) obscure

obséquio [ob'zɛkiw] *m form* favor *Am*, favour *Brit*, kindness; **por ~** excuse me; **fazer um ~ a alguém** to do sb a kindness [*o a favor*]

observação <-ões> [observa'sãw, -'õjs] *f* **1.** (*de pessoa, local, situação*) observation; **o paciente está em ~** the patient is under observation **2.** (*comentário*) comment; (*nota*) note; **fazer uma ~** to make an observation [*o* remark]

observador, -a [observa'dor, -a] **I.** *m, f* observer **II.** *adj* observing; (*crítico*) observant

observância [obser'vãŋsia] *f sem pl* observance *no pl*

observante [obser'vãŋtʃi] *mf* observer

observar [obser'var] *vt* **1.** (*pessoa, local, situação*) to observe **2.** (*notar*) to notice; (*dizer tb.*) to remark **3.** (*regras, leis*) to obey **4.** (*advertir*) to pay attention to

observatório [observa'tɔriw] *m* observatory; **~ meteorológico** weather station

obsessão <-ões> [obse'sãw, -'õjs] *f tb.* PSICO obsession

obsessivo, -a [obse'sivu, -a] *adj* **1.** (*medo, interesse*) obsessive **2.** PSICO (*pessoa*) obsessed

obsessões *f pl de* **obsessão**

obsolescência [obsole'sẽjsia] *f* obsolescence *no pl*

obsoleto, -a [obso'letu, -a] *adj* obsolete

obstáculo [obs'takulu] *m* **1.** obstacle, impediment; **vencer um ~** to overcome an impediment **2.** ESPORT hurdle

obstante [obs'tãŋtʃi] *adj* **1.** hindering **2. não ~** (+ *substantivo*) despite; (*entretanto*) nevertheless; **não ~ todos os esforços, o desemprego aumenta** despite all efforts, unemployment is growing; **foram feitos muitos esforços; não ~, o desemprego aumentou** many attempts were made; nevertheless, unemployment has grown

obstar [obs'tar] **I.** *vt* to hinder, to impede **II.** *vi* **~ a a. c.** to obstruct sth

obstetra [obs'tɛtra] *mf* obstetrician

obstetrícia [obste'trisia] *f sem pl* obstetrics *no pl*

obstetriz [obste'tris] <-es> *f* midwife

obstinação <-ões> [obstʃina'sãw, -'õjs] *f* obstinacy, stubbornness

obstinado, -a [obstʃi'nadu, -a] *adj* **1.** (*que persiste*) persistent **2.** (*teimoso*) obstinate, stubborn

obstipação [obstʃipa'sãw] *f* MED obstipation

obstrução <-ões> [obstru'sãw, -'õjs] *f* **1.** (*do caminho*) roadblock **2.** MED obstruction

obstruir [obstru'ir] *conj como* **incluir** *vt* **1.** (*o caminho*) to block **2.** MED (*artérias*) to obstruct

obtenção [obtẽj'sãw] *f sem pl* (*de informação, diploma*) obtainment, acquisition; (*de grau acadêmico*) achievement; **~ de um recorde** breaking of a record

obter [ob'ter] *irr vt* (*um diploma, resultados*) to obtain; (*um recorde*) to achieve; (*lucros*) to earn; (*informação, uma nota*) to acquire

obturador [obtura'dor] *m* FOTO shutter

obturar [obtu'rar] *vt* **1.** (*fechar*) to close; (*obstruir*) to obstruct **2.** (*um dente*) to fill

obtuso, -a [ob'tuzu, -a] *adj* **1.** (*ângulo*) obtuse **2.** (*pessoa*) obtuse, stupid

óbvia *adj v.* **óbvio**

obviamente [ɔbvja'mẽjtʃi] *adv* obviously

obviedade [obvje'dadʒi] *f* obviousness

no pl

óbvio, -a [ˈɔbviw, -a] *adj* obvious; **é ~ que ...** it is obvious that ...

oca [ˈɔka] *f primitive Brazilian Indian hut*

ocasião <-ões> [okaziˈʒw̃, -ˈõjs] *f* 1. (*oportunidade*) opportunity; **agarrar a ~** to seize [*o* take] the opportunity; **aproveitar a ~** to take advantage of the opportunity; **a ~ faz o ladrão** *prov* opportunity makes a thief *prov* 2. occasion; **na ~ de ...** (up)on the occasion of ...; **na ~ em que ...** at the time (when) ...

ocasional <-ais> [okazjoˈnaw, -ˈajs] *adj* 1. (*casual*) accidental 2. (*às vezes*) occasional

ocasionalmente [okazjonawˈmẽjtʃi] *adv* occasionally

ocasionar [okazjoˈnar] *vt* to cause, to give rise to

ocaso [oˈkazu] *m* 1. (*do sol*) sunset 2. (*queda*) decline

Oceania [oseaˈnia] *f* Oceania

oceânico, -a [oseˈɐniku, -a] *adj* oceanic

oceano [osiˈɐnu] *m* ocean

oceanografia [osjɐnograˈfia] *f sem pl* oceanography *no pl*

oceanógrafo, -a [osjɐnoˈgrafiku, -a] *m*, *f* oceanographer

ocidental <-ais> [osidẽjˈtaw, -ˈajs] *adj* western

ocidente [osiˈdẽjtʃi] *m sem pl* west *no pl*; **o ~** the West

ócio [ˈɔsiw] *m* (*lazer*) leisure *no pl*; (*falta de ocupação*) idleness *no pl*

ociosa *adj v.* **ocioso**

ociosidade [osjoziˈdadʒi] *f sem pl* idleness *no pl*; (*indolência*) laziness *no pl*

ocioso, -a [osiˈozu, -ˈɔza] *adj* 1. (*pessoa*) lazy, indolent 2. (*vida*) idle 3. (*equipamento*) idle

oclusão <-ões> [okluˈzãw, -ˈõjs] *f* occlusion

oclusivo, -a [okluˈzivu, -a] *adj* LING occlusive

oclusões *f pl de* **oclusão**

oco [ˈoku, -a] *adj* hollow; **ele é um cabeça oca** he is empty-headed

ocorrência [okoˈxẽjsia] *f* 1. (*acontecimento*) happening; (*incidente*) incident 2. GEO occurrence

ocorrer [okoˈxer] *vi* 1. (*acontecer*) to happen, to take place 2. (*ideia*) to occur; **agora não me ocorre nada** at the moment nothing occurs to me

ocre [ˈɔkri] *adj*, *m sem pl* ocher *no pl Am*, ochre *no pl Brit*

octaedro [oktaˈɛdru] *m* octahedron

octano [okˈtɐnu] *m* octane *no pl*

octogenário, -a [oktoʒeˈnariw, -a] I. *m*, *f* octogenarian, eighty-year-old II. *adj* octogenarian

octogésimo [oktoˈʒɛzimu] *num ord* eightieth; *v.tb.* **segundo**

octogonal <-ais> [oktogoˈnaw, -ˈajs] *adj* octagonal

ocular [okuˈlar] I. *f* eyepiece II. *adj* ocular, visual; **testemunha ~** eyewitness

oculista [okuˈlista] *mf* 1. (*oftalmologista*) ophthalmologist, oculist 2. (*vendedor, fabricante*) optician

óculo [ˈɔkulu] *m* spyglass, small telescope

óculos [ˈɔkulus] *mpl* (eye)glasses *pl*, spectacles *pl*; **~ escuros** [*ou* **de sol**] sunglasses *pl*; **usar ~** to wear [*o* use] (eye)glasses

oculta *adj v.* **oculto**

ocultar [okuwˈtar] I. *vt* 1. (*esconder*) to conceal 2. (*uma notícia*) to hide; **~ um segredo** to keep a secret II. *vr:* **~-se** hide

ocultismo [okuwˈtʃizmu] *m sem pl* occultism *no pl*

oculto, -a [oˈkuwtu, -a] *adj* 1. (*escondido*) hidden 2. (*secreto*) secret 3. (*sobrenatural*) occult

ocupação <-ões> [okupaˈsãw, -ˈõjs] *f* 1. (*atividade, emprego*) occupation 2. (*tomada de posse*) occupancy 3. MIL occupation

ocupacional <-ais> [okupasjoˈnaw, -ˈajs] *adj* occupational

ocupado, -a [okuˈpadu, -a] *adj* 1. (*pessoa*) busy; **estar ~ com a. c.** to be busy doing sth 2. (*telefone*) to be busy *Am*, to be engaged *Brit*; **dá sinal de ~** I'm getting a busy signal *Am*, I'm getting the engaged tone *Brit* 3. (*banheiro, casa*) occupied; (*assento*) taken 4. MIL occupied

ocupante [okuˈpɐ̃ntʃi] *mf* occupant; **~ ilegal de casa** squatter

ocupar [okuˈpar] I. *vt* 1. (*uma pessoa*) to keep busy; **~ alguém com a. c.** to keep sb busy with sth 2. (*um lugar*) to occupy; (*uma casa*) to inhabit; (*um quarto*) to live in 3. MIL to occupy 4. (*tempo*) to take up 5. (*um cargo*) to take up; **~ o primeiro lugar** to take (the) first position II. *vr:* **~-se** to busy oneself; **~-se de** [*ou* **com**] **a. c.** to busy oneself with sth

ode ['ɔdʒi] *f* ode

odiar [odʒi'ar] *irr vt* to hate

odiento [odʒi'ẽjtu, -a] *adj* rancorous, spiteful

ódio ['ɔdʒiw] *m* hate; **ter ~ de** [*ou* **a**] **alguém/a. c.** to hate sb/sth

odioso, -a [odʒi'ozu, -'ɔza] *adj* (*crime*) odious; (*comportamento*) loathsome, detestable

odisseia [odʒi'sɛja] *f* odyssey

odontologia [odõwtolo'ʒia] *f sem pl* odontology *no pl*, dentistry *no pl*

odontológico, -a [odõwto'lɔʒiku] *adj* odontological, dental; **tratamento ~** dental treatment

odontologista [odõwtolo'ʒista] *mf* odontologist, dentist

odor [o'dor] *m* odor, smell; (*agradável*) fragrance

OEA [ɔe'a] *f abr de* **Organização dos Estados Americanos** OAS

oeste [o'ɛstʃi] *m sem pl* west *no pl;* **a ~ de** to the west of

ofegante [ofe'gãntʃi] *adj* panting, out-of-breath

ofegar [ofe'gar] <g→gu> *vi* to pant, breathe hard

ofender [ofẽj'der] **I.** *vt* to offend; (*violar regras*) to violate, to infringe **II.** *vr:* **~-se** to be offended; **~-se com a. c.** to be [*o feel*] offended by sth

ofendido, -a [ofẽj'dʒidu, -a] *adj* offended; **estar/ficar ofendido com a. c./alguém** to be/become offended by sth/sb

ofensa [o'fẽjsa] *f* **1.** insult **2.** (*violação de regras*) offense, violation

ofensiva [ofẽj'siva] *f* attack; **tomar a ~** to take the offensive

ofensivo, -a [ofẽj'sivu, -a] *adj* **1.** (*que ofende*) offensive **2.** (*que ataca*) aggressive

ofensor(a) [ofẽj'sor(a)] *m(f)* offender

oferecer [ofere'ser] <c→ç> **I.** *vt* **1.** (*dar*) to offer; (*um presente*) to give; **~ a. c. a alguém** to offer sb sth; **~ garantias** to offer a guarantee; **~ vantagens** to offer advantages; **~ resistência** to put up resistance **2.** (*dedicar*) to dedicate; **ofereceu a música à namorada** he dedicated the song to his girlfriend **II.** *vr:* **~-se 1.** to volunteer; **~-se para ajudar** to offer to help **2.** (*entregar-se*) to surrender

oferecido, -a [ofere'sidu, -a] *adj* (*pessoa*) forward

oferenda [ofe'rẽjda] *f* offering

oferta [o'fɛrta] *f* **1.** (*doação*) offering, donation **2.** (*presente*) gift **3.** ECON bid; **lei da ~ e da procura** the law of supply and demand; **fez uma ~ ao proprietário do imóvel** he made the owner an offer for the property; **vamos às compras, está tudo em ~** let's go shopping, everything is on sale *Am* [*o Brit* there's a sale on everything]

ofertar [ofer'tar] **I.** *vt* to offer **II.** *vr:* **~-se** to offer oneself

ofertório [ofer'tɔriw] *m sem pl* REL offertory

office-boy ['ɔfisi-'bɔj] *m* office boy

off-line [ɔf'lajni] *adj* INFOR offline

oficial <-ais> [ofisi'aw, -'ajs] **I.** *mf* MIL officer; (*policial*) (police) officer; (*de um ofício*) officer; **~ de justiça** JUR process server *Am*, bailiff *Brit* **II.** *adj* (*anúncio, documento, visita*) official

oficializar [ofisjaʎi'zar] *vt* to make official

oficialmente [ofisjaw'mẽjtʃi] *adv* officially

oficina [ofi'sina] *f* **1.** mechanic's (garage); **o carro está na ~** the car is at the mechanic's **2.** (*seminário, curso*) workshop; **~ de dança** dance workshop

ofício [o'fisiw] *m* **1.** (*arte*) craft; **conhecer o próprio ~** to know one's trade **2.** (*cargo*) job **3.** JUR (*carta*) official letter **4.** REL **~ divino** divine offices *pl*

oficioso, -a [ofisi'ozu, -'ɔza] *adj* **1.** obliging **2.** (*informação*) unofficial

oftalmologia [oftawmolo'ʒia] *f sem pl* ophthalmology *no pl*

oftalmologista [oftawmolo'ʒista] *mf* eye doctor, ophthalmologist

ofuscante [ofus'kãntʃi] *adj* blinding, dazzling

ofuscar [ofus'kar] <c→qu> *vt* (*a verdade*) to obscure; (*o raciocínio*) to dull; **a luz do sol ofuscou-o** the sunlight blinded him

ogiva [o'ʒiva] *f* **1.** ARQUIT ogive **2.** MIL (missile) warhead; **~ nuclear** nuclear missile

oi ['oj] **I.** *interj* hi **II.** *m* **dei um ~** I said hi

oitava [oj'tava] *f* MÚS octave

oitavo [oi'tavu] **I.** *m* eighth **II.** *num ord* eighth; *v.tb.* **segundo**

oitenta [oj'tẽjta] *num card* eighty

oito ['ojtu] *num card* eight; **~ dias** eight days; *v.tb.* **dois**
oitocentos [ojtu'sẽjtus] *num card* eight hundred
ojeriza [oʒe'riza] *f* dislike, ill will
olá [o'la] *interj* hello
olaria [ola'ria] *f* (*que fabrica louça*) pottery; (*que fabrica tijolos*) brick factory
olé [o'lɛ] **I.** *m* ESPORT dribble; **o centroavante deu um ~ no zagueiro e marcou o gol** the center [*o Brit* centre] forward dribbled round the (full)back and scored **II.** *interj* ESPORT hooray
oleiro, -a [o'lejru, -a] *m, f* potter
óleo ['ɔljw] *m* **1.** GASTR oil; **~ de cozinha** cooking oil; **~ de rícino** castor oil; **~ de soja** soy oil, soya oil; **~ vegetal** vegetable oil **2.** TEC **trocar o ~** to change the oil; **~ diesel** diesel fuel; **~ lubrificante** lubricating oil **3.** (*essência*) essential oil; **~ de rosas** rose oil
oleoduto [ɔleo'dutu] *m* (oil) pipeline
oleoso, -a [oʎi'ozu, -'ɔza] *adj* oily; (*gorduroso*) greasy
olfativo, -a [owfa'tʃivu, -a] *adj* olfactory
olfato [ow'fatu] *m sem pl* sense of smell; (*faro*) scent; **tinha um bom ~ para guiá-lo nas suas decisões** he had good intuition for making decisions
olhada [o'ʎada] *f* look; **dar uma ~ em a. c.** to have a look at sth; **deixa eu dar uma ~ nisso** let me take a look at this
olhar [o'ʎar] **I.** *vi* to look; **~ para alguém/a. c.** to look at sb/sth; **~ por alguém** to look after sb; **~ por a. c.** to take care of sth; **que Deus olhe por nós!** May God watch over us!; **olha! look! II.** *vt* **1.** (*contemplar*) to observe **2.** (*crianças*) to look after; **olhava sempre as crianças da vizinha** she always looked after the neighbor's kids **3.** (*consultar*) to look up; **precisei ~ as palavras no dicionário** I had to look up the words in the dictionary; **e olhe lá** and that's it; **pago 50 reais pelo quadro e olhe lá!** look, I'll pay 50 reais for the painting and not a cent more! **III.** <-es> *m* look, countenance; **ela tem um olhar triste** she has a sad look in her eyes; **está sempre com um ~ de peixe morto** *inf* he always looks glassy-eyed
olheiras [o'ʎejɾas] *fpl* dark circles under the eyes
olheiro [o'ʎejɾu] *m* ESPORT sports scout
olho ['oʎu] *m* **1.** ANAT eye; **~ mágico** magic eye; **~ de vidro** glass eye; **a ~ by eye** (without measuring or calculating); **a ~ nu** with the naked eye **2.** *fig* **~s nos ~s** looking into each other's eyes; **de ~s fechados** with one's eyes shut; **o ~ grande** [*ou* **gordo**] envy; **a ~s vistos** before one's very eyes; **abra os ~s, estão te enganando** get wise, you're being taken in; **arregalar os ~s** to open one's eyes wide; **custar os ~s da cara** to cost a fortune; **estar de ~ grande em a. c.** to be envious of sth; **estar de ~ em a. c.** to have one's eye on sth; **ficar de ~ em a. c.** to keep one's eyes on sth; **fechar os ~s para a. c.** to shut one's eyes to sth; **ir para o ~ da rua** to be thrown out into the street, to be fired; **pôr os ~s em alguém/a. c.** to set one's sights on sb/sth; **não pregar o ~** to not sleep a wink; **ser de encher os ~s** to be an eyeful; **ter (bom) ~ para a. c.** to have a good eye for sth; **ter o ~ maior que a barriga** to have eyes bigger than one's stomach; **ter ~ vivo** to be perceptive; **ver alguém com bons ~s** to approve of sb; **num abrir e fechar de ~s** in the blink of an eye; **~ por ~, dente por dente** *prov* an eye for an eye, a tooth for a tooth *prov* **3.** (*de agulha*) eye (of the needle)
olho-de-boi ['oʎu-dʒi-'boj] <olhos-de-boi> *m* **1.** (*claraboia*) (glass) bull's eye **2.** BOT large seed often found on beaches **3.** (*selo*) olho-de-boi (*name of Brazil's first postage stamp*)
olho-de-sogra ['oʎu-dʒi-'sɔgɾa] <olhos-de-sogra> *m* confection made of prunes stuffed with coconut cream and covered in caramel syrup or crystallized sugar
oligarca [oʎi'garka] *mf* oligarch
oligarquia [oʎigar'kia] *f* oligarchy
oligárquico, -a [oʎi'garkiku, -a] *adj* oligarchic
olimpíadas [oʎī'piadas] *fpl* Olympic Games *pl*
olímpico, -a [o'ʎījpiku, -a] *adj* ESPORT Olympic; **recorde ~** Olympic record
Olinda [o'ʎījda] (City of) Olinda
olival <-ais> [oʎi'vaw, -'ajs] *m* olive grove
oliveira [oʎi'vejɾa] *f* olive tree
olmo ['owmu] *m* elm
ombreira [õw'bɾejɾa] *f* **1.** (*da porta*) door post **2.** (*de vestuário*) shoulder

pad
ombro ['õwbru] *m* shoulder; ~ **a** ~ shoulder to shoulder; **encolher os** ~**s** [*ou* **dar de** ~**s**] to shrug the shoulders; **olhar alguém por cima do** ~ to look down on sb (with contempt)
omelete [ome'lɛtʃi] *m ou f* omelet *Am*, omelette *Brit*
ominoso, -a [omi'nozu, -ɔza] *adj* ominous, with a sense of foreboding
omissa *adj v.* **omisso**
omissão <-ões> [omi'sãw, -'õjs] *f* 1.(*de uma palavra, da verdade*) omission 2.(*lacuna*) gap
omisso, -a [o'misu, -a] *adj* 1.(*lei*) deficient 2.(*pessoa*) neglectful
omissões *f pl de* **omissão**
omitir [omi'tʃir] I. *vt* (*uma palavra, a verdade*) to omit II. *vr:* ~-**se** to be negligent
OMS [ɔemi'ɛsi] *f abr de* **Organização Mundial de Saúde** WHO
onça ['õwsa] *f* 1.(*medida de peso*) ounce 2. zool. jaguar; **ficar uma** ~ to become enraged; **ser amigo da** ~ to be a false friend
onça-parda <onças-pardas> *f* cougar *Am*, panther
onça-pintada <onças-pintadas> *f* jaguar
oncologia [õwkolo'ʒia] *f sem pl* oncology *no pl*
oncologista [õwkolo'ʒista] *mf* oncologist
onda ['õwda] *f* 1.(*de água*) wave; **pegar** ~ to go surfing 2. (*vaga*) wave; ~ **de calor** heat wave; **ir na** ~ *fig* to go with the flow; **fazer** ~ *inf* to stir things up 3. fís wave; ~ **curta** short wave; ~ **longa** long wave; ~ **média** medium wave 4. *inf* (*moda*) fashion; **estar na** ~ to be in fashion; **isto é uma** ~ **passageira** this is a passing fashion 5. (*fingimento*) **ir na** ~ *inf* to be deluded 6. *gír* (*curtição*) teasing
onde ['õwdʒi] *adv* (*em que lugar*) where, in which place; **de** ~ where from; **para** ~ where to; **por** ~ down which way; ~ **quer que seja** wherever it is; ~ **você está?** where are you
ondulação <-ões> [õwdula'sãw, -'õjs] *f* 1.(*da água*) ripple 2.(*natural no cabelo*) waviness *no pl* 3.(*permanente*) perm, permanent wave
ondulado, -a [õwdu'ladu, -a] *adj* 1.(*superfície*) rippled; (*ferro, papelão*) corrugated 2.(*cabelo*) wavy
ondulante [õwdu'lãtʃi] *adj* waving, undulating
ondular [õwdu'lar] I. *vt* (*com papelotes*) to curl (using curlpaper), to set (into curls or waves); ~ **o cabelo** to have one's hair permed II. *vi* to undulate
onerar [one'rar] *vt* to burden; (*pessoa, produto*) to (over)tax; (*dívida*) to burden with; ~ **a população com altas taxas de juros** to burden the population with high interest rates
oneroso, -a [one'rozu, -ɔza] *adj* onerous
ONG ['õwgi] *f abr de* **organização não- -governamental** NGO
ônibus ['onibus] *inv m* bus; ~ **espacial** space shuttle; **ponto de** ~ bus stop; **ir de** ~ to go by bus; **perder o** ~ to miss the bus
onipotência [onipo'tẽjsia] *f sem pl* omnipotence *no pl*
onipotente [onipo'tẽjtʃi] *adj* omnipotent
onipresente [onipre'zẽjtʃi] *adj* omnipresent
onírico, -a [o'niriku, -a] *adj* (*estado*) dreamlike; (*trabalho*) dream, relating to dreams
onisciente [onisi'ẽjtʃi] *adj* omniscient
ônix ['oniks] *m inv* onyx *no pl*
on-line [õw'lajni] *inv adj* INFOR online
onomástica [ono'mastʃika] *f sem pl* onomastics *no pl*
onomatopaico, -a [onomato'pajku, -a] *adj* onomatopoeic; **palavra onomatopaica** onomatopoeic word
onomatopeia [onomato'pɛja] *f* onomatopoeia *no pl*
ontem ['õwtẽj] *adv* yesterday; ~ **de manhã/à tarde/à noite** yesterday morning/afternoon/night; **estar olhando para** ~ to look back; **tomou a decisão de** ~ **para hoje** he made yesterday's decision today; **isto é para** ~**!** I need this done ASAP!
ontologia [õwtolo'ʒia] *f sem pl* ontology *no pl*
ONU ['ɔnu] *f abr de* **Organização das Nações Unidas** UN
ônus ['onus] *inv m sem pl* burden; (*responsabilidade*) onus
onze ['õwzi] *num card* eleven; *v.tb.* **dois**
opa ['opa] *interj* 1.(*surpresa*) oh!; (*admiração*) wow! 2. *inf*(*saudação*) hi

opaca *adj v.* **opaco**

opacidade [opasi'dadʒi] *f* opacity

opaco, -a [o'paku, -a] *adj* opaque

opala [o'pala] *f* (*pedra*) opal; (*tecido*) very fine muslin

opção <-ões> [op'sāw, -'õjs] *f* choice, option; **fazer uma** ~ to make a choice; **não ter** ~ to have no choice [*o* option]

opcional <-ais> [opsjo'naw, -'ajs] *adj* optional

open ['owpēj] *m* 1. ECON open market 2. ESPORT open *no pl*

Opep [o'pɛpi] *f abr de* **Organização dos Países Exportadores de Petróleo** OPEC

ópera ['ɔpera] *f* 1. (*espetáculo*) opera; **ir à** ~ to go to the opera 2. (*edifício*) opera house

operação <-ões> [opera'sāw, -'õjs] *f* 1. MED, MAT operation 2. ~ **tartaruga** work to rule 3. (*transação*) transaction; ~ **financeira** financial transaction

operação-fantasma <operações-> [opera'sāw-fāŋ'tazma, -'õjs-] *f* phantom transaction

operacional <-ais> [operasjo'naw, -'ajs] *adj* 1. (*máquina*) working 2. (*tropas*) operational 3. (*custo*) operating

operador, -a [opera'dor, -a] *m, f* (*de câmera*) cameraman; (*de rádio*) radio operator; ~ **de sistemas** systems operator

operadora [opera'dora] *f* (*empresa*) operator; ~ **de câmbio** exchange operator; ~ **de telefonia celular** cell *Am* [*o* Brit mobile] phone operator; ~ **de turismo** tour operator

operar [ope'rar] I. *vt* 1. MED (*um paciente*) to operate on 2. (*uma máquina*) to work 3. (*empresa*) to operate II. *vi* to operate III. *vr:* ~**-se** (*acontecer*) to take place

operariado [operari'adu] *m* proletariat, working class

operário, -a [ope'rariw, -a] I. *adj* working; **classe operária** working class II. *m, f* worker

operatório, -a [opera'tɔriw, -a] *adj* operating, operative

operável <-eis> [ope'ravew, -ejs] *adj* operable

opereta [ope'reta] *f* MÚS operetta

opinar [opi'nar] *vi* to deem; ~ **sobre a. c.** to hold [*o* express] an opinion about sth; **prefere não** ~ **sobre a política do governo** he prefers not to express an opinion on government policy

opinião <-ões> [opini'āw, -'õjs] *f* opinion; ~ **pública** public opinion; **dar a sua** ~ to give one's opinion; **mudar de** ~ to change one's mind; **na minha** ~ in my opinion; **eu sou de** ~ **que ...** it is my opinion that ...

ópio ['ɔpiw] *m sem pl* opium *no pl*

oponente [opo'nējtʃi] I. *mf* opponent II. *adj* opposing

opor [o'por] *irr como* **pôr** I. *vt* 1. (*contrapor*) to contrast; ~ **uma coisa a outra** to contrast one thing with another 2. (*objetar*) to contest; ~ **algo a a. c.** to contest sth with sth else II. *vr:* ~**-se** 1. (*ser contrário*) to be (set) against 2. (*resistir*) to be opposed; ~**-se a a. c.** to be opposed to sth

oportuna *adj v.* **oportuno**

oportunamente [oportuna'mējtʃi] *adv* 1. (*a tempo*) opportunely 2. (*na ocasião propícia*) appropriately

oportunidade [oportuni'dadʒi] *f* opportunity; (*ocasião favorável*) favorable time to act; **aproveitar uma** ~ to take advantage of an opportunity; **desperdiçar uma** ~ to miss an opportunity; **dar uma** ~ **a alguém** to give sb an opportunity [*o* chance]; **ainda não tive** ~ **de agradecer-lhe** I still haven't had chance to thank her

oportunismo [oportu'nizmu] *m sem pl, pej* opportunism *no pl*

oportunista [oportu'nista] I. *mf* opportunist II. *adj* seizing opportunities, opportunist

oportuno, -a [opor'tunu, -a] *adj* 1. (*apropriado, a propósito*) convenient, opportune; **no momento** ~ at the right time 2. (*a tempo*) timely

oposição <-ões> [opozi'sāw -'õjs] *f* 1. (*oposto*) opposition; **em** ~ **a** in opposition to 2. (*resistência*) resistance 3. POL opposing party

oposicionista [opozisjo'nista] *mf* oppositionist

opositor, -a [opozi'tor, -a] *m, f* opposer, opponent

oposto [o'postu] I. *pp de* **opor** II. *m* opposite; **os** ~**s se atraem** opposites are attracted to each other

oposto, -a [o'postu, o'pɔsta] *adj* 1. (*contrário*) opposite 2. (*contraditório*) opposing, contradictory

opressão <-ões> [opre'sāw, -'õjs] *f*

opressivo 411 **ordenar**

(*tirania*) oppression *no pl*; (*falta de ar*) oppressiveness *no pl*

opressivo, -a [opɾe'sivu, -a] *adj* (*que oprime*) oppressive; (*que sufoca*) stifling

opressões *f pl de* **opressão**

opressor, -a [opɾe'sor, -a] *m, f* oppressor

oprimido, -a [opɾi'midu, -a] **I.** *m, f* oppressed *no pl*; **os fracos e os ~s** the weak and the oppressed **II.** *adj* oppressed

oprimir [opɾi'mir] *vt* to oppress; (*sufocar*) to stifle

opróbrio [o'prɔbɾiw] *m* opprobrium *no pl*

optar [op'tar] *vi* **1.** (*decidir-se*) to opt for; **~ por a. c.** to choose sth **2.** (*fazer escolha*) to decide on; **~ pelo curso noturno** to decide on an evening course

optativo, -a [opta'tʃivu, -a] *adj* optative

óptica ['ɔtʃika] *f* **1.** FÍS optics *no pl*; **ilusão de ~** optical illusion **2.** (*loja*) optician **3.** *fig* (*perspectiva*) (visual) perspective

óptico, -a ['ɔtʃiku, -a] *adj* optic, optical

opulência [opu'lẽsja] *f sem pl* **1.** (*luxo*) opulence *no pl*; (*abundância*) abundance *no pl*, plenty *no pl* **2.** (*corpulência*) corpulence *no pl*

opulento, -a [opu'lẽtu, -a] *adj* **1.** (*luxuoso*) opulent; (*farto*) abundant, plentiful **2.** (*encorpado*) corpulent

opus ['ɔpus] *m* MÚS opus

ora ['ɔra] **I.** *adv* **1.** (*agora*) now; **por ~** for now **2.** well; **~,** ~ well, well **II.** *conj* but **III.** *interj* ~! well!; **~ bolas!** nonsense!; **~ essa!** [*ou* **~ veja!**] (*indignação*) well now!

oração <-ões> [ora'sãw, -'õjs] *f* **1.** REL prayer **2.** LING clause; **~ principal** main clause; **~ subordinada** subordinate clause

oráculo [o'rakulu] *m* oracle

orador, -a [ora'dor, -a] *m, f* speaker

oral <-ais> [o'raw, -'ajs] **I.** *f* oral exam **II.** *adj* oral, spoken; (*exame*) oral

oralidade [oraʎi'dadʒi] *f* orality *no pl*

orangotango [orãŋgu'tãŋgu] *m* orangutan *Am*, orang-utan *Brit*

orar [o'rar] *vi* **1.** to make a speech **2.** REL to pray

oratória [ora'tɔrja] *f* oratory *no pl*

oratório [ora'tɔriw] *m* **1.** (*capela*) small chapel, oratory **2.** MÚS oratorio

órbita ['ɔrbita] *f* **1.** ASTRON orbit; **entrar em ~** *inf* to go into a trance; **estar** [*ou* **ficar**] **fora de ~** *inf* to be out of one's mind **2.** ANAT eye socket

orca ['ɔrka] *f* orca, killer whale

orçamentário, -a [orsamẽj'tarjw, -a] *adj* (*déficit, crédito*) budgetary

orçamento [orsa'mẽtu] *m* **1.** (*de material, obra*) estimate **2.** POL budget

orçar [or'sar] <ç→c> *vt* to estimate, to calculate; **~ em** to estimate sth (at); **~ os custos em milhões** to calculate the cost in millions

ordeiro, -a [or'dejɾu, -a] *adj* orderly

ordem ['ɔrdẽj] <-ens> *f* **1.** (*comando*) order; **~ de despejo** eviction notice; **~ de pagamento, cumprir uma ~** to carry out an order; **dar uma ~ a alguém** to give sb an order; **por ~ de alguém** under sb's orders; **estar às ordens de alguém** to be at sb's disposal; **sempre às ordens!** at your service! **2.** ECON money order **3.** (*sequência*) order *no pl*; **~ alfabética/numérica** alphabetical/numerical order; **estar por** [*ou* **na**] **~** to be in order; **pôr a. c. por** [*ou* **na**] **~** to put sth in order **4.** (*organização*) order *no pl*; **estar em ~** to be in order; **pôr a. c. em ~** to put sth in order; **pôr a casa em ~** *inf* to tidy the house up; **~ do dia** order of the day; **~ política** political order; **~ e progresso** order and progress; **o país sofria com a falta de ~** the country suffered because there was no (law and) order **5.** (*profissional*) order *no pl*; **Ordem dos Advogados** Bar Association; **Ordem dos Médicos** Medical Association **6.** (*comunidade religiosa*) religious order **7.** (*categoria*) division; **de segunda ~** second division

ordenação <-ões> [ordena'sãw, -'õjs] *f* **1.** (*ordem*) order *no pl* **2.** REL ordination *no pl*

ordenada [orde'nada] *f* MAT ordinate *no pl*

ordenadamente [ordenada'mẽjtʃi] *adv* **1.** (*por ordem*) in order **2.** (*de modo ordenado*) in an orderly fashion

ordenado [orde'nadu] *m* salary

ordenado, -a [orde'nadu, -a] *adj* orderly

ordenança [orde'nãsa] *m* MIL orderly

ordenar [orde'nar] **I.** *vt* (*pôr em ordem*) to put in order; (*dispor*) to arrange; (*mandar*) to command, to

order; REL to ordain **II.** *vr:* ~**-se** REL to be ordained
ordenha [or'dẽɲa] *f* milking
ordenhar [ordẽ'ɲar] *vt* to milk
ordens *f pl de* **ordem**
ordinal <-ais> [ordʒi'naw, -'ajs] *adj, m* ordinal
ordinário, -a [ordʒi'nariw, -a] *adj* **1.** (*habitual*) ordinary, habitual **2.** (*regular*) common **3.** *pej* (*grosseiro*) vulgar **4.** (*de má qualidade*) of poor quality, shoddy **5.** (*de mau caráter*) despicable
orégano [o'rɛgɐnu] *m sem pl* oregano *no pl*
orelha [o'reʎa] *f* **1.** ear; ~ **de abano** big ears *pl*; **estar até as** ~**s** to be up to one's ears (in sth); **ficar de** ~ **em pé** to become suspicious; **torcer a** ~ to regret (sth) **2.** (*de livro*) flap (of dust jacket)
orelhada [oreʎada] *f inf* **de** ~ by hearsay
orelhão <-ões> [ore'ʎɐ̃w, -'õjs] *m Brazilian telephone booth*
orfã *f v.* **órfão**
orfanato [orfa'natu] *m* orphanage
órfão, órfã ['ɔrfɐ̃w, -'ɐ̃] <-s> **I.** *m, f* orphan **II.** *adj* orphaned; ~ **de mãe** orphaned from his/her mother; ~ **de pai** orphaned from his/her father
organdi [orgɐ̃'dʒi] *m* organdy
orgânico, -a [or'gɐniku, -a] *adj* organic; **lixo** ~ organic waste; **alimentos** ~**s** organic food
organismo [orgɐ'nizmu] *m* **1.** BIO body, organism **2.** (*instituição*) organization *Am,* organisation *Brit*
organista [orgɐ'nista] *mf* organist
organização <-ões> [orgɐniza'sɐ̃w, -'õjs] *f* **1.** (*associação*) organization *Am,* organisation *Brit;* **Organização Mundial de Saúde** World Health Organization; **Organização das Nações Unidas** United Nations (Organization) **2.** (*de um evento*) organization *no pl* **3.** (*de documentos*) arrangement *no pl* **4.** (*ordem*) organized body
organizado, -a [orgɐni'zadu, -a] *adj* **1.** (*pessoa*) methodical **2.** (*em ordem*) organized
organizador, -a [orgɐniza'dor, -a] *m, f* organizer, planner
organizar [orgɐni'zar] *vt* **1.** (*um evento*) to organize **2.** (*documentos*) to arrange **3.** (*a vida, um movimento*) to plan

organograma [orgɐno'grɐma] *m* organization chart, organigram
organza [or'gɐ̃za] *f* organza
órgão ['ɔrgɐ̃w] <-s> *m* **1.** ANAT organ **2.** (*instituição*) agency; ~ **s de comunicação social** social communication agencies *pl;* ~ **s do Estado** government agencies **3.** MÚS organ
orgasmo [or'gazmu] *m* orgasm
orgia [or'ʒia] *f tb. fig* orgy; ~ **gastronômica** gastronomic orgy
orgulhar [orgu'ʎar] **I.** *vt* to make proud **II.** *vr:* ~**-se** to be proud of; ~**-se de a. c.** to pride oneself on sth
orgulho [or'guʎu] *m sem pl* **1.** pride *no pl;* **ter** ~ **de a. c.** to be proud of sth; **era o** ~ **da nação** he/it was the pride of the nation **2.** (*soberba*) haughtiness
orgulhoso, -a [orgu'ʎozu, -'ɔza] *adj* proud; **ficar** ~ **de alguém/a. c.** to be proud of sb/sth
orientação <-ões> [oriẽjta'sɐ̃w, -'õjs] *f* **1.** (*no espaço*) orientation **2.** (*localização*) bearings **3.** (*direção*) guidance; ~ **profissional** professional guidance; **sob a** ~ **de** under the guidance of
orientador, -a [oriẽjta'dor, -a] *m, f* (*guia*) guide; (*na escola*) supervisor, tutor; (*conselheiro*) mentor
oriental <-ais> [oriẽ'taw, -'ajs] *adj* **1.** (*comida*) oriental; (*do leste*) eastern **2.** (*do Oriente*) from the Orient, Oriental
orientando [oriẽj'tɐ̃du] *m* postgraduate (student)
orientar [oriẽj'tar] **I.** *vt* (*no espaço*) to find the direction; (*guiar*) to guide; (*aconselhar*) to advise **II.** *vr:* ~**-se** to get one's bearings; ~**-se por a. c.** to guide oneself based on sth
oriente [ori'ẽjtʃi] *m sem pl* **1.** (*ponto cardeal*) east *no pl* **2.** (*países*) the Orient; **Extremo Oriente** the Far East; **Oriente Médio/Próximo** the Middle/Near East
orifício [ori'fisiw] *m* orifice
origem [o'riʒẽj] <-ens> *f* **1.** (*proveniência*) origin **2.** (*causa*) cause; **dar** ~ **a a. c.** to give rise to sth **3.** (*princípio*) origin; (*aparecimento*) source; **ter** ~ to have a source
original <-ais> [oriʒi'naw, -'ajs] **I.** *m* (*coisa copiada*) original **II.** *adj* **1.** (*primeiro, autêntico*) original **2.** (*novo: ideia*) novel **3.** (*peculiar: pessoa*) eccentric; (*roupa*) unusual

originalidade [oriʒinaʎi'dadʒi] *f sem pl* **1.** (*de documento*) originality *no pl* **2.** (*singularidade*) uniqueness

originar [oriʒi'nar] **I.** *vt* to originate; (*provocar*) to create **II.** *vr:* ~-**se** to arise from, to originate from

originário, -a [oriʒi'nariw, -a] *adj* **ser** ~ **de** (*objeto, palavra*) to be derived from; (*pessoa*) to be a native of; **os móveis são ~s da Itália** this is original Italian furniture

oriundo [ori'ũwdu, -a] *adj* **1.** (*pessoa*) native; **ele é ~ da Grécia** he is a native of Greece, he's from Greece **2.** (*objeto*) (coming) from; **bordados ~s da ilha de Marajó** embroidery (coming) from the island of Marajó

orixá [ori'ʃa] *m* the personification or deification of the natural world in Afro-Brazilian religious rites

orla ['ɔrla] *f* **1.** (*borda*) rim **2.** (*de lago*) shore; (*de rio*) bank; ~ **marítima** shore(line) **3.** (*em vestuário*) hem

ornamentação <-ões> [ornamẽjta'sãw, -'õjs] *f* (*decoração*) decoration; ARTE, ARQUIT ornamentation

ornamentar [ornamẽj'tar] *vt* to decorate

ornamento [orna'mẽjtu] *m* ornament, adornment

ornitologia [ornitolo'ʒia] *f sem pl* ornithology *no pl*

ornitológico, -a [ornito'lɔʒiku, -a] *adj* ornithological

ornitologista [ornitolo'ʒista] *mf* ornithologist, bird watcher

orquestra [or'kɛstra] *f* orchestra; ~ **de câmara** chamber orchestra; ~ **sinfônica** symphony orchestra

orquestração <-ões> [orkestra'sãw, -'õjs] *f* MÚS orchestration

orquestral <-ais> [orkes'traw, -'ajs] *adj* orchestral

orquestrar [orkes'trar] *vt* to orchestrate, to compose orchestral music; *fig* (*organizar*) to orchestrate

orquidário [orki'dariw] *m* orchid nursery

orquídea [or'kidʒia] *f* orchid

ortocromático, -a [ortokro'matʃiku, -a] *adj* FOTO orthochromatic

ortodontia [ortodõw'tʃia] *f sem pl* orthodontics *no pl*

ortodontista [ortodõw'tʃista] *mf* orthodontist

ortodoxo, -a [orto'dɔksu, -a] *adj* orthodox

ortogonal <-ais> [ortogo'naw, -'ajs] *adj* orthogonal

ortografia [ortogra'fia] *f* spelling

ortográfico, -a [orto'grafiku, -a] *adj* relating to spelling; **reforma ortográfica** spelling reform

ortomolecular [ortomoleku'lar] <-es> *adj* orthomolecular

ortopedia [ortope'dʒia] *f sem pl* orthopedics *no pl Am*, orthopaedics *no pl Brit*

ortopédico, -a [orto'pɛdʒiku, -a] *adj* orthopedic *Am*, orthopaedic *Brit*

ortopedista [ortope'dʒista] *mf* orthopedist *Am*, orthopaedist *Brit*

orvalhar-se [orva'ʎarse] *vr* to become dewy

orvalho [or'vaʎu] *m* dew

os [us] **I.** *art pl* the **II.** *pron pess* (*eles*) them; **vi-os saindo do teatro ontem** I saw them coming out of the theater [*o Brit* theatre] yesterday; (*vocês*) you; **chamei-os várias vezes mas nenhum de vocês me ouviu** I called you several times, but none of you heard me

óscar ['ɔskar] *m* (*prêmio*) Oscar

oscilação <-ões> [osila'sãw, -'õjs] *f* **1.** (*movimento*) oscillation; (*de preços*) fluctuation **2.** FÍS oscillation **3.** (*hesitação*) wavering *no pl*, vacillation *no pl*

oscilador [osila'dor] *m* FÍS oscillator

oscilar [osi'lar] *vi* **1.** (*preços*) to fluctuate; (*pêndulo*) to swing **2.** FÍS to oscillate **3.** (*hesitar*) to waver, to vacillate

oscilatório, -a [osila'tɔriw, -a] *adj* oscillatory, fluctuating

ósculo ['ɔskulu] *m form* osculation *no pl*

osmose [oz'mɔzi] *f sem pl* QUÍM osmosis *no pl*; **aprender a. c. por ~** *inf* to learn sth through osmosis

ossada [o'sada] *f* **1.** (*de pessoa*) bones (of a skeleton) **2.** (*de edifício, navio*) framework *no pl*, skeleton

ossatura [osa'tura] *f* (*esqueleto*) skeleton; (*estrutura*) frame

ósseo, -a ['ɔsiw, -a] *adj* **1.** ANAT osseous **2.** (*como osso*) bony

osso ['osu] *m* bone; **moer os ~s** to be having a tough time; **ser um ~ duro de roer** to be a hard nut to crack; **ela é só pele e ~!** she is just skin and bones; **este sapato está no ~** this shoe is worn out; **isso são ~s do ofício!** that's all part of the job!

ossudo, -a [o'sudu, -a] *adj* bony

ostensivo, -a [ostēj'sivu, -a] *adj* ostensible; **patrulhamento** ~ ostensive police patrol

ostentação <-ões> [ostējta'sãw, -'õjs] *f* ostentation *no pl*

ostentar [ostēj'ta(r] *vt* to show off

osteologia [osteolo'ʒia] *f sem pl* osteology *no pl*

osteomielite [ɔsteomie'ʎitʃi] *f* osteomyelitis *no pl*

osteoporose ['ɔsteopo'rɔzi] *f* osteoporosis *no pl*

ostra ['ostra] *f* 1. oyster 2. *pej* (*pessoa*) leech

ostracismo [ostra'sizmu] *m sem pl* ostracism *no pl*

ostrogodos [ostro'godus] *mpl* HIST Ostrogoths *pl*

OTAN [o'tã] *f abr de* **Organização do Tratado do Atlântico Norte** NATO

otário, -a [o'tariw] *m, f inf* sucker

ótico, -a ['ɔtʃiku, -a] *adj* 1. (*ouvido*) otic 2. (*visão*) optical

ótima *adj v.* **ótimo**

otimismo [otʃi'mizmu] *m* optimism *no pl*

otimista [otʃi'mista] I. *mf* optimist II. *adj* optimistic

otimizar [otʃimi'za(r] *vt* to optimize

ótimo, -a ['ɔtʃimu, -a] I. *adj* 1. *superl de* **bom** *v.* **bom** 2. the best, very, very good; (*excelente*) excellent; (*temperatura*) wonderful II. *interj* great, excellent

otite [o'tʃitʃi] *f* MED otitis

otorrinolaringologista [otoxinolarĩʒolo'ʒista] *mf* otorhinolaryngologist, ear, nose and throat specialist

otoscópio [otos'kɔpiw] *m* otoscope

ou [o] *conj* or; ~ ... ~ ... either ... or; ~ **melhor** or better (still); ~ **seja** ... in other words ...

ouriçado, -a [ori'sadu, -a] *adj* (*cabelo*) bristly; *inf* (*pessoa*) irritable

ouriçar [ori'sa(r] <ç→c> *vt* (*encrespar*) to frizzle; *inf* (*agitar*) to agitate

ouriço [ow'risu] *m* ZOOL hedgehog; *inf* (*agitação*) agitation

ouriço-do-mar [ow'risu-du-'ma(r] <ouriços-do-mar> *m* ZOOL sea urchin

ourives [ow'rivis] *mf inv* (*fabricante*) goldsmith; (*vendedor*) jeweler *Am,* jeweller *Brit*

ourivesaria [owriveza'ria] *f sem pl* 1. (*loja*) jewelry store *Am,* jewellery store *Brit* 2. (*arte*) gold work *no pl*

ouro ['oru] *m* gold; ~ **de lei** solid gold; **folheado a** ~ gilded, gold-plated; **entregar o** ~ *inf* to spill the beans; **nem coberto de** ~ not even for all the gold in the world; **ter um coração de** ~ to have a heart of gold; (**vender**) **a peso de** ~ to be worth its weight in gold

Ouro Preto ['owru 'pretu] (City of) Ouro Preto

ouros ['owrus] *mpl* (*cartas*) diamonds *pl*

ousada *adj v.* **ousado**

ousadia [owza'dʒia] *f sem pl* 1. (*audácia*) audacity *no pl* 2. (*atrevimento*) boldness *no pl;* **ter a** ~ **de fazer a. c.** to have the nerve to do sth

ousado, -a [ow'zadu, -a] *adj* 1. (*audaz*) audacious 2. (*arriscado*) daring 3. (*atrevido*) unabashed

ousar [ow'za(r] *vt* to dare; ~ **fazer a. c.** to dare to do sth

outdoor [awtʃi'dɔr] *m* billboard *Am,* (advertising) hoarding *Brit*

outeiro [ow'tejru] *m* hillock

outonal <-ais> [owto'naw, -'ajs] *adj* autumnal

outono [ow'tonu] *m* fall *Am,* autumn

outorga [ow'tɔrga] *f* grant, award

outorgado [owtor'gadu] *m* (*de um contrato*) grantee; (*de procuração*) proxy

outorgante [owtor'gãntʃi] *mf* (*de um contrato*) grantor; (*de procuração*) principal

outorgar [owtor'ga(r] *vt* to grant

outra *pron v.* **outro**

outrem ['owtrēj] <-ens> *pron indef* somebody else, another person or persons; **trabalhar por conta de** ~ to work for somebody else

outro, -a ['otru, -a] I. *pron indef* other, another, some other; **o/um** ~ the/some other; **a/uma outra** the/some other; **um ao** ~ one to the other; **um com o** ~ one with the other; **os** ~**s** the others; ~ **qualquer** anyone else; any other; ~ **tanto** twice as much II. *adj* 1. (*distinto*) the other; (*no*) ~ **dia** (*há dias*) the other day; (*no dia seguinte*) the next day; **outra coisa** another thing; **de** ~ **modo** otherwise; **outra pessoa** another person; **foi como eu disse. não deu outra** *gír* it happened

outrora [ow'trɔra] *adv* formerly, long ago

outrossim [owtro'sĩj] *adv* (*do mesmo modo*) likewise; (*também*) also; (*além disso*) moreover

outubro [ow'tubru] *m* October; *v.tb.* **março**

ouvido [o'vidu] *m* **1.** ANAT ear **2.** (*sentido*) hearing; **de** ~ by ear; **ter (um) bom** ~ to have a good ear; **tocar de** ~ to play by ear; (**não**) **dar** ~**s a** to pay no heed to; **buzinar nos** ~**s** to harp on about sth; **chegar aos** ~**s** to reach one's ears; **dar** ~**s a alguém** to listen to sb; **entrar por um** ~ **e sair pelo outro** to go in one ear and out the other; **fazer** ~**s de mercador** to turn a deaf ear; **ferir os** ~**s** to grate upon the ears; **ser todo** ~**s** to be all ears

ouvidoria [owvido'ria] *f* preliminary hearing office, ombudsman's office; ~ **da Polícia (do Estado)** police complaints office

ouvinte [ow'vĩtʃi] *mf* **1.** (*de rádio*) listener **2.** (*de curso*) auditor *Am* (*student voluntarily attending additional classes*)

ouvir [o'vir] *irr vt* **1.** to hear; ~ **alguém falar/rir** to hear sb speak/laugh; **ouvi dizer que ...** I heard (it said) that...; **já ouviu falar de ...?** have you ever heard of...?; **por** ~ **dizer** from hearsay; **assim que o encontrar, ele vai** ~ as soon as I run into him, he's going to get an earful **2.** (*com atenção*) to listen to; ~ **rádio/música** to listen to the radio/to music; ~ **os conselhos dos pais** to listen to one's parents' advice

ova ['ɔva] *f* **1.** ZOOL ovum **2.** GASTR ~**s** roe *no pl* **3. uma** ~ *inf* like hell!

ovação <-ões> [ova'sãw, -'õjs] *f* ovation

ovacionar [ovasjo'nar] *vt* to acclaim, to cheer

oval <-ais> [o'vaw, -'ajs] *adj* oval

ovário [o'variw] *m* ovary

ovelha [o'veʎa] *f* sheep; **ser a** ~ **negra** to be the black sheep (of the family)

overdose [over'dɔzi] *f* overdose

overnight [over'najtʃi] *m* ECON overnight investment

ovino [o'vinu] *adj* sheep like; (*gado*) ovine

ovíparo, -a [o'viparu, -a] *adj* oviparous

óvni ['ɔvni] *m abr de* **objeto voador não identificado** UFO

ovo ['ovu] *m* **1.** egg; ~ **cozido** boiled egg; ~ **frito** fried egg; ~ **duro** hard-boiled egg; ~**s mexidos** scrambled eggs *pl*; ~ **de Páscoa** Easter egg; **pôr** ~ **s** to lay eggs **2.** *fig* **no** ~ still unhatched; **descobrir o** ~ **de Colombo** to make a great discovery; **no frigir dos** ~**s...** in the end; **pisar em** ~**s** to watch one's step

óvulo ['ɔvulu] *m* ovule

oxalá [oʃa'la] *interj* ~! I would to God!; ~ **(que) eles venham!** I hope they come!

oxidação <-ões> [oksida'sãw, -'õjs] *f* **1.** QUÍM oxidation *no pl* **2.** (*de metal*) corrosion *no pl*

oxidar [oksi'dar] **I.** *vt* QUÍM to oxidize **II.** *vi* **1.** (*metal não férreo*) to corrode; (*aço, ferro*) to rust **2.** (*maçã cortada*) to turn brown

óxido ['ɔksidu] *m* oxide

oxigenar [oksiʒe'nar] *vt* **1.** QUÍM to oxygenize **2.** (*o cabelo*) to oxygenate

oxigênio [ɔksi'ʒeniw] *m sem pl* oxygen *no pl*

ozônio [o'zoniw] *m sem pl* ozone *no pl*; **camada do** ~ ozone layer

P

P, p ['pe] *m* p, P

p. ['paʒina] *f abr de* **página** p.

pá ['pa] *f* **1.** (*para cavar, de escavadeira*) shovel; (*de cimento*) spade; (*de hélice, remo*) blade; ~ **do lixo** dustpan; **pôr uma** ~ **de cal sobre um assunto** to put a lid on the subject **2.** *inf* (*quantidade*) **uma** ~ **de gente/dinheiro** loads of people/money; **ele é da** ~ **virada!** (*insensatez*) he is wild and headstrong!

paca ['paka] **I.** *f* ZOOL spotty cavy **II.** *adv inf* (*à beça*) **o sítio era longe** ~(**s**) the farm was really far away

pacatamente [pakata'mẽtʃi] *adv* placidly

pacatez [paka'tes] *f sem pl* serenity; *(de lugar)* tranquility *no pl*

pacato, -a [pa'katu, -a] *adj (pessoa)* serene; *(lugar)* placid

pachorra [pa'ʃoxa] *f* **1.** *(paciência)* deliberateness **2.** *(lentidão)* sluggishness

pachorrento, -a [paʃo'xẽjtu, -a] *adj* sluggish

paciência [pasi'ẽjsia] **I.** *f* **1.** *(qualidade de paciente)* patience; **ter ~ com** [*ou* **para**] **alguém/a. c.** to have patience with sb/sth; **tenha (a santa) ~!** for the love of God!; **torrar a ~ de alguém** *inf (exaurir)* to try sb's patience **2.** *(jogo de cartas)* solitaire **II.** *interj* **paciência!** be patient!

paciente [pasi'ẽjtʃi] **I.** *mf* patient **II.** *adj* patient; **ser ~ com a. c./alguém** to have patience with sth/sb

pacientemente [pasiẽjtʃi'mẽjtʃi] *adv* patiently

pacífica *adj v.* **pacífico**

pacificar [pasifi'kar] *vt* <c→qu> to pacify

pacífico, -a [pa'sifiku, -a] *adj* **1.** *(pessoa)* gentle **2.** *(lugar)* peaceful

pacifista [pasi'fista] **I.** *mf* pacifist **II.** *adj* pacifist

paço ['pasu] *m* palace; *(palácio real)* royal palace; **o Paço Imperial** the Imperial Court

paçoca [pa'sɔka] *f* paçoca, *powdery candy made from roasted peanuts crushed with sugar and manioc flour in a mortar*

pacote [pa'kɔtʃi] *m* **1.** *(embrulho)* bundle; *(de leite, biscoito)* package; **ir no ~** *fig (ser enganado)* to be taken in **2.** ECON package; **~ fiscal/trabalhista/turístico** fiscal/labor/tourist package; **~ de medidas econômicas** package of economic measures

pacto ['paktu] *m* pact; **~ de sangue** blood pact; **fazer um ~ com alguém** to make a pact with sb

pactuar [paktu'ar] *vt* to make a pact; **~ direitos** to stipulate rights; **~ com alguém** to make a pact with sb

pacu [pa'ku] *m small Brazilian freshwater fish*

padaria [pada'ria] *f* bakery

padeça [pa'desa] *1./3. pres subj de* **padecer**

padecer [pade'ser] <c→ç> **I.** *vt* **1.** *(sofrer)* **~ de** to suffer from; **~ de doença/fome** to suffer from an illness/hunger; **~ com** to suffer with **2.** *(admitir)* to permit; **não padece dúvidas que ...** there is no doubt that ... **II.** *vi* to suffer; **ele padece no hospital** he is suffering in the hospital; **~ no paraíso** to suffer in paradise

padeço [pa'desu] *1. pres de* **padecer**

padeiro, -a [pa'dejru, -a] *m, f* baker

padiola [padʒi'ɔla] *f* stretcher

padrão <-ões> [pa'drãw, -'õjs] *m* **1.** *(de peso, medida)* standard **2.** *(nível)* level, quality; **~ de qualidade** standard of quality; **~ de vida** standard of living; **de alto ~** high standard, deluxe **3.** *(modelo)* model **4.** *(de tecido)* standard **5.** *fig (de pensamento)* common belief

padrão-ouro <padrões-ouro(s)> [pa'drãw-'owru, -'õjs-] *m* gold standard

padrasto [pa'drastu] *m* stepfather

padre ['padri] *m* priest, father; **o ~ João** Father John; **casar no ~** *inf* to get married in church

padre-nosso ['padri-'nɔsu] <padre(s)-nossos> *m* REL Lord's Prayer; **ensinar o ~ ao vigário** *prov* to teach one's grandmother to knit *prov*

padrinho [pa'driɲu] *m* **1.** *(batismo)* godfather **2.** *(casamento)* best man **3.** *(protetor)* sponsor

padroeiro, -a [padro'ejru, -a] *m, f* patron

padrões *m pl de* **padrão**

padronização <-ões> [padroniza'sãw, -'õjs] *f* standardization

padronizar [padroni'zar] *vt* to standardize *Am*, to standardise *Brit*

paelha [pa'eʎa], **paella** [pa'eʒa] *f* GASTR paella

pães *m pl de* **pão**

paetê [pae'te] *m* sequin

paga *adj v.* **pago**

paga ['paga] *f* **1.** *(de vingança)* payback **2.** *(remuneração)* pay **3.** *(gratidão)* reward

pagã [pa'gã] *adj, f v.* **pagão**

pagador(a) [paga'dor(a)] <-es> *m(f)* payer

pagamento [paga'mẽjtu] *m* payment; **~ antecipado** prepayment; **~ a prestações/à vista** installment payments/cash payment; **~ contra entrega** cash on delivery, COD; **fazer** [*ou* **efetuar**] **um ~** to make a payment; **ordem de ~**

(*no banco*) draft; **folha de ~** (*emprego*) payroll

paganismo [pagɐ'nizmu] *m sem pl* paganism *no pl*

pagão, pagã <-ões> [pa'gɐ̃w, -'ɐ̃, -'õjs] **I.** *m, f* pagan **II.** *adj* pagan

pagar [pa'gar] <*pp* pago *ou* pagado; g→gu> **I.** *vt* **1.** (*uma conta, quantia*) to pay; (*uma dívida*) to repay; **~ a alguém a. c.** to pay sb sth; **pagou ao empregado o salário devido** he paid the employee the salary due; **por favor, gostaria de ~** excuse me, I would like to pay; **~ a. c. adiantado/atrasado** to prepay sth/to pay in arrears; **~ a. c. a prestações** [*ou* **prazo**] to pay for sth in installments; **~ um almoço a um amigo** to treat a friend to lunch; **~ um sinal de 10%** to make a 10% down payment; **~ 1000 reais de sinal** to make a down payment of 1,000 reals; **~ caro por a. c.** to pay too much for sth **2.** *fig* **~ a alguém na mesma moeda** to give tit for tat; **~ o bem com o mal** to repay good with evil; **você me paga!** *inf* I'll get even with you!; **~ para ver** to call sb's bluff; **~ o pato** to pay the piper **II.** *vi* **1.** (*em compras*) **~ em dinheiro/no cartão de crédito/com cheque** to pay cash/with a credit card/with a check **2.** (*sofrer castigo*) to pay for sth; **~ pelos erros dos outros** to pay for other people's mistakes

pagável <-eis> [pa'gavew, -'ɛjs] *adj* payable

pager ['pejʒer] *m* pager

página ['paʒina] *f* (*de livro, na Internet*) page; **~s amarelas** yellow pages; **na ~ 10** on page 10; **uma ~ negra da história** *fig* a black page in history; **~ virada** in the past

paginar [paʒi'nar] *vt* to paginate

pago, -a ['pagu, -a] **I.** *pp de* **pagar II.** *adj* paid

pagode [pa'gɔdʒi] *m* **1.** MÚS pagoda (*a kind of samba*) **2.** (*reunião*) revelry **3.** (*zombaria*) high jinks

pagodeiro, -a [pago'dejru, -a] *m, f* pagoda musician

pagões *m pl de* **pagão**

paguro [pa'guru] *m* hermit crab

pai ['paj] *m* father; **~ adotivo** stepfather; **~ de família** father, head of a household; **ser o ~ da criança** to father a child

pai-de-santo ['paj-dʒi-'sɐ̃ŋtu] <pais-de-santo> *m* voodoo priest

pai-dos-burros ['paj-duz-'buxus] <pais-dos-burros> *m inf* dictionary

paineira [pɐj'nera] *f* floss-silk tree

painel <-éis> [paj'nɛw, -'ɛjs] *m* **1.** panel; ELETR electric panel; **~ de comando** control panel; **~ de instrumentos** instrument panel **2.** (*arte*) panel **3.** *fig* (*panorama*) outlook **4.** (*debate*) panel

pai-nosso ['paj-'nɔsu] <pais-nossos> *m* REL Our Father

paio ['paju] *m* large pork sausage

paiol <-óis> [paj'ɔw, -'ɔjs] *m* **1.** MIL powder magazine **2.** (*armazém*) storehouse; (*de mantimentos*) barn

pairar [paj'rar] *vi* to hover (over)

pais ['pajs] *mpl* parents *pl;* **os meus ~s** my parents

país [pa'is] *m* country; **~ em desenvolvimento/subdesenvolvido** developing/underdeveloped country; **~ emergente** emerging country; **o ~ natal** homeland; **País de Gales** Wales

> **Gramática** **país** on its own is always written with a lower-case initial letter, except when it refers to the country of Brazil: "Lula encontra-se no País."

paisagem [paj'zaʒẽj] <-ens> *f* landscape, countryside

paisagista [pajza'ʒista] *mf* **1.** (*arquiteto*) landscape architect **2.** (*pintor*) landscape painter

paisagístico, -a [pajza'ʒistʃiku, -a] *adj* landscaping

paisana [paj'zɐna] *adv* **à ~** in civilian clothes

Países Baixos [pa'iziz 'bajʃus] *mpl* the Netherlands *pl*

paixão <-ões> [pajʃ'ɐ̃w, -'õjs] *f* (*por pessoa, atividade*) passion; **ter ~ por futebol** to have a passion for soccer

paixonite [pajʃo'nitʃi] *f inf* **sofrer de ~ aguda** to have a crush on sb

pajé [pa'ʒɛ] *m* Brazilian shaman responsible for Indian rituals to invoke and communicate with spirits

pajear [paʒi'ar] *conj como* **passear** *vt* (*criança*) to mind a child

pajem ['paʒẽj] <-ens> **I.** *m* HIST page **II.** *f reg* (*MG, SP:* babá) nursemaid

pala ['pala] *f* **1.** (*que protege os olhos*) eyeshade **2.** (*no automóvel*) fender

palacete [pala'setʃi] *m* small palace
palácio [pa'lasiw] *m* palace; **Palácio da Alvorada** Alvorada Palace (*official residence of the President of Brazil*); **Palácio da Justiça** Hall of Justice; **Palácio do Planalto** *the Brazilian Government*
paladar [pala'dar] <-es> *m* **1.**(*sentido*) palate **2.**(*gosto*) taste; **ter bom ~** to have good taste
paladino, -a [pala'dʒinu, -a] *m, f* champion (of a cause)
paládio [pa'ladʒiw] *m* palladium
palanque [pa'lãŋki] *m* raised platform
palatal <-ais> [pala'taw, -'ajs] *adj, f* LING palatal
palatável <-eis> [pala'tavew, -ejs] *adj fig* acceptable, palatable
palato [pa'latu] *m* ANAT palate
palavra [pa'lavra] *f* **1.**(*vocábulo, fala*) word, utterance; **~ a** word for word; **~ de honra** word of honor; **~s-cruzadas** crossword puzzle; **nem mais uma ~!** not another word!; **dar a ~ a alguém** to give sb one's word; **dar a última ~** (*decisão*) to have the last word; **medir as ~s** to measure (the weight of) one's words; **não dar uma ~** not to utter a word; **pedir a ~** to ask for the floor; **pegar na ~** to demand a promise be kept; **pôr ~s na boca de alguém** to put words in sb's mouth; **ter ~** to keep one's promises; **ter a ~** to have the floor; **ter o dom da ~** to have the gift of gab; **ser uma pessoa de ~** to be a person of his/her word; **é a última ~ em tratamento dentário** is the latest in dental treatment **2.**(*doutrina*) word; **a ~ de Deus** the Word of God
palavra-chave [pa'lavra-'ʃavi] <palavras-chave(s)> *f* keyword
palavrão <-ões> [pala'vrãw, -'õjs] *m* **1.**(*calão*) swearword **2.** *long word that is difficult to pronounce*
palavreado [palavri'adu] *m* idle chatter
palavrinha [pala'vrĩɲa] *f* **dar uma ~ com alguém** to slip a word to sb
palavrões *m pl de* **palavrão**
palco ['pawku] *m* stage; **~ de uma guerra** the scene of a war; **subir ao ~** to go on stage; *fig* to step on stage
paleolítico [paleo'litʃiku] *m* Paleolithic Age
paleolítico, -a [paleo'litʃiku, -a] *adj* Paleolithic
paleóloga *f v.* **paleólogo**
paleontóloga *f v.* **paleontólogo**
paleontologia [paleõwtolo'ʒia] *f sem pl* paleontology *no pl*
paleontólogo, -a [paleõw'tɔlogu, -a] *m, f* paleontologist
palerma [pa'lɛrma] **I.** *mf* lout **II.** *adj* dumb
Palestina [palesˈtʃina] *f* Palestine
palestino, -a [palesˈtʃino, -a] **I.** *m, f* Palestinian **II.** *adj* Palestinian
palestra [pa'lɛstra] *f* lecture; **dar uma ~ sobre a. c.** to give a lecture on sth
palestrante [pales'trãtʃi] *mf* lecturer
paleta [pa'leta] *f* (*para tinta*) palette
palete [pa'letʃi] *m* (*mercadoria*) pallet
paletó [pale'tɔ] *m* man's coat; **abotoar o ~** *inf* to pass on; **vestir o ~ de madeira** *inf* to kick the bucket
palha ['paʎa] *f* **1.**straw; **~ de aço** steel wool; **chapéu de ~** straw hat **2.** *inf* **não levantar** [*ou* **mexer**] **uma ~** not to lift a finger; **puxar uma ~** to take a nap
palhaça *f v.* **palhaço**
palhaçada [paʎa'sada] *f* clowning; **fazer ~** to clown around
palhaço, -a [pa'ʎasu, -a] *m, f tb. fig* clown
palheiro [pa'ʎejru] *m* haystack
palheta [pa'ʎeta] *f* (*espátula*) spreader; (*de instrumento de sopro*) reed; (*de turbina, ventilador, roda hidráulica*) vane
palhinha [pa'ʎĩɲa] *f* (*em mobiliário*) rush, split cane; **cadeira de ~** split cane chair
palhoça [pa'ʎɔsa] *f* straw-thatched hut
paliativo [palja'tʃivu] *m* FARM palliative agent
paliativo, -a [palja'tʃivu, -a] *adj* palliative; **tomar medidas paliativas para o problema** *fig* to take mitigating measures to solve the problem
paliçada [pali'sada] *f* stockade
pálida *adj v.* **pálido**
palidez [pali'des] *f sem pl* pallor *no pl*
pálido, -a ['palidu, -a] *adj* **1.**(*pessoa*) wan **2.**(*luz*) pale **3.**(*reação*) pallid
palitar [pali'tar] *vt* **~ os dentes** to pick one's teeth
paliteiro [pali'tejru] *m* toothpick holder
palito [pa'litu] *m* **1.**(*para os dentes*) toothpick **2.** *inf* (*pessoa magra*) **ela está um ~** she's as thin as a rail

palma ['pawma] *f* **1.** BOT palm; *(folha)* palm leaf **2.** ANAT **~ da mão** palm of the hand; **conhecer alguém/a. c. como a ~ da mão** to know sb/sth like the palm of one's hand; **ter alguém na ~ da mão** to have sb wrapped around one's little finger

palmada [paw'mada] *f* smack; **dar uma ~ em alguém** to smack sb on the bottom

palmas ['pawmas] *fpl* **bater ~** to clap; **bater ~ para alguém/a. c.** to applaud sb/sth

Palmas ['pawmas] (City of) Palmas

palmatória [pawma'tɔria] *f* **dar a mão à ~** *inf* to acknowledge one's mistake

palmeira [paw'mejra] *f* palm tree

palmilha [paw'miʎa] *f* inner sole of the foot

palminho [paw'miɲu] *m inf* **ter um ~ de cara** to have a cute face

palmito [paw'mitu] *m* palm heart

palmo ['pawmu] *m* palm; **~ a ~** *inf* inch by inch/foot by foot/step by step; **não ver um ~ adiante do nariz** to not see one's hand in front of one's face; **sete ~s de terra** *(sepultura)* six feet under

palmtop [pawmi'tɔpi] *m* palmtop

PALOP [pa'lɔpi] *m abr de* **País Africano de Língua Oficial Portuguesa** *African country whose official language is Portuguese,* PALOP

palpação <-ões> [pawpa'sɐ̃w, -'õjs] *f* MED palpation

palpar [paw'par] *vt* to palpate

palpável <-eis> [pal'pavew, -ejs] *adj (resultados)* palpable; *(sucesso)* obvious

pálpebra ['pawpebra] *f* eyelid

palpitação <-ões> [pawpita'sɐ̃w, -'õjs] *f (do coração)* palpitation

palpitante [pawpi'tɐ̃tʃi] *adj* **1.** *(coração)* palpitating **2.** *(emocionante)* thrilling **3.** *(atual)* **um assunto ~** a subject of vital interest

palpitar [pawpi'tar] **I.** *vt (opinião)* to conjecture; **~ sobre ta.c.** to make conjectures about sth **II.** *vi (coração)* to palpitate; *(vida)* to throb

palpite [paw'pitʃi] *m* **1.** *(pressentimento)* guess; *(intuição)* hunch; **ter um ~** to have a hunch **2.** *(opinião)* suggestion; **dar ~s** *inf* to make intrusive remarks **3.** *(no jogo)* tip

palpiteiro, -a [pawpi'tejru, -a] *m, f* tipster

palrador(a) [pawxa'dor(a)] <-es> *m(f)* chatterer

pamonha [pa'mõɲa] **I.** *mf* simpleton; *inf* softy **II.** *f* sweet made from ground green corn, sugar and butter and rolled and boiled in fresh corn husks

pampa ['pɐ̃pa] *m* GEO pampas

pampas ['pɐ̃pas] *adv inf* **às ~** on a large scale

panaca [pɜ'naka] *mf inf* dimwit

panaceia [pɜna'sɐja] *f* panacea, cure-all

panado, -a [pɜ'nadu, -a] *adj* GASTR breaded

Panamá [pɜna'ma] *m* Panama

panamenho, -a [pɜna'mɐɲu, -a] *adj, m, f* Panamanian

pan-americano, -a [pɜnameri'kɜnu, -a] *adj* Pan-American; **Jogos Pan-Americanos** Pan-American Games

panar [pɜ'nar] *vt* GASTR to bread

panca ['pɐ̃ka] *f inf (pose)* showoff

pança ['pɐ̃sa] *f* **1.** *inf (de pessoa)* potbelly, paunch **2.** *(de animal)* rumen

pancada [pɐ̃'kada] **I.** *f* **1.** *(golpe)* blow; *(choque)* impact; **ela deu uma ~ na mesa** she banged on the table **2.** *(surra)* beating; **dar uma ~ em alguém** to give sb a beating; **levar** [*ou* **tomar**] **uma ~ de alguém** to take a beating from sb **3.** *(de relógio)* stroke **4.** *inf (tempestade)* **uma ~ de chuva** a sudden downpour **II.** *mf inf (pessoa)* crackpot

pancadaria [pɐ̃kada'ria] *f* brawl

pâncreas ['pɐ̃kreas] *m* pancreas

pancreatite [pɐ̃kria'tʃitʃi] *f* pancreatitis

pançudo, -a [pɐ̃'sudu, -a] *adj* potbellied

panda ['pɐ̃da] *m* panda

pandarecos [pɐ̃da'rɛkus] *mpl* **em ~** *(em pedaços)* in bits and pieces; *fig (exausto)* exhaustion

pândega ['pɐ̃dega] *f* noisy merrymaking

pândego, -a ['pɐ̃degu, -a] *adj* merrymaking

pandeirista [pɐ̃dej'rista] *mf* tambourine player

pandeiro [pɐ̃'dejru] *m* tambourine

pandêmico [pɐ̃'demiku] *adj* pandemic

pandemônio [pɐ̃de'moniw] *m* pandemonium

pane ['pɜni] *f* AUTO, AERO *(interrupção súbita)* failure; **ter uma ~ seca** to run out of gas; **me deu uma ~** *inf* (*esquecimento*) my mind went blank

panegírico [pɜneˈʒiriku] *m* panegyric

panela [pɜˈnɛla] *f* saucepan; **~ de pressão** pressure cooker

panelaço [pɜneˈlasu] *m* noisy political or social demonstration

paneleiro [pɜneˈlejru] *m* (*móvel*) cupboard

panelinha [pɜneˈʎĩɲa] *f* (*grupo fechado*) clique

panetone [pɜneˈtoni] *m* panettone

panfleto [pɜ̃ˈfletu] *m* pamphlet; POL lampoon

pangaré [pɜ̃gaˈrɛ] *m* rundown horse

pânico [ˈpɜniku] *m* panic; **entrar em ~** to panic; **estar em ~** to be panic-stricken

panificação <-ões> [pɜnifikaˈsɜ̃w, -ˈõjs] *f* bread making; **indústria de ~** bread making industry

panificadora [pɜnifikaˈdora] *f* bakery

pano [ˈpɜnu] *m* 1. (*tecido*) cloth; **colocar ~s quentes** *inf* to smooth things over; **dar ~ para mangas** *fig* to cause a lot of trouble; **por baixo do ~** behind the scene 2. (*trapo*) cloth; **~ de pó** dust cloth; **~ de prato** dishcloth 3. (*teatro*) curtain; **~ de fundo** backdrop; *fig* rags; **o ~ desce/sobe** the curtain rises/falls

panô [pɜˈno] *m* bunting

panorama [pɜnoˈrɜma] *m* panorama

panorâmico, -a [pɜnoˈrɜmiku, -a] *adj* panoramic; **vista panorâmica** panoramic view

panqueca [pɜ̃ˈkɛka] *f* pancake

pantanal <-ais> [pɜ̃taˈnaw, -ˈajs] *m* **o ~** the lowlands *pl*

pantaneiro, -a [pɜ̃taˈnejru, -a] *adj* from the state of Mato Grosso

pântano [ˈpɜ̃tanu] *m* swamp

pantanoso, -a [pɜ̃taˈnozu, -a] *adj* swampy

panteão <-ões> [pɜ̃teˈɜ̃w, -ˈõjs] *m* Pantheon

panteísmo [pɜ̃teˈizmu] *m sem pl* Pantheism *no pl*

panteísta [pɜ̃teˈista] I. *mf* pantheist II. *adj* pantheistic

panteões *m pl de* **panteão**

pantera [pɜ̃ˈtɛra] *f* panther; *inf*; **uma ~** (*mulher atraente*) a real looker

pantomima [pɜ̃toˈmima] *f* pantomime

pantufa [pɜ̃ˈtufa] *f* house slipper

panturrilha [pɜ̃tuˈxiʎa] *f* calf of leg

pão <-ães> [ˈpɜ̃w, -ˈɜ̃js] *m* 1. (*geral*) bread; **~ doce** sweet bread; **~ dormido** day-old bread; **~ francês** French bread; **~ de fôrma** loaf of bread; **~ integral** whole-wheat bread; **~ de mel** honey bread; **~ preto** black bread; **~ de queijo** cheese bread 2. (*individual*) roll, bun; **queria cinco pães, por favor!** I would like five bread rolls, please! 3. **o ~ nosso de cada dia** our daily bread; **comer o ~ que o diabo amassou** to go through hell; **dizer ~, ~, queijo queijo** *inf* to be outspoken; **estar a ~ e água** to live on bread and water; **ser um ~** (*homem bonito*) hunk

Pão-de-Açúcar [ˈpɜ̃w-dʒi-aˈsukar] *m* GEO Sugar Loaf Mountain

pão-de-ló <-pães-de-ló> [ˈpɜ̃w-de-ˈlɔ, -ˈɜ̃js-] *m* GASTR sponge cake

> **Cultura**
> Pão de queijo is a type of cheese bread in the form of small rolls made from polvilho (sifted manioc flour), grated cheese, oil, milk, and eggs. They are sold in bakeries, delis, snack bars, and supermarkets.

pão-durismo [pɜ̃wduˈrizmu] *m sem pl*, *inf* stinginess *no pl*

pão-duro <-pães-duros> [ˈpɜ̃wˈduru, -ˈɜ̃js-] I. *mf inf* miser II. *adj* stingy

pãozinho <-pãezinhos> [pɜ̃wˈzĩɲu, pɜ̃jˈzĩɲus] *m* bun, roll

papa¹ [ˈpapa] *m* 1. REL pope 2. (*profissional de grande prestígio*) father; **ele é um ~ em computação** he is the father of modern-day computing

papa² [ˈpapa] *f inf* 1. (*para bebê*) pap 2. **não ter ~s na língua** to be outspoken

papada [paˈpada] *f* double-chin

papado [paˈpadu] *m* papacy

papa-formigas [ˈpapa-furˈmigas] *m inv* ZOOL antbird

papagaiada [papagajˈada] *f inf* noisy chatter

papagaio [papaˈgaju] I. *m* 1. ZOOL parrot 2. (*de papel*) kite; **soltar um ~** to fly a kite 3. *inf* (*título comercial*) bill of exchange 4. (*pessoa tagarela*) chatterer; (*pessoa que repete sem entender*) person who parrots another II. *interj* ~! **quanta gente!** good lord!

papaguear [papage'ar] *conj como passear* **I.** *vt* (*repetir*) to parrot sb **II.** *vi* (*tagarelar*) to chatter

papa-hóstias ['papa-'ɔstʃjas] *mf inv, inf* excessively devout or sanctimonious person

papai [pa'paj] *m* father; **Papai Noel** Santa Claus; **filhinho de ~** *inf* daddy's boy; **brincar de ~ e mamãe** *chulo* to play doctor; **o ~ aqui sabe tudo** *inf* father knows best

papaia [pa'paja] *m* papaya

papal <-ais> [pa'paw, -'ajs] *adj* papal

papa-léguas ['papa-'lɛgwas] *mf inv* fast walker

papão <-ões> [pa'pɐ̃w, -'õjs] *m* **bicho-~** bogeyman

papar [pa'par] *vt* <c→qu> *inf* **1.** (*comida*) to gobble **2.** (*extorquir*) to extort **3.** (*conquistar*) to win; **o meu time papou mais uma taça** my team won another championship **4.** *chulo* (*ter relações sexuais*) to screw

paparicar [papari'kar] *vt* <c→qu> to nibble at; *inf* to pamper sb

paparico [papa'riku] *m* pampering

papéis [pa'pɛjs] *mpl* (*documentos*) *papéis para o passaporte,* papers *pl*

papel <-éis> [pa'pɛw, -'ɛjs] *m* **1.** (*material*) paper; **~ almaço** foolscap paper; **~ de alumínio** aluminum foil; **~ de carta** letter stationery; **~ celofane** cellophane; **~ crepom** crepe paper; **~ de embrulho** wrapping paper; **~ higiênico** toilet paper; **~ de impressão** newsprint; **~ machê** papier-mâché; **~ pardo** brown wrapping paper; **~ de parede** wallpaper; **~ quadriculado** graph paper; **~ de rascunho** scratch paper; **~ reciclado** recycled paper; **~ sulfite** printing paper; **~ timbrado** letterhead; **~ vegetal** tracing paper; **bloco de ~** writing pad; **guardanapo de ~** paper napkin; **no ~** *fig* on paper; **de ~ passado** officially; **ficar no ~** to remain on paper; **pôr no ~** to put in writing; (*dever*) responsibility; **o ~ dos pais** the parents' responsibility **2.** (*teatro, cinema*) role, part; **principal/secundário** leading/supporting role; **desempenhar um ~** to play a role; **fazer ~ de bobo** *inf* to play the fool **3.** *pl* (*recortes*) **há papéis espalhados pelo chão** there are scraps all over the floor **4.** ECON paper

papelada [pape'lada] *f* papers *pl,* mass of documents

papelão [pape'lɐ̃w] *m sem pl* **1.** cardboard *no pl* **2. fazer um ~** *inf* to make a fool of oneself

papelaria [papela'ria] *f* stationery shop; **artigos de ~** stationery items *pl*

papel-carbono [pa'pɛw-kar'bonu] <papéis-carbono(s)> *m* carbon paper

papeleira [pape'lejra] *f* slant-top desk

papeleta [pape'leta] *f* MED patient's chart

papel-filtro <papéis-filtro(s)> [pa'pɛw-'fiwtru, -ɛjs-] *m* filter paper

papel-moeda <papéis-moeda(s)> [pa'pɛw-mu'ɛda, -ɛjs-] *m* paper currency

papelote [pape'lɔtʃi] *m* **1.** (*para cabelo*) curl papers **2.** *inf* (*de drogas*) bag

papila [pa'pila] *f* papilla

papiro [pa'piru] *m* papyrus

papo ['papu] *m* **1.** (*de ave*) craw **2.** *inf* (*de pessoa*) double chin; **já está no ~** it's already in the bag; **ficar de ~ para o ar** to laze around doing nothing **3.** *inf* (*conversa*) chat; **~ furado** idle talk; **bater (um) ~ com alguém** to have a chat with sb; **levar alguém no ~** to swindle sb

papo-de-anjo ['papu-dʒi-'ɐ̃nʒu] <papos-de-anjo> *m* GASTR *dessert made of beaten egg-whites cooked slightly by the spoonful in sweetened milk, which is then thickened and poured over them.*

papões *m pl de* **papão**

papoula [pa'powla] *f* poppy

páprica ['paprika] *f* paprika

papudo, -a [pa'pudu, -a] *adj* (*bravateador*) boaster

paquera [pa'kɛra] *f inf* flirt

paquerar [pake'rar] **I.** *vt* to flirt with; **paquerou a bolsa uma semana antes de comprá-la** she flirted with the idea of buying the purse for over a week before she bought it **II.** *vi* to flirt

paquiderme [paki'dɛrmi] *m* pachyderm

paquistanês, -esa [pakistɐ̃'nes, -'eza] **I.** *m, f* Pakistani **II.** *adj* Pakistani

Paquistão [pakis'tɐ̃w] *m* Pakistan

par ['par] **I.** *m* **1.** (*dois*) pair; **aos ~es** in pairs; **sem ~** unmatched; **um ~ de calças** a pair of pants; **um ~ de sapatos/ brincos** a pair of shoes/earrings; **a ~ de** along with; **aberto de ~ em ~** wide open (doors); **estar a ~ (de a. c.)** to be well-informed (on sth); **pôr alguém a ~ de a. c.** to keep sb informed on sth; (*de dança*) partner; **o meu ~** my dance partner; **um ~ inseparável** (*afinidade*) inseparable couple **2. ao ~** ECON at par II. *adj* (*número*) even number

para¹ [pra] *prep* **1.** (*direção*) toward; **~ baixo** downward; **~ cima** upward; **~ dentro** to the inside; **~ fora** to the outside; **~ o campo/a cidade** into the country/city; **ir ~ casa** to go home; **ela vem ~ minha casa** she is coming to my house; **eu vou ~ Brasília/o Brasil** I am going to Brasilia/Brazil; **vai ~ cama** go to bed **2.** (*finalidade, em proveito de*) for; **~ isso** for that; **~ quê?** what for?; **isto é ~ limpar o chão** this is for cleaning the floor; **não estou ~ isso!** I'm not here for that; **não tenho dinheiro ~ isso** I don't have (enough) money for that **3.** (*a fim de*) (in order) to; **~ que** so that; **eu trabalho ~ pagar as contas** I work (in order) to pay my bills; **eu telefonei ~ contar as novidades** I phoned so that I could tell you the news **4.** (*temporal*) for; **~ a semana/o ano** for the week/year; **~ sempre** forever **5.** (*sentimento, atitude*) **~ com** toward **6.** (*proporcionalidade*) to; **à escala de 10 ~ 1** on a scale of 10 to 1 **7.** (*medicamento*) for; **um xarope ~ a tosse** cough medicine

para² *3. pres de* **parar**

> **Gramática** Before the spelling reform the 3rd person singular, present indicative of **parar** was spelled with an acute accent (**pára**), so that is would not be mistaken for the preposition **para**. Now the accent must no longer be used.

Pará [pa'ra] *m* (State of) Pará
parabenizar [parabeni'zar] *vt* to congratulate
parabéns [para'bējs] *mpl* congratulations; **dar (os) ~ a alguém por a. c.** to congratulate sb for sth; (**meus**) **~!** congratulations!
parábola [pa'rabola] *f* allegory
parabólica [para'bɔʎika] *f* (*antena*) parabolic antenna
para-brisa ['para-'briza] *m* windshield
para-choques ['para-'ʃɔkis] *m* (*automóvel*) bumper; (*em ferrovias*) buffer
parada *adj v.* **parado**
parada [pa'rada] *f* **1.** MIL military parade **2.** (*de abastecimento, transportes*) stop **3.** (*de ônibus*) bus stop **4. ~ de sucessos** hit parade **5.** *inf* (*pessoa ou situação difícil*) **aguentar a ~** to hold the fort; **topar a ~** to take on a challenge; **vai ser uma ~ chegar lá em cima** reaching the top is going to be quite a challenge **6.** (*pessoa ou coisa muito atraente*) **esta sua câmera é uma ~** your camera is awesome **7.** MED **~ cardíaca** cardiac arrest
paradeiro [para'dejru] *m* stopping place
paradigma [para'dʒigma] *m* paradigm
paradisíaco, -a [paradʒi'ziaku, -a] *adj* paradisiacal
parado, -a [pa'radu, -a] *adj* **1.** (*pessoa*) motionless; **estar ~** to be still; **ficar ~** to stand motionless **2.** (*atividade*) dull; (*fábrica*) shutdown; (*máquina*) shut off; (*carro*) parked; **o caso está mal ~** the situation is going from bad to worse
paradoxal <-ais> [paradok'saw, -'ajs] *adj* paradoxical
paradoxo [para'dɔksu] *m* paradox
parafernália [parafer'naʎia] *f* paraphernalia
parafina [para'fina] *f* paraffin
paráfrase [pa'rafrazi] *f* LING paraphrase
parafrasear [parafrazi'ar] *conj como* **passear** *vt* (*falando*) to paraphrase; (*escrevendo*) to paraphrase
parafusar [parafu'zar] *vt* to screw, to bolt
parafuso [para'fuzu] *m* **1.** screw, bolt; **~ sem fim** endless screw **2.** *inf* **entrar em ~** to go nuts; **ter um ~ frouxo/a [ou de] menos** to have a screw loose
paragens [pa'raʒējs] *fpl* **nestas ~** in these parts
parágrafo [pa'ragrafu] *m* **1.** (*de um texto*) paragraph **2.** (*de artigo, lei*) clause
Paraguai [para'gwaj] *m* Paraguay
paraguaio, -a [para'gwaju, -a] *adj, m, f* Paraguayan
Paraíba [para'iba] *f* (State of) Paraíba
paraíso [para'izu] *m* paradise; **~ fiscal** *inf* tax haven
para-lama ['para-'lama] *m* (*de automóvel*) fender; (*de bicicleta*) mud guard
paralela [para'lɛla] *f* parallel
paralelamente [paralɛla'mẽjtʃi] *adv* simultaneously

paralelas [paraˈlɛlas] *fpl* ESPORT parallel bars

paralelepípedo [paralelepiˈpedu] *m* 1. (*de pavimento*) paving stone 2. (*figura geométrica*) parallelepiped

paralelismo [paraleˈʎizmu] *m* parallelism

paralelo [paraˈlɛlu] I. *m* GEO parallel II. *adj* 1. (*linha, rua*) parallel; **a rua paralela à estrada** the street parallel to the road 2. (*atividade*) similar 3. ECON **mercado ~** parallel market; **o dólar subiu hoje no ~** the dollar went up on the parallel market today

paralisação <-ões> [paraʎizaˈsãw, -ˈõjs] *f* 1. (*de processo, atividade*) interruption 2. (*dos músculos*) paralysis

paralisado, -a [paraʎiˈzadu, -a] *adj* 1. (*pessoa, membros*) paralyzed 2. (*processo, trabalhos*) interrupted

paralisar [paraʎiˈzar] I. *vt* (*os músculos*) to paralyze; (*um processo*) to stop; (*uma atividade*) to interrupt; (*o trânsito*) to tie up II. *vi* (*atividade, processo*) to become paralyzed

paralisia [paraʎiˈzia] *f* MED paralysis; **~ cerebral** brain paralysis; **~ infantil** polio(myelitis)

paralítico, -a [paraˈʎitʃiku, -a] *adj, m, f* paralytic

paralogismo [paraloˈʒizmu] *m* paralogism

paramédico, -a [paraˈmɛdʒiku, -a] *adj, m, f* paramedic

paramentar-se [paramẽjˈtarsi] *vr* to adorn oneself

parâmetro [paˈrɐmetru] *m* parameter

paramilitar [paramiʎiˈtar] *adj* paramilitary

Paraná [paraˈna] *m* (State of) Paraná

paraninfo, -a [paraˈnĩjfu, -a] *m, f* honored spokesman at a graduation ceremony

paranoia [paraˈnɔja] *f* paranoia

paranoico, -a [paraˈnɔjku, -a] *adj, m, f* paranoiac

paranormal <-ais> [paranorˈmaw, -ˈajs] *adj* paranormal

paraolimpíadas [paraoʎĩjˈpiadas] *fpl* Paralympics *pl*

parapeito [paraˈpejtu] *m* parapet, window sill

parapente [paraˈpẽjtʃi] *m* paraglider

paraplegia [parapleˈʒia] *f* MED paraplegia

paraplégico, -a [paraˈplɛʒiku, -a] I. *m, f* MED paraplegic II. *adj* paraplegic

parapsicóloga *f v.* **parapsicólogo**

parapsicologia [parapsikoloˈʒia] *f* parapsychology

parapsicólogo, -a [parapsiˈkɔlogu, -a] *m, f* parapsychologist

paraquedas [ˈpara-ˈkɛdas] *m inv* parachute

paraquedismo [parakeˈdʒizmu] *m* parachute jumping

paraquedista [parakeˈdʒista] *mf* parachutist

parar [paˈrar] I. *vt* 1. (*o trânsito*) to stop; (*um processo*) to halt 2. (*uma máquina*) to turn off II. *vi* 1. (*carro*) to stop; (*relógio, máquina*) to stop; (*pessoa*) to quit working; (*processo, trânsito*) to come to a standstill 2. (*barulho*) to end; (*chuva*) to stop; **sem ~** nonstop; **~ de fazer a. c.** to stop doing sth; **mandar alguém ~** to make sb stop; **ele não para no emprego** he can't keep a job; **ele não para em casa** he never stays home; **para com isso!** stop that!; **onde é que isso vai ~?** where is this going to stop?; (*chegar*) to end up; **como ela foi ~ lá?** how did she end up there?; **ela é de ~ o trânsito** *inf* (*atraente*) she's a knockout

para-raios [ˈpara-ˈxajus] *m inv* lightning rod

parasita [paraˈzita] *m* 1. BIOL parasite 2. (*pessoa*) leech

parasita [paraˈzita] *adj* 1. BIOL parasitic 2. *pej* (*pessoa*) freeloading

parasitar [paraziˈtar] *vt* to freeload

paratireoide [paratʃireˈɔjdʒi] *f* parathyroid

parca *adj v.* **parco**

parcamente [parkaˈmẽjtʃi] *adv* frugally

parceira *f v.* **parceiro**

parceirada [parsejˈrada] *f* team of partners (in a game)

parceiro, -a [parˈsejru, -a] *m, f* (*amoroso, de negócios, político*) partner; (*em brincadeira*) teammate

parcela [parˈsɛla] *f* 1. (*em soma*) any one of two or more numbers being added 2. (*de terreno*) allotment 3. (*dos lucros*) share 4. (*de pagamento*) installment

parcelado, -a [parseˈladu, -a] *adj* (*pagamento*) in installments

parcelamento [parselaˈmẽjtu] *m* (*de pagamento*) division into installments

parcelar [parse'lar] *vt* to divide into parts [*o* installments]

parceria [parse'ria] *f* partnership; ECON partnership, association; MÚS collaboration

parcial <-ais> [parsi'aw, -'ajs] *adj* **1.**(*em parte*) partial **2.**(*pessoa*) biased

parcialidade [parsjaʎi'dadʒi] *f* partiality, bias

parcialmente [parsjaw'mẽjtʃi] *adv* partially

parcimônia [parsi'monia] *f* parsimony

parco, -a ['parku, -a] *adj* (*econômico*) thrifty; (*minguado*) scanty; (*refeição*) frugal

parda *adj v.* **pardo**

pardacento, -a [parda'sẽjtu, -a] *adj* brownish

pardal <-ais> [par'daw, -'ajs] *m* sparrow

pardieiro [pardʒi'ejru] *m* dilapidated old house

pardo, -a ['pardu, -a] *adj* (*pessoa*) mulatto; (*papel*) brown; **eminência parda** dark eminence

pareça [pa'resa] *1./3. pres subj de* **parecer**

parecença [pare'sẽjsa] *f* resemblance, likeness; **ter ~ com alguém/a. c.** to resemble sb, to look like sb/sth

parecer¹ [pare'ser] *m* (*opinião*) opinion; **dar o seu ~** to give one's opinion; (*escrito*) legal opinion

parecer² [pare'ser] <c→ç> **I.** *vt* **1.** to look like, to resemble; **ela parece a mãe** she looks like her mother **2.** (*aparentar*) to look; **ela parece (ser) feliz** she looks happy; **ele parece doente** he looks sick **3.** (*afigurar-se*) to seem; **me pareceu estranho** it seems strange to me; **parece que ...** it seems that ...; **me parece que ...** it seems to me that...; **que lhe parece?** what does it seem like to you?; **ao que parece ...** it seems like....; **não me parece que ele esteja interessada** it doesn't seem to me like he's interested; **me parece que sim/não** it seems right/wrong to me; **até parece que é rico** *inf* you would think he was loaded **II.** *vi* **parece que vai chover** it looks like rain **III.** *vr:* **~-se** to look like; **~-se com alguém/a. c.** to look like sb/sth

parecido, -a [pare'sidu, -a] *adj* similar, like; **bem ~** very similar; **ser ~ com alguém/a. c.** to be like sb/sth; **ou coisa parecida** *inf* or sth like that

pareço [pa'resu] *1. pres de* **parecer**

paredão <-ões> [pare'dʒãw, -'õjs] *m* high thick wall, high steep river bank

parede [pa'redʒi] *f* wall; **conversar com as ~s** to be alone; **encostar alguém na ~** *inf* to corner sb in an argument; **subir pelas ~s** to climb the walls; **as ~s têm ouvidos!** the walls have ears!

paredões *m pl de* **paredão**

parelha [pa'reʎa] *f* (*de cavalos, pessoas*) matched pair; **fazer ~** to be a couple

parelho, -a [pa'reʎu, -a] *adj* similar; (*disputa, jogo*) even

parentada [parẽj'tada] *f* kinfolk, relatives

parente [pa'rẽjtʃi] **I.** *mf* relative; **~ afastado/próximo** distant/close relative; **~ por parte de pai/mãe** relative on the father's/mother's side **II.** *adj* related; **ser ~ de alguém** to be related to sb

parentesco [parẽj'tesku] *m* blood ties, kin; **ter ~ com alguém** to be sb's kin

parêntese [pa'rẽjtezi] *m* parenthesis *Am*, round brackets *Brit*; **abrir/fechar ~s** to open/close parentheses; **pôr a. c. entre ~s** to put sth in parentheses

pareô [pare'o] *m* (*saída de praia*) sarong; (*fantasia de carnaval*) sarong-like costume

páreo ['pariw] *m* **1.**(*corrida*) race **2. entrar no ~** *fig* (*competição*) to be in the running

pargo ['pargu] *m* ZOOL porgy

pária ['paria] *m fig* pariah

paridade [pari'dadʒi] *f* (*igualdade*) parity; (*semelhança*) likeness

parietal <-ais> [parje'taw, -'ajs] *adj* ANAT **osso ~** parietal bone

parir [pa'rir] **I.** *vt* to give birth **II.** *vi* to give birth

Paris [pa'ris] *f* Paris

parisiense [parizi'ẽjsi] **I.** *mf* Parisian **II.** *adj* Parisian

parlamentar [parlamẽj'tar] **I.** *mf* member of parliament **II.** *adj* parliamentary

parlamentar [parlamẽj'tar] *vt* (*negociar*) to negotiate

parlamentarismo [parlamẽjta'rizmu] *m sem pl* parliamentary democracy *no pl*

parlamentarista [parlamẽjta'rista]

I. *mf* parliamentarian **II.** *adj* parliamentarian

parlamento [parla'mẽjtu] *m* parliament; **Parlamento Europeu** European Parliament

parlatório [parla'tɔriw] *m* (*balcão*) reception desk

parmesão [parme'zãw] *adj sem pl* **queijo** ~ parmesan cheese *no pl*

pároco ['paruku] *m* parish priest

paródia [pa'rɔdʒia] *f* parody

parodiar [parodʒi'ar] *vt* to parody

parônimo [pa'ronimu] *m* LING paronym

paróquia [pa'rɔkia] *f* **1.** (*comunidade*) congregation **2.** (*localidade*) parish; **ele é o maior mentiroso da** ~ *inf* he is the biggest liar ever

paroquial <-ais> [paroki'aw, -'ajs] *adj fig* parochial

paroquiano, -a [paroki'ɜnu, -a] **I.** *m, f* parishioner **II.** *adj* parochial

parótida [pa'rɔtʃida] *f* ANAT parotid gland

par ou ímpar [parow'ĩjpar] <pares ou ímpares> *m* odd or even

parque ['parki] *m* (*terreno*) park; ~ **de diversões** amusement park; ~ **industrial** industrial park; ~ **infantil** playground; ~ **nacional** national park; ~ **temático** theme park

parquete [par'ketʃi] *m* (*piso*) parquet flooring

parquímetro [par'kimetru] *m* parking meter

parra ['paxa] *f* grapevine leaf; **muita** ~ **e pouca uva** much ado about nothing

parreira [pa'xejra] *f* grapevine

parricida [paxi'sida] *mf* parricide

parrudo, -a [pa'xudu, -a] *adj* short and fat

parte ['partʃi] *f* **1.** (*de um todo*) part; (*quinhão*) portion; ~ **integrante** to be part of; **ir por** ~s to take it slowly; **a** ~ **de baixo/cima** the lower/upper half; **a parte da frente/de trás** the front/rear end; **a** ~ **do leão** the lion's share; **a primeira/segunda** ~ (*de filme, livro*) in the first/second part; **em** ~ partly; **em grande** ~ largely; **na maior** ~ **das vezes** most of the time; **uma grande** ~ **das pessoas** most people **2.** (*local*) place; (*região*) region; **em** ~ **nenhuma/alguma** nowhere/not anywhere; **de qualquer** ~ from anywhere; **em qualquer** ~ anywhere; **para qualquer** ~ (to go) anyplace/where; **em toda a** ~ everywhere **3.** (*lado*) part; **de minha** ~ on my part; **de** ~ **a** ~ reciprocally; **dar/por** ~ **de alguém** to report sb; **fiz a minha** ~ I did my part; **pôr a.** ~ to put sth aside; **pôr alguém à** ~ to set sb apart; **um mundo à** ~ another world **4.** JUR (*de litígio*) party; (*de contrato*) party **5.** (*participação*) **dar** ~ **de alguém (à polícia)** to hand sb over (to the police); **fazer** ~ **de** to be a part of; **tomar** ~ **em** to take part in **6.** ANAT **as** ~ **s íntimas** private parts *pl*

parteira [par'tejra] *f* midwife

participação <-ões> [partʃisipa'sãw, -'õjs] *f* **1.** (*comunicação*) communication; (*à polícia*) notification **2.** (*em acontecimento*) participation; ~ **em atividades culturais** participation in cultural activities; ~ **em clubes** club membership **3.** (*financeira*) share; ~ **nos juros da empresa** interest-sharing in a company; ~ **nos lucros** profit-sharing

participante [partʃisi'pãntʃi] *mf* **1.** participant **2.** (*colaborador*) collaborator

participar [partʃisi'par] *vt* to participate; (*colaborar*) to collaborate; ~ **das** [*ou* **nas**] **aulas** to participate in class; ~ **de incentivos fiscais** to benefit from tax breaks; ~ **de** [*ou* **em**] **manifestações populares** to participate in demonstrations; (*à polícia*) to notify the police; (*informar*) to inform; **participou a sua decisão à família** he informed the family of his decision

particípio [partʃi'sipiw] *m* LING participle

partícula [par'tʃikula] *f* **1.** (*fragmento*) particle **2.** LING particle

particular [partʃiku'lar] **I.** *mf* private individual **II.** *adj* **1.** (*pessoal*) personal; **assuntos** ~es personal business **2.** (*privado*) private; **clínica** ~ private clinic; **conversa** ~ private conversation; **escola** ~ private school; **falar com alguém em** ~ to talk to sb in private **3.** (*especial*) specific; **em** ~ specifically **4.** (*peculiar: talento, inteligência*) unique

particulares [partʃiku'laris] *mpl* (*pormenores*) details

particularidade [paĩ'tʃikulari'dadʒi] *f* (*característica*) particularity; (*pormenor*) detail

particularmente [partʃikular'mẽjtʃi] *adv* particularly

partida *adj v.* **partido**

partida [par'tʃida] *f* **1.** (*viagem, de trem, de avião*) departure; **estar de ~ (para)** to be about to depart (for) **2.** (*de xadrez, futebol*) game **3.** (*carro*) **dar a ~** to start the car; ESPORT (*largada*) start **4. ganhar/perder a ~** to win/lose the game

partidão <-ões> [partʃi'dãw, -'õjs] *m inf* (*pessoa*) good match

partidário, -a [paɔtʃi'daɾiw, -a] **I.** *m, f* partisan **II.** *adj* partisan

partido [par'tʃidu] *m* POL party; **tomar o ~ de alguém** to take sb's side; (*proveito*) advantage; **tirar ~ da situação** to take advantage of the situation; (*conveniência*) good match; **ele/ela é um bom ~** he/she is a good match

partido, -a [partʃidu, -a] **I.** *pp de* **partir** **II.** *adj* broken

partidões *m pl de* **partidão**

partilha [par'tʃiʎa] *f* partition; (*de herança*) distribution of estate; **a ~ dos lucros** profit-sharing; **fazer a ~** to distribute the estate

partilhar [partʃi'ʎar] *vt* to share; **~ a. c. com alguém** to share sth with sb; **~ de** to take part in; **~ da mesma opinião** to have the same opinion; **~ dos mesmos gostos** to like the same things

partir [par'tʃir] **I.** *vt* **1.** (*dividir*) to divide; **~ ao meio** to divide in half **2.** (*pão, bolo*) to cut **3.** (*quebrar*) to break; **a notícia partiu-lhe o coração** *fig* the news broke his heart **4.** (*passar*) **a moda partiu para roupas desbotadas** the new trend went for faded clothes; **ele perdeu a razão e partiu para a ignorância** he went crazy and started a fight **II.** *vi* **1.** (*de viagem, avião, trem, automóvel*) to leave, to depart **2.** (*quebrar-se*) to break; **o prato partiu ao cair no chão** the plate broke when it hit the floor **3.** (*morrer*) **quem já partiu desse mundo** those who have left this world **4. a ~ de ...** henceforth, as of the ...

partitivo [partʃi'tʃivu] *m* LING partitive

partitivo, -a [partʃi'tʃivu, -a] *adj* partitive

partitura [partʃi'tuɾa] *f* MÚS score

parto ['partu] *m* **1.** (*mulher*) childbirth; **~ prematuro** premature labor *Am,* premature labour *Brit;* **entrar/estar em trabalho de ~** to start/be in labor; **a aprovação da lei foi um ~** *fig* the approval of the law took a lot of hard work and sweat **2.** (*animal*) bearing young

parturiente [parturi'ẽjtʃi] **I.** *f* woman in labor *Am,* woman in labour *Brit;* (*que acaba de dar à luz*) woman who just gave birth **II.** *adj* being in labor, parturient

parvo, -a ['parvu, -a] **I.** *m, f* (*burro*) nitwit; (*idiota*) fool **II.** *adj* goofy

parvoíce [parvo'isi] *f* idiocy

pascal <-ais> [pas'kaw, -'ajs] *adj* Easter, paschal *form*

Páscoa ['paskwa] *f* Easter; **na ~** on Easter

pasma *adj v.* **pasmo**

pasmaceira [pazma'sejɾa] *f* apathy

pasmado, -a [paz'madu, -a] *adj* astounded; **ficar ~ com a. c./alguém** to be astounded with sth/sb; **ele ficou ~ de ver a decisão** he was astounded by the decision

pasmar [paz'mar] **I.** *vi* to astound **II.** *vr:* **~-se** to be astounded

pasmo ['pazmu] *m* astonishment; **o meu ~ foi longo até me recuperar** it took me a while to recover from my astonishment

pasmo, -a ['pazmu, -a] *adj* **fiquei ~ com a atitude dela** I was astonished by her attitude

paspalhão, -ona <-ões> [paspa'ʎãw, -'ona, -'õjs] *m, f* simpleton

paspalho [pas'paʎu] *m* oaf

paspalhões *m pl de* **paspalhão**

paspalhona [paspa'ʎona] *f v.* **paspalhão**

pasquim [pas'kĩj] <-ins> *m* lampoon; *pej* (*jornaleco*) second-rate newspaper

passa ['pasa] *f* **~ de uva** raisin

passada *adj v.* **passado**

passada [pa'sada] *f* **1.** quick visit **2.** *inf* **dar uma ~** (*visita rápida*) to make a quick visit; **vou dar uma ~ na festa** I'm going to drop by the party

passadeira [pasa'dejɾa] *f* **1.** (*tapete*) runner **2.** (*mulher*) ironing woman

passado [pa'sadu] *m* past; **recordações do ~** past memories; **esquecer o ~** to forget the past

passado, -a [pa'sadu, -a] *adj* **1.** (*temporal*) last; **no ano/mês ~** last year/month; **na semana passada** last week; **~s três dias** after three days **2.** GASTR (*carne*) **bem/mal ~** well-done/rare; (*estragado: sopa*) spoiled;

passador 427 **passar**

(*fruta*) rotten; **essas mangas já estão passadas** these mangoes are overripe **3.** (*roupa*) ironed **4.** (*aturdido*) **ficou ~ ao saber das últimas notícias** he became upset when he heard the news

passador [pasa'dor] <-es> *m* (*alça de calça, saia*) cinch strap

passageiro, -a [pasa'ʒejru, -a] **I.** *m, f* (*de ônibus, trem, avião, automóvel*) passenger **II.** *adj* passing; **amor ~** fleeting romance; **chuvas passageiras** passing showers

passagem [pa'saʒẽj] <-ens> *f* **1.** (*ação de passar*) passage; **~ de ano** New Year's Eve; **dar ~ a alguém** to give way to sb; **estar de ~** to be in transit; **diga-se de ~** by the way **2.** (*travessia*) crossing; (*de barco*) boat crossing **3.** (*lugar*) passageway; **~ de nível** level crossing; **~ de pedestres** pedestrian crossing; **~ proibida** no trespassing; **~ subterrânea** underground passage **4.** (*bilhete*) ticket; (*de avião*) airplane ticket; **~ de ida e volta** round trip ticket **5.** (*em livro*) passage **6.** (*acontecimento*) happening

passamanaria [pasɜmana'ria] *f* (*obra*) trimming

passaporte [pasa'pɔrtʃi] *m* passport

passar [pa'sar] **I.** *vt* **1.** (*atravessar*) to cross; **~ uma ponte** to cross a bridge **2.** (*trespassar*) to pass; **~ por** to pass through; (*líquido, frio*) to let sth pass through; **este casaco deixa ~ a água/o frio** this coat lets the water/cold pass through **3.** (*exceder*) to go beyond sth; **passar as fronteiras** to surpass one's own limitations **4.** (*dar*) to pass; **vou ~ o livro a** [*ou* **para**] **você** I'm going to pass the book on to you; **por favor, me passe a manteiga** please, pass me the butter; ESPORT (*a bola*) to pass **5.** (*telefonema*) to transfer **6.** (*a roupa*) to iron **7.** (*um cheque, recibo*) to write; (*notas falsas*) to pass counterfeit money **8.** (*um negócio*) to sell a business **9.** (*tempo*) to spend; **~ o dia trabalhando** to spend the day working; **~ o Natal/as férias no Brasil** to spend Christmas/vacation in Brazil; **~ a noite** to spend the night; **para ~ o tempo** to pass the time **10.** (*escrever*) **~ a. c. a limpo** to make a clean copy of sth **11.** (*sofrer*) **~ fome** to go hungry **12.** (*mostrar*) **~ um filme** to show a movie; **o que vai ~ hoje na televisão?** what's on TV tonight? **13.** GASTR (*carne*) to fry; (*um café*) to make **14.** (*espalhar*) to spread; **~ água em a. c.** to clean sth with water; **~ um pano/uma esponja** (*limpar*) to clean with a cloth/sponge; **~ pomada na ferida** to spread ointment on a wound **15.** (*transmitir*) **~ um vírus/uma doença para alguém** to give sb a virus/disease; (*enviar*) to send; **~ um fax/telegrama** to send a fax/telegram **16.** *inf* (*droga*) to push drugs **17.** (*morrer*) **~ desta para melhor** to pass away **18.** (*sobreviver*) **~ a pão e água** to get by on bread and water **19.** (*ser aprovado*) to pass; **~ num exame** to pass an exam; (*em assembleia*) to approve **20.** (*veículo: as marchas*) to shift **II.** *vi* **1.** (*perto*) to come by; **ele passou aqui agora mesmo** he came by just now; **passa lá em casa!** come by any time! **2.** (*por região; atravessar*) to pass through; **~ pelos pampas** to pass through the pampas; **~ por Salvador** (*em viagem*) to pass through Salvador **3.** (*acabar, desaparecer*) to be over; **~ de moda** to go out of fashion; **~ o prazo** to go beyond the deadline; **isso vai ~ logo** it'll be over soon; **o pior já passou** the worst is over; **isso passa!** you'll get over it!; **desta vez passa, mas a próxima não vou perdoar** I'll forgive you this time, but not the next **4.** (*tempo*) to elapse **5.** (*trespassar*) to pass through; **o rio passa pela cidade** the river passes through the city **6.** (*exceder*) **~ de** to go beyond; **~ dos 50 anos** to pass the age of 50; **já passa das dez (horas)** it's already after 10 (o'clock); **~ dos limites** to go too far **7.** (*saúde*) to feel; **como tem passado?** how have you been?; **ele passou bem/mal ontem à noite** he felt good/bad last night **8.** (*tornar-se*) **~ a ser** to become; **~ a ser fiel** to become faithful; **~ a ser um amigo** to become a friend **9.** (*transitar*) to pass; **~ de ano** (*na escola*) to pass the year; **~ por cima de alguém** to pass over sb; **~ pela cabeça** to think about; **~ à frente de alguém** to cut in front of sb; **~ raspando** *inf* to scrape through; **ele passou para o partido da oposição** he switched over to the opposition party **10.** (*aparentar*) **~ por** to pass for sb; **fazer-se ~ por alguém**

to make oneself pass for sb else; **isso não passa de um mal-entendido** that was just a misunderstanding 11.(*prescindir de*) ~ **sem a. c.** to do without sth; **eu já não passo sem o computador** I can't get by without a computer 12.(*enganar*) ~ **alguém para trás** to cheat sb 13.(*incapacidade*) **ele não passa de um analfabeto** he is nothing but an illiterate III. *vr:* ~-**se** (*acontecer*) to happen; (*realizar-se*) to happen; **o que se passou ontem?** what happened yesterday?; **o que se passa?** what's happening?; **passa-se o mesmo comigo** the same thing is happening to me; **aqui não se passa nada** nothing happens here; **a história passa-se no século XIX** the story is set in the 20th century

passarela [pasaˈrɛla] *f* (*para pedestres*) footbridge; (*para desfile de modelos*) catwalk

passarinho [pasaˈrĩɲu] *m* birdie

pássaro [ˈpasaɾu] *m* bird; **mais vale um ~ na mão que dois voando** *prov* a bird in the hand is worth two in the bush *prov*

passatempo [pasaˈtẽjpu] *m* hobby; **ter a. c. como** [*ou* **por**] **passatempo** to have a hobby

passável <-eis> [paˈsavew, -ejs] *adj* passable

passe [ˈpasi] *m* 1.(*cartão*) pass; (*transportes públicos*) ticket; ~ **de estudante** student pass; (*autorização*) permit; **entrar sem ~** to enter without a permit 2. ESPORT (*jogada*) pass; (*do jogador com o clube*) a soccer player's right to switch teams once his contract has expired 3. ~ **de mágica** a flick of a magic wand

passear [pasiˈaɾ] *irr* I. *vt* to take for a walk; ~ **o cão** to take the dog for a walk II. *vi* (*a pé*) to take a walk; (*de carro*) to take a ride; ~ **pelo jardim/pela praia/pela cidade** to take a walk in the garden/on the beach/ride through the city; **mandar alguém ~** *inf* to send sb packing; **vai ~!** stop pestering me!

passeata [pasiˈata] *f* (*marcha coletiva*) demonstration; ~ **em prol da valorização da vida** a march in favor of a better life; ~ **de protesto** protest march

passeio [paˈseju] *m* 1.(*a pé*) walk; (*de carro*) ride; **dar um ~** to take a walk; (*de carro*) car ride; (*a cavalo*) horseback ride 2.(*excursão*) outing; ~ **da escola** school trip 3.(*para pedestre*) footway 4.(*vitória muito fácil*) cakewalk; **a equipe local deu um ~ nas adversárias** the local team easily defeated their opponents

passe-partout [paspaɾˈtu] *m* (*para gravuras*) mount

passional <-ais> [pasjoˈnaw, -ˈajs] *adj* passionate; **crime ~** crime of passion

passista [paˈsista] *mf* samba school dancer on parade

passiva *adj v.* **passivo**

passiva [paˈsiva] *f* LING passive

passível <-eis> [paˈsivew, -ejs] *adj* liable, susceptible; **ser ~ de ...** to be liable to...; **ser ~ de acontecer** to be liable to happen; **ser ~ de crítica** to be open to criticism; **isso é ~ de castigo** that is subject to punishment

passividade [pasiviˈdadʒi] *f sem pl* passiveness *no pl*

passivo [paˈsivu] *m* ECON liabilities *pl*

passivo, -a [paˈsivu, -a] *adj* (*atitude*) passive; (*pessoa*) submissive

passo [ˈpasu] *m* 1.(*ao andar*) step; ~**s de balé/tango/valsa** ballet/tango/waltz steps; **apertar o ~** to walk faster; **a ~s largos** in long strides; **ao ~ que** while, whereas; **a dois ~s** two steps from; **ceder o ~ a alguém** to step aside for sb; **dar os primeiros ~s** to take the first steps; **dar um ~** to take a step; **dar um ~ em falso** to commit a crime; **dar um ~ decisivo na vida** to make a decision in life; **dar um mau ~** to fall from grace; **marcar ~** to mark time; **nem mais um ~!** don't take another step!; **ouvir ~s** to hear footsteps; ~ **a ~** step by step; **o primeiro ~** the first step; **a ~ de cágado** *inf* to step/move carefully 2.(*pegada*) footstep; **seguir os ~s de alguém** to follow in sb's footsteps

pasta [ˈpasta] *f* 1.(*substância*) paste; ~ **de dentes** toothpaste 2.(*para documentos*) portfolio; (*com asa*) briefcase; INFOR file; ~ **de arquivo** file folder 3.(*de ministro*) portfolio; **entregar a ~** to resign from office

pastagem [pasˈtaʒẽj] <-ens> *f* pasture

pastar [pasˈtaɾ] I. *vt* to graze II. *vi* 1.(*animal*) to graze 2. *inf* (*não ter sucesso*) not to succeed in sth; **ele pastou porque ninguém acreditou em suas mentiras** he didn't succeed

because no one believed his lies
pastel¹ <-éis> [pas'tɛw, -'ɛjs] *m* 1. GASTR (*de massa folhada*) fried turnover; (*bolo*) tart; ~ **de carne/queijo/ banana** meat/ cheese/ banana fried turnover 2. *inf* (*pessoa aborrecida*) bore
pastel² [pas'tɛw] *adj inv* (*cor*) pastel color *Am*, pastel colour *Brit*
pastelão <-ões> [paste'lãw, -'õjs] *m* CINE, TV comedy
pastelaria [pastela'ria] *f* pastry shop
pasteleiro, -a [paste'lejru, -a] *m, f* pastry maker
pastelões *m pl de* **pastelão**
pasteurização [pastewriza'sãw] *f sem pl* pasteurization *no pl*
pasteurizado, -a [pastewri'zadu, -a] *adj* (*leite*) pasteurized
pastilha [pas'tʃiʎa] *f* 1. (*para chupar*) lozenge; ~ **para a garganta/tosse** throat/cough lozenge 2. (*construção*) tablet
pasto ['pastu] *m* pasture
pastor(a) [pas'tor(a)] <-es> *m(f)* 1. (*de ovelhas*) shepherd; ~**-alemão** ZOOL German shepherd 2. REL parish priest
pastoral <-ais> [pasto'raw, -'ajs] *adj* (*entidade*) pastoral; (*campestre*) pastoral
pastores *m pl de* **pastor**
pastoril <-is> [pasto'riw, -'is] *adj* bucolic
pastorinha [pasto'riɲa] *f* (*sambista*) samba school member
pastoris *adj v.* **pastoril**
pastoso, -a [pas'tozu, -'ɔza] *adj* pasty
pata ['pata] *f* 1. (*de animal*) paw, claw, hoof, leg; (*de cão*) paw; (*de gato*) paw; (*de ave*) webfoot; ~ **dianteira** forepaw; ~ **traseira** hind leg 2. *pej* (*de pessoa*) a person who waddles like a duck; **tira as ~s daí!** take your paws off that!; **meter a ~** *inf* to put one's foot in it
patada [pa'tada] *f* kick; (*grosseria*) rude behavior *Am*, rude behaviour *Brit*; **dar uma ~ em alguém** to be rude to sb; **levar uma ~ de alguém** to take a gibe from sb
patamar [pata'mar] <-es> *m* stair landing; *fig* (*nível*) level
patativa [pata'tʃiva] *f* ZOOL seedeater
patavina [pata'vina] *prep* nothing; **não entender ~** he doesn't understand anything at all
patchuli [patʃu'ʎi] *m* patchouli

patê [pa'te] *m* pâté; ~ **de fígado** liver pâté
patela [pa'tɛla] *f* kneecap
patente [pa'tẽtʃi] I. *f* ECON patent; **registrar uma ~** to register a patent; MIL rank II. *adj* (*evidente*) evident; (*aberto*) open
patentear [patẽtʃi'ar] *conj como passear vt* 1. (*um invento*) to patent an invention 2. (*mostrar*) to make patent
paternal <-ais> [pater'naw, -'ajs] *adj* paternal; **amor ~** paternal love
paternalismo [paterna'ʎizmu] *m* paternalism
paternalista [paterna'ʎista] *adj* paternalist
paternidade [paterni'dadʒi] *f* paternity; (*de uma obra*) authorship
paterno [pa'tɛrnu] *adj* paternal; **o avô ~** paternal grandfather; **a casa ~** family home
pateta [pa'tɛta] I. *mf* fool II. *adj* foolish
patético, -a [pa'tɛtʃiku, -a] *adj* pathetic
patifaria [patʃifa'ria] *f* rascality
patife [pa'tʃifi] *m* rascal
patim [pa'tʃĩ] <-ins> *m* (*para gelo*) ice skate; (*de rodas*) roller skate; ~ **em linha** roller blade
patinação <-ões> [patʃina'sãw, -'õjs] *f* (*no gelo*) ice skating; ~ **artística** figure skating; **pista de ~** skating rink
patinador(a) [patʃina'dor(a)] <-es> *m(f)* (*no gelo*) ice skater; (*com rodas*) roller skater
patinar [patʃi'nar] *vi* 1. (*com patins*) to skate; (*no gelo*) to ice-skate 2. (*oxidar*) to cover with patina
patinete [patʃi'nɛtʃi] *m* scooter
patinhar [patʃi'ɲar] *vi* 1. to slip 2. to slosh, to splash about 3. (*derrapar*) to skid
patinho [pa'tʃiɲu] *m* 1. (*pato*) duckling 2. (*pessoa*) fool; **cair que nem um ~** *inf* to be taken in
patins *m pl de* **patim**
pátio ['patʃiw] *m* patio; ~ **interno** courtyard
patisserie [patʃise'xi] *f* pâtisserie
pato, -a ['patu, -a] *m, f* (*espécie, fêmea*) goose *f*; (*macho*) gander *m*, duck *mf*; **pagar o ~** to pay the piper
patogênico, -a [pato'ʒeniku, -a] *adj* pathogenic
patologia [patolo'ʒia] *f* pathology
patológico, -a [pato'lɔʒiku, -a] *adj* pathologic(al)

patologista [patolo'ʒista] *mf* pathologist

patota [pa'tɔta] *f inf* gang

patrão, patroa <-ões> [pa'trãw, -'oa, -'õjs] *m, f* (*chefe*) boss *mf*; (*dono da casa*) master *m*, mistress *f*

pátria *adj v.* **pátrio**

pátria ['patria] *f* **1.** (*terra natal*) homeland **2.** (*lugar de origem*) native land

patriarca [patri'arka] *m* patriarch

patrício, -a [pa'trisiw, -a] *adj* fellow-countryman

patrimônio [patri'moniw] *m* assets, estate; **~ do Estado** government assets; **~ mundial** world heritage; **~ nacional** national heritage

pátrio, -a ['patriw, -a] *adj* pertaining to one's father or fatherland

patriota [patri'ɔta] *mf* patriot

patriotada [patrio'tada] *f* patriotic flurry

patriótico, -a [patri'ɔtʃiku, -a] *adj* patriotic

patriotismo [patrio'tʃizmu] *m sem pl* patriotism *no pl*

patroa [pa'troa] *f inf v.* **patrão**

patrocinador(a) [patrosina'dor(a)] <-es> *m(f)* supporter; (*em televisão, rádio*) sponsor

patrocinar [patrosi'nar] *vt* **1.** (*promover*) to sponsor **2.** (*com fundos*) to aid

patrocínio [patro'siniw] *m* support

patrões *m pl de* **patrão**

patrona *f v.* **patrono**

patronal <-ais> [patro'naw, -'ajs] *adj* patronal

patronato [patro'natu] *m* patronage

patrono, -a [pa'tronu, -a] *m, f* patron

patrulha [pa'truʎa] *f* patrol; MIL patrol; **~ rodoviária** highway patrol

patrulhamento [patruʎa'mẽjtu] *m* patrolling; **~ das ruas** street patrolling

patrulhar [patru'ʎar] **I.** *vt* to patrol; *fig* to go the rounds **II.** *vi* to patrol

patrulheiro, -a [patru'ʎejru, -a] *m, f* street cop

patuscada [patus'kada] *f* (*farra*) spree

pau ['paw] *m* **1.** (*de madeira*) wood; **~ de vassoura** broomstick; **disputa** ~ **a** ~ the contest is tied; **a dar com o** ~ in great quantity; **chutar o** ~ **da barraca** *inf* to bring the house down; **dar** ~ INFOR to break down; **ficar** ~ **da vida** *chulo* to become enraged; **matar a** ~ *inf* to beat sb to death; **meter o** ~ **em alguém** *inf* to rake sb over the coals; **mostrar com quantos** ~**s se faz uma canoa** to show sb what's what; **ser** ~ **para toda obra** *inf* to be a Jack of all trades; **ser um perna de** ~ to have two left feet; **nem a** ~! *gír* not for all the world! **2.** (*briga*) fight; **escreveu não leu o** ~ **comeu** to be spoiling for a fight; **quebrar o** ~ *inf* to kick up a fuss, to argue fiercely **3.** *inf* (*em exames*) **levar** [*ou* **tomar**] ~ to flunk **4.** *inf* (*dinheiro*) **quinhentos** ~**s** five hundred cruzados **5.** *chulo* (*pênis*) dick

pau-a-pique ['paw-a-'piki] <paus-a-pique> *m* wall of waddle and daub

pau-brasil <paus-brasil *ou* paus-brasis> ['paw-bra'ziw,'pawz-bra'zis] *m* brazil wood

pau-de-arara ['paw-dʒi-a'rara] <paus-de-arara> **I.** *m* truck for transporting migrants; (*para aves*) perch; (*para tortura*) the rack **II.** *mf* (*retirante*) migrant from the northeast of Brazil

paulada [paw'lada] *f* a blow with a stick

paulatino, -a [pawla'tʃinu, -a] *adj* gradual

paulista [paw'lista] **I.** *mf* Paulista (*native of São Paulo State*) **II.** *adj* (*proveniente de São Paulo*) Paulista, from São Paulo State; (*relativo a São Paulo*) of São Paulo State

Paulistano, -a I. *m, f* native of (the city of) São Paulo **II.** *adj* (*proveniente de São Paulo*) from (the city) of São Paulo; (*relativo a São Paulo*) from (the city of) São Paulo

pau-mandado ['paw-mãn'dadu] <paus-mandados> *m* stooge

pauperização [pawperiza'sãw] *f sem pl* pauperization *no pl*

paupérrimo, -a [paw'pɛximu, -a] *superl de* **pobre**

pau-preto ['paw-'pretu] <paus-pretos> *m* East Indian rosewood

paus ['paws] *mpl* (*cartas*) clubs *pl*

pausa ['pawza] *f* pause; **fazer uma** ~ to take a break

pausadamente [pawzada'mẽjtʃi] *adv* slowly

pausado, -a [paw'zadu, -a] *adj* unhurried

pausado [paw'zadu] *adv* unhurriedly; **falar** ~ to speak slowly

pausar [paw'zar] *vt* to pause

pauta ['pawta] *f* **1.** MÚS staff *pl* **2.** (*lista*)

pautado   list; (*agenda*) agenda, order of the day; **a ~ da reunião** the order of the day **3.** (*tarifa*) tariff; **~ aduaneira** customs tariff **4.** (*linhas*) **papel sem ~** unlined paper

pautado, -a [paw'tadu, -a] *adj* **1.** (*papel*) ruled **2.** (*regrado*) methodical

pautar [paw'tar] *vt* (*orientar*) to regulate; (*tarefas*) to schedule

pauzinhos [paw'zĩnus] *mpl inf* intrigue; **mexer os ~** (*influência*) to pull strings

pavão <-ões> [pa'vãw, -'oa, -'õjs] *m, f* peacock, peahen *f*; *fig* showoff

pavê [pa've] *m* GASTR ≈ trifle

pávido, -a ['pavidu, -a] *adj* timid

pavilhão <-ões> [pavi'ʎɐ̃w, -'õjs] *m* (*de feiras, exposições*) exhibitor's building; (*prédio anexo*) pavilion

pavimentado, -a [pavimẽj'tadu, -a] *adj* paved

pavimentar [pavimẽj'tar] *vt* (*rua*) to pave; (*casa*) to put in a floor

pavimento [pavi'mẽjtu] *m* (*da rua*) pavement; (*de casa*) floor

pavio [pa'viw] *m* wick, fuse; **ter ~ curto** *inf* (*controle*) to have a short fuse

pavoa [pa'voa] *f v.* **pavão**

pavões *m pl de* **pavão**

pavonear [pavone'ar] *conj como passear* **I.** *vt* to adorn **II.** *vr:* **~-se** to strut about

pavor [pa'vor] <-es> *m* terror, fear; **um grito de ~** a scream of terror; **ter ~ de a. c./alguém** to fear sth/sb

pavoroso, -a [pavo'rozu, -'ɔza] *adj* terrifying

paxá [pa'ʃa] *m fig, inf* extravagantly rich person

paz ['pas] *f* peace; (*sossego*) tranquility; **fazer as ~es com alguém** to make up with sb; **ser de boa ~** to be free from worry; **viver em ~ com alguém** to live in peace with sb; **viver na santa ~** to live in peace; **me deixa em ~!** leave me alone!

PC [pe'se] *m abr de* **personal computer** PC

Pça. ['prasa] *f abr de* **praça** Sq.

Pe. ['padri] *m abr de* **padre** Father

pé ['pɛ] *m* **1.** (*de pessoa*) foot; **~ chato** flat foot *pl*; **~ ante ~** on tiptoe; **ao ~ de** close to; **aos ~s de** at the feet of; **dos ~s à cabeça** from head to toe; **estar a ~** to be on foot; **estar de** [*ou* **em**] **~** (*pessoa, objeto*) to be standing (upright); **ir a ~** to go on foot; **não arredar ~** to stay put; **eu nunca pus os ~s lá** I never set foot there **2. ao ~ da letra** literally; **bater o ~** to put one's foot down; **cair de ~** to fall on one's feet; **dar no ~** to take to one's heels; **dar ~** (*água*) to be shallow; **entrar com o ~ direito** to start on the right foot; **estar com o ~ na cova** to have one foot in the grave; **estar de ~ atrás (com alguém/a. c.)** to be on one's guard against sth/sb; **estar em ~ de guerra** to be up in arms; **estar em ~ de igualdade** to be on equal terms with; **falar ao ~ do ouvido** to speak in whispers; **fazer a. c. com um ~ nas costas** to do sth with one arm tied; **meter os ~s pelas mãos** to put one's foot in one's mouth; **não ter ~ nem cabeça** to have no meaning; **pegar no ~ de alguém** to hound sb; **ser ~ quente** to be lucky; **ir num ~ e voltar no outro** *inf* to go somewhere and return on the double; **jurar de ~s juntos** to swear firmly; **lamber os ~s de alguém** to lick sb's boots; **tirar os ~ da lama** to improve one's position; **levar um ~ na bunda** *inf* to get a kick in the ass; **ser um ~ no saco** *inf* to be boring; **ter os ~s no chão** to be level-headed; **em que ~ estão as coisas?** how do things stand?; **esta de** [*ou* **em**] **~** (*proposta, convite*) it's a go; **isso não dá ~!** *inf* that won't do! **3.** (*de planta*) plant; (*de alface*) head; (*árvore*) tree; **um ~ de goiaba** a guava tree **4.** (*de mobília*) leg **5.** (*unidade de medida*) foot

peão <-ões> [pi'ʒw, -'õjs] *m* **1.** (*trabalhador rural*) farm hand; (*de construção*) construction worker **2.** (*xadrez*) pawn

pebolim [pebo'ʎĩj] <-ins> *m* foosball, table football

peça¹ ['pɛsa] *f* part, piece; TEC part; (*de jogo*) piece; **~ de roupa** piece of clothing; **~ de teatro** theater play; **~ musical** musical play; **~ sobressalente** spare part; **pregar uma ~ em alguém** *inf* to play a joke on sb

peça² ['pɛsa] *1./3. pres subj de* **pedir**

pecado [pe'kadu] *m* sin; **~ mortal** mortal sin; **~ original** original sin; **cometer um ~** to sin; **para mal dos meus ~s** to make things worse; (*lástima*) shame; **é**

um ~ que ele não possa vir para a festa it's a shame he couldn't come to the party; **que ~ deixar os idosos desamparados** it is a crime to leave the old destitute

pecador(a) [peka'dor(a)] <-es> I. *m(f)* sinner II. *adj* sinful

pecaminoso, -a [pekami'nozu, -'ɔza] *adj* unholy

pecar [pe'kar] *vi* <c→qu> to sin; **você peca por confiar demais nas pessoas** your mistake is putting too much trust in others

pecha ['pɛʃa] *f* blemish

pechincha [pi'ʃĩʃa] *f* bargain

pechinchar [piʃĩ'ʃar] *vt* to bargain

peço ['pɛsu] *1. pres de* **pedir**

peçonhento, -a [pesõ'ɲẽjtu -a] *adj* venomous

pecuária [peku'aria] *f* animal husbandry

pecuarista [pekua'rista] *mf* cattle raiser

peculato [peku'latu] *m* embezzlement

peculiar [peku͡ʎi'ar] <-es> *adj* peculiar

peculiaridade [peku͡ʎiari'dadʒi] *f* peculiarity

pecúlio [pe'ku͡ʎiw] *m* savings

pecuniário, -a [pekuni'ariw, -a] *adj* pecuniary; **reservas pecuniárias** savings

pedaço [pe'dasu] *m* 1.(*parte*) piece; **um ~ de pão/bolo** a piece of bread/cake; **um ~ de papel/madeira** a piece of paper/wood; **fazer em ~s** to smash to pieces; **o carro está caindo aos pedaços** the car is falling apart 2.(*trecho*) part; **falta um ~ da carta** part of the letter is missing 3.(*de tempo*) bit; **eu esperei um ~** I waited a bit 4. *inf* (*dificuldade*) hardship, hell; **passar um mau ~** to go through hell 5. *inf* (*pessoa atraente*) **~ de mau caminho** a knockout

pedágio [pe'daʒiw] *m* 1.(*em estrada, ponte*) toll 2.(*passagem*) turnpike

> **Cultura** Those traveling by car on Brazilian highways should be ready to pay the **pedágio** (toll for passage) charged by the government or an authorized concessionaire.

pedagoga *f v.* **pedagogo**

pedagogia [pedago'ʒia] *f sem pl* pedagogy *no pl*

pedagógico, -a [peda'gɔʒiku, -a] *adj* pedagogic

pedagogo, -a [peda'gogu, -a] *m, f* pedagogue

pé-d'água [pɛ'dagwa] <pés-d'água> *m* sudden downpour

pedal <-ais> [pe'daw, -'ajs] *m* pedal

pedalada [peda'lada] *f* pedal-pushing

pedalar [peda'lar] *vi* to pedal

pedalinho [peda'ʎĩɲu] *m* paddle boat

pedante [pe'dãntʃi] I. *mf* pedant II. *adj* (*pretensioso*) pedantic

pé-de-atleta ['pɛ-dʒia'tlɛta] <pés-de-atleta> *m* athlete's foot

pé-de-boi ['pɛ-dʒi-'boj] <pés-de-boi> *m inf* hard worker

pé de cabra ['pɛ dʒi 'kabra] <pés de cabra> *m* crowbar

pé-de-chinelo ['pɛ-dʒi-ʃi'nɛlu] <pés-de-chinelo> *m inf* (*pobre*) pauper

pé-de-galinha ['pɛ-dʒi-ga'ʎĩɲa] <pés-de-galinha> *m* (*rugas*) crow's-feet

pé-de-galo ['pɛ-dʒi-'galu] <pés-de-galo> *m* hop

pé-de-meia ['pɛ-dʒi-'meja] <pés-de-meia> *m* nest egg; **fazer um ~** to save a nest egg

pé-de-moleque ['pɛ-dʒi-mu'lɛki] <pés-de-moleque> *m* peanut brittle

pé de pato ['pɛ dʒi 'patu] <pés de pato> *m* (*para natação*) swimming fins

pederasta [pede'rasta] *m* pederast

pederneira [peder'nejra] *f* flint

pedestal <-ais> [pedes'taw, -'ajs] *m* pedestal

pedestre [pe'dɛstri] *mf* pedestrian

pé de valsa ['pɛ dʒi 'vawsa] <pés de valsa> *m* good dancer

pé de vento ['pɛ dʒi 'vẽjtu] <pés de vento> *m* gust of wind

pediatra [pedi'atra] *mf* pediatrician

pediatria [pedʒja'tria] *f sem pl* pediatrics *no pl*

pediátrico, -a [pedʒi'atriku, -a] *adj* pediatric

pedicure [pedʒi'kuri] *mf* pedicure

pedida [pi'dʒida] *f inf* good idea

pedido [pi'dʒidu] *m* 1.(*informal*) request; (*apelo*) appeal; (*requerimento*) petition; **~ de casamento** marriage proposal; **~ de demissão** resignation; **~ de desculpa(s)** apology; **fazer um ~ a alguém** to ask sb for sth; **a meu ~** at my request 2.(*encomenda*) order

pedido, -a [pi'dʒidu, -a] I. *pp de* **pedir** II. *adj* ordered, required

pedigree [pedʒi'gri] *m* pedigree
pedinte [pi'dʒĩjtʃi] *mf* beggar
pedir [pi'dʒir] *irr* **I.** *vt* **1.** (*solicitar*) to ask for; ~ **a. c. a alguém** to ask sb for sth; ~ **a alguém para fazer a. c.** to ask sb to do sth; ~ **a alguém que faça a. c.** to ask that sb do sth; ~ **ajuda** to ask for help; ~ **um aumento** to ask for a raise; ~ **perdão** to apologize; ~ **um favor/conselho a alguém** to ask sb for a favor/advice **2.** (*em restaurante*) to order; ~ **a. c. de sobremesa** to order sth for dessert **3.** (*requerer*) to require; **o estado dela pede cuidados** her health requires care **II.** *vi* **1.** to ask; **ter o hábito de** ~ to be in the habit of asking **2.** (*interceder*) to speak on the behalf of sb; **pedir pelos trabalhadores** to speak on behalf of the workers
pé-direito ['pɛ-dʒi'rejtu] <pés-direitos> *m* headway
peditório [pedʒi'tɔriw] *m* **1.** annoying request **2.** (*na igreja*) collection (of funds)
pedófila *f v.* **pedófilo**
pedofilia [pedofi'ʎia] *f sem pl* pedophilia *no pl*
pedófilo, -a [pe'dɔfilu, -a] *m, f* pedophile
pedra ['pɛdra] *f* **1.** stone; (*grande*) rock; ~ **fundamental** foundation stone; ~ **preciosa** precious stone; **atirar a primeira** ~ to throw the first stone; **botar uma** ~ **em cima de a. c.** to let bygones be bygones; **dormir como uma** ~ to sleep like a log; **não deixar** ~ **sobre** ~ to leave no stone unturned; **ser de** ~ to have a rock for a heart; **ser uma** ~ **no sapato de alguém** to be a thorn in one's side; **uma** ~ **no caminho** *fig* a hindrance in one's life **2.** (*de gelo*) ice cube; (*de granizo*) hailstone; ~ **de açúcar** lump of sugar; ~ **de sal** rock salt; **chover** ~ to hail **3.** (*de jogo*) counter; (*de xadrez*) chessman; (*de damas*) checker **4.** MED kidney stone **5.** *inf* (*crack*) rock
pedrada [pe'drada] *f* (*com pedra*) stone pavement; **e lá vai** ~ *inf* there goes the first stone
pedra-pomes ['pɛdra-'pomis] <pedras-pomes> *f* pumice stone
pedra-sabão <pedras-sabões *ou* pedras-sabão> ['pɛdra-sa'bãw, -'õjs,] *f* soapstone
pedregoso, -a [pedre'gozu, -'ɔza] *adj* stony, rocky
pedregulho [pedre'guʎu] *m* gravel
pedreira [pe'drejra] *f* stone quarry
pedreiro [pe'drejru] *m* mason, bricklayer
pedúnculo [pe'dũwkulu] *m* BOT peduncle
peeling ['piʎĩj] *m* exfoliation
pé-frio ['pɛ-'friw] <pés-frios> *m* jinx
pega ['pɛga] **I.** *f* (*em mala*) catch; (*cabo*) handle **II.** *m* **1.** (*briga*) brawl **2.** *reg* (*RJ: corrida de carros ilegal*) street race
pegada [pe'gada] *f* footprint
pegadinha [pega'dʒĩɲa] *f* trick, prank
pegado [pe'gadu] *adj* **1.** (*ao lado*) next door, close by; **a casa pegada** the house next door; **o restaurante** ~ **à minha casa** the restaurant next door to my house **2.** (*colado*) stuck (together) **3.** (*amizade*) **os dois são muito** ~**s** the two are very close
pega-gelo ['pɛga-'ʒelu] <pega-gelos> *m* ice cube tongs
pegajoso, -a [pega'ʒozu, -'ɔza] *adj* (*bala*) sticky; (*pessoa*) mushy
pega-ladrão <pega-ladrões> ['pɛga-la'drãw, -'õjs] *m* (*alarme*) house alarm
pega-pega ['pɛga-'pɛga] <pegas-pegas> *m* JOGOS tag; (*correria*) free-for-all
pega pra capar ['pɛga pra ka'par] *m inv, inf* hurry-scurry
pegar [pe'gar] <g→gu> **I.** *vt* **1.** (*objetos*) to grasp **2.** (*uma doença*) to catch; **ela pegou uma gripe** she caught the flu **3.** (*fogo*) to catch; **palha seca pega fogo fácil** dry straw catches fire easily **4.** (*o avião/ônibus/trem*) to catch **5.** (*surpreender*) ~ **o ladrão em flagrante** to catch the thief red-handed **6.** (*apanhar alguém*) to pick up; ~ **as crianças na escola** to pick up the kids at school **7.** (*ser condenado*) **ele pegou 5 anos de cadeia** he got a five-year prison sentence **8.** (*ir*) ~ **uma praia/um cinema** to get a tan at the beach/to catch a movie **9.** (*entender*) **ele não pega nada das conversas** he doesn't catch on to what is said **10.** (*captar*) **a tv não está pegando os canais** there is no (TV) signal **11.** (*um trabalho*) to get **12.** (*caminho*) **pegue a primeira à direita e depois à esquerda** to take the first turn right and the next left **II.** *vi* **1.** (*segurar*) ~

pega-varetas   434   **película**

em to take hold of; **é ~ ou largar** take it or leave it **2.** (*colar*) to attach; GASTR (*na panela*) to stick; **o arroz pegou** the rice stuck **3.** (*carro*) to start **4.** (*hábito, moda*) to catch on **5.** (*planta*) to take **6.** (*fogo*) to catch **7.** *inf* (*história*) to catch on; **essa comigo não pega!** I don't believe it!; **~ no sono** to fall asleep; **isso pega bem/mal** that'll look good/bad (for sb); **ele pegou e foi embora** he went and left **III.** *vr:* **~-se** (*pessoas*) to go at each other; **pegaram-se aos socos** they went at each other with their fists

pega-varetas ['pɛga-va'retaʃ] *m inv* pick up sticks (game)

pego ['pegu] **I.** *pp irr de* **pegar II.** *adj* **ser ~** to get caught

pegue ['pɛgi] *1./3. pres subj de* **pegar**

peguei [pe'gei] *1. pret perf de* **pegar**

peidar [pej'dar] *vi chulo* to fart

peido ['pejdu] *m chulo* fart

peitar [pej'tar] *vt* (*enfrentar*) to stand up to sb

peito ['pejtu] *m* **1.** ANAT chest; (*de mulher*) breast; **~ de galinha** chicken breast; **~ do pé** instep; **amigo do ~** bosom buddy; **nado de ~** breaststroke; **dar o ~ ao bebê** to breastfeed a baby **2.** *fig* (*coragem*) brave heart; **tem que ter muito ~ para pular de paraquedas** you have to have a brave heart to jump from an plane in a parachute; **no ~ e na raça** *inf* bravely; **de ~ aberto** frankly **3. matar no ~** ESPORT to chest trap a ball

peitoral <-ais> [pejto'raw, -'ajʃ] *m* ANAT (*músculo*) pectoral

peitoril <-is> [pejto'riw, -'iʃ] *m* parapet

peitudo, -a [pej'tudu, -a] **I.** *m, f fig* tough guy **II.** *adj* chesty; (*valente*) brave

peixada [pej'ʃada] *f* GASTR fish stew

peixaria [pejʃa'ria] *f* fish market

peixe ['pejʃi] *m* fish; **~-dourado** dorado; **não ter nada com o ~** to have nothing to do with the situation; **sentir-se como um ~ fora d'água** *inf* to feel like a fish out of water; **vender o seu ~** to look out for one's interests

peixe-boi ['pejʃi-'boj] <peixes-boi(s)> *m* manatee

peixe-espada ['pejʃiʃ'pada] <peixes-espada(s)> *m* swordfish

peixeiro, -a [pej'ʃeru, -a] *m, f* fishmonger

Peixes ['pejʃiʃ] *mpl* Pisces *pl;* **nativo de ~** born under the sign of Pisces; **ser (de) ~** to be a Pisces

peixe-serra ['pejʃi-'sɛxa] <peixes-serra(s)> *m* sawfish

pejo ['peʒu] *m* modesty; **sem ~** without any modesty

pejorar [peʒo'rar] *vt* to disparage

pejorativo, -a [peʒora'tʃivu, -a] *adj* pejorative

pela [pela] = **por** + *artigo* **a** *v.* **por**

pelada *adj v.* **pelado**

pelada [pe'lada] *f* second-rate soccer game; **jogar uma ~ na praia** to play a pick-up soccer game on the beach

peladão, -ona [pela'dãw, -'ona, -'õjʃ] *adj inf* butt-naked

peladeiro, -a [pela'dejru, -a] *m, f* amateur soccer player

pelado, -a [pe'ladu, -a] *adj* **1.** (*fruta, batata*) peeled; (*tomate*) skinned **2.** *inf* (*nu*) naked **3.** *fig* (*sem dinheiro*) flat broke

peladões *m pl de* **peladão**

peladona *adj v.* **peladão**

pelagem [pela'ʒẽj] <-ens> *f* fur

pelanca [pe'lãŋka] *f* loose pendulous skin

pelar [pe'lar] **I.** *vt* (*animal*) to skin; (*fruta, batata*) to peel; (*tomate*) to skin **II.** *vi* (*quente demais*) **a sopa está pelando** the soup is boiling hot **III.** *vr:* **~-se** to be crazy about sth; **ele se pela por chocolate** he is crazy about chocolate

pele ['pɛʎi] *f* **1.** (*de pessoa*) skin; (*de animal*) hide, fur; **~ de galinha** goose bumps; **arriscar/salvar a ~** to risk/save one's own skin; **cair na ~ de alguém** to be in sb's shoes; **ser só ~ e osso** to be all skin and bones; **eu não queria estar na sua ~** I wouldn't want to be in your shoes; **sentir a. c. na própria ~** to see how sth feels; **tirar a ~ de alguém** to fleece sb **2.** (*de fruta, legume*) peel **3.** (*como agasalho*) fur; **casaco de ~s** fur coat

pelego [pe'legu] *m pej* (*agente infiltrado em sindicato*) political henchman; *fig* (*capacho*) doormat

peleja [pe'leʒa] *f* fight

pelica [pe'ʎika] *f* kid leather

pelicano [peʎi'kanu] *m* pelican

película [pe'ʎikula] *f* **1.** CINE, FOTO film **2.** (*membrana*) membrane; **~ aderente** plastic wrap

pelo¹ ['pelu] = por + artigo o v. **por**

> **Gramática** **pelo** is a contraction formed by the fusion of the preposition "por" with the definite article "a" or "o": "Vamos pelo parque; Passei pelos cães sem acordá-los."

pelo² ['pelu] m (de pessoa) hair; (de animal) fur; (de tecido, tapete) fuzz pl, hairs; (**nu**) **em ~** stark naked
pelota [pe'lɔta] f pellet; **não dar ~ a. c./alguém** inf not to give a hoot about sth/sb
pelotão <-ões> [pelo'tãw, -'õjs] m MIL platoon
pelourinho [pelow'riɲu] m stocks, whipping post
pelúcia [pe'lusia] f plush; **bicho de ~** stuffed animal
peludo, -a [pe'ludu, -a] adj furry
pelugem [pe'luʒẽj] <-ens> f down, fuzz
pelve ['pɛwvi] f pelvis
pélvico, -a ['pɛwviku, -a] adj pelvic
pena ['pena] f **1.** JUR punishment; **~ capital/de morte** capital punishment/death penalty; **~ suspensa** suspended sentence; **cumprir uma ~** to serve time (in prison) **2.** (pesar) sorrow; (piedade) pity; **eu tenho/sinto ~ dele** I pity him; **tenho muita ~!** I feel so sorry for him!; **é/que ~!** that's too bad!; (isso) **não vale a ~** that's not worth it; **é com muita ~ que eu digo isto** it is with great sorrow that I say this **3.** (de ave) feather; **travesseiro de ~s** feather pillow
pé na cova ['pɛ na 'kɔva] <pés na cova> m foot in the grave
penado, -a [pe'nadu, -a] adj tormented
penal <-ais> [pe'naw, -'ajs] adj JUR **código ~** penal code
penalidade [penaʎi'dadʒi] f **1.** ESPORT penalty; **~ máxima** penalty **2.** JUR sanctions pl
penalizar [penaʎi'zar] vt to punish; ESPORT to penalize
pênalti ['penawtʃi] m ESPORT penalty; **marca f do ~** FUT penalty spot
penar [pe'nar] vi to suffer
penca ['pẽjka] f **1.** BOT **~ de bananas** stem of bananas **2.** (quantidade) **uma ~ de amigos** a large number of friends

pendência [pẽj'dẽjsia] f dispute
pendenga [pẽj'dẽjga] f bickering
pendente [pẽj'dẽjtʃi] adj **1.** (pendurado) hanging **2.** (assunto, questão, trabalho) pending; (processo) suspended
pender [pẽj'der] vi **1.** (estar pendurado) to hang; **~ de** to be suspended from **2.** (estar inclinado) to be inclined; **~ para** to lean toward
pendões m pl de **pendão**
pêndulo ['pẽjdulu] m pendulum
pendura [pĩj'dura] f inf **na ~** to be hard up
pendurado, -a [pĩjdu'radu, -a] adj **1.** hanging; **o quadro está ~ na parede** the painting is hanging on the wall **2.** **estar ~ no armazém** (crédito) to owe the store money; **ficar ~ no telefone** to spend hours on the phone
pendurar [pĩjdu'rar] vt **1.** to hang; **~ as roupas no varal** to hang clothes on the (clothes) line **2.** (aposentar) to retire; **~ as chuteiras** to retire from service
penduricalho [pĩjduri'kaʎu] m (para adorno) trinket
penedo [pe'nedu] m big rock, boulder
peneira [pe'nejra] f (objeto) sieve; fig (crivo) screen riddle; **querer tapar o sol com a ~** to try to carry water in a sieve
peneirar [penej'rar] vt to sift
penetra [pe'nɛtra] mf inf interloper; (numa festa) party-crasher
penetração <-ões> [penetra'sãw, -'õjs] f penetration
penetrante [pene'trãjtʃi] adj **1.** (cheiro) pungent **2.** (frio) intense; (som) piercing; (olhar) penetrating **3.** (inteligência) discerning
penetrar [pene'trar] **I.** vt to penetrate; (com o olhar) to see through **II.** vi **1.** (pessoa, frio, líquido) to penetrate; **~ na selva** to enter into the forest; **~ pelos poros** to permeate through the pores **2.** (olhar) to penetrate
penhasco [pẽ'ɲasku] m cliff
penhoar [pẽɲo'ar] <-es> m housecoat
penhor [pɛ'ɲor] m pawn; **casa de ~es** pawn shop
penhora [pɛ'ɲɔra] f JUR attachment of property
penhorado, -a [pẽɲo'radu, -a] adj pawned, pledged
penhorar [pẽɲo'rar] vt (Estado, banco) to put under obligation; (indivíduo) to show oneself grateful

penicilina [pinisi'ʎina] f penicillin
penico [pi'niku] m chamber pot
península [pe'nĩjsula] f peninsula; **Península Ibérica** Iberian Peninsula
peninsular [penĩjsu'lar] I. *mf* peninsula II. *adj* peninsular
pênis ['penis] *m inv* penis
penitência [peni'tẽjsja] f REL penance; **fazer ~** to do penance
penitenciária [penitẽjsi'arja] f penitentiary
penitenciário, -a [penitẽjsi'arıw, -a] I. *m, f* penitentiary II. *adj* penitentiary; **sistema ~** prison system
penitente [peni'tẽjtʃi] *mf* penitent
penoso, -a [pe'nozu, -ɔza] *adj* 1.(*assunto*) distressing 2.(*trabalho*) difficult 3.(*tratamento*) painful
pensado, -a [pẽj'sadu, -a] *adj* deliberate; **de caso ~** done deliberately
pensador(a) [pẽjsa'dor(a)] <-es> *m(f)* thinker
pensamento [pẽjsa'mẽjtu] *m* 1.(*ideia*) thought 2.(*ato de pensar*) thinking
pensante [pẽj'sãtʃi] *adj* (*ser*) thinking, thoughtful
pensão <-ões> [pẽj'sãw, -'õjs] f 1.(*hospedaria*) boarding house; **~ completa** room and board; **meia-~** modified American plan *Am*, half-board *Brit* 2.(*dinheiro*) pension; **~ alimentícia** alimony
pensar [pẽj'sar] I. *vt* to think; **~ as consequências** to consider the consequences II. *vi* 1.(*raciocinar*) to think; **~ bem/mal de alguém** to think well/evil of sb; **fazer a. c. sem ~** to do sth without thinking; **em que você está pensando?** what are you thinking about?; **o que pensa disto?** what do you think of that?; **isso dá o que ~** that is food for thought; **nem ~ nisso!** not on your life!; **pensando bem ...** on second thought ...; **penso que sim/não** I think so/not; **sem ~ duas vezes** without thinking twice; **~ alto** to think out loud 2.(*ponderar*) to think about sth; **ainda vou ~ melhor sobre isso** I'm still going to think about it some more; **pense na minha proposta** think about my idea; **pense bem!** think again! 3.(*tencionar*) to think about; **estou pensando em viajar** I'm thinking about taking a trip
pensativo, -a [pẽjsa'tʃivu, -a] *adj* thoughtful

pênsil ['pẽjsiw] *adj* (*ponte*) suspension bridge
pensionato [pẽjsjo'natu] *m* boarding house
pensionista [pẽjsjo'nista] *mf* (*morador*) boarder; (*beneficiário*) pensioner
pensões f pl de **pensão**
pentagonal <-ais> [pẽjtago'naw, -'ajs] *adj* pentagonal
pentágono [pẽj'tagonu] *m* pentagon
pentatlo [pẽj'tatlu] *m* ESPORT pentathlon
pente ['pẽjtʃi] *m* comb; **passar um ~ no cabelo** to comb one's hair
penteada *adj v.* **penteado**
penteadeira [pẽjtʃja'dejra] f dressing table
penteado [pẽjtʃi'adu] *m* hairdo
penteado, -a [pẽjtʃi'adu, -a] *adj* (*pessoa, cabelo*) groomed
pentear [pẽjtʃi'ar] *conj como* passar I. *vt* to comb; **vai ~ macacos!** go take a long walk off a short pier! II. *vr:* **~-se** to groom oneself
Pentecostes [pẽjte'kɔsts] *m* Pentecost
pente-fino ['pẽjtʃi-'finu] <pentes-finos> *m fig, inf* fine-tooth comb; **passar o ~ em a. c.** to examine sth with a fine-tooth comb
pentelhação <-ões> [pẽjteʎa'sãw, -'õjs] *f chulo* annoyance
pentelhar [pẽjte'ʎar] *vt chulo* to annoy sb
pentelho [pẽj'teʎu] *m chulo* (*pessoa maçante*) pain in the butt
penugem [pe'nuʒẽj] <-ens> f down, fluff
penúltimo, -a [pe'nuwtʃimu, -a] *adj* penultimate
penumbra [pe'nũwbra] f dimness; (*meia-luz*) half-light
penúria [pe'nurja] f destitution
peões *m pl de* **peão**
pepino [pi'pinu] *m* cucumber; **~ em conserva** pickles *pl*
pepita [pe'pita] f (*de ouro*) gold nugget
pequena *adj, f v.* **pequeno**
pequenez [peke'nes] f sem pl 1.(*tamanho*) littleness *no pl* 2.(*mesquinhez*) pettiness *no pl*
pequenino, -a [peke'ninu, -a] I. *m, f* a small child II. *adj* tiny *Am*, wee *Brit*
pequeno, -a [pi'kenu, -a] I. *m, f* small, little; **os ~s** the little ones II. *adj* (*tamanho*) little; **quando eu era ~** when I was little; (*quantidade*) small; **pequenas coisas** small things *pl*

pequeno-burguês, -esa [pi'kenubur'ges, -'eza] **I.** *m, f* common citizen **II.** *adj* middle class

pé-quente ['pɛ-'kējtʃi] <pés-quentes> *m* lucky person

pequerrucho, -a [peke'xuʃu, -a] (*col*) **I.** *m, f* little one, tot **II.** *adj* little

Pequim [pe'kĩj] *f* Peking

pequinês [piki'nes] <-es> *adj* (*cachorro*) Pekingese dog

per [per] *prep* (*por*) ECON ~ **capita** per capita

pera ['pera] *f* **1.** BOT pear **2.** (*barba*) goatee

peralta [pe'rawta] *mf* mischievous child

perambeira [pirɐ̃m'bejra] *f* precipice

perambular [perɐ̃mbu'lar] *vi* to wander

perante [pe'rɐ̃tʃi] *prep* **1.** (*diante de*) before; ~ **esta situação, temos de tomar medidas rapidamente** faced with this situation, we must take immediate measures **2.** (*na presença de*) in the presence of; (*pessoa*) in front of; **estamos ~ um grave problema** we have a serious problem before us; ~ **os pais, ele é sempre bem comportado** he always behaves well in front of his parents

pé-rapado [pɛ-xa'padu] <pés-rapados> *m inf* poor man

perca¹ ['pɛrka] *f* ZOOL perch

perca² ['pɛrka] *1./3. pres subj de* **perder**

percalço [per'kawsu] *m* drawback

perceber [perse'ber] *vt* **1.** (*entender*) to understand **2.** (*distinguir*) to distinguish

percentagem [persẽj'taʒẽj] <-ens> *f* percentage

percentual <-ais> [persẽju'taw, -'ajs] *m* percentage

percepção <-ões> [persep's̃ãw, -'õjs] *f* perception

perceptiva *adj v.* **perceptivo**

perceptível <-eis> [persep'tʃivew, -ejs] *adj* perceptible, observable

perceptivo, -a [persep'tʃivu, -a] *adj* perceptive

percevejo [perse'veʒu] *m* **1.** (*inseto*) bedbug **2.** (*prego*) thumb tack

perco ['pɛrku] *1. pres de* **perder**

percorrer [perko'xer] *vt* (*a pé*) to pass/go through; (*com transporte*) to travel

percurso [per'kursu] *m* **1.** (*trajeto*) route **2.** (*de um rio*) course

percussão <-ões> [perku's̃ãw, -'õjs] *f* MÚS percussion

percussionista [perkusjo'nista] *mf* percussionist

percussões *f pl de* **percussão**

perda ['perda] *f* loss; ~ **de altitude** loss of altitude; ~ **de cabelo** hair loss; ~ **de peso** weight loss; ~ **de vidas** loss of lives; **sofrer uma** ~ to suffer a loss; **sofrer a** ~ **de um ente querido** to suffer the loss of a loved one; **sem** ~ **de tempo** without losing time; **~s e danos** damages and losses; **~s e ganhos** gains and losses

perdão <-ões> [per'dãw, -'õjs] *m* forgiveness; (*dos pecados*) forgiveness for one's sins; **~!** excuse me!; **pedir ~ a alguém por a. c.** to ask sb's forgiveness for sth

perdedor(a) [perde'dor(a)] <-es> *m(f)* loser; **ser um bom/mau ~** to be a good/bad loser

perder [per'der] *irr* **I.** *vt* **1.** (*um objeto, uma pessoa, dinheiro*) to lose; **~ dinheiro no jogo** to lose money gambling; **~ a saúde** to lose one's health; **~ a vida** to lose one's life; **perdeu o bebê no sexto mês de gravidez** she was six months along when she miscarried **2.** (*trem, avião*) to miss; (*espetáculo, filme, oportunidade*) to miss **3.** (*tempo*) to waste; **~ tempo com a. c./alguém** to waste time on sth/sb **4.** (*hábito, vício*) to give up; **~ as estribeiras** *inf* to lose one's head; **~ a mania** to give up a habit; **~ a vergonha** to lose one's inhibitions; **~ a vontade** to lose the will (to do sth); **pôr algo a ~** to make a mess of sth **5.** (*peso*) to lose; **ela perdeu 10 kg em um mês** she lost 10 kg in a month **6.** (*sofrer derrota*) to lose; **o Brasil perdeu para o Uruguai em 1950** Brazil lost to Uruguay in 1950 **II.** *vi* to lose **III.** *vr*: **~-se 1.** (*no caminho*) to get lost; (*com automóvel*) to lose one's way; **~-se de alguém** to get separated from sb **2.** (*em pensamentos, em discurso*) to lose oneself; **~-se em divagações** to lose oneself in thought **3.** (*objeto, costume*) to cease to have

perdição <-ões> [perdʒi's̃ãw, -'õjs] *f* **1.** (*desgraça*) ruin; **os computadores são a minha ~** *inf* computers are my downfall **2.** REL perdition

perdida *adj v.* **perdido**

perdidamente [perdʒida'mẽjtʃi] *adv*

desperately; **estar ~ apaixonado por alguém** to be head-over-heels in love with sb

perdido, -a [per'dʒidu, -a] *adj* **1.**(*objeto*) lost **2.**(*no caminho*) lost; **estar ~** to be lost **3.**(*na vida*) to be damned; **estou ~!** I'm damned!; *inf* I'll be damned **4. bala perdida** stray bullet

perdidos [per'dʒidus] *mpl* **achados e ~** lost and found *pl*

perdigão <-ões> [perdʒi'gãw, -'õjs] *m* zool tinamou, crake

perdigueiro [perdʒi'gejru] *m* zool pointer

perdiz [per'dʒis] <-es> *f* partridge

perdoar [perdu'ar] <*1. pess pres:* perdoo> **I.** *vt* (*um ato*) to excuse; (*os pecados*) to forgive; **~ a. c. a alguém** to forgive sb for sth; (*um castigo*) to pardon; **~ uma dívida** to pardon a debt **II.** *vi* to forgive, to pardon

perdoável <-eis> [perdu'avew, -ejs] *adj* excusable

perdões *m pl de* **perdão**

perdulário, -a [perdu'lariw, -a] *m, f* spendthrift

perdurar [perdu'rar] *vi* **1.**(*persistir*) to endure **2.**(*ter longa duração*) to last long

pereça [pe'resa] *1./3. pres subj de* **perecer**

perecer [pere'ser] *vi* <c→ç> (*pessoa*) to perish; (*sentimento*) to die; (*alimentos*) to spoil

perecível <-eis> [pere'sivew, -'ejs] *adj* perishable; (*alimento*) perishable

pereço [pe'resu] *1. pres de* **perecer**

peregrina *f v.* **peregrino**

peregrinação <-ões> [peregrina'sãw, -'õjs] *f* pilgrimage; **~ a ...** pilgrimage to ...; **fazer uma ~** to make a pilgrimage

peregrino, -a [pere'grinu, -a] *m, f* pilgrim

pereira [pe'rejra] *f* pear tree

perempção <-ões> [perẽjp'sãw, -'õjs] *f* jur peremptory plea

perempto, -a [pe'rẽjptu, -a] *adj* jur quashed

peremptório [perẽjp'tɔriw] *adj* (*ordem*) peremptory

perene [pe'reni] *adj* **1.**(*duradouro*) lasting **2.**(*rio*) perennial

perereca [pere'rɛka] *f* **1.** zool frog, toad **2.** *inf* (*vulva*) pussy

perfazer [perfa'zer] *irr como* **fazer** *vt* (*uma quantia*) to bring up to; **isto perfaz a quantia de 20 000 reais** this brings it up to 20,000 reals

perfeccionismo [perfeksjo'nizmu] *m* perfectionism

perfeccionista [perfeksjo'nista] *mf* perfectionist

perfeição <-ões> [perfej'sãw, -'õjs] *f* perfection; **fazer a. c. na ~** to do sth to perfection

perfeita *adj v.* **perfeito**

perfeitamente [perfejta'mẽjtʃi] *adv* **1.**(*com perfeição*) perfectly **2.**(*sem dúvida*) certainly; **~!** right!

perfeito [per'fejtu] *m* ling perfect

perfeito, -a [per'fejtu, -a] **I.** *pp de* **perfazer II.** *adj* perfect; **sair ~** to come out perfect; **ele é um ~ idiota** he's the perfect idiot

pérfida *adj v.* **pérfido**

perfídia [per'fidʒia] *f* **1.**(*traição*) treachery **2.**(*deslealdade*) perfidy

pérfido, -a ['pɛrfidu, -a] *adj* **1.**(*traidor*) treacherous **2.**(*desleal*) perfidious

perfil <-is> [per'fiw, -'is] *m* **1.**(*de pessoa, edifício*) profile; **de ~** in profile **2.**(*psicológico*) character sketch; **traçar o ~ de alguém** to draw sb's profile

perfilar [perfi'lar] **I.** *vt* to draw sb's profile **II.** *vr:* **~-se** to stand up straight

perfis *m pl de* **perfil**

performance [per'fɔrmãnsi] *f* performance

perfumado, -a [perfu'madu, -a] *adj* **1.**(*que exala perfume*) fragrant **2.**(*que tem perfume*) perfumed

perfumar [perfu'mar] **I.** *vt* to perfume with **II.** *vr:* **~-se** to put on perfume

perfumaria [perfuma'ria] *f* perfumery

perfume [per'fumi] *m* **1.**(*substância*) perfume **2.**(*aroma*) aroma

perfuração <-ões> [perfura'sãw, -'õjs] *f* perforation, drilling

perfurador [perfura'dor] <-es> *m* perforator, drill

perfuradora [perfura'dora] *f* (*de cartões*) punch

perfuradores *m pl de* **perfurador**

perfurar [perfu'rar] *vt* **1.**(*um objeto*) to pierce; (*um poço*) to drill **2.** med (*um órgão*) to perforate

pergaminho [pergɜ'mĩɲu] *m* parchment

pergunta [per'gũwta] *f* question; **~ de algibeira** trick question; **~ retórica** rhetorical question; **fazer uma ~ (a alguém)** to ask sb a question;

perguntar responder a uma ~ to answer a question

perguntar [pergũw'tar] **I.** *vt* to ask; ~ **a. c. a alguém** to ask sb sth; ~ **o caminho (a alguém)** to ask (sb) the way; ~ **por alguém/a. c.** to ask for sb/sth **II.** *vi* to ask **III.** *vr*: **-se** to ask oneself

perianal <-ais> [peri3'naw, -'ajs] *adj* perianal

pericárdio [peri'kardʒiw] *m* ANAT pericardium

pericarpo [peri'karpu] *m* BOT pericarp

perícia [pe'risia] *f* **1.** (*conhecimento*) expertise **2.** (*destreza*) dexterity **3.** (*exame*) checkup

pericial <-ais> [perisi'aw, -'ajs] *adj* pertaining to expertise

periciar [perisi'ar] *vt* ~ **alguém/a. c.** to search sb/sth (*for drugs or other illegal items*)

periclitante [perikli'tãntʃi] *adj* exposed to danger, ramshackle

peridural <-ais> [peridu'raw, -'ajs] *adj* (*anestesia*) epidural

periferia [perife'ria] *f* periphery; (*da cidade*) outskirts

periférico [peri'fɛriku] *m* INFOR peripheral

periférico, -a [peri'fɛriku, -a] *adj* peripheric(al); **zona periférica da cidade** outlying district

perífrase [pe'rifrazi] *f* periphrasis

perifrástico, -a [peri'frastʃiku, -a] *adj* periphrastic

perigo [pi'rigu] *m* danger; ~ **de vida/morte** mortal danger; **correr** ~ to run risks; **estar em** ~ to be in danger; **pôr a. c. em** ~ to put sth in danger; **estar à** ~ *inf* to be in a tight spot, to be broke

perigoso, -a [piri'gozu, -'ɔza] *adj* dangerous

perímetro [pe'rimetru] *m* perimeter; ~ **urbano** city limits

períneo [pe'riniw] *m* ANAT perineum

periódica *adj v.* **periódico**

periodicamente [periɔdʒika'mẽntʃi] *adv* periodically

periodicidade [perjodʒisi'dadʒi] *f* (*de visita, acontecimento*) frequency; (*de jornal*) periodicity

periódico [peri'ɔdʒiku] *m* (*jornal*) newspaper; (*revista*) periodical

periódico, -a [peri'ɔdʒiku, -a] *adj* periodic(al)

período [pe'riwdu] *m* **1.** (*espaço de tempo*) period; (*época*) period, age, era

permitir **2.** (*escolar*) period **3.** LING period

periodontia [perjodõn'tʃia] *f* periodontics

peripécia [peri'pɛsia] *f* (*incidente*) incident; **cheio de ~s** full of surprises

periquito [piri'kitu] *m* parakeet

periscópio [peris'kɔpiw] *m* periscope

perito, -a [pe'ritu, -a] *m, f* **1.** (*profissional*) examiner **2.** (*versado*) expert; **ser ~ em a. c.** to be an expert in sth

perjúrio [per'ʒuriw] *m* JUR perjury

permaneça [permɜ'nesa] *1./3. pres subj de* **permanecer**

permanecer [permɜne'ser] *vt* <c→ç> **1.** to remain; **o preço da carne permanece alto** the price of meat remains high **2.** (*em algum lugar*) to stay; **ele permaneceu duas semanas em casa** he stayed at home for two weeks

permaneço [permɜ'nesu] *1. pres de* **permanecer**

permanência [permɜ'nẽsia] *f* permanence; **visto de** ~ permanent visa

permanente [permɜ'nẽntʃi] **I.** *m* (*documento*) permanent visa **II.** *mf* (*nos cabelos*) **fazer uma** ~ to have one's hair permed **III.** *adj* (*constante*) permanent; (*residência*) permanent

permanentemente [permɜnẽntʃi'mẽntʃi] *adv* permanently

permanganato [permɜ̃ŋgɜ'natu] *m* permanganate

permeabilidade [permjabiʎi'dadʒi] *f* permeability

permear [permi'ar] *conj como passear vt* to permeate

permeável <-eis> [permi'avew, -ejs] *adj* permeable

permeio [per'meju] *adv* **de** ~ among, between

permissão <-ões> [permi'sãw, -'õjs] *f* permission; **ter ~ para fazer a. c.** to have permission to do sth

permissiva *adj v.* **permissivo**

permissível <-eis> [permi'sivew, -ejs] *adj* permissible

permissivo, -a [permi'sivu, -a] *adj* permissive

permissões *f pl de* **permissão**

permitido, -a [permi'tʃidu, -a] *adj* permitted; **(não) é ~ fumar** smoking is (not) permitted

permitir [permi'tʃir] **I.** *vt* to permit; (*consentir*) to consent; (*autorizar*) to authorize *Am*, to authorise *Brit*; ~ **a. c. a alguém** to permit sb to do sth **II.** *vr*:

permuta [per'muta] *f* exchange

permutar [permu'tar] *vt* to permute, to exchange

perna ['pɛrna] *f* 1. (*de pessoa, mesa*) leg; ~**s arqueadas** [*ou* **tortas**] bow legs *pl*; ~ **das calças** pant leg; ~ **mecânica** prosthesis; ~ **de pau** wooden leg; **desenferrujar as** ~**s** to stretch one's legs; **estar de** ~ **s para o ar** to be upside down; *fig* to not have anything to do; **fazer a. c. com uma** ~ **às costas** to do sth standing on one's head; **quebrar a** ~ to break a leg; **passar a** ~ **em alguém** *inf* to pull a fast one on sb; **não ir lá das** ~ **s** *inf* to not go far; **com as** ~ **s cruzadas** with one's legs crossed; ~**s, para que te quero** *inf* to run for one's life; **não ter** ~**s** legless 2. (*de porco, vitela*) shank 3. (*de compasso*) magnetic needle; (*de escada*) flight of stairs

pernada [per'nada] *f* ESPORT kick

perna-de-pau ['pɛrna-dʒi-'paw] <pernas-de-pau> *m pej* awkward person; FUT poor soccer player

pernaltas [per'nawtas] *fpl* ZOOL wading birds

pernalto, -a [per'nawtu, -a] *adj* (*dos pernaltas*) long-legged

Pernambuco [pernãŋ'buku] (State of) Pernambuco

perneta [per'neta] I. *mf* one-legged person II. *adj* one-legged

pernicioso, -a [pernisi'ozu, -ɔza] *adj* pernicious

pernil <-is> [per'niw, -'is] *m* 1. (*de animal*) haunch 2. GASTR ham

pernilongo [perni'lõwgu] *m* 1. (*ave*) shore bird 2. (*mosquito*) mosquito

pernis *m pl de* **pernil**

perno ['pɛrnu] *m* bolt, rivet

pernoca [per'nɔka] *f inf* cute leg

pernoitar [pernoj'tar] *vi* to stay overnight; ~ **em** to spend the night in

pernóstico, -a [per'nɔstʃiku, -a] *adj* pretentious, uppity

peroba [pe'rɔba] *f* any of various Brazilian timber trees; **passar óleo de** ~ *gír* to take a hint and not be a bore

pérola ['pɛrula] *f* pearl; **deitar** [*ou* **lançar**] ~ **s a porcos** *prov* to throw pearls before swine *prov*

peróxido [pe'rɔksidu] *m* peroxide

perpassar [perpa'sar] I. *vt* to pass; ~ **por** to pass through II. *vi* to go by

perpendicular [perpẽjdʒiku'lar] I. *f* perpendicular II. *adj* perpendicular; ~ **a** a perpendicular to

perpetração <-ões> [perpetra's̃ãw, -'õjs] *f* (*de um crime*) perpetration

perpetrador(a) [perpetra'dor(a)] <-es> *m(f)* (*de um crime*) perpetrator

perpetrar [perpe'trar] *vt* (*um crime*) to commit

perpétua *adj v.* **perpétuo**

perpetuar [perpetu'ar] I. *vt* 1. (*eternizar*) to eternalize 2. (*a raça*) to perpetuate II. *vr:* ~**-se** to self-perpetuate

perpétuo, -a [per'pɛtuu, -a] *adj* 1. (*contínuo*) endless; (*inalterável*) everlasting 2. (*prisão*) life imprisonment

perplexa *adj v.* **perplexo**

perplexidade [perpleksi'dadʒi] *f sem pl* perplexity *no pl*

perplexo, -a [per'plɛksu, -a] *adj* perplex; **deixar alguém** ~ to perplex sb; **ficar** ~ to be perplexed

persa ['pɛrsa] *adj, mf* Persian

perscrutador(a) [perskruta'dor(a)] <-es> *adj* scrutinizing; (*olhar*) scrutinizing

perscrutar [perskru'tar] *vt* to scan, to explore

per se [per 'se] *adv* per se

persecutório, -a [perseku'tɔriw, -a] *adj* persecutory

perseguição <-ões> [persegi'sãw, -'õjs] *f* persecution; ~ **política/religiosa** political/religious persecution

perseguidor(a) [persegi'dor(a)] <-es> *m(f)* persecutor

perseguir [perse'gir] *irr como* **seguir** *vt* to persecute

perseverança [perseve'rãsa] *f* perseverance; **trabalhar com** ~ to work diligently; **com** ~ **tudo se alcança** *prov* if at first you don't succeed, try, try again *prov*

perseverante [perseve'rãntʃi] *adj* persevering

perseverar [perseve'rar] *vt* to persevere

Pérsia ['pɛrsia] *f* Persia

persiana [persi'ana] *f* (window) blinds *pl*; **abrir/fechar a** ~ to open/close the blinds

pérsico [pɛrsiku] *adj* Persian; **o Golfo Pérsico** the Persian Gulf

persiga [per'siga] *1./3. pres subj de* **perseguir**

persigo [per'sigu] *1. pres de* **perseguir**

persistência [persis'tējsia] *f sem pl* persistence *no pl*
persistente [persis'tējtʃi] *adj* **1.**(*obstinado*) stubborn **2.**(*constante*) persistent
persistir [persis'tʃir] **I.** *vi* (*perdurar*) to last **II.** *vt* (*insistir*) ~ **em** to persist in
personagem [perso'naʒēj] <-ens> *mf* **1.**(*de livro, filme, teatro*) character; ~ **principal** main character **2.**(*personalidade*) celebrity
personagem-símbolo [perso'naʒēj-'sĩbwlu] <personagens-símbolo> *mf* character trademark
personagem-título [perso'naʒēj-'tʃitulu] <personagens-título(s)> *mf* title character
personagens *mf pl de* **personagem**
personalidade [personaʎi'dadʒi] *f* **1.**personality; **sem** ~ characterless **2.**(*celebridade*) personality
personalizado, -a [personaʎi'zadu, -a] *adj* personalized; (*serviço, atendimento*) custom (made)
personalizar [personaʎi'zar] *vt* to personalize *Am*, to personalise *Brit*
personal trainer ['personaw 'trejner] *mf* ESPORT personal trainer
persona non grata [per'sona nõw 'grata] <personae non gratae> *f* persona non grata
personificação <-ões> [personifika'sāw, -'õjs] *f* personification
personificar [personifi'kar] *vt* <c→qu> to personify
perspectiva [perspek'tʃiva] *f* **1.**(*arte*) panorama **2.**(*ponto de vista*) perspective
perspicácia [perspi'kasia] *f* insight, perspicacity
perspicaz [perspi'kas] <-es> *adj* shrewd, perceptive
perspiração <-ões> [perspira'sāw, -'õjs] *f* sweat, perspiration
perspirar [perspi'rar] *vi* to sweat, to perspire
persuadir [persua'dʒir] **I.** *vt* to persuade; ~ **alguém a** (**fazer**) **a. c.** to persuade sb to do sth **II.** *vr:* ~**-se** to persuade oneself; ~**-se de a. c.** to persuade oneself of sth
persuasão <-ões> [persua'zāw, -'õjs] *f* **1.**(*ato de persuadir*) persuasion **2.**(*convicção*) conviction
persuasivo, -a [persua'zivu, -a] *adj* persuasive

persuasões *f pl de* **persuasão**
pertencente [pertēj'sējtʃi] *adj* **1.**(*próprio*) belonging (to); ~ **a alguém** belonging to sb **2.**(*parte*) pertaining (to); ~ **ao jardim** pertaining to the garden
pertencer [pertēj'ser] *vt* <c→ç> to belong; ~ **a** to belong to; **isso lhe pertence** that belongs to you
pertences [per'tējsis] *mpl* belongings *pl;* **cuide de seus** ~ be careful with your belongings
pertinácia [pertʃi'nasia] *f* stubbornness
pertinaz [pertʃi'nas] <-es> *adj* stubborn
pertinência [pertʃi'nējsia] *f* (*relevância*) relevancy, pertinence
pertinente [pertʃi'nējtʃi] *adj* **1.**(*relevante*) relevant **2.**(*apropriado*) pertinent
perto ['pɛrtu] **I.** *adj* close, near **II.** *adv* (*no espaço*) ~ **de** close to; (*aproximadamente*) close to; **ver de** ~ to see close up
perturbação <-ões> [perturba'sāw, -'õjs] *f* **1.**(*da ordem*) disturbance of the peace **2.**(*mental*) disorder
perturbado, -a [pertur'badu, -a] *adj* (*transtornado*) perturbed; (*abalado*) upset
perturbador(a) [perturba'dor(a)] <-es> **I.** *m(f)* agitator **II.** *adj* **1.**(*barulho*) perturbing **2.**(*notícia, acontecimento*) disturbing
perturbar [pertur'bar] **I.** *vt* (*incomodar*) to perturb; (*transtornar*) to disconcert; (*abalar*) to disturb **II.** *vr:* ~**-se** to become upset; ~**-se com a. c.** to become upset about sth
peru, -a [pi'ru, pi'rua] *m, f* turkey; ~ **recheado** stuffed turkey
Peru [pe'ru] *m* Peru
perua [pi'rua] *f* **1.**(*caminhonete*) station wagon **2.** *pej* (*mulher*) flashy dresser
peruano, -a [piru'ɜnu, -a] *adj, m, f* Peruvian
peruca [pi'ruka] *f* wig
perversa *adj v.* **perverso**
perversão <-ões> [perver'sāw, -'õjs] *f* **1.**(*ato*) corruption **2.**(*depravação*) depravity; PSICO perversion
perversidade [perversi'dadʒi] *f* perversity
perverso, -a [per'vɛrsu, -a] *adj* **1.**(*malvado*) evil **2.**(*lógica, conselho*) twisted; PSICO perverse

perversões *f pl de* **perversão**

perverter [perver'ter] I. *vt* 1. (*depravar*) to pervert 2. (*sentido*) to twist 3. (*corromper*) to corrupt II. *vr:* ~-**se** to become perverted

pervertido, -a [perver'tʃidu, -a] I. *m, f* pervert II. *adj* perverted

pesada *adj v.* **pesado**

pesadelo [peza'dɛlu] *m* nightmare

pesado [pe'zadu] *m inf* (*trabalho árduo*) **pegar no** ~ to work hard

pesado, -a [pe'zadu, -a] *adj* 1. (*objeto, pessoa*) heavy 2. (*sono*) sound 3. (*livro, estilo*) difficult; (*filme*) serious 4. (*consciência*) guilty 5. (*trabalho*) hard 6. (*comida*) rich 7. (*andar*) slow

pesagem [pe'zaʒẽj] <-ens> *f* weighing

pêsames ['pezɜmis] *mpl* condolences *pl;* **dar os** ~ **a alguém** to express one's condolences to sb; **meus** ~**!** please accept my condolences!

pesar [pe'zar] I. *m* <-es> 1. (*mágoa*) sorrow 2. (*arrependimento*) regret II. *vt* 1. (*objeto, pessoa*) to weigh; **ele pesa 80 quilos** he weighs 80 kilos 2. (*avaliar*) to weigh; ~ **as consequências** to weigh the consequences III. *vi* 1. (*ser pesado*) to weigh; **isso não pesa nada!** that doesn't weigh much! 2. (*influir*) to carry weight; ~ **em** to carry weight in (a matter) 3. (*recair*) to weigh upon; ~ **sobre** to weigh upon sth/sb

pesaroso, -a [peza'rozu, -ɔza] *adj* 1. (*desgostoso*) sorrowful 2. (*arrependido*) regretful

pesca ['pɛska] *f* fishing; ~ **com rede/vara** fishing with a net/rod; ~ **submarina** deep sea fishing; **ir à** ~ to go fishing

pescada [pes'kada] *f* cod

pescado [pes'kadu] *m* any food fish

pescador(a) [peska'dor(a)] <-es> *m(f)* fisherman *m*, fisherwoman *f;* (*com vara*) angler

pescar [pes'kar] <c→qu> I. *vt* 1. (*peixe*) to fish; **vara de** ~ fishing rod 2. *inf* (*compreender*) to grasp the meaning II. *vi* 1. to fish 2. (*cochilar sentado*) to nod off to sleep

pescaria [peska'ria] *f* 1. (*pesca*) fishing 2. (*peixes*) a large quantity of fish

pescoço [pes'kosu] *m* neck; **até o** ~ up to one's neck; **salvar o** ~ **de alguém** to save sb's neck; **torcer o** ~ **de alguém** *fig* to wring sb's neck; **estar com a corda no** ~ *fig* to be up to one's neck in debt

pescoções *m pl de* **pescoção**

peso ['pezu] *m* 1. (*de objeto, pessoa*) weight; ~ **bruto/líquido** gross/net weight; ~ **morto** dead weight; ~ **para papéis** paperweight; **ganhar/perder** ~ to gain/lose weight; **exercer** ~ **sobre alguém/a. c.** to put pressure on sth/sb; **a** ~ **de ouro** at a very high price; **valer o seu** ~ **em ouro** to be worth one's weight in gold; **os estudantes compareceram em** ~ **à manifestação** the students arrived en masse for the demonstration; **ter dois** ~**s e duas medidas** *fig* to have a double standard 2. (*importância*) importance; **um adversário de** ~ an important opponent 3. (*sobrecarga, fardo*) burden; **sentir o** ~ **dos anos** to feel the burden of the years; **ser um** ~ **para alguém** to be a burden to sb; **ter um** ~ **na consciência** to have a guilty conscience; **tirar um** ~ **de cima de alguém** *fig* to take the burden off sb('s shoulders) 4. ESPORT weight 5. (*para balança*) scales

pesponto [pes'põwtu] *m* backstitch

pesqueiro, -a [pes'kejru, -a] *adj* fishing; **barco** ~ fishing boat; **indústria pesqueira** fishing industry

pesque-pague ['pɛski-'pagi] <*inv ou* pesque-pagues> *m* pay-to-fish lake

pesquisa [pes'kiza] *f* 1. (*investigação*) investigation; ~ **de mercado** market research; ~ **de opinião** public opinion survey 2. (*científica*) research

pesquisador(a) [peskiza'dor(a)] <-es> *m(f)* researcher

pesquisar [peski'zar] *vt* (*investigar*) to investigate; (*examinar*) to research

pêssego ['pesegu] *m* peach

pessegueiro [pese'gejru] *m* peach tree

péssima *adj v.* **péssimo**

pessimismo [pesi'mizmu] *m* pessimism

pessimista [pesi'mista] I. *mf* pessimist II. *adj* pessimistic

péssimo, -a ['pɛsimu, -a] *superl de* **mau**

pessoa [pe'sowa] *f* 1. person, individual; (*ser humano*) human being; **as** ~**s** people; **muitas** ~**s** many people; **em** ~ in person; **uma** ~ *inf* a certain person; **uma** ~ **de bem** [*ou* **uma boa** ~] person of fine character; **morreram cinco** ~**s**

no acidente five people died in the accident **2.** JUR ~ **física/jurídica** natural person/corporation **3.** LING person; **a primeira ~ do singular** the first person singular

pessoal [pesu'aw] **I.** *m* **1.** *sem pl* (*de empresa*) personnel *no pl* **2.** *inf* (*turma*) gang; **o ~ apareceu lá em casa ontem** the gang showed up at my house yesterday *pl* **II.** <-ais> *adj* personal; **objetos pessoais** personal effects *pl*

pessoalmente [pesuaw'mējtʃi] *adv* personally

pestana [pes'tʌna] *f* eyelash; **queimar as ~s** *inf* to rack one's brains; **tirar uma ~** *inf* to take a nap

pestanejar [pestʌne'ʒar] *vi* to blink; **sem ~** without batting an eye

peste ['pɛstʃi] *f* **1.** MED pest, plague **2.** *fig* **esse menino é uma ~** *inf* that boy is a pest

pesticida [pestʃi'sida] *m* pesticide

pestilência [pestʃi'lẽjsia] *f* **1.** (*doença contagiosa*) pestilence **2.** *fig* (*fedor*) stench

pestilento, -a [pestʃi'lẽjtu, -a] *adj* (*cheiro*) noxious; (*ambiente*) infected

pétala ['pɛtala] *f* petal

petardo [pe'tardu] *m* ESPORT (*chute forte*) hard shot

peteca [pe'tɛka] *f* shuttlecock; **deixar a ~ cair** *inf* to drop the ball

peteleco [pete'lɛku] *m* light blow

petição <-ões> [petʃi'sãw, -'õjs] *f* **1.** (*pedido*) appeal; **fazer uma ~** to make an appeal **2.** (*documento*) petition **3. estar em ~ de miséria** to be in pretty bad shape

peticionário, -a [petʃisjo'narjw, -a] *m, f* JUR petitioner

petiscar [petʃis'kar] <c→qu> *vt, vi* to nibble

petisco [pe'tisku] *m* appetizer, tidbit

petiz [pe'tʃis] <-es> *m* small child

pétreo, -a ['pɛtriw, -a] *adj* rocklike

petrificação <-ões> [petrifika'sãw, -'õjs] *f* petrification

petrificado, -a [petrifi'kadu, -a] *adj* **1.** (*em pedra*) petrified **2.** (*paralisado*) petrified

petrificar [petrifi'kar] *vi* <c→qu> **1.** (*em pedra*) to petrify **2.** (*paralisar*) to petrify

petrodólar [petro'dɔlar] <-es> *m* petrodollar

petroleiro [petro'lejru] *m* NÁUT oil tanker

petróleo [pe'trɔʎiw] *m* petroleum

petrolífero, -a [petro'ʎiferu, -a] *adj* **1.** (*com petróleo*) oil-bearing; **bacia petrolífera** petroleum basin **2.** (*produtor*) oil tycoon; **indústria petrolífera** petroleum industry

petrologia [petrolo'ʒia] *f sem pl* GEO petrology *no pl*

petroquímico, -a [petro'kimiku, -a] *adj* petrochemical

petulância [petu'lãnsia] *f sem pl* forwardness *no pl*

petulante [petu'lãntʃi] *adj* sassy, insolent *Am*, cheeky *Brit*

petúnia [pe'tunia] *f* petunia

p. ex. [poɾe'zẽjplu] *abr de* **por exemplo** i.e.

pez [pes] *m* **1.** (*piche*) pitch **2.** (*resina*) resin

pezinho [pɛ'zĩɲu] *m* (*tamanho*) little foot; **teste do ~** *inf* MED neonatal screening

pH [pea'ga] *m* pH

pia *adj v.* **pio**

pia ['pia] *f* wash basin, sink; **~ batismal** baptismal font

piaçaba [pia'saba], **piaçava** [pia'sava] *f* (*material*) piassava palm; **vassoura de ~** broom made of straw

piada [pi'ada] *f* joke; **~ de mau gosto** off-color joke *Am,* off-colour joke *Brit;* **contar ~** to tell a joke; **a sequência do filme é uma ~** this film sequence is ridiculous

piadista [pia'dʒista] *mf* joker

piamente [pia'mẽjtʃi] *adv* completely, piously; **acreditar ~ em alguém/a. c.** to believe in sth/sb completely

pianista [piɜ'nista] *mf* pianist

piano [pi'ɜnu] **I.** *m* piano; **~ de cauda** grand piano **II.** *adv* MÚS piano

piano-bar [pi'ɜnu-'bar] <pianos-bares> *m* piano bar

pião <-ões> [pi'ãw, -'õjs] *m* (*brinquedo*) top

piar [pi'ar] *vi* **1.** (*pássaro*) to peep **2.** *inf* (*falar*) to peep; **sem ~** without a peep

Piauí [piaw'i] (State of) Piauí

PIB ['pibi] *m abr de* **Produto Interno Bruto** GDP

pica ['pika] *f chulo* dick

picada *adj v.* **picado**

picada [pi'kada] *f* **1.** (*de inseto ou cobra*) bite **2.** (*atalho*) rough-hewn trail through woods; **é o fim da ~** *inf* that is absurd

picadeiro [pika'dejɾu] *m* circus ring

picadinho [pika'dʒĩɲu] *m* GASTR **~ de carne** (minced) meat stew

picado, -a [pi'kadu, -a] *adj* **1.** (*em pedacinhos*) chopped, minced **2.** (*cebola, salsa*) chopped; **carne picada** minced meat; **papel ~** paper torn into little pieces **3.** (*com picadas*) punctured

picanha [pi'kɐ̃ɲa] *f* rump; GASTR

picante [pi'kɐ̃tʃi] *adj* **1.** (*comida*) spicy **2.** (*anedota*) malicious

pica-pau [pika-'paw] *m* woodpecker

picape [pi'kapi] *f* pickup truck

picar [pi'kar] <c→qu> I. *vt* **1.** (*agulha, inseto, cobra*) to sting; (*pássaro*) to peck **2.** (*carne, cebola*) to mince, to fine chop **3.** (*um animal*) to spur **4.** (*espicaçar*) to prod; (*irritar*) to needle II. *vi* **1.** (*espinho*) to prick; (*roupa*) to tear into bits; (*abelha*) to sting **2.** (*pimenta*) to burn III. *vr*: **~-se** (*ferir-se*) to prick oneself; **~-se numa** [*ou* **com uma**] **agulha** to prick oneself with a needle

picareta [pika'ɾeta] I. *f* (*instrumento*) pick II. *mf inf* (*aproveitador*) hanger-on, chiseller; **é o maior ~** he is the worst kind of chiseller

picaretagem [pikaɾe'taʒẽj] <-ens> *f* **fazer ~** *inf* to chisel [*o* cheat] sb

picas [ˈpikas] *pron indef, chulo* (*nada*) nothing; **não fez ~ todo o dia** he didn't do a thing all day

pichação <-ões> [piʃa'sɐ̃w, -'õjs] *f* graffiti; *inf* (*crítica*) strong criticism

pichado, -a [pi'ʃadu, -a] *adj* (*parede, muro*) with graffiti; **o treinador foi ~ depois da derrota** *inf* the coach was strongly criticized when the team lost

pichador, -a [piʃa'dor, -a] <-es> *m, f* graffiti artist

pichar [pi'ʃar] *vt* **1.** to write or draw on public walls **2.** *inf* (*criticar*) to criticize sth/sb strongly, to speak evil of sth/sb

piche [ˈpiʃi] *m* pitch, tar

picles [ˈpiklis] *m* pickles *pl*

pico [ˈpiku] *m* **1.** (*cume*) peak **2.** **~ de audiência** peak audience **3.** *inf* (*droga injetável*) **tomar um ~** to get a fix

picolé [piko'lɛ] *m* popsicle

picotado, -a [piko'tadu, -a] *adj* (*papel*) perforated

picotar [piko'tar] *vt* (*uma senha, um cartão*) to punch (a card)

picote [pi'kɔtʃi] *m* perforated edge; **abrir pelo ~** to open sth along the perforated edge

picuinha [piku'iɲa] *f* taunting, caustic remark; **ficar de ~ com alguém** to be always taunting sb

pidão, -ona <-ões> [pi'dɐ̃w, -'ona, -'õjs] *m, f* person who is always asking for sth

piedade [pie'dadʒi] *f sem pl* **1.** (*devoção*) piety *no pl* **2.** (*compaixão*) pity *no pl*; **ter ~ de alguém** to pity sb

piedoso, -a [pie'dozu, -'ɔza] *adj* **1.** (*devoto*) pious **2.** (*compassivo*) compassionate **3.** (*misericordioso*) merciful

piegas [pi'ɛgas] *adj inv* (*pessoa*) fussy; (*história*) silly

pieguice [pie'gisi] *f* silly affectation

pier [ˈpier] <-es> *m* pier

piercing [pir'sĩʒ] *m* piercing

pierrô [pie'xo] *m* carnival costume as the clown figure Pierrot

pifar [pi'far] *vi inf* (*aparelho, carro*) to break down

pífaro [ˈpifaɾu] *m* MÚS fifer

pífio, -a [ˈpifiw, -a] *adj* cheap, second-rate

pigarrear [pigaxe'ar] *conj como passear vi* to clear one's throat

pigarro [pi'gaxu] *m* clearing of the throat

pigmeia *f v.* **pigmeu**

pigmentação <-ões> [pigmẽjta'sɐ̃w, -'õjs] *f* pigmentation

pigmento [pig'mẽjtu] *m* pigment

pigmeu, -eia [pigi'mew, -'ɛja] *m, f* pygmy

pijama [pi'ʒama] *m* pajamas *pl*

pila [ˈpila] *mf inf* (*dinheiro*) dough

pilantra [pi'lɐ̃ntɾa] *mf inf* rascal

pilantropia [pilɐ̃ntɾo'pia] *f* tax evasion by false charitable organizations

pilão <-ões> [pi'lɐ̃w, -'õjs] *m* (*para triturar*) mortar

pilar [pi'lar] <-es> *m* ARQUIT pillar

pilastra [pi'lastɾa] *f* pilaster

pileque [pi'lɛki] *m inf* drinking binge; **estar de ~** to be drunk

pilha [ˈpiʎa] *f* **1.** (*monte*) heap; (*de livros*) pile **2.** FÍS battery; **~ recarregável** rechargeable battery **3.** *fig* **estar uma ~ de nervos** to be a nervous wreck

pilhagem [pi'ʎaʒẽj] <-ens> *f* pillage, looting

pilhar [pi'ʎar] *vt* (*saquear*) to pillage, to loot

pilhéria [pi'ʎɛria] f prank
pilões m pl de **pilão**
piloro [pi'loru] m ANAT pylorus
piloso, -a [pi'lozu, -'ɔza] adj pyloric
pilotagem [pilo'taʒẽj] <-ens> f AERO, NÁUT piloting; AUTO driving
pilotar [pilo'tar] vt AERO, NÁUT to pilot; AUTO to drive
piloto [pi'lotu] I. mf AERO pilot; NÁUT captain; (*automobilismo*) pilot; ~ **automático** automatic pilot; ~ **de provas** test pilot II. adj inv pilot; **escola** ~ flying school; **plano** ~ pilot plan
pílula ['pilula] f pill; **estar tomando** ~ **anticoncepcional** to be on the pill
pimba ['pĩba] interj ~! got it!
pimenta [pi'mẽjta] f pepper
pimenta-do-reino [pi'mẽjta-du-'xeinu] <pimentas-do-reino> f black pepper
pimenta-malagueta [pi'mẽjta-mala'geta] <pimentas-malagueta(s)> f red pepper
pimentão <-ões> [pimẽj'tãw, -'õjs] m 1. bell pepper 2. inf **ficar um** ~ (*queimado de sol*) to become as red as a lobster
pimenteira [pimẽj'tejra] f pepper plant
pimentões m pl de **pimentão**
pimpolho [pĩ'poʎu] m 1. BOT sprout 2. (*criança*) healthy youngster
pináculo [pi'nakulu] m 1. form (*de monte*) pinnacle; (*de edifício*) top 2. form (*auge*) highest point
pinça ['pĩsa] f 1. (*de sobrancelhas*) tweezers pl 2. (*para gelo*) tongs pl 3. MED forceps pl
pinçar [pĩ'sar] vt <ç→c> (*tomar ao acaso*) to select randomly
píncaro ['pĩkaru] m v. **pináculo**
pincel <-éis> [pĩ'sɛw, -'ɛjs] m brush; ~ **de barba** shaving brush
pincelada [pĩse'lada] f brush stroke; **dar uma** ~ to retouch sth
pincelar [pĩse'lar] vt to paint with a brush
pindaíba [pĩda'iba] f inf (*sem dinheiro*) **estar na** ~ to be flat broke
pinga ['pĩga] f 1. inf (*cachaça*) white rum 2. (*bebida alcoólica*) booze; **estar na** ~ to be full of booze
pingar [pĩ'gar] <g→gu> I. vt to drip; (*um dinheiro*) to yield small but steady profits II. vi 1. (*líquido, torneira*) to drip; (*sangue*) to ooze 2. (*chuva*) to drizzle; **está começando a** ~ it's starting to drizzle 3. (*ônibus*) to pick up passengers at every bus stop
pingente [pĩ'ʒẽtʃi] m 1. earring, charm (on a necklace) 2. inf (*passageiro*) straphanger
pingo ['pĩgu] m (*porção ínfima*) drop; **não ter um** ~ **de vergonha** to be without an ounce of shame; ~ **de gente** tiny person; **pôr os** ~**s nos is** to dot the i's
pinguço [pĩ'gusu] m inf drunkard
pingue ['pĩgi] 1./3. pres subj de **pingar**
pinguela [pĩ'gɛla] f (*ponte de paus*) log or plank across a stream
pingue-pongue ['pĩgi-'põwgi] m ping-pong
pinguim [pĩ'gwĩj] <-ins> m penguin
pinha [pĩ'ɲa] f sugar apple, sweetsop
pinhal <-ais> [pĩ'ɲaw, -'ajs] m pine forest
pinhão <-ões> [pĩ'ɲãw, -'õjs] m pinion
pinheiro [pĩ'ɲejru] m pine tree; ~ **de Natal** Christmas tree
pinho ['pĩɲu] m pine wood
pinhões m pl de **pinhão**
pinicar [pini'kar] vt <c→qu> (*a pele*) to pinch
pino ['pinu] m 1. (*peça*) peg, pin; **bater** ~ AUTO to knock; *fig, inf* (*pessoa*) to be pooped 2. (*auge*) at the peak of; **o sol a** ~ at high noon
pinote [pi'nɔtʃi] m 1. (*salto*) horse's leap, horse's buck 2. (*coice*) horse's curvet; **dar o** ~ inf to take to one's heels
pinta ['pĩta] f 1. (*mancha*) **uma** ~ **no rosto** a mole on the face 2. inf (*aparência*) good-looking person; **ter boa** ~ to be good-looking; **ter** ~ **de conquistador** to look like a womanizer; **pela** ~, **não para de chover tão cedo** from the look of it, the rain won't be stopping soon
pintado, -a [pĩ'tadu, -a] adj 1. (*quadro*) painted 2. (*parede*) painted; ~ **de amarelo** painted yellow; ~ **à mão** hand painted
pintar [pĩ'tar] I. vt 1. (*quadro, casa*) to paint; (*com lápis, caneta*) to color *Am*, to colour *Brit*; ~ **a. c. de verde** to color sth green 2. (*maquiar*) to put on make up; (*os olhos*) to make up; (*o cabelo*) to color 3. (*descrever: uma situação, a realidade*) to paint; ~ **e bordar** to act up; ~ **o sete** inf to raise hell II. vi gír (*aparecer*) to put in an appearance;

pintou um emprego/uma oportunidade a job/an opportunity has just come up; **pinta lá em casa hoje** (why don't you) drop by the house today III. *vr*: **~-se** to put on makeup

pintassilgo [pĩjta'siwgu] *m* the Brazilian siskin

pinto ['pĩtu] *m* **1.** (*animal*) young chicken; (*criança pequena*) child; **ficar molhado como um ~** to become drenched; (*algo insignificante*); **acordar cedo para ele é ~** getting up early is a easy for him **2.** *chulo* (*pênis*) cock

pintor(a) [pĩj'tor(a)] <-es> *m/f* (*artístico*) painter; (*de casas*) house painter

pintura [pĩj'tura] *f* **1.** (*arte*) painting, picture; **~ a óleo** oil painting **2.** (*quadro*) painting **3.** (*de objeto, casa*) painting; (*de automóvel*) paint job **4.** (*maquiagem*) face make-up

pio¹ ['piw] *m* (*de ave*) chirp; *inf* (*voz*) peep; **não dar um ~** not to let out a peep; **nem mais um ~!** not another peep out of you!

pio, -a² ['piw, -a] *adj* pious; (*caridoso*) charitable

piões *m pl de* **pião**

piolhento, -a [pio'ʎẽjtu, -a] *adj* lousy

piolho [pi'oʎu] *m* louse

pioneiro, -a [pio'nejru, -a] I. *m, f* pioneer; **~ em a. c.** a pioneer in sth II. *adj* pioneer; **trabalho ~** groundbreaking research

pior [pi'ɔr] I. *m* **o ~** the worst; **o ~ já passou/ainda está por vir** the worst is over/still to come II. *adj* **1.** (*comp. de mau*) worse; **~ (do) que** worse than; **tanto ~!** too bad! **2.** (*superl. de mau*) (the) worst; **essa é a ~ solução** that is the worst solution; **ela é a ~ aluna da turma** she the worst student in her class III. *adv* **1.** (*comp. de mal*) worse (than); **ele está muito ~** he is much worse **2.** (*superl. de mal*) (the) worst; **o que fala ~ francês** the one who speaks the worst French **3. levar a ~** to get the worst of it; **estar na ~** *inf* to be badly off

piora [pi'ɔra] *f* worsening

piorar [pio'rar] I. *vt* to worsen II. *vi* **1.** (*situação*) to worsen; (*qualidade*) to deteriorate **2.** (*doente*) to get worse; **ele piorou** he got worse

pipa ['pipa] *f* **1.** (*vasilha*) cask **2.** (*papagaio de papel*) kite; **soltar ~** to fly a kite **3.** *inf* a short, fat person

pipeta [pe'peta] *f* pipette

pipi [pi'pi] *m infantil* (*urina*) pee; **fazer ~** to pee

pipoca [pi'pɔka] *f* popcorn

> **Cultura** **Pipoca**, the Portuguese word for popcorn is a word of Tupi origin. In Brazil, **pipoca** is served either salted or sweetened.

pipocar [pipo'kar] *vi* <c→qu> (*estouro*) to pop; (*surgir*) to pop up; **a notícia pipocou na faculdade** the news popped up in college

pipoqueiro, -a [pipo'kejru, -a] *m, f* popcorn man

pique¹ ['piki] *m* **1.** (*pequeno corte*) prick **2.** (*brincadeira*) hide and seek **3.** (*fracassar*) to sink; **ir a ~** to go to ruin **4.** (*a ponto de*) **esteve a ~ de perder a cabeça** he was on the verge of losing his mind **5.** (*grande disposição*) **estar no maior ~** to be full of gas

pique² ['piki] *1./3. pres subj de* **picar**

piquê [pi'ke] *m* piquet, cotton fabric made of two cloths sewn together with stitches that form designs

piquenique [piki'niki] *m* picnic; **fazer um ~** to go on a picnic

piquete [pi'ketʃi] *m* MIL picket; **fazer ~** (*grevistas*) to form a picket line

pira ['pira] *m* **1.** (*fogueira*) pyre; **~ olímpica** Olympic torch **2.** *inf* **dar o ~** to beat it

piração <-ões> [pira'sãw, -'õjs] *f* gír excellence; **ser uma ~** to be extraordinary

pirado, -a [pi'radu, -a] *adj inf* crazy

pirâmide [pi'ramidʒi] *f* pyramid

piranha [pi'rãɲa] *f* **1.** ZOOL piranha **2.** *pej* (*mulher*) slut **3.** *inf* (*prendedor de cabelo*) hair clip

pirão <-ões> [pi'rãw, -'õjs] *m* GASTR manioc mush (*made from manioc flour seasoned with vegetables, fish, chicken or beef broth*)

pirar [pi'rar] I. *vi inf* (*enlouquecer*) to go mad; (*cair fora*) to scram II. *vr*: **~-se** *inf* to beat it

pirarucu [piraru'ku] *m* giant arapaima

pirata [pi'rata] I. *mf* pirate; **~ do ar** hijacker; **~ eletrônico** INFOR hacker II. *adj inv* illegal; **disco ~** bootleg record; **programa ~** pirated software; **rádio ~** clandestine radio station

pirataria [pirata'ria] *f* ECON, INFOR piracy
pirateado, -a [piratʃi'adu, -a] *adj* (*disco*) bootleg; (*programa*) pirated
piratear [piratʃi'ar] *conj como passear vt* ECON to pirate; INFOR to pirate; (*disco*) to bootleg
pires ['piris] *m inv* saucer
pirex [pi'rɛks] *m inv* **1.** (*material*) refractory glass **2.** (*recipiente*) Pyrex®
pirilampo [piri'lɐ̃pu] *m* firefly
Pirineus [piri'news] *mpl* Pyrenees *pl*
pirões *m pl de* **pirão**
pirogênese [piro'ʒenezi] *f* Fís pyrogenesis
pirólise [pi'rɔlizi] *f* QUÍM pyrolysis
piromania [piromɐ'nia] *f* MED pyromania
piromaníaco, -a [piromɐ'niaku, -a] *m, f* MED pyromaniac
pirotecnia [pirotek'nia] *f* pyrotechnics; **fábrica de ~** fireworks factory
pirotécnico, -a [piro'tɛkniku, -a] **I.** *m, f* pyrotechnist **II.** *adj* (*espetáculo*) firework
pirraça [pi'xasa] *f* foolish stubbornness, orneriness; **fazer ~** to be stubborn
pirralho, -a [pi'xaʎu, -a] *m, f* brat, kid
pirueta [piru'eta] *f* pirouette; **fazer uma ~** to do a pirouette
pirulito [piru'ʎitu] *m* lollipop
pisada [pi'zada] *f* footstep; (*rastro*) footprint; **dar uma ~ na bola** *gír* to goof up
pisão <-ões> [pi'zɐ̃w, -'õjs] *m* **1.** (*equipamento*) fulling mill **2. levar um ~ no pé** to have one's foot stepped on
pisar [pi'zar] *vt* **1.** (*andar*) to step; **~ no chão** to step on the floor; **~ no pé de alguém** to step on sb's foot; **proibido ~ na grama** keep off the grass; **vê por onde pisa!** look where you're going! **2.** AUTO **~ no acelerador/freio** to step on the gas/brake; **~ fundo** to accelerate, to step on it **3.** (*uvas*) to tread grapes; (*grãos de café*) to grind coffee **4.** *fig* (*maltratar*) **~ em alguém** to step on sb **5.** *inf* **~ na bola** to goof up
piscadela [piska'dɛla] *f inf* **dar uma ~ para alguém** to give sb a wink
pisca-pisca ['piska-'piska] <pisca(s)-piscas> *m* blinker (signal light); **ligar o ~** to turn on the blinker(s) (signal lights)
piscar [pis'kar] <c→qu> **I.** *vt* **~ o olho** to blink; **~ o olho para alguém** to wink at sb; **~ o farol** to blink the headlights **II.** *vi* (*luz*) to blink **III.** *m num ~*

de olhos in the blink of an eye
piscatório, -a [piska'tɔriw, -a] *adj* **1.** (*de pescadores*) fishing, piscatorial; **aldeia piscatória** fishing village **2.** (*de pesca*) piscatorial
pisciano, -a *adj, m, f* Pisces; **ser ~** to be a Pisces
piscicultor(a) [pisikuw'tor(a)] <-es> *m(f)* pisciculturist, fish farmer
piscicultura [pisikuw'tura] *f* pisciculture, fish farming
piscina [pi'sina] *f* swimming pool; **~ coberta** indoor swimming pool; **~ olímpica** Olympic swimming pool
pisco ['pisku] *m* (*bebida peruana*) pisco, *strong Peruvian liquor made from grapes*
piso ['pizu] *m* **1.** (*andar*) floor, storey; **uma casa de três ~s** three-storey house; **no segundo ~** on the second floor **2.** (*chão*) ground; (*de sala*) floor; **~ de cimento** cement floor **3.** ECON **~ salarial** starting salary
pisões *m pl de* **pisão**
pisotear [pizotʃi'ar] *conj como passear vt* to trample upon; *fig* to humiliate
pista ['pista] *f* **1.** (*faixa de rodovia*) lane; **~ dupla** two-lane traffic; **~ de avião** runway; **~ de corridas** race track; **~ de cavalos** horse track; **~ de patinação** skating rink; **~ de dança** dance floor **2.** (*rastro*) trail; **seguir uma ~** to follow a trail; **estar na ~ de alguém** to be on sb's trail **3.** (*para adivinhar*) clue; **dar uma ~ a alguém** to give sb a clue
pistache [pis'taʃi] *m* pistachio
pistola [pis'tɔla] *f* **1.** (*arma*) pistol, gun **2.** (*para pintar*) spray gun; **~ de ar comprimido** air gun
pistolão <-ões> [pisto'lɐ̃w, -'õjs] *m inf* big shot; **servir de ~ para alguém** to use one's influence on sb's behalf; **ter um ~** to have the backing of an influential person
pistoleiro, -a [pisto'lejru, -a] *m, f* gunman
pistolões *m pl de* **pistolão**
pistom [pis'tõw] <-ons> *m* **1.** MEC piston **2.** MÚS piston trumpet
pistonista [pisto'nista] *mf* trumpet player
pistons *m pl de* **pistom**
pitada [pi'tada] *f* pinch; **uma ~ de sal** a pinch of salt
pitanga [pi'tɐ̃ga] *f* BOT Brazil cherry; **chorar ~s** *reg* (*SP*) to cry rivers (of

tears)
pitecantropo [pitekɜ̃ŋˈtropo] *m* HIST pithecanthropus
piteira [piˈtejra] *f* cigarette holder
pitéu [piˈtɛw] *m reg* (*Pernambuco*) tasty morsel, tidbit
pito [ˈpitu] *m* 1. (*cigarro*) cigarette 2. *inf* (*repreensão*) **dar** [*ou* **passar**] **um ~ em alguém** to give sb a scolding; **levar** [*ou* **tomar**] **um ~** to receive a scolding
pitombeira [pitõwˈbejra] *f* (*árvore, fruta*) pitomba
pitoresco, -a [pitoˈresku, -a] *adj* picturesque
pivete [piˈvɛtʃi] *m* (*criança*) kid; *inf* (*menino ladrão*) juvenile thief
pivô [piˈvo] *m* 1. (*dente*) false tooth 2. ESPORT play maker 3. *fig* (*key*) **o ~ de um crime** the key to a crime
pixaim [piʃaˈij] <-ins> *adj* (*cabelo*) kinky hair
pixote [piˈʃɔtʃi] *m* 1. rock drill 2. *gír* (*menino novo*) young boy
pizza [ˈpitsa] *f* pizza; **acabar em ~** *inf* to let things ride
pizzaria [pitsaˈria] *f* pizza house
placa [ˈplaka] *f* 1. (*de concreto*) concrete slab 2. (*de sinalização*) sign; **~ de carro** license plate *Am*, number plate *Brit*; **~ comemorativa** memorial plate 3. (*bacteriana*) plaque 4. INFOR circuit board; **~ de memória** memory board
placa-mãe [ˈplaka-ˈmɜ̃j] <placas--mãe(s)> *f* INFOR motherboard
placar [plaˈkar] <-es> *m* ESPORT (*quadro*) scoreboard; (*resultado*) score; **~ eleitoral** political balance
placebo [plaˈsebu] *m* MED placebo
placenta [plaˈsẽjta] *f* ANAT placenta
plácido, -a [ˈplasidu, -a] *adj* placid
plagiador(a) [plaʒiaˈdor(a)] <-es> *m(f)* plagiarist
plagiar [plaʒiˈar] *vt* to plagiarize
plágio [ˈplaʒiw] *m* plagiarism
plaina [ˈplajna] *f* plane
plana *adj v.* **plano**
planador [plɜnaˈdor] <-es> *m* glider
planalto [plɜˈnawtu] *m* 1. GEO plateau 2. POL **o Planalto** seat of the executive branch of the Brazilian Federal Government
planar [plɜˈnar] *vi* (*ave, avião*) to glide
plâncton [ˈplɜ̃ŋktõw] *m* plankton
planejamento [plɜneʒaˈmẽjtu] *m* planning; **~ familiar** family planning; **~ urbano** urban planning; **Ministério do Planejamento** Brazilian Ministry of Planning
planejar [plɜneˈʒar] *vt* to plan
planeta [plɜˈneta] *m* planet; **o ~ Terra** the planet Earth
planetário, -a [plɜneˈtariw, -a] I. *m, f* planetarium II. *adj* planetary
planície [plɜˈnisii] *f* plain, prairie
planificação <-ões> [plɜnifikaˈsɜ̃w, -ˈõjs] *f* planning
planificar [plɜnifiˈkar] *vt* <c→qu> to establish a plan
planilha [plɜˈniʎa] *f* spread sheet
planimetria [plɜnimeˈtria] *f* mapping
plano [ˈplɜnu] *m* 1. (*projeto*) plan; **~ de metas** plan of goals; **~ de saúde** health plan; **o Plano Real** the Real Plan; **traçar um ~** to establish a plan; **fazer ~s** to make plans; **mudar os ~s** to change plans; **~ para o fim de semana** plans for the weekend 2. (*nível*) level; **em primeiro/último ~** in the foreground/background; **no ~ afetivo** on an emotional level; **no ~ financeiro** on a financial level 3. MAT diagram
plano, -a [ˈplɜnu, -a] *adj* plane, level
planta [ˈplɜ̃ta] *f* 1. BOT plant 2. (*de prédio, casa*) blueprint; (*de cidade*) map 3. ANAT **~ do pé** sole of the foot
plantação <-ões> [plɜ̃taˈsɜ̃w, -ˈõjs] *f* 1. (*ação de plantar*) planting 2. (*terreno*) planted land
plantado, -a [plɜ̃ˈtadu, -a] I. *pp de* **plantar** II. *adj* **deixar alguém ~ esperando** *inf* to leave sb waiting
plantador(a) [plɜ̃taˈdor(a)] <-es> *m(f)* AGR planter
plantão <-ões> [plɜ̃ˈtɜ̃w, -ˈõjs] *m* **estar de** [*ou* **dar**] **~** to work the night shift; **farmácia de ~** 24-hour drugstore
plantar [plɜ̃ˈtar] I. *vt* 1. (*vegetal*) to plant; **~ bananeira** *inf* (*do corpo*) to do a handstand 2. (*um terreno*) to stock with plants 3. *fig* (*ideias*) to implant II. *vr:* **~-se** (*ficar estacionado*) to plant oneself
plantel <-éis> [plɜ̃ˈtɛw, -ˈɛjs] *m* breeding stock; (*de atletas*) team
plantio [plɜ̃ˈtʃiw] *m v.* **plantação**
plantões *m pl de* **plantão**
plantonista [plɜ̃toˈnista] *mf* professional on the late shift
plaqueta [plaˈketa] *f* **~ sanguínea** blood platelet
plasma [ˈplazma] *m* plasma
plástica *adj v.* **plástico**

plástica ['plastʃika] f (*cirurgia*) plastic surgery; **fazer uma ~** to have plastic surgery done; (*corpo*) body; **a modelo tem uma ~ perfeita** the model has a perfect body

plasticidade [plastʃisi'dadʒi] f plasticity

plástico ['plastʃiku] m plastic; **copo de ~** plastic cup

plástico, -a ['plastʃiku, -a] adj plastic; **artes plásticas** fine arts pl

plastificar [plastʃifi'kar] vt <c→qu> (*um cartão*) to plastify

plataforma [plata'fɔrma] f 1.(*de estação*) platform; **~ de lançamento** launch pad 2.(*de edifício*) terrace 3.(*de exploração de petróleo*) oil platform 4. POL (*de um partido*) political platform 5. GEO **~ continental** continental shelf; **sapato ~** platform shoe

plátano ['platʒnu] m American planetree, sycamore

plateia [pla'tɛja] f (*teatro*) audience

platina [pla'tʃina] f platinum

platinado [platʃi'nadu] m 1. MEC distributor points pl 2.(*cabelos*) platinum

platô [pla'to] m GEO plateau

platônico, -a [pla'toniku, -a] adj platonic

plausível <-eis> [plaw'zivew, -ejs] adj 1.(*aceitável*) plausible 2.(*provável*) likely

playback [plej'bɛki] m MÚS playback; **cantar com ~** lip-synching

playboy [plej'bɔj] m playboy

playground [plej'grawdʒi] m playground

plebe ['plɛbi] f the rabble

plebeu, plebeia [ple'bew, -'ɛja] I. m, f HIST plebian II. adj HIST plebian

plebiscito [plebi'situ] m plebiscite

pleitear [plejtʃi'ar] conj como passear vt (*requerer*) to plead, to sue; **~ a. c.** to plead/sue for sth; **~ um emprego/uma vaga** to strive for a job/vacancy

pleito ['plejtu] m plea, suit

plena adj v. pleno

plenamente [plena'mējtʃi] adv entirely; **estar ~ de acordo com alguém** to be entirely in agreement with sb

plenário [ple'nariw] m plenary assembly

plenário, -a [ple'nariw, -a] adj **sessão plenária** plenary session

plenipotência [plenipo'tẽjsia] f full powers

plenitude [pleni'tudʒi] f 1.(*abundância*) plenitude 2.(*perfeição*) perfection

pleno(a) ['plenu, -a] adj 1.(*cheio*) full; (*completo*) in the middle of; **em ~ dia** in the middle of the day; **em ~ inverno** in the middle of winter; **em plena rua** in the middle of the street 2.(*perfeito*) perfect; **em plena forma** in perfect health

pleonasmo [pleon'nazmu] m LING pleonasm, redundancy

pleura ['plewra] f MED pleura

plinto ['plĩjtu] m 1. ARQUIT plinth 2. ESPORT base

plissado [pli'sadu] m pleat

plissado, -a [pli'sadu, -a] adj pleated; **saia plissada** pleated skirt

plissar [pli'sar] vt to pleat

plotar [plo'tar] vt (*gráfico*) to plot

plugue ['plugi] m ELETR plug

pluma ['pluma] f feather, plume

plumagem [plu'maʒẽj] <-ens> f plumage *no pl*

plumoso, -a [plu'mozu, -'ɔza] adj BOT, ZOOL feathered, feathery

plural <-ais> [plu'raw, -'ajs] m plural

pluralidade [pluraʎi'dadʒi] f plurality

pluralismo [pluraʎi'zmu] m POL pluralism

pluripartidário, -a [pluripartʃi'dariw, -a] adj multi-party

pluripartidarismo [pluripartʃida'rizmu] m sem pl multi-party political system

plush <-es> ['pluʃi, 'pluʃis] m plush

Plutão [plu'tɐ̃w] m ASTRON Pluto

plutocracia [plutokra'sia] f POL plutocracy

plutocrata [pluto'krata] mf plutocrat

plutônio [plu'toniw] m QUÍM plutonium

pluvial <-ais> [pluvi'aw, -'ajs] adj pluvial

pluviométrico, -a [pluvio'mɛtriku, -a] adj pluviometric

pneu [pe'new] m 1.(*de automóvel*) tire; **~ radial** radial tire; **trocar o ~** to change a tire; **ter um ~ furado** to have a flat tire 2. *inf* (*no corpo*) spare tire

pneumática [penew'matʃika] f FÍS pneumatics

pneumático, -a [penew'matʃiku, -a] adj MEC pneumatic

pneumonia [penewmo'nia] f MED pneumonia

pó ['pɔ] m 1.(*sujeira*) dust; **limpar o ~** to dust 2.(*produto*) powder; **em ~** powdered; **café em ~** finely ground

coffee 3.(*cosmético*) facial powder 4. *gír* (*cocaína*) coke
pô ['po] *interj chulo* ~! shit!
pobre ['pɔbri] I. *mf* pauper II. *adj* (*pessoa*) poor; **é uma ~ criança órfã** he's a poor orphan (child); (*casa*) simple; **~ do Carlos!** poor Charles!; **~ de espírito** weak-spirited; **~ de você!** poor you!
pobre-diabo ['pɔbri'dʒiabu] <pobres-diabos> *m* poor devil
pobretão, -ona <-ões> [pobre'tãw, -'ona, -'õjs] *m, f* very poor person
pobreza [po'breza] *f* poverty
poça ['pɔsa] *f* shallow pool; **~ d'água** puddle of water
poção <-ões> [po'sãw, -'õjs] *f* FARM potion *pl*
pochete [po'ʃɛtʃi] *f* fanny pack *Am*, bumbag *Brit*
pocilga [po'siwga] *f* pigsty
poço [po'su] *m* 1.(*de água*) well; **~ artesiano** artesian well; **~ petrolífero** oil well; **ser um ~ sem fundo** to be a bottomless pit; **ser um ~ de sabedoria** to be a fountain of wisdom 2. (*de mina, elevador*) shaft 3. (*em rio, mar*) deepest point; **~ de ar** AERO air pocket
poda ['pɔda] *f* pruning
podar [po'dar] *vt* (*uma árvore*) to prune; *fig* (*cercear*) to back bite
pôde ['podʒi] *3. pret perf de* **poder**
pó de arroz ['pɔ dʒja'xos] <pós de arroz> *m* rice powder
poder¹ [po'der] *m* 1.(*autoridade*) authority; (*domínio*) power; **~ executivo** executive branch; **~ judiciário** judicial branch; **~ legislativo** legislative branch; **o ~ público** government; **~ pátrio** parental rights and responsibilities; **plenos ~es** JUR full powers *pl*; **estar no ~** to be in office; **exercer ~ sobre alguém** to have control over sb; **tomar o ~** to take over sth 2.(*faculdade*) power; **~ aquisitivo** purchasing power 3. (*posse*) to have possession of sth; **ter a. c. em seu ~** to have sth in one's possession 4. MIL **~ de fogo** firepower
poder² [po'der] *irr* I. *vt* 1.(*possibilidade*) to be able; **eu posso me encontrar com você amanhã** I can meet you tomorrow 2. (*permissão*) can, may; **posso entrar?** may I come in?; **aqui não se pode fumar** you can't smoke here 3. (*suposição*) may; **pode ser** perhaps; **ele pode estar ocupado** he may be busy; **pode ser que ela venha** perhaps she will come 4. (*capacidade*) **~ com** to be able to cope with; **ela não pode comigo/com isto** she can't cope with me/this 5. *inf* (*suportar*) **não ~ com alguém/a. c.** not to be able to cope with sb/sth; **até não ~ mais** to the limit of one's capacity II. *vi* 1. (*capacidade*) **já não posso mais!** I can't do this anymore! 2. (*possibilidade*) **como é que pode?** how can that be?
poderio [pode'riw] *m* authority; **~ militar/econômico** military/economic might
poderoso, -a [pode'rozu, -'ɔza] *adj* powerful
poderosos [pode'rɔzus] *mpl* **the ~** the powerful (ones)
pódio ['pɔdʒiw] *m* ESPORT podium
podre ['podri] I. *m fig* private vice; **contar os ~s de alguém** to reveal sb's private vices II. *adj* 1.(*alimento*) rotten, spoilt 2.(*moralmente*) corrupt 3.(*muito cansado*) exhausted 4. **ser ~ de rico** to be filthy rich
podridão <-ões> [podri'dãw, -'õjs] *f* 1.(*putrefação*) putridity 2. (*moral*) corruption
poeira [pu'ejra] *f* dust; **~ radioativa** radioactive dust; **fazer comer ~** *fig, inf* to make sb eat dirt; **levantar ~** to kick up the dust
poeirada [puej'rada] *f* cloud of dust
poeirento, -a [puej'rẽjtu, -a] *adj* dusty
poema [po'ema] *m* poem
poente [po'ẽjtʃi] I. *m* sunset, west II. *adj* setting; **o sol ~** the setting sun
poesia [poe'zia] *f* poetry
poeta [po'ɛta] *mf* poet
poética [po'ɛtʃika] *f* poetic
poético, -a [po'ɛtʃiku, -a] *adj* poetic
poetisa [poe'tʃiza] *f v.* **poeta**
point ['põjtʃi] *m* (*lugar animado e em moda*) hot spot
pois ['pojs] I. *conj* for II. *adv* for; (*consentimento*) yes; **~ bem!** all right!; **~ claro!** of course!; **é!** so it is!; **~ não?** yes?; **~ não, em que posso ajudar?** yes, can I be of any help?; **~, eu sei** well, I know; **~ sim!** *irôn* certainly!
polainas [po'lajnas] *fpl* leggings *pl*, garters *pl*
polar [po'lar] <-es> *adj* polar
polarização <-ões> [polariza'sãw, -'õjs] *f* FÍS polarization

polarizador [polariza'dor] <-es> *m* FÍS polarizer

polarizador(a) [polariza'dor(a)] <-es> *adj* polarizing

polaroide [pola'rɔjdʒi] *f* 1. (*máquina*) polaroid® camera 2. (*fotografia*) polaroid® snapshot

polca ['pɔwka] *f* MÚS polka

polegada [pole'gada] *f* inch

polegar [pole'gar] <-es> *m* thumb

poleiro [po'lejru] *m* roost; **estar no ~** *fig* to have authority

polêmica [po'lemika] *f* controversy; **causar ~** to cause controversy

polêmico, -a [po'lemiku, -a] *adj* controversial

polemizar [polemi'zar] *vt* to engage in polemical controversy

pólen ['pɔlɛj] <polens> *m* BOT pollen

polenta [po'lẽjta] *f* polenta, *Italian porridge made of corn meal*

polia [pu'ʎia] *f* pulley

poliamida [poʎiaˈmida] *f* QUÍM polyamide

polichinelo [poʎiʃi'nɛlu] *m* ESPORT **fazer ~s** to do jumping jacks

polícia [pu'ʎisia] *f* 1. (*instituição*) police force; **~ civil/militar** civil/military police; **~ de fronteira** border police; **~ de trânsito** traffic warden; **~ rodoviária** highway police; **chamar a ~** to call the police; **ser caso de ~** to be a police matter 2. (*membros*) police officer

policial <-ais> [puʎisi'aw, -'ajs] I. *mf* police officer, policeman *m*, policewoman *f*; **~ militar** military police officer II. *adj* police; **filme ~** cops and robbers movie; **romance ~** detective story

policiamento [puʎisja'mẽjtu] *m* policing

policiar [puʎisi'ar] I. *vt* (*cidade, as ruas*) to police; (*as ações*) to control II. *vr*: **~-se** to police oneself

policlínica [pɔʎi'klinika] *f* polyclinic

policromático, -a [pɔʎikro'matʃiku, -a] *adj* polychromatic

polida *adj v.* **polido**

polidez [poʎi'des] *f sem pl* good breeding, politeness

polido, -a [po'ʎidu, -a] *adj* 1. (*superfície*) polished 2. (*comportamento*) polite

poliedro [poʎi'edru] *m* MAT polyhedron

poliéster [poʎi'ɛster] <-es> *m* polyester

poliestireno [pɔʎiestʃi'renu] *m* polystyrene

polígama *f v.* **polígamo**

poligamia [poʎiga'mia] *f* polygamy

polígamo, -a [po'ʎigamu, -a] *m, f* polygamist

poliglota [poʎi'glɔta] I. *mf* polyglot II. *adj* polyglot

polígono [po'ʎigonu] *m* MAT polygon

polimento [poʎi'mẽjtu] *m* 1. (*de superfície*) polishing 2. (*cortesia*) politeness

polímero [po'ʎimeru] *m* polymer

polimórfico, -a [poʎi'mɔrfiku, -a] *adj* polymorphic

Polinésia [poʎi'nɛzia] *f* Polynesia

polinésio, -a [poʎi'nɛziu, -a] *adj, m, f* Polynesian

polinizar [poʎini'zar] *vt* BOT to pollinate

poliomielite [pɔʎiwmie'ʎitʃi] *f* poliomyelitis

pólipo ['pɔʎipu] *m* MED polyp

polir [pu'ʎir] *irr vt* 1. (*dar lustre*) to polish 2. (*alisar*) to smooth 3. (*aprimorar*) to improve

polissacarídeo [poʎisaka'ridʒiw] *m* polysaccharide

polissilábico, -a [polisi'labiku, -a] *adj* polysyllabic(al)

polissílabo [poʎi'silabu] *m* LING polysyllable

politécnico, -a [poʎi'tɛkniku, -a] *adj* polytechnic(al); **Instituto Politécnico** polytechnic school

politeísmo [poʎite'izmu] *m sem pl* polytheism

politeísta [poʎite'ista] I. *mf* polytheist II. *adj* polytheistic(al)

política *adj v.* **político**

política [po'ʎitʃika] *f* politics, policy; **~ ambiental** environmental policy; **~ econômica** economic policy; **~ educacional** educational policy; **~ exterior** foreign policy

politicagem [poʎitʃi'kaʒẽj] <-ens> *f pej* petty politics

político, -a [po'ʎitʃiku, -a] I. *m, f* politician II. *adj* politic(al)

político-financeiro, politico-financeira [pu'ʎitʃiku-finãŋ'sejru, -a] <político(s)-financeiros> *adj* political and financial

politiqueiro, -a [poʎitʃi'kejru, -a] *m, f pej* petty politician

politizado, -a [poʎitʃi'zadu, -a] *adj* politically aware

politizar [poʎitʃi'zar] I. *vt* to politicize

II. *vr:* ~**-se** to become politically aware

poliuretano [poλiure'tɜnu] *m* polyurethane

polivalente [poλiva'lẽjtʃi] *adj* **1.** (*pessoa*) versatile **2.** (*escola*) multivalent; (*quadra*) multi-use **3.** (*palavra*) polyvalent

polo ['pɔlu] *m* **1.** FÍS, GEO pole; **Polo Norte** North Pole; **Polo Sul** South Pole; ~ **magnético** magnetic pole; ~ **positivo** positive pole; ~ **negativo** negative pole **2.** (*assunto*) extreme; **passar de um ~ a outro** to go from one extreme to the other **3.** ESPORT polo; ~ **aquático** water polo **4.** (*camisa*) polo shirt

polonês, -esa [polo'nes, -'eza] **I.** *m, f* Pole **II.** *adj* Polish

Polônia [po'lonia] *f* Poland

polpa ['powpa] *f* **1.** (*de fruta*) pulp; (*de raiz*) pulp; ~ **de tomate** tomato pulp **2.** (*dos dedos*) fingertip

polpudo, -a [pow'pudu, -a] *adj* (*quantia*) highly profitable

poltrona [pow'trona] *f* armchair

poluente [polu'ẽjtʃi] *adj* pollutant; **pouco ~** clean

poluição <-ões> [polui'sɜ̃w, -'õjs] *f* pollution; ~ **do ar** air pollution; ~ **dos mares** sea pollution; ~ **dos rios** river pollution; ~ **sonora** sound pollution

poluído, -a [polu'idu, -a] *adj* polluted

poluir [polu'ir] *conj como incluir vt* to pollute

polvilhar [powvi'λar] *vt* to sprinkle; ~ **com** to sprinkle with

polvilho [pow'viλu] *m* tapioca; **biscoito de ~** tapioca cookie

polvo ['powvu] *m* octopus

pólvora ['pɔwvura] *f* gun powder; **brincar com ~** to play with fire; **descobrir a ~** to make an obvious remark

polvorosa [powvo'rɔza] *f* commotion; **pôr em ~** to cause a great commotion

pomada [po'mada] *f* FARM ointment; ~ **para queimaduras** ointment for burns; **aplicar uma ~** to apply an ointment

pomar [po'mar] <-es> *m* (*quintal*) orchard

pomba ['põwba] **I.** *f* dove; ~ **da paz** dove of peace **II.** *interj* (*espanto*) **~(s), roubaram o meu celular!** heck, sb's stolen my cell phone!

pombal <-ais> [põw'baw, -'ajs] *m* dovecote

pombo ['põwbu] *m* (*espécie*) pigeon; (*macho*) male pigeon

pombo-correio ['põwbu-ko'xeju] <pombos-correio(s)> *m* homing pigeon

pomo-de-adão ['pomu-dʒi-a'dɜ̃w] <pomos-de-adão> *m* Adam's apple

pompa ['põwpa] *f* pomp; **com ~ e circunstância** with pomp and circumstance

pompom [põw'põw] <-ons> *m* powder puff

pomposo, -a [põw'pozu, -'ɔza] *adj* pompous

ponche ['põwʃi] *m* punch

poncho ['põwʃu] *m* poncho

ponderação <-ões> [põwdera'sɜ̃w, -'õjs] *f* **1.** (*reflexão*) pondering **2.** (*avaliação*) careful consideration

ponderado, -a [põwde'radu, -a] *adj* (*pessoa*) prudent; MAT (*média*) weighed average

ponderar [põwde'rar] **I.** *vt* to ponder **II.** *vi* to ponder; ~ **sobre a. c.** to ponder (on/over) sth

pônei ['põnej] *m* pony

ponha ['põɲa] *1./3. pres subj de* **pôr**

ponho ['põɲu] *1. pres de* **pôr**

ponta ['põwta] *f* **1.** (*bico*) tip; ~ **do dedo** fingertip; **ficar na ~ dos pés** to stand on tiptoe **2.** (*extremidade*) extremity; ~ **de cigarro** cigarette butt; **à ~ de faca** the end of a knife; **dar murro em ~ de faca** to try again and again without making any headway; **na outra ~ da cidade** on the other side of town; **saber a. c. na ~ da língua** to know sth inside out; **de ~ a ~** *fig* from end to end; **vencer de ~ a ~** to lead from start to finish **3.** (*pouco*) **uma ~ de** on a small scale; **fazer uma ~ num filme** CINE to play a small part in a movie **4.** *inf* **aguentar** [*ou* **segurar**] **as ~s** to bear the brunt; ~ **de estoque** outlet

ponta-cabeça ['põwta-ka'besa] <pontas-cabeça(s)> *f* **de ~** upside down

pontada [põw'tada] *f* (*dor*) twinge

ponta-direita ['põwta-dʒi'rejta] <pontas-direitas> *mf* ESPORT right-winger (soccer position or player)

ponta-esquerda ['põwta-is'kerda] <pontas-esquerdas> *mf* ESPORT left-winger (soccer position or player)

pontal <-ais> [põw'taw, -'ajs] *m* GEO spit of land

pontão <-ões> [põw'tãw, -'õjs] *m* prop, small highway bridge

pontapé [põwta'pɛ] *m* 1.(*geral*) kick; **dar um ~ em alguém** to give sb a kick; **levar um ~** to receive a kick from sb 2. ESPORT kick; **~ inicial** kick off; **dar um ~ na bola** to kick the ball

pontaria [põwta'ria] *f* aim; **fazer ~** to aim at; **ter boa ~** to have good aim

ponte ['põtʃi] *f* 1. ARQUIT bridge; **~ aérea** air shuttle service; **~ levadiça** lift bridge; **~ móvel** movable bridge; **~ pênsil** suspension bridge 2. NAÚT bridge deck 3. MED **~ de safena** coronary bypass surgery 4.(*de feriados*) **fazer uma ~** to extend a holiday

pontear [põwtʃi'ar] *conj como passear vt* 1.(*meias*) to baste 2. MÚS to finger

ponteiro [põw'tejru] *m* 1. point chisel; **~ do relógio** clock/watch hand 2. INFOR cursor 3. *fig* **acertar os ~s com alguém** to get even with sb

pontiagudo, -a [põtʃia'gudu] *adj* sharp

pontífice [põ'tʃifisi] *m* REL pontiff; **Sumo Pontífice** the Pope

pontilhado, -a [põtʃi'ʎadu, -a] *adj* dotted

pontilhão <-ões> [põtʃi'ʎãw, -'õjs] *m* small bridge

pontinha [põw'tʃĩɲa] *f inf* (*bocadinho*) a touch of; **uma ~ de ciúmes/febre** a touch of jealousy/fever

ponto ['põwtu] *m* 1.(*marca*) dot 2.(*assunto*) subject matter; **~ crítico** [*ou* **crucial**] critical point; **~ de ebulição** boiling point; **~ de encontro** meeting point; **~ morto** (*automóvel*) neutral; **~ pacífico** taken for granted; **~ de partida** point of departure; **~ de referência** point of reference, landmark; **~ de vista** viewpoint; **bater o ~** (*horário*) punch in/out, clock in/out; **filé ao ~** medium-done steak; **o ~ alto** the high point; **o ~ fraco** the weak point; **... e ~ final!** ... period!; **a situação chegou a tal ~ que ...** the situation reached the point where...; **a que ~ chegamos** os ~s nos is to dot the i's (and cross the t's); **estar em ~ de bala** *inf* to be in excellent condition; **fazer ~ em** to stop regularly at; **não dar ~ sem nó** to look out for number one 3. ESPORT, JOGOS point; **o jogador marcou três ~s** the player scored three points 4. TIPO (*ponto final, de pontuação*) full stop; **~ de exclamação** exclamation point; **~ de interrogação** question mark; **dois ~s** colon 5.(*em prova*) point 6. MED (*sutura*) stitch 7.(*de ônibus*) bus stop; (*de táxi*) taxi stand; **dormir no ~** *inf* to miss one's chance; **estar no ~** to be at the point 8.(*pessoa*) prompter; (*máquina*) time clock

pontocom [põwtu'kõw] <inv> I. *m* ECON (*comércio*) e-commerce II. *f* (*empresa*) dot com (company)

pontões *m pl de* **pontão**

ponto e vírgula ['põwtu i 'virgula] <ponto(s) e vírgulas> *m* semicolon

pontuação <-ões> [põwtua'sãw, -'õjs] *f* 1. LING punctuation 2. ESPORT score

pontual <-ais> [põwtu'aw, -'ajs] *adj* 1.(*pessoa*) punctual 2.(*pagamento, entrega*) prompt

pontualidade [põwtuaʎi'dadʒi] *f sem pl* punctuality *no pl*

pontuar [põwtu'ar] *vt* (*frase, texto*) to punctuate

pool ['puw] *m* pool; **~ de empresas** pool of companies

pop ['pɔpi] *m* MÚS pop

popa ['popa] *f* NAÚT stern; **ir de vento em ~** to be going well

popelina [pope'ʎina] *f* poplin

popô [po'pɔ] *m inf* (*nádegas*) bottom

população <-ões> [popula'sãw, -'õjs] *f* 1.(*pessoas*) people 2.(*em estatística*) population

populacional <-ais> [populasjo'naw, -'ajs] *adj* populational

popular [popu'lar] I. *m* common man II. *adj* 1.(*do povo*) popular 2.(*político, artista*) popular; **música ~** popular music; **preços ~es** reasonable prices

popularidade [populari'dadʒi] *f sem pl* popularity *no pl*

popularizar [populari'zar] I. *vt* to popularize II. *vr:* **~-se** to become popular

populismo [popu'ʎizmu] *m sem pl* populism

populista [popu'ʎista] *mf* populist

populoso, -a [popu'lozu, -'ɔza] *adj* populous

pôquer ['poker] <-es> *m* poker

por [pur] *prep* 1.(*local*) by, through; (*em viagem*) through; **eu vou pelo jardim** I'm going through the garden;

passamos ~ Brasília we passed through Brasília; **passear pela cidade** to take a walk/ride through town; **~ aqui** through here; **~ fora** outside (of); **~ dentro** inside (of); **~ terra/mar** by land/sea **2.** (*temporal; aproximadamente*) by, for, around; (*durante*) for; **pelo dia 20 de maio** by May 20; **lá pelas 3 horas da tarde** around 3:00 in the afternoon; **pela manhã/noitinha** in the morning/evening; **~ dois anos** for two years; **~ enquanto** for now; **~ hoje** for today; **~ pouco tempo** for a short while; **~ vezes** at times **3.** (*preço*) for; **comprei este livro ~ 20 reais** I bought this book for 20 reals **4.** (*distribuição*) per, a; **10 reals ~ pessoa** [*ou* **cabeça**] 10 reals per/a person; **10 metros ~ segundo** 10 meters per/a second; **30 horas ~ mês** 30 hours per/a month; **uma vez ~ semana** once a week; **20 ~ cento** 20 percent **5.** (*motivo*) for, due to; **~ acaso** by chance; **~ exemplo** for example, for instance; **~ isso** that's why; **~ necessidade/doença** due to necessity/illness; **~ razões pessoais** for personal reasons; **ela fez isso ~ mim/você** she did that for me/you; **~ mim, o assunto está encerrado** as far as I'm concerned, the matter is closed **6.** (*pessoa*) by; (*por meio de*) by; **este quadro foi pintado ~ mim/você** this picture was painted by me/you; **a cidade foi destruída ~ um tremor de terra** the town was destroyed by an earthquake **7.** MAT multiplicar **~ dez** to multiply by 10; **dividir ~ dez** to divide by 10 **8.** (*modo*) in, by; **~ escrito** in writing; **~ medida** by size; **~ via aérea** (*correio*) by airmail; **um ~ um** one by one **9.** (*troca*) for; **trocar um livro ~ um quadro** to exchange a book for a painting **10.** (*concessivo*) however; (**mais**) **fácil que pareça** however easy it looks **11. isso** (**ainda**) **está ~ fazer** + *inf* that has yet to be done; **isso** (**ainda**) **está ~ dizer** that has yet to be said **12. ter amizade/carinho ~ alguém** to having feelings for sb; **torcer ~ alguém/um time** to root for sb/a team

pôr ['por] *irr* **I.** *vt* **1.** (*colocar*) to place; (*inserir*) to put into; (*pendurar*) to hang; **~ açúcar** to add sugar; **~ a limpo** to come clean; **~ em liberdade** to set free; **a língua de fora** to stick out one's tongue; **~ no lixo** to throw away; **~ na rua** to throw out; **~ em perigo** to put in danger; **~ mais alto/baixo** (*som*) to raise/lower the volume; **~ à venda** to put up for sale; **onde foi que eu pus os meus óculos?** where have I put my glasses?; **põe o vestido no armário/a mala no carro** put the dress in the closet/the suitcase in the car **2.** (*roupa, sapatos, óculos, chapéu*) to put on **3.** (*a mesa*) to set **4.** (*um anúncio*) **~ um anúncio no jornal** to put an ad in the paper **5. ~ um ovo** to lay an egg **6.** (*um problema, uma dúvida*) to raise; **~ dificuldades** to raise difficulties; **~ a. c. em dúvida** to raise a doubt (about sth) **7.** (*maquiagem*) to put on **8. ~ uma carta no correio** to put a letter in the mail **9. ~ o CD/a fita para tocar** to play a CD/video tape **10. você me põe nervoso** you make me nervous **II.** *vr:* **~-se 1.** (*posição*) to stand up/by; **~-se de pé/a meu lado** to stand up/by my side; **~-se de joelhos** to kneel; **~-se à vontade** to make oneself comfortable **2.** (*ação*) **~-se a fazer a. c.** to start to do sth; **ela se põe a escrever diariamente** she started to write daily; **~-se a rir/chorar** to start laughing/crying; **ponha-se no meu lugar!** put yourself in my place! **3.** (*sol*) to set

porão <-ões> [po'rɜ̃w, -õjs] *m* **1.** (*de uma casa*) basement; **os porões da ditadura** *fig* in the dark recesses of the dictatorship **2.** NAÚT hold

porca ['pɔrka] *f* **1.** (*para parafuso*) nut **2.** ZOOL sow

porcalhão, -ona <-ões> [porka'ʎɜ̃w, -'ona, -'õjs] **I.** *m, f* slob **II.** *adj* filthy

porcalhona [porka'ʎona] *f v.* **porcalhão**

porção <-ões> [por'sɜ̃w, -'õjs] *f* **1.** (*parte*) portion; **meia ~ de arroz** half a portion of rice **2.** (*grande quantidade*) heap, a lot (of); **uma ~ de gente** a heap of people

porcaria [porka'ria] *f* **1.** (*sujeira*) filth **2.** (*insignificância*) rubbish **3.** (*qualidade*) **este vinho é uma ~** this wine is awful; **que ~ de vida!** what an awful life!

porcelana [porse'lɐna] *f* porcelain

porcentagem [porsẽj'taʒẽj] <-ens> *f* percentage

porco ['porku] I. *m* ZOOL hog, pig II. *adj* (*pessoa*) filthy person; (*lugar*) filthy place

porco-do-mato <porcos-do-mato> *m* peccary

porco-espinho ['porku-is'piɲu] <porcos-espinhos> *m* ZOOL porcupine

pôr-do-sol <pores-do-sol> *m* sunset; **ao ~** at sunset

porém [po'rēj] I. *conj* but, yet, however II. *m* (*obstáculo*) **sem nenhum ~** without any catches

pormenor [porme'nɔr] <-es> *m* detail; **em ~** in detail; **com todos os ~es** with all the details; **entrar em ~es** to go into details

pormenorizado, -a [pormenori'zadu, -a] *adj* detailed

pornô [por'no] *adj inf* (*cinema*) porno

pornochanchada [pornoʃɐ̃'ʃada] *f* porno comedy

pornografia [pornogra'fia] *f* pornography

pornográfico, -a [porno'grafiku, -a] *adj* pornographic

poro ['pɔru] *m* pore; **suar por todos os ~s** to sweat profusely

porões *m pl de* **porão**

pororoca [poro'rɔka] *f* pororoca, *tidal bore at the head of the Amazon and other large rivers*

poroso, -a [po'rozu, -'ɔza] *adj* porous

porquanto [por'kwɐ̃ntu] *conj* considering, since

porque [purke] *conj* because; **eu vou de avião ~ é mais rápido** I'm going by plane because it is faster

porquê [pur'ke] *m* why; **o ~ da vida** the why of life

porquinho-da-índia [por'kiɲu-da-'īdʒia] <porquinhos-da-índia> *m* guinea pig

porra ['pɔxa] *interj chulo* (*impaciência*) **~!** shit!; (*admiração*) wow!

porrada [po'xada] *f inf* **1.** (*sova*) beating; **dar uma ~ em alguém** to give sb a beating; **levar ~** to take a beating **2.** (*grande quantidade*) oodles; **uma ~ de livros** oodles of books

porra-louca ['pɔxa-'loka] <porras-loucas> *adj inf* stark raving mad

porre ['pɔxi] *m* **1.** *inf* drunken spree; **estar de ~** to be on a drunken spree **2.** *gír* (*chato*) bore; **a festa foi um ~** the party was a bore

porreta [po'xeta] *adj inf* (*pessoa, livro, roupa*) cool

porrete [po'xetʃi] *m* club

porta ['pɔrta] *f* door; **~ automática** automatic door; **~ corrediça** sliding door; **~ dianteira/traseira do carro** front/back door (car); **~ de entrada/ saída** entrance/exit; **~ dos fundos** back door; **~ giratória** revolving door; **~ da rua** front door; **abrir/fechar a ~** open/close the door; **ir de ~ em ~** to go from door to door; **às ~s da cidade** at the city gates; **abrir as ~s** *fig* to ease the way; **arrombar a ~** to break open the door; **bater à ~ de** to knock on sb's door; *fig* (*recorrer a alguém*) to knock on sb's door for help; **estar à ~** to be at the door; **entrar/sair pela ~** to enter/leave through the door; **a ~s fechadas** behind closed doors; **ser surdo como uma ~** to be as deaf as a door knob; **dar com a ~ na cara de alguém** to slam the door in sb's face

porta-aviões ['pɔrta-avi'õjs] *m inv* aircraft carrier

porta-bandeira ['pɔrta-bɐ̃n'dejra] *mf* standard-bearer

porta-copas *m* coaster

portador(a) [pɔrta'dor(a)] <-es> *m(f)* (*de documento*) bearer, carrier

porta-estandarte ['pɔrta-istɐ̃n'dartʃi] *mf* standard-bearer

porta-guardanapos ['pɔrta-gwardɐ'napus] *m inv* napkin holder

portais *m pl de* **portal**

porta-joias ['pɔrta-'ʒɔjas] *m inv* jewel case

portal <-ais> [por'taw, -ajs] *m* gateway; INFOR portal

porta-luvas ['pɔrta-'luvas] *m inv* glove compartment

porta-malas ['pɔrta-'malas] *m inv* (*automóvel*) baggage compartment, trunk

porta-moedas ['pɔrta-mu'ɛdas] *m inv* coin purse

portanto [por'tɐ̃ntu] *conj* **1.** (*então*) therefore, hence **2.** (*por isso*) that is why

portão <-ões> [por'tɐ̃w, -'õjs] *m* gate; **~ de embarque** departure gate

portar [por'tar] I. *vt* to carry II. *vr:* **~-se** to conduct oneself; **~ bem/mal** to behave well/badly

porta-retratos ['pɔrta-xe'tratus] *m inv* picture frame

portaria [porta'ria] *f* **1.** (*de edifício*)

portátil   456   **possibilidade**

reception desk **2.** (*do governo*) government directive, edict or regulation

portátil <-eis> [por'tatʃiw, -ejs] *adj* portable

porta-voz ['pɔrta-vɔs] <-es> *mf* spokesman; ~ **de** spokesman for

porte ['pɔrtʃi] *m* **1.** (*transporte*) act of carrying or transporting **2.** (*taxa*) carrying charge; ~ **pago** postage paid; ~ **registrado** registered mail **3.** (*envergadura*) bearing; (*de animal*) size; **de grande** ~ large; (*de pessoa*) personal bearing; **de belo** ~ elegant bearing

porteira [por'tejra] *f* (*de sítio, fazenda*) gate

porteiro, -a [por'tejru, -a] *m, f* (*de edifício, hotel*) concierge, doorman; (*de empresa*) doorman; (*de bar, discoteca*) doorkeeper; ~ **eletrônico** electronic doorman

portfólio [portʃi'fɔʎju] *m* portfolio; ECON portfolio

pórtico ['pɔrtʃiku] *m* **1.** ARQUIT portico, colonnade **2.** (*de carga*) traveling crane

portinhola [portʃi'ɲɔla] *f* porthole

porto ['portu] *m* (*de navios*) port; ~ **de mar** sea port; ~ **fluvial** river front dock

Porto Alegre ['portu a'lɛgri] *m* (City of) Pôrto Alegre

portões *m pl de* **portão**

Porto Rico ['portu 'xiku] *m* Puerto Rico

porto-riquenho, -a [portuxi'keɲu, -a] **I.** *m, f* Puerto Rican **II.** *adj* Puerto Rican

Porto Velho ['portu 'vɛʎu] *m* (City of) Pôrto Velho

portuário, -a [portu'ariw, -a] *adj* pertaining to a port

Portugal [purtu'gaw] *m* Portugal

português, -esa [purtu'ges, -'eza] **I.** *m, f* Portuguese **II.** *adj* Portuguese

porventura [purvẽj'tura] *adv* **1.** (*por acaso*) perchance; **se** ~ **vir o meu livro, me avise** if you should see my book perchance, let me know **2.** (*talvez, possivelmente*) perhaps; ~ **acha que eu faria isso?** do you really think I would do that?

pôs *3. pret de* **pôr**

posar [po'zar] *vt* to pose (as a model); ~ **para** to pose for

pós-data [pɔz'data] *f* postdate; **o documento tem uma** ~ the document has been postdated

pose ['pɔzi] *f* pose; (*fotografia*) exposure

posfácio [pos'fasiw] *m* postface

pós-graduação <-ões> [pɔzgradwa'sãw, -'õjs] *f* postgraduate

pós-graduado, -a [pɔzgradu'adu, -a] *m, f* postgraduate

pós-graduando, -a [pɔzgradu'ãɲdu, -a] *m, f* postgraduate student

pós-guerra [pɔz'gɛxa] *m* postwar

posição <-ões> [pozi'sãw, -'õjs] *f* **1.** (*colocação, situação*) position; ~ **social** social position **2.** (*opinião*) position

posicionamento [pozisjona'mẽjtu] *m* position

posicionar [pozisjo'nar] *vt* to position

positiva *adj v.* **positivo**

positivismo [pozitʃi'vizmu] *m sem pl* FILOS positivism

positivo [pozi'tʃivu] **I.** *m* FOTO, LING positive **II.** *adv* right; ~, **o negócio está fechado** right, let's close the deal

positivo, -a [pozi'tʃivu, -a] *adj* positive; **pensamento** ~ positive thinking; **resposta positiva** positive reply

pósitron ['pɔzitrõw] *m* positron

pós-moderno [pozmo'dɛrnu] *adj* post-modern

pós-natal <-ais> [pɔzna'taw, -'ajs] *adj* postnatal

posologia [pozolo'ʒia] *f* FARM posology

pós-operatório, -a [pɔzopera'tɔriw, -a] *adj* postoperative

pós-privatização <-ões> [pɔzprivatʃiza'sãw, -õjs] *adj, f* POL post-privatization

possa ['pɔsa] *1./3. pres subj de* **poder**

possante [po'sãɲtʃi] *adj* **1.** (*poderoso*) powerful **2.** (*forte*) strong

posse ['pɔsi] *f* possession; **tomar** ~ **de a. c.** to take possession of sth; **tomar** ~ **de um cargo** to be inaugurated (in office); (*cerimônia*) inauguration

posseiro, -a [po'sejru, -a] *m, f* homesteader

posses ['pɔsis] *fpl* possessions; (**não**) **ter muitas** ~ (not) to have many possessions; **ser uma pessoa de** ~ to be a person of means

possessa *adj v.* **possesso**

possessivo, -a [pose'sivu, -a] *adj* possessive

possessivo [pose'sivu] **I.** *m* LING possessive **II.** *adj* **pronome** ~ possessive pronoun

possesso, -a [po'sɛsu] *adj* possessed; ~ **de raiva** possessed with anger

possibilidade [posibiʎi'dadʒi] *f* **1.** (*que*

é possível) possibility; **~s financeiras** financial possibilities **2.** (*oportunidade*) possibility; **~ de fazer a. c.** possibility of doing sth

possibilitar [posibiʎi'tar] *vt* to make possible

possível <-eis> [po'sivew, -ejs] **I.** *m* **o ~** to do one's utmost; **fazer o ~** (**e o impossível**) to go out of one's way; **na medida do ~** to do the best one can **II.** *adj* possible; **o mais depressa ~** as fast as possible; **é ~ que ... +***subj* it is quite possible that...; **a única forma ~** the only possible way

possivelmente [posivew'mẽjtʃi] *adv* possibly

posso ['pɔsu] *1. pres de* **poder**

pós-soviético <-a> [pɔssovi'ɛtʃiku, -a] *adj* POL post-Soviet

possuído, -a [posu'idu, -a] *adj* possessed; **~ por** possessed by

possuidor(a) [posui'dor(a)] <-es> *m(f)* possessor

possuir [posu'ir] *conj como* **incluir** *vt* **1.** (*ter*) to possess **2.** (*dominar*) to control **3.** (*ter relação sexual*) to have

posta *adj v.* **posto**

posta ['pɔsta] *f* (*de peixe*) steak, slice

postagem [pos'taʒẽj] <-ens> *f* postage

postal <-ais> [pos'taw, -'ajs] **I.** *m* postcard **II.** *adj* mail, postal; **encomenda ~** mail order; **serviço ~** mail service

postar [pos'tar] **I.** *vt* to mail, to post **II.** *vr:* **~-se** to station oneself

posta-restante ['pɔsta-xes'tãtʃi] <postas-restantes> *f* general delivery

poste ['pɔstʃi] *m* ELETR, TEL pole; **~ de alta tensão** high voltage pole; **~ de luz** lamppost

pôster ['poster] <-es> *m* poster

postergado, -a [poster'gadu, -a] *adj* postponed

postergar [poster'gar] *vt* <g→gu> to postpone

posteridade [posteri'dadʒi] *f sem pl* **1.** (*gerações futuras*) posterity; **ficar para a ~** to be left for posterity **2.** (*futuro*) the future

posterior [posteri'or] <-es> *adj* **1.** (*no tempo*) posterior; **ser ~ a a. c.** to be after sth **2.** (*no espaço*) posterior

posteriormente [posterior'mẽjtʃi] *adv* afterwards

postiço, -a [pus'tʃisu, -a] *adj* (*unha, cílio*) false

postigo [pos'tʃigu] *m* peephole, shutter

post mortem ['pɔst 'mɔrtẽj] *adj* post mortem

posto ['postu] *m* **1.** (*emprego*) post; **~ de trabalho** work post **2.** (*da polícia*) station; **~ alfandegário** customs; **~ de gasolina** gas station; **~ de saúde** health clinic **3.** MIL post; **~ avançado** advanced post; **estar a ~s** to be ready for

posto, -a ['postu, pɔsta] **I.** *pp de* **pôr II.** *adj* **1.** (*óculos, chapéu*) placed **2.** (*sol*) set **III.** *conj* **~ que** (al)though

posto-chave ['postu-'ʃavi, 'pɔstus-'ʃavis] <postos-chaves> *m* key position

postscriptum ['pɔst 'skriptũw] <postscripta> *m* postscript

postulado [postu'ladu] *m* postulate

postular [postu'lar] *vt* (*requerer*) to postulate, to solicit

póstumo, -a ['pɔstumu, -a] *adj* (*homenagem, livro*) posthumous

postura [pos'tura] *f* **1.** (*de corpo*) posture **2.** (*comportamento*) behavior **3.** (*opinião*) stance; **qual é a sua ~ em relação ao problema?** what is your stance on the issue?

pós-venda [pɔz'vẽjda] *adj* **assistência ~** customer service; **serviço ~** after-sales service

potássio [po'tasiw] *m* QUÍM potassium

potável <-eis> [po'tavew, -ejs] *adj* drinking, potable; **água ~** drinking water

pote ['pɔtʃi] *m* jar, pot

potência [po'tẽjsia] *f* **1.** POL power; **uma grande ~** a great power **2.** BIOL, MAT power; **três elevado à quarta ~** three raised to the fourth power **3.** (*de som*) power **4.** (*de motor*) horse power

potencial <-ais> [potẽjsi'aw, -'ajs] **I.** *m* **1.** (*capacidade*) potential; **investidores em ~** potential investors **2.** ELETR voltage **II.** *adj* potential; **um ~ assassino** a potential murderer

potencialidade [potẽjsiaʎi'dadʒi] *f* potentiality

potenciar [potẽjsi'ar] *vt* MAT to raise the power of a number

potente [po'tẽjtʃi] *adj* **1.** (*forte*) potent; (*som*) powerful **2.** (*motor*) powerful **3.** BIOL strong

potro ['potru] *m* ZOOL colt, foal

pouca-vergonha ['poka-ver'gõɲa] <poucas-vergonhas> *f inf* shameless behavior *Am*, shameless behaviour *Brit*;

pouco ['poku] I. *m* little, bit; **um ~ de** a little of; **~ a ~** little by little; **por ~** nearly; **o ~ que eu sei não é suficiente** what little I know is not enough; **espera um ~!** wait a moment!; **um ~ mais/menos** a little more/less; **aos ~s** gradually; **nem um ~** not a bit; **dizer poucas e boas** *inf* to give sb a piece of one's mind II. *pron indef* few, little; **há ~ (tempo)** a short time before; **poucas vezes** few times; **poucas pessoas** few people; **uns ~s dias** just a few days; **~s acham isso** few believe that; **ter ~ que fazer** to have little to do III. *adj* little; **eu tenho ~ tempo** I have little time IV. *adv* little; **ele sabe ~ de matemática** he knows little or nothing of Math; **ela lê muito ~** she reads very little; **fazer ~ de alguém** to belittle sb; **gostar ~ de alguém/a. c.** to dislike sb/sth; **casados de ~** newlyweds; **custar ~** to cost little

pouco-caso ['poku-'kazu] <poucos-casos> *m* belittling

poupado, -a [pow'padu, -a] *adj* frugal, thrifty

poupador(a) [powpa'dor(a)] <-es> *m(f)* thrifty person

poupança [pow'pãwsa] *f* **~ de** savings of; **caderneta de ~** savings account

poupar [pow'par] I. *vt* (*dinheiro, energia*) to save; (*máquina, roupa*) to use sparingly; (*coisa desagradável*) to spare; **~ a. c. a alguém/alguém de a. c.** to spare sb from sth; **não ~ esforços** to go out of one's way II. *vi* to be sparing

pouquinho [po'kĩɲu] I. *m* a tiny bit II. *adv* very little

pouquíssimo, -a [po'kisimu, -a] *adj* very few, little

pousada [pow'zada] *f* (*hospedaria*) inn, lodge

pousado, -a [pow'zadu, -a] *adj* **estar ~** to be perched, to be placed

pousar [pow'zar] I. *vt* (*pôr*) **~ o copo sobre a mesa** to place a glass on the table II. *vi* (*avião*) to land; (*ave*) to alight

pouso ['powzu] *m* **1.** (*de avião, ave*) landing; **fazer um ~ forçado** to make a crash landing **2.** (*pernoite*) to stay overnight; **não ter ~ certo** not to have a definite place to stay

povão [po'vãw] *m sem pl, inf* (*classe mais humilde*) populace, masses

povinho [po'viɲu] *m pej* common man, masses

povo ['povu] *m* people; (*cidadãos*) citizens; **o ~ saiu às ruas para protestar** the people went into the streets to protest; (*multidão*) crowd; **o que este ~ está fazendo aqui?** what is this crowd doing here?; (*turma*) gang; **o ~ todo foi lá para casa** the whole gang went over to the house; **os ~s** (*nações*) the nations

povoação <-ões> [povoa'sãw, -'õjs] *f* population, settlement

povoado [povo'adu] *m* settlement, village

povoado, -a [povo'adu, -a] *adj* settled

povoamento [povoa'mẽjtu] *m* population

povoar [povo'ar] <*1. pess pres* povoo> *vt* to settle

pra [pra] *prep inf v.* **para**

praça ['prasa] I. *f* **1.** (*largo*) public square; **~ central** central square **2.** (*jardim público*) park; **~ de alimentação** food court; **falar em ~ pública** to make a public speech **3.** (*mercado*) marketplace; **ter crédito na ~** to have good credit; **pôr na ~** to make public II. *mf* (*soldado de polícia*) police officer

pracinha [pra'siɲa] *m* Brazilian GI

pradaria [prada'ria] *f* GEO prairie land

prado ['pradu] *m* meadow

praga ['praga] *f* **1.** (*peste*) pest **2.** (*maldição*) curse; **rogar ~ em alguém** to call down curses on sb **3.** (*pessoa importuna*) pest

pragmático, -a [prag'matʃiku, -a] *adj* pragmatic

praguejar [prage'ʒar] *vi, vt* to curse; **~ contra** to curse against

praia ['praja] *f* **1.** beach; **ir à** [*ou* **na**] **~** to go to the beach; **casa na ~** beach house; **morrer na ~** to lose at the last moment **2.** *inf* (*ambiente*) **baile funk não é a minha ~** funk dances are not my thing

prancha ['prãʃa] *f* **1.** (*tábua*) board, plank; **~ de surfe** surf board; (*de natação*) board **2.** (*na piscina*) diving board

prancheta [prãʃ'eta] *f* **1.** (*de desenho*) drawing board **2.** (*suporte para*

pranto ['prãtu] *m* 1.(*choro*) weeping 2.(*queixume*) lament

prata ['prata] *f* silver; **de ~** of silver; **as ~s** the silver; (*louça*) silver tableware; (*talheres*) silverware; **~ da casa** *fig* family silver; **~ de lei** sterling silver; **bodas de ~** silver wedding anniversary

prataria [prata'ria] *f* silverware, a quantity of plates

prateado, -a [prate'adu, -a] *adj* silver-plated

prateleira [pratʃi'lejra] *f* (*na parede*) shelf; (*em estante*) rack

prática *adj, f v.* **prático**

prática ['pratʃika] *f* practice; **na ~** in use; **ter muita/pouca ~ em a. c.** to have a lot of/little practice in sth; **pôr em ~** (*um plano*) to put into practice; (*um método*) experience; (*conhecimentos*) know-how

praticamente [pratʃika'mējtʃi] *adv* practically

praticante [pratʃi'kãntʃi] **I.** *mf* (*de uma atividade*) practitioner; (*de esporte*) sportsman; (*de uma teoria*) follower **II.** *adj* (*de uma atividade*) practicing; (*de esporte*) sports; **católico ~/não ~** (non-)practicing catholic

praticar [pratʃi'kar] <c→qu> **I.** *vt* (*uma atividade, profissão*) to practice; (*um esporte*) to practice; (*exercitar*) to exercise **II.** *vi* to practice, to exercise

praticável <-eis> [pratʃi'kavew, -'ejs] *adj* feasible; (*plano*) practicable

praticidade [pratʃisi'dadʒi] *f sem pl* practicalness *no pl*

prático, -a ['pratʃiku, -a] **I.** *m, f* skilled worker **II.** *adj* (*pessoa, objeto*) practical

prato ['pratu] *m* 1.(*louça*) plate, dish; **~ fundo/raso** soup/dinner plate; **~ de sobremesa** dessert dish; **~ de sopa** soup plate; **pano de ~** dishrag; **cuspir no ~ em que comeu** *inf* to bite the hand that feeds you; **limpar o ~** *inf* to eat (everything) up; **pôr tudo em ~s limpos** *fig* to clear things up 2.(*em refeição*) dish; **~ de carne** meat dish; **~ de peixe** fish dish 3.(*comida*) dish; **um ~ típico** a typical dish 4. *inf* **o ~ comercial** [*ou* **do dia**] today's special; **comer/pedir um ~ feito** [*ou* **pf**] to have/ask for today's special 5.(*de balança*) pan 6.(*peça de máquina*) disk

> **Cultura** Those who want to eat well and spend little should go to a small restaurant that offers a **prato do dia** (daily lunch special) or **prato comercial** (business lunch), often enough for two.

pratos ['pratus] *mpl* MÚS cymbals

praxe ['praʃi] *f* (*costume*) customary; **ser de ~** to be customary; **isso não é de ~** that is not the usual

prazenteiro, -a [prazēj'tejru] *adj* pleasant, good-humored *Am,* good-humoured *Brit*

prazer [pra'zer] *m* 1.pleasure; **com muito ~!** with pleasure!; **muito ~!** nice [*o* glad] to meet you!; **muito ~ em conhecê-lo!** it's a pleasure to meet you!; **o ~ da leitura** the pleasure of reading; **ter ~ em fazer a. c.** to feel pleasure in doing sth 2.(*sexual*) pleasure

prazeroso, -a [praze'rozu, -'ɔza] *adj* pleasurable

prazo ['prazu] *m* term, time limit; **~ de entrega** time of delivery; **~ de validade** shelf life, expiration date; **a curto ~** on short notice; **a longo ~** in the long term; **a médio ~** in the medium term; **no ~ de três dias** within a period of three days; **emprestar dinheiro a ~** to borrow on credit; **comprar a ~** to buy on credit; **ter um ~ para devolver o livro à biblioteca** to have a due date for returning a book to the library

preá [pre'a] *mf* cavy

preamar [prea'mar] <-es> *f* high tide

preâmbulo [pre'ãnbulu] *m* preamble, preface; **sem ~** without preamble

pré-candidato <-a> [prɛkãndʒi'datu, -a] *m* POL pre-candidate

precário, -a [pre'kariw, -a] *adj* precarious; (*saúde*) delicate

precaução <-ões> [prekaw'sãw, -'õjs] *f* 1.(*medida de prevenção*) precaution; **tomar (as devidas) precauções** to take the necessary precautions; (*evitar*) forethought 2.(*cautela*) caution; **por ~** just to be safe; **fazer a. c. com ~** to do sth with caution

precaver [preka'ver] **I.** *vt* **~ contra** to take precautions against; **~ de** to warn (sb) of **II.** *vr:* **~-se** **~-se contra a. c.** to put oneself on guard against sth; **~ dos**

precavido 460 **preconceito**

perigos to take precautions
precavido, -a [preka'vidu, -a] *adj* 1.(*prevenido*) on guard 2.(*prudente*) cautious
prece ['prɛsi] *f* prayer
precedência [prese'dẽjsia] *f* precedence; **ter ~** to take precedence (over)
precedente [prese'dẽjtʃi] I. *m* precedent; **sem ~s** without precedent; **abrir um ~** to make an exception II. *adj* preceding
preceder [prese'der] *vt* 1.(*no espaço*) to come before; **o artigo precede o substantivo** an article comes before a noun 2.(*no tempo*) to precede; **o verão precede o outono** summer precedes autumn
precedido, -a [prese'dʒidu, -a] *adj* **~ do código de área** preceded by the area code
preceito [pre'sejtu] *m* precept, rule; **fazer a. c. a ~** to do sth by the book
preceptor(a) [presep'tor(a)] <-es> *m(f)* tutor
preciosa *adj v.* **precioso**
preciosidade [presjozi'dadʒi] *f* preciousness, precious thing
preciosismo [presjo'zizmu] *m pej* fussiness
precioso, -a [presi'ozu, -'ɔza] *adj* (*pedra, joia*) precious; **receber uma ajuda preciosa** to receive help that is priceless; **perder um tempo ~** to lose (a lot of) precious time
precipício [presi'pisiw] *m* precipice, sheer drop
precipitação <-ões> [presipita'sãw, -'õjs] *f* 1.(*queda*) headlong fall; (*de avião*) nose dive 2.(*pressa*) precipitation; **agir com ~** to act in haste 3. METEO precipitation
precipitadamente [presipitada'mẽjtʃi] *adv* hastily
precipitado, -a [presipi'tadu, -a] *adj* 1.(*ato*) hasty 2.(*pessoa*) rash
precipitar [presipi'tar] I. *vt* (*decisão, acontecimentos*) to precipitate II. *vr*: **~-se** 1.(*cair*) to fall headlong; (*avião*) to nose dive 2.(*atirar-se*) to throw oneself headlong; **~ contra** to hurl oneself against; **~ sobre** to throw oneself upon 3.(*agir irrefletidamente*) to act hastily; **não se precipite!** don't rush in! 4.(*acontecimentos*) to bring on
precisa *adj v.* **preciso**
precisamente [presiza'mẽjtʃi] *adv* precisely; **mais ~** more precisely
precisão <-ões> [presi'zãw, -'õjs] *f* precision; **relógio de ~** precision watch
precisar [presi'zar] I. *vt* 1.(*necessitar*) **~ de a. c./alguém** to need sth/sb; (*ter de*) to have to; **ela não precisa viver na cidade** she doesn't have to live in the city; **eu preciso trabalhar** I have to work; **precisamos do passaporte para viajar** we have to have passports to travel; **eu preciso que você me traga os papéis** I need you to bring me the papers; **não precisa ir lá, basta telefonar** you don't need to go there, just phone; **não precisa se preocupar** you don't need to worry; **precisa-se de ajuda** help (is) wanted 2.(*indicar com precisão*) to say precisely; **não soube ~ a hora do acidente** I couldn't say when the accident happened precisely II. *vi* **preocupa-se sem ~** to worry without any need; **ele se cuida porque precisa** he takes care of himself because he must

preciso, -a [pre'sizu, -a] *adj* 1.(*necessário*) necessary; **é ~ trabalhar** it is necessary to work; **ainda é ~ limpar a casa** it is still necessary to clean the house 2.(*exato*) precise; (*claro*) well-defined; **neste ~ momento** at this exact moment
precisões *f pl de* **precisão**
preço ['presu] *m* price; **~ de custo** at cost; **~ de fábrica** factory price; **~ fixo** fixed price; **qual é o ~ disto?** how much does this cost?; **a que ~ estão as maçãs?** how much do the apples cost?; **queria o sucesso a qualquer ~** he wanted to succeed at any price; **a ~ de banana** *inf* to sell sth for a song; **pagar um ~ alto** *fig* to pay a high price; **todo sonho tem um ~** *fig* every dream has its price; **a amizade dele não tem ~** his friendship is priceless
preço-base ['presu-'bazi] <preços-base> *m* ECON (*para o cálculo de tarifas*) base price; (*em leilão*) starting price
precoce [pre'kɔsi] *adj* 1.(*criança*) precocious 2.(*decisão*) premature
preconcebido, -a [prekõwse'bidu, -a] *adj* preconceived; **ideias preconcebidas** preconceived notions
preconceito [prekõw'sejtu] *m* prejudice; **~ contra** prejudice against

preconceituoso, -a [prekõwsejtu'ozu, -'ɔza] *adj* (*pessoa*) biased; (*ideias, atitude*) prejudiced

preconizar [prekoni'zar] *vt* **1.** (*recomendar*) to recommend **2.** (*elogiar*) to commend highly

pré-cozido, -a [prɛku'zidu, -a] *m, f* precooked

precursor(a) [prekur'sor(a)] <-es> *m(f)* forerunner

predador [preda'dor] <-es> *m* ZOOL predator

predador(a) [preda'dor(a)] *adj* predator

pré-datado, -a [prɛda'tadu, -a] *adj* (*documento*) predated; **cheque ~** predated check

predecessor(a) [predese'sor(a)] <-es> *m(f)* predecessor

predestinado, -a [predes'tʃi'nadu, -a] *adj* **1.** (*futuro*) predestined **2.** (*pessoa*) predestined; **~ para** predestined to

predestinar [predestʃi'nar] *vt* to predestine

predicado [predʒi'kadu] *m* LING predicate; **pessoa cheia de ~s** person of many talents

predição <-ões> [predʒika'sãw, -'õjs] *f* prediction

predicativo [predʒika'tʃivu] *m* LING predicate

predicativo, -a [predʒika'tʃivu, -a] *adj* LING predicative; **nome ~** predicative noun

predileção <-ões> [predʒile'sãw, -'õjs] *f* predilection, preference; **ter ~ por futebol** to have a preference for soccer

predileto, -a [predʒi'lɛtu, -a] **I.** *m, f* favorite *Am*, favourite *Brit*, dear **II.** *adj* favorite; **amigo ~** dear friend; **livro ~** favorite book

prédio ['prɛdʒiw] *m* building; (*de habitação*) house; **~ de apartamentos** apartment building

predispor-se [predʒis'porsi] *irr como pôr vr* to predispose oneself; **~ a** to predispose to

predisposição <-ões> [predʒispozi'sãw, -'õjs] *f* predisposition; **~ para** readiness for

predisposto, -a [predʒis'postu, -a] *adj* predisposed; **~ a** predisposed to

predizer [predʒi'zer] *irr como dizer vt* to predict

predominância [predomi'nãsia] *f v.* **predomínio**

predominante [predomi'nãntʃi] *adj* predominant

predominantemente [predominãntʃi'mẽjtʃi] *adv* predominantly

predominar [predomi'nar] *vi* to predominate, to prevail

predomínio [predo'miniw] *m* **1.** (*poder*) predominance **2.** (*preponderância*) preponderance **3.** (*superioridade*) supremacy

preencher [preẽj'ʃer] *vt* **1.** (*um impresso, um espaço*) to fill (in, out) **2.** (*uma vaga, um cargo*) to fill **3.** (*um requisito, exigências*) to fulfill **4.** (*o tempo*) to fill in (one's time)

preenchimento [preẽjʃi'mẽjtu] *m* **1.** (*de impresso*) filling out **2.** (*de vaga*) filling

pré-escola [prɛis'kɔla] *f* kindergarten, nursery school, pre-school

pré-escolar [prɛisko'lar] <-es> *mf* preschool; **em idade ~** at preschool age

preestabelecer [prɛistabele'ser] *vt* <c→ç> to preestablish

preestabelecido, -a [prɛistabele'sidu, -a] *adj* preestablished

preexistência [prɛezis'tẽjsia] *f* preexistence

preexistente [prɛezis'tẽjtʃi] *adj* preexistent

pré-fabricado, -a [prɛfabri'kadu, -a] *adj* prefabricated; **casa pré-fabricada** prefabricated house

prefácio [pre'fasiw] *m* preface

prefeito, -a [pre'fejtu, -a] *m, f* mayor

prefeitura [prefej'tura] *f* city hall

preferência [prefe'rẽjsia] *f* **1.** (*predileção*) preference; **ter ~ por alguém/a. c.** to show a preference for sb/sth **2.** (*primazia*) priority; **de ~** preferably; **dar ~ a a. c./alguém** to give sb/sth priority

preferencial <-ais> [preferẽjsi'aw, -'ajs] **I.** *f* preference **II.** *adj* preferential

preferido, -a [prefe'ridu, -a] *adj* favorite *Am*, favourite *Brit*; **o meu livro ~** my favorite book

preferir [prefe'rir] *irr vt* to prefer; **eu prefiro café a chá** I prefer coffee to tea; **ele preferiu ficar em casa** he preferred to stay home

preferível <-eis> [prefe'rivew, -ejs] *adj* preferable; **é ~ não irmos hoje** it would be preferable if we didn't go today

prefira [pre'fira] *1./3. pres subj de*

preferir
prefiro [pre'firu] *1. pres de* **preferir**
prefixo [pre'fiksu] *m* **1.** LING prefix **2.** TEL area code
prega ['prɛga] *f* fold, pleat
pregação <-ões> [prega'sɜ̃w, -'õjs] *f* preaching, sermon
pregado, -a [pre'gadu, -a] *adj* (*com prego*) nailed; **estou ~ e só quero dormir** *inf* I'm bushed, all I want is sleep
pregador(a) [prega'dor(a)] <-es> *m(f)* preacher
pregador [prega'dor] <-es> *m* clothespin
pregão <-ões> [pre'gɜ̃w, -'õjs] *m* auction
pregar¹ [pre'gar] *vt* <g→gu> **1.** to nail; **~ um prego na parede** to hammer a nail into the wall; **~ uma tábua na parede** to nail a board to the wall **2.** (*um botão*) to sew on **3.** (*os olhos*) to close **4.** (*soco, bofetada*) to deliver a blow; **~ uma peça em alguém** to play a joke on sb; **~ um susto em alguém** to give sb a fright
pregar² [pre'gar] *vi* <g→gu> to preach
prego ['prɛgu] *m* **1.** (*de metal*) nail; **pregar um ~** to drive a nail **2.** *inf* (*casa de penhores*) pawn shop; **pôr a. c. no ~** to pawn sth
pregões *m pl de* **pregão**
pregresso, -a [pre'grɛsu, -a] *adj* prior, previous
preguiça [pri'gisa] *f* **1.** (*moleza*) laziness; **estar com/ter ~** to feel lazy; **estar com/ter ~ de fazer a. c.** to feel too lazy to do sth **2.** ZOOL three-toed sloth
preguiçoso, -a [prigi'sozu, -'ɔza] *adj* **I.** *m, f* lazybones **II.** *adj* lazy
pré-história [prɛis'tɔria] *f* prehistory
pré-histórico, -a [prɛis'tɔriku, -a] *adj* prehistoric
prejudicado, -a [preʒudʒi'kadu, -a] *adj* **1.** (*pessoa*) injured **2.** (*saúde*) damaged; (*ambiente*) harmed; (*trânsito*) held up
prejudicar [preʒudʒi'kar] <c→qu> **I.** *vt* (*uma pessoa*) to injure; (*a saúde*) to damage; (*o ambiente*) to harm; (*o trabalho*) to jeopardize **II.** *vr:* **~-se** to harm oneself; **~-se com** to harm oneself with
prejudicial <-ais> [preʒudʒisi'aw, -'ajs] *adj* prejudicial; **~ a** detrimental to; **~ ao meio ambiente** detrimental to the environment; **~ à saúde** detrimental to your health
prejuízo [preʒu'izu] *m* **1.** (*dano*) damages; **ter ~ com a. c.** to suffer damages because of sth; **sofrer um ~ de 200 reais** to suffer damages of 200 reals **2.** (*perda*) loss; **causar ~ a alguém** to cause sb a loss; **dar ~** to result in a loss
preleção <-ões> [prele'sɜ̃w, -'õjs] *f* lecture, talk; **os jogadores ouviram atentamente a ~ do técnico** the players paid close attention to the coach's pre-game talk
preliminar [preʎimi'nar] <-es> *adj* preliminary; (*esporte*) preliminary
preliminares [preʎimi'naris] *mpl* **1.** (*preparativos*) preliminaries *pl* **2.** (*sexualidade*) foreplay *pl*
prelúdio [pre'ludʒiw] *m* **1.** MÚS (*da composição*) overture **2.** (*primeiro passo*) prelude
prematura *adj v.* **prematuro**
prematuridade [prematuri'dadʒi] *f sem pl* prematurity *no pl*
prematuro, -a [prema'turu, -a] *adj* **1.** (*parto*) premature; **bebê ~** premature baby; **o parto foi ~** the birth was premature **2.** (*decisão*) premature
premeditada *adj v.* **premeditado**
premeditadamente [premedʒitada'mejtʃi] *adv* intentionally
premeditado, -a [premedʒi'tadu, -a] *adj* (*ato*) deliberate
premeditar [premedʒi'tar] *vt* to premeditate; (*crime*) to premeditate
premente [pre'mejtʃi] *adj* pressing; **um assunto ~** a pressing subject
premiação <-ões> [premia'sɜ̃w, -'õjs] *f* award
premiado, -a [premi'adu, -a] **I.** *m, f* prize-winner; (*loteria*) prize-winner **II.** *adj* (*pessoa*) awarded; **~ com** awarded with; **bilhete ~** prize-winning ticket
premiar [premi'ar] *conj como* **passear** *vt* **1.** (*obra, autor*) to award **2.** (*recompensar*) to reward; **~ com** to reward with
premier [premi'e] *mf* POL premier
prêmio ['premiw] *m* **1.** (*de concurso*) prize; **~ de consolação** consolation prize; **Prêmio Nobel** Nobel Prize; **estar com a cabeça a ~** to have a price on one's head **2.** (*de seguro*) insurance premium **3.** (*recompensa*)

reward **4.** (*da loteria*) prize-winning lottery ticket **5.** ECON (*de uma ação*) premium **6.** ESPORT (*turfe, automobilismo*) **grande ~** grand prix

premir [pre'mir] *vt* to press, to oppress

premissa [pre'misa] *f* premise

pré-moldado [prɛmow'dadu] *m* pre-molded element

premonição <-ões> [premoni'sãw, -'õjs] *f* premonition

premonitório, -a [premoni'tɔriw, -a] *adj* premonitory

pré-natal <-ais> [prɛna'taw, -'ajs] **I.** *m* prenatal medical care; **fazer o ~** to go for prenatal medical care **II.** *adj* prenatal

prenda ['prẽjda] *f* **1.** gift, talent; **dar uma ~ a alguém** to give sb a gift **2.** (*em jogos*) game of forfeits **3. ~s domésticas** household arts, home economics

prendado, -a [prẽj'dadu, -a] *adj* talented

prendedor [prẽjde'dor] <-es> *m* (*de roupa*) clothespin

prender [prẽj'der] <*pp* preso *ou* prendido> **I.** *vt* **1.** (*fixar*) to fasten **2.** (*atar*) to tie; (*o cabelo*) to put up **3.** (*um ladrão*) to arrest **4.** (*em casa, numa sala*) to lock in **5.** (*a respiração*) to hold **6.** *fig* (*unir*) to bind; **já nada me prende aqui** nothing binds me to this place any longer **7.** *fig* (*cativar*) to hold; **~ a atenção** to hold attention **8.** *inf* (*digestão*) **~ o intestino** to become constipated **II.** *vi* (*ficar preso*) to remain in jail **III.** *vr:* **~-se 1.** (*compromisso*) to get caught; **~-se a a. c.** to get caught up in sth **2.** (*entrave*) to get entangled; **não se prenda por minha causa** don't stay because of me

prenhe ['prɛɲi] *adj* ZOOL pregnant

prensa ['prẽjsa] *f* **1.** press; **~ hidráulica** hydraulic press **2.** *inf* (*intimidar*) **dar uma ~ em alguém** to push sb against the wall

prensado, -a [prẽj'sadu, -a] *adj* pressed

prensar [prẽj'sar] *vt* to apply pressure; **~ alguém contra a parede** *inf* to push sb against the wall

prenúncio [pre'nũwsiw] *m* prediction

pré-nupcial <-ais> [prɛnupsi'aw, -'ajs] *adj* prenuptial

preocupação <-ões> [preokupa'sãw, -'õjs] *f* preoccupation

preocupado, -a [preoku'padu, -a] *adj* preoccupied, worried; **estar ~ com alguém/a. c.** to be worried about sb/sth

preocupante [preoku'pãntʃi] *adj* preoccupying

preocupante [preoku'pãntʃi] *adj* preoccupying

preocupar [preoku'par] **I.** *vt* to preoccupy, to worry **II.** *vr:* **~-se** to worry; **~-se com a. c.** to worry about sth; **não se preocupe!** don't worry!

pré-olímpico, -a [prɛo'lĩjpiku, -a] *adj* olympic qualifying; **torneio ~** olympic qualifying rounds

pré-operatório, -a [prɛopera'tɔriw, -a] *adj* preoperative

preparação <-ões> [prepara'sãw, -'õjs] *f* preparation; (*de comida*) food preparation; (*para um exame*) preparation for an exam

preparado [prepa'radu] *m* prepared

preparado, -a [prepa'radu, -a] *adj* (*pronto*) ready; **~ para** ready for; (*apto*) prepared; **estar ~ para a. c.** to be prepared for sth

preparar [prepa'rar] **I.** *vt* **1.** (*arranjar*) to arrange **2.** (*comida*) to prepare **3.** (*as malas*) to pack **4.** (*uma pessoa*) to get ready; (*um ataque, festa*) to prepare for **5.** FARM, QUÍM to prepare **6.** (*uma matéria, aula*) to plan **7.** (*pedra, madeira, tecido*) to cut **8.** (*má notícia: o espírito*) to prepare **9.** (*o solo*) to prepare **II.** *vr:* **~-se** to prepare (oneself); **~-se para um exame** to prepare oneself for an exam; **~-se para sair** to get ready to go out

preparativos [prepara'tʃivus] *mpl* preparations *pl;* **~ para** preparations for

preparatório, -a [prepara'tɔriw, -a] *adj* (*curso*) preparatory

preparo [pre'paru] *m* preparation; **~ físico** physical preparation; (*instrução*) education; **ter ~ para desempenhar uma função** to have the necessary education to perform a function

pré-plebiscito [prɛplebi'situ] *adj, m* POL pre-plebiscite

preponderância [prepõwde'rɐ̃sia] *f* preponderance; (*predomínio*) predominance

preponderante [prepõwde'rãntʃi] *adj* preponderant; **ele desempenha um papel ~** he plays a dominant role

preposição <-ões> [prepozi'sãw, -'õjs] *f* LING preposition

preposicional <-ais> [prepozisjo'naw, -'ajs] *adj* LING prepositional
prepotência [prepo'tẽjsja] *f* superiority
prepotente [prepo'tẽjtʃi] *adj* superior
pré-primário [prɛpri'marjw] *m* nursery school
prepúcio [pre'pusiw] *m* ANAT foreskin
pré-qualificação <-ões> [prɛkwaʎifika'sãw, -'õjs] *f* pre-qualification
pré-requisito [prɛxeki'zitu] *m* prerequisite
prerrogativa [prexoga'tʃiva] *f* prerogative; (*privilégio*) privilege
presa *adj v.* **preso**
presa ['preza] *f* 1. prey 2. (*de animal*) fang, tusk, claw 3. (*presidiária*) *v.* **preso I**
presbitério [prezbi'tɛriw] *m* Presbyterian
presbítero [prez'biteru] *m* Presbytery
prescindir [presĩ'dʒir] *vt* ~ **de** to prescind from, to dispense with
prescindível <-eis> [presĩ'dʒivew, -ejs] *adj* expendable
prescrever [preskre'ver] <*pp* prescrito> I. *vt* (*regra*) to lay down; (*um prazo*) to establish; (*um medicamento*) to prescribe II. *vi* JUR to become outlawed (by prescription)
prescrição [preskri'sãw] *f* 1. (*disposição, regra*) prescript 2. JUR prescription 3. MED **fazer uma** ~ to write a prescription
prescrito, -a [pres'kritu, -a] I. *pp de* **prescrever** II. *adj* JUR invalidated (by prescription); **a sentença está prescrita** the judgment has been invalidated; **normas prescritas** prescribed rules
pré-seleção <-ões> [prɛsele'sãw, -'õjs] *f* preselection
presença [pre'zẽjsa] *f* presence; ~ **de espírito** presence of mind; ~ **obrigatória** mandatory presence; **na** ~ **de alguém** in sb's presence; **ter boa/má** ~ to have good/bad appearance; **marcar** ~ to put in an appearance
presenciar [prezẽjsi'ar] *vt* 1. (*assistir a*) to witness 2. (*observar*) to observe
presente [pre'zẽjtʃi] I. *m* 1. (*temporal*) present; LING present tense 2. (*regalo*) present; **dar um** ~ **a alguém** to give sb a present; **dar a. c. de** ~ **a alguém** to give sth to sb as a gift; **embrulho/papel de** ~ gift package/wrapping paper; ~ **de grego** Trojan horse 3. *pl* **os** ~ **s** (*pessoas que comparecem*) those present *pl* II. *adj* 1. (*atual*) the present (now); **ter a. c.** ~ to bear sth in mind 2. (*comparecimento*) present; **estar** ~ to be present; **estar** ~ **em** to be present at 3. (*este*) this; **o** ~ **contrato** this contract 4. (*participativo*) participating; **pais** ~ **s** participating parents
presentear [prezẽjtʃi'ar] *conj como passear vt* to present with sth; ~ **alguém com a. c.** to present sb with sth
presepada [preze'pada] *f inf* insolent manner
presépio [pre'zɛpiw] *m* Nativity scene
preservação <-ões> [prezerva'sãw, -'õjs] *f* 1. (*conservação*) preservation 2. (*proteção*) protection; ~ **ambiental** environmental protection; ~ **da natureza** conservation of natural resources
preservar [prezer'var] *vt* 1. (*conservar*) to conserve 2. (*proteger*) to preserve; ~ **de** to preserve from
preservativo [prezerva'tʃivu] *m* 1. (*camisinha*) condom 2. (*em comida*) **alimentos sem** ~ **s** food without preservatives
presidência [prezi'dẽjsja] *f* 1. POL presidency; ~ **da República** Presidency of the Republic 2. (*de associação, empresa*) chairmanship
presidencial <-ais> [prezidẽjsi'aw, -'ajs] *adj* 1. POL presidential 2. (*associação, empresa*) presidential
presidencialismo [prezidẽjsja'ʎizmu] *m sem pl* presidentialism *no pl*
presidenciável <-eis> [prezidẽjsi'avew, -ejs] I. *mf* presidential candidate II. *adj* presidential
presidente [prezi'dẽjtʃi] *mf* 1. POL president; ~ **da Câmara** Speaker of the House of Representatives; ~ **da República** President of the Republic 2. (*de associação, empresa, partido*) chairman
presidiário, -a [prezidʒi'arjw, -a] *m, f* convict
presídio [pre'zidʒiw] *m* penitentiary
presidir [prezi'dʒir] *vt* 1. (*ocupar a presidência*) to preside (over) 2. (*dirigir*) to direct; ~ **a** to direct towards; ~ **a uma conferência** to preside at a conference
presilha [pre'ziʎa] *f* (*de cabelo*) hair clasp

preso, -a ['prezu, -a] I. *m, f* prisoner II. *adj* 1. (*na cadeia*) convict; (*numa sala*) stuck; **ficar ~ no trânsito** to get stuck in traffic; **viver ~ a uma cadeira de rodas** to be stuck in a wheelchair 2. (*fixo*) tied; **língua presa** tongue-tied; **ficar ~** (*emperrar*) to become stuck

pressa ['prɛsa] *f* haste, urgency; **estar com** [*ou* **ter**] **~** to be in a hurry; **fazer a. c. às ~s** [*ou* **com pressa**] to do sth in haste; **ter ~ de** [*ou* **em**] **fazer a. c.** to be in a hurry to; **a ~ é inimiga da perfeição** *prov* haste makes waste

presságio [pre'saʒiw] *m* omen, prediction; **um bom/mau ~** a good/bad omen

pressão <-ões> [pre'sãw, -'õjs] *f* pressure; **~ alta/baixa** high/low blood pressure; **~ arterial** blood pressure; **~ atmosférica** atmospheric pressure; **alta ~** high pressure; **baixa ~** low pressure; **estar sob ~** to be under pressure; **fazer a. c. sob ~** to do sth under pressure; **marcar sob ~** ESPORT to score a goal under pressure

pressentimento [presẽjtʃi'mẽjtu] *m* foreboding; **ter um bom/mau ~ em relação a a. c.** to have a good/bad feeling about sth; **eu tenho o ~ de que ele não vem** I have a feeling he's not coming

pressentir [presẽj'tʃir] *irr como sentir vt* 1. (*o perigo*) to foresee 2. (*sentir*) to feel

pressinta [pre'sĩjta] *1./3. pres subj de* **pressentir**

pressinto [pre'sĩjtu] *1. pres de* **pressentir**

pressionar [presjo'nar] *vt* 1. (*um botão/uma tecla*) to press 2. (*uma pessoa*) to put pressure on

pressões *f pl de* **pressão**

pressupor [presu'por] *irr como pôr vt* 1. (*partir do princípio*) to take for granted 2. (*supor*) to assume

pressuposição <-ões> [presupozi'sãw, -'õjs] *f* presupposition

pressuposto [presu'postu] *m* 1. (*princípio*) presupposition; **partindo do ~ que ...** based on the presupposition that... 2. (*suposição*) conjecture 3. (*propósito, intenção*) purpose

pressuposto, -a [presu'postu, -'ɔsta] I. *pp de* **pressupor** II. *adj* presupposed

pressurizado, -a [presuri'zadu, -a] *adj* (*cabine*) pressurized cabin

prestação <-ões> [presta'sãw, -'õjs] *f* 1. (*quantia*) installment payment; **comprar a. c. a ~** to buy sth in installments; **pagar a. c. da casa/do carro** to pay the monthly installment for the house/car; **pagar a. c. a prestações** to pay for sth in installments 2. (*de um serviço, de ajuda*) rendering; **~ de serviços** rendering of services 3. **~ de contas** (*documentos*) to give an accounting; (*dar satisfação*) to give an accounting

prestar [pres'tar] I. *vt* (*ajuda, um serviço*) to render; **~ atenção a a. c.** to pay attention to sth; **~ contas a alguém** to give an accounting to sb; **~ depoimento** to give testimony; **~ um exame para** to take an exam to; **~ homenagem a alguém** to pay tribute to sb; **~ juramento** to take an oath; **~ serviço militar** to serve in the military II. *vi* (*objeto*) **~ para** to be suitable for; **não ~** it is of no use; **isso não presta (para nada)**! it is of no use (at all)!; (*pessoa*) a good-for-nothing; **ela não ~** she is a good-for-nothing III. *vr*: **~-se** *to be suitable for;* **~-se a a. c.** to lend oneself to sth; **~-se ao ridículo** to lend oneself to ridicule

prestativo, -a [presta'tʃivu, -a] *adj* cooperative, helpful; **ele é muito ~** he is very helpful

prestável <-eis> [pres'tavew, -ejs] *adj* useful

prestes ['prɛstʃis] *adj inv* **estar ~ a fazer a. c.** to be about to do sth

prestidigitador(a) [prestʃidʒiʒita'dor(a)] <-es> *m(f)* prestidigitator

prestigiar [prestʃiʒi'ar] *vt* to give prestige to

prestígio [pres'tʃiʒiw] *m* prestige

prestigioso, -a [prestʃiʒi'ozu, -'ɔza] *adj* 1. (*respeitado*) respected 2. (*influente*) influential

préstimo ['prɛstʃimu] *m* (*utilidade*) utility; (*valor*) worth; **sem ~** worthless; **oferecer os ~s** (*ajuda*) to offer help

presumido, -a [prezu'midu, -a] *adj* presumptuous

presumir [prezu'mir] *vt* to presume

presumível <-eis> [prezu'mivew, -ejs] *adj* presumptuous; **o ~ assassino** the alleged murderer

presunção <-ões> [prezũw'sãw, -'õjs] *f* 1. (*suposição*) conjecture 2. (*arrogân-*

presunçoso, -a [prezũw'sozu, -'ɔza] *adj* conceited

presunto [pre'zũwtu] *m* ~ (**cozido**) (cooked) ham; ~ **defumado** smoked ham; **virar** ~ *gír* to become a corpse

preta *adj, f v.* **preto**

prêt-a-porter [prɛtapor'te] *m inv* prêt-a-porter

pretendente [pretẽj'dejtʃi] *mf* 1.(*ao trono*) heir to the throne 2.(*amoroso*) suitor

pretender [pretẽj'der] *vt* 1.(*tencionar*) to intend; **eu pretendo fazer uma viagem no ano que vem** I intend to take a trip next year 2.(*querer*) to aspire to; (*desejar*) to want 3.(*exigir*) to demand

pretendido, -a [pretẽj'dʒidu, -a] *adj* 1.(*desejado*) aspired 2.(*planejado*) intended

pretensa *adj v.* **pretenso**

pretensão <-ões> [pretẽj'sãw, -'õjs] *f* 1.(*exigência*) claim 2.(*intenção*) intention

pretensioso, -a [pretẽjsi'ozu, -'ɔza] *adj* pretentious

pretenso, -a [pre'tẽjsu, -a] *adj* so-called

pretensões *f pl de* **pretensão**

preterido, -a [prete'ridu, -a] *adj* postponed

preterir [prete'rir] *irr como preferir vt* to postpone

pretérito [pre'tɛritu] *m* LING preterit; ~ **imperfeito** the imperfect indicative; ~ **mais-que-perfeito** the pluperfect; ~ **perfeito** the preterit

pretexto [pre'testu] *m* pretext

preto, -a ['pretu, -a] I. *m, f* (*pessoa*) negro; **ser** ~ **no branco** *fig* to be obvious; **pôr o** ~ **no branco** to put sth in writing II. *adj* black; **pão** ~ dark bread; **a situação está preta** *inf* the situation is very bleak

preto e branco ['pretu i 'brãŋku] *adj* black and white; **fotografia em** ~ black and white picture; **televisão em** ~ black and white television

prevalecer [prevale'ser] <c→ç> I. *vi* 1.(*manter-se*) to prevail 2.(*predominar*) to predominate 3.(*levar vantagem*) to prevail II. *vt* ~ **sobre** to prevail over

prevalência [preva'lẽjsia] *f* prevalence

prevaricação <-ões> [prevarika'sãw, -'õjs] *f* prevarication

prevaricador(a) [prevarika'dor(a)] <-es> *m(f)* prevaricator

prevaricar [prevari'kar] *vi* <c→qu> to prevaricate

prevenção <-ões> [prevẽj'sãw, -'õjs] *f* 1.(*precaução*) prevention; ~ **de acidentes** accident prevention 2. MED preventive medicine 3.(*preconceito*) ~ **contra estrangeiros** prejudice against foreigners

prevenido, -a [previ'nidu, -a] *adj* cautious; **estar** ~ to be forewarned; **homem** ~ **vale por dois** *prov* forewarned is forearmed

prevenir [previ'nir] I. *vt* 1.(*evitar*) to prevent; (*uma doença*) to prevent; **é melhor** [*ou* **mais vale**] ~ (**do**) **que remediar** *prov* an ounce of prevention is worth a pound of cure 2.(*uma pessoa*) to warn; ~ **alguém de a. c.** to warn sb of sth II. *vr:* ~**-se** to take precautions; ~**-se contra a. c./alguém** to take precautions against sth/sb; ~**-se para eventualidades** to prepare for any eventuality

preventivo, -a [prevẽj'tʃivu, -a] *adj* preventive; **tomar medidas preventivas** to take preventive measures

prever [pre'ver] *irr como ver vt* to foresee; ~ **as consequências** to foresee the consequences

prévia *adj v.* **prévio**

prévia ['prɛvia] *f* preliminary

previamente [prɛvia'mejtʃi] *adv* previously

previdência [previ'dẽjsia] *f* welfare; ~ **social** social welfare

previdente [previ'dẽjtʃi] *adj* foreseeing

prévio, -a ['prɛviw, -a] *adj* previous, prior; **sem/com aviso** ~ without/with (prior) notice

previsão <-ões> [previ'zãw, -'õjs] *f* foresight; ~ **do tempo** weather forecast

previsível <-eis> [previ'zivew, -ejs] *adj* (*acontecimento*) foreseeable; (*pessoa*) predictable

previsões *f pl de* **previsão**

previsto, -a [pre'vistu, -a] I. *pp de* **prever** II. *adj* foreseen

prezado, -a [pre'zadu, -a] *adj* highly esteemed; (*querido*) dear; ~**s colegas** dear colleagues; ~ **senhor ...** (*em cartas*) dear sir ...

prezar [pre'zar] I. *vt* to hold dear II. *vr:* ~**-se** to have self-respect

priápico [pri'apiku] *adj* priapic

prima *adj, f v.* **primo**

prima-dona ['prima-'dona] *f* MÚS prima donna

primar [pri'mar] *vi* to excel (in); **~ por** to be notable for

primária *adj v.* **primário**

primárias [pri'marias] *fpl* (*eleições*) primaries

primário [pri'mariw] *m* (*escola*) aluno do ~ elementary school student

primário, -a [pri'mariw, -a] *adj* **1.** (*primeiro*) primary **2.** (*principal*) main; (*fundamental*) elementary; **escola primária** elementary school **3.** (*primitivo*) primitive

primata [pri'mata] *m* primates *pl*

primavera [prima'vɛra] *f* spring; **ter quinze primaveras** *fig, form* to be sweet fifteen

primaveril <-is> [primave'riw, -'is] *adj* vernal

primazia [prima'zia] *f* (*de nível*) primacy; (*de qualidade*) excellence

primeira [pri'mejra] *f* **1.** (*classe*) first class; **de ~** first-rate; **viajar em ~ classe** to travel first class **2.** (*vez*) **na ~ tentativa** at first try; **acertar de ~** to get it right the first time **3.** (*velocidade*) first; **engatar a ~** to shift into first

primeira-dama [pri'mejra-'dama] <primeiras-damas> *f* (*presidente*) first lady; (*teatro*) leading lady

primeiramente [primejra'mējtʃi] *adv* initially, firstly

primeiro [pri'mejru] *adv* first

primeiro, -a [pri'mejru, -a] **I.** *m, f* the first **II.** *num ord* first; **em ~ lugar** in first place; *v.tb.* **segundo**

primeiro-ministro, primeira-ministra <primeiros-ministros> [pri'mejrumi'nistru, -a] *m, f* prime minister

primeiros socorros [pri'mejruz so'kɔxrus] *mpl* first aid; **prestar os ~ a alguém** to give sb first aid

primitivo, -a [primi'tʃivu, -a] *adj* primitive; (*original*) original, primordial; **povos ~s** primitive civilizations *pl*

primo, -a ['primu, -a] **I.** *m, f* cousin; **~ irmão** first cousin; **~ de primeiro/ segundo grau** first/second cousin **II.** *adj* MAT **número ~** prime number

primogênito, -a [primo'ʒenitu, -a] **I.** *m, f* first born (child) **II.** *adj* first born

primor [pri'mor] <-es> *m* **1.** (*beleza*) beauty **2.** (*perfeição*) perfection

primordial <-ais> [primordʒi'aw, -'ajs] *adj* primordial

primórdio [pri'mɔrdʒiw] *m* (*origem*) origin; (*princípio*) beginning; **nos ~s da humanidade** in the origins of mankind

primores *m pl de* **primor**

primoroso, -a [primo'rozu, -'ɔza] *adj* **1.** (*maravilhoso*) excellent; (*perfeito*) perfect **2.** (*belo*) exquisite

princesa [prĩ'jeza] *f* princess

principado [prĩjsi'padu] *m* principality

principal <-ais> [prĩjsi'paw, -'ajs] **I.** *m* main, principal; **o ~ é ...** the main thing is... **II.** *adj* **1.** (*mais importante*) main; **ator ~** leading actor **2.** (*essencial*) fundamental

principalmente [prĩjsipaw'mējtʃi] *adv* principally

príncipe ['prĩjsipi] *m* **1.** (*filho do rei*) prince; **~ herdeiro** crown prince; **o ~ encantado** prince charming **2.** (*de principado*) royal prince

principesco, -a [prĩjsi'pesku, -a] *adj* princely

principiante [prĩjsipi'ãntʃi] *mf* novice

principiar [prĩjsipi'ar] *vi* to begin

princípio [prĩj'sipiw] *m* **1.** (*início*) beginning; **a ~** at first; **no ~** in the beginning **2.** (*moral*) principle; **em ~** in principle; **por ~** on principle; **uma pessoa sem ~s** a person without principles; **partindo do ~ que ...** based on the principle that...

prioridade [priori'dadʒi] *f* (*urgência, importância*) priority; **dar ~** to give priority (to sth); **ter ~** to have priority

prioritário, -a [priori'tariw] *adj* pertaining to priority

priorizar [priori'zar] *vt* to give priority to

prisão <-ões> [pri'zãw, -'õjs] *f* **1.** (*captura*) capture **2.** (*cadeia*) jail, prison; **~ perpétua** life imprisonment; **~ preventiva** preventive custody; **estar na ~** to be in prison; **ir parar na ~** to end up in jail **3.** MED **~ de ventre** constipation

prisioneiro, -a [prizjo'nejru, -a] *m, f* prisoner

prisma ['prizma] *m* **1.** (*figura geométrica*) prism **2.** (*perspectiva*) angle; **nunca tinha visto o problema por esse ~** I had never looked at the problem from that angle

prisões *f pl de* **prisão**

privação <-ões> [priva'sãw, -'õjs] *f* privation; **passar por privações** to suffer privations

privacidade [privasi'dadʒi] *f sem pl* privacy; **invadir a ~ de alguém** to invade another person's privacy

privada [pri'vada] *f* toilet; **descarga de ~** toilet flush

privado, -a [pri'vadu, -a] *adj* 1.(*pessoal*) personal 2.(*privativo*) private 3.(*despojado*) deprived; **~ de** deprived of

privar [pri'var] I. *vt* to deprive; **~ alguém de a. c.** to deprive sb of sth II. *vr*: **~-se** to deprive oneself; **~-se de** to abstain from

privativo, -a [priva'tʃivu, -a] *adj* exclusive, private

privatização <-ões> [privatʃiza'sãw, -'õjs] *f* ECON privatization

privatizar [privatʃi'zar] *vt* ECON to privatize

prive <privés> [pri've] *adj* private; **salão de festa ~** VIP room

privilegiado, -a [privileʒi'adu, -a] I. *m, f* privileged person II. *adj* privileged

privilegiar [privileʒi'ar] *vt* to privilege, to accord special treatment to

privilégio [privi'lɛʒiu] *m* 1.(*regalia*) prerogative; **gozar de ~s** to enjoy (special) privileges 2.(*talento*) talent 3.(*oportunidade*) **ter o ~ de presenciar tal evento** to have the privilege of attending such an event

pró ['prɔ] I. *m* pro; **os ~s e os contras** the pros and cons II. *adv* on behalf of; **lutar em ~ de a. c.** to fight on behalf of sth

proa ['proa] *f* NÁUT prow, bow

probabilidade [probabiʎi'dadʒi] *f* probability; **contra todas as ~s** against all odds

probabilístico, -a [probabi'ʎistʃiku, -a] *adj* probabilistic

probatório, -a [proba'tɔriw, -a] *adj* probatory; **estágio ~** probationary training

probidade [probi'dadʒi] *f sem pl* probity *no pl*, uprightness *no pl*

problema [pro'blema] *m* problem; MAT problem; **~ seu!** that's your problem!

problemática [proble'matʃika] *f* problem

problemático, -a [proble'matʃiku, -a] *adj* problematic; (*criança*) problematic

procedência [prose'dẽjsia] *f* origin

procedente [prose'dẽjtʃi] *adj* **~ de** proceeding from, coming from; **a mercadoria ~ do exterior** merchandise from abroad

proceder [prose'der] *vi* 1.(*agir*) to act; **~ bem/mal** to act well/badly 2.(*comportar-se*) to conduct oneself 3.(*originar-se*) **~ de** to proceed from

procedimento [prosedʒi'mẽjtu] *m* 1.(*processo*) procedure 2.(*maneira de agir*) manner of proceeding; (*comportamento*) behavior *Am*, behaviour *Brit*

processador [prosesa'dor] <-es> *m* INFOR processor; **~ de dados** data processor; **~ de texto** word processor

processamento [prosesa'mẽjtu] *m* processing; **~ de dados** data processing; **~ de texto** word processing

processar [prose'sar] I. *vt* JUR (*uma pessoa*) to sue; (*informação, dados*) to process II. *vr*: **~-se** to process

processo [pro'sɛsu] *m* JUR lawsuit

processual <-ais> [prosesu'aw, -'ajs] *adj* procedural

procissão <-ões> [prosi'sãw, -'õjs] *f* procession

proclamação <-ões> [proklɐma'sãw, -'õjs] *f* proclamation; **Proclamação da República** Proclamation of the Republic

proclamar [proklɐ'mar] *vt* to proclaim

Procon [pro'kõw] *m abr de* **Procuradoria de Proteção e Defesa do Consumidor** Consumer Protection Agency

procrastinação <-ões> [prokrastʃina'sãw, -'õjs] *f* procrastination

procrastinar [prokrastʃi'nar] *vt* to procrastinate

procriação <-ões> [prokria'sãw, -'õjs] *f* procreation

procriar [prokri'ar] *vi* to procreate

proctologia [proktolo'ʒia] *f sem pl* proctology *no pl*

proctologista [proktolo'ʒista] *mf* proctologist

procura [pru'kura] *f* 1.(*busca*) search; **andar à ~ de alguém/a. c.** to go about in search of sb/sth; **estar à ~ de alguém/a. c.** to be in search of sb/sth; **ir à ~ de alguém/a. c.** to go in search of sb/sth 2. ECON supply and demand

procuração <-ões> [prokura'sãw, -'õjs] *f* power of attorney; **passar uma ~ a alguém** to give sb power of attorney

procurador(a) [prokura'dor(a)] <-es> *m(f)* attorney; **Procurador da Justiça** public prosecutor; **Procurador da República** Attorney General

procuradoria [prokurado'ria] *f* public

procurar [proku'rar] *vt* 1.(*buscar*) to search for, to look for; ~ a. c./**alguém em algum lugar** to search for sth/sb somewhere; ~ **emprego** to look for a job; **quem procura, acha** *prov* seek and you will find 2.(*esforçar-se*) to try; ~ **ajuda** to look for help; ~ **fazer a. c.** to try to do sth 3.(*desejar falar*) to call on; **procurou o amigo em casa para conversar** he called on his friend at home to talk 4.(*investigar*) to investigate; ~ **as causas do acidente** to investigate the causes of the accident

pró-democracia [prɔdemokra'sia] *adj, f* POL prodemocracy

pródiga *adj v.* **pródigo**

prodígio [pro'dʒiʒiw] *m* prodigy

pródigo, -a ['prɔdʒigu, -a] *adj* prodigal

produção <-ões> [produ'sãw, -'õjs] *f* 1.(*fabrico*) manufacturing; ~ **em massa** mass production; ~ **em série** mass production 2.(*de energia*) generation; (*de petróleo*) output 3.(*rendimento*) yield 4. CINE production

produtiva *adj v.* **produtivo**

produtividade [produtʃivi'dadʒi] *f* ECON productivity

produtivo, -a [produ'tʃivu, -a] *adj* 1.(*negócio*) profitable 2.(*solo*) fertile 3.(*experiência, trabalho*) constructive 4.(*conversa*) productive

produto [pro'dutu] *m* 1. ECON product; ~ **agrícola** agricultural products; ~ **alimentício** food products; ~ **final** final product; ~ **interno bruto** gross domestic product 2.(*resultado*) results *pl* 3.(*rendimento*) returns *pl* 4.(*preparado*) manufactured products; ~ **de limpeza/beleza** cleaning/beauty product

produtor(a) [produ'tor(a)] <-es> *m(f)* 1.(*fabricante*) manufacturer 2. AGR grower 3. CINE producer

produtora [produ'tora] *f* CINE production company

produtores *m pl de* **produtor**

produzido, -a [produ'zidu, -a] *adj inf* (*pessoa*) dressed up

produzir [produ'zir] I. *vt* (*fabricar*) to manufacture; (*energia, leite*) to produce; (*petróleo*) to extract; (*originar*) to originate; (*criar*) to create; (*um filme*) to make II. *vr:* ~-**se** *inf* (*pessoa*) to dress up

proeminência [proemi'nẽjsia] *f* prominence

proeminente [proemi'nẽtʃi] *adj* 1.(*saliente*) protruding 2.(*pessoa*) prominent

proeza [pro'eza] *f* feat, stunt; **fazer uma** ~ to do a stunt

profana *adj v.* **profano**

profanar [profɜ'nar] *vt* to defile, to profane

profano, -a [pro'fɜnu, -a] *adj* profane

profecia [profe'sia] *f* profecy

proferir [profe'rir] *irr como preferir vt* 1.(*uma palavra*) to utter; (*um discurso*) to deliver a speech 2.(*uma sentença*) to pronounce judgment

professar [profe'sar] *vt* (*um credo*) to profess; (*preconizar*) to proclaim

professor(a) [profe'sor(a)] <-es> *m(f)* (*de escola*) teacher; (*universitário*) professor; ~ **assistente** assistant professor; ~ **de ginástica** gym teacher; ~ **titular** tenured professor

profeta, profetisa [pro'fɛta, profe'tʃiza] *m, f* prophet

profético, -a [pro'fɛtʃiku, -a] *adj* prophetic

profetisa [profe'tʃiza] *f* prophetess

profetizar [profetʃi'zar] *vt* to prophesize *Am*, to prophecise

proficiência [profisi'ẽsia] *f* proficiency

proficiente [profisi'ẽtʃi] *adj* proficient

profícuo, -a [pro'fikuo, -a] *adj form* profitable

profilático, -a [profi'latʃiku, -a] *adj* MED prophylactic

profilaxia [profilak'sia] *f* MED prophylaxis

profissão <-ões> [profi'sãw, -'õjs] *f* 1.(*ofício*) profession; **qual é a sua** ~? what is your profession?; **a minha** ~ **é secretária** I'm a secretary 2. REL profession; ~ **de fé** profession of faith

profissional <-ais> [profisjo'naw, -'ajs] I. *mf* professional II. *adj* 1.(*atividade, formação*) vocational; **escola** ~ trade school 2.(*que tem como profissão*) professional; **ator** ~ professional actor

profissionalismo [profisjona'lizmu] *m sem pl* professionalism

profissionalizante [profisjonaʎi'zãtʃi] *adj* professionalizing

profissionalizar [profisjonaʎi'zar] I. *vt* to professionalize II. *vr:* ~-**se** to become professional

profissões *f pl de* **profissão**

pro forma [prɔ'fɔrma] I. *adv* (*formal-*

idade, aparências) **apresentar uma declaração ~** to present a pro forma declaration **II.** *adj* pro forma; **balancete ~** pro forma balance sheet; **fatura ~** pro forma invoice

profunda *adj v.* **profundo**

profundamente [pɾofũwda'mẽjtʃi] *adv* profoundly

profundeza [pɾofũw'deza] *f* depth

profundidade [pɾofũwdʒi'dadʒi] *f sem pl, fig* the deep *no pl*

profundo, -a [pɾo'fũwdu, -a] *adj* **1.**(*poço, buraco, ferida*) deep **2.**(*sentimento*) intense **3.**(*conversa*) in-depth **4.**(*mudança*) profound

profusão <-ões> [pɾofu'zãw, -'õjs] *f* profusion

progenitor(a) [pɾoʒeni'tor(a)] <-es> *m(f)* progenitor, ancestor

progesterona [pɾoʒeste'ɾona] *f* progesterone

prognata [pɾog'nata] *m* prognathous

prognóstico [pɾog'nɔstʃiku] *m* **1.**(*predição*) omen **2.** MED prognosis

programa [pɾo'gɾama] *m* **1.**(*de informática*) program; (*de televisão*) program; (*diversão*) outing; **qual é o ~ para hoje?** what is today's outing?; **garoto(a) de ~** call girl/boy **2.**(*da escola*) syllabus **3.**(*prospecto*) prospectus **4.**(*de partido político*) policy

programação <-ões> [pɾogɾama'sãw, -'õjs] *f* **1.** INFOR (*de uma máquina*) programming **2.**(*planejamento*) plan **3.**(*da televisão*) programming

programador(a) [pɾogɾama'dor(a)] <-es> *m(f)* INFOR programmer

programar [pɾogɾa'mar] *vt* **1.**(*uma máquina*) to program **2.**(*as férias*) to plan

progredir [pɾogɾe'dʒir] *vi* **1.**(*pessoa*) to make headway **2.**(*situação*) to advance

progressão <-ões> [pɾogɾe'sãw, -'õjs] *f* **1.**(*progresso*) progression **2.** MAT progression

progressista [pɾogɾe'sista] *adj* progressive, liberal

progressivo, -a [pɾogɾe'sivu, -a] *adj* progressive

progresso [pɾo'gɾɛsu] *m* progress; **fazer ~s** to make progress

progressões *f pl de* **progressão**

proibição <-ões> [pɾoibi'sãw, -'õjs] *f* prohibition

proibido, -a [pɾoi'bidu, -a] *adj* forbidden, prohibited; **~ fumar/pisar na grama** no smoking/keep off the grass; **~ fixar cartazes** post no bills

proibir [pɾoi'bir] *vt* to forbid, to prohibit; **~ alguém de fazer** [*ou* **que alguém faça**] **a. c.** to forbid sb to do sth

proibitivo, -a [pɾoibi'tʃivu, -a] *adj* prohibitive; **preço ~** prohibitive price

projeção <-ões> [pɾoʒe'sãw, -'õjs] *f* **1.**(*de diapositivos, de um filme*) projection **2.**(*eleitoral*) projection **3.**(*importância*) **pessoa de ~** person of prominence

projecionista [pɾoʒesjo'nista] *mf* protectionist

projetar [pɾoʒe'tar] **I.** *vt* **1.**(*arremessar*) to propel; (*a voz*) to project **2.**(*filme, diapositivos*) to project **3.**(*planejar*) to plan; (*um edifício, uma casa*) to design **4.** *fig* (*uma imagem*) to project **5.**(*ganhar fama*) to shoot to fame **II.** *vr:* **~-se** to throw oneself; **o avião se projetou contra o solo** the plane plunged into the ground

projétil <-eis> [pɾo'ʒɛtʃiw, -ejs] *m* projectile, missile

projeto [pɾo'ʒɛtu] *m* **1.**(*esboço*) project; **~ de lei** bill **2.**(*de trabalho*) work project; **~ científico** scientific project; **~ gráfico** graphic project; **trabalhar num ~** to work on a project

projetor [pɾoʒe'tor] <-es> *m* **1.**(*de luz*) spotlight **2.**(*de diapositivos*) projector; (*de filmes*) film projector

prol <próis> ['pɾɔw, 'pɾɔis] *m* **em ~ de** in behalf of

prole ['pɾɔʎi] *f* offspring *pl*

prolepse [pɾo'lɛpsi] *f* LING prolepsis

proletária *adj, f v.* **proletário**

proletariado [pɾoletaɾi'adu] *m* proletariat

proletário, -a [pɾole'taɾiw, -a] **I.** *m, f* proletarian **II.** *adj* proletarian

proliferação <-ões> [pɾoʎifeɾa'sãw, -'õjs] *f* proliferation; **~ nuclear** nuclear proliferation

proliferar [pɾoʎife'ɾar] *vi* to proliferate

prolífico, -a [pɾo'ʎifiku, -a] *adj* prolific

prolixo, -a [pɾo'ʎiksu, -a] *adj* prolix

prólogo ['pɾɔlogu] *m* prologue

prolongado, -a [pɾolõw'gadu, -a] *adj* prolonged

prolongamento [pɾolõwga'mẽjtu] *m* extension

prolongar [pɾolõw'gar] <g→gu> **I.** *vt* **1.**(*um prazo*) to extend **2.**(*um discurso, uma visita*) to prolong **II.** *vr:* **~-se**

promessa   471   **propiciar**

1. (*estender-se*) to extend 2. (*durar*) to last

promessa [pro'mɛsa] *f* 1. (*compromisso*) promise; **cumprir uma ~** to fulfill a promise; **fazer uma ~ a alguém** to make a promise to sb; **~ é dívida** *prov* a promise is a debt 2. REL vow; **fazer uma ~** to make a vow

prometer [prome'ter] I. *vt* to promise; (*solenemente*) to promise solemnly; **~ a. c. a alguém** to promise sth to sb II. *vi* to promise; **o jogo hoje promete!** today's game shows real promise!

prometido, -a [prome'tʃidu, -a] I. *m, f* pledge; (*futuro cônjuge*) betrothed II. *adj* promise; **a Terra Prometida** the Promise Land

promiscuidade [promiskuj'dadʒi] *f sem pl* promiscuity *no pl*

promíscuo, -a [pro'miskuu, -a] *adj* miscuous

promissor(a) [promi'sor(a)] <-es> *adj* promising

promissória [promi'sɔria] *f* promissory note

promoção <-ões> [promo'sãw, -'õjs] *f* 1. (*profissional*) promotion; **~ a cargo superior** promotion to a higher post 2. (*fomento*) promotion 3. (*de produto*) sale; **estar em ~** to be on sale

promocional <-ais> [promosjo'naw, -'ajs] *adj* (*preços*) bargain, promotional

promotor(a) [promo'tor(a)] <-es> *m(f)* 1. (*de evento*) promotor; (*de produto*) marketer 2. JUR **~ público** public prosecutor

promotoria [promoto'ria] *f* (*cargo*) public prosecutor; (*repartição*) public prosecutor's office

promover [promo'ver] I. *vt* 1. (*profissão*) to promote; **~ a** to promote to 2. (*fomentar*) to foster 3. (*um produto*) to promote II. *vr:* **~-se** (*autopromover-se*) to promote oneself; **não poupou esforços para se ~** he did his best to promote himself

promulgação <-ões> [promuwga'sãw, -'õjs] *f* (*de uma lei*) promulgation

promulgar [promuw'gar] *vt* <g→gu> (*uma lei*) to proclaim

pronome [pro'nɔmi] *m* LING pronoun; **~ demonstrativo** demonstrative pronoun; **~ pessoal** personal pronoun; **~ relativo** relative pronoun

prontamente [prõwta'mẽjtʃi] *adv* promptly

prontidão <-ões> [prõwtʃi'dãw, -'õjs] *f* promptness; **fazer a. c. com ~** to do sth promptly; **ficar de ~** to be on the alert

prontificar-se [prõwtʃifi'karsi] *vr* <c→qu> to declare oneself ready and willing

pronto ['prõwtu] I. *adj* (*acabado, despachado*) ready; **~ para falar** prepared to speak; **~ para usar** ready to use; **está ~!** it's ready!; (*preparado*) prepared; (*resposta*) quick II. *interj inf* **~!** that's it!

pronto-socorro ['prõwtu-so'koxu] <prontos-socorros> *m* emergency room

prontuário [prõwtu'ariw] *m* (*manual*) handbook; MED medical chart

pronúncia [pro'nũwsia] *f* pronunciation

pronunciado, -a [pronũwsi'adu, -a] *adj* pronounced

pronunciamento [pronũwsja'mẽjtu] *m* pronouncement

pronunciar [pronũwsi'ar] I. *vt* (*uma palavra*) to pronounce; (*uma sentença*) to utter; JUR to pass judgment II. *vr:* **~-se** to declare oneself; **~-se a favor de/contra** to declare oneself in favor of/against

propagação <-ões> [propaga'sãw, -'õjs] *f* propagation, transmission

propaganda [propa'gãnda] *f* 1. (*política*) propaganda; **~ eleitoral** electional propaganda; **~ a favor de/contra** propaganda in favor of/against; **fazer ~ de** to spread propaganda of 2. (*publicitária*) advertising

propagandista [propagãn'dʒista] *mf* advertising man

propagar [propa'gar] <g→gu> I. *vt* to spread, to transmit II. *vr:* **~-se** to spread

propano [pro'pɐnu] *m* QUÍM propane

propedêutica [prope'dewtʃika] *f* propaedeutics

propensa *adj v.* **propenso**

propensão <-ões> [propẽj'sãw, -'õjs] *f* propensity; **~ para** propensity towards

propenso, -a [pro'pẽjsu, -a] *adj* **~ a** willing to, leaning towards; **ser ~ a a. c.** to be willing to do sth

propensões *f pl de* **propensão**

propícia *adj v.* **propício**

propiciar [propisi'ar] *vt* to propitiate;

propício, -a [pro'pisiw, -a] *adj* auspicious

propina [pro'pina] *f* (*gratificação*) tip; (*suborno*) bribe

proponente [propo'nẽtʃi] *mf* POL proponent

propor [pro'por] *irr como* pôr I. *vt* (*sugerir*) to propose; ~ a. c. a alguém to propose sth to sb; (*apresentar*) to present a proposal; (*candidatos*) to propose a candidate II. *vr:* ~-se to propose; ~-se a fazer a. c. to propose to do sth

proporção <-ões> [propor'sãw, -'õjs] *f* proportion; **estar caro em ~ ao** [*ou* **com o**] **custo de vida** to be expensive in relation to the cost of living; **a ~ entre uma coisa e outra** the proportion between one thing and another; **na ~ de suas posses** in proportion to his possessions

proporcionado, -a [proporsjo'nadu, -a] *adj* well-proportioned

proporcional <-ais> [proporsjo'naw, -ajs] *adj* proportional; **~ a** proportional to

proporcionalidade [proporsjonaʎi'dadʒi] *f* proportionality

proporcionar [proporsjo'nar] *vt* 1.(*possibilitar*) to proportion 2.(*oferecer*) to afford; **~ uma noite agradável a alguém** to afford sb a nice evening; **~ uma oportunidade a alguém** to afford sb an opportunity

proporções [propor'sõjs] *fpl* 1.(*dimensões*) dimensions, proportions *pl* 2.(*de projeto, acontecimento*) dimensions

proposição <-ões> [propozi'sãw, -'õjs] *f* (*proposta*) proposition; LING clause

propositado, -a [propozi'tadu, -a] *adj* deliberate

proposital <-ais> [propozi'taw, -'ajs] *adj* deliberate; **erro ~** deliberate mistake

propósito [pro'pɔzitu] *m* 1.(*intenção*) intention; **de ~** on purpose; **não foi de ~** it wasn't on purpose; **fora de ~** irrelevant; **vir a ~** (*comentário*) to come in the nick of time; (*assunto*) speaking of that; **a ~, ...** by the way... 2.(*finalidade*) concerning; **a ~ de** in connection with

proposta [pro'pɔsta] *f* 1.(*sugestão*) proposition; **fazer uma ~ a alguém** to make a propositon to sb; **aceitar/recusar uma ~** to accept/refuse a proposition 2.(*oferta*) offer; **fazer/receber uma ~** to make/receive an offer

proposto, -a [pro'postu, -'ɔsta] I. *pp de* **propor** II. *adj* offered, proposed

própria *adj v.* **próprio**

propriamente [propria'mẽtʃi] *adv* 1.(*exatamente*) exactly; **isto não é ~ o que eu queria, mas aceito** this is not exactly what I wanted, but I accept 2.(*no sentido próprio*) strictly speaking; **a casa ~ dita** the house, strictly speaking

propriedade [proprie'dadʒi] *f* 1.(*posse*) property; **ser ~ de alguém** to be sb's property 2.(*terra*) property 3.(*característica*) attribute

proprietário, -a [proprie'tariw, -a] *m, f* owner, proprietor

próprio, -a ['prɔpriw, -a] *adj* 1.(*apropriado*) fitting; **~ para** fitting for 2.(*mesmo*) self; **o ~ diretor me disse isso** the director himself told me that; **eu ~** I myself; **por si ~** of his own accord 3.(*posse*) own; **o meu ~ filho** my own son; **eu tenho o meu ~ quarto** I have my own room 4.(*oportuno*) appropriate; **no momento ~** at the appropriate time 5.(*característico*) **~ de** pertaining to

propulsão <-ões> [propuw'sãw, -'õjs] *f* TEC propulsion; **~ a jato** jet propulsion

propulsor [propuw'sor] <-es> *m* TEC propeller

prorrogação <-ões> [proxoga'sãw, -'õjs] *f* 1.(*de prazo, contrato*) prorogation 2.(*prolongar*) extension 3.(*esporte*) overtime

prorrogar [proxo'gar] *vt* <g→gu> 1.(*prazo, contrato*) to extend 2.(*uma decisão*) to postpone

prorrogável <-eis> [proxo'gavew, -'ejs] *adj* 1.(*prazo, contrato*) extendable 2.(*adiável*) postponable

prosa ['prɔza] *f* 1. LIT prose 2.(*conversa*) talk, chat; **ter uma ~ com alguém** to have a talk with sb

prosaico, -a [pro'zajku, -a] *adj* 1. LIT prosaic 2.(*comum*) dull, matter-of-fact

proscrito [pros'kritu] *m* exile, outcast

proscrito, -a [pros'kritu, -a] I. *pp de* **proscrever** II. *adj* proscribed

prosear [prozi'ar] *conj como* passear *vi* to chat

proselitismo [prozeʎi'tʃizmu] *m* proselytism

prosódia [pɾoˈzɔdʒia] f LING prosody
prospecção <-ões> [pɾospekˈsɐ̃w, -ˈõjs] f GEO prospecting
prospecto [pɾosˈpɛktu] m circular, prospectus
prospector m prospector
próspera adj v. **próspero**
prosperar [pɾospeˈɾaɾ] vi to prosper
prosperidade [pɾospeɾiˈdadʒi] f sem pl **1.** (florescimento) flourishing **2.** (riqueza) prosperity
próspero, -a [ˈpɾɔspeɾu, -a] adj **1.** (florescente) flourishing **2.** (favorável, propício) prosperous
prosseguimento [pɾosegiˈmẽtu] m pursuance, continuation; **dar ~ a a. c.** to give continuation to sth
prosseguir [pɾoseˈgiɾ] irr como seguir **I.** vt to pursue **II.** vi **~ com** to continue with
prossiga [pɾoˈsiga] 1./3. pres subj de **prosseguir**
prossigo [pɾoˈsigu] 1. pres de **prosseguir**
prostaglandina [pɾostaglɐ̃ˈdʒina] f prostaglandin
próstata [ˈpɾɔstata] f ANAT prostate
prostíbulo [pɾosˈtʃibulu] m brothel
prostituição <-ões> [pɾostʃituiˈsɐ̃w, -ˈõjs] f prostitution
prostituir-se [pɾostʃituˈiɾsi] conj como incluir vr to prostitute oneself
prostituto, -a [pɾostʃiˈtutu, -a] m, f prostitute
prostrado, -a [pɾosˈtɾadu, -a] adj prostrate
prostrar-se [pɾosˈtɾaɾsi] vr to prostrate oneself; **~ aos pés de alguém** to prostrate oneself at sb's feet
protagonista [pɾotagoˈnista] mf protagonist; CINE leading actor m, leading actress f
protagonizar [pɾotagoniˈzaɾ] vt to play a leading role
proteção <-ões> [pɾoteˈsɐ̃w, -ˈõjs] f protection; **~ do meio ambiente** environmental protection
protecionismo [pɾotesjoˈnizmu] f ECON protectionism
proteger [pɾoteˈʒeɾ] <g→j> **I.** vt to protect; **~ alguém de a. c.** to protect sb from sth; **~ a criança** to protect a child; **leis para ~ os direitos dos trabalhadores** laws to protect workers' rights **II.** vr: **~-se** to protect oneself; **~-se de/contra ataques** to protect oneself from attacks
protegido, -a [pɾoteˈʒidu, -a] **I.** m, f protégé m, protégée f **II.** adj protected; **~ de** protected from
proteína [pɾoteˈina] f protein; **rico em ~s** rich in protein
proteja [pɾoˈteʒa] 1./3. pres subj de **proteger**
protejo [pɾoˈteʒu] 1. pres de **protejo**
protelação <-ões> [pɾotelaˈsɐ̃w, -ˈõjs] f postponement, procrastination
protelar [pɾoteˈlaɾ] vt to postpone, to procrastinate
prótese [ˈpɾɔtezi] f LING, MED prosthesis; **~ dentária** dental prosthesis
protestante [pɾotesˈtɐ̃tʃi] **I.** mf protestant **II.** adj protestant
protestantismo [pɾotestɐ̃ˈtʃizmu] m sem pl Protestantism no pl
protestar [pɾotesˈtaɾ] vt to protest; **~ contra** to protest against; (uma promissória) to protest
protesto [pɾoˈtɛstu] m protest; **~ contra** protest against
protetor(a) [pɾoteˈtoɾ(a)] <-es> **I.** m(f) protector; **~ de tela** INFOR screensaver; **~ solar** sunblock **II.** adj protecting
protetorado [pɾotetoˈɾadu] m protectorate
protetores m pl de **protetor**
protocolar [pɾotokoˈlaɾ] <-es> adj protocolar
protocolo [pɾotoˈkɔlu] m (regulamento, documento) protocol; fig (cerimonial) protocol; **quebrar o ~** to break the protocol
próton [ˈpɾɔtõw] m FÍS proton
protoplasma [pɾotoˈplazma] m BIOL protoplasm
protótipo [pɾoˈtɔtʃipu] m prototype
protozoário [pɾotozoˈaɾiw] m protozoa pl
protuberância [pɾotubeˈɾɐ̃sia] f **1.** (parte saliente) protuberance, projection **2.** ANAT midbrain
protuberante [pɾotubeˈɾɐ̃tʃi] adj protuberant
prova [ˈpɾɔva] f **1.** (comprovação) proof; **apresentar uma ~** to present proof; **dar uma ~ de amor** to give proof of one's love **2.** (exame) exam(ination); **~ de admissão** entrance exam; **~ final** final exam; **~ oral/escrita** oral/written exam; **tirar a ~** to prove to the test **3.** (de roupa) fitting **4.** ESPORT contest; **~ eliminatória**

provação eliminatory game; ~ **de revezamento** relay race 5. FOTO negative 6. (*de comida*) sample; ~ **de vinhos** sample 7. (*provação*) test, trial; ~ **de força** demonstration of strength; ~ **de resistência** endurance test; **pôr alguém/a. c. à** ~ to put sb/sth to the test; **passar por uma** ~ **de fogo** *fig* to pass the acid test; **a toda** ~ beyond question 8. MAT proof; **tirar a** ~ **dos nove** to pass the ultimate test 9. (*tipografia*) proof sheet; **primeira/segunda** ~ first/second proof sheet 10. (*imunidade*) **à** ~ **d'água** waterproof; **à** ~ **de bala/fogo/som** bulletproof/fireproof/soundproof

provação <-ões> [prova'sãw, -'õjs] *f* 1. (*prova*) trial; **passar por uma** ~ to go through a trial 2. (*período de tempo*) probation

provado, -a [pro'vadu, -a] *adj* proven, tested

provador [prova'dor] *m* (*de roupa*) dressing room

provador(a) [prova'dor(a)] <-es> *m(f)* GASTR taster; (*de vinho*) wine taster

provar [pro'var] *vt* 1. (*comprovar*) to prove; ~ **a. c. a alguém** to prove sth to sb; ~ **ao júri a sua inocência** to prove one's innocence to the jury 2. (*roupa*) to try on 3. (*experimentar*) to try 4. (*comida, vinho*) to taste 5. (*sofrer*) ~ **fome** to experience hunger

provável <-eis> [pro'vavew, -ejs] *adj* probable

provavelmente [provavew'mẽjtʃi] *adv* probably

provedor(a) [prove'dor(a)] <-es> *m(f)* provider; INFOR server; ~ **de acesso à Internet** Internet service provider

proveito [pro'vejtu] *m* advantage, benefit; **tirar** ~ **de a. c.** to take advantage of sth; **em** ~ **de** in benefit of; **sem** ~ to no end; **bom** ~! enjoy!; **fazer bom** ~ **de a. c.** to enjoy sth

proveitoso, -a [provej'ozu, -'ɔza] *adj* 1. (*útil*) useful 2. (*vantajoso*) profitable

proveniência [proveni'ẽjsia] *f* source; (*origem*) origin

proveniente [proveni'ẽjtʃi] *adj* 1. (*pessoa, produto*) ~ **de** proceeding from; ~ **de Fortaleza** originating in Fortaleza 2. (*conflito*) issuing; ~ **de** issuing from

prover [pro'ver] *irr como ver vt* to provide, to supply; ~ **de** to supply with

proverbial <-ais> [proverbi'aw, -'ajs] *adj fig* proverbial

provérbio [pro'vɛrbiw] *m* proverb

proveta [pro'veta] *f* test tube; **bebê de** ~ test-tube baby

provida *adj v.* **provido**

providência [provi'dẽjsia] *f* 1. (*prevenção*) step; (*medida*) measure; **tomar** ~**s** to take measures 2. REL providence

providencial <-ais> [providẽjsi'aw, -'ajs] *adj* providential

providenciar [providẽjsi'ar] *vt* to take steps; ~ **para que a. c. aconteça** to take steps for sth to happen

provido, -a [pro'vidu, -a] I. *pp de* **provir** II. *adj* well-supplied; ~ **de** well-supplied with

província [pro'vĩsia] *f* province, region; **da/na** ~ from/in the province of

provinciano, -a [provĩsi'ɐnu, -a] I. *m, f* provincial II. *adj* provincial

provir [pro'vir] *irr como vir vt* ~ **de** to derive from, to result from

provisões [provi'zõjs] *fpl* provisions *pl*

provisório, -a [provi'zɔriw, -a] *adj* provisory; (*temporal*) temporary

provocação <-ões> [provoka'sãw, -'õjs] *f* provocation

provocante [provo'kãtʃi] *adj* provocative

provocar [provo'kar] *vt* <c→qu> 1. (*desafiar*) to insite 2. (*causar*) to cause; (*vítimas, doença*) to cause 3. (*seduzir*) to provoke

proxeneta [proxe'neta] *mf* go-between; *pej* pimp

próxima *adj v.* **próximo**

próxima ['prɔsima] *f* (*vez*) next in line; **até a** ~ until next time; **para a** ~ for next time

proximidade [prosimi'dadʒi] *f* proximity; **nas** ~**s de** in the proximity of

próximo ['prɔsimu] I. *m* fellow man, neighbor *Am*, neighbour *Brit*, next; **respeitar o** ~ to respect one's fellowman; **o** ~, **por favor!** next, please! II. *adv* **o mercado fica** ~ the market is nearby

próximo, -a ['prɔsimu, -a] *adj* (*no espaço*) nearby; ~ **de** near/close to; **onde fica a estação mais próxima?** where can I find the nearest station?; (*no tempo*) close, next; **o fim do ano está** ~ it is close to the end of the year; **na próxima semana** next week; **parentes/amigos** ~**s** close relatives/friends

prudência [pru'dējsia] *f* prudence; **com ~** judiciously

prudente [pru'dējtʃi] *adj* prudent

prumo ['prumu] *m* plumb, sounding line; **a ~** perpendicularly; **perder o ~** *inf* to lose one's common-sense

prurido, -a [pru'ridu, -a] *m, f* MED itching

P.S. [pe'ɛsi] *m abr de* postscriptum P.S., *postscript*

pseudônimo [psew'donimu] **I.** *m* alias, pseudonym **II.** *adj* pseudonymous

psicanálise [psikɜ'naʎizi] *f* psychoanalysis

psicanalista [psikɜna'ʎista] *mf* psychoanalyst

psicodélico, -a [psiko'dɛʎiku, -a] *adj* psychedelic

psicodrama [psiko'drɜma] *m* psychodrama

psicogênico, -a [psiko'ʒeniku, -a] *adj* psychogenic

psicografia [psikogra'fia] *f sem pl* (*médium*) psychography

psicóloga *f v.* **psicólogo**

psicologia [psikolo'ʒia] *f sem pl* psychology

psicológico, -a [psiko'lɔʒiku, -a] *adj* psychological

psicólogo, -a [psi'kɔlogu, -a] *m, f* psychologist

psicomotor(a) [psikomo'tor(a)] <-es> *adj* psychomotor

psicopata [psiko'pata] *mf* psychopath

psicose [psi'kɔzi] *f* psychosis

psicossocial <-ais> [pskososi'aw, -'ajs] *adj* psychosocial

psicossociologia [psikososjolo'ʒia] *f* psychosociology

psicossociólogo, -a [psikososi'ɔlogu, -a] *m, f* psychosociologist

psicossomático, -a [psikoso'matʃiku, -a] *adj* psychosomatic

psicotécnico [psiko'tɛkniku] *adj* **exame ~** psychotechnical test

psicoterapeuta [psikotera'pewta] *mf* psychotherapist

psicoterapia [psikotera'pia] *f* psychotherapy

psicótico, -a [psi'kɔtʃiku, -a] *adj* psychotic

psique ['psiki] *f* psyche

psiquiatra [psiki'atra] *mf* psychiatrist

psiquiatria [psikia'tria] *f* psychiatry

psiquiátrico, -a [psiki'atriku, -a] *adj* psychiatric

psíquico, -a ['psikiku, -a] *adj* psychic

psiu ['psiw] *interj* **~!** pst!

psoríase [pso'riazi] *f* MED psoriasis

pub ['pɔb] *m* bar *Am,* pub *Brit*

puberdade [puber'dadʒi] *f sem pl* puberty

púbis ['pubis] *mf* ANAT pubis; (*osso*) pubic bone

pública *adj v.* **público**

publicação <-ões> [publika'sɜ̃w, -'õjs] *f* **1.** (*de notícia, um artigo*) announcement; (*de livro*) publication **2.** (*obra publicada*) edition; **~ mensal/semanal** monthly/weekly edition

publicar [publi'kar] *vt* <c→qu> (*uma notícia, um artigo*) to disclose; (*um livro*) to publish

publicidade [publisi'dadʒi] *f* advertising, publicity; **fazer ~ de a. c.** to advertise sth

publicitário, -a [publisi'tariw] **I.** *m, f* advertising man **II.** *adj* advertising

público ['publiku] *m* **1.** (*povo*) public; **o grande ~** the general public; **em ~** in public **2.** (*de espetáculo*) audience; (*ouvintes*) listeners *pl;* (*espectadores*) viewers *pl*

público, -a ['publiku, -a] *adj* **1.** (*de todos*) public; **telefone ~** public telephone **2.** (*estatal*) public; **escola pública** public school

público-alvo ['publiku-'awvu] <públicos-alvo(s)> *m* target group, target audience, *specific public towards which sth* (*an ad*) *is aimed*

pude ['pudʒi] *I.* pret perf de **poder**

pudera [pu'dɛra] *interj* **~!** what did you expect!

pudico, -a [pu'dʒiku, -a] *adj* modest

pudim [pu'dʒĩj] <-ins> *m* pudding; **~ de leite/coco** milk/coconut pudding

pudor [pu'dor] <-es> *m* modesty; **sem ~** without modesty; **atentado ao ~** indecent assault

puericultura [puerikuw'tura] *f sem pl* child care

pueril <-is> [pue'riw, -'is] *adj* **1.** (*de crianças*) puerile, childish **2.** (*atitude, mentalidade*) immature

puerilidade [pueriʎi'dadʒi] *f* **1.** (*caráter*) immaturity **2.** (*ato*) puerility

pueris *adj pl de* **pueril**

puerpério [puer'pɛriw] *m* puerperium

pufe ['pufi] *m* (*para sentar-se*) ottoman seat

pugilismo [puʒi'ʎizmu] *m sem pl* boxing *no pl*

pugilista [puʒi'ʎista] *mf* boxer

puído, -a [pu'idu, -a] *adj* threadbare, worn smooth; **a bota está toda puída** the boot is worn smooth

pujança [pu'ʒɐ̃sa] *f* puissance, vigorous growth

pujante [pu'ʒɐ̃ntʃi] *adj* puissant; (*poderoso*) powerful

pular [pu'lar] **I.** *vt* (*um muro, uma página*) to jump; **~ da cama** to jump out of bed; **~ o carnaval** to make merry during carnaval **II.** *vi* to jump; **~ de alegria** to jump for joy; **os preços pularam de 10% para 30%** the prices jumped from 10% to 30%

pulga ['puwga] *f* flea; **estar** [*ou* **ficar**] **com a ~ atrás da orelha** to smell a rat

pulgueiro [puw'gejru] *m* (*cinema*) flea-pit

pulguento [puw'gẽtu] *adj* (*animal*) fleabag

pulha ['puʎa] *m pej* skunk

pulmão <-ões> [puw'mɐ̃w, -'õjs] *m* lung; **cantar/gritar a plenos pulmões** to sing/scream at the top of one's lungs

pulmonar [puwmo'nar] <-es> *adj* pulmonary

pulo ['pulu] *m* jump; **dar um ~** *inf* to drop by; **vou dar um ~ no banco/na sua casa** I'm going to drop by the bank/your house; **ir em dois ~s** to be there and back in a jiffy

pulo do gato ['pulu du 'gatu] <pulos do gato> *m* **dar o ~ to** have a trick up one's sleeve

pulôver [pu'lover] <-es> *m* pullover

púlpito ['puwpitu] *m* pulpit

pulsação <-ões> [puwsa'sɐ̃w, -'õjs] *f* (*do pulso*) pulsation; (*do coração*) heartbeat, palpitation; **60 pulsações por minuto** 60 heartbeats per minute

pulsar [puw'sar] *vi* (*artéria*) to pulse; (*coração*) to beat

pulsátil <-eis> [puw'satʃiw, -ejs] *adj* throbbing

pulseira [puw'sejra] *f* bracelet; **~ de relógio** watchband

pulso ['puwsu] *m* 1. ANAT wrist 2. MED pulse; **tomar o ~ de alguém** to take sb's pulse 3. (*força*) force; **a ~** by force 4. (*energia*) **ter muito ~** to have a lot of energy

pulular [pulu'lar] *vi* 1. (*abundar, agitar-se*) to swarm 2. (*germinar*) to sprout

pulverizador [puwveriza'dor] <-es> *m* sprayer

pulverizar [puwveri'zar] *vt* 1. (*líquidos*) to spray 2. (*fazer em pó*) to pulverize; *fig* (*inimigos*) to crush

pum ['pũw] **I.** *interj* **~!** boom! **II.** *m inf* fart; **soltar um ~** to fart

puma ['puma] *m* cougar, puma

pumba ['pũwba] *interj* **~!** wham!

punção <-ões> [pũw'sɐ̃w, -'õjs] *f* MED puncture

puncionar [pũwsjo'nar] *vt* MED to puncture

pungente [pũw'ʒẽtʃi] *adj* (*dor*) acute

punha ['puɲa] *1./3. pret imperf de* **pôr**

punhado [pũ'ɲadu] *m* handful; **um ~ de cartas** a handful of cards

punhal <-ais> [pũ'ɲaw, -'ajs] *m* dagger

punhalada [pũɲa'lada] *f* knife stab; **dar uma ~ nas costas de alguém** *fig* to stab sb in the back

punheta [pũ'ɲeta] *f chulo* **bater ~** to jerk off

punho ['pũɲu] *m* 1. ANAT fist, wrist; **de arma em ~** with gun drawn; **escrito pelo próprio ~** written in one's own handwriting 2. (*de camisa*) cuff 3. (*cabo*) handle

punição <-ões> [puni'sɐ̃w, -'õjs] *f* punishment

punir [pu'nir] *vt* to punish

punível <-eis> [pu'nivew, -ejs] *adj* punishable

punk ['pũwki] *mf* punk

pupa ['pupa] *f* ZOOL pupa

pupila [pu'pila] *f* ANAT pupil

pupilo [pu'pilu] *m* pupil, student

pura *adj v.* **puro**

puramente [pura'mẽtʃi] *adv* purely

puré [pu're] *m* mashed; **~ de batatas** mashed potatoes

pureza [pu'reza] *f* purity

purgante [pur'gɐ̃ntʃi] **I.** *m* 1. FARM purgative 2. *inf* (*pessoa chata*) bore **II.** *adj* cathartic

purgatório [purga'tɔriw] *m* REL purgatory

purificação <-ões> [purifika'sɐ̃w, -'õjs] *f* 1. (*limpeza*) catharsis 2. (*de caráter*) purification; REL sanctification

purificador [purifika'dor] <-es> *m* purifier; **~ de ar** air purifier

purificante [purifi'kɐ̃ntʃi] *adj* cathartic, purifying

purificar [purifi'kar] *vt* <c→qu>

purismo   477   **quadrilátero**

1. (*limpar*) to cleanse, to purge **2.** (*caráter*) to refine; REL to purify
purismo [pu'riʒ] *m* LING purism
purista [pu'riʃta] *mf* LING purist
puritano, -a [puri'tʃnu, -a] *adj* **I.** *m, f* Puritan **II.** *adj* puritan
puro, -a ['puru, -a] *adj* pure; (*ar, água*) unpolluted; **isso é pura inveja** that's pure envy; **é a pura verdade** it is the absolute truth; **por ~ acaso** purely by chance; **pura e simplesmente** pure and simple; (*coração*) pure
puro-sangue ['puru-'sɐ̃ŋgi] <puros-sangues> *mf* ZOOL pure-blooded, thoroughbred
púrpura ['purpura] *f* the color crimson
purpurina [purpu'rina] *f* purpurin
purulento, -a [puru'lẽjtu, -a] *adj* purulent
pus¹ ['pus] *m* pus
pus² ['pus] *1. pret de* **pôr**
pusilânime [puzi'lɐnimi] *adj* cowardly
pústula ['puʃtula] *f* pustule
puta ['puta] **I.** *f chulo* whore **II.** *adj inf* **1.** (*furioso*) furious; **ela ficou ~ comigo!** he was furious with me! **2.** (*enorme*) huge success; **foi uma ~ festa** the party was a huge success
putaria [puta'ria] *f chulo* (*safadeza*) shamelessness
puto ['putu] **I.** *m chulo* (*homossexual*) homo; (*centavo*) penny; **fiquei sem um ~ no bolso** I ended up without a penny in my pocket **II.** *adj chulo* (*furioso*) **ficou ~ da vida e foi embora** he was furious and went off in a rage
putrefação <-ões> [putrefa'sɐ̃w, -'õjs] *f* **1.** (*cadáver*) decomposition **2.** (*alimentos*) rot
putrefato, -a [putre'fatu, -a] *adj* **1.** (*cadáver*) decomposed **2.** (*alimento*) rotten
pútrido, -a ['putridu, -a] *adj v.* **putrefato**
puxa ['puʃa] *interj inf* ~! gosh!
puxado, -a [pu'ʃadu, -a] *adj* **1.** (*difícil*) exhausting (work) **2.** *inf* (*caro*) stiff (price) **3.** (*difícil*) **um dia/exame ~** a really hard day/exam
puxador [puʃa'dor] <-es> *m* **1.** (*de porta*) door knob **2.** (*de armário, gaveta*) drawer handle **3.** *gír* (*ladrão de carro*) car thief; (*maconheiro*) marijuana smoker
puxão <-ões> [pu'ʃɐ̃w, -'õjs] *m* hard tug; **dar um ~ em a. c./alguém** to give sth/sb a hard tug; **dar um ~ de orelha em alguém** *inf* to give sb an ear pulling
puxar [pu'ʃar] *vt* **1.** (*uma porta, um objeto, uma pessoa*) to pull; (*com força*) to tug hard; (*as cortinas*) to close; **~ o cabelo de alguém** to pull sb's hair **2.** (*a um familiar*) to take after; **~ ao pai** to take after one's father **3.** (*um assunto*) to bring up **4.** (*revólver*) to draw **5.** *gír* **~ fumo** to smoke marijuana **6.** (*proximidade*) **os olhos puxam para o verde** the eyes are almost green **7.** **~ por** (*objeto, pessoa*) to draw out; **~ por a. c.** (*com força*) to tug at sth **8.** *inf* **~ a brasa para sua sardinha** to draw water to one's mill
puxa-saco ['puʃa-'saku] *mf inf* sycophant, ass-kisser
puxa-saquismo [puʃasa'kizmu] *m inf* bowing and scraping, kowtowing
puxões *m pl de* **puxão**

Q

Q, q ['ke] *m* Q, q
QI [ke'i] *m abr de* **quociente de inteligência** IQ
quadra ['kwadra] *f* **1.** (*quarteirão*) block **2.** (*de esportes*) court **3.** LIT quatrain
quadrado [kwa'dradu] *m* **1.** MAT square; **três ao ~** three squared **2.** *inf* (*pessoa antiquada*) square *inf*
quadrado, -a [kwa'dradu, -a] *adj* **1.** (*sala, objeto*) square **2.** MAT square; **metro ~** square meter; **raiz quadrada** square root; **a raiz quadrada de** the square root of **3.** *inf* (*pessoa*) square *inf*
quadragésimo, -a [kwadra'ʒɛzimu, -a] *num ord* fortieth
quadrangular [kwadrɐ̃ŋgu'lar] *adj* quadrangular
quadrante [kwa'drɐ̃tʃi] *m* quadrant
quadriculado, -a [kwadriku'ladu, -a] *adj* **papel ~** graph paper
quadril <-is> [kwa'driw, -'is] *m* hip
quadrilátero [kwadri'lateru] *m* quadrilateral

quadrilha [kwa'driʎa] *f* **1.**(*ladrões*) gang **2.**(*dança*) square dance

quadrinhos [kwa'drĩnus] *m pl* (*jornal*) comic strip; **história em ~** comic

quadris *m pl de* **quadril**

quadrissemana [kwadrise'mɜna] *f* ECON four-week period

quadro ['kwadru] *m* **1.**(*pintura*) painting **2.**(*tabela*) chart; **~ de horário** timetable **3.**(*painel*) panel; **~ de luz** switchboard **4.**(*na escola*) board; **~-negro** blackboard; **~ de avisos** bulletin board *Am*, notice board *Brit* **5.**(*em empresa*) **~ de pessoal** staff; **pertencer aos ~s da empresa** to be a member of (the company's) staff **6.** MIL rank **7.** MED **~ clínico** condition **8.**(*panorama*) scene

quadrúpede [kwa'drupedʒi] I. *m* quadruped II. *adj* four-footed; *pej* (*pessoa*) brute

quádrupla *adj, f v.* **quádruplo**

quadruplicar [kwadrupli'kar] <c→qu> *vt, vi* to quadruple

quádruplo ['kwadruplu] *m* quadruple

quádruplo, -a ['kwadruplu, -a] *adj* fourfold, quadruple; **aliança quádrupla** quadruple alliance

quaisquer *adj, pron pl de* **qualquer**

qual <-is> ['kwal, 'kwais] I. *pron interr* (*entre vários*) which; **~ você gosta mais?** which do you like most?, what; **~ é seu nome?** what is your name? II. *pron rel* a/o ~ which, that; **tenho seis irmãos, dos quais quatro são médicos** I have six brothers, four of whom are doctors; **os assuntos sobre os quais falamos** the issues about which we spoke *form*, the issues (that) we spoke about III. *pron indef* one; **cada ~** each one IV. *conj* like; **trabalha tal ~ uma máquina** she works like a machine; **seja ~ for a razão/resposta** whatever the reason/answer is V. *interj* **~ nada! eu vou de qualquer maneira** no way! I'm going anyway

qualidade [kwaʎi'dadʒi] *f* (*virtude, característica, natureza; de produto*) quality; **~ de vida** quality of life; **de ~ quality**; **na ~ de diretor** as director

qualificação <-ões> [kwaʎifika'sɐ̃w, -'õjs] *f* qualification

qualificado, -a [kwaʎifi'kadu, -a] *adj* (*trabalho*) qualified

qualificar [kwaʎifi'kar] <c→qu> I. *vt* to qualify; **~ a. c. de** to qualify sth as II. *vr:* **~-se para a. c.** to qualify for sth

qualitativo, -a [kwaʎitaˈtʃivu, -a] *adj* qualitative

qualquer <quaisquer> [kwawˈkɛr, kwaisˈkɛr] I. *adj* any; **~ coisa** anything; **~ pessoa** anyone, anybody; **~ um** any (one/thing); **de ~ forma** in any case, anyway; **de ~ lugar** from anywhere; **em** [*ou* **para**] **~ lugar** anywhere; **a ~ momento** at any time; **é uma mulher qualquer** *pej* she's a nobody II. *pron* **1.**(*coisa*) whatever; **~ que seja a razão/resposta** whatever the reason/answer **2.**(*pessoa*) anyone; **este trabalho não é para qualquer um** this work is not for just anyone

quando ['kwɐ̃du] I. *adv* when; **~ ele chegou?** when did he arrive?; **até ~ precisamos aguentar isso?** (for) how long do we have to put with that?; **até ~ precisamos pagar a conta?** when does the bill have to be paid by?; **desde ~?** since when; **lembro-me de um tempo ~ não havia televisão** I remember when there was no television II. *conj* **1.**(*temporal*) when; **~ chove, fico em casa** when it rains, I stay at home **2.**(*à medida que*) as; **~ brincávamos, ficávamos mais amigos** as we played we became more friendly; (*sempre que*) whenever; **~ muito** if that (much); **de vez em ~** from time to time

quantas ['kwɐ̃tas] *f* situation; **não sabem a ~ anda a economia do país** they don't know what the country's economic situation is

quantia [kwɐ̃'tʃia] *f* amount; **~ fixa** fixed [*o* set] amount; **um cheque na ~ de 5000 reais** a check for the amount of 5,000 reais

quântico, -a ['kwɐ̃tʃiku, -a] *adj* **mecânica quântica** quantum mechanics + *sing vb*; **número ~** quantum number

quantidade [kwɐ̃tʃi'dadʒi] *f* quantity; (*incontável*) amount; (*contável*) number; **em grande ~** in large amounts [*o* numbers]

quantificar [kwɐ̃tʃifi'kar] <c→qu> *vt* to quantify

quantitativo, -a [kwɐ̃tʃita'tʃivu, -a] *adj* quantitative

quanto ['kwɐ̃tu] I. *adj* how much; **~ custa?** how much does it cost?; **~ dinheiro ela tem?** how much money does she have?; **~ tempo leva?** how much time does it take?; **quantas vezes?** how many times?; **~s dias você tem livre?** how many days do you have off?; **~ dinheiro!** what a lot of money! II. *pron rel* as much, as many; **tudo ~** as much as; **tanto ~ sei** as far as I know; **leve tantos livros ~ quiser** take as many books as you want III. *adv* **~ mais cedo, melhor** the sooner, the better; **~ mais trabalha, mais ganha** the more he works, the more he earns; **~ a alguém/a. c.** as for sb/sth; **a casa não é tão cara ~ eu pensava** the house is not as expensive as I thought; (**o**) **~ antes** as soon as possible; **ela não tem tempo para descansar, ~ mais para sair de férias** she has no time to rest, let alone go on vacation; **nunca se escreveu tanto ~ hoje em dia** never has so much been written as nowadays

quão ['kwɐ̃w] *adv* how, what; **não imaginas** (o) **~ feliz estou!** you can't imagine how happy I am!; **~ idiota eu fui!** what an idiot I was!

quarenta [kwaˈrẽjta] *num card* forty

quarentão, -ona <-ões> [kwaɾẽjˈtɐ̃w, -ˈona, -ˈõjs] *m, f* person in their forties

quarentão, -ona [kwaɾẽjˈtɐ̃w, -ˈona] *adj* **uma senhora quarentona** a woman in her forties

quarentena [kwaɾẽjˈtena] *f sem pl* quarantine; **estar de ~** to be in quarantine

quarentões *adj, m pl de* **quarentão**

quarentona [kwaɾẽjˈtona] *adj, f v.* **quarentão**

Quaresma [kwaˈɾɛzma] *f sem pl* REL Lent

quarta ['kwarta] *f v.* **quarta-feira**

quarta-de-final <quartas-de-final> ['kwarta-dʒi-fi'naw, kwartaz-] *f* ESPORT quarterfinal

quarta-feira <quartas-feiras> ['kwartaˈfejɾa, 'kwartas-] *f* Wednesday; **Quarta-feira de Cinzas** Ash Wednesday; *v.tb.* **segunda-feira**

quarteirão <-ões> [kwartejˈrɐ̃w, -ˈõjs] *m (de casas)* block

quartel <-éis> [kwarˈtɛw, -ˈɛjs] *m* 1. MIL barracks *pl* 2. *(quarta parte)* quarter; **no primeiro ~ do século XX** in the first quarter of the 20th century

quartelada [kwarteˈlada] *f* military mutiny

quartel-general <quartéis-generais> [kwarˈtɛw-ʒeneˈraw, kwarˈtɛjz-ʒeneˈrajs] *m* MIL headquarters

quarteto [kwarˈtetu] *m* MÚS quartet

quarto ['kwartu] I. *m* 1. *(de dormir)* bedroom; **~ de casal** master bedroom; **~ de hóspedes** guestroom; **~ de solteiro** single bedroom 2. *(quarta parte)* quarter; **~ crescente/minguante** first/last quarter; **um ~ de hora** a quarter of an hour; **três ~s de hora** three quarters of an hour; **um ~ de litro** a quarter of (a) liter II. *num ord* fourth; *v.tb.* **segundo**

quarto e sala ['kwartu iˈsala] <quarto(s) e salas> *m* studio apartment *Am*, bachelor apartment *Can*, bedsit *Brit*

quartos ['kwartus] *m pl* hips

quartzo ['kwartzu] *m* MIN quartz

quase ['kwazi] *adv* almost, nearly; **~ nunca** almost never, hardly ever; **estou ~ pronto** I am nearly ready; **é ~ uma moça** she is getting to be a big girl already

quasímodo [kwaˈzimodu] *m* as ugly as Quasimodo

quati *m* ZOOL coati *(Brazilian animal similar to a racoon)*

quatorze [kaˈtorzi] *num card* fourteen; *v.tb.* **dois**

quatro ['kwatru] I. *num card* four; *v.tb.* **dois** II. *adv* **ficar de ~** to get on all fours; *(surpreso)* to be floored; *(apaixonado)* to be in love

quatrocentos, -as [kwatruˈsẽjtus, -as] *num card* four hundred

que [ki] I. *pron rel* that, which; **o computador ~ está ali** the computer which/that is there; **a pessoa ~ fala** the person that is speaking; **o ~** what; **o** [*ou* **aquilo**] **~ eu disse** what I said II. *pron interr* 1. *(o quê)* what; (**o**) **~ ela disse?** what did she say?; (**o**) **~ ele quer?** what does he want? 2. *(que tipo de)* what kind of; **~ vinho é este?** what (kind of) wine is this? 3. *(qual)* which; **~ vestido devo usar?** which dress should I wear; **em ~ avião ele veio?** which plane did he arrive on? III. *conj* 1. *(subordinada, consecutiva)* that; **ela disse ~ estava doente** she said (that) she was sick; **espero ~ ele venha** I hope (that) he will come; **é tão difícil ~ não entendo** it is so difficult that I cannot understand it 2. *(em comparação)* than; **ela é maior** (**do**) **~ ele** she is taller than him 3. *(porque)* because; **vamos embora ~ está tarde**

let's go because it's late 4. (*como*) é **bonito ~ nem o pai** *inf* he is handsome, just like his father IV. *adv* **~ lindo!** how beautiful!; **~ pena!** what a shame! [*o pity*]

quê ['ke] I. *m* (*alguma coisa*) **um ~ de** something; **ela tem um ~ de tristeza** there is something sad about her; (*dificuldade*) complication; **a informática tem seus ~s** information technology has its difficult points II. *pron interr* (*o*) **~?** what?; **para ~?** what for?; **por ~?** why?; III. *interj* **~! você está louco?** what! are you crazy?

> **Gramática** When the pronoun or conjunction **que** functions as a noun and is used with the definite or indefinite article, it is spelled with a circumflex accent: "Ana tem um quê especial; Inglês não é uma língua difícil, mas tem seus quês."

quebra ['kɛbra] *f* 1. (*ruptura*) break; **o juiz concedeu a ~ de sigilo bancário** the judge granted access to bank records 2. (*redução*) fall; **houve uma ~ na produção** there was a fall in production 3. com (*falência*) bankruptcy 4. (*transgressão*) **~ do protocolo** breach of protocol 5. esport **~ de serviço** service break 6. (*além de*) **venceu a competição e de ~ levou uma bolada de dinheiro** he won the competition and a pile of money to boot

quebra-cabeça ['kɛbra-ka'besa] *m* (*jogo*) jigsaw puzzle; (*coisa complicada*) puzzle

quebrada *adj v.* **quebrado**

quebradiço, -a [kebra'dʒisu, -a] *adj* fragile; (*vidro, cabelo*) brittle; *fig* (*voz*) croaky; (*saúde*) fragile; (*massa de torta; pele*) flaky

quebrado, -a [ke'bradu, -a] *adj* 1. (*copo, telefone, promessa*) broken; (*carro*) broken down 2. *inf* (*sem dinheiro, falido*) broke; **ele vive ~, não tem dinheiro nem para um café** he is always broke; he can't even afford a coffee

quebrados [ke'bradus] *m pl* some odd change, loose change; **deu-lhe de gorjeta uns ~** she gave him some loose change as a tip

quebra-galho ['kɛbra-'gaʎu] *m inf* (*que ajuda resolver dificuldades*) godsend; (*medida temporária*) stopgap

quebra-gelos ['kɛbra-'ʒelu] *m* náut icebreaker

quebra-mar ['kɛbra-'mar] <quebramares> *m* breakwater

quebra-molas ['kɛbra-'mɔlas] *m inv, inf* speed bump *Am*, speed hump *Brit*

quebra-nozes ['kɛbra-'nɔzis] *m sem pl* nutcracker

quebrantado, -a [kebrãn'tadu, -a] *adj* 1. (*cansado*) debilitated 2. (*prejudicado*) damaged

quebra-pau ['kɛbra-'paw] *m inf* fracas

quebra-quebra ['kɛbra-'kɛbra] *m* riot

quebrar [ke'brar] I. *vt* 1. (*copo, braço, silêncio, promessa*) to break 2. *inf* (*bater em*) **~ a cara de alguém** to smash sb's face [*o head*] in; esport (*serviço*) to break II. *vi* 1. (*copo, braço, máquina*) to break 2. com to go bankrupt, to go broke *inf* 3. (*ondas*) to break

quebra-vento ['kɛbra-'vɛjtu] *m* (*de automóvel*) ventilation window

queda ['kɛda] *f* 1. (*de objeto, governo*) fall; (*de avião*) crash; **~ de barreira** landslide, breakthrough *fig*; **~ de cabelo** hair loss; **a ~ do Muro de Berlim** the fall of the Berlin Wall; **ser duro na ~** *inf* to be a tough cookie; **sofrer uma ~** to take [*o* to suffer] a fall *sl* 2. (*inclinação*) penchant; **ele tem ~ para a política** he has a penchant for politics; **ele tem uma ~ por você** he has a crush on you 3. (*declínio*) drop; **~ de preços** drop[*o* fall] in prices 4. (*de energia*) blackout

queda-d'água ['kɛda-'dagwa] <quedas-d'água> *f* waterfall

queda de braço ['kɛda dʒi'brasu] <quedas de braço> *f* arm-wrestling

quedar-se [ke'darsi] *vr* (*permanecer*) to remain

queijadinha [keʒa'dʒiɲa] *f* ≈ small cheesecake

queijo ['keʒu] *m* cheese; **~ de cabra** goat's cheese; **~ prato** ≈ mild cheddar; **~ ralado** grated cheese; **~ suíço** Swiss cheese

queijo-de-minas ['keʒu-dʒi-'minas] <queijos-de-minas> *m* mild, white, low-fat cheese, often homemade and usually eaten for breakfast or dessert

queima ['kejma] *f* 1. **~ de arquivo** *inf* murder of a witness 2. (*liquidação*) **~ de estoque** clearance sale; **~ de fogos**

queimação [kejma'sɐ̃w] *f* MED (*no estômago*) heartburn

queimada [kej'mada] *f* brush fire

queimado, -a [kej'madu, -a] *adj* 1.(*papel, alimentos*) burnt 2.(*bronzeado*) tan 3.(*imagem; figura pública*) ruined

queimado [kej'madu] *m* **há um cheiro de ~** there's a smell of burning; **há um gosto de ~** it tastes burnt

queimadura [kejma'dura] *f* burn; **~ solar** sunburn; **~ de terceiro grau** third degree burns

queimar [kej'mar] I. *vt* 1.(*com fogo: cigarro, líquido quente, ácido*) to burn; **~ a língua** to burn one's tongue; *fig* (*as pestanas*) to study like crazy 2.(*combustível, calorias*) to burn; **o motor queima muito combustível** the engine burns a lot of fuel; *fig* (*dinheiro*) to waste; **queimou a mesada em doces** she blew her allowance on candy; **queimou toda a sua herança no jogo** he gambled his entire inheritance away 3. *inf* (*atirar em*) **os assaltantes queimaram o policial durante a fuga** the robbers shot at the police officer during their escape 4.(*estoque*) to clear 5.(*reputação*) to ruin; **~ o filme de alguém** *gír* to trash sb's reputation; **queimei meu filme com ela** I'm in her bad books II. *vi* 1.(*sol, fogo, objeto*) to burn; **algo está queimando** something's burning; **queimava de raiva** he was boiling with rage 2.(*aparelho*) to blow; **a lâmpada queimou** the light bulb blew 3. ESPORT (*tênis, pingue-pongue, voleibol*) to serve a let III. *vr*: **~-se** to burn oneself, to get burnt; **~-se no braço** to burn one's arm; **vou ficar na sombra, odeio me ~** I'm staying in the shade, I hate to get sunburnt; *fig* (*perder prestígio*) to lose face

queima-roupa ['kejma-'xopa] *f* **à ~** point-blank; **levou um tiro à ~** he was shot at point-blank range; **à ~ lhe perguntou se o amava** he asked her point-blank if she loved him; **respondeu à ~**, she answered point-blank

queixa ['kejʃa] *f* 1. *tb.* JUR complaint; **fazer/apresentar uma ~ contra alguém** to make/to file a complaint against sb; (*sentimento de injúria*) grievance 2. MED complaint, symptom 3.(*lamúria*) wailing

queixa-crime ['kejʃa-'krimi] <queixas-crime(s)> *f* JUR criminal complaint

queixar-se [kej'ʃarsi] *vr* to complain; **~ de a. c.** to complain of sth; **~ a alguém de a.c** to complain to sb about sb/sth; **o paciente se queixa de dores de cabeça** the patient is complaining of headaches

queixo ['kejʃu] *m* chin; **batia o ~ por causa do frio** his teeth were chattering from the cold; **ficou de ~ caído** her jaw dropped

queixoso, -a [kej'ʃozu, -'ɔza] *m, f* JUR complainant

queixume [kej'ʃumi] *m* (*lamentação*) wail; (*gemido*) moan

quem ['kẽj] I. *pron interr* who; **~ está aí?** who is there; **~ estava na festa?** who was at the party; **com ~ ele veio?** who did he come with?; **de ~ é isto?** whose is this II. *pron rel* whom, who; **o público a ~ o artigo se dirige** the readership to whom the article is directed; **o rapaz com ~ eu falei** the guy (who) I talked to III. *pron indef* (*alguém*) whoever; **~ quiser participar será bem-vindo** whoever wants to participate is welcome; **~ quer que seja** whoever; **~ diria!** who'd have thought it!; **~ dera!** I wish!; **~ sabe!** who knows!; **há ~ diga que ...** some say that ...; **não há ~ coma isto** no one will eat this

quenga ['kẽjga] *f* 1. *chulo* whore 2. *reg* (*NE: esperteza, trapaça*) cunning

Quênia ['kenia] *m* Kenya

queniano, -a [keni'ɜnu, -a] I. *m, f* Kenyan II. *adj* Kenyan

quentão [kẽj'tɐ̃w] *m* hot rum punch (*made from white rum, ginger, cinnamon and sugar*)

quente ['kẽjtʃi] I. *m* heat; **o ~ é usar cores fortes** *gír* wearing bright colors is in II. *adj* 1.(*muito quente*) hot; (*quentinho, caloroso*) warm; **vinho ~** mulled wine 2.(*notícia*) reliable; (*cheque*) good 3.(*pimenta, beijo*) hot 4.(*cor, acolhida*) warm

quentinha [kẽj'tʃĩna] *f* (*embalagem*) heat-retaining container

quentões *m pl de* **quentão**

quentura [kẽj'tura] *f sem pl* heat

quepe ['kɛpi] *m* cap

quer ['kɛr] *conj* **~ os alunos, ~ os professores** either the students or the

querela [keˈrɛla] f JUR complaint

querer [keˈrer] irr I. vt 1. (*ter vontade*) to want; **eu quero falar com ele** I want to speak with him; **quer que eu saia?** do you want me to leave?; **Deus queira que ...** God willing ...; **por/sem ~ intentional/unintentional**; **desculpe, foi sem ~** sorry, it was an accident; **como queira** [*ou* **quiser**] as you wish; **queira ou não queira** like it or not; **o que eu quero dizer é ...** what I mean is ...; **não ~ nada com alguém/a. c.** to not want anything to do with sb/sth; **quero crer que tudo será resolvido** I'd like to believe that everything will turn out fine 2. (*pedido*) **eu queria** I'd like; **por favor, eu quero uma cerveja** I'd like a beer, please 3. (*convite*) **quer entrar?** do you want to come in?; **quer ir ao cinema hoje?** do you want to go to the movies today? 4. (*significar*) ~ **dizer** to mean; **quer dizer ...** I mean ..., or rather ...; **o que isto quer dizer em português?** what does this mean in Portuguese? 5. **o carro não quis pegar esta manhã** the car wouldn't start this morning; **o telefone não quer funcionar** the telephone refuses to work II. vi ~ **bem/mal a alguém** to wish sb well/ill; **~ é poder** where there's a will, there's a way *prov*

querida *adj, f v.* **querido**

queridinho [kiriˈdʒĩpu] *m* the apple of sb's eye; **ele é o ~ do pai** he's the apple of his father's eye

querido, -a [keˈridu, -a] I. *m, f* dear II. *adj* dear; ~ **Nélson/querida Ana** dear Nelson/Ana

quero-quero [ˈkɛru-ˈkɛru] *m* ZOOL Southern Lapwing

querosene [keroˈzeni] *m sem pl* kerosene

querubim [keruˈbĩj] <-ins> *m* cherub, cherubin

quesito [keˈzitu] *m* query

questão <-ões> [kesˈtɐ̃w, -ˈõjs] *f* 1. (*pergunta*) question; **estar em ~** to be in question; **levantar uma ~** to raise an issue; **pôr a. c. em ~** to bring sth into question; **isso é uma ~ de tempo/gosto** that is a matter of time/taste 2. (*assunto, problema*) issue; **fazer ~ de a. c.** to insist on sth; **isso está fora de ~** that is out of the question 3. (*contenda*) dispute

questionar [kestʃjoˈnar] I. *vt* (*pôr em questão; perguntar*) to question II. *vr:* ~-**se** to ask oneself

questionário [kestʃjoˈnariw] *m* questionnaire

questionável <-eis> [kestʃjoˈnavew, -ejs] *adj* questionable

questões *f pl de* **questão**

quiabo [kiˈabu] *m* okra

quiçá [kiˈsa] *adv* perhaps

quicar [kiˈkar] <c→qu> *vi* (*bola*) to bounce (back)

quiche [ˈkiʃi] *f* quiche

quieto, -a [kiˈɛtu, -a] *adj* 1. (*sossegado*) quiet; **fica/fique ~!** be quiet! 2. (*imóvel*) still; **fica/fique ~!** stay still!

quietude [kieˈtudʒi] *f sem pl* (*tranquilidade do espírito*) tranquility; (*sossego*) peace (and quiet)

quilate [kiˈlatʃi] *m* karat

quilha [ˈkiʎa] *f* NÁUT keel

quilo [ˈkilu] *m* kilo; **um ~ de maçãs** a kilo of apples

quilobite [kiloˈbitʃi] *m* INFOR kilobit

quilograma [kiloˈgrɐma] *m* kilogram

quilohertz [kiloˈxɛrts] *m* kilohertz

quilombo [kiˈlõwbu] *m* hideout for runaway slaves

quilometragem [kilomeˈtraʒẽj] *f* kilometrage, number of kilometers traveled

quilométrico, -a [kiloˈmɛtriku, -a] *adj* kilometric; (*extremamente longo: fila*) a mile long *iron*

quilômetro [kiˈlometru] *m* kilometer *Am*, kilometre *Brit*; ~**s por hora** kilometers per hour; **o carro anda a 100 ~s por hora** the car goes 100 kilometers per hour; ~ **quadrado** square kilometer

quilowatt [kiloˈvatʃi] *m* kilowatt

quimera [kiˈmɛra] *f* chimera

química [ˈkimika] *f* chemistry; ~ **orgânica** organic chemistry; *fig* (*entre pessoas*) chemistry

químico, -a [ˈkimiku, -a] I. *m, f* chemist II. *adj* chemical

quimioterapia [kimioteraˈpia] *f* MED chemotherapy

quimono [kiˈmonu] *m* kimono

quina [ˈkina] *f* 1. (*da mesa*) (corner) edge 2. (*loteria*) "pick-5" lottery game

quindim [kĩjˈdʒĩj] <-ins> *m* a sweet

made with egg yolk and coconut, usually served at parties
quinhão <-ões> [kiˈɲãw, -ˈõjs] *m* share
quinhentos [kiˈɲẽjtus] *num card* five hundred
quinhões *m pl de* **quinhão**
quinino [kiˈninu] *m* quinine
quinquagésimo, -a [kĩjkwaˈʒɛzimu, -a] *num ord* fiftieth
quinquilharia [kĩjkiʎaˈria] *f* trinket
quinta *num v.* **quinto**
quinta [ˈkĩjta] *f* 1. (*dia*) *v.* **quinta-feira** 2. (*propriedade*) *simple country house on extensive grounds*
quinta-coluna [ˈkĩjta-koˈluna] <quintas-colunas> *mf* fifth column
quinta-essência [ˈkĩjta-eˈsẽjsia], **quintessência** [kĩjteˈsẽjsia] *f* quintessence
quinta-feira [ˈkĩjta-ˈfejra] *f* Thursday; *v.tb.* **segunda-feira**
quintal <-ais> [kĩjˈtaw, -ˈajs] *m* 1. (*da casa*) backyard 2. (*pátio*) patio
quinteto [kĩjˈtetu] *m* MÚS quintet
quinto, -a [ˈkĩjtu, -a] *num ord* fifth; *v.tb.* **segundo**
quintos [ˈkĩjtus] *m pl* hell; **vá para os ~ (dos infernos)** go to hell
quíntuplo [ˈkĩjtuplu] **I.** *m* quintuplet **II.** *adj* quintuple, fivefold
quinze [ˈkĩjzi] *num card* fifteen; **~ dias** fifteen days; **são três e ~** it's a quarter after three *Am*, it's a quarter to three *Brit*; **são ~ para as nove** it's a quarter to nine; *v.tb.* **dois**
quinzena [kĩjˈzena] *f* two-week period, fortnight
quinzenal <-ais> [kĩjzeˈnaw, -ajs] *adj* (*a cada duas semanas*) happening every two weeks, fortnightly; (*bimensalmente*) bimonthly
quinzenalmente [kĩjzenawˈmẽjtʃi] *adv* (*a cada duas semanas*) every two weeks, fortnightly *Brit;* (*bimensalmente*) twice a month, bimonthly
quiosque [kiˈɔski] *m* kiosk
qüiproquó [kiproˈkɔ] *m* quid pro quo
quiromancia [kiromãˈsia] *f sem pl* palmistry
quiromante [kiroˈmãtʃi] *mf* palmist
quis [ˈkis] *vt, vi v.* 1./3. **pret de** *v.* **querer**
quiser [kiˈzɛr] *vt, vi v.* 1. **fut imperf subj de** *v.* **querer**
quitação <-ões> [kitaˈsãw, -ˈõjs] *f* settlement
quitanda [kiˈtãda] *f* greengrocery, greengrocer's *Brit*
quitandeiro, -a [kitãˈdejru, -a] *m, f* (*que vende legumes*) greengrocer
quitar [kiˈtar] *vt* (*uma dívida*) to pay off, to settle
quite [ˈkitʃi] *adj* (*uma dívida*) settled; **estar ~** to be settled; **estamos ~s** we are quits
quitinete [kitʃiˈnɛtʃi] *f* kitchenette
quitute [kiˈtutʃi] *m* delicacy, tidbit *Am*, titbit *Brit*
quixotesco, -a [kiʃoˈtesku, -a] *adj* quixotic
quizumba [kiˈzũwba] *f reg, gír* fracas
quociente [kosiˈẽjtʃi] *m* MAT quotient; **~ de inteligência** intelligence quotient
quórum [ˈkwɔrũw] *m sem pl* quorum
quota [ˈkwɔta] *f* quota

R

R, r [ˈɛxi] *m* R, r
R. [ˈxua] *f abr de* **rua** St.
rã [ˈxã] *f* frog
rabada [xaˈbada] *f* GASTR braised oxtail
rabanada [xabaˈnada] *f* GASTR ≈ French toast (*typically served on Christmas Eve*)
rabanete [xabaˈnetʃi] *m* radish
rábano [ˈxabanu] *m* turnip
rabecão <-ões> [xabeˈkãw, -ˈõjs] *m inf* hearse
rabicho [xaˈbiʃu] *m* 1. cue, tail 2. *inf* (*caso amoroso*) affair
rabino [xaˈbinu] *m* rabbi
rabiscar [xabisˈkar] *vi* <c→qu> to scribble
rabisco [xaˈbisku] *m* doodle, scribble
rabo [ˈxabu] *m* 1. (*de animal*) tail; **meter o ~ entre as pernas** *inf* to slink off like a whipped dog; **ter o ~ preso (em a. c.)** *inf* to be implicated (in sth) 2. (*de um foguete*) tail; **pegar em ~ de foguete** *inf* to ask for trouble 3. *chulo* (*nádegas*) booty *Am*, bum *Brit*
rabo de cavalo [ˈxabu dʒi kaˈvalu] <rabos de cavalo> *m* (*penteado*) ponytail
rabo de palha [ˈxabu dʒi ˈpaʎa] <rabos

rabugento 484 **raia**

de palha> *m inf* (*reputação*) **ter ~ to have a skeleton in the closet**
rabugento, -a [xabu'ʒẽjtu, -a] *adj* ornery *Am*, cantankerous
rabugice [xabu'ʒisi] *f* orneriness, cantankerousness
rábula ['xabula] *m pej* incompetent and pretentious lawyer
raça ['xasa] *f* **1.** race, breed; **de ~ (pura)** (*animal*) purebred; **acabar com a ~ de alguém** *inf* to do away with sb **2.** *fig* (*força interior*) guts, spunk; **ganhar na ~** *inf* to win no matter what
ração <-ões> [xa'sãw, -'õjs] *f* **1.** (*quota*) ration **2.** (*para animais de fazenda*) feed; **~ para cachorro/gato** dog/cat food
racha ['xaʃa] *f* **1.** (*fenda*) crack **2.** *inf* (*cisão*) split **3.** *inf* (*corrida de carros*) drag race
rachado, -a [xa'ʃadu, -a] *adj* (*muro*) cracked; (*cabeça*) split open
rachadura [xaʃa'dura] *f* crack
rachar [xa'ʃar] *vt* **1.** (*lenha*) to chop **2.** (*despesas*) to split expenses
racial <-ais> [xa'sjaw, -'ajs] *adj* racial
raciocinar [xasjosi'nar] *vi* to reason; **~ sobre uma questão** to think a matter through
raciocínio [xasjo'siniw] *m* **1.** (*dedução*) reasoning **2.** (*capacidade*) reason **3.** (*ponderação*) **~ sobre uma questão** reasoning about a matter
racional <-ais> [xasjo'naw, -'ajs] *adj* rational
racionalidade [xasjonaʎi'dadʒi] *f sem pl* rationality
racionalizar [xasjonaʎi'zar] *vt* to rationalize
racionalmente [xasjonaw'mɛjtʃi] *adv* rationally
racionamento [xasjona'mẽjtu] *m* rationing
racionar [xasjo'nar] *vt* (*água*) to ration; (*combustível*) to ration
racismo [xa'sizmu] *m sem pl* racism *no pl*
racista [xa'sista] **I.** *mf* racist **II.** *adj* racist
radar [xa'dar] <-es> *m* radar
radiação <-ões> [xadʒja'sãw, -'õjs] *f* radiation
radiador [xadʒja'dor] <-es> *m* **1.** (*de aquecimento*) heater **2.** (*de automóvel*) radiator
radialista [xadʒja'ʎista] *mf* radio host

radiante [xadʒi'ãtʃi] *adj* radiant
radicado, -a [xadʒi'kadu, -a] *adj* established; **estou ~ no Brasil** I reside in Brazil
radical <-ais> [xadʒi'kaw, -'ajs] **I.** *m* **1.** LING radical, root **2.** MAT, QUÍM, POL radical **II.** *adj* (*ideias, mudança*) radical
radicalizar [xadʒikaʎi'zar] *vi* to radicalize
radicar-se [xadʒi'karsi] <c→qu> *vr*: **~-se no Brasil** to relocate to Brazil
rádio ['xadʒiw] **I.** *m* **1.** (*aparelho*) radio; **~ portátil** portable radio; **ouvir ~** to listen to the radio **2.** ANAT radius **3.** QUÍM radium **II.** *f* (*instituição*) radio broadcasting company; **na ~** on the radio
radioativa *adj v.* **radioativo**
radioatividade [xadʒiwatʃivi'dadʒi] *f* radioactivity
radioativo, -a [xadʒiwa'tʃivu] *adj* radioactive
radiodifusão [xadʒiwdʒifu'zãw] *f sem pl* radio broadcasting *no pl*
radiofônico, -a [xadʒjo'foniku, -a] *adj* radiophonic
radiografar [xadʒjogra'far] *vt* to radiograph
radiografia [xadʒjogra'fia] *f* radiograph, X-ray (photograph); **tirar uma ~** (*paciente*) to have an X-ray taken
radiogravador [xadʒiwgrava'dor] <-es> *m* radio and tape recorder
radiologia [xadʒjolo'ʒia] *f sem pl* radiology
radiologista [xadʒjolo'ʒista] *mf* radiologist
radiopaco, -a [xadʒjo'paku, -a] *adj* radiopaque
radiopatrulha [xadʒiwpa'truʎa] *f* radio patrol
radiosa *adj v.* **radioso**
radioscopia [xadʒjosko'pia] *f* radioscopy *no pl*
radioso, -a [xadʒi'ozu, -'ɔza] *adj* radiant
radiotáxi [xadʒjo'taksi] *m* taxicab dispatch service
radiotelegrafista [xadʒiwtelegra'fista] *mf* wireless operator
radioterapia [xadʒiwteɾa'pia] *f* radiotherapy
radiotransmissor [xadʒiwtrãʒsmi'sor] <-es> *m* radio transmitter
ragu [xa'gu] *m* GASTR beef stew
raia ['xaja] *f* **1.** ZOOL ray **2.** ESPORT racecourse; **fugir da ~** *fig, inf* to back out of sth **3.** (*traço*) streak **4.** *fig* (*limite*)

raiar [xaj'ar] vi 1.(*sol*) to shine 2.(*dia*) to dawn

rainha [xa'ĩɲa] f queen

rainha-mãe [xa'ĩɲa-'mɜ̃j] <rainhas-mães> f Queen Mother

raio ['xaju] I. m 1. FÍS (*de sol, luz*) ray; ~ **laser** laser beam; ~**s X** X-rays pl 2.(*relâmpago*) flash of lightning; **que ~ de pergunta é essa?** *inf* what kind of (a) question is that?; **vá para o ~ que te parta!** *inf* go to the devil! 3.(*de roda*) spoke 4.(*de circunferência*) radius 5.(*área*) radius; ~ **de ação** radius of action; **foi tudo destruído num ~ de 10 km** everything in a 10 km radius was destroyed II. *interj* ~**s** darn (it)!

raiva ['xajva] f 1. MED rabies 2.(*fúria*) rage; **estar com ~ de alguém, ter ~ de alguém** to be furious at [*o* with] sb

raivoso, -a [xaj'vozu, -'ɔza] *adj* 1.(*cão, morcego*) rabid 2.(*furioso*) furious; (*intenso*) rabid

raiz [xa'is] f 1.(*de planta, cabelo, dente*) root; **criar raízes** to settle down; **cortar o mal pela ~** to stop the evil at the source; **estar endividado até a ~ dos cabelos** to be up to one's neck [*o* ears] in debt 2.(*de palavra*) root 3. MAT root; ~ **cúbica** cubic root; ~ **quadrada** square root 4.(*origem*) root

raiz-forte [xa'is-'fɔrtʃi] <raízes-fortes> f horseradish

rajada [xa'ʒada] f 1.(*de vento*) gust 2.(*de metralhadora*) burst

rajado, -a [xa'ʒadu, -a] *adj* striped

ralado, -a [xa'ladu, -a] *adj* (*comida*) grated

ralador [xala'dor] <-es> m grater

ralar [xa'lar] I. vt (*queijo*) to grate; (*o braço*) to scrape II. vi *inf* (*batalhar*) to hustle; ~ **para conseguir trabalho** to hustle to get work III. vr: ~-**se** 1.(*afligir-se*) to fret; ~-**se de raiva** to foam with rage 2.(*não dar importância*) not to give a darn; **ela está pouco se ralando com isso** she doesn't give a darn about that, she doesn't care about that

ralé [xa'lɛ] f riffraff

ralhar [xa'ʎar] vi to rail (against sth); ~ **com alguém** to rail at sb

rali [xa'ʎi] m ESPORT rally

ralo ['xalu] I. m (*de lavatório, banheira*) drain; **ver os sonhos irem pelo ~** to see one's dreams go down the drain II. *adj* (*cabelo, barba; sopa*) thin

ramadã [xama'dɜ̃] m Ramadan

ramal <-ais> [xa'maw, -'ajs] m TEL extension

ramalhete [xama'ʎetʃi] m bouquet

ramificação <-ões> [xamifika'sɜ̃w, -'õjs] f (*de estrada*) fork

ramificar-se [xamifi'karsi] vr <c→qu> to branch (out), to subdivide

ramo ['xamu] m 1.(*de árvore*) branch; (*grosso*) bough 2.(*de flores*) stem 3.(*área*) branch, line; ~ **de atividade** line of business; ~ **de conhecimento** branch of knowledge

rampa ['xɜ̃pa] f ramp

rancho ['xɜ̃ʃu] m 1.(*propriedade*) crude hut 2. MIL mess

rancor [xɜ̃'kor] <-es> m rancor *Am*, rancour *Brit*, resentment; **guardar ~** to hold a grudge

rancoroso, -a [xɜ̃ko'rozu, -'ɔza] *adj* resentful

rançoso, -a [xɜ̃'sozu, -'ɔza] *adj* 1. rancid 2. *fig* (*antiquado*) stuffy

randomização <-ões> [xɜ̃domiza'sɜ̃w, -'õjs] f randomization

rangar [xɜ̃'gar] vi <g→gu> *gír* to chow down

ranger [xɜ̃'ʒer] I. vt ~ **os dentes** to grind one's teeth II. vi (*porta, madeira*) to squeak, to creak

rangido [xɜ̃'ʒidu] m (*de madeira*) squeaking, creaking; (*de dentes*) grinding

rango ['xɜ̃gu] m *gír* (*comida*) chow

ranheta [xɜ̃'ɲeta] mf sniveling

ranho ['xɜ̃ɲu] m snot

ranhoso, -a [xɜ̃'ɲozu, -'ɔza] *adj* snotty

ranhura [xɜ̃'ɲura] f slit; (*na superfície*) groove

ranking ['xɜ̃kĩg] m ranking; ~ **mundial** world ranking

ranzinza [xɜ̃'zĩza] *adj* cranky

rap ['xɛpi] m MÚS rap

rapa-de-tacho ['xapa-dʒi-'taʃu] <rapas-de-tacho> f *inf*: the last child born to a couple, usually late in life

rapado, -a [xa'padu, -a] *adj* (*cabeça*) shaved; (*campo*) bare

rapadura [xapa'dura] f brick-sized piece of raw brown sugar eaten as food or candy

rapagão <-ões> [xapa'gɜ̃w, -'õjs] m strapping young man

rapapé [xapa'pɛ] m (*bajulação*) brown-

nosing
rapar [xa'par] *vt* **1.** (*raspar*) to scrape **2.** (*o cabelo, a barba*) to shave (off) **3.** (*dinheiro*) to fleece
rapariga [xapa'riga] *f* (*moça*) wench
rapaz [xa'pas] *m* (*moço*) young man
rapaziada [xapazi'ada] *f* (*jovens*) the guys *pl*
rapé [xa'pɛ] *m* snuff
rápida *adj v.* **rápido**
rapidamente [xapida'mẽtʃi] *adv* quickly, rapidly
rapidez [xapi'des] *f sem pl* speed; **com ~** quickly
rápido ['xapidu] *adv* fast; **falar ~** to talk fast
rápido, -a ['xapidu, -a] *adj* fast; **carro ~** fast car; **raciocínio ~** quick thinking
raposa [xa'poza] *f* (*espécie; pessoa astuta*) fox
rapsódia [xap'zɔdʒia] *f* rhapsody
raptar [xap'tar] *vt* to abduct, to kidnap
rapto ['xaptu] *m* abduction
raptor(a) [xap'tor(a)] <-es> *m(f)* abductor, kidnapper
raquetada [xake'tada] *f* whack (with a racket)
raquete [xa'ketʃi] *f* ESPORT racket
raquianestesia [xakjaneste'zia] *f* MED spinal anesthesia *Am*
raquítico, -a [xa'kitʃiku, -a] *adj* **1.** *tb.* MED rickety **2.** (*franzino*) frail
raquitismo [xaki'tʃizmu] *m sem pl* rickets
rara *adj v.* **raro**
raramente [xara'mẽtʃi] *adv* rarely, seldom
rarear [xaɾe'ar] *conj como passear vi* (*frequência, quantidade*) to diminish; (*cabelo*) to thin
rarefazer [xaɾefa'zer] *irr como fazer vt* to rarefy
rarefeito [xaɾe'fejtu] *pp de* **rarefazer**
rarefeito, -a [xaɾe'fejtu, -a] *adj* (*ar*) rarefied
raridade [xari'dadʒi] *f* **1.** (*objeto*) treasure **2.** (*frequência*) rarity; **com ~** rarely
raro, -a ['xaɾu] *adj* **1.** (*acontecimento*) uncommon; **raras vezes** rarely, seldom; **é ~ o dia em que isso não aconteça** hardly a day goes by without that happening **2.** (*objeto*) rare
rasa *adj v.* **raso**
rasante [xa'zãtʃi] *adj* (*voo, tiro*) low-altitude, low-level
rascunho [xas'kũɲu] *m* (*de texto*) draft; (*de desenho*) sketch; **fazer um ~**
to make a draft
rasgado, -a [xaz'gadu, -a] *adj* **1.** (*tecido, roupa, papel*) torn **2.** (*boca, olhos*) wide **3.** (*elogios*) effusive
rasgão <-ões> [xaz'gãw, -'õjs] *m* tear
rasgar [xaz'gar] *vt* <g→gu> **1.** (*papel, tecido*) to tear, to rip **2.** (*com violência*) to rip apart **3.** (*abrir*) to tear open **4.** (*destacar*) to rip off
rasgo ['xazgu] *m* rip, tear; *fig* (*ímpeto*) impulsive act
rasgões *m pl de* **rasgão**
raso ['xazu] *m* shallow; **ele gosta de nadar no ~** he likes to swim in shallow water
raso, -a ['xazu, -a] *adj* **1.** (*água, piscina*) shallow; (*vegetação*) low **2.** (*colher, xícara*) level; (*planície*) flat **3.** (*folha*) blank; **tábua rasa** clean slate **4.** MAT **ângulo ~** plane angle **5.** MIL **soldado ~** private
raspa ['xaspa] *f* scrapings *pl*, chips *pl*; **~ de limão** grated lemon peel
raspão <-ões> [xas'pãw, 'õjs] *m* scrape; **tiro de ~** graze shot; **a bala pegou-o de ~** the bullet grazed him
raspar [xas'par] **I.** *vt* (*superfície*) to scratch; (*tinta, cola seca*) to scrape; (*ralar*) to grate **II.** *vi* to scrape
raspões *m pl de* **raspão**
rastafári [xasta'fari] *adj* Rastafarian
rasteira [xas'tejra] *f* **1.** (*com a perna*) trip; **dar** [*ou* **passar**] **uma ~ em alguém** to trip sb **2.** *fig* (*golpe*) scam
rasteiro, -a [xas'tejru, -a] *adj* (*planta*) low-growing
rastejante [xaste'ʒãtʃi] *adj* creeping, crawling
rastejar [xaste'ʒar] *vi* **1.** (*no chão*) to crawl **2.** *fig* (*rebaixar-se*) to lower oneself
rastilho [xas'tʃiʎu] *m* (*fio*) fuse; (*pegada*) track
rastreador(a) [xastria'dor(a)] <-es> *m(f)* tracker
rastreamento [xastria'mẽtu] *m* (*de percurso, processo*) tracking; (*de pistas, doenças*) tracing
rastrear [xastri'ar] *conj como passear vt* **1.** (*percurso, processo*) to track **2.** (*uma doença*) to trace
rastro ['xastru] *m* trace; (*de navio*) wake; **~ de luz** trace of light; **seguir o ~ de alguém** to follow sb's trail; *inf*; **desaparecer sem deixar ~** to disappear without a trace; **estar no ~ de a.**

c./alguém to be on the trail of sth/sb
rasurar [xazu'rar] *vt* (*documento*) to obliterate; (*palavra*) to scratch out
ratazana [xata'zɐna] *f* (female) rat
ratear [xatʃi'ar] *conj como passear* **I.** *vt* (*prêmio*) to share **II.** *vi* (*motor*) to misfire; (*coração*) to skip a beat
rateio [xa'teju] *m* ECON apportionment
raticida [xatʃi'sida] *m* rat poison
ratificar [xatʃifi'kar] *vt* <c→qu> to ratify, to confirm
rato ['xatu] *m* **1.** ZOOL rat **2.** ~ **de biblioteca** bookworm
ratoeira [xatu'ejra] *f* rattrap
ravióli [xavi'ɔʎi] *m* ravioli
razão <-ões> [xa'zɐ̃w, -'õjs] *f* **1.** (*em discussão*) right; **ter/não ter** ~ to be right/wrong; **dar** ~ **a alguém** to concur [*o* to agree] with sb; **estar com toda a** ~, **estar coberto de** ~ to be absolutely right; **você tem** ~ you are right **2.** (*motivo*) reason; **isso não tem** ~ **de ser** there is no reason for that; **isso tem** ~ **de ser** there is a reason for that; **sem (qualquer)** ~ without (any) reason; **(não) ter** ~ **para queixa** (not) to have any reason to complain; **não sei por que** ~ **isso acontece** I don't know why that happens **3.** (*entendimento*) reasoning; (*sensatez*) sense; **chamar alguém à** ~ to call sb to his/her senses **4.** MAT ratio **5.** ECON (*percentagem*) rate; (*taxa de juro*) interest rate; **à** ~ **de** at the rate of
razoável <-eis> [xazu'avew, -ejs] *adj* **1.** (*preço, proposta, qualidade*) reasonable **2.** (*esforço, quantidade*) reasonable **3.** (*sensato*) sensible
razoavelmente [xazuavew'mẽjtʃi] *adv* reasonably
razões *f pl de* **razão**
ré¹ ['xɛ] *f* v. **réu**
ré² ['xɛ] **I.** *f* NÁUT stern of a ship; (*no automóvel*) reverse speed; **dar marcha a** ~ to shift into reverse **II.** *m* MÚS re
reabastecer [xeabaste'ser] <c→ç> **I.** *vt* **1.** (*veículo*) to fill up, to get gas; **vou parar no posto para** ~ **o carro** I'm going to stop at the gas station to fill up **2.** (*estabelecimento*) to restock; **ele vai** ~ **o restaurante de bebidas** he is going to restock the restaurant with drinks *vr:* ~-**se a. c.** to replenish with sth; **ele foi ao supermercado para se** ~ **de mantimentos** he went to the supermarket to replenish his supplies
reabastecimento [xeabastesi'mẽjtu] *m* **1.** (*de avião*) to refuel **2.** (*das tropas*) to supply
reaberto [xea'bɛrtu] *pp de* **reabrir**
reabertura [xeaber'tura] *f* reopening
reabilitação <-ões> [xeabiʎita'sɐ̃w, -'õjs] *f* **1.** MED (*de pessoa*) rehabilitation; *fig* rehab **2.** (*da economia*) economical reform
reabilitar [xeabiʎi'tar] *vt* **1.** MED (*uma pessoa*) to rehabilitate **2.** (*a economia*) to reform
reabrir [rea'brir] *vi* <*pp* reaberto> to reopen
reação <-ões> [xea'sɐ̃w, -'õjs] *f* reaction; ~ **em cadeia** chain reaction; ~ **a uma notícia** reaction to the news; **ter uma** ~ **alérgica a a. c.** to have an allergic reaction to sth
reacender [xeasẽj'der] *vt* to rekindle
reacionário, -a [xeasjo'nariw, -a] **I.** *m, f* reactionary **II.** *adj* (*ideias*) reactionary
readaptação <-ões> [xeadapta'sɐ̃w, -'õjs] *f* readjustment; ~ **a uma nova realidade** readjustment to a new reality
readaptar-se [xeadap'tarsi] *vr:* ~-**se ao seu país de origem** to readjust to one's country of birth
readmitir [xeadʒimi'tʃir] *vt* (*em empresa, cargo*) to reinstate
readquirir [xeadʒiki'rir] *vt* (*confiança*) to regain
reafirmar [xeafir'mar] *vt* to restate, to reaffirm
reagente [xea'ʒẽjtʃi] *m* **1.** reacting **2.** QUÍM reagent
reagir [xea'ʒir] *vi* to react; ~ **a a. c.** to react to sth
reagrupar [xeagru'par] *vt* to regroup
reajustar [xeaʒus'tar] *vt* (*salários*) to adjust
reajuste [xea'ʒustʃi] *m* readjustment; (*de preços, salários*) adjustment (for inflation)
real <-ais> [xe'aw, -'ajs] **I.** *adj* **1.** (*da realeza*) royal; **a família** ~ the royal family **2.** (*verdadeiro*) true; (*autêntico*) real; **uma história** ~ a true story **3.** MAT concrete **II.** *m* ECON Real; **a passagem custa 1** ~ **e cinquenta** the ticket costs one Real and fifty centavos; **o livro custa 20 Reais** the book costs 20 reals

> **Cultura** The **Real** (plural: Reais) has been Brazil's official currency since July 1994. Fractions of a Real are called "centavos", e.g. R$1,20 = one Real and twenty centavos.

realçar [xeaw'sar] <ç→c> **I.** *vt* to emphasize, to highlight **II.** *vr:* ~**-se** to distinguish oneself

realce [xe'awsi] *m* emphasis; **dar ~ a a. c.** to highlight sth

realejo [xea'leʒu] *m* barrel organ (*often played by street peddlers who, for a Real, will coax a trained parrot to pick out from a tiny wooden drawer a card stating your fortune*)

realeza [xea'leza] *f* royalty

realidade [xeaʎi'dadʒi] *f* reality; **~ virtual** virtual reality; **em ~** in reality, actually

realinhamento [xeaʎiɲa'mẽjtu] *m* POL realignment

realismo [xea'ʎizmu] *m sem pl* realism; **encarar um problema com ~** to face a problem squarely

realista [xea'ʎista] **I.** *mf* realist **II.** *adj* realistic

realização <-ões> [xeaʎiza'sãw, -'õjs] *f* **1.** (*de tarefa, trabalho*) performance; (*de projeto*) implementation; **~ pessoal** personal achievement **2.** (*de um sonho*) fulfillment *Am*, fulfilment *Brit*

realizar [xeaʎi'zar] **I.** *vt* **1.** (*tarefa, trabalho*) to perform; (*projeto*) to implement, to carry out **2.** (*um sonho*) to fulfill *Am*, to fulfil *Brit* **3.** (*concerto, exposição*) to hold **II.** *vr:* ~**-se 1.** (*evento, projeto*) to take place **2.** (*sonho, previsão*) to come true **3.** (*pessoa*) to fulfill oneself

realizável <-eis> [xeaʎi'zavew, -ejs] *adj* achievable

realmente [xeaw'mẽjtʃi] *adv* **1.** (*verdadeiramente*) really; **isso é ~ bonito** that is really beautiful **2.** (*de fato*) actually; **~ o filme não é tão bom assim** actually, the film was not that good

realocar [xealo'kar] *vt* <c→qu> (*recursos, funcionários*) to reallocate

reanimação <-ões> [xeɜnima'sãw, -'õjs] *f* MED resuscitation

reanimar [xeɜni'mar] **I.** *vt* MED to resuscitate; (*animar*) to reassure **II.** *vr:* ~**-se** to reassure oneself

reaparecer [xeapare'ser] *vi* <c→ç> (*doença, pessoa*) to reappear

reaparecimento [xeaparesi'mẽjtu] *m* reappearance

reaparelhar [xeapare'ʎar] *vt* to refit

reaprender [xeaprẽj'der] *vt* to relearn

reapresentar [xeaprezẽj'tar] *vt* to present again

reaproveitamento [xeaprovejta'mẽjtu] *m* reuse

reaproveitar [xeaprovej'tar] *vt* to reuse

reaproximar-se [xeaprosi'marsi] *vr:* ~**-se de alguém** to reestablish relations with sb

rearmamento [xearma'mẽjtu] *m* MIL rearmament

rearmar [xear'mar] *vt* MIL to rearm

reassumir [xeasu'mir] *vt* (*cargo, função*) to reassume

reatar [xea'tar] *vt* (*relação*) to reestablish; (*amizade, namoro*) to renew

reativar [xeatʃi'var] *vt* (*máquina, fábrica*) to reactivate; (*economia, produção*) to revive

reator [xea'tor] <-es> *m* (*nuclear, aero*) reactor; **~ nuclear** nuclear reactor

reavaliar [xeavaʎi'ar] *conj como enviar vt* to reevaluate

reaver [xea'ver] *irr vt* (*bens*) to recover

reavivar [xeavi'var] **I.** *vt* (*a memória*) to revive **II.** *vr:* ~**-se** (*interesse, costumes*) to go through a revival

rebaixamento [xebajʃa'mẽjtu] *m* (*no preço*) discount; (*moral*) degradation; (*hierarquia*) demotion; (*futebol*) decrease in ranking

rebaixar [xebaj'ʃar] **I.** *vt* (*terreno, preço*) to lower; *fig* (*uma pessoa*) to demean, to debase **II.** *vr:* ~**-se** to debase [*o* to demean] oneself

rebanho [xe'bãɲu] *m* (*animais, fiéis*) flock; (*pessoas*) congregation

rebarba [xe'barba] *f* barb; (*metal*) burr

rebatedor(a) [xebate'dor(a)] <-es> *m(f)* **1.** (*de títulos*) discount broker **2.** ESPORT (*no beisebol*) batter; (*no futebol*) wild kicker (on defense)

rebater [xeba'ter] *vt* **1.** (*golpe*) to hit (sth) back **2.** (*argumento*) to refute; (*acusação, injúria*) to rebut **3.** (*bola*) to return **4.** (*nota, recibo*) to rebate

rebatida [xeba'tʃida] *f* ESPORT return

rebatível <-eis> [xeba'tʃivew, -ejs] *adj* rebatable

rebelar-se [xebe'larsi] *vr:* ~**-se contra**

rebelde [xe'bɛwdʒi] I. *mf* rebel II. *adj* 1. (*população, tropas*) rebellious 2. (*pessoa*) obstinate

rebeldia [xebew'dʒia] *f* obstinacy

rebelião <-ões> [xebeʎi'ɐ̃w, -'õjs] *f* rebellion, uprising

rebentar [xebẽj'tar] I. *vt* 1. (*fechadura, porta*) to break (down/open) 2. (*pneu, líquido*) to burst 3. (*esgotar*) to exhaust II. *vi* 1. (*balão, veia, cano*) to burst (open) 2. (*corda, elástico*) to break 3. (*bomba*) to explode 4. (*guerra*) to break out 5. (*onda*) to break

rebento [xe'bẽjtu] *m* 1. BOT bud, sprout 2. (*filho*) offspring

rebite [xe'bitʃi] *m* rivet

rebobinar [xebobi'nar] *vt* <c→qu> to rewind

rebocador [xeboka'dor] <-es> *m* NÁUT tugboat

rebocar [xebo'kar] *vt* <c→qu> 1. (*automóvel, navio*) to tow 2. (*parede*) to plaster

reboco [xe'boku] *m* plaster

rebolado [xebo'ladu] *m* wiggle, sway; **perder o ~** *inf* to become flustered

rebolado, -a [xebo'ladu, -a] *adj* swaying; **andar ~** to strut

rebolar [xebo'lar] *vi* to sway; (*no andar*) to strut

reboque [xe'bɔki] *m* (*veículo*) tow truck; **chamar o ~** to call a tow truck

rebordo [xe'bɔrdu] *m* edge, frame

rebotalho [xebo'taʎu] *m* scraps *pl*

rebote [xe'bɔtʃi] *m* ESPORT rebound

rebuliço [xebu'ʎisu] *m* 1. (*de pessoas*) commotion 2. (*desordem*) uproar; **estar em ~** to be in an uproar

rebuscado, -a [xebus'kadu, -a] *adj* (*estilo*) highly refined

rebuscar [xebus'kar] *vt* <c→qu> (*estilo*) to refine

recado [xe'kadu] *m* 1. message; **dar/ deixar um ~ para alguém** to give/to leave a message for sb; **quer deixar ~?** would you like to leave a message?; (**não**) **dar conta do ~** *inf* (not) to live up to expectations 2. (*advertência*) warning

recaída [xeka'ida] *f* relapse; **ter uma ~** to have a relapse

recair [xeka'ir] *conj como* sair *vi* 1. (*culpa, responsabilidade*) to fall on; **a culpa recaiu sobre nós** the blame fell on us 2. (*doente*) to have a relapse

recalcado, -a [xekaw'kadu, -a] *adj* suppressed; (*pessoa*) withdrawn

recalcitrante [xekawsi'trɐ̃ntʃi] *adj* recalcitrant

recall [xe'kaw] *m* (*de produtos*) recall

recalque [xe'kawki] *m* PSICO suppression

recambiar [xekɐ̃bi'ar] *conj como* enviar *vt* to return

recanto [xe'kɐ̃ntu] *m* retreat

recapacitar [xekapasi'tar] *vt* to retrain

recapitulação <-ões> [xekapitula'sɐ̃w, -'õjs] *f* 1. (*repetição*) recapitulation 2. (*sumário*) recap

recapitular [xekapitu'lar] *vt* (*a matéria, os fatos*) to summarize

recarga [xe'karga] *f* (*embalagem, caneta*) refill; (*celular, bateria*) recharge

recarregar [xekaxe'gar] *vt* <g→gu> (*pilha, bateria*) to recharge

recarregável <-eis> [xekaxe'gavew, -ejs] *adj* (*pilha*) rechargeable

recatado, -a [xeka'tadu, -a] *adj* 1. (*reservado*) reserved; (*modesto*) modest 2. (*pudico*) prim and proper

recauchutado, -a [xekawʃu'tadu, -a] *adj* 1. (*pneu*) retreading 2. *inf* (*submetido a cirurgia plástica*) made over, nipped and tucked

recauchutagem [xekawʃu'taʒẽj] <-ens> *f* 1. (*de pneu*) retreading 2. (*cirurgia plástica*) nip-and-tuck

recauchutar [xekawʃu'tar] *vt* (*pneu*) to retread; *fig* to get a face-lift

recear [xese'ar] *conj como* passear *vt* to dread, to fear; **~ por a. c./alguém** to fear for sth/sb

receber [xese'ber] I. *vt* 1. (*salário, prêmio, carta, elogio, telefonema*) to receive 2. (*convidados, hóspedes*) to receive, to have 3. (*críticas, ordens*) to receive II. *vi* (*convidados*) to host

recebimento [xesebi'mẽjtu] *m* **favor acusar o ~ desta carta** please confirm receipt of this letter

receio [xe'seju] *m* apprehension; (*temor*) distrust; **ter ~ de alguém/a. c.** to distrust sb/sth

receita [xe'sejta] *f* 1. GASTR recipe; **~ para a eterna juventude** *fig* to have found the fountain of youth 2. (*médica*) prescription; **passar uma ~ para alguém** to write sb a prescription 3. ECON income; **~s** revenue, receipts *pl*

receitar [xesej'tar] *vt* to prescribe; **~ um medicamento a alguém** to prescribe medication for sb

recém-casado, -a [xe'sēj-ka'zadu, -a] *adj* newlywed

recém-chegado, -a [xe'sēj-ʃe'gadu, -a] **I.** *m, f* newcomer **II.** *adj* newly arrived; **estar ~ a/em algum lugar** to be a newcomer to/in a place

recém-formado, -a [xe'sēj-for'madu, -a] *adj* recent graduate

recém-lançado <-a> [xe'sēj-lãŋ'sadu, -a] *adj* recently brought onto the market; **um livro ~** a recently published book

recém-nascido, -a [xe'sēj-na'sidu, -a] **I.** *m, f* newborn (child) **II.** *adj* newborn

recenseamento [xesẽjsja'mẽjtu] *m* **1.** (*contagem*) census; **~ eleitoral** census of voters; **~ da população** census of the population **2.** (*inscrição*) official counting; **fazer o ~ eleitoral** to officially count the number of voters

recensear [xesẽsi'ar] *conj como passear vt* to take a census; **~ a população** to take a census of the population

recente [xe'sẽtʃi] *adj* **1.** (*acontecimento, objeto*) recent **2.** (*último*) recent; **nos anos mais ~s** in recent years

recentemente [xesẽtʃi'mẽtʃi] *adv* recently

receoso, -a [xese'ozu, -'ɔza] *adj* fearful, afraid; **estar ~ de que ... +***subj* to be afraid that ...

recepção <-ões> [xesep'sãw, -'õjs] *f* **1.** (*de hotel, de escritório*) reception (desk) **2.** (*de pessoas*) welcome; **dar uma ~ calorosa a alguém** to give sb a warm welcome; **ter uma ~ calorosa** to receive a warm welcome **3.** (*festa*) reception; **a família toda compareceu à ~** the whole family attended the reception

recepcionar [xesepsjo'nar] *vt* (*em aeroporto, estação*) to meet sb

recepcionista [xesepsjo'nista] *mf* receptionist

receptação <-ões> [xesepta'sãw, -'õjs] *f* reception of stolen goods

receptáculo [xesep'takulu] *m* **1.** (*recipiente*) vessel, container **2.** BOT receptacle

receptador(a) [xesepta'dor(a)] <-es> *m(f)* receiver of stolen goods

receptiva *adj v.* **receptivo**

receptivo, -a [xesep'tʃivu, -a] *adj* receptive; **ser ~ a novas ideias** to be open to new ideas

receptor [xesep'tor] <-es> *m* (*aparelho*) receiver

recessão <-ões> [xese'sãw, -'õjs] *f* ECON recession

recessivo, -a [xese'sivu, -a] *adj* (*gene; verbo*) recessive

recesso [xe'sɛsu] *m* recess; **entrar em ~** to take a recess

recessões *f pl de* **recessão**

rechaçar [xeʃa'sar] *vt* <ç→c> (*fazer retroceder*) to drive back; (*refutar*) to refute, to reject

recheado, -a [xeʃe'adu, -a] *adj* GASTR stuffed; **bolo ~ com creme** a cream-filled cake

rechear [xeʃe'ar] *conj como passear vt* GASTR (*ave*) to stuff; (*bolo*) to fill

recheio [xe'ʃeju] *m* GASTR filling; **~ de creme** cream filling

rechonchudo, -a [xeʃũw'ʃudu, -a] *adj* plump, chubby

recibo [xe'sibu] *m* receipt; **passar um ~** to give a receipt

reciclagem [xesi'klaʒẽj] <-ens> *f* **1.** ECOL recycling **2.** (*formação*) refresher course

reciclar [xesi'klar] **I.** *vt* to recycle **II.** *vr*: **~-se** to take a refresher course

reciclável <-eis> [xesi'klavew, -ejs] *adj* recyclable

recidiva [xesi'dʒiva] *f* MED recurrence, relapse

recife [xe'sifi] *m* reef

Recife [ʀe'sifi] (City of) Recife

recinto [xe'sĩtu] *m* (*espaço*) enclosure; **um ~ fechado** enclosed place

recipiente [xesipi'ẽtʃi] *m* receptacle, container

recíproca *adj v.* **recíproco**

reciprocidade [xesiprosi'dadʒi] *f sem pl* reciprocity

recíproco, -a [xe'sipruku, -a] *adj* mutual; **o sentimento é ~** the feeling is mutual

recital <-ais> [xesi'taw, -'ajs] *m* **1.** (*de música*) music recital; **~ de piano** piano recital **2.** (*de poesia*) poetry recital

recitar [xesi'tar] *vt* to recite

reclamação <-ões> [xeklɐma'sãw, -'õjs] *f* **1.** (*queixa*) complaint; **fazer uma ~ a alguém de a. c.** to complain to sb about sth **2.** (*reivindicação*) claim, demand

reclamar [xeklɐ'mar] **I.** *vt* **1.** (*reivindicar*) to call for, to demand; **~ melhores**

salários to demand better salaries **2.** (*queixar-se de*) to complain; **~ da comida** to complain about the food; **~ de dores** to complain of pain **3.** (*protestar*) to protest; **~ contra a c./ alguém** to protest against sth/sb **II.** *vi* to complain, to protest

reclame [xeˈklɔmi] *m* advertisement; **~ luminoso** illuminated sign

reclinar-se [xekliˈnarsi] *vr*: **~-se na cadeira** to recline in a chair

reclinável <-eis> [xekliˈnavew, -ejs] *adj* reclining

reclusa *adj, f v.* **recluso**

reclusão <-ões> [xekluˈzɐ̃w, -ˈõjs] *f* reclusion

recluso [xeˈkluzu, -a] *adj, m* recluse

reclusões *f pl de* **reclusão**

reco [ˈxɛku] *m inf* rookie

recoberto, -a [xekoˈbɛrtu, -a] *adj* covered

recobrar [xekoˈbrar] **I.** *vt* to recover; **~ o ânimo** to regain one's good mood **II.** *vr*: **~-se de um susto** to recover from a fright

recobrir [xekuˈbrir] *irr como* **cobrir** *vt* to re-cover

recolher [xekoˈʎer] **I.** *vt* **1.** (*informações, opiniões*) to gather **2.** (*dinheiro, assinaturas, donativos*) to collect; (*impostos*) to collect; (*dados*) to collect **3.** (*frutas*) to harvest **4. ~ um produto** to recall a product; **~ a roupa** to take the clothes off the line **II.** *vr*: **~-se ela pediu licença para se recolher** she asked to be excused (to go to bed)

recolhimento [xekoʎiˈmẽjtu] *f* **1.** (*de informação*) gathering; **~ de dados** data collection **2.** (*impostos*) collection **3.** (*espiritual*) gathering

recomeçar [xekomeˈsar] *vi* <ç→c> to begin again, to renew

recomeço [xekoˈmesu] *m* new beginning; (*de atividade, conversa*) recommencement

recomendação <-ões> [xekomẽjdaˈsɐ̃w, -ˈõjs] *f* **1.** (*sugestão*) recommendation; **por ~ de** due to the recommendation of **2.** (*conselho*) advice; (*advertência*) admonition

recomendações [xekomẽjdaˈsojs] *fpl* (*cumprimentos*) greetings *pl*; **as minhas ~ aos seus pais** remember me to your parents

recomendar [xekomẽjˈdar] *vt* **1.** (*aconselhar*) to recommend; **~ a. c. a alguém** to recommend sth to sb; **o médico recomendou tirar férias** the doctor recommended a vacation **2.** (*indicar*) to recommend; **o crítico recomendou o novo filme** the critic recommended the new film; **recomendou o especialista ao paciente** he recommended a specialist to his patient

recomendável <-eis> [xekomẽjˈdavew, -ejs] *adj* commendable

recompensa [xekõwˈpẽjsa] *f* reward; **receber uma ~** to receive a reward

recompensar [xekõwpẽjˈsar] *vt* **1.** to reward; **~ alguém por ter feito a. c.** to reward sb for doing sth **2.** (*esforço*) to compensate; (*compensar*) to make up for

recompor-se [xekõwˈporsi] *irr como* **pôr** *vr*: **~-se** (*pessoa*) **foi difícil me recompor do susto** it was difficult for me to recover from the fright

recôncavo [xeˈkõwkavu] *m* GEO land surrounding a port

reconciliação <-ões> [xekõwsiʎiaˈsɐ̃w, -ˈõjs] *f* reconciliation

reconciliar [xekõwsiʎiˈar] *conj como* **enviar** **I.** *vt* to reconcile **II.** *vr*: **~-se com alguém** to become reconciled with sb

recondicionar [xekõwdʒisjoˈnar] *vt* to overhaul, to rebuild

recôndito [xeˈkõwdʒitu] *m fig* hiding place

reconduzir [xekõwduˈzir] *vt* POL to re-elect; (*devolver*) to return; (*acompanhar*) to bring back, to reconvey

reconfirmar [xekõwfirˈmar] *vt* to reaffirm

reconfortante [xekõwforˈtãtʃi] *adj* comforting

reconfortar [xekõwforˈtar] *vt* to comfort

reconforto [xekõwˈfortu] *m* comfort

reconhecer [xekoɲeˈser] *vt* <c→ç> **1.** (*identificar*) to recognize; **eu reconheci meu amigo pela voz** I recognized my friend by his voice **2.** (*admitir*) to recognize; (*erro*) to acknowledge **3.** (*esforço, trabalho, pessoa*) to recognize **4.** (*uma firma*) to witness a signature **5.** (*uma área*) to reconnoiter *Am*, to reconnoitre *Brit* **6.** (*um filho ilegítimo*) to acknowledge

reconhecido, -a [xekoɲeˈsidu, -a] *adj* **1.** (*grato*) grateful; **estar ~ por a. c.** to be grateful for sth **2.** (*conceituado*) rec-

ognized; ~ **oficialmente** officially recognized
reconhecimento [xekõɲesi'mẽjtu] *m* 1.(*de esforço, trabalho*) recognition 2.(*gratidão*) gratitude; ~ **por a. c.** gratitude for sth 3.(*de um erro*) acknowledgement 4.(*de firma*) authentication 5. MIL reconnaissance; **fazer o ~ de uma área** to make a reconnaissance of the area
reconhecível <-eis> [xekõɲe'sivew, -ejs] *adj* recognizable
reconquista [xekõw'kista] *f* MIL recapture
reconquistar [xekõwkis'tar] *vt* 1. MIL to recapture 2.(*readquirir*) to regain; ~ **a confiança de alguém** to regain sb's confidence
reconsiderar [xekõwside'rar] I. *vt* (*uma decisão, um problema*) to reconsider II. *vi* 1.(*mudar de ideia*) to reconsider 2.(*repensar*) to reconsider
reconstituição <-ões> [xekõwstʃitui'sãw, -'õjs] *f* reconstitution
reconstituir [xekõwstʃitu'ir] *conj como incluir vt* to rebuild, to restore; (*cena, um crime*) to reconstitute
reconstrução <-ões> [xekõwstru'sãw, -'õjs] *f* (*de cidade, monumento*) rebuilding, reconstruction; (*de casa*) reconstruction; **estar em ~** to be under reconstruction
reconstruir [xekõwstru'ir] *conj como incluir vt* 1.(*cidade, monumento*) to rebuild; (*casa*) to rebuild 2.(*a vida*) to rebuild
recontagem [xekõw'taʒẽj] <-ens> *f* recounting
recordação <-ões> [xekorda'sãw, -'õjs] *f* 1.(*memória*) memory; **ter boas/más recordações de a. c./alguém** to have good/bad memories of sth/sb 2.(*de pessoa*) remembrance 3.(*objeto*) memento, souvenir
recordar [xekor'dar] I. *vt* (*lembrar-se de*) to remember; ~ **alguém/a. c.** to remember sb/sth; (*lembrar*) to remind; ~ **alguém de a. c.** to remind sb of sth II. *vr:* ~**-se de a. c./alguém** to remember sth/sb
recorde [xe'kɔrdʒi] I. *m* record; **bater/estabelecer um** ~ to break/to set a record II. *adj* **em tempo ~** in record time
recordista [xekor'dʒista] *mf* record holder; ~ **mundial** world record holder

reco-reco ['xɛku-'xɛku] *m* MÚS guiro, (wooden) fish
recorrência [xeko'xẽjsia] *f* recurrence
recorrente [xeko'xẽjtʃi] *adj* recurrent, appealing
recorrer [xeko'xer] *vt* 1. JUR to appeal; ~ **às autoridades competentes** to appeal to a higher court 2.(*a métodos, meios*) ~ **à justiça** to appeal to justice; ~ **a novos métodos** to make use of new methods
recortar [xekor'tar] *vt* (*uma figura*) to cut out; (*tecido*) to cut
recorte [xe'kɔrtʃi] *m* 1.(*de jornal*) newspaper clipping 2.(*para enfeite*) cutout 3.(*contorno*) outline
recostar-se [xekos'tarsi] *vr:* ~-**se** to recline, to rest
recreação <-ões> [xekrea'sãw, -'õjs] *f* recreation
recreativo, -a [xekrea'tʃivu, -a] *adj* recreational; **atividades recreativas** recreational activities *pl*
recreio [xe'kreju] *m* 1.(*diversão*) recreation 2.(*na escola*) recess
recriar [xekri'ar] *conj como enviar vt* to recreate
recriminar [xekrimi'nar] *vt* (*acusar*) to implicate; (*censurar*) to recriminate
recrudescer [xekrude'ser] *vi* <c→ç> to break out again
recruta [xe'kruta] *mf* (*pessoa*) recruit
recrutamento [xekruta'mẽjtu] *m* MIL recruitment
recrutar [xekru'tar] *vt* (*mão-de-obra, soldado*) to recruit
recuar [xeku'ar] *vi* 1.(*andando*) to step back 2.(*exército*) to retreat 3.(*no tempo*) to recede 4.(*hesitar*) to back up; ~ **diante do perigo** to back [*o* run] away from danger
recuo [xe'kuu] *m* 1.(*retrocesso*) backward movement 2.(*de um edifício*) setback
recuperação <-ões> [xekupera'sãw, -'õjs] *f* 1.(*de dinheiro*) recovery; (*de prestígio*) recovery 2.(*de obra, edifício*) salvage 3. MED recovery; **estar em fase de ~** to be in the recovery stage
recuperar [xekupe'rar] I. *vt* (*reaver*) to retrieve; (*forças*) to regain; (*prestígio*) to regain; ~ **os sentidos** to recover consciousness; (*tempo*); ~ **o tempo perdido** to make up for lost time; (*carga, cadáver*) to recover; (*material, quadro, edifício*) to restore; INFOR

(*arquivo*) to recover II. *vr:* ~**-se de a. c.** to recover from sth; **ele já se recuperou do acidente** he has already recovered from the accident

recuperável <-eis> [xekupe'ravew, -ejs] *adj* recoverable

recurso [xe'kursu] *m* 1.(*ação de recorrer*) recourse, appeal; **tentou um ~ com as autoridades locais** he attempted to appeal to the local authorities 2.(*meio*) resort; **como último ~** as a last resort; **usou de todos os ~ para convencer os investidores** he used every expedient to convince the investors 3.JUR appeal; **interpor um ~** to file [*o* to lodge] an appeal

recursos [xe'kursus] *mpl* 1.(*financeiros*) resources *pl;* **ser uma pessoa de ~s** to be a person of means 2.(*numa empresa*) **~s humanos** human resources *pl* 3.(*na natureza*) **~s naturais** natural resources *pl*

recurvar-se [xekur'varsi] *vr* to bow, to bend low

recusa [xe'kuza] *f* 1.(*proposta, convite*) refusal; (*pedido*) refusal 2.(*negação*) denial

recusar [xeku'zar] I. *vt* (*proposta, convite*) to refuse; (*prêmio*) to decline; (*pedido*) to refuse; (*auxílio*) to refuse II. *vr:* ~**-se a fazer a. c.** to refuse to do sth; **recusou-se a tomar parte na decisão** he refused to take part in the decision

redação <-ões> [xeda'sãw, -'õjs] *f* 1.(*ação de redigir*) composing, writing 2.(*composição*) composition; **fazer/escrever uma ~** to write a composition 3.PREN editorial room

redator(a) [xeda'tor(a)] <-es> *m(f)* editor

rede ['xedʒi] *f* 1.(*estradas, transportes*) network; **~ de abastecimento** supply network; **~ elétrica** power grid; **~ de estradas** highway system; **~ fixa/móvel** TEL, INFOR network; **ligar os computadores em ~** to connect computers to a network; **estar ligado à ~** to be linked to the network 2.(*de lojas*) chain of stores; **uma ~ bancária** a chain of banks; **uma ~ de supermercados** a chain of supermarkets 3.(*para descansar*) hammock 4.(*de pesca*) fishing net; **cair na ~** *inf* to get caught in sb's net; **caiu na ~ é peixe** anyone will do 5.ESPORT goal; **fazer a ~/balançar** *inf* to get things going 6.(*de espionagem, informações*) network

rédea ['xɛdʒia] *f* 1.reins 2.*fig* **manter alguém com ~ curta** to keep sb under tight control; **soltar as ~s** to give (sb) some slack; **tomar as ~s da situação** to take hold of the situation

redemoinho [xedemũ'iɲu] *m* (*na água, de ar*) eddy; (*no cabelo*) swirl

redenção [xedẽj'sãw] *f sem pl* REL redemption

redentor(a) [xedẽj'tor(a)] <-es> *m(f)* redeemer

redigir [xedʒi'ʒir] *vt* to compose; PREN to write

redimensionar [xedʒimẽsjo'nar] *vt* to resize

redimir [xedʒi'mir] I. *vt* REL to redeem II. *vr:* ~**-se de a. c.** to make amends for sth

redirecionar [xedʒiresjo'nar] *vt* INFOR to redirect

rediscutir [xedʒisku'tʃir] *vt* to discuss again

redistribuir [xedʒistribu'ir] *conj como incluir vt* to redistribute

redobrado, -a [xedo'bradu, -a] *adj* **trabalho ~** twice the work

redobrar [xedo'brar] *vt* to redouble, to multiple

redoma [xe'doma] *f* glass dome

redonda *adj v.* **redondo**

redondamente [xedõwda'mẽjtʃi] *adv* completely; **estar ~ enganado** to be completely wrong

redondezas [xedõw'dezas] *fpl* surroundings; **nas ~** in the surroundings

redondo, -a [xe'dõwdu, -a] *adj* round

redor [xe'dɔr] *m* **ao** [*ou* **em**] **~ de a. c./alguém** around sth/sb; **andar ao ~ de a. c./alguém** to walk around sth/sb

redução <-ões> [xedu'sãw, -'õjs] *f* decrease, lowering; **~ de preços** lowering of prices; **~ de tamanho** decrease in size

redundância [xedũw'dãŋsia] *f* redundancy

redundante [xedũw'dãŋtʃi] *adj* redundant

redutível <-eis> [xedu'tʃivew, -ejs] *adj* reducible

reduto [xe'dutu] *m* stronghold

reduzir [xedu'zir] I. *vt* to reduce; **as lojas reduziram os preços em 20%** the stores reduced their prices by 20% II. *vi* AUTO (*marcha*) to reduce III. *vr:*

~-se a a. c. ~ a fazer o mínimo necessário to reduce sth to the bare minimum

reedição <-ões> [xeedʒi'sãw, -'õjs] f reissue

reeditar [xeedʒi'tar] vt to publish again

reeducar [xeedu'kar] vt <c→qu> to re-educate

reeleger [xeele'ʒer] vt <pp reeleito ou reelegido; g→j> to re-elect

reeleição <-ões> [xeelej'sãw, -'õjs] f re-election

reeleito [xee'lejtu] pp de **reeleger**

reembolsar [xeẽjbow'sar] vt 1. (restituir) to reimburse; ~ **alguém** to reimburse sb 2. (reaver) to be reimbursed

reembolsável <-eis> [xeẽjbow'savew, -ejs] adj reimbursable, refundable

reembolso [xeẽj'bowsu] m reimbursement, refund

reempossar [xeẽjpo'sar] vt to re-empower

reencarnação <-ões> [xeẽjkarna'sãw, -'õjs] f reincarnation

reencarnar [xeẽjkar'nar] vi to reincarnate

reencontrar [xeẽjkõw'trar] vt to meet again

reencontro [xeẽj'kõwtru] m new meeting; **marcar um ~ com alguém** to set a date (with sb) to meet again

reenviar [xeẽjvi'ar] conj como **enviar** vt to send again

reequilibrar-se [xeikiʎi'brarsi] vr to find one's balance again

reequipar [xeeki'par] vt (fábrica, empresa) to re-equip; (escritório, cozinha) to re-furnish

reerguer [xeer'ger] I. vt to raise again II. vr: ~-se to rise again

reescalonar [xeiskalo'nar] vt (dívida) to re-arrange in degrees

reescrever [xeiskre'ver] vt <pp reescrito> to rewrite

reescrito [xeis'kritu] pp de **reescrever**

reestreia [xeis'treja] f reappearance

reestruturação <-ões> [xeistrutura'sãw, -'õjs] f (empresa, serviço) reorganization

reestruturar [xeistrutu'rar] vt to restructure; (o governo) to reorganize

reexaminar [xeizmi'nar] vt to reexamine

ref^a [refe'rẽjsia] f abr de **referência** ref

refazer [xefa'zer] irr como **fazer** I. vt (a vida) to start over; (um trabalho) to redo II. vr: ~-se do cansaço to recover one's strength

refeição <-ões> [xefej'sãw, -'õjs] f meal; **durante a ~** during meals pl

refeito [xe'fejtu] pp de **refazer**

refeitório [xefej'tɔriw] m mess hall, dining hall

refém [xe'fẽj] <-éns> mf hostage

referência [xefe'rẽjsia] f 1. (menção) reference 2. (indicação) references pl; (alusão) allusion, hint; **fazer ~ a a. c.** to hint at sth 3. (em texto, livro) reference; **fazer ~ a a. c./alguém** to refer to sth/sb 4. (carta) letter of reference; **com ~ a** in relation to 5. (de produto) information

referencial <-ais> [xeferẽjsi'aw, -'ajs] I. m reference II. adj referential

referências [xefe'rẽjsias] fpl (para emprego) references pl; **dar ~ sobre alguém** to give references about sb

referendar [xeferẽj'dar] vt to countersign

referendo [xefe'rẽjdu] m referendum; **fazer um ~** to hold a referendum

referente [xefe'rẽjtʃi] adj ~ **a** regarding

referido, -a [xefi'ridu, -a] adj above mentioned

referir [xefi'rir] irr como **preferir** I. vt to report, to relate II. vr: ~-se a 1. (assunto, carta) to refer to; **no que se refere a ...** in regard to 2. (pessoa) to refer to; **eu não me refiro a você, mas a ele** I am not referring to you, but to him

refil <-is> [xe'fiw, -'is] m refill

refilmagem [xefiw'maʒẽj] <-ens> f CINE remake

refinado, -a [xefi'nadu, -a] adj refined; **açúcar ~** refined sugar; fig (gosto) refined taste

refinanciamento [xefinãnsia'mẽjtu] m refinancing

refinanciar [xefinãnsi'ar] conj como **enviar** vt to refinance

refinar [xefi'nar] vt (petróleo, açúcar) to refine; (estilo, comportamento) to refine

refinaria [xefina'ria] f refinery

refis m pl de **refil**

refletir [xefle'tʃir] irr I. vt 1. (imagem) to reflect; (luz) to reflect 2. fig (revelar) to reflect 3. (meditar) ~ **sobre a. c.** to meditate upon sth II. vi to ponder, to think; **eu preciso de tempo para ~** I need time to think III. vr: ~-se em 1. (objeto, imagem) to reflect 2. (reper-

refletir-se) to reflect; **seu cansaço se refletiu no trabalho** his exhaustion was reflected in his work

refletor [xefle'tor] <-es> *m* reflector, headlight

reflexão <-ões> [xeflek'sãw, -'õjs] *f* reflection; ~ **sobre a. c.** reflections on sth

reflexivo, -a [xeflek'sivu, -a] *adj* LING reflexive

reflexo [xe'flɛksu] **I.** *m* **1.** (*na água, no espelho*) reflection **2.** (*fisiológico*) reflex action; ~ **condicionado** conditioned reflex **3.** (*luminoso*) reflection **4.** (*no cabelo*) highlight **5.** *fig* (*repercussão*) repercussion **II.** *adj* LING reflexive

reflexões *f pl de* **reflexão**

reflorestamento [xefloresta'mẽjtu] *m* reforesting

reflorestar [xeflores'tar] *vt* to reforest

refluxo [xe'fluksu] *m* (*do mar, líquido*) ebb of the tide; MED reflux

refogado [xefo'gadu] *m* GASTR dish sautéed in oil with onions, garlic and salt

refogar [xefo'gar] <g→gu> **1.** (*a cebola*) to sauté **2.** (*carne*) to braise

reforçar [xefor'sar] *vt* <ç→c> **1.** (*construção*) to strengthen **2.** (*vigilância*) to reinforce; (*a segurança*) to reinforce **3.** (*um sentimento*) to strengthen; (*uma afirmação*) to reinforce

reforço [xe'forsu] *m* **1.** (*de mala*) reinforced baggage **2.** (*de vacina*) vaccine reinforcement **3.** ESPORT reinforcement

reforços [xe'fɔrsus] *mpl* MIL reinforcements; (*pessoas*) reinforcements

reforma [xe'fɔrma] *f* **1.** (*modificação*) reform; ~ **agrária** agricultural reform; ~ **ortográfica** spelling reform **2.** ARQUIT renovation, remodeling **3.** MIL (*aposentadoria*) retirement

reformado, -a [xefor'madu, -a] **I.** *m, f* MIL retired officer **II.** *adj* (*roupa*) mended; (*casa*) remodeled *Am*, remodelled *Brit*

reformar [xefor'mar] *vt* (*reorganizar*) to reform; (*emendar*) to restore; ARQUIT to rebuild, to restore

reformatório [xeforma'tɔriw] *m* reformatory

reformulação <-ões> [xeformula'sãw, -'õjs] *f* reformulation

reformular [xeformu'lar] *vt* to reformulate

refração <-ões> [xefra'sãw, -'õjs] *f* refraction

refrão <-s *ou* -ães> [xe'frãw, -'ãjs] *m* refrain

refratário, -a [xefra'tariw, -a] *adj* (*vidro, metal*) refractory; (*pessoa*) intractable

refrear [xefre'ar] *conj como passear vt* to restrain

refrega [xe'frɛga] *f* fight

refrescante [xefres'kãntʃi] *adj* refreshing

refrescar [xefres'kar] <c→qu> **I.** *vt* (*ar*) to refresh; (*corpo*) to cool; (*a memória*) to refresh **II.** *vr*: ~-**se** to refresh oneself

refresco [xe'fresku] *m* refreshment, cool drink; **tomar um** ~ to have a cool drink; **dar um** ~ **para alguém** *fig* to give sb a hand

refrigeração [xefriʒera'sãw] *f sem pl* refrigeration

refrigerador [xefriʒera'dor] <-es> *m* refrigerator

refrigerante [xefriʒe'rãntʃi] **I.** *m* soda *Am*, soft drink **II.** *adj* cooling

refrigerar [xefriʒe'rar] *vt* to refrigerate

refugiado, -a [xefuʒi'adu, -a] *m, f* refugee

refugiar-se [xefuʒi'arsi] *conj como enviar vr*: ~-**se da chuva forte** to seek shelter from the rain; ~-**se nos livros** to live in a fantasy world; ~-**se num país vizinho** to take refuge in a nearby country

refúgio [xe'fuʒiw] *m* **1.** (*fuga*) refuge **2.** (*lugar*) asylum

refugo [xe'fugu] *m* refuse, waste matter

refutar [xefu'tar] *vt* (*uma acusação*) to refute; (*um argumento*) to refute

refutável <-eis> [xefu'tavew, -ejs] *adj* refutable

rega-bofe ['xɛga-'bɔfi] *m* feast

regaço [xe'gasu] *m* lap; **no** ~ in the lap

regador [xega'dor] <-es> *m* water can, sprinkler

regalar-se [xega'larsi] *vr*: ~-**se com a. c.** to fare sumptuously (with sth)

regalia [xega'ʎia] *f* special privilege

regalo [xe'galu] *m* **1.** (*prazer*) pleasure **2.** (*comodidade*) treat

regar [xe'gar] *vt* <g→gu> (*campo*) to irrigate; (*jardim, flores*) to water; (*rua*) to wet

regata [xe'gata] *f* regatta

regatear [xegatʃi'ar] *conj como passear* **I.** *vt* to wrangle **II.** *vi* to haggle (over prices)

regateio [xega'teju] *m* bargaining

regato [xe'gatu] *m* creek

regelado, -a [xeʒe'ladu, -a] *adj* (*congelado*) frozen; (*muito frio*) icy

regência [xe'ʒējsia] *f* LING government; MÚS directorship

regeneração [xeʒenera'sãw] *f sem pl* regeneration

regenerar [xeʒene'rar] I. *vt* to regenerate II. *vr:* ~**-se** to reform

regente [xe'ʒējtʃi] *mf* (*de orquestra*) conductor, director

reger [xe'ʒer] *vt* (*uma orquestra*) to conduct; LING to govern; ~ **uma cadeira** UNIV to hold a chair

reggae ['xɛgi] *m* reggae

região <-ões> [xeʒi'ãw, -'õjs] *f* **1.** (*de país, cidade, do mundo*) region; ~ **metropolitana** (*administração*) metropolitan region **2.** (*do corpo*) region

regime [xe'ʒimi] *m* **1.** POL regime; ~ **de exceção** exception to the rule **2.** (*alimentar*) diet; **estar de** ~ to be on a diet; **fazer** ~ to go on a diet **3.** (*método, sistema*) regime; ~ **de trabalho** work regime

regimento [xeʒi'mẽjtu] *m* MIL regiment; (*normas*) regulation; ~ **interno** bylaws, internal rules

régio ['xɛʒiw] *adj* regal

regiões *f pl de* **região**

regional <-ais> [xeʒjo'naw, -ajs] *adj* regional

regionalismo [xeʒjona'ʎizmu] *m* POL, LING regionalism

registrado, -a [xeʒis'tradu, -a] *adj* registered; (*patente*) registered; (*carta*) registered; **marca registrada** brand name

registradora [xeʒistra'dora] *f* (*máquina*) (cash) register

registrar [xeʒis'trar] *vt* **1.** (*oficialmente*) to register; ~ **um patente** to register a patent; ~ **uma casa em seu nome** to put a house in one's name; ~ **uma criança** to record the birth of a child **2.** (*dados*) to record; (*quantia*) to register **3.** (*na memória*) to register

registro [xe'ʒistru] *m* **1.** (*documento*) record **2.** (*repartição*) ~ **civil** registry **3.** (*chave de torneira*) faucet, tap **4.** *inf* (*certidão de nascimento*) birth certificate

regozijar-se [xegozi'ʒarsi] *vr:* ~**-se com a. c.** to rejoice in sth

regozijo [xego'ziʒu] *m* joy, delight

regra ['xɛgra] *f* rule; ~ **geral** general rule; **cumprir as** ~**s** to obey the rules; **estabelecer** ~ **s** to establish the rules; **fugir à** ~ to be different; **exceção à** ~ exception to the rule; ~ **de três** MAT rule of three; **via de** ~ as a general rule

regrado, -a [xe'gradu, -a] *adj* (*vida*) orderly

regravar [xegra'var] *vt* to re-record

regredir [xegre'dʒir] *vi* to regress

regressão <-ões> [xegre'sãw, -'õjs] *f* **1.** ECON regression **2.** (*de doença*) regression

regressar [xegre'sar] *vi* (*voltar*) to return, to go/to come back; ~ **à casa** to return home

regressivo, -a [xegre'sivu, -a] *adj* regressive; **contagem regressiva** countdown

regresso [xe'grɛsu] *m* return; ~ **à casa** homecoming

regressões *f pl de* **regressão**

régua ['xegwa] *f* ruler

regulação <-ões> [xegula'sãw, -'õjs] *f* ECON regulation

regulador [xegula'dor] <-es> I. *m* regulator II. *adj* regulatory

regulagem [xegu'laʒẽj] <-ens> *f* (*de temperatura, som*) adjustment; (*de aparelho*) adjustment

regulamentação <-ões> [xegulamẽjta'sãw, -'õjs] *f* **1.** (*regulamentos*) regulations *pl* **2.** (*ação de regulamentar*) regulation

regulamentar [xegulamẽj'tar] I. *vt* to regulate II. *adj* regulatory

regulamento [xegula'mẽjtu] *m* regulation; ~**s** regulations *pl*

regular [xegu'lar] I. *vt* **1.** (*temperatura, som*) to adjust **2.** (*aparelho*) to adjust **3.** (*trânsito*) to control II. *vi inf* (*pessoa, cabeça*) to have a screw loose; **ele não regula bem** he has a few loose screws III. *adj* regular

regularidade [xegulari'dadʒi] *f* regularity; **com** ~ with regularity

regularização <-ões> [xegulariza'sãw, -'õjs] *f* regularization

regularizar [xegulari'zar] I. *vt* to regularize II. *vr:* ~**-se** to straighten out; **a situação já se regularizou** the situation has already been straightened out

regularmente [xegular'mẽjtʃi] *adv* regularly

regulável <-eis> [xegu'lavew, -ejs] *adj* adjustable

regurgitar [xeguɾʒi'tar] *vi* to regurgitate
rei ['xej] *m* king; **ter o ~ na barriga** to be king of the mountain
reidratação [xeidrata'sãw] *f sem pl* dehydration treatment
reiki [xei'ki] *m sem pl* reiki
reinado [xej'nadu] *m* reign
reinar [xej'nar] *vi* **1.**(*rei*) to reign **2.**(*grassar*) to reign; **reinava uma grande confusão** great confusion reigned
reincidência [xeĩjsi'dɛjsia] *f* JUR relapse, recidivism
reincidente [xeĩjsi'dẽjtʃi] *adj* JUR repeat
reincidir [xeĩjsi'dʒir] *vi* JUR to relapse
reiniciar [xeinisi'ar] *conj como enviar vt* to begin again
reino ['xejnu] *m* kingdom, realm; **~ animal** animal kingdom; **~ vegetal** vegetable kingdom; **Reino Unido** United Kingdom; **viver no ~ da fantasia** *fig* to live in the realm of fantasy
reintegrar [xeĩjte'grar] **I.** *vt* to reinstate, to restore; **~ na sociedade** to reintegrate into society **II.** *vr*: **~-se** to rejoin; **~-se à família** to become part of the family again
reiterado, -a [xeite'radu, -a] *adj* repeated, reiterated
reiterar [xeite'rar] *vt* to repeat; (*pedido, provocação*) to renew
reitor(a) [xej'tor(a)] <-es> *m(f)* **1.**(*eclesiástico*) rector **2.**(*de universidade*) dean
reitoria [xejto'ria] *f* **1.**(*eclesiástico*) rectory **2.**(*de universidade*) dean's office
reivindicação <-ões> [xejvĩjdʒika'sãw, -'õjs] *f* (*de direitos*) claim
reivindicar [xejvĩjdʒi'kar] *vt* <c→qu> **1.**(*bem*) to claim **2.**(*direitos*) to vindicate, to demand
rejeição <-ões> [xeʒej'sãw, -'õjs] *f* **1.**(*de pessoa*) rejection **2.**(*de convite, proposta*) refusal; (*de recurso*) denial, dismissal **3.** MED rejection
rejeitar [xeʒei'tar] *vt* **1.**(*uma pessoa*) to reject **2.**(*convite, proposta*) to turn down; (*ideia, plano*) to reject; (*requerimento*) to deny **3.** MED (*órgão*) to reject
rejuvenescer [xeʒuvene'ser] *vi* <c→ç> **1.**(*pessoa*) to rejuvenate **2.**(*pele*) to renew
rejuvenescimento [xeʒuvenesi'mẽjtu] *m* rejuvenation
relação <-ões> [xela'sãw, -'õjs] *f* **1.**(*entre pessoas*) relationship; **~ amorosa** lovers' relationship; **~ de parentesco** family relationship; **estar de relações cortadas com alguém** to have severed relations with sb; **ter uma boa ~ com alguém** to be on good terms with sb **2.**(*entre fatos, acontecimentos*) connection; **dar a sua opinião em ~ a a. c.** to give one's opinion in regard to sth; **em ~ a ele/isso, gostaria de dizer que ...** regarding him/that, I would like to say...; **em ~ ao preço** with regard to the price; **estabelecer uma ~ entre a. c.** to establish a connection with sth; **há uma ~ entre os dois crimes** there is a connection between the two crimes **3.**(*lista*) list **4.**(*proporção*) ratio; **uma ~ de dez para um** a ratio of ten to one
relacionado, -a [xelasjo'nadu, -a] *adj* **~ com a profissão** related to his profession; **estar ~ com a. c.** to be related to sth; **ele é muito bem ~** he is very well connected
relacionamento [xelasjona'mẽjtu] *m* relationship
relacionar [xelasjo'nar] **I.** *vt* (*fatos, acontecimentos*) to relate, to connect; **~ os fatos com a. c./alguém** to link the facts to sth/sb; (*arrolar*) to list **II.** *vr*: **~-se com alguém 1.**(*pessoa*) to relate to sb **2.**(*fato*) to have to do with
relações [xela'sõjs] *fpl* **1.**(*de trabalho, amizade*) relations *pl;* **~ públicas** public relations; **cortar ~** to cut relations **2.**(*sexuais*) sexual intercourse; **ter ~ sexuais com alguém** to have sexual relations with sb
relações-públicas [xela'sõjs-'publikas] *mf inv* public relations *no pl;* **ele/ela é o/a ~ da empresa** he/she is the company's PR man/woman
relâmpago [xe'lãŋpagu] **I.** *m* flash of lightning; **desaparecer num ~** to disappear in a flash **II.** *adj* **ataque ~** surprise attack; **visita ~** quick visit
relampejar [xelãŋpe'ʒar] *vi impess* to lightning
relance [xe'lãŋsi] *m* **olhar de ~** to glance; **olhar para a. c./alguém de ~** to glance at sth/sb
relapso, -a [xe'lapsu, -a] *adj* unmindful
relar [xe'lar] *vt* to touch
relatar [xela'tar] *vt* to report
relativa *adj v.* **relativo**
relativamente [xelatʃiva'mẽjtʃi] *adv* **1.**(*em proporção*) relatively; **a prova**

foi ~ fácil the test was relatively easy **2.** (*com referência*) regarding; **~ a a. c./alguém** regarding sth/sb
relatividade [xelatʃivi'dadʒi] *f* relativity *no pl*
relativo, -a [xela'tʃivu, -a] *adj* **1.** (*em proporção*) relative, comparative; **com relativa frequência** with relative frequency; **isso é ~** that is relative **2.** (*referente*) regarding; **este documento é ~ ao mês passado** this document refers to last month
relato [xe'latu] *m* report, story
relator, -a [xela'tor, -a] <-es> *m, f* (*em processo administrativo*) reporting official, reporting commissioner; (*em processo judicial*) reporting judge; (*de projeto de lei*) sponsor; (*de investigação*) chairman *m*, chairwoman *f*
relatório [xela'tɔriw] *m* report; **apresentar um ~ a alguém sobre a. c.** to present a report to sb about sth
relaxado, -a [xela'ʃadu, -a] *adj* **1.** (*pessoa, músculo*) relaxed **2.** (*vida*) lax **3.** (*desleixado*) sloppy
relaxamento [xelaʃa'mẽjtu] *m* relaxation
relaxante [xela'ʃɐ̃ntʃi] **I.** *m* FARM **~ muscular** muscle relaxant **II.** *adj* slackening, relaxing
relaxar [xela'ʃar] **I.** *vt* (*músculo*) to relax; (*penas, cumprimento de lei*) to slacken **II.** *vi* **1.** (*descansar*) to relax; **gosta de ~ ouvindo música** he likes to relax while listening to music **2. ~ em a. c.** (*negligenciar*) to become lax
relé [xe'le] *m* ELETR relay
relegar [xele'gar] *vt* <g→gu> (*a segundo plano*) to relegate
relembrar [xelẽj'brar] *vt* **1.** (*acontecimento*) to recall **2.** (*pessoa*) to remind; **~ alguém de a. c.** to remind sb of sth
relento [xe'lẽjtu] *m* night air, out in the open; **dormir ao ~** to sleep outdoors
reler [xe'ler] *irr como* **ler** *vt* to reread
reles ['xɛʎis] *adj inv* (*pessoa*) insignificant; (*filme, música, comida*) mediocre
relevância [xele'vɐ̃nsia] *f* importance; **isso (não) tem ~** that is (not) significant
relevante [xele'vɐ̃ntʃi] *adj* relevant, significant
relevar [xele'var] *vt* **1.** (*salientar*) to emphasize **2.** (*faltas, erros*) to let slide
relevo [xe'levu] *m* salience; ARQUIT relief; **pôr a. c. em ~** to emphasize sth

religião <-ões> [xeʎiʒi'ɐ̃w, -'õjs] *f* religion
religiosa *adj, f v.* **religioso**
religiosamente [xeʎiʒiɔza'mẽjtʃi] *adv* religiously
religiosidade [xeʎiʒiozi'dadʒi] *f sem pl* religiousness
religioso, -a [xeʎiʒi'ozu, -'ɔza] **I.** *m, f* religious *f*, nun; **casar no ~** to get married in the church **II.** *adj* religious
relinchar [xeʎĩ'ʃar] *vi impess* to neigh, to whinny
relíquia [xe'ʎikia] *f* relic
relógio [xe'lɔʒiw] *m* clock; **~ biológico** biological clock; **~ de bolso** pocket watch; **~ digital** digital clock; **~ de parede** wall clock; **~ de ponto** time clock; **~ de pulso** wristwatch, watch; **~ de sol** sun dial; (*de consumo de água, luz, gás*) meter; **acertar o ~** to set the clock; **adiantar o ~** to set the clock ahead, to advance the clock; **atrasar o ~** to turn the clock back; **dar corda no ~** to wind the clock (up); **o ~ está atrasado/adiantado** the clock is running slow/fast; **correr contra o ~** to race against time; **ser como um ~** to be always on the dot
relógio-despertador [xe'lɔʒiw-dʒisperta'dor] <relógios-despertadores> *m* alarm clock
relojoaria [xeloʒoa'ria] *f* watchmaker's shop
relojoeiro, -a [xeloʒu'ejru, -a] *m, f* watchmaker
relutância [xelu'tɐ̃nsia] *f* reluctance; **fazer a. c. com ~** to do sth reluctantly
relutante [xelu'tɐ̃ntʃi] *adj* reluctant
relutar [xelu'tar] **I.** *vt* to resist; **~ em fazer a. c.** to be reluctant to do sth **II.** *vi* to fight against sth; **relutou muito antes de aceitar a proposta** he really fought against accepting the proposal
reluzente [xelu'zẽjtʃi] *adj* shining
reluzir [xelu'zir] *vi impess* (*móvel, superfície; estrela*) to shine
relva ['xɛwva] *f* grass, turf
remada [xe'mada] *f* oar stroke
remador(a) [xema'dor(a)] <-es> *m(f)* rower
remanso [xe'mɐ̃nsu] *m* bayou
remar [xe'mar] *vi* to row; **~ contra a maré** *fig* to row against the tide
remarcação <-ões> [xemarka'sɐ̃w, -'õjs] *f* (*de preços*) price adjustment

rematar [xema'tar] **I.** *vt* **1.** (*concluir*) to conclude **2.** (*costura*) to finish (seams) **II.** *vi* (*concluir*) to finish; **para ~, gostaria de dizer que ...** finally, I would like to say that ...

remate [xe'matʃi] *m* **1.** (*conclusão*) finish **2.** (*ponto de costura*) hem; (*borda*) hemline

remediado, -a [xemedʒi'adu, -a] *adj* (*pessoa*) **ser ~** to be moderately well-off

remediar [xemedʒi'ar] *irr como odiar* **I.** *vt* (*uma situação*) to remedy; **~ a situação com a. c.** to remedy a situation with sth; (*um erro, problema*) to rectify **II.** *vr*: **~-se com a. c. 1.** (*arranjar-se*) to make do with sth **2.** (*financeiramente*) to get by with sth

remediável <-eis> [xemedʒi'avew, -ejs] *adj* remediable

remédio [xe'mɛdʒiw] *m* **1.** (*medicamento*) medicine; **~ caseiro** household remedy; **tomar um ~** to take medication **2.** (*para uma situação*) help; **ele não tem ~** he can't be helped; **isto já não tem ~** that can't be helped; **que ~!** what else was there to do?

remela [xe'mɛla] *f* (*no olho*) sleeper, sleep

rememorar [xememo'rar] *vt* to recall, to reminisce

remendar [xemẽj'dar] *vt* (*roupa*) to mend; (*pneu*) to patch

remendo [xe'mẽjdu] *m* patch

remessa [xe'mɛsa] *f* (*envio*) remittance, shipment; (*o que foi enviado*) shipment

remetente [xeme'tẽjtʃi] *mf* sender

remeter [xeme'ter] **I.** *vt* to send **II.** *vr* (*referir-se*) to refer to

remexer [xeme'ʃer] *vt* to rummage; **~ em coisas velhas** to rummage through old stuff

reminiscência [xemini'sẽjsia] *f* reminiscence

remissão <-ões> [xemi'sãw, -'õjs] *f* **1.** (*de pena*) relaxation **2.** (*referência*) cross-reference **3.** (*doença*) remission

remissivo, -a [xemi'sivu, -a] *adj* **índice ~** cross-indexed

remissões *f pl de* **remissão**

remo ['xemu] *m* oar

remoção <-ões> [xemo'sãw, -'õjs] *f* (*eliminação, extração*) removal; **~ dos destroços** removal of the rubble [*o wreckage*]

remoçar [xemo'sar] *vt* <c→c> to rejuvenate

remoções *f pl de* **remoção**

remodelação <-ões> [xemodela'sãw, -'õjs] *f* **1.** (*de sistema*) remodeling *Am*, remodelling *Brit*; (*de governo*) reform **2.** (*de edifício, casa*) remodeling

remodelar [xemode'lar] *vt* **1.** (*sistema*) to remodel; **o governo** to reform the government **2.** (*edifício, casa*) to remodel

remoer [xemu'er] *conj como roer vt fig* to brood (over sth)

remontar [xemõw'tar] *vt* to refer (to sth), to go back to (in time); **isso remonta a acontecimentos muito antigos** that goes back to events long ago

rêmora ['xemura] *f* remora

remorso [xe'mɔrsu] *m* remorse; **ter/sentir ~ por a. c.** to feel remorse for sth

remoto, -a [xe'mɔtu, -a] *adj* (*espaço, tempo*) remote; **controle ~** remote control

removedor [xemove'dor] <-es> *m* remover

remover [xemo'ver] *vt* **1.** (*eliminar*) to do away with; (*retirar*) to remove; **~ um obstáculo** to remove an obstacle **2.** (*deslocar*) to shift

removível <-eis> [xemo'vivew, -ejs] *adj* removable

remuneração <-ões> [xemunera'sãw, -'õjs] *f* pay, compensation *Am*, remuneration *Brit*

remunerado, -a [xemune'radu, -a] *adj* (*trabalho*) paid

remunerar [xemune'rar] *vt* (*trabalho, pessoa*) to compensate; **vamos remunerá-lo pelos serviços prestados** we are going to compensate him for his services

rena ['xena] *f* reindeer

renal <-ais> [xe'naw, -ajs] *adj* renal

Renascença [xena'sẽjsa] *f sem pl* HIST Renaissance *no pl*

renascentista [xenasẽj'tista] *adj* Renaissance

renascer [xena'ser] *vi* <c→ç> *fig* (*pessoa, interesse*) to be reborn

renascimento [xenasi'mẽjtu] *m fig* rebirth

Renascimento [xenasi'mẽjtu] *m sem pl* HIST Renaissance *no pl*

renda ['xējda] *f* **1.** (*em vestuário*) lace **2.** (*rendimento*) income; ~ **per capita** ECON per capita income; **imposto de** ~ income tax; **tenho uma** ~ **mensal de 3 mil reais** I earn three thousand reals a month; **viver de** ~**s** to live off investments **3.** (*de um jogo, espetáculo*) proceeds *pl*

rendado, -a [xēj'dadu, -a] *adj* lacy

render [xēj'der] **I.** *vt* (*dinheiro*) to pay; (*juros*) to produce; (*lucro*) to yield; (*a guarda*) to relieve **II.** *vi* (*máquina, motor*) to yield; (*negócio*) to be worth it; (*tempo*) to save time; **às vezes o tempo rende, às vezes não** sometimes there's enough time to do everything, sometimes there's not; **o dia hoje não rendeu** nothing much got done today; **o trabalho não rendeu** the work didn't flow; **fazer** ~ **o dinheiro** to stretch one's money; *inf:* **fazer** ~ **a conversa** to draw out the conversation **III.** *vr:* ~**-se** MIL to surrender; **os soldados se renderam** the soldiers surrendered

rendição <-ões> [xējdʒi'sãw, -'õjs] *f* (*entrega, capitulação*) surrender

rendimento [xējdʒi'mẽjtu] *m* **1.** (*financeiro*) proceeds *pl*; (*nacional*) income *pl*; ~ **anual** annual income; ~ **familiar** family income; ~ **líquido** net income **2.** (*produtividade*) yield **3.** (*de máquina, motor*) efficiency **4.** (*desempenho*) performance; **melhorar o** ~ to improve performance

renegado, -a [xene'gadu, -a] *adj* REL renegade

renegar [xene'gar] *vt* <g→gu> **1.** (*uma pessoa, convicções*) to renounce; (*o passado*) to deny **2.** REL to renounce

renegociação <-ões> [xenegosja'sãw, -'õjs] *f* renegotiation

renegociar [xenegosi'ar] *conj como* **enviar** *vt* (*uma dívida*) to renegotiate

renhido, -a [xē'ɲidu, -a] *adj* hotly contested

renitente [xeni'tẽjtʃi] *adj* obstinate

renomado, -a [xeno'madu, -a] *adj* renowned, reputable

renome [xe'nɔmi] *m* (*fama*) reputability; **de** ~ reputable

renovação <-ões> [xenova'sãw, -'õjs] *f* **1.** (*contrato, documento, assinatura*) renewal **2.** (*de pessoal*) turnover

renovar [xeno'var] *vt* **1.** (*contrato, documento, assinatura*) to renew **2.** ~ **o ar** to let some fresh air in **3.** (*pessoal, estoque*) to replace

renovável <-eis> [xeno'vavew, -ejs] *adj* renewable; **energia** ~ renewable energy; **fonte** ~ renewable source

rentabilidade [xējtabiʎi'dadʒi] *f sem pl* profitability *no pl*

rentável <-eis> [xēj'tavew, -ejs] *adj* profitable

rente ['xējtʃi] **I.** *adj* close by; **cabelo** ~ close cut hair **II.** *adv* next (to); ~ **ao chão/muro** next to the ground/wall

renúncia [xe'nũwsja] *f* renunciation, waiver; ~ **a direitos** waiver of rights; (*de cargo*) resignation

renunciar [xenũsi'ar] *conj como* **enviar I.** *vt* to renounce; (*a um cargo*) to resign; (*a um direito*) to waive; (*à fé*) to renounce **II.** *vi* to renounce

reocupação <-ões> [xeokupa'sãw, -'õjs] *f* MIL reoccupation

reocupar [xeoku'par] *vt* MIL to reoccupy

reorganização <-ões> [xeorgani za'sãw, -'õjs] *f* (*de sistema, documentos, empresa*) reorganization

reorganizar [xeorgani'zar] *vt* (*sistema, documentos, empresa*) to reorganize

reparação <-ões> [xepara'sãw, -'õjs] *f* **1.** (*de aparelho, automóvel*) repair; (*da rede elétrica, de água, esgotos, telefone*) repair **2.** (*de erro*) amends *pl*; (*de dano*) restitution

reparar [xepa'rar] *vt* **1.** (*aparelho, automóvel*) to repair; (*a rede elétrica*) to repair; (*uma parede*) to repair **2.** (*erro*) to make amends for; (*dano, perdas*) to repair **3.** to notice; **repare bem!** take notice!; ~ **em alguém/a. c.** to notice sb/sth; **não repare na bagunça!** please excuse the mess!

reparo [xe'paru] *m* **1.** (*conserto*) repair; **fazer um** ~ to make a repair **2.** (*comentário*) remark; (*crítica*) observation

repartição <-ões> [xepartʃi'sãw, -'õjs] *f* bureau; ~ **pública** government office

repartir [xepar'tʃir] *vt* **1.** (*partilhar*) to distribute; ~ **a riqueza com os menos privilegiados** to distribute wealth among the less fortunate **2.** (*dividir*) to divide; ~ **a barra de chocolate em três partes** to split a chocolate bar into three parts; ~ **as tarefas entre os funcionários** to divide the tasks among the employees; (*custos*) to apportion;

(*lucros*) to distribute

repassar [xepa'saɾ] *vt* (*lição*) to review; *inf*: ~ **mercadoria** to move merchandise; (*verbas*) to transfer, to pass on

repatriar [xepatri'aɾ] *conj como* **enviar** *vt tb.* JUR, POL to repatriate

repavimentar [xepaviméj'taɾ] *vt* to repave

repelente [xepe'lẽtʃi] **I.** *m* repellent **II.** *adj* repellent

repelir [xepe'ʎiɾ] *irr como* **preferir** *vt* **1.** (*um golpe*) to repel **2.** (*uma pessoa*) to snub, to rebuff

repensar [xepẽj'saɾ] **I.** *vt* to reconsider, to think over **II.** *vi* to reconsider

repente [xe'pẽtʃi] *m* **1.** (*movimento súbito*) happenstance; **de** ~ all of a sudden; **ter ~s** to be moody **2.** MÚS (*canto improvisado*) traditional folk music with improvised lyrics

repentina *adj v.* **repentino**

repentinamente [xepẽtʃina'mẽtʃi] *adv* suddenly

repentino, -a [xepẽj'tʃinu, -a] *adj* sudden, unexpected

repentista [xepẽj'tʃista] *mf* performer of a "repente"

repercussão <-ões> [xeperku'sãw, -'õjs] *f* **1.** (*de som*) repercussion **2.** *fig* (*efeito*) backlash; **o filme teve ~ internacional** the movie was an international (box-office) success

repercutir [xeperku'tʃiɾ] **I.** *vt* (*som*) to echo, to resonate **II.** *vi* to resonate; **a última polêmica ainda está repercutindo** the last polemic is still resonating **III.** *vr:* ~ **-se 1.** (*som*) to echo, to resonate **2.** (*ter efeito*) to effect; **a instabilidade econômica se repercute na vida dos cidadãos** the economic instability affects ordinary people's lives

repertório [xeper'tɔɾiw] *m* repertory

repescagem [xepes'kaʒẽj] <-ens> *f* ESPORT reclassification

repetente [xepe'tẽtʃi] **I.** *mf* flunkout **II.** *adj* repeating

repetição <-ões> [xepetʃi'sãw, -'õjs] *f* repetition

repetidamente [xepitʃida'mẽtʃi] *adv* repeatedly

repetir [xepi'tʃiɾ] *irr como* **preferir** **I.** *vt* to repeat; (*na escola*) to repeat; ~ **de ano** to repeat a grade [*o to* flunk] *inf* **II.** *vi* (*durante a refeição*) to have a second helping **III.** *vr:* ~ **-se** (*pessoa, situação*) to repeat oneself; **a história se repete** history repeats itself

repetitivo, -a [xepetʃi'tʃivu] *adj* (*discurso, texto*) repetitive; **a conversa foi repetitiva** the conversation was repetitive; **ele é muito ~** he is extremely repetitive

repicar [xepi'kaɾ] *vi* <c→qu> (*sinos*) to toll

repique [xe'piki] *m* (*de sino*) peal; (*de tambor*) beat

replanejamento [xeplaneʒa'mẽtu] *m* replanning

replantio [xeplãŋ'tʃiw] *m* replanting

replay [xi'plej] *m* TV replay

repleto, -a [xe'plɛtu, -a] *adj* replete, full; ~ **de gente** full of people

réplica ['xɛplika] *f* **1.** (*cópia, reprodução*) replica **2.** (*resposta*) answer; JUR replication

replicar [xepli'kaɾ] <c→qu> **I.** *vt* (*contestar*) to refute; (*reproduzir*) to replicate **II.** *vi* (*responder*) to reply

repolho [xe'poʎu] *m* cabbage

repor [xe'poɾ] *irr como* **pôr** **I.** *vt* (*voltar a pôr*) to replace; (*dinheiro*) to put back **II.** *vr* (*recolocar-se*) to resume (one's) former status); **a ditadura não se repôs jamais** the dictatorship never again regained power

reportagem [xepor'taʒẽj] <-ens> *f* report; **fazer uma ~ sobre o Rio Amazonas** to do a report on the Amazon River; **ler uma ~ no jornal** to read a newspaper report

reportar-se [xepor'taɾsi] *vr:* ~ **-se a a. c./alguém** to refer (back) to sb/sth

repórter [xe'pɔɾter] <-es> *mf* reporter

repórter fotográfico [xe'pɔɾter foto'grafiku] <repórteres fotográficos> *m* reporter/photographer

reposição <-ões> [xepozi'sãw, -'õjs] *f* (*de peça, aparelho, estoque*) replacement

reposicionamento [xepozisjona'mẽtu] *m* repositioning

reposto [xe'postu] *pp de* **repor**

repousado, -a [xepow'zadu, -a] *adj* reposing, resting

repousar [xepow'zaɾ] **I.** *vt* to rest; ~ **os pés sobre a cadeira** to rest one's feet on a chair **II.** *vi* (*pessoa*) to rest

repouso [xe'powzu] *m* rest, repose; **ficar de** [*ou* **em**] ~ to rest

repreender [xepreẽj'deɾ] *vt* to reprimand

repreensão <-ões> [xepreẽj'sãw, -'õjs]

repreensível <-eis> [xepreẽj'sivew, -ejs] *adj* reprehensible
repreensões *f pl de* **repreensão**
represa [xe'preza] *f* dam
represado, -a [xepre'zadu, -a] *adj* repressed; (*águas*) dammed up; (*sentimentos*) repressed
represálias [xepre'zaʎias] *fpl* reprisals *pl*
represar [xepre'zar] *vt* to repress, to dam (up)
representação <-ões> [xeprezẽjta'sãw, -'õjs] *f* **1.** JUR representation; (*de empresa*) representative (office); ~ **comercial** commercial representation; ~ **diplomática** diplomatic representation **2.** (*representantes*) ~ **do Brasil nas Nações Unidas** Brazilian representatives at the United Nations **3.** JUR legal representative **4.** (*reprodução*) representation **5.** (*teatral*) performance
representante [xeprezẽj'tãntʃi] *mf* (*de pessoa, empresa*) representative; ~ **diplomático** diplomatic representative; ~ **legal** legal representative
representar [xeprezẽj'tar] *vt* **1.** (*uma pessoa, empresa*) to represent; ~ **alguém no tribunal** to represent sb in court **2.** (*reproduzir*) to depict; **o quadro representa a sociedade da época** the painting depicts society at that period **3.** (*significar*) to represent; **esta descoberta representa um grande avanço** that discovery represents a great breakthrough **4.** (*peça teatral*) to perform
representativo, -a [xeprezẽjta'tʃivu, -a] *adj* representative
repressão <-ões> [xepre'sãw, -'õjs] *f* repression
repressivo, -a [xepre'sivu, -a] *adj* repressive
repressões *f pl de* **repressão**
repressor(a) [xepre'sor(a)] <-es> *adj* repressive
reprimenda [xepri'mẽjda] *f* reprimand; **dar uma ~ a alguém** to reprimand sb
reprimido, -a [xepri'midu, -a] *adj* repressed
reprimir [xepri'mir] **I.** *vt* (*pessoas, sentimentos*) to repress; (*uma manifestação, protesto*) to quell; (*a liberdade*) to restrain; (*uma nação*) to repress **II.** *vr:* **~-se** to be repressed

reprisar [xepri'zar] *vt* (*filme, espetáculo*) to show again
reprise [xe'prizi] *f* rerun, repeat; **assistir a uma ~ (na tevê)** to watch a rerun; **assistir a uma ~ (ao vivo)** to attend a repeat performance
reprodução <-ões> [xeprodu'sãw, -'õjs] *f* **1.** (*de som, história*) reproduction; (*de imagem*) reproduction; (*de livro*) reproduction; (*de estátua*) reproduction **2.** BIOL reproduction
reprodutível <-eis> [xeprodu'tʃivew, -ejs] *adj* reproducible
reprodutor, -triz [xeprodu'tor, -'triz] <-es> *adj* reproductive; **aparelho ~** reproductive system
reprodutor [xeprodu'tor] <-es> *m* ZOOL **1.** (*bovino*) bull *m* **2.** (*equino*) studhorse *m*
reproduzir [xeprodu'zir] **I.** *vt* **1.** (*som, uma história*) to reproduce; (*imagem*) to reproduce; (*objetos*) to reproduce **2.** (*multiplicar*) to multiply **II.** *vr:* **~-se 1.** BIOL to reproduce **2.** (*multiplicar-se*) to multiply
reprogramar [xeprogrɜ'mar] *vt* to reprogram
reprovação <-ões> [xeprova'sãw, -'õjs] *f* **1.** (*de atitude*) disapproval; **olhar de ~** disapproving look **2.** (*em exame*) failure to pass (an exam); (*de ano*) failure to pass (from one school year to the next)
reprovado, -a [xepro'vadu, -a] *adj* (*aluno, candidato*) disqualified; **ser ~ no exame** to be disqualified in an exam
reprovador(a) [xeprova'dor(a)] <-es> *adj* reproving
reprovar [xepro'var] **I.** *vt* (*atitude*) to disapprove of, to object to; (*aluno*) to fail, to flunk **II.** *vi* to fail
reprovável <-eis> [xepro'vavew, -ejs] *adj* censurable, objectionable
réptil <-eis> ['xɛptʃiw, -ejs] *m* reptile
república [xe'publika] *f* **1.** POL republic; **~ Federativa do Brasil** Federative Republic of Brazil **2.** (*residência universitária*) dorm(itory)
republicano, -a [xepubli'kɜnu, -a] **I.** *m, f* Republican **II.** *adj* Republican
repudiar [xepudʒi'ar] *conj como enviar vt* to reject, to repudiate
repúdio [xe'pudʒiw] *m* repudiation, denial; **manifestar ~ a a. c.** to demonstrate rejection (towards sth)

repugnância [xepug'nɐ̃ŋsia] *f* aversion, disgust

repugnante [xepug'nɐ̃ŋtʃi] *adj* (*fétido*) repugnant; (*moralmente*) offensive

repugnar [xepug'nar] *vt* to disgust; **isso me repugna** that disgusts me

repulsa [xe'puwsa] *f* repulsion; **causar ~ em alguém** to repulse sb

repulsivo, -a [xepuw'sivu, -a] *adj* repulsive

reputação <-ões> [xeputa'sɐ̃w, -'õjs] *f* reputation; **ter uma boa/má ~** to have a good/bad reputation

reputado, -a [xepu'tadu, -a] *adj* reputed

repuxar [xepu'ʃar] *vi* (*pele, roupa*) to pull, jerk, draw back

repuxo [xe'puʃu] *m* recoil; (*chafariz*) water fountain

requebrado [xeke'bradu] *m* wiggle

requebrar [xeke'brar] *vt* to wiggle

requeijão <-ões> [xeke'ʒɐ̃w, -'õjs] *m* processed cheese spread

requentado, -a [xekẽj'tadu, -a] *adj* **comida requentada** reheated food

requentar [xekẽj'tar] *vt* to reheat

requerente [xeke'rẽjtʃi] *mf* petitioner

requerer [xeke'rer] *irr como* **querer** *vt* **1.** (*com requerimento*) to petition; (*um emprego, licença*) to request **2.** (*exigir*) to exact; (*tempo*) to require; **isso requer muito esforço** that requires a lot of effort

requerimento [xekeri'mẽjtu] *m* petition; **entregar um ~ a alguém** to deliver a petition to sb

réquiem ['xɛkiẽj] *m sem pl* Requiem

requintado, -a [xekĩj'tadu, -a] *adj* (*pessoa*) highly cultured; (*gosto, ambiente*) highly refined; (*decoração*) exquisite

requinte [xe'kĩjtʃi] *m* refinement; **~ de perversidade** wanton perversity; **roupa com ~** fine clothing; **fazer a. c. com ~** to strive to do sth perfectly

requisição <-ões> [xekizi'sɐ̃w, -'õjs] *f* requisition; **preencher uma ~** to fill out a requisition

requisitado, -a [xekizi'tadu, -a] *adj* requested, demanded; **ser um profissional muito ~** to be a professional in high demand

requisitar [xekizi'tar] *vt* **1.** (*solicitar*) to solicit; (*material*) to requisition **2.** (*em biblioteca*) to request

requisito [xeki'zitu] *m* requirement; **preencher os ~s** to fulfill the requirements

rês ['xes] *f* steer, or any four-footed animal used for food

rescaldo [xes'kawdu] *m* **1.** (*de incêndio*) hot cinders; **estar em fase de ~** to be in the hot cinder stage **2.** (*de acontecimento*) heat; **no ~ da guerra** in the heat of war

rescindir [xesĩj'dʒir] *vt* (*contrato*) to cancel

rescisão <-ões> [xesi'zɐ̃w, -'õjs] *f* (*de contrato*) cancellation, termination

resenha [xe'zẽɲa] *f* PREN (*crítica*) review

reserva [xe'zɛrva] *f* **1.** (*de material, alimentos*) provisions *pl*; (*de dinheiro*) reserve; **~ para contingências** contingency reserve; **~ de mercado** market share; **ter a. c. de ~** to have sth set aside; **ter chaves de ~** to have spare keys **2.** (*de mesa, quarto*) reservation; (*de ingressos*) booked tickets; **fazer uma ~ num restaurante/hotel** to make a reservation at a restaurant/hotel **3.** (*restrição*) reservations *pl*; **ter ~s em relação a a. c.** to have reservations about sth; **sem ~s** without reservations **4.** MIL military reserve; **passar à ~** to be transferred to the reserve **5.** GEO reserve, reservation; **~ florestal** forest reserve; **~ indígena** Indian reservation; **~ natural** natural reserve **6.** *fig* (*discrição*) reserve

reserva [xe'zɛrva] *mf* ESPORT (*suplente*) reserve player; **ir para a ~** to be on the bench

reservado, -a [xezer'vadu, -a] *adj* **1.** (*mesa, quarto, lugar*) reserved; **estar ~ para alguém** to be reserved for sb **2.** (*pessoa*) reserved **3.** (*tarefa, decisão*) private

reservar [xezer'var] **I.** *vt* (*mesa, quarto*) to make a reservation, to reserve; (*viagem*) to make a reservation; (*lugar*) to reserve a seat; (*passagens aéreas*) to book [*o* to reserve] tickets **II.** *vr:* **~-se ~-se o direito de fazer a. c.** to reserve the right to do sth

reservatório [xezerva'tɔriw] *m* reservoir

reservista [xezer'vista] *mf* reservist

resfolegar [xesfole'gar] *vi* <g→gu> to pant, to catch one's breath

resfriado [xesfri'adu] *m* cold; **pegar um ~** to catch a cold

resfriado, -a [xesfri'adu, -a] *adj* estou

resfriado I have a cold
resfriamento [xesfria'mẽjtu] *m* cooling
resfriar [xesfri'ar] *conj como enviar* **I.** *vt* (*água, alimento*) to cool (off); (*pessoa*) to cool (down), to catch cold **II.** *vr*: ~-**se** to catch cold [*o* to take]
resgatar [xezga'tar] *vt* **1.**(*hipoteca, dívida*) to pay off **2.**(*refém, prisioneiro*) to rescue; (*com dinheiro*) to ransom **3.** FIN to redeem
resgate [xez'gatʃi] *m* **1.**(*de hipoteca, dívida*) payoff **2.**(*de refém, prisioneiro*) ransom **3.** FIN redemption
resguardar-se [xezgwar'darsi] *vr*: ~-**se de a. c.** to guard oneself from sth, to take precautions against sth
resguardo [xez'gwardu] *m* protection, regimen
residência [xezi'dẽjsia] *f* **1.**(*morada*) residence; **país de ~** country of residence **2.** MED **- médica** medical internship
residencial <-ais> [xezidẽjsi'aw, -'ajs] *adj* (*endereço*) residential; (*bairro*) residential
residente [xezi'dẽjtʃi] **I.** *mf* resident; **ser ~ em alguma cidade** to be a resident of some city **II.** *adj* resident; **médico ~** intern
residir [xezi'dʒir] *vi* **1.**(*pessoa*) to reside **2.**(*problema*) to reside; **o problema ~ na falta de recursos financeiros** the problem resides in the lack of financial resources
residual <-ais> [xezidu'aw, -'ajs] *adj* residual
resíduo [xe'ziduu] *m* **1.** QUÍM residuum **2.**(*lixo*) residue, waste; **~s industriais** industrial waste *pl;* **~s tóxicos** toxic waste
resignação [xezigna'sãw] *f sem pl* resignation
resignado, -a [xezig'nadu, -a] *adj* resigned; **estar ~ com a vida** to be resigned to life
resignar-se [xezig'narsi] *vr* to resign oneself; ~-**se com a.c.** to become resigned to sth
resina [xe'zina] *f* resin
resinoso, -a [xezi'nozu, -'ɔza] *adj* resinous
resistência [xezis'tẽjsia] *f* **1.**(*renitência*) resistance; **~ ao sistema** resistance to the system; **oferecer ~** to offer resistance **2.**(*de máquina, material*) resistance **3.**(*física*) strength; **estar sem ~ para correr** to not have the strength to run; **ter pouca ~ a infecções** to have little resistance to infection **4.** ELETR, FÍS resistance; **~ do ar** air resistance
resistente [xezis'tẽjtʃi] *adj* (*pessoa*) hardy; (*material, aparelho*) resistant; **este material é ~ a temperaturas elevadas** this material is heat resistant
resistir [xezis'tʃir] **I.** *vt* **1.**(*opor-se*) to resist; **~ a alguém/a. c.** to resist sb/sth **2.**(*aguentar*) **~ a a. c.** to resist sth; (*ao ataque*) to resist; (*ao inverno, doença*) to survive; (*material*) to endure; **~ ao calor/frio** to endure the heat/cold; **ele não resistiu ao choque** he did not survive the shock **3.**(*tentação*) to resist temptation; **ela não resiste a uma boa sobremesa** she can't resist [*o* turn down] a good dessert; **mal consegue ~ ao charme do rapaz** she can hardly resist the boy's charm **II.** *vi* **as tropas não resistiram** the troops did not withstand
resmungão, -ona <-ões> [xezmũw'gãw, -'ona, -õjs] **I.** *m, f* grumbler **II.** *adj* grumpy
resmungar [xezmũw'gar] *vi* <g→gu> to grumble; (*criança*) to mumble; *gír* to gripe; **~ sobre alguém** to gripe about sb
resmungões *m pl de* **resmungão**
resmungona *adj, f v.* **resmungão**
resolução <-ões> [xezolu'sãw, -'õjs] *f* **1.**(*decisão*) resolution; **tomar uma ~** to make a resolution **2.**(*de problema*) solution **3.**(*de imagem*) resolution; **~ digital** digital resolution
resoluto, -a [xezo'lutu, -a] *adj fig* determined
resolver [xezow'ver] **I.** *vt* (*problema, mistério*) to solve; (*dúvida*) to dissolve; (*assunto*) to solve; (*decidir*) to decide; **~ fazer a. c.** to decide to do sth **II.** *vi* (*decidir*) to decide; (*problema, mistério*) to solve, to resolve; **ter muito o que ~** to have a lot to decide; **isso não resolve nada** that doesn't solve anything **III.** *vr*: ~-**se** to make up one's mind
resolvido, -a [xezow'vidu, -a] *adj* (*assunto*) decided; (*pessoa*) determined
respaldar [xespaw'dar] *vt* to support, to back
respaldo [xes'pawdu] *m* (*apoio*) uphol-

stered back rest

respectivamente [xespektʃiva'mẽjtʃi] *adv* respectively; **estavam lá um homem e uma mulher, com 30 e 40 anos** ~ a man and a woman, aged 30 and 40, respectively, were there

respectivo, -a [xespek'tʃivu, -a] *adj* **1.**(*em questão*) in question; (*correspondente*) respective **2.**(*cada*) respective; **eles são os responsáveis pelos ~s grupos** they are each responsible for their respective groups

respeitado, -a [xespej'tadu, -a] *adj* respected

respeitador(a) [xespejta'dor(a)] <-es> *adj* **indivíduo ~** respectful individual

respeitar [xespej'tar] **I.** *vt* (*pessoa*) to respect; (*lei, regras*) to respect; (*prazo*) to respect; (*decisão, opinião*) to respect **II.** *vr:* ~**-se** to respect oneself

respeitável <-eis> [xespej'tavew, -ejs] *adj* respectable

respeito [xes'pejtu] *m* **1.**(*consideração*) respect; **dar-se ao ~** to show respect for people; **faltar ao ~** to disrespect sb; **uma pessoa de ~** a well-respected person; **ter ~ por a. c./alguém** to show respect for sth/sb **2.**(*por lei, regras*) to abide by **3.**(*referência*) **a ~ de** in regard to; **a esse ~** in that regard; **no que diz ~ a ...** concerning ...; **isso não te diz ~** that is none of your business; **pelo que me diz ~** as far as I'm concerned

respeitos [xes'pejtus] *mpl* respects *pl;* **os meus ~s** my respects

respeitoso, -a [xespej'tozu, -'ɔza] *adj* respectful

respingar [xespĩj'gar] *vi* <g→gu> to spatter, to splash

respiração [xespiɾa'sãw] *f sem pl* respiration, breathing

respirador [xespiɾa'dor] <-es> *m* MED respirator

respirar [xespi'rar] **I.** *vt* to breathe; **~ puro** to breathe fresh air **II.** *vi* to breathe; **~ aliviado** to sign with relief; **~ fundo** to take a deep breath; **há esperança, o cachorro ainda respira** there is hope, the dog is still breathing; **anda tão ocupada que mal dá tempo de ~** *fig* he has been so busy that he hardly has time to breathe

respiratório, -a [xespiɾa'tɔriw, -a] *adj* respiratory; **aparelho ~** respiratory system; **doença respiratória** respiratory illness

respiro [xes'piɾu] *m* breathing; (*escape de ar*) air hole

resplandecente [xesplãnde'sẽjtʃi] *adj* gleaming

resplandecer [xesplãnde'ser] *vi* <c→ç> to gleam

resplendor [xesplẽj'dor] <-es> *m* splendor *Am*, splendour *Brit*

respondão, -ona <-ões> [xespõw'dãw, -'ona, -õjs] **I.** *m, f* smart aleck **II.** *adj* fresh, impudent

responder [xespõw'der] **I.** *vt* **1.**(*a pessoa*) to answer; (*a pergunta, carta*) to answer; **~ a alguém** to answer sb; **~ a um anúncio/uma carta** to answer an ad/a letter; **~ a uma pergunta** to answer a question **2.**(*responsabilizar-se*) **~ por alguém/a. c.** to answer for sb/sth; **eu não respondo por eles** I can't answer for them **3.** JUR to be responsible for; **~ por tentativa de homicídio** to stand trial for attempted murder **4.**(*revidar*) to answer [*o* to talk] back; **~ à bala** to exchange shots **II.** *vi* to respond

respondões *m pl de* **respondão**

respondona *adj, f* *v.* **respondão**

responsabilidade [xespõwsabiʎi'dadʒi] *f* responsibility; (*financeira*) liability; **falta de ~** lack of responsibility; **assumir a ~ por a. c./alguém** to assume responsibility for sth/sb

responsabilizar [xespõwsabiʎi'zar] **I.** *vt* to hold responsible; **~ alguém por a. c.** to hold sb responsible for sth **II.** *vr:* **~-se por a. c./alguém** to be responsible for sth/sb; JUR to be responsible for sth/sb; **eu não me responsabilizo por isso/ele** I will not be responsible for that/him

responsável <-eis> [xespõw'savew, -ejs] **I.** *mf* responsible; **quem é o ~ pela criança?** who is responsible for the child? **II.** *adj* responsible; **ser ~ por a. c./alguém** to be responsible for sth/sb; **ela é muito ~** she is very responsible

resposta [xes'pɔsta] *f* answer; **~ afirmativa** affirmative answer; **~ negativa** negative answer; **dar uma ~ a alguém** to give sb an answer; **ter sempre uma ~ pronta** to always have an answer ready; **eu aguardo uma ~ da sua parte** I expect an answer from you

resquício [xes'kisiw] *m* vestige, trace

ressabiado, -a [xesabi'adu, -a] *adj* (*pessoa*) skittish, wary; **ficar ~ com a. c./alguém** to feel wary about sth/sb

ressaca [xe'saka] *f* **1.** (*do mar*) storm surge **2.** *fig, inf* hangover; **estar de ~** to have a hangover, to feel queasy

ressaibo [xe'sajbu] *m* **1.** (*com comida*) sour aftertaste **2.** (*de acontecimento*) vestiges *pl*, remains *pl*

ressaltar [xesaw'tar] **I.** *vt* to cause to stand out **II.** *vi* to stand out; **ela ressalta bastante do grupo** she stands out quite a bit from the usual

ressalva [xe'sawva] *f* exception; **fazer uma ~** to make an exception

ressarcimento [xesarsi'mẽjtu] *m* indemnification

ressarcir [xesar'sir] *vt* to indemnify; **~ alguém de a. c.** to indemnify sb for sth

ressecamento [xeseka'mẽjtu] *m* drying out

ressecar [xese'kar] *vi* <c→qu> (*pele*) to dry out

ressentido, -a [xesẽj'tʃidu, -a] *adj* upset, offended; **estou ~ com ele** I am upset with him

ressentimento [xesẽjtʃi'mẽjtu] *m* (*rancor*) resentment; **sem ~s** no hard feelings

ressentir-se [xesẽj'tʃirsi] *irr como sentir vr* **1.** (*melindrar-se*) **~ de a. c.** to feel keenly **2.** (*sentir os efeitos*) to feel the effects of; **o corpo se ressente das noites mal dormidas** the body feels the effects of badly slept nights

ressequido, -a [xese'kidu, -a] *adj* (*planta*) shrivelled (up) *Am*, shrivelled (up) *Brit*; (*solo, pele*) parched

ressoar [xeso'ar] *vi* <*1. pess pres: ressoo*> to resonate; **o som ressoa nos ouvidos** the sound resonates in the ears

ressonância [xeso'nãŋsia] *f* resonance; **~ magnética nuclear** MED nuclear magnetic resonance

ressonar [xeso'nar] *vi* to resound; (*roncar*) to snore

ressurgimento [xesurʒi'mẽjtu] *m* resurgence

ressurreição <-ões> [xesuxej'sãw, -'õjs] *f* REL resurrection

ressuscitar [xesusi'tar] **I.** *vt* **1.** (*um morto*) to resurrect **2.** (*sentimento, costume*) to revive **II.** *vi* **1.** (*morto*) to resurrect **2.** (*sentimento*) to come to life; (*costume, tradição*) to come back

restabelecer [xestabele'ser] <c→ç> **I.** *vt* to reestablish **II.** *vr:* **~-se** to be restored

restabelecimento [xestabelesi'mẽjtu] *m* **1.** (*da paz*) reestablishment **2.** MED restoration

restante [xes'tãŋtʃi] **I.** *m* remainder; **os ~s** those remaining **II.** *adj* **1.** (*que sobra*) remaining **2.** (*outro*) remaining; **as pessoas ~s** the remaining persons; **a quantia ~** the remaining quantity

restar [xes'tar] *vi* to remain; **não restou nada** there was nothing left; **não nos resta outra saída** there is no other way out

restauração <-ões> [xestawra'sãw, -'õjs] *f* (*de monumento, edifício, móvel*) restoration

restaurador(a) [xestawra'dor(a)] <-es> **I.** *m(f)* restorer **II.** *adj* restoring

restaurante [xestaw'rãŋtʃi] *m* restaurant

restaurar [xestaw'rar] *vt* (*monumento, edifício, móvel*) to restore; (*a democracia, energias*) to restore

réstia ['xɛstʃia] *f* **~ de luz** ray of light; **uma ~ de esperança** ray of hope

restinga [xes'tʃĩjga] *f* salt marsh

restituição <-ões> [xestʃituj'sãw, -'õjs] *f* (*de bens*) restitution; (*de dinheiro, imposto*) refund

restituir [xestʃitu'ir] *conj como incluir vt* (*bens, dignidade*) to restore; (*dinheiro*) to refund; **~ a. c. a alguém** to give sth back to sb

restituível <-eis> [xestʃitu'ivew, -ejs] *adj* (*valores*) refundable

resto ['xɛstu] *m* rest; **~s de comida** scraps of food; **~s mortais** mortal remains; **de ~** (*aliás*) besides, in fact

restrição <-ões> [xestri'sãw, -'õjs] *f* restriction; **sem restrições** without restriction; **impor restrições a alguém** to impose restrictions on sb

restringir [xestrĩj'ʒir] <g→j> **I.** *vt* (*pessoa, assunto*) to restrict, to limit; **~ a. c. ao mínimo** to limit sth to a minimum; (*liberdade, poder*) to restrict **II.** *vr:* **~-se a a. c.** to limit oneself to sth

restrita *adj v.* **restrito**

restritivo, -a [xestri'tʃivu, -a] *adj* restrictive

restrito, -a [xes'tritu, -a] *adj* restricted, limited; **em sentido ~** in a limited sense; **um círculo ~ de pessoas** a limited circle of persons

resultado [xezuw'tadu] *m* **1.** (*de acontecimento*) outcome; (*consequência*) result; **dar/não dar** ~ to get/not get results, little or no results **2.** (*de eleições, jogo, exame*) outcome

resultante [xezuw'tɜ̃ntʃi] *adj* resulting; ~ **de** resulting from

resultar [xezuw'tar] *vi* **1.** (*dar resultado*) to result; **proceder** to result **2.** (*ser consequência*) to result from; **seu sucesso resulta de muito trabalho** his success is the result of hard work **3.** (*ter como efeito*) to result in; **as investigações não resultaram em nada** the investigations did not come to any results

resumido, -a [xezu'midu, -a] *adj* summarized

resumir [xezu'mir] **I.** *vt* (*texto, história, livro*) to summarize; **esta frase resume tudo** this sentence summarizes everything; **resumindo ...** to sum up ...; (*restringir, limitar*) to limit **II.** *vr:* ~ **-se** to limit oneself; **a reportagem se resume à descrição dos acontecimentos** the report sticks to the description of the events

resumo [xe'zumu] *m* summary; **em** ~ in summary, in sum

resvalar [xezva'lar] **I.** *vi* (*deslizar: carro, terra*) to slip, to slide **II.** *vt* (*roçar*) to brush; **resvalou a mão no braço da moça** his hand brushed the girl's arm

reta *adj v.* **reto**

reta ['xɛta] *f* **1.** (*linha*) straight line **2.** (*estrada, pista*) stretch **3.** ESPORT ~ **final** final stretch; **o projeto está na** ~ **final** *inf* the project is in its final stages

retaguarda [xeta'gwarda] *f* MIL rear guard

retalhar [xeta'ʎar] *vt* (*cortando*) to cut into pieces; (*rasgando*) to shred into pieces; (*dividir*) to divide into sections; **o colonialismo retalhou a África** Colonialism divided Africa into a patchwork of territories

retalho [xe'taʎu] *m* patch; **colcha de** ~ **s** patchwork quilt; **venda a** ~ **s** retail sales

retaliação <-ões> [xetaʎia'sɜ̃w, -'õjs] *f* MIL reprisal; (*revide*) retaliation

retaliar [xetaʎi'ar] *conj como enviar vi* MIL to retaliate

retangular [xetɜ̃ŋgu'lar] <-es> *adj* rectangular

retângulo [xe'tɜ̃ŋgulu] **I.** *m* rectangle **II.** *adj* rectangular

retardado, -a [xetar'dadu, -a] *adj* **1.** (*mental*) retarded **2.** (*atrasado*) delayed

retardar [xetar'dar] *vt* (*atrasar*) to delay; (*protelar*) to postpone

retardatário, -a [xetarda'tariw, -a] *m, f* latecomer

retardo [xe'tardu] *m* retarded; ~ **mental** mentally retarded

retenção [xetẽj's ɜ̃w] *f* **1.** (*de dinheiro, informação*) retention **2.** MED retention **3. trânsito sem retenções** free-flowing traffic

reter [xe'ter] *irr como ter vt* **1.** (*dinheiro, informação*) to withhold **2.** (*uma pessoa*) to delay **3.** (*na memória*) to retain **4.** (*lágrimas*) to keep back **5.** MED to retain

retesado, -a [xete'zadu, -a] *adj* tense

reticências [xetʃi'sẽjsias] *fpl* ellipses *pl*

reticente [xetʃi'sẽntʃi] *adj* reticent

retículo [xe'tʃikulu] *m* small net; MED reticle *Am*, graticule *Brit*

retida *adj v.* **retido**

retidão [xetʃi'dɜ̃w] *f sem pl* uprightness

retido, -a [xe'tʃidu, -a] *adj* retained; **imposto** ~ **na fonte** tax withheld [*o* withholding]

retificação <-ões> [xetʃifika'sɜ̃w, -'õjs] *f* (*de um erro*) rectification; (*de uma afirmação*) rectification; **fazer uma** ~ to make a rectification

retificar [xetʃifi'kar] *vt* <c→qu> **1.** (*erro, afirmação*) to rectify; (*um traçado*) to straighten **2.** (*o motor*) to rectify

retilíneo, -a [xetʃi'ʎiniw] *adj* rectilineal, rectilinear

retina [xe'tʃina] *f* retina

retinta *adj v.* **retinto**

retintim [xetʃĩj'tʃĩj] <-ins> *m* (*som*) jingle

retinto, -a [xe'tʃĩjtu] *adj* coal black

retirada [xetʃi'rada] *f* **1.** (*de conta*) withdrawal **2.** MIL retreat; **bater em** ~ to beat a retreat

retirado, -a [xetʃi'radu, -a] *adj* (*lugar*) secluded; (*pessoa*) withdrawn

retirante [xetʃi'rɜ̃ntʃi] *mf* migrant

retirar [xetʃi'rar] **I.** *vt* **1.** (*uma queixa*) to withdraw; (*um comentário*) to take back; **eu retiro o que disse** I take back what I said **2.** (*tirar*) to take out of; ~ **a. c. de circulação** to take sth out of

retiro circulation II. *vr:* ~**-se 1.** (*da sala, festa*) to leave; **retire-se!** leave at once! **2.** (*profissão, emprego*) to retire; ~**-se da vida pública** to retire from public life

retiro [xe'tʃiru] *m* **1.** (*lugar*) retreat **2.** (*isolamento*) retreat; ~ **espiritual** spiritual retreat

reto ['xɛtu] *m* ANAT rectum

reto, -a ['xɛtu, -a] *adj* **1.** (*linha*) straight line **2. ângulo** ~ right angle **3.** *fig* (*pessoa*) honest **4.** (*saia*) straight

retocar [xeto'kar] *vt* <c→qu> (*quadro, pintura*) to finish; (*a maquiagem*) to retouch

retomada [xeto'mada] *f* (*de obras, do crescimento*) retaking; (*de um lugar*) recovery

retomar [xeto'mar] *vt* **1.** (*atividade, conversações*) to retake **2.** (*lugar*) to recover

retoque [xe'tɔki] *m* retouching, finishing touch; **dar um ~ em a. c.** to give sth a finishing touch; **dar os últimos ~s em a. c.** *fig* to put the final touches on sth

retorcer [xetor'ser] <c→ç> **I.** *vt* to twist **II.** *vr:* ~**-se de dor** to writhe in pain

retórica [xe'tɔrika] *f* rhetoric

retórico, -a [xe'tɔriku, -a] *adj* **pergunta retórica** rhetorical question

retornar [xetor'nar] **I.** *vt* (*voltar*) ~ **ao lar** to return home **II.** *vi* to return, to go [*o* to come] back; **ele retornará aqui amanhã** he will come back here tomorrow

retorno [xe'tornu] *m* **1.** (*regresso*) return; ~ **ao lar** homecoming **2.** (*devolução*) return

retorquir [xetor'kir] *vi* to retort

retraído, -a [xetra'idu, -a] *adj* (*pessoa*) reserved

retrair [xetra'ir] *conj como* **sair** **I.** *vt* (*membro*) to draw back **II.** *vr:* ~**-se** to withdraw

retranca [xe'trɐ̃ka] *f* **1.** FUT lock-out **2.** *fig* (*atitude defensiva*) mind block

retrasado, -a [xetra'zadu, -a] *adj* before last; **semana retrasada** week before last

retratação <-ões> [xetrata'sɐ̃w, -'õjs] *f* retraction

retratar [xetra'tar] **I.** *vt* **1.** (*pintar, desenhar*) to portray, to draw, to paint; (*descrever*) to describe **2.** (*acusação, palavra*) to take back **II.** *vr:* ~**-se** to recant

retrátil <-eis> [xe'tratʃiw, -ejs] *adj* retractile

retrato [xe'tratu] *m* picture, portrait; ~ **falado** composite sketch

retribuição <-ões> [xetribui'sɐ̃w, -'õjs] *f* **1.** (*de um favor*) return, retribution **2.** (*recompensa*) reward; **ele nos deu uma ~ pela ajuda prestada** he gave us a reward for our help

retribuir [xetribu'ir] *conj como* **incluir** *vt* **1.** (*visita*) to pay back a visit; ~ **o favor** to return the favor **2.** (*recompensar*) to return; **queremos ~ a sua atenção com um convite** we would like to return your favor with an invitation

retrô [xe'tro] *adj* retro

retroagir [xetroa'ʒir] *vi* <g→j> retroact

retroalimentação [xetroaʎimẽjta'sɐ̃w, -'õjs] *f sem pl* feedback *no pl*

retroativo, -a [xetroa'tʃivu, -a] *adj* (*efeito*) retroactive

retroceder [xetrose'der] *vi* (*recuar*) to retreat; (*ceder*) to recede

retrocesso [xetro'sɛsu] *m* **1.** (*atraso*) backwardness **2.** (*tecla*) backspace (key)

retrógrado, -a [xe'trɔgradu, -a] *adj* backward; **uma pessoa retrógrada** backward person

retroprojetor [xɛtroproʒe'tor] <-es> *m* overhead projector

retrospectiva [xetrospek'tʃiva] *f* retrospective; **em ~** in retrospective

retrospectivo, -a [xetrospek'tʃivu, -a] *adj* retrospective

retroversão <-ões> [xetrover'sɐ̃w, -'õjs] *f* MED retroversion *no pl*

retrovírus [xetro'virus] *m inv* retrovirus

retrovisor [xetrovi'zor] <-es> *m* (*espelho*) rearview mirror

retrucar [xetru'kar] *vt* <c→qu> to reply

retumbante [xetũw'bɐ̃ntʃi] *adj* (*sucesso*) resounding

retumbar [xetũw'bar] *vi* to resound

returno [xe'turnu] *m* ESPORT return match

réu, ré ['xɛw, 'xɛ] *m, f* defendant; (*processo penal*) the accused

reumático, -a [xew'matʃiku, -a] **I.** *m, f* rheumatic **II.** *adj* rheumatic

reumatismo [xewma'tʃizmu] *m sem pl* rheumatism

reumatologia [xewmatolo'ʒia] *f sem pl*

rheumatology

reumatologista [xewmatolo'ʒista] *mf* rheumatologist

reunião <-ões> [xeuni'ãw, -'õjs] *f* **1.** (*de negócios*) business meeting; **estar em** ~ to be in a meeting; (*encontro*) reunion; **fomos a uma** ~ **na casa de amigos** we went to a reunion/party at a friend's house **2.** (*assembleia*) meeting **3.** (*ajuntamento*) gathering

reunificação <-ões> [xenunifika'sãw, -'õjs] *f sem pl* reunification

reunificar [xeunifi'kar] *vt* <c→qu> to reunify

reuniões *f pl de* **reunião**

reunir [xeu'nir] *vt* **1.** (*informações, dados*) to gather **2.** (*pessoas*) to gather, to rally **3.** (*qualidades, condições*) to combine

reutilizar [xeutʃiʎi'zar] *vt* to reuse

revalidação <-ões> [xevaʎida'sãw, -'õjs] *f* (*de diploma*) revalidation

revalidar [xevaʎi'dar] *vt* to revalidate

revanche [xe'vãʃi] *f* revenge; ESPORT return match

réveillon [xevej'õw] *m* New Year's Eve party

revelação <-ões> [xevela'sãw, -'õjs] *f* **1.** (*de segredo, escândalo*) revelation; **fazer uma** ~ to make a revelation **2.** FOTO development

revelar [xeve'lar] **I.** *vt* **1.** (*segredo, escândalo*) to reveal **2.** (*mostrar*) to display **3.** FOTO to develop; **mandar** ~ **um filme** to have a roll of film developed **II.** *vr:* ~**-se 1.** (*pessoa*) to reveal oneself (itself); (*publicamente*) to appear; ~**-se a alguém** to appear to sb, to reveal oneself to sb **2.** (*sintoma*) to discover; (*doença*) to discover **3.** (*ser*) to turn out to be; **a tarefa se revelou muito difícil** the task turned out to be very difficult

revelia [xeve'ʎia] *f* JUR **à ~** in absentia; **não compareci perante o juiz, e fui julgado à ~** I failed to appear before the judge, and a default judgment was entered against me

revenda [xe'vẽjda] *f* resale

revendedor(a) [xevẽjde'dor(a)] <-es> *m(f)* reseller, middleman

revender [xevẽj'der] *vt* to resell

rever [xe'ver] *irr como* ver *vt* **1.** (*tornar a ver*) to see again **2.** (*para corrigir*) to revise; (*lei, contrato, matéria*) to review; (*examinar*) to re-examine

reverberar [xeverbe'rar] *vi* to reverberate

reverência [xeve'rẽjsia] *f* reverence, veneration; **fazer uma ~** to take a bow; **ter ~ por alguém** to venerate [*o* to revere] sb

reverenciar [xeverẽjsi'ar] *conj como* enviar *vt* to revere, to venerate

reverendo [xeve'rẽjdu] *m* reverend

reversível <-eis> [xever'sivew, -ejs] *adj* reversible

reverso [xe'vɛrsu] *m* reverse; **o ~ da medalha** the flip side

reverter [xever'ter] *vt* JUR to revert; ~ **em favor de alguém** to inure to the benefit of sb; ~ **para o Estado** to revert to the nation

revertério [xever'tɛriw] *m inf* turnabout

revés [xe'vɛs] <-es> *m fig* setback; **ao ~** contrariwise; **de ~** askance, crooked; **olhar de ~** to squint

revestimento [xevestʃi'mẽtu] *m* (*de objeto*) coating; (*de chão*) covering; (*de parede*) wallpaper, facing (of brick, stone, etc.); (*de material*) lining

revestir [xevis'tʃir] *vt* (*parede*) to paper, to face; (*gaveta*) to line; ~ **a gaveta com papel** to line a drawer with paper; (*material*) to line; ~ **o chão de madeira** to cover with wooden floorboards

revezamento [xeveza'mẽjtu] *m* ESPORT relay race

revezar [xeve'zar] **I.** *vt* to alternate **II.** *vr:* ~**-se** to take turns

revidar [xevi'dar] *vt* to reply in kind

revide [xe'vidʒi] *m* reply in kind

revigorante [xevigo'rãtʃi] *adj* reinvigorating

revigorar [xevigo'rar] **I.** *vt* (*a fé*) to renew **II.** *vr:* ~**-se** to regain strength

revirado, -a [xevi'radu, -a] *adj* (*casa, quarto*) topsy-turvy, upside down; **os ladrões deixaram tudo ~** the burglars left everything topsy-turvy; (*estômago*) upset

revirar [xevi'rar] **I.** *vt* **1.** (*os olhos*) to roll **2.** (*casa, gaveta*) to turn upside down **3.** (*tornar a virar*) to turn over again **4.** (*estômago*) to upset **II.** *vr* ~**-se na cama** to toss in one's sleep

reviravolta [xevira'vɔwta] *f fig* about-face; **dar uma ~** to turn sth around, to make an about-face

revisão <-ões> [xevi'zãw, -'õjs] *f* **1.** (*de trabalho, livro*) revision; (*de texto*) proofreading; (*de publicação, documento*) editing; (*de lei, contrato*) review **2.** (*de automóvel*) overhaul(ing); **tenho que mandar o carro para a ~** I have to send the car for an overhaul

revisar [xevi'zar] *vt* to revise, to review

revisitar [xevizi'tar] *vt* to revisit

revisões *f pl de* **revisão**

revisor(a) [xevi'zor(a)] <-es> *m(f)* (*em editora*) editor; **~ de texto** proofreader

revista [xe'vista] *f* **1.** PREN journal; **~ científica** scientific journal **2.** (*busca*) search; (*inspeção*) inspection; **passar em ~** to inspect the troops on parade **3.** TEAT **teatro de ~** musical comedy

revistar [xevis'tar] *vt* (*casa, pessoa*) to search

revisto [xe'vistu] *pp de* **rever**

revitalizar [xevitaʎi'zar] *vt* to revitalize; **~ o centro da cidade** to revitalize the downtown area

reviver [xevi'ver] *vt* to relive; **~ os velhos tempos** to relive old times

revoada [xevu'ada] *f* flock of birds in flight

revogação <-ões> [xevoga'sãw, -'õjs] *f* (*de lei*) repeal; (*de sentença*) revocation, reversal

revogar [xevo'gar] *vt* <g→gu> (*lei*) to repeal; (*ordem, decisão*) to annul, to reverse

revogável <-eis> [xevo'gavew, -ejs] *adj* revocable

revolta *adj v.* **revolto**

revolta [xe'vɔwta] *f* (*popular, moral*) revolt

revoltado, -a [xevow'tadu, -a] *adj* (*inconformado*) revolted; **estar ~ com a. c./alguém** to be revolted by sth/sb

revoltante [xevow'tãntʃi] *adj* revolting

revoltar [xevow'tar] **I.** *vt* to revolt **II.** *vr*: **~-se contra a. c./alguém** to revolt against sth/sb

revolto, -a [xe'vowtu, -a] *adj* **1.** (*mar*) stormy **2.** (*cabelo*) disheveled

revoltoso, -a [xevow'tozu, -'ɔza] *m, f* rebel

revolução <-ões> [xevolu'sãw, -'õjs] *f* revolution; **~ industrial** industrial revolution; (*rotação*) rotation

revolucionar [xevolusjo'nar] *vt* to revolutionize

revolucionário, -a [xevolusjo'narjw, -a] **I.** *m, f* revolutionary **II.** *adj* revolutionary

revolver [xevow'ver] *vt* **1.** (*a terra*) to turn up, to plow **2.** (*papéis, roupa*) to rummage through **3.** (*livros*) to throw into disorder

revólver [xe'vɔwver] <-es> *m* revolver

reza ['xɛza] *f* prayer

rezar [xe'zar] **I.** *vt* (*uma oração*) to pray; (*a missa*) to say mass; **~ a Deus** to pray to God; **~ a Deus por alguém** to intercede with God for sb; **~ o terço** to pray the rosary; **reza a lenda ...** as the legend goes ... **II.** *vi* to pray

Rh [ɛxja'ga] *m* **fator ~** Rh factor

riacho [xi'aʃu] *m* stream, creek

ribalta [xi'bawta] *f* footlights; **estar na ~** to be in the footlights

ribanceira [xibãn'sejra] *f* river bluff; (*margem*) high bank; (*precipício*) cliff, brink

ribeira [xi'bejra] *f* **1.** (*margem de rio*) riverside **2.** (*rio pequeno*) stream

ribeirão <-ões> [xibej'rãw, -'õjs] *m* brook

ribeirinho, -a [xibej'riɲu, -a] *adj* **casa/ população ribeirinha** riverbank house/population

ribeiro [xi'bejru] *m* creek

ribeirões *m pl de* **ribeirão**

rica *adj, f v.* **rico**

ricaço, -a [xi'kasu, -a] *inf* **I.** *m, f* moneybags + *sing vb* **II.** *adj* filthy rich

rícino ['xisinu] *m* **óleo de ~** castor oil

rico, -a ['xiku, -a] **I.** *m, f* rich **II.** *adj* **1.** (*endinheirado*) wealthy **2.** (*variado, excelente*) rich; **alimento ~ em vitaminas** food rich in vitamins; **um ~ jantar** a sumptuous [*o* lavish] dinner **3.** (*terra*) fertile; (*imaginação*) vivid

ricochetear [xikoʃetʃi'ar] *conj como passear vi* to ricochet

ricota [xi'kɔta] *f* ricotta cheese

ridícula *adj v.* **ridículo**

ridicularizar [xidʒikulari'zar] *vt* to ridicule

ridículo [xi'dʒikulu] *m* **expor alguém/ a. c. ao ~** to expose sb/sth to ridicule; **prestar-se ao ~** to lend oneself to ridicule; **o ~ da situação é ...** the ridiculous part of the situation is...

ridículo, -a [xi'dʒikulu, -a] *adj* **1.** (*pessoa, atitude, roupa*) ridiculous **2.** (*ínfimo*) **recebeu uma quantia ridícula de indenização** he was paid a trifling amount of indemnity

rifa ['xifa] *f* raffle

rifar [xi'far] *vt* (*sortear*) to raffle sth; *inf*

rifle

(*descartar*) to raffle off sth; **~ os amigos** to set aside one's friends

rifle ['xifli] *m* rifle

rígida *adj v.* **rígido**

rigidez [xiʒi'des] *f sem pl* **1.** (*de material*) stiffness **2.** *fig* (*severidade*) severity

rígido, -a ['xiʒidu, -a] *adj* **1.** (*material*) stiff **2.** *fig* (*severo*) severe

rigor [xi'gor] *m sem pl* **1.** (*exatidão*) exactness; **com ~** with precision; **a ~** strictly **2.** (*de disciplina, regras*) strictness **3.** (*intransigência*) stubbornness **4.** (*do inverno*) severity

rigorosa *adj v.* **rigoroso**

rigorosamente [xigorɔza'mẽjtʃi] *adv* **1.** (*exatamente*) precisely **2.** (*a rigor*) strictly

rigoroso, -a [xigo'rozu, -'ɔza] *adj* **1.** (*disciplina, regras*) strict; (*costume, tradição*) straitlaced **2.** (*medida*) precise **3.** (*exato*) exact **4.** (*inverno*) severe

rijo, -a ['xiʒu, -a] *adj* **1.** (*material*) stiff; (*carne*) tough **2.** (*pessoa*) inflexible

rim [x'ĩj] <-ins> *m* kidney

rima ['xima] *f* rhyme

rimar [xi'mar] *vt, vi* to rhyme; **pão rima com mão** bread rhymes with head

rímel <-eis> ['ximew, -ejs] *m* mascara

rincão <-ões> [xĩj'kãw, -'õjs] *m* faraway place

ringue ['xĩʒi] *m* (*boxe*) ring

rinha ['xĩɲa] *f* cockfight

rinite [xi'nitʃi] *f* MED rhinitis; **~ alérgica** allergic rhinitis

rinoceronte [xinose'rõwtʃi] *m* rhino(ceros)

rinque ['xĩjki] *m* ESPORT rink

rins *m pl de* **rim**

rio ['xiw] *m* river; **~ abaixo** downriver; **~ acima** upriver; **derramar um ~ de lágrimas** to shed a river of tears; **ganhar ~s de dinheiro** to earn tons of money

Rio Branco ['xiw 'brãŋku] *m* (City of) Rio Branco

Rio de Janeiro ['xiw dʒi ʒa'nejru] *m* (*estado*) (State of) Rio de Janeiro; (*cidade*) (City of) Rio de Janeiro, Rio

Rio Grande do Norte ['xiw'grãdʒi du 'nɔrtʃi] *m* (State of) Rio Grande do Norte

Rio Grande do Sul ['xiw 'grãdʒi du 'suw] *m* (State of) Rio Grande do Sul

ripa ['xipa] *f* lath, batten

riqueza [xi'keza] *f* **1.** (*material*) riches *pl* **2.** (*abundância*) wealth; **~ em recursos naturais** wealth [*o* abundance] of natural resources **3.** (*de linguagem, vocabulário*) wealth

rir [x'ir] *irr* **I.** *vi* to laugh; **~ às gargalhadas** to guffaw; **quem ri por último, ri melhor** he who laughs last, laughs best *prov;* **é de morrer de ~!** what a riot! **II.** *vr:* ~(**-se**) **de a. c./alguém** to laugh at sth/sb; ~(**-se**) **de alguém** *pej* to laugh at sb; ~(**-se**) **na cara de alguém** to laugh in sb's face

risada [xi'zada] *f* laughter; **dar uma ~** to chuckle

risca ['xiska] *f* **1.** (*em vestuário*) stripe **2.** (*no cabelo*) hair-parting line; **cumprir a. c. à ~** to follow sth to the letter

riscado, -a [xis'kadu, -a] *adj* **1.** (*papel*) lined; (*palavra*) crossed [*o* scratched] out **2.** (*disco, CD; carro*) scratched

riscar [xis'kar] *vt* <c→qu> **1.** (*um papel*) to scribble; (*uma palavra, frase*) to scratch out; (*superfície*) to scratch **2.** (*de uma lista, da memória*) to cross off, to delete from **3.** (*um fósforo*) to strike

risco ['xisku] *m* **1.** (*traço*) line; **fazer um ~** to draw a line **2.** (*perigo*) risk; **correr ~ de morte** to be in a life-threatening situation; **correr o ~ de** to run the risk of; **não correr ~s** not to run risks; **pôr a. c. em ~** to jeopardize sth

risível <-eis> [xi'zivew, -ejs] *adj* ludicrous

riso ['xizu] *m* laugh, laughter; **rir um ~ amarelo** to laugh with a wan smile

risonho, -a [xi'zõɲu, -a] *adj* (*pessoa, cara*) smiling

risoto [xi'zotu] *m* risotto

ríspida *adj v.* **ríspido**

rispidez [xispi'des] *f sem pl* harshness *no pl*

ríspido, -a ['xispidu, -a] *adj* (*pessoa*) gruff; (*palavras*) harsh; (*comentário, resposta*) harsh

rissole [xi'zɔʎi] *m* rissole, *small meat or cheese pie which is breaded and then fried*

riste ['xistʃi] *adv* **dedo em ~** with pointed finger

ritmado, -a [xitʃ'madu, -a] *adj* cadenced

rítmico, -a ['xitʃmiku, -a] *adj* rhythmic

ritmo ['xitʃmu] *m* rhythm; (*de desenvolvimento*) rate; **~ biológico** biological clock; **~ cardíaco** heartbeat; **~ de trabalho** working speed

rito ['xitu] *m* rite
ritual <-ais> [xitu'aw, -'ajs] I. *m* ritual II. *adj* ritual
rival <-ais> [xi'vaw, -'ajs] *mf* rival
rivalidade [xivaʎi'dadʒi] *f* rivalry
rivalizar [xivaʎi'zar] *vt* to rival
rixa ['xiʃa] *f* quarrel
RNA [ɛxjeni'a] *m* RNA; *abr de* **ácido ribonucleico**
robalo [xo'balu] *m* snook
robe ['xɔbi] *m* robe
robô [xo'bo] *m* robot
robótica [xo'bɔtʃika] *f* robotics
robusta *adj v.* **robusto**
robustez [xobus'tes] *f sem pl* vigor *Am*, vigour *Brit*
robusto, -a [xo'bustu, -a] *adj* robust
roca ['xɔka] *f* distaff
roça ['xɔsa] *f* 1. AGR backwoods plantation 2.(*campo*) field
roçado, -a [xo'sadu, -a] *adj* (*roupa*) frayed; (*campo*) cleared
rocambole [xokɐ̃m'bɔʎi] *m* roll; ~ **de geleia** jelly roll
roçar [xo'sar] <ç→c> I. *vt* (*tocar*) to rub (against); (*roupa*) to fray II. *vr:* ~**-se** to rub; **os gatos se roçam nas pernas da cadeira** cats rub themselves against chair legs
roceiro, -a [xo'sejru, -a] *m, f* backwoodsman
rocha ['xɔʃa] *f* 1.(*geral*) rock; (*rochedo*) crag 2. *fig* pillar; **ela é uma ~ e não se abala com os problemas** she is a pillar of strength; problems never bother her
rochedo [xo'ʃedu] *m* steep rock
rochoso, -a [xo'ʃozu, -ɔza] *adj* rocky
rock ['xɔki] *m* MÚS rock
rococó [xoko'kɔ] *m* rococo
roda ['xɔda] *f* 1.(*objeto*) wheel; ~ **dianteira** front wheel; ~ **traseira** rear wheel; ~ **do leme** helm 2.(*círculo*) circle; **fazer uma ~ em volta de a. c./alguém** to make a circle around sth/sb; (*grupo*) circle; **uma ~ de amigos** a circle of friends; **botar um assunto na ~** *inf* to spread gossip; **circular nas altas ~s** to circulate in high society 3. JOGOS **brincar de ~** to play ring-around-the-rosy 4.(*de automóvel*) wheel 5.(*de saia*) hem
rodada [xo'dada] *f* 1.(*automóvel*) **deu uma ~ e quase saiu da pista** he spun around and almost went off the road; (*passear*) **dar uma ~ pela cidade** to take a ride around the city 2.(*bebida*) round; **pagar uma ~** to pay for a round of drinks 3. ESPORT round
rodado, -a [xo'dadu, -a] *adj* 1.(*saia*) having a wide hem 2.(*viajado*) traveled *Am*, travelled *Brit* 3. *inf* (*pessoa*) experienced
rodagem [xo'daʒẽj] <-ens> *f* (*de automóvel*) distance traveled
roda-gigante [xɔda-ʒi'gɐ̃ntʃi] <rodas-gigantes> *f* Ferris wheel
rodamoinho [xɔdamu'iɲu] *m* waterwheel
rodapé [xɔda'pɛ] *m* 1. ARQUIT baseboard 2.(*de folha*) inferior margin; **nota de ~** footnote
rodar [xo'dar] I. *vt* 1.(*chave, roda*) to turn; (*a cabeça*) to wind 2.(*viajar*) to travel 3.(*filme*) to wind II. *vi* 1.(*girar*) to roll; ~ **de mão em mão** to roll from one hand to the other 2. *inf* (*num exame*) to fail a exam; (*no emprego*) to lose a job
roda-viva ['xɔda-'viva] <rodas-vivas> *f* on the go, in a whirl; **andar numa ~** to always be on the go
rodeado, -a [xo'dʒiadu, -a] *adj* surrounded; **a cantora está rodeada de fãs** the singer is surrounded by fans
rodear [xodʒi'ar] *conj como passear vt* to encircle, to surround
rodeio [xo'deju] *m* rodeo
rodeios [xo'dejus] *mpl* evasion; **falar sem ~** to get right to the point; **fazer ~** to beat around the bush
rodela [xo'dɛla] *f* round; **cortar a. c. em ~s** to cut sth in rounds
rodízio [xo'dʒiziw] *m* (*de automóveis*) "no driving day", *instituted in large urban centers to curb pollution;* **restaurante ~** *restaurant, similar to the "churrascaria", where waiters serve a rotation of roasted meats and even pizzas, and a salad bar is usually included in the price per person*
rodo ['xodu] *m* squeegee; **ganhou dinheiro a ~** he/she raked in the cash
rodopiar [xodopi'ar] *conj como enviar vi* to spin
rodopio [xodo'piw] *m* spin
rodovia [xodo'via] *f* highway
rodoviária [xodovi'aria] *f* bus station
rodoviário, -a [xodovi'ariw, -a] *adj* **guia ~** highway map; **acesso ~** onramp; **transporte ~** land transportation; **terminal ~** bus terminal

roedor [xoe'dor] <-es> *m* rodent

roer [xo'er] *irr* **I.** *vt* to gnaw; ~ **as unhas** to bite one's fingernails **II.** *vi* to crack; **osso duro de** ~ *inf* a hard nut to crack **III.** *vr:* ~-**se de a. c.** to gnaw at sth; ~-**se de inveja** to die of envy

rogado, -a [xo'gadu, -a] *adj* **fazer-se de** ~ to play hard to get

rogar [xo'gar] *vt* <g→gu> to beg; (*suplicar*) to implore; ~ **a. c. a alguém** to beg sb for sth; ~ **pragas a alguém** to call down curses (up)on sb

roído, -a [xo'idu, -a] *adj* gnawed

rojão <-ões> [xo'ʒãw, -'õjs] *m* skyrocket; **aguentar o** ~ *inf* to face the music; **soltar um** ~ to light a firecracker; *gír* to break wind

rol ['xɔʍ] <róis> *m* roll

rola ['xɔla] *f* ZOOL pigeon

rolamento [xola'mẽjtu] *m* bearing; ~ **de esferas** ball bearings

rolante [xo'lãntʃi] *adj* rolling; **escada** ~ escalator

rolar [xo'lar] **I.** *vt* to roll; *fig* (*uma dívida*) to roll over **II.** *vi* **1.** (*bola, pedra*) to roll; (*lágrimas*) to roll; ~ **na cama** to toss in bed **2.** *gír* (*acontecer*) to go on; **o que vai** ~ **hoje?** what's going on today? **3.** ~ **de rir** to die laughing

roldana [xow'dɐna] *f* sheave, grooved pulley

roleta [xo'leta] *f* roulette

roleta-russa [xo'leta-'xusa] <roletas-russas> *f* Russian roulette

rolha ['xoʎa] *f* (*de garrafa*) cork stopper

roliço, -a [xo'ʎisu, -a] *adj* roly-poly

rolimã [xoʎi'mã] *m* **carrinho de** ~ wooden handcart (with ball-bearing wheels)

rolo ['xolu] *m* **1.** (*de papel, filme*) roll; ~ **de macarrão** rolling pin **2.** (*em máquina*) roller; ~ **compressor** steamroller **3.** GASTR (*bolo*) sweet roll **4.** *inf* (*confusão*) row **5.** *fig* (*transação comercial*) financial scheme

romã [xo'mã] *f* pomegranate

romance [xo'mãnsi] *m* **1.** LIT novel **2.** (*amoroso*) romance

romanceado, -a [xomãnsi'adu, -a] *adj* full of romance

romancear [xomãnsi'ar] *conj como passear vt* to romance

romanceiro [xomãn'sejru] *m* literary collection (*novels, poems, songs*) representative of a people

romancista [xomãn'sista] *mf* novelist

romano [xo'mãnu] *adj, m* Roman

romântico, -a [xo'mãntʃiku, -a] **I.** *m, f* romantic **II.** *adj* romantic

romantismo [xomãn'tizmu] *m sem pl* romanticism

romaria [xoma'ria] *f* **1.** (*peregrinação*) pilgrimage **2.** *fig* (*aglomeração de pessoas*) throng

rombo ['xõwbu] *m* (*em recipiente*) hole; (*em navio*) hole; (*em roupa*) hole; *fig* (*déficit*) embezzlement

rombo, -a ['xõwbu, -a] *adj* blunt, obtuse

romeiro, -a [xo'mejru, -a] *m, f* pilgrim

romena *adj, f v.* **romeno**

Romênia [xo'menia] *f* Romania

romeno, -a [xo'menu, -a] **I.** *m, f* Romanian **II.** *adj* Romanian

romeu-e-julieta [xo'mew-i-ʒuʎi'eta] <romeus-e-julietas> *m gír* (*goiabada com queijo*) white cheese served with a slice of guava paste

rompante [xõw'pãntʃi] *m* impetuousness; **fazer a. c. de** ~ to do sth in a fit of anger; **teve um** ~ **de raiva** he had a fit of rage

romper [xõw'per] <*pp* roto *ou* rompido> **I.** *vt* **1.** (*roupa*) to burst a seam; (*corda*) to break **2.** (*relações*) to break off with; (*o silêncio, juramento, promessa, acordo*) to break; ~ **um trato** to go back on; (*terminar*) ~ **com alguém** to break off with sb; ~ **um namoro** to split up **II.** *vi* (*dia*) to dawn **III.** *vr:* ~-**se** (*tecido*) to split open; (*corda*) to break off **IV.** *m* ~ **do dia** dawn, daybreak; **ao** ~ **do dia** at daybreak

rompimento [xõwpi'mẽjtu] *m* break; ~ **de relações** break in relations

roncar [xõw'kar] *vi* <c→qu> **1.** (*durante o sono*) to snore; (*estômago*) to rumble **2.** (*motor*) to drone

ronco ['xõwku] *m* (*durante o sono*) snoring; (*de motor*) droning

ronda ['xõwda] *f* rounds *pl;* **fazer a** ~ to make the rounds

rondar [xõw'dar] *vt* (*uma casa*) to prowl about; (*uma cidade*) to patrol; (*para vigiar*) to make the rounds

Rondônia [xõw'donia] (State of) Rondônia

ronrom [xõw'xõw] <-ons> *m* purr

ronronar [xõwxo'nar] *vi* to purr

ronrons *m pl de* **ronrom**

roqueiro, -a [xo'kejru, -a] *m, f* (*músico*) rock musician; (*fã*) rock music fan

ror ['xɔr] *m* **inf um ~ de** a heap of

Roraima [xoˈrajma] (State of) Roraima

rosa [ˈxɔza] **I.** *f* rose; **nem tudo são ~s na vida** life is not all roses *prov* **II.** *adj inv* pink, rose-colored

rosado, -a [xoˈzadu, -a] *adj* rosy, pink

rosa dos ventos [ˈxɔza duz ˈvẽjtuʃ] <rosas dos ventos> *f* mariner's compass

rosário [xoˈzariw] *m* rosary

rosbife [xozˈbifi] *m* roast beef

rosca [ˈxoska] *f* **1.** (*de parafuso, tampa, gargalo*) threaded shank; **uma tampa de ~** a twist top **2.** (*pão*) **~ de milho** twisted cornbread loaf; **farinha de ~** bread crumbs *no pl*

rósea *adj v.* **róseo**

roseira [xoˈzejra] *f* rosebush

roseiral <-ais> [xozejˈraw, -ajs] *m* rose garden

róseo, -a [ˈxɔziw, -a] *adj* rose, rose-scented

rosnar [xozˈnar] *vi* to growl

rosquear [xoskiˈar] *conj como passear vt* to twist

rosquilha [xosˈkiʎa] *f* ring-shaped biscuit

rosto [ˈxostu] *m* **1.** (*rosto*) face **2.** (*em fax, trabalho escrito*) **página de ~** cover page

rota *adj v.* **roto**

rota [ˈxɔta] *f* **1.** (*de viagem*) itinerary **2.** (*de navio*) route

rotação <-ões> [xotaˈsãw, -ˈõjʃ] *f* rotation; TEC revolution; **movimento de ~ da Terra** the rotation of the Earth; **rotações por minuto** revolutions per minute

rotativa *adj v.* **rotativo**

rotatividade [xotatʃiviˈdadʒi] *f sem pl* turnover *no pl*

rotativo, -a [xotaˈtʃivu, -a] *adj* (*cargo*) rotating; **a presidência da firma é rotativa** the chairmanship of the company is rotational

rotatória [xotaˈtɔria] *f* (*no tráfego*) traffic circle

rotatório, -a [xotaˈtɔriw, -a] *adj* (*giratório*) rotational; **movimento ~** circular movement

roteador(a) [xotʃiaˈdor(a)] <-es> *m(f)* INFOR router

roteirista [xotejˈriʃta] *mf* CINE, TV screenwriter; LIT playwright

roteiro [xoˈtejru] *m* (*de uma viagem*) itinerary; (*de atrações turísticas*) guidebook; (*para discussão*) list of topics; CINE, TV script

rotina [xoˈtʃina] *f* routine procedure; **exame de ~** routine procedure; **entrar na ~** to follow the routine; **sair da ~** to break the monotony

rotineiro, -a [xotʃiˈnejru, -a] *adj* routine

rotisseria [xotiseˈria] *f* rotisserie

roto, -a [ˈxotu, -a] *adj* (*rasgado*) split; (*danificado*) broken

rotor [xoˈtor] <-es> *m* ELETR rotor

rotular [xotuˈlar] *vt* **1.** (*com rótulo*) to label **2.** *fig* (*uma pessoa*) to label; **~ alguém de conservador** to label sb as a conservative

rótulo [ˈxɔtulu] *m* **1.** (*em frasco*) label **2.** *fig* (*para pessoa*) label

rotunda [xoˈtũwda] *f* rotunda; **contornar a ~** to encircle the rotunda

roubada [xoˈbada] *f inf* lost cause

roubado, -a [xoˈbadu, -a] *adj* (*objeto, pessoa*) robbed

roubalheira [xobaˈʎejra] *f* (*de bens do Estado; em grandes proporções*) plunder

roubar [xoˈbar] **I.** *vt* to rob; **~ a. c. de alguém** to steal sth from sb; **~ alguém** to rob sb; **~ um beijo** to steal a kiss **II.** *vi* to rob

roubo [ˈxowbu] *m* robbery; *fig* (*preço extorsivo*) exorbitant price; **cinco reais por um café é um ~** five reals for a coffee is armed robbery

rouco, -a [ˈxoku, -a] *adj* hoarse

round [ˈxaũdʒi] *m* ESPORT round

roupa [ˈxopa] *f* (*para vestir*) clothes; (*para lavar, passar*) laundry; **~ de baixo** underwear; **~ de banho** bathing suit; **~ de cama** bed linen; **lavar a ~** to do one's laundry

roupão <-ões> [xoˈpãwm -ˈõjs] *m* dressing gown; (*de banho*) bathrobe

roupa-suja [ˈxopaˈsuʒa] <roupas--sujas> *f fig* dirty laundry [*o* linen]; **lavar a ~** to air dirty laundry; **~ se lava em casa** you shouldn't air dirty laundry in public

roupeiro [xoˈpejru] *m* chest of drawers

roupões *m pl de* **roupão**

rouquidão [xowkiˈdãw, -ˈõjs] *f sem pl* hoarseness

rouxinol <-óis> [xowʃiˈnɔw, -ˈɔjs] *m* nightingale

roxo [ˈxoʃu] *m* purple

roxo, -a [ˈxoʃu, -a] *adj* **1.** purple; (*lábios*) blue with cold **2. torcedor ~** *inf* fanatic rooter

royalty ['xɔjawtʃi] <-ies> *m* royalty; **cobrar royalties** to charge royalties

rua ['xua] *f* street; ~ **de mão única** one-way street; ~ **principal** main street; ~ **secundária** secondary street; ~ **sem saída** blind alley; **meninos de** ~ street kids; **na** ~ on the street; **nesta** ~ on this street; **ele vive na** ~, **batendo papo com os amigos** he's always hanging out with his friends; **saiu e ainda não voltou da** ~ he went out and still hasn't come home; **pôr alguém na** ~ to throw sb out on the streets; ~! out!; **estar na** ~ **da amargura** to drain a bitter cup

rubéola [xu'bɛwla] *f* MED German measles *pl*

rubi [xu'bi] *m* ruby

rubor [xu'bor] *m sem pl* blush

ruborizar-se [xubori'zarsi] *vr:* ~-**se** *form* to blush

rubra *adj v.* **rubro**

rubrica [xu'brika] *f* (*título*) rubric, title; (*assinatura*) abbreviated signature, signed initials

rubro, -a ['xubru, -a] *adj* ruby-red

ruço ['xusu] *adj* 1. (*cor*) light brown; (*roupa*) dull; (*cabelo*) graying *Am*, greying *Brit* 2. *inf* (*difícil*) **a situação está ruça** the situation is tough

rúcula ['xukula] *f* arugula *no pl Am*, rocket *no pl Brit*

rude ['xudʒi] *adj* 1. (*superfície*) rough 2. (*pessoa, resposta*) rude; (*atitude, modos*) rude; (*ignorante*) uncouth

rudeza [xu'deza] *f* 1. (*de superfície*) roughness 2. (*nos modos*) rudeness

rudimentar [xudʒimẽj'tar] <-es> *adj* 1. (*equipamento, conhecimento*) rudimental 2. (*método*) elementary

rudimentos [xudʒi'mẽjtus] *mpl* outlines *pl*, rudiments *pl*

ruela [xu'ɛla] *f* alley

rufar [xu'far] I. *vt* to beat; ~ **tambor** to beat a drum II. *vi* to beat

rufião <-ões> [xufi'ãw, -'õjs] *m* ruffian

ruflar [xu'flar] *vt* (*asas, bandeira*) to flutter

ruga ['xuga] *f* wrinkle

rugby ['xɜgbi] *m* rugby

ruge ['xuʒi] *m* rouge, blush

rugido [xu'ʒidu] *m* roar

rugir [xu'ʒir] *vi* <g→j> to roar

rugoso, -a [xu'gozu, -ɔza] *adj* wrinkled

ruibarbo [xuj'barbu] *m* rhubarb

ruído [xu'idu] *m* 1. *tb.* RÁDIO, TV noise; **fazer** ~ to make noise; ~ **de fundo** background noise; ~ **branco** white noise 2. MED sound

ruidoso, -a [xui'dozu, -ɔza] *adj* (*aparelho, multidão, festa*) noisy

ruim [xu'ĩj] <-ins> *adj* 1. (*qualidade*) bad 2. (*pessoa*) bad 3. (*nocivo*) bad

ruína [xu'ina] *f* 1. (*decadência*) ruin; **estar na** ~ to be ruined 2. (*de edifício, cidade*) ruin

ruínas [xu'inas] *fpl* 1. (*por degradação*) ruins; **estar em** ~ to be in ruins 2. (*arqueológicas*) ruins *pl*

ruindade [xuĩj'dadʒi] *f sem pl* badness

ruins *adj pl de* **ruim**

ruir [xu'ir] *conj como incluir vi* to crash to earth

ruivo, -a ['xujvu, -a] I. *m, f* redhead II. *adj* (*pessoa*) redheaded person; (*cabelo*) red-haired

rum ['xũw] *m sem pl* rum

rumar [xu'mar] *vt* 1. (*navio*) to steer; ~ **para o sul** to head south 2. (*pessoa*) to go in the direction of; ~ **para uma vida nova** to go after a new life

rumba ['xũwba] *f* rumba

ruminante [xumi'nãntʃi] *m* ruminant

ruminar [xumi'nar] *vi, vt* (*animal, pessoa*) to ruminate, to chew the cud; **ontem fiquei ruminando sobre o assunto até tarde** yesterday I spent hours ruminating on [*o* about] that subject

rumo ['xumu] *m* 1. AERO, NÁUT rhumb line; **mudar de** ~ to change routes 2. (*direção*) direction; **sem** ~ adrift 3. (*de situação, da vida*) way of; **dar um** ~ **à sua vida** to decide on a way of life

rumor [xu'mor] <-es> *m* 1. (*ruído*) noise; (*de vozes*) murmur 2. (*boato*) rumor *Am*, rumour *Brit*

rumorejar [xumore'ʒar] *vi* 1. (*água, folhagem*) to murmur, to rustle 2. (*pessoas*) to murmur

rumores *m pl de* **rumor**

rupestre [xu'pɛstri] *adj* primitive; **gravura** ~ cave art

ruptura [xup'tura] *f* rupture; (*de relações*) quarrel

rural <-ais> [xu'raw, -'ajs] *adj* 1. (*do campo*) rural 2. (*agrícola*) rural

ruralista [xura'ʎista] I. *mf* ruralist II. *adj* ruralist

rusga ['xuzga] *f* (*polêmica*) spat

rush ['xʃi] *m sem pl* rush; **hora do ~** rush hour
russa *adj, f v.* **russo**
Rússia ['xusja] *f* Russia
russo, -a ['xusu, -a] **I.** *m, f* Russian **II.** *adj* Russian
rústico, -a ['xustʃiku, -a] *adj* **1.** (*casa, decoração*) rustic **2.** (*pessoa*) loutish
rutilante [xutʃi'lɜ̃ntʃi] *adj* radiant

S

S, s ['ɛsi] *m* S, s
S. ['sɜ̃w] *m abr de* **São** St.
sã *adj v.* **são**
sábado ['sabadu] *m* Saturday; **aos ~s** on Saturdays; **Sábado de Aleluia** Holy Saturday; *v.tb.* **segunda-feira**
sabão <-ões> [sa'bɜ̃w, -'õjs] *m* **1.** soap; (*sabonete*) bar of soap; **~ de coco** coconut oil soap; **~ em pó** laundry detergent **2.** *inf* (*repreenda*) **passar um ~ em alguém** to tell sb off; **vá lamber ~!** get lost!
sabatina [saba'tʃina] *f fig* discussion
sabatinar [sabatʃi'nar] *vt* to review
sabedoria [sabedo'ria] *f* wisdom; (*conhecimentos*) knowledge; **popular** folk wisdom; **ter muita ~** to be very wise
saber [sa'ber] *irr* **I.** *m* **1.** (*conhecimento*) knowledge **2.** (*capacidade*) ability **II.** *vt* **1.** (*ter conhecimento*) to know; **sabe de uma coisa?** do you know sth?; **não querer ~ de nada** (*desinformação*) to not want to get involved; **não ~ a quantas anda** to have no news about sb; **vai ~!** who knows!; **sei lá!** how should I know!; **que eu saiba** as far as I know **2.** (*capacidade*) ability; **~ nadar/escrever/inglês** to know how to swim/write/speak English **3.** (*descobrir*) to find out; **vir a ~** to find out about; **eu soube disso ontem** I found out about this yesterday **III.** *vi* (*ter conhecimento*) to be aware of; **não sei** I don't know **IV.** (*explicação*) **a ~** namely
sabiá [sabi'a] *mf* thrush

sábia *adj, f v.* **sábio**
sabiamente [sabia'mẽntʃi] *adv* **1.** (*com sabedoria*) knowingly **2.** (*com prudência*) prudently
sabichão, -ona <-ões> [sabi'ʃɜ̃w, -'ona, -'õjs] *m, f inf* know-it-all
sabichona [sabi'ʃona] *f v.* **sabichão**
sabido, -a [sa'bidu, -a] *adj* **1.** (*matéria*) known **2.** (*pessoa*) cunning
sábio, -a ['sabiw, -a] **I.** *m, f* wise person **II.** *adj* learned
saboeiro [sabo'ejru] *m* BOT soapberry tree
sabões *m pl de* **sabão**
sabonete [sabo'netʃi] *m* soap
saboneteira [sabone'tejra] *f* (*caixa*) soapbox; (*de parede*) soap dish
sabor [sa'bor] <-es> *m* flavor *Am*, flavour *Brit*; **~ de chocolate** chocolate flavor; **experimentou o ~ do sucesso** he got a taste of success
saborear [sabo'rear] *conj como passear vt* to savor *Am*, to savour *Brit*; *fig* to enjoy
sabores *m pl de* **sabor**
saboroso, -a [sabo'rozu, -'ɔza] *adj* delicious
sabotagem [sabo'taʒẽj] <-ens> *f* sabotage
sabotar [sabo'tar] *vt* to sabotage
sabre ['sabri] *m* saber *Am*, sabre *Brit*
sabugo [sa'bugu] *m* BOT pith of elder
sabugueiro [sabu'gejru] *m* BOT elder
saburroso, -a [sabu'xozu, -'ɔza] *adj* coated with sediment
saca ['saka] *f* large sack
sacada [sa'kada] *f* (*varanda*) balcony; (*marquise*) marquee
sacado [sa'kadu] *m* ECON drawee
sacado, -a [sa'kadu, -a] *adj* withdrawn
sacador(a) [saka'dor(a)] <-es> *m(f)* **1.** ECON drawer **2.** ESPORT server
sacal [sa'kaw, -'ajs] <-is> *adj reg, inf* (*RJ: aborrecido*) boring
sacana [sa'kɜna] **I.** *mf pej, inf* scoundrel **II.** *adj pej, chulo* low, reprobate
sacanagem [sakɜ'naʒẽj] <-ens> *f* **1.** *inf* (*troça*) mean trick; (*deslealdade*) backstabbing **2.** *chulo* (*devassidão*) depravation
sacanear [sakɜni'ar] *conj como passear* **I.** *vt chulo* (*amolar*) to irritate **II.** *vi chulo* to screw
sacar [sa'kar] <c→qu> **I.** *vt* **1.** (*tirar*) to take out; (*à força*) to rip out; (*arma*) to draw (out) **2.** (*informação*) to extract

sacarina 517 **safra**

3. (*dinheiro*) to withdraw **II.** *vi* **1.** (*arma*) to draw **2.** *gír* (*perceber*) to get it **3.** ESPORT to serve

sacarina [saka'rina] *f* saccharin *no pl*

saca-rolhas ['saka-'xoʎas] *m inv* corkscrew

sacarose [saka'rɔzi] *f* sucrose

sacerdócio [saser'dɔsiw] *m* priesthood *no pl*

sacerdote, -tisa [saser'dɔtʃi̯, -'tʃiza] *m*, *f* priest *m*, priestess *f*

sachê [sa'ʃe] *m* sachet

saciar [sasi'ar] **I.** *vt* **1.** (*a fome, sede*) to satiate **2.** (*satisfazer*) to satisfy **II.** *vr*: ~-**se 1.** (*de comida*) to eat one's fill **2.** (*satisfazer-se*) to satisfy oneself

saci-pererê [sa'si-pere're] <sacis(s)-pererês> *m one-legged black man from Brazilian folklore that smokes a pipe and wears a red cap with magical powers*

saco ['saku] *m* **1.** bag; ~ **de dormir** sleeping bag; ~ **de pancada** *tb. fig* punching bag; ~ **de plástico** plastic bag; ~ **sem fundo** bottomless pit; (*roupa malfeita e larga*) baggy, shoddy clothes; **botar** [*ou* **colocar**] **tudo no mesmo** ~ *fig* to overgeneralize **2.** *chulo* (*escroto*) scrotum **3.** *inf* **não tenho saco para isso** I have no patience for that; *inf*; **puxar o** ~ **de alguém** to brown-nose sb *sl*; **que** ~! what a drag [*o* bummer]!; **estou de** ~ **cheio!** I've had it!; **não enche** [*ou* **torra**] **o** ~! get off my back!; **estar em** ~ **para a. c.** I don't feel like doing sth

sacode [sa'kɔdʒi] *3. pres de* **sacudir**

sacola [sa'kɔla] *f* shopping bag

sacoleiro, -a [sako'lejru, -a] *m, f vendor who travels great distances to buy goods for customers, usually on the black market*

sacolejar [sakole'ʒar] *vt* to shake

sacra *adj v.* **sacro**

sacramentado, -a [sakramẽj'tadu, -a] *adj* REL ≈ anointed; *inf* (*compromisso*) formalized

sacramentar [sakramẽj'tar] *vt* to administer the sacraments to, to anoint; *inf* (*documento, contrato*) to legalize, to formalize

sacramento [sakra'mẽjtu] *m* REL sacrament; **o Santíssimo Sacramento** the Holy Sacrament, the Eucharist

sacrificar [sakrifi'kar] <c→qu> **I.** *vt* (*vitimar, renunciar*) to sacrifice **II.** *vr*: ~-**se** to sacrifice oneself; ~-**se por alguém** to sacrifice oneself for sb

sacrifício [sakri'fisiw] *m* sacrifice; (*renúncia*) self-denial; **fazer** ~**s (por alguém)** to make sacrifices for sb

sacrílega *f v.* **sacrílego**

sacrilégio [sakri'lɛʒiw] *m* sacrilege

sacrílego, -a [sa'krilegu, -a] *m, f* sacrilegious person

sacristão, sacristã [sakris'tãw, -'ã] *m, f* sacristan

sacristia [sakris'tʃia] *f* sacristy

sacro, -a ['sakru, -a] *adj* REL sacred; **artes sacras** sacred arts

sacudida [saku'dʒida] *f* jerk; *fig*; **dar uma** ~ **em alguém** to shake sb (up)

sacudidela [sakudʒi'dɛla] *f v.* **sacudida**

sacudir [saku'dʒir] *irr como* **subir I.** *vt* to shake; (*tapete*) to beat; (*roupa, pó*) to shake (out) **II.** *vr* ~-**se todo** to shake all over

sadia *adj v.* **sadio**

sádico, -a ['sadʒiku, -a] **I.** *m, f* sadist **II.** *adj* sadistic

sadio, -a [sa'dʒiw, -a] *adj* **1.** (*pessoa, atividade*) healthy **2.** (*experiência*) sound

sadismo [sa'dʒizmu] *m sem pl* sadism

sadomasoquismo [sadomazo'kizmu] *m sem pl* sadomasochism

sadomasoquista [sadomazo'kista] *mf* sadomasochist

safa *adj v.* **safo**

safada *adj, f v.* **safado**

safadeza [safa'deza] *f* underhandedness

safado, -a [sa'fadu, -a] **I.** *m, f* rascal **II.** *adj* unscrupulous

safanão <-ões> [safa'nãw, -'õjs] *m* (*puxão*) shove; *inf* (*bofetada*) slap

safar [sa'far] **I.** *vt* **1.** (*uma pessoa*) to free **2.** (*furtar*) to steal **II.** *vr*: ~-**se 1.** (*salvar-se*) to escape; ~-**se de perigo** to escape from danger **2.** (*esquivar-se*) to avoid; ~-**se de situações** to avoid situations **3.** *inf* (*fugir*) ~-**se de complicações** to get away from problems

safári [sa'fari] *m* safari

safena [sa'fena] *f* MED **ponte de** ~ coronary bypass

safenado, -a [safe'nadu, -a] *adj* coronary bypass patient

safira [sa'fira] *f* sapphire

safo, -a ['safu, -a] *adj inf* (*esperto*) clever

safra ['safra] *f* (*colheita*) harvest; (*pro-*

dução) production

saga ['sagɐ] *f* LIT saga

sagacidade [sagasi'dadʒi] *f* (*perspicácia*) sagacity; (*inteligência*) discernment

sagaz [sa'gas] <-es> *adj* (*perspicaz, inteligente*) sagacious

Sagitário [saʒi'tariw] *m* Sagittarius; **nativo de** ~ born under the sign of Satittarius; **ser (de)** ~ to be a Sagittarius

sagrado, -a [sa'gradu, -a] *adj* sacred

sagrar-se [sa'grarsi] *vr* to establish oneself as; ~ **campeão** to become champion

sagu [sa'gu] *m* sago

saguão <-ões> [sa'gwɐ̃w, -'õjs] *m* (*de convento, casa*) courtyard; (*de hotel*) lobby

sagui [sa'gwi] *m* ZOOL marmoset, saki

saguões *m pl de* **saguão**

saia ['saja] *f* (*roupa*) skirt; ~ **justa** tight skirt; **ficar de** ~ **justa** *inf* to get into a tight situation

saia-calça ['saja-'kawsa] <saias-calças> *f* culottes

saiba ['sajba] *1./3. pres subj de* **saber**

saibro ['sajbru] *m* mixture of coarse sand and clay, used in construction

saída *adj v.* **saído**

saída [sa'ida] *f* **1.** (*de sala, edifício, garagem, autoestrada*) exit; ~ **de emergência** emergency exit **2.** (*partida*) departure; **não dá nem para a** ~ it is impossible to win; **de** ~, **colocamos as fofocas em dia** first, we be caught up on all the gossip **3.** INFOR, ELETR output **4.** (*de sociedade, partido*) withdrawal **5.** (*mercadoria*) **ter** ~ to be in demand **6.** (*para problema*) recourse; **estar sem** ~ to have no recourse **7.** (*roupa*) wrap

saída de banho [sa'ida dʒi 'bɐ̃ɲu] <saídas de banho> *f* bath robe

saideira [sai'dejra] *f inf* last round

saído, -a [sa'idu, -a] *adj* **1.** (*saliente*) protruding **2.** *inf* (*atrevido*) bold

saiote [saj'ɔtʃi] *m* overskirt

sair [sa'ir] *irr* II. *vt* **1.** (*de um lugar; ir*) to leave; **ele sai de casa cedo para ir à escola** he leaves home early to go to school; (*vir*) to move; **saiu da Bahia para morar no sul** he moved from Bahia to live in the south; (*partir*) to leave; ~ **de casa** to leave home; ~ **do emprego** to leave a job; ~ **de férias** to go on vacation; ~ **do país** to leave the country; ~ **da rotina** to get out of the routine; **ela já saiu** she's already left; ~ **à noite** to go out at night; **o trem saiu no horário** the train left on time; ~ **de fininho** to leave without others noticing, to slip out **2.** (*relacionamento*) **ela está saindo com um colega da escola** she is dating a schoolmate **3.** (*semelhança*) to take after; ~ **a alguém** to take after sb; **ele saiu ao pai** he takes after his father II. *vi* **1.** ~ **para jantar** to go out to eat; **sai de baixo!** get out of the way! **2.** (*livro, filme, disco, artigo*) to be released **3.** (*cor, mancha*) to fade **4.** (*gás, água, fumaça*) to escape **5.** (*resultado*) to turn out; ~ **bem/mal** to turn out well/badly; **como saiu o bolo?** how did the cake turn out?; ~ **caro** to turn out expensive **6.** (*preço*) **quanto sai esta blusa?** how much is this shirt? **7.** (*prêmio*) to award **8.** (*sol, lua*) to come out **9.** (*transcorrer*) **tudo saiu como o planejado** everything went as planned III. *vr*: ~-**se 1.** (*comentário*) ~-**se com a. c.** to come up with sth to say **2.** (*êxito*) ~-**se bem/mal em a. c.** to be successful/unsuccessful at sth; **não sei como vou me** ~ **desta** I don't know how I'll get out of this one

sal <-ais> ['saw, 'sajs] *m* **1.** (*substância*) salt; ~ **de cozinha** table salt; ~ **grosso** rock salt; **sais de banho** bath salts **2.** (*de pessoa*) wit; **sem** ~ dull, vapid

sala ['sala] *f* room; ~ **de aula** classroom; (*na escola*) classroom; ~ **de conferências** conference hall; ~ **de espera** waiting room; ~ **de estar** living room; ~ **de jantar** dining room; ~ **de operações** operating room; ~ **de reuniões** meeting room; **fazer** ~ to entertain guests

salada [sa'lada] *f* **1.** GASTR salad; ~ **de batata** potato salad; ~ **de frutas** fruit salad **2.** ~ **russa** *inf* (*confusão*) confusion

saladeira [sala'dejra] *f* salad bowl

sala e quarto ['sala i 'kwartu] <sala(s) e quartos> *m* one bedroom apartment

salafrário, -a [sala'frariw, -a] *m, f inf* scoundrel

salamaleque [salama'lɛki] *m inf* obsequiousness

salamandra [sala'mɐ̃ndra] *f* salamander

salame [saˈlami] *m* salami

salão <-ões> [saˈlãw, -ˈõjs] *m* **1.** (*sala*) salon; **~ de festas** ballroom; **limpar o ~** *inf* to pick one's nose **2.** (*estabelecimento*) business office; **~ de cabeleireiro** beauty salon; **~ de jogos** gambling house

salarial <-ais> [salariˈaw, -ˈajs] *adj* salary-related

salário [saˈlariw] *m* salary; **~-mínimo** (monthly) minimum wage; **décimo terceiro ~** Christmas bonus

salário-família [saˈlariw-faˈmiʎa] <salários-família(s)> *m* wage allowance for dependents

saldar [sawˈdar] *vt* (*dívida, conta*) to settle, to pay (off)

saldo [ˈsawdu] *m* **1.** balance; **~ negativo** debit; **~ positivo** credit; **~ de conta bancária** bank account balance; **~ de vitórias** goal difference **2.** (*resultado*) result

saldos [ˈsawdus] *mpl* **venda de ~** remnant sale

saleiro [saˈlejru] *m* salt shaker

salgada *adj v.* **salgado**

salgadinhos [sawgaˈdʒĩɲus] *mpl* appetizers *pl*, hors d'oeuvres *pl*

> **Cultura** Salgadinhos are small pastries, generally served as appetizers and filled with chicken, heart of palm or bacalao. The best known varieties are **empadinhas** (tiny empanadas), **coxinhas** (chicken wings), **croquettes**, and **pastéis** (turnovers).

salgado, -a [sawˈgadu, -a] *adj* salty; (*preço*) expensive

salgados [sawˈgadus] *mpl* salt marsh *pl*

salgar [sawˈgar] *vt* <g→gu> to salt

sal-gema <sais-gemas> [ˈsaw-ˈʒema, ˈsajs-ˈʒemas] *m* QUÍM halite

salgueiro [sawˈgejru] *m* BOT willow

saliência [saliˈẽjsja] *f* protrusion, salience

salientar [saljẽjˈtar] **I.** *vt* to point out **II.** *vr* **-se** to stand out; **ela se salienta por sua capacidade** she has distinguished herself through her ability

saliente [saˈʎjẽjtʃi] *adj* salient; *inf* (*assanhado*) impudent

salina [saˈʎina] *f* saline

salino, -a [saˈʎinu, -a] *adj* salty

salitre [saˈʎitri] *m* potassium nitrate

saliva [saˈʎiva] *f* saliva

salivar [saʎiˈvar] *vi* to salivate; **só de pensar naquela feijoada a minha boca já fica salivando** just thinking about that feijoada makes my mouth water

salmão <-ões> [sawˈmãw, -ˈõjs] *m* salmon

salmo [ˈsawmu] *m* REL psalm

salmões *m pl de* **salmão**

salmonela [sawmoˈnɛla] *f* MED salmonella

salmoura [sawˈmora] *f* brine

salobro [saˈlobru] *adj* (*água*) brackish

salões *m pl de* **salão**

salpicado, -a [sawpiˈkadu, -a] *adj* sprinkled; **~ de** sprinkled with

salpicão <-ões> [sawpiˈkãw, -ˈõjs] *m* GASTR (*salada*) salmagundi

salpicar [sawpiˈkar] *vt* <c→qu> to sprinkle; **ele salpicou de cera o sapato novo** he spattered wax on the new shoe

salpico [sawˈpiku] *m* sprinkle

salpicões *m pl de* **salpicão**

salsa [ˈsawsa] *f* **1.** BOT parsley **2.** MÚS salsa

salseiro [sawˈsejru] *m* **1.** (*chuva forte*) downpour **2.** (*confusão*) disorder; **ela foi à festa determinada a armar um grande ~** she went to the party determined to make trouble

salsicha [sawˈsiʃa] *f* frankfurter

salsichão [sawsiˈʃãw, -ˈõjs] *m* knackwurst, knockwurst

saltar [sawˈtar] **I.** *vt* **1.** (*um muro*) to jump over **2.** (*uma página, palavra*) to skip (over) **3.** (*lançar-se*) to spring; **irado, quis ~ no pescoço do vendedor** enraged, he wanted to attack the salesman **4.** *inf* (*trazer*) **garçom, salta duas cervejas** waiter, bring two beers **5.** (*avançar*) to skip; **como era ótimo aluno, saltou 2 anos na escola** because he was such a good student, he skipped two grades in school **II.** *vi* **1.** (*pessoa*) to jump; **~ da cama** to jump out of bed; **~ do muro** to leap over the wall; **~ do ônibus** to get off the bus; **~ aos olhos** to catch the eye **2.** (*saltitar*) to jump; **~ de contente** to jump for joy **3.** (*líquido*) to spatter; **~ da panela** to spatter from the pan

4. (*coração*) to be anxious

salteado, -a [sawtʃi'adu, -a] *adj* attacked; **saber a. c. de cor e** ~ to know sth by heart

salteador(a) [sawtʃia'dor(a)] <-es> *m(f)* robber

saltear [sawtʃi'ar] *conj como passear vt* (*alternar*) to skip

saltimbanco [sawtʃĩj'bãŋku] *m* acrobat

saltitante [sawtʃi'tãntʃi] *adj* skipping

saltitar [sawtʃi'tar] *vi* to skip

salto ['sawtu] *m* **1.** (*movimento*) leap; ~ **em altura** high jump; ~ **de cabeça** to dive; ~ **em distância** long jump; ~ **mortal** somersault; ~ **com vara** pole vault; **dar um** ~ to leap; **dar um** ~ **no escuro** *inf* to take a shot in the dark; (*na carreira*) to rise **2.** (*de calçado*) heel; ~ **alto/baixo** high/low heel; **jogar de** ~ **alto** *inf* to show off

salubre [sa'lubri] *adj* healthy

salutar [salu'tar] *adj* (*comida*) wholesome; *fig* (*edificante*) edifying

salva *adj v.* **salvo**

salva ['sawva] *f* **1.** MIL salvo **2.** BOT sage **3. uma** ~ **de palmas** a round of applause

salvação <-ões> [sawva'sãw, -'õjs] *f* (*do perigo*) salvation; **isso foi a minha** ~ this was my salvation; **é a** ~ **da lavoura** *inf* it came (just) in the nick of time

salvador(a) [salva'dor(a)] <-es> *m(f)* savior *Am*, saviour *Brit;* ~ **da pátria** *tb. fig* hero

Salvador¹ [sawva'dor] *m* REL (Christ) the Savior

Salvador² [sawva'dor] (City of) Salvador

salvaguarda [sawva'gwarda] *f* **1.** (*proteção*) safeguard **2.** (*garantia*) guarantee

salvaguardar [sawvagwar'dar] *vt* **1.** (*proteger*) to safeguard **2.** (*garantir*) to guarantee

salvamento [sawva'mẽjtu] *m* rescue; **equipe de** ~ rescue team

salvar [saw'var] <*pp* **salvo** *ou* **salvado**> I. *vt* **1.** (*pessoa, objeto, relação*) to rescue; ~ **alguém/a. c. de uma enchente/de um incêndio** to rescue sb/sth from a flood/fire; (*reputação*) to keep **2.** REL to redeem **3.** INFOR to save II. *vr:* ~**-se 1.** (*do perigo*) ~**-se de um acidente** to survive an accident **2.** REL to be saved

salva-vidas ['sawva-'vidas] *m inv* **1.** (*objeto*) **barco** ~ lifeboat; **colete** ~ life jacket, life vest **2.** (*pessoa*) lifeguard

salve ['sawvi] *interj* hail

salve-se quem puder ['sawvisi 'kẽj pu'dɛr] *m sem pl* stampede; **quando vimos a fumaça, foi um** ~ when we saw the smoke, it was every man for himself

sálvia ['sawvia] *f* BOT sage

salvo ['sawvu] I. *pp irr de* **salvar** II. *prep* except; ~ **erro** errors excepted; ~ **exceção** except; ~ **se você vier** unless you come

salvo, -a ['sawvu, -a] *adj* (*do perigo*) saved; **são e** ~ safe and sound; **estar a** [*ou* **em**] ~ to be out of harm's way

salvo-conduto ['sawvu-kõw'dutu] <salvo(s)-condutos> *m* safe-conduct; *fig* (*imunidade*) immunity

samambaia [samãm'baja] *f* BOT fern

samaritano, -a [samari'tɐnu, -a] *adj, m, f* Samaritan

samba ['sãmba] *m* MÚS samba; **escola de** ~ samba school; *v.tb.* **escola**

> **Cultura** Born in the mid-1910s at get-togethers of Bahian sweets vendors living in Rio de Janeiro, then the Federal District, samba was boosted into prominence by radio in the mid-1920's, prompting the formation of samba groups (**escolas de samba**). The samba composer, Noel Rosa showed that samba, already rich in rhythm, could also be rich in content, and later incorporated variations and influences of all types. More than just a genre, **samba** has become part of Brazilian musical identity.

samba-canção <sambas-canções *ou* sambas-canção> ['sãmba-kãŋ'sãw, -'õjs] *m* **1.** melodic urban samba that combines the rhythm of the samba of Rio with sentimental lyrics **2.** (*cueca*) boxer shorts

samba-enredo ['sãmba-ĩj'xedu] <sambas-enredo(s)> *m* samba put to lyrics

sambar [sãŋ'bar] *vi* **1.** MÚS to dance samba **2.** (*roupa*) to become baggy; **depois que emagreceu, a roupa**

sambista — **sapataria**

ficou sambando after he lost weight, his clothes became loose on him **3.** *inf* (*ser preso*) to be arrested, to get caught **4.** *inf* (*não vingar*) to not work; **o piquenique sambou quando começou a chover** the picnic was ruined by the rain

sambista [sãŋ'bista] *mf* samba dancer [*o* composer]

sambódromo [sãŋ'bɔdrumu] *m* parade stadium

samburá [sãŋbu'ra] *m* wicker fish trap

Sampa [sɜmpa] *inf* (city of) São Paulo

samurai [samu'raj] *m* samurai

sanar [sɜ'nar] *vt* to remedy

sanatório [sana'tɔriw] *m* sanatorium

sanção <-ões> [sãŋ'sãw, -'õjs] *f* sanction

sancionar [sãŋsjo'nar] *vt* (*uma lei*) to sanction

sandália [sãŋ'daʎia] *f* sandal

sândalo ['sãŋdalu] *m* sandalwood

sandice [sãŋ'dʒisi] *f* foolishness

sanduba [sãŋ'uba] *m inf* sandwich

sanduíche [sãŋdu'iʃi] *m* sandwich; **~ de queijo** cheese sandwich

saneamento [sania'mẽjtu] *m* sanitation; **~ básico** basic sanitation

sanear [sani'ar] *conj como passear vt* to remedy; *fig* to clean; **~ as finanças** to clear accounts

sanfona [sãŋ'fona] *f* MÚS accordion; **tocar ~** to play an accordion

sanfoneiro, -a [sãŋfo'nejru, -a] *m, f* accordionist

sangramento [sãŋgra'mẽjtu] *m* bleeding *no pl*

sangrar [sãŋ'grar] *vi* to bleed

sangrento, -a [sãŋ'grẽjtu, -a] *adj* bloody

sangria [sãŋ'gria] *f* **1.** (*banho de sangue*) bloodshed **2.** (*bebida*) sangria

sangue ['sãŋgi] *m* **1.** ANAT blood; **banco de ~** blood bank; **exame de ~** blood test; **irmão de ~** blood brother; **derramar ~** to shed blood; **ser do mesmo ~** to be a blood relative; **subir o ~ à cabeça** to become enraged; **ter ~ de barata** to be meek; **ter ~ frio** to be cold blooded; **ter ~ nas veias** to be hotheaded **2. ~ novo** (*vitalidade*) new [*o* fresh] blood; **as contratações injetaram ~ novo ao time** the new signings brought new life to the team

sangue-frio ['sãŋgi-'friw] <sangues--frios> *m* coolheadedness *no pl*; **a ~** in cold blood

sanguessuga [sãŋgi'suga] **I.** *f* ZOOL leech **II.** *mf pej* (*pessoa*) bloodsucker

sanguinário, -a [sãŋgi'nariw, -a] *adj* **1.** (*pessoa*) bloodthirsty **2.** (*ato*) bloody

sanguíneo, -a [sãŋ'gwiniw, -a] *adj* blood; **grupo ~** blood type; **pressão sanguínea** blood pressure

sanguinolento [sãŋgino'lẽjtu, -a] *adj* bloody

sanha ['sãɲa] *f* fury

sanidade [sani'dadʒi] *f* **1.** (*higiene*) hygiene **2.** (*saúde*) health; **~ mental** sanity

sanitário [sani'tariw] *m* toilet

sanitário, -a [sani'tariw, -a] *adj* **1.** (*da saúde*) healthy **2.** (*da higiene*) hygienic; **vaso ~** toilet; **higiene sanitária** sanitary hygiene

sanitarista [sanita'rista] *mf* sanitarian

sânscrito ['sãŋskritu] *m* Sanskrit

santa *adj, f v.* santo

Santa Catarina [sãŋta kata'rina] *f* (State of) Santa Catarina

santidade [sãŋtʃi'dadʒi] *f* holiness; **Sua** [*ou* **Vossa**] **Santidade** Your Holiness

santificado, -a [sãŋtʃifi'kadu, -a] *adj* sanctified

santinho [sãŋ'tʃiɲu] *m* **1.** (*imagem de santo*) holy card **2.** (*de propaganda eleitoral*) candidate information flyer

santista I. *mf* person from (the City of) Santos **II.** *adj* (*produto*) from Santos; (*instituto*) of Santos

santo, -a ['sãŋtu, -a] **I.** *m, f* saint; **Todos os Santos** All Saints' Day **II.** *adj* saint; **Santo Antônio** Saint Anthony; **dia ~** religious holiday; **todo o dia** every blessed day; **um ~ remédio** a perfect remedy

Santos ['sãŋtus] (City of) Santos

santuário [sãŋtu'ariw] *m* sanctuary

são, sã ['sãw, 'sã] *adj* healthy; **~ e salvo** safe and sound

São ['sãw] *adj* saint; **~ Pedro/João** Saint Peter/John

São Luís [sãw lu'is] (City of) São Luís

São Paulo [sãw 'pawlu] *m* (*cidade*) (City of) São Paulo; (*estado*) (State of) São Paulo

sapatada [sapa'tada] *f* kick with a shoe; **dar/levar uma ~** to kick/to be kicked

sapatão <-ões> [sapa'tãw, -'õjs] *f chulo* (*lésbica*) dyke

sapataria [sapata'ria] *f* shoe shop

sapateado [sapatʃi'adu] *m* MÚS tap dance; **dançar ~** to tap dance

sapateira [sapa'tejɾa] *f* **1.** ZOOL tapir **2.** (*móvel*) shoe closet

sapateiro, -a [sapa'tejɾu, -a] *m, f* shoemaker

sapatilha [sapa'tʃiʎa] *f* (*de lona*) tennis shoe; (*de balé*) ballet slipper

sapato [sa'patu] *m* shoe; **~ baixo/alto** high-heeled/low-heeled shoe

sapatões *f pl de* **sapatão**

sapé [sa'pɛ] *m* BOT cogon, tall, course grass used for thatching

sapear [sapi'ar] *conj como passear vi inf* (*observar*) to look on

sapeca [sa'pɛka] *adj* mischievous

sapecar [sape'kar] *vt* <c→qu> (*tascar*) to smack

sapiência [sapi'ẽjsia] *f* wisdom

sapiente [sapi'ẽjtʃi] *adj* wise

sapinhos [sa'pĩnus] *mpl* MED stomatomycosis

sapo ['sapu] *m* toad; **engolir ~(s)** *inf* to swallow one's pride

sapucaia [sapu'kaja] *f* BOT monkey pot

saque ['saki] *m* **1.** (*de cheque, dinheiro*) withdrawal **2.** (*pilhagem*) looting **3.** (*esporte*) serve

saquê [sa'ke] *m* sake

saqueador, -a [sakia'dor, -a] <-es> *m, f* looter

saquear [saki'ar] *conj como passear vt* to loot

saracotear [saɾakutʃi'ar] *conj como passear vi* to saunter

saracura [saɾa'kuɾa] *f* ZOOL shore bird

saraivada [saɾaj'vada] *f fig* shower; **~ de balas/críticas** hail of bullets/criticism

sarampo [sa'ɾɐ̃pu] *m* MED measles *pl*

sarar [sa'ɾar] **I.** *vt* to cure **II.** *vi* (*ferida*) to heal

sarau [sa'ɾaw] *m* soirée; (*de poesia*) poetry reading; **~ cultural** evening cultural event; **~ musical** evening concert

sarcasmo [sar'kazmu] *m sem pl* sarcasm

sarcástico, -a [sar'kastʃiku, -a] *adj* sarcastic

sarcófago [sar'kɔfagu] *m* sarcophagus

sarda ['saɾda] *f* freckle

sardento, -a [sar'dẽjtu, -a] *adj* freckled

sardinha [sar'dʒiɲa] *f* sardine; **~ em conserva** canned sardines

sargaço [sar'gasu] *m* BOT gulfweed

sargento [sar'ʒẽjtu] *m* MIL sargeant

sarja ['saɾʒa] *f* scarification

sarjeta [sar'ʒeta] *f* gutter; **viver na ~** *fig* to live in the gutter

sarna ['saɾna] *f* (*em animal*) mange; (*em pessoa*) itch; *inf* (*maçante*) bore; **procurar ~ para se coçar** to look for trouble

sarongue [sa'rõwgi] *m* sarong

sarrafo [sa'xafu] *m* slat; **baixar o ~ em alguém** *inf* to beat sb with a slat

sarro ['saxu] *m inf* (*pessoa ou coisa divertida*) real character; **tirar ~ com a cara de alguém** to make fun of sb; **tirar um ~** *chulo* to make out

satã [sa'tɐ̃] *m v.* **satanás**

satanás [sata'nas] <-es> *m* Satan

satânico, -a [sa'tɐniku, -a] *adj* satanic

satélite [sa'tɛʎitʃi] *m* satellite

sátira ['satʃiɾa] *f* satire

satírico, -a [sa'tʃiɾiku, -a] *adj* satirical

satirizar [satʃiɾi'zar] *vt* to satirize

satisfaça [satʃis'fasa] *1./3. pres subj de* **satisfazer**

satisfação <-ões> [satʃisfa'sɐ̃w, -'õjs] *f* **1.** (*ação de satisfazer*) satisfaction; (*de uma necessidade, um requisito*) fulfillment, fulfilment **2.** (*contentamento*) contentment **3.** (*explicação*) explanation; (*justificação*) justification; **dar uma ~ a alguém** to offer an apology; **dar satisfações a alguém (de a. c.)** to explain sth to sb; **tirar ~ com alguém** to demand an explanation

satisfatório, -a [satʃisfa'tɔɾiw, -a] *adj* satisfactory

satisfazer [satʃisfa'zer] *irr como* **fazer** **I.** *vt* **1.** (*uma pessoa*) to satisfy **2.** (*requisito, pedido, necessidade*) to fulfill; **~ as exigências** to meet the demands **II.** *vi* **1.** (*ser suficiente*) to be enough **2.** (*contentar*) to make content **III.** *vr* **~-se com a. c.** to be content with sth

satisfeito, -a [satʃis'fejtu, -a] **I.** *pp de* **satisfazer** **II.** *adj* **1.** (*contente*) content; **dar-se por ~ com a. c.** to be satisfied with sth **2.** (*com comida*) to be full

saturação <-ões> [satuɾa'sɐ̃w, -'õjs] *f* **1.** QUÍM saturation **2.** (*enfado*) saturation point

saturado, -a [satu'ɾadu, -a] *adj* **1.** QUÍM saturated **2.** (*repleto*) full; **o mercado está ~ de profissionais pouco qualificados** the marketplace is filled with poorly qualified professionals

3. (*farto*) fed up; **estar ~ de alguém/a. c.** to be fed up with sb/sth

saturar [satu'rar] *vt* 1. QUÍM to saturate 2. (*fartar*) to reach the saturation point

Saturno [sa'turnu] *m* ASTRON Saturn

saudação <-ões> [sawda'sãw, -'õjs] *f* greeting; **fazer uma ~ a alguém** to greet sb

saudade [saw'dadʒi] *f* longing; **~s de casa** homesickness; **vão deixar ~s** they will be missed; **estar com** [*ou* **ter**] **~ de alguém/a. c.** to long for sb/sth; **vou para o interior para matar as ~s das minhas amigas** I'm going upstate to see my friends I miss so much; **fui ao Brasil para matar ~s de São Paulo** I went to Brazil to satisfy the longing I had for São Paulo; **deixar na** [*ou* **~**] *inf* to leave sb hanging; **morrer de ~s de a. c./alguém** to long deeply for sth/sb

> **Cultura** Saudade refers to a melancholic sentiment brought on by the absence of someone or something, by being away from a place, or by the desire to relive certain past experiences. Frequently in the plural, the word may be used in various situations: when missing someone who lives far away, missing the streets of one's hometown, missing a good home-cooked meal, missing the good-old college days, etc.

saudar [saw'dar] *irr vt* to greet

saudável <-eis> [saw'davew, -ejs] *adj* 1. (*pessoa, comida, hábitos*) healthy 2. (*experiência*) beneficial

saúde [sa'udʒi] *f* health; **estar bem de ~** to be in good health; **ter ~** to be healthy; **vender ~** to be in excellent health; **ela está mal de ~** she is in poor health; **beber à ~ de alguém** drink to sb's health; **~!** (*ao brindar*) cheers!; (*ao espirrar*) gesundheit!, bless you!; **tratar da ~ de alguém** to care for sb's health; **não tenho ~ para as suas loucuras** *inf* to can't take your foolishness

saudosa *adj v.* **saudoso**

saudosismo [sawdo'zizmu] *m sem pl* (*nostalgia*) nostalgia

saudosista [sawdo'zista] *mf* nostalgic person

saudoso, -a [saw'dozu, -'ɔza] *adj* reminiscent

sauna ['sawna] *f* sauna; *fig* oven; **este apartamento é uma ~ no verão** this apartment is like an oven in the summer

saúva [sa'uva] *f* ZOOL leaf-cutting ant

savana [sa'vʌna] *f* savanna

saveiro [sa'vejru] *m long and narrow fishing boat*

saxão, -ã <-ões> [sak'sãw, -'ʒ, -'õjs] *m, f* Saxon

saxofone [sakso'foni] *m* saxophone

saxofonista [saksofo'nista] *mf* saxophonist

sazonal <-ais> [sazo'naw, -'ajs] *adj* seasonal

scanner [is'kʌner] *m* INFOR scanner

script [is'kriptʃi] *m* script; **não estava no ~** *inf* that's not what was agreed

se [si] **I.** *conj* 1. (*condicional*) if; (*no caso de*) in the event of; **como ~** +*subj* if; **~ ele estivesse aqui, faríamos uma festa** if he were here, we would throw a party; **como ~ fosse possível** as if it were actually possible; **~ isso acontecer, me avise** if this happens, let me know; **~ fosse/for possível** if it was possible 2. (*interrogativa*) whether; **não sei ~ ele vem** I don't know whether he'll come; **ele está perguntando ~ você quer vir** he is asking whether you want to go; **não sei ~ você sabe, mas ...** I don't know if you know, but ... **II.** *pron* (*masculino*) himself; (*feminino*) herself; (*neutro*) itself; (*as pessoas*) oneself; **lavar-~** to wash oneself **III.** *pron impess* it; **sabe-~ que ...** it is known that ...; **isto ~ fez em três minutos** this was done in three minutes; **aqui ~ come bem** you can get a good meal here; **não ~ fuma neste recinto** smoking is not allowed in this area

sé ['sɛ] *f* REL see, the seat; **a Santa Sé** The Holy See

seara [si'ara] *f* grainfield

sebe ['sɛbi] *f* 1. (*de arbustos*) hedge 2. (*cerca*) fence

sebo ['sebu] *m* 1. MED sebum; (*cera*) wax; **passar** [*ou* **pôr**] **~ nas canelas** *inf* to make a run for it 2. (*livraria*) second-hand bookstore

seborreia [sebo'xɐja] *f* MED seborrhea, seborrhoea

seboso, -a [se'bozu, -'ɔza] *adj* (*cabelo*) greasy; (*pessoa*) filthy, grimy

seca *adj v.* **seco**

seca ['seka] *f* (*sem chuva*) drought

secador [seka'dor] *m* dryer; **~ de cabelo** hair dryer

secadora [seka'dora] *f* (*de roupa*) (clothes) dryer

secagem [se'kaʒẽj] <-ens> *f* drying

secante [se'kãtʃi] *f* MAT secant

seção <-ões> [se'sãw, -'õjs] *f* **1.** (*parte*) part; (*de jornal*) section **2.** (*de empresa, loja*) department; (*de organização*) division; **~ de artigos femininos** women's department; **~ eleitoral** voting district **3.** MAT fraction **4.** MIL section

secar [se'kar] <c→qu> **I.** *vt* **1.** (*roupa, cabelo*) to dry; (*a pele*) to dry out; (*fruta*) to wither **2.** *gír* (*dar azar*) to bring bad luck; **ficou secando os concorrentes** he kept psyching out his competitors **II.** *vi* **1.** (*roupa, cabelo*) to dry; (*pele*) to dry out; **pôr a roupa para ~** to hang clothes out to dry **2.** (*tinta*) to dry **3.** (*rio*) to dry up; (*fonte*) to dry up; (*planta*) to become withered **III.** *vr:* **~-se** to dry (up/out)

secional [sesjo'naw] *adj* sectional

secionar [sesjo'nar] *vt* to section

seco, -a ['seku, -a] *adj* **1.** (*roupa, pele, cabelo, vinho*) dry; (*rio*) dried up; **lavar a ~** to dry-clean; **era tímido e nunca cantava em público a ~** he was shy and never sang in public without having a drink first; **acuado, engoliu em ~ e ficou em silêncio** cornered, he swallowed his tongue and kept quiet **2.** (*fruto*) dehydrated; **frutas secas** dried fruits *pl;* **carne seca** dried meat; **~s e molhados** groceries **3.** (*planta*) withered **4.** *fig* (*pessoa*) austere; (*resposta*) rude **5.** *inf* (*ávido*) craving; **estou ~ por um sorvete de limão** I have a craving for lemon sherbet

secreção <-ões> [sekre'sãw, -'õjs] *f* BIOL (*ato, matéria*) secretion

secreta *adj v.* **secreto**

secretaria [sekreta'ria] *f* (*de escola*) registrar's office; (*repartição pública*) secretariat; **Secretaria da Receita Federal** Secretariat of Internal Revenue

secretária [sekre'taria] *f* **1.** secretary; **~ eletrônica** answering machine **2.** (*mesa*) desk

secretariado [sekretari'adu] *m* secretariat; **curso de ~** secretarial school

secretário, -a [sekre'tariw, -a] *m, f* secretary; (*de um partido*) party secretary; **~ de Estado** secretary of state

secretário-executivo, secretária-executiva [sekre'tariw-ezeku'tʃivu, -a] <secretários-executivos> *m, f* executive secretary

secretário-geral <secretários-gerais> [sekre'tariw-ʒe'raw, -'ajs] *m* secretary general; **~ das Nações Unidas** secretary general of the United Nations

secreto, -a [se'krɛtu, -a] *adj* secret

sectário, -a [sek'tariw, -a] *adj, m, f* **1.** (*membro de uma seita*) sectarian **2.** (*fanático*) partisan

secular [seku'lar] <-es> *adj tb.* REL secular

século ['sɛkulu] *m* century; **no ~ XXI** in the twenty-first century; **isso foi há ~s** that happened ages ago

secundário, -a [sekũw'dariw, -a] *adj* **1.** (*de menor importância*) secondary; **isso é ~** that is secondary **2.** (*de menor qualidade*) inferior

secura [se'kura] *f* **1.** (*falta de umidade*) dryness **2.** *fig* (*frieza*) coldness; (*indiferença*) indifference **3.** (*desejo ardente*) burning desire

seda ['seda] *f* silk; **rasgar ~** *inf* to exchange compliments

sedã [se'dã] *m* sedan

sedativo [seda'tʃivu] *m* FARM sedative

sede¹ ['sɛdʒi] *f* **1.** (*ponto central*) center *Am*, centre *Brit* **2.** (*de uma empresa, órgão*) headquarters **3.** (*de um evento*) site; **o Brasil é a ~ do encontro latino-americano** Brazil is the site [*o* host] of the Latin-American conference **4.** (*de uma fazenda*) seat

sede² ['sedʒi] *f* thirst; **~ de vingança** thirst for revenge; **estar com** [*ou* **ter**] **~** to be thirsty; **estar morto de ~** to be dying of thirst; **matar a ~** to quench one's thirst; **ir com muita ~ ao pote** to be ravenous; **ter ~ de amor/gente** *fig* to long for love/people

sedenta *adj v.* **sedento**

sedentário, -a [sedẽj'tariw, -a] **I.** *m, f* (*inativo*) sedentary person **II.** *adj* (*pessoa, vida*) sedentary; **levar uma vida sedentária** to lead a sedentary life

sedentarismo [sedẽjta'rizmu] *m sem pl* sedentariness

sedento, -a [se'dẽjtu, -a] *adj fig* eager; **tinha o coração ~ de amor** he had a heart eager for love

sediado, -a [seˈdʒiadu, -a] *adj* held; **a reunião de cúpula será sediada em Brasília** the summit meeting will be held in Brasília

sediar [seˈdʒiar] *conj como enviar vt* to host

sedimentação <-ões> [sedʒimẽjˈtaˈsãw, -ˈõjs] *f* **1.** GEO sedimentation **2.** QUÍM, BIOL precipitation

sedimentar [sedʒimẽjˈtar] **I.** *vi* **1.** GEO to form sediment **2.** QUÍM to precipitate **II.** *vt fig* (*uma ideia*) to consolidate

sedimento [seˈdʒimẽjtu] *m* **1.** BIOL, GEO sediment **2.** QUÍM precipitate

sedoso, -a [seˈdozu, -ˈɔza] *adj* (*tecido, pele*) silky

sedução <-ões> [seduˈsãw, -ˈõjs] *f* seduction

sedutor(a) [seduˈtor(a)] <-es> **I.** *m(f)* seducer **II.** *adj* seductive

seduzir [seduˈzir] *vt* to seduce

segmento [segˈmẽjtu] *m* segment

segredar [segreˈdar] *vt* to tell (sth) in secret; ~ **a. c. ao ouvido de alguém** to whisper sth in sb's ear

segredo [seˈgredu] *m* secret; ~ **de Estado** state secret; **cadeado de** ~ combination lock; **em** ~ in secret; **guardar** ~ to keep a secret; **manter a. c. em** ~ to keep sth secret [*o confidential*]

segregação <-ões> [segregaˈsãw, -ˈõjs] *f* segregation; ~ **racial** racial segregation

segregar [segreˈgar] *vt* <g→gu> **1.** (*separar*) segregate **2.** BIOL (*produzir secreção*) to secrete

seguida *adj v.* **seguido**

seguida [siˈgida] *f* (*a seguir*) **em** ~ next

seguidamente [sigidaˈmẽjtʃi] *adv* **1.** (*a seguir*) one after the other **2.** (*ininterruptamente*) continuously

seguido, -a [siˈgidu, -a] *adj* **1.** (*consecutivo*) consecutive; **dormiu durante três dias** ~**s** she slept for three days straight; **horas seguidas** consecutive hours **2.** (*contínuo*) continuous **3.** (*posição*) followed; **um empresário** ~ **por** [*ou* **de**] **seus guarda-costas** a businessman followed by his bodyguards **4.** (*em prática*) adopted; **uma tradição/regra seguida ao pé da letra** a tradition/rule followed to a T

seguido [siˈgidu] *adv inf* running; **ele vem** ~ **me visitar** he comes to see me very often

seguidor(a) [segiˈdor(a)] <-es> *m(f)* follower

seguimento [segiˈmẽjtu] *m* furtherance; **dar** ~ **a a. c.** to follow up on sth; **em** ~ **de** (*em carta*) in furtherance of

seguinte [siˈgĩjtʃi] *adj* following; (*próximo*) next; **no dia** ~ on the next day; **ela disse o** ~ she said this

seguir [siˈgir] *irr* **I.** *vt* (*vir depois, observar*) to follow; ~ **o exemplo de alguém** to be guided by sb's example; (*um conselho*) to take; (*um caminho*) to set out; ~ **o seu caminho** to go your own way; (*uma pista*) to trail; (*um acontecimento*) to observe; (*uma profissão*) to pursue **II.** *vi* **1.** (*pessoa, automóvel*) to go ahead; ~ **por aí** to go that way **2.** (*logo abaixo*) **os itens a** ~ the following items; (*continuar*) to continue; **seguir em frente** to move forward; **pode** ~**!** keep going!; (*encomenda, correio*) to track **III.** *vr* ~**-se** to follow; **os exemplos que se seguem** the following examples

segunda *num, adj v.* **segundo**

segunda [siˈgũwda] *f* **1.** (*dia*) Monday; *v.tb.* **segunda-feira 2.** (*segunda classe*) second class; **viajar de** ~ to travel second class **3.** (*velocidade*) second gear; **engatar a** ~ to shift into second gear **4.** MÚS second

segunda-feira [siˈgũwda-ˈfejɾa] <segundas-feiras> *f* **1.** Monday; **hoje é** ~, (*dia*) **30 de abril** today is Monday, April 30th **2. na** ~ on Monday; **às segundas**(**-feiras**) on Mondays; **toda** ~ **every Monday; na** ~ **pela manhã** on Monday morning; **na** ~ **à noite** on Monday night; **na noite de** ~ **para terça** late on Monday night; **see you on** ~**!** te vejo na segunda!; **na** ~ **saímos de férias** on Monday we are going on holiday; **o que você vai fazer** ~ **à noite?** what are you doing Monday night? **3. na** ~ **que vem** this (coming) Monday; **na próxima** ~ next Monday; **na** ~ **passada** last Monday; **sem ser esta** ~, **a outra** the Monday after next, a week on Monday; ~ **retrasada** the Monday before last; (**uma**) ~ **sim,** (**uma**) ~ **não** every other Monday

segundo [siˈgũwdu] **I.** *m* second; **só um** ~**!** just a second!; ~ **a** ~ continuously **II.** *prep* according to; ~ **a lei** according to the law; ~ **o que disseram** according to what they said; ~

ele, isso não é possível according to him, that is not possible III. *conj* resolve os problemas ~ eles vão aparecendo new problems appear just as the old ones are solved IV. *adv* second; primeiro ..., ~ ... first ..., second ...

segundo, -a [si'gūwdu, -a] I. *num ord* second; em ~ lugar in second place; no ~ dia on the second day; a segunda vez the second time; segunda classe second class; o ~ mais velho the second oldest; o ~ maior the second largest II. *adj* second; ela escreveu um ~ livro she wrote a second book; este é o seu ~ marido this is her second husband; venceu no ~ turno he won in the second round

segura *adj v.* **seguro**

segurado, -a [sigu'radu, -a] *adj, m, f* insured

seguradora [sigura'dora] *f* (*companhia de seguros*) insurance company

seguramente [sigura'mējtʃi] *adv* surely

segurança [sigu'rɜ̃nsa] I. *mf* security guard II. *f* 1. (*certeza*) certainty; (*falta de perigo*) safety; com [ou em] ~ safely; ~ nacional national security; ~ pessoal personal safety; ~ pública public safety; cinto de ~ safety belt 2. (*garantia*) assurance

segurar [sigu'rar] I. *vt* (*agarrar*) to grab; ~ alguém pelo braço to grab sb by the arm; (*amparar*) to hold; ~ uma criança no colo to hold a child on one's lap; (*a casa, o carro*) to insure II. *vi* (*pegar*) ~ em to hold onto; segura aí! hold on!; (*aguentar-se*) to hold it in; ~ a barra *inf* to hold things together III. *vr:* ~-se to hold on; segure-se firme hold on tight; segure-se no corrimão hold onto the handrail; (*conter-se*) to contain oneself; não consigo me ~! I can't keep it in!

seguro [si'guru] I. *m* 1. ECON insurance; ~ contra incêndio fire insurance; ~ de saúde health insurance; ~ social social security; ~ contra terceiros third-party liability insurance; ~ de vida life insurance; pôr a. c. no ~ to insure sth; o ~ cobre todo o prejuízo the insurance covers all damages 2. (*segurança*) safety; ~ morreu de velho *prov* better safe than sorry *prov* II. *adv* confidently; ele atua ~ no palco he acts with assurance on stage

seguro, -a [si'guru, -a] *adj* 1. (*livre de perigo*) safe; em local ~ in a safe place 2. (*certo*) certain; você está segura do amor dele? are you certain of his love?; é ~, ela viaja amanhã it's set, she'll travel tomorrow 3. (*confiança*) confident; ~ de si self-confident 4. (*fixo*) firm; o prego está ~? is the nail firmly in place?

seguro-desemprego [si'gurudʒizĩj'pregu] <seguros-desemprego(s)> *m* unemployment insurance

seguro-saúde [si'guru-sa'udʒi] <seguros-saúde(s)> *m* health insurance

sei *1. pres de* **saber**

seio ['seju] *m* 1. (*de mulher*) breast 2. *fig* (*centro*) heart; no ~ da família in the core of the family

seis ['sejs] I. *m* six II. *num card* six; *v.tb.* **dois**

seiscentos, -as [sejs'sējtus, -as] *num card* six hundred

seita ['sejta] *f* sect

seiva ['sejva] *f* BOT sap

seixo ['sejʃu] *m* pebble

seja ['seʒa] I. 1. *subj de* ser 2. não ~ por isso don't mention it; assim seja so be it; seja como for regardless II. *conj* (*alternativa*) ~ eu, ~ você whether it be me or you; ou ~, ... in other words, ...

sela ['sɛla] *f* saddle

selado, -a [se'ladu, -a] *adj* (*com selo*) stamped

selar [se'lar] *vt* 1. (*uma carta*) to stamp 2. (*lacrar*) to seal 3. (*um pacto*) to ratify, to seal 4. (*um cavalo*) to saddle

seleção <-ões> [sele'sɜ̃w, -'õjs] *f* 1. (*escolha*) choice; ~ natural natural selection; fazer uma ~ to make a choice 2. ESPORT team; ~ brasileira Brazilian national team; ~ canarinho green and yellow canary; ~ mirim junior team

selecionado, -a [selesjo'nadu, -a] *adj* 1. (*pessoa*) chosen; a banca avaliará os trabalhos ~s para o concurso the panel will evaluate the works chosen for the contest 2. (*produto*) select

selecionar [selesjo'nar] *vt* 1. to choose 2. INFOR to select

selênio [se'leniw] *m* selenium

seleta *adj v.* **seleto**

seletivo, -a [sele'tʃivu, -a] *adj* selective

seleto, -a [se'lɛtu, -a] *adj* (*grupo*) select

self-service ['sɛwfi-'sɛrvisi] *m* self-ser-

selim [se'ʎĩj] <-ins> *m* bicycle seat
selo ['sɛlu] *m* 1. (*de carta*) stamp; **colar/tirar o** ~ to affix/to remove a stamp; **coleção de** ~**s** stamp collection 2. (*de lacre*) seal 3. (*gravadora*) label
selva ['sɛwva] *f* jungle
selvagem [sew'vaʒẽj] <-ens> I. *mf* savage II. *adj* (*animal*) wild; (*tribo*) savage; (*maneiras*) rude
selvageria [sewvaʒe'ria] *f* savagery
sem ['sẽj] *prep* 1. without, -less; ~ **fim** endless; ~ **mais nem menos** all of a sudden; ~ **parar** without stopping; ~ **querer** accidentally; ~ **saber** unknowingly; ~ **tirar nem pôr** exactly the same; **estar** ~ **dinheiro** to be broke; **ficar** ~ **nada** to end up with nothing; ~ **ninguém** all alone; **ficar** ~ **gasolina/dinheiro** to have no gasoline/money; **ficar** ~ **luz** to go without electricity 2. ~ **que** (*apesar de*) despite; **viajou** ~ **que eu permitisse** he travelled without my permission; ~ **que** +*subj* unless; **não haverá mudança** ~ **que haja vontade** there will be no change without the will to change
semáforo [se'mafuru] *m* traffic light
semana [se'mʌna] *f* week; **Semana Santa** Holy Week; **durante a** ~ during the week; **toda(s) (as)** ~**(s)** every week; **uma vez por** ~ once a week
semanada [semɜ'nada] *f* weekly pay
semanal <-ais> [semɜ'naw, -'ajs] *adj* weekly
semanalmente [semɜnaw'mẽtʃi] *adv* weekly
semanário [semɜ'nariw] *m* PREN weekly publication
semântica [se'mãtʃika] *f* LING semantics + *sing vb*
semântico, -a [se'mãtʃiku, -a] *adj* semantic
semblante [sẽj'blãtʃi] *m* 1. *form* (*cara*) countenance 2. (*aparência*) appearance
sem-cerimônia [sẽjseri'monja] *f* informality
semeador(a) [semea'dor(a)] *m(f)* AGR seeder
semeadura [semea'dura] *f* sowing
semear [seme'ar] *conj como passear vt* 1. (*um produto*) to produce; (*a terra*) to sow 2. *fig* (*espalhar*) to spread
semelhança [seme'ʎãsa] *f* similarity; **ter** ~**s com alguém/a. c.** to resemble sb/sth
semelhante [seme'ʎãtʃi] I. *m* fellowman II. *adj* 1. (*parecido*) similar; ~ **a** alike 2. (*tal*) such; **nunca vi** ~ **coisa** I've never seen anything like it
sêmen ['semẽj] *m* BIOL semen
semente [se'mẽtʃi] *f* BOT seed; ~ **da discórdia** *fig* seeds of discontent
semestral <-ais> [semes'traw, -'ajs] *adj* semiannual; UNIV per semester; **exames semestrais** final exams
semestre [se'mɛstri] *m* half year; UNIV semester
sem-fim [sẽj'fĩj] <-ins> *m* (*infinidade*) infinity; **um** ~ **de cartas** a ton of letters
semianalfabeto, -a [semjanawfa'bɛtu, -a] *m, f* semiliterate; **ele é** ~ he is semiliterate
semiárido [semi'aridu] *m* semiarid region
semibreve [semi'brɛvi] *f* MÚS whole note
semicírculo [semi'sirkulu] *m* semicircle
semicircunferência [semisirkũwfe'rẽjsja] *f* MAT semicircumference
semicondutor [semikõwdu'tor] *m* FÍS semiconductor
semideus [semi'dews] <-es> *m fig* demigod
semieixo [semi'ejʃu] *m* MEC jackshaft, countershaft
semifinal <-ais> [semifi'naw, -'ajs] *f* ESPORT semifinal
semifinalista [semifina'ʎista] *m(f)* semifinalist
semimorto [semi'mortu] *adj* half-dead
seminário [semi'nariw] *m* 1. REL seminary 2. (*colóquio*) seminar
seminarista [semina'rista] *m* REL seminarian
seminu [semi'nu] *adj* half-naked, seminude
semiprecioso, -a [semipresi'ozu, -'ɔza] *adj* (*pedra*) semiprecious
semita [se'mita] *m(f)* Semite
semitransparente [semitrãspa'rẽtʃi] *adj* semitransparent
sem-nome [sẽj'nomi] *adj* (*ato, barbaridade*) unspeakable
sem-número [sẽj'numeru] *m inv* infinity; **um** ~ **de casos** countless cases
semolina [semo'ʎina] *f* semolina
sempre ['sẽjpri] I. *m* always; **para (todo o)** ~ forever II. *adv* 1. (*a todo o*

momento) incessantly; (*constantemente*) constantly; ~ **que** whenever; **até** ~ forever; **como** ~ as always; **desde** ~ eternally; **para** ~ forever; **a comida/música de** ~ the same old food/music **2.** (*afinal*) finally; (*de fato*) really; **ele** ~ **veio** he actually came; **você** ~ **vai?** are you really going? **III.** *conj* however; **foi muito cordial;** ~ **desconfio de suas intenções** he was very cordial; however, I don't trust him

sempre-viva ['sɛjpri-'viva] *f* BOT evergreen

sem-terra [sēj'tɛxa] *m(f) inv* landless person

sem-teto [sēj'tɛtu] *m(f) inv* homeless person

sem-vergonha [sējver'goɲa] **I.** *mf inv* shameless [*o* impudent] person **II.** *adj* shameless, impudent

sem-vergonhice [sējvergõ'ɲisi] *f* shamelessness *no pl*, impudence *no pl*

senado [se'nadu] *m* senate

senador(a) [sena'dor(a)] <-es> *m(f)* senator

senão [si'nɐ̃w] **I.** *conj* otherwise; **vamos logo,** ~ **chegaremos tarde** let's leave soon or we'll arrive late **II.** *prep* but; **não há ninguém** ~ **ele** there is no one but him; **não havia luz** ~ **nas casas** there was no light except inside the houses **III.** <-ões> *m* (*falha*) **o plano tem alguns senões** the plan has a few drawbacks

Senegal [sene'gaw] *m* Senegal

senegalês, -esa [senega'les, -'esa] <-es> *adj, m, f* Senegalese

senegalesco, -a [senega'lesku, -a] *adj* (*calor, verão*) scorching

senegaleses *adj pl de* **senegalês**

senha ['sēɲa] *f* **1.** (*de cartão de crédito, sistema informatizado*) password **2.** (*na fila*) number; (*em teatro, discoteca*) readmission stub **3.** (*pagamento de taxa*) receipt

senhor [sĩ'ɲor(a)] <-es> *m* **1.** (*pessoa*) gentleman *m* **2.** *form* (*esposa*) **como vai sua senhora?** how is your wife? **3.** (*tratamento*) you; **como está o** ~ **hoje?** how are you today, sir?; **o** ~ **Melo** Mr. Melo; **o** ~ **Paulo** "Mister" Paulo (*semi-formal title of respect before the first name*); **o** ~ **não sabe?** you haven't heard?; **sim,** ~! yes, sir! **4.** REL **o Senhor** the Lord **5. ser** ~ **da situação** (*ter o domínio*) to be in control of the situation

senhor(a) [sĩ'ɲor(a)] *adj* (*grandioso*) grand; **mora numa** ~**a casa** he lives in a magnificent house

senhora [sĩ'ɲora] *m* **1.** (*pessoa*) lady *f* **2.** (*tratamento*) you; **como está a** ~ **hoje?** how are you today, Madam?; **a** ~**a Luiza** "Miss" Luiza (*semi-formal title of respect before the first name*); **a** ~ **não sabe?** you haven't heard?; **sim,** ~! yes, ma'am! **3.** REL **Nossa Senhora** Our Lady; **(minha) Nossa Senhora!** *inf* (*espanto*) dear God!

> **Cultura** **senhor** and **senhora** are forms of address for unknown or elderly persons, along with "dona", "seu" and "senhor", examples: dona Júlia, seu Alfredo and senhor Almeida.

senhorio, -a [sēɲoriw, -a] *m, f* **1.** (*proprietário*) landlord **2.** (*tratamento*) **Vossa Senhoria** Your Lordship

senhorita [sēɲo'rita] *f* unmarried girl; (*tratamento*) miss

senil <-is> [se'niw, -'is] *adj* senile

senilidade [seniʎi'dadʒi] *f sem pl* senility *no pl*

sênior ['senjor] <-es> *m tb.* ESPORT senior

senis *adj pl de* **senil**

seno ['senu] *m* MAT sine

senões *m pl de* **senão**

sensação <-ões> [sējsa'sɐ̃w, -'õjs] *f* **1.** (*sentimento*) feeling; (*impressão*) experience **2.** (*acontecimento*) sensation; **causar** ~ to cause a sensation

sensacional <-ais> [sējsasjo'naw, -'ajs] *adj* sensational

sensacionalismo [sējsasjona'ʎizmu] *m* sensationalism

sensacionalista [sējsasjona'ʎista] *adj* (*jornal, notícia*) sensationalistic

sensata *adj v.* **sensato**

sensatez [sējsa'tes] *f sem pl* **1.** (*prudência*) prudence **2.** (*bom senso*) sensibility

sensato, -a [sēj'satu, -a] *adj* **1.** (*prudente*) prudent **2.** (*de bom senso*) sensible

sensibilidade [sējsibiʎi'dadʒi] *f* **1.** (*física*) sensitivity **2.** (*sentimental*) sensibility; **ter** ~ **para a. c.** to have a feel for sth **3.** MAT sensitivity

sensibilizado, -a [sẽjsibiʎi'zadu, -a] *adj* (*comovido*) touching

sensibilizar [sẽjsibiʎi'zar] *vt* (*comover*) to touch; (*atrair atenção*) to catch the attention of

sensitivo, -a [sẽjsi'tʃivu, -a] *adj* **1.** (*do sentido*) tender **2.** (*da sensação*) sensitive

sensível <-eis> [sẽj'sivew, -ejs] *adj* **1.** (*pessoa*) sensitive; **ser ~ a a. c.** to be sensitive to sth; **cuidado, ele é ~ demais a críticas** careful, he is oversensitive to criticism **2.** (*pele*) sensitive; **pele ~ ao frio** cold sensitive skin **3.** (*assunto*) touchy **4.** (*alta* (*de preços*)) significant

senso ['sẽjsu] *m* sense; **~ comum, bom ~** common sense; **~ de humor** sense of humor

sensor [sẽj'sor] <-es> *m* sensor

sensorial <-ais> [sẽjsori'aw, -'ajs] *adj* sensorial

sensual <-ais> [sẽjsu'aw, -'ajs] *adj* sensual

sensualidade [sẽjsuaʎi'dadʒi] *f sem pl* sensuality

sentado, -a [sẽj'tadu, -a] *adj* seated; **estar ~** to be seated; **ficar ~** to remain seated

sentar [sẽj'tar] **I.** *vt* to sit; **~ a mão em alguém** *inf* (*bater*) to hit sb **II.** *vr:* **~-se** to seat oneself; **por favor, sente-se!** please, sit down!

sentença [sẽj'tẽjsa] *f* **1.** JUR sentence; **~ de morte** death sentence **2.** LING sentence

sentenciar [sẽjtẽjsi'ar] **I.** *vt* (*condenar*) to condemn **II.** *vi* to pass judgment; **coube aos eleitores ~ sobre os abusos do governo** it's up to the voters to pass judgment on government malfeasance

sentencioso, -a [sẽjtẽjsi'ozu, -'ɔza] *adj* sententious

sentido [sĩj'tʃidu] **I.** *m* **1.** (*significado, função sensorial*) sense; **~ crítico** critical sense; **~ de responsabilidade** sense of responsibility; **o sexto ~** the sixth sense; **perder/recuperar os ~s** to lose/to recover one's senses; **isso tem duplo ~** that has a double meaning; **sem ~** nonsense; **isso não faz ~** that doesn't make any sense; **não tem ~ gritarmos uns com os outros** there's no sense (in) shouting at each other; **em certo ~** in a sense **2.** (*direção*) direction; **~ único** one way; **~ horário** clockwise; **em ~ contrário** in the opposite direction **3.** MIL **~!** attention!; **estar em ~** to be at attention **4.** (*objetivo*) aim; **estamos trabalhando nesse ~** we are working with this aim **II.** *adj* **1.** (*pessoa*) hurt; **ficar ~ com alguém** to be hurt by sb **2.** (*magoado*) grieved, sad

sentimental <-ais> [sẽjtʃimẽj'taw, -'ajs] *adj* sentimental; **valor ~** sentimental value; **vida ~** love life

sentimentalismo [sẽjtʃimẽjta'ʎizmu] *m* sentimentalism; **sem ~s** without being sentimental

sentimento [sẽjtʃi'mẽjtu] *m* sentiment; **~ de culpa** feelings of guilt; **~ patriótico** patriotic sentiment; **declamou o poema com ~** he recited the poem with feeling

sentimentos [sẽjtʃi'mẽjtu] *mpl* (*pêsames*) condolences; **expressar os ~ a alguém** to give one's condolences to sb; **meus ~!** my condolences!, I'm sorry.

sentinela [sẽjtʃi'nɛla] *f* sentinel; **estar/ficar de ~** to (be on) guard, to keep watch

sentir [sĩj'tʃir] *irr* **I.** *vt* (*dor, alegria, calor, frio, fome, sede, saudade, vontade*) to feel; **~ a. c. por alguém** to feel sth for sb; (*pressentir*) perceive; **sentiu algo no ar** to feel sth in the air; (*lamentar*) to feel sorry for; **sinto muito!** I'm so sorry! **II.** *vi* to suffer **III.** *vr:* **~-se** to feel; **como é que você se sente?** how do you feel?; **~-se feliz/ludibriado** to feel happy/deceived

senzala [sẽj'zala] *f* slave quarters *no pl*

separação <-ões> [separa'sãw, -'õjs] *f* separation; **~ amigável** amicable divorce; **~ de bens** division of assets

separadamente [separada'mẽjtʃi] *adv* **1.** (*à parte*) separately **2.** (*individualmente*) individually

separado [sepa'radu] *adj* separated; **em ~** separately

separar [sepa'rar] **I.** *vt* (*apartar*) to separate; **~ uma briga** to break up a fight; (*dividir*) to divide; **~ o quarto do banheiro** to partition the room from the bathroom; (*isolar*) to isolate; **o médico mandou ~ o doente dos demais** the doctor ordered the patient to be isolated from the rest; (*selecionar*) to

separatismo select; **separou roupas velhas para dar** he set aside old clothes to give away; *(o lixo)* to sort II. *vr*: **~-se** to withdraw; **~-se um do outro** to back away from each other; *(com divórcio)* to get a divorce; **eles querem se ~** they want to get a divorce; *(distanciar)* to distance oneself; **~-se do grupo** to distance oneself from a group

separatismo [sepaɾaˈtʃizmu] *m* POL separatism *no pl*

separatista [sepaɾaˈtʃista] I. *mf* POL separatist II. *adj* separatist

sepulcro [seˈpuwkɾu] *m* tomb; **Santo Sepulcro** Holy Sepulchre

sepultado, -a [sepuwˈtadu, -a] *adj* buried

sepultar [sepuwˈtaɾ] *vt* to bury

sepultura [sepuwˈtuɾa] *f* burial

sequela [seˈkwɛla] *f* aftereffect

sequência [seˈkwẽjsia] *f* sequence; **dar ~ a a. c.** to proceed with sth

sequer [siˈkɛɾ] *adv* even; **nem ~** not even

sequestrador(a) [sekwestɾaˈdoɾ(a)] <-es> *m(f)* *(de pessoa)* kidnapper; **de avião** hijacker

sequestrar [sekwesˈtɾaɾ] *vt* 1.*(pessoa)* to kidnap 2.*(avião)* to hijack 3.JUR *(bens)* to seize

sequestrável <-eis> [sekwesˈtɾavew, -ejs] *adj* *(pessoa)* subject to kidnapping; *(bens)* subject to seizure

sequestro [seˈkwɛstɾu] *m* 1.*(de pessoa, avião)* kidnapping 2.*(de avião)* hijacking 3.JUR *(de bens)* seizure, apprehension

sequestro-relâmpago [seˈkwɛstɾuxeˈlãŋpagu] <sequestros-relâmpago> *m* express kidnapping *(where the kidnapper forces the victim to withdraw money from an ATM)*

séquito [ˈsɛkitu] *m* entourage

sequoia [seˈkwɔja] *f* sequoia

ser [ˈseɾ] *irr* I. *vi* 1.*(característica, profissão, nome, nacionalidade, quantidade)* **tem de ~** it has to be; **vir a ~** to become; **ela é alta/professora** she is tall/a teacher; **eu sou brasileira** I am (a) Brazilian; **eu sou Caetano** I am Caetano; **sou eu** it's me *inf*; **são 10 pessoas** there are 10 people; **é uma hora** it's one o'clock; **se eu fosse ele, não faria isso** if I were him, I wouldn't do that; **isto é** that is; **a não ~ que ...** unless ...; **~ bom/ruim de a. c.** to be good/bad at sth; **sou vacinado e maior** I'm a big boy now; **doeu um pouco mas não foi nada** it hurt a little, but it was nothing; **não ~ de nada** *pej* to be a nothing; **não é mole aguentar gente chata** *inf* it's not easy putting up with obnoxious people; **não é para menos** *inf* it's no wonder; **é dado a mania de grandeza** he tends to have delusions of grandeur; **essa foi boa!** that was a good one!; **educação autoritária já era** *inf* authoritarian education is a thing of the past; **é isso aí!** *gír* that's it!; **o filme foi divertido, né?** *[ou* **não é?***]* the movie was fun, don't you think? 2.*(país)* **ele é do Brasil** he's from Brazil 3.*(torcida)* **ele é Fluminense** he is a Fluminense fan 4.*(preço)* cost; **quanto é a entrada?** how much is admission?; **os ingressos são 100 reais** tickets are 100 reals 5.*(material)* made of; **a caixa d'água é de aço inox** the water tank is made of stainless steel 6.*(pertencer)* to belong to; **este livro é dele** this book is his 7.*(passiva)* passive voice; **isto é/foi feito na Inglaterra** this is/was made in England 8.*(incerteza)* **será que ela vem?** do you think she'll come? 9.*(interesse)* **o que foi?** what happened?, what's wrong?; **isso é com ele** that is up to him II. *m* <-es> being; **~ vivo** living thing

serão <-ões> [seˈɾãw, -ˈõjs] *m* *(no trabalho)* **fazer ~** to work overtime

sereia [seˈɾeja] *f* 1.*(mitologia)* mermaid 2.*(sirena)* siren 3.*inf* *(enganar)* **canto de ~** fairy tale

serena *adj v.* **sereno**

serenar [seɾeˈnaɾ] I. *vt* to calm II. *vi* to calm down; *(vento)* to be exposed to the night dew

serenata [seɾeˈnata] *f* MÚS serenade

serenidade [seɾeniˈdadʒi] *f sem pl* serenity *no pl*

sereno, -a [seˈɾenu, -a] *adj* serene

sereno [seˈɾenu] *m* *(relento)* (night) dew

seres *m pl de* **ser**

seresteiro, -a [seɾesˈtejɾu, -a] *m, f* serenader

Sergipe [seɾˈʒipi] *m* (State of) Sergipe

séria *adj v.* **sério**

seriado [seɾiˈadu] *m* TV series

seriamente [seɾjaˈmẽjtʃi] *adv* seriously

série [ˈsɛɾii] *f* 1.*(sequência)* sequence;

em ~ in series; **segunda ~** (*escola*) second grade; **fora de ~** *fig* exceptional **2.** (*grande quantidade*) series; **uma ~ de casas/acidentes** a series of houses/accidents; **uma ~ de razões** a number of reasons **3. número de ~** serial number **4.** (*de televisão*) series

seriedade [serje'dadʒi] *f sem pl* seriousness

seriema [siri'ema] *f* seriema, cariama

serigrafia [serigra'fia] *f* silk-screen printing

seringa [si'rĩjga] *f* syringe

seringueiro, -a [sirĩj'gejru, -a] *m, f* rubber tree tapper

sério, -a ['sɛriw, -a] *adj* **1.** (*assunto, pessoa, acidente, ameaça*) serious; **está falando ~?** are you serious?; **é séria esta sua proposta?** is this idea of yours for real?; **você me tirou do ~** you made me lose my composure **2.** (*honesto*) honest; (*que não ri*) austere

sério ['sɛriw] *adv* **a ~** seriously; **levar** [*ou* **tomar**] **a. c. a ~** to take sth seriously

sermão <-ões> [ser'mãw, -'õjs] *m* **1.** REL sermon **2.** (*reprimenda*) lecture; **ouvir/levar um ~** to give/get a lecture; **passar um ~ em alguém** to give sb a lecture

serões *m pl de* **serão**

serpente [ser'pẽjtʃi] *f* serpent; *fig* snake

serpentina [serpẽj'tʃina] *f* (*de carnaval*) paper streamer

serra ['sɛxa] *f* **1.** (*ferramenta*) saw; **~ circular** circular saw; **~ tico-tico** jigsaw; **faca de ~** serrated knife **2.** GEO mountain range **3.** *inf* **subir à ~** to take offense

serrador(a) [sexa'dor(a)] <-es> *m(f)* sawyer

serragem [se'xaʒẽj] <-ens> *f* sawdust

serralheiro, -a [sexaʎ'ejru, -a] *m, f* metalworker

serralheria [sexaʎe'ria] *f* (*atividade*) metalworking; (*local*) metalworking shop

serrano, -a [se'xʌnu, -a] **I.** *m, f* mountain man **II.** *adj* mountainous

serrar [se'xar] *vt* to saw

serraria [sexa'ria] *f* sawmill

serrilhado, -a [sexi'ʎadu, -a] *adj* serrated

serrote [se'xɔtʃi] *m* saw

sertanejo, -a [sertɜ'neʒu, -a] **I.** *m, f* country boy, countryfolk *sing + pl vb*
II. *adj* country, countrified

sertão <-ões> [ser'tãw, -'õjs] *m* interior scrubland

serva *f v.* **servo**

servente [ser'vẽjtʃi] *mf* servant; (*de limpeza*) maid; (*operário*) assistant

serventia [servɛj'tʃia] *f* (*préstimo*) utility; **ter ~ para a. c.** to be useful for sth; **a porta da rua é ~ da casa** you can leave if you like

sérvia *adj, f v.* **sérvio**

Sérvia ['sɛrvia] *f* Serbia

serviçal <-ais> [servi'saw, -'ajs] *mf* servant

serviço [ser'visu] *m* **1.** (*geral*) service; **~ de emergência** emergency service; **~ fúnebre** funeral service; **~ hospitalar** hospital service; **~ de informações** information service; **~ militar** (**obrigatório**) (mandatory) military service; **~s municipais** city services; **~ público** public service; **~ secreto** secret service; **~ social** social service; **elevador de ~** service elevator; **entrada de ~** service entrance; **estar de ~** (*pessoa*) to be on duty; **prestar ~s** to provide services; (*farmácia*) treatment **2.** *inf* **não brincar em ~** to work quickly; **dar o ~** *inf* (*confessar, delatar alguém*), **ele apanhou tanto que deu o serviço** he got hit so hard that he blew the whistle **3.** (*funcionamento*) functioning; **fora de ~** out of order **4.** (*repartição*) section **5.** (*de restaurante*) service charge; **do garçom** tip **6.** (*trabalho*) work; **belo ~!** *irôn* way to go! **7.** (*de louça*) set; **~ de chá** tea set **8.** ESPORT service

servida *adj v.* **servido**

servidão <-ões> [servi'dãw, -'õjs] *f* servitude; **~ administrativa** public easement

servido, -a [ser'vidu, -a] *adj* served; **já está ~?** have you been served?; **está ~?** would you like some/a ...?

servidões *f pl de* **servidão**

servidor [servi'dor] <-es> *m* **1.** INFOR server **2.** ADMIN **~ público** civil servant

servil <-is> [ser'viw, -'is] *adj* servile

sérvio, -a ['sɛrviw, -a] **I.** *m, f* Serb **II.** *adj* Serbian

servir [ser'vir] *irr como* **vestir I.** *vt* **1.** *tb.* MIL (*comida, bebida*) to serve; **não servi carne porque as visitas são vegetarianas** I didn't serve meat because the visitors are vegetarians

2. (*país*) to serve; **serviu ao país como embaixador** he served the country as an ambassador **II.** *vi* **1.** (*ter préstimo*) to serve; **o tempero serve para dar gosto aos alimentos** spices are used to season food; **~ de exemplo/lição** to serve as a example/lesson; **para que serve isso?** what is that for?; **isso serve para pintar** that is used for painting; **isso não serve para nada!** that is useless! **2.** (*ser suficiente*) to be sufficient **3.** (*roupa, calçado*) to fit; **isso não me serve** that doesn't fit me **4.** ESPORT to serve **III.** *vr*: **~-se 1.** (*comida*) to help oneself; **~-se da sopa** help yourself to the soup; **sirva-se!** help yourself! **2.** (*utilizar*) to make use of; **~-se do carro** to use the car **3.** *pej* (*usar*) **~-se de alguém** (**para a. c.**) to use sb for sth

servis *adj pl de* **servil**

servo, -a ['sɛrvu, -a] *m, f* serf

sésamo ['sɛzamu] *m* sesame

sessão <-ões> [se'sãw, -'õjs] *f* **1.** (*reunião*) meeting **2.** (*início*) **~ inaugural** first session **3.** (*de cinema*) showing **4.** REL **~ espírita** séance **5.** (*memória*) **~ nostalgia** trip down memory lane

sessenta [se'sẽjta] *num card* sixty; **~ e um/dois, etc** sixty-one/two, etc; **os anos ~** the sixties

sessões *f pl de* **sessão**

sesta ['sɛsta] *f* siesta; **fazer a ~** to take a siesta

set ['sɛtʃi] *m* ESPORT set

seta ['sɛta] *f* arrow

sete ['sɛtʃi] **I.** *m* seven **II.** *num card* seven; **fechar a ~ chaves** to lock (sth) up very carefully; **pintar o ~** *inf* to raise hell; **ter ~ vidas** to have nine lives; *v.tb.* **dois**

setecentos, -as [sɛtʃi'sẽjtus, -as] *num card* seven hundred

setembro [se'tẽjbru] *m* September; *v.* **março**

setenta [se'tẽjta] *num card* seventy

setentrional <-ais> [setẽjtrjo'naw, -ajs] *adj* northerly

sétimo, -a ['sɛtʃimu, -a] *num ord* seventh; *v.* **segundo**

setor [se'tor] <-es> *m* sector; **~ financeiro** financial sector

setorial <-ais> [setori'aw, -ajs] *adj* sectorial

setter ['sɛter] *m* ZOOL setter

setuagenário, -a [setuaʒe'nariw, -a] **I.** *m, f* septuagenarian **II.** *adj* septuagenarian

setuagésimo, -a [setua'ʒɛzimu, -a] *num ord* seventieth

seu, sua ['sew, 'sua] **I.** *pron poss* **1.** (*dele*) his; (*dela*) hers; **o ~ futuro** his/her future; **ter a. c. de ~** to have sth of yours; **cada um tem a sua vez** every dog has its day **2.** (*você*) your; **o ~ cigarro/livro** your cigarette/book; **isto é ~?** is this yours? **3.** (*aproximadamente*) **quando tinha** (lá) **~s trinta anos** when he was about thirty **II.** *m, f* **1.** (*família*) **desejo felicidades para você e os ~s** I wish you and your family happiness **2.** *inf* (*senhor*) sir; **~ José** "Mister" José

severa *adj v.* **severo**

severidade [severi'dadʒi] *f sem pl* severity

severo, -a [se'vɛru, -a] *adj* severe

seviciar [sevisi'ar] *vt* to abuse

sexagenário, -a [seksaʒe'nariw, -a] **I.** *m, f* sexagenarian **II.** *adj* sexagenarian

sexagésimo, -a [seksa'ʒɛzimu, -a] *num ord* sixtieth

sexismo [sek'sizmu] *m* sexism

sexo ['sɛksu] *m* **1.** (*de pessoa, animal*) gender; **o ~ feminino/masculino** the female/male gender **2.** (*relações sexuais*) sex; **~ oral** oral sex; **~ seguro** safe sex; **fazer ~** to have sex **3.** (*órgãos sexuais*) genitals *pl*

sexóloga *f v.* **sexólogo**

sexologia [seksolo'ʒia] *f sem pl* sexology *no pl*

sexólogo, -a [sek'sɔlogu, -a] *m, f* sexologist

sex-shop [sɛk'ʃɔpi] *f* sex shop, adult bookstore

sexta *num v.* **sexto**

sexta-feira ['sesta-'fejra] *f* Friday; **Sexta-feira Santa** Good Friday; **~ treze** Friday the thirteenth; *v.tb.* **segunda-feira**

sexteto [ses'tetu] *m* sextet

sexto, -a ['sestu, -a] *num ord* sixth; *v.* **segundo**

sexual <-ais> [seksu'aw, -'ajs] *adj* (*relativo ao sexo*) sexual; **ato ~** sex act; **comportamento ~** sexual behavior; **educação ~** sex education; **órgão ~** genitals *pl*; **vida ~** sex life

sexualidade [seksuaʎi'dadʒi] *f sem pl* sexuality

sexy ['sɛksi] *adj* sexy
shopping center ['ʃɔpĩʒ-'sējter] *m* (shopping) mall *Am*, shopping centre *Brit*

> **Cultura** A **shopping center** is a mall with stores, bookshops, movie theaters, snack bars, restaurants, bars, general services, etc. **Shoppings**, as they are frequently called in Brazil, have also become meeting places in large cities. Brazil has more than 250 establishments of this kind, most in the state of São Paulo, which has more than 90 of them, employing 188,600 people.

shorts ['ʃɔrts] *m* shorts *pl*
show ['ʃow] *m* show; **dar um ~** *fig* (*fazer escândalo*) to make a scene
showroom [ʃow'xũw] *m* showroom
si ['si] **I.** *m* MÚS B, ti II. *pron pess* (*ele, ela*) himself, herself, itself; **por ~** (**só/mesmo/próprio**) for himself/herself/itself; **para ~** (**mesmo/próprio**) to himself/herself/itself; **cair em ~** to come to one's senses; **estar/ficar fora de ~** to be beside oneself; **ele está cheio de ~** he is full of himself; **o espetáculo em ~ não era de todo mal** the show itself was not all that bad; **cada um por ~ e Deus por todos** *prov* everyone for himself, and God for all *prov;* **guardaram o segredo entre ~** they kept the secret between them
siamês, -esa [siaˈmes, -ˈeza] **I.** *m, f* Siamese **II.** *adj* Siamese; **gato ~** Siamese cat; **irmãos siameses** Siamese twins
Sibéria [siˈbɛria] *f* Siberia
siberiano, -a [siberiˈɜnu, -a] *adj, m, f* Siberian
Sicília [siˈsiʎia] *f* Sicily
siciliano, -a [sisiʎiˈɜnu, -a] *adj, m, f* Sicilian
sicrano [siˈkrɜnu] *m* fulano, **~ e beltrano** Tom, Dick and Harry
sidecar [sajdʒiˈkar] *m* sidecar
sideral <-ais> [sideˈraw, -ˈajs] *adj* (*astros*) sidereal
siderurgia [siderurˈʒia] *f* (steel and iron) metallurgy
siderúrgica [sideˈrurʒika] *f* (*indústria*) steel company, steelworks *pl + sing/pl vb*

siderúrgico, -a [sideˈrurʒiku, -a] *adj* metallurgic, steel; **indústria siderúrgica** steel company
sido ['sidu] *pp de* **ser**
sidra ['sidra] *f* cider
sifão <-ões> [siˈfɜw, -ˈõjs] *m* siphon
sífilis ['sifiʎis] *f* MED syphilis
sifões *m pl de* **sifão**
siga ['siga] *1./3. pres subj de* **seguir**
sigilo [siˈʒilu] *m* secrecy; **~ bancário** bank secrecy; **~ profissional entre advogado e cliente** attorney-client privilege
sigiloso, -a [siʒiˈlozu, -ˈɔza] *adj* secret, confidential
sigla ['sigla] *f* acronym
sigmoide [sigˈmɔjdʒi] *adj* ANAT sigmoid
signatário, -a [signaˈtariw, -a] **I.** *m, f* signatory **II.** *adj* signatory
significado [signifiˈkadu] *m* meaning; **qual é o ~ disso?** what does that mean?; **não tem ~** it makes no sense
significar [signifiˈkar] *vt* <c→qu> to mean; **isso não significa nada** that doesn't mean anything
significativo, -a [signifikaˈtʃivu, -a] *adj* significant
signo ['signu] *m* sign; (*do zodíaco*) zodiac sign; **qual é o seu ~?** what is your sign?; **política nascida sob o ~ de movimentos sociais** policy arising out of social movements
sigo ['sigu] *1. pres de* **seguir**
sílaba ['silaba] *f* syllable; **~ átona/tônica** unstressed/stressed syllable
silenciador [silẽsiaˈdor] *m* (*de automóvel*) muffler, silencer *Brit;* (*de arma*) silencer
silenciar [silẽsiˈar] *vt* to silence
silêncio [siˈlẽsiw] *m* (*sossego, calma*) quiet; **estar em ~** to be quiet; **em ~** in silence, silently; **~!** be quiet!
silenciosa *adj v.* **silencioso**
silenciosamente [silẽsiɔzaˈmẽjtʃi] *adv* silently
silencioso [silẽsiˈozu] *m* silent person
silencioso, -a [silẽsiˈozu, -ˈɔza] *adj* (*lugar*) quiet; (*máquina*) noiseless; (*pessoa*) silent
sílfide ['siwfidʒi] *f* sylph
silhueta [siˈʎuɛta] *f* silhouette
silício [siˈʎisiw] *m* QUÍM silicon
silicone [siʎiˈkoni] *m* silicone
silo ['silu] *m* silo
silogismo [siloˈʒizmu] *m* FILOS syllogism
silva ['siwva] *f* **1.** BOT bramble **2.** *inf*

silvar (*ênfase* (*com prep. da*)) **caladinho da ~** super quiet

silvar [siw'var] *vi* to whistle

silvestre [siw'vɛstri] *adj* wild

silvícola [siw'vikula] *adj* savage

silvicultura [siwvikuw'tura] *f* forestry

silvo ['siwvu] *m* whistling; (*cobra*) hissing

sim ['sĩj] **I.** *m* (*consentimento*) yes; **dar o ~** to say yes; **pelo ~, pelo não** just to be sure **II.** *adv* **~, senhor!** yes, sir!; **dizer que ~** to say so; **dia ~, dia não** every other day; **isso ~!** you said it!; **penso que ~** I believe so

simbiose [sĩjbi'ɔzi] *f* symbiosis

simbólico, -a [sĩj'bɔʎiku, -a] *adj* symbolic

simbolismo [sĩjbo'ʎizmu] *m* symbolism

simbolizar [sĩjboʎi'zar] *vt* symbolize

símbolo ['sĩjbulu] *m* symbol; **~s matemáticos** mathematical symbols; **o futebol é um ~ nacional** soccer is national symbol

simetria [sime'tria] *f* symmetry

simétrico, -a [si'mɛtriku, -a] *adj* symmetrical

similar [simi'lar] <-es> *adj* similar

símio ['simiw] *m* ZOOL simian

simpatia [sĩjpa'tʃia] *f* affinity; **ter ~ por alguém** to like sb; **ter ~ por a. c.** to have affinity for sth; **ser uma ~** to be a sweetheart

simpático, -a [sĩj'patʃiku, -a] *adj* nice

simpatizante [sĩjpatʃi'zãntʃi] *mf* sympathizer; **~ da esquerda** socialist sympathizer

simpatizar [sĩjpatʃi'zar] *vt* (*pessoa*) **~ com** to like; (*causa*) to sympathize

simples ['sĩjplis] *adj inv* **1.** (*não complicado*) simple; **uma refeição ~** a simple meal; **problema ~** minor problem; **é muito ~!** it's really easy! **2.** (*mero*) mere; **por ~ curiosidade** just out of curiosity **3.** (*simplório*) naive **4.** (*cerimônia*) unadorned; (*gente*) modest **5.** (*único*) **bilhete ~** single ticket

simplesmente [sĩjpliz'mẽjtʃi] *adv* simply

simplicidade [sĩjplisi'dadʒi] *f sem pl* **1.** (*facilidade*) simplicity **2.** (*modéstia*) modesty

simplificar [sĩjplifi'kar] *vt* <c→qu> *tb.* MAT to simplify

simplíssimo, -a [sĩj'plisimu, -a] *superl de* **simples**

simplório, -a [sĩj'plɔriw, -a] **I.** *m, f* simpleton **II.** *adj* simple-minded

simpósio [sĩj'pɔziw] *m* symposium

simulação <-ões> [simula'sãw, -'õjs] *f* **1.** (*dissimulação*) dissimulation **2.** (*fingimento*) feigning, simulation

simulacro [simu'lakru] *m* sham

simulador [simula'dor] *m* simulator; **~ de voo** flight simulator

simular [simu'lar] *vt* to feign; **~ uma doença** to feign an illness

simultânea *adj v.* **simultâneo**

simultaneamente [simuwtʒnja'mẽjtʃi] *adv* simultaneously

simultâneo, -a [simuw'tãniw, -a] *adj* simultaneous; **interpretação simultânea** simultaneous interpretation

sina ['sina] *f inf* luck; **é a minha ~** it's my destiny

sinagoga [sina'gɔga] *f* synagogue

sinal <-ais> [si'naw, -'ajs] *m* **1.** (*indício*) indication; **~ do crime** evidence of a crime; **(não) dar sinal de vida** to give (no) signs of life; **isso é um ~ dos tempos** that is a sign of the times; **~ de chuva** sign of rain **2.** (*marca*) blemish; (*na pele*) mole; **~ de nascença** birthmark **3.** (*de trânsito*) traffic light; **~ aberto/fechado** green/red light; **avançar o ~** to run a red light; *fig, inf* (*relação sexual*) to have premarital sex; **dar ~** AUTO to put [*o* to have] one's turn signal on; **dar o ~ verde** *fig* to give the green light **4.** MAT (*símbolo*) symbol **5.** TEL signal; **~ de chamada** ringing signal; **~ de ocupado** busy signal **6.** (*de advertência*) warning; **~ de alarme** alarm bell; **~ de aviso** warning signal; **~ luminoso** traffic light; **dar ~ para descer do ônibus** to signal the bus driver to stop **7.** (*gesto*) gesture; **fazer ~ a alguém** to signal to sb **8.** (*monetário*) down payment; **dar um ~** to make a down payment **9.** (*prova*) proof; **apertaram as mãos em ~ de amizade** they shook hands as a sign of friendship **10.** MED (*sintoma*) symptom, sign **11. por ~** (*aliás*) by the way

sinal da cruz <sinais da cruz> [si'naw da 'krus, si'najz] *m* sign of the cross; **fazer o ~** to cross oneself

sinalização <-ões> [sinaʎiza'sãw, -'õjs] *f* signage; **~ de trânsito** traffic signals *pl*

sinalizar [sinaʎi'zar] *vt* **1.** (*uma rua*) to mark with signs **2.** (*uma mudança*) to

signal
sincera *adj v.* **sincero**
sinceridade [sĩjseri'dadʒi] *f sem pl* sincerity *no pl*
sincero, -a [sĩj'sɛru, -a] *adj* sincere
síncope ['sĩjkopi] *f* LING, MED, MÚS syncope
sincronia [sĩjkro'nia] *f* synchronization
sincronização <-ões> [sĩjkroniza'sãw, -'õjs] *f* synchronization
sincronizado, -a [sĩjkroni'zadu, -a] *adj* synchronized, in sync *inf*
sincronizar [sĩjkroni'zar] *vt* to synchronize
síndica *f v.* **síndico**
sindical [sĩjdʒi'kaw] *adj* union
sindicalismo [sĩjdʒika'ʎizmu] *m sem pl* unionism *no pl*
sindicalista [sĩjdʒika'ʎista] I. *mf* unionist II. *adj* union
sindicância [sĩjdʒi'kãnsia] *f* inquiry; **abrir uma** ~ to open an investigation
sindicato [sĩjdʒi'katu] *m* labor union
síndico, -a ['sĩjdʒiku, -a] *m, f* resident building manager
síndrome ['sĩjdromi] *f* MED syndrome; ~ **de abstinência** withdrawal; ~ **de Down** Down Syndrome; ~ **de imunodeficiência adquirida** acquired immune deficiency syndrome
sinédoque [si'nɛdoki] *f* LING synecdoche
sine qua non [sinekwa'nõw] *adj (condição)* sine qua non
sinergia [siner'ʒia] *f* synergy
sinete [si'netʃi] *m* seal
sinfonia [sĩjfo'nia] *f* symphony
sinfônico, -a [sĩj'foniku, -a] *adj* symphonic; **Orquestra Sinfônica Brasileira** Brazilian Symphonic Orchestra
singelo, -a [sĩj'ʒɛlu, -a] *adj* simple
singrar [sĩj'grar] *vi* to sail
singular [sĩjgu'lar] I. *m* LING singular II. *adj* 1. *(individual)* individual 2. *(único)* unique 3. *(peculiar)* peculiar
singularidade [sĩjgulari'dadʒi] *f* singularity
sinhô, -á [sĩ'ɲo, -a] *m, f inf* sir
sinistra [si'nistra] *f* left hand
sinistro [si'nistru] I. *m (dano)* damage II. *adj (pessoa)* evil; *(figura)* tragic; *(local)* spooky; **olhar** ~ sinister gaze; **presságio** ~ omen; **intenção sinistra** evil intention
sino ['sinu] *m* bell
sinônimo [si'nonimu] I. *m* synonym II. *adj* synonymous
sinopse [si'nɔpsi] *f* synopsis
sinta ['sĩjta] *pp/3. pres subj de* **sentir**
sintagma [sĩj'tagma] *m* LING syntagma
sintático, -a [sĩj'tatʃiku, -a] *adj* syntactic; **análise sintática** syntactic analysis
sintaxe [sĩj'tasi] *f* LING syntax
sinteco [sĩj'tɛku] *m* floor varnish
síntese ['sĩjtezi] *f* 1. *(resumo)* summary; **fazer uma** ~ **de a. c.** to summarize sth 2. FILOS, QUÍM synthesis
sintético, -a [sĩj'tɛtʃiku, -a] *adj* 1. *(resumido)* summarized 2. *(tecido, fibra, borracha)* synthetic
sintetizador [sĩjtetʃiza'dor] *m* MÚS synthesizer
sintetizar [sĩjtetʃi'zar] *vt* to synthesize
sinto ['sĩjtu] *1. pres de* **sentir**
sintoma [sĩj'toma] *m* 1. MED symptom 2. *fig (indício)* indication; ~ **de insatisfação** sign of discontent
sintomático, -a [sĩjto'matʃiku, -a] *adj* symptomatic
sintonia [siĩjto'nia] *f* 1. ELETR, PSICO syntonic state 2. *(acordo mútuo)* agreement; **estar em** ~ **com alguém/a. c.** to be in agreement with sb/sth
sintonização <-ões> [sĩjtoniza'sãw, -'õjs] *f (do rádio)* tuning
sintonizado, -a [sĩjtoni'zadu, -a] *adj* tuned in
sintonizar [sĩjtoni'zar] *vt (o rádio)* to tune
sinuca [si'nuka] *f* 1. pool 2. *fig, inf* **estar em uma** ~ to be in a tight situation
sinuoso, -a [sinu'ozu, -ɔza] *adj* winding
sinusite [sinu'zitʃi] *f* MED sinusitis
sirene [se'reni] *f (de polícia, ambulância, navio)* siren
siri [si'ri] *m* crab
síria *adj, f v.* **sírio**
Síria ['siria] *f* Syria
sirigaita [siri'gajta] *f* pretentious, flirtatious woman
sírio, -a ['siriw, -a] *adj, m, f* Syrian
Sírio ['siriw] *m* ASTRON Sirius
sirva ['sirva] *1./3. pres subj de* **servir**
sirvo ['sirvu] *1. pres de* **servir**
sisal <-ais> [si'zaw, -'ajs] *m* sisal hemp
sísmico, -a ['sizmiku, -a] *adj (abalo)* seismic
sismo ['sizmu] *m* earthquake
sismógrafo [siz'mɔgrafu] *m* seismograph

siso ['sizu] *m* common sense; **dente de ~** *inf* wisdom teeth

sistema [sis'tema] *m* system; **~ educacional** educational system; **~ imunológico** immune system; **~ de irrigação** irrigation system; **~ métrico** metric system; **~ operacional** INFOR operating system; **~ penitenciário** prison system; **~ político** political system; **~ solar** solar system

sistemática *adj v.* **sistemático**

sistematicamente [sistematʃika'mẽjtʃi] *adv* (*metodicamente, frequentemente*) systematically

sistemático, -a [siste'matʃiku, -a] *adj* (*relativo a sistema, metódico; frequente*) systematic

sistêmico, -a [sis'temiku, -a] *adj* systemic

sisudo, -a [si'zudu, -a] *adj* judicious

site ['sajtʃi] *m* INFOR (web) site

sitiado, -a [sitʃi'adu, -a] *adj* (*cidade, país*) besieged

sitiante [sitʃi'ãtʃi] *mf* ranch owner

sitiar [sitʃi'ar] *vt* to besiege

sítio ['sitʃiw] *m* **1.** (*propriedade rural*) country house **2.** (*lugar*) site; **~ arqueológico** archeological site **3.** (*cerco*) **estado de ~** state of siege

situação <-ões> [situa'sãw, -'õjs] *f* **1.** situation; **é uma ~ delicada/difícil** it's a delicate/difficult situation; **espero que compreenda a minha ~** I hope you can understand my position **2.** (*condição financeira*) financial situation; **eles estão em boa ~, até compraram uma casa nova** they are well-off; they've even bought a new house **3.** (*de um filme*) setting **4.** POL incumbency

situacionista [situasjo'nista] *adj* incumbent

situado, -a [situ'adu, -a] **I.** *pp de* **situar** **II.** *adj* located; **a casa está situada no litoral/monte** the house is located on the coast/mountain

situar [situ'ar] **I.** *vt* (*no espaço*) to locate; **~ um país no mapa** to locate a country on the map; (*no tempo*) to establish **II.** *vr*: **~-se** to get one's bearings

skate [is'kejtʃi] *m* skateboard; **andar de ~** to go skateboarding

slogan [iz'logã] *m* slogan

smoking [iz'mokĩj] *m* tuxedo

só ['sɔ] **I.** *adj* **1.** (*sozinho*) alone **2.** (*solitário*) lonely **3.** (*único*) only; **uma ~ vez** just once **II.** *adv* **1.** (*unicamente*) solely; **não ~ ..., mas também ...** not only ..., but also ...; **~ que** but; **estar** [*ou* **ficar**] **a ~s** to be by oneself; **~ faltam duas semanas** there are only two weeks left; **é feio/esperto que ~ ele** *inf* he is as ugly/clever as can be **2.** (*temporal*) only, just; **ela ~ tem 12 anos** she is just 12 years old; **~ agora** only now; **~ às duas horas/dois meses atrás** only at two o'clock/two months ago

soalho [su'aʎu] *m* wooden flooring

soar [so'ar] *vi* <*l.* pess pres **soo**> (*som, voz; palavra*) to sound; **isso soa bem/mal** that sounds good/bad; **o seu comentário soou como provocação** your comment sounded like an insult

sob ['sob] *prep* under, underneath; **o anel foi encontrado ~ a mesa** the ring was found under the table; **a roupa foi feita ~ medida** the clothes were tailor made; **está tudo ~ controle** it is all under control; **a loja reabriu ~ nova direção** the store reopened under new management

sobe ['sɔbi] *3. pres de* **subir**

sobe e desce ['sobi 'dɛsi] *m inv* fluctuation

soberana *adj, f v.* **soberano**

soberania [sobera'nia] *f* sovereignty; **~ nacional** national sovereignty

soberano, -a [sobe'rɐnu, -a] **I.** *m, f* sovereign **II.** *adj* (*país, justiça*) independent; (*olhar*) arrogant

soberba [so'bɛrba] *f* arrogance

soberbo, -a [so'bɛrbu, -a] *adj* **1.** (*magnífico, suntuoso*) superb **2.** (*altivo*) arrogant, conceited

sobra ['sɔbra] *f* surplus; (*extra*) extra; **tenho tempo de ~** I have spare time; (*demasia*) excess; **trabalho de ~** too much work; **~s** (*de comida*) leftovers *pl*; **as ~** the leftovers; **ficar de ~** to be left over

sobrado [so'bradu] *m* two-story house; **moro naquele ~** I live in that two-story house

sobranceiro, -a [sobrãn'sejru, -a] *adj* supercilious

sobrancelha [sobrãn'seʎa] *f* eyebrow; **franzir as ~s** to frown

sobrar [so'brar] *vi* to be left over; **não sobrou nada** there was nothing left; **não sobraram dúvidas** there were no

sobre ['sobri] *prep* **1.** (*em cima de*) on top of; (*acima de, por cima de*) above **2.** (*acerca de*) about

sobreaviso [sobrja'vizu] *m* **estar** [*ou* **ficar**] **de ~** to be on standby

sobrecarga [sobri'karga] *f* **1.** (*de veículo*) overload; **estar com ~** to be overloaded **2.** *fig* (*para pessoa*) overwork; **~ de trabalho** overworked

sobrecarregado, -a [sobrikaxe'gadu, -a] *adj* (*pessoa*) overworked

sobrecarregar [sobrikaxe'gar] *vt* **1.** (*um veículo*) to overload **2.** *fig* (*uma pessoa*) to overwork

sobrecoxa [sobri'koʃa] *f* (*frango*) thigh

sobre-humano [sobrju'mɜnu] *adj* (*esforço*) superhuman

sobreloja [sobri'lɔʒa] *f* mezzanine

sobremaneira [sobremɜ'nejra] *adv* excessively

sobremesa [sobri'meza] *f* dessert

sobrenatural <-ais> [sobrinatu'raw, -'ajs] **I.** *m* supernatural **II.** *adj* supernatural

sobrenome [sobri'nɔmi] *m* surname

sobrepeso [sobre'pezu] *m* overweight

sobrepor [sobre'por] *irr como* pôr **I.** *vt* (*uma coisa*) **~ o creme à massa** to pour the cream into the batter; **~ o jarro à mesa** to put the pitcher on top of the table; (*duas coisas*) to overlap **II.** *vr* **~-se a a. c.** to cover sth (up/over); (*em qualidade*) to surpass sth

sobreposto [sobre'postu] *pp de* **sobrepor**

sobreposto, -a [sobre'postu, -ɔsta] *adj* **1.** (*objetos*) overlapped **2.** (*horário*) extra

sobrepujar [sobrepu'ʒar] *vt* to exceed, to go beyond

sobrescrito [sobris'kritu] *m* superscript

sobressair [sobresa'ir] *conj como* sair **I.** *vi* **1.** (*ficar saliente*) to project **2.** (*dar nas vistas*) to catch one's attention **II.** *vr* **~-se** (*destacar-se*) to stand out

sobressalente [sobresa'lẽtʃi] *adj* spare; **peça ~** spare part

sobressaltar [sobresaw'tar] **I.** *vt* (*surpreender*) to surprise; (*assustar*) to frighten **II.** *vr* **~-se** to be startled

sobressalto [sobri'sawtu] *m* (*susto*) alarm; (*agitação*) anxiety; **a notícia pegou-nos de ~** the news caught us by surprise; **a crise deixou o povo em ~** the crisis made people anxious

sobretaxa [sobri'taʃa] *f* (*imposto*) surtax; (*serviço*) surcharge

sobretudo [sobri'tudu] **I.** *m* overcoat **II.** *adv* above all; **ler é ~ uma questão de hábito** reading is above all a matter of habit

sobrevida [sobre'vida] *f* afterlife

sobrevir [sobre'vir] *irr como* vir *vi* to follow

sobrevivência [sobrevi'vẽjsia] *f* survival

sobrevivente [sobrevi'vẽtʃi] **I.** *mf* survivor **II.** *adj* surviving

sobreviver [sobrevi'ver] *vi, vt* to survive; **~ a um acidente/aos filhos** to survive an accident/to outlive one's children

sobrevoar [sobrevu'ar] *vt* <*1. pess pres:* sobrevoo> to fly over

sóbria *adj v.* **sóbrio**

sobriedade [sobrje'dadʒi] *f* **1.** (*moderação*) moderation **2.** (*reserva*) reserve **3.** (*sem álcool*) sobriety

sobrinho, -a [su'brĩɲu, -a] *m, f* nephew *m*, niece *f*

sobrinho-neto, sobrinha-neta [su'brĩɲu-'nɛtu] <sobrinhos-netos> *m, f* grandnephew *m*, grandniece *f*

sóbrio, -a ['sɔbriw, -a] *adj* **1.** (*sem álcool*) sober **2.** (*moderado*) temperate **3.** (*reservado*) reserved

socapa [so'kapa] *adv* **à ~** furtively

socar [so'kar] *vt* <c→qu> **1.** (*dar socos*) to punch **2.** (*a massa*) to knead

sócia *f v.* **sócio**

sociabilizar [sosjabiʎi'zar] *vt* to socialize

social <-ais> [sosi'aw, -ajs] *adj* social; **assistência ~** social work; **camisa ~** dress shirt; **coluna ~** social column; **elevador ~** main elevator; **reunião ~** social gathering

socialismo [sosja'ʎizmu] *m sem pl* socialism *no pl*

socialista [sosja'ʎista] **I.** *mf* socialist **II.** *adj* socialist

socialite [sosja'lajtʃi] *mf* socialite

socialização <-ões> [sosjaʎiza'sɜ̃w, -'õjs] *f* socialization

sociável <-eis> [sosi'avew, -ejs] *adj* sociable

sociedade [sosje'dadʒi] *f* **1.** (*público*) society; (*associação*) organization; **sociedade anônima** stock corporation; **~ de consumo** consumer society; **sociedade limitada** limited company; **alta ~** high society **2.** (*entre sócios*) partnership

sócio, -a ['sɔsiw, -a] *m, f* (*de empresa*) joint owner, member; (*nos negócios*) partner; (*de associação, clube*) member

socioeconômico, -a [sɔsiweko'nomiku, -a] *adj* (*nível, classe*) socioeconomic

socióloga *f v.* **sociólogo**

sociologia [sosjolo'ʒia] *f sem pl* sociology *no pl*

sociológico, -a [sosjo'lɔʒiku, -a] *adj* sociological

sociólogo, -a [sosjí'ɔlogu, -a] *m, f* sociologist

soco ['soku] *m* blow; **dar um ~ em alguém/ a. c.** to punch sb/sth

soco-inglês ['soku-ĩj'gles] <socos-ingleses> *m* brass knuckles

socorrer [soko'xer] **I.** *vt* to rescue **II.** *vr* **~-se** to resort; **ele se socorreu de sua poupança** he resorted to his savings; **~-se junto à religião** he resorted to religion

socorro [so'koxu] *m* help; **primeiros ~s** first aid; **pedir ~** to ask for help; **prestar ~** to give aid; **~!** help!

soda ['sɔda] *f* **1.** (*bebida*) **~ limonada** lemon-lime soda **2.** QUÍM soda; **~ cáustica** caustic soda

sódio ['sɔdʒiw] *m* sodium

sodomia [sodo'mia] *f sem pl* sodomy *no pl*

sofá [so'fa] *m* sofa

sofá-cama [so'ka-'kama] <sofás-camas> *m* sofa-bed

sofisma [so'fizma] *m* sophism

sofisticação [sofistʃika's'ãw, -'õjs] *f sem pl* sophistication *no pl*

sofisticado, -a [sofistʃi'kadu, -a] *adj* **1.** (*pessoa, roupa, raciocínio, técnica*) sophisticated **2.** (*linguagem*) grandiose

sôfrego, -a ['sofregu, -a] *adj* ravenous, voracious

sofreguidão <-ões> [sofregi'dãw, -'õjs] *f* voraciousness

sofrer [so'frer] **I.** *vt* (*derrota, perda; choque*) to suffer; (*acidente*) to be involved in; (*uma alteração*) to undergo; (*por amor*) to grieve **II.** *vi* to suffer; **ela sofre do coração** she has heart trouble; **ele sofre com paciência** he suffers patiently

sofrido, -a [so'fridu, -a] *adj* (*vida, pessoa*) suffering; (*vitória*) hard-earned

sofrimento [sofri'mẽjtu] *m* suffering

sofrível <-eis> [so'frivew, -ejs] *adj* (*desempenho, resultado*) tolerable, bearable

software [sɔftʃiw'er] *m* INFOR software *no pl*

sogro, -a ['sogru, 'sɔgra] *m, f* father-in-law *m*, mother-in-law *f*; **~s** parents-in-law *pl*

soja ['sɔʒa] *f* soybean

sol <sóis> ['sɔw, -'sɔjs] *m* **1.** ASTRON sun; **apanhar/tomar ~** to sunbathe; **fazer ~** to be sunny; **de ~ a ~** from sunrise to sunset; **quer chova quer faça ~** rain or shine; **tapar o ~ com a peneira** to ignore the obvious; **ver o ~ nascer quadrado** *inf* to wake up in jail **2.** *sem pl* MÚS sol

sola ['sɔla] *f* sole; **meia-~** half sole; **pôr ~s nos sapatos** to put a soles on shoes; **não chegamos às ~s dos sapatos dela** we'll never be half as good as she is

solado [so'ladu] *m* (*de calçado*) (new) sole

solar [so'lar] **I.** *m* mansion **II.** *adj* solar; **energia ~** solar energy; **sistema ~** solar system **III.** *vi* (*bolo*) to bake unevenly

solário [so'lariw] *m* sunroom

solavanco [sola'vãŋku] *m* jolt

solda ['sɔwda] *f* **1.** (*ato*) soldering, welding **2.** (*material fusível*) solder

soldado [sow'dadu] *m* soldier; **~ desconhecido** unknown soldier; **~ raso** buck private

soldador(a) [sowda'dor(a)] <-es> *m(f)* solderer

soldar [sow'dar] *vt* to solder

soleira [so'lejra] *f* threshold

solene [so'leni] *adj* **1.** (*formal*) formal **2.** (*festivo*) ceremonial

solenidade [soleni'dadʒi] *f* solemnity; (*cerimônia*) ceremony

soletrar [sole'trar] *vt* to spell

solfejo [sow'feʒu] *m* MÚS sol-fa

solícita *adj v.* **solícito**

solicitação <-ões> [soʎisita'sãw, -'õjs] *f* request; (*de serviços*) application

solicitador(a) [soʎisita'dor(a)] *m(f)* JUR solicitor

solicitar [soʎisi'tar] *vt* (*pedir*) to request; **pedi para** [*ou* **a**] **ela o dinheiro** I asked her for the money; **pedi esclarecimentos a Marta** I asked

Marta to explain; **solicitou uma bolsa de estudos à fundação** he applied for a scholarship from the foundation; (*oficialmente*) to solicit

solícito, -a [so'ʎisitu, -a] *adj* helpful, solicitous

solicitude [soʎisi'tudʒi] *f sem pl* solicitousness *no pl*

sólida *adj v.* **sólido**

solidão <-ões> [soʎi'dãw, -'õjs] *f* loneliness

solidária *adj v.* **solidário**

solidariedade [soʎidarje'dadʒi] *f sem pl* solidarity *no pl*

solidário, -a [soʎi'dariw] *adj* solidary; **poucas pessoas se mostram solidárias com o próximo** few people showed any solidarity toward others

solidez [soʎi'des] *f sem pl* **1.** (*resistência*) durability *no pl* **2.** (*de negócio, empresa*) financial strength

solidificação <-ões> [soʎidʒifika'sãw, -'õjs] *f* FÍS solidification

solidificar [soʎidʒifi'kar] <c→qu> **I.** *vt* to solidify; ~ **um líquido** to congeal; ~ **posições** *fig* to consolidate **II.** *vr* ~-**se**, **o negócio solidificou-se** the deal was consummated

sólido ['sɔʎidu] *m* FÍS solid

sólido, -a ['sɔʎidu, -a] *adj* **1.** (*não líquido*) solid **2.** (*material, objeto*) dense; (*empresa*) healthy; (*relação*) strong **3.** (*argumento*) sound **4.** (*conhecimento*) solid

solidões *f pl de* **solidão**

solilóquio [soʎi'lɔkiw] *m* soliloquy

solista [so'ʎista] *mf* MÚS soloist

solitária [soʎi'taria] *f* **1.** (*na prisão*) solitary confinement **2.** ZOOL tapeworm

solitário, -a [soʎi'tariw, -a] **I.** *m, f* loner **II.** *adj* solitary

solo ['sɔlu] **I.** *m* **1.** (*terra*) soil **2.** MÚS solo; ~ **de violão** violin solo **II.** *adj* (*carreira*) solo career

solstício [sows'tʃisiw] *m* ASTRON solstice

solta *adj v.* **solto**

solta ['sowta] *adv* **à(s)** ~**(s)** on the loose; **andar à(s)** ~**(s)** to be footloose

soltar [sow'tar] <*pp* solto *ou* soltado> **I.** *vt* (*largar*) to release; **solta-me!** let me go!; (*libertar*) to free; (*afrouxar*) to loosen; (*desatar*) to undo; ~ **o cabelo** to let one's hair down; (*um grito*) to let out; ~ **um suspiro/uma gargalhada** to let out a sigh/a laugh; ~ **foguetes** to set off fireworks; ~ **fumaça** to let off steam; ~ **odor** to smell; ~ **palavrões** to say bad words; ~ **o preso** to free the prisoner; **fibras soltam o intestino** fiber loosens the bowels **II.** *vr* ~-**se** to let loose; *fig* to lose one's inhibitions

solteira *adj, f v.* **solteiro**

solteirão, -ona <-ões> [sowtej'rãw, -'ona, -'õjs] *m, f* confirmed bachelor

solteiro, -a [sow'tejru, -a] **I.** *m, f* bachelor; **despedida de** ~ bachelor party; **nome de solteira** maiden name **II.** *adj* single; **mãe solteira** single mother

solteirões *m pl de* **solteirão**

solteirona [sowtej'rona] *f v.* **solteirão**

solto ['sowtu] *pp irr de* **soltar**

solto, -a ['sowtu, -a] *adj* **1.** (*nó, parafuso, botão*) loose; **ter um parafuso** ~ *fig, inf* to have a screw loose; (*cabelo*) untied; (*blusa*) loose-fitting **2.** (*pessoa*) footloose

soltura [sow'tura] *f* (*de preso*) release

solução <-ões> [solu'sãw, -'õjs] *f* **1.** QUÍM solution **2.** (*de problema*) solution

soluçar [solu'sar] *vi* <ç→c> **1.** (*ter soluços*) to have the hiccups **2.** (*chorando*) to sob

solucionar [solusjo'nar] *vt* to solve

soluço [so'lusu] *m* **1.** (*choro*) sob **2.** (*fisiológico*) hiccup; **estar com/ter** ~**s** to have the hiccups

soluções *f pl de* **solução**

solúvel <-eis> [so'luvew, -ejs] *adj* (*em líquido*) soluble; **café** ~ instant coffee

solvência [sow'vẽjsia] *f* ECON solvency

solvente [sow'vẽjtʃi] **I.** *m* QUÍM solvent **II.** *adj* ECON solvent

som ['sõw] <-ons> *m* sound; (*de instrumento, música*) music; **aparelho de** ~ radio; **ao** ~ **da música** to the sound of the music; **dizer (em) alto e bom** ~ to say loud and clear; **ele prefere o** ~ **das bandas de rock** *inf* he prefers to listen to rock music; FÍS sound; **à prova de** ~ soundproof; ~ **nasal** LING nasal tone

soma ['soma] *f* sum; **investir grandes** ~ **de dinheiro** to invest large sums of money

somar [so'mar] **I.** *vt* MAT to add, to sum (up); (*vitórias, medalhas*) to rack up *inf*; ~ **conquistas** to collect victories; **ela somou os lucros** she totaled the profits **II.** *vi* MAT to add

sombra ['sõwbra] *f* shadow; *fig* darkness; **à** ~ in the shade; **viver à** ~ **de alguém** *fig* to be under sb's wing; **sem**

sombras ~ **de dúvida** without a shadow of a doubt; **nem por** ~ not the slightest chance; **não é nem** ~ **do que era** he's nothing like he used to be; **fazer** ~ **a alguém** *fig* to overshadow sb; ~ **para os olhos** (*cosmética*) eye shadow

sombras ['sõbras] *fpl* (*jogo*) shadow play

sombreado [sõbri'adu] *m* shading

sombreado, -a [sõbri'adu, -a] *adj* shaded

sombria *adj v.* **sombrio**

sombrinha [sõw'briɲa] *f* parasol

sombrio, -a [sõw'briw, -a] *adj* (*lúgubre*) somber *Am*, sombre *Brit*

some ['sɔmi] *3. pres de* **sumir**

somente [sɔ'mẽjtʃi] *adv* only

somos ['somus] *1. pl pres de* **ser**

sonâmbula *adj, f v.* **sonâmbulo**

sonambulismo [sonãŋbu'ʎizmu] *m sem pl* sleepwalking *no pl*

sonâmbulo, -a [so'nãŋbulu, -a] I. *m, f* sleepwalker II. *adj* sleepwalking

sonar [so'nar] <-es> *m* sonar

sonata [so'nata] *f* sonata

sonda ['sõwda] *f* 1. MED catheter 2. NAÚT sounding line; ~ **espacial** AERO space probe

sondagem [sõw'daʒẽj] <-ens> *f* (*de opinião*) research; **fazer uma** ~ to take a poll

sondar [sõw'dar] *vt* 1. MED to probe 2. NAÚT to sound 3. *fig* (*uma região*) to explore 4. *fig* (*uma pessoa*) to feel out; (*a opinião*) to evaluate

soneca [so'nɛka] *f* nap; **tirar uma** ~ to take a nap

sonegação <-ões> [sonega'sãw, -'õjs] *f* (*de impostos*) tax evasion

sonegador(a) [sonega'dor(a)] <-es> *m(f)* tax dodger

sonegar [sone'gar] *vt* <g→gu> 1. (*informação, dados*) to conceal 2. (*impostos*) to evade

soneto [so'netu] *m* sonnet

sonhador(a) [sõɲa'dor(a)] <-es> I. *m(f)* dreamer II. *adj* dreaming

sonhar [sõ'ɲar] *vt* to dream; **sonhe com os anjos!** sweet dreams!; ~ **em ser médico** to dream of being a doctor; ~ **acordado** to daydream; **nem sonhando!** *inf* not in your wildest dreams!

sonho ['sɔɲu] *m* 1. (*mental*) dream; **de** ~ wonderful; **uma casa de** ~ dream house; ~ **dourado** ultimate dream 2. GASTR *sugar-coated doughnut, usually filled with Bavarian cream*

sonífero [so'niferu] *m* MED soporific; (*comprimido*) sleeping pill

sono ['sonu] *m* 1. (*dormida*) sleep; **estou sem** ~ I'm not sleepy; **dormir um** ~ **só** to sleep like a rock; **pegar no** ~ to fall asleep; **perder o** ~ to lose sleep; **ter** ~ **leve/pesado** to be a light/ heavy sleeper; **tirar o** ~ **de alguém** to keep sb awake 2. (*sonolência*) drowsiness; **dar** ~ to make drowsy; **estar com** [*ou* **ter**] ~ to be drowsy; **estar caindo** [*ou* **morrendo**] **de** ~ *inf* to be exhausted

sonolência [sono'lẽjsia] *f* (*antes do sono*) sleepiness; (*depois do sono*) drowsiness

sonolento, -a [sono'lẽjtu, -a] *adj* (*antes do sono*) sleepy; (*depois do sono*) drowsy

sonoplastia [sonoplas'tʃia] *f* CINE sound recording

sonora *adj v.* **sonoro**

sonoridade [sonori'dadʒi] *f* resonance

sonoro, -a [so'nɔru, -a] *adj* 1. (*que produz som*) sonorous 2. (*que tem som claro*) resonant 3. (*com som*) with sound; **filme** ~ sound motion picture, sound film; **onda sonora** sound wave 4. LING voiced

sonoterapia [sonotera'pia] *f* narcotherapy

sons *m pl de* **som**

sonso, -a ['sõwsu, -a] *adj* (*dissimulado*) sly

sopa ['sopa] *f* 1. soup; ~ **de cebola** onion soup; ~ **de galinha** chicken soup; ~ **de legumes** vegetable soup 2. *inf* (*coisa fácil*) **dar** ~ (*dar ensejo a ser enganado*) to let down one's guard; **ganhar do outro time foi** ~ beating the other team was a walk in the park; **deu** ~ **e lhe passaram a perna** he wasn't paying attention and they tricked him; (**não**) **dar** ~ **a alguém** (not) to trust sb; **era uma pessoa difícil e não dava** ~ **às mulheres** he was a difficult person and didn't trust women; **o tapete tomou chuva e está uma sopa** the rug got drenched in the rain; **está cheio de marmanjo dando** ~ **por aí** there are lots of eager and available men around

sopapo [so'papu] *m* (*tapa*) smack; (*murro*) blow, punch; **dar um** ~ **em alguém** to smack sb

sopé [so'pɛ] *m* base; **no ~ da montanha** at the foot of the mountain

sopeira [so'pejra] *f* covered soup dish

soporífero, -a [sopo'riferu, -a] *adj* soporific; *fig* (*enfadonho*) boring

soprano [so'prɐnu] *mf* MÚS soprano

soprar [so'prar] **I.** *vt* **1.**(*vidro*) to blow; (*velas*) to blow out; (*balão*) to blow up; (*pó*) to scatter, to blow away; **~ a sopa** (*esfriar*) to blow (on) one's soup **2.**(*comemorar*) to commemorate; **~ no ouvido, ~ as velinhas** *fig* to celebrate a birthday **3.**(*cochichar*) to whisper; **~ a resposta para alguém** (*na escola*) to prompt sb **II.** *vi* (*pessoa, vento*) to blow

sopro ['sopru] *m* wind; (*hálito*) breath; **um ~ de vento** a gust of wind; **um ~ de fumaça** a puff of smoke; **de um só ~** in a single breath; **instrumento de ~** MÚS wind instrument; **~ de vida** *fig* breath of life

soquete [so'ketʃi] *m* (*suporte com rosca*) socket

sórdido, -a ['sɔrdʒidu, -a] *adj* **1.**(*roupas; espetáculo, atitude*) filthy **2.**(*vil: pessoa*) vile

soro ['soru] *m* MED serum; **~ fisiológico** saline (solution), physiological salt solution; **de laticínios** whey

sorológico, -a [soro'lɔʒiku, -a] *adj* (*diagnóstico*) serologic

soronegativo, -a [soronega'tʃivu, -a] *adj* MED seronegative

soropositivo, -a [soropozi'tʃivu, -a] *adj* MED seropositive

sóror ['sɔror] <-es> *f* (*tratamento*) Sister

sorrateiramente [soxatejra'mẽjtʃi] *adv* on the sly

sorridente [soxi'dẽjtʃi] *adj* smiling

sorrir [so'xir] *irr como rir vi* to smile; **~ para alguém** to smile at sb

sorriso [so'xizu] *m* smile; **abrir um ~ de orelha a orelha** to smile from ear to ear; **dar um ~** to smile; **dar um ~ amarelo** to force a smile

sorte ['sɔrtʃi] **I.** *f* **1.**(*ventura*) luck; **boa ~!** good luck!; **que ~!** what luck!; **sem ~** unlucky; **tive pouca ~** I was unlucky; **por ~** luckily; **dar ~** to bring luck; **estar com** [*ou* **ter**] **~** to be lucky; **ter má ~** to have bad luck **2.**(*destino*) destiny; **ler a ~ de alguém** to tell sb his/her fortune **3.**(*condição social*) lot; **as novas medidas servem para melhorar a ~ dos aposentados** the new measures serve to improve the lot of retired people **4.**(*de loteria*) lottery ticket; **meu número de ~** my lottery ticket number; **tentar a ~** to try one's luck; **tirar a ~ grande** *fig* to hit the jackpot **5.**(*variedade*) **a cozinheira preparava toda ~ de pães** the cook prepared all kinds of bread **II.** *conj* **de tal ~ que ...** in such a way that ...

sortear [sortʃi'ar] *conj como passear vt* to draw lots

sorteio [sor'teju] *m* drawing; (*de loteria*) lottery; (*de uma rifa*) raffle

sortido, -a [sor'tʃidu, -a] *adj* assorted; **bombons ~s** assorted chocolates

sortimento [sortʃi'mẽjtu] *m* assortment; **ter um bom ~** to have a good variety

sortudo, -a [sor'tudu, -a] *adj inf* **ser ~** to be lucky; **você é (um) ~** you are lucky

sorumbático, -a [sorũw'batʃiku] *adj* somber *Am*, sombre *Brit*

sorvedouro [sorve'dowru] *m* whirlpool

sorver [sor'ver] *vt* to sip

sorvete [sor'vetʃi] *m* **1.**(*feito de leite*) ice cream; **~ de chocolate** chocolate ice cream **2.**(*feito de suco de frutas*) sherbet *Am*, sorbet *Brit*; **~ de limão** lemon sherbet **3.** **virar ~** to disappear

sorveteria [sorvete'ria] *f* ice-cream parlor *Am*, ice-cream parlour *Brit*

S.O.S. [ɛsjo'ɛsi] *m* **enviar um ~** to send an SOS

sós ['sɔs] *m* **a ~** alone

sósia ['sɔzia] *mf* lookalike, double

soslaio [soz'laju] *m* **de ~** askance; **olhar de ~** to look askew

sossegado, -a [suse'gadu, -a] *adj* calm

sossegar [suse'gar] <g→gu> **I.** *vt* to calm **II.** *vi* to calm down

sossego [su'segu] *m* calm

sótão ['sɔtɐ̃w] *m* attic

sotaque [so'taki] *m* accent; **~ estrangeiro** foreign accent; **ter ~** to have an accent; **não ter ~** to have no accent

sotavento [sota'vẽjtu] *m* NÁUT leeward

soterrado, -a [sote'xadu, -a] *adj* buried

soterrar [sote'xar] *vt* to bury

soturno, -a [so'turnu, -a] *adj* (*pessoa*) melancholy; (*local*) gloomy

sou ['so] *1. pres de* **ser**

soube ['sowbi] *1./3. pret perf de* **saber**

sova ['sɔva] *f* beating; **dar uma ~ em alguém** to give sb a beating; **levar uma ~** to take a beating

sovaco [su'vaku] *m* armpit
sovar [so'var] *vt* to knead; **~ a massa do pão** to knead the bread dough
soviético, -a [sovi'etʃiku, -a] I. *m, f* Soviet II. *adj* Soviet
sovina [so'vina] I. *mf* miser II. *adj* miserly
sozinho, -a [sɔ'ziɲu] *adj* alone
spa [is'pa] *m* spa
spray [is'prej] *m* spray
squash [is'kwɛʃi] *m* ESPORT squash
Sr. [sĩ'ɲor] *m abr de* **senhor** Mr.
Sra. [sĩ'ɲɔra] *f abr de* **senhora** (*tratamento para mulher casada*) Mrs.; (*tratamento sem saber o estado civil*) Ms.
Srta. [sĩxo'rita] *f abr de* **senhorita** Miss
Sta. ['sãnta] *f abr de* **Santa** St.
standard [is'tãndardʒi] *adj inv* (*carro, modelo*) basic model
status [is'tatus] *m inv* status
status quo [is'tatuw 'kwɔ] *m inv* status quo
Sto. ['sãntu] *m abr de* **santo** St.
stock-car [is'tɔki-'kar] *m* AUTO stock car; ESPORT stock car racing
stress [is'trɛs] *m* stress; **sofrer de ~** to feel stress; *v.* **estresse**
striptease [is'tripi-'tʃizi] *m* striptease
sua ['sua] *pron poss* 1. (*dele*) his; (*dela*) her; **a ~ casa** his/her house; **a ~ irmã** his/her sister; **fazer das ~s** to act up 2. (*você*) your; (**a**) **~ mãe** your mother; **ficar na ~** *gír* to go about [*o* to mind] one's own business
suado, -a [su'adu, -a] *adj* sweaty
suadouro [sua'dowru] *m* sweating
suar [su'ar] *vi* to sweat; **~ em bicas** to sweat bullets; **~ frio** to break out in a cold sweat; **~ a camisa** *fig* to work hard
suástica [su'astʃika] *f* swastika
suave [su'avi] *adj* 1. (*material*) soft 2. (*cheiro, vento, música, voz*) pleasant; (*temperatura, tabaco*) mild; (*vinho*) smooth; (*prestações*) manageable
suavidade [suavi'dadʒi] *f* 1. (*de material*) softness 2. (*de voz, música, no olhar*) pleasantness; (*nos gestos*) smoothness
suavizar [suavi'zar] *vt* (*a dor*) to soothe; (*um conflito*) to moderate
subalterno, -a [subaw'tɛrnu, -a] I. *m, f* subordinate II. *adj* subordinate
subaquático, -a [suba'kwatʃiku, -a] *adj* (*esporte*) underwater

subchefe [sub'ʃɛfi] *mf* assistant director
subcomissão <-ões> [subkomi'sãw, -'õjs] *f* subcommittee
subconsciente [subkõwsi'ẽjtʃi] I. *m* subconscious II. *adj* subconscious
subdesenvolvido, -a [subdʒizẽjvow-'vidu, -a] *adj* underdeveloped
subdesenvolvimento [subdʒizẽjvow-vi'mẽjtu] *m sem pl* underdevelopment *no pl*
subdividir [subdʒivi'dʒir] *vt* to subdivide
subdivisão <-ões> [subdʒivi'zãw, -'õjs] *f* subdivision; (*seção*) subsection
subemprego [subĩj'pregu] *m* underemployment
subentender [subĩjtẽj'der] *vt* to read between the lines; **~ o que alguém diz** to grasp what sb is suggesting; (*impessoal*); **subentende-se que o negócio está feito** it is understood that the deal is done
subentendido, -a [subĩjtẽj'dʒidu, -a] *adj* implicit; **estar ~** to be implicit
subestimar [subestʃi'mar] *vt* to underestimate
subfaturar [subfatu'rar] *vt* to underinvoice
subgerente [subʒe'rẽjtʃi] *mf* assistant manager
subgrupo [sub'grupu] *m* subgroup
subida [su'bida] *f* 1. (*caminho*) upward slope; (*rua que sobe*) hill 2. (*escalada*) ascent 3. (*de preços, de temperatura*) rise
subir [su'bir] *irr* I. *vt* 1. (*um monte, uma escada*) to climb; **~ num banco** to get up on a stool 2. (*rua, ladeira*) to walk up 3. (*uma persiana*) to open 4. (*preços, salários, renda*) to increase 5. (*no ônibus, no cavalo*) to get on 6. (*na vida*) to rise 7. **~ à cabeça** (*vinho, dinheiro, fama*) to go to one's head; **o sangue subiu-lhe à cabeça** to become enraged II. *vi* 1. (*ir para cima*) to go up; (*maré, fumaça*) to rise 2. (*temperatura, preço, salário, renda*) to rise 3. (*edifício*) **~ de elevador** to go up in the elevator; **~ até o décimo andar** to go up to the tenth floor 4. **~ pelas paredes** *inf* to climb the walls
súbita *adj v.* **súbito**
subitamente [subita'mẽjtʃi] *adv* suddenly
súbito, -a ['subitu, -a] *adj* (*movimento*) sudden; (*acontecimento*) unexpected;

de ~ suddenly; **mal ~** sudden illness
subjacente [subʒa'sẽjtʃi] *adj* **1.** (*camada*) subjacent **2.** (*problema*) underlying
subjetiva *adj v.* **subjetivo**
subjetividade [subʒetʃivi'dadʒi] *f sem pl* subjectivity *no pl*
subjetivo, -a [subʒe'tʃivu, -a] *adj* subjective
subjugar [subʒu'gar] *vt* <g→gu> to subjugate
subjuntivo [subʒũw'tʃivu] *m* LING subjunctive
sublevação <-ões> [subleva'sãw, -'õjs] *f* uprising
sublevar [suble'var] **I.** *vt* to raise up **II.** *vr* ~-**se** to rise up
sublime [su'blimi] *adj* sublime
subliminar [subʎimi'nar] *adj* (*propaganda, mensagem*) subliminal
sublinhar [subli'ɲar] *vt* **1.** (*uma palavra*) to underline **2.** (*realçar*) to emphasize
sublocação <-ões> [subloka'sãw, -'õjs] *f* sublease
sublocar [sublo'kar] *vt* <c→qu> to sublet, to sublease
sublocatário, -a [subloka'tariw, -a] *m, f* sublessee, subtenant
submarino [subma'rinu] *m* submarine
submarino, -a [subma'rinu, -a] *adj* **caça submarina** submarine chaser
submergir [submer'ʒir] <*pp* submerso *ou* submergido> *vi, vt* to submerge
submerso, -a [sub'mɛrsu, -a] *adj* (*navio, corpo*) submerged
submeter [subme'ter] **I.** *vt* (*subjugar*) to subjugate; (*sujeitar*) to submit; ~ **a. c. a aprovação** to submit sth for approval; ~ **alguém/a. c. a exame** to submit sb/sth to an exam; ~ **a votação** to put to a vote **II.** *vr:* ~-**se** to yield; ~ **a alguém** to yield to sb
submetralhadora [submetraʎa'dora] *f* submachine gun
submissa *adj v.* **submisso**
submissão <-ões> [submi'sãw, -'õjs] *f* submission
submisso, -a [sub'misu, -a] *adj* (*comportamento, pessoa*) submissive
submissões *f pl de* **submissão**
submundo [sub'mũwdu] *m* underworld
subnutrição <-ões> [subnutri'sãw, -'õjs] *f* malnutrition
subnutrido, -a [subnu'tridu, -a] *adj* malnourished
suboficial <-ais> [subofisi'aw, -'ajs] *m* noncommissioned officer
subordinado, -a [subordʒi'nadu, -a] **I.** *m, f* subordinate **II.** *adj* **1.** (*a um tema, conceito*) secondary **2.** (*subalterno*) subordinate
subordinar [subordʒi'nar] *vt* to subordinate; ~ **os gastos às necessidades** to buy only what is necessary
subornar [subor'nar] *vt* to bribe
subornável <-eis> [subor'navew, -ejs] *adj* bribable
suborno [su'bornu] *m* bribery
subprefeitura [subprefej'tura] *f* office of deputy mayor
subproduto [subpro'dutu] *m* by-product
sub-relator, -a [subixela'tor, -'ora] <-es> *m, f* vice-chairman; ~ **de uma comissão de inquérito** vice-chairman of an investigative committee
sub-reptício [subxep'tʃisiw] *adj* surreptitious
subscrever [subskre'ver] <*pp* subscrito> **I.** *vt* (*documento, livro*) to sign; (*ideia*) to subscribe to **II.** *vr:* ~-**se** (*em carta*) to sign at the end
subscrição <-ões> [subskri'sãw, -'õjs] *f* (*de carta*) signature; (*de ações*) subscription
subscrito [subs'kritu, -a] *pp de* **subscrever**
subseção <-ões> [subse'sãw, -'õjs] *f* subsection
subsecretário, -a [subsekre'tariw, -a] *m, f* ~ **de Estado** undersecretary of state
subsequente [subse'kwẽjtʃi] *adj* subsequent
subserviência [subservi'ẽjsia] *f* subservience
subserviente [subservi'ẽjtʃi] *adj* subservient
subsidiado, -a [subsidʒi'adu, -a] *adj* (*hospital, crédito*) subsidized
subsidiar [subsidʒi'ar] *vt* to subsidize
subsidiária [subsidʒi'aria] *f* (*negócios*) subsidiary
subsidiário, -a [subsidʒi'ariw, -a] *adj* (*verba, recursos*) additional, supplemental; (*empresa*) subsidiary
subsídio [sub'sidʒiw] *m* **1.** subsidy; (*para empresas, instituições*) subsidy; ~ **agrícola** farm subsidy **2.** POL (*vencimentos*) salary; **os parlamentares**

ausentes tiveram os seus ~s suspensos the absent congressmen had their salaries suspended **3.**(*informações*) additional information; **reunir ~s para discussão** to gather additional information for discussion

subsistência [subzis'tẽjsia] *f* subsistence; **meios de ~** means of survival

subsistir [subzis'tʃir] *vi* **1.**(*existir*) to subsist **2.**(*persistir, conservar-se*) to survive

subsolo [sub'sɔlu] *m* basement; **no ~ in the basement**

substância [subs'tãsia] *f* **1.**(*natureza*) matter; **~ orgânica** organic matter **2.**(*sustância*) substance; **sopa sem ~** weak soup **3.**(*conteúdo*) meaning; **falta ~ aos seus argumentos** your arguments lack substance

substancial <-ais> [substãsi'aw, -'ajs] *adj* **1.**(*essencial*) essential **2.**(*aumento*) substantial

substancialmente [substãsjaw'mẽjtʃi] *adv* substantially

substantivar [substãtʃi'var] *vt* LING to nominalize

substantivo [substãn'tʃivu] *m* noun

substituição <-ões> [substʃituj'sãw, -'õjs] *f* **1.**substitution; (*em funções*) shift; (*temporariamente*) substitute; **~ permanente/temporária** permanent/temporary replacement; **em ~ a alguém/a. c.** in exchange for sb/sth **2.** ESPORT substitution

substituir [substʃitu'ir] *conj como incluir vt* to substitute; (*em funções*) to change shifts (with); (*temporariamente*) to replace; **a dieta vegetariana substitui a carne por soja** a vegetarian diet substitutes soybeans for meat

substituível <-eis> [substʃitu'ivew, -ejs] *adj* replaceable

substituto, -a [substʃi'tutu, -a] I. *m, f* substitute; (*em funções*) replacement II. *adj* substitute; (*em funções*) replacement

substrato [subs'tratu] *m* **1.**(*base*) basis; (*essência*) essence **2.** GEO substratum

subterfúgio [subter'fuʒiw] *m* **1.**(*evasiva*) excuse **2.**(*estratagema*) subterfuge

subterrâneo [subte'xɜniw] *m* underground; **os ~s da política** the underbelly of politics

subterrâneo, -a [subte'xɜniw, -a] *adj* (*garagem, abrigo*) underground

subtítulo [sub'tʃitulu] *m* subtitle

subtotal [subto'taw] *m* subtotal

subtração <-ões> [subtra'sãw, -'õjs] *f* MAT subtraction

subtrair [subtra'ir] *conj como sair vt* MAT to subtract; (*furtar: uma carteira*) to steal

subtropical <-ais> [subtropi'kaw, -'ajs] *adj* (*clima*) subtropical

subumano, -a [subu'mɜnu, -a] *adj* **condições subumanas de vida** subhuman living conditions

suburbano, -a [subur'bɜnu, -a] I. *m, f* suburbanite; *pej* (*pouco refinado*) bad taste II. *adj* suburban; *pej* person with bad taste

subúrbio [su'burbiw] *m* suburb

subvenção <-ões> [subvẽj'sãw, -'õjs] *f* (financial) aid; (*estatal*) subvention

subvencionado, -a [subvẽjsjo'nadu, -a] *adj* subsidized

subvencionar [subvẽjsjo'nar] *vt* to subsidize

subversão <-ões> [subver'sãw, -'õjs] *f* subversion

subversivo, -a [subver'sivu, -a] *adj* subversive

subversões *f pl de* **subversão**

subverter [subver'ter] *vt* **1.**(*sistema político*) to subvert **2.**(*princípios morais*) to corrupt

sucata [su'kata] *f* scrap metal; **o carro vai para a ~** the car is going to the junkyard; *fig* junk

sucateamento [sukatʃja'mẽjtu] *m* total destruction

sucatear [sukatʃi'ar] *conj como passear vt* to scrap; *fig* (*a indústria*) to drain

sucção <-ões> [suk'sãw, -'õjs] *f* suction

sucedâneo, -a [suse'dɜniw, -a] *m, f* substitute

suceder [suse'der] I. *vt* (*num cargo*) to succeed; **o filho sucedeu ao pai na direção dos negócios** the son succeeded his father as head of the firm; (*seguir-se*) to follow II. *vi* (*acontecer*) to happen III. *vr*: **~-se** (*acontecimentos*) to come next

sucedido, -a [suse'dʒidu, -a] I. *pp de* **suceder** II. *adj* (*ocorrido*) past; **ser bem-~** to be successful; **ser mal-~** to be unsuccessful

sucessão <-ões> [suse'sãw, -'õjs] *f*

sucessiva 1. (*de acontecimentos*) series; (*sequência*) sequence 2. (*num cargo*) succession

sucessiva *adj v.* **sucessivo**

sucessivamente [susesiva'mējtʃi̥] *adv* successively; **e assim ~** and so on

sucessivo, -a [suse'sivu, -a] *adj* successive

sucesso [su'sɛsu] *m* success; **fazer** [*ou* **ter**] **~** to be successful; **ser um ~** to be a success; **parada de ~s** (*canções*) pop chart

sucessões *f pl de* **sucessão**

sucessor(a) [suse'sor(a)] <-es> *m(f)* successor

sucinto, -a [su'sĩtu, -a] *adj* succinct

suco ['suku] *m* juice; **~ de maracujá/laranja** passion fruit/orange juice

> **Cultura** There are many different kinds of juice to be enjoyed at juice stands or at any restaurant or **lanchonete** (snack bar) in Brazil. Iced, with or without sugar, the juice is prepared with water or orange juice and with almost any type of fruit to be found in the country: pineapple, acerola, cashew, star fruit (carambola), melon, strawberry and many others. A **vitamina** (milkshake) differs in that it is prepared with milk instead of water. The **casas de suco** (juice stands) usually have **caldo de cana-de-açúcar** (pressed sugarcane juice) as well.

suculento, -a [suku'lẽjtu] *adj* (*fruta*) juicy; (*bife*) succulent

sucumbir [sukũw'bir] *vi* (*ceder*) to yield, to give in; (*em luta*) to give up; (*ir abaixo*) to fall; (*morrer*) to die

sucupira [suku'pira] *f* BOT *common name for many species of leguminous trees*

sucuri [suku'ri] *f* ZOOL anaconda

sucursal <-ais> [sukur'saw, -'ajs] *f* (*de banco, de empresa*) branch; **de jornal** office

sudanês, -esa [sudɜ'nes, -'eza] <-es> I. *m, f* Sudanese II. *adj* Sudanese

Sudão [su'dɜ̃w] *m* Sudan

sudário [su'dariw] *m* sweat cloth; **o Santo Sudário** the Holy Shroud

sudeste [su'dɛstʃi̥] *m* southeast

súdito, -a ['sudʒitu, -a] I. *m, f* subject II. *adj* subject

sudoeste [sudo'ɛstʃi̥] *m* southwest

sueca *adj, f v.* **sueco**

Suécia [su'ɛsia] *f* Sweden

sueco, -a [su'ɛku, -a] I. *m, f* Swede II. *adj* Swedish

suedine [sue'dʒini] *m* imitation suede

suéter [su'ɛter] *m* sweater

suficiente [sufisi'ẽjtʃi̥] *adj* sufficient; (*nota*) satisfactory; **ganhar o ~** to earn enough

suficientemente [sufisiẽjtʃi'mẽjtʃi̥] *adv* sufficiently

sufixo [su'fiksu] *m* LING suffix

suflê [su'fle] *m* GASTR soufflé

sufocado, -a [sufo'kadu, -a] *adj* smothered; **morrer ~** to die from asphyxiation

sufocante [sufo'kɜ̃tʃi̥] *adj* (*calor*) stifling; (*ar*) suffocating

sufocar [sufo'kar] <c→qu> I. *vt* **~ uma rebelião** to crush a rebellion; **~ o soluço** to hold back the tears II. *vi fig* to choke; **~ de tanto rir** to almost die laughing

sufoco [su'foku] *m inf* difficulty; **estar num ~** to be swamped with work; **estar no maior ~** to be in a jam

sufrágio [su'fraʒiw] *m* (*votação, direito de voto*) suffrage; **~ direto** direct vote; **~ universal** universal suffrage

sugar [su'gar] *vt* <g→gu> to suck; (*extorquir*) to extort

sugerir [suʒe'rir] *irr como preferir vt* 1. (*propor*) to suggest; **sugiro que você descanse um pouco** I suggest you rest a little 2. (*indicar*) to hint; (*recomendar*) to recommend; **sugeri a ele uma viagem de férias** I recommended that he go away on a vacation

sugestão <-ões> [suʒes'tɜ̃w, -'õjs] *f* 1. (*proposta*) suggestion; **dar uma ~** to make a suggestion 2. (*indicação*) hint; (*recomendação*) recommendation

sugestivo, -a [suʒes'tʃivu, -a] *adj* (*resultado*) indicative; (*ambiente, proposta*) suggestive

sugestões *f pl de* **sugestão**

sugiro [su'ʒiru] *1. pres de* **sugerir**

Suíça [su'isa] *f* Switzerland

suicida [suj'sida] I. *mf* (*pessoa que comete suicídio*) suicide II. *adj* (*ação, ideias*) suicidal

suicidar-se [sujsi'darsi] *vr* to commit

suicide

suicídio [suj'sidʒiw] *m* suicide; **~ político** political suicide; **cometer ~** to commit suicide

suíço, -a [su'isu, -a] *adj, m, f* Swiss

sui generis [suj 'ʒeneris] *adj inv* sui generis, unique

suingue [su'ĩjgi] *m* **1.** MÚS swing **2.** *chulo* (*entre casais*) orgy with two or more couples

suíno [su'inu] **I.** *m* swine **II.** *adj* piggish; **gado ~** heads of swine *pl*

suíte [su'itʃi] *f* **1.** (*de hotel, de residência*) suite **2.** MÚS suite

suja *adj v.* **sujo**

sujar [su'ʒar] **I.** *vt* (*a roupa*) to dirty; (*a honra*) to stain **II.** *vr* **~-se** to become dirty; **~-se com alguém** (*sem crédito*) to sully one's reputation

sujeira [su'ʒejra] *f* **1.** (*imundície*) filth **2.** *inf* (*ato*) dirty trick; **fazer uma ~ com alguém** to play a dirty trick on sb

sujeita *adj, f v.* **sujeito**

sujeitar [suʒej'tar] <*pp* sujeito *ou* sujeitado> **I.** *vt* to subject; **~ um filme à censura** to subject a film to censorship; **ditadores sujeitam o povo à sua autoridade** the dictators subjected the people to their authority **II.** *vr*: **~-se** (*submeter-se*) to submit; **~-se a a. c.** to submit to sth; **sujeitar-se aos caprichos dos outros** to submit to the whims of others; **~-se a obedecer às leis** to commit to obey the law

sujeito[1] [su'ʒejtu] *m* LING subject

sujeito, -a[2] [su'ʒejtu, -a] **I.** *m, f* individual; **é um ~ de sorte** he's a lucky guy **II.** *adj* **~ a impostos** subject to tax; **ser ~ a a. c.** to be susceptible to sth; **este horário está ~ a mudanças** this time is subject to change; **a nova lei está sujeita a aprovação** the new law is subject to approval; **a eleição está sujeita a fraudes** the election is prone to fraud; **o motorista embriagado está ~ a ir preso** drunk drivers are subject to arrest

sujo, -a ['suʒu, -a] *adj* **1.** (*com sujeira*) dirty; **roupa suja de sangue** bloodstained clothes **2.** *fig* (*dinheiro, negócio*) dirty; (*boca*) foul; (*pessoa*) underhanded; **ter ficha suja (na polícia)** to have a police record; **estar ~ com alguém** (*sem crédito*) to be in sb's black book; **estar mais ~ que pau de galinheiro** to be as dirty as a pig pen

sul ['suw] *m* south; **ao ~ de** to the south of

sul-africano, -a [suwafri'kɜnu, -a] *adj, m, f* South African

sul-americano, -a [sulameri'kɜnu, -a] *adj, m, f* South American

sulco ['suwku] *m* **1.** (*na terra*) furrow **2.** (*na água*) channel **3.** (*fenda*) groove **4.** (*no rosto*) wrinkle

sulfa ['suwfa] *f* QUÍM sulfur

sulfato [suw'fatu] *m* sulfate

sulfúrico, -a [suw'furiku, -a] *adj* QUÍM sulfuric; **ácido ~** sulfuric acid

sulista [su'ʎista] **I.** *mf* southerner **II.** *adj* southern

sultães *m pl de* **sultão**

sultana [suw'tɜna] *f v.* **sultão**

sultão <-ões, -ãos, -ães> [suw'tɜw, -'ɜjs] *m* sultan

suma ['suma] *f* **em ~** in short

sumarento, -a [suma'rẽjtu, -a] *adj* juicy

sumária *adj v.* **sumário**

sumariamente [sumarja'mẽjtʃi] *adv* summarily

sumário [su'mariw] *m* summary

sumário, -a [su'mariw, -a] *adj* (*breve*) brief; **julgamento ~** summary judgment

sumiço [su'misu] *m* disappearance; **dar ~ em a. c.** to make sth disappear; **levar ~** *inf* to disappear

sumida *adj v.* **sumido**

sumidade [sumi'dadʒi] *f* (*pessoa*) eminent

sumido, -a [su'midu, -a] *adj* **você andou ~!** you disappeared!

sumidouro [sumi'dowru] *m* sinkhole; *fig* (*de pessoas*) abyss; (*de dinheiro*) bottomless pit

sumir [su'mir] *irr como* subir *vi* to disappear; **~ de vista** to vanish from sight; **~ com a. c.** to disappear with sth

sumo ['sumu] **I.** *m* **1.** **~ do limão** lemon juice **2.** (*ápice*) summit **II.** *adj* superior; **o ~ pontífice** Pope; **assunto de suma importância** matter of supreme importance

sumô [su'mo] *m* sumo wrestling

súmula ['sumula] *f* summary

sundae ['sɜŋdej] *m* sundae

sunga ['sũwga] *f* men's swimming bikini

suntuosa *adj v.* **suntuoso**

suntuosidade [sũwtuozi'dadʒi] *f sem pl* sumptuousness *no pl*

suntuoso, -a [sũwtu'ozu, -'ɔza] *adj*

suor [su'ɔr] <-es> *m* sweat; *fig* (*trabalho árduo*) hard work; **comprou a casa com muito ~** he worked hard to be able to buy his house

super- ['super] super-

superabundância [superabũw'dãŋsia] *f* overabundance

superabundante [superabũw'ãntʃi] *adj* (*exuberante, supérfluo*) overabundant

superado, -a [supe'radu, -a] *adj* **modelo ~** outdated model; **problema ~** solved problem; **ideias superadas** outmoded ideas

superaquecimento [superakesi'mẽtu] *m* overheating

superar [supe'rar] **I.** *vt* (*uma dificuldade, crise*) to overcome; (*as expectativas*) to surpass; (*um adversário*) to outdo **II.** *vr* **~-se** to outdo oneself

superastro [supe'rastru] *m* superstar

superável <-eis> [supe'ravew, -ejs] *adj* surmountable; **dificuldades superáveis** surmountable problems

superavit [supe'ravitʃi] *m* ECON surplus

supercílio [super'siʎiw] *m* eyebrow

supercondutor [superkõwdu'tor] <-es> *m* superconductor

superdotado, -a [superdo'tadu, -a] *m, f* gifted

superego [supe'rɛgu] *m* superego

superestimar [superestʃi'mar] *vt* to overestimate

superfaturamento [superfatura'mẽtu] *m* overinvoicing

superfaturar [superfatu'rar] *vt* (*uma obra*) to overinvoice

superfeliz [superfe'ʎis] <-es> *adj* overjoyed; **ficar ~ com a. c.** to be overjoyed at sth

superficial <-ais> [superfisi'aw, -ajs] *adj* (*corte*) superficial; (*conhecimento*) shallow

superficialidade [superfisiaʎi'dadʒi] *f* superficiality *no pl*

superficialmente [superfisiaw'mẽtʃi] *adv* superficially

superfície [super'fisii] *f* surface; **vir/estar à ~** to come to/to be on the surface; **ficar na ~** *fig* to appear

supérfluo [su'pɛrfluu] *m* surplus

supérfluo, -a [su'pɛrfluu, -a] *adj* supérfluous; **gastos ~s** nonessential expenses

super-herói [supere'rɔj] *m* superhero

super-homem [supe'rɔmẽj] <-ens> *m* superman

superinflação <-ões> [superĩjfla'sãw, -õjs] *f* ECON superinflation *no pl*, hyperinflation *no pl*

superintendência [superĩjtẽj'dẽjsia] *f* superintendency

superintendente [superĩjtẽj'dẽjtʃi] *mf* superintendent

superior(a) [superi'or(a)] **I.** *m(f)* superior; **respeito aos ~es** respect for superiors **II.** *adj* **1.** (*nível, temperatura*) higher; **temperatura ~ a 40 graus** temperature higher than 40 degrees; (*qualidade*) better; **artigos de qualidade ~** superior merchandise; (*quantidade*) greater; **número de viajantes ~ ao normal** extraordinary number of travelers; (*ultrapassar*) to surpass; **ser ~ a a. c.** to surpass sth **2.** (*situado acima*) upper; ANAT superior; (*em hierarquia, no espaço*) higher; **ordens superiores** higher orders; **o andar ~** the upper floor

superioridade [superiori'dadʒi] *f sem pl* superiority; **ter ar de ~** to have an air of superiority

superlativo [superla'tʃivu] *m* LING superlative

superlotação [superlota'sãw] *m sem pl* overcrowding *no pl*

superlotado, -a [superlo'tadu, -a] *adj* overcrowded

superlotar [superlo'tar] *vt* to overcrowd

supermercado [supermer'kadu] *m* supermarket

superministro, -a [supermi'nistru, -a] *m, f* superminister

super-mulher [supermu'ʎer] <-es> *f* superwoman

superpopulação <-ões> [superpopula'sãw, -õjs] *f* overpopulation *no pl*

superpotência [superpo'tẽjsia] *f* POL superpower

superpovoado, -a [superpovu'adu, -a] *adj* overpopulated

superprodução [superprodu'sãw, -õjs] *f* CINE, TEAT, TV superproduction

superproteger [superprote'ʒer] *vt* <g→j> to overprotect

supersônico [super'soniku] **I.** *m* AERO supersonic aircraft **II.** *adj* supersonic

superstição <-ões> [superstʃi'sãw, -õjs] *f* superstition

supersticioso, -a [superstʃisi'ozu,

-'ɔza] *adj* superstitious

supertime [super'tʃimi] *m* dream team

supervalorizar [supervalori'zar] *vt* to overvalue, to overrate

supervisão <-ões> [supervi'zãw, -'õjs] *f* supervision *no pl*

supervisionar [supervizjo'nar] *vt* to supervise

supervisões *f pl de* **supervisão**

supervisor(a) [supervi'zor(a)] <-es> *m(f)* supervisor

supetão [supe'tãw] *m* **de ~** suddenly

supimpa [su'pĩjpa] *adj inf* fabulous; **a feijoada estava ~!** the feijoada was fabulous!

suplantar [suplãŋ'tar] **I.** *vt* (*pessoa, pensamento, sentimento*) to supplant **II.** *vr* **~ -se** to outdo oneself

suplementar [suplemẽj'tar] **I.** *vt* to supplement **II.** *adj* <-es> supplemental

suplemento [suple'mẽjtu] *m* **1.** (*acréscimo*) supplement; (*posterior*) addition **2.** (*taxa*) surcharge **3.** (*de jornal*) supplement; **~ de domingo** Sunday supplement; **~ literário** literary supplement

suplente [su'plẽjtʃi] **I.** *mf* substitute; **~ de senador** POL alternate senator **II.** *adj* alternate

supletivo [suple'tʃivu] *m* (*ensino*) high school equivalency program; (*à noite*) night school

súplica ['suplika] *f* supplication

suplicar [supli'kar] *vt* <c→qu> to supplicate; **o preso suplicou perdão ao juiz** the prisoner begged the judge for forgiveness

suplício [su'plisiw] *m* torture; **a dor de dente era um verdadeiro ~** the toothache was real torture; **é um ~ ficar horas na fila do banco** it's a pain (in the neck) standing in line for hours at the bank

supor [su'por] *irr como* pôr *vt* to suppose; **supondo que ...** assuming that ...; **suponhamos que ...** let's suppose that ...; **suponho que sim/não** I guess so/not

suportar [supor'tar] *vt* **1.** (*um peso*) to support **2.** (*aguentar*) to bear; **não conseguiu ~ a culpa pelo seu fracasso** he couldn't bear his guilt over failing; (*tolerar*) to tolerate; **ele tem de ~ a hipocrisia da família** he has to tolerate his family's hypocrisy

suportável <-eis> [supor'tavew, -ejs] *adj* bearable

suporte [su'pɔrtʃi] *m* support; **~ de dados** INFOR data support; **dar ~ a alguém** to provide sb with support

suposição <-ões> [supozi'sãw, -'õjs] *f* supposition

supositório [supozi'tɔriw] *m* FARM suppository

suposta *adj v.* **suposto**

supostamente [supɔsta'mẽjtʃi] *adv* supposedly

suposto, -a [su'postu, -'ɔsta] **I.** *pp de* **supor II.** *adj* (*alegado*) alleged; (*hipotético*) hypothetical

supracitado [suprasi'tadu] *adj* above-mentioned

supranacional <-ais> [supranasjo'naw, -'ajs] *adj* supranational

suprapartidário, -a [suprapartʃi'dariw, -a] *adj* nonpartisan

suprarrenal <-ais> [supraxe'naw, -'ajs] *f* ANAT suprarenal

suprassumo [supra'sumu] *m* top; **isso é o ~ da ignorância** that is the height of ignorance

suprema *adj v.* **supremo**

supremacia [suprema'sia] *f* supremacy

supremo, -a [su'premu, -a] *adj* supreme; **o Supremo Tribunal** the Supreme Court

supressão <-ões> [supre'sãw, -'õjs] *f* **1.** (*de liberdades, garantias*) repression; (*de fronteira, postos de trabalho*) elimination; (*da violência*) suppression; (*da dor*) relief **2.** (*omissão*) omission

suprimento [supri'mẽjtu] *m* supply

suprimir [supri'mir] *vt* **1.** (*liberdades, garantias*) to repress; (*fronteira, postos de trabalho*) to eliminate; (*a violência*) to suppress; (*dor*) to relieve **2.** (*omitir*) to omit

suprir [su'prir] *vt* (*uma falha*) to make up for; (*as necessidades*) to fulfil, to fulfill; (*de alimentos*) to supply

supurar [supu'rar] *vi* to fester

surda *adj, f v.* **surdo**

surdez [sur'des] *f sem pl* deafness *no pl*

surdina [sur'dʒina] *f* MÚS mute; **fazer a. c. na ~** to do sth on the sly

surdo, -a ['surdu, -a] **I.** *m, f* deaf person; **os ~s** the deaf *sing + pl vb* **II.** *adj* deaf; (*som*) muffled; **fazer-se de ~** to play deaf; **ser ~ como uma porta** *inf* to be a deaf as a post; **as autoridades ficaram surdas aos apelos de justiça** appeals to the authorities for justice fell

surdo-mudo, surda-muda ['surdu-'mudu, 'surda-'muda] <surdos-mudos> I. *m, f* deaf-mute II. *adj* deaf-mute, hearing and speech impaired

surfar [sur'far] *vi tb.* INFOR to surf; ~ **na Internet** to surf the Internet

surfe ['surfi] *m* ESPORT surfing

surfista [sur'fista] *mf* surfer

surgimento [surʒi'mẽjtu] *m* emergence

surgir [sur'ʒir] *vi* <g→gu> to arise, to emerge

surja ['surʒa] *1./3. pres subj de* **surgir**

surjo ['surʒu] *1. pres de* **surgir**

surpreendente [surpriẽj'dẽtʃi] *adj* surprising; (*espantoso*) astonishing

surpreender [surpriẽj'der] I. *vt* to surprise II. *vr* ~-**se com a. c. ou alguém** to be astonished by sth/sb

surpreendido, -a [surpriẽj'dʒidu, -a] I. *pp* de **surpreender** II. *adj* surprised; **ficar** ~ **com** to be surprised at; **ser** ~ **por** to be taken by surprise

surpresa [sur'preza] *f* surprise; **apanhar** [*ou* **pegar**] **alguém de** ~ to catch sb by surprise; **fazer uma** ~ **a alguém** to surprise sb

surpreso, -a [sur'prezu, -a] I. *pp irr de* **surpreender** II. *adj* surprised; **estar** [*ou* **ficar**] ~ to be surprised

surra ['suxa] *f* 1. thrashing; **dar uma** ~ **em alguém** to give sb a spanking; **levar uma** ~ to take a beating 2. *inf* (*esporte*) trouncing; **o Flamengo deu uma** ~ **no Fluminense** Flamengo crushed Fluminense

surrado, -a [su'xadu, -a] I. *pp* de **surrar** II. *adj* (*roupa, calçado*) worn-out; (*jeans novo*) stone-washed

surrar [su'xar] *vt* to beat; (*pelo uso*) to wear out

surrealismo [suxea'ʎizmu] *m sem pl* surrealism *no pl*

surrealista [suxea'ʎista] I. *mf* surrealist II. *adj* surrealistic

surrupiar [suxupi'ar] *conj como* **enviar** *vt inf* to steal

sursis [sur'sis] *m* JUR *inv* reprieve

surtar [sur'tar] *vi* to have a psychotic reaction; *inf* to flip (out), to crack up

surtir [sur'tʃir] *vt* to give rise to; ~ **efeito** to take effect

surto ['surtu] *m* MED outbreak; ~ **de dengue** outbreak of dengue

suruba [su'ruba] *f chulo* orgy

surucucu *f* bushmaster (*large, venomous Brazilian snake*)

surucutinga [suruku'tʃĩga] *f* ZOOL bushmaster

sururu [suru'ru] *m* ZOOL mussel

SUS ['sus] *m abr de* **Sistema Único de Saúde** Unified Health System

suscetibilidade [susetʃibiʎi'dadʒi] *f* (*a doenças*) susceptibility; (*sensibilidade*) sensitivity; **não tocamos no assunto para não ferir** ~ **s** we avoided the subject so as to not touch on any soft spots

suscetibilizar [susetʃibiʎi'zar] I. *vt* to offend II. *vr:* ~-**se** to take offense

suscetível <-eis> [suse'tʃivew, -ejs] *adj* 1. (*sensível*) susceptible; **eles são muito suscetíveis aos comentários maldosos** they are very susceptible to nasty comments 2. (*passível*) **ser** ~ **de ...** to be subject to ...; **ser** ~ **de modificação** to be subject to change; **um comportamento** ~ **de crítica** behavior susceptible to criticism

suscitar [susi'tar] *vt* (*curiosidade*) to rouse; (*dúvidas*) to raise; (*problema*) to cause; (*ódio*) to provoke

suspeita *adj, f v.* **suspeito**

suspeita [sus'pejta] *f* suspicion; **estar acima de qualquer** ~ to be above all suspicion; **levantar** ~s to raise suspicion

suspeitar [suspej'tar] *vt* **suspeito do seu comportamento estranho** I'm suspicious of his strange behavior; **suspeito que ela me roubou** I suspect that she's the one who robbed me

suspeito, -a [sus'pejtu, -a] I. *m, f* suspect II. *adj* (*pessoa*) suspicious; (*origem*) untrustworthy

suspender [suspẽj'der] *vt* <*pp* suspenso *ou* suspendido> 1. (*erguer*) to suspend 2. (*processo, conversações, reunião*) to postpone; (*atividade, pagamento*) to stop; (*um contrato*) to suspend 3. (*funcionário, aluno, jogador*) to suspend 4. (*uma encomenda, um pedido*) to cancel

suspensa *adj v.* **suspenso**

suspensão <-ões> [suspẽj'sɐ̃w, -'õjs] *f* 1. (*interrupção*) interruption; (*de atividade, pagamento*) cancellation 2. (*de um contrato*) suspension 3. (*castigo, de jogador*) suspension 4. (*em líquido*) suspension 5. (*de automóvel*) suspension

suspense [sus'pẽjsi] *m* suspense; **livro de** ~ suspense novel; **manter alguém**

suspenso 550 **tablado**

em ~ to keep sb in suspense
suspenso, -a [sus'pēsu, -a] I. *pp irr de* **suspender** II. *adj* 1.(*no ar, em líquido*) suspended; **estar** ~ to be suspended 2.(*pendurado*) hanging; **estar** ~ to be hanging 3.(*pergunta, questão*) **ficar em** ~ to be pending a solution 4.(*funcionário, aluno, jogador*) suspended
suspensões *f pl de* **suspensão**
suspensórios [suspēj'sɔriws] *mpl* suspenders *pl*
suspirar [suspi'rar] *vi, vt* to sigh; ~ **por a. c.** to long for sth
suspiro [sus'piru] *m* 1.(*respiração*) sigh 2. GASTR meringue
sussurrar [susu'xar] I. *vt* to murmur II. *vi* 1.(*pessoa*) to whisper 2. *form* (*folhagem, vento*) to rustle; (*água*) to murmur
sussurro [su'suxu] *m* 1.(*de pessoa*) whisper 2. *form* (*de folhagem, do vento*) rustle; (*da água*) murmur
sustar [sus'tar] *vt* (*cheque*) to stop payment (on)
sustenido [suste'nidu] *m* MÚS sharp; (*sinal*) pound sign
sustentação <-ões> [sustējta's̃ãw, -'õjs] *f* 1.(*conservação*) sustainability; **de difícil** ~ difficult to sustain 2.(*apoio*) support; **o presidente tentou unificar a base de** ~ **do governo** the president tried to unify the government's constituency
sustentáculo [sustēj'takulu] *m* 1.(*suporte*) support 2. *fig* (*base*) backbone
sustentar [sustēj'tar] I. *vt* 1.(*estrutura, peso, encargos*) to sustain 2.(*uma ideia*) to support; (*acusações*) to justify II. *vr*: ~-**se** (*fisicamente, financeiramente*) to support oneself; **ele ainda não se sustenta sozinho** he still cannot support himself alone; **o mercado de armas se sustenta com o dinheiro das drogas** the arms market is supported by drug money
sustentável <-eis> [sustēj'tavew, -ejs] *adj* (*desenvolvimento*) sustainable
sustento [sus'tēju] *m* sustenance *no pl*
suster [sus'ter] *irr como* **ter** I. *vt* (*apoiar*) to support; (*a respiração*) to hold II. *vr*: ~-**se** to contain oneself
susto ['sustu] *m* fright; **levar um** ~ to be startled; **pregar** [*ou* **dar**] **um** ~ **em alguém** to scare sb

sutiã [su'tʃi'ã] *m* bra
sutil <-is> [su'tʃiw, -'is] *adj* 1.(*pessoa*) sharp; (*comentário*) penetrating 2.(*diferença*) subtle
sutileza [sutʃi'leza] *f* (*em pessoa, em comentário*) subtlety
sutis *adj pl de* **sutil**
sutura [su'tura] *f* MED suture
suturar [sutu'rar] *vt* MED to suture
suvenir [suve'nir] <-es> *m* souvenir

T

T, t ['te] *m* T, t; ~ **de tatu** t as in Tare *Am*, t for Tommy *Brit*
tá ['ta] *interj inf dor de* **está bem** OK
taba ['taba] *f Brazilian Indian village*
tabacaria [tabaka'ria] *f* tobacconist's
tabaco [ta'baku] *m* tobacco
tabagismo [taba'ʒizmu] *m sem pl* heavy smoking
tabagista [taba'ʒista] *mf* heavy smoker
tabefe [ta'bɛfi] *m inf* slap
tabela [ta'bɛla] *f* 1.(*quadro*) table; ~ **periódica** periodic table 2.(*lista*) list; ~ **de preços** price list 3.(*horário*) schedule; **à** ~ according to schedule 4.(*no basquete*) backboard 5. FUT fixtures list; **fazer uma** ~ [*ou* **tabelinha**] to make short passes (between two players) 6. **por** ~ *fig* indirectly; **o jornal foi censurado por** ~ the newspaper was censored indirectly; **cair pelas** ~**s** to be worn out
tabelado, -a [tabe'ladu, -a] *adj* (*preço*) listed; **artigo** ~ item on a price list
tabelamento [tabela'mējtu] *m* 1. listing 2. POL price control
tabelar [tabe'lar] *vt* 1.(*preço*) to list 2. FUT to make short passes (between two players)
tabelião, -ã <-ães> [tabeli'ãw, -'ã, -'ãjs] *m, f* notary public
taberna [ta'bɛrna] *f* tavern
tabernáculo [taber'nakulu] *m* tabernacle
tabique [ta'biki] *m* indoor partition
tablado [ta'bladu] *m* 1. raised platform 2. ESPORT boxing ring

tablete [ta'blɛtʃi] *m* tablet; **um ~ de chocolate** a candy bar *Am*, a bar of chocolate *Brit*

tabloide [ta'blɔjdʒi] *m* PREN tabloid

tabu [ta'bu] *m* taboo

tábua ['tabwa] *f* board, plank; **~ de passar** (*roupa*) ironing board; **~ de salvação** life saver; *fig*; **ser uma ~** to be as flat as a pancake

tabuada [tabu'ada] *f* MAT multiplication table

tabulador [tabula'dor] *m* tab(ulator) key

tabular [tabu'lar] I. *adj* (*referente a tabela*) tabular II. *vt* INFOR to tabulate

tabule [ta'buʎi] *m* tabbouleh

tabuleiro [tabu'lejru] *m* 1.(*bandeja*) tray 2.(*de forno*) baking sheet 3.(*de xadrez*) chessboard; (*de damas*) checkerboard *Am*, draughtboard *Brit* 4.(*de ponte*) floor of a bridge

tabuleta [tabu'leta] *f* (*anúncio, aviso*) sign

taça ['tasa] *f* 1.(*de champanhe*) champagne flute; (*de sorvete*) bowl 2. ESPORT cup

tacada [ta'kada] *f* (*golfe, bilhar*) stroke; **dar uma ~ na bola** to strike the ball; **de uma só ~** *inf* with one stroke

tacanho [ta'kɐɲu] *adj pej* narrow-minded

tacar [ta'kar] <c→qu> *vt inf* to throw; **~ a. c. em alguém** to throw sth at sb

tacha ['taʃa] *f* tack; (*de enfeite*) tack; (*em sapato*) nail

tachinha [ta'ʃiɲa] *f* thumbtack *Am*, drawing pin *Brit*

tacho ['taʃu] *m* (*para cozinhar*) pot

tácito, -a ['tasitu, -a] *adj* tacit

taciturno, -a [tasi'turnu, -a] *adj* 1.(*calado*) taciturn 2.(*tristonho*) morose

taco ['taku] *m* 1.(*de bilhar*) billiard cue; (*de golfe, beisebol*) golf club, baseball bat; **confiar no próprio ~** to trust one's instincts 2.(*para pavimento*) parquet block

tacógrafo [ta'kɔgrafu] *m* tachograph

Tadjiquistão [tadʒikis'tɐ̃w] *m* Tajikistan

tafetá [tafe'ta] *m* taffeta

tagarela [taga'rɛla] I. *mf* chatterbox II. *adj* garrulous

tagarelar [tagare'lar] *vi* to chatter

tagarelice [tagare'ʎisi] *f* chattering

tailandês, -esa [tajlɐ̃'des, -'eza] *adj, m, f* Thai

Tailândia [taj'lɐ̃ndʒia] *f* Thailand

tailleur [taj'er] *m* woman's tailored suit

tainha [ta'iɲa] *f* ZOOL Brazilian mullet

taipa ['tajpa] *f* (*divisório*) partition; (*parede de barro*) mud wall

tais *mf pl de* **tal**

Taiwan [taju'ɐ̃] *m* Taiwan

taiwanês, -esa [tajwɜ'nes, -'eza] *adj, m, f* Taiwanese

tal ['taw] I. *pron dem* **o ~ professor** that professor; **a ~ pessoa** that person; **um ~ de Paulo** *pej* sb called Paul II. *adv* 1.(*sugestão*) **que ~ irmos ao cinema?** how about going to a movie?; **que ~ um cafezinho?** what about a cup of coffee? 2.**que ~?** (*opinião*) what do you think?; (*como está?*) how are you? 3.(*indeterminado*) such and such; **na rua ~** on such and such a street; **em ~ dia** on such and such a day; **fulano de ~** *inf* whatshisname 4. like, such; **nunca vi ~ coisa** I never saw such a thing; **~ pai, ~ filho** like father, like son; **~ e qual** this and that, so, thus; **~ como** just as; **de ~ maneira que** in such a way that

tal <tais> ['taw, 'tajs] *mf* the person; **estou falando do ~ que...** I'm talking about the person who ...; **ele se acha o ~** he thinks a lot of himself

tala ['tala] *f* MED splint

talão [ta'lɐ̃w] *m* book; **~ de cheques** checkbook *Am*, chequebook *Brit*

talco ['tawku] *m* talcum powder

talento [ta'lẽjtu] *m* talent; **desde pequena mostrou ter ~ para a dança** she has always had a talent for dancing

talentoso, -a [talẽj'tozu, -'ɔza] *adj* talented

talha ['taʎa] *f* carving, engraving; **~ dourada** gold engraving

talhado, -a [ta'ʎadu, -a] *adj* 1.(*madeira*) carved 2.*fig* (*pessoa*) cut out; **ele é ~ para o cargo** he's cut out for the job 3.(*leite*) sour milk

talhar [ta'ʎar] I. *vt* (*madeira*) to carve; (*o dedo*) to cut; (*um destino*) to carve out II. *vi* (*leite*) to curdle

talharim [taʎa'rĩj] <-ins> *m* tagliatelle *pl*

talhe ['taʎi] *m* cut, shape

talher [ta'ʎɛr] <-es> *m* flatware *Am*, silverware *Am*, cutlery *Brit*; **ela ainda não sabe usar os talheres** she still doesn't know how to use a knife and fork

talho ['taʎu] *m* cut

talismã [taʎiz'mɐ̃] *m* talisman

talk show ['tawki 'ʃow] *m* talk show

talo ['talu] *m* BOT stalk, stem

talude [ta'ludʒi] *m* slope

talvez [taw'ves] *adv* maybe; ~ **eu telefone** +*subj* maybe I'll call; ~ **não seja caro** +*subj* maybe it won't be expensive

tamanca [ta'mɐ̃ŋka] *f* clog; **subir nas** ~**s** to fly into a rage

tamanco [ta'mɐ̃ŋku] *m* clog with leather toe covering

tamanduá [tamɐ̃du'a] *m* anteater

tamanduá-bandeira [tamɐ̃du'abɐ̃ŋ'dejra] <tamanduás-bandeira(s)> *m* giant anteater

tamanho [ta'mɐɲu] *m* size; **de que é?** what size is it?; **eu calço** ~ **40** I take a size 10 shoe; **ser do** ~ **de um bonde** to be as big as a house; **ele só tem** ~ he's big but harmless

tamanho, -a [ta'mɐɲu, -a] *adj* such; **nunca vi tamanha confusão** I have never seen such a commotion; **é um** ~ **mentiroso** He is such a liar

tamanho-família [tɐ'mɐɲu-fɐ'miʎia] *adj* (*garrafa, caixa*) family-sized; *fig* (*sucesso*) huge

tâmara ['tamara] *f* BOT date

tamarindo [tama'rĩjdu] *m* tamarind

também [tɐ̃'bẽj] I. *adv* also, too, as well; **eu** ~ **não** me neither; **ele** ~ **quer vir** he wants to go too/as well; **para você** ~ for you as well/too; **se ele não vier,** ~ **não precisa telefonar** if he doesn't come, he needn't call either; **venceu a corrida** – ~ **não era para menos** he won the race – well, it was only to be expected; **duas horas de atraso** ~ **já é demais** besides, a two-hour delay is just too much II. *interj* **ela foi demitida** – ~ **pudera!** she had it coming!

tambor [tɐ̃'bor] <-es> *m* 1. MÚS bass drum 2. (*de óleo*) barrel; (*de revólver*) barrel; (*de fechadura*) barrel

tamboril <-is> [tɐ̃bo'riw, -'is] *m v.* **tamborim**

tamborilar [tɐ̃bori'lar] *vi* to drum one's fingers

tamborim [tɐ̃bo'rĩj] <-ins> *m* tambourine

tamboris *m pl de* **tamboril**

Tâmisa ['tɐ̃miza] *m* Thames

tampa ['tɐ̃pa] *f* (*de recipiente*) lid; (*de caneta*) cap; ~ **de rosca** (*parafuso*) screw cap

tampão <-ões> [tɐ̃'pɐ̃w, -'õjs] *m* 1. (*para tapar*) stopper; (*para os ouvidos*) plug 2. (*absorvente*) tampon

tampar [tɐ̃'par] *vt* (*caixa*) to put the lid on; (*garrafa, tubo*) to put the cap on

tampinha [tɐ̃'pĩɲa] *mf* (*pessoa*) shorty

tampo ['tɐ̃pu] *m* (*da mesa*) top; ~ **da privada** toilet seat

tampões *m pl de* **tampão**

tampouco [tɐ̃'powku] *adv* neither; ~ **eu** me neither

tanga ['tɐ̃ga] *f* (*na praia*) thong; (*povos indígenas*) loincloth

tangente [tɐ̃'ʒẽtʃi] *f* MAT tangent; **sair pela** ~ *fig* to go off [*o* fly off] at a tangent

tanger [tɐ̃'ʒer] <g→j> *vt* **no que tange** regarding; **a rede pública é deficiente no que** ~ **à saúde** regarding health, the public system is inadequate

tangerina [tɐ̃ʒi'rina] *f* tangerine

tangível <-eis> [tɐ̃'ʒivew, -ejs] *adj* tangible

tango ['tɐ̃gu] *m* MÚS tango

tanque ['tɐ̃ki] *m* 1. (*reservatório*) reservoir 2. MIL tank 3. (*para lavar roupa*) wash tub; ~ **de gasolina** fuel tank

tantã [tɐ̃'tɐ̃] *adj inf* daft

tanta *adj v.* **tanto**

tantas ['tɐ̃tas] *f pl* (*hora indeterminada*) **lá pelas** ~ **fomos embora** sometime during the night we left; (*tarde*); **ficamos acordados até as** ~ we stayed up until the small hours

tanto ['tɐ̃tu] I. *pron indef* so much, as much; (*um pouco*) a little; (*quantidade indefinida*); **nunca vi** ~**s livros** I've never seen so many books, odd; **outro** ~ as much again II. *adv* 1. (*intensidade*) so much, so hard; **ela trabalha** ~**!** she works so hard; **ele gosta** ~ **disso!** he likes that so much; ~ **insistiu, que eu cedi** he insisted so much that I gave in; ~ **melhor** so much the better; (*temporal*); **demora** ~**!** it takes so long; **dormiu 4 horas, se** ~ he slept 4 hours at most; **foi uma festa e** ~**!** it was quite a party!; **não é caso para** ~ it isn't such a big deal 2. (*comparação*) ~ **... como** [*ou* **quanto**] **...** both ... and ...; ~ **faz** it makes no difference; ~ **mais que ...** so much that ...; ~ **quanto**

tanto pude as much as I could; ~ **quanto sei** as much as I know; ~**s** so many/ much III. *m* gasta um ~ de luz e outro ~ de gás he spends a sum on electricity and another so-and-so much on gas; **este sofá custa um** ~ **a mais que o outro** this sofa costs a bit more than the other one

tanto, -a ['tãntu, -a] *adj* so; **trinta e** ~**s anos** thirty-odd years; **tanta gente** so many people; **tantas vezes** so many times; **em tantas semanas** in so many weeks; **paguei** ~ **por cento de juros** I paid a certain percentage in interest

tão ['tãw] *adv* so, such, as; **eu não esperava um presente** ~ **caro** I didn't expect such an expensive present; **ele é** ~ **rico como** [*ou* **quanto**] **eles** he is as rich as they are; **é** ~ **grande/bonito!** it is so big/beautiful!; **não é assim** ~ **mau/grave** it is not so bad/ serious; ~ **logo chegue, eu telefono** as soon as it arrives, I'll call

tão-somente ['tãw-sɔ'mẽjtʃi] *adv* just; **o problema não é** ~ **a nossa falta de motivação** the trouble is not just our lack of motivation

tapa ['tapa] *m* **1.** (*pancada*) slap; (*amigável*) pat **2.** (*tampa*) lid **3. dar um** ~ (**num cigarro de maconha**) to drag (on a joint)

tapa-buraco ['tapa-bu'raku] *mf inv* stand-by

tapado, -a [ta'padu, -a] *adj* **1.** (*buraco*) covered; (*olhos, ouvidos*) covered; (*rosto*) covered-up **2.** *pej, inf* (*bronco*) dense; **ser** ~ to be dense, to be emptyheaded

tapar [ta'par] *vt* (*fechar*) to close; (*panela*) to cover; (*garrafa*) to close; (*rosto, boca, olhos, ouvidos*) to cover; (*um buraco*) to fill; ~ **a. c. com** to cover sth with; **querer** ~ **o sol com a peneira** to try to hide the obvious

tapa-sexo ['tapa-'sɛksu] *m* ≈ G-string

tapear [tapi'ar] *conj como passear vt* **1.** (*enganar*) to hoodwink **2.** (*dar tapa*) to slap

tapeçaria [tapesa'ria] *f* (*tecido bordado*) tapestry; (*estabelecimento*) upholsterer's

tapeceiro, -a [tape'sejru, -a] *m, f* upholsterer

tapetão [tape'tãw] *m inv* FUT soccer tribunal; **ganhar no** ~ to win off the field

tapete [ta'petʃi] *m* rug, carpet

tapioca [tapi'ɔka] *f* tapioca

tapir [ta'pir] *m* ZOOL tapir

tapume [ta'pumi] *m* (*divisória*) partition; (*anteparo*) screen; (*cerca*) fence

taquicardia [takikar'dʒia] *f* tachycardia

taquigrafia [takigra'fia] *f* tachygraphy

tara ['tara] *f* (*mania*) mania; (*desvio de conduta*) depravity

tarado, -a [ta'radu, -a] I. *m, f* maniac; ~ **sexual** sex maniac II. *adj* depraved

tarântula [ta'rãntula] *f* ZOOL tarantula

tardar [tar'dar] I. *vt* (*acontecimento*) to delay II. *vi* (*pessoa*) to be late in coming; (**não**) ~ **a** [*ou* **em**] ... not to take long to ...; **o mais** ~ at the latest; **sem mais** ~ (*sem demora*) without (further) delay

tarde ['tardʒi] I. *f* afternoon; **à** [*ou* **de**] ~ in the afternoon; **ao fim da** ~ at the end of the day; **boa** ~**!** good afternoon! II. *adv* late; **agora é** ~ **demais** it is too late now; **antes** ~ (**do**) **que nunca** better late than never; **ligue mais** ~ (please) call later on; **mais cedo ou mais** ~ sooner or later; **nunca é** ~ **para ...** it is never too late to ...

tardia *adj v.* **tardio**

tardiamente [tardʒia'mẽjtʃi] *adv* too late

tardinha [tar'dʒiɲa] *f* late afternoon; **à** ~ at the end of the day, in the late afternoon

tardio, -a [tar'dʒiw, -a] *adj* (*decisão, crescimento*) slow; (*chegada*) delayed, late; (*resposta*) tardy

tarefa [ta'rɛfa] *f* task, duty, assignment; **cumprir uma** ~ to perform a duty, to carry out an assignment; **uma** ~ **impossível** an impossible task; ~**s domésticas** domestic chores

tarifa [ta'rifa] *f* **1.** (*imposto*) tariff **2.** (*de serviço*) ~**s bancárias** bank charges; ~**s telefônicas** telephone rates **3.** (*de transporte*) fare; ~ **de ônibus** bus fare

tarifação <-ões> [tarifa'sãw, -'õjs] *f* taxation

tarifaço [tari'fasu] *m* high rates

tarifações *f pl de* **tarifação**

tarifar [tari'far] *vt* (*governo*) to tariff; (*banco*) to charge

tarimbado, -a [tarĩ'badu, -a] *adj* (*profissional*) very experienced; **um médico** ~ a very experienced doctor

tarja ['tarʒa] *f* **1.** ornamental border **2.** (*luto*) black border

tarô [ta'ro] *m* tarot
tarraxa [ta'xaʃa] *f* screw
tarso ['tarsu] *m* ANAT tarsus
tartamudear [tartamudʒi'ar] *conj como passear vi* to stutter, to stammer
tártaro ['tartaru] *m* (*de dentes, vinho*) tartar
tartaruga [tarta'ruga] *f* turtle
tascar [tas'kar] <c→qu> *vt inf* (*tapear*) to slap; (*beijo*) to give; **~ fogo** to set fire to sth
tatame [ta'tʒmi] *m* tatami
tataraneto, -a [tatara'nɛtu, -a] *m, f* great-great grandson *m*, great-great granddaughter *f*
tataravô, -ó [tatara'vo, -ɔ] *m, f* great-great grandfather *m*, great-great grandmother *f*
tatear [tatʃi'ar] *conj como passear* **I.** *vt* (*investigar, pesquisar*) to research; **~ os hábitos de um povo** to do research into people's habits **II.** *vi* **tateou com a bengala** he felt his way with his walking stick
táteis *adj pl de* **tátil**
tática ['tatʃika] *f* tactics
tático, -a ['tɛtʃiku, -a] *adj* tactical
tátil <-eis> ['tatʃiu, -ejs] *adj* tactile
tato ['tatu] *m* 1. (*sentido*) sense of touch 2. (*diplomacia*) tact; **que falta de ~!** how tactless!
tatu [ta'tu] *m* armadillo
tatuador(a) [tatua'dor(a)] *m(f)* tattoo artist
tatuagem [tatu'aʒẽj] <-ens> *f* tattoo; **fazer uma ~** to have a tattoo done
tatuar [tatu'ar] *vt* to tattoo
tatu-bola [ta'tu-'bɔla] <tatus-bola(s)> *m* three-banded armadillo
tatuí [tatu'i] *m* mole crab
taturana [tatu'rʌna] *f* caterpillar
taurino, -a [taw'rinu, -a] [] *adj, m, f* Taurus; **ser ~** to be a Taurus
taverna [ta'vɛrna] *f v.* **taberna**
taxa ['taʃa] *f* 1. (*taxa*) fee; **~ adicional** additional fee; **~s escolares** school fees; **~ fixa** fixed fee 2. (*imposto*) tax; **~s alfandegárias** customs duties [*o dues*] 3. (*índice*) rate; **~ de câmbio** exchange rate; **~ de colesterol** cholesterol level; **~ de desemprego** unemployment rate; **~ de juros** interest rate; **~ de inflação** inflation rate; **~ de mortalidade** mortality rate
taxação <-ões> [taʃa's3w, -'ōjs] *f* 1. FIN taxation 2. COM rate fixing, price fixing

taxar [ta'ʃar] *vt* 1. (*um produto*) to tax 2. (*um preço*) to fix 3. (*uma pessoa, ação*) to assess
taxativamente [taʃatʃiva'mējtʃi] *adv* categorically
taxativo, -a [taʃa'tʃivu, -a] *adj* decided, categorical
táxi ['taksi] *m* taxi; **tomar/chamar um ~** to take/flag down a taxi
taxiar [taksi'ar] *vi* AERO to taxi
taxímetro [tak'simetru] *m* taximeter
taxista [tak'sista] *mf* taxi driver
TC [te'se] *f* MED *abr de* **tomografia computadorizada** CAT scan
tchã ['tʃ3] *m inf* (*toque especial*) special touch
tchau ['tʃaw] *interj* ciao, bye
tcheco, -a *adj, m, f* Czech; **a República Tcheca** the Czech Republic
te ['tʃi] *pron pess* 1. (*obj dir*) you; **eu te vejo lá** I'll see you there 2. (*obj indir*) you, to you, for you; **ela te telefonará** she'll phone you; **eu te disse** I told you; **vou comprar-~ o livro** I'll buy the book for you, I'll buy you the book; **o que eles te sugeriram?** what did they suggest to you?
tear [te'ar] <-es> *m* loom
teatral <-ais> [tʃia'traw, -'ajs] *adj* theatrical
teatro [tʃi'atru] *m* 1. (*arte, edifício*) theater *Am*, theatre *Brit*; **ir ao ~** to go to the theater 2. (*de acontecimento*) show; **peça de ~** play; **fazer ~** *fig* to put on a show
teatrólogo, -a [tʃia'trɔlogu, -a] *m, f* playwright
tecelagem [tese'laʒēj] <-ens> *f* 1. (*atividade*) weaving 2. (*fábrica*) textile industry
tecelão, -ã <-ões> [tese'lʒw, -'ʒ, -'ōjs] *m, f* weaver
tecer [te'ser] <c→ç> *vt* 1. (*tecido*) to weave 2. (*teia*) to spin 3. (*fazer*) **~ um elogio** to sing sb's/sth's praises; **~ intrigas** to scheme
techno ['tɛknu] *adj, m inv* MÚS techno
tecido [te'sidu] *m* 1. (*têxtil*) cloth 2. BIOL tissue
tecla ['tɛkla] *f* key; **~ de função** INFOR key; **apertar uma ~** to press a key; **bater sempre na mesma ~** *fig* to harp on about the same thing
tecladista [tekla'tʃista] *mf* 1. MÚS keyboard player 2. INFOR keyboard operator
teclado [te'kladu] *m* MÚS, INFOR key-

board
teclar *vt* to key in
técnica ['tɛknika] *f* (*maneira*) technique; (*conhecimento*) know-how
técnica *adj v.* **técnico**
tecnicamente [tɛknika'mẽjtʃi] *adv* technically
técnico, -a ['tɛkniku, -a] **I.** *m, f* technician; ~ **em eletrônica** electronics technician; ~ **de futebol** soccer coach *Am*, football manager *Brit*; ~ **em informática** computer technician **II.** *adj* technical
tecnocracia [teknokra'sia] *f* technocracy
tecnocrata [tekno'krata] *mf* POL technocrat
tecnologia [teknolo'ʒia] *f* technology; ~ **de ponta** advanced technology; **alta** ~ hi-tech
tecnológico, -a [tekno'lɔʒiku, -a] *adj* technological
tectônica [tek'tonika] *f* GEO tectonics + *sing vb*
tédio ['tɛdʒiw] *m* boredom; **que** ~! how boring!
tedioso, -a [tedʒi'ozu, -'ɔza] *adj* tedious, boring
teen ['tʃij] *adj, mf* teen
teflon [te'flõw] *m* Teflon®
teia ['teja] *f* **1.** web; ~ **de aranha** spider's web **2.** (*de espionagem*) network
teima ['tejma] *f* obstinacy; **tirar a** ~ to prove who's right
teimar [tej'mar] **I.** *vt* to insist; **ele teima que já está curado** he insists that he's better now; **ele teima que não** he insists that it is not so **II.** *vi* **1.** (*insistir*) to insist; **ela teima em pagar** she insists on paying **2.** (*perseverar*) to persist
teimosa *adj v.* **teimoso**
teimosia [tejmo'zia] *f* stubbornness
teimoso, -a [tej'mozu, -a] *adj* insistent, stubborn
tel. [tele'foni] *m abr de* **telefone** tel.
tela ['tɛla] *f* **1.** (*de pintura*) canvas **2.** CINE, TV screen **3.** (*de computador*) screen
telão <-ões> [te'lɐ̃w, -'õjs] *m* video screen
tele ['tɛli] *f* state telephone company
telecomunicações [tɛliˌkomunika'sõjs] *fpl* **1.** (*sistema*) telecommunications system **2.** (*empresa*) telecommunications
teleconferência [tɛliˌkõwfe'rẽjsia] *f* teleconference
telecurso [tɛle'kursu] *m* correspondence course
teleférico [tele'fɛriku] *m* (*fechado*) cable car; (*aberto*) chair lift; **andar de** ~ to ride in a cable car / on a chair lift
telefonada [telefo'nada] *f inf* phone call; **dar uma** ~ **a alguém** to give sb a ring
telefonar [telefo'nar] *vi* telephone; ~ **a** [*ou* **para**] **alguém** to (tele)phone sb; **me telefona!** phone me!
telefone [tele'foni] *m* **1.** (*aparelho*) telephone; ~ **celular** cell phone *Am*, mobile (phone) *Brit*; ~ **público** public (tele)phone; ~ **sem fio** cordless phone; **atender o** ~ to answer the phone; **estar ao** ~ (**com alguém**) to be on the phone with sb; **por** ~ by (tele)phone **2.** *inf* (*número de* ~) phone number
telefonema [telefo'nema] *m* (tele)phone call; **dar/receber um** ~ to make/receive a (tele)phone call
telefonia [telefo'nia] *f* telephony; ~ **fixa** fixed telephony; ~ **móvel** mobile telephony
telefônico, -a [tele'foniku, -a] *adj* **1.** TEC telephonic **2.** phone; **cabine telefônica** phone booth; **chamada telefônica** phone call
telefonista [telefo'nista] *mf* telephone operator
telegrafar [telegra'far] *vt* to telegraph
telegrafia [telegra'fia] *f* telegraphy
telegráfico, -a [tele'grafiku, -a] *adj* telegraphic
telégrafo [te'lɛgrafu] *m* telegraph
telegrama [tele'grama] *m* telegram; **mandar** [*ou* **enviar**] **um** ~ **a alguém** to send sb a telegram
teleguiado [tɛliɡi'adu] *m* guided missile
teleguiar [tɛliɡi'ar] *vt* to guide by remote control
telejornal <-ais> [tɛliʒor'naw, -'ajs] *m* TV news + *sing vb*
telejornalismo [tɛliʒorna'lizmu] *m* TV journalism
telemarketing [tɛle'marketʃiŋ] *m* telemarketing
telenovela [tɛlino'vɛla] *f* TV soap opera
teleobjetiva [tɛliobʒe'tʃiva] *f* telephoto lens
telepatia [telepa'tʃia] *f* telepathy *no pl*;

por ~ by telepathy

telepático, -a [tele'patʃiku, -a] *adj* telepathic

teleprompter [tɛle'prõwpter] *m* teleprompter

telescópio [teles'kɔpiw] *m* telescope

telespectador(a) [telespekta'dor(a)] *m(f)* (TV) viewer

televisão <-ões> [televi'zãw, -'õjs] *f* television; ~ **aberta** free network; ~ **a cabo** cable TV; ~ **digital** digital TV; ~ **em cores** color TV; ~ **por assinatura** pay-per-view TV; ~ **via satélite** satellite TV; **aparelho de** ~ television set; **ligar/desligar a** ~ to turn on/off the TV; **ver** ~ to watch TV

televisionar [televizjo'nar] *vt* to broadcast

televisivo, -a [televi'zivu, -a] *adj* TV; **ser** ~ to be on television

televisor [televi'zor] *m* television (set)

telex [te'lɛks] *m inv* telex; **enviar por** ~ to send by telex

telha [te'ʎa] *f* 1.(*de telhado*) roofing tile 2.*inf*(*cabeça*) head; **ele faz o que dá na** ~ he does whatever comes into his head

telhado [te'ʎadu] *m* roof; **quem tem ~ de vidro não joga pedra no ~ alheio** *prov* people who live in glass houses should not throw stones *prov*

telhar [te'ʎar] *vt* (*telhado*) to tile

telões *m pl de* **telão**

têm *3. pess sing de* **ter**

> **Gramática** **têm** and **vêm** (the 3rd person plural of the present indicative) are spelled with a circumflex accent to distinguish them from "tem" "vem" (the 3rd person singular of the present indicative): "Ela tem muitos amigos, mas eles nunca têm tempo para vê-la."

tema ['tema] *m* 1.(*assunto*) topic, subject 2.LING (*de palavra*) stem 3.MÚS theme

temática [te'matʃika] *f* (*música*) theme(s); (*de filme, aula, cartaz*) subject

temer [te'mer] I. *vt* to fear II. *vi* to be afraid; **eu temo que ...** +*subj* I fear that...; ~ **por alguém** to fear for sb

temerário, -a [teme'rariw, -a] *adj* 1.(*arrojado*) fearless; (*audaz*) daring 2.(*imprudente*) foolhardy

temeridade [temeri'dadʒi] *f* recklessness; **é uma** ~ it is (sheer) recklessness

temeroso, -a [teme'rozu, -'ɔza] *adj* 1.(*situação*) frightening 2.(*pessoa*) frightened

temido, -a [te'midu, -a] I. *pp de* **temer** II. *adj* feared

temível <-eis> [te'mivew, -ejs] *adj* fearsome

temor [te'mor] <-es> *m* fear, dread

tempão [tẽj'pãw] *m inf* a long time, ages; **faz um ~ que estou te esperando** I've been waiting for you for ages

têmpera ['tẽjpera] *f* (*de metal*) hardness

temperado, -a [tẽjpe'radu, -a] *adj* 1.(*comida*) seasoned; (*picante*) spicy 2.(*clima*) temperate 3.(*vidro*) tempered

temperamental <-ais> [tẽjperamẽj'taw, -'ajs] *adj* temperamental

temperamento [tẽjpera'mẽjtu] *m* temperament

temperar [tẽjpe'rar] *vt* 1.(*a comida*) to season; (*a salada*) to dress 2.(*metal, vidro*) to temper

temperatura [tẽjpera'tura] *f* temperatura

tempero [tẽj'peru] *m* GASTR seasoning

tempestade [tẽjpes'tadʒi] *f* storm; **época de** ~ storm season; **depois da ~ vem a bonança** after the storm comes the calm; **fazer ~ em copo d'água** to make a mountain out of a molehill; **quem planta vento, colhe ~** *prov* he that sows the wind, reaps the whirlwind *prov*

tempestuoso, -a [tẽjpestu'ozu, -'ɔza] *adj* tempestuous, stormy

templo ['tẽjplu] *m* temple

tempo ['tẽjpu] *m* 1.(*época*) time; ~ **livre** free time; **a** ~ in time; **com** ~ in time; **com o** ~ in the course of time; **de ~s em ~s** from time to time; **no meu** ~ in my time; **a seu** ~ in due time; **ao mesmo** ~ at the same time; **estar sem** ~ to have no time; **ganhar/perder** ~ to gain/waste time; **há** ~s some time ago; **há muito** ~ long ago; **naquele** ~ at that time; **neste meio** ~ in the meantime; **nos últimos** ~s lately; **o ~ todo** all the time; **trabalhar em ~ integral** full-time; **(não) ter ~ para alguém/a. c.** (not) to have time for sb/

sth; **há quanto ~ você trabalha aqui?** how long have you been working here?; **quanto ~ demora o trabalho?** how long will the job take?; **ser do ~ em que se amarrava cachorro com linguiça** to be from the Dark Ages; **dar ~ ao ~** to let things ride; **quanto ~ de vida ele ainda tem?** how long has he got to live?; **o casal resolveu dar um ~** *inf* the couple decided to separate for a while; **já não é sem ~** it's about time **2.** (*duração*) period **3.** METEO weather; **com este ~ ...** with this weather ...; **bom/mau ~** good/bad weather; **acho que vai virar o ~** I think there's going to be a change in the weather; **como está o ~?** what's the weather like?; **o ~ fechou** it clouded over; **fechou o ~ no fim do jogo** *fig* a fight broke out at the end of the game **4.** MÚS tempo, beat; **fazer a. c. em dois ~s** to do sth in a jiffy, to do sth in the blink of an eye **5.** ESPORT half; **primeiro/segundo ~** first/second half; **fazer um bom ~** to make good time; **fazer a. c. em re-corde** to do sth in record time **6.** LING (*verbal*) tense

têmpora ['tẽjpora] *f* ANAT temple

temporada [tẽjpo'rada] *f* **1.** (*espaço de tempo*) time **2.** season; **~ de verão** summer season; **passar uma ~ de férias** to have a vacation **3.** (*de espetáculos*) season

temporal <-ais> [tẽjpo'raw, -'ajs] **I.** *m* METEO storm **II.** *adj* (*bens*) worldly; LING; **conjunção ~** time conjunction

temporão, -ã <-ãos> [tẽjpo'rɜ̃w, -'ɜ̃, -'ɜ̃ws] *adj* (*fruta*) early; (*filho*) baby born many years after the birth of a previous sibling

temporária *adj v.* **temporário**

temporariamente [tẽjporarja'mẽjtʃi] *adv* temporarily

temporário, -a [tẽjpo'rariw, -a] *adj* temporary

tenacidade [tenasi'dadʒi] *f sem pl* tenacity

tenaz [te'naz] <-es> *adj* **1.** (*material*) adhesive **2.** (*pessoa*) tenacious

tencionar [tẽsjo'nar] *vt* to intend; **~ fazer a. c.** to intend to do sth

tenda ['tẽjda] *f* (*para acampar*) tent; (*feira*) market stall

tendão <-ões> [tẽj'dɜ̃w, -'õjs] *m* ANAT tendon

tendência [tẽj'dẽsja] *f* **1.** (*predisposição*) tendency; **ele tem ~ para o alcoolismo** he has a tendency to drink **2.** (*da moda*) trend; **as últimas ~s da moda** the latest fashion trends **3.** (*vocação*) vocation; **ter ~ para a. c.** to have a vocation for sth

tendencioso, -a [tẽjdẽjsi'ozu, -'ɔza] *adj* biased

tender [tẽj'der] *vt* to tend; **as mulheres tendem a viver mais do que os homens** women tend to live longer than men; **seus escritos tendem para o poético** your writing tends [*o* leans] towards the poetic

tendinite [tẽjdʒi'nitʃi] *f* tendonitis

tendões *m pl de* **tendão**

tenebroso, -a [tene'brozu, -'ɔza] *adj* gloomy, dark; **um longo e ~ inverno** a long dark winter

tenente [te'nẽjtʃi] *m* MIL lieutenant

tenha ['tẽɲa] *1./3. pres subj de* **ter**

tenho ['tẽɲu] *1. pres de* **ter**

tênia ['tenia] *f* MED tapeworm

teníase [te'niazi] *f* tapeworm infection

tênis ['tenis] *m inv* **1.** ESPORT tennis; **~ de mesa** ping-pong, table-tennis **2.** (*calçado*) sneakers *Am,* trainers *Brit*; **comprei um ~** I bought some sneakers

tenista [te'nista] *mf* tennis player

tenor [te'nor] <-es> *m* MÚS tenor

tenro, -a ['tẽjru, -a] *adj* **1.** (*carne*) tender **2.** (*pessoa*) delicate; **de tenra idade** of a tender age

tensa *adj v.* **tenso**

tensão <-ões> [tẽj'sɜ̃w, -'õjs] *f* **1.** (*de corda, músculo*) tension **2.** (*voltagem*) voltage; **alta ~** high voltage; **baixa ~** low voltage; **cabos de alta ~** ELETR high voltage cable **3.** **~ nervosa** nervous tension

tenso, -a ['tẽjsu, -a] *adj* (*músculo, situação*) tense; (*pessoa*) tense; (*corda*) taut

tensões *f pl de* **tensão**

tentação <-ões> [tẽjta'sɜ̃w, -'õjs] *f* temptation; **cair em ~** to fall into temptation

tentáculo [tẽj'takulu] *m* tentacle

tentado, -a [tẽj'tadu, -a] **I.** *pp de* **tentar** **II.** *adj* attempted; (*seduzido*) tempted; **estar** [*ou* ser] **~ a fazer a. c.** to be tempted to do sth

tentador(a) [tẽjta'dor(a)] *adj* tempting

tentar [tẽj'tar] *vt* **1.** (*experimentar*) to try; **~ fazer a. c.** to try to do sth **2.** (*causar vontade*) to tempt

tentativa [tẽjta'tʃiva] *f* attempt; **~ de**

homicídio attempted murder; **~ de suicídio** attempted suicide; **fazer uma ~** to make an attempt; **por ~ (e erro)** by trial (and error)

tento ['tẽjtu] *m* **1.** (*cautela*) attention; **tomar ~ em a. c.** to pay close attention to sth **2.** FUT goal; **marcar um ~** to score a goal

tênue ['tenuj] *adj* (*luz, voz*) subtle; (*fronteira, laços*) tenuous

teocracia [teokra'sia] *f* theocracy

teocrático, -a [teo'kratʃiku, -a] *adj* theocratic

teologia [teolo'ʒia] *f* theology

teológico, -a [teo'lɔʒiku, -a] *adj* theological

teólogo, -a [te'ɔlogu, -a] *m, f* theologian

teor [te'or] <-es> *m* **1.** (*de texto, documento, conversa*) contents *pl*; **uma carta de ~ político** a letter of political content; **o ~ de uma carta** the contents of a letter **2.** QUIM chemical content; **~ de pH** pH content; **~ alcoólico** alcohol content

teorema [teo'rema] *m* theorem

teores *m pl de* **teor**

teoria [teo'ria] *f* theory; **~ da relatividade** theory of relativity; **em ~** in theory

teórica *adj v.* **teórico**

teoricamente [teɔrika'mẽjtʃi] *adv* theoretically

teórico, -a [te'ɔriku, -a] **I.** *m, f* theorist **II.** *adj* theoretical

tépido, -a ['tɛpidu, -a] *adj* lukewarm

tequila [te'kila] *f* tequila

ter ['ter] *irr* **I.** *vt* **1.** *inf* (*haver*) there is, there are; **tem muita gente que ...** there are a lot of people who...; **tinha muitas pessoas lá** there were a lot of people there; (*duração*); **tem três dias que me sinto doente** I have been sick for three days **2.** (*posse*) to have; (*conversa, diálogo*) to have; **~ fome** to be hungry; **~ dor** to feel pain; **não ~ juízo** not to have any sense; **~ posse de a. c.** to own sth; **~ o que fazer** to have sth to do; **~ mais o que fazer** to have better things to do with one's time!; **o que você tem?** what's the matter (with you)?; **isso não tem nada a ver comigo** that has nothing to do with me; **o que é que isso tem a ver com o assunto?** what's that got to do with it?; **isso não tem mal nenhum** there is nothing wrong with that; **o que é que tem (isso)?** what does that matter?; **não tem de quê** you're welcome; **não tem com que se manter** he doesn't have the means to support himself; **não ~ tempo a perder** there is no time to lose; **sempre o tive em alta estima** I have always held him in high regard; **não ~ onde cair morto** to be destitute [*o* penniless]; **não ~ preço** to be beyond price **3.** (*idade, medidas*) to be; **quantos anos você tem?** how old are you?; **tenho 30 anos** I am 30 (years old); **o muro tem um metro de comprimento/altura** the wall is one meter long/high; **você tem fogo/horas?** Do you have a light/the time? **4.** (*aula, consulta*) to have; **teve aula de matemática hoje** he had a Math class today; **tenho médico amanhã** I have a doctor's appointment tomorrow; **~ o direito de ...** to have the right to... **5.** (*receber*) to get; **~ uma nota ruim** to get a bad grade; **~ uma má notícia** to get bad news; **ela teve um bebê** she had a baby **II.** *aux* **1.** (*part perf*) to have; **tenho visto** I have seen **2.** (*passado*) had; **eu não tinha percebido** I had not noticed; **ele tinha ido para casa** he had gone home; **(se) tivesse dito!** if only you had told me!; **eu não devia ~ falado aquilo** I shouldn't have said that **3.** (*obrigação*) **~ de** [*ou* **que**] to have to; **eu tive de** [*ou* **que**] **trabalhar** I had to work **III.** *vr:* **~-se** to have sth to explain; **ele vai ~-se comigo quando chegar** he has a lot to explain (to me) when he arrives, he's in big trouble (with me) when he arrives; (*considerar-se*); **ela tem-se em alta conta** she has a high opinion of herself

terapeuta [tera'pewta] *mf* therapist

terapêutica [tera'pewtʃika] *f* therapeutics *+ sing vb*

terapêutico, -a [tera'pewtʃiku, -a] *adj* therapeutic

terapia [tera'pia] *f* therapy; **~ de casal** marriage counseling *Am,* marriage guidance *Brit;* **~ de grupo** group therapy; **~ ocupacional** occupational therapy

terça-feira [tersa-'fejra] <terças-feiras> *f* Tuesday; **~ gorda** Shrove Tuesday, Pancake Tuesday *Brit, inf; v.tb.* **segunda-feira**

terceira *f v.* **terceiro**

terceira [ter'sejɾa] *f* (*marcha*) third; **passar uma ~** to shift into third gear

terceirização <-ões> [tersejɾiza'sãw, -'õjs] *f* outsourcing *no pl*

terceirizar [tersejɾi'zar] *vt* (*serviço*) to outsource

terceiro, -a [ter'sejɾu, -a] I. *m, f* 1. third 2. (*outra pessoa*) third party; **Terceiro Mundo** the Third World *pl* II. *num ord* third; **terceira idade** *inf* old age; *v.tb.* **segundo**

terceto [ter'setu] *m* MÚS trio

terciário, -a [tersi'aɾiw, -a] *adj* tertiary; **setor ~** service industry

terço ['tersu] *m* 1. (*terça parte*) third part 2. REL rosary

terçol <óis> [ter'sɔw, -'ɔjs] *m* MED sty

terebintina [terebĩj'tʃina] *f* turpentine

Teresina [tere'zina] (City of) Teresina

tergal [ter'gaw] *m* tergum

termal <-ais> [ter'maw, -'ajs] *adj* thermal; **águas termais** thermal waters *pl*

termas ['termas] *fpl* hot springs

térmico, -a [ˈtɛrmiku, -a] *adj* (*energia*) thermal; **bolsa térmica** hot water bottle; **garrafa térmica** thermos®

terminação <-ões> [termina'sãw, -'õjs] *f* 1. (*conclusão*) end, conclusion 2. LING suffix

terminal <-ais> [termi'naw, -'ajs] I. *m* AERO terminal; NÁUT (*contêiner*) terminal; **~ de embarque/desembarque** departures/arrivals; **~ de passageiros** passenger terminal; **~ rodoviário/ferroviário** bus/ railway terminal; **~ de vídeo** INFOR terminal II. *adj* terminal; **doença ~** terminal disease; **fase ~** terminal phase

terminantemente [terminãntʃi'mẽjtʃi] *adv* categorically

terminar [termi'nar] I. *vt* to finish; (*reunião*) to end; **~ de fazer a. c.** to finish doing sth II. *vi* 1. (*reunião, trabalho*) to be over; (*barulho*) to stop; **o jogo terminou em confusão** the game ended in turmoil 2. (*palavra*) to end; **a palavra termina em o** the word ends in o 3. (*pessoa*) to break up; **ela terminou com o namorado** she broke up with her boyfriend; **já terminei de fazer o almoço** I have already finished making lunch

término ['tɛrminu] *m* end

terminologia [terminolo'ʒia] *f* terminology

termo ['termu] *m* 1. (*fim*) end; **pôr ~ a a. c.** to put an end to sth 2. (*vocábulo*) word; (*expressão*) term; **~ técnico** technical term; **em ~s gerais** in general terms; **estar em bons ~s com alguém** to be on good terms with sb; **parece interessado, mas em ~s** he seems interested, but within limits 3. (*conteúdo*) terms *pl*; **os ~s do contrato** the terms of the contract

termodinâmica [termodʒi'nɐ̃mika] *f* thermodynamics *no pl*

termoeletricidade [tɛrmweletɾisi'dadʒi] *f* thermoelectricity

termoelétrico, -a [tɛrmwe'lɛtɾiku, -a] *adj* (*usina, energia*) thermoelectric

termômetro [ter'mometru] *m* thermometer; *fig* barometer; **o dólar é o ~ da economia** the dollar is the barometer of the economy

termonuclear [termonukle'ar] *adj* thermonuclear

termostato [termos'tatu] *m* thermostat

terna *adj v.* **terno**

ternário, -a [ter'naɾiw, -a] *adj* ternary; **compasso ~** MÚS ternary form

terninho [tɛr'nĩɲu] *m* woman's suit

terno ['tɛrnu] *m* (*vestuário*) suit

terno, -a ['tɛrnu] *adj* tender

ternura [ter'nuɾa] *f* tenderness

terra ['tɛxa] *f* 1. (*poeira*) dirt; (*solo*) earth; **~ batida** hard-packed earth; **deslizamento de ~** landslide; **debaixo da ~** under the ground; **botar** [*ou* **pôr**] **a. c. por ~** *fig* to destroy sth; **cair por ~** (*fracasso*) to fall through 2. (*localidade*) land; (*região*) region; (*país*) country; (*pátria*) nation; **~ estrangeira** foreign land; **~ natal** homeland, native land; **~ de ninguém** no man's land; **na minha ~** back home, where I come from; **de ~ em ~** from one place to another; **a Terra Santa** the Holy Land 3. (*contraste com mar*) land; **em ~** on land; **~ firme** dry land

Terra ['tɛxa] *f* ASTRON Earth; **na ~** on Earth

terraço [te'xasu] *m* terrace

terracota [texa'kɔta] *f* terra cotta

terraplenagem [texaple'naʒẽj] <-ens> *f* land clearing

terraplenar [texaple'nar] *vt* (*terra*) to level

terráqueo [te'xakiw] *m* earthling

terreiro [te'xejɾu] *m* 1. (*de casa*) front yard; (*espaço*) cleared land 2. REL any locale where voodoo rites are prac-

ticed

terremoto [texe'mɔtu] *m* earthquake

terreno [te'xenu] *m* **1.**(*ramo*) field; (*porção de terra*) land; ~ **baldio** vacant lot *Am*, wasteground *Brit*; ~ **para construção** construction site; **ele comprou um** ~ he bought some land **2.** *fig* (*área*) ground; **ganhar/perder** ~ to gain/lose ground; **pisar em** ~ **desconhecido** to enter unknown territory; **sondar o** ~ to test the ground

terreno, -a [te'xenu, -a] *adj* (*na Terra*) terrestrial; (*cor*) earthy

térreo [tɛxiw] *m* ground

térreo, -a [tɛxiw, -a] *adj* on the ground; **andar** ~ first floor *Am*, ground floor *Brit*

terrestre [te'xɛstri] *adj* (*comunicações*) terrestrial; (*animais, plantas*) terrestrial; (*paraíso*) earthly

terrificar [texifi'kar] <c→qu> *vt* to terrify

terrina [te'xina] *f* tureen

territorial <-ais> [texitori'aw, -'ajs] *adj* territorial; **milha** ~ statute mile

território [texi'tɔriw] *m* territory

terrível <-eis> [te'xivew, -ejs] *adj* terrible; **estou com uma** ~ **dor de cabeça** I have a terrible headache

terror [te'xor] <-es> *m* terror

terrorismo [texo'rizmu] *m* terrorism

terrorista [texo'rista] *adj, mf* terrorist

terroso, -a [te'xozu, -ɔza] *adj* earth-colored

tertúlia [ter'tuʎia] *f* informal gathering; (*de literatos*) literary gathering

tesa *adj v.* **teso**

tesão <-ões> [te'zãw, -'õjs] *m chulo* **1.**(*ereção*) hard-on; **estou com** ~ I'm feeling horny **2.**(*pessoa muito atraente*) **ela é um** ~ she's a real turn-on

tese ['tɛzi] *f* thesis, theory; (*de doutoramento*) thesis; **em** ~ (*em geral*) in general; (*teoricamente*) in theory

teso, -a ['tezu, -a] *adj* (*roupa*) tight; (*cabo*) taut; (*pessoa*) rigid

tesoura [tʃi'zora] *f* scissors *no pl;* ~ **de poda** shears; ~ **de unhas** nail scissors; **uma** ~ a pair of scissors

tesourada [tʃizo'rada] *f* (*golpe com tesoura*) scissor cut; *fig* cutting remark

tesouraria [tʃizora'ria] *f* **1.**(*escritório, repartição*) treasury **2.**(*do Estado*) State Treasury

tesoureiro, -a [tʃizo'rejru, -a] *m, f* (*em associação*) treasurer; (*em repartição pública*) paymaster

tesourinha [tʃizo'rĩɲa] *f* ~ **de unhas** nail scissors

tesouro [tʃi'zoru] *m* (*objeto*) treasure; (*lugar*) treasury; **Tesouro Público** Public Treasury

testa ['tɛsta] *f* brow, forehead; **estar à frente de a. c.** to be at the head of sth; **enrugar** [*ou* **franzir**] **a** ~ to wrinkle one's brow [*o* forehead]

testa-de-ferro ['tɛsta-dʒi-'fɛxu] <**testas-de-ferro**> *mf* figurehead

testamentário, -a [testamẽ'tariw, -a] **I.** *m, f* beneficiary **II.** *adj* testamentary

testamento [testa'mẽtu] *m* will, testament; **o Antigo/Novo Testamento** the Old/New Testament

testar [tes'tar] *vt* to test

test drive ['tɛstʃi-'drajvi] *m* test drive; **fazer um** ~ **em um carro** to test-drive a car

teste ['tɛstʃi] *m* test; ~ **antidoping** drugs test, anti-doping test; ~ **de aptidão** aptitude test; ~ **de múltipla escolha** multiple choice test; ~ **psicológico** psychological test

testemunha [tʃistʃi'mũɲa] *f* witness; ~ **da acusação** witness for the prosecution; ~ **da defesa** witness for the defense; ~ **ocular** eyewitness; **ser** ~ **de a. c.** to be a witness to sth

testemunha-chave [tʃistʃi'mũɲa-'ʃavi] <**testemunhas-chave**> *f* key witness

testemunha de jeová [tʃistʃi'mũɲa dʒi ʒeo'va] <**testemunhas de jeová**> *f* Jehovah's witness

testemunhar [tʃistʃimu'ɲar] **I.** *vt* (*presenciar*) to witness **II.** *vi JUR* to testify; ~ **contra/a favor de alguém** to testify against/in favor of sb

testemunho [tʃistʃi'mũɲu] *m* **1.** *JUR* (*depoimento*) testimony; **dar o seu** ~ to give evidence, to testify; **levantar falso** ~ to give false evidence **2.**(*prova*) proof; **um** ~ **de amizade** proof of friendship **3.**(*indício*) evidence; **a polícia encontrou testemunhos de violência na casa** the police found evidence of violence in the house

testículo [tes'tʃikulu] *m* testicle

testosterona [testoste'rona] *f* testosterone

teta ['teta] *f* teat; (*peito*) breast

tétano ['tɛtɐnu] *m* tetanus

tête-à-tête ['tɛtʃa-'tɛtʃi] *m* tête-à-tête

teto ['tɛtu] *m* **1.** (*de casa*) roof; (*de sala*) ceiling; (*de automóvel*) roof; **~ solar** sunroof **2.** *fig* (*abrigo*) roof; **os sem-~** the homeless **3.** AERO maximum height **4.** (*limite máximo*) ceiling; **o ~ salarial** wages ceiling

tetracampeão, -eã <-ões> [tɛtrakãŋpi'ãw, -'ɛ̃, -'õjs] *m, f* four times champion

tetraedro [tetra'ɛdru] *m* tetrahedron

tetralogia [tetralo'ʒia] *f* tetralogy

tetraplégico, -a [tetra'plɛʒiku, -a] *m, f* tetraplegic

tétrico, -a ['tɛtriku, -a] *adj* **1.** (*lúgubre: ambiente, silêncio*) gloomy **2.** (*horrível*) macabre

teu ['tew] *pron* **1.** (*antes do substantivo*) your; **o ~ trabalho/carro** your job/car **2.** yours; **isso é ~** this is yours; **um amigo ~** a friend of yours **3.** (*família, aliados*) **tu e os teus** you and yours

teutônico, -a [tew'toniku, -a] *adj* Teutonic

teve *3. pret perf de* **ter**

tevê [te've] *f abr de* **televisão** TV, telly *Brit*

têxtil <-eis> ['testʃiw, 'testejs] *adj* textile; **indústria ~** textile industry

texto ['testu] *m* text

textual <-ais> [testu'aw, -'ajs] *adj* **1.** (*referente a texto*) textual **2.** (*literal*) word for word

textualmente [testuaw'mẽjtʃi] *adv* textually; (*literalmente*) word for word

textura [tes'tura] *f* texture

texugo [te'ʃugu] *m* ZOOL badger

tez ['tes] <-es> *f* (*de rosto*) complexion

ti ['tʃi] *pron pess* (*obj ind*) you; **de ~** from you; **para ~** for you

tia *f v.* **tio**

tiara [tʃi'aɾa] *f* tiara; (*coroa*) crown

tibetano, -a [tʃibe'tʒnu, -a] *adj, m, f* Tibetan

Tibete [tʃi'bɛtʃi] *m* Tibet

tíbia ['tʃibia] *f* tibia

tíbio, -a ['tʃibiw, -a] *adj* **1.** (*água*) lukewarm **2.** (*pouco zeloso*) half-hearted

tição <-ões> [tʃi'sãw, -'õjs] *m* ember; *gír* (*pessoa negra*) black

ticar [tʃi'kar] <c→qu> *vt* to check *Am*, to tick *Brit*

tico ['tʃiku] *m inf* **um ~ a** bit

tico-tico ['tʃiku-'tʃiku] *m* Brazilian sparrow

tido, -a ['tʃidu, -a] **1.** *pp de* **ter 2.** (*considerado*) **ele é ~ como um bom professor** he is considered (to be) a good teacher

tie-break [taj-'brejki] *m* ESPORT tie-break

tietagem [tʃie'taʒẽj] <-ens> *f inf: the action or behavior of a fan*

tiete [tʃi'ɛtʃi] *mf inf* (*fã*) fan

tifo ['tʃifu] *m* typhus

tifoide [tʃi'fɔjdʒi] *adj* typhoid; **febre ~** typhoid fever

tigela [tʃi'ʒɛla] *f* (small) bowl

tigre, -esa ['tʃigri, -'eza] *m, f* tiger *m*, tigress *f*

tijolo [tʃi'ʒolu] *m* brick

til ['tʃiw] *m* tilde

tilápia [tʃi'lapia] *f* ZOOL tilapia

tília ['tʃiʎia] *f* BOT linden *Am*, lime *Brit*; **chá de ~** linden tea

tilintar [tʃiʎĩj'tar] *vi* (*copo*) to clink; (*vidro*) to tinkle; (*moedas*) to jingle; (*campainha*) to ring

timaço [tʃi'masu] *m inf* great team

timão <-ões> [tʃi'mãw, -'õjs] *m* (*barra do leme*) rudder; (*roda do leme*) helm

timbrado, -a [tʃĩj'bradu, -a] *adj* (*lacrado*) sealed; (*carimbado*) stamped; **papel ~** headed stationery

timbre ['tʃĩjbri] *m* **1.** (*de voz, instrumento*) timbre **2.** (*carimbo*) stamp; (*lacre*) seal

time ['tʃimi] *m* team; **de segundo ~** second rate; **carregar o ~ nas costas** to carry the whole team; **jogar para o ~ de alguém** *inf* to be on sb's side; **tirar o ~ de campo** *fig* (*ir embora*) to walk off

timer ['tajmer] *m* timer

tímida *adj v.* **tímido**

timidez [tʃimi'des] *f sem pl* shyness *no pl*

tímido, -a ['tʃimidu, -a] *adj* **1.** (*pessoa*) shy **2.** (*fraco, débil: sol*) weak

timões *m pl de* **timão**

Timor Leste [tʃi'mor 'lɛstʃi] *m* East Timor

tímpano ['tʃĩjpʒnu] *m* **1.** ANAT tympanum, eardrum **2.** MÚS kettledrum

tina ['tʃina] *f* (*banheira*) tub; (*vasilha*) pot

tingir [tʃĩ'ʒir] <g→j> **I.** *vt* to dye; **~ a. c. de azul** to dye sth blue; **~ os cabelos** to have one's hair dyed **II.** *vi* to color *Am*, to colour *Brit*

tinha ['tʃĩɲa] *1./3. imperf de* **ter**

tinhoso, -a [tʃĩ'ɲozu, -'ɔza] *adj* **1.** (*teimoso*) stubborn **2.** (*pele*) itchy; (*nojento*) repugnant

tinido [tʃi'nidu] *m* (*vidro*) tinkling; (*moedas*) jingling

tinir [tʃi'nir] *vi* (*vidro, metal*) to tinkle; (*moedas*) to jingle

tino ['tʃinu] *m* good sense

tinta ['tʃĩta] *f* 1.(*para pintar*) paint; ~ **fresca** (*aviso*) wet paint 2.(*para tingir*) dye 3.(*para escrever*) ink; (*para imprimir*) printer's ink; **carregar nas ~s** *fig* to lay it on too thick

tinteiro [tʃĩ'tejru] *m* inkwell

tintim [tʃĩ'tʃĩ] *m* 1.(*brinde com bebida*) cheers 2. **~ por ~** in minute detail

tinto ['tʃĩtu] *m* **vinho ~** red wine

tintura [tʃĩ'tura] *f* (*para tingir*) dye; FARM tincture; **~ de iodo** tincture of iodine

tinturaria [tʃĩtura'ria] *f* (*lavanderia*) laundry; (*lavanderia a seco*) drycleaner's

tio, -a ['tʃiw, -a] *m, f* uncle *m*, aunt *f*

tio-avô, tia-avó ['tʃiw-a'vo, 'tʃia-a'vɔ] *m, f* great-uncle *m*, great-aunt *f*

típico, -a ['tʃipiku, -a] *adj* typical; **ser ~ de alguém** to be typical of sb; **dança típica** folk dance; **doença típica da infância** typical childhood disease

tipo ['tʃipu] *m* 1.(*gênero*) type; **ele não é o meu ~** he's not my type 2.(*sujeito*) a character; **fazer um ~** to put on an act 3.(*letra*) printing type

tipografia [tʃipogra'fia] *f* 1.(*atividade*) typography 2.(*estabelecimento*) print shop, printer's

tipoia [tʃi'pɔja] *f* arm sling

tique ['tʃiki] *m* 1.(*marca*) check *Am*, tick *Brit*; **fazer um ~ na resposta certa** to check the right answer 2. **~ nervoso** nervous tic [*o* twitch]

tiquetaque [tʃiki'taki] *m* tick-tock; **fazer ~** to tick-tock; **o ~ do coração** the heart-beat

tíquete ['tʃiketʃi] *m* (*ingresso*) ticket; (*da caixa*) receipt; (*de estacionamento*) ticket

tíquete-refeição <tíquetes-refeição *ou* tíquetes-refeições> ['tʃiketʃi-xe-fej'sãw, '-õjs] *m* meal ticket *Am*, luncheon voucher *Brit*

tiquinho [tʃi'kiɲu] *m inf* a tiny bit; **um ~ de vinho** just a tiny bit of wine

tira ['tʃira] I. *f* (*de papel*) strip; (*fita*) ribbon II. *m inf* (*agente de polícia*) cop

tiracolo [tʃira'kɔlu] *m* **bolsa a ~** shoulder bag

tirada [tʃi'rada] *f* (*no falar, escrever*) tirade

tiragem [tʃi'raʒẽj] <-ens> *f* 1.(*de ar*) draft *Am*, draught *Brit* 2.(*de jornal*) circulation

tira-gosto ['tʃira-'gostu] *m* snack

tira-manchas ['tʃira-'mãɲʃas] *m inv* stain remover

tirana *f v.* **tirano**

tirania [tʃira'nia] *f* tyranny

tirânico, -a [tʃi'rɐniku, -a] *adj* tyrannical

tiranizar [tʃirɐni'zar] *vt* to tyrannize

tirano, -a [tʃi'rɐnu, -a] *m, f* tyrant

tirar [tʃi'rar] *vt* 1.(*tampa*) to take off; (*chapéu, óculos, roupa, sapatos*) to take off; **sem ~ nem pôr** precisely, without exaggeration 2.(*de estante*) to take from; **~ a mesa** to clear the table 3.(*extrair: de uma caixa*) to take out; **~ um dente** to extract a tooth; **~ dinheiro do banco** to take money out of the bank; **~ sangue** to draw blood; **ela tirou a caneta da minha mão** she took the pen out of my hand 4.(*lucro*) to make; (*salário*) to get; **ela tira 3000 reais por mês** she gets 3,000 reals a month; **~ esperança** to take hope; **~ proveito de uma situação** to take advantage of a situation 5.(*eliminar: uma mancha*) to get off, to remove; **tira isso daí!** get [*o* take] that off of there!; **tira a mão!** get [*o* take] your hands off (sth/sb)!; **não ~ os olhos (de cima) de alguém/a. c.** not to take one's eyes off sb/ sth 6.(*extorquir*) to take sth from sb by extortion; (*à força*) to take sth by force; **tirou os filhos da escola** he took his children out of school; **~ satisfações** to demand satisfaction 7. **~ uma conclusão** to draw a conclusion; **de onde você tirou esta ideia?** where did you get that idea from? 8.(*carteira de identidade, passaporte*) to take out 9.(*fotografia, fotocópia*) to take 10.(*um bilhete*) to get 11.(*medidas*) to take 12.(*férias*) to take 13.(*uma nota*) to get; **quanto você tirou em matemática?** how much did you get in Math? 14.(*música*) to pick up; **~ uma música de ouvido** to pick up a tune by ear 15.(*dançar*) **~ alguém para dançar** to ask sb to dance

tira-teima ['tʃira-'tejma] *m* TV replay

tireoide [tʃire'ɔjdʒi], **tiroide** [tʃi'rɔjdʒi] *f* thyroid

tiririca [tʃiri'rika] *adj inf* **ficar ~** to get

mad

tiritar [tʃiri'tar] *vi* to shiver; ~ **de frio** to shiver with cold

tiro ['tʃiru] *m* shot; ~ **ao alvo** target practice; ~ **de meta** FUT goal kick; ~ **de misericórdia** shot to put sb out of their misery; **dar um** ~ **em alguém/a. c.** to shoot sb/sth; **levar um** ~ to be shot; **matar alguém a** ~ to shoot sb to death; **troca de** ~**s** exchange of shots [*o* gunfire]; **o** ~ **saiu pela culatra** *fig* sth backfired; **é** ~ **e queda!** *inf (certeza)* it's a sure thing!

tiroteio [tʃiro'teju] *m* 1.(*série de disparos*) shooting 2.(*troca de tiros*) shootout

titã [tʃi'tɜ̃] *m* Titan

titânio [tʃi'tɜniw] *m* titanium *no pl*

titica [tʃi'tʃika] *f inf* shit; ~ **de galinha** chicken shit

tititi [tʃitʃi'tʃi] *m inf* rumor; **o** ~ **sobre suposta crise no governo deu em nada** all the talk of a supposed government crisis came to nothing

titubear [tʃitube'ar] *conj como passear vi* (*cambalear*) to stagger; (*hesitar*) to hesitate

titular [tʃitu'lar] I. *mf* (*de conta*) holder; (*de time*) first-team player; (*de cargo*) head II. *adj* **professor** ~ head III. *vt* to entitle, to name

titularidade [tʃitulari'dadʒi] *f* (*na faculdade*) tenure; (*direito*) entitlement

título ['tʃitulu] *m* 1.(*de texto, jornal*) title 2.(*de pessoa*) title of rank 3.(*documento*) title; ECON deed; ~ **de crédito** securities; ~ **de propriedade** deeds of a property 4.(*motivo*) reason; **a** ~ **de curiosidade** just out of curiosity

tive ['tʃivi] 1. *pret perf de* **ter**

tivesse [tʃi'vεsi] 1./3. *pret subj de* **ter**

TNT [teeni'te] *m* QUÍM *abr de* **trinitrotolueno** TNT

toa ['toa] *f* **à** ~ (*em vão*) in vain; (*ao acaso*) at random; *inf* (*sem motivo*) for nothing; (*desocupado*) at a loose end; **ficar à** ~ to be at a loose end

toada [to'ada] *f* (*som*) sound; (*melodia*) tune

toalete [tua'lεtʃi] I. *m* (*banheiro*) bathroom, restroom *Am*, toilet *Brit* II. *f* 1.(*roupa*) formal dress 2.(*higiene pessoal*) toilette, washing and dressing; **fazer a** ~ to wash and dress

toalha [tu'aʎa] *f* towel; ~ **de banho** bath towel; ~ **de mãos/rosto** hand towel; ~ **de mesa** tablecloth; ~ **felpuda** fluffy bath towel; **jogar a** ~ *fig* to throw in the towel

toar [to'ar] *vi <1. pess pres:* too> to sound

tobogã [tobo'gɜ̃] *m* 1.(*num parque de diversões, numa piscina*) slide 2.(*trenó*) toboggan

toca ['tɔka] *f* burrow

toca-CDs ['tɔka-se'des] *m inv* CD player

toca-discos ['tɔka-'dʒiskus] *m inv* record player

toca-fitas ['tɔka-'fitas] *m inv* cassette player

tocaia [to'kaja] *f* (*espreita*) **ficar de** ~ to lie in wait for sb

tocante [to'kɜ̃tʃi] *adj* touching

Tocantins [tokɜ̃n'tĩjs] *m* (State of) Tocantins

tocar [to'kar] <c→qu> I. *vt* 1.(*instrumento, música*) to play; ~ **piano** to play the piano 2.(*com os dedos: uma pessoa, um objeto*) to touch; ~ **em a. c./alguém** to touch sth/sb; ~ **a buzina** to honk the horn; **estão tocando a campainha** sb is ringing the doorbell; **mal tocou na comida** he hardly touched his food 3.(*dizer respeito*) to concern; ~ **a alguém** to concern sb; **não toca a mim resolver isso** it isn't up to me to solve that; **pelo que me toca** as far as I'm concerned; (*tarefa*); ~ **a alguém** to be up to sb (to do sth); ~ **num assunto** to touch upon a subject; *fig* (*aproximar-se de*) to touch on; **isso toca as raias da loucura** this touches on madness 4.(*comover*) to touch 5.(*fazer avançar: projeto*) to push forward; (*bois*) to drive 6.(*expulsar*) **não quis nem ouvir, tocou o filho de casa** he didn't even want an explanation, he threw his son out of the house II. *vi* 1.(*telefone, despertador, campainha*) to ring; (*sino*) to chime; (*alarme*) to go off 2.(*apertar a mão*) **combinado, toque aqui** right, give me five! III. *vr*: ~-**se** (*mutuamente*) to touch; (*dar-se conta*) to realize; **ele não se toca!** he doesn't get it!

tocha ['tɔʃa] *f* torch

toco ['toku] *m* 1.(*de árvore*) tree stump 2.(*de vassoura*) broomstick 3.(*de cigarro, de cheque*) stub; **ser um** ~ **de gente** to be a (cute) little child

todavia [toda'via] *conj* nevertheless,

todo ['todu] I. *m* whole; **como um ~** as a whole II. *adj* 1. (*inteiro*) whole, entire, all; **o dia/ano/país ~** the whole day/year/country; **toda a noite/semana** the whole night/week, all night/week (long); **em ~ caso** in any case; **em** [*ou* **por**] **toda parte, à toda velocidade** at full speed, all over the place; **a família toda** the whole family; **vimos o filme ~** we saw the entire movie 2. (*cada*) every; **~s** every; **~s os dias/meses/anos** every day/month/year; **a ~ momento** every moment; **toda gente** everyone/everybody; **a toda hora** all the time; **de toda espécie** of all kinds; **todas as vezes** every time III. *pron indef* **~s** everyone, everybody; **~ mundo** everyone, everybody; **estar em todas** *inf* to be a part of everything IV. *adv* 1. **ao ~** in total; **de ~** totally; **ele saiu a toda** he raced out 2. all, completely; **estar ~ molhado/sujo** to be all wet/dirty

todo-poderoso, toda-poderosa ['todu-pode'rozu, -ɔza] I. *m, f* REL **o Todo-Poderoso** the Almighty II. *adj* all-powerful

tofu [to'fu] *m* tofu

toga ['tɔga] *f* 1. (*romana*) toga 2. JUR judge's robe 3. UNIV gown

tola *f, adj v.* **tolo**

toldo ['towdu] *m* 1. (*de loja, varanda*) awning 2. (*para cobrir*) canvas

tolerância [tole'rɐ̃sia] *f* 1. (*transigência*) tolerance 2. (*margem*) tolerance; (*de horário*) grace

tolerante [tole'rɐ̃ntʃi] *adj* tolerant

tolerar [tole'rar] *vt* 1. (*admitir*) to allow 2. (*suportar*) to tolerate, to put up with

tolerável <-eis> [tole'ravew, -ejs] *adj* tolerable, bearable

tolher [to'ʎer] *vt* 1. (*impedir*) to impede 2. (*privar*) to deprive

tolhido, -a [to'ʎidu, -a] *adj* helpless

tolice [to'ʎisi] *f* foolishness

tolo, -a ['tolu, -a] I. *m, f* 1. (*disparatado*) nitwit 2. (*tonto*) fool II. *adj* 1. (*disparatado*) silly 2. (*tonto*) foolish; **fazer-se de ~** to act like a fool

tom ['tõw] <-ons> *m* 1. (*de voz, cor, linguagem*) tone; **ser de bom/mau ~** to be in good/bad taste 2. MÚS key; **dar o ~** to give the A; *fig* to set the tone; **sem ~ nem som** without rhyme or reason

tomada [to'mada] *f* 1. (*tomar*) taking; **~ de posição** taking a position; **~ de posse** taking possession 2. ELETR (*no aparelho*) plug; (*na parede*) socket, outlet 3. MIL (*ocupação*) occupation; (*conquista*) capture 4. CINE take

tomado, -a [to'madu, -a] *adj* taken; **~ de susto** taken by surprise; **fui tomada por um pavor momentâneo** I was paralyzed with fear for an instant

tomar [to'mar] *vt* 1. (*um medicamento*) to take; (*café, chá, bebida*) to drink, to have; **~ o café da manhã** to have breakfast 2. (*ganhar*) to take; **~ coragem** to take courage; **~ juízo** to behave; **~ o poder** to take over 3. (*aceitar, receber*) to take; **~ a. c. como certa** to take sth as read; **~ a sério** to take (sth) seriously; **tomo isso como uma ofensa** I take that as an offense; **~ aulas** to take lessons 4. (*ar, fôlego*) to hold; (*um táxi, um ônibus*) to take; **~ sol** to sunbathe; **~ chuva** to get caught in the rain 5. (*uma estrada, um caminho*) to take 6. **~ uma medida** to take measures [*o* steps]; **~ uma decisão** to reach [*o* make] a decision 7. **~ um susto** to get a fright; **~ uma bronca/uma surra** to get a scolding/beating (from sb) 8. (*tirar*) to take; **~ tempo de alguém** to take up sb's time; **~ satisfações (de alguém)** to demand satisfaction (from sb); **~ a liberdade de fazer a. c.** to take the liberty of doing sth 9. (*considerar*) **~ por** to take for; **por quem me toma?** who do you take me for? 10. (*lavar-se*) **~ banho/uma ducha fria** to take a bath/cold shower 11. (*~ conta de alguém ou a. c.*) to take care of sb or sth 12. MIL to take; **as tropas tomaram a cidade** the troops took the city

tomara [to'mara] *interj* let's hope; **~!** please God!; **~ que ele venha!** let's hope he comes!; **~ que sim/não** I hope so/not

tomara-que-caia [to'mara-ki-'kaja] *adj inf* (*vestido, blusa*) strapless

tomate [to'matʃi] *m* tomato

tombadilho [tõwba'dʒiʎu] *m* NAÚT quarter-deck

tombar [tõw'bar] I. *vt* 1. to tumble, to topple 2. (*patrimônio*) to list II. *vi* 1. (*cair*) to fall 2. (*recipiente*) to drop

tombo ['tõwbu] *m* fall, tumble; **dar um ~ em alguém** to make sb fall; **levar um ~** to take a fall/tumble

tomilho [to'miʎu] *m* thyme *no pl*
tomo ['tomu] *m* tome, volume
tomografia [tomogra'fia] *f* tomography; ~ **computadorizada** CAT-scan
tomógrafo [to'mɔgrafu] *m* tomograph
tona ['tona] *f* **vir à** ~ to surface; *fig* (*assunto*) to come up; **trazer a. c. à** ~ to bring sth up
tonalidade [tonaʎi'dadʒi] *f* 1. (*de cor*) tone, shade 2. MÚS tonality
tonel <-éis> [to'nɛw, -'ɛjs] *m* (*barril*) cask
tonelada [tone'lada] *f* ton
tonelagem [tone'laʒẽj] <-ens> *f* tonnage
toner ['toner] *m* toner
tônica ['tonika] *f* 1. (*acentuação*) tonic vowel 2. (*tema fundamental*) keynote; MÚS tonic
tônico ['toniku] *m* tonic
tônico, -a ['toniku, -a] *adj* 1. LING tonic; **acento** ~ tonic accent; **sílaba tônica** tonic syllable 2. (*bebida*) **água tônica** tonic water; **gim** ~ gin and tonic
tonificar [tonifi'kar] <c→qu> *vt* to tone up, to strengthen
toninha [to'niɲa] *f* ZOOL porpoise
tons *m pl de* **tom**
tonto, -a ['tõwtu, -a] I. *m, f* fool II. *adj* 1. (*bobo*) foolish 2. (*zonzo*) dizzy; (*atordoado*) stunned; **estou** ~ I'm stunned, I'm dizzy
tontura [tõw'tura] *f* dizzy spell; **estou com** ~ I feel dizzy
top ['tɔpi] *m* (*roupa*) top
topada [to'pada] *f* **dar uma** ~ (**em a. c.**) to stub one's toe (on sth)
topar [to'par] *vt* 1. *inf* (*aceitar*) to say yes 2. *inf* (*acordo*) **fazer a. c.** to agree to do sth; **topo sua proposta** I'm game 3. *inf* (*desafio*) ~ **a parada** to take on a challenge 4. (*deparar*) ~ **com alguém** to bump into; **topei com ele na rua** I bumped into him on the street 5. (*gostar*) to like; **não topo roupa branca porque suja fácil** I don't like white clothes because they get dirty easily 6. (*dar com o pé em*) to trip on [*o* over]
topa-tudo ['tɔpa-'tudu] *mf inv* **ele é um** ~ he's game for anything
topázio [to'paziw] *m* topaz
topete [to'petʃi] *m* 1. (*no cabelo*) forelock 2. *fig* (*atrevimento*) **ele tem** ~ he's got nerve

topetudo, -a [tope'tudu, -a] *adj fig* (*atrevido*) daring
tópico ['tɔpiku] I. *m* (*assunto*) topic II. *adj* FARM topical
topless [tɔp'lɛs] *m* topless; **fazer** ~ to sunbathe[*o* os] topless
topo ['topu] *m* (*de lista*) top; (*de montanha tb.*) summit
topografia [topogra'fia] *f* topography
topográfico, -a [topo'grafiku, -a] *adj* topographical; **mapa** ~ topographical map
toque ['tɔki] *m* 1. (*com os dedos*) touch 2. (*de campainha, telefone*) ring; (*de buzina*) honk; (*de instrumento*) playing; **dar um** ~ **em alguém** *inf* to have a word with sb; **a** ~ **de caixa** hurriedly 3. (*com pincel*) touch up 4. (*vestígio*) trace; **um** ~ **de ironia** a trace of irony 5. (*aviso*) ~ **de recolher** curfew 6. ESPORT ~ **de bola** pass
Tóquio ['tɔkiw] *f* Tokyo
tora ['tɔra] *f* (*de madeira*) log
torácico, -a [to'rasiku, -a] *adj* thoracic; **caixa torácica** ribcage, thoracic cage
toranja [to'rãʒa] *f* pomelo (≈*large grapefruit*)
tórax ['tɔraks] *m* thorax
torção <-ões> [tor'sãw, -'õjs] *f* MED torsion
torcedor(a) [torse'dor(a)] *m(f)* 1. (*máquina*) twister, twisting machine 2. ESPORT ~ **de futebol** soccer fan
torcer [tor'ser] <c→ç> I. *vt* 1. (*entortar: um fio*) to twist 2. (*a roupa*) to wring 3. *inf* ~ **o nariz** to turn up one's nose; ~ **o pescoço de alguém** to wring sb's neck; **aí é que a porca torce o rabo!** this is the only fly in the ointment 4. MED (*tornozelo*) to sprain [*o* twist]; (*pescoço*) to crick; *fig* (*distorcer*) to twist; ~ **o sentido das palavras** to twist the meaning of the words II. *vi* ESPORT to root; ~ **por alguém** to root for sb; ~ **para que** +*subj*, **torcemos para que ele ganhe o jogo** let's keep our fingers crossed that he wins the game III. *vr*: ~-**se** (*com dores*) to writhe
torcicolo [torsi'kɔlu] *m* MED crick; **ter um** ~ to have a crick in the neck
torcida [tor'sida] *f* 1. fans *pl*; ~ **organizada** FUT fan club 2. (*de roupa*) wringing; **dar uma** ~ **na roupa** to wring clothes
torcido, -a [tor'sidu, -a] *adj* twisted,

winding

tormenta [tor'mẽjta] *f* storm

tormento [tor'mẽjtu] *m* (*suplício*) agony; (*angústia*) anguish

torna ['tɔrna] *f something extra given to equalise the value of items that are bartered or exchanged*

tornado [tor'nadu] *m* tornado

tornar [tor'nar] I. *vt* (*virar*) to turn back; (*fazer*) to make; **a situação tornou-o impaciente** the situation made him lose his patience; **o catedrático tornou-o seu assistente** the professor made him his assistant II. *vi* (*regressar*) to return; (*doença*) to become; **~ a fazer a. c.** (*repetir*) to do sth again; **eu não torno a fazer aquela tarefa** I won't do that job again; **ela tornou a falar naquele assunto** she raised that subject again III. *vr:* **~-se** to become; **~-se realidade** to become a reality

torneado, -a [torni'adu, -a] *adj* (*letra*) well-rounded; (*perna*) shapely

tornear [torni'ar] *conj como passear vt* 1. (*no torno*) to turn (on a lathe) 2. (*dar forma arredondada*) to make well-rounded

torneio [tor'neju] *m* ESPORT tournament, contest

torneira [tor'nejra] *f* faucet *Am*, tap *Brit*; **abrir/fechar a ~** to turn on/off the faucet

torneiro [tor'nejru] *m* (*operário*) lathe operator

torniquete [torni'ketʃi] *m* 1. (*entrada*) turnstile 2. MED tourniquet

torno ['tornu] I. *m* lathe; (*para madeira*) wood-turning lathe II. *adv* (*ao redor*) **em ~ de** around, all around

tornozeleira [tornoze'lejra] *f* ankle support

tornozelo [torno'zelu] *m* ankle

toró [to'rɔ] *m inf* (*chuva*) downpour

torpe ['torpi] *adj* 1. (*membro*) swollen 2. (*vil*) vile 3. (*repugnante*) revolting

torpedear [torpedʒi'ar] *conj como passear vt* MIL to torpedo

torpedeiro [torpe'dejru] *m* torpedo boat

torpedo [tor'pedu] *m* 1. MIL torpedo 2. *inf: an amorous note sent to someone in a public place e.g. a bar*

torpor [tor'por] *m* MED torpor, stupor

torrada [to'xada] *f* toast; **uma ~** a piece of toast; **~ com geleia** toast with jelly; **chá com ~s** tea and toast

torradeira [toxa'dejra] *f* toaster

torrão <-ões> [to'xãw, -'õjs] *m* 1. (*de açúcar*) lump 2. (*de terra*) clod

torrar [to'xar] I. *vt* 1. (*pão*) to toast; (*café*) to roast; **um sol de ~** a scorching sun 2. *inf* (*gastar*) to blow; **~ o dinheiro** to blow the money; **~ a mercadoria** (*liquidação*) to have a fire sale II. *vi inf* **~ o saco** [*ou* **a paciência**] to try sb's patience; **vê se não torra!** don't try my patience! III. *vr* **~-se no sol** to bake in the sun

torre ['toxi] *f* (*de construção, xadrez*) tower, castle; **~ de controle** AERO control tower

torreão <-ões> [toxi'ãw, -'õjs] *m* turret

torrencial <-ais> [toxẽjsi'aw, -'ajs] *adj* torrential; **chuvas torrenciais** torrential rain

torrencialmente [toxẽjsjaw'mẽjtʃi] *adv* torrentially; **chover ~** to rain buckets, to rain cats and dogs

torrente [to'xẽjtʃi] *f* 1. (*de água*) torrent 2. (*quantidade*) torrent; **uma ~ de perguntas/cartas** a torrent of questions/letters

torreões *m pl de* **torreão**

torresmo [to'xezmu] *m* pork cracklings

tórrido, -a ['tɔxidu, -a] *adj* torrid

torrões *m pl de* **torrão**

torso ['torsu] *m* torso

torta ['tɔrta] *f* pie

torto, -a ['tortu, 'tɔrta] *adj* (*torcido: pernas, rua, nariz*) crooked; (*inclinado*) lopsided

torto ['tortu] *adv* (*indiscriminadamente*) **a ~ e a direito** indiscriminately; (*sem refletir*) without thinking, willy-nilly; **responder ~** to answer back

tortuoso, -a [tortu'ozu, -'ɔza] *adj* (*percurso*) tortuous; (*desonesto*) crooked, devious; **por caminhos ~s** *fig* by crooked means

tortura [tor'tura] *f* 1. (*tormento infligido*) torture 2. (*angústia*) torment

torturado, -a [tortu'radu, -a] I. *m, f* victim of torture II. *adj* tortured

torturador(a) [tortura'dor(a)] <-es> *m(f)* torturer

torturar [tortu'rar] I. *vt* 1. (*um prisioneiro*) to torture 2. (*atormentar*) to torment II. *vr* **~-se** to torture oneself

torvelinho [torve'ʎĩɲu] *m* (*de ar*) whirlwind; (*de água*) whirlpool

tosar [to'zar] *vt* (*ovelhas*) to shear;

(*cabelo*) to crop
tosco, -a ['tosku, -a] *adj* **1.**(*por trabalhar*) rough; (*por polir*) unpolished **2.**(*grosseiro*) coarse **3.**(*sem apuro*) unformed
tosquia [tos'kia] *f* (*ovelha*) shearing; (*tempo de tosa de ovelha*) sheep-shearing time
tosquiado, -a [toski'adu, -a] *adj* sheared
tosquiar [toski'ar] *vt* (*ovelha*) to shear; (*cabelo*) to clip closely
tosse ['tɔsi] *f* cough; ~ **seca** dry cough; ~ **de cachorro** *inf* hacking cough; **ver o que é bom para a** ~ *inf* to get what's coming to one
tossir [to'sir] *irr como dormir vi* to cough
tostado, -a [tos'tadu, -a] *adj* **1.**(*pão*) toasted **2.**(*pessoa*) sunburned, sunburnt *Brit*
tostão <-ões> [tos'tɐ̃w, -'õjs] *m* **não ter um** ~ to be flat broke; **não valer um** ~ (**furado**) not to be worth a damn
tostar [tos'tar] **I.** *vt* (*pão*) to toast; (*carne*) to sear **II.** *vi* (*ao sol*) to become sunburned, to become sunburnt *Brit*
tostões *m pl de* **tostão**
total <-ais> [to'taw, -'ajs] **I.** *m* (*conjunto*) total; (*de soma*) total; (*quantia*) total; **no** ~ in total **II.** *adj* total
totalidade [totaliˈdadʒi] *f sem pl* totality; **na** ~ in all
totalitário, -a [totaliˈtariw, -a] *adj* (*regime, governo*) totalitarian
totalizar [totaliˈzar] *vt* (*quantia*) to add up
totalmente [totawˈmẽjtʃi] *adv* totally
totem ['tɔtẽj] <totens> *m* totem
totó [to'tɔ] *m inf* doggie
touca ['toka] *f* cap; ~ **de banho/de natação** shower/swimming cap; **dormir de** ~ *inf* to be caught napping
toucinho [towˈsiɲu] *m* bacon, streaky bacon *Brit*
toupeira [toˈpejra] *f* ZOOL mole; *pej* (*pessoa estúpida*) idiot; **esse sujeito é uma** ~ that guy is a real idiot
tourada [toˈrada] *f* bullfight
toureiro [toˈrejru] *m* bullfighter
touro ['toru] *m* bull; **pegar o** ~ [*ou* à **unha**] **pelos chifres** to take the bull by the horns
Touro ['toru] *m* (*zodíaco*) Taurus; **nativo de** ~ born under the sign of Taurus; **ser** (**de**) ~ to be a Taurus

tóxico, -a ['tɔksiku, -a] **I.** *m, f* toxin **II.** *adj* toxic; **substância tóxica** toxic substance
toxicômana *adj, f v.* **toxicômano**
toxicomania [tɔksikomɜ'nia] *f* drug addiction
toxicômano, -a [tɔksi'komɜnu, -a] **I.** *m, f* drug addict **II.** *adj* addicted to drugs
toxina [tok'sina] *f* toxin
toxoplasmose [toksoplaz'mɔzi] *f* toxoplasmosis
TPM [tepe'emi] *f abr de* **tensão pré-menstrual** PMS
trabalhada *adj v.* **trabalhado**
trabalhadeira [trabaʎa'dejra] **I.** *f* hard worker **II.** *adj* hard-working
trabalhado, -a [traba'ʎadu, -a] *adj* **1.**(*metal*) wrought **2.**(*dias*) worked **3.**(*terra*) worked
trabalhador(a) [trabaʎa'dor(a)] **I.** *m(f)* worker, laborer *Am*, labourer *Brit*; ~ **autônomo** self-employed worker; ~ **qualificado** skilled worker **II.** *adj* hard-working
trabalhão, -eira <-ões> [traba'ʎɐ̃w, -'ejra, -'õjs] *m, f inf* hard (heavy) work; **dar um** ~ to give sb a lot of trouble
trabalhar [traba'ʎar] **I.** *vt* **1.**(*madeira, metal, tecido*) to work **2.**(*a terra*) to work **II.** *vi* (*relógio, fábrica*) to run; (*pessoa*) to work; **pôr alguém para** ~ to put sb to work; ~ **feito um condenado** to work like a slave; **ela trabalha com crianças** she works with children; **ela trabalha nesta empresa** she works for this company; **ele trabalha no banco** he works at the bank; **ela trabalha em um novo projeto** she is working on a new project; **ele trabalha como contador** he works as an accountant; **ela trabalha para o governo** she works for the government; **só trabalhamos com artigos de couro** we only work with leather goods
trabalheira [traba'ʎejra] *f v.* **trabalhão**
trabalhista [traba'ʎista] **I.** *mf* (*partido*) labor party member; (*sindicato*) labor union member **II.** *adj* labor *Am*, labour *Brit*; (*direitos*) labor law
trabalho [tra'baʎu] *m* **1.**(*atividade profissional*) work, job; ~ **braçal** manual labor; ~ **em equipe** team work; ~ **escolar** homework; ~ **de grupo** group work; ~ **de meio período/expediente** part-time job; ~ **de tempo integral** full time job; ~**s domésticos**

housework; ~s forçados hard labor; ~s manuais handicrafts; ~ de cão slave labor; ir para o ~ to go to work; mora no centro, perto do ~ to live downtown, near work; estar [*ou* ficar] sem ~ to be out of work; fazer um bom ~ to do a good job; ter ~ to have a job 2. (*esforço*) effort; ~ físico/intelectual physical/intellectual effort; ~ de parto labor; dar ~ a alguém to give sb a hard time; dar-se o ~ de ... to go to the trouble of 3. REL fetish; fazer um ~ to make a fetish

trabalhões *m pl de* **trabalhão**

trabalhoso, -a [trabaˈʎozu, -ˈɔza] *adj* laborious, difficult

trabuco [traˈbuku] *m inf* (*revólver grande*) a big revolver

traça [ˈtrasa] *f* clothes moth; **jogar a. c. às ~s** *fig* to cast sth aside

traçado [traˈsadu] *m* 1. (*projeto*) outline 2. (*esboço*) sketch 3. (*de uma curva*) tracing

traçado, -a [traˈsadu, -a] *adj* 1. (*plano*) outlined; (*caminho*) mapped out; (*destino*) planned 2. (*pano*) moth-eaten

traça-dos-livros [ˈtrasa-duz-ˈtʃivrus] <traças-dos-livros> *f* bookworm

tração <-ões> [traˈsãw, -ˈõjs] *f* traction; TEC traction; ~ **nas quatro rodas** 4-wheel drive

traçar [traˈsar] <c→ç> *vt* 1. (*esboçar*) to sketch 2. (*uma linha*) to trace; (*uma circunferência*) to draw 3. (*um plano*) to outline; (*um caminho, uma rota*) to map out; (*o destino*) to plan 4. (*inseto*) to eat 5. *inf* (*com grande apetite*) to wolf down 6. (*ficar*) to go out with; **ele traçou a menina mais bonita da escola** he went out with the prettiest girl in school

tracejado, -a [traseˈʒadu, -a] I. *m, f* outline II. *adj* outlined

tracejar [traseˈʒar] *vt* to outline

traço [ˈtrasu] *m* 1. (*risco*) line 2. (*caráter*) trait; (*fisionomia*) feature; (*marca*) mark; **ele tem os ~s do avô** he has his grandfather's features; **a doença deixou ~s em seu rosto** the illness left its mark on his face 3. (*vestígio*) trace; **desaparecer sem deixar ~s** to disappear without a trace

trações *f pl de* **tração**

tradição <-ões> [tradʒiˈsãw, -ˈõjs] *f* tradition

tradicional <-ais> [tradʒisjoˈnaw, -ˈajs] *adj* traditional

tradicionalista [tradʒisjonaˈʎista] *adj* traditionalist

tradicionalmente [tradʒisjonawˈmẽjtʃi] *adv* traditionally

tradução <-ões> [traduˈsãw, -ˈõjs] *f* translation; ~ **consecutiva** consecutive translation; ~ **simultânea** simultaneous translation; **fazer ~ do inglês para o português** to translate from English into Portuguese

tradutor(a) [traduˈtor(a)] <-es> *m(f)* translator

traduzir [traduˈzir] I. *vt* 1. to translate; ~ **do português para o inglês** to translate from Portuguese into English 2. (*expressar*) **nossos olhos traduzem nossos sentimentos** our eyes express our feelings II. *vr* ~-**se** (*manifestar-se*), **seu cansaço traduz-se em** [*ou* **por**] **irritação** his irritation shows that he's tired

traduzível <-eis> [traduˈzivew, -ejs] *adj* translatable

trafegar [trafeˈgar] <g→gu> *vi* (*trabalhar muito*) to work tirelessly; ~ **com** to trade in; ~ **por** to go; **a maioria dos ônibus trafega pelo centro** most buses go downtown

trafegável <-eis> [trafeˈgavew, -ejs] *adj* trafficked

tráfego [ˈtrafegu] *m* traffic; (*comércio*) traffic; ~ **aéreo** air traffic; ~ **de mercadorias** traffic of goods

traficante [trafiˈkãtʃi] *mf* trafficker; ~ **de droga** drug dealer

traficar [trafiˈkar] <c→qu> *vt* (*droga, armas*) to traffic, to deal in

tráfico [ˈtrafiku] *m* traffic; ~ **de drogas** drug trafficking; ~ **de influência** use of influence (for self-interest)

traga [ˈtraga] 1. *1./3. pres subj, 3. imper de* **trazer** 2. **é essencial que ele ~ o contrato** it is essential that he bring the contract

tragada [traˈgada] *f* (*fumar*) **deixe-me dar uma ~ no seu cigarro** let me have a drag of your cigarette

tragar [traˈgar] <g→gu> *vt* 1. (*bebida*) to swallow 2. (*cigarro*) to inhale 3. (*tolerar*) to put up with; **não tragava o chefe** he couldn't put up with his boss 4. (*fazer desaparecer*) to swallow up; **as águas tragaram o bote** the water swallowed up the boat 5. (*acreditar*) to swallow; **era uma história difícil de**

tragédia [tɾaˈʒɛdʒia] *f tb. fig* tragedy; **fazer uma ~ de a. c.** *inf* to make a tragedy out of sth

trágico, -a [ˈtɾaʒiku, -a] *adj* tragic

tragicomédia [tɾaʒikoˈmɛdʒia] *f* tragicomedy

tragicômico, -a [tɾaʒiˈkomiku, -a] *adj* tragicomic

trago [ˈtɾagu] *m* swig; **beber** [*ou* **tomar**] **um ~** to take a swig (of sth)

trago [ˈtɾagu] *1. pres de* **trazer**

traição <-ões> [tɾaiˈsɐ̃w, -ˈõjs] *f* treachery *no pl;* (*de amigo*) betrayal; (*de namorado, parceiro*) infidelity; **~ à pátria** treason; **à** [*ou* **por**] **~** treacherously

traiçoeiro, -a [tɾajsuˈejɾu, -a] *adj* (*amigo, ataque*) treacherous; (*desleal*) disloyal

traições *f pl de* **traição**

traidor(a) [tɾaiˈdor(a)] <-es> *m(f)* traitor

trailer [ˈtɾejleɾ] *m* 1. (*reboque*) trailer 2. (*cinema*) trailer

traineira [tɾajˈnejɾa] *f* trawler

training [tɾejˈnĩj] *m* (*abrigo para ginástica*) training suit

trair [tɾaˈir] *conj como* **sair** I. *vt* 1. (*um amigo, a pátria*) to betray; **~ a confiança** to betray a secret; **~ as esperanças de alguém** to let sb down 2. (*namorado, parceiro*) to be unfaithful to, to cheat on II. *vr:* **-se** (*revelar-se*), **ele se traiu com um sorriso** his smile gave him away

traíra [tɾaˈiɾa] *f* snook (*a Brazilian fish similar to a pike*)

trajar [tɾaˈʒar] I. *vt form* to wear; **~ terno e gravata** to wear a suit and a tie II. *vr:* **~-se -se de branco** to dress in white

traje [ˈtɾaʒi] *m* (*de folclore*) costume; **~ espacial** spacesuit; **~ de gala** ball gown; **~s menores** underclothes; **~ passeio** informal dress; **~ a rigor** formal evening dress; **~ típico** national costume

trajeto [tɾaˈʒɛtu] *m* 1. (*caminho*) way 2. (*de viagem, ônibus*) route; **seguir um ~** to follow a route; **o ~ Rio-São Paulo** the Rio-São Paulo route

trajetória [tɾaʒeˈtɔɾia] *f* (*de bala*) trajectory; (*de voo*) flight path

tralha [ˈtɾaʎa] *f inf* old junk *no pl*

trama [ˈtɾama] *f* 1. TEC (*tecido*) weft 2. *fig* (*conspiração*) conspiracy, plot

tramar [tɾaˈmar] *vt* 1. (*conspirar*) to plot 2. (*maquinar*) to scheme; **~ a. c. contra alguém** to plot sth against sb

trambique [tɾɐ̃ˈbiki] *m inf* swindle, trick

trambiqueiro, -a [tɾɐ̃biˈkejɾu, -a] *m, f inf* swindler, trickster

trambolhão <-ões> [tɾɐ̃boˈʎɐ̃w, -ˈõjs] *m* heavy fall; **aos trambolhões** crashing down

trambolho [tɾɐ̃ˈboʎu] *m* 1. (*objeto*) weight 2. (*pessoa*) heavy set person with a waddling gait 3. *fig* (*obstáculo, estorvo*) hindrance

trambolhões *m pl de* **trambolhão**

tramela [tɾaˈmɛla] *f* wooden latch

tramitação <-ões> [tɾamitaˈsɐ̃w, -ˈõjs] *f* going through the correct procedure

tramitar [tɾamiˈtar] *vi* to go through the proper channels

trâmite [ˈtɾɐ̃mitʃi] *m* correct procedure; **pelos ~s legais** through legal channels

tramoia [tɾaˈmɔja] *f* 1. (*intriga*) scheme 2. (*ardil*) ruse

trampolim [tɾɐ̃puˈlĩj] <-ins> *m* (*de piscina*) springboard; (*em ginástica*) trampoline

tranca [ˈtɾɐ̃ka] *f* 1. (*de porta*) bar 2. (*de carro*) door lock

trança [ˈtɾɐ̃sa] *f* braid (of hair) *Am*, plait *Brit*

trancafiar [tɾɐ̃kafiˈar] *vt inf* to put under lock and key

trancar [tɾɐ̃ˈkar] <c→qu> I. *vt* 1. (*porta*) to lock 2. (*pessoa*) to lock up 3. (*escola, universidade*) **~ a matrícula** to cancel enrollment for a specific period II. *vr:* **-se** to shut oneself up; **trancou-se em casa depois que a mulher morreu** he shut himself in the house after his wife died

tranco [ˈtɾɐ̃ku] *m* 1. (*empurrão*) shove; **fazer pegar no ~** to push a car to start it; **levar um ~** to be jostled 2. (*abalo*) jolt; **aguentar o ~** *inf* to stand firm; **aos ~s** (**e barrancos**) (*aos saltos*) in fits and starts; (*com grande dificuldade*) with great difficulty

tranquilamente [tɾɐ̃kwilaˈmẽjtʃi] *adv* peacefully

tranquilidade [tɾɐ̃kwiliˈdadʒi] *f sem pl* 1. (*sossego*) peace 2. (*silêncio*) silence

tranquilizante [tɾɐ̃kwiliˈzɐ̃tʃi] *m* MED

tranquilizer
tranquilizar [trɐ̃ŋkwiʎi'zar] I. *vt* (*aliviar*) to reassure; (*acalmar*) to calm down II. *vr:* ~ **-se** to calm down
tranquilo [trɐ̃ŋ'kwilu] *adj* 1. (*sossegado*) calm; (*lugar*) peaceful; (*descontraído*) relaxed 2. (*silencioso*) quiet
transa ['trɐ̃za] *f* 1. (*conluio*) shady deal 2. *gír* (*caso*) affair
transação <-ões> [trɐ̃za'sɐ̃w, -'õjs] *f* 1. (*operação comercial*) transaction; ~ **bancária** bank transaction 2. (*negócio*) business deal; (*negócio ilícito*) illegal business 3. (*acordo*) deal
transacionar [trɐ̃zasjo'nar] *vt* to transact
transamazônico, -a [trɐ̃zama'zoniku, -a] *adj* Trans-Amazonian; **Rodovia Transamazônica** the Trans-Amazonian Highway
transar [trɐ̃'zar] *vt* 1. *gír* (*negociar*) ~ **com a.c** to deal in 2. *inf* (*gostar de*) to be into; **ele não transa drogas** he is not into drugs 3. *inf* (*relações sexuais*) to have sex with
transatlântico [trɐ̃za'tlɐ̃tʃiku] *m* NÁUT transatlantic [*o ocean*] liner
transatlântico, -a [trɐ̃za'tlɐ̃tʃiku, -a] *adj* transatlantic
transbordamento [trɐ̃zborda'mẽjtu] *m* overflow
transbordar [trɐ̃zbor'dar] *vi* 1. (*recipiente*) to overflow; (*rio*) to burst its banks 2. (*líquido*) to overflow; **a banheira transbordou** the bathtub overflowed 3. (*superabundar*) to over flow with; **ela transbordava de felicidade** she was overflowing with happiness; **estar transbordando de gente** to overflow with people
transcendental <-ais> [trɐ̃sẽjdẽj'taw, -'ajs] *adj* FILOS transcendental
transcendente [trɐ̃sẽj'dẽtʃi] *adj* 1. transcendental 2. (*superior*) transcendent
transcender [trɐ̃sẽj'der] *vt* (*ir além dos limites de*) to transcend
transcontinental <-ais> [trɐ̃skõwtʃinẽj'taw, -'ajs] *adj* transcontinental
transcorrer [trɐ̃sko'xer] *vi* (*tempo*) to go by
transcrever [trɐ̃skre'ver] <*pp* transcrito> *vt* to transcribe
transcrição <-ões> [trɐ̃skri'sɐ̃w, -'õjs] *f* 1. (*cópia*) transcript 2. (*reprodução*) transcription; ~ **fonética** phonetic transcription
transcurso [trɐ̃s'kursu] *m* passage (of time)
transe ['trɐ̃zi] *m* trance; **estar em** ~ to be in a trance
transeunte [trɐ̃ze'ũwtʃi] I. *mf* (*pessoa que vai passando*) passer-by; (*pedestre*) pedestrian II. *adj* (*coisa que passa*) transitory; (*pessoa passando*) passing by
transexual <-ais> [trɐ̃zseksu'aw, -'ajs] *adj, mf* transsexual
transferência [trɐ̃sfe'rẽjsia] *f* 1. (*de conhecimentos*) transfer 2. (*de dinheiro*) transfer; ~ **bancária** bank transfer 3. (*de lugar*) transfer; **pedi a minha** ~ **para o Rio** I requested a transfer to Rio 4. PSICO transference
transferidor [trɐ̃sferi'dor] *m* transferor
transferir [trɐ̃sfe'rir] *irr como* preferir I. *vt* 1. (*conhecimentos, dinheiro*) to transfer 2. (*empregados, alunos*) to transfer; (*um negócio, uma seção*) to transfer; ~ **para** to transfer to; **vão me** ~ **para São Paulo** they are going to transfer me to São Paulo; **transferimos os documentos para outra pasta** we transferred the documents to another file 3. (*no tempo*) to postpone; ~ **a reunião para amanhã** to postpone the meeting until tomorrow II. *vr* ~ **-se** (*empresa*) to transfer; **a companhia transferiu-se para o Recife** the company was transferred to Recife
transferível <-eis> [trɐ̃sfi'rivew, -ejs] *adj* transferable
transfiguração <-ões> [trɐ̃sfigura'sɐ̃w, -'õjs] *f* 1. (*transformação*) transformation 2. (*desfiguração*) disfigurement 3. REL transfiguration
transfigurar [trɐ̃sfigu'rar] I. *vt* 1. (*transformar*) to transform 2. (*desfigurar*) to disfigure 3. REL to transfigure II. *vr* ~ **-se** (*reação positiva*), **sua fisionomia se transfigurava** his features became transformed
transformação <-ões> [trɐ̃sforma'sɐ̃w, -'õjs] *f* 1. (*modificação*) transformation; (*reestruturação*) transformation; **sofrer uma** ~ to undergo a transformation 2. (*mudança*) conversion; **a** ~ **da água em gelo** the conversion of water into ice
transformador [trɐ̃sforma'dor] <-es> *m* ELETR transformer

transformar [trɑ̃ŋsfor'mar] I. *vt* (*dar nova forma*) to transform; (*converter*); **eles transformaram a casa em dois apartamentos** they converted the house into two apartments II. *vr:* ~ -**se** to transform oneself; ~ -**se em** to transform oneself into

transformista [trɑ̃ŋsfor'mista] *mf* quick-change artist

transfusão <-ões> [trɑ̃ŋsfu'zɑ̃w, -'õjs] *f* transfusion; ~ **de sangue** blood transfusion

transgênico, -a [trɑ̃ŋ'ʒeniku, -a] *adj* transgenic; **alimentos** ~ transgenic food

transgredir [trɑ̃ŋzgre'dʒir] *irr como* **preferir** *vt* 1.(*lei, regras*) to infringe 2.(*ultrapassar*) to overstep

transgressão <-ões> [trɑ̃ŋzgre'sɑ̃w, -'õjs] *f* (*de lei, regras*) infringement

transgressor(a) [trɑ̃ŋzgre'sor(a)] <-es> *m(f)* (*de lei*) lawbreaker

transição <-ões> [trɑ̃ŋzi'sɑ̃w, -'õjs] *f* transition; **uma fase de** ~ transition phase

transigência [trɑ̃ŋzi'ʒẽjsia] *f* compromise

transigente [trɑ̃ŋzi'ʒẽjtʃi] *adj* willing to compromise

transigir [trɑ̃ŋzi'ʒir] <g→j> *vi* to compromise

transistor [trɑ̃ŋ'zistor] <-es> *m* ELETR transistor

transitar [trɑ̃ŋzi'tar] *vi* to pass; ~ **por uma rua** to pass through a street

transitável <-eis> [trɑ̃ŋzi'tavew, -ejs] *adj* (*caminho, rua, estrada*) passable

transitivo, -a [trɑ̃ŋzi'tʃivu, -a] *adj* LING transitive

trânsito ['trɑ̃ŋzitu] *m* 1.(*na estrada*) traffic 2.(*passagem*) through traffic; ~ **proibido** no through traffic 3. AERO **passageiros em** ~ transit passengers 4. ~ **de mercadorias** goods in transit 5.(*acesso fácil*) direct access; **ele tem livre** ~ **pelos altos escalões do governo** he has direct access to the upper echelons of Government

transitório, -a [trɑ̃ŋzi'tɔriw, -a] *adj* transitory

translação <-ões> [trɑ̃ŋzla'sɑ̃w, -'õjs] *f* FÍS translation

transliteração <-ões> [trɑ̃ŋzλitera'sɑ̃w, -'õjs] *f* transliteration

translúcido, -a [trɑ̃ŋz'lusidu, -a] *adj* translucent

transmissão <-ões> [trɑ̃ŋzmi'sɑ̃w, -'õjs] *f* 1.(*de uma ideia, informação, notícia*) transmission 2.(*rádio, televisão*) broadcast, transmission; ~ **direta/ao vivo** live transmission 3.(*de doença*) transmission

transmissível <-eis> [trɑ̃ŋzmi'sivew, -ejs] *adj* transmissible

transmissões *f pl de* **transmissão**

transmissor(a) [trɑ̃ŋzmi'sor(a)] <-es> *m(f)* transmitter

transmitir [trɑ̃ŋzmi'tʃir] *vt* 1.(*transferir: ideia, informação, mensagem, notícia*) to convey; (*rádio, televisão*) to broadcast, to transmit 2.(*uma doença*) to transmit; ~ **uma doença a alguém** to transmit a disease to sb

transparecer [trɑ̃ŋspare'ser] <c→ç> *vt* (*aparecer*) to appear; (*motivos*) to become apparent; **deixar** ~ **a. c.** to show; **seu rosto deixa** ~ **a emoção** your face shows your (every) emotion

transpareço [trɑ̃ŋspa'resu] 1. *pres de* **transparecer**

transparência [trɑ̃ŋspa'rẽjsia] *f* 1.(*de material, honestidade*) transparency 2.(*folha para projeção*) transparency

transparente [trɑ̃ŋspa'rẽjtʃi] *adj* (*material, roupa, atitude*) transparent

transpassar [trɑ̃ŋspa'sar] *vt* 1.(*atravessar*) to pierce; (*frio*) to penetrate 2.(*saia, cinto*) to fasten

transpiração <-ões> [trɑ̃ŋspira'sɑ̃w, -'õjs] *f* (*de planta*) transpiration; (*de pessoa*) perspiration

transpirar [trɑ̃ŋspi'rar] I. *vt* to exude; **ela transpirava alegria** she exuded joy II. *vi* 1.(*pessoa*) to perspire 2.(*notícia*) to leak out

transplantação <-ões> [trɑ̃ŋsplɑ̃ŋta'sɑ̃w, -'õjs] *f* (*planta*) transplantation

transplantar [trɑ̃ŋsplɑ̃ŋ'tar] *vt* 1. MED to transplant 2.(*planta*) to transplant 3.(*transferir*) to move to

transplante [trɑ̃ŋs'plɑ̃ŋtʃi] *m* transplant; ~ **de coração** heart transplant

transponível <-eis> [trɑ̃ŋspo'nivew, -ejs] *adj* (*obstáculo*) surmountable; (*rio*) negotiable

transpor [trɑ̃ŋs'por] *irr como* **pôr** *vt* 1.(*uma montanha*) to cross over 2.(*exceder*) to exceed; ~ **os limites** to exceed the limits 3.(*obstáculo*) to surmount

transportador(a) [trɑ̃ŋsporta'dor(a)]

transportadora <-es> *m(f)* transporter, conveyor
transportadora [trãŋsporta'dora] *f* (*empresa*) carrier, hauler
transportadores *m pl de* **transportador**
transportar [trãŋspor'tar] **I.** *vt* **1.** (*mercadorias*) to transport **2.** (*levar*) to convey **3.** (*transferir*) to carry forward; **calcule o saldo a ~ para a próxima coluna** calculate the balance to be carried forward to the next column **4.** (*mentalmente*) to entrance; **a paz do campo me transportou** I was entranced by the peace of the countryside **II.** *vr:* **~-se** (*relembrar-se*) to be transported; **transportar-se ao passado ao som daquela música** to be transported into the past by that song
transportável <-eis> [trãŋspor'tavew, -ejs] *adj* (*portátil*) portable
transporte [trãŋs'pɔrtʃi] *m* **1.** (*ação de transportar*) transportation **2.** (*veículo*) transport *no pl;* **~ coletivo** public transport; **Ministério dos Transportes** Ministry of Transport **3.** (*soma*) amount carried forward
transposição <-ões> [trãŋspozi'sãw, -'õjs] *f* transposition
transposto, -a [trãŋs'postu, -'ɔsta] *pp de* **transpor**
transtornado, -a [trãŋstor'nadu, -a] *adj* (*fora do juízo*) disturbed; (*perturbado*) upset
transtornar [trãŋstor'nar] *vt* **1.** (*uma pessoa*) to upset **2.** (*os planos*) to upset **3.** (*o dia, o ambiente*) to disturb
transtorno [trãŋs'tornu] *m* **1.** (*mental*) derangement **2.** (*planos*) setback; (*incômodo*) disturbance; (*situação desfavorável*) trouble; **causar ~ a alguém** to cause sb trouble
transubstanciação [trãŋsubstãŋsia'sãw] *f sem pl* REL transubstantiation
transversal <-ais> [trãŋzver'saw, -'ajs] **I.** *f* (*geometria*) **traçar uma ~** to draw a transversal line **II.** *adj* transversal; **corte ~** transverse cut; **rua ~** side street
transverso [trãŋz'vɛrsu] *adj* transverse
transviado, -a [trãŋzvi'adu, -a] *adj* wayward
trapaça [tra'pasa] *f* fraud, swindle
trapacear [trapasi'ar] *conj como passear* **I.** *vt* to cheat, to swindle **II.** *vi* to cheat

trapaceiro, -a [trapa'sejru, -a] **I.** *m, f* cheat, swindler **II.** *adj* crooked
trapalhada [trapa'ʎada] *f* **1.** (*confusão*) confusion; **meter-se em ~** to get oneself into a mess **2.** (*logro*) entanglement
trapalhão, -ona <-ões> [trapa'ʎãw, -'ona, -'õjs] *m, f* bungler
trapézio [tra'pɛziw] *m* **1.** (*ginástica*) trapeze **2.** MAT trapezoid *Am,* trapezium *Brit*
trapezista [trapɛ'zista] *mf* trapeze artist
trapiche [tra'piʃi] *m* water-front warehouse
trapinhos [tra'piɲus] *mpl inf* rags *pl;* **juntar os ~** to tie the knot
trapo ['trapu] *m* rag; (*decadente*); **tão novo e já está um ~** so young and already so degenerate; (*abatido*); **estou me sentindo um ~** I feel like a worn out dish cloth
traque ['traki] *m* firecracker
traqueia [tra'kɛja] *f* trachea, windpipe
traquejo [tra'keʒu] *m* (*experiência*) experience; (*perícia*) skill
traqueostomia [trakeosto'mia] *f* tracheotomy
traquinagem [traki'naʒẽj] <-ens> *f* mischief
traquinas [tra'kinas] **I.** *mf* naughty [*o* mischievous] child **II.** *adj* naughty, mischievous
trarei [tra'rej] *1./3. fut pres de* **trazer**
traria [tra'ria] *1./3. fut pret de* **trazer**
trás ['tras] *adv* **de ~** back; **porta de ~** back door; **olhar para ~** to look behind, to look back; **andar para ~** to walk backwards; **voltar para ~** to go back; **andar por ~** to walk behind; **deixar para ~** (*esquecer*) to leave behind; **por ~ de** *fig* tb. behind; **de ~ para a frente** back to front
traseira [tra'zejra] *f* rear
traseiro [tra'zejru] *m inf* behind, rear end
traseiro, -a [tra'zejru, -a] *adj* rear, back
trasladar [trazla'dar] *vt* to transcribe, to transfer; (*restos mortais, corpo*) to remove to; **resolveram ~ os restos mortais para sua cidade natal** they decided to remove his remains to his hometown
traslado [traz'ladu] *m* (*de passageiros*) transfer
traste ['trastʃi] *m* **1.** (*coisa*) **~s velhos** old trash **2.** *pej* (*pessoa*) good-for-nothing

tratado [tra'tadu] *m* **1.** (*convenção*) treaty, agreement; **~ de paz** peace treaty **2.** (*estudo, obra*) treatise

tratado, -a [tra'tadu, -a] *adj* **1.** (*animal, criança*) **ser bem/mal ~** to be well/badly treated **2.** (*objeto*) well-preserved

tratador(a) [trata'dor(a)] <-es> *m(f)* (*que negocia*) negotiator; (*de cavalos*) groom, stablehand

tratamento [trata'mẽjtu] *m* **1.** (*de pessoa, doença*) treatment; **~ de canal** root canal treatment; **~ de choque** shock treatment; **fazer um ~ contra a. c.** to undergo treatment for sth **2.** (*recepção*) treatment; **receber um ~ de primeira** to receive first class treatment **3.** (*em discurso*) mode of address **4.** (*de material*) treatment **5.** (*de água*) treatment; (*de lixo, resíduos*) treatment

tratante [tra'tɐ̃ntʃi] *mf* sharper, crook

tratar [tra'tar] **I.** *vt* **1.** MED (*um paciente*) to treat, to care for; **~ bem/mal alguém** to care for [*o treat*] sb well/badly; **não é bom ~ com esse tipo de gente/coisa** it is not easy to care for [*o treat*] this kind of person/thing **2.** (*lidar com*) to deal with; **~ de alguém/a. c.** to deal with sb/sth; **vou ~ de meus problemas** I'm going to deal with my problems; **vai ~ da sua vida!** go get a life! **3.** (*receber*) to treat; **sempre nos trata com muito carinho** he always treats us with great affection; **como é que você o trata?** how do you treat him? **4.** (*um assunto, tema*) to deal with; **o livro trata de literatura moderna** the book deals with modern literature **5.** (*em discurso*) to address as; **~ alguém por doutor** to address sb as doctor **6.** (*água, lixo, resíduos*) to treat **7.** (*encarregar-se*) to take care of; **eu trato das bebidas** I take care of the drinks **8.** (*negociar*) to negotiate; **quém tratou com o mecânico o conserto do carro?** who dealt with the mechanic about the car repair? **9.** (*um material*) to treat **10.** (*fazer esforços*) to take care to; **trate de fazer mais exercícios** take care to exercise more **11.** (*optar por*) to take care to; **tratei de ir embora o quanto antes** I took care to leave immediately **II.** *vr:* **~-se 1.** MED to take care of oneself; **ela se trata muito bem** she takes good care of herself **2.** (*assunto*) to be about; **de que se trata?** what is it about?

tratativa [trata'tʃiva] *f* agreement

tratável <-eis> [tra'tavew, -ejs] *adj* (*uma doença*) treatable; (*pessoa*) affable, pleasant

trato ['tratu] *m* **1.** (*acordo*) agreement; **fazer um ~** to make an agreement **2.** (*tratamento*) treatment; **o advogado denunciou os ~s dispensados aos adolescentes infratores** the lawyer denounced the treatment the juvenile delinquents received **3.** (*comportamento*) manners; **ele é um rapaz de fino ~** he has good manners; **dar tratos à bola** [*ou* **à imaginação**] *fig* to put one's mind to work

trator [tra'tor] <-es> *m* tractor

trauma ['trawma] *m* trauma

traumático, -a [traw'matʃiku, -a] *adj* (*experiência*) traumatic

traumatismo [trawma'tʃizmu] *m* MED traumatism; **~ craniano** cranial traumatism

traumatizado [trawmatʃi'zadu] *adj* traumatized; **o garoto ficou ~ com a morte da mãe** the boy was traumatized by his mother's death

traumatizar [trawmatʃi'zar] *vt* to traumatize

trava ['trava] *f* **1.** (*da porta, janela*) safety lock; **~ central** central locking **2.** FUT (*da chuteira*) stud

travado, -a [tra'vadu, -a] *adj* **1.** (*automóvel*) locked **2.** (*porta*) locked **3.** *inf* (*pessoa*) tongue-tied **4.** INFOR (*computador*) crashed

trava-língua ['trava-'lĩjgwa] *m* tongue-twister

travar [tra'var] **I.** *vt* **1.** (*automóvel, porta*) to lock **2.** (*conversa*) to strike up; **~ um conhecimento** [*ou* **uma amizade**] **com alguém** to get to know sb; **~ batalha** to engage in battle **3.** (*um processo*) to impede **II.** *vi* (*carro*) to stop; (*computador*) to crash; (*programa*) to not respond; (*roda*) to lock

trave ['travi] *f* **1.** (*viga*) heavy wooden beam **2.** FUT (*do gol*) goalpost

través [tra'vɛs] *m* **de ~** across; **ela me olhou de ~** she looked askance at me

travessa [tra'vesa] *f* **1.** (*rua*) side street **2.** (*para comida*) platter

travessão <-ões> [trave'sãw, -'õjs] *m* **1.** (*sinal gráfico*) dash **2.** ESPORT crossbar **3.** MÚS bar **4.** (*de balança*) beam

travesseiro [travi'sejru] *m* pillow; **con-**

sultar o ~ to sleep on it
travessia [traveˈsia] f crossing
travesso, -a [traˈvesu, -a] adj 1.(*atravessado*) transverse 2.(*irrequieto, traquinas*) mischievous
travessões m pl de **travessão**
travessura [traveˈsuɾa] f prank; (*maldade de criança*) naughtiness no pl
travesti [travesˈtʃi] m transvestite
trazer [traˈzer] irr vt 1.(*transportar*) to bring; (*consigo*) to bring sth along; **hoje eu não trouxe dinheiro** I didn't bring any money with me today; **trouxeram presentes aos pais** they brought gifts for their parents; **traz sempre o namorado a tiracolo** she always brings her boyfriend with her 2.(*roupa*) to wear; **ele trazia um casaco vermelho** he was wearing a red coat 3.(*consequências*) to have
TRE [tɛxiˈɛ] m abr de **Tribunal Regional Eleitoral** Regional Electoral Court
trecho [ˈtɾeʃu] m 1.(*de estrada*) stretch 2. MÚS passage 3.(*de livro*) passage
treco [ˈtɾɛku] m inf 1.thing; **tira esses ~s daí** take those things off of there 2.(*mal-estar*) to be taken ill; (*ataque*) to have a fit [*o* seizure]; **ele teve um ~ e caiu** he had a fit and fell
trégua [ˈtɾɛgwa] f truce; **romper a ~** to break a truce; **dar ~ a alguém** fig (*sossego*) to let sb be
treinado, -a [tɾejˈnadu, -a] adj (*amestrado*) trained; ESPORT trained
treinador(a) [tɾejnaˈdoɾ(a)] <-es> m(f) 1. ESPORT coach 2.(*de animais*) trainer; (*de cão tb.*) handler
treinamento [tɾejnaˈmẽtu] m v. **treino**
treinar [tɾejˈnar] I. vt 1. ESPORT (*time*) to coach 2.(*animal*) to train 3.(*exercitar*) to practice Am, to practise Brit; (*voz*) to train 4. MIL to drill III. vi 1. ESPORT to train 2.(*exercitar*) to practice Am, to practise Brit III. vr ~-se to prepare oneself; ESPORT to train
treino [ˈtɾejnu] m 1. ESPORT training session 2.(*exercício*) practice session
trejeito [tɾeˈʒejtu] m 1.(*careta*) grimace 2.(*gesto de ombros*) shrug; (*tique nervoso*) twitch
trela [ˈtɾɛla] f 1.(*de cão*) leash, lead Brit 2. inf (*folga*) encouragement; **não se pode dar ~ que ela já abusa** give her an inch and she'll take a mile. 3. inf **dar ~ a alguém** (*conversar*) to encourage

sb to talk; (*demonstrar interesse*) to flirt with sb
treliça [tɾeˈʎisa] f trellis
trem <-ens> [ˈtɾẽj] m 1.(*comboio*) train; **ir** [*ou* **viajar**] **de ~** to take the train, to travel by train; **perder o ~** to miss the train; **~ da alegria** POL gravy train; reg (*MG: coisa*) thingamabob, thingamajig Am, thingummy Brit; **me passa esse ~ aí** pass me that thingamajig there 2. AERO **~ de aterrissagem** landing gear
trema [ˈtɾema] m LING dieresis Am, diaerisis Brit
trem-bala [ˈtɾẽj-ˈbala] <trens-bala(s)> m express train
tremedeira [tɾemeˈdejɾa] f inf trembling
tremelicar [tɾemeʎiˈkar] <c→qu> vi 1.(*pessoa*) to shiver 2.(*luz*) to blink
tremelique [tɾemiˈʎiki] m trembling; (*com frio*) shivering
tremeluzir [tɾemeluˈzir] vi to twinkle
tremendo, -a [tɾeˈmẽjdu, -a] adj 1.(*terrível: medo*) terrible 2.(*forte, enorme: esforço*) tremendous 3.(*extraordinário: ator, desempenho*) tremendous
tremer [tɾeˈmer] vi 1.(*pessoa*) to shiver, to tremble; **~ de frio/medo** to shiver with cold/fear; **~ como vara verde** inf to shake like a leaf; **~ nas bases** inf to shake in one's shoes 2.(*terra, edifício*) to shake 3.(*monitor, tela*) to flicker
tremido, -a [tɾeˈmidu, -a] adj (*letra*) shaky; (*imagem*) blurred; (*fotografia*) fuzzy; (*voz*) shaky
tremor [tɾeˈmor] m 1.(*na voz*) tremor 2.(*terra, edifício*) tremor; **~ de terra** earth tremor
trêmula adj v. **trêmulo**
tremulante [tɾemuˈlɐ̃tʃi] adj fluttering, waving
trêmulo, -a [ˈtɾɛmulu, -a] adj 1.(*pessoa, mão*) shaky 2.(*voz*) hesitant 3.(*luz*) flickering
trena [ˈtɾena] f (*para medir*) tape measure
trenó [tɾeˈnɔ] m sled; (*de renas, cães*) sleigh; **andar de ~** to ride in a sleigh; **o ~ de Papai Noel** Santa Claus's sleigh
trens m pl de **trem**
trepada [tɾeˈpada] f chulo **dar uma ~** to hump sb
trepadeira [tɾepaˈdejɾa] f BOT climbing plant
trepar [tɾeˈpar] I. vt to climb; **a criança**

trepou ao parapeito da janela the child climbed onto the window sill; **o menino trepou no arvore como um macaco** the boy climbed the tree like a monkey **II.** vi **1.** (*planta trepadeira*) to climb **2.** *chulo* (*fazer sexo*) **~ com alguém** to hump sb

trepidação <-ões> [trepida'sãw, -'õjs] f shaking

trepidar [trepi'dar] vi to shake; (*hesitar*) to waver

tréplica ['trɛplika] f rejoinder

três ['tres] **I.** m three; **a ~ por quatro** three times out of four, frequently **II.** num card the number three; v.tb. **dois**

tresloucado, -a [trezlow'kadu, -a] adj deranged

tresloucar [trezlow'kar] <c→qu> vi to go crazy

Três-Marias [trezma'rias] fpl ASTRON Orion's Belt

três-quartos ['tres-'kwartus] **I.** m inv (*fração*) three quarters; (*apartamento*) three-bedroomed apartment **II.** adj (*cumprimento*) three-quarter; **manga ~** three-quarter length sleeve; (*meia*) knee-high; (*saia*) knee-length

treta ['treta] f inf (*ardil*) trickery; **aí tem ~!** there's sth fishy going on there!

trevas ['trɛvas] fpl darkness no pl

trevo ['trevu] m BOT clover; ARQUIT intersection; **um ~ na rodovia Rio – São Paulo** an intersection on the Rio – São Paulo highway

treze ['trezi] num card thirteen

trezentos, -as [tre'zẽjtus, -as] num card three hundred

tríade ['triadʒi] f (*conjunto*) set of three; (*pessoas*) threesome

triagem [tri'aʒẽj] <-ens> f sorting, screening

triangular [triʒ̃ŋgu'lar] adj triangular

triângulo [tri'ʒ̃ŋgulu] m **1.** triangle; **~ equilátero/escaleno/isósceles** equilateral/scalene/isosceles triangle **2.** (*para sinalização*) safety triangle **3. um ~ amoroso** love triangle; **o Triângulo Mineiro** the Minas Triangle

triatlo [tri'atlu] m triathlon

tribal <-ais> [tri'baw, -'ajs] adj tribal

tribo ['tribu] f tribe; (*família*) clan

tribufu [tribu'fu] m (*mulher feia*) dog

tribulação <-ões> [tribula'sãw, -õjs] f suffering

tribuna [tri'buna] f **1.** (*para espectadores*) stand; **~ de honra** VIP stand **2.** (*para oradores*) (speaker's) platform, rostrum **3.** (*púlpito*) pulpit

tribunal <-ais> [tribu'naw, -'ajs] m tribunal; JUR court; **~ de contas (da União)** *an independent body which monitors the correct use of tax revenue*; **~ do júri** trial by jury; **~ de justiça** court of appeals; **Tribunal Internacional** International Court; **Tribunal Regional Eleitoral** Regional Electoral Court; **Supremo Tribunal (Federal)** Supreme Court

tributação <-ões> [tributa'sãw, -'õjs] f taxation

tributar [tribu'tar] vt to tax

tributário, -a [tribu'tariw, -a] adj **1.** (*sujeito a imposto*) subject to tax **2.** (*relativo a imposto*) fiscal; **carga tributária** tax burden

tributável <-eis> [tribu'tavew, -ejs] adj taxable

tributo [tri'butu] m **1.** (*homenagem*) tribute; **prestar ~ a alguém** to pay tribute to sb **2.** (*imposto*) tax; **pagar ~s** to pay tax

tricampeão, -eã <-ões> [trikʒ̃ŋpi'ʒ̃w, -'iʒ̃, -'iõjs] m, f three-times champion

tricentenário [trisẽjte'nariw] m tercentenary, tricentennial

tricentenário, -a [trisẽjte'nariw, -a] adj (*comemoração*) tercentenary; **cidade tricentenária** three-hundred-year-old city

tríceps ['trisɛps] m inv triceps

triciclo [tri'siklu] m tricycle, three-wheeler

tricô [tri'ko] m knitting; **fazer ~** to knit

tricolor [triko'lor] <-es> adj tricolor Am, tricolour Brit

tricotar [triko'tar] vi to knit; fig (*mexericar*) to gossip

tridente [tri'dẽjtʃi] m trident

tridimensional <-ais> [tridʒimẽjsjo'naw, -'ajs] adj three-dimensional

triedro [tri'ɛdru] m trihedron

triênio [tri'eniw] m triennial

trifásico, -a [tri'faziku, -a] adj ELETR **corrente trifásica** three-phase current

trifurcar [trifur'kar] <c→qu> vt trifurcate, to divide in three branches

trigêmeos [tri'ʒemiws] mpl triplets pl

trigésimo, -a [tri'ʒɛzimu, -a] num ord thirtieth

triglicerídeo [triglise'ridʒiw] m triglyce-

trigo ['trigu] *m* wheat; **separar o joio do ~** *fig* to separate the wheat from the chaff

trigonometria [trigonome'tria] *f* trigonometry *no pl*

trigo-sarraceno ['trigu-saxa'sɛnu] <trigos-sarracenos> *m* buckwheat

trilha ['triʎa] *f* 1.(*caminho*) path, track 2.(*rastro*) track; **seguir a ~ de alguém** *fig* to follow in sb's footsteps 3. CINE **~ sonora** sound track

trilhão <-ões> [tri'ʎɐ̃w, -'õjs] *m* trillion

trilhar [tri'ʎar] *vt* (*um caminho*) to follow (a path); (*seguir: os passos*) to track sb; *fig;* **~ pelo mesmo caminho de alguém** to follow in sb's footsteps

trilho ['triʎu] *m* 1.(*de trem*) track, rail; *fig;* **andar nos ~s** to toe the line; **sair fora dos ~s** *fig* to go off the rails 2.(*caminho*) track

trilhões *m pl de* **trilhão**

trilíngue [tri'ʎĩjgwi] *adj* trilingual

trilogia [trilo'ʒia] *f* trilogy

trimestral <-ais> [trimes'traw, -'ajs] *adj* trimestral, quarterly

trimestre [tri'mɛstri] *m* trimester, term

trinca ['trĩjka] *f* 1.(*três*) set of three; (*baralho*) three (cards) of a kind 2. *inf* (*pessoas*) street gang 3.(*rachadura*) crack

trincar [trĩj'kar] <c→qu> I. *vt* (*com os dentes*) to bite (into) II. *vi* (*rachar*) to crack

trincha ['trĩjʃa] *f* 1.(*pincel*) wide paint brush 2.(*para trabalhar madeira*) (carpenter's) adz; (*para soltar pregos*) nail puller

trinchar [trĩj'ʃar] *vt* (*carne*) to carve

trincheira [trĩj'ʃejra] *f* MIL trench

trinco ['trĩjku] *m* (*de porta, portão*) latch

trindade [trĩj'dadʒi] *f* REL trinity

trineto, -a [tri'nɛtu, -a] *m, f* great-great grandson *m*, great-great granddaughter *f;* **~ s** great-great grandchildren

trinque ['trĩjki] *m* **andar nos ~s** to be dressed up to the nines; *inf;* **deixou o apartamento limpo, nos ~s** she left the apartment squeaky clean

trinta ['trĩjta] *num card* thirty

trintão, -ona <-ões> [trĩj'tɐ̃w, -'ona, -'õjs] *m, f* thirty-year-old man *m*, thirty-year-old woman *f*

trio ['triw] *m* trio; **~ elétrico** *reg* (*Bahia: música*) huge truck with live music that circulates through the streets playing loud carnival music

tripa ['tripa] *f* 1.(*intestino*) **~s** guts; **fazer das ~s coração** *inf* to summon up all one's courage 2. GASTR tripe *no pl*

tripanossomo [tripɔno'somu] *m* trypanosome

tripartir [tripar'tʃir] *vt* to divide into three parts

tripé [tri'pɛ] *m* tripod

tríplex [tri'plɛks] *m inv* (*apartamento*) three-storey penthouse

triplicado, -a [tripli'kadu, -a] *adj* tripled

triplicar [tripli'kar] <c→qu> *vt, vi* to triple

tríplice ['triplisi] *adj* **vacina ~** triple vaccine (*against measles, rubella and mumps*)

triplo ['triplu] *adj* triple

tripulação <-ões> [tripula'sɐ̃w, -'õjs] *f* (*de avião, barco*) crew

tripulante [tripu'lɐ̃ntʃi] *mf* (*de avião, barco*) crew member

tripular [tripu'lar] *vt* (*avião, barco*) to man

trissílabo [tri'silabu] *m* trisyllable

trissílabo, -a [tri'silabu, -a] *adj* **palavra trissílaba** trisyllabic word

triste ['tristʃi] *adj* sad, unhappy; *inf* (*depreciativo*) wretched; **aquele moleque é ~, não para quieto** that wretched kid can't sit still

tristeza [tris'teza] *f* sorrow, unhappiness

tristonho, -a [tris'tõŋu, -a] *adj* 1.(*pessoa*) glum 2.(*lugar*) gloomy

triturador [tritura'dor, -a] <-es> *m* crusher, grinder; **~ de lixo** garbage disposal

triturar [tritu'rar] *vt* 1.(*pulverizar*) to pulverize; (*esmagar*) to crush; (*machucar muito*) to beat to a pulp 2.(*moer*) to grind; (*mastigar*) to chew

triunfal <-ais> [triũw'faw, -'ajs] *adj* triumphal

triunfante [triũw'fɐ̃ntʃi] *adj* triumphant

triunfar [triũw'far] *vi* 1.(*numa batalha*) to win; **~ contra alguém** to triumph against sb; **~ sobre alguém** to prevail [*o* triumph] over sb; **~ na vida** to make it in life 2.(*ideias, justiça*) to prevail

triunfo [tri'ũwfu] *m* triumph; MIL, POL victory

trivial [trivi'aw] *m sem pl* (*comida*) plain, home-cooked food

trivial <-ais> [trivi'aw, -'ajs] *adj* (*sem importância*) trivial; (*comum*) commonplace

trivialidade [trivia/i'dadʒi] *f* triviality

triz ['tris] *m* **por um ~** by a hair's breadth; **não peguei o trem por um ~** I missed the train by a hair's breadth; **foi por um ~!** it was a close shave!; **ela escapou por um ~** she had a narrow escape

troca ['trɔka] *f* exchange; **~ de ideias** exchange of views; **~ de palavras** exchange of words; **em ~ (de)** in exchange (for)

troça ['trɔsa] *f* mockery; **fazer ~ de alguém/a. c.** to make fun of sb/sth

trocadilho [troka'dʒiʎu] *m* pun, play on words

trocado [tro'kadu] *m* (small) change; **você tem aí um ~?** do you have any (small) change?

trocado, -a [tro'kadu, -a] *adj* **1.** (*palavra, número*) changed **2.** (*misturado*) mixed-up

trocador(a) [troka'dor(a)] *m(f)* **~ de ônibus** (bus) conductor

trocar [tro'kar] <c→qu> I. *vt* **1.** (*carro*) to change; **ele trocou o carro por um zero-quilômetro** he changed his car for a brand new one **2.** (*compra, peça, dinheiro, palavras, olhares, experiências, ideias, confidências*) to exchange; **trocou as turmas com o outro professor** he exchanged classes with the other teacher **3.** (*cartas*) to exchange **4.** (*confundir*) to confuse; **vive trocando o nome das crianças** he keeps confusing the children's names; **~ as bolas** to mix up one thing with another **5.** (*lâmpada*) to change; (*fraldas*) to change II. *vi* **~ de** to change; **~ de carro** to change cars; **~ de casa** to move (house); **~ de lugar** to change places; **~ de lugar com alguém** to change places with sb; **~ de roupa** to change clothes III. *vr* **~-se** (*roupas*) to change one's clothes

troçar [tro'sar] <c→ç> *vt* to mock; **~ de alguém** to make fun of sb

troca-troca ['trɔka-'trɔka] <troca(s)-trocas> *m* (*objetos, pessoas*) exchanging back and forth; (*partidos*) chopping and changing

trocista [tro'sista] I. *mf* (*zombador*) mocker; (*piadista*) joker II. *adj* mocking, joking

troco ['troku] *m* **1.** (*de pagamento*) change; **o ~ é de 10 reais** the change is 10 reals; **dar de ~ 10 reais** to give 10 reals change; **faturar um ~** to earn some pocket money **2.** (*compensação*) **a ~ de** in exchange for; **ajudar alguém a ~ de um favor** to help sb in exchange for a favor; **a ~ de que?** what on earth for?; **ele te ligou a ~ de quê?** what on earth did he call you for? **3.** (*revide*) **dar o ~** to pay back in kind, to give tit for tat; (*sofrer revide*); **receber o ~** to be paid back in kind

troço ['trɔsu] *m inf* **1.** (*coisa*) useless old thing; **você acertou, esta carne está um ~** you were right, this meat is awful stuff; (*assunto*) old subject **2. ter um ~** (*mal-estar*) to be taken ill; (*ataque*) to have a fit

troféu [tro'fɛw] *m* trophy

troglodita [troglo'dʒita] *mf* troglodyte

tromba ['trõwba] *f* **1.** (*de elefante*) trunk **2.** *inf* (*de pessoa*) **ficar de ~** to be in a bad mood; **fazer ~** to make a face

trombada [trõw'bada] *f* (*automóvel*) collision, crash

tromba-d'água ['trõwba-'dagwa] <trombas-d'água> *f* waterspout; METEO sudden torrential downpour

trombadinha [trõwba'dʒiɲa] *mf inf* pickpocket

trombar [trõw'bar] *vt* to crash into, to collide with

trombeta [trõw'beta] *f* MÚS trumpet, bugle

trombone [trõw'boni] *m* trombone

trombose [trõw'bɔzi] *f* thrombosis

trompa ['trõwpa] *f* **1.** MÚS horn **2.** ANAT **~ de Eustáquio/de Falópio** Eustachian/Fallopian tube; **ligar as ~s** to have one's tubes tied

trompete [trũw'pɛtʃi] *m* trumpet

trompetista [trũwpe'tʃista] *mf* trumpet player

troncho, -a ['trõwʃu, -a] *adj* (*torto: mesa*) crooked; (*torre*) leaning

tronco ['trõwku] *m* **1.** (*de árvore*) trunk **2.** (*de pessoa*) trunk, torso **3.** TEL extension

trono ['tronu] *m* throne; **subir ao ~** to come to the throne

tropa ['trɔpa] *f* **1.** (*de soldados*) troops *pl* **2.** *inf* (*exército*) army; **ir para a ~** to join the army

tropeção <-ões> [trope's̃aw, -'õjs] *m* stumble, trip; **dar um ~** to stumble/trip

tropeçar [trope'sar] *vt* <ç→c> **1.** (*dar topada com o pé*) to trip; **tropecei e caí** I tripped and fell; ~ **em a. c.** to trip over sth; **tropeçou na pedra** he tripped over the stone **2.** (*em dificuldades*) to come up against **3.** (*incorrer em erro*) to trip up; **muitos tropeçam no segundo verso do hino nacional** a lot of people trip up in the second verse of the national anthem

tropeço [tro'pesu] *m fig* stumbling block

tropeções *m pl de* **tropeção**

trôpego ['tropegu] *adj* (*pessoa*) unsteady on one's feet; (*pernas*) stiff

tropel <-éis> [tro'pɛw, -'ɛjs] *m* (*barulho da multidão*) uproar; **em** ~ pell-mell

tropical <-ais> [tropi'kaw, -'ajs] *adj* tropical; **fruto** ~ tropical fruit; **zona** ~ tropical zone

trópico ['trɔpiku] *m* GEO tropic; ~ **de Câncer** Tropic of Cancer; ~ **de Capricórnio** Tropic of Capricorn

troposfera [tropos'fɛra] *f* troposphere

trotar [tro'tar] *vi* to trot

trote ['trɔtʃi] *m* **1.** (*do cavalo*) trot; **ir a** ~ to ride at a trot **2.** (*zombaria*) practical joke **3.** (*na universidade*) **dar** ~ **nos calouros** *to initiate new students by means of a special ceremony or rite* **4.** (*ao telefone*) **passar um** ~ to make a hoax call

trouxa ['trofa] I. *f* (*de roupa*) bundle of clothes; **arrumar** [*ou* **fazer**] **as** ~**s** to get one's things together II. *mf* sucker III. *adj* gullible

trouxe ['trosi] *1./3. pret perf de* **trazer**

trouxer [trow'sɛr] **1.** *1./3. fut. subj de* **trazer 2. se/quando eu** ~ if/when I bring

trouxesse [tro'sesi] *1./3. imperf subj de* **trazer**

trovador [trova'dor] <-es> *m* LIT troubadour; (*poeta*) bard

trovão <-ões> [tro'vãw, -'õjs] *m* thunder

trovejar [trove'ʒar] *vi impess* to thunder; **está trovejando** it is thundering

trovoada [trovu'ada] *f* clap of thunder

trovões *m pl de* **trovão**

trucagem [tru'kaʒēj] <-ens> *f* CINE special effects *pl*

trucidar [trusi'dar] *vt* to butcher

truco ['truku] *m Brazilian card game*

truculência [truku'lẽsja] *f* (*grosseria*) truculence; (*crueldade*) cruelty

truculento [truku'lẽjtu] *adj* (*agressivo*) truculent; (*cruel*) cruel

trufa ['trufa] *f* (*bombom*) BOT TB. truffle

truncar [trũw'kar] <c→qu> *vt* **1.** (*cortar*) to cut off **2.** (*omitir parte*) to truncate

trunfo ['trũwfu] *m fig* trump card

trupe ['trupi] *f* troupe

truque ['truki] *m* trick

truste ['trustʃi] *m* trust

truta ['truta] *f* ZOOL trout

TSE [teɛsi'ɛ] *m abr de* **Tribunal Superior Eleitoral** *Superior Electoral Court*

tsé-tsé ['tsɛ-'tsɛ] *f* tsetse fly

tu ['tu] *pron pess* you

tua ['tua] *pron poss* **1.** *v.* **teu 2.** ~ **casa/família** your house/family; **uma amiga** ~ a friend of yours

tuba ['tuba] *f* **1.** MÚS tuba **2.** ANAT canal; ~ **auditiva** auditory canal; ~ **uterina** uterine canal

tubarão <-ões> [tuba'rãw, -'õjs] *m* shark; *fig*, *pej* (*negociante*) shark

tubérculo [tu'bɛrkulu] *m* BOT, MED tubercle

tuberculosa *f v.* **tuberculoso**

tuberculose [tuberku'lɔzi] *f* tuberculosis

tuberculoso, -a [tuberku'lozu, -'ɔza] *m, f* person with tuberculosis

tubinho [tu'biɲu] *m* (*vestido*) tube dress

tubo ['tubu] *m* **1.** (*cano*) pipe; ~ **de ensaio** QUÍM test tube; ~ **de escape** exhaust pipe **2.** (*bisnaga*) tube **3.** ESPORT (*onda*) tube **4. os** ~**s** *inf a* fortune; **gastou os** ~**s para reformar a casa** he spent a fortune remodeling the house

tubulação <-ões> [tubula'sãw, -'õjs] *f* piping

tucano [tu'kɔnu] *m* ZOOL toucan

tucano <-a> POL I. *m inf: member of the Brazilian Social Democratic Party* (*PSDB: Partido da Social-Democracia Brasileira*) II. *adj* Brazilian Social Democrat

tudo ['tudu] *pron indef* **1.** all, everything; ~ **o mais** everything else; ~ **ou nada** all or nothing; **acima de** ~ above all else; **antes de** ~ before anything else; **ele, mais que** ~, **queria um filho** he wanted a son more than anything else; **dar** ~ **a alguém/a. c.** to give everything to sb/sth; **fazer** ~ **a**

tufão <-ões> [tuˈfɐ̃w, -ˈõjs] *m* (*furacão*) typhoon; (*vento forte*) gale

tufo [ˈtufu] *m* (*de cabelo*) tuft; (*de algodão*) ball

tufões *m pl de* **tufão**

tuim [tuˈĩj] *m small Brazilian parakeet found in the southern regions*

tule [ˈtuʎi] *m* tulle

tulipa [tuˈʎipa] *f* tulip

tumba [ˈtũwba] *f* tomb

tumor [tuˈmor] *m* tumor *Am*, tumour *Brit*; ~ **benigno/maligno** benign/malignant tumor

túmulo [ˈtumulu] *m* **1.** grave **2.** *fig* **revirar-se no** ~ to turn over in one's grave; **ser um** ~ to be as silent as the grave

tumulto [tuˈmuwtu] *m* commotion; **fazer** ~ to cause a commotion

tumultuado, -a [tumuwtuˈadu, -a] *adj* (*vida, romance*) turbulent; (*multidão*) disorderly

tumultuar [tumuwtuˈar] *vt* to stir up a commotion

tundra [ˈtũwdra] *f* tundra

túnel <-eis> [ˈtunew, -ejs] *m* tunnel

tungar [tũwˈgar] <g→gu> *vt* (*lograr*) to trick, to cheat

tungstênio [tũwgsˈteniw] *m* tungsten

túnica [ˈtunika] *f* (*veste longa*) tunic; (*de mulheres*) tunic (dress)

Tunísia [tuˈnizia] *f* Tunisia

tunisiano, -a [tuniziˈɐnu, -a] *adj, m, f* Tunisian

tupi [tuˈpi] **I.** *mf* Tupi **II.** *adj* Tupian

tupi-guarani [tuˈpi-gwaɾaˈni] **I.** *mf* Tupi-Guarani **II.** *adj* Tupi-Guarani

tupiniquim [tupiniˈkĩj] <-ins> **I.** *mf* (*tribo*) the Tupiniquim; (*indígena*) Tupiniquim; **os tupiniqins falam tupi-guarani** the Tupiniquim speak Tupi-Guarani **II.** *adj* **1.** Tupiniquim; **a cultura** ~ Tupiniquim culture **2.** *pej, inf* (*brasileiro*) Brazilian

turba [ˈturba] *f* (*multidão*) throng; (*em desordem*) mob

turbante [turˈbɐ̃tʃi] *m* turban

turbilhão <-ões> [turbiˈʎɐ̃w, -ˈõjs] *m* **1.** (*de vento*) whirlwind; (*de água*) whirlpool **2.** (*agitação*) maelstrom

turbina [turˈbina] *f* turbine; **aquecer as** ~**s** *fig* to get ready for action

turbinado, -a [turbiˈnadu, -a] *adj inf* (*carro, computador, corpo*) turbocharged

turbinar [turbiˈnar] *vt inf* to turbocharge

turbocompressor [turbukõwpreˈsor] <-es> *m* turbocompressor, turbocharger

turbulência [turbuˈlẽjsia] *f* **1.** (*agitação*) turbulence **2.** AERO turbulence

turbulento, -a [turbuˈlẽjtu, -a] *adj* (*mar*) stormy; (*época*) turbulent; (*multidão*) riotous

turco, -a [ˈturku, -a] **I.** *m, f* Turk **II.** *adj* Turkish

turfa [ˈturfa] *f* peat

turismo [tuˈrizmu] *m* tourism; ~ **ecológico** eco-tourism; ~ **sexual** sex-tourism

turista [tuˈrista] *mf* tourist

turístico, -a [tuˈristʃiku, -a] *adj* tourist

turma [ˈturma] *f* **1.** (*de escola, de universidade*) class **2.** (*grupo de amigos*) group of friends; **a** ~ **do deixa-disso** *inf* the peacemakers

turmalina [turmaˈʎina] *f* tourmaline

turnê [turˈne] *f* tour

turno [ˈturnu] *m* **1.** shift; ~ **da noite** night shift; **trabalhar por** ~**s** to work shifts **2.** ESPORT round **3.** (*eleições*) **segundo** ~ second round

turquesa [turˈkeza] *adj inv, f* turquoise

Turquia [turˈkia] *f* Turkey

turra [ˈtuxa] *f* argument; **andar às** ~**s com alguém** *inf* to be always arguing

turrão, -ona <-ões> [tuˈxɐ̃w, -ˈona, -ˈõjs] **I.** *m, f inf* hard-headed person **II.** *adj inf* hard-headed

turrona [tuˈxona] *f v.* **turrão**

turva *adj v.* **turvo**

turvar [turˈvar] **I.** *vt* (*vinho, urina*) to make cloudy; *fig* (*assunto*) to cloud **II.** *vr* (*céu*) to cloud over; (*urina, vinho*) to become cloudy

turvo, -a [ˈturvu, -a] *adj* (*rio*) murky; (*urina, vinho, céu*) cloudy

tussa [ˈtusa] *1./3. subj de* **tossir**

tusso [ˈtusu] *1. pres de* **tossir**

tutano [tuˈtɐnu] *m* ANAT marrow; *inf* (*inteligência*) brains; (*talento*) talent; **ter** ~ to have brains [*o* talent]

tutela [tuˈtela] *f* tutelage, guardianship; **estar sob a** ~ **de alguém** to be under sb's guardianship

tutelar [tuteˈlar] **I.** *vt* to be (sb's) guardian **II.** *adj* tutelary

tutor(a) [tuˈtor(a)] <-es> *m(f)* **1.** JUR legal guardian **2.** (*em escola*) tutor, teaching student

tutorial <-ais> [tutoɾiˈaw, -ajs] *adj* INFOR tutorial
tutu [tuˈtu] *m* **1.** GASTR *dish comprising beans, pork and cassava flour* **2.** *inf* (*dinheiro*) dough
TV [teˈve] *f abr de* **televisão** TV

U

U, u [ˈu] *m* U, u; ~ **de uva** U as in Uncle *Am*, U for Uncle *Brit*
úbere [ˈubeɾi] **I.** *m* udder **II.** *adj* (*fértil, abundante*) fertile
ubíquo, -a [uˈbikwu, -a] *adj* ubiquitous
Ucrânia [uˈkɾɜnia] *f* Ukraine
ucraniano, -a [ukɾɜniˈɜnu, -a] *adj, m, f* Ukrainian
UE [uniˈʒw ewɾoˈpɛja] *f abr de* **União Europeia** EU
ué [uˈɛ] *interj* huh?
ufa [ˈufa] *interj* whew!, phew!
ufanar [ufɜˈnaɾ] *vr*: ~-**se** to brag; ~-**se de a. c.** to brag about sth
ufanismo [ufɜˈnizmu] *m sem pl* excessive patriotism *no pl*, chauvinism *no pl*
Uganda [uˈgɜ̃da] *f* Uganda
ui [ˈuj] *interj* (*surpresa*) ha!, ooh!; (*dor*) ouch!
uísque [uˈiski] *m* whiskey *Am*, whisky *Brit*
uivar [ujˈvaɾ] *vi* (*lobo, cão, vento*) to howl
uivo [ˈujvu] *m* (*de lobo, cachorro*) howl
úlcera [ˈuwseɾa] *f* ulcer
ulmo [ˈuwmu] *m* BOT elm
ulterior [uwteɾiˈoɾ] *adj* (*subsequente*) subsequent; (*além de*) beyond
última *adj v.* **último**
última [ˈuwtʃima] *f inf* (*notícia*) the latest; **já soube da ~?** have you heard the latest?; (*tolice*) latest; **a ~ dele foi fazer um discurso constrangendo os convidados** his latest was making a speech that embarrassed the guests
ultimamente [uwtʃimaˈmẽjtʃi] *adv* **1.** (*finalmente*) ultimately **2.** (*recentemente*) lately
ultimar [uwtʃiˈmaɾ] *vt* to conclude
últimas [ˈuwtʃimas] *fpl* **esse carro velho está nas ~** that old car is on its last legs
ultimato [uwtʃiˈmatu] *m* ultimatum; **dar um ~ a alguém** to give sb an ultimatum
último, -a [ˈuwtʃimu, -a] *adj* (*em sequência, final*) last; **em ~ lugar** in last place; **a última novidade** the latest news; **a última moda** the latest fashion; **de última qualidade** of inferior quality; **pela última vez** for the last time; **nos ~s anos** in the last few years; **o ~ andar** the top floor
ultrajante [uwtɾaˈʒɜ̃tʃi] *adj* outrageous
ultrajar [uwtɾaˈʒaɾ] *vt* **1.** (*ofender a dignidade*) to outrage **2.** (*violar regras*) to violate
ultraje [uwˈtɾaʒi] *m* outrage
ultraleve [uwtɾaˈlɛvi] **I.** *m* (*pequeno avião de peso ínfimo*) ultralight **II.** *adj* (*muito leve*) ultra-light
ultramar [uwtɾaˈmaɾ] *m* overseas; **residem no ~** they live overseas
ultramarino, -a [uwtɾamaˈɾinu, -a] *adj* ultramarine
ultramoderno, -a [uwtɾamoˈdɛɾnu, -a] *adj* ultra-modern
ultrapassado, -a [uwtɾapaˈsadu, -a] *adj* outdated
ultrapassagem <-ens> [uwtɾapaˈsaʒẽj] *f* (*veículo*) passing *Am*, overtaking *Brit*; **fazer uma ~** to pass *Am*, to overtake *Brit*
ultrapassar [uwtɾapaˈsaɾ] *vt* **1.** (*exceder*) to surpass, to go over **2.** (*automóvel, pessoa*) to pass *Am*, to overtake *Brit*
ultrassom [uwtɾaˈsõw] <-ons> *m* FÍS, MED ultrasound
ultrassônico, -a [uwtɾaˈsoniku, -a] *adj* ultrasonic
ultrassonografia [uwtɾasonogɾaˈfia] *f* ultrasonography; **fazer uma ~** (*paciente*) to have an ultrasound (scan); (*médico*) to do an ultrasound (scan)
ultrassons *m pl de* **ultrassom**
ultravioleta [uwtɾavioˈleta] *adj inv* ultraviolet; **raios ~** ultraviolet rays
ululante [uluˈlɜ̃tʃi] *adj* (*vento, cão*) howling; (*óbvio: verdade, mentira, erro*) glaringly obvious
um, -a [ˈũw, ˈuma] **I.** *num card* one; *v.tb.* **dois II.** *art indef* **1.** (*certo*) a, an; **~ carro** a car; **~a maca** an apple; **~ dia** a day; **ele tem uns pés/~as mãos**

muito grandes he has very big feet/hands **2.** (*alguns*) a few, some; **uns anos** a few years; **umas horas** a few hours; **uns poucos** just a few, very few **3.** (*aproximadamente*) about, around; **uns cinco minutos** about five minutes; **~ as dez pessoas** around ten people **4.** (*ênfase*) **estou com ~ a fome!** I'm starving!; **está ~ frio!** it's freezing! **III.** *pron indef* one; **~ ao outro** to each other, to one another; **~ atrás do outro** one after the other; **~ com o outro** with each other, with one another; **~ e outro** both; **cada ~ deve ler um livro por semana** everybody should read a book a week; **cada um desses carros é vermelho** each one of those cars is red; **~ a** [*ou* **por**] **~** one by one; **tenho aqui dois lápis; quer ~?** I have two pencils here; want one?

umbanda [ũw'bãnda] *f* REL *religion born of Bantu and spiritualist influences in Rio de Janeiro, now much more diversified*

umbigo [ũw'bigu] *m* ANAT navel

umbilical <-ais> [ũwbiʎi'kaw, -'ajs] *adj* (*cordão*) umbilical; **cortar o cordão ~** *tb. fig* to cut the umbilical cord

umbral <-ais> [ũw'braw, -'ajs] *m* threshold

umedecer [umide'ser] *vt* <c→ç> to moisten; (*tecido*) to dampen

úmero ['umeru] *m* ANAT humerus

úmida *adj v.* **úmido**

umidade [umi'dadʒi] *f sem pl* (*casa*) dampness; (*ar, clima*) humidity; **~ (relativa) do ar** (relative) humidity of the air

umidificador [umidʒifika'dor] *m* humidifier

úmido, -a ['umidu, -a] *adj* (*ar, clima*) humid; (*tecido, tapete, terra, casa*) damp; (*pele, solo*) moist

unânime [u'nɔnimi] *adj* unanimous

unanimidade [unɔnimi'dadʒi] *f sem pl* unanimity *no pl*; **por ~** unanimously; **a ~ é burra** *prov* fools seldom differ *prov*

undécimo [ũw'dɛsimu] *m* eleventh

UNE ['uni] *f abr de* **União Nacional dos Estudantes** National Student Union

ungir [ũw'ʒir] <g→j> *vt tb.* REL to anoint

unguento [ũw'gwẽjtu] *m* ointment

unha ['uɲa] *f* nail; (*de animal*) claw; **fazer as ~s** to do one's nails; **briga-mos com ~s e dentes** we fought tooth and nail; **ser ~ e carne** to be inseparable; **botar as ~s de fora** to show one's claws; **contei os itens à ~** I counted the items by hand

unha de fome ['uɲa dʒi'fɔmi] <**unhas de fome**> *mf* miser

união <-ões> [uni'ãw, -'õjs] *f* **1.** POL union; **~ Europeia** European Union; **~ monetária** monetary union; **~ Soviética** Soviet Union **2.** (*concórdia, ligação, casamento*) union; **a ~ faz a força** there is strength in unity; **~ estável** common-law marriage

única *adj v.* **único**

unicamente [unika'mẽjtʃi] *adv* **1.** (*só*) solely, only **2.** (*exclusivamente*) exclusively

unicelular [uniselu'lar] *adj* unicellular

único, -a ['uniku, -a] *adj* **1.** (*um só*) only; **preço ~** single price; **um ~ homem** only one man; **uma única vez** just one time; **não havia uma única pessoa** not one person was there; **a única coisa** the only thing; **sou filho ~** I'm an only child **2.** (*sem igual, singular*) unique; **ele é ~** he is unique; **foi um acontecimento ~** it was an unique event

unicolor [uniko'lor] *adj* unicolor

unicórnio [uni'kɔrniw] *m* unicorn

unida *adj v.* **unido**

unidade [uni'dadʒi] *f* **1.** (*uniformidade, união*) unity **2.** (*peça*) unit; **~ de medida** unit of measurement **3.** MAT (*número 1*) the number one, unit, unity **4.** (*hospitalar*) unit; **~ de terapia intensiva** intensive care unit **5.** MIL unit

unidirecional <-ais> [unidʒiresjo'naw, -'ajs] *adj* unidirectional

unido, -a [u'nidu, -a] *adj* (*ligado*) close; **ser ~ a alguém/a. c.** to be close to sb/sth; **amigos muito ~s** very close friends; **um esforço ~** a joint effort

unificação <-ões> [unifika'sãw, -'õjs] *f* unification

unificar [unifi'kar] <c→qu> **I.** *vt* to unify **II.** *vr*: **~-se** to unite

uniforme [uni'fɔrmi] **I.** *m* uniform **II.** *adj* **1.** (*homogêneo*) uniform **2.** (*superfície*) even, flat; (*movimento*) stable

uniformizado, -a [uniformi'zadu, -a] *adj* **1.** (*regras, preços*) standardized **2.** (*policiais, estudantes*) in uniform

uniformizar [uniformi'zar] *vt* **1.** (*regras, preços*) to standardize **2.** (*policiais, estudantes*) to uniform

unilateral <-ais> [unilate'raw, -'ajs] *adj* unilateral

uniões *f pl de* **união**

unir [u'nir] **I.** *vt* (*ligar*) to unite; (*juntar*) to collect; (*esforços, peças*) to join; (*lugares*) to link **II.** *vr:* ~-**se** to unite; ~-**se a a. c.** to join sth

unissex [uni'sɛks] *adj inv* (*roupa, cabeleireiro*) unisex

uníssono, -a [u'nisonu, -a] *adj* **1.** (*canto, som*) sung/made in unison, unisonant **2.** (*unânime*) unanimous

uníssono [u'nisonu] *m* **em** ~ in unison

unitário, -a [uni'tariw, -a] *adj* unitary; **preço** ~ unit price

universal <-ais> [univer'saw, -'ajs] *adj* **1.** (*total, geral*) universal; **herdeiro** ~ universal successor **2.** (*mundial*) universal; **história** ~ world history **3.** (*aparelhos: controle remoto*) universal

universalidade [universaʎi'dadʒi] *f sem pl* universality *no pl*

universalismo [universa'ʎizmu] *m sem pl* FILOS universalism *no pl*

universalizar [universaʎi'zar] *vt* to universalize

universalmente [universaw'mẽtʃi] *adv* **1.** (*geralmente*) universally **2.** (*no mundo*) throughout the universe

universidade [universi'dadʒi] *f* university

universitário, -a [universi'tariw, -a] **I.** *m, f* university student **II.** *adj* university

universo [uni'vɛrsu] *m* **1.** ASTRON universe **2.** *fig* (*âmbito, ambiente*) **no** ~ **artístico** in the art world **3.** (*estatística*) universe

univitelino, -a [univite'ʎinu, -a] *adj* BIOL monozygotic

unívoco, -a [u'nivoku, -a] *adj* univocal

untar [ũw'tar] **I.** *vt* (*fôrma*) to grease; (*o corpo*) to oil **II.** *vr:* ~-**se** to oil oneself; ~-**se com óleo bronzeador** to put tanning oil on

upa [u'pa] **I.** *interj* (*incentivo*) hop (to it)!; (*cavalo*) giddyup!; (*supresa*) oh! **II.** *f inf* (*cachaça*) white rum

urânio [u'rɜniw] *m sem pl* uranium *no pl*

Urano [u'rɜnu] *m* ASTRON Uranus

urbana *adj v.* **urbano**

urbanismo [urbɜ'nizmu] *m sem pl* **1.** (*ordenamento*) urban [*o city*] planning **2.** (*estilo de vida*) urbanism *no pl*

urbanista [urbɜ'nista] *mf* urban planner

urbanização <-ões> [urbɜniza'sɜ̃w, -'õjs] *f sem pl* **1.** (*ordenamento*) urbanization **2.** (*casas*) urban growth

urbanizar [urbɜni'zar] *vt* (*cidade*) to urbanize; (*terrenos*) to develop

urbano, -a [ur'bɜnu, -a] *adj* (*política, transporte*) urban; (*modos*) urbane

urbe ['urbi] *f* city

urdir [ur'dʒir] *vt* **1.** (*tecer*) to weave **2.** *fig* (*intriga*) to plot

ureia [u'rɛja] *f sem pl* urea *no pl*

ureter [ure'tɛr] *m* ureter

uretra [u'rɛtra] *f* urethra

urgência [ur'ʒẽsja] *f* urgency; **com** ~ urgently; **atendimento de** ~ MED emergency treatment; **em caso de** ~ in an emergency; **ter** ~ **em fazer a. c.** to need to do sth urgently

urgente [ur'ʒẽtʃi] *adj* urgent; **um pedido** ~ a rush order; **é** ~! it's urgent!

urgentemente [urʒẽtʃi'mẽtʃi] *adv* urgently

urgir [ur'ʒir] <g→j> *vi* to urge; **urge partir** it is time to leave; **o tempo urge** time is pressing

úrico ['uriku] *adj* uric; **ácido** ~ uric acid

urina [u'rina] *f sem pl* urine *no pl*

urinar [uri'nar] *vi* to urinate

urinário, -a [uri'nariw, -a] *adj* urinary; **aparelho** ~ urinary tract; **infecção urinária** urinary infection *pl*

urinol <-óis> [uri'nɔw, -'ɔjs] *m* chamber pot

urna ['urna] *f* **1.** urn; ~ **eleitoral** ballot box; ~ **funerária** urn

urografia [urogra'fia] *f* urography

urologia [urolo'ʒia] *f sem pl* urology *no pl*

urologista [urolo'ʒista] *mf* urologist

urrar [u'xar] *vi* (*leão, mar*) to roar; (*vento*) to howl

ursa ['ursa] *f* **1.** ZOOL (she-)bear **2.** ASTRON **Ursa Maior** Ursa Major; **Ursa Menor** Ursa Minor

urso *m* bear; ~ **de pelúcia** teddy bear

urso-polar ['ursu-po'lar] <ursos-polares> *m* polar bear

URSS [uni'ɜw-sovi'ɛtʃika] *f* HIST *abr de* **União das Repúblicas Socialistas Soviéticas** USSR

urticária [urtʃi'karia] *f* MED hives

urtiga [ur'tʃiga] *f* BOT nettle

urubu [uru'bu] *m* ZOOL black vulture; *inf*

(*pessoa*) person dressed in black
urubuzar [urubu'zar] *vt* to give sb the evil eye
urucubaca [uruku'baka] *f inf* (*má sorte*) bad luck
urucum [uru'kũw] *m* annatto
Uruguai [uru'gwaj] *m* Uruguay
uruguaio, -a [uru'gwaju, -a] *adj, m, f* Uruguayan
usado, -a [u'zadu, -a] *adj* 1. (*utilizado*) used 2. (*gasto*) worn; **carro ~** used car
usar [u'zar] I. *vt* 1. (*utilizar: objeto, automóvel, inteligência*) to use; (*linguagem, palavra*) to use 2. (*maquiagem, óculos, roupa, perfume*) to wear; **~ barba** to wear a beard 3. (*uma pessoa*) to use; (*hábito*) to be in the habit of II. *vr:* **~-se** (*roupa*) to wear out; **isso já não se usa** that's worn out already
Usbequistão [uzbekis'tãw] *m* Uzbekistan
usina [u'zina] *f* plant; **~ elétrica** power plant; **~ de açúcar** sugar refinery; **~ siderúrgica** steel plant
usineiro [uzi'nejru] *m* owner of a sugar refinery
uso ['uzu] *m* 1. (*utilização*) use; (*da força, inteligência*) use; **fazer ~ de a. c.** to make use of sth 2. (*hábito*) custom; **~s e costumes** customary practice 3. (*de roupa*) wear; **ter muito ~** to show wear
USP ['uspi] *f abr de* **Universidade de São Paulo** University of São Paulo
usual <-ais> [uzu'aw, -'ajs] *adj* (*habitual, comum*) usual
usuário, -a [uzu'ariw, -a] *m, f* user
usucapião <-ões> [uzukapi'ãw, -'õjs] *m sem pl* JUR usucaption
usufruir [uzufru'ir] *conj como incluir vi* (*desfrutar*) **~ de** to enjoy
usufruto [uzu'frutu] *m* JUR usufruct
usura [u'zuɾa] *f sem pl* (*agiotagem*) usury
usurário, -a [uzu'raɾiw, -a] *m, f* usurer, moneylender
usurpação <-ões> [uzurpa'sãw, -'õjs] *f* usurpation
usurpador(a) [uzurpa'dor(a)] *m(f)* usurper
usurpar [uzur'par] *vt* (*poder, trono, direitos*) to usurp
úteis *adj pl de* **útil**
utensílio [utẽj'siʎiw] *m* utensil; (*ferramenta*) tool; **~ de cozinha** kitchen utensil

utente [u'tẽtʃi] *mf* user
uterino, -a [ute'rinu, -a] *adj* uterine
útero ['uteru] *m* ANAT uterus
UTI [ute'i] *f* MED *abr de* **unidade de terapia intensiva** ICU; **na ~** in intensive care
útil <-eis> ['utʃiw, -tejs] I. *m.* utility; **unir o ~ ao agradável** to add profit to pleasure II. *adj* 1. (*experiência, objeto, pessoa*) useful; **ser ~ a alguém** to be useful to sb 2. JUR **prazo ~** legal period; **dia ~** working [*o* business] day
utilidade [utʃiʎi'dadʒi] *f* usefulness; **ser de grande ~** to be very useful; **(não) ter ~ de** to have (no) use for; **sem ~** useless
utilitária *adj v.* **utilitário**
utilitário [utʃiʎi'tariw] *m* 1. (*jipe*) sport-utility vehicle, SUV; (*picape*) pick-up (truck) 2. INFOR utility
utilitário, -a [utʃiʎi'tariw, -a] *adj* utilitarian
utilização <-ões> [utʃiʎiza'sãw, -'õjs] *f* (*uso*) use
utilizar [utʃiʎi'zar] *vt* (*máquina, ferramenta*) to use, to operate; (*meios*) to use
utopia [uto'pia] *f* Utopia
utópico, -a [u'tɔpiku, -a] *adj* utopian
uva ['uva] *f* 1. grape; **~ branca/preta** white/black grape; **~ passa** raisin 2. *inf* (*coisa, pessoa*) gorgeous; **aquele casaco é uma ~!** that coat is gorgeous!
úvula ['uvula] *f* ANAT uvula
uvular [uvu'lar] *adj, f* LING uvular

V

V, v ['ve] *m* V, v; **~ de vovó** v as in Victor
v. ['ver] *abr de* **ver** cf.
vã ['vã] *adj v.* **vão**
vaca ['vaka] *f* 1. ZOOL cow; **~ leiteira** dairy cow; **a ~ foi para o brejo** it turned out all wrong 2. GASTR **bife de ~** beefsteak 3. *pej* (*mulher*) cow
vacaria [vaka'ria] *f* herd of cows
vacilada [vasi'lada] *f inf* slip; **dar uma ~** to slip up

vacilar [vasi'lar] *vi* **1.** (*balançar*) to sway [*o* to rock] (back and forth) **2.** (*hesitar*) to waver

vacina [va'sina] *f* **1.** (*substância*) vaccine **2.** (*processo*) vaccination [*o* shot]; ~ **antitetânica** tetanus vaccine; ~ **tríplice** DPT [*o* DTP] vaccine; **tomar uma** ~ to get a shot

vacinação <-ões> [vasina'sãw, -'ōjs] *f* vaccination

vacinado, -a [vasi'nadu, -a] *adj* **1.** MED vaccinated **2.** *fig* (*imune*) immune; **estar** ~ **contra a. c.** to be immune to sth; **já sou maior e** ~ I'm a big boy now

vacinar [vasi'nar] **I.** *vt* to vaccinate; ~ **uma criança contra varicela** to vaccinate a child against chickenpox **II.** *vr*: ~-**se contra febre amarela** to be vaccinated against yellow fever

vácuo ['vakwu] *m tb. fig* vacuum; **embalado a** ~ vacuum packed; **ele foi embora e deixou um grande** ~ *fig* he went away and left a huge void

vadia *f, adj v.* **vadio**

vadiagem [vaʤi'aʒēj] <-ens> *f* vagrancy; **andar na** ~ to live like a vagrant

vadiar [vaʤi'ar] *vi* (*sem fazer nada*) to loaf (around); (*brincar*) to play

vadio, -a [va'ʤiw, -a] **I.** *m, f* vagrant, tramp **II.** *adj* **1.** (*pessoa*) lazy **2.** (*cão de rua*) street dog

vaga ['vaga] *f* **1.** (*em curso*) place, vacancy; (*de emprego*) job opening; **preencher uma** ~ to fill a position; (*em hotel*) vacancy **2. para estacionar** parking space **3.** (*onda*) wave

vaga *adj v.* **vago**

vagabunda *f v.* **vagabundo**

vagabundear [vagabũʤi'ar] *conj como passear vi* to live like a tramp

vagabundo, -a [vaga'būwdu, -a] **I.** *m, f* (*que mora na rua*) tramp; *pej* (*pessoa desocupada*) bum **II.** *adj* (*de má qualidade*) cheap

vaga-lume ['vaga-'lumi] *m* firefly, lightning bug *Am*

vagão <-ões> [va'gãw, -'ōjs] *m* railroad car *Am*, railway carriage *Brit*

vagão-leito <vagões-leito(s)> [va'gãw-'lejtu, va'gõjz-] *m* FERRO sleeping car

vagão-restaurante <vagões-restaurante(s)> [va'gãw-xesto'rãntʃi, va'gõjz-] *m* FERRO dining car

vagar [va'gar] <g→gu> **I.** *m* (*ociosidade*) idleness; **com** ~ lazily; (*tempo*) free time **II.** *vi* **1.** (*desocupar*) to become vacant; **vagou um quarto no hotel** a room became vacant at the hotel **2.** (*andar sem destino*) to roam around

vagaroso, -a [vaga'rozu, -'ɔza] *adj* (*carro, pessoa*) slow

vagem ['vaʒēj] <-ens> *f* **1.** (*legume*) pod **2.** (*feijão verde*) green bean, string bean

vagina [va'ʒina] *f* vagina

vaginal <-ais> [vaʒi'naw, -'ajs] *adj* vaginal

vago, -a ['vagu, -a] *adj* **1.** (*lugar, quarto*) empty; (*cargo*) open; **este lugar está** ~**?** is this spot free? **2.** (*tempo*) free, spare; **aprenda inglês nas horas vagas** learn English in your spare [*o* free] time **3.** (*incerto*) vague; **tenho uma vaga ideia** I have a vague idea

vagões *m pl de* **vagão**

vaguear [vage'ar] *conj como passear vi* to wander about; ~ **pela cidade** to wander about the city

vaia ['vaja] *f* boo

vaiar [vaj'ar] *vt, vi* to boo

vaidade [vaj'daʤi] *f* vanity

vaidoso, -a [vaj'dozu, -'ɔza] *adj* vain

vai não vai ['vaj nũw 'vaj] *m inf* dither; **estive num** ~ **terrível antes de tomar essa decisão** I was in a terrible dither before making that decision

vaivém [vaj'vēj] <vaivéns> *m* (*movimento*) swinging (back and forth) *no pl*; (*de pessoas*) comings and goings *pl*

vala ['vala] *f* trench; ~ **comum** mass grave

vale ['vaʎi] *m* **1.** GEO valley; ~ **de lágrimas** *fig* valley of tears **2.** (*documento*) voucher; ~-**refeição** meal voucher; **pedir um** ~ to ask (an employer) for an advance

vale-brinde ['vaʎi-'brĩʤi] <vales-brinde(s)> *m* prize voucher

valência [va'lējsia] *f* QUÍM, LING valency

valentão <-ões> [valēj'tãw, -'õjs] **I.** *m* bully **II.** *adj* bold

valente [va'lējtʃi] *adj* brave

valentia [valēj'tʃia] *f sem pl* bravery

valentões *adj, m pl de* **valentão**

valer [va'ler] *irr* **I.** *vt* to be worth; **quanto vale o relógio?** how much is the watch worth?; ~ **muito dinheiro** to be worth a lot of money **II.** *vi* **1.** (*documento*) to be valid **2.** (*ser válido*) to

valeta 585 **vaquinha**

count; **isso não vale!** that doesn't count!; **fazer ~ a. c.** to enforce sth; (*ter valor, prestar*) to be worth; **isto não vale nada** this is worth nothing; **ele vale muito** he is worth a lot; **brigaram para ~** they fought for real; **eram amigos para ~** they were true friends; **valeu!** *gír* thanks! **3.** (*compensar*) to be worth; (**não**) **vale a pena** it is (not) worth it **4.** (*ajudar*) to help; **valha-me Deus!** so help me God! **III.** *vr*: **~-se de a. c.** to rely on sth; **~-se da ajuda de alguém** ro rely on sb's help **IV.** *adv* **a ~** seriously; **divertir-se a ~** to have serious fun *inf*

valeta [va'leta] *f* ditch

valete [va'lɛtʃi] *m* (*cartas*) jack

vale-transporte [ˈvaʎi-trãŋsˈpɔrtʃi] <vales-transporte(s)> *m* public transportation voucher

vale-tudo [ˈvaʎi-ˈtudu] *m inv* free-for-all

valia [vaˈʎia] *f sem pl* worth *no pl*; **de grande ~** of great worth

válida *adj v.* **válido**

validade [vaʎiˈdadʒi] *f sem pl* **1.** (*de documento*) validity; **data de ~** effective date **2.** (*de alimento*) period of validity; **data de ~** use-by date, expiration date *Am*, expiry date *Brit*; **prazo de ~** period of validity; **está fora/dentro da ~** it has/has not expired

validar [vaʎiˈdar] *vt* (*documento, cartão de crédito, diploma*) to validate

válido, -a [vaˈʎidu, -a] *adj* (*documento*) valid; **o argumento é ~** the argument is valid

valioso, -a [vaˈʎiozu, -ˈɔza] *adj* valuable

valise [vaˈʎizi] *f* valise

valor [vaˈlor] <-es> *m* **1.** (*de objeto, pessoa*) value, appreciate; **~ declarado** declared value; **dar ~ a a. c./alguém** to value [*o* appreciate] sth/sb; **ter ~** (*pessoa*) to be worthy; (*quadro*) to be valuable **2.** (*quantia*) amount; (*preço*) price; **dois cheques nos ~es de 100 e 200 reais** two checks for the amounts of 100 and 200 reals

valores [vaˈlɔris] *mpl* **1.** (*morais*) values *pl* **2.** ECON securities *pl*; **Bolsa de Valores** Stock Exchange

valorização <-ões> [valorizaˈsãw, -ˈõjs] *f* (*de moeda, imóveis*) appreciation (in value)

valorizar [valoriˈzar] **I.** *vt* (*moeda, imóveis*) to increase in value; (*pessoa, atitude*) to appreciate **II.** *vr*: **~-se** (*terrenos*) to appreciate (in value)

valor-limite [vaˈlor-ʎiˈmitʃi] *m* maximum limit, cap

valoroso, -a [valoˈrozu, -ˈɔza] *adj* courageous

valquíria [vawˈkiria] *f* Valkyrie

valsa [ˈvawsa] *f* waltz

válvula [ˈvawvula] *f* **1.** MEC valve; **~ de segurança** safety valve; **~ de escape** *fig* escape valve, safety valve **2.** ELETR vacuum tube

vampe [ˈvãŋpi] *f* (*mulher fatal*) vamp

vampiro, -a [vãŋˈpiru, -a] *m, f* vampire

vândala *f, adj v.* **vândalo**

vandalismo [vãŋdaˈlizmu] *m sem pl* vandalism

vandalizar [vãŋdaʎiˈzar] *vt* to vandalize

vândalo, -a [ˈvãŋdalu, -a] **I.** *m, f* vandal **II.** *adj* vandalistic

vangloriar-se [vãŋgloriˈarsi] *vr*: **~-se de a. c.** to boast about sth

vanguarda [vãŋˈgwarda] *f* (*dianteira*) vanguard; (*arte*) the avantgard; **estar na ~** to be at the forefront

vantagem [vãŋˈtaʒẽj] <-ens> *f* **1.** (*lado positivo, superioridade*) advantage; **contar ~** to brag; **estar em ~** to be at an advantage; **levar ~ sobre alguém** to take advantage of sb; **ter ~ sobre alguém** to have an advantage over sb; **saímos em ~ no campeonato** we came out ahead in the championship **2.** (*proveito*) use; **tirar ~ de a. c.** to make use of sth; **não há ~ em burlar as regras** it is no use trying to get around the rules **3.** ESPORT advantage

vantajoso, -a [vãŋtaˈʒozu, -ˈɔza] *adj* advantageous; (*proveitoso*) useful

vão, vã [ˈvãw, ˈvã] *adj* (*oco*) void; (*fútil*) vain; **promessas vãs** empty promises; **fazer a. c. em ~** to do sth in vain

vão [ˈvãw] <-s> *m* (*de escadas*) empty space; (*de ponte*) span; (*de janela, porta*) opening; **~ livre** free span

vapor [vaˈpor] *m* **1.** steam; **máquina a ~** steam engine; **a todo o ~** full speed ahead **2.** NÁUT steamer

vaporizador [vaporizaˈdor] <-es> *m* vaporizer

vaporizar [vaporiˈzar] *vt* to vaporize

vaporoso, -a [vapoˈrozu, -ˈɔza] *adj* (*vestido*) diaphanous

vaqueiro [vaˈkejru] *m* cowboy

vaquejada [vakeˈʒada] *f* roundup

vaquinha [vaˈkiɲa] *f inf* kitty; **fazer uma ~ para comprar a. c. para**

vara ['vara] *f* **1.** (*pau*) stick; (*estaca*) stake; **tremer como ~ verde** to shake like a leaf **2.** ESPORT pole **3.** (*de porcos*) herd of pigs **4.** (*jurisdição*) jurisdiction (of a court)

varal <-ais> [va'raw, -'ajs] *m* (*de roupa*) clothesline

varanda [va'rɐ̃nda] *f* balcony

varão <-ões> [va'rɐ̃w, -'õjs] *m* (*homem*) male; **filho ~** son

varapau [vara'paw] *m inf* (*pessoa alta e magra*) beanpole

varar [va'rar] *vt* **~ a noite estudando** to stay up all night studying

varejista [vareˈʒista] *mf* retailer

varejo [vaˈreʒu] *m* retail

vareta [vaˈreta] *f* (*do guarda-chuva*) handle

variação <-ões> [variaˈsɐ̃w, -'õjs] *f* (*mudança, oscilação*) variation; **~ nos preços** variation in prices

variado, -a [variˈadu, -a] *adj* (*tema, opinião, programação*) varied; (*formato, tons*) varied, variegated

variante [variˈɐ̃ntʃi] *f* variant

variar [variˈar] **I.** *vt* (*alimentação*) to vary; (*tema, roupa*) to change **II.** *vi* **1.** (*mudar*) to change; (**só) para ~** (just) for a change; **ele gosta de ~** he likes to vary **2.** (*ser diferente*) to vary; **isso varia de pessoa para pessoa** that varies from person to person **3.** (*divergir*) to vary; **sua opinião varia da minha** your opinion varies from mine **4.** (*delirar*) to become deranged

variável <-eis> [variˈavew, -ejs] **I.** *f* MAT variable **II.** *adj* **1.** (*mutável, inconstante*) variable **2.** (*humor*) changeable

varicela [variˈsɛla] *f* MED chickenpox, varicella

variedade [varjeˈdadʒi] *f tb.* BIOL (*diversidade, multiplicidade*) variety

variedades [varjeˈdadʒis] *fpl* (*programa*) variety show

varinha [vaˈrĩɲa] *f* wand; **~ mágica** [*ou* **de condão**] magic wand

vário, -a ['variw, -ia] *adj* **1.** (*variado, diferente*) various **2. ~s** several; **~ críticos falaram do filme** several (of the) critics talked about the film

varíola [vaˈriwla] *f* MED smallpox

varizes [vaˈrizis] *fpl* MED varicose veins

varões *m pl de* **varão**

varredor(a) [vaxeˈdor(a)] <-es> *m(f)* sweeper

varredura [vaxeˈdura] *f tb.* FÍS sweep

varrer [va'xer] **I.** *vt* (*com vassoura*) to sweep; **~ da face da Terra** to sweep off the face of the earth; *fig, form* (*vento*) to blow away; **o vento varriu as nuvens** the wind blew the clouds away **II.** *vr:* **~-se da memória** to disappear from memory

varrido, -a [vaˈxidu, -a] *adj* **1.** (*chão*) swept **2.** (*pessoa*) **doido ~** loony *inf*

várzea ['varzia] *f* cultivated plain

vascular [vaskuˈlar] *adj* vascular

vasculhar [vaskuˈʎar] *vt* to go through

vasectomia [vazektoˈmia] *f* MED vasectomy

vaselina® [vaziˈʎina] *f* Vaseline®

vasilha [vaˈziʎa] *f* container (for liquids or food)

vasilhame [vaziˈʎɐ̃mi] *m* empty bottles *pl*

vaso ['vazu] *m* **1.** ANAT vessel; **~ sanguíneo** blood vessel **2.** (*de plantas*) planter *Am*, plant pot *Brit*; (*de flores*) vase; **~ sanitário** toilet bowl

vassalo, -a [vaˈsalu, -a] *m, f* vassal

vassoura [vaˈsora] *f* broom, sweeping brush *Brit*

vassourada [vasoˈrada] *f* (*varredura*) sweep of a broom; (*golpe*) beating with a broom

vasta *adj v.* **vasto**

vastidão <-ões> [vastʃiˈdɐ̃w, -'õjs] *f* vastness

vasto, -a ['vastu, -a] *adj* (*área, conhecimentos*) vast; (*variedade*) wide

vatapá [vataˈpa] *m* spicy dish from Bahia made with bread, fish, shrimp, coconut milk, palm oil and peanuts

Vaticano [vatʃiˈkɐnu] *m* Vatican

vaticinar [vatʃisiˈnar] *vt* to prophesy

vazamento [vazaˈmẽjtu] *m* leak; **vazamento de petróleo** oil spill

vazão [vaˈzɐ̃w] *f* <sem pl> (*de líquido*) outflow; **dar ~ a a. c.** to empty sth out; (*de mercadoria*) turnover; **dar ~ aos clientes** to serve the customers

vazar [vaˈzar] **I.** *vt* (*piscina, recipiente*) to empty (out) **II.** *vi* **1.** (*líquido*) to leak; (*notícia*) to leak out **2.** (*multidão*) to exit

vazio [vaˈziw] *m* void; **sentir um ~ no estômago** to have an empty stomach; **a morte do escritor deixou um grande ~** the writer's death left a great void

vazio, -a [va'ziw, -a] *adj* (*lugar, pessoa, cabeça, vida*) empty

veadagem [via'daʒēj] <-ens> *f* camp

veado [vi'adu] *m* **1.** ZOOL deer **2.** *chulo* queer

vedação [veda'sãw] *f* <sem pl> **1.** (*que estanca*) seal; (*cerca*) fence **2.** (*proibição*) prohibition

vedado, -a [ve'dadu, -a] *adj* **1.** (*proibido*) prohibited; ~ **ao público** closed to the public **2.** (*recipiente*) sealed

vedar [ve'dar] **I.** *vt* **1.** (*recipiente*) to seal **2.** (*interditar*) to prohibit; (*entrada, passagem*) to seal off, to block **II.** *vi* (*janela*) to shut; **não** ~ (**bem**) to not shut (all the way)

vedete [ve'dɛtʃi] *f* star; ~ **de cinema** movie star

veemência [vee'mẽjsia] *f sem pl* (*insistência, convicção, intensidade*) vehemence *no pl*

veemente [vee'mẽtʃi] *adj* (*insistente, convincente, intenso*) vehement

vegetação <-ões> [veʒeta'sãw, -'õjs] *f* vegetation

vegetal <-ais> [veʒe'taw, -'ajs] **I.** *m* vegetable **II.** *adj* vegetable; **gordura** ~ vegetable fat

vegetar [veʒe'tar] *vi* (*pessoa*) to vegetate

vegetariano, -a [veʒetari'ɜnu, -a] *adj, m, f* vegetarian

vegetativo, -a [veʒeta'tʃivu, -a] *adj* (*estado, vida*) vegetative

veia ['veja] *f* **1.** ANAT vein **2.** (*talento*) vein; **ter uma** ~ **poética** to have a poetic vein

veicular [veiku'lar] *vt* (*notícias*) to broadcast

veículo [ve'ikulu] *m* (*de transporte, meio*) vehicle; ~ **pesado** heavy-duty vehicle

veio¹ ['veju] *m* **1.** (*filão*) streak **2.** (*em pedra*) vein; (*em madeira*) grain; (*em mina*) seam **3.** (*de água*) stream

veio² ['veju] **3.** *pret de* **vir**

vela ['vɛla] *f* **1.** (*de barco*) sail; (*de moinho*) blade; **içar/arriar as** ~ **s** to hoist/to lower the sails **2.** (*de cera*) candle; **acender/apagar uma** ~ to light/to put out a candle; **acender uma** ~ **a Deus e outra ao Diabo** to get sth by hook or by crook; **segurar** ~ *inf* to be a spare part, to be an unwanted third party **3.** (*de automóvel*) sparkplug **4.** ESPORT sailing

velado, -a [ve'ladu, -a] *adj tb. fig* veiled

velar [ve'lar] *vt* ~ **um doente** to stay up with a sick person; (*os mortos*) to wake

velcro® ['vɛwkru] *m* Velcro®

veleidade [velej'dadʒi] *f* whim

veleiro [ve'lejru] *m* (*navio*) sailing ship; (*barco*) sailboat *Am*, sailing boat *Brit*

velejador(a) [veleʒa'dor(a)] <-es> *m(f)* sailor

velejar [vele'ʒar] *vi* to sail

velha *f, adj v.* **velho**

velhaco, -a [ve'ʎaku, -a] *m, f* con artist

velha-guarda ['vɛʎa-'gwarda] *f inv* old guard

velharia [veʎa'ria] *f* old stuff

velhice [ve'ʎisi] *f* old age *no pl;* **na** ~ in old age

velho, -a ['vɛʎu, -a] **I.** *m, f* **1.** old man **2.** *inf* **meus** ~ **s** (*pais*) my folks; **quanto tempo, meu** ~ **!** it's been a long time, old buddy! **II.** *adj* oldish

velhote, -a [ve'ʎɔtʃi, -a] **I.** *m, f* stout old man/woman **II.** *adj* oldish

velocidade [velosi'dadʒi] *f* FÍS velocity; ~ **da luz** speed of light; ~ **máxima** speed limit; ~ **recomendada** recommended speed; ~ **do som** speed of sound; ~ **ultrassônica** supersonic speed; **a toda** ~ at full speed

velocímetro [velo'simetru] *m* speedometer

velocípede [velo'sipedʒi] *m* velocipede

velocista [velo'sista] *mf* racer

velódromo [ve'lɔdromu] *m* cycle track

velório [ve'lɔriw] *m* wake

veloz [ve'lɔs] <-es> *adj* swift

velozmente [vɛlɔz'mẽtʃi] *adv* swiftly

veludo [ve'ludu] *m* velvet; ~ **cotelê** corduroy

vencedor(a) [vẽjse'dor(a)] <-es> *m(f) tb.* ESPORT winner

vencer [vẽj'ser] <c→ç> **I.** *vt* **1.** (*adversário*) to beat; (*guerra, concurso, campeonato*) to win; (*inimigo*) to defeat; **deixar-se** ~ **pelo cansaço** to give in to exhaustion **2.** (*dificuldade, problema*) to overcome; (*a inflação*) to beat; ~ **na vida** to do well **II.** *vi tb.* ESPORT to win; (*pagamento*) to be due; (*prazo*) to expire

vencido, -a [vẽj'sidu, -a] *adj* **1.** (*pessoa*) defeated; **dar-se por** ~ to assume defeat **2.** (*dívida*) overdue

vencimento [vẽjsi'mẽtu] *m* **1.** (*salário*) salary *pl* **2.** (*de juros*) due date; (*de prazo*) expiration date *Am*, expiry date

venda ['vẽjda] f **1.** (*de produtos*) sale; ~ **a crédito** sale on credit; ~ **a prestação** sale payable in installments; ~ **à vista** cash sale; **estar à** ~ to be for sale; **pôr a. c. à** ~ to put sth up for sale **2.** (*para os olhos*) blindfold; **ter uma** ~ **nos olhos** to be blindfolded **3.** (*estabelecimento*) corner store *Am*, corner shop *Brit*

vendagem [vẽj'daʒẽj] <-ens> f sale(s); (*comissão*) commission

vendar [vẽj'dar] vt to blindfold

vendaval <-ais> [vẽjda'vaw, -ajs] m gale; ~ **de emoções** *fig* whirlwind of emotions

vendável <-eis> [vẽj'davew, -ejs] adj salable *Am*, saleable *Brit*

vendedor(a) [vẽjde'dor(a)] <-es> m(f) (*numa empresa*) salesperson; (*em loja*) sales clerk *Am*, shop assistant *Brit*; ~ **de livros** bookseller; ~ **ambulante** street vendor

vender [vẽj'der] **I.** vt (*mercadoria, serviço, ideia, corpo, alma*) to sell; (*votos, favores*) to sell; ~ **saúde** to be extremely healthy; **ele é capaz de** ~ **a própria mãe** he would sell his own mother; **vende-se** for sale **II.** vr: ~**-se** (*prostituir-se*) tb. *fig* to sell oneself; **ela sabe se** ~ **muito bem** she really knows how to sell herself; **ele se vende muito caro** he is conceited

vendido, -a [vẽj'dʒidu, -a] adj sold; (*subornado*) bribed; (*traído*) betrayed; (*contrafeito*) uncomfortable

veneno [ve'nenu] m **1.** poison **2.** (*maldade*) venom; **colocar** ~ **em a. c.** *fig* to jeopardize sth

venenoso, -a [vene'nozu, -'ɔza] adj poisonous

veneração [venera'sãw] f <sem pl> veneration *no pl*

venerado, -a [vene'radu, -a] adj revered

venerar [vene'rar] vt to revere

venerável <-eis> [vene'ravew, -ejs] adj venerable

venéreo, -a [ve'nɛriw, -a] adj *MED* venereal

veneta [ve'neta] f fit of madness; **dar na** ~ to get a sudden urge

Veneza [ve'neza] f Venice

veneziana [venezi'ʒna] f **1.** Venetian f **2.** (*janela*) shutter

Venezuela [venezu'ɛla] f Venezuela

venezuelano, -a [venezue'lɜnu, -a] adj, m, f Venezuelan

venho ['vẽɲu] *1. pres de* **vir**

venoso, -a [vene'nozu, -'ɔza] adj *MED* venous; (*aparência*) veined

ventania [vẽjta'nia] f gale

ventar [vẽj'tar] vi *impess* **está ventando** the wind is blowing, it's windy

ventas ['vẽjtas] fpl nostrils pl

ventilação <-ões> [vẽjtʃila'sãw, -'õjs] f ventilation

ventilado, -a [vẽjtʃi'ladu, -a] adj (*ambiente*) airy; (*assunto*) aired

ventilador [vẽjtʃila'dor] <-es> m fan

ventilar [vẽjtʃi'lar] vt to ventilate; (*uma questão*) to discuss, to air

vento ['vẽjtu] m **1.** wind; **bons** ~**s** fair winds; **espalhar a. c. aos quatro** ~**s** to spread the news far and wide; **ir de** ~ **em popa** *fig* to prosper, to succeed; **a loja vai de** ~ **em popa** the store is a big success; **ter** ~ **na cabeça** to be empty-headed; **ver de que lado sopra o** ~ to see which way the wind blows; **quem semeia** ~, **colhe tempestade** he that sows the wind will reap the whirlwind *prov* **2.** (*flatulência*) wind

ventoinha [vẽjtu'iɲa] f weather vane

ventosa [vẽj'tɔza] f suction cup

ventre ['vẽjtri] m **1.** (*barriga, abdômen*) belly; **dança do** ~ belly dancing **2.** (*útero*) womb **3.** *fig* (*âmago*) heart

ventrículo [vẽj'trikulu] m *ANAT* ventricle

ventríloquo, -a [vẽj'triloku, -a] m, f ventriloquist

ventura [vẽj'tura] f **1.** (*sorte*) fortune **2.** (*destino*) destiny **3.** (*acaso*) chance; **por** ~ by chance

venturoso, -a [vẽjtu'rozu, -'ɔza] adj **1.** (*afortunado*) fortunate **2.** (*arriscado*) hazardous

Vênus ['venus] f *ASTRON* Venus

ver ['ver] *irr* **I.** vt **1.** (*olhar para, examinar*) to see; **pelo que vejo ...** from what I can see ...; ~ **a. c. por alto** to look sth over; **fazer** ~ **a. c. a alguém** to make sb see sth; ~ **as horas** to see what time it is; ~ **página 20** see page 20; ~ **televisão** to watch television; **você viu o filme?** have you seen the movie?; **eu vejo a minha irmã todos os dias** I see my sister everyday; **eu vi que ele não estava bem** I saw that he was not well; **você vai** ~ **que é fácil** you will see how easy it is; **prazer em vê-lo** nice to see you; **não vejo nada** I can't see anything; **nunca vi mais gordo** I've never seen him; **não posso ~ isso na (minha) frente!** get that away from me!; ~ **luz no fim do túnel** *fig* to see the light at the end of the tunnel **2.** (*considerar*) to see, to regard; ~ **alguém/a. c. como ...** to see sb/sth as ... **3.** (*espreitar através da porta*) to spy **4.** (*procurar*) to look up; ~ **a. c. no dicionário** to look up sth in the dictionary **5.** (*visitar*) to see; **eu fui vê-lo ontem** I went to see him yesterday **6.** (*antecipar*) to foresee; ~ **o futuro** to see into the future **II.** *vi* **1.** (*visão*) to see; ~ **bem/mal** to see well/poorly; **até mais ~** see you later **2.** (*notar*) to see; **eu logo vi!** I saw it right away!; **como você pode ver ...** as you can see ...; **veremos!** we shall see!; **vendo bem ...** taking a closer look ... **3.** (*advertência*) **vê se se comporta bem!** make sure you behave!; **veja lá se não ...** check to see whether ... **4.** (*tentar*) to see; **eu vou ~ se falo com ele hoje** I'll see if I can talk with him today **III.** *vr:* **~-se 1.** (*encontrar-se*) to find oneself; **~-se numa situação difícil** to find oneself in a difficult situation **2.** (*imaginar-se*) to see oneself; **eu não me vejo escrevendo um livro** I can't see myself writing a book **3. ele vai se ~ comigo** I'll get back at him **IV.** *m* viewpoint; **a meu ~** in my opinion

veracidade [verasi'dadʒi] *f sem pl* truthfulness

veraneio [vera'neju] *m* summer vacationing *Am*, summer holidaying

veranico [vera'niku] *m* early summer weather; ~ **de maio** ≈ Indian summer

veranista [vera'nista] *mf* summer vacationer *Am*, summer holidaymaker *Brit*

verão <-ões *ou* -ãos> [ve'rãw, -'õjs, -'ãws] *m* summer

verba ['vɛrba] *f* (*quantia*) budget; (*dinheiro*) money

verbal <-ais> [ver'baw, -'ajs] *adj* (*do verbo, oral*) verbal

verbalizar [verbaʎi'zar] *vt* to verbalize

verbalmente [verbaw'mẽjtʃi] *adv* verbally

verbete [ver'betʃi] *m* headword

verbo ['vɛrbu] *m* verb; ~ **auxiliar** auxiliary [*o* helping] verb; ~ **modal** modal verb; **soltar o ~** *inf* to give a sermon

verborrágico, -a [verbo'xaʒiku, -a] *adj* prolix

verdade [ver'dadʒi] *f* truth; **em/na ~** truthfully; **faltar à ~** to tell a lie; **para dizer/falar a ~ ..., a bem da ~, ...** to tell you the truth ...; **é ~ ...** *inf* it's true ...; **isso (não) é ~!** that is (not) true!

verdadeiro, -a [verda'dejru, -a] *adj* **1.** (*história*) true; (*afirmação*) truthful **2.** (*amigo, sentimento*) true **3.** (*pai/mãe*) real

verde ['verdʒi] **I.** *m* green; **preservar o ~** to preserve nature **II.** *adj* **1.** (*cor*) green **2.** (*fruta, vinho*) green; **jogar** [*ou* **plantar**] ~ **para colher maduro** to throw out a hint **3.** (*área*) grassy area; **Partido Verde** Green Party **4.** *fig* (*pessoa*) green

verde-amarelo, -a ['verdʒi-ama'rɛlu, -a] *adj* (*time*) Brazilian; **ser ~** (*patriota*) to be patriotic (to Brazil)

verdejante [verde'ʒãntʃi] *adj* bright green

verde-oliva ['verdʒi-o'ʎiva] <verdes-oliva(s)> *adj* olive green

verdura [ver'dura] *f* **1.** greenness **2.** (*hortaliças*) greens *pl*

verdureiro, -a [verdu'rejru] *m, f* greengrocer

vereador(a) [verea'dor(a)] <-es> *m(f)* councilperson *Am*, local councillor *Brit*

vereda [ve'reda] *f* path

veredicto [vere'dʒiktu] *m* JUR verdict; **dar o ~** to deliver the verdict

vergar [ver'gar] <g→gu> **I.** *vt* **1.** (*dobrar*) to bend **2.** (*subjugar*) to overpower **II.** *vr:* **~-se 1.** (*curvar-se*) to bow **2.** (*submeter-se*) to submit; **~-se a fazer a. c.** to acquiesce

vergonha [ver'gõɲa] *f* **1.** shame; **ter ~ de alguém/a. c.** to be ashamed of sb/sth; **não ter um pingo de ~ na cara** to be completely shameless **2.** (*desonra*) disgrace; **isso é uma ~ para o país** that is a disgrace to the country **3.** (*acanhamento*) embarrassment; **estar com** [*ou* **ter**] ~ to be embarrassed; **morrer de ~** to be mortified; **que vergonha!** how embarrassing!; **tenho ~ de fazer isso** I'm too embarrassed to do that

vergonhoso, -a [vergõ'ɲozu, -'ɔza] *adj* shameful

verídico, -a [ve'ridʒiku, -a] *adj* truthful

verificação <-ões> [verifika'sãw, -'õjs] *f* (*revisão, constatação*) verification; ~ **de contas** JUR audit of accounts

verificar [verifi'kar] <c→qu> **I.** *vt* (*conferir, rever, constatar*) to verify **II.** *vr:* ~-**se** to come true; **verificou-se que ...** it happened that ...

verme ['vɛrmi] *m* parasitic worm; *fig* vermin

vermelhidão [vermeʎi'dɜ̃w] *f sem pl* redness

vermelho [ver'meʎu] **I.** *m* **1.** red **2.** *inf* **estar no** ~ to be in the red; **sair do** ~ to get out of the red **II.** *adj* red; *fig* (*comunista*) red

vermicida [vermi'sida] *m* vermicide

verminose [vermi'nɔzi] *f* worm infection

vermute [ver'mutʃi] *m* vermouth

vernáculo [ver'nakulu] *m* vernacular

vernáculo, -a [ver'nakulu, -a] *adj* **1.** (*nacional*) vernacular **2.** (*puro*) uninfluenced by foreign elements

vernáculo [ver'nakulu] *m* **o** ~ the vernacular

vernissage [verni'saʒi] *f* opening day (of an art exhibition)

verniz [ver'nis] *m* **1.** (*para madeira*) varnish; (*em cerâmica*) enamel; **sapatos de** ~ patent leather shoes **2.** *fig* (*polidez superficial*) veneer

verões *m pl de* **verão**

verossímil <-eis> [vero'simiw, -ejs] *adj* (*provável, plausível*) plausible; (*que parece verdadeiro*) verisimilar

verruga [ve'xuga] *f* wart

versado, -a [ver'sadu, -a] *adj* versed; **ele é ~ em poesia** he is well versed in poetry

versão <-ões> [ver'sɜ̃w, -õjs] *f* **1.** (*de texto, filme, música*) version; ~ **original** original version **2.** (*modo de contar*) version **3.** (*tradução*) translation **4.** INFOR (*programa*) version

versar [ver'sar] *vi form* to practice *Am*, practise *Brit*; ~ **sobre os negócios da empresa** to address company business

versátil <-eis> [ver'satʃiw, -ejs] *adj* (*artista, máquina*) versatile

versatilidade [versatʃiʎi'dadʒi] *f sem pl* versatility *no pl*

versículo [ver'sikulu] *m* REL verse

verso ['vɛrsu] *m* **1.** LIT verse; **em ~ e prosa** in verse and prose **2.** (*de folha*) reverse side

versões *f pl de* **versão**

versus ['vɛrsus] *prep* versus

vértebra ['vɛrtebra] *f* vertebra

vertebrado [verte'bradu] *m* ZOOL vertebrate

vertebral <-ais> [verte'braw, -'ajs] *adj* vertebral, spinal; **coluna ~** spinal column

vertente [ver'tẽtʃi] *f* **1.** (*de encosta*) slope **2.** (*ponto de vista*) viewpoint

verter [ver'ter] **I.** *vt* **1.** (*vazar*) to leak; **depois da chuva começou a ~ água para a sala** after the rain, water started to leak into the living room **2.** (*por descuido*) to spill **3.** (*uma lágrima*) to shed **4.** (*traduzir*) to translate (into a foreign language) **II.** *vi* **1.** (*líquido*) to spill **2.** (*recipiente*) to pour

vertical <-ais> [vertʃi'kaw, -'ajs] **I.** *f* vertical; **estar na ~** to stand erect **II.** *adj* vertical

vértice ['vɛrtʃisi] *m* MAT vertex

vertigem [ver'tʃiʒẽj] <-ens> *f* vertigo *no pl;* **eu tenho** [*ou* **sinto**] **vertigens** I feel dizzy

vertiginoso, -a [vertʃiʒi'nozu, -'ɔza] *adj* (*paciente*) vertiginous; (*altura, velocidade*) dizzying

verve ['vɛrvi] *f* verve

vesgo, -a ['vezgu, -a] *adj* cross-eyed

vesícula [vi'zikula] *f* ~ **biliar** gall bladder

vespa ['vespa] *f* wasp

vespeiro [ves'pejru] *m* wasp's nest; *fig* hornet's nest

véspera ['vɛspera] *f* (*dia ou noite*) eve; **na ~** on the eve; ~ **de Natal** Christmas Eve; **o museu continuava em obras às ~s da sua inauguração** the museum was still under construction on the eve of its inauguration

vesperal [vespe'raw] *f* matinee

vespertino, -a [vesper'tʃinu, -a] *adj* **curso ~** afternoon course; **período ~** afternoon

veste ['vɛstʃi] *f* garment

vestiário [vestʃi'ariw] *m* ESPORT locker room *Am*, changing room *Brit;* TEAT coat check *Am*, cloakroom *Brit*

vestibulando, -a [vestʃibu'lɜ̃du, -a] *m, f* student preparing for the college entrance examination

vestibular [vestʃibu'lar] <-es> *m* college entrance examination

vestíbulo [ves'tʃibulu] *m* ANAT, ARQUIT vestibule

vestido [vis'tʃidu] *m* dress; ~ **longo** ankle-length dress; ~ **de noite** evening gown; ~ **de noiva** wedding dress, bridal gown

vestido, -a [vis'tʃidu, -a] *adj* dressed; **estar ~ de preto** to be dressed in black

vestígio [ves'tʃiʒiw] *m* trace; **sumir sem deixar ~** to vanish without a trace; **a polícia não encontrou nenhum ~ na cena do crime** the police didn't find any clues at the scene of the crime

vestimenta [vestʃi'mẽjta] *f* vestment

vestir [vis'tʃir] *irr* **I.** *vt* **1.** (*criança*) to dress **2.** (*roupa*) to put on (clothing); (*portar*) to wear; **veste terno para ir trabalhar** he wears a suit to work **II.** *vi* (*ter bom caimento*) to be well cut; **este paletó veste muito bem** this jacket is very well cut **III.** *vr:* **~-se 1.** (*pôr roupa*) to get dressed **2.** (*portar*) to dress **3.** (*comprar roupa*) **veste-se nas melhores lojas** her clothes are from the best stores **4.** (*fantasiar-se*) to dress up; **~-se de pirata** to dress up as a pirate

vestuário [vestu'ariw] *m* wardrobe

vetar [ve'tar] *vt* POL to veto; (*proibir*) to prohibit; **~ a entrada de pessoas estranhas** to refuse admittance to outsiders

veterano, -a [vete'rʌnu, -a] **I.** *m, f* (*de guerra, pessoa tarimbada*) veteran **II.** *adj fig* experienced; **ser ~ em a. c.** to be an old hand at sth

veterinária [veteri'narja] *f sem pl* veterinary medicine *no pl*

veterinário, -a [veteri'nariw, -a] **I.** *m, f* vet, veterinarian *Am*, veterinary surgeon *Brit* **II.** *adj* veterinary

veto ['vetu] *m* POL veto

vetor [ve'tor] *<-es>* *m* MAT, BIOL vector

véu ['vew] *m* veil

V. Exª ['vɔsa ese'lẽsja] *pron abr de* **Vossa Excelência** Your Excellency

vexado, -a [ve'ʃadu, -a] *adj* ashamed; **ele ficou bem ~ com a situação** he was very embarrassed by the situation

vexame [ve'ʃʌmi] *m* **1.** (*vergonha*) disgrace **2.** (*escândalo*) scandal

vexar [ve'ʃar] *vt* to disgrace

vexatório, -a [veʃa'tɔriw, -a] *adj* disgraceful

vez ['ves] *f* **1.** (*ocasião*) time; **~ por outra, de ~ em quando** from time to time; **~es sem fim** repeatedly; **alguma ~** at any time; **às/por ~es** sometimes; **cada ~ que ...** whenever; **cada ~ melhor/pior** better and better/worse and worse; **da próxima ~** next time; **de ~ for good; de uma ~ por todas** [*ou* **para sempre**] once and for all; **desta ~** this time; **muitas ~es** often; **outra ~** again; **pela primeira ~** for the first time; **poucas/raras ~es** rarely; **uma ~, duas ~es** one time, two times; **na maior parte das ~es** most of the time; **posso comprá-lo, uma ~ que tenho o dinheiro** I can buy it since I have the money; **poderei comprá-lo, uma ~ que tenha o dinheiro** I'll be able to buy it once I have the money; **pensar duas ~es** to think twice; **era uma ~** once upon a time; **certa ~, pintou a casa de azul** he once painted the house blue; **uma ~ na vida, outra na morte** once in a lifetime **2.** (*turno*) **em ~ de** instead of; **por sua ~** in turn; **um de cada ~** one at a time; **agora é a sua ~** now it's your turn; **chegou a minha ~** my turn has come; **fazer as ~es de** to do sb else's job; **perder a ~** to lose one's turn; **tirar a ~ de alguém** to take sb's turn; **(não) ter ~** to have (no) opportunity

vezes ['vezis] *adv* MAT times; **três ~ três são nove** three times three is nine

vi ['vi] *I. pret de* **ver**

via ['via] **I.** *f* **1.** (*estrada*) road; **~ de acesso** access road; **~ rápida** fast track **2.** *fig* (*caminho*) way; **Via Láctea** ASTRON Milky Way **3.** (*meio*) **~s de comunicação** means *pl* of communication; **~ oral** administered orally; **por ~ aérea** (*correio*) by air mail; **por ~ legal** by legal means; **estar em ~(s) de fazer a. c.** to be about to do sth; **por ~ das dúvidas** just in case; **~ de regra** as a rule; **chegar às ~s de fato** to come to blows **4.** (*de documento*) copy; **tirar uma segunda ~** to request a second copy **II.** *adv* via; **~ internet** over the internet; **nós vamos para Buenos Aires ~ Porto Alegre** we are going to Buenos Aires via Porto Alegre

viabilidade [viabiʎi'dadʒi] *f sem pl* **1.** (*exequibilidade*) feasibility **2.** (*bom êxito*) promise; **qual é a ~ de ...** what are the chances of ...

viabilizar [viabiʎi'zar] *vt* to make feasible

viação <-ões> [via'sãw, -'õjs] *f* (*rede rodoviária*) highway system *Am*, motorway system *Brit*; (*serviço de transporte*) transportation service *Am*, transport service *Brit*

via-crúcis ['via-'krusis] <vias-crúcis> f REL stations of the cross; fig tribulation

viaduto [via'dutu] m overpass Am, flyover Brit

viagem [vi'aʒēj] <-ens> f 1. travel no pl; **as suas atividades favoritas são leitura e viagens** her main interests are reading and travel 2. trip; **~ marítima** voyage; **~ de ida e volta** round trip; **~ de negócios** business trip; **ter uma longa ~ pela frente** to have a long trip [o journey] ahead 3. inf **comida para ~** food to go Am, takeaway food Brit

viajado, -a [via'ʒadu, -a] adj well-traveled Am, well-travelled Brit

viajante [via'ʒɐ̃ntʃi] mf traveler Am, traveller Brit

viajar [via'ʒar] vi 1. to travel; **vamos ~ para o Brasil** let's travel to Brazil 2. (sob efeito de drogas) to trip (out)

viário, -a [vi'ariw, -a] adj highway Am, motorway Brit; **complexo ~** highway complex

via-sacra ['via-'sakra] <vias-sacras> f REL Stations of the Cross; **fazer a ~** to do the Stations of the Cross; fig to go from pillar to post

viatura [via'tura] f vehicle

viável <-eis> [vi'avew, -ejs] adj 1. (exequível) viable, feasible 2. (duradouro) durable

víbora ['vibura] f (cobra, pessoa) viper

vibração <-ões> [vibra'sɐ̃w, -'õjs] f 1. (movimento, som) vibration 2. (entusiasmo) good vibrations pl

vibrador [vibra'dor] m vibrator

vibrar [vi'brar] vi 1. (objeto, voz, som) to vibrate 2. (entusiasmar-se) to be thrilled; **vibrou quando passou no exame** he was thrilled when he passed the exam; **eles vibram com o futebol** they are soccer fanatics

vice-campeão, -ã <-ões> ['visi-kɐ̃pi'ɐ̃w, -'ɐ̃, -'õjs] m, f runner-up

vice-presidência ['visi-prezi'dẽjsia] f vice presidency

vice-presidente [visi-prezi'dẽjtʃi] mf vice president

vice-reitor(a) ['visi-xejtor(a)] <-es> m(f) assistant dean

vice-versa ['visi-'vɛrsa] adv vice versa; **ou ele telefona para você ou ~** either he calls you or vice versa

viciado, -a [visi'adu, -a] I. m, f addict II. adj 1. (pessoa) addicted; **estar ~ em a. c.** to be addicted to sth; **~ em cigarro** addicted to cigarettes; **~ em jogo** addicted to gambling 2. (ar) stuffy

viciar-se [visi'arsi] vr **~-se em** to become addicted; **~ em drogas** to become addicted to drugs

vicinal <-ais> [visi'naw, -'ajs] adj (cidade) neighboring Am, neighbouring Brit; **estrada ~** secondary road

vício ['visiw] m (hábito) vice; (de drogas, álcool) addiction, dependence; **fazer a. c. por ~** to do sth out of habit

vicissitude [visisi'tudʒi] f 1. (eventualidade) vicissitude 2. (infortúnio) misfortune

viçoso, -a [vi'sozu, -'ɔza] adj (vegetação, pessoa) vigorous

vida ['vida] f 1. (existência) life; **~ adulta** adult life; **~ noturna** night life; **~ sedentária** sedentary life; **com ~** alive; **em ~** during one's life; **para toda a ~** lifelong; **na ~ real** in real life; **pessoa de ~ pública** public servant; **estar entre a ~ e a morte, ter a ~ por um fio** to be between life and death; **ela tem a ~ que pediu a Deus** she leads an ideal life; **ganhar a ~** to earn a living; **estar bem de ~** to be well-off; **estar feliz da ~** to be overjoyed; **ter uma ~ de cachorro** to lead a dog's life; **dar a ~ por a. c./alguém** to give one's life for sth/sb; **meter-se na ~ dos outros** to meddle in other people's lives; **meta-se com a sua ~!** mind your own business!; **ele passa a ~ vendo televisão** inf he spends his life watching TV; **a loja era a nossa ~** the store was our life; **ficar danado da ~** inf to be ticked off Am, to be cheesed off Brit; **puxa ~** gír (surpresa) wow!; (irritação) darn! 2. (vivacidade) liveliness; **ter muita ~** to be lively; **sem ~** (corpo, lugar) lifeless; (história) dull; **dar ~ a a. c.** to give life to sth 3. (prostituição) **~ fácil** prostitution; **caiu na ~** to become a prostitute

vide ['vidʒi] see; **~ páginas seguintes** see following pages

videira [vi'dejra] f vine

vidente [vi'dẽjtʃi] mf clairvoyant

vídeo ['vidʒiw] m 1. (técnica) video 2. (aparelho) videocassette recorder (VCR)

videocâmara [vidʒjo'kɐmara] f video camera

videocassete [vidʒjoka'sɛtʃi] m video-

videoclipe cassette
videoclipe [vidʒjo'klipi] m music video
videoclube [vidʒjo'klubi] m video rental store
videoconferência [vidʒjokõwfe'rẽjsia] f videoconference
videofone [vidʒjo'foni] m videophone
videogame [vidʒjo'gejmi] m video game
videoteca [vidʒjo'tɛka] f video library
videoteipe [vidʒjo'tejpi] m videotape
videotexto [vidʒjo'testu] m videotext
vidraça [vi'drasa] f pane of glass
vidraçaria [vidrasa'ria] f glazier's (shop)
vidraceiro, -a [vidra'sejru, -a] m, f glazier
vidrado, -a [vi'dradu, -a] adj (olhos) glassy; (louça) glazed; (sapatos) shiny; inf (apaixonado); **ele é/está ~ nela** he is stuck on her; **sou ~ por futebol** I am a soccer fanatic
vidrar ['vidrar] vt to glaze
vidro ['vidru] m 1. (material) glass; ~ **fosco** opaque glass; ~ **laminado** plate glass; ~ **temperado** safety glass 2. (do automóvel) window; ~**s elétricos** electric windows; **abrir/fechar o ~** to open/close the window
viela [vi'ɛla] f alley
Viena [vi'ena] f Vienna
viés [vi'ɛs] m **olhar de ~ (para alguém)** to look (at sb) sideways
Vietnã [vjetʃi'nã] m Vietnam
viga ['viga] f (de madeira, concreto) beam; ~ **mestra** girder
vigarice [viga'risi] f trickery
vigário [vi'gariw] m REL vicar; **cair no conto do ~** to fall for a scam
vigarista [viga'rista] mf confidence [o con] man
vigência [vi'ʒẽjsia] f sem pl validity no pl
vigente [vi'ʒẽjtʃi] adj (lei) in force; (ano) current
vigésimo [vi'ʒɛzimu] **I.** m twentieth **II.** num ord twentieth
vigia [vi'ʒia] **I.** f (ação de vigiar) watch; **estar de ~** to keep watch **II.** mf (pessoa) guard; (marinheiro) sailor on watch
vigiar [viʒi'ar] **I.** vt (pessoa, edifício, fronteira) to watch; (trabalho, processo) to monitor; (exame) to proctor Am, to invigilate Brit **II.** vi to keep watch
vigilância [viʒi'lãŋsia] f 1. (de pessoa, edifício, fronteira) surveillance; **estar sob ~** to be under surveillance 2. (de trabalho) monitoring; (de exame) proctoring Am, invigilation Brit
vigilante [viʒi'lãŋtʃi] **I.** mf guard; ~ **noturno** night guard, night watchman m **II.** adj vigilant
vigília [vi'ʒiʎia] f 1. vigil; (a um doente) watch; **ficar de ~** to keep watch [o vigil] (over) 2. (insônia) lack of sleep
vigor [vi'gor] m 1. (energia, força) vigor Am, vigour Brit; **defender com ~ uma ideia** to defend an idea vigorously 2. (de lei, regulamento) **em ~** in force [o effect]; **entrar em ~** to take effect; **estar em ~** to be in effect
vigorar [vigo'rar] vi to be in effect
vigores m pl de **vigor**
vigoroso, -a [vigo'rozu, -'ɔza] adj (enérgico, forte) vigorous
vil <-is> ['viw, 'vis] adj (mau, reles, desprezível) vile
vila ['vila] f (povoado) small town; (rua de casas) group of houses in a cul-de-sac
vilão, vilã <-ões> [vi'lãw, -'ã, -'õjs] m, f villain
vilarejo [vila'reʒu] m village
vileza [vi'leza] f vileness
vilipendiar [viʎipẽjdʒi'ar] vt to disdain
vim ['vĩj] 1. pret de **vir**
vime ['vimi] m wicker; **cadeira de ~** wicker chair; **cesto de ~** wicker basket
vinagre [vi'nagri] m vinegar; ~ **balsâmico** balsamic vinegar
vinagrete [vina'gretʃi] m vinaigrette
vincar [vĩj'kar] <c→qu> vt (papel, tecido) to crease
vinco ['vĩjku] m (nas calças, em papel) crease
vinculado, -a [vĩjku'ladu, -a] adj bound; **voto ~** straight ticket
vincular [vĩjku'lar] vt to bind (legally or morally); **o contrato vincula as partes** the agreement is binding on all parties
vínculo ['vĩjkulu] m bond; ~ **empregatício** employer-employee relationship; **ter ~s afetivos** to have emotional ties
vinda ['vĩjda] f 1. (chegada) arrival; **a ~ dele à cidade foi inesperada** his coming to the city was unexpected 2. (regresso) return; **a ~ para casa foi tranquila** the return home went smoothly
vindo, -a ['vĩjdu, -a] **I.** pp de **vir II.** adj **pessoas vindas da África** people (that

came) from Africa

vindouro, -a [vĩj'dowru, -a] *adj* yet to come; **as gerações vindouras** future generations

vingador(a) [vĩjga'dor(a)] <-es> *m(f)* avenger

vingança [vĩj'gãnsa] *f* revenge; **em vingança por** in revenge for

vingar [vĩj'gar] <g→gu> I. *vt* (*a honra*) to avenge II. *vi* (*plano, negócio*) to succeed; (*planta*) to survive III. *vr:* ~ **-se de alguém** to take revenge against sb

vingativo, -a [vĩjga'tʃivu, -a] *adj* (*pessoa, atitude*) vindictive

vinha ['viɲa] *f* vine

vinhedo [vi'ɲedu] *m* vineyard

vinheta [vi'ɲeta] *f* TV vignette

vinho ['viɲu] I. *m* wine; ~ **branco/tinto** white/red wine; ~ **doce/seco** sweet/dry wine; ~ **espumoso** sparkling wine; ~ **de mesa** table wine; ~ **do Porto** port; ~ **rosé** rosé; ~ **verde** green wine II. *adj* (*cor*) wine

vinícola [vi'nikula] *adj* wine-growing; **região** ~ wine-growing region

vinicultor(a) [vinikuw'tor(a)] <-es> *m(f)* winegrower [*o* winemaker]

vinicultura [vinikuw'tura] *f* viticulture, winemaking

vinil [vi'niw] *m* vinyl; **disco de** ~ vinyl record

vinte ['vĩtʃi] I. *m* twenty II. *num card* twenty

vintém [vĩj'tẽj] <-téns> *m inf* **não ter nenhum** ~ to be flat broke

viola [vi'ɔla] *f* viola

violação <-ões> [viola'sãw, -'õjs] *f* (*de lei, direitos, privacidade*) violation; (*estupro*) rape; ~ **de contrato** breach of contract; ~ **de correspondência/cofre** tampering with mail/a safe; ~ **dos direitos humanos** human rights violation

violáceo, -a [vio'lasiw, -a] *adj* violet

violado, -a [vio'ladu, -a] *adj* 1. (*pessoa*) violated; (*contrato*) breached; (*correspondência, cofre*) tampered with 2. MÚS **quinteto** ~ string quintet

violador(a) [viola'dor(a)] <-es> *m(f)* violator

violão <-ões> [vio'lãw, -'õjs] *m* guitar; *fig, inf* shapely woman

violar [vio'lar] *vt* (*pessoa, lei, direitos, privacidade*) to violate; (*contrato*) to violate, to breach; (*correspondência, cofre*) to tamper with

violeiro, -a [vio'lejru, -a] *m, f* 1. violist 2. player of any stringed instrument

violência [vio'lẽjsia] *f* violence *no pl*

violentado, -a [violẽj'tadu, -a] *adj* subjected to violence or a violation; (*vítima de estupro*) raped

violentamente [violẽjta'mẽjtʃi] *adv* violently

violentar [violẽj'tar] *vt* 1. (*exercer violência sobre*) to subject to violence 2. (*sexualmente*) to rape

violento, -a [vio'lẽjtu, -a] *adj* (*dor, filme, morte, pancada, pessoa, tempestade*) violent

violeta [vio'leta] I. *f* BOT violet II. *adj inv*, *m* (*cor*) violet

violinista [vioʎi'nista] *mf* violinist

violino [vio'ʎinu] *m* violin

violões *m pl de* **violão**

violoncelista [violõwse'ʎista] *mf* cellist

violoncelo [violõw'sɛlu] *m* cello

VIP ['vipi] *adj* (*sala*) VIP

vir ['vir] *irr vi* 1. (*chegar*) to come; ~ **abaixo** to fall down, to collapse; ~ **à memória** to come to memory; **mandar** ~ **alguém/a. c.** to send for sb/sth; **a semana que vem** next week; **vem cá!** come here!; **de onde você vem?** where are you from?; **não venha tarde** don't arrive late; **ele vem aí** here he comes; **como você veio parar aqui?** how did you end up here?; **que vem a ser isso?** what could that be?; **eu venho de avião/trem** I'm arriving by plane/train; **isto veio hoje (pelo correio)** this came today (in the mail); **ele também vem conosco** he's coming with us too; **eu sabia que viria a ser um professor um dia** I knew I would become a teacher someday 2. (*regressar*) to return; **venho já** I'll be right back 3. (*estar escrito*) to appear; **veio no jornal que ...** the newspaper reported that ...; **o seu nome não vem na lista** your name does not appear on the list 4. (*ação contínua*) ~ **fazendo a. c.** to have been doing sth; **o banco vinha debitando o valor errado** the bank had been debiting the wrong amount

vira-casaca ['vira-ka'zaka] *mf* turncoat, one who flip-flops *Am*

virada [vi'rada] *f* 1. (*transição*) turn; **na** ~ **do século** at the turn of the century 2. (*mudança de rumo*) turn; **deu uma**

~ no tempo the weather broke; (*momento importante*) turning point; **dar uma ~ (na vida)** *inf* to take a turn for the better; **ganhar de ~** ESPORT to come from behind to win

virador(a) [vira'dor(a)] <-es> *m(f)* smart operator; **ele é um ~ e sabe contornar as dificuldades** he is a smart operator; he knows how to deal with problems

vira-lata [vira'lata] *m* **cachorro ~** mongrel, mutt

virar [vi'rar] **I.** *vt* **1.** (*voltar*) to turn; **~ a cabeça** to turn one's head; **~ as costas a alguém** to turn one's back to someone; **~ a. c. ao contrário** to turn sth the other way around; (*roupa*) to turn inside out; **virei o bicho de pernas para o ar** I turned the bug over on its back **2.** (*disco, carne*) to turn over; **~ a página** to turn the page **3.** (*recipiente, barco*) to tip over; (*líquido*) to pour, to spill; **viramos uma garrafa de vinho** we drank an entire bottle of wine **4.** (*a esquina*) to turn the corner **5.** (*panqueca*) to flip (over) **6.** (*tornar-se*) to become; **ele virou louco** he went crazy **II.** *vi* **1.** (*veículo, pessoa*) to turn; **~ à direita/esquerda** to turn right/left **2.** to change; (*o vento/tempo virou*) the wind/weather changed **III.** *vr*: **~-se 1.** (*voltar-se*) to turn; **~-se contra alguém** to turn against sb; **~-se para alguém** to turn to sb; **~-se de costas** to turn around (facing the other way); **~-se de costas para alguém/a. c.** to turn one's back to sb/sth; **~-se para o lado** to turn on one's side **2.** (*arranjar-se*) to manage; **como é que eu vou me ~ com esse problema?** how am I going to manage with this problem?; **ela se vira muito bem** she manages very well

virgem ['virʒẽj] <-ens> **I.** *mf* virgin **II.** *adj* (*pessoa, azeite, lã*) virgin; (*cassete, disquete*) blank

Virgem ['virʒẽj] *f* **1.** REL Virgin; **a ~ Santíssima** the Blessed Virgin Mary **2.** (*zodíaco*) Virgo; **nativo de ~** born under the sign of Virgo; **ser (de) ~** to be a Virgo

virgens *mf, adj pl de* **virgem**

virginal <-ais> [virʒi'naw, -'ajs] *adj* virginal

virgindade [virʒĩj'dadʒi] *f sem pl* virginity *no pl*; **perder a ~** to lose one's virginity

virginiano, -a [virʒĩni'ʒnu, -a] *adj, m, f* Virgo; **ser ~** to be a Virgo

vírgula ['virgula] *f* comma

viril <-is> [vi'riw, -'is] *adj* virile

virilha [vi'riʎa] *f* ANAT groin

virilidade [viriʎi'dadʒi] *f sem pl* virility *no pl*

viris *adj pl de* **viril**

virologia [virolo'ʒia] *f sem pl* virology *no pl*

virose [vi'rɔzi] *f* MED virosis; **ter uma ~** to have a virus infection

virtual <-ais> [virtu'aw, -'ajs] *adj* **1.** (*praticamente total*) virtual; (*potencial: candidato*) potential **2.** INFOR virtual; **realidade ~** virtual reality

virtualmente [virtuaw'mẽjtʃi] *adv* virtually

virtude [vir'tudʒi] *f* (*força moral, característica*) virtue; (*causa*); **em ~ de** by virtue of

virtuosa *adj v.* **virtuoso**

virtuose [virtu'ɔzi] *mf* virtuoso

virtuoso, -a [virtu'ozu, -'ɔza] *adj* (*pessoa, ação*) virtuous

virulento [viru'lẽjtu] *adj* (*ferida, substância, discurso*) virulent

vírus ['virus] *m* MED, INFOR virus

vis *adj pl de* **vil**

visado, -a [vi'zadu, -a] *adj* (*cheque*) endorsed; (*carro, pessoa*) targeted

visão <-ões> [vi'zãw, -'õjs] *f* **1.** (*vista*) vision; **ter problemas de ~** to have vision problems **2.** (*alucinação*) vision; **ter visões** to have visions **3.** (*ponto de vista*) view(point); **ter uma ~ deturpada das coisas** to have a distorted view of things

visar [vi'zar] *vt* **1.** (*meta, alvo*) to aim (at) **2.** (*um cheque*) to endorse

vis-à-vis [viza'vis] *adv* vis-à-vis

visceral <-ais> [vise'raw, -'ajs] *adj* (*ódio*) visceral

vísceras ['viseras] *fpl* guts *pl*

visconde, viscondessa [vis'kõwdʒi, viskõw'desa] *m, f* viscount *m*, viscountess *f*

viscosa *adj v.* **viscoso**

viscose [vis'kɔzi] *f* viscose

viscoso, -a [vis'kozu, -'ɔza] *adj* viscous

viseira [vi'zejra] *f* visor

visibilidade [vizibiʎi'dadʒi] *f sem pl* visibility *pl*; **ume curva sem ~** a blind curve; **ganhar ~** to gain visibility

visionário, -a [vizio'nariw, -a] *m, f*

visionary
visita [vi'zita] *f* **1.** (*a pessoa*) visitor; ~ **de Estado** state visit; **fazer uma ~ a alguém** to pay sb a visit; **receber ~** to receive a visit; **ele só está de ~** he is only visiting; **temos ~s** we have company **2.** (*a museu, monumento, cidade*) visit; **~ guiada** guided tour
visitante [vizi'tãntʃi] *mf* visitor
visitar [vizi'tar] *vt* (*pessoa, museu, cidade*) to visit
visível <-eis> [vi'zivew, -ejs] *adj* visible
visivelmente [vizivew'mẽjtʃi] *adv* visibly
vislumbrar [vizlũw'brar] **I.** *vt* (*enxergar fracamente*) to glimpse **II.** *vi* (*lançar uma luz frouxa*) to glimmer
vislumbre [viz'lũwbri] *m* glimmer; **um ~ de esperança** a glimmer of hope
visões *f pl de* **visão**
vison [vi'zõw] *m* mink
visor [vi'zor] <-es> *m* FOTO viewfinder; (*em máquina, telefone*) display screen
vista *adj v.* **visto**
vista ['vista] *f* **1.** (*visão*) sight; **~ cansada** tired eyes; (*olho*) eyes; **à primeira ~** at first sight; **dar na(s) ~(s)** to be noticed; **dar uma ~ de olhos em a. c.** to take a quick look at sth; **estar à ~** to be in sight; **em ~ de** in view of; **fazer ~ grossa** to turn a blind eye; **pagamento à ~** payment in cash; **ter a. c. em ~** to have sth in sight; **a perder de ~** as far as the eye can see; **com ~ em** with an eye to; **ter a. c. em ~** to have sth in sight; **perder alguém/a. c. de ~** to lose sight of sb/sth; **até a ~!** see you later **2.** (*panorama*) view; **a varanda tem uma boa ~** there is a good view from the balcony
vista-d'olhos ['vista-'dɔʎus] <vistas-d'olhos> *f* **passar uma ~ em a. c.** to give sth a glance
visto ['vistu] **I.** *m* (*em passaporte*) visa; **~ obrigatório** mandatory visa; **~ de trabalho** work visa; **requerer um ~** to apply for a visa; (*sinal*) initials; **dar um ~ num documento** to initial a document **II. 1.** *pp de ver* **2. ~ que** since; **~ que ele ainda não chegou, vamos começar sem ele** since he has not yet arrived, let's start without him
visto, -a ['vistu, -a] *adj* (*pessoa*) acknowledged; **ser bem/mal ~** to be highly/poorly regarded; (*situação*); **está ~ que ...** it is evident that ...; **~ isso, já não podemos fazer nada** in view of that, we can do nothing more; **pelo ~, não vai ter comemoração** it seems there will be no celebration
vistoria [visto'ria] *f* inspection
vistoriar [vistori'ar] *vt* to inspect
vistoso, -a [vis'tozu, -'ɔza] *adj* (*que chama atenção*) eye-catching; (*ostentoso*) showy
visual <-ais> [vizu'aw, -ajs] **I.** *m inf* (*pessoa*) look, appearance; (*panorama*) view **II.** *adj* visual
visualizar [vizuaʎi'zar] *vt* to visualize
vital <-ais> [vi'taw, -ajs] *adj* vital
vitalício, -a [vita'ʎisiw, -a] *adj* for life
vitalidade [vitaʎi'dadʒi] *f sem pl* vitality *no pl*
vitamina [vitɐ'mina] *f* **1.** (*substância*) vitamin **2.** (*batido*) **uma ~ de frutas** a smoothie *Am*, a fruit shake *Brit*
vitaminado, -a [vitɐmi'nadu, -a] *adj* enriched with vitamins
vitela [vi'tɛla] *f* GASTR veal
vitelo, -a [vi'tɛlu, -a] *m, f* ZOOL young bull
viticultor(a) [vitʃikuw'tor(a)] <-es> *m(f)* grape producer
viticultura [vitʃikuw'tura] *f* viticulture
vítima ['vitʃima] *f* victim; **~ fatal** fatal victim; **fazer-se de ~** to play victim; **ser ~ de a. c./alguém** to be a victim of sth/sb
vitimar [vitʃi'mar] *vt* to victimize; **o acidente vitimou dez pessoas** there were ten victims in the accident
vitória [vi'tɔria] *f* victory; **uma ~ espetacular sobre o adversário** a spectacular victory over the adversary; **cantar ~** to claim victory
Vitória [vi'tɔria] *f* (City of) Vitória
vitória-régia [vi'tɔria-'xɛʒia] <vitórias-régias> *f* Victoria (water) lily
vitorioso, -a [vitori'ozu, -'ɔza] *adj* victorious
vitral <-ais> [vi'traw, -'ajs] *m* stained glass (window)
vítreo, -a ['vitriw, -a] *adj* vitreous
vitrina [vi'trina], **vitrine** [vi'trini] *f* display window
viu *3. pret perf de* **ver**
viúva *f, adj v.* **viúvo**
viúva-negra [vi'uva-'negra] <viúvas-negras> *f* black widow
viuvez [viu'ves] *f sem pl* widowhood
viúvo, -a [vi'uvu, -a] **I.** *m, f* widower *m*, widow *f* **II.** *adj* widowed

viva *f, adj v.* **vivo**

viva ['viva] **I.** *m* acclamation; **dar ~ s a alguém** to acclaim sb **II.** *interj* **1.** (*bravo*) hurrah, hurray; **~ a noiva!** hurray for the bride! **2.** *inf* (*olá*) **ora ~!** hello!

vivacidade [vivasi'dadʒi] *f sem pl* vivacity

vivalma [vi'vawma] *f* **não se via ~** you couldn't see anyone at all; **nem ~** not a living soul

vivamente [viva'mẽtʃi] *adv* enthusiastically

viveiro [vi'vejru] *m* (*de aves*) aviary; (*de plantas*) nursery; (*de peixes*) fishery, hatchery; **~ de insetos** swarm of insects

vivência [vi'vẽsja] *f* experience

vivenciar [vivẽsi'ar] *vt* to experience

vivenda [vi'vẽda] *f* livelihood

viver [vi'ver] **I.** *vt* (*a vida*) to live; (*uma experiência*) to go through; (*um grande amor*) to enjoy **II.** *vi* **1.** (*existir*) to live; **~ bem/mal** to live well/poorly; **~ feliz** to be happy; **~ de pesca** to make a living fishing; **vivendo e aprendendo** living and learning **2.** (*morar*) to live; **~ com alguém** to live with someone; **vive isolado nas montanhas** he lives isolated in the mountains

víveres ['viveris] *mpl* provisions *pl*

vivido, -a [vi'vidu, -a] *adj* experienced; **sou muito ~** I have been around

vívido, -a ['vividu, -a] *adj* (*com vivacidade, fulgurante*) vivid

vivo, -a ['vivu, -a] **I.** *m, f* **os ~s** the living **II.** *adj* **1.** (*ser*) alive **2.** (*energético, esperto, cor*) lively **III.** *adv* **ao ~** live

vizinhança [vizī'ɲãsa] *f* (*bairro*) neighborhood *Am*, neighbourhood *Brit;* (*arredores*) vicinity

vizinho [vi'zīɲu] **I.** *m* neighbor *Am*, neighbour *Brit* **II.** *adj* (*casa*) next-door; (*cidade, país*) neighboring *Am*, neighbouring

voador [vua'dor] <-es> *adj* flying; **objeto ~ não identificado** unidentified flying object (UFO)

voar [vu'ar] <*l. pess. pres* voo> *vi* **1.** (*ave, avião*) to fly; **~ alto** *fig* to set one's sights (too) high; **~ para cima de alguém** *fig* to hound sb; **ele voa para Nova York toda semana** he flies to New York every week; **o prédio voou pelos ares** the building was blown to bits **2.** (*passar rápido*) **ela saiu voando para o trabalho** she rushed off to work; **este ano voou** this year flew by; **o dinheiro voou este mês** the money flew away this month; **o tempo voa** time flies

vocabulário [vokabu'lariw] *m* vocabulary

vocábulo [vo'kabulu] *m* word

vocação <-ões> [voka'sãw, -'õjs] *f* (*inclinação religiosa ou profissional*) vocation, calling; **(não) ter ~ para a. c.** (not) to have a calling for sth

vocacional <-ais> [vokasjo'naw, -'ajs] *adj* vocational; **teste ~** vocational aptitude test

vocal <-ais> [vo'kaw, -ajs] *adj* vocal

vocalista [voka'ʎista] *mf* vocalist

vocativo [voka'tʃivu] *m* LING vocative

você [vo'se] *pron* **1.** *pess* you; **~ vai à festa?** are you going to the party?; **tratar alguém por** [*ou* **de**] **~** to use informal address with someone **2.** *indef* **se ~ dorme cedo, acorda bem disposto** when you go to bed early you wake up in a good mood

> **Gramática** In Brazil, the personal pronoun **você** is very often used together with a verb in the third person as a form of address in place of **tu:** "Você chegou tarde ontem; Vocês querem um pedaço de torta?"

vocês [vo'ses] *pron pess pl* you *pl;* **~ vão à festa?** are you (all) going to the party?; **para ~** for/to you

vociferar [vosife'rar] *vt, vi* to vociferate

vodca ['vɔdʒika] *f* vodka

vodu [vu'du] *m* voodoo

voga ['vɔga] *f* **estar em ~** to be in vogue

vogal <-ais> [vo'gaw, -'ajs] *f* LING vowel

voile [vu'aw] *m* voile

vol. [vo'lumi] *m abr de* **volume** vol.

volante [vo'lãtʃi] *m* **1.** (*de automóvel*) steering wheel; **estar/ir no ~** to be at/to take the wheel **2.** FUT defensive midfielder

volátil <-eis> [vo'latʃiw, -ejs] *adj* **1.** (*inconstante*) fickle **2.** QUÍM volatile

vôlei ['volej], **voleibol** [volej'bɔw] *m* volleyball; **~ de praia** beach volleyball

voleio [vo'leju] *m* ESPORT volley

volt ['vowtʃi] *m* volt

volta ['vɔwta] I. *f* 1. (*virada*) turn; ~ **e meia** every once in a while; **andar às ~s com a. c.** to grapple with sth; **dar a ~ ao mundo** to go around the world; **dar a ~ por cima** to get over it 2. (*em redor*) around; **andar em ~ da casa** to walk around the house; (*circuito*) lap; **dar a ~ olímpica** to take a victory lap *Am*, to do a lap of honour *Brit* 3. (*regresso*) return; **viagem de volta** return trip; **dar meia ~** to turn back; **estar de ~** to be back 4. (*a pé; passeio*) walk; (*de carro*) ride; **dar uma ~** (*a pé*) to take a walk; (*de carro*) to go for a ride; **vai dar uma ~!** *inf* go take a walk!, go fly a kite! 5. (*rotação*) turn; **dar uma ~ na chave** to turn the key (once); **o mundo dá ~s** *fig* what goes around comes around 6. (*em automobilismo*) lap; **o piloto alemão fez a ~ mais rápida** the German driver had the fastest lap time 7. (*resposta*) answer; **ouviu quieto mas teve ~** he listened quietly but then had his turn II. *adv* 1. (*local*) **em ~ de** around; **o jardim está em ~ da casa** the garden surrounds the house 2. (*temporal*) **por ~ de** around, about; **por ~ das dez horas** around ten o'clock

voltagem [vow'taʒēj] <-ens> *f* ELETR voltage

voltar [vow'tar] I. *vt* (*virar*) to turn; ~ **a cabeça** to turn one's head; ~ **as costas a alguém** to turn one's back to sb II. *vi* 1. (*regressar*) to return; (*tornar a vir*) to come back; ~ **atrás/para trás** to change one's mind; ~ **a si** to come to (oneself); ~ **ao assunto** to get back on track; ~ **com a palavra** to go back on one's word; **volto já!** I'll be right back!; **ela já não volta** she won't be back anymore; **quando é que você volta ao Brasil?** when are you returning to Brazil? 2. (*repetição*) ~ **a fumar** to go back to smoking; **ele não voltou a falar nisso** he never talked about that again; **eu não voltei a vê-lo** I never saw him again III. *vr*: ~-**se** (*pessoa*) to turn; ~-**se para alguém** to turn to sb; ~-**se contra alguém** to turn against sb

voltímetro [vow'tʃimetru] *m* voltmeter

volume [vo'lumi] *m* 1. (*espaço*) volume 2. (*de enciclopédia*) volume 3. (*pacote*) parcel 4. (*de som*) volume 5. (*do cabelo*) fullness; **dar ~ ao cabelo** to give hair volume 6. *fig* (*dimensão*) volume; ~ **de vendas** volume of sales

volumoso, -a [volu'mozu, -ɔza] *adj* (*objeto*) bulky; (*pessoa*) big; (*obra*) large

voluntária *f*, *adj v.* **voluntário**

voluntariamente [volũwtarja'mējtʃi] *adv* voluntarily

voluntário, -a [volũw'tariw, -a] I. *m*, *f* volunteer II. *adj* voluntary

voluntarioso, -a [volũwtari'ozu, -ɔza] *adj* headstrong

volúpia [vo'lupia] *f sem pl* sensual pleasure

voluptuoso, -a [voluptu'ozu, -ɔza] *adj* voluptuous

volúvel <-eis> [vo'luvew, -ejs] *adj* (*inconstante*) fickle

volver [vow'ver] *vi* MIL **direita ~!** face right!

vomitar [vumi'tar] *vt, vi* to vomit

vômito ['vomitu] *m* vomit *no pl*; **isso causa ânsia de ~** that causes nausea

vontade [võw'tadʒi] *f* 1. (*força de ~*) willpower; **de livre e espontânea ~** of one's own free will; **má ~** unwillingness; **de boa/má ~** willingly/unwillingly; **falta de ~ política** lack of political willpower; (**não**) **ter ~ própria** (not) to decide for oneself 2. (*desejo*) wish; **ter ~ de fazer a. c.** to feel like doing sth; **fazer a. c. com ~** to do sth willingly; **fazer a.c. contra a ~** to do sth against one's will; **fazer as ~s de alguém** to do what sb wants 3. (*descontração*) **estar à ~** to be at ease; **por favor, fique à ~** please, go ahead; **sirva-se à ~** help yourself to as much as you want; **você pode dizer tudo à ~** you can feel free to say anything

voo ['vou] *m* flight; ~ **doméstico** domestic flight; ~ **por instrumentos**, ~ **cego** blind flight; ~ **livre** free flight; ~ **rasante** low-altitude flight; **levantar ~** (*avião*) to take off; (*ave*) to take (to) flight

voracidade [vorasi'dadʒi] *f sem pl* (*comida, avidez*) voracity *no pl*

voraz [vo'ras] *adj* (*faminto, ávido*) voracious

vos [vus] *pron pess* you; **Nós vos louvamos** REL We praise Thee

vós ['vɔs] *pron pess* you; **"Senhor, vós sois bondoso..."** REL "Lord, Thou art good ..."

> **Gramática** The personal pronoun **vós** is seldom if ever used in Brazil. The only exceptions are in biblical texts and some (rare) rhetorical expressions.

vosso ['vɔsu] *pron poss* your *sing;* **o ~ filho** your son; **a vossa filha/casa** your daughter/house
votação <-ões> [vota'sɐ̃w, -'õjs] *f* voting
votar [vo'tar] **I.** *vt* (*eleger, aprovar*) to vote; (*submeter a voto*) to vote on **II.** *vi* to vote; **~ contra/a favor de a. c./ alguém** to vote against/for sth/sb; **~ em alguém** to vote for sb
voto ['vɔtu] *m* **1.** (*votação*) vote; **~ eletrônico** electronic vote, e-vote; **~ nulo/em branco** spoiled/blank vote; **~ de qualidade** casting vote; **dar um ~ de confiança** to give a vote of confidence; **ter direito de ~** to have the right to vote; **o ~ vencido do juiz** the judge's dissenting opinion **2.** (*cédula*) ballot (paper) **3.** (*promessa solene*) vow; **~ de castidade** vow of chastity; **fazer um ~ de pobreza** to make a vow of poverty
votos ['vɔtus] *mpl* (*desejos*) wishes; **~ de felicidades** wishes of happiness *pl;* **fazer ~ de a. c. a alguém** to wish sb sth
vou ['vow] *1. pres de* **ir**
vovó [vo'vɔ] *f* grandma
vovô [vo'vo] *m* grandpa
vovozinha [vovɔ'zĩɲa] *f* **bobo é a ~** silly, my eye! [*o* foot!]
voz ['vɔs] *f* **1.** (*de pessoa*) voice; **a uma (só) ~** in unison; **em ~ alta** loudly; **em ~ baixa** quietly; **a ~ do povo** the voice of the people; **perder a ~** to lose one's voice; **dar ~ de prisão a alguém** to place sb under arrest; **ela não tem ~ ativa em casa** she does not have any say at home; **ter ~ de taquara rachada** *inf* to have a harsh voice **2.** LING **~ ativa** active voice; **~ passiva** passive voice **3.** MÚS voice; **ter ~** to have a good voice
vozeirão <-ões> [vozej'rɐ̃w -'õjs] *m* deep, strong voice
vs. ['vɛrsus] *prep abr de* **versus** vs
vulcânico, -a [vuw'kɔniku, -a] *adj* volcanic; *fig* (*temperamento*) volatile
vulcão <-ões> [vuw'kɐ̃w, -'õjs] *m* volcano; **~ ativo** [*ou* **em atividade**] active volcano; **~ extinto** [*ou* **em extinção**] extinct volcano
vulgar [vuw'gar] *adj* **1.** (*usual*) commonplace **2.** (*ordinário: comportamento*) vulgar
vulgaridade [vuwgari'dadʒi] *f* **1.** (*banalidade*) banality **2.** (*grosseria*) vulgarity
vulgarizar [vuwgari'zar] **I.** *vt* (*popularizar*) to make well known; (*degradar*) to degrade **II.** *vr:* **~-se** (*popularizar-se*) to become well-known; (*degradar-se*) to degrade oneself
vulgarmente [vuwgar'mẽjtʃi] *adv* commonly
vulgo ['vuwgu] **I.** *m* common people **II.** *adv* (*conhecido*) more commonly known as, aka; **Edson Arantes do Nascimento , ~ Pelé** Edson Arantes do Nascimento, aka [*o* more commonly known as] Pelé
vulnerabilidade [vuwneɾabiʎi'dadʒi] *f sem pl* vulnerability
vulnerável <-eis> [vuwne'ɾavew, -ejs] *adj* vulnerable
vulto ['vuwtu] *m* (*imagem*) indistinct image; **de ~** (*de importância*) weighty
vultoso, -a [vuw'tozu, -'ɔza] *adj* (*soma*) hefty
vulva ['vuwva] *f* vulva

W

W, w ['dabliw] *m* W, w; **~ de Washington** W as in whiskey *Am,* W for Wendy *Brit*
wagneriano [vagneɾi'ɜnu] *m* MÚS Wagnerian
walkie-talkie [wɔwki-'tɔwki] *m* walkie-talkie
walkman [wɔwk'mɛj] <-s> *m* Walkman®
walkover [uɔw'kover] *m* (*tênis*) walkover
watt ['vat] *m* ELETR watt
web ['wɛb] *f* INFOR web
webcam [wɛb'kɐ̃m] *f* INFOR webcam

web designer ['wɛb dʒi'zajner] *mf* web designer

wesleyanismo [uɛzlejɐ'nizmu] *m sem pl* Wesleyanism *no pl*, Methodism *no pl*

western ['wɛster] *m* western (movie)

windsurfe [wĩdʒi'sɜrfi] *m sem pl* windsurfing *no pl*; **fazer** ~ to windsurf

windsurfista [wĩdʒisur'fista] *mf* windsurfer

W.O. [dabliw'ɔ] *m abr de* **walkover** walkover; **o tenista ganhou de** ~ the tennis player won by a walkover

workshop [worki'ʃɔpi] *m* workshop

www ['dabliw'dabliw'dabliw] *f abr de* World Wide Web www

X

X, x ['ʃis] *m* X, x; **cromossomo** ~ X chromosome; **raios** ~ x-rays; ~ **de xícara** X as in X-ray *Am*, X for Xmas *Brit*; **este é o** ~ **do problema** this is the crux of the matter

xá ['ʃa] *m* shah

xador [ʃa'dor] *m* chador

xadrez [ʃa'drɛs] <-es> I. *m* 1.(*jogo*) chess 2.(*tabuleiro*) chessboard 3.(*estampa*) check 4. *inf*(*cadeia*) the clink; **estar no** ~ to be behind bars II. *adj* check(ed); **camisa** ~ checked shirt

xale ['ʃaʎi] *m* shawl

xamã [ʃa'mã] *m* shaman

xampu [ʃɐ̃'pu] *m* shampoo

xangô [ʃɐ̃'go] *m* one of the most powerful gods of Afro-Brazilian religions, whose anger is expressed as thunder and lightning

xará [ʃa'ra] *mf* (*de nome próprio idêntico*) namesake; *inf*(*cara, companheiro*) pal

xaropada [ʃaro'pada] *f inf*bore; **o filme era uma** ~ **sem fim** the movie was so slow it almost stopped

xarope [ʃa'ɔpi] *m* 1.(*para a tosse*) cough syrup 2. *inf*bore

xavantes [ʃa'vɐ̃ts] *mfpl* Chavante Indians in eastern Mato Grosso and northern Goiás

xavecar [ʃa'vɛkar] *vt* <c→qu> (*paquerar*) to make a pass

xaveco [ʃa'vɛku] *m* 1.(*cantada*) pass; **ele passou um** ~ **na garota** *inf* he made a pass at the girl 2. **um** ~ (*coisa*) a trifle; (*pessoa*) a nobody

xaxado [ʃa'ʃadu] *m* kind of tap dance originally from Pernambuco and only for men, spread throughout the Northeast by bandits

xaxim [ʃa'ʃĩj] <-ins> *m* planter made from a tree trunk

xelim [ʃe'ʎĩj] <-ins> *m* shilling

xenófoba [ʃe'nɔfoba] *f, adj v.* **xenófobo**

xenofobia [ʃenofo'bia] *f sem pl* xenophobia *no pl*

xenófobo, -a [ʃe'nɔfobu, -a] I. *m, f* xenophobe II. *adj* xenophobic

xenônio [ʃe'noniw] *m sem pl* QUÍM xenon *no pl*

xepa ['ʃepa] *f inf*(*comida*) grub *no pl*; *reg* (*na feira*) produce sold off at the end of a market day

xeque ['ʃɛki] *m* 1.(*árabe*) sheik 2.(*em xadrez*) check; **estar em** ~ to be in check; **pôr alguém em** ~ to put sb in check; *fig* to cast doubt on sb

xeque-mate ['ʃɛki-'matʃi] <xeques-mate(s)> *m* checkmate; **fazer** ~ to checkmate; **estar em** ~ to be in checkmate; **pôr alguém em** ~ to put sb in checkmate

xereta [ʃe'reta] I. *mf inf* (*bisbilhoteiro*) busybody II. *adj* nosy; **ele é muito** ~ he is very nosy

xeretar [ʃere'tar] *vt* to pry; **eles adoram** ~ **a vida alheia** they love to pry into other people's lives

xerez [ʃe'res] *m* sherry

xerife [ʃe'rifi] *m* sheriff

xerocar [ʃero'kar] <c→qu> *vt* to photocopy, to xerox

xerox [ʃe'ɔks], **xérox** *m sem pl* 1.(*fotocópia*) photocopy 2.(*máquina*) photocopier

xexé [ʃe'ʃɛ] I. *mf* (*no carnaval*) typical carnival character as a ridiculous, old, senile man armed with a wooden knife II. *adj inf* (*caduco*: velho, homem) feeble-minded; (*idiota*) ridiculous

xexelento, -a [ʃeʃe'lẽjtu, -a] *adj pej* (*hotel, atendimento*) shoddy

xexéu [ʃe'ʃew] *m inf* (*odor*) musky stench

xícara ['ʃikaɾa] *f* cup

xiita [ʃi'ita] *mf* Shiite
xilindró [ʃiʎĩj'drɔ] *m inf* (*prisão*) the slammer
xilofone [ʃilo'fɔni] *m* xylophone
xilografia [ʃilogra'fia] *f* xylography, woodcutting
xilogravura [ʃilogra'vura] *f* woodcut
xingamento [ʃĩga'mẽjtu] *m* curse
xingar [ʃĩ'gar] *vt* <g→gu> (*insultar*) to call names; (*usar palavrões*) to curse, to swear
xinguano, -a [ʃĩgu'ɜnu, -a] **I.** *m, f sb or sth from the Xingu National Park, a large indigenous reserve in Mato Grosso* **II.** *adj* Xingu
xinxim [ʃĩj'ʃĩj] <-ins> *m* GASTR *dish of African origin, consisting of chicken seasoned with salt and stewed with shrimp, onions garlic, peanuts and cashew nuts*
xisto ['ʃistu] *m* schist
xixi [ʃi'ʃi] *m sem pl, inf* pee; **fazer ~** to pee
xô ['ʃo] *interj* ~! shoo!
xodó [ʃo'dɔ] *m* **1.** (*paixão*) love; **o caçula é o ~ da família** the youngest is the darling of the family **2.** (*carinho*) affection
xote ['ʃɔtʃi] *m folk adaptation of the schottische, danced to accordion music*
xoxota [ʃo'ʃɔta] *f chulo* cunt

Y

Y, y ['ipsilõw] *m* Y, y; **cromossomo ~** Y chromosome
yakuza [ja'kuza] *f* yakuza
yang ['jɜ̃ŋ] *m* yang
yin ['ĩj] *m* yin
yuppie ['jupi] *m* yuppie

Z

Z ['ze], **z** *m* Z, z; **~ de zebra** Z as in zebra *Am*, Z for zebra *Brit*
zagueiro [za'gejru] *m* FUT fullback, defender
Zaire ['zajri] *m* Zaire
Zâmbia [zaɜ̃ŋbia] *f* Zambia
zanga ['zɜ̃ŋga] *f* anger
zangado, -a [zɜ̃ŋ'gadu, -a] *adj* angry, mad; **estar ~ com alguém (por a. c.)** to be mad at sb (about sth)
zangão <-ões *ou* -ãos> [zɜ̃ŋ'gɜ̃w, -'õjs, -'ɜ̃ws] *m* ZOOL drone
zangar [zɜ̃ŋ'gar] <g→gu> **I.** *vt* (*aborrecer*) to anger **II.** *vr:* ~-**se** to get angry; **~ com alguém/a. c. (por a. c.)** to get mad at sb/sth (over sth)
zangões *m pl de* **zangão**
zanzar [zɜ̃ŋ'zar] *vi* to roam
zapeada [zapi'ada] *f* TV **dar uma ~** to zap
zapear [zapʒi'ar] *conj como passear vt, vi* TV to zap
zarolho, -a [za'roʎu, -a] *adj* (*vesgo*) squint-eyed; (*cego de um olho*) blind in one eye
zarpar [zar'par] *vi* **1.** (*barco*) to weigh anchor, to set sail **2.** *inf* (*sair: pessoa*) to leave; (*fugir*) to run away
zás ['zas] *interj* ~! wham!
zé ['zɛ] *m pej* (*pessoa sem importância*) **um ~** a nobody; **~ mané, ~ das couves** Joe Schmo *Am*, Joe Bloggs *Brit*
zebra ['zebra] *f* **1.** ZOOL zebra **2.** (*de pedestres*) zebra (crossing) **3.** *pej* (*pessoa*) donkey **4.** *inf* (*contrário às expectativas*) **deu ~** things went wrong
zebrado, -a [ze'bradu, -a] *adj* black-and-white striped
zebu [ze'bu] *m* ZOOL zebu (*hump-backed ox*)
zelador(a) [zela'dor(a)] *m(f)* (*de prédio*) superintendent *Am*, caretaker *Brit*
zelar [ze'lar] *vt* to watch over; **~ por alguém/a. c.** to take care of sb/sth; **~ pelos direitos de alguém** to look after sb's interests
zelo ['zelu] *m* zeal
zeloso, -a [ze'lozu, -ɔza] *adj* zealous; **ele é muito ~ do seu trabalho** he is very zealous in his work
zen ['zẽj] *m sem pl* REL Zen *no pl*

zen-budismo ['zēj-bu'dʒizmu] *m sem pl* Zen Buddhism

zé-ninguém ['zɛ-nĩj'gēj] <zés--ninguéns *ou* zés-ninguém> *m* **um ~** a nobody

zênite ['zenitʃi] *m sem pl* ASTRON *fig tb.* zenith *no pl*

zepelim [zepe'ʎĩj] <-ins> *m* AERO zeppelin

zé-povinho ['zɛ-po'vĩɲu] <zé(s)-povinhos> *m* the man in the street; **o ~** the plebs *pl*

zero ['zɛru] **I.** *m sem pl* zero; **começar do zero** to start from scratch; **ficar a ~** *inf* to be broke; **ser um ~ à esquerda** *fig* to be a good-for-nothing; **voltar à estaca ~** *fig* to go back to the drawing board **II.** *num* card zero

zero-quilômetro ['zɛru-ki'lometru] *adj inv* (*veículo, máquina*) brand new

ziguezague [zigi'zagi] *m* zigzag; **andar em ~** (*pessoa, veículo*) to zigzag

ziguezaguear [zigizagi'ar] *conj como passear vi* (*pessoa, veículo*) to zigzag

Zimbábue [zĩj'bawi] *m* Zimbabwe

zimbro ['zĩjbru] *m* juniper

zinco ['zĩjku] *m sem pl* zinc *no pl*

zinho ['zĩɲu] *m pej* **um ~** a nobody

zíper ['ziper] <-es> *m* zipper

zoar [zu'ar] *vi* <*1. pess pres* zoo> *inf* (*brincar*) to kid

zodiacal <-ais> [zodʒia'kaw, -'ajs] *adj* zodiacal

zodíaco [zo'dʒiaku] *m* zodiac; **signo do ~** sign of the zodiac

zoeira [zu'ejra] *f* <*1.* (*de abelhas, de vozes*) buzz; (*de crianças*) racket

zombar [zõw'bar] *vi* **~ de alguém** to make fun of sb

zombaria [zõwba'ria] *f* mockery

zombeteiro, -a [zõwbe'tejru, -a] **I.** *m, f* mocker **II.** *adj* mocking

zona ['zona] *f* **1.** (*de país, cidade*) zone; **~ franca** duty-free zone; **~ industrial** industrial zone; **~ de livre comércio** free-trade zone; **~ tropical** Torrid Zone **2.** (*área de prostituição*) red-light district; **cair na ~** *gír* (*cair na farra*) to party **3.** (*confusão*) mess; **as crianças fizeram uma ~ no quarto** the children made a mess in the bedroom **4.** MED region

zonear [zoni'ar] *conj como passear vt* (*dividir por zonas*) to zone; *inf* (*fazer bagunça*) to make a mess; *inf* (*provocar tumulto*) to cause trouble

zoneiro [zo'nejru] *m* troublemaker

zonzo, -a ['zõwzu, -a] *adj* dizzy

zoóloga *f v.* **zoólogo**

zoologia [zoolo'ʒia] *f sem pl* zoology *no pl*

zoológico [zoo'lɔʒiku] *m* (*parque*) zoo

zoológico, -a [zoo'lɔʒiku, -a] *adj* zoological; **jardim ~** zoo

zoólogo, -a [zo'ɔlogu, -a] *m, f* zoologist

zoom ['zũw] *m sem pl*, **zum** ['zũw] *m* FOTO zoom

zumbi [zũw'bi] *m* (*alma*) zombie

Zumbi [zũw'bi] *m* HIST *chief of the Palmares quilombo of fugitive slaves*

zumbido [zũw'bidu] *m* (*de insetos, máquinas, vozes*) buzz; (*nos ouvidos*) ringing

zumbir [zũw'bir] *vi impess* **1.** (*inseto*) to buzz; (*máquina*) to hum **2.** (*ouvidos*) to ring

zunir [zu'nir] *vi impess* (*vento, bala*) to whistle; (*inseto*) to buzz; (*máquina*) to hum

zunzum [zũw'zũw] <-uns> *m* (*ruído, vozes, boato*) buzz

zunzunar [zũwzu'nar] *vi impess* (*vento, bala*) to whistle; (*inseto*) to buzz; (*máquina*) to hum; (*boatos*) to spread

zunzuns *m pl de* **zunzum**

zureta [zu'reta] **I.** *mf* unbalanced person **II.** *adj* (*fora do juízo*) touched

Zurique [zu'riki] *f* Zurich

zurrapa [zu'xapa] *f* (*sabor*) corked wine; (*qualidade*) plonk

zurrar [zu'xar] *vi* **1.** (*mula, asno*) to bray **2.** (*falar asneira*) to talk nonsense

zurro ['zuxu] *m* bray

Verbos ingleses irregulares
English irregular verbs

Infinitive	Past	Past Participle
abide	abode, abided	abode, abided
arise	arose	arisen
awake	awoke	awaked, awoken
be	was *sing*, were *pl*	been
bear	bore	borne
beat	beat	beaten
become	became	become
beget	begot	begotten
begin	began	begun
behold	beheld	beheld
bend	bent	bent
beseech	besought	besought
beset	beset	beset
bet	bet, betted	bet, betted
bid	bade, bid	bid, bidden
bind	bound	bound
bite	bit	bitten
bleed	bled	bled
blow	blew	blown
break	broke	broken
breed	bred	bred
bring	brought	brought
build	built	built
burn	burned, burnt	burned, burnt
burst	burst	burst
buy	bought	bought
can	could	–
cast	cast	cast
catch	caught	caught
chide	chided, chid	chided, chidden, chid
choose	chose	chosen
cleave[1] *(cut)*	clove, cleaved	cloven, cleaved, cleft
cleave[2] *(adhere)*	cleaved, clave	cleaved
cling	clung	clung
come	came	come
cost	cost, costed	cost, costed

Infinitive	Past	Past Participle
creep	crept	crept
cut	cut	cut
deal	dealt	dealt
dig	dug	dug
do	did	done
draw	drew	drawn
dream	dreamed, dreamt	dreamed, dreamt
drink	drank	drunk
drive	drove	driven
dwell	dwelt	dwelt
eat	ate	eaten
fall	fell	fallen
feed	fed	fed
feel	felt	felt
fight	fought	fought
find	found	found
flee	fled	fled
fling	flung	flung
fly	flew	flown
forbid	forbad(e)	forbidden
forget	forgot	forgotten
forsake	forsook	forsaken
freeze	froze	frozen
get	got	got, gotten *Am*
gild	gilded, gilt	gilded, gilt
gird	girded, girt	girded, girt
give	gave	given
go	went	gone
grind	ground	ground
grow	grew	grown
hang	hung, jur hanged	hung, jur hanged
have	had	had
hear	heard	heard
heave	heaved, hove	heaved, hove
hew	hewed	hewed, hewn
hide	hid	hidden
hit	hit	hit
hold	held	held
hurt	hurt	hurt

Infinitive	Past	Past Participle
keep	kept	kept
kneel	knelt	knelt
know	knew	known
lade	laded	laden, laded
lay	laid	laid
lead	led	led
lean	leaned, leant	leaned, leant
leap	leaped, leapt	leaped, leapt
learn	learned, learnt	learned, learnt
leave	left	left
lend	lent	lent
let	let	let
lie	lay	lain
light	lit, lighted	lit, lighted
lose	lost	lost
make	made	made
may	might	–
mean	meant	meant
meet	met	met
mistake	mistook	mistaken
mow	mowed	mown, mowed
pay	paid	paid
put	put	put
quit	quit, quitted	quit, quitted
read [ri:d]	read [red]	read [red]
rend	rent	rent
rid	rid	rid
ride	rode	ridden
ring	rang	rung
rise	rose	risen
run	ran	run
saw	sawed	sawed, sawn
say	said	said
see	saw	seen
seek	sought	sought
sell	sold	sold
send	sent	sent
set	set	set
sew	sewed	sewed, sewn

Infinitive	Past	Past Participle
shake	shook	shaken
shave	shaved	shaved, shaven
stave	stove, staved	stove, staved
steal	stole	stolen
shear	sheared	sheared, shorn
shed	shed	shed
shine	shone	shone
shit	shit, *iron* shat	shit, *iron* shat
shoe	shod	shod
shoot	shot	shot
show	showed	shown, showed
shrink	shrank	shrunk
shut	shut	shut
sing	sang	sung
sink	sank	sunk
sit	sat	sat
slay	slew	slain
sleep	slept	slept
slide	slid	slid
sling	slung	slung
slink	slunk	slunk
slit	slit	slit
smell	smelled, smelt	smelled, smelt
smite	smote	smitten
sow	sowed	sowed, sown
speak	spoke	spoken
speed	speeded, sped	speeded, sped
spell	spelled, spelt	spelled, spelt
spend	spent	spent
spill	spilled, spilt	spilled, spilt
spin	spun	spun
spit	spat	spat
split	split	split
spoil	spoiled, spoilt	spoiled, spoilt
spread	spread	spread
spring	sprang	sprung
stand	stood	stood
stick	stuck	stuck
sting	stung	stung

Infinitive	Past	Past Participle
stink	stank	stunk
strew	strewed	strewed, strewn
stride	strode	stridden
strike	struck	struck
string	strung	strung
strive	strove	striven
swear	swore	sworn
sweep	swept	swept
swell	swelled	swollen
swin	swam	swum
swing	swung	swung
take	took	taken
teach	taught	taught
tear	tore	torn
tell	told	told
think	thought	thought
thrive	throve, thrived	thriven, thrived
throw	threw	thrown
thrust	thrust	thrust
tread	trod	trodden
wake	woke, waked	woken, waked
wear	wore	worn
weave	wove	woven
weep	wept	wept
win	won	won
wind	wound	wound
wring	wrung	wrung
write	wrote	written

Os verbos portugueses regulares e irregulares
Portuguese Regular and Irregular Verbs

Abreviaturas:

fut. subj.	futuro do subjuntivo
fut. pret.	futuro do pretérito
imp. subj.	imperfeito do subjuntivo
imper. afirm.	imperativo afirmativo
inf. pess.	infinitivo pessoal
m.-q.-perf.	mais-que-perfeito
pres. subj.	presente do subjuntivo
pret. imp.	pretérito imperfeito do indicativo
pret. perf.	pretérito perfeito do indicativo

Os pronomes pessoais

Para melhor entendimento das tabelas a seguir, deve-se considerar:

falo	1ª pessoa do singular	**eu**
falas	2ª pessoa do singular	**tu**
fala	3ª pessoa do singular	**ele, ela, você, o senhor, a senhora**
falamos	1ª pessoa do plural	**nós**
falam	2ª/3ª pessoa do plural	**eles, elas, vocês, os senhores, as senhoras**

A segunda pessoa do plural **vós** não é usada no português atual. Sendo assim, o plural da segunda pessoa do singular **tu** passa a ser **vocês**.

Verbos regulares que terminam em *-ar, -er* e *-ir*

falar

presente	pret. imp.	pret. perf.	m.-q.-perf.	futuro	
falo	falava	falei	falara	falarei	**gerúndio**
falas	falavas	falaste	falaras	falarás	falando
fala	falava	falou	falara	falará	
falamos	falávamos	falamos	faláramos	falaremos	**particípio**
falam	falavam	falaram	falaram	falarão	falado

fut. pret.	pres. subj.	imp. subj.	fut. subj.	imper. afirm.	inf. pess.
falaria	fale	falasse	falar		falar
falarias	fales	falasses	falares	fala	falares
falaria	fale	falasse	falar	fale	falar
falaríamos	falemos	falássemos	falarmos	falemos	falarmos
falariam	falem	falassem	falarem	falem	falarem

vender

presente	pret. imp.	pret. perf.	m.-q.-perf.	futuro	
vendo	vendia	vendi	vendera	venderei	**gerúndio**
vendes	vendias	vendeste	venderas	venderás	vendendo
vende	vendia	vendeu	vendera	venderá	
vendemos	vendíamos	vendemos	vendêramos	venderemos	**particípio**
vendem	vendiam	venderam	venderam	venderão	vendido

fut. pret.	pres. subj.	imp. subj.	fut. subj.	imper. afirm.	inf. pess.
venderia	venda	vendesse	vender		vender
venderias	vendas	vendesses	venderes	vende	venderes
venderia	venda	vendesse	vender	venda	vender
venderíamos	vendamos	vendêssemos	vendermos	vendamos	vendermos
venderiam	vendam	vendessem	venderem	vendam	venderem

partir

presente	pret. imp.	pret. perf.	m.-q.-perf.	futuro	
parto	partia	parti	partira	partirei	**gerúndio**
partes	partias	partiste	partiras	partirás	partindo
parte	partia	partiu	partira	partirá	
partimos	partíamos	partimos	partíramos	partiremos	**particípio**
partem	partiam	partiram	partiram	partirão	partido

fut. pret.	pres. subj.	imp. subj.	fut. subj.	imper. afirm.	inf. pess.
partiria	parta	partisse	partir		partir
partirias	partas	partisses	partires	parte	partires
partiria	parta	partisse	partir	parta	partir
partiríamos	partamos	partíssemos	partirmos	partamos	partirmos
partiriam	partam	partissem	partirem	partam	partirem

Verbos regulares que terminam em –air

sair

presente	pret. imp.	pret. perf.	m.-q.-perf.	futuro	
saio	saía	saí	saíra	sairei	**gerúndio**
sais	saías	saíste	saíras	sairás	saindo
sai	saía	saiu	saíra	sairá	
saímos	saíamos	saímos	saíramos	sairemos	**particípio**
saem	saíam	saíram	saíram	sairão	saído

fut. pret.	pres. subj.	imp. subj.	fut. subj.	imper. afirm.	inf. pess.
sairia	saia	saísse	sair		sair
sairias	saias	saísses	saíres	sai	saíres
sairia	saia	saísse	sair	saia	sair
sairíamos	saiamos	saíssemos	sairmos	saiamos	sairmos
sairiam	saiam	saíssem	saírem	saiam	saírem

Verbos regulares que terminam em –ear

passear

presente	pret. imp.	pret. perf.	m.-q.-perf.	futuro	
passeio	passeava	passeei	passeara	passearei	**gerúndio**
passeias	passeavas	passeaste	passearas	passearás	passeando
passeia	passeava	passeou	passeara	passeará	
passeamos	passeávamos	passeamos	passeáramos	passearemos	**particípio**
passeiam	passeavam	passearam	passearam	passearão	passeado

fut. pret.	pres. subj.	imp. subj.	fut. subj.	imper. afirm.	inf. pess.
passearia	passeie	passeasse	passear		passear
passearias	passeies	passeasses	passeares	passeia	passeares
passearia	passeie	passeasse	passear	passeie	passear
passearíamos	passeemos	passeássemos	passearmos	passeemos	passearmos
passearão	passeiem	passeassem	passearem	passeiem	passearem

Verbos regulares que terminam em –oar

voar

presente
voo
voas
voa
voamos
voam

Verbos regulares que terminam em –oer

doer

presente	pret. imp.	pret. perf.	m.-q.-perf.	futuro	
					gerúndio
					doendo
dói	doía	doeu	doera	doerá	
					particípio
doem	doíam	doeram	doeram	doerão	doído

fut. pret.	pres. subj.	imp. subj.	fut. subj.	inf. pess.
doeria	doa	doesse	doer	doer
doeriam	doam	doessem	doerem	doerem

roer

presente	pret. imp.	pret. perf.	m.-q.-perf.	futuro	
roo	roía	roí	roera	roerei	**gerúndio**
róis	roías	roeste	roeras	roerás	roendo
rói	roía	roeu	roera	roerá	
roemos	roíamos	roemos	roêramos	roeremos	**particípio**
roem	roíam	roeram	roeram	roerão	roído

fut. pret.	pres. subj.	imp. subj.	fut. subj.	imper. afirm.	inf. pess.
roeria	roa	roesse	roer		roer
roerias	roas	roesses	roeres	rói	roeres
roeria	roa	roesse	roer	roa	roer
roeríamos	roamos	roêssemos	roermos	roamos	roermos
roeriam	roam	roessem	roerem	roam	roerem

Verbos regulares que terminam em –*uar*

averiguar

pret. perf.	pres. subj.	imper. afirm.
averiguei	averigue	
averiguaste	averigues	averigua
averiguou	averigue	averigue
averiguamos	averiguemos	averiguemos
averiguaram	averiguem	averiguem

Verbos regulares que terminam em –*uir*

incluir

presente	pret. imp.	pret. perf.	m.-q.-perf.	futuro	
incluo	incluía	incluí	incluíra	incluirei	**gerúndio**
incluis	incluías	incluíste	incluíras	incluirás	incluindo
inclui	incluía	incluiu	incluíra	incluirá	
incluímos	incluíamos	incluímos	incluíramos	incluiremos	**particípio**
incluem	incluíam	incluíram	incluíram	incluirão	incluído

fut. pret.	pres. subj.	imp. subj.	fut. subj.	imper. afirm.	inf. pess.
incluiria	inclua	incluísse	incluir		incluir
incuirias	incluas	incluísses	incluíres	inclui	incluíres
incluiria	inclua	incluísse	incluirem	inclua	incluir
incluiríamos	incluamos	incluíssemos	incluirmos	incluamos	incluirmos
incluiriam	incluam	incluíssem	incluírem	incluam	incluírem

Verbos regulares com alterações ortográficas

<c → qu> ficar

pret. perf.	pres. subj.	imper. afirm.
fiquei	fique	
ficaste	fiques	fica
ficou	fique	fique
ficamos	fiquemos	fiquemos
ficaram	fiquem	fiquem

<c → ç>   agradecer

presente	pres. subj.	imp. afirm.
agradeço	agradeça	
agradeces	agradeças	agradece
agradece	agradeça	agradeça
agradecemos	agradeçamos	agradeçamos
agradecem	agradeçam	agradeçam

<ç → c>   dançar

pret. perf.	pres. subj.	imp. afirm.
dancei	dance	
dançaste	dances	dança
dançou	dance	dance
dançamos	dancemos	dancemos
dançaram	dancem	dancem

<g → j>   corrigir

presente	pres. subj.	imper. afirm.
corrijo	corrija	
corriges	corrijas	corrige
corrige	corrija	corrija
corrigimos	corrijamos	corrijamos
corrigem	corrijam	corrijam

<g → gu>   alugar

pret. perf.	pres. subj.	imper. afirm.
aluguei	alugue	
alugaste	alugues	aluga
alugou	alugue	alugue
alugamos	aluguemos	aluguemos
alugaram	aluguem	aluguem

<i → í>   proibir

presente	pres. subj.	imper. afirm.
proíbo	proíba	
proíbes	proíbas	proíbe
proíbe	proíba	proíba
proibimos	proibamos	proibamos
proíbem	proíbam	proíbam

<u → ú>   saudar

presente	pres. subj.	imper. afirm.
saúdo	saúde	
saúdas	saúdes	saúda
saúda	saúde	saúde
saudamos	saudemos	saudemos
saúdam	saúdem	saúdem

Verbos regulares com particípios irregulares

infinitivo	particípio
abrir	aberto
escrever	escrito

Verbos regulares com particípios duplos

infinitivo	particípio irreg.	particípio reg.
aceitar	aceito	aceitado
acender	aceso	acendido
assentar	assente	assentado
despertar	desperto	despertado
eleger	eleito	elegido
emergir	emerso	emergido
entregar	entreque	entregado
enxugar	enxuto	enxugado
expressar	expresso	expressado
exprimir	expresso	exprimido
expulsar	expulso	expulsado
extinguir	extinto	extinguido
fartar	farto	fartado
ganhar	ganho	ganhado

infinitivo	particípio irreg.	particípio reg.
gastar	gasto	gastado
imergir	imerso	imergido
imprimir	impreso	imprimido
juntar	junto	juntado
libertar	liberto	libertado
limpar	limpo	limpado
matar	morto	matado
pagar	pago	pagado
prender	preso	prendido
salvar	salvo	salvado
secar	seco	secado
segurar	seguro	segurado
soltar	solto	soltado
submergir	submerso	submergido
sujeitar	sujeito	sujeitado
suspender	suspenso	suspendido

Os verbos irregulares

aprazer

presente	pret. imp.	pret. perf.	m.-q.-perf.	futuro	
					gerúndio
					aprazendo
apraz	aprazia	aprouve	aprouvera	aprazerá	
					particípio
aprazem	apraziam	aprouveram	aprouveram	aprazerão	aprazido

fut. pret.	pres. subj.	imp. subj.	fut. subj.	inf. pess.
aprazeria	apraza	aprouvesse	aprouver	aprazer
aprazeriam	aprazam	aprouvessem	aprouverem	aprazerem

caber

presente	pret. imp.	pret. perf.	m.-q.-perf.	futuro	
caibo	cabia	coube	coubera	caberei	**gerúndio**
cabes	cabias	coubeste	couberas	caberás	cabendo
cabe	cabia	coube	coubera	caberá	
cabemos	cabíamos	coubemos	coubéramos	caberemos	**particípio**
cabem	cabiam	couberam	couberam	caberão	cabido

fut. pret.	pres. subj.	imp. subj.	fut. subj.	imper. afirm.	inf. pess.
caberia	caiba	coubesse	couber		caber
caberias	caibas	coubesses	couberes	cabe	caberes
caberia	caiba	coubesse	couber	caiba	caber
caberíamos	caibamos	coubéssemos	coubermos	caibamos	cabermos
caberiam	caibam	coubessem	couberem	caibam	caberem

construir

presente	pret. imp.	pret. perf.	m.-q.-perf.	futuro	
construo	construía	construí	construíra	construirei	**gerúndio**
constróis	construías	construíste	construíras	construirás	construindo
constrói	construía	construiu	construíra	construirá	
construímos	construíamos	construímos	construíramos	construiremos	**particípio**
constroem	construíam	construíram	construíram	construirão	construído

fut. pret.	pres. subj.	imp. subj.	fut. subj.	imper. afirm.	inf. pess.
construiria	construa	constuísse	construir		construir
construirias	construas	construísses	construíres	constrói	construíres
construiria	construa	construísse	construir	contrua	construir
construiríamos	construamos	construíssemos	construirmos	construamos	construirmos
construiriam	construam	construíssem	construírem	construam	construírem

convergir

presente	pret. imp.	pret. perf.	m.-q.-perf.	futuro	
convirjo	convergia	convergi	convergira	comvergirei	**gerúndio**
converges	convergias	convergiste	convergiras	convergirás	convergindo
converge	convergia	convergiu	convergira	convergirá	
convergimos	convergíamos	convergimos	convergíramos	convergiremos	**particípio**
convergem	convergiam	convergiram	convergiram	convergirão	convergido

fut. pret.	pres. subj.	imp. subj.	fut. subj.	imper. afirm.	inf. pess.
convergiria	convirja	convergisse	convergir		convergir
convergirias	convirjas	convergisses	convergires	converge	convergires
convergiria	convirja	convergisse	convergir	convirja	convergir
convergiríamos	convirjamos	convergíssemos	comvergirmos	convirjamos	convergirmos
convergiriam	convirjam	convergissem	convergirem	convirjam	convergirem

crer

presente	pret. imp.	pret. perf.	m.-q.-perf.	futuro	
creio	cria	cri	crera	crerei	**gerúndio**
crês	crias	creste	creras	crerás	crendo
crê	cria	creu	crera	crerá	
cremos	críamos	cremos	crêramos	creremos	**particípio**
creem	criam	creram	creram	crerão	crido

fut. pret.	pres. subj.	imp. subj.	fut. subj.	imper. afirm.	inf. pess.
creria	creia	cresse	crer		crer
crerias	creias	cresses	creres	crê	creres
creria	creia	cresse	crer	creia	crer
creríamos	creiamos	crêssemos	crermos	creiamos	crermos
creriam	creiam	cressem	crerem	creiam	crerem

dar

presente	pret. imp.	pret. perf.	m.-q.-perf.	futuro	
dou	dava	dei	dera	darei	**gerúndio**
dás	davas	deste	deras	darás	dando
dá	dava	deu	dera	dará	
damos	dávamos	demos	déramos	daremos	**particípio**
dão	davam	deram	deram	darão	dado

fut. pret.	pres. subj.	imp. subj.	fut. subj.	imper. afirm.	inf. pess.
daria	dê	desse	der		dar
darias	dês	desses	deres	dá	dares
daria	dê	desse	der	dê	dar
daríamos	demos	déssemos	dermos	demos	darmos
dariam	deem	dessem	derem	deem	darem

dizer

presente	pret. imp.	pret. perf.	m.-q.-perf.	futuro	
digo	dizia	disse	dissera	direi	**gerúndio**
dizes	dizias	disseste	disseras	dirás	dizendo
diz	dizia	disse	dissera	dirá	
dizemos	dizíamos	dissemos	disséramos	diremos	**particípio**
dizem	diziam	disseram	disseram	dirão	dito

fut. pret.	pres. subj.	imp. subj.	fut. subj.	imper. afirm.	inf. pess.
diria	diga	dissesse	disser		dizer
dirias	digas	dissesses	disseres	diz	dizeres
diria	diga	dissesse	disser	diga	dizer
diríamos	digamos	disséssemos	dissermos	digamos	dizermos
diriam	digam	dissessem	disserem	digam	dizerem

dormir

presente	pret. imp.	pret. perf.	m.-q.-perf.	futuro	
durmo	dormia	dormi	dormira	dormirei	**gerúndio**
dormes	dormias	dormiste	dormiras	dormirás	dormindo
dorme	dormia	dormiu	dormira	dormirá	
dormimos	dormíamos	dormimos	dormíramos	dormiremos	**particípio**
dormem	dormiam	dormiram	dormiram	dormirão	dormido

fut. pret.	pres. subj.	imp. subj.	fut. subj.	imper. afirm.	inf. pess.
dormiria	durma	dormisse	dormir		dormir
dormirias	durmas	dormisses	dormires	dorme	dormires
dormiria	durma	dormisse	dormir	durma	dormir
dormiríamos	durmamos	dormíssemos	dormirmos	durmamos	dormirmos
dormiriam	durmam	dormissem	dormirem	durmam	dormirem

estar

presente	pret. imp.	pret. perf.	m.-q.-perf.	futuro	
estou	estava	estive	estivera	estarei	**gerúndio**
estás	estavas	estiveste	estiveras	estarás	estando
está	estava	esteve	estivera	estará	
estamos	estávamos	estivemos	estivéramos	estaremos	**particípio**
estão	estavam	estiveram	estiveram	estarão	estado

fut. pret.	pres. subj.	imp. subj.	fut. subj.	imper. afirm.	inf. pess.
estaria	esteja	estivesse	estiver		estar
estarias	estejas	estivesses	estiveres	está	estares
estaria	esteja	estivesse	estiver	esteja	estar
estaríamos	estjamos	estivéssemos	estivermos	estejamos	estarmos
estariam	estejam	estivessem	estiverem	estejam	estarem

fazer

presente	pret. imp.	pret. perf.	m.-q.-perf.	futuro	
faço	fazia	fiz	fizera	farei	**gerúndio**
fazes	fazias	fizeste	fizeras	farás	fazendo
faz	fazia	fez	fizera	fará	
fazemos	fazíamos	fizemos	fizéramos	faremos	**particípio**
fazem	faziam	fizeram	fizeram	farão	feito

fut. pret.	pres. subj.	imp. subj.	fut. subj.	imper. afirm.	inf. pess.
faria	faça	fizesse	fizer		fazer
farias	faças	fizesses	fizeres	faz	fazeres
faria	faça	fizesse	fizer	faça	fazer
faríamos	façamos	fizéssemos	fizermos	façamos	fazermos
fariam	façam	fizessem	fizerem	façam	fazerem

fugir

presente	pres. subj.	imper. afirm.	
fujo	fuja		**gerúndio**
foges	fujas	foge	fugindo
foge	fuja	fuja	
fugimos	fujamos	fujamos	**particípio**
fogem	fujam	fujam	fugido

haver

presente	pret. imp.	pret. perf.	m.-q.-perf.	futuro	
	havia **				**gerúndio**
	havias				havendo
há *	havia	houve	houvera	haverá	
	havíamos				**particípio**
	haviam				havido

* No português atual o verbo haver é mais freqüentemente usado como sinônimo de existir e só é conjugado na terceira pessoa do singular e
** como sinônimo de ter como verbo auxiliar no pretérito mais que perfeito composto: eu *havia comprado*/eu *tinha comprado*.

fut. pret.	pres. subj.	imp. subj.	fut. subj.	imper. afirm.	inf. pess.
haveria	haja	houvesse	houver	haja	haver

haver

presente	pret. imp.	pret. perf.	m.-q.-perf.	futuro	
hei	havia	houve	houvera	haverei	**gerúndio**
hás	havias	houveste	houveras	haverás	havendo
há	havia	houve	houvera	haverá	
havemos	havíamos	houvemos	houvéramos	haveremos	**particípio**
hão	haviam	houveram	houveram	havereão	havido

fut. pret.	pres. subj.	imp. subj.	fut. subj.	imper. afirm.	inf. pess.
haveria	haja	houvesse	houver		haver
haverias	hajas	houvesses	houveres	há	haveres
haveria	haja	houvesse	houver	haja	haver
haveríamos	hajamos	houvéssemos	houvermos	hajamos	havermos
haveriam	hajam	houvessem	houverem	hajam	haverem

ir

presente	pret. imp.	pret. perf.	m.-q.-perf.	futuro	
vou	ia	fui	fora	irei	**gerúndio**
vais	ias	foste	foras	irás	indo
vai	ia	foi	fora	irá	
vamos	íamos	fomos	fôramos	iremos	**particípio**
vão	iam	foram	foram	irão	ido

fut. pret.	pres. subj.	imp. subj.	fut. subj.	imper. afirm.	inf. pess.
iria	vá	fosse	for		ir
irias	vás	fosses	fores	vai	ires
iria	vá	fosse	for	vá	ir
iríamos	vamos	fôssemos	formos	vamos	irmos
iriam	vão	fossem	forem	vão	irem

ler

presente	pres. subj.	imper. afirm.	
leio	leia		**gerúndio**
lês	leias	lê	lendo
lê	leia	leia	
lemos	leiamos	leiamos	**particípio**
leem	leiam	leiam	lido

odiar

presente	pret. imp.	pret. perf.	m.-q.-perf.	futuro	
odeio	odiava	odiei	odiara	odiarei	**gerúndio**
odeias	odiavas	odiaste	odiaras	odiarás	odiando
odeia	odiava	odiou	odiara	odiará	
odiamos	odiávamos	odiamos	odiáramos	odiaremos	**particípio**
odeiam	odiavam	odiaram	odiaram	odiarão	odiado

fut. pret.	pres. subj.	imp. subj.	fut. subj.	imper. afirm.	inf. pess.
odiaria	odeie	odiasse	odiar		odiar
odiarias	odeies	odiasses	odiares	odeia	odiares
odiaria	odeie	odiasse	odiar	odeie	odiar
odiaríamos	odiemos	odiássemos	odiarmos	odiemos	odiarmos
odiariam	odeiem	odiassem	odiarem	odeiem	odiarem

ouvir

presente	pret. ind.	imper. afirm.	
ouço	ouça		**gerúndio**
ouves	ouças	ouve	ouvindo
ouve	ouça	ouça	
ouvimos	ouçamos	ouçamos	**particípio**
ouvem	ouçam	ouçam	ouvido

pedir

presente	pres. subj.	imper. afirm.	
peço	peça		**gerúndio**
pedes	peças	pede	pedindo
pede	peça	peça	
pedimos	peçamos	peçamos	**particípio**
pedem	peçam	peçam	pedido

perder

presente	pres. subj.	imper. afirm.	
perco	perca		**gerúndio**
perdes	percas	perde	perdendo
perde	perca	perca	
perdemos	percamos	percamos	**particípio**
perdem	percam	percam	perdido

poder

presente	pret. imp.	pret. perf.	m.-q.-perf.	futuro	
posso	podia	pude	pudera	poderei	**gerúndio**
podes	podias	pudeste	puderas	poderás	podendo
pode	podia	pôde	pudera	poderá	
podemos	podíamos	pudemos	pudéramos	poderemos	**particípio**
podem	podiam	puderam	puderam	poderão	podido

fut. pret.	pres. subj.	imp. subj.	fut. subj.	inf. pess.
poderia	possa	pudesse	puder	poder
poderias	possas	pudesses	puderes	poderes
poderia	possa	pudesse	puder	poder
poderíamos	possamos	pudéssemos	pudermos	podermos
poderiam	possam	pudessem	puderem	poderem

polir

presente	pret. imp.	pret. perf.	m.-q.-perf.	futuro	
pulo	polia	poli	polira	polirei	**gerúndio**
pules	polias	poliste	poliras	polirás	polindo
pule	polia	poliu	polira	polirá	
polimos	políamos	polimos	políramos	poliremos	**particípio**
pulem	poliam	poliram	poliram	polirão	polido

fut. pret.	pres. subj.	imp. subj.	fut. subj.	imper. afirm.	inf. pess.
poliria	pula	polisse	polir		polir
polirias	pulas	polisses	polires	pule	polires
poliria	pula	polisse	polir	pula	polir
poliríamos	pulamos	políssemos	polirmos	pulamos	polirmos
poliriam	pulam	polissem	polirem	pulam	polirem

pôr

presente	pret. imp.	pret. perf.	m.-q.-perf.	futuro	
ponho	punha	pus	pusera	porei	**gerúndio**
pões	punhas	puseste	puseras	porás	pondo
põe	punha	pôs	pusera	porá	
pomos	púnhamos	pusemos	puséramos	poremos	**particípio**
põem	punham	puseram	puseram	porão	posto

fut. prêt.	pres. subj.	imp. subj.	fut. subj.	imper. afirm.	inf. pess.
poria	ponha	pusesse	puser		pôr
porias	ponhas	pusesses	puseres	põe	pores
poria	ponha	pusesse	puser	ponha	pôr
poríamos	ponhamos	puséssemos	pusermos	ponhamos	pormos
poriam	ponham	pusessem	puserem	ponham	porem

preferir

presente	pres. subj.	imper. afirm	
prefiro	prefira		**gerúndio**
preferes	prefiras	prefere	preferindo
prefere	prefira	prefira	
preferimos	prefiramos	prefiramos	**particípio**
preferem	prefiram	prefiram	preferido

prevenir

presente	pres. subj.	imper. afirm.	
previno	previna		**gerúndio**
prevines	previnas	previne	prevenindo
previne	previna	previna	
prevenimos	previnamos	previnamos	**particípio**
previnem	previnam	previnam	prevenido

querer

presente	pret. imp.	pret. perf.	m.-q.-perf.	futuro*	
quero	queria	quis	quisera	quererei	**gerúndio**
queres	querias	quiseste	quiseras	quererás	querendo
quer	queria	quis	quisera	quererá	
queremos	queríamos	quisemos	quiséramos	quereremos	**particípio**
querem	queriam	quiseram	quiseram	quererão	querido

*pouco usado

fut. pret.*	pres. subj.	imp. subj.	fut. subj.	imper. afirm.	inf. pess.
quereria	queira	quisesse	quiser		querer
quererias	queiras	quisesses	quiseres	quer	quereres
quereria	queira	quisesse	quiser	queira	querer
quereríamos	queiramos	quiséssemos	quisermos	queiramos	querermos
quereriam	queiram	quisessem	quiserem	queiram	quererem

*pouco usado

reaver

presente	pret. imp.	pret. perf.	m.-q.-perf.	futuro*	
	reavia	reouve	reouvera	reaverei	**gerúndio**
	reavias	reouveste	reouveras	reaverás	reavendo
	reavia	reouve	reouvera	reaverá	
reavemos	reavíamos	reouvemos	reouvéramos	reaveremos	**particípio**
					reavido
	reaviam	reouveram	reouveram	reaverão	

fut. pret.	imp. subj.	fut. subj.	inf. pess.
reaveria	reouvesse	reouver	reaver
reaverias	reouvesses	reouveres	reaveres
reaveria	reouvesse	reouver	reaver
reaveríamos	reouvéssemos	reouvermos	reavermos
reaveriam	reouvessem	reouverem	reaverem

*pouco usado

refletir

presente	subj. pres.	imper. afirm.	
reflito	reflita		**gerúndio**
refletes	reflitas	reflete	refletindo
reflete	reflita	reflita	
relfetimos	reflitamos	reflitamos	**particípio**
refletem	reflitam	relflitam	refletido

requerer

presente	pret. imp.	pret. perf.	m.-q.-perf.	futuro	
requeiro	requeria	requeri	requerera	requererei	**gerúndio**
requeres	requerias	requereste	requereras	requererás	requerendo
requer/ requere	requeria	requereu	requerera	requererá	
requeremos	requeríamos	requeremos	requerêramos	requereremos	**particípio**
					requerido
requerem	requeriam	requereram	requereram	requererão	

fut. pret.	pres. subj.	imp. subj.	fut. subj.	imper. afirm.	inf. pess.
requereria	requeira	requeresse	requerer		requerer
requererias	requeiras	requeresses	requereres	requer/ requere	requereres
requereria	requeira	requeresse	requerer	requeira	requerer
requereríamos	requeiramos	requerêssemos	requerermos	requeiramos	requerermos
requereriam	requeiram	requeressem	requererem	requeiram	requererem

rir

presente		
rio	**gerúndio**	
ris	rindo	
ri		
rimos	**particípio**	
riem	rido	

saber

presente	pret. imp.	pret. perf.	m.-q.-perf.	futuro	
sei	sabia	soube	soubera	saberei	**gerúndio**
sabes	sabias	soubeste	souberas	saberás	sabendo
sabe	sabia	soube	soubera	saberá	
sabemos	sabíamos	soubemos	soubéramos	saberemos	**particípio**
sabem	sabiam	souberam	souberam	saberão	sabido

fut. pret.	pres. subj.	imp. subj.	fut. subj.	imper. afirm.	inf. pess.
saberia	saiba	soubesse	souber		saber
saberias	saibas	soubesses	souberes	sabe	saberes
saberia	saiba	soubesse	souber	saiba	saber
saberíamos	saibamos	soubéssemos	soubermos	saibamos	sabermos
saberiam	saibam	soubessem	souberem	saibam	saberem

seguir

presente	pres. subj.	imperativo	
sigo	siga		**gerúndio**
segues	sigas	segue	seguindo
segue	siga	siga	
seguimos	sigamos	sigamos	**particípio**
seguem	sigam	sigam	seguido

sentir

presente	pres. subj.	imperativo	
sinto	sinta		**gerúndio**
sentes	sintas	sente	sentindo
sente	sinta	sinta	
sentimos	sintamos	sintamos	**particípio**
sentem	sintam	sintam	sentido

ser

presente	pret. imp.	pret. perf.	m.-q.-perf.	futuro	
sou	era	fui	fora	serei	**gerúndio**
és	eras	foste	foras	serás	sendo
é	era	foi	fora	será	
somos	éramos	fomos	fôramos	seremos	**particípio**
são	eram	foram	foram	serão	sido

fut. pret.	pres. subj.	imp. subj.	fut. subj.	imper. afirm.	inf. pess.
seria	seja	fosse	for		ser
serias	sejas	fosses	fores	sê	seres
seria	seja	fosse	for	seja	ser
seríamos	sejamos	fôssemos	formos	sejamos	sermos
seriam	sejam	fossem	forem	sejam	serem

subir

presente	imper. afirm.		
subo		**gerúndio**	
sobes	sobe	subindo	
sobe	suba		
subimos	subamos	**particípio**	
sobem	subam	subido	

ter

presente	pret. imp.	pret. perf.	m.-q.-perf.	futuro	
tenho	tinha	tive	tivera	terei	**gerúndio**
tens	tinhas	tiveste	tiveras	terás	tendo
tem	tinha	teve	tivera	terá	
temos	tínhamos	tivemos	tivéramos	teremos	**particípio**
têm	tinham	tiveram	tiveram	terão	tido

fut. pret.	pres. subj.	imp. subj.	fut. subj.	imper. afirm.	inf. pess.
teria	tenha	tivesse	tiver		ter
terias	tenhas	tivesses	tiveres	tem	teres
teria	tenha	tivesse	tiver	tenha	ter
teríamos	tenhamos	tivéssemos	tivermos	tenhamos	termos
teriam	tenham	tivessem	tiverem	tenham	terem

trazer

presente	pret. imp.	pret. perf.	m.-q.-perf.	futuro	
trago	trazia	trouxe	trouxera	trarei	**gerúndio**
trazes	trazia	trouxeste	trouxeras	trarás	trazendo
traz	trazia	trouxe	trouxera	trará	
trazemos	trazíamos	trouxemos	trouxéramos	traremos	**particípio**
trazem	traziam	trouxeram	trouxeram	trarão	trazido

fut. pret.	pres. subj.	imp. subj.	fut. subj.	imper. afirm.	inf. pess.
traria	traga	trouxesse	trouxer		trazer
trarias	tragas	trouxesses	trouxeres	traz	trazeres
traria	traga	trouxesse	trouxer	traga	trazer
traríamos	tragamos	trouxéssemos	trouxermos	tragamos	trazermos
trariam	tragam	trouxessem	trouxerem	tragam	trazerem

valer

presente	pres. subj.	imperativo	
valho	valha		**gerúndio**
vales	valhas	vale	valendo
vale	valha	valha	
valemos	valhamos	valhamos	**particípio**
valem	valham	valham	valido

ver

presente	pret. imp.	pret. perf.	m.-q.-perf.	futuro	
vejo	via	vi	vira	verei	**gerúndio**
vês	vias	viste	viras	verás	vendo
vê	via	viu	vira	verá	
vemos	víamos	vimos	víramos	veremos	**particípio**
veem	viam	viram	viram	verão	visto

fut. pret.	pres. subj.	imp. subj.	fut. subj.	imper. afirm.	inf. pess.
veria	veja	visse	vir		ver
verias	vejas	visses	vires	vê	veres
veria	veja	visse	vir	veja	ver
veríamos	vejamos	víssemos	virmos	vejamos	vermos
veriam	vejam	vissem	virem	vejam	verem

vestir

presente	pres. subj.	imper. afirm.	
visto	vista		**gerúndio**
vestes	vistas	veste	vestindo
veste	vista	vista	
vestimos	vistamos	vistamos	**particípio**
vestem	vistam	vistam	vestido

vir

presente	pret. imp.	pret. perf.	m.-q.-perf.	futuro	
venho	vinha	vim	viera	virei	**gerúndio**
vens	vinhas	vieste	vieras	virás	vindo
vem	vinha	veio	viera	virá	
vimos	vínhamos	viemos	viéramos	viremos	**particípio**
vêm	vinham	vieram	vieram	virão	vindo

fut. pret.	pres. subj.	imp. subj.	fut. subj.	imper. afirm.	inf. pess.
viria	venha	viesse	vier		vir
virias	venhas	viesses	vieres	vem	vires
viria	venha	viesse	vier	venha	vir
viríamos	venhamos	viéssemos	viermos	venhamos	virmos
viriam	venham	viessem	vierem	venham	virem

Falsos amigos / False friends

Para maiores informações consulte a entrada no dicionário. Quando a palavra em português estiver fora da ordem alfabética, ela aparecerá em *itálico*.

For more complete translation information please consult the main section of the dictionary. Whenever the Portuguese term appears out of alphabetical order, it is shown in *italics*.

Meaning (s) of the Portuguese word:	falso amigo Português	false friend English	Significado (s) da palavra inglesa:
not at all absolutely not	absolutamente!	absolutely!	com certeza! claro que sim!
1) (ação) act 2) (teat) act	*ato*	act	1) (*action*) ato 2) (*performance*) número 3) (*pretence*) fingimento 4) (THEAT) ato 5) (LAW) decreto
current, present	*atual*	actual	real, verdadeiro
currently	*atualmente*	actually	realmente, de fato
follower	adepto, -a *m,f*	adept *adj*	hábil, competente
1) (*advertência*) warning 2) (*comunicação*) notice	*aviso*	advice	conselho
1) (*prevenir*) to warn 2) (*comunicação*) to notify	*avisar*	advise	1) (*recommend*) aconselhar 2) (*inform*) informar
1) (*a massa*) to knead 2) (*chapa, carro*) to dent 3) (*papel*) to scrunch up	amassar	amass	acumular
1) (*para convencer*) argument 2) (*de filme, peça*) plot	argumento	argument	1) (*disagreement*) discussão, briga 2) (*reason*) argumento
1) (POL) asylum 2) (old people's/orphan's) home	asilo	asylum	1) (POL) asilo 2) manicômio
1) (*de diversão*) bar 2) (*comida e bebida*) snack bar	bar	bar	1) (*place to drink*) bar 2) (*of metal*) barra 3) (law) ordem dos advogados
1) (AUTO) battery 2) (MÚS) drums 3) (MIL) battery	bateria	battery	1) (*for car*) bateria 2) (*for radio, flashlight*) pilha 3) (*large number*) série

Meaning (s) of the Portuguese word:	falso amigo Português	false friend English	Significado (s) da palavra inglesa:
letter	carta	card	(postcard) postal (greeting card) cartão (business card) cartão (de visitas)
carnival (popular festival)	carnaval	carnival	1) (festival) Carnaval 2) parque de diversões
1) casualness 2) chance	casualidade	casualty	vítima (de acidente)
(de um livro) chapter	capítulo	chapter	1) (of book) capítulo 2) Am (society) filial, sede local
(GEOG) China	China	china	1) porcelana 2) (dishes) louça
cigarette	cigarro	cigar	charuto
organized	classificado, -a	classified	1) (organized) classificado 2) (secret) confidencial
school	colégio	college	1) (university) faculdade 2) (Brit) escola particular
1) compass (for drawing) 2) (MÚS) bar	compasso	compass	1) bússola 2) compasso (para desenhar)
understanding	compreensivo	comprehensive	abrangente
1) (encontro de especialistas) conference 2) (discurso) lecture 3) (verificação) verification	conferência	conference	(meeting of specialists) congreso, conferência
1) (intestino) to be constipated 2) (resfriado) to have a cold	constipado	constipated	(bowels) estar constipado
convinced	convicto (adj)	convict (n)	presidiário, condenado
1) (de documento) copy 2) (de texto) transcript 3) (de fotografia) print	cópia	copy	1) cópia, duplicata 2) (text) texto 3) (of book) exemplar
(hábito) habit (de país) custom	costume	costume	1) (decorative) fantasia 2) (national dress) traje típico

Meaning (s) of the Portuguese word:	falso amigo Português	false friend English	Significado (s) da palavra inglesa:
(*calendário*) date	data	data date	dados 1) (*calendar*) date 2) (*appointment*) encontro, saída 3) (*person*) namorado, -a
let-down, disappointment	decepção	deception	fraude, trapaça
faint, fainting spell	desmaio	dismay	consternação
1) (*polido*) polite, courteous 2) (*instruído*) educated	educado	educated	instruído, culto
1) courtesy, politeness 2) education	*educação*	education	(*school*) educação, ensino (*training*) formação (*teaching*) ensino
1) (*confiável*) effective 2) (*funcionário*) permanent 3) (*real*) real	efetivo	effective	1) (*giving result*) eficaz 2) (*real*) efetivo 3) (*operative*) vigente 4) (*striking*) de efeito
1) (*possível*) possible 2) (*casual*) occasional	eventual	eventual	final
1) (*possivelmente*) possibly 2) (*casualmente*) by chance	eventualmente	eventually	1) por fim 2) (*some day*) um dia
success	êxito	exit	saída
1) (*muito estranho*) weird 2) (*raro*) odd	*esquisito*	exquisite	primoroso
factory	fábrica	fabric	tecido, pano
1) to manufacture 2) (*provas, mentiras*) to fabricate	fabricar	fabricate	inventar, forjar
1) ease 2) (*talento*) flair	facilidade	facility facilities	local, centro instalações, infraestrutura
1) (UNIV) college, university 2) (*capacidade*) faculty	faculdade	faculty	1) corpo docente 2) (*capacity*) faculty
1) (*sonho*) fantasy 2) (*imaginação*) imagination 3) (*traje*) fancy dress, costume	fantasia	fantasy	(*dream*) fantasia

Meaning (s) of the Portuguese word:	falso amigo Português	false friend English	Significado (s) da palavra inglesa:
1) (GEO) figure 2) (*ilustração*) picture 3) (*pessoa*) figure	figura	figure	1) (GEO) figura 2) (*diagrama*) representação 3) (*numeral*) número, cifra
merrymaking, frolic, revel	folia	folly	loucura, insensatez
ingenious, brilliant	genial	genial	afável, cordial
(*relativo à gráfica*) graphic	gráfico (*adj*)	graphic (*adj*)	1) (*art, design*) gráfico 2) explícito
1) (*livro, parede, etc.*) thick 2) (*grosseiro*) rude	grosso	gross	1) (*Am*) grosseiro, torpe 2) (FIN) bruto
Indian, native	indígena	indigenous	natural, nativo do país
(*doença*) infectious	infeccioso	infectious	1) (*disease*) infeccioso 2) (*enthusiasm, laugh*) contagioso
naive	ingênuo	ingenious	engenhoso
interest, curiosity	interesse	interest	1) interesse 2) (FIN) juros
poisoning	intoxicação	intoxication	1) embriaguez 2) alegria
1) (*aliança*) alliance 2) ESPORT league, associ- ation 3) (*de meias*) garter 4) QUIM alloy	liga	league	1) (*sports*) liga 2) (*measurement*) légua
1) legal 2) (*inf*) cool	legal	legal	1) legal 2) jurídico
1) (CINE) subtitle 2) (FOTO) caption 3) (*de mapa*) legend	legenda	legend	1) (HIST) lenda 2) (*person*) mito 3) (*of map, diagram*) legenda, dizeres
bookstore	livraria	library	biblioteca
lust	luxúria	luxury	luxo, de luxo
male (animal)	macho	macho	machista
1) (*manha*) cunning 2) (*zombaria picante*) satire	malícia	malice	má-fé, maldade
(*manhoso*) sly	malicioso, -a	malicious	malvado
marine, of the sea	marinho (*adj*)	marine	1) (*adj*) marinho, do mar 2) (*m*) fuzileiro naval

Meaning (s) of the Portuguese word:	falso amigo Português	false friend English	Significado (s) da palavra inglesa:
material, substance	material (m)	material (n)	1) material 2) tecido, fazenda
minute, 60 seconds	minuto	minute	1) (n) minuto, 60 segundos 2) (adj) minúsculo, pequenino
1) very poor 2) stingy, avaricious	miserável	miserable	mísero, infeliz
moment	momento	momentum	impulso, ímpeto
move, change position	mover	move	1) mover 2) comover 3) mudar de casa
1) (LIT) novella, small novel 2) (TV) soap opera	novela	novel	(LIT) romance
to force, to obligate	obrigar	oblige	1) obrigar, forçar 2) fazer um favor a
1) (MIL) officer 2) police officer	oficial (m)	official	1) (n) funcionário 2) (adj) oficial
billboard	outdoor (m)	outdoors (adv)	ao ar livre
1) paper 2) (THEAT) role	papel	paper	1) papel 2) (newspaper) jornal 3) (~s) documentos
relatives, family	parentes	parents	pais, pai e mãe
boss, employer	patrão	patron	1) freguês, cliente 2) mecenas
physicist	*físico*	physician	médico
1) plant, vegetable 2) architectural plan	planta	plant	1) (BOT) planta 2) (factory) fábrica, usina
to intend, to plan	pretender	pretend	1) fingir 2) (claim) pretender
main, fundamental	principal (adj)	principal	1) (adj) principal, essencial 2) (n) (of school) diretor (de escola)
1) (buscar) to look for 2) (esforçar-se) to try	procurar	procure	conseguir, obter
(objeto) rare, uncommon	raro	rare	1) raro, fora do comum 2) (meat) mal passada

Meaning (s) of the Portuguese word:	falso amigo Português	false friend English	Significado (s) da palavra inglesa:
1) (*tarefa*) to perform 2) (*projeto*) to carry out 3) (*sonho*) to fulfill 4) (*concerto, exposição*) to hold	realizar	realize	1) (*become aware of*) dar-se conto de, perceber 2) (*achieve*) realizar
to resign oneself	resignar-se	resign	1) (*leave job*) demitir-se
to summarize, to sum up	resumir	resume	recomeçar
1) to withdraw 2) to take back	retirar	retire	1) aposentar-se 2) *form* retirar-se 3) ir para cama
1) (*passado*) history 2) (*conto*) story, tale 3) (*de filme*) plot	*história*	story	1) (*account*) história, narrativa 2) (*fictional*) conto 3) (*news*) reportagem
1) to support, uphold 2) to bear, tolerate, endure	suportar	support	1) (*hold up*) suportar, apoiar 2) (*provide for*) sustentar, alimentar
nice, friendly	*simpático*	sympathetic	1) (*sympathizing*) solidário, 2) (*understanding*) compreensível
terrible	terrível	terrific	(*good*) bárbaro, maravilhoso
shaking	trepidação	trepidation	ansiedade, temor
(*final*) last	último	ultimate	1) final 2) (*absolute*) o melhor, o maior
(*recentemente*) lately, recently	*ultimamente*	ultimately	1) (*in the end*) por fim, no fim das contas 2) (*fundamentally*) fundamentalmente
1) only, sole 2) (*sem igual*) unique	único	unique	(*exceptional*) excepcional, sem igual
usefulness	utilidade	utility	1) (*usefulness*) utilidade 2) (*public service*) serviço público (água, gás, eletricidade)
virtual (by means of virtual reality techniques)	virtualmente	virtually	1) virtualmente, por meios virtuais, eletrônicos 2) praticamente, quase, para todos os efeitos

Numerals / Os Numerais

Cardinal numbers / Os numerais cardinais

English	Number	Portuguese
zero	0	zero
one	1	um, uma
two	2	dois, duas
three	3	três
four	4	quatro
five	5	cinco
six	6	seis
seven	7	sete
eight	8	oito
nine	9	nove
ten	10	dez
eleven	11	onze
twelve	12	doze
thirteen	13	treze
fourteen	14	quatorze, catorze
fifteen	15	quinze
sixteen	16	dezesseis
seventeen	17	dezessete
eighteen	18	dezoito
nineteen	19	dezenove
twenty	20	vinte
twenty-one	21	vinte e um, a
twenty-two	22	vinte e dois, duas
twenty-three	23	vinte e três
twenty-four	24	vinte e quatro
twenty-five	25	vinte e cinco
thirty	30	trinta
thirty-one	31	trinta e um, a
thirty-two	32	trinta e dois, duas
thirty-three	33	trinta e três
forty	40	quarenta
forty-one	41	quarenta e um, a
forty-two	42	quarenta e dois, duas
fifty	50	cinquenta
fifty-one	51	cinquenta e um, a
fifty-two	52	cinquenta e dois, duas

sixty	60	sessenta
sixty-one	61	sessenta e um, a
sixty-two	62	sessenta e dois, duas
seventy	70	setenta
seventy-one	71	setenta e um, a
seventy-two	72	setenta e dois, duas
seventy-five	75	setenta e cinco
seventy-nine	79	setenta e nove
eighty	80	oitenta
eighty-one	81	oitenta e um, a
eighty-two	82	oitenta e dois, duas
eighty-five	85	oitenta e cinco
ninety	90	noventa
ninety-one	91	noventa e um, a
ninety-two	92	noventa e dois, duas
ninety-nine	99	noventa e nove
one hundred	100	cem
one hundred and one	101	cento e um, a
one hundred and two	102	cento e dois, duas
one hundred and ten	110	cento e dez
one hundred and twenty	120	cento e vinte
one hundred and ninety-nine	199	cento e noventa e nove
two hundred	200	duzentos, -as
two hundred and one	201	duzentos, -as e um, a
two hundred and twenty-two	222	duzentos, -as e vinte e dois, duas
three hundred	300	trezentos, -as
four hundred	400	quatrocentos, -as
five hundred	500	quinhentos, -as
six hundred	600	seiscentos, -as
seven hundred	700	setecentos, -as
eight hundred	800	oitocentos, -as
nine hundred	900	novecentos, -as
one thousand	1 000	mil
one thousand and one	1 001	mil e um, a
one thousand and ten	1 010	mil e dez
one thousand one hundred	1 100	mil e cem
two thousand	2 000	dois, duas mil
ten thousand	10 000	dez mil
one hundred thousand	100 000	cem mil

one million	1 000 000	um milhão
two million	2 000 000	dois milhões
two million, five hundred thousand	2 500 000	dois milhões e quinhentos, -as mil
one billion	1 000 000 000	um bilhão (ou bilião)
one trillion (*Am, Brit*) one thousand billion (*Brit, dated*)	1 000 000 000 000	um trilhão (ou trilião)

Ordinal numbers

Os numerais ordinais

first	1st	1º, 1ª	primeiro, -a
second	2nd	2º, 2ª	segundo, -a
third	3rd	3º, 3ª	terceiro, -a
fourth	4th	4º, 4ª	quarto, -a
fifth	5th	5º, 5ª	quinto, -a
sixth	6th	6º, 6ª	sexto, -a
seventh	7th	7º, 7ª	sétimo, -a
eighth	8th	8º, 8ª	oitavo, -a
ninth	9th	9º, 9ª	nono, -a (ou noveno, -a)
tenth	10th	10º, 10ª	décimo, -a
eleventh	11th	11º, 11ª	décimo, -a primeiro, -a (ou undécimo, -a)
twelfth	12th	12º, 12ª	décimo, -a segundo, -a (ou duodécimo, -a)
thirteenth	13th	13º, 13ª	décimo, -a terceiro, -a
fourteenth	14th	14º, 14ª	décimo, -a quarto, -a
fifteenth	15th	15º, 15ª	décimo, -a quinto, -a
sixteenth	16th	16º, 16ª	décimo, -a sexto, -a
seventeenth	17th	17º, 17ª	décimo, -a sétimo, -a
eighteenth	18th	18º, 18ª	décimo, -a oitavo, -a
nineteenth	19th	19º, 19ª	décimo, -a nono, -a
twentieth	20th	20º, 20ª	vigésimo, -a
twenty-first	21st	21º, 21ª	vigésimo, -a primeiro, -a
twenty-second	22nd	22º, 22ª	vigésimo, -a segundo, -a
twenty-third	23rd	23º, 23ª	vigésimo, -a terceiro, -a
thirtieth	30th	30º, 30ª	trigésimo, -a
thirty-first	31st	31º, 31ª	trigésimo, -a primeiro, -a
thirty-second	32nd	32º, 32ª	trigésimo, -a segundo, -a
fortieth	40th	40º, 40ª	quadragésimo, -a
fiftieth	50th	50º, 50ª	quinquagésimo, -a

sixtieth	60th	60°, 60ª	sexagésimo, -a
seventieth	70th	70°, 70ª	septuagésimo, -a
seventy-first	71st	71°, 71ª	septuagésimo, -a primeiro, -a
seventy-second	72nd	72°, 72ª	septuagésimo, -a segundo, -a
seventy-ninth	79th	79°, 79ª	septuagésimo, -a nono, -a
eightieth	80th	80°, 80ª	octogésimo, -a
eighty-first	81st	81°, 81ª	octogésimo, -a primeiro, -a
eighty-second	82nd	82°, 82ª	octogésimo, -a segundo, -a
ninetieth	90th	90°, 90ª	nonagésimo, -a
ninety-first	91st	91°, 91ª	nonagésimo, -a primeiro, -a
ninety-ninth	99th	99°, 99ª	nonagésimo, -a nono, -a
one hundredth	100th	100°, 100ª	centésimo, -a
one hundred and first	101st	101°, 101ª	centésimo, -a primeiro, -a
one hundred and tenth	110th	110°, 110ª	centésimo, -a décimo, -a
one hundred and ninety-ninth	195th	195°, 195ª	centésimo, -a nonagésimo, -a quinto, -a
two hundredth	200th	200°, 200ª	ducentésimo, -a
three hundredth	300th	300°, 300ª	trecentésimo, -a
five hundredth	500th	500°, 500ª	quingentésimo, -a
one thousandth	1 000th	1 000°, 1 000ª	milésimo, -a
two thousandth	2 000th	2 000°, 2 000ª	dois milésimos, -as
one millionth	1 000 000th	1 000 000°, 1 000 000ª	milionésimo, -a
ten millionth	10 000 000th	10 000 000°, 10 000 000ª	dez milionésimos, -a

Fractional numbers

Números fracionários

one half	1/2	meio, -a
one third	1/3	um terço
one quarter	1/4	um quarto
one fifth	1/5	um quinto
one tenth	1/10	um décimo
one hundredth	1/100	um centésimo
one thousandth	1/1 000	um milésimo
one millionth	1/1 000 000	um milionésimo
two thirds	2/3	dois terços

three quarters	¾	três quartos
two fifths	⅖	dois quintos
three tenths	³⁄₁₀	três décimos
one and a half	1 ½	um, a e meio, -a
two and a half	2 ½	dois, duas e meio, -a
five and three eighths	5 ⅜	cinco inteiros e três oitavos
one point one	1.1/1,1	um vírgula um

Pesos e medidas — Weights and Measures

Sistema (de numeração) decimal — Decimal System

giga-	1 000 000 000	G	giga-
mega-	1 000 000	M	mega-
hectoquilo	100 000	hk	hectokilo-
miria-	10 000	ma	myria-
quilo-	1 000	k	kilo-
hect (o)-	100	h	hecto-
deca-	10	da	deca-
deci-	0,1	d	deci-
centi-	0,01	c	centi-
mili-	0,001	m	milli-
decimili-	0,0001	dm	decimilli-
centimili-	0,00001	cm	centimilli-
micr (o)-	0,000001	µ	micro-

Tabelas de equivalência

Encontram-se aqui somente as unidades de medida imperial britânica e de medida "habitual" americana ainda em uso. Para converter uma unidade do sistema métrico em medida imperial ou "habitual", basta multiplicá-la pelo fator de conversão em **negrito**. Da mesma forma, a divisão da unidade de medida imperial pelo mesmo fator resultará em seu equivalente no sistema métrico

Conversion tables

Only Imperial and U.S. Customary measures still in common use are given here. To convert a metric measurement to imperial or U.S. Customary measures, multiply by the conversion factor in **bold**. Dividing an Imperial measurement by the same factor will give the metric equivalent.

Sistema métrico — **Sistema imperial**
Metric System — **British Imperial System, U.S. Customary System**

Medidas de longitude — Measures of Length

milha marítima	1 852 m	–	nautical mile		
quilômetro	1 000 m	km	kilometre *Brit*, kilometer *Am*	**0,62**	mile (=1760 yards) m, mi
hectômetro	100 m	hm	hectometre *Brit*, hectometer *Am*		

decâmetro	10 m	dam	decametre *Brit*, decameter *Am*			
metro	1 m	m	metre *Brit*,	**1,09**	yard (= 3 feet)	yd
			meter *Am*	**3,28**	foot (= 12 inches)	ft
decímetro	0,1 m	dm	decimetre *Brit*, decimeter *Am*			
centímetro	0,01 m	cm	centimetre *Brit*, centimeter *Am*	**0,39**	inch	in
milímetro	0,001 m	mm	millimetre *Brit*, millimeter *Am*			
micro	0,000 001 m	μ	micron			
milimicro, nanômetro	0,000 000 001 m	mμ	millimicron			
angstrom (*ou* angström)	0,000 000 000 1 m	Å	angstrom			

Medidas de superficie

Surface Measure

quilômetro quadrado	1 000 000 m²	km²	square kilometre	**0,386**	square mile (= 640 acres)	sq. m., sq. mi.
hectômetro quadrado, hectare	10 000 m²	hm² ha	square hectometre, hectare	**2,47**	acre (= 4840 square yards)	a.
decâmetro quadrado, are	100 m²	dam² a	square decametre, are			
metro quadrado	1 m²	m²	square metre	**1.196**	square yard (= 9 square feet)	sq. yd
				10,76	square feet (= 144 square inches)	sq. ft
decímetro quadrado	0,01 m²	dm²	square decimetre			
centímetro quadrado	0,000 1 m²	cm²	square centimetre	**0,155**	square inch	sq. in.
milímetro quadrado	0,000 001 m²	mm²	square millimetre			

Medidas de volume e capacidade

Measures of Volume and Capacity

quilômetro cúbico	1 000 000 000 m³	km³	cubic kilometre			
metro cúbico estéreo	1 m³	m³ st	cubic metre stere	**1,308** **35,32**	cubic yard (= 27 cubic feet) cubic foot (= 1728 cubic inches)	cu. yd cu. ft
hectolitro	0,1 m³	hl	hectolitre *Brit*, hectoliter *Am*			
decalitro	0,01 m³	dal	decalitre *Brit*, decaliter *Am*			
decímetro cúbico litro	0,001 m³	dm³ l	cubic decimetre litre *Brit*, liter *Am*	**0,22** **1,76** **0,26** **2,1** **4,23**	UK gallon UK pint US gallon US pint US cup	gal. pt gal. pt. *or* p. c.
decilitro	0,000 1 m³	dl	decilitre *Brit*, deciliter *Am*			
centilitro	0,00001 m³	cl	centilitre *Brit*, centilter *Am*	**0,352** **0,338**	UK fluid ounce US fluid ounce	fl. oz.
centímetro cúbico	0,000001 m³	cm³	cubic centimetre	**0,061**	cubic inch	cu. in.
mililitro	0,000001 m³	ml	millilitre *Brit*, milliliter *Am*			
milímetro cúbico	0,000 000 001 m³	mm³	cubic millimetre			

Pesos

Weights

tonelada	1 000 kg	t	tonne	**0,98** **1,1**	[long] ton *Brit* (= 2240 pounds) [short] ton *Am* (= 2000 pounds)	t.
quintal métrico	100 kg	q	quintal			
quilograma, quilo	1 000 g	kg	kilogram	**2,2**	pound (= 16 ounces)	lb.
hectograma	100 g	hg	hectogram			
decagrama	10 g	dag	decagram			
grama	1 g	g	gram	**0,035**	ounce	oz.
quilate	0,2 g	–	carat			
decigrama	0,1 g	dg	decigram			

centigrama	0,01 g	cg	centigram			
miligrama	0,001 g	mg	milligram			
micrograma	0,000 001 g	µg, ???	microgram			

Temperatura: Equivalência entre Celsius e Fahrenheit
Temperature: Conversion Between Celsius and Fahrenheit

Para converter uma temperatura em Celsius a Fahrenheit deve-se multiplicar por 1,8 e acrescentar 32. Para converter uma temperatura em Fahrenheit a centígrados deve-se tirar 32 e dividir por 1,8.

To convert a temperature in degrees Celsius to Fahrenheit, multiply by 1.8 and deduct 32. To convert Fahrenheit to Celsius, deduct 32 and divide by 1.8.

United States of America

Capital: Washington, DC.

Federal State (Estado da Federação)	Capital (Capital)
Alabama	Montgomery
Alaska	Juneau
Arizona	Phoenix
Arkansas	Little Rock
California	Sacramento
Colorado	Denver
Connecticut	Hartford
Delaware	Dover
Florida	Tallahassee
Georgia	Atlanta
Hawaii	Honolulu
Idaho	Boise
Illinois	Springfield
Indiana	Indianapolis
Iowa	Des Moines
Kansas	Topeka
Kentucky	Frankfort
Louisiana	Baton Rouge
Maine	Augusta
Maryland	Annapolis
Massachusetts	Boston
Michigan	Lansing
Minnesota	St Paul
Mississippi	Jackson
Missouri	Jefferson City
Montana	Helena
Nebraska	Lincoln
Nevada	Carson City
New Hampshire	Concord
New Jersey	Trenton
New Mexico	Santa Fé
New York	Albany
North Carolina	Raleigh
North Dakota	Bismarck
Ohio	Columbus

Federal State (Estado da Federação)	Capital (Capital)
Oklahoma	Oklahoma City
Oregon	Salem
Pennsylvania	Harrisburg
Rhode Island	Providence
South Carolina	Columbia
South Dakota	Pierre
Tennessee	Nashville
Texas	Austin
Utah	Salt Lake City
Vermont	Montpelier
Virginia	Richmond
Washington	Olympia
West Virginia	Charleston
Wisconsin	Madison
Wyoming	Cheyenne

Canada

Capital: Ottawa

Province (Província)	Capital (Capital)
Alberta	Edmonton
British Columbia	Victoria
Manitoba	Winnipeg
New Brunswick	Fredericton
Newfoundland	Saint John's
Novia Scotia	Halifax
Ontario	Toronto
Prince Edward Island	Charlottetown
Québec	Québec
Saskatchewan	Regina

Territory (Território)	Capital (Capital)
Northwest Territories	Yellowknife
Nunavut Territory (*since 1st April 1999*)	Iqaluit
Yukon Territory	Whitehorse

Australia

Capital: Canberra

State (Estado)	Capital
New South Wales	Sydney
Queensland	Brisbane
South Australia	Adelaide
Tasmania	Hobart
Victoria	Melbourne
Western Australia	Perth

Territory	Capital
Australian Capital Territory	Canberra
Northern Territory	Darwin

New Zealand

Capital: Wellington

North Island
South Island
Stewart Island
Chatham Islands

Small outlying islands

Auckland Islands
Kermadec Islands
Campbell Island
the Antipodes
Three Kings Islands
Bounty Island
Snares Island
Solander Island

Dependencies

Tokelau Islands
Ross Dependency
Niue Island (free associate)
Cook Islands (free associates)

United Kingdom

England

County (Condado)	Abbreviation (Abreviação)	Administrative centre (Sede de governo)
Bedfordshire	Beds	Bedford
Berkshire	Berks	Reading
Buckinghamshire	Bucks	Aylesbury
Cambridgeshire	Cambs	Cambridge
Cheshire	Ches	Chester
Cornwall	Corn	Truro
Cumbria		Carlisle
Derbyshire	Derbs	Matlock
Devon		Exeter
Dorset		Dorchester
Durham	Dur	Durham
East Sussex	E. Sussex	Lewes
Essex		Chelmsford
Gloucestershire	Glos	Gloucester
Greater London		London
Greater Manchester		Manchester
Hampshire	Hants	Winchester
Hertfordshire	Herts	Hertford
Kent		Maidstone
Lancashire	Lancs	Preston
Leicestershire	Leics	Leicester
Lincolnshire	Lincs	Lincoln
Merseyside		Liverpool
Norfolk		Norwich
Northamptonshire	Northants	Northampton
Northumberland	Northd	Morpeth
North Yorkshire	N. Yorks	Northallerton
Nottinghamshire	Notts	Nottingham
Oxfordshire	Oxon	Oxford
Shropshire	Salop	Shrewsbury
Somerset	Som	Taunton
South Yorkshire	S. Yorks	Barnsley
Staffordshire	Staffs	Stafford
Suffolk	Suff	Ipswich
Surrey		Kingston upon Thames

County (Condado)	Abbreviation (Abreviação)	Administrative centre (Sede de governo)
Tyne and Wear		Newcastle upon Tyne
Warwickshire	Warks	Warwick
West Midlands	W. Midlands	Birmingham
West Sussex	W. Sussex	Chichester
West Yorkshire	W. Yorks	Wakefield
Wiltshire	Wilts	Trowbridge
Worcestershire	Worcs	Worcester

Wales, *Welsh:* Cymru

Unitary authority (Jurisdição Unitária)	Administrative headquarters (Centro de Operações Administrativas)
Anglesey	Llangefni
Blaenau Gwent	Ebbw Vale
Bridgend	Bridgend
Caerphilly	Hengoed
Cardiff	**Cardiff**
Carmarthenshire	Carmarthen
Ceredigion	Aberaeron
Conwy	Conwy
Denbighshire	Ruthin
Flintshire	Mold
Gwynedd	Caernarfon
Merthyr Tydfil	Merthyr Tydfil
Monmouthshire	Cwmbran
Neath Port Talbot	Port Talbot
Newport	Newport
Pembrokeshire	Haverfordwest
Powys	Llandrindod Wells
Rhondda Cynon Taff	Clydach Vale
Swansea	Swansea
Torfaen	Pontypool
Vale of Glamorgan	Barry
Wrexham	Wrexham

Scotland

Unitary authority (Jurisdição Unitária)	Administrative headquarters (Centro de Operações Administrativas)
Aberdeen City	
Aberdeenshire	Aberdeen
Angus	Forfar
Argyll and Bute	Lochgilphead
Clackmannanshire	Alloa
Dumfries and Galloway	Dumfries
Dundee City	
East Ayrshire	Kilmarnock
East Dunbartonshire	Kirkintilloch
East Lothian	Haddington
East Renfrewshire	Giffnock
Edinburgh City	
Falkirk	Falkirk
Fife	Glenrothes
Glasgow City	
Highland	Inverness
Inverclyde	Greenock
Midlothian	Dalkeith
Moray	Elgin
North Ayrshire	Irvine
North Lanarkshire	Motherwell
Orkney Islands	Kirkwall
Perth and Kinross	Perth
Renfrewshire	Paisley
Scottish Borders	Melrose
Shetland Islands	Lerwick
South Ayrshire	Ayr
South Lanarkshire	Hamilton
Stirling	Stirling
West Dunbartonshire	Dunbarton
Western Isles	Stornoway
West Lothian	Livingston

Northern Ireland

County (Condado)	Principal town (Capital)
Antrim	**Belfast**
Armagh	Armagh
Down	Downpatrick
Fermanagh	Enniskillen
Londonderry	Londonderry
Tyrone	Omagh

Republic of Ireland or Irish Republic, *Gaelic:* Èire

Provinces and their Counties (Províncias e seus Condados)	County towns (Capitais dos Condados)

Province of Connacht, *formerly:* **Connaught**

Counties:	
Galway, *Gaelic:* Gaillimh	Galway
Leitrim, *Gaelic:* Liathdroma	Carrick-on-Shannon
Mayo, *Gaelic:* Mhuigheo	Castlebar
Roscommon, *Gaelic:* Ros Comáin	Roscommon
Sligo, *Gaelic:* Sligeach	Sligo

Province of Leinster

Counties:	
Carlow, *Gaelic:* Cheatharlach	Carlow
Dublin, *Gaelic:* Baile Átha Cliath	**Dublin**
Kildare, *Gaelic:* Chill Dara	Naas
Kilkenny, *Gaelic:* Chill Choinnigh	Kilkenny
Laois/Laoighis/Leix	Portlaoise
Longford, *Gaelic:* Longphuirt	Longford
Louth, *Gaelic:* Lughbhaidh	Dundalk
Meath, *Gaelic:* na Midhe	Navan
Offaly, *Gaelic:* Ua bhFailghe	Tullamore
Westmeath, *Gaelic:* na h-Iarmhidhe	Mullingar
Wexford, *Gaelic:* Loch Garman	Wexford
Wicklow, *Gaelic:* Cill Mhantáin	Wicklow

Provinces and their Counties (Províncias e seus Condados)	County towns (Capitais dos Condados)

Province of Munster

Counties:	
Clare, *Gaelic:* An Cláir	Ennis
Cork, *Gaelic:* Chorcaigh	Cork
Kerry, *Gaelic:* Chiarraighe	Tralee
Limerick, *Gaelic:* Luimneach	Limerick
Tipperary, *Gaelic:* Thiobrad Árann	Clonmel
Waterford, *Gaelic:* Phort Láirge	Waterford

Province of Ulster

Counties:	
Cavan, *Gaelic:* Cabháin	Cavan
Donegal, *Gaelic:* Dún na nGall	Lifford
Monaghan, *Gaelic:* Mhuineachain	Monaghan

Symbols and Abbreviations

Símbolos e abreviaturas

contraction	=	contração
corresponds to	≈	corresponde a
change of speaker	-	câmbio de interlocutor
registered trademark	®	marca registrada
	◆	phrasal verb
	a.	also
abbreviation of	abbr of, abr de	abreviatura de
	a. c.	alguma coisa
adjective	adj	adjetivo
administration	ADMIN	administração
adverb	adv	advérbio
aerospace	AERO	aeronáutica
agriculture	AGR	agricultura
American English	Am	
anatomy	ANAT	anatomia
architecture	ARCHIT, ARQUIT	arquitetura
artículo	art	artigo
arte	ARTE	arte
astronomy, astrology	ASTRON	astronomia, astrologia
Australian English	Aus	
automobile, transport	AUTO	automobilismo e tráfico
auxiliary verb	aux	verbo auxiliar
aviation	AVIAT	
biology	BIO	biologia
botany	BOT	botânica
British English	Brit	
Canadian English	Can	
cardinal	card	cardinal
vulgar	chulo	chulo
cinema	CINE	cinema
commerce	COM	comércio
comparative	comp	comparativo
conjunction	conj	conjunção

	COST	moda e costura
definite	def	definido
demonstrative	dem	demonstrativo
ecology	ECOL	ecologia
economy	ECON	economia
electricity, electronics	ELEC, ELETR	eletricidade, eletrônica
	ENS	ensino
	ESPORT	esportes
feminine	f	feminino
fashion and sewing	FASHION	
	FERRO	estrada de ferro
figurative	fig	sentido figurado
philosophy	FILOS	filosofia
finance, banking, stock exchange	FIN	finanças, bolsa
physics	FÍS	física
formal language	form	linguagem formal
photography	FOTO	fotografia
soccer	FUT	futebol
games	GAMES	jogos
gastronomy	GASTR	gastronomia
geography, geology	GEO	geografia, geologia
slang	gíria	gíria
history, historical	HIST	história, histórico
imperative	imper	imperativo
impersonal	impers, impess	impessoal
indefinite	indef	indefinido
informal language	inf	linguagem informal
infinitive	infin	infinitivo
information technology	INFOR	informática
inseperable	insep	
interjection	interj	interjeição
interrogative	interrog	interrogativo
invariable	inv	invariable

Irish	*Irish*			*pret perf*	pretérito perfeito
ironic, humorous	*iron,* *irôn*	irônico, humorístico	pronoun	*pron*	pronome
irregular	*irr*	irregular	proverb	*prov*	provérbio
law	JUR, LAW	jurisprudência, direito	psychology	PSYCH, PSICO	psicologia
linguistics, grammar	LING	linguística, gramática	past tense of	*pt of*	
				QUÍM	química
literature, poetry	LIT	literatura, poesia	radio	RADIO, RÁDIO	rádio
literary language	*liter*		railways	RAIL	
masculine	*m*	masculino	reflexive	*refl*	reflexivo
	m ou f	masculino ou feminino	regional	*reg*	regional
			relative	*rel*	relativo
mathematics	MAT	matemática	religion	REL	religião
medicine	MED	medicina	school	SCH	
metereology	METEO	meteorologia	somebody	*sb*	
	mf	masculino e feminino	Scottish	*Scot*	
				sem pl	sem plural
military	MIL	exército	separable	*sep*	
mining	MIN	mineração	singular	*sing*	singular
music	MUS, MÚS	música	sociology	SOCIOL	sociologia
nautical, naval	NAUT, NÁUT	náutica, navegação	sports	SPORTS	
			something	*sth*	
noun	*n*		subjunctive	*subj*	subjuntivo
or	*o*		superlative	*superl*	superlativo
no plural	*no pl*			*tb.*	também
numeral	*num*	número		TEAT	teatro
ordinal	*ord*	ordinal	technology	TEC, TECH	tecnologia
participle	*part*	particípio	telecommunications	TEL	telecomunicação
pejorative	*pej*	pejorativo	theater	THEAT	
person, personal	*pers/ pess*	pessoa, pessoal		TIPO	tipografia
philosophy	PHILOS		television	TV	televisão
photography	PHOT		university	UNIV	universidade
physics	PHYS			*v.*	ver
plural	*pl*	plural	verb	*vb*	
politics	POL	política	intransitive verb	*vi*	verbo intransitivo
possesive	*poss*	possessivo		*vimpess*	verbo impessoal
past participle	*pp*	particípio pretérito		*vr*	verbo reflexivo
	PREN	prensa	transitive verb	*vt*	verbo transitivo
preposition	*prep*	preposição	vulgar language	*vulg*	
present	*pres*	presente			
	pret	pretérito			
	pret imperf	pretérito imperfeito	zoology	ZOOL	zoologia

2ª edição: 2010 | **1ª reimpressão:** dezembro de 2014
Fonte: Helvetica Neue | **Papel:** Offset 63 g/m
Impressão e acabamento: Associação Religiosa Imprensa da Fé